錢鍾書集

錢鍾書集

管錐編（一）

生活·讀書·新知 三聯書店

Copyright © 2019 by SDX Joint Publishing Company.
All Rights Reserved.
本作品版權由生活‧讀書‧新知三聯書店所有。
未經許可，不得翻印。

圖書在版編目（CIP）數據

管錐編／錢鍾書著．—3 版．—北京：生活‧
讀書‧新知三聯書店，2019.10　（2025.4 重印）
（錢鍾書集）
ISBN 978－7－108－06593－3

Ⅰ．①管⋯　Ⅱ．①錢⋯　Ⅲ．①文史哲－中國－文集
Ⅳ．① C539

中國版本圖書館 CIP 數據核字（2019）第 091580 號

出版説明

錢鍾書先生（一九一〇——一九九八年）是當代中國著名的學者、作家。他的著述，如廣爲傳播的《談藝録》、《管錐編》、《圍城》等，均已成爲二十世紀重要的學術和文學經典。爲了比較全面地呈現錢鍾書先生的學術思想和文學成就，經作者授權，三聯書店組織力量編輯了這套《錢鍾書集》。

《錢鍾書集》包括下列十種著述：

《談藝録》、《管錐編》、《宋詩選註》、《七綴集》、《圍城》、《人·獸·鬼》、《寫在人生邊上》、《人生邊上的邊上》、《石語》、《槐聚詩存》。

這些著述中，凡已正式出版的，我們均據作者的自存本做了校訂。其中，《談藝録》、《管錐編》出版後，作者曾做過多次補訂；這些補訂在兩書再版時均綴於書後。此次結集，我們根據作者的意願，將各次補訂或據作者指示或依文意排入相關章節。另外，我們還訂正了少量排印錯訛。

《錢鍾書集》由錢鍾書先生和楊絳先生提供文稿和樣書；陸谷孫、羅新璋、董衡巽、薛鴻時和張佩芬諸先生任外文校訂；陸文虎先生和馬蓉女士分別擔任了《談藝録》和《管錐編》的編輯工作。對以上人士和所有關心、幫助過《錢鍾書集》出版的人，我們都表示誠摯的感謝。

生活・讀書・新知 三聯書店

一九九九年十二月一日

　　此次再版，訂正了初版中少量的文字和標點訛誤；並對《談藝錄》、《管錐編》的補訂插入位置稍做調整。

生活・讀書・新知 三聯書店

二〇〇七年八月二十日

錢鍾書對《錢鍾書集》的態度
（代　序）
楊　絳

　　我謹以眷屬的身份，向讀者説説錢鍾書對《錢鍾書集》的態度。因爲他在病中，不能自己寫序。

　　他不願意出《全集》，認爲自己的作品不值得全部收集。他也不願意出《選集》，壓根兒不願意出《集》，因爲他的作品各式各樣，糅合不到一起。作品一一出版就行了，何必再多事出什麽《集》。

　　但從事出版的同志們從讀者需求出發，提出了不同意見，大致可歸納爲三點。（一）錢鍾書的作品，由他點滴授權，在臺灣已出了《作品集》。咱們大陸上倒不讓出？（二）《談藝録》、《管錐編》出版後，他曾再三修改，大量增删。出版者爲了印刷的方便，《談藝録》再版時把《補遺》和《補訂》附在卷末，《管錐編》的《增訂》是另册出版的。讀者閱讀不便。出《集》重排，可把《補遺》、《補訂》和《增訂》的段落，一一納入原文，讀者就可以一口氣讀個完整。（三）儘管自己不出《集》，難保旁人不侵權擅自出《集》。

錢鍾書覺得說來也有道理，終於同意出《錢鍾書集》。隨後他因病住醫院，出《錢鍾書集》的事就由三聯書店和諸位友好協力擔任。我是代他和書店並各友好聯絡的人。

錢鍾書絕對不敢以大師自居。他從不廁身大師之列。他不開宗立派，不傳授弟子。他絕不號召對他作品進行研究，也不喜旁人為他號召，嚴肅認真的研究是不用號召的。《錢鍾書集》不是他的一家言。《談藝錄》和《管錐編》是他的讀書心得，供會心的讀者閱讀欣賞。他偶爾聽到入耳的稱許，會驚喜又驚奇。《七綴集》文字比較明白易曉，也同樣不是普及性讀物。他酷愛詩。我國的舊體詩之外，西洋德、意、英、法原文詩他熟讀的真不少，詩的意境是他深有領會的。所以他評價自己的《詩存》祇是恰如其分。他對自己的長篇小說《圍城》和短篇小說以及散文等創作，都不大滿意。儘管電視劇《圍城》給原作贏得廣泛的讀者，他對這部小說確實不大滿意。他的早年作品喚不起他多大興趣。"小時候幹的營生"會使他"駭且笑"，不過也並不認為見不得人。誰都有個成長的過程，而且，清一色的性格不多見。錢鍾書常說自己是"一束矛盾"。本《集》的作品不是洽調一致的，祇不過同出錢鍾書筆下而已。

錢鍾書六十年前曾對我說：他志氣不大，但願竭畢生精力，做做學問。六十年來，他就寫了幾本書。本《集》收集了他的主要作品。憑他自己說的"志氣不大"，《錢鍾書集》祇能是菲薄的奉獻。我希望他畢生的虛心和努力，能得到尊重。

一九九七年十一月二十一日

作者在北京三里河南沙沟(一九八四)

作者八十年代在日本講學

作者手跡

管錐編總目次

周易正義 二七則 …………………………………… 1
毛詩正義 六〇則 …………………………………… 97
左傳正義 六七則 …………………………………… 265
史記會註考證 五八則 ……………………………… 413
老子王弼註 一九則 ………………………………… 627
列子張湛註 九則 …………………………………… 721
焦氏易林 三一則 …………………………………… 809
楚辭洪興祖補註 一八則 …………………………… 887
太平廣記 二一三則 ………………………………… 975
全上古三代秦漢三國六朝文 二七七則 …………… 1373

序

瞥觀疏記，識小積多。學焉未能，老之已至！遂料簡其較易理董者，錐指管窺，先成一輯。假吾歲月，尚欲賡揚。又於西方典籍，褚小有懷，綆短試汲，頗嘗評泊考鏡，原以西文屬草，亦思寫定，聊當外篇。敝帚之享，野芹之獻，其資於用也，能如豕苓桔梗乎哉？或庶幾比木屑竹頭爾。命筆之時，數請益於周君振甫，小叩輒發大鳴，實歸不負虛往，良朋嘉惠，並志簡端。

一九七二年八月。

初計此輯尚有論《全唐文》等書五種，而多病意倦，不能急就。已寫定各卷中偶道及"參觀"語，存而未削，聊為異日之券。

一九七八年一月又記。

序

《管錐編》問世以還,數承讀者貽書啓益。余重閱一過,亦見樹義之蘊蓄未宣、舉證之援據不中者,往往而有。欲愜心以求當,遂費詞而無惜。乃增訂以成此卷,所採諸君來教,敬著主名,不忘有自。每則之首,悉標原書頁數。補苴附麗,雖衹比鴻毛之益,或尚非蛇足之添。仍乞周君振甫,爲我別裁焉。原書訛脫字句,無慮數百處,重勞四方函示匡正,若再版可期,當就本文刊訂,今姑略諸。

一九八一年八月。

再版識語

  初版字句頗患訛奪，非盡排印校對之咎，亦原稿失檢錯漏所致也。國內外學人眼明心熱，往往爲一二字惠書訂謬；其糾繩較多者，則有施其南、張覲教、陸文虎三君；而范旭侖君尤刻意爬梳，是正一百餘處。洵拙著之大幸已！應再版之需，倩馬蓉女士薈萃讀者來敎，芟複汰重，復益以余所讎定者，都勘改五百餘處。亦知校書如掃落葉，庶免傳訛而滋蔓草爾。

一九八二年六月。

弁　言

　　此書於一九八六年再版，海內外讀者仍賜函是正訛文脫字，少者二三事，多則如王君依民校讎至百十事。察毫指瑕，都感嘉惠。因仍乞馬蓉女士逐處勘改，尋行數墨，亦既勞止！疏忽遺漏，必所難免；徒有務盡之虛願，終以求闕爲解嘲爾。原成《增訂》後，復偶弋獲，牀上安牀，作《增訂》之二；中華書局許於三版時以兩者合爲第五册，固所願也，非敢望也，謹志忻謝。

一九八九年十月三十日。

弁　言

　　茲書刊行後，又一披閱，修益二十處。衰朽爲學，如燃見跋之燭，行逆水之舟，徒自苦耳，復自哂也。

一九九三年五月。

目　次

周易正義 二七則

一　論易之三名 …… 3
　一字多意之同時合用
二　乾 …… 15
　體用之名
三　泰 …… 25
　《泰》爲人中之説
四　蠱 …… 27
　幹蠱之解
五　觀 …… 30
　神道設教
六　噬 …… 40
　噬嗑爲相反相成之象
七　頤 …… 42
　口舌與口腹

八	大過	43
	男女歧視不齊	
九	睽	46
	睽有三	
一〇	損	48
	互文相足	
一一	姤	49
	彖象食色	
一二	革	51
	息兼消長兩義——革爲反象以徵	
一三	震	56
	蘇蘇與虩虩	
一四	艮	57
	註疏亦用道家言——欲止於背	
一五	漸	62
	征夫不復與蕩子不歸	
一六	歸妹	64
	比喻有兩柄亦有多邊	
一七	繫辭（一）..	71
	無可名與多名	
一八	繫辭（二）..	73
	天不與人同憂	
一九	繫辭（三）..	75
	知幾	
二〇	繫辭（四）..	78

目　次

　　　　洗心
二一　繫辭（五）……………………………………… *81*
　　　　修辭兼言之例
二二　繫辭（六）……………………………………… *84*
　　　　物同理同
二三　繫辭（七）……………………………………… *86*
　　　　屈以求伸
二四　繫辭（八）……………………………………… *88*
　　　　物相雜成文
二五　繫辭（九）……………………………………… *90*
　　　　禍福倚伏
二六　說卦（一）……………………………………… *92*
　　　　"前""後""往""來"等字互訓
二七　說卦（二）……………………………………… *96*
　　　　天地擬象

毛詩正義 六〇則

一　詩譜序 ……………………………………………… *99*
　　　　詩之一名三訓
二　關雎（一）………………………………………… *101*
　　　　風之一名三訓
三　關雎（二）………………………………………… *103*
　　　　聲成文

— 3 —

四　關雎（三）………………………………………… *105*
　　聲與詩

五　關雎（四）………………………………………… *110*
　　興爲觸物以起

六　關雎（五）………………………………………… *114*
　　丫叉句法——輾轉反側解

七　卷耳………………………………………………… *116*
　　話分兩頭

八　桃夭………………………………………………… *122*
　　花笑

九　芣苢………………………………………………… *125*
　　亂離不樂有子

一〇　汝墳……………………………………………… *127*
　　匹與甘

一一　行露……………………………………………… *129*
　　修辭之反詞質詰

一二　摽有梅…………………………………………… *131*
　　重章之循序前進

一三　野有死麕………………………………………… *132*
　　吠尨

一四　柏舟……………………………………………… *133*
　　鑒可茹

一五　燕燕……………………………………………… *135*
　　送別情境——《詩》作詩讀

一六　擊鼓……………………………………………… *138*

目　次

　　　　"契闊"諸義
一七　谷風 …………………………………………… *142*
　　　　夫婦與兄弟
一八　旄丘 …………………………………………… *145*
　　　　耳聾多笑
一九　泉水 …………………………………………… *146*
　　　　舟車皆可言"駕"
二〇　北風 …………………………………………… *147*
　　　　"莫黑匪烏"之今諺
二一　靜女 …………………………………………… *148*
　　　　爾汝羣物
二二　桑中 …………………………………………… *150*
　　　　詩作自述語氣非即詩人自陳行事
二三　淇奧 …………………………………………… *153*
　　　　《正義》隱寓時事——詩文中景物不盡信而可徵——"君子"
　　　　亦偶戲謔
二四　碩人 …………………………………………… *160*
　　　　《詩》《騷》寫美人——"無使君勞"可兩解
二五　氓 ……………………………………………… *162*
　　　　敍事曲折——"士""女"鍾情之異
二六　河廣 …………………………………………… *164*
　　　　詩文之詞虛而非僞
二七　伯兮 …………………………………………… *169*
　　　　《伯兮》二章三章之遺意——心愁而致頭痛
二八　木瓜 …………………………………………… *171*

投贈與答報
二九　君子于役 …………………………………… *173*
　　　暝色起愁
三〇　采葛 ……………………………………………… *175*
　　　身疏則讒入
三一　叔于田 …………………………………………… *177*
　　　韓愈文來歷
三二　女曰雞鳴 ………………………………………… *178*
　　　憎雞叫旦
三三　有女同車 ………………………………………… *181*
　　　形容詞之"情感價值"與"觀感價值"——"都"猶"京樣"
三四　狡童 ……………………………………………… *185*
　　　含蓄與寄託——《詩》中言情之心理描繪
三五　雞鳴 ……………………………………………… *189*
　　　憎聞雞聲又一例
三六　敝笱 ……………………………………………… *191*
　　　雲無心
三七　陟岵 ……………………………………………… *192*
　　　己思人乃想人亦思己、己視人適見人亦視己
三八　伐檀 ……………………………………………… *196*
　　　詩之象聲——風行水上喻文
三九　蟋蟀 ……………………………………………… *199*
　　　正言及時行樂
四〇　山有樞 …………………………………………… *201*
　　　反言以勸及時行樂

目　次

四一	綢繆	203
	"良人"	
四二	駉鐵	205
	"媚子"與佞幸	
四三	蒹葭	208
	"在水一方"爲企慕之象徵	
四四	衡門	211
	慰情退步	
四五	澤陂	213
	"風人體"——古人審美	
四六	隰有萇楚	218
	無情不老	
四七	七月	221
	"傷春"詩	
四八	鴟鴞	224
	鳥有手	
四九	四牡	226
	"忠孝不能兩全"	
五〇	采薇	230
	刻劃柳態	
五一	杕杜	231
	借卉萋鸘鳴以寫思婦	
五二	車攻	232
	以音聲烘托寂靜	
五三	正月	235

　　　　鳥爲周室王業之象——踢天踏地——"潛伏"而仍
　　　　"孔昭"——"弇"之字義與句型——怨天——詛祖宗

五四　雨無正 ………………………………………… *247*
　　　　語法程度

五五　小弁 …………………………………………… *252*
　　　　練字

五六　大東 …………………………………………… *254*
　　　　有名無實之喻

五七　楚茨 …………………………………………… *258*
　　　　巫之一身二任

五八　大明 …………………………………………… *260*
　　　　"師尚父"

五九　桑柔 …………………………………………… *261*
　　　　"執熱"

六〇　常武 …………………………………………… *262*
　　　　《詩》詠兵法

左傳正義 六七則

一　杜預序 …………………………………………… *267*
　　　　五例——《左傳》之記言

二　隱公 ……………………………………………… *275*
　　　　孔疏頗不信神異

三　隱公元年 ………………………………………… *276*

目　次

　　　悟生——待熟——因果句與兩端句——考詞之終始——
　　　"闡釋之循環"——"志"字歧義

四　桓公元年 ……………………………………………… *285*
　　　古"豔""麗"通用於男女

五　桓公十五年 …………………………………………… *286*
　　　"人盡夫也"

六　莊公六年 ……………………………………………… *287*
　　　以空間示時間

七　莊公十年 ……………………………………………… *292*
　　　"肉食者鄙"——"加"字義——"可戰""不?"問對——
　　　"戰，勇氣也"

八　莊公十四年 …………………………………………… *295*
　　　息媯"未言"

九　莊公十九年 …………………………………………… *296*
　　　兵諫笞諫皆在楚

一〇　莊公二十八年 ……………………………………… *297*
　　　"幕有烏"

一一　閔公元年 …………………………………………… *298*
　　　"與其"與"寧"

一二　閔公二年 …………………………………………… *299*
　　　句中著一字而言外反三隅

一三　僖公四年 …………………………………………… *301*
　　　"重言"

一四　僖公五年 …………………………………………… *303*
　　　左氏之"怪""巫"——"鬼"、"神"、"鬼神"——上帝

— 9 —

與周王——神不聰明正直

一五 僖公二十二年 ················· *310*
兵不厭詐——詞負而意正、詞正而意負

一六 僖公二十四年 ················· *314*
"無極"與"無終"

一七 僖公二十六年 ················· *316*
"玉"爲禮節詞頭

一八 僖公二十七年 ················· *317*
治軍以刑僇立威

一九 僖公二十八年 ················· *319*
"知難而退"——"戲"與戰——"申息之老"

二〇 文公元年（一）················· *324*
相人

二一 文公元年（二）················· *325*
蜂目

二二 文公七年 ················· *326*
先發與後發

二三 文公十年 ················· *328*
"強"字用於老死

二四 文公十四年 ················· *329*
"夫人"與"夫"

二五 宣公二年 ················· *330*
一飯之恩仇

二六 宣公十二年（一）················· *332*
人相食

目　次

二七　宣公十二年（二） …………………………………… *334*
　　　"困獸猶鬥"

二八　成公二年 …………………………………………… *337*
　　　"殿""填"與"鎮"——戎禮與戎儀

二九　成公十年 …………………………………………… *339*
　　　不材得終其天年——病入膏肓——陷廁

三〇　成公十五年 ………………………………………… *340*
　　　"達節"即"權"

三一　成公十六年 ………………………………………… *344*
　　　借乙口敍甲事

三二　襄公四年 …………………………………………… *346*
　　　記言中斷

三三　襄公九年 …………………………………………… *348*
　　　小國介兩大間

三四　襄公十四年 ………………………………………… *349*
　　　"性"即"生"

三五　襄公二十一年（一） ………………………………… *350*
　　　"盜"與"民賊"

三六　襄公二十一年（二） ………………………………… *351*
　　　"無室"

三七　襄公二十一年（三） ………………………………… *352*
　　　"美色惡心"

三八　襄公二十一年（四） ………………………………… *356*
　　　避複

三九　襄公二十三年 ……………………………………… *357*

"美疢"

四〇 襄公二十四年 ………………………………… *361*
將死言善

四一 襄公二十五年（一） …………………………… *362*
記事仿古——"與"

四二 襄公二十五年（二） …………………………… *365*
"文辭"

四三 襄公二十五年（三） …………………………… *366*
"惡"

四四 襄公二十六年 …………………………………… *367*
"視之尤"

四五 襄公二十七年 …………………………………… *368*
"終身用兵而不自知"

四六 襄公二十八年 …………………………………… *370*
斷章取義——易內

四七 昭公元年（一） ………………………………… *373*
"垂橐"——七口八舌之記言——言祥殃不驗之例——雜糅情感

四八 昭公元年（二） ………………………………… *377*
釋醫和語

四九 昭公五年 ………………………………………… *378*
作文首尾呼應

五〇 昭公七年 ………………………………………… *381*
"淫厲"即"冤魂"

五一 昭公十一年 ……………………………………… *382*

目　次

　　　"尾大不掉"

五二　昭公十二年 …………………………………… *383*
　　　卜筮因人而異吉凶

五三　昭公十七年 …………………………………… *384*
　　　水火爲夫婦

五四　昭公十八年 …………………………………… *386*
　　　愚民説

五五　昭公十九年 …………………………………… *390*
　　　誅心與誅迹

五六　昭公二十年 …………………………………… *391*
　　　和別於同——"古而無死"

五七　昭公二十二年 ………………………………… *394*
　　　雄雞自斷其尾

五八　昭公二十八年（一） ………………………… *395*
　　　"惟食忘憂"

五九　昭公二十八年（二） ………………………… *398*
　　　如皋射雉

六〇　昭公三十年 …………………………………… *399*
　　　爲三師以肄

六一　定公三年 ……………………………………… *400*
　　　"夷射姑旋焉"

六二　定公四年 ……………………………………… *401*
　　　意申不待詞備

六三　定公十四年 …………………………………… *403*
　　　不"信"而可爲"義"

六四　哀公三年 ………………………………………… *405*
　　"拾瀋"與"覆水"

六五　哀公七年 ………………………………………… *407*
　　對話省"曰"字

六六　哀公十一年 ……………………………………… *410*
　　出使屬子

六七　哀公十二年 ……………………………………… *411*
　　"木斃"與"國狗"解

史記會註考證 五八則

一　裴駰集解序 ………………………………………… *415*
　　班書評馬——司馬氏父子異尚

二　五帝本紀 …………………………………………… *417*
　　我國史學之肇端

三　周本紀 ……………………………………………… *420*
　　"其聲魄"——褎姒笑

四　秦始皇本紀 ………………………………………… *422*
　　評點《史記》——本紀爲《春秋》經、傳之結合——銅鑄兵與鐵鑄兵——"寫放"——"徐市"——變法焚書——"今年祖龍死"——"棺載轀輬車中"——字根習論——"夜行"——"鹿馬易形"——"束蒲爲脯"——野語無稽而頗有理

五　項羽本紀 …………………………………………… *444*

目　次

　　　　破釜沉舟——用字重而非贅——項羽性格——鴻門宴
　　　　紀事——"今"字——挑戰——垓下歌——重瞳

六　高祖本紀 ································· *456*
　　　　引碑證史——"跳"——"卻行"——"不醫日可治"

七　呂太后本紀 ······························· *461*
　　　　"廟"

八　禮書 ····································· *462*
　　　　子夏語

九　律書 ····································· *463*
　　　　"名士"——兵與刑

一〇　封禪書 ································· *466*
　　　　"云"——三神山——"物"——封禪泰山——長壽
　　　　學仙——封禪與巫蠱

一一　宋微子世家 ····························· *474*
　　　　射天

一二　趙世家 ································· *476*
　　　　"即"字——置兒絝中——文字重見

一三　孔子世家 ······························· *478*
　　　　孔爲漢制法

一四　陳涉世家 ······························· *480*
　　　　"貴毋相忘"與"貴易交"

一五　外戚世家 ······························· *481*
　　　　言妃匹而及命——"媚道"與"射刺"——褚先生——薄姬夢

一六　齊悼惠王世家 ··························· *488*
　　　　失火之喻

一七	蕭相國世家 ……………………………………	489
	將相買田地	

一八　留侯世家 …………………………………… 490
　　　"動將以利"——"卧傅"

一九　陳丞相世家 …………………………………… 491
　　　剗夫——"宰天下"——"天道"與"陰德"

二〇　絳侯周勃世家 …………………………………… 492
　　　詳事而略境——"君令有所不受"

二一　五宗世家 …………………………………… 494
　　　"内寵外寵重復重"

二二　伯夷列傳 …………………………………… 495
　　　列傳以老子爲首——"以暴易暴"——"天道"

二三　管晏列傳 …………………………………… 499
　　　"搭天橋"——世多有其書而傳或載或否

二四　老子韓非列傳 …………………………………… 501
　　　寓言入史——"離辭"——補償反應——工於謀人，
　　　拙於衛己——"因應"

二五　孫子吴起列傳 …………………………………… 505
　　　《十三篇》——"攻心"

二六　蘇秦列傳 …………………………………… 507
　　　前倨後恭——窮愁著書

二七　樗里子甘茂列傳 …………………………………… 510
　　　"滑稽"

二八　孟嘗君列傳 …………………………………… 512
　　　"市道交"

目　次

二九　春申君列傳 …………………………………… *514*
　　　"兩虎相鬭"

三〇　廉頗藺相如列傳 ……………………………… *516*
　　　敍事增飾

三一　田單列傳 ……………………………………… *517*
　　　神師——火牛

三二　魯仲連鄒陽列傳 ……………………………… *519*
　　　稠疊其詞——"爾耳"——比物連類

三三　呂不韋列傳 …………………………………… *524*
　　　"色衰愛弛"

三四　刺客列傳 ……………………………………… *527*
　　　君臣恩義——"借軀"

三五　李斯列傳 ……………………………………… *530*
　　　"一切"——《諫逐客書》——"正用此時"——
　　　屈打成招——反言

三六　張耳陳餘列傳 ………………………………… *537*
　　　交不終

三七　魏豹彭越列傳 ………………………………… *538*
　　　"形"

三八　黥布列傳 ……………………………………… *539*
　　　田橫恥事漢王——報應與輪迴

三九　淮陰侯列傳 …………………………………… *541*
　　　心口自語——"必"——功臣——"桀犬吠堯"

四〇　田儋列傳 ……………………………………… *548*
　　　"畫"與"圖"

— 17 —

管錐編

四一 酈生陸賈列傳 ········· *549*
　　"馬上得天下"——"數見不鮮"

四二 扁鵲倉公列傳 ········· *552*
　　"視垣一方"——無種子術——韓女病——信巫不信醫

四三 魏其武安列傳 ········· *556*
　　"相體"——稱謂不一——爽約——"腹誹"、"巷議"——
　　"首鼠兩端"——記事增飾

四四 韓長孺列傳 ········· *562*
　　父兄虎狼——往復辯論

四五 李將軍列傳 ········· *564*
　　生不遇時——中石没鏃

四六 匈奴列傳 ········· *567*
　　"必……者"

四七 衛將軍驃騎列傳 ········· *570*
　　學古兵法

四八 平津侯主父列傳 ········· *572*
　　"廉易而恥難"——"五鼎食"、"五鼎烹"——世態

四九 司馬相如列傳 ········· *574*
　　自序——文君夜奔——"獨不"——"繁類成豔"——
　　"決眥"——"中必疊雙"——《海賦》、《江賦》之先河
　　——犯複——"上林"、"子虛"——諫獵——"崢嶸"
　　——"勸百而風一"

五〇 汲鄭列傳 ········· *588*
　　"踞廁"——"刀筆吏"——《贊》

五一 儒林列傳 ········· *590*

目　次

　　　　"湯武革命"——冠履喻——"家人"

五二　酷吏列傳 ………………………………………… 594
　　　　乾没

五三　大宛列傳 ………………………………………… 596
　　　　張騫、蘇武——狼乳棄嬰

五四　游俠列傳 ………………………………………… 598
　　　　"存亡死生"

五五　佞幸列傳 ………………………………………… 599
　　　　佞幸——"姓鄧名通"——宦者——時

五六　滑稽列傳 ………………………………………… 602
　　　　優言無郵——歸謬法——葬於人腹——獻鵠事——內學與外學

五七　貨殖列傳 ………………………………………… 608
　　　　"崇勢利"——"若水之趨下"——錢——治生產——"人棄我取"——"歸於富厚"——"求富"——"寧爵毋刁"——"貧賤足羞"——"蚊"

五八　太史公自序 ………………………………………… 618
　　　　司馬談論六家各有其是——道家爲術——"健羨"——混淆司馬父子之論——"厲憐王"——"唯唯！否否"——《太史公書》——"先馬走"

— 19 —

周易正義

二七則

一　論易之三名

第一、《論易之三名》："《易緯乾鑿度》云：'易一名而含三義，所謂易也，變易也，不易也。'鄭玄依此義作《易贊》及《易論》云：'易一名而含三義：易簡一也，變易二也，不易三也'"。按《毛詩正義·詩譜序》："詩之道放於此乎"；《正義》："然則詩有三訓：承也，志也，持也。作者承君政之善惡，述己志而作詩，所以持人之行，使不失墜，故一名而三訓也。"皇侃《論語義疏》自序："捨字制音，呼之爲'倫'。……一云：'倫'者次也，言此書事義相生，首末相次也；二云：'倫'者理也，言此書之中蘊含萬理也；三云：'倫'者綸也，言此書經綸今古也；四云：'倫'者輪也，言此書義旨周備，圓轉無窮，如車之輪也。"董仲舒《春秋繁露·深察名號》篇第三五："合此五科以一言，謂之'王'；'王'者皇也，'王'者方也，'王'者匡也，'王'者黄也，'王'者往也。"智者《法華玄義》卷六上："機有三義：機是微義，是關義，是宜義。應者亦爲三義：應是赴義，是對義，是應義。"後世著述如董斯張《吹景集》卷一○《佛字有五音六義》，亦堪連類。胥徵不僅一字能涵多意，抑且數意可以同時並用，"合諸科"於"一言"。黑格爾嘗鄙薄吾國語文，以爲不宜思辯①；又自詩德語能冥契道妙，舉"奧伏赫變"（Aufheben）爲例，以相反兩意融會於一字（ein und dasselbe Wort für zwei entgegengesetzte Bestimmungen），拉丁文中亦無義蘊深富爾許者②。其不知漢語，不必責也；無知而掉以輕心，發爲高論，又老師巨子之常態慣技，無足怪也；然而遂使東西海之名理同者如南北海之馬牛風，則不得不爲承學之士惜之。

一字多意，粗別爲二。一曰並行分訓，如《論語·子罕》："空空如也"，"空"可訓虛無，亦可訓誠愨，兩義不同而亦不倍。二曰背出或歧出分訓，如"亂"兼訓"治"，"廢"兼訓"置"，《墨子·經》上早曰："已：成，亡"；古人所謂"反訓"，兩義相違而亦相仇。然此特言其體耳。若用時而祇取一義，則亦無所謂虛涵數意也。心理事理，錯綜交糾：如冰炭相憎、膠漆相愛者，如珠玉輝映、笙磬和諧者，如雞兔共籠、牛驥同槽者，蓋無不有。賅衆理而約爲一字，並行或歧出之分訓得以同時合訓焉，使不倍者交協、相反者互成，如前所舉"易"、"詩"、"論"、"王"等字之三、四、五義，黑格爾用"奧伏赫變"之二義，是也。匹似《墨子·經說》上："爲衣、成也，治病、亡也"；非即示"已"雖具兩義，各行其是乎？

【增訂四】《墨子·經說》上言"已"字具相反兩義："爲衣、成也，治病、亡也。"按《莊子·達生》言紀渻子爲王養鬭雞，"十日而問：'雞已乎？'"即"成"義佳例，謂"鬭雞養成不？"

---

① *Wissenschaft der Logik*, Reclams "Universal-Bibliothek", I, 19.
② *Ibid*, 124 – 5.

也。竊以爲"已"字祇有"完畢"一義,蓋屬"成辦詞",而區別於"力役詞"者(Cf. Gilbert Ryle, *The Concept of Mind*, 1949, pp. 149-52, "Achievement word" vs "Task word")。所施事物有異,遂"成"、"亡"有別,實則"成衣"、"治病"以至"養鬬雞"與夫殺伏雌而烹之,均可言"已",示其事完成了畢,初非兩義正反也。"成辦詞"與"力役詞"之辨,《墨子》書可資例證。《經》上:"慮、求也";"慮"乃"力役詞","求"則尚未之得,其役未竟也。又云:"知、接也"(參觀《莊子·庚桑楚》:"知者、接也"),"知"乃"成辦詞","接"如《淮南子·原道》"知與物接"之"接",交也、合也,求索而致及之;《管子·內業》云:"生乃思,思乃知,知乃止矣",功成事畢,遂"止"爾(Cf. Aristotle, Metaphysics, 1048B, 30-4, *The Basic Works of Aristotle*, Random House, p. 827, "to see", "to understand" vs "to walk", "to build")。

【增訂五】張載《正蒙·中正篇》:"蓋得正則得所止。……勉蓋未能安也,思蓋未能有也。"以"勉"儷"思",所謂"力役";以"安"、"有"申"正"與"得",即"成辦"爾。

《論語·微子》:"隱居放言",可釋爲極言盡詞,亦可釋爲捨置不言,然二義在此句不能同時合訓,必須拈一棄一。孔融《離合郡姓名字詩》云:"無名無譽,放言深藏",謂"與"字也("譽"去"言"),僅作棄置解;而路粹枉狀奏孔融云:"與白衣禰衡跌蕩放言",《後漢書·鄭、孔、荀列傳》章懷註:"跌蕩,無儀檢也;放,縱也",又僅作肆極解。是"放言"之"放"體涵分訓,用却未著合訓矣。即以"奧伏赫變"而論,黑格爾謂其蘊"滅絕"(ein Ende machen)與"保存"(erhalten)二義①；顧哲理書中，每限於一義爾。信摭數例。康德《人性學》(Anthropologie)第七四節論情感(der Affekt)，謂當其勃起，則心性之恬靜消滅(Wodurch die Fassung des Gemüts aufgehoben wird)②。席勒《論流麗與莊重》(Ueber Anmut und Würde)云："事物變易(Veränderung)而不喪失其本來(ohne seine Identität aufzuheben)者，唯運行(Bewegung)爲然"③。馮德《心理學》引恒言："有因斯得果，成果已失因"(Mit dem Grund ist die Folge gegeben, mit der Folge ist der Grund aufgehoben)④。歌德深非詩有箋釋(Auslegung)，以爲釋文不啻取原文而代之，箋者所用字一一抵銷作者所用字(so hebt ein Wort das andere auf)⑤。此皆祇局於"滅絕"一義也。席勒《美育書札》(Ueber die ästhetischen Erziehung des Menschen)第七、第一八函等言分裂者歸於合、牴牾者歸於和，以"奧伏赫變"與"合併"(Verbinden)、"會通"(Vereinigen)連用⑥；又謝林《超驗唯心論大系》(System des transzendentalen Idealismus)中，連行接句，頻見此字，與"解除"(auflösen)並用⑦，以指矛盾之超越、融貫。則均同時合訓，

---

① Cf. *Die Phänomenologie des Geistes*, Akademie Verlag, 90: "es ist ein *Negieren* und ein *Aufbewahren* zugleich".
② *Kants Werke*, hrsg. E. Cassirer, VIII, 142.
③ *Schillers Werke*, hrsg. L. Bellermann, 2. Aufl., VII, 93.
④ Wundt, *Grundzüge der physiologischen Psychologie*, 6. Aufl., III, 663.
⑤ Eckermann, *Gespräche mit Goethe*, 10. Nov. 1823, Aufbau, 80.
⑥ Schiller, *op. cit.*, 289, 336.
⑦ *Schellings Werke. Auswahl in 3* Bänden, Hrsg. O. Weiss, II, 289, 293, 295, 300.

虛涵二意,隱承中世紀神秘家言①,而與黑格爾相視莫逆矣。別見《老子》卷論第四〇章。

語出雙關,文蘊兩意,乃詼諧之慣事,固詞章所優爲②,義理亦有之。後將隨文闡説,茲拈二例,聊暢厥旨。

《莊子·齊物論》:"以是其所非,而非其所是。……物無非彼,物無非是。……彼出於是,是亦因彼,彼是方生之説也。……因是因非,因非因是。……是亦彼也,彼亦是也,彼亦一是非,此亦一是非";成玄英疏:"夫'彼'對於'此','是'對於'非',文家之大體也。今言'彼出於是'者,言約理微,舉

---

① O. Zirker, *Die Bereicherung des deutschen Wortschatzes durch die spätmittelalterliche Mystik*, 82-3.

② 黑格爾説"奥伏赫變",亦引拉丁文中西塞羅趣語(Witz)佐之。按西塞羅用一字(tollendum),兼"抬舉"與"遺棄"二意,同時合訓,即所謂明升暗降,如吾國言"架空"、"高擱"或西語"一脚踢上樓"、"一筋斗栽上樓"(to kick upstairs, die Treppe hinauffallen);蘇偉東《羅馬十二帝傳》轉述此諧,僅以西塞羅原字限於"遺棄"之意,外加一字以示"抬舉"(ornandum tollendumque),即未着合訓之用也(Suetonius, II. xii, "The Loeb Classical Library", I, 136)。

【增訂四】西塞羅用 tollendum 一字以示升即降、降亦升之意,吾國俗語雙關跌交云:"越跌越高",又云:"一交跌在青雲裏"(謂"跌上青雲去")可相印發;如《兒女英雄傳》三八回:"我們老爺索性越跌交越脚高了!"《南亭四話》卷四嘲某孝廉詩:"驀地青雲跌一交",則雙關謂自青雲中跌下。雨果慰夏多勃里昂曰:"汝每失意,降而益下,則人愈見汝升而愈高"(Toi qu'on voit à chaque disgrâce / Tomber plus haut encor que tu n'étais monté! —Hugo, *Odes et Ballades*, III. ii, "A. M. de Chateaubriand")。海涅述別爾内譏拿破侖曰:"寶座高登,而聲價低落,洵可謂爲一筋斗栽上紅樓者"(als er aber die Stufen des Thrones erstieg, sank er immer tiefer im Werte; man konnte von ihm sagen: er ist die rote Treppe hinaufgefallen. —Heine: "Ludwig Börne", in *Werke und Briefe*, Aufbau, 1962, Vol. VI, p.91)。皆點化俗語,以高升、下降分指勢位與人品,猶劉埔論衛哲詒所謂:"其官每高一階,而其品乃下一級"也(《清稗類鈔·正直》)。"一筋斗栽上紅樓"與"一交跌在青雲裏",足締語言眷屬矣。

'彼'角勢也,欲示舉'彼'明'此'、舉'是'明'非'也"。蓋"文家大體",當曰:"彼出於此"或"非出於是",他語之對舉者仿此;今乃文成破體,錯配非偶,成氏遂以"言約"、"角勢"疏通之,會心已不遠矣。"是"可作"此"解,亦可作"然"解,如《秋水》:"因其所然而然之,則萬物莫不然,因其所非而非之,則萬物莫不非",成玄英疏:"'然'猶'是'也。""彼"可作"他"解,亦可作"非"解,如《詩·小雅·桑扈》:"彼交匪敖",又《采菽》:"彼交匪紓",《左傳》襄公二七年引作"匪交匪敖",《荀子·勸學》引作"匪交匪紓","匪"與"非"同。又如《墨子·經》上:"彼:不可,兩不可也。……辯:爭彼也","不可"即"非","兩不可"即雙方互"非","爭彼"即交"非"——或釋爲"不(否)、可",分指"不(否)"與"可",誤矣!果若所釋,當曰:"可、不",猶"唯、否"之不當曰"否、唯",以名辯之理,先有正言而後起反言,"可",立方以"不(否)"破;倘兩事並舉,勿宜倒置,觀《莊子·寓言》:"惡乎然?……惡乎不然?……惡乎可?……惡乎不可?"足覘順序也。顧"匪"(非)雖有"彼"訓,如《左傳》襄公八年引《小旻》:"如匪行邁謀",杜預註:"匪、彼也",而"此"無與"非"相對之"是"訓。故不曰:"非出於此","此亦非也",而曰:"彼出於是","是亦彼也",以隻字並賅"此"之對"彼"與"是"之待"非"。

【增訂四】《莊子·寓言》亦云:"同於己爲是之,異於己爲非之。"又阮元《經籍纂詁》王引之《序》云:"《鄘風·定之方中》篇:'匪直也人',《檜風·匪風》篇:'匪風發兮,匪車偈兮',《小雅·小旻》篇,《箋》並訓'匪'爲'非',不如用杜註訓'匪'爲'彼'之善也。"即指原引《左傳》

襄公八年杜註。

"彼出於此","此亦彼也",猶黑格爾謂:"甲爲乙之彼,兩者等相爲彼"(Aber A ist ebensosehr das Andere des B. Beide sind auf gleiche Weise Andere)①;"非出於是","是亦非也",猶斯賓諾沙謂:"然即否"(Determinatio est negatio),後人申之曰:"否亦即然"(Aber jede Verneinung soll als Bestimmung erkannt werden)②。是非之辨與彼此之別,輾轉關生。《淮南子·齊俗訓》:"是與非各異,皆自是而非人";《維摩詰所説經·入不二法門品》第九:"從我起二爲二",肇註:"因我故有彼,二名所以生";足相參印。莊生之"是"、"彼",各以一字兼然否之執與我他之相二義,此並行分訓之同時合訓也。《禮記·學記》:"不學博依,不能安詩",鄭玄註:"廣譬喻也,'依'或爲'衣'"。《説文》:"衣,依也";《白虎通·衣裳》:"衣者隱也,裳者障也"。夫隱爲顯之反,不顯言直道而曲喻罕譬;《吕覽·重言》:"成公賈曰:'願與君王讔'",《史記·楚世家》作:"伍舉曰:'願有進隱'",裴駰集解:"謂隱藏其意";《史記·滑稽列傳》:"淳于髡喜隱",正此之謂。《漢書·東方朔傳·贊》:"依隱玩世,……其滑稽之雄乎",如淳註:"依違朝隱",不知而強解耳。《文心雕龍·諧讔》篇之"内怨爲俳",常州派論詞之"意内言外"(參觀謝章鋌《賭棋山莊詞話》續集卷五),皆隱之屬也。《禮記》之《曲禮》及《内則》均有"不以隱疾"之語,鄭註均曰:"衣中之疾",蓋衣者,所以隱障。然而

---

① *Wissenschaft der Logik*, I. ii, *op. cit.*, I, 138.
② Spinoza, *Correspondence*, Letter L (to Jarig Jelles), tr. A. Wolf, 270; Jonas Cohn, *Theorie der Dialektik*, 227. Cf. R. Polin, *Du Mal*, *du Laid*, *du Faux*, 87: "C'est parce qu'elle est négatrice qu'elle ne peut pas être négative".

衣亦可資炫飾，《禮記·表記》："衣服以移之"，鄭註："移猶廣大也"，孔疏："使之尊嚴也"。是衣者，"移"也，故"服爲身之章"。《詩·候人》譏"彼其之子，不稱其服"；《中庸》："衣錦尚絅，惡其文之著也"，鄭註："爲其文章露見"；

【增訂四】《管子·君臣》下："旌之以衣服"，尹註："衣服所以表貴賤也。"《管子》之"旌"字與《中庸》之"著"字同，尹註言"表"猶鄭註言"露見"也。

《孟子·告子》："令聞廣譽施於身，所以不願人之文繡也"，趙歧註："繡衣服也"，明以芳聲播遠擬於鮮衣炫衆；《論衡·書解》："夫文德，世服也。空書爲文，實行爲德，著之於衣爲服。衣服以品賢，賢以文爲差"，且舉鳳羽虎毛之五色紛綸爲比。則隱身適成引目之具，自障偏有自彰之效，相反相成，同體歧用。詩廣譬喻，託物寓志：其意恍兮躍如，衣之隱也、障也；其詞煥乎斐然，衣之引也、彰也。一"衣"字而兼概沉思翰藻，此背出分訓之同時合訓也，談藝者或有取歟。《唐摭言》卷一〇稱趙牧效李賀爲歌詩，"可謂慼金結繡"，又稱劉光遠慕李賀爲長短歌，"尤能埋沒意緒"；恰可分詁"衣"之兩義矣。

"變易"與"不易"、"簡易"，背出分訓也；"不易"與"簡易"，並行分訓也。"易一名而含三義"者，兼背出與並行之分訓而同時合訓也。《繫辭》下云："爲道也屢遷，變動不居，……不可爲典要，唯變所適"，變易之謂也；又云："初率其辭，而揆其方，既有典常"，不易與簡易之謂也。足徵三義之驂靳而非背馳矣。然而經生滋惑焉。張爾歧《蒿菴閒話》卷上云："'簡易'、'變易'，皆順文生義，語當不謬。若'不易'則破此立彼，兩義背馳，如仁之與不仁、義之與不義。以'不易'釋'易'，將不仁可以釋仁、不義可以釋義乎？承譌襲謬如此，非程、朱誰爲正之！"蓋苟察文義，而未洞究事理，不知變不失常，一而能殊，用動體静，固古人言天運之老生常談。

【增訂四】張爾歧申宋絀漢，渾忘周敦頤《通書·動静》第十六論"神"所謂："動而無動，静而無静，……混兮闢兮"（朱熹註："體本則一，故曰'混'；用散而殊，故曰'闢'"）。

《管子·七法》以"則"與"化"並舉，又《内業》稱"與時變而不化，從物而不移"，《公孫龍子·通變論》有"不變謂變"之辯，姑皆置勿道。《中庸》不云乎："不息則久。……如此者不見而章，不動而變，無爲而成。……其爲物不貳，則其生物不測"；《繫辭》："生生之爲易"、即"不息"也，"至動而不可亂"、即"不貳"也，"變動不居"、即"不測"也。道家之書尤反復而不憚煩。《老子》三七、四八章言"道常無爲而無不爲"；《莊子·大宗師》篇言"生生者不生"，《知北遊》、《則陽》兩篇言"物化者一不化"，又逸文曰："生物者不生，化物者不化"（《列子·天瑞》張湛註引）；《文子·十守》言："故生生者未嘗生，其所生者即生；化化者未嘗化，其所化者即化"，又《微明》言："使有聲者乃無聲也，使有轉者乃無轉也"。故《韓非子·解老》言："常者，無攸易，無定理。"王弼《易》註中屢申斯説，如"復：象曰：復其見天地之心乎！"王註言"静非對動"，而爲動之"本"。《列子·天瑞》："易無形埒"，張湛註："易亦希簡之别稱也。太易之意，如此而已，故能爲萬化宗主，冥一而不變者也"；曰"簡"、曰"萬化宗主"、曰"不變"，即鄭玄之"三義"爾。蘇軾《前赤壁賦》："逝者如斯，而未嘗往也；盈虚者如彼，而卒莫消長也"；詞人妙語可移以解經儒之詁"易"而"不易"已。

古希臘哲人（Heraclitus）謂"唯變斯定"（By changing it rests）①；或（Plotinus）又謂"不動而動"（L'intelligence se meut en restant immobile）②；中世紀哲人（St. Augustine）謂"不變而使一切變"（Immutabilis, mutans omnia）③。西洋典籍中此類語亦甲乙難盡。歌德詠萬古一條之懸瀑，自鑄偉詞，以不停之"變"（Wechsel）與不遷之"常"（Dauer）二字鎔爲一字（Wölbt sich des bunten Bogens Wechseldauer）④，正合韓非、蘇軾語意；苟

---

① *Fragments*, no.83 (*Hippocrates and Heraclitus*, "Loeb", IV, 497).
② *Ennéades*, II.ii.3, tr. É. Bréhier, II, 23.
③ *Confessions*, I.iv, "Loeb", I, 8.
④ *Faust*, II, 4722. Cf. Coleridge: "Hymn before Sunrise": "For ever shattered and the same for ever"; Wordsworth, *Prelude*, VI.626: "The stationary blasts of waterfalls"; Shelley: "Ode to Liberty", 78–9: "Immovably unquiet".

【增訂三】十七世紀意大利詩人賦噴泉，亦謂其"晶瑩呈狀，不息不行"（sebben nel cristal mobile immota/sua sembianza abbia il fonte—N. Barberini: "La Fontana", quoted in J. Rousset, *Circè et le Paon*, nouv. èd.,154），或謂"水流而若冰凝"（liquida è l'onda e pur gelata appare—G. M. Materdona: "La Fontana di Ponte Sisto in Roma" in, G. G. Ferrero, *Marino e i Marinisti*, 776）。眼處心生，不異歌德、雪萊等機杼，正如徐凝詠廬山瀑布之"飛"而復能不去"長"在也。

【增訂四】毛奇齡《西河詩話》卷七："杜詩'出門流水住'，'住'字不甚可解。南昌王于一嘗誦其友喻宣仲《金牛寺》詩云：'誰言流水去，常在寺門前。'蕭伯玉聞之曰：'此即杜詩住字解也。'"按杜句出《遊何將軍山林》第十首。"流"而"住"，即"易"而"不易"也；觀徐凝《廬山瀑布》詩，已可解杜句，何待喻氏詩乎？原註引歌德、華兹華斯等詠瀑布及《增訂三》引意大利古詩人詠噴泉，皆不外乎道"流水住"。柯勒律治《筆記》中有一則，亦舉瀑布、噴泉、烟柱爲"常"或"不易"與"變"或"易"共存一處之例焉（The quiet circle in which Change and Permanence co-exist. ... column of smoke, the fountains before St Peter's, waterfall... —*The Notebooks of S. T. Coleridge*, ed. Kathleen Coburn, Vol. II, §2832）。

求漢文一字當之,則鄭玄所贊"變易"而"不易"之"易",庶幾其可。當世一法國詩人摹狀大自然之即成即毀、亦固亦流,合"兩可"(ambiguïté)與"兩棲"(amphibié)二文爲一字(l'amphibiguïté de la Nature)①,又此"易"字之類歟。

【增訂三】聖奧古斯丁語,可參觀亞理士多德所謂上帝有"不動之動"(an activity of immobility—*Nicom. Eth.*, Bk VII, ch. 14, *Basic Works of Aristotle*, Random House, 1058)。後世基督教頌神詩,亦或言"不動尊"(der Unbewegliche),"萬物運行而彼寧靜"(Es regt sich alles zwar, doch er bleibt unbewegt—Daniel von Czepko, *Sexcenta monodistische Sapientum*, in M. Wehrli, *Deutsche Barocklyrik*, 3. Aufl., 170)。十九世紀瑞士名小説《綠衣亨利》卷三首章純發議論,以天運通之藝事,標"動中之靜"(die Ruhe in der Bewegung)爲究竟義,初非新諦,而取譬詼詭:"上帝寂然若伏鼠,宇宙拱而運旋"(Gott hält sich mäuschenstill, darum bewegt sich die Welt um ihn—G. Keller, *Der grüne Heinrich*, III. 1, *Sämtl. Werke*, Aufbau, IV, 374)。擬上帝於鼷鼠,正如《聖經》擬上帝於"竊賊"(參觀1612頁),皆《詩·文王》以"無聲無臭"形容"上天之載"之旨,亦《老子》反復所言"玄德"(第一〇、五一、六五章;參觀一五章:"古之善爲道者,微妙玄通,深不可識"),王弼註謂"不知其主,出乎幽冥"者也(參觀第一八章註:"行術用明,……趣覩形見,物

---

① Francis Ponge:"La Fin de l'Automne", *Le Parti Pris des Choses*, Gallimard, 10.

知避之";三六章註:"器不可覯,而物各得其所,則國之利器也";四九章註:"害之大也,莫大於用其明矣。……無所察焉,百姓何避?")。尊嚴上帝,屏息潛踪,静如鼠子,動若偷兒,用意蓋同申、韓、鬼谷輩侈陳"聖人之道陰,在隱與匿"、"聖人貴夜行"耳(參觀 435—439 頁)。《韓非子・八經》曰:"故明主之行制也天,其用人也鬼",舊註謂如天之"不可測",如鬼之"陰密"。《老子》第四一章稱"道"曰:"建德若偷"(參觀嚴遵《道德指歸論・上士聞道篇》:"建德若偷,無所不成"),王弼註:"偷、匹也",義不可通,校改紛如,都未厭心,竊以爲"匹"乃"匿"之譌。"偷"如《莊子・漁父》"偷拔其所欲謂之險"之"偷",宣穎註:"潛引人心中之欲。"《出曜經》卷一五《利養品》下稱"息心"得"智慧解脱"曰:"如鼠藏穴,潛隱習教。"夫證道得解,而曰"若偷""如鼠",殆類"孤寡不穀,而王公以爲稱"(第四二章,又三九章)歟。

二　乾

　　"乾、元亨利貞";《正義》:"天者,定體之名;乾者,體用之稱。故《説卦》云'乾、健也',言天之體以健爲用"。按王應麟《困學紀聞》卷一引晁説之謂"體用事理"之辨本諸佛典,"今學者迷於釋氏而不自知";翁元圻註引周柄中《書李中孚〈答顧寧人論"體"、"用"二字書〉後》,略謂李氏以爲二字始見禪家六祖《壇經》而朱子借用,失之未考,據《繫辭》韓康伯註及《正義》此節,以證晉、唐經説早已習用。宋史繩祖《學齋佔畢》卷八論"'體'、'用'字不出於近世",據《正義》此節及"天行健"句《正義》,周、翁均未知也。文廷式《純常子枝語》卷一〇論二字來歷,引《成唯識論》卷一,又卷二九引《肇論》等外,僅引"天行健"句《正義》。《繫辭》上"夫易何爲者耶"句《正義》再三用二字:"易之功用,其體何爲","夫子還是説易之體用之狀","易之體用,如此而已",諸家胥忽而不徵。夫體用相待之諦,思辯所需①;釋典先拈,無庸諱説,既濟吾乏,何

---

　　① Cf. A. Lalande, *Vocabulaire technique et critique de la Philosophie*, qe éd., 361, 722: "Organe: caractérisé par l'accomplissement d'une fonction déterminée. Fonction: rôle caractéristique joué par un organe".

必土產？當從李斯之諫逐客，不須采慶鄭之諫小駟也。《全晉文》卷一六五釋僧衛《十住經合註序》："然能要有資，用必有本。……斯蓋目體用爲萬法。……夫體用無方，則用實異本"，殊資參解；"資"與"能"即"本"與"用"，亦即"體"與"用"。他如范縝《神滅論》之"質"、"用"；智者《法華玄義》卷一上之"力"、"用"，《文心雕龍·論說》舉"般若"以折裴頠、王衍曰："滯有者全繫於形用"；《北齊書·杜弼傳》詔答所上《老子》註："理事兼申，能用俱表"。

【增訂三】《文心雕龍》曰"形用"，承魏晉習語。《三國志·魏書·王粲傳》裴註引《博物記》："王粲與族兄凱俱避地荆州，劉表欲以女妻粲，而嫌其形陋而用率；以凱有風貌，乃以妻凱"——謂粲狀貌陋而舉止率；《周易·乾》王弼註："天也者，形之名也；健也者，用形者也"，又《坤》註："地也者，形之名也；坤也者，用地者也。""形用"即"體用"。《詩·大序》："詩有六義焉"一節，孔穎達《正義》："風、雅、頌者，詩篇之異體，賦、比、興者，詩文之異辭耳。……賦、比、興是詩之所用，風、雅、頌是詩之成形"；以"形"、"用"對稱，而後句所言"形"正是前句所言"體"，亦如《易·乾》孔《正義》之以"體"、"用"當王註之"形"、"用"也（見15頁引）。"體用"在《易》王註中曾一見，《困·九二》："困於酒食"節註："居困之時，處得其中，體夫剛質，而用中履謙。"

與"用"對稱者曰"質"、曰"形"、曰"能"、曰"力"，亦即謂"體"；異名同義，所貴得意忘言。范縝《論》："神之於質，猶利之於刀，形之於用，猶刀之於利"；《法寶壇經·定慧》第四：

"定是慧體,慧是定用,猶如燈光,有燈即光,無燈即暗"。刀利、燈光,真如葉對花當也。唐人用益泛濫,如《全唐文》卷五七九柳宗元《送琛上人南遊序》:"又有能言體而不及用者,不知二者不可斯須離也";卷六〇四劉禹錫《答饒州元使君書》:"承示政事與治兵之要,明體以及用,通經以知權";司空圖《詩品·雄渾》第一開宗明義:"大用外腓,真體內充"——蓋佛理而外,詞章、經濟亦均可言"體用"。

【增訂四】《莊子·則陽》:"況見見聞聞者也",郭象註:"況體其體,用其性也";亦以"體"、"用"對稱。隋吉藏《三論玄義》卷上:"但得用門,未識其體……一者體正,二者用正……名爲體觀……名爲用觀",又卷下:"般若爲體,方便爲用……於體中開爲兩用";已習以二字雙提並舉。唐賢首《華嚴金師子章·論五教》第六:"力用相收,卷舒自在",高辨《金師子章光顯鈔》釋爲"以用收體"故"相入","以體收用"故"相即";足證《法華玄義》卷一上之"力"、"用"即"體"、"用"也。唐人以二字爲慣語,如《全唐文》卷一高祖《令陳直言詔》:"非特乖於體用,固亦失於事情";若卷四一玄宗《道德真經疏釋題詞》:"故知道者德之體,德者道之用也";則攸關名理,更屬老生常談矣。北宋儒者中二程"借用"尤多,如程頤《周易程氏傳·自序》:"體用一源,顯微無間";《河南程氏遺書》卷一一《明道語》:"咸恒、體用也;體用無先後",又"理義、體用也";屢見不一見。劉彝對宋神宗,且以"明體達用之學"歸功其師胡瑗矣。

【增訂五】智者《摩訶止觀》卷九:"諸禪是通體,通是諸禪用;從體有用,故用附體興,用不孤生。"

且以之爲科舉名目，如元稹、白居易兩人，即同應"才識兼茂、明於體用科"登第。宋儒張載"借用"，早在朱熹前，如《正蒙·神化》："德其體，道其用，一於氣而已。"李顒、顧炎武皆未察也。顧與李札附見《二曲集》卷一六，有曰："魏伯陽《參同契》首章云：'春夏據內體，秋冬當外用'；伯陽東漢人也。……是則並舉'體'、'用'，始於伯陽，而惠能用之"；李《答顧寧人書》謂"《參同契》道家修仙之書，禪家必不肯閱"，且所言"皆修鍊工夫次第，非若惠能之專明心性、朱子之專爲全體大用而發也"。顧氏信《參同契》真出東漢人手，又強以修鍊之次第附會爲理事之資能，姑置勿論；而衛道心切，不欲儒家言之濡染釋氏禪宗，乃亟明其沾丐道流方士，渾忘釋、道二氏之等屬"異端"，殆避阱而不恤墮坑者歟！魏了翁《鶴山大全集》卷一〇九《師友雅言》記李微之云："《六經》、《語》、《孟》發明多少義理，不曾有'體'、'用'二字，逮後世方有此字。先儒不以人廢言，取之以明理，而二百年來，纔説性理，便欠此二字不得；亦要別尋二字換却，終不得似此精密。"（參觀許衡《魯齋遺書》卷二《語録》下論"孔孟未嘗言"體用而"每言無非有體有用"）坦直而亦明通之論矣。豈止宋儒之"説性理"也。戴震憎棄宋學，而《東原集》卷三《答江慎修先生論小學書》以指事、象形、形聲、會意爲"書之體"，轉注、假借爲"用文字"，言"六書"者承襲焉（參觀顧廣圻《思適齋集》卷一五《書段氏註〈說文〉後》）；亦徵"二字"之"欠不得"也。王應麟引晁説之語，見《嵩山文集》卷一三《儒言》；通篇八十餘則，胥陰詆王安石"新學"。"體用"乃王氏心傳之一端，其大弟子陸佃《陶山集》卷一一《答李貢書》發揮"君子之學有體有用"，曰："承教於先生之門，嘗聞其一二"；"先生"謂安石。

晁氏信奉天台之教，至自號"老法華"（卷一四《浄土略因》、卷一七《送郭先生序》、卷一八《題智果帖》）；是則"迷乎釋氏"之譏，非病其釋，而病其援釋入儒，祇許兩家鷄犬相聞，而不許騎驛往來。然卷一〇《康節先生〈太玄準易圖〉序》云："則體用雖殊，其歸一而已矣"；失檢誤犯乎？抑欲避不能乎？宋人作詩、文，貴"無字無來歷"，品圖畫貴"凡所下筆者，無一筆無來處"（《宣和畫譜》卷一一《王士元》）；儒生説理，亦扇此風，斤斤於名義之出典。勇於師心如陸九淵，《象山全集》卷三五《語録》論修詞曰："文纔上二字一句，便要有出處"，卷二《與朱元晦》、卷一一《與李宰》之二即以"無極"、"容心"、"平心"出於老、莊、列，戒儒者不宜用，正與晁氏之戒言"體用"一揆。嚴周身之防，亦陳仲子之廉而已。黄震《黄氏日鈔》卷五五："'九淵'之説出於《列子》，……而近世名儒陸象山以之自名，豈别有所本耶？"大似反唇相稽，上門罵人耳。

"象曰：天行健"；《正義》："或有實象，或有假象。實象者，若地上有水、地中生木升也；皆非虚，故言實也。假象者，若天在山中、風自火出；如此之類，實無此象，假而爲義，故謂之假也。"按《繫辭》上："聖人有以見天下之賾，而擬諸形容，象其物宜，故謂之象。"是"象"也者，大似維果所謂以想象體示概念（i carateri poetici, che sono generi o universali fantastici）①。蓋與詩歌之託物寓旨，理有相通。故陳騤《文則》卷上丙："《易》之有象，以盡其意；《詩》之有比，以達其情。文之作也，可無喻乎？"

---

① Vico, *Scienza nuova*, §209, *Opere*, Riccardo Ricciardi, 453; cf.§§401-2, 412-7, 460, pp.517-8, 527-30, 551.

章學誠《文史通義》內篇一《易教》下："象之所包廣矣，非徒《易》而已。……《易》象雖包《六藝》，與《詩》之比興，尤爲表裏。"然二者貌同而心異，不可不辨也。

理賾義玄，説理陳義者取譬於近，假象於實，以爲研幾探微之津逮，釋氏所謂權宜方便也。古今説理，比比皆然。甚或張皇幽渺，云義理之博大創闢者（die grössten und kühnsten Theorien）每生於（geboren）新喻妙譬（ein neues Bild, ein auffallendes Gleichnis）①，至以譬喻爲致知之具（Das Erkennen ist nur ein Arbeiten in den beliebtesten Metaphern）②、窮理之階（l'image médiatrice）③，其喧賓奪主耶？抑移的就矢也！《易》之有象，取譬明理也，"所以喻道，而非道也"（語本《淮南子·説山訓》）。求道之能喻而理之能明，初不拘泥於某象，變其象也可；及道之既喻而理之既明，亦不戀着於象，捨象也可。到岸捨筏、見月忽指、獲魚兔而棄筌蹄，胥得意忘言之謂也。詞章之擬象比喻則異乎是。詩也者，有象之言，依象以成言；捨象忘言，是無詩矣，變象易言，是別爲一詩甚且非詩矣。故《易》之擬象不即，指示意義之符（sign）也；《詩》之比喻不離，體示意義之跡（icon）也④。不

---

① Herder, *Vom Erkennen und Empfinden der menschlichen Seele*, I, *Werke*, hrsg. E. Naumann, III, 234.
② Nietzsche, *Der letzte Philosoph*, §149, *Werke*, Alfred Kröner, X, 171.
③ Bergson, *La Pensée et le Mouvant*, 137, 149-50.
④ Cf. Goethe, *Spruchweisheit in Vers und Prosa*, in *Sämtliche Werke*, "Tempel-Klassiker", III, 463 (die Symbolik); C. Peirce, *Collected Papers*, ed. C. Hartshorne and P. Weiss, III. §362, V, §475, VIII. §183 (index, icon, symbol); M. Dufrenne, *Phénoménologie de l'Experience esthétique*, I, 287 (désigner l'objet, dessiner l'objet).

即者可以取代，不離者勿容更張。王弼恐讀《易》者之拘象而死在言下也，《易略例·明象》篇重言申明曰："故言者所以明象，得象而忘言；象者所以存意，得意而忘象。……然則忘象者乃得意者也，忘言者乃得象者也。……是故觸類可忘其象，合義可爲其徵。義苟在健，何必馬乎？類苟在順，何必牛乎？爻苟合順，何必坤乃爲牛？義苟應健，何必乾乃爲馬？"蓋象既不即，意無固必，以羊易牛？以鳧當鶩，無不可耳。如《説卦》謂乾爲馬，亦爲木果，坤爲牛，亦爲布釜；言乾道者取象於木果，與取象於馬，意莫二也，言坤道者取象於布釜，與取象於牛，旨無殊也。若移而施之於詩：取《車攻》之"馬鳴蕭蕭"，《無羊》之"牛耳濕濕"，易之曰"雞鳴喔喔"，"象耳扇扇"，則牽一髮而動全身，着一子而改全局，通篇情景必隨以變換，將別開面目，另成章什。毫釐之差，乖以千里，所謂不離者是矣。

窮理析義，須資象喻，然而慎思明辨者有戒心焉。游詞足以埋理，綺文足以奪義，韓非所爲歎秦女之媵、楚珠之櫝也（《外儲説》左上）。王弼之惇惇告説，蓋非獲已。《大智度論》卷九五《釋七喻品》言，諸佛以種種語言、名字、譬喻爲説，鈍根處處生著。不能得意忘言，則將以詞害意，以權爲實，假喻也而認作真質（converting Metaphors into Properties; l'image masque l'objet et l'on fait de l'ombre un corps）①，斯亦學道致

---

① Thomas Browne, *Pseudodoxia Epidemica*, Bk I, ch. 4, *Works*, ed. J. Grant, I, 142; Joubert, *Pensées*, "Librairie Académique", Perrin, Tit. XXII, §110.

知者之常弊。古之哲人有鑒於詞之足以害意也，或乃以言破言，即用文字消除文字之執，每下一語，輒反其語以破之。《關尹子·三極》篇云："螂蛆食蛇，蛇食蛙，蛙食螂蛆，互相食也。聖人之言亦然。……唯善聖者不留一言"；古希臘懷疑派亦謂反言破正，還復自破，"譬如瀉藥，腹中物除，藥亦洩盡"(like a purge which drives the substance out and then in its turn is itself eliminated)①。釋典如《維摩詰所説經·見阿閦佛品》第十二、僧肇《寶藏論·廣照空有品》第一，其此例之蔚爲大觀者乎。擬象比喻，亦有相抵互消之法，請徵之《莊子》。羅壁《識遺》卷七嘗歎："文章一事數喻爲難，獨莊子百變不窮"，因舉證爲驗。夫以詞章之法科《莊子》，未始不可，然於莊子之用心未始有得也。説理明道而一意數喻者，所以防讀者之囿於一喻而生執着也。星繁則月失明，連林則獨樹不奇，應接多則心眼活；紛至沓來，爭妍競秀，見異斯遷，因物以付，庶幾過而勿留，運而無所積，流行而不滯，通多方而不守一隅矣。西洋柏格森説理最喜取象設譬，羅素嘗嘲諷之，謂其書中道及生命時，比喻紛繁，古今詩人，無堪倫偶(The number of similes for life to be found in his works exceeds the number in any poet known to me)②。而柏格森自言，喻夥象殊(beaucoup d'images diverses)，則妙悟勝義不至爲一喻一象之所專攘而僭奪(on empêchera l'une

---

① Diogenes Laertius, *Lives of Eminent Philosophers*, IX. 76, "Loeb", II, 491. Cf. *Sextus Empiricus*, "Loeb", I, 9: "The main basic principle of the Sceptic system is that of opposing to every proposition an equal proposition", 11: "the Sceptic enunciates his formulae so that they are virtually cancelled by themselves".

② *A History of Western Philosophy*, Allen and Unwin, 827.

quelconque d'entre elles d'usurper la place de l'intuition)①。

【增訂四】弗洛伊德言："描述心理，唯有出以擬比。然必時時更易之，蓋無一比擬堪經久也"（Psychology we can describe only with the aid of analogies. ... But we must keep changing these analogies; none of them bears up long enough. —*The Question of Lay Analysis*, in Freud, *Complete Psychological Works*, Standard Edition by James Strachey and Anna Freud, Vol. XX, p.195）。與柏格森語印可。

以今揆古，揣莊子之用心，雖不中當亦不遠。若夫詩中之博依繁喻，乃如四面圍攻，八音交響，羣輕折軸，累土爲山，積漸而高，力久而入（cumulative, convergent），初非乍此倏彼、斗起欻絶、後先消長代興者（dispersive, diversionary），作用蓋區以別矣②。

是故《易》之象，義理寄宿之蘧廬也，樂餌以止過客之旅亭也；《詩》之喻，文情歸宿之菟裘也，哭斯歌斯、聚骨肉之家室也。倘視《易》之象如《詩》之喻，未嘗不可擷我春華，拾其芳草。劉勰稱"易統其首"，韓愈贊"易奇而法"，雖勃窣理窟，而恢張文囿，失之東隅，收之桑榆，未爲戹也。關尹子以言之彼此相消，比之蛇、蛙、蝍蛆互相吞噬，而蘇軾《詩集》卷二四《雍秀才畫草蟲八物》詩之三《蝦蟆》："慎勿困蜈蚣，饑蛇不汝放！"施註云："世有畫蜈蚣、蝦蟆、蛇三物爲圖者，謂蜈蚣畏蝦

---

① *La Pensée et le Mouvant*, 210.
② Cf. C. S. Lewis, *Rehabilitations*, 151-2, 162, 170; Donald A. Stauffer, *The Nature of Poetry*, 83 ff.; Jean Rousset, *Circé et le Paon*, 191 ff.; H. Morier, *Dictionnaire de Poétique et de Rhétorique*, 201.

蟆,蝦蟆畏蛇,而蛇復畏蜈蚣也。今以三物聚而爲一,雖有相吞噬之意,無敢先之者;蓋更相制服,去一則能肆其毒焉"(參觀陸佃《埤雅》卷一○:"舊説蟾蜍食蝍蛆,蝍蛆食蛇,蛇食蟾蜍,三物相值,莫敢先動")。是則相消不留者,亦能相持並存;哲人得意而欲忘之言、得言而欲忘之象,適供詞人之尋章摘句、含英咀華,正若此矣。苟反其道,以《詩》之喻視同《易》之象,等不離者於不即,于是持"詩無通詁"之論,作"求女思賢"之箋;忘言覓詞外之意,超象揣形上之旨;喪所懷來,而亦無所得返。以深文周内爲深識底藴,索隱附會,穿鑿羅織;匡鼎之説詩,幾乎同管輅之射覆,絳帳之授經,甚且成烏臺之勘案。自漢以還,有以此專門名家者。洵可免於固哉高叟之譏矣!

　　《正義》"實象"、"假象"之辨,殊適談藝之用。古希臘人言想象(Imagination),謂幻想事物有可能者(things that can be),亦有不可能者(those that cannot be),例如神話中人生羽翼、三首三身;文藝復興時期意大利論師馬祖尼(Jacopo Mazzoni)稱述以爲亞理士多德遺教者也①。非即"實象"與"假象"乎?談藝者於漢唐註疏未可恝置也。

---

① *Della Difesa della "Commedia" di Dante*, I. lxvii, in A. H. Gilbert, ed., *Literary Criticism: Plato to Dryden*, 387.

三　泰

䷊乾下坤上。按元楊瑀《山居新語》記陳鑑如寫趙孟頫像，趙援筆改正，謂曰："人中者，以自此而上，眼、耳、鼻皆雙竅，自此而下，口暨二便皆單竅，成一《泰》卦也。"陶宗儀《輟耕録》卷五采此則；趙台鼎《脈望》卷五亦有其説；郎瑛《七修類稿》卷一五以"口"爲人中，駁是説而未言所出；王弘撰《山志》初集卷一論八卦備於人之一身，舉《泰》爲人中之例，殆承襲元以來陳言耳。

【增訂三】陳繼儒《晚香堂小品》卷一〇《食物纂要序》亦襲人身九竅爲"泰卦"之説。

《逸周書·武順解》："人有中曰參，無中曰兩，……男生而成三，女生而成兩"，謝墉註："皆下體形象"；曹籀《古文原始》據此遂謂《説文》"中、和也"之"和"字乃"私"字之譌。則非人面之"人中"，而如《通志·六書略》五《論象形之惑》所釋"厶"、"了"二字，略同西方舊日惡謔之"人中"①。方以智《通雅》卷首之一：

---

① *Memoirs of Martinus Scriblerus*, ch.15, ed. C. Kerby-Miller, 158: "...the Organ of Generation is the true and only seat of the Soul. That this part is seated in the middle, and near the Centre of the whole Body is obvious." Cf. R. M. Wardle, *Oliver Goldsmith*, 37 ("Now, blockhead, where is your centre of gravity?"etc.).

"趙宧光《長箋》'也'必作'殹',惡其訓醜耶?豫章'之'、廣州'海',何以避之!";王鳴盛《蛾術編》卷三〇:"今本《尚書》出晉皇甫謐手,如《盤庚》:'惡之易也',《太誓》:'乃聞不言也',《太甲》:'以自覆也',皆删改之。""中"字之訓,果如曹老人言,其字正避無可避、删無可删也。

四　蠱

《象》："初六：幹父之蠱，有子，考無咎"；《註》："幹父之事，能承先軌，堪其任者也，故曰'有子'也。"按蕭穆《敬孚類稿》卷六《跋〈東塾讀書記〉》略謂朱熹《張敬父畫像贊》中"汲汲乎其幹父之勞"一句，陳澧稱爲"直筆"，非是，朱語自用"古訓"；《易·序卦》："蠱者，事也"，虞翻、李鼎祚皆以能繼父之志事爲解，《顏氏家訓·治家》篇、《唐大詔令》載寶應二年《李光弼實封一子官制》亦用此義，宋以後始有訓"幹蠱"爲蓋父之愆，如舜之於瞽瞍、禹之於鯀者。王弼斯註，以"蠱"解爲"事"，正屬"古訓"。朱文中有可與此句互明者，蕭氏苟引以自佐，便更持之有故；陳氏究心朱學，亦未通觀明辨，據單文而鑿爲深文，誤用其心有焉。《張像贊》見《朱文公集》卷八五，上句爲"拳拳乎其致主之切"；卷四〇《答劉平甫》之一云："大抵家務冗幹既多，此不可已者。若於其餘時，又以不急雜務虛費光陰，則是終無時讀書也。愚意講學、幹蠱之外，挽弓、鳴琴、抄書、讎校之類，皆且可罷。此等不惟廢讀書，亦妨幹也"，"幹蠱"乃辦事、了事之意，尋常書札中語也。卷四一《答程允夫》之一三雖云："魏公好佛，敬夫無如之何"，然卷九五下《魏國公張公行狀》衹言："公之學一本天理，尤深於《易》、《春秋》、《論》、《孟》"，卷八九《修撰張公神道碑》亦隻字不及父子異趣，而曰："孝承父志"，即《贊》之"汲汲乎幹父之勞"。碑、狀爲尊、賢者諱如此，豈贊中乃貶父以襃子乎？唐、宋正史、野記及詩文中用"幹蠱"之"古訓"者，俯拾都是，姑舉四例，均義旨皎然，無庸疑揣。《南史》卷三〇《何尚之一門傳·論》："昌寓雅仗名節，殆曰人望；敬容材實幹蠱，賄而敗業，惜乎！"昌寓既"名節"不虧，則無"愆"，須敬容爲之"蓋"，而敬容既以"賄敗"，則并未能"蓋"己之"愆"，故"幹蠱"即《傳》稱敬容勤於"理事"耳。包何《相里使君第七男生日》："他時幹蠱聲名著，今日懸弧宴樂酣"；供官獻諛，斷不敢皮裏陽秋，諷刺阿翁以爲頌禱呱呱者之地也。蘇轍《欒城集》卷一三《次韻子瞻來高安相別》："遲年最長二十六，已能幹父窮愁裏"；"遲"、轍長子名，"父"、轍自謂，豈譽兒有癖，乃竟不惜自誣愆尤耶？

【增訂四】唐封演《封氏聞見記》卷九："熊曜爲臨清尉，以幹蠱聞。"即了公事之謂。宋劉克莊《後村大全集》卷一五一《少奇墓誌銘》："幹家蠱，應世務，綽然餘裕也。"即了家事之謂。《山谷外集》卷九《代書》："奉身甚和友，幹父辦咄嗟"，亦如原引蘇轍詩之言"幹父窮愁裏"，而曰"辦咄嗟"，尤見"蠱"之解爲"事"也。《全唐文》卷三四四顏真卿《杜公[濟]神道碑銘》："夫人京兆韋氏……移天有幹夫之蠱"；則此語不特用於父子，並可用於夫妻焉。

洪邁《夷堅志》卷五《武女異疾》："鄂州富商武邦寧啓大肆，貨縑帛，……其次子康民讀書爲士人，使長子幹蠱"，又《三志辛》卷六《張士倜》："延平張維左司前妻羅氏生二子，……繼室宗氏亦二子，……更代幹蠱"；皆謂代父辦事營業。然則朱《贊》雖本"古訓"乎，正亦隨循時俗用字耳；本"古訓"易知，亦正從時用則不易知而考論修詞者却不可不知也。宋以後雖多作"蓋父之愆"解，"理事"之義未湮，如張居正《太岳集》卷二一《答總督譚二華》："當此幹蠱之時，不少行綜覈之政，惡能振之哉?"謂"任事籌邊"。居正初不刻意爲"古文"，函牘詞筆尤直白平易，其非希古矯時可知矣。

五　觀

　　《彖》:"聖人以神道設教,而天下服矣。"按《禮記·祭義》:"因物之精,制爲之極,明命鬼神,以爲黔首則,百衆以畏,萬民以服";可申説此二句,古人政理之要言也。《管子·牧民》篇論"守國之度"、"順民之經",所謂"明鬼神"、"祇山川"、"敬宗廟"、"恭祖舊",不外《觀·彖》語意。《淮南子·氾論訓》歷舉俗忌如"饗大高者,而彘爲上牲;葬死人者,裘不可以藏;相戲以刃者,太祖軵其肘;枕户橉而卧者,鬼神蹠其首";而抉其隱曰:"凡此之屬,皆不可勝著於書策竹帛而藏於官府者也,故以機祥明之。爲愚者之不知其害,乃借鬼神之威,以聲其教。"《論衡·四諱》篇亦曰:"夫忌諱非一,必託之神怪,若設以死亡,然後世人信用。"皆可爲"神道設教"示例。蓋世俗之避忌禁諱(taboos),宗教之命脈係焉,禮法之萌芽苗焉①,未可卑爲不足道也。《墨子·明鬼》篇曰:"今若使天下之人偕若信鬼神之能賞賢而罰暴也,則夫天下豈亂哉?"又曰:"古者聖王必以鬼神爲。其務鬼神厚矣,故書之竹帛、……故琢之盤盂、鏤之金石以重之。"《淮南》、《論衡》所舉,

---

① Freud, *Totem und Tabu*, 2. Aufl., 26 (Gesetzeskodex), 91 (Gewissen).

特神道設教之"不勝"書於竹帛、鏤於金石者耳。後世談士闡發政教相須，與墨子暗合。如魏禧《魏叔子文集》卷一《地獄論》云："刑賞窮而作《春秋》，筆削窮而説地獄"；魏源《古微堂集》内集卷一《學篇》云："鬼神之説有益於人心，陰輔王教者甚大；王法顯誅所不及者，惟陰教足以懾之。"夫設教濟政法之窮，明鬼爲官吏之佐，乃愚民以治民之一道。二魏見其治民之效，而未省其愚民之非也。十八世紀英史家吉朋（Gibbon）嘗謂，衆人（the people）視各教皆真（equally true），哲人（the philosopher）視各教皆妄（equally false），官人（the magistrate）視各教皆有用（equally useful）①，則直湊單微矣。

【增訂三】吉朋謂哲人於國家所奉宗教，"貌敬"（external reverence）而"腹誹"（inward contempt），君主之崇祀神道，亦藉以馭民，初非虔信。同時人若孟德斯鳩、休謨論古羅馬宗教，皆道此，而吉朋筆舌尤冷雋耳（Cf. Peter Gay, *Style in History*, McGraw-Hill Paper Back, 43-4）。非特古羅馬哲人爲然。古希臘懷疑派而還，相率諄諄告誡，謂於國教以至俗信，不妨二心兩舌，外示和同而内不奉持（in saying this we express no belief），所以免禍遠害，蒙田、笛卡爾且標爲律己之首要（la règle des règles; la première maxime）焉（E. Bevan, *Later Greek Religion*, 52 ff. Sextus Empiricus; Montaigne, *Essais*, I. xxiii, "Bib. de la Pléiade", 131; Descartes, *Discours de la Méthode*, III ed. G. Gadoffre, 23）。十六世紀基督教神甫制定"内心保留"

---

① *Decline and Fall of the Roman Empire*, ch. 2, "World's Classics", I, 31-2.

(mental reservation)之法，作用大同。康帕内拉嘗賦詩，題曰："哲人有識而無力"（Senno senza Forza de'Savi），謂哲人達心而懦，洞察世法之鄙妄，而祇能閉户獨居時，心光自照（vissero sol col senno a chiuse porte），及夫外出（in pubblico），則不敢不隨俗委蛇（*Opere di G. Bruno e di T. Campanella*, Riccardo Ricciardi, 799）。吾人飫聞《老子》所謂："和其光，同其塵"，與夫釋氏所謂"權實雙行法"（參觀 676 – 678 頁），於此等言教，當不少見多怪也。身心二本，内外兩截，固流俗人優爲常習；飾貌匿情，當面覆背，行之容易，視亦等閒。顧哲人於此，熟思乃悟，苦參始證，且拈出若箴銘然，何其用心之枉而見事之遲乎！殆藉思辯之功，"自發"（an sich）之明進而爲"自覺"（für sich）之融耶（Hegel, *Phänomenologie des Geistes*, hrsg. J. Hoffmeister, 22）？"衆裏尋他千百度，回頭驀見，那人正在，燈火闌珊處"（參觀 699 頁），殆此之謂耶？

古希臘、羅馬文史屢言君主捏造神道爲御民之具。聖·奥古斯丁斥君主明知宗教之妄而誘民信爲真，俾易于羈絆（et homines principes, ... ea quae vana esse noverant religionis nomine populis tamquam vera suadebant, hoc modo eos civili societati velut aptius alligantes）①。相傳奥古士德大帝云："有神則資利用，故既欲利用，即可假設其爲有"（Expedit esse deos; et, ut expedit, esse putemus）②，此真"聖人"以"神道設教而天下服"之供

---

① St Augustine, *The City of God*, IV. xxxii, "Loeb", II, 122.
② Cf. T. R. Glover, *The Greek Byways*, 200, 260.

周易正義　五

狀；柳宗元《斷刑論》下所謂："且古之所以言天者，蓋以愚蚩蚩者耳，非爲聰明睿智者設也。"亞理士多德告爲君者當使民皆見己之虔奉神道(Also he should appear to be particularly earnest in the service of the Gods)①；馬基亞偉利昌言，爲君者不必信教(essere religioso)，而不可不貌示篤信(parere)②。孟德斯鳩以爲庶民不信神道，害猶不大，君主弁髦一切典章法律，若復不畏天懼神，便似虎兕出柙，爲所欲爲(Cet animal terrible qui ne sent sa liberté que lorsqu'il déchire et qu'il dévore)③，則欲以其道還治其身。吾國古人每借天變以諫誡帝王，如《晏子春秋·諫》上之一八及二一以彗星爲"天教"、熒惑爲"天罰"，又《吕氏春秋·制樂》記文王、宋景公等事，後世史家且特設《五行志》。然君主復即以此道還治臣工，有災異則譴咎公卿。如《漢書·翟方進傳》熒惑星變，"大臣宜當之"，致方進自殺；《晉書·石季龍載紀》上石宣欲殺王朗而無因，會熒惑守房，思以朗當之；《明史·世宗紀》嘉靖十一年八月彗星見，乃"敕羣臣修省"。此類亦史不絕書，有若反戈之擊、入甕之請；蓋人事一彼一此，非一端可執矣。

【增訂一】《管子·四時》謂"聖人日食則修德，月食則修刑"云云，用意未爲不周。殊不知君果敬天而畏鬼神，其見災異亦

---

① *Politics*, Bk. VII, ch. 11, *Basic Works of Aristotle*, Random House, 1260.
② Machiavelli, *Il Principe*, cap. 18, *Opere*, Riccardo Ricciardi, 57. Cf Burton, *Anatomy of Melancholy*, Part III, Sect. IV, Mem. I, Subs. II, "Everyman's", III, 328-331 (Captain Machiavel etc.).
③ Montesquieu, *De l'Esprit des Lois*, Liv. XXIV, ch. 2, *Oeuvres complétes*, "Bibliothèque de la Plèiade", II, 716.

未遽反躬罪己、修德祥刑。《史記·封禪書》言秦世天子"祝官有秘祝,即有災祥,輒祝祠,移過於下。"蓋凡臣下所以律君上者,君上莫不可以其道加諸臣下,反戈倒擊,接箭還射,諉過有詞,移禍多術。《封禪書》及《孝文本紀》皆記漢文帝除"秘祝";然"祝祠"之官雖除,"移過"之風不變,如翟方進事非歟?且省去秘祝等張致,逕使大臣當災,直捷了當矣。

【增訂三】臣下律君上者,君上即以責臣下,參觀1528頁引光聰諧論"官箴"變而爲"箴官"。然世事難以一概。《呂氏春秋·制樂》記宋景公時"熒惑在心",子韋曰:"熒惑者,天罰也。……禍當於君;雖然,可移於宰相,……可移於民,……可移於歲";公不忍,"寧獨死",天鑑其"至德",延齡二十一歲。《左傳》哀公六年七月"有雲如衆赤鳥,夾日以飛",楚昭王使問諸周太史,周太史曰:"其當王身乎!若禜之,可移於令尹司馬";王不肯,曰:"有罪受罰,又焉移之?"遂卒。是"秘祝"乃春秋以來古法,不自秦始。二事均徵君上不乏畏天而願受罰者,臣下則教之以天可欺而得逃罪焉;本愛君之旨,獻謀移禍。《舊唐書·高宗紀》下總章元年四月有彗星見,詔內外臣僚各上封事"極言過失",於是羣臣上言:"星雖孛而光芒小,此非國眚,不足上勞聖慮。……星孛於東北,此高麗將滅之徵";《禮儀志》二證聖元年正月佛堂即天堂災,延燒明堂,"則天欲責躬",而羣臣"詔妄",或謂:"火流王屋,彌顯大周之祥",或謂:"彌勒初成佛道時,有天魔燒宮。"二事均徵君上或偶畏天而欲修德者,臣下則諂之爲天所眷而毋引咎焉;本愛君之旨,貢諛長惡。"神道"之"教",遂同虛"設"矣。《外戚傳》記薛懷義失寵"恨怒",遂"焚明堂,天堂並爲灰燼,則天愧而隱之"；則其"欲責躬"者，掩飾之詞也，然臣而不"諂妄"，自可乘機進諫，如因風之吹火焉。故白居易《新樂府・司天臺》歎："羲和死來職事廢，官不求賢空取藝。……上凌下替謫見天……眼見心知不敢言；明朝趨入明光殿，唯奏慶雲壽星見"；司天以儆君者，亦可遮天以媚君。顧居易知"司天臺"之溺職乖本矣，而《新樂府・采詩官》又歎："郊廟登歌讚君美，樂府艷詞悅君意。……夕郎所奏皆德音，春官每奏唯祥瑞"，因歸咎於"采詩官"之不置。則猶知其一未知其二。夫苟"不求賢"而得其人，即置"采詩官"，亦將如"司天"太史行徑，託爲神功聖德之謳，以當慶雲壽星之奏耳。《荀子・君道》所謂："有治人，無治法"（參觀《致士》），斯其一端。蓋良法美意，布在方策，而見諸行事，則雖典章所定，難保奸黠者之不曲解便私（knave-proof），雖規矩可循，亦難保蚩愚者之無誤會妄作（fool-proof）也（參觀 1599－1601 頁）。

【增訂五】諳練政事、掌握國柄之俾士瑪與荀子"有治人、無治法"之旨曠世冥契。余讀其與人書有云："法不良而官吏賢尚可爲治；官吏否惡，則良法亦於事無濟"（Mit schlechten Gesetzen und guten Beamten lässt sieh immer noch regieren. Bei Schlechten Beamten aber helfen uns die besten Gesetze nichts—Bismarck，An Wagener，1850）。

【增訂四】王安石謂"天變不足畏"，儒生輩大譁。《通鑑》後唐明宗長興三年康澄上書曰："國家有不足懼者五，有深可畏者六。陰陽不調不足懼，三辰失行不足懼，……"已先安石而公言之矣。主政者不反躬自省，而殺人以當天變，中外古史數載其事。《後漢書・董卓傳》："時太史望氣，言當有大臣戮死者。卓乃使人誣衛尉張温……殺之以塞天變。"《魏書·天象志》四:"延昌四年,月犯軒轅,女主應之,其後皇太后高尼崩於瑶光寺。……胡太后害高氏以厭天變。"蘇偉東《羅馬十二帝傳·尼羅傳》:"彗星(stella crinata)連夕見,説者謂天象主國君將薨。帝憂焉,聞占星者巴比勒士(Babillus)言,殺顯貴(illustri)可厭之,乃下令盡誅大臣"(Suetonius, VI, xxxvi, Loeb, Vol. II, p.150)。如出一轍。君臣、主僕、上司下傣之間,覓諉過之人,有替死之鬼,本屬恒情常態,此則見諸迷信者耳。古意大利霸主(Cesare Borgia)命將軍破城大戮,及犯衆怒,乃殺其人以謝民而示咎不在己(volle monstrare che, se caudeltà alcuna era seguita, non era nata da lui, ma della acerba natura del ministro [messer Remirro de Orco].——*Il Principe*, vii, Machiavelli, *Opere*, Riccardo Ricciardi, p.25)。今日美國一政魁行事,或一言以蔽之曰:"我負責,人任過"(The Nixon formula:"I am responsible; the others are to blame")。與殺人以當天變,得非貌異而心同、百慮而一致哉! 又原引《舊唐書·高宗紀》羣臣言彗星見乃"高麗將滅之徵",即《朱文公文集》卷二七《與陳福公書》所謂:"[士大夫]語及天變,則盡以歸之虜酋,使應天道,此已爲詭諛不忠之大";則於"可移於宰相"、"可移於民"之外,平添"可移於敵國",尤爲便佞之巧矣。《全唐文》卷七七一李商隱《爲汝南公賀彗星不見表》:"況蕞爾戎羯,正犯疆場,載思星見之徵,恐是虜亡之兆";亦士大夫以"天變歸之虜酋"之古例。參觀《北史·魏本紀》第五:"孝武皇帝永熙三年二月熒惑入南斗,衆星北流。……梁武跣而下殿,以禳星變;及聞

［高歡追逐孝武］帝之西，慚曰：'虜亦應天乎！'"
《荀子·天論》："日、月食而救之，天旱而雩，卜筮然後決大事，非以爲得求也，以文之也；故君子以爲文，而百姓以爲神"；楊倞註："順人之情，以爲文飾"。神道設教，乃秉政者以民間原有信忌之或足以佐其爲治也，因而損益依傍，俗成約定，俾用之倘有效者，而言之差成理，所謂"文之也"。若遽斷鬼神迂怪之談胥一二"聖人"之虛構，祭祀苛曲之統僉一二"君子"所首創，則意過於通，又十八世紀之陳言爾①。

李商隱《過故崔兗海宅》："莫憑無鬼論，終負託孤心"，道出"神道設教"之旨，詞人一聯足抵論士百數十言。顧炎武《日知錄》卷二："國亂無政，小民有情而不得申，有冤而不得理，於是不得不愬之於神，而詛盟之事起矣。……於是賞罰之柄，乃移之冥漠之中，而蚩蚩之氓，其畏王鈇，不如其畏鬼責矣。乃世之君子，猶有所取焉，以輔王政之窮。今日所傳地獄之説、感應之書，皆苗民詛盟之餘習也。……王政行乎上，而人自不復有求於神，故曰：'有道之世，其鬼不神。'"文廷式《純常子枝語》卷二三："陸象山《語錄》云：'臨安四聖觀，六月間傾城，士女咸往禱祀。或問：何以致人歸向如此？答曰：只是賞罰不明。'余謂政治家當言賞罰，宗教家則言吉凶。賞罰明則行善者吉，作惡者兇，天下曉然，祈禱之事自息矣。"陸氏意已發於北宋華鎮《雲溪居士集》卷一六《蠱論》之三："使世之刑誅，如報應之說無僭濫而不可僥倖，則小人知畏而無待於報應矣。"華、陸、顧文論神道，樹義別於二魏。二魏爲治人者言，法令之力所不逮，

---

① S. Reinach, *Orpheus*, tr. F. Simmonds, 8-9 (the theory of imposture).

得宗教以裁約之；華、陸、顧文抉剔治於人者之衷心，遭荼毒而不獲申於人世，乃禱諸鬼神以冀疾苦之或蘇。西人如李伐洛（Rivarol）能兼明二意，既言宗教爲法律之補充（le supplément des lois, religio quae religat），復言民不聊生（ce monde insupportable），乞靈宗教，以他生稍慰此生①。後一意即費爾巴哈所謂下地有窮民則上天有財神，上帝出於人世之缺陷怨望（Nur der arme Mensch hat einen reicher Gott. Gott entspringt aus dem Gefühl eines Mangels）②；亦正馬克思所謂宗教乃人民對實際困苦之抗議，不啻爲人民之鴉片（die Protestation gegen das wirkliche Elend, das Opium des Volks）③。浪漫主義詩人早言，俗子（Philister）仰宗教以解憂止痛，不過如收鴉片之效（Ihre sogenannte Religion wirkt bloss wie ein Opiat）④；或言，世人莫不吸食精神鴉片，以謬誤信仰自醉（Nous sommes tous fumeurs d'opium au moral. Nous nous enivrons de croyances mensongères）⑤。後來小說家有以不信奉基督教比於不求助鴉片（to do without opium）⑥；哲學家有以宗教比牙痛時所服之麻醉劑（die augen-

---

① *Lettres à M. Necker*, I et II, *Écrits politiques et littéraires*, choisis par V. - H. Debidour, 97, 99.

② *Das Wesen des Christenthums*, Kap. 7, *Sämmtliche Werke*, hrsg. W. Bolin und F, Jodl, VI, 90.

③ "Zur Kritik dir Hegelschen Rechtsphilosophie", *Die Heilige Familie*, usw., Dietz, 12. Cf. Dryden, *Religio Laici*, 54-61, *Poems*, Oxford, 100.

④ Novalis, *Fragmente*, Nr. 1388, hrsg. E. Kamnitzer, 451-2.

⑤ De Vigny, *Journal d'un Poète*, 1839, *Oeuvres complètes*, "Bibliothèque de la Pléiade", II, 1116; cf. 1134.

⑥ J. W. Cross, *Life of George Eliot*, II, 283.

blickliche Milderung und Narkotisierung, wie sie zum Beispiel bei Zahnschmerz gebräuchlich ist)①。要推馬克思語爲最明快矣。

【增訂三】海湼屢取譬於此，如追憶亡友一編中言宗教爲"可口之催眠藥水、精神鴉片（geistiges Opium）"；又 1840 年巴黎通信譏英國人日趨惰靡，將如中國人之不尚武，"宗教虔信主義乃最有害之鴉片"（durch den Pietismus, dieses schlimmste Opium）, 與有咎焉（*Ludwig Börne: eine Denkschrift*, IV; *Lutetia*, XVI—*Werke und Briefe*, Aufbau, VI, 194, 327）。

---

① Nietzsche, *Menschliches, Allzumenschliches*, Bdl § 108, *Werke*, hrsg. K. Schlechta, I, 517. Cf. Emily Dickinson: "This World is not Conclusion": "Narcotics cannot still the Tooth/That nibbles at the soul—."

六　噬

　　"噬嗑，亨"；《註》："噬、嚙也，嗑、合也。凡物之不親，由有間也；物之不齊，由有過也；有間與過，嚙而合之，所以通也。"按此以噬嗑爲相反相成（coincidentia oppositorum）之象。故《象》曰："頤中有物曰噬嗑，噬嗑而亨；剛柔分動而明，雷電合而章。"蓋謂分而合，合而通：上齒之動也就下，下齒之動也向上，分出而反者也，齒決則合歸而通矣。比擬親切，所謂"近取諸身"也。古希臘赫拉克利都斯首以辯證之正反相成喻爲弓弦或琴絲之張（attunement of opposite tensions, like that of the bow and the harp）[①]；近世則有以剪刀（scissors）及咬嚼（the action of our jaws in mastication）爲喻者[②]，正同"噬嗑"之象。《太平御覽》卷三六七引《燕書》："烈祖嘗從容問諸侍臣曰：'夫口以下動，乃能制物，鈇鑽爲用，亦噬嗑之意，而從上下何也？'申弼答曰：'口之下動，上使下也；鈇鑽之用，上斬下也。'"鑽即鍘也，斤之與椹，以拒爲迎，其理與剪之雙刃相交正同。英國滑稽者嘗謂夫妻反目如巨剪（shears）之分張，外人多事干預，必

---

① *Fragments*, No. 45, *op. cit.*, 485.
② Morris. R. Cohen, *A Preface to Logic*, 76; *Reason and Nature*, 165.

遭切割之苦①；意大利語以兩造爭訟時之辯護師比於剪刀之雙刃（le lame delle forbici），彼攻此訐，而互不相傷，受損害者則當事人②。亦皆擬議反而相成、分而有合耳。"噬"當與"睽"參觀，睽者間隔也，噬者破間隔而通之也。

---

① Lady Holland, *A Memoir of Sydney Smith*, ch. 11, Longmans, 234.
② Dino Provenzal, *Perché si dice cosi?* 53.

七　頤

"象曰：君子以慎言語，節飲食"；《正義》："禍從口出，患從口入。"按《朱文公集》卷七《奉答張彥輔戲贈之句》自註："王輔嗣註《頤》卦大《象》云：'禍從口出，病從口入'"，蓋誤憶孔疏爲王註也。《正義》語逕取之傅玄《口銘》（《太平御覽》卷三六七），《困學紀聞》卷一已道之。《大戴禮·武王踐阼》篇《機銘》"口戕口"三字涵括此象，則未有言者。《易》以言語、飲食相提並稱，而《鬼谷子·權篇》引"古人有言"曰："口可以食，不可以言"；《焦氏易林·否》之《巽》曰："杜口結舌，言爲禍母"；《南齊書·張融傳》引《問律自序》曰："人生之口，正可論道說義，唯飲與食，此外如樹網焉"，又《謝瀹傳》曰："兄朏爲吴興，瀹於征虜渚送別，朏指瀹口曰：'此中唯宜飲酒'"；《全唐文》卷六〇八劉禹錫《口兵誡》曰："我誡於口，惟心之門。毋爲我兵，當爲我藩。以慎爲鍵，以忍爲闑。可以多食，勿以多言。"諸如此類，皆斤斤嚴口舌之戒而弛口腹之防，亦見人之懼禍過於畏病，而處世難於攝生矣。

八　大　過

"九二：枯楊生稊；老夫得其女妻，無不利。象曰：老夫女妻，過以相與也。"按《全後漢文》卷九二陳琳《止欲賦》："忽日月之徐邁，庶枯楊之生稊"，蓋言雖恨佳期之後期，猶冀年老而能得少室也。陸心源《唐文續拾》卷五杜寶符《唐故京兆杜氏夫人墓誌銘》："邱墟荒野，有時而城。死楊空株，有時而稊。夫人此去，永永無期！""死楊"二語，謂草木枯悴，有逢春再苗之時，而人之死者則不能復生。此本詩文中常喻，即林黛玉葬花所歎："桃李明年能再發，明年閨中知有誰"也。作者牽於押韻，用《易經》語，遂成語病，若向死婦宣告："吾將續娶新人，汝則一瞑長逝。"亦運古屬詞之失於檢點者。

"九五：枯楊生華，老婦得其士夫，無咎無譽。象曰：枯楊生華，何可久也！老婦士夫，亦可醜也！"一事也，皆"過以相與"也，而於老夫則獎之，於老婦則責之。恒之六五："恒其德，貞；婦人吉，夫子凶。象曰：婦人貞，吉，從一而終也；夫子制義，從婦凶也。"《詩·衛風·氓》："士之耽兮，猶可說也；女之耽兮，不可說也。"皆乖平等之道，假典常以逞男子之私便，古諺語所謂："使撰詩、制禮、定律者爲周姥而非周公，當不如是"

(《藝文類聚》卷三五引《妬記》《謝太傅、劉夫人》條、《綠窗新話》卷上《曹縣令朱氏奪權》條引《青瑣高議》通行本《高議》無、《醉翁談錄》丁集卷二《婦人嫉妬》條、《廣笑府》卷六《周公詩禮》條、活埋庵道人《識小録》卷一《戲貽客柬》)。明王文禄《海沂子·敦原》篇曰："制禮者爲男子，不免爲己謀"，一語道破。此亦如亞理奧斯圖（Ariosto）詩中詛咒古人定律（sia maladetto chi tal legge pose），許男放蕩而責女幽貞①；小仲馬劇中謂男子自恃强權（du droit du plus fort），制立兩套倫理（L'homme a fait deux morales），一爲男設，一爲女設②。考道德演變者是以有"雙重兩性道德"之説③。意大利古小說歎男子制法行法，高下在心，故於女苛酷，苟物極而反，女得執政（che la rota raggirasse e che elle governassero gli uomini），其心性柔慈（pietose e dolci di core），必不以男之道還治男身④；則尤爲異想創論矣。參觀《全後漢文》卷論《昌言》下。

傅玄《苦相篇·豫章行》(《玉臺新詠》卷二) 及白居易《婦

---

① *Orlando Furioso*, Canto IV. 63 e 66, "Biblioteca Classica Hoepliana", 32. cf. Goldoni, *Il Servitore di Due Padroni*, II. ii (Smeraldina).
【增訂四】蒙田謂婦女每率性徑行，不遵世法，却無可非議，蓋"此等法度皆男子所制，婦女初未與聞焉"（Les femmes n'ont pas tort du tout quand elles refusent les reigles de vie qui sont introduites au monde, d'autant que ce sont les hommes qui les ont faictes sans elles. —Montaigne: "Sur des vers de Virgile", *Essais*, III. v, Bibliothèque de la Pléiade, p. 821）。即所謂："怪得是周公做，若是周婆做時，斷不如此説。"
② *Monsieur Alphonse*, Préface, *Théâtre Complet*, Calmann Lévy, VI, 32, 33.
③ 哲學、宗教、法律家言具見 W. G. Sumner, *Folkways*, 359-62.
④ M. Bandello, *Le Novelle*, XXVI, dedicatoria, Laterza, I, 345-6.

人苦》二詩陳訴男女嫁娶之道不公失允,義正而詞切。後來如《二刻拍案驚奇》卷十一"天下事有些不平的所在"云云,李漁《一家言》卷八《花心動》詞"制禮前王多缺,怪男女多情,有何分別"云云,意雖相似,其語佻而不莊。《兒女英雄傳》第二七回"同一個人,怎的女子就該從一而終"云云,則明知其不當,且從而強爲之辭焉。然吾國習傳,尚有一事,未見論者拈出。徵之元人院本即可。楊景賢《劉行首》第一折鬼仙自言:"五世爲童女身,不曾破色慾之戒";王重陽應之曰:"若要度你呵,你可下人間,託生做女子,爲劉行首,二十年還了五世宿債"。《度柳翠‧楔子》觀世音亦云:"我那淨瓶內楊枝柳葉上偶汙微塵,罰往人世,化作風塵匪妓,名爲柳翠,直待三十年之後,填滿宿債,返本還元。"胥與《西遊記》之誇稱唐僧爲十世童身者適反。是則學道修行,男期守身,而女須失身,一若與"周公貽孽"之"女戒淫邪、男恕風流"(李漁詞語),大相逕庭者,而其實乃重男賤女之至盡也。蓋視女人身爲男子行欲而設(instrumenta libidinis, sex object):故女而守貞,反負色債,女而縱淫,便有捨身捐軀諸功德。釋氏之"金沙灘頭馬郎婦"(詳見《太平廣記》卷論卷一〇一《延州婦人》),基督教之聖姑娜非沙(Santa Nafissa)、聖姑埃及女瑪利亞(Santa Maria la Gitana),皆此物此志。壽涯禪師《漁家傲》詠魚籃觀音所謂:"牽人愛,還盡許多菩薩債"(《全宋詞》二一三頁)。又"生稊"、"生華",歧視而不齊觀之極致矣。

九　睽

睽，"象曰：火動而上，澤動而下。二女同居，其志不同行。……天地睽而其事同也，男女睽而其志通也，萬物睽而其事類也。睽之時用大矣哉！"《正義》："水火二物，共成烹飪，理宜相濟；今火在上而炎上，澤居下而潤下，無相成之道，所以爲乖。……歷就天地、男女、萬物，廣明睽義，體乖而用合也。"按此亦明反而相成，有間而能相通之旨。睽有三類：一者體乖而用不合，火在水上是也；二者體不乖而用不合，二女同居是也——此兩者皆睽而不咸，格而不貫，貌合實離，無相成之道；三者乖而能合，反而相成，天地事同，男女志通，其體睽也，而其用則咸矣。

《革》之象亦曰："二女同居，其志不相得。"《咸》之象又曰："咸，感也，柔上而剛下，二氣感應以相與。……男下女"；註："凡感之爲道，不能感非類者也，故引取女，以明同類之義也。"皆與《睽》之象印證。同類相感，然二女同居則同中之同，故反致睽乖；《左傳》昭公二十年晏子論"和"與"同"所謂："若以水濟水，誰能食之？琴瑟之專壹，誰能聽之？同之不可也如是。"蓋全同而至於"壹"，絕異而至於"睽"，則不能"感"；

必異中有同、同中有異始可。《參同契》中篇："二女共室，顏色甚姝。令蘇秦通言，張儀結媒，使爲夫妻，弊髮腐舌，終不相知，猶和膠補釜，以鹵塗瘡，去冷加冰，除熱用湯，飛龜舞蛇，愈見乖張。"即取《易》喻而鋪張排比耳。

一〇　損

　　損，"象曰：君子以懲忿窒欲"；《正義》："懲者息其既往，窒者閉其將來；忿、欲皆有往來，懲、窒互文而相足也。"按孔穎達蓋得法於鄭玄者。《禮記·坊記》："君子約言，小人先言"，鄭註："'約'與'先'互言爾；君子'約'則小人'多'矣，小人'先'則君子'後'矣"。孔能觸類傍通，《左傳》宣公十二年："隨武子曰：'貴有常尊，賤有等威，禮不逆矣'"；《正義》："言'貴有常尊'，則當云'賤有常卑'，而云'賤有等威'者，威儀、等差，文兼貴賤，既屬'常尊'於'貴'，遂屬'等威'於'賤'，使互相發明耳。"又十四年："申舟曰：'鄭昭宋聾'"；《正義》："'鄭昭'言其目明，則宋不明也；'宋聾'言其耳聵，則鄭不聵也。耳目各舉一事而對以相反。"數節捉置一處，"互文相足"之法更可了然。

　　【增訂三】杜甫《潼關吏》："大城鐵不如，小城萬丈餘"；仇註："上句言其堅，下句言其高。"施鴻保《讀杜詩說》："此互言也。大城未嘗不高，小城何嘗不堅。分解非是。"即孔疏所謂"互文相足"。

一一 姤

姤，"女壯，勿用取女。……初六：羸豕孚蹢躅"；《正義》："此女壯甚，淫壯若此，不可與之長久。"《註》："羸豕謂牝豕也，孚猶務，躁也。不貞之陰，失其所牽，其爲淫醜，若羸豕之孚務蹢躅也。"按蓋以豕之象擬示淫欲也。《左傳》定公一四年，衛夫人南子與宋朝淫亂，"野人歌之曰：'既定爾婁豬，盍歸吾艾豭？'"《史記·秦始皇本紀》三十七年十一月望於南海而刻石，文有曰："防止内外，禁止淫泆，男女絜誠；夫爲寄豭，殺之無罪。"可資參驗。寒山詩曰："世有一等愚，……貪淫狀若豬"；《太平廣記》卷二一六《張璟藏》條引《朝野僉載》云："准相書：豬視者淫。"俗説由來舊矣。古希臘、羅馬亦以壯豕、羸豕等詞爲褻語，與周祈《名義考》卷一〇《豬豝》所言"巴"字同義①；近世西語稱淫穢之事曰"豕行"（Ferkelei, cochonnerie, porcheria）。顧豕不僅象徵色欲，亦復象徵食欲。封豕、封豭，古之口實，《藝文類聚》卷九四郭璞《封豕贊》所謂："有物貪婪，……薦食無厭"。古羅馬哲人言，人具五欲，尤耽食色（libidines

---

① Athenaeus, *The Deipnosophists*, XIII.581, "Loeb", VI, 137 note.

in cibos atque in Venerem prodigae），不廉不節，最與驢若豕相同（sunt homini cum sue atque asino communes）①；分別取驢象色欲，取豕象食欲。是故《西遊記》中豬八戒，"食腸"如壑，"色膽如天"（第一九回八戒自稱"色膽如天叫似雷"），乃古來兩説之綜合，一身而二任者。《老子》第二九章："聖人去甚，去奢，去泰"，河上公註"甚"字爲"貪淫聲色"；據《説文》："甚，尤安樂也，從甘、匹"，朱駿聲《説文通訓定聲》説之曰："'甘'者飲食，'匹'者男女，人之大欲存焉，故訓安樂之尤"。吾國古文字之有"甚"，兼"甘"與"匹"，亦猶吾國舊小説角色之有豬八戒，兼封豕與艾豭，以一當兩也。

---

① Aulus Gellius, *The Attic Nights*, XIX.ii, "Loeb", III, 356.

一二　革

"象曰：革，水火相息"；《註》："變之所生，生於不合者也。息者，生變之謂也"；《正義》："燥濕殊性，不可共處。若其共處，必相侵剋。既相侵剋，其變乃生。"按王弼、孔穎達説"息"字，兼"生變"與"侵剋"兩義。《漢書·藝文志》論諸子十家曰："辟猶水火，相滅亦相生也。……相反而皆相成也"，正《易》語之的詁。《論衡·譴告篇》："凡物能割截者，必異性者也；能相奉成者，必同氣者也。是故離下兌上曰'革'，革，更也；火、金殊氣，故能相革，如俱火而皆金，安能相成？"亦道此理，而遜《漢書》語之圓簡。"息"有生之意，與"消"爲滅之意相對；《太玄經·格》之次六曰："息金消石，往小來弈"，"消"與"息"對，適如"往"與"來"對，亦猶賈誼《鵩賦》云："合散消息，安有常則"，以"合"對"散"而以"消"對"息"也。羅璧《識遺》卷五考"息"字有二意："《易》'不息則久'，《左傳》'繼好息民'、'王者之迹息'，皆訓止。《周禮》'保息以養萬民'，《孟子》'夜之所息'，《漢書·高帝紀》'臣有息女'，《貨殖傳》'息二千'，《宣帝紀》'刑者不可息'，皆訓生。"僅知生息、止息兩意之歧出分訓，而未覩《易》此語之以生息、減息兩意之同時合訓也。

"初九：鞏用黃牛之革。象曰：鞏用黃牛，不可以有爲也"；《註》"在革之始，革道未成。……鞏，固也；黃，中也；牛之革，堅仞不可變也"；《正義》："'革'之爲義，變改之名。……皮雖從革之物，然牛皮堅仞難變。"按遯之六二："執之用黃牛之革，莫之勝説。象曰：執用黃牛，固志也。"當合觀。《説文解字》："革，更也。……鞏，以韋束也。《易》曰：'鞏用黃牛之革'"；段玉裁註："王弼曰：'鞏，固也'；按此與卦名之'革'相反而相成。"殊得窈眇。蓋以牛革象事物之牢固不易變更，以見積重難返，習俗難移，革故鼎新，其事殊艱也。夫以"難變"之物，爲"變改之名"，象之與意，大似鑿枘。此固屢見不鮮者，姑命之曰"反象以徵"（Reverse symbolism）。詞令每正言若反，欲蓋彌彰，如舊謔埋銀地下而插標其上曰："此處無銀"，或西諺諷考究字源曰："草木叢生，謂之'光風'，以其蒙密不通光漏風也"（Lucus a non lucendo）①。擬事寓意，翩其反而，亦若是班，須逆揣而不宜順求，"革"取象於牛皮是已。圓夢卜讖以爲慣技，如《世説・文學》門解夢棺爲貴象，夢糞爲富象（別詳《列子》卷論《周穆王》篇）；明人拆字書《新訂指明心法》有"反體"法，"如以'慶'字來問者，未可言慶，有'憂'字脚"；《儒林外史》第二〇回甘露庵老僧慰牛布衣曰："説凶得吉"。《禮記・郊特牲》："孔子曰：'士使之射，不能，則辭以疾，懸弧之義也'"，鄭玄註："男子生而懸弧於門左，示有射道而未能也"；則

---

① Quintillian, *Institutio oratoria*, I. vi. 34-5 (a contrariis aliqua trahi), "Loeb", I, 126.

懸弧適所以示不能張弧耳。《曾子問》:"嫁女之家三夜不息燭,思相離也";則居室之燦然不夜適所以示居人之黯然若喪耳。

【增訂四】《禮記·曾子問》一節,參觀《全唐文》卷一五四韋挺《論風俗失禮表》:"夫婦之道,王化所基,故有三日不息燭、不舉樂之感。今昏嫁之初,雜奏絲竹,以窮晏歡,官司習俗,勿爲條禁";尤侗《鈞天樂》第六齣中《漿水令》眉批:"語云:'樂似哀,嫁女之家日日啼'。"黃遵憲《日本雜事詩》九一首:"絳蠟高燒照別離"云云,自註:"大家嫁女,……滿堂燃燭,兼設庭燎,蓋送死之禮,表不再歸也";則中國古禮失而尚可求之於東瀛矣。

《後漢書·蔡茂傳》:"夢坐大殿,極上有三穗禾,茂跳取之,得其中穗,輒復失之。以問主簿郭賀,賀離席慶曰:'大殿者,官府之形象也;極而有禾,人臣之上祿;取中穗,是中台之位也。於字,禾、失爲秩,雖曰失之,乃所以得祿秩也。'"亦即圓夢、拆字等用"反體"法之古例。

《韓非子·觀行》:"西門豹性急,常佩韋以自緩;董安于性緩,常佩弦以自急";《藝文類聚》卷六〇魏武帝《令》:"往歲作百辟刀五枚。……吾諸子中有不好武而好文學,將以次與之";《太平廣記》卷一六九引《廣人物志》記李勣語張文瓘:"某遲疑少決,故贈之以刀,戒令果斷也;某放達不拘,故贈之以帶,戒令檢約也"。事理正同;苟覩弦而度佩者性行躁急,覩刀而度佩者好武果決,乖矣!《西京雜記》卷下鄒長倩與公孫弘書:"撲滿者,以土爲器以蓄錢,且其有入竅而無出竅,滿則撲之。……士有聚斂而不能散者,將有撲滿之敗,可不誡歟!故贈君撲滿一枚"(參觀宋濂《宋文憲公全集》卷三六《撲滿說》);脫贈者不明申涵意，受者誤"誠"作勸，以爲勗其好貨積財，則大乖矣！英國一文家貽書女友，謂欲饋酸辣泡菜一器，俾渠鑑之而一反言動，回甘如飴（for if you do [grow sour] I shall send you a pot of Pickles (by way of contraries) to sweeten you）①；倘其人未言，彼姝得饋，順解此象而不逆擬厥意，於是尖酸潑辣，加厲增長，又大乖矣！受者與贈物之性原相即或相引而督其離，或受者與贈物之性原相離或相卻而督其即，皆鑑戒也，殊途而同歸於反象以徵者也。《雲仙雜記》卷七："杜甫子宗武以詩示阮兵曹，兵曹答以石斧一具，隨使并詩還之。宗武曰：'斧、父斤也，使我呈父加斤削也。'俄而阮聞之，曰：'誤矣！欲子斫斷其手；此手若存，則天下詩名又在杜家矣！'"則阮之贈斧，猶君命臣自裁之賜劍，乃即物直指其用，宗武蓋認直指之器爲曲示之象矣。宗教家言常以空無一物之虛堂、淨無點墨之白紙，象示所謂至大極本之真質（emptiness or void as the negative representation of the numinous）②，即反象以徵之充類至盡。宋周敦頤《太極圖》、明釋法藏《五宗原》均以空白圓圈○始，示大道之原，可連類互證焉。

【增訂四】波斯古神秘詩人魯米（Jalāladdīn Rūmī）嘗賦中國人與希臘人競技於王前，皆自誇繢繪之工。王遂命各畫一石壁。中國人五光十色，極塗澤之能事；希臘人視顔色若玷汙然，盡除點染，祇磨石光浄如鏡（The Chinese use a thousand colours; the Greeks despise all colours as stains, efface every hue and polish the stone front to a glassy brilliance）。王重賞希臘人，以爲能見道真，有會於使此心明鏡無埃，對越上帝

---

① Laurence Sterne, *Letters*, ed. L. P. Curtis, 83 (to Catherine Fourmantel).
② R. Otto, *The Idea of the Holy*, tr. J. W. Harvey, 70-2.

也(making their hearts a stainless mirror for God. —R. A. Vaughan, *Hours with the Mystics*, BK VII, ch. 2, Vol. II, p. 13)。素壁猶虛堂、白紙、空圈, 胥"不可說、不可說"、"空諸所有"之象爾。

【增訂三】《全金元詞》一二三〇頁李道純《沁園春》:"這個〇兒, 自歷劫以來無象"云云, 亦以空白圓圈示"本來模樣"。

一三　震

　　震,"六三：震蘇蘇；上六：震索索";《正義》："畏懼不安之貌"。按是也。虞翻曰："死而復生曰蘇",姚配中《周易姚氏學》卷二申其說,不可從。《水滸》第三七回宋江與公人聽梢公唱湖州歌"老爺生長在江邊"云云(《封神演義》第三四回哪吒作歌襲此),"都穌軟了";第四二回宋江逃入玄女廟,躲進神厨,貫華堂本作"身體把不住簌簌地抖";《殺狗勸夫》第二折孫蟲兒唱："則被這吸里忽剌的朔風兒,那裏好篤簌簌避!""穌"、"簌簌"與"蘇蘇"、"索索",皆音之轉。今吳語道恐戰或寒戰,尚曰："嚇穌哉!"或"瑟瑟抖"。

一四　艮

"艮其背，不獲其身；行其庭，不見其人。無咎"；《註》："凡物對面而不相通，否之道也。……目無患也。……唯不相見乃可也。施止於背，不隔物欲，得其所止也。背者無見之物也，無見則自然靜止"；《正義》："目者能見之物；施止於面，則抑割所見，強隔其欲，是目見之所患，今施止於背，則目無患也。……老子曰：'不見可欲，使心不亂。'……故施止於無見之所，則不隔物欲，得所止也。若施止於面而不相通，強止其情，則姦邪並興"。按《老子》第三章亦曰："常使民無知無欲"，王弼陰取其旨釋《艮》，孔穎達則昌言不諱，以閉塞視聽爲靜心止欲之先務。《繫辭》上："賢人之業簡易"云云，《正義》徧引老、莊、列語，陳澧《東塾讀書記》卷四指摘之，謂孔之《易》疏"能掃棄釋氏之説，而不能屏絶老、莊、列之説，此其病也！"，且云："尤非經意。"蓋未察王、韓《易》註早藴老、莊，孔氏疏通，自難迴避，且亦自有合"經意"者，《艮·正義》非歟？陳氏能破漢、宋之門户，鄭、朱並尊，而未化儒、道之町畦，《易》、《老》設蓺，所謂"今汝畫"也。實則鄭玄初不謹守家法，《禮記·禮運》"是謂小康"句鄭註："大道之人以禮於忠信爲薄"（隱用《老子》

第三八章），《大學》"悖入悖出"句鄭《註》："老子曰：'多藏必厚亡'"，是其例。穎達尊奉道家，致遭當時釋子醜詆，唐釋道宣《高僧傳》二集卷三《慧浄傳》："時有國子祭酒孔穎達，心存道黨，潛扇蠅言"云云，可發一笑。

"隔物欲"而取於"背"，有二義焉。一者不見可欲：有可欲之物陳吾前，恐其亂衷曲也，不面對作平視而轉身背向之，猶《革》之"革面"。王引之《經義述聞·易》上據《廣雅》："面、鄉也"，"鄉"同"向"，因云"革面"、即"改其所向"，是也。竊謂《鶡冠子·泰鴻》篇："首尾易面"，最足證"面"即訓"向"，王氏舉例，無明白如此者。背、面之反向也。然雖言不見，而實知其可欲，動心忍性，適滋"抑割"、"強止"之患；故禪人"忘心不除境"（《五燈會元》卷一七寶覺），所謂"閉目不窺，已是一重公案"（魏泰《東軒筆錄》卷一二），亦所謂"看的不妨，想的獨狠"（沈廷松《皇明百家小説》第一一三峽潘游龍《笑禪錄》）。二者見不可欲：物之可欲，每由其面，其背初不爾，倘覩背之無可欲乃至可憎可怖，則庶幾勿爲面所迷惑。蓋我不"革面"，而物"革面"，亦即我不背向物，而使物背向我。等面、背於表裏，別幻象於真相。如寒山詩："寒山出此語，復似顛狂漢；有事對面說，所以足人怨：心真出語直，直心無背面"（又一首："若能如是知，是知無背面"）；謂世俗常態每面前虛詞取悅，背後方實言無飾。《五燈會元》卷九溈山靈祐語："道人之心，質直無僞，無背無面，無詐妄心"；蓋有背有面，即是"詐妄"，以一"質"則一"僞"耳。《書·益稷》："女毋面從，退有後言"；《詩·大雅·桑柔》："民之罔極，職涼善背；涼曰不可，覆背善詈"；《莊子·盜跖》："吾聞之，好面譽人者，亦好背而毀之";杜甫《莫相疑行》:"晚將末契託年少,當面輸心背面笑!"皆示當面易遭欺罔,轉背方知端的。文學中寓言十九,每託後義。如世人熟曉之《紅樓夢》第一二回賈瑞照"風月寳鑑",跛足道人叮囑曰:"專治邪思妄動之症。……千萬不可照正面,只照背面,要緊!要緊!"豈非"艮其背"耶?"其背"可"艮","妄動"能"治"之謂也。

【增訂三】《西遊記》三一回行者語八戒曰:"這妖怪無禮,他敢背前面後罵我";又斥黃袍怪曰:"你害他便也罷,却又背前面後罵我。"行者謂黃袍怪罵己時,不當己之面而當己之背,"背前"正亦"面後",疊詞一意。

十三世紀德國詩寫貴人病亟,忽覯美婦(schoene ein Vrouwe)立榻前,金冠寶帶(von golde ir krône, wol geberlt/ir wât ir gûrtel ir vürspan),儀表似天人,驚問阿誰,婦答:"我乃人間世爾,卿曷視吾背"(ich binz diu Werlt, /du solt mich hinden schouwen an);婦因轉身,背皆白骨無肉,蛆、蟆蠕動其中,惡氣刺鼻如狗屍腐臭(Ir was der rucke vleisches hol, /er war gar kroten vürme vol/und stanc alsam ein vûler hunt)①。

【增訂四】十三世紀德國大詩人(Walther von der Vogelweide)有一篇與魔鬼決絶,亦斥"俗世"爲"婦人"(Frô Welt):"汝面姝麗,汝背則穢惡可憎"(dô was dîn schoene an ze schowen wünneclîch al sunder lougen: /doch was schanden alse vil, /dô ich dîn hînden wart gewar, /daz ich dich iemer schelten will);説者謂中世紀常喻"俗世"爲美貌婦人,其背

---

① Der Guotaere, *The Penguin Book of German Verse*, 39.

皮肉消腐，蛆蟲聚嘬焉（die schöne Dame, deren Rücken von Fäulnis und Ungeziefer zerfressen ist, —Max Wehrli, *Deutsche Lyrik des Mittelalters*, 6th rev. ed., 1984, pp. 253, 588）。丹麥神話中頑仙之現女身者，觀其前，美艷可人，相其後背則枵然空殼而已（The Danish elves or ellewomen appeared beautiful and engaging from the front but were hollow behind. —Katharine Briggs, *A Dictionary of Fairies*, Penguin, 1979, pp. 92, 122）。"風月寶鑑"之正反異照，迷覺殊趣，若是班乎。

十七世紀英國詩寫罪惡（Sin）現女人身，面抹粉施朱，掩飾本相，以蠱媚凡俗，而背尻深黑作夜色（For she with art and paint could fine dissemble/Her loathsome face; her back parts（blacke as night）[1]。歐洲十七世紀又尚雙面畫像，正面爲其人小照，轉畫幅之背，則赫然示髑髏相（ces singuliers anamorphoses, ou portraits doubles d'un visage qu'il suffit de retourner pour le voir changer en tête de mort），所以自儆生死無常、繁華不實[2]。皆與"艮其背"、"反面一照，祇見一個骷髏兒"，不謀而合。十七世紀一德國詩人歎人苦不自知云："汝尾人而行，瞭然即覩其過惡；若夫汝之過惡，則人自後視汝背得見之"（Kannst du dem,

---

[1] Phineas Fletcher, *The Locusts*, I, st. 12, *The Oxford Book of Seventeenth-Century English Verse*, 210.

[2] J. Rousset, *Anthologie de la Poésie baroque française*, I, 17. Cf. Burton, *Anatomy of Melancholy*, "Democritus to the Reader", George Bell, I, 132（the double or turning pictures）; Rousset, *Circé et le Paon*, nouv. éd., 1954, p. 24（Gracian: "regarder les choses à rebours"）.

der für dir geht, seine Mangel bald erblicken, / Wird dir deine sehen auch, wer dir nachsieht auf den Rükken)①；相君之背，方知過惡，亦"反面一照"而見不可欲耳。抑面背迥殊，即表裏非一、貌實不符，如陸龜蒙《登高文》所謂："反掌背面，天遼海隔。"苟明此旨，則不必執著於顏面之與尻背。《鏡花緣》第二五回寫兩面國人"和顏悅色，滿面謙恭光景，令人不覺可愛可親"，而唐敖揭起腦後浩然巾，只見"裏面藏着一張惡臉，鼠眼鷹鼻，滿臉橫肉"，駭絕下跪，大叫"嚇殺我了！"第三九回謂兩面國王"浩然巾內久已藏着一張壞臉"，"對着人是一張臉，背着人又是一張臉"。則前後表裏均為面，初無腦後之背。莎士比亞劇中寫摩洛哥王子揭黃金匣蓋，中乃髑髏(a carrion death)，喻外表(outside to behold)之不足信恃②；加爾德隆劇中寫術士見意中美人面蒙紗冪(cubierta con manto)，雅步相就，驚喜抱持，揭冪則骷髏耳(descúbrela y vé/el cadaver)，方駭歎間，枯骨出聲曰："人間世榮華，都作如是觀"(Asi, Cipriano, son/Todas las glorias del mundo)③。則真質復不在背而在內，當發覆而不宜革面。然作者寄意，貌異心同，莫非言惡隱而美顯，遂炫目惑志爾。

---

① Logau: "Kenne dich!" *Sinngedichte. Eine Auswahl*, hrsg. U. Berger, 139.

② *The Merchant of Venice*, II. vii. 63. ff.. Cf. St John Damascene, *Barlaam and Ioasaph*, vi, Apologue 2, "Loeb", 75-7.

③ Calderon, *El Mágico Prodigioso*, Jornada II, *Las Comedias de De Pedro Calderon*, Fleischer. III, 417.

一五　漸

"九三：鴻漸於陸，夫征不復，婦孕不育"；《註》："夫征不復，樂於邪配，則婦亦不能守貞矣。"按王弼註頗切世情，經生動以猥瑣詞之，過矣。後世賦詠思婦閨情，輒描摹孤芳孑處，矢志蘊愁，尟及此者。然徵之於實，則遠役長離，不保無其事。曹植《雜詩》："妾身守空閨，良人行從軍，自期三年歸，今已歷九春"，明貞固不易；而《古詩十九首》："蕩子行不歸，空牀難獨守"，又示冷淡未甘。二者蓋皆有之。李陵《答蘇武書》："生妻去帷"（《漢書・李廣蘇建傳》："子卿婦年少，聞已更嫁矣"）；《舊唐書・柳公綽傳》："鄂軍既在行營，公綽時令左右省問其家；……軍士之妻冶容不謹者，沉之於江"；劉禹錫（一作嚴鄖）《望夫石》："近來豈少征夫婦，笑採蘼蕪上北山"；呂居仁《軒渠錄》（《說郛》卷七）載遼婦寄夫從軍南下詩："垂楊傳語山丹，你到江南艱難；你那裏討個南婆，我這裏嫁個契丹。"均資比勘。《左傳》僖公二十三年重耳要季隗曰："待我二十五年不來而後嫁"，足以覘遠別而難卜歸期者之心事矣。《詩・東山》："其新孔嘉，其舊如之何？"竊以爲當與《易》此節合觀，舊解未的。二句寫征人心口自語："當年新婚，愛好甚摯，久暌言旋，不識舊情未變否?"乃慮其婦闊別愛移,身疏而心亦遐,不復敦夙好,正所謂"近鄉情更怯"耳。王建《遠將歸》:"遠將歸,勝未別時,在家相見熟,新歸歡不足";則求金者遠歸之喜詞,與舍軀者生還之疑詞,區以別矣。西方古詩歌或歎喋血餘生,無錢無食,襤褸如丐,千里歸來,則婦初不聞曠,與不知誰何生子累累(Wohlgebrauchte Weiber,/Ungewisse Kinder);或託爲妻詬夫從軍云:"汝去我甚急,頭插鳥羽,獨不慮歸來時身將披龜甲耶!"(Ma di penne, a fuggirmi, il capo adorna;/ché porterai nel trionfo altero/della luna ottomana ambe le corna!)①雖口角獷鄙,要亦如王弼註所言情事也。

---

① Logau: "Angedankte Soldaten", *op. cit.*, 142; L. Casaburi: "Rimprovero di bella donna al suo marito, che propone d'andare alla guerra", *Marino e i Marinisti*, Ricciardi, 1061. Cf. Byron, *Don Juan*, II. 23, Varirorum ed. by T. G. Steffan and W. W. Pratt, II 287; G. W. E. Russell, *Collections and Recollections*, ch. 31, Nelson, 308(a charade of a crusader knight and his lady).

一六　歸　妹

"初九：歸妹以娣，跛能履。九二：眇能視"；《正義》："雖非正配，不失常道，譬猶跛人之足然，雖不正，不廢能履，……猶如眇目之人，視雖不正，不廢能視。"按"歸妹以娣"即古俗之"姊妹共夫婚姻"（sororal polygyny）。《履》之"六三：眇能視，跛能履。象曰：眇能視，不足以有明也；跛能履，不足以與行也"。二卦擬象全同，而旨歸適反。《歸妹》之於跛、眇，取之之意也，尚有憾爾；《履》之於跛、眇，棄之之意也，不無惜爾。一抑而終揚，一揚而仍抑。正如木槿朝花夕落，故名"日及"，《藝文類聚》卷八九載蘇彦詩序："余既翫其葩，而歎其榮不終日"，是雖愛其朝花而終恨其夕落也；又載東方朔書："木槿夕死朝榮，士亦不長貧也"，則同白居易《放言》之五"松樹千年終是朽，槿花一日亦爲榮"，縱知其夕落而仍羨其朝花矣①。《坤》六四有"括囊"之喻，《周易姚氏學》卷一謂《荀子》、《漢書》以爲"譏詞"，霍性上疏以爲"褒詞"，亦堪参酌。同此事物，援

---

① Cf. C. Reade, *The Cloister and the Hearth*, ch. 72: "Jerome reported that Clement's spirit was willing, but his flesh was weak. 'Good!' said Anselm; 'his flesh is weak, but his spirit is willing'" ("Everyman's", 515).

爲比喻，或以褒，或以貶，或示喜，或示惡，詞氣迥異；修詞之學，亟宜拈示。斯多噶派哲人嘗曰："萬物各有二柄"（Everything has two handles），人手當擇所執①。刺取其意，合采慎到、韓非"二柄"之稱，聊明吾旨，命之"比喻之兩柄"可也。

水中映月之喻常見釋書，示不可捉搦也。然而喻至道於水月，乃歎其玄妙，喻浮世於水月，則斥其虛妄，譽與毀區以別焉（參觀《大智度論・解了諸法釋論》第一二說"如水中月"）。不勞廣徵，即取晉釋慧遠《鳩摩羅什法師大乘大義》卷上爲例。其稱"法身同化"，無四大五根，"如鏡中像、水中月，見如有色，而無觸等，則非色也"，水月之喻，蓋以揚之；其言"幻化夢響"，如"鏡像、水月，但誑心眼"，水月之喻，又以抑之。詞章沿用亦然。《全唐文》卷三五〇李白《誌公畫贊》："水中之月，了不可取"；又卷七一五韋處厚《大義禪師碑銘》記尸利禪師答順宗："佛猶水中月，可見不可取"；施肩吾《聽南僧說偈詞》："惠風吹盡六條塵，清淨水中初見月"。超妙而不可即也，猶云"仰之彌高，瞻之在前，忽焉在後"，或"高山仰止，雖不能至，心嚮往之"，是爲心服之贊詞。李涉《送妻入道》："縱使空門再相見，還如秋月水中看"；黃庭堅《沁園春》："鏡裏拈花，水中捉月，覷着無由得近伊"；《紅樓夢》第五回仙曲《枉凝眸》："一個枉自嗟呀，一個空勞牽掛，一個是水中月，一個是鏡中花"。點化禪藻，發抒綺思，則撩逗而不可即也，猶云"甜糖抹在鼻子上，只教他舐不着"（《水滸》第二四回），或"鼻凹兒裏砂糖水，心窩裏蘇合油，餂不着空把人拖逗"（《北宮詞紀外集》卷三楊慎

---

① Epictetus, *Encheiridion*, § 45, "Loeb", II, 527.

《思情》),是爲心癢之恨詞。《申子·大體》曰:"鏡設精無爲,而美惡自備;衡設平無爲,而輕重自得";《論衡·自紀》曰:"如衡之平,如鑑之開";《全三國文》卷五九諸葛亮《與人書》曰:"吾心如秤,不能爲人作輕重";王涯《廣宣上人以詩賀放榜、和謝》:"用心空學秤無私"。均以秤喻無成見私心,處事遇人,各如其分,公平允當,褒誇之詞也。《朱子語類》卷一六:"這心之正,却如秤一般,未有物時,秤無不平,才把一物在上面,秤便不平了";周亮工《書影》卷一〇:"佛氏有'花友'、'秤友'之喻,花者因時爲盛衰,秤者視物爲低昂"。則言心之失正、人之趨炎,爲誚讓之喻矣,"秤友"正劉峻《廣絕交論》所斥"操權衡"之"量交"也。世異域殊,執喻之柄,亦每不同。如意語、英語均有"使鐘錶停止"之喻,而美刺之旨各別。意人一小説云:"此婦能使鐘錶停止不行"(Que pezzo di donna che fa fermare gli orologi)①,歎容貌之美;如宋之問《浣紗篇》稱西施之"艷色"、"靚妝"曰:"鳥驚入松網,魚畏沈荷花",或《紅樓夢》第二七回曰:"這些人打扮的桃羞杏讓,燕妒鶯慚"。而英人一劇本云:"然此間有一二婦人,其面貌足止鐘不行"(But then there's one or two faces 'ere that' ud stop a clock)②,斥容貌之陋,則如《孤本元明雜劇》中《女姑姑》禾旦自道"生得醜"曰:"驢見驚,馬見走,駱駝看見翻筋斗"。言譯事者以兩國語文中貌相如而實不相如之詞與字,比於當面輸心背面笑之"僞友"

---

① V. Brancati, *Don Giovanni in Sicilia*, quoted in D. Provenzal, *Dizionario delle Immagini*, 93, "Beltà".

② J. B. Priestley, *When We are Married*, Act III, *The Plays of J. B. Priestley*, Heinemann, II, 214.

（les faux amis）①，防惕謹嚴，比喻之兩柄亦正如賣友之兩面矣。

比喻有兩柄而復具多邊。蓋事物一而已，然非止一性一能，遂不限於一功一效。取譬者用心或別，着眼因殊，指（denotatum）同而旨（significatum）則異；故一事物之象可以孑立應多，守常處變。譬夫月，形圓而體明，圓若明之在月，猶《墨經》言堅若白之在石，"不相外"而"相盈"，或猶《楞嚴經》言空與土之在"法界"，"二性周徧"而"不相陵滅"者也。鏡喻於月，如庾信《詠鏡》："月生無有桂"，取明之相似，而亦可兼取圓之相似。茶團、香餅喻於月，如王禹偁《龍鳳茶》："圓似三秋皓月輪"，或蘇軾《惠山謁錢道人烹小龍團》："獨携天上小團月，來試人間第二泉"；王沂孫《天香·龍涎香》："孤嶠蟠烟，層濤蜕月"，或周密《天香·龍涎香》："驪宮玉唾誰擣，麝月雙心"；僅取圓之相似，不及於明。

【增訂三】香餅可喻爲圓月，周嘉冑《香乘》卷一四至一八屢言其製，如"作餅爇之"，"爲薄餅燒之"，"散燒或捻小餅亦可"，"捻作餅子燒之"等。香盤亦可喻爲圓月，其製見洪芻《香譜》卷下，圓徑每二、三尺，燃於飲席及佛寺；《全宋詞》二五二六頁彭耜《十二時》："此心終日繞香盤，在篆畦兒裏"，即此物也。

【增訂四】陳與義《簡齋詩集》卷五《又和歲除感懷用前韻》："下里燒香篆屈盤"；陸游《劍南詩稿》卷一七《初寒夜坐》："微火如螢度篆盤。"亦皆道香盤模狀。

---

① Cf. J.-P. Vinay èt J. Darbelnet, *Stylistique comparée du Français et de l'Anglais*, 70-2, 170-3.

月亦可喻目,洞矖明察之意,如蘇軾《弔李臺卿》:"看書眼如月",非并狀李生之貌"環眼圓睁"。月又可喻女君,太陰當空之意,如陳子昂《感遇》第一首:"微月生西海,幽陽始代昇",陳沆《詩比興箋》解爲隱擬武則天,則圓與明皆非所思存,未可穿鑿謂并涵阿武婆之"圓姿替月"、"容光照人"。"月眼"、"月面"均爲常言,而眼取月之明,面取月之圓,各傍月性之一邊也。請徵之《易》本書。《坤》:"利牝馬之貞",以馬象坤,取其"順"也;《說卦傳》:"乾爲馬",復取其"健"也。一馬耳,或稱其德焉,或稱其力焉。且如前引"水月"諸句,雖揚抑不同,而可望不可即之意則同,是柄固異而邊無殊也。《華嚴經・世主莊嚴品》第一:"如來法身不思議,如影分形等法界",清涼澄觀《疏鈔》卷九釋曰:"若月入百川,尋影之月,月體不分";王安石《王荆文公詩》卷四三《記夢》:"月入千江體不分,道人非復世間人",黃庭堅《豫章黃先生集》卷一四《黃龍南禪師真贊》:"影落千江,誰知月處",又《五祖演禪師真贊》:"無心萬事禪,一月千江水",朱松《韋齋集》卷一《謁普照塔》:"是身如皎月,有水著處現,彈指徧大千,何止數鄉縣";則言平等普及,分殊理一,爲"水月"之第二邊。李白《贈宣州靈源寺仲濬公》:"觀心同水月",猶《誌公畫贊》之旨,尚爲第一邊;而其《溧陽瀨水貞義女碑銘》:"明明千秋,如月在水",則另主皎潔不滅,光景常新,乃"水月"之第三邊。《醉醒石》第一三回《嘲妓》詩:"也巢丹鳳也栖鴉,暮粉朝鉛取次搽;月落萬川心好似,清光不解駐誰家!"移贊佛之喻以譏妓,則與《華嚴經》、王、黃、朱詩文同邊而異柄矣。一物之體,可面面觀,立喻者各取所需,每舉一而不及餘;讀者倘見喻起意,橫出旁申,蘇軾《日喻》所嘲盲者扣槃得聲、捫燭得形，無以異爾。《大般涅槃經·獅子吼菩薩品》第一〇之三："引喻不必盡取，或取少分，或取多分"（參觀《法華玄義》卷七下、卷一〇下），《翻譯名義集》第五三篇有"分喻"之目；"分"者，不盡、不全之意，略如《呂氏春秋·貴生》："六欲分得其宜也"，高誘註："分、半也"，或《荀子·仲尼》："以齊之分"，楊倞註："分、半也。"以彼喻此，二者部"分"相似，非全體渾同。"分"與吾所謂"邊"印可。嘗見英詩人作兒歌云："針有頭而無髮，鐘有面而無口，引線有眼而不能視"（A pin has a head, but no hair; /A clock has a face, but no mouth there; /Needles have eyes, but they cannot see）①，舉例甚夥，皆明"引喻取分"之意。《翻譯名義集》曰："雪山比象，安責尾牙？滿月況面，豈有眉目？"同心之言也（參觀《毛詩》卷論《大東》）。

【增訂三】《大智度論》卷九一《釋具足品》第八一上："以明心事，故說譬喻，取其少許相似處爲喻。……如師子喻王；師子於獸中無畏，王於羣下自在無難，故以爲喻，復何可責四足負毛爲異耶？""少許相似處"即"分"耳。

【增訂四】《文心雕龍·比興》："關雎有別，故后妃方德；尸鳩貞一，故夫人象義。義取其貞，無從於夷禽；德貴其別，不嫌於鷙鳥。明而未融，故發注而後見也。"蓋如《豳風·狼跋》"美"周公而"不嫌"取譬於貪獸矣。"義取"物之一端而"無從"其他，即《大般涅槃經》所謂"引喻不必盡取"，"邊"之

---

① Christina Rossetti: "Sing-song", *Poetical Works*, ed. W. M. Rossetti, 432-3; cf 434: "The peacock has a scores of eyes with which he cannot see" etc..

謂也（Cf. Christine Brooke-Rose, *A Grammar of Metaphor*, 1958, pp. 12, 209; "When we use a noun metaphorically, we make abstraction of certain attributes which it possesses, leaving out others which would not fit"）。劉氏通曉釋典，倘有所參悟歟？特未團詞括要，遂於"分喻"之旨，尚"明而未融"耳。當世思辯家（Donald Davidson）有名言："明比皆真，暗喻多妄"（All similes are true and most metaphors are false）；蓋謂無一物不與他物大體或末節有相似處，可以顯擬，而每一物獨特無二，迥異他物，無堪齊等，不可隱同（Everything is like everything else in some respect, however unimportant, and everything actually is itself and not something else）。

【增訂五】即《莊子·天下篇》述惠施所謂："萬物畢同畢異"；《墨子·小取》所謂："辟也者，舉他物而明之也。……夫物有以同，而不率遂同。"

【增訂四】顯擬二物，曰"如"曰"似"，則尚非等同，有不"盡取"者在；苟無"如"、"似"等字，則若渾淪以二物隱同，一"邊"而可申至於他"邊"矣。雖然，文章狡獪，游戲三昧，"取"物一節而復可並"從"其餘，引喻"取分"而不妨充類及他，參觀254－257頁、《談藝錄》第二黃山谷詩補註第五十九。斯又活法之須圓覽者。

喻有柄有邊，後將隨見隨說，先發凡於此。

一七　繫辭（一）

　　《繫辭》上："一陰一陽之謂道"；《正義》："以理言之爲道，以數言之謂之一，以體言之謂之無，以物得開通謂之道，以微妙不測謂之神，以應機變化謂之易。總而言之，皆虛無之謂也。"按阮籍《通老子論》云："道者自然，《易》謂之'太極'，《春秋》謂之'元'，《老子》謂之'道'也"（《全三國文》卷四五）；成公綏《天地賦》云："天地至神，難以一言定稱。故體而言之，則曰'兩儀'；假而言之，則曰'乾坤'；氣而言之，則曰'陰陽'；性而言之，則曰'柔剛'；色而言之，則曰'玄黃'；名而言之，則曰'天地'"（《全晉文》卷五九）；《河南二程遺書》卷一一云："天者理也，神者妙萬物而爲言者也，帝者以主宰事而名也"；孫奕《履齋示兒編》卷一云："以形體謂之天，以主宰謂之帝，以運動謂之乾"。大莫能名，姑與以一名而不能盡其實，遂繁稱多名，更端以示。夫多名適見無可名、不能名也。《列子·仲尼》篇"蕩蕩乎民無能名焉"句張湛註引何晏《無名論》曰："夫唯無名，故可得徧以天下之名名之，然豈其名也哉？"西方神秘家（Dionysius the Areopagite）謂損以求之（Via negativa），則升而至於無名，益以求之

（Via affirmativa），則降而至於多名①；故大道真宰無名（anonymous）而復多名（polynonymous）②。理足相參，即《老子》開宗明義之"可名非常名"耳。

---

① R. A. Vaughan, *Hours with the Mystics*. 6th ed., I. 115-6.
② K. Vossler, *The Spirit of Language in Civilisation*, tr. O. Oeser. 33; E. Cassirer, *Language and Myth*, tr. Susanne Langer, 71-3.

一八　繫辭（二）

　　《繫辭》上："顯諸仁，藏諸用，鼓萬物而不與聖人同憂"；《註》："萬物由之以化。……聖人雖體道以爲用，未能至無以爲體，故順通天下，則有經營之跡也"；《正義》："道之功用，能鼓動萬物，使之化育。……道則無心無跡，聖人則無心有跡。……內則雖是無心，外則有經營之跡，則有憂也。"按《文選》左思《魏都賦》"匪同憂於有聖"，李善註引王弼《周易》註云："乾坤簡易是常，無偏於生養，無擇於人物，不能委曲與聖人同此憂也"（張雲璈《選學膠言》卷四謂當是王肅註，李誤作王弼），視韓康伯此註較明白，而與《老子》"天地不仁"句王弼註相發，參觀《老子》卷論第五章。然韓註無語疵，孔疏則詞欠圓明，當云：道無心而有跡，聖人則有心亦有跡，蓋道化育而不經營故也。《繫辭》本節上文曰："顯諸神"，下文曰："見乃謂之象，形乃謂之器"，豈非道有跡乎？聖人有心故憂，道無心則不憂矣。揚雄《法言·問道》："吾於天與，見無爲之爲矣。或問：雕刻衆形者匪天與？曰：以其不雕刻也。"揚雄雖自言此乃取老子之說，而語更爽利，可作無心有跡之確解。《三國志·魏書·鍾會傳》裴註引何劭《王弼傳》記"何晏以爲聖人無喜怒哀樂，弼與不同";《世説新語・傷逝》亦記王衍曰:"聖人忘情。"意謂"聖人"既法天體道,過化存神,則自能如天若道之"無心"而"不憂"。與古希臘哲人言有道之士契合自然(Life in agreement with Nature),心如木石,無喜怒哀樂之情(Apathy)者①,無以異也。

《明道語録》:"聖人人也,故不能無憂。天則不爲堯存,不爲桀亡者也";《伊川語録》:"'鼓舞萬物,不與聖人同憂',此天與人異處,聖人有不能爲天之所爲處。"二程闡發《易》語,即斯賓諾莎所謂"上帝無情感"(Deus expers est passionum),不憂不喜,不愛不憎也②。然上帝無情,則天人懸絶,禱祀唐捐;而上帝有情,又下躋羣生,無以高異。於是談者彌縫補苴以求兩全,或謂其"道是無情卻有情"(passus est impassibiliter; impassibilis sed non incompassibilis)③,或謂其哀樂而無動於中(experience the intensest pain and pleasure without being affected by it)④。引而申之,倘亦與人同憂而不愁苦者歟? 以南轅北轍之背爲東食西宿之兼者歟? 參觀《全晉文》卷論何劭《王弼傳》。

---

① Diogenes Laertius, *op. cit.*, VII. 87, 117, "Loeb", II, 195, 221. cf. Plutarch: "How the young Man should study Poetry", 14, *Moralia*, "Loeb", I, 196.
② Spinoza, *Ethica*, V, Prop. 17 et Cor., "Classiques Garnier", II, 198-9.
③ S. Athanase, quoted in Leibniz, *Théodicée*, Disc. prél., § 22, *Die Philosophischen Schriften*, hrsg. C. J. Gebhardt, VI, 63; S. Bernard, quoted in Feuerbach, *Das Wesen des Christenthums*, Kap. 5, *op. cit.*, 67.
④ R. L. Nettleship, quoted in C. E. Montague, *A Writer's Notes on his Trade*, "The Phoenix Library", 237.

一九　繫辭（三）

　　《繫辭》上："易、聖人之所以極深而研幾也"；《註》："極未形之理則曰'深'，適動微之會則曰'幾'"；《正義》："'幾'者，離無入有，是有初之微。"按《繫辭》下："知幾其神乎！幾者，動之微、吉之先見者也"；《註》："幾者，去無入有。理而無形，不可以名尋，不可以形覩者也。唯神也，……故能朗然玄照，鑒於未形也。合抱之木，起於毫末，吉凶之彰，始於微兆"；《正義》："'幾'、微也。……事物初動之時，其理未著，唯纖微而已。若其已著之後，則心事顯露，不得爲幾；若未動之前，又寂然頓無，兼亦不得稱幾也。幾是離無入有，在有無之際。"二疏合觀，"幾"義益明。《老子》第一四章："視之不見名曰夷"，"夷"一作"幾"，范應元《道德經古本集註》引唐傅奕云："幾者、幽而無象也"；祇言其"無"而"不見"，未言其"有"而"可知"，文理不如孔疏之密察周賅。張載《正蒙·神化》篇："幾者、象見而未形也"，則得之矣。韓康伯註實節取《老子》第六四章："其安易持，其未兆易謀，其脆易泮，其微易散，爲之於未有，治之於未亂。合抱之木，生於毫末；九層之臺，起於累土；千里之行，始於足下"；即《鬼谷子·抵巇》篇所言"抵巇之理":"巇始有朕,可抵而塞","聖人見萌芽巇罅,則抵之以法"。周君振甫謂韓註多語病;既曰"去無入有",是"有"形也,何得曰"鑒於未形"——"毫末"豈非"有形"乎?不特此也,樹木之長大,其"動"不著,非若飛走陟降之類,觸目會心。且萌芽毫末漸至於拱把合抱,假以爲例,似與亞理士多德以來所稱"潛能"或"潛力"(potentiality)①易相混淆。潛能者,能然而尚未然;幾者,已動而似未動,故曰"動之微",《鬼谷子·揣》篇命之曰"幾之勢"。"知幾"非無巴鼻之猜度,乃有朕兆而推斷,特其朕兆尚微而未著,常情遂忽而不覩;能察事象之微,識尋常所忽,斯所以爲"神"。譬如地震或天變伊始,禽蟲失常變態而人蒙昧不省;蓋災之"初動",於禽蟲已爲"顯露",於人猶屬"纖微",故禽蟲無愧先覺,而人則不知"幾"焉。然禽蟲何故變態,人固不得而知,禽蟲作諸變態,人自可得而見;苟博物深思,於他人不注目經心之禽蟲變態,因微知著,揣識災異之端倪,則"知幾"之"神"矣。"動之微"者,雖已動而尚難見、不易知,是以見之者罕、知之者稀也。請借詩人佳句,更端以説可乎?杜詩《閬山歌》:"松浮欲盡不盡雲,江動將崩未崩石";石之將崩已著,特尚未崩耳,不得爲"幾"也。韓詩《雉帶箭》:"將軍欲以巧勝人,盤馬彎弓惜不發";情狀似《管子·小問》桓公北伐孤竹,途中見神人,"闞然止,瞠然視,援弓將射,引而未敢發也",或《孟子·盡心》之"引而不發,躍如也",與米凱郎吉羅論雕塑人物,必選其"鬱怒"(furia)之態,

---

① Cf. A. Lalande, *op. cit.*, 859–861, art. "Puissance", note; Hegel, *Geschichte der Philosophie*, "Einleitung", Felix Meiner, 101–3 (das Vermögen, das Ansichsein).

聚力作勢，一觸即發（action barely restrained）①，理無二致。顧箭在弦上，發之勢昭然，則發之動當然，亦不得爲"幾"也。白詩《魏王堤》："何處未春先有思，柳條無力魏王堤"，庶幾見春之"幾"者；蘇詩《高郵陳直躬處士畫雁》："野雁見人時，未動意先改"，又《次韻趙景貺春思》："春風如繫馬，未動意先騁"，曰"先改"、"先騁"，雖曰"未動"，亦已謂之"動"矣。曾幾《茶山集》卷三《探梅》："雪含欲下不下意，梅作將開未開色"；句法擬杜，"意"字同蘇，而復以"含"、"欲"字闡之，幾堪爲知"幾"者。程俱《北山小集》卷一六《賀方回畫笥有龔高畫二。其一戴勝，殆非筆墨所成；其一鼫鼠尤妙，形態曲盡，有貪而畏人之意。各題數語其上》，第二首："有惕其中，而志逐逐；何以占之？機見於目"；"志逐逐"猶言"意騁"、"意改"，末句用《陰符經》下篇："心生於物，死於物，機在目"，"機"即"幾"，"逐逐"之動尚未着於鼠體，而"逐逐"之志，已動乎中而形乎外，"見於目"焉。斯可以詮"動微"、"在有無際"也。駱賓王《代李敬業傳檄天下文》曰："坐昧先幾之兆"，後世竿牘諛人，亦每曰："燭照幾先"，皆誤以"知幾"爲先知。《韓非子·解老》曰："先物行、先理動之謂前識；前識者，無緣而妄意度耳"；"先幾"是在"幾"之先，即尚"無緣"；"知幾"則已有"幾"可知，非"無緣妄度"也。《南史》卷三四《周弘正傳》王僧辯曰："弘正智不後機，體能濟勝"，又曰："吾固知王僧達非後機者"；則未失《易》意，有"幾"即見，非前識亦非後覺也。

---

① R.J. Clements, *Michelangelo's Theory of Art*, 175 Cf. W. J. Bate, *John Keats*, 246 ("Stationing").

二〇　繫辭（四）

　　《繫辭》上："聖人以此洗心，退藏於密"；《註》："洗濯萬物之心。"按下云："聖人以此齋戒，以神明其德"，《註》："洗心曰齋，防患曰戒"；此處亦言"洗濯"己之心，非謂"洗濯萬物之心"也。《莊子·山木》："願君刳形去皮，洒心去欲"，又《知北遊》："汝齋戒，疏瀹而心，澡雪而精神"，語意胥與《繫辭》之"洗心"契會。《全晉文》卷四九傅玄《傅子》："人皆知滌其器而莫知洗其心"；《南史》卷四七《荀伯玉傳》記竺景秀語："若許某自新，必吞刀刮腸，飲灰洗胃"。"洗胃"、"洗心"，屬詞無異《孟子·梁惠王》之"寡人恥之，願比死者一洒之"，蓋晉、宋習用矣。王引之《經義述聞·易》下謂"洗"與"先"通，虞翻解"先心"爲"知來"，是也，班固《幽通賦》亦曰："神先心以定命"。王蓋不究義理，并弗顧文理，而祇知字之通假耳。"以此先心"既甚不詞，訓"先心"爲"知來"又文義牽强，未可以虞翻視韓康伯生世稍古而信好其解也。莊周不更古於虞翻乎？《幽通賦》："神先心以定命兮，命隨行以消息"，《文選》載班固妹曹大家註："言人之行各隨其命，命者神先定之。"兩句相對相當，"行"爲"人之行"，則"心"即"人之心"，而"神"者，"大道神明"。蓋謂"命"已"先"由天"定",非人"心"能回(fore-ordination),與虞翻以"先心"爲前識"知來"(foreknowledge)之解,了不相涉而幾若相仇;王氏引以張目,乖矣!

【增訂一】《東塾讀書記》卷四譏"虞氏《易》註多不通"。説"洗心"爲"先心",適堪示例。《後漢書·隗囂傳》囂上疏:"如遂蒙恩,更得洗心,死且不朽";則東漢初用《易》語已不異後世。《管子·心術》上:"潔其宫,開其門;宫者,謂心也,心也者,智之舍也";"潔"與"洗"同取義於濯垢,蓋此喻從來遠矣。

【增訂三】《後漢書·順帝紀》陽嘉三年五月戊戌制詔:"嘉與海内洗心更始,其大赦天下";《潛夫論·述赦》:"其文帝曰:'……將與士大夫洒心更始,歲歲洒之。'"是"洗心"早成東漢官書中印板落套語也。《漢書·元后傳》:"且羌胡尚殺首子以盪腸正世",師古註:"盪、洗滌也";亦同"割腸洗胃"之爲假喻。《金樓子·立言》:"長沮浴,桀溺問焉。長沮曰:'浴須浴其内,然後其表。五藏六府尚有未潔,四支八體何爲者耶?夫浴者,將使表裏潔也。'"梁元此書引語述事,多本古逸;"浴内"、"潔裏"與"潔宫"、"洗心"、"洗胃",一致同揆,更徵心同而言公矣。梵典設譬,冥契漢籍。《大智度論》卷二七《釋初品中大慈大悲》:"衣如聖人心,垢如諸煩惱,雖以智慧水浣,煩惱氣猶在。"若西晉譯《法句譬喻經·多聞品》第三:"夫妻驚愕,精神戰懼,改惡洗心,頭腦打地",則似譯僧用華言成語耳。

【增訂四】《大戴禮記·主言》:"是故聖人等之以禮,立之以義,行之以順,而民棄惡也如灌。""灌"與"洗心"、"潔裏"之喻同源。《莊子·庚桑楚》:"南榮趎請入就舍,召其所好,去其所惡,十日自愁,復見老子。老子曰:'汝自洒濯,孰哉鬱鬱乎?然而其中津津乎猶有惡也'";所謂"洒濯",即指"去其所惡",正"洗心"也,然"心"雖"洗"而未净,故"其中津津乎猶有惡也"。王引之所采虞翻以"洗"爲"先",洵單文孤證之曲説矣。

二一　繫辭（五）

　　《繫辭》上："吉凶與民同患"；《正義》："凶雖民之所患，吉亦民之所患也；既得其吉，又患其失，故老子云'寵辱若驚'也"。按《疏》言殊辯，然實誤解之強詞。此正如《繫辭》上曰："潤之以風雨"，而《説卦》則曰："風以散之，雨以潤之。"孔氏非不曉古人修詞有此法式者，《左傳》襄公二年："以索馬牛皆百匹"，孔《正義》："牛當稱'頭'，而亦云'匹'者，因馬而名牛曰'匹'，兼言之耳。經、傳之文，此類多矣。《易·繫辭》云：'潤之以風雨'，《論語》云：'沽酒市脯不食'，《玉藻》云：'大夫不得造車馬'，皆從一而省文也。"孔既知斯理，卻不省本處亦因"凶"字而并"吉"曰"患"，千慮一失，足徵制立條例者未必常能見例而繫之條也。《論語·鄉黨》"沽酒市脯不食"句，邢昺疏全襲《左傳》襄二年孔氏《正義》。孔平仲《珩璜新義》云："宋玉《賦》'豈能料天地之高哉'，地言'高'，不可也；《後漢書·楊厚傳》'耳目不明'，耳言'明'，不可也"；是不知穎達所定"從一省文"之例，數典而忘其祖矣。王楙《野客叢書》卷二一言"因其一而并其一，古人省言之體"；徐𤊹《筆精》卷一言"古人之文，有因此而援彼者，有從此而省彼者"；皆舉"潤之以風雨"、"不可造車馬"、"沽酒市脯不食"等句爲例,均似不知已早著於《正義》者。《日知錄》卷二七《通鑑註》條舉古人之詞"並及",如"愛憎、憎也","得失、失也","利害、害也","緩急、急也","成敗、敗也","同異、異也","贏縮、縮也","禍福、禍也";"並及"即《正義》之"兼言"耳。王國維《觀堂集林》卷二《與友人論〈詩〉、〈書〉中成語書》有云:"古人言'陟降',不必兼陟與降二義。《周頌》:'念兹皇祖,陟降庭止','陟降厥士,日監在兹',以'降'爲主而兼言'陟'者也。《大雅》:'文王陟降,在帝左右',以'陟'爲主而兼言'降'者也。"實亦不外孔、顧之意。孔說從此而省彼,顧、王說因此而及彼,兩者每爲一事,直所從言之異路耳。譬如不曰"不可造車畜馬",而曰"不可造車馬",謂"造"字爲從"車"而省"畜"之文,固可,而謂"馬"字乃因"車"而牽引之文,亦未嘗不可;不曰"散潤之以風雨",而曰"潤之以風雨",倘着眼"風"字,則"潤"自爲兼"散"之省文,而苟着眼"潤"字,則"風"爲因"雨"而連及之文矣。從一省文之例,古人道者較多。因一兼言之例,於顧、王所拈,復益一二。《禮記·學記》:"君子知至學之難易";"難易"即"難",因難而兼言"易"也,《正義》分別解釋,失之。《左傳》昭公四年:"子產曰:'苟利社稷,生死以之'";謂雖死不惜,而兼言"生",實同僖公二十八年:"榮季曰:'死而利國,猶或爲之'"。《史記·封禪書》:"則祠蚩尤,釁鼓旗",因"鼓"而兼言"旗",又《匈奴列傳》:"舉事而候星月,月盛壯則攻戰,月虧則退兵";觀第二、三句,則首句之因"月"而兼言"星",曉然可見。《太玄經·昆》之次六:"文車同軌",因"車"而兼言"文"。《法言·問道篇》:"刀不利，筆不銛，而獨加諸砥，不亦可乎？"刀鈍可礪，筆秃不可礪（《説苑·建本篇》："礪所以致刃也"），此因"刀"而兼"筆"乎？或亦從"砥"而省"削"耶？故承之曰："人砥則秦尚矣"。左思《吴都賦》："魚鳥聱耴"；《文選》李善註："聱耴，衆聲也"；吕向註："魚當無聲，此云'魚鳥聱耴'，文之失也"，正可以因"鳥"兼"魚"爲左氏解嘲，不必引司馬相如《上林賦》"魚鼈讙聲"之句也。參觀《毛詩》卷論《擊鼓》有關修詞中兩字相銜接因而意義同化或吞併之例。

二二　繫辭（六）

　　《繫辭》下：" 子曰：'天下何思何慮；天下同歸而殊塗，一致而百慮'"；《註》："苟識其要，不在博求，一以貫之，不慮而盡矣。"按《史記·自序》論六家要指，引《易大傳》云云，意謂不謀而合。康伯此註，則非其意，乃謂執簡馭繁，似《龜策列傳》所云："人各自安，化分為百室，道散而無垠，故推歸之至微"；亦班固《幽通賦》所云："道混成而自然兮，術同原而分流。"思慮各殊，指歸同一，《繫辭》語可以陸九淵語釋之。《象山全集》卷二二《雜說》："千萬世之前有聖人出焉，同此心，同此理也；千萬世之後，有聖人出焉，同此心，同此理也；東、南、西、北海有聖人出焉，同此心，同此理也。"九淵之說，即《樂緯稽耀嘉》所謂："聖人雖生異世，其心意同如一也"（《玉函山房輯佚書》卷五四），而推宙以及宇耳；然仍偏而未匝，當以劉安、列禦寇語輔之。《淮南子·脩務訓》："若夫水之用舟，沙之用鳩，泥之用輴，山之用蔂，夏瀆而冬陂，因高為田，因下為池，此非吾所謂為之。聖人之從事也，殊體而合於理，其所由異路而同歸"；《列子·湯問》篇："九土所資，或農或商，或田或漁，如冬裘夏葛，水舟陸車，默而得之，性而成之"，張湛註：

"夫方土所資,自然而能,故吳越之用舟,燕朔之乘馬,得之於水陸之宜,不假學於賢智。慎到曰:'治水者茨防决塞,雖在夷貊,相似如一,學之於水,不學之於禹也'"。心同理同,正緣物同理同;水性如一,故治水者之心思亦若合符契。《文子·自然》:"循理而舉事,因資而成功,惟自然之勢。……夫水用舟,沙用䠟,泥用輴,山用樏,夏瀆、冬陂,因高爲山,因下爲池,非吾所爲也";亦此意,而言之不如二子之明且清矣。思辯之當然(Laws of thought),出於事物之必然(Laws of things),物格知至,斯所以百慮一致、殊塗同歸耳。斯賓諾莎論思想之倫次、係連與事物之倫次、係連相符(Ordo et connexio idearum idem est, ac ordo et connexio rerum)①,維果言思想之倫次當依隨事物之倫次(L'ordine dell'idee dee procedere secondo l'ordine delle cose)②,皆言心之同然,本乎理之當然,而理之當然,本乎物之必然,亦即合乎物之本然也。

---

① *Ethica*, Pars II, Prop. 7, *op. cit.*, I, 131.
② *Scienza Nuova*, §238, *op. cit.*, 458.

二三　繫辭（七）

　　《繫辭》下："屈信相感，而利生焉。尺蠖之屈，以求信也。"按《全唐文》卷九五〇高無際《漢武帝後庭鞦韆賦》："乍龍伸而蠖屈，將欲上而復低。……類七縱而七捨，期必高而讓高。"頗能闡明《易》此喻欲進故退之意。《六韜・武韜・發啓》："鷙鳥將擊，卑飛斂翼；猛獸將搏，弭耳俯伏"；《呂氏春秋・決勝》："諸搏攫抵噬之獸，其用齒角爪牙也，必託於卑微隱蔽，此所以成勝"（高誘註舉狐搏雉爲説，即本《淮南子》）；《淮南子・兵略訓》："飛鳥之擊也，俯其首；猛獸之攫也，匿其爪"，又《人間訓》："夫狐之搏雉也，必先卑體弭耳，以待其來也"；劉基《誠意伯文集》卷八《連珠》："蓋聞虎之躍也，必伏乃厲，鵠之舉也，必俯乃高。"擬象不同，寓意不異，皆《老子》第二二章之"枉則直"也。西洋常語亦云："後退所以前躍"（reculer pour mieux sauter）①，如《塊肉餘生述》中密考伯先生欲借小債，爲

---

① E. g. Montaigne, *Essais*, I. 39("Bib. de la Pléiade", 248-9); Leibniz: "Lettre à Bourguet", "Lettre touchant ce qui est indépendant des sens et de la matière", etc. (*op. cit.*, III, 578; IV. 508); G. Herbert, *Jacula Prudentum*, no. 1121 (*Works*, ed. E. F. Hutchinson, 359); Chesterfield: "To His Son" (*Letters*, ed. B. Dobrèe, V, 2343).

發大財之地，曰"吾之小退卻，將以大距躍也"(fallen back, for a spring)①。古羅馬人早有欲獲全勝、須暫讓步(pro tempore cede)之語②，而取譬於前躍必先後退，似始見於文藝復興意大利著作，皆以超越溝渠(un fosso da passare, trapassando un fosso)爲比③。詩家形容戰術之以卻爲攻，喻於鷹(Hawk)飛愈高，則下擊愈中(The greater Gate she getteth up on high, /The truer stoupe she makes at anything)④，與《六韜》、《淮南》鳥擊語，可謂貌異心同。又有詩家以蟹爬(Krebsgang, crab)比世人之以退爲進、欲高故卑(Mensch, senke dich herab, so steigest du hinauf; Downward to climb, backward to dance)⑤，則亦如蠖屈之取資於蜵飛蠕動矣。

---

① David Copperfield, ch. 27(Mr Micawber).

② Dicta Catonis, II, 10(The Minor Latin Poets, "Loeb", 606); cf. Montaigne, Essais, I. 12(op. cit., 60 ff.).

③ R. J. Clements, Michelangelo's Theory of Art, 42; Bruno, Spaccio de la Bestia Trionfante, Dialogo I (Opere di G. Bruno e di T. Campanella, Riccardo Ricciardi, 475).

【增訂四】博亞爾多名篇亦寫戰士卻後以取勢，乃一躍而至前(al fin delle parole un salto piglia; /Vero è che indietro alquanto ebbe a tornare/A prender corso...—Boiardo, Orlando Innamorato, Lib. II, Canto viii, §23, Garzanti, 1978, Vol. II, II, p. 694)。

④ G. Gascoigne, Dulce Bellum Inexpertis, st 34 (quoted in Coleridge, Collected Letters, ed. E. L. Griggs, IV, 756); cf. Don Quijote, Parte II, cap. 41 : "... como hace el sacre é neblí sobre la garza para cogerla, por más que se remonte" ("Clásicos Castellanos", VII, 83).

⑤ Daniel von Czepko, Sexcenta Monodisticha Sapientum(M. Wehrli, Deutsche Barocklyrik, 3. Aufl., 176); Pope, The Dunciad, Bk II, 297-8(Poems, "Twickenham Ed.", V, 139).

二四　繫辭（八）

　　《繫辭》下："物相雜，故曰文。"按劉熙載《藝概》卷一引而申之，觸類而長之："《易·繫辭》：'物相雜，故曰文'；《國語》：'物一無文'。徐鍇《說文通論》：'強弱相成，剛柔相形，故於文：人、乂爲文'。朱子《語錄》：'兩物相對待，故有文，若相離去，便不成文矣'。爲文者盍思文之所生乎？"又曰："《國語》言'物一無文'，後人更當知物無一則無文。蓋一乃文之真宰；必有一在其中，斯能用夫不一者也。"史伯對鄭桓公曰："聲一無聽，物一無文"，見《國語·鄭語》。曰"雜"曰"不一"，即所謂"品色繁殊，目悅心娛"（Varietas delectat）①。劉氏標一與不一相輔成文，其理殊精：一則雜而不亂，雜則一而能多。古希臘人談藝，舉"一貫寓於萬殊"（Unity in variety）爲第一義諦（the fundamental theory）②，後之論者至定爲金科玉律（das Gesetz der Einheit in der Mannigfaltigkeit）③，正劉氏之言"一在其

---

　　① Phaedrus, II, Prol. 10; cf. Publius Syrus, § 278（*The Minor Latin Poets*, "Loeb", 50）.
　　② B. Bosanquet, *A History of Aesthetic*, 2nd ed., 4 and 30.
　　③ Th. Lipps, *Grundlegung der Aesthetik*, I, 29 f..

中，用夫不一"也。枯立治論詩家才力愈高，則"多多而益一"(il più nell'uno)①，亦資印證。

---

① *The Table-Talk of S. T. Coleridge*, ed. T. Ashe, George Bell, 146, 268, 291.

二五　繫辭（九）

　　《繫辭》下："危者使平，易者使傾"；《註》："易，慢易也。"按《繫辭》下："子曰：'危者安其位者也，亡者保其存者也，亂者有其治者也'"；《繫辭》下："尺蠖之屈，以求信也；龍蛇之蟄，以存身也"；謙卦："彖曰：天道虧盈而益謙，地道變盈而流謙，鬼神害盈而福謙，人道惡盈而好謙。"此《老子》重言不憚煩者也，如九章："持而盈之，不如其已；揣而梲之，不可長保"；十五章："保此道者不欲盈"；二二章："曲則全，枉則直，窪則盈，敝則新"；四二章："故物或損之而益，或益之而損"；五八章："禍兮福之所倚，福兮禍之所伏"；七七章："天之道其猶張弓與！高者抑之，下者舉之，有餘者損之，不足者補之。天之道，損有餘而補不足。"《文子·十守》云："天之道抑高而舉下，損有餘，補不足，……強梁者死，滿足者亡。"《越絕書·計倪篇》云："進有退之義，存有亡之幾，得有喪之理。"賈誼《鵩鳥賦》所謂"憂喜齊門，吉凶同穴"，并歷舉古事以明其糾纏回轉。班固《幽通賦》所援"變化""倚伏"之例更多。希臘古文學中好詠歎"造化嘲弄"、"鬼神忌盈"、"報應"（Irony of Fate, Divine jealousy,

Nemesis)①,僅着眼於"易者使傾"、"福兮禍伏"、"損有餘",揚雄《解嘲》所謂:"炎炎者滅,隆隆者絶,高明之家,鬼瞰其室。"古希臘哲人曰:"神功天運乃抑高明使之卑,舉卑下使之高"(He[Zeus] is humbling the proud and exalting the humble)②;《舊約全書》亦言:"谷升爲陵,山夷爲壤"(Every valley shall be exalted, and every mountain and hill shall be made low)③;庶與《易》、《老》相參。近世愛麥生有《補損》(Compensation)一文④,尤暢述正反相成、盈缺相生之旨,惜多游詞,腫不益肥也。

---

① W. C. Greene, *Moira*, 75, 85–7.
② Diogenes Laertius, I, 69, Chilo, *op. cit.*, I, 71.
③ Isaiah, XL. 3; Luke, III. 5. Cf. W. Y. Tindall, *John Bunyan*, *Mechanick Preacher*, 115.
④ Emerson, *Works*, Centenary Ed., II, 108 ff..

二六　說卦（一）

　　《說卦》："數往者順，知來者逆"；《正義》："人欲知既往之事者，《易》則順後而知之；人欲知將來之事者，《易》則逆前而數之。"按《繫辭》下："夫《易》彰往而察來"，此處又拈出"順"、"逆"。然顧後則於既往亦得曰"逆"，瞻前則於將來亦得曰"順"，直所從言之異路耳。故"前"、"後"、"往"、"來"等字，每可互訓。"前事不忘，後事之師"；"前路既已多，後塗隨年侵"（陸機《豫章行》）；"前"指過去，"後"指未來。然如李抱玉《讓元帥及山南節度使表》："去年既侵右地，復擾西山，倘至前秋，兩道俱下"（《全唐文》卷三七九）；杜甫《晚發公安》："舟楫渺然自此去，江湖遠適無前期"；薛能《褒城驛有故元相公舊題詩、因仰歎而作》："我來已變當初地，前過應無繼此詩"；"前"胥作未來解。復如吳潛《鵲橋仙·己未七夕》："銀河半隱蟾高掛，已覺炎光向後"；"後"又作過去解，適反於《南齊書·荀伯玉傳》："伯玉問何當舒，上曰：'卻後三年'"或白居易《十二月二十三日》："案頭曆日雖未盡，向後唯殘六七行"。"往者不諫，來者可追"；"年往迅勁矢，時來亮急絃"（陸機《緩歌行》）；"往"指過去，"來"指未來。然如《史記·自序》："比《樂書》

以述來古",《列子·楊朱》:"但伏羲以來三十餘萬歲",諸葛亮《出師表》:"爾來二十一年矣",李白《蜀道難》:"爾來四萬八千歲,不與秦塞通人烟","來"皆謂已往或從前。而如《尚書·召誥》:"孺子其朋其往",孔傳:"戒其自今已往",《管子·大匡》:"從今以往二年";《論語·八佾》:"自既灌而往者",孔註:"既灌之後";《維摩詰所説經·菩薩行品》第一一:"阿難白佛:'我從今已往,不敢自謂以爲多聞'";唐高祖《賜李靖手勅》:"今日以去,心中更不須憶"(陸心源《唐文拾遺》卷一);"往"、"去"皆謂未來或向後,正同《漢書·西南夷、兩粵、朝鮮傳》載趙陀下令:"自今以來"(參觀王念孫《讀書雜誌·史記》六舉例)。《晉書·謝鯤傳》字法,頗耐玩味:"王敦至石頭,歎曰:'吾不復得爲盛德事矣!'鯤曰:'何爲其然?但使自今以往,日忘日去耳'";"以往"謂將來,"日去"謂隨日之過而漸除尤悔。《論語·述而》:"與其潔也,不保其往也";鄭玄註:"'往'猶去也;人虛己而來,當與之進,亦何能保其去後之行";皇侃疏:"'往'謂已過之行,顧歡曰:'往謂前日之行也'"。是鄭釋"往"爲未來,貼切"保"字,而顧、皇釋"往"爲已過,故皇强以鄭、顧通融曰:"'去後之行'亦謂今日之前,是已去之後也。"鄭之"去"與"人來"之"來"相對,皇則説爲"過去"、"未來"之"去";正緣"去"、"來"、"前"、"後"等字兼相反兩訓,舞文曲解,則亦匙扞格耳。曰"來"曰"往",皆得示未來,異域語可參①。哲人所謂:"未來(l'avenir)非特迎人而來(ce qui vient

---

① O. Jespersen, *The Philosophy of Grammar*, 261, 279 (Verbs meaning "go" and "come" used to indicate futurity).

vers nous），亦人所面之而往（ce vers quoi nous allons）"①。吾國語"將來"與"向往"恰可達斯二意。過去亦爾：自古溯游下至於今則爲"來"，自今溯洄上及於古則爲"往"，而皆可曰"向"。均一事之殊觀或一物之兩柄也。《漢書·王嘉傳》諫益封董賢等曰："往古以來，貴臣未嘗有此"，至兼用之。"前"之與"後"，若是班乎。南美洲部落語（the Bolivian Quecha language）稱未來曰"在我後"（behind oneself）而稱過去曰"當我前"（ahead of one），因往事歷歷心目，如面前物之可見，來事不能測識，如背後之物非目所能覩（what one cannot see must be "behind one"）②。其詞雖與今之"前"爲過去而今之"後"爲未來貌若相同，而用意與"前"瞻將來、"後"顧已往又實則相反矣。

【增訂四】古希臘人亦謂過去當人面前而未來在人背後，適與南美洲部落語同；故人生如目前瞻而足卻行（The ancient Greeks considered that the past was in front of them and the future behind them, the reverse of what we now think. ... we are like people walking backwards into unknown territory trying to guess what its nature will be from what we can see at the present moment and from what we have seen from the past. —W. B. Stanford, *Enemies of Poetry*, 1980, p.112）。就人心之思感而言，未來爲瞻之在"前"者，已往爲顧之在"後"者，故憶曰"回"而望曰"期"；就時間之遷流而言，則已往居於"前"，未來續在"後"，序次晉然。直所從

---

① M. -J. Guyau, quoted in J. A. Gunn, *The Problem of Time*, 243.
② Reuben A. Brower, ed., *On Translation*, 12.

言之異路耳（While expressions like *ahead of us*, *look forward*, and *before us* orient times with respect to people, expressions like *precede* and *follow* orient times with respect to time. —G. Lakoff and M. Johnson, *Metaphors We Live By*, 1980, p.43; cf. p.41: "In the weeks ahead of us（future）; That's all behind us now（past）. In the following weeks（future）; In the preceding weeks（past）."）。《晉書·杜預傳》："請伐吳之期，帝報待明年，預表陳至計云：'若當待後年，天時人事，不得如常。宜俟來冬，更爲大舉。'"上表在"向暑"時，"後年"即"明年"，"來冬"即"今冬"；"後年"就時之遷流序次言，"來冬"就人心之瞻顧方向言爾。

二七 說卦（二）

《說卦》："乾爲天，爲父，爲良馬，爲老馬。坤爲地，爲母，爲子母牛。"按此等擬象，各國或同或異。坤之爲母，則西方亦有地媼之目，德國談藝名家早云，古今語言中以地爲陰性名詞，圖像作女人身（Die Erde hat eine Bennenung weiblichen Geschlechts und ist in weiblicher Gestalt gebilde）[①]。乾之爲馬，西方傳說乃大異；或人考論謠諺風俗，斷謂自上古已以馬與婦女雙提合一（Die innige Zusammenstellung von Pferd und Frau ist uralt）[②]。安得好事者傍通直貫，據《說卦》而廣討參稽乎？

[①] J.J. Winckelmann: "Versuch einer Allegorie", *Kleine Schriften und Briefe*, hrsg. von W. Senff, 179.

[②] M. Jähns, *Ross und Reiter in Leben und Sprache, Glauben und Geschichte der Deutschen*, quoted in E. Jones, *Nightmare, Witches, and Devils*, 248.

毛詩正義

六〇則

一　詩　譜　序

　　鄭玄《詩譜序》："《虞書》曰：'詩言志，歌永言，聲依永，律和聲'；然則詩之道放於此乎"；《正義》："名爲'詩'者，《內則》說負子之禮云：'詩負之'，《註》云：'詩之爲言承也'；《春秋說題辭》云：'在事爲詩，未發爲謀，恬憺爲心，思慮爲志，詩之爲言志也'；《詩緯含神霧》云：'詩者持也'。然則詩有三訓：承也，志也，持也。作者承君政之善惡，述己志而作詩，所以持人之行，使不失墜，故一名而三訓也。"按此即並行分訓之同時合訓也。然說"志"與"持"，皆未盡底蘊。《關雎序》云："詩者，志之所之，在心爲志，發言爲詩"，《釋名》本之云："詩，之也；志之所之也"，《禮記·孔子閒居》論"五至"云："志之所至，詩亦至焉"；是任心而揚，唯意所適，即"發乎情"之"發"。《詩緯含神霧》云："詩者，持也"，即"止乎禮義"之"止"；《荀子·勸學》篇曰："詩者，中聲之所止也"，《大略》篇論《國風》曰："盈其欲而不愆其止"，正此"止"也。非徒如《正義》所云"持人之行"，亦且自持情性，使喜怒哀樂，合度中節，異乎探喉肆口，直吐快心。《論語·八佾》之"樂而不淫，哀而不傷"；《禮記·經解》之"溫柔敦厚"；《史記·屈原列傳》

之"怨誹而不亂";古人説詩之語,同歸乎"持"而"不愆其止"而已。陸龜蒙《自遣詩三十首·序》云:"詩者、持也,持其情性,使不暴去";"暴去"者,"淫"、"傷"、"亂"、"愆"之謂,過度不中節也。夫"長歌當哭",而歌非哭也,哭者情感之天然發洩,而歌者情感之藝術表現也。"發"而能"止","之"而能"持",則抒情通乎造藝,而非徒以宣洩爲快有如西人所嘲"靈魂之便溺"(seelisch auf die Toilene gehen)矣。"之"與"持"一縱一斂,一送一控,相反而亦相成,又背出分訓之同時合訓者。又李之儀《姑溪居士後集》卷十五《雜題跋》"作詩字字要有來處"一條引王安石《字説》:"'詩'從'言'從'寺',寺者法度之所在也"(參觀晁説之《嵩山文集》卷一三《儒言》八《詩》)。倘"法度"指防範懸戒、徽惡閑邪而言,即"持人之行"之意,金文如《邦公望鐘》正以"寺"字爲"持"字。倘"法度"即杜甫所謂"詩律細"、唐庚所謂"詩律傷嚴",則舊解出新意矣。

二　關雎（一）

《關雎·序》："風，風也，教也；風以動之，教以化之。……上以風化下，下以風刺上"；《正義》："微動若風，言出而過改，猶風行而草偃，故曰風。……《尚書》之'三風十愆'，疾病也；詩人之四始六義，救藥也。"按《韓詩外傳》卷三："人主之疾，十有二發，非有賢醫，不能治也：痿、蹷、逆、脹、滿、支、隔、肓、煩、喘、痺、風。……無使百姓歌吟誹謗，則風不作。"《漢書·五行志》中之上："君炕陽而暴虐，臣畏刑而柑口，則怨謗之氣發於歌謠，故有詩妖。"二節可相發明。《韓詩外傳》之"風"，即"怨謗之氣"，言"疾病"。《外傳》之"歌吟誹謗"，即"發於歌謠"之"四始六義"，言"救藥"。"風"字可雙關風謠與風教兩義，《正義》所謂病與藥，蓋背出分訓之同時合訓也。是故言其作用（purpose and function），"風"者，風諫也、風教也。言其本源（origin and provenance），"風"者，土風也、風謠也（《漢書·五行志》下之上："夫天子省風以作樂"，應劭註："'風'，土地風俗也"），今語所謂地方民歌也。言其體制（mode of existence and medium of expression），"風"者，風詠也、風誦也，係乎喉舌脣吻（《論衡·明雩篇》："'風乎舞雩'；

'風',歌也";仲長統《樂志論》:"諷於舞雩之下"),今語所謂口頭歌唱文學也;《漢書·藝文志》不云乎:"凡三百五篇,遭秦而全者,以其諷誦,不獨在竹帛故也。""風"之一字而於《詩》之淵源體用包舉囊括,又並行分訓之同時合訓矣。

三　關雎（二）

　　《關雎·序》："聲成文，謂之音"；《傳》："'成文'者，宮商上下相應"；《正義》："使五聲爲曲，似五色成文"。按《禮記·樂記》："聲相應，故生變，變成方，謂之音"，《註》："方猶文章"；又"聲成文，謂之音"，《正義》："聲之清濁，雜比成文"。即《易·繫辭》："物相雜，故曰文"，或陸機《文賦》："暨音聲之迭代，若五色之相宣"。夫文乃眼色爲緣，屬眼識界，音乃耳聲爲緣，屬耳識界；"成文爲音"，是通耳於眼、比聲於色。《左傳》襄公二十九年季札論樂，聞歌《大雅》曰："曲而有直體"；杜預註："論其聲如此"。亦以聽有聲説成視有形，與"成文"、"成方"相類。西洋古心理學本以"形式"（form）爲空間中事，浸假乃擴而並指時間中事，如樂調音節等[①]。近人論樂有遠近表裏，比於風物堂室（Raumtiefenhören）[②]。此類於"聲成文"之説，不過如大輅之於椎輪爾。

　　【增訂四】普羅斯脱小説寫一人（Swann）聆樂（la sonate pour

---

① C. Spearman, *Psychology down the Ages*, I, 71.
② F. Kainz, *Aesthetics the Science*, tr. H. M. Schueller, 306.

piano et violon de Vinteuil)時體會，細貼精微，罕可倫偶，終之曰："覺當前之物非復純爲音聲之樂曲，而如具建築之型模"(il avait devant lui cette chose qui n'est plus de la musique pure, qui est du dessin de l'architecture, — *Du côté de chez Swann*, ii. *A la recherche du temps perdu*, Bib. de la Pléiade, Vol. II, p. 209)。亦即時間中之"聲"宛然"成"空間中之"文"也。參觀謝林(Schelling)言"建築即凝固之音樂"(Ein edler Philosoph sprach von der Baukunst als einer erstarrten Musik. —Goethe, *Maximen und Reflexionen*, § 776, *Werke*, Hamburger Ausgabe, Vol. XII, p. 474; cf. pp. 757-8 "Anmerkungen")。

《樂記》又曰："屈伸、俯仰、綴兆、舒疾，樂之文也"，則指應樂而舞之態，正如所謂"周還、裼襲，禮之文也"，即下文之"舞動其容"。非"聲成文"之謂聲音自有其文，不資外緣也。

四　關雎（三）

《關雎·序》："情發於聲，聲成文，謂之音"；《正義》："詩是樂之心，樂爲詩之聲，故詩樂同其功也。初作樂者，準詩而爲聲；聲既成形，須依聲而作詩，故後之作詩者，皆主應於樂文也。……設有言而非志，謂之矯情；情見於聲，矯亦可識。若夫取彼素絲，織爲綺縠，或色美而材薄，或文惡而質良，唯善賈者別之。取彼歌謠，播爲音樂，或詞是而意非，或言邪而志正，唯達樂者曉之"。

【增訂四】原引《關雎·序》及《正義》一節，錯簡割裂，訂正如下：

《關雎·序》："情發於聲，聲成文，謂之音。……移風俗"；《正義》："哀樂之情，發於言語之聲……依人音而制樂。若據樂初之時，則人能成文，始入於樂。若據制樂之後，則人之作詩，先須成樂之文，乃成爲音。……設有言而非志，謂之矯情；情見於聲，矯亦可識。若夫取彼素絲，織爲綺縠，或色美而材薄，或文惡而質良，唯善賈者別之。取彼歌謠，播爲音樂，或詞是而意非，或言邪而志正，唯達樂者曉之。……詩是樂之心，樂爲詩之聲，故詩樂同其功也。"按精湛之論……孔疏

"依人音"即申鄭玄《詩譜》……

按精湛之論，前謂詩樂理宜配合，猶近世言詩歌入樂所稱"文詞與音調之一致"（die Wort-Ton-Einheit）；後謂詩樂性有差異，詩之"言"可"矯"而樂之"聲"難"矯"。茲分說之。

孔疏"準詩"即申鄭玄《詩譜》所引《虞書》："詩言志，歌永言"，亦即《樂記》："詩言其志也，歌詠其聲也，舞動其容也。"戴震《東原集》卷一《書鄭風後》力辯以"鄭聲淫"解爲"鄭詩淫"之非，有曰："凡所謂'聲'、所謂'音'，非言其詩也。如靡靡之樂、滌濫之音，其始作也，實自鄭、衛、桑間、濮上耳。然則鄭、衛之音非鄭詩、衛詩，桑間、濮上之音非《桑中》詩，其義甚明。"厥詞辨矣，然於詩樂配合之理即所謂"準詩"者，概乎未識，蓋經生之不通藝事也。且《虞書》、《樂記》明言歌"聲"所"詠"乃詩所"言"之"志"，戴氏恝置不顧，經生復荒於經矣。

【增訂四】戴震語可參觀毛奇齡《西河詩話》卷四："在曹侍郎許，見南宋范必允詩序，有云：'文人之相輕也，始則忮之，繼則苛之，吹毛索瘢，惟恐其一語之善、一詞之當，曲爲擠抑，至於無餘，無餘而後已。夫鄭詩未嘗淫也，聲淫耳。既目爲淫，則必拗曲揉枉以實己之説；鄭詩之不淫者，亦必使其淫而後快，鄭人之不淫者，亦必使其淫而後快。文人相輕，何以異是！'云云。始知前人亦早有爲是言者。"南宋范氏語未識何出，毛氏蓋借以攻朱熹耳。

傅毅《舞賦》託爲宋玉曰："論其詩，不如聽其聲，聽其聲，不如察其形"，襄王曰："其如鄭何！"即謂鄭聲淫，而鄭舞依聲動容，亦不免淫。聲之準言，亦猶舞之準聲。夫洋洋雄傑之詞不宜

"詠"以靡靡滌濫之聲，而度以桑、濮之音者，其詩必情詞佚蕩，方相得而益彰。不然，合之兩傷，如武夫上陣而施粉黛，新婦入厨而披甲胄，物乖攸宜，用違其器。汪士鐸《汪梅村先生集》卷五《記聲詞》之二："詩自爲詩，詞也；聲自爲聲，歌之調也，非詩也，調之淫哀，雖莊雅無益也。《樂記》之……鄭、衛、宋、齊之音，《論語》之'鄭聲'，皆調也，如今里俗之崑山、高平、弋陽諸調之類。崑山嘽緩曼衍，故淫；高平高亢簡質，故悲；弋陽游蕩浮薄，故怨；聆其聲，不聞其詞，其感人如此，非其詞之過也"；並舉古樂府中"曲"、"調"爲例。實與戴氏同歸，說較邃密耳。然亦有見於分、無見於合也。"調"即"淫"乎，而歌"莊雅"之"詞"，其"聲"必有別於歌佻褻之"詞"，"聲"之"淫"必因"詞"之佻若莊而有隆有殺、或肆或斂；"調"即"悲"乎，而歌歡樂之"詞"，其"聲"必有別於歌哀戚之"詞"，"聲"之"悲"必因"詞"之哀若樂而有乘有除、或生或克。正猶吳語調柔，燕語調剛，龔自珍《己亥雜詩》所謂"北俊南孊氣不同"也；顧燕人款曲，自有其和聲軟語，剛中之柔也，而吳人怒罵，復自有其厲聲疾語，又柔中之剛矣。"曲"、"調"與"詞"固不相"準"，而"詞"與"聲"，則當別論。譬如《西廂記》第二本《楔子》惠明"捨着命提刀仗劍"，唱《耍孩兒》，第二折紅娘請張生赴"鴛鴦帳"、"孔雀屏"，亦唱《耍孩兒》，第四本第三折鶯鶯"眼中流血、心内成灰"，又唱《耍孩兒》；情詞雖異而"曲"、"調"可同也。脱出之歌喉，則鶯鶯之《耍孩兒》必帶哭聲，而紅娘之《耍孩兒》必不然，惠明之《耍孩兒》必大不然；情"詞"既異，則"曲"、"調"雖同而歌"聲"不得不異。"歌永言"者，此之謂也。《文心雕龍·樂府》篇曰："詩爲樂心，聲爲樂體"；此《正義》所謂"初作樂者，準詩而爲聲"也，今語曰"上譜"。趙德麟《侯鯖録》卷七記王安石語："古之歌者，皆先有詞，後有聲，故曰：'詩言志，歌永言，聲依永，律和聲'；如今先撰腔子，後填詞，却是'永依聲'也"；《朱子語類》卷七八："古人作詩，自道心事；他人歌之，其聲之長短清濁，各依其詩之語言。今人先安排腔調，造作語言合之，則是'永依聲'也"；此《正義》所謂"聲既成形，須依聲而作詩"也，今語曰"配詞"。孔疏蓋兼及之。

【增訂四】況周頤《蕙風詞話》卷四："'意内言外'，詞家之恒言也。《韻會舉要》引作'音内言外'，當是所見宋本如是，以訓詩詞之'詞'，於誼殊優。凡物在内者恒先，在外者恒後；詞必先有調而後以詞填之，調即'音'也。"即王安石、朱熹所謂"填詞"是"永依聲"也。

《正義》後半更耐玩索，於詩與樂之本質差殊，稍能開宗明義。意謂言詞可以飾僞違心，而音聲不容造作矯情，故言之誠僞，聞音可辨，知音乃所以知言。蓋音聲之作僞較言詞爲稍難，例如哀啼之視祭文、輓詩，其由衷立誠與否，差易辨識；孔氏所謂"情見於聲，矯亦可識"也。《樂記》云："唯樂不可以爲僞；樂者心之動也，聲者樂之象也"；《孟子·盡心》："仁言不如仁聲之入人深也"；《吕氏春秋·音初》："君子小人，皆形於樂，不可隱匿"；譚峭《化書·德化》："衣冠可詐，而形器不可詐，言語可文，而聲音不可文。"皆以聲音爲出於人心之至真，入於人心之至深，直捷而不迂，親切而無介，是以言雖被"心聲"之目，而音不落言詮，更爲由乎衷、發乎内、昭示本心之聲，《樂緯動聲儀》所謂："從胸臆之中而徹太極"（《玉函山房輯佚書》卷五四)。古希臘人談藝，推樂最能傳真像實(the most "imitative")，徑指心源，祖襏衷蘊(a direct, express image)①。

【增訂三】德國浪漫主義論師稱聲音較言語爲親切："人心深處，情思如潛波滂沛，變動不居。以語言舉數之、名目之、抒寫之，不過寄寓於外物異體；音樂則動中流外，自取乎己，不乞諸鄰者也"(und ebenso ist es mit dem geheimnisvollen Strome in den Tiefen des menschlichen Gemütes beschaffen, die Sprache zählt und nennt and beschreibt seine Verwandlungen, in fremden Stoff; die Tonkunst strömt ihn uns selber vor——W. H. Wackenroder, *Herzensergiessungen eines kunstliebenden Klost-erbruders*, ed. A Gillies, 148)。

近代叔本華越世高談，謂音樂寫心示志(Abbild des Willens selbst)，透表入裏，遺皮毛而得真質(vom Wesen)②。胥足爲吾古説之箋釋。雖都不免張皇幽眇，要知情發乎聲與情見乎詞之不可等同，毋以詞害意可也。僅據《正義》此節，中國美學史即當留片席地與孔穎達。不能纖芥弗遺，豈得爲邱山是棄之藉口哉？

---

① S. H. Butcher, *Aristotle's Theory of Poetry and Fine Art*, 4th ed., 128 ff..
② *Die Welt als Wille und Vorstellung*, III, §52, *Sämtliche Werke*, hrsg. E. Grisebach, I, 340.

五　關雎（四）

《關雎·序》："故詩有六義焉：……二曰賦，三曰比，四曰興。"按"興"之義最難定。劉勰《文心雕龍·比興》："比顯而興隱。……'興'者、起也。……起情者，依微以擬議，……環譬以託諷。……興之託喻，婉而成章。"是"興"即"比"，均主"擬議"、"譬"、"喻"；"隱"乎"顯"乎，如五十步之於百步，似未堪別出並立，與"賦"、"比"鼎足驂靳也。六義有"興"，而毛、鄭輩指目之"興也"則當別論。劉氏不過依傍毛、鄭，而強生"隱""顯"之別以爲彌縫，蓋毛、鄭所標爲"興"之篇什泰半與所標爲"比"者無以異爾。

【增訂一】《論語·陽貨》："詩可以興，可以觀，可以羣，可以怨"；孔安國《註》："興、引譬連類"，劉寶楠《正義》："賦、比之義，皆包於興，故夫子止言'興'。"夫"賦、比、興"之"興"謂詩之作法也；而"興、觀、羣、怨"之"興"謂詩之功用，即《泰伯》："興於詩，立於禮，成於樂"之"興"。詩具"興"之功用者，其作法不必出於"興"。孔註、劉疏淆二爲一。

胡寅《斐然集》卷一八《致李叔易書》載李仲蒙語："索物以託

情，謂之'比'；觸物以起情，謂之'興'；叙物以言情，謂之'賦'。"頗具勝義。"觸物"似無心湊合，信手拈起，復隨手放下，與後文附麗而不銜接，非同"索物"之着意經營，理路順而詞脈貫。惜着語太簡，兹取他家所說佐申之。項安世《項氏家說》卷四："作詩者多用舊題而自述己意，如樂府家'飲馬長城窟'、'日出東南隅'之類，非真有取於馬與日也，特取其章句音節而爲詩耳。《楊柳枝曲》每句皆足以柳枝，《竹枝詞》每句皆和以竹枝，初不於柳與竹取興也。《王》國風以'揚之水，不流束薪'賦戍甲之勞；《鄭》國風以'揚之水，不流束薪'賦兄弟之鮮。作者本用此二句以爲逐章之引，而説詩者乃欲即二句之文，以釋戍役之情，見兄弟之義，不亦陋乎！大抵説詩者皆經生，作詩者乃詞人，彼初未嘗作詩，故多不能得作詩者之意也"。朱熹《詩集傳》註："比者，以彼物比此物也。……興者，先言他物以引起所詠之詞也"；《朱子語類》卷八〇："《詩》之'興'全無巴鼻，後人詩猶有此體。如：'青青陵上柏，磊磊澗中石；人生天地間，忽如遠行客。'又如：'高山有涯，林木有枝；憂來無端，人莫之知'；'青青河畔草，綿綿思遠道'。"與項氏意同，所舉例未當耳，倘曰："如竇玄妻《怨歌》：'熒熒白兔，東走西顧。衣不如新，人不如故'；或《焦仲卿妻》：'孔雀東南飛，五里一徘徊。十三能織素，……'"則較切矣。

【增訂四】《太平御覽》卷八〇〇引《古艷歌》："孔雀東飛，苦寒無衣，爲君作妻"，較《焦仲卿妻》起句更爲突出子立。余嘉錫《論學雜著》六五九頁："桓帝初童謠：'城上烏，尾畢逋。公爲吏，子爲徒'云云，'城上'二語，乃詩中之比興，以引起下文，猶'孔雀東南飛'云云也"；當祇曰"乃詩中之興"，着"比"字似贅。

徐渭《青藤書屋文集》卷十七《奉師季先生書》："《詩》之'興'體，起句絕無意味，自古樂府亦已然。樂府蓋取民俗之謠，正與古國風一類。今之南北東西雖殊方，而婦女、兒童、耕夫、舟子、塞曲、征吟、市歌、巷引，若所謂《竹枝詞》，無不皆然。此真天機自動，觸物發聲，以啓其下段欲寫之情，默會亦自有妙處，決不可以意義説者。"皆深有得於歌詩之理，或可以闡"觸物起情"爲"興"之旨歟。

【增訂一】閻若璩《潛邱劄記》卷二駁朱彝尊《與顧寧人書》解《采苓》之穿鑿，因謂首章以"采苓采苓"起，下章以"采苦采苦"起，乃"韻換而無意義，但取音相諧"。亦如徐渭之言"起句絕無意味"也。

曹植《名都篇》："名都多妖女，京洛出少年。寶劍直千金，……"下文皆言"少年"之豪俠，不復以隻字及"妖女"；甄后《塘上行》："蒲生我池中，其葉何離離！傍能行仁義，……"下文皆言遭讒被棄，與蒲葦了無瓜葛。又如漢《鐃歌》："上邪！我欲與君相知、長命無絕衰。……"；"上邪"二字殊難索解，舊釋謂"上"、天也，乃指天爲誓，似不知而強爲之詞。脱"上邪"即同"天乎！"，則按語氣當曰："天乎！胡我與君不得相知、長命無絕衰！"或曰："天乎！鑒臨吾二人欲相知、長命無絕衰！"，方詞順言宜。故竊疑"上邪"亦類《鐃歌》另一首之"妃呼豨"，有聲無義，特發端之起興也。兒歌市唱，觸耳多然。《明詩綜》卷一〇〇載兒謠："貍貍斑斑，跳過南山"云云，即其一例，余童時鄉居尚熟聆之。聞寓樓庭院中六七歲小兒聚戲歌云："一二一，一二一，香蕉蘋果大鴨梨，我吃蘋果你吃梨"；又歌云："汽車汽車我不怕，電話打到姥姥家。姥姥没有牙，請她啃水疙瘩！哈哈！哈哈！"；偶覯西報載紐約民衆示威大呼云："一二三四，戰争停止！五六七八，政府倒塌！"（One two three four，/We don't want the war!/Five six seven eight，/We don't want the state!）①。"汽車，電話"以及"一二一"若"一二三四"等，作用無異"妖女"、"池蒲"、"上邪"，功同跳板，殆六義之"興"矣。《三百篇》中如"匏有苦葉"、"交交黄鳥止於棘"之類，託"興"發唱者，厥數不繁。毛、鄭詮爲"興"者，凡百十有六篇，實多"賦"與"比"；且命之曰"興"，而説之爲"比"，如開卷之《關雎》是。説《詩》者昧於"興"旨，故每如項安世所譏"即文見義"，不啻王安石《字説》之將"形聲"、"假借"等字作"會意"字解。即若前舉兒歌，苟列《三百篇》中，經生且謂：蓋有香蕉一枚、蘋果二枚、梨一枚也；"不怕"者，不辭辛苦之意，蓋本欲乘車至外婆家，然有電話可通，則省一番跋涉也。毋鑽牛角尖乎？抑蟻穿九曲珠耶？毛先舒《詩辨坻》卷一曰："詩有賦、比、興三義，然初無定例。如《關雎》，毛《傳》、朱《傳》俱以爲'興'。然取其'摯而有別'，即可爲'比'；取'因所見感而作'，即可爲'賦'。必持一義，深乖通識。"即隱攻毛、鄭輩言"興"之不足據耳。

---

① Cf. W. H. Auden:"One, two, three, four/The last war was a bosses' war/Five, six, seven, eight/Rise and make a Workers' State"(G. Grigson, ed., *The Concise Encyclopedia of Modern World Literature*, 1963, p.42).

六　關雎（五）

"窈窕淑女，君子好逑"；《傳》："窈窕、幽閒也；淑、善"；《正義》："'淑女'已爲善稱，則'窈窕'宜爲居處；揚雄云'善心爲窈，善容爲窕'者，非也"。按《方言》作："美心……美狀……"。"淑"固爲善稱，然心善未必狀美，揚雄之説兼外表内心而言，未可厚非，亦不必牽扯"居處"也。《序》云："是以《關雎》樂得淑女以配君子，憂在進賢，不淫其色，哀窈窕，思賢才。""哀"即愛，高誘註《吕氏春秋·報更》篇之"哀士"及《淮南子·説林訓》之"哀其所生"，皆曰："'哀'，愛也"；《漢書·鮑宣傳》上書諫寵幸董賢曰："誠欲哀賢，宜爲謝過天地"，訓"愛"更明。鄭箋謂"哀"當作"衷"，中心思念之意，義與"愛"通。

【增訂四】《老子》六九章："故抗兵相加，哀者勝矣"；王弼註："哀者必相惜。"即"哀窈窕"之"哀"。參觀六七章："夫慈以戰則勝"；王註："相憫而不避於難。"先秦古籍之"哀"，義每如後來釋書之"悲"；"哀勝"、"慈勝"同條共貫，亦猶"慈悲"連舉矣。

"哀窈窕"句緊承"不淫其色"句，"思賢才"句遥承"憂在進賢"句，此古人修詞一法。如《卷阿》："鳳凰鳴兮，于彼高岡；梧桐出兮，于彼朝陽；菶菶萋萋，雝雝喈喈"，以"菶菶"句近接梧桐而以"雖雖"句遠應鳳凰。《史記·老子、韓非列傳》："鳥吾知其能飛，魚吾知其能游，獸吾知其能走；走者可以爲罔，游者可以爲綸，飛者可以爲矰"；謝靈運《登池上樓》："潛虬媚幽姿，飛鴻響遠音；薄霄愧雲浮，棲川慚淵沉"；杜甫《大曆三年春自白帝城放船出瞿塘峽》："神女峰娟妙，昭君宅有無；曲留明怨惜，夢盡失歡娛"；亦皆先呼後應，有起必承，而應承之次序與起呼之次序適反。其例不勝舉，別見《全上古文》卷論樂毅《獻書報燕王》。古希臘談藝謂之"丫叉句法"（Chiasmus）①，《關雎·序》中四語亦屬此類。"窈窕"、"賢才"、容德並茂，毛、鄭遺置"色"字，蓋未究屬詞離句之法耳。《陳風·東門之池》："彼美淑姬"，正"窈窕淑女"之謂；《漢書·王莽傳》上公卿大夫奏言："公女漸漬德化，有窈窕之容"，邯鄲淳《孝女曹娥碑》："窈窕淑女，巧笑倩兮"又"莊艷窈窕"，陸機《日出東南隅》："窈窕多儀容"，謝靈運《會吟行》："肆呈窈窕容"，皆指姿容，足相發明。以"窈窕"與"淑"連舉，即宋玉《神女賦》所謂"既姽嫿於幽静兮"，或杜甫《麗人行》所謂"態濃意遠淑且真"也。施山《薑露盦雜記》卷六稱"窈窕淑女"句爲"善於形容。蓋'窈窕'慮其佻也，而以'淑'字鎮之；'淑'字慮其腐也，而以'窈窕'揚之"。頗能説詩解頤。

"求之不得，寤寐思服，悠哉悠哉，輾轉反側"。《傳》、《箋》以"服"與"悠"皆釋爲"思"，不勝堆牀駢拇矣！"悠"作長、遠解，亦無不可。何夜之長？其人則遠！正復順理成章。《太平樂府》卷一喬夢符《蟾宮曲·寄遠》："飯不沾匙，睡如翻餅"，下句足以箋"輾轉反側"也。

---

① H. Lausberg, *Handbuch der literarischen Rhetorik*, I.361("Ueberkreuzstellung").

七　卷　耳

　　《小序》謂"后妃"以"臣下""勤勞","朝夕思念",而作此詩,毛、鄭恪遵無違。其說迂闊可哂,"求賢"而幾於不避嫌!朱熹辨之曰:"其言親暱,非所宜施",是也;顧以爲太姒懷文王之詩,亦未渙然釋而怡然順矣。首章"采采卷耳"云云,爲婦人口吻,談者無異詞。第二、三、四章"陟彼崔嵬"云云,皆謂仍出彼婦之口,設想己夫行役之狀,則惑滋甚。夫"嗟我懷人",而稱所懷之人爲"我"——"我馬虺隤、玄黃","我姑酌彼金罍、兕觥","我僕痡矣"——葛藤莫辨,扞格難通。且有謂婦設想己亦乘馬携僕、陟岡飲酒者,祇未逕謂渠變形或改扮爲男子耳!胡承珙《毛詩後箋》卷一斡旋曰:"凡詩中'我'字,有其人自'我'者,有代人言'我'者,一篇之中,不妨並見。"然何以斷知首章之"我"出婦自道而二、三、四章之"我"爲婦代夫言哉?實則涵泳本文,意義豁然,正無須平地軒瀾、直幹添枝。作詩之人不必即詩中所詠之人,婦與夫皆詩中人,詩人代言其情事,故各曰"我"。首章託爲思婦之詞,"嗟我"之"我",思婦自稱也;"置彼周行"或如《大東》以"周行"爲道路,則謂長在道塗,有同棄置,或如毛《傳》解爲置之官位,則謂離家室而登仕塗,略類陸機《代顧彥先婦答》："游宦久不歸，山川修且闊"，江淹《別賦》："君結綬兮千里，惜瑤草之徒芳。"二、三、四章託爲勞人之詞，"我馬"、"我僕"、"我酌"之"我"，勞人自稱也；"維以不永懷、永傷"，謂以酒自遣離憂。思婦一章而勞人三章者，重言以明征夫況瘁，非女手拮据可比，夫爲一篇之主而婦爲賓也。男女兩人處兩地而情事一時，批尾家謂之"雙管齊下"，章回小説謂之"話分兩頭"，《紅樓夢》第五四回王鳳姐仿"説書"所謂："一張口難説兩家話，'花開兩朶，各表一枝'"。如王維《隴頭吟》："長安少年游俠客，夜上戍樓看太白。隴頭明月迥臨關，隴上行人夜吹笛。關西老將不勝愁，駐馬聽之雙淚流；身經大小百餘戰，麾下偏裨萬户侯。蘇武身爲典屬國，節旄落盡海西頭。"少年樓上看星，與老將馬背聽笛，人異地而事同時，相形以成對照，皆在涼輝普照之下，猶"月子彎彎照九州，幾家歡樂幾家愁"；老將爲主，故語焉詳，少年爲賓，故言之略。鮑照《東門吟》："居人掩閨卧，行客夜中飯"；白居易《中秋月》："誰人隴外久征戍？何處庭前新別離？失寵故姬歸院夜，没蕃老將上樓時"；劉駕《賈客詞》："賈客燈下起，猶言發已遲。高山有疾路，暗行終不疑。寇盜伏其路，猛獸來相追。金玉四散去，空囊委路歧。揚州有大宅，白骨無地歸。少婦當此日，對鏡弄花枝"；陳陶《隴西行》："可憐無定河邊骨，猶是春閨夢裏人"；高九萬《清明對酒》："日暮狐狸眠冢上，夜歸兒女笑燈前"（《中興群公吟稿》戊集卷四）；金人瑞《塞北今朝》："塞北今朝下教場，孤兒百萬出長楊。三通金鼓摇城腳，一色鐵衣沉日光。壯士并心同日死，名王捲席一時藏。江南士女却無賴，正對落花春晝長"（劉獻廷選《沉吟樓詩選》）；均此手眼，劉駕《詞》且直似元曲《硃砂擔》縮本。西方當世有所謂"嗒嗒派"

(Dada)者，創"同時情事詩"體（Simultaneist poems），余嘗見一人（R. Hülsenbeck）所作，咏某甲方讀書時，某處火車正過鐵橋，某屠肆之豬正鳴噑（Während Herr Schulze liest, fährt der Balkenzug über die Brücke bei Nisch, ein Schwein jammert im Keller des Schlächters Nuttke）。又有詩人論事物同時（les choses simultanées），謂此國之都方雨零，彼國之邊正雪舞，此洲初旭乍暾，彼洲驕陽可灼（Il pleut à Londres, il neige sur la Poméranie, pendant que le Paraguay n'est que roses, pendant que Melbourne grille），四海異其節候而共此時刻①。均不過斯法之充盡而加厲耳。小説中尤爲常例，如《女仙外史》第二一回："建文登舟潛去，唐賽兒興師南下，而燕王登基，乃是同一日之事，作者一枝筆並寫不得三處"；《紅樓夢》第九八回："却説寶玉成家的那一日，黛玉白日已經昏暈過去，當時黛玉氣絶，正是寶玉娶寶釵的這個時辰"；《堂·吉訶德》第二編第五章敘夫婦絮語，第六章起曰："從者夫妻説長道短，此際主翁家人亦正伺間進言"云云（En tanto que Sancho Panza y su mujer Teresa Cascajo pasaron la impertinente referida plática, no estaban ociosas la sobrina y ama de don Quijote）②；《名利場》中寫滑鐵盧大戰，結語最膾炙人口："夜色四罩，城中之妻方祈天保夫無恙，戰場上之夫仆卧，一彈穿心，死矣"（Darkness came down on the field and the city; and Amelia was praying for George, who was lying on

---

① P. Claudel, *Art poétique*, ii "Du Temps", *Oeuvre Poétique*, "Bib. de la Pléiade", 139.

② *Don Quijote*, II. vi, "Clásicos Castellanos", V, 111.

his face, dead, with a bullet through his heart)①。要莫古於吾三百篇《卷耳》者。男、女均出以第一人稱"我",如見肺肝而聆欬唾。顏延年《秋胡詩》第三章"嗟余怨行役",乃秋胡口吻,而第四章"歲暮臨空房",又作秋胡妻口吻,足相參比。"彼"字彷彿指示"高岡"、"金罍"等之宛然赫然在眼前手邊,正如他篇之"相彼鳥矣","相彼泉水","相彼投兔";略去"相"(Lo and behold!)字,而指物以示之狀(a gesture to direct the eye)已具"彼"(deictic)字之中。林光朝《艾軒集》卷六《與宋提舉去華》說《詩》"彼黍離離,彼稷之苗",謂"彼"字如言"某在斯!某在斯!"亦猶是也。《淮南子·說林訓》:"行者思於道,而居者夢於牀,慈母吟於燕,適子懷於荆",高誘註:"精相往來也";蓋言遠隔而能感通(telepathy, ESP),雖荆燕兩地,仍沆瀣一氣,非《卷耳》謀篇之旨。任昉《出郡傳舍哭范僕射》:"寧知安歌日,非君撤瑟晨!"李白《春思》:"當君懷歸日,是妾斷腸時",又《擣衣篇》:"君邊雲擁青絲騎,妾處苔生紅粉樓";白居易《九年十一月二十一日感事而作》:"當君白首同歸日,是我青山獨往時";王建《行見月》:"家人見月望我歸,正是道上思家時";此類乃從"妾"、"我"一邊,擬想"君"、"家人"彼方,又非兩頭分話、雙管齊下也。參觀下論《陟岵》。

【增訂三】《水滸》第四九回於"兩打祝家莊"時,插入解珍、解寶遭毛太公誣陷事:"看官牢記,這段話頭原來和宋公明初打祝家莊時一同事發,却難這邊說一句,那邊說一回,因此權記下"云云。亦章回小說中"一張口難說兩家話"之古例。蓋

---

① Thackeray, *Vanity Fair*, ch. 32, ed. G. and K. Tillotson, 315.

事物四方八面，而語文之運用祇能作單線式(language is used linearly)，如絃之續而繩之繼。十八世紀瑞士寫景詩人兼生理學者撰《本國博物志》云："天然品物之互相繫聯，有若組結爲網，而不似貫串成鏈。人一一敍述之，次序銜接，則祇如鏈焉。蓋並時而數物同陳，端非筆舌所能辦耳"(Natura in reticulum sua genera connexit, non catenam: homines non possunt nisi catenam sequi, cum non plura simul[possint] sermone exponere—Albrechtvon Haller, *Historia stirpium indigenarum Helvetiae inchoata*, quoted in R. Arnheim, *Visual Thinking*, 234; cf. 246-7)。雖爲物類而發，亦可通諸人事。"花開兩朵，各表一枝"(《説岳全傳》第一五回"表"字作"在")，"説時遲，那時快"，不外此意。福樓拜自詡《包法利夫人》第二卷第八章曲傳農業賽會中同時獸聲人語，雜而不亂(Cf. J. Frank: "Spatial Form in Modern Literature", in R. W. Stallman, ed., *Critiques and Essays in Criticism 1920-1948*, 322)。後世小說作者青出於藍。或謂歷來敍事章句，整齊平直，如火車軌道(a formal railway line of sentence)，失真違實，當如石子投水(throwing a pebble into a pond)，飛濺盤渦，則幾是矣(Virginia Woolf, *Letters*, ed. N. Nicolson and J. Trautman, 1976, III, 135-6)。或謂人事絕不類小說中所敍之雁行魚貫，先後不紊(die einfache Reihenfolge, der Faden der Erzählung)，實乃交集紛來，故必以敍述之單線鋪引爲萬緒綜織之平面(sich in einer unendlich verwobenen Fläche ausbreitet)，一變前人筆法(Robert Musil, *Der Mann ohne Eigenschaften*, Kap. 122, Berlin: Verlag

Volk und *Welt*, 1975, I, 830-1)。要之, 欲以網代鏈, 如雙管齊下, 五官並用, 窮語言文字之能事, 爲語言文字之所不能爲(to try the possibility of the impossible)而已。亞理士多德《詩學》稱史詩取境較悲劇爲廣, 同時發生之情節不能入劇演出, 而詩中可以敘述出之(owing to the narrative form, many events simultaneously transacted can be presented—*Poetics*, XXIV, S. H. Butcher, *Aristotle's Theory of Poetry and Fine Art*, 91-3)。然無以解於以鏈代網、變並駕齊驅爲銜尾接踵也。荷馬史詩上篇每寫同時情事, 而一若敘述有先後亦即發生分先後者(aus dem Nacheinandererzählen auch noch ein Nacheinander-geschehen wird—T. Zielinski: "Die Behandlung gleichzeitiger Ereignisse im antiken Epos", quoted in E. Lämmert, *Bauformen des Erzählens*, 6. Aufl., 1975, 85), 則《詩學》所未及矣。

【增訂四】吳爾夫夫人初尚自苦其敘事多"糾結"(knotting it and twisting it), 不能"既直且柔, 如掛於兩樹間之晒衣繩然"(as straight and flexible as the line you stretch between pear trees, with your linen on drying. —Virginia Woolf, *Letters*, ed. N. Nicolson and J. Trautman, Vol. I, 1975, p.300), 後遂脫粘解縛矣。

八　桃　夭

　　"桃之夭夭，灼灼其華"；《傳》："夭夭、其少壯也；灼灼、華之盛也。"按《隰有萇楚》："夭之沃沃"；《傳》："夭、少也。"《說文》："㚿：巧也，一曰女子笑貌；《詩》曰：'桃之㚿㚿'"；王闓運《湘綺樓日記》同治八年九月二十八日："《說文》'㚿'字引《詩》'桃之夭夭'，以證'㚿'爲女笑之貌，明'芺'即'笑'字。隸書'竹'、'艹'互用，今遂不知'笑'即'芺'字，而妄附'笑'於'竹'部"。蓋"夭夭"乃比喻之詞，亦形容花之嬌好，非指桃樹之"少壯"。

　　【增訂三】謝惠連《秋胡行》："紅桃含夭，緑柳舒荑"，"夭"一作"妖"，即"㚿"之訛。"夭"而曰"含"，正如費昶《芳樹》之"花開似含笑"耳。

　　【增訂四】劉孝威《奉和逐涼詩》"月纖張敞畫，荷妖韓壽香"，"妖"亦"㚿"之訛，即"夭"也。

李商隱《即目》："夭桃唯是笑，舞蝶不空飛"，"夭"即是"笑"，正如"舞"即是"飛"；又《嘲桃》："無賴夭桃面，平明露井東，春風爲開了，却擬笑春風"；具得聖解。清儒好誇"以經解經"，實無妨以詩解《詩》耳。既曰花"夭夭"如笑，復曰花"灼灼"欲燃，切理契心，不可點煩。觀物之時，瞥眼乍見，得其大體之風致，所謂"感覺情調"或"第三種性質"（mood of perception, tertiary qualities）；注目熟視，遂得其細節之實象，如形模色澤，所謂"第一、二種性質"（primary and secondary qualities）①。見面即覺人之美醜或傲異，端詳乃辨識其官體容狀；登堂即覺家之雅俗或侈儉，審諦乃察別其器物陳設。"夭夭"總言一樹桃花之風調，"灼灼"專詠枝上繁花之光色；猶夫《小雅·節南山》："節彼南山，維石巖巖"，先道全山氣象之尊嚴，然後及乎山石之犖确。修詞由總而分，有合於觀物由渾而畫矣。第二章、三章自"其華"進而詠"其葉"、"其實"，則預祝其綠陰成而子滿枝也。隋唐而還，"花笑"久成詞頭，如蕭大圜《竹花賦》："花繞樹而競笑，鳥徧野而俱鳴"；駱賓王《蕩子從軍賦》："花有情而獨笑，鳥無事而恒啼"；李白《古風》："桃花開東園，含笑誇白日"。而李商隱尤反復於此，如《判春》："一桃復一李，井上占年芳，笑處如臨鏡，窺時不隱牆"；《早起》："鶯花啼又笑，畢竟是誰春"；《李花》："自明無月夜，強笑欲風天"；《槿花》："殷鮮一相雜，啼笑兩難分。"數見不鮮，桃花源再過，便成聚落。小有思致如豆盧岑《尋人不遇》："隔門借問人誰在，一樹桃花笑不應"，正復罕覯。《史通·雜說》上云："《左傳》稱仲尼曰：'鮑莊子智不如葵，葵猶能衛其足。'尋葵之向日傾心，本不衛足；由人視其形似，強為立名。亦猶今俗文士謂鳥鳴為'啼'、花發為'笑'，花之與鳥，豈有啼笑之情哉？"劉氏未悟"俗文"濫觴於《三百

---

① Cf. K. Koffka: "Problems in the Psychology of Art", *Art*: *A Bryn Mawr Symposium*, 1940, pp. 211 ff.; R. Arnheim: "Art and Visual Perception", M. Rader, ed., *A Modern Book of Esthetics*, 3rd ed., 260 ff..

篇》，非"今"斯"今"。唐太宗《月晦》云："笑樹花分色，啼枝鳥合聲"，又《詠桃》云："向日分千笑，迎風共一香"；劉邊斥"今俗文士"，無乃如汲黯之戇乎！徐鉉校《説文》，增"笑"字於《竹》部，采李陽冰説爲解："竹得風，其體夭屈，如人之笑。"宋人詩文，遂以"夭"爲笑貌，顧僅限於竹，不及他植。如蘇軾《笑笑先生讚》："竹亦得風，夭然而笑"（參觀樓鑰《攻媿集》卷七八《跋文與可竹》、朱翌《猗覺寮雜記》卷上）；曾幾《茶山集》卷四《種竹》："風來當一笑，雪壓要相扶"；洪芻《老圃集》卷上《寄題貫時軒》："君看竹得風，夭然向人笑"，又卷下《局中即事用壁間韻》之一："數竿風篠夭然笑"，刻本"夭然"皆作"天然"，誤也。庾信《小園賦》："花無長樂之心"，亦隱花笑，如陸機《文賦》所謂"涉樂必笑"；其《爲梁上黄侯世子與婦書》："欄外將花，居然俱笑"，則如劉晝《劉子·言苑》第五四："春葩含露似笑"，明言花之笑矣。安迪生（Joseph Addison）嘗言，各國語文中有二喻不約而同：以火燃喻愛情，以笑（the metaphor of laughing）喻花發（in flower, in blossom），未見其三①。

---

① *The Spectator*, No. 249, "Everyman's", III 300.

九　芣　苢

《序》："和平則婦人樂有子矣";《正義》："若天下亂離,兵役不息,則我躬不閱,於此之時,豈思子也!"按楊泉《物理論》(孫星衍《平津館叢書》輯本):"秦始皇起驪山之冢,使蒙恬築長城,死者相屬;民歌曰:'生男慎勿舉,生女哺用餔'";杜甫《兵車行》:"須知生男惡,反是生女好",皆即詩序之旨。雨果作詩歎人世戰伐不休,母氏將自弔其能生育(La mère pleurera d'avoir été féconde),又謂法國之爲母者胥怨拿破侖爲掠取己子以去之人(l'homme qui leur prenait leurs fils)①;近世一女詩人作《德國婦女哀歌》,至曰:"生今之世,不産子者最有福!"(Selig, die heute keinen Sohn gebären!)②;此意實蘊於古羅馬詩人霍拉士所謂"人母憎惡之戰争"(bellaque matribus detestaba)③。可以參釋"亂離兵役","不樂有子"矣。

【增訂四】《宋書·周朗傳》上書曰:"自華夷争殺,戎夏競

---

① Hugo, *La Fin de Satan*, I. ii, *Oeuv. poét. comp.*, Valiquette, 943; *Littérature et Philosophie mêlées*, Albin Michel, 85.

② Erika Mitterer: "Klage der deutschen Frauen", W. Rose, ed., *A Book of Modern German Lyric Verse*, 246-8.

③ Horace, *Carm.*, I. i. 24-5.

威,……重以急政嚴刑,天災歲疫,……鰥居有不願娶,生子每不願舉。……是殺人之日有數途,生人之歲無一理。"即《詩·序》及《正義》之意。當代法國文學家喬奧諾(Jean Giono)撰《致農民書、論貧窮與和平》(*Lettre aux paysans sur la pauvreté et la paix*,1938),亦勸農家婦當防阻戰爭,毋生子。

一〇 汝 墳

"未見君子，惄如調飢"；《傳》："'調'、朝也。"《箋》："如朝飢之思食。"按以飲食喻男女，以甘喻匹，猶巴爾札克謂愛情與饑餓類似（L'amour physique est un besoin semblable à la faim）也①。《楚辭·天問》言禹通於塗山女云："閔妃匹合，厥身是繼，胡維嗜不同味，而快朝飽？"以"快朝飽"喻"匹合"，正如以"朝飢"喻"未見"之"惄"。曹植《洛神賦》："華容婀娜，令我忘餐"；沈約《六憶詩》："憶來時，……相看常不足，相見乃忘飢"；馬令《南唐書·女憲傳》載李後主作《昭惠周后誄》："實曰能容，壯心是醉；信美堪餐，朝飢是慰"；小説中常云："秀色可餐"，"恨不能一口水吞了他"，均此意也。西方詩文中亦爲常言②；費爾巴哈始稍加以理，危坐莊論"愛情乃心與口之啖噬"（Der Liebe ist kein grobes, fleischliches, sondern her-

---

① Balzac, *Physiologie du Mariage*, Méditation IV, *Oeuv. comp.*, Conard, XXXII, 49.

② E. g. Aristophanes, *The Frogs*, 59 ff., "Loeb", II, 303; Shakespeare, *Twelfth Night*, II. iv. 100 ff.; Fielding, *Tom Jones*, Bk. VI, ch. 1 and Bk. IX, ch. 5, "Everyman's", I, 196-7 and II, 2; D. H. Lawrence, *Letters*, ed. A. Huxley, 58-9.

zliches und mündliches Essen)①，欲探析義蘊，而實未能遠逾詞人之舞文弄筆耳②。

---

①　Feuerbach:"Das Geheimnis des Opfers", *Sämtl. Werk.*, hrsg. W. Bolin und F. Jodl, X, 60.

②　Cf. Novalis, *Fragmente*, § 999, hrsg. E. Kamnitzer, 348: "Umarmen ist Geniessen, Fressen"; Kleist, *Penthesilea*, 24 Auftritt, *Sämtl. Werk.*, A. Weichert, II, 159: "So war es ein Versehen. Küsse, Bisse, /Das reimt sich, und wer recht von Herzen liebt, /Kann schon das eine für das andre greifen".

一一 行 露

"誰謂雀無角？何以穿我屋！誰謂鼠無牙？何以穿我墉！"按雀本無角，鼠實有牙，齟齬不安，相耦不倫。於是明清以來，或求之於詁訓，或驗之於禽獸，曲爲之解，以圓其説。如姚旅《露書》卷一："'角'應音'禄'，雀喙也。若音'覺'，則雀實無角而鼠有牙。或曰：'鼠有齒無牙。'曰：非也！'象以齒焚'，'牙'不稱'齒'乎？'門牙'，齒也；'齒'不稱'牙'乎？"王夫之《詩經稗疏》亦謂"角"爲"咮"之假借字。由此之説，則雀實有"角"，亦如鼠有牙矣。毛奇齡《續詩傳》謂"角"乃鳥喙之鋭出者，雀有喙而不鋭出。陳奂《詩毛氏傳疏》謂《説文》："牙，壯齒也"，段註："齒之大者"，鼠齒不大。由此之説，鼠實無"牙"，亦如雀無角也。

【增訂三】劉延世《孫公談圃》卷中記王安石因《詩》句，遂持"鼠實無牙"之說，有人至"捕一鼠"與之質焉。

觀《太玄經·毘》之次二："三禽一角同尾"，又《窮》之次六："山無角，水無鱗"，《解》："角、禽也，鱗、魚也"；"角"又泛指鳥喙，無鋭與不鋭之分。竊以爲科以修詞律例，箋詩當取後說。蓋明知事之不然，而反詞質詰，以證其然，此正詩人妙用。

誇飾以不可能爲能，譬喻以不同類爲類，理無二致。"誰謂雀無角？""誰謂鼠無牙？"正如《谷風》之"誰謂荼苦？"《河廣》之"誰謂河廣？"孟郊《送別崔純亮》之"誰謂天地寬？"使雀嘴本銳，鼠齒誠壯，荼實薺甘，河可葦渡，高天大地真跼踏偪仄，則問既無謂，答亦多事，充乎其量，祇是闢謠、解惑，無關比興。詩之情味每與敷藻立喻之合乎事理成反比例。譬如漢《鐃歌·上邪》："山無陵，江水爲竭，冬雷震震夏雨雪，天地合，乃敢與君絕！"試逐件責之於實。"山無陵"乎？曰：陽九百六，爲谷爲陵，雖罕見而非不可能之事。然則彼此恩情尚不保無了絕之期也。"江水竭"乎？曰：滄海桑田，蓬萊清淺，事誠少有，非不可能。然則彼此恩情尚不保無了絕之期也。"冬雷夏雪"乎？曰：時令失正，天運之常，史官《五行志》所爲載筆，政無須齊女之叫、竇娥之冤。然則彼此恩情更難保無了絕之期矣。"天地合"乎？曰：脫有斯劫，則宇宙壞毀，生人道絕，是則彼此恩情與天同長而地同久，綿綿真無盡期，以斯喻情，情可知已。鼠牙雀角，何妨作龜毛兔角觀乎？羅隱四言《蟋蟀詩》以"鼠豈無牙"與"垣亦有耳"作對仗，虛擬之詞，銖鋼悉稱，蓋得正解。《大般涅槃經·獅子吼菩薩品》第一一之六舉"葵藿隨陽而轉"、"芭蕉樹因雷增長"、"磁石吸鐵"爲"異法性"之例；《五燈會元》卷一六天衣義懷章次載公案云："芭蕉聞雷開，還有耳麼？葵色隨日轉，還有眼麼？"亦"誰謂雀無角？""誰謂鼠無牙？"之類。禪人之機鋒猶詞客之狡獪也。別見《楚辭》卷論《九歌》。

【增訂四】《全唐文》卷二六二李邕《秦望山法華寺碑》："芭蕉過雷，倏爲滋茂；葵藿隨日，至矣勤誠"；亦用《大般涅槃經》語，而不如禪家公案之具機鋒也。

一二　摽有梅

　　首章結云："求我庶士，迨其吉兮"，尚是從容相待之詞。次章結云："求我庶士，迨其今兮"，則敦促其言下承當，故《傳》云："今，急辭也。"末章結云："求我庶士，迨其謂之"，《傳》云："不待備禮"，乃迫不乃緩，支詞盡芟，真情畢露矣。此重章之循序漸進（progressive iteration）[①]者，《桃夭》由"華"而"葉"而"實"，亦然。《草蟲》首章："亦既見止，亦既覯止，我心則降"；次章："亦既見止，亦既覯止，我心則說"；末章："亦既見止，亦既覯止，我心則夷"，語雖異而情相類，此重章之易詞申意（varied iteration）者。"重章"之名本《卷耳》次章《正義》。先秦説理散文中好重章疊節，或易詞申意，或循序漸進者，《墨子》是也。

---

①　F. B. Gummere，*The Beginnings of Poetry*，194.

一三　野有死麕

"無使尨也吠"；《箋》："貞女思仲春以禮與男會"。《傳》："非禮相陵則狗吠。"按幽期密約，丁寧毋使人驚覺，致犬喤喥也。王涯《宮詞》："白雪獢兒拂地行，慣眠紅毯不曾驚，深宮更有何人到，只曉金階吠晚螢"；高啓《宮女圖》："小犬隔花空吠影，夜深宮禁有誰來？"可與"無使尨也吠"句相發明。李商隱《戲贈任秀才》詩中"卧錦裯"之"烏龍"，裴鉶《傳奇》中崑崙奴磨勒摑殺之"曹州孟海"猛犬，皆此"尨"之支與流裔也。《初學記》卷二九載賈岱宗《大狗賦》："晝則無窺窬之客，夜則無奸淫之賓"；而十七世紀法國詩人作犬冢銘，稱其盜來則吠，故主人愛之，外遇來則不作聲，故主婦愛之（Aboyant les larrons sans cesse，/Muet à l'amant favori；/J'ai été également chéri/De mon maître et ma maîtresse），祖構重疊①。蓋兒女私情中，亦以"尨也"參與之矣。

---

① Katharine C. Balderstone, ed., *Thraliana*, 2nd ed., I, 10.

一四　柏　舟

"我心匪鑒，不可以茹。……我心匪石，不可轉也；我心匪席，不可卷也"；《傳》："鑒所以察形也，'茹'、度也"；《箋》："鑒之察形，但知方圓白黑，不能度其真僞，我心非如是鑒"；《正義》："我心則可以度知内之善惡，非徒如鑒然。"按註疏皆苦糾繞《詩》以"我心"三句並列同旨；信如毛、鄭、孔所釋，則石可轉而我心不可轉，席可卷而我心不可卷，鑒不可度而我心可度，"不可以茹"承"鑒"而"不可以轉、卷"則承"我心"，律以修詞，岨峿不安矣。陳奂《詩毛氏傳疏》亦知鄭箋不愜，遂申毛傳曰："人不能測度於我，人無能明其志"，一若鑒遂能探懷自示於人者，亦與鄭如魯衞之政爾。王先謙《詩三家義集疏》據韓詩義"'茹'、容也"，乃引《大雅》"柔則茹之"，《釋文》引《廣雅》："'茹'、食也"，謂影在鑒中，若食之入口，無不容者。此說妙有會心。《方言》亦云："茹、食也"，"茹"即《大雅·烝民》"柔亦不茹，剛亦不吐"或《禮運》"飲其血，茹其毛"之"茹"；與"吐"對文，則納也，與"飲"對文，則食也。毛傳所謂"度"，倘不作"余忖度之"解，而如《管子·七法》之"施也、度也、恕也，謂之心術"，作度量寬弘解，則與韓詩所謂

"容"之義契合，即今語之"大度包容"也。唐姚崇《執鏡誡》云："執鏡者取其明也。夫内涵虚心，外分朗鑒。……《詩》曰：'我心匪鑒，不可以茹'，亦其理焉"（《全唐文》卷二〇六）；似亦以"茹"爲虚而能受之意，亦即"容"義。釋典鏡喻有兩柄，已詳《易》卷。我國古籍鏡喻亦有兩邊。一者洞察：物無遁形，善辨美惡，如《淮南子·原道訓》："夫鏡水之與形接也，不設智故，而方圓曲直勿能逃也"，又《説林訓》："若以鏡視形，曲得其情。"二者涵容：物來斯受，不擇美惡；如《柏舟》此句。前者重其明，後者重其虚，各執一邊。《莊子·應帝王》所謂："至人之用心若鏡，不將不迎，應而不藏"（《文子·精誠》："是故聖人若鏡，不將不迎，應而不藏"）；古希臘詩人賦鏡所謂"中無所有而亦中無不有"（nothing inside and everything inside）[①]；皆云鏡之虚則受而受仍虚也。《世説·言語》袁羊曰："何嘗見明鏡疲於屢照，清流憚於惠風"；不將迎，不藏有，故不"疲"矣。

【增訂三】《管子·宙合》："毒而無怒，怨而無言，欲而無謀，大揆度儀"，"儀"如《法禁》所謂"君壹置其儀"之"儀"；"度儀"與"大揆"對舉並稱，"度"亦即訓寬大。愛默生論人心觀物"有若鏡然，照映百態萬象而不疲不敝"（like that of a looking-glass, which is never tired or worn by any multitude of objects which it reflects—*Emerson: A Modern Anthology*, ed. K. Kazin and D. Aaron, 239）。袁羊所謂"何嘗見明鏡疲於屢照"也。

---

① *The Greek Anthology*, Bk. XIV, 108; "Loeb", V, 81.

一五 燕 燕

"瞻望勿及，佇立以泣"。按宋許顗《彥周詩話》論此二句云："真可以泣鬼神矣！張子野長短句云：'眼力不如人，遠上溪橋去'；東坡與子由詩云：'登高回首坡壠隔，惟見烏帽出復沒'；皆遠紹其意。"張先《虞美人》："一帆秋色共雲遙；眼力不知人遠，上江橋。"許氏誤憶，然"如"字含蓄自然。實勝"知"字，幾似人病增妍、珠愁轉瑩。陳師道《送蘇公知杭州》之"風帆目力短"，即"眼力不如人遠"也。去帆愈邁，望眼已窮，於是上橋眺之，因登高則視可遠——此張詞之意。曰"不知"，則質言上橋之無濟於事，徒多此舉；曰"不如"，則上橋尚存萬一之可冀，稍延片刻之相親。前者局外或事後之斷言也，是"徒上江橋耳"；後者即興當場之懸詞也，乃"且上江橋歟！"。辛棄疾《鷓鴣天》："情知已被山遮斷，頻倚闌干不自由"；則明知不見而尚欲遙望，非張氏所謂"不知也"。唐邵謁《望行人》："登樓恐不高，及高君已遠"；則雖登高而眺遠不及，庶幾如張氏所謂"不知"矣。張氏《南鄉子》："春水一篙殘照闊，遙遙，有個多情立畫橋"；《一叢花令》："嘶騎漸遙，征塵不斷，何處認郎踪"；蓋再三摹寫此境，要以許氏所標舉者語最高簡。梁朱超道《別席中兵》："扁舟已入浪，孤帆漸逼天，停車對空渚，長望轉依然"；

唐王維《齊州送祖三》："解纜君已遙，望君猶佇立"，又《觀別者》："車徒望不見，時見起行塵"；宋王操《送人南歸》："去帆看已遠，臨水立多時"（《皇朝文鑑》卷二二、《全唐詩》誤作無名氏斷句）；梅堯臣《依韻和子聰見寄》："獨登孤岸立，不見遠帆收，及送故人盡，亦嗟歸迹留"（《宛陵集》卷六）；王安石《相送行》："但聞馬嘶覺已遠，欲望應須上前坂；秋風忽起吹沙塵，雙目空回不見人"；以至明何景明《河水曲》："君隨河水去，我獨立江干"（《何大復先生集》卷六）；亦皆"遠紹"《燕燕》者，梅、王詩曰"登"、曰"上"，與張詞、蘇詩謀篇尤類。顧"不見"也，"唯見"也，"隨去"也，說破着迹。宋左緯《送許白丞至白沙，爲舟人所誤，詩以寄之》："水邊人獨自，沙上月黃昏"（輯本《委羽居士集》詩題無末四字，據《永樂大典》卷一四三八〇《寄》字所引補），庶幾後來居上。莎士比亞劇中女角惜夫遠行云："極目送之，注視不忍釋，雖眼中筋絡迸裂無所惜；行人漸遠浸小，纖若針矣，微若蠛蠓矣，消失於空濛矣，已矣！回眸而啜其泣矣！"（I would have broke mine eyestrings, crack'd them but/To look upon him, till the diminution/Of space had pointed him sharp as my needle;/Nay, followed him till he had melted from/The smallness of gnat to air, and then/Have turn'd my eyes and wept）①。即"眼力不如人遠"之旨。

【增訂四】雨果小説寫舟子（Gilliat）困守石上，潮升淹體，首尚露水面，注視其小舟隨波漂逝："舟不可辨識，祇覩煙霧混茫中一黑點。少焉，輪郭不具，色亦淡褪。繼乃愈縮而小，繼則忽散而消。舟没地平綫下，此時人亦滅頂。漫漫海上，空無

---

① *Cymbeline*, I.iii.17-21. Cf. Hardy: "On the Departed Platform".

一物矣"(Le *Cashmere*, devenu imperceptible, était maintenant une tache mêlée à la brume. ... Peu à peu, cette tache, qui n'était plus une forme, pâlit. Puis elle se dissipa. A l'instant où le navire s'effaça à l'horizon, la tête disparut sous l'eau. Il n'yeut plus rien que la mer. — *Les Travailleurs de la mer*, III. v)。機杼大似莎翁此節，而寫所觀兼及能觀，以"兩者茫茫皆不見"了局，擬議而變化者歟。

西洋詩人之筆透紙背與吾國詩人之含毫渺然，異曲而同工焉。至若行者回顧不見送者之境，則謝靈運《登臨海嶠初發疆中》："顧望脰未悁，汀曲舟已隱；隱汀絕望舟，鶖棹逐驚流"；謝惠連《西陵遇風》："迴塘隱艫栧，遠望絕形音"；與《燕燕》等所寫境，正如葉當花對也。

《彥周詩話》此節，陳舜百《讀〈風〉臆補》全襲之。前引《項氏家說》譏說《詩》者多非"詞人"，《朱子語類》卷八〇亦曰："讀《詩》且只做今人做底詩看。"明萬時華《〈詩經〉偶箋・序》曰："今之君子知《詩》之爲經，而不知《詩》之爲詩，一蔽也。"賀貽孫《〈詩〉觸》、戴忠甫《讀〈風〉臆評》及陳氏之書，均本此旨。諸家雖囿於學識，利鈍雜陳，而足破迂儒解經窠臼。阮葵生《茶餘客話》卷十一："余謂《三百篇》不必作經讀，只以讀古詩、樂府之法讀之，真足陶冶性靈，益人風趣不少。"蓋不知此正宋、明以來舊主張也。

一六 擊 鼓

"死生契闊，與子成説，執子之手，與子偕老"；《傳》："契闊，勤苦也"；《箋》："從軍之士，與其伍約：'死也、生也，相與處勤苦之中，我與子成相説愛之恩'。志在相存救也；'俱老'者，庶幾俱免於難"；《正義》：王肅云："言國人室家之志，欲相與從；'生死契闊'，勤苦而不相離，相與成男女之數，相扶持俱老。"按《箋》甚迂謬，王説是也，而於"契闊"解亦未確。蓋征人别室婦之詞，恐戰死而不能歸，故次章曰："不我以歸，憂心有忡"。"死生"此章溯成婚之時，同室同穴，盟言在耳。然而生離死别，道遠年深，行者不保歸其家，居者未必安於室，盟誓旦旦，或且如鏤空畫水。故末章曰："于嗟闊兮，不我活兮！于嗟洵兮，不我信兮！"。《豳風·東山》末章及《易·漸》可相發明，《水滸》第八回林冲刺配滄州，臨行云："生死存亡未保，娘子在家，小人心去不穩"，情境畧近。黄生《義府》卷上："'契'、合也，'闊'、離也，與'死生'對言。'偕老'即偕死，此初時之'成説'；今日從軍，有'闊'而已，'契'無日也，有'死'而已，'生'無日也。'洵'、信也，'信'、申也；前日之言果信，而偕老之願則不得申也。今人通以'契闊'爲隔遠之意，皆承《詩》註之誤。"張文虎《舒藝室隨筆》卷三："王肅説

《邶風·擊鼓》之三章，以爲從軍者與其室家訣別之詞；杜詩《新婚別》深得此意"。黃釋"契闊"甚允；張以杜詩連類，殊具妙悟；王肅之説與黃生之詁，相得益彰。蘇武《古詩》第三首："結髮爲夫妻，恩愛兩不疑。……行役在戰場，相見未有期。……生當復來歸，死當長相思"；李商隱《行次西郊作》："少壯盡點行，疲老守空村，生分作死誓，揮淚連秋雲"；均《擊鼓》之"死生契闊"也。

"契闊"承"誤"，歧中有歧，聊爲分疏，以補黃説。《宋書·劉穆之傳》高祖表："臣契闊屯泰，旋觀始終"，又《梁書·侯景傳》齊文襄書："先王與司徒契闊夷險，……義貫終始"；此合乎黃所謂正解，蓋"契"與"闊"如"屯"與"泰"、"夷"與"險"、"始"與"終"，分而不并，謂不論兩人所遭之爲禍爲福，相處之爲聚爲散，而交誼有始有終也。《全北齊文》卷四魏收《爲侯景叛移梁朝文》："外曰臣主，内深骨肉，安危契闊，約以死生"；"安"、"契"、"生"與"危"、"闊"、"死"各相當對，無一閒置偏枯，尤爲黃説佳例。《晉書·齊王冏傳》孫惠諫曰："從戎於許，契闊戰陣，無功可紀"，《宋書·文九王傳》太宗殺休仁詔："難否之日，每同契闊"，《梁書·沈約傳》與徐勉書曰："吾弱年孤苦，……契闊屯邅，困於朝夕"，《魏書·獻文六王傳》下高祖曰："吾與汝等早罹艱苦，中逢契闊，每謂情義，隨事而疏"，又《自序》載魏收父子建遺敕曰："吾生年契闊，前後三娶"，《南史·恩倖傳》綦毋珍之上牒自論："内外紛擾，珍之手抱至尊，口行處分，忠誠契闊，人誰不知？"，《全唐文》卷三九七王燾《外臺秘要方序》："自南徂北，既僻且陋，染瘴嬰痾，十有六七，死生契闊，不可問天"；《舊唐書·中宗紀》："史臣曰：'……遷於房陵，崎嶇瘴癘之鄉，契闊幽囚之地'"；此黃所謂誤解，蓋或言"隔遠"，或言"勤苦"，要皆以二字并而不分。既并而不分，復漸偏主"隔遠"而惄置"勤苦";如高適《哭單父梁九少府》:"契闊多別離",即《魏書》高祖語意,以"闊"吞併"契"也。以"契"吞併"闊"者,亦復有之;如繁欽《定情詩》:"何以致契闊?繞腕雙跳脫",合之上下文以臂環"致拳拳"、指環"致殷勤"、耳珠"致區區"、香囊"致和合"、佩玉"結恩情",則"契闊"乃親密、投分之意,與"隨事而疏"適反。魏、晉、南北朝,兩意並用;作闊隔意用者,沿襲至今,作契暱意用者,唐後漸稀。《三國志・魏書・公孫淵傳》裴註引《魏略》載淵表言遣宿舒、孫綜見孫權事:"權待舒、綜,契闊委曲,君臣上下,畢歡竭情";《晉書・后妃傳》上左貴嬪《楊皇后誄》:"惟帝與后,契闊在昔,比翼白屋,雙飛紫閣";《全晉文》卷一〇三陸雲《弔陳永長書》四:"與永曜相得,便結願好,契闊分愛,恩同至親","分愛"即《書》五之"情分異他";《全梁文》卷二八沈約《與約法師悼周捨書》:"法師與周,情期契闊,非止恒交";《全唐文》卷二五七蘇頲《章懷太子良娣張氏神道碑》:"良娣坐華茵,驅香轂,雖委迤失於偕老,而契闊存乎與成";皆從"契"而不從"闊"。通"契"於"闊"或通"闊"於"契",同牀而浸假同夢,均修詞中相吸引、相影響(attraction or influence through proximity)之例爾。曹操《短歌行》:"契闊談讌,心念舊恩",杜甫《奉贈王中允維》:"中允聲名久,如今契闊深",並作親近解。

【增訂四】宋丘淵之《贈記室羊徽其屬疾在外詩》第二章:"婉晚閑暑,契闊二方。連鑣朔野,齊棹江湘。冬均其溫,夏共其涼。豈伊多露,情深踐霜。"乍觀第二句,"契闊"似謂兩地暌隔;然合觀下文,則"二方"即"朔野"與"江湘",胥能"連鑣"、"齊棹"、"均溫"、"共涼","契闊"乃謂同事共役,親密無間，從"契"而不從"闊"之意尤明。《全宋文》卷二〇宗炳《畫山水序》："余眷戀廬衡，契闊荆巫……身所盤桓，目所綢繆"；"契闊"正與"眷戀"、"盤桓"、"綢繆"等詞義同條共貫。《梁書·蕭琛傳》："高祖在西邸，早與琛狎。……琛亦奉陳昔恩，……上答曰：'雖云早契闊，乃自非同志'"；"早契闊"即"早與狎"。《全唐文》卷一八五王勃《彭州九隴縣龍懷寺碑》："下走……薄游兹邑，喜見高人。……從容宴語，契闊胸懷"；尤如杜詩言"如今契闊深"矣。

盧諶《答魏子悌》："恩由契闊生，義隨周旋接"，亦然，句法駢枝，正類劉琨《重贈盧諶》："宣尼悲獲麟，西狩涕孔丘"；沈佺期《送喬隨州侃》："情爲契闊生，心爲別離死"，上下句意相反，而造句同盧，"契闊"解亦同盧。李善註《選》，仇兆鰲註《杜》都引毛、鄭"勤苦"之解，失之遠矣。胡承珙《毛詩後箋》卷三力申毛《傳》，舉漢、唐作勤苦解諸例；復以《韓詩》訓"契闊"爲"約束也"，遂謂即"絜括"，舉後漢、六朝諸例，解爲"不相離棄，其義亦通"。惜未聞其鄉先輩黃生之説，僅見可具兩解，不能提挈綱領；至謂"唐人始有以'契闊'爲間別之意"，舉杜句"如今契闊深"爲例，則考核欠周，文理亦疏。"深"字自單承"契"字，"闊"字閒置度外，"深"可與"闊"彼此並列，不得互相形容；"契深"即"投契甚深"、"深相契合"，"疏闊甚深"或"情深頗闊"則不詞矣。胡氏知"絜、束也"，"括、絜也"，故二文均爲"約結"之義；而不知苟盡其道，《大雅·緜》："爰契我龜"，毛《傳》："契、開也"，故"契闊"二文正亦可均爲"間別"、分離之義耳。

一七 谷 風

　　《序》："刺夫婦失道也。"按此《邶風》也，《小雅·谷風》之《序》曰："刺朋友道絕"。二詩詞意相肖，何須強分朋友與夫婦乎？"行道遲遲，中心有違；不遠伊邇，薄送我畿"；《箋》："無恩之甚！行於道路之人，至於將別，尚舒行，其心徘徊。"按未必貼切《詩》意，而自饒情致。黃庭堅《豫章先生文集》卷二六《跋胡少汲與劉邦直詩》引胡此篇："夢魂南北昧平生，邂逅相逢意已傾。……同是行人更分首，不堪風樹作離聲"，極稱"同是"一語爲"佳句"；楊萬里《誠齋集》卷四《分宜逆旅逢同郡客子》："在家兒女亦心輕，行路逢人總弟兄；未問後來相憶否，其如臨別不勝情。"二詩均可申鄭《箋》。潘德輿《養一齋詩話》卷五："或曰：'唐宋真有分乎？'曰：'否'。胡少汲'同是行人'云云，此即唐人語矣。胡猶宋之不甚著名者也"；蓋亦甚賞胡語。鄭《箋》已道此情，而筆舌朴僿，遂不醒目也。

　　"宴爾新婚，如兄如弟"；《正義》："愛汝之新婚，恩如兄弟。"按科以後世常情，夫婦親於兄弟，言夫婦相暱而喻之兄弟，似欲密而反疏矣。《小雅·黃鳥·正義》："《周官·大司徒》十有二教，其三曰：'聯兄弟'，《註》云：'聯猶合也，兄弟謂昏姻嫁娶'，是謂夫婦爲'兄弟'也";《禮記·曾子問》:"女之父母死,……壻使人弔,如壻之父母死,則女之家亦使人弔",《註》:"必使人弔者,未成兄弟",《正義》:"以夫婦有兄弟之義"。蓋初民重"血族"(kin)之遺意也。就血胤論之,兄弟、天倫也,夫婦則人倫耳;是以友于骨肉之親當過於刑于室家之好。新婚而"如兄如弟",是結髮而如連枝,人合而如天親也。觀《小雅·常棣》,"兄弟"之先於"妻子",較然可識。常得志《兄弟論》云:"若以骨肉遠而爲疏,則手足無心腹之用;判合近而爲重,則衣衾爲血屬之親"(《文苑英華》卷七四八;嚴可均收入《全隋文》卷二七,《隋書·文學傳》有得志,并及此論,《全唐文》誤收入卷九五三),正謂兄弟當親於妻室。"判"即"半","判合"謂合兩半而成整體,段玉裁《經韻樓集》卷二《夫妻牉合也》一文説此甚明。"手足"、"衣衾"之喻,即《續〈西廂〉昇仙記》第四齣法聰所云:"豈不聞'夫妻如衣服'?";《三國演義》一五回劉備所云:"兄弟如手足,妻子如衣服;衣服破,尚可縫,手足斷,安可續?"(參觀《三國志·吳書·諸葛瑾傳》裴註:"且備、羽相與,有若四體,股肱橫虧,憤痛已深")。

【增訂三】《三國演義》語最傳誦。如清長白浩歌子《螢窗異草》初編卷二《馮壎》黃椿斥壎"因昆弟而棄夫婦之倫",壎辯曰:"兄弟、手足也,妻子、衣服也;寧爲手足去衣服?"椿笑曰:"因手足之故,而裸以爲飾,即聖人亦無取焉。"希臘古史載大流士王(Darius)欲孥戮大臣,株連其妻黨。罪人婦號泣以求,王許赦一人,惟婦所請。婦乞恕其兄或弟,王大怪之。婦曰:"倘上天命妾再適人,是妾喪夫而有夫,喪子可有子也。然妾之父母早亡,不復能有兄若弟矣!"王憐而宥其弟及一子

（Herodotus, III, 119, "Loeb", I, 147）。是兄弟如手足而夫兒如衣服也。

元曲鄭廷玉《楚昭公》第三折船小浪大，"須遣不着親者下水"，昭公以弟爲親而妻爲疏，昭公夫人亦曰："兄弟同胞共乳，一體而分，妾身乃是别姓不親，理當下水"。《神奴兒》第一折李德仁曰："在那裏别尋一個同胞兄弟，媳婦兒是牆上泥皮"（石君寶《秋胡戲妻》第二折："常言道：'媳婦是壁上泥皮'"）。皆其旨也。敦煌變文《孔子項託相問書》小兒答夫婦、父母孰親之問曰："人之有母，如樹有根，人之有婦，如車有輪，車破更造，必得其新"；雖相較者爲父母而非兄弟，然車輪之喻，正與衣服、泥皮同科。莎士比亞劇中一人聞妻死耗，旁人慰之曰："故衣敝矣（old robes are worn out），世多裁縫（the tailors of the earth），可製新好者"；又一劇中夫過聽讒言，遣人殺妻，妻歎曰："我乃故衣（a garment out of fashion），宜遭扯裂（ripped）"①；亦謂妻如衣服耳。約翰·唐（John Donne）説教云："妻不過夫之輔佐而已，人無重其拄杖如其脛股者（She is but *Adjutorium*, but a Help: and nobody values his staffe, as he does legges）"②；亦謂妻非手足耳。

---

① *Antony and Cleopatra*, I.ii.169 ff.; *Cymbeline*, III.iv.53 ff..
② Donne, *Sermons*, ed. G. R. Potter and Evelyn M. Simpson, II, 345.

一八 旄 丘

"叔兮伯兮,褎如充耳";《箋》:"人之耳聾,恒多笑而已。"按註與本文羌無係屬,却曲體人情。蓋聾者欲自掩重聽,輒頷首呀口,以示入耳心通。今諺則不言聾子,而言"瞎子趁淘笑",如趙南星《清都散客笑贊》記瞽者與衆共坐,衆有見而笑,瞽者亦笑。衆問:"何所見而笑?"瞽答:"你們所笑,定然不差。"陳啟源《毛詩稽古編》斥此《箋》爲"康成之妄説",正如其斥《終風》"願言則嚏"鄭《箋》("俗人嚏,云:'人道我'")爲"穿鑿之見"。就解《詩》而論,固屬安鑿,然觀物態、考風俗者有所取材焉。

一九 泉 水

"思須與漕，我心悠悠，駕言出遊，以寫我憂。"按"駕"爲"或命巾車"之意。《衛風·竹竿》："淇水滺滺，檜楫松舟，駕言出遊，以寫我憂"；則"駕"爲"或棹孤舟"也。操舟曰"駕"，蘇軾《前赤壁賦》："駕一葉之扁舟"，即此"駕"；御車亦曰"駕"，蘇軾《日日出東門》："步尋東城遊，……駕言寫我憂"，乃此"駕"，故爲章惇所糾，而以"尻輪神馬"自解也（《東坡題跋》卷三）。

二〇 北 風

"莫赤匪狐,莫黑匪烏";《傳》:"狐赤烏黑,莫能別也";《正義》:"狐色皆赤,烏色皆黑,喻衛之君臣皆惡也。"按今諺所謂"天下烏鴉一般黑"。

二一　静　女

"自牧歸荑，洵美且異；匪女之爲美，美人之貽"；《傳》："非爲其徒説美色而已，美其人能遺我法則"；《正義》："言不美此女，乃美此人之遺於我者。"按謬甚。詩明言物以人重，註疏却解爲物重於人，茅草重於姝女，可謂顛倒好惡者。"女"即"汝"字，猶《檜風·隰有萇楚》："樂子之無知"，或《藝文類聚》卷四三引甯戚《扣牛角歌》："黄犢上坂且休息，吾將捨汝相齊國"，或《漢書·賈誼傳·服賦》："問于子服：'余去何之？'"（師古註："加其美稱也"，《文選·鵩鳥賦》作"請問于鵩兮"）呼荑、呼犢曰"汝"，呼楚、呼鵩曰"子"，皆後世説杜詩如孫奕《履齋示兒編》卷一〇論"濁醪誰造汝"等句所謂"少陵爾汝羣物"是也（參觀施鴻保《讀杜詩説》卷八論《廢畦》："天風吹汝寒"）。卉木無知，禽犢有知而非類，却胞與而爾汝之，若可酬答，此詩人之至情洋溢，推己及他。我而多情，則視物可以如人(I-thou)，體貼心印，我而薄情，則視人亦袛如物(I-it)，侵耗使役而已①。《魏風·碩鼠》："三歲貫女"，"逝將去女"；《書·湯

---

① Martin Buber, *Between Man and Man*, tr. R.G.Smith, 3; *I and Thou*, 4.

誓》:"時日曷喪,予及女皆亡",此之稱"汝",皆爲怨詞。蓋爾汝羣物,非僅出於愛暱,亦或出於憎恨。要之吾衷情沛然流出,於物沉浸沐浴之,彷彿變化其氣質,而使爲我等匹,愛則吾友也,憎則吾仇爾,於我有冤親之別,而與我非族類之殊,若可曉以語言而動以情感焉。梁玉繩《瞥記》卷二考"爾汝"爲賤簡之稱,亦爲忘形親密之稱。呼人既然,呼物亦猶是也。

【增訂四】美國文學家梭洛(H. D. Thoreau)嘗云:"人言及其至愛深知之物,輒用人稱代名詞,一若語法所謂'中性'非爲彼設者"(The one who loves and understands a thing best will incline to the personal pronouns in speaking of it. To him there is no *neuter* gender. —W. H. Auden and L. Kronenberger, ed., *The Faber Book of Aphorisms*, 1978, p.359)。亦"爾汝羣物"之旨也。

二二 桑 中

《桑中·序》："刺奔也。"按吕祖謙《家塾讀詩記》引"朱氏"以爲詩乃淫者自作，《朱文公集》卷七〇《讀吕氏〈詩記〉》仍持"自狀其醜"之説。後世文士如惲敬《大雲山房文初稿》卷二《桑中説》，經生如胡承珙《毛詩後箋》卷四，力持異議。然於《左傳》成公二年申叔跪之父巫臣所謂"桑中之喜，竊妻以逃"云云，既無詞以解，遂彌縫謂詩"言情"而非"記欲"，或斤斤辯非淫者自作，而如《序》所謂諷刺淫者之作。皆以爲踰禮敗俗，方且諱匿隱秘，"雖至不肖者，亦未必肯直告人以其人其地也"。夫自作與否，誠不可知，而亦不必辯。設身處地，借口代言，詩歌常例。貌若現身説法（Ichlyrik），實是化身賓白（Rollenlyrik）①，篇中之"我"，非必詩人自道。假曰不然，則《鴟鴞》出於口吐人言之妖鳥，而《卷耳》作於女變男形之人痾也。詩中如《玉臺新詠》卷三陸雲《爲顧彦先贈婦》四首，一、三代夫贈，二、四代婦答；劉禹錫悼武元衡，而詩題爲《代靖安佳人怨》，并有《引》言"代作"之故。詞中更成慣技，毛先舒

---

① W. Kayser, *Das sprachliche Kunstwerk*, 4. Aufl., 191.

《詩辨坻》卷四論詞曰："男子多作閨人語；孫夫人婦人耳，《燭影搖紅》詞乃更作男相思語，亦一創也"；俞正燮《癸巳存稿》卷一二論唐昭宗《菩薩蠻》結句當作"迎奴歸故宮"，乃託"宮人思歸之詞"，如李後主詞之"奴爲出來難"，均"代人稱'奴'"，猶《詩》云："既見君子，我心則降"，乃"代還士之妻稱'我'"。

【增訂四】毛先舒謂"男子"詞"多作閨人語"，劉熙載《昨非集・詞》有《虞美人》二首，皆力非倚聲家結習者。第一首云："自後填詞'填'字可休提！"已屬言之匪艱，行之維艱。第二首云："好詞好在鬚眉氣，怕殺香奩體。便能綺怨似閨人，可奈先揌骯髒自家身！"則"鬚眉氣"與頭巾氣絪縕莫辨矣！

人讀長短句時，了然於撲朔迷離之辨，而讀《三百篇》時，渾忘有揣度擬代之法（Prosopopeia），朱熹《語類》卷八〇解道："讀《詩》且只將做今人做底詩看"，而於《桑中》堅執爲"淫者自狀其醜"，何哉？豈所謂"上陣廝殺，忘了槍法"乎！《桑中》未必淫者自作，然其語氣則明爲淫者自述。桑中、上宮，幽會之所也；孟姜、孟弋、孟庸，幽期之人也；"期"、"要"、"送"，幽歡之顛末也。直記其事，不著議論意見，視爲外遇之簿錄也可，視爲醜行之招供又無不可。西洋文學中善誘婦女（l'homme à femmes）之典型名蕩荒（Don Juan）①，歷計所狎，造册立表②；詩文寫漁色之徒，

---

① G. -G. de Bévotte, *La Légende de Don Juan*, 2e éd., I, 3.
② Mozart, *Don Giovanni*, I. ii, Leporello:"questo non picciol libro è tutto pieno dei nomi di sue belle; ...un catalogo egli è"; iii, Don Giovanni:"Ah, la mia lista doman mattina d' una decina devi aumentar", Dover Publications, 100, 124. Cf. Mérimée, *Les Âmes du Purgatoire* (une liste à deux colonnes), *Romans et Nouvelles*, "Bibl. de la Pléiade", 421.

亦每言其記總賬①。

【增訂三】張君觀教曰："憶唐長安無賴子好雕青，至以所狎婦女姓名、里貫涅之身上，亦如唐荒之'造册立表'。徵吾國故事，似不應漏此。"是也。按其事見於《清異錄》卷三《肢體》："自唐末，無賴男子以劓刺相高，……至有以平生所歷郡縣、飲酒、蒲博之事，所交婦人姓名、年齒、行第、坊巷、形貌之詳，一一標表者。時人號爲'針史'。"

《桑中》之"我"不啻此類角色之草創，而其詩殆如名册之縮本，惡之貫而未盈者歟。古樂府《三婦艷》乃謂三婦共事一夫，《桑中》則言一男有三外遇，於同地幽會。王嘉《拾遺記》卷一載皇娥與白帝之子游乎窮桑，"俗謂游樂之處爲桑中也，《詩》中《衛風》云云，蓋類此也"，杜撰出典。"桑中"俗語流傳，衆皆知非美詞。司馬相如《美人賦》："暮宿上宫，有女獨處；皓體呈露，時來親臣"；沈約《懺悔文》："淇水上宫，誠無云幾，分桃斷袖，亦足稱多"；則"上宫"亦已成淫肆之代稱矣。

---

① E.g. Burton, *Anatomy of Melancholy*, Pt III, Sect. ii, Mem. 2, Subs, 1 (Anacreon), "Everyman's", III, 60; Fletcher, *The Wild-Goose Chase*, II. i (the debt-book of mistresses), *Select Plays of Beaumont and Fletcher*, "Everyman's", 333; La Fontaine: "Joconde" (le livre blanc), *Contes et Nouvelles*, Garnier, 12; Restif de la Bretonne, *Monsieur Nicolas* (les fiches de l'Amour, le Calendrier), éd. abrégée par J. Grand-Carteret, I, p. xvi, p. 4 note.

二三 淇 奧

《淇奧·序》："美武公之德也"；《正義》："武公殺兄篡國，得爲美者，美其逆取順守；齊桓、晉文皆以篡弑而立，終建大功，亦其類也"。按姚範《援鶉堂筆記》卷六引《正義》此節而斥之曰："説經者當如是乎！"；方東樹按語："此唐儒傅會，迴避太宗、建成、元吉事耳。"讀書甚得閒。《左傳》昭公六年鄭人鑄刑書，《正義》娓娓百許言，論"古今之政"，"不可一日而無律"，非復經説，已成史論，亦必有爲而發。

"瞻彼淇奧，緑竹猗猗"；《傳》："緑，王芻也；竹，萹竹也。"按左思《三都賦·序》斥揚、馬、班、張作賦，"考之果木，則生非其壤，……虛而無徵"，而曰："見'緑竹猗猗'，則知衛地淇澳之産"，是或不免盡信書歟？《水經注》卷九《淇水》："《詩》云：'瞻彼淇澳，菉竹猗猗。'漢武帝塞決河，斬淇園之竹木以爲楗；寇恂爲河内，伐竹淇川，治矢百餘萬，以輸軍資。今通望淇川，並無此物，唯王芻編草，不異毛興。"後來如宋犖《筠廊偶筆》、陳錫璐《黃嬭餘話》卷三、程晉芳《勉行堂詩集》卷二三《過淇川》第一首等皆道淇奧無竹，而均不知酈道元已早言此。然則高適《自淇涉黃河途中作》之四："南登滑臺上，卻望河淇閒，竹樹夾流水，孤村對遠山",殆以古障眼,想當然耳,亦如韓愈《此日足可惜》之"甲午憩時門,臨泉窺鬭龍"矣(《左傳》昭公十九年記"龍鬭於時門之外洧淵")。唐李匡乂《資暇録》卷上謂《詩》之"猗猗"非指"筍竹",因譏詞章家用事"大誤";宋程大昌《演繁露》卷一記館職試題賦竹,試人用"淇竹",主者以其違註疏黜之。吴曾《能改齋漫録》卷三未見《水經注》所記,乃引《史記》以駁《緗素雜記》而申王安石《詩傳》"虚而節,直而和"之解。清之經生恐世人疑《詩》語失實,博徵《爾雅》、《説文》、《本草圖經》之屬,分"緑"與"竹"爲二草或二菜名,非形容虚心直節之此君。特不知於《竹竿》之"籊籊竹竿,以釣於淇",又將何説?然用心良苦,用力甚劬,過而存之斯可也。《鄭風·溱洧》:"維士與女,伊其相謔,贈之以芍藥";而白居易《經溱洧》云:"落日駐行騎,沈吟懷古情。鄭風變已盡,溱洧至今清;不見士與女,亦無芍藥名。"與淇奥之竹,無獨有偶。竊謂詩文風景物色,有得之當時目驗者,有出於一時興到者。出於興到,固屬憑空嚮壁,未宜緣木求魚;得之目驗,或因世變事遷,亦不可守株待兔。林希逸《竹溪鬳齋十一稿》續集卷七《秋日鳳凰臺即事》有小序論李白登此臺詩句"三山半落青天外,二水中分白鷺洲"云:"余思翰林題詩時,臺必不爾。白鷺洲問之故老,指點固無定所;而三山則於此臺望已不見,乃遠落於前江之尾。若當時果爾,則詩辭不應如此模寫也。謾刊正之,以俟好古者。"郎瑛《七修類稿》卷三:"孟子曰:'牛山之木嘗美矣',歐陽子曰:'環滁皆山也'。余親至二地,牛山乃一崗石小山,全無土木,恐當時亦難以養木;滁州四望無際,秖西有瑯玡。不知孟子、歐陽何以云然?";何紹基《東洲草堂詩鈔》卷十八《王少鶴、白蘭巖招集慈仁寺拜歐陽文忠公生日》第六首:"野鳥谿雲共往還,《醉翁》一操落人間。如何陵谷多遷變，今日環滁竟少山！"。潘問奇《拜鵑堂詩集》卷二《空舲峽》："夜静猿聲聽不見，古人文字恐荒唐。"丁國鈞《荷香館瑣言》卷上："王禹偁《竹樓記》言黃岡多竹，東坡黃州詩亦有'好竹連山覺筍香'句。光緒乙未，予隨學使者襄校蒞黃，徧遊山水，未見一竹。楊惺吾丈鄰蘇園中以巨竹編籬，丈言黃地大小竹皆無，須渡江至武昌縣乃購得。泥古不可以例今。"連類舉例，聊以寬廣詞章者之心胸。密爾敦詩中詠羣鬼爛漫卧，喻如瓦朗勃羅薩（Vallombrosa）沼面秋葉（autumnal leaves）委積①，累代傳誦。而近世親遊其地者以爲密爾敦必出耳食，否則植樹大變（the character of the woods has entirely changed），因彌望皆經霜不凋之松，無它木也②。足與淇奥之竹、溱洧之芍藥，鼎足而三。《史通·暗惑》駁郭伋竹馬事曰："夫以晉陽無竹，古今共知，……羣戲而乘，如何克辦？"淇奥之竹，若是班乎？讀詩者若緣此而有殺風景之恨，則卿董意亦復易敗耳。

【增訂三】蘇軾摹寫赤壁景色，後人繼作，所見異詞。《後赤壁賦》有曰："江流有聲，斷岸千尺，……履巉巖，……攀栖鶻之危巢"；《東坡志林》卷九亦曰："黃州守居之數百步爲赤壁，……斷崖壁立，江水深碧，二鶻巢其上。"韓駒與軾年輩相接，《陵陽先生詩》卷三《登赤壁磯》已云："豈有危巢與栖鶻，亦無陳迹但飛鷗。"晚明袁中道《珂雪齋近集》卷一《東遊日記》："讀子瞻賦，覺此地深林邃石，幽蒨不可測度。韓子蒼、陸放翁去公未遠，至此已云是一茅阜，了無可觀，'危巢

---

① *Paradise Lost*, I, 301-3.
② Richard Aldington, *Life for Life's Sake*, 326-7.

栖鹘'，皆爲夢語。故知一經文人舌筆，嫫母化爲夷施，老禿鶴皆作繡鴛鴦矣！"清初陸次雲《北墅緒言》卷下《下赤壁賦》："清淺蓬萊，漲爲平陸。馮夷徙而深居，潛蛟遷而遠伏。求所謂'縱一葦、凌萬頃'之奇觀，杳不可以再復。昔讀兩賦，宛轉流連；茲尋其跡，渺若雲烟。欲聽簫聲，無復聞其怨慕；欲觀鶴影，何從仰其蹁躚！坡仙於此，嘗致慨乎孟德，後坡仙而至者，復致慨乎坡仙！"發揮更暢。邵長蘅《青門簏稿》卷九《遊黃州赤壁記》則頗兼袁、陸二氏之意："余曩時讀子瞻賦所云……，意必幽邃峭深，迥然耳目之表。今身歷之，皆不逮所聞。豈又文人之言少實而多虛，雖子瞻不免耶？抑陵谷變遷，而江山不可復識耶？"李兆洛《養一齋文集》卷九《遊浮山記》亦述同遊者怪劉大櫆記此山之過"襃"，因疑"古今之文舉不足信"。詩文描繪物色人事，歷歷如覯者，未必鑿鑿有據，苟欲按圖索驥，便同刻舟求劍矣（Cf. D. Lodge, *The Modes of Modern Writing*, 9 ff., 22 ff., 33 f., "realism in the qualitative sense"）。蓋作者欲使人讀而以爲鑿鑿有據，故心匠手追，寫得歷歷如覯，然寫來歷歷如覯，即非鑿鑿有據，逼真而亦失真。爲者敗之，成者反焉，固不僅文事爲然也。"一經文人舌筆，嫫母化爲夷施"，又可合之紀昀《閱微草堂筆記》卷九記《西樓記》中穆素徽，因言："然則傳奇中所謂'佳人'，半出虛說"（參觀《隨園詩話》卷一六記王子堅言穆素徽）。故丁紹儀《聽秋聲館詞話》卷五記顧翰語，以"美人"爲"書中三不可信"之一（參觀《老殘遊記》第一三回翠環評狎客題壁詩）。西方談藝，每道此事。舉十七世紀法國小說詼諧爲例："此姝之美不待言。我不爲讀者描摹其纖腰、妙目、盛鬋等嬌姿，因君輩即真覯伊人，見面有雀斑痘坎，未必能識爲吾書中人正身。小說所寫主角莫不膚白皙而貌妍秀，皆紙上之假面耳，揭其本相，則此中大有黑醜男女在"（Plusieurs héros et héroïnes, qui sont beaux et blancs en papier et sous le masque de roman, qui sont bien laids et bien basanéz en chair et en os à découvert—A. Furetière, *Le Roman bourgeois*, Éditions Porteret, 8）。克羅采嗤學士輩讀古人情詩，於所詠意中人，不啻欲得而爲眼前人，親接芳容（far la conoscenza personale di Lesbia e di Cinzia, di Beatrice e di Laura），可謂誤用其心（B. Croce, *La Poesia*, 5 ed., 88-9）。莊論謔語，正爾同歸。

【增訂四】 方苞《望溪文集》卷一四《題天姥寺》："余尋醫浙東，鮑甥孔巡從行。抵嵊縣，登陸，問天姥山。肩輿者曰：'小丘耳，無可觀者。'……至山下，果如所云。……鮑甥曰：'嘻咄哉！李白之詩乃不若輿夫之言之信乎？'余曰：'詩所云乃夢中所見，非妄也。然即此知觀物之要矣。'"果如袁中道之說，醒人寫景，每"爲夢語"，則"夢中所見"，更不須如癡人之考"信"。張汝南《浙遊日記》："咸豐七年七月十八日。杭人謂是潮生日。……此浙江潮之大略也。凡所說'百萬軍聲，隱隱如雷'者，不聞也；又'如萬疊銀山，忽然傾卸'者，不見也。證以《七發》中'八月之望'一段，十不得一。即予從前所作《曲江觀濤歌》，亦未見時所附會。文士筆端，多不足信如此！"能自言"附會"，可謂不欺之學矣。

"寬兮綽兮，倚重較兮。善戲謔兮，不爲虐兮"；《箋》："君子之德，有張有弛，故不常矜莊，而時戲謔。"按《豳風·東山》："其新孔嘉，其舊如之何"；《箋》："又極序其情樂而戲之"，雖誤解詩意，然謂周公"戲"其軍士，則足與"善戲謔"、"不常矜莊"相發明。《禮記·表記》："君子貌足畏也，色足憚也，言足信也"；《玉藻》："君子之容舒遲：足容重，手容恭，目容端，口容止，聲容静，頭容直，氣容肅，立容德，色容莊。"《左傳》襄公三十一年北宮文子論君子云："有威而可畏謂之威，有儀而可象謂之儀。"《論語·學而》記孔子曰："君子不重則不威"，《堯曰》記孔子曰："君子正其衣冠，尊其瞻視，儼然人望而畏之"，《述而》狀孔子之容止，亦曰："子温而厲，威而不猛，恭而安"。然《陽貨》記孔子"莞爾而笑"，於子游有"前言戲之耳"之謔；《憲問》復載人傳公叔文子"不言不笑"，孔子以爲疑；《公冶長》子欲"乘桴"而謂子路"無所取材"，鄭玄註曰："故戲之耳"；《雍也》述孔子謂仲弓曰："犂牛之子騂且角"，脱若《論衡·自紀》篇所言，仲弓爲伯牛之子，則孔子亦雙關名字爲戲，正如《離騷》之"以蘭爲可恃，椒專佞以慢慆"之雙關大夫子蘭、子椒也。釋迦則"恐人言佛不知笑故"而開笑口（安世高譯《佛説處處經》説"笑光出者有五因緣之二"），且口、眼、舉體毛孔皆笑（《大智度論·放光釋論》第一四，參觀《緣起義釋論》第一）；耶穌又悲世憫人，其容常戚戚，終身不開笑口①。方斯二人，孔子"時然後笑"，較得中道。韓愈頗解其旨，《重答張籍書》云："昔者夫子猶有所戲；《詩》不云乎：'善戲謔兮，不爲虐兮'；《記》云：'張而不弛，文武不能也'。惡害於道哉！"即合并《陽貨》及《淇奥》鄭箋語意耳。又按《答張籍第一書》云："吾子又譏

---

① St. Basil, *Ascetic Works*, tr. W. K. L. Clarke, 180, Cf. E. R. Curtius, *Europäische Literatur und lateinisches Mittelalter*, 2, Aufl., 492.

吾與人人爲無實駁雜之説，此吾所以爲戲耳。比之酒色，不有間乎？"《漢書·嚴、朱、吾丘、主父、徐、嚴、王、賈傳》記武帝令王褒等爲歌頌，議者以爲"淫靡不急"，帝曰："詞賦賢於倡優博弈遠矣！"韓愈之解嘲準此。

二四　碩　人

"手如柔荑，膚如凝脂，領如蝤蠐，齒如瓠犀，螓首蛾眉。巧笑倩兮，美目盼兮"；《傳》："螓首，顙廣而方。"按《鄘風·君子偕老》："揚且之晳也。……子之清揚，揚且之顏也"；《傳》："揚，眉上廣。……清揚，視清明也；揚且之顏，廣揚而顏角豐滿。"《鄭風·野有蔓草》："清揚婉兮"；《傳》："眉目之間，婉然美也。"《齊風·猗嗟》："抑若揚兮"；《傳》："抑，美色；揚，廣揚。"再三道螓首、揚顏。異域選色，亦尚廣顙，如拉丁詩詠美人三十二相、西班牙舊傳美人三十相、亞剌伯古說美人三十六相，無不及之①，拉丁文"supercilia"，尤可爲毛傳"眉上"之直譯。《楚辭·招魂》："蛾眉曼睩，目騰光些。靡顏膩理，遺視綿些。娛光眇視，目曾波些"，即《詩》之"凝脂"、"蛾眉"、"美目盼"、"清揚"也。《大招》："靨輔奇牙，宜咲嘕只"，即《詩》之"巧笑倩"也。然衛、鄘、齊風中美人如畫像之水墨白描，未渲染丹黃。《鄭風·有女同車》："顏如舜華"，"顏如舜

---

① *L' Oeuvre du Comte de Mirabeau*, "Les Maîtres de l'Amour", 107 (*Sylva Nuptialis*); Brantôme, *Vies des Dames galantes*, Disc. II, art. 3, "Classiques Garnier", 162; E. W. Lane, *Arabian Society in the Middle Ages*, 216.

英",着色矣而又不及其他。至《楚辭》始於雪膚玉肌而外,解道桃頰櫻脣,相爲映發,如《招魂》云:"美人既醉,朱顔酡些",《大招》云:"朱脣皓齒、嫭以姱只。容則秀雅,稚朱顔只";宋玉《好色賦》遂云:"施粉則太白,施朱則太赤"。色彩烘托,漸益鮮明,非《詩》所及矣。

"大夫夙退,無使君勞";《箋》:"無使君之勞倦,以君夫人新爲配偶。"按杜甫《收京》:"萬方頻送喜,無乃聖躬勞",即此"勞"字。胡培翬、陳奐等皆駁鄭箋,謂"君"即指夫人。實則鄭說亦通,蓋與白居易《長恨歌》:"春宵苦短日高起,從此君王不早朝",李商隱《富平少侯》:"當關不報侵晨客,新得佳人字莫愁",貌異心同。新婚而退朝早,與新婚而視朝晚,如狙公朝暮賦芧,至竟無異也。

二五 氓

按此篇層次分明，工於敍事。"子無良媒"而"愆期"，"不見復關"而"泣涕"，皆具無往不復、無垂不縮之致。然文字之妙有波瀾，讀之祇覺是人事之應有曲折；後來如唐人傳奇中元稹《會真記》崔鶯鶯大數張生一節、沈既濟《任氏傳》中任氏長歎息一節，差堪共語。皆異於故作波折（suspense），濫弄狡獪，徒成"鼓噪"者也（《兒女英雄傳》第六回論敍事不肯"直捷痛快，……這可就是說書的一點兒鼓噪"）。"兄弟不知，咥其笑矣"，亦可與《孔雀東南飛》之"阿母大拊掌，不圖子自歸"比勘。蓋以私許始，以被棄終，初不自重，卒被人輕，旁觀其事，誠足齒冷，與焦仲卿妻之遭逢姑惡、反躬無咎者不同。阿兄愛妹，視母氏憐女，亦復差減。是以彼見而驚，此聞則笑；"不圖"者，意計不及，深惜之也，"不知"者，體會不及，漠置之也。

"士之耽兮，猶可說也，女之耽兮，不可說也"；《箋》："說，解也。士有百行，可以功過相除；至於婦人，無外事，維以貞信爲節。"按鄭箋殊可引申。《碩人》："說於農郊"；《箋》："'說'當作'禒'。……更正衣服"，即所謂脫換。《禮記·文王世子》："武王不說冠帶而養"，《釋文》謂"說"亦作"脫"。"解"之與

"脱",義可相通。辯解開脱（excuse），一意也，孔氏所言僅此。男多藉口，女難飾非，惡名之被，苛恕不齊，參觀《周易》卷論《大過》。寬解擺脱（extricate），又一意也：紐情纏愛，能自拯拔，猶魚鳥之出網羅。夫情之所鍾，古之"士"則登山臨水，恣其汗漫，爭利求名，得以排遣；亂思移愛，事尚匪艱。古之"女"閨房窈窕，不能遊目騁懷，薪米叢脞，未足忘情攝志；心乎愛矣，獨居深念，思蹇産而勿釋，魂屏營若有亡，理絲愈紛，解帶反結，"耽不可説"，殆亦此之謂歟？明人院本《投梭記》第二〇齣："常言道：'男子痴，一時迷；女子痴，没藥醫'"；古羅馬詩人名篇中女語男曰："吾與子兩情之熾相等，然吾爲婦人，則終遜汝丈夫一籌，蓋女柔弱，身心不如男之强有力也"（urimur igne pari, sed sum tibi viribus inpar; / fortius ingenium suspicor esse viris. / ut corpus, teneris ita mens infirma puellis）。[①]——意謂男子心力不盡耗於用情，尚綽有餘裕，可以傍鶩；斯大爾夫人（Madame de Staël）言，愛情於男祇是生涯中一段插話，而於女則是生命之全書（L'amour est l'histoire de la vie des femmes; c'est un épisode dans celle des hommes），拜倫爲詩敷陳之[②]。皆即"士耽"與"女耽"之第二義爾。

[①] Ovid, *Heroides*, XIX. "Hero Leandro", 5-7, "Loeb", 258.
[②] Byron, *Don Juan*, I, St. 194, Variorum, Ed. by T. G. Steffan and W. W. Pratt, II, 131 and IV, 45.

二六 河 廣

"誰謂河廣？曾不容刀"；《箋》："小船曰刀，作'舠'，亦作'䑩'。"按解爲刀、劍之刀，亦無不可；正如首章"一葦杭之"，《傳》："杭、渡也"，《箋》："一葦加之，則可以渡之"，亦極言河狹，一葦堪爲津梁也。漢高祖封功臣誓曰："黃河如帶"，陸機贈顧貞詩曰："巨海猶縈帶"，隋文帝稱長江曰"衣帶水"，事無二致。"跂予望之"謂望而可見，正言近耳。《衛風·河廣》言河之不廣，《周南·漢廣》言漢之廣而"不可泳思"。雖曰河、漢廣狹之異乎，無乃示願欲强弱之殊耶？蓋人有心則事無難，情思深切則視河水清淺；歧以望宋，覺洋洋者若不能容刀、可以葦杭。此如《鄭風·褰裳》中"子惠思我"，則溱、洧可"褰裳"而"涉"，西洋詩中情人赴幽期，則海峽可泳而度，不惜躍入(leap'd lively in)層波怒浪①。《唐棣》之詩曰："豈不爾思？室是遠而"；《論語·子罕》記孔子論之曰："未之思也！夫何遠之有？"亦如唐太宗《聖教序》所謂"誠重勞輕，求深願達"而已。苟有人焉，據詩語以考訂方輿，丈量幅面，益舉漢廣於河之證，則痴人耳，不可向之説夢者

---

① Marlowe, *Hero & Leander*, II Sestiad, 154.

也。不可與説夢者，亦不足與言詩，惜乎不能勸其毋讀詩也。唐詩中示豪而撒漫揮金則曰"斗酒十千"，示貧而悉索傾囊則曰"斗酒三百"，説者聚辯（參觀王觀國《學林》卷八、王楙《野客叢書》卷二、趙與時《賓退録》卷三、俞德鄰《佩韋齋輯聞》卷一、史繩祖《學齋佔畢》卷二、周嬰《卮林》卷三、王夫之《船山遺書》卷六三《夕堂永日緒論》内編），一若從而能考價之漲落、酒之美惡，特尚未推究酒家胡之上下其手或於沽者之有所厚薄耳！吟風弄月之語，盡供捕風撈月之用。楊慎以還，學者習聞數有虛、實之辨（楊有仁編《太史升菴全集》卷四三論《公羊傳》記葵邱之會），而未觸類圓覽。夫此特修詞之一端爾；述事抒情，是處皆有"實可稽"與"虛不可執"者，豈止數乎？汪中論數①，兼及詞之"曲"與"形容"（《述學》内篇一《釋三九》中），章學誠踵而通古今語、雅俗語之郵（《文史通義》外篇一《〈述學〉駁文》），已窺端倪。後來劉師培（《左盦集》卷八《古籍多虛數説》）則囿於量沙擢髮、海滴山斤，知博徵之多多益善，而不解傍通之頭頭是道，識力下汪、章數等矣。竊謂始發厥旨，當推孟子。《萬章》説《詩》曰："不以文害辭，不以辭害志。……如以辭而已矣，《雲漢》之詩曰：'周餘黎民，靡有孑遺'；信斯言也，是周無遺民也！"；《盡心》

---

① 維果亦謂希臘古文中"三"每非實數，而爲"甚極"之意（significato fortissimo col "tres" appunto）（*Scienza nuova*, §491, *op. cit.*, 597）。按如古羅馬史詩中羨人多幸，曰"三福四福"（O terque quaterque beati）（*Aeneid*, I.94）；又舊俗以死人爲忌，送葬弔喪者歸必洗濯袚除，有曰："以净水三滌伙伴"（Idem ter socios pura circumtulit unda）（*ib.*, VI, 229），古註家（Servius）説曰："'三'謂三次或更多次。"古羅馬諷刺詩中淫人名"三陽"（Triphallo）（Juvenal, VI, 026），法國諷刺劇中愚夫名"三昧"（Trissotin）（Molière, *Les Femmes savantes*），近世西語不乏其例（"thrice welcome", "un triple sot"），皆《釋三九》之鄰壁餘明也。

論《書》曰："盡信《書》則不如無《書》，吾於《武成》，取二三策而已矣。仁人無敵於天下，以至仁伐不仁，而何其血之流杵也?"《論衡》之《語增》、《藝增》、《儒增》，《史通》之《暗惑》等，毛舉櫛比，衍孟之緒言，而未申孟之蘊理。《文心雕龍·夸飾》云："文辭所被，夸飾恒存。……辭雖已甚，其義無害也"，亦不道何以故。皆於孟子"志"、"辭"之義，概乎未究。蓋文詞有虛而非偽、誠而不實者。語之虛實與語之誠偽，相連而不相等，一而二焉。是以文而無害，夸或非誣。《禮記·表記》："子曰：'情欲信，詞欲巧'"；亦見"巧"不妨"信"。誠偽係乎旨，徵夫言者之心意，孟子所謂"志"也；虛實係乎指，驗夫所言之事物，墨《經》所謂"合"也。所指失真，故不"信"；其旨非欺，故無"害"。言者初無誣罔之"志"，而造作不可"信"之"辭"；吾聞而"盡信"焉，入言者於誣罔之罪，抑吾聞而有疑焉、斤斤辯焉，責言者蓄誣罔之心，皆"以辭害志"也。高文何綺，好句如珠，現夢裏之悲歡，幻空中之樓閣，鏡內映花，燈邊生影，言之虛者也，非言之偽者也，叩之物而不實者也，非本之心之不誠者也①。《紅樓夢》第一回大書特書曰"假語村言"，豈可同之於"誑語村言"哉？《史記·商君列傳》商君答趙良曰："語有之矣：貌言，華也；至言，實也"；設以"貌言"、"華言"代"虛言"、"假言"，或稍減誤會。以華語為實語而"盡信"之，即以辭害意，或出於不學，而多出於不思。《顏氏家訓·勉學》記《三輔決錄》載殿柱題詞用成語，有人誤以為真有一張姓京兆，又《漢書·王莽傳·贊》用成語，有人誤以為莽面色紫而發聲如蛙。《資治通鑑·唐紀》六三會昌三年

---

① Cf. Rousseau, *Les Rêveries du Promeneur solitaire*, IV, *Les Confessions et les Rêveries*, "Bibliothèque de la Pléiade", 684-5 ("fiction" vs "mensonge").

正月"烏介可汗走保黑車子族"句下，《考異》駁《舊唐書》誤以李德裕《紀聖功碑》中用西漢故典爲唐代實事；《後周紀》一廣順元年四月"鄭珙卒於契丹"句下，《考異》駁《九國志》誤以王保衡《晉陽聞見錄》中用三國故典爲五代實事。皆泥華詞爲質言，視運典爲紀事，認虛成實，蓋不學之失也。若夫辨河漢廣狹，考李杜酒價，諸如此類，無關腹笥，以不可執爲可稽，又不思之過焉。潘岳《閑居賦》自誇園中果樹云："張公大谷之梨，梁侯烏椑之柿，周文弱枝之棗，房陵朱仲之李，靡不畢殖"；《紅樓夢》第五回寫秦氏房中陳設，有武則天曾照之寶鏡、安禄山嘗擲之木瓜、經西施浣之紗衾、被紅娘抱之鴛枕等等。倘據此以爲作者乃言古植至晉而移、古物入清猶用，歎有神助，或斥其鬼話，則猶"丞相非在夢中，君自在夢中"耳。《關尹子·八籌》："知物之偽者，不必去物；譬如見土牛木馬，雖情存牛馬之名，而心忘牛馬之实。"可以觸類而長，通之於言之"偽"者。亞理士多德首言詩文語句非同邏輯命題（proposition），無所謂真偽（neither has truth nor falsity）①；錫德尼（Philip Sidney）謂詩人不確語，故亦不誑語（he nothing affirms, and therefore never lieth）②；勃魯諾（Bruno）謂讀詩宜別"權語"（detto per metafora）與"實語"（detto per vero）③；維果亦謂"詩歌之真"（il vero poetico）非即"事物之實"（il vero fisico）④；今人又定名爲"羌無實指之假充陳述"（non-

---

① *Organon*: "On Interpretation", iv, "Loeb", I, 121.
② *Apology of Poetry*, in *English Critical Essays: 16th, 17th & 18th Centuries*, "The World's Classics", 33.
③ *La Cena de le Ceneri*, , Dialogo iv., *op. cit.*, 255-6.
④ *La Scienza Nuova*, § 205, *op. cit.*, 452.

referential pseudo-statement)①。

【增訂四】當世波蘭文論宗匠謂文學作品中無"真實斷語",祇有"貌似斷語"(keine echten Urteile, sondern nur Quasi-Urteile. —Roman Ingarden: "Konkretisation und Rekonstruktion", in R. Warning, ed., *Rezeptionsästhetik*, 1979, pp.42-3)。一美國學人亦言文學作品中皆"貌似語言動作"(quasi-speechacts—Richard Ohmann: "Speech Acts and the Definition of Literature", quoted in M. L. Pratt, *Towards a Speech Act Theory of Literature*, 1977, pp.89-90)。即原引所謂"不確語"、"權語"、"假充陳述"也。

孟子含而未申之意,遂爾昭然。顧盡信書,固不如無書,而盡不信書,則又如無書,各墮一邊;不盡信書,斯爲中道爾。

---

① C. K. Ogden & I. A. Richards, *The Meaning of Meaning*, 4th ed., 149 ff..

二七 伯 兮

"自伯之東，首如飛蓬，豈無膏沐，誰適爲容?"按猶徐幹《室思》："自君之出矣，明鏡暗不治"，或杜甫《新婚別》："羅襦不復施，對君洗紅妝。"

"願言思伯，甘心首疾。"按王國維論柳永《鳳棲梧》："衣帶漸寬終不悔，爲伊消得人憔悴"，以爲即《伯兮》此章之遺意（《靜菴文集》續編《古雅之在美學上之地位》），是也。西詩名句所謂："爲情甘憔悴，爲情甘苦辛"（J'aime, et je veux pâlir; j'aime et je veux souffrir）[①]。朱敦儒《鵲橋仙》："愛他風雪忍他寒"，風物流連正猶風懷牽纏矣。《孟子·梁惠王》："舉疾首蹙頞"，趙歧註："疾首、頭痛也，蹙頞、愁貌"；可與此詩之"首疾"相參。今俗語有曰"傷腦筋"，西語復稱事之縈心攖慮者曰"頭痛"或"當頭棒"（headache, Kopfschmerzen, casse-tête），均此意。文廷式《純常子枝語》卷一一："腦與心二說宜互相備，《說文》'思'字從'囟'從'心'，是其義"，又卷三三："《黃庭經》：'腦神覺元字道都'，此言腦爲知覺之元也"（參觀周星詒《窳櫎

---

① Musset: "La Nuit d'Août", *Poésies nouvelles*, Flammarion, 93.

日記鈔》卷下、譚嗣同《南學會講義》第八次）。竊謂詩言相"思"以至"首疾"，則亦已體驗"心之官"係於頭腦。詩人感覺雖及而學士知慮未至，故文詞早道"首"，而義理祇言心。俞正燮《癸巳類稿》卷一四《書〈人身圖説〉後》謂西洋人身構造與中國人異，其臟腑經絡不全，"知覺以腦不以心"；既未近察諸身，而亦不如文氏之善讀書矣。

二八　木　瓜

"投我以木瓜，報之以瓊琚；匪報也，永以爲好也！"；《傳》："瓊、玉之美者，琚、佩玉名"。按《大雅·抑》："投我以桃，報之以李"，報與施相等也。此則施薄而報厚；王觀國《學林》卷一説"木瓜"云："乃以木爲瓜、爲桃、爲李，俗謂之'假果'者，亦猶畫餅土飯。……投我之物雖薄，而我報之實厚。"作詩者申言非報先施，乃締永好，殆自解贈與答之不相稱歟？頗足以徵人情世故。羣學家考論初民禮俗，謂贈者必望受者答酬，與物乃所以取物，尚往來而較錙銖，且小往而責大來，號曰投貽（le don），實交易貿遷之一道（une forme de l'échange），事同貨殖，即以美洲土著語名之（Potlatch）①。余戲本唐諺（《述書賦》、《書斷》引語："買褚得薛，不落節"，敦煌《李陵變文》："其時匈奴落節、輸漢便宜"），雙關音義，譯此名爲"不得落節"。後進文勝之世，饋遺常責報償，且每望其溢量逾值，送禮大可生利。不特人事交際爲然，祭賽鬼神，心同此理；《史記·滑稽列傳》淳

---

① Marcel Mauss, *Sociologie et Anthropologie*, 143 ff. Cf.. Shakespeare, *Timon of Athens*, I.i.287-290: "No gift to him/But breeds the giver a return, exceeding/All use of quittance."

于髡笑穰田者僅操豚蹄盂酒曰："所持者狹，而所欲者奢"，是其例也。張爾歧《蒿菴文集》卷三《濟陽釋迦院重修記》譏"與佛法爲市"之"功德"云："希冀念熾，懸意遥祈，當其舍時，純作取想，如持物予人，左予而右索，予一而索十"；雖僅嗤市道之"功德"（fides mercenaria），而不啻并狀"不得落節"。以《木瓜》之篇，合《史記·貨殖列傳》載白圭語："以取予"，於古來所謂"交際"、"人事"，思過半矣。

二九　君子于役

"雞棲于塒，日之夕矣，羊牛下來；君子于役，如之何勿思？雞棲于桀，羊牛下括；君子于役，苟無飢渴。"按《日知錄》卷三論此詩，謂古之"君子以嚮晦入宴息"，日夕是"當歸之時"，是以"無卜夜之賓，有宵行之禁"，及夫德衰邪作，長夜之飲，昏夜之乞，"晦明節亂矣"。意有所諷，借題發策，不自恤其言之腐闊也。君子于役，初非一端。擊鼓南行，零雨西悲；六轡馳驅，四牡騑嘽；王事靡盬，僕夫況瘁。勞人草草，行道遲遲，豈皆能如澤耕畝耘之朝出暮返乎？而未始不晝動夜息也。顧氏欲饑鐘鳴漏盡而不知止之人，遂將此詩專說成日暮不歸，置遠役未歸於度外。"苟無飢渴"，即《采薇》之"行道遲遲，載飢載渴"，正不必爲盼待君子"自公退食"也。《齊風·載驅》曰："魯道有蕩，齊子發夕"，固刺"宵行"；而《小雅·頍弁》曰："樂酒今夕，君子維宴"，《湛露》曰："厭厭夜飲，不醉無歸"，又美"卜夕"。顧氏之言，誠爲迂拘；諒其憂時憤世之志，毋以詞害可矣。

　　許瑤光《雪門詩鈔》卷一《再讀〈詩經〉四十二首》第十四首云："雞栖于桀下牛羊，飢渴縈懷對夕陽。已啓唐人閨怨句，最難消遣是昏黃。"大是解人。白居易《閨婦》云："斜凭繡牀愁

-173-

不動，紅綃帶緩綠鬟低。遼陽春盡無消息，夜合花開日又西"；此胡應麟推爲"中唐後第一篇"者（《少室山房類稿》卷一〇五《題白樂天集》），亦即言日夕足添閨思。司馬相如《長門賦》："日黃昏而望絕兮，悵獨託於空堂"；呂溫《藥師如來繡像讚》："觸慮成端，沿情多緒。黃昏望絕，見偶語而生疑；清旭意新，聞疾行而誤喜"（《全唐文》卷六二九）；又可釋日暮增愁之故。丁尼生（Tennyson）詩寫懊儂懷想歡子，不舍晝夜，而最憎薄暮日落之際（but most she loathed the hour/When the thick-moted sunbeam lay/Athwart the chambers, and the day/Was sloping toward his western bower）①。詩人體會，同心一理。潘岳《寡婦賦》："時曖曖而向昏兮，日杳杳而西匿。雀羣飛而赴楹兮，雞登棲而斂翼。歸空館而自憐兮，撫衾裯以歎息。"蓋死別生離，傷逝懷遠，皆於昏黃時分，觸緒紛來，所謂"最難消遣"。韓偓《夕陽》："花前灑淚臨寒食，醉裏回頭問夕陽；不管相思人老盡，朝朝容易下西牆！"；趙德麟《清平樂》："斷送一生憔悴，只消幾個黃昏！"取景造境，亦《君子于役》之遺意。孟浩然《秋登蘭山寄張五》云："愁因薄暮起"，皇甫冉《歸渡洛水》云："暝色起春愁"，有以也夫！正不必如王安石之改皇甫冉詩"起"字爲"赴"（見《苕溪漁隱叢話》前集卷三六又後集卷九引《鍾山語錄》），更不須如王士禎《論詩絕句》之附和也。

【增訂一】李白《菩薩蠻》："暝色入高樓，有人樓上愁"；柳永《鳳凰閣》："這滋味、黃昏又惡"；晏幾道《兩同心》："惡滋味、最是黃昏。"此類詞句皆言"暝色起愁"耳。

---

① *Mariana*, st 7.

三〇 采 葛

"一日不見,如三月兮";《傳》:"一日不見於君,憂懼於讒矣"。按《鄭風·子衿》:"一日不見,如三月兮";《箋》:"獨學無友,故思之甚。"二解不同,各有所當。《全三國文》卷八魏文帝《典論》記劉表父子事,曰:"故曰:'容刀生於身疏,積愛生於近習',豈謂是耶?";《晉書·閻纘傳》皇太孫立,上疏曰:"故曰:'一朝不朝,其間容刀'";《北齊書·崔季舒傳》陽休之勸崔從文宣行,曰:"一日不朝,其間容刀";黄庭堅《豫章集》卷一四《東坡真贊》曰:"一日不朝,其間容戈。"均《采葛》毛傳之旨。王安石《臨川集》卷一五《李舜舉賜詔書藥物謝表》所謂:"況遠跡久孤之地,實邇言易間之時",最能曲傳情事。苟離君側,讒間即入,理固然矣。顧不離君側,人自難於進讒間己,而己則易於進讒間人,即成佞倖;《韓非子·八姦》之二曰"在傍",僅次於"同牀"耳。故古來權臣得君者,鐘鳴漏盡,馬竭器盈,而戀位不去,亦以深慮去位而身與君疏,身疏而容刀、戈也。李德裕道此隱衷,最爲切至。《李衛公外集》卷二《退身論》:"其難於退者,以余忖度,頗得古人微旨。天下善人少,惡人多,一旦去權,禍機不測。操政柄以禦怨誹者,如荷戟以當狡獸,閉關以待暴客;若捨戟開關,則寇難立至。遲遲不去者,以延一日之命，庶免終身之禍，亦猶奔馬者不可以委轡，乘流者不可以去機。是以懼禍而不斷，未必皆耽祿而患失矣。何以知之？余之前在鼎司，謝病辭免，尋即遠就澤國，自謂在外而安。豈知天高不聞，身遠受害！近者自三公鎮於舊楚，懇辭將相，歸守邱園，而行險之人乘隙構患，竟以失巨浪而懸肆、去灌木而攖羅。余豈不知身退禍殃，蓋恥同種、斯之不去也。則知勇退者豈容易哉！而陸士衡稱'不知去勢以求安，辭寵以要福'，斯言過矣！"種、斯"謂文種、李斯。《漢書·王、貢、兩龔、鮑傳·贊》以"朝廷之士入而不出"爲一"短"，亦大似陸機"言過"，書生知其一不知其二也。《朱子語類》卷一三一："秦檜初罷相，出在某處，與客握手夜語庭中，客偶説及富公事。秦忽掉手入内，客莫知其故，久之方出，再三謝客，云：'荷見教！'客亦莫知所謂，扣問，乃答云：'處相位元來是不當起去'"；"富直柔握手之語，……往往只是説富公後來去朝廷使河北、被人讒間等事，秦老聞之，忽入去久之不出。富怪之，後出云：'元來做宰相是不可去'"。李光地《榕村語錄續編》卷一三記徐乾學"落職尚不肯去，……固請陛辭，刺刺不休。上已他顧，東海近視，不見也，曉曉然曰：'臣一去必爲小人所害。……但要皇上分得君子小人，臣便可保無事'。上曰：'如何分？'曰：'但是説臣好的，便是君子；説臣不好的，便是小人'"。李、秦、徐三人薰蕕有别，而操心慮患，無乎不同，正毛《傳》所謂"不見"則"憂虞於讒"，亦即西諺所謂："身不在此，人必求疵"（Les absents ont toujours tort）。毛《傳》非即合乎詩旨，似將情侶之思慕曲解爲朝士之疑懼，而於世道人事，犁然有當，亦如筆誤因以成蠅、墨汙亦堪作犉也。

三一　叔　于　田

"巷無居人；豈無居人？不如叔也，洵美且仁。"按《韓非子·有度》："故臣曰：'亡國之廷，無人焉'；'廷無人'者，非朝廷之衰也"，又《三守》："國無臣者，豈郎中虛而朝臣少哉?"；《論衡·藝增》："《易》曰：'豐其屋，蔀其家，窺其户，闃其無人也'；非其無人也，無賢人也"；韓愈《送温處士赴河陽軍序》："伯樂一過冀北之野而馬羣遂空，非無馬也，無良馬也。"捉置一處，以質世之好言"韓文無字無來歷"者。

【增訂三】《左傳》襄公一五年："師慧過宋朝，將私焉。其相曰：'朝也！'慧曰：'無人焉。'相曰：'朝也，何故無人？'慧曰：'必無人焉。若猶有人，豈其以千乘之相易淫樂之矇？必無人焉故也。'"即韓非所謂"亡國之廷無人"，而以便溺爲譎諫也。

三二　女曰雞鳴

　　"女曰雞鳴，士曰昧旦；子興視夜，明星有爛"；《箋》："言不留色也。"按箋語甚簡古，然似非《詩》意。"子興視夜"二句皆士答女之言；女謂雞已叫旦，士謂尚未曙，命女觀明星在天便知。女催起而士尚戀枕衾，與《齊風·雞鳴》情景略似。六朝樂府《烏夜啼》："可憐烏臼鳥，強言知天曙，無故三更啼，歡子冒暗去"；《讀曲歌》："打殺長鳴雞，彈去烏臼鳥，願得連暝不復曙，一年都一曉"；徐陵《烏棲曲》之二："繡帳羅幃隱燈燭，一夜千年猶不足，惟憎無賴汝南雞，天河未落猶爭啼"；李廓《雞鳴曲》："長恨雞鳴別時苦，不遣雞棲近窗戶"；溫庭筠《贈知音》："翠羽花冠碧樹雞，未明先向短牆啼，窗間謝女青蛾斂，門外蕭郎白馬嘶"；《游仙窟》："誰知可憎病鵲，夜半驚人，薄媚狂雞，三更唱曉"；《開元天寶遺事》劉國容《與郭昭述書》："歡寢方濃，恨雞聲之斷愛，恩憐未洽，歎馬足以無情"；《雲溪友議》卷中載崔涯《雜嘲》："寒雞鼓翼紗窗外，已覺恩情逐曉風"；以至馮猶龍輯《山歌》卷二《五更頭》又《黃山謎·掛枝兒·雞》、黃遵憲《人境廬詩草》卷一《山歌》之四，莫非《三百篇》中此二詩之遺意。蓋男女歡會，亦無端牽率雞犬也，參觀論《野有死麕》。古希臘情詩每怨公雞報曉（the early-rising cock），斥為

"妬禽"（the most jealous of fowls）①；中世紀盛行《黎明怨別》（alba）詩②，堪相連類。

【增訂三】中世紀"黎明怨別詩"每以報更夫（watchman）或望風之友人（a friend of the lovers who has been standing guard）代報曉雞，使情侶自酣睡中驚起（A. Preminger, ed., *Encyclopedia of Poetry and Poetics*, 8）。《水滸傳》第四五回裴闍黎宿潘巧雲家，"只怕五更睡着了，不知省覺"，因賂頭陀胡道人，命其"把木魚大敲報曉，高聲念佛"，俾"和尚和婦人夢中驚覺"，迎兒"開後門放他去了"。頭陀正取"烏白鳥"、"碧樹雞"而代之，事物（character）異而作用（function）同（Cf. V. Propp, *Morphology of the Folktale*, tr. L. Scott, 2nd ed., 21）。《東京夢華錄》卷三、《夢粱錄》卷一三皆記兩宋京師風俗，每夜四、五更，行者、頭陀打鐵板木魚，沿街循門報曉。故《水滸》此節因俗制宜，就實構虛。倘在今世，則枕邊一鬧鐘便取胡道人而代之。然既省却胡道人，即可省却迎兒"得小意兒"、安排香桌、開後門等事，亦必無石秀聞木魚聲、張望門縫及"只因胡道者，害了海闍黎"等事。私情察破，須出他途；角色情境，變而離宗，另起爐竈而別有天地矣。

【增訂四】原引《夢華》、《夢粱》兩錄所記打鐵板報曉之俗，陸游詩中屢言之。《劍南詩稿》卷二〇《夜坐忽聞村路鐵牌》第二首："秋氣淒涼霧雨昏，書生老病卧孤村。五更不用元戎報，

---

① Antipater of Thessalonica, *Greek Anthology*, V.3, "Loeb", I, 129.
② A. Preminger, ed., *Encyclopedia of Poetry and Poetics*, 8, 841-2.

片鐵錚錚自過門";卷二三《不寐》:"熠熠螢穿幔,錚錚鐵過門";卷三三《冬夜不寐》:"錚錚聞叩鐵,喔喔數鳴雞。"詩皆作於乞祠退居山陰時,是此俗不限於京師也。中世紀德國大詩人有一篇頗諧妙,謂私情幽媾(heimliche Liebe),每苦守夜人(Wächter)報曉催起,若夫與結褵嬌妻(ein offen süsses Eheweib)共枕,則悠然高臥待日上耳(Er kann den Tag abwarten. —Wolfram von Eschenbach, in Max Wehrli, *Deutsche Lyrik des Mittelalters*, 6th ed. revised, 1984, pp.198-9)。温庭筠《更漏子》所云:"驚塞雁,起城烏,畫屏金鷓鴣",殆彷彿此概矣。

"琴瑟在御,莫不静好。"按張爾歧《蒿菴閒話》卷一曰:"此詩人凝想點綴之詞,若作女子口中語,似覺少味,蓋詩人一面敍述,一面點綴,大類後世絃索曲子。《三百篇》中述語敍景,錯雜成文,如此類者甚多,《溱洧》、齊《雞鳴》皆是也。'溱與洧'亦旁人述所聞所見,演而成章。説者泥《傳》'淫奔者自敍'之詞,不知'女曰'、'士曰'等字如何安頓?"明通之言,特標出之;參觀前論《桑中》又《楚辭·九歌·東皇太一》。

三三　有女同車

"顏如舜華"、"顏如舜英";《傳》:"舜、木槿也"。按謝肇淛《五雜俎》卷一〇:"木槿……朝開暮落,婦人容色之易衰若此;詩之寄興,微而婉矣!"空外聽音,較之取草木狀、羣芳譜考論者,似更解人頤也。惲敬《大雲山房文稿》二集卷一《釋舜》謂此篇之"舜"非《月令》之"蕣";"舜"之華"紅而暈","蕣"則"近蒂黑,遠蒂微有光耀,以擬女之顏,比物豈若是歟?"同卷《〈東門之枌〉說》又謂"視爾如荍",毛云"荍"即芘芣,蓋"指慚色",非"指女色",因"芘芣紫赤色,顏色之美而喻以芘芣,左矣!"真固哉高叟之說詩也。信如所說,荍"指慚色",則沈約《麗人賦》所稱"含羞隱媚",其色殆"紫赤"肖生豬肝歟?《史記·趙世家》武靈王夢見處女歌曰:"美人熒熒兮,顏若苕之榮",《集解》:"其華紫"。蓋紫爲間色,其近紅者,法語之"pourpre",《論語·陽貨》所謂"奪朱",以擬女顏,未爲"左"科,古羅馬艷詩摹寫紅暈,亦曰"紫羞"(purpureus pudor)①,可相發明;其近黑者,英語之"purple",即惲氏所疑也。蕣縱非舜,亦無大害。《左傳》昭公二十八年不

---

① Ovid, *Amores*, I.iii.14, "Loeb", 326.

言仍氏之"玄妻"乎？"黚己"、"媚豬"之流，見諸張萱《疑耀》卷三、俞樾《茶香室續鈔》卷五；陶穀《清異錄》卷三《獸》門記烏貓號"崑崙妲己"，實即"黚己"之確解；黑不妨美①。惲氏囿於"紅顏"等套語，不免少見多怪。顧斤斤辯此，猶是舍本逐末。夫詩文刻劃風貌，假喻設譬，約略彷彿，無大剌謬即中。侔色揣稱，初非毫髮無差，亦不容錙銖必較。使坐實當真，則銖銖而稱，至石必忒，寸寸而度，至丈必爽矣。"杏臉桃頰"、"玉肌雪膚"，語之爛熟者也，惲氏或惡其濫而未必以爲"左"也。脫若參禪之"死在句下"，而想象女之臉頰真爲桃杏，女之肌膚實等玉雪，則彼姝者子使非怪物即患惡疾耳。引彼喻此，杏歟桃歟，而依然不失爲人之臉頰，玉乎雪乎，而依然不失爲人之肌膚；合而仍離，同而存異，不能取彼代此、納此入彼。作者乃極言其人之美麗可愛，非謂一覩其面而緱山之桃、蓬萊之杏、藍田之玉、梁園之雪宛然紛然都呈眼底也。舜、莜之擬，政爾同科。皆當領會其"情感價值"（Gefühlswert），勿宜執著其"觀感價值"（Anschauungswert）②。

【增訂三】"雪膚"、"玉貌"亦成章回小説中窠臼。《金瓶梅》能稍破匡格。如屢言王六兒"面皮紫膛色"、"大紫膛色黑"（第三三、六一回），却未嘗摒爲陋惡，殆"舜英"、"苕榮"之遺意歟？"紫膛"常作"紫棠"，褚人穫《堅瓠首集》卷四引《黃鶯兒》詠"色黑而媚"，即曰"紫棠容"。《夷堅志補》卷二

---

① Cf. Tasso, *Gerusalemme Liberata*, XII. 21: "la regia moglie, / che bruna è sì ma il bruno il bel non toglie", *Poesie*, Riccardo Ricciardi, 298.

② K. O. Erdmann, *Die Bedeutung des Wortes*, 3. Aufl., 196, 216-7.

四《龍陽王丞》有"顏色紫堂"語，"堂"字未他見，或訛刻也。《舊約全書・沙羅門情歌》已有女"黑而美"之誇（"Song of Songs"，1:5:"I am black, but comely"; cf. M. Praz, *The Romantic Agony*, 44），文藝復興時情詩，每讚"黑美人"（Dark Lady），堪與"黰己"、"玄妻"連類。吾國詩詞皆重"白人"（參觀 1176－1177 頁），《疑雨集》卷一《寒詞》第一首："從來國色玉光寒，晝視常疑月下看"，《陶菴夢憶》卷四："所謂'一白能遮百醜'者"，足以概之。

繪畫雕塑不能按照詩文比喻依樣葫蘆，即緣此理。若直據"螓首蛾眉"、"芙蓉如面柳如眉"等寫象範形，則頭面之上蟲豸蠢動，草木紛披，不復成人矣。古希臘大詩人索福克利斯（Sophocles）早言"黃金髮"（gold-haired）、"玫瑰指尖"（rosy-fingered）乃詩中濫熟詞藻，苟坐實以作畫像，其狀貌便使人憎畏①。近人論文，亦謂學僮課作，捃摭陳言，搖筆即云："空色如鉛，暑氣沉重"（l'aria è plumbea e l'afa pesante），倘畫家據以作圖，寫天空成鉛色大塊，下垂壓人，觀者必斥爲風漢之顛筆（pazzia）②。余所見前人著作中，伯克剖析此意，切理饜心，無以加之矣③。

"彼美孟姜，洵美且都"；《傳》："都，閑也。"按陳奐《詩毛氏傳疏》謂"閑"即"嫻"，美也，引《楚語》"富都那豎"、《上林賦》"妖冶閑都"等爲例，似尚未盡。程大昌《演繁露》

---

① *The Deipnosophists*, Bk. XIII. ,604, "Loeb", VI, 205-7.
② L. Russo, *La Critica letteraria contemporanea*, 3ª ed., II, 153-4（F. Flora）.
③ Burke, *Inquiry into the Sublime and Beautiful*, Pt. V, sect. v, ed., J. T. Boulton, 170-1. Cf. G. F. Stout, *Analytic Psychology*, I, 79ff..

續集卷四："古無村名，今之村，即古之鄙野也；凡地在國中邑中則名之爲'都'，都、美也。"楊慎《太史升菴全集》卷四二、七八本此意說《詩》曰："山姬野婦，美而不都"，又據《左傳》"都鄙有章"等語申之曰："閑雅之態生，今諺云'京樣'，即古之所謂'都'。……村陋之狀出，今諺云'野樣'，即古之所謂'鄙'"；趙翼《陔餘叢考》卷二二亦曰："都美本於國邑，鄙朴本於郊野。"竊有取焉。人之分"都"、"鄙"，亦即城鄉、貴賤之判，馬融《長笛賦》："尊卑都鄙"句可參，實勢利之一端。《敦煌掇瑣》二四《雲謠集·內家嬌》第二首："及時衣着，梳頭京樣"；劉禹錫《歷陽書事七十韻》："容華本南國，妝束學西京"；趙德麟《侯鯖錄》卷四記與蘇軾歷舉"他處殆難得彷彿"、"天下所不及"諸事物，"京師婦人梳妝"居其一；陸游《五月十一日夜且半夢從大駕親征》："涼州女兒滿高樓，梳頭已學京都樣"；皆"都"之謂歟。

三四　狡　童

《狡童·序》："刺忽也，不能與賢人圖事，權臣擅命也。"按《傳》、《箋》皆無異詞，朱熹《集傳》則謂是"淫女見絕"之作。竊以朱說尊本文而不外騖，謹嚴似勝漢人舊解。王懋竑《白田草堂存稿》卷二四《偶閱義山〈無題〉詩、因書其後》第二首云："何事連篇刺'狡童'，鄭君箋不異毛公。忽將舊譜翻新曲，疏義遙知脈絡同"；自註："《無題》詩、鄭衛之遺音，註家以爲寓意君臣，此飾說耳。與'狡童'刺忽，指意雖殊，脈絡則一也。"蓋謂李商隱《無題》乃《狡童》之遺，不可附會爲"寓意君臣"，即本朱說，特婉隱其詞，未敢顯斥毛、鄭之非耳。朱鑑《〈詩傳〉遺說》卷一載朱熹論陳傅良"解《詩》凡說男女事皆是說君臣"，謂"未可如此一律"；蓋明通之論也。

尤侗《艮齋雜說》卷一、毛奇齡《西河詩話》卷四均載高攀龍講學東林，有問《木瓜》詩並無"男、女"字，何以知爲淫奔；來風季曰："即有'男、女'字，亦何必爲淫奔？"因舉張衡《四愁詩》有"美人贈我金錯刀"語，"張衡淫奔耶？"又舉箕子《麥秀歌》亦曰："彼狡童兮，不與我好兮！"指紂而言，紂"君也，君淫奔耶？"攀龍歎服。尤、毛亦津津傳述，以爲超凡之卓見，而不省其爲出位之卮言也。夫"言外之意"(extralocution)，説詩之常，然有含蓄與寄託之辨。詩中言之而未盡，欲吐復吞，有待引申，俾能圓足，所謂"含不盡之意，見於言外"，此一事也。詩中所未嘗言，别取事物，湊泊以合，所謂"言在於此，意在於彼"，又一事也。前者順詩利導，亦即蘊於言中，後者輔詩齊行，必須求之文外。含蓄比於形之與神，寄託則類形之與影。歐陽修《文忠集》卷一二八《詩話》説言外含意，舉"雞聲茅店月，人跡板橋霜"及"怪禽啼曠野，落日恐行人"兩聯，曰："則道路辛苦、羈愁旅思，豈不見於言外乎？"兹以《狡童》例而申之。首章云："彼狡童兮，不與我言兮！維子之故，使我不能餐兮！"，而次章承之云："彼狡童兮，不與我食兮！維子之故，使我不能息兮！"是"不與言"非道途相遇，掉頭不顧，乃共食之時，不偢不睬；又進而并不與共食，於是"我"餐不甘味而至於寢不安席。且不責"彼"之移愛，而咎"子"之奪愛，匪特自傷裂紈，益復妬及織素。若夫始不與語，繼不與食，則衾餘枕剩、冰牀雪被之況，雖言詮未涉，亦如匣劍帷燈。蓋男女乖離，初非一律，所謂"見多情易厭，見少情易變"（張雲璈《簡松草堂集》卷六《相見詞》之三），亦所謂情愛之斷終，有傷食而死於過飽者，又有乏食而死於過饑者（Glückliche Liebe stirbt an Uebersättigung, unglückliche an Hunger）①。

【增訂四】曹鄴《棄婦》："見多自成醜，不待顏色衰"，即張雲璈所謂"見多情易厭"；鄴《登岳陽樓有懷寄座主相公》："常

---

① Ilonka Schmidt Mackey, *Lou Salomé*, 181（Aphorismes inédits）; cf. "Out of sight is out of mind" vs "Familiarity breeds contempt."

聞詩人語，西子不宜老"，則言色衰愛弛。愛升歡墜（《後漢書·皇妃傳》上），趙盛班衰（劉孝綽《遥見鄰舟主人投一物，衆姬争之，有客請余詠之》），察其所由，曹氏四語可以囊括矣。

闊別而淡忘，跡疏而心隨疏，如《擊鼓》之"吁嗟洵兮，不我信兮！"是也。習處而生嫌，跡密轉使心疏，常近則漸欲遠，故同牢而有異志，如此詩是。其意初未明言，而寓於字裏行間，即"含蓄"也。"寄託"也者，"狡童"指鄭昭公，"子"指祭仲擅政；賢人被擯，不官無禄，故曰"我不能餐息"。則讀者雖具離婁察毫之明，能爲倉公洞垣之視，爬梳字隙，抉剔句縫，亦斷不可得此意，而有待於經師指授，傳疑傳信者也。詩必取足於己，空諸依傍而詞意相宣，庶幾斐然成章；苟參之作者自陳，考之他人載筆，尚確有本事而寓微旨，則匹似名錦添花，寶器盛食，彌增佳致而滋美味。蕪詞庸響，語意不貫，而藉口寄託遥深、關係重大，名之詩史，尊以詩教，毋乃類國家不克自立而依借外力以存濟者乎？盡舍詩中所言而別求詩外之物，不屑眉睫之間而上窮碧落、下及黄泉，以冀弋獲，此可以考史，可以説教，然而非談藝之當務也。其在考史、説教，則如由指而見月也，方且笑談藝之拘執本文，如指測以爲盡海也，而不自知類西諺嘲犬之逐影而亡骨也。《文選》録《四愁詩》有序，乃後人依託，斷然可識，若依序解詩，反添窒礙，似欲水之澄而捧土投之。故倘序果出張衡之手，亦大類作詩本賦男女，而懲於"無邪"之戒，遂撰序飾言"君臣"，以文過亂真，賣馬脯而懸牛骨矣。後世誨淫小説，自序豈不十九以勸誡爲藉口乎？

【增訂四】當世美國史家亦謂歷來穢書作者每飾説誨淫爲勸善；其描摹媟褻，窮形極態，託言出於救世砭俗之苦心，欲使讀之者足戒(their [the pornographers'] pious alibi that the offending work was a covert moral tract excoriating the very vices it was compelled to explore so graphically. — Peter Gay, *Education of the Senses*, 1984, p.363)。

"我"不必作者自道,已詳前論《桑中》。抑尚有進者。從來氏之説,是詩中之言不足據憑也;故詩言男女者,即非言男女矣。然則詩之不言男女者,亦即非不言男女,無妨求之詩外,解爲"淫奔"而迂晦其詞矣。得乎?欲申漢絀宋,嚴禮教之防,闢"淫詩"之説,避塹而墮阱,來、高、尤、毛輩有焉。

《狡童》、《褰裳》、《丰》、《東門之墠》等詩,頗可合觀。《東門之墠》云:"豈不爾思?子不我即";《褰裳》云:"子不我思,豈無他人?";《王風·大車》云:"豈不爾思?畏子不奔"。三者相映成趣。《褰裳》之什,男有投桃之行,女無投梭之拒,好而不終,強顔自解也。《丰》云:"悔予不送兮","悔予不將兮",自怨自尤也。《子衿》云:"縱我不往,子寧不嗣音?","子寧不來?",薄責己而厚望於人也。已開後世小説言情之心理描繪矣。《丰》:"衣錦褧衣,裳錦褧裳","駕予與行","駕予與歸",即《氓》之"以爾車來,以我賄遷";蓋雖非静女,亦非奔女。"衣錦"、"裳錦",乃《漢書·外戚傳》上:"顯因爲成君衣補",顔註:"謂縫作嫁時衣被也"。《焦仲卿妻》亦云:"阿母謂阿女:'適得府君書,明日來迎汝;何不作衣裳,莫令事不舉'。……左手執刀尺,右手執綾羅;朝成繡裌裙,晚成單羅衫。"

三五　雞　鳴

"會且歸兮，無庶予子憎"；《傳》："卿大夫朝會於君，……夕歸治其家事，……無見惡於夫人。"陳奐謂"子"乃"于"之訛，夫人蓋言："毋使卿大夫憎我"也。其說足從，但士與女"夙夜警戒"亦可，不必定屬君與妃。以"朝既盈"、"朝既昌"促起，正李商隱《爲有》所云："無端嫁得金龜壻，辜負香衾事早朝。"《箋》、《正義》皆以"雞既鳴矣"二句、"東方明矣"二句爲夫人警君之詞，而以"匪雞則鳴"二句、"匪東方則明"二句爲詩人申說之詞；謂"賢妃貞女，心常驚懼，恒恐傷晚"，故"謬聽"蠅聲，"謬見"月光。竊意作男女對答之詞，更饒情致。女促男起，男則淹戀；女曰雞鳴，男鬫之曰蠅聲，女曰東方明，男鬫之曰月光。亦如《女曰雞鳴》之士女對答耳；何必橫梗第三人，作仲裁而報實況乎？莎士比亞劇中寫情人歡會，女曰："天尚未明(It is not yet near day)；此夜鶯啼，非雲雀鳴也。"男曰："雲雀報曙，東方雲開透日矣"(the severing clouds in yonder East)。女曰："此非晨光，乃流星耳"(It is some meteor)[①]。可以比勘。毛傳曰："蒼蠅之聲，有似遠雞

---

① *Romeo and Juliet*, III. v. 1-16.

之鳴。"豈今蠅異於古蠅？抑古耳不同今耳？此等處加註，直是無聊多事。雞、蠅皆非罕見之異物，使二物鳴聲相肖，則夫人而知之，詩語本自了然，不勞註者證明；二物聲苟不類，詩語亦比於風鶴皆兵之旨，初無大礙，註者挺身矢口而助實焉，適成强詞圓謊之僞見證爾。陸佃《埤雅》卷一〇："青蠅善亂色，蒼蠅善亂聲"，亦即本《詩》附會，非真博物之學。黄生《義府》卷上采焦竑說，謂"蠅"乃"蚓"之訛；然吠蛤亦安能亂啼雞哉！況閣閣之聲徹宵連曉，絶非如喔喔之報旦，彼士若女且已耳熟（background noise）而不至"謬聽"矣。《莊子·逍遥遊》郭象註曰："鵬鯤之實，吾所未詳也。……達觀之士宜要其會歸，而遺其所寄，不足事事曲與生說"。大極鯤鵬，小至蠅蚋，胥不足"曲與生說"。言《詩》者每師《爾雅》註蟲魚之郭璞，實亦不妨稍學鵬鯤未詳之郭象也。

三六　敝笱

"齊子歸止，其從如雲。……其從如雨。……其從如水"；《傳》："雲言盛也，……雨言多也，……水喻眾也"；《箋》："其從者之心意，如雲然，雲之行，順風耳。……如雨言無常。……水之性可停可行。"按鄭《箋》穿穴密微，似反不如毛《傳》之允愜。張衡《西京賦》："實繁有徒，其從如雲"，以"如雲"喻"繁"，即毛《傳》之言"盛"也。《鄭風·出其東門》："有女如雲"，《傳》："眾多也"，《箋》："'有女'謂諸見棄者也；'如雲'者，如其從風，東西南北，心無有定"；與《敝笱》之《傳》、《箋》相同。然鄭義以之解《詩》，雖不免貽譏深文，而作體會物色語觀，則頗饒韻味。其言雲如心無定準、意無固必，正陶潛《歸去來辭》名句所謂："雲無心以出岫"，可補《文選》李善註；《陳書·江總傳》載《修心賦》云："鳥稍狎而知來，雲無情而自合"，杜甫《西閣》云："孤雲無自心。"鄭謂雲"心無定"，乃刺蕩婦，陶謂雲"無心"，則贊高士，此又一喻之同邊而異柄者。《華嚴經·世主妙嚴品》第一："有諸菩薩，其眾如雲"；清涼澄觀《疏鈔》卷一："無心成行，故如雲出。……陶隱君云：'雲無心而出岫，鳥倦飛而知還'；舉凡雲義，雖有多種，多明無心。"夫《經》文曰"眾如雲"，毛《傳》之意也，而《疏》曰"雲無心"，又鄭《箋》之意矣。

三七　陟　岵

"陟彼岵兮，瞻望父兮。父曰：'嗟予子行役，夙夜無已！上慎旃哉，猶來無止'"；《箋》："孝子行役，思其父之戒"；《正義》："我本欲行之時，父教我曰"云云。按註疏於二章"陟屺"之"母曰：'嗟予季'"、三章"陟岡"之"兄曰：'嗟予弟'"，亦作此解會，謂是征人望鄉而追憶臨別時親戚之丁寧。説自可通。然竊意面語當曰："嗟女行役"；今乃曰："嗟予子（季、弟）行役"，詞氣不類臨歧分手之囑，而似遠役者思親，因想親亦方思己之口吻爾。徐幹《室思》："想君時見思"；高適《除夕》："故鄉今夜思千里，霜鬢明朝又一年"；韓愈《與孟東野書》："以吾心之思足下，知足下懸懸於吾也"；劉得仁《月夜寄同志》："支頤不語相思坐，料得君心似我心"；王建《行見月》："家人見月望我歸，正是道上思家時"；白居易《初與元九別、後忽夢見之、及寤而書適至》："以我今朝意，想君此夜心"，又《江樓月》："誰料江邊懷我夜，正當池畔思君時"，又《望驛臺》："兩處春光同日盡，居人思客客思家"，又《至夜思親》："想得家中夜深坐，還應説着遠遊人"，又《客上守歲在柳家莊》："故園今夜裏，應念未歸人"；孫光憲《生查子》："想到玉人情，也合思量我"；韋莊《浣溪紗》："夜夜相思更漏殘，傷心明月凭闌干，想君思我錦衾寒"；歐陽修《春日西湖寄謝法曹歌》:"遥知湖上一樽酒,能憶天涯萬里人";張炎《水龍吟·寄袁竹初》:"待相逢説與相思,想亦在相思裏";龔自珍《己亥雜詩》:"一燈古店齋心坐,不是雲屏夢裏人";機杼相同,波瀾莫二。古樂府《西洲曲》寫男"下西洲",擬想女在"江北"之念己望己:"單衫杏子黄"、"垂手明如玉"者,男心目中女之容飾,"君愁我亦愁"、"吹夢到西洲"者,男意計中女之情思。據實構虚,以想象與懷憶融會而造詩境,無異乎《陟岵》焉。分身以自省,推己以忖他;寫心行則我思人乃想人必思我,如《陟岵》是,寫景狀則我視人乃見人適視我①,例亦不乏。《西廂記》第二本《楔子》惠明唱語,金聖歎竄易二三字,作:"你與我助威神,擂三通鼓,仗佛力,呐一聲喊,繡幓開,遥見英雄俺!";評曰:"斲山云:'美人於鏡中照影,雖云看自,實是看他。細思千載以來,只有離魂倩女一人,曾看自也。他日讀杜子美詩,有句云:遥憐小兒女,未解憶長安;却將自己腸肚,置兒女分中,此真是自憶自。又他日讀王摩詰詩,有句云:遥知遠林際,不見此簷端;亦是將自己眼光,移置遠林分中,此真是自望自。蓋二先生皆用倩女離魂法作詩也。'聖歎今日讀《西廂》,不覺失笑;'倩女離魂法'原來只得一'遥'字也!"小知間間,頗可節取。王維《山中寄諸弟》、《九月九日憶山東兄弟》均有類似之句,亦用"遥"字;然"不見此簷端"乃自望而不自見,若包融《送國子張主簿》:"遥見舟中人,時時一回顧",則自望而并能自見矣。且"遥"字有無,勿須拘泥,金氏蓋未省"倩女離魂法"之早著於《三百篇》及六朝樂府也。他如杜

---

① Cf. J.-P. Sartre, *L'Être et le Néant*, 315 ff. (le regard regardant et le regard regardé).

牧《南陵道中》："正是客心孤迴處，誰家紅袖凭江樓"；楊萬里《誠齋集》卷九《登多稼亭》之二："偶見行人回首却，亦看老子立亭間"；范成大《望海亭》："想見蓬萊西望眼，也應知我立長風"；辛棄疾《瑞鶴仙·南澗雙溪樓》："片帆何太急，望一點須臾，去天咫尺；舟人好看客。……看漁樵指點危樓，却羨舞筵歌席"；翁孟寅《摸魚兒》："沙津少駐，舉目送飛鴻，幅巾老子，樓上正凝佇"。

【增訂四】聖歎引王摩詰句，出《登裴迪秀才小臺作》，"端"字作"間"。羅鄴《江帆》："何處青樓方凭檻，半江斜日認歸人"，猶杜牧詩之言"誰家紅袖凭江樓"。《列朝詩集》甲一六王履《朝元洞》："雙松陰底故臨邊，要見東維萬里天。山下有人停步武，望中疑我是神仙"；亦即所謂"倩女離魂法"矣。

【增訂三】姜夔《白石道人詩集》卷下《過德清》之二："溪上佳人看客舟，舟中行客思悠悠。煙波漸遠橋東去，猶見闌干一點愁。"亦猶杜、楊、辛、翁等詩詞之意。

方回《桐江續集》卷八《立夏明日行園無客》之四："古廟炷香知某客，半山搖扇望吾家"；鍾惺《隱秀軒集》黃集卷一《五月七日吳伯霖要集秦淮水榭》："今兹坐綺閣，閒閱舟遲疾，從舟視閣中，延望當如昔"；厲鶚《樊榭山房續集》卷四《歸舟江行望燕子磯》："俯江亭上何人坐，看我扁舟望翠微"；《閱微草堂筆記》卷二四卓奇圖絕句："酒樓人倚孤樽坐，看我騎驢過板橋"；羅聘《香葉草堂詩存·三詔洞前取徑往雲然菴》："何人背倚蓬窗立，看我扶筇上翠微"；張問陶《船山詩草》卷一四《夢中》："已近樓前還負手，看君看我看君來"；錢衎石《閩游集》卷一《望金山》："絕頂料應陶謝手，凭闌笑我未携筇"；江湜《伏敔堂詩錄》卷三《歸里數月後作閩游》之一〇："山上萬鬣松，綠映一溪水。……上有榕樹林，拏根如曲几。一翁坐且凭，昂首忽延企；遠見兩童歸，担影夕陽裏；何來箬篷船，向晚泊於是。若畫野趣圖，船頭著江子"；王國維《苕華詞・浣溪紗》："試上高峯窺皓月，偶開天眼覷紅塵，可憐身是眼中人"，詞意奇逸，以少許勝阮元《揅經室四集》卷一一《望遠鏡中看月歌》、陳澧《東塾先生遺詩・擬月中人望地球歌》、邱逢甲《嶺雲海日樓詩鈔》卷七《七洲洋看月放歌》之多許，黃公度《人境廬詩草》卷四《海行雜感》第七首亦遜其警拔。釋典中言道場中陳設，有"八圓鏡各安其方"，"又取八鏡，覆懸虛空，與壇場所安之鏡，方面相對，使其形影，重重相涉"（《楞嚴經》卷七）；唐之釋子借此布置，以爲方便，喻示法界事理相融，懸二乃至十鏡，交光互影，彼此攝入（《華嚴經疏鈔懸解》卷二七、《宗鏡錄》卷九又卷一三、《高僧傳三集》卷五《法藏傳》）。己思人思己，己見人見己，亦猶甲鏡攝乙鏡，而乙鏡復攝甲鏡之攝乙鏡，交互以爲層累也。唐末王周《西塞山》第二首："匹婦頑然莫問因，匹夫何去望千春；翻思岵屺傳《詩》什，舉世曾無化石人！"謂《陟岵》此篇，雖千古傳誦，而徵之實事，子之愛親遠不如婦之愛夫。殊洞微得間。《隋書・經籍志》引鄭玄《六藝論》言孔子"作《孝經》以總會《六經》"；歷代誦説《孝經》，詔號"孝治"。然而約定有之，俗成則未，教誡（ethic）而已，非即風會（ethos），正如表章詔令之不足以考信民瘼世習耳。又按詞章中寫心行之往而返、遠而復者，或在此地想異地之思此地，若《陟岵》諸篇；或在今日想他日之憶今日，如溫庭筠《題懷貞池舊遊》："誰能不逐當年樂，還恐添爲異日愁"，朱服《漁家傲》："拚一醉，而今樂事他年淚"，呂本中《減字木蘭花》："來歲花前，又是今年憶昔年"（詳見《玉谿生詩註》卷論《夜雨寄北》）。一施於空間，一施於時間，機杼不二也。

三八 伐 檀

"坎坎伐檀兮。……河水清且漣猗。……河水清且淪猗";《傳》:"'坎坎'伐檀聲。……風行水成文曰'漣'。……小風,水成文,轉如輪也"。按《文心雕龍·物色》舉例如"'灼灼'狀桃花之鮮,'依依'盡楊柳之貌,'杲杲'爲日出之容,'瀌瀌'擬雨雪之狀,'喈喈'逐黃鳥之聲,'喓喓'學草蟲之韻",胥出於《詩》。他若《盧令》之"盧令令",《大車》之"大車檻檻",《伐木》之"伐木丁丁",《鹿鳴》之"呦呦鹿鳴",《車攻》之"蕭蕭馬鳴",以及此篇之"坎坎",亦劉氏所謂"屬采附聲"者。雖然,象物之聲(echoism),厥事殊易。稚嬰學語,呼狗"汪汪",呼雞"喔喔",呼蛙"閣閣",呼汽車"都都",莫非"逐聲"、"學韻",無異乎《詩》之"鳥鳴嚶嚶"、"有車鄰鄰",而與"依依"、"灼灼"之"巧言切狀"者,不可同年而語。劉氏混同而言,思之未慎爾。象物之聲,而即若傳物之意,達意正亦擬聲,聲意相宜(the sound as echo to the sense),斯始難能見巧。《高僧傳》卷九佛圖澄言相輪鈴語:"替戾岡、劬禿當",在"羯語"可因聲達意,而在漢語則有聲無意,聆音而難察理,故澄譯告大衆。敦煌卷子劉丘子寫《啓顏錄·嘲誚》門記一僧欲弟子溫酒，懸鈴作"號語"云："蕩蕩朗朗鐺鐺"，申之曰："依鈴語蕩朗鐺子，温酒待我"；蘇軾《大風留金山兩日》："塔上一鈴獨自語，明日顛風當斷渡"，馮應榴《合註》卷一八引查慎行曰："下句即鈴音也。"此二者聲意參印，鈴不僅作響，抑且能"語"：既異於有聲無意，如"盧令令"；亦別於中國人祇知其出聲，外國人方辨其示意，如"替戾岡"；又非祇言意而不傳聲，如"遥聽風鈴語，興亡話六朝"（唐彦謙《過三山寺》）。唐玄宗入蜀，雨中聞鈴，問黄旛綽："鈴語云何？"，黄答："似謂：'三郎郎當'"；竇鞏《憶妓東東》："惟有側輪車上鐸，耳邊長似叫'東東'"；皆擬聲達意之"號語"也①。項鴻祚《憶雲詞》丙稿《壺中天·元夜宿富莊驛》："鈴語'東東'催客"，則祇是象聲用典，恝置竇鞏原句之聲中兼意矣。嘔噱之資，如阮大鋮《春燈謎》第一五折："這鼓兒時常笑我，他道是：'不通！不通！又不通！'"；《聊齋志異》卷七《仙人島》芳雲評文曰："羯鼓當是四撾"，緑雲釋義曰："鼓四撾，其聲云：'不通！又不通！'也"；復即鼓之"號語"耳。古詩中"禽言"專用此法；仿禽之聲以命禽之名，而自具意理②，非若"喈喈"、"嚶嚶"之有音無義。顧槀曰已成，印板文字尠能舊曲翻新。《新安文獻志》甲集卷五八選録江天多《三禽言》差爲一篇跳出；如第三首《布穀》云："布布穀，哺哺雛。雨，苦！苦！去去乎？吾苦！苦！吾苦！苦！吾顧吾

---

① Cf. M. Rat, *Dictionnaire des Locutions françaises*, 103: "On fait dire aux cloches tout ce qu'on veut (*dando, dando, dando*)"; Basile, *Il Pentamerone*, IV.7, tr. B. Croce, 406: "la campane di Manfredonia dice *dammi e dòtti*".

② 參觀《宋詩選註》周紫芝《禽言》註。

姑"。通首依聲寓意。韋莊《鷓鴣》："'懊惱澤家'知有恨，年年長憶鳳城歸"，自註："'懊惱澤家'，鷓鴣之音也"；張維屏《藝談録》載許桂林《聽燕語》云："世上友朋誰似此？'最相知'亦'最相思'，自註：'燕語如云'"。亦聲意相宜之例。王安石《見鸚鵡戲作》："直須強作人間語，舉世無人解鳥言"；禽言詩者，非"鳥言"也，"強作人間語"耳。

毛傳釋"漣"為"風行水成文"、"淪"為"小風，水成文"。劉禹錫《楚望賦》寫秋水云："蘋末風起，有文無聲"，即此"文"字。《文心雕龍·情采》篇云："夫水性虛而淪漪結，木體實而花萼振，文附質也"（參觀《定勢》篇："激水不漪，槁木無陰"）；又以風水成"文"喻文章之"文"。《易》渙卦"象曰：風行水上渙"；《論語·泰伯》："焕乎其有文章"。《後漢書·延篤傳》載篤與李文德書自言誦書詠詩云："洋洋乎其盈耳也，渙爛兮其溢目也"；章懷註："渙爛，文章貌也。"蓋合"渙"與"焕"，取水之淪漪及火之燦灼以喻文章。《困學紀聞》卷二〇嘗謂蘇洵《仲兄字文甫説》乃衍毛傳"風行水成文"之語，亦殊得間，而不知延、劉輩早以風來水面為詞章之擬象矣。

【增訂四】袁宏道《瓶花齋集》卷五《文漪堂記》："夫天下之物，莫文於水。……天下之水，無非文者。……取遷、固、甫、白、愈、修、洵、軾諸公之編而讀之，而水之變怪無不畢陳於前者。……故文心與水機一種而異形者也。"通篇實即鋪陳"洵"之《字文甫説》耳。

三九　蟋　蟀

"今我不樂，日月其除。……日月其邁。……日月其慆"；《序》："刺晉僖公"。按雖每章皆申"好樂無荒"之戒，而宗旨歸於及時行樂。《秦風·車鄰》亦云："今者不樂，逝者其耋。"常情共感，沿習成體，正如西洋古希臘、羅馬以降，詩中有"且樂今日"（carpe diem）一門也①。陸機《短歌行》："來日苦短，去日苦長。今我不樂，蟋蟀在房。……短歌有詠，長夜無荒。"《讀書雜志》餘編下謂機詩之"荒"，"虛也"，言不虛度此長夜，與"好樂無荒"之"荒"異義。竊謂言各有當。"好樂無荒"之"荒"猶"色荒"、"禽荒"，謂惑溺也；《莊子·繕性》論"樂全"云："今寄去則不樂，由是觀之，雖樂未嘗不荒也；故曰喪己於物，失性於俗"，與"全"相對，則"荒"謂"喪"、"失"，即亡耗也；《楚辭·招魂》："娛酒不廢，沉日夜些"，"廢"者止也，謂酣飲不輟，夜以繼日，"荒"亦"廢"也，則機句作通宵無罷歇解亦得，不須添"度"字以足成"虛"字之意。機詩之旨為行樂毋失時，"荒"解為虛抑為止，皆無妨耳。《國語·晉語》四重耳適齊，

---

①　A. Preminger, *op. cit.*, 103-4.

"齊侯妻之,甚善焉,有馬二十乘,將死於齊而已矣。曰:'民生安樂,誰知其他!'"晉文公之於僖公殆可謂祖孫異趣者歟!楊惲《報孫會宗書》自記作詩曰:"人生行樂耳,須富貴何時!"古樂府《西門行》:"今日不作樂,當待何時?夫爲樂,爲樂當及時;晝短苦夜長,何不秉燭游?"(參觀《隋書·五行志》上周宣帝與宮人夜中連臂蹋蹀而歌:"自知身命促,把燭夜行游";又同卷和士開語齊武成帝、韓長鸞語陳後主)。《古詩十九首》:"人生忽如寄,壽無金石固;不如飲美酒,被服紈與素。"潘岳《笙賦》:"歌曰:棗下纂纂,朱實離離;宛其落矣,化爲枯枝。人生不能行樂,死何以虛謚爲?"《游仙窟》中贈十娘詩:"生前有日但爲樂,死後無春更著人。祇有倡佯一生意,何須負持百年身?"或爲昏君恣欲,或爲屠夫晏安,或爲蕩子相誘,或爲逐臣自壯,或則中愉而洵能作樂,或則懷戚而聊以解憂,心雖異而貌則同爲《車鄰》、《蟋蟀》之遺。朱希真《西江月》:"不須計較與安排,領取而今現在",可以概之。

四〇　山有樞

"子有車馬，弗馳弗驅；宛其死矣，他人是愉。……子有鐘鼓，弗鼓弗考；宛其死矣，他人是保"；《序》："刺晉昭公也。……有財不能用"。按此詩亦教人及時行樂，而以身後事危言恫之，視《蟋蟀》更進一解。張衡《西京賦》："取樂今日，遑恤我後！既定且寧，焉知傾陁？逞志究欲，窮身極娛；鑒戒《唐詩》：'他人是愉'"；即敷陳詩旨。《敦煌掇瑣》第三〇、三一種《五言白話詩》反復丁寧："有錢但喫着，□寶莫留櫃；一日厭摩師，他用不由你"；"妻嫁後人婦，子變他人兒，奴婢換曹主，馬即別人騎"；"妻嫁親後夫，子心隨母意；我物我不用，我自無意智"；"無情任改嫁，資產聽將陪，吾在惜不用，死後他人財"。杜甫《草堂》云："鬼妾與鬼馬，色悲充爾娛"；白居易《有感》之三："莫養瘦馬駒，莫教小妓女。後事在目前，不信君看取。馬肥快行走，妓長能歌舞。三年五歲間，已聞換一主"，皆此意。然盛衰轉燭，亦有不必待身"後事"者。韓滉（一作司空曙）《病中遣妓》："黃金用盡教歌舞，留與他人樂少年"；王銍《默記》卷中引《江南野史》載李後主降宋，小周后隨命婦入宮朝見，輒數日方出；

莎士比亞史劇寫英王失位幽縶，聞愛馬爲新王所乘，太息彌襟①；又主未爲鬼而妾、馬已充他娛也。

---

① *Richard II*, V.v.84 ff..

四一　綢　繆

"見此良人。……見此粲者";《傳》:"良人、美室也。……三女爲粲";《正義》:"《小戎》云:'厭厭良人',妻謂夫爲'良人';此言'美室',以下云:'見此粲者','粲'是三女,故知'良人'爲美室。"按《孟子‧離婁》章"其良人出",趙註:"良人、夫也",焦循《正義》并引《士昏禮》爲佐證。竊謂此詩首章託爲女之詞,稱男"良人";次章託爲男女和聲合賦之詞,故曰"邂逅",義兼彼此;末章託爲男之詞,稱女"粲者"。單而雙,雙復單,樂府古題之"兩頭纖纖",可借以品目。譬之歌曲之"三章法"(ternary thematic scheme):女先獨唱,繼以男女合唱,終以男獨唱,似不必認定全詩出一人之口而斡旋"良人"之稱也。《漢書‧外戚傳》上記上官安"醉則裸行內,與後母及父諸良人侍御皆亂",顏師古註:"良人謂妾也";葉廷琯《吹網錄》卷三載咸豐初出土王頊《唐故潁川陳夫人墓銘》有云:"所痛者,以余天年未盡,不得與良人偕死。……於戲良人,道光母儀",王乃陳之夫。則皆毛傳"美室"之謂。六朝樂府《讀曲歌》:"白帽郎,是儂良,不知烏帽郎是誰";"良"即"良人",所歡亦得稱此,不必限於結褵之夫妻也。

【增訂三】于濆《古別離》之二："郎本東家兒,妾本西家女。……豈知中道間,遣作空閨主。自是愛封侯,非關備胡虜。知子去從軍,何處無良人。"亦唐詩中以"良人"爲"美室"之例。

四二　駟鐵

"公之媚子，從公于狩"；《傳》："能以道媚於上下者"；《正義》引《卷阿》："媚于天子"、"媚于庶人"以釋"上下"。按陳奐《詩毛氏傳疏》雖謂《正義》"失《傳》恉"，所據亦即《卷阿》，并引《思齊》傳："媚，愛也"及《左傳》昭公七年"不媚不信"而已。《大雅·假樂》亦云："百辟卿士，媚于天子"；《箋》："媚，愛也。"錢大昕《潛研堂答問》卷三："'公之媚子'，朱氏《傳》以爲所親愛之人，嚴華谷直以便嬖當之。田獵講武，以便嬖扈從，詩人美君，殆不如是。'媚子'之義，當從毛、鄭。《詩》三百篇言'媚于天子'，'媚于庶人'，'媚兹一人'，'思媚周姜'，'思媚其婦'，皆是美詞。《論語》'媚奥'、'媚竈'，亦敬神之詞，非有諂瀆之意。唯僞古文《尚書》有'便僻側媚'字，而《傳》訓爲諂諛之人"。錢氏意在尊經衛道，助漢儒張目，而拘攣於單文互訓，未爲得也；嚴氏《詩緝》之說，頗有見於前代之敝政邪風，亦未爲失也。"媚"是"美詞"；然孟子斥鄉原曰："閹然媚於世也者"，豈非惡詞乎？焦循《正義》即引《思齊》之什"思媚周姜"句毛傳釋之。"愛"非惡詞；然孟子曰："愛而不敬，獸畜之也"，又曰："君子之於物也，愛之而弗仁"，夫"不敬"、"弗仁"之"愛"，豈佳詞乎？此皆不過就《盡心》一章舉例耳。

《國策·楚策》一記楚王射兕雲夢，安陵君纏泣數行而進曰："臣入則侍席，出則陪乘"；是田獵而以便嬖扈從，時習之常，詩人亦據實賦詠而已。《左傳》襄公二十一年云："叔虎美而有勇力，欒懷子嬖之"；《史記·佞幸列傳》稱韓嫣"善騎射"；則便嬖之徒又未必不孔武有力。王符《潛夫論·忠貴》："息夫、董賢，主以爲忠，天以爲盜。……是故媚子以賊其軀者，非一門也；驕臣用滅其家者，非一世也"；正以董賢爲"媚子"也。《書·伊訓》所謂"遠耆德，比頑童"，即《汲冢周書·武稱解》之"美男破老"，《國策·秦策》一記荀息嘗援引以説晉獻公者。亂於其政，相率成風，經、史、諸子，丁寧儆戒，必非無故。《禮記·緇衣》："毋以嬖御人疾莊后，毋以嬖御士疾莊士、大夫、卿士"（《逸周書·祭公》篇語略同）；鄭玄註："嬖御人，愛妾也；嬖御士，愛臣也。"《左傳》閔公二年狐突曰："内寵並后，外寵二政"；昭公三年"燕簡公多嬖寵，欲去諸大夫而立其寵人。"《國語·晉語》一狐突曰："國君好艾，大夫殆。"《國策·趙策》四客見趙王曰："所謂柔癰者，便辟左右之近者，及夫人優愛孺子也。"《墨子·尚賢》中、下兩篇反復論"王公大人"於"面目佼好則使之"，"愛其色而使之"。《韓非子·八姦》篇曰："一曰在同牀：貴夫人、愛孺子；便僻好色，此人主之所惑也。"蓋古之女寵多僅於帷中屏後，發蹤指示，而男寵均得出入内外，深閨廣廷，無適不可，是以宮鄰金虎，爲患更甚。《史記》創《佞幸列傳》之例，開宗明義曰："非獨女以色媚，而士宦亦有之"，亦徵心所謂危，故大書特書焉。李賀作《秦宮詩》，自序謂詠"梁冀之嬖奴"，又有《榮華樂》，則詠梁冀。求之《後漢書》本傳，冀"鳶肩豺目"，風儀不美，絕非冠鷄鵕鶈、傅脂粉之輩，其得君攬政，初不由於"色媚"。而賀詩乃曰："臺下戲學邯鄲倡，口吟舌話稱女郎，錦袂繡面漢帝傍"，一若冀之於順帝即如秦宮之於冀者。倘亦深有感於嬖倖之竊權最易、擅權最專，故不惜憑空杜撰，以寓論世之識乎？阮籍《詠懷》賦"雙飛比翼"，"永世不忘"，乃引安陵、龍陽之要君爲例，沈約註謂"託二子以見其意"；合之《晉書·五行志》："自咸寧、太康之後，男寵大興，甚於女色"云云，則阮詩亦不失爲見霜而知冰者歟。苟徵西故，亦足相發。英國一名劇即據英王以男寵失位喪身事譜爲院本，至謂國君莫不有嬖倖（The mightiest kings have had their minions）①；法國一詩人彈射朝政，亦謂若欲進身，莫忘諂事君之嬖倖（souvienne-toy/De t'accoster tousjours des mignons de ton maistre）②。諷《馴鐵》之詩，可相説以解矣。

---

① Marlowe, *Edward II*, I.iv.390.
② Du Bellay, *Les Regrets*, cxxxix.

四三　蒹　葭

"所謂伊人，在水一方；遡洄從之，道阻且長；遡游從之，宛在水中央"；《傳》："'一方'、難至矣"。按《漢廣》："漢有游女，不可求思。漢之廣矣，不可泳思。江之永矣，不可方思"；陳啓源《毛詩稽古編·附録》論之曰："夫説之必求之，然惟可見而不可求，則慕説益至"。二詩所賦，皆西洋浪漫主義所謂企慕（Sehnsucht）之情境也。

【增訂一】海涅賦小詩，諷諭浪漫主義之企羨（Sehnsüchtelei），即取象於隔深淵（ein Abgrund tief und schaurig）而覷奇卉、聞遠香，愛不能即，願有人爲之津梁（Kannst du mir die Brücke zimmern?）（*Zur Ollea*, vii, *Werke und Briefe*, Aufbau, I, 316）。正如"可見而不可求"、"隔河無船"。參觀《全上古三代文》卷論宋玉《招魂》。

古羅馬詩人桓吉爾名句云："望對岸而伸手嚮往"（Tendebantque manus ripae ulterioris amore）①，後世會心者以爲善道可望難即、欲求不遂之致。德國古民歌詠好事多板障，每託興於深水中阻

---

①　*Aeneid*, VI, 313-4, "Loeb", I, 320.

(so sind zwei tiefe Wasser/Wohl zwischen dir und mir；Sie konnten zusammen nicht kommen,/Das Wasser war zu tief)①。但丁《神曲》亦寓微旨於美人隔河而笑(Ella ridea dall'altra riva dritta),相去三步(Tre passi ci facea il flume lontani),如阻滄海②。近代詩家至云："歡樂長在河之彼岸"(La gioia è sempre all'altra riva)③。以水漲道斷之象示歡會中梗,并見之小説④。《易林·屯》之《小畜》："夾河爲婚,期至無船,摇心失望,不見所歡"(《兑》之《屯》同,《臨》之《小過》作"水長無船"、"遥心"、"歡君"),又《屯》之《蹇》："爲季求婦,家在東海,水長無船,不見所歡"(《涣》之《履》同),又《觀》之《明夷》："家在海隅,橈短流深,企立望宋,無木以趨";《古詩十九首》："迢迢牽牛星,皎皎河漢女。……河漢清且淺,相去復幾許,盈盈一水間,脈脈不得語";《華山畿》："隔津歎,牽牛語織女,離淚溢河漢";孟郊《古别離》："河邊織女星,河畔牽牛郎,未得渡清淺,相對遥相望";《搜神記》卷一一："宋康王舍人韓憑娶妻何氏美,康王奪之。憑怨,王囚之,論爲城旦。妻密遺憑書,謬其詞曰：'其雨淫淫,河大水深,日出當心。'既王得其書,以示左右,左右莫解其意；臣蘇賀對曰：'其雨淫淫,言愁且思也；河大水深,不得往來也；日出當心,心有死志也。'"取

---

① "Tiefe Wasser", "Es Waren Zwei Königskinder", *The Oxford Book of German Verse* 10 and 44.

② *Purgatorio*, XXVIII. 70 ff., *La Divina Commedia*, Riccardo Ricciardi, 714.

③ D'Annunzio："Bocca di Serchio"(*Alcione*), E. de Michelis, *Tutto D'Annunzio*, 338.

④ N. Frye, *Anatomy of Criticism*, 200.

象寄意，僉同《漢廣》、《蒹葭》。

【增訂四】 羅曄《醉翁談錄》己集卷一《梁意娘與李生詩曲引》李生卜之於日者，得兆曰："隔江望寶，遥遥阻隔；雖欲從之，水深莫測。"取象亦同。

抑世出世間法，莫不可以"在水一方"寓慕悦之情，示嚮往之境。《史記·封禪書》記方士言三神山云："未至，望之如雲；及到，三神山反居水下，臨之，風輒引去。……未能至，望見之焉"；庾信《哀江南賦》歎："況復舟楫路窮，星漢非乘槎可上；風飈道阻，蓬萊無可到之期！"蓋匪徒兒女之私也。釋氏言正覺，常喻之於"彼岸"，如《雜阿含經》卷二八之七七一："邪見者非彼岸，正見者是彼岸"，又卷四三之一一七二："彼岸者，譬無餘涅槃；河者，譬三愛；筏者，譬八正道"（參觀卷三七之一〇五一、卷四三之一一七四，又《增壹阿含經》卷三八之三），亦猶古希臘神秘家言以"此處"與"彼處"喻形與神、凡與聖（la vie d'ici et la vie de là-bas）①，比物此志爾。

---

① Plotin, *Énnéades*, IV.8.3, tr. É. Brehier, IV, 221; cf. IV.7.13: "Tout ce qui est simple intelligence,...qui reste éternellement là-bas" (IV, 209); V.8.4: "Là-bas, la vie est facile" (V, 139).

四四　衡　門

"衡門之下，可以棲遲；泌之洋洋，可以樂飢"；《箋》："飢者見之，可飲以療飢"；《正義》："飲水可以療渴耳；飢久則為渴，得水則亦小療。"按此解頗類《宋書·江湛傳》："家甚貧約。……牛餓，馭人求草，湛良久曰：'可與飲！'"或解為觀水可以忘飢，似過於逸情雅致，乃不食人間烟火者語，不如《正義》之平實近人也。詩意正類《戰國策·齊策》："晚食以當肉，安步以當車"；陶潛《和劉柴桑》："谷風轉淒薄，春醪解飢劬；弱女雖非男，慰情良勝無"；蘇軾《薄薄酒》："薄薄酒，勝茶湯；粗粗布，勝無裳；醜妻惡妾勝空房"；劉過《贈術士》："退一步行安樂法，與三個好喜歡緣。"《詩》下文言"食魚"不必"河魴"、"河鯉"，"取妻"不必"齊姜"、"宋子"，亦皆降格求次（pis-aller），稱心易足也。白居易屢道此意，如《首夏》："食飽慚伯夷，酒足愧淵明，壽倍顏氏子，富百黔婁生"；《六年立春日人日作》："年方吉鄭猶為少，家比劉韓未是貧"；《吟四雖》："年雖老猶少於韋長史，命雖薄猶勝於鄭長水，眼雖病猶明於徐郎中，家雖貧猶富於郭庶子"（參觀王禹偁《小畜集》卷三《除夜》、查慎行《敬業堂續集》卷四《廣四雖吟》）。陳洪綬《寶綸堂集》卷二《太子灣識》:"吾生雖乏聰明,亦少遲鈍;五車不足,百字[卷?]有餘;書即不工,頗成描畫;畫即不精,頗遠工匠;文即不奇,頗亦[非?]蹈襲;詩即不妙,頗無艾氣;履非正路,人倫不齒;遇非功勳,醉鄉老死。"機杼都同。黃之雋《㺉堂集》卷一六《顔斶説》發揮此意尤雋永。

四五　澤　陂

　　"有蒲與蘭"；《箋》："'蘭'當作'蓮'，芙蕖實也，以喻女之言信"；《正義》："蓮是荷實，故喻女言信實"。按苟如鄭、孔之解，則六朝《子夜歌》之"蓮子何能實"、《楊叛兒》之"眠臥抱蓮子"等，肇端於是矣。古樂府中"黃蘗"、"石闕"、"牛跡"之類，以至《游仙窟》中五嫂、十娘"向菓子上作機警"、《雲溪友議》卷下《溫、裴黜》中歌曲，莫非蓮"實"示信"實"之類，音義雙關也。馮猶龍所輯《山歌》中，觸處皆此例。洪邁《容齋三筆》卷一六考論樂府詩"引喻"，趙翼《陔餘叢考》卷二四考論"雙關兩意詩"，翟灝《通俗編》卷三八考論"風人體"借喻，均未溯《三百篇》。《論語·八佾》宰我答哀公問社曰："夏后氏以松，殷人以柏，周人以栗，曰使民戰栗"，孔安國註斥其"妄爲之說"；劉寶楠《正義》："何休《公羊註》又云：'松猶容也，想見其容貌而事之；……柏猶迫也，親而不遠；……栗猶戰栗，謹敬貌。……'皆本此文而附會之。"《禮記·昏義》：婦見舅姑，"執笲棗、栗、腶脩"，鄭玄註引何休曰："婦執腶脩者，取其斷斷自脩飾也"；《白虎通·瑞贄》説"棗、栗"曰："又取其早起戰栗自正也"；與説社同一機杼，正亦"雙關"之"風人體"也。《三國志·蜀書·姜維傳》裴註引孫盛《雜記》:"得母書,令求當歸,維曰:'……但有遠志,不在當歸也'",又《吴書·太史慈傳》:"曹公聞其名,遺慈書,以篋封之,發省無所道,而但貯當歸";《世説·儉嗇》衛展在潯陽,有知舊投之,"都不料理,惟餉王不留行一本,此人得餉便命駕";《魏書·奚康生傳》世宗賜棗、柰、果,面勅曰:"果者,果如朕心;棗者,早遂朕意";《隋書·楊素傳》周武帝賜竹策,曰:"朕方欲大相驅策,故用此物賜卿",又《李渾傳》奉熨斗於隋文帝曰:"願執威柄以熨安天下也";《南部新書》丁高駢致周寶書:"伏承走馬,已及奔牛,今附薑一瓶、葛粉十斤,以充道路所要",謂其將成薑粉。蓋以物名"作機警",屢著於經、史。後世戲曲小説中尤多,如《百花亭》第三折王焕唱:"這棗子要你早聚會,這梨條休着俺抛離,這柿餅要你事事都完備,這嘉慶〔子〕這場嘉樂喜,荔枝離也全在你,圓眼圓也全在你";《兒女英雄傳》三四回:"親友來送場,又送來狀元糕、太史餅、棗兒、桂圓等物,無非預取高中占元之兆",棗諧早,桂圓諧貴元。觀宰我釋栗、詩人賦藚、《昏義》婦執,其所從來遠在《子夜》、《讀曲》之前矣。

【增訂一】高文秀《襄陽會》第一折劉琮設宴延劉備,伏刀斧手,劉琦舉席上果子作機警,示意於備曰:"叔父,你看這桌上好棗、好桃、好梨也!"雙關"早逃離"。與王焕之以棗爲"早聚會"、梨爲"休抛離",寓旨適反。亦如象徵之順解逆解、譬喻之同邊異柄,可供比勘也。

【增訂三】《周禮·秋官司寇》:"朝士掌建邦外朝之法,……面三槐";鄭註:"槐之言懷也,懷來人於此,欲與之謀";孫詒讓

《周禮正義》卷六八："'槐'、'懷'聲類相近。……《初學記·政理》部引《元命包》云：'槐之言歸也，情見歸實。'"亦古經籍中"風人體"雙關之例。自《禮記》以還，"棗"、"早"雙關之例最多。周密《癸辛雜識》記南宋太學除夕，各齋祀神，"用棗子、荔枝、蓼花三果，蓋取'早離了'之讖。"劉宗周《劉子全書·文編》卷五《光禄寺少卿周寧宇先生行狀》："有巡方使者，駐元氏候代。日久，先生以邑小，供應不堪，一日，饋進四果，曰：棗、棃、圓、柿。巡方得之，悟曰：'豈欲我早離元氏耶？'"施閏章《愚山詩集》卷二《棗棗曲》自序，謂海陽有"香棗"，蓋取二棗刌剝疊成，中屑茴香，以蜜漬之，詢其始，則商人婦所爲寄其夫者，"義取'早早回鄉'云"。汪穰卿《莊諧選錄》卷八記丁晏在淮安，聞太平軍入揚州，欲以"棗子、栗糕、燈籠、雞子"犒師，諧"早立登基"。均"風人體"也。海陽婦以棗與茴香諧音，望夫"早回"。《全唐詩》載張揆妻侯氏《繡龜形詩》："繡作龜形獻天子，願教征客早還鄉"，則以"龜"諧音，望夫之"歸"，亦唐人不諱龜之證；後世以此"機警"施諸夫婦，便成暴謔矣。又按《堅瓠二集》卷一記無錫舊俗，"凡大試，親友則贈筆及定勝糕、米粽各一盒，祝曰：'筆定糕粽！'"；諧"必定高中"也。可與《兒女英雄傳》所記"送場"物參觀。

【增訂四】馬瑞辰《毛詩傳箋通釋》説《秦風·黃鳥》云："詩刺三良從死，而以'止棘'、'止桑'、'止楚'爲喻者，'棘'之言'急'也，'桑'之言'喪'也，'楚'之言'痛楚'也。古人用物，多取名於音近，如'松'之言'容'，'柏'之言'迫'，'栗'之言'戰栗'，'桐'之言'痛'，'竹'之言'蹙'，

'菁'之言'者',皆此類也。"吳騫《拜經樓詩話》卷四:"《左傳》:'女贄不過榛、栗、棗、脩';《正義》曰:'先儒以爲栗取其戰栗,棗取其早起,脩取其自脩也';《疏》釋云:'惟榛無説。蓋以榛聲近虔,取其虔於事也。'按司馬相如《弔二世賦》:'汨淢靸以永遊兮,注平皋之廣衍。觀衆樹之蓊薆兮,覽竹林之榛榛';'衍'、平聲,'榛'、渠年切,與疏意合。"陸游《老學菴筆記》卷四:"紹聖中,蔡京館遼使李儼……頗久。一日,儼方飲,忽持盤中杏曰:'來未花開,如今多幸。'蔡舉梨謂之曰:'去雖葉落,未可輕離。'"岳珂《桯史》卷二:"太學列齋區榜,至除夕,必相率祭之,……祝詞惟祈速化而已。……爵中有數鴨脚,每獻則以酒沃之,謂之'僥倖'";蓋"鴨脚"即銀杏,諧音"澆杏"也。尚有不向果實、而向鱗介上"作機警"者,如朱弁《曲洧舊聞》:"劉逵……奉使三韓,道過餘杭。時蔣穎叔爲太守,……取金色鰍一條與龜獻於逵,以致'今秋歸'之意。"此亦如唐張揆妻願"征客早還"而"繡龜形獻天子"矣。

"有美一人,碩大且卷。……碩大且儼";《傳》:"'卷'、好貌;'儼'、矜莊貌"。按《太平御覽》卷三六八引《韓詩》作"碩大且媣",薛君曰:"'媣'、重頤也"。"碩大"得"重頤"而更親切着實。《大招》之狀美人曰:"豐肉微骨,調以娛只";再曰:"豐肉微骨,體便娟只";復曰:"曾頰倚耳",王逸註:"曾,重也"。《詩》之言"媣",正如《楚辭》之言"曾頰"。

【增訂三】《全漢文》卷二二司馬相如《美人賦》亦云"弱骨豐肌",即《楚辭》之"豐肉微骨"。

唐宋畫仕女及唐墓中女俑皆曾頰重頤,豐碩如《詩》、《騷》所云。

劉過《浣溪紗》云："骨細肌豐周昉畫，肉多韻勝子瞻書，琵琶弦索尚能無？"徐渭《青藤書屋文集》卷十三《眼兒媚》云："粉肥雪重，燕趙秦娥。"古人審美嗜尚，此數語可以包舉。叔本華所謂首貴肉豐肌滿（eine gewisse Fülle des Fleisches）也①；當世德國大家小説中尚持此論（die Weibliche Plastik ist Fett.）②。參觀董逌《廣川畫跋》卷六《書伯時藏周昉畫》、楊慎《太史升菴全集》卷六六論周昉畫、王世懋《王奉常集》文部卷五《李郡畫六十美人跋》、胡應麟《少室山房類稿》卷一〇九《跋仇英漢宮春曉卷》。

---

① *Die Welt als Wille und Vorstellung*, Ergänzung, Kap. 44, *op. cit.*, II, 639.

② Thomas Mann, *Der Zauberberg*, Kap. 5, "Humaniora", *Gesammelte Werke*, Aufbau II, 369, 372 (Hofrat Behrens).

四六　隰有萇楚

"夭之沃沃，樂子之無知。……樂子之無家，樂子之無室"；《箋》："知、匹也，於人年少沃沃之時，樂其無匹配之意。'無家'謂無夫婦室家之道"；《正義》："謂十五六時也"。按《序》："思無情欲者"，註疏膠泥此語，解"知"爲知人事、通人道，如《孟子·萬章》"知好色則慕少艾"之"知"，甚矣其墟拘墨守也！《荀子·王制》篇："水火有氣而無生，草木有生而無知，禽獸有知而無義"，即此處"無知"之意。"知"，知慮也，而亦兼情欲言之，如《樂記》："知誘於外"，鄭玄註："知猶欲也"。"情"，情欲也，而亦兼知慮言之，如《易·乾》："各正性命"，孔穎達疏："天本無情，何情之有？而物之性命，各有情也；所秉生者謂之性，隨時念慮謂之情。"故稱木石可曰"無知之物"，又可曰"無情之物"，皆并包不識不知、何思何慮、無情無欲而云然。此詩意謂：萇楚無心之物，遂能夭沃茂盛，而人則有身爲患，有待爲煩，形役神勞，唯憂用老，不能長保朱顏青鬢，故覩草木而生羨也。室家之累，於身最切，舉示以概憂生之嗟耳，豈可以"無知"局于俗語所謂"情竇未開"哉？竊謂元結《系樂府·壽翁興》："借問多壽翁，何方自修育？唯云'順所然，忘情學草木'",即《詩》意;而姜夔《長亭怨》:"樹若有情時,不會得青青如許",尤爲的詁。"青青如許"即"夭之沃沃","若有情"即"無知"。姜氏若曰:樹無知無情,故猗猗菁菁,不似人之思慮縈結,哀樂侵尋,積衰成敝,婆娑意盡也。杜甫《哀江頭》:"人生有情淚沾臆,江水江花豈終極";鮑溶《秋思》之三:"我憂長於生,安得及草木";韋莊《臺城》:"無情最是臺城柳,依舊煙籠十里堤";戴敦元《餞春》:"春與鶯花都作達,人如木石定長生"(《戴簡恪公遺集》卷四;譚獻《復堂日記》卷八言以《送春詩》課士得賀汝珩一卷云:"我與鶯花同作達,人如木石可長生",蓋譚爲此生所欺,不識其窺盜陳編也),均可參印。李賀《金銅仙人辭漢歌》:"天若有情天亦老",亦歸一揆,不詹詹於木石,而炎炎大言耳。宋人因襲不厭,如陳著《漁家傲》詞:"天爲無情方不老",則名學之"命題換質"(obversion)也。鮑照《傷逝賦》:"惟桃李之零落,生有促而非夭;觀龜鶴之千祀,年能富而情少",又謂無情之物,早死不足悲、不死不足羨耳。

桓譚《新論·辨惑》:"劉子駿信方士虛言,謂神仙可學。嘗問言:'人誠能抑嗜欲,闔耳目,可不衰竭乎?'余見其庭下有大榆樹,久老剥折,指謂曰:'彼樹無情欲可忍,無耳目可闔,然猶枯槁朽蠹,人雖欲愛養,何能使不衰?'"與《隰有萇楚》之什指趣適反,顧謂樹"無情欲"、"無耳目",則足申"無知"。元結又有《七不如》一文:"常自愧不如孩孺,不如宵寐,又不如病,又不如醉。有思慮不如静而閒,有喜愛不如忘。及其甚也,不如草木"(《全唐文》卷三八三)。此非羨草木長壽,乃自愧"不如"草木無知,則釋老絕思慮、塞聰明之遺意。與《萇楚》復貌同心異,而略近西洋所謂原始主義(Primitivism)①。浪漫詩人初嚮往兒童，繼企羨動物，終尊仰植物②，爲道日損，每況愈下。席勒詩言："草木爲汝師"(Die Pflanze kann es dich lehren)③；列奧巴迪文言，不願爲人，而寧爲生機情緒較減削(fornito di minore vitalità e sentimento)之物，爲禽獸不如爲草木④。元氏之作，於千載以前，萬里而外，已示其幾矣。近世意大利有學人而工詩者，作詠《碧空》之篇，略謂彼蒼者天，昨日如斯，今日如斯，明日仍如斯(tal ier, tal oggi, tal sarai domani)，無感情，無知覺(e tu, privo d'amor, privo di senso)，不病不衰，不死不滅，不朽不腐，冷如冰，覆如坟，無邊無際，壓蓋下界(Tu sol, tu solo incolume, immortale, /incorroto, glacial come un coverchio/smisurato d'avel pesi sul mondo)⑤；持較李賀"天若有情天亦老"之句，似縮之寸幅者伸爲萬里圖、行看子也。

---

① Cf. Pascal, *Pensées*, VI. 397: "Un arbre ne se connaît pas misérable"; Coleridge: "The Picture, or the Lover's Resolution": "And of this busy human heart aweary, /Worships the spirit of unconscious life/In tree or wildflower"; Keats: "In a Drear-nighted December": "Too happy happy tree, /Thy branches ne'er remember/Their green felicity"; Friedrich Schmack: "Busch": "Du warst mit dir allein/Und littest nicht an Blut und Leidenschaft:/... /Im Brand der Zeiten lebten wir, /Du aber weisst nicht, wie die Herzen bitter sind."

② Cf. I. Babbitt, *On Being Creative*, 51 (E. Legouis on Wordsworth); F. Florio, *Orfeismo della Parola*, 75-6(Pascoli).

③ Schiller: "Das Höchste", *op. cit.*, I, 145, Cf. Fr. Strich, *Deutsche Romantik*, 89 (Fr. Schlelgel: "das höchste vollendeste Leben nichts als ein reines Vegetieren").

④ Leopardi: "Dialogo della Natura e di un'Anima," *op. cit.*, I, 496. Cf. Taine, *La Fontaine et ses Fables*, 174; "... la plante est affranchie de la pensée... l'animal est affranchi de la raison. A mesure que l'on déscend d'un degré, l'être devient plus libre".

⑤ A. Graf: "Azzurro", L. Baldocci, *Poeti minori dell' Ottocento*, I, 1150.

四七　七　月

"春日遲遲，采蘩祁祁，女心傷悲，殆及公子同歸"；《傳》："春，女悲，秋，士悲；感其物化也"；《箋》："春，女感陽氣而思男；秋，士感陰氣而思女。是其物化，所以悲也。悲則始有與公子同歸之志，欲嫁焉"；《正義》："遲遲者，日長而暄之意。春秋漏刻，多少正等，而秋言'淒淒'，春言'遲遲'者，……人遇春暄，則四體舒泰，覺晝景之稍長，謂日行遲緩；……及遇秋景，四體褊躁，不見日行急促，唯覺寒氣襲人。……'淒淒'是涼，'遲遲'非暄，二者觀文似同，本意實異也。"按孔疏殊熨貼心理，裨益詞學。張衡《西京賦》："夫人在陽時則舒，在陰時則慘"，薛綜註："陽謂春夏，陰謂秋冬"，夫"舒"緩即"遲遲"，"慘"烈即"淒淒"，"舒"非"暄"而"慘"是"涼"；潘岳《閑居賦》："凜秋暑退，熙春寒往"，李善註："凜、寒也；熙熙、淫情欲也"，夫"凜"即"涼"義而"熙"非即"暄"義；今語常曰："冷淒淒，暖洋洋"，"淒淒"之意，"冷"中已蘊，而"洋洋"之意，"暖"外另增。皆一言觸物而得之感覺，物之體也，一言由覺而申之情緒，物之用也；孔疏所謂"觀文似同，本意實異"者。苟從毛、鄭之解，則吾國詠"傷春"之詞章者，莫古於斯。唐張仲素《春閨思》："裊裊城邊柳，青青陌上桑，提籠忘採葉，昨夜夢漁陽"；《詩》言因採葉而"傷春"，張言因傷春而忘採葉，亦善下轉語矣。《召南·野有死麕》雖曰"有女懷春"，而有情無景，不似此章之有暄日、柔桑、倉庚鳴等作襯綴，亦猶王昌齡《閨怨》之有陌頭楊柳，《春怨》之有黃鳥啼及草萋萋等物色。曹植《美女篇》："美女妖且閑，采桑歧路間"，中間極寫其容飾之盛，傾倒行路，而曲終奏雅曰："盛年處房室，中夜起長歎"，是亦懷春而"女心傷悲"也；然此女腕約金環，頭戴金釵，琅玕在腰，珠玉飾體，被服紈素，以此採桑，得無如佩玉瓊琚之不利步趨乎！歐陽詹《汝川行》："汝墳春女蠶忙月，朝起採桑日西沒；輕綃裙露紅羅襪，半蹋金梯倚枝歇"云云，亦太渲染、多爲作。均遜《七月》之簡淨也。《牡丹亭》中腐儒陳最良授杜麗娘《詩經》，推爲"最葩"，歷舉《燕燕》、《漢廣》諸篇，"敷演大意"（第七齣），而又自矜"六十來歲，從不曉得傷個春"（第九齣），殆讀《三百篇》而偏遺此章歟？抑讀此章而謹遵毛公、鄭君之《傳》、《箋》，以爲傷春乃女子事，而身爲男子，祇該悲秋歟？毛、鄭於《詩》之言懷春、傷春者，依文作解，質直無隱。宋儒張皇其詞，疾厲其色，目爲"淫詩"，雖令人笑來；然固"曉得傷個春"而知"人欲"之"險"者，故傷嚴過正。清儒申漢絀宋，力駁"淫詩"之説，或謂並非傷春，或謂即是傷春而大異於六朝、唐人《春閨》、《春怨》之傷春；則實亦深惡"傷春"之非美名，乃曲説遁詞，遂若不曉得傷春爲底情事者，更令人笑來矣。陸機《演連珠》："幽居之女，非無懷春之情，是以名勝欲，故偶影之操矜"；是囿於名教，得完操守，顧未嘗不情動欲起。丁紹儀《聽秋聲館詞話》卷一一："俗諺：'管得住身，管不住心'，周濟《虞美人》衍之曰：'留住花枝，留不住花魂'"。竊謂可作"名勝欲"之的解，"管得住身"亦即"止乎禮義"，"管不住心"又正"發乎情"。胡承珙《毛詩後箋》卷四説《蝃蝀》曰："《序》云：'止奔也'，……朱《傳》以爲'刺淫奔'之詩。……夫曰'刺奔'，則時有淫奔者而刺之也；曰'止奔'，則時未有奔者而止之也，所謂'禮止於未然者'爾。"苟非已有奔之事而又常有奔之情與勢，安用"止"乎？"止"者，鑑已然而防未然，據成事以禁將事。"禮禁於將然，法禁於已然"，語本賈誼《論治安疏》、《史記·自序》、《大戴禮·禮察篇》；然《禮記·坊記》反復曰："禮以坊德，刑以坊淫，……夫禮坊民所淫，……以此坊民，……猶淫佚而亂於族。"胡氏不願《三百篇》中多及淫奔，遂强詞害理耳。故戟手怒目，動輒指曰"淫詩"，宋儒也；搖手閉目，不敢言有"淫詩"，清儒爲漢學者也；同歸於腐而已。女子求桑采蘩，而感春傷懷，頗微上古質厚之風。後來如梁元帝《春日》："春心日日異，春情處處多，處處春芳動，日日春禽變"；李商隱《無題》："春心莫共花争發"；以至《牡丹亭》第一〇齣："原來姹紫嫣紅開遍"。胥以花柳代桑麻，以游眺代操作，多閒生思，無事添愁，有若孟郊《長安早春》所歎："探春不爲桑，探春不爲麥，日日出西園，祇望花柳色。"華而不實，樸散醇漓，與《七月》異撰。李覯《旴江全集》卷三六《戲題〈玉臺集〉》："江右君臣筆力雄，一言宫體便移風；始知姬旦無才思，祇把《豳詩》詠女工！"，亦有見於斯矣。《小雅·出車》亦云："春日遲遲，卉木萋萋，倉庚喈喈，采蘩祁祁。"毛傳"春女、秋士"云云，亦見《淮南子·繆稱訓》。孔疏隱指《小雅·四月》："秋日淒淒，百卉具腓。"

四八　鴟　鴞

"予手拮据，……予口卒瘏，……予羽譙譙，予尾翛翛"；《傳》："手病、口病，故能免乎大鳥之難。"按《釋文》引《韓詩》："口、足爲事曰'拮据'"；似覺"鳥羽"、"鳥口"、"鳥尾"皆可言，而"鳥手"不可言，故易"手"爲"足"也。此類修詞小疵，後世作者亦未能免。左思《白髮賦》："白髮臨拔，瞋目號呼"；孟郊《濟源寒食》："蜜蜂爲主各磨牙，咬盡村中萬木花"；歐陽修《柳》："殘黃淺約眉雙斂，欲舞先誇手小垂"（參觀《苕溪漁隱叢話》前集卷二五、《履齋示兒編》卷一〇）；釋惠洪《石門文字禪》卷九《送僧還長沙》："去袂不容挽，子規真滑脣"；蕭立之《蕭冰崖詩集拾遺》卷中《燈蛾》："只道近前貪炙熱，不知流禍及然臍"，又同卷《題危定之〈芳洲吟卷〉》有序引危詠燈蛾："汝自然臍何所恨"；倪元璐《倪文正公遺稿》卷一《舟次吳江》："小帆如蝶翅，暗浦乞螢尻"；王曇《煙霞萬古樓詩選》卷一《落花詩》："寒鴉齒冷秋煙笑，死若能香那得知！"髮有目，蜂有牙，柳有手，子規有脣，燈蛾有臍，流螢有尻，寒鴉有齒，皆鳥而有手之類。聊拈數事，可互相解嘲焉。

【增訂三】《全晉文》卷二七王獻之《進書訣表》當是僞託，有曰："臣年二十四，隱林下，有飛鳥，左手持紙，右手持筆，惠臣五百七十五字。"亦如鴟鴉之有"手"矣！夫《詩》之鴟鴉口吐人言，自稱其爪曰"手"，猶可說也；託名獻之者何必設身處地，假鳥以"手"，豈其爲禽中之麻姑歟？

【增訂四】《說苑·復恩》載介之推從者書門之詞曰："龍饑無食，一蛇割股。龍反其淵，安其壤土。……一蛇無穴，號於中野"；龍之有"淵"，蛇之歸"穴"，皆愜當無間，然而具"股"能"號"，則不切蛇矣。李白《天馬歌》："嚴霜五月凋桂枝，伏櫪銜冤摧兩眉"；趁韻遂使馬有"眉"。孫枝蔚《溉堂前集》卷七《偶行市上，遂步至北門，徧觀諸家園林》："枝頭繡羽並肩立，水面金鱗唧尾行"；禽鳥而有"肩"，恐尚不足語於《西廂記》第一折所謂"鞾著香肩"或《紅樓夢》第三回所謂"削肩"也！

四九　四　牡

"豈不懷歸，王事靡盬，我心傷悲。……不遑將父。……不遑將母"；《傳》："思歸者，私恩也；靡盬者，公義也；傷悲者，情思也"；《箋》："無私恩，非孝子也；無公義，非忠臣也。"按《采薇》之"王事靡盬"，僅感"靡室靡家"，此詩"懷歸"乃爲養親，故有"孝子"之說。王符《潛夫論·愛日》篇說此詩亦云："在古閒暇而得行孝，今迫促不得養也。"後世小說、院本所寫"忠孝不能兩全"，意發於此。《毛詩》中祇一見，《韓詩》則屢見，且加厲而爲悲劇性之進退維谷（tragic dilemma），生死以之。黑格爾謂"倫理本質"（die sittliche Substanz）彼此鑿枘（Kollision），構成悲劇，亦舉家恩（die Familienliebe）與國事（das Staatsleben）不容兼顧爲例①。《韓詩外傳》卷一有楚白公之難，有仕之善者，辭其母將死君一節；卷二記楚昭王使石奢爲理，道有殺人者，追之則父也。奢曰："不私其父非孝也，不行君法，非忠也"，刎頸而死；卷六記田常弑簡公，"石他曰：……'舍君以全親，非忠也，舍親以死君之事，非孝也。……嗚呼！生亂世不得正行，劫乎暴人，不得全

---

① *Aesthetik*，Aufbau Verlag, 1270-1.

義,悲夫!"乃進盟以免父母,退伏劍以死其君";卷八:"可於君不可於父,孝子勿爲也,可於父不可於君,君子亦勿爲也;故君不可奪,親亦不可奪也。"

【增訂三】《説苑·立節》記白公之難,申鳴曰:"食君之食,避君之難,非忠臣也;定君之國,殺臣之父,非孝子也。名不可兩立,行不可兩全也。"後世"忠孝不能兩全"之語昉此。《全後漢文》卷三〇袁紹《上書自訴》亦曰:"誠以忠孝之節,道不兩立。"

皆言公義私恩,兩端難執,顧此失彼,定奪取舍(choice),性命節操繫焉;懷歸將父,方此又緩急不可同年而語矣。《外傳》卷六論石他之死曰:"《詩》:'人亦有言,進退維谷',石先生之謂也!"(參觀《吕氏春秋·高義》、《史記·循吏傳》、《新序·節士》);即引《大雅·桑柔》之什,以示羝羊觸藩之困,《毛傳》、《鄭箋》均訓"谷"爲"窮",正悲劇中負嵎背水之絶地窮境(limit situation)也。阮元《揅經室一集》卷四《進退維谷解》深非《傳》、《箋》,以爲:"'谷'乃'穀'之假借字,……'穀',善也。……謂兩難善全之事而處之皆善也,歎其善,非嗟其窮也";因謂"漢人訓《詩》,究不如周人訓《詩》之有據",舉《晏子春秋》叔向語及《韓詩外傳》石他節爲證。《晏子》吾不知,若《韓詩》此節,則韓嬰亦"漢人訓《詩》",似與毛、鄭無異。石他固可謂不"舍君"而又"全親"矣;然仍一死自了,則"全親"而終"舍親"也,進盟而後伏劍,則雖死而不得爲"死君之事",不免於"舍君"也。蓋折衷斟酌,兩不能完,左右爲難,此所以悲進退皆窮。他之言曰:"嗚呼!",曰:"悲夫!",曰:"不得正行!不得全義!",非"嗟其窮"而何?彼自痛"不得全義",途窮而就死路,傍人引詩歎之,阮氏遽謂意乃美其"善全兩難"。有是哉!經生之不曉事、不近情而幾如不通文理也!《漢書·趙、尹、韓、張、兩王傳》:"王陽爲益州刺史,行部至邛郲九折阪,歎曰:'奉先人遺體,奈何數乘此險!'後以病去。及尊爲刺史,至其阪,問吏曰:'此非王陽所畏道邪?'吏對曰:'是!'尊叱其馭曰:'驅之!王陽爲孝子,王尊爲忠臣!'"

【增訂一】《後漢書·邳彤傳》王郎捕彤父弟及妻子,以書招降,"彤涕泣報曰:'事君者不得顧家。親屬所以至今得安於信都者,劉公之恩;公方争國事,彤不得復念私也。'"

《後漢書·馮衍傳》田邑曰:"間者老母諸弟見執於軍。……誠使故朝尚在,忠義可立,雖老親受戮,妻兒横分,邑之願也";又《獨行傳》,趙苞母及妻子爲鮮卑刧質,苞率兵"與賊對陣,苞悲號謂母曰:'……昔爲母子,今爲王臣,義不得顧私恩,毀忠節。……'母遥謂曰:'何得相顧,以虧忠義!'";《晉書·周處傳》西征,孫秀謂曰:"卿有老母,可以辭此也",處曰:"忠孝之道,安得兩全!既辭親事君,父母復安得而子乎?";又《良吏傳》潘京答州刺史曰:"今爲忠臣,不得復爲孝子";《世説·言語》:"桓公入峽,絶壁天懸,騰波迅急,歎云:'既爲忠臣,不得爲孝子,如何!'";《周書·泉企傳》高敖曹執企而束,企臨發密戒曰:"忠孝之道,不能兩全,宜各自爲計,勿相隨寇手";《隋書·高熲傳》受命監兵,遣人辭母云:"忠孝不可兩兼";封演《封氏聞見記》卷四《定諡》詳記顔真卿、程皓因韋陟諡"忠孝"之争。聊舉數事,以申《毛詩》、《韓詩》之藴。歐陽修《五代史·唐明宗家人傳》:"而世之言曰:'爲忠孝者不兩全',夫豈然哉?";一若能解連環,而實罔措,觀《唐臣傳》第一四論烏震可知也。《三國志·魏書·邴原傳》裴松之註引《別傳》云:

毛詩正義 四九

"太子建議曰:'君父各有篤疾,有藥一丸,可救一人,當救君邪?父邪?'衆人紛紜,或父或君;時原在座,不與此論。太子諮之於原,原悖然對曰:'父也!'"亦謂忠孝不能兩全。其舉例大似高德溫(William Godwin)著作(*Political Justice*)中設想:"吾母抑吾妻,或乃愚媪,或則蕩婦(a fool or a prostitute),受僱於一世文章宗主(Fenelon),其家忽遭焚如,吾奮入火宅,孑然隻身,祇辦救一人出,將負載吾母或妻乎?抑拯救此文雄歟?"自答云:"明達之士(a reasonable man)必以斯文爲重,寧捨置妻、母。"讀者大譁,渠因追易妻、母爲父或兄,易愚媪、蕩婦爲鈍漢或浪子(a fool or a profligate)①。蓋謂若同臨焦頭爛額之危者,一女而一男,則孰棄孰取,尚有猶豫之地;脫二人均爲丈夫身,則棄取立決,可拋父或兄無顧爾。

【增訂一】 意大利古有 "乘舟問答之戲"(le jeu du navire),既類高德溫之設想,復同 144 頁論《谷風》所引《楚昭公》之情景。二男同悦一女,女均羈縻勿絶,無所厚薄;旁人因問女曰:"設想汝三人共駕扁舟出游,中流風浪大作,舟不勝載,必拋一人入水,二人庶得全生;孰棄孰留,唯汝所命。敢問:汝於兩男子中將以誰投付洪流乎?"(E. Rodocanachi, *La Femme italienne*, 189)

---

① A. E. Rodway, ed., *Godwin and the Age of Transition*, 36; cf. Lamb to Thomas Manning: "Lawsuits, where I was counsel for Archbishop Fenelon versus my own mother, in the famous fire cause". (*Works*, ed. E. V. Lucas, VI, 207)

五〇 采 薇

"昔我往矣，楊柳依依"。按李嘉祐《自蘇臺至望亭驛、悵然有作》："遠樹依依如送客"，於此二語如齊一變至於魯，尚著迹留痕也。李商隱《贈柳》："隄遠意相隨"，《隨園詩話》卷一歎爲"真寫柳之魂魄"者，於此二語遺貌存神，庶幾魯一變至於道矣。"相隨"即"依依如送"耳。擬議變化，可與皎然《詩式》卷一"偷語"、"偷意"、"偷勢"之說相參。

五一 杕 杜

"卉木萋止，女心悲止，征夫歸止"；《傳》："室家踰時則思。"按《東山》："鸛鳴于垤，婦歎于室，洒掃穹室，我征聿至"，同此機杼。王昌齡《閨怨》："忽見陌頭楊柳色，悔教夫婿覓封侯"；李端《閨情》："披衣更向門前望，不忿朝來喜鵲聲"；柳色、鵲聲亦即"卉萋"、"鸛鳴"之踵事增華也。

五二　車　攻

"蕭蕭馬鳴，悠悠斾旌"；《傳》："言不諠譁也。"按顏之推《顏氏家訓·文章》篇甚稱毛公此《傳》："吾每歎此解有情致，籍詩生於此意耳"；蓋謂王籍《入若耶溪》詩："蟬噪林逾靜，鳥鳴山更幽。"實則毛傳逕取後章"之子于征，有聞無聲"，以申前章之意，挹彼注茲耳。《全唐文》卷七○九李德裕《文章論》引其從兄翰喻文章高境曰："千軍萬馬，風恬雨霽，寂無人聲"，可以移箋毛傳。《陸象山全集》卷三四《語錄》："'蕭蕭馬鳴'，靜中有動；'悠悠斾旌'，動中有靜"，亦能窺二語烘襯之妙（參觀沈括《夢溪筆談》卷一四評王安石集句成一聯："風定花猶落，鳥鳴山更幽"，曰："上句乃靜中有動，下句動中有靜"）。蘇軾作詩頻彷此構。《五丈原懷諸葛公》："吏士寂如水，蕭蕭聞馬撾"，掃撐太過，殊苦粘皮帶骨；《宿海會寺》："紞如五鼓天未明，木魚呼粥亮且清，不聞人聲聞履聲"，亦"有聞"而"無聲"之旨，語遂超妙；持較歐陽修《秋聲賦》："如赴敵之兵，銜枚疾走，不聞號令，但聞人馬之行聲"，前賢不覺畏後生矣。陸游《劍南詩稿》卷七《題醉中所作草書卷後》："何時夜出五原塞，不聞人語聞鞭聲"，又師蘇詩。

【增訂四】《劍南詩稿》尚有卷一四《乍晴泛舟至扶桑埭》："數

家茅屋門晝掩，不聞人聲聞碓聲"；卷四二《上元雨》："家家移牀避屋漏，不聞人聲聞屐聲"；卷六三《客中作》："茅檐獨坐待僮僕，不聞人聲聞碓聲"。蓋於東坡句如填匡格者一再而至三四，亦幾乎自相蹈襲矣。

趙翼《甌北詩話》卷五不知《宿海會寺》三句之佳，而謂《五丈原》二句"形容軍容整肅，而魄力遠遜杜甫《出塞》之'落日照大旗，馬鳴風蕭蕭'"；其言雖是，未爲真切。杜乃演申《詩》語，蘇則依仿《詩》語，且以"寂"與"聞"對照，隱括"有聞無聲"也。謝貞《春日閒居》亦云："風定花猶落，鳥鳴山更幽"；杜甫《題張氏幽居》則云："伐木丁丁山更幽"；雪萊詩又謂啄木鳥聲不能破松林之寂，轉使幽静更甚（That even the busy woodpecker/ Made stiller with her sound/ the inviolable quietness）①；

【增訂三】蘇軾《觀棋》亦云："誰歟棋者，户外屨二；不聞人聲，時聞落子"（《蘇詩合註》卷四一）。偶閲美國文家霍桑《日記》，見其即景會心，每道聲音烘染寂靜，與"鳥鳴山更幽"相發明。如云："孤舟中一人蕩槳而過，擊汰作微響，愈添畢静"（the light lonely touch of his paddle in the water, making the silence appear deeper）；又云："羣鴉飛噪高空中，不破寂而反增寂"（their loud clamor added to the quiet of the scene, instead of disturbing it—N. Hawthorne, *The American Notebooks*, ed. Randall Stewart, 1932, pp.13, 159–60）。

---

① Shelley："The Recollection"；cf. Coleridge："The Aeolian Harp"："The stilly murmur of the distant sea/Tells us of silence."

皆所謂"生於此意",即心理學中"同時反襯現象"(the phenomenon of simultaneous contrast)①。眼耳諸識,莫不有是;詩人體物,早具會心。寂静之幽深者,每以得聲音襯託而愈覺其深;虚空之遼廣者,每以有事物點綴而愈見其廣。《車攻》及王、杜篇什是言前者。後者如鮑照《蕪城賦》之"直視千里外,唯見起黃埃"(參觀照《還都道中作》:"絶目盡平原,時見遠烟浮"),或王維《使至塞上》之"大漠孤烟直";景色有埃飛烟起而愈形曠蕩荒涼,正如馬鳴蟬噪之有聞無聲,謂之有見無物也可。雪萊詩言沙漠浩闊無垠,不覯一物,僅餘埃及古王雕像殘石(Nothing beside remains. Round the decay/Of that colossal wreck, boundless and bare,/ The lone and level sands stretch far away)②;利奥巴迪詩亦言放眼天末,浩乎無際(immensità),愛彼小阜疏籬,充其所量,爲窮眺寥廓微作遮攔(Sempre caro mi fu quest'ermo colle,/e questa siepe, che da tanta parte /dell'ultimo orizzonte il guardo esclude)③。皆其理焉。近人論詩家手法,謂不外乎位置小事物於最大空間與寂寞之中(porre un determinato oggetto nel massimo di spazio e di solitudine possibile)④,雖致遠恐泥,未足囊括詩道之廣大精微,然於幽山鳴鳥、大漠上烟之作,則不中不遠也。

---

① W. James, *Principles of Psychology*, II, 14.
② "Ozymandias of Egypt".
③ "L'Infinito", *op. cit.*, 58.
④ V. Cardarelli, quoted in *Momenti e Problemi di Storia dell' Estetica*, Marzorati, IV, 1664.

五三　正　月

"瞻烏爰止，于誰之屋？"；《傳》："富人之屋，烏所集也。"按張穆《㐁齋文集》卷一《〈正月〉瞻烏義》略云："二語深切著明，烏者，周家受命之祥；《春秋繁露·同類相動》篇引《尚書傳》言：'周將興之時，有大赤烏銜穀之種而集王屋之上者，武王喜，諸大夫皆喜。'凡此皆古文《泰誓》之言，周之臣民，相傳以熟，幽王時天變疊見，訛言朋興，詩人憂大命將墜，故爲是語。"其説頗新。觀下章曰："召彼故老，訊之占夢；具曰予聖，誰知烏之雌雄？"足見烏所以示吉凶兆象，非徒然也。《史記·周本紀》、《太平御覽》卷九二〇等引《書緯·中候》、《瑞應圖》皆記赤烏止武王屋上事。《後漢書·郭太傳》："太傅陳蕃、大將軍竇武爲閹人所害，林宗哭之於野，慟。既而歎曰：……'瞻烏爰止，不知于誰之屋'耳！"；章懷註："言不知王業當何所歸"。得張氏之解，烏即周室王業之徵，其意益明切矣。

"謂天蓋高，不敢不局；謂地蓋厚，不敢不蹐"。按《節南山》亦云："我瞻四方，蹙蹙靡所騁。"《大雅·既醉》："其類維何，室家之壼"，《傳》："'壼'、廣也"；《國語·周語》下叔向引《詩》語而説之曰："'壼'也者，廣裕民人之謂也。"錢大昕《十駕齋養新錄》卷一申言曰："夫古人先齊家而後治國；父子之恩薄，兄弟之志乖，夫婦之道苦，雖有廣厦，常覺其隘矣。"入情切理之論也。王符《潛夫論·愛日》："治國之日舒以長，……亂國之日促以短"；讀《既醉》、《節南山》、《正月》諸什，亦可曰：國治家齊之境地寬以廣，國亂家閧之境地仄以逼。此非幅員、漏刻之能殊，乃心情際遇之有異耳。《說苑·敬慎》又《孔子家語·好生》記孔子説"謂天蓋高"四語云："此言上下畏罪，無所自容也"；桓寬《鹽鐵論·周秦》言秦世峻文峭法，"百姓側目重足，不寒而慄"，即引《正月》此數語；荀悦《漢紀》卷二五論王商亦引此數語而敷陳曰："以天之高，而不敢舉首，以地之厚，而不敢投足，……以六合之大、匹夫之微，而一身無所容焉"；《後漢書·李固傳》亭長歎曰："非命之世，天高不敢不局，地厚不敢不蹐。"同聲共慨，不一而足，如袁宏《三國名臣序贊》："萬物波蕩，孰任其累？六合徒廣，容身靡寄"；左思《詠史》末首："落落窮巷士，抱影守空廬，出門無通路，枳棘塞中途"；岑參《西蜀旅舍春歎》："四海猶未安，一身無所適，自從兵戈動，遂覺天地窄"；李白《行路難》："大道如青天，我獨不得出"；杜甫《贈蘇四徯》："乾坤雖寬大，所適裝囊空，……況乃主客問，古來偪側同"，又《逃難》："乾坤萬里內，莫見容身畔"；柳宗元《乞巧文》："乾坤之量，包容海岳，臣身甚微，無所投足"；孟郊《送別崔純亮》："出門即有礙，誰謂天地寬"；張爲《主客圖》摘鮑溶句："萬里歧路多，一身天地窄"；利登《骳稿·走佛巌道中》："沸鼎無活鱗，四顧誰善地；不辰自至斯，乾坤古無際"；以至《水滸》中如第一一回林冲、第一六回楊志等皆歎："閃得俺有家難奔，有國難投"，哀情苦語，莫非局蹐靡騁之遺意也。

【增訂三】李賀《酒罷張大徹索贈詩》:"隴西長吉摧頹客,酒闌感覺中區窄";梅堯臣《宛陵先生集》卷三六《行路難》:"途路無不通,行貧足如縛。輕裘誰家子,百金負六博;蜀道不爲難,太行不爲惡。平地乏一錢,寸步淪溝壑。"又唐宋名家詠歎"四方靡騁"之兩例。

無門可出,出矣而無處可去,猶不出爾,元好問《論詩絶句》所謂"高天厚地一詩囚"。劉辰翁題《文姬歸漢圖》七古結句:"天南地北有歸路,四海九州無故人";正言"無歸路"也,却曰"有歸路",而以"無"緩急相料理之"故人"反襯明意,語更婉摯。歌德名篇寫女角囚繫,所歡仗魔鬼法力,使圄圄洞啓,趣其走,女謝曰:"吾何出爲?此生無所望已!"(Ich darf nicht fort; für mich ist nichts zu hoffen)①;王爾德名劇中或勸女角出亡異國,曰:"世界偌大"(The world is very wide and very big),女答:"大非爲我也;在我則世界縮如手掌小爾,且隨步生荆棘"(No, not for me. For me the world is shrivelled to a palm's breadth, and where I walk, there are thorns)②。蓋斯世已非其世,羣倫將復誰倫,高天厚地,於彼無與,有礙靡騁,出獄猶如在獄,逃亡亦等拘囚。白居易《小宅》:"寬窄在心中";聶夷中《行路難》:"出處全在人,路亦無通塞";宋奚淔《聲聲慢》:"算江湖,隨人寬窄";三語足概此況。一人之身,寬窄正復不常。即以孟郊爲例,《長安旅情》又曰:"我馬亦四蹄,出門似無地",而《登科後》曰:"春風得意馬蹄疾,一日看盡長安花";豈非長安隨人事爲"寬窄"耶?

---

① *Faust*, I, 4544.
② *A Woman of No Importance*, IV.

若曹植《仙人篇》："四海一何局？九州安所如！"，則貌同心異；下文云："萬里不足步，輕舉凌太虛"，亦如其《五游》之"九州不足步，願得凌雲翔"，或《七啓》之"志飄飄焉，嶢嶢焉，似若狹六合而隘九州"，即司馬相如《大人賦》所謂："宅彌萬里兮，曾不足以少留；悲世俗之迫隘兮，朅輕舉而遠游"。《詩》、李、杜等言天地大而不能容己，馬、曹言天地小而不足容己；途窮路絶與越世出塵，情事區以別焉。

"魚在于沼，亦匪克樂；潛雖伏矣，亦孔之炤"；《箋》："池，魚之所樂，而非能樂，潛伏於淵，又不足以逃，甚昭昭易見。"按《禮記・中庸》言"君子内省不疚"，即引"潛雖伏矣"二句，鄭玄註："言聖人雖隱遯，其德亦甚明矣"，與《箋》説異。蓋《中庸》斷章取義，鄭因而遷就，此《箋》則發明本意也；參觀《左傳》卷論襄公二十八年。詩極言居亂世之出處兩難，雖隱遯而未必倖免。"潛伏"而仍"孔昭"，謂天地間無所逃，巖谷中不能匿，非稱其闇然日章。

【增訂四】黃庭堅《宿舊彭澤懷陶令》詩："潛魚願深眇，淵明無由逃"，即本鄭《箋》義。

視《四月》之"匪鶉匪鳶，翰飛戾天，匪鱣匪鮪，潛逃于淵"，語逾危苦。《易・中孚》："豚魚吉"；王弼註："魚者，蟲之隱者也。"在沼逃淵，即魚之所以爲"隱蟲"耳。《大雅・旱麓》："鳶飛戾天，魚躍于淵"，與《四月》語亦一喻二柄之例；彼言得意遂生，此言遠害逃生，又貌同心異者。

"民今之無祿，天夭是椓；哿矣富人，哀此惸獨！"《傳》："哿，可也"；《箋》："富人已可，惸獨將困"；《正義》："可矣富人，猶有財貨以供之，哀哉此單獨之民，窮而無告"。按王引之《經義述聞・毛詩》中記其父謂毛傳之"可"，是"快意愜心之稱"；"哿"與"哀"爲"對文"，"哀者憂悲，哿者歡樂"；"哿"與"嘉"俱"以'加'爲聲，而其義相近"，因舉《禮運》"嘉"訓"樂"，《左傳》"哿"訓"嘉"，而斥《正義》"失《傳》、《箋》之意"；又謂《雨無正》之"哀哉不能言"對"哿矣能言"，亦資佐證。晉魯襃《錢神論》："錢多者處前，錢少者處後，處前者爲君長，處後者爲臣僕，君長者豐衍而有餘，臣僕者窮竭而不足；《詩》云：'哿矣富人，哀哉煢獨！'豈是之謂乎！"（《全晉文》卷一一三）；似於"哿"字已同王解。然竊謂訓"哿"爲"可"，雖非的詁，亦自與"哀"對文；此種句法語式無間古今雅俗，毛、鄭、孔意中必皆有之。故毛、鄭祇解"哿"爲"可"而孔承焉，轉輾引申爲"樂"者，王氏之創獲，未保爲《傳》、《箋》之本旨也。《穀梁傳》文公九年："毛伯來求金。求車猶可，求金甚也"；《漢書·王莽傳》下："東方爲之語曰：'寧逢赤眉，不逢太師，太師猶可，更始殺我'"；《後漢書·南蠻傳》："益州諺曰：'虜來尚可，尹來殺我'"；《晉書·羅尚傳》："蜀人言曰：'蜀賊尚可，羅尚殺我'"，又《李特載記》載語同，易"羅尚"爲"李特"；《宋書·王玄謨傳》："軍士爲之語曰：'寧作五年徒，不逢王玄謨，玄謨猶自可，宗越更殺我'"；古樂府《獨漉篇》："獨漉獨漉，水深泥濁，泥濁尚可，水深殺我"；唐章懷太子《黃臺瓜辭》："三摘猶自可，摘絕抱蔓歸"；李白《獨漉篇》："獨漉水中泥，水濁不見月，不見月尚可，水深行人没"；儲光羲《野田黃雀行》："窮老一頹舍，棗多桑樹稀，無棗猶可食，無桑何以衣"；鮑溶《章華宮行》："豈無一人似神女，忍使黛蛾常不伸；黛蛾不伸猶自可，春朝諸處門常鎖"；杜荀鶴《旅泊遇郡中叛亂》："郡侯逐出渾閑事，正是鑾輿幸蜀年"；韓駒《陵陽先生詩》卷二《題蕃騎圖》："迴鞭慎莫向南馳，漢家將軍方打圍；奪弓射汝猶可脱，奪汝善馬何由歸"；張嵲《防江》第二首："虜猶涉吾地，飲馬長淮流，飲馬尚猶可，莫使學操舟"（《後村大全集》卷一七六引，四庫館輯本《紫微集》卷二改"虜猶"爲"不虞"）；陸游《劍南詩稿》卷六二《夏秋之交，小舟早夜往來湖中，戲成絕句》之八："荷花折盡渾閑事，老却蓴絲最惱人"；元好問《遺山詩集》卷一《宿菊潭》："軍租星火急，期會切莫違，期會不可違，鞭扑傷心肌，傷肌尚云可，夭閼使人悲"；以至《西廂記》第二本第三折鶯鶯唱："而今煩惱猶閑可，久後思量怎奈何"，或《水滸》第六回邱小乙唱："你在東時我在西，你無男子我無妻，我無妻時猶閑可，你無夫時好孤悽"，或《二郎神鎖齊天大聖》第一折乾天大仙白："這仙酒猶閑可，這九轉金丹，非遇至人，不可食之。"莫不承轉控送，即"哿矣富人，哀哉煢獨"之句型。楊萬里《誠齋集》卷七《秋雨歎》之八："枯荷倒盡饒渠着，滴損蘭花太薄情"，不用"猶可"、"尚可"，而句法無異，亦如用"渾閑事"。脱毛《傳》之"可"必訓"樂"方得"與'哀'對文"，則與"好孤悽"對之"猶閑可"，當訓爲"真快活"耶？"可"與"甚"、"殺我"、"抱蔓歸"、"行人没"、"怎奈何"，無一不成對文，亦正如其與"哀"爲對文。王氏之"對文"，則姜夔《白石道人詩説》所謂："'花'必用'柳'對，是兒曹語"耳。毛、鄭以來，説詩者於"哿"之訓"可"，相安無事，亦徵句法既有定型，遂於字義不求甚解。此亦言文詞者所不可不知也。

"民今方殆，視天夢夢"；《傳》："王者爲亂夢夢然。"按説詩者以《節南山》之"天方薦瘥"、"昊天不惠"，《小旻》之"昊天疾威"等句概謂爲指君王，如《雲漢》之"王曰於乎，……天降喪亂，……昊天上帝"等句，方説爲蒼天，大可不必。先民深信董仲舒所謂"天人相與"；天作之君，由怨君而遂怨天，理所當然。人窮則呼天，呼天而不應，則怨天詛天，或如《小弁》之問天："何辜于天？我罪伊何？"《晉書·天文志》下康帝建元二年歲星犯天關，安西將軍庾翼與兄冰書曰："此復是天公憒憒，無皁白之徵也"；"憒憒"即"夢夢"矣。然怨天、詛天、問天者，尚信有天；苟不信有天，則并不怨詛詰問。庾信《思舊銘》不云乎："所謂天乎，乃曰蒼蒼之氣；所謂地乎，其實搏搏之土。怨之徒也，何能感乎？"——"徒"，徒然也。《荀子·天論》篇又柳宗元《斷刑論》下、《時令論》下、《天說》、《禓說》之類剖析事理，不大聲以色，庶幾真不信有天；若《史記·伯夷列傳》慨歎"倘所謂天道，是耶非耶？"鬱怒孤憤，是尚未能忘情。柳宗元《唐故尚書戶部郎中魏府君墓誌》、《亡友故秘書省校書郎獨孤君墓碣》、《亡姑渭南縣尉陳君夫人權厝誌》、《亡姊崔氏夫人墓誌蓋石文》、《亡妻弘農楊氏誌》、《祭呂衡州溫文》皆痛言無"天道"、天無"知"、"不可恃"、"不可問"、"蒼蒼無信、漠漠無神"，而怨毒之意，洋溢詞外；《先太夫人河東縣太君歸祔誌》、《亡姊前京兆府參軍裴君夫人墓誌》骨肉悲深，至責天之"忍"，其《天說》所譏爲"大謬"者，竟躬自蹈之。蓋事理雖達，而情氣難平，《祭呂衡州溫文》所謂："怨逾深而毒逾甚，故復呼天以云云"。夫矢口出怨望怒罵之語者，私衷每存格天、回天之念，如馬丁·路德所謂："吾人當時時以此等咒詛喚醒上帝"（We must now and then wake up our Lord God with such words）①，其事無用，而其心則愈可哀已。《豆棚閒話》卷一一載《邊調曲兒》："老天爺，你年紀大，耳又聾來眼又花。你看不見人，聽不見話。殺人放火的享着榮華，吃素看經的活餓殺。你不會做天，你塌了罷！你不會做天，

---

① Martin Luther, *Table Talk*, tr. W. Hazlitt, "Bohn's Library", 153 (Jeremiah cursing the day of his birth).

你塌了罷！"；潘問奇《拜鵑堂詩集》卷二《屈原墓》之三："顏淵盜蹠殊修短，此日青天定有心，楚國王孫曾一問，奈他聾啞到如今！"黃楨輯黃周星《黃九烟先生別集》有《臬嘯序》、《詰天公文》等皆謂"此公""年齒長矣，聰明衰矣"，又"沉醉"、"假寐"。怨天之有知而仍等無知，較僅怨天之無知，已進一解。陳子龍《陳忠裕全集》卷二八《天説》："我悲夫天有其權而不能用也！我悲夫天有其盛心而輒失也！柳宗元以爲天無所用心，太過"；則謂天有知而無能，有心而無力，行與願乖，故不怨之恨之，而悲之憫之，更下一轉，益淒摯矣。有哲學家謂人之天良（das Gewissen）不能左右人之志事，乃"無能爲力之無上權力"（eine ohnmächtige Uebermacht）①；其語可借以形容陳氏之"天"。譏"老天爺"耳聵目眊，又似當世西人所謂"聾子上帝"（un dieu sourd）："失聰失明，不死永生"（une sorte d'immortalité sourde et aveugle）②。

【增訂三】法國有一古劇，搬演"聾子上帝"，斯萊爾夫人《雜記》撮述其情景。上帝作老叟狀，酣卧雲上（an old man lying fast asleep with clouds under him），一天使摇撼之，疾呼曰："上皇之愛子［耶穌］命在須臾，乃尚如醉漢熟睡耶！"上帝喃喃囈語曰："魔鬼捉將我去！所言何事，我一字未聞也"（Diable m'emporte si j'en ai ouï dire la moindre chose—*Thraliana*, ed. Katharine C. Balderston, 2nd ed., II, 699）。亦滑稽善諷者矣。蓋言其伺隙匿踪，則上帝如偷兒鼠子，言其

---

① M. Heidegger, *Sein und Zeit*, I. Hälfte, 3. Aufl., 385.

② A. Camus, *L' Homme révolté*, 47-8. Cf. Leopardi: "Il Risorgimento": "so che natura è sorda, /che miserar non sa", *op. cit.*, I, 90.

放心廢務，則上帝如聾子醉人；兩者並行，初不相倍，猶
　　　人既察察爲明，每亦昏昏如夢。所謂善言天者必取譬於
　　　人也。
古羅馬大詩人嘗詠諸天高敻清静，無慮無爲，超然物外，勿顧人世間事(Omnis enim per se divom natura necessest/immortal aevo summa cum pace fruatur/semota ab nostris rebus seiunctaque longe)①；則宋詞中慣語"天不管"（黄庭堅《河傳》、秦觀《河傳》、朱淑真《謁金門》等），可斷章隱括。《五燈會元》卷一三華嚴休静章次："問：'大軍設天王齋求勝，賊軍亦設天王齋求勝，未審天王赴阿誰願？'師曰：'天垂雨露，不揀榮枯'"；《容齋四筆》卷三："兩商人入神廟。其一陸行欲晴，許賽以豬頭；其一水行欲雨，許賽以羊頭。神顧小鬼言：'晴乾吃豬頭，雨落吃羊頭，有何不可！'"。堪爲"天不管"之佳例。雖未言天公癡聾而不啻言之，雖未言無天而不啻言天之有若無矣。參觀《楚辭》卷論《九歌·大司命》。

　　"父母生我，胡俾我瘉？不自我先，不自我後。"按《小弁》："天之生我，我辰安在？"；《桑柔》："我生不辰，逢天僤怒！"；胥遭逢喪亂而自恨有生不如無生也。皎然《詩式·跌宕格》及范攄《雲溪友議》卷六皆引王梵志詩："還你天公我，還我未生時"；《敦煌掇瑣》第三〇、三一種《五言白話詩》屢有"還我未生時"、"慈母不須生"、"慈母莫生我"之句；乃本釋氏破生死關之意。王若虛憂患餘生，取而點化，工於唱歎："艱危嘗盡鬢成絲，轉覺歡華不可期。幾度哀歌向天問：何如

---

①　Lucretius, *De Rerum Natura*, II, 646-8, "Loeb", 130; cf. III. 18-22, P.170:"apparet divum numen sedesque quietae" etc..

還我未生時?"(《潯南遺老集》卷四五《還家》);方岳《辛丑生日小盡月》:"今朝廿九,明朝初一,怎欠秋崖個生日?客中情緒老天知,道這月不消三十!"(《秋崖先生小稿》卷三七《鵲橋仙》),情悽怨而語則詼婉。古希臘詩人(Theognis)悲憤云:"人莫如不生(Best were it never to have been born),既生矣,則莫如速死";齊心同調實繁有徒①。後世如培根詩歎人生仕隱婚鰥,無非煩惱,故求不生,生則祈死(What then remains? but that we still should cry/Not to be borne, or, being borne, to dye)②;密爾敦詩寫原人怨問上帝云:"吾豈嘗請大造搏土使我成人乎?"(Did I request thee, Maker, from my clay/To mould me Man?)③;海涅病中詩云:"眠固大善,死乃愈善,未生尤善之善者"(Gut ist der Schlaf, der Tod ist besser—freilich/Das beste wäre, nie geboren sein)④;德國俗諺亦謂人能未生最佳,惜乎有此佳運者,世上千萬人中無一焉(Niemals geboren zu werden, wäre das beste für die sterblichen Menschenkinder. Aber unter 100.000 Menschen passiert dies kaum einem)⑤。均"父母生我,胡俾我瘉",而求

---

① *Elegy and Iambus*, "Loeb", I, 281. cf. *Hesiod, the Homeric Poems and Homerica*, "Loeb", p. 573; Plutarch, *Moralia*, "A Letter to Apollonius", §27, "Loeb", II, 177-9; E. Rohde, *Psyche*, tr. W. B. Hillis, "International Library of Philosophy, Psychology and Scientific Method", 412 (Silenos to King Midas).

② Bacon: "The World's a Bubble", J. Aubrey, *Brief Lives*, "Ann Arbor Paperbacks", 11. Cf. P. Collenuccio: "Canzone alla Morte", *The Oxford Book of Italian Verse*, 183.

③ *Paradise Lost*, X. 743-4.

④ Heine: "Morphine", *The Penguin Book of German Verse*, 332.

⑤ Freud, *Der Witz und sein Beziehung zum Unbewussten*, 3. Aufl., 44-5.

"還我未生"也。

【增訂四】索福克勒斯悲劇亦云:"最佳莫如不生"(Not to be born is best. —*Oedipus Coloneus*, 1275)。近世愛爾蘭詩人葉芝嘗賦小詩敷陳其意,而申言早死爲次佳事("Never to have lived is best, ancient writers say;/Never to have drawn the breath of life, never to have looked into the eye of the day;/The second best's a gay goodnight and quickly turn away."—W. B. Yeats:"A Man Young and Old")。海涅復有一詩云:"死固大佳,而母氏不生吾儕則尤佳"(Der Tod ist gut, doch besser wär's,/Die Mutter hätt uns nie geboren. —"Ruhelechzend", Heine, *Werke und Briefe*, Aufbau, 1961, Bd II, S.195)。

【增訂五】索福克勒斯語爲希臘作者常言,例如 Homer(*Hesiod, the Homeric Poems and Homeriod*, Loeb, p. 573); Plutarch(*Moralia*, "A Letter of Condolence to Apollonius, §27, Loeb, II, pp. 177-9); Dio Chrysostom(*Discourses*, XIII, 2-3, Loeb, II, pp.303-5)。王梵志詩有云:"寄語冥路道,還我未生時";王若虛《還家》第五首云:"幾度哀歌向天道,何如還我未生時"(《全金詩》卷一九)。如出一口,咸咸有同心矣。

《四月》云:"先祖匪人,胡寧忍予?";《箋》:"我先祖匪人乎?人則當知患難,何爲曾使我當此亂世乎?";《正義》:"人困則反本,窮則告親,故言'我先祖匪人',出悖慢之言,明怨恨之甚。"則由怨言進而爲怒罵,詛及己之祖宗,恨毒更過於《正月》、《小弁》,大類《舊約全書》中先知咒罵己之誕生、母之孕育等①。儒生尊《經》而懦，掩耳不敢聞斯悖逆之言，或解爲："先祖不以我爲人乎？"或解爲："先祖乎？我獨非人乎？"或解"匪人"爲"彼人"、爲"非他人"、爲"不以人意相慰恤"，苦心曲説，以維持"《詩》教"之"温柔敦厚"。如王夫之《〈詩經〉稗疏》即訶斥鄭、孔以"市井無賴"口吻説此二句。夫《三百篇》中有直斥，有醜詆，詞氣非盡温良委婉，如黄徹《䂬溪詩話》卷一〇謂《詩》"怨鄰罵坐"，王世貞《弇州四部稿》卷一四七謂《詩》"不盡含蓄"，曾異撰《紡授堂集》卷一《徐叔亨山居次韻詩序》謂《詩》"罵人"、"罵夫"、"罵父"、"罵國"、"罵皇后"、"罵天"、"朋友相罵"、"兄弟九族相罵"，賀貽孫《詩筏》謂《詩》"刺人不諱"，魏祥《魏伯子文集》卷一《跋出郭九行》謂《詩》"直斥者不一而足"，顧炎武《日知錄》卷一九謂《詩》"亦有直斥不諱"，張謙宜《絸齋詩談》卷一謂《詩》"罵人極狠"。《四月》之自斥乃祖爲"匪人"，其憂生憤世而尤不能忍俊者爾。《潯南遺老集》卷三評宋儒解《論語》之失有三，一曰"求之過厚"，凡遇"忿疾譏斥"，必"周遮護諱而爲之説"，以歸於"春風和氣"；解《詩》者其"失"惟均，且亦不僅宋儒爲然也。

---

① Jeremiah, 22.14; Job, 3.3. Cf. Scott: "He [Swift] early adopted the custom of observing his birthday as a term not of joy but of sorrow, and of reading... the striking passage of Scripture in which Job laments" etc. (J. G. Lockhart, *The Life of Sir Walter Scott*, ch. 7, "Everyman's", 250).

五四　雨　無　正

　　《雨無正》通首不道雨，與題羌無係屬。《關雎》篇《正義》謂："名篇之例，義無定準。……或都遺見文，假外理以定稱"，亦似不足以概此篇。《困學紀聞》卷三謂《韓詩》此篇首尚有兩句："雨無其極，傷我稼穡"，則函蓋相稱矣。

　　"三事大夫，莫肯夙夜；邦君諸侯，莫肯朝夕。"按明葉秉敬《書肆說鈴》卷上："此歇後語也。若論文字之本，則當云：'夙夜在公'、'朝夕從事'矣。元人《清江引》曲云：'五株門前柳，屈指重陽又'，歇後語也；《詩》云：'天命不又'，'室人入又'，'矧敢多又'，已先之矣。"葉氏究心小學，著書滿家，此則亦頗窺古今修詞同條共貫之理；其言"文字之本"，即通常語法或散文之句法耳。蓋韻文之製，局囿於字數，拘牽於聲律，盧延讓《苦吟》所謂："不同文、賦易，爲著'者'、'之'、'乎'。"散文則無此等禁限，"散"即如陸龜蒙《江湖散人歌》或《丁香》絕句中"散誕"之"散"，猶西方古稱文爲"解放語"（oratio soluta），以別於詩之爲"束縛語"（oratio ligata, vincta, astricata）。嘗有嘲法國作者謹守韻律云："詩如必被桎梏而飛行，文却如大自在而步行"（Besonders die Franzosen fliegen nur gefesselt, gehen aber ungebunden zu Fuss)①；詩家亦慣以足加鐐、手戴銬而翩翩佳步、僛僛善舞，自喻慘淡經營（'Tis much like dancing on ropes with fettered legs; He that Writes in Rhimes, dances in Fetters; Un poète est un homme qu'on oblige de marcher avec grâce les fers aux pieds; Seine mit Fesseln beladenen Hände und Füsse bewegt er zum leichten anmutigen Tanze)②。

【增訂三】尼采論古希臘文藝，以繫鏈舞蹈喻舉重若輕、因難見巧（"In Ketten tanzen", es sich schwer machen und dann die Täuschung der Leichtigkeit darüberbreiten—*Menschliches, Allzumenschliches*. II. ii. § 140, *Werke*, hrsg. K. Schlechta, I, 932)，亦取韻律示例。談者每稱引之，而尠知其本諸舊喻也。十九世紀一英國詩人（Samuel Rogers）不作"十四行"體，語人曰："繫鏈而舞，非吾所能"（I never could dance in fetters—*Alfred Tennyson : A Memoir*, by His Son, I, 268)。《詩話總龜》前集卷一一引《王直方詩話》稱張耒讚石延年大字云："井水駭龍吟，蟻封觀驥騄"，揣擬藝事於束縛局趣之中，有回旋肆放之觀，用意正同鐐銬之足資舞容矣。參觀 1882 – 1883 頁，又《宋詩選註 • 蘇軾》註三、《楊萬里》註二五。

韻語既困羈絆而難縱放，苦繩檢而乏迴旋，命筆時每恨意溢於句，

---

① Jean Paul, *Kleine Nachschule zur ästhetischen Vorschule*, § 21, *Werke*, Carl Hanser, V, 486.

② Dryden, *Ovid's Epistles*, Preface, *Poems*, ed. J. Kinsley, I, 183; Prior, *Solomon on the Vanity of the World*, Preface, *Literary Works*, ed. H. B. Wright and M. K. Spears, 309; D'Alembert, quoted in J. Brody, *Boileau and Longinus*, 64; A. W. Schlegel, *Briefe über Poesie, Silbenmass und Sprache*, I, *Kritische Schriften und Briefe*, W. Kohlhammer, I, 142.

字出乎韻，即非同獄囚之鋃鐺，亦類旅人收拾行媵，物多篋小，安納孔艱。無已，"上字而抑下，中詞而出外"（《文心雕龍·定勢》），譬諸置履加冠，削足適屨。曲尚容襯字，李元玉《人天樂》冠以《製曲枝語》，謂"曲有三易"，以"可用襯字、襯語"爲"第一易"；詩、詞無此方便，必於窘迫中矯揉料理。故歇後、倒裝，科以"文字之本"，不通欠順，而在詩詞中熟見習聞，安焉若素。此無他，筆、舌、韻、散之"語法程度"（degrees of grammaticalness）[①]，各自不同，韻文視散文得以寬限減等爾。後世詩詞險仄尖新之句，《三百篇》每爲之先。如李頎《送魏萬之京》："朝聞游子唱驪歌，昨夜微霜初渡河"（"昨夜微霜，[今]朝聞游子唱驪歌初渡河"），白居易《長安閒居》："無人不怪長安住，何獨朝朝暮暮閒"（"無人不怪何[以我]住長安[而]獨[能]朝朝暮暮閒"），黄庭堅《竹下把酒》："不知臨水語，能得幾回來"（"臨水語：'不知能得幾回來'"）；皆不止本句倒裝，而竟跨句倒裝。《詩》《七月》已導夫先路："七月在野，八月在宇，九月在户，十月蟋蟀，入我牀下"（"蟋蟀七月在野，八月在宇，九月在户，十月入我牀下"）。造車合轍，事勢必然，初非刻意師仿。説《詩》經生，於詞章之學，太半生疎，墨守"文字之本"，覿《詩》之鑄語乖剌者，輒依託訓詁，納入常規；經疾史恙，墨灸筆鍼，如琢方竹以爲圓杖，蓋未達語法因文體而有等衰也。葉氏舉例有《小雅·賓之初筵》："三爵不識，矧敢多又"，"室人入又"，毛、鄭皆釋"又"爲"復"，則歇後兼倒裝，正勿須謂"又"通"侑"，俾二句得合乎"文字之本"耳。"屈指重陽又"，

[①] T. A. Sebeok, ed., *Style in Language*, 84.

歇後省"到"字；顧其歇後，實由倒裝，"屈指又重陽"固五言詩常格，渾不覺省字之迹。詞之視詩，語法程度更降，聲律愈嚴，則文律不得不愈寬，此又屈伸倚伏之理。如劉過《沁園春》："擁七州都督，雖然陶侃，機明神鑑，未必能詩"；劉仙倫《賀新郎‧贈建康鄭玉脫籍》："不念瑣窗並繡戶，妾從前，命薄甘荆布"（不念從前瑣窗並繡戶，妾命薄，甘荆布）；楊无咎《玉抱肚》："把洋瀾在，都捲盡與，殺不得這心頭火"；元好問《鷓鴣天》："新生黃雀君休笑，佔了春光却被他"；劉光祖《鵲橋仙》："如何不寄一行書，有萬緒千端別後"；屬詞造句，一破"文字之本"（Verbal contortion and dislocation），倘是散文，必遭勒帛。詩中句如貫休《題一上人經閣》："師心多似我，所以訪師重"（"重"、平聲，"重〔來〕訪師"）；王安石《眾人》："眾人紛紛何足競，是非吾喜非吾病"（"非非吾病"）；蘇軾《試院煎茶》："分無玉椀捧蛾眉"（"蛾眉捧玉椀"、"玉椀蛾眉捧"）；陳與義《次韻周尹潛感懷》："胡兒又看繞淮春，歎息猶爲國有人"（"猶爲國有人乎？"）；郭麐《靈芬館詩》初集卷一《新葺所居三楹》："成看三徑將，醉許一斗亦"；鄭珍《巢經巢詩集》卷五《得子佩訊寄答》："如何即來爾，爲吐所悵每"；可嗤點爲纖詭或割裂，皆傷雅正，而斯類於詞中，則如河東之白豕焉。

【增訂四】《晉書‧夏侯湛傳》載湛《抵疑》："吾子所以褒飾之太矣！"以"太"字作句尾，後世文中所罕，而詩詞中頻見，晉樂府《上聲歌》之八："春月暌何太，生裙迮羅襪"（《樂府詩集》卷四五），其古例也。杜甫《從事行》："烏帽拂塵青騾粟，紫衣將炙緋衣走"，《入奏行》："與奴白飯馬青芻"，《狂歌行》："身上須繒腹中實"；苟爲散文，"粟"字前之"飼"字、

"馬"字前之"與"字、"實"字前之"須"字,均不可約省。《詩》語每約省太甚,須似曲之襯字,始能達意。如《小宛》:"壹醉日富",《箋》:"飲酒一醉,自謂日益富";《何人斯》:"其心孔艱",《箋》:"其持心甚難知";《十月之交》:"艷妻煽方處",《疏》:"於艷妻有寵方熾盛之時,並處於位";《谷風》:"無草不死,無木不萎",《正義》:"無能使草不有死者,無能使木不有萎者";《大東》:"小東大東",《箋》:"小亦於東,大亦於東"。鄭、孔此等註疏豈非衹襯字耶?又豈不酷類李開先《詞謔》所嘲"襯字太多,如吃蒙汗藥,頭重脚輕"耶?唐權龍襃之"簷前飛七百,雪白後園强",宋宗室子之"日暖看三織,風高鬭兩廂",字約而詞不申,苦海中物,歷代貽笑。其急如束濕,蜷類曲躬,《三百篇》中,不乏儷比,大可引以解嘲。韓愈《薦士》謂"周詩三百篇,雅麗理訓誥,曾經聖人手,議論安敢到!"王世貞《弇州四部稿》卷一四四則謂《詩》"旨别淺深,詞有至未",因一一摘其疵累,雖未盡允,而固非矮人觀場者。《三百篇》清詞麗句,無愧風雅之宗,而其蕪詞累句,又不啻惡詩之祖矣。

【增訂一】《朱子語類》卷一二二論吕祖謙説《詩》云:"人言何休爲'公羊忠臣',某嘗戲伯恭爲'毛、鄭佞臣'。"其語殊雋。韓愈口角大似《三百篇》之"佞臣",而王世貞則不失爲《三百篇》之諍臣。《詩經》以下,凡文章巨子如李、杜、韓、柳、蘇、陸、湯顯祖、曹雪芹等,各有大小"佞臣"百十輩,吹噓上天,絶倒於地,尊玞如璧,見腫謂肥。不獨談藝爲爾,論學亦有之。

五五 小　弁

"伐木掎矣，析薪扡矣"；《傳》："掎其顛，隨其理。"按焦循《雕菰集》卷一〇《詩說》："余有老柘二株，召善攻木者修剔之，乃登柘，以繩先縛其枝，而後斧之。《小弁》之詩曰：'伐木'云云，即伐木之情狀，而鍊一'掎'字以寫之。余屋後土垣圮於雨，召佃客築之。垣成，以繩纏柳鞭之，使堅。《緜》之詩曰：'削屢馮馮'，'屢'者斂也，斂之使堅；'削'用錛，'屢'用鞭，二字尤鍊甚。說詩者以姚合、賈島病在刻意雕琢，偶舉此二條以訊之。"王鐸《擬山園初集》有黃道周序（《黃忠端公全集》未收）云："或又謂《三百》無意爲詩也。今請觀'陰靷'、'鋈續'、'魦鮍'、'緄縢'、'儵儵'、'薨薨'、'洸洸'、'叟叟'，及夫'鞞琫'、'穧庠'、'鈎膺'、'鏤錫'、'鞹鞃'、'淺幭'、'莽蜂'、'大糦'，寧非古人攻琢而出者？"二說相類，皆知《詩》之爲詩，而仍尊《詩》之爲經，故過情溢美耳。姚、賈纖碎有之，了不堅澀。焦氏所舉，祇是古今語異，未徵洗伐之功；例如"屢"即"斂"，得謂"斂"字"鍊甚"乎？黃氏所稱，舍"薨薨"形容衆多，尚可節取，"叟叟"象聲，已見前論"坎坎"，其餘都如《論衡·自紀》篇所言："後人不曉，世相離遠，此名曰語異，不名曰才鴻"。以此求文，則將被《文心雕龍·練字》篇所嘲："豈直才懸，抑亦字隱。……一字詭異，則羣句震驚，三人弗識，將成字妖"。《三百篇》非無攻琢、雕鍊之詞，即以《小弁》論，"我心憂傷，怒焉如擣"，可稱驚心動魄，一字千金，乃竟交臂失之。《詩》自有連城之璧，而黃、焦徒識珷玞爾。

五六　大　東

"跂彼織女，終日七襄；雖則七襄，不成報章。睆彼牽牛，不以服箱。……維南有箕，不可以簸揚。維北有斗，不可以挹酒漿"；《箋》："織女有織名爾"；《正義》："是皆有名無實"。按科以思辯之學，即引喻取分而不可充類至全（pars pro toto）也①，參觀《周易》卷論《歸妹》。此意祖構頻仍，幾成葫蘆依樣。《易林·小過》之《比》又《大畜》之《益》皆以"天女推杼，不成文章；南箕無舌，飯多沙糠"爲"虛象盜名"；《豫》之《觀》又云："膠車木馬，不利遠駕。"《古詩十九首》："南箕北有斗，牽牛不負軛；良無磐石固，虛名復何益！"。王符《潛夫論·思賢》："金馬不可以追速，土舟不可以涉水也。"任昉《述異記》卷上："魏武帝陵下銅駝、石犬各一，古詩云：'石犬不可吠，銅駝徒爾爲！'"。《抱朴子》外篇《博喻》："鋸齒不能咀嚼，箕舌不能辨味，壺耳不能理音，屬鼻不能識氣，釜目不能據望舒之景，牀足不能有尋常之逝。"《金樓子·終制》篇："金蠶無吐絲之實，瓦雞乏司晨之用"，《立言》篇上："夫陶犬無守夜之

---

① E. Cassirer, *Philosophie der symbolischen Formen*, II, 66, 83, 87 (ein Grundprinzip der "primitiven Logik").

警，瓦雞無司晨之益，塗車不能代勞，木馬不能驅逐"，《立言》篇下復以此數喻合之《抱朴子》諸喻而鋪張之。《魏書·李崇傳》請修學校表："今國子雖有學官之名，無教授之實，何異兔絲、燕麥、南箕、北斗哉！"；《北齊書·文宣紀》詔："譬諸木犬，猶彼泥龍，循名督實，事歸烏有"。《古樂府》："道旁兔絲，何嘗可絡？田中燕麥，何嘗可穫？"；李白《擬古》之六："北斗不酌酒，南箕空簸揚"；韋應物《擬古》之七："酒星非所酌，月桂不爲食，虛薄空有名，爲君長歎息"；白居易《寓意》之三："促織不成章，提壺但聞聲，嗟彼蟲與鳥，無實有虛名"，又《放言》之一："草螢有耀終非火，荷露雖團豈是珠？不取燔柴兼照乘，可憐光彩亦何殊！"；韓愈《三星行》："我生之辰，月宿南斗，牛奮其角，箕張其口。牛不見服箱，斗不挹酒漿，箕獨具神靈，無時停簸揚"，則不衹引申而能翻騰；黃庭堅《演雅》："絡緯何曾省機織？布穀未應勤種播"；楊萬里《誠齋集》卷三六《初夏即事》："提壺醒眼看人醉，布穀催農不自耕"；黃公度《莆陽知稼翁集》卷五《偶成》："野鳥春布穀，階蟲秋絡絲；呦呦空過耳，終不救寒饑"；劉克莊《後村大全集》卷一〇一《題汪薦文卷》摘其《演雅》中句云："布穀不稼不穡，巧婦無褐無衣，提壺不可挹酒，絡緯匪來貿絲"；郭文《滇南竹枝詞》："金馬何曾半步行，碧雞那解五更鳴；儂家夫婿久離別，恰似兩山空得名！"（《明詩紀事》乙籤卷一三）；熊稔寰《南北徽池雅調》卷一《劈破玉·虛名》："蜂針兒尖尖的做不得繡，螢火兒亮亮的點不得油，蛛絲兒密密的上不得篦，白頭翁舉不得鄉約長，紡織娘叫不得女工頭。有什麼絲線兒相牽，也把虛名掛在傍人口！"。清初韓程愈《白松樓集略》卷五《槐國詩》三十首，尤爲洋洋大觀：《槐國》、《蜂衙》、《蛙鼓》、《蝶板》、《鶯梭》、《雁字》、《麥浪》、《松濤》、《荷珠》、《竹粉》、《燈花》、《燭淚》、《花裀》、《柳絮》、《蒲劍》、《秧針》、《茭簪》、《荇帶》、《蘆筆》、《蕉緘》、《紙鳶》、《繭虎》、《游絲》、《苔錢》、《茄牛》、《蟬猴》、《橘燈》、《蛋鶴》、《核舟》、《蓮蓬人》，皆七言絕句，小序云："柳子厚《永州鐵爐步志》亟譏世之無其實而冒其名者，偶雨中無事，思萬物之不得實而冒其名，以欺鄉里小兒者多矣！戲爲小詩，以識感慨。"韓氏好吟而不工詩，詞旨鈍拙，音律未嫻，此三十絕，依然吳蒙（如《蘆筆》云："江淹何勞夢裏求"，以江文通之名讀爲"淹沒"之"淹"，誤平爲仄，失拈貽譏），較之同時吳偉業《梅村詩集》卷一三《繭虎》、《茄牛》、《鴑鶴》、《蟬猴》、《蘆筆》、《橘燈》、《桃核船》、《蓮蓬船》七律八首，不中作僕。然吳詩騖使事屬對之能，韓詩寄控名責實之戒，宗旨不侔。柳宗元文云："嘗有鍛鐵者居，其人去而爐毀者不知年矣，獨有其號冒而存。余曰：'嘻！世固有事去名存而冒焉若是耶！'"雖亦斥冒名，其事卻似王安石詠《謝安墩》詩所謂："不應墩姓尚隨公！"韓氏命題取材，乃言有名無實，非指實往名留，與柳文初不相類，蓋遙承《詩·大東》之遺意而不自知耳！清季屠潛源《聯珠百詠》增廣《松釵》、《榆錢》、《蘆筆》之類爲百題，題各七律一首，偶有工者。韓、吳等詩皆詠"繭虎"，今語有"紙老虎"，亦已見明季載籍。如《水滸》第二五回潘金蓮激西門慶曰："急上場便沒些用，見個紙虎也嚇一交"，潘問奇《拜鵑堂詩集》卷一《五人墓》："豎刁任挾冰山勢，緹騎俄成紙虎威"；清人沿用，如沈起鳳《伏虎韜》第四折門斗白："閑人閃開！紙糊老虎來了！"亦指"有名無實"，猶德俚語所謂"橡膠獅子"（Gummilöwe）[①]，正瓦雞、木馬、南箕、北斗之連類矣。

[①] H. Küpper, *Wörterbuch der deutschen Umgangssprache*, II, 126.

【增訂一】蔣士銓《忠雅堂詩集》卷二〇《秋聲館》之七："一切有形如是,雪獅、紙虎、泥牛。"

西方兒歌舉"分喻"之例,有曰:"針有頭而無髮"(A pin has a head, but no hair),"山有足而無股"(A hill has no leg, but has a foot),"錶有手而無指"(A watch has hands, but no thumb or finger),"鋸有齒不能噬"(A saw has teeth, but it does not eat)等等,皆"虛名"也①。鋸例尤與《抱朴子》、《金樓子》不謀而合。十六、十七世紀詩文中嘲諷虛冒名義,則每以情詩中詞藻爲口實。窮士無一錢看囊,而作詩贈女郎,輒奉承其髮爲"金"、眉爲"銀"、睛爲"綠寶石"、唇爲"紅玉"或"珊瑚"、齒爲"象牙"、涕淚爲"珍珠",遣詞豪奢,而不辦以此等財寶自救飢寒②;十九世紀小説尚有此類濫藻③,人至謔謂詩文中描摹女色大類珠寶鋪之陳列窗,祇未及便溺亦爲黄金耳(Les descriptions de femmes ressemblent à des vitrines de bijoutier. On y voit des cheveux d'or, des yeux émeraudes, des dents perles, des lèvres de corail. Qu'est-ce, si l'on va plus loin dans l'intime! En amour, on pisse de l'or)④。或則侈陳情燄熾燃,五内若有洪爐,身卻瑟縮風雪中,號寒欲僵⑤。《左傳》哀公二十五年所嘲"食言多矣,能無肥乎?",賈島《客喜》所歎"鬢邊雖有絲,不堪織寒衣",彷彿斯意也。

---

① Christina Rossetti: "Sing-song", *Poetical Works*, ed. W. M. Rossetti, 432-3.
② Marino: "Ninfa avara", *Marino e i Marinisti*, Riccardo Ricciardi, 543-4; Cervantes: "Man of Glass", *Three Exemplary Novels*, tr. S. Putnam, 101.
③ Peacock, *Melincourt*, ch. 12, *The Novels of T. L. Peacock*, Simpkin, Marshall, Hamilton, Kent & Co., 552.
④ J. Renard, quoted in L. Guichard, *L'Oeuvre et l'Âme de Jules Renard*, 50.
⑤ Boccaccio, *Il Decamerone*, VIII, 7, Ulrico Hoepli, 502-3; H. Weber, *La Création poétique au 16ᵉ Siècle en France*, I, 175-6.

五七　楚　茨

"先祖是皇，神保是饗"；《傳》："保、安也"；《箋》："鬼神又安而享其祭祀。"按毛、鄭皆誤；"神保"者，降神之巫也。《楚辭·九歌·東君》："思靈保兮賢姱"，洪興祖註："說者曰：'靈保、神巫也'"；俞玉《書齋夜話》卷一申其說曰："今之巫者，言神附其體，蓋猶古之'尸'；故南方俚俗稱巫爲'太保'，又呼爲'師人'，'師'字亦即是'尸'字"。"神保"正是"靈保"。本篇下文又曰："神保是格，報以介福"，"神嗜飲食，卜爾百福"；"神具醉止，皇尸載起，鼓鐘送尸，神保聿歸"，"神嗜飲食，使君壽考"。"神保"、"神"、"尸"一指而三名，一身而二任。"神保是格"，"鼓鐘送歸"，可參稽《尚書·舜典》："夔典樂，神人以和，祖考來格。"樂與舞相連，讀《文選》傅毅《舞賦》便知，不須遠徵。《說文》："巫：祝也。女能事無形，以舞降神者也"，而《墨子·非樂》上論"爲樂非也"，乃引："湯之《官刑》有曰：'其恒舞於宮，是謂巫風。'"蓋樂必有舞爲之容，舞必有樂爲之節，二事相輔，所以降神。《詩》中"神"與"神保"是一是二，猶《九歌》中"靈"與"靈保"亦彼亦此。後世有"跳神"之稱，西方民俗學著述均言各地巫祝皆以舞蹈致神之

-258-

格思①，其作法時，儼然是神，且舞且成神（der Tänzer ist der Gott, *wird* zum Gott）②。聊舉正史、俗諺、稗説各一則，爲之佐證。《漢書·武五子傳》廣陵王胥"迎女巫李女須，使下神祝詛。女須泣曰：'孝武帝下我'。左右皆伏。言：'吾必令胥爲天子'！"；前"我"、巫也，後"吾"、武帝也，而同爲女須一人之身。元曲《對玉梳》第一齣："俺娘自做師婆自跳神"，明高拱《病榻遺言》記張居正陰傾害而陽保全，"俗言：'又做師婆又做鬼'"；師婆、鬼神，"自做"、"又做"，一身二任。《聊齋志異》卷六《跳神》乃蒲松齡心摹手追《帝京景物略》筆致之篇，寫閨中神卜，始曰："婦刺刺瑣絮，似歌又似祝"，繼曰："神已知，便指某：'姍笑我，大不敬！'"；夫所謂"神"，即"婦"也，而"婦"、正所謂"神"也，"我"者、元稹《華之巫》詩所謂："神不自言寄余口"。反而求之《楚茨》、《九歌》，於"神"，"靈"與"神"、"神保"二一一二之故，不中不遠矣。

---

① E. Rohde, *op. cit.*, 261—3 (Ekstasis, enthousiasmos and the dance).
② E. Cassirer, *op. cit.*, II, 53.

五八 大 明

"維師尚父,時維鷹揚";《傳》:"師、大師也,尚父、可尚可父";《正義》:"劉向《別錄》云'師之,尚之,父之,故曰師尚父,父亦男子之美號。'"按《北齊書·徐之才傳》:"鄭道之常戲之才爲'師公',之才曰:'既爲汝師,又爲汝公,在三之義,頓居其兩'";即仿劉向之解。後來以"尚父"連稱,如《三國志·魏書·董、二袁、劉傳》裴註引《獻帝紀》:"卓既爲太師,復欲稱'尚父',以問蔡邕。"劉向陳義,世降浸晦;詞章家嗜奇避熟,取資對仗,偶一用之。如蘇頌《蘇魏公集》卷一一《三月二日奉詔赴西園曲宴席賦呈致政開府太師》第二首:"位冠三公師尚父,躬全五福壽康甯",自註劉向云云(此詩凡四首,亦見張嵲《紫微集》卷七,乃四庫館臣沿襲《永樂大典》卷九一七《師》字誤編)。白珽《湛淵靜語》卷一:"有士人投啟於真西山,以'爵齒德'對'師尚父',館客哂之。西山曰:'謂可師、可尚、可父'"。樊增祥《樊山集》卷一九《上翁尚書》第六首:"名德已高師尚父,閒情猶寄畫書詩",自註或投真西山啟云云,蓋數典忘祖,不記有漢唐註疏矣。

五九　桑　柔

　　"誰能執熱，逝不以濯"；《傳》："濯所以救熱也"；《箋》："當如手持熱物之用濯。"按黃生《義府》卷上駁鄭箋及《孟子·離婁》章趙註之誤，謂"執"如"執友"之"執"，言"固持"，乃"熱不可解"之意，並引《千字文》、杜甫詩爲例。王鳴盛《蛾術編》卷八二與之不謀而合，舍《千字文》外，舉《墨子》、韓愈文、陸龜蒙詩，而引杜詩尤詳。胡承珙《毛詩後箋》卷二五似未覯黃、王二氏書，僅據楊慎所引杜詩、韓文、段玉裁所引杜詩等，而補以《墨子》及杜詩一例。《唐詩歸》卷一九杜甫《課伐木》："爾曹輕執熱"，鍾惺評云："考亭解《詩》'誰能執熱，逝不以濯'，'執'字作'執持'之'執'。今人以水濯手，豈便能執持熱物乎？蓋熱曰'執熱'，猶云'熱不可解'，此古文用字奧處。'濯'即洗濯之'濯'，浴可解熱也。杜詩屢用'執熱'字，皆作實用，是一證據，附記於此焉。"鍾、譚荒陋，數百年間嗤笑之者，齒欲冷而面幾如韡皮，宜學人於其書，未嘗過而問也。

六〇　常　武

"王旅嘽嘽，如飛如翰，如江如漢，如山之苞，如川之流。綿綿翼翼，不測不克，濯征徐國"；《傳》："嘽嘽然、盛也；疾如飛；摯如翰；苞、本也；綿綿、靚也；翼翼、敬也"；《箋》："嘽嘽、閒暇有餘力之貌；其行疾自發舉，如鳥之飛也，翰，其中豪俊也；江漢以喻盛大也，山本以喻不可驚動也；川流以喻不可禦也；王兵安靚且皆敬"；《正義》："兵法有動有靜；靜則不可驚動，故以山喻；動則不可禦止，故以川喻。兵法應敵出奇，故美其不可測度。"按《箋》勝《傳》，《正義》又勝《箋》，以兵法釋之，尤爲具眼。《江漢》雖云："江漢浮浮，武夫滔滔"，"江漢湯湯，武夫洸洸"，不若此詩於"如江如漢"之後，進而言其靜如山、動如川也。姜南《學圃餘力》解此章略云："如飛，疾也；如江，衆也；如山，不可動也；如川，不可禦也；綿綿，不可絕也；翼翼，不可亂也；不測，不可知也；不克，不可勝也。《孫子》曰：'其疾如風，其徐如林，侵略如火，不動如山，難知如陰陽，動如雷霆'。《尉繚子》曰：'重者如山如林，輕者如炮如燔。'二子言兵勢，皆不外乎《詩》之意。"實即申《正義》之意，庶幾無賸義。姜氏僅引《孫子·軍爭》篇；《虛實》篇尚有

"夫兵形象水"一語，可以釋"如江如漢"、"如川"，枚乘《七發》正以"波涌濤起"比之"軍行"及"勇壯之卒"，"遇者死，當者壞"。《荀子·議兵》篇："圜居而方止，則若盤石然"，《韓詩外傳》卷三演之曰："圜居則若丘山之不可移也，方居則若盤石之不可拔也"；僅言其靜，未及其動。《淮南子·兵略訓》則曰："擊之若雷，薄之若風，炎之若火，凌之若波"，又曰："止如邱山，發如風雨"，則與《孫子》相似。"如飛"而能"翼翼"，又塔索（Tasso）寫十字軍行軍名句所謂"速而有律"（rapido sì, ma rapido con legge）[①]耳。

---

① *Gerusalemme Liberata*，III.2，*Poesie*，Riccardo Ricciardi，59.

左傳正義

六七則

一　杜預序

"爲例之情有五。一曰微而顯，文見於此，而起義在彼；……二曰志而晦，約言示製，推以知例；……三曰婉而成章，曲從義訓，以示大順；……四曰盡而不汙，直書其事，具文見意；……五曰懲惡而勸善，求名而亡，欲蓋而章。……言《公羊》者亦云：……危行言孫，以辟當時之害，故微其文，隱其義。……製作之文，所以章往考來，情見乎辭；言高則旨遠，辭約則義微，此理之常，非隱之也。聖人包周身之防；既作之後，方復隱諱以辟患，非所聞也！"按五例逕取之成公十四年九月《傳》："君子曰：'《春秋》之稱，微而顯，志而晦，婉而成章，盡而不汙，懲惡而勸善。非聖人孰能脩之！'"昭公三十一年冬《傳》："《春秋》之稱，微而顯，婉而辯"；《春秋繁露·竹林》篇："《春秋》記天下之得失而見所以然之故，甚幽而明，無傳而著"；皆可印證。竊謂五者乃古人作史時心嚮神往之楷模，殫精竭力，以求或合者也，雖以之品目《春秋》，而《春秋》實不足語於此。使《春秋》果堪當之，則"無傳而著"，三《傳》可不必作；既作矣，亦真如韓愈《寄盧仝》詩所謂"束高閣"，俾其若存若亡可也。較之左氏之記載，《春秋》洵爲"斷爛朝報"（孫覺《春秋經解》周麟之跋引王安石語，陸佃《陶山集》卷一二《答崔子方秀才書》記安石語較詳）；徵之公、穀之闡解，《春秋》復似迂曲讇識。烏覩所謂"顯"、"志"、"辯"、"成章"、"盡"、"情見乎辭"哉？揚言能覬之於《經》者，實皆陰求之於《傳》，猶私窺器下物而射覆也。

【增訂四】《荀子·勸學篇》："春秋約而不速"；楊倞註："文義隱約，褒貶難明，不能使人速曉其意也。"即杜預《序》所謂"志而晦"也。原引周麟之語見《海陵集》卷二二《跋先君講春秋序後》。

汪士鐸《悔翁乙丙日記》卷三論《春秋》曰："其書亡矣。今所傳者，《通鑑》之大目錄也，其義具於其書，不可得見矣。"《經》之與《傳》，尤類今世報紙新聞標題之與報道。苟不見報道，則祇覩標題造語之繁簡、選字之難易，充量更可覩詞氣之爲"懲"爲"勸"，如是而已；至記事之"盡"與"晦"、"微"與"婉"，豈能得之於文外乎？苟曰能之，亦姑妄言之而妄聽之耳。《全後漢文》卷一四桓譚《新論·正經》："左氏《傳》於《經》，猶衣之表裏，相待而成。《經》而無《傳》，使聖人閉門思之，十年不能知也"；劉知幾《史通》外篇《申左》引譚語而申說之，以明"《左傳》不作，則當代行事安得而詳？……設使世人習《春秋》而惟取兩《傳》也，則……二百四十年行事，茫然闕如"；邵博《聞見後錄》卷二一載富弼與歐陽修書："豈當學聖人作《春秋》？隱奧微婉，使後人傳之、註之，尚未能通；疏之又疏之，尚未能盡；以至爲說、爲解、爲訓釋、爲論議，經千餘年而學者至今終不能貫澈曉了"。蓋"五例"者，實史家之懸鵠，非《春秋》所樹範。唐宋人陸淳、孫復之流舍《傳》求《經》，豈非過信董仲舒"無傳而著"一語歟？掩目捕雀，塞耳盜鐘，是亦誤用其苦心矣。《漢書・藝文志》：" 《春秋》所貶損大人當世君臣，有威權勢力，其事實皆形於《傳》，是以隱其書而不宣，所以免時難也"；即杜預《序》所駁公羊家説耳。

就史書之撰作而言，"五例"之一、二、三、四示載筆之體，而其五示載筆之用。就史學之演進而言，"五例"可徵史家不徒紀事傳人（erzählende oder referierende），又復垂戒致用（lehrhafte oder pragmatische），尚未能通觀古今因革沿變之理，道一以貫（entwickelnde oder genetische），三階已陟其二矣①。"微"、"晦"、"不汙"，意義鄰近，猶"顯"、"志"、"成章"、"盡"也。"微"之與"顯"，"志"之與"晦"，"婉"之與"成章"，均相反以相成，不同而能和。"汙"、杜註："曲也，謂直言其事，盡其事實，而不汙曲"；杜序又解爲"直書其事"。則齊此語於"盡而直"，頗嫌一意重申，駢枝疊架，與前三語不倫。且也，"直"不必"盡"（the truth but not the whole truth），未有"盡"而不"直"者也。《孟子・公孫丑》章："汙不至阿其所好"，焦循《正義》："'汙'本作'洿'，蓋用爲'夸'字之假借，夸者大也"；《荀子・大畧》篇稱《小雅》"不以於汙上"，亦即此"汙"字。言而求"盡"，每有過甚之弊，《莊子・人間世》所謂"溢言"。不隱不諱而如實得當，周詳而無加飾，斯所謂"盡而不汙"（the whole truth, and nothing but the truth）耳。古人論《春秋》者，多美其辭約義隱，通識如劉知幾，亦不免隨聲附和。

---

① Cf. E. Bernheim, *Lehrbuch der historischen Methode und der Geschichtsphilosophie*, 6. Aufl., 17.

《史通·敍事》篇云："《春秋》變體，其言貴於省文。"省文之貴，用心是否欲寡辭遠禍，"辟當時之害"，成章是否能"損之又損而玄之又玄"，姑不具論。然有薄物細故，爲高睨大談者所勿屑着眼掛吻，可得而言也。春秋著作，其事煩劇，下較漢晉，殆力倍而功半焉。文不得不省，辭不得不約，勢使然爾。孫鑛《月峯先生全集》卷九《與李于田論文書》："精腴簡奧，乃文之上品。古人無紙，汗青刻簡，爲力不易，非千錘百鍊，度必不朽，豈輕以災竹木？"章學誠《乙卯劄記》曰："古人作書，漆文竹簡，或著縑帛，或以刀削，繁重不勝。是以文詞簡嚴，取足達意而止，非第不屑爲冗長，且亦無暇爲冗長也。後世紙筆作書，其便易十倍於竹帛刀漆，而文之繁冗蕪蔓，又遂隨其人之所欲爲。作書繁衍，未必盡由紙筆之易，而紙筆之故，居其强半。"阮元《揅經室三集》卷三《文言說》亦曰："古人無筆硯紙墨之便，……非如今人下筆千言，言事甚易也。"雖皆不爲《春秋》而發，而《春秋》固不能外此。然則五例所讚"微"、"晦"，韓愈《進學解》所稱"謹嚴"，無乃因傴以爲恭，遂亦因難以見巧耶？古人不得不然，後人不識其所以然，乃視爲當然，又從而爲之詞。於是《春秋》書法遂成史家模楷，而言史筆幾與言詩筆莫辨。楊萬里《誠齋集》卷一一四《詩話》嘗引"微而顯"四語與《史記》稱《國風》二語而申之曰："此《詩》與《春秋》紀事之妙也！"因舉唐宋人詩詞爲例（參觀卷八三《頤菴詩稿序》），是其驗矣。《史通·敍事》一篇實即五例中"微"、"晦"二例之發揮。有曰："敍事之工者，以簡要爲主，簡之時義大矣哉！……晦也者，省字約文，事溢於句外。然則晦之將顯，優劣不同，較可知矣。……一言而鉅細咸該，片語而洪纖靡漏，此皆用晦之道也。……夫《經》以數字包義,而《傳》以一句成言,雖繁約有殊,而隱晦無異。……雖發語已殫,而含意未盡,使夫讀者望表而知裏,捫毛而辨骨,睹一事於句中,反三隅於字外,晦之時義大矣哉!"《史通》所謂"晦",正《文心雕龍‧隱秀》篇所謂"隱","餘味曲包","情在詞外";施用不同,波瀾莫二。劉氏復終之曰:"夫讀古史者,明其章句,皆可詠歌";則是史是詩,迷離難別。老生常談曰"六經皆史",曰"詩史",蓋以詩當史,安知劉氏直視史如詩,求詩於史乎?惜其跬步即止,未能致遠入深。劉氏舉《左傳》宋萬裏犀革、楚軍如挾纊二則,爲敍事用晦之例。顧此僅字句含蓄之工,左氏於文學中策勳樹績,尚有大於是者,尤足爲史有詩心、文心之證。則其記言是矣。

吾國史籍工於記言者,莫先乎《左傳》,公言私語,蓋無不有。雖云左史記言,右史記事,大事書策,小事書簡,亦衹謂君廷公府爾。初未聞私家置左右史,燕居退食,有珥筆者鬼瞰狐聽於傍也。上古既無錄音之具,又乏速記之方,駟不及舌,而何其口角親切,如聆謦欬歟?或爲密勿之談,或乃心口相語,屬垣燭隱,何所據依?如僖公二十四年介之推與母偕逃前之問答,宣公二年鉏麑自殺前之慨歎,皆生無傍證、死無對證者。註家雖曲意彌縫,而讀者終不饜心息喙。紀昀《閱微草堂筆記》卷一一曰:"鉏麑槐下之詞,渾良夫夢中之譟,誰聞之歟?";李元度《天岳山房文鈔》卷一《鉏麑論》曰:"又誰聞而誰述之耶?"李伯元《文明小史》第二五回王濟川亦以此問塾師,且曰:"把他寫上,這分明是個漏洞!"蓋非記言也,乃代言也,如後世小説、劇本中之對話獨白也。左氏設身處地,依傍性格身分,假之喉舌,想當然耳。《文心雕龍‧史傳》篇僅知"追述遠代"而欲"偉其

— 271 —

事"、"詳其跡"之"譌",不知言語之無徵難稽,更逾於事跡也。《史通·言語》篇僅知"今語依仿舊詞"之失實,不知舊詞之或亦出於虛託也。《孔叢子·答問》篇記陳涉讀《國語》驪姬夜泣事,顧博士曰:"人之夫婦,夜處幽室之中,莫能知其私焉,雖黔首猶然,況國君乎?余以是知其不信,乃好事者爲之詞!"博士對曰:"人君外朝則有國史,內朝則有女史,……故凡若晉侯驪姬牀笫之私、房中之事,不可掩焉。"學究曲儒以此塞夥涉之問耳,不謂劉知幾陰拾唾餘,《史通·史官建置》篇言古置內朝女史,"故晉獻惑亂,驪姬夜泣,牀笫之私,不得掩焉"(浦起龍《通釋》未註)。有是哉?盡信書之迂也!《左傳》成公二年晉使鞏朔獻捷於周,私賄而請曰:"非禮也,勿籍!","籍"、史官載筆也。則左、右史可以徇私曲筆(參觀《困學紀聞》卷一《中說·問易》條翁元圻註),而"內史"彤管乃保其"不掩"無諱耶?驪姬泣訴,即俗語"枕邊告狀",正《國語》作者擬想得之,陳涉所謂"好事者爲之詞"耳。方中通《陪集》卷二《博論》下:"《左》、《國》所載,文過其實者強半。即如蘇、張之游說,范、蔡之共談,何當時一出諸口,即成文章?而又誰爲記憶其字句,若此其纖悉不遺也?"解事不減陳涉。明、清評點章回小說者,動以盲左、腐遷筆法相許,學士哂之。哂之誠是也,因其欲增稗史聲價而攀援正史也。然其頗悟正史稗史之意匠經營,同貫共規,泯町畦而通騎驛,則亦何可厚非哉。史家追敘真人實事,每須遙體人情,懸想事勢,設身局中,潛心腔內,忖之度之,以揣以摩[1],庶幾入

---

[1] Cf. W. Dilthey, *Entwürfe zur Kritik der historischen Vernunft*, I.i.1, *Gesammelte Werke*, hrsg. G. Misch et al., VII, 191 (das Verstehen als ein Wiederfinden des Ich im Du); M. Scheler, *Wesen und Formen der Sympathie*, 3. Aufl., 4 (die Gabe des Nacherlebens); R.G. Collingwood, *The Idea of History*, 40 (imaginative construction).

情合理。蓋與小説、院本之臆造人物、虛構境地，不盡同而可相通；記言特其一端。《韓非子·解老》曰："人希見生象也，而得死象之骨，案其圖以想其生也；故諸人之所以意想者，皆謂之象也。"斯言雖未盡想象之靈奇酣放，然以喻作史者據往跡、按陳編而補闕申隱，如肉死象之白骨，俾首尾完足，則至當不可易矣。《左傳》記言而實乃擬言、代言，謂是後世小説、院本中對話、賓白之椎輪草創，未遽過也。古羅馬修詞學大師昆體靈（Quintilian）稱李威（Livy）史紀中記言之妙，無不適如其人、適合其事（ita quae dicuntur omnia cum rebus tum personis accomodata sunt）；黑格爾稱蘇錫狄德士史紀中記言即出作者增飾，亦復切當言者爲人（Wären nun solche Reden, wie z. B. die des Perikles... auch von Thukydides ausgearbeitet, so sind sie dem Perikles doch nicht fremd）①。鄰壁之光，堪借照焉。

【增訂四】黑格爾稱修昔底德語即本諸修昔底德自道（Thucydides, I. xxii. 13, Loeb, Vol. I, p. 39），詳見《談藝録》（補訂本）第五則"此節當時有爲而發"條補訂。十六世紀錫德尼《原詩》早言：史家載筆，每假詩人伎倆為之；希羅多德及其祖構者叙述戰鬭，亦效詩人描摹情思之法，委曲詳盡，實則無可考信，所記大君名將輩丁寧諭衆之言，亦臆造而不啻若自其口出爾（Even historiographers... have been glad to borrow both fashion and perchance weight of Poets. ... Herodotus... and all the rest that followed him either

---

① *Institutio oratoria*, X. i. 101. "Loeb", IV, 58; *Philosophie der Geschichte*, Reclam, 35.

stole or usurped of poetry their passionate describing of passions the many particularities of battles, which no man could affirm, or... long orations put in the mouths of great kings and captains, which it is certain they never pronounced.—Philip Sidney, *An Apology for Poetry*, in E. D. Jones, ed., *English Critical Essays*, "World's Classics",pp.3-4)。十九世紀古里埃論普羅塔克所撰名人傳記云:"渠儂祇求文字之工,於信實初不措意。為琢句圓整,或且不惜顛倒戰事之勝負"(il [Plutarque] se moque des faits.... n'ayant souci que de paraître habile écrivain. Il ferait gagner à Pompée la bataille de Pharsale, si cela pouvait arrondir tant soit peu sa phrase.—P. -L. Courier, in Sainte-Beuve, *Causeries du lundi*, Vol. VI, p.333)。又大類章學誠《古文十弊》所譏"事欲如其文"而非"文欲如其事"矣。

二　隱　公

　　"仲子生而有文在其手，曰：'爲魯夫人'"；《註》："以手理自然成字，有若天命"；《正義》："成季、唐叔亦有文在手，曰'友'，曰'虞'，曰'下'。……隸書起於秦末，手文必非隸書；石經古文'虞'作''，'魯'作''，手文容或似之。其'友'及'夫人'，固當有似之者也。"按《論衡》之《自然》、《紀妖》兩篇皆合舉仲子、季友、叔虞三事爲"自然"、"氣象"之例。孔疏此解，又勝王氏一籌；王氏尚謂爲"書"，孔氏直斷言"手文"似書字爾。孔氏於《左傳》所記神異，頗不信許，每釋以常理，欲使誕而不經者，或爲事之可有。如文公元年，楚王縊，謐之曰"靈"，不瞑，曰"成"，乃瞑；《正義》："桓譚以爲自縊而死，其目未合，屍冷乃瞑，非由謚之善惡也。"襄公十九年，荀偃卒而視；《正義》引桓譚語略同。宣公三年，燕姞夢天；《正義》："夢言天者，皆非天也。……明皆恍惚之言，或別有邪神，夢者不識，而妄稱天耳"，且條舉《左傳》所載夢天之事而駁之。哀公十四年，獲麟；《正義》："魯史所以書'獲麟'，由仲尼辨之故也。服虔云：'明麟爲仲尼至也'；然則防風之骨、肅慎之矢、季氏之墳羊、楚王之萍實，皆問仲尼而後知，豈爲仲尼至也？"此類視《論衡》之《異虛》、《指瑞》及《風俗通》之《正失》、《怪神》等篇，未爲遠遜也。

三　隱公元年

"莊公寤生，驚姜氏"；《註》："寐寤而莊公已生"。按黃生《義府》卷上駁杜註云："寤而已生，此正產之極易，何必反驚而惡之？'寤'當與'牾'通；逆生，則產必難。《風俗通》云：'兒生而能開目視者，曰：寤生'；此亦一說。《南燕錄》：慕容皝夫人晝寢生德，覬曰：'此兒易生，似鄭莊公。'焦氏《筆乘》載吳元滿解，與余同，但以'寤'爲'遌'則非；'遌'乃迎逆，非反逆也。"姚範《援鶉堂筆記》卷一〇、桂馥《札樸》卷二均引《南燕錄》晉咸康二年慕容德事及《前秦錄》蒲洪母因寢產洪以申杜註。黃解是也；慕容皝之言，尚沿杜註之誤耳。《困學紀聞》卷六引《風俗通》解"寤生"，全祖望註："寤生，牾生也"；與黃暗合。莎士比亞歷史劇中寫一王子弒篡得登寶位，自言生時兩足先出母體（For I have often heard my mother say, /I came into the world with my legs forward）①，即"牾生"也；今英語謂之"breech presentation"。

"公曰：'多行不義，必自斃，子姑待之。'"按閔公元年，

---

① *III Henry VI*: V. vi. 70–1.

仲孫湫論慶父曰:"難不已,將自斃,君其待之";定公六年,公叔文子諫衛侯曰:"天將多陽虎之罪以斃之,君姑待之,若何?";《韓非子·說林》下有與悍者鄰,欲賣宅避之,人曰:"是其貫將滿矣,子姑待之。""待"之時義大矣哉。"待"者,待惡貫之滿盈、時機之成熟也,故本節下文云:"公聞其期,曰'可矣!'"《漢書·五行志》上董仲舒對策曰:"魯定公、哀公時,季氏之惡已熟",即《韓非子》所謂"貫滿";《孟子·告子》以麰麥喻人性曰:"至於日至之時,皆熟矣",即鄭莊公之"聞期曰'可'"。《禮記·內則》:"諫若不入,……說則復諫,……寧孰諫",《正義》:"純孰殷勤而諫,若物之成孰然";《史記·韓信、盧綰傳》:"太史公曰:'於戲悲夫!夫計之生熟成敗,於人也深矣!'";《北齊書·陸法和傳》法和曰:"凡人取果,宜待熟時,不撩自落,檀越但待侯景熟。"文藝復興時意大利政論家亦標"待熟"(aspettare la sua maturità, la sua stagione)之説①;培根論待時,謂機緣有生熟(the Ripeness or Unripenesse of the Occasion)②;孟德斯鳩論修改法律,謂籌備之功須數百載,待諸事成熟(les événements mûrissent),則變革於一旦③;李伐洛謂人事亦有時季(les opérations des hommes ont leur saison),若物候然④。

"公曰:'不義不暱,厚將崩'";《註》:"不義於君,不親於

---

① F. Guicciardini, *Ricordi*, §78, *Opere*, Riccardo Ricciardi, 114.

② Bacon: "Of Delayes", *Essays*, "The World's Classics", 90.

③ Montesquieu, *De l'Esprit des Lois*, Liv. XXVIII, ch. 39, *Oeuvres complètes*, "Bibliothèque de la Pléiade", II, 855.

④ Rivarol, quoted in Sainte-Beuve, *Les Grands Écrivains Français*, ed. Maurice Allem, X, 262.

兄，非衆所附，雖厚必崩。"按解"不暱"爲太叔"不親"莊公，非也。"不暱"謂衆不親附叔段，非謂叔段不親於兄。其語緊承"厚將得衆"而駁之，遥應"多行不義"而申之，言不義則不得衆也。此類句法雖格有定式，而意難一準。或爲因果句，如《論語·述而》之"不憤不啟，不悱不發"，《墨子·尚賢》上之"不義不富，不義不貴"；後半句之事乃由前半句之事而生，猶云"不憤則不啟"、"不義則不貴"耳。或爲兩端句，如《禮記·禮器》之"不豐不殺"，《莊子·應帝王》之"不將不迎"；釋典中尤成濫調套語，如《圓覺經》之"不即不離"，《心經》之"不生不滅，不垢不淨，不增不減"；雙提兩事而並闢之，猶云"不豐亦不殺"、"非即非離"耳。杜註蓋誤以因果句爲兩端句矣。倘見"豐"與"殺"、"將"與"迎"等之意皆相反，遂類推謂納二字訓反者於此匡格中，斯成兩端句，則又非也。韓愈《原道》曰："不塞不流，不止不行"；"塞"爲"流"反，"止"與"行"倍，猶"生"之與"滅"也，而其爲因果句自若。故祇據句型，末由辨察；所賴以區斷者，上下文以至全篇、全書之指歸也。

【增訂三】《道德指歸論》卷一《得一篇》："不浮不沉，不行不止。……不曲不直，不先不後。"此處"不行不止"為兩端句，而韓愈之"不止不行"為因果句，正據上下文乃至全篇而區以別之。

【增訂四】《後漢書·文苑傳》上傅毅《迪志詩》："匪勤匪昭，匪壹匪測"；章懷註："若不勤勵，則不能昭明其道，不專一，則不能深測。"是亦因果句。

脱於釋典之思路文風，茫乎不曉，僅覩片言隻語，何嘗不可以因果釋之？視"不生不滅"爲此不起則彼不伏，視"不增不減"爲未注兹由於未把彼，視"不垢不淨"爲取象於沐浴之水垢則身方淨，未嘗不可也！王安石《臨川集》卷七二《答韓求仁書》："孔子曰：'管仲如其仁'，仁也；楊子謂'屈原如其智'，不智也。猶之《詩》以'不明'爲明，又以'不明'爲昏；考其辭之終始，其文雖同，不害其意異也。"明通之論，足闡《孟子·萬章》所謂："不以文害詞，不以詞害志"，亦即《莊子·天道》所謂："語之所貴者，意也，意有所隨。"

【增訂四】孟子所謂"以意逆志"，莊子所謂"意有所隨"，釋典言之更明。劉宋譯《楞伽經·一切佛語心品》第三："觀義與語，亦復如是。若語異義者，則不因語辨義，而以語入義，如燈照色"；《一切佛語心品》第四："依於義，不依文字。……如為愚夫以指指月，愚夫觀指，不得實義。"

晁説之《嵩山集》卷一三《儒言》無一則不隱斥安石，而《旨》、《同異》兩則與安石此論如造車合轍。蘇軾《東坡集》卷二三《書〈篆髓〉後》謂"言各有當"，"字同義異"，學者不可以"一字一之"，舉《易》、《論語》中例；薛蕙《薛考功集》卷一〇《與崔子鍾書》謂"不以一物專一字"，亦"不以一説蔽一字"，舉"理"字爲例。《日知錄》卷二七考《國語》言"高高下下"者二，各自爲解；亦足等類。聊增一例。《孟子·梁惠王》："老吾老，幼吾幼"，"老老、幼幼"者，尊之愛之也；《列女傳·齊管妾婧》："毋老老，毋少少"，"老老、少少"者，輕之賤之也。亦"文同不害意異"，不可以"一字一之"，而觀"辭"（text）必究其"終始"（context）耳。論姑卑之，識其小者。兩文儷屬，即每不可以單文孑立之義釋之。尋常筆舌所道，字義同而不害詞意異，字義異而復不害詞意同，比比都是，皆不容"以一説蔽一字"。

【增訂三】《二程遺書》卷一八《伊川語》："凡觀書，不可以相類充其義。不爾，則字字相梗。當觀其文勢上下之意，如'充實之謂美'與《詩》之'美'不同。"程頤、王安石、蘇軾三人意見水火，而論闡解古義，則又水乳。談者有見其畸，忽視其齊也。"不可以相類充其義"亦即"不容以一説蔽一字"，兹增一例。"妻"乃"婦"也，而同著一"寡"字，每不可"以一説蔽"、"以相類充"焉。《詩·大雅·思齊》："刑於寡妻"，"寡"、特獨無倫也，"正室"別於"側室"，"嫡婦"別於"庶婦"，尊尚之稱也（參觀胡承珙《毛詩後箋》卷二三）。潘岳有《寡婦賦》，"寡"、"煢獨靡依"、"塊獨"無偶也，謂不得同室偕老之未亡人，則"窮民無告"之稱耳。《荀子·君子》："天子無妻，告人無匹也"，楊倞註："妻者、齊也。天子尊無與二，故無匹也。""天子無妻"豈得與"窮民"之"老而無妻"蔽以一説哉！

匹似"屈"即"曲"也，而"委屈"與"委曲"邈若河漢。"詞"即"言"也，而"微詞"與"微言"判同燕越。"軍"即"兵"也，而"兵法"與"軍法"大相逕庭。"年"即"歲"也，而"棄十五年之妻"與"棄十五歲之妻"老少懸殊。"歸"與"回"一揆，而言春之去來，"春歸"與"春回"反。"上"與"下"相待，而言物之墮落，"地上"與"地下"同。"心"、"性"無殊也，故重言曰："明心見性"；然"喪失人心"謂不得其在於人者也，而"喪失人性"則謂全亡其在於己者矣。"何如"、"如何"無殊也，故"不去如何"猶"不去何如"，均商詢去抑不去耳；然"何如不去"則不當去而勸止莫去也，"如何不去"則當去而責怪未去矣。苟蓄憤而訴"滿腹委曲"，學道而稱"探索微詞"，處刑而判"兵法從事",讀"棄十五年之妻"而以爲婚未成年之婦,詠"春歸何處"而以爲春來卻尚無春色,見"落在地下"而以爲當是瀉地即入之水銀,解"獨夫喪失人心"爲"喪心病狂"、"失心瘋",視"不去如何"、"如何不去"渾無分別;夫夫也不謂之辨文識字不可,而通文理、曉詞令猶未許在。乾嘉"樸學"教人,必知字之詁,而後識句之意,識句之意,而後通全篇之義,進而窺全書之指。雖然,是特一邊耳,亦祇初桄耳。復須解全篇之義乃至全書之指("志"),庶得以定某句之意("詞"),解全句之意,庶得以定某字之詁("文");或並須曉會作者立言之宗尚、當時流行之文風、以及修詞異宜之著述體裁,方概知全篇或全書之指歸。積小以明大,而又舉大以貫小;推末以至本,而又探本以窮末;交互往復,庶幾乎義解圓足而免於偏枯,所謂"闡釋之循環"(der hermeneutische Zirkel)者是矣①。

【增訂四】"闡釋之循環"由阿士德首申此義,見所撰《語法學、闡釋學、訂勘學本綱》第七五節,其書於一八〇八年問世(Das Grundgesetz alles Verstehens und Erkennens ist, aus dem Einzelnen den Geist des Ganzen zu finden, und durch das Ganz das Einzelnen zu begreifen. —Friedrich Ast,

---

① W. Dilthey: "Die Entstehung der Hermeneutik": "Auss den einzelnen Worten und deren Verbindungen soll das Ganze eines Werkes verstanden werden, und doch setzt das volle Verständnis des einzelnen schon das des Ganzen voraus", *op. cit.*, V, 330; cf. "Ideen über eine beschreibende und zergliedernde Psychologie", Kap.4, *ib.*, 172. Cf. L. Pareyson, *Estetica: Teoria della Formatività*, 2ª ed., 86: "La parte è contenuta dal tutto solo in quanto a sua volta lo contiene, e il tutto è formato dalle parti solo in quanto le ha esso stesso reclamate e ordinate".

Grundlinien der Grammatik，*Hermeneutik und Kritik*，§75，in U. Nasser，ed.，*Klassiker der Hermeneutik*，1982，p.95. Cf. K. Mueller-Vollmer，ed.，*The Hermeneutics Reader*，1986，p.16，Humboldt；p.19，Droysen；pp.84-5，Schleiermacher；p.144，Boeckh；pp.225-6，Heidegger）。此蓋修辭學相傳舊教，闡釋學者承而移用焉（Sie stammt aus der antiken Rhetorik und ist durch die neuzeitliche Hermeneutik von der Redekunst auf die Kunst des Verstehens übertragen worden. ——H.-G. Gadamer，*Wahrheit und Methode*，2nd ed.，1965，p.297）。

《鬼谷子·反應》篇不云乎："以反求覆？"正如自省可以忖人，而觀人亦資自知；鑑古足佐明今，而察今亦裨識古；鳥之兩翼、剪之雙刃，缺一孤行，未見其可。戴震《東原集》卷九《與是仲明論學書》："經之至者，道也；所以明道者，其詞也；所以成詞者，字也。由字以通其詞，由詞以通其道，必有漸"，又卷一〇《〈古經解鈎沉〉序》："經之至者，道也。所以明道者，其詞也。所以成詞者，未有能外小學文字者也。由文字以通乎語言，由語言以通乎古聖賢之心志，譬之適堂壇之必循其階而不躐等"（參觀卷三《〈爾雅箋註補〉序》、卷一一《沈學子文集序》、《題惠定宇先生〈授經圖〉》、《鄭學齋記》）。錢大昕、凌廷堪、阮元輩誦說之（《潛研堂文集》卷二四《臧玉林〈經義雜說〉序》、卷三九《戴先生震傳》，《校禮堂文集》卷三五《戴東原先生事略狀》，《揅經室一集》卷二《擬國史儒林傳序》）。然《東原集》卷一〇《〈毛詩補傳〉序》："余私謂《詩》之詞不可知矣，得其志則可以通乎其詞。作《詩》者之志愈不可知矣，斷以'思無邪'

之一言,則可以通乎其志。"是《詩》破"古經"之例,不得由"文字語言"求"通"其"志",如所謂"循階"以升堂入室;須別據《論語》一言,以"蔽"全書之"志",反而求"文字語言"之可"通",毋乃類梁上君子之一躍而下乎!一卷之中,前篇謂解"文"通"志",後篇謂得"志"通"文",各墮邊際,方鑿圓枘。顧戴氏能分見兩邊,特以未通觀一體,遂致自語相違。若師法戴氏、前郊後許之徒,東面不識西牆,南向未聞北方,猶搥折臂之新豐翁、偏枯臂之杜陵老,尚不辦左右手矛盾自攻也。《華嚴經·初發心菩薩功德品》第一七之一曰:"一切解即是一解,一解即是一切解故"①。其語初非爲讀書誦詩而發,然解會賞析之道所謂"闡釋之循環"者,固亦不能外於是矣。

【增訂三】"一解即一切解、一切解即一解"與"闡解之循環"均爲意義而發。當世治詩文風格學者,標舉"語言之循環"(philological circle),實亦一家眷屬(Cf. L. Spitzer:"Linguistics and Literary History", note 6, in D. C. Freeman, ed., *Linguistics and Literary Style*, 36-8)。法國哲學家謂理解出於演進而非由累積:"其事蓋爲反復形成;後將理解者即是先已理解者,自種子而萌芽長成耳"(C'est *Gestaltung et Rückgestaltung... germination* de ce qui *va avoir été* compris—M. Merleau-Ponty, *Le Visible et l'Invisible*,

---

① Cf. Bruno, *Spaccio de la Bestia Trionfante*, Dial. I:"La unità è nel numero infinito ed il numero infinito nell' unità; l'unità è uno infinito implicito, e l'infinito è la unità explicita"(*Opere di G. Bruno e di T. Campanella*, Riccardo Ricciardi, 517); George Herbert:"Providence":"Thou art in all things one, in each thing many"(*Works*, ed. E. F. Hutchinson, 118).

243）。"先已理解者"正"語言之循環"所謂"預覺"、"先見"（anticipation，Vorsicht）也。

別見《全唐文》卷論柳宗元《龍安海禪師碑》。又參觀《老子》卷論第一章。

"稱'鄭伯'，譏失教也；謂之鄭志"；《註》："明鄭伯志在於殺"；《正義》："服虔云：'公本欲養成其惡而加誅，使不得生出，此鄭伯之志意也'。"按莊公七年春，"文姜會齊侯於防，齊志也。"皆指隱衷蓄意而言，一欲殺害，一欲幽會，同爲心事之不可告人者。襄公元年，"爲宋討魚石，故稱宋人，且不登叛人也，謂之宋志"；昭公十六年韓宣子曰："二三子請皆賦，起亦以知鄭志"，《註》："詩言志也。"皆指心事之可公諸衆者。二"志"相反，而其爲"意內"，則初無不同。成公十四年："志而晦"，《註》："'志'、記也；僖公二十八年及宣公十二年有"軍志曰"，成公十五年有"前志有之"，襄公三十年有"仲虺之志曰"。皆指記載之斑斑可見者，此"志"又爲"言外"。襄公二十五年，仲尼曰："志有之，言以足志"；前"志"爲言之在外者，後"志"爲意之在內者。斯亦一字歧出分訓之例。許書無"志"字，段玉裁《說文解字註》謂與"識"字通，又引惠棟云："今人分志向一字，識記一字、知識一字，古祇有一字一音"；未得爲片言居要也。

四　桓公元年

　　"宋華父督見孔父之妻於路，目逆而送之，曰：'美而艷！'"按文公十六年，"公子鮑美而艷，襄夫人欲通之，不可。"是古之男女均得被目爲"美艷"也。《荀子·君道》篇論文王"舉太公於州人而用之"曰："豈私之也哉？……以爲好麗邪？則夫人行年七十有二，齫然而齒墮矣！"；《吕氏春秋·達鬱》篇記列精子高謂其侍者曰："我何若？"侍者曰："公姣且麗。"後世以此類語題品男子，便有狎賤之意。古樂府《羽林郎》："不意金吾子，娉婷過我廬"；則馮子都本屬嬖倖。《晉書·石苞傳》時人爲之語曰："石仲容，姣無雙"；倘以其"偉麗"而"不修小節"、"好色薄行"耶？《史記·平津侯、主父列傳》（《漢書·公孫弘、卜式、兒寬傳》同）記元光五年賢良對策，天子擢公孫弘第一，"召入見，狀貌甚麗，拜爲博士"（《漢書》作"容貌甚麗"）。夫武帝初即位，弘以賢良徵爲博士，年已六十；元光五年，弘齡當七十。古稀一叟，即非雞皮鶴髮，"貌之不麗"，正如荀子論太公所謂"齫然齒墮"者，斷可知也。使出近代手筆，衆必嗤爲語病，播作笑枋。古希臘詩中，初僅以"美"（kalos）字限於品藻婦女①，視吾國前載中"艷"、"姣"、"麗"等胥可施之丈夫以至於老翁，相形見隘。蓋字有愈用愈寬者，亦復有愈用愈狹者，不可株守初意也。

---

① R. Bayer, *Histoire de l'Esthétique*, 18.

五　桓公十五年

"雍姬知之，謂其母曰：'父與夫孰親？'其母曰：'人盡夫也，父一而已，胡可比也！'"按參觀《毛詩》卷論《谷風》。古希臘索福克利斯悲劇(*Antigone*)中女角亦曰："失夫可以覓替(A husband lost might be replaced)，喪兒可以再育，吾二親皆亡矣，何從更得兄弟哉！"①

---

① Sophocles, *Seven Plays*, "The World's Classics", 28.

六　莊公六年

"請殺楚子，鄧侯弗許。三甥曰：'亡鄧國者，必此人也，若不早圖，後君噬臍'"；《註》："若嚙腹臍，喻不可及。"按宣公十五年，晉侯欲救宋，伯宗曰："不可！古人有言曰：'雖鞭之長，不及馬腹'"；以物之長短喻力之大小，明白可曉。"噬臍"之譬拈出"早"與"晚"，以距離之不可至擬時機之不能追，比遠近於遲速，又足以徵心行與語言之相得共濟焉。時間體驗，難落言詮，故著語每假空間以示之（Quand nous évoquons le temps, c'est l'espace qui répond à l'appel），強將無廣袤者說成有幅度（une traduction illégitime de l'inétendu en étendu）①，若"往日"、"來年"、"前朝"、"後夕"、"遠世"、"近代"之類，莫非以空間概念用於時間關係（der Gebrauch der Raumbegriffe für Zeitverhältnisse），各國語文皆然②。"噬臍"即本此理。《易·坤》："行地無疆"，《正義》："'無疆'有二義，一是廣博，二是

---

① Bergson, *Essai sur les Données immédiates de la Conscience*, p. vii; *La Pensée et le Mouvant*, 11.
② Fr. Mauthner, *Kritik der Sprache*, 3. Aufl., III, 119-126.

長久";"疆"謂疆界，空間也，承"地"來，而《臨》："君子以教思無窮，容保民無疆"，則以空之"廣博"示時之"長久"。後世沿用，反忘"無疆"二字本義之爲空間矣。《楚辭·九章·悲回風》："歲曶曶其若頹兮"，又《九辯》："春秋逴逴而日高兮"；以物體之下崩或高積示歲時之晼晚。《漢書·荆、燕、吴傳》吴王遺諸侯書："寡人金錢在天下者往往而有"，師古註："言處處郡國皆有之"，又《揚雄傳·甘泉賦》："往往離宫般以相燭兮"，師古註："往往，言所往之處則有之"；"往往"本指空間中之"在在"，今則幾全用以示時間上之"常常"。鮑照《舞鶴賦》："歲崢嶸而愁暮"，《文選》李善註："歲之將盡，猶物至高處"；與《楚辭》印可。"分陰"、"寸陰"等常談，并資隅反。《敦煌掇瑣》之三《燕子賦》："去死不過半寸，但辦脊梁祇承"，非謂距喪生之地，而謂離絕命之時，亦以丈量言景光耳。黄庭堅《山谷外集》卷一四《過家》："繫船三百里，去夢無一寸"，則貌同心異，謂去家雖遠而夢歸若舉足便至，"一寸"與"三百里"均空間，彼此相較；詩意正類鮑照《夢歸鄉》："夢中長路近，覺後大江違"；賈島《征婦怨》："漁陽千里道，近如中門限，中門踰有時，漁陽長在眼。生在絲蘿下，不識漁陽道，良人自戍來，夜夜夢中到"；或辛棄疾《鷓鴣天·送元濟之歸豫章》："畫圖恰似歸家夢，千里河山寸許長"。史容註未發明也。

【增訂三】《樂記》："廣則容奸，狹則思欲"，鄭玄註："'廣'謂聲緩，'狹'謂聲急。"正以空間之大小示時間之徐疾。古詩詞寫情思悠久，每以道里遥遠相較量，亦言時間而出於空間也，如吴融《戲作》："情長抵導江。"張仲素《燕子樓詩》第一首："相思一夜情多少，地角天涯未是長"，尤成倚聲中窠曰。如晏幾道《碧牡丹》:"靜憶天涯,路比此情猶短",又《清商怨》:"要問相思,天涯猶自短",或張琦《立山詞‧鳳凰臺上憶吹簫》:"想天涯雖遠,恁敵情長!"王實甫《西廂記》第二本第一折《混江龍》:"繫春心,情短柳絲長",以"心情"與"柳絲"比絜短長。明人院本《喜逢春》第三〇折載俗諺:"真是胖子過夏,插翅也飛不過去";呂留良《東莊詩集‧倀倀集‧寄晦木次旦中韻》之四:"安得牀頭生兩翅,消磨今夜不能眠",正點化俗諺,不眠則長夜漫漫,願得羽翼飛度。以光陰之難過,擬於關山之難越,均斯旨也。又《程氏文集》卷一二程頤《家世舊事》:"叔祖寺丞年四十,謂家人曰:'吾明年死矣!'居數月,又指堂前屋曰:'吾去死如隔此屋矣!'又數月,指室中窗曰:'吾之死止如隔此紙爾!'未幾而卒。"《燕子賦》之"去死不過半寸",得此而義蘊昭晰。古希臘一哲人(Anacharsis)嘗乘海舶,詢知船板厚四指(four fingers' breadth in thickness),因言"舟中人去死亦纔四指耳"(the passengers were just so far from death — Diogenes Laertius, *Lives of Eminent Philosophers*, I. 103, "Loeb", I, 109)。蓋謂空間之厚薄也,而"去死半寸"、"死止隔紙"則謂時間之舒促也;心異貌同,互映相發。吾國古代計晷之器尚不便捷,醫經中輒假行路以示歷時,如唐王燾《外臺秘要方》卷一《升麻湯方》:"分三服,如人行五里久,再服",又《甘草湯方》:"再服,如人行五里頃,復服";卷三《梔子湯》:"三服,如人行八九里,再服",《知母湯》:"三服,如人行八里,一服",又《天行病方》之六:"三服,每服如人行十里久",又《天行嘔逆方》之一:"三服,服如人行六七里,進一服",又《天行嘔豌方》之七:"分三服,服相去如人行十里久";卷六《嘔逆不下食方》之三:"三服,服別相去如人行六七里,進一服";甚且并"如"、"行"字亦省去,卷二〇《水氣方》之二:"分四服,相去二十里頓。"多不勝舉,足為時間托空間以落言詮之佳例。黃庭堅詩中屢用《世說·捷悟》記曹操與楊脩解"黃絹幼婦"事(劉敬叔《異苑》卷一〇記此事為曹操詢於禰衡得解)。操始曰:"卿未可言,待我思之";行三十里,方得其解,乃歎曰:"我才不及卿,乃覺三十里!"庭堅《送張材翁》:"短長不登四萬日,愚智相去三十里",又《寄懷公壽》:"愚智相懸三十里,榮枯同有百餘年。"猶曰"相去如行三十里久(頃)";詞章著語,不異醫方。且也,即乍視若偏其反而,以時光修短示路途遠近,如李德裕名篇《登崖州城作》:"獨上高樓望帝京,鳥飛猶是半年程",而揭表見裏,仍不出於度量道里。"鳥飛"須"半年",馬行自必不止半年,人徒步且不知幾許年纔至。蓋經歷時間之多寡由於運行速率之徐疾,而速率正以度越空間之長短為準。如《後漢書·南蠻西南夷列傳》李固駁曰:"軍行三十里為程,而去日南九千餘里,三百日乃到。"倘略去"飛"、"行"、"程"之類字樣,祇言"崖州距帝京半(一、若干)年",則不詞無義矣。今世鐘錶大行,以晷刻示道里,益成習語。如答問距離者,常云:"走十分鐘就到","大約五分鐘的路","汽車也得半小時"等。夷考其實,亦以鐘錶面上長短針經行之空間為依據,與古人所謂"駒過隙"、"牆移影"、"逝水流年",操術初不殊也。

【增訂五】李商隱《無題》之二:"重帷深下莫愁堂,臥後清宵細細長";"長"可兼用於時間、空間,此處則專指時間;"細細"習用於空間，却移以刻劃時間之遲緩難度。"細細"者，逐杪以待寸陰之移，愈覺長夜之漫漫無盡，猶《莊子·天下篇》所謂："一尺之捶，日取其半，萬世不竭"也。匠心創運足爲詩歌反常(Le non-usage，la expresión impropia)之佳例矣。參觀《談藝録》(補訂本)第六〇則"後說"條補訂。舊傳《李義山雜纂》中《不可過》事例之一爲"夏月肥漢"，又即原引明人院本所謂"胖子過夏，插翅也飛不過"也。

又按《楞嚴經》出於房融增飾，昔人已言；卷五之"松直棘曲，鵠白烏玄"，卷六之不服靴履裘毳、不飲乳酪醍醐，卷七之"皎若冰霜"等，均不似釋典常道之風習方物。卷六云："因地不真，果招迂曲，求佛菩提，如噬臍人，欲誰成就?"取此設譬，其出華人手筆，皎然若揭；以譯事論，已爲嚴復《天演論》始作俑矣。

七　莊公十年

"其鄉人曰：'肉食者謀之，又何間焉？'"按《説苑·善説》篇記東郭祖朝上書晉獻公問國家之計，獻公使告之曰："肉食者已慮之矣，藿食者尚何與焉？"祖朝曰："食肉者一旦失計於廟堂之上，臣等之藿食者寧得無肝腦塗地於中原之野與？"曹劌謂"肉食者鄙，未能遠謀"，尚含意未申，得祖朝之對庶無賸義。

【增訂三】吳曾《能改齋漫録》卷一四早以東郭祖朝語與曹劌語並舉。

陳子昂《感遇》之二九："肉食謀何失？藜藿緬縱橫！"註者僅引《左傳》釋之，未窺其淵源《説苑》也。

"公曰：'犧牲玉帛，弗敢加也，必以信'"；《註》："祝詞不敢以小爲大，以惡爲美。"按桓公六年，隨侯謂季梁曰："吾牲牷肥腯，粢盛豐備，何則不信？"二"信"字同義。魯、隨二君之意，則如僖公五年，虢公所謂："吾享祀豐潔，神必據我。""加"者，誇誕失實也，爲"信"之反，杜註得其解。襄公十三年，"君子稱其功以加小人，小人伐其技以馮君子"，《註》："'加'、陵也"；則同於昭公元年，祁午謂趙文子曰："猶詐晉而駕焉"，《註》："'駕'、陵也"，而與此"加"異。《管子·五輔》篇："少不陵長，小不加大"；《論語·公冶長》子貢曰："我不欲人之加諸我也"；《尉繚子·戰權》："求而從之，見而加之，主人不敢當而陵之"；或《全唐文》卷五二八顧況《信州刺史劉府君集序》："行加人，言勝人，……物惡其上，自然不容"；即皆後"加"，非前"加"也。段玉裁《經韻樓集》卷五《與章子卿論"加"字》引《史通·採撰》篇、韓愈《諍臣論》及僕固懷恩《陳情書》，謂唐人用子貢"加諸"語，義訓皆與《説文》合："加"者，"誣也，譖也"。此段氏墨守許書之説，不爲篤論。子貢之言"加"，今語曰"欺壓"；《説文》之訓"加"，今語曰"欺哄"。《禮記·儒行》："不臨深而爲高，不加少而爲多"，鄭玄註："不以己小勝自矜大也"，孔穎達疏："不加增少勝，自以爲多"，作誇誣解；而《孔子家語·儒行解》此二語王肅註："言不因勢位自矜莊"，則作陵駕解。鄭同《説文》，王同子貢。唐人用"加諸"，雖出《論語》，實乖本義，未可引《説文》助之張目。《左傳》用"加"，兼備兩意之例。此節之"勿敢加也"，則段氏所謂"誣"、"譖"耳。古人每曰"加誣"，或曰"加增"，皆言虛誇不信。《公羊傳》莊公元年，"夫人譖公於齊侯"，何休《解詁》："如其事曰訴，加誣曰譖"；《戰國策·秦策》一蘇秦説秦惠王曰："繁稱文辭，天下不治"，高誘《註》："去本事末，多攻文辭，以相加誣"；《三國志·魏書·公孫淵傳》裴松之《註》引《魏略》載淵表："緣事加誣，僞生節目"。此"加誣"之例也。《穀梁傳》昭公二五年，"鸜鵒穴者，而曰巢；或曰：'增之也'"，范甯註："加增言巢爾，其實不巢也"；《漢書·于定國傳》永光元年詔責曰："郎有從東方來者，言民父子相棄。丞相、御史、案事之吏匿不言邪？將從東方來者加增之也？"此"加增"之例也。均合乎段氏所謂《說文》義訓者。《北齊書·高乾傳》："以匹夫加諸，尚或難免；況人主推惡，復何逃命！欲加之罪，其無辭乎？"；《舊唐書·宣宗紀》大中三年九月《制》黜李德裕："誣貞良造朋黨之名，肆讒構生加諸之釁"；《全唐文》卷六三四李翱《百官行狀奏》："虛稱道忠信以加之"；張鷟《游仙窟》："豈敢在外談説，妄事加諸？"；敦煌變文《燕子賦》："所被傷損，亦不加諸，目驗取實。"此又唐著作中用"加"、"加諸"之可助段氏張目者，"加"、"加諸"同義；《北齊書》語意尤明，《游仙窟》、《燕子賦》固段氏所勿得見耳。

【增訂四】《全唐文》卷九五武后《禁僧道毀謗制》："更相謗毀，務在加諸"；卷三〇六張楚《與達奚侍御書》："復恐旁人疎間，貝錦成章，……彼欲加諸"；皆如段氏所謂與《説文》義訓合者。

"可以一戰，戰則請從。"按曹劌與莊公三問三答。《國語·吳語》越王句踐以伐吳問申包胥，五問五對，又《越語》下句踐以伐吳問范蠡，六問六對；《韓非子·外儲説》右上晉文公以"其足以戰"問狐偃，七問七對；三人始皆曰："未可以戰也"，"未可也"，"不足"。機杼與《左傳》此篇劇類，唯收梢各異。事之相類歟？抑紀事之相仿耶？

"夫戰，勇氣也。一鼓作氣，再而衰，三而竭。彼竭我盈，故克之。"按僖公二十八年，子犯曰："其衆素飽，不可謂老"；"飽"即"盈"，"老"即"衰"也。《孫子·軍爭》篇："故三軍可奪氣"，曹操、李筌、杜牧等無不引曹劌此數語爲註。《南史》卷二五《張興世傳》記興世拒劉胡來攻曰："賊來尚遠，而氣驟盛矣。夫驟既力盡，盛亦易衰，此曹劌所以破齊也。"

八　莊公十四年

　　楚子滅息，以息嬀歸，生堵敖及成王，"未言，楚子問之，對曰：'吾一婦人而事二夫，縱弗能死，其又奚言？'"《註》："未與王言。"按俞正燮《癸巳存稿》卷一謂息嬀"未言"，乃"守心喪之禮"，如殷高宗之"諒陰，三年不言"。其説甚迂。周壽昌《思益堂日札》卷一謂"未言"乃"未與王言及息爲蔡構害之故也，楚子問之，亦以其不言息事爲問，故息嬀云：'吾一婦人而事二夫，縱不能死，其又奚言！'謂……又奚必言及往事，……言之無益，不如無言。……僖十三年《傳》：'齊仲孫湫聘於周，且言王子帶，事畢，不與王言'，註：'不言王子帶'，正與此同，亦非云'不與王言'爲不與王言語也。"殊得正解。

九　莊公十九年

　　"鬻拳強諫楚子，楚子弗從，臨之以兵，懼而從之。"按《吕氏春秋·直諫》篇、《説苑·正諫》篇皆記楚文王朞年不朝，葆申曰："王罪當笞"，束荆加王背者再。豈楚風然乎？《公羊傳》莊公二十四年，曹羈三諫不從，《解詁》謂諫有五，最下爲"戇諫"，百里奚、蹇叔之于秦穆公是也。兵諫、笞諫又非"戇諫"之比矣。

一〇　莊公二十八年

"楚師夜遁。鄭人將奔桐丘，諜告曰：'楚幕有烏'，乃止。"按襄公十八年，"齊師夜遁，師曠告晉侯曰：'鳥烏之聲樂，齊師其遁。'……叔向告晉侯曰：'城上有烏，齊師其遁。'"《孫子·行軍篇》："鳥集者，虛也"；杜牧、陳皞、張預等註即引《左傳》此二事。古羅馬兵法亦謂鳥驚翔而不集者（avium multitudinem citatore volatu），下有伏也①。

---

① Frontinus, *Strategems*, I.ii.7, 8, "Loeb", 20, 22.

一一　閔公元年

　　士蔿曰："不如逃之，無使罪至，爲吳太伯，不亦可乎？猶有令名，與其及也。"按吞言咽意，苟盡其詞則當增"不如奔也"或"寧奔也"一句。二年，狐突曰："孝而安民，子其圖之，與其危身以速罪也"；引而不發，與此正同。襄公二十六年，聲子曰："與其失善，寧其利淫"，則如《書·大禹謨》之"與殺不辜，寧失不經"，或《論語·八佾》之"禮與其奢也，寧儉；喪與其易也，寧戚"，詞意俱盡。《國語·晉語》九，董安于曰："與余以狂疾賞也，不如亡"；《史記·魯仲連、鄒陽列傳》："燕將喟然歎：'與人刃我，寧自刃'，乃自殺"，又"魯連逃隱於海上曰：'吾與富貴而詘於人，寧貧賤而輕世肆志焉！'"皆稍減蘊藉之致，不如《左傳》記士蔿、狐突語之善於用晦也。

一二　閔公二年

　　晉侯使太子申生伐東山皋落氏，"狐突歎曰：'……雖欲勉之，狄可盡乎？'……先丹木曰：'是服也，狂夫阻之。曰：盡敵而反，狄可盡乎？雖盡敵，猶有內讒，不如違之'"；《註》："'曰'，公詞"。按觀先丹木之語，則知晉侯必曾面命申生"盡敵而反"，狐突"敵可盡乎？"一語，亦即針對晉侯之命而發。先此獻公面命申生一段情事，不加敍述，而以傍人語中一"曰"字達之，《史通・敍事》篇讚《左傳》："覩一事於句中，反三隅於字外"，此可以當之。《史通》所舉"穿革"、"挾纊"兩句，似皆不足相比，蓋祇形容情狀，而未包蘊事實也。《模擬》篇又稱左氏"文略理昭"，舉例："中軍、下軍爭舟，舟中之指可掬"，説之曰："夫不言'攀舟亂，以刃斷指'，而但曰'舟指可掬'"，較"穿革"、"挾纊"爲切，然言外雖有事而無多。魏禧《日錄》二編《雜説》："《左傳》如'宋公靳之'等句，須解説者，不足爲簡也。如'秦伯猶用孟明'，突然六字起句；……只一'猶'字，讀過便有五種意義：孟明之再敗、孟明之終可用、秦伯之知人、時俗人之驚疑、君子之歎服。不待註釋而後明，乃謂真簡"；讀者明眼，庶幾不負作者苦心。"猶"與"曰"皆句中祇著一字而言外可反三隅矣。

【增訂三】昔人所謂"春秋書法",正即修詞學之朔(參觀1533-1535頁),而今之考論者忽焉。此處所舉《左傳》用"猶""曰"兩例,反三隅於一字,其法於後來小說中往往見之。《紅樓夢》第四一回言妙玉"仍將前番自己常日吃的綠玉斗來斟與寶玉";大某山人評:"'仍'字可思,況繼以'前番'兩字乎!"竊謂下文述妙玉以成窰茶杯為"劉老老吃了,他嫌腌臢,不要了",且曰:"幸而那杯子是我沒吃過的,若是我吃過的,我就砸碎了,也不能給她!"則上文"自己常日吃"五字亦大"可思"。所謂"微而顯、志而晦"(參觀267-271頁),亦即《荀子·勸學》所謂"春秋約而不速"也。青史傳真,紅樓說夢,文心固有相印者在。

一三　僖公四年

　　"一薰一蕕，十年尚猶有臭"；《正義》："'猶'則'尚'之義，重言之耳；猶《尚書》云：'不遑暇食'，'遑'則'暇'也。"按孔疏甚當，顧炎武《日知録》卷二四《重言》、劉師培《左盦集》卷八《古用複詞考》均此疏之踵事增華耳。俞正燮《癸巳類稿》卷七《複語解》力斥孔説，謂古語視若重複，實非累疊，各字别有意義，唯"鄭重"其詞，始用"複語"，如"尚猶有臭"，"尚"、且也，"猶"、如也，非"尚猶"複。言雖辯而解則曲矣。僖公五年，宫之奇曰："親以寵偪，猶尚害之，況國乎？"俞未引以自佐，殆挾恐見破，亦知"猶"爲"如"之解不能施於此歟。"尚猶"複重，正見詞意之"鄭重"，謂薰不敵蕕，十年而遺"臭"仍在，猶元曲《争報恩》第一折所謂"夜盆兒刷殺到頭臊"，或西諺之"魚桶腥不退"（La caque sent toujours le hareng），乃指事物之實況（objective fact）；從俞氏釋爲"且如有臭"，則器已不復"臭"，而人之成見難除，疑似覺幻，則指人心之造境（subjective feeling），全乖上下文之意。《管子·小匡》："其猶尚可以爲國乎？"；《國語·越語》下范蠡曰："猶尚殆"；《韓詩外傳》卷九屠牛吐曰："吾肉不善，雖以他附益，尚猶賈不售"；賈誼《上疏陳政事》云："曩之爲秦者，今轉而爲漢矣；然其遺風餘俗，猶尚未改"；皆"複語"而"如且"、"且如"之解斷不可通者也。《南史·后妃傳》下《梁元帝徐妃傳》："暨季江每歎曰：'柏直狗雖老，猶能獵；蕭溧陽馬雖老，猶駿；徐娘雖老，猶尚多情'"；以"猶尚"與兩"猶"連舉一貫，其意更明，狗、馬陪襯，徐娘爲主；故"鄭重"耳。參觀《史記》卷論《魯仲連列傳》。

【增訂四】《吕氏春秋·察微》："猶尚有管叔、蔡叔之事"；《知接》："猶尚可疑耶"凡三疊。木華《海賦》："猶尚呀呷。"

一四　僖公五年

　　晉侯假道於虞，以伐虢，宮之奇諫。"公曰：'吾享祀豐潔，神必據我。'對曰：'臣聞之，鬼神非人實親，惟德是依。……如是則非德，民不和，神不享矣。神所憑依，將在德矣。若晉取虞，而明德以薦馨香，神其吐之乎？'"按莊公三十二年，神降於莘，內史過曰："國之將興，明神降之，監其德也；將亡，神又降之，觀其惡也。故有得神以興，亦有以亡，……其以物享焉"；虢公享焉，神賜之土田，史囂曰："虢其亡乎！吾聞之：國將興，聽於民；將亡，聽於神。神聰明正直而壹者也，依人而行，虢多涼德。"僖公十年，狐突遇太子申生之鬼，"大子使登僕，而告之曰：'夷吾無禮，余得請於帝矣。將以晉畀秦，秦將祀余。'對曰：'臣聞之，神不歆非類，民不祀非族。君祀無乃殄乎！'"僖公三十一年，"衛成公夢康叔曰：'相奪予享。'公命祀相，甯武子不可，曰：'鬼神非其族類，不歆其祀'"。昭公二十年，齊侯疥，梁邱據與裔款言於公曰："吾事鬼神豐。……今君疾病，……是祝史之罪也"；公告晏子，晏子曰："若有德之君，……動無違事，……是以鬼神用饗。……其適遇淫君，外內頗邪，……則虛以求媚，是以鬼神不饗其國以禍之"。數節當會合以觀。《論衡·案書篇》:"左氏得實明矣,言多怪,頗與孔子'不語怪力'相違反也";范甯《〈穀梁傳〉集解序》:"左氏艷而富,其失也巫",楊士勛註:"謂多敍鬼神之事,預言禍福之期:申生之託狐突、荀偃死不受含、伯有之厲、彭生之妖是也。"(參觀《後漢書·郎顗、襄楷傳·論》"然而其敝好巫"句章懷註);柳宗元《非〈國語〉》上《卜》:"左氏惑於巫而尤神怪之";《歐陽文忠公年譜》天聖元年應舉隨州,試《左氏失之巫論》,略云:"石言於晉,神降于莘,內蛇鬭而外蛇傷,新鬼大而故鬼小。"汪中《述學》內篇一《左氏春秋釋疑》則謂"左氏之言鬼神,未嘗廢人事",有資"戒勸"。兩説相羽翼,然於左氏之"怪"、"巫"而不能自圓,概乎未及。左氏記賢人君子之言鬼神,即所以垂戒勸。從狐突、甯武子之言,則鬼神不歆非類;而依公孫僑之言,則鬼神之歆,有德無類。從晏子之言,則君昏政失,其族之鬼神知而不饗;而依內史過、史嚚之言,則國君多涼德,鬼神且降臨而親觀,君祭之,鬼神亦饗之,且陽賜土地以陰速其亡。夫必"降"而"觀其惡",是不得爲"聰明"也;佯錫福而實促殃,是不得爲"正直"也;依德而不依人,稱爲"壹"可也,嘲爲二三其德亦可也。《戰國策·魏策》一知伯索地,魏桓子勿與,任章曰:"《周書》曰:'將欲敗之,必姑輔之;將欲取之,必姑與之。'君不如與之,以驕知伯";賜虢土田,毋乃類是?鬼神行徑,譎而不正,如策士之運籌矣!《舊、新約全書》記上帝欲降罰於人,每以詆言詭術欺誘之,甚且自誇上天下地唯己獨尊,能爲善亦能作惡[①]。左氏中鬼神之不惜使詐,正其倫類。既徵古宗

---

① 1 Kings 22.22; Ezekiel 14.9; Isaiah 14.5-7; 2 Thessalonians 2.11.

教家言之尚稚淺椎魯,而信奉鬼神者衷曲之牴牾矛盾亦無心流露焉。

不歆非類,不祀非族,即《論語·為政》:"非其鬼而祭之,諂也",亦即《曲禮》:"非其祭而祭之,名曰淫祀,淫祀無福。"狐突曰:"神不歆非類",而甯武子曰:"鬼神非其族,不歆其祀";昭公七年,趙景子問:"伯有猶能為鬼乎?"子產曰:"用物精多,則魂魄強,是以有精爽,至於神明。……能為鬼,不亦宜乎?"定公元年,士伯曰:"薛徵於人,宋徵於鬼,宋罪大矣!且已無辭而抑我以神,誣我也。"皆以"鬼"、"神"、"鬼神"渾用而無區別,古例甚夥,如《論語·先進》:"季路問事鬼神,子曰:'未能事人,焉能事鬼?'"《管子·心術》:"故曰思之,思之不得,鬼神教之",而《吕氏春秋·博志》:"精而熟之,鬼將告之。"《史記·秦本紀》由余對繆公曰:"使鬼為之,則勞神矣,使人為之,亦苦民矣","鬼"與"神"、"人"與"民"、"勞"與"苦",均互文等訓。觀《墨子》之書而尤明。如《尚同》中:"潔為酒醴粢盛,以祭祀天鬼;其事鬼神也,酒醴粢盛,不敢不蠲潔";《天志》上:"其事上尊天,中事鬼神,下愛人。……其事上詬天,中詬鬼,下賊人";《明鬼》下:"今執無鬼者曰:'鬼神者固無有'。……故古聖王必以鬼神,……此吾所以知夏書之鬼也。……古今之為鬼,非他也,有天鬼,亦有山水鬼神者,亦有人死而為鬼者"。《墨子》此類語多不勝舉,"天""鬼"或分而並列兩類,或合而專指一類,殊耐思量。蓋《周禮·春官·大宗伯》:"掌建邦之天神、人鬼、地示之禮",《禮記·郊特牲》:"帝牛必在滌三月,稷牛唯具,所以別事天神與人鬼也",乃典制之定名。《禮記·祭義》宰我不解鬼神之名"所謂",子曰:"氣也者，神之盛也，魄也者，鬼之盛也"，又學術之正名。至尋常筆舌，漢以前固通而不拘，賅而無辨。天歘、神歘、鬼歘、怪歘，皆非人非物、亦顯亦幽之異屬(the wholly other)，初民視此等爲同質一體(the daemonic)，悚懼戒避之未遑。積時遞變，由渾之畫，於是漸分位之尊卑焉，判性之善惡焉，神別於鬼，天神別於地祇，人之鬼別於物之妖，惡鬼邪鬼尤溝而外之於善神正神；人情之始祇望而惴惴生畏者，繼亦仰而翼翼生敬焉。故曰："魔鬼出世，實在上帝之先"(At bottom the devil is more ancient than God)[①]。後世仰"天"彌高，賤"鬼"貴"神"，初民原齊物等觀；古籍以"鬼"、"神"、"鬼神"、"天"渾用而無區別，猶遺風未沫、委蛻尚留者乎？不啻示後人以樸矣。《史記·封禪書》："五利常祠其家，欲以下神，神未至而百鬼集矣"，是"神"與"鬼"異類殊趣也；而同篇記秦祠典："杜主、故周之右將軍，其在秦中，最小鬼之神者"，則"神"亦即"鬼"，後來奉祠之"神"先本是"小鬼"也。敦煌變文《唐太宗入冥記》："閻羅王是鬼團頭"，意尚明而未融；《五燈會元》卷一五智門光祚章次："閻羅王是鬼做"，昭晰無疑，乃杜主一節之的解。蓋謂"神"出身於"鬼"，"鬼"發跡爲"神"；事頗如成則爲"王"者，初原爲"寇"，理正同魔鬼先進而上帝後起。著語無多，談言微中，於心源物始，思過半矣。《魏書·李瑒傳·自理》嚴辨"天地爲'神'、'祇'，人死曰'鬼'"，以明"佛本出於人，名之曰'鬼'"；門户爭論，藉正名以貶佛。黃式三《儆居集·經説》卷四《釋鬼神》堅執《周禮》、《禮記》之"定名必不可易"，亦暖姝學一先

---

① R. Otto, *The Idea of the Holy*, tr. J. W. Harvey, 26, 123-6, 136.

生之言。概未足以究天人之故也。

申生曰："余得請於帝矣！"成公十年，晉侯夢大厲曰"余得請於帝矣！"夫"大厲"、後世所謂鬼趣也、魔道也，而申生歆秦之祀，乃神明也。均"得請於帝"，則鬼與神於天皆可階而升，《墨子·天志》即以"天"、"上帝"、"帝"通稱也。均"得諸於帝"，則鬼若神之上，更巍巍乎有一主宰，譬似宋公、魯侯、鄭伯、滕子、許男等之上，猶有定一尊之周王在。《論語·八佾》："王孫賈問曰：'與其媚於奧，寧媚於竈？'子曰：'不然；獲罪於天，無所禱也'"；董仲舒《春秋繁露·郊祭》篇説之云："'天'者，百神之大君也。"可與"得請於帝"之"帝"參證。奧、竈乃"特殊功能範圍之神"（Sondergötter，functional gods）①，而狐突輩所言乃宗族、地域之神（genii loci），要皆屬"百神"一類；上臨之者，固別有"大君"。《尚書·舜典》："肆類於上帝"，《傳》："馬云：'上帝'，太一神，在紫微宫，天之最尊者"；《周禮·春官·大宗伯》、《小宗伯》以"祀上帝"別於"祀五帝"，鄭玄註牽合讖緯，定爲"六天"，"天皇大帝"居首，即魏至唐所稱"皇皇上帝"、"昊天上帝"（邵晉涵《南江札記》卷二）。後世道士，踵事增華，以爲天帝高拱玄都玉京，命諸神羣仙分治天下；《太平御覽》卷六七四列舉神仙"理所"，星羅棋布，真靈位業圖而類《太平寰宇記》。張衡《思玄賦》曰："覲天皇於瓊宫"；《雲笈七籤》卷一〇三王欽若《翊聖保德真君傳》記真君曰："諸天、萬靈、仙衆、梵佛悉朝上帝於通明殿"；詳略雖殊，其揆一

---

① E. Cassirer, *Philosophie der symbolischen Formen*, II, 247; *An Essay on Man*, 97.

也。端倪已見於《左傳》，正如地獄閻羅之端倪已見於《楚辭·招魂》之"幽都"、"鬼伯"（《日知録》卷三〇《泰山治鬼》引"或曰"；蔣士銓《忠雅堂詩集》卷二〇《題〈法苑珠林〉》之一："《左》、《國》陳妖鬼，《離騷》說地獄"）。申生所"請"之"帝"，即紫微宮、通明殿上帝所昉，而將享秦之祀，即以秦爲其"理所"矣。

人之信事鬼神也，常懷二心（ambivalence）焉。雖極口頌說其"聰明正直"，而未嘗不隱疑其未必然，如常覺其跡近趨炎附勢是也。古羅馬人早謂兩軍相鬥，"上帝祐其强有力者"（Deos fortioribus adesse）、"天神喜得勝之人"（Victrix causa deis placuit）[1]，即謂其不扶弱而反助强。後世遞相祖述，至云："至善之上帝有一惡習：即常在軍隊强大者一邊"（Le bon Dieu a la mauvaise habitude d'être toujours du Côté des gros bataillons）[2]。讀左氏書，彷彿得之。虢將亡而神降之，揚雄《解嘲》所謂"炎炎者滅，隆隆者絕，高明之家，鬼瞰其室"也。賜將亡之國君以土田，李山甫《自歎拙》所謂"年衰鬼弄人"（《五燈會元》卷一五引而不具主名，《老學菴筆記》卷四引而誤爲杜荀鶴句，《通俗編》卷一九引作"時衰"，亦未究出處），或李復言《續幽怪錄》卷一《辛公平上仙》陰吏所謂"神祇常侮人之衰也"。虞之祀神豐潔，而神不祐，方待晉滅虞而饗晉之祀，非"天神喜得勝者"乎？夫滅虢與虞者，晉獻公也，獻公之凶淫不德而虢公之並無涼

---

[1] Tacitus, *Histories*, IV.17 (Civilis), "Loeb", II, 32; Lucan, *Civil War*, I, 128, "Loeb", 12.

[2] Mérimée à A. Panizzi (4 Fév. 1864), quoted in P. Léon, *Mérimée et Son Temps*, 236.

德，汪中已舉爲"可疑"之三；然則虞神之歆晉祀，實唯"軍隊強大者"是"依"而已矣，"唯德"云乎哉！"惡習"難移，"壹"之謂歟。蓋信事鬼神，而又覺鬼神之不可信、不足恃，微悟鬼神之見強則遷、唯力是附，而又不敢不揚言其聰明正直而壹、馮依在德，此敬奉鬼神者衷腸之冰炭也①。玩索左氏所記，可心知斯意矣（參觀《太平廣記》卷論卷二九三《蔣子文》）。臣之事君，既曰"天王聖明"，復曰"君難託"，若是班乎。

---

① Cf. V. Pareto, *A Treatise on General Sociology*, tr. A. Bongiorno and A. Livingstone, §§ 1942 ff., Dover Publications, II, 1355 ff. (implicit and explicit contradictions about God the Just); E. R. Curtius, *Europäische Literatur und lateinisches Mittelalter*, 2. Aufl., 180 (die Polarität Varuna-Mitra).

一五　僖公二十二年

"宋人既成列，楚人未既濟。司馬曰：'彼衆我寡，及其未既濟也，請擊之。'……既濟而未成列，又以告。"按定公四年，夫概王亦曰："半濟而後可擊也。"《吳子·料敵》篇亦云："敵人遠來，行列未定，可擊；涉水半渡，可擊。"《太平御覽》卷二九一引《衛公兵法》言"敵有十五形可擊"，其十曰"候濟"，註："半渡疾擊。"

子魚曰："君未知戰。"按《穀梁傳》記此役，《集解》中范凱譏宋襄公"焉識大通之方、至道之術哉！"，楊士勛疏引《老子》"以正治國，以奇用兵"説之，正子魚之意。《老子》談兵，《文子·道德》申言："以道王者德也，以兵王者亦德也"；然則不獨"形名"爲"原於""道德"矣，亦歠九流者之談助也。《史記·淮陰侯列傳》記陳餘不用李左車計，有云："成安君，儒者也，常稱義兵不用詐謀奇計，廣武君策不用"；餘蓋宋襄之枝胤。《韓非子·難》篇一記舅犯曰："'戰陳之間不厭詐僞。'……不謂詐其民，謂詐其敵也"；《孫子》一書反復丁寧，如《計篇》："兵者、詭道也"，李筌註："兵不厭詐"，又《軍争篇》："故兵以詐立。"古斯巴達名將聞俗人言用詐非英雄，應之曰："獅鞹不足，狐皮可續"（Where the lion's skin will not reach, it must be patched out with the fox's)①,即勇所勿克者,當佐以譎耳。蘇格拉底弟子撰野史,記皇子問克敵之道,其父教之曰:"必多謀善詐,兼黠賊與劇盜之能"(The man must be designing and cunning, wily and deceitful, a thief and a robber, overreaching the enemy at every point)②。西方舊説有"善詐"(dolus bonus)與"惡詐"(dolus malus)之別,用兵詭道與堂堂正正之勇力並行不悖(Dolus an virtus, quis in hostes requiret?)③,乃使詐之善者。故馬基亞偉利曰:"一切行爲中,欺詐皆可憎鄙,然作戰而欺詐則不失爲可讚譽之佳事"(Ancora che lo usare la fraude in ogni azione sia detestabile, nondimano nel maneggiar la guerra è cosa laudabile e gloriosa)④。霍柏士至曰:"暴力與詐謀乃作戰時之兩大美德"(Force and fraud are in war two cardinal virtues)⑤。非即狐獅相濟、賊盜兼資之遺教耶?

"若愛重傷,則如勿傷;愛其二毛,則如服焉";《正義》:"'如'猶'不如',古人之語然,猶似'敢'即'不敢'。"按成公二年,"若知不能,則如無出";昭公二十一年,"君若愛司馬,則如亡";定公五年,"不能如辭";《公羊傳》隱公元年,"如弗與而已矣"(《解詁》:"'如'即'不如',齊人語也")。"如"即"不如",詞似正而意則負。襄公二十四年,子産寓書子西告范宣子曰:"毋寧使人謂子實生我";三十一年,子産答士文伯曰:"賓至如歸,

---

① Plutarch, *Lives*, "Lysander", vii, "Loeb", IV, 251.
② Xenophon, *Cyropaedia*, I.vi.27, "Loeb", I, 113–5.
③ *Aeneid*, II, 390, "Loeb", II, 320.
④ *Discorsi sopra la Prima Deca di Tito Livio*, III.40, *Opere*, Riccardo Ricciardi, 409.
⑤ *Leviathan*, pt. I, ch.13, Routledge, 82.

無寧菑患";昭公六年,叔向諫晉侯曰:"毋寧以善人爲則而則人之辟乎?"杜註皆曰:"'毋寧'、'寧'也"。"無寧"即"寧",詞似負而意實正。《日知録》卷三二《語急》條僅考論前一事。後一事更多,《小爾雅·廣訓》已舉"無念、念也,無寧、寧也,不顯、顯也,不承、承也",他如"不忿"即"忿"(參觀張相《詩詞曲語辭匯釋》卷四),世所熟知。然"不"之此用甚廣,如《二刻拍案驚奇》卷三五:"他心性好不風月,說了兩位姑娘好情,他巴不得在裏頭的";《儒林外史》第四回:"而今弄兩件尸皮子穿起來,聽說做了夫人,好不體面";即言"好風月"、"好體面"也。而元曲《看錢奴》第二折:"俺這窮的好不氣長也!"(第三折:"俺這無錢的好不氣長也!");《二刻拍案驚奇》卷二八:"那朝奉好不精細,私下做事,門也不掩着";則又言"不氣長"、"不精細"矣。孰正孰負,亦若"如"然,不據本句而當據上下文以區斷,王安石所謂"考其辭之終始"也;參觀隱公元年論"不義不暱"。又按無"不"而語負者,未必盡若顧氏所謂"語急";詰問或慨歎亦能省"不"。顧氏所引"非禮也敢"出《儀禮·聘禮》:"對曰:'非禮也。敢!'"卻謝不敢,即鄭玄註所謂"辭";余幼時及見老輩酬對,甲於乙請上坐、讓先行、道欽遲等,乙必曰:"豈敢!豈敢!"或"不敢!不敢!"正此"敢"之意。《葛屨》《大東》皆曰:"糾糾葛屨,可以履霜";註者均言"非可以履霜",似"可"即"不可";然倘作歎問句,則亦無須有"不";"可以履霜?""可以履霜!"猶言"可乎?"、"可哉!"、"豈可?"、"大可!",詞氣更強。王安石《送孫子高》:"客路貧堪病";劉辰翁評:"謂不堪也"(《雁湖註荆公詩》卷二四),實則作"堪乎"、"豈堪"、"何堪"解,愈有神采。古樂府《飲馬長城窟行》:"枯桑知天風,海水知天寒",《文選》五臣李周翰註："'知'，猶言'豈知'也"；陳師道《寄答李方叔》："孰使文章著，能辭轍跡頻"，任淵註："安能免栖栖旅人哉?!"（《後山詩註》卷四）。即不釋爲"不知"、"不能"，而解作歎或問語也。有"不"而語正者亦然，《詩》中習見。如《生民》："上帝不寧，不康禋祀"；《傳》："不寧，寧也；不康，康也。"趙彥衞《雲麓漫鈔》卷一則據鐘鼎文謂《詩》之"不顯文王"，即《書》之"丕顯哉！文王謨"；汪中《舊學蓄疑》亦據漢碑謂《詩》之"不顯奕世"即"丕顯奕世"之省文。《經義述聞》卷三二《語詞誤解以實義》條舉"我生不有命在天"等數十例，謂"不"乃"發聲之詞"，"不有"即"有"。趙、王、汪之説，各有攸當，然於"不"之每即"豈不乎？"或"豈不哉！"皆未之察。毛《傳》、鄭《箋》、孔《正義》則頗留意及之，如《候人》："不濡其翼"，《傳》："可謂不濡其翼乎？"《文王》："有周不顯，帝命不時"，《箋》："周之德不光明乎？光明矣。天命之不是乎？又是矣。"《車攻》："徒御不驚"，《正義》："豈不警戒乎？言以相警戒也。"胡承珙《毛詩後箋》説《文王》、《思齊》皆引《經義述聞》而進一解曰："以'不'爲發聲，是正言其'如此'；即反言之，以爲'豈不如此？'亦未始不可"；陳奐《詩毛氏傳疏·車攻》亦云："正言之，'不'爲語詞；反言之，則下加一'乎'字以足之，其義同也。"顧胥未省無"不"字亦能作詰問解會，如"可以履霜"之可爲"可以履霜乎？"。加"豈"、"乎"爲詰問者，亦容加"哉"爲驚歎，如鄭《箋》之自問自答，即無妨約爲："周之德不光明哉！天命不是哉！"《漢書·韋賢傳》載《諷諫詩》："所弘非德，所親非俊"，謂非弘德、非親俊也；"致冰非霜，致墜非嫚"，謂致冰者霜、致墜者嫚也，晉灼註"非"作"無不"解，實則"非"即"豈非"耳。

一六　僖公二十四年

"富辰諫曰：女德無極，婦怨無終"；《註》："婦女之志，近之則不知止足，遠之則忿怨無已。"按註誤，解上句幾如欲壑難填之意，尤謬。《三國志·魏書·董、二袁、劉傳》裴註引《魏書》："卓所願無極，語賓客曰：'我相貴無上也！'"；蓋魏、晉人常以"無極"作此意用，杜沿習作註，而未察於"德"字不貫。《南史》卷四七《胡諧之傳》使人向范柏年求佳馬，柏年謂使曰："馬非狗子，那可得爲應無極之求？"使歸告曰："柏年云：'胡諧是何傒狗，無厭之求？'"杜亦正以"無極"爲"無厭"也。李威《嶺雲軒瑣記》卷一曰："'無極'者十居一二，'無終'者十居七八；蓋陰性主殺，慘刻少恩。"則又不知杜註之非而助瀾扇餒矣。"女"即"婦"，"極"即"終"。前者觀《經義述聞·易》上論"女子貞不字"可知；後者讀《莊子·在宥》："彼其物無窮，而人皆以爲有終；彼其物無測，而人皆以爲有極"，或曹植《送應氏詩》："天地無終極"，王粲《七哀詩》："羈旅無終極"，即見或互或重，文皆一意。然此處"女"與"婦"、"極"與"終"，涵義皆同中有異，語遂簡妙。"女"指少小，"婦"指老大，此易辨也。《詩·氓》："女也不爽，士貳其行；士也罔極，二三其德"；

"無極"即"罔極"，今語所謂"不到頭"、"不到底"、"没收梢"。"無終"則今語所謂"没盡頭"、"無休止"、"没完没了"。富辰若曰："婦女心性：感恩不到底，雖懷德而不能踰其少日；抱恨無盡期，苟蓄怨即將宿至老年。"後世爲文，當曰："女德無終，婦怨無極"，便較了然。蓋恩德易忘，怨毒難消，人情皆然，無間男女。《大般涅槃經・梵行品》第八之二所謂："譬如畫石，其文常存，畫水速滅，勢不久住；瞋如畫石，諸善根本如彼畫水"；西人亦謂，受惠則畫字於波面或塵上以志之，受害則刻金銘石以志之（Scrivono i beneficii nella polvere e l'ingiurie nel marmo; L'injure se grave en métal, et le bienfait s'escrit en l'onde）①。正其旨耳。

---

① S. Guazzo, *Dialoghi Piacevoli*: "Del Principe di Valacchia"; J. Bertaut, *Défense de l'Amour*. Cf. A. Arthaber, *Dizionario comparato di Proverbi*, 469: "Chi offende scrive in polvere di paglia, /Chi è offeso, nei marmi lo sdegno intaglia" etc..

一七　僖公二十六年

　　展喜曰："寡君聞君親舉玉趾，將辱於敝邑。"按昭公七年蓬啟疆又哀公二十一年閭丘息、《國語·吳語》諸稽郢、《戰國策·趙策》一"謂趙王曰"節等皆有"玉趾"語；《公羊傳》宣公十二年，楚莊王曰："是以使寡人得見君之玉面"；《楚策》二子良曰："王身出玉聲。"似"玉"非徒爲藻飾詞頭，而是當時禮節套語（protocolar language）之施於人君者。然《趙策》三辛垣衍謂魯仲連曰："今吾觀先生之玉貌"，則又非人君所得專也。《藝文類聚》卷七載潘岳《登虎牢山賦》："步玉趾以升降，淩汜水而登虎牢"，竟自尊汗脚爲"玉趾"。後世尺牘用之尤爛熟，《聊齋志異·公孫九娘》："如蒙金諾，還屈玉趾"，即竿牘家濫調也。

一八　僖公二十七年

"子文治兵于睽，終朝而畢，不戮一人。子玉復治兵於蔿，終日而畢，鞭七人，貫三人耳。"按下文緊接蔿賈言子玉"剛而無禮"必敗，刑僇立威，當亦"剛"很之徵。然古來兵家言異乎是。太公《六韜·龍韜·將威》："故殺一人而三軍震者，殺之；賞一人而萬人悦者，賞之"；《羣書治要》卷三一引太公《陰謀》："殺一人，千人懼者殺之；殺二人而萬人懼者，殺之；殺三人，三軍振者，殺之。……殺一以懲萬，賞一而勸衆。"《尉繚子·武議》："凡誅者，所以明武也。殺一人而三軍震者，殺之；殺一人而萬人喜者，殺之。"《三國志·吳書·孫破虜傳》記孫堅勸張温斬董卓曰："古之名將，仗鉞臨衆，未有不斷斬以示威者也。是以穰苴斬莊賈，魏絳戮楊干。"《太平御覽》卷二九六引《衛公兵法》："古之善爲將者，必能十卒而殺其三，次者十殺其一，三者威振於敵國，一者令行於三軍。是知畏我者不畏敵，畏敵者不畏我"；通行本《唐太宗李衛公問對》無此節，而卷中有太宗曰："嚴刑峻法，使人畏我而不畏敵，朕甚惑之"，又衛公曰："臣頃討突厥，總蕃漢之衆，出塞千里，未嘗戮一楊干，斬一莊賈，亦推赤誠，存至公而已矣"，則似對孫堅之言而發，當爲蔿賈所許矣。《尉繚子·兵令》篇下："古之善用兵者，能殺卒之半，其次殺其十三，其下殺其十一；能殺其半者，威加海內，殺十三者，力加諸侯，殺十一者，令行士卒"；《衛公兵法》語蓋本此而申以"畏我者不畏敵"二句耳。"畏我不畏敵"之旨，可參觀《商君書·去強》篇："怯民使以刑必勇，勇民使以賞必死"（《説民》篇略同）；《尉繚子·攻權》篇："夫民無兩畏也，畏我侮敵，畏敵侮我"，又《重刑令》篇："刑重則內畏，內畏則外堅矣"；《吕氏春秋·論威》篇："其令強者其敵弱，其令信者其敵詘，先勝之於此，則必勝之於彼矣"；《隋書·楊素傳》："每將臨寇，輒求人過失而斬之。……先令一二百人赴敵，陷陣則已，如不能陷陣而還者，無問多少，悉斬之。……將士股慄，有必死之心"；《全唐文》卷三二一李華《弔古戰場文》："法重心駭，威尊命賤"；宋祁《筆記》卷下："父慈於筆，家有敗子；將礪於鈇，士乃忘軀。"歐洲古兵法亦記斯巴達名將謂士卒當畏帥甚於畏敵（Clearchus dux Lacedaemoniorum exercitui dicebat imperatorem potius quam hostem metui debere）①，古羅馬練兵以此爲金科玉律（It was an inflexible maxim of Roman discipline, that a good soldier should dread his officers far more than the enemy）②。意大利詩寫摩爾兵攻城時，冒鋒鏑爭先，然或出於勇而或出於畏（chi per virtù, chi per paura vale）③，正此意，即商君所謂"怯民勇"、"勇民死"也。

---

① Frontinus, *The Stratagems*, IV.i.17, "Loeb", 274; cf. II.viii 14(Philippus), 180.

② Gibbon, *The Decline and Fall of the Roman Empire*, ch. 1, "The World's Classics", I, 12; cf. Montaigne, *Essais*, III.xii, "Bibl. de la Pléiade", 1003 ("cet ancien praecepte").

③ Ariosto, *Orlando Furioso*, XIV.16, Ulrico Hoepli, 133; cf. XXIX.9, p.418.

一九　僖公二十八年

"軍志曰：'知難而退'"。按宣公十二年，"隨武子曰：'見可而進，知難而退，軍之善政也'"；即《孫子·謀攻》篇所云："少則能逃之，不若則能避之。"

"晉師退。吏曰：'以君辟臣，辱也！'"按宣公十二年，伍參言於楚王曰："且君而逃臣，若社稷何！"

"子玉使鬭勃請戰，曰：'請與君之士戲，君憑軾而觀之，得臣與寓目焉。'"按《經義述聞·左傳》上引《晉語》少室周與牛談"戲勿勝"，韋昭註："'戲'、角力也"；因謂"戰有勝負，角力亦有勝負"，故子玉"比戰於'戲'"。近是矣而未探本也。《晉語》九"戲勿勝"之"戲"，乃指角力，然未可僉以"戲"爲"角力"。甲之子呼"父"，謂甲也，乙之子亦呼"父"，不謂甲也；哺兒曰"喂"，秣馬亦曰"喂"，豈得據以齊物論於乳與芻哉？角力者，戲之事，非戲之意也①。諸凡競技能、較短長之事，古今多稱曰"戲"，非止角觝；故曰博塞之戲，曰奕戲，曰葉子戲，曰酒令猜拳之戲，曰馬將牌戲，曰賽球之戲。又以其判輸贏，猶戰鬭之分勝

---

① C. S. Lewis, *Studies in Words*, 41, 103 (the same lexical meaning used to mean different things).

負也,亦莫不可謂爲"戰"或"鬭":"棋戰"、"鬭牌"、"拇戰"、"雀戰"、"球戰"、以至"茗戰"、"文戰",比比皆是。

【增訂一】《三國志・魏書・方技傳》裴註引《管輅別傳》記諸葛原與輅辯論:"遂開張戰地,示以不固,……鳴鼓角,舉雲梯,……雖白起之坑趙卒,項羽之塞濉水,無以尚之"云云,毋慮二百言,皆作攻守交綏語,真所謂"舌戰"、"鬭口"也。古來寫飛辯騁詞爲戰鬭者,鋪陳終始,以此爲朔矣。

韓愈《送靈師》直曰:"戰詩誰與敵,浩汗橫戈鋋"。桓譚《新論・言體》曰:"世有圍棋之戲,或曰是兵法之類也";班固、馬融、應瑒等摹寫弈勢,僉以軍戎戰陣說之。《隋書・經籍志》三至以"教戰"之兵法、戰經與游戲之《棋勢》、《博法》同歸"兵家"爲一類,簿録而有資於義理矣。李清照《打馬賦》亦始曰:"實小道之上流,競深閨之雅戲",而承之曰:"或出入騰驤,猛比昆陽之戰,或從容罄控,正如涿鹿之師。"蓋戰與戲每爲一事,特所從言之異路爾。危詞聳說,戲亦戰也;輕描淡寫,戰即戲也。當局者"性命相撲",戰也;旁觀者"雲端裏看廝殺",戲也①。晉惠公兒時"不好弄",《左傳》僖公九年言其"能鬭而不過",而《國語・晉語》則云:"戲不過所復",可見兒"戲"正是兒"鬭";成人視爲稚子之相與戲劇,而稚子則方同成人之相與爭鬭也②。

---

① Cf. *Anatomy of Melancholy*. Part. II, Sect. II, Mem. IV, Bell. II, 88-90 (pleasant to behold a battle fought).

② Montaigne, *Essais*, I.23, *op. cit*, 123: "…comme de vray il faut noter que les jeux des enfants ne sont pas jeux, et les faut juger en eux comme leurs plus sérieuses actions"; M. Scheler, *Wesen und Formen der Sympathie*, 24: "Was beim Erwachsenen *Einfühlung* ist, ist dort *Einfühlung*; was eigentlich nur beim Erwachsenen 'Spiel' ist, ist dort 'Ernst'."

《史記•貨殖列傳》："博戲馳逐，鬭雞走狗，作色相矜，必爭勝"，雞"鬭"焉而人以爲"戲"耳。

【增訂三】《今古奇觀》卷二五《徐老僕義憤成家》即云："雲端看厮殺，畢竟孰輸贏"；《兒女英雄傳》第二二回亦云："天下事最妙的是雲端裏看厮殺，你我且置身局外，袖手旁觀。"此語必前已有之。雨果有寫古羅馬鬭獸場一詩，略謂熊與獅鬭，暴君尼祿臨觀，獅語熊曰："奉彼旨意，我與汝并命同盡；彼欲開口笑，吾儕則張口苦相嚙噬耳"（Il est content; et nous, nous mourons par son ordre; / Et c'est à lui de rire et c'est à nous de mordre — Hugo, *L'Année terrible*, "Janvier" ix, "Dans le Cirque"）。"雞'鬭'焉而人以為'戲'耳"，得兹篇而含意畢申焉。

【增訂四】《何典》第九回："由他羊咬殺虎，虎咬殺羊，我們只在青雲頭裏看相殺。"貫串俗語，豁利可喜。

《魏書•李孝伯傳》張暢曰："待休息士馬，然後共治戰場，剋日交戲"；"戰場""交戲"，順理成章。蓋情事通連，心理轉易，語言遂可即可離，何待比乎？他國文字亦然①，拈異域古籍中一例爲證。聖經公會官話譯本《舊約全書》有云："押尼珥對約押説：'讓少年人起來，在我們面前戲耍罷'（Let the young men arise and play before us）。……那日的戰事凶猛，押尼珥和以色列人敗在大衛的僕人面前"②。遣詞命意，與《左傳》若合符節。"士戲"者，即"少年人戲耍"，今人謂之"玩兒玩兒"或"白相相"，豈必取角力設譬？《晉書•謝玄傳》使謂苻融曰："君遠涉吾境，

---

① J. Huizinga, *Homo Ludens*, tr. F. C. Hull, 40 ff., 72.
② II Samuel, II. 14.

而臨水爲陣，是不欲速戰。諸君稍却，令將士得周旋，僕與諸君緩轡而觀之，不亦樂乎?"即仿子玉語，堪爲《左傳》箋釋。禮之應接進退、戰之追逐回合，皆曰"周旋"，猶游藝、角力皆曰"戲"，未可謂謝玄以動武相殘"比"於動容中禮也。徵之俗書，其用字不似雅言之講求來歷者，益足見先後思路之同出、文野語脈之一貫。《蕩寇志》第七八回宋江恫嚇蔡京書曰："慢散兒郎，以與閣下相戲"，正"戲耍"也。《西遊記》第二二回一節道之尤晰："那大聖……見八戒與那怪交戰，就恨得咬牙切齒，擦掌磨拳，忍不住要去打他，掣出棒來道：'師父，你坐着，莫怕。等老孫去和他耍耍兒來。'……那怪急轉身，慌忙躲過，徑鑽入流沙河裏。氣得八戒亂跳。……行者笑道：'……這個把月不曾耍棍，我見你和他戰的甜美，我就忍不住脚癢，就跳將來耍耍的。那知那怪不識耍，就走了!'""耍耍兒"乃"戲"之的解，"跳來耍耍"乃參與"甜美之戰"；夫言"耍耍"而事出於棒打，豈得徑訓"耍耍"爲棒打，解"不識耍"爲不知挨打之趣乎？蓋"耍"、"戲"、"周旋"之與"戰"，亦猶"嗟來食!"之與"請用!"，乃詞氣(tone)之有急有舒、情態(attitude)之或莊或嫚，非直道與曲喻之別也。苟曰比喻，則無寧謂每以交戰比於博塞之戲。如《明史·外國傳》三日本良懷上書："又聞陛下選股肱之將，起精銳之師，來侵臣境。……順之未必其生，逆之未必其死。相逢賀蘭山前，聊以博戲，臣何懼乎?"即韓愈《過鴻溝》詩所謂"真成一擲賭乾坤"，席勒詠戰地所謂廣展場面以供"鐵骰子之瘋狂投擲"(Zum wilden eisernen Würfelspiel/Streckt sich unabsehlich das Gefilde)①。抑

---

① Schiller: "Die Schlacht", *op. cit.*, I, 38.

戰鬭而不以角力爲比，其理易解也。宋調露子《角力記•述旨》云：" 夫角力者，宣勇氣，量巧智也；兵陣之權輿，爭競之萌漸。" 蓋諸戲中以角力比武與戰鬭最相近似，且近而至於接，似而幾乎同，故取喻與本事之角度距離（metaphorical angle）逼而欲合、小而若無。《晉書•刑法志》張裴 "註律" 曰："戲似鬭"；《禮志》下成帝咸和中 "詔内外諸軍'戲兵'於南郊之場，故其地因名'鬭場'"（亦見《宋書•禮志》一），"戲兵" 正肖今世西語稱戰鬭演習曰 "戰争游戲"（Kriegspiel, wargame）。《水滸》第一三回楊志、索超 "各賭平生本事"，戲之屬也，而 "軍士們遞相厮覷道：'……也曾出了幾遭征，何曾見這一對好漢厮殺！' 李成、聞達在將臺上不住聲叫道：'好鬭！'"，二一一二，即離離即。然則以此 "比" 彼，真如《説苑•善説》篇惠子所譏 "以彈諭彈"，固不勞多是一舉矣。挑戰、作戰而言 "戲" 言 "耍"，又微涵視敵易而恃己强之意。子玉請戰而曰 "請戲"，雖所以自示從容整暇，而自雄輕敵之情亦復隱約言外。此殆又劉知幾所稱左氏 "用晦"，寓驕兵必敗之旨歟？

　　"既敗，王使謂之曰：'大夫若入，其若申息之老何！'"；《註》："申息二邑子弟皆從子玉而死，言何以見其父老。" 按《史記•項羽本紀》記項王謝烏江亭長曰："且籍與江東子弟八千人，渡江而西，今無一人還。縱江東父兄憐而王我，我何面目見之！" 即此意。

二〇　文公元年（一）

公孫敖聞叔服能相人，見其二子，叔服曰："穀也豐下，必有後於魯國。"按趙翼《甌北集》卷七《贈相士彭鐵嘴》云："古人相法相心曲：豺聲忍，烏喙毒，鳶肩躁，牛腹黷。初不專以論禍福，論之實始周叔服。"即指此。古人論相之説，《論衡·骨相篇》、《潛夫論·相列篇》而外，略備於俞正燮《癸巳類稿》卷一三《原相》三篇。吴處厚《青箱雜記》卷四申説《荀子·非相篇》尤詳。然荀子言"形不勝心"乃謂相惡心善，無害爲君子，而相善心惡，無害爲小人；吴氏則謂："諺曰：'有心無相，相逐心生，有相無心，相逐心滅'。此言人以心相爲上也。故心有三十六相"云云，乃世俗"修心補相"之説矣。

二一　文公元年（二）

　　子上論商臣曰："蜂目而豺聲，忍人也。"按《儒林外史》第四回寫嚴貢生"蜜蜂眼"，亦即"蜂目"。蓋謂睛凸如欲出眶者。《太平廣記》卷四七六《石憲》條（引《宣室志》）："夢一僧蜂目被褐"，僧蓋蛙也；蛙稱瞋目，是則"蜂目"即宣公二年城者謳曰："瞋其目"，杜註："瞋、出目也。"黎士宏《仁恕堂筆記》云："記侍教於周元亮先生，偶問曰：'豺聲人皆知之，何云蜂目？'衆以露睛凸出爲對。先生曰：'若是，則蜻蜓、蠅、蚋皆可當之。蓋蜂欲螫人，則左右營營，徘徊閃爍故耳。'遂舉一二蜂目之人，驗之果然。"雖未必得"蜂目"之意，然以供伻色揣稱，固不失爲妙喻也。《史記·秦始皇本紀》："秦王爲人，蜂準長目"，《正義》："高鼻也"；則不解何謂。人鼻聳出，故稱"面之山"（《世說新語·排調》篇）。若禽、蟲之面，舍大象而外，皆以喙爲主（das Hervorragende），鼻幾附屬於喙①；古羅馬博物家至謂唯人有面（facies homini tantum），亦唯人有鼻高聳（altior homini tantum nasus）②。竊疑"蜂準"喻鼻之尖削，如蜂能刺；乃銳準，非隆準也。

---

① Hegel, *Aesthetik*, *op. cit.*, 671.
② Pliny, *Natural History*, XI. 138, 158, "Loeb", III, 518, 530.

二二　文公七年

　　趙宣子曰："先人有奪人之心，軍之善謀也。"按宣公十二年，孫叔曰："進之！寧我薄人，無人薄我。軍志曰：'先人有奪人之心'，薄之也"；《逸周書·武稱解》："先勝後，疾勝遲"；《呂氏春秋·論威》："凡兵欲急、疾、捷、先"；《史記·項羽本紀》項梁曰："吾聞先即制人，後即爲人所制"（《漢書·陳勝、項籍傳》作"先發制人，後發制於人"）；《三國志·魏書·賈逵傳》記曹休敗績，孫權遣兵斷夾石，魏諸將不知所出，逵曰："今疾進，出其不意，此所謂'先人以奪其心'也"。然《左傳》尚另明一意，即莊公十年記曹劌待齊師三鼓而後發是已。與曹劌印可者，如《管子·樞言》篇："應適〔即'敵'字〕莫如後"；《孫子·軍爭》篇："以迂爲直；以患爲利。……後人發，先人至"，又《九地》篇："是故始如處女，敵人開户，後如脱兔，敵不及拒"；《晉書·朱伺傳》伺答楊珉曰："兩敵共對，惟當忍之；彼不能忍，我能忍，是以勝之耳"；蘇洵《嘉祐集》卷二《權書》上《心術》："一忍可以支百勇。"昭公二十一年，廚人濮曰："軍志有之：先人有奪人之心，後人有待其衰"，則兼賅趙宣子與曹劌兩意。《戰國策·齊策》五蘇秦説齊閔王曰："用兵而先天下者憂，後起者藉"，洋洋數十百言，足爲後一意申論；《國語·越語》下范蠡論"善用兵者，後則用陰，先則用陽"一大節，又兼兩意言之。運用之妙，應變異方，存乎其人矣。

二三　文公十年

　　楚范巫矞似曰:"三君皆將強死";《正義》:"'強'、健也,無病而死,謂被殺也。"按昭公七年,子產論伯有爲鬼曰:"匹夫匹婦強死";《註》:"強死,不病也。"王逸《九思‧憫上》:"含憂強老兮愁不樂";《註》:"早老曰強。"蓋強者,壯也;壯健而死,是非命橫死,壯盛而老,是非時先老。"強死"、"強老",可相發明。

二四　文公十四年

"終不曰'公',曰'夫己氏'";《註》:"猶言某甲。"按洪亮吉《春秋左傳詁》載孔廣森說,謂懿公母乃桓公妾次第六,故以甲乙之數名之;則今語所謂"六姨娘的那個兒子"也。"夫人"訓此人或彼人,亦訓人人或衆人,前載已詳,可得而略,茲言其有時省爲"夫"者。如襄公三十一年,子皮欲使尹何爲邑,曰:"使夫往而學焉,夫亦愈知治矣",《註》:"'夫'謂尹何";《孟子·公孫丑》:"夫既或治之,予何言哉?",趙歧註:"夫人既自謂有治行事",即指王驩;《漢書·賈誼傳》上疏陳政事云:"彼且爲我亡,故我得與之俱存;夫將爲我危,故吾得與之俱安",顏師古註:"'夫',夫人也,亦猶彼人耳。""夫"即彼人、此人也。昭公七年,無宇曰:"昔武王數紂之罪,以告諸侯曰:'紂爲天下逋逃主,萃淵藪,故夫致死焉'",《註》:"人欲致死討紂";則"夫"即人人、衆人,如張衡《東京賦》:"執誼顧主,夫懷貞節",《文選》載薛綜註:"'夫'猶人人也。"

二五　宣公二年

　　趙盾舍於翳桑，見靈輒餓，食之。晉侯飲趙盾，伏甲攻之，介倒戈以禦公徒而免之，問："何故？"對曰："翳桑之餓人也。"按宣公二年，鄭伐宋，"華元殺羊食士，其御羊斟不與"，及戰，斟御元馳入鄭師，宋人敗績；宣公四年，鄭靈公"食大夫黿，召子公而勿與"，卒爲子公所弒。蓋既有一飯之恩，亦自有一飯之仇也。《戰國策·中山策》一則兼及恩仇。中山君饗，羊羹不遍司馬子期，子期怒走楚，說楚王伐中山，中山君出亡，有二人者舉戈隨護，問之，則其父餓且死，蒙壺餐之餌者也；中山君歎曰："與不期衆少，其於當厄；怨不期深淺，其於傷心。吾以一杯羊羹亡國，以一壺餐得士二人。"《世説新語·德行》："顧榮在洛陽，嘗應人請，覺行炙人有欲炙之色，因輟己施焉。後遭亂渡江，常有一人左右己，問其所以，乃受炙人也"；《陳書·文學傳》亦記陰鏗天寒宴飲，見行觴者，因回酒炙以授之，衆皆笑，鏗曰："吾儕終日酣飲，而執爵者不知其味，非人情也！"，及侯景之亂，鏗被擒，或救之獲免，乃前所行觴者。哀公十三年申叔儀歌："旨酒一盛兮，余與褐之父睨之"，即所謂"有欲炙之色"也。《南史》卷三五《庾悦傳》記劉毅微時向悦乞子鵝殘炙，悦不答，後毅得志，深相挫辱，悅疽發於背而卒，《論》曰："昔華元敗，則以羊羹而取禍，觀夫庾悅，亦鵝炙以速尤。'乾餱以愆'斯相類矣"；謝肇淛《五雜俎》卷一一："中山君以一杯羹亡國，以一壺漿得士二人；顧榮以分炙免難；庾悅以慳炙取禍。《詩》云：'民之失德，乾餱以愆'"；梁玉繩《蛻稿》卷四《演連珠》："中山君之亡國，禍起羊羹；庾仲豫之亡身，忿由鵝炙。故怨毒之事，在小不在大；飲食之人，可賤亦可畏。"皆閱歷有得之談，非徒排比故實；"不在大"易一字爲"猶在大"，則語更圓。即禍不至於亡國喪身，而如梅堯臣《宛陵集》卷一一《雜興》歎蘇舜欽事所謂："一客不得食，覆鼎傷衆賓"，或《醒世姻緣》第七七回寫相旺不得食青韭羊肉合子，懷恨而洩狄希陳陰事，亦皆乾餱以愆、一飯之怨也。

二六　宣公十二年（一）

　　嬖人伍參欲戰，令尹孫叔敖勿欲，曰："戰而不捷，參之肉其足食乎！"參曰："不捷，參之肉將在晉軍，可得食乎？"按《國語·晉語》四，重耳醒，以戈逐子犯曰："若無所濟，吾食舅氏之肉，其知饜乎？"舅犯走且對曰："若無所濟，余未知死所，誰能與豺狼爭食？若克有成，公子無亦晉之柔嘉是以甘食，偃之肉腥臊，將焉用之？"《意林》卷五引楊泉《物理論》（孫星衍輯入《物理論》、嚴可均《全晉文》卷四九輯入傅玄《傅子》）云："漢末有管秋陽者，與弟及伴一人避亂俱行，天雨雪，糧絕，謂其弟曰：'今不食伴，則三人俱死。'乃與弟共殺之，得糧達舍。……孔文舉曰：'管秋陽愛先人遺體，食伴無嫌也。……此伴非會友也。若管仲啖鮑叔，貢禹食王陽，此則不可。向所殺者，猶鳥獸而能言耳；今有犬噬一貍，貍噬一鸚鵡，何足怪也？昔重耳戀齊女而欲食狐偃，叔敖怒楚師而欲食伍參；賢哲之忿，猶欲啖人，而況遭窮者乎？'"《金樓子·立言》篇記孔融語稍異而意無不同："三人同行，兩人聰俊，一人底下；饑年無食，謂宜食底下者，譬猶蒸一猩猩、煮一鸚鵡耳。"亦《後漢書》孔融本傳所謂"跌蕩放言"之一例。并舉猩猩與鸚鵡者，用《禮記·曲禮》："鸚鵡能言，不離飛鳥；猩猩能言，不離禽獸。""底下者"當爲"聰俊者"食，猶《呂氏春秋·長利》篇記戎夷與弟子野宿寒甚，謂弟子曰："子與我衣，我活也，我與子衣，子活也。我國士也，爲天下惜死；子不肖人也，不足愛也"，衣之與食，殊事一致。考論民俗者謂開化社會中人荐饑或暴怒亦每彼此相食(If men are hungry enough, or angry enough, they may return to cannibalism now)①，孔氏言"忿"與"窮"，早隱括之矣。

---

① W. G. Sumner, *Folkways*, 341. Cf. P. P. Read, *Alive* (1974).

二七　宣公十二年（二）

　　士貞子諫晉侯，引晉文公語曰："得臣猶在，憂未歇也，困獸猶鬭，況國相乎？"按僖公二十二年，臧文仲曰："蜂蠆有毒，而況國乎？"定公四年，夫概王曰："困獸猶鬭，況人乎？"他如《國語·晉語》九智伯國曰："夫誰不可喜而誰不可懼？蚋蟻蜂蠆皆能害人，況君相乎？"《戰國策·韓策》一韓公仲誠向壽曰："禽困覆車，公破韓，辱公仲"；《文子·下德》篇："獸窮即觸，鳥窮即啄，人窮即詐"，又《荀子·哀公》篇顏淵曰："臣聞之，鳥窮則啄，獸窮則攫，人窮則詐"（"攫"字《韓詩外傳》卷二作"齧"，《淮南子·齊俗訓》、《新序·雜事》篇作"觸"）；《東觀漢記》卷一六朱勃上書理馬援曰："飛鳥跱衡，馬驚觸虎"；《太平御覽》卷二九一引《衛公兵法》曰："敵固無小，蜂蠆有毒；且鳥窮則啄，獸窮猶觸者，皆自衛其生命而免於禍難也。"《孫子》論此，最爲周匝。《軍爭》篇云："歸師勿遏，圍師必闕，窮寇勿迫"；此柔人者也，防敵之困鬭窮觸也。《九變》篇云："死地則戰"，又云："死地則戰"，"死焉不得"，"投之亡地然後存，陷之死地然後生"；《九地》篇云："帥與之期，若登高而去其梯"，揚雄《太玄經·上》之次八："升於高，危，或斧之梯"，即用其象。此激己者也,使士必困齫窮觸也。

【增訂三】江紹原先生曰:"所引《太玄經》語,句讀當作:'升於高危,或斧之梯。''危'通'垝',即《詩·衛風·氓》所謂'乘彼垝垣'。"是也。《測》固曰:"升危斧梯,失士民也",亦徵余之粗心破句矣。

白居易《和微之詩二十三首·序》:"過蒙見寡,然敵則氣作,急則計生",譬擬之詞,意無二致。蓋六通四辟,反致三心兩意,猶豫計校,餘地足誤當機,《老子》第二二章所謂"少則得,多則惑"耳。古羅馬兵書且專立章節,論寇窮必再作氣,不如圍開一面,削其鬥志(De emittendo hoste, ne clausus proelium, ex desperatione redintegret)①;桓吉爾詩亦云:"兵敗唯不望倖生,庶能全生,吾黨寧死戰爾"(Moriamur et in media arma ruamus. / Una salus victis nullam sperare salutem)②。後世或云:"勇出於恐"(An eminent poet tells us that all courage is fear)③,或云:"增援兵能增希望,然絕望則生決心"(what resolution from despair),"無希冀則亦無恐怖"(For where no hope is left is left no fear)④。莎士比亞一再言恐極則反無恐(to be frighted out of fear),馴鴿窮則啄怒鷹(the dove will peck the estridge)⑤,

---

① Frontinus, *op. cit*., II. vi, pp. 164 ff..
② *Aeneid*, II, 353-4.
③ Defoe, *Serious Reflections of Robinson Crusoe*, in *Romances and Narratives*, ed. G. Aitkin, III, 25. Cf. Cardinal de Retz: "Quand la frayeur est venue à un certain point, elle produit les mêmes effets que la témérité" (quoted in *Letters of Lord Chesterfield*, ed. B. Dobrée, IV, 1642).
④ *Paradise Lost*, I, 190-1; *Paradise Regained*, III, 206.
⑤ *Antony and Cleopatra*, III. xiii. 195-7; *III Henry VI*, I. iv. 40-1.

更合"鳥窮則啄"之喻。其理即休謨論情感所謂兩情相反而互轉 (any emotion which attends a passion is converted into it, though in their natures they are originally different from, and even contrary to, each other)①;或心理學所謂"疲乏律"(Law of fatigue)②:情感之持續每即促其消失轉變,故樂極悲來,怒極悔生。吾國《禮記》中《曲禮》、《檀弓》、《孔子閒居》、《樂記》諸篇於情感之"盈而反"實早發厥緒,特僅道樂之與哀③,而未推及七情五欲耳。參觀《全上古三代文》卷論《孫子兵法》、《全漢文》卷論賈誼《鵩鳥賦》。

---

① Hume, *Treatise of Human Nature*, Bk. II, pt. iii, sect. 4, "Everyman's Lib.", II, 131.

② C. Spearman, *Psychology down the Ages*, II, 102, 112.

③ Cf. *Antony and Cleopatra*, I.ii.128–130: "The present pleasure, /By revolution lowering, does become/The opposite of itself"; *Hamlet*, IV.vii.115–6: "For goodness, growing to a pleurisy, /Dies in his own too much".

二八　成公二年

"張侯曰:'此車一人殿之可以集事'";《註》:"殿,鎮也。"按此本《詩·采菽》毛傳。《史記》如《淮陰侯列傳》曰:"不爲假王以鎮之",而如《張耳、陳餘列傳》曰:"不王無以填之";《漢書》韓信、耳、餘兩傳皆作"填",師古均註:"填音竹刃反",蓋即"鎮"也。他如《荆燕吳傳》之"欲王同姓以填天下",《杜周傳》之"填撫四夷"等,師古註胥同,不具舉。《漢書·張、陳、王、周傳》陳平曰:"外填撫四夷",師古無註;周勃"擊章邯車騎殿",師古註:"殿之言填也,謂鎮軍後以扞敵。殿音丁見反。"移此釋《左傳》,庶音義兼備。

"邴夏曰:'射其御者,君子也。'公曰:'謂之君子而射之,非禮也'";《註》:"齊侯不知戎禮";《正義》:"僖二十二年《傳》曰:'雖及胡耇,獲則取之,明恥教戰,求殺敵也';宣二年《傳》曰:'戎,昭果毅以聽之之謂禮,殺敵爲果,致果爲毅。'是戎事以殺敵爲禮"。按昭公二十一年,"華豹曰:'不狎鄙',抽矢";《正義》:"此豹亦不達軍之戰禮也。"鄭玄《箴膏肓》論宣公二年狂狡事亦譏其"臨敵拘於小仁,忘在軍之禮"。足見"禮"者非揖讓節文(code of courtesy),乃因事制宜(decorum)之謂;

— 337 —

故射儀則君子必争，戎禮則君子亦殺。昭公五年，女叔齊對晉侯曰："魯侯焉知禮！是儀也，不可謂禮"；二十五年，趙簡子問揖讓周旋之禮，子大叔對曰："此儀也，非禮也。"合觀愈明。德諺有曰："戰爭之本旨較戰爭之方式爲先"（Kriegsräson geht vor Kriegsmanier）。殺敵者戰之本旨；三舍之退、一麋之獻，以及下車免胄、執榐犒師，皆方式而已，戎儀也，非戎禮也。

二九　成公十年

　　晉景公卒，杜註曰："巫以明術見殺，小臣以言夢自禍。"按此非闡明經、傳之旨，乃杜氏有感而發，即《莊子》之《人間世》、《山木》兩篇所謂"不材"則得終天年之意。二豎子聞醫緩將至而逃於景公肓之上，膏之下，《隋書·藝術傳》許智藏爲秦王俊治疾，俊夢亡妃崔氏曰："許智藏將至，爲之奈何？當入靈府中以避之"；許至診脈曰："疾已入心，不可救也"，即仿此。

　　晉侯"欲食，張，如廁，陷而卒。"按盛如梓《庶齋老學叢談》卷一云："左氏載息夫人事，爲楚文王生堵敖及成王，猶未言；余謂息嬀既爲楚子生二子，衽席之間，已非一夕，安得未言？晉景公病，將食麥，陷而卒；國君病，何必如廁？假令如廁，豈能遽陷而卒？此皆文勝其實，良可發笑！"論息嬀事，詞意曉然。論景公事，言外意謂國君內寢必有如《周禮·天官·玉府》所謂"褻器"、《史記·萬石君傳》所謂"廁牏"者，無須出外就野溷耳。

三○　成公十五年

　　子臧曰："前志有之曰：'聖達節，次守節，下失節'。"按"達節"即昔語所謂"權"，今語所謂"堅持原則而靈活應用"也。若不能"達節"，則《易·節》之象不云乎："苦節不可貞，其道窮也。""權"乃吾國古倫理學中一要義，今世考論者似未拈出。《論語·子罕》："可與立，未可與權"；皇侃義疏："權者，反常而合於道者；王弼曰：'權者道之變；變無常體，神而明之，存乎其人，不可豫設，尤至難者也'。"《莊子·秋水》："北海若曰：'知道者必達於理，達於理者必明於權，明於權者不以物害己'。"《文子·道德》："上言者，常用也；下言者，權用也。唯聖人爲能知權。言而必信，期而必當，天下之高行；直而證父，信而死女，孰能貴之？故聖人論事之曲直，與之屈伸，無常儀表。祝則名君，溺則捽父，勢使然也。……夫先迕而後合者之謂權，先合而後迕者不知權，不知權者，善反醜矣"（參觀《淮南子·氾論訓》）。《孟子·離婁》："男女授受不親，禮也；嫂溺援之以手者，權也"，趙歧註："權者，反經而善者也"；《盡心》："執中無權，猶執一也；所惡執一者，爲其賊道也，舉一而廢百也。"《韓詩外傳》卷二記孟子論衛女曰："常謂之經，變謂之權，懷其常經而挾其變權，乃得爲賢。"《戰國策·趙策》三魏魁謂建信君曰："人有係蹄者而得虎，虎怒，決蹯而去。虎之情非不愛其蹯也，然而不以環寸之蹯害七尺之軀者，權也。"《公羊傳》桓公十一年："何賢乎祭仲？以爲知權也。……權者何？反於經然後有善者也。權之所設，舍死亡無所設。行權有道，自貶損以行權，不害人以行權，殺人以自生，亡人以自存，君子不爲也。"《史記·自序》論君臣"皆以善爲之"，而蒙惡名、陷死罪者，"守經事而不知其宜，遭變事而不知其權。"《春秋繁露·玉英》："夫權雖反經，亦必在可以然之域，故雖死亡，終弗爲也。……故諸侯在不可以然之域者，謂之大德；大德無踰閑者，謂正經。諸侯在可以然之域者，謂之小德，小德出入可也。權、譎也，尚歸之以奉鉅經耳。"《全唐文》卷四〇四馮用之《權論》："夫權者，適一時之變，非悠久之用。……聖人知道德有不可爲之時，禮義有不可施之時，刑名有不可威之時，由是濟之以權也。……設於事先之謂機，應於事變之謂權。機之先設，猶張羅待鳥，來則獲之；權之應變，猶荷戈禦獸，審其勢也。"《全唐文》卷五八二柳宗元《斷刑論》下："經非權則泥，權非經則悖；是二者，強名也。曰'當'，斯盡之矣。'當'也者，大中之道也。"王安石《臨川集》卷七二《再答龔深父論〈論語〉、〈孟子〉書》："天下之理固不可以一言盡。君子有時而用禮，故孟子不見諸侯；有時而用權，故孔子可見南子。"楊時《龜山集》卷一〇《語錄》："不知權是不知中。坐於此室，室自有中；移而坐於堂，則向之所謂中者，今不中矣；合堂室而觀之，又有堂室之中焉。《中庸》曰：'君子而時中'，蓋所謂權也。"《子華子·執中》篇論"雖過於中而在中之庭，雖不及於中而在中之堂"；《河南二程遺書》卷一二《明道語》論"不可捉一個中來爲中";《朱文公集》卷五八《答宋深之》論"中之活者"與"中之死者";王守仁《傳習錄》卷上論"執中無權";王艮《心齋先生遺集》卷論"子見南子";焦循《孟子正義·盡心·楊子取爲我》章疏;皆相參印。

【增訂四】《管子·白心》:"有中有中,孰能得夫中之衷乎?"尹知章註上句云:"舉事雖得其中而不為中,乃是有中也";戴望校:"據註當作'不中有中'。"按"不中有中"即雖"不中"而固"有中"或"有中"矣而仍"不中",亦即《子華子·執中》所謂:"過於中而在中之庭,不及於中而在中之堂。""衷"、心也,"得中之衷",猶空襲之投彈中"目標"(target);"不中有中",則猶投彈不中"目標",而尚未出"目標區域"(target area)之外,《大學》所謂"雖不中,不遠"(a near-miss)耳。

"權"者,變"經"有善,而非廢"經"不顧,故必有所不爲,而異乎"俛仰逶迤,以窺看爲精神,以向背爲變通"(李康《運命論》),如老於世故者之取巧投機、詭合苟全①。朱熹《答宋深之》:"權者,權衡之'權',言其可以稱物之輕重而游移前卻以適於平,蓋所以節量仁義之輕重而時措之,非如近世所謂將以濟乎仁義之窮者也。"顧炎武《亭林文集》卷四《與李中孚書》:"時止則止,時行則行,而不膠於一。孟子曰:'大人者,言不必信,行不必果。'於是有受免死之周、食嗟來之謝,而古人不以爲非也。必斤斤焉避其小嫌,避其小節,他日事變之來,不能盡如吾料,苟執一不移,則爲荀息之忠、尾生之信。不然,或并至斤斤者而失之,非所望於通人矣。"朱明其理,顧切於事。《公羊傳》言"死亡無所設權",即《孟子·告子》:"所惡有甚於死者,故患有所不辟也。"

---

① Cf. Shakespeare, *King John*, II.i.573 ff. (commodity).

是以"達節"而不"失節","行權"而仍"懷經","小德"出入而"大德"不踰,"君子時中"與"小人無忌憚"迥殊。楊時"移中"之喻,冥契《莊子·庚桑楚》:"觀室者,周於寢廟,又適其偃焉,爲是舉移是",郭象註:"當其偃溲,則寢廟之是移於屏廁矣。故是非之移,一彼一此。"亞理士多德《倫理學》言"中"因人因事而異(not one nor the same for all),故"適得其中,談何容易"(to hit the mean is hard in the extreme),善處者亦各執"與己相應之中"(the mean relative to us)而已①。蓋亦知執中須達"權",不同於執一也。他如柏拉圖論謊語時或有益(la fausseté utilisable)②;亞理士多德論詭辯時或宜用③,故其《修詞學》皆示人以花唇簧舌之術(teeming with ingenious hints on deception)④;基督教長老有專門學問(casuistry),辨究遇事應物,犯戒而不失爲守戒(rules for the breaking of rules)⑤;均有當於"達節"、"反經"之旨。吾國古人言"中""是"兼"移",言"節"兼"達",言"出入"兼"不踰閑",言"經"兼"權",兼"時",言真所謂"出語盡雙,皆取對法"(《六祖大師法寶壇經·付囑》品第一○),圓覽而不偏枯者矣。參觀前論僖公二十二年、又論定公十四年。

---

① *Nicomachean Ethics*, II. vi and ix, *Basic Works of Aristotle*, Random House, 958-9, 963.

② *La République*, II, 382, *Oeuvres complètes de Platon*, "Bibliothèque de la Pléiade", I, 933-4; cf. W. B. Stanford, *The Ulysses Theme*, 20 (the medicinal lie).

③ W. B. Stanford, *Ambiguity in Greek Literature*, 12.

④ Th. Gomperz, *Greek Thinkers*, tr. G. G. Berry, IV, 435; cf. Quintillian, *Institutio oratoria*, II, xv. 24 (fallendi artem), xvii, 18-21 (dicere falsa pro veris), "Loeb", I, 310, 332-4.

⑤ Cf. C. F. D'Arcy, *A Short Study of Ethics*, 218.

三一　成公十六年

"楚子登巢車以望晉軍，子重使太宰伯州犁侍於王後。王曰：'騁而左右，何也?'曰：'召軍吏也。''皆聚於中軍矣。'曰：'合謀也。''張幕矣。'曰：'虔卜於先君也。''徹幕矣。'曰：'將發命也。''甚囂且塵上矣。'曰：'將塞井夷竈而為行也。''皆乘矣。左右執兵而下矣。'曰：'聽誓也。''戰乎?'曰：'未可知也。''乘而左右皆下矣。'曰：'戰禱也。'"按不直書甲之運為，而假乙眼中舌端出之（the indirect presentation），純乎小說筆法矣①。杜牧《阿房宮賦》云："明星熒熒，開妝鏡也。綠雲擾擾，梳曉鬟也。渭流漲膩，棄脂水也。烟斜霧橫，焚椒蘭也。雷霆乍驚，宮車過也。轆轆遠聽，杳不知其所之也。"與此節句調略同，機杼迥別。杜賦乃作者幕後之解答，外附者也；左傳則人物局中之對答，內屬者也；一祇鋪陳場面，一能推進情事。甲之行事，不假乙之目見，而假乙之耳聞亦可，如迭更司小說中描寫選舉，從歡呼聲之漸高知事之進展（suddenly the crowd set up a great cheer etc.）②，其理莫二也。西方典籍寫敵家情狀而手眼與左氏相類者，如荷馬史詩

---

① Cf. Henry James, *The Art of the Novel*, ed., R. B. Blackmur, 46, 298, 306, 327.

② *Pickwick Papers*, ch. 13.

中特洛伊王登城望希臘軍而命海倫指名敵師將領(Priam spake and called Helen to him etc.)①，塔索史詩中回教王登城望十字軍而命愛米妮亞指名敵師將領(Conosce Erminia nel celeste campo/e dice al re ecc.)②，皆膾炙人口之名章佳什。然都無以過於《元秘史》卷七中一節者，足使盲邱明失色而盲荷馬却步也，兹撮錄之。"成吉思整治軍馬排陣了，乃蠻軍馬却退至納忽山崖前，緣山立住。彼時札木合亦在乃蠻處。塔陽問：'那趕來的如狼將羣羊直趕至圈内，是甚麼人？'札木合説：'是我帖木真安荅用人肉養的四個狗，……如今放了鐵索，垂涎着歡喜來也。……'塔陽説：'似那般呵，離得這下等人遠者。'遂退去跨山立了。又問：'那後來的軍，如吃乳飽的馬駒繞他母喜躍般來的是誰？'札木合説：'他是將有槍刀的男子殺了剥脱衣服的……二種人。'塔陽説：'既如此，可離的這下等人遠者。'又令上山去立了。又問：'隨後如貪食的鷹般當先來的是誰？'札木合道：'是我帖木真安荅渾身穿着鐵甲。……你如今試看。'塔陽説：'可懼！'又令上山立了。又問：'隨後多軍馬來的是誰？'札木合説：'是訶額崙母的一個兒子，……吞一個全人呵，不勾點心。……大拽弓射九百步，小拽弓五百步。……'塔陽説：'若那般呵，咱可共占高山上去立了。'又問：'那後來的是有誰？'札木合説：'是訶額崙最少的子……'於是塔陽遂上山頂立了。"有問則對，隨對而退，每退愈高，敍事亦如羊角旋風之轉而益上。言談伴以行動，使敍述之堆垛化爲烟雲，非老於文學者安能辦是？《左傳》等相形遂嫌鋪敍平板矣。

---

① *Iliad*, III.161 ff. "Loeb", I, 129-135.
② *Gerusalemme Liberata*, III.37-40, *op. cit.*, 69-70.

三二　襄公四年

　　晉侯欲伐戎狄，"魏絳曰：'……獲戎失華，無乃不可乎？夏訓有之曰：有窮后羿——'公曰：'后羿何如？'對曰：'昔有夏之方衰也，后羿自鉏遷於窮石'。"按二十五年，崔杼"盟國人於大宮，曰：'所不與崔慶者——'晏子仰天歎曰：'嬰所不惟忠於君、利社稷者是與，有如上帝！'乃歃"；《註》："盟書云：'所不與崔慶者，有如上帝！'讀書未終，晏子抄答，易其詞，因自歃。"文心甚細。實則魏絳論和戎一節，正亦絳詞未畢，而晉侯瞿然抄問也。吾國古籍記言，語中斷而脈遙承之例莫早於此。《漢書·霍光傳》："光與羣臣連名奏王，尚書令讀奏曰：'……與孝昭皇帝宮人蒙等淫亂，詔掖庭令，敢泄言要斬——'太后曰：'止！爲人臣子當悖亂如是耶？'王離席伏。尚書令復讀曰"云云；《魏書·蠕蠕傳》："阿那瓌起而言曰：'臣之先逐草放牧，遂居漠北——'詔曰：'卿言未盡，可具陳之。'阿那瓌又言曰：'臣先祖以來，世居北土'"云云；即其類。貫華堂本《水滸》第五回："那和尚便道：'師兄請坐，聽小僧——'智深睜着眼道：'你說！你說！''——說，在先敝寺'"云云；金聖歎批："'說'字與上'聽小僧'本是接着成句，智深自氣忿忿在一邊夾着'你説、你説'耳。章法奇絶,從古未有!"不知此"章法"開於《左傳》,足徵批尾家雖動言"《水滸》奄有邱明、太史之長",而於眼前經史未嘗細讀也。《隋書·經籍志》一:"孔子曰:'必也正名乎!'——'名'謂書字——'名不正則言不順,言不順則事不成'";非紀言也,竟亦用此法。若《聊齋志異》卷八《吕無病》:"久之久之,方失聲而言曰:'妾歷千辛百苦,與兒逃於楊——'句未終,縱聲大哭,倒地而滅";《蕩寇志》第一〇〇回:"高俅指着林冲罵道:'本帥赦你不死,你倒——'林冲咬牙切齒,大罵:'奸賊休走!'";則中斷而無後繼,爲此"章法"之變。

【增訂三】語之"未終",固由於"抄問"者之插口,亦或由於語者之守口。如鄭德輝《㑳梅香》第二折樊素轉述裴小蠻語告白敏中云:"待和你今宵——"白問:"今宵和小姐怎的?"樊唱:"一句話到我這舌尖上卻嚥了。"

另一變如《後漢書·袁紹傳》下袁譚墮馬,"顧曰:'咄!兒過我,我能富貴汝。'言未絶口,頭已斷地";是譚未畢厥詞而已身首異處,范曄足成其語而申明焉,其《列女傳》記陰瑜妻"以粉書扉上曰:'尸還陰','陰'字未及成",亦然。參觀《太平廣記》卷五五《鄭居中》(出《逸史》):"紙上有四字云:'香火願畢','畢'字僅不成",又卷二四二《竇少卿》(出《王氏見聞》):"其從者尋卒於店中;此人臨卒,店主問曰:'何姓名?'此僕只言得'竇少卿——'三字,便奄然無語。"

三三　襄公九年

　　"公子騑進曰：'天禍鄭國，使介居二大國之間'。"按《漢書·西域傳》上樓蘭王對簿曰："小國在大國間，不兩屬無以自安。"

三四　襄公十四年

　　師曠曰："天生民而立之君，使司牧之，弗使失性。……豈其使一人肆於民上，以從其淫，而棄天地之性。"按兩"性"字《註》、《正義》皆未釋。昭公八年，"莫保其性"，《註》："性，生也"；十九年，"民樂其性而無寇讎"，《正義》："性，生也。"皆本《白虎通·性情篇》："性者，生也。"此處兩"性"字亦作"生"解；"天地之性"即《易·繫辭》所謂"天地之大德曰生"。

三五　襄公二十一年（一）

"於是魯多盜，季孫謂臧武仲曰：'子盍詰盜？'……武仲曰：'子召外盜而大禮焉，何以止吾盜！'"按昭公七年，無宇曰："若以二文之法取之，盜有所在矣！"二節可以合觀，皆已逗《莊子·胠篋》、《盜跖》兩篇議論。《詩·蕩》云："寇攘式內"，《巧言》云："盜言孔甘"，《困學紀聞》卷三說之曰："有民賊，則賊民興"；此之謂也。

三六　襄公二十一年（二）

"欒祁與其老州賓通幾無室矣"；《註》："言亂甚。"按是矣而未貼切。《墨子·公孟》："室以爲男女之别也"，《内則》："爲宫室，别外内"；"無室"則外内不别，無所避忌。《史記·周文傳》："於後宫秘戲"，《索隱》："宜可秘也"；杜甫《宿昔》："宫中行樂秘，少有外人知"。"無室"即不秘其事，外人盡知矣。參觀昭公二十八年，"祁勝與鄔臧通室"。

三七　襄公二十一年（三）

"初，叔向之母妒叔虎之母美，而不使，曰：'深山大澤，實生龍蛇；彼美，余懼其生龍蛇以禍女'"；《註》："不使見叔向父。"按《論衡·言毒篇》："叔虎之母美，叔向之母知之，不使視寢"，蓋述此事，"視寢"乃補申"使"字之意。昭公二十五年，季姒曰："公若欲使余，余不可而抶余"，即"而不使"之"使"，《註》、《正義》皆無釋，正當以《論衡》語解之。方以智《通雅》卷一八、黃生《義府》卷下皆引《韓詩外傳》牽合《水經》，說"使"爲"人道"，失于迂曲。又按叔向之母殆主張無貌即是有德者，既持此論以斥其夫之小婦，及爲子擇新婦，復申其説。昭公二十八年，初叔向欲取於申公巫臣氏，其母不可，曰："吾聞之，甚美必有甚惡。……且三代之亡，共子之廢，皆是物也。"《國語·周語》下太子晉諫靈王曰："禍不好不能爲禍"，《晉語》一史蘇論女戎曰："雖好色，必惡心"；《魏書·道武七王傳》清河王紹母"美而麗"，太祖見而悦之，告獻明后，請納，后曰："不可！此過美不善！"皆即叔向母識見。雖然，老生常談而出老婦之口，則易招物議，使人思及《荀子·君道》所云："語曰：'好女之色，惡者之孽也'"，又《史記·外戚世家》褚少

-352-

孫補所云："美女者惡女之仇。"故邱明逕書曰"妬美"，豈不能諒叔向母之苦心耶？抑能察見其隱衷也？《戰國策·趙策》二樓緩曰："母言之爲賢母，婦言之必不免爲妬婦"，其是之謂歟。王若虛《滹南遺老集》卷一《五經辨惑》："使其言果當而知慮果及於此，則可謂之賢而不可謂之妬；實出於妬，則言雖有驗，亦非其情而不足稱矣。左氏既以爲妬，而又若著其賢者，何也？"雖詞若疑而不決，實已如老吏斷獄矣。程敏政《新安文獻志》卷二四程文《書〈春秋色鑑録〉後》："許君少淵取《左氏傳》凡女禍類爲一編。"其書未覩，想勿外叔向母之旨，特不知於成公元年申公巫臣之諫楚莊王及子反納夏姬，作何彌縫。沙張白《定峰樂府》卷六《四美人詠》爲嫫母、無鹽、孟光、及諸葛亮婦"阿承醜女"而作；蓋既臆斷有貌即無德，推之則以爲無貌即有德，更進而昌言有德即有貌，故四婦皆被"美人"之號矣。"女禍"之說亦所謂"使周姥制禮，決無此論"；蓋男尊女卑之世，口誅筆伐之權爲丈夫所專也。寓言述一人與獅友暱，偶同觀名畫勇士搏獅，獅曰："畫出人手故爾，倘獅操筆作圖，必不如是"；比物此志①。

【增訂三】范君旭侖曰："喬叟詩中巴斯婦早以伊索之畫獅寓言為'女禍'解嘲。"是也。此婦與其夫爭，謂：男子操觚，於婦人醜行，墨刑筆伐，亦固其然，"彼畫獅者誰乎？曷語我

---

① Cf. Johnson, *The Rambler*, no. 18: "As the faculty of writing has been chiefly a masculine endowment, the reproach of making the world miserable has always been thrown upon the women"; Richard Burton, *Thousand Nights and A Night*, vol. X, *Terminal Essay*, 192: "Women all the world over, are what men make them. It is the old ever-new fable: 'Who drew the lion vanquished?' Twas a man."

來!"苟女史記事,則男子之惡大書不盡也(Who painted the leon, tel me who? etc. —Chaucer, *The Canterbury Tales*, "The Wife of Bath's Prologue", 697 ff.)。

詞章中亦不乏平反之篇,如唐崔道融《西施灘》:"宰嚭亡吳國,西施被惡名",以至清張問陶《美人篇》:"美人實無罪,溺者自亡身;佛罪逮花鳥,何獨憎美人?"參觀《全梁文》卷論江淹《麗色賦》。希臘最古詩歌早指名艷女爲"美麗之禍殃"(the beautiful evil)①,幾如太子晉語"禍好"之譯文,"好"、美好也;傾國傾城之說亦習見古希臘詩文中②;"無言哲人"答王問"女是底物?"(Quid est mulier?),尤肆口醜詆③,於中世紀僧侶之罵詈,如水之於冰矣。

【增訂四】文藝復興時意大利名著《君子論》言女色乃世間無量數禍患之因,怨仇、戰爭、死亡、毀滅常由於此;特洛伊之亡國,足爲鑑戒(spesso le bellezze di donne son causa che al mondo intervegon infiniti mali, inimizie, guerre, morti e distruzioni; di che pò far bon testimonio la ruina di Troia. —Castiglione, *Il Cortegiano*, IV, §56, Biblioteca Classica Hoepliana, 1928, p.418)。按希羅多德《史記》開卷即言特洛伊之戰起於掠奪美婦,希臘掠米蒂婭(Medea),而特洛伊

---

① Hesiod, *Theogony*, 585, *Hesiod, the Homeric Poems, and Homerica*, "Loeb", 123.

② Athenaeus, *The Deipnosophistes*, XIII.560, "Loeb", VI, 27; cf. Sterne, *Tristram Shandy*, Bk. VI, ch.33 (Helena a bitch for the destruction of the Greeks and the Trojans).

③ B.E. Perry, *Secundus the Silent Philosopher*, 96.

掠海倫(Helen),遂致兵連禍結(Herodotus, I.4, Loeb, Vol. I, p.7)。近日文士為海倫翻案雪枉,乃撰劇本(W. Hildesheimer, *Das Opfer Helens*, 1955),謂兩國本欲構戎,此豸所適非耦,以渠餌儈子,藉啟釁端(E. Frenzel, *Stoff der Weltliteratur*, 6th ed., 1983, p.305)。余讀《夷堅三志》己卷九《婆律山美女》云:"政和中,南番舶來泉州,客與所善者言:'占城及真臘兩國交界,有大山曰婆律。比歲,一夜風雨震電,變怪百端。至天明乃止。石壁中裂,美女二人,姍姍而出,其貌傾城,占城人得之,以獻於王。真臘聞之,遣使求一,不遂所請,滋不平,至於興兵爭鬩,殺傷甚衆,經年未已。'"嘗謂此雖齊東野人語,固不啻周南太史書矣。吳慈鶴《鳳巢山樵求是錄》卷六《題寇白門小像》云:"自古興亡家國事,个中偏要著嬋娟";亦寄慨於"傾城傾國"也。

三八　襄公二十一年（四）

　　州綽曰："然二子者，譬於禽獸，臣食其肉而寢處其皮矣。"按此爲初見，語詳意豁。二十八年，盧蒲嫳曰："譬之如禽獸，吾寢處之矣"；再見語遂較簡而意亦不醒。昭公三年，子雅曰："其或寢處我乎！"；三見文愈省，若讀者心中無初見云云，將索解不得。一語數見，循紀載先後之序由詳而約，謂非有意爲文，得乎？又如襄公十年，子產曰："衆怒難犯，專欲難成"；昭公十三年，蔓成然曰："衆怒如水火焉，不可爲謀"；二十五年，子家子曰："衆怒不可蓄也"；二十六年，子車曰："衆可懼也，而不可怒也"；哀公二十五年，拳彌曰："衆怒難犯。"亦見作者之刻意避複，僅重出一次而已。

三九　襄公二十三年

"臧孫曰：'季孫之愛我，疾疢也；孟孫之惡我，藥石也。美疢不如惡石：夫石猶生我，疢之美，其毒滋多。孟孫死，吾亡無日矣！'""疾疢"何以曰"美"，註疏無説。《吕氏春秋·達鬱》篇："趙簡子曰：'厥也愛我，鐸也不愛我'"；高誘註引《左傳》此節作"疾疹也"，較易解會。"美"、"惡"均指形貌，"惡石"之"惡"乃謂醜惡，即昭公二十八年"甝蔑惡"之"惡"，非謂善惡之惡。皮疹紅腫，倘不顧病痛，僅論表狀，則色鮮肌豐，稱"美"亦可。文藝復興時意大利人談藝謂或贊騎士之雄猛，則稱其所斫之傷痕曰"美"（belle ferite），或贊僧侣之堅忍，則稱其創口及骨節錯脱曰"美"（belle scorticature e slogature）①。十九世紀英人談藝，亦謂醫生於疾患之徵象備具者，輒稱爲"美"，故曰"一個美麗的爛瘡"（a beautiful ulcer）②。近世蕭伯納至言，病人所謂"慘痛"（ghastly）之開刀，正外科醫生所謂"美麗

---

① Croce, *Estetica*, 10ᵃ ed., 198 (Campanella).
② De Quincey: "On Murder Considered as One of the Fine Arts", *Collected Writings*, ed. D. Masson, XIII, 14-5.

之手術"（beautiful operations），亦如情人稱所歡曰"美"，而傍觀者則覺其了不動人（unattractive）①。"美疢"之説，已導夫先路，庶幾能以冷眼看熱病，如所謂"保持心理距離"（psychical distance）②者歟。

《全唐文》卷五八五柳宗元《敵戒》："皆知敵之仇，而不知爲益之尤；皆知敵之害，而不知爲益之大"，即引孟孫語及秦始皇事爲例。用意正同《左傳》成公十六年，范文子曰："自非聖人，外寧必有内憂，盍釋楚以爲外懼乎？"《國語·晉語》六記范文子語更詳盡。《孟子·告子》："無敵國外患者，國恒亡，然後知生於憂患，死於安樂也"；《春秋繁露·竹林》申言曰："深本頃公之所以大辱身、幾亡國、爲天下笑，其端乃從懾魯勝衛起"，與柳文舉秦始皇事甚合。陸游《劍南詩稿》卷八三《病起雜言》："國不可以無災眚，身不可以無疢疾"；楊萬里《誠齋集》卷六九《乙巳論對第一劄子》："天之於君，厭之者則驕之以嘉祥，愛之者則譴之以變異；絶之者則誤之以强盛，愛之者則懼之以災害"；皆孟孫、孟子等之旨也。參觀《老子》卷論第五八章。雖然，事有貌同而心異者。釋敵以爲外懼，固遠識謀國之忠也，養寇挾而自重，則老黠謀身之巧也；柳州言其一而未知其二。吴王夫差矢書射文種（《吴越春秋·夫差内傳》），武涉説韓信（《史記·淮陰侯傳》），臧衍説張勝（《史記·韓信、盧綰傳》），何穆説劉牢之（《晉書·劉牢之傳》），下至汪景祺戒年羹堯（《讀書堂西征隨筆·功臣不可爲》），莫不引《文子·上德》所謂兔死狗烹、鳥盡

---

① C. St. John, ed., *Ellen Terry and Bernard Shaw: A Correspondence*, p. x.
② E. Bullough, *Aesthetics*, 93 ff..

左傳正義　三九

弓藏爲喻,即危詞動之,言留敵庶可自全,苟盡敵則己亦隨盡。《南史·賊臣傳》侯景爲慕容紹宗所敗,軍潰,收散卒才得八百人,"使謂紹宗曰:'景若就擒,公復何用?'紹宗乃縱之";《北史·賀若弼傳》隋文帝曰:"初欲平陳時,弼謂高熲曰:'陳叔寶可平,不作高鳥盡、良弓藏邪?'"鄭達《野史無文》卷三記左良玉大捷而不肯窮追,曰:"留此殘賊,武官尚可爲人;若賊今日平,武臣明日即奴矣!"同是斯理。王建《射虎行》:"惜留猛虎在深山,射殺恐畏終身閒";范浚《香溪先生文集》卷八《讀王建〈射虎行〉》:"有如邊將圖偷安,遵養時晦容其姦,翻愁努力盡高鳥,良弓掛壁無由彎。""留虎"、"容姦",是亦以"敵"爲己"益之尤"、"益之大"也。《淮南子·説林訓》記柳下惠見飴,曰:"可以養老",盜跖見飴,曰:"可以粘牡。"《敵戒》之言,而忠姦異見,惠、跖殊用,於柳州乎何咎焉。

　　古希臘文家論仇敵可爲己益,舉羅馬滅加太基,一老成人曰:"外無畏忌,則邦國危殆"(Now is our position really dangerous, since we have left for ourselves none to make us either afraid or ashamed)①,正言"外寧必有内憂"。十六世紀意大利政論家亦謂安樂爲人之大敵,其難禦遠過於苦困(La buona fortuna degli uomini è spesso el maggiore inimico che abbino... Però è maggiore paragone di uno uomo el resistere a questa che alle diversità)②。死於安樂,舍疾有益,尤爲出世法慣語。《陰符經》

---

① Plutarch, *Moralia*: "How to Profit by one's Enemies", §3, "Loeb", II, 15.

② Guicciardini, *Ricordi*, §164, *Opere*, Riccardo Ricciardi, 131.

下篇："恩生於害，害生於恩"，夏元鼎《水調歌頭》："害裏卻生恩"又"要知害裏卻生恩"，本之；陳師道《後山詩集》卷五《病起》："災疾資千悟，冤親併一空"；方以智《藥地炮莊》卷二《養生主》引曹大文曰："竹關題大士曰：'人只念救苦救難觀世音，何不念救安救樂觀世音？'"又卷三《大宗師》引杖人曰："貧、病、死是三大恩人"；足以概矣①。

【增訂三】古希臘辯士亦曰："富貴使人愚昧恣肆，而貧賤使人清明在躬、嗜欲有節"（riches and power are attended and followed by folly, and folly in turn by licence; whereas poverty and lowliness are attended by sobriety and moderation—Isocrates, *Areopagitica*, v, "Loeb", II, 107）。故富貴致禍而貧賤遠害也。

---

① Cf. Eckhard: "Das schnellste Tier, das dich trägt zur Vollkommenheit, ist Leiden", quoted in Nietzsche, *Schopenhauer als Erzieher*, §4, *Werke*, hrsg. K. Schlechta, I, 317; Jeremy Taylor, *Holy Dying*: "The soul by the helpe of Sicknesse knocks off the fetters of pride and vainer complacencies", *The Golden Grove*, ed. L. P. Smith, 88; Novalis, *Fragmente*, §984, hrsg. E. Kamnitzer, 344: "Krankheiten zeichnen den Menschen vor den Tieren und Pflanzen aus. Zum Leiden ist der Mensch geboren. Je hilfloser, desto empfänglicher für Moral und Religion"; Simone Weil, *La Pesanteur et la Grâce*, 109: "La misère humaine contient le secret de la sagesse divine, et non pas le plaisir".

四〇　襄公二十四年

　　然明論程鄭曰："是將死矣！不然將亡"；《正義》："善言非其常，所以知其死，非謂口出善言即當死。趙文子，賢人也，將死，其語偷；程鄭，小人也，將死，其言善。俱是失常。"按《論語·泰伯》："人之將死，其言也善"，邢昺疏引魏顆、趙孟、孝伯及程鄭爲將死而言失常之例。《史記·滑稽列傳》褚先生補東方朔事，亦載："帝曰：'今顧東方朔多善言！'怪之。居無幾何，朔果死。"歌德小説云："人亦有言，行事反常，其將死也"（Man sagt: "Er stirbt bald", wenn einer etwas gegen seine Art und Weise tut）①。中西俗説頗類。

　　【增訂三】今世英美俚俗，見人所爲有異平日，如慳吝者忽慷慨（Someone has acted out of character, e.g. a mean man generously），亦曰："此乃將死之變態"（It's the change before death—E. Par tridge, *A Dictionary of Catch Phrases*, 127）。葡萄牙舊諺謂人之忽改宿習素行者云："隱隱發死屍臭"（To change one's habits has a smell of death—W. H. Auden and L. Kronenberger, ed., *The Faber Book of Aphorisms*, 61）。亦此旨。

---

①　*Die Wahlverwandtschaften*; "Ottilies Tagebuch", *Gesam. Werk.*, "Tempelklassiker", III, *Spruchweisheit*, 295.

四一　襄公二十五年（一）

　　"晏子門啓而入，枕屍股而哭"；《註》："以公屍枕己股。"按《傳》詞意當爲晏子"枕屍之股"，而《註》解爲晏子"枕屍於股"。僖公二十八年，衛侯知叔孫無罪，"枕之股而哭之"；襄公二十七年，"石惡衣其屍，枕之股而哭"，又三十年，"子産襚之股而哭之"；諸節詞意曉豁，不註自明。苟《傳》無此等文，祇載晏子"枕屍股"一事，則杜註未保不誤。此又所謂"一切解即一解"也。《三國志·魏書·陳泰傳》裴註引孫盛《魏氏春秋》："帝之崩也，太傅司馬孚、尚書右僕射陳泰枕帝屍於股，號哭盡哀"云云，而斥孫氏"記言"，每"自以意制，多不如舊。"竊疑孫記二人枕屍號哭，亦緣讀《左傳》太熟，記事仿古，未必二人行事師古，故裴註所引干寶《晉紀》即未道此。《武帝紀》建安五年，"公曰：'夫劉備、人傑也'"云云，裴註："凡孫盛製書，多用左氏，以易舊文"；記司馬孚、陳泰事，正"多用左氏"之一例矣。

　　鮮虞曰："一與一，誰能懼我？"按高郵王氏父子《讀書雜志·漢書》一、《經義述聞·左傳》中謂"與有戰"義，猶"敵也、當也"，舉例甚詳。聊補三事，皆本文幾若自釋而不勞闡解者。《管子·輕重戊》桓公患楚爲"强國",其民"習戰鬭之道",管子曰:"即以戰鬭之道與之矣";《公羊傳》莊公三十年:"《春秋》敵者言'戰',桓公之與戎狄,驅之爾";《穀梁傳》成公十二年:"中國與夷狄,不言'戰',皆曰'敗之'",又昭公十七年:"中國與夷狄,亦曰'敗'"。《韓非子·初見秦》:"秦之號令賞罰、地形利害,天下莫若也;以此與天下,天下不足兼而有也";"與"正"當也、敵也"之義;註者或以下文曰"荆可舉",遂謂"與"應作"舉",不免輕舉而多事耳。《三國志·魏書·張遼傳》天柱山峻狹,纔通步徑,遼曰:"此所謂'一與一',勇者得前耳",即用鮮虞語。夫"與"爲相好、相得,而復爲相敵、相拒,黑格爾所謂一字具正反二意者(參觀《周易正義》卷論《〈易〉之三名》),其類不乏。文公六年:"敵惠敵怨",杜預註:"'敵'猶對也";《魏書·文帝紀》裴註引《典論》:"對家不知所出";"對"謂相搏鬭。而《郭皇后傳》敕:"諸親戚嫁娶,自當與鄉里門户匹敵者","敵"謂相偶儷。故男女好合曰"成雙作對",而爲仇亦曰"作對",怨家稱"對頭",相鬭稱"放對"。《說文解字·非部》段玉裁註謂"靠"本訓"相違"而作"相依"解,《鬥》部段註謂"鬭"本訓"遇合"而通於"爭競"之"鬥"。訓詁之兼容並蘊,亦見事物之反與正成、敵亦友尤爾。欲推而遠之,必逼而接之,庶可著力,韓愈《汴泗交流贈張僕射》:"毬驚杖奮合且離",寫景而兼明理。短兵肉搏,兩情乃仇,兩體則親;狀廝殺每曰"交手",曰"火并",曰"回合","交"若"并"若"合"乃親就之詞,而廝殺固仇拒之事也。如《金華子雜編》卷上記韓藩事云:"而更學鬭唇合舌";《敦煌掇瑣》之一五《齱齵新婦文》:"鬭唇閣舌,務在喧争";謂吵嘴也,"鬭"即是"合",互文一意,可資隅反。黑格爾書牘嘗謂"非抱不能推"("La vérité en la repoussant on l'embrasse" ist ein tiefsinniger Jacobisches Motto)①;聖佩韋筆記嘗謂"欲拒必相接"(On touche encore à son temps, et très fort, même quand on le repousse)②;不妨參印韓愈詩之"合且離"焉。

---

① Hegel, *Briefe*, Nr. 271, an Niethammer, 9 Juli 1816, *Ausgewählte Texte*, hrsg. R. O. Gropp, I, 52.

② Sainte-Beuve, *Mes Poisons*, ed. V. Giraud, 197.

四二　襄公二十五年（二）

　　趙文子曰："若敬行其禮，道之以文辭，以靖諸侯，兵可以弭。"按昭公十三年，劉獻公對叔向曰："君苟有信，諸侯不貳，何患焉？告之以文辭，董之以武師。"兩"文辭"略當今語所謂"宣傳"。襄公二十五年，仲尼曰："言之無文，行而不遠；晉爲伯，鄭入陳，非文辭不爲功。慎辭哉！"此"文辭"則指宣傳而兼外交詞令。皆謂官方語言也。《戰國策·秦策》一蘇秦説秦惠王曰："繁稱文辭，天下不治"，當與《墨子·非命》篇中："凡出言談由文學之爲道也"，下："君子之爲文學出言談也"，《韓非子·難言》篇："殊釋文學"，《問辯》篇："此世之所以多文學也"，《六反》篇："離法之民也，而世尊之曰'文學之士'"等合觀。"文辭"、"文學"皆謂私人創説、處士橫議，異於公文官話者也。

四三 襄公二十五年（三）

"子產喜，以語子太叔，且曰：'他日吾見蔑之面而已，今吾見其心矣。'"按昭公二十八年"鬷蔑惡"，《註》："貌醜。"蓋子產"他日"以貌取人，失於皮相；特言"見面"，即謂其貌醜也。昭公二十八年，叔向執鬷蔑手曰："今子少不颺，子若無言，吾幾失子矣！"正亦子產之意。《太平御覽》卷三八二引束皙《發蒙記》云："醜男鬷蔑，醜女鍾離春。""惡"言形狀，非言品行，與"美"對而不與"善"對。襄公二十六年，"佐惡而婉，大子痤美而很"，哀公二十七年，"惡而無勇"，皆此"惡"字。《莊子·德充符》："衛有惡人"，《孟子·離婁》："雖有惡人"，均指醜人。《呂氏春秋·去尤》篇："魯有惡者，其父出而見商咄，反而告其鄰曰：'商咄不若吾子矣！'且其子至惡也，商咄至美也，彼以至美不如至惡，尤乎愛也。"尤足爲《大學》"人莫知其子之惡"箋釋。

四四　襄公二十六年

"棄長而美。……公見棄也，而視之尤"；《註》："尤，甚也。"按服虔註謂："尤，過也；意悅之，視之過久。"似皆未切。昭公二十八年，叔向母曰："夫有尤物，足以移人"；《註》："尤，異也"，則近是矣，兩"尤"字同義。《莊子·徐無鬼》曰："權勢不尤，則夸者悲"，又曰："夫子、物之尤也。"蓋出類異常之謂"尤"；"視之尤"者，古人所謂"異視"、今語所云"另眼相看"、"不等閒視之"也。然《三國志·魏書·陳思王植傳》裴註引《魏武故事》載手令斥植曰："私出開司馬門至金門，令吾異目視此兒矣！"乃不悅而不復重視，是貶非襃，與今語旨趣適反。

四五　襄公二十七年

　　向戌欲弭諸侯之兵以爲名，子罕曰："誰能去兵？兵之設久矣，所以威不軌而昭文德也。聖人以興，亂人以廢，廢興存亡昏明之術，皆兵之由也。"按《戰國策·趙策》三記趙王曰："寡人不好兵"，鄭同因撫手仰天而笑之曰："今有強貪之國，臨王之境，索王之地，告以理則不可，説以義則不聽，王非戰國守圉之具，其將何以當之？王若無兵，鄰國得志矣！"《吕氏春秋·蕩兵》篇發揮其旨尤詳，高誘註正引《左傳》此節釋之。《文子·道原》及《莊子·庚桑楚》皆曰："兵莫憯於志，鏌鋣爲下"；《吕氏春秋》實乃闡文、莊而言之酣暢爾。其詞曰："古聖王有義兵，而無有偃兵。……察兵之微：在心而未發，兵也；疾視，兵也；作色，兵也；傲言，兵也；援推，兵也；連反，兵也；侈鬭，兵也；三軍攻戰，兵也。……今世之以偃兵疾説者，終身用兵而不自知，悖！"直指本源，洞窺徽眇。《韓非子·五蠹》："上古競於道德，中世逐於智謀，當今争於氣力"；夫角智鬭力，世所熟知，至"道德"亦即争競之具，韓子真能"察兵之微"者！

　　【增訂四】《韓非子·五蠹》語，可謂"知兵之微"矣。抑有進者，三事得以並時齊出而合用，"上古"、"中世"與"當今"

三者一以貫之。角智、鬭力之用兵，必自稱"以至仁伐至不仁"、"仁義之師"、"弔民伐罪"等名目，非即與敵家亦"競於道德"歟？今日西方之強每假"保衛人權"為攻心之機括，正"競於道德"之例耳。

霍柏士謂戰爭非直兩軍廝殺，人之情性無時不欲爭，即戰所寓也(The nature of war consisteth not in actual fighting, but in the known disposition thereto during all the time)①；曩日言心理者，莫不以爭鬭(pugnacity)列爲本能(instinct)之一②。吾國先秦諸子早省殺機之伏於尋常言動矣。

---

① *Leviathan*, pt. I, ch. 8, *op. cit.*, p. 81.
② James, *Principles of Psychology*, II, 409-10.

四六　襄公二十八年

"盧蒲癸曰：賦《詩》斷章，余取所求焉。"按癸强顏藉口，而道出春秋以來詞令一法。"賦《詩》"者，引《詩》也，如昭公元年，子皮"賦《野有死麕》之卒章"，趙孟"賦《常棣》"，即其一例。他若《中庸》引《大雅·旱麓》，孔穎達《正義》曰："此引斷章，故與《詩》義有異也"；《大學》引《商頌·玄鳥》，《正義》曰："此記斷章。"蓋"斷章"乃古人慣爲之事，經籍中習見。皆假借古之"章句"以道今之"情物"（二詞本《南齊書·文學傳》陸厥與沈約書），同作者之運化；初非徵援古語以證明今論，如學者之考信。何良俊《四友齋叢説》卷一論"孔門説《詩》"不以"文句泥"；曾異撰《紡授堂文集》卷五《復曾叔祈書》謂"左氏引《詩》，皆非《詩》人之旨"；盧文弨《抱經堂文集》卷三《校本〈韓詩外傳〉序》稱"《詩》無定形，讀《詩》亦無定解"，"援引各有取義，而不必盡符乎本旨"。

【增訂四】《後村詩話》卷二："晉將攻鄭，令叔向聘焉，視其有人與無人。子產為之詩曰：'子惠思我，褰裳涉洧；子不我思，豈無他士？'叔向歸曰：'鄭有人焉，不可攻也。'按《涉洧》之章，乃男女恩怨相爾汝之詞，子產言：'晉不我撫，豈無秦、荊可事乎？'古人舉詩，詞不迫切，而意已獨至，皆類此。"按此事見《呂覽•求人》，尤"斷章"之佳例。參觀《談藝錄》第二八則"禪人活參話頭"條補訂。

後世詞章之驅遣古語、成句，往往不特乖違本旨，抑且竄易原文，巧取豪奪；如宋人四六及長短句所優為，以至"集句"成文之巧，政"賦《詩》斷章"之充類加厲，掊搚古人以供今我之用耳①。羅泌《路史•發揮》卷五謂哀公十六年誄孔子集《詩•南山》之"昊天不弔"、《十月之交》之"不慭遺一老"、《閔予小子》之"煢煢在疚"，是"斷章"以成章之朔。《世說》取簡文引"無小無大，從公於邁"及"某在斯"、韓康伯引"無可無不可"等，入《言語》門；取鄭康成婢引"胡為乎泥中"及"逢彼之怒"等，入《文學》門。足徵"斷章"亦得列於筆舌妙品，善運不亞善創，初無須詞盡己出也。說理參禪，每刺擷詩詞中言情寫景之句，聊資津逮，如《五燈會元》卷一九昭覺克勤章次引"小艷詩"及卷十九象耳圓覺章次引蘇、黃詩，《河南程氏外書•時氏本拾遺》及《朱子語類》卷九七引石曼卿詩，以至《靜菴文集》續編《文學小言》五引晏、柳、辛詞；莫非"孔門說《詩》"之遺意。《東塾讀書記》卷三稱孟子"引《烝民》之詩，以證性善，性理之學也，引'雨我公田'，以證周用助法，考據之學也"；則發明《詩》之本旨，故曰"證"曰"考"，絕非"斷章"以"取所求"，不得混為一談也。

---

① E. Staiger：" Entstellte Zitate"：" Es wird in Wahrheit *angeeignet*"（*Die Kunst der Interpretation*，162）. Cf. M. de Wolfe Howe，ed.，*The Pollock-Holmes Letters*，II，285："All is fair in quotation".

慶封"則以其內實，遷于盧蒲嫳氏，易内而飲酒"；《註》："'內實'、寶物妻妾也。"按昭公二十八年，"晉祁勝與鄔臧通室"，《註》："易妻"；"易内"亦"通室"之義，《魏書·閹宦傳》王顯彈抱老壽所謂"易室而姦"。《山歌》卷三《交易》、《拍案驚奇》初刻卷三二、鮑卡邱及拉芳旦小說中皆寫此類事①，即《共產黨宣言》第二節所斥"以互誘彼此妻室爲至樂"（finden ein Hauptvergnügen darin, ihre Ehefrauen wechselseitig zu verführen），西方今日頹風惡俗之一（swinging）也。初民婚姻有"夫妻互易"制（exchange marriage），則別是一事。

---

① Boccaccio, *Il Decamerone*, VIII.8, Hoepli, 519 ff.; La Fontaine, *Contes et Nouvelles*, IV.5 "Les Troqueurs", Garnier, 306 ff..

四七　昭公元年（一）

"伍舉知其有備也，請垂櫜而入"；《註》："示無弓。"按即《國語·齊語》之"弢無弓"。《齊語》又記桓公輕諸侯之幣而重其禮，"諸侯之使，垂櫜而入，稛載而歸"，韋昭註："'垂'言空而來，'櫜'，囊也；重而歸，'稛'、縈也"；《晉語》："故輕致諸侯而重遣之"，韋註："'輕'謂垂櫜而入，'重'謂稛載以歸。"夫均謂空手上門耳，而一指不持兵刃，後世曰"赤手"，一指不攜錢帛，後世曰"白手"，"垂櫜"蓋兼兩義；此又須斷以"詞之始終"者。

"楚公子圍設服離衛"一節。按叔孫穆子、子皮、子家輩十人指點議論，伯州犁窮於酬對，後世白話小說及院本賓白寫七嘴八舌情景，庶有足嗣響者，如《長生殿》卷一第五折《禊遊》、卷四第一折《彈詞》，《儒林外史》第二回范進中舉、衆人與胡屠户，《紅樓夢》第一七回賈寶玉擬聯額、衆清客與賈政，皆其例也。《史記》、《漢書》記言似未辨此。

子羽謂子皮曰："齊、衛、陳大夫其不免乎！國子代人憂，子招樂憂，齊子雖憂勿害……皆取憂之道也。憂必及之"；《註》："國弱、齊惡當身各無患。"按《左傳》記知言者論祥殃，莫不驗如影響，此獨變例。又《左傳》記夢皆驗，如哀公二十六年，樂得曰："余夢美，必立"；而昭公四年，穆子"召而見之，則所夢也，……遂使爲豎，有寵"；《註》："《傳》言從夢未必吉"，則又變例也。昭公十五年，叔向曰："王其不終乎！吾聞之，所樂必卒焉，今王樂憂"；二十五年，"飲酒樂，宋公使昭子右坐，語相泣也，樂祁佐，退而告人曰：'今兹君與叔孫其皆死乎！吾聞之，哀樂而樂哀，皆喪心也'"；《國語·晉語》二舅犯曰："以喪得國，則必樂喪，樂喪必哀生。"皆可與"子招樂憂"參觀。桓公九年，"享曹太子，初獻，樂奏而歎"，施父曰："曹太子其有憂乎？非歎所也"；《正義》："臨樂而歎，是父將死，而兆先見也。"竊謂曹太子或殷憂親病，不能自掩，故公讌失儀；施父之語，祇是此意，孔《疏》遝以凶兆解之，蓋迎合左氏之"巫"耳。"樂憂"、"樂哀"即柏拉圖論雜糅不純之樂趣（plaisirs mélangés）所言"亦甜亦苦"（douceur mêlée d'amertume），如怒亦挾喜、哀亦兼樂①；蒙田嘗以蘋果之酸而甘者（comme des pommes doucement aigres）喻之②。蘇軾稱柳宗元《南澗》詩"憂中有樂，樂中有憂"；常語亦曰"痛快"，若示痛與快並。

【增訂四】《論語·里仁》："子曰：'父母之年，不可不知也。一則以喜，一則以懼'"；孔或作包或作鄭註："見其壽考則喜，見其衰老則懼。"此亦"憂中有樂、樂中有憂"之古例。杜甫《姜楚公畫角鷹歌》："觀者貪愁掣臂飛"，正復類此，謂一則以

---

① *Philèbe*, 46-48, *Oeuvres complètes*, "Bib. de la Pléiade", II, 603 ff..
② Montaigne, *Essais*, II.20, "Bib. de la Pléiade", 654.

左傳正義　四七

"貪"，愛其俊鶩，一則以"愁"，憂其飛去也。
近人區別"雜糅情感"（das Mischgefühl）爲和静（ruhig）與激厲（prickelnd）二類①，一陰柔而一陽剛；"樂憂"、"樂哀"當屬前類也。蓋吾國古人於心性之學說，僅標"六情"、"七情"之目，千載未嘗有所增損（參觀黃式三《儆居集·經說》卷三《七情、六情說》）；而其於心性之體會，致曲鈎幽，談言微中，經、史、子、集、小說、戲曲中歷歷可徵，斷非《禮記》之《禮運》、《中庸》或《白虎通》之《性情》所能包舉。《左傳》言"樂憂"、"樂哀"，即已拈出雜糅情感；《太平御覽》卷二五五引《桓氏家傳》載桓範謝表云："喜於復見選擢，慚於不堪所職，悲於戀慕闕廷；三者交集，不知所裁"，又自省之古例焉。培根早謂研求情感（affections），不可忽詩歌小說，蓋此類作者於斯事省察最精密（the poets and writers of histories are the best doctors of this knowledge）②；康德《人性學》亦以劇本與小說（ja Schauspiele und Romane...ein Richardson oder Molière）爲佐證（Hilfsmittel）③；近世心析學及存在主義論師尤昌言詩人小說家等神解妙悟，遠在心理學專家之先④。持之不爲無故。如《三國志·魏書·武帝紀》裴註引《九州春秋》："時王欲還，出令曰：'雞肋'"，祇是曹操欲班師而出以隱語耳；而《三國演義》第七十二回："操

---

① R. Müller-Freienfels, *Psychologie der Kunst*, I, 140-1.
② Bacon, *Advancement of Learning*, Bk. II, ed. A. Wright, 209.
③ Kant, *Anthropologie*, "Vorrede", *Werke*, hrsg. E. Cassirer, VIII, 5.
④ Cf. L. Fraiberg, *Psychoanalysis and American Literary Criticism*, 4, 6, 7; Simone de Beauvoir, *L'Existentialisme et la Sagesse des Nations*, 119 (Proust et Ribot).

見碗中有雞肋，因而有感於懷。正沉吟間，夏侯惇入帳稟請夜間口號，操隨口曰：'雞肋！雞肋！'"則操不自覺而流露"肺腑"之隱衷，心析學所謂"失口"（Versprechen）之佳例①。又如《水滸》第二五回："原來這婦人往常時只是罵武大，百般的欺負他，近來〔與西門慶私通〕自知無禮，只當窩盤他"；婦初未知武大已聞鄆哥之發其"勾搭"，而自覺虧心，乃稍減悍潑，心析學所謂"反作用形成"（reaction formation）之佳例矣②。參觀《毛詩》卷論《伯兮》、《列子》卷論《周穆王》及《楊朱》篇。

【增訂三】"窩盤"亦作"窩伴"，《警世通言》第二四卷《玉堂春落難逢夫》："沈洪……安頓了蘇三，自己却去窩伴皮氏。"今吾鄉等地口語尚云然。

【增訂四】潘金蓮通西門慶後，"自知無禮"，於武大不"欺負"而"窩盤"（《古今小說》卷六《葛令公》有"窩伴他"，而卷一六《柳七郎》有"窩盤三個"）。福樓拜亦洞矚此種心曲隱衷，《包法利夫人》寫愛瑪與萊昂偷情節中重言申明之，不似《水滸》之著墨無多也（D'ailleurs, Charles l'attendait; et déjà elle se sentait au coeur cette lâche docilité qui est, pour bien des femmes, comme le châtiment tout à la fois et la rançon de l'adultère. —Madame Bovary, III.ii, Conard, p.339; Elle était pour son mari plus charmante que jamais, lui faisait des crèmes à la pistache et jouait des valses après dîner. Il se trouvait donc le plus fortuné des mortels. —ib. III.v, p.373）。

---

① Freud, *Zur Psychopathologie des Alltagslebens*, 8. Aufl., 63, 114-8.
② J. G. Flugel. *Man, Morals and Society*, 69-70.

四八　昭公元年（二）

　　醫和曰："疾不可爲也。是謂近女室，疾如蠱，非鬼非食，惑以喪志。"按黄生《義府》卷上釋此節最確，其謂當於"女"字斷句，四字成句，二句爲韻，《經義述聞·左傳》下記王念孫語暗與之合，而遠在其後。

四九　昭公五年

楚子欲辱晉，大夫莫對，薳啓彊曰："可！苟有其備，何故不可？……未有其備，使群臣往遺之禽，以逞君心，何不可之有？"《正義》："發首言'可'，此云'何不可之有'，言其可也，紹上'可'之言。"按說殊皮相。首言有備則可，中間以五百餘字敷陳事理，末言無備則必不可，而反言曰"何不可"，陽若語紹，陰則意違。此節文法，起結呼應銜接，如圓之周而復始。《中庸》"道之不行也，我知之矣"一節，結云"道其不行矣夫！"，首尾鈎連；以斷定語氣始，以疑歎語氣終，而若仍希冀於萬一者，兩端同而不同，彌饒姿致。若《大學》"故君子必慎其獨也"節，《鄉飲酒義》"吾觀於鄉而知王道之易易也"節，《公羊傳》桓公二年"孔父可謂義形於色矣"節、僖公十年"荀息可謂不食其言矣"節、莊公十二年"仇牧可謂不畏强禦矣"節、《戰國策·趙策》三"勝也何敢言事"節，首句尾句全同，重言申明，此類視《左傳》、《中庸》，便苦板鈍。如《檀弓》曾子怒曰："商，汝何無罪也！……而曰爾何無罪歟？"；《穀梁傳》僖公十年，"里克所爲殺者，爲重耳也。夷吾曰：'是又將殺我乎？'……故里克所爲弑式者，爲重耳也。夷吾曰：'是又將殺我也!'";此類掉尾收合,稍出以變化,遂較跌宕。《孟子·梁惠王》章孟子對曰:"王何必曰利?亦有仁義而已矣。……王亦曰仁義而已矣,何必曰利!";回環而顛倒之,順下而逆接焉,兼圓與叉(見《毛詩》卷論《關雎》五),章法句法,尤爲緻密。試拈《楚策》三陳軫曰:"舍之,王勿據也;以韓侈之智,於此困矣。……舍之,王勿據也;韓侈之智,於此困矣";順次呼應,與《孟子》相形,風神大減。蘇軾《東坡後集》卷一一《志林》一:"蘇子曰:'武王非聖人也!'……故曰:'武王非聖人也!'";又二:"蘇子曰:'周之失計未有如東遷之繆者也!'……故曰:'周之失計未有如東遷之繆者也!'"古文家所胚沫摹擬,亦衹圓而未兼叉也。包世臣《藝舟雙楫》卷一《文譜》似忽此製。古希臘人言修詞,早謂句法當具圓相(in an orb or circle)①,然限於句(period),不過似《莊子·在宥》篇之"意[噫]!甚矣哉其無愧而不知恥也甚矣!",《公孫龍子·名實論》之"至矣哉,古之明王!審其名實,慎其所謂,至矣哉,古之明王!"或《列子·楊朱》篇之"其唯聖人乎,公天下之身,公天下之物,其唯至人矣",未擴而及於一章、一節、一篇以至全書也。浪漫主義時期作者謂詩歌結構必作圓勢(Der Gang der modernen Poesie muss cyklisch d. h. cyklisierend sein)②,其形如環,自身回轉(die Form des Kreises, die unendlich in sich selbst zurückläuft)③。近人論

---

① Demetrius, *On Style*, I, II, in *Aristotle, Longinus and Demetrius*, "Loeb", 305.

② F. Schlegel, *Literary Notebooks*, ed. H. Eichner, p. 68, §548; cf. p. 70, §566.

③ F. Stritz. *Deutsche Klassik und Romantik*, S.302-303.

小說、散文之善於謀篇者，線索皆近圓形（a circle or ellipse），結局與開場復合（the conclusion reuniting with the beginning）①。或以端末鉤接，類蛇之自銜其尾（le serpent qui se remord la queue），名之曰"蟠蛇章法"（la composition-serpent）②。陳善《捫蝨新話》卷二亦云："桓溫見八陣圖，曰：'此常山蛇勢也。擊其首則尾應，擊其尾則首應，擊其中則首尾俱應。'予謂此非特兵法，亦文章法也。文章亦應宛轉回復，首尾俱應，乃爲盡善。"《左傳》、《孟子》、《中庸》、《穀梁傳》諸節，殆如騰蛇之欲化龍者矣。

---

① Vernon Lee, *The Handling of Words*, 9.
② L. Guichard, *L'Oeuvre et l'Âme de Jules Renard*, 329-330. Cf. Coleridge, *Collected Letters*, ed. E. L. Griggs, III, 545, to Cottle: "The common of *all narrative*, nay, of *all* poems is…to make those events…assume to our Understandings a *Circular* motion—the Snake with it's Tail in it's Mouth."

五〇　昭公七年

　　子産論伯有爲鬼曰：＂匹夫匹婦强死，其魂魄猶能馮依於人，以爲淫厲。＂按《淮南子·俶真訓》云：＂是故傷死者，其鬼嬈，時既者，其神漠，是皆不得形神俱没也＂；高誘註：＂嬈，煩嬈，善行病祟人。＂可爲子産語作箋。蓋謂壽終者之鬼不厲，後世＂枉死鬼＂、＂冤魂＂之説始見於此。

五一 昭公十一年

　　申無宇曰："末大必折,尾大不掉,君所知也";《正義》:"末大以樹木喻也,尾大以畜獸喻也。……《楚語》云:'……譬之如牛馬,處暑之既至,虻䗽之既多,而不能掉其尾。'"按《韓非子·揚權》篇:"爲人君者,數披其木,毋使枝大本小,枝大本小,將不勝春風"。西諺則謂狗不能掉尾而尾將掉狗(The tail wags the dog)。

五二　昭公十二年

　　南蒯將叛，枚筮之，以爲大吉，子服惠伯曰："吾嘗學此矣：忠信之事則可，不然必敗。……且夫《易》不可以占險。"按《困學紀聞》卷一引《正蒙·大易》篇："《易》爲君子謀，不爲小人謀"，以朱子語釋之："聖人作《易》，示人以吉凶，言'利貞'，不言'利不貞'，言'貞吉'，不言'不貞吉'，言'利禦寇'，不言'利爲寇'也。"翁元圻註即引《左傳》此節闡發，而誤爲僖公二十年。實則其意已見於《論語·子路》："'不恒其德，或承之羞'；子曰：'不占而已矣！'"鄭玄註："《易》所以占吉凶，無恒之人，《易》所不占"，正與子服惠伯語印可。王符《潛夫論·夢列》篇論"人位之夢"云："同事，貴人夢之即爲祥，賤人夢之即爲妖，君子夢之即爲榮，小人夢之即爲辱"；亦歸一揆，占夢固卜筮之類。鬼神之善善惡惡復即鬼神之炎涼勢利也。

五三　昭公十七年

梓慎曰："水、火之牡也"；《正義》："陰陽之書有五行嫁娶之法，火畏水，故以丁爲壬妃，是水爲火之雄。"按昭公九年，楚滅陳，裨竈曰："火、水妃也"；《漢書·五行志》上："陽奇爲牡，陰耦爲妃。故曰：'水、火之牡也'，'火、水妃也'。於《易》，坎爲水，爲中男；離爲火，爲中女"；《易林·革》之《井》："水爲火牡。"《書·洪範》："水曰潤下，火曰炎上"；《參同契》中篇："男生而伏，女偃其軀，及其死也，亦復效之"，又蘇軾《志林》卷三："男子之生也覆，女子之生也仰，其死於水也亦然"（《朱子語類》卷七六略同），與西方傳説適反①；水爲男而火爲女，疑出於二事之牽合，以覆下爲潤、仰上爲炎耳。《全唐文》卷三三四劉知古《進〈日月元樞論〉表》："一陰一陽而爲水火，火以水爲夫，水以火爲妻"；韓愈《陸渾山火》："女丁婦壬傳世婚，一朝結讐奈後昆"；皆沿古説。顧《禮記·表記》已

---

① Leonardo da Vinci, *The Notebooks*, tr. E. MacCurdy, I, 210, 212: "A dead Woman lies face downwards in water, a man the opposite Way." Cf. Mark Twain, *Huckleberry Finn*, ch.3: "I knowed mighty well that a drowned man don't float on his back, but on his face" etc. .

曰：" 母、親而不尊，父、尊而不親；水之於民也，親而不尊，火、尊而不親"；《白虎通·五行》篇曰："火者、陽也，尊，故上；水者、陰也，卑，故下"；邵雍《擊壤集》卷一六《治亂吟》之四亦言："火能勝水；火不勝水，其火遂滅。水能從火；水不從火，其水不熱。夫能制妻；夫不制妻，其夫遂絶。妻能從夫；妻不從夫，其妻必孽"；晁説之《嵩山集》卷九《和許嵩老江上舟災》："丙穴烘天誰得及，丁翁奔日更難如。"唐宋以來方術及小説家言亦以火爲男而水爲女。如《五燈會元》卷一〇南唐僧清勉曰："丙丁童子來求火"，玄則參釋曰："丙丁屬火而更求火，如將自己求自己"；張伯端《悟真篇》卷下《西江月》："更假丁公煅煉"；夏元鼎《蓬萊鼓吹·西江月》："要得丁公煅煉"，又《水調歌頭》："感嬰兒，交姹女，愛丁公"；《女仙外史》第九二回寫火首毘耶與刹魔公主鬭法事。姚燧《牧菴集》卷三四《道中即事》之一一："解使水男親火女，即爲木母嫁金翁"，以火爲女而水爲男，仍用古説，其例不多見。孔疏曰："火畏水，故水雄而火雌"，而《韓非子·備內》篇曰："今夫水之勝火亦明矣，然釜鬵間之，水煎沸竭盡其上，而火得熾盛焚其下，水失其所以勝者矣。"是水時復畏火，則方士之言爐火丹鼎者，如《西遊記》第七三回所謂"千斤熬一杓，一杓煉三分"，宜稱火曰"公"矣。爲虎爲鼠，一彼一此，趙孟不云乎："何常之有！"

五四　昭公十八年

"往者見周原伯魯焉，與之語，不説學。……閔子馬曰：'周其亂乎！夫必多有是説，而後及其大人；大人患失而惑，又曰：可以無學，無學不害'"；《註》："患有學而失道者，以惑其意"；《正義》："大人患其國内有多學而失其道者，而疑惑於此言，謂此言有道理也。"按孔疏誤甚。"惑"承"失"來，非謂大人爲此言所惑，乃謂大人患民有學則失正道而生惑亂，如《史記·秦始皇本紀》李斯所謂："不師今而學古，惑亂黔首。"愚民之説，已著於此。《老子》六五章："古之善爲道者，非以明民，將以愚之，民之難治，以其智多"，故《河南二程遺書》卷二五云："秦之愚黔首，其術蓋出於老子"；實則原伯魯輩主張無以大異。

【增訂一】《三國志·魏書·高堂隆傳》載明帝詔："故閔子譏原伯之不學，荀卿醜秦世之坑儒"；一若秦在始皇前已"坑儒"，而荀子早譏切之者。不識何本，裴亦未註。然其以原伯魯語與秦事連類儷詞，則大似知二者之同歸於"愚民"也。

《論語·泰伯》："民可使由之，不可使知之"，鄭玄註引《春秋繁露》"民、瞑也"爲釋（參觀《全後漢文》卷四六崔寔《政論》："人〔民〕之爲言瞑也"）；《莊子·胠篋》："絕聖棄智，大盜乃止";《商君書》尤反復丁寧,如《墾令》:"民不貴學則愚",《壹言》:"塞而不開則民渾。"蓋斯論早流行於周末,至始皇君臣乃布之方策耳。《孫子・九地》:"將軍之事,靜以幽,正以治,能愚士卒之耳目,使之無知";然則愚民者,一言以蔽之,治民如治軍,亦使由而不使知也。文章學問復可爲愚民之具,"明"即是"瞑",見即爲蔽,則原伯魯、李斯之所未窺,宋晁説之始致慨焉。《嵩山文集》卷一三《儒言》:"秦焚《詩》、《書》,坑學士,欲愚其民,自謂其術善矣。蓋後世又有善焉者。其於《詩》、《書》則自爲一説,以授學者,觀其向背而寵辱之,因以尊其所能而增其氣焰,因其黨與而世其名位,使才者顓而拙、智者固而愚矣";蓋爲王安石"新學"而發(參觀卷一《元符三年應詔言事》斥《三經義》"塗人耳目,窒人聰明")。陳允衡《詩慰・萬茂先詩選・丙子述懷》:"笑殺坑儒癡獨絶,不將文字作長平!";顧炎武《日知錄》卷一六《擬題》:"八股之害,等於焚書,而敗壞人才,有甚於咸陽之郊所坑者但四百六十餘人也";廖燕《二十七松堂文集》卷一《明太祖論》:"明太祖以制義取士,與秦焚書之術無異,特明巧而秦拙耳,其欲愚天下之心一也";皆爲八股文而發,旨則與晁氏之詆"新學"同。明、清之交,言之者實繁有徒,如曾異撰《紡授堂詩集》卷二《癸酉春送周子立北上》又卷三《讀兩生藝》、李世熊《寒支初集》卷二《沙縣〔教〕諭謝魯〔生〕先生膺薦序》、曾燦《六松堂文集》卷一二《魏叔子文集序》、梁份《懷葛堂集》卷三《送孫效李歸桐城序》、傅山《霜紅龕全集》卷一五《書成弘文後》、黃宗羲《明文授讀》卷三〇傅占衡《吳、陳二子選文糊壁記》、董説《西遊補》第四回等。

【增訂三】明季持此論最痛切者爲趙南星,《味蘗齋文集》卷五

《周元合文集序》:"[秦政]徒焚書坑儒,以愚天下之人。……後世師其意而反之,乃使天下之人各受經,習其師説,而取剿襲鄙淺之文。凡稍有才智欲富貴者,皆俯首肄習。命運利者,菽麥不辨,而已服官政。數奇,則日夜唔呀,皓首寒窗,老而後已。故秦以焚書坑儒,愚天下之人,而後世以讀書為儒,愚天下之人,使天下之人漸漬於其中,日以迂腐趑趄,不能為亂,亦不能為治。……千百世而下,……必有痛哭流涕而切齒秦政者,賈生之《論》未盡其罪之萬一也。"

明之亡也,當時盛傳有人公揭紅帖云:"謹具大明江山一座、崇禎夫婦二名,奉申贄敬。通家生文八股頓首拜"(鄭達《野史無文》卷四引王世德《崇禎遺録》、吕留良《東莊詩集·倀倀集·真進士歌贈黄九烟》、賀貽孫《水田居存詩》卷二《甲申寫怨》第三首、屈復《弱水集》卷九《春日雜興》第四首、周同谷《霜猿集》第八〇首等);痛心疾首,發爲暴謔。清季國弱民貧,苞桑滋懼,勝朝舊話,遂若重提。馮桂芬《校邠廬抗議·改科舉議》記饒廷襄曰:"明祖以時文取士,其事爲孔、孟明理載道之事,其術爲唐宗'英雄入彀'之術,其心爲始皇焚書坑儒之心",林則徐舉酒相屬,歎爲"奇論!"。浸假而"奇論"亦成常談,如黄遵憲《人境廬詩草》卷一《雜感》第四首、王先謙《虛受堂文集》卷一《科舉論》之類,皆與明遺民之論闇合。有激而"論",無"奇"不有,如元鄭玉《師山文集》自作《序》毒詈韓、柳、歐、蘇"塗天下之耳目,置斯民於無聞見之地;道之不明,文章障之,道之不行,文章尼之";則八家"古文"之愚民,罪且浮於八股"時文"矣!《圓覺經》云:"有照有覺,俱名障礙";《陽明傳習録》卷下云:"食了要消化,若徒蓄積在肚裏,便成痞了。

博聞多識，留滯胸中，皆傷食之病也。"夫苟忘本失中，覺照執着而生障，飲食滯結而成病，"文章"以及"明理載道"之事固無不足以自愚愚人。愚民之術亦可使愚民者並自愚耳。

【增訂四】莎士比亞《暴風雨》中半獸人(Caliban)恨見役於主翁(Prospero)，嗾轟醉諸水手焚其藏書，曰："毋忘首奪其書；彼失書則愚與我等。焚其書斯可矣"(Remember/First to possess his books; for without them/He's but a sot, as I am.../Burn but his books. —*The*，*Tempest*，III，ii)。蓋"燔書"以"愚主"也；與夫燔書以愚民，如反覆手耳。較之勸讀書以窒民智，尚是火攻下策耳。

五五　昭公十九年

　　《經》："許世子止弑其君買"；《傳》："許悼公瘧，……飲大子止之藥卒。……書曰：'弑其君'。君子曰：'盡心力以事君，舍藥物可也'"；《正義》："輕果進藥，故罪同於弑，雖原其本心，而《春秋》不赦其罪。"按服虔註謂進藥而"不由醫"，故國史書"弑"。隱公元年《經》書"鄭伯克段"，《傳》曰"謂之鄭志"，是誅心之筆；此處《經》書"止弑其君"，《正義》言"原本心而不赦罪"，是誅迹之筆。倫理學有主意願（Gesinnungsethik）與主事效（Erfolgsethik）之別①，亦即《孟子·滕文公》答彭更所謂"志"與"功"。《穀梁傳》宣公二年以止與趙盾並舉爲忠與孝之"至"，是意願論也。晁説之《嵩山集》卷一七《趙懿簡〈春秋經解〉序》："有名世大儒爲矯枉之論曰：'隱非讓，盾、止實弑'，國中勇聞而響風，莫敢少異"，蓋述王安石語；錢謙益《牧齋初學集》卷二一《春秋論》五首亦專明盾、止之弑君；是事效論矣。

---

①　Cf. M. Scheler, *Der Formalismus in der Ethik und die materiale Wertethik*, 4. Aufl. hrsg. Maria Scheler, 131 ff..

五六　昭公二十年

齊景公曰："和與同異乎？"晏子對曰："異！和如羹焉，水火醯醢鹽梅，以烹魚肉，燀之以薪，宰夫和之，齊之以味，濟其不及，以泄其過。……君臣亦然。君所謂可，而有否焉，臣獻其否，以成其可；君所謂否，而有可焉，臣獻其可，以去其否。……聲亦如味，一氣、二體、三類、四物、五聲、六律、七音、八風、九歌以相成也，清濁、大小、短長、疾徐、哀樂、剛柔、遲速、高下、出入周疏以相濟也。……若以水濟水，誰能食之？若琴瑟之專壹，誰能聽之？同之不可也如是！"按《國語·鄭語》史伯對鄭桓公曰："夫和實生物，同則不繼。以他平他謂之和，故能豐長而物歸之；若以同裨同，盡乃棄矣。……聲一無聽，物一無文，味一無果，物一無講。"《論語·子路》章"君子和而不同"句，劉寶楠《正義》引《左傳》、《國語》之文釋之，當矣。《管子·宙合》篇論君臣之道如"五音不同聲而能調，五味不同物而能和"，已蘊晏、史之旨。史不言"彼平此"、"異物相平"，而曰"他平他"，立言深契思辨之理①。《孔叢子·抗志》篇："衛君言計是非，而羣臣

---

① Hegel, *Wissenschaft der Logik*, I. ii, Reclams "Universal-Bibliothek", I, 137-8: "Wenn Wir ein Dasein A nennen, das andere aber B, so ist zunächst B als das Andere bestimmt. Aber A ist ebensosehr, das Andere des B. Beide sind auf gleiche Weise *Andere*".

和者如出一口。子思曰：……自是而藏之，猶卻衆謀，況和非以長乎？"子思之"和"，正晏、史之"同"也。《淮南子·説山訓》："事固有相待而成者：兩人俱溺，不能相拯，一人處陸則可矣。故同不可相治，必待異而後成"；高誘註全本晏子語。晏、史言"和"猶《樂記》云："禮者，殊事合敬者也，樂者，異文合愛者也"；"殊""異"而"合"，即"待異而後成"。古希臘哲人道此，亦喻謂音樂之和諧，乃五聲七音之輔濟，而非單調同聲之專壹。赫拉克利都斯反復言，無高下相反之音則樂不能和（There could be no attunement without the opposites high and low），故同必至不和而諧出於不一（what agrees disagrees, the concordant is discordant）①。柏拉圖嘗引其語而發揮之，并取譬於愛情（la conciliation introduite par la musique eutreces opposés réalise amour）②。

【增訂一】按赫拉克利都斯所謂"和而不同，諧而不一"，古羅馬詩篇中以爲常語。Horace, *Epist*., I. xii. 19："rerum concordia discors"；Ovid, *Meïam*., I. 433："discors concordia"；Manilius, *Astronom*., I. 142："discordia concors."

蘇格拉底嘗謂國家愈統一愈佳，亞理士多德駁之曰：苟然，則國家將成個人，如和諧之斂爲獨音、節奏之約爲么拍（like harmony passing into unison, or rhythm which has been reduced to a single foot）③。

【增訂三】孟德斯鳩嘗論亞洲之專制一統（l'accord du despot-

---

① *Fragments*, §§ 43, 59; cf §§ 45, 46; in *Hippocrates and Heraclitus*, "Loeb", IV, 485, 489.
② *Le Banquet*, 187 a-c, *op. cit.*, I, 713.
③ *Politics*, II. ii andv; *op. cit.*, 1146, 1152.

isme asiatique)不足為訓，政體當如音樂，能使相異者協，相反者調，歸於和諧(la vraie [union dans un corps politique] est une union d'harmonie, qui fait que toutes les parties quelques opposées qu'elles nous paraissent concourent au bien général de la société, comme des dissonances de la musique concourent à l'accord total—Montesquieu, *Considérations sur les Causes de la Grandeur des Romains et de leur Décadence*, ch.9)。正晏子所言"和"非即"同"也。

文藝復興時最喜闡發相反相成之理(la coincidenza de contrarii)者，所見當推布魯諾(Bruno)①，謂專壹則無和諧(Non é armonia e concordia dove è unità)②；近世美學家亦論一致非即單調(Eintracht, nicht Einklang)③。其旨胥歸乎"和而不同"而已。晏子別"和"於"同"，古希臘詩人謂爭(strife)有二，一善而一惡，前者互利，後者交殘④；"善爭"與"和"亦騎驛可通者。

"飲酒樂。公曰：'古而無死，其樂若何！'晏子對曰：'古而無死，則古之樂也，君何得焉？……古若無死，爽鳩氏之樂，非君所願也！'"按《全唐文》卷二六一李邕《諫鄭普思以方技得幸疏》云："陛下今若以普思有奇術，可致長生久視之道，則爽鳩氏久應得之，永有天下，非陛下今日可得而求"，下文復言仙方則秦皇、漢武永有天下，佛法則漢明、梁武永有天下，即本《左傳》此文而鋪演者。

① *Spaccio de la Bestia Trionfante*, Dialogo I, *op. cit.*, 474.
② *De gli Eroici Furori*, Dialogo IV; *op. cit.*, 616.
③ Croce, *Estetica*, 10ᵃed., 415 (R. Zimmermann).
④ Hesiod, *Works and Days*, "Loeb", 3-5.

五七　昭公二十二年

"賓孟適郊，見雄雞自斷其尾，問之侍者，曰：'自憚其犧也。'"按陸佃《埤雅》卷四《狨》云："取其尾爲卧褥、鞍被、坐毯。狨甚愛其尾，中矢毒，即自嚙斷其尾以抑之，惡其爲深患也。氂牛出西域，尾長而勁，中國以爲纓，人或射之，亦自斷其尾。左氏所謂'雄雞自斷其尾'。"夫中矢方自斷其尾，則二獸見事遲於此雞多多矣。故董逌《廣川畫跋》卷四《雄雞斷尾圖》云："余聞麝被逐則自抉其臍；猩猩被執則嚙其膚；蚺蛇取膽者或不死，見人則示其創處；翠碧人網得之，不急取則斷其羽毛。凡物憚爲世用者，其慮皆知出此，然不若雄雞先患而預圖之。"此雞殆禽中之"新豐折臂翁"哉！西方傳說，海獺見逐，即自嚙斷其外腎而逃，知人所欲得止此也①；《堂·吉訶德》中嘗取爲比喻②，亦可參觀。

【增訂四】古羅馬博物志謂，豪豬遭獵危急，輒遺溺，沾浹遍體；蓋知人欲得其身上棘毛，而著溺則皮腐毛損也（Pliny, *Natural History*, VIII, § 134, Loeb, Vol. III, p. 94）。亦雄雞斷尾、海獺嚙腎、新豐翁折臂之類。

---

① Erasmus, *Adagia*: "Ut vivat castor, sibi testes amputat ipse," *Anatomy of Melancholy*, Part. II, Sect. III, Mem. VI, Bell, II, 215.

② *Don Quijote*, I, cap. 21, "Clásicos Castellanos", II, 167.

五八　昭公二十八年（一）

　　魏子曰："吾聞諸伯叔，諺曰：'惟食忘憂。'"按此諺殊洞達情理。有待之身，口腹尤累，詩人名句"切身經濟是加餐"（張問陶《乙巳八月出都感事》之四），所以傳誦。憂心如焚不敵饑火如焚；"食不甘味"、"茶飯無心"則誠有之，然豈能以愁腸而盡廢食腸哉？李漁《鳳求鳳》第二二齣呂哉生云："長吁短歎、不言不語都做得來，那不茶不飯四個字卻有些難"，正謂是也。嵇康《養生論》稱述"曾子銜哀，七日不饑"；欲成己説，不惜過信古書，亦通人之蔽耳。儒者如葉適即疑其事之不實，《習學記言序目》卷八《禮記》："曾子執親之喪，水漿不入於口者七日；自言之乎？"，又："曾子既以七日不入水漿自言，而樂正子春又以五日不食爲悔；師弟子之學，矯情而求名若此，……其不然也必矣！"荷馬史詩中奧德修斯曰："吾雖憂傷，然思晚食。吾心悲戚，而吾腹命吾飲食，亦可稍忘苦痛"（Even as I bear sorrow in my heart, but my belly ever bids me eat and drink, and brings forgetfulness of all that I have suffered）①。與魏子引諺契會。一古希臘小詩云："居喪諒闇，而亦飲食；荷馬有言，哀悼

---

①　*Odyssey*, XII. 215 ff..

以心不以腹"(Eat and drink and keep silence in mourning; for we should not, as Homer said, mourn the dead with our belly)①。維果不解荷馬載筆之家常親切、質而不綺,乃責怪其寫奧德修斯等憂傷時唯酗酒以消塊壘(sono afflitissimi d'animo, porre tutto il lor conforto in ubbriacarsi)②,未爲知言。許來格稱荷馬敍述大事,而於飲食卧起等人生瑣屑(die weniger bedeutenden, aber zum stetigen Fortgang notwendigen z. B. das Aufstehen, Zu-Bettgehen, Essen, Trinken usw.),未嘗拋置③。後世小説家有悟於斯,故塞萬提斯寫吉訶德病危將死,其姪女餐飯如常,其管家婦不停酒杯(pero, con todo, comía la Sobrina, brindaba el Ama)④;

【增訂三】塞萬提斯書第二部第五五章引諺:"肚子吃飽,痛苦能熬"(楊絳譯本下册三九〇頁,原文爲"Todos los duelos con pan son buenos"—ed. Marín, VIII, 11)尤貼切"惟食忘憂"。

伏爾泰寫一人失其所歡,又殺其所歡之弟,與僕逃,中途,僕請進食,其人慨然曰:"吾腸斷心疚,汝何爲欲吾食火腿乎!"(Comment veux-tu que je mange du jambon?),且談且啖(En parlant ainsi, il ne laissa pas de manger)⑤;斐爾丁亦寫悲深憂極而終須飲食(yet the sublimest grief, not with standing what some

---

① *Greek Anthology*, X. 47, Palladas, "Loeb", IV, 27.
② *Scienza Nuova*, §784, *op. cit.*, 731.
③ A. W. Schlegel: "Goethes 'Hermann und Dorothea'", *Kritische Schriften und Briefe*, W. Kohlhammer, I, 47; cf. A. Huxley, *Music at Night*, 7(Tragedy and the Whole Truth).
④ *Don Quijote*, pt. II, cap. 74, "Clássicos Castellanos", VIII, 330.
⑤ *Candide*, ch. 16, *Romans et Contes*, "Bib. de la Pléiade", 179.

people may say to the contrary, will eat at last)①。《紅樓夢》"凡歇落處每用吃飯",護花主人於卷首《讀法》中說之以爲"大道存焉",著語迂腐,實則其意祇謂此雖日常小節,乃生命所須,飲食之欲更大於男女之欲耳。嘗見英國一大史家日記有云:"好友病革。心甚悲痛。然吾晚餐如恒"(Poor Henry Hallam is dying. Much distressed. I dined, however)②;蓋自認不能憂而忘食也。費爾巴哈云,心中有情,首中有思,必先腹中有物(Die erste Bedingung, daβ du etwas in dein Herz und deinen Kopf bringst, ist: daβ du etwas in deinen Magen bringst)③。然則"唯食忘憂"祇道着一半;唯有食庶得以憂,無食則不暇他憂而唯食是憂矣。古希臘又一小詩云:"患相思病者之對治無過饑餓,歲月亦爲靈藥"(Hunger puts an end to love, or if not hunger, time);但丁名句:"饑餓之力勝於悲痛"(Poscia, più che'l dolor, poté'l digiuno)④;皆道此也。

---

① *Tom Jones*, Bk. XVI, ch.3, "Everyman's Lib.", II, 290.
② G.O.Trevelyan, *Life and Letters of Lord Macaulay*, Longmans, 546.
③ Feuerbach: "Die Naturwissenschaft und die Revolution," *Sämtl. Werke*, hrsg. W. Bolin und F.Jodl, X, 14.
④ *Greek Anthology*, IX, 497, Crates, *op. cit.*, III, 275; *Inferno*, XXXIII. 75.

五九　昭公二十八年（二）

"昔賈大夫惡，娶妻而美，三年不言不笑。御以如皋，射雉獲之，其妻始笑而言。賈大夫曰：'才之不可以已！我不能射，女遂不言不笑夫！'"按《隋唐嘉話》中載薛萬徹尚丹陽公主，公主羞其村氣，不與同席；太宗聞而置酒，召對握槊，賭所佩刀子佯爲不勝，解刀以佩之，主大悅，同載而還。關漢卿《玉鏡臺》第四齣溫太真赴水墨宴，以能作詩，倩英成婚已"兩個月方才喚了'丈夫'"。情事劇類。《聊齋志異》卷四《妾擊賊》則"異史氏曰：嗚呼！射雉既獲，內人展笑；握槊方勝，貴主同車。技之不可以已也，如是夫！"

六〇　昭公三十年

　　伍員論伐楚曰："若爲三師以肄焉。……彼出則歸，彼歸則出，楚必道敝。亟肄以疲之，多方以誤之，既罷而後以三軍繼之，必大克之。"按《隋書・裴仁基傳》李密問破王世充之計，仁基獻策，引"兵法所謂"云云，實出《左傳》此節；《孫子・計篇》："佚而勞之"，李筌及杜牧兩註亦皆引伍員語闡釋。杜註并舉《三國志・魏書・袁紹傳》田豐獻破曹操之計，卻未及裴仁基獻破王世充之計。袁紹、李密均不能用也。《聊齋志異》卷九《大鼠》則尤能與古爲新，即小見大："然後知貓之避，非怯也，待其惰也。彼出則歸，彼歸則復，用此智耳。噫！匹夫按劍，何異鼠乎？"

六一　定公三年

"邾子在門臺，臨廷，閽以瓶水沃廷，邾子望見之，怒。閽曰：'夷射姑旋焉。'命執之。"按閽報去歲爲夷射姑"杖敲"之辱，因舊事而誣之也。《漢書·張湯傳》記湯子安世爲光禄勳，"郎有醉小便殿上，主事白行法，安世曰：'何以知其不反水漿耶？如何以小過成罪！'"閽覆水以示溺，安世以溺爲覆水，二事相映成趣。

六二　定公四年

吳從楚，"又敗之。楚人爲食，吳人及之，奔，食而從之"。按省去兩主詞，申言之當曰："楚人奔，吳人食而從之"；"奔"前"食"後，分承"楚人"前而"吳人"後，層次井然，文不足而意足(understood)。《墨子·非儒》下："子路爲烹豚，孔某不問肉之所由來而食；褫人衣以沽酒，孔某不問酒之所由來而飲"，省去一主詞，申言之爲："子路褫人衣以沽酒"；竊謂倘如《左傳》此節，并省去第二"孔某"，逕作："不問酒之所由來而飲"，亦復條貫不紊，理順詞達也。雜舉古人意申不待詞備數例。《易·同人》："先號咷而後笑"，《象》曰："同人之先，以中直也"；即："同人之先號咷而後笑，以中直也"，後世約言之，可爲："同人如此，以……"，或爲"先號後笑，以……"。《詩·大雅·板》："天之牖民，如壎如篪，如璋如珪，如取如攜，攜無曰益，牖民孔易"；即"如取攜壎，如取攜篪，如取攜璋，如取攜珪，取攜無曰益"，後世約言之，可爲："天之牖民，如取壎篪，如攜璋珪。"《禮記·鄉飲酒義》："吾觀於鄉，而知王道之易易也"，鄭玄註："鄉、鄉飲酒也"，後世約言之，當爲："吾觀鄉飲"或"觀於鄉飲"，省"酒"字而必不省"飲"字。《曲禮》

下:"國君去其國,止之,曰:'奈何去社稷也?'大夫曰:'奈何去宗廟也?'士曰:'奈何去墳墓也?'"即:"大夫去其國,止之,曰……士去其國,止之,曰……";後世約言之,可爲:"止去國,於君曰:……,大夫曰……,士曰……"。《少儀》:"始見君子者,辭曰:'某固願聞名於將命者';敵者曰:'某固願見';罕見曰:'聞名';亟見曰:'朝夕';瞽曰:'聞名'";鄭註:"曰:'某願朝夕見於將命者'";即始見瞽之辭必同於始見君子之辭而略爲"聞名"二字,"敵者"前略"始見","瞽"前略"始見"、後略"者",更不待拈出①。《韓非子·説難》:"凡説之難,非吾知之,有以説之難也;又非吾辯之,能明吾意之難也;又非吾敢横失,而能盡之難也",即:"非吾知之難……又非吾辯之難……又非吾敢横失之難……","敢"者,"不敢"也(參觀前論僖公二十二年);《史記·老、韓列傳》載此文"非吾辯之難",雖臆增"難"字而足示意緒語脈焉。後世約言之,可爲:"凡説,非吾知而有以説之難也,非吾辯而彼明吾意之難也,又非吾敢横失而吾能盡之難也";庶幾稍點煩而未至大損風調、窒意理歟。

---

① 周君振甫嘗足其辭曰:"聞始見敵者,辭曰:'某固願見於將命者';聞罕見君子者,曰:'某固願聞名於將命者';聞亟見君子者,曰:'某固願朝夕聞名於將命者';聞亟見敵者,曰:'某固願朝夕見於將命者。'"

六三　定公十四年

　　戲陽速曰："大子無道，使余殺其母，余不許，將戕於余。若殺夫人，將以余説。余是故許而弗爲，以紓余死。諺曰：'民保於信'，吾以信義也"；《註》："使義可信，不必信言。"按昭公十四年，叔向尸其弟叔魚於市，仲尼曰："叔向，古之遺直也。……曰：'義也夫！'可謂直矣！"；《註》："於義未安，直則有之。"一則失"信"而"義"，一則"直"而不"義"。韓愈《原道》曰："博愛之謂仁，行而宜之之謂義，由是而之焉之謂道，足乎己無待於外之謂德。仁與義爲定名，道與德爲虛位。"用之於此，則"信"與"直"爲"定名"，而"義"爲"虛位"；信、直而不"宜"，則於"義"未安矣。《穀梁傳》僖公二十二年論宋襄公云："言之所以爲言者信也，言而不信，何以爲言？信之所以爲信者道也，信而不道，何以爲道？道之貴者，時其行勢也。"《論語·衛靈公》："君子貞而不諒"；孔註："正其道耳，言不必小信。"《孟子·離婁》："大人者，言不必信，行不必果，唯義所在。"《吕氏春秋·當務篇》論"大亂天下者"有四，其一爲"信而不當理"。皆可與戲陽速語相發明。曰"當理"，曰"義所在"，曰"行而宜之"，即不"執一"也，參觀前論成公十五年。

柳宗元《四維論》謂"廉與恥，義之小節也，不得與義抗而爲維"，亦相發明。莎士比亞劇中人云："善事而不得當，則反其本性，變成惡事。道德乖宜則轉爲罪過"（Nor aught so good but strain'd from that fair use / Revolts from true birth, stumbling on abuse. / Virtue itself turns vice, being misapplied）①。又一文家云："善德與過惡之區別，非如敵國之此疆彼圉間以墉垣關塞、大海崇山，界畫分明，而每似村落之比連鄰接"（Virtues and vices have not in all their instances a great landmark set between them, like warlike nations separate by prodigious walls, vast seas, and portentous hills; but they are oftentimes like the bounds of a parish）②；尤罕譬而喻。硜硜之信，悻悻之直，方自以爲守德拳拳勿稍失，初不知移踵舉趾，倏已度陌經阡，踰坊越境。失"宜"倍"理"，則"德"轉爲忒矣。

---

① *Romeo and Juliet*, II. iii. 19-21 (Friar Laurence).
② Jeremy Taylor: "Righteousness Evangelical", L. P. Smith, ed., *The Golden Grove* 147.

六四　哀公三年

"富父槐至，曰：'無備而官辦也，猶拾瀋也。'"按"拾瀋"即"收覆水"也。《三國志·吴書·張昭傳》裴松之註引昭《駁應劭宜爲舊君諱論》："言聲一放，猶拾瀋也；過詞在前，悔其何追！"；《宋書·索虜傳》載太祖詩："覆瀋不可拾，離機難復收。"《後漢書·光武帝紀》上馬武曰："反水不收，後悔無及"，又《何進傳》何苗曰："覆水不收，宜深思之"；《宋書·范曄傳》載孔熙先獄中上書："但墜崖之木，事絶升隮，覆盤之水，理乖收汲"；陶弘景《真誥·稽神樞》之二："遇至不爲，覆水始悗"；駱賓王《豔情代郭氏》："情知覆水也難收"。觀諸例可知"拾覆瀋"與"收覆水"，語意一致同歸。蘇軾《芙蓉城》："一朝覆水不返瓶"，宋人王、施兩註引《後漢書》及《類林》載太公答馬氏詩："若能離再合，覆水豈難收"；明胡侍《真珠船》卷一引李白《白頭吟》："覆水難收豈滿杯"，又《妾薄命》："水覆難再收"，清宋長白《柳亭詩話》卷一七、虞兆隆《天香樓偶得》考李白、劉禹錫詩及元曲中語，皆不過引《類林》及《後漢書》，未悟此意之出《左傳》。晚唐周曇有《詠史詩》卷一，中《子牙妻》云："歲寒焉在空垂涕，覆水如何欲再收！"詠太公夫婦用其語，似莫早於此。《漢書·楚元王傳》劉向上封事："《易》曰：'渙汗其大號'。言號令如汗，汗出而不反者也；今出善令，未能踰時而反，是反汗也"；《後漢書·胡廣傳》上疏："政令猶汗，往而不反。"夫"汗"如"潘"，均"水"也；"反"猶"拾"，均"收"也，事之不可能，等也。"拾潘"、"收水"戒莫誤時機，而"反汗"戒莫背信誓，喻之同柄而異邊者也。《舊約全書》亦有水潑於地，收拾不起(As water spilt upon the ground which cannot be gathered up again)①之喻。

---

① II Samuel, 14: 14.

六五 哀公七年

季康子欲伐邾乃饗大夫以謀之一節中，"魯德如邾，而以衆加之，可乎？"兩句，杜預註謂是孟孫語，而服虔註則謂是諸大夫語；《正義》申杜折服云："《傳》於異人之言，更應加'曰'，今無'曰'者，作《傳》略之。《論語》之文，此類多矣。雖'魯'上無'曰'，要言與大夫相反，不得爲大夫之詞，故以爲孟孫忿答大夫也。"按錢謙益《牧齋初學集》卷八三《讀〈左傳〉隨筆》六謂杜註"文義違背"，此兩句既非諸大夫語，亦非孟孫語，而爲子服景伯語，"'對曰'以下，皆景伯之言也"。紛紜盡各，皆緣古文無標點符號，又每省去"曰"字。

【增訂一】《論語·先進》之"從我於陳、蔡者"二句與"德行顏淵、閔子騫"四句，是否均為"子曰"，抑後四句為"記者所錄"而別成一章，亦以無引號而游移兩可耳。

《史通》內篇《模擬》云："《左氏》、《論語》有敍人酬對，苟非煩詞積句，但是往復唯諾而已，則連續而說，去其'對曰''問曰'等字。如裴子野《宋略》云：李孝伯問張暢：'卿何姓？'曰：'姓張'。'張長史乎？'以此而擬《左氏》、《論語》，又所謂貌同而心異也。"古書無引語符號，著"曰"字則一人自爲問答而讀者誤爲兩人對話者有之，《讀書雜志・戰國策》三平都君説魏王節已舉其例；省"曰"字則兩人議論而讀者誤爲一人獨白者有之，如服虔之於《左傳》此節又俞樾《諸子平議》卷一六之誤以《列子・楊朱》篇中孟氏語爲楊朱語。梵典譯漢，省"曰"尤甚，如《妙法蓮華經・授學無學人品》第九："'……汝見是學、無學二千人不？''唯然！已見。''阿難，是諸人等……'"，蓋連省兩"曰"字。敦煌變文乃佛書之支與流裔，若"歸"字多作"皈"，稱中國天神爲"上界帝釋"，皆蛻跡宛在，其每省去"曰"字，亦習而與化也；如《漢將王陵變》："季布握刀：'奉霸王當直！''既是當直，與寡人領三百將士，何不巡營一遭？'……季布答曰：'我是季布！''緣甚事得到此間？''奉霸王命，巡一遭'。'既是巡營，有號也無？'"《史通》所謂擬《論語》、《左傳》之製，亦偶見於白話小説，如《西遊記》第八〇回："行者笑道：'抱他〔金毛白鼠精所幻女子〕來，和你同騎着馬走罷'。三藏沉吟道：'我那裏好和他同馬？''他怎生得去？'三藏道：'教八戒馱他走罷'"；《封神演義》第一八回："子牙寫了休書，拿在手中。'娘子，書在我手中，夫妻還是團圓的；你接了此書，再不能完聚了。'馬氏伸手接書。"《李陵變文》且有記言而突如來如，省去"曰"字，觀下文方省爲阿誰語，如："單于人從後放火。……'大將軍！後底火來，如何免死？'李陵問：'火去此間近遠？'左右報言：'火去此間一里！''有火石否？'"則呼"大將軍"者，即屬"左右"。《戰國策》每忽然破空而起，如"謂魏冉曰"、"謂穰侯曰"、"説張相國曰"，胥不道出何人之口，並不冠以"或"、"客"、"人"等字，顧尚不如《變文》之並削芟"謂"、"曰"等字也。吳偉業《梅村詩集》卷一下《閬州行》仿《焦仲卿妻》，而記妻言、父言、客言，全憑語氣示別，盡除"府吏謂新婦"、"新婦謂府吏"之類，與古爲新矣。西文有引語符號，記言却未克擯"曰"、"云"、"問"、"答"等字而不用①；十八世紀一小説家於此等字能應無盡無，遂自鳴匠心獨運焉②。

---

① 參觀《林紓的翻譯》。
② G. Lanson, *L'Art de la Prose*, 158: "Marmontel se vante d'avoir, dans ses *Contes moraux*, supprimé les fastidieux *dit-il*, *répondit-elle*".

六六　哀公十一年

"子胥使於齊，屬其子於鮑氏，爲王孫氏。反役，王聞之，使賜之屬鏤以死"；《註》："私使人至齊屬其子，改姓爲王孫，欲以辟吴禍。"按杜説迂曲，一若子胥身自使齊而復别使人至齊屬子者。趙一清《東潛文稿》卷下《大夫出使、長子家老從行説》云："與杭二丈同觀梁辰魚所撰《浣紗記·伍員寄子》一劇。董浦曰：'子識之乎？此《儀禮》所謂大夫奉使，其長子家老從。故吴季札使於齊，長子死，葬於嬴博之間是也。子胥奉使，禮得挈子從行；迨反役而子不來，王怒其有二心也，因加之罪而殺之。杜預以爲私使人至齊屬其子，非也。'"杭世駿語本之《聘禮》："君弔介爲主人"；賈公彦疏："古者賓聘，家人適子皆從行；是以延陵季子聘於齊，其子死，葬於嬴、博之間。"此解最確；徒引《史記》、《説苑》等尚未足以折杜也。

六七　哀公十二年

　　"長木之斃，無不摽也；國狗之瘈，無不噬也"；《註》："摽，擊也"；《正義》："國狗猶言家狗。"按定公八年，"擊之，與一人俱斃"，《註》："斃，仆也"；哀公二年，"擊簡子中肩，斃於車中"，《註》："斃，踣也"。木"斃"亦即謂其倒仆，故有"摽"人之懼，非言桐死槐枯也。"國狗"猶言良狗，與"長木"對；《公羊傳》僖公十年，"驪姬者，國色也"，《解詁》："其顏色，一國之選也"，"國狗"之"國"，亦作此解。《莊子·徐無鬼》："是國馬也，而未若天下馬也"，"國狗"正如"國馬"；《秋水》："未得國能，又失其故行矣"，"國能"謂其國之絶技也。

史記會註考證

五八則

一　裴駰集解序

"又其是非頗謬於聖人"一節，瀧川資言《考證》引馮班云云。按瀧川此書，薈蕞之功不小，掛漏在所難免。涉獵所及，偶爲補益，匪吾思存也。裴氏語全本於《漢書·司馬遷傳》。嚴可均輯《全晉文》卷四九傅玄《傅子》曰："吾觀班固《漢書》，論國體則飾主闕而抑忠臣，敍世教則貴取容而賤直節，述時務則謹詞章而略事實，非良史也！"（孫星衍輯楊泉《物理論》中一條全同，首增一句："班固《漢書》，因父得成，遂没不言彪，殊異馬遷也"；兹據劉知幾《史通·書事》："又傅玄之貶班固也：'論國體'"云云，斷歸傅而不歸楊）。隱然與固斥遷之言箭鋒相拄，若代遷不平而反唇者。馮班之説實發於朱熹，《朱文公集》卷七二《雜學辨》駁蘇轍《老子解》曰："然太史公列孔子於《世家》，而以老子與韓非同傳，豈不有微意焉？"馮氏同鄉陳祖范《陳司業文集》卷一《史述》亦曰："班氏謂子長'先黄老而後六經'，此司馬談《論六家要指》則然，子長則否。觀其《自序》，隱然父子之間，學術分途。《帝紀·贊》首推《尚書》，《列傳》開端云：'載籍極博，猶考信於六藝'，可謂之'後六經'乎？若果'先黄老'，不應列老子於申、韓，而進孔子爲《世家》；稱老子不過'古之隱者',而稱孔子爲'至聖',至今用爲廟號。《孟、荀列傳》於諸子中詳敍荀、孟,又隱然以孟子爲主;退之'醇''疵'之辨,子長已有先覺。"

【增訂四】陳祖范同鄉好友王應奎《柳南文鈔》卷四《司馬遷論》略云:"當焚書發塚之後,得一人焉,震聾聳瞶,極贊而深美孔子,聖道尊,聖學著,司馬子長是也。目之爲'至聖',而兩字遂爲千古定評。於列國《世家》中備載孔子生卒,以見孔子非徒爲魯國一人,實天下一人也。他如《五帝本紀》之不載黄帝以前也,則以黄帝以前爲孔子所不道。"文後有陳氏評云:"我意亦爾,得作者指出,快甚!"

其持父子異尚之說,蓋遠在王鳴盛《十七史商榷》(《太史公自序》瀧川《考證》所引)之前。後來浸成常論,曾紀澤使俄時賦詩,復出以韻語,《歸樸齋詩鈔》巳集下《書太史公〈六家要指〉後》曰:"龍門書以謹嚴傳,李耳韓非共一篇。特立世家崇魯叟,炳然儒教麗中天。《六家要指》尊黄老,兩代文心異軌躔。定有寓言通妙契,休將譾識議前賢。"元盛如梓《庶齋老學叢談》卷一則謂:"武帝之世,表章儒術,罷黜百家,宜乎大治,而窮奢極侈,海内凋敝,不若文景尚黄老清静,天下饒給,所以'先黄老而後六經'。武帝用法深刻,臣下當誅,得以貨免;遷遭李陵之禍,家貧無財自贖,交遊莫救,卒陷腐刑。其'進姦雄'者,歎無朱家之倫,不能脫己於禍;其'羞貧賤'者,自傷以貧不能免刑,故曰:'千金之子,不死於市'。固不察其心而驟譏之,過矣!"辨前一事非也,辨後二事殊可節取,亦如張耒《張右史文集》卷五六《司馬遷論》上謂《伯夷傳》寓被刑之怨、《晏子傳》寄無援之慨耳。

二　五帝本紀

　　《考證》:"林伯桐曰:'古來制作,自黃帝而定。……然則《史記》託始,自有深意。'"按不如周廣業之説,《蓬廬文鈔》卷二《〈史記〉首黃帝説》略云:"《史記》之首黃帝,非其本意,觀《五帝本紀·論》及《自序》,再參之《封禪書》,可以知之。一再稱'堯以來','陶唐以來',明乎删《書》斷自唐虞,前此宜置勿論。然漢自高帝起,有祠黃帝於沛庭;《外戚世家》言竇太后好黃老;孝景武帝皆讀其書,武帝用李少君説至有'吾誠得如黃帝,視妻子如脱躧'之歎;《封禪書》所載巡狩、改曆諸事,無一不託諸黃帝;公孫卿'黃帝且戰且學仙'一語,尤足爲武帝窮極兵力之緣飾。蓋當代天子祖述憲章之帝也。太史公之父自恨不得從封太山;作史之年適當太初元年明堂改建、諸神從祀之時,正用黃帝迎日推筴法。不首黃帝,失臣子將順之道,然而寓規於頌,文微義嚴矣。"周氏所謂"寓規"之旨則早發於李鄴嗣《杲堂文鈔》卷四《〈五帝本紀〉論》:"蓋《黃帝本紀》實太史公之諫書也,當與《封禪書》並讀,即可見矣。"

　　"學者多稱五帝尚矣。然《尚書》獨載堯以來,而百家言黃帝,其文不雅馴,縉紳先生難言之。……軼事時見於他説,余擇其言尤雅者。"按《封禪書》:"其語不經見,縉紳者不道";《大宛列傳》:"故言九州山川,《尚書》近之矣;至《禹本紀》、《山海經》所有怪物,余不敢言也。"此三則足徵馬遷載筆取材之旨,亦即爲後世史家立則發凡。黑格爾言東土惟中國古代撰史最夥,他邦有傳說而無史(Auch andre asiatische Völker haben uralte Traditionen, aber keine Geschichte)①。然有史書未遽即有史學,吾國之有史學,殆肇端於馬遷歟。《論語·述而》:"子不語怪、力、亂、神",《莊子·齊物論》:"六合之外,聖人存而不論";皆哲人之明理,用心異乎史家之徵事。屈原《天問》取古來"傳道"即馬遷"不敢言"之"軼事"、"怪物",條詰而件詢之,劇類小兒聽說故事,追根窮底,有如李贄《焚書·童心說》所謂"至文出於童心",乃出於好奇認真,非同汰虛課實。《左傳》宣公二年稱董狐曰:"古之良史也,書法不隱",襄公二十五年又特載南史氏之直筆無畏;蓋知作史當善善惡惡矣,而尚未識信信疑疑之更爲先務也。《孟子·盡心》論《武成》曰:"盡信書則不如無書",又《萬章》記咸丘蒙、萬章問事:"有諸?""信乎?",孟子答:"齊東野人之語也","好事者爲之也";《公羊傳》隱公元年、桓公二年論"遠"事,哀公十四年論《春秋》託始,屢稱"所見異辭,所聞異辭,所傳聞異辭";《穀梁傳》桓公五年論《春秋》之義,謂"信以傳信,疑以傳疑";史識已如雨中螢燄,明滅幾微。馬遷奮筆,乃以哲人析理之真通於史家求事之實,特書大號,言:前載之不可盡信,傳聞之必須裁擇,似史而非之"軼事"俗說(quasi-history)應溝而外之於史②,"野人"雖爲常"語",而"縉紳"未許易"言"。孟子

---

① Hegel, *Philosophie der Geschichte*, I.i, Reclam, 169; cf. I.ii, 223-4.
② Cf. R. G. Collingwood, *The Idea of History*, 14 ff..

開宗，至馬遷而明義焉。其曰"不敢言"者，小心也，亦謙詞也，實則大膽而敢於不言、置之不論爾。是以劉知幾《史通·採撰》目馬遷所採"皆當代雅言，事無邪僻"；李因篤《受祺堂文集》卷一《策》之六《史法》讚《史記》不"好奇輕信"。即就《五帝本紀》記黃帝事論之。《封禪書》："或曰：'黃帝得土德，黃龍地螾見'"，《本紀》祇曰："有土德之瑞，故號黃帝"；《封禪書》：申公曰："黃帝且戰且學仙，……百餘歲然後得與神通。……有龍垂胡髯，下迎黃帝，黃帝上騎"，《本紀》祇曰："黃帝崩，葬橋山"；李鄴嗣《〈五帝本紀〉論》言《本紀》於《封禪書》所述荒誕事"盡削不載"，是也。又如《刺客列傳》記趙襄子"使持衣與豫讓，豫讓拔劍三躍而擊之"；司馬貞《索隱》："《戰國策》曰：'衣盡出血，襄子迴車，車輪未周而亡'；此不言'衣出血'者，太史公恐涉怪妄，故略之耳"（《戰國策·趙策》一姚宏續註引《索隱》語，按曰："今本無此，乃後人所刪"）。此又言擇雅馴、筆削謹嚴之例也。《史記》於"怪事"、"軼聞"，固未能芟除淨盡，如劉媼交龍、武安謝鬼，時復一遘。《史通·書事》篇甚許可"江使返璧於秦皇，圯橋授書於漢相"，而《暗惑》篇譏彈《五帝本紀》舜穿井匿空傍事曰："向之所述，豈可謂'雅'耶？"三事之不經非"雅"，實相伯仲。洪邁《夷堅丁志·自序》至舉《史記》記秦穆公、趙簡子、長陵神君、圯下黃石等事，爲己之道聽塗說、"從事於神奇荒怪"解嘲，幾以太史公爲鬼董狐！馬遷蓋知而未能悉見之行者。雖然，其於乙部之學，不啻如判別清渾之疏鑿手，"史之稱通"，得不以斯人爲首出哉！

三　周　本　紀

《考證》：" 葉適曰：'遷極力收拾，然亦不過《詩》、《書》、《國語》所記而已。'按葉氏之所憾，正《史通·採撰》等篇之所許，適見馬遷載筆之慎也。朱鶴齡《愚菴小集》卷一三《讀〈周本紀〉》謂馬遷 "記幽、平間事甚略，爲考訂之"；其文有足刺取者。

"流爲烏，其色赤，其聲魄云"；《集解》："魄然，安定意也"；《考證》："魄然，狀其聲也。"按《後漢書·五行志》一載桓帝初童謠："城上烏，尾畢逋"，即 "魄"；與古樂府《兩頭纖纖》之 "腷腷膊膊雞初鳴" 皆一音之轉，狀鳥之振羽拍翼聲。

"褒姒不好笑，幽王欲其笑，萬方故不笑。" 按貴主不笑，人君懸重賞，求啓顏之方，乃西方民間故事習用題材。如《五日談》中即三見(Zoza mai non si vedeva ridere; non c'era ricordo che fin allora [Vastolla] aveva mai riso; per lo spazio de sette anni continui [Milla] non si era più vedeta ridere)①；格林童話，

---

① Basile, *Il Pentamerone*, Introduzione, I.3, III.5, tr. B. Croce, 3, 37, 286.

亦有其事（eine Tochter, die war so ernsthaft, daβ sie niemand zum Lachen bringen konnte）①。祖構之作，故爲翻案，有謂女君善笑，觸事啞啞不能自已（Le seul défaut qu'elle eût était d'être la plus grande rieaneuse du siècle: tout la faisait rire）②，出榜徵能止笑之士。又按海涅喻勃倫太諾（Brentano）詩境，謂有中國公主，具奇癖，以撕裂繒帛爲至樂（Es war nämlich ihre höchste Wonne, wenn sie kostbare Seiden-/und Goldstoffe zerreissen konnte）③，正指褒姒或妹喜，即庾信《謝趙王賚絲布啓》："妻聞裂帛，方當含笑"，或李商隱《僧院牡丹》："傾城惟待笑，要裂幾多繒？"海涅或自英譯俗書《百美新詠》得知此典也④。

【增訂四】捃撦李商隱之《西崑酬唱集》卷上劉筠《宣曲》："方資裂繒笑"，又《無題》之二："枉裂霜繒幾千尺。"

---

① Brüder Grimm, *Din Kinder- /und Hansmärchen*: "Die goldene Gans".
② Antoine Hamilton: "Les Quatre Facardins", *Oeuvres Complètes*, A. Belin, 417.
③ *Die romantische Schule*, III. i, *Sämtliche Werke*, A. Weichert, VIII; 211.
④ *The Germanic Review*, Feb. 1957, 5-6.

四　秦始皇本紀

八年，"河魚大上"；附班固曰："痛哉言乎！人頭畜鳴。"按陳際泰《太乙山房文集》卷七《陳昌基新藝序》："李于鱗選古最刻，讀《秦紀》，獨得'河魚大上'四字而已"；談遷《棗林雜俎》聖集引沈戀孝《長水集》："殷正甫士儋有李于鱗所閱《史記》，於《始皇本紀》止圈'河魚大上'、'人頭畜鳴'八字。"明中葉言"古文"者分兩派，若尋寇仇而操戈矛，顧皆尊奉《史記》；馮班《鈍吟雜錄》卷四嘗嘲："今人看《史記》，只看得太史公文集，不曾讀史。"同宗而非同道，則鬩牆之烈，有甚於鄰鬨者。歸有光評點《史記》盛行於世，師弟授受，章學誠至惡聲厲色而詆斥之（《文史通義》內篇二《文理》）；蓋歸氏於遷書目注心賞之所在，固斑斑可考見矣。而李攀龍圈閱《史記》未傳；以沈、陳所記，合之《滄溟集》行文風格，揣摩其手眼，亦可想象而得彷彿。歸、李各爲一派渠率，其於《史記》，如諸侯之爭挾天子也。

九年，"長信侯作亂而覺。矯王御璽以發縣卒及衛卒、官騎、戎狄、君公、舍人，將欲攻蘄年宮爲亂，王知之。"按《史通》以《春秋》與《史記》爲"二體"。夫"本紀"實《史記》中之體近《春秋》者，如此節第一句儼然《經》也，下三句又宛然《傳》也，可謂《春秋》體之遺蛻矣。

"收天下兵，聚之咸陽，銷以爲鐘鐻、金人十二"；《考證》引《考工記》、《左傳》、《國策》、《漢書·韓延壽傳》等，以見"古代以銅鑄兵"，復引《韓非子》、《吕氏春秋》、《史記·范雎傳》等以見"古代又未嘗不以鐵造兵"。按杭世駿《訂譌類編》卷六，趙翼《陔餘叢考》卷二一考古人兵器用銅不用鐵，杭氏且曰："前人詩云：'誰知十二金人外，猶有民間鐵未銷。'殊謬！"皆不如瀧川之周匝。然瀧川考銅鑄兵，未引《漢書·食貨志》賈誼諫除盜鑄錢令曰："上收銅勿令布，……以作兵器"；考鐵鑄兵，未引《留侯世家》："得力士，爲鐵椎重百二十斤"；均失之交臂。梁江淹《江文通集》卷三《銅劍讚·序》言"古時乃以銅爲兵"，舉"證據甚多"，十二金人即其一例，實爲考索此事之朔；宋黄伯思《東觀餘論》卷上《銅戈辯》亦引《左傳》、《史記》、《山海經》、《越絶書》、《刀劍録》等以證"秦之金人及古鐘皆用銅"，"古之兵器用銅蓋無疑"；黄不知有江，杭、趙、瀧川不知有江、黄。杭氏引詩句，出元陳孚《博浪沙》（《元詩選》丙集、《元詩百一鈔》卷八），"誰知"當作"如何"，正指《留侯世家》中語，讀書得間。《史記》僅曰："收兵"；"兵"而祇謂銅耶？"外"固有鐵在；兼包銅與鐵耶？"外"當遺鐵在；祇謂"收"銅鐵之已鑄"兵"者耶？"外"仍有未鑄"兵"之銅鐵在；故張良得以爲椎。陳氏修詞圓妥，於《史》原文不犯不粘，何"謬"之有？清凌揚藻《海雅堂集》卷五《博浪椎》云："奮擊轟天副車折，噫嘻尚有人間鐵！"亦無語病。若羅聘《秦始皇》："焚書早種咸陽火，收鐵偏遺博浪椎"，則難免"謬"之譏矣。觀荷馬史詩，古希臘正復如江淹所謂銅爲兵而鐵爲器（Bronze is the metal of war; iron is for tools, not weapons）①；人工開物成務，梯轍大同耳。

"秦每破諸侯，寫放其宫室"；《考證》引葉昌熾《語石》謂"寫"字乃"象"字之駁文，舉北朝造象字體爲證。按《日知録》卷三二舉《史記》此語，《韓非子》"有鼓新聲者，聽而寫之"，《國語·越語》"以良金寫范蠡之狀"等，而説之曰："今人以書爲'寫'，蓋以此本傳於彼本，猶之以此器傳於彼器也"；頗得要領。葉氏隅見咫視，知北朝石刻，而似未知有南北朝著述者，瀧川信從之，過矣。《晉書·輿服志》："及秦并國，……寫九王之廷於咸陽北坂"，即《史記》所載事，正作"寫"字。《日知録》舉師涓"静坐撫琴而寫之"，出《韓非子·十過》，而《外儲説》左上又有"卜子妻寫弊袴也"；一言仿效聲音，一言仿效形狀，先秦以來，此意沿用。南齊謝赫《畫品》論"六法"曰："六傳移，模寫是也"；蓋"寫"與"傳移"同意，移於彼而不異於此之謂。移物之貌曰"寫"，如《史記》此句，擬肖是也；移物之體亦然，如《史記》本篇下文"乃寫蜀荆地材皆至"，轉運是也。擬肖復分同材之複製（copy）與殊材之摹類（imitation）②，凡"象"者莫不可曰"寫"。

【增訂四】列奥巴爾迪亦論"殊材之摹類"與"同材之複製"有難易高下之别（Questo è imitare... non è copiare nè rifare.... Quella è operazione pregevole, anche per la

---

① T. R. Glover, *Greek Byways*, 61.
② Coleridge, *Biographia Literaria*, ed. J. Shawcross, II, 33, 318.

difficoltà d'assimilare un oggetto in una materia di tutt'altra natura; questa è bassa e triviale, per la molta facilità, che toglie la meraviglia. —Leopardi, *Zibaldone*, ed. F. Flora, Vol, II, p.130）。

移體之"寫"久淪，移貌之"寫"不絕，何必强附於趙之謙所謂"六朝別字"哉？《初學記》卷二五引陸機與弟雲書："仁壽殿前有大方銅鏡，……向之便寫人形體了了"；潘岳《西征賦》："乃摹寫舊豐，製造新邑"；《梁書·太祖五王傳》："廣營第宅，重齋步欄，模寫宮殿"；梁簡文帝《石橋》："寫虹便欲飲，圖星逼似真"；梁元帝《從軍行》："山虛和鐃管，水净寫樓船"；沈約《新安江水至清，深淺見底，貽京邑游好》："千仞寫喬木，百丈見游鱗"；江淹《水上神女賦》："爾乃紅脣寫朱，真眉學月"；《水經注》卷二六《淄水》："至於燕鋒、代鍔、魏鋏、齊鋥，與今劍莫殊，以密模寫"；《洛陽伽藍記·序》："招提櫛比，寶塔駢羅，爭寫天上之姿，競模山中之影"；《王子年拾遺記》卷八："能刺繡作列國，方帛之上，寫以五岳河海城邑之形"；《北齊書·鄭述祖傳》："嘗夢人彈琴，寤而寫得"，又《外戚傳》："世宗嘗令章永興於馬上彈胡琵琶，奏十餘曲，試使爾朱文略寫之，遂得其八"；《法華玄義》卷六上："譬如圖畫，盡思竭力，終不似真，若明鏡寫容，任運相似，名之爲妙"。諸若此類，豈得視爲"象"之"駁文"乎？梁元帝詩中與"寫"相對之"和"，指空山之回聲答響，可見水映影之肖本形，正如山答響之肖本聲。江淹賦以"寫"對"學"，可見"寫"之爲肖，正如"學"之爲效。梁簡文帝詩與智者《玄義》皆以"圖"與"鏡"互文，可見"寫"亦具"象"之涵意而非必"象"之"駁文"。唐人用"寫"字，未失舊貫。如《太平廣記》卷三六一《王惠照》（出《廣古今五行記》）：
"顧工匠刻木，妙寫形狀"；李白《憶舊遊贈譙郡元參軍》："百尺
清池寫翠娥"；韓愈、孟郊《遣興聯句》："我心隨月光，寫君庭
中央"；羊士諤《南館林塘》："清池如寫月"。宋楊萬里解斯意，
《誠齋集》卷五《歲晚出城》："山刻霜餘骨，梅臨水底枝"，以平
仄故，不用"寫"而用"臨摹"之"臨"；卷二七《宿蘭溪水驛》
無聲韻拘忌，遂曰："奇哉一江水，寫此五更天。""寫真"、"寫
生"、"寫照"之"寫"，皆"寫放"、"模寫"之"寫"，與《國
語·越語》下"良金寫范蠡"、《戰國策·燕策》二"爲木人以寫
寡人"、《韓非子·十過》"撫琴寫新聲"，脈絡相承，初非書寫之
"寫"。周匡物《古鏡歌》："軒轅鑄鏡誰將去，曾被良工寫金取"，
正本《國語》，《全唐詩》作"瀉金"，譌矣。

"齊人徐市等上書"；《考證》："'市'即'芇'字，與'黻'
同，各本作'市井'之'市'，訛。《淮南王傳》作'徐福'，
'福'、'市'一聲之轉。"按元吾邱衍早屢辨此，《竹素山房集》
卷一《失題》："徐市（自註：音"弗"）樓船入紫烟"，又《周達
可隨奉使過真臘》之二："神仙比徐黻，使者得王敖"，又《閒居
錄》："'徐市'又作'徐福'，非有兩名，'市'乃古'黻'字"；
吾氏精於篆刻，撰《三十五舉》，固宜烏焉不淆。《晚晴簃詩匯》
卷一六八載黎庶昌至日本《訪徐福墓》："禮猶求野訂遺聞，
'福'、'芇'同音契典墳；讀《史》乃知'徐市'誤，俗書偶脱
草頭文"；蓋不知"市"非俗書，而"市"則"俗"訛也。王禹
偁《小畜集》卷一四《錄海人書》補"《史記》之闕"，即本《史
記》載徐市求仙事，而師陶潛《桃花源記》遺意耳。

"丞相李斯曰：五帝不相復，三代不相襲，各以治；非其相

反，時變異也。"按《趙世家》武靈王語，《商君列傳》商鞅語與李斯主張全同。《史記》中尚有同聲和應諸節，如《禮書》："今上〔漢武帝〕制詔御史曰：'蓋受命而王，各有所由興，殊路而同歸。……議者咸稱太古，百姓何望'"；《樂書》："趙高曰：五帝、三王，樂各殊名，示不相襲，……亦各一時之化"；《平準書》："天子曰：朕聞五帝之教，不相復而治，禹湯之法，不同道而王；所由殊路，而建德一也"；《六國年表》："秦取天下多暴，然世異變，成功大；傳曰：'法後王'"；《高帝功臣侯者年表》："居今之世，志古之道，所以自鏡也，未必盡同。帝王者各殊禮而異務，要以成功爲統紀，豈可緄乎？"（瀧川以"未必盡同帝王者"爲一句，誤）；《酷吏列傳》："杜周曰：'當時爲是，何古之法乎？'"當捉置一處。《管子·霸言》："夫搏國不在敦古，……霸王不在成典"（"典"原作"曲"，依俞樾《諸子平議》改）；《中庸》記孔子曰："生乎今之世，反〔返〕古之道，如此者烖及其身者也"，鄭玄註："謂曉一孔之人，不知今王之新政可從"（參觀張居正《太岳文集》卷二九《答楚學道金省吾》）；《文子·道德》："老子曰：'執一世之法籍，以非傳代之俗，譬猶膠柱調瑟。聖人者，應時權變，見形施宜，……論世立法，隨時舉事。上古之王，法度不同，非故相反也，時務異也，是故不法其已成之法，而法其所以爲法者，與化推移'"（參觀《上義》："天下幾有常法哉"又"治國有常"二節）；《莊子·天運》："古今非水陸與？周魯非舟車與？今蘄行周於魯，是猶推舟於陸也。……故夫三皇五帝之禮義法度，不矜於同，而矜於治。……故禮義法度，應時而變者也"；《吕氏春秋·察今》："先王之法胡可得而法？雖可得，猶若不可法。……是故有天下七十一聖，其法皆不同，非務相反也，時勢異也"；《漢書・嚴安傳》安上書引鄒衍曰："政教文質者，所以云救也。當時則用，過則舍之，可易則易之，故守一而不變者，未覩治之至也"；《韓安國傳》王恢曰："臣聞五帝不相襲禮，三王不相復樂，非故相反也，各因世宜也。"祇此數例，已徵李斯因時變法之旨，早在先秦流行，主之不盡法家，傳者不限秦國；暨乎漢與秦代興，君臣詔令奏對，仍習爲常談。即馬遷一人之身，其《袁盎、鼂錯列傳》曰："語曰：'變古亂常，不死則亡'，豈錯等謂耶？"，大似博士淳于越諫始皇語："事不師古而能長久者，非所聞也"；而其《六國年表》、《功臣侯者年表》中抒見，又絕肖李斯之駁越。《漢書・張敞傳》記敞弟武拜爲梁相，敞使吏問其將以治梁，"應曰：'吏民凋敝，且當以柱後惠文彈治之耳。'秦時獄法吏冠柱後惠文，武意欲以刑法治梁"；《朱博傳》記博折"文學儒吏"曰："漢吏奉三尺律令以從事耳，亡奈生所言聖人道何也。且持此道歸，堯舜君出，爲陳說之。"《全後漢文》卷四六崔寔《政論》重申"遭時定制"，不必"牽古"，不援商鞅、李斯，而云："昔孝武皇帝策書：'三代不同法，所由殊路，而建德一也'"，即《平準書》所載"天子曰"云云。本朝祖訓既與勝國治本無異，自勿須遠徵秦人。《全三國文》卷三三蔣濟《萬機論》謂"漢之中滅，職由宣帝"之法秦始皇；歸咎不必中，而漢家法度之終以秦爲師，東漢末人已早察之。桓寬《鹽鐵論》全書中大夫、御史、丞相史等莫不賤儒非孔，而嚮往商君、始皇，最著明於《非鞅》、《論儒》、《論誹》、《利議》、《執務》、《世務》、《申韓》、《刑德》諸篇；又見漢廷卿士昌言師秦，其過秦、劇秦者，無氣力老生如賢良、文學輩耳。《朱文公集》卷四五《答潘叔昌》之五："建州有徐栖者，常言：'秦始皇賢於湯、武，管仲賢於夫子'，朋友間每每傳以爲笑"；宋儒中有此人，而後世無知者。張居正相業冠有明一代，《太岳文集》卷一八《雜著》稱秦以法治，乃"反始之會"，"渾沌之再闢者也，其創制立法，至今守之以爲利"，險語破膽之尤著者也。李斯因時變古之論，謝肇淛《文海披沙》卷一謂本《商君書·更法》，徐昂發《畏壘筆記》卷四謂本商君、韓非子，謝章鋌《課餘偶錄》卷一謂本《韓非子·五蠹》；皆未識風會所趨，至始皇時而造極。

【增訂四】賀貽孫《水田居文集》卷一《韓非論》一亦謂焚坑之旨，皆韓非發之，"非之身雖不用於秦，而其言已大用於秦。"按《韓非子·亡徵》："且夫世之愚學，皆不知治亂之情，讘誻多誦先古之書，以亂當世之治"；李斯斥"道古害今"之"愚儒"，即"愚學"也。

《孟子·萬章》論"周室班爵祿"曰："其詳不可得聞也！諸侯惡其害己也，而皆去其籍"；則銷毀典籍，豈始於《韓非子·和氏》所載商君教秦孝公"燔詩書"哉？《左傳》哀公二十一年齊人歌曰："唯其儒書，以爲二國憂"；則厭薄"儒書"，豈待秦之君相哉？《荀子·強國》記孫卿子入秦，讚歎不容口曰："古之民也！古之吏也！古之士大夫也！古之朝也！治之至也！"；則儒生豈不以商君變法後之秦爲差能行"古"道於當世哉？抑有進者，匪特商鞅、韓非之宗旨，至李斯請秦始皇禁儒而大張，復且始皇、李斯之施措，至董仲舒請漢武帝崇儒而重申。李之議曰："今天下已定，法令出一。……人善其所私學，以非上所建立。今皇帝并有天下，別黑白而定一尊。……人聞令下，則各以其學議之。……禁之便。"董之對策曰："春秋大一統者，天地之常經、古今之通誼也。今師異道，人異論，百家殊方，指意不同，是以上無以持一統，法制數變，下不知所守。臣愚以爲諸不在六藝之科、孔子之術者，皆絶其道，勿使並進。"均欲"禁私學"，"絶異道"，"持一統"，"定一尊"（Gleichschaltung）；東西背馳而遵路同軌，左右易位而照影隨形（mirror image）。然則漢人之"過秦"，非如共浴而譏裸裎，即如劫盗之傷事主耳。又按《李斯列傳》趙高勸斯曰："蓋聞聖人遷徙無常，就變而從時，安有常法哉？君何見之晚！"正以斯論治國者反唇以責斯之行已。殆斯識施政制法之宜因世損益，而不省安身立命亦當與時消息乎？公私二者理可相通而事每相違，煞耐思量，參觀下論《老子、韓非列傳》。適時（temporeggiarsi; procedere con le qualità de tempi; accomodarsi alla diversità de' temporali; si concordano col tempo）而毋倍時（si discordano e tempi; si discordano dai tempi）亦馬基亞偉利所丁寧反復者①。

"制曰：'可！'"《考證》謂李斯殺韓非而用其燔《詩》、《書》之教，又引胡三省語謂秦所焚乃天下之書，博士官所藏故在，至項羽燒秦宮室，始併付一炬，蕭何不能早收，學者咎之。按《韓非子·和氏》記商鞅教秦孝公"燔《詩》、《書》"，《五蠹》亦曰："明主之國，無書簡之文，以法爲教。"然所欲禁除之"書簡"，非特儒家之《詩》、《書》，法家、兵家均在此列；故《五蠹》曰：

---

① *Il Principe*, cap. 2ᵉ 25; *Discorsi sopra la prima Deca di Tito Livio*, I. 18, 33 e III, 9, *Opere*, Ricciardi, 5, 81, 142, 163, 344-5. Cf. Guicciardini, *Ricordi*, 78 (tentate in tempo), *Opere*, Ricciardi, 114; Voltaire, *Dictionnaire philosophique*, art. "A Propos", *Oeuvres complètes*, ed. I. Moland, XVII, 338-9.

"藏商、管之法者，家有之，而國愈貧，……藏孫、吳之書者，家有之，而國愈弱"，則於燔書之商鞅亦咄咄相逼，欲以其道還治其人矣。夫在上者所以御民，盡見乎法家之書，而犯上者苟欲爲寇，可以師兵家之書；皆所謂"國之利器，不可以示人"，愚民者固宜不許流布。李斯欲燒"百家語"，則"孫、吳之書"與己所師承之"商、管之法"，都所不逭也。《樂書》記斯諫二世曰："放棄《詩》、《書》，極意聲色，祖伊所以懼也"；《考證》："李斯所焚止民間詩書，……而官府舊藏仍存。"光聰諧《有不爲齋隨筆》甲引《樂書》此節而論之曰："斯能爲此諫而又議燒《詩》、《書》者，燒天下之私藏耳，蓋猶有在官者"，瀧川與之暗合。皆不知《朱子語類》卷一三八已曰："秦焚書也只是教天下焚之，他朝廷依舊留得；如說：'非秦記及博士所掌者，盡焚之'，則《六經》之類，他依舊留得，但天下人無有。"光氏又謂：劉大櫆《焚書辨》殆得其實，宋蕭參《希通錄》已發此意，而皆未據《樂書》爲說。蕭書猶見於《說郛》卷一七、《續百川學海》甲集等，於燒書僅引"前輩"之說；其"究極"而辨者，乃在坑儒，謂所坑乃"方技之流"，非"吾儒中人"，蓋未省"術士"指方士亦可指儒生，如《漢書·儒林傳》明曰："及至秦始皇，兼天下，燔詩、書，殺術士"，王符《潛夫論·賢難》亦曰："此亡秦之所以誅偶語而坑術士也。"劉文見《海峰文集》卷一，略謂："博士之所藏具在，未嘗燒也。……書之焚，非李斯之罪，而項籍之罪也。……蕭何、漢之功臣而《六經》之罪人也"；實本於《通鑑·秦紀》胡三省註，而刻意爲文字波瀾耳。劉師培《左盦集》卷三《六經殘於秦火考》謂"民間所存之經亡於秦火，而博士所藏又亡於項羽之火"，蕭何所收"圖書"，即《張蒼傳》

"明習天下圖書計籍"之"圖書",非"六藝"也。竊意劉氏言過。民間《詩》、《書》,未必能家摧而戶燒之,燔餘爐遺,往往或有。《六國年表》明曰:"《詩》、《書》所以復見者,多藏人家";《漢書·藝文志》亦曰:"《詩》遭秦而全者,以其諷誦,不獨在竹帛故"。是以《史記·屈、賈列傳》稱賈誼年十八,"以能誦《詩》屬書,聞於郡中",而《漢書·賈誼傳》曰:"以能誦《詩》、《書》屬文,稱於郡中。"夫爾時《詩》、《書》未出,雒陽又非齊、魯,亦見人間初未絕流布也。《論衡·書解篇》云:"秦雖無道,不燔諸子,諸子尺書文篇具在";趙歧《孟子題辭》云:"逮至亡秦,焚滅經術,坑戮儒生,孟子徒黨盡矣;其書號爲諸子,故篇籍得不泯絕。"則與李斯所請"雜燒《詩》、《書》百家語",顯然鉏鋙,而後來《文心雕龍·諸子》篇、《鶡子》逢行珪《序》皆主此說。若王通《文中子·周公篇》:"《詩》《書》盛而秦世滅,非仲尼之罪也;虛玄長而晉室亂,非老、莊之罪也";一似秦并未焚《詩》、《書》者,更不曉所云,無從究詰。蕭立之《詠秦》云:"燔經初意欲民愚,民果俱愚國未墟;無奈有人愚不得,夜思黃石讀兵書"(韋居安《梅磵詩話》卷中引,《蕭冰崖詩集拾遺》失收;明陸容《菽園雜記》卷一引作"不知何人作焚書坑詩",字句小異);袁宏道《經下邳》云:"柱把六經灰火底,橋邊猶有未燒書";陳恭尹《讀〈秦紀〉》云:"夜半橋邊呼孺子,人間猶有未燒書。"果若王、趙以至劉、逢之說,則百家雜碎,初未從火,兵家言原在"不燔"之列,三詩爲無的放矢也。朱彝尊《曝書亭集》卷四六《周鼎銘跋》:"舉凡鋒矛刀劍,無不有銘。自秦銷金洛陽,厲禁所至,爲段冶改煎,殆不可勝數。世徒懲秦燔《詩》、《書》之禍,不知銷金爲禍之益烈也!"此意似未經人道。王充頗稱秦之"不燔諸子",而深恨秦之"燔五經",至持作惡降殃之說;《論衡‧佚文》篇:"始皇前歎韓非之書,後惑李斯之議,燔五經之文,設挾書之律。……殄賢聖之文,厥辜深重,嗣不及孫,李斯創議,身伏五刑。"迷信果報,絕類余兒時見吳中"勸善惜字會"招貼謂不敬惜書籍字紙,必遭雷擊、絕嗣、目盲、體癩等災,引據鑿鑿,不記亦道及秦始皇、李斯否。此論出於慎思明辯如王氏者,直是差事。王氏書斬關處有當風之快,而固昧處又有墮霧之悶;嘗欲以"東邊日出西邊雨"揣稱其文境,半邊之爽朗適相形而愈見餘半之陰晦爾。

【增訂四】《顏氏家訓‧治家》:"其故紙有《五經》辭義及賢達姓名,不敢穢用也";言外足徵字紙無所惜,乃至"穢用",亦事之常。敦煌變文《廬山遠公話》:"於大內見諸官常將字紙穢用茅廁,悉嗔諸人,以為偈曰"云云,殆為言惜字果報之始。宋人遂樂道此。如《夷堅志‧支乙》卷四《劉氏女》記其製履時,"用小兒學書紙為襯托,雷神以為媟慢",擊之"以伸警戒";《吹劍錄》外集記:"王文正公之父見破舊文籍,必加整緝,片言一字,不敢委棄。一夕夢孔子曰:'汝敬吾書,吾遣曾參為汝子。'因名曰'曾'。"明清稗說,附會愈多,如《不下帶編》卷三記陳封翁、《右台仙館筆記》卷五記布袋和尚是也。

"有人持璧遮使者曰:'爲吾遺鎬池君'"一節;《考證》引梁玉繩據《搜神記》考"今年祖龍死"當作"明年"。按閻若璩《潛邱劄記》卷二早據李白《古風》言此;劉延世《孫公談圃》卷中記一蓬頭小青衣送王安石以白楊木笏,"荊公惡甚,棄之牆下,曰:'明年祖龍死!'"可參印。《搜神記》卷四所記事亦見《水經注》卷一九《渭水》及《後漢書‧襄楷傳》章懷註所引《春秋後傳》;使者至鄗池，見宮闕，授書謁者而待命，聞内"語聲言'祖龍死'"。與《史記》、《搜神記》情節不同，波折似勝也。

"始皇崩於沙丘平臺，丞相斯……秘之不發喪，棺載轀輬車中，故幸宦者參乘，所至上食，百官奏事如故。"按後世不乏此類，如《魏書·獻文六王傳》下高祖崩後奉遷宛城之事是也。

【增訂四】《後漢書·安帝紀》："幸葉。帝崩於乘輿，秘不敢宣。所在，上食、問起居如故。"

《紀録彙編》卷一二七陳沂《蓄德録》記明成祖親征阿魯台，"晏駕於榆木川，楊文敏公、金文靖公恐事洩，盡取軍中錫器，鎔爲殮具，覆以隆衣，日進膳如故，錫工盡除，以滅其跡。至京師，人未知也。"封閉錫椑中，故無須鮑魚亂臭；《史記》未道滅木工之口，豈楊、金作事周密於李斯耶？將無漢人記事疏略，不如千年後之明人也？

"趙高説二世曰：'……奈何與公卿廷決事？事即有誤，示羣臣短也。天子稱朕，固不聞聲。'……其後公卿希得朝見"；《考證》："《李斯傳》記高之言曰：'天子所以貴者，但以聞聲，羣臣莫見其面，故號曰朕'。"按《漢書·王莽傳》中："後常翳雲母屏面，非親近莫得見也"；《三國志·吳書·陸凱傳》："晧性不好人視己，羣臣侍見，皆莫敢近。凱説晧曰：'夫君臣無不相識之道。'"可相參印。吾、我之"朕"，章炳麟《新方言》謂即俗語之"俺"，趙高乃遷以通合於幾、兆之"朕"，從而推斷君人之術。科以名辯之理，此等伎倆即所謂"字根智論"（fallacy founded on etymology）①，

---

① R. Whately, *Elements of Logic*, Longmans, 118. Cf. K. O. Erdmann, *Die Bedeutung des Wortes*, 162; "Etymologie hat mit Definition nichts zu schaffen."

萊白尼茨所嘲"咕嚕嗶嗪"（goropiser）①，亦即馬克思與恩格斯所訶"以字源爲逋逃所"（sein Asyl in der Etymologie sucht）②。陳澧《東塾讀書記》卷一二謂趙高語本於申、韓之術，秦亡由此；殊中肯綮，尚未周匝。《始皇本紀》載高"嘗教胡亥書及獄律令法事"，《李斯列傳》亦記高自言"以刀筆之文進入秦宮"，則申、韓之術固所操本業。特其蓄心叵測、引據附會耳；若其指歸，則固儒、道、法、縱橫諸家言君道所異口同詞者，二世脫非昏主，未嘗不可節取而妙運之也。《秦始皇本紀》三十五年，"始皇怒曰：'此中人泄吾語！'案問莫服。當是時，詔捕諸時在傍者，皆殺之；自是後，莫知行之所在"；非高說"朕"之意乎？《李斯列傳》斯以書阿二世曰："是以明君獨斷，……塞聰揜明，内獨視聽"；非亦高說"朕"之意乎？《禮記·禮運》孔子曰："故政者，君之所以藏身也"，鄭玄註："謂輝光於外而形體不見"；《春秋繁露·離合根》論人主"法天之行"："天高其位而下其施，藏其形而見其光"，《立元神》與《保位權》兩篇中語略同。《管子·霸言》："夫權者，神聖之所資也；獨明者，天下之利器也；獨斷者，微密之營壘也"，又《心術》："人主者立於陰"；《鄧析子·無厚》："爲君者，滅影匿形，羣下無私"，又《轉辭》："明君之御民……故神而不可見，幽而不可見"（按二

---

① Leibniz, *Nouveaux Essais sur l'Entendement*, Liv. III, ch. 2, *Die Philosophischen Schriften*, hrsg. C. J. Gerhardt, V, 264.

② *Die deutsche Ideologie*, iii, Dietz, 230. Cf. W. Muschg, *Die Zerstörung der deutschen Literatur*, 3. Aufl., 221-2（Heideggers Etymologisieren）; J.-F. Revel, *Pourquoi des Philosophes et la Cabale des Dévots*, 206（le tour de passe-passe étymologique à la manière de Heidegger）.

"見"字之一或爲"知"字）；《申子·大體》："故善爲主者，倚於愚，立於不盈，設於不敢，藏於無事，竄端匿疏"，"竄端"謂不露端倪，"匿疏"謂必掩疏隙；《鬼谷子·謀篇》："故聖人之道陰，而愚人之道陽。……聖人之制道，在隱與匿"，又《摩篇》："主事日成而人不知，主兵日勝而人不畏也；聖人謀之於陰，故曰神，成之於物，故曰明。"《文子·精誠》："聖人在上，懷道而不言。……夫召遠者使無爲焉，親近者官無事焉，惟夜行者能有之"；《鶡冠子·夜行》："隨而不見其後，迎而不見其首，成功遂事，莫知其狀。……致信究情，復反無貌。……故聖人貴夜行"；《關尹子·一宇》："吾道如處暗；夫處明者不見暗中一物，而處暗者能明中區事。"《韓非子》尤三致意焉。《主道》："道在不可見，用在不可知。虛静無事，以闇見疵。……掩其跡，匿其端，下不能原"；《揚權》篇："上固閉内扃，從室視庭"；他如《二柄》篇論人主當"掩其情，匿其端"，《外儲説》右上引申子語，皆可供趙高附會之資。下文二世曰："吾聞之韓子"云云，《李斯列傳》載之尤詳，則韓非之書固又二世所熟習也。

【增訂四】韓非子學於荀子，而論"主道"則師弟鑿枘。《荀子·正論篇》："世俗之為説者，曰：'主道利周。'是不然。……上周密則下疑玄矣，上陰險則下漸詐矣。……故主道明則下安，主道幽則下危。……故上易知則下親上矣，上難知則下畏上矣。下親上則上安，下畏上則上危。……故先王明之，豈特玄之耳哉"；楊倞註："周，密也，謂隱匿其情，不使下知也。"蓋與韓非"掩跡匿端"之教大異。當代社會人類學家謂人主"神詭""隱匿""不許近"（mystification, self-concealment, maintenance of social distance），舉挪威王及英后維多利亞兩例（Erving Goffman,

The Presentation of Self in Everyday Life，Penguin Books，1980，pp.74-6,122），均有當於趙高説"天子稱'朕'"之義。荀子所謂"明"，即今語論政所謂"透明度"之"明"。蓋"主道"在乎"夜行"，深藏密運，使臣下莫能測度，乃九流之公言，非閹豎之私説。李翶《吏部侍郎韓公行狀》云："凡令史皆不鎖，聽出入。或問公，公曰：'人所以畏鬼，以其不能見也，鬼如可見，則人不畏矣。選人不得見令史，故令史勢重；聽其出入，則勢輕'"（《全唐文》卷六三九）。天子、令史，小大一理耳。莎士比亞劇中英王訓太子，謂無使臣民輕易瞻仰（lavish of presence），見稀（seldom seen），則偶出而衆皆驚悚（wondered at）[①]；柏克談藝，論晦幽（obscurity）能起畏怖（terror），亦舉君主深居九重（keep from the public eye）爲證[②]；波沃爾謂帝王尊威亦頗由於隱秘（Le secret fait une partie de leur autorité et de leur grandeur），故有以日藏雲後（un soleil couvert d'une nuée）爲紋章（une très belle devise）示意者[③]。用心異於趙高之蓄心，而命意則同乎趙高之陳意矣。又按《鄧析子》、《鬼谷子》皆以"陰"而不可見爲"神"，鄭玄註迳以天"神"相擬，殊具妙想。方士侈炫，正復如是。《封禪書》："壽宮神君，最貴者太一，非可得見，聞其言"；《太平御覽》卷三八八引《太玄經》："老子行則滅跡，立則隱形"（參觀同卷引《地鏡圖》等）；後世形容神道尊

[①] *I Henry IV*, III.ii.39 ff..

[②] Burke, *Inquiry into the Sublime and the Beautiful*, II.iii.cf.xiv, ed. J. T. Boulton, 59, 80.

[③] D. Bouhours, *Les Entretiens d'Ariste et d'Eugéne*, III, Armand Colin, 98, 104.

嚴，如《事文類聚》卷二引《翼聖傳》："玉帝所居，常有紅雲擁之，雖真仙亦不得見其面。"詩家應制，遂借天帝以頌人皇，如沈括《開元樂詞》之四："一片紅雲鬧處，外人遙認官家"（趙德麟《侯鯖錄》卷七引），蘇軾《上元侍飲樓上呈同列》第一首："侍臣鵠立通明殿，一朵紅雲捧玉皇"，皆寓天顏不容瞻仰之意。法國一詩家言拿破侖不預幾務，而若天神然，於日華煥炫中隱形潛跡（Bonaparte avait besoin d'être absent des affaires. Il se cacha dans la gloire comme un ange dans le soleil）①。直與《禮運》鄭註造車合轍矣！西籍自《聖經》下及但丁、密爾敦、特萊敦等名什寫上帝，均謂光裏雲繞，不許人逼視，但可聞聲（dwelling in light unapproachable; e col suo lume se medesmo cela; invisible amidst the glorious brightness, a voice from midst a glorious cloud; a blaze of glory that forbids the sight）②；至寫魔王鬼魁，亦稱其高據寶座，能矚拱服之諸么魔鬼子而不為所覿（round about him saw, but unseen）③。胥有當於滅形視庭之旨。故曰：趙高之心陰欲二世"貴而無位，高而無民"，如"亢龍有悔"也，而其言則陽勸二世"天德不可為首"，如"羣龍無首吉"爾；所言若勸二世靜如善刀而藏，動如矢來無鄉也，乃心固欲使二世雖號"皇帝"而實為"皇"不為"帝"（參觀《漢書·高帝紀》下"尊太公曰太上皇"句顏師古註、《三國志·魏書·王朗

---

① Alfred de Vigny, *Le Journal d'un Poète*, Oeuvres Complètes, "La Bibliothèque de la Plèiade", II, 898.

② I Timothy, 4.16; *Purgatorio*, XVII.57; *Paradise Lost*, III, 357 ff., VI. 25 ff., X.32f.; Dryden, *The Hind and the Panther*, I, 66 ff..

③ *Paradise Lost*, X, 447—8.

傳》王肅疏"漢總帝皇之號"節裴松之註），猶李輔國勸唐代宗"大家但內裏坐"爾（《舊唐書·宦官傳》）。

"趙高欲爲亂，恐羣臣不聽，乃先設驗，持鹿獻於二世，曰：'馬也'"；《考證》引陸賈《新語》參證。按《韓非子·外儲説》右上記衛嗣公曰："夫馬似鹿者，而題之千金"，蓋早傳二物之或相似。《禮記·禮器》："或素或青，夏造殷因"；鄭玄《註》："變白黑言素青者，秦二世時，趙高欲作亂，或以青爲黑、黑爲黄，民言從之，至今語猶存也"；《正義》引《史記》指鹿爲馬事，申之曰："其以青爲黑，以黑爲黄，即鹿馬之類也。鄭去胡亥既近，相傳知之。"《戰國策·楚策》三："粉白黛黑立於衢"，《淮南子·脩務訓》兩言"粉白黛黑"，而《鹽鐵論·國病》："傅白黛青者衆"，亦即鄭所謂"至今語猶存"也。《後漢書·文苑傳》上崔琦答梁冀曰："將使玄黄改色、鹿馬易形乎？"；章懷註祗釋"鹿馬"，未及"玄黄"。潘岳《西征賦》："野蒲變而爲脯，苑鹿化以爲馬"，《文選》李善註引《風俗通》："秦相趙高指鹿爲馬，束蒲爲脯，二世不覺"；《金樓子·箴戒》則云："秦二世即位，自幽深宫，以鹿爲馬，以蒲爲脯"，不言其由趙高。鹿馬雖異，皆爲畜獸，玄黄固殊，均屬顔色；若蒲與脯，物狀逕庭，豈二世駿愚，竟如黄葉之可止嬰啼乎？余嘗疑之。後讀《論衡·是應》篇，有曰："儒者言'箑脯生於庖廚'者，言廚中自生肉脯，薄如箑形，摇鼓生風，寒涼食物，使之不臭"，若有所會。箑、扇也，《藝文類聚》卷六九陸機、傅咸《羽扇賦》有"蓋受則於箑甫"、"下等美於箑甫"等句，"甫"即"脯"也。以蒲作扇，想古已然；晉人賦扇雖無道者，而《世説·輕詆》門"君乃復作裴氏學"句註引《續晉陽秋》云："嶺南凋弊，惟有五萬蒲葵扇。"二世時當有蒲扇而復流行"箑脯"俗信,故趙高得牽合以售奸欺耳。

【增訂三】《藝文類聚》卷一一《帝堯陶唐氏》節引《帝王世紀》:"廚中自生肉脯,其薄如翣形,搖鼓自生風,使食物寒而不臭,名曰'翣脯'";"翣",扇也。又卷九八《祥瑞》節引《白虎通》:"孝道至,即蓍蒲出庖廚,不搖自扇於飲食,清涼助供養也。"(引文出《白虎通·封禪》,詞句有異:"則以蓂莆者,樹名也,其葉大於門扇,不搖自扇於飲食"云云)王充《論衡》泛舉此物為儒者所稱"太平瑞應",班固《白虎通》則定其為"孝道"所致,皇甫謐《帝王世紀》又定其為唐堯"盛德"所致。嘗試論之,趙高指蒲為脯,殆亦寓意頌二世之大哉帝德,且善纘乃父始皇之緒耶?是藉諂諛以恣其愚弄也。《十六國春秋·南燕録》三記鞠仲頌慕容德為"中興之聖君",德曰:"卿知調朕。"蓋諛君者,使君愚,媚君者,使君昧。史籍所載羣臣表慶雲、甘露、芝生、龍見等祥瑞,與趙高指蒲為脯,"調"君伎倆,實無以異。英主哲王樂聞諛而甘被愚,受賀改元,與秦二世復如貉一邱耳。周君振甫曰:"《白虎通》作'莆',《類聚》引作'蒲',《說文》亦曰:'蓂莆,瑞草也',《論衡》則謂是'肉脯'。不知孰是,抑原有草與肉兩說耶?然以《論衡》拍合《風俗通》記趙高'束蒲為脯'事,可謂俯拾即是矣。"

鹿馬事早成口實,崔琦答梁冀外,如《三國志·魏書·鮑勛傳》文帝詔:"勛指鹿為馬,收付廷尉。"洪邁《容齋續筆》卷一六以高德儒指鳥為鸞與趙高事作對,猶未貼當;二人妄誕誠相類,而高乃校尉之諂媚君上,趙則丞相之威懾同列,區以別矣。

"子嬰遂刺殺高於齋宫,三族高家,以徇咸陽";《考證》:"吳裕垂曰:'司馬貞云:高本趙諸公子,痛其國為秦所滅,誓欲報仇,乃自宫以進。……以句踐事吳之心,為張良報仇之舉。'"

按俞樾《湖樓筆談》卷三據《蒙恬列傳》："趙高昆弟數人，皆生隱宮，其母被刑僇，世世卑賤"，謂高非"趙公子"也。司馬貞語，趙翼《陔餘叢考》卷四一亦稱述之；平步青《霞外攟屑》卷八上謂今本《索隱》所無，不知趙何所據，是也。此説似在趙鄉里人中流傳，如吕星垣《白雲草堂詩鈔》卷下《下邳謁留侯廟》二首有序略謂："孫淵如示《史記索隱戔言》，知留侯博浪之逃，趙高匿之也"；詩第一首有云："趙高趙國諸王孫，求爲秦賊支體殘。……趙高名在《列仙傳》，何得仙家濫其選？《索隱戔言》頗辨寃，鹿馬計勝長平戰"；第二首有云："日中白虹匿無跡，王孫本是邯鄲客。頗死牧廢無英雄，山河西吞惜無策。顛覆咸陽志已酬，組繫子嬰維爾力。"孫、吕與趙同邑交游也。譚獻《復堂日記》卷四摘清泉歐陽軒《月到山房詩》有詠《趙高》："當年舉世欲誅秦，那計爲名與殺身！先去扶蘇後胡亥，趙高功冠漢諸臣"；又有《閲〈古逸史〉，趙高爲趙公子，抱忠義之性，自宫爲趙報仇，張良大索時，即避高家》："大賈滅嬴憑女子，奇謀興漢詎蕭曹？留侯椎鐵荆卿匕，不及秦宫一趙高！"

【增訂三】屈大均《翁山詩外》卷三《博浪行》："可憐百萬死秦孤，祇有趙高能雪耻。趙高生長趙王家，淚灑長平作血花；報趙盡傾秦郡縣，報韓祇得博浪沙。"早用司馬貞説入詩，即"留侯椎鐵不及趙高"之意。

《史記索隱戔言》及《古逸史》皆不經見，自慙陋不之知，又疢懶未之覓。繆荃孫《雲自在龕隨筆》卷一引《周禮折衷》云："趙高是病廢，非刑餘；張良擊始皇不中，大索十日不得，蓋匿高所也"；豈亦及見司馬貞《索隱》逸文耶？張良匿趙高所，故大索不得，未必爲事實。然始皇精騖八極、目游萬仞，而不知伏寇在側，正如睫在眼前長不見也。西方童話言仙女與人賭捉迷藏，斯人魚潛三泉之下，鳶飛九天之上，豹隱萬山之中，女安坐一室，轉寶鏡即照見所在；渠乃穴地穿道，直達女座底而伏處焉，以彼身蓋掩己身，女遂遍照不得踪跡①。俗說趙高報仇爲閹豎、匿刺客等事，實亦此旨。《始皇本紀》方士奏錄圖書曰："亡秦者胡也"，始皇因大發兵北擊胡，不知其指宮中膝下之胡亥；故張衡《思玄賦》："嬴摘讖而戒胡兮，備諸外而發内"，又《北齊書·恩倖傳》記阿禿師呼"阿那瓌亡汝國！"顯祖因每歲伐茹茹，不知其指高阿那肱，"雖作'肱'字，世人皆稱爲'瓌'音，斯固'亡秦者胡。'"俗傳趙高諸節與圖讖貌異心同，皆《韓非子·用人》所謂："不謹蕭牆之患，而固金城於遠境"也。載籍所著讖書預言，如夏桀見"錄書云：'亡夏者桀'，於是大誅豪傑"（羅泌《路史·後紀》卷一四《疏仡紀》自註引《世紀》等）。

【增訂四】《宋書·索虜傳》："拓拔開暴虐好殺，民不堪命，先是有神巫誡開當有暴禍，惟誅清河、殺萬民乃可以免。開乃滅清河一郡，常手自殺人，欲令其殺滿萬。……夜恒變易寢處，人莫得知，帷愛妾萬人知處。萬人與開子清河王私通，慮事覺，……令萬人爲内應，伺開獨處，殺之。開臨死曰：'清河萬人之言，乃汝等也！'"此亦"亡夏者桀"、"亡秦者胡"之類。

司馬懿見《玄石圖》云："牛繼馬後"，於是深忌牛氏，酖殺牛金（《晉書·元帝紀》）；李世民聞太史占曰"女五昌"又民謠"女武

---

① *Die Wunderblume*, "Der Fischerssohn", Berlin: Verlag Kultur und Fortschritt, 99–100; cf. Brüder Grimm, *Die Kinder- und Hausmärchen*, "Das Meerhäschen", Berlin: Der Kinderbuchverlag, 443–5.

王"，以李君羨乃武安人、封武連郡公、爲左武衛將軍在玄武門，又小名"五娘子"，因故誅之（《舊唐書·李君羨傳》）；郭威"聞人間讖：'趙氏當爲天子'"，因使人誣告防禦使趙童子，收而殺之（陶岳《五代史補》卷五）。莫非明在邇求遠、變出防外。視爲鬼神事先之詔告，聊以作弄凡夫，自屬無稽；而視爲草野事後之附會，聊以嘲訕君上，又殊有味，正古希臘悲劇所示世事人生之"諷刺"（irony）爾。苟作如是觀，則固無須斤斤究辨其爲信史抑譎語矣。司馬光《傳家集》卷六三《答范夢得》謂"實録正史未必皆可據，野史小説未必皆無憑"，故其撰《通鑑》，采及"野史小説"。夫稗史小説、野語街談，即未可憑以考信人事，亦每足據以覘人情而徵人心，又光未申之義也。

【增訂三】王士禎《香祖筆記》卷一〇考論《警世通言·拗相公》，因曰："故野史傳奇往往存三代之直，反勝穢史曲筆者倍蓰。……禮失而求諸野，惟史亦然。"紀昀《閱微草堂筆記》卷一五："有州牧以貪横伏誅。既死之後，州民喧傳其種種冥報，至不可殫書。余謂此怨毒未平，造作訛言耳。先兄晴湖曰：'天地無心，視聽在民。民言如是，是亦可危也已！'"即余所謂野語雖未足據以定事實，而每可以徵人情，采及葑菲，詢於芻蕘，固亦史家所不廢也。《蘇詩合註》卷一七《次韻王廷老退居見寄》："上都新事常先到，老圃閒談未易欺"，查慎行極賞此聯。意謂廷老於朝事必知，不爲野語所惑耶？抑謂野人自具識見，不爲朝報所惑耶？苟屬後解，則亦史失而求諸野之意，所謂"路上行人口似碑"也。《山谷外集》卷一〇《廖袁州次韻見答》："史筆縱横窺寶鉉"，自註："干寶作《搜神記》，徐鉉作《稽神録》"；以"史筆"許短書小説，不特論史有會心，亦論文有先覺矣。

五　項羽本紀

"乃悉引兵渡河，皆沉船，破釜甑，持三日糧，以示士卒必死，無一還心。"按太公《六韜·必出》："先燔吾輜重，燒吾糧食"；又《太平御覽》卷四八二引太公《六韜》："武王伐殷，乘舟濟河，兵車出，壞船於河中。太公曰：'太子爲父報仇，今死無生。'所過津梁，皆悉燒之"；《孫子·九地》："帥與之期，如登高而去其梯，焚舟破釜，若驅羣羊而往"，杜牧註："使無退心，孟明焚舟是也"（見《左傳》文公三年，杜預註："示必死"）；《晉書·蔡謨傳》上疏："夫以白起、韓信、項籍之勇，猶發梁、焚舟、背水而陣。今欲停船水渚，引兵造城，前對堅敵，後臨歸路，此兵法之所戒也"，又《苻健載記》："起浮橋於盟津，……既濟焚橋"；《宋書·王鎮惡傳》率水軍自河直至渭橋，棄船登岸，諸艦悉逐急流去，乃撫士卒曰："去家萬里，而舫乘衣糧並已逐流，唯宜死戰"；《新五代史·梁臣傳》之九燕兵攻館陶門，葛從周"以五百騎出戰，曰：'大敵在前，何可返顧！'使閉門而後戰"。用意僉同。古羅馬大將（Fabius Maximus）行師，亦既濟而焚舟楫，使士卒知有進無退（ne qua fiducia navium, ad quas refugium erat, incendi eas iussit）①。又按

---

① Frontinus, *The Strategems*, I.xi.21, "Loeb", 80.

比喻貼而不粘，修詞之理。釋典每言"如筏喻"者，所謂"到岸捨筏"①；《大智度論·我聞一時釋義》第二敷陳其義，取譬正同太公之"兵濟壞船"、項羽之"渡河沉船"、王鎮惡之"登岸棄船"。禪人別擬，如《永樂大典》卷三〇〇三《人》字引《大慧語錄》："過橋便拆橋，得路便塞路"，復同太公之"過津燒梁"、苻健之"既濟焚橋"。譬一而已：兵家以喻無退反之勇氣，禪家以喻無執著之活法。耶律楚材《湛然居士文集》卷九《戲陳秀玉·序》："萬松師偈頌有和節度陳公一絕云：'清溪居士陳秀玉，要結蓮宮香火緣；賺得梢翁搖艣棹，却云到岸不須船。'……湛然目清溪爲'昧心居士'"；《元史·徹里帖木兒傳》譏許有壬出身科舉而贊廢科舉曰："可謂過河拆橋者矣！"；高文秀《黑旋風》第三折："你順水推船，我過河拔橋"。則棄船、焚梁又以喻無感惠之薄情負恩，與禪喻、兵喻更褒貶異柄矣（參觀《周易正義》卷論《歸妹》）。

【增訂四】《中阿含經》五五《阿梨吒經》記佛言"有人欲從此到彼岸，結筏乘之而度。至岸訖，作此念：'此筏益我，不可捨，當担戴去。'於意云何？"比丘曰："有益。"佛言："彼人於岸邊捨去，云何？"比丘曰："有益。"佛言："如是！我為汝等長夜說筏喻，法便欲棄捨，……況非法耶？"（參觀《增益阿含經》卷二三之六、卷三八之五）。鳩摩羅什譯《金剛經》："汝等比丘，知我說法，如筏喻者，法尚應捨，何況非法"；《大智度論·我聞一時釋論》第二作"善法應棄，何況不善法。"大慧習聞吾國太公、苻健等故實，本地風光，遂易"登岸捨筏"為"過橋拆橋"，而命意不殊，均戒執著膠固，免於

---

① Cf. Plato, *Phaedo* 85 CD; P. Shorey, *What Plato Said* 530.

今語所譏"教條主義"爾。柏拉圖語録嘗言，至理而不可求，則涉世風波，唯有以人間顛撲不破之義諦為筏；若夫天啟神示，譬則固舟也(if that [the discovery of truth] is impossible, he must take whatever human doctrine is best and hardest to disprove and, embarking upon it as upon a raft, sail upon it through life in the midst of dangers, unless he can sail upon some stronger vessel, some divine revelation.— Simmias, in *Phaedo*, 85 CD, Loeb, p.295)。斯乃西方古"筏"喻，寓"捨"義於言外；蓋天道苟明，則如舟楫既具，無須以人道為筏矣。喻之筏者，亦可以喻之車，喻之梯，事異功同。如趙貞吉《重刻陽明先生文粹序》："若行者抵家，則並車釋之矣，何有於策？渡者抵岸，則並舟釋之矣，何有於柂？學者而至於聖人之門，則並其名言喪矣！"(《明文海》卷二三七)；段玉裁《戴東原先生年譜》雍正四年下記戴震語："宋儒譏訓詁之學，輕語言文字，是猶渡江而棄舟楫，欲登高而無階梯也"；章學誠《文史通義》內篇三《辨似》："故記誦者，學問之舟車也。人有所適也，必資乎舟車，至其地，則捨舟車矣；一步不行者，則亦不用舟車矣。"當世哲人維德根斯坦謂："倘明吾旨，則由吾言而更上陟焉，吾言遂無復意義，亦猶緣梯而升，盡級登高，則必捨梯也"(Meine Sätze erläutern dadurch, dass sie, der, welcher mich versteht, am Ende als unsinnig erkennt, wenn er durch sie— auf ihnen—über sie hinausgestiegen ist) (Er muß sozusagen die Leiter wegwerfen, nachdem er auf ihr hinausgestiegen ist. —L. Wittgenstein, *Tractatus logico-philosophicus*, 6. 54, Suhrkamp, 1978, p.115)。乃類釋氏"登岸捨筏"、"過橋

拆橋"、"到岸不須船"等命意，亦猶道家"得兔忘蹄、得魚忘筌"之旨。英諺"攀梯登後，蹴而去之"（to kick down the ladder one rises by），則類《元史》或元曲所謂"過河拔橋"，以譬得志忘恩。《孫子·九地篇》："帥與之期，如登高而去其梯"（梅堯臣註："可進而不可退也"）；揚雄《太玄經》卷一《上之次八》："升於高危，或斧之梯"；《三國志·蜀書·諸葛亮傳》記劉琦將亮游園，"上樓去梯"；《世説·黜免》記殷浩恨晉簡文帝曰："上人著百尺樓上，儋梯將去"；均謂處於絕地，登高而喪其梯，非登高而捨其梯，與維德根斯坦之喻共邊而殊柄矣。當世有寫中世紀偵探疑案名著，其主角亦引維德根斯坦此喻（Er muoz gelîchesame die Leiter abewerfen, sô Er an ir ufgetigen ist），且曰："此乃德國一神秘宗師（un mistico）之語，出處則余忘之矣（non ricordo dove）"（U. Eco, *Il nome della rosa*, Settimo giorno: notte, Bompiani, 1986, p. 495; cf. Postille, p. 532: ... mascheravo citazioni di autori posteriori [come Wittgenstein] facendole passare per citazioni dell'epoca）。正與《鏡花緣》中所謂"未卜先知"諸例，機杼相同（參觀 2037 頁）。

【增訂五】《大智度論》卷三五《釋習相應品》第三："譬喻為莊嚴論議，令人信著。故以五情所見，以喻意識，令其得悟。譬如登樓，得梯則易上耳"；又卷八七《釋三次第學品》第七五下："次第行法，故能得成就。譬如緣梯，從一初杙，漸上上處；雖高雖難，亦能得至。"

"諸將皆從壁上觀，楚戰士無不一以當十，楚兵呼聲動天，諸侯軍無不人人惴恐。於是已破秦軍。項羽召見諸侯將，入轅門，無不膝行而前"；《考證》："陳仁錫曰：'疊用三無不字，有精神'；《漢書》去其二，遂乏氣魄。"按陳氏評是，數語有如火如荼之觀。貫華堂本《水滸》第四四回裴闍黎見石秀出來，"連忙放茶"，"連忙問道"，"連忙道：'不敢！不敢！'"，"連忙出門去了"，"連忙走"；殆得法於此而踵事增華者歟。馬遷行文，深得累疊之妙，如本篇末寫項羽"自度不能脫"，一則曰："此天之亡我，非戰之罪也"，再則曰："令諸君知天亡我，非戰之罪也"，三則曰："天之亡我，我何渡爲！"心已死而意猶未平，認輸而不服氣，故言之不足，再三言之也。又如《袁盎、鼂錯列傳》記錯父曰："劉氏安矣！而鼂氏危矣！吾去公歸矣！"疊三"矣"字，紙上如聞太息，斷爲三句，削去銜接之詞（asyndeton），頓挫而兼急迅錯落之致。《漢書》却作："劉氏安矣而鼂氏危，吾去公歸矣！"索然有底情味？王若虛《滹南遺老集》卷一五苛詆《史記》文法最疏、虛字不妥，舉"諸侯軍無不人人惴恐"爲"字語冗複"之一例。王氏譚藝，識力甚銳而見界不廣，當時友生已病其"好平淡"而不"尚奇峭"，以"經義科舉法繩文"（劉祁《歸潛志》卷八）。玩其月旦，偏主疏順清暢，飾微治細，至若瑰瑋奇肆之格、幽深奧遠之境，皆所未識；又祇責字句之直白達意，於聲調章法，度外恝置。是故彈射雖中，尠傷要害，匹似逼察江河之挾泥沙以俱下，未嘗渾觀其一派之落九天而瀉千里也。即以《史記》此句論之。局於本句，誠如王氏所譏。倘病其冗複而削去"無不"，則三疊減一，聲勢隨殺；苟刪"人人"而存"無不"，以保三疊，則它兩句皆六字，此句僅餘四字，失其平衡，如鼎折足而將覆餗，別須拆補之詞，仍著塗附之跡。寧留小眚，以全大體。經籍不避"重言"，《尚書》之"不遑暇食"，《左傳》

之"尚猶有臭"，孔穎達《正義》已道之。《漢書·項籍傳》作"諸侯軍人人惴恐"、"膝行而前"；蓋知刪一"無不"，即壞却累疊之勢，何若逕刪兩"無不"，勿復示此形之爲愈矣。《後漢書·班彪傳》載其論《史記》曰："刊落不盡，尚有盈辭"，修詞不净處，不知屬"盈辭"抑否耶？《史記》確多"字語冗複"而難爲辨解者，如《平準書》："天下大抵毋慮皆鑄金錢矣"；《季布、欒布列傳》："身屢典軍搴旗者數矣"；《袁盎、鼂錯列傳》："嘗有從史嘗盜盎侍兒"；《魏其武安侯傳》："唯灌將軍獨不失故"，此類皆可仿劉知幾之"以筆點其煩"上也。《漢書》唯"從史盜盎侍兒"一語，潔適勝《史記》；至"有如萬分一假令愚民取長陵一抔土"，"唯灌夫獨否"，雖省字而冗複之病依然。《史記·張丞相列傳》："老，口中無齒"，《漢書》作"口中無齒"，省去"老"字，無救語疵。《史通·點煩》篇舉史傳文之須"除字"者十四例，《史記》居其九，《雜説》篇上又舉兩例，余皆略之；又《敍事》篇："《漢書·張蒼傳》曰：'年老，口中無齒'，去'年'及'口中'可矣"；當是記憶微誤。《潯南遺老集》卷一五已舉者，余亦不再。《容齋隨筆》卷一謂《史記·衛青傳》"校尉李朔一節五十八字，《漢書》省去二十三字，然不若《史記》爲樸贍可喜"；虞兆隆《天香樓偶得》則駁《隨筆》謂"非定論"，又謂《漢書》僅省去二十一字。周君振甫曰："洪、虞兩家計字衡文，均擿華而未尋根也。馬之勝班，非以其行文之'樸贍'，乃以其記事之翔實。馬歷舉'以千五百户封……''以千三百户封……'等，班則悉删封侯户數，而於'賜爵關内侯，食邑各三百户'，獨仍馬之舊，削多存少，羌無義例。馬記諸將皆全具姓名，班則有所謂'騎將軍賀'者、'中郎將綰'者，不知誰氏子矣。"殊足平停洪、虞之争。《史記》:"校尉李朔、校尉趙不虞、校尉公孫戎奴,各三從大將軍獲王,以千三百户封朔爲涉軹侯,以千三百户封不虞爲隨成侯,以千三百户封戎奴爲從平侯";《漢書》作"校尉李朔、趙不虞、公孫戎奴,……封朔爲涉軹侯、不虞爲隨成侯、戎奴爲從平侯"。《漢書》删去兩"校尉",明净勝於《史記》原文,未可盡非;《史記》下文亦云:"將軍李沮、李息",而不云:"將軍李沮、將軍李息"也。《漢書》删去三"以千三百户封",洵爲敗闕,當於"爲從平侯"下,增"食邑各千三百户",則點煩而不害事,猶《史記》下文言李沮、李息、豆如意云:"賜爵關内侯,食邑各三百户"也。

"范增起,出,召項莊謂曰:'君王爲人不忍'。"按《高祖本紀》王陵曰:"陛下慢而侮人,項羽仁而愛人……妒賢疾能,有功者害之,賢者疑之";《陳丞相世家》陳平曰:"項王爲人恭敬愛人,士之廉節好禮者多歸之;至於行功爵邑重之,士亦以此不附";《淮陰侯列傳》韓信曰:"請言項王之爲人也。項王喑噁叱咤,千人皆廢;然不能任屬賢將,此特匹夫之勇耳。項王見人恭敬慈愛,言語嘔嘔,人有疾病,涕泣分食飲;至使人有功,當封爵者,印刓敝,忍不能予,此所謂婦人之仁也。"《項羽本紀》歷記羽拔襄城皆阬之;阬秦卒二十餘萬人,引兵西屠咸陽;《高祖本紀》:"懷王諸老將皆曰:'項羽爲人僄悍猾賊,諸所過無不殘滅。'"《高祖本紀》於劉邦隆準龍顔等形貌外,并言其心性:"仁而愛人,喜施,意豁如也,常有大度"。《項羽本紀》僅曰:"長八尺餘,力能扛鼎,才氣過人",至其性情氣質,都未直敍,當從范增等語中得之。"言語嘔嘔"與"喑噁叱咤","恭敬慈愛"與"僄悍猾賊","愛人禮士"與"妒賢嫉能","婦人之仁"與

"屠阬殘滅"、"分食推飲"與"刓印不予",皆若相反相違;而既具在羽一人之身,有似兩手分書、一喉異曲,則又莫不同條共貫,科以心學性理,犂然有當。《史記》寫人物性格,無複綜如此者。談士每以"虞兮"之歌,謂羽風雲之氣而兼兒女之情,尚粗淺乎言之也。

"張良入謝曰:'沛公不勝桮杓,不能辭'";《考證》:"董份曰:必有禁衛之士,訶訊出入,沛公恐不能輒自逃酒。且疾出二十里,亦已移時,沛公、良、噲三人俱出良久,何爲竟不一問?……矧范增欲擊沛公,惟恐失之,豈容在外良久,而不亟召之耶?此皆可疑者,史固難盡信哉!"按董氏獻疑送難,入情合理。《本紀》言:"沛公已出,項王使都尉陳平召沛公",則項羽固未嘗"竟不一問"。然平如"趙老送燈臺,一去更不來",一似未復命者,亦漏筆也。

【增訂一】"趙老"二句似始見歐陽修《歸田錄》卷二,後世常用之。《孤本元明雜劇》闕名《破風詩》第四折則作:"恰便似趙藁送曾哀,因此上一去不回來。"均不知所言何事。

《三國志·蜀書·先主傳》裴註引《世語》曰:"曾請備宴會,蒯越、蔡瑁欲因會取備,備覺之,僞如廁,潛遁出";孫盛斥爲"世俗妄說,非事實。"疑即仿《史記》此節而附會者。"沛公起如廁",劉備遂師乃祖故智;顧蒯、蔡欲師范增故智,豈不鑑前事之失,而仍疏於防範、懈於追踪耶?錢謙益《牧齋初學集》卷八三《書〈史記·項羽、高祖本紀〉後》兩首推馬之史筆勝班遠甚;如寫鴻門之事,馬備載沛公、張良、項羽、樊噲等對答之"家人絮語"、"娓娓情語"、"謔詈相屬語"、"惶駭偶語"之類,班胥略去,遂爾"不逮"。其論文筆之繪聲傳神,是也;苟衡量史筆之足徵可信，則尚未探本。此類語皆如見象骨而想生象，古史記言，太半出於想當然（參觀《左傳》卷論杜預《序》）①。馬善設身處地、代作喉舌而已，即劉知幾恐亦不敢遽謂當時有左、右史珥筆備錄，供馬依據。然則班書删削，或識記言之爲增飾，不妨略馬所詳；謂之謹嚴，亦無傷耳。馬能曲傳口角，而記事破綻，爲董氏所糾，正如小說戲曲有對話栩栩欲活而情節布局未始盛水不漏。李漁《笠翁偶集》卷一《密針線》條嘗評元人院本作曲甚工而關目殊疏，即其類也。

【增訂四】《康熙起居註》五十六年八月初五日："朕又覽《史記》、《漢書》，亦僅文詞之工，記事亦有不實處。即如載項羽坑秦卒二十萬；二十萬卒，豈有束手待坑之理乎？"胡天游《石笥山房詩集·續補遺》卷上《長平殺谷》："當時為衆四十萬，縱敗不容甘自戮。死地置身争寶首，顧使約驅如叱犢。乃知生氣先略盡，豈但輿屍羞笠轂"，即為馬遷記坑卒事彌縫也。孫寶瑄《忘山廬日記》光緒三十二年二月三日論《史記》鴻門宴節，亦同董份之見，以為"甚不合情理"。

"范增曰：'唉！豎子不足與謀！奪項王天下者，必沛公也。吾屬今爲之虜矣！'"按上文增召項莊曰："因擊沛公於坐殺之。不者，若屬且爲所虜。"始曰"若屬"，繼曰"吾屬"，層次映帶，神情語氣之分寸緩急，盡現字裏行間。不曰"將"，而曰"今"，極言其迫在目前。下文周苛罵曰："若不趣降漢，漢今虜若，若非漢敵也"；《淮南、衡山列傳》："上曰：'吾特苦之耳，今復

---

① Cf. V. Pareto, *A Treatise on General Sociology*, §1562, tr. A. Bongiorno and A. Livingstone, Dover Publications, II, 1013 (orations in ancient historians).

之'"(《漢書》作"令復之";師古註:"令其自悔,即追還也");《汲鄭列傳》:"上曰:'君薄淮陽耶?吾今召君矣'"(《漢書》同,師古註:"言後即召也");《戰國策·趙策》三:或謂建信君曰:"君因言王而重責之,薺之軸今折矣",時建信君尚未"入言於王"也;《三國志·魏書·劉曄傳》裴註引《傅子》自記劉陶力稱曹爽,已"以其言大感,不復詳難也,謂之曰:'天下之質,變無常也,今見卿窮!'",謂將立見其言之失也。"今"者,未來之最逼近而幾如現在;西語亦然,亞理斯多德《物理學》已早言之("Presently" or "just" refers to the part of future time which is near the invisible present "now")①。

"項王謂漢王曰:'天下匈匈數歲者,徒以吾兩人耳。願與漢王挑戰決雌雄,毋徒苦天下之民父子為也。'漢王笑謝曰:'吾寧鬭智,不能鬭力'";《集解》:"李奇曰:'挑身獨戰,不復須衆也'";《考證》:"李說是。"按杜甫《寄張山人彪》云:"蕭索論兵地,蒼茫鬭將辰";"挑身獨戰"即"鬭將",章回小說中之兩馬相交、廝殺若干"回合"是也。趙翼《陔餘叢考》卷四〇嘗補《池北偶談》引《劇談錄》,援徵史傳中鬭將事。余觀《穀梁傳》僖公元年,"公子友謂莒挐曰:'吾二人不相說,士卒何罪!'屏去左右而相搏。"竊謂記鬭將事莫先於此,其言正與項羽同;後世如《隋書·史萬歲傳》竇榮定謂突厥曰:"士卒何罪過,令殺之?但當遣一壯士決勝負耳",莫非此意。西方中世紀,兩國攻伐,亦每由君若帥"挑戰""鬭將"(single combat),以判勝負,常曰"寧亡一人,毋覆全師","免兆民流血喪生"(Better for

---

① *Physics*, IV. xiii, *op. cit.*, 297.

one to fall than the whole army; pour éviter effusion de sang chrestien et la destruction du peuple)①,即所謂"士卒何罪"、"毋徒苦天下之民父子爲也"。士卒則私言曰:"吾曹蚩蚩,捨生冒鋒鏑,真何苦來?在上者欲一尊獨霸,則亦當匹馬單槍自決輸贏"(Pugnent singulariter qui regnare student singulariter)②。第一次世界大戰時,英國民間語曰:"捉德國之君王將帥及英國之宰執,各置一戰壕中,使雙方對擲炸彈,則三分鐘內兩國必議和"③,其遺意也。

【增訂三】今世英美軍士亦常曰:"當置交戰兩國之元首於疆場上,由其自決雌雄"(Put them [the Heads of States] in a field and let them fight it out! —Partridge, *op. cit.*, 178)。

"項王乃悲歌慷慨。……美人和之"。按周亮工《尺牘新鈔》三集卷二釋道盛《與某》:"余獨謂垓下是何等時,虞姬死而子弟散,匹馬逃亡,身迷大澤,亦何暇更作歌詩!即有作,亦誰聞之而誰記之歟?吾謂此數語者,無論事之有無,應是太史公'筆補造化',代爲傳神。"語雖過當,而引李賀"筆補造化"句,則頗窺"偉其事"、"詳其跡"(《文心雕龍・史傳》)之理,故取之。

"項王謝烏江亭長"云云。按參觀《左傳》卷僖公二十八年。

"吾聞之周生曰:'舜目蓋重瞳子',又聞羽又重瞳子。羽豈其苗裔耶?何興之暴耶!"按舜之重瞳,何待"聞之周生"?故周生語少不能減於兩句也。《湋南遺老集》卷一二指斥《史記》議

---

① Huizinga, *Homo Ludens*, tr. F.C. Hull, 92.
② *Chronicles of Henry of Huntington*, "Rolls Series", 81.
③ Robert Graves and Alan Hodge, *The Long Week-End*, 15.

論之謬，有曰："陋哉此論！人之容貌，偶有相似。商均、舜之親子，不聞其亦重瞳，而千餘年之遠，乃必重瞳耶？舜玄德升聞，豈專以異相之故而暴興？後世狀人君之相者，類以舜重瞳爲美談，皆遷啓之也。後梁朱友敬自恃重瞳當爲天子，作亂伏誅，亦本此之誤也。悲夫！"王若虛論文每苦拘墟，而説理多明允可取，此其一例。瀧川《引用書目》列王氏集，如《田敬仲完世家》、《商君列傳》等篇《考證》偶一徵引，採擷無幾，當是衛護馬遷，惡王氏之上門罵人而又取鬧有理爾。西方古説則謂重瞳者目有兇光，注視能使人物死亡①，畧同《抱朴子·金丹》所謂"染彩者惡惡目者見之，皆失美色"，而更危言駭聽也。

"身死東城，尚不覺悟，而不自責，過矣！乃引'天亡我非用兵之罪也'，豈不謬哉？"按瀧川以"'而不自責過矣'六字連作一句"，大誤，助詞不中律令矣。《法言·重黎》篇："天不人不因，人不天不成。或問：楚敗垓下，方死曰：'天也！'諒乎？曰：……楚憝羣策而自屈其力；屈人者克，自屈者負，天曷故焉？"即闡發《史記》此節。《論衡·命義》篇："項羽且死，顧謂其徒曰：'吾敗乃命，非用兵之過。'此言實也。實者，項羽用兵過於高祖，高祖之起，有天命焉。"偏宕之論也。

---

① Pliny, *Natural History*, VII. 16-18（pupillas binas in singulis oculis）, "Loeb", II, 516-8.

六　高祖本紀

"母曰劉媼";《索隱》:"今近有人云,母溫氏。貞時打得班固泗水亭長古石碑文,其字分明作'溫'字,云:'母溫氏'。貞與賈膺復、徐彥伯、魏奉古等執對反復,沉歎古人未聞。"按閻若璩《潛邱劄記》卷二論六朝人始以金石遺文於經史正訛補闕,舉《史記·儒林傳》張晏註引伏生碑以證其名"勝"等爲例;《顏氏家訓·書證》亦自記與李德林同以秦權銘證《史記·始皇本紀》之"隗林"當作"隗狀"。司馬貞正用此法。《後漢書·鄧、寇列傳》"遭元二之災",章懷註引岐州石鼓文以證即"元元",雖未確當(參觀趙明誠《金石錄》卷一《跋楊厥開石門頌》、洪邁《容齋隨筆》卷五、王楙《野客叢書》卷二五),可以連類。入宋而金石之學大盛,王國維《靜菴文集》續編《宋代之金石學》至謂爲"宋人所創學術";以石墨補訂史傳,遂成風會。即"不讀書"如歐陽修,撰《集古錄跋尾》亦據碑誌以是正史傳之"闕謬",所謂"黑鬼媚着,不爲無益"(《文忠全集》卷一四八《與劉侍讀》之二),"黑鬼"者,墨拓之諢語耳。

【增訂一】按呂祖謙《皇朝文鑑》卷八七有王回《〈故跡遺文〉序》,亦宋人金石學之一例,而其書似失傳,遂勘道者。

又按《太平廣記》卷三一〇《三史王生》引《纂異記》,漢高祖之靈怒斥王生,有曰:"朕廟外《泗水亭長碑》昭然具載矣,曷以外族溫氏而妄稱'烏老'乎?讀錯本書,且不見義!"即隱指司馬貞此註;"烏老"者,"媼"之切音也。

【增訂三】《容齋三筆》卷九謂司馬貞所見班固《泗水亭長碑》當是"好事者"偽撰,使"固果有此明證,何不載之於漢紀?"亦引《纂異記》王生事,且曰:"嘗在嶺外見康州龍媼廟碑,亦云'姓溫氏',則指'媼'為'溫'者不一也。"

"其先劉媼嘗息大澤之陂,夢與神遇。……太公往視,則見蛟龍於其上。"按宋人《昭靈夫人祠》詩云:"殺翁分我一杯羹,龍種由來事杳冥。安用生兒作劉季,暮年無骨葬昭靈!"(呂居仁《紫微詩話》引晁伯宇載之詩,《事文類聚》後集卷四引作可正平《漢高帝》,字句小異,此從《能改齋漫錄》卷六訂釋)。意謂漢高既號"龍種",即非太公之子,宜於阿翁無骨肉情,運古頗能翻新。漢高即位後,招魂葬劉媼,追尊曰"昭靈夫人",詳見《後漢書·章帝紀》章和元年"遣使者祀昭靈后"句章懷註。

"遂圍成皋,漢王跳。"按《漢書·高帝紀》上此句如淳註:"'跳'言逃,謂走也",晉灼註:"'跳',獨出意也";似皆未盡。《漢書·陳勝、項籍傳》師古註:"輕身而急走也",較為得之。觀《史記·荊燕世家》及《漢書·荊、燕、吳傳》記劉澤"還兵備西,遂跳驅至長安",則凡輕裝減從而疾走皆可曰"跳",隻身脫逃特"跳"之一端。《北齊書·神武紀》上爾朱兆大敗,"將輕走",即"跳"也。

"後高祖朝,太公擁篲迎門卻行";《考證》引《孟荀列傳》:"昭王擁篲先驅。"按當兼引《刺客列傳》:"田光造焉,……太子逢迎，卻行爲導"。"卻行"者，雖引進而不敢爲先，故倒退以行，仍面對貴者而不背向之，所以示迎逢之至敬也。《楚辭・招魂》："魂兮歸來，入修門些；工祝招君，背行先些"；昭王太公之"迎卻行"，即"背行先"矣。

【增訂三】朱國楨《湧幢小品》卷五《送親王》記明英宗送襄憲王返國，至蘆溝橋，"車駕後王"，王辭謂不可"以臣先君"。帝曰："今日非以君送臣，乃以姪送叔。"王"不獲已，令昪人倒其肩輿，示不敢背焉。"即昪人雖前行而王如"卻行"，以面對英宗，"不敢背"對也。

西方舊以卻行爲辭君退朝之儀容，仕宦者必嫻習之。一劇寫財虜入庫視藏金，將出，曰："奉稟君臨萬國之至尊，吾不敢無禮轉身、背向天顏，謹面對而磬折退走"（King of kings, / I'll not be rude to thee, and turn my back/In going from thee, but go backward out, / With my face toward thee, with humble courtesies）；一小説謂萬不可以臀尻汙皇帝尊目，故辭朝必卻行（On ne retourne jamais le cul à ce grand Empereur, et on s'en va à reculons de devant luy）①；語雖嘲戲，正道出儀節底藴。哲學家休謨肥戇，不善行此禮，幾致蹉跌焉②。

"行道病，病甚，呂后迎良醫。醫入見，高祖問醫，醫曰：

---

① Ben Jonson, *The Case is Altered*, I. ii (Jaques); Cf. Sorel, *Histoire comique de Francion*, Liv. IV, "Société des Textes Français Modernes", II, 21.

② *The Letters of David Hume*, ed. J. Y. T. Greig, I, 127. Cf. Fanny Burney, *Diary*, "Everyman's", 138, 141-2; Trollope, *An Autobiography*, ch. 3, "The Oxford Trollope", 49-50; Charles C. F. Greville, *Memoirs*, Oct. 16, 1843, ed. H. Reeve, V, 208.

'病可治。'"按《漢書·高祖紀》下作："上問醫曰疾可治不？醫曰可治"，宋祁謂舊本無"不醫曰可治"五字。竊意若句讀爲："上問醫曰：'病可治不？'醫曰：'可治'"，則五字誠爲駢枝，可以點煩；然倘句讀爲："上問，醫曰：'疾可治！'——不醫曰'可治'"，則五字乃班固穿插申意，明醫之畏詔至尊，不敢質言，又於世態洞悉曲傳矣。

【增訂一】程頤母侯氏，從夫珦官廣西，北歸道卒。《上谷郡君家傳》曰："偶迎涼露寢，中瘴癘。及北歸，道中病革。召醫視脈，曰：'可治。'謂二子曰：'給爾也。'"足爲"不醫曰'可治'"之詮例。

【增訂三】《史記·扁鵲、倉公列傳》："即告其人曰：'死！不治！'……此不當醫治"（舊讀於"醫"字絕句，以"治"字下屬"法曰"，茲從瀧川説）。枚乘《七發》："雖令扁鵲治內，巫咸治外，尚何及哉！"《文選》李善註此句，引《韓非子·喻老》而易其語曰："司命不能醫也。"《道德指歸論·其安易持篇》："未疾之人，易爲醫也；未危之國，易爲謀也。""不醫曰'可治'"之"不醫"即"不當醫治"、"不能醫"之省文，亦猶"易爲醫"可省言爲"易醫"，所以避"'不治'曰'可治'"之複疊也。

【增訂四】元稹《酬翰林白學士代書一百韻》："連陰蛙張王，瘴癘雪治醫"；猶言"醫治"也。

《周書·藝術傳》高祖寢疾，柳昇私問姚僧垣曰："至尊貶膳日久，脈候何如？"對曰："天子上應天心，或當非愚所及；若凡庶如此，萬無一全！"《北齊書·方伎傳》武成以己生年月託爲異人而問魏寧，寧曰："極富貴，今年入墓！"武成驚曰："是我！"寧變詞曰："若帝王自有法。"蓋醫、卜、星、相之徒於大富貴人休咎死生，恐觸諱攖怒，爲自全計而不肯直言。《左傳》成公十年、昭公元年秦先後使醫緩、醫和診視晉侯，皆面告曰："疾不可爲也！"豈二醫之質率，抑古道之敦樸歟？又豈本國之君威不足以慴鄰國之賓萌，而奉使以來之行人更可無避忌歟？《紅樓夢》一○回賈蓉妻秦氏病，請張先生治之，因問："還治得治不得？與性命終久有妨無妨？"張對："總是過了春分，就可望全愈了"。亦"不醫"之症而婉言曰"可治"也。

七　呂太后本紀

　　"太后遂斷戚夫人手足，去眼煇耳，飲瘖藥，使居廁中，命曰'人彘'"；《考證》引《漢書·外戚傳》"居鞠域中"，師古註："謂窟室也。"按此班書失檢，"人彘"之名，遂不可解矣。《論衡·雷虛》亦云："呂后斷戚夫人手，去其眼，置於廁中，以爲人豕，呼人示之。"夫廁溷固豚笠豕圈也。《酷吏列傳》："賈姬如廁，野彘卒入廁"；《國語·晉語》胥臣對文公曰："少溲於豕牢"，韋昭註："豕牢，廁也；溲，便也"；《漢書·武五子傳》："廁中豕羣出"，師古註："廁，養豕圂也"；《全晉文》卷一五二苻朗《苻子》記朔人獻燕昭王大豕者，曰："非大圊不居，非人便不珍。"後世尚然，竹添光鴻《棧雲峽雨日記》五月三十一日云："又無圊圉，人皆矢於豚栅，豚常以矢爲食。"《太平廣記》卷三三三《刁緬》則引《紀聞》云："廁神形如大豬"，豈本地風光歟？戚夫人居廁中，故命曰"彘"曰"豕"耳。豕既食穢而字音又同"矢"，古人因以爲謔，如《太平廣記》卷二五四引《朝野僉載》張元一嘲武懿宗詩云："忽然逢着賊，騎豬向南竄"，自解之曰："騎豬者，夾豕走也"，即謂驚怖而矢溺俱下也。

八　禮　書

"自子夏，門人之高弟也。猶云：'出見紛華盛麗而說，入聞夫子之道而樂，二者心戰，未能自決'"；《考證》："子夏之言，未詳其所出。"按《韓非子·喻老》篇作子夏答曾子語，《韓詩外傳》卷二作閔子騫答子貢語，文皆小異。

九　律　書

"自是之後，名士迭興，晉用咎犯，而齊用王子，吳用孫武"。按"名士"非僅知名之謂。《禮記·月令·仲春之月》："勉諸侯，聘名士，禮賢者"；《註》："名士，不仕者"；《正義》："蔡氏云：'名士者，謂其德行貞絕，道術通明，王者不得臣而隱居不在位者也。賢者，名士之次，亦隱者也。名士優，故加束帛，賢者禮之而已'。""名士"居"賢者"之上，其德尊望重可見，不徒有令聞高名而已。《呂氏春秋·尊師》篇歷舉子張等六人，胥"刑戮死辱之人也"，以"善學"故，"由此爲天下名士顯人以終其壽，王公大人從而禮之"，則泛言聲名顯著而未掛仕籍之人，不必高於"賢者"一等；《審己》篇之"先王、名士、達師"亦然。處士亦有純盜虛聲者，故《鄧析子·無厚》篇論君有"三累"："以名取士，二累也"，即謂"聘名士"之須慎重，恐實之不傅盛名也。《史記》中舍《律書》外，如《李斯列傳》："諸侯名士可以下財者，厚遺賂之"；《張耳、陳餘列傳》："已聞兩人魏之名士也"；《魏其、武安侯列傳》："進名士家居者貴之"；《韓長孺列傳》："於梁舉壺遂、臧固、郅他，皆天下名士"；《酷吏列傳》："張湯收接天下名士、大夫。"僉謂有才名而尚無禄位者；曰"名士、大夫"，謂朝、野並接也。

他若《漢書·王莽傳》上："收贍名士"，《後漢書·方術列傳·論》："漢世之所謂名士者，其風流可知矣！"，亦沿此義。《禮記》之"名士"謂有名而不仕者，《史》、《漢》之"名士"則謂有名而猶未仕者；至魏晉則凡得名早於得官者，雖已仕宦貴達，亦仍稱"名士"，且浸假推及于諸餘著名之聞人，原意遂掩。《裴子語林》（《玉函山房輯佚書》本）卷上司馬懿美諸葛亮曰："可謂名士矣！"夫亮得君柄國，非隱淪幽仄，顧得此品藻，當是歎名下無虛，或贊其雖居廊廟而有山林襟度耳。觀《三國志》裴松之註所引《漢末名士錄》，方牧如劉表與焉；《世說·文學》袁宏作《名士傳》，據劉峻註，山濤、王衍輩與焉；張輔撰《名士優劣論》（《全晉文》卷一〇五），校量管鮑、馬班、樂毅與諸葛亮、劉備與曹操，貴爲一國之君，亦被"名士"之目焉。《禮記》註所謂"隱居不在位"者，已如前塵舊蛻矣。《晉書·衛瓘傳》杜預聞瓘殺鄧艾，曰："伯玉其不免乎！身爲名士，位居總帥"；以"身"與"位"對舉，即得名先於得官、或得名非由於得官。瓘之孫玠，《晉書》本傳記王導曰："衛洗馬……風流名士"，又史官曰："中興名士，唯王承及玠爲第一云"，而《王承傳》則稱承"渡江名臣……爲中興第一"；蓋"名士"作官，即亦"名臣"，而作官得爲"名臣"，未必原是"名士"。聲名之起，乃緣才能，然才名不稱又復常事。《世說·賞譽》上王濟歎曰："家有名士三十年而不知！"，當成名士而未也；《任誕》王孝伯曰："名士不必須奇才"，欲成名士亦易也。降至後世，"名士"幾同輕薄爲文、標榜盜名之狂士、游士（參觀《明文授讀》卷一〇徐應雷《名士論》、《尺牘新鈔》卷八陳龍正《與友》），即莊子、淮南子所譏"賣名聲"、"買名譽"，王羲之所訶"噉名客"，李謐所斥"賣聲兒"（《天地》、《俶真訓》、《世說·排

— 464 —

調》、《魏書・逸士傳》)。董説《西遊補》第六回刻劃西楚霸王醜態，樹幟署銜曰："先漢名士項羽"。律以張輔之《論》，項羽未嘗不可稱"名士"，然插標自貨，揚己炫人，董氏所諷，意在於斯。《板橋雜記》中"名士是何物？值幾文錢？"暴謔有由來也。

"故教笞不可廢於家，刑罰不可捐於國，誅伐不可偃於天下"；《考證》謂語本《呂氏春秋・蕩兵》篇。按兵與刑乃一事之内外異用，其爲暴力則同。故《商君書・修權》篇曰："刑者武也"，又《畫策》篇曰："内行刀鋸，外用甲兵。"

【增訂三】《周禮・司寇》："三曰：刑亂國，用重典"，鄭玄註："'亂國'，篡弑叛逆之國；'用重典'者，以其化惡，伐滅之。"孫詒讓《周禮正義》卷六六疏鄭註曰："謂兵刑同原，'重典'即征伐之事"；復引吳廷華説謂鄭註"與經義不符"。蓋經言"内行之刀鋸"，而註誤為"外用之甲兵"也。然正緣習聞熟知"兵刑同原"，遂不察而混同作註耳。

《荀子・正論》篇以"武王伐有商誅紂"爲"刑罰"之例。"刑罰"之施於天下者，即"誅伐"也；"誅伐"之施於家、國者，即"刑罰"也。《國語・魯語》臧文仲曰："大刑用甲兵，其次用斧鉞；中刑用刀鋸，其次用鑽笮；薄刑用鞭扑。故大者陳之原野，小者致之市朝"；《晉語》六范文子曰："君人者，刑其民成，而後振武於外。今吾司寇之刀鋸日弊而斧鉞不行，内猶有不刑，而況外乎？夫戰，刑也；細無怨而大不過，而後可以武刑外之不服者。"《尉繚子・天官》篇曰："刑以伐之。"兵之與刑，二而一也。杜佑《通典》以兵制附刑後，蓋本此意。杜牧《樊川文集》卷一〇《孫子註序》亦云："兵者，刑也。刑者，政事也。爲夫子之徒，實仲由、冉有之事也。不知自何代何人，分爲二途，曰：文、武。"

一〇　封　禪　書

　　《考證》引洪邁曰："東坡作《趙德麟字說》云：'漢武帝獲白麟，司馬遷、班固書曰：獲一角獸，蓋麟云；蓋之爲言，疑之也。'予觀《史》、《漢》所記事，或曰'若'，或曰'云'，或曰'焉'，或曰'蓋'，其語舒緩含深意。姑以《封禪書》、《郊祀志》考之，漫記於此。"按馬遷此篇用"云"字最多，如"其詳不可得而紀聞云"，"其牲用駵駒、黄牛、羝羊各一云"，"夜致王夫人及竈鬼之貌云"，"或曰郊上帝諸神祠所聚云"，"則若雄雞其聲殷殷云"，"風輒引去，終莫能至云"，"聞其言不見其人云"，"聞若有言'萬歲'云"，"三元以郊得一角獸曰'狩'云"，"東入海求其師云"，"因以祭云"，"乃遣望氣佐候其氣云"，"食羣神從者及北斗云"，"見大人跡云"。複出疊見，語氣皆含姑妄言而姑妄聽之意，使通篇有惚恍迷茫之致。然蘇軾語誠是矣，盡惬則猶未也。《封禪書》原文曰："郊雍，獲一角獸，若麟然；有司曰：'……上帝報享，錫一角獸，蓋麟'云。"一"若然"，一"蓋云"，字不苟下。《孔子世家》："俱適周問禮，蓋見老子云"；《伯夷列傳》："余登箕山，其上蓋有許由冢云"。合觀則辭旨益明。一角之獸，曾獲其物，而爲麟與否，有司迎合，不可必也；

孔子適周，嘗有其事，而果問禮老子與否，傳說渺悠，不得稽也；箕山有冢，馬遷目擊，而真埋許由之骨與否，俗語相沿，不能實也。"云"之爲言，信其事之有而疑其說之非爾。常談所謂"語出有因，查無實據"也。明之"七子"規橅《史記》，酷好學此。如李夢陽《空同子詩集自序》："李子曰：'曹縣蓋有王叔武云。其言曰'"；宗臣《宗子相集》卷五《贈許簿之海寧敍》："予少侍家君，家君每言鄉長者，必曰許先生云"；又《贈趙公敍》："余束髮出游外傅，蓋與子隆子同舍云"；又《游燕子磯記》："余讀金陵諸記，其東北蓋有燕子磯云"；又卷六《游滴水巖記》："余讀汀記，歸化東北五里蓋有滴水巖云"；李攀龍《滄溟先生集》弁以張佳胤序："蓋余嘉靖間爲滑令云，而濟南李先生守順德"；王世貞《弇州山人四部稿》卷一二四《與汪正叔》："僕嘗謂謝茂秦可作諸佛菩薩云"；王世懋《王奉常集》文部卷六《張侍御詩集序》："某爲兒時，則聞家大人言督學御史張公云。"傳誌之作，厥例更繁，如填匡格，徒成濫調。耳所親聞，口所自道，身所親經，而胥作存疑腔吻，以爲風神搖曳，令人笑來。《滄溟集》卷一六《送王元美序》推服李夢陽"視古修詞，寧失之理"，即不惜以詞害意之謂，此類是矣。艾南英《天傭子全集》卷五《再與周介生論文書》指斥"七子"剿襲之弊，有曰："如太史公曰：'予登箕山，其上蓋有許由冢云'；蓋相去千年，疑其人之有無也。每見空同、鳳洲爲人作誌銘，輒曰：'蓋聞嘉靖間有某老先生云'，此豈千年後疑詞耶？"足資印證。

"而宋毋忌、正伯僑、充尚、羨門高最後皆燕人，爲方仙道，形解銷化，依於鬼神之事。"按文廷式《純常子枝語》卷一八論此節云："李少君之前言神仙者，不特不託之老子，幷未嘗託之黃帝也。"

"使人入海求蓬萊、方丈、瀛洲,此三神山者,其傅在勃海中。"按參觀《毛詩》卷論《蒹葭》。明清詩文集中有說"三神山"者,殊益神智。或謂事雖不實,言却有因;非僅嗤方士之僞及秦始、漢武之愚,抑且道出方士何以能飾真售僞,而使君主起信受愚,頗合古希臘哲人所標"皮相影響,存照毋遺"(Save the appearances or phenomena)之旨①。王世貞《弇州山人四部稿》卷七二《海游記》:"登故枕海。……雲氣驟變,峰嶼盡改,或斷或續,或方或圓,或峻或衍,或英或坏,或陟或密,或墮或陿,或浸漫波浪,或斗插入漢,或爲鷗,或爲蛟虬、爲虎豹者不一。童子趨而前曰:'是其將市乎!'忽大風發,吹雲散,不果市。……於乎!此奇衺之士所得而影響其君爲始若武者哉!彼其驚幻變之熹微,歎光景之怳忽,以爲其下真若有神仙者焉,思竭天下之力以從之而竟不可得";阮元《揅經室四集》卷一《登州雜詩》之五:"桑田言本幻,日主祀無名。人到之罘島,雞鳴不夜城。秦碑湮舊跡,漢使失回程。當日求仙處,皆從蜃市行",自註:"凡《史記》載秦、漢求仙之處,今皆有蜃市,蓋方士所藉以惑人者。"蓋神山固出虛構,而蜃市則曾實見;李肇《國史補》卷下記:"海上居人時見飛樓如締構之狀,甚壯麗。……《天官書》所說'氣'也";蘇軾《登州海市》佳篇亦即自述目擊。

---

① J. Burnet, *Early Greek Philosophy*, 28. Cf. Locke, *Essay*, Bk. II, ch. 8, par. 5, ed. A. S. Pringle-Pattison, 64: "The picture of a shadow is a positive thing"; J. S. Mill, *Dissertations and Discussions*, I, 61: "Appearances too, like other things, must have a cause, and that which can cause anything, even an illusion, must be a reality."

【增訂三】相而曰"幻",驗物稽事,見其不實失真而云然也。然其物雖非實有,而此相則人曾確覩。亞理士多德嘗言:"見有白色者當前,非錯覺;見白色者為某物,則或是誤會"(While the perception that there is white before us cannot be false, the perception that what is white is this or that may be false—*De Anima*, III. 3, *op. cit.*, 589)。馬第伯《封禪儀記》言"遙望"見"白者",非錯覺也,而"以為小白石或冰雪",則是誤會(參觀1577—1579頁);足為亞理士多德補例。達文齊、歌德等謂"感受不誤,誤出於推斷"(La sperienza non falla mai, ma sol fallano i vostri giudizi—Leonardo da Vinci, *Eine Auswahl aus seinem Schriften*, hrsg. V. Macchi, 61 e 62; Die Sinne trügen nicht, das Urteil trügt—Goethe, *Spruchweisheit* in *sämtl. Werk.*, "Tempel-Klassiker", III, 476. Cf. C. K. Ogden, *Bentham's Theory of Fictions*, 66; J. S. Mill, *A System of Logic*, Bk. V, ch. 1, §2, Longmans and Green, 420—1),正其旨也。《大智度論》卷三三《釋初品中四緣義》:"般若波羅蜜於一切法無所捨,無所取。……譬如小兒見水中月,心生愛著,欲取而不能得,心懷憂惱。智者教言:'雖可眼見,不可手捉。'但破可取,不破可見。"分疏了當。王世貞、阮元知三神山之果無,是"破可取"、"無所取",却亦識屋市之或有,是"不破可見"、"無所捨"。"無所捨"即"存照無遺"矣。史家於野老之荒唐言(參觀443頁),醫家於精神病者之錯幻覺,過而存之,若是班乎。又按錢泳《履園叢話》卷三記王曇論秦皇、漢武使人"入海求神仙"曰:"此二君者,皆聰明絕世之人,胡乃為

此捕風捉影、疑鬼疑神之事耶？後遊山東萊州，見海市，始恍然曰：'秦皇、漢武俱為所惑者，乃此耳！'"與王世貞、阮元樹義大同，皆謂見海市非誤，斷言海市為三神山則惑矣。

【增訂四】黃宗羲《明文海》卷一四黃卿《海市賦》鋪陳景色，終之曰："嗤方士之陋以誕兮，誘秦漢之求仙。侈金銀之宮闕兮，或緣此而譌譟"；亦即王世貞、阮元、王曇之意。又"海市"不僅見於登州，吳偉業《海市》所謂："却笑燕齊迂怪士，祇知碣石有丹邱"，"誰知曼衍魚龍戲，翠蓋金支滿具區"（程穆衡《梅村詩箋》卷三）。

方士有所憑依，易於傅會；仿《封禪書》鑄詞道之，當曰："遠望海上蜃氣，若市然，方士曰：'蓋神山'云。"或以釋讖緯之法，痛下針砭，大似方士雖假作真而無為有，而識者顧名思義，即察其真亦假而有還無。章學誠《文史通義》外篇二《書〈貫道堂文集〉後》稱引費錫璜論《封禪書》此節云："方士之謬語。蓬萊者，蓬蒿草萊也；方壺、方丈者，棺之形也；圓嶠者，墓之象也；瀛洲、弱水者，黃泉也，至則溺矣，故曰：'反居水下'；'其物盡白'者，喪之儀也。蓋言世之好神仙者，必至於是而後甘心。其未至是，則可望而不可即也；及至是，則又與世人絕，是生人終不可至也。"章氏美之曰："雖出附會，然可為惑者解。"費氏文集，余未之見，斯言理惑發矇，詼詭滑稽，得淳于髡、東方朔之遺意焉。明人嘗嘲釋氏之六字真言"唵嘛呢叭㘑吽"，謂"乃'俺把你哄'也，人不之悟耳"（《紀錄彙編》卷一二八姚福《青溪暇筆》，佟世思《與梅堂遺集》附《耳書》作"蓋'俺那裏把你哄'也"），亦猶此旨也。

"李少君能使物卻老。……言上曰：'祠竈則致物'。"按上文又有"依物怪,欲以致諸侯",下文又有"欲以下神,神未至而百鬼集矣","黃帝以上,封禪皆致怪物,與神通","震於怪物,欲至不敢。"合之《留侯世家》:"太史公曰:'學者多言無鬼神,然言有物',"則析言之,不僅鬼別於神,亦且"物"別於鬼神。舊註"物"爲"鬼神",尚非確諦。"物"蓋指妖魅精怪,雖能通"神",而與鬼神異類;《論衡・訂鬼》所謂"老物之精",《楞嚴經》卷九所謂"年老成魔"。觀《太平廣記》分門即知;《西遊記》中捉唐僧者莫非"物",《後西遊記》則亦有"鬼"。《漢書・效祀志》上:"黃龍見成紀,……下詔曰:'有異物之神見於成紀'";文義甚晰,"物"、龍也,"物之神"、龍精或龍怪也。《史記・齊悼惠王世家》:"舍人怪之,以爲有物而伺之",亦謂物妖。《陳涉世家》記吳廣"卜有鬼",陳勝、吳廣"喜念鬼";顧狐"嗚呼"作人言,當屬於"物",殆用意如《左傳》昭公八年"石言"於晉之鬼實"憑焉"耶?《莊子・達生》篇桓公"見鬼",問皇子曰:"有鬼乎?"皇子曰:"有!"而所舉罔象、委蛇之屬,皆怪也,又曰:"其爲物也惡。"是則渾言之,"鬼"非特與"神"通用,亦與"物"通用耳。

【增訂三】"物怪"與鬼異類,《周禮・春官》"凡以神仕者"一節部居井然不紊:"以冬日至,致天神、人鬼;以夏日至,致地祇、物魅";孫詒讓《周禮正義》卷五三《疏》引《説文・鬼部》:"魅、老精物也,"又引《廣雅・釋天》:"物神謂之魅",而申説曰:"即物之老而能為精怪者。"觀《漢書・藝文志》所錄《雜占十八家》中書名亦可知。其第六家為《人鬼精物六畜變怪二十一卷》,"精物"、"變怪"即後世所謂妖精、妖怪,不同於死而為厲作祟之"人鬼"者,第八家為《執不祥劾鬼物八卷》,"鬼物"乃"人鬼精物"之略言耳。《說文》有"鬽"字,解曰:"鬼之神者也。"則非天神地祇之"神",乃人死成神,如"閻羅王是鬼做"耳(參觀306頁),即范縝之所"不祀"也(參觀2213頁)。

李少君曰:"益壽而海中蓬萊仙者乃可見,見之以封禪,則不死,黃帝是也";《考證》:"茅坤曰:'至是始以封禪爲不死之術'。"按茅言是也。秦始皇封禪,而不死之方術則別求之海上三山;《淮南、衡山列傳》中伍被述徐福"僞辭",言之尤明,所謂"見海中大神,願求延年益壽藥"也。漢武乃二而一之,故下文公孫卿曰:"封禪七十二王,唯黃帝得上泰山封;申公曰:'漢主亦當上封,上封則能登天矣'",又丁公曰:"封禪者,合不死之名也。"是泰岱之效,不減蓬瀛,東封即可,無須浮海。然以泰山爲治鬼之府,死者魂魄所歸,其說亦昉於漢。《後漢書·烏桓鮮卑傳》:"中國人死者,云魂神歸岱山";陸機《泰山吟》:"幽塗延萬鬼,神房集百靈";《博物志》卷一引《孝經援神契》曰:"泰山,天帝孫也,主召人魂。東方,萬物之始,故知人生命之長短"(《文選》劉楨《贈五官中郎將》第三首:"常恐游岱宗,不復見故人",李善註亦引此)。《日知錄》卷三〇、《陔餘叢考》卷三五、《茶香室叢鈔》卷一六考漢魏時泰山治鬼之說,已得涯略(吳錫麒《有正味齋駢體文》卷一五《游泰山記》全本《日知錄》)。經來白馬,泰山更成地獄之別名,如吳支謙譯《八吉祥神咒經》即云"泰山地獄餓鬼畜生道",隋費長房《歷代三寶記》卷九所謂"泰山"爲"梵言"而強以"泰方岱岳"譯之者。然則泰山之行,非長生登仙,乃趨死路而入鬼籙耳。封神治鬼,說皆不經,彼此是非,無勞究詰,而一事歧意,於漢武帝之貪痴非分，不啻促狹戲弄，又費錫璜論《封禪書》所未道矣。

【增訂三】宋世流俗已傳地府由"十王分治"，歐陽修且嘗夢入冥而見之（參觀《佛祖統紀》卷三三《法門光顯志·十王供》），有"泰山王"，祇是十王之一而非其首。然仍偶沿魏晉舊説，逕以"泰山"為即地獄所在，如蘇轍《欒城集》卷二五《丐者趙生傳》記生謂之曰："吾嘗至泰山下，所見與世説地獄同。君若見此，歸當不願仕矣。"

【增訂四】《佛祖統紀》記歐陽修夢入冥司事，實本葛立方《韻語陽秋》卷十二記其父聞陳與義述歐陽修孫恕所言。

公孫卿曰："黄帝且戰且學仙。……百餘歲然後得與神通"；《考證》："何焯曰：'恐其言不驗被誅，故遠其期於百餘歲。'" 按即同《韓非子·内儲説》下宋人棘端削猴之譎智，此遠其期限，而彼嚴其禁忌耳。夫學仙所以求長壽，今乃謂長壽然後得學仙；漢武若非妄想顛倒，必能遁詞知其所窮。《趙飛燕外傳》夷人曰："學吾術者，要不淫與謾言"，樊嫕嗤之曰："陽華李姑畜鬭鴨池下，苦獺噬鴨，芮姥獻捕獺狸，語姑曰：'是狸不他食，當飯以鴨。'……今夷術真似此也！"公孫卿語洵可以芮姥之狸喻之。

"丁夫人、雒陽虞初等以方祠詛匈奴、大宛焉"。按蘇軾《仇池筆記》卷上論此曰："漢武帝惡巫蠱如仇讎，蓋夫婦、君臣、父子之間，嗷嗷然不聊生矣！然……己且為巫蠱，何以責其下？此最可笑。"甚有識力。馬遷載其事於《封禪書》，亦見祝此之壽考者即可詛彼之死亡，如反覆手之為雲雨。堂皇施之郊祀，則為封禪；密勿行於宮闈，則成巫蠱，要皆出於崇信方術之士。巫蠱之興起與封禪之提倡，同歸而殊途者歟。

一一　宋微子世家

"王偃盛血以韋囊，懸而射之，命曰'射天'。"按《呂氏春秋·過理》記："左右皆賀曰：'今王勝天！'"；《戰國策·宋、衛策》記康王"射天笞地"；李賀《梁臺古意》渲染爲："撞鐘飲酒行射天，金虎蹙裘噴血斑"，詩人用事而增華也。雨果有詩寫寧禄（譯名從《官話聖經》）雄圖大略，征服全球，乃欲佔領天界，因取挪亞方舟遺骸，改製飛車，駕四巨鷹，携一閽自侍，乘而騰舉，歷十二月，俯視茫茫，不見大地，而穹霄帝所仍極望無覩，怒而挽弓仰射，矢没雲中，下土聞遥空有霹靂聲（L'effrayant javelot disparut dans les cieux. /Et la terre entendait un long coup de tonnerre）①，懸囊代天以爲射招，相形遂見寒窘，蓋實事難奇，不似幻思易妙。遥空霹靂，則又彷彿李賀《榮華樂》："天長一矢貫雙虎，雲弛絕騁駬旱雷。"左思《吳都賦》寫傾藪搜巖，禽殫獸盡，繼之曰："思假道於豐隆，披雲霄而高狩；籠烏兔於日月，窮飛走之棲宿"；餘勇可賈，欲上天圍獵，豪情壯語。李

---

① *La Fin de Satan*, Liv. I, St. iv. "Avec le Bois de l'Arche", 5. "La Trappe d'en bas et la Trappe d'en haut".

白《大獵賦》："陽烏沮色於朝日，陰兔喪精於明月；思騰裝上獵於太清，所恨穹昊於路絕而忽也"；則更進一解，謂金烏玉兔惴惴恐獵人上天，爲所弋獲，王琦《太白集註》卷一未識其本左思語而夸飾也。

一二　趙世家

"程嬰曰：'朔之婦有遺腹，若幸而男，吾奉之；即女也，吾徐死耳。'"按下文："祝曰：'趙宗滅乎，若號；即不滅，若無聲。'"兩"即"字皆同今語之"假如"、"若使"。

【增訂一】《後漢書·賈復傳》光武曰："聞其婦有孕，生女耶？我子娶之。生男耶？我女嫁之。"與程嬰語氣全同，"耶"為不斷之疑詞，猶"趙宗滅乎"之"乎"，作用與"即"無異。

王念孫《讀書雜志·史記》六論《匈奴列傳》，引《漢書·西南夷傳》顏師古註："'即'猶'若'也"，甚允；更當引《史記》此節，"若幸而男"與"即女也"，對句互文，意義瞭然，無俟乎註釋矣。唐宋人文中"即"字尚偶用作"若"意，如歐陽修《五代史·閩世家》薛文傑教吳英曰："即上遣人問公疾，當言頭痛而已，無他苦也。"明之"七子"於馬、班學舌踐跡，每不言"若"、"如"、"脫"、"倘"而言"即"，如王世貞《弇州山人四部稿》卷六九《少保王公督府奏議序》："公獨亟為上言：'此奇貨可居。俺答即急之，因而為市，諭以執送叛逆趙全等還我。……其次，俺答即不急之，我因而撫納，如漢質子法'"；又卷一三二《題王雅宜書雜詠帖》："以指畫腹曰：'祝京兆許我書狎主齊盟；

-476-

即死，何以見此老地下？'"又按程嬰、公孫杵臼保趙氏嬰事，後世唱歎。陶潛《讀史述九章》之四即曰："望義如歸，允兹二子！"黃庭堅《題榮州祖元大師此君軒》亦曰："程嬰杵臼立孤難，伯夷叔齊采薇瘦"，紀君祥《趙氏孤兒》劇本且傳入歐洲，仿作紛如。宋神宗時，因吳處厚奏："國家傳祚至今，皆二人之力"，遂追封嬰爲成信侯，杵臼爲忠智侯，立廟致祭，詳見處厚《青箱雜記》卷九。

"夫人置兒絝中"；《考證》謂《新序·節士》作"袴"。喬松年《蘿藦亭札記》卷六、李枝青《西雲札記》卷二皆謂今所着合襠袴，漢謂之"褌"，而《内則》之"襦袴"，乃以邪幅纏脛，上覆以裳，即今之"衩袴"。喬氏因言，嬰兒雖細，難置袴、褌中，此"史公好奇之言，且'中'字或是中間之意。"《魏書·皇后列傳》記"昭成在襁褓時"，國有内難，平文皇后王氏"匿帝於袴中"，事絕相類，疑亦《史記》"好奇"之遺意耳。

"簡子疾，五日不知人。"按此一大節又見於《扁鵲、倉公列傳》，宜據別見則互有詳略之法，加以删改。下文武靈王論變法復與《商君列傳》語太相似，蓋此取之《戰國策·趙策》二，彼取之《商君書·更法》篇，而未參稽稍異其詞。武靈王曰："夫有高世之名，必有遺俗之累"，又曰："夫有高世之功者，負遺俗之累"，數語之間，重複無謂；《趙策》衹有後二句，不識馬遷何故冗疊如此？全書失檢類是者不少，貽彈射者以口實，良有以夫。

一三　孔子世家

"余讀孔氏書,想見其爲人。……自天子王侯,中國言六藝者,折中於夫子。可謂至聖矣!"按馬遷值漢武帝崇儒之世,又私心嚮往,故暢言如此。然尊之而尚未親之也。讖緯說盛,號孔子曰"素王",而實則牽挽爲漢之"素臣",以邀人主之敬信而固結其恩禮,俾儒家得常定於一尊。孔子之於劉漢,遂似希伯來先知之於"彌賽亞",一若凡所制作莫非預爲漢地而亦皆專爲漢地。《尚書考靈耀》所謂:"丘生蒼際,觸期稽度爲赤制。"試以班較馬,區別灼然;遷推爲前代之聖師者,固乃引爲本朝之良弼焉。班固《典引》曰:"天乃歸功元首,將授漢劉。……故先命玄聖,使綴學立制,宏亮洪業,表相祖宗,贊揚迪哲,備哉粲爛,真神明之式也!雖皋、夔、衡、旦密勿之輔,比茲稊矣!……蘊孔佐之弘陳云爾!……孔繇先命";《文選》李善註:"玄聖,孔子也;相,助也,言仲尼之作,亦顯助祖宗;茲,孔子也。能表相祖宗,故曰'佐'"。他如《後漢書‧蘇、楊列傳》蘇竟與劉龔書曰:"夫孔丘秘經,爲漢赤制";《申屠、鮑、郅列傳》郅惲上王莽書曰:"漢歷久長,孔爲赤制";《全後漢文》卷九九闕名《魯相韓勑造孔廟禮器碑》曰:"孔子近聖,爲漢定道",又《孔廟置

-478-

百石卒史孔龢碑》曰："孔子大聖，……爲漢制作"；卷一〇一闕名《魯相史晨祭祀孔子廟碑》曰："西狩獲麟，爲漢制作。……主爲漢制"。《公羊傳》哀公十四年："孔子曰：'吾道窮矣！'……制《春秋》之義，以俟後聖"；何休《解詁》逕以"後聖"爲即指漢。歐陽修《集古錄》卷二跋《後漢魯相晨孔子廟碑》，歎："甚矣漢儒之狡陋也！"，正爲此發。以王充之特識獨行，定浮辨虛，而《論衡·須頌》曰："是故《春秋》爲漢制法，《論衡》爲漢平說"，《佚文》曰："文王之文傳在孔子，孔子爲漢制，文傳在漢也"；則無異乎俗儒"狡陋"之見。蓋風會已成，雖魁傑亦難自拔；馬遷生世早，尚未以河漢之言阿漢也。吳汝綸昧於東漢人通習，乃力爲班固開脫。《桐城吳先生文集》卷一《讀〈文選〉〈符命〉》謂班固必"不屑輕妄作文字諛人"，《典引》之作，實"發憤而悠謬其詞"，以"譏讖錄之不經"，而"微見"孔子佐漢等說之"怪誕無稽"。強詞武斷，持之無故。《典引》首引詔書斥司馬遷"微文刺譏，非誼士"，因自言"刻誦聖論，昭明好惡"，而作此文。吳氏置若無覩，一似固不顧上諭"聖論"，而甘效遷之爲"非誼士"者。吳氏稱固"悠謬其詞"，與固誦"聖論"所斥遷"微文刺譏"，將無同乎？而謂固冒大不韙而明知故犯乎？

一四　陳涉世家

"輟耕之壟上，悵恨久之，曰：'苟富貴，毋相忘！'"按《外戚世家》記薄姬"少時與管夫人、趙子兒相愛，約曰：'先貴毋相忘！'"，又記衛子夫"上車，平陽主拊其背曰：'行矣！彊飯，勉之！即富貴，毋相忘！'""即"可作"若"解（見前論《趙世家》），即"苟"義，而此處又無妨作"立即"解。蓋皆冀交游之能富貴，而更冀其富貴而不棄置貧賤之交也。《後漢書·宋弘傳》光武帝引諺曰："貴易交"；《唐摭言》卷二王冷然《與御史高昌宇書》曰："倘也貴人多忘，國士難期"；《全唐文》卷二一四陳子昂《爲蘇令本與岑內史啓》曰："然親貴盈朝，豈忘提獎？"蓋人既得志，又每棄置微時故舊之失意未遇者也。二事皆人情世道之常。然夥涉爲王，初未失故。同耕者遮道而呼，涉即載與偕歸；客自"妄言輕威"，致干罪譴，乃累涉亦被惡名。《西京雜記》卷二記公孫弘起家爲丞相，舊交高賀從之，怨相待之薄，曰："何用故人富貴爲！"揚言弘之矯飾，弘歎曰："寧逢惡賓，不逢故人！"是則微時舊交，正復難處，富貴而相忘易交，亦有以哉。

一五　外戚世家

"人能弘道,無如命何。甚哉妃匹之愛,君不能得之於臣,父不能得之於子,況卑下乎?既驩合矣,或不能成子姓;能成子姓矣,或不能要其終。豈非命也哉!孔子罕稱命,蓋難言之也。非通幽明之變,惡能識乎性命哉?"《考證》:"沈欽韓曰:'《秦策》:父之於子也,令有必行者,必行者曰:去貴妻,賣愛妾,此令必行者也。因曰:毋敢思也,此令必不行者也。《後漢書》郅惲引此語。'愚按,言君父不能使臣子愛己如其妃匹,諸說未得。"按《索隱》、《正義》謂雖君父之尊,不能"奪臣子所好愛",是也。觀《後漢書‧郅惲傳》光武欲廢郭后,惲引《史記》語而申之曰:"況臣欲得之於君乎?";不能奪愛移意之旨瞭然,瀧川多事曲解,以不謬爲謬,悖矣!所錄沈欽韓引《秦策》三莊謂王稽語,脫去一句,其語亦見《尹文子‧大道》篇下。馬遷言男女匹配,忽牽引幽明性命,疑若小題大做,張皇其詞,如爲轍鮒而激西江之水;故《潭南遺老集》卷一二譏之曰:"夫一婦人之遇否,亦不足道矣!"不識此正遷之深於閱歷、切於事情也。蓋婚姻之道,多出於倘來偶遇,智力每無所用之。重以父母之命、媒妁之言,幾於暗中摸索。《西遊記》第二三回豬八戒以手

— 481 —

帕遮臉，伸手捫扯，"撞個天婚"，示象最切；若第九回、九三回之拋擲繡球，乃眼見心許，應手中的，而非如盲龜值浮木之孔、瞎兒射飛雀之目，適逢以成巧合也。好逑怨耦，同室方知，祇有以宿世姻緣、前生註定爲解。故切身遭際，使男女言"命"而或怨之、或安之者，匹配尤甚。雖貴居九重，富有四海，亦或不克强致，事與願違。如重色思得傾國，而"御宇多年求不得"者有之；復如生兒欲以傳國，而"不能成子姓"者有之；尚有如《北史·后妃傳》上魏孝文帝"時言於近臣，稱'婦人妒防，雖王者亦不能免，況士庶乎！'"，又下隋文帝"太息曰：'吾貴爲天子，不得自由！'"朱彝尊《曝書亭集》卷二《無題》六首之二云："織女牽牛匹，姮娥后羿妻；神人猶薄命，嫁娶不須啼"；天人一概，寄慨深矣。馬遷因夫婦而泛及天命，殊非迂闊。前賢唯龔自珍爲解人；《定盦文集》補編卷一《尊命》謂："《詩》屢稱命，皆言妃匹之際、帷房之故。……漢司馬遷引而申之，於其序外戚也，言命者四，言之皆累欷。"然龔氏謂佛法"因緣"、"宿生"之理，"詩人、司馬遷惜乎皆未聞之"，則又一言以爲不知。"因緣"、"宿生"不過巧立名目，善爲譬釋，苟窮根究柢，乃無奈何之飾詞、不可曉之遁詞，與"命"祇是唯阿之間爾。《宋書·顧覬之傳》載顧愿《定命論》謂"天竺遺文，……無怨鄙説"；徐陵《孝穆集》卷三《在吏部尚書答諸求官人書》言"內典謂之爲'業'，外書稱之爲'命'"；皆已知華梵"命"、"業"之名異而實同也。西土近世，男女侶偶，號得自專，顧實命不猶，古來共歎。荷馬史詩數言上帝按人命運，爲之擇偶[①]；莎士比亞劇中屢道婚姻有命（Marriage

---

① *Odyssey*, XVI.392; XX.74; XXI.162.

or wiving comes or goes by destiny)①；密爾敦曾出妻，詩中更痛言之(as some misfortune brings him)②。各國俗諺或謂婚姻天定，或謂配偶如扯籤拈鬮(Ehen werden in Himmel geschlossen; Marriage is a lottery)，多不勝舉③，殆非偶然矣。

"陳皇后挾婦人媚道，其事頗覺，於是廢陳皇后"；《考證》駁沈欽韓據《周禮》註疏釋"媚道"爲房中術曰："《漢·外戚傳》使有司賜皇后策曰：'皇后失序，惑於巫'，即'媚道'也，《周官》賈疏非也"。按《後漢書·崔琦傳》載《外戚箴》："陳后作巫"，即指此。本篇上文長公主讒栗姬，早曰："常使侍者祝唾其背，挾邪媚道"，沈氏誤解，皎然可識；《漢書·外戚傳》下："許皇后寵益衰，而後宮多新寵，后姊平安剛侯夫人等爲媚道，祝詛後宮有身者"，其詞益明。班固《漢孝武故事》雖出僞託，亦資疏證："然皇后寵益衰，嬌妬滋甚，女巫楚服，自言有術，能令上意回，晝夜祭祀，合藥服之。"所謂"媚道"，當略類《舊唐書·玄宗諸子傳》記棣王琰之"二孺人"爭寵，"孺人乃密求巫者書符，置於琰履中以求媚"；亦即小說如《聊齋志異》卷六《孫生》老尼所授術、《紅樓夢》第二五回趙姨娘賂馬道婆所爲、《綠野仙踪》第六七回何氏賂趙瞎子所爲。通觀中西舊傳巫蠱之術，粗分兩類。一者施法於類似之物(Magie der Ähnlichkeit)，如其人之畫圖、偶像；一者施法於附麗之物(Magie der Kontiguität)，如其人之髮爪、衣冠、姓名、生肖④，《平妖傳》

---

① *The Merchant of Venice*, II.ix.84；*All's Well That Ends Well*, I.iii.67.
② *Paradise Lost*, X.898 ff..
③ Cf. A. Arthaber, *Dizionario comparato di Proverbi*, 388.
④ Freud, *Totem und Tabu*, 2.Aufl., 105-111.

第九回鄭淨眼所謂"若没有生辰，須得本人貼身衣服一件及頭髮或爪甲"①。合用則效更神。施法亦分二途：曰"射刺"（le sagittaire），曰"厭魅"（l'envoûtement）②。"媚道"當屬"厭魅"，可以使人失寵遭殃，亦可以使己承恩致福。西方文學典籍如桓吉爾《牧歌》第八篇後半牧羊女所作法、亞勒諦諾《老妓談往》第一篇中老尼所作法、布魯諾喜劇中術士（Scaramuré）爲富人所作法、漢密爾敦小説中一婦長專英王愛幸所藉妖術（par sortilège et par magie）、梅里美小説中貴夫人所作法③、以至羅賽諦名歌（D. G. Rossetti: "Sister Helen"）中童子姊所作法，都歸"厭魅"，正"媚道"爾。"射刺"則如《全上古三代文》卷六引太公《六韜》、卷七引太公《金匱》皆記武王伐殷，丁侯不朝，太公乃畫丁侯於策，三箭射之，丁侯病困；即《封神演義》第四八、四九回紮草人爲趙公明而射以桑枝弓、桃枝箭事所昉也。《史記·封禪書》："萇弘乃明鬼神事，設射貍首；貍首者，諸侯之不來者，依物怪欲以致諸侯"，疑即類此，向來註者未得其解。

【增訂一】《後漢書·宗室四王三侯列傳》王莽使"長安中官署及天下鄉亭畫伯升象於塾，旦起射之"。

---

① E. Cassirer, *Philosophie der symbolischen Formen*, II, 83: "Die Ganze ist der Teile … In den Haaren eines Menschen, in seinen abgessschnittenen Nägeln, in seinen Kleidern, in seinen Fussstapfen ist noch der ganze Menschen enthalten."

② M. Garçon et J. Vinchon, *Le Diable*, 80.

③ Virgil, *Eclogues*, VIII, 64 ff., "Loeb", I, 60-2; Pietro Aretino, *I Ragionamenti*, I, L'*Oeuvre du Divin Arétin*, "Les Maîtres de l'Amour," I, 60-1; Bruno, *Candelaio*, III. iii, *Opere di G. Bruno e di T. Campanella*, Riccardo Ricciardi, 92-3; Antoine Hamilton: "L'Enchanteur Faustus", *op. cit.*, 480; Mérimée, *Chronique du Règne de Charles IX*, ch.12. *Romans et Nouvelles*, "la Pléiade", 129.

《晉書·文苑傳》顧愷之"悅一鄰女，挑之弗從，乃圖其形於壁，以棘針釘其心，女遂患心痛"；

【增訂三】《全梁文》卷六七庾元威《論書》："繪事逾精，丹青轉妙，乃有釘女心痛。"指顧愷之事。

《宋書·文五王傳》宋太宗詔曰："遂圖畫朕躬，勒以名字，或加之矢刃，或烹之鼎鑊"；《太平廣記》卷一二八《公孫綽》（出《逸史》）記奴婢厭之，以桐爲其形狀，長尺餘，釘布其上，又卷二八三羅隱《廣陵妖亂志》記呂用之伏誅，有人發其中堂，得一石函，內有桐人一枚，長三尺許，身被桎，口貫長釘，背上疏高騈鄉貫、甲子、官品、姓名，爲厭勝之事。吾國厭勝，以桐爲人，猶西方古希臘、羅馬以還常作蠟像而施術也①。

【增訂四】《說文·人部》："偶、桐人也。"蓋吾國古木偶以桐爲之。他若《醒世姻緣傳》第七六回薛素姐之於狄希陳，《野叟曝言》第一一三回靳直之於東宮及文素臣，皆"射刺"之屬。西方詩文亦常及之②，一英人所撰小說尤工刻劃③。英國一舊劇以女巫爲主角，射刺、厭魅，兼運並施④。《漢書·武五子傳》江充至太子宮

---

① Pareto, *op. cit.*, §914-5, vol.I, pp.533 ff.; M.Summers, *The Geography of Witchcraft*, 9-12, 67.

② E.g., *La Celestina*, I, Aubier, 156-7; J.Webster, *The Duchess of Malfi*, IV.i, *Plays by Webster and Ford*, "Everyman's", 151.

③ R.H.Barham: "The Leech of Folkestone", *The Ingoldsby Legends*, Grant Richards, 540 ff..

④ Thomas Middleton, *The Witch*, I.ii (the heart of wax stuck full of needles, the pictures of the farmer and his wife laid down to the fire, snake skins with retentive knots and needles thrust into the pillows), V.ii (Almachild's picture in wax molton in fire), Lamb, *Specimens of English Dramatic Poets*, in *Works*, ed. E.V.Lucas, IV, 137, 139, 142.

掘蠱得桐木人；《宋書·文五王傳》劉成上書曰："常疏陛下年紀姓諱，往巫鄭師憐家祝詛"，又《二凶傳》："以玉人爲上形像，埋於含章殿前"；《陳書·高宗二十九王傳》長沙王叔堅"左道求福，刻木偶，衣道士服，施機關，能拜跪，醮之而祝詛於上"；凡此皆不言上刺釘、針，當屬厭魅。《通鑑·梁紀》二一元帝承聖二年，"上聞武陵王紀東上，使方士畫版爲紀象，親釘支體以厭之"；《隋書·文四子傳》："太子陰作偶人，書上及漢王姓氏，縛手釘心，令人埋之華山下"；則的然射刺矣。《南史·恩倖傳》記齊東昏刀敕徐世㯹謀篡位，"畫帝十餘形像；備爲刑斬刻射支解之狀"；《舊唐書·良吏傳》下記僧淨滿"爲弟子所謀，密畫女人居高樓，仍作淨滿引弓而射之，已而詣闕上言僧咒詛大逆不道"，"女人"即武則天像；不斬射偶像而祇畫斬射之狀，去射刺尚一間，似仍爲厭魅。《太平廣記》卷三六九《蘇丕女》（出《廣異記》）李寵婢"求術者行魘蠱之法，以符埋李氏宅糞土中，又縛綵婦人形七枚，長尺許，藏於牆東窟内而泥飾之"；《封神演義》第四四回姚天師紮草人象姜子牙，咒去魂魄；則未加鋒矢，專憑祝詛。《紅樓夢》第二五回馬道婆鉸了兩個紙人、五個紙鬼，命趙姨娘"併在一處，拿針釘了"；蓋累七紙而釘之，使聚不散，非施射刺，否則豈止叔嫂被釘刺，五鬼亦被釘刺矣。數者又小說中厭魅之著例也。

"薄姬曰：'昨暮夜妾夢蒼龍據吾腹'。高帝曰：'此貴徵也。吾爲女遂成之。'一幸生男。"按後世不乏葫蘆依樣者，如王明清《揮麈後錄》記宋真宗章懿皇后爲宮女時，"上……與之言，后奏昨夕忽夢一羽衣之士跣足從空下云：'來爲汝子。'時上未有嗣，聞之大喜，曰：'當爲汝成之。'是夕召幸。"宮嬪之無心闖合，抑記事者之有意仿古，不得而知矣。

褚先生曰："臣爲郎時，問習漢家故事者"云云。按描敍佳處，風致不減馬遷，而議論三節（"丈夫龍變"云云、"浴不必江海"云云、"豈可謂非聖賢哉"云云），迂謬直狗曲儒口角。文才史識，兩不相蒙，有若是者。《梁孝王世家》、《滑稽列傳》、《日者列傳》皆有褚補，文筆亦善；《三王世家》、《龜策列傳》所補則平鈍矣。陳繼儒《太平清話》卷上："吾友徐孟孺欲刪《史記》中褚先生所補，元美公曰：'漢人之語幾何！而足下忍去之也？'"；俞樾《湖樓筆談》卷三亦謂褚少孫"未易輕"。張裕釗《濂亭文集》卷一《書〈外戚世家〉後》稱少孫所附，"詞甚工"，"摹次瑣事絕可喜"，而深薄其議論"卑陋鄙淺"，遂謂此等必非自爲而"取之"他人；蓋不知敍事之能與論事之識，二者未必兼也。

一六　齊悼惠王世家

"使使召責問魏勃，勃曰：'失火之家，豈暇先言大人而後救火乎？'"按《鹽鐵論·大論》："是猶遷延而拯溺，揖讓而救火也"；宋濂《宋文憲公全集》卷三七《燕書》中《趙成陽堪其宮火》一篇刻劃趙子胸假階於奔水氏："盛冠服，委蛇而往，……三揖而後升堂，默坐兩楹間。奔水氏命儐者設筵，……觴已，主人曰：'夫子辱臨敝廬，必有命我者，敢問？'胸方白曰：'天降禍於我家'"云云，即本此意而鋪張以成滑稽。《韓非子·說林》上："假人於越而救溺子，越人雖善游，子必不生矣。失火而取水於海，海水雖多，火必不滅矣；遠水不可救近火也"，《金樓子·立言》下全襲之；《周書·赫連達傳》賀拔岳死，軍中大擾，衆議莫決，達曰："此皆遠水不救近火，何足道哉！"言遠近正即言緩急，空間與時間相依待者也。

一七　蕭相國世家

"客有説相國曰：'君滅族不久矣！……上所爲數問君者，畏君傾動關中，今君胡不多買田地、賤貰貸以自汙？上心乃安。'於是相國從其計，上乃大説。"按《戰國策·趙策》一："腹擊爲室而鉅，荆敢言之。主謂腹子曰：'何故爲室之鉅也？'腹擊曰：'臣羈旅也，爵高而禄輕，宮室小而帑不衆。主雖任臣，百姓皆曰：國有大事，擊必不爲用。今擊之鉅宮，將以取信於百姓也。'主君曰：'善！'"買田築室，作用相似。《白起、王翦列傳》王翦請美田宅園池甚衆，謂人曰："秦王怛而不信人。今空秦國甲士而專委於我，我不多請田宅爲子孫業以自堅，顧令秦王坐而疑我耶？"，《考證》引黄震曰："後有勸蕭何田宅自汙者，其計無乃出於此歟？"實則腹擊已先爲之矣。《廉頗藺相如列傳》趙括得"王所賜金帛，歸藏於家，而日視便利田宅可買者買之"，其母論此爲"不可使將"之證；則觀跡略同，用心處境迥殊。《北齊書·文襄六王傳》蘭陵武王"由芒山大捷，恐以威武見忌"，乃"貪殘"以"自穢"，然"反以速禍"；則師法王翦、蕭何而唐捐無益。或吹火欲使滅，或又吹火欲使燃；木以不材而全，雁又以不鳴而烹。世事初無固必也。

一八　留侯世家

"良説：'秦兵尚强，未可輕，臣聞其將屠者子，賈豎易動以利。'"按《高祖本紀》："聞陳豨將皆故賈人也。上曰：'吾知所以與之。'乃多以金啗豨將。"

"上曰：'子房雖病，强臥而傅太子'。"按《汲、鄭列傳》汲黯曰："臣常有狗馬病，力不能任郡事"，武帝曰："吾徒得君之重，臥而治之。"《戰國策·中山策》秦昭王謂白起曰："君雖病，强爲寡人臥而將之"；

【增訂一】《後漢書·景丹傳》："病瘧……帝以其舊將，欲令强起領郡事，乃夜召入，謂曰：'賊迫近京師，但得將軍威重，臥以鎮之，足矣。'"

《晉書·紀瞻傳》帝使謂瞻曰："卿雖病，但爲朕臥護六軍，所益多矣"；《南史·王曇首傳》彭城王義康曰："王公久疾不起，神州詎合臥臨？"；《隋書·獨孤楷傳》隋煬帝曰："公先朝舊臣，臥以鎮之，無勞躬親簿領也"，又《楊尚希傳》隋文帝曰："蒲州出美酒，定以養病，屈公臥臨之"；《唐文續拾》卷一高祖《賜東鄉同安勅》："勿以爲辭，稱疾不往，與朕臥將，其亦可焉。"後世唯習用"臥治"耳。

一九　陳丞相世家

"張負女孫五嫁而夫輒死，人莫敢娶。"按即《左傳》成公二年巫臣論夏姬所謂"是不祥人也！"又昭公二十八年叔向母論夏姬亦曰："殺三夫一君。"

"嗟乎！使平得宰天下，亦如是肉矣！"按《張耳、陳餘列傳》："項羽爲天下宰，不平。"

"始陳平曰：'我多陰謀，是道家之所禁。吾世即廢，亦已矣。終不能復起，以吾多陰禍也。'"按馬遷持陰德陰禍之説。如《韓世家》："太史公曰：'韓厥之感晉景公，紹趙孤之子武，以成程嬰、公孫杵臼之義，此天下之陰德也。韓氏之功於晉，未覩其大者也。然與趙、魏終爲諸侯十餘世，宜乎哉！'《白起、王翦列傳》："客曰：不然！夫爲將者三世必敗，必敗者何也？必其所殺伐多矣，其後受其不祥。"此不及身之後報，所謂"果報"也。《李將軍列傳》："王朔曰：'禍莫大於殺已降，此乃將軍所以不得侯者也。'"又及身之現報，所謂"花報"也。雖或記陳平自言，或述望氣者語，然《韓世家》論贊乃馬遷自抒胸臆，指歸正爾一揆。勿信"天道"（見下論《伯夷列傳》），卻又主張"陰德"，説理固難自圓；而觸事感懷，乍彼乍此，亦彼亦此，渾置矛盾於不顧，又人之常情恒態耳。

二〇　絳侯周勃世家

"吾嘗將百萬軍,然安知獄吏之貴乎?"按《漢書·賈、鄒、枚、路傳》路溫舒上書詳陳漢高以來獄事之煩、吏人之酷,至曰:"秦有十失,其一尚存,治獄之吏是也。"馬遷曾下於理,穽檻箠楚,目驗身經,《報任少卿書》痛乎言之,所謂"見獄吏則頭搶地,視徒隸則心惕息"者。然此篇記周勃繫獄事,僅曰"吏稍侵辱",記周亞夫下吏事,僅曰"侵之益急",《韓長孺列傳》亦衹曰:"蒙獄吏田甲辱安國"。均未嘗本己遭受,稍事渲染,真節制之師也。將創鉅痛深,欲言而有餘怖耶?抑以漢承秦失,積重效尤,"被刑之徒比肩而立",獄吏之"深刻殘賊",路人皆知,故不須敷說圜牆況味乎?古人編年、紀傳之史,大多偏詳本事,忽略襯境,匹似劇臺之上,衹見角色,盡缺布景。夫記載缺略之故,初非一端,穢史曲筆姑置之。撰者己所不知,因付缺如;此一人耳目有限,後世得以博稽當時著述,集思廣益者也。舉世衆所周知,可歸省略;則同時著述亦必類其默爾而息,及乎星移物換,文獻遂難徵矣。小說家言摹敍人物情事,爲之安排場面,襯托背景,於是揮毫灑墨,涉及者廣,尋常瑣屑,每供采風論世之資。然一代之起居服食、好尚禁忌、朝野習俗、里巷慣舉,日用而不知,熟狎而相忘;其列爲典章,頒諸法令,或見於好事多暇者之偶錄,鴻爪之印雪泥,千百中纔得什一,餘皆如長空過雁之寒潭落影而已。陸游《渭南文集》卷二八《跋呂侍講〈歲時雜記〉》曰:"承平無事之日,故都節物及中州風俗,人人知之,若不必記。自喪亂來七十年,遺老凋落無在者,然後知此書之不可缺。"過去習常"不必記"之瑣屑輒成後來掌故"不可缺"之珍秘者,蓋緣乎此①。曩日一法國史家所歎"歷史之緘默"②,是亦其一端也。

"軍門都尉曰:'將軍令曰:軍中聞將軍令,不聞天子之詔'";《考證》引《六韜》及《白虎通》。按《司馬穰苴列傳》:"穰苴曰:'將在軍,君令有所不受'";《孫子、吳起列傳》:"孫子曰:'臣既受命爲將,將在軍,君命有所不受'";《考證》皆引《孫子·九變篇》。《九變篇》曰:"城有所不攻,地有所不爭,君命有所不受";又《地形篇》曰:"故戰道必勝,主曰:'無戰',必戰可也;戰道不勝,主曰:'必戰',無戰可也",亦此意。《魏公子列傳》:"侯生曰:'將在外,王令有所不受,以便國家'",語尤圓足。

【增訂四】《後漢書·段熲傳》上言:"臣每奉詔書:'軍不內御。'願卒斯言,一以任臣";章懷註:"《淮南子》曰:'國不可從外理,軍不可從中御也。'""軍不內御"視"將在外,王令有所不受"詞更約鍊。《荀子·議兵》篇論"爲將"有"不受命於主"者三,謂之"三至",亦可參印。

---

① Cf. Gucciardini, *Ricordi*, §143: "Parmi che tutti gli istorici abbino, non eccettuando alcuno, errato in questo: che hanno lasciato di scrivere molte cose che a tempo loro erano note, presupponendole come note" ecc., *op. cit.*, 126.

② J. Michelet, *Journal*, ed. P. Viallaneix, I, 378: "...les silences de l'histoire, ces terribles points d'orgue, où elle ne dit plus rien..."

二一　五宗世家

"端爲人賊戾，又陰痿，一近婦人，病之數月，而有愛幸少年爲郎，爲郎頃之與後宮亂。"按此類醜事，勢所必然。《佞幸列傳》記韓嫣"出入永巷，不禁，以姦聞"；《趙飛燕外傳》："父馮萬金。江都王孫女姑蘇主嫁江都中尉趙曼，曼幸萬金，萬金得通趙主，一産二女"；《漢書·霍光傳》："初光幸監奴霍子都，及顯寡居，與子都亂"；《後漢書·梁冀傳》："冀愛監奴秦宫，得出入壽所，壽見宫，輒屏御者，託以言事，因與私焉。宫内外兼寵，威權大震"；《魏書·僭晉司馬叡傳》："奕少同閹人之疾，初在東海琅邪，親嬖人相龍、朱靈寶等，並侍卧内，而美人田氏、孟氏遂生三男，衆致疑惑"（《晉書·廢帝海西公紀》載"嬖人"尚有計好）；《南齊書·皇后傳》鬱林王何后"在後宫復通帝左右楊珉之，與同寢處如伉儷；珉之又與帝相愛褻，故帝恣之"；《新五代史·閩世家》："審知婢金鳳姓陳氏，鏻嬖之，遂立以爲后；初鏻有嬖吏歸守明者，以色見倖，號歸郎，鏻後得風疾，陳氏與歸郎姦。"國史野記所載，不一而足。《聊齋志異》卷二《俠女》則異史氏所謂"爾愛其艾豭，彼愛爾婁豬"，鄭燮《板橋詩鈔·秦宫詩、後長吉作》所謂"内寵外寵重復重"也。古羅馬諷刺詩文亦常及此[①]。

---

① E. g. Juvenal, *Satires*, II. 60, "Loeb", 22；Petronius, *Satyricon*, cxiii, "Loeb", 236.

二二　伯夷列傳

《正義》："老子莊子，開元二十三年奉敕升爲《列傳》首，處夷、齊上"；《考證》引張文虎語，論《列傳》次序，諸本不同。按宋吳曾《能改齋漫錄》卷一三載政和八年詔《史記·老子傳》升於列傳之首，自爲一帙；元僧圓至《牧潛集》卷六《書宣和〈史記〉後》云："余居臨安，有持大板《史記》，而《列傳》老子爲首。心甚怪之，莫知其本所出。因閱《國朝會要》，見宣和某年有旨，升老子於《列傳》首。乃悟所見蓋宣和本，今不行矣。""宣和某年"當作"政和"。是宋之道君皇帝重修唐之玄宗故事也。

"及餓且死，作歌，其辭曰：'……以暴易暴兮，不知其非矣！'"；《考證》引《莊子·讓王》篇、《呂氏春秋·誠廉》篇夷、齊"相視而笑"，曰："是推亂以易暴也"（《呂氏春秋》作"是以亂易暴也"）。按《後漢書·宦者列傳》："雖袁紹龔行，芟夷無餘，以暴易亂，亦何云及"；章懷註引《史記》此歌曰："以暴易亂兮"，《文選》范蔚宗《宦者傳論》李善註亦同。是《史記》古本作"以暴易亂兮"也。"以亂易暴"，"以暴易亂"，"以暴易暴"，三者各明一義，言之皆可成理。今本之"以暴易暴"即易君而未革政；古羅馬寓言驢爲盜掠一則所謂雖更新主，未減舊役,以喻當時執政頻換而下民困苦不異於前,所變易僅在上者之姓名已耳(In principatu commutando ciuium/Nil praeter domini nomen mutant pauperes)①。

【增訂一】《穀梁傳》昭公四年論楚靈王與齊慶封事,亦曰:"不以亂治亂也。"

【增訂四】所引古羅馬寓言謂"雖易新君,未減舊虐",而比閱蘇聯流亡作家(A. I. Solzhenitsyn)所撰勞改營紀事(*The Gulag Archipelago*),卷三有一章標題曰:"統治者數更,勞改營長在"(Rulers Change, the Archipelago Remains)。洵如韓愈《祭田橫墓文》所歎"事有曠百世而相感者"矣。

"或曰:'天道無親,常與善人'。若伯夷、叔齊,可謂善人者,非邪?……天之報施善人,其何如哉!盜跖日殺不辜,……竟以壽終,是遵何德哉?……余甚惑焉!儻所謂天道是邪?非邪?"按《莊子·駢拇》以"伯夷死名"與"盜跖死利"相提並論,《楚辭·天問》謂"天命反側,何罰何佑?",馬遷兼之。此篇記夷、齊行事甚少,感慨議論居其泰半,反論贊之賓,爲傳記之主。馬遷牢愁孤憤,如喉鯁之快於一吐,有欲罷而不能者;紀傳之體,自彼作古,本無所謂破例也。陶潛《飲酒》詩之二:"積善云有報,夷叔在西山,善惡苟不應,何事立空言!"正此傳命意。

【增訂四】錢秉鐙《藏山閣文存》卷四《伯夷論》力斥《史記》此傳。略謂:"如遷所見,則將以孔光之生賢於龔勝之死,華歆之達賢於管寧之窮,宋留、李之覿顔賢於文、謝之殉節矣。

---

① Phaedrus, *Fabulae*, I. xv. 1-2.

此數君子者，其幽囚死辱，皆百計以求、久而後得之耶？亦可以為有怨而歸過於天耶？遷重聲名而不知節義，故《史記》極稱季布而不為鄭君立傳。……遷求夷、齊之死而不得其故，乃引賈生之言云云。……以夷、齊之死為求名者，而曰：'伯夷、叔齊得夫子而名益彰。'遷所知者，名而已！"意中蓋有失節事清之明臣在，頗中馬遷議論之偏宕，而似未窺馬遷懷抱之侘傺也。

馬遷唯不信"天道"（divine justice），故好言"天命"（blind fate）；蓋信有天命，即疑無天道，曰天命不可知者，乃謂天道無知爾。天道而有知，則報施不爽，人世之成虧榮悴，應各如其分，咸得所當，無復不平則鳴或飲恨吞聲矣。顧事乃大謬不然，理遂大惑不解。"善一惡均，而禍福異流"，劉峻《辯命論》所以問："蕩蕩上帝，豈若是乎？"利鈍吉凶，每難人定，雖盡瘁殫精，輒似擲金虛牝、求馬唐肆；然"不求而自得，不徼而自遇，不介而自親"（李康《運命論》），又比比皆是焉。俛得俛失，俏成俏敗，非理所喻，於心不懌，若勿委諸天命，何以稍解腸結而聊平胸磈哉？孔子因公伯寮之愬而曰"命何"（《論語·憲問》），孟子因臧氏子之沮而曰"天也"（《孟子·梁惠王》），與《史記·項羽本紀》羽之言"天亡我"，《伍子胥列傳》申包胥之言"天定亦能破人"，《外戚世家》之言"無如命何"，皆没奈何而諉諸莫須有爾。《李將軍列傳》之言"數奇"，《衛將軍、驃騎列傳》之言"天倖"，自王維《老將行》撮合儷屬，已成熟語。《魏世家》："説者皆曰：'魏以不用信陵君，故國削弱至於亡。'余以為不然；天方令秦平海内，其業未成，魏雖得阿衡之佐，何益乎？"《田敬仲完世家》："故周太史之卦田敬仲完，占至十世之後。及完奔齊，懿仲卜之，亦云。田乞及常所以比犯二君，專齊國之政，非必事勢之漸然也，蓋如遵厭兆祥云"。二節尤質直道之，不紆婉其詞。《論衡》之《逢遇》、《累害》、《命禄》、《幸偶》、《命義》諸篇所長言永歎者，勿外乎此。《游俠列傳》再以夷跖相較："伯夷醜周，餓死首陽山，而文、武不以其故貶王；蹠、蹻暴戾，其徒誦義無窮"，"鄙人之言所謂：'何知仁義！已饗其利爲有德。'"是匪僅天道莫憑，人間物論亦復無準矣。然馬遷既不信天道，而復持陰德報應之説（見前論《陳丞相世家》），既視天夢夢，而又復以爲冥冥之中尚有綱維主張在；圓枘方鑿，自語相違。蓋析理固疑天道之爲無，而慰情寧信陰騭之可有，東食西宿，取熊兼魚，殆人心兩歧之常歟。故疑無天者，猶每私冀其或有，而信有天者，則常竊怨其若無，參觀《毛詩》卷論《正月》、《左傳》卷論僖公五年。《全晉文》卷一三七戴逵《釋疑論》即爲《伯夷列傳》而發，以爲："餘慶餘殃之説，所以勸教耳；君子行己處心，何期報應乎？"越世高談，恐乏平矜息躁之用。劉峻《辯命論》曰："命也者，自天之命也；定於冥兆，終然不變，鬼神莫能預，聖哲不能謀，觸山之力無以抗，倒日之誠勿能感"，《文選》李善註引潘岳《西征賦》："生有修短之命，位有通塞之遇，鬼神莫能要，聖智莫能豫"；則類古希臘詩人詠命（moira），謂天神亦無如之何①。劉知幾《史通·雜説》上譏馬遷《魏世家》中"推命"、"委運"之"惑"，又譏班固"自相矛盾"，其論項羽，言"福善禍淫"，而作《幽通賦》，言"報施多爽"。於馬所見未周，遂未識班之"同理異説"，了不異馬；"自相矛盾"之謗，馬、班當平分耳。

---

① F. M. Cornford, *From Religion to Philosophy*, "Harper Torchbooks", 13 ff..

二三　管晏列傳

"管仲卒，……後百餘年而有晏子焉。"按明、清批尾家所謂"搭天橋"法，馬遷習爲之。葉大慶《考古質疑》卷二、周密《齊東野語》卷一〇皆更舉《孫子、吳起列傳》之"孫武死後百餘年有孫臏"及《屈、賈列傳》之"自屈原沉汨羅後百有餘年，漢有賈生"；葉氏又舉《滑稽列傳》之"其後百餘年，楚有優孟"，斥其"顛倒錯謬"，謂當曰："其前百餘年"。均漏卻《刺客列傳》："其後百六十有七年而吳有專諸之事。……其後七十餘年而晉有豫讓之事。……其後四十餘年而軹有聶政之事。……其後二百二十餘年秦又有荆軻之事"；略同《滑稽列傳》："其後百餘年，楚有優孟。……其後二百餘年秦有優旃"。皆事隔百十載，而捉置一處者也。亦有其事同時而地距千百里，乃映帶及之者，如《春申君列傳》："盡滅春申君之家；而李園女弟初幸春申君，有身而入之王，所生子者，遂立爲楚幽王。是歲也，秦始皇立九年矣，嫪毐亦爲亂於秦，覺，夷其三族，而吕不韋廢。"此則全用《戰國策·楚策》四之文，祇删一字（"覺，夷三族"）移一字（"幽王也，是歲秦始皇立"）。記楚事而忽及秦事，一似節外生枝。蓋吕不韋乃《法言·淵騫》所謂"穿窬之雄"，托樑換柱，與黃歇行事不謀而合，身敗名裂，又適相同，載筆者矚高聚遠，以類相并，大有浮山越海而會羅山之觀，亦行文之佳致也。參觀《詩經》論《卷耳》。

"至其書世多有之，是以不論，論其軼事。"按《司馬穰苴列傳》："世既多《司馬兵法》，以故不論，著穰苴之列傳焉"；《孫子、吳起列傳》："世俗所稱師旅，皆道《孫子十三篇》、《吳起兵法》。世多有，故弗論，論其行事所施設者。"此可與前論《絳侯世家》參證，所謂世所周知，皆從省略。馬遷於老、莊、孟、荀之書亦然。然《司馬相如列傳》於相如著作"采其尤著公卿者"，似自違其例。夫賈誼、司馬相如詞賦，當時亦必"多有"，或緣近代詞章，行世未久，錄之以示論定之意，許其江河萬古耶？韓非著書，明云"學者多有"，即《說難》戚戚焉於心，何須全錄？屈原之書，想屬"多有"，既"與日月爭光"，是垂世行遠，已成定案，顧又不惜全篇累牘載之。此中義例，當得善於橫說豎說者披郤導窾，自慚未達也。

二四　老子韓非列傳

　　莊子"著書十餘萬言，大抵率寓言也。……以詆孔子之徒，以明老子之術；畏累虛、亢桑子之屬皆空語無事實。"按既知此而上文又本《莊子・天運》篇鋪張孔子見老子事，何哉？陸游《劍南詩稿》卷三四《讀老子傳》："但說周公曾入夢，甯於老氏歎'猶龍'？"；即本《論語》以駁馬遷也。參觀《全上古三代秦漢三國六朝文》卷論謝莊《月賦》。

　　"然善屬書離辭"；《正義》："猶分析其詞句也"；《考證》："'附離'之'離'，《正義》誤。"按《讀書雜志・史記》四謂："'離詞'、陳詞也。昭元年《左傳》'設服離衛'，杜註曰：'離、陳也'。枚乘《七發》：'比物屬事，離詞連類'，亦與此同。"似猶遺毫髮之憾。《禮記・曲禮》："離坐離立，毋往參焉"，鄭註："'離'、兩也"，《正義》："《易》象云：'明兩作離'"；《月令》："宿離不貸"，鄭註："'離'讀如'儷偶'之'儷'。"是"離詞"即排比儷偶之詞。《荀子・正名》篇："累而成文，名之麗也"；《文心雕龍・麗辭》篇說"麗"之意曰："支體必雙"，"事不孤立"；《太平廣記》卷一七三《王儉》則引《談藪》："嘗集才學之士，累物而麗之，謂之'麗事'，麗事自此始也。""離"、"麗"、

"儺"三字通；合此數節觀之，意義昭然，亦即《宋書·謝靈運傳·論》之"比響聯辭"。鋪"陳"之型式甚多，可以星羅，可以魚貫；成雙列隊祇"陳"之一道耳。

"非爲人口吃，不能道説，而善著書。"按《司馬相如列傳》："相如口吃而善著書"；《儒林列傳》兒寬"善著書，書奏敏於文，口不能發明也。"《漢書·揚雄傳》："口吃不能劇談，默而好深湛之思。"王嘉《拾遺記》卷六："何休木訥多智。……門徒有問者，則爲注記，而口不能説。"范曄《獄中與諸甥姪書》："往往有微辭，言乃不能自盡，口機不調利，以此無談功。"摯虞、潘岳、郭璞等亦皆筆勝於舌。李治《敬齋古今黈》卷三云："長卿、子雲皆蜀人，能文而吃。玉壘、銅梁之氣，於兹二人，獨厚之以游、夏之才，而又吝於宰我、子貢之舌，何歟？"夫口吃而善著書，筆札唇舌，若相乘除，心理學謂之"補償反應"（hyper-compensation，compensatory reaction）①，如古之音樂師必以矇瞽爲之也。王褒《洞簫賦》云："於是乃使夫性昧之宕冥，生不覩天地之體勢，闇於白黑之貌形，憤伊鬱而酷嚭，愍眳子之喪精，寡所舒其思慮兮，專發憤於音聲"②；於"補償反應"之理，已有窺見。《陰符經》下篇："瞽者善聽，聾者善視，絕利一源。"；《文子·上德》："鼈無耳而目不可以蔽，精於明也；瞽無目而耳不可以蔽，精於聽也"；蓋早言之。西洋大手筆而口鈍舌結者，亦實繁有徒，如高乃伊（Corneille）自言："吾口枯瘠，吾

---

① A. Adler, *The Practice and Theory of Individual Psychology*, tr. P. Radin, 80-1, 313; J. A. C. Brown, *Freud and the Post-Freudians*, "Pelican Books", 38.

② Cf. *Odyssey*, VIII. 62-4.

筆豐沃"（J'ai la plume féconde et la bouche stérile）①。

"余獨悲韓子爲《說難》，而不能自脫耳。"按《孫子、吳起列傳》："語曰：'能行之者，未必能言；能言之者，未必能行。'孫子籌策龐涓明矣，然不能蚤救患於被刑。吳起說武侯以形勢不如德，然行之於楚，以刻暴少恩亡其軀。悲夫！"《白起、王翦列傳》："白起料敵合變，出奇無窮，聲震天下，然不能救患於應侯。"皆工於謀人，拙於衛己；馬遷反覆致意於此，智不如葵之感深矣。參觀前論《始皇本紀》。

"老子所貴道，虛無因應，變化於無爲。"按"因應"者，因物而應之也。馬遷《自序》載乃翁論六家要指所謂："道家無爲，又曰無不爲。……其術以虛無爲本，以因循爲用，無成勢，無常形，故能究萬物之情。……有法無法，因時爲業；有度無度，因物與合。……虛者，道之常也；因者，君之綱也。"徵之老子之書，如二七章："善行無轍迹，善言無瑕謫，善數不用籌策，善閉無關楗而不可開，善結無繩約而不可解"（王弼註："順自然而行，不造不始。……順物之性，不別不析。……因物自然，不設不施"）；三七章："道常無爲而無不爲"（註："順自然也"）；四九章："聖人無常心，以百姓心爲心"（《註》："動常因也"）；五四章："善建者不拔，善抱者不脫"（《註》："固其根而後營其末"）。《莊子·齊物論》亦曰："是以聖人不由而照之於天，亦因是也"；又曰："無適焉，因是已"；又曰："聖人不從事于務"（郭象註："務自來而理自應耳，非從而事之也"）。非道家者流亦每標"因"爲要指。因時制宜之說，具詳前論《秦始皇本紀》。

① W. Muschg, *Tragische Literaturgeschichte*, 3. Aufl., 409.

兵家言如：《孫子·虛實》篇："因形而錯勝於衆"（曹操註："因敵形而立勝"）；《史記·孫子、吳起列傳》孫臏曰："善戰者因其勢而利導之"；《吕氏春秋·決勝篇》："凡兵貴其因也。因也者，因敵之險以爲己固，因敵之謀以爲己事。能審而加，勝則不可窮矣。"因之時義大矣哉！《吕氏春秋·貴因》篇尤觸類而長之："故因則功，專則拙，因者無敵。"致知格物，蓋莫不然。培根名言曰："非服從自然，則不能使令自然"（Nature is only to be commanded by obeying her）①。夫服從，即順也、因也；《管子·心術》篇上："因也者，舍己而以物爲法者也。"《莊子·養生主》庖丁自道解牛曰："臣之所好者，道也，進乎技矣。……依乎天理，……因其固然"，又《達生》吕梁丈人自道蹈水曰："與齊俱入，與汩偕出，從水之道，而不爲私焉"；於"舍己法物"、"服從自然"之旨，罕譬而喻。吕梁丈人語復可通諸《孟子·離婁》："所惡於智者，爲其鑿也，……禹之行水也，行其所無事也"，又《告子》："禹之治水，水之道也。""行其所無事"更可印證《文子·自然》："所謂無爲者，……循理而舉事，因資而成功，推自然之勢。……若夫水用舟，沙用鳩，泥用輴，山用樏，夏瀆冬陂，因高爲山，因下爲池，非吾所爲也。"行其所無事即無爲之爲矣。

---

① Bacon, *Novum Organum*, Bk. I, Aphorism 129, *Physical and Metaphysical Works*, ed. J. Devey, 447.

二五　孫子吳起列傳

"孫子與有力焉";《考證》引姚鼐、梁玉繩等考《左傳》不載孫武事,《十三篇》乃戰國言兵者託名於武所爲。按全祖望《鮚埼亭集》卷二九《孫武子論》已謂孫武不知兵,而《十三篇》則出於知兵者之手,蓋縱橫家所偽爲。陳傅良《止齋先生文集》卷四一《跋徐薦伯詩集》:"世多謂書生不知兵,猶言孫武不善屬文耳。今觀武書《十三篇》,蓋與《考工記》、《穀梁傳》相上下";

【增訂四】《文心雕龍·程器》:"孫武《兵經》辭如珠玉,豈以習武而不曉文也!"陳傅良之意早發於此。吕本中《童蒙詩訓》:"《孫子十三篇》論戰守次第與山川險易、長短、小大之狀,皆曲盡其妙。摧高發隱,使物無遁情,此尤文章之妙處。"則傅良前輩語也。

張栻《南軒集》卷三四《跋〈孫子〉》:"右唐中書舍人杜牧所註《孫子》三卷。……蓋君子於天下之事,無所不當究,況於兵者,世之興廢、生民之大本存焉,其可忽而不講哉?……余得其書於《集註》中而樂其説,因次第繕寫。……嗟乎!夷虜盜據神州,有年於兹,國家仇耻未雪,……然則于是書其又可以忽而不講哉？予故刻而傳之。"兩文頗有關繫，似爲述《孫子》舊聞者所未及，故舉似之。

"孫臏以此名顯天下，世傳其《兵法》"；《考證》輯《通典》、《御覽》等書所引孫臏《兵法》。按《御覽》卷二八二引《戰國策》載孫臏曰："凡伐國之道，攻心爲上"云云，今本《戰國策》中未見，唯《韓策》三或謂鄭王曰："爲名者攻其心，爲實者攻其形；夫攻形不如越，而攻心不如吳"；乃言外交，非言軍事。然理有可通；蓋國之相與，交即攻守之以口舌而不以干戈者，所謂折衝樽俎也。《三國志·蜀書·馬謖傳》裴註引《襄陽記》謖告諸葛亮曰："夫用兵之道，攻心爲上，攻城爲下"；《梁書·武帝紀》高祖曰："夫用兵之道，攻心爲上，攻城次之"；皆隱用孫臏語。《孫子·軍爭篇》："將軍可奪心"，張預註引李靖曰："攻者不攻其城，擊其陳而已，必有攻其心之術焉"，實以孫臏語解孫武也。

二六　蘇秦列傳

"蘇秦笑謂其嫂曰：'何前倨而後恭也！'嫂委蛇蒲服，以面掩地以謝。"按《高祖本紀》："太公擁篲迎門卻行"，而高祖曰："始大人常以臣無賴，今某之所業孰與仲多？"《南史·沈慶之傳》："慶之既通貴，鄉里老舊素輕慶之者，後見皆膝行而前，慶之歎曰：'故是昔時沈公！'"。正蘇秦所歎"此一人之身，富貴則親戚畏懼之，貧賤則輕易之"；而"故是昔時沈公"又即俗諺之"蘇秦還是舊蘇秦"也。世態炎涼，有如踐跡依樣；蓋事有此勢，人有此情，不必鑿鑿實有其事，一一真有其人。勢所應然，則事將無然。孔融言武王以妲己賜周公，蘇軾言舜三宥而皋陶三曰"殺！"，均以"想當然耳"自解。亞理士多德所謂"雖不實然，而或當然"（That is not true. But perhaps it ought to be）[①]布魯諾所謂"即非情事，卻入情理"（Se non è vero, è molto ben trovato）[②]；皆斯意耳。故小說院本中嘲詼勢利翻覆，刻板落套（stock situation）。一英國舊劇寫酒店主偕妻以訟事赴官中，官

---

① *Poetics*, XX. 11, "Loeb", 103.
② Bruno, *De gli Eroici Furori*, Pte II, Dial. iv, *op. cit*., 630.

靚面相識，問曰："去歲以雙雞餽我者，非子也耶？"店主曰："小人將歲歲以爲例供也。"官呼堂下人曰："汝曹覲此夫婦皆朴實不欺，相其面誠篤之氣可掬，吾言然否？"("See you this honest couple,...have they not/A pair of honest faces?")對簿者呕曰："家有二牛，不腆上奉。"官即呼酒店主曰："無賴子！汝來前！"復謂衆曰："吾已審視此子，必爲大憝。相貌奸惡，汝曹亦曾覷其偶否？明執法憑此容顔，雖無辜亦判絞耳"(Come near, nearer, rascal. /And now I view him better, did you e'er see/One look so like an archknave? his very countenance, /Should an understanding judge but look upon him, /Would hang him, though he were innocent)①。不特如《水滸》第九回滄州牢營差撥先斥林沖"賊配軍滿臉餓文"而後譽"林教頭這表人物"，或《儒林外史》第三回胡屠户先呵范進"也該撒尿自照"，而後稱"賢婿這等相貌"，抑且如《太平廣記》卷二九五《曲阿神》（出《神鬼傳》）："有一逸劫，官司十人追之，迳至廟，跪請求救，許上一豬。因不覺忽在牀下。追者至，覓不見，因請曰：'若得劫者，當上大牛。'少時劫形見，吏即縛將去。"即理所當然，事將無同也。

"蘇秦喟然歎曰：'……且使我有雒陽負郭田二頃，吾豈能佩六國相印乎？'"按《説郛》卷二〇鄭震《讀書愚見》以蘇秦語與孟子"無恒産者無恒心"對勘，謂各明一義。

【增訂三】劉克莊《後村大全集》卷一五《雜詠一百首·十

---

① Philip Massinger, *A New Way to Pay Old Debts*, IV.ii, *Plays*, ed. F. Cunningham, 413.

辯・蘇秦》："常產常心論，平生不謂然。晚知蘇季子，佩印為無田。"即鄭震之意。

《平原君、虞卿列傳》："然虞卿非窮愁，亦不能著書以自見於後云"；則建樹功名，從事著作，皆困窮之所激發也。然馬遷《報任安書》末節，歷舉發憤著書諸例，未及虞卿，却道呂不韋；《史通・雜說》上所以譏其"識有不該，思之未審"，謂"若要多舉故事"，何不以虞易呂。桓譚《新論・求輔》謂賈誼不"失志"則"文彩不發"，淮南王不富貴則不能"廣聘駿士"使著書，揚雄不貧則不能"作玄言"云云；蓋著述之事固出於窮，而亦或出於達，遷說不如桓說之周賅矣。

二七　樗里子甘茂列傳

"樗里子滑稽多智，秦人號曰'智囊'"；《索隱》："鄒誕解云：'滑、亂也，稽、同也。……謂能亂同異也'"；《考證》謂鄒解是，引《孟、荀列傳》及屈原《卜居》爲證，又曰："自史公錄《滑稽傳》，遂轉爲俳諧義"。按《滑稽列傳》題下《索隱》與此同而較略，不言其解之出鄒誕；《正義》於此傳及《滑稽列傳》題下皆引顏師古說，則出《漢書·公孫弘、卜式、兒寬傳》"滑稽則東方朔、枚皋"句註。顏之第一義："滑、亂也，稽、礙也，言其變亂無留礙也"，頗符鄒誕之解。"滑稽"二字雙聲，鄒誕望文生義，未必有當於"滑稽"之名稱，然而中肯入扣，殊能有見於滑稽之事理。夫異而不同，則區而有隔，礙而不通；淆而亂之，則界泯障除，爲無町畦矣。莊子辯才無礙，物論能齊，厲施莛楹，胡越肝膽，《逍遥遊》曰："將旁礴萬物以爲一"，司馬彪註："猶混同也"；故《孟子、荀卿列傳》以"滑稽亂俗"目之。《孔子世家》晏嬰曰："夫儒者滑稽而不可軌法"，瀧川漏引；"軌法"即"礙"，"滑稽"即"變亂"軌法也。《三國志·魏書·應璩傳》裴註引《文章敍錄》："爲詩以諷焉，其言雖頗諧合"；"合"即"同"也，"諧合"者、"俳諧"出以"亂同異"，即"滑稽"也。"滑稽"訓"多智"，復訓"俳諧"，雖

"義"之"轉"乎，亦理之通耳。觀西語"wit"與"esprit"之兼二義，"spiritoso"與"spirituale"及"Witz"與"Wissen"之出一根，返而求之，不中不遠。蓋即異見同，以支離歸於易簡，非智力高卓不能，而融會貫通之終事每發自混淆變亂之始事(the power of fusing ideas depends on the power of confusing them)①。論創造心理者謂之"兩事相聯"(bisociation)②。俳諧之設譬爲讔，機杼莫二。譬如嘔噱之最凡近者爲雙關語(pun)，混異義於同音，亂兩字爲一談，非直"稽"而"滑"之，有類謎語之"解鈴繫鈴"格歟？墨憨齋定本《酒家傭》第二六折取古語打諢云："但聞道可盜，須知姑不孤"；以"盜"、"姑"、"孤"字混於"道"、"觚"字，復以"道可盜"、"姑不孤"句混於"道可道"、"觚不觚"句，且以道經《老子》儷儒典《論語》，即"滑稽"、"諧合"之例焉。康德嘗言，解頤趣語能撮合茫無聯繫之觀念，使千里來相會，得成配偶(Der Witz paart [assimiliert] heterogene Vorstellungen, die oft weit auseinander liegen)③；讓·保羅至喻之爲肯作周方、成人好事而喬裝神父之主婚者(der Witz im engsten Sinn, der verkleidete Priester, der jedes Paar kopuliert)④。皆明其"亂同異"、"無留礙"。然則鄒誕之釋"滑稽"，義蘊精深，一名之訓於心要已具聖解矣。別見《楚辭》卷論《卜居》。

---

① S. Butler, *Alps and Sanctuaries*, 43-4.
② A. Koestler, *The Act of Creation*, 35; cf. 27, 45, 94.
③ Kant, *Anthropologie*, §54, *Werke*, hrsg. E. Cassirer, VIII, 109.
④ Jean Paul, *Vorschule der Ästhetik*, §44, *Werke*, Carl Hanser, V, 173. Cf. Samuel Butler: "A Pimp": "He is a conjunction copulative", *Characters and Passages from Notebooks*, ed. A. R. Waller, 184.

二八　孟嘗君列傳

"孟嘗君太息歎曰：'文常好客，……客見文一日廢，皆背文而去，莫顧文者。……'馮驩曰：'……富貴多士，貧賤寡友，事之固然也。君獨不見夫朝趨市者乎?'"云云。按《廉頗、藺相如列傳》頗"失勢之時，故客盡去，及復用爲將，客又復至。廉頗曰：'客退矣!'客曰：'吁!君何見之晚也!夫天下以市道交：君有勢，我則從君；君無勢則去，此固其理也'"；又《汲、鄭列傳》："太史公曰：'夫以汲、鄭之賢，有勢則賓客十倍，無勢則否，況衆人乎!'"；又《平津侯、主父列傳》："太史公曰：'偃當路，諸公皆譽之，及名敗身誅，士爭言其惡，悲夫!'"再三言此，感慨係之。劉峻《廣絕交論》曰："素交盡，利交興"，又釋"利交"曰："義同賈鬻，故桓譚譬之於闤闠"，《文選》李善註謂"譚集及《新論》"無此譬，唯《戰國策·齊策》四譚拾子對孟嘗君語有之，"疑'拾'誤爲'桓'，遂居'譚'上耳。"譚拾子語即《史記》此篇之馮驩語也。劉文歸宿於"繐帳猶懸，門罕漬酒之彥，墳未宿草，野絕動輪之賓"，乃言生死見《隋書·盧思道傳·勞生論》："結侶棄廉公之第，携手哭聖卿之門"云云一大節，淋漓盡致，則兼言盛衰見交態。《全唐文》卷七七六李商隱《別令狐拾遺書》："必曰：'吾惡

-512-

市道！'嗚呼！此輩真手搔鼻齇而喉譏人之灼痕爲癩者，市道何肯如此邪？今一大賈……是何長者大人哉！……此豈可與此世交者等耶？"；"市道"語出《史記》，而命意則申《全唐文》卷五九二柳宗元《宋清傳》。《傳》稱清"居市不爲市之道"，故如此"市道交豈可少邪？"，於遷《書》、劉《論》，更進一解。後世立言相類者不少，如杭世駿《道古堂文集》卷一〇《賈説》是也。

二九　春申君列傳

"乃上書説秦昭王曰：'……兩虎相與鬭，而駑犬受其弊。'"按《廉頗、藺相如列傳》："今兩虎相鬭，其勢不俱生"；《魏豹、彭越列傳》："兩龍方鬭，且待之"；《張儀列傳》儀説楚王："此所謂兩虎相搏者也"，又陳軫對秦惠王述卞莊子事，言兩虎方鬭，"立須"其一死一傷，刺其傷者，"一舉有雙虎之功"。《淮南子·詮言訓》："兩人相鬭，一贏在側，助一人則勝，救一人則免。鬭者雖強，必制一贏，非以勇也，以不鬭也"；用意相近。皆西語所謂"第三者坐享其利"（tertius gaudens）。《戰國策·秦策》二記陳軫語，作："無刺一虎之勞，而有刺兩虎之名"，修詞未當；夫刺傷虎，是亦刺之勞也。相鬭者，或曰"龍"、或曰"虎"，指異而旨無不同。變龍若虎爲鷸、蚌（《戰國策·燕策》二）若犬、兔（《齊策》三），胥可忘言得意。如徐陵《孝穆集》卷一《爲護軍長史王質移文》："刺虎之勢，時期下生；拾蚌之機，彌驗蘇子"；《周書·杜杲傳》杲謂徐陵曰："鷸蚌狗兔，勢不兩全，若使齊寇乘之，則彼此危矣"；邵雍《伊川擊壤集》卷一三《利害吟》："兔犬俱斃，蚌鷸相持；田漁老父，坐而利之。"亦如《魏書·僭晉司馬叡傳》溫嶠曰："今者騎虎之勢，可得下乎？"；《隋書·后妃傳》獨孤后使李圓通謂文帝曰："騎獸［虎］之勢，必不得下，勉之!"；《新五代史·唐臣傳》之一二故人子弟謂郭崇韜曰："俚語曰：'騎虎者勢不得下'"；而《魏書·略陽氏吕光傳》吕超曰："今猶乘龍上天，豈得中下？"乘龍跨虎，取象異而命意同，齊物論也可。

【增訂四】《後漢書·儒林列傳》上："孔僖歎曰：'若是所謂畫龍不成反為狗者'"；《馬援傳》書誡兄子曰："所謂畫虎不成反類狗者也。"正如"騎虎"、"乘龍"之均喻"難下"也。

三〇　廉頗藺相如列傳

《考證》："《國策》記廉事頗略，而無一語及藺，此傳多載他書所不載。"按此亦《史記》中迴出之篇，有聲有色，或多本於馬遷之增飾渲染，未必信實有徵。寫相如"持璧卻立倚柱，怒髮上衝冠"，是何意態雄且傑！後世小說刻劃精能處無以過之。《晉書·王遜傳》："怒髮衝冠，冠為之裂"，直類《史通》外篇《暗惑》所譏"文鴦侍講，殿瓦皆飛"，拾牙慧而復欲出頭地，反成笑柄。趙王與秦王會於澠池一節，歷世流傳，以為美談，至譜入傳奇。使情節果若所寫，則樽俎折衝真同兒戲，抑豈人事原如逢場串劇耶？武億《授堂文鈔》卷四《藺相如澠池之會》深為趙王危之，有曰："殆哉！此以其君為試也！"又曰："乃匹夫能無懼者之所為，適以成之，而後遂嘖然歎為奇也！"其論事理甚當，然竊恐為馬遷所弄而枉替古人擔憂耳。司馬光《涑水紀聞》卷六記澶淵之役，王欽若譖於宋真宗曰："寇準以陛下為孤注與虜博耳！"武氏斥相如行險徼倖，即亦以其君為"孤注"之意矣。

三一　田單列傳

"田單因宣言曰：'神來下教我！'乃令城中人曰：'當有神人爲我師。'有一卒曰：'臣可以爲師乎？'因反走。田單乃起，引還，東鄉坐，師事之。卒曰：'臣欺君，誠無能也。'田單曰：'子勿言也！'因師之，每出約束，必稱'神師'。"按古書載神道設教以愚民便用，無如此節之底蘊畢宣者，參觀《周易》卷論《觀》。連類殊多，如《隋書·王〔世〕充傳》："乃假託鬼神，言夢見周公，乃立祠於洛水之上，遣巫宣言：'周公欲令僕射急討李密，當有大功，不則兵皆疫死'。充兵多楚人，俗信妖妄，故出此言以惑之。"蓋兵不厭詐，古兵法中初不廢妝神搗鬼以爲人定之佐也。《尉繚子·天官》："黃帝曰：'先神先鬼，先稽我智'；謂之天時，人事而已。"《唐太宗李衛公問對》卷下："兵者、詭道也，託之以陰陽術數，則使貪使愚，茲不可廢也"，舉例即有田單茲事。古希臘羅馬名將救危制勝，每乞靈於"陰術"[①]，或且以戲劇中之"情事危險，神道

[①] Plutarch, *Lives*, "Fabius Maximus", iv-v, "Loeb", III, 129-131; Frontinus, *Stratagems*, I.xi, "Loeb", 74-8.

出現"(deus ex machina)相擬焉①。

"田單乃收城中得千餘牛,爲絳繒衣,畫以五彩龍文,束兵刃於其角,而灌脂束葦於其尾,燒其端。鑿城數十穴,夜縱牛,壯士五千隨其後。牛尾熱,怒而奔燕軍。"按漢尼巴爾(Hannibal)爲羅馬師所圍,悉索軍中牛,得二千頭,以乾柴爲火把,束角上(fasten to each of their horns a torch consisting of a bundle of withes or faggots),入夜燃之;牛駭且痛,狂奔,過處無不着火。羅馬師驚潰,圍遂解②。額火與尻火孰優,必有能言之者。

【增訂一】韓愈《納涼聯句》:"牛喘甚焚角",暗合西故。王餘祐嘗據"莫笑田家老瓦盆"句,謂杜甫通拉丁文(見《四庫全書總目》卷一八一《五公山人集》提要);使其知此事,不識於韓愈又將何說。

---

① Plutarch, *op. cit.*, "Themistocles", X. "Loeb", II, 27-29.
② Plutarch, *op. cit.*, "Fabius Maximus", vi, vol. III, pp. 137-9; cf. Frontinus, *op. cit.*, I. v. 28, p. 50.

三二　魯仲連鄒陽列傳

"魯仲連曰：'吾始以君爲天下之賢公子也。吾乃今然後知君非天下之賢公子也！'"按全用《戰國策·趙策》三原文，倘因此得免於王若虛之指斥乎？不然，渠好與馬遷爲難，必點煩作："吾始以君爲天下賢公子，今知非也"。"乃今然後"四字乍視尤若堆疊重複，實則曲傳躊躇遲疑、非所願而不獲已之心思語氣；《水滸》第一二回："王倫自此方纔肯教林冲坐第四位"，適堪連類。苟省削爲"今乃知"、"纔肯教"之類，則衹記事跡而未宣情蘊。《國策》此篇下文新垣衍曰："始以先生爲庸人，吾乃今日而知先生爲天下士也"，《史記》亦用其語，而削去"而"字，詞氣遂不暢；《趙策》二蘇秦説趙王曰："雖然，奉陽君妬，大王不得任事。……今奉陽君捐館舍，大王乃今然後得與士民相親"，言待之已久，方能"得"也，俗語所謂"終算等到這一天"。《莊子·天運》寫孔子見老子歸曰："吾乃今於是乎見龍！"歎非常之人而得幸會也；《逍遥遊》寫鵬待風厚方能振翼曰："而後乃今培風，……而後乃今將圖南"，明遠大之事匪可輕舉也。均稠疊其詞，以表鄭重。遷本書《張釋之、馮唐列傳》釋之諫文帝曰："今盜宗廟器而族之，有如萬分之一假令愚民取長陵一抔土，陛下將何以加其法乎？"盜掘本朝先帝陵墓，大逆不敬，罪惡彌天，爲臣子者心不敢想而亦口不忍宣也，然而臣姑妄言之，君其妄聽之；故"有如"而累以"萬分之一"，猶恐冒昧，復益以"假令"，擬設之詞幾如屋上加屋，心之猶豫、口之囁嚅，即於語氣徵之，而無待摹狀矣。《舊唐書・狄仁傑傳》仁傑諫高宗曰："古人云：'假使盜長陵一抔土，陛下何以加之？'"，轉述釋之之諫，得心意而不必顧口角也。《魏書・楊播傳》楊椿誡子弟曰："汝等脫若萬一蒙時主遇"，疊詞以示語重心長，可相參印。《宋書・前廢帝紀》："太后怒，語侍者：'將刀來剖我腹，那得生如此寧馨兒！'"郝懿行《晉宋書故・寧馨》條謂"寧馨"即"如此"，沈約"不得其解，妄有增加，翻爲重複，《南史》'寧馨'上刪去'如此'二字，則得之矣。"夫"如此寧馨"亦正累疊同義之詞以增重語氣，猶白話小說中之言"如此這般"，或今語"這種這樣的人真是少見少有"。

【增訂三】白話小說中撮述告語之委曲丁寧，每重言而變其文。如《金瓶梅》第三三回："拉到僻靜處，告他説：'你家中如此如此，這般這般'"；《西遊記》第三七回："這等這等，如此如此，將那夢中話一一的告訴行者。"

郝氏知訓詁而未解詞令，豈沈約當時并"不得"南朝"方言"之"解"哉！《全唐文》卷七三〇樊宗師《絳守居園池記》："余退嘗吁後其能無果有不補建者"；此《記》元三家註本中吳師道曰："連用'其能無果乃不'六字爲疑詞，亦文之好奇也！"蓋原句即亦"後其能無補建者"或"後補建者果有不"，樊兼收並使，以示疑慨之深，意過於通，用此法而不當爾。陸以湉《冷廬雜識》卷一稱"史公以一句縱，一句操"，而於"一篇中屢見之者"，如此篇之"天下之賢公子也"、"有求於平原君者也"云云。殊非探本之論。此節佳文，悉取之《趙策》三，句法操縱，一仍舊貫，未可歸功馬遷。《晉書・張輔傳》載輔論馬、班優劣，有曰："又遷爲蘇秦、張儀、范雎、蔡澤作傳，逞詞流麗，亦足以明其大才也"；輔亦未察此數篇幾全采《國策》而成，贊歎之不啻代遷攘善掠美。錦上添花，見逸勢冲天者借以羽翼，張、陸有焉。經傳中句法操縱，所見無過《公羊傳》宣公十五年宋人及楚人平一篇："吾軍亦有七日之糧爾，盡此不勝，將去而歸爾"，"雖然，吾今取此，然後而歸爾"，"臣已告之矣，軍有七日之糧爾"、"雖然，吾猶取此，然後歸爾"，"然則君請處於此，臣請歸爾"，"吾孰與處於此，吾亦從子而歸爾"，左、馬書中無其倫比也。又按元俞玉《書齋夜話》卷一論"經傳之文"每"兩聲合爲一聲，蓋省文也"，舉例有"'耳'即'而已'，'爾'即'如是'"；阮元《揅經室外集》卷三爲俞書提要，因曰："凡云'而已'者，急言之曰'耳'，古音在第一部，凡云'如此'者，急言之曰'爾'，古音在第十五部；如《世說》'聊復爾耳'，謂'且如此而已'也。二字音義絕然不同，唐宋人至今每訛錯。"俞語平實，阮論則失當逞臆矣。即如《公羊傳》此篇之"爾"，正復與"耳"何別？阮引《世說》語，《晉書・阮咸傳》采之；而同卷《阮脩傳》王敦曰："卿嘗無食，鴻臚差有祿，能作不？"脩答："亦復可爾耳"，則謂"亦復可如此也"，猶云："也行"、"也不妨那樣"。若易"也"爲"而已"，則猶云："姑且那樣罷！"、"也只能那樣罷！"，詞氣悖而身分僭，不合事理。《世說・言語》"嵇中散既被誅"一則註引《向秀別傳》"族人作《儒道論》，困於不行，乃告秀欲假其名，笑曰：'何復爾耳！'"則謂"何必如此哉！"，若易

"哉"爲"而已",意義全乖。《三國志·魏書·諸夏侯、曹傳》裴註引《魏略》許允被誅,門生走告其婦,"婦正在機,神色不變,曰:'早知爾耳'"(亦見《世説·賢媛》),則謂"早知如此也";若易"也"爲"而已",口角輕易而心情刺謬。古樂府《婦病行》寫婦擬想身死後遺孤之苦,傷悲淚下,結云:"行復爾耳,棄置勿復道!"則謂"將亦如此也",猶云:"也會那樣受苦的,没奈何不去説它罷!"若易"而已",又口角輕易而心情刺謬。"爾耳"亦常見六朝譯佛經中,如北魏譯《賢愚經·檀膩䩭品》第四六:"由汝邪心,於父母舍,更蓄傍婿;汝在夫家,念彼傍人,至彼小厭,還念正婿,是以爾耳";北魏譯《雜寶藏經·老婆羅詣偈緣》第一一八:"我出家人,憐愍一切,畏傷蟲蟻,是以爾耳";又《法苑珠林》卷六一引《靈鬼志》術師乞擔人擔之,擔人"甚怪之,慮是狂人,便語云:'自可爾耳'"(《太平御覽》卷七三七引無"耳"字);皆謂"是以如此也","可以如此也","也"字或略去,然斷不能著"而已"。《三國志·魏書·蔣濟傳》裴註引《列異傳》:"其婦夢見亡兒涕泣,……明日以白濟,濟曰:'夢爲爾耳,不足怪也'",又《王淩傳》裴註引《魏略》記單固繫廷尉,慚不敢視母,母曰:"汝爲人吏,自當爾耳。此自門户衰,我無恨也";則洵如阮氏所釋"如此而已"。是以不宜枯蝸粘壁,膠執字訓,而須究"詞之終始"也。

"鄒陽乃從獄中上書"云云;《考證》:"真德秀曰:'此篇用事太多,而文亦浸趨於偶儷'"。按真氏語本《朱子語類》卷一三九:"問:'吕舍人言古文衰自谷永'。曰:'何止谷永!鄒陽《獄中書》已自皆作對子了。'""偶儷"、"對子"即馬遷所謂:"鄒陽辭雖不遜,然其比物連類,有足悲者。""比物連類"出《韓非子・難言》:"多言繁稱,連類比物,則見以爲虛而無用";枚乘《七發》鋪展爲八字:"於是使博辨之士,原本山川,極命草木,比物屬事,離辭連類。"《宋書・王微傳》微奉答始興王濬牋書,"輒飾以詞采",因與從弟僧綽書自解曰:"文詞不怨思抑揚,則流澹無味;文好古貴能連類可悲,一往視之,如似多意";"連類可悲"正用馬遷此傳語,"連類"即"詞采",偶儷之詞,縟於散行,能使"意"寡而"視"之"如似多"也。《四庫提要》卷一八九《四六法海》條亦云:"自李斯《諫逐客書》始點綴華詞,自鄒陽《獄中上梁王書》始點綴故事,是駢體文之漸萌也。"餘見《全漢文》卷論鄒陽《上書獄中自明》。

三三　吕不韋列傳

　　"因使其姊說華陽夫人曰：'吾聞之，以色事人者，色衰而愛弛'"。按《外戚世家》："及晚節色衰愛弛，而戚夫人有寵。"語本之《戰國策·楚策》一江乙說安陵君曰："以色交者，華落而愛渝"。又《楚策》四王曰："婦人所以事夫者，色也"；《韓非子·說難》："及彌子瑕色衰愛弛，得罪於君。……而前之所以見賢而後獲罪者，愛憎之變也。"；《詩·衛風·氓》小序亦云："華落色衰，復相棄背。"李白《妾薄命》："昔日芙蓉花，今成斷根草；以色事他人，能得幾時好！"即演"華落"爲十字耳。《佞幸列傳》："太史公曰：'甚哉愛憎之時！'"，"時"正言顏色盛衰之時。金屋貯嬌，長門買賦，一人之身，天淵殊況。余讀陸機《塘上行》："願君廣末光，照妾薄暮年"，歎其哀情苦語；尚非遲暮，祇丐餘末，望若不奢，而願或終虛也。《漢書·外戚傳》上李夫人病篤，武帝臨候，夫人蒙被轉嚮，不使見面，帝去，夫人語姊妹曰："夫以色事人者，色衰而愛弛，愛弛則恩絶，上所以攣攣顧念我者，乃以平生容貌也。今見我毀壞，顏色非故，必畏惡吐棄我。"發揮"色交"之猶利交，幾無賸義。晉謝芳姿《團扇歌》："白團扇，憔悴非昔容，羞與郎相見！"亦李夫人之心事也。

後來詩詠常申其意，如趙翼《甌北詩鈔》七言古之三《題周昉背面美人圖》："君不見李夫人，病態恐使君王見，君王臨問下羅幬，轉向牀陰不見面"（參觀五言古之二《題許松堂亡姬小像》，又錢大昕《潛研堂詩續集》卷八《真娘墓》、孫原湘《天真閣集》卷一一《牂柯悼玉歌》、魏源《古微堂詩集》卷四《怨歌行》之三）。

【增訂三】方文《嵞山續集‧徐杭游草‧題載花船短歌》："自古美人多不壽，壽則紅顏漸衰醜，不如年少化芳塵，蛾眉千載尚如新"，亦如趙翼、孫原湘等詩意。《西湖佳話》卷六《西泠韻蹟》託為蘇小小甘早死，發揮茲旨甚暢，有曰："使灼灼紅顏，不至出白頭之醜；纍纍黃土，尚動人青髫之思。失者片時，得者千古。"意大利詩人曰："見心愛者死去，事雖慘酷，然又有甚焉者，則目覩其為病所磨，體貌性情漸次衰敝，乃至非復故我也。蓋前事尚留空華幻想，後事乃索然意盡，無復餘思矣。"（Il veder morire una persona amata, è molto meno lacerante che il vederla deperire e trasformarsi nel corpo e nell'animo da malattia. Perchè nel primo caso le illusioni restano, nel secondo svaniscono—Leopardi, *Zibaldone*, ed. F. Flora, I, 386）又一英國畫師嘗語人："大美人最可憐；其壽太長，色已衰耗而身仍健在"（I think a great beauty is most to be pitied. She completely outlives herself—W. Hazlitt, *Conversations of James Northcote*, in J. Thornton, ed., *Table Talk*, "Everyman's Lib.", 268）。

梁簡文帝《詠人棄妾》："常見歡成怨，非關醜易妍"；崔湜《婕妤怨》："容華尚春日，嬌愛已秋風"；白居易《太行路》："何況如今鸞鏡中，妾顏未變心先變"；張籍《白頭吟》："春天百草秋始衰，棄我不待白頭時，羅襦玉珥色未暗，今朝已道不相宜"；

曹鄴《棄婦》："見多自成醜，不待顏色衰"；李商隱《槿花》："未央宮裏三千女，但保紅顏莫保恩"；《陽春白雪》卷七鄭覺齋《念奴嬌》："誰知薄倖，肯於長處尋短！舊日掌上芙蓉，新來成刺，變盡風流眼。自信華年風度在，未怕香紅春晚。"均言男不"念奴嬌"，而女猶"想夫憐"，愛升歡墜，真如轉燭翻餅。

【增訂三】"愛升歡墜"語出《後漢書·皇后紀》上郭后《論》。此節議論最為透切："物之興衰，情之起伏，理有固然矣。而崇替去來之甚者，必唯寵惑乎！當其接琳第，承恩色，雖險情贅行，莫不德焉。及至移意愛，析讒私，雖惠心姸狀，愈獻醜焉。愛升，則天下不足容其高；歡墜，故九服無所逃其命。"張衡《西京賦》寫後宮云："列爵十四，競媚取榮，盛衰無常，唯愛所丁"；末八字亦此意，"丁"字簡鍊，後世尠用者。

張雲璈《簡松草堂集》卷六《相見詞》第一首："初見何窈窕，再見猶婉孌，三見恐人老，不如不相見"，第三首："見多情易厭，見少情易變；但得長相思，便是長相見。"最為簡括圓賅。法國文家聖佩韋有膩友（Sophie d'Arbouville）病革，渠數往省候，不得一見，談者謂此正彼婦弄姿作態之極致，自知容貌衰敝，不願落情人眼中耳（par un sentiment de suprême coquetterie et pour ne pas montrer à son ami un visage ravagé）①。用心良苦，正與李夫人、謝芳姿彷彿；女蓄深心，即微男易薄情矣。陸游《南唐書·后妃諸王列傳》記昭惠后"寢疾，小周后已入宮，后偶褰幔見之，驚曰：'汝何日來？'……后恚，至死，面不外向"（馬令《南唐書·女憲傳》僅云："昭惠惡之，反卧不復顧"）；則與李夫人臨歿時事貌同情異。

---

① M. Allem, *Portrait de Sainte-Beuve*, 214.

三四　刺客列傳

"其友爲泣曰：'以子之才，委質而臣事襄子，襄子必近幸子，近幸子，乃爲所欲，顧不易耶？……'豫讓曰：'既已委質臣事人，而求殺之，是懷二心以事其君也'"云云。按蓋不肯詐降也。其嚴於名義，異於以屈節爲從權後圖者。李陵《答蘇武書》"報恩於國主耳"句，《文選》李善註引陵前與武書有"故且屈以求伸"語，與豫讓之言，如冰炭矣。

豫讓曰："范、中行氏皆衆人遇我，我故衆人報之；至於智伯，國士遇我，我故國士報之。"按《漢書·賈誼傳》誼上疏陳政事，即引豫讓此數語而申之曰："故主上遇其大臣如遇犬馬，彼將犬馬自爲也；如遇官徒，彼將官徒自爲也。……故見利則逝，見便則奪；主上有敗，則因而挺之矣；主上有患，則吾苟免而已，立而觀之耳。"因小見大，有關治體，匪特恩私之酬報矣。《尚書·泰誓》下："古人有言曰：'撫我則后，虐我則讎'。"《孟子·離婁》章孟子告齊宣王曰："君之視臣如手足，則臣視君如腹心；君之視臣如犬馬，則臣視君如國人；君之視臣如土芥，則臣視君如寇仇"；趙歧註："臣緣君恩以爲差等"。

【增訂一】江瀚《孔學發微》卷上引《論語》、《易》、《禮記》、

《左傳》而一言以蔽曰："人倫大都等待舉之，期於兩方交盡。"即豫讓語意。李陵《答蘇武書》亦曰："陵雖孤恩，漢亦負德"，正緣恩以為差等耳。

《戰國策·燕策》一郭隗對燕昭王曰："帝者與師處，王者與友處，霸者與臣處，亡國與役處。詘指而事之，北面而受學，則百己者至；先趨而後息，先問而後默，則十己者至；人趨己趨，則若己者至；馮几據杖，眄視指使，則廝役之人至；若恣睢奮擊，呴籍叱咄，則徒隸之人至矣"（《說苑·君道》篇郭隗語、《鶡冠子·博選》篇"五至爲本"節略同）。二節可與賈誼文相發明。"如遇官徒"，則"至"者多"徒隸"；"自爲犬馬"，則"視"君如"國人"。史籍所載，臣蒙國士之遇而爲眾人之報者固有之，君遇以眾人、畜等犬馬而責臣以國士之報者更多有之。《戰國策·齊策》四田需答管燕曰："君不肯以所輕與士，而責士以所重事君"；《魏書·路思令傳》上疏："夫恩可勸死士，今若捨上所輕，求下所重"，又《良吏傳》明亮曰："官爵、陛下之所輕，賤命、微臣之所重，陛下方收所重，何惜所輕？"；王明清《揮麈三錄》卷三記胡昉"以大言誇誕得官"，一日語人曰："朝廷官爵是買吾曹之頭顱，豈不可畏！"；元曲鄭廷玉《楚昭公》第一折："閒時故把忠臣慢，差時不聽忠臣諫，危時却要忠臣幹"；皆相發明。文藝復興時意大利史家亦謂君之於臣也，未嘗顧藉，爲己利便，扇捐屣棄，初勿少假，乃憤歎其營私負主，是亦不思之甚矣（Se e principi, quando viene loro bene, tengono poco conto de' servidori, per ogni suo pericolo interesse gli disprezzano o mettono da canto, che può sdegnarsi o lamentarsi uno padrone se e ministri, pure che non manchino al debito della fede e dell' onore, gli abandonano o pigliano quelli partiti che sieno più a loro beneficio?)①。

"聶政曰：'老母在，政身未敢以許人也'。"按此語全本《戰國策·韓策》二。《游俠列傳》言郭解"以軀借交，報仇藏命"，《貨殖列傳》亦言俠少"借交報仇"，則馬遷自鑄偉詞。《水滸》第一五回："阮小五和阮小七把手拍着頸項道：'這腔熱血只要賣與識貨的！'""許身"、"賣血"似皆不如"借軀"之語尤奇也。

---

① Guicciardini, *Ricordi*, §4, *op. cit*., 97-8.

三五　李斯列傳

"請一切逐客";《索隱》:"'一切'猶一例,言盡逐之也。言'切'者,譬若利刀之割,一運斤無不斷者。解《漢書》者以'一切'爲'權時'義,亦未爲得也";《考證》:"中井積德曰:'譬如一刀切束蒭'"云云。按《索隱》所駁"解《漢書》者",指《漢書·平帝紀》"一切滿秩如真"句師古註:"一切者,權時之事,非經常也;猶如以刀切物,苟取整齊,不顧長短縱橫。"實則以刀截釋"切",正發於師古,小司馬、中井未能立異。特師古曰"苟取"、"不顧",又涵不揣其本而齊其末之意,謂鹵莽滅裂以求整肅淨盡,類後世語之"一筆抹摋"。

【增訂四】《莊子·徐無鬼》:"是以一人之斷制利天下,譬之猶一覕也";郭象註:"覕、割也。萬物萬形,而以一劑割之,則有傷也";《釋文》:"劑、子隨反。"按"一劑"通《秋水》之"一齊","萬物一齊,孰短孰長。"《漢書》師古註"一切",曰"苟取",曰"不顧",正如《莊子》郭註"一覕"之謂"有傷"矣。

《全後漢文》卷四六崔寔《政論》:"安官樂職,圖累久長,而無苟且之政;吏民供奉,亦竭忠盡節,而無一切之計";以"一切"與

"苟且"互文對稱，草率了事、敷衍塞責之義了然，即師古註之"苟取"、"權時"矣。《貨殖列傳》："以武一切，以文守之"，諸家無註，"一切"曰"武"，言外有下刀不顧之意在。《曹相國世家》百姓歌曰："蕭何爲法，顜若畫一"；"畫一"亦是"一切"，皆《莊子·秋水》所謂"一齊"而無"孰短孰長"也。釋典以"一切"爲哲理術語，《法苑珠林》卷二八《述》曰："'一'者謂普及爲言，'切'者謂盡際爲語"，即名辯之"普概"、"全舉"（universe, universality）。《漢書·趙廣漢傳》："盜賊以故不發，發又輒得一切治理"，請無漏綱，嚴密不遺；《循吏傳》龔遂對宣帝曰："唯緩之始可治，……且無拘臣以文法，得一切便宜從事"，則謂因事從宜，不拘一律。前之"一切"指概同之經，後之"一切"指各殊之權；兩意相反。今語"一切"，惟存前意，括而無遺、全而無外，酷似釋典之祇指周遍，不寓特殊。至於不守經之權，與夫不通權之經，兩者又均"一切"之"苟且"義耳。

"斯乃上書曰：'臣聞吏議逐客，竊以爲過矣！……必秦國之所生然後可，則是夜光之璧不飾朝廷，犀象之器不爲玩好，鄭、衛之女不充後宮，而駿良駃騠不實外厩，江南金錫不爲用，西蜀丹青不爲采。……然則是所重者，在乎色樂珠玉，而所輕者，在乎人民也。'"按此書歷來傳誦，至其命意爲後世張本開宗，則似未有道之。二西之學入華，儒者闢佛與夫守舊者斥新知，詞爲異端，亦以其來自異域耳。爲二學作護法者，立論每與李斯之諫逐客似響之應而符之契，其爲暗合耶？其爲陰承也？如柳宗元《送僧浩初序》："果不信道而斥焉以夷，則將友惡來、盜跖而賤季札、由余乎？"非即斯《書》援秦穆公取由余、百里奚等所謂"此五子者，不產於秦"歟？茲復舉較不著者數例。《弘明集》卷一牟融《理惑論》略云:"昔孔子欲居九夷,由余產狄國而霸秦,漢地未必爲天中也"。《廣弘明集》卷一四李師政《内德論》略云:"夫由余出於西戎,輔秦穆以開伯業;日磾出於北狄,侍漢武而除危害。臣既有之,師亦宜爾。何必取其同俗而舍於異方乎?師以道大爲尊,無論於彼此;法以善高爲勝,不計於遐邇。豈得以生於異域而賤其道,出於遠方而棄其實?夫絶羣之駿,非唯中邑之産;曠世之珍,不必諸華之物。漢求西域之名馬,魏收南海之明珠;貢犀象之牙角,採翡翠之毛羽。物生遠域,尚於此而爲珍;道出遐方,獨奈何而可棄?若藥物出於戎夷,禁咒起於胡越,苟可以蠲邪而去疾,豈以遠來而不用之哉?"釋契嵩《鐔津文集》卷一《原教》:"苟以其人所出於夷而然也,若舜東夷之人、文王西夷之人,而其道相接紹,行於中國。可夷其人而拒其道乎?"《明文授讀》卷一二何喬遠《〈琴莊筆記〉序》云:"余嘗作《佛論》,以爲世尊見仲尼,仲尼將與之乎?其拒之也?陽貨、季康、互鄉之徒皆可以進,世尊而見仲尼,仲尼與之矣。四夷衣服食用之具,其精且巧於中國者亦多,而中國率用之矣。至論學論文,則曰:'彼佛經也!''彼佛意也!'"焦竑《筆乘》續集卷二《支談》云:"善乎曹德芳之語高叔嗣曰:'聖人之言道,如人之名天也。中國謂之天矣,匈奴則謂之撑犁,豈有二哉!'肅慎之矢、氐羌之鸞、卜人之丹砂、權扶之玉石,中國之人世寶之。獨其微言妙論,乃掩耳不欲聽。性命、我之家寶也。我有無盡藏之寶,埋没已久,貧不自聊矣;得一賈胡焉,指而示之,豈以其非中國人也,拒其言哉?"趙銘《琴鶴山房遺稿》卷七《與李愛伯同年書》云:"天算用彼術矣,砲火用彼法矣;吉貝出於異域,衣被寰中;巴菰植自南洋,咀含海表。苟求利濟,豈限方隅?刀號'定秦',弓銘'克敵';雖謂張吾三軍,學在四夷,夫奚不可也?以是發揚耳目,震耀威靈,本無嫌用楚之材,且有時盡羿之道矣。"《譚嗣同全集》卷三《上歐陽瓣薑師書》之二斥"中國名士"之痛詆"洋務"云:"且凡詈洋務者,能不衣洋布、用洋物乎?"焦氏"家寶"、"賈胡"之喻,即取諸釋典;《楞嚴經》卷四:"譬如有人,於自衣中繫如意珠,不自覺知,他方乞食馳走,忽有智者指示其珠,所願從心,致大饒富。""衣服食用之具",皆形而下,所謂"文明事物"(die Zivilisationsgüter);"文、學、言、論",則形而上,所謂"文化事物"(die Kulturgüter);前者見異易遷,後者積重難革,蓋事之常也①。若一以貫之:微言妙論,既掩耳惡聞,服食器用,亦潔身恐浼,遂有如《官場現形記》第四六回所嘲諷之童子良者,痛絶洋學,洋鐘、洋燈,"一概不用",納賄亦"衹愛銀子,不愛洋錢"(參觀《官場維新記》第一回袁伯珍)。雖爲暴謔,亦正李斯《書》中"擊甕叩缶、彈箏搏髀"之推類耳。古希臘一文家著《情書集》,殘膏賸馥,沾丐不尠,有函致所悦一外國人云:好物多不能本地自給,雨降於天,河流自海,織錦出諸大秦(the woven fabrics of the Chinese),此類皆不以非土産而遭擯斥,人也亦然,故身雖異族,勝於當方(Better too is the foreign lover)②。歌德名篇中寫諸生轟飲,一人索香檳酒,放歌云:佳品每産於遠地,外域方物不能概棄,故真正德國人憎法國之人而嗜法國之酒(Ein echter deutsc-

---

① M. Landmann: "Kulturphilosophie", *Die Philosophie im XX. Jahrhundert*, hrsg. F. Heinemann, 551-2.

② Philostratus, *Love Letters*, viii, in *Alciphron, Aelian, and Philostratus*, "Loeb", 431-3.

her Mann mag keinen Franzen leiden,/Doch ihre Weine trinkt er gern)①。一則推愛屋上之烏,一則嚴擇肉邊之菜,均可參觀。

"於是趙高待二世方燕樂,婦女居前,使人告丞相:'上方閒,可奏事。'丞相至宮門上謁,如此者三。二世怒曰:'吾常多閒日,丞相不來。吾方燕私,丞相輒來請事。丞相豈少我哉!'"按《後漢書·劉玄傳》記更始"日夜與婦人飲讌後庭"、"韓夫人尤嗜酒,每侍飲,見常侍奏事,輒怒曰:'帝方對我飲,正用此時持事來乎?'起,抵破書案。"二事頗相似。韓愈《藍田縣丞廳壁記》:"對樹二松,日哦其間,有問者,輒對曰:'余方有公事,子姑去!'",則燕居而託言有公事以謝來者,豈如皎然《詩式》所謂"偷意"耶? 韓夫人語經黃庭堅《戲詠高節亭邊山礬花》第二首運用:"北嶺山礬取次開,清風正用此時來",遂成江西社裏人爛熟之典。如徐俯《饒守董尚書令畫史繪釋迦出山相及維摩居士作此寄之》:"捷書正用此時來,開顏政爾難忘酒"(《聲畫集》卷三);曾幾《失題》:"自公退食入僧定,心與篆香俱寒灰;小兒了不解人意,正用此時持事來"(吳可《藏海詩話》稱引此詩而未具主名,茲據方回《瀛奎律髓》卷二五曾幾《張子公召飲靈感院》詩批語定爲曾作,今本《茶山集》未收);陸游《秋晴欲出城以事不果》:"一官底處不敗意,正用此時持事來"又《新津小宴之明日欲游修覺寺以雨不果》:"不如意事十八九,正用此時風雨來"(《劍南詩稿》卷二、卷八);范成大《海棠欲開雨作》:"蒼茫不解東風意,政用此時吹雨來"(《石湖詩集》卷三〇)。二世故事却未見人驅使入詩。豈不以"正用此時"四字別致醒目,

---

① *Faust*, I. 2270-73.

故更始事可以暗用，而二世事乏特色詞句，須道破"丞相"、"二世"，祇合明用耶？王銍《四六話》卷上論隸事有"伐山"與"伐材"之別，當行語也，然僅言事有"生"有"熟"，尚是修詞之粗。典實"生"、"熟"而外，猶判"明"、"暗"異宜焉。

"趙高治斯，榜掠千餘，不勝痛，自誣服"。按屈打成招、嚴刑逼供，見諸吾國記載始此。《張耳、陳餘列傳》貫高不肯供張敖反，"吏治榜笞數千，刺剟身無可擊者，終不復言"；蓋非盡人所能。《太平廣記》卷二六七《來俊臣》（出《御史臺記》）記武則天召見狄仁傑等，問曰："卿承反何也？"仁傑等對："向不承已死於枷棒矣！"

【增訂三】《尉繚子·將理》："笞人之背，灼人之脅，束人之指，而訊囚之情，雖國士有不勝其酷而自誣矣。"言"屈打成招"，更早於《史記》，亦已道拶刑。狄仁傑對武后語，即所謂"國士不勝其酷而自誣"也。

卷二六八《酷吏》（出《神異經》）記來俊臣與其黨造大枷凡十，各有名字，其四曰"著即承"，其六曰"實同反"，其七曰"反是實"。夫刑、定罪後之罰也；不鉤距而逕用枷棒，是先以非刑問罪也，如《水滸》第五二回高廉審問柴進所謂"不打如何肯招"，第五三回馬知府審問李逵所謂"快招了'妖人'，便不打你"。信"反是實"而逼囚吐實，知反非實而逼囚坐實，殊塗同歸；欲希上旨，必以判刑爲終事，斯不究下情，亦必以非刑爲始事矣。古羅馬修詞學書引語云："嚴刑之下，能忍痛者不吐實，而不能忍痛者吐不實"（Mentietur in tormentis, qui dolorem pati potest; mentietur, qui non potest）[1]；

---

[1] Quintilian, *Institutio oratoria*, V. x. 70, "Loeb", II, 238.

【增訂四】 十八世紀意大利名著《罪惡與刑罰論》云："酷刑最能使作惡而身强者免咎，無辜而體弱者服罪"（la tortura èl il mezzo sicuro diassolvere i robusti scellerati e di condannare i deboli innocenti. —Cesare Beccaria，*Dei delitti e delle pene*，cap. xii, a cura di P. Cala mandrei/1945/p. 218）。即余原引羅馬古語之意。

蒙田亦云："刑訊不足考察真實，祇可測驗堪忍"（plutost un essay de patience que de vérité)①。酷吏輩豈盡昧此理哉！蓄成見而預定案耳。

"李斯乃從獄中上書：'臣爲丞相，治民三十餘年矣。……卒兼六國，虜其王，立秦爲天子，罪一矣'"云云；《考證》："凌稚隆曰：'按李斯所謂七罪，乃自侈其極忠，反言以激二世耳'"。按《滑稽列傳》褚先生補郭舍人爲漢武帝大乳母緩頰，"疾言罵之曰：'咄！老女子！何不疾行！陛下已壯矣，寧尚須汝乳而活耶？尚何還顧？'"亦"反言以激"也。《全唐文》卷四三二僕固懷恩《陳情書》："臣實不欺天地，不負神明，夙夜三思，臣罪有六"云云，全師李斯此書，假認罪以表功，所謂"反言"也②。

---

① Montaigne, *Essais*, II.5, "la Pléiade", 350. Cf. *Don Quijote*, I.22 (Confesar en el tormento), "Clásicos Castellanos", III, 203-4; La Bruyère, *Les Caractères*, XIV.51 (la question), Hachette, 437.

② H. Lausberg, *Handbuch der literarischen Rhetorik*, I, 302: "Die Ironie ist der Ausdruck einer Sache durch ein deren Gegenteil bezeichnendes Wort".

三六　張耳陳餘列傳

"太史公曰：'……然張耳、陳餘始居約時，相然信以死，豈顧問哉？及據國爭權，卒相滅亡。何鄉者相慕用之誠，後相倍之戾也？豈非以利哉！'"；《索隱》引《廉頗列傳》"以市道交"云云。按小司馬之解未貼。《廉頗》、《孟嘗君》諸傳所言乃趨附富貴人門下之游客、食客，向火之乞兒而已。此傳所慨，則貧賤時刎頸之平交，以素心始而不免以市道隙末；相形愈下，故張、陳之事尤貽口實。《法言·重黎》篇："或問交，曰：'仁'。問餘，耳，曰：'光初'。"《漢書·張耳、陳餘傳·贊》全用《史記》語而改末句為"勢利之交，古人羞之，蓋謂是矣！"指斥更明。《後漢書·王丹傳》丹歎"交道之難"，即曰："張、陳凶其終。""凶終"與"光初"語反而意一。《樊、酈、滕、灌列傳》酈寄與呂禄善而奉周勃命紿禄，"天下稱酈況賣交也"，此亦平交；《漢書·樊、酈、滕、灌、傅、靳、周傳·贊》力為之辨，謂"誼存君親"，重於朋友。黃庭堅《豫章黃先生文集》卷二五《跋陷蕃王太尉家書》所謂："物固不一能，士固不一節。酈寄賣友而存君親，君子以為可"。唐庚《眉山唐先生文集》卷七《正友論》亦云："酈況之説其友也，其言甚甘，而君子不以為險"；然通篇力詆後世"相證"、"相告"、"相誣"以"賊害其友"之為"至惡"，斯意至龔自珍《定盦續集》卷一《論私》而大暢矣。

三七　魏豹彭越列傳

　　"有司治，反形已具。"按《季布、欒布列傳》："而陛下疑以爲反，反形未見"；《淮南、衡山列傳》："安罪重於將，謀反形已定。"《戰國策》習用此字，如《齊策》五蘇秦説閔王曰："此亡國之形也"；《楚策》一邯鄲之難，景舍謂楚王曰："趙有亡形。……趙見亡形"；《燕策》一齊使人謂魏王曰："伐齊之形成矣。"《三國志・吳書・諸葛恪傳》裴註引《漢晉春秋》李衡説姜維曰："自曹操以來，彼之亡形未有如今者也"；《隋書・劉昉傳》宇文忻臨刑，叩頭乞哀，昉曰："事形如此，何叩頭之有！"《全唐文》卷六六七白居易《請罷兵第二狀》："請而後捨，模樣可知"；《第三狀》："只使陛下威權轉銷，天下模樣更惡"；《論行營狀》："若比向前模樣，用命百倍相懸。""模樣"即"形"，古近語異耳，皆兼局勢與情跡而言之。陳師道《次韻春懷》云："老形已具臂膝痛"，點化殊妙，足資解會；"臂膝痛"者，老之徵象，"見"老之"形"，非老態"具"盡於"臂膝痛"也。

三八　黥布列傳

　　"隨何曰：'大王與項王俱列爲諸侯，北鄉而臣事之'"。按《田儋列傳》："謂其客曰：'橫始與漢王俱南面稱"孤"；今漢王爲天子，而橫乃爲亡虜，而北面事之，其耻固已甚矣！'"《容齋續筆》卷四以田橫語與呂布臨刑語相較，而引蘇軾《答范淳甫》詩云："猶勝白門窮呂布，欲將鞍馬事曹瞞！"獨深居點定本湯顯祖《玉茗堂集·詩》卷六《答淮撫李公》五律《序》："雅意殊厚，獨愧身與公等比肩事主，老而爲客，亦非予所能也！"則彷彿田橫語意。

　　"英布者，其先豈春秋所見楚滅英六臯陶之後哉？身被刑法，何其拔興之暴也！"按《項羽本紀》："舜目蓋重瞳子，又聞項羽亦重瞳子，羽豈其苗裔耶？何興之暴也！"；褚少孫補《三代世表》，曲學媚權貴，侈陳霍光爲霍叔苗裔，讚諛不容口，曰："豈不偉哉！"《漢書·霍光傳·贊》："死財三年，宗族誅滅，哀哉！昔霍叔封於晉，晉即河東，光豈其苗裔乎！"顯仿遷文，陰承褚説。班與馬貌同心異者：馬爲項羽、英布高攀華胄，意謂二人明德之後，猶叨餘慶，故能無藉而勃興；班采褚撰霍光譜牒，意謂霍叔犯上作亂，戾氣所遺，光遂作孽貽殃。後人遭際，遙定於累葉以前，兒孫否泰，陰本諸先祖所作；由《易》之"積善餘慶，積不善餘殃"、《老》之

"天網疏而不漏"等説，孳生馬、班此類史論，不啻爲釋氏"前因"、"現業"之教張本先容。慧皎《高僧傳》卷一康僧會答孫晧問報應，即曰："《易》稱'積善餘慶'，《詩》詠'求福不回'，雖儒典之格言，即佛教之明訓"；《弘明集》卷二宗炳《明佛論》引"積善"云云，謂："然則孔氏之訓，資釋氏而通"；卷三孫綽《喻道論》歷引史籍所載魏顆、齊襄等"古今禍福之證"，拍合佛説"報應"；卷一一李淼《與道高、法明二法師書》之三至據"積善"云云，謂"七經所陳，義兼未來"，無俟釋教；《隋書·隱逸傳》有客"不信佛家應報之義，以爲外典無聞"，李士謙"喻"以"積善"云云。佛法東來，就地不乏假借以爲緣飾之資，俾生疏而可託熟習，遂易入人心耳。吾國古説祇道先祖及於後人，非道前生即是後身，如項羽、英布、霍光乃舜、皋陶、霍叔之裔孫，而非三人之轉世。班固《幽通賦》："三樂同于一體兮，雖移易而不忒"，曹大家註："天命祐善災惡，非有差也，然其道廣大，雖父子百葉，猶若一體也"；"一體"言同一血統，非言同此一人，如霍光與霍叔乃一脈相傳，非一身輪迴。釋教則於當身之"花報"、"現報"而外，尚標身故之"果報"、"生報"、"後報"（《大般涅槃經·梵行品》第八之五、《優婆塞戒經》），亦猶古希臘人所謂"他生公道"（la divine formule Adrastée）或"太古科律"（the thrice ancient law）①。身異世遷，仍食前生宿因之果。名登《史記》之鼂錯、袁盎，歷七百年、轉十世爲僧，而猶怨對報復，釋志磐《佛祖統紀》卷四二言之鑿鑿云！

---

① Plotin, *Énnéades*, III. ii. 13, tr. É. Bréhier, lll, 39-40 et note (*Phèdre*, 248c; *Lois*, 870e, 904e-905a); E. Rohde, *Psyche*, tr. W. B. Hillis, "International Library of Philosophy, Psychology and Scientifictional Method", 344.

三九　淮陰侯列傳

"信度：'何等已數言上，上不我用。'即亡。"按《田儋列傳》："高帝聞之，乃大驚。'以田橫之客皆賢，吾聞其餘尚五百人在海中。'使使召之。"一忖度，一驚思，逕以"吾"、"我"字述意中事。《蕭相國世家》："乃益封何二千户，以帝嘗繇咸陽，'何送我獨贏，奉錢二也'"；亦如聞其心口自語（le monologue intérieur）。《三國志·魏書·武帝紀》裴松之註引《魏略》載策魏公上書："口與心計，幸且待罪"；嵇康《家誡》："若志之所之，則口與心誓，守死無二"；《太平御覽》卷三六七《傅子·擬金人銘》："開闔之術，心與口謀"；《顏氏家訓·序致》："每嘗心與口敵，性與情競"；均狀此情。詩文中如白居易《聞庾七左降》："後心誚前意：'所見何迷蒙！'"韓愈《鄭羣贈簟》："手磨袖拂心語口：'慢膚多汗真相宜！'"；樊宗師《越王樓詩·序》："淚雨落不可掩，因口其心曰：'無害若！'"；高駢《寫懷》："如今暗與心相約：'不動征旗動酒旗'"。曰"相約"，曰"誚"，曰"心語口"，曰"口其心"，一人獨白而宛如兩人對語①。《木蘭詩》：

---

① Cf. A. W. Schlegel: "Ueber den dramatischen Dialog": "Sogar ein Monolog kann in hohem Grade dialogisch sein... Was man in gemeinen Leben nennt: 'sich mit sich selbst besprechen'... man sich gleichsam in zwei Personen teilt", *Kritische Schriften und Briefe*, W. Kohlhammer, I, 109.

"可汗問所欲,木蘭不用尚書郎,願借明駝千里足,'送兒還故鄉'";夫"兒"、女郎自稱詞也,而木蘭"見天子坐明堂"時,尚變貌現男子身,對揚應曰"送臣",言"送兒"者,當場私動於中之女郎心語,非聲請於上之武夫口語也。用筆靈妙,真滅盡斧鑿痕與針線迹矣。後世小說家代述角色之隱衷,即傳角色之心聲(a direct quotation of the mind)①,習用此法,蔚爲巨觀。如《水滸》第四三回:"李逵見了這塊大銀,心中忖道:'鐵牛留下銀子,背娘去那裏藏了?必是梁山泊有人和他來。我若趕去,倒喫他壞了性命'";《紅樓夢》第三回:"黛玉便忖度着:'因他有玉,所以纔問我的'。"《西遊記》謂之"自家計較,以心問心","以心問心,自家商量","心問口,口問心"(第三二、三七、四〇回)。以視《史記》諸例,似江海之於潢汙,然草創之功,不可不録焉。

蕭何曰:"王必欲長王漢中,無所事信;必欲爭天下,非信無所與計事者。"按"必"乃疑詞"如果"之"果",非決詞"必果"之"果"。《廉頗、藺相如列傳》:"王必無人,臣願奉璧往使";《酈生、陸賈列傳》:"必聚徒合義兵誅無道秦,不宜倨見長者";"必"均訓"如"、"若"、"倘"、"脱"。《論語·公冶長》:"十室之邑,必有忠信如丘者焉",皇侃疏:"一家云:'十室之邑若有忠信如丘者'";《左傳》襄公二十三年,申豐對曰:"其然,將具敝車而行";杜預註:"猶必爾"。"其然"即"若然"也。

項羽使武涉往説韓信曰:"足下所以得須臾至今者,以項王

---

① L. E. Bowling, quoted in L. Leary, ed., *Contemporary Literary Scholarship*, 267.

史記會註考證　三九

尚存也。當今二王之事，權在足下；足下右投則漢王勝，左投則項王勝。項王今日亡，則次取足下"；蒯通説韓信曰："立功成名，而身死亡；野獸已盡，而獵狗烹"；韓信曰："果若人言：'狡兔死，良狗烹；高鳥盡，良弓藏；敵國破，謀臣亡'。天下已定，我固當烹"。按《韓信、盧綰列傳》臧衍見張勝曰："公所以重於燕者，以習胡事也，燕所以久存者，以諸侯數反，兵連不決也。……公何不令燕且緩陳豨，而與胡和。事寬，得長王燕"；馬遷論曰："內見疑强大，外倚蠻貊以爲援。"武、臧二人之意，皆釋敵養寇，挾以自重也；説詳《左傳》卷襄公二十三年。"右投"、"左投"兩語，可參觀《季布、欒布列傳》欒布曰："當是之時，彭王一顧，與楚則漢破，與漢而楚破。"韓信臨死語正如李斯獄中上書云："若斯之爲臣者，罪足以死固久矣"；即吳融《閑書》所謂"回看帶礪山河者，濟得危時没舊勳"，或唐諺所謂"太平本是將軍致，不使將軍見太平"，禪宗常用爲機鋒接引者也（如《五燈會元》卷八保福清豁又卷一六天衣義懷章次）。古羅馬史家論暴君（Tiberius）誅大將（Silius）云："臣之功可酬者，則君喜之；苟臣功之大，遠非君所能酬，則不喜而反恨矣"（Nam beneficia eo usque laeta sunt, dum videntur exsolvi posse; ubi multum antevenere, pro gratia odium redditur）①。

【增訂四】余所引古羅馬史家語，蒙田文中亦徵援及之，并稱述法國史家（Phillippe de Commines）之言曰："臣工爲主宣勞，切忌功高至於無可酬庸"（Il se faut bien garder de faire tant de service a son maistre, qu'on l'empesche d'en trouver

---

① Tacitus, *The Annals*, IV.18, "Loeb", III, 34.

la juste recompense. —*Essais*，III. viii, Bib. de la Pléiade，p.904）。汪景祺《讀書堂西征隨筆》有《功臣不可為》一則，蓋戚戚同心焉。

此言視《隋書・梁士彥等傳・論》所謂功臣自貽伊戚，乃緣"貪天之功，以爲己力，報者倦矣，施者未厭"（《北史》卷七三同），似更鞭辟入裏。馬基亞偉利亦曰："苟爲權首，必受其咎，此理顛撲不破"（una regola generale la quale mai o raro falla: che è chi è cagione che uno diventi potenti, ruina）；又言爲君者遇功臣必寡恩（è impossibili ch'egli usino gratitudine a quelli che con vittoria hanno fatto sotto le insegne loro grandi acquisti），蓋出於疑猜（nasce da il sospetto）云①。

【增訂四】《宋書・吳喜傳》太宗誅喜，與劉勔、張興世、齊王詔曰："凡置官養士，本在利國。當其為利，愛之如赤子；及其為害，畏之若仇讎。豈暇遠尋初功而應忍受終敝耳。將之為用，譬若餌藥；當人羸冷，資散石以全身，及熱勢發動，去堅積以止患。豈憶始時之益，不計後日之損，存前者之賞，抑當今之罰？非忘其功，不得已耳。"人主現身說法，却如出馬基亞偉利筆下；以"不得已"為解，亦猶馬氏之好言"必須"、"勢所必然"等，其論人主必狡如狐而猛如獅（la golpe e il lione）一章可以隅反（è necessario; uno principe necessitato; obbediscono alle necessità; è bene necessario; non è cosa più necessaria. —*Il Principe*，xviii，*Opere*，Ric cardo Ricciardi, pp.57-9）。密爾敦詩嘗以"必不得已"為"暴君作惡

---

① Machiavelli, *Il Principe*, cap.3; *Discorsi*, I.29; *op. cit.*, 14, 155-8.

之藉口"（So spake the Fiend; and with necessity,/The tyrant's plea, excus'd his devilish deeds. —— *Paradise Lost*, IV, 393-4)，有以哉。

蒯通曰："跖之狗吠堯，堯非不仁，狗固吠非其主。"按《魯仲連、鄒陽列傳》鄒陽獄中上書曰："無愛於士，則桀之犬可使吠堯，跖之客可使刺由。"二人之喻本《戰國策·齊策》六貂勃對田單曰："跖之狗吠堯，非貴跖而賤堯也，狗固吠非其主也"；其意亦類《國語·齊語》及《管子·小匡》記齊桓公曰："夫管仲射寡人中鉤！"鮑叔對曰："彼爲其君動也；君若宥而反之，亦猶是也。"

【增訂三】《左傳》襄公二一年："樂王鮒謂范宣子曰：'盍反州綽、邢蒯？勇士也。'宣子曰：'彼欒氏之勇也，余何獲焉！'王鮒曰：'子爲彼欒氏，乃亦子之勇也'"。亦鮑叔、鄒陽語意。

《戰國策·秦策》一陳軫設"楚人有兩妻"之譬："居彼人之所，則欲其許我也；今爲我妻，則欲其爲我詈人也"；則欲望更奢。《梁書·馬仙琕傳》高祖勞之曰："射鉤斬袪，昔人所美，卿勿以殺使斷運自嫌"，仙琕謝曰："小人如失主犬，後主飼之，便復爲用"，高祖"笑而美之"。皆即鮑叔、鄒陽之旨。《舊唐書·史憲誠傳》陰欲爲亂，而"謂［宣慰使韋］文恪曰：'憲誠蕃人，猶狗也，唯能識主，雖被棒打，終不忍離。'其狡譎如此！"得飼則隨新主，棒打不離舊主，斯又狗喻之兩邊矣。《游俠列傳》引"鄙諺"："何知仁義？已享其利者爲有德"，張文虎《舒藝室隨筆》卷四謂"已"當作"己"，猶言"身"也；《列子·楊朱》："語有之曰：'……人不衣食，君臣道息'，"鍾惺、譚元春《古詩歸》卷二選入逯作列子詩,譚評:"則衣食之外,別無君臣",實抉此旨。《周書·文帝紀》上記侯景曰:"我猶箭耳,隨人所射,安能自裁?";《三朝北盟會編·靖康中帙》卷五四引《遺史》記范瓊大呼曰:"自家懣只是少個主人,東也是吃飯,西也是吃飯;譬如營裏長行健兒,姓張的來管着是張司空,姓李的來管着是李司空";《宋元學案》卷八〇高載爲狗所噬,作賦詈之曰:"逐利不顧,則從跖而吠堯;爲養所移,則事齊而背漢";明朱健《蒼崖子·挈真篇》:"以人仇我,爲我則亦仇人;因我背人,因人則亦背我";皆鑑於享利則推有德,得食則事爲君之情事也。然尚有等而下焉者,跖犬而搖尾於非主,楚妻而送睞於外人。如《史記·季布、欒布列傳》記項羽將丁公逐窘高祖,事急,高祖顧曰:"兩賢豈相阨哉!"丁公遂私釋之;及項王滅,丁公來歸,高祖以徇軍中曰:"丁公爲項王臣不忠,使項王失天下者,丁公也!後世爲人臣者無效丁公!"遂斬之。

【增訂四】錢謙益《國初羣雄事略》卷一四引黃佐《何真傳》:"邑民王成……構亂,……築砦自守,真……募人能縛成者鈔十千。未幾,成奴縛之以出,真釋之,引坐,謂曰'公奈何養虎遺患?'成掩面慚謝曰:'始以為貓,孰知其虎!'奴求賞,真如數與之。使人具湯鑊烹奴,駕轉輪車,數人推之,使號於衆曰:'四境毋如奴縛主以罹此刑也!'又使數人鳴鉦,督奴妻炊火,奴一號則羣應之曰:'四境有如奴縛主者視此!'"即踵漢高斬丁公事而增華者也。

蓋知其因我背人,將無亦因人背我也,居彼而許我,則亦未必爲我而詈人也。古希臘大將(Antigonus)、羅馬大帝(Julius Caesar)

論敵之不忠其主而私與己通者，皆曰："其事可喜，其人可憎"（he loved treachery but hated a traitor）①；正漢高於丁公之謂矣。《漢書·蒯、伍、江、息夫傳》蒯通"見曹相國曰：'婦人有夫死三日而嫁者，有幽居守寡，不出門者；足下即欲求婦，何取?'曰：'取不嫁者。'通曰：'然則求臣亦猶是也'"；《宋書·王玄謨傳》報南郡王義宣書曰："夫挑妾者愛其易，求妻則敬其難，若承命如響，將焉用之?"均相發明。

---

① Plutarch, *Lives*, "Romulus", XVII.3-4 (Tatius and Tarpeia), "Loeb", I, 141. Cf. Sacchetti, *Il Trecentonovelle*, v, Castruccio Castracane: "Il tradimento mi piace, ma il traditore no", *Opere*, Rizzoli, 57.

四〇　田儋列傳

"田橫之高節，賓客慕義而從橫死，豈非至賢！余因而列焉。不無善畫者，莫能圖，何哉？"《索隱》："言天下非無善畫之人，而不知圖畫田橫及其黨慕義死節之事"；《考證》引顧炎武語，斥小司馬"憒憒"。按《索隱》誤以"畫"策、"圖"謀爲繪畫圖像，亦猶《穆天子傳》卷二："封膜畫於河水之陽，以爲殷人主"，而張彥遠讀誤書破句，遂憑空添一上古畫師，《歷代名畫記》卷四："封膜，周時人，善畫，見《穆天子傳》"（《四庫總目》卷一一三《繪畫備考》、孫志祖《讀書脞錄》卷五、沈濤《交翠軒筆記》卷四等）。皆頗可覘唐人之重丹青也。

四一　酈生陸賈列傳

　　陸賈"時時前説稱《詩》、《書》，高祖罵之曰：'乃公居馬上而得之，安事《詩》、《書》?'陸生曰：'居馬上得之，安可以馬上治之乎?'"按《劉敬、叔孫通列傳》通謂弟子曰："漢王方蒙矢石，争天下，諸生寧能鬭乎?……諸生且待我，我不忘矣"；後説高祖曰："夫儒者難與進取，可與守成。"二節印可，"寧能鬭"、"難與進取"即"居馬上安事《詩》、《書》"也。"一歲中往來過他、客，率不過再三過。數見不鮮，無久㥎公爲也!"；《索隱》："謂時時來見汝也，必令鮮美作食，莫令見不鮮之物也；'公'、賈自謂也"；《考證》："劉攽曰：'人情頻見則不美，故毋久溷汝'；稱子曰'公'，當時常語，説見《鼂錯傳》。"按《漢書·酈、陸、朱、劉、叔孫傳》作"數擊鮮，無久溷汝爲也"，師古註："謂：'我至之時，汝宜數數擊殺牲牢，與我鮮食，我不久住亂累汝也'。"顧炎武《日知録》卷二七、杭世駿《訂訛類編》卷一、胡鳴玉《訂譌雜録》卷四等皆本《漢書》"擊鮮"以釋《史記》"不鮮"之"鮮"爲新鮮之食，謂《史記》語意乃"數見不煩擊鮮"，顧氏并參俗語"常來之客不殺雞"。黃生《義府》卷下解《史記》語爲頻煩則生厭，父子間亦宜少過往；姚範

《援鶉堂筆記》卷一六載方苞釋爲"凡物數見則不見鮮好";則均同劉攽。竊疑都不允愜。《史》、《漢》意異,更未可相説以解。《禮記·文王世子》:"命膳宰曰:'末有原'";《註》:"'末'猶'勿'也,'原'、再也,勿有所再進";《正義》:"在後進食之時皆須新好,無得使前進之物而有再進。"可以移釋。"鮮"者,"新好"之食也;"不鮮"者,"原"也,宿饌再進也。"不鮮"自指食不指人,而食之"不鮮"又由於人之"不鮮",頻來長住,則召慢取怠;《漢書·楚元王傳》穆生所云:"醴酒不設,王之意怠",俗諺所云:"人無千日好,花無百日紅。"陸賈知"數見"、"久溷"必致禮衰敬殺,人之常情,父子間亦不能免;特不言己之將成老厭物,而祇言供食之將非新好物,舉跡則不待道本,示果則無須説因,猶葉落而可知風,烟生而可知火。賈初非謂己之"不見新鮮",亦非囑子"不煩擊鮮",乃言客常來則主懶作東道,言外即已"不過再三過",故子當盛饌厚款,客稀來、宜殺雞耳。《漢書》語意大異。《爾雅·釋詁》:"數、疾也";《禮記·曾子問》:"不知己之遲數",《樂記》:"衛音趨數煩志",《祭義》:"其行以趨,趨以數",鄭玄皆註"數"爲"速"。"數擊鮮"者,"速擊鮮"也;賈乃命其子速治新好之食,己亦不勾留惹厭,客即去、快殺雞耳。周君振甫曰:"陸賈有五子,'十日而更',則每子一歲當番七次,而賈乃曰:'不過再三過';賈之'過',必'安車駟馬',携侍者十人,命子'給人馬酒食極欲',一子每歲如是供養賈者七十日,而賈乃曰:'無久溷'。在上者不自覺其責望之奢,而言之輕易,一若體恤下情、所求無多,陸賈之'約',足以示例。史遷直書其語,亦有助於洞明人情世故矣。"得間發微之論,前人所未道也。又按王次回《疑雨集》卷四《舊事》之一：" 一回經眼一回妍，數見何曾慮不鮮！"，語出《史記》，本劉敞"頻見則不美"之解，命意則同陸機《日出東隅》："綺態隨顏變，沉姿無乏源"，劉緩《敬酬劉長史詠〈名士悅傾城〉》："夜夜言嬌盡，日日態還新"，盧思道《後園宴》："日日相看轉難厭，千嬌萬態不知窮"①。《疑雨集》卷一《和孝儀看燈詞》之九："舊曲鬻來不耐聽"；"鬻"乃"鮮"之反，李商隱《壬申七夕》："月薄不嫣花"，而蘇軾《臥病彌月垂雲花開》詩施元之註引作"日薄不鬻花"，即此"鬻"字。

① Cf. Shakespeare, *Antony and Cleopatra*, II. ii: "Age cannot wither her, nor custom stale her infinite variety"; Racine, *Bérénice*, I. ii: "Chaque jour je la vois, / Et croit toujours la voir la première fois."; Laclos, *Les Liaisons dangereuses*, lettre 10, "Bib. de la Pléiade", 54: "En effet, ses hommages réitérés, quoique toujours reçus par la même femme, le furent toujours par une Maîtresse nouvelle" (cf. lettre 127, p.373).

四二　扁鵲倉公列傳

"扁鵲以其言，飲藥三十日，視見垣一方人；以此視病，盡見五藏癥結。"按安世高譯《奈女耆婆經》記耆婆於宮門前逢一擔樵小兒，遥視悉見此兒五藏腸胃分明，"心念《本草經》說有藥王樹，從外照内，見人腹藏，此兒樵中，得無有藥王耶？"《西京雜記》卷三記秦咸陽宮中有方鏡，"以手捫心而來，則見腸胃五臟，則知病之所在。"《太平廣記》卷四〇四《靈光豆》（出《杜陽雜編》）記日林國有怪石，"光明澄澈，可鑒人五臟六腑，亦謂之'仙人鏡'，國人有疾，輒照之，使知起於某臟某腑。"秦宮鏡、藥王樹、仙人石、上池水四者，皆人之虛願而發爲異想，即後世醫學透視之造因矣。神話、魔術什九可作如是觀，胥力不從心之慰情寄意也。

淳于意師陽慶，"慶年七十餘無子。……意有五女，隨而泣，意怒罵曰：'生子不生男，緩急無可使者！'"按《四庫總目》卷一〇五論明李濂《醫史》有云："唯其論倉公神醫乃生五女而不男，其師公乘陽慶亦年七十餘無子，以證醫家無種子之術。其理爲千古所未發，有足取焉。"

"濟北王侍者韓女病。……臣意診脈曰：'……病得之欲男子而不可得也'"。按《日知錄》卷二七引此以解《漢書·匈奴傳》"孤僨之君"，俞正燮《積精篇》（見《國粹學報》辛亥年第四、五號）引此以説《抱朴子·釋滯》篇"壅閼之病"。《漢書·眭、兩夏侯、京、翼、李傳》翼奉對曰："未央、建章、甘泉宫才人各以百數，皆不得天性"，正此之謂。

又按馬遷於敍扁鵲事後，插入議論一段，言"病有六不治"，其六曰："信巫不信醫"。夫初民之巫，即醫(shaman)耳。《公羊傳》隱公四年"於鍾巫之祭焉"，何休《解詁》："巫者，事鬼神禱解，以治病請福者也"；《吕氏春秋·勿躬》歷舉"聖人"治天下之二十官，"巫彭作醫"與焉。蓋醫始出巫，巫本行醫。故《論語·子路》引"南人有言"，以"巫醫"連類合稱。醫藥既興，未能盡取巫祝而代之。當孔子之身，有康子之"饋藥"，亦有子路之"請禱"；《列子·力命》季梁得病，楊朱歌曰："醫乎？巫乎？其知之乎？"；《參同契》中篇："扁鵲操鍼，巫咸叩鼓，安能令蘇？"；《太玄經·常》之上九："疾其疾，巫醫不失"，又《失》之次七："疾則藥，巫則酹"；《後漢書·方術傳》上許楊"變姓名爲巫醫"；枚乘《七發》論楚太子病曰："雖令扁鵲治内，巫咸治外，尚何及哉！"；顔延之《陶徵士誄》述陶潛病疢曰："藥劑勿嘗，禱祀非恤"；《舊唐書·職官志》四記"尚藥局"於"主藥"十二人、"司醫"四人等外，有"咒禁師"四人，"太醫署"有"咒禁博士"二人、"咒禁師"二人、"咒禁工"八人、"咒禁生"一人，以"除邪魅之爲厲者"；韓愈《譴瘧鬼》並舉"醫師"、"灸師"、"詛師"、"符師"各有施爲。可考見舊俗於巫與醫之兼收並用也。巫祝甚且僭取醫藥而代之，不許後來者居上。陸賈《新語·資質》即記扁鵲至衛，衛人有病將死，扁鵲往欲治之，病者父曰："非子所能治也！"使靈巫求福，對扁鵲而咒，病者卒死；《史記》本傳未載此事。他如王符《潛夫論·浮侈》："疾病之家，……或棄醫藥，更往事神，故至於死亡。不自知爲巫所欺誤，乃反恨事巫之晚"；《抱扑子》內篇《道意》："不務藥石之救，唯專祭祝之謬，偶有自差，便謂受神之賜，如其死亡，便謂鬼不見捨"；陸龜蒙《奉酬襲美先輩吳中苦雨一百韻》："江南多事鬼，巫覡連甌粵，可口是妖訛，恣情專賞罰；良醫只備位，藥肆或虛設"；《皇朝文鑑》卷一二八龔鼎臣《述醫》："巴楚之地，俗信巫鬼。……或致癘疫之苦，率以謂……非醫藥所能攻，故請禱鬼神無少暇。……如是以死者，未嘗不十八九。……其患非他，繇覡師之勝醫師耳"；曾敏行《獨醒雜誌》卷二、卷三記江西、廣南好巫尚鬼，"疾病未嘗親藥餌"，施藥無人求者；蕭立之《冰崖詩集》卷上《贈龍張泉醫爲灼艾》："藥石不入市賈箱，利專巫祝司禱禳"，又《贈醫士》："桂山藥石不入市，土風割牲諂非鬼，巫師懷肉飫妻孥，醫師衡門冷如水"。

【增訂三】《山谷內集》卷二《次韻王定國聞蘇子由卧病績溪》："巫師司民命，藥石不入市。"揭傒斯《揭文安公全集》卷五《贈醫氏湯伯高序》："楚俗信巫不信醫。……凡疾不計久近淺深，藥一入口，不效，即屏去。至於巫，反復十數不效，不悔，且引咎痛自責。殫其財，竭其力，卒不效，且死；乃交責之曰：'是醫之誤而用巫之晚也！'終不一語咎巫。故功恒歸於巫，敗恒歸於醫。效不效，巫恒受上賞，而醫輒後焉。故醫之稍欲急於利、信於人，又必假邪魅之候以爲容。"蓋醫以不見信，乃至自託巫之容、以售醫之術。所覩古書寫醫絀於巫之狀，無剴切如是者。

【增訂四】唐李嘉祐《夜聞江南人家賽神，因題即事》："月隱回塘猶自舞，一門依倚神之祐。韓康靈藥不復求，扁鵲醫方曾莫覩。"陸游《劍南詩稿》卷一《病中作》："豫章瀕大江，氣候頗不令。……俗巫醫不藝，嗚呼安託命！"；"不藝"字法如《論語·子罕》之"故藝"，謂不習、無能也。

曩日有"祝由科"，專以禁咒療疾，醫而純乎巫，余兒時尚及覩其釘雄雞作法也。馬遷乃以"巫"與"醫"分背如水火冰炭，斷言"信巫"爲"不治"之由，識卓空前。《宋書·周朗傳》上書"讜言"，深慨"民因是益徵於鬼，遂棄於醫"，欲請提倡"習太醫之教"，以矯"媚神之愚"；《南史·循吏傳》郭祖深輿櫬上封事，謂"療病當去巫鬼，尋華扁"；庶幾嗣音焉。《漢書·藝文志》、《隋書·經籍志》三言醫之"拙者"、"鄙者"反本傷生，皆引諺曰："有病不治，常（恒）得中醫"；"不治"謂不求醫人治病。劉克莊《後村大全集》卷二《問友人病》："術庸難靠醫求效，俗陋多依鬼乞憐"；蓋庸醫誤事，不亞妖巫，流俗乞靈鬼神，正復以醫藥每殺人如虎狼耳。人不信醫，亦因醫多不足信也。

四三　魏其武安列傳

景帝曰："魏其者、沾沾自喜耳；多易，難以爲相持重"；《集解》："多輕易之行也。"按"輕"則"易"，"重"則"遲"，以遲重爲宰輔風度，説始著此。《南齊書·褚淵傳》："宋明帝嘗歎曰：'褚淵能遲行緩步，便持此得宰相矣！'"劉祁《歸潛志》卷七記金"南渡"之後，"在位者臨事，往往不肯分明可否，相習低言緩語，互推讓，號'養相體'"；魏禧《魏叔子文集》卷一《相臣論》："最可笑也，舒行緩步，輕咳微聲，以養相度，竟同木偶兒戲。"亞理士多德推心意弘廣（megalopsychia）之"大人"爲羣倫表率，其形於外者，行遲緩、聲沉着、語從容（a slow step, a deep voice and a level utterance）也①。

"灌夫有服，過丞相"云云。按此一大節中馬遷敍事稱武安曰"丞相"，魏其與灌夫語稱武安曰"丞相"，而怨"望"武安又曰"將軍雖貴"；灌夫面稱武安始終曰"將軍"，而謝魏其又曰"得過丞相"。稱謂不一，非漫與也。武安固自"以爲漢相尊"，

---

① *Nicomachean Ethics*, IV. iii, *Basic Works of Aristotle*, The Random House, 994.

乃至"負貴"而驕己之兄者。灌夫與人語，亦從而"丞相"武安，及武安對面，則恃舊而不改口，未以其新貴而生新敬，若不知其已進位爲相者。魏其達官諳世故，失勢而肯自下，然憤激時衝口而"將軍"武安，若言其不次暴擢而忘却本來者。馬遷行所無事，名從主人，以頭銜之一映襯稱謂之不一焉。夫私家尋常酬答，局外事後祇傳聞大略而已，烏能口角語脈以至稱呼致曲入細如是？貌似"記言"，實出史家之心摹意匠。此等處皆當與小說、院本中對白等類耳，參觀《左傳》卷論杜預《序》。

灌夫曰："請語魏其侯帳具，將軍旦日早幸臨。"武安"許諾。……至日中丞相不來"云云。按王符《潛夫論·交際》篇舉"世有可患者"三事，以"懷不來而外克期"爲其三，非偶然也。

武安曰："不如魏其、灌夫，日夜招聚天下豪傑壯士相與論議，腹誹而心謗，不仰視天而俯畫地。"按《秦始皇本紀》李斯曰："入則心非，出則巷議，……如此勿禁，則主勢降乎上，黨與成乎下"；《後漢書·黨錮傳》王甫鞠詰范滂等曰："共造部黨，自相褒舉，評論朝廷，虛構無端，諸所謀結"；以至蘇洵《辨奸論》："收好名之士、不得志之人，相與造作言語，私上名字"；不出武安此數語之意。蓋好交游而多往還，則雖不結黨而黨將自結，徒黨之形既成，即不犯上而爲亂黨，亦必罔上而爲朋黨。故武安此言最足以聳動主聽；《戰國策·楚策》一江乙早以之說楚王："下比周則上危，下分爭則上安。"《衛將軍、驃騎列傳》衛青謝蘇建曰："自魏其、武安之厚賓客，天子常切齒。……人臣奉法遵職而已，何與招士！"道之猶有餘悸。唐庚《眉山集》卷二《白鷺》："說與門前白鷺羣，也宜從此斷知聞；諸君有意除鈎黨，甲乙推求恐到君！"談虎色變，從來遠矣。

"於是上問朝臣：'兩人孰是？'御史大夫韓安國曰：'……魏其言是也。……丞相言亦是。唯明主裁之！'……武安怒曰：'與長孺共一老禿翁，何爲首鼠兩端？'"按《易·隨》之六二："弗兼與也"，《困學紀聞》卷一說之曰："里克之中立，鄧析之兩可，終於邪而已！"《易》之"兼與"即武安所斥"首鼠兩端"也。《舊唐書·蘇味道傳》記蘇勸人處事時，"不欲決斷明白，但摸稜以持兩端可矣"。人訶曰"首鼠"，自狀曰"摸稜"，其爲"兩端"也同。《匈奴列傳》："冒頓問羣臣，羣臣或曰：'此棄地，予之亦可，勿予亦可。'於是冒頓大怒，……諸言'予之'者皆斬之"；則或言可，或言不可，非一人而依違兩可。《論語·微子》章孔子論柳下惠與伯夷相反，而曰："我則異於是，無可無不可"，乃立"異"自別，更端之語也。《世說新語·言語》篇習鑿齒與伏玄度論青、楚人物，韓康伯默不詰難，曰："無可無不可"，又屬兩端之語，刓圜和事，與孔子作用迥殊。禪宗更以之爲心印，六祖惠能《法寶壇經·付囑》第十誨其徒衆曰："忽有人問汝法，出語盡雙，皆取對法。"如《全唐文》卷五一二李吉甫《杭州徑山寺大覺禪師碑》："嘗有設問於大師曰：'今傳舍有二使，郵吏爲刲一羊；二使既聞，一人救，一人不救，罪福異之乎？'大師曰：'救者慈悲，不救者解脫'"；錢易《南部新書》卷己："江西廉使問馬祖云：'弟子吃酒肉即是？不吃即是？'師云：'若吃是中丞祿，不吃是中丞福'"（亦見《傳燈錄》卷六、《五燈會元》卷三）；如惺《高僧集》四集卷一《若訥傳》宋高宗幸上竺寺，問曰："朕於大士合拜不合拜？"訥對："不拜則各自稱尊，拜則遞相恭敬。"禪人之"出語盡雙"，與仕宦之依違"兩端"（double-think, doubletalk），乃語言眷屬也。蘇軾《東坡集》卷三六

《司馬溫公行狀》記司馬光與王安石廷辯救災節用，神宗質之王珪，珪曰："司馬光言是也，王安石言亦是，惟明主裁擇！"與韓安國之對不啻印板。蓋吾國往日仕途，以持"兩端"爲事上保身之世傳秘要，觀《官場現形記》第二六回《摸稜人慣說摸稜話》可見，彼徐大軍機者即韓、王之法嗣矣①。陸深《金臺紀聞》載明太祖嘗欲戮一人，皇太子懇恕之，太祖召袁凱問之，凱曰："陛下刑之者，法之正；東宮釋之者，心之慈"，太祖怒，"以爲持兩端"，下之獄（《紀錄彙編》卷一三二，亦見卷一三〇徐禎卿《剪勝紀聞》）；袁沾丐禪語，措詞彌巧，施非所宜，薄言逢怒。王懋竑《白田草堂存稿》卷六《恭記聖祖仁皇帝兩事》："嘗問翰林侍讀崔蔚林曰：'朱子之格物、王陽明之格物，二者孰是？'對曰：'朱子不是，王陽明亦不是。'聖祖作色曰：'然則汝說轉是耶？'未幾罷職。"崔以兩不可，袁以兩可，均嬰逆鱗，此荀卿、韓非師弟子所以同慨"凡說之難"歟。雖然，觀過知仁，未容因噎廢食。執其兩端，可得乎中，思辯之道，固所不廢②，歌德談藝即以此教人也③。

---

① Cf. Addison, *The Spectator*, No. 122 ("Much might be said on both sides"); Molière, *Le Bourgeois Gentilhomme*, I. ii ("Vous avez raison tous deux"); Peacock, *Headlong Hall*, ch. 2 (Mr Jenkison); George Eliot, *Silas Marner*, Pt. I, ch. 6 (Mr Snell).

② J. Cohn, *Theorie der Dialektik*, 284 (die gegenseitige Anerkennung). Cf. Johnson, *Rasselas*, ch. 8, ed. G. B. Hill, 56: "Inconsistencies cannot both be right, but, imputed to man, they may both be true."

③ C. F. Senior and C. V. Bock, ed., *Goethe the Critic*, 18: "... durch Gegensätze zu operieren, die Frage von zwei Seiten zu beantworten und so gleichsam die Sache in die Mitte zu fassen."

【增訂四】原引王懋竑記崔蔚林獲咎事,率畧失實。《康熙起居註》十八年十月十六日,載康熙與崔問答甚長,末云:"上曰:'據爾言,兩人〔朱熹、王守仁〕之説俱非。'蔚林奏:'原與臣意不合。'上曰:'朱子所解《四書》何如?'蔚林奏:'所解《四書》,大概皆是,不合者唯有數段。'上頷之,曰:'性理深微,俟再細看。'"初無王氏所言"作色"反詰之事。崔至康熙二十二年十一月,尚任起居注官,亦非"未幾罷職"也。然觀二十一年六月初六日《注》,則浸潤之譖,已使聖眷大衰:"吏部題補内閣學士缺。……上曰:'崔蔚林何如?'大學士李霨奏曰:'為人老成。'上曰:'朕觀其為人不甚優。伊以道學自居,然所謂道學未必是實。聞其居鄉又不甚好。……王國安著補學士。'"二十三年二月初一日《注》:"詹事府少詹崔蔚林請解任調理。上曰:'崔蔚林自來入署之日少,曠官之日多。其胸中或有異才偉抱,但觀其節概及所作文章,亦屬平常,無大勝人處。……著汝衙門學士等觀其病勢來奏'";初三日《注》:"上曰:'崔蔚林乃直隸極惡之人,在地方好生事端,干預詞訟;近聞以草場地土,縱其家人肆行控告。又動輒以道學自居,焉有道學之人而妄行興訟者乎?此皆虛名耳。又詆先賢所釋經傳為差譌,自撰講章,甚屬謬戾。彼之引疾,乃是託詞。此等人不行懲治,則漢官孰知畏懼?爾等可將此等事商酌來奏。'"二十四年四月初二日,崔獲嚴譴已一年,康熙尚未釋於懷,是日《注》:"上曰:'從來道德文章原非二事。……至近世則空疎不學之人借理學以自文其陋。如崔蔚林本無知識,文義荒謬,岸然自負為儒者,究其意解,不出庸夫之見,真可鄙也!'"其屢斥崔之"講章"、"意解",則王氏所記君臣論學不契,大體得之。李光地《榕村語錄・續編》卷七欣然言"皇上近來大信朱子",崔氏違《說難》之教,摘朱子之失,自不為康熙所樂,然未嘗緣此遽致貶辱也。雷霆之怒,蓄久而發,倘待惡貫漸盈,加罪有詞耶?王氏尊奉朱子,其記崔事也,或不無樂禍之幸心焉。

"武安侯病,專呼服謝罪,使巫視鬼者視之,見魏其、灌夫共守欲殺之。"按《漢書・竇、田、灌、韓傳》:"蚡疾,一身盡痛,譙服謝罪。上使視鬼者瞻之,曰:'魏其侯與灌夫共守,笞欲殺之'";《論衡・死偽》篇:"其後田蚡病甚,號曰:'諾!諾!'使人視之,見灌夫、竇嬰俱坐其側。"班、王所記,皆於《史記》稍有增飾,蓋行文時涉筆成趣。若遽謂其別有文獻據依,足補《史記》之所未詳,則刻舟求劍矣。

四四　韓長孺列傳

"治天下終不以私亂公。語曰：'雖有親父，安知其不爲虎？雖有親兄，安知其不爲狼？'"按言政治中無骨肉情也。《國語·晉語》一驪姬譖申生於獻公曰："故長民者無親"；《鄧析子·無厚》篇曰："父於子無厚，兄於弟無厚"；即以利害斷恩私，如小拿破侖所謂"政治不具肝腸"（La politique n'a pas d'entrailles）。貝瓊《行路難》："我以爲父，安知非虎？我以爲兄，安知非狼？"朱琰《明人詩鈔》正集卷二極賞之，以爲"從'縣縣葛藟'化出"，不知其竄易漢人語爾。

建元六年，"匈奴來請和親，天子下議。大行王恢……曰：'……不如勿許，興兵擊之。'安國曰：'……擊之不便，不如和親。'"按《史記》於此記王、韓兩造各申己見。明年元光元年王恢請攻匈奴，《史記》未載有持異議者；《漢書·竇、田、灌、韓傳》則詳著恢又與安國廷辯之詞。恢以爲"擊之便"，安國以爲"勿擊便"，皆持之有故，回環往復者三。前乎此唯《戰國策·趙策》三秦索六城，趙王與樓緩、虞卿計，一言"予"，一言"勿予"，亦往復者三。《楚策》一齊索東地，楚襄王諮之朝臣，子良曰："不可不予"，昭常曰："不可予"，景鯉曰："不可予"，而慎子勸王合采"三子之計",正反相成,古書所載集思綜斷之佳例,此爲朔矣。《國策》中蘇秦説合從,張儀説連橫以破合從(《齊策》一、《楚策》一、《趙策》二、《魏策》一、《韓策》一、《燕策》一),各自成篇,苟合觀之,亦不啻廷辯之往復也。

四五　李將軍列傳

"文帝曰：'惜乎！子不遇時，如令子當高帝時，萬户侯豈足道哉！'"按後世稱道爲佳話，詞章中亦屢驅使，如陸游《贈劉改之》："李廣不生楚漢間，封侯萬户宜其難"，又劉克莊《沁園春・夢孚若》："使李將軍，遇高皇帝，萬户侯何足道哉！"（參觀《齊東野語》卷八、《有不爲齋隨筆》乙）。以此語爲口實而嗤文帝者亦有之，如《舊唐書・魏元忠傳》上封事謂文帝"不知李廣之才而不能用之。……爾時胡騎憑陵，足伸其用，文帝不能大任，反歎其生不逢時；近不知魏尚、李廣之賢，而乃遠想廉頗、李牧。……從此言之，疏斥賈誼，復何怪哉！"；唐崔道融《讀〈李將軍傳〉》："漢文自與封侯得，何必傷嗟不遇時？"；宋張耒《張右史文集》卷二八《李廣》："李廣才非衛霍儔，孝文能鑑不能收；君王未是忘征戰，何待高皇萬户侯！"《張釋之、馮唐列傳》記漢文帝"搏髀"曰："嗟乎！吾獨不得廉頗、李牧時爲吾將，吾豈憂匈奴哉？"馮唐曰："主臣！陛下雖得廉頗、李牧，弗能用也"；《三國志・蜀書・諸葛亮傳》裴註引《漢晉春秋》："晉武帝問亮之治國於樊建，建以對，帝曰：'善哉！使我得此人以自輔，豈有今日之勞乎？'建稽首曰：'臣竊聞天下之論，皆謂鄧艾爲柱，陛下知而不理，皆豈馮唐之所謂"得頗、牧而不能用"者乎？'"楊萬里隱同魏元忠，亦以文帝惜李廣與思頗、牧兩事，捉置一處。《誠齋集》卷八八《論將》下雖譏廣"心魁然以無人視天下"，故師出無功，而《論將》上曰："後之君臣狃於治而謂天下不復亂也，則曰：'汝不逢高帝時，萬户侯何足道哉！'"卷九〇《文帝曷不用頗、牧論》尤彈射文帝，有曰："士患不遇主，廣之受知於帝，尚可諉曰'不遇主'耶？遇主而又云云若爾，是高帝不生，廣終不用也！有李廣則捨之於今焉，無頗、牧則思之於古焉。"揚雄《法言·重黎》稱文帝："親屈帝尊，信亞夫之軍，至頗、牧，曷不用哉？"萬里《論》題出此。

"見草中石，以爲虎而射之，中石没鏃，視之石也；因復更射之，終不能復入石矣。"按頗契事理。《列子·黄帝》記商丘開自高臺下躍、入水火均無傷損，范氏之黨以其爲"有道"，叩之，開曰："吾無道！……以子黨之言皆實也，唯恐誠之之不至，行之之不及，不知形體之所措、利害之所存也，心一而已。物無迕者，如斯而已。今昉知子黨之誕我，我内藏猜慮，外矜觀聽，追幸昔日之不焦溺，怛然内熱，惕然震悸矣。水火豈復可近哉！"皆謂敢作能行或生於無知不思①；

【增訂三】《唐語林·言語》記唐太宗征遼，作飛梯臨城，有人應募先登，城中矢射如雨，不少却。"英公指謂中書舍人許敬宗曰：'此人豈不大健？'敬宗曰：'健即大健，要是未解思量。'"正謂敢作爲每出於不思索也。蒙田亦嘗論勇決或由冥頑來(la

---

① Cf. *Anatomy of Melancholy*, Part. I, Sect. II, Mem. III, Subs. II, Bell, I, 295 (a Jew in France).

faute d'appréhension et la bêtise)，因述一意大利人言意人怯而西、德、瑞人勇，蓋意人黠而三國人鈍耳（*Essais*, II. xi, *op. cit.*, 406）。

【增訂四】《增訂三》引《唐語林・言語》一節，其文實本諸劉餗《隋唐嘉話》卷中。

猶患睡遊或夢行症者睡時履險如夷，西語至取睡遊以喻萬無一失（mit schlafwandlerischer Sicherheit），而及其醒則畏謝不敏矣。瀧川《考證》引何焯謂《呂氏春秋・精通》篇記射石爲養由基事。《韓詩外傳》卷六、《新序・雜事》四亦記楚熊渠子事；吳曾《能改齋漫錄》卷一四《類對》、戴埴《鼠璞・虎石、蛇杯》均以熊渠子與李廣連類；劉昌詩《蘆浦筆記》卷一則怪《能改齋漫錄》未及李萬歲事，萬歲、李遠字也。《周書・李遠傳》遠見石於叢蒲中，以爲伏兔，射之而中，鏃入寸餘，太祖賜書曰："昔李將軍廣親有此事，公今復爾，可謂世載其德；雖熊渠之名，不能獨擅其美"；《日知錄》卷二五引之，謂其"二事並用"。

四六　匈奴列傳

　　中行説"不欲行，漢彊使之，説曰：'必我行也，爲漢患者'"；《考證》："張文虎曰：'也、邪古通用。……必欲我行邪？則當教匈奴擾漢。者、語絶之詞。俗乃以爲倒句法，……文不成義，且行字爲贅。'按與《汲黯傳》'必湯也……'同一句法，'我行'、我此行也。張説非是。"按張氏與瀧川之解皆非是。"也"不須通"邪"；"必"乃"如"、"若"之義，已詳前論《淮陰侯列傳》。

【增訂三】張君觀敎曰："'必'作'如'、'若'解，是矣。然語氣有强弱之別。其弱者即今語'如果'，其强者即今語'果真要……的話'、'一定要……的話'。"分疏甚諦。

"若我行，則將爲漢患"；"若湯爲公卿，則將殘民以逞"；當如是解。《太平廣記》卷四八八元稹《鶯鶯傳》："徐謂張曰：'始亂之，終棄之，固其宜矣！愚不敢恨。必也君亂之，君終之，君之惠也'"，司馬光《獨樂園記》："況叟之所樂者，薄陋鄙野，皆世之所棄也，雖推以與人，人且不取，豈得强之乎？必也有人肯同此樂，則再拜而獻之矣，安敢專之哉？""必也"猶"必……也"，即"如"、"若"、"脱"、"苟"之義，中唐、北宋人尚知沿《史》、

《漢》舊訓。張氏譏"俗以爲倒句法",如陸以湉《冷廬雜識》卷四舉《漢書》倒句,即舉此例,顧其說早見於宋世。陳造《江湖長翁文集》卷二九《文法》云:"文有順而健,有逆而彌健,遷、固多得此法。'必我也爲漢患者','必湯也令天下重足而立、側目而視';'必我也''必湯也'置之於上,其語彌健而法,作文至此妙矣!""逆"、"倒"也;亦徵南宋文家已失"必"字之解。錢謙益《初學集》卷三七《陳孟儒七十敍》先記歐陽修有謝、尹兩友爲知己,因云:"先生獨稱余文不去口。……居嘗語余:'必我也爲子謝、尹者!'"套《史》、《漢》句法而不解"必"字,與其所謂"七子"於遷、固一知半解而應聲學舌,直無以異。瀧川引張文虎語,出《舒藝室隨筆》卷四,說"者"爲"語絶詞"下,尚有"今文牘猶用之"一句,瀧川削去。如《西遊記》第六八回朱紫國招醫榜、第八七回鳳仙郡祈雨榜皆有"須至榜者",《儒林外史》第五〇回通緝萬中書牌票有"須至牌者",即所謂"文牘猶用"。然亦由來已久,初見於君上傳諭,如《舊唐書·禮儀志》四會昌元年十二月中書門下奏:"準天寶三年十月六日敕:'九宫貴神,實司水旱,……令中書門下往攝祭者。'……臣等十一月二十五日已於延英面奏,伏奉聖旨:令檢儀注進來者",又《禮儀志》六會昌五年八月中書門下奏:"伏奉今月七日敕:'此禮至重,須遵典故,宜令禮官學官同議聞奏者'",又《顏真卿傳》上疏:"奉進止:'緣諸司官奏事頗多,……自今論事者,諸司官皆須先白長官,長官白宰相,宰相定可否,然後奏聞者'";李德裕《會昌一品集》卷一八《進上尊號玉册文狀》:"奉宣:令臣撰文者",《再讓仲武寄信物狀》:"奉宣聖旨:緣河朔體大,令臣即受者",又卷一九《謝恩不許讓官表狀》:"奉宣聖旨:'卿太尉官是朕意與,不是他們僥求而得,不要更引故事辭讓者'",《謝恩不許讓官表狀》:"奉宣聖旨:'豈政理有失,風俗有乖,何遽退辭?一二年分憂,不用進表者'",《謝恩問疾狀》:"奉宣聖旨:'卿小有違裕……宜善頤養,當就痊平。所要內庫食物及藥物,無致嫌疑,但具數奏來,即令宣賜者'";又《李衛公集補遺·停進士宴會題名疏》:"奉宣旨:不欲令及第進士呼有司爲'座主',趨附其門,兼題名局席等;條疏進來者";《皇朝文鑑》卷四五富弼《辭樞密副使》:"差降中使傳宣云:'此命是朝廷大用,並不因人,特出聖恩精選,令臣須受者'",卷六五司馬光《進〈資治通鑑〉表》:"又奉聖旨,賜名《資治通鑑》,今已了畢者。"漸布及官司文告,如歐陽修《文忠全集》卷一一五《免晉、絳等州人遠請蠶鹽牒》:"不管遲延住滯者",同前:"回報當所者",《相度并縣牒》:"無致鹵莽者",《相度銅利牒》:"無至張皇誤事者",他如卷一一七《保明張景伯》、《五保牒》、《乞推究李昭亮》等亦有此類句。皆命令詞氣,以"者"爲"語絕"。蓋唐宋早成程式矣。

四七　衛將軍驃騎列傳

　　"天子嘗教之〔霍去病〕孫、吳兵法，對曰：'顧方略何如耳，不至學古兵法'"。按高適《送渾將軍出塞》："李廣從來先將士，衛青未肯學孫吳"；牽於對仗聲調，遂強以霍去病事爲衛青事，《日知錄》卷二一嘗摘曹植、趙至、謝靈運、李白、杜甫等竄改典故，此亦其類。《廉頗、藺相如列傳》相如論趙括曰："王以名使括，若膠柱而鼓瑟耳！括徒能讀其父書傳，不知合變也"；"讀書不知變"即《趙世家》引諺曰："以書御者，不盡馬之情。"《三國志·魏書·夏侯淵傳》裴註引《世語》記淵子稱兒戲好爲軍陣之事，父奇之使讀《項羽傳》及兵書，稱不肯，曰："能則自爲耳，安能學人！"稱十八歲即死，未克成器，顧其抱負則與霍去病相似。《北史·來護兒傳》："行軍用兵，特多謀算，每見兵法，曰：'此亦豈異人意也?'"《宋史·岳飛傳》飛"尤好《左氏春秋》、孫吳兵法"，喜"野戰"，宗澤授以陣圖，飛曰："陣而後戰，兵家之常，運用之妙，存乎一心。"趙括學古法而墨守前規，霍去病不屑學古法而心兵意匠，來護兒我用我法而後徵驗於古法，岳飛既學古法而出奇通變不爲所囿；造藝、治學皆有此四種性行，不特兵家者流爲然也。岳飛好《左傳》，當亦是爲學兵法。《三國志·吳書·呂蒙傳》裴註引《江表傳》記孫權自言："至統事以來，省三史、諸家兵書，自以爲大有所益"，因勸蒙："宜急讀《孫子》、《六韜》、《左傳》、《國語》及三史"；早以《左傳》及《左氏外傳》屬"兵書"。《新五代史·敬翔傳》梁太祖問："《春秋》所記何等事？"翔答："諸侯戰爭之事耳"，又問："其用兵之法，可以爲吾用乎？"答："兵者、應變出奇以取勝，《春秋》古法不可以用於今"；觀《舊五代史·敬翔傳》末附註言其"應《三傳》數舉不第，發憤"投筆，則其對梁祖語，或猶存餘憤，乃已噎而勸人廢食歟？後世言兵者稱述左氏不衰；明顏季亨《九十九籌》卷一〇《戰律〈春秋〉》歎"《春秋》兵法之聖也"，即以孫、吳等兵法詮《左傳》；陳禹謨撰《左氏兵略》；清魏禧《魏叔子文集》卷二有《春秋戰論》一〇首，謂"左氏之兵"爲"謀三十有二"、"法二十有二"焉。

【增訂三】古之"名將"而"精通《左氏傳》者"，梁章鉅《退菴隨筆》卷一三嘗標舉之，關羽、渾瑊、狄青等與焉。

四八　平津侯主父列傳

公孫弘"爲布被","食一肉,脱粟之飯"。按閻若璩《潛邱劄記》卷二謂"廉易而恥難",如公孫弘布被脱粟,不可謂不廉,而曲學阿世,何無恥也!馮道刻苦儉約,不可謂不廉,而更事四姓十君,何無恥之甚也!"蓋廉乃立身之一節,而恥實心之大德,故廉尚可矯,而恥不容僞。"析理入微。《鹽鐵論》之《刺復》、《褒賢》、《救匱》諸篇譏弘之"無益於治",顧亦未嘗不許其儉約也。

"主父偃曰:'我阨日久矣!且丈夫生不五鼎食,死即五鼎烹耳!'"按《左傳》哀公十六年,石乞曰:"此事克則爲卿,不克則烹,固其所也。何害!"《南齊書·荀伯玉傳》:"善相墓者見伯玉家墓,謂其父曰:'當出暴貴而不久也。'伯玉後聞之,曰:'朝聞道,夕死可矣!'"《全唐文》卷八九七羅隱《廣陵妖亂志》諸葛殷曰:"男子患於不得遂志,既得之,當須富貴自處,人生寧有兩邊死者!"可合觀。皆東方朔羨木槿之意也。

主父偃"遍召昆弟賓客,散五百金予之,數之曰:'始吾貧時,昆弟不我衣食,賓客不我内門。今吾相齊,諸君迎我,或千里。吾與諸君絶矣!'"按《蘇秦列傳》刻劃"一人之身,富貴則親戚畏懼，貧賤則輕易之"；《司馬相如列傳》寫相如奉使歸蜀，"於是卓王孫、臨邛諸公皆因門下獻牛酒以交驩，卓王孫喟然而歎，自以得使女尚司馬長卿晚"。餘見前論《蘇秦列傳》。馬遷於炎涼世態，如言之不足，故重言之者，殆別有懷抱而陳古刺今、借澆塊壘歟。卓王孫事酷肖《儒林外史》中胡屠户之於"賢婿老爺"；此當出馬遷渲染之筆，不類相如《自敘》詞氣也。

四九　司馬相如列傳

　　《考證》："劉知幾曰：'司馬相如爲《自敍傳》，具在其集中，子長因録斯篇'"。按相如有《自敍》，始見於《隋書·劉炫傳·自贊》："通人司馬相如、揚子雲、馬季長、鄭康成皆自敍風徽，傳芳來葉。"《漢書·司馬遷傳》："遷之《自敍》云爾"，顏師古註："自此以前，皆其《自敍》之辭也，自此以後，乃班氏作傳語耳"；《揚雄傳·贊》曰："雄之《自敍》云爾"，師古註謂此傳即取雄《自敍》爲之，觀《贊》備述雄之行事，以補《傳》所缺載，則"班氏作傳語"，別見《贊》中，師古非臆測也。兩傳均特書"《自敍》云爾"，因全録馬、揚原文，未加裁割挪移。猶《晉書·隱逸傳》於陶潛曰："其自敍如此"，乃全録《五柳先生傳》而祇略去其《贊》也。《漢書·東方朔傳》則《史通·雜記》上云："尋其傳體，必曼倩之《自敍》也，但班氏脫略，故世莫之知"；《後漢書·馬融傳》不及其《自敍》，然按《世說新語·文學》門劉峻註引融《自敍》，則傳中語有逕取其文者；《梁書·文學傳》於劉峻曰："嘗爲《自敍》，其略曰……"，《文選》峻《重答劉秣陵沼書》李善註引峻《自序》語即在"略"去之列，傳中他處必有逕取其文者。夫其人苟有自傳，作史者爲之傳而採擷焉，事之必然，理所當然，脫非通録全篇或整段，自毋庸片言隻句聲明來歷。馬遷爲相如傳，必非照載原文而不予竄易，故未著"《自序》云爾"。劉峻《自敍》，比跡馮衍，《文心雕龍·才略》稱衍"坎壈盛世，而《顯志》、《自敍》，亦蚌病成珠"；則衍有《自敍》，其文當有摭擷入《後漢書·馮衍傳》者，而范曄未嘗表白，即遷此傳之類也。

【增訂四】"自敍"不必皆爲"傳"體，如鄭玄"自敍"即《後漢書》本傳所録《戒子益恩書》是也。

《史通·序傳》又云："相如《自敍》乃記其客遊臨邛，竊妻卓氏，以《春秋》所諱，持爲美談。雖事或非虛，而理無可取，載之於傳，不其愧乎！"相如文既失傳，不知此事如何載筆，竊意或以一二語括該之，不同《史記》之渲染點綴。正如馮衍《自敍》已全佚，劉峻踵作雖缺有間，而妻悍之文固在；然即馮敍猶存，劉敍仍完，其記悍妻凶虐，必不及衍《與婦弟任武達書》之詳悉。此無他，文尚體要，言各有宜耳。是以《史通》謂馬遷"因録斯篇"，乃粗舉大略，不可刻舟抱柱。瀧川引王鳴盛輩讀至下文譏《上林賦》"侈靡過實"，方悟非"長卿自作傳"；未參活句，見事遂遲。雖然，相如於己之"竊妻"，縱未津津描畫，而肯夫子自道，不諱不怍，則不特創域中自傳之例，抑足爲天下《懺悔録》之開山焉①。人生百爲，有行之坦然悍然，而言之則色赧赧然而口呐呐然者。既有名位則於

---

① Cf. G. Gusdorf: "Conditions et Limites de l'Autobiographie", in *Formen der Selbstdarstellung*, hrsg. G. Reichenkron und E. Haase, 111 (l'héroïsme de tout dire).

未達時之無藉無賴，更隱飾多端；中冓之事，古代尤以爲不可言之醜。相如却奮筆大書，"禮法豈爲我輩設"，"爲文身大不及膽"，當二語而無愧。嵇康作《聖賢高士傳》，以相如與其數，贊曰："長卿慢世，越禮自放"，此其一端矣。余見無名氏《大唐故范氏夫人墓誌銘》（《全唐文》卷九九五）稱"始以色事"厥夫，"送深目逆，調切琴心"，嘗笑誅墓而驅遣相如、文君故事，非魯鈍不通文理，即戇莽不通世故。然范氏死者無知，相如撰《自敍》時，文君縱退爲房老，而逕以其少年遺行襮布丹青，毋乃太不爲之地乎？此又後世撰《懺悔錄》者之所慣爲。相如《自敍》與文君《白頭吟》孰先孰後，亦殊耐思量也。

"卓王孫有女文君，新寡好音，故相如繆與令相重，而以琴心挑之。……文君竊從戶窺之，心悅而好之，恐不得當也。……夜亡奔相如。"按"繆"也、"竊"也、"心悅"也、"恐不得當"也，望而知出於馬遷之揣摩，不類《自序》詞氣。阮籍《獼猴賦》取相如好色以擬猴之淫欲，當指此事；參觀《焦氏易林》卷論《坤》之《剝》。《全唐文》卷三九六鄭少微《憫相如賦》深斥其背禮傷風，有曰："搢紳先生，而爲此歟！涼德汙行，既不勝誅；閭閻烈女，世未乏諸"；幾恨不能肆諸市朝或勒令休妻焉。李贄《藏書》卷三七云："使當其時，卓氏如孟光，必請於王孫，吾知王孫必不聽也。嗟夫！斗筲小人何足計事！徒失佳耦，空負良緣，不如早自抉擇，忍小恥而就大計。《易》不云乎：'同聲相應，同氣相求'。同明相照，同類相招；'雲從龍，風從虎'，歸鳳求凰；何可負也！"《古詩歸》卷二譚友夏評《紫玉歌》云："被愚拗父母板住，不能成對，齎情而死；讀《紫玉歌》，益悟文君奔相如是上上妙策，非膽到識到人不能用。"王闓運《湘綺樓日記》光緒四年十二月四日云："偶談司馬長卿、卓文君事。念司馬良史而載奔女，何以垂教？此乃史公欲爲古今女子開一奇局，使皆能自拔耳"；王氏弟子陳鋭《抱碧齋集・詩話》云："《琴歌》一篇，王湘綺作，爲余書扇，附記云：'讀史傳，竊疑相如、文君事不可入國史，推司馬意，蓋取其開擇婿一法耳。'目光如炬，侈談'自由婚姻'者盍亦知所本。"時在清季，李贄之書尚未出幽遷喬，宜師弟子皆不知其論；竟陵《詩歸》却王氏所不廢，《日記》同年六月十一日記執友"縱談詩法"曰："《詩歸》爲世所訾議，非吾輩不能用之有效也"，然則"目光如炬"，毋乃亦借明傳火於譚評乎？《琴歌》："厮養娶才人，天孫嫁河鼓，一配忽忽終百年，粉淚蔫花不能語"，即前論《外戚世家》引朱彝尊《無題》之意。《西京雜記》卷三記相如欲納茂陵女爲妾，卓文君賦《白頭吟》以自絶；其事未保有無，而殊屬尋常，孟郊《古薄命妾》以十字蔽之曰："將新變故易，持故爲新難。"亦見"一配"而"終百年"，談何容易，"奇局"新"開"，未必長局久持；此又李、王未識者。"《長門》解爲他人賦，却惹閨中怨《白頭》"；"相如解作《長門賦》，竟遣文君怨《白頭》"（《晚晴簃詩匯》卷六三葉舒璐《論古》、卷一一七吕兆麒《讀書有感》）；後世詩人所以訕笑也。

武帝曰："朕獨不得與此人同時哉！"按《張釋之、馮唐列傳》文帝曰："吾獨不得廉頗、李牧時"；"獨不"如沈佺期《古意》："誰謂含愁獨不見"，今語所謂"偏偏不"。杜甫《詠懷古跡》："蕭條異代不同時"，曰"不同時"而復曰"蕭條異代",重言以申明望古遥集之恨也。《三國志·蜀書·許靖傳》裴註引《魏略》載王朗書曰:"眇眇異處,與異世無以異也";頗具名理,以"無以異"和同兩"異",亦善於修詞者。

《游獵賦》:"其石則赤玉、玫瑰、琳瑉、琨珸、瑊玏、玄厲、瓀石、武夫。"按他如禽獸、卉植,亦莫不連類繁舉,《文心雕龍·詮賦》所謂"相如《上林》繁類以成艷"也。自漢以還,遂成窠臼。艾南英《天傭子集》卷二《王子鞏〈觀生草〉序》譏漢賦不過"排比類書",即指此;閻若璩《潛邱劄記》卷五《與戴唐器書》之三八至斥艾氏"此等說話,罪不容誅,……均宜服上刑"。顧景星論文,甚薄"豫章之艾、陳"(《白茅堂集》卷三三《藕灣文鈔序》),而其子昌《耳提録》述阿翁庭訓,有云:"左太冲一賦何以遲至十年?蓋古人書籍難得,不似今時易購,非其才思之鈍。"陸次雲《北墅緒言》卷四《與友論賦書》亦云:"漢當秦火之餘,典墳殘缺,故博雅之儒,輯其山川名物,著而爲賦,以代乘志。……使孟堅、平子生於漢後,……亦必不爲曩日之製。"皆類艾論。蓋此争早在袁枚、章學誠辯論《兩京》、《三都》之前(《隨園詩話》卷一,《文史通義》内篇二《文理》、五《書坊刻〈詩話〉後》)。夫排類數件,有同簿籍類函,亦修詞之一道①。然相如所爲,"繁"則有之,"艷"實未也,雖品題出自劉勰,談藝者不必效應聲蟲。能化堆垛爲烟雲,枚乘《七發》其庶幾乎。他人板重悶塞,

---

① H. Lausberg, *Handbuch der literarischen Rhetorik*, I, 337 (enumeratio oder Häufung im Kontakt). Cf. F. Schlegel, *Literary Notebooks*, ed. H. Eichner, 157, § 1555 (ein Chaos von Substantiven zu häufen); N. Frye, *Anatomy of Criticism*, 336 (the verbal tempest, the tremendous outpouring of words in catalogues).

堪作睡媒,即詞才清拔如周邦彦,撰《汴都賦》(呂祖謙《皇朝文鑑》卷七),"其草"、"其魚"、"其鳥"、"其木"聯篇累牘,大似《文心雕龍·練字》所嘲"其字林乎"! 高文雅製中此類鋪張排比,真元好問《論詩絕句》所謂"琵琶"耳。然小說、劇本以游戲之筆出之,多文爲富而機趣洋溢,如李光弼入郭子儀軍中,旌旗壁壘一新。董說《西遊補》每喜鋪比,第一回各色百家衣、第三回武器、第四回萬鏡又看榜人、第七回梳洗用具、第八回派起鬼判及使者,皆稠疊而不冗滯。復舉二例。《百花亭》第三折王焕叫賣云:"查梨條賣也! 賣也! 賣也! 這菓是家園製造道地收來也! 有福州府甜津津、香噴噴、紅馥馥、帶漿兒新剥的圓眼荔枝也! 有平江路酸溜溜、涼陰陰、美甘甘連葉兒整下的黄橙綠橘也! 有松陽縣軟柔柔、白璞璞、帶粉兒壓匾的凝霜柿餅也! 有婺州府脆鬆鬆、鮮潤潤、明晃晃、拌糖兒捏就的纏棗頭也! 有蜜和成、糖製就、細切的新建薑絲也! 有日晒皺、風吹乾、去殻的高郵菱米也! 有黑的黑、紅的紅、魏郡收來的指頭大瓜子也! 有酸不酸、甜不甜、宣城販到的得法軟梨條也!"云云。《醒世姻緣》第五〇回孫蘭姬"將出高郵鴨蛋、金華火腿、湖廣糟魚、寧波淡菜、天津螃蟹、福建龍虱、杭州醉蝦、陝西瑣瑣葡萄、青州蜜餞棠球、天目山筍鮺、登州淡蝦米、大同蘇花、杭州鹹木樨、雲南馬金囊、北京琥珀糖,擺了一個十五格精致攢盒"(參觀第七九回寄姐想吃"四川的蜜唧、福建的蝌蚪"等十四物)。盡俗之言,初非爾雅,亦非賦體,而"繁類"鋪比,妙契賦心(參觀《毛詩》卷《河廣》則論《閑居賦》與《紅樓夢》第五回),抑且神明變化,前賢馬、揚、班、張當畏後生也。西方大家用此法者,首推拉伯雷(Rabelais),評者每稱其"饞涎津津之飲食品料連類"(les énumérations succulentes)①，蓋彷彿《百花亭》、《醒世姻緣》兩節者。然渠儂苦下筆不能自休，讓・保羅嘗譏其連舉游戲都二一六各色，斐沙德（Fischart）踵事而增至五八六種，歷數之使人煩倦（mit vieler Eile und Langweile）②，則又"動人嫌處只緣多"矣。

《游獵賦》："弓不虛發，中必決眥，洞胸達腋，絕乎心係"；《集解》："韋昭曰：'在目所指，中必決於眼眥也'"；《考證》："顏師古曰：'決獸之目眥'；中井積德曰：'洞胸達腋，共承必字。'"按《考證》引兩家説俱是。《後漢書・中山簡王焉傳》載明帝書亦云："皆北軍胡騎，便兵善射，弓不空發，中必決眥"。"決眥"即鮑照《擬古》第一首所謂"驚雀無全目"；"決"、裂也，眥裂則目不全矣。曹植《冬獵篇》之"張目決眥"，則與杜甫《望嶽》之"決眥入歸鳥"同意，皆言遠眺凝視，"決"、絕也，如"絕頂"、"絕域"之"絕"，"決眥"即窮極目力也。此又文同而不害意異之例。"洞胸"二句，可參觀《北齊書・斛律羨傳》："光所獲或少，必麗龜達腋；羨雖獲多，非要害之所"。"決眥"、"洞胸"，皆中"要害"矣。

《游獵賦》："雙鶬下。"按《文選》李善註："'下'、落也。"班固《西都賦》："矢不單發，中必疊雙"；傅毅《洛都賦》："連軒鷟之雙鵁"（《文選》陸機《齊謳行》註引）；張衡《南都賦》：

---

① R. Garapon, *La Fantaisie verbale et le Comique dans le Théâtre français du Moyen Âge à la Fin du XVIIe Siècle*, 74, 85, 113, Cf. Christina Rossetti: "Goblin Market": "Come buy, come buy: /Apples and Quinces, /Lemons and oranges, / Plump unpecked cherries, /Melons and raspberries"etc. .

② *Vorschule der Aesthetik*, § 35, *op. cit.*, 142.

"仰落雙鶬"，又《西京賦》："磻不特絓，往必加雙"；曹植《名都篇》："左挽因右發，一縱兩禽連"；《列子·湯問》："蒲且子之弋也，弱弓纖繳，乘風振之，連雙鶬於青雲之際"；徐陵《紫騮馬》："角弓連兩兔，珠彈落雙鴻"；李白《行行且游獵》："弓彎滿月不虛發，雙鶬迸落連飛髇"，又《贈宣城太守兼呈崔侍御》："閑騎駿馬獵，一射兩虎穿；回旋若流光，轉背落雙鳶"；杜甫《哀江頭》："翻身向天仰射雲，一箭正墜雙飛翼"；白居易《雜興》："東風二月天，春雁正離離，美人挾銀鏑，一發疊雙飛"；李賀《榮華樂》："天長一矢貫雙虎，雲弛絶騁騠旱雷。"

【增訂四】《藝文類聚》卷九二《鵰》門引劉楨《射鳶詩》："發機如驚焱，三發兩鳶連"；卷九五《麈》門引魏文帝詩："彎弓忽高馳，一發連雙麢。"

比美效顰，侈夸成習，略似《召南·騶虞》之"一發五豝"。長孫晟、高駢發一矢而貫二雕，李克用仰中雙鳧，乃至李波小妹射人亦"左右必疊雙"，史傳中大書特書者，詞章中常見慣見。《左傳》昭公二十八年賈大夫"射雉獲之，其妻始笑言"；而《水經注》卷六《汾水》祁縣云："賈辛邑也。辛貌醜，妻不爲言，與之如皋射雉，雙中之，則笑也。"蓋俗傳亦增飾而加雙連兩焉。《樂府雅詞》卷中葉夢得《水調歌頭·九月望日，與客習射西園。……將領岳德弓強二石五斗，連發三中的。……》："何似當筵虎士，揮手弦聲響處，雙雁落遙空！"詞所詠與題所記，絶然兩事，恬不爲意，亦緣知依樣落套之語，讀者不至如痴人之聞説夢、鈍根之參死句耳。詩人寫景賦物，雖每如鍾嶸《詩品》所謂本諸"即目"，然復往往踵文而非踐實(nicht in der Sache, sondern in der Sprache)，陽若目擊今事而陰乃心摹前構。匹似歐陽修《采桑子》："垂下簾櫳，雙燕歸來細雨中"，名句傳誦。其爲真景直尋耶？抑以謝朓《和王主簿怨情》有"風簾入雙燕"，陸龜蒙《病中秋懷寄襲美》有"雙燕歸來始下簾"，馮延巳《采桑子》有"日暮疏鐘，雙燕歸栖畫閣中"，而遂華詞補假，以與古爲新也？修之詞中洵有燕歸，修之目中殆不保實見燕歸乎？史傳載筆，尚有準古飾今，因模擬而成捏造，況詞章哉？不特此也。《宋書·范曄傳》曄獄中與諸甥姪書，早以"韻移其意"爲"文士"一患，又曰："手筆差易，文不拘韻故也。"張耒《明道雜志》記蘇軾評韓愈詩："子瞻說吏部古詩，凡七言者則覺上六字爲韻設，五言則上四字爲韻設，不若老杜語……無牽強之迹"；楊萬里《誠齋集》卷七九《陳晞顏〈和簡齋詩集〉序》亦歎："意流而韻止，韻所有，意所無也，焉得而不困！"後世小家薄相，才窘力屑，因傴爲恭，謝榛《四溟山人全集》卷二二、二四《詩家直說》至教人以"意隨韻生"，"因字得句"；

> 【增訂一】但丁自負能如意押韻而未嘗以意就韻（參觀 A. M. Clark, *Studies in Literary Modes*, 176），即未嘗如范曄所謂"韻移其意"也。法國十六世紀談藝者（J. Peletier）有謂，詩人爲韻脚所窘，每因難見巧，異想開而新意出（la contrainte de la rime favorise l'invention et la création）（H. Weber, *La Création poétique au 16e Siècle en France*, I, 155），則如謝榛所言"意隨韻生"也。

又湯賓尹《睡菴文集》卷一《〈蒹葭館詩集〉序》言：情之所不必至，而屬對須之；景之所不必有，而押韻又須之"（參觀錢秉鐙《田間文集》卷一六《兩園和詩引》："詩言志，志動而有韻；今和詩因韻生志，是以志從韻也"）。按言盡信，或被眼謾。《說郛》卷七吕居仁《軒渠録》記王彥齡好唱《望江南》詞，庭參時，上官責之，彥齡向前應聲曰：「居下位，常恐被人讒，只是曾填《青玉案》，何曾敢作《望江南》？……」，下句不屬，回顧適見馬姓兵官，乃曰：「請問馬都監！」既退，馬詰彥齡曰：「某實不知，子乃以某爲證何也！」彥齡笑曰：「且借公趁韻，幸勿多怪！」（參觀《夷堅三志》壬卷七）。即"押韻須之"也。

【增訂一】評詩文而出以韻語，亦有"請問馬都監"之類。如陳師道《次韻蘇公西湖觀月聽琴》末韻曰："後世無高學，末俗愛許渾"，儼若《丁卯》一集成風貽患者。殊乏徵驗。胡應麟《少室山房筆叢》卷二三："無己學杜，與許渾絶不同，言自應爾。然亦趁'渾'字韻；不然，區區一丁卯，何苦發此機耶？"洵識曲聽真也。方回乃奉趁韻之片言，為指迷之大覺，張皇幽眇（參觀《瀛奎律髓》卷一〇許渾《春日題韋曲野老村舍》評語、《桐江集》卷五《劉元暉詩評》）。夫唐詩人名字不乏屬《真》、《文》、《元》三部者，苟蘇詩原用"綸"、"文"、"元"為韻，則陳氏步韻或且曰："末俗愛盧綸（仲文、士元）"，而方氏將集矢於大歷十才子乎！倘原押"倫"字，則戴叔倫復危哉殆矣！《説郛》卷三二范正敏《遯齋閒覽》記李廷彥獻百韻排律於上官，中有聯云："舍弟江南没，家兄塞北亡！"上官讀而惻然傷之，謂曰："不意君家凶禍重併如此！"廷彥亟起自解曰："實無此事，但圖對屬親切耳"（亦見《續墨客揮犀》卷八，孔齊《至正直記》卷四載續之者曰："只求詩對好，不怕兩重喪"）。即"屬對須之"也。

【增訂四】劉攽《中山詩話》記王丞相云："'馬子山騎山子馬'（馬給事字子山，穆王八駿有山子馬之名），久之，有人對曰：'錢衡水盜水衡錢。'錢某為衡水令，人謝之曰：'正欲作對爾，實非有盜也。'"亦"屬對須之"之古謔。
二例雖發一笑，足資三反。學者觀詩文，常未免於鼇厮踢，好課虛坐實，推案無證之詞，附會難驗之事，不可不知此理①。然苟操之太過，若扶醉漢之起自東而倒向西，盡信書則不如無書，而盡不信書則如無書，又楚固失而齊亦未爲得矣。

　　《游獵賦》："蕩蕩乎八川"云云。按此一大節非徒開左思《吳都賦》，且亦木、郭《海賦》、《江賦》之先河也。

　　《游獵賦》："芒芒恍忽，視之無端，察之無崖。"按下又云："被山緣谷，循阪下隰，視之無端，究之無窮。"他如乍云猨蜼"牢落陸離，爛漫遠遷"，即復云車騎"先後陸離，離散別追"；子虛言"於是楚王乃弭節徘徊，翺翔容與"，而亡是亦言天子"於是乘輿弭節徘徊，翺翔往來"；子虛曰："觀壯士之暴怒，殫覩衆物之變態"，而亡是亦曰："睨部曲之進退，覩衆帥之變態"；子虛曰："弋白鵠"，而亡是亦曰："弋玄鶴"；子虛曰："桂椒木蘭"，"騰遠射干"，而亡是亦曰："槀本射干"，"檴檀木蘭"。此類重犯處不少，斷未能強釋爲有意對稱；非失檢，即才竭耳。漢魏、六朝之賦常一味鋪比，同篇複出，幾成通疵。庾信詞賦，允推大家，而一首之中，凌亂複疊，議其後者不乏，却未見有上責相如者。靳榮藩《綠溪語》卷上："漢文疏而厚，如《大人賦》兩押'浮'韻，《子虛賦》'衡蘭''射干'皆再見，今人必以爲複矣。"似榮古而爲曲諱，欲蓋彌彰矣！

---

　　① Cf. G. Picon, *La Littérature du XXe Siècle*, in R. Quéneau, ed., *Histoire des Littératures*, III, 1320: "Rhétorique? C'est dire que la poésie est fondée sur le langage, non sur une expérience".

"侈靡過其實，且非義理所尚"；《考證》引梁玉繩言左思、劉勰"並稱相如此賦濫詭不實，余謂上林地本廣大，且天子以天下爲家，故所敍山谷水泉，統形勝而言之。……況相如明著其指曰'子虛'、'烏有'、'亡是'，是特主文譎諫之義爾"。按程大昌早發此意而言之更暢，《演繁露》卷一一云："亡是公賦上林，蓋該四海言之。……言環四海皆天子園囿，使齊、楚所誇，俱在包籠中。彼於日月所照，霜露所墜，凡土毛川珍，孰非園囿中物？敍而置之，何一非實？後世顧以長安上林覈其有無，所謂癡人前不得說夢者也！秦皇作離宮，關内三百，關外四百，立石東海上朐界中，爲秦東門，此即相如《上林》所從祖效，以該括齊、楚者也。自班固已不能曉，……後世何責焉！"殊具文心，然班固之"不曉"，實承馬遷來耳。張衡《西京賦》："有憑虛公子者，……言於安處先生"，薛綜註："'憑'，依託也，'虛'，無也；'安處'猶'烏處'，若言'何處'"；《明文授讀》卷五二蔣冕《太學丘君行狀》謂丘名敦，嘗作《發冢說》，"託名於'兀該拙卜古溫'，胡語謂'無是人'也"。師古而愈出奇，此類名氏亦如荷馬史詩中角色之詭稱己名"無人"矣①。

"是時天子方好自擊熊豕，馳逐野獸，相如上疏諫之。其辭曰：'……卒然遇軼材之獸，駭不存之地，犯屬車之清塵。輿不及還轅，人不暇施巧，雖有烏獲、逢蒙之技，力不得用。枯木朽株，盡爲害矣！'"按《魯仲連、鄒陽列傳》陽獄中上梁孝王書曰："蟠木根柢，輪囷離詭，而爲萬乘器者，何則？以左右先爲

---

① *Odyssey*, IX, 364 ff.; cf. W. B. Stanford, *Ambiguity in Greek Literature*, 98.

之容也。……故有人先談，則枯木朽株，樹功而不忘。……欲盡忠當世之君，而素無根柢之容，……則人主必有按劍相眄之跡，是使布衣不得爲枯木朽株之資也。"皆用"枯木朽株"，而用意迥異。相如謂微物不可忽，無用者足爲害；《晉書·石勒載記》下程琅諫勒出獵曰："且枯木朽株，盡能爲害，馳騁之敝，古今戒之"，勒不聽，"是日逐獸，馬觸木而死，勒亦幾殆"，堪爲箋證。鄒陽謂下材不可棄，無用者或有裨，即《後漢書·班超傳》超上疏所謂"鉛刀一割之用"。此又一喻兩邊之例也。

《大人賦》："下崢嶸而無地兮，上寥廓而無天。"按《漢書·司馬相如傳》下載此賦，師古註："崢嶸，深遠貌也"；《傳》上載《游獵賦》："刻削崢嶸"，師古無註，則"崢嶸"爲高峻之意；《西域傳》上杜欽説王鳳云："臨崢嶸不測之深"，師古註："崢嶸，深險之貌也"，與《大人賦》同而與《游獵賦》異。《大人賦》此數語全襲《楚辭·遠遊》，故洪興祖《楚辭補註》即取《漢書·相如傳》師古註以釋"崢嶸"。《晉書·束晳傳》晳作《玄居釋》有云："朝游巍峨之宮，夕墜崢嶸之壑"，亦用深義。"崢嶸"指上高，而并能反指下深者，深與高一事之俯仰殊觀耳。《莊子·逍遙遊》不云乎："天之蒼蒼，其正色耶？其遠而無所至極耶？其視下也亦若是，則已矣。"古希臘文 bathos 訓深，而亦可訓高，郎吉納斯談藝名篇《崇高論》即以爲高（hypsos）之同義字①；拉丁文 altus 訓高，而亦訓深②；頗足參證。德語"山深"

---

① *On the Sublime*, II. i, in *Aristotle, Longinus, and Demetrius*, "Loeb", 127. Cf. A. Preminger, ed., *Encyclopedia of Poetry and Poetics*, 71.

② S. Ullmann, *Semantics*, 168.

（bergetief）尤爲"下崢嶸"、"臨崢嶸"、"墜崢嶸"之的解。華言"山深"，乃"庭院深深深幾許"之深，謂一重一掩，平面之進深也。德語則謂沉淵墜谷之深正如陟嶺登峯之高，以上比下，通降於升，即莊子云"亦若是"也。

《封禪文》。按張裕釗《濂亭遺文》卷一《辨司馬相如〈封禪文〉》力辨此文非"從諛"而爲"譎諷"、"忠諫"，特以詞"隱詭"、意"深遠"，故"難識"、"鮮知"。張與吳汝綸同門齊稱，二人爲文，每若韓、柳之"三六九比勢"（《牡丹亭》第六齣）；吳有《讀〈文選・符命〉》，張則有此篇，均好事立異，徒失據敗績耳。"隱詭"、"深遠"如此，漢武安能"識"、"知"其爲諷而非勸乎？蓋有心翻案而不能自圓厥説者。

"相如雖多虛辭濫説，然其要歸引之節儉，此與《詩》之風諫何異？"按《漢書・司馬相如傳・贊》引之，而復述揚雄譏相如"勸百而風一，曲終而奏雅"。張衡《東京賦》："故相如壯上林之觀，揚雄騁羽獵之辭。雖系以'隤牆填塹'，亂以'收罝落網'，卒無補於風規，祇以昭其愆尤"；即以雄與相如連類，取雄譏相如者，并還施於雄也。左思《魏都賦》："末上林之隤牆，本前修以作系"，《文選》載劉淵林註引張衡此數語；《北齊書・陽斐傳》斐答陸士佩書中評相如、雄，亦全襲張衡此數語。

五〇　汲鄭列傳

"大將軍青侍中,上踞廁而見之";《集解》:"廁謂牀邊,一云溷廁也";《考證》:"廁當作厠,厠、側通。"按程大昌《演繁露》卷五、周密《齊東野語》卷一〇、徐昂發《畏壘筆記》卷二等皆考《史記》中"廁"有數義;程氏至云:"今武帝之見青也,臨斬絕之岸,而使青蒲伏於絕岸之下,仰視威顏,如在天上",其說迂謬,渾忘"侍中"兩字矣。謝肇淛《五雜俎》卷三論武帝見青事,亦主溷廁,謂"解者必曲為之說,殊可笑!"是也。竊謂此傳與《項羽本紀》中"廁",皆指溷廁;《張釋之、馮唐傳》中"廁",則指邊涯。"踞廁"接見大臣,亦西方帝皇舊習,蒙田所謂據廁牏為寶座,處理機要(des princes, qui pour depescher les plus importants [sic.] affaires, font leur throne de leur chaire percée)①;并有入廁面君特許狀(le brevet d'affaires),頒予重臣,俾於溷圊得便宜如宣室之覿。吾國古代似無此典制。

【增訂四】聖西門《回憶錄》於法國路易十四宮廷掌故,如山藏海涵,記當時王公常以廁牏為內室之公座(un trône in-

---

① *Essais*, I. iii, "la Pléiade", 37.

time)，據而會客。臣工奏事，路易十四則奏涸，每晨輒半小時；凡爾塞宫中置官牏（chaîses percées officielles）凡二百七十四具云（Jean de la Varende，*M. le duc de Saint-Simon et sa comédie humaine*，1983，p.113）。

"忿發罵曰：'天下謂刀筆吏不可以爲公卿，果然！'"按《張釋之、馮唐列傳》釋之亦諫文帝"秦以任刀筆之吏"，陵遲土崩。然《蕭相國世家》："太史公曰：'蕭相國何於秦時爲刀筆吏'"；汲黯之罵，誠爲黯於漢家故事矣。

"太史公曰：'下邽翟公有言'"云云。按《漢書·張、馮、汲、鄭傳》以翟公署門一節綴鄭當時傳尾，逕接以總《贊》。此節乃馬遷感歎之比事屬詞，固乃溝而外之於作者議論，贅而著之於傳中人本事，謀篇全失倫脊。立異無當，不如照鈔，依樣葫蘆，猶勝畫蛇添足也。

五一　儒林列傳

"黃生曰：'湯武非受命，乃弒也。……'轅固生曰：'不然！必若所云，是高祖代秦，即天子之位，非耶？'"按《韓非子・忠孝》云："湯、武人臣而弒其主，刑其尸，而天下譽之，此天下所以至今不治者也。……人主雖不肖，臣不敢侵也。……孔子本未知孝悌忠順之道者也。……忠臣不危其君，孝子不非其親。"黃生雖儒，而持論則同法家之韓非。《酈生、陸賈列傳》賈對高帝曰："且湯、武逆取而順守之"，語意本《商君書・開塞》："武王逆取而貴順，……其取之以力，持之以義"；"逆取"即"弒"爾。班固《東都賦》："攻有橫而當天，討有逆而順民"，則謂：主苟無道失德，則臣之弒僭，名分雖乖，而事理殊允，不忠不順，却天與民歸(When lawful's awful, treason's reason)；《後漢書》固本傳章懷註引"逆取順守"釋之，尚隔一塵。《後漢書・袁紹傳》下劉表諫袁譚書曰："昔三王、伍伯，下及戰國，君臣相弒，父子相殺，兄弟相殘，親戚相滅，蓋時有之。然或欲以定王業，或欲以定霸功，皆所謂'逆取順守'"(《三國志・袁紹傳》裴註引此書無末句)；《晉書・段灼傳》還鄉臨去上表曰："世之論者以爲亂臣賊子無道之甚者，莫過於莽，此亦猶'紂之不善，不若是之甚也'。……昔湯武之興，亦逆取而順守之耳。向莽深惟殷、周取守之術，崇道德，務仁義，……宜未滅也。……非取之過，而守之非道也。"蓋凡取雖逆而守能長者，胥可當此語，不限於湯、武，即所謂"成敗論人"也①。然習鑿齒《晉承漢統論》以還，斤斤辨正統者有之；《朱子語類》卷八三斥《左傳》之病"是以成敗論是非，而不本於義理之正"，左邱明乃"滑頭熟事、趨炎附勢之人"；上自劉知幾《史通》外篇《疑古》疑湯之飾偽而桀紂之"惡不至是"，下至李慈銘《越縵堂文集》卷一《紂之不善論》等，胥不肯逕以得喪興廢定美刺予奪（the cult of success），有韓子、黃生之遺意焉。歐陽修《五代史·梁本紀》二自言"本《春秋》之旨"，故"不僞梁"而亦"不獎篡"，欲兼顧而不免持兩端矣。《孟子·梁惠王》齊宣王問"湯放桀、武王伐紂"，孟子對曰："殘賊之人，謂之一夫，聞誅一夫紂矣，未聞弑君也"；韓非嘗師孫卿，而《荀子·正論篇》曰："故桀紂無天下，而湯武不弑君。……今世俗之爲說者，以桀紂爲君，而以湯武爲弑，然則是誅民之父母而師民之怨賊也，不祥莫大焉！"是則儒家者流於"受命、放殺"，早有定論，董仲舒《春秋繁露》第二五篇《堯舜不擅移，湯武不專殺》即演其旨。據趙歧《孟子題辭》，文帝世《孟子》已置博士，而轅固生不知引以張目，當時陋儒老生之專固可想。《全梁文》卷一梁武帝《淨業賦·序》極口爲己分疏，有曰："朕不得比湯、武，湯、

---

① Schiller: "Die Resignation": "Die Weltgeschichte ist das Weltgericht" (*Werke*, hrsg. L. Bellermann, I, 75); Vigny, *Journal d'un Poète*: "La *moralité de la victoire* est la raison du plus fort" (*Oeuv. comp.*, "la Pléiade", II, 999).

武亦不得以比朕。湯、武是聖人，朕是凡人。湯、武君臣義未絕，而有南巢、白旗之事；朕君臣義已絕，然後掃定獨夫。"蓋儒家既嚴樹綱常名教，而復曲意回護"湯、武革命"，説終難圓，義不免墮，故敢行湯、武之事如蕭老公者，尚不願以"南巢、白旗之事"比於己之誅東昏侯也。不然，"掃定獨夫"豈非正孟子所謂"誅一夫"歟？何必從而別爲之詞哉！

黃生曰："冠雖敝，必加於首；履雖新，必關於足。何者，上下之分也。桀、紂雖失道，然君上也；湯、武雖聖，臣下也。"按《漢書·賈誼傳》上疏陳事云："臣聞之：履雖鮮，不加於枕；冠雖敝，不以苴履。夫嘗已在貴寵之位，⋯⋯今而有過，⋯⋯束縛之，係緤之，⋯⋯司寇小吏詈罵而榜笞之，殆非所以令衆庶見也。"兩生取譬一也，黃欲臣"厲節於君"，賈則欲君"禮貌於臣"，疑若相背然；實乃喻之柄同而邊亦同者。賈生以履指"小吏"，黃生以履指"臣下"，吏卑而陵"貴寵"，猶臣卑而犯"君上"，均如"履"不"關於足"而"加於枕"爾。

竇太后"召轅固生問《老子》書，固曰：'此是家人言耳！'"《考證》："中井積德曰：'家人謂庶人。⋯⋯'俞正燮曰：'宮中名家人者，蓋宮人無位號，如言宮中女子、宮婢。⋯⋯竇太后始爲家人，故怒其干犯。'"按中井言是，俞説似深文也。《季布欒布列傳》："始梁王彭越爲家人時"，《索隱》："謂家居之人，無官職也"（《漢書·季布、欒布、田叔傳》師古註："猶編户之人也"）；《漢書·外戚傳》上："雖欲爲家人亦不可得"，師古註："言凡庶匹夫"；訓義昭晰。《漢書·酈、陸、朱、劉、叔孫傳》、《佞幸傳》等皆道"家人子"，註意亦同。《外戚傳》上："皇孫妻妾無號位，皆稱家人子"，師古無註，蓋以《傳》首"上家人子、中家人子"句下已明註"入宮未有號位"也；《宣元六王傳》：斥胸臆爲"家人子"，師古註："黜其秩位"，即"皇孫妻妾無號位"也。故"家人"非可遽混於"家人子"；"家人"謂匹夫、庶民，而"家人子"則或謂無位號姬妾（"家人子"），或謂凡庶係嗣（"'家人'子"）。俞氏誤通爲一。《三國志‧吳書‧韋曜傳》曜答孫晧問瑞應曰："此人家筐篋中物耳！"，魏收《魏書‧崔浩傳》浩論《老子》曰："袁生所謂家人筐篋中物，不可揚於王庭也！"崔浩正引轅固生語而以韋曜語併附之，"家人"之即"人家"，與"王庭"當對，皎然可識，亦見其爲"匹夫"、"庶人"之意矣。《曹相國世家》記蓋公以黃老爲"治道"，傳授之於曹參；轅固生言外謂《老子》非"治道"耳。歐陽修《新五代史》有《家人列傳》，以概漢、唐之《外戚》、《后妃》、《宗室》諸傳，斯又"家人"孚甲之新意也。

五二　酷吏列傳

　　張湯"始爲小吏乾没";《集解》："徐廣曰：'隨勢沉浮也'";《正義》："謂無潤而取及他人也";《考證》引顧炎武、洪頤煊説，謂是"取利"、"逐利"之意，而引張文虎等解爲"陸沉"、"沉溺下僚"，以"備考"。按黄生《義府》、吕種玉《言鯖》等早以"乾没"作"陸沉"解，即《莊子·則陽》郭象註"譬無水而沉"，亦即俗語所謂"埋没"也；顧炎武《日知録》卷三二、翟灝《通俗編》卷二、郝懿行《晉宋書故》皆謂是取利鑽營，與此傳不甚帖合。下文明曰："湯至於大吏，内行脩也"；又曰："湯死，家産直不過五百金，皆所得奉賜，無他業。"則湯固酷而尚不貪，"小吏乾没"者，謂埋没於小吏中，非謂小吏黷貨取利。"與長安富賈田甲、魚翁叔之屬交私"，乃言其"爲小吏"時所交游，與"列九卿"時之"收接天下名士大夫，……陽浮慕之"相對；"湯之客田甲賈人有賢操，始湯爲小吏時與錢通"，不過言朋友通財，通緩急，瀧川《考證》不顧"有賢操"之品目，遽深文附會云："與上文'始爲小吏乾没'相應"，一若吏賈勾結爲奸利者。《通俗編》又謂唐以來始以吞没他人財物爲"乾没"，舊義遂淪，亦不盡然。如黄庭堅《再和答爲之》："金馬事陸沉，市門逐

-594-

乾沒",非即用徐廣註義,以互文同意作對仗耶?明之"七子"體,爲文摛撦《史》、《漢》,而鹵莽滅裂,不究詁訓,如朱國楨《湧幢小品》卷一二所譏以"殊"字代"死"字、以"妣"字代"母"字,每貽笑枋。然抗志希古,遣詞命意,矯俗避熟,往往復初返本,自有依據。如歸有光《送同年丁聘之之任平湖序》云:"軍府之乾沒,動至百萬";此唐、宋以來沿用之義也。汪道昆《太函集》卷九七《與方景武》云:"不佞婚嫁未畢,未遑五嶽之游,挌挌然乾沒里社父老間";卷一一〇《贈國子先生歐楨伯》之一云:"混世從乾沒,談天破寂寥";則用《酷吏列傳》語徐廣註義也。明人贋古,亦偶讀書得間,未可概非耳。

五三　大宛列傳

　　匈奴留張騫"十餘歲，與妻有子，然騫持漢節不失"。按《漢書・張騫、李廣利傳》同。《史記・匈奴列傳》記蘇武事僅云："漢遣蘇武厚賂單于，單于益驕"；而《法言・淵騫》始云："張騫、蘇武之奉使也，執節没身"，《漢書・李廣、蘇建傳》詳載武留北庭，"杖漢節牧羊，臥起操持"，篇終因"上問左右，武在匈奴久，豈有子乎"？復補出其娶胡婦生子事。蘇、張行事全同。

　　"昆莫生棄於野，烏嗛肉飛其上，狼往乳之。"按《周書・異域傳》上記突厥"爲鄰國所破，盡滅其族。有一兒，年且十歲，兵人見其小，不忍殺之，乃刖其足，棄草澤中，有牝狼以肉飼之"。此等傳説古已早有。如《詩・大雅・生民》言后稷"誕置之隘巷，牛羊腓字之，……誕置之寒冰，鳥覆翼之"，馬遷取以入《周本紀》；《左傳》宣公四年記邔夫人生子文，"使棄之夢中，虎乳之"。西域載籍如三國康僧會譯《六度集經》之四五記"昔者菩薩"爲貧家棄嬰，四姓拾養數月，復抛"着泾中，家羊日就而乳"。又有言棄嬰爲牝犬乳者，爲牝鹿、牝獅乳者，長大皆主一國①。古羅

---

① James Frazer, *Folklore in the Old Testament*, II, 443-50 (Cyrus, Telephus).

馬人始祖(Romulus)兄弟棄於野,狼往乳之,羣鳥嗛食飼之(Then a she-wolf visited the babes and gave them suck, while all sorts of birds brought morsels of food and put them into their mouths)①,與昆莫事尤類。

---

① Plutarch, *Lives*, "Romulus", ii, *op. cit.*, II 95.

五四　游俠列傳

　　"不愛其軀，赴士之阨困，既已存亡死生矣"；《考證》引李笠謂"當作'存亡生死'，謂亡者存之，死者生之也，《左傳》襄公二十二年'生死而肉骨也'，與此同"，而駁之曰："出入存亡死生間也，自游俠言之，李說非。"按李說多事，瀧川亦未得的解。觀本傳記郭解"身所殺甚衆"，即"死生"也，殺生人使之死也；又記解"既振人之命"，即"存亡"也，拯垂亡者俾得存也。二事相反相成，而游俠鋤強助弱之道不外乎此。如仿《左傳》以改《史記》語，則重言拯命，即病堆疊，漏置殺衆，又患偏枯，一舉而兩失矣。《後漢書・鄭太傳》："孔公緒高談清論，噓枯吹生"（《三國志・魏書・武帝紀》裴註又《鄭渾傳》裴註均引張璠《漢紀》作"能高談清論"），章懷註："枯者噓之使生，生者吹之使枯。""存亡死生"與"噓枯吹生"句法正等。

　　【增訂四】史公所謂"不愛其軀"，即常語所謂"輕生"。唐姚合《贈劉叉》："避時曾變姓，救難似嫌身"，下句不啻約"不愛其軀，赴士之阨困"為五字，"嫌"字工於鍛鍊。

五五　佞幸列傳

　　"諺言：'力田不如逢年，善仕不如遇合'，固無虛言。非獨女以色媚，而士宦亦有之。"按此傳亦徵馬遷創識，別詳《毛詩》卷論《駟鐵》。特拈出"士宦"者，蓋以害於其政，故著之史策。《漢書·佞幸傳·贊》始曰："柔曼之傾意，非獨女德，蓋亦有男色焉"，終曰："王者不私人以官，殆爲此也"；即馬遷之旨。若徒比周頑童，則事不勝書，而亦不足書，何勞玷穢簡編乎？李世熊《寒支初集》卷二《弄臣傳序》："人主弄臣，又豈知爲臣所弄乎哉！"洵片言居要矣。然《漢書》所增石顯、淳于長輩，雖被寵信，要非如董賢之以色得君，已與《史記》之"佞幸"，指意不符。南北朝史家如魏收、沈約，皆特爲《恩倖》立傳，用心更別；所登錄者，能邀主眷，似多出於"巧言令色"之"色"，而不出於"如好好色"之"色"，乃尚效《史》、《漢》作套語。《魏書》猶曰："男女性態，其揆斯一"，《宋書》亦曰："紛惑牀第"。張冠李戴，大可不必。

　　"李延年坐法腐。……與上臥起，甚貴幸，埒如韓嫣也。久之，寖與中人亂"；《集解》："徐廣曰：一作'坐弟季與中人亂'"；《考證》："《漢書》作'久之延年弟季與中人亂'；徐一本可據，不然，下文'誅昆弟'三字不可解。"按《癸巳類稿》卷一

一 深非《漢書》妄改《史記》,謂若延年"不腐不能與中人亂",歷舉《後漢書·欒巴傳》以至唐、宋、明宦者娶婦事爲例;論據粗疏。本傳上文明曰:"士人則韓王孫嫣,宦者則李延年。……嫣侍上,出入永巷不禁,以姦聞皇太后";嫣初未腐,豈得謂"不腐不能與中人亂"乎?《後漢書·宦者列傳·論》:"然亦引用士人,以參其選。……中興之初,宦者悉用閹人,不復雜調他士";具徵西漢後宮給事者,初不盡遭熏腐。《後漢書·周舉傳》對策:"豎宦之人,亦復虛有形勢,威逼良家,取女閉之",以爲"内積怨女"之例;具徵"虛有形勢",亦多"取女",初無須盡如欒巴之復形。《洛陽伽藍記》卷一《昭儀尼寺》節引蕭忻語:"高軒斗升者,盡是閹官之嫠婦,胡馬鳴珂者,莫非黃門之養息也";分疏明白,"閹官"、"黃門"祇能養義子而未嘗無遺嫠,六朝、兩漢,可相參驗。《後漢書·宦者列傳·論》又謂"嬪媛侍兒,充備綺室",《劉瑜傳》封事亦謂"常侍黃門亦廣妻娶",皆指別置私家,非與"中人"亂。宦者與"中人"侶好,如明宮禁所稱"菜户"、"對兒"者,想漢宮當亦有,此復未可以欒巴概例者。《詩·小雅·巷伯》有"萋斐貝錦"之歎,毛《傳》:"是必有因也,自謂辟嫌之不審也",因以顔叔子、魯男子爲例;鄭《箋》:"此寺人被譖在宮中不謹";孔《正義》:"事有嫌疑,故讒者因之而爲罪。……《傳》言此者,證辟嫌之事耳;此寺人、奄者也,非能身有奸淫,其所嫌者,不必即男女是非之事。"蓋毛《傳》舉例大似其事類"與中人亂",故《正義》曲爲彌縫,亦徵奄者遭此"嫌疑",漢人不少見多怪也。《平妖傳》第一五回雷太監娶胡媚兒,即引唐之高力士、李輔國自解;《紀錄彙編》卷一八八田藝蘅《留青日札摘》、沈德符《野獲編》卷六、談遷《棗

－600－

林雜俎》義集卷上、趙吉士《寄園寄所寄》卷七《人物門》、趙翼《陔餘叢考》卷四二等舉奄人事，有足補《癸巳類稿》者。

"太史公曰：'甚哉愛憎之時，彌子瑕之行足以觀後人佞幸矣。雖百世可知也。'"按即"色衰愛弛"之意。"時"者，劉禹錫《秋扇詞》所謂"當時初入君懷袖，豈念寒爐有死灰！"李夫人之蒙被轉向，蓋知"愛憎之時"矣。萬事莫不有"時"，男女愛憎特其一例。馬遷反復致意於此。如《滑稽列傳》記優孟諫楚莊王事，按論曰："此知可以言時矣！"《貨殖列傳》曰："故善治生者，能擇人而任時"，又曰："白圭樂觀時變。……趨時若猛獸摰鳥之發。"《易‧隨》："彖曰：隨，剛來而下柔，動而說隨。……隨時之義大矣哉！"斯旨在周末秦初大明於天下。《國語‧越語》下范蠡曰："臣聞從時者，猶救火追亡人也，蹶而趨之，唯恐勿及"；《戰國策‧秦策》三秦客卿造訪穰侯曰："聖人不能爲時，時至而弗失。……此君之大時也"；《莊子》逸文："鵲上城之垝，巢於高榆之顛，城壞巢折，陵風而起；故君子之居時也，得時則義行，失時則鵲起"（《文選》謝朓《和伏武昌登孫權故城》詩李善註引，《藝文類聚》卷九二引文小異）；《呂氏春秋‧首時》篇發揮尤詳，有曰："聖人之於事，似緩而急，似遲而速，以待時"，又曰："聖人之見時，若步之與影不可離。"以孟子之誦古法先，"稱堯舜"而"承三聖"（《滕文公》），《鹽鐵論‧論儒》篇所謂"孟軻守舊術，不知世務，孔子能方不能圓"，而亦曰："雖有智慧，不如乘勢，雖有鎡基，不如待時；今時則易然也"（《公孫丑》），又以"聖之時者也"爲極口贊美孔子之詞（《萬章》）。足徵風氣物論矣。"時"、時機也，亦時宜也；在於人者，動則謂之"乘"，靜則謂之"待"，陽動而陰靜謂之"隨"，要之不離乎當機與應宜者是。別見論《秦始皇本紀》。

五六　滑稽列傳

"談言微中，亦可以解紛"。按下文言齊威王"國且危亡，在於旦暮，左右莫敢諫"，楚莊王欲以棺椁大夫禮葬馬，下令曰："有敢以馬諫者，罪至死！"而淳于髡、優孟之流冒主威之不測，言廷臣所不敢，譎諫匡正。《國語·晉語》二優施謂里克曰："我優也，言無郵"，韋昭註："郵，過也"；《荀子·正論》篇："今俳優侏儒狎徒詈侮而不鬭者，是豈鉅知見侮之爲不辱哉？然而不鬭者，不惡故也。"蓋人言之有罪，而優言之能無罪，所謂"無郵"、"不惡"者是，亦即莎士比亞所謂"無避忌之俳諧弄臣"（all-licens'd fool）①。意大利古時正稱此類宫廷狎弄之臣曰"優"（istrione）②也。"肆無忌憚"又與《韓非子·八姦》謂："優笑侏儒，左右近習，此人主未命而唯唯，未使而諾諾"，兩義相輔；《新五代史》所以有《伶官傳》以戒"因於所溺"歟。

【增訂三】宋耐得翁《都城紀勝》及吴自牧《夢粱錄》卷二

---

① *King Lear*, I.iv.220.
② Enid Welsford, *The Fool: His Social and Literary History*, 14.

○《妓樂》條載供應雜劇每"滑稽"以寓"諫諍",皆妝演故事,"隱其情而諫,上亦無怒","謂之'無過蟲'"。此即"優無郵"、"不惡"之的詁。"無過蟲"之稱初不承襲經、史,而意則通貫古今中外;析理論世,可以三反也。

"優孟曰:'馬者,王之所愛也。以楚國堂堂之大,何求不得,而以大夫禮葬之,薄!請以人君禮葬之'"云云。按此即名學之"歸謬法"(apagoge, reductio ad absurdum),充類至盡以明其誤妄也。孟子"好辯",每用此法,如《滕文公》章駁許行"必種粟而後食",則問曰"必織布而後衣乎?"、"許子冠乎?自織之與?"、"許子以釜甑爨,以鐵耕乎?自爲之與?"又斥陳仲子之"廉",則曰:"充仲子之操,則蚓而後可者也"。以"大夫禮葬"進而至"以人君禮葬",所謂"充"耳。

"優孟曰:'請爲大王六畜葬之。以壠竈爲椁,銅歷爲棺,齎以薑棗,薦以木蘭,祭以糧稻,衣以火光,葬之於人腹腸'"。按優孟諫葬馬,猶《晏子春秋》內篇《諫》下之二三晏子諫葬狗,特此爲譎諫,彼爲莊論;"葬之於人腹腸"與"趣庖治狗,以會朝屬",至竟無異也。

【增訂三】優孟諫葬馬、晏子諫葬狗事,與《左傳》昭公一九年所記一事酷類:"衛侯來獻其乘馬曰'啟服'。暫而死,公將為之櫬。子家子曰:'從者病矣,請以食之。'乃以幬裹之";《正義》:"《史記·滑稽傳》優孟諫楚王亦此類。"三節合觀,足為一事孳生增飾之佳例。

《楚辭·漁父》亦云:"寧赴湘流,葬於江魚腹中。"後世作者踵其意而爲新險之語,如李覯《盱江全集》卷三六《論文》之一:"若見江魚須慟哭,腹中曾有屈原墳";惠洪《禪林僧寶傳》卷一九載端獅子作祭死雞文："維靈生有鷹鸇之厄，死有湯鑊之災；奉爲轉化檀越，施肚與汝作棺材"；方回《桐江續集》卷三二《孔端卿〈東征集〉序》摘其《至日本、高麗覆舟》詩中"千生萬命魚爲椁"，歎"此句奇絶"；王守仁《陽明全書》卷二五《瘞旅文》："縱不爾瘞，陰崖之狐成羣，陰壑之虺如車輪，亦必能葬爾於腹，不致久暴露爾"；曾異撰《紡授堂二集》卷九《出都僅百里，見餓殍三，愴然感賦》之三："饞犬却能知掩骼，好將人葬腹腸中"；李漁《一家言》卷五《活虎行》："豢以死肉不屑食，欲食生物屠心肝；是畜投之若固有，天生肚腹爲衾棺。"古希臘文家以兀鷹食人屍，呼爲"活動墳墓"（living sepulchres）①；古羅馬詩祖亦稱兀鷹（vulturus）爲埋葬肢體之殘忍墳墓（Heu! Quam crudeli condebat membra sepulchro!）②。各國詩文連類紛繁：或用之於魚（Let one fish destroy us, that even in the fish, we may have a common tomb; What tomb moved about with its contents? The whale which took down the Prophet Jonah into its belly）③；或用之於狼（Elegome en sepultura / Ventre de lupo en voratura; né chi sepolcro dia/se forse in ventre lor non me lo danno/i lupi）④；或用之於人（He hath a fair sepulchre in the grateful stomach of the judicious epicure; Et, morne enterre-

---

① On the Sublime III.i (Gorgias of Leontini), op. cit., 129.
② Ennius, Annals, fr. 141-2, E. H. Warmington, Remains of Old Latin, "Loeb", I, 50.
③ Achilles Tatius, Leucippe and Clitophon, III, 5; The Thousand Nights and One Night, tr. P. Mathers, II, 229.
④ Jacopone da Todi: "Lauda delle Malattie" (L. R. Lind, Lyric Poetry of the Italian Renaissance, 64); Orlando Furioso, X. 28 (op. cit., 84).

ment, l'huître glisse vivante/Au sépulcre de l'abdomen)①；最奇者，烈士暮年，歎己身爲活動墳墓，又嬰未育而死，母身爲其活動墳墓（Myself my sepulchre, a moving grave; And the languished mother's womb/Was not long a living tomb)②。覩記所及，毋慮二十許事，然皆喻於墓之葬而不及棺之殮。唯《五日談》言"以鼎爲棺，以腹爲墓"(ti sarà cataletto una padella e sepoltura un ventre)③，與優孟語尤類。

"昔者齊王使淳于髠獻鵠於楚，出邑門，道飛其鵠，徒揭空籠，造詐成辭，往見楚王"云云。按此褚少孫所補"故事滑稽之語六章"之四，其事亦見《説苑・奉使》篇、《韓詩外傳》卷一○等，司馬貞、梁玉繩皆已言之。《初學記》卷二○、《太平御覽》卷九一六引《魯連子》載魯君使展無所遺齊襄君鴻，中道失鴻，不肯"隱君蔽罪"；《尹文子・大道》篇上記楚人誤以山雉爲鳳凰，欲獻楚王而鳥死，即《太平廣記》卷四六一引《笑林》一則所本；情節均類，實一事而異其傳爾。徐渭《路史》載雲南土官緬氏遺緬伯高貢天鵝過沔陽，浴之，鵝飛去，墮一翎，因拾取而上於朝，并作口號云："將鵝貢唐朝，山高路遥遥；沔陽湖失去，倒地哭號號。上覆唐天子：可饒緬伯高！禮輕人意重，千里送鵝毛。"不知徐氏何本。竊疑五季以來有"千里鵝毛"俗諺，

---

① C. Lamb: "A Dissertation upon Roast Pig" (*Essays of Elia*, "Everyman's Lib.", 146); É. Goudeau: "La Revanche des Bêtes" (P. Mille, *Anthologie des Humoristes français contemporains*, 272).

② Milton, *Samson Agonistes*, 102; *An Epitaph on The Marchioness of Winchester*, 33.

③ *Il Pentamerone*, V.9 (*op. cit.*, 525).

歐陽修《梅聖俞寄銀杏》五古始摭取入詩，蘇、黃繼之；黃伯思《東觀餘論》卷上《法帖刊誤》三《晉、宋、齊人書》："紀瞻帖中有云：'貧家無以將意，所謂物微意全也。'觀此語，不待見筆迹，可判其僞矣！"則此語宋前已入僞帖矣。徐氏逞狡獪，追造故實，以當出典，猶鄭昂《東坡事實》、伊世珍《嫏嬛記》中伎倆。然其爲淳于髡獻鵠事之增華，則望而可知也。

"褚先生曰：'臣幸得以經術爲郎，而好讀外家傳語。'"《考證》引顧炎武、姚範說謂以《六經》爲"内"而史爲"外"。按《日知錄》卷一八又謂"東漢以《七緯》爲'内學'，《六經》爲'外學'"，似未全允。東漢亦以道家言爲"内"，非止緯也。如《三國志·魏書·袁、張、涼、國、田、王、邴、管傳》裴註引《魏略》稱石德林"始精《詩》、《書》，後好内事，於衆輩中最爲玄默。……常讀《老子》五千文及諸内書"，與"玄默"連屬，則"内事"、"内書"乃老子之學；又《和、常、楊、杜、趙、裴傳》裴註引《魏略》記吉茂，"先是科禁内學及兵書，而茂皆有，匿不送官"，遭禁之"内學"，即讖緯。夫以《老子》爲"内書"，則《詩》、《書》之爲"外書"可知；後世道流，尚沿此稱，如賈嵩《華陽陶隱居内傳》卷上記陶少時"常嫌讀書未滿萬卷，乃以内書兼之"，即指道家典籍。南北朝又以佛書爲"内"而儒書爲"外"，如《魏書·裴延儁傳》上疏曰："伏願經、書互覽，孔、釋兼存，則内、外俱周，真俗斯暢"；《顏氏家訓·歸心》篇言"内外兩教"、"内外典"；《廣弘明集》卷八釋道安《二教論》更以"外教"包兼道家："釋教爲内，儒教爲外。……教惟有二，寧得有三？……老氏之旨，……既扶《易》之一謙，更是儒之一派。……道屬儒宗。"阮孝緒奉佛，而本"方内"、"方外"之辨，以儒爲"内",佛道爲外;《廣弘明集》卷三載其《七録·序》云:"其方内經、史至於術伎,合爲五録,謂之《内篇》;方外佛、道,各爲一録,謂之《外篇》。……王〔儉《七志》〕則先道而後佛,今則先佛而後道,蓋所宗有不同,亦由其教有淺深也。"

【增訂三】劉攽《彭城集》卷三八《處士龍泉何君墓誌銘》:"以讀書爲娛,自經史諸子傳説以及佛氏外典,多手自寫録。"稱釋書曰"外典",蓋遥承阮孝緒舊説。二劉兄弟文中用字每矯時希古,自異於歐、蘇焉。

五七　貨殖列傳

　　按自班彪論《史記》"序貨殖，則輕仁義而羞貧窮"（《後漢書・班彪傳》），其子固《漢書・司馬遷傳・贊》亦譏此篇"崇勢利而羞賤貧"；李覯《盱江全集》卷三四《讀史》即謂馬遷"聞道寡"、"猖狂"，而稱班固之"駁議何洋洋"！後來衛護馬遷，大指不外《考證》所引諸家之意。斯《傳》文筆騰驤，固勿待言，而卓識鉅膽，洞達世情，敢質言而不爲高論，尤非常殊衆也。夫知之往往非難，行之亦或不大艱，而如實言之最不易①；故每有舉世成風、終身爲經，而肯拈出道破者尠矣。蓋義之當然未渠即事之固然或勢之必然，人之所作所行常判別於人之應作應行。誨人以所應行者，如設招使射也；示人之所實行者，如懸鏡俾照也。馬遷傳貨殖，論人事似格物理然，著其固然、必然而已。其云："道之所符、自然之驗"，又《平準書》云："事勢之流，相激使然"，正同《商君書・畫策》篇所謂："見本然之政，知必然

---

① Cf. Leopardi, *Pensieri*, 1: "Colpa non perdonata dal genere umano, il quale non odia mai tanto chi fa male, né il male stesso, quanto chi lo nomina" (*Opere*, Ricciardi, I, 697).

之理。"①《游俠列傳》引"鄙諺":"何知仁義? 已享其利者爲有德";《漢書・貢禹傳》上書引"俗皆曰":"何以孝弟爲? 財多而光榮";馬遷傳貨殖,乃爲此"鄙"、"俗"寫真爾。道家之敎:"絕巧棄利"(《老子》一九章);儒家之敎:"何必曰利"(《孟子・梁惠王》)。遷據事而不越世,切近而不驚遠,既斥老子之"塗民耳目",難"行於""近世",復言:"天下熙熙,皆爲利來,天下壤壤,皆爲利往。"是則"崇勢利"者,"天下人"也,遷奮其直筆,著"自然之驗",載"事勢之流",初非以"崇勢利"爲"天下人"倡。《韓非子・觀行》曰:"鏡無見疵之罪";彪、固父子以此《傳》爲遷訽病,無乃以映見嫫母之孈容而移怒於明鏡也! 雖然,初無倡之心,却每有倡之效;傳失其正,趣倍其宗,變出無妄,事乖本願,世法多然,文詞尤甚②。故作賦以諷,或不免勸(《法言・吾子篇》),樹義爲藥,乃還成病(《大乘本生心地觀經・發菩提心品》第一一),此又"自然之驗"、"事勢之流"也。遷自可以不任其咎矣,彪、固懲沸羹則吹冷虀,亦非盡無稽輕詆焉。又按當世法國史家深非史之爲"大事記"體者(l'histoire événementielle),專載朝政軍事,而忽民生日用;馬遷傳《游俠》,已屬破格,然尚以傳人爲主,此篇則全非"大事記"、"人物志",於新史學不啻手闢鴻濛矣。

---

① 馬基亞偉利論政理,自言示事之實然,非抒想所當然(andare drieto alla verità effettuale della cosa che alla imaginazione di essa— Il Principe, cap. 15, Opere, Ricciardi, 49-50);其書寥寥短章二十有六,而道"必然"(necessità, necessario, ecc.)至七十六次。

② De Sanctis, Storia della Letteratura italiana, a cura di B. Croce e riveduta da A. Parente, I, 162 (si ha a distinguere il mondo intenzionale e il mondo effettivo); Saggi critici, a cura di L. Russo, II, 159 (Leopardi), 183 (Ariosto).

"各勸其業，樂其事，若水之趨下，日夜無休時。"按本《商君書·君臣》："民之於利也，若水於下也，四旁無擇也。"漢初已成慣語，如《漢書·食貨志》上鼂錯上書："民者，在上所以牧之，趨利如水走下，四方無擇也"，又《董仲舒傳》對策："萬民之從利也，如水之走下，不以教化隄防之，不能止也。"《荀子》之《富國》、《議兵》兩篇皆有"人（民）歸之如流水"，則謂善政，非僅貨財也。

【增訂三】《管子·形勢解》亦曰："民之從利也，如水之走下，於四方無擇也。"《左傳》昭公三年晏嬰語叔向曰："民人痛疾而或燠休之，其愛之如父母，而歸之如流水"；《晏子春秋》內篇《問》上第五、第八晏子對齊景公問亦曰："海內歸之若流水"，"國人負其子而歸之，若水之流下也"。又意同《荀子》。《商君書·賞刑》："三軍之士，止之如斬足，行之如流水"，則喻刑賞既"壹"，令出必從；後世對仗，當曰："行之如鞭後"或"行之如傅翼"矣。《周禮·冬官·考工記·弓人》："弓有六材焉。維幹強之，張如流水"，亦謂調順應手，隨所張弛，猶《商君書》之旨，而取譬更出意外。

"財幣欲其行如流水。"按《平準書》："太史公曰：'虞夏之幣，……或錢、或布、或刀'"；如淳、司馬貞等註："布於民間也；名錢爲刀者，以其利於民也；錢本名泉，言貨之流如泉也；布者，言貨流布；刀者，錢也，以其形如刀，故曰刀，以其利於人也。"《漢書·食貨志》下："錢圜函方。……利於刀，流於泉，布於布，束於帛"；孟康、李奇等註："外圜而內孔方也；束，聚也。"《全晉文》卷一一三魯褒《錢神論》："錢之爲體，有乾有坤，內則其方，外則其圓，其積如山，其流如川。……錢之爲言泉也,其源不匱,無遠不往,無深不至。"皆"財幣欲其行如流水"之旨,《金瓶梅》第五六回西門慶論財所謂"兀那東西是好動不好靜的"。亞當·斯密《原富》喻錢之流通爲圓轉如輪(the great wheel of circulation)①;德國哲學家亦言錢之體用在乎流動不居,其形圓,即長轉之象(Die Rundheit der Münzen, infolge deren sie "rollen müssen", symbolisiert den Rhythmus der Bewegung. Die Bedeutung des Geldes liegt darin, daß es fortgehen wird; es ist sozusagen *actus purus*)②。錢圓故轉,各國諺都有,而法國諺獨面面具到:"錢形圓所以轉動也,而錢形又匾所以累積也"(L'argent est rond pour rouler, mais il est plat pour l'amasser)③,蓋兼明"流行"與"束聚"之相反相成矣。魯褒知錢之"内則其方,外則其圓",而承之曰"其積如山,其流如川",亦謂圓行方止,圓緣宜轉而方孔便串,"流行"於外與"束聚"於内交互爲用也。錢本刀形,"故曰刀";"利民"之説,乃望文生義。《太平御覽》卷八三六引《風俗通》亦云:"'錢刀'、俗説害中有利。'利'傍有'刀',言人治生率多得錢財者,必有刀劍之禍也。"後世益妙於引申,如陳繼儒《巖栖幽事》云:"李之彦嘗玩'錢'字傍,上着一'戈'字,下着一'戈'字,真殺人之物而不悟也。然則兩'戈'爭'貝',豈非'賤'乎?";《虞初新志》卷二〇汪价《三儂贅人廣自序》云:"余與漢陽李雲田偶過汴市,見有争錢而相搏者。雲田曰:'古人名錢曰刀,以其

---

① Adam Smith, *The Wealth of Nations*, Bk. II, ch. 2.
② G. Simmel, *Philosophie des Geldes*, 5. Aufl, 578, 583.
③ A. Arthaber, *Dizionario Comparato di Proverbi*, 185.

銛利能殺人也；執兩戈以求金謂之錢，亦以示凶害也。'余曰：'……執兩戈以求貝謂之賤，執十戈以求貝，則謂之賊而已矣！執戈者，貪必濟以酷也。'"又漢人緯字、王安石《字說》之所未窺矣。

白圭曰："吾治生產，猶伊尹、呂尚之謀、孫吳用兵、商鞅行法是也。……仁不能以取予，……雖欲學吾術，終不告之矣。"按兼操術之嚴密與用心之嚴峻言之。前者無差忒，言計學者所謂"鐵律"（das eiserne Gesetz）也；後者無寬假，治貨殖者所謂"錢財事務中着不得情誼"（In Geldsachen hört die Gemütlichkeit auf）也；"仁"而曰"以取予"者，以取故予，將欲取之，則姑予之；《後漢書·桓譚傳》所謂："天下皆知取之爲取，而莫知與之爲取"，是也，非慈愛施與之意。

【增訂五】《管子·牧民》："故知予之為取者，政之寶也。"《韓非子·說林上》記智伯索地於韓宣子，任章謂宣子曰："君予之地。……《周書》曰：'……將欲取之，必姑予之。'"即白圭、桓譚所祖述也。

"而白圭樂觀時變，故人棄我取，人取我與。……趨時若猛獸摯鳥之發。"按徐積《徐節孝先生文集》附江端禮所記《語錄》有云："某少讀《貨殖傳》，見所謂'人棄我取，人取我與'，遂悟爲學之法。蓋學能知人所不能知，爲文能用人所不能用，斯爲善矣。人所共知，可略也"；又云："嘗見一俗書云：'作文用字必用新意，如論友使管、鮑，則不新矣。'昔卓王孫云：'人棄我取，人取我與，故能致富'與俗書正合，故學者宜取法焉。"積有"道學"之名，而不諱用"貨殖"之法。馬遷言："蓋天下言治生者祖白圭"，尚不知作文爲學之走冷門、投熱機，於白圭之操術，猶禪人所謂"教外別傳"；而積明詔大號，以此教弟子，又所謂"分明漏洩"矣。"趨時若猛獸摯鳥之發"，可參觀《國語・越語》下范蠡曰："臣聞從時者，猶救火追亡人也，蹶而趨之，唯恐勿及。"

"由此觀之，賢人深謀於廊廟，論議朝廷，守信死節，隱居巖穴之士設爲名高者，安歸乎？歸於富厚也。是以廉吏久，久更富，廉賈歸富。富者，人之情性所不學而俱欲者也。"按下承以一大節，舉在軍壯士、任俠少年、趙女鄭姬、游閑公子、漁夫、獵人、博徒、吏士、農、工、商賈，莫不求財致富，即前文"天下熙熙，皆爲利來"四句之敷説。後文"富者必以奇勝"一大節復歷數"姦事"、"惡業"、"賤行"、"辱處"等例，以見姦惡賤辱亦堪發身起家，更見富而可求，雖姦惡賤辱，人且勇爲而甘受也。西方詩文稱錢曰"皇后"、曰"大人"（Regina pecunia; Poderoso caballero/es don Dinero）①；尊之則頌爲"全能母子"（Io credo nella Zecca omnipotente/e nel figliuolo suo detto Zecchino），"無事不辦、無物不知、無施不宜"（l'omnipotence, l'omniscience, l'omniconvenance de l'argent）②；憎之則訶爲"倒黑爲白、轉惡爲美、移非爲是、變老爲少、改怯爲勇之黃奴"（will make black white; foul, fair; /Wrong, right; base, noble;

---

① Horace, *Epist.*, I. vi. 37; F. G. de Quevedo: "Letrilla". Cf. Burton, *Anatomy of Melancholy*, "Democritus to the Reader"; "we adore *Dea Moneta*" etc., Bell, I, 69 f..

② G. Giusti, Gingillino, III. xxxii; Balzac, *La Maison Nucingen*, *Oeuv. comp.*, Conard, XIV, 348 (cf. *Gobseck*: "L' or est le spiritualisme de nos sociétés actuelles", V, 398).

old, young; coward, valiant/.../This yellow slave)①。《巨人世家》中有論世間萬事百業莫非爲糊口充腸（Et tout pour la trippe)②，文瀾浩瀚，與《史記》此數節及魯褒《錢神論》詞旨相近。"廉吏久，久更富"，瀧川誤作一句："廉吏久久更富"，遂全失事之關捩、語之脈絡。吏廉則不至以貪墨敗而能久於其位，久於其位則雖廉而亦自能富，《戰國策・趙策》三平原君述公子牟語所謂"貴不與富期而富至"，《儒林外史》第八回王太守所謂"三年清知府，十萬雪花銀"也。《淮南子・道應訓》説《老子》"後其身而身先，外其身而身存"，舉公儀休嗜魚，相魯時，國人獻魚勿受，"夫受魚而免於相，雖嗜魚不能自給魚，毋受魚而不免於相，則能長自給魚"；柳宗元《河東集》卷二〇《吏商》："吏而商也，汙吏之爲商，不若廉吏之商，其爲利也博"；均《史記》此二語之的解。"廉賈歸富"，諸家註亦未得要領。爲賈者廉其索價，則得利雖薄而貨可速售，貨速售則周轉靈(Small profits and quick returns)，故雖廉而歸宿在富，下文所謂"貪賈三之，廉賈五之"也。吏與賈皆操廉之術，以收貪所不能致之效，正如白圭"治生"之言"仁"，"以取予"耳。

"夫用貧求富，農不如工，工不如商，刺繡文不如倚市門。"按《漢書・貨殖傳》以此爲諺語。張衡《西京賦》："爾乃商賈百族，裨販夫婦，鬻良雜苦，蚩眩邊鄙，何必昏於勞邪？贏優而足恃"，亦斯意。

---

① Shakespeare, *Timon of Athens*, IV. iii. 28 ff..
② *Le Quart Livre*, ch. 57. *Oeuv. comp.*, éd. J. Plattard, IV, 205-7. Cf. Ch. Sorel, *Histoire comique de Francion*, éd. É. Roy, I, 123-4.

"故曰：'寧爵毋刁。'"按《集解》、《索隱》、《考證》所釋皆苦糾繞而不中肯綮。"免去"非"免去求官爵"，乃"去"而"免"受役，言奴寧捨去官爵之主，毋捨去刁閒。足言之，即："寧不事爵，毋不事刁"也。

"家貧親老，妻子軟弱，歲時無以祭祀、進酒醼飲食，被服不足以自通，如此不慚恥，則無所比矣！無巖處奇士之行，而長貧賤，好語仁義，亦足羞也！"按焦循《易餘籥錄》卷一〇引此數語而附記汪中之言曰："儒者固不可得非義之利，然養父母，蓄妻子，詎可不講生財之計。譬如老母病，須服人參，得則生，不得則死；為人子者，遂心安而忍之乎？"孫星衍《五松園文稿·汪中傳》："然中能鑑別彝器書畫，得之售數十百倍，家漸豐裕"，殆即所謂"講生財之計"也。《鹽鐵論·毀學》篇大夫引"司馬子"言天下攘攘，"皆為利祿"，又曰："今內無以養，外無以稱，貧賤而好義，雖言仁義，亦不足貴者也"，全本馬遷之說。《古詩十九首》云："人生寄一世，奄忽若飆塵；何不策高足，先據要路津？無為守貧賤，轗軻常苦辛！"《世說新語·汰侈》篇石崇入學見顏回、原憲像，曰："士當令身名俱泰，何至以甕牖語人？"《醒世姻緣傳》第三三回尤暢言之："聖賢千言萬語，叫那讀書人樂道安貧。……我想，說這樣話的聖賢畢竟自己處的地位也還挨的過的日子。……連稀粥湯也沒得一口呷在肚裏，那討'蔬食簞瓢'？……孔夫子在陳剛絕得兩三日糧，……我想那時的光景一定也沒有甚麼'樂'處。倒還是後來的人說得平易，道是'學必先於治生'。""後來的人"指元儒許衡；王守仁《傳習錄》卷上曰："許魯齋謂'儒者以治生為先'之說，亦誤人"，蓋忘《史記》已早持此論矣。

《法言•淵騫》篇:"或問貨殖。曰:'蚊!'"此傳所寫熙攘往來、趨死如鶩、嗜利殉財諸情狀,揚雄以隻字該之,以么麼象之,兼要言不煩與罕譬而喻之妙。《楞嚴經》卷五月光童子言:"如是乃至三千大千世界内所有衆生,如一器中儲蚊蚋,啾啾亂鳴,於分寸中,鼓發狂鬧";宋人詩文多喜徵使(秦觀《淮海集》卷二《送張和叔》、張耒《張右史集》卷二九《自遣》之一、朱熹《文公集》卷三九《答楊子順》之三、方岳《秋崖小稿》卷一五《再用潘令君韻》又卷二九《新晴》,參觀朱翌《猗覺寮雜記》卷上、光聰諧《有不爲齋隨筆》卷壬),乃指無聊擾攘,非言貪得競逐,着眼處異於《法言》。西方文家有謂世人一生閧亂忙碌,無殊羣蠅於玻璃瓶中飛動(dans cette vie où nous tourbillons sur nous-mêmes "comme des mouches dans une carafe")①;却與《楞嚴》相契,易"蚊"爲"蠅"而已。又一哲學家謂吾人心智遭文字語言蠱惑,不易擺脱,如蠅處玻璃瓶中,哲學乃所以除蠱破惑,示癡蠅以出瓶之道(Philosophy is a battle against the bewitchment of our intelligence by means of language. What is your aim in philosophy? —To shew the fly the way out of the fly-bottle)②;雖指治學而非指處世,然瓶中蠅與器中蚊立喻同柄同邊。示蠅出瓶又類《五燈會元》卷四神贊覩"蜂子投窗紙求出",作偈:"空門不肯出,投窗也大痴;百年鑽故紙,何日出頭

---

① P. Neveux, quoted in J. Thoraval, *L'Art de Maupassant d'après ses variantes*, 161.

② L. Wittgenstein, *Philosophical Investigations*, tr. G. E. M. Anscombe, I, §109, §309, pp. 47e, 103e.

時!"(參觀卷四陸亙問南泉:"瓶中養一鵝,作麼生出得?")惠洪《林間錄》卷下白雲端禪師作蠅子透窗偈:"爲愛尋光紙上鑽,不能透處幾多難!忽然撞着來時路,始覺平生被眼謾。"均謂須脫迷網,得大自在;特各有其所謂網,其解網也,遂復我用我法、卿用卿法耳。

【增訂四】當世英國小說家以不信奉基督教者之靈魂比於闇室中飛旋之鳥,撲窗求出,渾不知有門洞開,戶外風清日朗([The pagan soul can be compared] Better, to a bird fluttering about in the gloom, beating against the windows when all the time the doors are open to the air and sun. —Evelyn Waugh, *Diaries*, ed. M. Davie, 1976, p.783)。又當世法國文論師嘗判別"愉情快意之文"(texte de plaisir)與"移神盪魄之文"(texte de jouissance)二類,謂誦讀前類文,輒"如蠅在室中,營營四飛,觸突不能出"(Nous lisons un texte [de plaisir] comme une mouche vole dans le volume d'une chambre: par des coudes brusques, faussement définitifs, affairés et inutiles. —Roland Barthes, *Le plaisir du texte*, Éditions du Seuil, 1973, p.52)。取譬均同禪人之言"蜂子"或"蠅子"之投窗紙。原引維德根斯坦自言哲學旨在"示玻璃瓶中蠅子以出路"(Was ist dein Ziel in der Philosophie? —Der Fliege den Ausweg aus dem Fliegenglas zeigen),則其遺書於1953年行世以來,斯語膾炙衆口已久,而未見有舉禪宗話頭相與參印者。

五八　太史公自序

　　論六家之要指曰："《易大傳》：'天下一致而百慮，同歸而殊塗。'夫陰陽、儒、墨、名、法、道德，此務爲治者也。直所從言之異路，有省不省耳。"按司馬談此篇以前，於一世學術能概觀而綜論者，荀況《非十二子》篇與莊周《天下》篇而已。荀門户見深，伐異而不存同，舍仲尼、子弓外，無不斥爲"欺惑愚衆"，雖子思、孟軻亦勿免於"非"、"罪"之訶焉。莊固推關尹、老聃者，而豁達大度，能見異量之美，故未嘗非"鄒魯之士"，稱墨子曰"才士"，許彭蒙、田駢、慎到曰"概乎皆嘗有聞"；推一本以貫萬殊，明異流之出同源，高矚遍包，司馬談殆聞其風而說者歟。即如此節，正《天下篇》所謂："天下之治方術者多矣，皆以其有爲不可加矣。古之所謂道術者果惡乎在？曰：無乎不在。……天下多得一察焉以自好，譬如耳目鼻口皆有所明，不能相通。……道術將爲天下裂。"兩者皆言術之相非者各有其是，道之已分者原可以合。《全晉文》卷四九傅玄《傅子》曰："聖人之道如天地，諸子之異如四時，四時相反，天地合而通焉"；其遺意也。是以談主道家，而不嗜甘忌辛、好丹擯素，於陰陽家曰："不可失"，於名家曰："不可不察"，於儒家曰："雖百家勿能易"，於墨家曰："雖百家勿能廢"，於法家曰："雖百家勿能改"。蓋有偏重而無偏廢，莊周而爲廣大教化主，談其升堂入室矣。王通《中說・周公篇》美之曰："史談善述九流，知其不可廢而各有弊也，安得長者之言哉！"葉適《習學紀言序目》卷三三刺之曰："王褒戒諸子：'……既崇周、孔之教，兼循老、釋之談……'，不自知其可笑，《六家要指》司馬父子之故意也。使佛學已出於是時，則太史公亦更增上一家，譬如區種草木，不知天地正性竟復何在。"葉氏所訶王褒《幼訓》，附見《梁書・王規傳》；其貶談也，猶王通之褒談，均能知談者也，中肯之譏彈固勝於隔膜之譽讚耳。西方千五百年前舊說亦有以爲大道裂而學術分歧，然各派相爭亦復相輔，如樂之和乃生於音之不同（Truth is one; just as the Bacchantes tore asunder the limbs of Pentheus, so the sects both of barbarian and Hellenic philosophy have done with truth. The dogmas held by different sects coincide in one, either as a part, or a species, or a genus. For instance, though the highest note is different from the lowest note, yet both compose one harmony）①。即"無乎不在"、"一察自好"、"一致百慮"、"有省不省"之旨也。

"道家……其爲術也，因陰陽之大順，采儒、墨之善，撮名、法之要。"按言道家并包備具五家之長，集其大成。蕭子顯《南齊書・高逸傳・論》詳舉儒、陰陽、墨、雜、從橫、農、道諸家之"教"，而推佛曰："大士之立言也，以大苞小，無所不容"；

---

① St. Clement of Alexandria, *The Miscellanies*, or *Stromata*, Bk. I, ch.13, tr. W. Wilson, "Ante-Nicene Christian Library", IV, 389.

釋志磐《佛祖統紀》卷四一曰："至於佛道廣大，則凡世間九流，悉爲所容，未有一法出乎佛道之外"；龔自珍《集外未刻詩·題梵册》曰："儒但九流一，魁儒安足爲？西方大聖書，亦掃亦包之"；即皆以司馬談推尊道家者移施於釋氏耳。釋書誠不足以當此，然"亦掃亦包"四字可以借詁黑格爾所謂"奧伏赫變"（參觀《周易》卷論《易有三名》）；其《哲學史》中論學派之相非（Widerlegung）相續，亦同斯旨①。

"至於大道之要，去健羨，絀聰明"；《集解》："如淳曰：'知雄守雌，是去健也；不見可欲使心不亂，是去羨也；不尚賢，絕聖棄智也。'"按此解甚確，《漢書·司馬遷傳》服虔、晉灼等註以"健"爲"楗"，迂鑿極矣。"健"是一事，"羨"又是一事，猶耳之"聰"、目之"明"各爲一事。"去羨"者，老子所謂"少私寡欲"、"不欲以靜"、"常無欲"也；"去健"者，老子所謂"專氣致柔"、"果而勿强"、"柔弱勝剛强"、"强梁者不得其死"、"守柔曰强"、"堅强者死之徒，柔弱者生之徒"、"弱之勝强，柔之勝剛"也。"絀聰明"亦即《貨殖列傳》所駁老子之"塗民耳目"。後世誤以"健"屬"羨"，等諸"艷羨"，如吕種玉《言鯖》所糾"今人書札"中用爲"勇往欣羨"。晁迥於老、釋之書深造有得，而《法藏碎金録》卷一論此二語曰："予嘗三復其言，深以爲然。夫'去健羨'則無貪欲，'黜聰明'則反其素"；亦沿俗解，更不必苛求詞章之士矣。

"夫儒者以六藝爲法，六藝經傳以千萬數，累世不能通其學，當年不能究其禮"；《考證》謂"六藝"指《六經》，"累世"二句

---

① Geschichte der Philosophie, "Einleitung", Felix Meiner, I, 126-9.

本之《晏子春秋》及《墨子》。按"累世"二語已見《孔子世家》引晏子。《法言·寡見》篇："司馬子長有言曰：'《五經》不如《老子》之約也，當年不能極其變，終身不能究其業。'"未識揚雄何本，竊意即援引談此數語而誤其主名耳。遷錄談之《論》入《自序》，別具首尾，界畫井然，初非如水乳之難分而有待於鵝王也。乃歷年無幾，論者已混父子而等同之，嫁談之言於遷，且從而督過焉。彪、固父子先後譏遷"崇黃老而薄《五經》"，"先黃老而後《六經》"，一若不知其說之出於談之《論》者。可謂班氏之子助父傳訛，而司馬氏之子代父受咎矣。劉昭《後漢書注補志序》"遷承考"、"固資父"之語，又得新解！揚雄之言，與彪、固所云，同爲厚誣。《論六家要指》末《考證》引王鳴盛《商榷》所未及也。迨乎南宋，永嘉之學推尊《史記》，"至與《六經》比隆"，而"躋遷於聖賢之列"；朱熹發聲徵色而斥之，謂遷不得爲儒者。《朱文公集》卷四八《答呂子約》之四二即引"儒者博而寡要"數語而反詰曰："然則彼所謂儒者，其意果何如耶？"蓋亦猶揚、班之不別父子矣。

"春秋之中，弒君三十六，亡國五十二，諸侯奔走不得保其社稷者，不可勝數"；《考證》引《春秋繁露》及劉向《封事》。按《淮南子·主術訓》亦云。然此特亡、弒之數耳；欲明馬遷之意，當求之《韓非子·備內》篇引《桃左春秋》曰："人主之疾死者，不能處半"，又《姦劫弒臣》篇曰："諺曰：'厲憐王'，此不恭之言也。雖然，古無虛諺，不可不察也，此謂劫殺死亡之主言也。……厲雖癰腫疕瘍，上比於春秋，未至於絞頸射股也，下比於近世，未至於餓死擢筋也。……由此觀之，雖'厲憐王'可也"（《戰國策·楚策》四、《韓詩外傳》卷四載孫子語略同）。莎士比亞劇中英王坐地上而歎古來君主鮮善終：或被廢篡，或死刀兵，或竊國而故君之鬼索命，或爲后妃所毒，或睡夢中遭刺，莫不橫死（For God's sake let us sit upon the ground/And tell sad stories of the death of kings! etc.）①。法國一詩人至曰："世人於君主之生爲正宮嫡出、死爲正寢壽終，皆蓄疑而不願輕信"（Il y a deux choses que l'on conteste bien souvent aux rois: leur naissance et leur mort. On ne veut pas que l'une soit légitime, ni l'autre naturelle）②。均相發明。

"太史公曰：'唯唯！否否！不然！'"《集解》："晉灼曰：'唯唯，謙應也；否否，不通者也。'"按晉解是也。主意爲"否"，故接以"不然"。德語"Ja nein!"是其譯，英語則祇可云"Well, no"耳。《升菴全集》卷四八："子曰：'賜也以予爲多學而識之者與？'對曰：'然！非與？'蓋辭讓而對，事師之理。

【增訂三】《難經》卷一："一難曰：'……獨取寸口以決五藏六府死生吉凶之法，何謂也？'然！寸口者，脈之大會，手太陰之脈動也。'"唐楊玄操註："'難曰'至此，越人引經設問，'然'字以下，是解釋其義。"八十一難莫不問"何謂也？""奈何？""何以……耶？""何……也？"等，而解答語一律以"然！"始。則又非"辭讓而對"，乃是首肯所問，略比《論語・顏淵》之"善哉問！"，或劉宋譯《楞伽經・一切佛語心品》第一之一之"善哉善哉問！"猶今語答問每以"是啊！""可不！""對啦！"等爲冒耳。

鬻子對文王、武王、成王，皆曰：'唯！疑'，太史公曰：'唯唯！

---

① *Richard* II, III.ii.155 ff..

② A. de Vigny, *Journal d'Un poète*, op. cit., II, 1222.

否否！'皆可證。"即晉灼所謂"謙應"，蓋不欲遽"否"其說，姑以"唯"先之，聊減峻拒之語氣。《莊子·胠篋》篇聖人利天下少而害天下多一節，郭象註："信哉斯言！斯言雖信而不可無聖者"云云，亦欲非其言而先是之也。《儒林外史》第四五回余大先生謂陰宅風水不足信，其兩嫡堂兄弟皆地師，先後與之辯，各曰："然而不然！"不可其言而終駁之，故曰"不然"，尊其爲"大哥"而先讓之，故曰"然"，正"唯唯"而接以"否否"矣。偶覩《邏輯指要》二四二頁略云："蕭《選》中賓主問答各篇，答語輒冠以'唯唯否否'四字，正反並用。蓋篇中所問，遽以一面之詞作答，大抵不能罄意。'唯唯否否'亦謂是者'唯'之，非者'否'之，從而區以別焉爾。唯吾文有之，大可寶貴！"立說甚巧，而失據不根；面牆向壁，二者兼病。四字始出《史記》，《文選》"問答各篇"並無此語，不知作者何見。《史記》明是反意，絕非"正反並用"，觀"不然"可知。英語常以"亦唯亦否"（yes and no）爲"綜合答問"（synthetic answer），或有約成一字（nes, yo）①，則真"正反並用"，足爲"奧伏赫變"示例者。豈得曰"惟吾文有之"哉？況"吾文"初未"有之"乎！

【增訂一】心析學以"正反並用"之"綜合答問"為"兩歧情境"（Ambivalence）之一例（une opposition du type oui-non, où l'affirmation et la négation sont simultanées et indissociables）（J-B. Pontalis, *Vocabulaire de la psychanalyse*, 19）。

---

① James Joyce, *Ulysses*, The Odyssey Press, 536: "The Fan: 'Have you forgotten me?' Bloom: 'Nes. Yo.'"; cf. Evelyn Waugh, *Sword of Honour*, 687: "Uncle Peregrine: 'Yes and no. More no than yes perhaps... Yes and no. More yes than no'".

"爲《太史公書》";《考證》:"錢大昕曰:'案《太史公》以官名書,桓譚、《漢·志》、《後漢·范升傳》、《楊終傳》俱稱《太史公》,無稱《史記》者。'"按光聰諧《有不爲齋隨筆》卷甲謂錢氏漏引《法言·問神》及《君子》篇、《晉書·劉殷傳》、《魏書·崔鴻傳》等,《後漢書·班彪傳》"司馬遷著史記"是泛言作史,故下文又云"《太史公書》"。光氏復引《周本紀》、《陳杞世家》、《十二諸侯年表》、《老、韓列傳》及《漢書·五行志》以駁《史通》言"遷因舊目,名之《史記》",謂其"上句是而下句失考"。光氏書甚贍核,而知者無幾,聊發其幽潛云爾。

司馬遷《報任少卿書》載於《漢書》本傳者,與《文選》所錄,字句微異,如《文選》中首句"太史公牛馬走司馬遷再拜言"即不見於《漢書》。朱珔《文選集釋》引宋吳仁傑云:"'牛'當作'先',字之誤也;《淮南書》曰:'越王勾踐親執戈爲吳王先馬走。'"是也。程大昌《演繁露》卷一○、卷一五皆據《莊子》、《荀子》考古之天子出,則諸侯爲"先馬",後世太子儀衞之"洗馬",即"先馬"也;顧炎武《日知錄》卷二四亦考"前馬"、"先馬"、"洗馬"、"馬洗"之爲一事。《舊唐書·齊映傳》:"興元初,從幸梁州,每過險,映常執轡。……還京,令映侍左右,或令前馬";"前馬"非職銜而是舉動,正與"執轡"、"侍左右"連類。"先馬走"猶後世所謂"馬前走卒",即同書札中自謙之稱"下走"、"僕"耳。古羅馬貴者出門,亦有役使爲之開道,名曰"先走"(anteambulo),浸假而成罵人語,詩文中數見之①。

① Suetonius, *The Lives of the Caesars*, VIII. 2: "per contumeliam anteambulonem fratris appellat", "Loeb", II, 284, note (Horace, *Epist*., I. 17. 43; Martial, II, 18. 5).

"太史公"爲馬遷官銜,"先馬走"爲馬遷謙稱,俞正燮《癸巳類稿》卷一一謂以官銜置謙稱前,如泰山刻石之"丞相臣斯",殊爲得間,足正李善註之曲解。

【增訂三】元曲如高文秀《好酒趙元遇上皇》第二折:"小人是個驢前馬後之人,怎敢認義那壁秀才也!"《精忠説岳傳》第二五回寫岳飛呼貼身二將曰:"馬前張保、馬後王橫。"均資馬遷所謂"先馬走"之傍參。

餘見《全漢文》卷論司馬遷《報任少卿書》。

錢鍾書集

錢鍾書集

管錐編
（二）

生活·讀書·新知 三聯書店

Copyright © 2019 by SDX Joint Publishing Company.
All Rights Reserved.

本作品版權由生活·讀書·新知三聯書店所有。
未經許可，不得翻印。

圖書在版編目（CIP）數據

管錐編／錢鍾書著．—3 版．—北京：生活·
讀書·新知三聯書店，2019.10　（2025.4 重印）
　（錢鍾書集）
ISBN 978－7－108－06593－3

Ⅰ．①管⋯　Ⅱ．①錢⋯　Ⅲ．①文史哲－中國－文集
Ⅳ．① C539

中國版本圖書館 CIP 數據核字（2019）第 091580 號

目　次

老子王弼註 一九則

一　老子王弼本 …………………………………… 629
　　龍興觀碑本

二　一章 ……………………………………………… 632
　　"道"與"名"

三　二章 ……………………………………………… 642
　　神秘宗之見與蔽——正反依待

四　五章 ……………………………………………… 650
　　"目的論"——"天地不仁"與"聖人不仁"

五　七章 ……………………………………………… 656
　　"後其身"、"外其身"

六　一一章 …………………………………………… 659
　　"無之以爲用"

七　一三章 …………………………………………… 663
　　有身爲患

八	一四章 ……………………………………	*670*
	"惚恍"	
九	一七章 ……………………………………	*672*
	"法自然"	
一〇	二六章 ……………………………………	*679*
	"重爲輕根"	
一一	二八章 ……………………………………	*681*
	契合與授受	
一二	三九章 ……………………………………	*683*
	分散智論	
一三	四〇章 ……………………………………	*689*
	"反者道之動"	
一四	四一章 ……………………………………	*695*
	"大音希聲"	
一五	四七章 ……………………………………	*697*
	在邇求遠	
一六	五六章 ……………………………………	*701*
	"知者不言"	
一七	五八章 ……………………………………	*709*
	禍福倚伏	
一八	七二章 ……………………………………	*712*
	"不厭"	
一九	七八章 ……………………………………	*717*
	"正言若反"	

目　次

列子張湛註 九則

一　張湛註列子 …………………………………… 723
二　天瑞 …………………………………………… 727
　　"用之不勤"——"化者不能不化"——出機入機——同聲通假——無知而無不知——隨生隨死——"三樂"——"杞憂"
三　黄帝 …………………………………………… 737
　　"神游"——"乘風而歸"——"遣其遣"——通感——"凝於神"——"好漚鳥"——看心——朝三暮四
四　周穆王 ………………………………………… 750
　　"化人"——夢——老役夫——鄭人——病忘——真妄是非之辨
五　仲尼 …………………………………………… 766
　　笑而不答——託爲孔贊佛老——分別法與揀擇見——"亡情不爲"——"人偶天地"
六　湯問 …………………………………………… 774
　　心手與物相應——機關木人——"無際"——"寶劍"
七　力命 …………………………………………… 781
　　力與命——槁木死灰——達觀
八　楊朱 …………………………………………… 785
　　"貴身而賤物"——"爲我"——"爲名"——"開口笑"——"養生"——昏黑沉酣宗——吝惜一毛
九　説符 …………………………………………… 802

"蘭子"——"頌盜"——楊布之狗——"天以萬物供人"——"乞兒不辱馬醫"

焦氏易林 三一則

一 焦延壽易林 ··· *811*
　　占卜書與四言詩範
二 乾 ··· *819*
　　"胡言"——"縱火"與"牽尾"——擬人結眷
三 坤 ··· *827*
　　龍虎鬪——大攫盜妾
四 屯 ··· *830*
　　夾河爲婚——猿墮高木
五 蒙 ··· *832*
　　口飢於手——盲躄相須——多夫與多婦
六 師 ··· *837*
　　殊類不相慕——憂思約帶——鴉鳴戒凶
七 比 ··· *841*
　　兩頭、無首與尾大
八 小畜 ··· *844*
　　緣木求魚
九 泰 ··· *846*
　　求兔得獐——去龜附鷗
一〇 大有 ··· *849*

目　次

　　雷行相逐
一一　謙 ………………………………………………… *851*
　　"憂來搔足"——"張弓祝雞"
一二　豫 ………………………………………………… *854*
　　虎爲蝟伏——"忍醜少羞"
一三　蠱 ………………………………………………… *858*
　　"長舌亂家"
一四　觀 ………………………………………………… *859*
　　"去辛就蓼"
一五　噬嗑 ……………………………………………… *860*
　　嫁貴得下
一六　賁 ………………………………………………… *861*
　　"言如鼃咳"
一七　剝 ………………………………………………… *863*
　　"獼猴冠帶"
一八　復 ………………………………………………… *864*
　　風吹雲散
一九　無妄 ……………………………………………… *865*
　　醜女無偶——羣羊攻虎與羣蛙請雨
二〇　大過 ……………………………………………… *869*
　　"兩女同室"
二一　離 ………………………………………………… *870*
　　"三狸搏鼠"
二二　恒 ………………………………………………… *871*
　　"怨蠱燒被"

— 5 —

二三 大壯 ……………………………………… 872
　　"窮鳥"

二四 解 ………………………………………… 875
　　"談何容易"

二五 蹇 ………………………………………… 877
　　"頭癢搔跟"

二六 益 ………………………………………… 879
　　"瓦罐終於井上破"

二七 姤 ………………………………………… 880
　　"夢飯不飽"

二八 萃 ………………………………………… 881
　　"老狐多態"

二九 漸 ………………………………………… 882
　　雉兔逃頭

三〇 兌 ………………………………………… 884
　　符契

三一 未濟 ……………………………………… 885
　　鷹搏兔

楚辭洪興祖補註 一八則

一 離騷經章句序 ……………………………… 889
　　"離騷"

二 離騷 ………………………………………… 895

目　次

　　　庚寅——美人遲暮——落英——虛涵兩意——"浩蕩"——前
　　　後失照——女嬃——"獨懷乎故宇"——蘭椒

三　九歌（一） ………………………………………………… *913*
　　　巫之一身二任

四　九歌（二） ………………………………………………… *916*
　　　"與日月兮齊光"

五　九歌（三） ………………………………………………… *917*
　　　反經失常諸喻

六　九歌（四） ………………………………………………… *924*
　　　司命

七　九歌（五） ………………………………………………… *927*
　　　"敵家"

八　天問 ………………………………………………………… *928*
　　　《天問》題妙可以庀詩——以問詰謀篇之詩——形與像

九　九章（一） ………………………………………………… *936*
　　　寫景

一〇　九章（二） ……………………………………………… *940*
　　　思與絲

一一　九章（三） ……………………………………………… *945*
　　　"伯樂既没驥焉程"

一二　九章（四） ……………………………………………… *947*
　　　"因鳥致辭"

一三　遠遊 ……………………………………………………… *950*
　　　"哀人生之長勤"——美登仙——餐六氣——"傳道
　　　受道"——"虛以待之"

— 7 —

一四　卜居 ………………………………… *957*

　　　"突梯"

一五　九辯（一）……………………………… *958*

　　　賦秋色——"薄寒中人"

一六　九辯（二）……………………………… *963*

　　　雨露不均

一七　招魂 ………………………………… *964*

　　　招生魂——"從目"——眼波——"大苦"入饌——"麗而不奇"

一八　大招 ………………………………… *971*

　　　"微骨"、"曲眉"——"青色直眉"——《七發》類《招魂》《大招》

太平廣記 二一三則

一　太平廣記 ……………………………… *977*

　　　"廣記"——宋以來徵引此書

二　卷二 …………………………………… *981*

　　　彭祖

三　卷三 …………………………………… *983*

　　　道書謙稱

四　卷四 …………………………………… *984*

　　　月支獻猛獸

五　卷七 …………………………………… *985*

目　次

　　　天上樂不如人間——李八百

六　卷八 ………………………………………… *990*

　　　雞犬升仙而貓不肯去——劉安踏石皆陷——謫守都廁——
　　　仙人試弟子

七　卷一〇 ……………………………………… *995*

　　　"登時"

八　卷一二 ……………………………………… *997*

　　　"肉人"

九　卷一三 ……………………………………… *999*

　　　蛟龍爲津梁——解鳥語——"今"

一〇　卷一六 …………………………………… *1001*

　　　杜子春事數見

一一　卷一八 …………………………………… *1002*

　　　小説中之談藝

一二　卷一九 …………………………………… *1004*

　　　《李林甫》中一節重出

一三　卷二一 …………………………………… *1005*

　　　"菫斲"

一四　卷二三 …………………………………… *1006*

　　　《張李二公》與《盧李二生》同

一五　卷三〇 …………………………………… *1007*

　　　畏尚公主

一六　卷三三 …………………………………… *1008*

　　　神仙惡作劇

一七　卷三七 …………………………………… *1009*

— 9 —

"土饅頭"

一八　卷三八 ·············· *1010*
　　名同分異

一九　卷三九 ·············· *1013*
　　狗爲龍——王弼註書被譴

二〇　卷四〇 ·············· *1016*
　　避秦而不免禍

二一　卷五〇 ·············· *1017*
　　先唐鬼神作近體詩

二二　卷五二 ·············· *1019*
　　神通

二三　卷五三 ·············· *1023*
　　骨山涙海——童兒乃千歲人參

二四　卷五九 ·············· *1025*
　　母少女而子老翁——毛女事——女仙行逕披猖

二五　卷六二 ·············· *1027*
　　《白水素女》一事複出

二六　卷六五 ·············· *1028*
　　道士抑儒貶釋

二七　卷六八 ·············· *1029*
　　人間天上日月遲速不同

二八　卷六八 ·············· *1038*
　　封陟事

二九　卷七一 ·············· *1039*
　　上天章被責

目　次

三〇　卷七四 …………………………………………… *1040*

　　　《俞叟》《石旻》並重出

三一　卷七五 …………………………………………… *1041*

　　　"蠻"

三二　卷七七 …………………………………………… *1044*

　　　《羅思遠》《葉法善》並重出

三三　卷八〇 …………………………………………… *1045*

　　　代人旋溺

三四　卷八一 …………………………………………… *1047*

　　　碑誌虛文——鳥銜寶出

三五　卷八二 …………………………………………… *1050*

　　　《管子文》編類誤

三六　卷八五 …………………………………………… *1051*

　　　"鞋者諧也"

三七　卷八八 …………………………………………… *1052*

　　　噀酒滅火

三八　卷八九 …………………………………………… *1053*

　　　績師空織

三九　卷九〇 …………………………………………… *1055*

　　　寶誌等則編次不當

四〇　卷九一 …………………………………………… *1056*

　　　食筋事

四一　卷九四 …………………………………………… *1057*

　　　僧自犍——玄覽題詩

四二　卷九六 …………………………………………… *1058*

—11—

釋道欽語

四三　卷九八 ……………………………………… *1059*
　　《李德裕》事重出——懷濬體詩

四四　卷九九 ……………………………………… *1060*
　　僧不殺蚊蝨

四五　卷一〇〇 …………………………………… *1063*
　　吐佛地

四六　卷一〇一 …………………………………… *1064*
　　馬郎婦

四七　卷一〇二 …………………………………… *1066*
　　文人入地獄

四八　卷一一二 …………………………………… *1069*
　　《多心經》

四九　卷一二七 …………………………………… *1070*
　　蘇娥事

五〇　卷一二八 …………………………………… *1071*
　　尼妙寂事

五一　卷一三一 …………………………………… *1072*
　　冀州小兒事

五二　卷一三三 …………………………………… *1073*
　　李詹事

五三　卷一三五 …………………………………… *1074*
　　註出處無定準——豎豹尾——《唐齊王元吉》與
　　《唐高祖》事同

五四　卷一三六 …………………………………… *1075*

目 次

	萬里橋事	
五五	卷一四〇 ·················	*1076*
	發石走妖	
五六	卷一四一 ·················	*1078*
	《王仲文》重出	
五七	卷一四六 ·················	*1079*
	"官職由天上"	
五八	卷一四九 ·················	*1080*
	韓滉事	
五九	卷一五三 ·················	*1081*
	"五般"	
六〇	卷一六三 ·················	*1082*
	推背圖	
六一	卷一六四 ·················	*1086*
	員半千事	
六二	卷一六六 ·················	*1087*
	"判合"	
六三	卷一六九 ·················	*1089*
	贈刀贈帶——品藻人物——李勣選將——李嶠三庚	
六四	卷一七〇 ·················	*1092*
	"死姚崇能算生張說"	
六五	卷一七一 ·················	*1093*
	女子哭夫事——寡婦告子不孝事	
六六	卷一七三 ·················	*1094*
	"不恨我不見古人,恨古人不見我"	

六七　卷一七五 ·· *1095*

　　五官並用——"闌殫"

六八　卷一七六 ·· *1096*

　　唾面自乾

六九　卷一七七 ·· *1097*

　　陸象先語——"笑中刀"

七〇　卷一八〇 ·· *1099*

　　瀹茗——頭巾上帖召租

七一　卷一八一 ·· *1100*

　　"原夫之輩"——"東西二甲"

七二　卷一八八 ·· *1103*

　　《張易之》重出

七三　卷一九三 ·· *1104*

　　結爲兄妹——繩技

七四　卷一九四 ·· *1107*

　　崔慎思事——聶隱娘化蠛蠓

七五　卷一九五 ·· *1110*

　　馮燕事

七六　卷一九七 ·· *1111*

　　羚羊角碎佛齒——"無脂肥羊"

七七　卷一九八 ·· *1113*

　　張說論文

七八　卷二〇〇 ·· *1114*

　　"灰絮絮、竹篘篘"

七九　卷二〇一 ·· *1115*

目　次

　　　　眼病專聽——顏真卿立碑

八〇　卷二〇二 ………………………………………… *1116*

　　　　狂士訶《離騷》

八一　卷二〇三 ………………………………………… *1117*

　　　　蔡邕事

八二　卷二〇四 ………………………………………… *1118*

　　　　秦青、趙辟等事——李八郎

八三　卷二〇七 ………………………………………… *1119*

　　　　"筆塚"

八四　卷二〇八 ………………………………………… *1120*

　　　　賺《蘭亭》

八五　卷二〇九 ………………………………………… *1122*

　　　　以足代手

八六　卷二一〇 ………………………………………… *1123*

　　　　以足畫像——繪畫亂真——傳神阿堵——妙畫通靈

八七　卷二一一 ………………………………………… *1132*

　　　　妙畫當良醫——金籠頭——畫奏樂止畫一聲

八八　卷二一三 ………………………………………… *1135*

　　　　"意餘於象"

八九　卷二一六 ………………………………………… *1141*

　　　　"豕視"

九〇　卷二一八 ………………………………………… *1142*

　　　　"極怒始瘳"——"黃星""丹點"——髮中虛——醫者意也

九一　卷二一九 ………………………………………… *1146*

—15—

醫運

九二　卷二二一 ………………………………………… *1147*
　　　袁天綱事

九三　卷二二五 ………………………………………… *1148*
　　　燕巧人事

九四　卷二二六 ………………………………………… *1149*
　　　殷文亮、楊務廉事

九五　卷二二七 ………………………………………… *1150*
　　　華清池事——"未教嚙鏃法"

九六　卷二三〇 ………………………………………… *1152*
　　　照妖鏡

九七　卷二三三 ………………………………………… *1156*
　　　"中聖人"

九八　卷二三四 ………………………………………… *1157*
　　　"渾羊沒忽"

九九　卷二三六 ………………………………………… *1159*
　　　夜光珠

一〇〇　卷二三七 ……………………………………… *1161*
　　　《歎百年曲》

一〇一　卷二三八 ……………………………………… *1162*
　　　虛設人頭會所本——"目挑心招"

一〇二　卷二四三 ……………………………………… *1164*
　　　錢可通神

一〇三　卷二四四 ……………………………………… *1165*
　　　潤筆

目　次

一〇四　卷二四五 ……………………………………… *1167*
　　　"諸毛繞涿居"

一〇五　卷二四六 ……………………………………… *1169*
　　　"失氣"

一〇六　卷二四七 ……………………………………… *1170*
　　　"勝伊一倍"——兩數字作乘法計

一〇七　卷二四八 ……………………………………… *1173*
　　　《山東人》爲項託問孔所本

一〇八　卷二四九 ……………………………………… *1174*
　　　執《馬經》相馬

一〇九　卷二五〇 ……………………………………… *1175*
　　　傷足妨手書

一一〇　卷二五一 ……………………………………… *1176*
　　　張又新詩——"青脣"

一一一　卷二五二 ……………………………………… *1178*
　　　用《千字文》句——"信物送閻羅王"

一一二　卷二五五 ……………………………………… *1180*
　　　"雁鶩行"與"蟲鳥音"——"光臺"——
　　　《本草》——"三長史"

一一三　卷二五六 ……………………………………… *1183*
　　　詩詠"保護色"——諷骨董家

一一四　卷二五八 ……………………………………… *1189*
　　　詩取鄙瑣物爲喻——滑稽詩一體

一一五　卷二五九 ……………………………………… *1193*
　　　《成敬奇》複出

—17—

一一六　卷二六〇 …………………………………… 1194
　　殷安語

一一七　卷二六二 …………………………………… 1195
　　"留鬚表丈夫"——應"不求聞達科"——不識鏡

一一八　卷二六七 …………………………………… 1200
　　《來俊臣》與《酷吏》宜并——酷吏廋詞

一一九　卷二七二 …………………………………… 1201
　　《任瓌妻》與《任瓌》前半同

一二〇　卷二七三 …………………………………… 1202
　　以陶詩嘲弄——雨與淚同滴

一二一　卷二七五 …………………………………… 1205
　　僮奴之名——《却要》事

一二二　卷二七六 …………………………………… 1208
　　《賈弼》即《賈弼之》而較略——《孫氏》與《蕭吉》當是一事

一二三　卷二七八 …………………………………… 1209
　　"反語"

一二四　卷二八三 …………………………………… 1211
　　枕中、南柯等夢——古人男女名氏繫"阿"

一二五　卷二八四 …………………………………… 1218
　　鵝籠境地與鵲鐙境地——《徐登》本《搜神記》

一二六　卷二八八 …………………………………… 1224
　　綴繫狐尾

一二七　卷二八九 …………………………………… 1225
　　《雙聖燈》等皆本《博物志》

目　次

一二八　卷二九一 ………………………………………… *1226*
　　　李冰鬬江神

一二九　卷二九二 ………………………………………… *1227*
　　　《陽雍》即《搜神記》楊雍事

一三〇　卷二九三 ………………………………………… *1228*
　　　鬼神之身分與勢利

一三一　卷三〇三 ………………………………………… *1230*
　　　陰陽面——煉丹術語之"死"

一三二　卷三〇五 ………………………………………… *1233*
　　　郎子神詩

一三三　卷三一〇 ………………………………………… *1234*
　　　《張生》非孟

一三四　卷三一五 ………………………………………… *1235*
　　　神由人興——項羽神

一三五　卷三一七 ………………………………………… *1238*
　　　《周翁仲》事爲《儒林外史》所仿——《秦巨伯》本黎丘
　　　丈人事——"伏虎"

一三六　卷三一八 ………………………………………… *1239*
　　　《陸機》本《水經注》

一三七　卷三二〇 ………………………………………… *1240*
　　　死者聞生人哭聲——鬼能死

一三八　卷三二一 ………………………………………… *1244*
　　　《賈雍》見《搜神記》——唾鬼——鬼狐書法

一三九　卷三二二 ………………………………………… *1247*
　　　《劉遁》與《劉他》同——吕順事

—19—

一四〇　卷三二三 ················· *1249*
　　山魈、木客編次之舛

一四一　卷三二五 ················· *1250*
　　勾魂使

一四二　卷三二八 ················· *1252*
　　赤繩繫足——鬼火冷、鬼燈黑、鬼墨淡

一四三　卷三二九 ················· *1256*
　　記言肖口吻

一四四　卷三三〇 ················· *1257*
　　無鬼論

一四五　卷三三二 ················· *1258*
　　《蕭穎士》所本

一四六　卷三三四 ················· *1259*
　　揚州銅鏡

一四七　卷三三六 ················· *1260*
　　梁元帝諱眇一目

一四八　卷三四一 ················· *1262*
　　人凶於宅

一四九　卷三四二 ················· *1263*
　　"疾風知勁草"

一五〇　卷三四四 ················· *1264*
　　《王裔老》即《長慶集·記異》

一五一　卷三四八 ················· *1265*
　　鬼詩

一五二　卷三四九 ················· *1266*

目　次

"妾換馬"——鬼詩

一五三　卷三五三 ……………………………… *1268*
　　　人入鬼國

一五四　卷三五八 ……………………………… *1269*
　　　"續絃膠"

一五五　卷三五九 ……………………………… *1270*
　　　"怪哉"蟲

一五六　卷三六二 ……………………………… *1271*
　　　眼睛爲魂

一五七　卷三六三 ……………………………… *1272*
　　　一雞死一雞鳴

一五八　卷三六七 ……………………………… *1273*
　　　病中見"百戲"——女扮男裝

一五九　卷三六八 ……………………………… *1275*
　　　師稱"先生"

一六〇　卷三六九 ……………………………… *1276*
　　　象棋——物怪吟詩

一六一　卷三七〇 ……………………………… *1278*
　　　呵斥佛老

一六二　卷三七七 ……………………………… *1279*
　　　輪迴變形

一六三　卷三七八 ……………………………… *1281*
　　　李主簿妻事皆一事

一六四　卷三八三 ……………………………… *1282*
　　　行雨實一事——烏託邦、可口鄉

一六五　卷三八七 …………………………………… *1285*
　　　劉三復事——圓觀事

一六六　卷三八九 …………………………………… *1286*
　　　《丁姬》《渾子》皆出《水經注》——"並枕樹"
　　　"相思樹"

一六七　卷三九三 …………………………………… *1289*
　　　"雷虛"

一六八　卷三九四 …………………………………… *1290*
　　　雷斧

一六九　卷三九九 …………………………………… *1291*
　　　《陸鴻漸》出《煎茶水記》

一七〇　卷四〇〇 …………………………………… *1292*
　　　"鄒駱駝"即鄒鳳熾

一七一　卷四〇二 …………………………………… *1293*
　　　《寶珠》爲《張生煮海》所本——剖臂股納珠

一七二　卷四〇三 …………………………………… *1294*
　　　《魏生》爲《轉運漢巧遇洞庭紅》後半所仿

一七三　卷四〇五 …………………………………… *1295*
　　　"吾人"

一七四　卷四〇九 …………………………………… *1297*
　　　《染牡丹花》即《韓愈外甥》

一七五　卷四一一 …………………………………… *1298*
　　　乳酪拌櫻桃

一七六　卷四一六 …………………………………… *1300*
　　　《鮮卑女》等則相似

目　次

一七七　卷四一八 …………………………………… *1301*
　　　　入龍宮食魚

一七八　卷四一九 …………………………………… *1302*
　　　　柳毅傳書事

一七九　卷四二〇 …………………………………… *1306*
　　　　陶峴詩句

一八〇　卷四二二 …………………………………… *1307*
　　　　水神以人血爲酒

一八一　卷四二六 …………………………………… *1308*
　　　　《峽口道士》等則相似

一八二　卷四二九 …………………………………… *1309*
　　　　妻物怪——婦人作詩

一八三　卷四三三 …………………………………… *1317*
　　　　姨虎

一八四　卷四三四 …………………………………… *1319*
　　　　"當家"

一八五　卷四三七 …………………………………… *1320*
　　　　《楊生》同《搜神記》

一八六　卷四三八 …………………………………… *1321*
　　　　馬爲黑犬或蒼鶴所魅

一八七　卷四三九 …………………………………… *1323*
　　　　"上番"

一八八　卷四四〇 …………………………………… *1324*
　　　　貓目睛變化及貓洗臉——《王周南》見《搜神記》——鼠知屋圮

—23—

一八九　卷四四一 ························· *1327*
　　　惡影與顧影——象乞人爲拔刺
一九〇　卷四四二 ························· *1331*
　　　狐尾
一九一　卷四四七 ························· *1332*
　　　《漢廣川王》見《搜神記》——狐幻形——狐好學——
　　　《大安和尚》見《列子》
一九二　卷四四八 ························· *1335*
　　　"料理"
一九三　卷四五五 ························· *1338*
　　　"差事"
一九四　卷四五六 ························· *1339*
　　　《邛都老姥》事
一九五　卷四五八 ························· *1340*
　　　《擔生》本《水經注》
一九六　卷四五九 ························· *1341*
　　　"殘"字——語怪而言理所必無
一九七　卷四六〇 ························· *1346*
　　　鸚鵡救火
一九八　卷四六四 ························· *1347*
　　　烏鰂墨
一九九　卷四六六 ························· *1348*
　　　以大魚或巨龜爲洲
二〇〇　卷四六九 ························· *1349*
　　　口香即獺糞

目　次

二〇一　卷四七四 ················· *1351*
　　　　夢入蟻穴

二〇二　卷四七七 ················· *1352*
　　　　子母錢

二〇三　卷四八一 ················· *1353*
　　　　海外長人

二〇四　卷四八二 ················· *1354*
　　　　《懸渡國》——《飛頭獠》——《頓遜國》——
　　　　《繳濮國》

二〇五　卷四八三 ················· *1357*
　　　　"産翁"——"一條勝一條"

二〇六　卷四八四 ················· *1358*
　　　　李娃

二〇七　卷四八五 ················· *1359*
　　　　胡風亂華

二〇八　卷四八六 ················· *1360*
　　　　《長恨傳》——無雙服"暫死藥"

二〇九　卷四八七 ················· *1363*
　　　　李益多疑

二一〇　卷四八八 ················· *1364*
　　　　崔氏報張生書

二一一　卷四九〇 ················· *1366*
　　　　"六出公"——"宿鳥同樹"——《剪燈餘話》擬《夜怪
　　　　錄》

二一二　卷四九六 ················· *1370*

—25—

"寧可無而信,不可有而不信"

二一三　卷四九八 ……………………………………… *1371*
"則"與"即"

老子王弼註

一九則

一　老子王弼本

　　王弼註本《老子》詞氣鬯舒，文理最勝，行世亦最廣。晉、唐註家於馬遷所謂"言道德之意五千餘言"者，各逞私意，陰爲筆削。欲洗鉛華而對真質，浣脂粉以出素面，吾病未能。原文本相，其失也均，寧取王本而已矣。清中葉錢大昕、嚴可均輩始盛推唐中宗景龍二年易州龍興觀碑本。倡新特而矜創獲，厭駑駾而思螺蛤，情侈意奢，獎譽溢量，無足怪而亦不必非者。逮今時移事往，言迹俱陳，善善從長，當戒偏頗。柳宗元《陸文通墓表》嘗譏專己訾異者曰："黨枯竹，護朽骨"；龍興頑石之不必黨護，猶枯竹與朽骨耳。錢氏《潛研堂金石文跋尾續》卷二稱龍興觀碑本多"從古字"，如"無"作"无"之類，又稱第一五章之"能弊復成"爲"遠勝他本"之"故能蔽不新成"。夫"無"作"无"，正如"氣"作"炁"、"夢"作"瞢"，自是《參同契》、《真誥》以還，道流相沿結體，亦猶僧侶書"歸"作"皈"、"靜慮"作"青心"，皆所以立異示別於俗人書字者。余少時見齋醮青詞黄榜猶然，不得概目爲"古字"；道俗之別，非古今之分也。以字之"從古"定本之近古，亦不盡愜。匹似有清乾嘉以還，學人作字，好準《説文》，猶徐鉉之以小篆體爲楷書、魏了翁之以小篆體爲行書（《徐公文集》附李昉《徐公墓志銘》、劉辰翁《須溪集》卷七《答劉英伯書》），施之於錄寫四六文、五七言律絕詩、長短句，聊示抗志希古（參觀李慈銘《越縵堂日記》同治九年二月三十日）。

【增訂四】潘耒《遂初堂文集》卷六《曉菴遺書序》記王錫闡寅旭"著古衣冠，獨來獨往，用篆體作楷書，人多不識。"按顧炎武《太原寄王高士錫闡》："忽覩子綱書，欣然一稱善。"自註："王君尺牘多作篆書"；雖用孔融報張絃書語，實指"篆體楷書"耳。

倘有人書杜牧《張好好詩》、蘇軾《赤壁賦》，持較見存二篇真跡，亦必多"從古字"，然而其字太古適徵其本之非真古耳。蓋"從古"有二，勿容淆而一之。不自知之因襲，此可以沿流溯源者也；有所爲之矯揉，此則刻意"復古"，事已斷絃，心圖續尾，未渠可從而推見其所逕接親承者也。且本之"勝"否，依文義而不依字體。"能弊復成"之義固"遠勝他本"。顧碑本二六章之"輕則失臣"、四三章之"無有入於無閒"、四五章之"躁勝塞"、五〇章之"揩其爪"、六一章之"牡常以靜勝牝"、七七章之"斯不見賢"，諸若此類，或義不可通，或義可通而理大謬，得不謂爲遠輸他本哉？亦豈可拈一臠以概全鼎、得筍而并煮叢竹哉？寸長尺短，固宜處以公心耳。龍興碑本之尤可笑者，在其節省助詞，句法每似無名之指屈而不伸。當緣道士陋妄，書字既"從古"，文詞亦以削去虛字爲古。譚獻《復堂類集・日記》卷五云："易州石刻語助最少，論者以爲近古"；同卷又云："閱《史記》，知後世之節字省句以爲古者，皆可笑也！"後節移併前節，便道出吾意中語。助詞雖號"外字"，非同外附。《文心雕龍・章句》

謂："'夫'、'惟'、'蓋'、'故'者，發端之首唱；'之'、'而'、'於'、'以'者，乃剳句之舊體；'乎'、'哉'、'矣'、'也'者，亦送末之常科。據事似閒，在用實切。"《史通·浮詞》亦謂："是以'伊'、'惟'、'夫'、'蓋'，發語之端也；'焉'、'哉'、'矣'、'兮'，斷句之助也。去之則言語不足，加之則章句獲全。""閒"而切"用"，"浮"而難"去"，正《老子》第一一章"當其無有以爲用"之理。彼黄冠之徒以語助爲無助於事，以虛字爲閒字、浮詞，殆未能觸類傍通歟？然則於五千言，雖口沫手胝，勒石壽珉，總如說食不飽耳。馮景《解春集文鈔·補遺》卷二《與高雲客論魏序書》云："《論語》首章凡三十字。曩岵客言，曾見海外盲儒發狂疾，删去虛字十六，訓其徒曰：'學時習，說。朋遠來，樂。不知，不愠，君子。'簡則簡矣，是尚爲通文義者乎？"余讀易州碑本《道德經》，時有海外盲儒爲《論語》削繁或吝惜小費人拍發電報之感。時賢承錢、嚴之緒言，奉碑本爲不刊，以河上公本亞之，而處王弼本于下駟。尊聞行知，亦無閒然。偶覘其撰著，如第一〇章作："載營魄抱一，能無離？專氣致柔，能嬰兒？滌除玄覽，能無疵？愛人治國，能无爲？天門開闔，能爲雌？明白四達，能无知？"吾之惑滋甚。六句依文求義，皆屬陳敍口吻，乃標點作詰問語氣，中逗之而末加"？"號焉。何緣得意忘言如此？豈別有枕膝獨傳、夜半密授乎？既而恍悟：河上公本與碑本無異，唯王弼本六句末皆著"乎"字爲詰質語，問號之加，職是之由。是貌從碑本而實據王本，潛取王本之文以成碑本之義。范氏掩耳椎鐘，李逵背地吃肉，軒渠之資，取則不遠。余初讀《老子》即受王弼註本；龔自珍有《三別好》詩，其意則竊取之矣，亦曰從吾所好爾。

二 一 章

"道可道，非常道。名可名，非常名"；《註》："可道之道、可名之名，指事造形，非其常也；故不可道、不可名也。"按《韓非子·解老》解首二句略謂物之存亡、死生、盛衰者，"不可謂常"，常者，"無攸易，無定理，是以不可道"；王註亦其意，特未逐字詁釋耳。俞正燮《癸巳存稿》卷一二云："《老子》此二語'道'、'名'，與他語'道'、'名'異。此云'道'者，言詞也，'名'者，文字也。《文子·道原》云：'書者，言之所生也；名可名，非藏書者也'；《精誠》云：'名可名，非常名；著於竹帛，鏤於金石，皆其麤也'；《上義》云：'誦先王之書，不若聞其言，聞其言，不若得其所以言，故名可名，非常名也'；《上禮》云：'先王之法度有變易，故曰名可名，非常名也。'《淮南子·本經訓》云：'至人鉗口寢説，天下莫知貴其不言也。故道可道，非常道；名可名，非常名。著於竹帛，鏤於金石，可傳於人者，其麤也。晚世學者博學多聞，而不免於惑'；《繆稱訓》云：'道之有篇章形埒者，非其至者也'；《道應訓》云：桓公讀書堂上，輪人曰：獨其糟粕也。故老子曰：'道可道，非常道，名可名，非常名。'皆以《老子》'道'爲言詞，'名'爲文字。

老子王弼註　二

《周官》：'外史掌達書名於四方'，《註》云：'古曰名，今曰字'；'大行人諭書名'，《註》云：'書名，書之字也，古曰名'；《聘禮》：'百名以上書於策'，《註》云：'名，書文也，今之字'；《論語》：'必也正名乎'，《義疏》引《鄭註》云：'謂正書字，古者曰名，今世曰字。'古謂文字爲'名'。"俞說非也。清代以來，治子部者，優於通訓解詁，顧以爲義理思辨之學得用文字之學盡了之，又視玄言無異乎直説，蔽於所見，往往而有。俞氏操術，即其一例，特尤記醜而博者爾。王弼註以"指事造形"説"名"，即借"六書"之"指事"、"象形"；俞氏以"名"爲"文字"，大似發揮王註。然説"名"爲"字"，援徵重疊，而説"道"爲"言"，未舉佐證；至云："此二語'道'、'名'與他語'道'、'名'異"，亦持之無故。姑就其所侈陳"古謂文字爲'名'"論之。

　　名皆字也，而字非皆名也，亦非即名也。《春秋繁露·深察名號》篇曰："鳴而施命謂之名；名之爲言，鳴與命也。"其言何簡而隽耶！俞氏等"名"於"字"，蓋見有"鳴"而不見有"命"也。曰"字"，謂聲出於唇吻、形著於簡牘者也；曰"名"，謂字之指事稱物，即"命"也，《墨子·經》上、《經説》上所謂："舉、擬實也，以之名擬彼實也。"譬如"之"、"乎"、"焉"、"哉"等，詞學屬之語助（synsemantic），名學列於附庸（syncategorematic）[1]，以其不足爲"名"也，顧仍不失爲"字"也。《道德經》稱"老子"，白叟亦稱"老子"，名之所指舉大異，而書文道字同也。呼老子曰"李耳"，或曰"猶龍氏"，或曰"太上道德真君"，名之所指舉一也，而文字則三者迥異也。"上"與"下"，許慎所謂字

---

[1]　S. Ullmann, *Principles of Semantics*, 2nd ed., 58.

之"指事"也，非即名之指事也：設取老子之語，冠履倒置，以"不失德"爲"上德"而"不德"爲"下德"，而老氏之徒且斥爲舉名乖正而擬實失當矣，然"上"、"下"二字仍無傷爲六書中之指事也。凡此尚是迹之粗而論之卑者焉。字取有意，名求傅實；意義可了（meaningful），字之職志也；真實不虛（truthful），名之祈嚮也。因字會意，文從理順，而控名責實，又無徵不信，"虛名"、"華詞"、"空文"、"浪語"之目，所由起也。"名"之與"字"，殊功異趣，豈可混爲一談耶？《太平廣記》卷一七三引《小説》載東方朔曰："夫大爲馬，小爲駒；長爲雞，小爲雛；大爲牛，小爲犢；人生爲兒，長爲老。豈有定名哉？"即韓非《解老》所謂"初盛而後衰"，初名舊名無當後實新實，故易字而另名之。此亦"可名非常名"也。夫易字以爲新名，正緣舊名之字"常"保本意而不符新實耳。故名之變易不"常"，固因實之多方無方，而亦因字之守"常"難變其意。至若人之形貌品性，則更非"兒"、"老"等名所能舉擬，當別易他名如"美、醜"、"善、惡"之類，又所謂"可名非常名"也。"竹帛金石"、"篇章形埒"之留傳爲"糟粕"者，豈非由於文字之"常"不足爲道與名之"常"乎？執禮經之註解以概道家之名理，曰"古謂文字爲'名'"，亦思不審而辯不明者歟。"名家"將無同於文字學家耶？管子、申子、尹文子、公孫龍子、呂不韋、荀子、韓非子諸家之言"正名"、形名參同、名以喻實，豈爲許慎、劉熙擁彗先驅耶？余尋繹《論語》鄭玄註，嘗笑其以《子路》章爲政先務之"正名"解爲"正書字"；清之爲"漢學"者至以《述而》兩言"好古"之"古"，解爲"訓詁"（參觀方東樹《漢學商兑》卷中之下）。信斯言也，孔子之道不過塾師訓蒙之莫寫破體、常翻字典而已，彼尸祝孔林者以及破孔户而據牀唾堂者，皆視蝨如輪、小題大做矣！蓋學究執分寸而忽億度，處把握而却寥廓，恢張懷抱，亦僅足以容學究；其心目中，治國、平天下、博文、約禮皆莫急乎而不外乎正字體、究字義。一經箋釋，哲人智士悉學究之化身，要言妙道皆字典之賸義。俞氏之解老，猶鄭君之註孔也。或有據《周禮》、《禮記》註，因説《老子》五章"不如守中"之"中"爲"圖籍"者；是"竹帛"、"篇章"雖"糟粕"而必保"守"勿失也，豈老子柱下守藏史之故態復萌、結習難除乎？亦如以孔子説成訓蒙師矣。"書名"之"名"，常語也；"正名"之"名"，術語也。今世字書於專門術語之訓詁，尚猶略諸，況自古在昔乎？專家著作取常語而損益其意義，俾成術語；術語流行，傅會失本而復成常語。梭穿輪轉，往返周旋。作者之聖、文人之雄，用字每守經而尤達權，則傳註之神、箋疏之哲，其解詁也，亦不可知常而不通變耳。

　　語言文字爲人生日用之所必須，著書立説尤寓託焉而不得須臾或離者也。顧求全責善，嘖有煩言①。作者每病其傳情、説理、狀物、述事，未能無欠無餘，恰如人意中之所欲出。務致密則苦其粗疏，鈎深賾又嫌其浮泛；怪其粘着欠靈活者有之，惡其曖昧不清明者有之。立言之人句斟字酌、慎擇精研，而受言之人往往不獲盡解，且易曲解而滋誤解。"常恨言語淺，不如人意深"（劉禹錫《視刀環歌》），豈獨男女之情而已哉？"解人難索"，"余欲無言"，歎息彌襟，良非無故。語文之於心志，爲之役而亦爲

---

① F. Mauthner, *Kritik der Sprache*, 3. Aufl., I, 86-7 (Fluch der Sprache); III 629-32 (Unzufriedenheit mit der Sprache).

之累焉。是以或謂其本出猿犬之鳴吠(le cri perfectionné des singes et des chiens)，哲人妄圖利用①；或謂其有若虺蛇之奸狡(der Schlangenbetrug der Sprache)，學者早蓄戒心②。不能不用語言文字，而復不願用、不敢用抑且不屑用，或更張焉，或擯棄焉，初非一家之私憂過計，無庸少見多怪也。象數格物諸科，於習用語文，避之若浼，而別籍符號③，固置不論。哲學家湛冥如黑格爾、矯激如尼采之流，或病語文宣示心蘊既過又不及(dass diese Äusserungen das Innere zu sehr, als dass sie es zu wenig ausdrücken)④，或鄙語文乃爲可落言詮之凡庸事物而設，故"開口便俗" (Die Sprache ist nur für Durchschnittliches, Mittleres, Mitteilsames erfunden. Mit der Sprache vulgarisiert bereits der Sprechende)⑤，亦且舍旃。即較能踐實平心者，亦每鑑於語文之惑亂心目，告戒諄諄。如《墨子·小取》謂"言多方"，"行而異，轉而危，遠而失，流而離本"；《吕氏春秋·察傳》謂"言不可以不察"，"多類非而是，多類是而非"；斯賓諾莎謂文字乃迷誤之源(the cause of many and great errors)⑥；霍柏士以濫用語言

---

① A. France, *Le Jardin d'Epicure*, *Oeuvres complètes*, Calmann-Lévy, IX, 430-1.

② Hamann, quoted in F. Mauthner, *op. cit.*, I, 335; II, 718.

③ Cf. V. Pareto, *A Treatise on General Sociology*, tr. A. Bongiorno and A. Livingston, §§ 114-6, 336-7, Dover ed., I, 61, 229-30; Ch. Perelman, *The Idea of Justice and the Problem of Argument*, tr. J. Petrie, 143-4.

④ *Phänomenologie des Geistes*, Berlin: Akademie Verlag, 229.

⑤ *Götzendämmerung*, "Streifzüges eines Unzeitgemässen", § 26, *Werke*, hrsg. K. Schlechta, II, 1005.

⑥ *Treatise on the Improvement of Understanding*, in J. Wild, ed., *Spinoza, Selections*, 35.

(the abuses of speech) 判爲四類，均孳生謬妄①；邊沁所持"語言能幻構事物"(fictitious entities)之説，近人表章，已成顯學②。詞章之士以語文爲專門本分，託命安身，而歎恨其不足以宣心寫妙者，又比比焉。陸機《文賦》曰："恒患意不稱物，文不逮意"；陶潛《飲酒》曰："此中有真意，欲辯已忘言"；《文心雕龍・神思》曰："思表纖旨，文外曲致，言所不追，筆固知止"；黄庭堅《品令》曰："口不能言，心下快活自省"；古希臘文家(Favorinus)曰："目所能辨之色，多於語言文字所能道"(Plura sunt in sensibus oculorum quam in verbis vocibusque colorum discrimina)③；但丁歎言爲意勝(Il parlare per lo pensiero è vinto)④；歌德謂事物之真質殊性非筆舌能傳 (Den eigentlichen Charakter irgendeines Wesens kann sie[eine schriftliche und mündliche Ueberlieferung] doch nicht mittheilen, selbst nicht in geistigen Dingen)⑤。

【增訂四】福樓拜《包法利夫人》中有一節致慨於言語之不堪宣情盡意："歷來無人能恰如其分以達己之需求，思念或悲痛；語言猶破鍋然，人敲擊之成調，冀感動星辰，而祇足使狗熊踴躍耳"(... puisque personne, jamais, ne peut donner l'exacte mesure de ses besoins, ni de ses conceptions,

---

① *Leviathan*, I.4, Routledge, 14ff..
② Bentham, *Theory of Fictions*, ed. C. K. Ogden, 12, 15-6.
③ Aulus Gellius, II. iii, *op. cit.*, II, 210.
④ *Il Convito*, III.4, *Opere*, ed. E. Moore and P. Toynbee, 275; Cf. *La Divina Commedia*, Ricciardi, 320n.; Campanella, *La Cantica*, Proemio, *Opere di G. Bruno e di T. Campanella*, Ricciardi, 787.
⑤ *Italienische Reise*, 2 Jan. 1787, *Sämtliche Werke*, "Tempel-Klassiker", XI-II, 159.

ni de ses douleurs, et que la parole humaine est comme un chaudron fêlé où nous battons des mélodies à faire danser les ours, quand on voudrait attendrir les étoiles. — *Madame Bovary*, II. xii, *op. cit.*, p.265)。但丁、歌德之旨得此乃罕譬而喻矣。

聊舉犖犖大者，以見責備語文，實繁有徒。要莫過於神秘宗者。彼法中人充類至盡，矯枉過正，以爲至理妙道非言可喻，副墨洛誦乃守株待兔、刻舟求劍耳。《莊子·秋水》謂"言之所不能論，意之所不能察致者"，即《妙法蓮華經·方便品》第二佛説偈之"止、止不須説！我法妙難思"，亦即智者《摩訶止觀》卷五之"不可思議境"。《法華玄義》卷一下所謂"聖默然"，西方神秘家言標目全同，幾若迻譯①。

【增訂四】西班牙神秘宗師謂"聖默然"乃無言、無欲、無思之畢静俱寂境界，上帝此際與靈魂密語（No hablando, no deseando, no pensando se llega al verdadero y perfecto silencio místico, en el cual habla Diós con el alma. — Molinos, *Guía espiritual*, lib. I, cap. 17, in B. Croce, *La Poesia*, 5ª ed., 1953, p.263)。

《老子》開宗明義，勿外斯意。心行處滅，言語道斷也。

"道可道，非常道"；第一、三兩"道"字爲道理之"道"，第二"道"字爲道白之"道"，如《詩·牆有茨》"不可道也"之

---

① Mauthner, *op. cit.*, I, 81-2, 117-20 (das heilige Schweigen), III, 617-8 (die Stummen des Himmels); M. Scheler, *Die Wissensformen und die Gesellschaft*, 63 (sanctum silentium).

"道",即文字語言。

【增訂二】《禮記·禮器》:"蓋道求而未之得也。……則禮不虛道";鄭玄註前"道":"猶言也",註後"道":"猶由也、從也。""道可道"一句中之前"道"即鄭註之後"道",其後"道"則鄭註之前"道"也。

【增訂四】《莊子·知北遊》:"道不可言,言而非也。……道不當名";《五燈會元》卷一六元豐清滿章次:"僧問:'如何是道?'師曰:'不道。'曰:'爲甚麼不道?'師曰:'道是閑名字。'"二節均足箋"道可道"兩句。

古希臘文"道"(logos)兼"理"(ratio)與"言"(oratio)兩義①,可以相參,近世且有謂相傳"人乃具理性之動物"本意爲"人乃能言語之動物"②。"名可名,非常名";"名"如《書·大禹謨》"名言兹在兹"之"名",兩句申説"可道"。第二五章云:"吾不知其名,字之曰'道'",第三二章云:"道常無名",第四一章云:"道隱無名",可以移解。"名",名道也;"非常名",不能常以某名名之也;"無名,天地之始",復初守靜,則道體渾然而莫可名也;"有名,萬物之母",顯跡賦形,則道用粲然而各具名也。首以道理之"道",雙關而起道白之"道",繼轉而以"名"釋道白之"道",道理之見於道白者,即"名"也,遂以"有名"、"無名"雙承之。由道白之"道"引入"名",如波之折,由"名"分爲"有名"、"無名",如雲之展,而始終貫

---

① S. Ullmann, *Semantics*, 173. cf. Hobbes, *op. cit.*, p.18.

② Heidegger, *Sein und Zeit*, I^{te}, Hälfte, 3. Aufl., 165 (der Mensch als Seiendes, das redet).

注者,道理之"道"。兩"道"字所指各別,道理與語文判作兩事,故一彼一此,是非異同。倘依俞氏,兩"道"字均指"言詞",則一事耳,"道可道"即"言可言",與一一得一、以水濟水,相去幾何?"言可言,非常言":語大類馮道門客避府主名諱而誦《五千文》之"不敢説可不敢説,非常不敢説";義殆等"逢人只説三分話"、"好話説三遍,聽了也討厭",變老子爲老嫗矣!一四章云:"視之不見名曰夷,聽之不聞名曰希,搏之不得名曰微";二五章云:"强爲之名曰'大','大'曰'逝','逝'曰'遠','遠'曰'反'";乃"非常名"之示例。道之全體大用,非片詞隻語所能名言;多方擬議,但得梗概之略,迹象之粗,不足爲其定名,亦即"非常名",故"常無名"。苟不貳不測之道而以定名舉之,是爲致遠恐泥之小道,非大含細入、理一分殊之"常道"。蓋可定者乃有限者(le défini est le fini)也①。不可名故無定名,無定名故非一名,別見《周易》卷《繫辭》(一)論"無名"而亦"多名"。世俗恒言:"知難而退";然事難而人以之愈敢,勿可爲而遂多方嘗試,拒之適所以挑之。道不可説、無能名,固須卷舌緘口,不著一字,顧又滋生横説豎説、千名萬號,雖知其不能盡道而猶求億或偶中、抑各有所當焉。談藝時每萌此感。聽樂、讀畫,覩好色勝景,神會魂與,而欲明何故,則已大難,即欲道何如,亦類賈生賦中鵩鳥之有臆無詞。巧構形

---

① Plotin, *Ennéades*, V.3.13:"C'est pourquoi, en vérité, il est ineffable; quoi que vous diriez, vous direz *quelque chose*; or ce qui est au-delà de toutes choses,... n'a pas de nom; car ce nom serait autre chose que lui"; 14: "Nous pouvons parler de lui, mais non pas l'exprimer lui-même... il est trop haut et trop grand pour être appelé l'être... supérieur au verbe" (tr. É. Bréhier, V, 67, 68).

似，廣設譬喻，有如司空圖以還撰《詩品》者之所爲，縱極描摹刻劃之功，僅收影響模糊之效，終不獲使他人聞見親切。是以或云詩文品藻衹是繞不可言傳者而盤旋（ein Herumgehen um das Unaussprechliche）①。亦差同"不知其名"，而"強爲之名"矣！柏拉圖早謂言語文字薄劣（the inadequacy of language），故不堪載道，名皆非常（Hence no intelligent man will ever be bold as to put into language those things which his reason has contemplated, especially into a form that is unalterable. Names, I maintain, are in no case stable）②；幾可以譯註《老子》也。

《全唐文》卷五三八裴度《寄李翺書》論《六經》之文"至易至直。奇言怪語未之或有，此所謂'文可文，非常文'也。"蓋謂平易質直之文經久長新，而雕飾矯揉之文則朝華夕秀、花歸葉別，非"常文"也。"可文"即指"奇言怪語"，"常文"正仿"常道"、"常名"。足資參驗。

---

① B. Croce, *La Poesia*, 5ᵃ ed., 131 (W. von Humboldt).
② *Thirteen Epistles*, Letter VII, tr. L. A. Post, 96-7. Cf. E. Cassirer, *Die Philosophie des symbolischen Formen*, I, 63-5.

三 二 章

"天下皆知美之爲美，斯惡已；皆知善之爲善，斯不善已。故有無相生，難易相成，長短相較，高下相傾，音聲相和，前後相隨"；《註》："喜怒同根，是非同門，故不可得偏舉也。"按中外神秘宗之見與蔽，略具此數語，聖·馬丁（Saint-Martin）所謂神秘家者流同鄉里亦同語言也①。茲分説之。

知美之爲美，別之於惡也；知善之爲善，別之於不善也。言美則言外涵有惡，言善則言外涵有不善；偏舉者相對待。斯賓諾莎曰："言是此即言非彼"（Determinatio est negatio）②；"有無"、"難易"等王弼所謂"六門"，皆不外其理。此無可非議者也。顧神秘宗以爲大道絶對待而泯區別。故老子亦不僅謂知美則別有惡在，知善則別有不善在；且謂知美、"斯"即是惡，知善、"斯"即非善，欲息棄美善之知，大而化之。《淮南子·道應訓》太清問："不知乃知耶？知乃不知耶？"無始答以"知善之爲善，

---

① Evelyn Underhill, *Mysticism*, 12th ed., 80.
② *Correspondence*, Letter L (to Jarig Jelles), tr. A. Wolf, 270. Cf. *Ethica*, I, Prop. viii, Schol, 1, "Classiques Garnier", I, 30.

斯不善已"；蓋等此語於"爲道日損"。陸佃《埤雅》卷三《羊》類引王安石《字説》云："羊大則充實而美，美成矣則羊有死之道焉；《老子》曰：'天下皆知美之爲美，斯惡已'"；蓋等此語於"福兮禍所伏"。《淮南》膚泛，《字説》附會，然於《老子》語不解作：知美則知亦有惡、知善則知亦有不善，而解作：知即是不知、知美即已是惡、知善即已是不善，無乎不同。《老子》三章："使民無知無欲"，四章："和其光，同其塵"，一八章："大道廢，有仁義"，二〇章："俗人昭昭，我獨昏昏，俗人察察，我獨悶悶"，四九章："渾其心"，重言申明，皆《莊子·天地》所云"渾沌氏之術"。《關尹子·三極》謂"利害心"、"賢愚心"、"是非心"、"好醜心"胥不可"明"，是以"聖人渾之"，又《八籌》謂"唯其渾淪，所以爲道"；《維摩詰所説經·文殊師利問疾品》第五、《不思議品》第六、《觀衆生品》第七、《見阿閦佛品》第一二云："分別亦空"，"法無取捨"，"欲貪以虛妄分別爲本"，"於諸法無分別"；《陀羅尼經·夢行分》第三云："離於二邊，住平邊相，……悉不讚毀，……亦不選擇"；《圓覺經》云："得無憎愛，……隨順覺性"；《五燈會元》卷一僧璨《信心銘》云："至道無他，唯嫌揀擇，但莫憎愛，洞然明白"；以至陶勒（Tauler）所謂"混然一團"（on allen underscheit），季雍夫人（Madame Guyon）所謂"聖漠然"（la sainte indifférence）；此物此志也。知美之爲美、善之爲善，由分別法，生揀擇見，復以揀擇見，助長分別法，愛憎進而致貪嗔。老子明道德之旨，俾道裂樸散復歸寧一。《呂氏春秋·貴公》曰："荆人有遺弓者，而不肯索，曰：'荆人遺弓，荆人得之，又何索焉！'孔子聞之曰：'去其荆而可矣。'老聃聞之曰：'去其人而可矣。'"即泯人我以齊得喪之意也。雖然，"惡"不偏舉，正如"美"也；"不善"須對待，正如"善"也。苟推名辯之理，申老子之語，亦當曰："天下皆知惡之爲惡，斯美已；皆知不善之爲不善，斯善已"；東家之西即西家之東爾。顧本道德之旨，老子必仍曰："天下皆知惡之爲惡，斯惡已；皆知不善之爲不善，斯不善已"；趨而歸之，逃而去之，是皆走爾。鑑差別異即乖返樸入渾，背乎等齊物之大道。蓋老子於昭昭察察與悶悶昏昏，固有拈有捨，未嘗漫無甄選，一視同仁。是亦分別法，揀擇見歟！曰無分別，自異於有分別耳，曰不揀擇，無取於有揀擇耳；又"有無相生"之理焉。一二章云："聖人爲腹不爲目，故去彼取此。"三八章云："大丈夫處其厚不居其薄，處其實不居其華，故去彼取此。"豈非"知美"、"知善"，去取毅然？楊萬里《誠齋集》卷九二《庸言》七斥老子"去其人"之語曰："高則有矣！非其理也。且弓以用言也；'去其人'，則弓孰得之？得孰用之？"言莫能行，難圓己說，神秘宗蓋莫不然。老子說之難自圓者，亦不止一端，孫盛《老子疑問反訊》(《廣弘明集》卷五) 拘攣一字一句，抑又末已。如白居易《讀〈老子〉》云："言者不知知者默，此語吾聞於老君；若道老君是知者，緣何自著《五千文》？"①；

【增訂四】白居易又有《贈蘇鍊師》："猶嫌莊子多詞句，只讀《逍遥》六七篇"，可與其《讀〈老子〉》參觀。《全晉文》卷一八何劭《王弼別傳》載裴徽問曰："夫無者，誠萬物之所資，聖人

---

① 德國詩人(Klopstock)教人修詞立言以簡省爲貴(die Kürze)，愈省愈妙，或評之曰："若然，則以此教人時即已自背其教矣"(Sie konnte ja nicht mitreden, ohne ihren Charakter zu verleugnen)(A. W. Schlegel: "Der Wettstreit der Sprachen", *Kritische Schriften und Briefe*, W. Kohlhammer, I, 252)，可參觀。

莫肯致言，而老子申之無已，何耶？"即《讀〈老子〉》詩意。又如一三章曰："及吾無身，吾有何患？"而七章、四四章、五二章乃曰："外其身而身存"，"名與身孰親？""毋遺身殃"。蓋身求存而知欲言，真情實事也；無身無言，玄理高論也。情事真實，逃之不得，除之不能，而又未肯拋其玄理，未屑卑其高論；無已，以高者玄者與真者實者委蛇而爲緣飾焉。於是，言本空也，傅之於事，則言辯而遁；行亦常也，文之以言，則行僞而堅。"無言"而可以重言、寓言、巵言、荒唐之言矣；"無身"而可以脂韋滑稽、與世推移、全軀保命、長生久視矣；"無爲"而可以無不爲、無所不爲矣；黃老清静，見之施行而爲申韓谿刻矣。且樸必散，淳必漓，如道一生二也。夫物之不齊，故物論難齊；生揀擇見，由於有分別法。雖老子亦不得不謂有"美"與"善"故得而"知爲美"、"知爲善"也。憎法之有分別，乃欲以見之無揀擇爲對治，若鳩摩羅什所言"心有分別，故鉢有輕重"（《高僧傳》卷二），因果顛倒，幾何不如閉目以滅色相、塞耳以息音聲哉？嚴復評點《老子》二〇章云："非洲鴕鳥之被逐而無復之也，則埋其頭目於沙，以不見害者爲無害。老氏'絶學'之道，豈異此乎！"攟拾西諺（the ostrich policy），論允喻切。竊謂黑格爾嘗譏謝林如"玄夜冥冥，莫辨毛色，遂以爲羣牛皆黑"（sein Absolutes für die Nacht ausgeben, worin alle Kühe schwarz sind）①，亦可借評。

"有無相生，難易相成"等"六門"，猶畢達哥拉斯所立"奇偶、一多、動静"等"十門"②，即正反依待之理。《管子·宙

---

① Phänomenologie des Geistes, op. cit., 19.
② Aristotle, Metaphysics, I.5, 985 b 23.

合》："是非有，必交來";《墨子·經》上："同異交得，放有無"（"放"即"仿"）;《莊子·齊物論》："彼出於是，是亦因彼，彼是方生之説也。……是亦彼也，彼亦是也"，又《秋水》："知東西之相反而不可以相無";《維摩詰所説經·入不二法門品》第九："從我起二爲二"，肇註："因我故有彼，二名所以生。"曰"相生"，曰"交來"，曰"交得"，曰"因"，曰"從起"，皆言此理。"難易相成"，可以老解老。六三章云："圖難於其易，爲大於其細；天下難事，必作於易，天下大事，必作於細"，此一意也；循序以進，漸靡以成，霤穿石，絍斷幹也。《韓非子·喻老》説"大必起於小，族必起於少"，而舉塞穴塗隙以免水火爲患，曰："此皆慎易以避難，敬細以遠大者也。"謂及事之尚易而作之，則不至於難爲，及事之尚細而作之，則無須乎大舉，似違此章本意。老云"圖難"、"作於易"，所以進取；韓云"避難"、"慎易"，所以防免；着眼有别。韓蓋恐涓涓者將爲江河而早窒焉，患綿綿者將尋斧柯而先抓焉，移解六四章之"其脆易泮，其微易散"云云，庶幾得之。《左傳》隱公元年祭仲勸鄭莊公除太叔段曰："無使滋蔓，蔓難圖也";《國語·吴語》申胥諫夫差與勾踐盟曰："及吾猶可以戰也；爲虺勿摧，爲蛇將奈何!";《後漢書·丁鴻傳》上封事云："夫壞崖破巖之水，源自涓涓，干雲蔽日之木，起於葱青；禁微則易，救末者難"；均韓非此節之旨也。六四章又云："合抱之木生於毫末，九層之臺起於累土，千里之行始於足下"，可爲立者説法，猶《荀子·勸學》言"積土成山，積水成淵，積蹞步以至千里"，或《學記》言"蛾子時術之"，真積力久，勉督之詞也；而亦可爲破者説法，猶《左傳》、《韓非子》等云云，防微杜漸，則成儆戒之詞矣。復一喻之兩柄耳。六三章云:"多易必多難,是以聖人猶難之,故終無難矣",此另一意;《國語‧晉語》四郭偃答晉文公曰:"君以爲易,其難也將至矣;君以爲難,其易將至焉",可借以解老。劉晝《新論‧防慾》云:"將收情慾,必在危微",又云:"塞先於未形,禁慾於危微",亦韓非意;宋儒以下,習言《書‧大禹謨》之"危微精一",不知六朝尚有此用,李密《陳情表》:"人命危淺,朝不保夕",《文選》五臣註呂延濟云:"危、易落,淺、易拔",正劉語的詁也。《陳書‧傅縡傳》載縡所撰《明道論》,有云:"夫居後而望前,則爲前,居前而望後,則爲後。而前後之事猶如彼此,彼呼此爲彼,此呼彼爲彼,彼此之名,的誰居處?以此言之,萬事可知矣。本末前後,是非善惡,可恒守耶?"以爲"諸見不起",則對待自消,化察察昭昭爲昏昏悶悶。神秘宗深知"六門"之交得而不可偏舉,欲消除而融通之,乃一躍以超異同,一筆以勾正反,如急吞囫圇之棗、爛煮糊塗之麪,所謂頓門捷徑者是①。《老子》二〇章云:"唯之與阿,相去幾何?善之與惡,相去若何?";《莊子‧大宗師》云:"故其好之也一,其弗好之也一,其一也一,其不一也一。……與其譽堯而非桀也,不若兩忘而化其道";即遄謂"六門"、"二名",多事無須,欲大抹撥以爲無町畦也。《論語‧子罕》孔子説"偏其反而"曰:"何遠之有?"何晏註:"以言權道,反而後至於大順也",全取《老子》六五章語;毛奇齡《論語稽求篇》卷四亦釋爲"相反之思"相成"以作正"。參之《中庸》之"執其兩端用其中",

---

① Cf. J. Cohn, *Theorie der Dialektik*, 218: "Die Mystik geht vom Widerspruche unmittelbar zum Absoluten über, in dem er gelöst gedacht wird (coincidentia oppositorum)—ihr fehlt der Fortgang;...sie benutzt ihn nur als Sprungbrett, von dem aus sie sich in Fluten der Alleinheit schwingt."

亦儒家於辯證之發凡立則也。宋儒張載《正蒙·太和》："兩不立則一不可見，一不可見則兩之用息。……有象斯有對，對必反其爲，有反斯有仇，仇必和而解"；《參兩》："一故神，兩故化"；義昭綱舉，逾越前載。《朱子語類》言："善、惡雖相對，當分賓主；天理、人欲雖分派，必省宗孽"；更進而謂相對者未必相等。羅璧《識遺》卷七《對獨説》發揮斯意，魏源《古微堂集》内集卷一《學篇》之一陰襲之而稍加文藻，其詞曰："天下物無獨必有對，而又謂兩高不可重，兩大不可容，兩貴不可雙，兩勢不可同，重、容、雙、同，必争其功。何耶？有對之中，必一主一輔，則對而不失爲獨。乾尊坤卑，天地定位，萬物則而象之，此尊而無上之誼焉。是以君令臣必共，父命子必宗，夫唱婦必從，天包地外，月受日光。雖相反如陰陽、寒暑、晝夜，而春非冬不生，四夷非中國莫統，小人非君子莫爲嚮蠻，相反適以相成也。手足之左，不如右强。"囿於"三綱"之成見，舉例不中，然頗識正反相"對"者未必勢力相等，分"主"與"輔"。

【增訂二】董仲舒、朱熹、羅璧、魏源輩論事物相對相持者未必勢力相等相敵，可參觀唐釋澄觀《華嚴經疏鈔會本》卷三四《光明覺品》第九"多中無一性"節下疏，言"一多相依，互爲本末"，而"總有十義"。其二"雙現同時，相資無礙"，其八"力用交徹，有力相持"，即矛與盾之勢均力敵也；其一"孤標獨立"，其六"無力相持"，即矛與盾之強弱懸殊而判"賓主"、"主輔"矣。

【增訂四】正反相對未必勢位相等，二者非爲齊偶（coordination），乃判主從（subordination）。古希臘時，柏拉圖及亞理士多德亦一變舊説，使"對立之兩名由水平綫關係變而爲垂直綫關係，由平等變而爲不平等"（the relation of two terms in a binary opposition was converted from a horizontal to a vertical relation.... not a relation of two equal terms but the order of their inequality. — T. K. Seung, *Structuralism and Hermeneutics*, 1982, pp. 29—30）。即魏源所謂："有對之中，必一主一輔，則對而不失爲獨。"

【增訂三】"手足之左，不如右强。"按古醫書早云爾。《內經素問》第五《陰陽應象大論》："天不足西北，故西北方陰也，而人右耳目不如左明也。地不滿東南，故東南方陽也，而人左手足不如右强也。""明"字該"耳目"二者，猶《後漢書‧楊厚傳》之"並及"、"兼言"也（參觀81頁）。

蓋名言（concepts）之正反，仇對而不能和、專固而不能化者也。"善"名則義謂"善"，"惡"名則義謂"惡"耳。然事物（things）之稱正反者，則可名非常名，未嘗純一而無他、定恒而不變，消長乘除；名"善"者得以成"惡"，名"惡"者得以成"善"焉，或又雜糅而"善惡混"焉，顧"善""惡"兩名之義判一正一反，自若也。名言之正反，交互對當，一若力敵德齊；"善"之與"惡"，並峙均勢，相得始彰，相持莫下也。然事物之稱正反者，必有等衰，分强弱，"對而不失爲獨"，故"善"可剋"惡"，"惡"或勝"善"焉。董仲舒《春秋繁露‧基義》言"物莫無合，而合各有陰陽"，然"陰道無所獨行"，意即陰陽對待而陽主陰輔也，至羅氏而暢闡之。釋書如《陀羅尼經‧夢行分》第三論"住中道心"，"離於二邊"，《金剛仙論》卷三、卷七論"中道之理"，不"墮二邊"；至宗寶編《六祖大師法寶壇經‧付囑》第一〇云："出語盡雙，皆取對法"，"二道相因，生中道義"，更簡了矣。

四　五　章

"天地不仁，以萬物爲芻狗；聖人不仁，以百姓爲芻狗"；《註》："物不具存，則不足以備載矣。地不爲獸生芻而獸食芻，不爲人生狗而人食狗。……聖人與天地合其德，以百姓比芻狗也。"按"芻狗"即《莊子·天運》篇之"已陳芻狗"，喻無所愛惜，蘇轍《老子解》等早言之。王註望文曲解，而亦具至理，故嚴復歎賞曰："此四語括盡達爾文新理，至哉王輔嗣！"然嚴氏雖馳域外以觀昭曠，未得環中而合肯綮，尚是浪爲配當。王弼所明，非物競之"新理"，乃闢陳言"目的論"（teleology）。《論衡·自然篇》首節駁"天生五穀以食人，生絲麻以衣人"，而其説未暢。《列子·説符篇》齊田氏歎曰："天之於民厚矣！生魚鳥以爲之用"；鮑氏之子進曰："不如君言。天地萬物與我俱生，類也。……非相爲而生之。……且蚊蚋之噆膚，虎狼食肉，非天本爲蚊蚋生人、虎狼生肉者哉！"即王註之意。西人如亞理士多德曰："苟物不虛生者，則天生禽獸，端爲人故"（Now if nature makes...nothing in vain, the inference must be that she has made all animals for the sake of man）①。後

---

① Aristotle, *Politics*, I. viii, *Basic Works*, Random House, 1137.

人稱天地仁而愛人，萬物之生皆爲供人利便（ut omnia naturalia tanquam ad usum ut media considerent）①；如大海所以資人之食有魚而調味有鹽也，瓜形圓所以便闔家團坐而噉也，豚生多子正爲供庖廚也，鼻聳人面正爲戴眼鏡也②，可入笑林。古羅馬哲人早斥庸俗陋見謬以天之生物擬於人之製器，倒果爲因，乃舉五官四肢爲例而斷言曰："有體可資用，非爲用而生體"（omnia perversa praepostera sunt ratione, ／nil, ideo quoniam natumst in corpore ut uti／possemus, sed quod natumst id procreat usum）③；要言不煩，名論不刊。培根謂格物而持目的論，直是無理取鬧，徒亂人意（Final causes in physics are impertinent）④；斯賓諾莎譏此論強以人欲之私爲物理之正（causa autem, quae finalis dicitur, nihil est praepter ipsum humanum appetitum）⑤；伏爾泰小説、海涅詩什亦加嘲諷⑥。脫嚴氏不曰"達爾文新論"而曰"培根、斯賓諾莎古訓"，則近是矣。

　　王弼解"芻狗"，雖乖原喻，未大違"不仁"之旨。"不仁"有兩，不可不辨。一如《論語·陽貨》之"予之不仁也"或《孟子·離婁》之"不仁暴其民"，涼薄或凶殘也。二如《素問·痹

---

① Spinoza, *Ethica*, I, Appendix, Garnier, I, 105.
② D. Mornet, *Les Sciences de la Nature en France au 18e Siècle*, 152 ff.; E. Cassirer, *Rousseau, Kant, Goethe*, 65 ff..
③ Lucretius, IV.823-835, "Loeb", 306.
④ *Advancement of Learning*, III.4, *The Physical and Metaphysical Works of Bacon*, ed. J. Devey, 141.
⑤ Spinoza, *Ethica*, IV, Praefatio, *op. cit.*, T.II, p.4.
⑥ Voltaire, *Candide*, ch. 1 (Pangloss) (*Romans et contes*, "Bib. de la Pléiade", 145, 661 note); Heine: "Zur Teleologie" (Fragment).

論》第四三之"不痛不仁"或《廣韻·三十五禡》之"傁偢、不仁也",麻木或痴頑也。前者忍心,後者無知。"天地不仁"蓋屬後義,如虛舟之觸,飄瓦之墮,雖滅頂破額,而行所無事,出非有意。杜甫《新安吏》云:"眼枯即見骨,天地終無情"①,解老之渾成語也。《荀子·天論》謂"天行有常,不爲堯存,不爲桀亡";《論衡·感類篇》、《雷虛篇》等都言天無"喜怒";韓愈《孟東野失子》詩:"天曰'天地人,由來不相關'",又《與崔羣書》:"不知造物者意竟何如,無乃所好惡與人異心哉?又不知無乃都不省記,任其死生壽夭耶?"均資參印。故芻狗萬物,乃天地無心而"不相關"、"不省記",非天地忍心"異心"而不憫惜。王弼註:"天地任自然,無爲無造,萬物自相治理,故不仁也";劉峻《辯命論》:"夫道生萬物則謂之道,生而無主,謂之自然。……生之無亭毒之心,死之豈虔劉之志",明乎可移作王註之疏焉。西人有云:"大自然(natura magna)既生萬物以利人,而又使人勞苦疾痛,不識其爲慈親歟?抑狠毒之後母歟?"(ut non sit satis aestimare, parens melior homini an tristior noverca fuerit);又或云:"就孕育而言,自然乃人之親母,顧就願欲而言,自然則人之後母耳"(Madre è di parto e di voler matrigna)②。則怨天地"不仁",而責其包藏禍心,是"不仁"之第一義。一美學家撰小說,甚詼詭,言世間無生之器物,即如眼鏡、鐘錶、衣鈕、紙筆等日用具,莫不與人惡作劇(die Tücke des Objekts),

---

① Cf. Schopenhauer, *Die Welt als Wille und Vorstellung*, IV, §54, *Sämtl. Werke*, hrsg. E. Grisebach, I, 362: "*Natura non contristatur.*"

② Pliny, *Natural History*, VII. 1, "Loeb", II, 506; Leopardi: "La Ginestra", *Opere*, Ricciardi, I, 157.

然初無成心，亦非蓄意（ohne alles Nachdenken, nicht mit Ueberlegung），蓋自然（die Natur）鬼黠作惡而天真無辜（satanisch schuldhaft ganz unschuldig）①。亦怨天地"不仁"，而諒其不懷叵測，是"不仁"之第二義。嚴氏所服膺誦説之約翰·穆勒嘗著《宗教三論》，詳闡自然之行乎其素，夷然不屑人世所謂慈悲與公道（most supercilious disregard both of mercy and of justice）②，於第二義發揮幾無餘藴，亦即王弼註意，嚴氏似未之讀也。别見《全唐文》卷論柳宗元《天説》。

王弼註謂"聖人與天地合其德"，即言其師法天地。《鄧析子·無厚篇》："天於人無厚也，君於民無厚也"；"無厚"亦即"不仁"。"聖人"以天地爲儀型，五千言中大書不一書。天地不仁，故聖人亦不仁，猶第七章言天地"不自生"，聖人"是以"亦"外其身"也。然天地無心，其不仁也，"任"或"不相關"而已。聖人雖"聖"，亦"人"也；人有心也，其不仁也，或由麻木，而多出殘賊，以凶暴爲樂③。人與天地合德者，克去有心以成無心，消除有情而至"終無情"，悉化殘賊，全歸麻木。其受苦也，常人以爲不可堪，其施暴也，常人以爲何乃忍，而聖人均泰然若素，無動於中焉。

---

① F. Th. Vischer, *Auch Einer*, Insel Verlag, 21, 26, 68-9. cf. Poe: "The Angel of the Odd", *Poems and Miscellanies*, Oxford, 159; Zola, *Pages d'Exil*, publiées et annotées par Colin Burns, 50 (les objets se cachent parfois pour nous éprouver); Swinburne, *Letters*, ed. Cecil Y. Lang, VI, 64 (malevolent furniture); Santayana, *Letters*, ed. Daniel Cory, 15 (the joke of things at our expense).

② J. S. Mill, *Three Essays on Religion*, Longmans, p. 29.

③ Cf. Pubilius Syrus, § 128: "Crudelis lacrimis pascitur non frangitur", *Minor Latin Poets* "Loeb", 30; M. Scheler, *Wesen und Formen der Sympathie* 11 (die Grausamkeit als eine Funktion des Nachfühlens).

斯多噶哲學家之"無感受"（參觀《周易》卷論《繫辭》之二），基督教神祕宗之"聖漠然"，與老子之"聖人不仁"，境地連類。

【增訂四】蘇偉東《羅馬十二帝傳》第四卷第二九節即記一暴君（Gaius Caligula）淫威虐政，不惜人言，自誇具有斯多噶派所謂"無感受"之美德，以飾其"不知愧怍"（inverecundia）（Suetonius, *op. cit.*, Vol. I, p. 451）。

借曰能之，乃刻意矯揉，盡心涵養，拂逆本性，庶幾萬一。正如一〇章稱"玄德"曰："專氣致柔，能嬰兒乎？"（參觀《莊子·庚桑楚》論"衛生之經"在乎"能兒子"，《吕氏春秋·具備》論"三月嬰兒"之"合於精，通於天"），蓋爲成人説法。嬰兒固"能"之而不足稱"玄德"；"玄德"者，反成人之道以學嬰兒之所不學而自能也。《大般涅槃經·嬰兒行品》第九謂"如來亦爾"；《五燈會元》卷五石室善道云："十六行中，嬰兒爲最；哆哆和和時喻學道之人離分别取捨心故。讚歎嬰兒，可況喻取之；若謂嬰兒是道，今時人錯會。"嬰兒之非即"玄德"，正如嬰兒之非即是"道"。人而得與天地合德，成人而能嬰兒，皆"逆"也，六五章論"玄德"所謂"反乃至大順"，後世神仙家言所謂"順之即凡，逆之即聖"（張伯端《悟真篇》卷中《七言絕句六十四首》第一一首朱元育註；參觀鄭善夫《少谷全集》卷一八《與可墨竹卷跋》、李光地《榕村語録》續編卷六論《參同契》）。

【增訂三】參觀771頁。《大智度論》卷一四《釋初品中羼提波羅蜜義》："菩薩自念：我不應如諸餘人，常隨生死水流；我當逆流，以求盡源，入泥洹道。"771頁引柏格森同書復謂當旋轉日常注意（*détourner* cette attention），迴向（la *retourner*）真知（*ib.*, 174）。一小説家亦謂造藝須一反尋常知見之道方中

(Ce travail de l'artiste, c'est exactement le travail inverse, etc. — Proust, *Le Temps retrouvé* in *A la Recherche du Temps perdu*, "Bib. de la Pléiade", III, 896)。均"逆流以求盡源"之法。

在天地爲自然，在人爲極不自然；在嬰兒不學而能，在成人勉學而難能。老子所謂"聖"者，盡人之能事以效天地之行所無事耳。《莊子·大宗師》曰："庸詎知吾所謂天之非人乎？所謂人之非天乎？"前語若謂聖人師法天地爲多事，後語若謂凡夫不師法天地得便宜，機圓語活，拈起放下，道家中莊生所獨也。

求"合"乎天地"不仁"之"德"，以立身接物，強梁者必慘酷而無慈憫，柔巽者必脂韋而無羞恥。黃老道德入世而爲韓非之刑名苛察，基督教神秘主義致用而爲約瑟甫神父（Père Joseph）之權謀陰賊①，豈盡末流之變本忘源哉？或復非跡無以顯本爾。《史記·韓非傳》早曰："其極慘礉少恩，皆原於道德之意"；《三國志·魏書·鍾會傳》："於會家得書二十篇，名曰《道論》，而實刑名家也"，亦堪隅舉焉。

曰"天地不仁"，明事之實然，格物之理也。曰"聖人不仁"，示人所宜然，治心之教也。前者百世之公言，後者一家之私説。至於人與天地合德而成聖，則事願或相違，心力每不副，仰高鑽堅，畫虎刻鵠，宜然者又未必果然②。此不可不熟察而分別言之也。

---

① A. Huxley, *Grey Eminence*, 137-8, 186.

② Cf. Scheler: "Ordo Amoris"; "Die Indifferenzzone ist nur einer idealer Schnitt, der von unserem wechselnden Gemütsverhalten nie völlig erreicht wird", *Schriften aus dem Nachlass*, I, 252.

五 七 章

"天地所以能長且久者，以其不自生，故能長生。是以聖人後其身而身先，外其身而身存；非以其無私邪？故能成其私。"按六七章亦曰："不敢爲天下先，故能成器長。"皆有心之無心，有爲（去聲）之無爲（平聲），"反"以至"順"，亦假"無私"以遂"其私"也。"天地"無意志，不起我相，故不"自"生；人有意志，即陷我執，故成"其"私。無長久之心，而能有長久之事，天地也；身不能長久，而心欲長久，人也。"聖人"本人之大欲，鑑天地之成事：即果求因，以爲天地之長久，由於其無心長久也；復推類取則，以爲人而亦無心長久，則其身必能長久矣。然則聖人之無心長久，爲求身之能長久，正亦有心長久；不爲天下先，正欲後起佔先。天地無此居心也，而聖人自命師法天地，亦不揣其本而齊其末矣。天地者，著成壞存亡之形跡，而不作趨避得喪之計較者也。老子操術甚巧，立説則不能自圓也。"後其身"、"不爲先"之旨即《史記·楚世家》引《周書》："欲起無先"；《楚辭·遠遊》："虛以待之兮，無爲之先！"；《莊子·刻意》篇："感而後應，迫而後動，不得已而後起"；《淮南子·原道訓》："先者難爲知，而後者易爲攻也；先者上高，則後者攀之；先者蹦下，則後者躧之；……先者則後者之弓矢質的也。猶錞之與刃，刃犯難而錞無患者，何也？以其託於後位也。"然見諸施行，不無利鈍。何則？事勢物情，難歸一律，故曰"木雁兩失"（《宋書・王景文傳》明帝手詔），而亦曰："木雁各喜"（韓愈《落齒詩》）。弈棋以先着爲強，積薪復後來居上，《左傳》昭公二十一年廚人濮引《軍志》亦曰："先人有奪人之心，後人有待其衰。"《老子》六四章："其脆易泮，其微易散，爲之於未有，治之於未亂"，豈非制人先發、防患未然哉？故《文子・道原》曰："夫執道以耦變，先亦制後，後亦制先。……所謂後者，調其數而合其時；時之變則間不容息，先之則太過，後之則不及"；《淮南子》因襲之："所謂後者，非謂其底滯而不發、凝結而不流，貴其周於數而合於時也。夫執道理以耦變，先亦制後，後亦制先……時之反側，間不容息，先之則太過，後之則不逮。"蓋發而得當，先之後者，亦即更後者之先也，此又所謂"道可道，非常道"耳。抑"後其身"、"外其身"，豈謂忘身不計身，有若《後漢書・鄧、張、徐、張、胡傳・論》所云"臨生不先其存"者歟？信斯言也，則後其身者，不臨難苟免，而身先赴湯火，冒鋒鏑，後天下之樂而樂矣；外其身者必不全軀保首領，而成仁取義，置性命於度外，勿顧藉身之存歿矣。殆非老子之初衷或本意耶？嵇康《養生論》言"忽名位"，"棄厚味"，"遺生而後身存"；其所曰"遺"，庶幾老子所曰"後"、"外"也。"後身"、"外身"皆可各明一義，又"名可名，非常名"之例焉。《淮南子・道應訓》說老子此二句，舉公儀休嗜魚而不受國人獻魚，謂受人魚則或致免相，免相則"不能自給魚"；蓋無異《史記·貨殖列傳》言："廉吏久，久更富。"《朱文公文集》卷四五《答丘子服》之一論老子曰："其言'外其身、後其身'者，其實乃所以先而存之也，其愛身也至矣！此其學所以流而爲楊氏之爲我也"；是矣。

六 一 一 章

"三十輻，共一轂；當其無，有車之用。埏埴以爲器，當其無，有器之用。鑿户牖以爲室，當其無，有室之用。故有之以爲利，無之以爲用"；《註》："以其無、能受物之故，故能以實統衆也。皆以無爲用也。"按河上公註："'無有'謂空處故"；畢沅《〈道德經〉考異》亦主"無有"二字連讀："當其無有，車之用"云云，引《周禮・考工記》鄭玄註"以無有爲用"佐證之。此亦大類俞正燮以《周禮》鄭註釋"名可名"。"無有"連讀，三者皆不成句，而結句"無"與"有"之對照，亦上失所承。蓋"無有"即"無"，三"有"既皆從"無"而化烏有，不復能出而與"無"平分"利"、"用"。畢氏之流，覿字尚存"有"，而昧其意已成"無"，文理義理，蓋兩失矣。《淮南子・説山訓》："鼻之所以息，耳之所以聽，終以其無用者爲用矣。物莫不因其所有，用其所無，以爲不信，視籟與竽"；足爲《老子》本章確箋，"因有用無"，詞意圓該。河上公註"無"爲"空"；竊謂中虚曰"空"，外曠亦曰"空"，此章蓋言中空，非言太空，觀器、室等例可見也。

【增訂四】《後漢書・方術傳》上《論》："李固、朱穆等以爲處士純盜虛名，無益於用，故其所以然也。……原其無用，亦所以爲用，則其有用，或歸於無用矣。"無用之用，足佐老義。

司馬光《傳家集》卷六〇《與王介甫書》："介甫於諸書無不觀，而特好《孟子》與《老子》之言"；呂希哲《呂氏雜記》卷上："王聖美嘗言，見介甫說：'老、莊者，聖不足以言之！'"然王氏於老子之言非無所不說者，《臨川集》卷六八《老子》篇論此章云："然工之琢削，未嘗及於無者，蓋無出於自然之力，可以無與也。今之治車者，知治其轂輻而未嘗及於無也。然而車以成者，蓋轂輻具，則無必爲用也。如其知無爲用而不治轂輻，則爲車之術固已疏矣。故無之所以爲用也，以有轂輻也；無之所以爲天下用者，以有禮樂刑政也。如其廢轂輻於車，廢禮樂刑政於天下，而坐求其無之爲用也，則亦近於愚矣！"說理明徹，而未堪折服老子。蓋就本章論，老子祇戒人毋"實諸所無"，非教人盡"空諸所有"（《五燈會元》卷三龐蘊居士章次）。當其無，方有"有"之用；亦即當其有，始有"無"之用。"有無相生"而相需爲用；淮南所謂必"因其所有"，乃"用其所無"耳。

洪邁《容齋續筆》卷一二："莊子論'無用之用'，本老子：'三十輻，共一轂，當其無，有車之用。'《學記》：'鼓無當於五聲，五聲勿得不和；水無當於五色，五色勿得不章'，其理一也。今夫飛者以翼爲用，繫其足則不成飛；走者以足爲用，縛其手則不能走。爲國者其勿以無用待天下之士則善矣！"宛轉關生，善於解《老》；飛走二喻實取之《淮南子・說山訓》："走不以手，縛手走不能疾；飛不以尾，屈尾飛不能遠。物之用者，必待不用者。"古羅馬大史家嘗設喻謂五官四肢惡腹之無所事事，祇安享而不勞作也（Ventrem in medio quietum nihil aliud quam datis voluptatibus frui），因相約惰息，不爲致飲食，終於舉體衰敝①；又縛手屈尾之充類至盡也。然莊子論"無用之用"有兩義，洪氏語焉而未察。《人間世》："是不材之木也，無所可用，故能若是之壽。……山木自寇也，膏火自煎也，桂可食，故伐之，漆可用，故割之，人皆知有用之用，而莫知無用之用也"；郭象註："有用則與彼爲功，無用則自全其生。"此一義也，乃偷活苟全之大幸耳；《山木》已曰："昨日山中之木以不材得終其天年，今主人之雁以不材死"，即徵其非通方咸宜之大道，故韓愈《落齒》詩言："木雁各有喜。"《墨子·親士》謂銛錐先挫，錯刀先靡，甘井近竭，招木近伐，"彼人者寡不死其所長"，正不材木"有喜"也；而又謂"雖有賢君，不愛無功之臣；雖有慈父，不愛無益之子"，復是能鳴雁"有喜"矣。《莊子·外物》："惠子謂莊子曰：'子言無用。'莊子曰：'知無用而始可與言用矣。天地非不廣且大也，人之所用容足耳，然則廁足而墊之致黄泉，人尚有用乎？'惠子曰：'無用。'莊子曰：'然則無用之爲用也亦明矣。'"此另一義，即洪氏所謂本諸老子者耳。《徐無鬼》："故足之於地也踐，雖踐，恃其所不蹍而後善，博也"；《文子·上德》："足所踐者少，其不踐者多；心所知者寡，其不知者衆。以不用而能成其用，不知而能全其知也"；亦此旨。後世祖述紛如，《淮南子·説林訓》："足以蹍者淺矣，然待所不蹍而後行"；潘岳《秋興賦》："行投趾於容跡兮，殆不踐而獲底；闕側足以及泉兮，雖猴猨而不履"；《顏氏家訓·名實篇》："人足所履，不足數寸，然而咫尺之途，必顛蹶於崖岸，拱把之梁，每沉溺於川谷者，何

---

① Livy, II. xxxii, 9–12; cf. Shakespeare, *Coriolanus*, I, i. 99 ff..

哉？爲其傍無餘地故也"；邵雍《伊川擊壤集》卷一六《路徑吟》："面前路徑無令窄，路徑窄時無過客，過客無時路徑荒，人間大率皆荆棘"（《宋元學案》卷九載雍臨歿誡程頤曰："面前路徑須令寬，路窄則自無着身處，況能使人行也！"）。有故反其詞以神其事者，如《列子·湯問》侈言善御者"輿輪之外，可使無餘轍，馬蹄之外，可使無餘地"。有觸類而傍通者，如徐枋《居易堂集》卷四《戒子書》："矢之利用者，分寸之鏃，而必任之以三尺之幹；筆之利用者，分寸之毫，而必任之以七寸之管。子欲用筆而去其管，用矢而去其幹耶？"

【增訂四】徐枋所舉兩例，疑本諸呂坤《呻吟語》卷六《廣喻》："劍長三尺，用在一絲之銛刃；筆長三寸，用在一端之銳毫，其餘皆無用之羨物也。雖然，劍與筆但有其銛者銳者在，則其用不可施。則知無用者有用之資，有用者無用之施。"

《全唐文》卷八〇三李磎《廣廢莊論》略云："無用之說有三，不可混而同一。有虛無之無用者，則老子埏埴鑿户之説，其用在所無也；有有餘之無用者，則惠子側足之喻，其用必假於餘也；有不可用之無用者，苗之莠、粟之秕也。"似未識一與二之可相通，户牖即埏埴外之餘空也；又不知三當概木之散而言之，則"不可用"而固可用以"自全"焉。析理殊疏。

七 一三章

"吾所以有大患者，爲吾有身；及吾無身，吾有何患?"按要言不煩，實情不虛，設難問如立木義。一切欲超越凡人、脱離塵網之教理道術，莫非試解木義之鋸義也。團詞提挈，略有三焉。

一者欲"吾有身"而又無"患"。《朱文公全集》卷四五《答丘子服》之一論此章曰："其愛身也至矣，此其學之傳所以流而爲楊氏之爲我也"；嚴復評亦曰："此章乃楊朱爲我、莊周養生之所本。"兹申其義。《史記·封禪書》記齊、燕方士"爲方仙道，形解銷化"；道士踵事加厲，鍊氣、辟穀、燒丹、羽化，皆求保精、氣、神而除老、病、死也。老子於"貴身"、"愛身"，莊子於"養生"、"不以害其生"，略標旨趣，未示科條；白居易《海漫漫》所謂："何況玄元聖祖五千言，不言藥，不言仙，不言白日昇青天。"

【增訂四】明羅欽順《整知記》："今之道家蓋源於古之巫祝，與老子殊不相干。老子誠亦異端，然……道德五千言具在，於凡祈禳、禜禱、經呪、符籙等事，初未有一言及之。而道家立教，乃推尊老子，置之三清之列，以爲其知之所從出，不亦妄乎!"即白居易《海漫漫》之意。

故道流之從事長生方術者，或病其迂闊無補，如《抱朴子·釋滯》云："五千文雖出老子，然皆汎論較略耳，其中了不肯首尾全舉其事、有可承按者也。但暗誦此經，而不得要道，直爲徒勞耳，又況不及者乎！至於文子、莊子、關令尹喜之徒，其屬文華，雖祖述黃、老，憲章玄虛，但演其大旨，永無至言。或復齊死生爲無異，以存活爲徭役，以殂歿爲休息。其去神仙已千億里矣！豈云耽玩哉？"

【增訂三】《莊子·養生主》："可以盡年"，郭象註："夫養生非求過分，蓋全理盡年而已。"《淮南子·俶真訓》："是故傷死者，其鬼嬈，時既者，其神漠。是皆不得形神俱没也。"高誘註："'漠'定也。……道家養形養神，皆以壽終，形神俱没，不但'漠'而已也。老子曰：'以道莅天下，其鬼不神'，此謂俱没也。"此蓋道家本旨，"貴身"、"養生"，祇期"盡年"、"壽終"而"形神俱没"；葛洪所以譏其"去神仙千億里"也。《漢書·藝文志·神仙》："聊以盪意平心，同死生之域，而無怵惕於胸中"，近《淮南》之説；雖曰"神仙"，而亦"去神仙千億里"矣！"傷死者鬼嬈"，可參觀《左傳》昭公七年子産論"強死者、其魂魄猶能馮依於人以爲淫厲"。

道士於道家冒名頂替，托梁易柱，葛洪獨夷然不屑，彼法中之特立畸行者也。北魏崔浩攘斥佛、老而崇信道士，足爲洪言佐證。梁釋慧皎不廢老、莊，其《高僧傳》卷一〇《曇始傳》謂浩"少習左道"；《魏書·崔浩傳》記浩不好老、莊，每讀不過數十行輒棄之曰："此矯誣之説，不近人情，必非老子所作！"又師事"天師"寇謙之，受《神中錄圖新經》，修攝養之術。蓋惑於"左道"，轉疑道君五千文之僞，如黎邱丈人之反以真子爲奇鬼矣。

— 664 —

"不近人情"、即王羲之《蘭亭詩序》所謂"一死生爲虚誕,齊彭殤爲妄作"(別詳《全晉文》卷論王《序》)。葛洪乃道流之正而不譎者,故質言《老子》之無裨"要道";道流之譎者,不捐棄《老子》而反誦說之,假借其高名,附會其微言。觀《楚辭·遠遊》以道家之"真人"與方士之"仙人"同流,知道術概同,芳澤雜糅,由來舊矣。後世如《雲笈七籤》卷一〇引《老君太上虚無自然本起經》說《老子》四二章"三生萬物",謂"三"指氣、神、精;卷四七引《玄門大論三一訣》說一四章云:"三者,精、神、氣也。'夷'即是精,'希'即是神,'微'即是氣";卷五五引《入室思赤子法》、卷五六引《元氣論》說五五章"比於赤子"云:"上補泥丸,下壯元氣","陰陽相感溉,精凝成童子";《悟真篇》卷中《七言絶句》第一二首:"《陰靈符》寶字逾三百,《道德》靈文祇五千;今古神仙無限數,盡從此地達真詮";莫不賣馬脯而懸羊頭以爲招。其他養性延命、服食採補等口訣囊方,心痴語妄,均欲能有身而無其患、能有生而無老、病、死爾。

二者於吾身損之又損,減有而使近無,則吾尟患而或無所患。《莊子·山木》所謂:"少君之費,寡君之欲,雖無糧而乃足。"禁欲苦行,都本此旨。心爲形役,性與物移,故明心保性者,以身爲入道進德之大障。憎厭形骸,甚於桎梏,克欲遏情,庶幾解脫;神秘宗至以清淨戒體爲天人合一之梯階①。《文子·上仁》、《吕氏春秋·君守》、《淮南子·主術訓》皆曰:"中欲不出謂之扃,外欲[一作'邪']不入謂之閉";《莊子·在宥》說"長生"曰:"目無

---

① Evelyn Underhill, *op. cit.*, 145, 169, 198, 231 (the purgative life and the unitive life).

所見,耳無所聞,心無所知,慎汝内,閉汝外。"《老子》三章曰:"不見可欲,使民心不亂",一二章曰:"五色令人目盲,五音令人耳聾,五味令人口爽";《莊子·胠篋》進而欲"絶竽瑟","滅文章","塞瞽曠之耳","膠離朱之目"。陸賈《新語·慎微》:"乃苦身勞形,入深山,求神仙,棄二親,捐骨肉,絶五穀,廢詩書,背天地之寳,求不死之道";自苦其身以求自永其生,益復等而下之,蓋漢初已有此等人,謂爲《在宥》之變本別傳也可。釋典於"身患"愈危言悚人。《大智度論·十方菩薩來釋論》第一五:"問曰:'何以問少惱少病不?……何以不問無惱無病?……'答曰:'有身皆苦,……身爲苦本,無不病時'";《法苑珠林》卷九引《分別功德論》、卷七一引《譬喻經》皆記有人既死,鬼魂還自鞭其遺體,曰:"此屍困我","此是我故身,爲我作惡";《五燈會元》卷二〇宗元謂道謙行路即曰:"駝個死屍路上行"。斯多噶派大師誨人曰:"汝乃么麽靈魂負載死屍耳"(Thou art, as Epictetus said, a little soul burdened with a corpse)①;神秘宗祖師自羞有身體(avoir honte d'être dans un corps)②;聖·保羅誠徒衆:"毋供養肉體,縱隨嗜欲"(Make not provision for the flesh, to fulfil the lusts thereof)③。以身爲羞、爲患、爲累,由嫌生厭,自厭生恨,遂以身爲仇,不恤摧創之、殘賊之④。古希臘哲人(Democritus)

---

① Marcus Aurelius, *Meditations*, IV. 41, tr. T. J. Jackson, 90; Epictetus, *Discourses*, IV.1, "Loeb", II, 269. Cf. *Ennéades*, I.i.10, tr. É. Bréhier, I, 46.
② *La Vie de Plotin*, in *Ennéades*, T.I, p.1.
③ *The Romans*, 11, 14.
④ Francis Thompson: "Health and Holiness": "The body was proclaimed enemy, and as an enemy it was treated" (*Works*, III, 251).

自抉其眼，以爲視物之明適爲見理之障，唯盲於目庶得不盲於心（oculorumim pedimentis liberasset）①。男女爲人生大欲，修道者尤思塞源除根。《四十二章經》、《法句譬喻經》均載有人患淫不止，欲自斷根，佛曰："不如斷心"；《高僧傳》二集卷三七《遺身篇·論》云："又有未明教迹，婬惱纏封，恐漏初篇，割從閹隸。……不曉反檢内心，而迷削於外色，故根色雖削，染愛愈增"②；《太平廣記》卷九四引《紀聞》記釋儀光、卷九七引《朝野僉載》記釋空如均求不破色戒而自宫。《新約全書》亦言"有人爲登天而自宫"（that made themselves eunuchs for the kingdom of heaven's sake）③；或有云閹者之魂升舉，上帝親啓天門以納之（The Lord himself opens the kingdoms of the heavens to the eunuchs）④；長老奥立經（Origen）之自犍最爲著例。此更損身息患之可憫笑者。中欲外邪，交扇互長，扃中以便絕外，絕外浸成厭世，仇身而遂仇物。《紅樓夢》二一回寶玉酒後讀《莊子·胠篋》，提筆增廣之，欲"焚花散麝"，"戕釵灰黛"，俾"閨閣之美惡始相類"而"無戀愛之心"，正是此旨。黛玉作絕句譏之曰："不悔自家無見識，却將醜語詆他人！"誠哉其"無見識"！凡仇身絕物，以扃閉爲入道進德之門者，胥於心之必連身、神之必係形（Leib bin ich und

---

① Aulus Gellius, X. xvii, "Loeb", II, 260. Cf. Descartes, *Méditations métaphysiques*. III："Je fermerai maintenant les yeux, je boucherai mes oreilles, je détournerai tous mes sens", etc..

② Cf. Montesquieu, *Lettres Persanes*, ix, Garnier, 19, Le Premier Eunuque："Hélas! on éteignit en moi l'effet des passions, sans en éteindre la cause."

③ Matthew, 14 12; cf. Augustine, *Confessions*, VIII.1, "Loeb", I, 404.

④ E. Westermarck, *Early Beliefs and their Social Influence*, 122-3.

Seele; und Seele ist nur ein Wort für ein Etwas am Leibe)①，不識無見也。

　　三者雖有身而不足爲吾患，能爲吾患者心也，身亦外物而已。心若常靜，身即感物而動，吾奚患焉？舉足下足，長在道場；念生念滅，同歸淨業。於是揚言："不斷淫、怒、癡，亦不與俱"，"行於非道，是爲通達佛道"（《維摩詰所説經・弟子品》第三、《佛道品》第八）；"無事於心，無心於事"，"愚人除境不忘心，智者忘心不除境"（《五燈會元》卷七宣鑒、卷一七寶覺）；"其口雖言，其心未嘗言，方且與世違而心不屑與之俱"（《莊子・則陽》）；"惑者聞任馬之性，乃謂放而不乘；聞無爲之教，遂云行不如卧，何其往而不返哉？斯失乎莊生之旨遠矣！"（《莊子・馬蹄》郭象註）；"好酒好色"，皆爲"真人"，蓋"善治内者，物未必亂而性交逸"（《列子・楊朱》）；"須知大隱居廛市，何必深山守靜孤？""休妻謾道陰陽隔，絶粒徒教腸胃空！"（《悟真篇》卷上《七言四韻》第一一、一五首）不絶物而應物，不禁欲而恣欲；諸如"目中有妓，心中無妓"，"佛在心頭留，酒肉穿腸過"，文過口給，更僕難終。

　　【增訂四】《後漢書・逸民傳》："[戴良]母卒，兄伯鸞居廬啜粥，非禮不行，良獨食肉飲酒，哀至乃哭，而二人俱有毀容。或問良曰：'子之居喪，禮乎？'良曰：'然！禮所以制情佚也。情苟不佚，何禮之論？夫食旨不甘，故致毀容之實；若味厚不存口，食之可也。'"此即"忘心不除境"之説，哀"在心頭"，

---

　　① Nietzsche, *Also sprach Zarathustra*, "Von den Verächten des Leibes", *Werke*, hrsg. K. Schlechta, II, 300.

老子王弼註　七

而酒肉僅"穿腸"也。

《全唐文》卷九二四司馬承禎《坐忘論·收心》篇所謂："若徧行諸事，言'心無染'者，於言甚美，於行甚非，眞學之流，特宜戒此。"西方古說亦有以身心截爲兩橛，謂犯戒由心不在身（Mentem peccare, non corpus），貞潔乃以論心，身遭淫辱固無妨（Si autem animi bonum est [pudicitia], etiam oppresso corpore non amittitur）①；詩文每以此爲誘惑之藉口或譬慰之常套②。別見《全唐文》卷論王維《與魏居士書》。

---

① Livy, I.1 viii.9 (Collatinus et al to Lucretia), "Loeb", I, 202; St. Augustine, *The City of God*, I. xviii, "Loeb", Vol.I, p.80, cf. XIV. iii: "anima peccatrix fecit esse corruptibilem carnem".

② E.g. Machiavelli, *La Mandragola*, III. xi: "perchè la volontà è quella che pecca, non el corpo" (*Opere*, Ricciardi, 1014); Boccaccio, *Il Decamerone*, III. 8: "perciò che ella [la santità] dimora nell'anima e quello che io vi domando è peccato del corpo", x.5: "per questa volta il corpo ma non l'animo gli concedo" (ed. Hoepli, 219, 619); Montaigne, *Essais*, II. xii: "l'offense consiste en la volonté, non en la poictrine, aux yeux, aux genitoires" (éd. "Bibliothèque de la Piéiade", 503); Shakespeare, *The Rape of Lucrece*, 1655–6: "Though my gross blood be stain'd with this abuse, /Immaculate and spotless is my mind"; Voltaire, *L'Ingénu*, ch.20: "Le crime ne peut être que dans le coeur, le vôtre est à la vertu et à moi" (*Romans et Contes*, "Bib. de la Pléiade", 290).

【增訂四】莎士比亞《情人怨》中亦道此意(All my offences that abroad you see/Are errors of the blood, none of the mind. —*A Lover's Complaint*, 183-4)。

八 一 四 章

"是謂無狀之狀,無物之象,是謂惚恍"。按二一章:"道之爲物,惟恍惟惚。惚兮恍兮,其中有象,恍兮惚兮,其中有物。"蘇轍《老子解》説一四章云:"狀、其著也,象、其微也;'無狀之狀,無物之象',皆非無也";吕惠卿《道德經傳》説二一章云:"象者疑於有物而非物也,物者疑於無物而有物者也。"作者註者皆工於語言,能形容似無如有之境。游藝觀物,此境每遭。形下之跡雖不足比倫老子所謂"道",而未嘗不可借以效韓非之"喻老";"夫唯不可識,故强爲之容",一五章已告我矣。韓愈《早春呈水部張十八員外》之一:"天街小雨潤如酥,草色遥看近却無"(參觀李華《仙遊寺》:"聽聲静復喧,望色無更有");司空圖《詩品·沖淡》:"遇之匪深,即之愈稀",又《飄逸》:"如不可執,如將有聞";曹元寵《卜算子·詠蘭》:"著意聞時不肯香,香在無心處";辛棄疾《鷓鴣天·石門道中》:"似有人聲聽却無";梅曾亮《游小盤谷記》:"寂寥無聲而耳聽常滿",又《缽山餘霞閣記》:"市聲近寂而遠聞"[1];

---

[1] Cf. Wordsworth, *The Prelude*, Bk. VI, 3-4, ed. E. de Selincourt and Helen Darbishire, 265: "as if distance had the power/To make the sounds more audible."

羅斯金（Ruskin）描摹名畫（Turner："Babylon"）中風物有云："天際片雲，其輪廓始則不可見，漸乃差許意會，然後不注目時纔覺宛在，稍一注目又消失無痕"（the cloud, with its edge first invisible, then all but imaginary, then just *felt* when the eye is *not* fixed on it, and lost when it is, at last rises）①；近人論"自由詩"（vers libre）所蘊節奏（the ghost of some simple metre）云："不經心讀時，則逼人而不可忽視；經心讀時，又退藏於密"（to advance menacingly as we doze, and withdraw as we rouse）②。立言各有攸爲，而百慮一致，皆示惟恍惟惚。《文子·精誠》篇所謂"遠之即近，近之即疏"，是矣。

---

① *Modern Painters*, Pt I, Sect. iii, ch. 3, George Routledge, I, 253.
② T. S. Eliot, *To Criticize the Critic*, 187.

九 一 七 章

"功成事遂，百姓皆謂我自然"。按二五章："人法地，地法天，天法道，道法自然"；五一章："道生之，德畜之。……是以萬物莫不尊道而貴德。道之尊，德之貴，夫莫之命而常自然"；六四章："是以聖人……學不學，復衆人之所過，以輔萬物之自然而不敢爲。"可以合觀。一七章乃言"太上"，《註》："謂大人也"；"大人"亦即"聖人"。

"我自然"而曰"百姓謂"者，大人自知非己之本然，而繕性養知使然，不"順"而"逆"，即"法"與"學"，四二章所謂"吾將以爲教父"也；大人或愚百姓而固不自欺也。"自然"而然，即"莫之命而常"，蓋未嘗別有所"法"或舍己而"學"，亦不自覺爲"教父"而供人之"法"與"學"也。故天地"萬物自然"，黑格爾所謂"自在"（an sich）；大人"我自然"，則習成自然，妙造自然，出人入天，黑格爾所謂"是一是三"（Triplizität）、"端末回環"（Kreis）①，關捩已轉、公案平添矣。人、地、天、道四者累疊而取法乎上，足見自然之不可幾及。

---

① *Wissenschaft der Logik*, *op. cit.*, III, 367, 374.

一、五、六、七、一六、二三章等以天地並稱或舉天以概地，此則以"法地"爲"法天"之階焉；一、一六、二五、三二、四二章等以"道"爲究竟，此則以"法自然"爲"法道"之歸極焉。渾者畫，簡者繁，所以示人爲"聖"爲"大"之須工夫，明"我自然"之談何容易，非謂地、天、道亦如職官之按班分等、更迭仰承而不容超資越序以上達也。嘗試論之。惡"天地"之尚屬分別法也，乃標"混成先天地"之"道"。然道隱而無跡、朴而無名，不可得而法也；無已，仍法天地。然天地又寥廓蒼茫，不知何所法也；無已，法天地間習見常聞之事物。八章之"上善若水"，一五章之"曠兮其若谷"，二八章之"爲天下谿"，三二章之"猶川谷之於江海"，三九章之"不欲琭琭如玉，珞珞如石"，四一章之"上德若谷"，六六章之"江海所以能爲百谷王者，以其善下之"，七六章之"萬物草木之生也柔脆"，七八章之"天下莫柔弱於水"；皆取則不遠也。非無山也，高山仰止，亦可法也；老以其貢高，捨而法谷。亦有火也，若火燎原，亦可法也；老以其炎上，捨而法水。水自多方矣，孔見其晝夜不舍，孟見其東西無分，皆匪老所思存也，而獨法其柔弱。然則天地自然固有不堪取法者，道德非無乎不在也。此無他，泯分別法，除揀擇見，則天地自然無從法耳。

　　治人攝生，有所知見，驅使宇宙間事物之足相發明者，資其緣飾，以爲津逮。所謂法天地自然者，不過假天地自然立喻耳，豈果師承爲"教父"哉。觀水而得水之性，推而可以通焉塞焉，觀谷而得谷之勢，推而可以酌焉注焉；格物則知物理之宜，素位本分也。若夫因水而悟人之宜弱其志，因谷而悟人之宜虛其心，因物態而悟人事，此出位之異想、旁通之歧徑，於詞章爲

"寓言",於名學爲"比論"(analogy),可以曉喻,不能證實,勿足供思辯之依據也①。凡昌言師法自然者,每以借譬爲即真,初非止老子;其得失利鈍,亦初不由於果否師法自然。故自然一也,人推爲"教父"而法之,同也,而立説則紛然爲天下裂矣。《中庸》稱"君子之道,察乎天地",稱聖人"贊天地之化育",然而儒家之君子、聖人與道家之大人、聖人區以別焉,蓋各有其"天地","道"其所"道"而已。即就老子之例論之。禽蟲亦"萬物"也,老子捨而取"草木"以示範。余讀鮑照《登大雷岸與妹書》:"栖波之鳥,水化之蟲,智吞愚,強捕小,號噪驚聒,紛䎳乎其中";又杜甫《獨立》:"空外一鷙鳥,河間雙白鷗。飄颻搏擊便,容易往來游。草露亦多濕,蛛絲仍未收。天機近人事,獨立萬端憂。"高天大地,皆伏殺機,魚躍鳶飛,莫非強食;《中庸》曰:"萬物並育而不相害",此則有見於"萬物並育而相害",庶幾稍窺"達爾文新理"者乎!苟以此爲天地自然而法之,則"聖人"之立身操術必大異乎師草木之"柔脆"矣。《左傳》襄公二十九年鄭行人子羽曰:"松柏之下,其草不殖";陶潛《歸田園居》曰:"種豆南山下,草盛豆苗稀。"是草木之競存相害,不減禽蟲②。苟"聖人"亦有會心,則其法草木也殆將捨"柔

---

① H. W. B. Joseph, *An Introduction to Logic*, 2nd ed., 533-4; J. Passmore, *Philosophical Thinking*, 50-1 (the spelling out of analogies).

② Cf. Joseph de Maistre, *Les Soirées de Saint-Pétersbourg*, 7ᵉ Entretien, "Les Classiques Garnier", II, 25: "*In mutua funera*, Déjà, dans le règne végétal, on commence à sentir la loi", etc.; Leopardi, *Il Zibaldone*, a cura di F. Flora, II, 1005-6: "Entrate in un giardino di piante, d'erbe, di fiori" etc.; Hardy: "In a Wood": "Combatants all!" etc.; Heinrich Lerch: "Im Schützengraben": "Zwei gleiche Bäume stehn Zusammen nicht" etc..

老子王弼註　九

脆"而別有取則歟。《墨子·天志》下曰："順天之意者兼也，反天之意者別也"；順天者"義正"，大不攻小，强不侮弱，"聖知"也，逆天者"力正"，攻小侮弱之"盜賊"也。此墨子"立爲儀法"之"天"也。然而嚴復所樂道之斯賓塞，非以人羣之强凌弱、衆暴寡、貧富不均、上下交征爲即物競天演當然之理①乎？是則壟斷强梁、營私逐利而無忌諱，墨子所斥爲"反天"之"盜賊"者，正亦"順帝之則"、法天行道之"聖人"、"大人"已。

充老子之道，雖欲法天地自然而不能得也，五千文之勝義至言亦無從有也。欲以渾淪之心，上師渾成之物，語之自相違牾而事之不可施行者也。韓非"解老"、"喻老"，而《六反》篇斥"學者不察當世之實事"，有曰："老聃有言曰：'知足不辱，知止不殆'，夫以殆辱之故而不求於足之外者，老聃也，今以爲足民而可以治，是以民爲皆如老聃也"；《忠孝》篇斥"烈士爲恬淡之學而理恍惚之言"，有曰："事君養親，不可以恬淡，……言論忠信法術，不可以恍惚；恍惚之言、恬淡之學，天下之惑術也。"豈非指無爲清淨之治，坐可言而起不可行歟？已操入室之戈矣。抑匪獨老子爲然也。哲人之高論玄微、大言汗漫，往往可驚四筵而不能踐一步，言其行之所不能而行其言之所不許。《戰國策·趙策》二蘇子謂秦王曰："夫刑名之家皆曰：'白馬非馬也'，已如白馬實馬，乃使有白馬之爲也"；《韓非子·外儲說》左上曰："兒説、宋人之善辯者也，持'白馬非馬也'，服齊稷下之辯者。乘白馬而過關，則顧白

---

①　B.Dunham, *Man against Myth*, 62 ff., 72 ff..

馬之賦。故藉之虛詞，則能勝一國，考實按形，不能謾於一人"；桓譚《新論》亦曰："公孫龍謂'白馬非馬'，人不能屈。後乘白馬，無符傳，欲出關，關吏不聽。此虛言難以奪實也"（《全後漢文》卷一五）。

【增訂二】虛言"非馬"而不能"奪"實乘白馬，可參觀康德駁"本體論證"所謂一百元之概念終不如一百元之實幣能增財富也（Aber in meinem Vermögenszustande ist mehr bei hundert wirklichen Thalern, als bei dem blossen Begriffe derselben [d. i. ihrer Möglichkeit] — *Krit. d. rein. Vernunft*, hrsg. Benno Erdmann, 6. Aufl., 462.）。

休謨逞其博辯，於"因果"、"自我"等無不獻疑，掃空而廓清之，顧曲終奏雅，乃曰："吾既盡破世間法，空諸所有，孑然無依，悄然自傷（that forlorn solitude, in which I am plac'd in my philosophy），不知我何在抑何爲我矣（Where am I, or what）。吾乃進食，食畢博戲（I dine, I play a game of backgammon），與友人閒話，游息二、三小時後，重理吾業，遂覺吾持論之肅殺無溫、牽强可笑也"（these speculations appear so cold, and strained, and ridiculous）[①]。肯以躬行自破心匠，不打誑語，哲人所罕。若夫高睨大言，乃所謂蓄備兩副哲學，一爲索居之適，一供羣居之便（deux philosophies, l'une de cabinet, l'autre de sociéte），亦所謂哲學家每如營建渠渠夏屋，却不能絣襻入處，而祇以一把茅蓋頂（Most systematisers are like a man who builds

---

① Hume, *Treatise of Human Nature*, Bk. I, Pt. iv, Sect. 7, "Everyman's Library", I, 249, 254.

老子王弼註　九

an enormous castle and lives in a shack close by)①。莫里哀劇中一角色，外飾道貌而中蘊淫心，自白："世間諸樂洵犯上天禁忌，然無事不可設法與彼蒼通融"（Le ciel défend, de vrai, certains contentements；/Mais on trouve avec lui des accommodements)②。宗教與神秘家言歧舌貳心，以爲方便妙用，無異乎此爾。《莊子・齊物論》："聖人和之以是非而休乎天鈞，是之謂兩行"，成玄英疏："不離是非，而得無是非，故謂之'兩行'。"《華嚴經・離世間品》第三八之六："能作如是權實雙行法是佛業"，即"依二諦"，"真諦"與"俗諦"，如"一雙孤雁掠地高飛，兩個鴛鴦池邊獨立"（《翻譯名義集・統論二諦篇》第六四，參觀《魏書・釋老志》、《華嚴疏鈔懸談》卷一六、《宗鏡錄》卷五論"權"、"實"）。"二諦"、"兩行"，一致同歸。

【增訂三】《淮南子・要略》："故言道而不言事，則無以與世浮沉；言事而不言道，則無以與化游息。"以"與世浮沉"及"與化游息"兼行并用；魏晉以前古籍詮"兩行"、"二諦"，似莫章明於此者。

【增訂四】《翻譯名義集》喻"二諦"語亦即禪人話頭。如《五燈會元》卷一二華嚴普孜章次："故句中無意，意在句中。於斯明得，一雙孤雁，撲地高飛；於斯未明，一對鴛鴦，池邊獨立。"

洞山良价云："説取行不得底，行取説不得底"（《五燈會元》卷

---

① Diderot："Philosophie pyrrhonienne"，*Oeuvres complètes*，éd. J. Assézat，XVII，491；Kierkegaard，*Journals*，tr. A. Dru,156. Cf. L. Nelson, *Socratic Method and Critical Philosophy*, tr. T. K. Brown III, 9, 101.

② Molière，*Tartuffe*，IV.5.

四寰中章次），雖曰機鋒，不啻供狀。胡寅《斐然集》卷一七《寄秦會之》斥佛説"判心迹，二言行"，至以"中原板蕩"歸罪之，談言微中，未可盡目爲儒生門户迂見也。釋慧皎《高僧傳》卷五記道安曰："不依國主，則法事難舉"；海涅嘲中世紀基督教乃精神與物質之協議(ein Konkordat zwischen dem Geist und der Materie)，前者居虛位(*de jure* herrscht)，後者掌實權(*de facto* herrscht)①，一皇而一帝；亦殊途同歸於"依二諦"而已。

---

① Heine, *Zur Geschichte der Religion und Philosophie in Deutschland*, I, *Sämtliche Werke*, Weichert, VIII, 24-6.

一〇二六章

"重爲輕根,靜爲躁君";《註》:"不行者使行,不動者制動,是以重必爲輕根,靜必爲躁君也。"按《易·復》:"復其見天地之心乎";王弼註:"復者、反本之謂也。天地以本爲心者也。凡動息則靜,靜非對動者也;語息則默,默非對語者也。然則天地雖大,富有萬物,雷動風行,運化萬變,寂然至無,是其本矣。"若相近而不妨移註者,實則另明一義,祇可解一六章之"各歸其根,歸根曰靜"耳。"歸根"之"根"與"爲根"之"根",着眼不同,王註曰"使"曰"制"而不曰"本",甚精當。此章蓋言輕與重、躁與靜孰先;先乃優先之先(ontologically superior),非先前之先(chronologically anterior),較量作用,非溯列程序。如《文子·道原》:"人生而靜,天之性也,感物而動,性之害也",或《樂記》:"人生而靜,天之性也,感於物而動,性之欲也";亦言靜爲動本,而與《老子》此章比勘,語意迥異,乃指序之初始,非顯用之主要。曰"君",以其能制使臣下;曰"根",以其能牽動枝幹。靜如處女,以逸待勞,靜可以制躁也;末大必折,根朽葉危,根不重而失也。苟以"重爲輕根"、"輕則失本"與"各歸其根"混爲一談,説作根柢、本來,則此二句費解難通。何則，累輕然後能重，積羽折軸，是輕爲重根、輕始得本矣；且重由輕成，而静爲躁破，二事初不相類，故積輕則漸近重，積躁則愈違静，减輕則更遠於重，减躁則稍鄰於静矣。杜甫《别李秘書始興寺所居》："安爲動主理信然"，是"静爲躁君"之的解，其用字又掎摭一五章之"孰能安，以久動之徐生"；註杜者見"重聞西方《止觀經》"句，遂僅知抱佛脚耳。

一一 二八章

"知其雄，守其雌，爲天下谿。……知其榮，守其辱，爲天下谷。"按六一章："大國者下流"，六六章："江海所以能爲百谷王者，以其善下之"，七八章："受國之垢，是謂社稷主"，均同斯旨。即《左傳》宣公十五年伯宗諫晉侯所云："諺曰：'高下在心，川澤納汙，山藪藏疾，瑾瑜匿瑕'；國君含垢，天之道也"；使伯宗不言爲"諺"，説者殆將以伯宗爲老氏之徒歟。七七章："天之道其猶張弓歟！高者抑之，下者舉之"，而《左傳》昭公三十二年晉史墨曰："社稷無常奉，君臣無常位，自古以然，故《詩》〔《十月之交》〕曰：'高岸爲谷，深谷爲陵'"；谷爲高者之抑而陵爲下者之舉也，説者又可以史墨爲秉老氏之遺教矣。五八章："禍兮福之所倚，福兮禍之所伏"，而《荀子·大略》曰："禍與福鄰，莫知其門"，《戰國策·楚策》四或謂楚王曰："禍與福相貫，生與亡爲鄰"；苟説《老子》者留意及此，將謂韓非之解老、喻老，蓋演其師荀卿之緒，且縱横之學亦出道德，不獨刑名耳。三六章："將欲廢之，必固興之；將欲奪之，必固與之"，而《魏策》一任章教魏桓子割地與知伯曰："《周書》曰：'將欲敗之，必故輔之；將欲取之，必故與之'"，《吕氏春秋·行論》：

"《詩》曰:'將欲毁之,必重累之;將欲踣之,必高舉之'";倘未言《周書》與《詩》,説者或溯《短長書》之源自《道德經》也。六〇章:"治大國若烹小鮮",而《詩·檜風·匪風》:"誰能烹魚,漑之釜鬵",《毛傳》:"漑、滌也;烹魚煩則碎,治民煩則散,知烹魚則知治民矣";陳啓源《毛詩稽古編》謂"周道"以"優柔寬簡爲治","《老子》意與《毛傳》正同",亦其例焉。故考論學風道統不可以若是其幾也。一家學術開宗明義以前,每有暗與其理合,隱導其說先者,特散錢未串,引弓不滿,乏條貫統紀耳。羣言歧出,彼此是非,各挾争心而執己見,然亦每有事理同,思路同,所見遂復不期而同者,又未必出於蹈跡承響也。若疑似而不可遽必,毋寧觀其會通,識章水之交貢水,不遽爲之譜牒,强瓜皮以搭李皮。故學說有相契合而非相受授者,如老、莊之於釋氏是已;有揚言相攻而陰相師承者,如王浮以後道家僞經之於佛典是已。倘以歸趣偶同,便謂淵源所自,則類《魏書·釋老志》載世祖詔、《新唐書·李蔚傳·贊》等謂佛經乃竊老、莊之餘緒而附益,或清季學者謂西洋之宗教、科學胥本諸《墨子》而其政典國制盡出於《周官》。乍覩形貌之肖,武斷骨肉之親,與以貓爲虎舅、象爲豕甥、而鴕鳥爲駱駝苗裔,何以異乎?

一二 三九章

"故致數輿無輿";《註》:"故致數輿乃無輿也。"按王註一如未註,倘以爲語意曉然,無須贅説耶?嚴復評曰:"'數輿'者,'一'之反對",以上文有"昔之得一者,天得一以清,地得一以寧,神得一以靈"云云也,已識其旨。宋人如蘇轍《老子解》云:"輪、輻、蓋、軫、衡、軛、轂、轊會而爲車,物物可數,而車不可數";林希逸《竹溪鬳齋十一稿》續集卷二《再和除字韻》云:"失馬塞翁云得馬,數車柱史論無車";皆得此句之解。元李道純《道德會元》引唐成玄英《老子義疏》:"輿,車也。箱、輻、轂、輞,假合而成,徒有車名,數即無實;五物四大,爲幻亦然。所以身既浮處,貴將焉寄?";復爲申説曰:"數車之各件,無一名車者,喻我是一身,無一名我也。"其解"數輿無輿"一句甚確,而去老子設喻之旨,大相逕庭,可謂得"語"之"意"矣,猶未得"意"之"隨"也(《莊子‧天道》篇)。《莊子‧則陽》云:"丘里者,合十姓百名而以爲風俗也。合異以爲同,散同以爲異。今指馬之百體而不得馬,而馬係於前者,立其百體而謂之馬也。"

【增訂四】美國民歌嘲村人赴市鎮買袴,空手而歸,云祇覷房屋無數，市鎮不得見也（Yankee Doodle went to town/To buy a pair of trousers,/He swore he could not see the town/For so many houses. — "Yankee Doodle", G. Grigson, ed., *The Faber Book of Popular Verse*, 1974, p.166）。此即昧於莊子言"十姓百名"可"合"以爲"丘里"之義，而犯當世哲學家所謂"範疇錯誤"（catcgory mistake）矣（G. Ryle, *The Concept of Mind*, 1949, pp.16—7: "But where is the University?" etc.）。

老之"數輿乃無輿"，即莊之"指馬不得馬"，亦即《墨子·經説》下之"二與一亡，不與一在。"二有一乎？曰：有。則一可謂之二也？借曰不然，二復安在？蓋老、莊摧破名學所謂"分散智論"（fallacia divisionis）耳。以輻若轂之不可稱輿也，遂謂無輿；以蹄若尾之不可稱馬也，遂謂無馬；執散而爲各一（units）以破合而成同一（unity）。似是而非，故老、莊辭而闢之。各別而指數之，則合成"丘里"者散爲"十姓百名"，"一"亦分"裂"散"發"而無從"得"矣。《齊物論》不云乎："故分也者，有不分也？"嵇康《答〈難養生論〉》曰："凡此數者，合而爲用，不可相無，猶轅、軸、輪、轄，不可一乏於輿也"，足申老子之旨。呂惠卿註《老子》見陸德明《釋文》"輿"作"譽"，釋爲"譽出於無譽"；後人亦置本句之"數"字以上文之"一"字於度外，牽合《莊子·至樂》與《淮南子·説山訓》高誘註，釋爲"求美名則不得美名"。修身行己，強聒不舍，而於名理思辯，如以水投石，莫之受焉。或又見釋氏《那先比丘經》論軸、輞、輻、轅等"不合聚是諸材木不爲車"，"合聚是諸材木用爲車，因得車，人亦如是"，乃謂成玄英本此附會，佛學流入以前，吾國無其説。

則是唐之道士尚能傍通內典，而近世學人并不知《莊子》矣。比喻兩柄多邊，故指（denote）同而旨（signify）不必同；成氏覷佛、老皆以輿爲譬，因謂老子此章亦如佛之欲曉示五蘊聚幻，毫釐千里，其謬失蓋在斯耳。澄觀《華嚴經疏鈔懸談》卷二四云：＂今時成英尊師作莊、老疏，廣引釋教，以參彼典，但見言有小同，豈知義有大異＂，可以爲例矣。

　　老子喻，言有輿也，不持分散智論，可以得＂一＂；佛喻，言無車也，正持分散智論，所以破＂聚＂。二者用意相背。分散以明本無，釋氏之慣技。如《大般涅槃經・獅子吼菩薩品》第一一之三亦即云：＂離五陰已，無別衆生，善男子，如離箱、轂、輪、軸、輻、輞，更無別車。＂龍樹菩薩《大智度論・緣起義釋論》第一云：＂譬如車，轅、輻、軸、輞等和合故有，無別車也。人亦如是，五衆和合故有，無別人也＂；

　　【增訂三】《大智度論》卷三〇《釋初品中十八空》：＂如車以輻、輞、轅、轂衆合爲車，若離散各在一處，則失車名。五衆和合因緣，故名爲人，若別離五衆，人不可得。＂

其《中論・觀如來品》第二二云：＂因五指有五拳，是拳無有自體；因五陰名我，是我即無自體＂，與車喻正出一轍。《楞嚴經》卷二、卷三之破五陰、六入、七大、十界＂因緣和合＂，或圭峰宗密《原人論》之節節支解＂色心和合＂，清辯滔滔，無異分舉一則不成二、指百體則不得馬、數件則無輿，蓋恃此法爲顯真理惑之利器而不自知其爲智論也。復舉一則，以資軒渠。《優婆塞經》教人棄離＂嗔恚蓋＂云：＂有智之人，若遇惡罵，當作是念。是罵詈字，不一時生；初字生時，後字未生，後字生已，初字復滅。若不一時，云何是罵？直是風聲，我云何瞋！＂佛書每忘己事之未工，而笑他人之已拙，如《百喻經》之四四："有人因饑，食七枚煎餅"食六枚半已，便得飽滿。其人恚悔，以手自打，言："我今飽足，由此半餅，前六餅唐自捐棄，設知半餅能充足者，應先食之"；或如《長阿含經》之七《弊宿經》中婆羅門縛賊，剝皮，臠肉，截筋，打骨以求"識神"，小兒吹灰、搗薪以求火，村人以爲聲在貝中，觸貝命作聲，不知須以口吹貝。夫聚諸材方得車、因五指有拳，正如積六枚餅乃能飽、合貝與口氣而作聲。即以子矛攻子盾也可。歷來文士，不識此故，以分散之誖謬爲剖析之精微，紛紛祖構。韋應物《聽嘉陵江水聲》："水性自云靜，石中本無聲，云何兩相激，雷轉空山驚？"語尚含渾。歐陽修《鐘筳説》："甲問於乙曰：'鑄銅爲鐘，削木爲筳，以筳叩鐘，則鏗然而鳴。然則聲在木乎？在銅乎？'乙曰：'以筳叩垣則不鳴，叩鐘則鳴，是聲在銅。'甲曰：'以筳叩錢積則不鳴，聲果在銅乎？'乙曰：'錢積實，鐘虛中，是聲在虛器之中。'甲曰：'以木若泥爲鐘則無聲，聲果在虛器之中乎？'"蘇軾《爲沈君〈十二琴説〉作詩》："若言琴上有琴聲，放在匣中何不鳴？若言聲在指頭上，何不於君指上聽？"皆拾《楞嚴經》"非於根出，不於空生"之牙慧，知肝膽爲胡越，而不省齊楚爲眉目（語本嚴遵《道德指歸》），無以過於觸貝之村人、搗薪之小兒焉。

【增訂二】《大般涅槃經・聖行品》第七之三舉燧火、酪酥等喻以明"衆緣和合"，有曰："譬如因鼓、因空、因皮、因人、因桴，和合出聲。鼓不念言：'我能出聲'；乃至桴亦如是。聲亦不言：'我能自生。'"可以解歐陽修、蘇軾之難矣。

【增訂三】《大智度論》卷九九《釋曇無竭品第八十九上》："譬如箜篌聲，……衆緣和合故生。有槽，有頸，有皮，有絃，有柱，有棍，有人以手鼓之，衆緣和合而有聲。是聲亦不從槽出，不從頸出，不從皮出，不從絃出，不從棍出，亦不從人手出；衆緣和合，乃爾有聲。……諸佛身亦如是。……離五指更無有拳，……離五衆則無有佛。"

《呂氏春秋・別類》篇："夫草有莘有藟，獨食之則殺人，合而食之則益壽。萬菫不殺。漆淖、水淖，合兩淖則爲蹇，濕之則爲乾。金柔、錫柔，合兩柔則爲剛，燔之則爲淖"；蓋有見於分而亦不可無見於合，呂不韋之喻堪助老、莊數輿、指馬之喻張目也。

西方哲理名家亦每陷於分別智論而不自知。如休謨之破我、破因果，正用指馬百體、數車各件之法①。萊伯尼茨倡"小感覺"（les petites perceptions）説，謂合無量數小聲息而成巨響，故聞巨響者即可分聆其每一小聲息（Il faut qu'on ait quelque perception de chacun de ces bruits）②；蓋誤以爲合而始具有者，散亦仍具體而微③。以散則無存而疑合亦不存，以合則有成而信散亦能成（fallacia compositionis）；如翻覆手，義各墮邊。《列子・楊朱》篇孟孫陽曰："一毛微於肌膚，肌膚微於一節，省矣。然則積一毛以成肌膚，積肌膚以成一節，一毛固一體萬分中之一

---

① *Treatise*, Bk I, Pt iii, Sect. 2 (the idea of cause and effect); Pt iv, Sect. 6 (personal identity) (*op. cit.*, I, 76 ff., 238 ff.). Cf. M. R. Cohen, *The Meaning of Human History*, 64: "Hume's argument is analogous to Zeno's argument against motion by resolving time and space into an infinity of disconnected points and instants."

② Leibniz, *Novreaux Essais sur l'Entendement*, Préface, *Philosophischen Schriften*, hrsg. C. J. Gerhardt. V, 47.

③ W. James, *Principles of Psychology*, I, 164-5 (an excellent example of the so-called fallacy of division).

物,奈何輕之乎?"全身重,故一毛亦不輕,遂弗肯損一毫以濟一世;持之有故,而論則陷智。充數車、指馬之道,有覩於分,無見於合,則不足以知量之增減可致質之變化(der Sprung aus quantitativer Veränderung in qualitative)①。老標"得一",莊舉"邱里",誠對治之藥言哉!莎士比亞賦《二鳥》詩以喻愛情,略如陳子昂所謂"相得如青鳥翡翠之婉孌"(《全唐文》卷二一六《館陶郭公姬墓志銘》),有云:"可判可別,難解難分"(Two distincts, division none)②;頗資斷章取義,可牽合枯立治論學之語:"辨別非即分散"(Distinction is not division)③。明乎斯理,庶幾有一而不亡二、指百體而仍得馬、數各件而勿失輿矣。

---

① Hegel, *Wissenschaft der Logik*, *op. cit.*, I, 490. Cf. Leibniz, *op. cit.* Préface, 49 (La nature ne fait jamais de sauts); Liv. IV, ch. 16, § 12, S. 455.
② *The Phoenix and the Turtle*, st. 7.
③ *Biographia Literaria*, ch. 14.

一三四〇章

"反者,道之動";《註》:"高以下爲基,貴以賤爲本,有以無爲用,此其反也。"按一六章:"夫物芸芸,各復歸其根",《註》:"各返其所始也";二五章:"字之曰道,強爲之名曰大,大曰逝,逝曰遠,遠曰反",《註》:"不隨於所適,其體獨立,故曰反";三〇章:"其事好還",《註》:"有道者務欲還反無爲";六五章:"玄德深矣遠矣,與物反矣,然後乃至大順",《註》:"反其真也。"《文子·道原》雖曰"反者,道之常也",不似《老子》之重言申明。王弼註語皆膚略,未窺徼眇。《老子》用"反"字,乃背出分訓之同時合訓,足與"奧伏赫變"(aufheben)齊功比美,當使黑格爾自慚於吾漢語無知而失言者也(參觀《周易正義》卷論《易有三名》)。①

---

① 觀其議論,僅略知一二漢字之拼音而已,如謂"po"一音有"玻"(glas)、"劈"(zerspalten)、"潑"(wässern)、"婆"(altes weib)、"僕"(sklave)、"薄"(ein wenig)等十一義(*Philosophie der Geschichte*, I Teil, ii Abschnitt, Reclam, 191),亦猶法國傳教士(Père Bourgeois)歎漢語難學,"chou"一音即有"書"(a book)、"樹"(a tree)、"述"(to relate)、"輸"(the loss of a wager)等六義也(I. Disraeli, *Curiosities of Literature*, I, 268.)。

【增訂三】法國傳教士論漢文難學,見於一七六九年十月十五日渠自北京致某夫人書,書存《宣化述奇彙牘》中(Du Halde, *Lettres édifiantes et curieuses de Chine*, ed. I et J.-L. Vissière, 1979, 469)。

"反"有兩義。一者、正反之反,違反也;二者、往反(返)之反,回反(返)也("回"亦有逆與還兩義,常作還義)。《中庸》:"生於今之世,反古之道,如此者烖及其身者也",鄭玄註:"謂不知今王之新政可從";《漢書·文帝紀》詔曰:"今單于反古之道",顏師古註:"反、還也",又《昭帝紀》詔曰:"望王反道自新",師古註:"欲其旋反而歸正";謂從古而復其道也。《商君書·更法》篇:"湯、武之王也,不脩古而興;殷、夏之滅也,不易禮而亡。然則反古者未必可非,循禮者未足多是也";謂逆古而棄其道也,"反古"對"脩古"言,"脩古"之"脩"即"循禮"之"循",遵由也(參觀王念孫《讀書雜志·管子》一舉例),此"反"正同《國語·周語》下衛彪傒譏萇弘"違天一也,反道二也"之"反"。前之"反"言遵言合,後之"反"言違言離,此背出之分訓。《老子》之"反"融貫兩義,即正、反而合,觀"逝曰遠,遠曰反"可知;景龍本四七章:"其出彌遠,其知彌近","逝"而"反"之謂也。"遠曰反"者,猶"各復歸其根","其事好還","深矣遠矣,與物反矣",亦猶《易·復》:"反復其道","復其見天地之心乎","不遠復"。

【增訂四】黑格爾《哲學史》論"精神"之運展爲"離於己"而即"歸於己","異於己"以"復於己"(Die Entwicklung des Geistes ist Auseinandergehen, sichauseinanderlegen, und darin zugleich ein Zusichkommen... aber es ist die Natur des Geistes, der Idee, sich zu entfremden, um sich wiederzufinden. —*System und Geschichte der Philosophie*, ed. J. Hoffmeister, 1944, Vol. I, pp. 109, 110)。詞意甚類老子之"逝曰遠,遠曰反"。

試以通用術語詮之。"大"爲正;"逝"者、離去也,違大而自異,即"反";"遠"乃去之甚、反之極;而"反(返)"者、遠而復,即反之反(dé-négation),"至順"即"合"於正。故"反(返)"、於反爲違反,於正爲回反(返);黑格爾所謂"否定之否定"(Das *zweite* Negative, das Negative des Negation, ist jenes Aufheben des Widerspruchs)①,理無二致也。"反者道之動"之"反"字兼"反"意與"返"亦即反之反意,一語中包賅反正之動爲反與夫反反之動而合於正爲返。竊謂吾國古籍中《老子》此五言約辯證之理,《孟子·盡心》"無恥之恥,無恥矣"七言示辯證之例,皆簡括弘深;焦循《孟子正義》據洪邁、惠棟語解"之"字義爲"適"、爲"變"(洪、惠乃説《後漢書·光武帝紀》上"諱秀"句下章懷註,王先謙《集解》引),"變"即"反"、"適"即"逝"矣。黑格爾曰矛盾乃一切事物之究竟動力與生機(die Wurzel aller Bewegung und Lebendigkeit),曰辯證法可象以圓形,端末銜接(als einen in sich geschlungen Kreis),其往(ein Vorwärts)亦即其還(ein Rückwärts),曰道真(das Wahre)見諸反覆而返複(die entgegensetzende Verdopplung)。曰思惟運行如圓之旋(ein Kreis, der in sich zurückgeht)②,數十百言均《老子》一句之衍義,亦如但丁詩所謂"轉濁成靈,自身回旋"(e fassi un'alma sola,/che vive e sente, e sè in sè rigira)③。詩人勃萊克(Blake)曰:"無反則無動:引與拒、智與力、愛與憎,無之人不

---

① *Wissenschaft der Logik*, op. cit., III, 365.

② *Ib.*, II, 80; III, 373, 375; *Aesthetik*, Aufbau, 69; *Phänomenologie des Geistes*, op. cit., 20; *Geschichte der Philosophie*, Felix Meiner, I, 118, cf.109.

③ *Purgatorio*, XXV.74-5.

能生存"（Without contraries is no progression. Attraction and Repulsion, Reason and Energy, Love and Hate, are necessary to Human existence）①；祇道正反，未道反反之返。《易·泰》卦："無往不復"；《禮記·樂記》："樂盈而反，以反爲文"；《史記·春申君列傳》黃歇上書："臣聞物至必反"，又《貨殖列傳》："貴上極則反賤，賤下極則反貴"；《文子·自然》："天道默默，……智不能得，輪轉無端。……惟道無勝，……輪轉無窮"；《鶡冠子·環流》："物極必反，命曰環流"；《列子·天瑞》："不化者往復，往復其際不可終"，又《仲尼》："故物不至者則不反"；《莊子·則陽》："得其環中以隨成。……橋運之相使，窮則反，終則始"，又《寓言》："始卒若環，莫得其倫"；《荀子·王制》："始則終，終則始，若環之無端也"；《吕氏春秋·大樂》："天地車輪，終則復始，極則復反"，又《圓道》："圓周復雜，無所稽留"，又《博志》："全則必缺，極則必反，盈則必虧"，又《似順論》："事多似倒而順，多似順而倒，有知順爲倒、倒之爲順者，則可與言化矣。至長反短，至短反長，天之道也"；《淮南子·原道訓》："輪轉而無廢，水流而不止，鈞旋轂轉，周而復匝"，又《主術訓》："智欲圓者，環復轉運，終始無端。"諸節之"復"字"反"字皆兼示"回復（複）"與"反復（覆）"、"回反（返）"與"違反"，即老子語意；"輪轉"、"環流"又如黑格爾之以圓形擬狀也。柏拉圖早謂理智之運轉（la révolution de l'Intellect）作圓相（une image des cercles）②。神秘

---

① "The Marriage of Heaven and Hell", *Poetical Works*, Oxford, 248.
② Platon, *Les Lois*, 898 a, *Oeuvres complètes*, "Bib. de la Pléiade", II, 1024.

宗師潑洛丁納斯引而申之，謂證道乃往而復（un mouvement qui revient sur luimême），其動也圓（le mouvement circulaire），如蕩子背土迷方而終反故里（Enfuyons-nous donc dans notre chère patrie; comme des hommes revenus d'une longue course errante）①。猶老子之言"逝曰遠，遠曰反"或《妙法蓮華經・信解品》第四所喻"有人捨父逃走，馳騁四方，以求衣食，五十餘年，漸漸遊行，遇到父舍"②。潑洛克勒斯書中義旨粲備；以反（épistrophe）爲道之動（Every effect remains in its cause, proceeds from it, and reverts upon it），故動以圓爲態（All that proceeds from any principle and reverts upon it has a cyclic activity），而合以分爲體（All that participates unity is both one and not-one）③。蓋爲黑格爾之先者千餘年。返爲反之反亦即"否定之否定"，十四世紀德國神秘宗鉅子講道集中已言之（unity is a negation of negation and denial of denial）④。《莊子・知北遊》："余能有無矣，而未能無無也"，又《齊物論》"類與不類"云云節郭象註："既遣是非，又遣其遣，遣之又遣"；《韓非子・解老》："夫故以'無爲'、'無思'爲虛者，其意常不忘虛，是制於爲虛也。虛者，謂其意無所制也，今制於爲虛，是不虛也"（參觀《朱子語類》卷九六："司馬子微《坐忘論》……但只管要得

---

① Plotin, *Ennéades*, I.vi.8, II.ii, 1, IV.iv.16, V.ix.1, tr. É. Bréhier, I, 104, II, 21, IV, 117, V, 161-2.
② Cf. St. Luke, 14: 11-22 (the prodigal son).
③ Proclus, *Elements of Theology*, tr. E. R. Dodds, Prop. 35, 33, 2 (pp. 39, 37, 3); cf. Prop. 15, 17, 31-2, 37, 42, 146 (pp. 17, 19, 35, 37, 41, 45, 129).
④ Meister Eckhart, *Sermons*, tr. J. M. Clark, Sermon XXI, p. 230; cf. p. 27.

忘，便不忘，是坐馳也"；卷一一四："才要閒，便不閒，才要静，便不静"；卷一一八："才着個要静底意，便是添了無數思慮"）；龍樹菩薩《中論·觀法品》第一八："非實非非實"，又《觀涅槃品》第二五："涅槃無有有，何處當有無?"；《維摩詰所説經·文殊師利問疾品》第五："又問：'以何爲空?'答曰：'空空'"；《圓覺經》卷上："遠離爲幻，亦復遠離"；《肇論·般若無知論》第三："無知非謂知無"；《五燈會元》卷一僧璨《信心銘》："止動歸止，止更彌動；……止動無動，動止無止。"并無而無之，并空而空之，忘虛息止，遣其遣而非其非，皆否之否、反之反，所以破理之爲障，免見之成蔽①。西方神秘家言所謂"抛撒得下"（Gelassenheit）②。詩詠如白居易《重酬錢員外》："本立空名緣破妄，若能無妄亦無空"；而杜荀鶴《題著禪師》："説空空説得，空得到空麽?"十字纂言提要，可當一偈。第一"空"、名詞，第二"空"、副詞，謾也、浪也，第三"空"、動詞，破也、除也，第四"空"、又名詞；若曰："任汝空談'空'，汝能空'空'否?"語雖拈弄，意在提撕也。

---

① Cf. Diogenes Laertius, IX. 58: "Metrodorus used to declare that he knew nothing, not even the fact that he knew nothing". ("Loeb", II, 471; cf. 102 and 104, pp.513, 515)

② Angellus Silesius: "Gott aber selbst zu lassen" (L. Forster, *The Penguin Book of German Verse*, 144); Mme Guyon: "Les âmes en Dieu perdues, /Ne voient plus même leur rien". (A.J.Steele, *Three Centuries of French Verse*, 221)

一四四一章

"大音希聲"。按《莊子·天地》:"無聲之中,獨聞和焉",即此意。脫仿前説一四章之例,強爲之容,則陸機《連珠》:"繁會之音,生於絶絃",白居易《琵琶行》:"此時無聲勝有聲",其庶幾乎。聆樂時每有聽於無聲之境。樂中音聲之作與止,交織輔佐,相宣互襯,馬融《長笛賦》已摹寫之:"微風纖妙,若存若亡;……奄忽滅没,嘩然復揚。"寂之於音,或爲先聲,或爲遺響,當聲之無,有聲之用。是以有絶響或闃響之静(empty silences),亦有蘊響或醖響之静(peopled silences)①。静故曰"希聲",雖"希聲"而蘊響醖響,是謂"大音"。樂止響息之時太久,則静之與聲若長别遠暌,疏闊遺忘,不復相關交接。《琵琶行》"此時"二字最宜着眼,上文亦曰"聲暫歇",正謂聲與聲之間隔必暫而非永,方能蓄孕"大音"也。此境生於聞根直覺,無待他根。濟慈名什《希臘古盎歌》(Ode on a Grecian Urn)云:"可聞曲自佳,無聞曲逾妙"(Heard melodies are sweet, but those unheard/Are sweeter),却未許混爲一

---

① Susanne K. Langer, ed., *Reflections on Art*, 111.

談。渠自覘盎上繪牧人弄笛（Ye soft pipes, play on; /Pipe to the spirit dittoes of no tone），乃想象笛上之吹，以耳識幻感補益眼識實覺①。

【增訂四】參觀《談藝録》第二"黄山谷詩補註"第五十六及其"補訂"。博亞爾多詩中詠壁畫尤利西斯與女魅（Circe）故事云："海濱一少女，面色鮮皎猶生，觀其容顔如亦聞其言語者"（Era una giovanetta in ripa al mare, /sì vivamente in viso colorita, /che, chi la vede, par che oda parlare. — *Orlando innamorato*, VI. §50, *op. cit.*, Vol. I, p. 131; cf. Jean H. Hagstrum, *The Sister Arts*, 1958, p. 73, Aretino）。亦寫眼識實感引起耳識幻覺也。又 2271 頁及 2368—2369 頁。

李斗《揚州畫舫録》卷一一記吳天緒説書云："效張翼德據水斷橋，先作欲叱咤之狀。衆傾耳聽之，則唯張口努目，以手作勢，不出一聲，而滿堂中如雷霆喧於耳矣。謂人曰：'桓侯之聲，詎吾輩所能效狀？其意使聲不出於吾口，而出於各人之心，斯可肖也。'"蓋以張口努目之態，激發雷吼霆嗔之想，空外之音，本於眼中之狀，與濟慈詩之心行道同；均非如音樂中聲之與静相反相資，同在聞聽之域，不乞諸鄰識也。别詳《杜少陵詩集》卷論《奉觀嚴鄭公廳事岷山沱江畫圖》。

---

① Cf. J. Volkelt, *System der Aesthetik*, III, 110 (die sinnliche Ergänzung); A. Russo, *L'Arte e le Arti*, 17-9 (le sensazioni concomitanti immaginate).

一五四七章

"其出彌遠,其知彌少。"按四八章所謂"爲道日損"也。"知"、知道也,即上句之"見天道",非指知識;若夫知識,則"其出愈遠",固當如四八章所謂"爲學日益"耳。景龍本"少"作"近",亦頗達在邇求遠、往而復返之旨。《文子・道原》:"大道坦坦,去身不遠,求諸遠者,往而復返";《吕氏春秋・論人》:"太上反諸己,其次求諸人;其索之彌遠者,推之彌疏,其求之彌強者,失之彌遠。"《關尹子・一宇》尤能近取譬:"觀道者如觀水。以觀沼爲未止,則之河,之江,之海,曰:'水至也!'殊不知我之津、液、涎、淚皆水";陸九淵《象山全集》卷二二《雜説》"道譬則水"條、卷三四《語録》"涓涓之流"條均遯其俯拾即是。方士衹以養生爲道,遂若《關尹子》之借喻可坐實者;如《黄庭内景經・口爲章》:"漱咽靈液災不干",《瓊室章》:"寸田尺宅可治生,若當決海百瀆傾",《外景經・上部》:"玉池清水上生肥"。信斯言也,則酷暑行道者暍渴乞漿,可答之曰:"汝自咽津唾,渴即解矣"! 釋典如《妙法蓮華經・信解品》第四、《楞嚴經》卷四等窮子捨父逃走,衣中有如意珠而行乞諸喻,用意正同《老子》、《文子》。潑洛丁納斯以浪子歸故鄉喻遠覓方識道之在邇(Enfuyons-nous donc dans notre chère patrie comme Ulysse etc.；Ils se plaisent en cette région de Vérité qui est la leur, comme des hommes revenus d'une longue course errante, etc.)①；聖・奧古斯丁曰："汝居吾中，吾却外覓"(et ecce intus eras et ego foris, et ibi te quaerebam)②；德國神秘宗詩人有句："帝天即在身，何必叩人門？"(Der Himmel ist in dir/Was suchst du ihn dann bei einer andern Tür?)③。雖然，此非釋、道等出世者之私言也。儒家教人，道其所道，復不謀而合。《論語・述而》即曰："仁遠乎哉？"(參觀葉適《習學記言序目》卷一三)。《孟子》數申厥旨，《離婁》："自得之，取之左右逢其源"；《告子》："夫道若大路然，豈難知哉？人病不求耳。子歸而求之，有餘師"，又："道在邇而求之遠，事在易而求之難"；《盡心》："萬物皆備於我矣。反身而誠，……求仁莫近焉"(參觀《朱子語類》卷三一論"三月不違仁"、卷一一八論"萬物皆備於我")。見於賦詠而幾同謠諺，則有如杜牧《登池州九峰樓寄張祜》："睫在眼前長不見，道非身外更何求"；《宋詩紀事》卷九〇夏元鼎詩："崆峒訪道至湘湖，萬卷詩書看轉愚；踏破鐵鞋無覓處，得來全不費工夫"；《五燈會元》卷六僧本如偈："處處逢歸路，頭頭達故鄉，本來成現事，何必待思量"，卷一三良价本悟偈："切忌從他覓，迢迢與我疏"；《鶴林玉露》卷一八尼詩："盡日尋春不見春，芒鞋踏破隴頭雲；歸來拈把梅花嗅，春在枝頭已十

---

① *Ennéades*, I vi.8；V.ix.1, *op. cit.*, I, 104 et V, 161-2.

② *Confessions*, X.27；cf. I.2: "Quo te invoco, cum in te sim？", "Loeb", I, 4.

③ Angelus Silesius, *Der Cherubinische Wandersmann*, F.J. Warnke, *European Metaphysical Poetry*, 192.

分"(陸心源《〈宋詩紀事〉補遺》卷四〇陳豐《尋春》略同);王守仁《文成全書》卷二〇《詠良知示諸生》:"無聲無臭獨知時,此是坤乾萬有基;抛却自家無盡藏,沿門持鉢效貧兒。"文士學者,每同此感。如《文心雕龍·神思》:"或理在方寸,而求之域表,或義在咫尺,而思隔山河";王國維《静菴文集》續編《文學小言》五:"古今之成大事業、大學問者,不可不歷三種之階級:'昨夜西風凋碧樹,獨上高樓,望盡天涯路',此第一階級也;'衣帶漸寬終不悔,爲伊消得人憔悴',此第二階級也;'衆裏尋他千百度,回頭驀見,那人正在,燈火闌珊處',此第三階級也";

【增訂四】十七世紀法國文家拉布呂耶爾述作文甘苦謂,慘淡經營,往往貧於一字,久覓不得,及夫終竟得之,則直白自然,若當初宜摇筆即來而無待乎含毫力索者(Un bon auteur, et qui écrit avec soin, éprouve souvent que l'expression qu'il cherchait depuis longtemps sans la connaître et qu'il a enfin trouvée est celle qui était la plus simple, la plus naturelle, qui semblait devoir se présenter d'abord et sans effort. — La Bruyère, *Les Caractères*, I, §17, Classiques Hachette, p.33)。此亦"衆裏尋他千百度"而"回頭驀見"之境也。

龔固《日記》:"文人欲創新標異,始則傍搜遠紹,終乃天然成現,得於身己,或取之左右"(En littérature, on commence à chercher l'originalité laborieusement chez les autres, et très loin de soi,...plus tard on la trouve naturellement en soi...et tout près de soi)[1]。胥足與前論四〇章所謂"逝"、"遠"而"反

---

[1] *Journal des Goncourt*, 5 Avril 1864, Éd. définitive, II, 149.

(返)"之境界相參印。詞章中言求佳偶(Quel che cercando va, / porta in se stesso, / miser, né può trovar quel ch'ha da presso)①，覓至樂（navibus atque/Quadrigis petimus bene vivere; quod petis hic est. Willst du immer weiter schweifen? / Seh, das Gute liegt so nah. / Lerne nur das Glück ergreifen, / Denn das Glück ist immer da)②，每歎遠尋勿獲而在近不知。或詠背棄慈親，天涯地角，乞人愛憐，廢然而返，始識春暉即在母目中（Ich wollte gehn die ganze Welt zu Ende/Und wollte sehn, ob ich die Liebe fände, /.../Und ach! Was da in deinem Aug'geschwommen, / Das war die süsse, langgesuchte Liebe)③；與踏破鐵鞋、芒鞋之慨無異。人生閱歷所證，固非神秘家言所得而私矣。

---

① Marino, *L'Adone*, V. 24, *Marino e i Marinisti*, Ricciardi, 76.
② Horace, *Epist*., I. xi. 28-9; Goethe: "Sprüche".
③ Heine, *Romanzen*: "An meine Mutter B. Heine", ii.

一六　五六章

"知者不言，言者不知。"按《莊子·天道》及《知北遊》亦道此；《知北遊》且曰："辯不如默，道不可聞。……道不可見，見而非也；道不可言，言而非也。……至言去言，至爲去爲。"皆申説"道可道，非常道"，白居易所爲反脣也（見前論第一、二章）。《吕氏春秋·精諭》："聖人相諭不待言，有先言言者也。……故勝書能以不言説，而周公旦能以不言聽。……至言去言，至爲無爲"（《淮南子·道應訓》、《列子·説符》略同）。雖用莊子語，一若高論玄虚而實與莊貌同心異，蓋指觀人於微之術。其舉例如善察"容貌音聲"、"行步氣志"，正類《戰國策·趙策》一記郄疵謂知伯"韓、魏之君必反"，知伯以告，"郄疵謂知伯曰：'君又何以疵言告韓、魏之君爲？'知伯曰：'子安知之？'對曰：'韓、魏之君視疵端而趨疾。'"《孟子·盡心》所謂："見面盎背，四體不言而喻"，詩人所謂："片心除是眉頭識，萬感都從念脚生"（胡仲参《竹窗小稿·秋思》），或奸細所謂："目語心計，不宣脣齒"（《三國志·吴書·周魴傳》），亦猶情侣之眼色、瘖啞之手勢，不落言詮而傳情示意，均是"能交談之静默"（un taire parlier）

而已①。

【增訂二】《孟子》論"不言而喻",明曰:"其生色也";即著跡見象。《管子·樞言》論"先王貴周"——即保密——"周者不出於口,不見於色";《吕氏春秋》所說乃"不出於口",而未"不見於色"。《禮記·曲禮》論"爲人子之禮",曰:"聽於無聲,視於無形";宋儒以"先意承志"釋之,又正《吕氏春秋》之"先言言"耳。

此等不出聲而出話,縱即離絶言説——《天道》之"名"與"聲",不免依傍跡象——《天道》之"形"與"色"。故吕不韋之"不言",乃可言而不必言;老、莊之"不言",乃欲言而不能言;一則無須乎有言,一則不可得而言。釋澄觀《華嚴疏鈔懸談》卷二一:"絲竹可以傳心,目擊以之存道,既語默視瞬皆説,則見聞覺知盡聽,苟能得法契神,何必要因言説?……漏月傳意於秦王,果脱荆軻之手;相如寄聲於卓氏,終獲文君之隨";亦祇足爲《精論》之衍義爾。釋典反復丁寧:"心行處滅,言語道斷"(《維摩詰所説經·弟子品》第三又《見阿閦佛品》第一二、《中論·觀法品》第一六、《大智度論·釋天主品》第二七、《肇論·涅槃無名論》第四、《法華玄義》卷一〇上、《法華文句記》卷二六等),始與老、莊有契。《維摩詰所説經·入不二法門品》第九記文殊問法,"維摩詰默然無言,文殊師利歎曰:'善哉!善

---

① Montaigne, *Essais*, II.12, "Bib. de la Pléiade", 431-2. Cf. Proust, *Le Côté de Guermantes*: "La vérité n'a pas besoin d'être dite pour être manifestée", etc., *A la Recherche du Temps perdu*, "Bib. de la Pléiade", II, 66; Martin Buber, *Between Man and Man*, tr. by R. G. Smith, p. 3: "For a conversation (*Zwiesprache*) no sound is necessary, not even a gesture" etc..

哉！乃至無有文字語言，是真入不二法門！'"；尤後世所傳誦樂道。如《世説新語·文學》："支道林造《即色論》，示王中郎，中郎都無言。支曰：'默而識之乎？'王曰：'既無文殊，誰能見賞！'"；《文選》王屮《頭陀寺碑》："是以掩室摩竭，用啓息言之津；杜口毗邪，以通得意之路。"所謂"聖默然"，亦《五燈會元》卷四趙州從諗説僧璨《信心銘》所謂："纔有語言，是揀擇，是明白。"劉禹錫罕譬而喻，《贈別君素上人詩》并《引》："夫悟不因人，在心而已。其證也，猶暗人之享太牢，信知其味，而不能形於言，以聞其耳也"；《五燈會元》卷一六慧林懷深章次："僧問：'知有，道不得時如何？'師曰：'啞子喫蜜。'"席勒有句云："脱靈魂而有言説，言説者已非靈魂"（Spricht die Seele, so spricht, ach! die Seele nicht mehr）①，可以囊括斯旨。不"明"不"白"，即《文子·微明》："冥冥之中，獨有曉焉；寂寞之中，獨有照焉。其用之乃不用，不用而後能用之也；其知之乃不知，不知而後能知之也"；亦即《莊子·齊物論》："庸詎知吾所謂知之非不知耶？庸詎知吾所謂不知之非知耶？"，《人間世》之"以無知知"，《徐無鬼》之"無知而後知之"，《知北遊》："論則不至，明見無值"（郭象註："暗至乃值"），

【增訂四】原引《莊子·知北遊》，宜增引同篇："媒媒晦晦，無心而不可與謀。"

《天地》："冥冥之中，獨見曉焉"，《在宥》："至道之精，窈窈冥冥；至道之極，昏昏默默。"《關尹子·九藥》至曰："聖人言蒙曚，所以使人聾；聖人言冥冥，所以使人盲；聖人言沉沉，所以

---

① Schiller: "Sprache", *Werke*, hrsg. L. Bellermann, 2. Aufl. I, 184.

使人瘖";《五燈會元》卷三龐蘊居士曰:"眼見如盲,口説如啞";勃魯諾亦以盲啞人爲證道之儀型,示知見易蔽,言語易訛(per tema che difetto di sguardo o di parola non lo avvilisca)①。盲、聾、啞人正"沉冥無知"境界(the Darkness of Unknowing)之寓像耳。

【增訂三】古道家言中,《道德指歸論》再三以盲聾啞喻至道。《天下有始篇》:"爲瘖爲聾,與天地同;爲玄爲默,與道窮極";《知者不言篇》:"聰明内作,外若聾盲。……得道之士,損聰棄明,不視不聽,若無見聞,閉口結舌,若不知言";《萬物之奥篇》:"君子之立身也,如喑如聾,若樸若質,藏言於心,常處玄默";《上士聞道篇》:"簡情易性,化爲童蒙,無爲無事,若癡若聾";《知不知篇》:"處無能之鄉,託不知之體。……若盲若聾,無所聞見。"《老子》二〇章重言"我愚人之心也哉!""而我獨頑似鄙",後學遂至此極。世俗流傳,文昌帝君有兩侍童,一"天聾"、一"地啞",《後西遊記》第二四回、《堅瓠八集》卷四即言之,意亦發於"爲瘖爲聾,與天地同"耳。

白居易之嘲,莊子固逆料而復自解之。《寓言》:"故曰無言,言無言,終身言,未嘗言,終身不言,未嘗不言";《徐無鬼》:"丘也聞不言之言矣";《則陽》:"其口雖言,其心未嘗言。"夫既不言即言,則言亦即不言,《在宥》之"淵默而雷聲"即《天運》之"雷聲而淵默"。絕肖後世嘲"禪機顛倒倒顛",所謂"這打叫做不打,不打乃叫做打"(真復居士《續西遊記》第九〇回,參

---

① Bruno, *Degli eroici furori*, II, Dial. iv, *Opere di Bruno e di Campanella*, Ricciardi, 648.

觀張耒《明道雜誌》丘浚摑珊禪師事、沈廷松《皇明百家小說》第一一三帙潘游龍《笑禪錄》經説有我即是非我節），謔而未爲虐矣。《列子・仲尼》稱南郭子："亦無所不言，亦無所不知；亦無所言，亦無所知"；祇泯正與反而等之，不綜正與反而合之，又齊物和光之慣技也。釋氏亦然。《維摩詰所説經・觀衆生品》第七："舍利弗默然不答，天曰：'如何耆舊大智而默？'答曰：'解脱者無所言説，故吾是不知所云。'天曰：'言説文字皆解脱相。……是故舍利弗無離文字説解脱也。所以者何？一切諸法是解脱相。……'舍利弗言：'善哉！善哉！'"僧肇註："未能語默齊致，觸物無閡。"《華嚴經・十通品》第二八："能於一切離文字法中生出文字，與法與義，隨順無違，雖有言説，而無所著"；釋澄觀《華嚴經疏鈔懸談》卷一〇："以無言之言，詮言絕之理"，又卷一六："從初得道，乃至涅槃，不説一句，……即寂寞無言門。……斯皆正説之時，心契法理，即不説耳，明非緘口名不説也。"釋宗密《禪源諸詮都序》卷下之一："藥之與病，只在執之與通。先德云：'執則字字瘡疣，通則文文妙藥'"（參觀《大乘本生心觀經・發菩提心品》第一一、《大智度論・我聞一時釋論》第二、《中論・觀行品》第一三等）。釋延壽《宗鏡錄》卷六〇："説與不説，性無二故。……《思益經》云：'汝等比丘，當行二事：一、聖説法，二、聖默然。'……故昔人云：'幻人説法幻人聽，由來兩個總無情；説時無説從君説，聽處無聽一任聽。'"《五燈會元》卷三隱峯章次溈山靈祐曰："莫道無語，其聲如雷"；卷七玄沙宗一偈："有語非關舌，無言切要詞"，又卷一五雲門文偃開堂訓衆："若是得底人，道火不能燒口；終日説事，未嘗掛着唇齒，未嘗道着一字；終日着衣喫飯，未嘗觸着一粒米、掛一縷絲。"蓋彼法之常談，亦文士之口頭禪，如王勃《釋迦如來成道記》："或無說而常說，或不聞而恒聞"；王維《謁璿上人》詩《序》："默語無際，不言言也"，又《薦福寺光師房花藥詩序》："故歌之詠之者，吾愈見其默也"，又《爲幹和尚進註〈仁王經〉表》："以無見之見，不言之言"；

【增訂四】原引王維《進註〈仁王經〉表》，宜增同篇："法離言說；了言說即解脫者，終日可言。法無名相；知名相即真如者，何嘗壞相。"

陸游《渭南文集》卷一五《〈普燈錄〉序》："蓋非文之文、非言之言也。"白居易嘗學佛參禪，自作《讀禪經》詩解道："言下忘言一時了"，卻於《老子》少見多怪，何知二五而不曉一十哉？

神秘宗別有一解嘲之法，則藉口於以言去言、隨立隨破是也（參觀《周易》卷論《乾》）。《金剛經》："所言一切法，即非一切法，是名一切法"；《關尹子·三極》："蝍蛆食蛇，蛇食蛙，蛙食蝍蛆，互相食也。聖人之言亦然：言有無之弊，又言非有非無之弊，又言去非有非無之弊。言之如引鋸然，唯善聖者不留一言"；祝世祿《環碧齋小言》："禪那才下一語，便恐一語爲塵，連忙下一語掃之；又恐掃塵復爲塵，連忙又下一語掃之。"前論四〇章引《莊子》郭象註之"無無"、"遣遣"；《中論·觀涅槃品》第二五之"亦邊亦無邊，非有非無邊；亦常亦無常，非常非無常"；以及禪宗之"下轉語"，即引鋸、掃塵、吐言自食之例，復如服藥以治病而更用藥以解藥焉。西方一善賞析文體者亦謂神秘家言，詞旨紛沓若狂舞然，後語抵銷前語（Mystics have surrounded God with a wild dance of words, where each negates the one before)①，可資參證。《商君書》有"以言去言"之語，命意懸殊。《墾令》："此謂以法去法，以言去言，……以刑去刑，刑去事成"；《去强》："以刑去刑，國治"；《畫策》："故以戰去戰，雖戰可也；以殺去殺，雖殺可也；以刑去刑，雖重刑可也"；《賞刑》："明賞之猶至於無賞也，明刑之猶至於無刑也，明教之猶至於無教也。"蓋謂出一令可以止橫議、殺一犯可以儆百衆。《書·大禹謨》："刑期於無刑"；《鶡冠子·王鈇》："以死遂生"，陸佃註："以殺止殺"；同歸一揆。固非神秘宗隨立隨破、不留一言之旨，而自有當於相反相成、輪轉環流之理。神秘宗不妨假借商君語曰：以言去言，雖多言可也。

　　神秘宗尚可以權宜方便自解。如《大智度論·我聞一時釋論》第二所謂"於無我法中而説'我'"，又《釋七喻品》第八五所謂諸佛欲曉鈍根，故"以種種語言譬喻爲説"。慧皎《高僧傳》卷八《論》："夫至理無言，玄致幽寂。幽寂故心行處斷，無言故言語路絶。言語路絶，則有言傷其旨；心行處斷，則作意失其真。所以淨名杜口於方丈，釋迦緘默於雙樹。故曰：'兵者不祥之器，不獲已而用之'；言者不真之物，不獲已而陳之。"王績《東皋子集》卷下《答陳道士書》："昔孔子曰'無可無不可'，而欲居九夷；老子曰'同謂之玄'，而乘關西出；釋迦曰'色即是空'，而建立諸法。此皆聖人通方之玄致，豈可以言行詰之哉！"白居易之詩，正"以言行詰"老子者也。白嘗學佛，乃未聞《華

---

① K. Vossler, *The Spirit of Language in Civilization*, tr. O. Oeser, 33-4 (Rilke, *Das Stundenbuch*, II: "und sich den andern immer anders zeigt"); cf. G. Marcel, *Homo Viator*, 312: "A chaque instant Rilke brise les images qu'il vient de former et leur en Substitue d'autres qui peuvent paraître *inverses*".

嚴經・離世間品》第三八之六所謂"權實雙行法"或《魏書・釋老志》所謂"權應",何歟?

《易・繫辭》上曰:"書不盡言,言不盡意",最切事入情。道、釋二氏以書與言之不能盡,乃欲并書與言而俱廢之,似斬首以療頭風矣。《圓覺經》云:"有照有覺,俱名障礙。……照與照者,同時寂滅;譬如有人,自斷其首,首已斷故,無能斷者";蓋彼法方且沾沾以下策爲捷徑焉!晁迥《法藏碎金錄》卷四:"孔子曰:'余欲無言',有似維摩詰默然之意";沈作喆《寓簡》卷七亦謂維摩詰默然似顔回之"終日不違如愚"。援儒入釋,如水與油,非若釋之於道,如水與乳也。陸九淵《象山全集》卷三四《語錄》:"如曰:'予欲無言',即是言了",意亦欲區別孔子於維摩詰耳。

【增訂四】《莊子・知北遊》:"天地有大美而不言,四時有明法而不議,萬物有成理而不說";郭象註:"此孔子之所以云:'予欲無言。'"援孔入道,如晁迥之援孔入釋也。

一七　五八章

"禍兮，福之所倚；福兮，禍之所伏。"按《淮南子·人間訓》論"禍福之轉而相生"，舉塞翁得馬失馬爲例，而班固《幽通賦》云："北叟頗識其倚伏"，"北叟"者、"塞翁"，"倚伏"本《老子》，正以《淮南》喻《老》也。《文子·符言》："惟聖人知病之爲利，利之爲病"；又《微明》："禍與福同門，利與害同鄰，是非至精，莫之能分。……利與害同門，禍與福同鄰，非神聖莫之能分"；曰"同門"、"同鄰"，猶"倚"、"伏"耳。"禍兮福倚"即西語所謂"化裝之賜福"（blessings in disguise），自慰亦以慰人之常談；"福兮禍伏"則不特可自惕惕人，更足以快饜妬羨者幸災樂禍之心。閱世觀化，每同此感，初不必讀《老子》、《文子》而後恍然。如《戰國策·楚策》四或謂楚王曰："禍與福相貫，生與亡爲鄰"；《燕策》一齊王"按戈而却曰：'一何慶弔相隨之速也！'"；《韓策》三或謂韓公仲曰："夫孿子之相似者，唯其母知之而已；利害之相似者，唯智者知之而已"；十七世紀法國政治家（Richelieu）常語人："時事轉換反復，似得却失，似失却得"（Il y a si grandes révolutions dans les choses et dans les temps, que ce qui paraît gagné est perdu et ce qui semble perdu est gagné)①。"孿子"之喻視"同門"、"同鄰"更新切。《大般涅槃經·聖行品》第七之二:"如有女人入於他舍,是女端正,顏貌瑰麗。……主人見已,即便問言:'汝字何等?繫屬於誰?'女人答言:'我身即是功德大天。……我所至處,能與種種金、銀、瑠璃、頗梨、真珠。……'主人聞已,……即便燒香散花,供養禮拜。復於門外,更見一女,其形醜陋,衣裳弊壞,……女人答言:'我字黑闇。……我所行處,能令其家所有財寶一切衰耗。'主人聞已,即持利刀,作如是言:'汝若不去,當斷汝命!'女人答言:'汝甚愚癡!……汝家中者,即是我姊。我常與姊,進止共俱;汝若驅我,亦當驅彼。'主人還入,問功德大天。……言:'實是我妹;我與此妹,行住共俱,未曾相離。'""行住不離"與"倚伏"、"姊妹"與"孿子",命意一揆,而美醜顯殊則不如"伏"與"相似"之造微矣。古希臘詩人亦歎:"上天錫世人一喜,必媵以二憂"(The immortals apportion to man two sorrows for every boon they grant)②。前論第二章引王安石《字說》解《老子》"美斯爲惡",以羊肥則"有死之道"爲例,足相發明。《晉書》卷七五《王湛等傳·論》:"亦猶犬羠腴肥,不知禍之將及";孫之騄《蟹錄》載徐渭自題畫蟹詩:"欲拈俗語恐傷時:西施秋水盼南威,樊噲十萬匈奴師,陸羽茶鎗三五枝"——即隱"看汝橫行到幾時!";美俗諺有云:"豬肥即其厄運"(Fattenin'hogs ain't in luck);口腹小故,不妨繼安石爲解

---

① La Rochefoucauld, *Oeuvres*, "Les Grands Écrivains de la France", I, 151, note.

② Pindar, *Pythian Odes*, III.81-2, "Loeb", 193.

《老》也。

【增訂二】《逸周書·周祝辭》已云："肥豕必烹。"

【增訂三】齊己《野鴨》："長生緣甚瘦，近死爲傷肥"，即王安石釋"美"之旨。張君觀教曰："徐渭自題畫蟹詩第二句寓'看'字，第三句寓'横行'字，皆易識。第四句非申説不解：'茶鍬'即茶匙，匙者、挹取之具；'茶鍬三五枝'即'挹幾匙'，諧音爲'到幾時'也。"

"禍福轉而相生"又同"命運車輪"（the Wheel of Fortune）之説，參觀《全漢文》卷論董仲舒《士不遇賦》。

一八 七二章

"夫唯不厭,是以不厭。"按此又一字雙關兩意,上"厭"乃厭(饜)足之"厭",與"狎"字對,下"厭"乃厭惡之"厭"。正如七一章:"夫唯病病,是以不病";第一"病"即"吾有何患"之"患"、"絕學無憂"之"憂",第二、三"病"即"無瑕讁"之"瑕"、"能無疵乎"之"疵"。患有瑕疵,則可以去瑕除疵以至於無;故《潛夫論·思賢》引"夫唯"二句而説之曰:"是故養壽之士,先病服藥。"《全唐文》卷三八二元結《唐庼銘》:"目所厭者,遠山清川;耳所厭者,水聲松吹;霜朝厭者寒日,方暑厭者清風。於戲!厭、不厭也,厭猶愛也";"厭猶愛也"即饜飫,而"不厭"之"厭"猶憎也,即厭饜,用字之法正同《老子》七二章。涉筆成趣,以文爲戲,詞人之所慣爲,如陶潛《止酒》詩以"止"字之歸止、流連不去("居止"、"閒止")與制止、拒絕不親("朝止"、"暮止")二義拈弄。哲人說理,亦每作雙關語,如黑格爾之"意見者,己見也"(Eine Meinung ist mein),畢熙納(L. Büchner)及費爾巴哈之"人嗜何,即是何"(Der Mensch ist, was er ist)[①],

---

① Hegel, *Geschichte der Philosophie*, "Berliner Einleitung", Felix Meiner, I, 27; Feuerbach: "Das Geheimnis des Opfers", *Sämtliche Werke*, hrsg. W. Bolin und F. Jodl, X, 41.

【增訂四】費爾巴哈語疑即點化十九世紀初法國食譜中名言："汝告我汝食何物，我即言汝何如人"（Dis-moi ce que tu manges, je te dirai ce que tu es. ─J.-A. Brillat-Savarin, *Physiologie du goût*, "Aphorismes", iv, Lib. Gustave Adam, 1948, p.13）。

狡猶可喜，膾炙衆口，猶夫《老子》之"道可道"、"不厭不厭"、"病病不病"也。

【增訂三】《大智度論》卷五三《釋無生三觀品》第二六："'遠離'者是'空'之别名。……故'阿羅蜜'、秦言'遠離'，'波羅蜜'、秦言'度彼岸'。此二音相近，義相會，故以'阿羅蜜'釋'波羅蜜'。"亦釋典中用雙關語説理也。吾國禪宗機鋒拈弄，尤以雙關語爲提撕慣技，如《五燈會元》卷四趙州從諗章次："問：'如何是道？'師曰：'牆外底。'曰：'不問這個。'師曰：'你問那個？'曰：'大道。'師曰：'大道通長安'"；卷七德山宣鑒章次："治《金剛經》，……路上見一貧婆子賣餅，因息肩買餅點心"，婆曰："我有一問，你若答得，施與點心。……《金剛經》道：'過去心不可得，現在心不可得，未來心不可得'，未審上坐點那個心？"楊景賢《西遊記》第二一折孫行者與賣餅貧婆打諢，來歷出此。

【增訂五】故西人説禪，亦歎其雙關語之應接不暇云（M.C. Hyers, *Zen and the Comic Spirit*, 1974, p.144, the Profusion of Puns）。

經、子中此類往往而有。《禮記·文王世子》武王"夢帝"，以爲天錫以"鈴"，而文王釋爲天錫以"齡"，孔《正義》引皇侃説甚當。《左傳》襄公二十七年伯州犁曰："令尹將死矣！不及三年。……信以立志，參以定之；信亡，何以及三？"《正義》："'參'即'三'也"；《文選》袁宏《三國名臣序贊》："三光參分，宇宙暫隔"，是其遺意。

【增訂二】《論語·衛靈公》記孔子曰："不曰'如之何？如之何？'者，吾末如之何也已矣！"承兩"如之何"而三焉，詞氣却迥異，亦文詞之拈弄也。

《國語·晉語》九："董叔娶於范氏，叔向曰：'盍已乎！'曰：'欲爲繫援焉［韋昭註：自繫綴以爲援助］。'他日，……范獻子執而紡［韋註：懸也］於庭之槐，叔向過，曰：'子盍爲我請乎！'叔向曰：'求繫既繫矣，求援既援矣；欲而得之，又何請焉！'""繫"連、"援"助雙關爲綱縛之"繫"、鈎弔之"援"，真鄒誕解"滑稽"所謂"能亂同異"者（詳見《史記》卷論《樗里子、甘茂傳》），而"繫援"之兼聯合與懸掛兩義又酷肖富蘭克林之雙關名言（All hang together or all hang separately）也。《莊子·則陽》："靈公之爲靈"，則郭象註已明言："'靈'有二義"矣。《公孫龍子·指物論》："物莫非指，而指非指"，下句猶僧肇《寶藏論·離微體靜品》第二："指非月也"；"指"兼指（sign）與旨（significatum）二義焉。《淮南子·精神訓》："能知一，則無一之不知也；不能知一，則無一之能知也"；高誘註："上'一'、道也，下'一'、物也。"《春秋繁露·五行對》："故五行者，五行也"；合觀《五行五事》篇，則上"行"、金水木火土，而下"行"、貌言視聽思爾。聊舉詞章數例，一以貫之。王維《戲贈張五弟諲》之二："宛是野人也，時從漁父漁"；韓偓《八月六日作》之二："圖霸未能知盜道，飾非唯欲害仁人"；《清波雜志》載張元題詩僧寺："夏竦何曾聳，韓琦未必奇"；元好問《出都》："官柳青青莫回首，短長亭是斷腸亭"；此

《禮記》"齡"、"鈴"與《左傳》"參"、"三"之類也。庾信《擬詠懷》："平生何謂平"；劉叉《修養》："世人逢一不逢一"；陸龜蒙《和襲美新秋》："辯伏南華論指指，才非玄晏借書書"；袁宏道《徐文長傳》："無之而不奇，斯無之而不奇也"；此《老子》"道可道"、《公孫龍子》"指非指"、《淮南子》"知一無一"之類也。《莊子》"靈公之爲靈"，厥類更夥，如陳琳《爲曹洪與魏文帝書》："怪乃輕其家邱，……猶恐未信邱言"（《文選》李善註："孟康《漢書》註曰：'邱、空也'；此雖假孔子名而實以空爲戲也"；參觀《漢書·儒林傳》："疑者邱蓋不言"，如淳註："齊俗以不知爲'邱'"，師古註："非也，……效孔子自稱'邱'耳"）；《梁書·朱异傳》武帝曰："朱异實異"，又《太平廣記》卷二四六引《談藪》梁武曰："吳均不均，何遜不遜，宜付廷尉"（《南史》卷三三《何遜傳》作"帝曰：'吳均不均，何遜不遜，未若吾有朱异，信則異矣！'"）；盧仝《與馬異結交詩》："是謂大同而小異"；陳繼儒《眉公詩録》卷二《香雨樓》："川光白貢，蕙草碧滋，馬遠不遠，大痴非痴"；談遷《棗林雜俎》仁集載聯："自成不成，福王無福"；王霖《弇山詩鈔》卷三《客有評余詩者，云在"西江派"中，作數語謝之》："敢道後山今有後，須知雙井古無雙。"蓋修詞機趣，是處皆有；說者見經、子古籍，便端肅莊敬，鞠躬屏息，渾不省其亦有文字游戲三昧耳。

【增訂三】袁文《甕牖閒評》卷一："萱草豈能忘憂也！《詩》言'焉得諼草，言樹之背'者，'諼'訓'忘'，如'終不可諼兮'之'諼'；蓋言：'焉得忘憂之草而樹之北堂乎？'……'諼'字適與'萱'字同音，故當時戲謂萱草爲'忘憂'，而註詩者適又解云：'諼草令人忘憂。'後人遂以爲誠然也。"則亦經籍中雙關之例矣。

【增訂四】茲復益古籍中雙關數事。《吕氏春秋·異寶》:"楚越之間有寢之丘者,此其地不利而名甚惡";高誘註:"惡謂丘名也。"其地即寢丘也;"名"指"丘"耶?指"寢"耶?抑二"名"均非美稱,合而爲"甚惡"耶?或可申原引陳琳《爲曹洪與魏文帝書》李善註。《晉書·王濟傳》:"武帝嘗會公卿藩牧於式乾殿,顧[王]濟、[楊]濟、[王]恂、[孔]恂而謂諸公曰:'朕左右可謂洵洵濟濟矣!'"《金樓子·立言》:"更覺[魏]長高之爲高,虞存之爲愚也。"曾季貍《艇齋詩話》:"東湖[徐俯]江行見雁,出一對云:'沙邊真見雁',有真贋之意。久之,公自對'雲外醉觀星';以'醒醉'對'真贋',極工!"李元度《天岳山房文鈔》卷一七《遊金焦北固山記》:"椒山祠壁鏤楊忠愍詩,有'楊子江行入揚子,椒山今日遊焦山',句字奇偉。"朱竹垞《風懷二百韵》:"皂散千條荚,紅飄一丈薔;重闖于盼盼,虛牏李當當";楊謙《曝書亭詩註》卷六僅引《花南老屋歲鈔》及《輟耕錄》載于、李兩妓名,歷來説者於此聯皆不得其解。竊謂乃雙關語,謂男女内外有坊,意中人相隔不得見也;"盼"雙關盼望,"當"雙關阻當,借元時名妓小字示意,而"于"亦諧"予"耳。《五燈會元》載雙關語公案尚有如卷四趙州從諗章次:"僧問:'學人有疑時如何?'師曰:'大宜小宜[大便小便]?'曰:'大疑。'師曰:'大宜東北角,小宜僧堂後。'"又卷一九保福殊章次:"問:'如何是禪?'師曰:'秋風臨古渡,落日不堪聞。'曰:'不問這個蟬。'師曰:'你問那個禪?'曰:'祖師禪。'師曰:'南華塔外松陰裏,吹露吟風又更多。'"

一九　七八章

"聖人云：受國之垢，是謂社稷主；受國之不祥，是謂天下王。正言若反。"按蘇轍《老子解》云："正言合道而反俗，俗以受垢爲辱、受不祥爲殃故也。"他家之説，無以大過，皆局於本章。夫"正言若反"，乃老子立言之方，《五千言》中觸處彌望，即修詞所謂"翻案語"（paradox）與"冤親詞"（oxymoron），固神秘家言之句勢語式耳①。

有兩言於此，世人皆以爲其意相同相合，例如"音"之與"聲"或"形"之與"象"；翻案語中則同者異而合者背矣，故四一章云："大音希聲，大象無形。"又有兩言於此，世人皆以爲其意相違相反，例如"成"之與"缺"或"直"之與"屈"；翻案語中則違者諧而反者合矣，故四五章云："大成若缺，大直若屈。"復有兩言於此，一正一負，世人皆以爲相仇相克，例如"上"與"下"，冤親詞乃和解而無間焉，故三八章云："上德不

---

① Jonas Cohn, *Theorie der Dialektik*, 219: "Die beliebteste Ausdruckform dieser Geisteshaltung, die man 'intuitionistisch' nennen kann, ist das Oxymoron"; cf. 110.

德。"此皆蘇轍所謂"合道而反俗也"。然猶皮相其文詞也，若抉髓而究其理，則否定之否定爾。反正爲反，反反復正（Duplex negatio affirmat）；"正言若反"之"正"，乃反反以成正之正，即六五章之"與物反矣，然後乃至大順"。如七章云："以其不自生，故能長生。……非以其無私耶？故能成其私。"夫"自生"、正也，"不自生"、反也，"故長生"、反之反而得正也；"私"、正也，"無私"、反也，"故成其私"、反之反而得正也。他若曲全枉直、善行無轍、禍兮福倚、欲歙固張等等，莫非反乃至順之理，發爲冤親翻案之詞。《金剛仙論》卷三："我謂爲有，如來説無；我適謂無，如來復爲我説有，此明中道之理"；

【增訂二】參觀前論第二章引《壇經·付囑品》。《大般涅槃經·獅子吼菩薩品》第一一之一亦言："無常、無斷，乃名中道"；《梵行品》第八之二："世尊有大方便：無常説常，常説無常；我説無我，無我説我；非道説道，道説非道"云云都二十餘句。《付囑品》有"五對"、"十二對"、"三十六對"之目，謂："問'有'將'無'對，問'無'將'有'對，問'凡'以'聖'對，問'聖'以'凡'對。""二道相因，生中道義"；亦"大方便"之屬也。

神會《語録》第一殘卷："今言中道者，要因邊義；若不因邊義，中道亦不立"；施彦執《北窗炙輠》卷上記一僧曰："佛法豈有他哉？見人倒從東邊去，則爲他東邊扶起；見人倒從西邊去，則爲他西邊扶起；見渠在中間立，則爲他推一推"（參觀方回《桐江集》卷一《名僧詩話序》、《獨深居點定〈玉茗堂集〉》文卷三《〈五燈會元〉序》、尤侗《艮齋雜説》卷六論禪語得"翻案法"）。與"正言若反"，可相説以解也。

老子王弼註　一九

德國神秘宗一詩人（Daniel von Czepko）嘗作小詩，題曰《因彼故此》（Jedes durch Andere）①，足爲翻案語、冤親詞、正言若反之式樣。故如"黑暗之光"（rayo di tiniebla；du dunkel-helles Licht；au rayon ténébreux；a deep but dazzling darkness）②、"死亡之生"（We need death to live that life which we cannot outlive；to liue but that he thus may neuer leaue to dy；du tötest den Tod, durchlebst ihn ewigtief）③、"苦痛之甘美"（O Süssigkeit in Schmerzen! O Schmerz in Süssigkeit!）④等語，不可勝稽，皆神奇而化臭腐矣。

【增訂四】聖·奥古斯丁讚頌上帝，皆出以"冤親詞"，如云："至隱而至顯"，"長動而長止"，"赫怒而寧靜"，"言說而緘默"（Secretissime et praesentissime; semper agens, semper quietus; irasceris et tranquillus; loquens muti.—*Confessions*, I, iv, Loeb, Vol. I, p. 8）；又自省云："人居世間，乃死亡之生歟？抑生存之死歟？"（dico vitam mortalem, an mortem vitalem?—*ib*. I. vi, p. 12）

---

①　Max Wehrli, *Deutsche Barocklyrik*, 3. Auf. 170.

②　San Juan de la Cruz, *Noche Escura del Alma*, II. 5 (E. A. Peers, *Spanish Mysticism*, 223); Catharina Regina von Greiffenberg: "Ueber das unaussprechliche heilige Geistes-Eingeben" (Wehrli, 183); J. Rousset, *Anthologie di la Poésie baroque française*, I, Introduction, 20; Henry Vaughan: "The Nihgt" (*Works*, ed. L. C. Martin, 523).

③　John Donne, *Devotions*, XV (*Complete Poetry and Selected Prose*, ed. J. Hayward, 534); Richard Crashaw: "A Hymne to Sainte Teresa" (*Poetical Works*, ed., L. C. Martin, 2nd ed., 319); Quirinus Kuhlmann: "Unio Mystica" (Wehrli, 189).

④　Fr. von Spee: "Die Gespons Jesu klaget ihrem Hertzen Brand" (F. J. Warnke, *European Metaphysical Poetry*, 164).

嘗試論之。道不可言，言滿天下而仍無言；道常無爲，無所不爲而仍無爲；乃至"廢心而用形"（《列子·仲尼》），"跡每同人，心常異俗"（《全唐文》卷九二四司馬承禎《坐忘論》），"雖妻非娶，雖饗非取"（《五燈會元》卷二元珪章次）。神秘宗所以破解身心之連環、彌縫言行之矛盾者，莫非正言若反也，豈特一章一句之詞旨而已哉！

《荀子·榮辱篇》曰："陋也者，天下之公患也。"患之而求盡免於陋，終不得也；能不自安於陋，斯亦可矣。蘇轍之解《老子》，旁通竺乾，嚴復之評《老子》，遠徵歐羅；雖於二西之書，皆如賣花擔頭之看桃李，要欲登樓四望，出門一笑。後賢論釋，經眼無多，似於二子，尚難爲役。聊舉契同，以明流別，匹似辨識草木鳥獸之羣分而類聚爾。非爲調停，亦異攀附。何則？玄虛、空無、神秘三者同出而異名、異植而同種；傾蓋如故，天涯比鄰，初勿須强爲撮合。即撮合乎，亦如宋玉所謂"因媒而嫁，不因媒而親"也。

列子張湛註

九則

一　張湛註列子

　　《漢書·古今人表》置老子於"中上"、列子於"中中"、莊子即"嚴周"於"中下"，軒輊之故，不可致詰矣。《文心雕龍·諸子》篇先以"孟軻膺儒"與"莊周述道"並列，及乎衡鑑文詞，則道孟、荀而不及莊，獨標"列禦寇之書氣偉而采奇"；《時序》篇亦稱孟、荀而遺莊，至於《情采》篇不過借莊子語以明藻繪之不可或缺而已。蓋劉勰不解於諸子中拔《莊子》，正如其不解於史傳中拔《史記》、於詩詠中拔陶潛；綜覈羣倫，則優爲之，破格殊倫，識猶未逮。《全唐文》卷四九五權德輿《醉說》："《六經》之後，班、馬得其門，其若慤如中郎，放如漆園"；莊、馬已跳出矣。韓愈《進學解》："左、孟、莊、騷，太史所錄"，《送孟東野序》復以莊周、屈原、司馬遷同與"善鳴"之數；柳宗元《與楊京兆憑書》、《答韋中立論師道書》、《報袁君陳秀才避師名書》舉古來文人之雄，莊、屈、馬赫然亦在，列與班皆未掛齒。文章具眼，來者難誣，以迄今兹，遂成公論。陸游《劍南詩稿》卷四九《雨霰作雪不成，大風散雲，月色皎然》自註："韓文公以《騷》配《莊》，古人論文所未及也！"誠非妄欺。然劉氏失之於莊耳，於列未爲不得也。列固衆作之有滋味者，視莊徐行稍後。列之文詞遜莊之奇肆飄忽，名理遜莊之精微深密，而寓言之工於敘事，娓娓井井，有倫有序，自具一日之長。即或意出摀攘，每復語工鎔鑄。柳宗元《河東集》卷四《辨列子》復謂"文詞類莊子，而尤質厚少爲作"，《容齋續筆》卷一二亦言"書事簡勁弘妙，多出莊子之右"，子有莊、列，殆比史有馬、班，柳、洪輩好尚或偏而擬倫未失。

【增訂四】吕本中《童蒙詩訓》："《列子》氣平文緩，非《莊子》步驟所能到"；俞樾《春在堂尺牘》卷一《與戴子高》："《莊子》書……精義微言，尚不及《列子》。即以文論，《莊子》雖汪洋自恣，尚不如《列子》之曲盡事理也。"此兩節揚列抑莊，均待拈出。

使《列子》果張湛所僞撰，不足以貶《列子》，祗足以尊張湛。魏晉唯阮籍《大人先生論》與劉伶《酒德頌》，小有莊生風致，外此無聞焉爾。能贗作《列子》者，其手筆駕曹、徐而超嵇、陸，論文於建安、義熙之間，得不以斯人爲巨擘哉？

姚鼐《惜抱軒文後集》卷二《跋〈列子〉》云："出於張湛，安知非湛有矯入者乎？"余觀張之註《列》，似勝王弼之註《老》，僅次郭象之註《莊》。然王與郭於不可知者置之不論，張則時復揚言不知爲不知。不特此也，王之於老，以順爲正之妾婦也；郭之於莊，達心而懦之囁嚅翁也①；而張之於列，每犯顏讜論，作

---

① 例如《逍遥遊》堯與許由節，成玄英疏即曰："然觀莊文則貶堯而推許，尋郭註乃劣許而優堯，何耶？"然郭之"優堯"，乃謂堯較許爲更符莊旨，故前闢"當塗者"之"若謂"云云，而後復稱"堯實冥矣"，譏"世"之"莫識"。蓋異於莊而不敢質言，貌若申莊者也。又如《胠篋》聖人利天下少而害天下多節，郭註："信哉斯言！斯言雖信而猶不可無聖者"云云，欲匡正莊而必先將順焉，所謂"唯唯否否"也。又如《秋水》落馬首、穿牛鼻節，郭註："人之生也，可不服牛乘馬乎？"云云至"則天理滅矣"，實駁詰而復曲意彌縫也。

諍臣焉。頗乖古註常規,殊爲差事。拈數例明之。

《天瑞》:"易無形埒",《註》:"不知此下一字";"林類年且百歲",《註》:"書傳無聞,蓋古之隱者也。"《湯問》:"夷堅聞而志之",《註》:"夷堅未聞,亦古博物者也。"《仲尼》:"孤犢未嘗有母",《註》:"不詳此義;此語近於鄙,不可解。"《周穆王》:"䯜卨爲右",《註》:"上'齊'下'合',此古字,未審。"此皆勿諱不知,坦然闕疑也。《湯問》:"觚俞、師曠方夜擿耳俛首而聽之";《註》:"觚俞未聞也;師曠、晉平公時人,夏革無緣得稱之,此後著書記事者潤益其辭耳。"《力命》:"朕豈能識之哉?";《註》:"此篇明萬物皆有命,則智力無施;《楊朱》篇言人皆肆情,則制不由命。義例不一,似相違反。……故列子叩其兩端,使萬物自求其中。"同篇:"子產執而戮之,俄而誅之";《註》:"此傳云子產誅鄧析,《左傳》云馴歜殺鄧析而用其竹刑,子產卒後二十年而鄧析死也。"《楊朱》:"恣意之所欲行";《註》:"管仲功名人耳,相齊致霸,動因威謀,任運之道既非所宜,且於事勢不容此言。又上篇復能勸桓公適終北之國,恐此皆寓言也。"同篇:"鄭國之治偶耳,非子之功也";《註》:"此一篇辭義太逕庭抑抗,不似君子之音氣。"此皆獻疑送難,匡救而或復斡旋也。苟本文即出註者僞託,則註者自言寡陋與夫訟言作者之失,均譸張爲幻,兩舌分身,所以堅人之信而售己之欺。雖然,舉措異常,安排太過,欲使人惑,反致人疑,蓋而彌彰,大癡小黠耳。顧張湛強不知以爲知,未解而強爲解,穿鑿乖剌,亦往往而有。苟本文與註文果出一手,則虎項金鈴,繫者能解,當不至窘閡爾許。《天瑞》:"不生者疑獨","疑"即《黃帝》"乃疑於神"之"疑",《莊子·達生》作"乃凝於神","疑獨"者"凝獨"之謂,定於一而不分也；張乃曲解爲疑而不決之"疑"。同篇引晏子曰："仁者息焉，不仁者伏焉"，見《晏子春秋·內諫》上；張乃妄謂："晏子不辨有此言，假託所稱。"《黃帝》："至人潛行不空"，當從《莊子·達生》作"至人潛行不窒"，謂無阻礙也；張乃強釋爲"不以實有爲闋"，蓋以"不空"爲名詞也。同篇："四累之上也"，此節本《淮南子·道應訓》，而淮南又本《呂氏春秋·順說》，高誘於兩家皆有註，其註呂書云："四累謂卿、大夫、士及民四等也"，註劉書云："凡四事皆累於世而男女莫不歡然爲上也"；虞兆隆《天香樓偶得》嘗釋"四累"爲"四更端"而斥高註"四等"爲"盲人説夢"；張乃曰："處卿、大夫、士、民之上，故言'四累'"，是本文襲《淮南子》，而註文又沿《呂氏春秋》高註之誤也。《柳河東集》卷一五《晉問》："吾聞君子患無德，不患無土；患無土，不患無人；患無人，不患無宮室；患無宮室，不患材之不已有；先生之所陳，四累之下也"；正用"四累"，累積之"累"，故可以疊而居"上"，亦可以壓而在"下"也①。《楊朱》："其唯聖人乎！"《釋文》："從此句下'其唯至人矣！'連爲一段"，是也；張乃橫截爲二，是於本文之詞氣語脈都未了了也。諸如此類，足徵本文雖嫁名於列禦寇，而僞託者未必爲作註之張湛。雖然，世事無奇不有。仇國敵軍，詐降行間（去聲），有所謂"苦肉計"，不惜滅親割愛，乃至摧殘肢體，以博受降者之深信大任。豈造作僞書，亦復如是，一意欺世，遂甘心出醜，自損其名歟？舉似以待勇於摘奸發伏者。

---

① 西方古修詞學名之爲"階梯法"（gradatio），參觀 H. Lausberg, *Handbuch der literarischen Rhetorik*, I, 315。

二 天 瑞

　　"用之不勤"；《註》："王弼曰：'無物不成而不勞也。'"按見《老子》六章；五二章："終身不勤"，王弼註："無事永逸"，可相發明。《國語·楚語》上范無宇曰："大能掉小，故變而不勤"，韋昭註："變、動也，勤、勞也"；《易·繫辭》："乾以易知，坤以簡能"，韓康伯註："不爲而善始，不勞而善成。"二節足釋此句之詞意。《淮南子·原道訓》："纖微而不可勤"，高誘註："勤、盡也"，而下文："布施而不既，用之而不勤"，高誘註："既、盡也，勤、勞也。"一篇之內，若相違異，殊見註者之非率爾漫與。蓋"既"既訓"盡"，"勤"復訓"盡"，修詞之餘食贅行也；且質體之耗則曰"盡"，運用之疲則曰"勞"，二義相成，而明體示用，言各有宜。《禮記·樂記》："徵亂則哀，其事勤，羽亂則危，其財匱"；"事"曰"勤"、勞也，言作用也，"財"曰"匱"、盡也，言積體也。《本經訓》："取焉而不損，酌焉而不竭"，高誘註："損、減也，竭、盡也。""既"與"勤"體用異詞，此則數量異詞，"損"之與"竭"皆減少也、而程度別矣。《北堂書鈔》卷六五引劉楨《魯都賦》："挹之不損，取之不動"，"動"字必"勤"之訛，又屬"竭、盡"之義，蓋亦與"損"對照以示比量也。訓詁須兼顧詞章、義理，此其一例。英詩人託爲大自然（Nature）語云："吾無幾微用力之容"（There is no effort on my brow）①，即"不勞"之"不勤"耳。

"生者不能不生，化者不能不化。"按《全唐文》卷五一九梁肅《〈神仙傳〉論》："夫人之生，與萬物同，……生死相沿，未始有極。……列禦寇謂：'生者不能不死，死者不能不化'，蓋謂此也。彼仙人之徒方竊竊然化金以爲丹，煉氣以存身，覬千百年居於六合之内。……號爲道流，不亦大可哀乎！"蓋誤憶《列子》語也，然忘言而頗得意；梁氏奉釋氏天台宗，其外生死之旨固宜與莊、列有契耳。

"故生物者不生，化物者不化"；《註》："《莊子》亦有此言，向秀註"云云。按《莊子》佚文，《困學紀聞》卷一一翁元圻註已輯補。

"萬物皆出於機，皆入於機"云云；《註》："生於此者，或死於彼，死於彼者，或生於此，而形生之主未嘗蹔無。是以聖人知生不常存，死不永滅，一氣之變，所適萬形。"按《列子》此節取《莊子·至樂》結尾鋪張增飾，郭象註云："此言一氣而萬形，有變化而無死生也。"張湛註襲郭象語，復用《列子》本篇下文林類節之"故死於是者，安知不生於彼"，及《楊朱》篇之"知生之蹔來，知死之蹔往"。移花接木，而托樑易柱，陰以《莊子》之變化牽合釋氏之輪迴，正如《弘明集》卷五以桓譚"薪火之譬"牽合釋氏神不滅之教也。雖乖《莊子》原意，却得《列子》用心。《莊子·知北遊》："生也死之徒，死也生之始。……臭腐

---

① Arnold: "Morality".

復化爲神奇，神奇復化爲臭腐，故曰通天下一氣耳"；未嘗不可資深文附會，作輪迴說之張本，郭、張兩註中"一氣"二字即自此出。故《列子》實每駸駸已入乎釋，而貌猶依依未離乎道，竊取而若袖手，逸出而似裹足，洵工於陰陽向背者，亦依託之雄哉！陳澧《東塾讀書記》卷一二論"列子乃中國之佛"，又引錢大昕《養新錄》、洪亮吉《曉讀書齋初錄》皆謂輪迴說出《列子》；不知王應奎《柳南隨筆》卷一論林類節早曰："則知輪迴之說，自佛氏未入中國以前，固已開其端矣。"

【增訂三】《容齋四筆》卷一引林類節，以爲"此一節即張湛《序》所謂'與佛經相參'者也"，其意即指"輪迴"。熊伯龍《無何集》卷一三亦云："輪迴之說不起於佛教；佛教未興，《列子》已有'往反'之說。《列子》云云，此輪迴之說也。"

《列子》本篇以此節遙爲林類語先容，以"出機入機"暗爲輪迴假道；張湛此節註預露其隱，傾筐篋而揭葫蘆，後文林類語下乃反無註，閃屍藏頭，處士殆得黃祖腹中意耶？《荀子·正名》："狀變而實無別而爲異者，謂之'化'，有化而無別，謂之'一實'"；楊倞註："化者，改舊形之名，若田鼠化爲鴽之類。"《莊子·至樂》所舉"烏足之根爲蠐螬、葉爲胡蝶"等等，實不外其事。蓋狀變形改之"化"，是處即有，夫人盡覩①。自蛹成蛾，卵成鳥，以至"腐草爲螢"、"老筐爲雀"，流俗之所共談，初無待儒家、道家之深識創見；且僉就形論形，亦未嘗思出其位，傍及於形與神之離合也。生死輪迴之於形氣變化，彌近似而易亂真。

---

① Cf. Voltaire, *Dictionnaire philosophique*, art. "Métamorphose", *Oeuvres complètes*, ed. L. Moland, XX, 75.（Tout paraît enfin métamorphosé dans la nature.）

變化祇言形不常存，輪迴則主神不終滅；變化知有形一端而已，輪迴則剖形神爲兩橛，形體可更而昭靈不昧、元神無改①。《太平廣記》卷三八七《圓觀》（出《甘澤謠》）載牧豎歌竹枝詞云："三生石上舊精魂，賞月吟風不要論；慚愧情人遠相訪，此身雖異性長存"；輪迴之旨盡於一、四兩句中矣。《國語·晉語》九趙簡子歎曰："雀入於海爲蛤，雉入於淮爲蜃，黿鼉魚鱉莫不能化；唯人不能，哀夫！"郭璞生當玄風大扇之世，賦《游仙詩》，嚮往於"漆園傲吏"，乃使趙簡子事曰："淮海變微禽，吾生獨不化！"具徵璞於《莊子》之"出機入機"未作輪迴解，而於《列子》之"出機入機"又未嘗知聞也。《太平廣記》卷一〇一《韋氏子》（出《續玄怪錄》）記相里氏子泣語其妻曰："洪爐變化，物固有之。雀爲蛤，蛇爲雉，雉爲鴿，鳩爲鷹，田鼠爲駕，腐草爲螢，人爲虎、爲猨、爲魚、爲鱉之類，史傳不絕。〔君委形之後，神化〕爲鳥，豈敢深訝！"則已以趙簡子所言形體變化（metamorphosis）與佛教所言轉世輪迴（metempsychosis）通爲一談，猶《莊子·至樂》之旨淆於《列子·天瑞》之旨耳。

"又有人鍾賢世"；《註》："'鍾賢世'宜言'重形生'。"按同篇："終進乎？不知也"；《註》："'進'當爲'盡'，此書'盡'字例多作'進'也。"《列子》一書用字，每同聲通假，羌無故實，度越常理，此兩例是也。他如同篇之"仞而有之"及《周穆王》之"夢仞人鹿"，借"仞"爲"認"；《黃帝》之"口所偏

---

① Cf. E. Rhode, *Psyche*, tr. W. B. Hillis, "International Library of Philosophy, Psychology and Scientific Method", 342, 346-7, 361; A. Lalande, *Vocabulaire technique et critique de la Philosophie*, 9ᵉ éd., 623.

肥"，借"肥"爲"非"，"姬將語汝"、"姬魚語汝"，借"姬"、"魚"爲"居"、"予"，"二者亦知"，借"亦"爲"易"，"心庚念是非，口庚念利害"，借"庚"爲"更"，"狀不必童而智童"，借"童"爲"同"；《周穆王》之"迷之邮者"、"幾虛語哉"，《楊朱》之"清之邮，貞之邮"，借"邮"、"幾"爲"尤"、"豈"；《湯問》之"行假念死乎"，借"行假"爲"何暇"。幾類"枇杷"作"琵琶"、"花椒生薑"作"花菽生江"等笑枋。《楊朱》之"爲欲盡一生之歡"，"究其所以放於盡"，《仲尼》之"心更念是非，口更言利害"，則又書"盡"、"更"本字。文廷式《純常子枝語》卷二三因阮籍《詠懷》詩沈約註："'游'字應作'由'，古人字類無定也"，遂謂"漢晉人用字假借之例甚寬"，如借"堂"作"唐"、"祈"作"期"等；惜未徵之《列子》。林希逸《竹溪鬳齋十一稿》續集卷二《四和'除'字韻寄元思別駕》："好友年來吟驟進，相逢何日語姬魚！"下句倉卒不可解，既而思之，林氏曾撰《列子口義》，正以《黃帝》篇"姬魚語汝"爲來歷耳。

【增訂三】經籍中同聲訛傳，每無異後人之寫別字。如《禮記·問喪》："雞斯徒跣"，鄭玄註："當爲'笄纚'，聲之誤也"；《禮器》："詔侑武方"，鄭註："'武'當爲'無'，聲之誤也。"沈濤《銅熨斗齋隨筆》卷二："《周禮·秋官》：'以荒辨之法治之'，註：'鄭司農云：辨、讀爲風別之別'；又：'正之以傅別約劑'，註：'故書別爲辨，鄭司農云：辨讀爲風別之別。''風別'字未見所出，古讀'風'音如'分'，故傳寫誤。"觀《詩經》中《綠衣》《雄雉》等篇，"風"字與"心"字叶韻，沈說得之。《潛夫論·志氏姓》："拜[張]良爲韓信都，'信都'者，'司徒'也。俗間音不正，曰'信都'，或曰'申徒'或

'勝屠'，然其本共一'司徒'耳。"吳聿《觀林詩話》記宛丘逆旅壁間畫一婦人鞋樣，下題云：'不信但看羊子解，便須信道菊兒姜'"；"羊"、"樣"，"解"、"鞋"，"菊"、"脚"，"姜"、"彊"也。胥堪與《聊齋志異》卷一一《嘉平公子》所嘲"花菽生江"連類。均當作平等觀，未可榮古而虐今，貴遠而賤近也。

"無知也，無能也，而無不知也，而無不能也。"按自是釋、道之高論，已成老生之常談。晁迥《法藏碎金錄》卷二："古德云：'有所知者，有所不知，無所知者，無所不知。'上八字有似夜有其燭，燭不及而有所不見；下八字有似晝無其燭，燭不用而無所不見。"設譬甚佳，可以借解。

"運轉亡已，天地密移，疇覺之哉？……損盈成虧，隨世隨死，往來相接，間不可省，疇覺之哉？凡一氣不頓進，一形不頓虧。……亦如人自世至老，貌色智態，亡日不異，皮膚爪髮，隨世隨落，非嬰孩時有停而不易也。間不可覺，俟至後知"；《註》："此則莊子舟壑之義。"按《莊子·秋水》："物之生也，若驟若馳，無動而不變，何爲乎，何不爲乎，夫固將自化"；又《養生主》："指窮於爲薪，火傳也，不知其盡也"；郭象註："人之生也，一息一得耳，向息非今息，故納養而命續"；與《列子》此節意義較近，張湛等僅知有《大宗師》而已！"間"如《墨子·經》上"有間，中也；間，不及旁也"之"間"，"俟至"之"至"即"及旁"之"及"；"停"如《水經注》卷一三平城静輪宮節"物不停固"或卷一六太學石經節之"世代不同，物不停故"之"停"，即朱慶餘《近試上張籍》"洞房昨夜停紅燭"之"停"，謂保留。《莊子·大宗師》所言"密移"，乃潛移也，故曰："然而夜半有力者負之而走，昧者不知也。"《列子》此節所言"密移"，乃漸移也，息息不停，累微得著，故曰："間不可省、覺，不頓進、虧。"着眼大異。漸必潛，而潛未必漸。黑格爾論量之漸積（jene Allmählichkeit des nur vermehrenden Fortgangs）以至質之突變（ein qualitativer Sprung），舉母腹中兒自懷胎漸至免身爲例①，與列子之舉嬰孩至老爲例，其揆一焉。劉晝《新論·惜時》篇："夫停燈於缸，先焰非後焰，而明者不能見；藏山於澤，今形非昨形，而智者不能知。何者？火則時時滅，山亦時時移。"亦如張湛以《列子》之漸移解《莊子》之潛移，實非夜半負山之本旨。《淮南子·說林訓》："河水之深，其壤在山"，高誘註："言非一朝一夕"，仍屬朝夕漸移，非半夜潛移也。《列子》"自世至老"之喻，近取諸身，如嵇康《養生論》："亡之於微，積微成損，積損成衰，從衰得白，從白得老。"其寓意又與釋氏暗通消息，如《肇論·物不遷論》第一云："然則莊生之所以藏山，仲尼之所以臨川，斯皆感往者之難留，豈曰排今而可往？人則謂少壯同體，百齡一質，徒知年往，不覺形隨。是以梵志出家，白首而歸，鄰人見之曰：'昔人尚存乎？'梵志曰：'吾猶昔人，非昔人也。'鄰人皆愕然"（元康《肇論疏》卷上："未詳所出經也"）。至《弘明集》卷五羅含《更生論》："今談者徒知向我非今，而不知今我故昔我耳"，則如《天瑞》林類之言輪迴轉世，命意大異。就一生言，"今人"非"昔人"，而兼他生言，"今我"是"昔我"，胡越肝膽之旨爾。詞章如劉禹錫《送鴻舉遊江南》七言古詩《引》："因思夫冉冉之光，渾渾之輪。時而言，

---

① *Phänomenologie des Geistes*, Berlin: Akademie Verlag, 15.

有初、中、後之分；日而言，有今、昨、明之言；身而言，有幼、壯、艾之期。乃至一聲欬、一彈指中際皆具，何必求三生以異身耶？"（參觀蘇軾《過永樂文長老已卒》："三過門間老病死，一彈指頃去來今"）；柳宗元《戲題石門長老東軒》："坐來念念非昔人"；邵雍《擊壤集》卷一二《寄曹州李審言龍圖》之二："嚮日所云'我'，如今却是'伊'；不知今日我，又是後來誰？"皆"薪盡火傳"、"無日不異"、"猶昔非昔"之佳詮也。《維摩詰所説經·弟子品》第三："諸法不相待，乃至一念不住"，肇註："彈指頃有六十念過"，而康僧會《安般守意經序》："彈指之頃，心九百六十轉；一日一夕，十三億意"（《全三國文》卷七五；《法苑珠林·攝念篇》第二六引《惟無三昧經》則云："一日一宿，有八億四千萬念"）；若"念念非昔人"，則一晝夜當得十三億我！西方舊日詩家謂人心變動不止，一小時中二十餘今昔人代謝（Oh, what a thing is man! … /He is some twentie sev'rall men at least/Each sev'rall houre）①；近世文家言經久不變之情感乃無量數似同實異、乍生即滅之情感連續而成（ils se composent d'une infinités d'amours successifs, de jalousies différentes et qui sont éphémères），吾人一生中心性死而復活，相繼相貫（une vraie mort de nous-même, mort suivie, il est vrai, de résurrection; la mort fragmentaire et successive telle qu'elle s'insère dans toute la durée de notre vie）②；或言瞬息間百千萬我故新遞續（Riconescete forse anche

---

① George Herbert: "Gidinesse", *Works*, ed. E. F. Hutchinson, 127.

② Marcel Proust, *Du Côté de chez Swann*, ii; *A l'Ombre des Jeunes Filles en Fleurs*, ii (*A la Recherche du Temps perdu*, "Bib. de la Pléiade", I, 372, 671-2).

voi ora, che un minuto fa *voi eravate un altro*? Non solo, ma voi eravate anche cento altri, centomila altri)①。亦有質往年遷之説。斯賓諾莎言人身中新陳代謝,每至通體都失本來(in aliam naturam a sua prorsus diversam mutari),何待横屍,方爲死亡(Nam nulla ratio me cogit, ut statuam Corpus non mori, nisi mutetur in cadaver)②。叔本華言吐故洩穢(das stete Aushauchen und Abwerfen von Materie)即肉體之部分死亡,人於大死、全死以前,無時無日不小死(im Tode das Selbe in erhöhter Potenz und im Ganzen geschiet, was täglich und stündlich im Einzelnen bei der Exkretion vor sich geht)③。流俗又相傳人之骨肉髮膚每七年悉换却一過(But seven years I suppose are enough to change every pore of one's skin; Our bodies every seven years are completely fresh-materialed: the same and not the same)④。古詩有云:"生命即息息相續之死亡"(presentes succesienes de difunto);當世名家小説中託爲醫生語曰:"生即死"(Tja, Leben ist Sterben—une destruction organique)⑤。皆此意爾。

---

① Luigi Pirandello, *Uno, Nessuno e Centomila*, Lib. II, cap. 5, *Opere*, a cura di C. Alvardo, I, 1310.

② *Ethica*, IV, Prop. xxxix, Schol., "Classiques Garnier", II, 84.

③ Schopenhauer, *Die Welt als Wille und Vorstellung*, IV, §54.

④ Jane Austen, *Letters*, ed. R. W. Chapman, 2nd ed., 148; John Keats, *Letters*, ed. H. E. Rollins, II, 208.

⑤ Francisco de Quevedo: "Soneto: Ah de la Vida", Eleanor L. Turnbull, *Ten Centuries of Spanich Poetry*, 308; Thomas Mann, *Der Zauberberg*, Kap. 5, *Gesammelte Werke*, Aufbau, II, 379. Cf. Montaigne, *Essais*, III. xiii, "Bib. de la Pléiade", 1063; J.-B. Chassignet, *Mespris de la Vie*, Sonnet v, J. Rousset, *Anthologie de la Poésie baroque française*, I, 199.

榮啓期曰："天生萬物，唯人爲貴，而吾得爲人，是一樂也。……男尊女卑，……吾既得爲男矣，是二樂也。人生有不見日月、不免襁褓者，吾既已行年九十矣，是三樂也。"按後世詞章熟典之"榮期三樂"也，又見《説苑·雜言》、《孔子家語·六公》。二西之書有酷類者。《四十二章經》記佛説："既離三惡道〔地獄、餓鬼、畜生〕，得爲人難；既得爲人，去女即男難；既得爲男，六情完具難；六情完具，生中國難"；希臘哲人泰理斯（Thales）亦嘗曰："吾有三福（three blessings）：吾生得爲人而不爲畜，是一福也；得爲男而不爲女，是二福也；得爲希臘上國之民而不爲蠻夷，是三福也"（First, that l was born a human being and not one of the brutes; next, that I was born a man and not a woman; thirdly a Creek and not a barbarian）①。享上壽與生上國孰勝，盍各言志，不必是丹非素耳。

"杞國有人憂天崩墜，身亡所寄，廢寢食者。"按此與《湯問》篇愚公移山事，於《列子》書中流傳最著，已爲恒言成語。《海外軒渠録》寫飛浮島國（Laputa）之民愁慮無寧晷（never enjoying a minute's peace of mind），所憂蓋天體將生變故（their apprehensions arise from several changes they dread in the celestial bodies），例如惴惴恐日輪漸逼地球，行且吸而吞之，以是寢不安席，生趣全無（they can neither sleep quietly in their beds, nor have any relish for the common pleasures or amusements of life）②。此亦西方寓言中之杞人也，特無"往曉之"者耳。

---

① Diogenes Laertius, *Lives of Eminent Philosophers*, I, 33, "Loeb", I, 35.
② Swift, *Gulliver's Travels*, III. ii, Oxford, 192-3.

三　黃　帝

"蓋非舟車足力之所及，神游而已"；《註》："神道恍惚，不行而至者也。"按《周穆王》："吾與王神游也，形奚動哉？"；《註》："所謂神也，不疾而速，不行而至。"全取《易·繫辭》上："唯神也，故不疾而速，不行而至。"《三國志·魏書·何晏傳》裴註引《魏氏春秋》記晏品目朝士有曰："'唯神也，不疾而速，不行而至'，吾聞其語，未見其人"；蓋魏、晉人喜用之語。

列子"進二子之道，乘風而歸"；《註》："《莊子·逍遥遊》：'列子御風而行，泠然善。'"按下文列子告尹生曰："心凝形釋，骨肉都融，不覺形之所倚，足之所履，隨風東西，猶木葉幹殼。竟不知風乘我耶？我乘風乎？"《仲尼》篇"足之所履"句下尚有"心之所念，言之所藏，如斯而已，則理無所隱矣"等語，無"隨風東西"云云。周君振甫曰："《莊子》：'此雖免乎行，猶有所待者也'，郭象註：'非風則不得行，斯必有待也，唯無所不乘者無待耳。'《列子》：'心凝形釋'云云，張湛註：'無待於外。'御風一事也，而《列子》之境高於《莊子》，豈非仿襲前人而欲駕出其上，所謂與古爭強梁乎？"蘇轍《欒城集》卷一八《御風辭題鄭州列子祠》有云："苟非其理，屨屐足以折趾，車馬足以毀體，萬物皆不可御也，而何獨風乎？昔吾處乎蓬蓽之間，止如枯株，動如槁葉，居無所留而往無所從也。有風瑟然，拂吾廬而上，……而吾方黜聰明，遺心胸，足不知所履，手不知所憑，澹乎與風為一，故風不知有我而吾不知有風也。蓋兩無所有，譬如風中之飛蓬耳。超然而上，薄乎雲霄而不以為喜也，拉然而下，隕乎坎井而不以為凶也。夫是以風可得而御矣。今子以子為我，立乎大風之隧，凜乎恐其不能勝也，蹙乎恐其不能容也。……子不自安，而風始不安子躬矣。子輕如鴻毛，彼將以為千石之鐘；子細如一指，彼將以為十仞之壎。"寫"心凝形釋"頗工，錄以供共賞焉。

"自吾之事夫子友若人也，三年之後，心不敢念是非，口不敢言利害，始得夫子一眄而已。五年之後，心庚念是非，口庚言利害，夫子始一解顏而笑。七年之後，從心之所念，庚無是非，從口之所言，庚無利害，夫子始一引吾並席而坐。九年之後，橫心之所念，橫口之所言，亦不知我之是非利害歟。亦不知彼之是非利害歟。……內外進矣。"按循堦漸升，凡分四級，張湛註已闡言之。然說七年云："順心之極，任口之理"，說九年云："恣其所念，縱其所言"；區畫差別，似欠分明。可參觀《老子》卷第四〇章；苟假郭象語道之，七年"遣是非"，九年"又遣其遣"也。

【增訂四】 郭象註《齊物論》所謂"又遣其遣"，即《知北遊》所謂"無無"（見 693 頁）。按《庚桑楚》又云："有不能以有為有，必出乎無有，而無有一無有"；郭註："若無能為有，何謂無乎？一無有遂無矣。無者遂無"；王先謙《集解》引宣云："並無有二字亦無之。"龍樹《中論·觀涅槃品》既言："何處當有無?"《觀行品》第一三又云:"大聖説空法,爲離諸見故,若復見有空,諸佛所不化。……譬如有病,須服藥可治,若藥復爲病,則不可治。"《大智度論》卷三一《釋初品中十八空》:"先以法空破内外法,復以此空破三空,是名空空";卷三六《釋習相應品之二》:"以空破空,亦無有空。……破一切法,空亦復空。"莊子於"無有一無有",釋氏於"空破空",皆丁寧反復。西方近日論師目佛説爲"消極之虚無主義",并"虚無"而否定之(Pour demeurer fidèle au nihilisme passif qu'il a pris pour principe, le bouddhisme doit tendre à l'indifférence absolue, par la négation de toutes les valeurs, y compris, par conséquent, la valeur du néant.—Raymond Polin, *Du laid*, *du mal*, *du faux*, 1948, p.83),尚未及於漆園之微言也。葉廷琯《吹網録》卷一引顧陳垿《抱桐讀書眼》説《論語·子罕》:"子絶四:毋意,毋必,毋固,毋我",云:"意、必、固、我,常人之情。毋意、必、固、我者,賢人之學。并絶去禁止之迹,自然無此四者,此聖人之不可及也。'絶四'是'絶四毋'。"竊謂此與宋楊簡《絶四記》之説暗合,亦即拾莊生"坐忘"、"遣遣"及列子"從心"、"横心"之緒,以申孔門之教爾。劉將孫《養吾齋集》卷八《解〈金剛經〉序》:"此真爲人解縛減擔。……昔吾夫子亦有四句偈曰:'毋意,毋必,毋固,毋我'";似尚未深求至於斯極也。

《莊子·達生》云:"知忘是非,心之適也。……始乎適而未嘗不適者,忘適之適也";忘其忘即遣其遣,白居易《隱几》:"既適又忘適,不知吾是誰",本此。又《莊子·大宗師》女偊曰:"吾猶守而告之,參日而後能外天下。……吾又守之,七日而後能外物。……吾又守之，九日而後能外生"，又顏回曰："回忘仁義矣！……回忘禮樂矣！……回坐忘矣！"；《寓言》顏成子游曰："自吾聞子之言，一年而野，二年而從，三年而通，四年而物，五年而來，六年而鬼入，七年而天成，八年而不知死、不知生，九年而大妙。"《列子》斯節命意遣詞，均出《莊子》，捉置一處，便見源流。《列》之襲《莊》，世所熟知，然祇覩其明目張膽者，至脱胎換骨、假面化身處，則識破尚鮮也。"不知"、"忘適"、"坐忘"之境，不特無是非利善之辨，并泯心物人我之分，渾淪冥漠，故曰"内外進［盡］"。《維摩詰所説經·文殊師利問疾品》第五："空病亦空"，僧肇註："階級漸遣，以至無遣也"；顯取郭象"遣其遣"之文，"階級"猶三、五、七、九年之以兩年爲一級。《肇論·不真空論》第二："豈謂滌除萬物，杜塞視聽，寂寥虛豁，然後爲真諦乎？誠以即物順通，故物莫之逆；即僞即真，故性莫之易。性莫之易，故雖無而有；物莫之逆，故雖有而無"；又《般若無知論》第三："聖心虛静，無知可無，可曰'無知'，非謂'知無'"①。西班牙神秘宗師分靈魂静穆（callar）之等衰，初地蒙昧不見外物（dormimos a las cosas temporales），中地悶墨渾忘自我（un olvido aún de nostros mismos），終地如沉酣熟眠酒窟中（el anima se adormece como en celda vinaria），黑甜而無所覺知②。均可參印"内外進［盡］矣"；"知無"、"遣"也，"無知"、"遣其遣"也；爛醉卧酒窟中，猶《文子·精誠》："闇若醇

---

① Cf. Grillparzer, *Aphorismen*; "Zwischen nichts wissen und Nichts wissen –", *Gesammelte Werke*, hrsg. E. Rollett und A. Sauer, II, 107.

② Francisco de Ossuna, *Tercer Abecedario Espiritual*, XXI. 4, Allison Peers, *Spanish Mysticism*, 74, 191.

醉而甘，卧以游其中"也。

【增訂二】劉宋譯《楞伽經·一切佛語心品》之二："得諸三昧身，乃至劫不覺；譬如昏醉人，酒消然後覺。彼覺法亦然，得佛無上身。"與《文子》及西班牙神秘宗師取譬相近。

董其昌《容臺別集》卷一："晦翁嘗謂：'禪典都從子書翻出，尚有《列子》未經翻出，當更變幻。'不知謂何等語也。吾觀內典有初、中、後發善心，古德有'初時山是山，水是水，向後山不是山，水不是水，而向後山仍是山，水仍是水'，……及佛國禪師《十牛頌》……等次第，皆從《列子》：'心念利害，口談是非；其次三年，心不敢念利害，口不敢談是非；又次三年，心復念利害，口復談是非，不知我之爲利害是非，不知利害是非之爲我'，同一關捩。"引《列子》文有舛錯，而能識其與釋說同揆，要爲具眼。"古德"語見《五燈會元》卷一七青原惟信章次；《牧牛圖頌》之一〇《雙泯》，《牧牛又十頌》之八《人牛俱忘》至一〇《入鄽垂手》，即"九年之後"造詣也。董氏引朱熹語，則不詳何出。《朱文公文集》卷六七《觀〈列子〉偶書》、《別集》卷八《釋氏論》下、《朱子語類》卷六八、又一二五、一二六反復言道士不知讀老、莊書，反"爲釋氏竊而用之"，佛書"大抵都是剽竊老子、列子意思"，"列子語、佛氏多用之"，"列子言語多與佛經相類"，"佛家先偷列子"；絕非謂"《列子》未經翻出"。《全唐文》卷六三六李翱《去佛齋論》："佛所言者，列禦寇、莊周言之詳矣"；宋祁《筆記》卷中："釋迦、文殊剗言之瘢，刮法之痕，與中國老聃、莊周、列禦寇之言相出入；大抵至於道者，無今古華戎，若符契然"；語皆無病。宋氏撰《新唐書·李蔚傳·贊》論佛經乃曰："輾譯差殊，不可究詰，多是華人之譎誕者，攘莊、列之說佐其高，層累架騰，直出其表，以無上不可加爲勝"；則不辨疑似，厚誣武斷。而《朱子語類》卷一二六亟稱之曰："此説甚好！如歐陽公……程子……皆不見他正贓，却是宋景文捉得他正贓。"實則栽贓入罪，早見《魏書·釋老志》載太平真君七年三月詔："皆是前世無賴子弟劉元真、呂伯疆之徒，乞胡之誕言，用老、莊之虛假，附而益之"；宋祁不得專其文致之功也。《全唐文》卷七五六杜牧《唐故灞陵駱處士墓誌銘》："尤不信浮圖學，有言者，必約其條目，引《六經》以窒之曰：'是乃其徒盜夫子之旨而爲其詞，是安能自爲之！'"；是誣良爲盜，唐人且有以佛典爲竊攘孔子者！蔣湘南《游藝錄》卷三《別錄》記龔自珍嗤《新唐書·李蔚傳·贊》曰："此儒者夜郎自大之説耳！"；蔣氏《七經樓文鈔》卷四《西法非中土所傳論》："或疑釋家書乃竊儒書而僞爲者，則陋儒夜郎自大之見也"，當本龔氏，"儒書"即謂"中土"書；卷三《經咒本旨》："大概中國之佛經竊諸莊、列，西方之佛經本諸婆羅門"，則欲兼采宋祁與龔自珍兩家之論耳。

"而後眼如耳，耳如鼻，鼻如口，無不同也。心凝形釋，骨肉都融"；《註》："夫眼耳鼻口，各有攸司。今神凝形廢，無待於外，則視聽不資眼耳，嗅味不賴鼻口。"按《仲尼》："老聃之弟子有亢倉子者，得聃之道，能以耳視而目聽。魯侯聞之大驚……亢倉子曰：'傳之者妄！我能視聽不用耳目，不能易耳目之用。我體合於心，心合於氣，氣合於神，神合於無。……乃不知是我七孔四支之所覺、心腹六藏之所知，其自知而已矣'"；《註》："耳目者，視聽戶牖；神苟徹焉，則視聽不因戶牖，照察不閡牆壁耳。""不能易耳目之用"者，如《公孫龍子·堅白論》："視不得其所堅，……拊不得其所白。……目不能堅，手不能白"；《莊子‧天下》："譬如耳目鼻口，皆有所明，不能相通"；《焦氏易林‧隨》之《乾》："鼻目易處，不知香臭"；陸機《連珠》："臣聞目無嘗音之察，耳無照景之神"；此常世所識也。"視聽不用耳目"、"神合於無"者，神會而不以官受，如《文子‧道德》："故上學以神聽，中學以心聽，下學以耳聽"；此神秘宗侈陳之高境也。《列子》兩節實發揮《莊子‧人間世》："夫徇耳目內通，而外於心知"；"徇"通"洵"，"內通"即"無不同"、"內徹"、"不閡牆壁"，"外於心知"即"不知是心腹六藏之所知"、不以"心聽"。釋典慣言五官通用，如《楞嚴經》卷四："由是六根互相為用。阿難，汝豈不知，今此會中，阿那律陀無目而見，跋難陀龍無耳而聽，殑伽神女非鼻聞香，驕梵鉢提異舌知味，舜若多神無身覺觸？"又卷一〇："銷磨六門，合開成就，見聞通隣，互用清淨"；《五燈會元》卷一二淨因繼成上堂："鼻裏音聲耳裏香，眼中鹹淡舌玄黃，意能覺觸身分別，冰室如春九夏涼"，又卷一三洞山良价偈："也大奇！也大奇！無情說法不思議！若將耳聽終難會，眼處聞時方得知"；《羅湖野錄》卷一載空室道人作死心禪師讚："耳中見色，眼裏聞聲"；張伯端《禪宗歌頌詩曲雜言‧性地頌》："眼見不如耳見，口說争如鼻說。"詞章如蘇軾《東坡集》卷四〇《法雲寺鐘銘》、趙秉文《滏水集》卷二《遊懸泉賦》又卷五《擬和韋蘇州》二〇首之七，皆掇拾為文字波瀾。"眼如耳，耳如鼻，鼻如口，無不同"，即"銷磨六門"，根識分別，掃而空之，渾然無彼此，視可用耳乃至用口鼻腹藏，聽可用目乃至用口鼻腹藏，故曰"互用"；"易'耳目之用'"則不然，根識分別未泯，不用目而仍須"以耳視"猶瞽者，不用耳而仍須"以目聽"

猶聾者也。西方神秘宗亦言"契合"（Correspontia），所謂："神變妙易，六根融一"（O métamorphose mystique/De tous mes sens fondus en un!）①。然尋常官感，時復"互用"，心理學命曰"通感"（Synaesthesia）；徵之詩人賦詠，不乏其例②，如張說《山夜聞鐘》："聽之如可見，尋之定無象。"蓋無待乎神之合無、定之生慧③。陸機《連珠》言："目無嘗音之察，耳無照景之神"，"嘗音"之"嘗"即"嘗食"、"嘗藥"之"嘗"，已潛以耳之於音等口之於味；其《擬西北有高樓》明曰："佳人撫琴瑟，纖手清且閑；芳氣隨風結，哀響馥若蘭"，豈非"非鼻聞香"？有如"昂鼻嗅音樂"（lifted up their noses/As they smelt music）④。楊萬里《誠齋集》卷一七《又和二絕句》之二："剪剪輕風未是輕，猶吹花片作紅聲"，嚴遂成《海珊詩鈔》卷五《滿城道中》："風隨柳轉聲皆綠，麥受塵欺色易黃"，豈非"耳中見色"？有如"天色昏黑中，黃鳴者蟲，朱響者鐘"（sotto il cielo bigio, il giallo grida, il rosso squilla）⑤。

【增訂三】楊萬里謂風吹花而作"紅聲"，嚴遂成謂風吹柳而作"綠聲"；近世西班牙詩人（Federico Garcia Lorca）有句云："碧風。碧樹枝"（Verde viento. Verdes ramas—"Ro-

---

① Baudelaire: "Tout Entière", *Oeuvres complètes*, "Bib. de la Pléiade, 116. Cf. R.-B. Chérix, *Commentaire des "Fleurs du Mal"*, 31-6; P. Mansell Jones, *The Background of Modern French Poetry*, 16, 31, 37.

② 略見《通感》。

③ Cf. Coleridge, *Biographia Literaria*, ed. J. Shawcross, II, 103; J.-P. Sartre, *L'Imaginaire*, 139-141.

④ Shakespeare, *The Tempest*, IV. i. 177-8.

⑤ D'Annunzio: "Notturno", E. di Michelis, *Tutto D'Annunzio*, 530.

mance sonambulo")；説者謂風因所吹之物而得色也（The wind is green here only because of where it blows—Stanley Burnshaw, ed., *The Poem Itself*, Pelican, 238）。《成實論》卷二：＂世間事中，兔角、龜毛、蛇足、鹽香、風色等，是名無＂；《文選・賦・物色》李善註：＂有物有文曰'色'；風雖無正色，然亦有聲。＂此言物理耳。詩人通感圓覽，則不特無中生有，覷風爲＂碧＂色，且復以耳爲目，聞風聲之爲＂紅＂、＂緑＂色焉。常語亦曰＂風色＂，又曰＂音色＂，與詩人之匠心獨造，正爾會心不遠。

陳與義《簡齋集》卷二二《舟抵華容縣夜賦》：＂三更螢火鬧，萬里天河橫＂，黃景仁《兩當軒集》卷一九《醉花陰・夏夜》：＂隔竹捲珠簾，幾個明星，切切如私語＂，豈非＂眼裏聞聲＂？有如＂天上繁星啁啾＂（va col suo pigoliò di stelle）①。《瑯嬛記》卷上莊氏女＂每弄《梅花曲》，聞者皆云'有暗香'＂；雖野語乎，亦本聯想而生通感也。道家之＂内通＂、釋氏之＂互用＂，言出有因，充類加厲，遂説成無稽爾。

＂至人潛行不空，蹈火不熱，行乎萬物之上而不慄。＂按本篇上文言華胥國民入水不溺，入火不熱，斫撻無傷痛，乘空如履實，寢虛若處牀；下文言商丘開高臺投下若飛鳥，泳淫限得珠，入大火取錦，又趙襄子見人從石壁中出，隨烟燼上下，游金石，蹈水火；《周穆王》言＂化人＂入水火，貫金石，反山川，移城邑，乘虛不墜，又老成子＂學幻＂，能存亡自在，翻校四時，冬起雷，夏造冰，飛者走，走者飛。於《莊子・田子方》及《達

---

① G. Pascoli：＂Il Gelsomino notturno＂, *Opere*, Mondadori, 1058.

生》所佾陳"真人"、"至人"伎倆,踵事增華,所欠者,《逍遥遊》中藐姑神人之"乘雲氣、御飛龍"耳。蓋已熟聞釋氏所佾"神通"而剌取之。如《長阿含經》之二〇《阿摩晝經》論"專念一心、無覺無觀"之"四禪"云:"身能飛行,石壁無礙,游空如鳥,履水如地"(二四《堅固經》同);《大方廣佛華嚴經·十地品》第二六論"得無量神通力"云:"能動大地,以一身爲多身,多身爲一身;或隱或顯;石壁山障,所往無礙,猶如虛空;入地如水,履水如地;日月在天,有大威力,而能以手捫摸摩觸";《大般涅槃經·光明徧照高貴德王菩薩品》第一〇之二云:"或時分此一身爲無量身,無量之身復爲一身;山壁直過,無有障礙;履水如地,入地如水;身成烟焰,如大火聚;……或爲城邑聚落舍宅山川樹木;或作大身,或作小身、男身、女身、童身、童女身";《大智度論·解了諸法釋論》第一二釋"如化",亦備舉"十四變化"。故梁僧祐《弘明集·後序》已援《列子·周穆王》篇載"化人"事,以證"開士之化,大法萌兆,已見周初";初唐釋道世《法苑珠林》卷二二載道宣自記乾封二年二月諸天人下降與之問答,得知佛於夏桀時已垂化中國,"有天人姓陸名玄暢"告道宣曰:"弟子是周穆王時生,……文殊、目連來化,穆王從之,即《列子》所謂'化人'者是也";親聆天語,更鑿鑿有據。後世僧史奉爲不刊之典,如南宋釋志磐《佛祖統紀》卷三四徑記穆王時文殊菩薩、目連尊者同來中國,"《列子》'化人',即文殊等"。蓋僧徒讀《列子》寓言,如痴人聞説夢,而道宣復以見鬼語坐實之者。《西遊記》第三回孫悟空自誇"聞道"之後,有七十二般變化,如入金石無礙,火不能焚、水不能溺等,已見《莊》、《列》;"變化"即老成子所學之"幻"也。

"用志不分，乃疑於神"；《註》："專意則與神相似者也。"按此節全本《莊子·達生》，《莊子》"疑"字作"凝"；《列子》此處之"疑於神"，正如《天瑞》之"不生者疑獨，疑獨其道不可窮"，亦"凝"之意。蓋"疑"通"擬"（如《檀弓》曾子責子夏"使西河之人疑汝於夫子"，《漢書·谷永傳》論改作昌陵"費疑驪山"），亦通"凝"。張註兩處，一從字面釋爲疑惑，一本通假釋爲擬比，皆不切當。俞樾《諸子平議》卷一六乃欲改《莊》從《列》，并舉《莊》下文梓慶削木節爲佐證，於義亦墮。夫言非一端：梓慶節"器之所以疑神者其是歟"，承"見者驚猶鬼神"來，明指旁觀者之心事而言，作"疑"是也；此節"乃凝於神"，承痀瘻丈人自稱"有道"而能"不反不側"，蓋當事者示人以攝心專一之旨，正當作"凝"。《管子·形勢》篇："無廣者疑神"，"無廣"即"不分"，"疑神"亦即"凝於神"矣。《列子·周穆王》："百骸六藏，悸而不凝"，正"凝於神"之反；《黃帝》："心凝形釋"，張註："神凝形廢"，又可移釋"凝於神"。"執臂若槁木之枝"，非"形廢"而何？故《列》之"疑於神"，宜解爲"凝於神"之意，而《莊》之"凝於神"，不必改作"疑於神"之文也。

"海上之人有好漚鳥者"云云。按《容齋四筆》卷一四早言此節與《呂氏春秋·精諭》中一節相同。呂書云："海上之人有好蜻者"，高誘註："蜻蛉小蟲"，而《列子》易蟲爲鳥。《鶡冠子·泰錄》云："未離己而在彼者，狎漚也"，陸佃註："如狎漚者，心動於内，則漚鳥舞而不下。"陸解甚確；則《鶡冠子》之僞作，後於《列子》耶？《三國志·魏書·高柔傳》裴註："孫盛曰：機心内萌，則鷗鳥不下"；孫在東晉初，殆已見《列子》耶？

晉人文字驅遣《列子》,此爲朔矣。謝靈運《山居賦》:"撫鷗鮍而悦豫,杜機心於林池",自註:"莊周云:'海人有機心,鷗鳥舞而不下'";實用《列子》此文而嫁名《莊子》,

【增訂四】《世説·言語》:"佛圖澄與諸石遊,林公曰:'澄公以石虎爲海鷗鳥'",劉峻註:"莊子曰:'海上之人好鷗者'"云云。亦以爲事出《莊子》,豈漆園逸文歟?

豈如李商隱《判春》所謂"珠玉終相類,同名作夜光"乎?參觀論《全晉文》孫綽《孫子》。

"有神巫自齊來處於鄭,命曰季咸"一節。按本《莊子·應帝王》"鄭有神巫曰季咸"一節。段成式《酉陽雜俎》續集卷四早謂《列子》此節乃華嚴命一公看心,普寂請柳中庸筮心,詵禪師使日照三藏測心等傳説所自出。唐無名氏《歷代法寶記》載"邪通婆羅門"爲智詵看心事,視段氏所引《詵禪師本傳》較多節目。《太平廣記》卷四四七《大安和尚》(出《廣異記》)大安命聖菩薩看心,《五燈會元》卷二南陽慧忠命大耳三藏看心,皆一事而放紛爲衆説耳。沈括《夢溪筆談》卷二記山陽女巫事,實亦同根所生也。

"宋有狙公者"一節。按本《莊子·齊物論》"何謂'朝三'?狙公賦芧曰"一節,而敍事較具首尾。《列》取《莊》文,皆條理之,此即一例,相形之下,《莊子》突如其來,大似狙公事先見《列子》,莊用其語而説明來由矣!"朝三暮四"與"朝四暮三",所以明"名實不虧"而"喜怒爲用";蓋三四、四三,顛之倒之,和仍爲七,故"實"不"虧"而"名"亦未"虧"。《百喻經》之三四:"昔有一聚落,去王城五由旬,村中有好美水。王勅村人日日送其美水,村人疲苦,悉欲遠移。時彼村主,語諸人言：'汝等莫去。我當爲汝白王，改五由旬爲三由旬，使汝得近往不疲。'即往白王，王爲改之，作三由旬。衆人聞已，便大歡喜。"與賦芧事劇類，改五作三，則不"虧"實而祇"虧"名，亦能回"苦"作"喜"也。

四　周　穆　王

"西極之國，有化人來"一節。按葉大慶《考古質疑》卷六以"化人"來自"西極"，又厭憎王之"宮室"、"廚饌"、"嬪御"，乃揣度曰："其佛歟？與宣律師《傳》所謂周穆王時佛法來中國之説脗合。山谷嘗讀《列子》，便謂：'普通年中事不從葱嶺傳來'，其亦有見於此歟？"厭憎世俗食色居室之奉，未遽即佛；觀陸賈《新語·慎微》篇，知秦漢間"求神仙"者，亦已"苦身勞形入深山，……捐骨肉，絶五穀"。然以此節合之《仲尼》篇"西方聖人"節、《天瑞》篇"死是生彼"節、《湯問》篇"偃師"節等，積銖累羽，便非偶然。作《列子》者意中有佛在，而言下不稱佛，以自示身屬先秦，乃不知有漢，無論魏、晉也。

"夢有六候"一節。按此本《周禮·春官·占夢》，張湛註亦逕取之鄭玄註。"六夢"古説，初未了當；王符《潛夫論·夢列》篇又繁稱寡要，《世説·文學》載樂令語則頗提綱挈領："衛玠總角時問樂令夢，樂云：'是想。'衛云：'形神所不接，豈是想耶？'樂云：'因也。未嘗夢乘車入鼠穴、擣齏噉鐵杵，皆無想無因故也。'""形神不接"之夢，或出於"想"①，姑置勿論；樂於

---

① Freud, *Die Traumdeutung*, 6. Aufl., 123 (Verschiebung, Traumentstellung).

"因"初未申説。《列子》此篇"想夢自消"句，張註："此'想'謂覺時有情慮之事，非如世間常語盡日想有此事，而後隨而夢也。"蓋心中之情欲、憶念，概得曰"想"，則體中之感覺受觸，可名曰"因"。當世西方治心理者所謂"願望滿足"（eine Wunscherfüllung）及"白晝遺留之心印"（Traumtag，die Tagesreste），想之屬也；所謂"睡眠時之五官刺激"（die Sinnesreize），因之屬也①。《大智度論·解了諸法釋論》第一二："夢有五種：若身中不調，若熱氣多，則多夢見火、見黃、見赤；若冷氣多，則多夢見水、見白；若風氣多，則多夢見飛、見黑；又復所聞、見事，多思惟念故，則夢見；或天與夢，欲令知未來事。""身中不調"，即"因"；"聞、見、思惟"，即"想"。《全後漢文》卷四六崔寔《政論》："夫人之情，莫不樂富貴榮華，……晝則思之，夜則夢焉"，"思"即願望耳。《雲笈七籤》卷三二《養性延命錄》引《慎子》佚文云："晝無事者夜不夢"；白晝未遺心印也。《淮南子·道應訓》："尹需學御，三年而無得焉，私自苦痛，常寢想之，中夜夢受秋駕於師"；《太平御覽》卷七五三引《夢書》云："夢圍棋者，欲鬭也"；均想夢也。段成式《酉陽雜俎》卷八記盧有則"夢看擊鼓，及覺，小弟戲叩門爲街鼓也"；陸游《劍南詩稿》卷一二絕句"桐陰清潤雨餘天"一首題云："夏日晝寢，夢游一院，闃然無人，簾影滿堂，唯燕蹋箏絃有聲，覺而聞鐵鐸風響琤然，殆所夢也"；均因夢也。黃庭堅《六月十七日晝寢》："紅塵席帽烏韡裏，想見滄洲白鳥雙；馬齕枯萁喧午枕，夢成風雨浪翻江"；滄洲結想，馬齕造因，想因合而幻爲風雨

---

① Ib., 85 ff., 116, 158; 15 ff..

清凉之境，稍解煩熱而償願欲。二十八字中曲盡夢理。《楞嚴經》卷四謂重睡人眠熟，其家人擣練舂米，"其人夢中聞舂擣聲，別作他物，或爲擊鼓，或爲撞鐘"；《山谷内集》卷一一任淵註引此經而復申之曰："聞馬齕草聲，遂成此夢也。……以言江湖念深，兼想與因，遂成此夢。"任註補益，庶無賸義，以《楞嚴》僅言因而未及想，祇得詩之半也；《外集》卷一三《次韻吉老》之七："南風入晝夢，起坐是松聲"，史容註亦引《楞嚴》，則函蓋相稱，以詩惟言因耳。想、因之旨，舊説紛紜，都不惬當。《世説》劉峻註"想"、"因"，即附合於"六夢"："所言'想'者，蓋'思夢'也，'因'者，蓋'正夢'也"；不及"喜夢"（"喜悦而夢"）、"懼夢"（"恐懼而夢"）、"噩夢"（"驚愕而夢"）、"寤夢"（"覺時道之而夢"）。蓋劉氏解"想"義甚隘，不如張湛明通，遂無可位置四夢；其以"正夢"（"無所感動，平安自夢"，"平居自夢"）爲"因"，則固知"因"之別於"想"，而尚未道所以然。葉子奇《草木子》卷二下："夢之大端二：想也，因也。想以目見，因以類感；諺云：'南人不夢駝，北人不夢象'，缺於所不見也"（《張協狀元戲文》亦有此諺）；則"想"不過指物象之印於心者而已，祇是夢之境象（Trauminhalt），至夢之底藴（Traumgedanken）若喜、懼、思、慕①，胥置度外，"類感"何謂，索解無從。惲敬《大雲山房文稿》初集卷一《釋夢》云："《周禮·占夢》三曰'思夢'，樂廣所言'想'也；一曰'正夢'，二曰'噩夢'，四曰'寤夢'，五曰'喜夢'，六曰'懼夢'，廣所言'因'也。後人以'因羊念馬、因馬念車'釋'因'，是亦'想'耳，豈足盡'因'之義也！……因其正而正焉，

---

① Freud, *op. cit.*, 95, 191.

因其噩而噩焉，因其寤而寤焉，因其喜懼而喜懼焉。……心所喜怒，精氣從之，其因乎內者歟。……一體之盈虛消息，皆通於天地，應於物類，其因之兼乎外者歟？……以覺爲夢之所由生，以夢爲覺之吉凶所由見，其理中正不可易如此。"惲氏所駁"後人"語，見蘇軾《夢齋銘》，《困學紀聞》卷一○考其意本乎杜夷《幽憂子》者。"一體之盈"云云，竄取《周穆王》篇之文，而曲解爲機祥。夫既"因乎內"，何以不得爲"想"？"思"亦"因乎內"，何以不得與"內所喜怒"並列爲"因"？進退失據，趣歸莫定。"因兼乎外"，"吉凶所由見"，則指夢爲預示，可同龜策之卜，夢見於幾先，事落於兆後①，即《潛夫論·夢列》之"直"與"象"、《論衡·紀妖》之"直夢"、《大智度論》之"天與夢使知未來"；固承《周官》，而於樂廣所樹二義之外，另生枝節。真德秀《真西山文集》卷三三《劉誠伯字說》："余惟《周官》'六夢'之占，獨所謂'正夢'不緣感而得，餘皆感也。感者何？中有動焉之謂也"；以五夢同歸於想，似勝劉、惲。心有感動爲想，其他非由心動於中而生之夢，則均屬因；《河南程氏遺書》卷二下："人夢不惟聞見思想，亦有五藏所感者。"遠古載籍道"感氣之夢"最詳者，當是《內經素問》第一七《脈要精微論》："是知陰盛則夢大水恐懼，陽盛則夢大火燔灼，陰陽俱盛則夢相毀殺傷，上盛則夢飛，下盛則夢墮，甚飽則夢與，甚飢則夢取，肝氣盛則夢怒，肺氣盛則夢哭，短蟲多則夢聚衆，長蟲多則夢相擊毀傷。"又第八○《方

---

① Cf. Aristotle, on Prophesying by Dreams, ch. 1, *Basic Works*, Random House, 626-7; C. S. Lewis, *The Discarded Image*, 163 (Macrobius, *Onocresius*: "Veridical dreams").

盛衰論》："肺氣虛則使人夢見白物，見人斬，血藉藉，得其時則夢見兵戰。腎氣虛則夢見舟船溺人，得其時則夢秋水中若有畏恐。肝氣虛則夢見菌香生草，得其時則夢伏樹下不敢起。心氣虛則夢救火陽物，得其時則夢燔灼。脾氣虛則夢飲食不足，得其時則夢築垣蓋屋。"《列子》本篇言："陰氣壯則夢涉大水，陽氣壯則夢涉大火，藉帶而寢則夢蛇，飛鳥銜髮則夢飛"，或《潛夫論》言"感氣之夢"，正如項斯《贈道者》："自說身輕健，今年數夢飛"；《化書·道化》："狂風飄髮，魂魄夢飛"；袁文《甕牖閒評》卷八自記"忽夢身上截爲水所浸，下截則埋在土中"，覺後思之，"是夜天氣甚寒，上截偶失蓋覆而身冷，下截有衾。"此類全緣體覺，未涉心意，是"因"非"想"，皎然可識，《周官》"六夢"，無可附麗。作《列子》者，漫然率爾，於《周官》逐車後之塵，拾牙餘之慧，不察自舉諸例非"六夢"所可概也。吾國古人說"想"者，有三家頗具勝義，聊表襮之。一、張耒《右史文集》卷五一《楊克一圖書序》："夫'因'者，'想'之變。其初皆有兆於余心，遷流失本，其遠已甚，故謂之'因'，然其初皆'想'也。而世不能明其故，以所因者爲非想。夫使如至人之無想歟？則無夢矣！豈有夢而非想者哉？"張氏不顧想、因乃心身內外之辨，殊嫌滅裂，而謂爲遠近故新之殊，却益神智。人之"遠"想，忽幻夢事，祇自省邇來無其想，遂怪其夢之非想不根，渾忘"遠甚"曾有"初"想，蓋醒時記性所不能及者，夢中追憶了然 (man in Traume etwas gewusst und erinnert hat, was der Erinnerungsfähigkeit im Wachen entzogen war)①。文家德昆西

---

① Freud, *op. cit.*, 7.

嘗謂心中之感受情思，相繼無窮，日積時累，一層一掩（endless layers of ideas, images, feelings），大似古人每於羊皮紙文籍上，別寫篇章，刮磨舊字，以新字罩加焉，一之不已，而再而三，遞代覆疊，後跡之於前痕能蓋而不能滅（Each succession has seemed to bury all that went before. And, yet, in reality, not one has been extinguished）①；"遷流失本"而"初想"固在，若是班乎。二、方以智《藥地炮莊》卷三《大宗師》："楂與齋曰：'夢者，人智所現，醒時所制，如既絡之馬，臥則逸去。然經絡過，即脫亦馴，其神不昧，反來告形。'"醒制而臥逸之説與近世析夢顯學所言"監察檢查制"（die Zensur）眠時稍懈②，若合符契。柏拉圖早窺斯理，正取譬於馬之韁絡（the reins）③；聖·奧古斯丁嘗反躬省察，醒時所能遏止之邪念於睡夢中沓來紛現，乃究問理智此際安往（ubi est tunc ratio, qua talibus suggestionibus resistit vigilans）④；即"醒制臥逸"也。

【增訂三】赫兹里特（William Hazlitt）有《説夢》一篇，暢論人於作夢時，情欲放恣，形骸脱略（The curb is taken off our passions; we are off our guard）。一言以蔽曰："吾人於睡夢

---

① De Quincey, *Suspiria de Profundis*: "The Palimpsest of the Human Brain", *Collected Writings*, ed. D. Masson, XIII, 346, 348; cf. James Sully, quoted in Freud, *op. cit.*, 95 (like some palimpsest etc.).

② Freud, *op. cit.*, 101.

③ Plutarch, *Moralia*: "How a Man becomes aware of his Progress in Virtue", 12, "Loeb" I, 441-3; cf. P. Shorey, *Platonism Ancient and Modern*, 196 (*Republic*, 571 C ff.).

④ St Augustine, *Confessions*, X.30, "Loeb", II, 152; cf. *Paradise Lost*, V, 108 ff..

中不爲僞君子"（We are not hypocrites in our sleep—"On Dreams", *Complete Works*, ed. P. P. Howe, XII, 23），洵警語也！

西方文家或云：眠時心門鍵閉，思念不能奪門，乃自窗躍入室中，遂爾成夢（In sleep the doors of the mind are shut, and thoughts come jumping in at the windows）①；或云：醒時心官（Geistesfunktion）如守關吏（die Tätigkeit eines Toreinnehmers－Acciseofficianten－Oberkontrollassistenten），究詰綦嚴，游思逸想，胥禁出境（die Ausfuhr ist verboten）②。馬絡也、心門也、守關吏也、監察檢查制也，四者名開義合，又"想"之進一解也。嘗試論之，搜神志怪，每言物之成精變人形者，眠時醉候，輒露本相。如《洛陽伽藍記》卷四《法雲寺》節記孫巖妻睡，夫解其衣，"有毛長三尺，似野狐尾"；《大唐西域記》卷三《烏仗那國》節記龍女熟寐，"首出九龍之頭"；故洪亮吉《北江詩話》卷一喻袁枚詩即曰："如通天神狐，醉即露尾。"荒唐無稽，而比象不爲無理，均"醒制卧逸"之旨；妖寐而現原形，猶人之"醉後吐真言"、夢中見隱衷爾。三、潘德輿《養一齋集》卷一一《驅夢賦》："主人晨起，意動色沮，睽眙噩夢，數避無所。因召趾離，面赤發語，呼曰：'爾來！爾胡余苦？……凡我晝無，爾夜必有；衝踏麕至，不記妍醜，襲我不備，蕩析紛糅。……'趾離欠伸，……向我而嗔，曰：'子不德，翳吾是憎。……宦塗屏

---

① Boswell, *The Ominous Years*, 11 Jan. 1776, ed. C. Ryskamp and F. A. Pottle, 218.

② Hoffmann, *Die Elixiere des Teufels*, *Sämtliche Werke*, hrsg. C. G. v. Maassen, II, 263.

營,子實不貞,晝僞遏蔽,夜吐其情。……凡子有身,此夢如影;不蹈夢區,不燭心境。……我晝何居?即子之家。……爾我合體,子母呫呫。……'"藥地微言引緒,潘氏發舒而成偉詞。"晝遏夜吐"即醒制卧逸;"襲我不備"即入室不由門而自窗。欲"燭"知"心境",必"蹈"勘"夢區",即王安石《荆文公詩》卷四一《杖藜》:"堯桀是非猶入夢,因知餘習未全忘";陸游《劍南詩稿》卷五四《孤學》:"家貧占力量,夜夢驗工夫",又卷六〇《勉學》:"學力艱危見,精誠夢寐知;眾人雖莫察,吾道豈容欺?"(參觀卷五八《又明日復作長句自規》、卷八四《書生》);楊時《龜山集》卷三〇《游執中墓誌》:"夜考之夢寐,以卜其志之定與否也";陳瑚《聖學入門》卷上:"夢寐之中,持敬不懈。程子云:'人於夢寐間,亦可卜所用之淺深。'省察至此,微乎!微乎!",又卷下:"夢行善事爲一善,夢行不善事爲一過"(參觀《尺牘新鈔》卷一〇陳鍾琪《與友》);復即弗洛伊德所謂"釋夢乃察知潛意識之平平王道"也(Die Traumdeutung aber ist die Via regia zur Kenntnis des Unbewussten im Seelenleben)①。又按《草木子》以"目見"爲夢之大本,亦自有故。《酉陽雜俎》卷八云:"夫瞽者無夢,則知夢者習也";畢豐(Buffon)謂夢境中眼見多而耳聞少(Dans les rêves on voit beaucoup, on entend rarement)②;弗洛伊德謂夢幻雖不盡屬眼界色相,而以色相爲主(vorwiegend in visuellen Bildern, aber doch nicht ausschliesslich)③;均資參證。

---

① *op. cit.*, 449.
② *Histoire naturelle*, IV, *Pages choisies*, Larousse, 32.
③ *op. cit.*, 34.

"將陰夢火，將疾夢食，飲酒者憂，歌儛者哭"；《註》："或造極相反。"按此即"六夢"所不能包蓋者，張湛乃曰："即《周禮》'六夢'之義，理無妄然"，漫浪之談耳。《莊子·齊物論》亦云："夢飲酒者旦而哭泣，夢哭泣者旦而田獵。"莊、列皆言預兆先幾之迷信，等夢於卜筮；倘能曰"旦哭泣者夜夢飲酒，旦田獵者夜夢哭泣"，則窺見心情損益盈虧之秘蘊，而非神話瘝語矣①。《潛夫論·夢列》篇有"極反之夢"一門，張湛或即取其名目爲註；所舉例爲晉文公夢楚子伏己而監腦，戰乃勝楚。占夢爲先事之反兆，即習俗中"反象以徵"(reverse symbolism)之一種，見《周易》卷論《革》。王充《論衡·紀妖》論占夢雖云："樓臺山陵，官位之象也；人夢上樓臺、升山陵，輒得官"，而他書尟與同調者。《史記·趙世家》孝成王四年夢見"金玉之積如山"，筮史敢占之，曰："憂也！"；《三國志·蜀書·蔣琬傳》夢牛頭流血，"意甚惡之"，占夢趙直曰："夫見血者，事分明也；牛角及鼻，'公'字之象，君位必當至公"；《世説新語·文學》人問殷浩："何以將得位而夢棺，將得財而夢矢穢？"；《南史·沈慶之傳》："嘗夢引鹵簿入廁中，慶之甚惡入廁之鄙，時有善占夢者爲解之曰：'君必大富貴！'"；《北齊書·李元忠傳》："將仕，夢手執炬火入其父墓，中夜驚起，甚惡之。旦告其受業師，占云：大吉！"；《弘明集》卷九梁蕭琛《難范縝〈神滅論〉》："凡所夢者，或反中詭遇，趙簡子夢童子裸歌而吳入郢、晉小臣夢負公登天而負公出諸廁之類，是也"；《太平廣記》卷一二九引《紀聞》晉陽人夢爲虎所噬，母曰："人言夢死者反生，夢想顛倒故

---

① Ib. 352 (Goethe, Keller).

也",又卷二七七引《廣德神異録》唐高祖夢墮牀下,爲蟲蛆所食,智滿禪師曰:"牀下者,陛下也;羣蛆食者,所謂'共仰一人活'耳",又卷三二四引《異苑》記梁清夢:"糞汙者,錢財之象;投擲者,速遷之徵";《説郛》卷三二《海山記》隋煬帝爲牛慶兒解夢曰:"夢死得生。"正史野記所載"極反"解夢之例,更僕難終,兹復自詞章及白話小説中攟拾數事。秦觀《淮海集》卷三《紀夢答劉全美》:"夢出城闉登古原,草木榮夭帶流水;千夫荷鍤開久殯,云是'劉郎字全美'。既瘧茫然失所遭,河轉星翻汗如洗。世傳夢凶常得吉,神物戲人良有旨;全美身名海縣聞,閉久當開乃其理"(參觀蘇軾《秦少游夢發殯而葬之者,云是"劉發之柩";是歲發首薦,秦作詩賀之,劉涇亦作,因次其韻》);沈廷松《皇明百家小説》第一一三袠潘游龍《笑禪録》:"一人告友:'我昨夜夢大哭,此必不祥。'友云:'無妨!無妨!夜裏夢大哭,日裏便是大笑。'其人復云:'若果然,夜裏夢見有我在哭,日裏豈不是無我在笑?'";《拍案驚奇》二刻卷一九:"夢是反的:夢福得禍,夢笑得哭";《醒世姻緣傳》四四回薛素姐夢兇神破胸換其心,驚叫而醒,母問知,因慰之曰:"夢凶是吉。好夢!我兒別害怕!"西欲亦同,其舊諺(Dreams go by contraries)可徵;古羅馬小説《金驢記》即云:"夜夢預示晝事之反"(Tunc etiam nocturnae visiones contraries eventus nonumquam pronuntiant)①。意大利古掌故書亦記一人夢得鉅金,而醒則首爲貓糞所污(era fra oro e moneta, e la mattina si coperse di sterco di gatta)②。

---

① Apuleius, *Metamorphoseon*, IV. 27.
② Sacchetti, *Il Trecentonovelle*, no. 164. *Opere*, Rizzoli, 551.

【增訂四】英國古小說中人自言夜來得吉夢(the most lucky dreams)，夢見棺材與交叉白骨(coffin and crossbones)，爲嘉期不遠(approaching marriage)之兆(*The Vicar of Wakefield*, I. x)。

然相傳苟夢哭，必睡中真哭至痛淚承睫(But you must really cry and not dream that you were crying and wake dry-eyed)，夢兆始驗而果有喜事，否則荒幻無足信①；斯又吾國野談所不拘泥者。《詩·小雅·斯干》占夢："維虺維蛇，女子之祥"；《論衡·言毒》："故人夢見火，占爲口舌；夢見虺蛇，亦口舌"；而心析學解夢謂蛇象男根(das Symbol des männlichen Glieds)②。痴人説夢等耳，顧苟調停撮合，則夢蛇爲女子之祥，乃"反象以徵"耳；夢蛇爲口舌之兆，乃"上升代換"(oral displacement from below upwards)耳③，可資嗢噱者也。

【增訂二】王闓運《湘綺樓日記》民國四年二月十八日："夜夢食點心，兆有口舌。"此種俗説實同《易》之《頤》，較王充所謂夢火兆口舌，似有理致。

"周之尹氏大治産"一節，老役夫旦旦爲僕虜，夜夜夢爲人君，如劉朝霞所謂"夢裏幾回富貴，覺來依舊恓惶"（《太平廣記》卷二五〇引《開天傳信記》）。奇情妙想，實自《莊子·齊物論》論夢與覺之"君乎牧乎固哉"六字衍出，説者都未窺破。隱於針鋒粟顆，放而成山河大地，亦行文之佳致樂事。《拍案驚奇》

---

① R. Hoggart, *The Uses of Literacy*, 29.
② Freud, *op. cit*., 243.
③ J. C. Flugel, *Man, Morals and Society*, 147.

二刻卷一九牧童寄兒事又踵而敷飾，有曰：" 不如莊子所說那牧童做夢，日裏是本相，夜裏做王公。" 不曰 " 列 " 而曰 " 莊 "，又以 " 牧童 " 代 " 役夫 "，似示《列子》此節本諸《莊子》一句者。果爾，則文人慧悟逾於學士窮研矣。李商隱《過楚宮》："微生盡戀人間樂，只有襄王憶夢中"；彼老役夫與牧童亦心同此感者歟。

"鄭人有薪於野者，……真得鹿，妄謂之夢，真夢得鹿，妄謂之實。" 按《莊子·大宗師》："且汝夢爲鳥而厲於天，夢爲魚而没於淵，不識今之言者其覺者乎？其夢者乎？" 即《列子》此節所胎息也。

"宋陽里華子"節，略謂華子中年病忘，家人憂之，魯有儒生，自媒能治。積年之疾，一朝而瘳。華子大怒，黜妻罰子，曰："曩吾忘也，蕩蕩然不覺天地之有無，今頓識既往數十年存亡得失、哀樂好惡，擾擾萬緒起矣！"按《永樂大典》卷二九五一《神》字引周邦彦《禱神文》："胥山子既弱冠，得健忘疾，坐則忘起，起則忘所適，與人語則忘所以對，……莫知所以治之。有老子之徒教之曰：'……然子自知其忘，忘未甚也；并此不知，乃其至歟！'"；即本此節而兼《仲尼》篇尹生"九年後内外盡"節之旨。全無記憶則泯過去與未來，不生悵悔希冀種種煩惱；尼采嘗説善忘（das Vergessenkönnen）爲至樂之本（wodurch Glück zum Glücke wird）①，正發明"蕩蕩"之所以别於"擾擾"。

【增訂三】尼采論善忘爲至樂之本，可參觀 220 頁註①引濟慈詩所謂"甜美之無記憶"（sweet forgetting）。詩人每羨禽獸

---

① Nietzsche, *Vom Nutzen und Nachteil der Historie*, I, *Werke*, hrsg. K. Schlechta, I, 212.

之冥頑不靈，無思無慮，轉得便宜。如利奧巴迪因羊而興歎 (Leopardi: "Canto notturno di un Pastore errante dell'Asia": "O greggia mia che posi, oh te beata, /che la miseria tua, credo, non sai!"—*Opere*, Riccardo Ricciardi, I, 106—7), 戈扎諾覩鵝而生悟(Guido Gozzano: "La Differenza": "Penso e ripenso:—che mai pensa l'oca/gracidante alla riva del canale? /Pare felice! .../...Ma tu non pensi. La tua sorte è bella!" —C. L. Golino, *Contemporary Italian Poetry*, 2), 亦猶尼采之讚牛牲健忘耳(Betrachte die Herde, usw.)。

古羅馬大詩人霍拉斯咏希臘一士患狂易之疾，坐空室中，自生幻覺，聞見男女角色搬演院本，擊節歎美(qui se credebat miros audire tragoedoes/in vacuo laetus sessor plausorque theatro);其友求良醫治之已，士太息曰："諸君非救我，乃殺我也!"(pol, me occidistis, amici, /non servastis);蓋清明在躬，無復空花妄象誤之，遂亦無賞心樂事娛之矣(sic extorta voluptas/et demptus per vim mentis gratissimus error)①。近代一意大利人作詩，謂有發狂疾者，自言登大寶爲國王(sul trono)，頤指氣使(commandava come un Re)，志得意滿，其友延醫療之，神識既復，恍然自知寠人子也，乃大恨而泣曰："爾曹弒我! 昔者迷妄，而吾之大樂存焉，今已矣!"(Voi m'avete assassinato! /col tornar

---

① Horace, *Epistolae*, II. ii. 128-41, "Loeb", 434. Cf. Montaigne, *Essais*, II. xii *op. cit.*, 474-5; La Rochefoucauld, *Réflexions morales*, 92 et 528, *op. cit.*, 71, 252-3.

della ragione/da me lungi se ne va/un error, ch'era cagione/della mia felicità)①。機杼與陽里華子事不謀而合。西洋詩文每寫生盲人一旦眸子清朗，始見所娶婦奇醜，或忽覩愛妻與忠僕狎媟等事，懊惱欲絕，反願長瞽不明，免亂心曲，其病眼之翳障不啻爲其樂趣之保障焉②。蓋與病忘、病狂，諷諭同歸，胥所謂"難得糊塗"，"無知即是福"（Ignorance is bliss），亦即嚴復評《老子》第二〇章所謂"鴕鳥政策"也③。

"秦人逢氏有子，……有迷罔之疾，聞歌以爲哭，視白以爲黑，……水火寒暑，無不倒錯者焉。……老聃曰："汝庸知汝子之迷乎？今天下之人皆惑於是非，昏於利害，同疾者多，固莫有覺者。且一身之迷不足傾一家，一家之迷不足傾一鄉，一鄉之迷不足傾一國，一國之迷不足傾天下。天下盡迷，孰傾之哉？向使天下之人其心盡如汝子，汝則反迷矣"；《註》："明是非之理未可全定，皆衆寡相傾以成辯争也。"按"傾"即"傾軋"之"傾"，如《史記·魏其、武安侯列傳》："欲以傾魏其諸將相"，逾越其

---

① C. I. Frugoni: "Poeta e Re", E. M. Fusco, *La Lirica*, I, 414.

② Thomas Hood: "Tim Turpin", *Poetical Works*, ed. W. Jerrold, 88; Nietzsche, *Also sprach Zarathustra*: "Von den Erlösung", *op. cit.*, II, 392; G. Clemenceau, *Le Voile du Bonheur*; V. Mercier, *Irish Comic Tradition*, 35 (Synge, *The Well of the Saints*; Yeats, *The Cat and the Moon*).

③ Cf. *Orlando Furioso*, XLIII. vi, Hoepli, 457: "Ben sarebbe folle/chi quel che non vorria trovar cercasse" etc.; *Anatomy of Melancholy*, Part. II, Sect. III, Mem. VIII, Bell, II, 238 (ignorance as panacea of evils); M. Prior: "To the Honourable Charles Montague", *Literary Works*, ed. H. B. Wright and M. K. Spears, 109: "If We see right, We see our woes" etc.; Swift, *A Tale of a Tub*, ix, Oxford, 497: "This is the sublime and refined point of felicity, called, the possession of being well-deceived."

上也。蓋謂辯争之時，寡不敵衆。逢氏子所以爲"迷"者，以其如衆醉獨醒之特異，遂橫被指目；苟盡人皆然，則此子不爲"迷"矣。《莊子·天地》："三人行而一人惑，所適者猶可致也，惑者少也；二人惑則勞而不至，惑者勝也。而今也以天下惑，予雖有祈嚮不可得也。"實《列子》此節之所濫觴。一家之見同而一身有異議，衆口同聲，一喙莫置，與渾家争，不能勝也；一家之於一鄉，一鄉之於一國，一國之於天下，小不勝大而反爲大所勝，可以類推。天下者，無外而莫大，倘遍天下盡"迷"，則不復有能"傾"、"勝"之者。《太平御覽》卷四九〇引"孰傾之哉"作"孰正之哉"，乃不顧張註"相傾"，未解文意而臆改耳。又按本篇上文記古莽之國，"其民不衣不食而多眠，五旬一覺，以夢中所爲者實，覺之所見者妄"，當與此節合觀，皆造微之論。彼言實妄之判，本乎久促，此明是非之争，定於衆寡。人之較量事物，每以長存者爲實而暫見者爲幻，覺長久之可信恃勝於暫促(To endure is to ensure)，如《大般涅槃經·序品》第一所謂"亦如畫水，隨畫隨合"，《金剛經》所謂"如露亦如電"。古莽之民常眠暫覺，宜其以夢事爲實。人之較量事物，復每以共言、衆言者爲真，而獨言、寡言者爲妄，覺衆共之可信恃，優於寡獨(Majority makes meliority)，如《淮南子·説山訓》所謂"衆説成林，三人成市虎"，禪家所説"一人傳虚，萬人傳實"(《五燈會元》卷七靈祐真覺、卷八東禪契訥等章次)。逢氏之子孤行特立，形單影隻，宜其被"迷罔"之稱。《宋書·袁粲傳》記粲謂周旋人曰："昔有一國，國中一水號曰狂泉。國人飲此水無不狂，唯國君穿井而汲，獨得無恙。國人既並狂，反謂國主之不狂爲狂。"宋米芾有顛怪名，《侯鯖録》記蘇軾嘗宴客，芾亦在座,酒半忽起立曰:"世人皆以芾爲顛,願質之子瞻。"軾笑答曰:"吾從衆!"枯立治述人曰:"吾斷言世人爲狂,而世人皆以我爲狂,彼衆我寡,則吾受狂名而已"("I asserted that the world is mad," exclaimed poor Lee, "and the world said, that I was mad, and confound them, they outvoted me")。皆即所謂"苟舉世皆誤,則舉世不誤"(quand tout le monde a tort, tout le monde a raison)①。逢氏之子,所遭正同。此本常理恒情,日由之而不自知者。《列子》欲齊物論,乃二氏之結習,不必與校;若其推究顯真闢妄之辯、申是絀非之争,每不過如衆楚之與一齊、十寒之與一曝,則又洞究人事,未容抹搬焉。

【增訂二】"苟舉世皆誤,則舉世不誤";此隨風逐流之"吾從衆"也。《管子·君臣》上:"夫民、别而聽之則愚,合而聽之則聖,雖有湯武之德,復合於市人之言";此集思廣益之"吾從衆"也。貌同心異,人事固非一端可盡矣。

【增訂四】德國古小説中人自言被"狂易"(Tollheit)之目,與世抵牾(verdammte Widerspruch),"顛倒乖張者乃是世人抑即是我,二者必有一焉。然彼既衆口一詞,則吾休矣"(Eins ist nur möglich. Entweder stehen die Menschen verkehrt, oder ich. Wenn die Stimmenmehrheit hier entscheiden soll, so bin ich verloren. —*Die Nachtwachen des Bonaventura*, VII, Edinburgh Bilingual Library, 1972, p.112)。亦即蘇軾答米芾、枯立治述狂人李語意。

---

① Coleridge, *Biographia Literaria*, ch.12; La Chaussée, *La Gouvernante*, I. iii.

五　仲　尼

"魯侯大悦，他日以告仲尼，仲尼笑而不答"；《註》："今以不答爲答，故寄之一笑也。"按《莊子·田子方》："仲尼見之而不言。……曰：'若夫人者，目擊而道存，亦不可以容聲矣。'"一笑一默，都將孔子寫成彼法中人；其不言亦似淨名之默然（《維摩詰所説經·入不二法門品》第九），其微笑亦似迦葉之破顔（《大梵天王問佛決疑經》，參觀智昭《人天眼目》卷五）。李白《山中問答》："問余何意栖碧山，笑而不答心自閑"；題曰"問答"，詩曰"不答"而"笑"，此等張致，《論語》中孔子所無也。王通《中説·王道》："韋鼎請見子，三見而三不語"，阮逸註即引"目擊道存"；《中説》仿《論語》，而"文中子"又仿《莊子》中之孔子也。"笑而不答"之爲裝模作樣，更過於《墨子·非儒》下所譏之"曾噫爲深"。《癸巳存稿》卷一四："明人喜言'笑'者，由趨風氣，僞言之。文集中曰'余笑而不言'者，必有二三處，非是不爲尖新。"亦見一斑。

"孔子動容有間曰：'西方之人有聖者焉。……'商太宰默然心計曰：'孔丘欺我哉！'"按隱稱釋迦而不著其名，且故示商太宰之勿信，閃爍惝怳，工於掩飾者也。故《廣弘明集》卷二載王邵《齊書·述佛志》撮述此節及《黄帝》篇夢游華胥節而論之曰："此之所言，彷彿於佛"；編者釋道宣於卷一逯說此節曰："孔子深知佛爲大聖也，時緣未升，故默而識之。"其事仿《論語·子罕》太宰問"夫子聖者與？"及《說苑·善說》太宰嚭問"孔子何如？"，而其意則師《莊子·天運》孔子讚老子曰"吾乃今於是乎見龍！"，莊託孔子語以尊老子，列託孔子語以尊釋迦，作用大同。觀《弘明集》卷一無名氏《正誣論》（有云："石崇之爲人，余所悉也"，作者必生於西晉）、慧皎《高僧傳》卷一《帛遠傳》，足徵晉世道士與釋子爭長，東漢相傳老子入夷之說，至是而粲備爲老子、尹文子"化胡成佛"之說。此說誠"誣"，然於釋仍收而列諸兒孫，初不擯爲非其族類。《列子》、道家言也，遂無妨采攘釋氏，如張湛序所云"往往與佛經相參"；而及其譽揚釋氏，則嫁名於儒宗，不託詞於道祖。他心予揣，姑妄言之。一則作者雖濡染釋教，終屬道流。倘言老子、尹文子"動容"嚮往"西方聖者"，不啻豎降旛而倒却道家門庭架子。二則當時釋道尚似偶鬩牆之一家兄弟，若儒則外人耳；異端之仰止，勝於同道之標榜。宋釋志磐《佛祖統紀》卷一五《述》云："智者之爲道也，廣大悉備。爲其徒者自尊信之，未足以信於人，惟名儒士夫信而學焉，則其道斯爲可信也。……智者之道於是愈有光焉"；後事之直陳，或足以抉前事之隱情乎？孔子服膺猶龍，已著乎莊生之書，并載乎《史記》，陸雲《登遐頌》皆贊"神仙"，而孔仲尼赫然與王喬、左慈輩並列，以其"興言慕老"。《列子》遂增記孔子之亦傾倒大雄，猶轉多師而事兩君焉，實則未始離一宗也。《後漢書·桓帝紀》永興八年正月、十一月使中常侍之苦縣祠老子，九年七月祠黄、老於濯龍宫，而《論》稱帝"設華蓋以祠浮屠、老子"；《郎顗、襄楷傳》載楷上書曰："又聞宫中立黄、老、浮屠之祠。……或言老子入夷狄爲浮屠"；《光武十王傳》楚王英"晚節更喜黃、老,學爲浮屠齋戒祭祀",詔報曰:"楚王誦黃、老之微言,尚浮屠之仁祠";《西域傳·論》曰:"至於佛道神化,興自身毒。……漢自楚英始盛齋戒之祀,桓帝又修華蓋之飾。……詳其清心釋累之訓、空有兼遣之宗,道書之流也。"蓋釋、道二家,初未分茅設蕝(參觀姜宸英《湛園未定稿》卷二《二氏論》)。牟融《理惑論》作於"漢靈帝崩後",老、佛並舉,沆瀣一氣:"鋭志於佛道,兼研《老子》五千文","吾既覩佛經之説,覽《老子》之要。"孫綽《遊天台山賦》刻劃道流修栖之勝地,"皆玄聖之所游化,靈仙之所窟宅",而結語融會道釋:"散以象外之説,暢以無生之篇,泯色空以合跡,忽即有而得玄,釋二名之同出,消一無於三幡。"《全晉文》卷六二輯孫《道賢論》,以天竺七僧方竹林七賢,或曰"不異",或曰"體同",斯又"合跡"之驗歟?支遁爲當時名僧大德,《道賢論》稱其"雅尚老莊",《世説·文學》記其論《逍遥遊》,"作數千言,才藻新奇,花爛映發",是釋而尚道也;《全晉詩》卷七載遁《詠禪思道人》自序:"孫長樂作道士坐禪之象,并而贊之,聊著詩一首",詩有云:"會衷兩息間,綿綿進禪務",又道而參禪矣。《全晉文》卷一六七闕名僧《戒因緣經鼻奈耶序》:"以斯邦人,莊老教行,與《方等經》'兼忘'相似,故因風易行也。"《高僧傳》卷六《慧遠傳》:"嘗有客聽講,難實相義,往復移時,彌增疑昧,遠乃引《莊子》義爲連類,於是惑者曉然;是後安公特聽慧遠不廢俗書"。《列仙傳》出魏、晉人手,託名劉向,自序曰:"吾搜校藏書,緬尋太史,撰《列仙圖》,自黃帝以下迄至於今。……得一百四十六人,其七十四人已見佛經矣。"《世説新語·文學》"殷中軍見佛經"一則劉孝標註引其語而推言:"如此即漢成、哀之間已有經矣。……蓋明帝遣使廣求異聞,非是时无经也";《弘明集》卷二宗炳《明佛论》亦援此序以证佛入中国"非自汉明而始";《隋书·经籍志》四谓佛经"自汉已上,中国未传;或云久以流佈,遭秦之世,所以堙灭。"颜之推《颜氏家训·归心》篇侫佛依僧,而《书证》篇能识刘向序中语"由後人所羼,非本文也"。唐、宋学士搜抉闻冷,释子张大世系,均乐道刘序而昧忽颜训,如晁说之《嵩山文集》卷一六《成州新修大梵寺记》、王楙《野客丛书》卷一〇、释道世《法苑珠林》卷二〇、释智昇《开元释教录》卷一六、释志磐《佛祖统纪》卷三五等侈陈东汉前中国早有佛经,曾藏孔壁,更庋天禄,志磐且记洪兴祖语:"[《列仙传》] 今书肆板行者,乃云:'七十四人已在仙经',盖是道流妄改耳。"清之经生为汉学者如陈启源《毛诗稽古编·附录·西方美人》尚津津言孔子慕释迦、东周有佛经。窃以为:《列仙传·序》语於先秦之梵已译华,洵是伪证,而於魏晋之道尚挽释,则未尝非确据也。始则互相借重,几泯町畦,浸假而固围禦侮,设蓝分茅,由势利之竞,发邪正之辩。教宗攻訐,大抵皆然,如争浴而各誇无垢,交讥裸裎①。捏作《列子》者其生也晚,及知苻朗《苻子》所言"老氏之师名释迦文佛"(《法苑珠林》卷六九《破邪篇之余》引),更晚而获知《南齐书·高逸传》所记释道"互相非毁",或逾晚而得知《法苑珠林·破邪篇》所记释道生死相校,或不假孔子之名西向而笑,授释子以柄乎?孔子一人之口,或借以颂老犹龙,或借以讚佛为圣;及夫释与道閧,亦各引儒为助,三教间情事大类魏、蜀、吴三国角逐。明末耶教东来,亦復援儒而擯释,阅《辨学遗牍》可见;当时士夫因谓利玛窦之

---

① Cf. I. Disraeli, *Curiosities of Literature*, III, 238 ff. (Political religionism).

"學，遠二氏，近儒，中國稱之曰'西儒'"（劉侗、于奕正《帝京景物略》卷五）①。出家人捭闔從衡，遠交近攻，蓋於奉持其本教之寶書聖典而外，枕秘尚有《短長》也！

"門之徒役以爲子列子與南郭子有敵不疑"；《註》："敵，讎也。"按"疑"通"凝"，合也。"不疑"即不合；《世說新語》有《仇隙》門，有"隙"則間隔不能合，"敵"者仇隙之謂。

"龍叔謂文摯曰"一節。按龍叔等榮辱得失，齊生死貧富，"視人如豕，視吾如人"，張湛註所謂"無往不齊"，"能以萬殊爲一貫"，此其"心六孔流通"也；然龍叔不識此爲"聖智"之境，乃以爲"疾"而求文摯"已"之，此其"一孔不達"也。蓋不如陽里華子之病忘而並忘其忘或顏回之能坐忘。參觀《老子》卷論四〇章。《大乘本生心地觀經·發菩提心品》第一一："本設空藥，爲除有病，執有成病，執空亦然"；《五燈會元》卷一二曇穎達觀章次記谷隱蘊聰語："此事如人學書，點畫可効者工，否者拙，蓋未能忘法耳；當筆忘手，手忘心，乃可也"；《法藏碎金錄》卷二："二姓之親，因媒而成，親成而留媒不遣，媒反爲擾。一真之道，因智而合，道合而留智不遣，智反爲礙。"龍叔者，"執空"、"留智"、"未能忘法"者也。以"無往不齊"爲病，即尚未能"無往不齊"，因別病於不病而有趣有避。即以"無往不齊"爲藥，亦尚未能"無往不齊"，因藥者，病之對治，仍屬分別法與揀擇見。《力命篇》季梁得病，以其子之求醫爲"不肖"，庶幾心之七孔都通者耶？然尚嫌"肖"、"不肖"仍分明耳！

---

① Cf. V. Pinot, *La Chine et la Formation de l'Esprit Phlosophique en France*, 73-5.

"知而亡情,能而不爲,真知真能也。發無知,何能情?發不能,何能爲,聚塊也,積塵也,雖無爲而非理也。"按張湛以下註者於此節皆失其解,或遂説"發"爲"廢",仍不得解,進而刪改字句,蓋未曉神秘家言"反以至大順"也。參觀《老子》卷論五章。《孟子·梁惠王》:"曰:'不爲者與不能者之形何以異?'……'是不爲也,非不能也'"(參觀《抱朴子》内篇《辨問》:"俗人或曰:'周孔皆能爲此,但不爲耳'"云云);《莊子·齊物論》:"何居乎?形固可使如槁木,而心固可使如死灰乎?"合此二節,可以釋《列子》矣。槁木、死灰與聚塊、積塵等類;聚塊、積塵亡情不爲,亦與真知真能"形"無以"異"。然而不可皮相目論也。活潑剌之身心使如死灰槁木,庶幾入道;死灰槁木則原非有道者也。惟有知而亡情,有能而不爲,庶幾真知真能;若聚塊積塵,本無知也,非亡情也,本不能也,非不爲也,豈得比於"善若道"哉?故曰"雖無爲而非理也"。"發"如司馬遷《報任少卿書》"發背沾衣"或潘岳《西征賦》"發閿鄉而警策"之"發",出於、昉自之義。正如《老子》言"反"成人之道而"能嬰兒",乃爲"玄德";若嬰兒者,由焉而不知,初未許語於"玄德"[①]。西人論心性思辯之學,有謂必逆溯尋常思路(invertir la direction habituelle du travail de la pensée)方中[②],與"反爲道之動"、"順之即凡、逆之即聖",理亦無殊也。參觀下論《力命》篇黃帝之書節、《湯問》篇偃師節。

"取足於身,游之至也;求備於物,游之不至也";《註》:"人

---

① Cf. Hegel, *Phänomenologie des Geistes*, Akademie Verlag, 20: "nicht eine *ursprüngliche Einheit als solche, oder unmittelbare* als solche".

② Bergson, *La Pensée et le Mouvant*, 241.

雖七尺之形，而天地之理備矣。故首圓足方，取象二儀；鼻隆口窊，比象山谷；肌肉連於土壤，血脈屬於川瀆，温蒸同乎炎火，氣息不異風雲。内觀諸色，靡有一物不備。"按張湛所註，似於本文觸類旁附，然自是相傳舊說。《文子·十守》："頭圓象天，足方象地；天有四時、五行、九曜、三百六十日，人有四肢、五藏、三百六十節；天有風雨寒暑，人有取與喜怒；膽爲雲，肺爲氣，脾爲風，腎爲雨，肝爲雷"（《淮南子·精神訓》略同）；《意林》卷五引《鄒子》："形體骨肉，當地之厚也，有孔竅血脈，當川谷也"；《春秋繁露·人副天數》："唯人獨能偶天地。人有三百六十節，偶天之數也；形體骨肉，偶地之厚也；上有耳目聰明，日月之象也；體有空竅理脈，川谷之象也；……腹胞實虚，象百物也；百物者最近地，故腰以下，地也；……足布而方，地形之象也"；《太玄經·飾》之次五："下言如水，實以天牝"；楊泉《物理論》："言天者必擬之於人；故自臍以下，人之陰也，自極以北，天之陰也"；《廣弘明集》卷九甄鸞《笑道論·造立天地一》引《太上老君造立天地初記》："老子遂變形，左目爲日，右目爲月，頭爲崑崙山，髮爲星宿，骨爲龍，肉爲獸，腸爲蛇，腹爲海，指爲五嶽，毛爲草木，心爲華蓋，乃至兩腎合爲真要父母"；田藝蘅《玉笑零音》："地以海爲腎，故水鹹；人以腎爲海，故溺鹹"；《戴東原集》卷八《法象論》："日月者，成象之男女也；山川者，成形之男女也；陰陽者，氣化之男女也；言陰陽於一人之身，血氣之男女也。"皆所謂七尺之形而備六合之理也。青鳥家言每本此敷說，如鄭思肖《所南文集》中以《答吳山人問遠游地理書》最爲長篇，即言"地亦猶吾身也"，因詳論"地理之法與針法同"。吾國古來復有以人身爲備國家之理者，《晏子春秋·諫》上齊景公曰："寡人之有五子，

列子張湛註　五

猶心之有四支";《荀子‧天論》、《解蔽》亦以心"治五官"爲"天君"、"形之君";皮日休《六箴序》謂"心爲己帝,耳目爲輔相,四支爲諸侯。"踵事增華,莫妙於馮景《解春集文鈔》卷一〇《鼻息說》:"天子、元首也,二三執政、股肱也,諫官、王之喉舌也;此見於詩書傳記,天下之公言也。庶人、鼻也,其歌謠詛祝謗議,猶鼻孔之息也。九竅百骸四體之衰強存亡,懸於鼻息也;口可以終日閉,而鼻息不可以一刻絕";魏源《古微堂內集》卷二《治篇》之一二全襲之。他若《笑道論‧法道立官十一》引《五符經》:"膽爲天子大道君,脾爲皇后,心爲太尉,左腎爲左徒,右腎爲司空"云云,悠謬宜爲甄鸞所笑。

【增訂三】《內經素問》第八《靈蘭秘典論》論"十二藏",亦有"心者、君主之官,……肺者、相傅之官"云云。

彭士望《樹廬文鈔》卷一〇《藥格》:"聖賢、天地之心,豪傑、天地之耳目手足,……四譯羈縻,庸庸多後福,天地之矢溺,……釋老、天地之奇夢,腐儒障霧,天地之瞖"云云,亦堪捧腹,是外國人爲腐儒之苗裔矣!西洋古來有"大地爲一活物論"(hylozoism),謂世界大人身,人身小世界,彼此件件配當(correspondance)①;又有以人首(la tête)比立法、司法機關(les pouvoirs législatif et judiciaire),四肢(les membres)比行政機關(le pouvoir exécutif)②,亦彷彿晏子、荀子之意焉。

---

① Marjorie Hope Nicolson, *Mountain Gloom and Mountain Glory*, 160-3.
② Rivarol, *Écrits politiques et littéraires*, choisis par V.-H. Debidour, 132-3. Cf. Bacon, *The Advancement of Learning*, Bk II, ed. A. Wright, 76 (the ancient fable); Kant, *Anthropologie*, § 40, *Werke*, hrsg. E. Cassirer, VIII, 84-5 (die verstandlose Sinnlichkeit wie ein Volk ohne Oberhaupt usw.).

六　湯　問

"禹之治水也"一節。按參觀《周易》卷論《繫辭》六。

鄭師文學鼓琴，三年不成章，歎曰："內不得於心，外不應於器，故不敢發手而動絃"；《註》："心、手、器三者互應而後和音發矣。"按當合觀下文泰豆氏論御曰："內得於中，而外合於馬志。……得之於銜，應之於轡，得之於轡，應之於手，得之於手，應之於心。"《淮南子·主術訓》衹云："內得於心中，外合於馬志"，未及手與銜、轡及銜與轡之均相應，無此邃密也。《詩·鄭風·大叔于田》："兩驂如手"，孔穎達《正義》："兩驂進止，如御者之手"；《秦風·駟驖·正義》復申之曰："謂馬之進退，如御者之手，故為御之良"；蓋釋"如手"之"如"為"如意"、"如志"之"如"，殆采《淮南》、《列子》之意以說經耶？《列子》於心、手外，更舉器或物如絃、馬、轡、銜，實會通《莊子·天道》言輪扁"不徐不疾，得之於手，而應於心"，及《達生》言工倕"旋而蓋規矩，指與物化而不以心稽"，而更明晰。《關尹子·三極》論善鼓琴者曰："非手非竹，非絲非桐；得之心，符之手；得之手，符之物"，詞尤圓簡。蓋心有志而物有性，造藝者強物以從心志，而亦必降心以就物性。自心言之，則發乎心者得乎手，出於手者形於物；而自物言之，則手以順物，心以應手。一藝之成，內與心符，而復外與物契，匠心能運，而復因物得宜。心與手一氣同根，猶或乖睽，況與外物乎？心物之每相失相左，無足怪也①。心（l'intenzione formativa）與物（la materia d'arte）迎拒從違之情（doma ma non viola, resiste ma non impedisce）②，談者縶多，第於善事利器之要，又每略諸。《列子》言心、手而及物，且不遺器，最爲周賅。夫手者，心物間之騎驛也，而器者，又手物間之騎驛而與物最氣類親密（della materia fan anche parte gli strumenti）者也③。器斡旋彼此，須應於手，並適於物④。干將補履，不應於手而復不適於物也；鉛刀切玉，應於手而仍不適於物爾。《藝文類聚》卷七四引王僧虔《書賦》："手以心麾，毫以手從"；譚峭《化書·仁化》："心不疑乎手，手不疑乎筆，忘手筆然後知書之道"；蘇軾《東坡集》卷四〇《小篆般若心經贊》："心忘其手手忘筆"；蘇轍《欒城集》卷一七《墨竹賦》："忽乎忘筆之在手與紙之在前"；心、手、器三者相得，則"不疑"而"相忘"矣。米芾《寶晉英光集》卷三《自漣猗寄薛郎中紹彭》："已矣此生爲此困，有口能談手不隨；

---

① Cf. *Ennéades*, I. vi. 2, tr. É. Bréhier, I, 27: "Est laid aussi tout ce qui n'est pas dominé par une forme et par une raison, parce que la matière n'a pas admis complètement l'information par l'idée"; *Paradiso*, I. 129, *La Divina Commedia*, Ricciardi, 794: "perch'a risponder la materia è sorda" (cf. XIII. 76-8, p. 954).

② L. Pareyson, *Estetica*: *Teoria della Formatività*, ed. 2ª, 33-5.

③ *ib.*, 40.

④ Cf. Lotze, *Logic*, tr. B. Bosanquet, I, 8: "A tool mustfulfil two conditions: fit the thing and fit the hand"; H. Focillon, *Vie des Formes*, Leroux, 58: "Il existe entre la main et l'outil une familiarité humaine...Ce qui agit est agi à son tour."

誰云心存乃筆到，天公自是秘精微"；陸友《硯北雜志》卷下記趙孟頫語："書貴能紙筆調和，若紙筆不佳，譬之快馬行泥淖中，其能善乎？"；周亮工《尺牘新鈔》卷二莫是龍《與曹芝亭》："扇惡不能作佳書，如美人行瓦礫中，雖有邯鄲之步，無由見其妍也"（參觀吳長元《燕蘭小譜》卷一《題湘雲蘭石扇頭》："堪嗟湘女凌波襪，瓦礫堆中小舞來！"）；劉霖補輯本傅山《霜紅龕全集》卷二二《字訓》："吾極知書法佳境，第始欲如此而不得如此者，心手紙筆主客互有乖左之故"；張照《天瓶齋書畫題跋》卷上《跋董文敏臨顏平原送蔡明遠序》："思翁平生得力處在學顏。……晚乃造晉人之門，已目力腕力不如心矣。"則心或不得於手，得於手矣，又或不得於紙筆焉。《歷代名畫記》卷二特著"夫工欲善其事，必先利其器"一大節，歷數"齊紈吳練"以至"絕肕食竹之毫"，"百年傳致之膠"，良有以耳。

【增訂二】早在張彥遠以前，言造藝不可忽視器材者，如《全三國文》卷七四皇象《與友人論草書》："宜得精毫筇筆，委曲宛轉，不叛散者；紙當得滑密不粘汙者；墨又須多膠紺黝者"；《全齊文》卷七竟陵王子良《答王僧虔書》："夫'工欲善其事，必先利其器。'伯喈非流紈體素，不妄下筆；若子邑之紙、妍妙輝光，仲將之墨、一點如漆，伯英之筆、窮神極意，妙物遠矣！"董逌《廣川書跋》卷一〇《魯直烏絲欄書》："字尤用意，極於老壯態，不似平時書。但烏絲治之不得法，礙□礫決，頗失行筆勢，蓋縑帛不如昔也。……今爲烏絲，不如昔工"；亦器不利則不應手之例。"老壯"當是"老當益壯"之縮減，殊不成語；董氏兩《跋》，甚有學識，而筆舌蹇吃，《朱文公文集》卷五一《答董叔重》稱其《廣川家學》，復曰："但其他文澀難曉。"然玩其經營行布，却非無意於爲文者。

【增訂三】《全梁文》卷四六陶弘景《與梁武帝啓》之六論書法云："手隨意運，筆與手會"，亦即王僧虔《書賦》語意。《全三國文》卷三二韋誕《奏題署》："夫'工欲善其事，必先利其器，'用張芝筆、左伯紙及臣墨，兼此三具，又得臣手，然後可逞"；《全晉文》卷一四四衛鑠《筆陣圖》有論筆、硯、墨、紙"要取"何材一大節。

雕刻之於器與物尤不造次①，蓋更踰於書畫云。英國舊劇中角色評學畫者曰："汝目不隨手，手不隨心"（your eye goeth not with your hand; your hand goeth not with your mind）②；即亦謂心手相左也。

偃師進"能倡者"，能歌善舞，穆王與姬侍同觀其技；倡者目挑王之侍妾，王怒，偃師"立剖散倡者以示王，皆傅會革、木、膠、漆、白、黑、丹、青之所爲"，王歎曰："人之巧乃可與造化者同功乎！"；《註》："近世人有言人靈因機關而生者。……人藝粗拙，但寫載成形，塊然而已；至於巧極，則幾乎造化。似或依此言，而生此説。"按《莊》、《列》之書有傳誦兩寓言，與釋典若應聲學步者：《養生主》庖丁解牛之喻與《雜阿含經》卷一一之二七六"譬如屠牛師"節（《增壹阿含經》卷五之一同），偃師此事與《生經》卷三《佛説國王五人經》第二工巧者作"機關木人"節，是也。佛教於東周已流入中國之説，幸非公言定論，故《莊子》猶

---

① H. Focillon, *op. cit.*, 23, 51-2, 71; J. Pommier, *Questions de Critique et d'Histoire littéraire*, 84-5.

② Lyly, *Campaspe*, III.iv (Appelles to Alexander).

得免於鄰子竊鈇之疑，不然，鍛鍊起贓，百口難辯。《列子》於釋氏巧取神偷，已成鐵案，平添一款，多少無所在耳。"機關人"吾國夙有，如《檀弓》孔子謂"爲俑者不仁"，鄭玄註："俑、偶人也，有面目，機發有似於生人"，《正義》："刻木爲人，而自發動，與生人無異，但無性靈知識"；即唐梁鍠詠《傀儡》名句所謂："刻木牽絲作老翁，雞皮鶴髮與真同。"段安節《樂府雜錄》記"自昔傳云"漢高祖困於平城，陳平"即造木偶人，運機關舞於陣間"，乃"傀儡子"之始。《三國志·魏書·方技傳》裴註引傅玄記"天下之名巧"扶風馬鈞"三異"，其三爲："設爲女樂舞象，至使木人擊鼓吹簫；作山嶽，使木人跳丸擲劍，緣絚倒立，出入自在；百官行署，舂磨鬬雞，變巧百出。……馬先生之巧，雖古公輸般、墨翟、王爾，近漢世張平子，不能過也！"然雖"似於生人"、"與真同"、"出入自在"，而終"無性靈知識"。《生經》之"機關木人"乃能"黠慧無比"，見王夫人而色授魂與，"便舉眷眼色視"之，則如張湛註言"靈因機關而生"、"巧極幾乎造化"者，空掃吾國前載矣。是以《列子》"依此言"而下文又曰："班輸、墨翟自謂能之極也，聞偃師之巧，終身不敢語藝"；意謂此土所未曾有耳。"馬先生"巧侔古人，近在魏晉人耳目間，而《列子》祇道輸、翟，並不肯道張衡、王爾，所以自示其書之出於先秦人；亦猶《楊朱》篇："老子曰：'名者、實之賓'"，強奪《莊子·逍遙遊》中名言歸諸老聃，所以自示生世早於莊周。皆謹密不苟；蓋作僞固由膽大，而售僞必須心細也。佛經以傀儡子或機關木人爲熟喻，《雜譬喻經》卷八北天竺木師造木女行酒食，南天竺畫師自畫絞死像，"汝能誆我，我能誆汝"，頗類古希臘兩畫師競勝，甲所畫能誆禽鳥，而乙所畫並能誆甲（quoniam [Zeuxis] ipse vulcres fefelisset, Parrahsius autem se artificem)①。《大般涅槃經‧如來性品》第四之二迦葉云："譬如幻主機關木人，人雖覩見屈伸俯仰，莫知其内而使之然"；《華嚴經‧菩薩問明品》第一〇寶首菩薩頌云："如機關木人，能出種種聲，彼無我非我，業性亦如是"；《楞嚴經》卷六文殊師利偈云："如世巧幻師，幻作諸男女，雖見諸根動，要以一機抽，息機歸寂然，諸幻成無性，六根亦如是"；《大智度論‧解了諸法釋論》第一二云："曲直及屈申，去來現語言，都無有作者，是事是幻耶？爲機關木人？爲是夢中事？"吾國釋子偈頌承之，如《宗鏡錄》卷三七引頌云："誰無念？誰無生？若實無生無不生，喚取機關木人問"；《瑯嬛記》卷上引《禪林實語》云："譬如兩木人，分作男女根，設機能搖動，解衣共嬉戲。"釋氏此譬，言人身之非真實；拉梅德里（De la Mettrie）論人是機器（L'Homme Machine），亦舉巧匠（Vaucanson）所造機關人爲比②，則言靈魂之爲幻妄。斯又一喻多邊之例。《力命篇》："黄帝之書云：'至人居若死，動若械'"；"械"即《莊子‧天地》"有械於此，鑿木爲機"之"械"，謂外如機關之動而中"無心"也。至人"無心之極"、"若死"、"若械"，然陳死人與機關人却不堪爲"至人"。正復《仲尼篇》論"聚塊積塵"之理耳。

孔周之劍，"一曰'含光'，視之不可見，運之不知有，其所觸也，泯然無際，經物而物不覺。"按可以喻《老子》四三章所謂"無有入無間"。《墨子‧經》上："次，無間而不相攖也"，

---

① Pliny, *Natural History*, XXXV.36,"Loeb", IX, 310.
② F.A. Lange, *The History of Materialism*, tr. E.C. Thomas, II, 75, n.72; cf. I, 243.

《經說》上："無厚而後可"；含光之劍能以"無厚"而入"不相攖"矣。《詩·大明·正義》引太公論兵法有曰："謀出無孔"，言機密無隙可窺也，"無孔"、"無間"、"無際"一意。

黑卵醉卧，來丹揮劍，"自頸至腰三斬之，黑卵不覺"，趣出遇黑卵子，"擊之三下，如投虛"；黑卵醒曰："我嗌疾而腰急"，其子曰："我體疾而支彊，彼其厭我哉！"按即"厭魅"之"厭"。意大利古諧詩寫英雄（Orlando）寶劍（Durlindana）之利，神鋒一揮，斬敵兩段，其體中斷而仍若未觸者，故敵雖被殺死而不自知，依然跨馬苦戰（Onde ora avendo a traverso tagliato/Questo Pagan, lo fe si destramente,/Che l'un pezzo in su l'altro suggellato/Rimase, senza muoversi niente:/E come avvien', quand'uno è rescaldato,/Che le ferite per allor non sente,/Così colui del corpo non accorto,/Andava combattendo ed era morto)①。黑卵中劍"不覺"，乃"劍不能殺人"也；此乃善殺人者能使人死而"不覺"（non sente）中劍，更詼詭矣。"三寶"劍"皆不能殺人"，"無施於事"，即謂物愈精則用愈寡，物而爲"寶"，必物之不輕用乃至不用抑竟無用者耳。

【增訂四】《莊子·刻意》："夫有干越之劍者，柙而藏之，不敢用也，寶之至也。"即余所謂："物而爲'寶'，必物之不輕用乃至不用抑竟無用者。"意大利古諺云："物太好遂至於不足貴。"（Tanto buon che val niente），亦斯旨也。

---

① Berni, *Orlando Innamorato*, II. xxiv, quoted in *Orlando Furioso*, tr. John Hoole, Vol. I, "Introduction", p. xxxix.

七　力　命

"力謂命曰：'若之功奚若我哉？'命曰：'汝奚功於物而欲比朕？'"按此篇宗旨實即《莊子·達生》首二句："達生之情者，不務生之所以爲，達命之情者，不務知之所無奈何"，郭象註："分外物也，命表事也。"《莊子》之《天運》、《秋水》、《繕性》、《鶡冠子》之《環流》、《備知》等皆言"時命"；《列子》以"力命"對舉，殆承《墨子》。《非命》上："命富則富，命貧則貧，……雖强勁何益哉？"；《非命》中："而天下皆曰其力也，必不能曰我見命焉"；《非命》下："夫豈可以爲命哉？故以爲其力也"；"强勁"正如《非命》下之"强必治，不强必亂"等句之"强"，皆即"力"也。《論衡·命祿篇》："才力而致富貴，命祿不能奉持"，亦以"力"、"命"對舉。西土則馬基亞偉利尤好言"力命之對比"（Il contrasto famoso Fortuna-Virtù）①。列子所謂"知命"、"信命"者，如北宮子不知榮辱之在彼在我，如季梁病大漸而不乞靈於醫藥，漠然中無所感，寂然外無所爲。果能證此乎，

---

① *Il Principe*, cap. 7ᵉ 25; *Discorsi*, II 29, 30ᵉ III, 9; *La Vita di Castruccio Castracani da Lucca* (*op. cit*., 22, 80-2, 297-9, 302-3, 344, 552).

則較尼采所謂"愛命"(amor fati)之境地更爲恬静超脱。亦妄言之以妄聽之云爾。

"黄帝之書云：'至人居若死，動若械。'"按參觀前論《湯問篇》偃師節。此亦神秘宗要義也。《老子》二〇章："俗人昭昭，我獨昏昏；俗人察察，我獨悶悶；……衆人皆有以，我獨頑似鄙。"《莊子》出以比喻，《齊物論》："形固可使如槁木，而心固可使如死灰乎！"；《庚桑楚》："兒子動不知所爲，行不知所之，身若槁木之枝，而心若死灰"；《徐無鬼》："形固可使若槁骸，心固可使若死灰乎！"已强聒不捨。

【增訂四】《文子·道原》引老子曰："形如槁木，心若死灰。"《天下》論慎到曰："推而後行，曳而後往，若飄風之還，若羽之旋，若磨石之隧。全而無非，動静無過，未嘗有罪。是何故？夫無知之物，無建己之患，無用知之累。……故曰：'至於若無知之物而已，無用賢聖，夫塊不失道。'豪傑相與笑之曰：'慎到之道，非生人之行，而至死人之理，適得怪焉！'"尤大放厥詞。王夫之《莊子解》卷三三釋此節曰："此亦略似莊子，而無所懷、無所照，蓋浮屠之所謂'枯木禪'者。""塊"即《仲尼篇》"聚塊積塵"之"塊"；"死人之理"即"居若死"；有知之人"至於若"無知之物，生人"至"死人之"理"即"反以至大順"，參觀《老子》卷論第五章。《老子》第一〇章、《莊子·庚桑楚》以"能嬰兒"、"能兒子"爲"玄德"、"至和"。然嬰兒、兒子雖不識不知，尚非無識無知，仍屬"生人"，勿同"死人"或"無知之物"，猶不得爲謂極則。遂進而取死灰、槁木、械、塊、羽、石之倫，以譬息心念、忘形骸之止境。真每況愈下矣。參觀《毛詩》卷論《隰有萇楚》。西土神秘家言亦以絶聖棄智、閉聰塞明爲證道入天，每喻於木石之頑、鹿豕之蠢。布魯諾昌言"至聖之無知"（santa ignoranza）、"至神之失心風"（divina pazzia）、"超越凡人之蠢驢境地"（sopraumana asinità）①；季雍夫人自稱如"機關之抽發"（comme par un ressort），如"球之輥轉"（une balle qu'un homme pousse），如"穢惡器具"（un vil instrument）之由人用舍②。皆與"械"、"塊"、"飄物"、"磨石"等類，"無建己之患，無用知之累"，"頑似鄙"者。巴斯楷爾説虔信云："使汝蒙昧如畜獸"（cela vous fera croire et vous abêtira）③。考論者謂當時笛楷爾之學方大行，以爲禽獸無靈性，其運施衹同機器之動作（l'automatisme des bêtes）；巴斯楷爾若曰，人而欲陟降在天，當麻木其心，斷思絶慮（une stupeur mentale, une abstention systématique de toute réflexion et de tout raisonnement），效畜獸而法機關（s'adresser à la bête, à la machine）④。是亦"若械"之意耳。

"魏人有東門吴者，其子死而不憂。其相室曰：'公之愛子，天下無有；今子死不憂何也？'東門吴曰：'吾嘗無子，無子之時不憂，今子死，乃與嚮無子同，臣奚憂焉？'"按《戰國策・秦策》三應侯失韓之汝南，秦昭王曰："國其憂矣！"應侯曰："臣不憂。……梁人有東門吴者"云云，僅"公之愛子也"、"乃與無

---

① Bruno, *Cabala del Cavallo Pegaseo con l'aggiunta dell'Asino Cillnico*, Dialogo 1, *op. cit.*, 553.

② Mme Guyon: "Conduite d'Abandon à Dieu", J. Rousset, *Anthologie de la Poésie baroque française*, I, 137 et 139.

③ Pascal, *Pensées*, no. 233, éd. V. Giraud, 150.

④ É. Gilson, *Les Idées et les Lettres*, 268, 270, 274; cf. E. Baudin, *La Philosophie de Pascal*, I, 64-5.

子時同也"二句小異。樊增祥《樊山續集》(即《詩集三刻》)卷一〇《玄文》:"玄文未就揚雲老,説着童烏即淚垂;爲語老牛須割愛,譬如犢子未生時";正用此意。脱無《國策》一節,必有人拈東門吴事,爲《列子》陰采釋氏之例矣。實則慰人自慰,每强顔達觀,作退一步想,不必承教於老釋之齊物觀空。如李頎名篇《送陳章甫》結句:"聞道故林相識多,罷官昨日今如何?";蓋謂章甫求官而未得(參觀《全唐文》卷三七三陳章甫《與吏部孫員外書》),譬如"相識"得官而終"罷"爾,差同《魏書·陽尼傳》自言:"吾昔未仕,不曾羨人,今日失官,與本何異?"《更豈有此理》卷二《譬解解》云:"東郭有乞兒,行歌於道。或哀之曰:'子服腐矣!'曰:'譬如袒。''子履敝矣!'曰:'譬如跣。''羹殘而炙冷矣!'曰:'譬如飢。''子病矣!'曰:'譬如死。''子病而死矣,則又何説焉?'曰:'譬如不死。'"以東郭闡釋東門,亦謀於野則獲也。

八　楊　朱

"人而已矣，奚以名爲？"按此篇以身與名對待，正如《力命》之以力與命對待也。《老子》四四章："名與身孰親？身與貨孰多？"作《列子》者本其旨而儷比事例，瀾翻雲詭，遂成佳觀。嚴復評點《老子》是章曰："馬季長曰：'左手攬天下之圖書，右手刲其喉，雖愚者不爲。'則身固重也，故曰：'貴以身爲天下。'楊朱所得於老者以此。"當即指《列子》本篇。引語見《後漢書·馬融傳》上，全文云："融既飢困，乃悔而歎息，謂其友人曰：'古人有言：左手據天下之圖，右手刎其喉，愚夫不爲。所以然者，生貴於天下也。今以曲俗咫尺之羞，滅無貲之軀，殆非老、莊所謂也'"（《世説·文學》註引融《自敍》字句小異，無"殆非老、莊"云云）；章懷註："莊子曰：言不以名害其生者。"《仲長統傳》引《昌言·法誡》篇亦有"左手"云云，末句作"愚者猶知難之"；章懷又註："事見《莊子》。"《宋書·范曄傳》引"古人"云云同。重身輕名之爲老、莊遺教，馬融早已道破；然今本《莊子》已佚其所引語，王先謙《後漢書集解》本沈欽韓謂見《御覽》，又引《文子·上義》。《淮南子·精神訓》及《泰族訓》並有此語。今本《莊子·讓王》篇云："今使天下書銘於

-785-

君之前，書之言曰：'左手攫之則右手廢，右手攫之則左手廢，然而攫之者必有天下'，君能攫之乎?"《呂氏春秋·審爲》篇載子華子語略類。又《墨子·貴義》："予子天下而殺子之身，子爲之乎？必不爲"；《韓非子·內儲說》上："故今有於此，曰：'予汝天下而殺汝身'，庸人不爲也"；均同馬融引語之意。《老子》曰"大患有身"，而又曰"外其身而身存"，"貴以身爲天下"，"無遺身殃"；《莊子》"以生爲附贅縣疣"（《大宗師》），以"身非汝有，是天地之委形"（《知北遊》），而又以"活身"爲"善"（《至樂》）。《列子》此篇，語尤恣放。夫愛身惜命，人之常情，然誇稱一死生、外形骸者而珍髮膚如衞頭目，則匹似逃影而行日中、匿跡而走雪上也。本篇禽子謂楊朱曰："以子之言問老聃、關尹，則子言當矣"，張湛註："聃、尹之教，貴身而賤物也。"歐陽修好言："老之徒曰'不死'者，是貪生之説也"（《集古錄跋尾》卷六《唐華陽頌》又卷九《唐會昌投龍文》）。老、莊不言"不死"之方，軼名晉人作《正誣論》（《弘明集》卷一），因道士譏沙門不能令人長生益壽，即引莊子語反折之；列子且託楊朱答孟孫陽而言"理無不死"，"理無久生"。然皆"貪生"、"活身"之意，溢於楮墨，況其"徒"之流爲術士者乎！求不死與齊生死，皆念念不能忘死，如擊舟水上，則魚下沉而鳥高翔，行事反而心畏一也①。參觀《全晉文》卷論王該《日燭》。

《莊子·應帝王》云："無爲名尸"，《駢拇》云："小人則以

---

① Cf. Montaigne, *Essais*, III. xii *op. cit.*, 1012-3; V. Pareto, *A Treatise on General Sociology*, §2086, *op. cit.*, II, 1446 (contradictory derivations of a given residue).

身殉利，士則以身殉名，大夫則以身殉家，聖人則以身殉天下，其於傷性以身爲殉一也"；《刻意》云："野語有之曰：'衆人重利，廉士重名'"；《秋水》云："無以得殉名"；《盜跖》云："小人殉財，君子殉名"，又論夷齊等六人云："皆離名輕死，不念本養壽命者也。"雖重言之而未暢厥旨。《列子》託於楊朱，牽合"爲我"、"不拔一毛利天下"之説，詞愈肆而意加厲，且泛作橫流，遁入傍門。保生全身進而娛生恣體，因身去名進而以名利身。莊之引而未發、動而尚幾者，列遂擴充至盡，酣放無餘。老、莊有列，殆類荀卿之有李斯，蘇軾所慨"父殺人則子必行劫"者歟！《莊子·盜跖》祇曰："今吾告子以人之情：目欲視色，耳欲聽聲，口欲察味，志氣欲盈。……不能説其志意、養其壽命者，皆非通道者也。"《列子》之言則如冰寒於水焉，曰："名乃苦其身，燋其心。……人之生也奚爲哉？奚樂哉？爲美厚爾，爲聲色爾。而美厚復不可常厭足，聲色不可常翫聞。乃復爲刑賞之所禁勸，名法之所進退，遑遑爾競一時之虛譽，規死後之餘榮，偊偊爾慎耳目之觀聽。……徒失當年之至樂，不能自肆於一時。"張湛釋之曰："故當生之所樂者，厚味、美服、好色、音聲而已耳。而復不能肆性情之所安、耳目之所娛，……自枯槁於當年，求餘名於後世者，是不達乎生生之趣也。"已略同古希臘亞理斯諦潑斯（Aristippus）等之利己享樂論（egoistic hedonism），以耳目口腹之快感爲至善極樂之本相（pleasurable sensation as the *Urphänomene of Eudaimonia*）①。又曰："當身之娛，非所去也"，"死後之名，非所取也"；李白《行路難》云："且樂生前一

---

① Gomperz, *Greek Thinkers*, *op. cit*., II, 214.

杯酒，何須身後千載名？"，《少年行》云："看取富貴眼前者，何用悠悠身後名？"，或《魯拜集》云："只取現鈔，莫管支票"(Ah, take the Cash, and let the Credit go)①，可借以最括此說。然《列子》所惡於名者，以其逆性累身耳；苟厚生適性，舍名莫能，則不特不去名、廢名，且將求名、興名，固未嘗一概抹殺也。曷觀乎《楊朱篇》曲終奏雅曰："豐屋、美服、厚味、姣色，有此四者，何求於外？……今有名則尊榮，亡名則卑辱；尊榮則逸樂，卑辱則憂苦。……名胡可去？名胡可賓？但惡夫守名而累實。"尤《莊子·盜跖》之所未言者。彼曲學柱道以致富貴，甚至敗名失節以保首領，皆冥契於不"累實"之旨，謂爲《列子》之教外別傳可矣。

《孟子·滕文公》曰："楊氏爲我"；《淮南子·俶真訓》曰："全性保真，不以物累形，楊子之所立也。"身體爲"我"之質(the material self)，形骸爲"性"之本，然而"我"不限於身體，"性"不盡爲形骸。釋典曰"我、我所"（參觀《維摩詰所說經·方便品》第二"離我我所"句肇註）；凡可以成我相、起我執、生我障者，雖爲外物，不與生來，莫非"我"也、"性"也(A man's self is the sum total of all that he *can* call his)②。故"我"與"性"皆隨遇損益；"爲我"而僅止於身，"全性"而祇囿於形，人當病痛之時，處困絕之境，勢所必然，初非常態。苟疾苦而不至危殆，貧乏而未及凍餒，險急而尚非朝不慮夕，乃至

---

① Fitzgerald, *Rubaiyàt*, XIII; cf. Shakespeare, I *Henry IV*, V. i. 131 ff.: "What is honour? A Word" etc.
② James, *Principles of Psychology*, I, 291.

出息不保還息，則所"全"之"性"、所"爲"之"我"，必超溢形骸身體，而"名"其首務也。"名"非必令聞廣譽、口碑筆鉥也，即"人將謂我何"而已（che si discorrerà di lui; was die Andern von uns denken）①。塞天破而震耳聾之大名無不以"人謂我何"託始，如雄風起於萍末焉。名屬我相；我相排他，而名又依他，以人之毀譽，成己之聲稱，我慢有待乎人言。愛身惜生之外而復好"名"（approbativeness），此人之大異乎禽獸者也（the differentia of man par excellence）②。古人倡"名教"，正以"名"爲"教"，知人之好名僅亞於愛身命，因勢而善誘利導，俾就範供使令（別詳《全晉文》卷論戴逵《放達爲非道論》）。劉熙載《昨非集》卷二《書〈列子·楊朱〉篇後》："名與善相維者也，去名是去善也。……名不足以盡善，而足以策善，楊朱則用以抑名者抑善也"；以"名"爲"教"即以"名策善"也。《列子》非"名"，蓋有見於好名之心每足與愛身命之心争强而且陵加焉耳。夫得財以發身，而捨身爲財者有之，求名以榮身，而殺身成名者有之，行樂以娛身，而喪身作樂者有之，均所謂"殉"也。《老子》第五〇章、七五章反復言："人之生，動至死地，以其生生之厚"，"以其求生之厚，是以輕死"；《文子·符言》："欲尸名者，必生事。……人生事，還自賊"；早發斯理。《商君書·算地》篇以爲盜賊"身危猶不止者，利也"，"上世之士"饑寒勞苦"而爲之者，名也"，因欲以名、利爲治國馭民之善巧方便。

---

① Leopardi, *Zibaldone*, *op. cit*. I, 1016; Schopenhauer, *Parerga und Paralipomena*, "Aphorismen zur Lebensweisheit", Kap. 4, *Sämtl. Werke*, hrsg. P. Deussen, IV, 372.

② A. O. Lovejoy, *Reflections on Human Nature*, 82, 92.

《通鑑・唐紀》八貞觀元年"上謂侍臣曰：'吾聞西域賈胡得美珠，剖身以藏之。……人皆知彼之愛珠而不愛其身也。吏受賕抵法與帝王徇欲而亡國者，何以異於彼胡之可笑耶！'魏徵曰：'昔魯哀公謂孔子曰：人有好忘者，徙宅而忘其妻。孔子曰：又有甚者，桀紂乃忘其身。亦猶是也'"；又《唐紀》一○貞觀九年"上謂魏徵曰：'齊後主、周天元皆重斂百姓，厚自奉養，力竭而亡。譬如饞人自噉其肉，肉盡而斃，何其愚耶？'"；蘇軾《東坡題跋》卷一《偶書》："劉聰聞當爲須遮國王，則不復懼死；人之愛富貴，有甚於生者。月犯少微，吳中高士求死不得；人之好名，有甚於生者。"發身、榮身、娛身而反忘身或且亡身，此又人情世事之常。譚峭《化書・德化》喻之於人製木偶而木偶能禍福人，"張機者用於機"①，亦即黑格爾論史所謂"願遂事成而適違願敗事"（die Handlung sich umkehrt gegen den, der sie vollbracht）②。有謂心行常經之第四條爲"手段僭奪目的"（das Prinzip der Heterogonie der Zwecke）③；以身殉名，是其一例。反客爲主，出主入奴，正如磨墨墨磨、弄猴猴弄也。

"百年、壽之大齊。得百年者，千無一焉。設有一者，孩抱

---

① Cf. Goethe, *Faust*, II, 7003-4: "Am Ende hängen wir doch ab/ Von Kreaturen, die wir machten" (i. e. Homunculus); Mary Shelley, *Frankenstein*, ch. 10, The Heritage Press, 104: "Remember, thou hast made me more powerful than thyself...I am thy creature" etc.

② *Philosophie der Geschichte*, Reclam, 64.

③ W. Wundt, *Grundzüge der physiologischen Psychologie*, 6, Auf., III, 764 ff.; *Völkerpsychologie*, VII, 387. Cf. C. von Ehrenfels, *System der Werttheorie*, 133 (Zielfolge nach abwärts).

以逮昏老，幾居其半矣。夜眠之所弭，晝覺之所遺，又幾居其半矣。痛疾哀苦，亡失憂懼，又幾居其半矣。量十數年之中，逌然而自得，亡介焉之慮者，亦亡一時之中爾。"

【增訂四】《六度集經》卷八《明度無極章》第八《阿離念彌經》："百歲之中，夜臥除五十歲，爲嬰兒時除十歲，病時除十歲，營憂家事及餘事除二十歲。人壽百歲，纔得十歲樂耳。"與《列子》語尤類。

按本之《莊子》而語益危切者；《盜跖》云："人上壽百歲，中壽八十，下壽六十，除病瘦死喪憂患，其中開口而笑者，一月之中，不過四五日而已矣！"後世詞章每賦此意，蓋齊心同所感也。如白居易《狂歌詞》："五十已後衰，二十已前癡，晝夜又分半，其間幾何時"；范仲淹《剔銀燈》："人世都無百歲；少癡騃，老成尩悴，只有中間、些子少年，忍把浮名牽繫"；王觀《紅芍藥》："人生百歲，七十稀少。更除十年孩童小，又十年昏老。都來五十載，一半被睡魔分了。那二十五載之中，寧無些個煩惱？"；盧疎齋《蟾宮曲》："想人生七十猶稀，百歲光陰，先過了三十。七十年間，十歲頑童，十歲尩羸，五十歲平分晝黑，剛分得一半兒白日"（《陽春白雪》前集卷二、《樂府羣珠》卷四）；唐寅《一世歌》："人生七十古來少，前除幼年後除老。中間光景不多時，又有炎霜與煩惱"，又《七十詞》："前十年幼小，後十年衰老。中間祇五十年；一半又在夜裏過了。算來只有二十五年，在世受盡多少奔波煩惱"（《六如居士全集》卷一）。皆輾轉捋搊《莊》、《列》。吉朋記回王（Caliph Abdalrahmen）自言在位五十餘年，極武功文德之盛，而屈指歡樂無愁慮之日，才兩來復（the days of genuine and pure happiness amount to fourteen），又一帝（Emperor Seghed）自計畢生悅愉不過旬日①。拉勃呂埃謂：必待樂而後笑，或且至死無啓顏之時；倘以快意之日計晷，則享遐齡者亦祇得數閱月差不虛生而已（Il faut rire, de peur de mourir sans avoir ri. La vie est courte, si elle ne mérite ce nom lorsqu'elle est agréable, puisque, si l'on cousait ensemble toutes heures que l'on passe avec ce qui plaît, l'on ferait à peine d'un grand nombre d'années une vie de quelques mois)②。十七世紀意大利詩人賦《人生苦》，自慨年將五十，而取生平心暢神怡之時刻累積之，難盈一日（Dieci lustri di vita o poco meno/porto sul dorso; e se ricerco quante/son l'ore lieta, a numerar l'istante, /posso a pena formarne un di sereno)③。歌德亦言已生世七十五載，而合計歡忻之日，先後差足四週耳（ich kann wohl sagen, dass ich in meinen fünfundsiebzig Jahren keine vier Wochen eigentliches Behagen gehabt)④。當世意大利小說名作中主人翁老病垂死，卧榻回憶終身七十三年，惟二、三年尚非浪度，其餘莫不爲憂苦煩惱所耗磨（Ho settantatrè anni, all'ingrosso ne avrò vissuto, veramente vissuto, un totale di due... tre al massimo. E i dolori, la noia, quanto erano stati? Tutto il resto: settanti anni)⑤。胥同心之言矣。又按詞章中用《莊子》"開口而笑"者，杜牧《九日齊安登

---

① *The Decline and Fall of the Roman Empire*, ch. 52, "The World's Classics", VI, 29-30.

② La Bruyère, *Les Caractères*, IV. 63-64, Hachette, 116.

③ T. Gaudiosi: "Infelicità della Vita umana", *Marino e i Marinisti*, Ricclardi, 1077.

④ Eckermann, *Gespräche mit Goethe*, 27 Jan. 1824, Aufbau, 102.

⑤ Tomasi di Lampedusa, *Il Gattopardo*, Feltrinelli, 168-9.

高》:"人世幾回開口笑,菊花须插滿頭歸",最爲傳誦。《全唐文》卷三八七獨孤及《冬夜裴員外、薛侍御置酒燕集序》:"歌曰:'一年解頤笑,幾日如今朝!'",又《仲春裴胄先宅宴集聯句賦詩序》:"裴側弁慢駡曰:'百年歡會,鮮於別離,開口大笑,幾日及此?日新無已,今又成昔!'";兩用《莊子》語,早於杜牧。

"晏平仲問養生於管夷吾,管夷吾曰'肆之而已,勿壅勿閼。……恣耳之所欲聽,恣目之所欲視,恣鼻之所欲向,恣口之所欲言,恣體之所欲安,恣意之所欲行。'"按下文端木叔節亦曰:"放意所好,其生民之所欲爲、人意之所欲玩者,無不爲也,無不玩也。"上文有一節論"伯夷非亡欲","展季非無情",一"矜清"而"餓死",一"矜貞"而"寡宗";張湛註:"此誣賢負實之言,然欲有所抑揚,不得不寄責於高勝者耳。"此節重申厥旨,公然違背老、莊,張氏不爲彌縫,僅疑"管仲功名人,不容此言"。夫管、晏生世遠隔,並不容對答(參觀《考古質疑》卷三謂相去百五十至百七十年),張氏所"疑",亦察秋毫而不見輿薪者歟。老、莊之"貴身"、"養生",主"損"主"嗇"主"扃閉",別詳《老子》卷論第一三章;《吕氏春秋·本生》斥"伐性之斧"、"爛腸之食"等,即其遺意。《列子》之"養生",主"肆"與"恣",深非"廢虐之主";"勿壅勿閼"之於"扃閉",如矛盾相接、箭鋒相拄。

【增訂三】《莊子·讓王》:"中山公子牟曰:'雖知之,未能自勝也。'瞻子曰:'不能自勝則從。神無惡乎。不能自勝而强不從者,此之謂重傷。重傷之人,無壽類矣。'"《吕氏春秋·審爲》"從"作"縱之"(參觀《文子·下德》、《淮南子·道應》)。蓋知欲之當禁,禁而不得,則不如縱之。古籍道茲事曲折,無如許造微者。欲不可强遏,然亦須嘗試"自勝",與列子之徑言"恣欲"者異矣。

《文子·上禮》、《淮南子·精神訓》抨擊"終身爲哀或悲人"之"雕琢其性，矯拂其情"，禁目所欲，節心所樂，而謂"達至道者則不然"，"縱體肆意，而度制可以爲天下儀"；則酷肖"從心所欲不踰矩"，與《列子》貌同心異。嵇康《養生論》曰："知名位之傷德，故忽而不營，非欲而強禁也；識厚味之害性，故棄而弗顧，非貪而後抑也"；淵源老、莊，如《達生》之言"棄事"、"遺生"。向秀《難〈養生論〉》曰："今五色雖陳，目不敢視；五味雖存，口不得嘗；以言爭而獲勝則可。焉有勺藥爲荼蓼，西施爲嫫母，忽而不欲哉？苟心識可欲而不得從，性氣困於防閑，情志鬱而不通，而言養之以和，未之聞也"；乃鄰比於《列子》之"勿壅勿閼"。王世貞《弇州史料後集》卷三五記明嘉、隆間講學有顔山農者，"爲奇邪之談"，每言："人之貪財好色皆自性生，其一時之所爲，實天機之發，不可壅閼之，第過而不留，勿成固我而已"（《古今談概》卷二、《寄園寄所寄》卷六引《朝野異聞》略同）；實與《列子》暗合。英詩人勃來克再三言："欲願而不能見諸行事，必致災疾"；"寧殺搖籃中嬰兒，莫懷欲蓄願而不行動"（He who desires but acts not, breeds pestilence; Sooner murder an infant in cradle than nurse unacted desires）[1]；正"勿壅勿閼"爾。斯理至近世心析學之説"抑遏"、"防禦"、"佔守"（Verdrängung, Verschanzung, Gegenbesetzung）而大暢[2]。智者

---

[1] Blake, *Marriage of Heaven and Hell*: "Proverbs of Hell".

[2] Freud, *Vorlesungen zur Einführung in die Psychoanalyse*, Internationaler Psychoanalytischer Verlag, 425-6.

《摩訶止觀》卷二論"修大行"有云:"若人性多貪欲,機濁熾盛,雖對治折服,彌更增劇,但恣趣向。何以故?蔽若不起,不得修觀。譬如綸釣,魚強繩弱,不可爭牽,但令鉤餌入口,隨其遠近,任縱沉浮,不久收穫。"則不僅"養生"須"恣","修行"亦可先"恣"。元曲《城南柳》第二折呂洞賓云:"且教他酒色財氣裏過,方可度脫他成仙了道";流俗之語,蓋有由來。蕭士瑋《深牧菴日涉錄》十一月十六日記:"紫柏老人云:'我未嘗見有大無明人,如有之,千尺層冰,一朝暖動,即汪洋莫測也'";即此義諦。德國神秘宗鉅子亦謂:"誤入邪徑,方登大道"(die liute koment ze grôzen dingen, sie sîen ze dem êrsten vertreten)①,可相比勘也。

"子產有兄曰公孫朝,有弟曰公孫穆;朝好酒,穆好色。……朝、穆曰:'夫善治外者,物未必治而身交苦,善治内者,物未必亂而性交逸。'……子產忙然無以應之。……鄧析曰:'子與真人居而不知也!'"按《列子》全書中,此節最足駭人,故張湛註謂"詞義太逕庭抑抗","過逸之言"。實則《黄帝》篇已襲《莊子·達生》,侈言"醉人神全"如"聖人",本節於嗜酒外,復增好色耳。蓋言神秘經驗者可分二門:一爲"冷靜明澈宗"(die kühle, helle Intellektuellen-mystik),齋攝其心,一爲"昏黑沈酣宗"(die dunkle vitale Rauch-mystik),陶醉其身②;殊路同歸,皆欲證"聖人"、"真人"、"至人"境界。

---

① Eckhart, quoted in C. G. Jung, *Psychologischen Typen*, 340. cf. J. B. Yeats, *Letters to His Son and Others*, 179 (the word "invitation" should be substituted for "temptation" etc.).

② Max Scheler, *Die Wissensformen und die Gesellschaft*, 19, 63.

【增訂四】袁宏道《瀟碧堂集》卷二〇《德山塵談》："透關的人亦有兩樣。有走黑路者,若大慧等是也;走明白路者,洪覺範、永明。"亦如神秘經驗之分"靜明"與"黑酣"兩宗也。

《黃帝》篇列子"學於夫子"九年,是靜明之例也,《莊子》多有;此篇公孫朝、穆兄弟好酒色,乃黑酣之例,坐實《文子·精誠》所言:"故通於太和者,闇若醇醉而甘,卧以游其中",滄海橫流而不啻天荒突破焉。藉陶醉以博超凡入"聖"、豁妄歸"真",乞靈於酒或藥,如錢起《送外甥懷素上人》所謂"醉裏得真如"者,是處有之①,

【增訂三】《大智度論》卷三一《釋初品中十八空》:"如人醉睡,入無心定",即"醉裏得真如"。《巨人世家》中"神瓶"(la dive Bouteille)示象,或人(Bacbuc)以拗口語釋之曰:"人飲醇成神"(Notez, amis, que de vin divin on devient—Rabelais, *Le Cinquiesme Livre*, ch. 45, *Oeuv. comp.*, ed. J. Plattard, V, 169)。

【增訂四】當世英美俚語逕稱服某種麻醉藥(LSD)爲參"立地禪"(instant Zen)(*Harrap's Slang Dictionary*, 1984, Pt I, p. 372);"立地"如"立地成佛"之"立地",謂登時也。註①引詹姆士等人所意計不及矣。

而域中自莊生以還,祇頌酒德。如《神仙傳·章震傳》:"弟子號'太陽子',好飲酒;或問之,云:'晚學俗態未除,故以酒自驅耳'";皮日休《酒中十詠·序》:"頽然無思,以天地大順爲隄

---

① James, *Varieties of Religious Experience*, 378; E. Westermarck, *Origin and Development of Moral Ideas*, II, 591; A. Huxley, *Texts and Pretexts*, 19-20.

封，傲然不持，以洪荒至化爲爵賞。……真全於酒者也!"，又第十首："如尋罔象歸，似與希夷會"；晁迥《法藏碎金錄》卷一："夫醉者墜奔車而不傷，全其外也，乘蕩舟而不懼，全其内也。故先賢頌酒，贊酒功德，稱其美利，蓋非徒然"；陸友《硯北雜誌》卷下記道士黄可立曰："寇謙之、杜光庭之科範，不如吳筠之詩，吳筠之詩，不如車子廉、楊世昌之酒。何則？漸近自然"；錢秉鐙《田間詩集》卷四《效淵明〈飲酒〉詩》第二首："方其酣醉時，虚空一何有；試問學人心，有能如此否？"胥同天竺《奧義書》以熟眠爲歸真返朴之高境（When a man sleeps here, then... he becomes united with the True, he is gone to his own [self]）①，而借酒爲梯航。色功德堪比酒功德，則自《列子》之公孫穆"好色"而爲"真人"始。曠世相和，寥落無幾。方士妖言，若張衡《同聲歌》所詠"素女爲我師，天老教軒皇"，或邊讓《章華臺賦》所謂"脩黄軒之要道"，乃長生久視之術，迥異乎《列子》之撰。《列子》固明言"理無不死"、"理無久生"；"真人"非不死之仙人也。男歡女愛與禪玄契悟，自可互喻。言情而取譬於理道者，如元稹《夢遊春》："結念心所期，反如禪頓悟，覺來八九年，不向花迴顧"，即其《離思》之四："曾經滄海難爲水，除却巫山不是雲；取次花叢懶迴顧，半緣修道半緣君。"若曰：一覩佳人絶世，恍識諸餘粉黛都無顏色，寵專愛集，不復濫用其情，正如參禪一旦了徹，大事已畢，妄緣盡息，掃塵斬葛，不復錯用其心。元氏詩以膠注之痴擬超脱之悟，捉境地之背道分馳者，使之背靠貼坐，泂語不猶人矣。説理而取譬於情欲則

---

① *Khāndogya*, VI. viii. 1-2, *The Sacred Books of the East*, I, 98-9.

《老子》第六一章已曰："牝常以靜勝牡,以靜爲下";《禮記·大學》曰:"如好好色",《祭義》曰:"如欲色然",又《坊記》曰:"民猶以色厚於德",《論語·子罕》曰:"未見好德如好色",又《學而》曰:"賢賢易色"(參觀《坊記》與《祭義》兩句鄭註及孔疏、王守仁《王文成公全集》卷五《與黃勉之》之二、顧炎武《日知錄》卷六、陳錫璐《黃嬭餘話》卷八、王念孫《廣雅疏證·釋言·易》》、《紅樓夢》第八二回)。

【增訂三】《大智度論》卷七三《釋深奧品第五十七上》論"菩薩摩訶薩念般若波羅蜜",喻"如多淫欲人與端正淨潔女人共期"而不遂,"念念常在彼女人所"云云;《五燈會元》卷一九昭覺克勤呈偈言"道"云:"金鴨香消錦繡幃,笙歌叢裏醉扶歸,少年一段風流事,只許佳人獨自知。"均言"好德如好色"也。

紫陽真人張伯端《金丹四百字·序》至曰:"骨脈如睡之正酣,精神如夫婦之歡合,……此乃真境界也,非譬喻也!"天竺《奧義書》喻天人融浹於男女抱持(Now as a man, when embraced by a beloved wife, knows nothing that is without, nothing that is within, thus this person, when embraced by the intelligent Self, knows nothing that is within)①;歐洲載籍中侔揣此境,有謂如媾合者(l'atto copulativo de l'intima e unita cognizione divina; copulazione è la più propria e precisa parola che significhi la beatitudine)②,有謂如接吻者(the soul receiving a kiss from the

---

① *Brihadāranyaka*, IV, iii, 21, *The Sacred Books of the East*, XV, 128.
② Leone Ebreo, *Dialoghi d'Amore*, Dial. I, ed., S. Caramella, 46.

Godhead; the kiss exchanged between the unity of God and the humble man)①。顧雖云"非譬喻",而實僅譬喻;比此方彼,仍如比鄰傍户,初非合火通家,未嘗直以色欲爲真如妙道之津梁門徑,有似《列子》之言公孫穆也。《宗鏡録》卷二一述天台宗"五戒",本"無立無遺"之旨,"圓人"有"飲酒法門"及"染愛法門";德國浪漫主義論師謂醉酒使人返朴(Von den Bewusstseynformen ist die Trunkenheit die vorzüglichste—als Rückkehr in das elementare Bewusstseyn),而情愛使人得一得全(Man findet oft nur darum das Universum in der Geliebten. Es ist ein süsses Meer von leiser Unendlichkeit)②;近世英國一小説名家尤昌言男女之事能證入沉冥不可思議境地③;胥足助《列子》張目者歟。

【增訂四】《列子》言"好色"亦可爲"真人",皇甫湜《出世篇》寫此窮極形相:"旦旦狎玉皇,夜夜御天姝。當御者幾人,百千爲番,宛宛舒舒。忽不自知,支消體化膏露明,湛然無色茵席濡。俄而散漫,裹然虛無,翕然復摶,摶久而蘇。精神如太陽,霍然照清都。四肢爲琅玕,五臟爲璠璵。顔如芙蓉,頂爲醍醐。與天地相終始,浩漫爲歡娛。"侔色揣稱,不特如紫陽真人所道"金丹境界",亦幾乎白行簡《陰陽交合大歡樂賦》筆意,吾國古詩中絶無僅有之篇也,而未見拈出。韓門有孟郊

---

① J. Clark, *Meister Eckhart*, 203, 242.

② Fr. Schlegel, *Literary Notebooks*, ed. H. Eichner, §§ 1316, 1357, 1499, pp. 138, 142, 153, 275 (note).

③ D. H. Lawrence, *Collected Letters*, ed. H. T. Moore, II, 1249-1250; cf. A. Huxley, *The Olive Tree*: "D. H. Lawrence", 204, 206.

之"垂老抱佛脚"(《讀經》),殆類相傳退之之尊大顛,復有皇甫湜之"夜夜御天姝",殆又類相傳退之之服"火靈庫"耶?西方論者或又以俄羅斯作家羅札諾夫與英國之勞倫斯並舉,以其昌言男女行欲可以出人入天、脱肉拯靈,淫肆即法會也(Vasilii Rozanov is the nearest to a Russian D. H. Lawrence.... He believed in salvation through sexual intercourse and dreamed of the *paradisus voluptatis* of Genesis and an association between the brothel and the church. —M. Bradbury and J. McFarlane, ed. *Modernism*, Penguin, 1978, p.139)。

"不以一毫利物","世固非一毛之所濟","一毛固一體萬分中之一物,奈何輕之乎?"按參觀《老子》卷論第三九章。《列子》與《文子》、《老子》、《莊子》皆道家之言道而不言術者,梁肅《〈神仙傳〉論》且誤引《列子》以駁斥神仙家之燒丹煉氣。然《列子》視其他三《子》爲便於方士之假借緣飾。如《周穆王》、《黄帝》兩篇侈陳"至人"、"化人"之幻,仙法可以依附焉;《楊朱》篇揚言"養生"恣欲、"真人"好色,房術得爲藉口焉。黄震《黄氏日鈔》卷五五:"佛本言戒行,而後世易之以不必持戒,其説皆陰主《列子》";蓋尚承朱熹"佛家先偷《列子》"之論,而又未識《列子》更爲道士末流開方便之門也。即如本節教人各惜一毛,苟充類而引申之,則通身舉體,無内外鉅細,皆必寶重愛護,即涕唾便溺,亦一視同珍。故《全晉文》卷一一六葛洪《養生論》衹教少思、少言等十二少,《全唐文》卷七三九施肩吾《識人論》亦衹教"不欲遠唾以損氣",而《雲笈七籤》卷三二《養性延命録》、卷三三《攝養枕中方》等於"十二少"

之外，諄諄命人"終日不涕唾"；《雲仙雜記》卷八引《河中記》："方山道人時元亨鍊真厭世三十餘年，精唾涕淚俱惜之"；李日華《六硯齋筆記》卷二、《三筆》卷四皆記李赤肚"禁人不得洩氣，大小遺節忍至十日半月"。道士中有識者，未嘗不以爲詬厲，如《全唐文》卷九二六吳筠《金丹》："或閉所通，又加絕粒，以此尋之，死而最疾"，正指斯類。自不肯拔一毫而至於不願漏一滴、出一息，讀《列子》託爲楊朱之言，可見霜而知冰矣。

九　説　符

"宋有蘭子者，以技干宋元"；《註》："凡人物不知生出者謂之蘭也。"按蘇時學《爻山筆話》謂"今世俗謂無賴子爲'爛仔'，其義疑本於此"。竊意蘇説近是，"蘭子"即後世之"賴子"；李治《敬齋古今黈》卷二《富歲子弟多賴》條、翟灝《通俗編》卷一一《賴子》條皆引《五代史·南平世家》，謂"猶言無賴"，惜未上溯《列子》之"蘭子"。宋祁《景文集》卷四八《舞熊説》："晉有蘭子者"云云，正用《列子》之字以指《五代史》所言之人。《儒林外史》第四二回："被幾個喇子囮着"，《紅樓夢》第三回："潑辣貨，南京所謂辣子"，皆一音之轉。元曲《隔江鬥智》第一折周瑜曰："那癩夫諸葛亮"，"癩"亦"賴"字之變，非謂孔明患伯牛之疾也。

【增訂二】《孤本元明雜劇》有《五馬破曹》，劇中曹操屢呼諸葛亮爲"懶夫"，如第三折："這懶夫足智多謀"，第四折《楔子》："這懶夫好狠也！""懶"同"蘭"、"賴"、"癩"、"喇"，非謂孔明如嵇叔夜之"不堪"，亦猶"癩"非謂孔明如冉伯牛之"有疾"也。《雜劇》中《九宫八卦陣》第二折李逵駡羅真人："這懶夫好無禮也！……你個能避懶的村夫有甚見識！""懶"

即"避懒","避懒"同"儘懒",无赖也,如《西游记》第一六回行者反诘唐僧:"老孙是这等儘懒之人?幹这等不良之事?"

"東方有人焉,曰爰旌目,將有適也,而餓於道。狐父之盜曰丘,見而下壺餐以餔之"云云。按《吕氏春秋·介立》篇記此事,稱爰旌目不食盜食爲能"辨義"而輕生。即陸機《猛虎行》所謂:"渴不飲盜泉水,熱不息惡木陰;惡木豈無枝?志士多苦心。"劉向《新序》亦采其事入《節士》篇。《列子》則譏爰旌目曰:"是失名實者也",已屬翻案議論。汪中《述學》補遺《狐父之盜頌》厥詞大放,乃歎美盜丘若不容口:"悲心内激,直行無撓。吁嗟子盜,孰如其仁!用子之道,薄夫可敦。悠悠溝壑,相遇以天。孰爲盜者,吾將託焉!"此盜居然遂似梁山泊好漢之鼻祖①,又一大翻案。汪氏佗傺牢騷,《經舊院弔馬守真文》之弔娼與此篇之頌盜,適堪連類。然周密《癸辛雜識》續集卷上載宋末龔開《宋江三十六人贊》已稱"盜賊之聖";明季而還,《水滸傳》盛行,汪氏許狐父之盜以"仁",正同流俗推梁山泊好漢爲"忠義",似奇論而實常談耳。又按《吕氏春秋》及《列子》均謂狐父之盜名"丘",而《莊子·盜跖》訶孔子曰:"盜莫大於子,天下何故不謂子'盜丘'?"無心偶合乎?抑有意影射耶?《莊子·胠篋》言"盜亦有道",贊"盜"亦即"聖人",《盜跖》乃斥"聖人"亦即"盜"。《列子·天瑞》齊之國氏、向氏節東郭先生曰:"若一身庸非盜乎?盜陰陽之和以成若生、載若形,況外物而非盜哉?"云云,則不特"聖

---

① Cf. M. Praz, *The Romantic Agony*, tr. A. Davidson, 83, 357 (the nobie bandit).

人",芸芸衆生,無非"盜"者。《陰符經》卷中:"天地、萬物之盜,萬物、人之盜,人、萬物之盜",更擴而充之,莫黑非烏,莫赤非狐,天地、人、物,等爲"盜"爾。莎士比亞劇中一憤世者語羣盜(bandits)謂:日、月、水、土莫不行同盜賊(The moon's an arrant thief, etc.),凡百行業亦即穿窬(there is boundless theft/In limited professions),舉目所見,人乎物乎,一一皆盜賊也(each thing's a thief; all that you meet are thieves)①;亦猶是矣。

"楊朱之弟曰布,衣素衣而出,天雨,解素衣,衣緇衣而反。其狗不知,迎而吠之。楊布怒,將扑之";《註》:"不内求諸己而厚責於人,亦猶楊布服異而怪狗之吠也。"按《列子》取《韓非子·説林》下楊布之狗事,以喻行己接物之道,張湛註是也。然尚可觸類而通,更端以説。苟衡以明心見性之學,則此事足徵狗之智力祇解聯想(association)而不解分想(dissociation);博物者言狗辨別事物,藉鼻嗅甚於藉目視,姑置勿論也可。

【增訂二】《説文解字》以"臭"字入《犬》部:"禽走,臭而知其迹者,犬也。從'犬'、從'自'。"當作如此句讀;"禽"即獸,"其"即已"走"之"禽","自"者,《説文》:"自:鼻也,象鼻形。"造字者正以嗅覺爲犬之特長,故借"犬鼻"泛示百凡人禽聞根之能所。"臭而知迹"之"臭"非名詞而是動詞,即"嗅",《論語·鄉黨》之"三嗅而作"正同《荀子·禮論》之"三臭不食"。段玉裁讀"禽走臭而知其迹者"爲一句,註曰:"'走臭'猶言逐氣;犬能行路蹤跡前犬之所至,於其氣知之也。……引伸假借爲凡氣息芳臭之稱";蓋讀破句,文遂

---

① *Timon of Athens*, IV.iii.427ff..

不詞，因從而曲解焉。"其"字失所系屬，於是犬一若僅能追知犬類之氣息者！則"走狗烹"何待"狡兔死"乎？

【增訂三】英國哲學家嘗謂狗亦自有"推理體系"（the dog's system of logic），兩言以蔽曰："物而有，必可嗅；嗅不得，了無物"（What is smells, and what does not smell is nothing—F. H. Bradley, *Principles of Logic*, I, 31）；可佐許慎張目。

《左傳》成公三年晉侯享齊侯，"齊侯視韓厥，韓厥曰：'君知厥也乎？'齊侯曰：'服改矣'"；杜預註："戎服、異服也；言服改，明識其人。"齊侯高出於楊布之狗者，以其知隨身之服（varying concomitants）非即身耳。後世詞章本狗認衣不認人之旨，另樹一義，與《韓》、《列》相待相成。元曲紀君祥《趙氏孤兒‧楔子》屠岸賈道白有云："將神獒鎖在淨房中，三五日不與飲食。於後花園紮下一個草人，紫袍玉帶，象簡烏靴，與趙盾一般打扮，草人腹中懸一付羊心肺。某牽出神獒來，將趙盾紫袍剖開，着神獒飽餐一頓，依舊鎖入淨房中，又餓了三五日，復行牽出那神獒，撲着便咬，剖開紫袍，將羊心肺又飽餐一頓。如此試驗百日，度其可用。……某牽上那神獒去，其時趙盾紫袍玉帶，正立在靈公坐榻之邊。神獒見了，撲着他便咬。"《史記‧趙世家》、《新序‧節士》、《說苑‧復恩》等記下宮之難，皆未道屠岸賈飼獒，紀君祥匠心獨運，不必別有來歷。嘗見莫泊桑小說，寫寡婦有獨子為人殺，欲報仇，而無拔刀相助者，因紮草為人（l'homme de paille），加之衣巾，取香腸（un long morceau de boudin noir）繞其頸如領帶（une cravate）；亡子舊畜牝犬（la chienne "Sémillante"）頗猘，婦鏈繫之於草人傍，不與食兩晝夜，然後解鏈，犬即怒撲草人嚙其頸斷；如是者三月，婦往覓子仇，噬犬噬而殺焉①。十八世紀法國神甫（le Père Prémaire）曾譯《趙氏孤兒》（*Le Petit Orphelin de la Maison de Tchao*），盛傳歐洲，莫泊桑殆本《楔子》謀篇而進一解歟？

【增訂三】近世滑稽小說名家嘗寫一少年採動物訓練者（those animal-trainer blokes）之法，以太妃糖餌稚子，俾代己求婚（P. G. Wodehouse, *Carry on, Jeeves*!: "Fixing it for Freddie"），與莫泊桑所言"食化"，莊諧異施矣。

楊布之狗覩衣異而謂著衣者亦異，屠岸賈之獒覩衣同而謂著衣者亦同，事反而理合，貌異而心同。其義蘊即心理學所言"比鄰聯想"（association by contiguity）、生理學所言"條件反射"（conditioned reflex）者是②。更前於元人院本，則有如南唐譚峭《化書·食化》云："庚氏穴池，構竹爲凭檻，登之者，其聲策策焉。辛氏穴池，構木爲凭檻，登之者，其聲堂堂焉。二氏俱牧魚於池，每凭檻投餌，魚必踊躍而出。他日但聞策策、堂堂之聲，不投餌亦踊躍而出。則是庚氏之魚可名'策策'，辛氏之魚可名'堂堂'，食之化也"；又南宋陳善《捫蝨新話》卷四云："陳文壽嘗語余：'人有於庭欄間鑿池以牧魚者，每鼓琴於池上，即投以餅餌。……其後魚聞琴聲丁丁然，雖不投餅餌，亦莫不跳躍而出。客不知其意在餅餌也，以爲瓠巴復生。'予曰：'此正宋齊丘所謂食化者。'"飼獒、餌魚，與巴甫洛甫之唅狗使流饞涎（salivation），同歸"食之化也"。是故屠岸賈之狗不特遙踵楊布之狗，

---

① Maupassant: "Une Vendetta", *Contes du Jour et de la Nuit*, Conard, 137 ff..

② G. H. S. Razran, *Conditioned Responses*, 5: "Association is not a special attribute of the mind, but a universal property of protoplasm."

抑且隱導巴甫洛甫之狗矣。

"齊田氏祖於庭，食客千人，中坐有獻魚雁者"云云。按參觀《老子》卷論五章。《列子》此事全本《孔叢子》附孔臧所撰《連叢》卷下："季彥見劉公，客適有獻魚者，公熟視魚，歎曰：'厚哉天之於人也！生五穀以爲食，育鳥獸以爲肴。'衆坐僉曰：'誠如明公之教也！'季彥曰：'賤子愚意竊與衆君子不同。萬物之生，各禀天地，未必爲人，人徒以知，得而食焉。……伏羲始嘗草木可食者，一日而遇七十二毒，然後五穀乃形，非天本爲人生之也。故蚊蚋食人，蚯蚓食土，非天故爲蚊蚋生人、蚓蟲生地也。……'公良久曰：'辯哉！'"《太平御覽》卷四六四引王瑱《童子傳》記孔林年十歲對魯相劉公語同，"魚"作"雁"。桓譚《新論·袪蔽》篇記與劉伯玉辯，劉曰："天生殺人藥，必有生人藥也"；答曰："鉤吻不與人相宜，故食則死，非爲殺人生也。譬若巴豆毒魚，礜石賊鼠，桂害獺，杏核殺豬，天非故爲作也。"《孔叢子》、《列子》言養生之物，《新論》言殺生之物；兩義相成，如函得蓋。屠隆《鴻苞集》卷二九《戒殺文示諸子》云："迷人不知，乃藉口天生萬物本以資人食養。嗟乎！如虎狼遇人則食，天豈以萬物之命供人，乃又以人之命供虎狼耶！"；虞淳熙《虞德園先生集》卷二〇《〈天主實義〉殺生辨》云："若曰'天生肉食海物以養人'，將曰'天生人以養毒蟲毒獸'乎？彼非人不飽，猶人非物不飽也"；王弨《薈華館詩錄》卷二《記李壬叔所述語》云："佛氏戒殺生，西儒尤斥絕。昔有艾約瑟，談佛喜鬪佛；偶詣國清寺，與僧成面折。兩爭未得平，僧笑其詞拙：'猛虎居深山，搏人以爲活；天生人於世，豈亦爲彼設？虎意或如斯，子言殊未必！'艾君置不言，頳頳詞已竭。李七歸述之，使我解糾結。"三家皆助釋氏張目，而持論如拾鮑氏之子唾餘。

【增訂三】《河南程氏外書》卷八程頤論"佛戒殺生"曰："儒者……一説天生禽獸本爲人食。此説不是。豈有人爲蟣蝨而生耶？"

【增訂四】洪亮吉《卷施閣文甲集》卷一《意言・百物篇》駁"天生百物專以養人"之説尤詳，然非助釋氏張目，而陰申《論衡・自然篇》之緒，亦即《老子》五章王弼註之意也。

《列子》此節似亦潛襲儒書以陰申佛教，孔臧之於異端，不啻齎盜糧矣！晉、宋以還，道士剽掠釋典，造作《化胡》、《西昇》等《經》，鄙惡可笑，鈍賊無意智，更下於《天瑞》篇之向氏爲盜。若夫空空妙手，窵取佛説，聲色不動，蹤跡難尋，自有《列子》在。蓋擬議以成變化，異乎掐撦割裂，能脫胎換骨，不粘皮帶骨。故自宋至清，談者衹以爲釋典與《列子》暗合，或反疑釋典攘竊《列子》，真類《南齊書・高逸傳》載顧歡《夷夏論》所嘲："是吕尚盜陳恒之齊，劉季竊王莽之漢也！"盜而能使聽訟者反坐主人，《荀子・非十二子》所謂"賊而神"，《法言・淵騫》所謂"穿窬之雄"，《列子》有焉。《天瑞》篇之國氏爲盜，殆如夫子自道矣。

"乞兒曰：'天下之辱，莫過於乞。乞猶不辱，豈辱馬醫哉！'"按嵇康《難〈自然好學論〉》："俗語曰：'乞兒不辱馬醫。'"《列子》此節當是"俗語"之演義也。

【增訂三】《列子》此篇尚有"人有亡鈇者，意其鄰之子"云云一節，全本《吕氏春秋・去尤》，歷世傳誦。《太平御覽》卷七六三《器物部》八引《玄晏春秋》亦云："鄰人亡斧及雞，意余竊之。居三日，雞還，斧又自得，鄰人大愧。"遂若親遭其事者，又平添一雞。

焦氏易林

三一則

一　焦延壽易林

　　《日知録》卷一八疑世傳《易林》爲東漢人著而嫁名焦延壽。《後漢書·崔駰傳》記崔篆撰《易林》，又《儒林傳》上本《連叢》下記駰"以家《林》爲孔僖筮"；清儒遂欲奪之焦以歸於崔，牟廷相、丁晏輩如訟師之爭産然。《方術傳》下記許曼之祖父峻者，"所著《易林》，至今傳於世"，則角立之兩增而爲鼎峙之三。《禮記·月令》孔《正義》引《易林》："震主庚、子、午，巽主辛、丑、未"云云，與此書體制迥異，是別有《易林》，不知即出誰手；

　　【增訂三】《月令》孔《正義》引《易林》，見《季夏之月》節"季夏行春令"云云下，孔按曰："是未屬巽也。"李石《續博物志》卷四："《易林》曰：'巽爲雞，雞鳴節時，家樂無憂'"；亦不見今本《易林》。《續博物志》卷六又曰："後漢崔篆著《易林》六十四篇"，豈所引語出崔書歟？

惠棟《易漢學》卷四遽以歸於"焦氏又得之周、秦以來先師之所傳"，武斷肛必矣。焦歟、崔歟，將或許歟，姓氏偶留，而文獻匙徵，苟得主名，亦似於知其人、讀此書，無甚裨益。竊欲等楚弓之得失，毋庸判兒貓之是非也。漢、宋皆用爲占候射伏之書；

《四庫提要》卷一〇九、梁玉繩《瞥記》卷一均引《東觀漢紀》載永平五年事，黃伯思《序》道雍熙二年事，程迥《雜識》道宣和末、紹興末事，歷歷可徵。劉斧《青瑣高議》後集卷一〇《僧卜記》言張圭、馬存求異僧占"食祿"之地，得《瀆卦》與《散卦》，張曰："《易》中無《瀆》、《散》二卦"，僧曰："此乃焦貢《易林》言也"；《易林》初無此二卦，而亦徵焦書在宋爲流俗之所熟聞，卜筮者杜撰卦文，至託其名以售欺誆衆矣。黃伯思《序》已許其"文辭雅淡，頗有可觀覽"；有明中葉，談藝之士予以拂拭，文彩始彰，名譽大起。術數短書得與於風雅之林者，楊慎實有功焉，庶幾延壽或篆抑峻之後世鍾期乎。楊有仁編《太史升菴全集》卷五三摘《易林》佳句，歎爲"古雅玄妙"，而嗤世人無識，"但以占卜書視之"。

【增訂四】王世貞《藝苑卮言》卷二："延壽《易林》、伯陽《參同》，雖以數術爲書，要之皆四言之懿，《三百》遺法耳。"卷七謂馮惟訥《古詩紀》當"補錄"《易林》。于慎行《穀山筆麈》卷七："予讀《焦氏易林》，其詞古奧爾雅而指趣深博，有《六經》之遺，非漢以下文字。然世徒以爲占卜之書，學士勿誦也。"于氏似未聞楊慎、王世貞早已稱賞是書者，於以見後來鍾、譚拂拭《易林》之功不小也。

鍾惺、譚元春評選《古詩歸》，甄錄諸《林》入卷四，讚賞不絕口，曰："異想幽情，深文急響"，曰："奇妙"，曰："簡妙"，曰："《易林》以理數立言，文非所重，然其筆力之高、筆意之妙，有數十百言所不能盡，而藏裹迴翔於一字一句之中，寬然而餘者。"竟陵之言既大行，《易林》亦成詞章家觀摩胎息之編。如董其昌《容臺詩集》卷四有七律，題云：《癸亥元日與林茂之借

〈焦氏易林〉，貽以福橘五枚，茂之有作，依韻和之》；林古度固嘗屬鍾、譚詩派者（《林茂之詩選》王士禛序："見鍾伯敬、譚友夏而悅之，一變爲幽隱鉤棘之詞"；《天池落木菴存詩》不分卷《林茂之與竟陵先生始昵終隙，……突而惠詩，答以此篇》）。倪元璐《倪文正公遺稿》卷一《畫石爲祝寰瀛》，有董瑞生評："造句著情，《易林》遜其簡辣"；李嗣鄴《呆堂文鈔》卷四《後五詩人傳》稱胡一桂四言詩："奇文奧義，識學兼造，當是焦延壽一流，爲後來詞人所絶無者。……猶得存此一卷詩，使後世與《易林》繇辭並讀。"蓋《易林》幾與《三百篇》並爲四言詩矩矱焉。漢人依傍《易經》之作，尚有揚雄《太玄經》；雄老於文學，慘淡經營，而偉詞新喻如"赤舌燒城"（《干》之次八；柳宗元必賞此語，《河東集》卷二《解崇賦》："胡赫炎燺熇之烈火兮，而生夫人之齒牙！"正敷演其象）、"童牛角馬"、"垂涕累鼻"、"割鼻食口"、"嚙骨折齒"、"海水羣飛"（《劇》之上九，亦見《劇秦美新》）等，屈指可盡，相形而見絀也。

馮班《鈍吟雜録》卷三云："古人文章自有阡陌，《禮》有湯之《盤銘》、孔子之《誄》，其體古矣。乃《三百五篇》都無銘、誄，故知孔子當時不以爲詩也。馮惟訥《古詩紀·古逸》盡載銘、誄、箴、誡，殆失之矣。騷、賦亦出於詩，與詩畫界。有韻之文，不得直謂詩。《書》曰：'詩言志'，《詩·序》曰：'發乎情。'王司寇欲以《易林》爲詩，直是不解詩，非但不解《易林》也。夫鏡圓餅亦圓，餅可謂鏡乎？"限局以疑遠大，似是而非之論也。《三百五篇》無箴、銘、誄而有頌，《周頌》、《商頌》、《魯頌》累牘盈卷，是"孔子當時"以頌爲詩矣。陸機《文賦》曰："誄纏緜而悽愴，銘博約而溫潤，箴頓挫而清壯，頌優游以彬蔚"，以四體連類。豈頌獨"言志"、"發情"，而誄之"纏綿悽愴"，不得爲"言志"、"發情"乎？亦見《三百五篇》之體例，未足資別裁之所依據矣。元稹《樂府古題·序》言《詩》、《騷》以後，"詩之流爲二十四名，……皆《詩》人六義之餘"，頌、銘、箴、誄，赫然都與其數，馮氏敢以譏"王司寇"者上譏元相耶？"有韻不得直爲詩"，其言是也。然科以所標"言志"、"發情"，則"有韻"之名"詩"者亦每"不得直爲詩"，如鍾嶸《詩品·序》即擯"平典似道德論"；而"有韻"之向不名"詩"者，却"直"可"爲詩"而無害。蓋祇求正名，渾忘責實，知名鏡之器可照，而不察昏鏡或青緑斑駁之漢、唐銅鏡不復能照，更不思物無鏡之名而或具鏡之用，豈未聞"池中水影懸勝鏡"（庾信《春賦》）耶？甚至"以溺自照"、"以影質溺"（王世貞《弇州四部稿》卷一五〇《藝苑巵言》評謝榛、湯嘉賓《睡菴文集》卷三《王觀生近藝序》、阮大鋮《春燈謎》王思任《序》）耶？

【增訂三】《河南程氏外書》卷一〇程頤述宋仁宗時王隨語："何不以溺自照面，看做得三路運使無？"此語見諸載籍，殆莫早於是，然必先已爲常談矣。明、清小説院本中習道之，如《金瓶梅》第一一回西門慶駡孫雪娥、《儒林外史》第三回胡屠户駡范進，《綴白裘》第一二集卷二《四節記·嫖院》賈志誠打譚且實演其事。

《晏子春秋》内篇《雜》下之一諷齊景公"懸牛首於門而賣馬肉於内"，此言常施於賣主者也。然倘買客舌不知味，目論耳食，其將見市招而購老馬之蹄，謂爲犧牛之腴，朵頤大嚼，且以飫享太牢自誇而誇諸人。談藝者輕心輕信，顧名忽實，則"文"、"筆"等辨體之名，"性靈"、"復古"等分派之名，"唐詩"、"宋詩"等斷代之名，"江左齊梁文"、"河朔魏周文"等因地之名，以及某人或某作當時若後世之盛名大名，皆可作如是觀，無一非懸門之牛首耳。欲食牛者，得馬肉而津津焉啖之，癖嗜馬者，覩牛首而望望然去之，其失惟均矣。

　　《易林·益》之《革》："雀行求粒，誤入罝罣；賴仁君子，復脫歸室"（《師》之《需》等略同），又《大有》之《萃》："雀行求食，出門見鷂，顛蹶上下，幾無所處"；可持較曹植《野田黃雀行》："不見籬間雀，見鷂自投羅？羅家見雀喜，少年見雀悲，拔劍捎羅網，黃雀得飛飛"，又《鷂雀賦》："向者近出，爲鷂所捕，賴我翻捷，體素便附。"《坤》之《既濟》："持刃操肉，對酒不食，夫行從軍，小子入獄，抱膝獨宿"（《復》之《剝》等略同）；可持較古詩《十五從軍征》："烹穀持作飯，采葵持作羹，羹飯一時熟，不知貽阿誰。"《乾》之《訟》："罷馬上山，絕無水泉，喉焦脣乾，舌不得言"（《震》之《姤》等略同）；又似兼《隴頭歌辭》與《隴頭流水歌辭》"西上隴阪，羊腸九回，寒不能語，舌卷入喉"。"雲從龍"，《易·乾》卦語也，《易林·同人》之《蠱》鋪陳之："龍渴求飲，黑雲影從；河伯捧觴，跪進酒漿，流潦滂滂"（《未濟》之《鼎》等略同），境物愈詼詭矣。"脣亡齒寒"，《左傳》僖公五年諺也，《易林·未濟》之《遜》引申之："脣亡齒寒，積日凌根，朽不可用，爲身災患"（參觀《訟》之《復》："塞兔缺脣，行難齒寒"），情詞加急切矣。《枯魚過河泣》，寥寥二十字而首尾完具之故事也，"夫函牛之鼎沸，而蠅蚋弗敢入"，又《淮南子·詮言訓》家常習近之喻也；《易林·大畜》之《觀》飾後喻以類前事："三蛆逐蠅，陷墮釜中，灌沸淖瀢，與母長訣"（《鼎》之《訟》等略同），取瑣穢之物以譬慘戚之況，相映成趣矣。異想佳喻，俯拾即是，每可比

《善哉行》瑟調；苟不知爲卜筮之辭，馮氏暗中摸索得之，當亦"直謂'詩'"，何期覿面不相識也！《易》有"象"而《詩》有比，皆擬之形容，古人早已相提並舉，具詳《易》卷論《乾》。瓶器異而水相同，燈燭殊而光爲一，馮氏譏王士禛"不解"，余則美其通識眞賞，能與楊愼輩相視莫逆。沈德潛《古詩源》錄及箴、銘，而不取《易林》，倘懾於馮氏之論歟？

【增訂三】占卜之詞不害爲詩，正如詩篇可當卜詞用。《堅瓠秘集》卷五《籤訣》記"射洪陸使君廟以杜少陵詩爲籤，亦驗"，即是一例。西方古時亦取荷馬、桓吉爾史詩資占圖，《巨人世家》一章嘗詳道之(*Le Tiers Livre*, ch. x: "Comment Pantagruel remonstre a Panurge difficile chose estre le conseil de mariage, et des sors homeriques et virgilianes")。若拘馮氏"文章阡陌"之論，則三大家且因此而不得與於詩流耶？

【增訂四】《堅瓠秘集》一則全本《老學菴筆記》卷二；《劍南詩稿》卷四七有五言古詩五首，題亦云：《予出蜀日，嘗遣僧則華乞籤於射洪陸使君廟，使君以老杜詩爲籤，予得〈遣興〉詩五首中第二首，其言教戒甚至……》。

《易林》之作，爲占卜也。詔告休咎，不必工於語言也。章學誠《文史通義》內篇一《詩教》下所謂："焦貢之《易林》、史游之《急就》，經部韻言之，不涉於詩也。"顧乃白雉之筮出以黃絹之詞，則主旨雖示吉凶，而亦借以刻意爲文，流露所謂"造藝意願"(si carica l'operazione utilitaria/d'un intenzionalità formativa)①。

---

① L. Pareyson, *Estetica*, 2ᵃ ed., 39.

焦氏易林　一

已越"經部韻言"之境而"涉於詩"域，詩家祇有愕歎不虞君之涉吾地也，豈能痛詰何故而堅拒之哉！卜筮之道不行，《易林》失其要用，轉藉文詞之末節，得以不廢，如毛本傅皮而存，然虎豹之鞟、狐貉之裘，皮之得完，反賴於毛。古人屋宇、器物、碑帖之類，流傳供觀賞摩挲，原皆自具功能，非徒鑑析之資。人事代謝，製作遞更，厥初因用而施藝，後遂用失而藝存。文學亦然；不須遠舉，即拾《升菴全集》同卷所稱酈道元《水經注》爲例也可。酈書刻劃景物佳處，足並吳均《與朱元思書》而下啓柳宗元諸游記，論者無異詞，至有云："古人記山水手：太上酈道元，其次柳子厚，近時則袁中郎"（張岱《瑯嬛文集》卷五《跋〈寓山志〉》之二）。顧輿地之書，模山範水是其餘事，主旨大用絶不在此。則言文而及酈《注》者，亦將被訶爲"直不解文，非但不解《水經注》"歟？山膏善罵，竊恐似仰空而唾、逆風而溺，還汙着於己身耳！議論類馮氏者不少，如阮元《揅經室三集》卷二《書梁昭明太子〈文選序〉後》，即力言經、史、子不得爲"文"。蓋皆未省"詩"與"文"均可由指稱體制之名進而爲形容性能之名（considerare la poesia piuttosto come aggettivo che come sostantivo）①。名義沿革，莫勿如是，非特"詩"、"文"，參觀《史記》卷論《律書》。斤斤欲"正名"而"定名"者，未

---

① D. G. Ruggiero, *La Filosofia Moderna*, III, 66-7 (Vico). Cf. E. Staiger, *Grundbegriffe der Poetik*, "Nachwort", 5. Aufl., 236-7: "Die Substantive Epos, Lyrik, Drama gebraucht man in der Regel als Namen für das Fach, in das eine Dichtung als Ganzes nach bestimmten äusserlich sichtbaren Merkmalen gehört. Die Adjektive lyrisch, episch, dramatisch dagegen erhalten sich als Namen einfacher Qualitäten, an denen eine bestimmte Dichtung Anteil haben kann oder auch nicht".

一思"可名非常名"之事理爾。

【增訂四】倘過信阮元《書〈文選序〉後》拘墟之説，六代人談藝語即每扞格難通。例如《晉書·傅咸傳》云："好屬文論，雖綺麗不足，而言成規鑒。潁川庾純常歎曰：'長虞之文近乎詩人之作矣！'"是"綺麗不足"之"文論"可被"詩人之作"之目。苟科以"正名"之律，豈非自語相違之醉囈哉！

二　乾

　　《乾》："道陟石阪，胡言連謇；譯瘖且聾，莫使道通。請謁不行，求事無功。"按段成式《酉陽雜俎》續集卷四《貶誤》門謂梁元帝《易連山》引《歸藏斗圖》與此文同，"蓋相傳誤也"。《師》之《升》云："耳目盲聾，所言不通；佇立以泣，事無成功。"兩林詞意相近，近世所謂羣居而仍獨處(la solitude en commun, solitary confinement inside one's self)、彼此隔閡不通(failure in communication)之境，可以擬象。《舊約全書》載巴別城(the curse of Babel)事，語言變亂不通(confound their language)，則不能合作成功①，亦可印契。"胡言"者，胡人之言，即外國語，非譯莫解；而舌人既聾且啞，道心之路榛塞，得意之緣圮絕。徒居象寄狄鞮之名，全失通欲達志之用；北斗南箕，六張五角，情事更可笑憫。《文子·符言》記老子曰："夫言者所以通己於人也，聞者所以通人於己也。既瘖且聾，人道不通"(《淮南子·泰族訓》同，增"瘖者不言，聾者不聞"二句)。

　　【增訂二】《穀梁傳》文公六年："且瘖且聾，無以相通。"

------

① *Genesis*, 11, 6-8.

夫"譯"一名"通事",尤以"通"爲職志,却竟"人道不通",《易林》視《文子》進一解矣。殊方絕域之言,兜離繆糾,耳得聞而心莫能通;浸假則本國語之無理取鬧、匪夷所思者,亦比於外國語之不知所云。"胡說亂道"之"胡",即"胡虜"、"胡馬"、"胡服"之"胡"。由言而及行,遂曰"胡作妄爲",猶《孟子·滕文公》"南蠻鴃舌之人,非先王之道",言既"鴃舌",行必"貉道"。《太平御覽》卷七九九引《風俗通》:"'胡'者互也,言其被髮左衽,言語贅幣,事殊互也";葉適《習學記言序目》卷二〇:"《詩》、《書》所以號名'蠻'、'夷'、'戎'、'狄'者,以其無禮義忠信,爲相別異之稱也,初不論遠近内外。……春秋以後,……先王之道盡廢,華戎無别,混爲一區,於是九州之内,但以地勢爲中夏";章炳麟《新方言》卷二《釋言》:"胡、倭、蠻,四裔之國也;今謂行事無條理、語言無倫次曰'胡',浙江别謂之'倭',凡專擅自恣者,通謂之'蠻'。"蓋邦域族類之名本寓美刺,然就地定名,可以遷地而成通稱,非從主而不可假人者(non-adherent)。俗情我慢自大,異族非種,每遭鄙訕(offensive nationality),人地之號變爲品藻之目;如清代俗語謂人或事飾僞無實曰:"西洋景一戳就穿"(參觀張塤《竹葉菴文集》卷一一《雜詠京師新年諸戲》之七《西洋景》:"意大利亞國,天西大小洋,人心能假託,物理本恢張"),謂灾禍將起曰:"要鬧西洋"(見包世臣《齊民四術》卷一一《致廣東按察姚中丞書》),劇中打諢謂手銬爲"西洋眼鏡"、板刷爲"東洋牙刷"(《綴白裘》第一二集卷二《四節記·嫖院》),與先世之貶諷"胡"、"蠻"無異。

【增訂四】《兒女英雄傳》第一六回:"又出了這等一個西洋法

子";彌君松頤校釋本三二七頁:"即不是正經的辦法,或歪門邪道的意思。"

古希臘之"野蠻"(barbaros)一字,本指外國人,象其音吐嘍羅也,引申而指外國人之獷魯無文,更進則本國人之傖荒不學者,亦得以此命之①;正同《公羊傳》昭公二十三年所論中國而有夷狄之行,則"中國亦新夷狄也"。

【增訂三】王令《廣陵集》卷二《別老者王元之》:"一戎中侵欲內侮,猶遣萬甲疆場屯。何哉二氏日內壞,不思刷去仍資存!嘗聞古人敦氣類,皆以夷狄禽獸論";卷一三《書墨後》:"至於二夷之荒妄雄猾……老數百年而佛,佛今千有餘年矣。"等"老"於"佛",亦目為"夷"、"夷狄",一若青牛西去無異乎白馬東來者!書法正《公羊》所謂"中國亦新夷狄",參觀2309頁。

【增訂四】石介《徂徠文集》卷六《明四誅》:"夫佛、老者,夷狄之人也。……以夷狄之教法,亂中國之教法";卷一〇《中國論》:"聞乃有巨人名曰'佛',自西來入我中國,有龐眉名曰'聃',自胡來入我中國。……以其道易中國之道。"是老子非"化胡"而是"胡化"也!昌黎《原道》以"老"與"佛"為"夷狄之法",別出於"禹、湯、文、武、周公、孔子"之"先王之教",語尚渾淪,石徂徠、王廣陵遂逕目老子

---

① W. Jaeger *Paideia*, tr. G. Haighet, III, 79. Cf. Gibbon, *Decline and Fall of the Roman Empire*, ch. 5, note 104, "The World's Classics", V 552; E. J. Jacobs, ed., *Italian Renaissance Studies*, 63 (B. Varchi, *L'Ercolano*: "Questo nome *barbaro* è voce equivoca... quando si riferisce all'animo,... alla diversità o lontananza delle regioni,... al favellare" etc.).

爲"胡"、爲"夷"，並削其中國之籍矣。《劍南詩稿》卷四一《冬日讀白集作古風》第六首："吾常慕昔人，石介與王令。……吾徒宗六經，崇雅必放鄭"；連類並舉，正以二人之勇於衛道也。

魏文帝《典論·論文》："時有齊氣"（《文選》李善註："言齊俗文體舒緩，而徐幹亦有斯累"，引《漢書·地理志》載齊人之歌二句爲例；似當引《漢書·薛宣、朱博傳》："齊郡舒緩養名"、"數百人拜起舒遲"等語，更切），《魏書·島夷劉裕傳》："意氣楚剌"；"胡言"與"齊氣"、"楚氣"，若是班乎，均以風土爲月旦耳。大慧《正法眼藏》吳潛《序》："要得一則半則胡言漢語，覷來覷去，綻些光景"，謂取無義理語反復參究；《五燈會元》卷一七隆慶慶閑章次黃龍曰："這裏從汝胡言漢語"，謂由其任意亂道；

【增訂四】《五燈會元》卷一六黃檗志隱章次："一個說長說短，一個胡言漢語"；又卷二〇玉泉宗璉章次："豈是空開唇皮、胡言漢語來？"

以"漢"對"胡"，足證"胡說"之"胡"原爲"胡言連謇"之"胡"，即外國異族。《會元》卷一九太平慧勤章次亦云："胡言易辨，漢語難明"，而卷二〇馮楫章次："梵語唐言，打成一塊"，又東禪思岳章次："唐言梵語親分付"；洪邁《夷堅丙志》卷二《趙縮手》載趙《自讚》："相逢大笑高談，不是胡歌虜沸"，謂非亂吵亂嚷。一以"梵"代"胡"，一以"虜"配"胡"，均指亂道，"胡說"本意乃胡人之語，皎然大明矣。

【增訂二】《孤本元明雜劇》中《村樂堂》頭折王臘梅："休聽這弟子孩兒胡言漢語的！"，又《下西洋》第二折王景弘："這厮靠後，休胡説！"二語參稽，"胡説"之"胡"本意曉然。

【增訂三】《全金元詞》一二四五頁馮尊師《沁園春》："敢胡言貉語，説地談天"；《警世通言》卷六《俞仲舉題詩遇上皇》："俞良帶酒，胡言漢語。"詞意明了。配"漢"之"胡"，自指外夷；配"胡"之"貉"，如《孟子·告子》"貉道也"之"貉"，即《書·武成》"華夏蠻貊"之"貊"。"胡言"而偶以"貉語"，猶《夷堅志》之以"虜沸"偶"胡歌"也。《三朝北盟會編·靖康中帙》六五黄潛善論張邦昌曰："既得作相，便胡批亂判，安然爲之"，已同今語，竊意"亂"即"虜"音之轉耳。

佛典習言"胡、漢"，彷彿今言"中外"，如鳩摩羅什譯《大智度論·共摩訶比丘僧釋論》第六："出家人名'比丘'，譬如胡、漢、羌、虜，各有名字。"釋道宣《高僧傳》二集卷二載隋僧彦琮著《辯正論》，嚴辨"胡"、"梵"之名："胡本雜戎之胤，梵唯真聖之苗，根既懸殊，理無相濫"；王國維《觀堂集林》卷一三《西胡考》上謂唐人著書皆祖彦琮。顧初唐官書如《晉書》、《隋書》，一則《姚興載記》上屢稱佛經爲"胡本"，一則《經籍志》四有"皆胡言也"、"胡僧所譯"之語；闢佛如傅奕《請廢佛法表》之"禿丁邪戒、妖胡浪語"、"胡神之堂"等，更不待言；後來禪宗語録又以"梵"、"胡"互文等訓。是彦琮定名未嘗一律遵用，王語亦祇得涯略而已。又按《文選》左思《魏都賦》："或魋結而左言"，劉淵林註引揚雄《蜀紀》："椎結左語，不曉文字"；王融《三月三日曲水詩序》："左言入侍"，李善註引《蜀紀》較詳；然劉、李均未釋"左言"。《禮記·王制》："亂名改作，執左道以亂政"；《易林·履》之《革》："訛言妄語，傳相註誤，道左失迹，不知所處"；《説郛》卷五王君玉《續纂》立《左科》一門，行事荒謬如"上厠回嗽口，喚人爺作'大人'，喚自己作'足下'"等皆屬焉。"左言"之"左"即此等義；"胡言"傍通而爲亂道，"左言"則直目胡或四裔語爲亂道矣。

《小過》："從風放火，荻芝俱死。"按《剥》之《坤》同，"放"作"縱"；《泰》之《旅》："從風放火，牽騏驥尾，易爲功力，因催受福"；《賁》之《觀》、《井》之《臨》同，"從"作"順"，"催"作"懼"。《淮南子·俶真訓》："巫山之上，順風縱火，膏夏紫芝與蕭艾俱死"；《五燈會元》卷一一風穴延沼章次記僧問："如何是臨機一句？"答："因風吹火，用力不多"；《紅樓夢》第一六回鳳姐歷舉管家奶奶們"全掛子的武藝"，其一爲"引風吹火"，"引"視"因"、"從"、"順"更進一解。"牽騏驥尾"乃倒行逆施，與"從風放火"，事理適反。《明夷》之《大畜》、《革》之《晉》皆曰："牽尾不前，逆理失臣"；《晉書·后妃傳》上惠賈后亦曰："繫狗當繫頸，今反繫其尾。"竊疑"牽騏驥尾"之"尾"字譌。《吕氏春秋·重己》："使烏獲疾引牛尾，尾絕力勤，而牛不可行，逆也；使五尺童子引其棬，而牛恣所以之，順也"；《淮南子·主術訓》："今使烏獲藉蕃從後牽牛尾，尾絕而不從者，逆也；若指之桑條以貫其鼻，則五尺童子牽而周四海者，順也。"

【增訂二】《太玄經·勤》之次七："勞牽，不於其鼻於其尾，弊"；范望解："牽牛不於鼻而於尾，弊。"

意大利古掌故書亦有"捉狗牽尾"之諺（egli avessono preso un cane per la coda），釋者曰："將遭其嚙也"（e si fossero fatti mordere）[1]，足相發明。

---

[1] F. Sacchetti, *Trecentonovelle*, no.160, *Opere*, Rizzoli, 531.

《未濟》："長面大鼻，來解己憂，遺吾福子，與我惠妻。"按《需》之《升》云："凶子禍孫，把劍向門"；《否》之《巽》云："杜口結舌，言爲禍母"；《坎》之《兌》與《遯》之《未濟》皆云："酒爲歡伯，除憂來樂"；《大有》之《小過》云："長生歡悅，以福爲兄"；《睽》之《乾》與《蹇》之《同人》云："喜爲吾兄，使我憂亡"；《益》之《蠱》云："上福喜堂，見我歡兄"；《升》之《遯》云："累爲我孫"等。擬人結眷，新詭可喜。《荀子·賦篇》早有"友風而子雨"、"簪以爲父，管以爲母"之句；桓譚《新論·辨惑》篇著"鈆則金之公，而銀者金之昆弟也"之語；《後漢書·李固傳》章懷註引《春秋感精符》曰："故父天母地，兄日姊月"；魯褒《錢神論》曰："黃金爲父，白銀爲母，鉛爲長男，錫爲嫡婦"；近世如章有謨《景船齋雜記》尚載："俗謂財可當兒孫，故五金獨金、銀以'子'稱，若銅、錫、鐵則無如是矣。"然聯宗通譜，皆爲物事。《易林》鑄詞，則推及心事與情況，猶《管子·七臣七主》篇之"居爲非母，動爲善棟"，或釋典之呼"死"爲"王"、呼"老"爲"賊"，如《大般涅槃經·聖行品》第七之二即云："擒獲壯色，將付死王"，"常爲老賊之所劫奪"，"病王亦復如是"，"或爲怨賊之所逼害"。西方中世紀呼"貧"爲"夫人"（The Lady Poverty），呼"慧"爲"所歡"（Eternal Wisdom the beloved）①，後來詩家呼"愼"爲"王"（King Care）②，呼"愁"爲"媼"（Dame Cura, Frau Sorge）③，

---

① J. Huizinga, *Homo Ludens*, tr. R. F. C. Hull, 139-40.

② Nicholas Breton: "The Will of Wit", A. H. Bullen ed., *Poems Chiefly Lyrical from Romances and Prose-Tracts of the Elizabethan Age*, 57.

③ Hyginus, *Fabulae* (*Anatomy of Melancholy*, Part. I, Mem. III, Subs. X, Bell, I, 314); Goethe, *Faust*, II, Akt V, 1385.

正出一轍。李咸用《短歌行》：“坎鼓鏗鐘殺愁賊”；皮日休《皮子文藪》卷一《憂賦》：“其子爲恨，其孫爲愁”；若是班乎。陸龜蒙嘗挦撦“歡伯”入詩，《對酒》：“後代稱歡伯，前賢號聖人”；黃庭堅繼響，《謝答聞善二兄》九絕之一：“身入醉鄉無畔岸，心與歡伯爲友朋”，又七：“尊中歡伯笑爾輩，我本和氣如三春。”詩文遂相沿用，如李彭《日涉園集》卷二《觀吕居仁詩》：“擊節歌之侑歡伯”；賀鑄《慶湖遺老集·拾遺·中秋懷寄潘邠老》因作狡獪：“得酒未容歡獨伯，把書端與睡爲媒”；他名則棄置若補天餘之道傍石矣。“禍母”復見康僧會譯《舊雜譬喻經》卷上之二二，略謂一國安泰無災疾，王忽問羣臣：“聞天下有‘禍’，何類？”臣莫能對，天神因化人形，以鐵索繫物似豬，入市言賣“禍母”，臣重價購取，果爲悶本愁基，致城焚國亂焉。

三　坤

《臨》:"白龍赤虎，戰鬭俱怒。"按《同人》之《比》:"白龍黑虎，起伏俱怒，戰於阪兆"(《益》之《比》略同)，又《賁》之《坎》:"虎齧龍指，太山之崖";至《遯》之《震》:"白虎推輪，蒼龍把衡"(《大壯》之《謙》同)，則二物協力而不相争。吾國好言"龍虎鬭"，南烹及吾鄉小食猶有以此命名者，如西方古博物學之言龍(draco)象鬭、又詩文之每言虎蛇或獅鱷鬭也①。《論衡·物勢篇》曰:"龍虎交不相賊也"，常語"龍跳虎卧"或"龍吟虎嘯"，皆並提雙舉而非彼此相角。龍如子産之論洧淵，虎如卞莊之從管豎，復各自同類相殘。均别於異類為仇。韓愈《過鴻溝》詩:"龍疲虎困割川原，億萬蒼生性命存"，則《易林》意矣。《太平廣記》卷四二三引《尚書故實》:"南中旱，即以長繩引虎頭骨投有龍處"，正欲激二物使怒鬭，俾虎嘯風生、龍起雲從，而雨亦隨之。蘇軾《起伏龍行》:"赤龍白虎戰明日"，其《白水山佛跡巖》:"潛鱗有飢蛟，掉尾取渴虎"，情景亦彷彿。蘇

---

① Pliny, *Natural History*, VIII, xi, "Loeb", III, 26; Shelley: "A Vision of the Sea", 138 ff.; *The Adventures of Baron Munchausen*, Pt I, ch. I.

轍《欒城三集》卷一《久旱府中取虎頭骨投邢山潭水得雨戲作》："龍知虎猛心已愧，虎知龍懶自增氣，山前一戰風雨交，父老曉起看麥苗"；與阿兄真伯仲壎篪也。《參同契》上篇曰："白虎爲熬樞，汞日爲流珠，青龍與之俱"；蓋方士術語以水或汞爲龍而火或鉛爲虎（參觀張伯端《悟真篇》上《七言四韻》之五朱元育註），與《易林》之"白虎"、"蒼龍"，貌同心異。故《參同契》上篇又曰："古記題《龍虎》"，宋王道亦作《古文龍虎上經註疏》，皆指丹鼎燒煉。"龍虎鬭"乃成道流詩詠中濫熟詞頭，如曹鄴《寄嵩陽道人》："將龍逐虎神初王。"呂巖《七言》："龍交虎戰三週畢，兔走烏飛九轉成"；又《寄白龍洞劉道人》（亦見張伯端《悟真篇·拾遺》）："金翁偏愛騎白虎，姹女常駕赤龍身。虎來靜坐秋江裏，龍向潭中奮身起；兩獸相逢戰一場，波浪奔騰如鼎沸"；又《漁父詞》："龍飛踴，虎性獰，吐個神珠各戰爭。"宋張伯端《金丹四百字》："龍從東海來，虎向西山起，兩獸戰一場，化作天地髓"；又《悟真篇》卷中《七言絕句》："西山白虎正猖狂，東海青龍不可當，兩手捉來令死鬭，化成一片紫金霜。"夏元鼎《水調歌頭》："便是蟾烏遇朔，親見虎龍吞啗，頃刻過崑崙。"郭印《雲溪集》卷六《和曾端伯安撫〈勸道歌〉》："盤旋火龍水虎，和合陰汞陽砂"（卷四《問養生於曾端伯》則云："龍虎間名字，安用分爐鼎"）。不足多舉。

《剝》："南山大獲，盜我媚妾，怯不敢逐，退然獨宿。"按猿猴好人間女色，每竊婦以逃，此吾國古來流傳俗説，屢見之稗史者也。《藝文類聚》卷九五引阮籍《獼猴賦》言猴"體多似而非類"，舉古人爲比，如"性偏淩"比韓非，"整衣冠"比項羽，有曰："耽嗜慾而睍視，有長卿之妍姿"，正取挑卓氏孀女之司馬相如爲比，斥猴之漁色耳。張華《博物志》卷九："蜀中南高山上有物如獼猴，名曰猴玃，一名馬化。伺行道婦女有好者，輒盜之以去，而爲室家。"《太平廣記》卷四四四《歐陽紇》（出《續江氏傳》）記大白猿竊取紇妾，先已盜得婦人三十輩；此篇知者最多，實《剥》林數句之鋪陳終始而已。《類説》卷一二引《稽神録・老猿竊婦人》、《古今小説》卷二〇《陳從善梅嶺失渾家》、《剪燈新話》卷三《申陽洞記》皆踵歐陽紇事。楊景賢《西遊記》院本中孫行者尚未脱故套，第九折中攝金鼎國王女爲室，正如申陽公之"攝偷可意佳人入洞"也；即回嚮皈依之後，遇色亦時起凡心，觀第一七折在女兒國事、一九折對鐵扇公主語可知。至吴承恩《西遊記》小説之石猴始革胡孫習性，情田鞠草，欲海揚塵，以視馬化、申陽，不啻異類變種矣。西方俗説，亦謂猿猴性淫，莎士比亞劇本中詈人語（yet as lecherous as a monkey）可徵也①。

---

① *Il Henry IV*, III.ii.333 (Falstaff on Shallow); *As You Like It*, IV.i.153: "more giddy in my desires than a monkey." Cf. Herrick: "Lacon and Thyrsis": "Ever gamesome as an ape", *Poetical Works*, ed. L. C. Martin, 306 and 562 note.

四 屯

《小畜》:"夾河爲婚,期至無船,淫心失望,不見所歡。"按《兌》之《屯》同,"淫"作"搖";《臨》之《小過》亦同,"期至"作"水長","淫"作"搖";"所歡"作"歡君";《屯》之《蹇》:"爲季求婦,家在東海;水長無船,不見所歡"(《渙》之《履》同);《觀》之《明夷》:"家在海隅,橈短流深;企立望宋,無木以趨";《復》之《大壯》:"兩崖相望,未同枕牀。"意境均類,具詳《毛詩》卷論《蒹葭》。《師》之《同人》:"季姬踟蹰,結衿待時,終日至暮,百兩不來",亦相彷彿,而情事則兼《豐》之"伯兮叔兮,駕余與歸"與《氓》之"乘彼垝垣,以望復關"矣。

《豫》:"重茵厚席,循皋採藿,雖躓不懼,反復其宅。"按《蒙》之《隨》、《訟》之《艮》、《坎》之《坤》皆云:"猿墮高木,不躓手足;還歸其室,保我金玉"(《否》之《臨》、《復》之《震》、《益》之《豫》略同);《比》之《謙》:"蜩飛墮木,不毀頭足;保我羽翼,復歸其室。"猿蜩高墮而不傷,茵席下承而不懼,雖皆否而能亨,然有待之與無待,判以別焉。《淮南子·覽冥訓》謂赤螭、青虬"威動天地",足使"猿狖顛蹶而失木枝",

《主術訓》復謂"猨狖失木而禽於狐狸";《易林》不啻爲下轉語。以猨爲喻,猶西諺之以貓爲喻(The cat falls on its feet)。英國哲學家洛克戲作《叫春貓》詩(Love and Cats),即稱其雖墜自牆頭屋頂,却不失足,掉尾逕行,揚揚如也(But the cats when they fall/From an house or wall/keep their feet, mount their tails, and away)①;法國文家高諦葉(Gautier)自誇信手放筆,無俟加點,而字妥句適,有如擲貓於空中,其下墮無不四爪着地者(Je jette mes phrases en l'air comme des chats, je suis sûr qu'elles retomberont sur leurs pattes)②。

---

① Maurice Cranston, *John Locke*, 190.
② E. et J. de Goncourt, *Journal*, 3 Janvier 1857, Édition définitive, I, 127.

五 蒙

《萃》"黿羹芳香，染指勿嘗；口飢於手，公子恨饞。"按《需》之《解》、《未濟》之《離》皆云："一指食肉，口無所得，染其鼎鼐，舌饞於腹"；《損》之《鼎》祇三句，無"染其鼎鼐"。《履》之《萃》、《訟》之《益》、《旅》之《蠱》、《無妄》之《大畜》則又云："延頸望酒，不入我口。"後四林即《樂府詩集》卷四九《西烏夜飛》曲所云："目作宴瞋飽，腹作宛惱飢"，俗諺謂之"許看不許吃"，"眼飽肚裏飢"。

【增訂三】《全宋詞》三八四六頁徐都尉《孄人嬌》："燈前料想，也飢心飽眼"，"心"字與"肚"字作用無異，猶俗語"牽心掛肚腸"之互文一意也。

前三林則不僅眼見，抑復手觸，而終不獲入口充腸，撩撥愈甚，情味遂更難堪。然推"口飢於手"之例，當曰"腹饞於舌"，却曰"舌饞於腹"，豈言腹雖果而貪嘴未已，類《紅樓夢》第一六回所謂"還是這麼眼饞肚飽的"？"延頸"、"眼飽"，與"望梅止渴"、"畫餅充飢"等常語，取譬相類，而命意適反；一謂轉增欲慕，一謂聊可慰藉，又一喻之兩柄也。

《漸》："鳥飛無翼，兔走折足，雖欲會同，未得所欲。"按鳥能飛者，而喪其翼，兔善走者，而傷其足（參觀《蹇》之《損》："脱兔無蹄，三步五罷"），正如《乾》之"譯"爲通華夷兩家之郵者，而"瘖且聾"也。人事離奇曲折，每出尋常意度，足令啼笑皆非，《易林》工於擬象。《淮南子·説山訓》："寇難至，躄者告盲者，盲者負而走，兩人皆活，得其所能也"；而《易林·否》之《噬嗑》："伯蹇叔盲，足病難行，終日至暮，不離其鄉"（《濟》之《艮》一、二句作："四蹇六盲，足痛難行"）。蓋走宜爲盲者"所能"，却又值其足痛不勝步武，猶兔之折脛矣。吾鄉俗諺所謂："正要做親［結婚］，大胖牽［腿抽］筋"（沈起鳳《文星榜》第九齣、《伏虎韜》第一六齣亦有此諺，詞小異而褻），亦言緊要時刻偏不得力，誤事掃興也。

【增訂四】《何典》第九回："那劉打鬼正要想跑，不料夾忙頭裏膀牽筋起來，弄得爬灘弗動。"蓋蘇、常、滬等地皆有此諺。

跛恃瞽爲足，瞽賴跛爲目，有無相資，絜長補短；《淮南》舉似，無問中外。智者《法華玄義》卷一上引《百論》："若神無觸，身不能到，如盲跛二人相假能到"；"智目行足"之語亦見卷二、卷四。希臘古詩屢詠一跛一盲，此負彼相，因難見巧，合缺成全（One man was maimed in his legs, while another has lost his eyesight. The blind man, taking the lame man on his shoulders, kept a straight course by listening to the other's orders. It was bitter, all-daring necessity which taught them how, by dividing their imperfections between them, to make a perfect whole）①。

---

① *The Greek Anthology*, IX. 11, Philippus of Isidorus, "Loeb", III, 7. Cf. IX. 12, Leonidas of Alexandria; 13, Plato the Younger; 14, Antiphilus of Byzantium (pp. 7, 9).

十八世紀法國詩人寓言中國瞽人與癱瘓人相約，秉孔子"人當互助"（Aidons-nous mutuellement）之遺訓，"我以爾視，爾以我行"（Je marcherais pour vous, vous y verrez pour moi）①。十八世紀德國文家本盲瞽相須之事爲謔語云："盲問瞽：'您行嗎？'（Wie gehts?）瞽答盲：'您瞧呢！'（Wie Sie sehen!）"②。意大利童話名著《木偶奇遇記》寫狐佯瞽而貓僞盲，一嚮導，一扶持（La Volpe, che era zoppa, camminava appoggiandosi al Gatto, che era cieco, si lasciava guidare dalla Volpe）③，偕而行乞，若異病相憐，以同惡相濟。西方舊喻理智如目，能見而不能行，必與情欲合，方如有足堪步武（L'esprit est l'oeil de l'âme. Sa force est dans les passions. Suffit-il avoir la vue bonne pour marcher? Ne faut-il pas avoir des pieds? etc.）。叔本華因舊喻而翻新樣，世尤傳誦：願欲（der Wille）如瞽健兒，强有力而莫知適從，理智（der Intellekt）如跛瘓漢，烱能見而不利走趨，於是瞽者肩負跛者，相依爲命（In Wahrheit aber ist das Verhältnis Beider der starke Blinde, der den sehenden Gelähmten auf den Schultern trägt）④。

---

① Florian, *Fables*: "L'Aveugle et le paralytique", *Oeuvres*, "Collection des Grands Classiques Français et Étrangers", 33.
② G.-C. Lichtenberg, *Aphorismen*, hrsg. A. Leitzmann, III, 102; cf. *Don Quijote*, I.50, *op. cit.*, IV, 285, Sancho: "... Yà Dios y véamonos, como dijo un ciego à otro."
③ C. Collodi, *Le Awenture di Pinocchio*, cap. 12, Salani, 48; cf. cap. 36, p.198.
④ Vauvenargues, *Oeuvres choisies*, "La Renaissance des Livres", 161; Schopenhauer, *Die Welt als Wille und Vorstellung*, Ergänzungen zum zweiten Buch, Kap. 19, "Vom Primat des Willens im Selbstbewusstseyn".

獨《易林》昭示襄助而仍唐捐之況，一破成例。智者《摩訶止觀》卷五："自非法器，又闕匠他，二俱墮落，盲躓夜游，甚可憐憫！"則又如《世説新語•排調》之《危語》詩："盲人騎瞎馬，夜半臨深池"；然語意未圓，必躓者並患雀盲，庶勿能"夜游"耳。

《節》："三人共妻，莫適爲雌，子無名氏，公不可知。"按《小畜》之《歸妹》："三婦同夫，忽不相思"（《剥》之《謙》同）；《履》之《未濟》："一雌兩雄，客勝主人"；《大有》之《小畜》："一室百子，同公異母"；《大畜》之《蠱》："一巢九子，同公共母"；《益》之《大有》："一婦六夫，亂擾不治"；《節》之《夬》："一雌二雄，子不知公。"蓋兼取女多夫與男多婦爲象焉；"客勝主人"謂外遇之得婦歡心逾於家主公耳。古希臘哲學家嘗宿妓，妓後有身，往告謂是其所種，此人答："脱汝經行刺葦叢中，肌膚剟創，汝能斷言某一葦直傷汝尤甚耶？"（You are no more sure of this than if, after runing through coarse rushes, you were to say you had been pricked by one in particular）①；十七世紀法國小説論蕩婦生子，亦有此喻，易蘆葦爲荆棘、身經爲手觸（une personne qui se seroit picquée les mains en touchant à des épines, et ne pourroit dire laquelle ce seroit de toutes qui auroit fait la blesseure）②；又常諺："兒必奇慧，方知父誰"（It's a wise child that knows its own father）③；均所謂"公不可知"、"子不知

---

① Diogenes Laertus, *Lives of Eminent Philosophers*, II. 81, "Loeb", I, 209.
② Ch. Sorel, *Histoire comique de Francion*, Liv. II, "Société des Textes Français Modernes", II, 145; cf. "She doesn't know what briar scratched her."
③ Cf. Sacchetti, *Trecentonovelle*, no. 126, *op. cit.*, 394: "Etu come sai che tu sei figliuolo di cui tu ti tieni? non lo saprebbe né provare, né mostrare."

公"也。

【增訂二】古希臘辯士亦以"子不知公"爲騁詞鼓舌之資（Dio Chrysostom, *Discourse* XV. 4-5, "Loeb", II, 147-9）。《全晉文》卷四九傅玄《傅子》記三男子娶一女生四子，争子而訟，則實事之早見載籍者。

六　師

　　《屯》："殊類異路，心不相慕；牝牛牡猳，獨無室家。"按《大有》之《姤》、《革》之《蒙》略同，"獨"作"鰥"。此可以釋《莊子·齊物論》："猨猵狙以爲雌，麋與鹿交，鰌與魚游。毛嬙麗姬，人之所美也；魚見之深入，鳥見之高飛，麋鹿見之決驟。四者孰知天下之正色哉？"猿鹿魚鳥各愛其雌，不愛"人之所美"，即"殊類異路，心不相慕"也。《左傳》僖公四年楚子使與齊師言曰："唯是風馬牛不相及也"；《正義》："服虔曰：'牝牡相誘謂之風'"；《列女傳》卷四《齊孤逐女傳》："夫牛鳴而馬不應者，異類故也"；《論衡·奇怪篇》："牝牡之會，皆見同類之物，精感欲動，乃能授施。若夫牡馬見雌牛，雄雀見牝雞，不與相合者，異類故也。殊類異性，情欲不相得也"，與《易林》語尤類。詞章中多詠此意，如《藝文類聚》卷九二引梁元帝《鴛鴦賦》："金雞玉鵠不成羣，紫鶴紅雉一生分"；李商隱《柳枝詞》："花房與蜜脾，蜂雄蛺蝶雌，同時不同類，那復更相思？"又《閨情》："紅露花房白蜜脾，黃蜂紫蝶兩參差"；黃庭堅《戲答王定國題門》："花裏雄蜂雌蛺蝶，同時本自不作雙。"於"風馬牛"、"魚入鳥飛"等古喻，皆可謂脫胎換骨者。韓憑妻《烏鵲歌》云：

"烏鵲雙飛，不樂鳳凰；妾是庶人，不樂宋王"，亦正取"殊類異路，心不相慕"之喻，以申"使君自有婦，羅敷自有夫"之旨耳。拉丁文諺："豕視豕美，狗視狗美，牛視牛美，驢視驢美"(Suis sui, canis cani, bos bovi, et asinus asino pulcherimus videtur)；又："苟相愛憐，癩蟆天仙"(quisquis amat ranam, ranam putat esse Dianam)①；前一語即《易林》意，後一語則兼有《莊子》"孰知正色"及張衡《西京賦》"盛衰無常，唯愛所丁"意。伏爾泰曰："何謂美？詢之雄蝦蟆，必答曰：'雌蝦蟆是！'"(Demandez à un crapaud ce que c'est que la beauté, le grand beau, le to kalon. Il vous répondra que c'est sa crapaude)②。於同氣相求及白居易《秦中吟·議婚》所謂"人間無正色，悦目即爲姝"，蓋無不包該矣。別詳《全後漢文》卷論《西京賦》。又按姚旅《露書》卷二論《莊子》此節云："此言魚鳥以類爲美，而不知人之美，故曰：'四者孰知天下之正色也。'自《初學記》採'魚鳥'二句，説者遂失其義，謂美貌爲'沉魚落雁之容'"；是也。宋之問《浣紗篇贈陸上人》："艷色奪人目，效顰亦相誇。一朝還舊都，靚妝尋若耶；鳥驚入松網，魚畏沈荷花"；陳普《石堂先生遺集》卷一八《戲呈友人》："年來學道未知方，羞逐鶯花燕蝶忙。三五年加心死盡，有如魚鳥見毛嬙"；皆尚不失《莊子》之義。

《噬嗑》："采唐沫鄉，要我桑中，失信不會，憂思約帶。"按

---

① Burton, *Anatomy of Melancholy*, Pt. III, Sect. I, Mem. I, Subs. II and Sect. III, Mem. III Subs. I; "Everyman's", III, 16, 155.

② *Dictionnaire Philosophique*, art. "Beau", *Oeuvres Complètes*, éd. L. Moland, XVII, 556.

《臨》之《大過》、《無妄》之《恒》、《巽》之《乾》同，《蠱》之《謙》作"失期不會"。《復》之《節》："簪短帶長，幽思窮苦"，《恒》之《咸》作"苦窮"，可以合觀。皆道愁思使人消瘦，《海錄碎事》卷九《聖賢人事》、《類說》卷六〇《拾遺類總》均引《愁鬼》詩所謂"特解寬衣帶，偏能損面皮"。首如飛蓬，簪則見短，猶腰如削筍，帶則見長。後世言情，印板落套，楊景賢《西遊記》第一三齣至託爲豬八戒語以諷："小生朱太公之子，往常時白白淨淨一個人，爲煩惱娘子呵，黑乾消瘦了，想當日漢司馬、唐崔護都曾患這般的症候，《通鑑》書史都收。"楊慎《太史升菴全集》卷五三、吳景旭《歷代詩話》卷二同舉《古詩十九首》之"相去日已遠，衣帶日已緩"，謂"憂思約帶"四字盡之。他如謝朓《和王主簿〈怨情〉》："徒使春帶賒，坐惜紅顏變"；徐陵《長相思》："愁來瘦轉劇，衣帶自然寬，念君今不見，誰爲抱腰看"；《讀曲歌》："逋髮不可料，憔悴爲誰覩，欲知相憶時，但看裙帶緩幾許"；此亦以帶示意者。

【增訂四】《玉臺新詠》卷一〇蕭驎《詠衱複》："纖腰非學楚，寬帶爲思君。"

劉學箕《賀新郎》："手展流蘇腰肢瘦，欹黃金兩鈿香消臂"；王實甫《西廂記》第四本第三折："聽得道一聲去也，鬆了金釧；遙望見十里長亭，減了玉肌，此恨誰知？"；《兒女英雄傳》三四回、四〇回力仿之，長姐兒甫聞將小別或遠宦，即"金鐲子落地"、"衣裳的腰褙肥了就有四指"，致成笑枋。此捨帶而別以釧、鈿等示意者。李商隱《贈歌妓》第二首："只知解道春來瘦，不道春來獨自多"；趙汝茪《如夢令》："歸未！歸未！好個瘦人天氣！"；此又直言消瘦，不假物示意者，則以李清照《鳳凰臺上憶吹簫》："今年瘦，非干病酒，不是悲秋"，最爲警拔。蓋"獨自多"與"歸未"點明"瘦"之故；李詞不言"瘦"之緣由，而言"病酒"、"悲秋"皆非"瘦"之緣由，如禪宗所謂無"表言"而祇"遮言"，名學推理所謂"排除法"（method of difference），以二非逼出一是來，却又不明道是何，說而不說，不說而說。《宗鏡錄》卷三四："今時人皆謂遮言爲深、表言爲淺"，此理可推之於綺語也。陳德武《望遠行》："誰道，爲甚新來消瘦，底事懨懨煩惱？不是悲花，非干病酒，有個離腸難掃"；取李語敷衍，費詞而作表言，徒成鈍置。姚燮《賣花聲》："春痕憔悴到眉姿，只道寒深耽病久，諱説相思"，與李語相較，亦復説破乏味。

《頤》："鴉鳴庭中，以戒災凶，重門擊柝，備不速客。"按《大過》之《渙》"鴉"作"烏"，"不速"作"憂暴"，《旅》之《困》作"鴉噪庭中"。俗忌烏鳴，以爲報凶，如《水滸》第七回衆潑皮聞"老鴉哇哇的叫"而"叩齒"，觀此數林，知漢世已然。《藝文類聚》卷九二引晉成公綏《烏賦》稱"烏之爲瑞久矣"，嘉其爲"祥禽"、"善禽"、"令鳥"；是古亦有以鴉爲報喜之説。薛季宣《浪語集》卷一《信烏賦》："南人喜鵲而惡烏，北人喜烏而惡鵲"；洪邁《容齋續筆》卷三："北人以烏聲爲喜，鵲聲爲非，南人反是"，並引《北齊書》及白居易詩爲例；蓋俗尚莫衷一是也。

七　比

　　《歸妹》："一身兩頭，莫適其軀，無見我心，亂不可治。"按《坤》之《賁》："一身五心，亂無所得"；《師》之《大畜》、《剝》之《歸妹》："一身五心，反覆迷惑"；《恒》之《泰》："一身兩頭，近適二家，亂不可治"，又《既濟》："三嫗治民，不勝其任；兩馬爭車，敗壞室家"；《遯》之《需》："三首六目，政多煩惑"；《晉》之《乾》："一衣三冠，無所加元"；《益》之《大有》："一婦六夫，……莫適爲公"；《睽》之《隨》："五心六意，歧道多怪"；皆謂十羊九牧也。《小畜》之《復》又《歸妹》之《萃》："三足無頭，不知所之"；則謂蛇無頭不行也。《同人》之《乾》："一臂六手，不便於口"；《咸》之《離》："一身三口，語無所主"；《睽》之《節》："一身三手，無益於輔"；《蹇》之《未濟》："一口三舌，相妨無益"；《大畜》之《履》："三首六身，莫適所閑；更相搖動，失事便安"；《夬》之《震》："一身三口，莫適所與"；《損》之《蒙》："四手共身，莫適所閑，更相妨接，動失事便"；又謂枝多礙事也。一則號令分歧而無所適從；一則無人號令而無所適從；一則人冗誤事，官多枉法，指使欠靈，號令難行。前二事指在上位者，後一事指在下位者。《咸》之《坎》、《晉》之《噬嗑》："大尾小頭，重不可搖，上弱下強，陰制其雄"；

《蒙》之《歸妹》、《震》之《鼎》："體重飛輕，未能踰關，不離室垣"；《涣》之《頤》："大尾細腰，身不可摇"；亦皆言雖令不行，然而寓旨又別——此如《管子·霸言》所謂"上夾而下苴"，乃强大不受使令，非如彼之紛擾不中使令也。世事多方，更端莫盡，禍倚福伏，心異貌同；合觀諸《林》，亦如蒙莊寓言之毅、豹雙亡而木、雁各喜矣。"六手"、"三口"等與《晉》之《坤》、《屯》之《履》："百足俱行，相輔爲强"，適相形對照。"大尾"、"腰重"即《韓非子·揚權》："數披其木，毋使枝大本小，……枝將害心"，或《淮南子·泰族訓》："末大於本則折，尾大於腰則不掉矣"，亦即《太玄經·争》之次六："臂膊脛如，股脚䐡如，維身之疾。""百足"即《文子·上德》及《淮南子·説林訓》："善用人者，若蚈之足，衆而不相害"，又《淮南子·兵略訓》："故千人同心，則得千人力，萬人異心，則無一人之用。……故良將之卒，……若蚈之足，……衆而不相害，一心以使之也"；《太玄經·鋭》之初一："蟹之郭索，後蚓黄泉。測曰：……心不一也"，范望解："用心之不一，雖有郭索多足之蟹，不及無足之蚓"，亦其意。蚈、百足蟲也；衆相輔而不相害，則如"百足"，衆不相濟而相礙，則如"六手"、"三口"、"郭索"①，未可渾同以概言耳。《睽》之《節》後半云："兩足共節，不能克敏"，另明一義；兩足而並一脛，失其所以爲兩，步武維艱矣。蓋分體方能合用，脛足之左右相須，適如齒分上下、剪分兩刃，正不以并一爲貴，言辯證法者每取爲擬喻②。參觀《易》卷論《噬嗑》。

---

① Cf. A. Koestler, *The Act of Creation*, 76 (The paradox of the centipede).
② W. H. Sheldon, *Process and Polarity*, 11: "To the polar opposites, right and left foot, are added the polar opposites, poise and fall—the second pair, joining with the first, give the process of advance".

《易林》雖想像"一身兩頭",衹示兩姑之間難爲婦,僅如《韓非子·揚權》:"一栖兩雄,其鬬嚛嚛;一家二貴,事乃無功;夫妻持政,子無適從";不如《韓非子·説林》下之警切:"蟲有虺者,一身兩口,爭食相齕,遂相殺也。"《雜寶藏經》卷三亦載昔雪山有鳥,名爲"共命",一身二頭,一頭嘗食美果,一頭生嫉,即取毒果食之,二頭俱死;《佛本行集經》卷五九記其事更詳,兩頭各有名字,"一頭若睡,一頭便覺";《百喻經》第五四則、《雜譬喻經》第二五則言一蛇"頭尾相諍",各欲"爲大",致"墮火坑死"。旨同韓非,謂分必至於相争,争且至於同盡。釋書大行,韓非"虺"喻相形減色,遂掩没不彰;如司空圖《共命鳥賦》(《全唐文》卷八〇七)、傅山《詠史感興雜詩》之三四(劉霱輯《霜紅龕全集》卷一)皆託共命鳥以寄慨寓諷。劉基《誠意伯文集》卷三《郁離子·天地之盜》篇:"孼摇之墟有鳥焉,一身而九頭"云云,增鳥首之數如郭璞《江賦》所謂"奇鶬九頭"而已;争食而"九頭皆傷"與共命鳥之"二頭俱死",用意初無別焉。

八　小　畜

　　《屯》："取火泉源，釣魚山巔；魚不可得，火不肯然。"按《比》之《屯》、《鼎》之《旅》略同。《履》之《賁》："上山求魚，入水捕貍"；《坎》之《鼎》："探巢捕魚，耕田捕鰌"；《艮》之《遯》："操筍搏貍，荷弓射魚"；《旅》之《噬嗑》、《損》之《歸妹》："教羊逐兔，使魚捕鼠"；均可合觀。皆謂求失其所、用違其器、事反其理；猶《孟子·梁惠王》之譏"猶緣木而求魚"，《荀子·仲尼篇》、《強國篇》之嘲"猶伏而咶天，救經而引其足"，當入王琪《續雜纂》中《左科》門者。《九歌·湘君》："採薜荔兮水中，搴芙蓉兮木末"；《淮南子·説山訓》："譬如樹荷山上而蓄火井中，操釣上山，揭斧入淵"；《太玄經·勤》之上九："其勤其勤，抱車入淵，負舟上山；測曰：其勤其勤，勞不得也"；《參同契》中篇："棄正從邪徑，欲速闕不通：汲水捕雉兔，登山索魚龍，植麥欲穫黍，運規以求方"；《後漢書·劉玄傳》李淑上書："譬猶緣木求魚，升山採珠"；《晉書·夏侯湛傳·抵疑》："是猶反鏡而索照，登木而下釣。"諸若此類，直所從言之異路耳。以行事之荒謬，示世道之反常失經，別詳《楚辭》卷論《九歌》。

《夬》:"福祚之家,喜至憂除,如風兼雨,出車入魚。"按末句當是本馮諼《彈劍鋏歌》之"出無輿"、"食無魚",第三句猶舜《南風歌》之言"解愠"及《穀梁傳》僖公三年六月之言"喜雨"也。《屯》之《大有》:"河伯大呼,津不得渡,船空無人,往來亦難",大似《箜篌引》之"公無渡河";《乾》之《隨》:"乘龍上天,兩蛇爲輔",逕用介子推《龍蛇歌》之"龍欲上天,五蛇爲輔"。此類皆搗撦馮班所謂"詩"以爲占詞者。《剥》之《恒》:"羊頭兔足,少肉不飽"(《既濟》之《訟》下句作:"羸瘦少肉"),則與"雞肋"比事;《需》之《隨》:"田鼠野雞,意常欲逃,拘制籠檻,不得動搖",則與"檻猿籠鳥"連類;《觀》之《需》:"蒿蓬代柱,大廈顛仆",則與"荷弱不勝梁"儷偶。詩文運古,避熟就生,可取材焉。

九　泰

　　《明夷》：“求兔得獐，過其所望。”按《蒙》之《解》：“望鷄得雛，求馬獲駒”；《復》之《咸》：“求雞獲雛，買鱉失魚；出入鈞敵，利行無饒”；《復》之《困》：“求犬得兔，請新遇故，雖不當路，逾吾舊舍”；《無妄》之《歸妹》：“捕魚遇蟹，利得無幾”；《履》之《大過》：“踚江求橘，並得大栗”；《觀》之《復》：“探鷇得蠡，所願不喜”；《小過》之《渙》：“求玉獲石，非心所欲，祝願不得。”“捕魚遇蟹”即羅願《爾雅翼》卷三一引漁者諺所謂：“網中得蟹，無魚可賣。”皆所得非所求，而或則過望，或則失望，或則“鈞敵”。常言類此者，失望爲多，如《詩·邶風·新臺》：“魚網之設，鴻則離之”，《毛傳》：“言所得非所求也”；陸璣《草木蟲魚疏》卷上：“網魚得鱮，不如啗茹”；乃至《三國演義》第一〇一回諸葛亮曰：“吾今日圍獵，欲射一‘馬’，誤中一‘獐’。”如袁準《正書》：“歲在申酉，乞漿得酒”（《全晉文》卷五五）之非所求而過所望者較少，《易林》則數言之。《小過》之《蹇》：“失羊捕牛，無損無憂”，又與《呂氏春秋·離俗覽》中“路之人”論“亡戟得矛”一揆。至若不獲所求而反失所有，《易林》亦屢象其情事。如《歸妹》之《損》、《巽》之《大畜》

皆云："争雞失羊，亡其金囊"；《隨》之《泰》："搏鳩彈鵲，獵兔山北；丸盡日暮，失獲無得"；《損》之《蠱》："乘牛逐驥，日暮不至，露宿多畏，亡其駢雛"；《賁》之《中孚》："騎豚逐羊，不見所望，經涉虎廬，亡豚失羊"（《乾》之《蹇》作"徑涉虎穴，亡羊失羔"，《家人》之《明夷》作"亡身失羔"）；《大畜》之《豐》："釣鯉失綸，魚不可得"；胥《易·旅》之六五所謂"射雉，一矢亡"，即俗諺之"賠了夫人又折兵"、"偷雞不得反失米"。《易林》明事圩事，可謂粲焉大備。又按《歸妹》之《節》："張羅捕鳩，兔離其災"，即《詩·新臺》之魚網鴻離。

《節》："龜厭河海，陸行不止，自令枯槁，失其都市，憂悔爲咎，亦無及已。"按《益》之《震》同，"河"作"江"；《無妄》之《小畜》："鰌蝦去海，游於枯里；街巷迫狹，不得自在，南北四極，渴餒成疾"（《謙》之《明夷》略同），用意相似。取象即古詩所謂"枯魚過河泣，何時悔復及"，而補出"厭"字，則"悔"字得以烘托。《太玄經·去》之初一："去此靈淵，舍彼枯園"，情事殊肖，而《易林》物有主名，事具顛末，非同《太玄》之無序也。《後漢書·張衡傳》衡答客嘲作《應問》，有云："子覩木雕獨飛，愍我垂翅故棲；吾感去黿附鷗，悲爾先笑而後號咷也"；章懷註衹言"黿"即"蝦蟆"，王先謙《集解》引沈欽韓釋爲"若使附逐嗜腐鼠之鷗，必爲所食"，亦屬强解，仍未明"附逐"之故。等揣摩也，請對以臆可乎？竊疑當時或有俗傳，謂蝦蟆正如《易林》之龜及鰌蝦厭居水中，亦欲捨去而曠觀漫游，遂附鷗騰空，致隕身失命。桓寬《鹽鐵論·復古》篇："燕雀離巢宇而有鷹隼之憂，坎井之黿離其居而有蛇鼠之患，況翱翔千仞而游四海乎！"頗資參印。此類寓言，各國都有。佛典載黿欲去湖，就食遠方，乞鶴銜之飛行；一作二雁說龜遷地，銜樹枝兩端，命龜嚙中間，携以高舉遠翔（《法苑珠林》卷五九引《雜譬喻經》、卷九九引《五分律》）；宋人"諺語"稱鸛鶴作東道延蟹，使鉗已足，隨以上樹杪危巢（鄭清之《安晚堂詩集》卷一〇《再和糟蜯蜞送茸芷且答索飲語》詩自《跋》）。鼈、龜皆中途墮地。西方童話亦有蛙附雁南飛之事，謂蛙中途下墮池塘，幸不死，悶絕復蘇，乃強顏飾說："自天而降，一來觀風問俗，逝將去此爾"[①]；尤極嘲詼之致。

【增訂四】清末赤山畸士輯譯《海國妙喻》中已有《龜學飛》一則。英國民歌《青蛙與烏鴉》一篇寫蛙不甘伏處河中，鴉誘其登山跳舞，蛙爲所動，鴉援引之上岸，即吞食之(The Frog he came a-swimming, a-swimming to the land O, /And the Crow he came a-hopping to lend him his hand O. /.../And ate him all up O. —*The Frog and the Crow*, in G. Grigson, ed. *The Faber Book of Popular Verse*, 1974, pp. 67-8)。亦猶《易林》之"龜厭河海"而"陸行"遭"咎"也。

張衡所指，殆相彷彿，故曰："先笑而後號咷"，猶《易林》之龜"憂悔無及"也。姑妄言之。

---

① V. Garshin: "Liagushka-Putieshestvytsa".

一〇　大　有

　　《豫》："雷行相逐，無有休息。"按《坤》之《泰》、《坎》之《師》、《困》之《大過》同，"休"皆作"攸"。《古詩歸》卷四鍾惺評云："二語盡雷之性情行徑；杜詩：'隱隱尋地脈'，'尋'字之妙本此"；《唐詩歸》卷一七杜甫《白水縣崔少府十九翁高齋》："何得空裏雷，隱隱尋地脈"，鍾惺評云："'尋'字妙，雷之性情盡具此一字中。"《易林》二語，工於體物而能達難寫之狀，鍾氏讀詩洵非紅紗蒙眼者。雷聲似圓而轉，故《淮南子·原道訓》曰："電以爲鞭策，雷以爲車輪"，高誘註："電激氣也，雷轉氣也"；揚雄《河東賦》亦曰："奮電鞭，騄雷輜"；《論衡·雷虛篇》曰："圖畫之工圖雷之狀，纍纍如連鼓之形"；《易林·解》之《豐》亦曰："雷鼓東行。"梅堯臣《冬雷》："嘗觀古祠畫，牛首槌連鼓"，又《觀楊之美畫》："雷部處上相與期，人身獸爪負鼓馳，後有同類挾且槌，……此畫傳是閻令爲"；則同《論衡》所言圖狀而加人物。蓋世俗傳說已融通視聽，如繪聲而觀音矣。《初學記》卷一引晉李顒《雷賦》："審其體勢，觀其曲折，輕如伐鼓，轟若走轍"；雖兼輪與鼓之喻，而未盡聲勢之殊相。《易林》以聲聲相續爲聲聲相"逐"，活潑連綿，音態不特如輪之轉，抑如後浪之趁前浪，兼輪之滾滾與浪之滾滾，鍾嶸所謂"幾乎一字千金"，可以移品。鍾惺擬之於杜句"隱隱尋地脈"，余復欲參之杜《上牛頭寺》詩云："青山意不盡，滾滾上牛頭"，言峯巒銜接，彌望無已，如浪花相追逐，即岑參《登慈恩寺浮圖》所謂"連山若波濤，奔湊似朝東"也。英詩人(G. M. Hopkins)嘗狀雷如以銅鑼轉成大片聲音，平鋪地版(The thunder musical and like gongs rolling in great floors of sound)[1]；蓋謂雷聲似展面漸廣，與"逐"之謂雷聲似追踪漸遠，異曲同工。

---

[1] G. F. Lahey, *G. M. Hopkins*, 155.

一一　謙

　　《大畜》:"目不可合,憂來搖足,悚惕危懼,去我邦域。"按《萃》之《睽》、《兌》之《解》略同,"搖"皆作"搔";《觀》之《咸》:"晝卧里門,悚惕不安,目不得合,鬼搔我足",亦相似。《淮南子·詮言訓》:"心有憂者,筐牀衽席弗能安也";《易林》以"憂來搔足"達示此意,奇警得未曾有。《大過》之《遯》:"坐席未温,憂來叩門,踰牆北走,兵交我後,脱於虎口";亦尚新穎。《遯》之《漸》:"端坐生患,憂來入門,使我不安";"入門"不如"叩門"之生動者,無形體之事物亦能出入,而叩則如僧之月下推敲,非具支體不辦,林雲銘《挹奎樓選稿》卷三《損齋焚餘自序》:"吏債終日,憂來叩門",即本之。《全三國文》卷一九曹植《釋愁文》:"愁之爲物,惟惚惟恍,不召自來,推之勿往";《全隋文》卷三四釋真觀《愁賦》:"不遣唤而自來,未相留而却住;雖割截而不斷,乃驅逐而不去";《海録碎事》卷九《聖賢人事部》下載庾信《愁賦》:"攻許愁城終不破,盪許愁門終不開!何物煮愁能得熟?何物燒愁能得然?閉户欲推愁,愁終不肯去;深藏欲避愁,愁已知人處";《全宋詞》七四三頁徐俯《卜算子》:"柳外重重疊疊山,遮不斷愁來路";薛季宣《浪語集》卷一一《春愁詩效玉川子》："逃形入冥室，關閉一已牢，周遮四壁間，羅幕密以綢，愁來無際畔，還能爲我添幽憂。"俳色揣稱，寫憂愁無遠勿至，無隙亦入，能以無有入無間。運思之巧，不特勝"憂來叩門"，抑且勝於《浮士德》中之"憂媼"有空必鑽，雖重門下鑰，亦潛自匙孔入宮禁（Die Sorge, sie schleicht sich durchs Schlüsselloch ein），或烏克蘭童話之"憂魅"（die Sorgenkobolde），小於微塵，成羣入人家，間隙夾縫，無不伏處①；然祝"憂來搔足"，尚遜詼詭。又按揚雄《逐貧賦》有"呼貧與語"、"貧遂不去"等語，不似後世"窮鬼"、"窮神"、"窮媳婦"、"精窮老祖"等之加名號以成脚色；其《太玄經·釋》之次八亦曰："與死偕行。"觀乎《易林》，雖偶有如《臨》之《兌》、《既濟》之《歸妹》："貧鬼守門，日破我盆"，而十九與揚雄鑄語相類；諸林之"憂"即其一例，乃是漢人修詞常習耳。《坤》之《小過》："初憂後喜，與福爲市"（《訟》之《坎》、《蠱》之《小畜》同）；《蒙》之《咸》："坐立歡門，與樂爲鄰"（《革》之《屯》同，《小畜》之《井》"門"作"忻"）；《蒙》之《旅》："與喜俱居"（《蠱》之《巽》同，《蒙》之《巽》"居"作"來"）；《訟》之《大過》："啞啞笑言，與善飲食"；《訟》之《咸》："福爲我母"（《同人》之《旅》同）；《小畜》之《賁》："駕福乘喜，來至家國"（《解》之《睽》"來"作"東"、"家"作"嘉"）；《小

---

① *Faust*, II, 11391; *Die Wunderblume und andere Märchen*, Berlin: Verlag Kultur und Fortschritt, 229. Cf. George Herbert: "Confession", *Works*, ed. E. F. Hutchinson, 126: "O what a cunning guest/Is this same grief!/Within my heart I made closets; and in them many a chest; /And like a master in my trade/In those chests boxes; in each box a till; /Yet grief knows all, and enters when he will" etc..

畜》之《無妄》:"與福爲婚"(《頤》之《小過》同);《同人》之《臨》:"與福爲怨";《蠱》之《臨》:"則天順時,與樂俱居";《觀》之《離》:"福過我里,入門笑喜";《噬嗑》之《小畜》:"福與善坐";《復》之《大有》:"與禍馳逐,凶來入門";《復》之《巽》:"東行破車,步入危家";《無妄》之《履》:"啞啞笑喜,與歡飲酒";《無妄》之《噬嗑》:"載喜抱子,與利爲友";《無妄》之《兌》:"遂至歡國,與福笑語";《大過》之《困》:"大步上車,南到喜家";《坎》之《賁》:"南販北賈,與怨爲市";《坎》之《震》:"東行飲酒,與喜相抱"(《恒》之《大有》作"篤心自守"云云);《睽》之《革》:"駕黃買蒼,與利相迎";《蹇》之《晉》:"避凶東走,反入禍口"等,不具舉。《歸妹》之《豫》:"逐利三年,利走如神,輾轉東西,如鳥避丸";不言人求利不獲,而言利畏人疾避,尤詞令之妙。陶潛《乞食》:"飢來驅我去",亦差同"憂來叩門"風致,《中州集》卷一〇《辛敬之小傳》記其語曰:"明日道路中又當與老飢相抗去矣!",則又如白居易之呼元稹爲"老元"矣。

《艮》:"空槽住豬,豚彘不至;張弓祝雞,雄父飛去。"按《困》之《節》:"雄父夜鳴",皆謂公雞;《宋書·五行志》二、《晉書·五行志》中載京口謠:"黃鵠雞,莫作雄父啼。"此林所坿,即《呂氏春秋·功名》:"以貍致鼠,以冰致蠅,雖工不能。……以去之之道致之也";《淮南子·説山訓》:"執彈而招鳥,揮梲而呼狗,欲致之,顧反走",又《主術訓》:"無以異於執彈而來鳥,揮梲而狎犬也。"李義山《雜纂·必不來》五事之第三爲"把棒呼狗",即同《淮南》。

一二 豫

《比》："虎飢欲食，爲蝟所伏。"按《鼎》之《渙》："虎飢欲食，見蝟而伏"；又《無妄》之《兑》："持蝟逢虎，患厭不起"；《大畜》之《泰》："虎卧山隅，蝟爲功曹，伏不敢起"；《明夷》之《小過》："虎怒捕羊，蝟不能攘"；《大過》之《革》："從蝟見虎，雖危不殆。"蝟能伏虎，古之傳説。《説苑‧辨物》篇師曠對晉平公曰："鵲食蝟，蝟食駿蟻，駿蟻食豹，豹食駮，駮食虎"；陸佃《埤雅》卷四要删之曰："蝟能制虎，鵲能制蝟。"鵲能制蝟，則如《乾》之《萃》："如蝟見鵲，不敢拒格"，《史記‧龜策列傳》所謂："蝟辱於鵲。"蝟能制虎，其説流布方將，如《太平廣記》卷二四八《侯白》（出《啓顔録》）："有一大蟲，欲向野中覓肉，見一刺蝟仰卧，謂是肉臠，欲銜之，忽被蝟卷着鼻，驚走，不知休息"；又卷四四二《戲場蝟》（出《酉陽雜俎》）："蝟見虎，則跳入虎耳"；今諺尚云："老虎吃刺蝟，無下嘴處。"

【增訂四】李石《續博物志》卷二："蝟能跳入虎耳中，見鵲便自仰腹受啄。"

西説則謂蝟能勝狐。荷馬等皆詠狐具百巧千能，蝟祇蜷縮成團，別無他長，顧憑此一端，即使狐智窮才竭，莫奈之何（The fox knows many a wile; but the hedgehog's one trick can beat them all)①。亞美尼亞童話言狐自負智囊多妙計（ich habe stets einen ganzen Sack voll Künste bei mir），及大難臨身，不如松鼠祇擅上樹一技之得保性命②。均謂技不貴多而貴絕，略如《朱子語類》卷八又卷一一五引釋宗杲語："寸鐵可殺人；無殺人手段，則載一車鎗刀，逐件弄過，畢竟無益。"然虎猛而狐狡，非無"手段"者，却於蝟無所施其本領，則又禪人所謂："伊伎倆有窮，吾不見不聞無盡"（《五燈會元》卷二道樹章次）。法國寓言名篇道狐與貓競技，猶亞美尼亞童話之言狐與松鼠也，捷徑多、利便夥，則徘徊瞻顧，不能當機立斷、用志不紛，反致失時誤事（Le trop d'expédients peut gâter une affaire; /On perd du temps au choix, on tente, on veut tout faire)③。則又《老子》第二二章所謂："少則得，多則惑"，

【增訂四】《五燈會元》卷一六中際可遵章次："如何個個踏不著，祇爲蜈蚣太多脚。"可箋老子所謂"少則得，多則惑"。

亦所謂"好物多則取舍難"（l'embarras du choix）。仁智異見，會心各具如此。

《渙》："忍醜少羞，無面有頭。"按《泰》之《觀》同；《剥》之《鼎》又曰："泥面亂頭，忍恥少羞。"今以抱愧含羞，爲"無面見人"，古語亦然。

【增訂四】"忍醜少羞"之"醜"必"愧"之訛，觀"忍恥少羞"句可見。

---

① *The Margites*, §5, in *Hesiod, the Homeric Hymns, and Homerica*, "Loeb", 539; Cf. *The Oxford Book of Greek Verse in Translation*, 187, Archilochus.
② *Die Wunderblume*: "Der Fuchs und das Eichhörnchen", *op. cit.*, 457-8.
③ La Fontaine, *Fables*, IX.14, "Le Chat et le Renard".

《史記·項羽本紀》項王曰："縱江東父兄憐而王我，我何面目見之！"；《三國演義》第八九回孔明曰："今被吾擒了四番，有何面目再見人耶？"；皆言奇恥大慚，故一承之曰："籍獨不愧於心乎？"，一承之曰："孟優羞慚滿面。"蔡襄《蔡忠惠公集》卷三《四賢一不肖詩》："出見縉紳無面皮"，或《紅樓夢》第五五回："連你也沒臉面"、"那纔正經沒臉呢"，即今語"丟盡臉"也。《易林》以"無面"承"少羞"，則意適相反，乃指無恥、不識羞，如《兒女英雄傳》第七回之言"沒臉婦人"，即今語"不要臉"也。"少羞"而亦曰"泥面"，則如《西遊記》第七九回之"泥臉子"，亦猶"泥壁"之"泥"，塗堊增附，即今語"厚臉皮"也。貼層漫蓋，事同坿墁，如煙霞散人《斬鬼傳》第三回涎臉鬼有"一副鐵臉，用布鑲漆了，又將樺皮貼了幾千層"（參觀賈仲名《對玉梳》第二折："樺皮臉風癡着有甚髟抹"），

【增訂二】闕名《病劉千》第三折："無處發付那千層樺皮臉"，《龍門隱秀》第三折："你那臉是千層樺皮，你也不羞。"

或《廣笑府》卷五撞席者有"二十四層筍殼臉，剝了一層又一層"，皆"泥面"之旨矣。喜怒哀懼諸情，即不發爲聲音言語，亦動中而形乎外，著於容顏，播及肢體。獨羞惡之心，舍上面而外，流露惟艱；古來常談不特曰"無慚色"，抑且曰"顏之厚"，又如《漢書·韋賢傳》作詩自劾責曰："誰能忍愧，寄之我顏。"人之顏面一若專爲示羞愧而設，故無慚色者稱"顏厚"、"臉皮老"，而喜怒不形於色者，未嘗遭此品目焉。西語中"羞慚"之字，古文原指"面貌醜陋"（*le honteux* traduit le mot *laid en* grec）①；古羅馬

---

① R. Bayer, *Histoire de l'Esthétique*, 57.

《博物志》言動物中唯人具雙頰（malae），頰乃羞慚之所，赧色了然（pudori shaec sedes; ibi maxume ostenditur rubor）①；近世哲學家云："人者，能雙頰發紅之動物也，識羞恥故"（das Tier, das rote Backen hat...Scham, Scham, Scham）②。不知恥，不害羞，則表達愧情之顏面虛生閒置，雖有若無，是以"少羞"等於"無面"。"無面"可解爲自覺羞愧，亦可解爲不覺羞愧。此復文同不害意異也（參觀《左傳》卷論隱公元年）。十七世紀諷世文描狀政客（a modern politician），謂其無上美德（virtue）爲無羞恥（impudence），戴韌革面具（a vizard, the toughest leather on his visagt），刀斫之輒口捲鋒摧（turns edge and is blunted）③，正同"鐵臉"矣。

【增訂四】《雞肋編》卷中："韓世忠……所領兵，……以銅爲面具，軍中戲曰：'韓太尉銅頷，張太尉鐵頷。'世謂無廉恥、不畏人者爲'鐵頷'也。""張太尉"指張俊。《斬鬼傳》"一副鐵臉"之說，由來舊矣。臉即面也，而"鐵臉"爲邪辟無恥，"鐵面"則爲正直無私，一貶一褒，意如升膝墜淵。單文孤立之同訓者，兩文儷屬則每異義焉（參觀279頁又890頁），此亦一例。

---

① Pliny, *Natural History*, XI, ivii.157, "Loeb", III, 530.
② Nietzsche, *Also sprach Zarathustra*: "Von den Mitleidigen", *Werke*, hrsg. K. Schlechta, II, 346. Cf. Scheler: "Ueber Scham und Schamgefühl": "Dieses Gefühl gehört gleichsam dem Clair-obscur der menschlichen Natur an"（*Schriften aus dem Nachlass*, I, 55, cf.70, 78）.
③ Samuel Butler, *Characters and Passages from Notebooks*, ed. A. R. Waller, 9, 14.

一三 蠱

《訟》:"長舌亂家,大斧破車。"按《否》之《謙》:"人面鬼口,長舌爲斧";《臨》之《坎》及《艮》之《頤》:"八面九口,長舌爲斧";《賁》之《乾》:"八口九頭,長舌破家";《觀》之《隨》:"蹎馬破車,惡婦破家";《大過》之《大有》:"馬蹎車傷,長舌破家。"大同小異,頻見屢出。梁元帝《金樓子·后妃》篇記其母宣修容云:"妬婦不憚破家。"楊慎《古今諺》載《易緯》引古語:"蹎馬破車,惡婦破家"及"一夫兩心,拔刺不深";馮惟訥《古詩紀》卷一○、孫毅《古微書》卷一五輾轉因承。實則此四句均出《易林》,"蹎馬"云云見《觀》之《隨》,"一夫"云云見《噬嗑》之《豐》;楊氏誤爲"《易緯》引"。周嬰《卮林》卷五《正楊》糾《古今諺》,却未及此;卷七《詮鍾》則因《古詩歸》以"一夫"云云爲出《易緯》,遂詆鍾惺"簸糠眯目",而未察鍾乃沿楊之誤耳。又《升菴全集》卷五三摘《易林》佳句,有"解我胸春";《易林》初無其句,不知楊氏何處挪移也。

一四　觀

　　《益》："去辛就蓼，苦愈酷毒，不思我家，避窔入坑，憂患日生。"按《豐》之《益》第二句作"毒愈苦甚"，無第三句；《蹇》之《晉》："避凶東走，反入禍口"；《艮》之《無妄》："欲避凶門，反與禍鄰"；《姤》之《比》："鹿畏人匿，俱入深谷，短命不長，爲虎所得，死於牙腹"（《革》之《剥》等略同）；《井》之《節》："避蛇東走，反入虎口。"用意皆即關漢卿《謝天香》第二折天香所謂："我正是閃了他悶棍着他棒，我正是出了筝籃入了筐"，或《紅樓夢》第一〇七回賈母所謂："可不是他們躲過了風暴，又遭了雨麽？"去辛就蓼、避窔入坑、匿谷遭虎、避蛇遇虎四喻中之第二最流行，如《晉書‧褚翜傳》謂陳撫等曰："幸無外難而內自相擊，是避坑落井也"；元曲《凍蘇秦》第一折秦唱："往前去賺入坑，往後來退入井。"

一五　噬　嗑

　　《無妄》："愛我嬰女，牽引不與，冀幸高貴，反得賤下。"按同卦之《夬》："齊侯少子，才略美好，求我長女，賤薄不與，反得醜陋，後乃大悔"；二林相類。《大過》之《咸》略同《無妄》，《比》之《漸》、《泰》之《震》、《漸》之《困》則略同《夬》。

一六 賁

《旅》："猾醜假誠，前後相違；言如鼃咳，語不可知。"按《太平御覽》卷七四三引《抱朴子》佚文："龜、鼉、鼃之鬼令人病咳"，似古人以介族與咳嗽相係聯也。"鼃咳"指語聲之低不可聞，剏新詭之象，又極嘲諷之致。其狀即如《太平廣記》卷四七一引《續玄怪錄》記薛偉化魚，大呼其友，而"略無應者"，繼乃大叫而泣，人終"不顧"，蓋"皆見其口動，實無聞焉"。

【增訂三】樂鈞《耳食錄》卷二《章琢古妻》較《醒世恒言》卷二六《薛錄事魚服證仙》更踵事增華，寫林甲心有所慕，即"魂離"而化鳥、化友人婦、亦嘗化魚，爲鄰僕釣得，獻於主，殺而烹之，甲大聲乞命，"百端呼號，皆不省"；事後，鄰家云："向見魚口唼唼不已，實不聞聲。"

黃庭堅《阻風銅陵》："網師登長鱣，賈我腥釜鬲。斑斑被文章，突兀喙三尺，言語竟不通，噞喁亦何益！"正寫此情景，而《山谷外集》卷八史容註僅知引《吳都賦》之"噞喁浮沉"，真皮相也。英國劇院市語以口開合而無音吐爲"作金魚"（to goldfish）①，亦

---

① W. Granville, *A Dictionary of Theatrical Terms*, 91.

"鼃咳"之類歟。卡夫卡小説《變形記》(*Die Verwandlung*)寫有人一宵睡醒，忽化爲甲蟲，與卧室外人應答，自覺口齒了澈，而隔户聽者聞聲不解(Man verstand zwar also seine Worte nicht mehr, trotzdem sie ihm genug klar, klarer als früher, vorgekommen waren)①，酷肖薛偉所遭。談者或舉以爲羣居類聚而仍孤踪獨處(die völlige Kontaktlosigkeit)之象②。竊謂當面口動而無聞，較之隔壁傳聲而不解，似更凄苦也。

---

① Kafka, *Erzählungen*, S. Fischer, 85.
② F. Strich, *Kunst und Leben*, 144; cf. H. Zulliger, *Horde, Bande, Gemeinschaft*, 18(das Miteinandersein im Gegensatz zum blossen Mitsein).

一七　剝

《隨》："獼猴冠帶，盜在非位，衆犬共吠，倉狂蹶足。"按《大壯》之《屯》略同。蓋取《史記·項羽本紀》之"沐猴而冠"一語，加以生發，大似寓言一則矣。西方詩文則以猴着衣履爲喻。如一拉丁詩家譏飾僞者至竟敗露，譬之沐猴錦衣而呈其尻（humani qualis simulator simius aris, /quam puer adridens pretioso stamine Serum/velavit nudasque nates ac terga reliquit, /lidibrium mensis）[①]；又一意大利文家戒人非分每自取咎，譬之沐猴着靴，寸步難行（si sa che la scimmia, per calzarsi gli stivali, restò presa pel piede）[②]。後喻可與《太平廣記》卷四四六引《國史補》記猩猩着屐而被捕參觀。

[①] Claudian, *In Eutropium*, I, 303-6, "Loeb", I, 161.
[②] G. Basile, *Il Pentamerone*, tr. B. Croce, "Introduzione", 3（cf. 539, "Note e Illustrazioni"）.

一八　復

《恒》："雨師駕駟，風伯吹雲；秦楚爭強，施不得行。"按言風吹雲散遂無雨耳，而寫成雨與風相爭持不下，一新視聽。可謂以"雨欲退，雲不放，海欲進，江不讓"（今釋澹歸《滿江紅·大風泊黃巢磯下》）之筆意，寫"黑雲翻墨未遮山，卷地風來忽吹散"（蘇軾《六月二十七日望湖樓醉書》）之景象矣。

一九 無妄

《豫》："東家中女，嫫母最醜，三十無室，媒伯勞苦。"按《比》之《大有》、《大過》之《兌》："嫫母銜嫁，媒不得坐"；《需》之《恆》："蝙蠃生子，深目黑醜，雖飾相就，衆人莫取"（《觀》之《無妄》作"蝸螺生子"，《遯》之《剥》第二句下增"似類其母"一句）；《噬嗑》之《萃》、《革》之《鼎》："烏孫氏女，深目黑醜，嗜欲不同，過時無偶"；《復》之《蒙》："鴟鴞娶婦，深目窈身，折腰不媚，與伯相背"（《明夷》之《艮》作"鶡鴟"）；《困》之《艮》："塗行破車，醜女無媒，莫適爲偶，孤困獨居"；《涣》之《蠱》："獨宿憎夜，嫫母畏晝。"數林皆取女之緣慳偶怨爲象。《師》之《小過》："鄰不我顧，而望玉女，身多癩疾，誰肯媚者"，《隨》之《豐》、《噬嗑》之《睽》、《損》之《中孚》略同，"癩疾"或作"禿癩"，"身多"句或作"身疾瘡癩"；《中孚》之《益》："久鰥無偶，思配織女，求非其望，自令寡處。"此數林又取男之失配爲象。"與伯相背"之"伯"即《詩·衛風·伯兮》之"伯"，謂夫也；"寡處"指鰥居，即《禮記·王制》"此四者天民之窮而無告者"，《正義》所謂"其男子無妻亦謂之'寡'"，《日知錄》卷三二說《小爾雅·廣義》"凡無妻無夫通謂之'寡'",正引此林。"望玉女"、"思織女"以至於無偶,可與前論《噬嗑》二林合觀。男高攀不得,尚可不娶,女高攀不得,輒須下嫁;蓋世情患女之無家急於患男之無室也。"嫫母畏晝",以黑夜足掩匿其醜耳,《獨漉篇》所謂"夜衣錦繡,誰知僞真";古希臘語云:"滅燭無見,何別媸妍"(All women are the same when the lights are out)①,李漁《奈何天》第二折中醜人自云:"惡影不將燈作伴,怒形常與鏡爲仇",亦其意。目盲者長在冥冥中,是以嵇康《答〈難養生論〉》曰:"今使瞽者遇室,則西施與嫫母同情。"然醜婦既"畏"白晝矣,復以厭"獨宿"而"憎"玄夜,則宇宙間安得有非晝非夜、不晦不明之時日哉?

【增訂三】法國古詩人頌讚耶穌誕生之夕爲"非晝非夜之第三時間"(un troisième temps qui n'est ny nuit ny jour – Du Bois-Hus: "La Nuit des Nuits", J. Rousset, *Anthologie de la Poésie baroque française*, I, 172)。

其擬示牴觸藩、矛攻盾之致,洵別具意匠者矣。

《明夷》:"千雀萬鳩,與鷂爲仇,威勢不敵,雖衆無益,爲鷹所擊。"按即《戰國策·楚策》一張儀説楚王曰:"無以異於驅羣羊而攻猛虎也,……聚羣弱而攻至强也";劉基《誠意伯文集》卷三《郁離子·天地之盜》篇:"以虎鬭虎,則獨虎之不勝多虎也明矣;以狐鬭虎,則雖千狐其能勝一虎哉?"皆喻衆心雖同,

---

① Plutarch, *Moralia*, "Advice to Bride and Groom", 46, "Loeb", II, 335. Cf. Burton, *Anatomy of Melancholy*, Pt. III, Sect. II, Mem. III, subs. IV "Everyman's", III, 105 (*nocte latent mendae*); Brantome, *Vies des Dames Galantes*, Discours II, Garnier, 152.

而事終不集。《歸妹》之《屯》："魚欲負流，衆不同心"，即《戰國策·燕策》二或獻書燕王所謂"將奈何合衆弱而不能如一"，則喻衆不同心，事遂無成。《剥》之《解》："四馬共轅，東上太山，駢驪同力，無有重難，與君笑言"；《大過》之《升》："蝦蟆羣坐，從天請雨，雲雷疾聚，應時輒下，得其願所"（《漸》之《同人》略同）；又喻衆同心而事果就。變故多方，難於一概，莊生木、雁兩寓言已明此意；《淮南子·人間訓》亦曰："物類之相摩近而異門户者，衆而難識也，故或類之而非，或不類之而是，或若然而不然者，或不若然而若然者。"玩索諸《林》，可免於知其一不知其二焉。《戰國策·秦策》一秦惠王謂寒泉子曰："諸侯不可一，猶連雞之不能俱上於樓，亦明矣"（原誤作"止於樓"，據王念孫《讀書雜志·國策》一改定）；《淮南子·説山訓》："百人抗浮，不若一人挈而趨，物固有衆而不若少者"；復謂同心而無可協力，反彼此牽制干礙，《易林》所未擬象也。又按漢人風俗，遇旱，取五蝦蟆置方池中，進酒脯祝天，"再拜請雨"，董仲舒《春秋繁露·求雨》第七四記其儀節甚備。《易林》增"五"爲"羣"，逕以"請"屬蝦蟆，生氣大來，積勢復盛，想見其閣閣齊噪以上達天聽之狀。"坐"而"請雨"，更包舉形態。"坐"字雖可施於蟲鳥，如《古樂府》："烏生八九子，端坐秦氏桂樹間"，杜甫《遣悶戲呈路十九曹長》："黃鸝並坐交愁濕"，又《見螢火》："簾疏巧入坐人衣"，李端《鮮于少府宅看花》："游蜂高更下，驚蝶坐還起"，然皆借指止息而已，猶曩日英語之以"sit"（坐）通於"set"（下止）也。唯謂蛙蟆爲"坐"，現成貼切。何光遠《鑑戒錄》卷四載蔣貽恭詠蝦蟆詩有云："坐卧兼行總一般"；《類説》卷六引《廬陵官下記》載一客作蛙謎試曹著云：

"一物坐也坐，臥也坐，立也坐，行也坐，走也坐"（馮夢龍《黃山謎》載蛙謎作"行也是坐，立也是坐，坐也是坐，臥也是坐"）。蓋"坐"足以盡蛙之常、變、動、靜各態焉。顧景星《白茅堂集》卷二〇《發自大名縣、是日大風沙》："風霧蓬科轉，驚沙迭坐飛"，自註："'孤蓬振起，驚沙坐飛'，言振而後起、坐而復飛也。"是以此"坐"與蛙、螢之"坐"歸於一律也。鮑照《蕪城賦》："孤蓬自振，驚沙坐飛"，《文選》李善註："無故而飛"，"坐"與"自"互文同義；顧氏誤憶上句，遂曲解下句耳。"無故"言"坐"，"因故"亦言"坐"，如《陌上桑》："來歸相怨怒，但坐觀羅敷"；錢謙益《列朝詩集》丁卷五李攀龍《陌上桑》："來歸相怨怒，且復坐斯須"，評曰："本詞猶云'只爲'也，今訛爲'行坐'之'坐'！""坐"字誤人如此！

二〇 大 過

《謙》:"瓜苴匏實,百女同室,苦醯不熟,未有配合。"按《豐》之《損》:"兩女共室,心不聊食;首髮如蓬,憂常在中。"皆《易·革》象所云:"兩女共室,其心不相得";別詳《易》卷論《睽》。外國古詩文中則每道兩女共室而心相得之情境①。

---

① Cf. *Greek Anthology*, X.68, Agathias, "Loeb", IV, 39; Ovid, *Metamorphoses*, IX, 726 ff. (Iphis); Ariosto, *Orlando Furioso*, XXV.35-6 (Fiordispina), Hoepli, 264; *Arabian Nights*, "The First Captain's Tale", tr. Powys Mathers, IV, 478, 486, 488.

二一　離

《遯》:"三狸搏鼠,遮遏前後,死於圄域,不得脱走。"按《恒》之《升》、《明夷》之《頤》、《豐》之《無妄》、《節》之《咸》略同。《離》之《晉》:"三虎搏狼,力不相當,如摧腐枯,一擊破亡";《兑》之《漸》三、四句作:"如鷹格雉,一擊破亡。"三虎搏狼,三狸搏鼠,皆言合衆强以破一弱;前引《無妄》之《明夷》所謂"千雀萬鳩,與鷦爲仇",則言合衆弱不能禦一强。《蹇》之《坤》及《革》之《巽》:"兔聚東郭,衆犬俱獵,圍缺不成,無所能獲";又言衆强雖合,而謀之不熟,慮之不周,亦不保事之必成,未遽如德諺所謂"犬衆則兔無逃命"(Viele Hunde sind des Hasen Tod)。多變其象,示世事之多端殊態,以破人之隅見株守,此《易林》之所長也。但丁亦嘗有羣狸搏一鼠之喻(Tra male gatte era venuto il sorcio)①。

---

① *Inferno*, XXII.58.

二二　恒

　　《巽》："怨蠱燒被，忿怒生禍。"按《全三國文》卷四六阮籍《大人先生傳》："然炎丘火流，焦邑滅都，羣蝨處於褌中而不能出也。"此林言人欲殺蝨而不惜自焚其被，取象已開阮嗣宗而用意則踵諸子。《晏子春秋·內篇·問》上："夫社束木而塗之，鼠因往託焉；熏之則恐燒其木，灌之則恐敗其塗"；《淮南子·說山訓》："壞塘以取龜，發屋而求狸，掘室而求鼠，割脣而治齲"，又《說林訓》："治鼠穴而壞里閭，潰小皰而發痤疽。"似均遜"怨蠱燒被"四字之簡妙。

二三 大　壯

　　《大壯》:"左有噬熊，右有齦虎，前觸鐵矛，後躓強弩，無可抵者。"按《震》之《歸妹》、《歸妹》之《震》、《未濟》之《大畜》皆云:"火雖熾，在吾後，寇雖衆，在吾右;身安吉，不危殆";可以合觀。《易·蹇》之"往蹇來連"，《困》之"臀困於株木，入於幽谷"，相形見絀。火左寇右，尚網開兩面，此則周遮過迫，心迹孤危，足爲西方近世所謂"無出路境界"（Ausweglosigkeit）之示象，

　　【增訂四】卡夫卡有小説一篇，託爲檻猿自述，道"無出路"（kein Ausweg）之情，親切耐尋味，且進而言有"出路"非即能大"自由"（man nicht genau versteht, was ich unter Ausweg verstehe.…Ich meine nicht diese grosse Gefühl der Feiheit nach allen Seiten. ——F. Kafka: "Ein Bericht für eine Akademie", in *Erzählungen*, Philip Reklam jun., 1981, pp.196-7)，更發深省。

亦即趙元叔所慨"窮鳥"之遭際也。《後漢書·趙壹傳》載《窮鳥賦》:"有一窮鳥，戢翼原野。罼網加上，機穽在下，前見蒼隼，後見驅者，繳彈張右，羿子彀左，飛丸激矢，交集于我。思

焦氏易林　二三

飛不得，欲鳴不可；舉頭畏觸，搖足恐墮"；足與斯林抗衡，皆於《九章・惜誦》："矰弋機而在上兮，罻羅張而在下"，不啻踵事增華。他如王逸《九思》之六《悼亂》："將升兮高山，上有兮猴猿；欲入兮深谷，下有兮虺蛇；左見兮鳴鵙，右覩兮呼梟"；李康《運命論》："六疾待其前，五刑待其後，利害生其左，攻奪出其右"；杜甫《石龕》："熊羆哮我東，虎豹號我西，我後鬼長嘯，我前狨又啼"；詞意匡格無殊。釋書擬喻有相類者，而益險急。如《法苑珠林》卷五七引《賓頭盧突羅闍爲優陀延王説法經》："昔日有人，行在曠野，逢大惡象，爲象所逐。……見一邱井，即尋樹根，入井中藏。有黑白二鼠，牙嚙樹根；此井四邊，有四毒蛇，欲螫其人。而此井下，并有三大毒龍。……所攀之樹，其根動搖。……於時動樹，敲壞蜂窠，衆蜂飛散，唼螫其人。有野火起，復來燃樹"；鳩摩羅什譯《維摩詰所説經・方便品》第二："是身如丘井"句下自註："昔有人有罪於王，其人怖罪逃走，王令醉象逐之"云云，即撮述之。

【增訂四】鳩摩羅什譯《維摩詰經・方便品》自註所言詳見道略集鳩摩羅什譯《衆經撰雜譬喻》卷上第七則。

禪宗接引，遂以爲話頭，如《五燈會元》卷七羅山道閑章次："問：'前是萬丈洪崖，後是虎狼獅子，當恁麼時如何？' 師曰：'自在'"；卷九芭蕉慧清章次："上堂：'如人行次，忽遇前面萬丈深坑，背後野火來逼，兩畔是荆棘叢林，……當與麼時，作麼生免得？'" 明羅懋登《西洋記演義》第三九回張天師與王神姑鬥法敗走，前阻大海，旁峙懸崖，上有采樵者垂葛藤使攀登，藤太短，天師解腰間黃絲縧續之，始可着力，樵夫援至半壁，不上不下，止手嘲譚，棄之而去，於是黃蜂聚螫，黑白二鼠咬藤，海有三龍，山有四蛇，競來吞噬，天師窘急，神姑解法，則"原來在槐樹上吊着"；實敷説釋典也。釋氏故事於中世紀傳入基督教神甫之耳，有改頭換面，貫串爲小説者，采及此喻，易象爲獨角獸（unicorn），後來形諸圖繪，又易爲熊（bear），然數典而浸忘其祖矣①。西方古諺云："前臨絶壁，後有惡狼"（A fronte praecipitium, a tergo lupus）。一詼詭小説中主翁言："吾忽見一獅當路，驚駭欲僵，回顧身後則赫然有巨鱷在；避而右，必落水中，避而左，必墜崖下"（I was almost petrified at the sight of a lion. The moment I turned about, I found a large crocodile. On my right hand was the piece of water, and on my left a deep precipice）②。近世心析學言人處境困絶，每遁入狂易（die Flucht in die Krankheit），亦取譬於亞剌伯人騎駱駝行萬山窄徑中，左峭壁而右深谷，峯回路轉，斗見一獅欲撲，退避不能（Umkehr und Flucht sind unmöglich）③。均可連類。

---

① St. John Damascene, *Barlaam and Ioasaph*, xii, Apologue 4, "Loeb", 187-9; A. Dobson, *A Bookman's Budget*, 85-6 (Jacob Cats).

② *The Adventures of Baron Munchausen*, ch.1, Three Sirens Press, 21.

③ Freud, *Vorlesungen zur Einführung in die Psychoanalyse*, Internationaler Psychoanalytischer Verlag, 399-400.

二四 解

　　《蒙》："朽輿疲馴，不任御轡；君子服之，談何容易！"按東方朔《非有先生論》："談何容易！"，《文選》李善註："言談說之道何容輕易乎"；是也，勝於《漢書》顔師古註："不見寬容，則事不易。"蓋即"說難"之意，謂言之匪易也。《舊唐書·后妃傳》上長孫皇后曰："況在臣下，情疏禮隔，故韓非爲之'說難'，東方稱其'不易'"；"連類相倫，蓋得正解。桓寬《鹽鐵論·鹽鐵鍼石》："故曰：'談何容易！'談且不易，而況行之？"；《南齊書·王僧虔傳》誡子之不讀書而冒爲"言家"以"欺人"，有曰："曼倩有云：'談何容易！'……自少至老，手不釋卷，尚未敢輕言"；兩節釋義視善註更爲明凷。《晉書·張華傳》馮紞譖張華而迂曲其詞，武帝詰之，紞曰："東方朔有言：'談何容易！'；《易》：'臣不密則失身'"；亦謂有難言之隱，未可矢口直陳。《梁書·劉孝綽傳》答世祖："竊以文豹何辜，以文爲罪。由此而談，又何容易！故韜翰吮墨，多歷寒暑"；則謂文士最易得罪，故不可輕易爲文，非"談"之須愼重，而作之須愼重，指事而不指言，於東方原意，已有走作。今世道斯語，乃譏難事而易言之、空談易而不知實行難，一反言之匪易之原意。此林舉

"服"乘"朽輿疲駟",爲說來易而做來難之例,已同今用矣。曹植《酒賦》以人稱酒能使"質者或文,剛者或仁,卑者忘賤,寠者忘貧",因駁之曰:"噫!夫言何容易!";《舊唐書·元行沖傳》恚諸儒排己,著《釋疑》,列舉"改易章句"有五"難",而曰:"談豈容易!",謂改易事難;元結《寄源休》:"昔常以荒浪,不敢學爲吏;況當在兵家,言之豈容易?",與"爲吏"對照,即武事更難爲;《全唐文》卷八〇司空圖《與極浦書》:"象外之象,景外之景,豈容易可談哉?","容"、"可"兩字同意贅文,謂詩中此境難臻;柳永《玉女搖仙佩》詠《佳人》:"擬把名花比,恐傍人笑我,談何容易",謂名花難比佳人;《皇朝文鑑》卷一一四孫復《答張洞書》:"噫!斯文之難至也久矣!……惟董仲舒、揚雄、王通而已。由是而言之,則可容易至之哉?若欲容易而至之,則非吾之所聞也","言"字已同駢枝,"容"與"可"同意贅文,又略去"豈"字,謂"斯文難至","至"者,見諸行事也;楊萬里《誠齋集》卷一〇八《答吳節推》:"彼此無情分,豈可干求?談何容易!不惜取辱,但無益耳",謂求人事難;洪邁《夷堅丁志》卷一八《路當可》:"滕言嘗與中外兄弟白舅氏,丐一常行小術可以護身者,舅曰:'談何容易!吾平生持身莊敬,不敢斯須興慢心,猶三遇厄'",謂護身無厄之難;屠隆《鴻苞集》冠以張應文《鴻苞居士傳》,載隆《辭世詞》,其五曰:"談何容易:'一絲不掛!'古人臨死,說句大話","大話"即易於空談、難於實施者。皆謂言之匪艱,行之維艱也。蓋今之通用,由來悠遠,早著漢、魏,中歷唐、宋、明,而"談且不易"、"安敢輕言"之原意,湮沒已久矣。

二五　蹇

《革》："折梃春稷，君不得食；頭癢搔跟，無益於疾。"按兩事均堪入"左科"門，後喻更能近取譬。後世常以切理饜心，比於搔着癢處，如杜牧《讀韓杜集》："杜詩韓筆愁來讀，似倩麻姑癢處搔"；《五燈會元》卷八康山契隱章次："隔靴搔癢"；耿定向《天臺先生全書》卷八《難俎》載搔癢隱語："左邊左邊，右邊右邊，上些上些，下些下些，不是不是，正是正是，重些重些，輕些輕些"，王守仁聞之曰："狀吾致知之旨，莫精切若此！"；周暉《金陵瑣事》卷三載焦竑等夜坐搔癢詩："學道如同癢處搔"云云。《鹽鐵論·利議》："不知趨舍之宜，時勢之變，議論無所依，如膝癢而搔背"，與此林尤合。《韓非子·姦劫弒臣篇》："若以守法不朋黨，治官而求安，是猶以足搔頂也"；《易林》、《鹽鐵論》謂所搔非處，韓子謂欲搔不能，言各有當，而同歸"左科"。《五燈會元》卷二〇淨慈師一章次："古人恁麼說話，大似預搔待癢"，亦謂古語或於今事中肯，而搔喻尤奇，可與"留渴待井"（陳師道《後山詩註》卷二《送杜侍御純》）相輔互映。

【增訂三】《道德指歸論》卷一《上德不德篇》："是以事不可預設，變不可先圖，猶痛不可先摩而癢不可先折。"即謂不可

"預搔待癢",與禪宗同喻。"折"猶《孟子·梁惠王》"爲長者折枝"之"折",抑搔也;然玩此《論》文筆,鑄語屬字,不甚古奧,竊疑乃"抓"字之誤耳。

【增訂四】《五燈會元》卷八鳳凰從琛章次:"僧問:'如何是和尚家風?'師曰:'……汝不是其人。'曰:'忽遇其人時又如何?'師曰:'不可預搔待癢。'"

二六 益

《萃》:"往來井上,破甕壞盆。"按即揚雄《酒箴》:"觀瓶之居,居井之眉;處高臨深,動常近危,身提黃泉,骨肉爲泥";今諺所謂:"瓦罐終於井上破。"西諺亦謂:"弔桶常下井,損邊又折柄"(Tante volte al pozzo va la secchia, /ch'ella vi lascia il manico o l'orecchia)[①]。

[①] A. Arthaber, *Dizionario comparato di Proverbi*, 628; cf. Villon, *Le Testament*, "Ballade des Proverbes".

二七　姤

　　《損》："夢飯不飽，酒未入口；嬰女雖好，媒雁不許。"按言望梅而渴不止也。《潛夫論・實貢》："夫說粱飯食肉，有好於面，而不若糲粢藜蒸之可食於口也"；《華嚴經・菩薩問明品》第一〇："如人設美饍，自餓而不食，於法不修行，多聞亦如是"；《楞嚴經》卷一："雖有多聞，若不修行，與不聞等，如人說食，終不能飽"，又寒山詩："說食終不飽，說衣不免寒。""夢飯"之造境寓意深於"說食"，蓋"說食"者自知未食或無食，而"夢飯"者自以爲食或可得而食也。楊萬里《誠齋集》卷八四《易論》："夢飲酒者，覺而言之於童子，童子曰：'奚而不醒也！'"；李開先《中麓閒居集》卷一《喻意》："夢中有客惠佳酒，呼奴抱去熱來嘗。忽聽雞聲驚夢覺，鼻內猶聞酒氣香。追悔一時用意錯，酒佳涼飲有何妨！"；馮夢龍《廣笑府》卷五："一好飲者夢得美酒，將熱而飲之，忽然夢醒，乃大悔曰：'恨不冷吃！'"；又幾如此林第二句之衍義矣。

二八　萃

《既濟》："老狐多態，行爲蠱怪。"按《睽》之《升》："老狐屈尾，東西爲鬼。"吾國相傳狐興妖爲幻，畜獸之尤。《史記·陳涉世家》記"篝火狐鳴呼"事，可想見秦世風俗已信狐之善變怪，《易林》亦道此事之古者。陳勝、吳廣"喜念鬼"，而吳廣爲"狐鳴"，又與"老狐爲鬼"相發明。別詳《太平廣記》卷論卷四四七《陳羨》。

二九 漸

　　《大過》："鷹鸇獵食，雉兔困急，逃頭見尾，爲害所賊。"按《革》之《蠱》同，首句作"鷹鵰欲食"；《革》之《離》亦云："逃頭見足，身困名辱，欲隱避仇，爲害所賊。"蘇轍《欒城集》卷一《次韻子瞻聞不赴商幕》第一首："閉門已學龜頭縮，避謗仍兼雉尾藏"，自註："雉藏不能盡尾，鄉人以爲諺"；楊榮《蜨廠詩集・壬寅六月紀事》："未憑駝足走，先學雉頭藏"；吾鄉諺亦有："藏頭野雞，縮頭烏龜"，一自信爲人不能見己，一示人以己不敢見人，撮合之巧，冥契欒城。觀此林則漢人已云然矣。西土謂爲"鴕鳥術"（the ostrich policy），嚴復嘗舉以諷老子，別見《老子》卷論第二章。《呂氏春秋・自知》言盜鐘者"恐人聞"鐘音"況然"，乃"自掩其耳"；《楞嚴經》卷六："譬如有人，自塞其耳，高聲大叫，求人不聞"；十八世紀德國一文家云："俗情以爲己不見人，則人亦不己見，如小兒欲無人覩而自閉其目也"（wie die Kinder, die Augen gehaiten um nicht gesehen zu werden）①；皆《易林》所謂"雉兔逃頭"之心理。夫盜鐘必用手，

---

① Lichtenberg, *op. cit.*, III, 217.

即鐘輕而一手可挈，兩耳亦祇能掩一，依然聞"況然"之音，須赶繼塞耳始中，《吕覽》之喻似遜《楞嚴》之周密矣。《魏書·爾朱榮傳》表："掩眼捕雀，塞耳盜鐘"，以《後漢書·何進傳》陳琳語對《吕覽》語，銖鋼悉稱。

三〇　兌

　　《大過》："符左契右，相與合齒。"按符與契皆剖分左右，之官持左符而責償執右契；王楙《野客叢書》卷二八《郡守左符》、程大昌《演繁露》卷一《左符魚書》又卷四《魚袋》、趙翼《陔餘叢考》卷三三《合同》詳之，而皆未引此林。杜牧《新轉南曹，未叙朝散，出守吳興》："平生江海志，佩得左魚歸"，又《春末題池州弄水亭》："使君四十四，兩佩左銅魚"；陸龜蒙《謹和諫議罷郡敍懷》："已報東吳政，初捐左契歸"；蘇頌《蘇魏公集》卷一三《同事閣使見問奚國山水何如江鄉》："終待使還酬雅志，左符重乞守江湖。"亦名家詩句之供佐驗者。

三一　未　濟

　　《師》："狡兔趯趯，良犬逐咋；雌雄爰爰，爲鷹所獲。"按司馬光《司馬文正公傳家集》卷五《窮兔謠》："鶻翅崩騰來九霄，兔命迫窄無所逃。秋毫就死忽背躍，鶻拳不中還飛高。安知韓盧復在後，力屈但作嬰兒號。"正其情景；一逃犬咋而爲鷹獲，一兔鶻爪而落犬口。此林十六字幾如縮本郊獵圖矣。

楚辭洪興祖補註

一八則

一　離騷經章句序

　　王逸《離騷經章句·序》："'離'、別也，'騷'、愁也，'經'、徑也；言己放逐離別，中心愁思，猶依道徑，以風諫君也"；洪興祖《補註》："太史公曰：'離騷者，猶離憂也'；班孟堅曰：'離猶遭也，明己遭憂作辭也'；顏師古曰：'憂動曰騷。'余按古人引'離騷'，未有言'經'者，蓋後世之士祖述其詞，尊之爲'經'耳，非屈原意也。逸說非是。"按《補註》駁"經"字甚允，於"離騷"兩解，未置可否。《全唐文》卷二九六趙冬曦《謝燕公〈江上愁心賦〉》："離、別也，騷、愁焉。惡乎然？惡乎不然！"徑取王逸序語，而易"也"爲"焉"，意理畢達，頗得孟子說《詩》之法。項安世《項氏家說》卷八、王應麟《困學紀聞》卷六皆據《國語·楚語》上伍舉云："德義不行，則邇者騷離而遠者距違"，韋昭註："騷、愁也，離、叛也"，以爲"楚人之語自古如此"，"離騷"即"騷離"，屈原蓋以"離畔爲愁"。足備一解而已。夫楚咻齊傅，乃方言之殊，非若胡漢華夷之語，了無共通。諸侯朝廷官府之語，彼此必同大而異小，非若野處私室之語，因地各別。苟布在方策，用以著作，則較之出於唇吻者，彼此必更大同而小異焉。《論語·述而》之"雅言"，劉寶楠《正義》釋爲別於土話之"官話",是矣而未盡然;以其僅識官話視土話爲整齊畫一,而未識筆於書之官話視吐諸口之官話愈整齊畫一,官話筆於書之訓誥雅頌者又視筆於書之通俗底下者愈整齊畫一。故楚之鄉談必有存於記楚人事或出楚人手之著作,然記楚人事、出楚人手之著作,其中所有詞句,未宜一見而概謂"楚人之語自古如此"。"騷離"與"距違"對文,則"騷"如《詩·大雅·常武》"繹騷"之"騷",謂擾動耳。伍舉承言之曰:"施令德於遠近,而小大安之也;若斂民利以成其私欲,使民蒿焉而忘其安樂而有遠心。"是"騷"即不"安","騷離"即動盪渙散。

【增訂二】伍舉所謂"騷離",即《論語·季氏》所謂"邦分崩離析"耳。

韋昭解"騷"爲"愁",不甚貼切《國語》之文,蓋意中有馬遷、王逸輩以《楚辭》"騷"爲"憂"、"愁"之舊解,遂沿承之。韋解本采《楚辭》註,項、王乃復據以補正《楚辭》註;朱熹嘗謂《山海經》依傍《天問》,後人釋《天問》轉溯諸《山海經》,毋乃類是?韋解"騷離"爲民"愁"而"叛",項、王遂解"離騷"爲屈原以民"叛"而"愁"。夫即使《國語》之韋解愜當,《楚辭》文既倒置,詁之分者未遽即可移用。卑無高論,請徵之尋常筆舌。匹似"東西"之與"西東","風流"之與"流風","雲雨"之與"雨雲","日月"之與"月日","大老"、"中人"、"小妻"之與"老大"、"人中"、"妻小",均未可如熱鐺翻餅。"主謀"洵即"謀主",而"主事"絕非"事主";"公相"不失爲"相公",而"公主"迥異"主公"。"字畫"、書與畫也,又書法或字跡也,"畫字"則作字或簽名矣;"尊嚴"、體貌望之儼然也,"嚴尊",則稱事爲父矣;"死戰"、猶能生還也,"戰死"則祇許弔戰場而招歸魂矣;"混亂"、事勢不清平也,"亂混"則人不務正業而游手餬口矣。"主客"以言交際、酬酢,而"客主"則言交戰爭辯,"主客"又爲官府及僧寺典客者之稱矣。更僕難終,均類手之判反與覆,而非若棍之等倒與顛。復安保"騷離"之必同於"離騷"哉?單文孤證,好事者無妨撮合;切理饜心,則猶有待焉。

均是單文孤證也,竊亦郢書燕說,妄言而姑妄聽之可乎?王逸釋"離"爲"別",是也;釋"離騷"爲以離別而愁,如言"離愁",則非也。"離騷"一詞,有類人名之"棄疾"、"去病"或詩題之"遣愁"、"送窮";蓋"離"者,分闊之謂,欲擺脫憂愁而遁避之,與"愁"告"別",非因"別"生"愁"。猶《心經》言"遠離顛倒夢想";或道士言太上老君高居"離恨天",在"三十三天之上"(《西遊記》第五回),乃謂至清極樂、遠"離"塵世一切愁"恨",非謂人間傷"離"傷別怨"恨"之氣上衝而結成此天也。

【增訂三】"離恨天"本意,可參觀《大智度論》卷九七《釋薩陀崙品》第八八中言"衆香城"中"有四娛樂園,一名'常喜',二名'離憂'……";玄奘譯《大般若波羅蜜多經》第二分《修治地品》第一八之一二列舉"遠離十法",有"遠離不喜愁戚心"、"遠離追戀憂悔心"等。蓋"離"去"憂"、"愁"而成"喜"、"樂",非如李端《宿淮浦憶司空文明》之"愁心一倍長離憂",乃因別"離"而"愁"、"憂"加"倍"。元曲每以"離恨天"對"相思病"(如石子章《竹塢聽琴》第二折),似望文生義,解同何遜《與胡興安夜別》之"芳抱新離恨",不喜而戚。後來如孫原湘《天真閣集》卷二八《離恨天歌》遂大放厥詞，至云："愁天一角萬古渾，日月不到雲昏昏"，當非太上老君居之安者矣。

【增訂四】《大般若波羅蜜多經》初分《緣起品》第一之一言南方"最後世界名'離一切憂'，佛號'無憂德如來'。……有菩薩名曰'離憂'"。

《詩·泉水》曰："駕言出遊，以寫我憂"；《莊子·山木》魯侯有憂色，市南宜僚進言謂"游於無人之野"、"大莫之國"，則可以"去君之累，除君之憂"；庾信《愁賦》曰："深藏欲避愁"；李白《暮春江夏送張祖監丞之東都序》曰："吁咄哉！僕書室坐愁，亦已久矣。每思欲遐登蓬萊，極目四海，手弄白日，頂摩青穹，揮斥幽憤，不可得也"；韓愈《忽忽》曰："忽忽乎吾未知生之爲樂也，欲脫去而無因"；辛棄疾《鷓鴣天》曰："欲上高樓本避愁"；莫非欲"離"棄己之"騷"愁也。《遠遊》開宗明義曰："悲時俗之迫阨兮，願輕舉而遠遊"；王逸《九思·逢尤》曰："心煩憒兮意無聊，嚴載駕兮出戱遊"，逸自註或其子延壽註："將以釋憂憤也"；正是斯旨。憂思難解而以爲遷地可逃者，世人心理之大順，亦詞章抒情之常事，而屈子此作，其巍然首出者也。逃避苦悶，而浪跡遠逝，乃西方浪漫詩歌中一大題材①。足資參印。

"離"訓遭、偶，亦訓分、畔。就《離騷》一篇言之。"進不入以離尤兮"，用前訓也；"余既不難夫離別兮"，"何離心之可同

---

① E. g. Goethe, *Faust*, I. 418："Flieh! Auf! Hinaus in's weite Land!"; Mallarmé："Brise marine"："Fuir! là-bas fuir!" Cf. Leopardi："Dialogo di Cristoforo Colombo e di Pietro Gutierezz"(*Opere*, Riccardo Ricciardi, I, 602："che per un tempo essa ci tiene liberi della noia" ecc.); Baudelaire："Le Voyage", "Any Where Out of the World"(*Oeuvres complètes*, "Bibliothèque de la Pléiade", 198, 355).

兮"，"飄風屯其相離兮"，"紛總總其離合兮，斑陸離其上下"，皆用後訓。"不難夫離別"，乃全篇所三致意者，故《亂》"總撮其要"曰："又何懷乎故都！""忽反顧以遊目兮，將往觀乎四荒"；"濟沅湘以南征兮，就重華而陳詞"；"駟玉虬以乘鷖兮，溘埃風余上征"；"何離心之可同兮，吾將遠逝以自疏"；"懷朕情而不發兮，余焉能忍與此終古"；"騷"而欲"離"也。"回朕車以復路兮，及行迷之未遠"；"僕夫悲余馬懷兮，蜷局顧而不行"；"騷"而欲"離"不能也。棄置而復依戀，無可忍而又不忍，欲去還留，難留而亦不易去。即身離故都而去矣，一息尚存，此心安放？江湖魏闕，哀郢懷沙，"騷"終未"離"而愁將焉避！庾信《愁賦》曰："深藏欲避愁，愁已知人處"；陸游《春愁》曰："春愁茫茫塞天地，我行未到愁先至"（《劍南詩稿》卷八）；周紫芝《玉闌干》釋然曰："覓得醉鄉無事處"，而元好問《玉闌干》又爽然曰："已被愁知！"；臨清人商調《醋葫蘆》曰："幾番上高樓將曲檻凭，不承望愁先在樓上等"（李開先《一笑散》）。西方古今詩家，或曰："驅騎疾逃，愁踞馬尻"（Post equitem sedet atra Cura），或又歎醇酒婦人等"一切避愁之路莫非迎愁之徑"（Denn all mein Irren war ein Weg zu dir）①。皆心同此理，輒喚奈何。寧流浪而猶流連，其唯以死亡爲逃亡乎！故"從彭咸之所居"爲歸宿焉。思緒曲折，文瀾往復；司空圖《詩品·委曲》之"似往已廻"，庶幾得其悱惻纏綿之致。《詩·邶風·柏舟》一篇，稍闢斯境，然尚是剪而不斷之情，《離騷》遂兼理而愈亂之況。

---

① Horace, *Carminum*, III, i. 40; Hermann Hesse: "An die Melancholie" (W. Rose, *A Book of Modern German Lyric Verse*, 96).

語意稠疊錯落，如既曰："余固知謇謇之爲患兮，忍而不能舍也"，又曰："寧溘死以流亡兮，余不忍爲此態也"，復曰："阽余身而危死兮，覽余初其未悔"；既曰："何方圓之能周兮"，復曰："不量鑿而正枘兮"；既曰："世溷濁而不分兮，好蔽美而嫉妒"，復曰："世溷濁而嫉賢兮，好蔽美而稱惡"；既曰："心猶豫而狐疑兮，欲自適而不可"，復曰："欲從靈氛之吉占兮，心猶豫而狐疑。"諸若此類，讀之如覷其鬱結窒産，念念不忘，重言曾歎，危涕墜心。曠百世而相感，誠哉其爲"哀怨起騷人"（李白《古風》第一首）也。

二　離　騷

　　"惟庚寅吾以降"；《註》："寅爲陽正，故男始生而立於寅，庚爲陰正，故女始生而立於庚"；《補註》："《説文》曰：'元氣起於子，男左行三十，女右行二十，俱立於巳，爲夫婦。裹妊於巳，巳爲子，十月而生。男起巳至寅，女起巳至申，故男年始寅，女年始申也。'《淮南子》註同。"按洪引《説文》，乃"包"字之解，前尚有數語云："象人裹妊；巳在中，象子未成形也。"《淮南子·氾論訓》："禮三十而娶，文王十五而生武王，非法也"，高誘註亦言"男子數從寅起"、"女子數從申起"，而更詳於《説文》。段玉裁《説文解字註》引《淮南》高註及《神仙傳》，斷之曰："按今日者卜命，男命起寅，女命起申，此古法也。"實則宋程大昌《演繁露》卷五早取《通典》註引《説文》"包"字解而論之云："即今三命家謂'男〔生〕一歲，小運起寅……女生一歲，小運起申'者是也。……不知許氏於何得之。殆漢世已有推命之法矣，而許氏得之耶？或是許氏自推男女生理而日者取以爲用也？"程氏未知王、高皆以此説註書，不獨許氏用以解字。漢碑每有"三命"之詞，王楙《野客叢書》卷二六謂"即陰陽家五星三命之説"；合王、許、高三家註書解字觀之，野客未爲臆測也。"皇覽揆余初度兮，肇錫余以嘉名"；王逸註："觀我始生年時，度其日月，皆合天地之正中"，亦似以星命爲釋。《詩·小雅·小弁》："我辰安在?"；鄭玄《箋》："言'我生所值之辰安所在乎?'謂'六物'之吉凶"；孔穎達《正義》引《左傳》昭公七年伯瑕對晉侯問，謂"六物"乃"歲、時、日、月、星、辰"。是則鄭之箋《詩》酷肖王之註《騷》，想見東漢已流行後世日者之説矣。

【增訂三】朱松《韋齋集》卷一〇《送日者蘇君序》亦引《小弁》句及註疏而申說曰："然則推步人生時之所值，以占其貴賤壽夭，自周以來有之矣。"

錢大昕《潛研堂文集》卷三《星命説》、紀昀《閱微草堂筆記》卷一二、俞正燮《癸巳存稿》卷六等皆未及此。

"惟草木之零落兮，恐美人之遲暮。"按《詩·衛風·氓·小序》"華落色衰"，正此二句之表喻；王逸註所謂"年老而功不成"，則其裏意也。下文又云："老冉冉其將至兮，恐脩名之不立"；"及榮華之未落兮，相下女之可貽"；"恐鵜鴂之先鳴兮，使百草爲之不芳"；"及余飾之方壯兮，周流觀乎上下"。言之不足，故重言之。不及壯盛，田光興感；復生髀肉，劉備下涕；生不成名而身已老，杜甫所爲哀歌。後時之悵，志士有同心焉。

"朝飲木蘭之墜露兮，夕餐秋菊之落英"；《註》："英、華也；言己旦飲香木之墜露，……暮食芳菊之落華"；《補註》："秋花無自落者，當讀如'我落其實而取其華'之'落'。"按"夕餐"句乃宋以來談藝一公案，張雲璈《選學膠言》卷一三已引《西溪叢語》、《野客叢書》、《菊譜》諸說。洪氏糾正王逸註"落華"，意中必有此聚訟在。李壁《王荊文公詩箋註》卷四八《殘菊》："殘菊飄零滿地金"，《註》："歐公笑曰：'百花盡落，獨菊枝上枯耳'，戲賦：'秋英不比春花落，爲報詩人仔細看！'荆公曰：'是定不知《楚辭》夕餐秋菊之落英，歐九不學之過也！落英指衰落。'《西清詩話》云：'落、始也。'竊疑小説謬，不爲信。"《苕溪漁隱叢話》前集卷三四引《西清詩話》外，復引《高齋詩話》記嘲王安石者爲蘇軾，則《警世通言》卷三《王安石三難蘇學士》淵源所自也。史正志《史老圃菊譜·後序》調停歐、王，謂"左右佩紉，彼此相笑"，菊"有落有不落者"，而終曰："若夫可餐者，乃菊之初開，芳馨可愛耳，若夫衰謝而後落，豈復有可餐之味？《楚辭》之過，乃在於此。或云：'……落英之落，蓋謂始開之花耳。然則介甫之引證，殆亦未之思歟？'或者之説，不爲無據"；是仍以安石爲誤。宋人如吳曾《能改齋漫錄》卷二論《西清詩話》、費袞《梁谿漫志》卷六、魏慶之《詩人玉屑》卷一七引《梅墅續評》，後來陳錫璐《黃嬭餘話》卷三、吳景旭《歷代詩話》卷五七亦蒐列諸説，胥主"落英"之"落"當解爲"初"、"始"。安石假借《楚辭》，望文飾非，幾成公論。安石大弟子陸佃《埤雅》卷一七："菊不落華，蕉不落葉"，蓋似隱駁乃師詩句。他如朱淑真《黃花》："寧可抱香枝上老，不隨黃葉舞秋風"；鄭思肖《寒菊》："寧可枝頭抱香死，何曾吹落北風中！"言外胥有此公案，而借以寄慨身世。惟樓鑰、王楙謂"落"正言隕落，而於全句別作解會。王説出《野客叢書》卷一，張雲璈已引之；樓説出《攻媿集》卷七五《跋楚薌圖》云："人言木蘭即木筆，雖別有辛夷之名，未知孰是，而頗有證焉。半山有'籬落黃花滿地金'之句，歐公云'菊無落英。'半山云：'歐九不曾讀《離騷》！'公笑曰：'乃介甫不曾讀耳！'竟無辨之者，余嘗得其説。靈均自以爲與懷王不能復合，每切切致此意。木蘭仰生而欲飲其墜露，菊花不謝而欲餐其落英，有此理乎？正如薜荔在陸而欲採於水中，芙蓉在水而欲搴於木末。"心良苦而説甚巧。顧《九歌・湘君》以"心不同兮媒勞"申説採荔搴蓉，枉費心力之意甚明；《離騷》以"長顑頷亦何傷"申説飲露餐英，則如王逸註所謂"飲食清潔"，猶言"寧飲水而瘦"，非寓豈"有此理"之意。《荆文詩集》卷四七《縣舍西亭》第二首："主人將去菊初栽，落盡黄花去却廻"；蓋菊花之落，安石屢入賦詠。夫既爲詠物，自應如鍾嶸《詩品》所謂"即目直尋"、元好問《論詩絶句》所謂"眼處心生"。乃不徵之目驗，而求之腹笥，借古語自解，此詞章家膏肓之疾："以古障眼目"（江湜《伏敔堂詩録》卷八《雪亭邀余論詩，即以韻語答之》）也。嗜習古畫者，其觀賞當前風物時，於前人妙筆，熟處難忘，雖增契悟，亦被籠罩，每不能心眼空靈，直湊真景①。詩人之資書卷、講來歷者，亦復如是②。安石此掌故足爲造藝者"意識腐蝕"（the corruption of consciousness）③之例。《禮記・月令》季秋之月曰："菊有黄花"，

【增訂四】《西京雜記》卷一《黄鵠歌》："金爲衣兮菊爲裳"，以"菊"配"金"，是言其"有黄花"也。

張翰《雜詩》曰："暮春和氣應，白日照園林，青條若總翠，黄

---

① Cf. Hogarth, *The Analysis of Beauty*, Preface: "It is also evident that the painter's eye may not be a bit better fitted to receive these new impressions who is in like manner too much captivated with the works of art"(ed., J. Burke, 24).

② Cf. De Sanctis, *Storia della Letteratura italiana*, cap. Xi: "Lo scrittore non dice quello che pensa o immagina o sente, perchè non è l'immagine che gli sta innanzi, ma la frase di Orazio e di Virgilio"(ed. riveduta da A. Parente, I, 342).

③ R. G. Collingwood, *Principles of Art*, 216.

花如散金"；唐人如崔善爲《答無功九日》以二語捉置一處："秋來菊花氣，深山客重尋，露葉疑涵玉，風花似散金"，而承曰："摘來還汎酒"，是尚知菊英之不落，隱示"散金"之爲假借成語。至安石以菊英亦黃，遂逕取張翰之喻春花者施之於秋花，語有來歷而事無根據矣。若其引《離騷》解嘲，却未必誤會。"落英"與"墜露"對稱，互文同訓。《詩》雖有"落"訓"始"之例，未嘗以言草木，如《氓》之"桑之未落，其葉沃若；桑之落兮，其黃而隕"，正謂隕落。《離騷》上文曰："惟草木之零落兮"，下文曰："貫薜荔之落蕊"，亦然。下文又曰："溘吾游此春宮兮，折瓊枝以繼佩，及榮華之未落兮，相下女之可詒"；《補註》："瓊，玉之美者；……天爲生樹，……以琳琅爲實，……欲及榮華之未落也。"若科以"菊不落花"之律，天宮帝舍之琅樹琪花更無衰謝飄零之理，又將何説以解乎？比興大篇，浩浩莽莽，不拘有之，失檢有之，無須責其如賦物小品，尤未宜視之等博物譜錄。使苛舉細故，則木蘭榮於暮春，而《月令》曰："季秋之月，菊有黃華；是月也，霜始降，草木黃落。"菊已傲霜，而木蘭之上，零露尚漙，豈旦暮間而具備春秋節令之徵耶？朝祇渴抑無可食而夕祇飢抑無可飲耶？指摘者固爲吹毛索痕，而彌縫者亦不免於鑿孔栽鬚矣。

"謇吾法夫前修兮，非世俗之所服"；《註》："言我忠信謇謇者，乃上法前世遠賢，固非今時俗人之所服行也；一云'謇'、難也，言己服飾雖爲難法，我倣前賢以自修潔，非本今世俗人之所服佩。"按王説是矣而一間未達，蓋不悟二意之須合，即所謂"句法以兩解爲更入三昧"、"詩以虛涵兩意見妙"（李光地《榕村語錄》正編卷三〇、王應奎《柳南隨筆》卷五），亦即西方爲

"美學"定名立科者所謂"混含"(con-fusio)①是也。此乃修詞一法②,《離騷》可供隅反。"修"字指"遠賢"而并指"修潔","服"字謂"服飾"而兼謂"服行"。一字兩意,錯綜貫串,此二句承上啓下。上云:"擥木根以結茝兮,貫薜荔之落蕊,矯菌桂以紉蕙兮,索胡繩之纚纚",是修飾衣服,"法前修"如言"古衣冠";下云:"雖不周於今之人兮,願依彭咸之遺則","今之人"即"世俗","依遺則"即"法前修",是服行以前賢爲法。承者修潔衣服,而啓者服法前賢,正是二詮一遮一表,亦離亦即。更下又云:"余雖好修姱以鞿羈兮,謇朝誶而夕替,既替余以蕙纕兮,又申之以攬茝";"進不入以離尤兮,退將復修吾初服,製芰荷以爲衣兮,集芙蓉以爲裳";"佩繽紛其繁飾兮,芳菲菲其彌章,民生各有所樂兮,余獨好脩以爲常";"汝何博謇而好修兮,紛獨有此姱節,薋菉葹以盈室兮,判獨離而不服";"户服艾以盈要兮,謂幽蘭其不可佩";"修"謂修潔而"服"謂衣服。"孰非義而可用兮,孰非善而可服";"不量鑿而正枘兮,固前修以菹醢";"修"謂遠賢而"服"謂服行。"修"與"服"或作直指之詞,或作曲喻之詞,而兩意均虛涵於"謇吾"二句之中。張衡《思玄賦》極力擬《騷》,有云:"襲温恭之黻衣兮,被禮義之繡裳,辮貞亮以爲鞶兮,雜伎藝以爲珩"則與"結典籍而爲罟兮,敺儒墨以爲禽",皆坐實道破,不耐玩味矣。

---

① A. Riemann, *Die Aesthetik A. G. Baumgartens*, 110: "Je mehr Einzelheiten... in einer verworren Vorstellung beisammen sind,... desto poetischer wird sie."
② Cf. N. Frye, *Anatomy of Criticism*, 72 ff. (The principle of manifold meaning); S. Ullmann, *Semantics*, 188 ff. (Ambiguity as a device of style); Winifred Nowottny, *The Language Poets Use*, 146 ff. (Ambiguity and "ambiguity").

"怨靈脩之浩蕩兮，終不察夫民心"；《註》："'浩'猶'浩浩'，'蕩'猶'蕩蕩'，無思慮貌也"；《補註》："五臣云：'浩蕩、法度壞貌。'"按"無思慮"之解甚佳；高拱無爲，漠不關心國事，即可當《北齊書·後主紀》所謂"無愁天子"，而下民已不堪命矣。註家申說爲"驕敖放恣"或"法度廢壞"，便詞意淺直。《詩·大雅·蕩》："蕩蕩上帝"，鄭玄《箋》："法度廢壞"，正自失當，五臣乃傳移以釋《楚辭》，亦王逸言"驕敖放恣"有以啓之也。干寶《晉紀總論》："民風國勢如此，雖以中庸之才、守文之主治之，辛有必見之於祭祀，季札必得之於聲樂，范燮必爲之請死，賈誼必爲之痛哭，又況我惠帝以蕩蕩之德臨之哉！"即言惠帝之無所用心，若以壞法驕恣釋之，便乖婉諷語氣，既不稱其生性愚懦，復與"德"字不屬。劉峻《辯命論》："爲善一，爲惡均，而禍福異其流，廢興殊其迹，蕩蕩上帝，豈如是乎？"即言天帝之不問不管，若以壞法驕恣釋之，則"豈如是"之詰質無謂；因恣志枉法，必且作善者均致禍，作惡者概得福，匪僅爲善爲惡同而或禍或福異也。《書·洪範》："無偏無黨，王道蕩蕩；無黨無偏，王道平平；無反無側，王道正直"；首言道路之寬廣，次言道路之平坦，末言道路之正直。道上空曠無物，猶心中空洞無思，故亦稱"蕩蕩"。

【增訂二】張籍《短歌行》："青天蕩蕩高且虛"，亦以"高"與"虛"說"蕩蕩"，兼遼遠與空無。

石君寶《秋胡戲妻》第二折："這等清平世界、浪蕩乾坤，你怎敢把良家婦女公調戲？"；《水滸》第二七回："清平世界、蕩蕩乾坤，那裏有人肉的饅頭？""乾坤"之"浪蕩"、"蕩蕩"謂太平無事，正如"靈脩"之無思、"王道"之無物；若沿壞法驕恣之解，則當曰"怪不得把良家婦調戲、剁人肉作饅頭餡"矣。又按"浩蕩"兼指距離遼邈。詩人用字,高長與廣大每若無別;如陸機《挽歌》之三:"廣宵何寥廓,大暮安可晨!",不殊甯戚《飯牛歌》之"長夜冥冥何時旦!""靈脩"不僅心無思慮,萬事不理,抑且位高居遠,下情上達而末由,乃俗語"天高皇帝遠"耳。蓋兼心與身之境地而言;陶潛名句曰:"心遠地自偏",皇帝則"地高心自遠",所謂觀"存在"而知"性行"者也①。《呂氏春秋·制樂》記子韋語:"天之處高而聽卑";《三國志·蜀書·秦宓傳》張溫問:"天有耳乎?"宓答:"天處高而聽卑";《南齊書·蕭諶傳》諶臨死謂莫智明曰:"天去人亦復不遠。……我今死,還取卿";皆謂"靈脩"雖居處"浩蕩",與下界寥闊不相聞問,而宅心不"浩蕩",於人事關懷親切。《北宮詞紀》外集卷三馮惟敏《勸世》:"一還一報一齊來,見如今天矮";《琵琶記》第二六折李贄評:"這裏天何等近!緣何別處又遠?";《醒世姻緣傳》第五六回:"這天矮矮的,唬殺我了!",又五七回:"這天爺近來更矮,湯湯兒就是現報。""近"、"矮"正同"聽卑"、"不遠",皆"浩蕩"之反,言其能下"察夫民心"也。

"眾女嫉余之蛾眉兮,謠諑謂余以善淫";《註》:"'眾女'謂眾臣;女、陰也,無專擅之義,……故以喻臣。'蛾眉'、美好之人";《補註》:"眾女競爲謠言以譖懟我,彼淫人也,而謂我善淫。"按王逸《序》:"《離騷》之文,依《詩》取興。……'靈脩'、'美人'以比於君";"思美人之遲暮"句,《補註》謂"美

---

① Cf. Heidegger, *Sein und Zeit*, 1. Hälfte, 3. Aufl., 42: "Das Was-sein(essentia)dieses Seienden muss... aus seinem Sein(existentia)begriffen werden".

人"或"喻君",或"喻善人",或"自喻"。夫不論所喻(tenor)爲誰,此句取以爲喻(vehicle)之"美好之人"稱"余"者,乃女也,"衆女嫉余之蛾眉兮",又即下文之"好蔽美而嫉妒"也。上文"思美人之遲暮",王逸註:"'美人'謂懷王也";下文"思九洲之博大兮,豈唯是有其女?","和調度以自娛兮,聊浮游以求女";不論其指臣皇皇欲得君,或君汲汲欲求賢,而詞氣則君子之求淑女,乃男也。不然,則人痀矣。後之稱"自"與前之稱"余",蓋一人耳;撲朔迷離,自違失照。憶十六世紀英國諷諭名篇《狐、猿謀篡歌》中,以獅乃百獸之君,故假以喻王,是爲牡(The Lyon sleeping lay in secret shade,/His Crown and Scepter lying him beside),而英國時方女王(Elizabeth)當朝,牡者遂時爲牝(For so braue beasts she loueth best to see,/In the wilde forest raunging fresh and free; To have thy Princes grace, yet want her Pecres)①;亦雌亦雄,忽男忽女,真堪連類也。《楚辭》中岨峿不安,時復類斯。如本篇云:"爲余駕飛龍兮,雜瑶象以爲車。……鳳皇翼其承旂兮,高翱翔之翼翼。忽吾行此流沙兮,遵赤水而容與,麾蛟龍使梁津兮,詔西皇使涉予。"飛龍爲駕,鳳皇承旂,有若《九歌・大司命》所謂"乘龍兮轔轔,高駝兮沖天",乃竟不能飛度流沙赤水而有待於津梁耶?有翼能飛之龍詎不如無翼之蛟龍耶?抑將如班固《東都賦》之"乘龍",或張衡《南都賦》之"飛龍",釋"駕龍"爲駕馬歟?則"蛟龍"又何物哉?《文選》江淹《恨賦》李善註引《竹書紀年》周穆王

---

① Spenser: "Prosopopoia: or Mother Hubberds Tale", 952-3, 629-630, 900, *Minor Works*, Variorum Edition by E. Greenlaw *et al*., II, 130, 122, 129.

伐越，師至九江，"叱黿鼉以爲梁"；初非駕龍以翔，故須架黿以度耳。《西遊記》第二二回唐僧抵"流沙河"，阻道不能過，八戒謂行者既有"筋斗雲"之術，"把師父背着，只消點點頭，躬躬腰，跳過去罷了"，行者答謂"遣泰山輕如芥子，携凡夫難脱紅塵"，"若將容易得，便作等閒看"；以明唐僧取經必"就地而行"，不可"空中而去"。行者之言正作者自圓之補筆也。若騰空遠邁，而過水須橋，則説之未圓而待彌縫者。嚴忌《哀時命》云："弱水汩其爲難兮，路中斷而不通，勢不能凌波以徑度兮，又無羽翼而高翔。……車既弊而馬罷兮，蹇邅徊而不能行"；智過所師，庶無語病，足見有"羽翼"而能"高翔"者，"徑度""弱水"而不"爲難"也。又如《九歌・東君》云："靈之來兮蔽日，青雲衣兮白霓裳"；"靈"非他，"日"是也，篇首所謂"暾將出兮東方，照吾檻兮扶桑"也。"將出"已"照"，及"來"乃反自"蔽"乎？"雲衣霓裳"掩蔽容光顔焕，豈竟如《九辯》之"氾濫浮雲，壅蔽明月"乎？《禮記・禮運》："故政者，君之所以藏身也"，鄭玄註："謂輝光於外而形體不見，如日、月、星、辰之神"，或資參釋；倘若《神曲》所言以光自匿，光華射目，日體不可正視，如蛹藏繭内（e col suo lume sè medesmo cela; Sì come il sol, che si cela egli stessi/per troppa luce; che mi raggia dintorno, e mi nascon de/quasi animal di sua seta fasciato)①，則"蔽日"者，"蔽於日"、"日蔽"之謂歟？然不曰"光"而曰

---

① *Purgatorio*, XVII, 57; *Paradiso*, V.133-4 e VIII.53-4. 蠶種於六世紀已自吾國傳入羅馬，馬哥波羅東游歸後，意大利養蠶大盛（參觀 L. Olschki, *L'Asia di Marco Polo*, 43），故但丁亦知有繭矣。

"日",又似判"靈"、"日"而二之。王逸註曰:"言日神悦喜,於是來下,從其官屬,蔽日而至也。"憑空添上"官屬",即覺原語欠圓,代爲斡旋。此類疵累不同於"秋菊落英"之譏。秋菊落英,乃與文外之事實不符(correspondence);據芳譜卉箋,自可科以無知妄作之罪,而談藝掎摭,視爲小眚,如肌膚之疾而已。此類蓋文中之情節不貫(coherence),猶思辯之墮自相矛盾①,則病在心腹者矣。匹似杜甫《游何將軍山林》:"紅綻雨肥梅";姚旅《露書》卷三駁之曰:"梅花能綻,梅子不能綻,今初夏言綻,則好新之過。"是乖違外物之疵也。白居易《繚綾》:"中有文章又奇絶,地鋪白烟花簇雪。織者何人衣者誰?越溪寒女漢宫姬。去年中使宣口敕,天上取樣人間織:織爲雲外秋雁行,染作江南春水色";一綾也,色似白復似碧,文爲花忽爲鳥。又本身牴牾之病已。説詩者每於前失强聒不舍,而於後失熟視無覩,殆皆行有餘力之博物君子耳!擬之三段論法,情節之離奇荒誕,比於大前提;然離奇荒誕之情節亦須貫串諧合,誕而成理,奇而有法。如既具此大前提,則小前提與結論必本之因之,循規矩以作推演。《西遊記》第六回齊天大聖與二郎神鬭法,各摇身善變,大聖變魚游水中,二郎變魚鷹,大聖急遁而變他物;夫幻形變

---

① Croce, *Estetica*, 10ᵃ ed., 51: "Lo stesso principio di contradizione non è altro, in fondo, che il principio estetico della coerenza."

【增訂三】狄德羅論想像,有云:"詩人臆造事情,不異哲人推演事理,有條貫與無條貫之別而已"(Et le poète qui feint, et le philosophe qui raisonne, sont également, et dans le même sens, conséquents ou inconséquents— "De la Poésie dramatique", X "Du Plan", *Oeuv*, *comp*, ed. J. Assézat, VII, 334-5)。可與克羅采語合觀。

狀，事理所無也，而既爲魚矣，則畏魚鷹之啄，又常事常理也。

【增訂四】歌德《浮士德》卷上有浮士德與魔鬼問答一節。浮問："汝奚不自窗而出乎？"魔原由門入，乃對："魔與鬼有科律(ein Gesetz dei Teufel und Gespenster)毋得違；自何處入，亦必自其處出。初步專由自主，繼武即局趣爲奴"（Das erste steht uns frei, beim zweiten sind wir Knechte. ——*Faust*, I, 1409-12）。蓋亦猶吾國舊小說所謂："不來由客，來時由主"（《平妖傳》二六回），或阿拉伯古諺所謂："入時自作主張，出時須人許可"（You enter at your own bidding—you leave at another's. ——Sir Richard Burton, *Selected Papers*, ed. N. M. Penzer, p. 82）。頗可移解余所謂故事情節之大前提雖不經無稽，而其小前提與結論却必順理有條。原引《西遊記》第六回大聖變魚，二郎變魚鷹啄之，大聖因變水蛇，二郎神遂變灰鶴啄之；又第六一回牛王變天鵝，行者即變海東青，牛王急變黃鷹，"反來嗛海東青"，行者變烏鳳，"專一趕黃鷹"，牛王變香獐，行者變餓虎，"趕獐作食"，牛王變文豹，"要傷餓虎"，行者變狻猊，"要食大豹"。其初變也，自由遂願，任意成形；及乎既變之後，則賦形秉性，而物性相制，不得乖違。故化獐矣，必畏虎，欲不畏虎，惟有別化爲豹。《封神演義》第九一回中楊戩與梅山七怪之袁洪"各使神通，變化無窮，相生相克"，如袁"變怪石"，楊"即變石匠"；《古今小說》卷一三《張道陵》八部鬼帥變"老虎來攪真人"，真人"變獅子逐之"，鬼帥"再變大龍"，真人即"又變大鵬金翅鳥啄龍睛"等；正相彷彿。元魏譯《賢愚經·須達起精舍品第四十一》寫佛弟子與外道幻師鬭法：勞度差"呪作一樹"，舍利弗

"作旋嵐風，吹拔樹根"；勞度差"復作一山"，舍利弗"化作金剛力士，以金剛杵，遥用指之，山即破壞"；勞度差"復作一龍"，舍利弗"化作一金翅鳥王，擘裂噉之"；勞度差"復作一牛"，舍利弗"化作獅子王，分裂食之"。雖導夫先路，而粗作大賣，要不如後來者入扣連環之居上也。

試例以西方童話。貓着鞾謁術士曰："人盛言公能隨意幻形，竊未能信，願目驗焉。請化爲象，可乎？"術士嗤之，立地成巨象。貓驚嘆曰："神乎技矣！不識亦解化獅歟？"術士即轉形爲雄獅，貓皇恐曰："莫怖殺儂！"術士忻然意得，貓曰："公化大物之能，僕已嘆觀止；苟兼工化成小物如鼷鼠者，則獨步天下而僕亦不敢再瀆矣。"術士曰："小子可教！老夫不惜爲汝一顯身手耳。"語畢躍而作鼠，貓撲而咋之（Der Zauberer sprang als Maus im Zimmer herum. Der Kater war hinter ihm her, fing die Maus mit einem Sprung und frass sie auf）①。貓之衣履人言與術士之隨心幻物，荒唐之囈語也，而有鼠則遭貓捕，又真實之常事矣。

【增訂四】西方民謠、神話亦言術士競技，重迭變幻，互克交制。如女化兔，則男化獵犬，女遂化蠅，男登化網蛛（Then She became a hare, /A hare all on the plain; /And He became a greyhound dog, /And fetched her back again. /Then She became a fly, /A fly all in the air; /And He became a spider, /And fetched her to his lair. —"The Two Magicians", in *The Oxford Book of Light Verse*, ed. W. H. Auden,

---

① Brüder Grimm, *kinder-und Hausmärchen*, "Der Gestiefelte Kater", Berlin: Der Kinderbuchverlag, 372-3.

pp. 379-80; cf. "The Twa Magicians" in *The Faber Book of Popular Verse*, ed. G. Grigson, 1974, pp. 278-80);或徒化鱔(eel)入水，師化鰻(conger)相逐，徒於是化鴿飛空，師乃化鷹欲攫("The School of Salamanca", in Italo Calvino, *Italian Folktales*, tr. G. Martin, 1980, pp. 444-6)。此類志異頗多(cf. Katharine Briggs, *A Dictionary of Fairies*, Penguin Books, 1979, p. 361, "The Wizard's Gillie")，要皆同歸一揆。格林童話又一則述師變公雞，徒遽變狐狸而嚙雞頭斷(So the master changes himself into a cock, and the youth becomes a fox, and bites his master's head off. —"The Thief and his Master", *The Complete Grimm's Fairy Tales*, Routledge and Kegan Paul, 1975, p. 338)。夫以師之神通，豈不能以變獵犬始哉？顧既自擇爲雞，則如弈者之落子已錯，囿於禽性，不免爲狐口中食，徒因得而致其死命焉。斯所謂第一步自主、第二步爲奴，亦所謂後起者勝耳。又按法國舊傳貓著韡故事(Perrault: "Le chat botté")中，與貓鬭法者爲魔(ogre)而非術士，僅化獅、鼠二物耳(Iona and Peter Opie, *The Classic Fairy Tales*, Granada, 1980, pp. 150-1)。駕飛龍而沖天，此奇情幻想也；龍能飛翔，則應空度流沙赤水，此引端推類，以終事與始事貫通，墨子《大取》所謂"語經"也。始段無根不實，而衷、終兩段與之委蛇，順理有條。蓋無稽而未嘗不經，亂道亦自有道(probable impossibility)，未可鴻文無範、函蓋不稱也。尤侗《艮齋續説》卷七論王安石《殘菊》詩案曰："《離騷》大半寓言，但欲拾其芳草，豈問其始開與既落乎？不然豈茭荷果可衣乎？芙蓉果可裳乎？"頗窺寓言之不同實

言（參觀《毛詩》卷論《河廣》）。潘諮《林皐間集·常語》卷上曰："事之至奇者，理之所固有者也；若無是理，必無是事。譬如挾太山以超北海，事所必無；然究竟太山與挾者類，北海與超者類。故雖無其事，猶許人説，蓋夢思所能到。若挾北海以超太山，亦無此幻説矣。"更進而知荒誕須藴情理。竊欲下一轉語。《西遊記》第四二回觀音淨瓶中"借了一海水"，而"右手輕輕的提起，托在左手掌上"；苟有器可納，"挾北海"未爲不可。倘具偌大神通，能挾北海而竟淹於池，解超太山而忽躓於垤，則義不兩立，事難一貫，非補筆末由圓其説矣。

"女嬃之嬋媛兮，申申其罵予"；《註》："女嬃、屈原姊也，嬋媛猶牽引也，申申、重也"；《補註》引《説文》、《水經注》等申説"屈原有賢姊"，而以"申申"爲"和舒之貌"，與王逸異。按段玉裁《説文解字註》謂："惟鄭玄注《周易》：'屈原之妹名女須'，《詩·正義》所引如此。"指《小雅·桑扈》"君子樂胥"句《正義》，而阮元《〈毛詩註疏〉校勘記》云："案'姊'誤'妹'。"則古人皆以爲屈子有姊也。《詩·正義》以《周禮》之"胥徒"與"女須"牽合，李謙菴似因而別生解悟，遂説"嬃"等於胥役之女者。施閏章《愚山別集》卷三《矩齋雜記》引李説云："天上有須女星，主管布帛嫁娶；人間使女謂之'須女'，須者、有急則須之謂。故《易》曰：'歸妹以須，反歸以娣'，言須乃賤女，及其歸也，反以作娣。……後人加'女'於'須'下，猶'娣'、'姪'之文本不從'女'，後人各加'女'於旁也。漢吕后妹樊噲妻名吕嬃，蓋古人多以賤名子女，祈其易養之意；生女名'嬃'，猶生男名'奴'耳。屈所云'女嬃'，明從上文'美人'生端。'女嬃'謂'美人'之下輩，見美人遲暮，輒亦無端訽厲；'嬋媛'、賣弄之態也，'申申'、所詈不一詞也。丈夫不能遭時主，建立奇功，致小輩揶揄，反來攻君子之短，致敗君子逢世之策，斯亦足悲矣！"室人摧謫，出於"賢姊"抑出於"賤女"，無可究詰。李語聊備一解。張雲璈《選學膠言》卷一三引《集解》："嫛者賤妾之稱，比黨人也；嬋媛、妖態也"，而舉呂嫛之例以申之，乃謂"女之通稱，不必專屬姊妹"。似未見施氏書者，故合舉之。

"思九州之博大兮，豈唯是有其女？……何所獨無芳草兮？爾獨懷乎故宇！"按表喻則《左傳》成公二年申公巫臣所謂"天下多美婦人，何必是"也；裏意則《史記・季布欒布列傳》朱家所謂"此不北走胡，即南走越"也。楚材用晉，衛鞅入秦，去國易主，如李斯《書》中之"客"，春秋戰國間數見不鮮；下文亦曰："何離心之可同兮，吾將遠逝以自疏。"韓愈《後廿九日復上書》所謂："於周不可，則去之魯，於魯不可，則去之齊，於齊不可，則去之宋、之鄭、之秦、之楚"，而非"天下一君、四海一國"之比。《邶風・柏舟》云："覯閔既多，受侮不少，靜言思之，不能奮飛"；屈子則固能"奮飛"者，故下文曰："歷吉日乎吾將行。"去父母之邦，既爲物論之所容，又屬事勢之可行。而始則"懷情不發"；至不能"忍與終古"，猶先占之"靈氛"；占而吉，尚"猶豫狐疑"，遲遲其行，再占之"巫咸"；及果"遠逝"矣，乃"臨睨舊鄉"，終"顧而不行"。讀"又何懷乎故都"而試闔卷揣其下文，必且以爲次語是《魏風・碩鼠》"去女適彼"之類，如馬融《長笛賦》所謂"屈平適樂國"，安料其爲"吾將從彭咸之所居"，非"遠逝"而爲長逝哉！令人爽然若失，復黯然以悲。蓋屈子心中，"故都"之外，雖有世界，非其世界，背國不如捨生。眷戀宗邦，生死以之，與為逋客，寧作纍臣。樂毅報燕惠王書曰："忠臣去國，不潔其名"（《史記・樂毅傳》、《戰國策・燕策》二作"忠臣之去也"）；畸人獨行，并一"去"而無之，出乎其類者歟！蘇轍《欒城集》卷一七《屈原廟賦》設身代言，有云："宗國隕而不救兮，夫予舍是安去？……予豈如彼婦兮，夫不仁而出訴？"；頗能傳其心事，"彼婦"二句又即燕惠王與樂間書所言："室不能相和，出語鄰家"（《燕策》三，《樂毅傳》作"室有語，不相盡，以告鄰里"）爾。

"余以蘭為可恃兮，……椒專佞以慢慆兮"；《註》："蘭、懷王少弟司馬子蘭也。……椒、楚大夫子椒也"；《補註》："子蘭有蘭之名，無蘭之實。……子蘭既已無蘭之實而列乎眾芳矣，子椒又欲以似椒之質充夫佩幃也。"按下文"覽椒蘭其若茲兮"，王註亦云然。韓愈《陪杜侍御游湘西寺》："靜思屈原沉，遠憶賈誼貶；椒、蘭爭妬忌，絳、灌共讒諂"；以椒與蘭為二人名，本王說也。以人名雙關諧讔，如《論語・雍也》之"犂牛"、《莊子・則陽》之"靈公"，固古人詞令所早有，別見《老子》卷論七二章。屈子此數語果指子蘭、子椒兩楚大夫不？同朝果有彼二憨不？均爭訟之端。然椒、蘭屢見上文，王、洪註都解為芳草，此處獨釋成影射雙關；破例之故安在，似未有究焉者。汪琬《堯峯文鈔》卷二三《草庭記》云："余惟屈原作《離騷》，嘗以香草喻君子，如江蘺、薜芷、茝芎、揭車、蕙薠，如蘭如菊之類，皆是也；以惡草喻小人，則如茅薋、菉葹、蕭艾、宿莽是也。而或謂蘭蓋指令尹子蘭而言，則江蘺、薜芷，又將何所指乎？無論引物連類，立言本自有體，不當直斥用事者之名。且令尹素疾原而讒諸王，此小人之尤者也。原顧欲'滋'之、'紉'之、'佩'之，若與之最相親暱，亦豈《離騷》本旨哉！余竊疑子蘭名乃後人緣《騷》辭附會者。"論亦明通，顧無以解"蘭芷變而不芳兮"以下一節。蓋此節若不牽引子蘭解之，則"立言"尚未爲"有倫有脊"，而曰"有體"乎哉！夫"謂幽蘭其不可佩"、"謂申椒其不芳"者，乃"黨人"之"溷濁嫉賢"、"蔽美稱惡"也。脱"荃蕙化茅"，"芳草爲艾"，"蘭芷無實"，"椒衹何芳"，則"黨人"真知灼見，而屈子爲皮相無識矣。及乎"覽椒蘭其若兹兮"，察其務入濫充、初非芳草，爲屈子者，自當痛悔深惡，去之若浼，却緊承曰："惟兹佩之可貴兮，委厥美而歷兹；芳菲菲而難虧兮，芬至今猶未沫。"則椒蘭又"列乎衆芳"而無愧，初非"無實"不"可恃"者，豈品種有不同歟？抑蕙纕攬茝，則"佩繽紛其繁飾"，而竢時失刈，則"時繽紛其變易"耶？無乃籠統而欠分別交代也？數句之間，出爾反爾。是以王、洪逕以"余以蘭爲可恃兮"至"覽椒蘭其若兹兮"一節僅承"蘭芷變而不芳兮"，謂乃雙關子蘭、子椒。所以溝而外之於全篇，示此處"直斥"人名，絕不與"紉秋蘭以爲佩"、"雜申椒與菌桂"等語同科，未容牽合貫串。正亦覺作者語意欠圓，代爲彌縫耳。

三　九　歌（一）

　　《東皇太一》："靈偃蹇兮姣服，芳菲菲兮滿堂"；《註》"'靈'、謂巫也"；《補註》："古者巫以降神，'靈偃蹇兮姣服'，言神降而託於巫也，下文亦曰'靈連蜷兮既留'。"按洪説甚當。《雲中君》："靈連蜷兮既留"，王註："'靈'、巫也，楚人名巫爲'靈子'"；又："靈皇皇兮既降"，王註："'靈'謂雲神也。"是王亦識"靈"之爲神而亦爲巫，一身而二任者，特未能團辭提挈如洪耳。"靈子"即《東君》"思靈保兮賢姱"之"靈保"，王註"巫也"，洪註并引"詔靈保，召方相"；亦即《詩·小雅·楚茨》之"神保"。《楚茨》以"神"與"神保"通稱，《九歌》則"靈"兼巫與神二義；《毛詩》卷論《楚茨》已説其理，所謂"又做師婆又做鬼"。蔣驥《楚辭餘論》卷上謂"言'靈'者皆指神，無所謂巫者"，而"靈保"即主祭之"尸"；蓋未解此理。故《九歌》中之"吾"、"予"、"我"或爲巫之自稱，或爲靈之自稱，要均出於一人之口。如《大司命》："何壽夭兮在予"，《註》："'予'謂司命"；《東君》："撫余馬兮安驅"，《註》："'余'謂日也"；即降於巫之神自道。《湘夫人》："聞佳人兮召予"，《註》："'予'、屈原自謂也"；《湘君》："目眇眇兮愁予"，《註》"'予'、屈原自謂也"；則請神之巫自道，王註誤會，此例不少。巫與神又或作當局之對語，或爲旁觀之指目。《湘夫人》："靈之來兮如雲"，《山鬼》："若有人兮山之阿"，巫以旁觀口吻稱神；《東君》："思靈保兮賢姱"，神以旁觀口吻稱巫。《雲中君》："思夫君兮太息"，《註》："'君'謂雲神"；《湘君》："君不行兮夷猶"，《註》："'君'謂湘君"；是類亦巫稱神。《大司命》："踰空桑兮從汝"，《註》："屈原將訴神，陳己之怨結"；非也，乃巫語神。《山鬼》："子慕予兮善窈窕"，《註》："'子'謂山鬼也"；非也，乃神語巫。作者假神或巫之口吻，以抒一己之胸臆。忽合而一，忽分而二，合爲吾我，分相爾彼，而隱約參乎神與巫之離坐離立者，又有屈子在，如玉之烟，如劍之氣。胥出一口，宛若多身（monopolylogue），敍述搬演，雜用並施，其法當類後世之"説話"、"説書"。時而巫語稱"靈"，時而靈語稱"予"，交錯以出，《舊約全書》先知諸《書》可以連類。天帝降諭先知，先知傳示邦人，一篇之中稱"我"者，或即天帝，或即先知；讀之尚堪揣摩天人貫注、神我流通（ein denkwürdiges Ineinanderfliessen des göttlichen und des menschlichen Ich）之情狀①。如聖經公會官話譯本《阿摩司書》第三章第一節阿摩司告誡云"以色列人哪！你們全家是我從埃及地領上來的，當聽耶和華攻擊你們的話"②；"我"、耶和華自稱也，"當聽"云云則阿摩司之言也。又《彌迦書》第二章第七節："豈可説耶和華的心腸狹窄麽？這些事是他所行的麽？

---

① W. Muschg, *Tragische Literaturgeschichte*, 3. Aufl., 97.
② Amos, 3.1: "Hear this word that the Lord hath spoken against you, O children of Israel, against the whole family which I brought up from the land of Egypt, saying..."

我耶和華的言語豈不是與行動正直的人有益麽?"①;"他"、彌迦稱耶和華也,"我"耶和華自道也,字下黑點、譯者示此三字原文無而譯文所增以免誤會也。參之《毛詩》卷論《楚茨》所引《漢書·武五子傳》載巫降神語,觸類隅反,索解《九歌》,或有小補焉。一身兩任,雙簧獨演,後世小説記言亦有之,如《十日談》中寫一男求歡,女默不言,男因代女對而已復答之(e cominciò in forma della donna, udendolo elia, a rispondere a sè medesimo),同口而異"我"(io)②,其揆一也。

---

① Micah, 2.7: "Is the Spirit of Jehovah straitened? are these his doings? Do not my words do good to him that walketh uprightly?"

② *Il-Decamerone*, III.5, Hoepli, 192-3.

四　九　歌（二）

　　《雲中君》："與日月兮齊光。"按《九章·涉江》亦云："與日月兮齊光。"《史記·屈原、賈生列傳》："推此志也，雖與日月爭光可也"；洪興祖於"楚辭卷第一"下《補註》："班孟堅、劉勰皆以爲淮南王語，豈太史公取其語以作傳乎？"實則淮南王此語，亦正取之《楚辭》，以本地風光，爲夫子自道耳。

五　九　歌（三）

　　《湘君》："采薜荔兮水中，搴芙蓉兮木末"；《註》："言己執忠信之行，以事於君，其志不合。"按所謂"左科"，詳見《焦氏易林》卷論《小畜》。蓋池無薜荔，山無芙蓉，《註》云"固不可得"者是，正如韋應物《橫塘行》所謂："岸上種蓮豈得生？池中種槿豈能成？"或元稹《酬樂天》所謂："放鶴在深水，置魚在高枝。"《湘夫人》："鳥萃兮蘋中，罾何爲兮木上？"；《註》："夫鳥當集木顛而言草中，罾當在水中而言木上，以喻所願不得，失其所也。"解尚未的。夫鳥當集木，罾當在水，正似薜荔生於山、芙蓉出乎水也；今乃一反常經，集木者居藻，在水者掛樹，咄咄怪事，故驚詰"何爲?"。與下文"麋何食兮庭中？蛟何爲兮水裔?"相貫。采荔搴芙之喻尚涵自艾，謂己營求之誤，此則逕歎世事反經失常，意更危苦。王註"麋"、"蛟"二句云："麋當在山林而在庭中，蛟當在深淵而在水涯，以言小人宜在山野而陞朝廷，賢者當居尊官而爲僕隸"；頗悟其旨，惜未通之於"鳥"、"罾"兩句。《卜居》："世溷濁而不清，蟬翼爲重，千鈞爲輕"；《懷沙》："變白以爲黑兮，倒上以爲下"；錯亂顛倒之象，寓感全同。西方詩歌題材有歎"時事大非"（die Zeitklage）、"世界顛

－917－

倒"（le monde renversé）一門，薈萃失正背理不可能之怪事（Reihung unmögliche Dinge, *adynata*, *impossibilia*），如"人服車而馬乘之"（horses ride in a coach, men draw it），"牛上塔頂"（un boeuf gravit sur un clocher），"赤日變黑"（le soleil est devenu noir），"驢騎人背"（der Esel den Menschen ritt），"牲宰屠夫"（der Ochse den Metzger metzelte）之類，以諷世自傷①。海涅即有一首，舉以頭代足行地、牛烹庖人、馬乘騎士等為喻②；無異屈子之慨"倒上以為下"耳。

【增訂四】當世有寫中世紀疑案一偵探名著，中述基督教兩僧侶諍論，列舉"世界顛倒"諸怪狀（Figure di un mondo rovesciato），如天在地下、熊飛逐鷹、驢彈琴、海失火等等。一僧謂圖繪或談說爾許不經異常之事，既資嘻笑（sorriso），亦助教誡（edificazione），足以諷世砭俗，誘人棄邪歸善；一僧謂此類構想不啻汙衊造物主之神工天運，背反正道（mostrano il mondo al contrario di ciò che deve essere），異端侮聖（Umberto Eco, *Il nome della rosa*, Primo giorno: dopo nona, Bompiani, 1986, 86-8）。蓋刺亂者所以止亂，而亦或可以助亂，如《法言‧吾子》所云"諷"而不免於"勸"者。謂二人各明一義也可。

賈生弔屈之"方正倒植"云云，本出祖構，姑置不論。他如《太

---

① Burton, *Anatomy of Melancholy*, "Democritus to the Reader"（the world turned upside downward）; E. R. Curtius, *Europäische Literatur und lateinisches Mittelalter*, 2Aufl., 104-8; J. Rousset, *Circé et le paon*, Nouv., éd., 27, 260.

② "Verkehrte Welt": "Wir gehen auf den Köpfen! /Die Kälber braten jetzt den Koch, /Auf Menschen reiten die Gäule"usw.

玄經·失》之次八:"雌鳴於辰,牝角魚木;測曰:雌鳴於辰,厥正反也",范望《解》:"《尚書》曰:'牝雞無晨',此之謂也;牝宜童而角,魚宜水而木,失之甚也!"(參觀《更》之次五:"童牛角馬,不今不古;測曰:童牛角馬,變天常也");或王建《獨漉歌》:"獨漉獨漉,鼠食貓肉";機杼悉合。情詩中男女盟誓,又每以不可能之事示心志之堅摯(參觀《毛詩》卷論《行露》),如《敦煌曲子詞·菩薩蠻》:"枕前發盡千般願,要休且待青山爛,水面上秤槌浮,直待黃河澈底枯。白日參辰現,北斗廻南面,休即未能休,且待三更見日頭。"

【增訂四】黃遵憲《日本雜事詩》一〇七首"彈盡三弦訴可憐"云云,自註:"舊有謠曰:'倡家婦,若有情,月尾三十見月明,團團雞卵成方形。'"正取"不可能事物"爲喻。黃氏筆妙,譯詞儼若吾國古謠諺矣。

此亦西方情詩中套語①。彭斯(Burns)名什("O my Love's like a red, red rose",蘇曼殊譯爲《頲頲赤牆靡》者,即云:"倉海會流枯,頑石爛炎熹,微命屬如絲,相愛無絕期"(Till a' the seas gang dry, my dear, / And the rocks melt wi' the sun);拜倫嘗厭其濫惡,排調盡致②。作者或與故爲新,從反面著筆,如張籍《白頭吟》:"君恩已去若再返,菖蒲花開月長滿";英國詩人亦詠實命不猶,有情無望,待天墮地裂,好事當成(unless the giddy heaven fall, / And earth some new convulsion tear)③。一欲不可

---

① A. Preminger, ed., *Encyclopedia of Poetry and Poetics*, 5, "Adynaton".
② *Don Juan*, II. 19-20: "And oh! if e'er I should forget, I swear" etc., Variorum Edition by T. G. Steffan and W. W. Pratt, II, 166-7.
③ Andrew Marvell: "The Definition of Love".

能之確無可能，一冀不可能之或有可能，因同見異。情人正緣知其事之不可能，故取以賭呪；至於"世界顛倒"，則向謂爲不可能者竟爾可能，"千鈞"居然輕於"蟬翼"而得泛泛"水面"矣。《史記·刺客列傳》"亡歸燕"句下《正義》及"太史公曰"句下《索隱》、《正義》皆引《燕丹子》秦王不許太子歸，曰："烏頭白，馬生角，乃可！"，《論衡·感虛》作："日再中，天雨粟，烏白頭，馬生角，廚門木象生肉足"；《元秘史》卷二脱朵延吉兒帖不從老人諫云："深水乾了，明石碎了，不從他勸"；英國名劇中霸王云："欲我弭兵，須待天止不運、地升接月"（When heaven shall cease to move on both the poles, /And when the ground, whereon my soldiers march, /Shall rise aloft and touch the horned moon)①。梟忍之心與旖旎之情，陽剛陰柔雖殊，面專固之致則一，故取譬如出一轍；苟以"烏頭白"、"明石碎"等爲《子夜》、《讀曲》之什，無不可也。元曲《漁樵記》第二折玉天仙嗤朱買臣曰："投到你做官，直等的日頭不紅，月明帶黑，星宿瞬眼，北斗打呵欠！直等的蛇叫三聲狗拽車，蚊子穿着兀剌靴，蟻子戴着烟氈帽，王母娘娘賣餅料！投到你做官，直等的炕點頭，人擺尾，老鼠跌脚笑，駱駝上架兒，麻雀抱鵝蛋，木伴歌生娃娃！"事均不可能，而兒女要盟用以喁喁軟語者，夫婦勃谿乃用以申申惡詈焉。正猶世界顛倒之象，志士如屈子、賈生所以寄寓悲憤，而笑林却用爲解頤捧腹之資耳。如《太平廣記》卷二五八引《朝野僉載》嘲權龍襄詩："明月晝耀，嚴霜夜起"；《北宫詞紀外集》卷二《商調梧葉兒·嘲人説謊》："東村裏雞生鳳，

---

① Marlowe, *Tamburlaine*, I.iii 11-3.

南莊上馬變牛，……瓦壟上宜栽樹，陽溝裏好駕舟"；相傳《荒唐詩》："極目遙聽欸乃歌，耳中忽見片帆過，鯉魚飛到樹枝上，波面何人跨黑騾？"又"竹鞋芒杖快遨遊，一葉扁舟嶺上浮，長笛數聲天欲睡，有人騎犬上高樓"；吾鄉兒歌有："亮月白叮噹，賊來偷醬缸；瞎子看見了，啞子喊出來，聾聳聽見了，蹩腳趕上去，折手捉住了！"；西方成人戲稚子，亦謂曾目擊（ich sah）石磨與鐵砧浮河面、船張帆行山頭、牛卧高屋瓦上、一兔疾走，盲人覘之，瘖人大呼，跛足追奔捕得①。磨砧泛河與秤槌浮水、牛卧屋頂與牛升塔顛，皆無以異；"鯉魚飛上枝"又肖《五代史補》卷二載江南童謠"東海鯉魚飛上天"。而忽諧忽莊，或嘻笑，或怒罵，又比喻有兩柄之例矣。禪宗公案，伐材利用。如《宗鏡錄》卷二五、卷四一説"不可思議"："日出當中夜，花開值九秋"，"紅埃飛碧海，白浪湧青岑"；《五燈會元》卷九韶州靈瑞答俗士："木雞啣卵走，燕雀乘虎飛，潭中魚不見，石女却生兒"；卷一〇僧問："古德有言：'井底紅塵生，山頭波浪起'，未審此意如何？"光慶遇安答："古今相承，皆云：'塵生井底，浪起山頭，結子空花，生兒石女'"；卷一一風穴延沼："木雞啼子夜，芻狗吠天明"；卷一二曇穎達觀："秤錘井底忽然浮，老鼠多年變作牛"，又道吾悟真："三面貍奴脚踏月，兩頭白牯手拏煙，戴冠碧兔立庭柏，脱殼烏龜飛上天"；

---

① Brüder Grimm, *op. cit.*, 364, "Das Dietmarsische Lügenmärchen". Cf. G. Borrow, *The Bible in Spain*, ch. 32. "Everyman's Lib.", 305; "A handless man a letter did write, /A dumb dictated it word for word" etc.; R. L. Green, *A Century of Humorous Verse*, 275: "Two dead men got up to fight, /Two blind men to see fair play" etc..

【增訂三】《五燈會元》卷一六天衣義懷章次:"無手人能行拳,無舌人解言語。忽然無手人打無舌人,無舌人道箇甚麼?"卷一九楊歧方會章次:"須彌頂上浪滔天,大海洋裏遭火爇。"餘不具舉。釋典常以"龜毛兔角"爲事物必無者之例,如《大般涅槃經·憍陳如品》第二五之一論"世間四種名之爲'無'",其四曰:"畢竟無,如龜毛兔角"。禪宗始以此類話頭爲參悟之接引,所謂"其上更無意義,只是一個呆守法,麻了心,恰似打一個失落一般"(《朱子語類》卷一二四、一二六),"一則半則胡言漢語,覷來覷去,綻些光景"(大慧《正法眼藏》吴潛《序》)。嘗試論之,《莊子·天下》篇斥惠施"其道舛駁,其言也不中",羅列其詭辯諸例。治名墨之學者,自別有説;而作詞令觀,乃"不可能"、"世界顛倒"之類,"其言也不中"亦即"胡言漢語"而已。如"天與地卑"、"山與澤平"之於"山無陵、天地合","埃飛碧海、浪湧青岑";"卵有毛"、"雞三足"、"犬爲羊"、"丁子有尾"之於"烏頭白、馬生角"、"龜毛兔角"、"三面貍奴、兩頭白牯","鼠變牛"、"人擺尾";波瀾莫二。此皆事物之不可能(physical impossibility),與實相乖,荒唐悠謬也。如"今日適越而昔來"、"狗非犬"、"白狗黑"等,乃更進而兼名理之不可能(logical impossibility),自語不貫,鉏鋙矛盾矣。前者發爲文章,法語戲言,無施不可,所引《九章》以下,各有其例。後者祇資詼諧,如方以智《藥地炮莊》卷七《徐無鬼》:"既謂'夜半無人',又誰爲鬭?既謂'不離岑',又誰在舟中,怨又何處造乎?此何異'空手把鋤頭,步行又騎水牛'哉?"(二語出傅大士《頌》,見《五燈會元》卷二);《咄咄夫增補一夕話》卷六《未之有也》詩:"一樹黃梅個個青,響雷落雨滿天星;三個和尚四方坐，不言不語口唸經"；或英國舊諧劇（burlesque）排場（prologue）云："請諸君兀立以安坐，看今晝之夜場戲文"（You who stand sitting still to hear our play,/which we tonight present you here today）①，以及所謂"愛爾蘭無理語"（Irish bull）與小兒"糾繞語"（tangle-talk）。啓顏捧腹，斯焉取斯。言情詩歌多"方正倒植"、"畢竟無"、"未之有也"之喻，談藝者所熟知，然未嘗觸類而觀其滙通，故疏鑿鈎連，聊著修詞之道一貫而用萬殊爾。

---

① J. Spence, *Anecdotes, Observations and Characters of Men and Books*, ed., S. W. Singer, "Centaur Classics," 116; cf. Anonymous: "A Messe of Nonsense", *The Oxford Book of Seventeenth-Century English Verse*, 893: "It was at noon neer ten a clock at night" etc..

六　九　歌（四）

　　《大司命》："紛總總兮九州，何壽夭兮在予"；《註》："'予'謂司命。言普天之下，九州之民誠甚衆多，其壽考夭折，皆自施行所致，天誅加之，不在於我也"；《補註》："此言九州之大，生民之衆，或壽或夭，何以皆在於我，以我爲司命故也。"按"誅"僅指"夭折"言，而兼指"壽考"者，孔穎達《左傳正義》所謂"從一而省文"，略去"賞"、"錫"字之類，參觀《易》卷論《繫辭》；不然，則"加"當作厚與解耳。《補註》矯《註》之誤解，甚是。下文"壹陰兮壹陽，衆莫知兮余所爲"，《註》謂屈原自言，謬甚！《補註》正之曰："此言司命。"蓋"陰陽"之變、"壽夭"之數，其權皆大司命總持之。苟如"壽夭"句《註》，則大司命乃推諉於主上之庸臣也，而如"陰陽"句《註》，大司命又似蔭蔽其親近之昏君矣！然王註"壽夭"句雖失屈子用心，而就其註本文論之，亦尚有意理。人"自致"壽夭而"天加"誅賞，正《荀子·天論》篇之旨，所謂"天政"者是。天下人多，芸芸總總，各"自施行"，不在司命之與奪，此旨於蘇軾《泗州僧伽塔》所云："耕田欲雨刈欲晴，去得順風來者怨，若使人人禱輒遂，造物應須日千變"，或《紅樓夢》第二五回寶釵所哂："我笑如來佛比人還忙，又要度化衆生，又要保佑人家的病痛，又要管人家的婚姻"，亦已如引而不發、明而未融。古希臘喜劇中言天神欲遠離人世糾擾，故居至高無上之處（settled up aloft, as high as they can go），不復見下界之交爭、聞下界之禱祈①，蓋多不勝管，遂慁置"不管"矣。

【增訂二】參觀《毛詩正義》卷論《正月》"天不管"。十六世紀德國詩人（Hans Sachs）賦《聖彼得牧羊》（Sankt Peter mit der Geiss），妙於嘲詼，茲撮述之。聖彼得覩世事不得其平，人多怨苦，乃諫天主曰："皇矣上帝，周知全能，萬物之主，奈何萬事不理，於下界之呼籲祈求若罔聞乎？"天主曰："吾欲命汝攝吾位一日，汝好爲之。"彼得欣然不讓。適有貧嫗，枯瘠襤褸，縱一羊於野食草，祝曰："乞上帝庇祐，俾勿遭難！"天主語彼得："汝聞此嫗之禱矣，胡不垂憐，以昭靈應。"彼得因加意將護此羊，而羊頑劣矯健，上山下谷，馳躍無已時，彼得追逐，罷於奔命，汗出如濯，亟待日落，得息仔肩，天主顧而大笑。（Der Herrsah Petrum an und lacht'）（*The Oxford Book of German Verse*, 15-8）蓋一羊尚不勝牧，而況牧四海衆生哉！故"靈脩浩蕩，不察民心"，便如王逸所謂"不在於我"，亦省却"日千變"而"比人忙"耳。翩其反而，則英諺有云："魔鬼是大辛勤人"，"魔鬼最忙於所事"（The Devil is a very hard-working fellow; The Devil is a busy bishop in his own diocese）。萬能上帝，游手無爲，而萬惡魔鬼，鞠躬勇爲，此一詩兩諺可抵一部有神論者之世界史綱也。

---

① Aristophanes, *The Peace*, 207, "Loeb", II, 21.

【增訂三】吾國古説不特謂上帝萬事不理,并偶有謂上帝唯惡是務。《詩·生民》:"居然生子"句下《正義》:"王基曰:'王肅信二龍實生褒姒,不信天帝能生后稷。是謂上帝但能作妖,不能爲嘉祥,長於爲惡,短於爲善。肅之乖戾,此爲甚焉!'"西方十八世紀以還,有主"上帝性惡","乃惡毒無上天尊"者(le mal est l'essence de Dieu; l'Être suprême en méchanceté —Mario Praz, *op. cit*. 102-3)。王肅"乖戾",於此意引而不發、明而未融耳。舉似以補考論吾國宗教家言之闕。

【增訂四】近人闡釋布萊克爲《舊約·約伯書》所繪插圖,謂畫中有"無所事事之上帝"(Dieu fainéant)在(Northrop Frye, *Spiritus Mundi*, 1976, pp. 231, 235)。

七　九　歌（五）

　　《國殤》："凌余陣兮躐余行，左驂殪兮右刃傷"；《註》："言敵家來侵凌我屯陣，踐躐我行伍也。"按《註》"敵家"乃漢、唐古語，今語則分言爲"敵方"、"冤家"。

【增訂三】《孟子·公孫丑》上："雖千萬人吾往矣"，東漢趙歧註："雖敵家千萬人，我直往突之。"

《三國志·蜀書·法正傳》正與劉璋牋云："敵家則數道並進"，《魏書·文帝紀》裴註引《典論》云："以單攻複，每爲若神，對家不知所出"，又《王基傳》基上疏云："今與賊家對敵，當不動如山"；"對家"、"賊家"均即"敵方"。《五燈會元》卷二六祖示法達偈云："心迷法華轉，心悟轉法華；誦久不明已，與義作仇家"；"仇家"即"怨家"耳。

八　天　問

　　王逸解題："呵而問之，以渫憤懣，舒瀉愁思"；《補註》："天地事物之憂，不可勝窮。……天固不可問，聊以寄吾之意耳。……'知我者其天乎！'此《天問》所爲作也。"按觀王、洪題解後，讀本文而不爽然失望者，未聞其語也，然而竊數見其人矣。鍾、譚《古、唐詩歸》每有"題佳而詩不稱"、"題妙可以庇詩"之評，吾於《天問》竊同此感。

【增訂四】王世貞《藝苑巵言》卷二："《天問》雖屬《離騷》，自是四言之韻。但詞旨散漫，事跡惝怳，不可存也。"蓋亦不取《天問》之文也。

初覩其題，以爲豪氣逸思，吞宇宙而訴真宰，殆彷彿《莊子·天運》首節"天其運乎？地其處乎？"云云，且擴而充之，寓哀怨而增唱歎焉。及誦起語曰："遂古之初，誰傳道之？"，乃獻疑於《補註》所謂"世世所傳説往古之事"，非呵指青天而逕問。初不放誕如李白之"搔首問青天"也，簡傲如孟郊之"欲上千級閣，問天三四言"也；憤鬱如王令之"欲作大歎呼向天，穿天作孔恐天怒"也；而祇如《論衡·談天》之質詰"久遠之文、世間是之言"耳。故其文太半論前志舊聞，史而不玄。所問如"何闔而晦？何開而明？""崑崙縣圃，其尻安在？"之類，往往非出於不信，而實出於求知，又異乎《論衡》之欲"別""虛實"、"真僞"。尚有事理初無難解而問者，如"伯禹腹鯀，夫何以變化？""舜閔在家，父何以鱞？"之類；或明知而似故問者，如"妹嬉何肆？湯何殛焉？""何條放致罰，而黎服大悅？"之類。雜糅一篇之中，頗失倫脊，不徒先後之事倒置、一人之事割裂，有若王逸所謂"不次序"也。"天命反側，何罰何佑？"兩句以下，所問比干、箕子等事，託古寓慨之意稍著，顧已煞尾弩末，冷淡零星，與《離騷》《九歌》之"傷情"、"哀志"，未許並日而語。《史記·屈原、賈生列傳》："太史公曰：'余讀《離騷》、《天問》、《招魂》、《哀郢》，悲其志'"；苟馬遷祗讀《天問》，恐未必遽"悲"耳。王、洪亦意中有《離騷》諸篇在，先入為主，推愛分潤（halo effect）；若就《天問》本篇，則箋釋語如"渫憤懣、瀉愁思"也，"天地事物之憂不可勝窮"也，皆誇大有失分寸，汗漫不中情實。使無《離騷》、《九歌》等篇，《天問》道"瓌詭"之事，均先秦之"世世傳說"，獨立單行，仍不失為考史之珍典；博古者"事事"求"曉"，且穿穴爬梳而未已。談藝衡文，固當別論。篇中蹇澀突兀諸處，雖或莫不寓弘意眇指，如說者所疏通證明；然此猶口吃人期艾不吐，傍人代申衷曲，足徵聽者之通敏便給，而未得為言者之詞達也。《天問》實借《楚辭》他篇以為重，猶月無光而受日以明，亦猶拔茅茹以其彙，異於空依傍、無憑藉而一篇跳出者。《離騷》、《九歌》為之先，《九章》、《遠遊》為之後，介乎其間，得無蜂腰之恨哉！

先秦之文以問詰謀篇者，《楚辭》尚有《卜居》，《管子》亦有《問》篇。明趙用賢刻《管子》，評《問》曰："此篇文法累變而不窮，真天下之奇也！"；良非妄譽。持較《卜居》，則《天問》之問情韻枯燥；持較《問》篇，則《天問》之問詞致呆板；均相形而見絀。嵇康《卜疑》仿《卜居》，《顏氏家訓·歸心》篇《釋一》仿《天問》，二篇孰爲衆作之有滋味者，亦展卷可辨爾。魏慶之《詩人玉屑》卷一九引黃玉林云："唐皇甫冉《問李二司直詩》：'門前水流何處？天邊樹繞誰家？山絕東西多少？朝朝幾度雲遮？'此蓋用屈原《天問》體。荆公《勘會賀蘭山主絕句》：'賀蘭山上幾株松？南北東西共幾峰？買得住來今幾日？尋常誰與坐從容？'全用其意。此體甚新。"頗似造作譜牒，遠攀華胄。實未須於五七言詩外別溯。如陶潛《贈羊長史》："路若經商山，爲我少躊躇。多謝綺與角，精爽今何如？紫芝誰復採？深谷久應蕪？"非具體乎？正不勞遙附《天問》耳。王績《在京思故園見鄉人問》截去首尾，中間自"衰宗多弟姪，若個賞池臺？"至"院果誰先熟，林花那後開？"凡十二句，蔚爲鉅觀。陳傅良《止齋文集》卷二《懷石天民》中間"君貌今何如？孰與我老蒼？"至"末乃及田舍，何有還何亡？"凡十八句，於王詩擬議而稍變化；朱熹《朱文公集》卷四《答王無功〈在京思故園見鄉人問〉》逐問隨答，又不啻柳宗元之《天對》矣。貫串問語，綴插篇什，厥例更多，如白居易《夢劉二十八、因詩問之》："但問寢與食，近日復何如？病後能吟否？春來曾醉無？樓臺與風景，汝又何如蘇？"；杜牧《張好好詩》："怪我苦何事，少年垂白鬚？朋游今在否？落拓更能無？"；李端《逢王泌自東京至》："逢君自鄉至，雪涕問田園：幾處生喬木？誰家在舊村？"；貫休《秋寄栖一》："一別一公後，相思時一吁；眼中瘡校未？般若偈持無？"；《中興羣公吟稿》戊集卷四高九萬《舍姪至》："故山坟墓何人守？舊宅園亭幾處存？問答恍然如隔世，若非沉醉定銷魂"；又卷七嚴粲《夜投荒店戲成》："喚起吹松火，開門問帶嗔：'隨行曾有米？同伴幾何人？'"；李夢陽《鄭生至自泰山》："昨汝登東嶽，何峯是極峰？有無丈人石？幾許大夫松？"尤近體之膾炙人口者。凌雲翰《柘軒集》卷一《畫》之四："問訊南屏隱者：草堂竹樹誰栽？昨夜何時雨過？山禽幾個飛來？"；王次回《疑雨集》卷四《臨行口占為阿鎖下酒》："問郎燈市可曾遊？可買香絲與玉鈎？可有繡簾樓上看，打將瓜子到肩頭？"；黃玉林所稱皇甫冉、王安石兩首，以"問"、"勘"安置於題中，故詩可逕如梁襄王之"卒然問曰"，此兩首入詩方"問"，機杼又別。若杜牧《杜秋娘詩》："地盡有何物？天外復何之？指何為而捉？足何為而馳？耳何為而聽？目何為而窺？"；陸龜蒙《襲美先輩以龜蒙所獻五百言，既蒙見和，復示榮唱，再抒鄙懷》："誰搴行地足？誰抽刺天翚？誰作河畔草？誰為洞中芝？誰若靈囿鹿？誰猶清廟犧？誰輕如鴻毛？誰密如凝脂？誰比蜀嚴靜？誰方巴賓貲？誰能釣扚鼇？誰能灼神龜？誰背如水火？誰同若塤篪？誰可作梁棟？誰敢去谷蠡？"；六合萬彙，無不究詰及之，庶幾如黃氏所謂"用屈原《天問》體"者歟。辛棄疾《木蘭花慢·中秋飲酒》自註："用《楚辭·天問》體賦"，自不待言。

【增訂四】《全唐詩外編》第六頁宋之問《度大庾嶺》："城邊問官使：'早晚發西京？來日河橋柳，春條幾寸生？昆池水合綠？御苑草應青？緩緩從頭說，教人眼暫明。'"孫枝蔚《溉堂前集》卷四《喜妻子至江都》之三："縱橫置琴瑟，次第問桑麻：曾乞何人米？還存幾樹花？壁應因雨壞？吏可為租譁？"

【增訂三】所覯長短句中此體，私喜朱彝尊《柳梢青》："遵海南耶？我行山路，朝儛非耶？遙望秦臺，東觀日出，即此山耶？崖光一線雲耶？青未了，松耶柏耶？獨鳥來時，連峯斷處，雙髻人耶？"而蔚爲鉅觀，殆莫如萬樹《賀新涼》："汝到園中否？問葵花向來鋪綠，今全紅否？種柳塘邊應芽發，桃實樹冬活否？青筍籜褪蒼龍否？手植盆荷錢葉小，已高擎碧玉芳筒否？曾綠遍芳叢否？書箋爲寄村翁否？乞文章、茅峯道士，返茅峯否？舍北人家樵蘇者，近斫南山松否？陡上路、尚營工否？是處秧青都是浪，我、鄰家布谷還同否？曾有雨、有風否？"

《敦煌曲子詞·南歌子》第一首："斜影朱簾立，情事共誰親？"云云，質詢如魚貫珠串，第二首一一解答；《樂府羣珠》卷四無名氏《朱履曲》第一首："因甚蓬鬆鬙鬙？"云云，第二首亦有問必對；黃氏而得覯之，必且謂爲兼用《天問》與《天對》之體。王績《春桂問答》第一首爲"問春桂：……"，第二首爲"春桂答：……"；沈佺期《答魑魅代書寄家人》："魑魅來相問：'君何失帝鄉？……抱愁那去國，將老更垂裳？'影答：'余他歲，恩私宦洛陽'"云云，問七句而答六〇句，俱在一篇；則皆黃氏不應不見也。

"上下未形，何由考之？……馮翼惟像，何以識之？"；《補註》引《淮南子·精神訓》而說之曰："古未有天地之時，惟像無形。"按郭璞《江賦》："類胚渾之未凝，象太極之構天"；《文選》李善註："言雲氣杳冥，似胚胎渾混，尚未凝結，又象太極之氣，欲構天也；《春秋命歷序》曰：'冥莖無形，濛鴻萌兆，渾渾混混。'"移釋"未形惟像"，至當不易。"未形"而"惟像"，驟讀若自語違反。蓋"像"出於"形"，"形"斯見"像"，有

"像"安得無"形"？今語固合而曰"形像"，古人亦互文通用，如《樂記》："在天成像，在地成形"；《老子》四一章："大象無形"；《莊子·庚桑楚》："以有形者象無形者而定矣"；《呂氏春秋·君守》："天無形而萬物以成，至精無象而萬物以化"；曹植《七啓》："譬若畫形於無象，造響於無聲"；《禮記·月令·正義》："道與大易自然虛無之氣，無象不可以形求。"

【增訂二】《尚書·説命》："乃審厥象，俾以形傍求於天下"，亦互文同訓之古例。

夫苟呈其象，則必具此形，無形而有象，殆類"丁子有尾"歟！就《天問》此數語窺之，竊謂形與象未可概同。《鄧析子·無厚》篇："故見其象，致其形；循其理，正其名；得其端，知其情"；"名"爲"理"之表識，"端"爲"情"（事）之幾微，"象"亦不如"形"之明備，語意了然。物不論輕清、重濁，固即象即形，然始事之雛形與終事之定形，劃然有別。"形"者，完成之定狀；"象"者，未定形前沿革之暫貌。積塼如阜，比材如櫛，未始非形也；迨版築經營，已成屋宇，則其特起高驤、洞開交映者爲形，而如阜如櫛者不足語於形矣。未理之璞，方棱圓渾，自各賦形，然必玉琢爲器，方許其成形焉。天地肇造，若是班乎。

【增訂三】《鶡冠子·環流》："有意而有圖，有圖而有名，有名而有形"，陸佃註"有圖"曰："可以象矣。"是亦"象"先而"形"後之例也。

故聖·奥古斯丁闡釋《創世紀》所言未有天地時之混沌，亦謂有質無形，乃物質之可成形而未具形者（informitas materiae; quiddam inter formam et nihil; materia informe; materielem adhuc informem, sed certe formabilem)①；後世詩人賦此曰："有物未形，先天地生"（An unshap'd kind of *Something* first app-ear'd）②。正所謂"惟像無形"爾。元氣胚胎，如玉之璞，乾坤判奠，如玉爲器；故自清濁分明之天地而觀渾淪芒漠之元氣，則猶未成"形"，惟能有"象"。苟由璞而回溯其蘊于石中，由塼若材而反顧未煅之土與未伐之林，則璞也、塼也、材也三者均得爲成"形"，而石也、土也、林也胥"未形"之"惟像"矣。終"象"爲"形"，初"形"爲"象"，如定稿稱"文"，而未定之文祇命"稿"。亞理士多德論"自然"（nature）有五義，其四爲"相形之下，尚未成形之原料"（the primary material relatively unshaped），其五爲"止境歸宿之形"（the end of the process of becoming, the form）③；席勒談藝謂："已成器定形之品物亦祇是素料樸材，可供意匠心裁"（Selbst das Gebildete ist Stoff nur dem bildenden Geist）④。

【增訂四】德國神秘宗師愛克哈特論神工，以"自無成有"之"創造"別於"由渾至畫"之"經營"（He carefully distin-

---

① *Confessions*, XII.iv, vi, viii, xvii, "Loeb", II, 292, 294, 300, 326; cf. xx, xxii, xxix, pp.332-4, 338, 361.

② Cowley, *Davideis*, I, 789, *The Oxford Book of Seventeenth-Century English Verse*, 708. Cf. C. M. Walsh, *The Doctrine of Creation*, p.27.

③ *Metaphysics*, Bk II, ch. 4, *Basic Works of Aristotle*, Random House, 755-6.

④ Schiller: "Der Nachahmer", *Werke*, hrsg. L. Bellermann, 2. Aufl., I, 182. Cf. Hegel, *Geschichte der Philosophie*, "Einleitung", Felix Meiner, I, 112: "Goethe sagt daher mit Recht irgendwo: 'Das Gebildete wird immer wieder zum Stoff.' Die Materie, die Gebildete ist, Form hat, ist wieder Materie für eine neue Form."

guishes between "creation and organisation", creating from nothing and the ordering of existing material. ——James M. Clark, *Meister Eckhart*, p.42）。

蓋"形"可名，非常名。春來花鳥，具"形"之天然物色也，而性癖耽吟者僅目爲"詩料"；及其吟安佳句，具"形"之詞章也，而畫家以爲"詩中有畫"之題，作者以爲驅使點化之資，談者以爲賞析評述之本；後之視今，猶今之視昔，相"形"而爲"像"。筆削以成史傳，已自具"形"矣；增損史傳以成小説，則小説乃"形"，史傳"惟像"耳；復改編小説而成戲劇，則小説"惟像"，而"形"又屬諸戲劇焉。翻其反而，史家謀野有獲，小説戲劇，悉歸"史料"，則其章回唱白即亦"惟像"，須成史方得爲具"形"。"形"乎"像"乎，直所從言之異路而已。《文子‧道原》："已雕已琢，還復於朴"；竊謂苟易下句作"亦復爲朴"，八字便道出斯意矣。

"胡維嗜不同味而快朝飽。"按別詳《毛詩》卷論《汝墳》。

九九章（一）

　　《涉江》："入溆浦余儃佪兮，迷不知吾所如。深林杳以冥冥兮，猿狖之所居。山峻高以蔽日兮，下幽晦以多雨。"按《九歌·湘夫人》："嫋嫋兮秋風，洞庭波兮木葉下，白薠兮騁望"；《九章·悲回風》："憑崑崙以瞰霧兮，隱岷山以清江，憚涌湍之礚礚兮，聽波聲之洶洶。……悲霜雪之俱下兮，聽潮水之相擊。"皆開後世詩文寫景法門，先秦絕無僅有。《文心雕龍·辨騷》稱其"論山水則循聲而得貌"，《物色》又云："然屈平所以能鑒風騷之情，抑亦江山之助乎？"；惲敬《大雲山房文稿》二集卷三《遊羅浮山記》云："《三百篇》言山水，古簡無餘詞，至屈左徒肆力寫之而後瑰怪之觀、遠淡之境、幽奧朗潤之趣，如遇於心目之間。"皆徵識力。竊謂《三百篇》有"物色"而無景色，涉筆所及，止乎一草、一木、一水、一石，即侔色揣稱，亦無以過《九章·橘頌》之"綠葉素榮，曾枝剡棘，圓果摶兮，青黃雜糅。"《楚辭》始解以數物合布局面，類畫家所謂結構、位置者，更上一關，由狀物進而寫景。即如《湘夫人》數語，謝莊本之成"洞庭始波，木葉微脫"，爲《月賦》中"清質澄輝"之烘托；實則倘付諸六法，便是絕好一幅《秋風圖》。晁補之《雞肋集》卷三四《捕魚圖序》稱王維"妙於詩,故畫意有餘",因引《湘夫人》此數句曰:"常憶楚人云云,引物連類,謂便若湖湘在目前",正謂其堪作山水畫本也。吳子良《林下偶談》卷一亦謂"文字有江湖之思,起於《楚辭》",即舉"嫋嫋兮"二句,稱"摹想無窮之趣,如在目前"。《文選》諸賦有《物色》一門,李善註:"有物有文曰色;風雖無正色,然亦有聲。《詩·註》云:'風行水上曰漪';《易》曰:'風行水上渙';渙然,即有文章也";頗可通之畫理。蘇洵名篇《仲兄郎中字序》暢申"渙"義,有曰:"蕩乎其無形,飄乎其遠來,既往而不知其迹之所存者,是風也,而水實形之";堪爲善註作疏。朱翌《灊山集》卷一《謝人惠淺灘一字水圖》:"風本無形不可畫,遇水方能顯其質;畫工畫水不畫風,水外見風稱妙筆";實承蘇文之意。江湜《伏敔堂詩錄》卷七《彥沖畫柳燕》:"柳枝西出葉向東,此非畫柳實畫風;風無本質不上筆,巧借柳枝相形容";即同劉方平《代春怨》之"庭前時有東風入,楊柳千條盡向西",又以樹形風。《湘夫人》之風,既行水面,復著樹頭,兼借兩物,其質愈顯。苟得倪瓚簡淡之筆,祇畫二者,別無他物,蕭散清空,取境或且在其《秋林圖》之上也(參觀董其昌《容臺別集》卷四,曹培廉編倪瓚《清閟閣集》卷三)。達文齊謂畫風時,於枝亞葉翻之外,復須畫塵起接天(In addition to showing the bending of the boughs and the inverting of their leaves at the approach of the wind, you should represent the clouds of fine dust mingled with the sky)[①],則風威風力,而非風致風姿矣。

---

① *The Notebooks of Leonardo da Vinci*, tr. E. MacCurdy, II, 281.

【增訂二】張問陶《船山詩草》卷一一《冬日即事》之二："雲過地無影,沙飛風有形",下句則類達文齊所言畫風矣。

顧翰《拜石山房集》卷二《偕竹畦弟汎舟虹橋》:"塔影臥晴瀾,一枝自孤直,輕颾偶蕩漾,宛宛千百折";黃公度《人境廬詩草》卷三《不忍池晚游詩》之一三:"柳梢斜掛月如丸,照水搖搖頗耐看;欲寫真容無此鏡,不難捉影捕風難!"非"捕風"之難,而水中撈月之難,正如臥瀾塔影之難寫。蓋月影隨水波搖曳而猶若不失圓整"如丸",塔影隨水波曲折而猶若不失"孤直"如筆,心(ce que l'esprit en sait)眼(ce que l'oeil en voit)合離①,固丹青莫狀也。

【增訂二】"心眼合離"者,眼中實見每爲心中成見僭奪,故畫家每須眼不爲心所翳。近世法國名小說家(Marcel Proust)寫一畫師(Elstir)手筆,發揮此意最徹(se dépouiller en présence de la réalité toutes les notions de son intelligence; dissoudre cet agrégat de raisonnements que nous appelons visions. — *A l'Ombre des Filles en Fleurs*; *Le Côté de Guermantes*, II. ii) (*A la Recherche du Temps perdu*, "la pléiade", I, 836; II, 419)。現象學(Phenomenology)所謂"拆散"(Abbau),實可倫比,特施於致知而非爲造藝耳。

蘇軾《十月十五日觀月黃樓》:"山上白雲橫匹素,水中明月臥浮圖",下句言波面映月,光影蕩漾連綿,層列猶寶塔倒橫,正徐元歎《串月詩》所謂:"金波激射難可擬,玉塔倒懸聊近似。"紀

---

① Cf. G. H. Luquet, *L'Art primitif*, 79 (le réalisme intellectuel et le réalisme visuel).

昀批蘇詩于此聯曰："落小樣！"，艷説"串月"者亦未數典及之（參觀吳景旭《歷代詩話》卷八〇、蔡顯《閒漁閒閒録》卷六、又曹爾堪《南溪詞•木蘭花令•寄松之》、顧嗣立《閭邱詩集》卷三《串月歌》、商盤《質園集•虎邱燈船詞》之四、浦起龍《三山老人不是集》卷四《串月詞》），抹撥良工心苦矣。

【增訂四】唐曹松《南塘暝興》："風荷摇破扇，波月動連珠。"曰"動連"，即"串"也。更早於蘇軾。

趙彦端《謁金門》："波底斜陽紅濕"，袁去華《謁金門》："照水斜陽紅濕"，吳儆《浣溪紗》："斜陽波底濕微紅"，同時偶合。趙句最傳誦，張端義《貴耳集》卷上引作"紅皺"，當是意中有蘇、顧、黄所摹景象，遂以"皺"易"濕"；猶洪邁《夷堅三志》己卷八載曹道沖《浪花》："萬里波心誰折得，夕陽影裏碎殘紅"，"皺"極則"碎"也。曰"皺"曰"碎"，言外亦以"水形風"耳。

一〇九章（二）

　　《哀郢》："心絓結而不解兮，思蹇産而不釋"；《註》："心肝懸結、思念詰屈而不可解也。"按《詩·小雅·正月》："心之憂兮，如或結之"，即此"結"字；《曹風·鳲鳩》："心如結矣"，《檜風·素冠》："我心蘊結"，《正義》均釋曰："如物之裹結。"《荀子·成相篇》："君子執之心如結"，楊倞註："堅固不解也。"《漢書·景十三王傳》中山王勝對曰："今臣心結日久"，又廣川王去歌曰："心重結，意不舒"；詞旨一律。人之情思，連綿相續，故常語逕以類似纜索之物名之，"思緒"、"情絲"，是其例也。《太平廣記》卷四八八元稹《鶯鶯傳》崔氏寄張生"亂絲一絇"，自言："愁緒縈絲，因物達情。"詞章警句，如六朝樂府《華山畿》："腹中如亂絲，憒憒適得去，愁毒已復來"；《全唐文》卷一八八韋承慶《靈臺賦》："繁襟霧合而烟聚，單思針懸而縷續"；劉允濟《經廬岳迴望江州想洛川有作》："言泉激爲浪，思緒飛成繳"；皎然《效古》："萬丈游絲是妾心，惹蝶縈花亂相續"；施肩吾《古別離》："三更風作切夢刀，萬轉愁成繫腸線"；鮑溶《秋懷》："心如繅絲綸，展轉多頭緒"；張籍《憶遠曲》："離憂如長線，千里繫我心"，又《別段生》："離情兩飄斷，不異風中絲"；李商隱《春光》："幾時心緒渾無事，得似游絲百尺長";司空圖《春愁賦》:"鬱情條以凝睇,裊愁緒以傷年";韓偓(或高蟾)《長信宮》:"平生心緒無人識,一隻金梭萬丈絲";吳融《情》:"依依脈脈兩如何,細似輕絲渺似波";李後主《蝶戀花》:"一寸相思千萬縷,人間没個安排處",又《相見歡》:"剪不斷,理還亂,是離愁";

【增訂四】《全唐文》卷七三八沈亞之《爲人祭媵者文》:"情如繭絲,繚不可央";黃庭堅《次韻王稚川客舍》第二首:"身如病鶴翅翎短,心似亂絲頭緒多。"

以至《小西遊記》第三三回不老婆婆有法寶曰"情絲",可以縛人。

【增訂二】釋典又有"妄想絲作繭"之喻,常語"作繭自縛"之所出也。劉宋天竺三藏求那跋陀羅譯《楞伽經‧一切佛語心品》之三:"故凡愚妄想,如蠶作繭,以妄想絲自纏纏他,有無相續相計著";又:"譬如彼蠶蟲,結網而自纏,愚夫妄想縛,相續不觀察";又同品之四:"妄想自纏,如蠶作繭。"後世不獨僧書習用,如釋延壽《宗鏡錄‧自序》:"於無脱法中,自生繫縛,如春蠶作繭,似秋蛾赴燈";詞章中亦熟見,如白居易《赴忠州中示舍弟五十韻》:"燭蛾誰救護,蠶繭自纏縈",且寖忘其來歷矣。居易《見元九悼亡詩,因以此寄》:"人間此病治無藥,只有《楞伽》四卷經",正指宋譯;自唐譯七卷本流行,四卷本遂微。陳與義《簡齋詩集》卷三〇《玉堂儤直》:"只應未上歸田奏,貪誦《楞伽》四卷經",用居易舊句恰合。光聰諧《有不爲齋隨筆》卷丁本《憨山心語》,謂《楞伽經》爲《金剛經》所掩,"惟秘館有之,'歸田'去則難求誦",故陳詩云然。似欠分雪,唐譯"《楞伽》七卷經"初不"難求",未足爲不"歸田"之藉口也。

【增訂四】《劍南詩稿》卷七五《茅亭》:"讀罷《楞伽》四卷經,

其餘終日在茅亭。"亦沿承香山、簡齋句。使如《有不爲齋隨筆》所解，則放翁"歸田"已久，"四卷經"更"難求誦"也。

【增訂三】"蛾赴燈"、"燭蛾"之喻亦早見釋典，如失譯人名附秦錄《無明羅刹集》卷中："菩薩言：'愛最是大火，能燒種種，處處皆遍。……嬰愚墮中，如蛾赴火。'"蒙田亦嘗以蠶作繭自縛喻人之逞智生妄，因而錮執成迷(il ne faict que fureter et quester, et va sans cesse tournoiant, bastissant et s'empestrant en sa besogne, comme nos vers de soye, et s'y estouffe. *Essais*, III. xiii, *op. cit.*, 1028)。但丁詩中以蠶繭喻上帝越世離塵（參觀 904 頁），美詞也，蒙田文中以蠶繭喻世人師心自蔽，刺詞也。斯又一喻之兩柄也。歌德劇本(*Torquato Tasso*, V. ii)以蠶吐絲作繭喻詩家慘澹經營(Cf. S. S. Prawer, *Karl Marx and World Literature*, 160)，則復同喻而異邊矣（參觀67-69頁）。

西語習稱"思想之鏈"、"觀念之線"(the chain of thought, der Faden des Denkens, le fil des idées)；詩人或咏此念牽引彼念，糾卷而成"思結"(la tua mente ristretta/di pensier in pensier dentro ad un nodo)①，或咏愛戀羅織而成"情網"(Nè per suo mi riten nè scioglie il laccio)②，或咏愁慮繚縈而成"憂繭"(knits up the ravell'd sleave of care)③，或以釋恨放心爲弛解摺疊之思緒俾如新嫁娘卸妝散髮(untie your unfolded thoughts, /And let

---

① Dante, *Paradiso*, VII. 52-3.
② Petrarca, *Le Rime*, cxxxiv, *Rime, Trionfie Poesie latine*, Ricciardi, 196.
③ Shakespeare, *Macbeth*, II. ii. 38.

them dangle loose, as a bride's hair)①, 更僕難終。斯意在吾國則始酣暢於《九章》。情思不特糾結而難分解, 且可組結而成文章。《悲回風》:"糺思心以爲纕兮, 編愁苦以爲膺", 《註》:"糺、戾也, 纕、佩帶也, 編、結也, 膺、絡胸者也"; 又:"心鞿羈而不形兮, 氣繚轉而自締", 《註》:"肝膽係結, 難解釋也; 思念緊卷而成結也", 《補註》:"'不形'謂中心係結, 不見於外也; 締、結不解也"; 《惜誦》:"固煩言不可結詒兮, 願陳志而無路", 《註》:"其言煩多, 不可結續"; 《抽思》:"結微情以陳詞兮, 矯以遺夫美人", 《註》:"結續妙思, 作詞賦也"; 《思美人》:"媒阻路絶兮, 言不可結而詒", 《註》:"秘密之語難傳也。"或言糾結, 或言組結; 牢愁難畔曰"結", 衷曲可申亦曰"結"。胥比心能心所於絲縷纏續; "糺思"、"編愁"; 詞旨尤深。蓋欲解糾結, 端須組結。愁煩不釋, 則條理其思, 條緝其念, 俾就緒成章, 庶幾蟠鬱心胸者得以排遣, 杜甫《至後》所謂"愁極本憑詩遣興"。不爲情感所奴, 由其擺播, 而作主以御使之②。不平之善鳴, 當哭之長歌, 即"爲纕"、"爲膺", 化一把辛酸淚爲滿紙荒唐言, 使無緒之纏結, 爲不紊之編結, 因寫憂而造藝矣。陸機《歎逝賦》:"幽情發而成緒, 滯思叩而興端", 又《文賦》:"雖杼軸於余懷", 《文選》李善註:"以織喻也"; 《魏書·祖瑩傳》:"常語人云:'文章須自出機杼'"; 取譬相類。《全唐文》卷二二一張説《江上愁心賦》:"貫愁腸於巧筆, 紡離夢於哀絃"; 周密《掃花游》:"情絲恨縷, 倩回文爲織那時愁句"; 以

---

① Webster, *The White Devil*, IV.i(Monticelso), *Plays by Webster and Ford*, "Everyman's", 49.

② Cf. Spinoza. *Ethica*, V. prop.3: "Affectus, quipassioest, desinitessepassio, simulatque ejus claram et distinctam formamus ideam", Garnier, II, 176.

文詞"貫"愁如珠，以音樂"紡"夢如錦，以回文"織"情與恨，尤"糺愁"、"編思"之遺意與夫極致哉！"心情與琴絲儷合，組紃成歌"（consort both heart and lute, and twist a song）①，固亦西方詩人舊説也。又按前引吴融絶句，於"似絲"外復曰"似波"，即《漢書·外戚傳》上武帝悼李夫人賦："思若流波，怛兮在心"；徐幹《室思》："思君如流水，何有窮已時"；何遜《爲衡山侯與婦書》："思等流水，終日不息"，又《野夕答孫郎擢詩》："思君意不窮，長如流水注。"六朝以還，寖成套語。惟杜甫《江亭》："水流心不競"，溶心於水，二而一之（empathy），頗能與古爲新；《子華子·執中》篇："觀流水者，與水俱流，其目運而心逝者歟！"可移作讀杜心解。釋典如《大乘本生心地觀經·觀心品》第一〇亦曰："心如流水，念念生滅，於前後世，不暫住故"；《宗鏡録》卷七詳説"水喻真心"共有"十義"。詹姆士《心理學》謂"鏈"、"串"等字僉不足以示心行之無縫而瀉注（such words as "chain" or "train" does not describe it fitly. It is nothing jointed; it flows），當命曰"意識流"或"思波"，（stream of consciousness or thought）②。正名定稱，衆議僉然。竊謂吾國古籍姑置之，但丁《神曲》早言"心河"（della mente il fiume）③，蒙田摯友作詩亦以思念相聯喻於奔流（Aussi voit l'on, en un ruisseau coulant,／Sans fin l'une après l'autre roulant）④。詞人體察之精，蓋先於學人多多許矣。

---

① George Herbert: "Easter", *Works*, ed. E. F. Hutchinson, 42, 489, note.
② W. James, *Principles of Psychology*, I, 239.
③ *Purgatorio*, XIII, 90.
④ La Boétie: "Vers à Marguerite de Carl", in Montaigne, *Essais*, III xiii, *Bib. de la Pléiade*, 1029.

一一　九　章（三）

《懷沙》："伯樂既没，驥焉程兮！"《註》："言騏驥不遇伯樂，則無所程量其材力也。"按《九辯》五："却騏驥而不乘兮，策駑駘而取路。當世豈無騏驥兮，誠莫之能善御。見執轡者非其人兮，故駶跳而遠去"；又八："國有驥而不知兮，焉皇皇而求索。……無伯樂之善相兮，今誰使乎譽之"；皆承此意，而詞冗味短。杜甫《天育驃圖》："如今豈無騕褭與驊騮？時無王良、伯樂死即休！"跌宕昭彰，唱歎無盡，工於點化。元稹《八駿圖詩》謂苟無神車、神御，"而得是八馬，乃破車掣御躓人之乘也"，"車無輪扁斲，轡無王良把，雖有萬駿來，誰是敢騎者！"則祇言"莫之能善御"，未及"不知"。韓愈《雜説》四："世有伯樂，然後有千里馬。千里馬常有，而伯樂不常有。嗚呼！其真無馬耶？其真不知馬也？"，又祇言"不知"，以搖曳之調繼斬截之詞，兼"卓犖爲傑"與"紆徐爲妍"，後來益復居上。黄庭堅《過平輿懷李子先、時在并州》："世上豈無千里馬？人間難得九方皋！"尤與韓旨相同，而善使事屬對；史容註《山谷外集》祇知引《列子·説符》記九方皋事，大似韓盧逐塊矣。

【增訂三】容與堂刻《水滸傳》第二九回"李秃翁"總評即用

韓愈《雜説》語而申明之:"故曰:賞鑑有時有,英雄無時無。"語亦簡辣。

一二九　章（四）

《思美人》："因歸鳥而致辭兮，羌宿高而難當"，《註》："思附鴻雁，達中情也。"按後人多祖此構，而無取於《九辯》八之"願寄言夫流星兮，羌儵忽而難當。"劉向《九歎·憂苦》："三鳥飛以自南兮，覽其志而欲北；願寄言於三鳥兮，去飄疾而不可得"；《藝文類聚》卷一八應瑒《正情賦》："聽雲鴈之翰鳴，察列宿之華輝，……冀騰言以俯首，嗟激迅而難追"；《文選》江淹《雜體詩·李都尉從軍》："袖中有短書，願寄雙飛燕"，李善註引陳琳《止欲賦》"欲語言於玄鳥，玄鳥逝以差池"；

【增訂四】《古文苑》卷四李陵《錄別》："有鳥西南飛，熠熠似蒼鷹。朝發天北隅，暮宿日南陵。欲寄一言□，託之牋綵繒；因風附輕翼，以遺心蘊蒸。鳥辭路悠長，羽翼不能勝。意欲從鳥逝，駑馬不可乘。"《玉臺新詠》卷一徐幹《室思》："浮雲何洋洋，願因通我辭。飄飄不可寄，徙倚徒相思"；卷九魏文帝《燕歌行》："鬱陶思君未敢言，寄聲浮雲往不還。"均祖《九章·思美人》之古製也。

李白《感興》之三："裂素持作書，將寄萬里懷。……征雁務隨陽，又不爲我栖"；《敦煌掇瑣》一《韓朋賦》："意欲寄書與人，

-947-

恐人多言，寄書與鳥，鳥恒高飛"；宋祁《景文集》卷一六《感秋》："莫就離鴻寄歸思，離鴻身世更悠悠"（參觀李商隱《夕陽樓》："欲問孤鴻向何處，不知身世自悠悠"）；姜夔《白石道人詩集》卷上《待千巖》："作箋非無筆，寒雁不肯落。"長短句中倩鳥傳書尤成窠臼，如黃庭堅《望江東》："燈前寫了書無數，算没個人傳與；直饒尋得雁分付，又還是秋將暮"；蘇茂一《祝英臺近》："歸鴻欲到伊行，丁寧須記，寫一封書報平安"；劉克莊《憶秦娥》："梅謝了，塞垣凍解鴻歸早；鴻歸早，憑伊問訊，大梁遺老"；吴文英《鷓鴣天》："吴鴻好爲傳歸信，楊柳閶門屋數間。"宋徽宗《燕山亭》："憑寄離恨重重，這雙燕何曾會人言語！"；不得作書，祇能口囑，有若岑參《逢入京使》所謂："馬上相逢無紙筆，憑君傳語報平安"，奈言語不通，則鳥雖"不高飛"，縱"爲我栖"，而余懷渺渺，終莫寄將，殊破陳言。

【增訂三】黃遵憲《海行雜感》第一三首："拍拍羣鷗逐我飛，不曾相識各天涯。欲憑鳥語時通訊，又恐華言汝未知！"即此機杼。曰"華言"而不同宋徽宗詞之曰"人言"者，蓋謂鳥與外國人皆鉤輈格磔，故言語相通，正顧歡、韓愈所謂"鳥聒"、"鳥言"也（參觀2076－2077頁）。

陳耀文《花草粹編》卷八引《古今詞話》載無名氏《御街行》："霜風漸緊寒侵被，聽孤雁聲嘹唳。一聲聲送一聲悲，雲淡碧天如水。披衣起，告雁兒略住，聽我些兒事：'塔兒南畔城兒裏，第三個橋兒外，瀕河西岸小紅樓，門外梧桐彫砌。請教且與、低聲飛過，那裏有人人無寐'"；呼鳥與語而非倩寄語，"人人無寐"當是相思失眠，却不寫書付遞以慰藉之，反囑雁"低聲"潛過，免其人聞雁而盼音訊，舊意翻新，更添曲致。陳達叟《菩薩蠻》：

"舉頭忽見衡陽雁，千聲萬字情何限！叵耐薄情夫，一行書也無！泣歸香閣恨，和淚掩紅粉。待雁却回時，也無書寄伊！"；雁可寄書而未傳書來，遂亦不倩其傳書去，別下一轉語。《陽春白雪》後集卷五蒲察善長《新水令》："……不由我淚盈盈，聽長空孤雁聲。雁兒我爲你暫出門庭，聽我叮嚀：'自別情人，……相思病即漸成。……一封書與你牢拴定，快疾忙飛過蓼花汀。那人家寢睡長門靜，雁兒呀呀叫幾聲，驚起那人，聽說着咱名姓，他自有人相迎。……你與我疾回疾轉莫留停。……你必是休辭雲淡風力緊，……我這里獨守銀釭慢慢的等。'"；似取《御街行》擬議變化，酣暢淋漓，在雁爲"疾回疾轉"而在"我"爲"慢慢的等"，相映成趣，妙盡心理。《九章》"因鳥致辭"之意，至此而如附庸蔚爲大國矣。《九辯》欲"寄言流星"，後世詞章則以雲代星，如陶潛《閑情賦》："託行雲以送懷，行雲逝而無語"；歐陽修《行雲》："行雲自亦傷無定，莫就行雲託信歸"；柳永《卜算子》："縱寫得離腸萬種，奈歸雲誰寄。"既可囑去鳥寄聲，自亦得向來鳥問訊，如杜牧《秋浦途中》："爲問寒沙新到雁，來時還下杜陵無？"又《贈獵騎》："憑君莫射南來雁，恐有家書寄遠人。"劉克莊《後村大全集》卷一七五《詩話》載陳克斷句："莫向邊鴻問消息，斷腸書信不如無！"，復類杜甫《述懷》所謂："反畏消息來，寸心復何有！"南宋偏安，作者紛紛借以寄中原故國之思，如周紫芝《太倉稊米集》卷二〇《白湖聞雁》、吳龍翰《古梅吟稿》卷二《登金陵鍾山絶頂》等①，尋常見慣而利鈍不等焉。

---

① 參觀《宋詩選註》楊萬里《初入淮河》註四。

一三 遠 遊

"惟天地之無窮兮，哀人生之長勤；往者余弗及兮，來者吾不聞"；《補註》："此原憂世之詞，唐李翱用其語作《拜禹言》。"按宋人詩話、筆記等記杜詩"身輕一鳥過"，一本缺"過"字，"白鷗波浩蕩"，一本蝕"波"字，"林花著雨燕支濕"，題壁而"濕"字已漫漶，人各以意補之，及覯完本足文，皆爽然自失①。蘇軾《謝鮮于子駿》："如觀老杜飛鳥句，脫字欲補知無緣"；陳師道《寄侍讀蘇尚書》："遙知丹地開黃卷，解記清波沒白鷗"；蓋當時已成典故，供詩人運使矣。即其事未必盡實，亦頗足采爲賞析之助。取名章佳什，貼其句眼而試下一字，掩其關捩而試續一句，皆如代大匠斲而争出手也。當有自喜暗合者，或有自信突過者，要以自愧不如者居多。藉習作以爲評鑒，亦體會此中甘苦之一法也。如《遠遊》"惟天地"云云兩語，倘第二句末二字蠹蝕漫滅，補之者當謂是"不永"或"有盡"之類，以緊承上句之"無窮"。屈子則異撰。不言短而反言"長"，已出意外；然"長"

---

① 略似桓吉爾史詩遺稿缺而未完（inperfectos）之句，後人擱筆不能足成（Suetonius, *De Poetis*, II "Loeb", II, 478）。

者非生命而爲勤苦，一若命短不在言下者；又命既短而勤却長，蓋視天地則人生甚促，而就人論，生有限而身有待，形役心勞，仔肩難息，無時不在勤苦之中，自有長夜漫漫、長途僕僕之感，語含正反而觀兼主客焉。"往者余弗及"謂古人之命皆短，"來者吾不聞"謂"吾"之命亦短，均與"天地無窮"反襯。始終不明道人命之短，而隱示人生之"哀"尚有大於命短者，餘味曲包，少許勝多。《補註》在前二句下，實則李翶《拜禹歌》并取下二句，秪加"已而！已而！"四字，殆春秋時"賦詩"之遺意歟（參觀《左傳》卷論襄公二十八年）。宋無名氏《愛日齋叢鈔》卷三："林肅翁序樂軒《詩筌》，末云：'師學之傳，豈直以詩？詩又不傳，學則誰知！後千年無人，已而已而！後千年有人，留以待之。'是摹擬舒元輿《玉篆銘》，感今懷古，此意多矣。東方朔云：'往者不可及兮，來者不可待'；嚴忌云：'往者不可攀援兮，來者不可與期'；王文公《歷山賦》云：'曷而亡兮我之思，今孰繼兮我之悲！嗚呼已矣兮，來者爲誰！'不若柳子厚詩：'誰爲後來者？當與此心期'，猶可以啓來世無窮之思，否則夫子何以謂'焉知來者之不如今也？'"。《詩筌》末之覿，林希逸序中語亦見劉壎《隱居通議》卷一引；舒元輿《玉筯篆志》即見《全唐文》卷七二七，歐陽修《集古錄跋尾》卷八《唐滑州新驛記》篇亦引其文拓本，字句小異，而云"不知作者爲誰"；東方朔語出《七諫》嚴忌語出《哀時命》，馮衍《顯志賦》全襲之；柳宗元句出《南磵中題》。《叢鈔》不引《遠遊》、《莊子·人間世》、楚狂接輿歌："來世不可待，往世不可追"，及《尉繚子·治本》："往世不可及，來世不可待，求己者也"，不無遺珠之恨。陳子昂《登幽州臺歌》："前不見古人，後不見來者，念天地之悠悠，獨愴然而涕下!"抒寫此情最佳,歷來傳誦,尤如交臂失之。趙秉文《滏水文集》卷一一《黨公神道碑》銘詞亦仿舒元輿,則作者不得見矣。援孔子及柳宗元以駁蒼茫獨立之歎,自是正論;尉繚子空諸依傍,亦爲壯語。然前瞻不見,後顧無覩,弔影孤危,百端交集,齊心同慨,不乏其人。西方浪漫詩人每悲一世界或世紀已死而另一世界或世紀未生,不間不架,著己渺躬而罹此幽憂(Est-ce qu'un siècle meurt quand l'autre n'est pas né//Tout ce qui était n'est plus: tout ce qui sera n'est pas encore; ne cherchez pas ailleurs le secret de nos maux. //Wandering between two worlds, one dead, the other powerless to be born)①。使得聞屈原、陳子昂輩之自傷,或亦會心不遠,有蕭條異代之悵乎?

"聞赤松之清塵兮,願承風乎遺則。……美往世之登仙,……羨韓衆之得一";《註》:"思奉長生之法式也";《補註》引《列仙傳》載赤松子"服水玉"及韓終"採藥""自服"事。按《天問》:"白蜺嬰茀,胡爲此堂?安得夫良藥,不能固臧?……大鳥何鳴?夫焉喪厥軀?"《註》、《補註》皆言指崔文子學仙於王子喬事,見《列仙傳》佚文者(今本《搜神記》卷一亦載之)。則《遠遊》下文之"吾將從王喬而娛戲",又"見王子而宿之兮",正即此持藥化鳥之人。合三節而觀之,《天問》"安得良藥?""焉喪厥軀?"之非闢求仙而譏方術,斷可識矣。蓋疑事之

---

① Hugo, *L'Année Terrible*, Mai I, "Les Deux Trophées"; Musset, *Les Confessions d'Un enfant du Siècle*, Ptie II, ch.2; Arnold: "The Grande Chartreuse". Cf. Chateaubriand, *René*, Droz, 30-1: "Le passé et le présent sont deux statues incomplètes: l'une a été retirée toute mutilée du débris des âges; l'autre n'a pas encore reçu sa perfection de l'avenir."

無而駁詰，"問"也；信事之有而追究，亦"問"也；自知或人亦知事之有無而虛質佯詢（erotesis），又"問"也。不識而問，不解而問，不信而問，明知而尚故問，問固多方矣，豈得見"問"而通視爲獻疑辯難哉？蔣驥《楚辭餘論》卷上云："《天問》有塞語，有謾語，有隱語，有淺語；塞語則不能對，謾語則不必對，隱語則無可對，淺語則無俟對。"名目未必盡愜，然亦知言之選也。

【增訂四】克爾愷郭爾謂發問有兩類，一者思辯之問，二者譎諷之問。知事理之有，而窮源竟委，故問；知事理之無，而發覆破迷，故亦問。前者欲稽求實是，後者欲揭示虛妄。蘇格拉底問人，多屬後類（One may ask a question for the purpose of obtaining an answer containing the desired content, so that the more one questions, the deeper and more meaningful becomes the answer; or one may ask a question... to suck out the apparent content with a question and leave only an emptiness remaining. The first method naturally presupposes a content, the second an emptiness: the first is speculative, the second the ironic. —Kierkegaard, *The Concept of Irony*, tr. Lee M. Capel, 1966, p.73）。屈子未必盡知所問之"無可對"而故問也，柳子厚或復強以爲知而率對焉。蓋《天對》使《天問》不意輒成"譎諷"，猶祖父賴子孫而得封贈矣！

"漠虛靜以恬愉兮，澹無爲而自得"；《註》："滌除嗜欲，獲道實也。"按此老、莊道家語也。下文："餐六氣而飲沆瀣兮，漱正陽而含朝霞"；《註》："遠棄五穀，吸道滋也，餐吞日精，食元符也。"則又燕齊方士語也,即司馬相如《大人賦》所謂"呼吸沆瀣兮餐朝霞",或《真誥‧稽神樞》之三所載微子"服霧法"。《莊子‧刻意》不屑於"彭祖壽考"者之"道引"、"養形"、"爲壽而已",而《天問》則歆慕之:"彭鏗斟雉帝何饗?受壽永多夫何長!"莊子言"聖人"之"死也物化"、"死若休",而屈原欲求羽化不死。蓋術之於道在先秦已如移花接木矣。參觀《老子》卷論第一三章。"道滋"難飽,而道士口饞。《抱朴子》内篇《雜應》早言辟穀以求"腸中清"之難:"行氣者,一家之偏説,不可便孤用。"後來黄冠遂多作張智,如《雲笈七籤》卷二三説學道者當"服日月之精華"云:"常食竹筍,日華之胎也,又欲常食鴻脯,月胎之羽鳥也。"令人絶倒,正"餐六氣"、"吞日精"之勢所必至耳。《酉陽雜俎》續集卷八記李德裕述"道書中言,麋鹿無魂,故可食",《清異録》卷二:"道家流書言麋鹿麂是'玉署三牲',神仙所享,故奉道者不忌";《埤雅》卷三《麢》條亦引"道書"曰:"麋鹿無魂。"蓋由飛禽而及走獸,搜入食譜。卮言日出,巧覓藉口,清虚不納烟火之士爲口而忙,有如此者!

【增訂二】《高僧傳》二集卷三〇《智炫傳》言道士上章醮請,"必須鹿脯百柈"。

"曰:'道可受兮不可傳'";《註》:"言易者也;一曰:云無言也,誠難論也";《補註》:"謂可受以心,不可傳以言語也。《莊子》曰:'道可傳而不可受',謂可傳以心,不可受以量數也。"按補註引《莊子》語,見《大宗師》;"不可受以量數"亦即《天運》言孔子"求之於度數"而"未得"道。其意正《知北遊》:"道不可聞,聞而非也,道不可見,見而非也,道不可言,言而非也";釋氏所謂:"無一法可得","無智亦無得","不得一法，疾與授記"（《宗鏡錄》卷四引"古教"）。王應麟《困學紀聞》卷一〇云："莊子所謂'傳'，傳以心也；屈子所謂'受'，'受'以心也。目擊而存，不言而喻。耳受而口傳之，離道遠矣！"實亦不外《補註》之意。雖然，竊謂莊、屈貌同心異。莊繼曰："可得而不可見"，復歷舉狶韋氏以下"得之"之例，皆寓言也。徵之《天運》，孔子求道於度數、陰陽而不能得，老子告之曰："使道而可以告人，則人莫不告其兄弟；使道而可以與人，則人莫不與其子孫，然而不可也。……由中出者，不受於外，聖人不出；由外入者，無主於中，聖人不隱。""不出"、不授也；"不隱"、不受也。故屈之"受"，即莊之"傳"，亦即韓愈《五箴·言箴》所謂"默焉而意已傳"。莊之"受"却異於屈之"傳"，屈之"不可傳"謂非語言文字所能傳示，莊之"不可受"乃謂無可交付承受，得道還如未得。《齊物論》曰："庸詎知吾所謂知之非不知耶？庸詎知吾所謂不知之非知耶？"又《知北遊》曰："弗知乃知，知乃不知"；《維摩詰所説經·菩薩品》第四曰："菩提者，不可以身得，不可以心得"；《肇論·般若無知論》第三曰："聖智之無者，無知；惑智之無者，知無。"蓋神秘宗之公言也。

【增訂四】《五燈會元》卷一一李端愿居士章次："偈曰：'及其有知，何異無知。'"

參觀《老子》卷論第四〇、五六兩章。

"虛以待之兮，無爲之先"；《補註》："莊子曰：'氣者，虛而待物者也'；此所謂'感而後應，迫而後動，不得已而後起。'"按"感而後應"三語亦出《莊子·刻意》篇。《易·隨》卦《象》曰："動而説隨"，《史記·老子、韓非列傳》曰："虛無因應"，

《清波雜志》卷九記胡安國教徐積曰："莫安排"，均此旨。許月卿《先天集》卷七《書〈楚辭〉後》凡七則，有説此句云："兩'之'字當作一樣看，猶言勿爲事始，事來然後應之，不先以事累吾心也。"

"下峥嶸而無地兮"；《補註》："顏師古曰：'峥嶸、深遠貌也。'"按別詳《史記》卷論《司馬相如列傳》。

一四　卜　居

　　"突梯滑稽。"按"滑稽"之解，別詳《史記》卷論《樗里子、甘茂列傳》。文廷式《純常子枝語》卷九論雙聲疊韻形容之詞，有云："註家未有能解'突梯'者。余按'突'、'滑'、'梯'、'稽'皆疊韻，'突梯'即'滑稽'也，變文以足句。"是矣而未盡。倘依鄒誕之釋"滑稽"，則匪止變文疊韻，且爲互文同意。"突"、破也，"梯"、階也，去級泯等猶"滑稽"之"亂礙"除障，均化異爲同，所謂"諧合"也。

一五九　辯（一）

　　《九辯》之一、三、七皆寫秋色，其一尤傳誦。潘岳《秋興賦》云："善乎宋玉之言曰：'悲哉秋之爲氣也！蕭瑟兮草木搖落而變衰，憭慄兮若在遠行，登山臨水送將歸。'夫送歸懷慕徒之戀兮，遠行有羈旅之憤，臨川感流以歎逝兮，登山懷遠而悼近。彼四慼之疚心兮，遭一塗而難忍。嗟秋日之可哀兮，諒無愁而不盡！"；又《藝文類聚》卷七載潘岳《登虎牢山賦》曰："彼登山而臨水，固先哲之所哀，矧去鄉而離家，邈長辭而遠乖"；洵識曲聽真者矣。蓋宋玉此篇貌寫秋而實寫愁，猶史達祖《戀繡衾》之"愁便是秋心也"、或吳文英《唐多令》之"何處合成愁，離人心上秋"。雖歷來舊說如《禮記·鄉飲酒義》："秋之爲言愁也"，《白虎通，五行》："秋之爲言愁亡也"，然物逐情移，境由心造，苟衷腸無悶，高秋爽氣豈遽敗興喪氣哉？戎昱《江城秋夜》不云乎："思苦自看明月苦，人愁不是月華愁"；晁說之《嵩山集》卷七《偶題》亦云："夕陽能使山遠近，秋色巧隨人慘舒。"故"自古逢秋悲寂寥，我言秋日勝春朝"，發爲劉夢得之《秋詞》；"何人解識秋堪美，莫爲悲秋浪賦詩"，見於葉夢得之《鷓鴣天》。更端以說，陸機《春詠》："節運同可悲，莫若春氣甚"，韓愈《感春》："皇天平分成四時，春氣漫誕最可悲"，與宋玉之"悲哉秋氣"，仁智異見，左右各祖矣。吳融《楚事》絕句早拈《楚辭》本地風光，屈、宋自家物事，以解蔽通郵："悲秋應亦抵傷春，屈、宋當年並楚臣；何事從來好時節，只將惆悵付詞人？"自註："屈原云：'目極千里傷春心'，宋玉云：'悲哉秋之爲氣。'"蓋言節物本"好"而人自"惆悵"，風景因心境而改觀耳①。潘岳《秋興賦》之亂曰："泉涌湍於石間兮，菊揚芳於涯澨；澡秋水之涓涓兮，玩游鰷之潎潎；逍遙乎山川之阿，放曠於人間之世"；始爲造哀興歎之資，終乃變而供游目賞心之娛，正如其《哀永逝文》所云："匪外物兮或改，固歡哀兮情換。"張衡《東京賦》："既春游以發生，啓諸蟄於潛户；度秋豫以收成，觀豐年之多稌"；春與秋均足騁懷也②。江淹《別賦》："或春苔兮始生，乍秋風兮蹔起"，《文選》李善註："言此二時別恨逾切"，又春秋均足銷魂也；淹《四時賦》更明言人苟心有愴憶，"四時足傷"，"四時皆難"。王勃《秋日餞別序》取宋玉、江淹語合爲對偶曰："黯然別之銷魂，悲哉秋之爲氣！"（參觀駱賓王《螢火賦》："凄然客之爲心乎！悲哉秋之爲氣也！"），以心境"黯然"，而風景"悲哉"。不獨節令也，鄉土亦正同然。白居易《代春贈》："山吐晴嵐水放光，辛夷花白柳梢黃；但知莫作江西意，風景何曾異帝鄉？"；白行簡《在巴南望郡南山》："臨江一障白雲

---

① Cf. F. H. Amiel, *Journal intime*, 31 oct. 1852: "Un paysage quelconque est un état de l'âme".

② Cf. H. Weber, *La Création poétique au 16ᵉ Siécle en France*, I, 331—2 (l'automne: la saison de la tristesse et de la mort et la saison des vins et des fruitages).

間，紅綠層層錦繡斑；不作巴南天外意，何殊昭應望驪山？"悲愁無形，侔色揣稱，每出兩途。或取譬於有形之事，如《詩·小弁》之"我心憂傷，怒焉如擣"，或《悲回風》之"心踊躍其若湯"、"心鞿羈而不形兮"；是爲擬物。或摹寫心動念生時耳目之所感接，不舉以爲比喻，而假以爲烘托，使讀者玩其景而可以會其情，是爲寓物；如馬致遠《天淨沙》云："枯藤、老樹、昏鴉，小橋、流水、人家，古道、西風、瘦馬，夕陽西下——斷腸人在天涯！"不待侈陳孤客窮途、未知税駕之悲，當前風物已足銷凝，如推心置腹矣。二法均有當於黑格爾談藝所謂"以形而下象示形而上"(sich bestimmten dadurch das sinnliche Scheinen der Idee)①之旨。然後者較難，所須篇幅亦逾廣。《詩》之《君子于役》等篇，微逗其端，至《楚辭》始粲然明備，《九辯》首章，尤便舉隅。潘岳謂其以"四感"示"秋氣"之"悲"，實不止此數。他若"收潦水清"、"薄寒中人"、"羈旅無友"、"貧士失職"、"燕辭歸"、"蟬無聲"、"雁南游"、"鶤雞悲鳴"、"蟋蟀宵征"，凡與秋可相係着之物態人事，莫非"感"而成"悲"，紛至沓來，彙合"一塗"，寫秋而悲即同氣一體。舉遠行、送歸、失職、羈旅者，以人當秋則感其事更深，亦人當其事而悲秋逾甚，如李善所謂春秋之"別恨逾切"也。李仲蒙説"六義"，有曰："敍物以言情，謂之'賦'"(參觀《毛詩》卷論《關雎》)，劉熙載《藝概》卷三移以論《楚辭》："《九歌》最得此訣。如'嫋嫋兮秋風，洞庭波兮木葉下'，正是寫出'目眇眇兮愁予'來，'荒忽兮遠望，觀流水兮潺湲'，正是寫出'思公子兮未敢言'來"；妙得文

---

① *Aesthetik*, Berlin: Aufbau Verlag, 146; cf. 82.

心。竊謂《九辯》首章尤契斯義。"敍物以言情"非他，西方近世說詩之"事物當對"（objective correlative）者是①。如李商隱《正月崇讓宅》警句："背燈獨共餘香語"，未及烘托"香"字；吳文英《聲聲慢》："膩粉闌干，猶聞凭袖香留"，以"聞"襯"香"，仍屬直陳，《風入松》："黃蜂頻撲秋千索，有當時纖手香凝"，不道"猶聞"，而以尋花之蜂"頻撲"示手香之"凝"、"留"，蜂即"當對"聞香之"事物"矣。歌德名什《迷娘歌》（Mignons Lieder）咏思歸而列舉檸檬樹花、黃金橘、蔚藍天等故國風物以映發之②，亦"事物當對"，正"敍物以言情"之"賦"耳。

"薄寒之中人。"按"中"如"中矢"、"中傷"之"中"，猶蜮"短弧"射影之"中"。"疾"字從"疒"從"矢"，合之蜮射之説，則吾國古人心目中之病魔以暗箭傷人矣。

【增訂三】《水經注》卷三六《若水》："此水傍瘴氣特惡。氣中有物，不見其形，其作有聲，中木則折，中人則害，名曰'鬼彈'。"彈與矢均張弓發以"中人"者也。梁章鉅《制義叢話》卷八引胡天游十三歲作《疾》一字題云："'疾'之文從乎'矢'，來無向而中人甚疾"；俞樾《春在堂詩編》卷一三《張船山集有觀我詩四首，擬作》之三《病》云："病魔來似空中箭"，自註："俗言'病來似箭'，此語深合'疾'字從'矢'之義。"

---

① R. W. Stallman, *The Critics' Notebook*, 116. Cf. R. Wellek, *History of Modern Criticism*, I, 254; Christina Brooke-Rose, *A Grammar of Metaphor*, 29, 35.
② W. Kayser, *Das sprachliche Kunstwerk*; 4. Aufl., 121.

【增訂四】《世說新語·文學》"左太沖作《三都賦》"條劉孝標註引《左思別傳》載《賦》逸句,有"鬼彈飛丸以礌磕"。西方神話有相類者,不獨愛情之神彎弓以射也;如荷馬史詩即寫日神降大疫,在空中發矢下射人畜(he twang'd his deadly bow, /And hissing fly the feather'd fates below. /On mules and dogs the infection first began, /And last, the vengeful arrows fix'd in man)①。王安石《字説》已佚,不識於"疾"字作底解會;阮元《揅經室集》卷一《釋矢》祇以弓矢之"矢"通矢溺之"矢"而已(Shoot, shit; schiessen, scheissen)。

---

① *The Iliad*, Bk I, tr. A. Pope, "The World's Classics", 3.

一六 九 辯（二）

　　《九辯》之四："皇天淫溢而秋霖兮，后土何時而得漧！塊獨守此無澤兮，仰浮雲而永歎"；《註》："久雨連日，澤深厚也；山阜濡澤，草木茂也；不蒙恩施，獨枯槁也。"按深譏雨露之不均沾也；然一若"塊獨"所"守"不屬"皇天"、"后土"之所覆載而別有天地，豈"浮雲"之"仰"，另有太空歟？"何時得漧"，乃苦雨也；"守此無澤"，又苦旱也。過接太驟，亦似須補筆而語始圓順者。劉禹錫《竹枝詞》曰："東邊日出西邊雨"，馬戴《題廬山寺》曰："上方雲雨下方晴"，分疏明白，則不妨無晴却有晴耳。

一七 招 魂

　　《註》:"宋玉之所作也。……宋玉憐哀屈原忠而斥棄,愁懣山澤,魂魄放佚,厥命將落,故作《招魂》,欲以復其精神,延其年壽。"按朱熹《楚辭集註》亦仍王逸説,歸諸宋玉;黃文焕《楚辭聽直》、林雲銘《楚辭燈》重申《史記》之説謂作者即是屈原,蔣驥《山帶閣註〈楚辭〉》因之。蕭穆《敬孚類稿》卷一《〈楚辭〉〈招魂〉解》、卷三《書朱文公〈楚辭集註〉後》亦駁王、朱之説,謂當據《史記》以此篇屬屈原,"所招當即楚懷王魂,中間所述聲色之娛、飲食之美,非弟子招師魂之道也。"王逸主張,先唐亦未成定論,如《藝文類聚》卷七九載梁沈炯《歸魂賦》即以"《招魂》篇"爲"屈原著"。嘗試論之,脱師而如馬融之"奢樂恣性",則絳帳弟子招其浮魂沉魄,自必侈陳"居宇服飾女樂",似不得概摒爲"非道"。顧施此於"廉潔"、"枯槁"之三閭大夫,誠有張弓祝雞之誚耳。《招魂》、《大招》不問誰作,所招非屈子之魂。黃之雋《唐堂集》卷一六《屈原説》"疑屈子未必沉",觀《招魂》"上天下地,東西南北,靡所不招,絶無一言及於水,則其不死於沉可知也";夫此篇雖招未死者之迷魂,而屈子數言"沉流"、"葬魚腹",文却"無一言及於水",則所招非其魂亦可知也。"魂兮歸來，反故居些！……像設君室，靜閒安些！"；於是鋪陳高堂邃宇、層臺累榭、冬廈夏室，豈屈子"故居"華奐如是耶？極言耳目之娛、口腹之奉，豈屈子平生愛好在此耶？至曰："二八侍宿，射遞代些！"幾如"妓圍"、"肉陣"，皇甫湜《出世篇》所寫"天姝當御，百千爲番"，屈子而然，"善淫"之"諑"，不爲無因矣！余少日尚及見招魂舊俗，每以其人嗜習之物爲引致之具，援後度前，不中不遠。徵之先載，如《南齊書·張融傳》融"遺令人捉塵尾登屋復魂，曰：'吾生平所善'"；李賀《綠章封事》："揚雄秋室無俗聲，願携漢戟招書鬼"，以雄曾爲執戟郎也；洪亮吉《卷施閣文》乙集卷二《七招》摹狀離魂聞所愛之事則徘徊欲即，聞所憎之事則飄脱而没，湛思綺藻，與古爲新，尤資參驗。《招魂》所誇宫室之美、聲色之奢，非國君身分不辦，特未必即屬楚懷王。王逸輩固執魂屬屈原，於《亂》之言"吾"與"王"，不得不曲解曰："代原爲詞"，"以言嘗侍從君獵，今乃放逐，歎而自傷閔也"，則幾如原自招其魂，歧中又有歧也！夫發端"朕幼清以廉潔兮"至"長離殃而愁苦"，乃患失魂者之詞，即"君王"也；自誇"盛德"而怨"上"帝之不鑑照，勿降之祥而反使"離殃"。"朕"在秦始皇前固屬上下之通稱，然上帝告巫陽曰："有人在下，我欲輔之"，脱非國君，一介臣民，安敢當天帝之"輔"乎？合之下文鋪張諸節而益明。"乃下招曰"至篇末俱爲"君王"招魂者之詞，《亂》之"吾"，即招者自稱。"獻歲發春兮，汨吾南征。……與王趨夢兮課後先，君王親發兮憚青兕"，乃追究失魂之由，與發端遥應，首尾啣接。患者秖怨尤而不自知何以致殃，招者始洞察其根源也。"春"上溯其時，"夢"追勘其地，"與王後先"復儼然如親與其事，使情景逼真。蓋言王今春獵於雲夢，爲青兕所憻，遂喪其魂；《國策・楚策》一楚王"游於雲夢，有狂兕牂車依輪而至"，事頗相類，然彼"一發"而"斃"兕，此"親發"而"憚"兕，強屑判然。接曰："朱明承夜兮，時不可以淹；皋蘭被徑兮斯路漸"；謂驚魂之離恒幹已自春徂夏，來路欲迷，促其速返故居。故以"魂兮歸來"結焉。舊日不死於家者，其魂必出外招之，如高啓《青邱詩集》卷一《征婦怨》："紙幡剪得招魂去，只向當時送行處。"倘人患病，家人疑爲受驚失魂者，則詳詢或臆測受驚之處，黄昏往而呼患者名曰："毋驚毋諕，偕我返舍！"復代之答曰："唯！吾歸也！"倘其處甚遠，不便遽往，則遶屋呼曰："好自某地歸矣！"拾土裹紅紙中，歸而納病者枕下。余兒時在錫、蘇、澄習見此俗，且嘗身受招呼，二十許寓滬西尚聞鄰人夜半爲此。招生魂於其迷失之地，中西舊習略同；

【增訂四】《夷堅志丁志》卷一三《李遇與鬼鬭》："遇迎新郡守於城西，既行十餘里，……忽百許小兒從路旁出，……合圍擊之。……李回及門，不能行，門卒扶以歸，至家惛不醒。諸子揭衣視，但青痕遍體，即就其處招魂，呼僧誦經。""其處"者，李爲小兒聚毆處，即"招生魂於其迷失之地"也。

如十八世紀初一法文小説記國王出獵，夜宿野堡，醒而病狂(devenu fou)，醫無能治，公卿乞諸巫，巫謂王之子女當至王喪魂處求覓之(que ses enfants n'avaient qu'aller chercher l'esprit de leur père au même endroit où il l'avait perdu)①。《招魂》追溯雲夢之獵，亦正窮病之源，彷彿就地以招耳。謀篇有往復開合，異

---

① Antoine Hamilton: "Le Bélier", *Oeuvres complètes*, A. Bélin, 231.

於一味排比，并可藉以想見古代風俗。《大招》無此間架，僅著招徠之辭，遂損劇情(dramatic interest)；然如"名聲若日"、"德譽配天"、"立九卿"而"尚三王"等語，更昭然爲招君王之魂矣。

"巫陽對曰：'掌夢'"；《註》："巫陽對天帝言，招魂者本掌夢之官所主職也。"按《周禮·春官》掌六候之夢，人所熟知。玩索巫陽對上帝之語，似當時信息，以生魂別於死魂，招徠各有司存，不容越俎。《招魂》所招，自爲生魂。夫生魂之說，肇端夢寐。《九章·惜誦》："昔余夢登天兮，魂中道而無杭"；《抽思》："惟郢路之遙遠兮，魂一夕而九逝；……願徑逝而不得兮，魂識路之營營"；《哀郢》："羌靈魂之欲歸兮，何須臾而忘反"，《註》："精神夢遊，還故居也。"皆言生人之魂於睡夢中離體外遊也。沈炯《望郢州城》詩云："魂兮何處反，非死復非仙"，是生魂之詁；杜甫《歸夢》詩云："夢魂歸未得，不用《楚辭》招"，更等生魂於夢魂。治宗敎神話之學者，謂初民區別固結於體之魂(die gebundene Seele)與游離於體之魂(die freie Seele)。固結之魂即身魂(Körperseele)，心腎是也；游離之魂有二：氣魂(Hauchseele)、吐息是也，影魂(Schattenseele)、則夢幻是矣[1]。掌夢者可以招魂，當緣夢亦魂之屬。顧"有人在下"，雖尚視息而未遽死，却已痴坐戇行，"魂魄離散"；不同尋常夢魂之出遊，則非掌夢所能奏功，於是上帝"必"欲巫陽從事。蓋死魂之招，

---

[1] W. Wundt, *Völkerpsychologie*, IV(*Mythus und Religion*, I Teil), 3Aufl., 78ff., 125ff., 170ff. Cf. E. Rohde, *Psyche*, tr. W. B. Hillis, "International Library of Psychology, Philosophy and Scientifie Method", 7-8(a second self active in dreaming).

如《禮‧檀弓》、《喪大記》、《禮運》等所謂"復"者，由亡人親屬於氣乍絕之時升屋而號，"先復"而"後行死事"。以魂之去未遠，遂不須乞靈於巫術。苟死已經時，則魂之招致非巫術不能，即《招魂》之"工祝"；如《漢書‧外戚傳》上載李夫人卒後，"方士"齊人少翁爲"致其神"。是以招死魂者，巫所主也。"恐後之謝，不能復用巫陽焉"，"謝"、殂謝之謂，即死耳。其意若曰：倘今招生魂而逕用巫，他日招死後之魂恐將用巫而無效。方術神通勿可濫施輕用，不然臨急失驗；雅記野語皆嘗道之，匪獨招魂爲然。如《左傳》僖公四年晉獻公卜驪姬爲夫人節，《正義》引鄭玄《禮》註、《詩》箋謂"卜筮數而瀆龜，不復告之以實"，

【增訂三】《易‧蒙》早曰："初筮告吉。再三，瀆；瀆則不告。"

即李義山《雜纂》所嘲"殢神擲校"（"校"同"珓"，見程大昌《演繁露》卷三《卜教》）；《太平廣記》卷七八《茅安道》、卷八五《李生》皆言神術以妄用而漸不神；袁枚《新齊諧》卷一七《婁真人錯捉妖》以一言蔽之曰："我法只可行一次，第二次便不靈。""不能復用"之"恐"，殆以此歟。

"豺狼從目，往來侁侁些"；五臣註："從、豎也。"按《大招》亦云："豕首從目。"陸佃《埤雅》卷四："俗云：'熊羆眼直，惡人橫目'"；"從目"即"眼直"也。

"工祝招君，背行先些。"按具見《史記》卷論《高祖本紀》。

"蛾眉曼睩，目騰光些。靡顏膩理，遺視矊些。"按下又云："娭光眇視，目曾波些。"《詩‧碩人》祇曰"美目盼兮"而已，此遂描狀工細。"曼睩""騰光"者，言眸之明（flashing eyes）；"遺矊"、"眇視"者言睞之媚（languishing sidelong glances）。

"曾波"即宋玉《神女賦》："望余帷而延視兮,若流波之將瀾",正後世詞章稱目爲"秋水"、"秋波"之託始。竊謂《西廂記》第一本第一折之"秋波那一轉"可移釋"目曾波",而第二折之"鶻伶睩老不尋常"復可移釋"曼睩騰光"也。《大招》則體物更精:"嫮目宜笑,娥眉曼只。"目之善睞,人所易知,目之"宜笑",愈造微傳神。王逸不解此,故其註曰:"工於嫮眄,好口宜笑,蛾眉曼澤",一若"笑"僅爲"口"之所有事者!《紅樓夢》第三回寫寶玉"睛若秋波,雖怒時而似笑,即瞋視而有情",寫黛玉"一雙似喜非喜含情目";孫原湘《天真閣外集》卷四《橫波》絕句咏目也,有曰:"如愁如喜還如怒,媚態三番一刹那";皆可謂得屈、宋心印,王逸相形,幾如無目(參觀《全晉文》卷論陶潛《閑情賦》)。且人固有口濃笑而目無笑意者,逸竟不知耶?

【增訂三】司湯達一八〇四年七月十四日日記載與人立道傍,觀拿破侖一世盛服緩轡而過,萬衆歡呼,"拿破侖頻頻行軍禮示意,且微笑。劇臺上之笑容耳,齒露而已,目初不笑"(Il salue beaucoup et sourit. Le sourire de théâtre, où l'on montre les dents, mais où les yeux ne sourient pas—Stendhal, *Oeuvres intimes*, "Bib. de la Pléiade", 516);又一八〇五年二月二十五日記覯己所愛之蕩婦"報一狎客以微笑示謝,然目無笑意,喬作笑容耳"(Elle l'en a remercié par un sourire, mais non pas des yeux, joué - 654)。即余所謂笑非口可得而專也。

"大苦醎酸,辛甘行些";《註》:"大苦、豉也";《補註》:"逸説非也,蓋苦味之甚者爾。"按下文云:"和酸若苦,陳吳羹些",

又《大招》云："醢豚苦狗。"余居湘時，方識以苦瓜入饌，想古之楚庖早已尚苦爾。

"被文服繡，麗而不奇些"；《註》："不奇、奇也，猶《詩》云：'不顯文王'，不顯、顯也。言美女被服綺繡，曳羅縠，其容靡麗，誠足奇怪也。"按以"不奇"爲"奇"，即王引之《經義述聞》卷三二《語詞誤解以實義》之旨。別詳《左傳》卷論僖公二十二年。此處則誤解不當。"奇"、奇衺也，《左傳》僖公二十四年所謂"服不之衷"。《文子·符言》："聖人無屈奇之服、詭異之形"；《晏子春秋》内篇《問》上之一六："六冠無不中，故朝無奇辟之服"；《荀子·非相》："美麗姚冶，奇衣婦飾"；正此"奇"字。"麗而不奇"，猶"威而不猛"，"謔而不虐"，"盡而不汙"，"哀而不傷"，"好色而不淫"，"展而不信、愛而不仁、詐而不智、毅而不勇、直而不衷、周而不淑"（《國語·楚語》下），"和調而不緣、谿盎而不苛、莊敬而不絞、和柔而不銓、刻廉而不劌"（《晏子春秋》内篇《問》下之二四），"嚴而不殘"（《漢書·雋不疑傳》），"行而不流、止而不滯"（成公綏《嘯賦》）。

【增訂三】《楚辭》本書之"未形唯象"，《易·繫辭》之"不疾而速"，亦"麗而不奇"、"嚴而不殘"之類。《法言·問神》所謂"別似"也。

句法一律，胥取詞意易於通融混淆者，嚴加區別判辨，不使朱亂於紫①。王逸見單詞而忽全句也。

---

① Cf. Rivarol, *Écrits politiques et littéraires*, choisis par V.-H. Debidour, 48 (les synonymes les plus piquants); Coleridge, *Biographia Literaria*, ed. J. Shawcross, II, 255 (desynonymizative analysis).

一八　大　招

"豐肉微骨，調以娛只"。按當合觀下文："豐肉微骨，體便娟只"，又："曾頰倚耳，曲眉規只"，別詳《毛詩》卷論《澤陂》。《西京雜記》卷一稱合德"弱骨豐肌，尤工笑語"，謝靈運《江妃賦》云："小腰微骨"，皆此形模。韓愈《送李愿歸盤谷序》之"曲眉豐頰"，又即《大招》之"曾頰"、"曲眉"，如爲唐畫中士女及出土唐女俑寫眞也。

"青色直眉，美目媔只"；《註》："復有美女，體色青白，顏眉平直"；《補註》："'青色'謂眉也。"按王誤"青"爲肌色，故洪正之。《東觀漢記》卷六寫明德馬后姿容，有曰："長七尺二寸，青白色"，似東漢時"青白"得聯綿以指白，故王逸坦然言"體色青白"；《後漢書·皇后紀》上削去此三字，似晉、宋人已不解其言，唐、宋人讀王註必更覺似"青面獸"、"藍面鬼"之醜婦矣。韓愈《華山女》："白咽紅頰長眉青"，蘇軾《芙蓉城》："中有一人長眉青"，皆早撇去王註，遂得正解；秀才讀詩，每勝學究，此一例也。"青色直眉"之"青"，即謂黑色，則以"青"爲"黑"，早見《楚辭》，非創自趙高（參觀《史記》卷論《秦始皇本紀》）。後世詩文小說常言"青鬢"、"滿頭青絲細髮"，皆謂其黑；阮籍"作青、白眼"之"青"亦正謂黑，"睛"字從"目"從"青"，吳語稱"眼黑"又稱"眼烏珠"，"烏"即黑；

【增訂三】陳忱《水滸後傳》第一一回花逢春射死鯨魚，"那兩個眼睛烏珠挖將出來，如巴斗大小"；即載籍中"烏珠"之例。

《世説·容止》王羲之見杜乂，歎曰："眼如點漆"，蘇軾《仇池筆記·論墨》曰："要使其光清而不浮，湛湛然如小兒目睛乃佳。"墨與漆均狀眼之"烏"、"黑"，所謂"青"是矣。

【增訂二】韓愈《劉生》："妖歌慢舞爛不收，倒心迴腸爲青眸"，亦言睛黑，猶"雙瞳點漆"。《感春》之三："艷姬蹋筵舞，清眸刺劍戟"，則言目明，"清"如《贈張十八助教》"喜君眸子重清朗"之"清"；"清"而"刺"，遂喻以"劍戟"，猶章回小説中動稱"刀槍雪亮"也（如《水滸》五二回："三股叉、五股叉、燦燦秋霜，點鋼鎗、蘆葉鎗、紛紛瑞雪"；六三回："青銅刀、偃月刀、紛紛似雪"等）。言各有當。方成珪《韓集箋正》乃欲改《感春》之"清"以從《劉生》之"青"，一若詩人用字顢如畫一者！强求一律，殊屬多事。

上文方言"曲眉"，而此忽言"直眉"，若相岨峿；"直"殆同"值"，謂眉長幾於相接，有若古希臘美人所尚通眉（the joined eyebrows）歟①？梁、陳間姚最《續畫品》推謝赫畫人物"切似"："麗服艷妝，直眉曲鬢"，似同斯義，謂雙眉梢長欲值，非謂眉作直線形。司馬相如《上林賦》："長眉連娟"，郭璞註："言曲細"；六朝詩如鮑照《翫月》："蛾眉蔽珠櫳，玉鈎隔疏窗"，王

---

① E. g. Theocritus, viii: "A maid with meeting eyebrows", *The Greek Bucolic Poets*, "Loeb", 119.

褒《詠月贈人》：" 初魄似蛾眉"，以反求覆，觀其所託，便知眉樣曲如鈎而不直如弦矣。故唐人小說《游仙窟》曰："乍出雙眉，漸覺天邊失月"，"眉間月出疑争夜"，亦言眉彎。庾信《鏡賦》："鬢齊故略，眉平猶剃"，"平"謂整齊、淨盡，非如王逸所謂"平直"也。

《文史通義·詩教》上："孟子問齊王之大欲，歷舉輕暖、肥甘、聲音、彩色，《七林》之所啓也。而或以爲創之枚乘，忘其祖矣！"未爲中肯探本。枚乘命篇，實類《招魂》、《大招》，移招魂之法，施於療疾，又改平舖而爲層進耳。西土名作如密爾敦《樂園復得》（ *Paradise Regained* ）卷二、弗羅拜《誘惑安東尼》（ *La Tentation de Saint Antoine* ）第二章，其袪魔拒誘之旨，與釋典一揆（如《雜阿含經》卷三九《魔有三女》章、《佛本行集經·魔怖菩薩品》第三一、《方廣大莊嚴經·降魔品》第二一），而蕩心移志之具，又與二《招》、《七》林同類。采風借燭，聊復及之。

太平廣記

二一三則

一　太平廣記

　　書僅冠以李昉等《表》，無序例可按，殊難窺其命名與取舍之故。"太平"易了，"廣記"則不識何謂。《引用書目》有《廣異記》；顧況作《戴氏〈廣異記〉序》（《全唐文》卷五二八），歷舉漢、晉以還志怪搜神之著，"蔓延無窮"，直可移爲本書序例。《廣記》殆名本《廣異記》而文從省乎？抑晚唐人撰《卓異記》，流俗以之屬李翱者，亦列《引用書目》中；其自序（《全唐文》卷六三六）云："廣記則隨所聞見，雜載其事，不以次第。然皆是警惕在心，或可諷歎；且神仙鬼怪，未得諦言。非有所用，俾好生不殺，爲仁之一途，無害於教化。故貽謀自廣，不俟繁書，以見其意。"則《廣記》之稱，或兼"載事"與"貽謀"之"廣"乎？采擷用意，益復難解。如有《莊子》而無《列子》，於唐人文集掛漏尤多，《書目》祇標《韓愈〈歐陽詹哀辭序〉》，又無柳宗元集；而卷五五《軒轅彌明》條引《仙傳拾遺》，實即襲取韓愈《石鼎》聯句《序》，卷三四一《李赤》條引《獨異志》，實即點竄柳宗元《李赤傳》。撰輯諸臣中有張泊，著《賈氏談錄》者；有徐鉉及其婿吴淑，鉉作《稽神錄》，淑作《江淮異人錄》，亦好奇志異之士。此等人編此書，洵投所好而得其宜。袁褧《楓窗小牘》卷上記"儒臣"輯《廣記》時，徐鉉"每欲採擷"其自著《稽神錄》，"不敢自專"，使宋白請于李昉。《引用書目》中《稽神錄》赫然斯在，是於古人雖漫與率易，而鉉自薦甚勇，淑亦舉不避親也。若夫編纂失察，以至一事重出，分類乖當，標題鹵莽而未顧事義，官書粗草，見慣尋常，固勿須苛責矣。朱熹《朱子語類》卷百二七："太宗每日看《太平廣記》數卷，若能推此心去講學，那裏得來！不過寫字作詩，君臣之間，以此度日而已！"宋太宗日看《太平御覽》三卷，《皇朝類苑》卷二備著其事，朱熹當出誤憶；然即憶爲《御覽》而未誤，恐亦仍譏太宗之以記誦爲"帝學"耳。

明嘉靖時吾鄉談愷重刊《廣記》，作序謂在宋已少流傳，《四庫總目》卷一四二同其説；均舉鄭樵《通志·校讎略》之誤爲證。所覩宋人著述，唯吴曾《能改齋漫録》徵引此書以爲考訂之資，既多且確。卷帙繁重，即有翻印，行布亦必不便。故博覽如洪适，《盤洲文集》卷四《還李舉之〈太平廣記〉》云："稗官九百起虞初，過眼寧論所失巫。午睡黑甜君所賜，持還深愧一瓻無！"；具徵手一編者尚勿克家有其籍——"所失巫"出范甯《穀梁集解·序》。洪适弟邁、愈號淹貫，其《夷堅三志》辛自序謂"古今神奇之事"有"甚同"者，舉所記孫斯文夢中换頭事（亦見邁同時人郭彖《睽車志》卷五，"斯"作"思"），因言"比讀《太平御覽》所編《幽明録》"載賈弼事相同，"《幽明録》今無傳於世"，故備引之云云。實則《廣記》卷二七六《賈弼》、卷三六〇《賈弼之》均引《幽明録》，已重見疊出，而邁未省。又張元濟《〈夷堅志〉再補》有《鼠怪》、《道人符誅蟒精》二事，云出《稗史彙編》，實則二事與《廣記》卷四四〇《王周南》、四五八《選仙場》字句幾全同。

　　【增訂四】《王周南》鼠怪事至采入正史，見《宋書·五行志》五《黃眚黃祥》節。

《直齋書錄解題》卷一一記"妄人多取《廣記》中舊事，改竄以投"洪邁；此兩事竟直錄原文，苟《稗史彙編》非誤繫主名，則《廣記》於邁亦如《南華》之爲僻書也。陸游《老學菴筆記》卷七考"冬住"俗語，嘗援據《廣記》卷三四〇《盧頊傳》；姜特立《梅山續稿》卷七《繭菴》、卷一一《放翁示雷字詩》皆附陸氏來書，陸《寄題繭菴》七古後有自註兩條發明詩中典故，其一即引《太平廣記》，《劍南詩稿》中削去，夫來歷須註，又見其書尚堪爲摭華炫博之資焉。羅燁《醉翁談錄》甲集卷一《小說開闢》條謂說話人取材《廣記》；然斯書千百事中敷說以成公案話本，耳熟而口膾炙者，未必及十一，因而遽測宋末《廣記》廣傳，猶未許在。

　　【增訂四】元好問《遺山文集》卷二三《劉景玄〔昂霄〕墓志》："予初識景玄於太原，人有爲予言，是家讀《廣記》半月而初無所遺忘者，予未之許也。"頗徵此書在金亦成自炫記誦之資也。

下迨有明，郎瑛《七修類稿》卷一九記張錫作文，用事杜撰，人有質者，"輒曰：'出《太平廣記》。'蓋其書世所罕也"；周嬰《卮林》卷六引陳耀文《正楊》譏楊慎師張"故智"，"意謂《廣記》繁多，人難徧閱，故每借以欺人"。嘉靖重刻以後，仍有風影之談。南宋僧志磐《佛祖統紀》卷四三特記《廣記》書成，以志"法運"亨通，贊其"錄佛法者三十卷，……古今悟心得道之衆、神僧經論定慧之學、君臣信毁休咎之徵，靡所不載"；雖海樣言語，鋪張彼教門面，猶非耳食無稽。明末凌濛初《二刻拍案驚奇》卷三七記人議論《太平廣記》曰："上自神祇仙子，下及昆蟲草木，無不受了淫褻污玷"；則夜航船中大膽亂道。《豆棚閒話》第一則《總評》："《太平廣記》云：'婦人屬金，男子屬木，金剋木，故男受制於女'"；亦出嚮壁虛造。蓋書即易得多有，而人之不知爲知者故常不乏爾。

二　卷　二

　　《彭祖》(出《神仙傳》)："故有上士別牀，中士異被，服藥百裹，不如獨臥。"按當依《太平御覽》卷七二〇作："《經》有'上士'"云云。《能改齋漫錄》卷五謂世傳《神仙秘訣》亦曰："服藥千朝，不如獨寢一宵。"戴埴《鼠璞》卷上引"上士"諸句而論之曰："故世論素女術出於彭籛者大相反；所謂'喪四十九妻、五十四子'，特形容八百歲之壽且久耳"；俞正燮《癸巳類稿》卷一五復專作《彭祖長年論》。夫陶潛《神釋》詩："彭祖愛永年，欲留不得住；老少同一死，賢愚無復數"，言明且清，已如老吏斷獄；左道邪說，假託加誣，無所不用其極，實勿須硜硜辯訂師說真傳。然戴氏割裂上下文，難免"芟角"之譏（晁說之《嵩山文集》卷一《儒言》："不顧其本而特出一句，以濟私而困衆論者，謂之'芟角'"）。本篇明記彭祖引《經》中此四語後，辭而闢之曰："古之至人恐下才之子不識事宜，流遯不還，故絕其源"；繼而大放厥詞，曰："苟能節宣其宜適、抑揚其通塞者，不以減年，得其益也。凡此之類，譬猶水火，用之過當，反爲害也。……男女相成，猶天地相生也。……天地得交接之道，故無終竟之限。"藉口天地，實屬古人套語，初非道家秘旨，方士售奸，攘以裝鋪席耳。破俗袪惑如王充，《論衡·自然篇》即云："天地合氣，萬物自生，猶夫婦合氣，子自生矣"；又云："儒家説夫婦之道，取法於天地；知夫婦法天地，不知推夫婦之道，以論天地之性。"《易·繫辭》之"天地絪緼"四句，《白虎通·嫁娶》篇引以明"人道"之須有"夫婦"，而《廣記》失收之五代無名氏《燈下閒談》卷上《桃花障子》條左慈引以明"道家"之不"去大情欲"。至若"節宣宜適"，即《抱朴子》内篇《釋滯》所謂"得其節宣之和"，又未始非《詩·關雎·序》之言"不淫其色"，《正義》曰："'淫'者過也，過其度量謂之爲'淫'"；清初穢史一名《覺後禪》者，第一回有"當飯"與"當藥"之喻，正其意。西方古醫家言無不同（Venus omitted and intemperate Venus）①。未可以道家久假而遂謂爲所私有。男女歡愛之效法天地，亦歐洲舊説，每形諸詠歌，如馬利諾之"天愛地"一節（Ama la terra il cielo, e'l bel sembiante ecc.）②，洋洋百餘句，而雪萊之《愛情哲學》（Love's Philosophy）尤傳誦之名什也。

---

① Burton, *Anatomy of Melancholy*, Pt I, Sect. II, Mem. II, Subs. VI Bell I, 269-270.

② Marino, *L'Adone*, VII. 235-248, *Marino e i Marinisti*, Ricciardi, 149-153.

三　卷　三

《漢武帝》（出《漢武內傳》）："帝下席叩頭曰：'徹下土濁民，不識清真。'"按卷四六《王太虛》（出《仙傳拾遺》）亦有"稽首再拜言曰：'下土賤臣，形濁氣穢'"等語。道書中此等謙稱，以見諸《太平經》者爲最可笑。如第四六篇："大頑鈍、日益暗昧之生再拜，今更有疑"；第五五篇："日益愚、暗矇不闓生謹再拜，請問一事"；第一〇二篇："大暗愚、日有不解、冥冥之生稽首再拜，問一大疑"；第一五四篇："真真愚暗、日益劇不曉、大不達之生謹再拜。"王世貞《觚不觚錄》、沈德符《野獲編》卷一七皆譏卑諂之自稱，如"渺渺小學生"、"何罪生"之類，不知其冥契神仙家法也。西方舊日亦有自謙套語（Selbstverkleinerungsformeln），如曰："小的我"（mea tenuitas, parvitas）或"小蝨我"（ego pulex minimus）①，不過"小子"、"蟻蝨臣"之類，方此蔑如矣。

---

① E. R. Curtius, *Europäische Literatur und lateinisches Mittelalter*, 2. Aufl, 94; H. Küpper, *Wörterbuch der deutschen Umgangssprache*, I, 3. Aufl., 517-8.

四 卷 四

《月支使者》(出《仙傳拾遺》)月支國獻"猛獸"一頭,"形如五六十日犬子",漢武帝以付上林苑,"令虎食之,虎見獸,皆相聚屈蹐如也。"按《博物志》(《指海》本)卷三記漢武帝時,大宛之北胡人獻一物,大如狗,名曰"猛獸",帝怪其細小,欲使虎狼食之,虎見此獸輒低頭云云,即此事。古羅馬人《博物志》載一事劇相類。亞歷山大大帝征印度,道出亞爾巴尼亞,其王以巨犬獻;帝嗾熊羆、野豬等臨之,犬偃卧,夷然不屑一顧(contemptu immobili iacente eo),帝惡其惰,殺之。王乃復進一頭曰:"孑遺惟此,當令禦獅象,不宜以小獸試之也"(ne in parvis experiri vellet sed in leone elep-hantove)。帝如其言,獅象果皆挫伏①。後世詩文每用爲典藻者②。

---

① Pliny, *Natural History*, VIII. 61, "Loeb", III, 104-6.
② E. g. Basile, *Il Pentamerone*, tr. B. Croce, I. iii, p. 39: "Ma questi ne fecero conto che il Cane di Alessandro dei conigli."

五　卷　七

　　《王遠》（出《神仙傳》）。按篇中麻姑事一大節重見於卷六○《麻姑》（出《神仙傳》）。

　　《白石先生》（出《神仙傳》）："彭祖問之曰：'何不服昇天之藥?'答曰：'天上復能樂比人間乎？但莫使老死耳！天上多至尊，相奉事更苦于人間。'"按神仙家言之非"出世間法"，一問一答，不啻供狀，李德裕、歐陽修輩崇論閎議無此簡捷。《抱朴子》內篇《對俗》："若且欲留在世間者，但服半劑而錄其半。……不死之事已定，無復奄忽之慮，正復且遊地上，或入名山。……彭祖言：'天上多尊官大神，新仙者位卑，所奉事非一，但更勞苦'；故不足役役於登天，而止人間八百餘年也。……篤而論之，求長生者，正惜今日之所欲耳，本不汲汲於昇虛、以飛騰爲勝于地上也。若幸可止家而不死者，亦何必求於速登天乎？"更暢乎言之，然道此意者乃彭祖而非白石先生；《抱朴子》與《神仙傳》出於葛洪一手，違異如斯，豈彭祖明知故問，以言餂白石歟？陶弘景《真誥·稽神樞》之四幾如古來得道者之點仙簿，有曰："至於青精先生、彭鏗、鳳綱、商山四皓、淮南八公，並以服上藥不至一劑，自欲出處語默，肥遁山林；以遊仙爲樂，以昇虛爲戚，非不能登天也，

-985-

勿爲之耳",自註:"鏗則彭祖名也";即自《抱朴子》來。"天上復能樂比人間乎"與"正惜今日之所欲耳"兩句探示學道求仙之衷曲,坦見肺肝;蓋擺脫凡人之患苦,卻恣適凡人之嗜欲,腰纏而兼跨鶴,有竹不俗而復有肉不瘦者。皇甫湜有詩,題曰《出世篇》,所賦則曰:"上括天之門,直指帝所居,羣仙來迎塞天衢。……旨飲食兮照庖廚,食之不飫飫不盡,使人不陋復不愚。旦旦狎玉皇,夜夜御天姝,當御者幾人,百千爲番宛宛舒"——"番"即"上番"、"下番"之"番",輪值也;"出世"之飲食、男女全同入世,而享受之能與所,則邁"出世"人,"昇虛"而不特未失"地上",之樂,抑且大過之。以皇甫之詩合諸葛、陶之論,抉發仙家心事,庶無賸義矣。與彭祖、白石問對相印可者,如《廣記》卷七《馬鳴生》(出《神仙傳》):"不樂昇天,但服半劑爲地仙,恒居人間";卷八《張道陵》(出《神仙傳》):"合丹,丹成,服半劑,不願即升天也";卷一九《李林甫》(出《逸史》):"二十年宰相,重權在己,安可以白日升天易之乎?";卷六四《太陰夫人》(出《逸史》):"問:'盧杞欲水晶宮住?作地仙?及人間宰相?此度須決!'杞大呼曰:'人間宰相!'";《北齊書·方伎傳》:"又有張遠遊者,顯祖令與諸術士合九轉金丹,及成,顯祖置之玉匣云:'我貪世間作樂,不肯即飛上天,待臨死時服。'"韓愈《奉酬盧給事雲夫四兄》:"天門九扇相當開,上界真人足官府,豈如散仙鞭笞鸞鳳相追陪"——倒句即:"鞭笞鸞鳳相追陪,豈如散仙[逍遥乎?]",又《記夢》:"我能屈曲自世間,安能從汝巢神山?";陸游《烏夜啼》詞:"細思上界多官府,且作地行仙";辛棄疾《水調歌頭·和德和上南澗韻》:"上界足官府,公是地行仙";皆用此意。

【增訂四】《十洲記》:"方丈洲在東海中央。……羣仙不欲升天者,皆往來此洲。"是不願"升天"者尚可以避地"出世",而不必即"居人間"也。朱彝尊《曝書亭集》卷一《五游篇》之五:"方丈之山,其高五千。羣仙往來,不欲昇天";全用《十洲記》語。陸游《劍南詩稿》卷一二《感舊絕句》一:"金丹煉成不肯服,且戲人間五百年";《兩浙輶軒續錄》卷二二載王斯年《哭張船山先生即題序詩卷子》第一首自註:"先生自鎪印章曰:'羣仙之不欲昇天者'";皆即白石先生、馬鳴生輩遺意也。船山印文正本諸《十洲記》。

是以屈原《遠遊》、郭璞《游仙》並企慕沖舉,而六朝以來常寫神仙"思凡",一若脱去人間,長生不老即成虛度歲月。如《廣記》卷二〇《楊通幽》(出《仙傳拾遺》)上元女仙曰:"偶以宿緣世念,其願頗重,聖上降居於世,我謫居於人間";卷六五《趙旭》(出《通幽記》)天上青童曰:"久居清禁,……時有世念,帝嚳隨所感配";劉禹錫《巫山神女廟》:"何事神仙九天上,人間來就楚襄王!";謂必降人間方得遂男女大欲也。蘇轍《欒城集》卷一三《正旦夜夢李士寧過我》:"先生惠然肯見客,旋買雞豚旋烹炙;人間飲食未須嫌,歸去蓬壺卻無喫!";并謂居仙山不能縱飲食大欲矣。李商隱《戊辰會靜中出貽同志二十韻》:"三山誠迴視,九州揚一塵。我本玄元胄,禀華由上津;中迷鬼道樂,沉爲下土民";梁同書《頻羅菴遺集》卷二《元遺山〈無題〉詩有"死恨天台老劉、阮,人間何戀卻歸來!"余爲大地下一轉語》:"到底人間勝天上,不然晨、肇不歸來";均言"思凡"。劉、阮本事即見《廣記》卷六一《天台二女》,元好問詩意早發于元稹《題劉、阮入山》:"千樹桃花萬年藥,不知何事憶人間!"

康有爲《大同書》癸《去苦界至極樂》篇侈陳"大同之世"飲食男女以至溷廁疾病,莫不怡神娛體,乃曰:"安樂既極,唯思長生。……蓋神仙者,大同之歸宿也";塵世已等欲界仙都,故神仙不必超凡出世,省去思凡謫降種種葛藤,用意與彭祖、北齊顯祖輩實殊塗同歸而已。古希臘神話多言天神求妃偶於人間,亦思凡之例。基督教宗雖無思凡之說,顧似天上頗苦清静,無事而亦無聊,和適而又沉悶(l'ennui du ciel)①,有若"無間歇之星期日"(Because it's Sunday—all the time/And Recess—never comes)②。

【增訂四】海湼有詩,述夢已成上帝,高拱九霄,諸神環坐,口飫甘旨,極清貴之福,而無聊悶厭不可堪,毋寧墮地或入九幽爲魔鬼(Doch Langweile plagt mich sehr,/Ich wollt, ich wär auf Erden,/Und wär ich nicht der liebe Gott,/Ich könnt des Teufel werden. —*Die Heimkehr*, lxvi, "Mir träumt", *op. cit.*, Vol. 1, p. 137)。亦即寫"天上之沉悶"(l'ennui du ciel)也。處人間地獄固不聊生,而居人世天堂即無聊賴以至將無事生事爾。

但丁、密爾敦二豪均信有天堂:一寫天堂諸衆見凡人來,如池魚覷投物,以爲得食,噞喁紛聚(come'n peschiera ch'è tranquilla e pura/traggonsi i pesci a ciò che vien di fori/per modo che lo stimin lor pastura)③;一寫天堂諸衆聞有携人間消息至者,奔赴

---

① Max Milner, *Le Diable dans la Littérature française*, I, 386, 389 (Vigny).
② Emily Dickinson: "I Never Felt at Home Below".
③ *Paradiso*, V, 100-2.

問訊，星流雲集（in multitudes，/The Ethereal people ran, to hear and know）①。桃源中人聞武陵漁夫來，無如許急遽，則上界日月之難於消磨，天神之靜極思動、閒極生忙，皆可文外得之。近世一小説有謔語云："天堂願同去，但今夜且緩"（Vous voulez aller au ciel, moi aussi. Mais nous ne voulons pas y aller ce soir）②，尤似《隋書·儒林傳》所記辛彥之事："彥之又崇信佛道。……州人張元暴死，數日乃蘇，云遊天上，見新構一堂，制極崇麗，元問其故，人云：'潞州刺史辛彥之有功德，造此堂以待之。'彥之聞而不悦。"正"不願即升天"、"不肯即飛上天"也。

《李阿》（出《神仙傳》）。按《抱朴子》内篇《道意》，則阿亦名"李八百"，故李寬冒其稱。卷六一《李真多》（出《集仙録》）記李脱又號"李八百"，即《晉書·周札傳》所言道士李脱"自號李八百"，妖術鬼道，惑衆作亂，爲王敦殺者。北宋黄休復《茅亭客話》卷一《車轍跡》記當時有虎耳先生李洞賓，有道之士，"時呼爲'李八百'"。正如上古善射者皆曰"羿"、美女子皆曰"西施"耳。

---

① *Paradise Lost*，X，26-7.
② A. Maurois, *Les Silences du Colonel Bramble*, ch. 7.

六　卷　八

　　《劉安》（出《神仙傳》）：「餘藥器置在中庭，雞犬舐啄之，盡得昇天。」按卷五一《宜君王老》（出《續仙傳》）：「居舍草樹，全家人物雞犬一時飛去，……唯貓棄而未去」；卷四四〇《鼠》（出《異苑》）唐昉升天，「雞犬皆去，唯鼠墜下，不死而腸出數寸。」《水經注》卷二七《沔水》記唐公房得仙，「白日升天，雞鳴天上，犬吠雲中，唯以鼠惡留之」；然漢闕名《仙人唐公房碑》（《全後漢文》卷一〇六）僅云「屋宅六畜儵然與之俱去」，未及鼠事，上文且記君房以鼠嚙被具，「召鼠誅之」。元好問《遊天壇雜詩》之五：「同向燕家舐丹鼎，不隨雞犬上青雲」，自註：「仙貓洞。土人傳燕家雞犬升天，貓獨不去。」則鼠以「惡」被擯，故「墜下」，貓雖仙而不肯去，非遭「棄」。《論衡·道虛》、《風俗通·正失》皆早斥劉安仙去之爲妄說；葛洪撰《抱朴子》內篇，《袪惑》有取於《論衡》此篇之斥項曼都，《道意》有取於《風俗通·怪神》之闢鮑君、李君等，而其《神仙傳》仍以劉安爲昇天，殆《武成》之祇取二三策歟！唐公房「屋宅俱去」，後世貪痴之夫遂有如《野獲編》卷一七所記：「起大宅埒王公，云：'拔宅上昇時，勿令資財有所遺。'」鼠「惡」不許上天，其理固然，貓之獨留，荒唐言中亦蘊博物識性之學。俗諺："貓認屋，狗認人"，正道此況。觀察畜獸者嘗謂貓戀地勝於戀人（The cat, though she possesses but a meagre attachment to persons, has a very strong affection for places），狗則不爾①；

【增訂四】張德彝《八述奇》光緒二十九年七月二十六日記："吾人嘗有俗諺云：'貓認家不認人，狗認人不認家。'"

一文家嘲主翁好客，戚友賁來，譬如貓之習其屋非好其人（who, like cats, frequents the place and not the man）②。貓居洞而不入雲，蓋以誕語示實情耳。又按王充痛詆神仙，而作《神仙傳》之葛洪於《抱朴子》外篇《喻蔽》極口歎爲"冠倫大才"。《抱朴子》内、外篇宗旨每如水火，此其一例焉。

《劉安》："八公與安所踏山上石，皆陷成跡，至今人馬跡猶存。……帝大懊恨，乃歎曰：'使朕得爲淮南王者，視天下如脱屣耳！'"按飛昇而身重如許，輕舉之謂何矣？

【增訂三】昇仙號"輕舉"，故齊己《昇天行》開宗明義即曰："身不沉，骨不重；驅青鸞，駕白鳳。"葛洪記八公事，未照管及此，蓋説神搗鬼，亦後來針線愈細密也。

未上、將"傅與麻姑借大鵬"，既上、將"黃雲踏破紫雲崩"！劉叉《自古無長生》詩云："何曾見天上，著得劉安宅？"夫安身且難著，何況其宅！《水經注》卷三二《肥水》："余登其上，人馬之跡無聞矣"；可補前一事。《史記·封禪書》："於是天子曰：'嗟呼！吾誠得如黃帝，吾視去妻子如脱躧耳！'"；後一事移此以稱淮南王耳。

---

① Georgina S. Gates, *The Modern Cat*, 80.
② Emerson, *Journals*, in *Works*, "Centenary Ed.," V, 270.

《劉安》："仙伯主者奏安不敬，謫守都廁三年。"按前論卷七彭祖、白石先生輩所謂"天上多尊神，新仙奉事更勞苦"，斯其顯例。宋祁《景文集》卷二《詆仙賦》謂淮南王昇仙事出於葛洪捏造，有云："王負驕以弗虔兮，又見謫於列真，雖長年之彌億兮，屏帑偃而愈愁"，自註即引此數語。祁兄郊《元憲集》卷一四《默記淮南王事》："室餌初嘗謁帝晨，宮中雞犬亦登真。可憐南面稱孤貴，纔作仙家守廁人！"；劉克莊《後村大全集》卷四一《雜興》之一："昇天雖可喜，削地已堪哀。早知守廁去，何須拔宅來！"，亦借以寄意。明袁祈年《楚狂之歌·夢上天擬李長吉》之二："偶便玉墀上，淮南送廁籌"，至取爲惡謔。《史記·天官書》："其南有四星，曰天廁，下一星，曰天矢"，擬象之詞耳；不謂天闕竟有"都廁"，是神仙未免便溺也。《廣記》卷三八三《古元之》（出《玄怪錄》）言和神國"不置溷所"；黃生《義府》卷下："宋人《海陵三仙傳》：'獨處一室，臥起方丈間，食酒肉如平時，而無更衣之處'，蓋言得道者雖飲食而無漏也。"僊僊乎飄逸清虛之體，應無穢濁，葛洪著書，猶有敗筆焉。釋典如《長阿含經》之六《轉輪聖王修行經》謂太古之人安隱快樂，惟有"九病"："一寒，二熱，三飢，四渴，五大便，六小便，七欲，八饕餮，九老"；鳩摩羅什譯《彌勒下生成佛經》："唯有三病：一者便利，二者飲食，三者衰老"，而失名譯《彌勒來時經》作："一者意欲所得，二者飢渴，三者年老"，竊疑"意欲有所得"即指"便利"，原文當類歐語之婉言內逼曰"需要"①，譯者未得解

---

① E.g. Quintilian, *Institutio oratoria*, VIII. vi. 59: "At requisita naturae", "Loeb", III, 334.

而直繙耳。成佛則"三病"都袪，故如《佛祖統紀》卷一〇《荊溪旁出世家》記行滿禪師"於四十年間未嘗便溺，或謂'大士現身'，受食而實不食故也"。西方傳説天帝不可思議之神功妙用，無便利即是一端。古希臘有王（Antigonous）聞人貢諛稱爲天神，答曰："浣滌吾廁牏之内侍卻不知此！"（The slave who attends my chamber-pot is not conscious of that），一作："妄言哉！吾之虎子可證"（Mon lasanophore le nie）①。中世紀神甫斤斤辯究天堂中有無矢溺（Aquinas could gravely debate, whether there are excrements in Paradise）②。馬丁·路德則斷言"上帝無矢無溺"（Gott kacket und bisset nicht）③。伏爾泰謂上帝無腸胃，不飲食，凡人自負於上帝具體而微，乃蹲踞溷上，了不知羞（Toi, l'image de Dieu sur ta chaîse percée!）④。由是觀之，《神仙傳》言天上有"都廁"，直是失口；葛洪非獷野無文者，乃疏忽未之思爾。

《張道陵》（出《神仙傳》）記道陵試趙昇，七度皆過，始授以丹經。按卷二《魏伯陽》、卷七《李八百》、卷一二《壺公》、卷五七《太真夫人》均有仙人試弟子事；《真誥》卷五《甄命授》言"仙道十二試皆過而授此經"，尤詳。蓋道士之常

---

① Plutarch, *Moralia*, "Sayings of Kings and Commanders", § 182 and "Isis and Osiris", § 360, "Loeb", III, 71 and V, 59; Rabelais, *Gargantua et Pantagruel*, Liv. IV, ch. 60, *Oeuv. comp.*, éd. J. Plattard, IV, 219, 320. Cf. Montaigne, *Essais*, I. xiii and III. xiii, "la Pléiade", 260, 1045.

② Disraeli, *Curiosities of Literature*, "Chandos Classics", I, 64-5.

③ Quoted in F. Mauthner, *Kritik der Sprache*, 3. Aufl., I, 60.

④ Voltaire, *Dictionnaire philosophique*, art. "Déjection", *Oeuv. comp.*, ed. L. Moland, XVIII, 326.

談也。仙師重道尊經，不輕許濫傳，遂設阱垂餌，極考校之苛峻。西方中世紀基督教苦行長老於從學者試其願力堅固，頗有肖者①。用意皆欲得其人也。釋典試誘，情事頗異；主試常爲魔鬼，旨在使修淨業者破戒，則用意欲敗其人矣，又與西説魔鬼惑僧侣相似。如《佛本行集經・魔怖菩薩品》第三一是，彷彿《舊約全書・約伯記》撒但之料理約伯、《新約全書・馬太福音》第四章魔鬼之誘引耶穌。蓋仙望受試者之或能過，而魔幸受試者之或不能過，貌同心異；王畿《龍溪全集》卷九《與陸平泉》："魔有二：有正道試法之魔，有陰邪害法之魔"，可相發明。若《太子須大拏經》之類，則主試非魔而爲"天帝釋"，略近神仙家言；然飽歷楚毒，復安富尊榮，又似約伯結局，非同仙師之試弟子，即能過尚有事在。韋應物《學仙》二詩均賦"靈真下試"，而曰："存道忘身一試過，名奏玉皇乃升天"，言之太躐等矣。張籍《學仙》於先生"傳方"、弟子"得訣"後，繼以清齋、鍊氣、燒丹、服食諸節，較爲得之。

---

① Gibbon, *Decline and Fall of the Roman Empire*, ch. 37, "The World's Classics", IV, 77-8 (trials of patience and endurance).

七　卷一〇

　　《劉根》（出《神仙傳》）："妻登時死，良久乃蘇。"按卷五七《太真夫人》（出《神仙傳》）："登時而愈"；卷七二《張山人》（出《原化記》）："登時却廻"；卷一七〇《姚元崇》（出《明皇雜錄》）："既獲其文，登時便寫進"；卷二三〇《王度》（出《古鏡記》）："度登時爲匣鏡。"敦煌變文《難陀出家緣起》亦有："難陀登時便走，夜叉從後趕來。""登時"具"當時"之用，不止如今人所言"頓時"已也。黃生《義府》卷下嘗引《冥通記》等說"登"之義，翟灝《通俗編》卷三別舉《魏志》等例。實則《六經》註、疏已有之，如《詩·周頌·小毖》："肇允彼桃蟲，拚飛維鳥"，鄭《箋》："如鷦鳥之小，不登誅之，後反叛而作亂，猶鷦之翻飛爲大鳥也"，孔《正義》："恨不登時誅之。……今悔不登時誅之。"自漢至清，沿用不輟。如《三國志·吳書·孫討逆傳》裴註引《吳錄》："貢登時出其母"，《鍾離牧傳》裴註引《會稽典錄》："牧遣使慰譬，登皆首服"；《梁書·王僧辯傳》："登即敕爲內城都督"；《藝文類聚》卷八引沈約《修竹彈甘蕉文》："登攝芭蕉左近"；釋道宣《高僧傳》二集卷三《慧𧦬傳》："登即有詔"；

【增訂四】唐寫本六朝《老子化胡經·序說第一》："誕生於亳。……鬢髮皓白，登即能行。"

洪邁《夷堅志甲》卷九《張琦使臣夢》："果有趙君者……卒於舟中，琦登時亦死"，又《夷堅志庚·序》："每聞客語，登輒記錄"；元好問《中州集》卷九王利賓小傳："惜登時不膽寫，今忘之矣。"《紅樓夢》例作"登時"，如第三〇回："寶釵聽說，登時紅了臉"，又同回："登時眾丫頭聽見王夫人醒了"；《儒林外史》亦然，如第六回嚴監生"登時就沒了氣"，又嚴貢生"登時好了"。"紅了臉"一例中可作"頓時"，猶《二十年目覩之怪現狀》第五七回："聽了之時，頓時三屍亂爆、七竅生煙"，謂立刻也；"眾丫頭"一例中不可作"頓時"，而祇可作"當時"，猶《水滸》第四〇回："當時晁蓋并眾人聽了，請問軍師"，謂此際也。正如《詩·正義》之"登時"可作"當時"，當此鳥尚小之時，若作"頓時"，便不詞矣。"頓時"示兩事接貫，此觸彼發，波及浪追；若夫疊出並行，適逢其會，則非所能達，不及"登時"、"當時"之兩施咸可。又按"時"、"世"、"代"三文同義，而加一"當"字，則"當世"、"當代"乃言現前而"當時"則言過去，大相逕庭矣。參觀《左傳》卷論隱公元年。

八　卷一二

　　《壺公》（出《神仙傳》）：「長房下座頓首曰：'肉人無知'。」按卷一五《阮基》（出《神仙感遇傳》）：「凡夫肉人，不識大道。」「肉人」之稱，頻見《真誥》，如卷一：「且以靈筆真手，初不敢下交於肉人」，卷八：「學而不思，浚井不渫，蓋肉人之小疵耳」，卷一一：「肉人喁喁，爲欲知之。」其名似始見《文子·微明》篇中黃子論「天地之間有二十五人」，其「下五」爲「衆人、奴人、愚人、肉人、小人」。道士以之指未經脱胎換骨之凡體，非《文子》本意；蓋倘言重濁之軀，則「二十五人」舍「上五」外，莫非「肉人」也。《廣記》卷七《王遠》（出《神仙傳》）：「謂蔡經曰：'今氣少肉多，不得上去，當爲屍解，如從狗竇中過耳！'」道士所謂「肉人」，觀此可了。《大唐三藏取經詩話·入大梵天王宮》第三玄奘上水晶座不得，羅漢曰：「凡俗肉身，上之不得」，足以參證。李賀《馬詩》之二三云：「廄中皆肉馬，不解上青天」；曹鄴《題濮廟》：「人間直有仙桃種，海上應無肉馬蹤」；曹唐《游仙詩》：「人間肉馬無輕步，踏破先生一卷書。」「肉馬」之「肉」正「肉人」之「肉」，非徒謂肥臕，有若杜甫《李鄠縣丈人胡馬行》之「不比俗馬空多肉」或《丹青引》之「幹惟畫肉不畫骨"。骨瘦如柴，影削如山，無妨俗馬之爲"肉馬"、凡人之爲"肉人"也。《廣記》卷二五一《鄭光業》（出《摭言》）："當時不識貴人，凡夫肉眼；今日俄爲後進，窮相骨頭"；《舊唐書·哥舒翰傳》："肉眼不識陛下，遂至於此！"；盧仝《贈金鵝山人沈師魯》："肉眼不識天下書，小儒安敢窺奧秘！""肉眼"之"肉"亦即"肉人"、"肉馬"之"肉"，皆凡俗之意。詩家如厲鶚《樊榭山房集》卷三《東扶送水仙花五本》："肉人不合尋常見，燈影娟娟雨半簾"；沈德潛《歸愚詩鈔》卷七《爲張鴻勛題元人唐伯庸〈百駿圖〉》云："不須更責鷗波法，世上紛紛畫肉人"；摭取道家詞藻，以指庸俗之夫，未爲乖違也。

【增訂三】"肉人"之名出於道書，而"肉眼"之稱傳自釋典，如《大智度論》卷三〇《釋初品中善根供養》："智慧者、其明第一，名爲'慧眼'。若無慧眼，雖有肉眼，猶故是盲；雖云有眼，與畜生無異。"

九 卷一三

　　《蘇仙公》（出《神仙傳》）："即見橋亘嶺傍，直至郡城；行次，有一官吏輒廻顧，遂失橋所，墮落江濱，乃見一赤龍，於脚下宛轉而去。"按卷二五《元柳二公》（出《續仙傳》）："'來從一葉舟中來，去向百花橋上去。'……俄有橋長數百步，……見千龍萬蛇遽相交遶，爲橋之柱。"《離騷》："遵赤水而容與，麾蛟龍使梁津"；《文選·恨賦》李善註引《竹書紀年》："東至於九江，叱黿鼉以爲梁"；《魏書·高句麗傳》記朱蒙"中道遇一大水，欲濟無梁，……於是魚鼈並浮，爲之成橋"，《梁書·諸夷傳》作："淹滯水，以弓擊水，魚鼈皆浮爲橋。"造境既同，因勢生情，遂復肖似，未必有意踵事相師。《西遊記》第四九回唐僧師徒過通天河，大白黿爲"船兒"而不爲"橋"、"梁"，則與古爲新矣。

　　《成仙公》（出《神仙傳》）解鳥獸語，"嘗與衆共坐，聞羣雀鳴而笑之。衆問其故，答曰：'市東車翻，覆米，羣雀相呼往食。'"按卷四六二《楊宣》（出《益都耆舊傳》）記宣行縣，聞雀鳴桑上事全同。皇侃《論語義疏·公冶長》"雖在縲絏之中"句註："別有一書，名爲《論釋》云：'……駐冶長在獄六十日，卒日有雀子緣獄栅上相呼：'嘖嘖嗺嗺'。冶長含笑，吏啓主：'冶長笑雀語，似是解鳥語。'主教問冶長：'雀何所語而笑之？'冶長曰：'雀鳴：嘖嘖嗺嗺！白蓮水邊有車翻，覆黍粟，牡牛折角，收斂不盡，相呼往啄。'……後又解豬及燕語屢驗，於是得放。"即此等事之緣飾增華。《敦煌掇瑣》之四《燕子賦》燕與雀爭，自誇門閥，有云："是君不信語，請問讀書人。……請讀《論語》驗，問取公冶長，當時在縲絏，緣燕免無常。"所謂《論語》，必指皇侃《義疏》；一若冶長"得放"緣於終解"燕語"，此鳥引書，亦善於"芟角"也。

《郭璞》（出《神仙傳》）："璞得兵解之道，今爲水仙伯。"按《四庫總目》卷一四六《神仙傳》提要云："至謂許由、巢父服箕山石流黃丹，'今在中岳中山'，若二人晉時尚存，洪目覩而記之者，尤爲虛誕！"郭璞斯節，若是班乎。《史通·因習》："《史記·陳涉世家》稱'其子孫至今血食'，《漢書》具載遷文；按遷之言'今'，實孝武之世，固之言'今'，當孝明之世。……《漢》云：'嚴君平既卒，蜀人至今稱之'，皇甫謐全錄斯語，載於《高士傳》。"《總目》之糾"今"字，殆亦準此。雖然，世事與仙迹迥異，一易改而一不遷；人古而不物故，則長生亦即常"今"，未爲不可。顧言之愈確切以求聞者遽信，而聞者愈覺荒唐不可信；政如《劉安》傳言人馬升天時陷石之跡存留"至今"，若可供目驗而堅信心，渾不省沉重至於陷石，豈辦騰空而上昇碧落哉？不入地而下及黃泉者幾希！

一〇 卷一六

《杜子春》（出《續玄怪錄》）。按卷四四《蕭洞玄》（出《河東記》）、卷三五六《韋自東》（出《傳奇》）兩則相類，皆前承《大唐西域記》卷七記婆羅痆斯國救命池節，後啓《綠野仙踪》第七三回《守仙爐六友燒丹藥》。《酉陽雜俎》續集卷四載顧玄績事亦同，段成式即引《西域記》比勘。《華嚴經疏鈔懸談》卷二〇論"夢中所見廣大，未移枕上，歷時久遠，未經斯須"，《宗鏡錄》卷六八論"三世十世等皆從能變心生"，均舉《西域記》此節爲例。撲殺兒子，以試道念堅否，則葛洪書早有，如《廣記》卷一二《薊子訓》（出《神仙傳》）："見比屋抱嬰兒，訓求抱之，失手墮地，兒即死。"西方中世紀苦行僧侶試其徒，亦或命之拋所生呱呱赤子於深沼中(to cast their infant into a deep pond)①。

---

① Gibbon, *loc. cit.*, 78.

一一 卷一八

《柳歸舜》（出《續玄怪錄》）："鳳花臺曰：'……殊不知近日誰爲宗匠？'歸舜曰：'薛道衡、江總也。'因誦數篇示之。鳳花臺曰：'近代非不靡麗，殊不骨氣。'"按薛道衡每遭唐人小説中鬼神嗤薄，如卷三四二《獨孤穆》（出《異聞錄》）縣主曰："當時薛道衡名高海内，妾每見其文，心頗鄙之。"齊諧志怪，臧否作者，掎摭利病，時復談言微中。夫文評詩品，本無定體。陸機《文賦》、杜甫《戲爲六絶句》、鄭燮《板橋詞鈔·賀新郎·述詩》、張塤《竹葉菴文集》卷三二《離別難·鈔〈白氏文集〉》、潘德輿《養一齋詞》卷一《水調歌頭·讀太白集·讀子美集》二首，或以賦，或以詩，或以詞，皆有月旦藻鑑之用，小説亦未嘗不可①。即如《閱微草堂筆記》卷二魅與趙執信論王士正詩一節，詞令諧妙，《談龍錄》中無堪儔匹。祗求之詩話、文話之屬，隘矣！兹就《廣記》，更舉三例。卷三一一《蕭曠》（出《傳記》）神女問曰："陳思王《洛神賦》如何？"曠曰："真體物瀏亮，爲梁昭明之精選爾！"女微笑曰："云：'翩若驚鴻，婉若游龍'，得無疏矣！"名句而被目爲

---

① Cf. P. Moreau, La *Critique littéraire en France*，37(la critique romancée).

"疏"，殊耐思索。《文選》李善註此二句，引邊讓《章華臺賦》："體迅輕鴻，榮曜春華"，實當引："縱輕體以迅赴，若孤鵠之失羣，振華袂以逶迤，若游龍之登雲"，邊賦形容"妙舞"語也。雖宋玉《神女賦》有"步裔裔兮曜殿堂，……婉若游龍乘雲翔"，曹植此賦下文亦有"體迅飛鳧，……凌波微步"，而傅毅《舞賦》之"超逾鳥集"、"體若游龍"已指舞態，邊讓因承不改。神女殆以爲描寫雅步之姿，而無異妙舞之狀，斯乃"疏"耳。卷三四九《韋鮑生妓》（出《纂異記》）長鬚云："窺能者制作，見屬對頗切，而賦有'蜂腰'、'鶴膝'之病，詩有'重頭'、'重尾'之犯。足下'洞庭'、'木葉'之對爲紕繆，小子賦云'稍遠'、'忽起'之聲，俱遭黜退矣！"即指如《文鏡秘府論·西》卷所舉"文二十八種病"之類；戒律苛碎，以之衡文，傳作如《月賦》、《恨賦》亦舉體瘡痏也。卷三七一《姚康成》（出《靈怪集》）鐵銚、破笛、禿帚三物成精，論詩曰："近日時人所作，皆務一時巧麗，其於託情喻己、體物賦懷，皆失之矣！"大似張戒《歲寒堂詩話》主張。試觀元結《〈篋中集〉序》："近世作者更相沿襲，拘限聲病，喜尚形似"云云；殷璠《〈河嶽英靈集〉序》："至如曹、劉，詩多直致，語少切對，或五字並側，或十字並平，而逸價終存。然挈瓶膚受之流，責古人不辨宮商、詞句質素。……理雖不足，言常有餘，都無比興，但貴輕艷"云云；李德裕《文章論》："古人詞高者，蓋以言妙而工，適情不取於音韻，意盡而止，成篇不拘於隻耦"云云；與二節都相印可。豈得子不語怪而因鬼廢言哉！復如《廣記》卷四四八《何讓之》（出《乾䐁子》）載狐應"天狐超異科"策八道，文詞詭澀，其一尤酷類樊宗師，大似揶揄韓愈門下艱棘軋苗之體也。

一二 卷一九

《李林甫》(出《逸史》)。按卷七六《安禄山術士》(出《逸史》)則,與此則"安禄山嘗養道術士"一節重出。

一三 卷二一

《尹君》（出《宣室志》）："密以堇斟致湯中，命尹君飲之，尹君既飲，驚而起曰：'吾其死乎！'俄吐出一物甚堅。……自是尹君貌衰齒墮。"按卷二三《呂生》（出《逸史》）吸豬脂酒、卷三〇《張果》（出《明皇雜錄》等）進堇斟（原誤作"謹斟"）事皆相似。

一四 卷二三

《張李二公》(出《廣異記》)。按與卷一七《盧李二生》(出《逸史》)情事全同,特易持拄杖向波斯店取錢爲持席帽向王老藥鋪取錢耳,則又同卷一六《張老》(出《續玄怪錄》)之持席帽向賣藥王老家取錢矣。

一五 卷三〇

《張果》（出《明皇雜錄》、《宣室志》、《續神仙傳》）："時玄宗欲令尚主，果未之知也，忽笑謂二人曰：'娶婦得公主，甚可畏也！'"按《宋書·后妃列傳》宋太宗疾諸主嚴妒，使人爲江斆讓尚世祖女表、《魏書·太武五王傳》元孝友上表（"將相多尚公主，王侯亦娶后族，故無妾媵習以爲常。……持制夫爲婦德，以能妬爲女工"）、《野獲編》卷五《駙馬受制》又《補遺》卷一《主婿受辱》、《五雜俎》卷一五《國朝駙馬》等合觀，足知"娶婦得公主"之"可畏"矣。《朝野僉載》記唐宜公主駙馬裴巽"有外寵一人，公主遣閹人執之，截其耳鼻，剝其陰皮，漫駙馬面上，并截其髮，令廳上判事集僚吏共觀之"；江斆讓表中寫諸主悍妒事，尚無酷暴如此者。《幽閒鼓吹》亦記唐宣宗聞駙馬鄭顥得危疾而萬壽公主在慈恩寺看戲場，怒且歎曰："我怪士大夫不欲與我爲親，良有以也！"

一六 卷三三

《馬自然》（出《續仙傳》）求菜不得，畫白鷺及獖子踐壞菜畦。按卷九〇《杯渡》（出《高僧傳》）乞魚不得，擲兩石子化水牛突破魚網，行事略同。雖云神通狡獪，而起嗔心惡作劇，殊乖成仙作佛之體。

一七　卷三七

　　《賣藥翁》（出《續仙傳》）："多於城市笑罵人曰：'有錢不買藥喫，盡作土饅頭去！'"按王梵志詩"城外土饅頭"云云，爲黃庭堅稱引，人所熟知；賣藥翁語惟見沈欽韓《范石湖詩集註》卷下《重九日行營壽藏之地》詩註中引之，然於范句未爲得當，范上下句自以梵志詩對梵志詩耳（參觀《宋詩選註》論范成大）。司空圖《詩品・自然》所謂"俯拾即是，不取諸鄰"，固詩人運典用古語之祈嚮也。

一八　卷三八

　　《李泌》（出《鄴侯外傳》）。按此以李泌屬《神仙》門，而卷二八九《妖妄》門《李泌》（出《國史補》）又譏其譸張虛誕，"神仙"、"妖妄"，實爲一事，乃譽毀天淵，足爲《尹文子·大道》篇所謂"名"同而"分"異之例；事物之性質（quality）無殊，而論事觀物者之情感（the feeling towards the quality）各別①。本篇尚有一例。下文稱泌"每導引，骨節皆珊然有聲，時人謂之'鏁子骨'"，即卷一〇一《商居士》（出《宣室志》）所言："每運支體，瓏然若戛玉之音，……真鏁骨也。"而卷三四二《鬼》門《周濟川》（出《廣異記》）寫"白骨小兒"於庭中"趨走，叉手擺臂；格格者，骨節相磨之聲也"。《法苑珠林》卷九《鬼神部·述意》言"餓鬼……肢節一時火起，動轉五百車聲"，即白骨小兒所作聲而加大耳。等是"骨節相磨之聲"，而趣判仙鬼，情異好惡，揣稱遂爾不齊。《老學菴筆記》卷四："慎東美（伯筠）工書，王逢原贈之詩，極稱其筆法，有曰：'鐵索急纏蛟龍僵'，蓋言其老勁也。東坡見其題壁，亦曰：'此有何好？但似

---

① W. M. Urban, *Language and Reality*, 163.

筤束枯骨耳！'伯筠聞之，笑曰："此意逢原已道了！"'"足資比勘。愛之贊爲鐵索纏龍，憎之譏爲竹筤束骨，此觀者情感之異也。然二者均言其書之瘦硬，而非一謂"金錯刀"，一謂"墨豬"，則於物之形質固所見相同。故曰："此意已道"，蓋譽與毀所道之筆法一爾。許顗《彥周詩話》稱釋覺範詩"類鉅公語，不似衲子"；方回《瀛奎律髓》卷四七斥覺範"却是士人詩、官員詩"，不及參寥之有"山林道人真面目"。言其詩之爲"肝臟饅頭"、無"蔬笋氣"，初無二致，或揚之，或抑之，此物此事也。又如程俱《北山小集》卷一五《賀方回詩集序》："方回儀觀甚偉，如羽人劍客"，又《賀方回墓志銘》（《小集》未收，見宜秋館本賀鑄《慶湖遺老集·拾遺》）："方回哆口竦眉，面目鐵色"；而《老學菴筆記》卷八言："方回狀貌奇醜，色青黑而有英氣，俗謂之'賀鬼頭'。"夫"羽人劍客"之與"鬼頭"、"儀觀甚偉"之與"狀貌奇醜"，有加膝墜淵之殊，而言賀氏非子都之姣、徐公之麗，則歸乎一揆。狄爾泰（Dilthey）亦玄亦史，世推大師。美國一哲人與之晤言，家書中笑其容貌瑣陋、衣服垢敝，多聞而健談，"滔滔汩汩，橫流肆溢，事物之可知與夫不可知者，蓋無所不知。此儈直是大學教授而已"（The Prof. was overflowing with information with regard to everything knowable and unknowable. This cuss seemed to be nothing if not a professor）[1]；而一奧國詩家則稱晉接之如秋清氣爽，醒發心神，其議論貫串古今，洵是德國教授，此頭銜固足以重斯人，而亦藉斯人增重耳（Wunderbar die Luft um diesem alten Mann. Herbstluft. So

---

[1] William James, *Letters*, ed. Henry James, I, 109-10.

knüpfte er Zeit an Zeit. Ein deutschen Professor, wie Doktor Faust. Der Name ehrt ihn, er ehrt den Namen)①。彼貶此襃，然皆指其人之有大學教授風習，正無不同。仁智之異見與酸鹹之殊好，不可混爲一談，又齊物論者所應知也。

---

① Hugo von Hofmannsthal, *Gesammelte Werke*, S. Fischer, III, 155-8.

一九　卷三九

《韋老師》（出《驚聽録》）"其犬長數丈，成一大龍。"按同卷《慈心仙人》（出《廣異記》）："汝謂此爲狗乎？非也，是龍耳"；卷四七《韋善俊》（出《仙傳拾遺》）："常携一犬，號之曰'烏龍'。……犬化爲龍，長數十丈"；卷五九《酒母》（出《女仙傳》）："持二茅狗，……俱令騎之，乃龍也"；卷八三《賈耽》（出《會昌解頤》）："忽見一黃犬來池中，……狀如沐浴，……其水即香，……即飲黃龍浴水"；卷三九五《甘露寺》（出《稽神録》）褐衣人牽一黃狗，實"霹靂取龍"；卷四二三《盧君暢》（出《宣室志》）二白犬"腰甚長"，入湫成白龍。古之常談，"畫虎類狗"、"天馬龍種"、"白龍魚服"，又有所謂"豬龍"。然觀《博物志》卷七、《搜神記》卷一四、《水經注》卷八《濟水》引《徐州地理志》、《藝文類聚》卷九四引《述征記》等載徐偃王狗名"后倉"或"鵠倉"者實爲黃龍，則黃龍狗服，亦早有其説，而畫龍正不妨復類狗。《晉書·郭璞傳》爲庾冰筮曰："有白龍者，凶徵至矣！"後果有一"白狗子"，其身"至長而弱"；是又白龍狗服矣。晉人每以龍名狗，猶今人之每以虎名狗也，如《搜神記》卷二〇李信純狗字曰"黑龍"，《廣記》卷四三七《張然》

（出《續搜神記》）養狗名"烏龍"。唐人艷體詩中，以"烏龍"爲狗之雅號。如元稹《夢遊春》："烏龍不作聲，碧玉曾相慕"；白居易《和〈夢遊春〉》："烏龍臥不驚，青鳥飛相逐"；李商隱《重有戲贈任秀才》："遙知小閣還斜照，羨殺烏龍臥錦茵"；韓偓《夏日》："相風不動烏龍臥，時有嬌鶯自喚名"，又《妬媒》："洞房深閉不曾開，橫臥烏龍作妬媒。"宋世已入俗諺；王楙《野客叢書》卷二四："今諺有'喚狗作烏龍'語"，《說郛》卷四四章淵《槁簡贅筆》："俚語云：'拜狗作烏龍'。"明小說《平妖傳》第三九回述。"烏龍斬將法"，焚符念咒，以刀斫斷"純黑雄犬"之頸，則敵家之將頭亦落地；命犬曰"龍"，尚是晉人風流。任淵《後山詩註》卷二《寄豫章公》："密雲不雨臥烏龍"，陳師道自註："許官茶未寄"；任註衹謂借用《易》"密雲不雨"以指"密雲龍"茶團，而未言"臥烏龍"之借用唐詩。"臥"則身不動，與"不雨"均雙關茶之不來，而龍司行雨，龍臥則"不雨"，又相貫注，修詞工密，正未可以數典故究來歷了却也。又按劉壎《隱居通議》卷一六載劉辰翁《藥王贊》："左畔龍樹王望龍，右畔孫真人騎虎，惟有藥王屹立於其中，不龍不虎，獨與犬爲伍，不知何故！"（《豫章叢書》本《須溪集》未收）；劉侗、于奕正《帝京景物略》卷三《藥王廟》："韋慈藏左將一丸，右蹲黑犬，人稱'藥王'也"；實則藥王即韋老師，黑犬即烏龍，《翻譯名義集·菩薩別名篇第六》中《阿迦雲》條引《本草序》言之甚明。貫休《寄四明閭丘道士》之二："常將藥犬行"，正用烏龍故事。

《麻陽村人》（出《廣異記》）青衣童子曰："我王輔嗣也。受《易》以來，向五百歲，而未能通精義，故被罰守門。"按卷一八《文廣通》（出《神仙感遇傳》）略同，但非未通《易經》，而爲

"問《老子》滯義";兩則皆云王弼受役於河上公。五代無名氏《鐙下閒談》,《廣記》所遺,卷下《獵豬遇仙》敍述最詳,則王弼因誤釋《道德經》,被譴於天宮門外執帚,所服事者,"玄元皇帝"、"老君"也。蓋非門下弟子而是宮中執事。夫"羽衣星冠"雖視"青衣"爲顯赫,顧門徒之與府吏,身分高卑,正未易言。卷三一七《王弼》(無出處)又記弼註《易》時嗤笑鄭玄"老奴無意",夜爲玄鬼所祟。既蒙仙譴,又遭鬼責,註書者多矣,何於輔嗣獨嚴乎!唐之朝士經生,如劉知幾於《道德經》,斥河上公註爲僞而請行王弼註(《唐書》本傳),孔穎達於《易經》,直用王弼註而盡廢諸家註;顧短書小説又云爾,豈處士橫議歟?陳澧《東塾讀書記》卷四引朱彝尊《王弼論》、錢大昕《何晏論》皆推王之註《易》,因謂孔用王註"大有廓清之功",則久而論定矣。《魏書‧儒林傳》記劉蘭毀《公羊》,又非董仲舒,一日靜坐讀書,有叩門入者,"葛巾單衣",曰"君自是學士,何爲每見毀辱?……無禮見陵,今欲相召!";少時蘭病卒。與《廣記‧王弼》情事相類。

二〇　卷　四〇

《陶尹二君》（出《傳奇》）古丈夫自言本秦人，成童爲徐福所選，航海求不死藥，脫歸業儒；又值焚坑之禍，乃改業爲板築夫，則築長城興大役，幾不得免；因再遷業爲工匠，而始皇適崩，鑿山修塋，"復在數中，又出奇謀，得脫斯苦。"按託於避秦之故事不少，未有三折四累，文心如此篇之曲者。其人食"松脂木實"而得"延齡""凌虛"，徒野語耳；其人趨避道窮、動與禍會，則微言也。以喻世事難料，人生維艱，去辛而未必不就蓼；元無名氏《千里獨行》第二折所謂："正是躲了點鋼鎗，撞見喪門劍"[1]。參觀《易林》卷論《觀》之《益》。

---

[1] Cf. La Fontaine, *Fables*, VIII. 16, "L'Horoscope": "On rencontre sa destinée/Souvent par des chemins qu'on prend pour l'éviter"; L'eigh Hunt: "The Inevitable". (Cf. R. Otto, *The Idea of the Holy*, tr. J. W. Harvey, 93, the story told by Beidhavi)

二一 卷五〇

《嵩岳嫁女》（出《纂異記》）穆天子重歌一章云"八馬廻乘汗漫風"云云。按乃七律也；王母、漢武帝、丁令威等酬答之作亦皆七言律絕。卷三〇九《蔣琛》（出《集異記》）范蠡作七律，卷四八九《周秦行記》王嬙、潘妃作七絕；惟卷三四三《陸喬》（出《宣室志》）記沈青箱之鬼作五言律詩，喬問其父約之鬼曰："自唐朝沈佺期、宋之問方好爲律詩，青箱之詩乃效今體，何哉？"約答曰："今日爲之而爲今體，亦何訝乎？"蓋知須解嘲補罅。屠紳《六合內外瑣言》卷一四《宗人》魯邦瞻過"憤王祠"，項羽鬼見，賦七絕感懷詩，魯曰："詩爲後世格調，大王技殆貶耶？"羽答："音有升降，聖者因乎時；今日而續《垓下歌》，亦陳陳無謂矣！"，即陰師其意。趙翼《甌北詩鈔·七律》卷六《和乩仙詩》云："人是古時詩近體，知君學亦逐時新！"，此之謂歟。錢曾《讀書敏求記》卷二《譜牒》類有宋槧本孔傳《東家雜記》，中載孔子登杏壇思臧文仲誓師事，鼓琴作歌曰："暑往寒來春復秋，夕陽西去水東流，將軍戰馬今何在？野草閒花滿地愁！"是孔子在春秋之世已預作七絕晚唐體，非僅"時聖"，直爲先覺！述祖德之家乘尚如此，何況稗史鬼董乎？是以小說之鋪演人事者，亦每貽"人是古時詩近體"之譏，如《封神演義》第一回殷紂王即作七律題於女媧行宮壁上，而第三四回哪吒之歌與《水滸》第三七回張橫之《湖州歌》笙磬同音。毛宗崗評點《三國演義·凡例》有云："七言律詩起於唐人，俗本往往捏造古人詩句，如鍾繇、王朗頌銅雀臺，蔡瑁題館驛壁，皆偽作七言律體，殊爲識者所笑，必悉依古本削去。"然如第三七回石廣元、孟公威在酒店所吟，明是七言歌行；毛氏辨七律之爲近而莫辨七古之非古，所謂"君知其一、未知其二"者。參觀《全宋文》卷論謝莊《月賦》。

【增訂三】元好問《遺山樂府》卷上《水調歌頭》附少姨廟古仙人題壁七言古詩，雷淵跋謂"字畫在鍾王之間"，而斷以漢末田尚之鬼所題，且曰："觀者不當以文體古今之變而疑仙語也。"即人是"古時"而詩書是"近體"也。王世貞《藝苑巵言》卷三笑"諸仙詩，在漢則漢，在晉則晉，在唐則唐，不應天上變格乃爾！"《閱微草堂筆記》卷一八記西湖扶乩，蘇小小下壇詩作七律，客曰："仙姬在南齊，何以亦能七律？"乩判曰："閱歷歲時，幽明一理，性靈不昧，即與世推移。宣聖惟識大篆，祝詞何寫以隸書？釋迦不解華言，疏文何行以駢體？是知千載前人，其性識至今猶在，即能解今之語，通今之文。江文通、謝玄暉能作《愛妾換馬》八韻律詩，沈休文子青箱能作《金陵懷古》五言律詩，古有其事，又何疑於今乎？"援其事爲先例，一若非仿其文而祖構者，旁通連類，善於辯解，此紀氏書所長也。

二二　卷五二

　　《殷天祥》（出《續仙傳》）每日醉歌曰："解醞頃刻酒，能開非時花。"按下文周寶亦謂七七日："常聞'能開非時花'，此花可開否？"然他書如曾慥《類説》卷三、黃庭堅《山谷内集》卷六《詠雪奉呈廣平公》"天巧能開頃刻花"句任淵註、張君房《雲笈七籤》卷一一三下引《續仙傳》，皆作："解醞逡巡酒，能開頃刻花"，律諧而義亦勝。"逡巡"、"頃刻"，一意重言以申明也。蓋神通幻術不僅能致"非時"之物，亦能致非地之産，以非常之事，如非分之願。此不待言而言亦不能盡也，要貴乎迅速而已。咄嗟便辦，瞬霎即得，故曰"彈指"，曰"屈伸臂頃"，曰"急急如律令！"，曰"喝聲道'疾！'"，西方幻術呪語亦曰"快變！"（Presto change！）。隨心所欲，而復如響斯應。《顔氏家訓·歸心》論"祝師幻術"："種瓜移井，倐忽之間，十變五化"；《洛陽伽藍記》卷一《景樂寺》："飛空幻惑，世所未覩，異端奇術，總萃其中，剥驢投井，植棗種瓜，須臾之間，皆得食"；"倐忽"、"須臾"即殷七七詩之"逡巡"、"頃刻"也。《西遊記》第四五回孫行者與虎皮大仙鬭法求雨，皆爭"令"出效著；及雨已足，行者"將金箍棒往上又一指，只見雯時間雷收風息、雨散雲收。……滿朝文武盡皆稱贊道：'好和尚！……就我國師求雨雖靈，若要晴，細雨兒還下半日；……怎麽這和尚要晴就晴，頃刻間杲杲日出，萬里就無雲也！'"尤可闡發此意。《抱朴子》內篇《對俗》謂學道術既成，"吞刀吐火，坐在立亡"，又《道意》謂"假託小術，坐在立亡，變形易貌"；《西京雜記》卷三記東海黃公"能立興雲霧，坐成山河"；《廣記》卷五六《雲華夫人》（出《集仙錄》）："顧盼之際，化而爲石，或倏然飛騰，散爲輕雲"，又卷六〇《孫夫人》（出《女仙傳》）："能分形散影，坐在立亡。""立"、立即也，與"顧盼"、"倏然"一揆；"坐"之爲言，猶《管子·君臣》下："君爲倒君，臣爲亂臣，國家之衰也，可坐而待之"，或《孟子·離婁》下："千歲之日至，可坐而致也"，與"立"貌反實合，皆謂登時、霎時、不消多時，如何光遠《鑑戒錄》卷一《知機對》："而且朝令夕改，坐喜立嗔。"章回小說中，有如《水滸》第五二、五四回高廉、宋江、公孫勝之"喝聲道'疾！'"，復有如《西遊記》第三〇回黃袍怪"將一口水望唐僧噴去，叫聲'變！'"或第四七回八戒"把頭搖了幾搖，叫'變！'"。呼"疾！"，言外命其"變！"，呼"變！"，言外促其"疾！"；文偏舉而意兼賅，正所謂"坐在立亡，變形易貌"、"立興雲霧，坐成山河"也。宋儒張載《正蒙·神化》篇："神爲不測，故緩詞不足以盡神"；《朱子語類》卷九九答問曰："神自是急底物事，緩詞如何形容得來！"夫"疾！"、"急急如律令！"之類，皆非"緩詞"，所以形容神速也。費爾巴哈謂，非特如願以償，抑且不稍遲阻而隨願即償，是爲神工奇蹟（Und siehe da! so schnell wie der Wunsch, so schnell ist das Wunder.

Die Wunderkraft verwirklicht augenblicklich, mit einem Schlag, ohne alles Hindernisse, die menschlichen Wünsche)①；弗洛伊德亦謂，倐忽成辦，乃魔術之特色（Zum Zauber gehört unbedingt die Schnelligkeit, man möchte sagen：Plötzlichkeit des Erfolges)②。張、朱之言，不啻印可。德諺曰："迅捷非即妖法"（Geschwindigkeit ist keine Hexerei），堪窺俗情之以妖術爲迅捷矣。《孫子·作戰篇》僅云："兵貴勝不貴久"，《三國志·魏書·郭嘉傳》記嘉語："兵貴神速"，常語遂言"神速"。劉晝《劉子·貴速》篇曰："力貴突，智貴卒。"蓋"神通"者，"神"則空諸障礙，唯"通"故著其"神"，而無障礙則了不停滯，其"速"也斯亦其所以爲"神"也歟。

【增訂二】《劉子》引諺早見《呂氏春秋·貴卒》篇。

【增訂三】《易·繫辭》上："唯神也，故不疾而速。"《大智度論》卷三八《釋往生品第四之一》："譬如遠行，或有乘羊而去，或有乘馬而去，或有神通去者。乘羊者久久乃到，乘馬者差速，神通者發意頃便到。"皆"神速"之闡申也。

【增訂四】《宋書·武帝紀》上："公〔劉裕〕笑曰：'此是兵機，非卿所解，故不語耳。夫兵貴神速。'"

又按六朝至初唐記言呼"變！"，尚有一義。如慧皎《高僧傳》卷一〇佛圖澄與石虎共升中臺，"澄忽驚曰：'變！變！幽州當火災！'"；《隋書·藝術傳》王令言聞子彈琵琶，"大驚，蹶然而起

---

① Feuerbach, *Das Wesen des Christenthums*, Kap. 14, *Sämmtliche Werke*, hrsg. W. Bolin und F. Jodl, VI, 156.

② Freud, quoted in W. Muschg, *Die Zerstörung der deutschen Literatur*, 3, Aufl., 342.

曰:'變!變!……帝必不返。'"皆謂有大變故,如章回小説中慣見之"怪哉!怪哉!"、"不好了!不好了!"、"禍事了!"、"壞了!壞了!",驚嘆而非命令之詞也。

二三 卷五三

《麒麟客》(出《續玄怪錄》)主人曰:"經六七劫,乃證此身;回視委骸,積如山岳;四大海水,半是吾宿世父母妻子別泣之淚。"按本於釋書輪迴習語,如《佛說大意經》:"我自念前後受身生死壞敗,積其骨過於須彌山,其血流、五河四海未足以喻";《大般涅槃經·光明徧照高貴德王菩薩品》第一〇之二:"一一衆生一劫之中所積身骨,如王舍城毗富羅山。……父母兄弟妻子眷屬命終哭泣,所出目淚,多四大海";《宏明集》卷八釋玄光《辯惑論》:"大地丘山莫非我故塵,滄海瀁漫皆是我淚血";寒山詩:"積骨如毗富,別淚如海津。"

【增訂三】《瑜珈師地論》卷九言此尤詳:"或生象、馬、蛇、驢、牛、羊、雞、鹿等衆同分中,多被斫截身諸支分,身血流註,過四大海;又復喪分無量父母、兄弟、姊妹、親屬、種種財寶、諸資生具,令汝洟淚,極多流注,如前血量;所飲母乳,其量亦爾。……於一劫中,所受身骨,假使有人爲其積集,不爛壞者,其聚量高王舍城側廣博脅山。"

【增訂四】《大智度論》卷二八《釋初品中六神通等》:"一人一劫中作畜生時,屠割剝剌,或時犯罪,截其手足,斬其身首,如是等血，多於此水［五恒河］。……啼哭流淚及飲母乳，亦如是。計一劫中，一人積骨，過於韓浮羅山。"卷三一《釋初品中十八空》略同。

吾國詞章則以此二意道生世苦辛，不及多生宿世。前意如劉駕《古出塞》："坐怨塞上山，低於沙中骨"；後意尤多，如古樂府《華山畿》："相送勞勞渚，長江不應滿，是儂淚成許"；李羣玉《感興》："天邊無書來，相思淚成海"；聶夷中《勸酒》第二首："但恐別離淚，自成苦水河"；貫休《古離別》："只恐長江水，盡是兒女淚"；《花草粹編》卷八韓師厚《御街行》："若將愁淚還做水，算幾個黃天蕩！"以至《紅樓夢》第三六回寶玉云："如今趁你們在，我就死了，再能彀你們哭的眼淚流成大河，把我的屍首漂起來。"套語相沿，偶加渲染，勿須多舉。《廣記》卷一二五《盧叔倫女》（出《逸史》）："夫妻涕泣，計淚過兩三石矣"，亦其類；卷二八三《許至雍》（出《靈異記》）："許生泣曰：'願惠一物，可以爲記。'妻曰：'幽冥唯有淚可以傳於人代'"，詞旨尤悽警。或變兒女怨戚爲風雲慷慨，如戴復古《頻酌淮河水》："莫向北岸汲，中有英雄淚"，《梅磵詩話》卷中載趙善倫《京江多景樓》："江流千古英雄淚，山掩諸公富貴羞"；關漢卿《單刀會》第四折則如《大意經》之不言"淚"而言"血"："這也不是江水，二十年流不盡的英雄血！"

《維楊十友》（出《神仙感遇傳》）蒸一童兒乃千歲人參。按卷五一《陳師》（出《稽神錄》）蒸嬰兒及犬子乃千歲人參枸杞，卷六四《楊正見》（出《集仙錄》）蒸嬰兒乃茯苓。後來仿構頻繁，如洪邁《夷堅丙志》卷四《青城老澤》蒸一物如小兒乃松根下人參，屠紳《六合內外瑣言》卷一二《出入袖中》四客饌各蒸一嬰兒，乃"地精"。

二四　卷　五　九

　　《西河少女》（出《女仙傳》）伯山甫外甥女年一百三十歲，"色如嬰兒"，笞一老翁，"頭白如雪"，是其子也，年纔七十一，"恚"其不肯服藥，故笞之。按與卷七《伯山甫》（出《神仙傳》）重出，特彼作女年二百三十、翁年八十。卷七五《王先生》（出《宣室志》）"召其女，乃一老嫗也，年七十餘，……惰而不好道，今且老矣"，機杼亦同。皆言"真"仙也。卷二八九《目老叟爲小兒》（出《玉堂閒話》）記一"道術人"自稱三百歲，與朝士飲啜時，有老叟"昏耄傴僂"，趨入而拜，其人謂坐客曰："小兒愚駿，不肯服食丹砂，以至於是！"叟實其父也。則飾僞亂"真"，亦《神仙傳》有以啓之耳。黄休復《茅亭客話》卷四《女先生》記遂州女道士游氏命父佯爲己孫，黄親見其事；師故智而幾出藍。《妙法蓮華經·從地踊出品》第一五彌勒問佛："譬如有人，色美髮黑，年二十五，指百歲人言：'是我子'；其百歲人亦指年少言：'是我父，生育我等。'是事難信"；智者《法華文句記》卷二五釋之云："淮北諸師以譬釋；譬父服還年藥，貌同二十五，子不服藥，形如百歲。"正指此等事。

《毛女》（出《列仙傳》）。按同卷《秦宮人》（出《抱朴子》）、卷六三《玉女》（出《集異記》）、卷六五《蕭氏乳母》（出《逸史》）、卷八六《盧延貴》（出《稽神錄》）、卷四一四《食黃精》（出《稽神錄》），均一意之孳乳。常建有《仙谷遇毛女、意知是秦宮人》五古，一若真遇其人者，甚矣詩人之好自欺也！

【增訂三】《虞初新志》卷九陳鼎《毛女傳》記河南諸生任士宏妻平氏事，亦增飾秦宮人舊説，以明神仙"輕舉"之"樂"終不敵夫婦之好耳。

《女几》（出《女仙傳》）："乃仙方養性長生之術也，几私寫其要訣，依而修之。"按《太平御覽》卷六六八引《集仙錄》，祇數字異，而卷八二八引《列仙傳》則作："開書乃養性交接之術，閉房與諸少年飲酒，與宿止，行文書法。"求道行逕披猖如此，女仙中所僅見。"盜道無師，有翅不飛"二語每被稱引，如陳繼儒《太平清話》卷上、袁枚《新齊諧》卷一七《採戰之報》是也。袁氏《爲雲華君翠袖圖徵詩啓》："昔女丸與少年苟合成仙，歌曰：'盜道無私，有翅不飛'"；石韞玉《袁文箋正》卷四補註引《女仙傳》，復按曰："女几作'女丸'，'無師'作'無私'，皆誤，又'苟合成仙'不知所本。"

二五　卷六二

《白水素女》（出《搜神記》）。按與卷八三《吳堪》（出《原化記》）實爲一事，皆螺精也，宜入卷四六七《水怪》門者；而前篇屬《女仙》，或猶有説，後篇屬《異人》，則匪夷所思矣。縣宰向吳堪"要蝦蟆毛及鬼臂二物"，"度人間無此"；"鬼臂"不知何謂，"蝦蟆毛"殆"龜毛、兔角"之類乎。

【增訂三】《西湖二集》卷二九敷陳吳堪事，增"二物"爲三："升大雞蛋、有毛蝦蟆、鬼臂膊一隻。"

二六　卷六五

　　《姚氏三子》（出《神仙感遇傳》）夫人"乃敕地上主者，令召孔宣父，須臾，孔子具冠劍而至，夫人臨階，宣父拜謁甚恭。"按此道士之明抑儒家也。卷六六《謝自然》（出《集仙錄》）自然騎麟升天，跨鶴還家，曰："上界無削髮之人，若得道後，悉皆戴冠"；此道士之隱貶釋家也。又仙人來召自然時，"將天衣來迎，自然所著衣留在繩牀上"，即韓愈《謝自然》詩所謂："須臾自輕舉，飄若風中煙；入門無所見，冠履同蛻蟬。"施肩吾《謝自然升仙》："如花年少一女子，身騎白鶴遊青天"；則不必拘以與"騎麟"、"跨鶴"較覈矣。

二七 卷六八

　　《郭翰》（出《靈怪集》）織女曰："人中五日，彼一夕也。"按"彼"指天上。卷六《東方朔》（出《洞冥記》）："朝發中返，何云經年乎?"，謂人世"經年"，仙家纔半日；同言天仙日月視塵凡爲長，惟長量兩説差殊。卷一一五《張法義》（出《法苑珠林》）師曰："七日、七年也"；卷三四三《李和子》（出《酉陽雜俎》）："鬼言三年，人間三日也"；卷三八三《琅玡人》（出《幽明録》）："此間三年，是世中三十年"；則或言冥間日月長於人世，或言其短於人世，尚未衆論僉同。釋説如《長阿含經》之七《弊宿經》："此間百歲，正當忉利天上一日一夜耳"；《大般涅槃經·如來性品》第四之六："如人見月，六月一蝕，而上諸天須臾之間頻見月蝕，何以故? 彼天日長，人間短故"；釋貫休《再游東林寺》第一首："莫疑遠去無消息，七萬餘年始半年"，自註："人間四千年，兜率天一晝夜"（參觀《法苑珠林》卷五《三界篇》第二之二《壽量》）。言天上時長於人間，與織女、東方朔之旨無異，而計量各别。安世高譯《十八泥犁經》謂地獄有以"人間三千七百五十歲爲一日"、以"人間萬五千歲爲一日"者不等，"大苦熟之獄"至以"人間四十八萬歲爲一日"；《翻譯名義集·鬼神篇》引《世品》

謂"鬼以人間一月爲一日"。又祇言地下時光亦如天上時光之長於人間世，即《張法義》、《琅玡人》之旨，而未如《李和子》言人世時光之長於地下，正猶天上時光之長於人世。荒唐卮言，稍析以理，當從《李和子》。蓋人間日月與天堂日月則相形見多，而與地獄日月復相形見少，良以人間樂不如天堂而地獄苦又逾人間也。常語稱歡樂曰"快活"，已直探心源；"快"、速也，速、爲時短促也，人歡樂則覺時光短而逾邁速，即"活"得"快"，如《北齊書·恩倖傳》和士開所謂"即是一日快活敵千年"，亦如哲學家所謂"歡樂感即是無時間感"（Lust fühlen heisst die Zeit nicht fühlen）①。樂而時光見短易度，故天堂一夕、半日、一晝夜足抵人世五日、半載、乃至百歲、四千年；苦而時光見長難過，故地獄一年祇折人世一日。仲長統《昌言·理亂篇》："夫亂世長而化世短"；張華《情詩》："居歡愒夜促，在戚怨宵長"；劉禹錫《問大鈞賦》："望所未至，謂予舒舒；欲其久留，謂我瞥如"；王建《將歸故山留別杜侍御》："沉沉百憂中，一日如一生"；《竹莊詩話》卷一八引許彥國《長夜吟》："南鄰燈火冷，三起愁夜永；北鄰歌未終，已驚初日紅。不知晝夜誰主管，一種春宵有長短"；古希臘詩人云："幸運者一生忽忽，厄運者一夜漫漫"（For men who are fortunate all life is short, but for those who fall into misfortune one night is infinite time）②；拉丁詩人進一解云："人生本短，疾苦使之長耳"（Brevis ipsa vita est sed malis fit longior）③；十

---

① F. Th. Vischer, *Auch Einer*, Insel Verlag, 543.
② *The Greek Anthology*, X. 27, Lucian, "Loeb", IV, 19.
③ Publius Syrus, § 92, *Minor Latin Poets*, "Loeb", 26; cf. § 485, p. 76.

九世紀名什云:"安得歡娛時刻漫長難過渾如苦戚歲月耶?"(Temps jaloux, se peut-il que ces moments d'ivresse, /Où l'amour à longs flots nous verse le bonheur, /S'envolent loin de nous de la même vitesse/Que les jours de malheur?)①;胥相發明。然人世三十年、七年或一日而幽冥僅三年、七日或一日者,亦自有説。《潛夫論·愛日篇》:"治國之日舒以長,亂國之日促以短";《清波雜志》卷一載無名氏《温陽老人對》,略謂:"天有二日,人有二年;富貴之年舒以長,貧賤之年促以短。吾雖閲一百二十二年之寒暑,而不離貧賤,若以二當一,則吾年始六十有一。"章學誠《丙辰劄記》云:"《西遊演義》'天上一日,人間一年'之説,却有至理,非'山中七日,世上千年'、爛柯、劉阮諸説所等例也。假令天上果有帝庭仙界,天體轉運於上,列宿依之,一歲一週;一日十二時間,日僅行天一度,則必週三百六十日而始復原次。豈非'天上一日,人間一年'乎?"則于舊解能出新意矣。《廣記》卷二九八《柳智感》(出《冥報録》):"知幽顯晝夜相反矣,於是夜判冥事,晝臨縣職";然使幽明非惟晝夜相反,抑且時日長短不齊,一身焉能二任哉?又按"天上一日、人間一年"之説,咏賦七夕,每借作波瀾。如崔塗《七夕》:"自是人間一週歲,何妨天上只黃昏";李廌《濟南集》卷二《七夕》:"人間光陰速,天上日月遲,隔歲等旦暮,會遇未應稀";韓元吉《南澗甲乙稿》卷六《七夕》:"天上一年真一日,人間風月浪生愁",又卷七《虞美人·七夕》:"離多會少從來有,不似人間久;歡情誰道隔年遲?須信仙家日月未多時";《齊東野語》

---

① Lamartine: "Le Lac."

卷二〇載嚴蕊《鵲橋仙・七夕》："人間剛道隔年期，想天上方纔隔夜。"桃源屢至，即成市廛，後來如李漁《笠翁一家言》卷五《七夕感懷》、孫原湘《天真閣集》卷一《七夕》、平步青《越吟殘草・七夕》、《晚晴簃詩匯》卷七四載孫擴圖《七夕吟》、《春在堂隨筆》卷七載潘玉泉《賦衷情・七夕》等，騰挪狡獪，不出匡格。聊舉張聯桂《延秋吟館詩鈔》卷二《七夕》以概其他："洞裏仙人方七日，千年已過幾多時；若將此意窺牛女，天上曾無片刻離。"李商隱《七夕》："爭將世上無期別，換得年年一度來！"，李郢《七夕》："莫嫌天上稀相見，猶勝人間去不回！"；皆無此巧思，而唱歎更工，豈愁苦易好耶？抑新巧非抒情所尚也？

【增訂三】西方史學鼻祖記波斯王叔語曰："災難頻仍，重之以疾痛為患，人有生之日雖短而祇覺其長"（Misfortunes so fall upon us and sicknesses so trouble us, that they make life seem too long for all its shortness ——Herodotus, VII. 46, "Loeb", III, 361）。以身事充類至於世事，亦復如《昌言》所謂"亂世長而化世短"，理無二致。故國泰民安，其史書必簡略沉悶，以乏非常變異可得而大書特書不一書也。此論由來已久，習焉而不察，亟待標而出之。《韓非子・大體》："故至安之世，法如朝露，純樸不散，心無結怨，口無煩言。故車馬不疲勞於遠路，旌旗不亂於大澤，萬民不失命於寇戎，雄駿不創壽於旗幢，豪傑不著名於圖書，不錄功於盤盂，記年之牒空虛"（參觀《守道》："如此故圖不載宰予，不舉六卿，書不著子胥，不明夫差"）。曹唐《昇平詞》之五（亦作薛能《昇平詞》之一〇）："五帝、三皇主，蕭、曹、魏、邴臣。文章唯返樸，戈甲盡生塵。諫紙應無用，朝綱自有倫。昇平不可記，所見是閑人"；曹詩之"昇平不可記"即韓非之"記年之牒空虛"也。《苕溪漁隱叢話》後集卷一九引《復齋漫錄》載無名氏題寢宮詩："農桑不擾歲常登，邊將無功吏不能，四十二年如夢覺，東風吹淚灑昭陵"（參觀王惲《秋澗大全集》卷三七《過仁宗陵》自序引首句作"干戈銷弭歲年登"）；"無功不能"即韓非之"不著名、不錄功"，"如夢覺"者，猶好夢之短而易醒也。馬戴《塞下曲》之一："却想羲皇代，無人說戰功"，貫休《塞下曲》之五："因思無戰日，天子是陶唐"，而劉駕《塞下曲》："聖代書青史，當時破虜年"；相映成趣，無戰無功，則"青史"無可"書"矣。李光地《榕村語錄》續集卷七："東宮問張英，《史記·殷紀》祖甲、祖乙直下許多年代不載一事，但有帝名而已，想是年代久遠無稽之故。張曰：'固是如此。然許多年代，無一事可記，此天下所以太平也'"；質語甚明。貫華堂本《水滸》第一回："那時天下盡皆太平，四方無事——且住！若真個太平無事，今日開書演義，又說着些甚麼？"則是反跌之詞。章回小說中套語："有話即長，無話即短"，有事即"有話"可"說着"，而"無話"即無從"開書演義"矣。蒙田《面貌篇》曰："善著史書者視太平之世有若死水無瀾，走筆亟過，而逕敘作亂用兵等事，蓋深知此乃吾輩所欲聞也"（Et les bons historiens fuyent comme une eau dormante et mer morte des narrations calmes, pour regaigner les seditions, les guerres, où ils savent que nous les appelons —*Essais*, III. xii "De la Phisionomie", *op. cit.*, 1007）。黑格爾《歷史哲學》曰："世界史中無可著安樂之處。時安世樂則於史書中爲無字白紙"（Die Weltgeschichte ist nicht der Boden des Glücks. Die Perioden des Glücks sind leere Blätter in ihr —— *Vorlesungen über die Philosophie der Geschichte*, Reclam, 62)。卡萊爾《法國革命史》曰："孟德斯鳩嘗云：'國史沉悶，國民幸運'（Happy the people whose annals are tiresome），或進一解云："'國史無録，國民有福'"（Happy the people whose annals are vacant——Carlyle, *he French Revolution*, Bk II, ch. 1, Chapman and Hall, I, 24）；其《弗里德里克大帝傳》則直以後一語爲出於孟德斯鳩（Montesquieu's aphorism, Happy the people whose annals are blank in history books ——*Frederick the Great*, Bk XVI, ch. 1, Chapman and Hall, IV, 128）。俗諺有之："無新事可報，即是佳事可喜"（No news is good news）；野人塗説與哲士微言，若合符契。斯意亦見諸論文談藝。黄宗羲《吾悔集》卷一《謝皋羽年譜遊録注序》："夫文章、天地之元氣也。元氣之在平時，昆侖旁薄，和聲順氣，發自廊廟，而匉泧於幽遐，無所見奇。逮夫厄運危時，天地閉塞，元氣鼓盪而出，擁勇鬱遏，坌憤激訐，而後至文生焉。故文章之盛，莫盛於宋亡之日。"歸莊《歸莊集》卷三《吴余常詩稿序》："故自古詩人之傳者，率多逐臣騷客，不遇於世之士。吾以爲一身之遭逢，其小者也，蓋亦視國家之運焉。詩家前稱七子，後稱杜陵，後世無其倫比。使七子不當建安之多難，杜陵不遭天寶以後之亂，盜賊羣起，攘竊割據，宗社虺隗，民生塗炭，即有慨於中，未必其能寄託深遠，感動人心，使讀者流連不已如此也。然則士雖才，必小不幸而身處阨窮，大不幸而際危亂之世，然後其詩乃工也。"趙翼《甌北詩鈔・七律》卷四《題元遺山集》："國家不幸詩家幸，賦到滄桑句便工"——用字來歷則《左傳》宣公一六年:"民之多幸,國之不幸。"十七世紀英詩人考萊自序其集曰:"兵兇戰危、慘戚多事之秋乃最宜入詩之題材,亦即最不便作詩之時世"(A warlike, various and a tragical age is the best to write of, but worst to write in—Abraham Cowley, *Essays and Other Prose Writings*, ed. A.B.Gough, 5)。狄德羅論劇曰:"人相殘殺,流血成渠,詩神之桂樹賴以灌溉而怒茁敷榮。在太平無事之世,則此樹婆娑意盡。何世無才,而非多故不安之世,末由發其才耳"(C'est lorsque la fureur de la guerre civile ou du fanatisme arme les hommes de poignards, et que le sang coule à grands flots sur la terre, que le laurier d'Apollon s'agite et verdit. Il en veut être arrosé. Il se flétrit dans les temps de la paix et du loisir. Le génie est de tous les temps, etc. —Diderot: "De la Poésie dramatique", XVIII, *op. cit.*, VII, 371-2)。蘭德論彼德拉卡情詩曰:"幸而其意中人心腸堅冷,不許其遂欲如願,吾輩耽詩者遂有佳什可以吟賞;倘渠好事竟成,則如鳴禽已營巢,不復嬌啼恰恰矣"(Perhaps it is well for those who delight in poetry that Laura was inflexible and obdurate: for the sweetest song ceases when the feathers have lined the nest—W. S. Landor: "Francesco Petrarca", *Complete Works*, ed. T. E. Welby and S. Wheeler, XII, 29)。孟佐尼小說寫男女角飽閲艱辛,終成眷屬,乃曰:"此後兩小生涯,平靜美滿,至於極地,令人艷羨。然吾苟敍述之,則諸君將讀而厭倦欲死"(Fu, da quel punto in poi, una vita delle più tranquille, delle più feici, delle più invidiabili; di maniera che, se ve l'avessi a raccontare, vi seccherebbe a morte —A. Manzoni, *I Promessi Sposi*, cap. 38, *Opere*, Riccardo Ricciardi, 958)。喬治・愛略德小説亦曰："最幸福之婦女，猶最安樂之國家，了無歷史可述"(The happiest women, like the happiest nations, have no history —George Eliot, *The Mill on the Floss*, Bk IV, ch. 3, "The World's Classics", 445)。叔本華詳論："史詩與劇本皆祇寫爲幸福而求爭競鬭之情事，而不寫長久圓滿之幸福。真正而復長久之幸福既無其事，遂亦不堪爲文藝題材"(Jede epische oder dramatische Dichtung nämlich kann immer nur ein Ringen, Streben und Kämpfen um Glück, nie aber das bleibende und vollendete Glück selbst darstellen... Weil ein echtes, bleibendes Glück nicht möglich ist, kann est kein Gegenstand der Kunst seyn—*Die Welt als Wille und Vorstellung*, IV 58, *Samtl. Werk.*, hrsg. E. Grisebach, I, 415)。所見略同焉。托爾斯太名言："一切歡樂之家庭均相類肖，每一不歡樂之家庭則痛苦各異"(All happy families resemble one another; every unhappy family is unhappy in its own way — *Anna Karenina*. Pt I, ch. 1)，實與印可，歡愉既相肖似，遂刻板依樣，一言以蔽或不言可喻；愁苦各具特色，變相別致，於是言之而須長言之矣。亞理士多德嘗引諺云："人之善者同出一轍，人之惡者殊塗多方"(Men are good in one way, but bad in many — *Nichomachean Ethics*, Bk II, ch. 6, *op. cit.*, 959; cf. Montaigne, *Essais*, I. ix, *op. cit.*, 52: "Si, comme la vérité, le mensonge n'avoit qu'un visage" etc.;Goethe, *Spruchweisheit*, *op*. *cit*., 451-2:"Das Wahre, Gute und Vortreffliche ist einfach... Das Irren aber ist höchst mannigfaltig" etc.），足資傍參。

【增訂四】愛略脱小説中語或本諸席勒一小詩來："最有善政之國家正如最有淑德之婦女，均悄然不引人談論"（"Woran erkenn'ich denn besten Staat?"—Woran du die beste/Frau kennst! daran, mein Freund, dass man von beiden nicht spricht.—Schiller: "Votivtafeln", xxix, *Werke*, ed. L. Bellermann, Vol. I, p. 180, cf. p. 360, note）。

二八　卷六八

《封陟》（出《傳奇》）。按陟拒上元夫人求偶事與《類說》卷二七《逸史》任生拒紫素元君求偶事相同，夫人賦詩："弄玉有夫皆得道，劉綱兼室盡登仙；君能仔細窺朝露，須逐雲車拜洞天"，與元君賦詩："葛洪亦有婦，王母亦有夫；神仙盡靈匹，君子竟何如？"，詞意亦類。朱彝尊《曝書亭集》卷二《無題》之二："織女牽牛匹，姮娥后羿妻；神人猶薄命，嫁娶不須啼"，仿元君詩句而另有命意。

【增訂四】羅曄《醉翁談錄》己集卷二《封陟不從仙姝命》即取此事而敷陳之，篇末論曰："語云：'三軍可奪帥也，匹夫不可奪志也。'以常人之情，遭遇仙女，恨不得與爲耦。封陟執德不回，終不肯就，誠若可愛，然細而思之，實無仙風道骨，是故執一而不通也。可惜乎哉！吾夫子曰：'可以仕則仕，可以急則速。伯夷隘，柳下惠不恭，君子不由也。'"所謂"吾夫子"，非孔子也，實點竄孟子贊孔子語，而渾忘"吾夫子"之"不語怪力亂神"矣。

二九　卷七一

《寶玄德》（出《玄門靈妙記》）司命使者曰："道家章奏猶人間上章表耳。前上之章有字失體，次上之章復草書'仍乞'二字。表奏人主，猶須整肅，况天尊大道，其可忽諸？所上之章咸被棄擲。"按此意在後世野記中莩甲增華，如陸粲《庚巳編》卷四："玄妙觀李道士早歲頗精於焚修，晚更怠忽，嘗上青詞，乘醉戲書'天尊'爲'夫尊'、'大帝'爲'犬帝'。一日被雷震死，背上朱書二行可辨云：'夫尊可恕，犬帝難容。'事在天順、成化間"；姚旅《露書》卷一三："龍巖蘇鏸十歲時在其邑三清觀讀書，道士日浼其填疏封，蘇厭之。一日戲書'王皇犬帝'，夜夢玉帝仗劍欲砍之云：'王皇猶自可，犬帝最難當。'"《精忠説岳全傳》第一回宋徽宗章奏事所本也。《警世通言》卷一五入話張皮雀事亦其類。

三〇　卷七四

　　《俞叟》(出《宣室志》)、《石旻》(出《宣室志》)。按二則與卷八四《俞叟》(出《補錄記傳》)、《石旻》(出《補錄記傳》)實同，雖有小小差異，不得別成子目，充量祇應如卷七五《王先生》(出《宣室志》)之後附《酉陽雜俎》、或卷九九《蛤像》(出《酉陽雜俎》)之後附《杜陽雜編》、卷四〇二《李灌》(出《獨異志》)之後附《尚書故實》耳。卷二四二《閻玄一》(出《朝野僉載》)與同卷《張藏用》(出《紀聞》)事同而主名異，亦當附麗。王先生"刻紙狀月"事，即《平妖傳》第二六回、《聊齋志異》卷一所記張鷟、勞山道士之術也。

三一　卷七五

《馮漸》（出《宣室志》）："有道士李君以道術聞，……知漸有奇術，……寓書於崔曰：'當今制鬼，無過漸耳！'……別後長安中人率以'漸'字題其門者，蓋用此也。"按《聊齋志異》會校會註會評本卷五《章阿端》："鬼之畏聻，猶人之畏鬼也"；何註引《宣室志》："裴漸隱居伊上，有道士曰：'當今除鬼，無過漸耳！'朝士皆書'聻'於門以厭鬼。"何註稗販舛謬，不勝枚舉，本條即竊取《正字通》未集卷中杜撰之說。《酉陽雜俎》續集卷四："俗好於門上畫虎頭，書'聻'字，謂陰刀鬼名，可息瘧癘也。余讀《漢舊儀》説儺逐疫鬼，又立桃人、葦索、滄耳、虎等。'聻'爲合'滄耳'也。"《正字通》當本此以竄易《宣室志》耳。鬼亦能死，唐前早有俗傳，別見論《廣記》卷三二〇《劉道錫》；鬼死稱"聻"，則不曉昉自何時。唐人書門而外，口語用此字，皆作詰問助詞，禪人語錄中常覯之。如《五燈會元》卷三智堅章次："師喫飯次，南泉收生飯，乃曰：'生聻？'師曰：'無生'"；卷五唯儼章次："師曰：'那個聻？'巖曰：'在'"；卷六常察章次後附："昔有官人作《無鬼論》，中夜揮毫次，忽見一鬼出云：'汝道無，我聻？'""生飯"即"賸飯"，"生聻?"如曰"臜的呢?";鬼語如曰:"汝道無鬼,我呢?"陸游《渭南文集》卷四○《松源禪師塔銘》亦記問答:"木菴云:'瑯玡道好一堆爛柴聻?'師云:'矢上加尖。'如是應酬數反。"即此數例,已見《正字通》之爲胸馳臆斷而《聊齋》何註之以訛傳訛矣。又按史繩祖《學齋佔嗶》卷二記成都華嚴閣下飯僧事,有云:"未食先出生,蓋《鄉黨》所謂'必齊如也'";未食而撥出少許謂之"生",吾鄉今語稱未食而先另留者曰"生臜飯"、"生臜菜",以別於食後殘餘之"臜飯"、"臜菜"。《五燈會元》之"生飯",即"出生"、"生臜"也;貫休《湖頭別墅》之二:"堲蟻争生食",亦其義。

【增訂三】王士禎《香祖筆記》卷一○:"……鬼死爲'聻'……音'積',又有'你'音,指物貌,禪家有此語。"你"音即"呢","物貌"之解非是;"禪家語"已舉例矣。釋氏進食前,"撮飯出生",詳見《百丈清規·大衆章·日用軌範》。出生飯"不過七粒,太少爲慳";出生時"想念偈云:'汝等鬼神衆,我今施汝供,此食徧十方,一切鬼神共。'"杜荀鶴《題戰島僧居》:"戴土春栽樹,抛生日餧魚",下句即指"出生"之飯也。

【增訂四】《五燈會元》尚多用"聻"字之例。卷二南陽慧忠章次:"師曰:'還將得馬師真來否?'曰:'只這是。'師曰:'背後的聻?'"卷七巖頭全奯章次:"師曰:'祇如適來左邊一圓相,作麽生?'曰:'是有句。'師曰:'右邊圓相聻?'曰:'是無句。'"卷九潙山靈祐章次:"百丈曰:'汝撥爐中有火否?'師撥之,曰:'無火。'丈躬起深撥,得少火,舉以示之,曰:'汝道無,這個聻?'"卷一二芭蕉谷泉章次:"倚遇來參,問:'菴主在麽?'師曰:'恰菴主不在。'曰:'你聻?'師曰:'向道不在，説甚麽你我?'"卷一八張商英章次："問：'玉谿去此多少?'曰：'三十里。''兜率聻?'曰：'五里。'"卷一九上方日益章次："師曰：'左眼半斤，右眼八兩。'僧提出坐具曰：'這個聻?'"禪語而外，罕覯以此字作"呢"義用者。唯清初人院本《陰陽判》第八齣："這個斷然使不得的聻"，第一二齣："小的死不甘服的聻"，第一三齣："小的此來是求生聻"，第十四齣："爺爺，没有這樣事聻，……實是釘鐷毆斃聻"，屢見不一見，可謂絶無僅有，不知何故避熟選生如此。其確知"聻"即"呢"而非"指物貌"，則王士禛所不逮矣。又《會元》卷九仰山慧寂章次亦有"溈山餧鴉生飯"之語；《劍南詩稿》卷六三《貧甚戲作絶句》之三："飢腸雷動尋常事，但誤生臺兩鵲來"，即謂置"生飯"餧鳥之"臺"也。

三二　卷七七

　　《羅思遠》（出《開天傳信記》）又《葉法善》（出《廣德神異錄》）。按皆與卷二二《羅公遠》（出《神仙感遇傳》等）、卷二六《葉法善》（出《集異記》等）駢多於歧。編者以彼屬《神仙》門，僅列此於《方士》門，抑揚任意，進退失據。《神仙》門《葉法善》張説與麯處士事又即卷七二《葉静能》（出《河東記》）常持蒲（當是"滿"之譌）、卷三七〇《精怪》門《姜修》（出《瀟湘錄》）成德器兩事之藍本。鄭嵎《津陽門詩》："禁庭術士多幻化，上前較勝紛相持，羅公如意奪顏色，三藏袈裟成散絲"，自註甚詳，可與《羅思遠》諸則參印。

三三　卷八〇

《周隱客》（出《逸史》）："段公與賓客博茶，周生連喫數椀，段起旋溺不已。……蓋飲茶慵起，遺段公代之。"按王士禛《居易錄》："叔祖季木吏部家有一客，往往代人食，其人亦飽，亦往往令人代食，至溲溺亦如之。"嵇康《與山巨源絕交書》云："每常小便而忍不起"；梅堯臣、謝景初《冬夕會飲聯句》亦云："脬尿既懶溺"；當皆甚願得遣人代之。

【增訂三】嵇康《絕交書》於"忍不起"下尚云："令胞中略轉乃起耳"，嵇書之"胞"即梅詩之"脬"。《外臺秘要方》卷二七有《胞轉方》一五首，謂："由是胞屈辟，小便不通"，"忍尿……令胞轉"，"小便忍久致胞轉"。嵇言"略轉"，猶曰"稍轉"，祇是小不適，而未至於"外内相擁塞，故令不通。"近人《嵇康集校注》引焦循說，以"略"通"了"，復以"了"通"戾"，失之。"胞中輒戾"，則已"外格"成病，"起"復何益？當服藥耳。

實則非獨嵇、梅有此惰情懶態；稽神志怪，大抵過屠大嚼，畫餅充飢，以虛願託償於幻術耳。《五燈會元》卷二〇開善道謙章次宗元曰："途中可替底事，我盡替你。只有五件事替你不得，你須自家支當，……着衣、吃飯、屙屎、放尿、馱個死屍路上行"——馱屍即指人身，猶曰行屍走肉，如斯多噶派言人乃"微小靈魂負戴死屍"（a little soul burdened with a corpse）（參觀《老子》卷論第一三章），非真同《西遊記》第三八回豬八戒之於烏雞國王也。西方舊日小說亦每不言溲溺而曰"他人所不能代了之事務"（à el le vino en voluntad y deseo de hacer lo que otro no pudiera hacer por él; I was pressed to do more than one thing which another could not do for me）①。

【增訂二】今日英美市語亦有"請也代我來一下！"（Do one for me!）之謔（E. Partridge, *A Dictionary of Catch Phrases*, 44）。

或曰"雖帝王亦須躬親而欽差不能效勞之事"（Mlle de la Rappinière eut envie d'aller où les roys ne peuvent aller qu'en personne; Il faut que j'aille tout maintenant faire ce que les Roys ny les Empereurs ne peuvent faire par ambassade）②。此所以有周隱客事等戲論也。參觀前論卷八《劉安》又《列子》卷論《楊朱》篇。

---

① *Don Quixote*, I xx, "Clásicos Castellanos," II, 145; *Gulliver's Travels*, Pt II, ch. 1, Oxford, 108.

② Scarron, *Le Roman comique*, Pte I, ch. 4, "Librairie des Bibliophiles", I, 18; Charles Sorel, *Histoire comique de Francion*, Liv. IV, "Société des Textes Français modernes," II, 92. Cf. Herbert, *Jacula Prudentum*, § 1034: "To go where the King goes afoot", *Works*, ed. E. F. Hutchinson, 356.

三四　卷八一

　　《趙逸》（出《洛陽伽藍記》）"逸曰：'生時中庸之人耳，及其死也，碑文墓誌，莫不窮天地之大德，盡生民之能事。……所謂生爲盜跖，死爲夷齊，妄言傷正，華詞損實。'當時作文之士，慚逸此言。"按《北齊書·魏收傳》文宣論崔綽，問曰："公何由知其好人？"收對："高允曾爲綽讚，稱有道德。"文宣曰："司空才士，爲人作讚，正應稱揚；亦如卿爲人作文章，道其好者，豈能皆實？"收"無以對，戰慄而已。"時近意類；清議傳聞祇使"慚"，王言面命方使"慄"。此事古來共慨。《韓非子·外儲説》左上早曰："且先王之賦頌、鐘鼎之銘皆播吾之迹、華山之博也。"《困學紀聞》卷一〇復舉蔡邕惟《郭有道碑》爲"無愧"，韓愈不免"諛墓"，白居易《秦中吟·立碑》亦歎："銘勳悉太公，敍德盡仲尼，……豈獨賢者嗤，并爲後代疑"；卷一四又引李翺《百官行狀奏》所謂："今之作行狀者，非其門生，即其故吏，莫不虛加仁義禮智，妄言忠肅惠和"，而舉歐、蘇等作碑狀誤信家人行述爲例。《羣書治要》卷四七引桓範《政要論·銘誄》曰："所在宰蒞無清惠之政，而有饕餮之害，爲臣無忠誠之行，而有姦欺之罪，……而門生故吏，合集財貨，刊石紀功，稱述勳德。高邈伊周,下陵管晏,遠追豹産,近逾黄邵。勢重者稱美,財富者文麗。……欺耀當時,疑誤後世";《宋書·裴松之傳》以"世立私碑,有乖事實",上表曰:"碑銘之作,以明示後昆,自非殊功異德,無以允應兹典。……俗敝僞興,華煩已久;是以孔悝之銘,行是人非,蔡邕制文,每有愧色。……勒銘寡取信之實,刊石成虛僞之常";

【增訂四】《魏書·甄琛傳》:"太常議謚'文穆'。吏部郎袁翻奏曰:今之行狀,皆出自其家。……臣子之欲光揚君父,但苦迹之不高,行之不美,是以極辭肆意,無復限量。觀其狀也,則周孔聯鑣,伊顔接袵;論其謚也,雖窮文盡武,罔或加焉。"

杜甫《唐故萬年縣君京兆杜氏墓碑》曰:"大抵家人賄賂,詞客阿諛,真僞百端,波瀾一揆。"此所以王曾《王文正公筆録》記丁謂語至云:"古今所謂忠臣孝子,皆不足信;乃史筆緣飾,欲爲後代美談者也。"

【增訂三】《閲微草堂筆記》卷一三記某顯宦之鬼因己墓上豐碑誇誕失實,"遊人過讀,時有譏評,鬼物聚觀,更多訕笑",自慚"虛詞招謗",不安於墓,遁至一岩洞中。託説鬼以諷世,視《伽藍記》等正論莊語,更爲諧妙。

《梁四公》(出《梁四公記》)。按四公姓名詭異,雖有音釋,亦復欲讀如箝在口,唯"闖"、"杰"二字沿用迄今。《困學紀聞》卷八嘗借《三國志·孫休傳》裴松之註語譏之,所謂"造無況之字,制不典之音"也。後蜀詹敦仁《復留侯從効問南漢劉巖改名"龑"字音義》詩歷舉孫休四子名及武曌所制字,而未及梁四公。杰公述域外奇事,有云:"西海中有島,方二百里,島上有大林,林皆寶樹。……島西北有坑,盤坳深千餘尺,以肉投之,鳥銜寶出,大者重五斤";又扶南國商人言西天竺國"衆寶如山,納之山藏,取之難得,以大獸肉投之藏中,肉爛粘寶,一鳥銜出"。黎媿曾《仁恕堂筆記》:"金剛鑽若塵沙,出西域,在萬山深谷中,非人力可取。土人先驅駝馬墮谷中,使其肉潰爛沾濡,烏鳶飛下食之,人乃取鳥糞淘汰,間有得者。以其得之艱,故换價比於黄金者且倍。"黎氏所載實出元常德《西使記》;杰公所述則同馬哥波羅《游記》第一七一章載一國(Muftili)人取金剛石,投肉谷中,鷲銜肉出,驅之得石①。《天方夜譚》中一則(The Second Voyage of Sindbād the Sailor)寫此尤詳,土克曼童話《寶石山》(Der Edelsteinberg)亦相類②。又按卷四一八《震澤洞》(出《梁四公記》)割裂《四公記》文以之入《龍》門,實宜併入此則。卷三一一《蕭曠》(出《傳記》)龍女所斥"梁朝四公誕妄之詞",即見《震澤洞》中。

---

① *The Book of Ser Marco Polo*, tr. with notes by H. Yule, 3rd rev. ed. by H. Cordier, II, 361, 362-3.

② *The Thousand Nights and One Night*, tr. Powys Mathers, IV, 266-7; *Die Wunderblume und andere Märchen*, Berlin: Verlag Kultur und Fortschritt, 192-6.

三五 卷八二

《管子文》（出《大唐奇事》）布衣自稱曰："業八體書生管子文"，實"故舊大筆"。按當屬《精怪》之《雜器用》門，而編入《異人》門。

三六　卷八五

　　《華陰店嫗》（出《稽神録》）楊彥伯將行，失其所着鞋，詰責甚喧，嫗曰："此即神告也；夫將行而失其鞋，是事皆不諧矣！"按卷四八七蔣防《霍小玉傳》夢脫鞋，驚寤自解曰："鞋者諧也，夫婦再合；脫者解也，既合而解，亦當永訣。"此唐人俗語，詩中屢見，如王渙《惆悵詩》之六："薄倖檀郎斷芳信，驚嗟猶夢合歡鞋"；白居易《感情》："中庭晒服玩，忽見故鄉履；昔贈我者誰，東鄰嬋娟子。因思贈時語，特用結終始：'永願如履綦，雙行復雙止'"；李商隱《戲題樞言草閣》："及今兩携手，對若牀下鞋"；陸龜蒙《風人詩》："旦日思雙履，明時願早諧。"洪邁《夷堅甲志》卷一一《李邦直夢》亦有"鞋者諧也"之語。張雲璈《四寸學》卷一云："今俗新婚之夕，取新婦鞋，以帊包裹，夫婦交遞之，名曰'和諧'；《中華古今註》卷中：'凡娶婦之家，先下絲麻鞋一兩，取和諧之義。'"然鞋不必即示諧象，又孳生節目，如李開先《詞謔·鞋打卦》云："不來呵根兒對着根兒，來時節頭兒抱着頭，丁字兒滿懷，八字兒開手。"鞋爲吉，以字音也；靴爲凶，則以字形。《北齊書·徐之才傳》太后病，弟之範問童謡"唯得一量紫綖靴"，"靴"是何義，之才曰："'靴'者、'革'傍'化'，寧是久物？"此復毫釐千里也。

三七　卷八八

　　《佛圖澄》（出《高僧傳》）嘗與石虎共處中堂，忽驚曰："幽州當火災！"仍取酒灑之；虎遣驗幽州，云爾日火起，驟雨滅之，雨亦有酒氣。按此道家自詡優爲之事，卷一一《欒巴》（出《神仙傳》）、一三《成仙公》（出《神仙傳》）即皆有之；《藝文類聚》卷二、卷八〇引《楚國先賢傳》、《汝南先賢傳》等復載樊英、郭憲漱水噀酒以滅異地大火。釋子知而艷羨，故言僧亦能辦，不容道士專美耳。《初學記》卷二"含水、噀酒"之對祇取欒巴、樊英故事，不及釋典。《西遊記》第七〇回孫行者撇杯息火，則繼佛圖澄而起者。杜光庭爲道流鉅子，而嘗作《迎定光菩薩祈雨文》，至云："急難告佛，實出微誠！"（《全唐文》卷九三四）；即所謂"抱佛腳"也，蓋"急難"求雨，不顧門戶之見矣。

三八　卷八九

《鳩摩羅什》（出《高僧傳》）。按《高僧傳》卷二此傳尚載什來中國以前事，爲《廣記》刪去，記大阿盤頭達多語一節尤佳。"安捨有法而愛空乎？如昔狂人令績師績綿，極令細好，績師加意，細若微塵，狂人猶恨其粗。績師大怒，乃指空，示曰：'此是細縷。'狂人曰：'何以不見？'師曰：'此縷極細，我工之良匠，猶且不見，況他人耶？'狂人大喜，以付織師，師亦效焉。皆蒙上賞，而實無物。"安徒生童話《皇帝新衣》（The Emperor's New Clothes）一篇，舉世傳誦，機杼酷肖；唯末謂帝脫故着新，招搖過市，一無知小兒呼曰："何一絲不掛！"（"But he has nothing on！"a little child cried out at last)①，轉筆冷雋，釋書所不辦也。明末陳際泰《已吾集》卷一《王子涼詩集序》："余讀西氏記，言遮須國王之織，類於母猴之削之見欺也。欲其布織輕細，等於朝之薄烟，乃懸上賞以走異國之工曰：'成即封以十五城市，不則齒劍，余無墮言。'蓋殺人而積之闕下者纍纍矣。有黠者閉户經年，曰：'布已成。'捧于手以進，視之，等於空虚也。王大悦，輒賞之。因自逃也。""母猴之

---

① Andersen, *Fairy Tales*, Oxford, 158.

削"見《韓非子·外儲説》左上,"西氏記"疑即指《鳩摩羅什傳》,陳氏加以渲染耳。

【增訂三】李賀《艾如張》:"齊人織網如素空,張在田野平碧中,網絲漠漠無形影,誤爾觸之傷首紅。"《高僧傳》中績師指空爲絲,此則指絲爲空;誕妄之寱言,亦即夸飾之妙喻也。湯球輯本崔鴻《十六國春秋·前趙録》四記東平王約死,見劉淵於不周山,語約曰:"東北有遮須夷國,無主久,待汝父爲之"——"汝父"、劉聰也。陳氏文中"遮須國"始出此。曾慥《類説》卷三二《傳奇》中一則記洛浦神女告蕭曠:"[陳]思王見爲遮須國王";曹植雖前於劉聰,而裴鉶則後於崔鴻多矣。

明季天主教入中國,詩文遂道"二西"(參觀《昭代叢書》甲集《西方要紀》小引、全祖望《鮚埼亭詩集》卷八《二西詩》);如虞淳熙《虞德園先生集》卷二四《答利西泰書》:"幸毋以西人攻西人",正謂耶穌之"西"説與釋迦之"西"説相争也。近世學者不察,或致張冠李戴;至有讀魏源記龔自珍"好西方之書,自謂造微",乃昌言龔通曉歐西新學。直可追配王餘祐之言杜甫通拉丁文(《四庫總目》卷一八一《五公山人集》)、廖平之言孔子通英文、法文(江庸《趨庭隨筆》)也!如錢謙益《有學集》卷八《金陵雜題絶句》之一五、卷一九《陸敕先詩稿序》又《題交蘆言怨集》、卷二二《送方爾止序》皆用賣針兒至針師家故實,卷三八《復徐巨源書》標明來歷曰:"西國有誚人説法者,曰:'販針兒過針師門賣針耶?'";此典出《雜阿含經》卷四一(一一四三)、《佛本行集經》卷一三《角術争婚品》下等,則所謂"西國"騰"誚",正指佛書。陳際泰"讀西氏紀",亦類斯歟。

三九　卷九〇

《釋寶誌》(出《高僧傳》及《洛陽伽藍記》)。按以南朝之寶誌與北朝之寶公合爲一人，此又編纂之鹵莽也，實則後篇倘不別出，亦當附而不當并，如卷一五七《李敏求》(出《河東記》)附"又一説"(出《逸史》)。寶誌吐"鱠殘魚"事與卷四六四《吳餘鱠魚》(出《博物志》)所記相同，吳曾《能改齋漫録》卷一已言之；實則卷九六《鴝鳩和尚》(出《雲溪友議》)事亦類，易魚爲鳩而已。此則又記殷齊之入廬山，追騎將及，登樹，樹上"鳥竟不飛"，追者見鳥，謂無人而返，與卷一三五《漢高祖》(出《小説》)高祖避項羽，隱身井中，"雙鳩集其上，誰知下有人"相類。高祖事始見《風俗通》，作"遁於叢薄中"，非井也，《水經注》卷七《濟水》號咷城節引而釋之曰："楚鳩一名嗥啁。"

四〇 卷九一

《稠禪師》(出《紀聞》及《朝野僉載》)食筋便具神力。按卷九五《法通》(出《西京記》)、卷三一二《新昌坊民》(出《唐闕史》)事略同。法通事即見道宣《高僧傳》二集卷三五《法通傳》中。

四一　卷九四

　　《儀光禪師》（出《紀聞》）拒女"自斷其根"。按卷九七《空如禪師》（出《朝野僉載》）不肯婚，"以刀割其勢"。《四十二章經》及《法句譬喻經·勸學品》皆記："有人患婬不止，欲自斷陰，佛曰：'不如斷心。'"此二僧"自斷陰"，所以"斷"他人之"心"，使於己不存想耳。

　　《玄覽》（出《酉陽雜俎》）題詩竹上曰："欲知吾道廓，不與物情違；大海從魚躍，長空任鳥飛。"按《全唐詩》失收，三四句傳誦幾成習諺，《五燈會元》卷四大隨法真章次即引之。

四二　卷九六

　　《釋道欽》（出《酉陽雜俎》）答劉晏有云："三尺童子皆知之，百歲老人行不得"，與梁元帝《雜傳》記耆域答竺法行語相似。按耆域問答見《高僧傳》卷九耆域本傳；道欽問答亦見《五燈會元》卷二，而作鳥窠道林禪師答白居易："三歲孩兒雖道得，八十老人行不得。"

四三 卷九八

《李德裕》（出《宣室志》）。按卷一五六《李德裕》（出《補錄紀傳》）事同。

《懷濬》（出《北夢瑣言》）以詩代通狀曰："家在閩川西復西，其中歲歲有鶯啼；如今不在鶯啼處，鶯在舊時啼處啼。家住閩川東復東，其中歲歲有花紅；如今不在花紅處，花在舊時紅處紅。"按洪邁《萬首唐人絕句》七言卷六九載此詩第二首"川"作"山"，《全唐詩》兩"川"皆作"山"。《類說》卷五五引《文酒清話》（《事文類聚》別集卷二〇作《文酒詩話》）："河朔書生與洛陽書生同飲賦詩，洛陽生曰：'昔年曾向洛陽東，年年只是看花紅；今年不見花枝面，花在舊時紅處紅。'河朔生曰：'昔年曾向北京北，年年只是看蘿蔔；今年不見蘿蔔面；蘿在舊時蔔處蔔。'"即仿懷濬體。

四四　卷九九

　　《僧惠祥》（出《三教珠英》）夜睡呼救，云："適有人衆，縛我手足，鞭箠交下，問：'何故嚙虱？……若更不止，當入於兩山間磕之。'"按卷九二《無畏》（出《開天傳信記》）："忽中夜宣律師捫蝨，將投于地，三藏半醉，連聲呼曰：'律師律師！撲死佛子耶？'"贊寧《高僧傳》三集卷二《善無畏傳》亦載此事，卷一四《道宣傳》則云："道宣捫蝨，以綿紙裹投於地，三藏云：'撲有情於地之聲也！'"道宣自撰《高僧傳》二集卷二〇《慧成傳》："有常律師者，……同宿，夜中投蝨於地，……及明告別，成曰：'昨夜來一檀越被凍困苦！'常慚之永戒"；豈載此垂誡而躬自蹈之耶？釋氏慈悲戒殺，故王建《寄舊山僧》曰："獵人箭底求傷雁，釣户竿頭救活魚"，蘇軾《次韻定慧欽長老》曰："鈎簾歸乳燕，穴紙出癡蠅，爲鼠常留飯，憐蛾不點燈。"然皆未及其惜物命之不遺草木，有如安世高譯《佛説處處經》："佛行，足去地四寸，有三因緣：一者、見地有蟲蟻故，二者、地有生草故，三者、現神足故"；唐僧智遠《律僧》："濾水與龕燈，長長護有情，自從青草出，便不下階行"，自註："衆生謂'有情'"——"濾水"所以捨蟲，"龕燈"所以救蛾；清初僧蒼雪

《南來堂詩集》卷一《侍雨師籐溪休夏》："出門便是草，何處不傷生！"么麼嚙人如蚊蝨，亦在憐護之數。慧皎《高僧傳》卷一一道法"乞食所得，常減其分以施蟲鳥，每夕輒脫衣露坐以飼蚊蝨"，又一二法恭"以敝衲聚蚤蝨，常披以飼之"；《高僧傳》二集卷三五《道悅傳》："雖衣弊服而絕無蚤蝨，時又巡村，乞蝨養之，誡勿令殺"；虞淳熙《虞德園先生集》卷九《蓮池祖師傳》記其"養蝨綿筒中"。《南齊書·孝義傳》江泌"性行仁義，衣弊，恐虱餓死，乃復取置衣中"；觀泌"詣誌公道人"問事，當亦是奉佛者。《全梁文》卷三二沈約《懺悔文》乃清信弟子之自責，有云："暑月寢臥，蚊蝱嘈膚，忿之於心，應之於手，歲所殲殪，略盈萬計。"陸游《劍南詩稿》卷五七《自警》："拍蚊違殺戒，引水動機心"，又卷七八《仲秋書事》："省心要似晨通髮，止殺先從暮拍蚊"；而范成大《石湖詩集》卷二四《藻侄比課五言詩、因吟病中十二首示之》第六首："捫蝨天機動，驅蚊我相生"，囿於平仄，改"殺"為"天"，遂語理乖牾，卷二一《睡覺》之"心兵休為一蚊動"，則順妥矣。朱敦儒《西江月》："飢蚊餓蚤不相容，一夜何曾做夢！被我不扇不捉，廓然總是虛空"；則非慈心捨我，而欲慧眼觀空，於彼法境界更高。西方教徒如紅衣主教貝拉明（Cardinal Bellarmine）不去身上蝨，以為么麼死後無靈魂，此生暫得飽噉，不必靳之。莫里哀《假道學家》（Tartuffe）藍本意大利笑劇《僞善者》（Lo Ipocrito）中主角，殺一蝨而引咎痛悔①。蕭伯納嘗詫佛子為蝨咬不得眠，設捉得蝨將作麼處置（We do not know what the Buddhist does when he cat-

---

① J. Cairncross, *New Light on Molière*, etc., 2-3.

ches a flea that has kept him awake for an hour)①，蓋未聞此等張智，亦渾忘基督教徒行事也。

【增訂四】《孔子家語·弟子解》："高柴啓蟄不殺，方長不折"；《後漢書·方術傳》上："折像、字伯式。……幼有仁心，不殺昆蟲，不折萌牙。……好黃老言。"二人行事，全合佛氏不傷"生草"、"蟲蟻"之戒，故《顏氏家訓·歸心》以冥契釋教許之："高柴、折像未知內教，皆能不殺，此乃仁者自然用心。"十八世紀英國目錄校訂學者利特生(Joseph Ritson)茹素，嘗著論斥食肉者，而極稱印度婆羅門之護惜微命，不遺蟻蝨麽蟲(the meanest animal, mite or flea)；一日飯於友家，以乾乳酪佐麵包而已(some bread and cheese)，乳酪中常寓小蛆，一稚女子適過，忽注視曰："嘻！翁翁啖生蛆多矣哉！"(La! Mr. Ritson, what a quantity of mites you are eating!)利惶駭廢食，謂友賣己，怒而絕交(James Sutherland, *The Oxford Book of Literary Anecdotes*, Pocket Books, 1976, p. 154)。《小婦人》作者之父白朗生·阿爾科特(Bronson Alcott)信持古希臘哲人畢達哥拉斯(Pythagoras)遺教，不殺生傷命；爲護身計，蚊來噆，則揮之去，不忍拍殺之也(Self-defense might extend to waving a mosquito aside, but never to slaughter. —Donald Hall, *The Oxford Book of American Literary Anecdotes*, OUP Paperback, 1983, p. 36)。二事可與諺"若依佛法，冷水莫呷"(1398頁引)及劍南句"拍蚊違殺戒"參印。

---

① Hesketh Pearson, *Bernard Shaw*, "The Reprint Society" ed., 65.

四五　卷一〇〇

　　《道嚴》（出《宣室志》）善神曰："天命我護佛寺之地；以世人好唾佛寺地，我即以背接之，受其唾，由是背有瘡。"按此非佛法之究竟義諦也。《增壹阿含經》卷三〇之六："舍利弗白佛：'亦如此地，亦受淨，亦受不淨，屎尿穢惡皆悉受之，膿血涕唾終不逆之。然此地亦不言惡，亦不言善。亦如此水，能使好物淨，能使不好物淨，無有異想。我今此心如是'"；《五燈會元》卷六："有一行者，隨法師入佛殿，行者向佛而唾。師曰：'行者少去就！何以唾佛？'行者曰：'將無佛處來與某甲唾。'師無對。仰山代法師云：'但唾行者，行者若有語，即向伊道：還我無行者處來。'"即《莊子·知北遊》所謂道"無所不在"，"在螻蟻"，"在稊稗"，"在屎溺"，"無乎逃物"。

四六　卷一〇一

《延州婦人》（出《續玄怪錄》）一"淫縱女子"早死，瘞於道左，忽有胡僧敬禮墓前曰："斯乃大聖，慈悲喜捨，世俗之欲，無不徇焉。此即鏁骨菩薩。"按黃庭堅《豫章黃先生集》卷一四《觀世音贊》第一首："設欲真見觀世音，金沙灘頭馬郎婦"；《山谷內集》卷九《戲答陳季常寄黃州山中連理松枝》第二首："金沙灘頭鏁子骨，不妨隨俗暫參禪"，任淵註：《傳燈錄》："僧問風穴：'如何是佛？'穴曰：'金沙灘頭馬郎婦。'世言觀音化身，未見所出"；《外集》卷六《次韻知命永和道中》："靈骨閟金鏁"，史容註即引《續玄怪錄》此則，又曰："世傳觀音化身，所謂金沙灘頭馬郎婦，類此。"宋葉廷珪《海錄碎事》卷一三："釋氏書。昔有賢女馬郎婦於金沙灘上施一切人淫；凡與交者，永絕其淫。死葬後，一梵僧來云：'求我侶。'掘開乃鏁子骨，梵僧以杖挑起，升雲而去。"後來釋書益復增華潤色，觀宋濂《宋文憲公全集》卷二六《魚籃觀音像贊》引《觀音感應傳》可知。蓋以好合誘少年誦佛經，故泉州粲和尚贊之曰："風姿窈窕鬢欹斜，賺殺郎君念《法華》。"《維摩詰所說經·佛道品》第八："或現作婬女，引諸好色者，先以欲鈎牽,後令入佛智";《宗鏡錄》卷二一述"圓人又有染愛法門"云:"先以欲鈎牽,後令入佛智,斯乃非欲之欲,以欲止欲,如以楔出楔,將聲止聲";其是之謂歟。偏其反爾,亦有現男子相以"鈎牽"婬女"令入佛智"者,如《觀佛三昧海經·觀馬王藏相品》第七所載化人度妙意事,《法苑珠林》卷四三即采之,尤佛典中"以欲止欲"最可笑之例也。

【增訂三】北宋壽涯禪師《漁家傲·詠魚籃觀音》:"提魚賣,堪笑馬郎來納敗"(《全宋詞》二一三頁),即所謂"馬郎婦"。《西湖二集》卷一四《邢君瑞五載幽期》敷陳金沙灘賣魚女子嫁"馬小官"事爲入話,卷二〇《巧妓佐夫成名》又述唐延州女妓"不接錢鈔",乃"捨身菩薩化身,以濟貧人之欲。"一則觀音化身爲貞女,一則"大聖"化身爲淫嫗,然遺骸皆爲"黃金鏁子骨",一而二、二而一者也。

【增訂四】《五燈會元》卷一一風穴延沼章次:"問:'如何是清淨法身?'師曰:'金沙灘頭馬郎婦。'"以淫穢婦爲"清淨身",機鋒更接。同卷廣慧元章次:"楊億侍郎問:'風穴道金沙灘頭馬郎婦,意旨如何?'師曰:'更道也不及'";蓋成禪家公案矣。

四七 卷一〇二

《趙文信》（出《法苑珠林》）貞觀中遂州人暴死，見閻羅王，自言好庾信文集，王曰："庾信是大罪人，在此受苦"，即令引出庾信，"乃見是龜身"。按此見《法苑珠林》卷二六引《冥報記》，作"乃見一龜，身一頭多"；《廣記》同卷《陸懷素》下註出《冥報記》，而此則忽轉引《珠林》，斯類甚夥。《永樂大典》卷七五四三《剛》字引永明沙門延壽《金剛證驗賦》："降五色之祥雲，迎歸天上"，註即言庾信爲"一龜有數個頭"事，又言遂州人乃開元中人，名任善。陳師道《次韻蘇公勸酒與詩》："不憂龜九頭，肯爲語一誤"，用此典而易"多"爲"九"，殆求對仗之工，任淵註私改《珠林》原文爲"身一頭九"以遷就之，大可不必。《五燈會元》卷一七圓通法秀禪師戒黃庭堅作詞曰："汝以艷語動天下人淫心，正恐生泥犁耳"（《豫章黄先生文集》卷一六《小山集序》自記作："道人法秀獨罪余'以筆墨勸淫，於我法中，當下犁舌之獄'"）。明沈謙《東江集鈔》卷九《雜說》："彭金粟在廣陵，見余小詞及董文友《蓉渡集》，謂鄒程村曰：'泥犁中皆若人，故無俗物！'夫韓偓、秦觀、黃庭堅及楊慎輩皆有鄭聲，既不足害諸公之品；

悠悠冥報，有則共之！"；正指法秀之詞，而忘庾信之譴。《周書‧庾信傳‧論》斥信"誇目侈於紅紫，蕩心逾於鄭衛"，爲"詞賦之罪人"，即此已足與韓、秦、黃、楊輩同罰，況《冥報記》重科以"妄引佛經，雜糅俗書，誹謗佛法"一款乎！

【增訂三】釋皎然《哭吳縣房聳明府》："幸願示因業，代君運精專"，自註："沈約死後，冥中見十因師云：'師急爲我造經，拔我苦難。'"是地獄受苦毒之六朝文流見諸記載者，庾信而外，尚有斯人，特不知緣其綺語業否。豈約暮年事佛，不足贖平生罪過耶？則所作《懺悔文》、《捨身願疏》等（《全梁文》卷三二），皆唐捐矣！

湯顯祖《玉茗堂文集》卷四《〈溪上落花詩〉題詞》："世云：'學佛人作綺語業，當入無間獄'，如此，喜二虞入地當在我先；又云：'慧業文人應生天上'，則我生天亦在二虞之後矣"；沈起鳳《諧鐸》卷二《筆頭減壽》："語云：'世上演《牡丹亭》一日，湯若士在地下受苦一日'"（參觀卷一二《天府賢書》），則是顯祖長淪地下而終不得生天上也。西方虔信基督教者亦嘗揚言："世上紀念莎士比亞生辰，地獄中莎士比亞方在受罪"（At this very moment there is proceeding, unreproved, ablasphemous celebration of the birth of Shakespeare, a lost soul now suffering for his sins in hell）[①]；《黑奴籲天錄》女作者（Mrs Harriet Beecher Stowe）著書痛詆拜倫，以爲毀其身後之名，不特可以挽救世道人心，而亦堪折除拜倫在地獄之苦趣（By blasting Byron's memory she might weaken his evil influence and shorten his expiation in

---

[①] E. Gosse, *Father and Son*, ch. 12.

another world)①。

【增訂四】西方言詩人身後在地獄受苦者，莫古於希臘哲人畢達歌拉斯。相傳渠自道嘗游地獄，覩赫西俄德縛於銅柱，呻呼不成語，荷馬懸掛樹上，羣蛇繞噛之（When he had descended into Hades, he saw the soul of Hesiod bound fast to a brazen pillar and gibbering, and the soul of Homer hung on a tree with serpents writhing about it. ——Diogenes Laertius, *Lives of Eminent Philosophers*, VIII. 21, Loeb, Vol. II, p.339)。

"慧業文人生天"語即見《廣記》卷二四六《謝靈運》（出《南史》），蓋沿舊讀破句；《宋書》卷六七《謝靈運傳》張照校謂"業"字絕句，"文人"當作"丈人"而屬下句，是也。湯右曾《懷清堂集》卷一五《僧房閒寂，偶憶東坡"白髮相望兩故人"句，因念磵房甫至，悔餘得歸，隔越數百里，不得見也。悵然各寄一首》："爲樂每憂兒輩覺，生天一任丈人先"；儷事工緻，已知"文"字之誤而"丈人"之當下屬，後湯讀書視前湯爲審密矣。沈謙甘入泥犁，與才人共受冥報，大似西方古小説（Aucassin et Nicolette) 男角曰："寧與所歡同入地獄，不樂隨老僧輩升天；地獄中皆才子、英雄、及美婦之多外遇者，得爲伴侶"；名言傳誦，以爲中世紀末"自由精神"之宣示（the most famous expression of the spirit of freedom)者②。

---

① *D.N.B.*, VIII, 142.
② Pater, *The Renaissance*, Macmillan, 27.

四八 卷一一二

《孟知儉》(出《朝野僉載》)曰:"一生誦《多心經》及《高王經》。"按卷九二《玄奘》(出《獨異志》):"僧授《多心經》一卷。"可徵唐人已偶以"般若波羅蜜多"之"多"下屬"心"字。《大唐三藏取經詩話・天竺國變海之處》第一五:"各各具足,只無《多心經》本";《轉至香林寺受〈心經〉本》第一六:"忽夢神人告云:'來日有人將《心經》本相惠助汝。'……袖出《多心經》,謂法師曰:'授汝《心經》'";蓋流俗以《心經》與《多心經》通用無別。歐陽修《集古錄跋尾》卷六有《唐鄭預註〈多心經〉跋》,劉昌詩《蘆浦筆記》卷四"經爲'多心',何以爲佛?恐公誤筆爾。因書以袪見者之惑";不知其爲從俗而非"誤筆"。後人或笑爲"歐九不讀書"之證,且謂《心經》俗稱《多心經》昉此,失實過當。儒家亦有《心經》,南宋真德秀輯性理語而命以此名,足輔佐《近思錄》者。

四九　卷一二七

　　《蘇娥》、《涪令妻》（皆出《還冤記》）。按二事均言官宿郵亭，見女鬼訴爲亭長所殺，特人地不同耳。前事早見《搜神記》卷一六，後事早見《水經注》卷一八《渭水》；編纂諸臣之稗販充數如此。

五〇　卷一二八

《尼妙寂》（出《續幽怪錄》）。按即卷四九一李公佐《謝小娥傳》，且明言"覽"公佐之《傳》"遂纂於此"。即不憚煩，亦當附見，不宜別出。

五一　卷一三一

《冀州小兒》（出《冥報記》）。按與卷一三三《孫季貞》（出《玉泉子》）事類。

五二　卷一三三

　　《李詹》(出《玉泉子》)。按同卷《徐可範》(出《報應記》)食鱉、驢事相似。卷二六七《張易之兄弟》(出《朝野僉載》)食鵝、鴨、驢事亦然。

五三 卷一三五

《陸賈》(出《小説》)。按此條見《西京雜記》卷三。卷一三七《文翁》、《董仲舒》等均出《西京雜記》,而皆註出《小説》,《五鹿充宗》又註出《西京雜記》,羌無定準,未識何故。

《吴大帝》(出《武昌記》)孫權獵獲豹,見一老母曰:"何不豎其尾?"按《水經注》卷三五《江水》亦引《武昌記》此則,字句小異,并引應劭《漢官儀》釋之曰:"豹尾之内爲省中,蓋權事應在此,故爲立廟也。"《晉書·沈充傳》:"謂其妻子曰:'男兒不豎豹尾,終不還也!'",可參觀。

《唐齊王元吉》(出《廣德神異記》)。按卷一六三《唐高祖》(出《太原事蹟雜記》)事同。

五四　卷一三六

《萬里橋》（出《松窗錄》）。按卷一四九《一行》（出《傳載》）事同。

五五　卷一四〇

《汪鳳》(出《集異記》)掘地得石櫃,符篆繞之,破櫃有銅釜,以銅盤爲蓋,亦有印記,揭蓋,一大猴跳出,不知所詣,見釜中銘云:"茅山道士鮑知遠囚猴神於此,其有發者,發後十二年,胡兵大擾";果安禄山起戎。按《水滸》第一回洪太尉"誤走妖魔"事似即本此增飾。符咒能禁服鬼怪而不能約束常人,常人畏鬼怪,却不畏鬼怪所畏之符咒;此種繫連,亦見西方神話。如渦堤孩以巨石蓋井,使大白人(der lange weisse Mann)不出爲厲,曰:"吾畫符石上,足制此物,然不能妨阻常人之移石也"(Darum liess ich den Stein über des Brunnens Öffnung wälzen und schrieb Zeichen darauf, die alle Kraft des eifenden Oheims lähmen. Menschen freilich können trotz der Zeichen mit ganz gewöhnlichem Bemühen den Stein wieder abheben: die hindert es nicht)[①]。

【增訂三】程穆衡《水滸傳註略・石碣妖魔》早引《集異記》汪鳳事,謂《水滸》"用此事爲發端"。常人畏鬼怪,却不畏鬼

---

① Fouqué, *Undine*, kap. 13, Nelson, 65.

怪所畏之禁呪，此意始發於莊子；《藝文類聚》卷八六《桃》部引《莊子》佚文："插桃枝於户，連灰其下，童子入不畏而鬼畏之，是鬼智不如童子也！"

五六　卷一四一

《王仲文》（出《幽明錄》）。按卷四三八《王仲文》（出《搜神記》）重出。

五七　卷一四六

《魏徵》（出《朝野僉載》）徵寢時聞二典事相語，一謂官職由徵，一謂"由天上"，徵遂作書云："與此人一員好官"，命前人送至侍郎處，其人不知，忽心痛，由後人送書，送者得官。按趙與時《賓退錄》卷四以此事與《能改齋漫錄》記宋仁宗聞二近侍爭貴賤在命抑在至尊事相比，謂"二事蓋只一事"；周亮工《同書》卷四復以二事與《金史》記海陵聞二衛士爭富貴在天抑由君賜事合舉。《能改齋漫錄》卷一一記宋仁宗事亦見《獨醒雜志》卷二。然疑皆本之釋典。《大莊嚴論經》卷一五之七二略云："憂悦伽王於晝睡眠，有二內官，持扇捉拂，共作論議。一則自稱'是我業力'，一則自稱'我因王力'。王聞不悦，即向彼稱業力者說偈曰：'依於我國住，自稱是業力，我今試看汝，為是誰力耶?'往夫人所，言：'今當遣人來到汝邊，汝好莊嚴如帝釋幢。'以蒲萄漿與彼依王活者，送與夫人。彼業力者，着好衣服，來至王邊，王大生怪。彼人説：'此人奉使出門，卒爾鼻衄，即以此漿與我使送。'"《雜寶藏經》卷三之二六波斯匿王及二內官事同。

【增訂三】王惲《秋澗先生大全集》卷四四《御書銀盒事》記"道陵朝二近侍"事，即自魏徵此則孳生者。

五八　卷一四九

《術士》(出《逸史》)。按卷一五一《韓滉》(出《前定錄》)事類。

五九　卷一五三

　　《李宗回》（出《逸史》）："食五般餛飩。……有五般餛飩，問煮那般？"按陸游《劍南詩稿》卷五六《對食戲作》之三："餛飩那得五般來？"，用此語；其《南唐書·雜藝、方士、節義列傳》："某御廚者……其食味有……五色餛飩"，當即"五般餛飩"，"色"如"四色禮物"之"色"，非謂顏色，乃謂樣色。《舊唐書·睿宗諸子傳·讓皇帝憲傳》裴耀卿奏："水陸一千餘種，每色瓶盛，……並諸藥酒三十餘色"，正以"色"與"種"爲互文也。

六〇　卷一六三

　　《天后》(出《談賓錄》一作《朝野僉載》)。按此則與卷二一五《貞觀秘記》(出《感定錄》)、卷二二四《李淳風》(出《定命錄》)所言爲一事，采入《舊唐書·李淳風傳》者，亦即舊日俗傳李淳風《推背圖》附《藏頭詩》後問答第一節。觀此三則，唐人祇言淳風觀象望氣而前知武后"當有天下"，未嘗言其畫圖也。《北史·王世充傳》記道士桓法嗣"自言解圖讖，……上《孔子閉房記》，畫作丈夫持一竿以驅羊。法嗣云：'楊、隋姓也；干一者，王字也；王居楊後，明相國代隋爲帝也'"；則亦有"圖"而據以"推"，却未道有讖。宋岳珂《桯史》卷一："唐李淳風作《推背圖》，五季之亂，王侯崛起，人有倖心，故其學益熾。……藝祖即位，始詔禁讖書。然圖傳已數百年，民間多有藏本，不復可收拾，有司患之。上曰：'正當混之耳。'乃命取舊本，自已驗之外，皆紊其次而雜書之，凡爲百本，使與存者並行"；明郎瑛《七修類稿》卷一五記曾見《推背圖》。二家皆未及《藏頭詩》，然足徵自《推背圖》出，如《孔子閉房記》之類遂盡廢矣。《史記·秦始皇本紀》燕人盧生"奏録圖書曰：'亡秦者胡也'"；《趙世家》秦繆公告公孫支以夢游帝所事，"公孫支書而藏之，秦讖於是出矣"；圖讖見史似始此。公孫支"書藏"，則讖不必有圖，正如明太祖封鍵鐵冠道人或劉基所授"秘記"（參觀陳濟生《再生紀略》卷上、吳偉業《綏寇紀略·虞淵沉》篇、董含《三岡識略》卷一、吳慈鶴《求是續錄·洪武十三年親封鐵冠道人所授圖》、蔣湘南《春暉閣詩鈔選》卷五《明太祖親封鐵冠道人所授圖》），圖復不必有讖也。《後漢書·蘇、楊列傳》楊厚祖春卿"善圖讖學"，囑其子曰："吾綈袠中有先祖所傳秘記"；《貞觀秘記》之名昉此。西漢圖讖有"代漢者當塗高"之語，《後漢書·公孫述傳》載光武帝與述書，嘲之曰："君豈高之身邪？"；下至東漢之末，袁術又自謂應"當塗高"之讖，李雲則謂應此讖者爲曹魏；更下至西晉之末，王浚猶"以父字'處道'，爲'當塗高'，應王者之讖，謀將僭號"（《晉書·王浚傳》）。解因人而異，釋隨心所欲，各以爲代興張本，即所謂"人有倖心"也。《晉書·武帝紀》："禁星氣讖緯之學"，而《元帝紀》："初《玄石圖》有'牛繼馬後'，故宣帝深忌牛氏"；則乃祖固信圖讖者，其孫禁之，亦恐"人有倖心"爾，而禁之嚴適由於其信之深焉。《魏書·高祖紀》上詔禁"圖讖秘緯，……留者以大辟論"，而《廣記》卷三九一《樊欽貢》（出《宣室志》）載後魏"天師"寇謙之刻石記，正屬讖緯秘記；苟石刻果出謙之，而能免於磨滅破碎，豈"天師"手跡，在在神物呵護歟？《南史·隱逸傳》下記梁武帝禁蓄讖緯，阮孝緒"兼有其書"，乃焚之，而《梁書·處士傳》記梁武將受齊禪，陶弘景"援引圖讖，數處皆成'梁'字，令弟子進之"（《南史·隱逸傳》下同）；豈非唯其信而喜之，故亦恐而禁之乎？《南史·隱逸傳》

下又記釋寶誌"預言未兆，……梁武帝尤深敬事。……好爲讖記，所謂'誌公符'是也"；則焚者自焚，而作者自作也。《隋書·經籍志》一述宋大明、梁天監及隋二帝嚴禁圖讖，煬帝"發使四出，搜天下書籍與讖緯相涉者皆焚之，爲吏所糾者至死。自是無復此學"。安知當煬帝之世已有《孔子閉房記》，厥後《貞觀秘記》、《推背圖》接踵而起乎！《舊唐書·代宗紀》大曆二年正月《詔》即以"四方多故，一紀於茲"，又"禁斷"讖緯、符命矣。當代一法國文家，惜忘其名，嘗曰："有史以來，世人心胸中即爲夢想三端所蟠據：飛行也，預知未來也，長生不死也"（D'aussi loin qu'on se souvienne, l'homme a été habité par trois rêves: voler, connaître l'avenir et ne pas mourir）。圖讖既可逞預知未來之癡想，復得稱"王侯崛起"之倖心，宜其如春草之火燒不盡而風吹復茁耳。

【增訂二】《後漢書·鄧晨傳》："蔡少公頗學圖讖，言：'劉秀當爲天子。'或曰：'是國師公劉秀乎？'光武戲曰：'何用知非僕耶？'"；《竇融傳》："智者皆曰：'……今皇帝姓號見於圖書，……故劉子駿改易名字，冀應其占。'"亦"人有倖心"之例。

【增訂四】《雞肋編》卷中："范忠宣公……曰：'神考於某有保全家族之大恩。'……蓋李逢乃公外弟，嘗假貸不滿，憾公。後逢與宗室世居狂謀，事露繫獄。吏問其發意之端，乃云因於公家見《推背圖》，故有謀。時王介甫方怒公排議新法，遽請追逮。神考不許，曰：'此書人皆有之，不足坐也。'"

【增訂三】鄭君朝宗曰："培根有《論預言》一文，所斥即西方之'讖'。"是也。其文謂奸黠之徒，多閒生事(idle and craftie Braines)，於事後造作言語，以欺世惑人(Impostures)。讖之爲物，衹宜鄙視，而讖之流傳，則不可掉以輕心(they ought all to be *despised*... the Spreading and Publishing of them is in no sort to be Despised)；蓋其爲害非尟(For they have done much Mischiefe)，故國法禁之(Bacon：''Of Prophecies''，*Essays*，''The World's Classics''，153)。

六一　卷一六四

《員半千》（出《廣德神異録》）。按與卷一六九《王義方》（出《談賓録》）爲一事。

六二　卷一六六

　　《楊素》（出《本事詩》）徐德言與樂昌公主破一鏡，各執其半，期得重合。按卷四八六陳鴻《長恨傳》玉妃命碧衣"取金釵鈿合各析其半"，白居易《長恨歌》申説曰："釵留一股合一扇，釵擘黃金合分鈿，但教心似金鈿堅，天上人間會相見"；杜牧《送人》詩："明鑑半邊釵一股，此生何處不相逢！"皆以示情偶之原爲合體，分則各殘缺不完。《儀禮·喪服傳》："夫婦牉合也"，賈公彥疏："是半合爲一體也"；唐人文中常作"判合"，如《梁書·顧協傳》："晚雖判合，卒無胤嗣"，《全唐文》卷九五三常德志《兄弟論》："判合近而爲重，則衣衾爲血屬之親。"段玉裁《經韻樓文集》卷二《夫妻牉合也》一文考論"牉"、"判"即"半"，"牉合"即合兩半而成整體也。

　　【增訂四】《莊子·則陽》："雌雄片合"，《釋文》："片、音判。"厥例尤古，段玉裁未舉。

柏拉圖説兩情相悦慕亦云："男女本爲同氣并體，誕生則析而爲二，彼此欲返其初，是以相求相愛；如破一骰子，各執其半，庶若左右符契之能合"（Each of us, then, is but a tally of a man, and each is ever searching for a tally that will fit him)①。詩人常取此意入其賦詠②。韓愈《寄崔二十六立之》詩以雙杯之一贈崔云:"我有雙飲醆,其銀得朱提。……異日期對舉,當如合分支";正同此意,施之朋友,故不用釵、鏡耳。

---

① *Symposium*, 191D, 193A, *Plato's Dialogues*, "Loeb", V, 141, 145.
② E.g. Schiller: "Das Geheimnis der Reminiszenz", "Die Geschlechter" (*Werke*, hrsg. L. Bellermann, 2. Aufl, I, 54, 169); D. G. Rossetti, *The House of Life*, Sonnet xi "*The Birth-Bond*".

六三　卷一六九

《李勣》（出《廣人物志》）贈少決之人以刀，"戒令果斷"，贈不拘之人以帶，"戒令檢約"。按此仿《韓非子·觀行》篇西門豹、董安于事，參觀《易》卷論《革》卦。

《王珪》（出《會要》）"品藻"同僚并"自量"曰："孜孜奉國，知無不爲，臣不如玄齡"云云。按此古來月旦人倫之匡格，如《管子·小匡》篇又《呂氏春秋·勿躬》篇論百官："升降揖讓，進退閑習，辨辭之剛柔，臣不如隰朋"一節，《韓非子·外儲說》一節略同；《史記·高祖本紀》高祖曰："公知其一，未知其二，夫運籌帷帳之中，決勝於千里之外，吾不如子房"一節；《三國志·魏書·陳矯傳》陳登曰："有德有行，吾敬陳元方兄弟"一節；《後漢書·陳蕃傳》讓曰："率由舊章，臣不如太常胡廣"一節；《世説·品藻》庾龢曰："思理倫和，吾愧康伯"一節。若夫僅舉一人與己短長者，則如《國語·越語》下范蠡曰："四封之内，百姓之事，蠡不如種也"云云，《史記·項羽本紀》宋義曰："夫被堅執鋭，義不如公"云云，《吕后本紀》陳平、絳侯曰："於今面折廷争，臣不如君"云云，《田叔列傳》附褚先生記田仁、任安"相推第"云云；《三國志·吴書·孫破虜討逆傳》

-1089-

孫策謂孫權曰："與天下爭衡，卿不如我"云云；《北齊書·儒林傳》張雕曰："若作數行兵帳，雕不如〔唐〕邕；若致主堯、舜，身居稷、契，則邕不如我"；《北史·李渾傳》謂魏收曰："雕蟲小技，我不如卿；國典朝章，卿不如我"；《世説新語·方正》王爽與王恭較量語，《品藻》龐統自較顧劭語，謝鯤、周顗自較庾亮語（《世説》記龐統語："陶冶世俗，與時浮沉，吾不如子；論王霸之餘策，覽倚仗之要害，吾似有一日之長"；《三國志·蜀書·龐統傳》裴松之註引張勃《吳録》作"陶冶世俗，甄綜人物……論帝王之秘策，攬倚伏之要最……"，於義爲長，"與時浮沉"與"陶冶世俗"尤詞意背忤）。六朝以還，如《舊唐書·李光弼傳》謂韋陟曰："夫辨朝廷之禮，光弼不如公；論軍旅之事，公不如光弼"，不復具舉。後世黃道周《黃忠端公全集》卷二有《三罪四恥、七不如疏》。顧炎武《亭林文集》卷六《廣師》，尤成章之在人耳目者。平步青《霞外攟屑》卷七上謂《廣師》本《東坡志林》卷一劉原父語，似未知漢、唐早有此體制也。

《選將》（出《譚賓録》）李勣臨陣，"必相有福禄者"遣之，曰："薄命之人，不足與成功名。"按《史記·李將軍列傳》所謂"數奇"是也。相傳拿破侖選將亦然，忘見何書矣。

【增訂三】《精忠説岳傳》第三〇回王貴以岳飛點牛皋作先鋒，心懷不平，訴於湯懷曰："難道我二人的本事不如了他麼？"湯解之曰："不是這等説！大哥常説他大難不死，是員福將，故此每每教他充頭陣。"可以箋李勣語。

《張鷟》（出《朝野僉載》）論李嶠曰："李公有三戾：性好榮遷，憎人升進；性好文章，憎人才筆；性好貪濁，憎人受賂。"按錢易《南部新書》丙略同，蓋仿《世説新語·品藻》卞望之論郗鑒曰："郗公體中有三反：方於事上，好下佞己；治身清貞，大修計校；自好讀書，憎人學問"；《三國志·魏書·王朗傳》裴松之註引劉寔論王肅亦曰："方於事上，而好下佞己，此一反也；性嗜榮貴，而不求苟合，此二反也；吝惜財物，而治身不穢，此三反也。"

六四　卷一七〇

《姚元崇》（出《明皇雜録》）張説悔恨曰："死姚崇猶能算生張説！"按《三國志・蜀書・諸葛亮傳》裴松之註引《漢晉春秋》："百姓爲之諺曰：'死諸葛走生仲達。'或以告宣王，宣王曰：'吾能料生，不能料死也！'"《玉照新志》載道士過蘇軾廟七律頸聯："才力謾趨生仲達，功名猶忌死姚崇"，即連類儷事。《廣記》卷三二七《顧總》（出《玄怪録》）引時人語："死劉楨猶庇得生顧總"，語型亦同。

六五　卷一七一

　　《嚴遵》（出《益都耆舊傳》）聞女子哭夫而聲不哀，考問，以淫殺夫。按卷一七二《韓滉》（出《酉陽雜俎》）事同而異主名，皆本《韓非子·難》三子產晨出，過東匠之間，聞婦人之哭"不哀而懼"，知其有姦。《酉陽雜俎》引《論衡》記子產事與韓滉事相比，實則《論衡·非韓篇》明言爲《韓非子》語也。

　　《李傑》（出《國史異纂》）寡婦告其子不孝，傑察知其與道士姦。按《綠窗新話》卷上《王君判道士犯姦》、《初刻拍案驚奇》卷一七事同。

六六　卷一七三

《張融》（出《談藪》）歎曰："不恨我不見古人，恨古人不見我"，又曰："不恨臣無二王法，亦恨二王無臣法。"按卷二三六《元琛》（出《洛陽伽藍記》卷四）謂章武王融曰："不恨我不見石崇，恨石崇不見我。"釋德洪《石門文字禪》卷二《贈王性之》："不恨子未識和仲，但恨和仲未識君"；辛棄疾《賀新郎》："不恨古人吾不見，恨古人不見吾狂耳"；均仿此。

【增訂三】《虞初新志》卷四余懷《寄暢園聞歌記》爲徐君見作也，謂："南曲蓋始於崑山魏良輔云。……此道不絶如線，而徐生蹶起吴門，搴魏赤幟易漢幟，恨良輔不見徐生，不恨徐生不見良輔也。"樂鈞《耳食錄》卷五《瘋道人》："一妓繼歌曰：'……古人不見今時月，今月曾經照古人。'仙者笑曰：'誤矣！乃今人不見古時月也。'妓曰：'今人不見古時月，古人亦誰見今時月來？'仙者歎息"；"仙者"即李白，此妓口給，仿張融語式爲李白詩句進一解耳。

六七　卷一七五

　　《元嘉》（出《朝野僉載》）五官並用，"六事齊舉"，能"左手畫圓，右手畫方，……足書五言絕"。按《韓非子·功名》篇："右手畫圓，左手畫方，不能兩成"，又《外儲說》左下："子綽曰：'人莫能左畫方而右畫圓也。'"《廣記》卷一八四《韋貽範》（出《北夢瑣言》）羅隱曰："是何朝官！我腳夾筆，亦可敵得數輩"；狂語也，元嘉則實解腳夾筆矣。梁玉繩《瞥記》卷四、梁學昌《庭立紀聞》卷一列舉五官並用故事頗備。

　　《蘇頲》（出《開天傳信記》）詠兔曰："兔子死䦨殫，持來掛竹竿。"按"䦨殫"者，疲軟不振貌，如《藝文類聚》卷六四《宅舍》引晉束晳《近游賦》："乘篳輅之偃蹇，駕䦨單之疲牛"；唐人多用之。盧照鄰《釋疾文》之二《悲夫》："草木扶疏兮如此，余獨䦨單兮不自勝"；劉知幾《史通》內篇《二體》："碎瑣多蕪，䦨單失力"；白行簡《天地陰陽交歡大樂賦》："袋䦨罕而亂擺"，"罕"必"單"之譌；《清異錄》卷三《衣服》引諺："䦨單帶，疊垛衫，肥人也覺瘦巖巖"，即言帶之柔弛貌。"䦨單"音轉而爲"郎當"，如《朱子語類》卷一三〇謂"張文潛軟郎當"；蘇鶚《演義》謂"龍鍾"乃"不昌熾、不健舉貌，如'籃鬖'、'拉搭'之類"，亦音之轉也。

六八　卷一七六

　　《婁師德》（出《國史異纂》）教弟曰："人唾汝面，拭之是違其怒，正使自乾耳。"按吳曾《能改齋漫錄》卷一謂師德語本《尚書大傳·大戰》篇太公曰："罵汝毋歎，唾汝無乾。"羅璧《羅氏識遺》卷二："小説著太公勸忍之言曰：'吞鈎之魚，悔不忍飢；罹網之鳥，悔不忍飛；人生誤計，悔不忍爲。故唾面將襟拭，嗔來把笑迎，則知辱之當忍矣'"；與《大傳》載太公語適反，正師德所戒也。"小説"當即《太公家傳》或《太公家教》；"嗔來把笑迎"猶《水滸》第二七回："自古嗔拳輸笑面"或《五燈會元》雲臺因禪師語："嗔拳不打笑面"，而《中州集》卷七載王革一聯："赤心遭白眼，笑面得嗔拳"，則憤慨之詞。高承《事物紀原》卷九記"江淮之俗，每作諸戲，必先設'嗔拳'、'笑面'。"

六九　卷一七七

《陸象先》（出《國史補》）謂參軍曰："打也得，不打也得；官人打了，去也得，不去也得。"按亦見卷四九六《趙存》（出《乾膜子》）記象先事。

《元載》（出《國史補》）魚朝恩曰："怒者常情，笑者不可測也。"按《全唐文》卷七九八皮日休《鹿門隱書》："古之殺人也怒，今之殺人也笑"，均李義府"笑中有刀"之意。白居易《新樂府·天可度》："君不見李義府之輩笑欣欣，笑中有刀潛殺人"；明用義府事入詩，似莫早於此，所謂"直道當時語"也。喬叟名句亦曰："面上笑，衣下刀"（The smyler with the knyf under the cloke）。范成大《石湖詩集》卷二四《題請息齋六言》之三："笑中恐有義府，泣裏難防叔魚"，則言哭亦不可測；沈起鳳《諧鐸》卷一一《老僧辨奸》託僧語論嚴嵩曰："哭者人情，笑者真不可測也"，又仿魚朝恩之論元載。屈大均《廣東新語》卷一六記西洋人"機銃名'覿面笑'，毀藏於衣袯之中，而突發於咫尺之際，殺機不測，良可寒心！"；復本"笑中刀"之意，以題目手鎗，非"西洋人"原命"名"也。

【增訂三】十八世紀英國大畫師嘗言，圖畫中欲示人物之為偽君子，最難著筆。道貌岸然而面帶奸相，善氣盎然而目露凶光，則斯人雖裝幌子，其飾僞望而可識，安能惑衆售欺乎？繪之者須於形相之外，另著跡象，如容顏堆笑而手刃方刺，其心事之藏奸蘊毒遂曉然矣(so that the character of a hypocrite is entirely out of the power of the pencil, without some adjoining circumstance to discover him, as smiling and stabbing at the same time, or the like—W. Hogarth, *The Analysis of Beauty*, ch.15, ed. J. Burke, 137)。與"義府笑中刀"之喻，真造車合轍者。

七〇　卷一八〇

《宋濟》（出《盧氏小說》）德宗曰："茶請一碗"，濟曰："鼎水中煎，此有茶味，請自潑之。"按《雲笈七籤》卷一一三下引《續仙傳》聶師道尋蔡真人，投一草舍，"主人以湯潑茶"。觀此二則，唐人已有瀹茗者。蘇軾《試院煎茶》詩自註："古語云：'煎水不煎茶'"；蘇轍《欒城集》卷四《和子瞻煎茶》："相傳煎茶只煎水，茶性仍存偏有味"；蓋必有所承矣。

《李固言》（出《摭言》）不曉人事，親表戲於其頭巾上帖文字云："此處有屋僦賃。"按法俗語嘲無智者亦云："渠頭中有屋召租"（Il y a bien des chambres à louer dans sa tête）。英一文人自負好頭腦，狂言曰："吾將大書額上曰：'召租'"（I will write upon my forehead in legible characters,"To be let"），父聞之曰："兒乎，莫忘加'空屋'兩字也"（And under that write —"Unfurnished"）[①]。

[①] *Sheridaniana*, J. Thornton, ed. *Table Talk*, "Everyman's", 128.

七一　卷一八一

　　《賈島》（出《摭言》）不善程試，每試，巡鋪告人曰："'原夫'之輩：乞一聯！乞一聯！"按"告"如"告急"之"告"，"夫"音"扶"，"原夫"指程試律賦中起轉語助。轉如《文苑英華》卷一翟楚賢《天行健賦》："原夫天者乾之形，乾者天之名"，卷四紇干俞《海日照三神山賦》："原夫出巨浸以貞明，次崇岡而久照"；起如卷二〇甘子布《光賦》："原夫陽之化，陰之融"，卷二四顏舒《刻漏賦》："原夫陰陽遞運，日月分馳。"

　　【增訂三】釋文瑩《玉壺清話》卷四記朱台符"少有賦名"，所作文字"皆類於賦，章疏歌曲亦然"，嘗爲數閣，其鄉人田錫嘗曰："朱拱正一閣，乃《閨怨賦》一首，祇少'原夫'。"

"輩"謂解作此類語句之士，即《日知錄》卷一七所考唐時應試者互稱"先輩"之"輩"。耳食爲文，不求甚解，或誤以"夫"爲實字，讀成"丈夫"之"夫"，甚或通假作"父"字，指人而言。名士勝流，亦每未免。如陳造《江湖長翁文集》卷一一《送李生歸赴秋試》第一首："功名數前輩，術業舊原夫"，以"夫"對"輩"，似認作實字也。劉克莊《後村大全集》卷一〇九《跋李光子詩卷》:"士生叔季,有科舉之累,以程文爲本經,以詩古文爲外學,惟才高能並工。賈浪仙有詩名,入試,乃問原父輩乞一聯",若非謄録、印刷有譌,則幾同劉敞之字矣!陳人傑《沁園春·登岳陽樓》:"原夫輩,算事今如此,安用毛錐!";以"原夫"泛指文墨之事,亦未切當。楊萬里詩文中用此事最多,如《誠齋集》卷一五《題龍舜臣遜志齋》:"欲知聖處真消息,不是'原夫'一兩聯";卷一〇五《與權府聶通判》:"渠於'原夫輩'之外,詩文超絶云";卷一三一《靜菴居士曾君墓銘》:"既而又奮曰:'原夫之輩,豈學也乎!'";觀卷五四《回余復狀元啓》:"問學河漢,豈屑'原夫'之兩聯;時世文章,政堪莞爾之一笑";以"原夫"別出於"詩文"、"學","莞爾"之"爾",亦屬語助,對偶銖鋼悉稱,足證其於"原夫"得正解也。賈島《送雍陶及第歸成都》:"不唯詩著籍,兼又賦知名";語涵驚羨,正緣己衹偏長,不能"兼"擅耳。

《蘇景、張元夫》(出《盧氏雜説》等)"後有東西二甲,東呼西爲'茫茫隊',言其無藝也。"按董逌《廣川畫跋》卷五《書舉子圖後》:"人物衣冠作唐人服,爲舉子者七十八人,列二隊,是若相嘲謔。……舊無名,惟呼《措大出隊》。……此殆昔《朋甲圖》也。……各以朋甲相爲敵者,至有東、西甲,東呼西爲'茫茫隊',言無所知也。"即本此。"甲"與"朋"猶"隊";封演《封氏聞見記》卷六載"拔河",謂"分兩朋,兩相齊挽",中宗時曾以清明命侍臣爲此戲,"東朋貴人多,西朋奏勝";猶此言"東西二甲"也。

【增訂三】徐夤《忙》:"雙競龍舟疾似風,一星球子兩明同",《全唐詩》於"明"字下註:"一作'朋'",蓋不知"明"爲

"朋"之訛字。孟元老《東京夢華録》卷七《駕登寶津樓諸軍呈百戲》:"分爲兩隊,各有朋頭一名。……一朋頭用杖擊球子,如綴球子方墜地,兩朋争占。""朋"即是"隊",宋世語尚然。

【增訂四】《晉書·魏舒傳》:"累遷後將軍鍾毓長史,毓每與參佐射。……後遇朋人不足,以舒滿數。""朋人"即謂一隊之人數也。崔令欽《教坊記·序》亦云:"凡戲輒分兩朋,以判優劣。"李商隱《驕兒詩》:"朋戲渾甥姪",諸家註皆未解,正言與甥姪輩偕戲,分爲兩隊耳。《全唐詩》花蕊夫人《宫詞》:"分朋閑座賭櫻桃"句中"朋"字下註:"一作'明'",蓋不解"朋"義,多此一舉也。

七二　卷一八八

　　《張易之》（出《國史異纂》）。按與卷一四三《張易之》（出《朝野僉載》）乃一事。

七三　卷一九三

　　《虬髯客》（出《虬髯傳》）。按《雲笈七籤》卷一一二《神仙感遇傳·虬鬚客》即蹈襲本篇而增首句云："虬鬚客道兄者，不知名字。"道士瓜皮搭李，買菜求益，令人笑來，豈師法紅拂之稱虬髯爲"兄"乎？真取則不遠矣！宋范公偁《過庭録》記曾見《黄鬚傳》，中載李靖竊富家女而遁，於逆旅見黄鬚老人切人頭食之云云；疑是此篇之别本耳。紅拂曰："妾亦姓張，合是妹"，蓋覰虬髯平視己之梳頭，故正名定分，防其萌非分想也。《水滸傳》第八一回李師師"看上"燕青，"把言語調他"，燕青"心生一計"，問師師年齡，即曰："娘子既然錯愛，願拜爲姐姐"；《警世通言》卷二一《宋太祖千里送京娘》公子曰："俺借此席面，與小娘子結爲兄妹"，即爲後文"兄妹相稱，豈可及亂！"伏筆；均可相參。王實甫《西廂記》第二本第三折："老夫人云：'小姐近前拜了哥哥者。'張背云：'呀！聲息不好了也！'鶯鶯云：'呀！俺娘變了卦也！'張生退席云：'今日命小生赴宴，將謂有喜慶之期，不知夫人何見，以兄妹之禮相待？'"；鄭德輝《㑳梅香·楔子》："裴小蠻云：'不知夫人主何意，却叫俺拜他做哥哥'"，第一折："白敏中云：'將親事全然不提，則説着小姐拜哥哥'"；則老母板障，以"兄妹之禮"阻兩小夫婦之儀，作用正同。孟德斯鳩《隨筆》(Spicilège)亦引語云："願彼美莫呼我爲兄；若然，吾亦不得不以妹稱之矣！"(Qu'il n'arrive point, dit Aristarque, à ce beau visage, à ce doucereux, de m'appeler frère, car je l'appellerais soeur)①。當世英國一小説家撰自傳，記曾識一女小説家才高而貌寢，恐其鍾情於己，乃與書約爲兄妹(I asked Dorothy Edwards in a letter if she were willing to adopt me as her brother, and allow me to adopt her as a sister. I hoped that if we adopted each other in this way, we should be able to avoid a sex entanglement)②。與紅拂、宋祖、燕青百慮一致。王猷定《四照堂集》卷一二《戲論紅拂奔李靖》："嗟乎！興衰去就之際，苟失大勢，雖以英雄處此，不能保婢妾之心。況其他乎！"慨明亡而借題寓感耳。

《嘉興繩技》（出《原化記》）。按《聊齋志異》卷一《偷桃》所濫觴也。《聊齋》馮評："明錢希言《獪園》一書敍有此事"，尚未的當。《獪園》卷二《偷桃小兒》謂緣木棍升天，《聊齋》則同《廣記》之言拋繩虚空，蓋捉二事置一處。德國故事亦謂術士擲繩高空(Warf er ein Seil in die Höhe)，繩引小駒，術士攀馬蹄，妻牽夫足，婢牽婦衣，魚貫入雲而逝③。愛爾蘭故事(*O'Donnell's Kern*)言有精繩技者拋絲線掛浮雲上(He

---

① Montesquieu, *Oeuvres complètes*, "Bib. de la Pléiade," II, 1278.
② David Garnett, *The Familiar Faces*, 87–8.
③ Brüder Grimm, *Deutsche Sagen*, §253, "Fest Hängen", Propyläen Verlag, I, 273–4.

tosses up a silken thread so that it catches on a cloud），使一兔、一犬、一童緣而登天，繼遣一少女去善視兔，良久不下，繩師心疑，遂收其線，則女方與童狎而兔已爲犬噉（Sure enough, the boy is between the girl's legs and the dog is picking the hare's bones），怒斬童首，觀者責其忍，乃復安頭頸上，以面背向，童即活①；尤爲詼詭。《西洋記》第七五回金碧峰使飛鈸禪師所殺諸人復活，亦有"一個人錯安了頭，安得面在背上"。

---

① Vivian Mercier, *The Irish Comic Tradition*, 24.

七四　卷一九四

　　《崔慎思》（出《原化記》）。按與卷一九六《賈人妻》（出《集異記》）皆即《全唐文》卷七一八崔蠡《義激》所記事也，情節蓋兼《聊齋志異》卷二《俠女》與卷六《細侯》。

　　《聶隱娘》（出《傳奇》）"化爲蠛蠓，潛入僕射腸中聽伺。"按《中阿含經》之一三一："魔王化作細形，入大目犍連腹中"，又《增壹阿含經》卷二八記目連降龍，"化爲細身，入龍身內，從眼入耳出，耳入鼻出，鑽嚙其身"，亦即《西遊記》中孫行者化蟭蟟蟲或紅桃入鐵扇公主、金毛白鼠精或獅駝洞老魔等腹中之術。宋人《大唐三藏取經詩話·過長坑大蛇嶺》第六行者謂虎精曰："看你肚中有一老獼猴"，虎精果腹裂而死；然行者初未潛入虎腹。元曲李好古《張生煮海》第三折石佛寺行者則乘大蟲飲水"開口之時，只一個筋斗早打到他肚裏去了"；雖入肚而未化形。吳昌齡《西遊記》第九折祗言行者化焦螟蟲，未道其鑽入腹中。烟霞散人《斬鬼傳》第八回黑眼鬼"使出神通，將身縮小，竟往鍾馗眼裏直鑽，竟鑽入去了，疼得鍾馗滿眼流淚"；不入腹而入目，伎倆實同。《新齊諧》卷一四《狐鬼入腹》："李晚膳畢，忽腹中呼曰：'我附魂茄子上，汝啖茄即啖我也；我已居汝腹中，汝復何逃？"《六合内外瑣言》卷五《豬母》寫金山老僧降水怪云："赤牛難治，衲以身餌，遂爲所食，登岸而刳其心。"則皆師行者故智，而隱娘事其椎輪也。《廣記》卷四四五《楊叟》（出《宣室志》），似本竺法護譯《生經》第一〇《鼈、獼猴經》而爲孫行者比邱國剖心一節所自出，卷四一五《賈秘》（出《瀟湘記》）則唐僧木仙菴談詩一節所自出也。連類舉之。

【增訂四】西故亦道小物爲大物所吞食，入腹遂咀嚼或顛攪其臟腑者。相傳埃及之獴能入巨鱷之口而食其肝腸，略如孫行者恫嚇獅駝洞老魔及金毛白鼠精所謂"將這裏邊的肝、腸、肚、肺細細兒受用"，"吃了六葉連肝肺，三毛七孔心"；文家論大惡巨憝每爲微賤之徒所困虐，即取此設譬焉（Oftentimes a base contemptible fellow is the instrument of God's justice to punish, to torture, to vex them, as an *ichneumon* doth a *crocodile*. —R. Burton, *Anatomy of Melancholy* Part II, Sect. iii, Mem. 7, George Bell, 1904, Vol. II, p. 226, Note：The ancients thought the ichneumon ... even entered the mouth of the crocodile, and gnawed its entrails.）。英國童話言侏儒"大拇指湯姆"爲巨人所食，一躍入腹，不遭齒决，於是虎跳筋斗，幾欲穿穴臟腑，巨人痛極，覺如有魔鬼在腹中作網球戲者，急向大海哇而出之（*Tom* did, [when the Gyant tooke hold of him] give a skippe downe [unchewed] into his throat, and so into his belly, and there kept such a rumbling and tumbling in his guts, as if he would have gnawne a hole quite thorow：... the Gyant ... thought the

Diuell or his dam had plaid at Tennis in his paunch: therfore in fury ... he disgorged his stomacke, and cast out his burthen, at least three miles into the Sea. —Iona and Peter Opie, *The Classical Fairy Tales*, Granada, 1980, p. 51)。孫行者在羅剎女腹內"耍子",在金毛白鼠精口內"轂轆徑到肚腹","支架子,理四平,幾乎把個皮袋兒搗破",又與此大類矣。

七五　卷一九五

　　《馮燕》（出沈亞之《馮燕傳》）。按本則標明沈文，而卷二八二《邢鳳》、《沈亞之》兩則亦即《沈下賢文集》卷四《異夢錄》、卷二《秦夢記》，却皆標"出《異聞錄》"，紛錯如此。司空圖《馮燕歌》末云："爲感詞人沈下賢，長歌更與分明説"；王明清《玉照新志》卷二載曾布《水調七遍》亦賦燕事，多本於司空《歌》，如"爾能負心於彼，於我必無情"，即《歌》之"爾能負彼必相負，假手他人復在誰"，沈《傳》初無爾許語也。張齊賢《洛陽縉紳舊聞記》卷三向拱殺所私潞民妻事、《紀錄彙編》卷二〇一陸釴《病逸漫記》北京馬姓事又卷二〇二祝允明《前聞記》某校尉"牀下義氣"事，均與馮燕行徑大似，《貪歡報》第八回鐵念三事所出也。

七六　卷一九七

　　《傅奕》（出《國史纂異》）婆羅門僧有佛齒，所觸無堅不碎，奕謂其子曰："吾聞金剛石至堅，物莫能敵，唯羚羊角破之"；果然。按傅奕闢佛，爲僧徒所深仇痛恨；《廣記》卷一一六《傅奕》（出《地獄苦記》）記奕暴卒，"配越州爲泥犁"，《法苑珠林》卷九六《感應緣》之一一即其事。蓋緇流加誣爲幻，稍抒憤毒，以證實《舊唐書》奕本傳蕭瑀所謂"地獄所設正爲是人"耳。志磐《佛祖統記》卷三九："奕小人謗法，罪在泥犁。……佛舍利齒骨，一切物不能壞，彼婆羅門所携之齒，恐非佛真。……雖足以成傅奕博物之名，而終不能知吾佛金剛不壞之體。"痴人前真説不得夢也！何以不曰奕之"博物"亦正竊"吾佛"之餘智耶？《大般涅槃經・菩薩品》第一六："譬如金剛，無能壞者，悉能破壞一切諸物，惟除龜甲及白羊角"；《全唐文》卷九一四惠能《〈金剛般若波羅蜜經〉序》："金剛喻佛性，羚羊角喻煩惱。金剛雖堅，羚羊角能碎；佛性雖堅，煩惱能亂。"志磐豈未聞此等言説耶？

　　《郝處俊》（出《朝野僉載》）太宗須"無脂肥羊"充藥，郝云："須五十口肥羊，一一對前殺之，其羊怖懼，破脂並入肉中，取最後一羊，則極肥而無脂也。"按隱本釋書，鳩摩羅什譯《大智度論·論忍義》第二五："國王言：'取無脂肥羊來，若不得者，當與汝罪。'大臣有智，繫一大羊，以草穀好養，日三以狼畏怖之；羊雖得養，肥而無脂。菩薩見無常苦空狼，令諸結使脂消，諸功德肉肥。"智者《摩訶止觀》屢用此喻，如卷六："三藏菩薩初修空狼，伏煩惱羊，……煩惱脂消，功德轉肥"；卷七："多修六度功德，善本似羊身肥，勤觀無常諸惡業壞，恒被狼怖，如羊無脂"；卷一〇："以無常狼，怖空見羊，煩惱脂銷，廣起願行，功德身肥。"

七七　卷一九八

《張説》(出《大唐新語》)。按見《大唐新語》卷八,《舊唐書·楊炯傳》、《新唐書·駱賓王傳》全采之。《皇甫持正文集》卷一《諭業》云:"夫比文之流,其來尚矣。當朝之作,則燕公悉已評之";正指此,"當朝"即宋以來所謂"本朝"也。

七八　卷二〇〇

　　《杜荀鶴》（出《北夢瑣言》）荀鶴詩："舊衣灰絮絮，新酒竹篘篘"；韋莊詩："印將金鎖鎖，簾用玉鈎鈎。"按以文爲戲，偶弄狡獪，亦未須詩律傷嚴，防微杜漸。然充類至盡，必如成書《古詩存·凡例》論蘇蕙《璇璣圖》所言："謂之絕技則可，謂之詩則不可"，蓋加厲則將變本矣。貫休《寄懷楚和尚》之二："爭將金鎖鎖，那把玉籠籠"；何光遠《鑑戒錄》卷八高駢、羅隱聯句："青蠅被扇扇離坐，白澤遭釘釘在門"；司馬光《涑水紀聞》卷三路沖、王嗣宗聯句："佳果更將新合合，惡人須用大枷枷"；李新《跨鼇集》卷一《癭賦》自註："世詩有'妻憐爲枕枕，兒戲作胞抛'之句"；楊萬里《誠齋集》卷六《秋暑》："剩暑不蒙蕉扇扇，細雲聊借月梳梳"；阮大鋮《詠懷堂詩》外集乙部《石巢夜起看月》："久拜兩疏疏，穩作陶潛潛"；皆此體。王次回《疑雨集》卷一《寄懷弢仲秣陵》之一："見説人歸歸雁後，那堪淚落落花前"，小變其格而尤工。

七九 卷二〇一

《獨孤及》（出《傳載》）嗜鼓琴，"得眼病不理，意欲專聽。"按卷二〇三《師曠》（出《王子年拾遺記》）亦云："乃薰目爲瞽，以絕塞衆慮，專心於星算音律。"參觀《史記》卷論《老子、韓非列傳》。

《房琯》（出《傳記》）顏真卿刻姓名於石，或置之高山，或沉之大洲，曰："安知不有陵谷之變耶？"按《晉書·杜預傳》："預好爲後世名，常言：'高岸爲谷，深谷爲陵。'刻石爲二碑，紀其勳績，一沉萬山之下，一立峴山之上，曰：'焉知此後不爲陵谷乎？'"此亦可入吳曾《能改齋漫錄》之《類對》門或周亮工《同書》者。

八〇　卷二〇二

　　《劉獻之》（出《談藪》）謂所親曰："觀屈原《離騷》之作，自是狂人，死何足惜！"按《魏書·儒林傳》記其語作："自是狂人，死其宜也，何足惜也！"元吾邱衍《閒居錄》："越士王榮仲不能通訓詁，見古書輒不悅。一日見《楚辭》，歎曰：'作文如此艱澀，宜乎投水死也！'"；明姚旅《露書》卷六："屈原宜放，馬遷宜腐。《傳》曰'吉人之詞寡，躁人之詞多'；觀其《經》，觀其《書》，不亦然乎！"《經》謂《離騷經》，《書》謂《太史公書》也。明人常有此等猥惡議論，如《紀錄彙編》卷一八七田藝蘅《留青日札》："解縉詩皆口號。而當世人皆稱其才名絕世，可謂貽笑萬世也！不得其死所，宜哉！"是貽笑後世尚不足以償惡詩之罪，而必作者現世得惡報也。據王世貞《弇州山人四部稿》卷一四九《藝苑卮言》，明成祖"命獄吏沃解大紳以燒酒，埋雪中死"。

八一 卷二〇三

　　《蔡邕》(出《漢書》,疑是華嶠《後漢書》)。按《藝文類聚》卷九七、《太平御覽》卷九四六皆引此節,明言出華嶠書。其事實本《韓詩外傳》卷七孔子鼓瑟事,《孔叢子·記義》篇則作孔子鼓琴。《太平御覽》卷九一二引《琴操》載曾子鼓琴事略類。

八二　卷二〇四

《秦青、韓娥》（出《博物志》）。按亦見《列子·湯問》篇。又按卷二〇五《趙辟》（出《國史補》）："方吾浩然，眼如耳，目如鼻，不知五絃爲辟，辟之爲五絃也"；亦本《列子·黃帝》："而後眼如耳，耳如鼻，鼻如口。""目"字必爲"耳"字，《得月簃叢書》本《國史補》卷下此則亦誤作"目"，校刊者不知出處，遂沿譌耳。

《李袞》（出《國史補》）崔昭"請第一部樂及京邑之名倡"爲會，曰："請表弟歌"，座皆匿笑，及袞發聲，樂人皆大驚曰："是李八郎也！"按《苕溪漁隱叢話》後集卷三三引李清照《詞論》："開元、天寶間，有李八郎者"云云，即此事，而誤憶爲新進士曲江之宴，至謂曹元寵念奴皆與會。

八三　卷二〇七

《僧智永》（出《尚書故實》）取筆頭瘞之，號爲"退筆塚"。按卷二〇八《僧懷素》（出《國史補》）棄筆堆積，埋於山下，號曰"筆塚"。

八四　卷二〇八

《購蘭亭序》（出《法書要錄》）。按"購"字疑當作"賺"字，然宋袁文《甕牖閒評》卷五引宋祁《雞跖集》曰："余幼時讀《太平廣記》，見唐太宗遣蕭翼購蘭亭帖"，苟非袁書梨棗貽誤，則原是"購"字矣。此則即《全唐文》卷三〇一何延之《蘭亭始末記》；趙彥衛《雲麓漫鈔》卷六嘗謂事不可信，指其謬妄七端。董逌《廣川畫跋》卷二《書〈陸羽點茶圖〉後》言人稱《蕭翼取蘭亭圖》，已爲更定其名；吳曾《能改齋漫錄》卷四載蔣璨《跋閻立本畫蕭翼取蘭亭》而辯之曰："據此所畫書生衣白與夫老僧張頤，皆失實，恐非閻筆"；樓鑰《攻媿集》卷七一《跋袁起巖所藏閻立本畫〈蕭翼取蘭亭圖〉》："此圖世多摹本，或謂韓昌黎見大顛，或謂李王見木平，皆非也。使是二者，不應僧據禪牀而客在下座，正是蕭翼耳。"蓋皆見古畫人物而各以意牽合故事，加之標識，未保其畫之真出閻立本手筆或果取賺《蘭亭》爲題材也。謝肇淛《五雜俎》卷七云："宦官婦人每見人畫，輒問：'甚麼故事？'談者往往笑之"；十八世紀英國一畫師（John Opie）亦深厭俗人見畫人物輒問"阿誰？肖否？"（all reiterating the same dull and tasteless question, Who is it? and Is it like?）①。此等附會題目，政所以塞宦官俗人輩之問耳，初非定論也。

---

① *Lectures on Painting*, quoted in C. B. Tinker, *Painter and Poet*, 22.

八五　卷二〇九

　　《東都乞兒》(出《酉陽雜俎》)無兩手，以右足夾筆，寫經乞錢。按宋上官融《友會談叢》(《說郛》卷四〇)引之而增所見婦人以足梳頭及其友所見婦人以足刺繡；清梁玉繩《瞥記》卷七、梁學昌《庭立紀聞》卷一又蒐討正史、野記所載以足代手之事。《酉陽雜俎》卷五以此事入《詭習》門。蒙田論習(la coustume)可移性，舉無臂人以足行手事(Je viens de voir un petit homme né sans bras, qui a si bien façonné ses pieds au service que luy devoyent les mains)爲例；列奧巴迪論技皆由習(l'assuefazione)，亦舉無臂童子能以足代手及有手女子能以足趾刺繡(lo ho veduto un fanciullo nato senza braccia, far coi piedi le operazioni tutte delle mani; ho inteso di una donzella benestante che ricamava coi piedi)爲例①；正與"詭習"之旨相契。張彥遠《歷代名畫記》卷四《張衡》條自註論足亦能畫云："巧者非止於手運思，脚亦應乎心也。"以足書畫，西人掌故亦數述之②。

----

　　①　Montaigne, *Essais*, I. xxiii"Bib. de la Pléiade", 123; Leopardi. *Zibaldone*, ed. F. Flora I, 1374-5. Cf. *Il Pentamerone*, III. 2, *op. cit.*, 255.

　　②　G. B. Hill, ed. *Johnsonian Miscellanies*, I, 419; Katharine C. Balderston, ed., *Thraliana*, I, 49; Goldsmith, *The Citizen of the World*, no. 45, etc..

八六　卷二一〇

《張衡》（出《郭氏異物志》）有獸名"駭神"，狀貌醜惡，衡往寫其象，獸"畏寫"不出，衡去紙筆，獸乃出，衡拱手而"潛以足指畫之"。按《水經注》卷一四《濡水》引《三齊略記》海神自言"我形醜，莫圖我形"，秦始皇命工人"潛以脚畫其狀"；卷一九《渭水》忖留神自言"貌很醜"，畏人圖容，魯班乃拱手命之出而"以脚畫地"。三事相類；《歷代名畫記》卷四已將張衡事與秦始皇事並提。《藝文類聚》卷七四引《風俗通》："按《百家書》云：'公輸班之水，見螻，曰：見汝形。螻適出頭，般以足畫圖之，螻引閉其户，終不可得開'"；事又相同，螻即螺也。西方舊日僧侶畫魔鬼像狰獰醜惡，資袪除之用，據云魔鬼自慚形穢，羞見己相 (It was also believed that the devil felt much mortification in being thus portrayed)①。顧德諺謂："壁上莫畫魔鬼"（Man soll den Teufel nicht an die Wand malen），蓋圖鬼足以召鬼②；略如

---

① J, Dunlop, *The History of Fiction*, 4thed., 289.
② Wundt, *Völkerpsychologie*. IV, *Mythus und Religion*, I Teil, 489 (Zauber des Berufens); Cf. O. Rank, *Der Künstler*, 37: "Wenn man den Teufel an die Wand malt, so kommt er."

《新序·雜事》言葉公子高屋室畫龍而天龍下窺，或如《龍城錄》引諺言"談鬼則怪至"，則魔鬼又似顧影自憐而非自觀猶厭者。俗忌之紛紜如此。

《徐邈》（出《齊諧記》）畫板作鯔魚，懸岸，羣獺競來。按卷二一一《張僧繇》（出《朝野僉載》）、《高孝珩》（出《名畫記》）、《劉殺鬼》（出《名畫記》）、卷二一三《厲歸真》（出《玉堂閒話》）類此。他若《唐文拾遺》卷三二溫憲《程修己墓志銘》、卷四二歐陽炯《蜀八卦殿壁畫奇異記》以至曾敏行《獨醒雜志》卷九東安士人畫鼠、史震林《華陽散稿》卷上《記天荒》所記，繪畫不特似真逼真，抑且亂真奪真，更僕難終。《廣記》卷二一三《程修己》（出《畫斷》）唐文宗作歌云："再盼真假殊未分"，可以概之。詞人賦詠，已成印板。如王季友《觀于舍人壁畫山水》："獨坐長松是阿誰，再三招手起來遲；于公大笑向予説：'小弟丹青能爾爲！'"；杜甫《畫鶻行》："高堂見生鶻，颯爽動秋骨，初驚無拘攣，何得立突兀？"；高適《同鮮于洛陽於畢員外宅觀畫馬歌》："半壁趨趨勢不住，滿堂風飄颯然度；家僮愕視欲先鞭，櫪馬驚嘶還屢顧"；方干《水墨松石》："蘭堂坐久心彌惑，不道山川是畫圖"；黃庭堅《題鄭防畫夾》："惠崇煙雨歸雁，坐我瀟湘洞庭；欲喚扁舟歸去，故人言是丹青"；孫覿《題莫壽朋內翰所藏東坡畫枯木》："龍筋鶴骨老摧頹，百尺修圍折巨雷；倦鵲飛來空百繞，踏枝不着又驚回"；藍仁《題荷池白鷺》："西風雨過藕花稀，湛湛池波見雪衣；老眼不知原是畫，移筇欲近畏驚飛。"異域舊日品畫，正復同揆，以亂真爲貴（the ideal of facsimile painting），詩人題畫（the tradition of iconic poetry），亦無二致①。古希臘名手畫屋舍而飛鳥愛止，畫葡萄而衆禽争啄，畫馬則馬見而長嘶，畫蛇則鳥見而息噪②；所謂"繪事欲真，匪徒似真而已"（cum in pictura verum esse, non verisimile vellet）③。所傳兩畫師競技事，此（Zeuxis）畫葡萄，鳥下欲啄，彼（Parrhasius）畫垂帷，此來欲揭，方知非實，乃自失曰："吾藝能欺鳥，渠巧竟能惑我耶！"又可與釋典如《根本説一切有部毘奈耶藥事》卷一六記中天竺國兩畫師事相比。文藝復興時名家自道職志，仍云眩惑觀者，俾誤認爲真（che il visivo senso degli uomini vi prese errore, quello credendo esser vero che era dipinto）④，至比繪畫於詐誑，畫師以手代口，浪舌脱空（La Pittura non vuol dir altro che bugia; un pittore eccellentissimo, sì come un bugiardo, s'ingegna di somigliare la verità）⑤。後人別畫，識力漸進，歌德遂嘲人之以逼真肖物求畫者，厥智不能逾欲啄畫中葡萄之鳥雀（dass diese Liebhaber echte Sperlinge waren）⑥；黑格爾亦隱采其語⑦。

---

① Robert J. Clements, *Michelangelo's Theory of Art*, 148; Jean H. Hagstrum, *The Sister Arts*, 97 ff. Cf. Dryden: "To Sir Godfrey Kneller, "7–20, *Poems*, ed. J. Sargeaunt, 167–8; Anonymous: "A Poem in Defence of the Decent Ornaments of Christ Church, Oxon, " *The Oxford Book of Seventeenth-century English Verse*, 805–6.

② Pliny, *Natural History*, XXXV. 7, 36, 38; "Loeb", Vol. IX, pp. 276, 308–10, 350.

③ *Ibid*. XXXV. 36（Protogenes）, *op. cit.*, 336.

④ Boccaccio, *Il Decamerone*, VI. 5（Giotto）, Ulrico Hoepli, 388.

⑤ Cellini: "Discorsi Sopra l'Arte", *La Vita scritta per Lui Medesimo seguita dai Trattati ecc.*, a cura di A. J. Rusconi e A. Valeri, 800, Cf. 809 nota（Il Tribolo）.

⑥ "Ueber Wahrheit und Wahrscheinlichkeit der Kunstwerke", in G. F. Senior and C. V. Bock, ed., *Goethe the Critic*, 21.

⑦ Hegel, *Aesthetik*, Aufbau, 85.

蘇軾《書鄢陵王主簿所畫折枝》第一首："論畫以形似，見與兒童鄰"，即此意爾。

《顧愷之》（出《名畫記》）畫人物，數年不點目睛，曰："傳神寫貌，正在阿堵之中。"按此本《世説新語·巧藝》，而《太平御覽》卷七〇二又七五〇皆引《俗説》云："顧虎頭爲人畫扇，作嵇、阮，而都不點眼睛，曰：'點眼睛便欲語。'"似較《世説》所載更爲警切。蘇軾《傳神記》引"阿堵中"語而釋之曰："傳神之難在目，其次在顴頰；眉與鼻口，可以增減取似也"；惲格《甌香館集》卷一一《畫跋》曰："譬之人有眼，通體皆靈。究竟通體皆靈，不獨在眼，然而離眼不可也。"《廣記》卷二一一《張僧繇》（出《名畫記》）畫四龍，不點眼睛，云："點之即飛去"，人請點之，二龍乘雲騰上天；卷二八四《騫霄國畫工》（出《王子年拾遺記》）又爲龍鳳，皆不得作目，作必飛走，秦始皇使以淳漆各點兩玉虎一眼睛，旬日即失之。二事與《俗説》"點睛便語"相發明。洪邁《夷堅丙志》卷一九《汪大郎馬》記汪有良馬，其童又善調馭，邑之五侯廟塑泥馬，塑工寫汪之馬及童，宛然得真，"點目睛才畢手，汪馬忽狂逸，童追躡乘之"，皆溺水死。事相反而旨相成。

【增訂四】妙藝通靈（Pygmalion's power），各國舊日皆有此俗信，故畫師每不肯畢功定稿，恐所繪人物如真真之活也（artists ... refrain from putting the finishing touch to their paintings to prevent the images from coming to life. —E. H. Gombrich, *Art and Illusion*, 5th ed., 1977, p. 94）。

《孟子·離婁》章云："存乎人者，莫良於眸子"，趙岐註："言目爲神候，精之所在"；劉邵《人物志·九徵》："徵神見貌，則情發於目",劉昞註:"目爲心候。"蓋目乃心靈流露之官,人遂謂是精神滙注之處,認果作因,以跡爲本,"阿堵"不僅神賴以傳,而即神之所寓矣。《平妖傳》第四〇回:"原來萬物精靈都聚在兩個瞳神裏面,隨你千變萬化,瞳神不改;這天鏡照了瞳神,原形便現";足爲箋疏。西説有可比勘者。蘇格拉底論畫人物像,早言傳神理、示品性全在雙瞳①。正同《世説》所記顧愷之語。李伐洛曰:"目爲心與物締合之所,可謂肉體與靈魂在此交代"(C'est dans les yeux que se fait l'alliance de la matière et de l'esprit. On peut parodier un vers de la *Henriade*: Lieux où finit le corps et commence l'esprit)②。黑格爾以盼睐爲靈魂充盈之極、內心集注之尤(Der Blick ist das Seelenvollste, die Konzentration der Innigkeit und empfindenden Subjektivität)③。列奥巴迪亦謂目爲人面上最能表達情性之官,相貌由斯定格(la parte più espressiva del volto e della persona; come la fisionomia sia determinata dagli occhi)④。采風詢芻,初民野人之信忌亦歸一揆焉⑤;參觀論卷三六二《房集》則。樓鑰《攻媿集》卷七九《書老牛智融事》:"嘗問:'尚可作人物否?'曰:'老不復能作,蓋目昏不能下兩筆也。'問:'豈非阿堵中耶?'曰:'此雖古語,近

---

① Xenophon, *Memorabilia*, III. 10. 6, "Loeb", 237; Cf. B. Bosanquet, *History of Aesthetic*, 2nd ed., 25, 117.
② Rivarol, *Oeuvres Complètes*, 2^{e}éd., 1808, V, 332.
③ *Op. cit.*, 675.
④ *Zibaldone*, I, 1032-3, 1520-1; II, 912-3.
⑤ Wundt, *Völkerpsychologie*, 105 (die Vorstellung vom Sitz der Seele im Blick des Auges).

之而非也。欲作人物，須先畫目之上瞼，如兩筆如人意，則餘皆隨事而成，精神遂足。'只此一語，畫家所未及也。"爲顧愷之下一轉語，而人罕稱述者。

《黄花寺壁》（出《林登博物志》）元兆詰畫妖曰："爾本虛空，而畫之所作耳，奈何有此妖形？"對曰："形本是畫，畫以象真，真之所示，即乃有神；況所畫之上，精靈有凭可通。"按卷二一一《韓幹》（出《酉陽雜俎》）記畫馬"通靈"、卷二八六《畫工》（出《聞奇錄》）記真真像"遂活"，可合觀。

【增訂五】西方迷信亦謂人物之照相與圖像於其人其物不利 (Iona Opie and Moira Tatem, *A Dictionary of Superstitions*, 1989, p.305)。

卷二一〇《顧愷之》（出《名畫記》）桓玄詑語："妙畫通神，變化飛去"，在此數則中遂坐實矣。畫形則神式凭之，故妙繪通靈能活，擬像而成實物真人。言雖幻誕，而寓旨則謂人能競天，巧藝不亞於造化，即藝術家爲"第二造物主"（a second maker）[①]之西土常談也。王維《爲畫人謝賜表》："皆就筆端，別生身外"；獨孤及《和李尚書畫射虎圖歌》："精微入神在毫末，作繢造物可同功"；董其昌《容臺集·別集》卷四演此意："衆生有胎生、卵生、濕生、化生，余以菩薩爲'毫生'，蓋從畫師指頭放光拈筆之時，菩薩下生矣。丁南羽在余齋中寫大阿羅漢圖，余因贈印章曰：'毫生館。'"董語雋而見尚狹。夫何止佛像？韓幹之馬、畫

---

① Shaftesbury: "Soliloquy, or Advice to Author", *Characteristics*, ed. J. M. Robertson, I, 136. Cf. E. R. Curtius, *Europäische Literatur und lateinisches Mittelalter*, 2 Auf., 442 (Macrobius).

裏之真真,莫非"毫生"也。白居易《畫鵰贊》:"想入心匠,寫從筆精;不卵不雛,一日而成",又《畫竹歌》:"不筍而成由筆成";裴諧《觀修處士畫桃花圖歌》:"堪憐彩筆似東風,一朵一枝隨手發";陳與義《和張矩臣水墨梅花》之四:"含章簷下春風面,造化功成秋兔毫";豈不正謂此鳥、此竹、此花之爲"毫生"乎?手筆精能,可使所作虛幻人物通靈而活,亦可使所像真實人物失神而死。兩説相反相成,並行不悖。

【增訂三】黄庭堅《山谷内集》卷七《小鴨》:"小鴨看從筆下生,幻法生機全得妙",又卷九《和子瞻戲書伯時畫好頭赤》:"李侯畫骨不畫肉,筆下馬生如破竹。""生"字正"毫生"之"生"。畫松而松枯,圖馬而馬死,此意類推及於詩詠,則"花鳥"之"愁"少陵,"山川"之"怕"誠齋,指歸一揆;參觀《宋詩選註》論楊萬里註二八。

【增訂四】王建《哭孟東野》第一首:"吟損秋天月不明,蘭無生氣鶴無聲。自從東野先生死,側近雲山得散行。"謂萬物竊幸東野已死,無復遭斯人"吟損"之虞。少陵言"花鳥深愁",亦"愁"遭"詩篇"之"吟損"也。又王建《寄上韓愈侍郎》:"詠傷松桂青山瘦,取盡珠璣碧海愁","詠傷"正同"吟損",而"取盡"即唐扶《題道林岳寺》所歎"杜甫少恩"之"物色採拾盡"矣。

《廣記》卷四〇七《怪松》(出《酉陽雜俎》):"每令畫工畫松,必數枝衰悴",是後説之例。他如《水經注》卷一三《灅水》:"昔慕容廆有駿馬,赭白有奇相逸力,至僞光壽元年,齒四十九矣,而駿逸不虧;僞奇之,比鮑氏驄,命鑄銅以圖其像,親爲銘讚,鐫頌其傍,像成而馬死矣"(亦見《晉書·慕容儁載記》升平元年）；王令《廣陵先生文集》卷五《賦黃任道韓幹馬》："傳聞三馬同日死，死魄到紙氣方就"；程頤《家世舊事》："少師影帳畫……抱笏蒼頭曰福郎；家人傳曰：畫工呼使啜茶，視而寫之，福郎尋卒，人以爲'畫殺'。叔父七郎中影帳亦畫侍者二人，大者曰楚雲，小者曰僅奴，未幾二人皆卒。由是家中益神其事"；周密《雲烟過眼錄》卷一載曾紆《跋李伯時畫〈天馬圖〉》："魯直［黃庭堅］謂余曰：'異哉！伯時貌天廐滿川花，放筆而馬殂矣！蓋神駿精魂皆爲伯時筆端攝之而去，實古今異事，當作數語記之'"；鄧公壽《畫繼》卷六："朱漸、京師人，宣和間寫六殿御容。俗云：'未滿三十歲，不可令朱待詔寫真，恐其奪精神'"；《西遊記》第三二回魔王"叫掛起影神圖來，八戒看見，大驚道：'怪道這些時没精神哩，原來是他把我的影神傳來也！'"蘇轍《欒城集》卷一四《郭尉惠古鏡》七絶自註："俗言以鏡予人，損己精神，故解之云"；俗忌正復相通，以己之形容曾落鏡中，影徙神留，鏡去則神俱去矣。異域亦有類此者。德國一詩人嘗賦畫師爲少女寫真逼肖，然畫中人頰嫣紅，則女頰變爲慘白，畫中人目炯如，則女目轉而黯然（Er malte ihrer Wangen Rot，/Des Auges Glanz zugleich，/Da ward ihr Auge blind und tot/Und ihre Wange bleich），圖成而女死（Ich wünsch' der Jungfrau gute Ruh'，/Sie wird gestorben sein）①。人類學家記初民畏攝影，非洲班圖族（The Bantu）謂照一相乃剥去靈魂之外罩（an unsheathing of the soul）②；頗可連類。方以智《藥地炮莊》卷一《齊物

---

① Hebbel: "Der Maler", *Werke*, hrsg. T. Poppe, I, 47.
② M. H. A. Jounod, *Life of a South African Tribe*, 340.

論》:"章大力曰:'影以翳光,而如形之餘,非離也。神工灸影以起病,短狐射影以中人;是則去身之物,尚亦關身也耶?'參!"灸影、避影等事,出《酉陽雜俎》卷一一記王山人張燈相人影一則。苟"參"之,便知自古在昔,以爲影之於形、像之於真,均如皮傅肉而肉着骨,影既隨形,像既傳真,則亦與身同氣合體(For mythic thought, there is no such thing as a mere picture, since every image embodies the "nature" or "soul" of the object)①。是以攝影寫像足以損體傷生,"畫殺"與"毫生"遂如翻手雲而覆手雨矣。

---

① E. Cassirer, *Language and Myth*, tr. Susanne Langer, 94.

八七　卷二一一

　　《袁蒨》（出謝赫《畫品》）鄱陽王被誅，妃劉氏追傷成癇，妃"兄劉繪命蒨畫王形像與平生所寵共照鏡，妃見乃唾之，罵曰：'斫老奴晚！'悲情遂歇，病亦痊除。"按沈起鳳《諧鐸》卷二《妙畫當良醫》即仿斯事，自言："此袁蒨故智也。""繪"乃"繢"字之訛，據《南史》卷三九《劉繪傳》附弟《劉瑱傳》，則倩畫代醫者乃瑱而非繪，畫手非袁蒨而爲陳郡殷蒨，不特"共照鏡"而且"狀如欲偶寢"。《南史》瑱傳未及其他；此事雖資談助，然單憑以立傳入國史，似太便宜若人。《晉書》出於官修，多採小説；《南史》、《北史》爲一家之言，於南、北朝斷代諸《書》所補益者，亦每屬没正經、無關係之閒事瑣語，其有乖史法在此，而詞人之喜漁獵李延壽二《史》，又緣於此也。

　　《陶弘景》（出《名畫記》）畫二牛，一以金籠頭牽之，一就水草。按此事已見卷一五《貞白先生》（出《神仙感遇傳》）。其意實本《莊子·秋水》論龜寧曳尾泥塗抑巾笥而藏之廟堂，又《達生》論彘寧食糠糟而錯之牢筴之中抑藉白茅而加乎雕俎之上。《廣弘明集》卷二八上梁簡文帝《唱導文》："金鎖玉牀，猶念解脱；雕珠飾綺，不及塗中"；白居易《見蕭侍御憶舊山草堂詩、因以繼和》:"玉架絆野鶴,珠籠鎖冥鴻";宋祁《筆記》卷下:"珠丸之珍,雀不祈彈也;金鼎之貴,魚不求烹也",尤工於語言。元曲、明小說常言"金枷玉鎖"(如《任風子》第二折、《鐵拐李》第四折、《警世通言》第二卷),皆"金籠頭"之意,《宗鏡錄》卷四所謂:"金鐵雖殊,被縛義等。"

【增訂三】法國寓言名篇,寫狼雖困餓而野性自適,狗固饜飽,却爲頸圈牽制(le collier dont je suis attaché),見役於人(La Fontaine, *Fables*, I. v "Le Loup et le Chien");用意類陶弘景之二牛。十七世紀德國詩人句云:"鐵索縛奴金縛主"(Mit Eisen wird ein Knecht, mit Gold ein Furst gebunden—Andreas Gryphius: "Melancholie des Herrschers", M. Wehrli, *op. cit.*, 25);即《宗鏡錄》所謂"金鐵雖殊,被縛義等。"《舊唐書・渾瑊傳》記結贊召陷蕃將吏,謂曰:"本劫是盟,志在擒瑊,吾已爲金枷待瑊,將獻贊普",則"金枷"乃真物而非假喻。十七世紀英國悲劇中女主角云:"以金鋼鑽斷吾喉,以桂皮窒吾息,以明珠爲彈丸射我至於死,我亦何樂有是哉?"(What would it pleasure me to have my throat out with diamonds? or to be smother'd/With cassia? or to be shot to death with pearls? —J. Webster, *The Duchess of Malfi*, IV. ii, *Plays by Webster and Ford*, "Everyman's", 159);又無異宋祁所謂"珠丸之珍,雀不祈彈"。

又按隋釋湛然《法華玄義釋籤》卷三上論神通云:"亦如此土古人,張楷能作霧,欒巴善吐雲,葛洪、陶淵明等皆薄有術數,蓋小小耳";陶潛善幻,未之他見。苟讀淵明集而知人論世者得聞此言,必能好古敏求,然竊疑實謂"陶弘景"而筆誤未正耳。

《王維》（出《國史補》）見畫《奏樂圖》，曰："此《霓裳羽衣曲》第三疊第一拍。"按卷二一四《雜編》（出《盧氏雜記》）有別畫者，看壁畫音聲一鋪，曰："此《涼州》第幾遍"；二事實一。沈括《夢溪筆談》卷一七嘗駁前一事："此好奇者爲之，凡畫奏樂，止能畫一聲"；説理犂然。洪邁《夷堅丙志》卷六《桃源圖》記異人刻景物，"女仙七十二各執樂具；知音者按之，乃《霓裳》法曲全部也"；師仿唐人遺意而不省本朝人已有辯駁也。"止能畫一聲"，可參觀徐凝《觀釣臺畫圖》："畫人心到啼猿破，欲作三聲出樹難"，正萊辛論"空間藝術"所謂於全事止能示某一片刻之某一面（kann der Künstler von der immer veränderlichen Natur nie mehr als einen einzigen Augenblick, und der Maler inbesondere diesen Augenblick nur aus einen einzigen Gesichtspunkt brauchen）①。

　　《韓幹》（出《酉陽雜俎》）。按《聊齋志異》卷八《畫馬》仿此，易韓幹爲趙孟頫。

---

① *Laokoon*, iii, *Gesammelte Werke*, Aufbau, V, 28.

八八　卷二一三

《張萱》（出《畫斷》）"《乞巧圖》、《望月圖》皆紙上幽閒多思，意餘於象。"按藝事要言，比於禪家之公案可參，聊疏通申明之。陳師道《後山集》卷一九《談叢》："韓幹畫走馬，絹壞，損其足。李公麟謂：'雖失其足，走自若也'"；失其足，"象"已不存也，走自若，"意"仍在也。張畫出於有意經營，韓畫乃遭非意耗蝕，而能"意餘於象"則同。

【增訂四】奧地利一文家嘗言，劣手畫物之動態，適形其膠止，好手則能畫人疾走而不必具陳脛足（Nie ist mehr Stillstand, als wenn ein schlechter Zeichner Bewegung darstellt. Ein guter kann einen Läufer ohne Beine zeichnen. —Karl Kraus, *Sprüche und Widersprüche*, Suhrkamp, 1984, p. 114）。此有當於《後山談叢》記李公麟稱韓幹馬所謂："雖失其足，走自若也。"《韻語陽秋》卷一四引公麟題韓幹馬殘幅語，作："此馬雖無追風奔電之足，然甚有生氣"；經後山剪裁錘鍊，語遂遠勝原來也。

宋明院畫，如《六月杖藜來石路，午陰多處聽潺湲》，不畫一人對水而坐，而畫長林亂石，"一人於樹陰深處，傾耳以聽，而水在山下，目未嘗覯"；《野水無人渡，孤舟盡日横》，不畫空舟繫岸側，而畫"一舟人卧於船尾，横一孤笛，其意以爲非無舟人，但無行人耳"；《竹鎖橋邊賣酒家》，祇畫"橋頭竹外掛一酒帘"，《踏花歸去馬蹄香》，祇畫"數蝴蝶逐馬後"（洪邁《夷堅乙志》卷五《王道亨》、鄧公壽《畫繼》卷一又卷六、俞成《螢雪叢説》卷上，參觀陳善《捫蝨新話》卷九、俞文豹《吹劍續録》、郎瑛《七修類稿》卷四三、洪亮吉《玉塵集》卷下），亦皆於像外見意。黎士宏《託素齋文集》卷四《與官文佐》："《孟嘗君宴客圖》竟作兩列長行，何異《鄉飲酒禮》圖説？陳章侯祇作右邊筵席，而走使行觴，意思盡趨於左；覺隔樹長廊，有無數食客在。省文取意之妙，安得不下拜此公！"曰"省文取意"，已知繪畫此境，猶聲詩之"空外音"、"言外意"耳。《晉書·文苑傳》張華稱左思《三都賦》曰："讀之者盡而有餘"；《文心雕龍·定勢》記劉楨曰："使其詞已盡而勢有餘，天下一人耳"；杜甫《八哀詩》稱張九齡曰："詩罷地有餘"；《六一詩話》記梅堯臣曰："含不盡之意，見於言外"；《白石道人詩説》曰："意有餘而約以盡之。"詩文評中老生常談①，勿須覶縷；唐人論書畫亦標厥旨，則亟待一以貫之。張彦遠《歷代名畫記》卷一論吳道子不用界筆直尺云："意在筆先，畫盡意在也，雖筆不周而意周也"；吳之"畫盡意在"，非張之"意餘於象"乎？惲格《甌香館集》卷一一《畫跋》："嘗謂天下爲人不可使人疑，惟畫理當使人疑，又當使人疑

---

① Cf. Servius, *Ad Aen.*, I. 683: "Artis poeticae est non omnia dicere", quoted in T. R. Glover, *Greek Byways*, 195; Dante, *Purgatorio*, XXXIII, 139-142: "Ma perchè piene son tutte le carte/ordite a questa cantica seconda,/non mi lascia più ir lo fren dell'arte."

而得之";"疑而得"即耐人思索而遇諸像外,非一覽無餘,惲氏危言之以發深省爾。《全唐文》卷三三七顏真卿《張長史十二意筆法記》記與張旭問答:"曰:'損'謂有餘,汝知之乎?,曰:'豈不謂趣長筆短,常使意勢有餘,點畫若不足之謂乎?'"書之"點畫"、畫之"像"與詩文之"言"相當。西方亦早窺此理。古希臘名手(Timanthus)畫祀神圖,以一女爲牲,諸親友極悲啼愴痛之狀,而其生父則自掩面,容不可覩,使人於畫像之外想象之(intelligitur plus semper quam pingitur)①;莎士比亞詩稱古希臘圖英雄,僅畫健腕握長槍,貌不可覩(left unseen),蓋昔人繪事,僅示一手、一足、一脛或一頭而使觀者擬想其全身(A hand, a foot, a leg, a head, /Stood for the Whole to be imagined)②;十八世紀英畫家(Hogarth)《酒街圖》(Gin Lane)亦被畫盡而意不盡(something beyond the sphere of composition)之品目③。均與張、吳相視而笑。莎士比亞"一手一足"云云,尤類趙執信《談龍錄》載王士禎"雲中之龍時露一鱗一爪"之喻。竊謂王氏《香祖筆記》卷六:"余嘗觀荊浩論山水而悟詩家三昧,其言曰:'遠人無目,遠水無波,遠山無皴'",實與"談龍"之旨,分途歧出,而王氏或未之省,後人亦混作一談。《香祖筆記》標舉以擬詩者,南宗寫意畫也;《談龍錄》標舉以擬詩者,工筆

---

① Pliny, *Natural History*, XXXV. 36, "Loeb," IX, 316. Cf. A. Soreil, *Introduction à l'Histioire de l'Esthétique française*, nouv, ed. rev., 67 (Le Chevalier de Méré).

② *Rape of Lucrece*, st 204.

③ Lamb: "On the Genius of Hogarth", *Works of Charles and Mary Lamb*, ed. E. V. Lucas, I, 74.

形似畫也，龍而亦"遠"，則無"鱗"無"爪"，正似遠人"無目"、遠水"無波"耳。張萱、吳道子、院工以及西方諸師之畫皆工筆也，而未嘗不"意餘於象"、"畫盡意在"；左思《三都賦》鋪張排比，博物儷詞者也，而未嘗不"盡而有餘"。足見曲包餘味、秀溢目前之境地，非"清談"家數所可得而專焉（劉因《静修先生文集》卷三《書東坡〈傳神記〉後》譏畫家高語"傳神"，不求"形似"，卷一一《米元章〈雲烟疊嶂圖〉》第二首曰："畫家亦有清談弊，到處《南華》一嗒然"）。近世談藝事風格，區別"逼視"（proximate vision）與"遥眺"（distant vision）①或"注目前景"（of the foreground）與"注目背景"（of the background）②。莫泊桑諷小説作者或患近視症（tous les degrés et les différences des myopies），刻劃細密（le grossissement du détail, sa minutie），或患遠視症，揮斥闊略（le regard étendu mais lâche d'un presbyte）③；雖輕薄語，亦可節取。患近視症而遥眺背景，揮毫落紙，便"遠人無目，遠水無波，遠山無皺"矣。至於含蓄隱示，作者不著跡象而觀者宛在心目（shifting something of the load of creation on the beholder）④，則近視之工筆與遠視之大寫均優爲之；同本於視覺之"孕蕴趨向"（Prägnanztendenz），利用善導，以策"意餘於象"之勳。夫含蓄省略者，不顯豁詳盡之

---

① Ortega Y. Gasset："On Point of View in the Arts"，M. Philipson, ed., *Aesthetics Today*,"Meridian Books",130-1.

② E. Auerbach, *Mimesis*, 1. "Odysseus'Scar", tr. W. R. Trask，12. Cf. Coleridge, *Biographia Literaria*, ch. 16, ed., J. Shawcross, II, 22-3.

③ Maupassant, *La Vie errante*: "La Nuit", Conard, 24-5.

④ E. H. Combrich："Meditations on a Hobby Horse", *Aesthetics Today*, 125.

謂。依稀隱約，遠景也；蔽虧減削，近景也；其爲事意餘於跡象，一也。王士禎拈出"遠人無目，遠水無波，遠山無皴"，特含蓄之遠景而已。《琵琶行》："猶抱琵琶半遮面"，禪偈："彩霞堆裏仙人見，手把紅羅扇遮面"（王畿《龍溪先生全集》卷一一《答王敬所》又林雲銘《挹奎樓選稿》卷八《答應嗣寅》引），則堪爲含蓄之近景示例，正宜工筆細描。歌德詩云："文詞如美人手中扇，遮面而露目，目固面上之最動人處也，已與余目成矣！"（Das Wort ist ein Fächer! zwischen den Stäben/Blicken ein paar schöne Augen hervor,/Der Fächer ist nur ein lieblicher Flor,/Er verdeckt mir zwar das Gesicht,/Aber das Mädchen verbirgt er nicht,/Weil das Schönste, was sie besitzt,/Das Auge, mir ins Auge blitzt)[1];

【增訂三】尼采論詩中命意，當如埃及婦人之以紗冪面，祇露其目（Die wirklichen Gedanken gehen bei wirklichen Dichtern alle verschleiert einher, wie die Ägypterinnen; nur das tiefe *Auge* des Gedankens blickt frei über den Schleier hinweg — *Menschliches, Allzumenschliches*, II.ii. § 105, *op. cit*. I, 920）。與歌德喻詩於美人執扇，遮面露目，可相參稽。罕譬而喻，何必"遠人無目"方爲含蓄哉！"難寫之景如在目前"者復含"不盡之意見於言外"，梅堯臣兩語自可合而都指寫景，呈前逗外，虛實相生；張耒《張右史文集》卷四八《記〈行色〉詩》即不以梅語分判爲二事也。王士禎引荆浩語，《山水賦》（亦

---

[1] *West-östlicher Divan*: "Wink", *Sämtliche Werke*, "Tempel-Klassiker", II, 368.

作王維《山水論》）中"無皴"原作"無石"，尚有"遠樹無枝"；郭熙《山水訓》始删"遠樹"四字，易"石"字爲"皴"，且申言曰："非無也，如無耳"；《輟耕錄》卷八載黃公望《寫山水訣》又曰："遠水無灣。"劉大櫆《海峯文集》卷一《論文偶記》："文貴遠，遠必含蓄。……昔人論畫曰：'遠山無皴，遠水無波，遠樹無枝，遠人無目'，此之謂也"；視王氏所引較備，而用心無異，拘見亦同，祇以爲"遠"方能"含蓄"也。別見《全齊文》卷論謝赫《畫品》、《全唐文》卷論顧況《右拾遺吳郡朱君集序》。

【增訂四】趙執信《談龍錄》記漁洋所謂"雲中之龍時有一鱗一爪"，而指摘其語病。毛先舒《詩辨坻》卷四《學詩徑錄》論作"古風長篇"云："實敍本意處，不必言其餘；拓開作波瀾處，却要時時點著本意，離即之間方佳。此如畫龍，見龍頭處即是正面本意，餘地染作雲霧。雲霧是客，龍是主，却於雲霧隙處都要隱現鱗甲，方見此中都有龍在，方見客主。否是，一半畫龍頭，一半畫雲霧耳；主客既無別，亦非可畫完龍也。"此亦清初人説詩之"談龍"也，雖爲歌行一體而發，正復可以推類泛指。"隱現鱗甲"而外，尚"見龍頭"，義遂圓匝矣。

王士禛《漁洋菁華錄》卷二下《黃子久、王叔明合作山水圖》七古："遠人無目樹無枝，妙解通靈失糟粕"，與《香祖筆記》所引，同出荆浩，《筆記》略去"遠樹"，猶詩之略去"遠山"、"遠水"也。

八九　卷二一六

《張璟藏》(出《朝野僉載》)相裴珪妾趙氏曰："夫人目長而慢視；准相書，豬視者淫。"按張璟藏與卷二二一之《張冏藏》(出《定命錄》)乃一人，而分屬《卜筮》與《相》兩門。《戰國策·齊策》一齊貌辨謂靖郭君曰："太子相不仁，過頤豕視"，宋劉辰翁評："'過頤'即俗所謂'腦後見腮'，'豕視'即相法所謂'下邪偷視'"；《孔叢子·執節》篇子順論馬回曰："聞諸孫卿云：'其爲人也，長目而豕視者，必體方而心圓。'每以其法相人，千百不失。"皆言男相，張璟藏取古説施之女相耳。《藥地炮莊》卷六《田子方》天界覺杖人評引諺："腦後見腮，莫與往來"，可補釋"過頤"則其人"不仁"。意大利文藝復興時雕鏤妙手自記晉謁教皇，教皇豬視之(Giunto al papa, guardatomi così coll'occhio del porco)，註家曰："斜睨也"(cioè, biecamente)①；法俗語嘲顧視淫蕩者曰："有豬眼"(avoir les yeux cochons)；均與"豬視者淫"、"下邪偷視"印可。

---

① B. Cellini, *La Vita*, I.x.6, *op. cit.*, 121, 126.

九〇　卷二一八

　　《華佗》（出《獨異志》）有郡守病甚，佗言"當極怒嘔血"始瘥，因疏其罪而責罵之，守大怒，"嘔黑血升餘，其疾乃平。"按此事早見《三國志·魏書·方技傳》，實本《呂氏春秋·至忠》篇文摯治齊王"疾痏"事，所謂"非怒王則疾不可治"。《太平御覽》卷七三八引楊泉《物理論》則作扁鵲治趙簡子病，"知大怒則氣通血脈暢達也"。楊萬里《誠齋集》卷七八《送侯世昭序》："予聞世昭嘗療一疾，不藥不鍼，而愈之以一驚。予曰：'此於書何徵？'世昭曰：'吾以意也。'不廢書又不可歟！"謂"書"無可"徵"者，斯人也、斯疾而斯治也；若夫其事，則"徵"之《呂覽》、陳《志》等"書"可矣。後世小說亦有師故智者，如《野叟曝言》第一九回文素臣爲任湘靈治"悶痘"，使其"又驚又怕，又恐又羞"，是也。

　　《吳太醫》（出《酉陽雜俎》）。按此事早見王嘉《拾遺記》卷七，何舍彼取此？《酉陽雜俎》卷八言時世妝尚"黃星"，故及鄧夫人"赤點如痣"舊聞；今盡刪"黃星"一節，更不必引《雜俎》矣。"黃星"、"丹點"飾頰，以益妍要寵，事同西方舊日婦女妝點面胸之黑"蠅"（la mosca）一名"美貌之補釘"

（beauty patch），收烘雲托月之效者①。

《勾驪客》（出《酉陽雜俎》）能以針貫髮，"言髮中虛也"。按馮夢龍《古今談概》卷三二引此則，按語云："諺譏蘇人為'空心頭髮'，是未檢段成式語。北人有以'空髮'嘲余者，余笑謂曰：'吾鄉毛髮玲瓏，不似公等七竅俱實。'"以"空髮"譏"蘇意"之華而不實，明季書中習見。如王世貞《鳴鳳記》第二一折趙文華命眾軍士云："遇倭斬倭；若無真倭，就殺幾個面生可疑的百姓，亦可假充要賞。只是一件，不要殺蘇州人，他頭髮都是空的"；《豆棚閒話》第一○則："蘇州風氣澆薄，人生的眉毛，尚且說他空心……不要說別處人叫他'空頭'"；《露書》卷一二："王百穀作'風'字，必'虫'字落下，上半空。俗謂蘇人多空頭，即眉毛亦空，或以問百穀，百穀曰：'不然！'袁太初在傍，曰：'不見王二官作風字乎？'"翟灝《通俗編》卷二考杭人本號"空頭"而蘇人本號"獸頭"，未知蘇人尚有此綽號也。

【增訂三】《堅瓠五集》卷二《吳評》："吾蘇轄一州七縣，舊有評語曰：'……紙長洲，空心吳縣。'言……紙薄、空心虛偽也。"又《餘集》卷四《俗語有本》："虛而少實曰'空頭'。"

【增訂四】晚明常言"蘇意"，謂虛浮無實，即"空頭"之旨。《尺牘新鈔》二集卷八周文煒《與婿王荊良》："今人無事不蘇

---

① Cf. Lyly, *Euphues*: "Venus had hir Mole in hir Cheeke which made hir more amiable; Helen hir Scarre on hir chinne which Paris called *Cos amoris*, the Whetstone of loue" (*Complete Works*, ed. R. W. Bond, I, 184); F. Thompson: "The Way of Imperfection"; "Ovid's dictum: *decentiorem esse faciem in qua aliquis naevus esset*" (*Works*, III, 97).

矣!……坐而蘇矣,語言舉動,安能不蘇?……來作吳氓,當時時戒子弟,勿學蘇意。"周亮工《賴古堂集》卷一一《閩茶曲》第五首:"歙客秦淮盛自誇,羅囊珍重過仙霞。不知薛老全蘇意,造作蘭香誚閩家";自註:"……三山薛老……嘗言〔閔〕汶水假他味逼在蘭香,究使茶之本味本色全失。""全蘇意"即謂"全失本色",二句糾繞不達,串講當爲:"不知薛老誚閩家造作蘭香全蘇意。"李漁《意中緣》第一一齣閩人黃天監譁曰:"替做新郎忒燥脾,不費;洞房花燭儘堪陪,蘇意。""蘇意"謂閹人娶婦,浪得虛名。錢希言《戲瑕》卷二:"……許批'大有蘇意'四字,蓋稱其文氣大有三蘇意味耳。爲長班傳出,誤作'蘇州'之'蘇'解,……謂吳俗脫略不拘也";解不甚切,當曰"浮文不實"。李應桂《梅花詩》第一三折梅翰林所謂:"從來慣弄虛頭,説是蘇州,果出蘇州",即此意。王次回《疑雨集》卷四《買妾詞》五:"如今不作揚州篆,蘇意新梳燕尾長",則稱"蘇州頭,揚州脚"之梳裝。周亮工於《閩小紀》卷上復誚閔汶水茶,然則董其昌、張岱、阮大鋮輩極口贊"閔老子茶",殆非别茶人耶?參觀《容臺别集》卷一《金陵春卿署中有以松蘿茗相貽者》一則,《陶菴夢憶》卷三《閔老子茶》一則又《琅嬛文集》卷一《茶史序》,《詠懷堂詩外集》甲部《過閔汶水茗飲》七律。

【增訂五】周亮工《書影》卷一亦載乃翁《觀宅四十吉祥相》戒"不學蘇意",謂不"輕嘴薄舌……狡獪"。

《許裔宗》(出《譚賓録》)人請其著書,答曰:"醫乃意也。……意之所解,口莫能宣。"按《後漢書·方術傳》下郭玉曰:"醫之爲言意也。……可得解而不可得言也";《全唐文》卷

一五八 孫思邈《千金翼方序》云："若夫醫道之爲言，實惟意也"；《子華子·北宫意問》篇云："醫者理也，理者意也"；《北夢瑣言》卷一〇亦云："醫者意也"，《廣記》卷二一九《梁新、趙鄂》（出《北夢瑣言》），刪去此句。《通俗編》卷二一引《子華子》、《後漢書》及《事文前集》載"唐胤宗"語，"唐胤宗"實即此則"許裔宗"之訛耳。

九一　卷二一九

　　《田令孜》(出《玉堂閒話》)"西市飲子蓋福醫也,鄴都有張福醫亦然。"按常言"醫道"與"醫運","福醫"者,有"醫運"也。羅懋登《西洋記》第五三回王明道:"趁我十年運,有病早來醫。……好下手時須下手,得欺人處且欺人";李漁《十二樓》之五《歸正樓》第五回:"俗語道:'趁我十年運,有病早來醫'";《聊齋志異》會校會註會評本卷八《醫術》但評:"語有云:'乘我十年運,有病早來醫'";皆即醫運之謂。

九二 卷二二一

《袁天綱》(出《定命錄》)高宗以銀合藏一鼠,令諸術數人射之,皆言有一鼠,天綱子客師言有四鼠,啓視則鼠已生三子矣。按本於卷八一《梁四公》(出《梁四公記》)梁武帝命闖公射合中鼠事。

九三　卷二二五

　　《燕巧人》（出《藝文類聚》）。按事見《韓非子・外儲説》左上，却引類書。

九四　卷二二六

　　《殷文亮》、《楊務廉》(皆出《朝野僉載》)。按卷二二五《區純》(出《晉陽秋》)與此二則均記巧匠刻木爲人,能作聲行動。然《列子·湯問》篇記偃師、陸翽《鄴中記》記解飛、魏猛諸則胥從棄置,何哉?

九五　卷二二七

《華清池》（出《譚賓錄》）。按卷二三六《玄宗》（出《明皇雜錄》）首節全同。

《督君謨》（出《酉陽雜俎》）王靈智學射於君謨，"以爲曲盡其妙，欲射殺君謨，獨擅其美"，君謨張口承矢，笑曰："未教汝嚙鏃法"；《列子》記紀昌、飛衛又《孟子》記逢蒙、羿事相類。按段玉裁《經韻樓集》卷一二《七與顧千里書論〈學制備忘之記〉》云："若乃未知□駕，而自謂已能御，未知銜箭，而自謂已能射"，即用《酉陽雜俎》。卷七《東原先生札冊跋》云："世有剽竊師門一二，遽勇於樹幟欲爲逢蒙者之可恥"；其外孫龔自珍《己亥雜詩》亦云："學羿居然有羿風，千秋何可議逢蒙？絕憐羿道無消息，第一親彎射羿弓！"則皆用《孟子》。屈大均《翁山詩外》卷一六《屢得朋友書札感賦》第七首言其詩弟子，第八首云："欲折彎彎射日弓，有人爭欲作逢蒙"，則言羿激於逢蒙，已亦罷射，另出一意。督君謨不教嚙鏃法，俗語謂之"留一手"，即《學記》所譏："教人不盡其材"，鄭註："謂師有所隱也"，孔疏："恒恐人勝之，故不盡其道也。"釋曉瑩《羅湖野錄》卷二載唐禪師風穴延沼作《頌》云："五白貓兒爪距獰，養來堂上絕蟲行；分明上樹安身法，切忌遺言許外甥"；《五燈會元》卷一一延沼再傳弟子谷隱蘊聰章次亦引之。拾得詩曰："若解捉老鼠，不在五白貓"，"蟲"者"老蟲"、鼠也；"外甥"者虎，陸游《劍南詩稿》卷三八《嘲畜貓》自註所云："俗言貓爲虎舅，教虎百爲，唯不教上樹"（參觀卷二三《得貓於近村、以雪兒名之》："似虎能緣木"）。西方諧語言貓不肯教虎緣樹，自解曰："良師必不盡其道授弟子"（The cat said to the jaguar: "A smart teacher never teaches a pupil all his tricks"）[1]。《妙法蓮華經文句記》卷三引經載身子師事沙然梵志，得師之傳，及師死，方省"未盡師術"，有一法未授，即此意也。波斯古詩人（Sa'adi）有句曰："以我爲弓矢之鵠招者，曾從我學射者也；以我爲嘲諷之題目者，曾從我學文者也"（None e'er learnt the art of bow from me, who did not in the end make me his target; no one learnt rhetoric from me, who did not make me the subject of a satire）[2]。則又逢蒙射羿之類矣。

---

[1] B. Cerf, *Anything for a Laugh*, 80.
[2] E. Denison Ross, *Both Ends of the Candle*, 325.

九六　卷二三〇

　　《王度》（出《異聞集》）。按章回小説所寫"照妖鏡"也。《西遊記》、《封神榜》中照妖鏡能照見魔怪之原形，《西洋記》中照妖鏡則能照見隱形之人（第五四回王明恃隱形草，潛立番王座側，金毛道長以鏡照出）；不知是兩種鏡抑一鏡有兩用也。"照妖鏡"之名似始見李商隱《李肱所遺畫松》詩："我聞照妖鏡，及與神劍鋒"；馮浩《玉谿生詩箋註》卷一引《西京雜記》謂漢宣帝臂上"帶身毒寶鏡，舊傳此鏡照見妖魅"，似病拘攣。晉唐俗説，凡鏡皆可照妖，李句亦泛言耳。《抱朴子》内篇《登涉》："不知入山法者，多遭禍害。……萬物之老者，其精悉能假託人形，惟不能鏡中易其真形耳。是以古之入山道士，皆以明鏡徑九寸以上懸於背後，則老魅不敢近人"；《摩訶止觀》卷八："隱士頭陀人多蓄方鏡，掛之座後，媚[魅]不能變鏡中色像，覽鏡識之，可以自遣。"見於六朝詞章者，如徐陵《山齋》："懸鏡厭山神"，庾信《小園賦》："厭山精而照鏡"，可覘風俗。王勣"將遍遊山水"，而向度乞鏡，職是之由。《廣記》卷四四三《車甲》（出《五行記》）引陶潛《搜神記》："忽有二年少女來就之，……其壁上先掛一銅鏡，徑數寸，回顧鏡中，有二鹿在牀前"；即其例，亦如《抱朴》、《止觀》未言鏡之"古"與不也。《全後漢文》卷九七《鏡銘》拓本之四："洞照心膽，屏除妖孽"，與沈濤《交翠軒筆記》卷一自記得唐鑄海心鏡銘全同；唐乎、後漢乎，言新鑄鏡即能除妖，則無待於鏡古而後奏效。劉禹錫《磨鏡篇》："流塵翳明鏡，歲久看如漆，門前負局人，爲我一磨拂。……山神妖氣沮，野魅真形出"；《墨莊漫録》卷一〇載崔伯易《金華神記》記吳生見女子，疑爲鬼，示以劍與鏡，女子曰："劍陽物，鬼陰物，故鬼畏劍；鏡陰物，精陽物，故精畏鏡。昔抱朴子嘗言其略"；《誠齋樂府・喬斷鬼》徐行之鬼云："則被他牀頭鏡兒照出我醜身形"；自唐迄明，均以爲常鏡已可祛魅卻鬼。《廣記》卷三七一《馬舉》（出《瀟湘録》）："公知其精怪，遂令左右以古鏡照之，棋局忽躍起，墜地而碎，似不能變化"；卷四四〇《逆旅道士》（出《瀟湘録》）："持一古鏡，潛伺之，俄有一隊少年至，……道士以鏡照之，其少年棄甲奔走"；薛逢《靈臺家兄古鏡歌》："人言此是千年物，百鬼聞之形暗慄"；章孝標《覽楊校書文卷》："誰有軒轅古銅鏡，爲持相並照妖看"；則皆如王度之"古鏡"。當是其新孔嘉，其舊彌甚，鏡愈古乃愈通靈耳。

【增訂四】王嘉《拾遺記》卷一〇《方丈山》："有池，……泥色若金，……百鍊可爲鏡，色青，照鬼魅猶如石鏡，魑魅不能藏形矣。"此如王度所藏寶鑑，非常鏡也。《初學記》卷二五引李巨仁《賦得鏡》："非復照佳麗，復得厭山精"，乃詠常鏡，下句正同庾信《小園賦》之"厭山精而照鏡"。《全唐詩外編》一七三頁張祜《古鏡歌》："青龍耀［當作"躍"］躍麟［當作"鱗"］眼動，神鬼不敢當庭前。明朝擎出游都市，一半狐狸落城死"；則明言"古鏡"降妖，曰"落城"者，使"城狐社鼠"故典耳。

西方相傳俗信，謂操隱身術者，遇鏡與水，形狀呈映，不能遁匿①，與《西洋記》説吻合。《女仙外史》第二三回鮑師以仙術救婦女出教坊，"一路上的狗跟着亂吠，可笑仙家隱形之術瞞不得狗眼"；仙家照妖之鏡祇等狗眼之用，復"可笑"也。西方又有俗信，謂鬼魅臨鏡，不落影像②，蓋彼土亦以爲鬼無影③。《晉書·五行志》上、《甘卓傳》、《殷仲文傳》皆記"卓照鏡不見其頭，遂夷滅"，仲文"照鏡不見其頭，尋亦誅剪"，《梁書·河東王譽傳》記譽"將敗也，私引鏡照面，不見其頭"，《舊唐書·太宗諸子傳》記越王貞"臨水自鑒，不見其首，……未幾而及禍"，豈將爲無頭鬼，故頭臨鏡無影耶？道家古説仙人或無影，如《列仙傳》及左思《魏都賦》所稱"玄俗無影"；佛典如隋譯《起世經》列舉"諸天有十別法"，其六曰："諸天之身，有形無影"；貫休《贈信安鄭道人》曰："點化金常有，閑行影漸無。"歐西之"仙"乃山水草木之精④，非凡人修煉所成，脱西人而日中無影，則已自鶯於魔鬼矣⑤。

---

① Brüder Grimm, *Deutsche Sagen*, Nr. 85 "Das Vogelnest", *Op. cit.*, I, 115: "um sie nun zu finden, muss man sie zufällig in einem Spiegel oder Wasser erblicken."

② Bram Stoker, *Dracula*, ch. 1, Doubleday, 25-6: "I had hung my shaving glass by the window, and was just beginning to shave. Suddenly I felt a hand on my shoulder and heard the Count's voice saying to me, 'Good morning!'... But there was no reflection of him in the mirror."

③ Cf. Dante, *Purgatorio*, V. 8-9 (il lume ch'era rotto), 25-7; XXVI. 7-12, 16-24 (fai di te parete al sol).

④ Cf. C. S. Lewis, *The Divided Image*, 122-3 (longaevi, faeiries).

⑤ E. g. A. Chamisso, *Peter Schlemiehl*, Kap. 2, Nelson, 9: "... der arme Mensch hat keinen Schatten!"

太平廣記　九六

【增訂三】吾國古説謂鬼無影，故如《牡丹亭·圓駕》欲驗杜麗娘"是人是鬼"，即以"有踪有影"斷之。然妖怪則有影，觀《警世通言》便知。卷二八白娘子曰："我怎的是鬼怪？衣裳有縫，對日有影"，則白蛇成精也；卷三〇："恍惚見一婦人，……道他是鬼，又衣裳有縫，地下有影"，則人雖死而蒙太元夫人"授以太陰煉形之術，以此元形不損"者也；卷三九白衣女子曰："我即非鬼，亦非魅，我乃是人。你看我衣裳有縫，月下有影"，則壽星所騎白鶴爲幻也。三者皆具形質，非祇神魂，遂皆日月下有影。蛇與鶴均屬"怪"、"魅"，是以亟自明非鬼而順口連及非怪非魅，夾帶混過；於煉形之死人，説話人則僅曰"道他是鬼"而已，不言"道他是怪"也。文心細甚。長白浩歌子《螢窗異草》三編卷一《挑繡》："衆見其衣有縫，其行有影，不敢臆定爲異類"，承《通言》來。太元夫人煉形術當即是《夷堅乙志》卷七《畢令女》所言"九天玄女回骸術"；《夷堅三志》己卷二《許家女郎》許女不諱爲鬼，濮六曰："姐姐若是鬼，如何月下有影？"破柩則尸已不存，蓋見形者非魂而爲體矣。參觀本書1971頁、2212-2213頁。

【增訂四】《全唐文》卷二八二王適《體元先生潘尊師碣》："身外無影，骨間有聲。"言此道士修成"仙體"，故無影而有鎝子骨也。

九七　卷二三三

　　《徐邈》（出《異苑》）。按何不逕採《三國志・魏書・徐邈傳》？鮮于輔解"中聖人"曰："醉人謂清酒爲'聖人'，濁酒爲'賢人'"；俞德鄰《佩韋齋輯聞》卷一謂其説出於鄒陽《酒賦》："清酒爲聖明，濁醴爲愚駼"，皇甫松《醉鄉日月》中"聖"、"賢"、"愚"、"君子"、"中庸"、"小人"諸品目皆本之。是也。趙一清《東潛文稿》卷下《徐邈"中聖人"説》謂鮮于輔"未得其解"；《左傳》襄公二十二年御叔曰："焉用聖人？我將飲酒而已！"邈用其語爲廋詞，他日文帝問："頗復中'聖人'不？"邈引子反、御叔事爲答，足見其以《左傳》語爲調笑。竊謂鮮于得邈語原意，邈作游詞以亂本真耳。

九八　卷二三四

《御廚》(出《盧氏雜説》)取鵝,去毛及五臟,釀以肉及糯米飯,調五味,先取羊一口,亦燖剥,去腸胃,置鵝其中,縫合炙之,謂之"渾羊没忽"。按《南部新書》卷壬亦載此饌;"渾"如"渾家"之"渾","渾羊"謂"全羊"、"整羊"也,"没忽"似爲飽滿之意,《敦煌掇瑣》之三--《五言白話詩》:"聞道賊出來,母愁空有骨;兒回見母面,顔色肥没忽"即今語"肥鼓鼓"耳。

【增訂四】王梵志詩《道人頭兀雷》篇亦有"獨養肥没忽"句。後世庖廚每師其法,特不必用羊;如《負曝閒談》第一回陸鵬誇府裏飯菜云:"有一隻鵝,鵝裏面包着一隻雞,雞裏面包着一隻鴿子,鴿子裏面包着一隻黄雀,味道鮮得很!"言雖誇飾,實即俗書《家庭新食譜》之"套雞一稱三套頭",鴨中裹雉,雉中復裹鴿也。相傳古希臘人造大木馬,空其腹,中匿士卒,遂得破特羅伊城,故希臘、羅馬盛饌有"特羅伊豬"(porcus Troianus)品目[①];取

---

① Athenacus, *The Deipnosophists*, IV. 129; IX. 376, 383, "Loeb", II, 95; IV, 205, 235.

大野彘，去腸胃，滿填雞鴨諸禽而烤之，或且彘腹中置一小鹿，鹿腹中置一兔，兔腹中置一竹雞，雞腹中置一鶯。正"没忽"或"套"。古羅馬諷世小説寫暴發户肆筵設席（Cena Trimalchionis），第三道饌爲大野猪，剖之則畫眉鳥如紛飛而出（primae magnitudinis aper ex cuius plaga turdi evolaverunt）①；《堂·吉訶德》記以全牛烤火上，腹中縫十二小猪，俾牛肉香嫩（En el dilatado vientre del novillo estaban doce tiernos y pequeños lechones, que, cosidos por encima, servían de darle sabor y enternecerle）②；英國一舊小説敍德帝加冕，置酒高會，肴有烤全牛，牛裏一鹿，鹿裏一羊，羊腹中皆禽鳥（there is an ox roasted with a stag in the belly, and that stag in his belly hath a kid, and that kid is stuffte full of birds）③；意大利古掌故書記一人烤鵝，納雲雀等鳥滿其中（una oca piena d'allodole e d'altri uccelletti grassi），爲數惡少所攘④。此物此志也。

【增訂四】十九世紀英國歷史小説名著中寫勃艮地大公（the Duck of Burgundy）獨享之肴，以鹿、兔、羊、雞、鴨等納牛空腹中烹之（whatever venison, hares, lamb, poultry, etc., you skewered into that beef cavern, got cooked to perfection. — Charles Reade, *The Cloister and the Hearth*, ch. 2, Everyman's Lib., p. 34）。即"特羅伊猪"、"渾羊没忽"之類。

---

① Petronius, *Satiricon*, XL, "Loeb", 64.

② *Don Quixote*, Pte II, Cap. 20, *op. cit.*, VI, 33.

③ Thomas Nashe, *The Unfortunate Traveller*, *Works*, ed. R. B. McKerrow, II, 253.

④ Franco Sacchetti, *Il Trecentonovelle*, no. 186, *Opere*, Rizzoli, 620.

九九　卷二三六

　　《隋煬帝》（出《紀聞》）蕭后入唐，告太宗謂隋時殿內房中，不燃膏火，無"煙氣薰人"，懸明月寶、夜光珠等以照之。按吳騫《拜經樓詩話》卷三："宋人小說每多不可盡信。王銍《默記》：'宋平江南，大將得李後主寵姬，夜見然燈，輒閉目云：煙氣！易以燭，云：煙氣愈甚！問：宮中不然燈耶？曰：宮中每夕懸大寶珠，光照室如畫日。'漁洋《南唐宮詞》云：'從茲明月無顏色，御閣新懸照夜珠'，用其事。《賢愚因緣經》：'王昇七寶殿，彌離夫人在其殿上，所坐之牀，用紺流離。王令坐，彌離夫人言：王來大善，但王衣服有微煙氣，令我淚出。王因問：汝家不然火耶？冥暮何以爲明？答言：用摩尼珠。即便閉戶出珠，明逾畫日。'《默記》似從此附會。要皆無稽之談也。"是矣而尚未晰。《默記》卷中明言"小說載"云云，則"附會"者非即王氏；"小說"實從《廣記》此則"附會"，故亦有亡國一段因緣，而此則又從釋典"附會"耳。吳氏所引《賢愚經》一節，出《檀彌離品》第四八，《法苑珠林》卷七一亦引之；《珠林》同卷復引《樹提伽經》："王臨其家，樹提伽婦端正無雙，爲王作禮，眼中淚出，王問其故。答言：

'不敢欺王，聞王煙氣，以是之故，眼中淚出。'王言：'庶人然脂，諸侯然蠟，天子然漆，亦有煙也。'答言：'臣家有一明月神珠。'"《藝文類聚》卷五七引徐幹《七喻》早云："懸明珠于長韜，燭宵夜而爲陽"；王嘉《拾遺記》卷六記郭況家"懸明珠於四垂，晝視之如星，夜望之如月，里語曰：'洛陽多錢郭氏室，夜月晝星富無匹'"；釋書添出燃燈淚出一節，情事遂細緻。晚唐王棨《綴珠爲燭賦》形容珠之"凝不搖風，明能奪火"（《全唐文》卷七七〇），數典未及釋書。《江左十五子詩選》卷一王式丹《南唐宮詞》之四："相看不用金釭綻，掛定中間大寶珠"，則如漁洋詩之用《默記》也。

一〇〇　卷二三七

《同昌公主》（出《杜陽編》）公主死，李可及進《歎百年曲》，聲詞哀怨。按《舊唐書·曹確傳》亦記"伶官李可及爲《歎百年》舞曲，……詞語悽愴，聞者流涕。"敦煌寫本曲子中有《丈夫百歲篇》、《女人百歲篇》，當是其類。歐陽修《五代史·唐本紀》記李克用置酒三垂岡，"伶人奏《百年歌》，至於衰老之際，聲辭甚悲，坐上皆悽愴"，亦謂此也。陸機集有《百年歌》一〇首，則雅言之導夫先路者。

一〇一　卷二三八

《張祐》（出《桂苑叢談》）"非常人"以豕首貯囊中，言是仇人頭，向祐假十萬緡。按即《儒林外史》第一二回張鐵臂"虛設人頭會"事所本，人皆知之。張齊賢《洛陽縉紳舊聞記》卷三《白萬州遇劍客》記白廷誨兄弟爲黃鬚劍客所紿，韋驤《韋先生集》卷一七《白廷誨傳》本之，事與張祐受欺酷類，第無人頭一節，祇騙去銀、馬而已。

【增訂三】《湧幢小品》卷九《豕首》記"有客卒"誑取東吳張氏十萬緡事，亦即唐代舊聞而流傳以爲明季新談耳，却皆繫之張姓。

《大安寺》（出《玉堂閒話》）"小僕擲眼向僧"。按卷一三九《惠炤師》（出《廣古今五行記》）："眼語挑弄"，均後世章回小説所謂"使個眼色"。羅虬《比紅兒詩》："可得紅兒拋醉眼，漢皇恩澤一時迴！"；"拋"與"擲"等。《漢書·李廣傳》任立政等見李陵，"未得私語，即目視陵"，顏師古註："以目相視而感動之，今所謂'眼語'者也"；《惠炤師》即用"今"語也。《史記·貨殖列傳》："今夫趙女鄭姬，設形容，……目挑心招"，正同《列子·湯問》："瞬其目而招王之侍妾"；梁武帝《子夜歌》："賣眼拂長袖",李白《越女詞》之二:"賣眼擲春心。"夫不恤而棄曰"拋"、曰"擲",善價而沽曰"賣";"拋"與"擲"、去也,"招"與"挑"、來也。單文子立,義皆倍反,而施之以目傳心,則旨歸一揆,李白之"賣眼擲心"無異乎馬遷之"目挑心招"。此又"不以文害詞"、"依義不依語"之例矣。參觀《左傳》卷論隱公元年、《全晉文》卷論陶潛《閑情賦》。

一○二　卷二四三

《張延賞》(出《幽閒鼓吹》):"錢至十萬貫,通神矣!無不可回之事。"按《太平御覽》卷三六杜恕《體論》:"可以使鬼者,錢也;可以使神者,誠也";《晉書·魯褒傳》載《錢神論》:"有錢可使鬼,而況於人乎!"一明言神不可以利動,一祇言利可以驅役人、鬼,張延賞遂言"聰明正直"之"神"亦可以錢使矣。《金瓶梅》第五七回西門慶曰:"咱聞西天佛祖也祇不過要黃金鋪地,陰司十殿也要些楮鏹營求;咱只消儘這些家私,廣爲善事,便强奸了嫦娥、和奸了織女"云云,足以箋"通神無不可回之事"。法國一文人引波斯諺"錢可買鬼",駁之曰:"大不然!尚有送錢之方式在"("Avec de l'or on achète jusqu'aux démons"(proverbe persan). Pas du tout! Il y a encore la façon de l'offrir)①;補筆庶無賸義。蓋賄賂必以其道,人事各有攸宜。託上壽之名,擇暮夜之候,或問以苞苴箪笥,或遺之縹軸縹囊,以至於贈田宅,進姬侍,萬變不離其宗,皆"送錢之方式"也。故曰"送禮",曰"孝敬",亦見利亦有禮,猶盜亦有道。否則叱爾嗟來,乞人不屑,珠璧而暗投焉,反致案劍相眄耳。

---

① Henry de Montherlant, *Carnets*, 6ᵉ éd., Gallimard, 375.

一〇三　卷二四四

《皇甫湜》（出《闕史》）裴度欲請白居易撰福先寺碑，湜聞之大怒曰："近舍某而遠徵白，信獲戾於門下矣！某文若方白之作，所謂寶琴瑤瑟而比之桑間濮上也。"度謝過，請湜命筆，文成"約三千字"，一字索三匹絹，"更減五分錢不得"；度"依數酬之"，輦負相望，洛人聚觀。按高彥休《唐闕史》卷上自註："愚幼年嘗數其字，得三千二百五十有四，計送絹九千七百六十有二；後逢寺之老僧曰師約者，細爲愚説，其數亦同。"碑文已佚，《皇甫持正集》未收，故姚範《援鶉堂筆記》卷三三、蕭穆《敬孚類稿》卷六《再跋〈皇甫持正集〉》皆疑無撰碑事。然湜與白居易爭名，或出傳聞；碑文則彥休目驗，必非虛構。蕭氏云："碑文至三千二百餘字，何煩冗無法！爲韓公《神道碑》，亦祇一千六百餘字耳。"殆貪潤筆之豐，詞不裁剪，多多益善，以便計字索酬，如後世之稿費歟。不知碑頭之題目、署名等亦與三匹絹潤筆之數否。"近舍某而遠徵白"語，可持較《三國志·魏書·邴原傳》裴註引《邴原別傳》載原游學詣安邱孫崧，崧辭曰："君鄉里鄭君，……誠學者之師模也。君乃舍之，蹕屣千里！"白居易《哭皇甫七郎中》云："《涉江》文一首，便可敵公卿"；自

註:"持正奇文甚多,《涉江》一章尤著。"使湜真有奪去上門買賣之事,則居易雅量,古今文士罕比矣。《皇甫持正集》中無《涉江》文,當亦佚去,然竊疑即《讓風》一篇,居易誤憶耳。

一○四　卷二四五

　　《張裕》（出《三國志》或《啓顔録》）饒鬚，劉先主嘲之曰："諸毛繞涿居。"按此穢褻語；錢大昕《潛研堂文集》卷三五《與洪稚存書》之一説"涿"即"豚"，而章炳麟《新方言》卷四《〈爾雅〉"白州驠"》説"涿"即"州"，要不外乎下體者是。詩人貪使故實而不究詁訓，每貽話把笑柄。如林壽圖《黄鵠山人詩鈔》卷一《曹懷樸先生縣齋燕飲》："使君半醉撚髭鬚，惜少繞涿諸毛居"，自註："公云：'吾貌枯少鬚'"；無知漫與，語病而成惡謔矣。黄遵憲《人境廬詩草》卷四《逐客篇》："招邀盡室至，前脚踵後脚，抵掌齊入秦，諸毛紛繞涿"，乃作族姓地名用，無可譏彈；卷五《春夜招鄉人飲》："子年未四十，鬖鬖鬚在頰，諸毛紛繞涿，東塗復西抹"，則與林詩同謬。梁同書《頻羅厂遺集》卷三《題項一鳴贅髯》："題詩客亦繞諸毛，妙謔能令意也消"；郭麐《靈芬館詩》二集《留鬚》："密竹緣坡生已晚，諸毛繞涿誚還無"；點明爲"謔"爲"誚"，自首減等，足以間執吹毛者之口。古羅馬詞學謂苟用字設喻而詭異不經，誇飾而張大逾分，祇須作者自示爲明知故作而非不知亂道（non falli iudicium），則無

-1167-

不理順言宜（nihil non tuto dici potest）①；即此法也。王曇《烟霞萬古樓集》佚詩《戲作肉身定光佛歌》："又不是潞涿君，河間鼻"云云，固知"涿"字之解者。韓愈《寄崔二十六立之》："又論諸毛功"，何焯評引先主此謔說之，李光地謂指"筆墨之事"，蓋二人亦未識"涿"字何意；竊意"諸"乃"楮"之訛，指"楮先生"與"毛穎"也。

① Quintillan, *Institutio oratoria*, VIII.iii.37, "Loeb", III, 230.

一〇五　卷二四六

《張融》（出《談藪》）融"於御前放氣"。按卷二五三《侯白》（出《啓顏錄》）"乃傍卧放氣與之言。"即《法苑珠林》卷一一三引《毗尼母經》所云："不得放下風出聲。"《老學菴筆記》卷二毛德昭"呕起掩耳曰：'放氣！放氣！'"，蓋承六朝文語；宋人口語，實與今無異，觀《夷堅三志》辛卷一〇《李三夫妻豬》及《癸辛雜識》章宗卿謔，可知也。漢人則曰"失氣"；《全後漢文》卷三八《風俗通》佚文："宋遷母往阿奴家飲酒，坐上失氣。"《侯白》則亦見《朝野僉載》卷四。

一〇六　卷二四七

《石動筩》（出《啓顏錄》）曰："郭璞《游仙詩》云：'青溪千餘仞，中有一道士'，臣作云：'青溪二千仞，中有兩道士'，豈不勝伊一倍？"按梁紹壬《兩般秋雨盫隨筆》卷三："某作詩，力求新異，有句云：'金欲二千酬漂母，鞭須六百撻平王'，語奇而殊無理，此與'青溪二千仞，中有兩道士'何異！"即指動筩之句。"某"者、明末徐開元，其聯見王應奎《柳南隨筆》卷四引張遠撰《徐五傳》；"欲"作"以"，"撻"作"報"，梁氏改字，似勝原句，"欲"與"須"銖鋼較稱，而"報"與"酬"本若合掌也。

動筩問國學博士，孔子弟子"達者七十二人，幾人已著冠？幾人未著冠？"博士不能答；動筩曰："《論語》云：'冠者五六人'，'五六'三十人也；'童子六七人'，'六七'四十二人也。"按皇侃《論語義疏·先進》此章疏云："或云……'五六'三十人也，……'六七'四十二人也；……合爲七十二人也，孔門升堂者七十二人也。"此解漢世夙有，《太平御覽》卷五二六引《漢舊儀》："禮后稷於東南，常以八月祭，舞者七十二人：冠者五六、三十人，童子六七、四十二人"；宋員興宗《九華集》卷一二《答洪丞相問隸碑書》嘗引以釋《唐扶頌》、《堯祠請雨碑》等之"五六六七，化道若神"，清俞正燮《癸巳類稿》卷二據《隸釋》載員氏書而增雲臺廿八將稱"四七之將"爲例。

【增訂三】程大昌《考古編》卷八記夜閱《漢舊儀》，思及石動筩語，因謂"五六人、七八人"乃"姑以意言之，非決定語也"，而"石優戲語，漢儒固已用爲實事，此其傳誤，與'小姑嫁彭郎'亦何異也！"

夫折計數目，早見於經，如《周禮·考工記》："堂脩二七"，《左傳》襄公十一年："女樂二八"，《大戴禮·易本命》尤多；王楙《野客叢書》卷一六、洪邁《容齋續筆》卷七蒐列頗夥。茲補說數例。《廣記》卷一七四《東方朔》（出《東方朔傳》）："'叱叱'四十九也"；"叱"諧"七"，猶"破瓜年"爲十六歲，以"瓜"字破之爲二"八"字（《皇朝類苑》卷四三引楊億《談苑》），一諧音，一拆字，折計而以廋詞出之。《藝文類聚》卷三一馬融《與竇伯向書》："書雖兩紙，紙八行，行七字——七八五十六字，百十二言耳"；不特言兩數，且言兩數之積。他如《南齊書·五行志》永元中童謠："七九六十三，廣莫人無餘"，或盧仝《月蝕詩》："駕車六九五十四頭蛟螭虯"，皆即《漢舊儀》句法。令狐楚《八月十七夜書懷》："三五既不留，二八又還過"，盧仝《有所思》："娟娟姮娥月，三五、二八盈又缺"；謂月之十五、十六兩日，又即《唐扶頌》等句法。《全後漢文》卷一二張純《泰山刻石文》引《河圖赤伏符》曰："四七之際火爲主"，下文曰："受命中興，年二十八載興兵起"；則記漢光武事，有兩"四七"，不止雲臺二十八將也。六朝詩文尤好用折計述年歲，如陶潛《雜詩》："年始三五間"，《責子》："阿舒已二八"，《祭程氏妹文》：

"我年二六";《魏書·李平傳》載李諧《述身賦》:"自方年之四五,實始仕之弱齡。"

【增訂四】蕭子顯《日出東南隅行》:"三六前年暮,四五今年朝";謂此婦"前年"十八歲,"今年"二十歲。梁簡文帝《東飛伯勞歌》第一首:"可憐年幾十三四,工歌巧舞入人意";"年幾"即"年紀",如字面之十三四歲;第二首:"少年年幾方三六,含嬌聚態傾人目";則字法與前首不同,謂十八歲也。蘇轍《欒城集》卷二四《祝文》、《青詞》輒有"請女道士二七人"、"請僧三七人"等句,余兒時見僧道齋醮張榜,尚依此樣也。

一〇七　卷二四八

《山東人》(出《啓顔録》)。按敦煌變文《孔子項託相問書》小兒却問"鵝鴨何以能浮"云云一節仿此。

一〇八　卷二四九

《尹神童》（出《朝野僉載》）伯樂命子執《馬經》作圖樣以相馬，子出見大蝦蟆，歸謂父："得一馬，略與相同。……其隆顱、跌目、脊郁縮，但蹄不如累趜耳。"按《埤雅》卷一二引之，比於趙括之"徒能讀其父書，不知合變"。此謔亦殊中理。文字描摹，終不如繪畫之得形似，故依文作圖而按圖索驥，則蛙可以爲馬矣。汪曰楨《湖雅》卷六："道光辛卯，吾友海寧許心如丙鴻與余論近人《山海經》圖之誕妄。時適多蚊，因仿《山海經》説之云：'蟲身而長喙，鳥翼而豹脚。'設仿此爲圖，必身如大蛹，有長喙，背上有二鳥翼，腹下有四豹脚，成一非蟲非禽非獸之形，誰復知爲蚊者？"可相參印。皆資讀《拉奧孔》之助。

【增訂二】《全晉文》卷一五二苻朗《苻子》："齊景公好馬，命善畫者圖而訪之。殫百乘之價，期年而不得，像過實也。"此亦按圖索驥，與伯樂子事相映成趣。一則圖過實，按之索驥而不得；一則圖如實，按而索，索而得焉，則蝦蟆耳，非驥也。兩者通觀，足資諷論。

一〇九　卷二五〇

《李安期》（出《朝野僉載》）"看判曰：'書稍弱。'選人對曰：'昨墜馬傷足。'安期曰：'損足何廢好書？'"按此謔於英國名家小說中兩見。迭更司《滑稽外史》中一愚妄女子作書云："吾父命我通書，因其足傷，不能把筆，醫言恐難復原"（My pa requests me to write to you, the doctors considering it doubtful whether he will ever recover the use of his legs which prevents his holding a pen）①；蓋斯基爾夫人《鄉鎮舊聞》中一人致函言"勿許其妻作書，因妻足踝扭筋，握管不便"（His wife did not write, said the old gentleman, because he had forbidden it, she being indisposed with a sprained ankle, which (he said) incapacitated her from holding a pen）②。

---

① *Nicholas Nickleby*, ch. 15.
② Mrs Gaskell, *Cranford*: "Old Letters".

一一〇　卷二五一

《楊虞卿》（出《本事詩》）。按見《本事詩·情感》第一；《緑窗新話》卷下《張公嫌李氏醜容》即此則，而誤註其出於《古今詞話》。張又新所吟爲七絶，非長短句，《詞話》無緣標舉之也。《唐詩紀事》卷四〇記此詩本事，而語焉不詳。《本事詩》作"特甚"，又新詩遂難索解；《緑窗新話》作"白特甚"，詩意乃明。《廣記》亦奪去"白"字，須據《新話》訂補。又新蓋謂女常以白晳爲美，今娶婦方知"粲者"之説不盡然；雪膚未必花貌，白之甚者不妍而反醜，故曰："牡丹一朵直千金，將謂從來色最深；今日滿欄花似雪，一生辜負看花心"——"色最深"即"色最勝"。《晉書·后妃傳》上武帝博選良家女充後宫，使楊后揀擇，"后性妒，惟取潔白長大，其端正美麗者並不見留"；足以闡又新之詩矣。俞正燮《癸巳類稿》卷一四《長白美人》引《詩》、《史記》、《魏書》、《唐書》以明"婦容以長爲貴，……長白即美德"，而獨遺《晉書》，豈惡其害己之説耶？文藝復興時名著《美女論》（Della Bellezza delle Donne）謂膚色尚白，第不可"死白"①，人色之"死白"殆如張岱言物色之"呆白"

(《陶菴夢憶》卷七《龍山雪》："月不能光，雪皆呆白"，又《瑯嬛文集》卷二《海志》："日呆白而扁，類果盒"）。美國名小說《捕鯨記》有一章專論白色，謂人物之白者雖足貴惜，然亦復正緣色白而更可憎惡，如天老兒是（what is that in the Albino man so peculiarly repels and often shocks the eye）②；殆"白特甚"者歟？《廣記》卷二五六《崔涯》（出《雲溪友議》）讚李端端曰："一朵能行白牡丹"，元稹《離思》有"偏摘梨花與白人"，王涯《宮詞》有"白人宜着紫衣裳"，徐凝賦《白人》詩。張又新非故欲違人自異，亦以白有幾般白耳。

《鄴夫》（出《笑言》）夫贈婦詩曰："吹火朱脣動，添薪玉腕斜，遙看烟裹面，大似霧中花"；鄴婦知而羨之，亦索己夫贈詩，詩曰："吹火青脣動，添薪黑腕斜，遙看烟裹面，恰似鳩槃荼。"按宋江少虞《皇朝類苑》卷一六："元豐中，高麗使朴寅亮至，明年，象山尉張中以詩送之。寅亮答詩，序有：'花面艷吹，愧鄴婦青脣之效；桑間陋曲，續郢人白雪之音。'有司劾中：小官不當外交夷使。神宗問'青脣'何事，皆不能對。趙元老誦《太平廣記》"云云。朱弁《曲洧舊聞》卷二亦記元老此事而未道《太平廣記》。

【增訂三】《皇朝類苑》記趙元老論"青脣"事，蓋本之《澠水燕談錄》卷九。

---

① Burckhardt, *Die Kultur der Renaissance in Italien*, "Grosse Illustrierte Phaidon-Ausgabe," 198: "... die Haut hell leuchtende (candido), aber nicht von toter Weisse (bianchezza)".

② Melville, *Moby Dick*, ch. 42.

一一一　卷二五二

《〈千字文〉語乞社》（出《啓顏録》）。按《陔餘叢考》卷二二謂《牡丹亭》第一七折石道姑以《千字文》自道出身，即仿此體；《霞外攟屑》卷五復引《廣記》卷二五六《封抱一》（出《啓顏録》）、卷二五七《患目鼻人》（出《啓顏録》）等增益之。《類説》卷四九及《事文類聚》別集卷二〇引《籍川笑林》有《決水灌田伏罪狀》："只因天亢'律吕調'，切慮田苗'宇宙洪'"云云，亦此體，且用《千字文》而兼縮脚語，與《患目鼻人》之相詠尤類。明清小説、院本遂以爲打諢橐臼，如《龍膏記》第二一折郭曖語、《蜃中樓》第二一折蝦兵語、《品花寶鑑》第八回孫嗣徽語等；《貪歡報》第九回張二官語用《千字文》多至一三四句；

【增訂四】清初署名雙溪厬山作《芙蓉樓》第一〇齣白鬚門公上場白亦用《千字文》二十餘句。

《西洋記》第七八回剌撒國王禱求尉仇大王神，神附小童身上，語皆出《千字文》而縮脚爲三字句，又《患目鼻人》、《決水灌田伏罪狀》之祖構。其他零星數句者如《雞肋編》卷中載金人入寇謠、《詞謔》載《傍妝臺》詠薄酒、《談概》卷二七載袁景文、諸理齋詩、《一夕話》卷二載嘲時少灣詩，更復不少。《南亭四話》卷八載顧立謙作狎客《自悔歌》亦用《千字文》四四句。

《吳堯卿》（出《妖亂志》）其妻斂以紙絮葦棺，好事者題曰："信物一角，附至阿鼻地獄，請去斜封，送上閻羅王。"按沈作喆《寓簡》卷一〇："司馬溫公薨時，程頤以臆説，斂如封角狀，東坡疾其怪妄，因怒詆曰：'此豈信物一角，附上閻羅大王者耶？'人以東坡爲戲，不知《妖亂志》所載吳堯卿事，已有此語，東坡以比程之陋耳。"

一一二　卷二五五

　　《石抱忠》（出《御史臺記》）爲諧詩云："一羣縣尉驢騾騾，數箇參軍鵝鴨行。"按雖《魏書·官氏志》記道武名諸曹走使爲"鳧鴨"，取"飛之迅疾"；然此詩正以俚俗發噱，非用故實。"鵝鴨"、"驢騾"，均直白語，"鵝鴨行"即雅言"雁行"耳。韓愈《藍田縣丞廳壁記》："文書行，吏抱成案詣丞，……雁鶩行以進"；"雁鶩行"酌古斟今，融會"雁行"與"鵝鴨行"。作手鑄詞，每掇拾時俗語而拂拭之，此堪爲例。又如《廣記》卷二六八《張鷟》（出《朝野僉載》）有突厥投化，張鷟炙之以火，"不勝楚痛，日夜作蟲鳥鳴"，而孟郊《病客吟》："病客晝呻吟，徒爲蟲鳥音"，世推名句。《敦煌掇瑣》之三一《五言白話詩》："若不急抽卻，眼看塞天破"，而柳宗元《段太尉逸事狀》："副元帥勳塞天地"，劉禹錫《祭韓吏部文》："三十餘年，聲名塞天"，李翱《感知己賦》："是時梁君之譽塞天下"，尤以韓愈《寄崔二十六立之》："歡華不滿眼，咎責塞兩儀"，爲工於點化也。

　　《宋務先》（出《御史臺記》）一監察御史"不工文而好作"，人諛之，輒折俸助廚，號曰："光臺"，其妻誡之曰："公經生，素非文筆，此必臺中玩公！"遂不復出錢，諸御史知之，相謂曰：

"彼有人焉，未可玩也。"按卷二五八《并州士族》（出《顏氏家訓》）記一人"爲可笑詩賦"，人嘲弄而"虛相稱讚，必擊牛釃酒延之"，其妻泣諫，此人歎曰："才華不爲妻子所容！"至死不覺。二事相似，特一悟一不悟耳。《家訓·文章》篇原文作"便擊牛釃酒，招延聲譽"，《廣記》删改，精采大減。西方舊籍記一人（Barballius）好作詩，羅馬教皇（Leo X）戲譽之爲可比詩聖（Petrarch），是人大喜自詡，友知其遭弄，直言諫之，乃大恚怒，謂己才高爲朋友所嫉①；正并州士之類。《梁書·胡僧祐傳》："性好讀書，不解緝綴，然每在公宴，必強賦詩，文詞鄙俚，多被嘲謔。僧祐怡然自若，謂己實工，矜伐益甚"；自得其樂如此，更省却出錢置酒，招人延譽矣。

《侯味虛》（出《朝野僉載》）著《百官本草》。按同卷《賈言忠》（出《御史臺記》）撰《監察本草》。《全唐文》卷二二七有張説《錢本草》，錢大昕《潛研堂文集》卷三《跋〈錢本草〉》則謂"此好事所爲，託之燕公"。蓋唐人游戲文章有此一體，後世祖構如《羅湖野錄》卷四慧日雅禪師《禪本草》、董説《豐草菴前集》卷三《夢本草》、張潮《檀弓叢書·書本草》，其尤雅令者也。

《王維》（出《盧氏雜説》）王璵好與人作碑誌，有送潤筆，誤扣王維門，維曰："大作家在那邊！"按劉克莊《後村大全集》卷二四《答楊浩》："自慚吾非三長史，誰誤君尋五作家？"自註："王縉多爲人作志銘，或送潤筆達維處，維笑曰：'五作家在那邊！'""非"字必是"匪"字之訛，不然失拈；誤憶璵爲縉，小

---

① *Anatomy of Melancholy*，Part. I，Sect. II，Mem. IV，Subs. IV，Bell，I，393.

售無傷；以"大"爲"五",了無理致,大類杜撰以求"三長史"對仗,不免英雄欺人。"三長史"字面出《漢書·張湯傳》,而語意不合,且"長史"之"長"上聲,又屬失拈;必是用劉知幾《答鄭唯忠史才論》所謂"史才須有三長"(《全唐文》卷二七四),然割裂"史才三長"爲"三長史",亦蠻做欠妥適。此一聯上下句均可勒帛也。

一一三　卷二五六

　　《平曾》（出《雲溪友議》）獻白馬詩云："雪中放出空尋迹，月下牽來只見鞍。"按同卷《崔涯》（出《雲溪友議》）嘲李端端云："黃昏不語不知行，鼻似煙窗耳似鐺。"平詩譽馬毛之白，崔詩譏女膚之黑，而機杼全同。皆言其人其物與所處境地泯合難分，如所謂"保護色"（protective colouration）者。此固寫景狀物詩文中習用技倆，初不限於俳諧之作也。卷四〇三《延清室》（出《拾遺錄》）董偃以玉精爲盤貯冰，二物"同潔澈"，侍者以爲"冰無盤，必融濕席，乃和玉盤拂之"，落階下俱碎；《太平御覽》卷七五八、九六九皆引《拾遺錄》載漢明帝月夜讌羣臣，以櫻桃盛赤瑛盤中，"共一色，羣臣皆笑，云是空盤"；李白《白胡桃》："紅羅袖裏分明見，白玉盤中看卻無"；王昌齡《採蓮詞》："荷葉羅裙一色裁，芙蓉花臉兩邊開；棹入橫塘尋不見，聞歌始覺有人來"（瞿佑《歸田詩話》卷上："貢有初謂余曰：'謂葉與裙同色，花與臉同色，故棹入花間不能辨'"）；雍陶《詠雙白鷺》："立當青草人先見，行傍白蓮魚未知"；李洞《宿成都松溪》："翡翠鳥飛人不見，琉璃瓶貯水疑無"（上句言松色，下句言水色）；曹松《水精念珠》："幾度夜深尋不着，琉璃爲殿月爲燈";韋莊《白牡丹》:"昨夜月明渾如水,入門唯覺一庭香";《五燈會元》卷一三洞山良价囑付曹山本寂詞:"銀盌盛雪,明月藏鷺";韓淲《澗泉集》卷一七《和昌甫》第一首自註引尹穡《西軒》:"草黃眠失犢,石白動知鷗";楊萬里《誠齋集》卷二五《披仙閣上醆醁》之一:"仰架遥看時見些,登樓下瞰脱然佳;醆醁蝴蝶渾無辨,飛去方知不是花";姚勉《雪坡舍人集》卷一二《四望亭觀荷花》:"面面湖光面面風,可人最是白芙蓉;分明飛下雙雙鷺,纔到花邊不見蹤";舒岳祥《閬風集》卷九《無題》第一首:"谿草鴨頭相間緑,山榴雉頰一時紅;白鷗飛起無尋處,滚入梨花柳絮中";吴師道《吴禮部詩話》載龔開《黑馬圖》詩:"幽州俠客夜騎去,行過陰山鬼不知";高啓《梅花》:"春風未動枝先覺,夜月初來樹欲空";《警世通言》卷一三、《初刻拍案驚奇》卷一一、洪昇《長生殿·夜怨》等引不知何人詩:"雪隱鷺鷥飛始見,柳藏鸚鵡語方知";嚴熊《白雲詩集》卷七《馮定遠先生挽詞》自註:"吴夫人冰仙(綃)學詩於定翁,曾賦《梨花》云:'月明無色但空枝',真妙句也!";洪亮吉《玉麈集》卷下自記少作《白杜鵑》詩:"應是蜀禽啼未遍,却教明月照還空";以至《野叟曝言》第四七回斗方名士咏梅,李姓詩云:"月下朦朧驚我眼,如何空剩老丫叉!",元姓恭維曰:"出神入化之筆!月色朦朧,與梅花融成一片,豈不單剩了枝梗?"手眼無不同。"聞歌始覺有人","鸚鵡語方知"即"不語不知行";黑馬過而"鬼不知"即翠鳥飛而"人不見";均一色莫辨、"融成一片"也。嵇康《養生論》:"蝨處頭而黑",《文選》李善註此句引《抱朴子》佚文:"今頭蝨著人,皆稍變而白;身蝨處頭,皆漸化而黑;則是玄素果無定質,移易存乎所漸";《酉陽雜俎》卷二〇論禽獸"必藏匿形影",

是以"蛇色逐地,茅兔必赤,鷹色隨樹"①,李邯《溮河館》所謂:"青蛇上竹一種色。"古人格物,已窺"保護色"之理矣。《全後漢文》卷二九馬第伯《封禪儀記》:"遥望其人,或以爲小白石,或以爲冰雪;久之,白者移過乃知是人也。"詞章家以"移過乃知"之事合於一色莫辨之狀,刻劃遂進一解。楊萬里詩謂蝶飛方知其非醱醯,或人詩謂鷺鷥飛方知其非積雪,即"白者移乃知是人也"之旨。《誠齋集》卷三二《曉行望雲山》:"却有一峯忽然長,方知不動是真山"(參觀陳沆《簡學齋詩存》卷三《默深留長沙相聚旬餘得詩》之四:"君看出山雲,崇朝幾沉浮,真山久不動,兹焉庶堪儔"),則山"不動"而知其非雲,反面着眼以與古爲新,亦即雲移過而知其非山耳。蓋如法炮製,依樣葫蘆,學邯鄲之步,效西施之顰,夫人知爲模仿也。反其道以行,以魯男子之不可仿柳下惠之可,亦模仿而較巧點焉;《漢書・揚雄傳》云:"攎《離騷》文而反之,名曰《反離騷》",是矣。十八世紀德國文家嘗謂模仿不特有正仿,亦且有反仿(Grade das Gegentheil thun ist auch eine Nachahmung, und die Definition der Nachahmung müssten von Rechtswegen beydes unter sich begreifen)②。

---

① Cf. Butler, *Characters and Passages from Note-books*, ed. A. R. Waller, 359: "The backs of all fishes are very near of the colour of the water that they are bred in, to avoyd the discovery of those that prey upon them."

② Lichtenberg, *Aphorismen*, hrsg. A. Leitzmann, III, 134. Cf. Novalis, *Fragmente*, Nr. 102, hrsg. E. Kamnitzer, 88: "Kontraste sind inverse Ähnlichkeit"; Valéry: "Lettre sur Mallarmé," *Oeuvres*, "Bib. de la Pléiade", II, 634: "Toujours *ce qui se fait* répète *ce qui fut fait* ou le réfute: le répète en d'autres tons, l'épure, l'amplifie, le simplifie; ou bien le rétorgue, l'extermine, le renverse, le nie: mais donc le suppose, et l'a invisiblement utilisé. Le contraire naît du contraire."

誠齋兩詩，恰可各示其例。

【增訂三】禪人有"如何是一色"問答，洞山良价語特其最雅令者耳。他如《五燈會元》卷六元安章次："鷺倚雪巢猶可辨，烏投漆立事難分"，同卷善靜章次："易分雪裏粉，難辨墨中煤"；又卷一四警玄章次："鷺倚雪巢猶自可，更看白馬入蘆花"，同卷子淳章次："鷺鷥立雪非同色，明月蘆花不似他。"《夷堅志》支景卷六記葉祖義賦詩詠"世間有不分曉事"曰："醉來黑漆屏風上，草寫盧仝《月蝕詩》"，正謂集黑暗之大成；屏既漆黑，醉復昏蒙，盧詩寫景則"一搭如煤炲"，重以草字體之"渾沌草昧"（張懷瓘《書斷》上《草書》），如合秋水於長天矣。鄧椿《畫繼》卷六《王可訓》條論《瀟湘夜雨圖》云："瀟湘夜矣，又復雨作，有何所見？……嘲誚云：'不過剪數尺皂絹，張之堂上，始副其名也！'"亦言"一色"、"不分曉"。近世法國善戲謔者（Alphonse Allais）展覽"胡亂畫"（Le Salon des Incohérents），即用此法，如懸黑帆布一巨幅，題爲黑人在山洞内夜戰圖。"雪隱鷺鷥"一聯又見於《金瓶梅》第五又二五又六七回、《玉嬌梨》第一五回、《西湖二集》卷二一、《後西遊記》第八回。王昌齡詩詠"花與臉同色不能辨"，則猶王嘉《拾遺記》卷八記蜀先主甘后"入綃帳中，於户外望者如月下聚雪"，又"取玉人置后側，潔白齊潤，觀者殆相亂惑。"但丁嘗以"珍珠著玉顔上"喻不易遽辨（sì che perla in bianca fronte/non vien men tosto alle nostre pupille —— *Paradiso*, III. 14-5）。又意大利詩人（Marino）賦女郎擠牛乳（Ninfa mungitrice），謂是手是乳，一白莫判彼此（ne distinguer sapea/il bianco umor da le sue mani intatte, /ch'altro non discernea che latte in latte——*op. cit .*, 361）。復猶《南史·梁本紀》下言簡文"手執玉如意，不相分辨"，或蘇軾《賀新郎》所謂"手弄生綃白團扇，扇手一時似玉。"

【增訂四】《世説新語·容止》言王夷甫"恒捉白玉柄麈尾，與手都無分別。""雪隱鷺鷥"一聯又早見於徐渭《四聲猿·狂鼓史》中女樂唱"一個蹺蹊"曲。莎士比亞詩寫愛情女神執美少年手，二手一色，如雪裏蓮花，雪花石嵌象牙，主白而客亦白（Full gently now she takes him by the hand, / A lily prison'd in a jail of snow, / Or ivory in an alabaster band; / So white a friend engirts so white a foe. ——Shakespeare, *Venus and Adonis*, 360ff.）。

【增訂五】法國文家嘗以黑上加黑，如烏鴉入夜（Noir sur noir, comme un corbeau dans la nuit. ——Jules Renard, *Journal*, Bib. de la Pléiade, p. 455），與"雪隱鷺鷥"真貌異心同矣。

《李寰》（出《因話錄》）表兄武恭性誕妄，好道及蓄古物，生日，寰"擎一破敝幞頭餉恭曰：'知兄深慕高真，求得一洪崖先生初得仙時幞頭，願兄得道如洪崖。'"按卷二四六《何勖》（出《因話錄》）江夏王義恭性愛古物，向朝士徵索不已，勖甚不平，行道見狗柳、犢鼻，"擎送之，牋曰：'承復須古物，今奉李斯狗柳、相如犢鼻'"；此牋亦見嚴可均《全宋文》卷四〇，輯自謝綽《宋拾遺錄》。

【增訂三】嚴可均註謂輯自謝綽《宋拾遺錄》，實則轉引自《因話錄》耳。《因話錄》卷四記李寰表兄事，復曰："余嘗讀謝綽《宋拾遺錄》云：'江夏王義恭'"云云，即此文，結曰："此頗與武恭相類耳。"

後世笑林每師二則之意，以諷骨董家。如《增新事林廣記》辛集卷下載秦士酷好古物，黠者以敗席詒之曰："此魯哀公坐孔子之席也"，又售以杖曰："此太王避狄所操之馬箠也"，既而持朽椀曰："此殷商物，乃桀［紂］所造"，皆索重價；秦士罄家購之，遂無以衣食，"于是披哀公之席，把太王之杖，執桀［紂］之椀，行丐於市曰：'衣食父母：有太公九府錢，乞一文！'"謝肇淛《五雜俎》卷一六采録之，張大復《梅花草堂筆談》、破額山人《夜航船》皆增飾之，獨逸窩退士《笑笑録》卷四載楊朝麟爲蘇藩司，判賣骨董者被騙訴狀，亦曰："爾何不携陋巷之瓢，提叩脛之杖，披曾子之簀，而吹伍子胥之簫？豈無捨太公九圜錢者？"西方詩文有云欲貽收藏家(virtuoso)以原人亞當蔽下體之樹葉(Adam's figleaf)、諾亞避洪水時舟中所放鴿子之遺體(The pigeon stuffed, which Noah sent)等罕物①；或以敝履亂髮紿收藏家云："此乃尼羅帝撻其后之履也(la pantofola de Neron, colla qual l'ha dà quel terribil calzo a Poppea)，此又太金王施强暴於烈女時扯取之髮也"(la drezza de cavelli de Lucrezia Romana, restada in mano a Sesto Tarquini)②；正復相類。

---

① Sir Charles Hanbury Williams, quoted in O. Elton, *A Survey of English Literature* 1739-1780, II, 29.

② Goldoni, *La Famiglia dell'Antiquario*, II. xii, *Commedie Scelte*, Cremonese, I, 394; cf, I. xvii, p. 367.

一一四　卷二五八

　　《高敖曹》（出《啓顔録》）作詩："塚子地握槊，星宿天圍棋，開罋甕張口，卷席牀剥皮"；又"桃生毛彈子，瓠長棒槌兒，牆欹壁亞肚，河凍水生皮。"按《類説》卷一四引《啓顔録》，"開罋"句作"開門屋張口"，"亞"作"凹"，"皮"作"肌"。《北夢瑣言》卷七載包賀斷句："霧是山巾子，船爲水靸鞋"；"櫂摇船掠鬢，風動水搥胸"；《類説》卷五三引《楊文公談苑》載朱貞白詠月："八月十五夜，一似没柄扇"；皆此體。取譬於家常切身之鄙瑣事物，高遠者狎言之，洪大者纖言之（the diminishing or domesticating metaphor）①，初非獨游戲文章爲爾。刻劃而騖尖新，亦每游轂中而不悟。《野獲編》卷二六載周如斗、胡宗憲聯句"瓶倒壺撒溺"云云，《柳南隨筆》卷三載湖上某禪師雪詩"天公大吐痰"云云，蜀西樵也《樵説》載或仿李白詩"小時不識雨，只當天下痢"云云，此類承高敖曹、包賀體制，固不必言。然如姚合《對月》："一片黑雲何處起，皂羅籠却水

---

①　R. Wellek and A. Warren, *Theory of Literature*, "Peregrine Books", 198-9.

精球";陳陶《海昌望月》:"疑抛雲上鍋,欲搜天邊球";蘇軾《新城道中》:"嶺上晴雲披絮帽,樹頭初日掛銅鉦";王之道《卜算子》:"風喘西頭客自東",又《西江月》:"緑楊風喘客帆遲";曾異撰《紡授堂二集》卷四《冬日溪行》:"石渴谿寒齒,沙分岸反脣,薄烟衣水骨,落木裸山身";袁勵準《恐高寒齋詩》卷卜《登看雲起亭子逢大雷雨》:"凍雨欲來天霍亂,迅雷奮起地怔忡";雖非俳體,而幾如步趨高、包。"嶺披絮帽"與"山巾子"不謀而合,"天霍亂"與"天下痢"、"天吐痰"亦無以異。故紀昀批點蘇詩,於此聯勒帛之,評曰:"自惡,不必曲爲之諱。"沈欽韓《蘇詩查註補正》卷一謂下句用《清異録》載高太素《冬日銘》之"金鑼騰空",政恐未然。軾之《日喻説》亦云:"日之狀如銅盤,扣盤而得其聲";軾弟轍《欒城集》卷一七《黄樓賦》又以"金鉦"擬月:"送夕陽之西盡,導明月之東出,金鉦湧於青嶂,陰氛爲之辟易。"壎篪之吹,均心生眼處,何待假借?亦猶雲蓋山顛,常比於冠巾之加,如《水經注》卷一一《易水》燕王仙臺:"騰雲冠峯,高霧翼嶺",又卷一五《洛水》鵜鶘山:"長霄冒嶺,層霞冠峯";范成大《吴船録》卷下:"雲繞山腹則雨,雲嬜山頂則晴,俗謂'廬山戴帽,平地安竈;廬山繫腰,平地安橋。'"蓋莫非直尋,豈須拆補古語哉。《史記·天官書》記星象,有"天矢"之名,且曰:"矢黄則言,青、白、黑凶";稱雷雨爲天之遺溺失氣,自是題中應有之義,早見古希臘笑劇中,德國俚語尚然[1]。余讀

---

[1] Aristophanes, *Clouds*, 372-3, 391-2, "Loeb", I, 291, 301-3; H. Küpper, *Wörterbuch der deutscher Umgangssprache*, I, 183, 428, II, 212.

黑格爾《自然哲學》，見其謂繁星麗天有若人膚患癬或羣蠅喁聚，何堪歎美（Dieser Licht-Ausschlag ist so wenig bewunderns würdig, als einer am Menschen, oder als die Menge von Fliegen）①，爲之駭笑，思及董説《西遊補》第三回踏空兒鑿天，有云：「不知是天生癢疥，要人搔背呢？」後閲葉昌熾《緣督廬日記鈔》光緒二十八年七月一日：「離地經炎日蒸曬，皆坼裂如龜兆，皮片剥落如松鱗，余謂之『地癬』。」因歎「地癬」與「天癬」無獨有偶，堪入《清異録》也。

【增訂四】海涅追記在大學時，受業於黑格爾。一夕師生二人同觀夜色，繁星麗天，海涅心馳神往，讚賞不容口。黑格爾不耐，嗤曰：「彼離離者何足道！星辰祇是上天之癩皮作作發光耳」（Der Meister aber brümmlete vor sich hin: "Die Sterne, hum! hum! die Sterne sind nur ein leuchtender Aussatz am Himmel."—Heine, *Geständnisse*, in *Werke und Briefe*, Aufbau, 1962, Vol. VII, p. 126）。觀原引黑格爾《自然哲學》二六八節，則渠一時殺風景語亦正其格物窮理之定見也。

《權龍襄》（出《朝野僉載》）秋日述懷曰：「簷前飛七百，雪白後園強」云云，自釋之曰：「鷂子簷前飛，直七百文；洗衫掛後園，乾白如雪」云云。按壓縮省削，襯字方可解，開滑稽詩之另一體。如《説郛》卷三二元無名氏《拊掌録》載「日暖看三織」五律，《七修類稿》卷四九《排笑詩》載「布議蘇

---

① *Die Naturphilosophie*, § 268, *Sämtliche Werke*, hrsg. H. Glockner, IX, 118.

崑李"五律，烟霞散人《斬鬼傳》第四回不通鬼七律"生銜錢短忍書房"，《嘻談錄》卷上富翁五律"我本蘇吳百"，《綠野仙踪》第六回鄒繼蘇《花》詩之"媳釵俏矣兒書廢，哥罐聞焉嫂棒傷"，又《月》詩之"野去酒逢酣宋友，家回牌匿答金哥"，皆權龍襄詩派也。

一一五　卷二五九

　　《成敬奇》（出《御史臺記》）。按與卷二三九《成敬奇》（出《大唐新語》）乃一事複見。

一一六　卷二六〇

　　《殷安》（無出處）記安謂人曰："自古聖賢，不過五人"，因屈指數得伏羲、神農、周公、孔子，"自此之後，無屈得指者，良久乃曰：'并我五也！'遂屈五指。"按此則即《類説》卷四〇引《朝野僉載・賢聖不過五人》，而不見通行六卷本《朝野僉載》中，可補註明出處。《類説》所引《僉載》溢出通行本者尚有，足資增訂，至字句改削，則其引書慣習也。明趙南星《清都散客笑贊・唐朝山人殷安》一謔取此則而易其結尾，添一波折，更堪解頤："……自此之後，無屈得指者。其人曰：'老先生是一個。'乃屈五指曰：'不敢！'"

一一七　卷二六二

《長鬚僧》（出《王氏見聞》）曰："落髮除煩惱，留鬚表丈夫。"按明陸粲《庚巳編》卷七載僧時蔚自贊、郎瑛《七修類稿》卷四七、吳肅公《明語林》卷二記來復見心答明太祖語大同；《西洋記通俗演義》第四、第五回金碧峯亦云然，并引"漢末美髯公"、"唐初虬鬚客"爲比。《水滸》第四回魯達受戒時，不願剃鬚，曰："留下這些兒還洒家也好！"，即"留鬚表丈夫"也。

《昭應書生》（出《因話錄》）奔馳入京，曰："將應'不求聞達科。'"按《老學菴筆記》卷九記天聖中置"高蹈邱園科"，許人於所在地"投狀求試，時以爲笑"，即引此事連類。

《不識鏡》（出《笑林》）夫持鏡歸，妻引自照，驚告母曰："某郎又索一婦歸也！"母亦照曰："又領親家母來也！"按俞樾《俞樓雜纂・一笑》有"漁婦不蓄鏡"一則，全襲此。敦煌卷子本侯白《啓顏錄・昏忘門》載鄠縣董子尚村人買奴，入市覩鏡中己影，誤爲少壯奴，買鏡歸；父視鏡，怒子買老奴；母抱小女觀之，詫"買得子母兩婢"；召師婆禳之，懸鏡落地分兩片，師婆拾取，驚覩兩婆云云；則踵事而增華矣。竊疑濫觴於《雜譬喻經》卷下之二九，有長者命婦取蒲桃酒來共飲，婦往開甕，"自見身影在甕中，謂更有女人"，大恚，夫自往視，"見己身影，逆恚其婦，謂藏男子"，互諍相毆。《維摩詰所説經·觀衆生品》第七"菩薩云何觀於衆生"句下，鳩摩羅什附註："如一癡人行路，遇見遺匣，匣中有大鏡，開匣視鏡，自見其影，謂是匣主，稽首歸謝，捨之而走"；用意同此。《青瑣高議》前集卷二《高言》在胡地時，"或臨野水，自見其形，不覺驚走，[以]爲鬼出於水中，枯黑不類可知也！"，亦可參觀。蓋均認我爲人也。

【增訂三】陳繼儒《晚香堂小品》卷五《贈楊姬》："少婦顔如花，妬心無乃競！忽覰鏡中人，撲碎妝臺鏡。"機杼與《雜譬喻經》、《啓顔録》等所載事同。鳩摩羅什附註即《百喻經》卷二《寶篋鏡喻》。

釋典另有喻認人爲我者，相反相成。《大莊嚴論經》卷一五之八一略謂一長者婦爲姑所嗔，走入林中，上樹自隱，樹下有池，婦影現水；時有婢使擔甕取水，覰水中影，以"爲是己有"，作如是言："我今面貌端正如此！何故爲他持甕取水？"即打甕破；西方童話言黑婢（una schiava nera）取水，水邊樹上有美女影落水中，婢覰影大詫，自歎曰："蘿茜何太薄命乎！美貌如此而爲主婦行汲乎！而安之若素乎？"（Quale vedere, Lucia sfortunata, ti così bella stare, e patruna mandare acqua a pigliare; e mi sta cosa tollerare, o Lucia sfortunata!），因打桶破①。誤認人爲己，誤認己爲人，其苦不自知一也。但丁論水鑑，嘗謂誤以影爲形與誤以形爲影，兩者同病（tali vid'io più facce a parlar pronte, /

---

① *Il Pentamerone*, V. 9, *op. cit.*, 528-9.

perch'io dentro all'error contrario corsi/a quel ch'accese amor tra l'uomo e il fonte)①。竊謂鏡花水月喻真幻，已屬常談，鏡妻水婢喻人我，亦殊親切有味。古希臘傳説美少年映水覷容，不省即己，愛慕勿釋，赴水求歡，乃至溺死，化爲水仙花；自愛成痼，如患心疾者，世即以此名其症（narcissism）②。水仙花亦由無自知之明，然愛悦而不猜嫌，於《雜譬喻經》、《笑林》所嘲外，又闢一境。張華《博物志》卷二言山雞"自愛其毛，終日映水，目眩則溺水"；劉敬叔《異苑》卷三則言山雞"鑑形而舞，不知止，遂乏死。"脱山雞顧影而不知爲己，單情欲雙，故鳴舞以媚誘之，則事與希臘傳説相類③，"水仙花症"不妨改稱"山雞症"。脱山雞識影之即己而自賞孤芳，若崔國輔《麗人曲》："紅顔稱絶代，欲並真無侣，獨有鏡中人，由來自相許"，或《虞初新志·小青傳》載焚餘詩："瘦影自臨秋水照，卿須憐我我憐卿"，則正因自知進而自醉，我執我慢，不知有人，實復苦不自知也。

【增訂二】《宗鏡録》卷六六："又如惡狗臨井，自吠其影；水中無狗，而有其相，而生惡心，投井而死。"與山雞事相待相成。自愛症（narcissism）可名"山雞對鏡病"，而自仇症（nemesism）亦不妨名"惡狗臨井病"也。

---

① *Paradiso*，III，16–8.

② Cf. Hebbel: "Das Kind am Brunnen": "Das Kindlein Winkt, der Schatten geschwind/Winkt aus der Tiefe ihm wieder. /Herauf! Herauf! so meint's das Kind; / Der Schatten: Hernieder! Hernieder! " (*Werke*, hrsg. T. Poppe, I, 51)

③ Cf. Marino, *L'Adone*, V. 26: "Egliamante, egliamato, orgella, or bolle, / fatto è strale e bersaglio, arco ed arclero"; A. Muscettola: "Narciso": "me con me stesso implago, e'l desir mio/me di me stesso innamorato or rende. / ... / io che l'offeso son, so chi m'offende" (*Marino e i Marinisti*, Ricciardi, 76, 1001).

【增訂三】《宗鏡錄》惡狗自吠其影之喻實出《大智度論》卷八九《釋善達品》第七九。

釋典另一鏡喻見《楞嚴經》卷四："室羅達城演若達多忽於晨朝以鏡照面，愛鏡中頭，眉目可見，瞋責己頭，不見面目，以爲魑魅，無狀狂走"；愛己之影乃至憎己之形，分兩截而進一解，仍苦於不自知而已。余所見漢、唐鏡皆銅鑄，《廣記》卷一六六《楊素》記破鏡爲兩半，非有削金鐵如泥之利器不辦，已大非易事，《啓顏錄》言壁上鏡墮地分二片，更難想象；舊藏古鏡十數枚，嘗戲一一擲諸地，了無損裂。疑冰莫涣，當見博古或博物者而叩之。馮小青"瘦影"兩句，當時傳誦，張大復《梅花草堂筆談》卷一二即歎："如此流利，從何摸捉！"，後來《紅樓夢》第八九回稱引之以傷黛玉。明季艷説小青，作傳者重疊，乃至演爲話本，譜入院本，幾成"佳人薄命"之樣本，李雯《蓼齋集》卷一八《彷彿行·序》論其事所謂："昔之所哭，今已爲歌。"及夫《紅樓夢》大行，黛玉不啻代興，青讓於黛，雙木起而二馬廢矣。歐洲十九世紀末詩文中有"脆弱女郎"一類型，具才與貌而善病短命①；采風論世，頗可參驗異同焉。

【增訂四】十九世紀初法國浪漫主義以婦女瘦弱爲美，有如《紅樓夢》寫黛玉所謂"嬌襲一身之病"者。聖佩韋記生理學家觀風辨俗云："嬌弱婦女已奪豐艷婦女之席；動止懶惰，容顏蒼白，聲價愈高"（Un observateur physiologiste l'a dit: C'est l'avènement de la femme frêle, à qui un ton de lan-

---

① Ariane Thomalia, *Die" Femme Fragile"*: *ein literarischer Fauentypus der Jahrhundertwende*, 1972.

gueur et de pâleur donne plus de prix: elle a remplacé la femme opulente.—Sainte-Beuve: "Madame Sophie Gay", *Causeries du lundi*, Garnier, Vol. VI, p. 79）。維尼日記言一婦爲己所酷愛，美中不足者，伊人生平無病；婦女有疾痛，則己覺其饒風韻、增姿媚（... il y a telle femme que j'ai bien aimée, à qui je ne trouvais qu'une imperfection, c'était de ne jamais être malade. La souffrance dans les femmes est pour moi une grâce et un charme de plus. —Alfred de Vigny, *Le Journal d'un poète*, in *Oeuvres complètes*, Bib. de la Pléiade, Vol. II, p. 1353）。此兩名家所言，大類爲吾國馮小青"瘦影"、林黛玉"病三分"而發；龔自珍《瘈詞》之"玉樹堅牢不病身，恥爲嬌喘與輕顰"，則掃而空之矣。

一一八　卷二六七

　　《來俊臣》（出《御史臺記》）。按卷二六八《酷吏》（出《神異經》）宜附此。

　　《侯思止》（出《朝野僉載》）："殺戮甚衆，更無餘語，唯謂囚徒曰：'不用你書言筆語，止還我白司馬，若不肯來俊，即與你孟青。'……'白司馬'者，北邙山白司馬坂也；'來俊'者，中丞來俊臣也；'孟青'者，將軍孟青棒也。"按酷吏以歇後諧音爲雙關之廋詞也。"白司馬"縮腳"坂"，"坂"、扳也，即攀引，俗語曰"咬"；"來俊"縮腳"臣"，"臣"、承也，《來俊臣》則"棒名'見即承'"之"承"，即招認；"孟青"縮腳"棒"，即棒打耳，《來俊臣》則記狄仁傑等曰："向不承，已死於枷棒矣！"《酷吏》則記侯思止"嚇"魏元忠曰："急承白司馬，不然吃孟青"，釋云："'孟青'者，姓孟名青，即殺瑯玡王冲者也；'白司馬'、坂名"；未得正解。《類説》卷四〇引《朝野僉載》此則約爲一語曰："侯思止以決囚大棒爲'孟青'"，亦不明晰。

一一九　卷二七二

《任瓌妻》（出《朝野僉載》）。按卷二四八《任瓌》（出《御史臺記》）前半同。

一二〇　卷二七三

　　《李秀蘭》（出《中興閒氣集》）知劉長卿"有陰疾"，謂之曰："山氣日夕佳"，長卿答："衆鳥欣有託。"按分別摘取陶潛《飲酒》及《讀〈山海經〉》中句，雙關爲狎褻嘲弄也。"山"諧音"疝"，如《全唐文》卷七八六溫庭筠《答段柯古贈葫蘆筆管狀》："累日洛水寒疝，荆州夜嗽"；"鳥"如《水經注》卷二二《洧水》："俗人覩此水掛於塢側，遂目爲'零鳥水'"，即《水滸》中常見之"鳥"（如第四回："干鳥麽"、"燒了這鳥寺"）。西方文人刻劃景物，亦以水之涓注擬於"零鳥"（L'eau a baissé ... Une source fait un pipi presque indécent）①；"零鳥水"（Les Pisseuses）又法國腦門地（Normandie）水名也。

　　《徐月英》（出《北夢瑣言》）有詩云："枕前淚與階前雨，隔箇窗兒滴到明。"按《綠窗新話》卷下載聶勝瓊《鷓鴣天》捋揞之，改"與階"爲"共簾"。白仁甫《梧桐雨》第四折唐明皇唱："斟酌來這一宵雨和人緊廝熬。伴銅壺，點點敲；雨更多，淚不少。雨濕寒梢，淚染龍袍，不肯相饒，共隔着一樹

---

① Jules Renard, *Journal*, NRF, 296.

梧桐直滴到曉",祇鋪陳排比而已。《玉照新志》卷二載無名氏《眉峯碧》:"薄暮投村驛,風雨愁通夕;窗外芭蕉窗裏人,分明葉上心頭滴",不別言淚,而逕以雨兼融裏外,筆法更勝;《花草粹編》卷三宋曾揆《謁金門》:"伴我枕頭雙淚濕,梧桐秋雨滴",亦即此意,而下一"伴"字,愈見警鍊。唐劉媛《長門怨》:"雨滴梧桐秋夜長,愁心和雨斷昭陽;淚痕不學君恩斷,拭卻千行更萬行",梧桐雨與人面淚尚不緊貼也。袁枚《小倉山房詩集》卷一〇《秋夜雜詩》:"雨自屋外鳴,愁自屋中入",因陳為新,弄巧成拙,上句之"自"尚可為"自如"之"自",下句之"自"必為"自從"之"自",是"愁"在"屋中"而"入""屋中"也,是底言語!天下雨而人下淚,兩者見成連類,不費工夫。西方童話寫小兒女不堪後母之虐,姊攜弟出走,適遇零雨,歎云:"吾儕酸心下淚,天亦同泣矣!"(Wenn es regnete, sprach das Schwesterchen: "Der Himmel und unsere Herzen, die weinen zusammen!")①。浪漫主義以"外景"與"內景"貫通②,聖佩韋論一才媛(Eugénie de Guérin),謂其心境與天氣印契(son âme reflète le ciel; elle a l'âme couleur du temps),雨若蕭蕭,則淚欲潛潛(les jours de pluie, où l'on a envie de pleurer)③。大家壯夫詩文每道此況(Und es regnete dann immer stärker, ausser mir und in mir, dass mir fast

---

① Brüder Grimm, *Die Kinder- und Hausmärchen*: "Brüderchen und Schwesterchen," Berlin: Der Kinderbuchverlag, 33.

② Cf. P. Moreau: "De quelques Paysages introspectifs", in *Formen der Selbstdarstellung*, hrsg. G. Reichenkron und F. Haase, 279 ff..

③ Sainte-Beuve, *Nouveaux Lundis*, III, 170.

die Tropfen aus den Augen herauskommen; Il pleure dans mon coeur/Comme il pleut sur la ville; Du ciel choit ou de la paupière déborde une larme identique)①;女郎詩好爲悽惋,取境寓情(Only a summer's fate of rain,/And a woman's fate of tears. If I look inward I find tears; if outward, rain. But whatever I write will be melancholy and self-conscious as are all women's poems)②,更與徐月英、聶勝瓊同聲相應矣。

---

① Heine, *Reisebilder*: "Italien", Kap. 12; Verlaine, *Ariettes oubliées*, iii; Claudel, *Connaissance de l'Est*: "Tristesse de l'Eau."
② Viola Meynell, *Alice Meynell*, 20.

一二一　卷二七五

　　《捧硯》（出《三水小牘》）裴至德家僮也。按同卷《捧劍》（出《雲溪友議》）郭氏有蒼頭名"捧劍"，卷二四七《王元景》（出《啓顔錄》）有奴名"典琴"，卷四三七《柳超》（出《集異記》）有二奴名"掌閣"、"掌書"，卷四八六《無雙傳》有婢名"采蘋"，卷四八七《霍小玉傳》有婢名"浣紗"。《三國志·吳書·吳主傳》太元元年："有神自稱王表，……又有一婢名紡績"；《真誥·稽神樞》之四："霍光有典衣奴子，名還車"；張文成《游仙窟》有"奴曲琴"，"曲"必"典"字之訛，蓋與王元景奴同名；《敦煌掇瑣》之五《季布歌》言布變形易服，僞爲周氏"家生賤人"，賣與朱解，名曰"典倉"（"買得典倉緣利智"，"莫喚典倉稱下賤"，"名曰典倉應是假"），正"典琴"、"掌閣"之類。

　　【增訂四】《全唐文》卷一三三陳叔達《答王績書》亦有"家人典琴至"之語。

僮婢此種命名，異於王褒之"便了"、石崇之"宜勤"，乃《紅樓夢》之"焙茗"、"司棋"、"侍書"等所祖。命名未渠即示職司，故霍家奴典衣者名"還車"，亦猶"浣紗"不必浣紗而"焙茗"

不必焙茗。《南齊書·倖臣傳》劉係宗"少便書畫，爲宋竟陵王誕子景粹侍書"，後"爲東宮侍書"，復"爲主書"；《舊唐書·韋皋傳》及《王伾傳》皆記伾爲"侍書待詔"，《柳公權傳》記其"充翰林侍書學士"，"三朝侍書中禁"，柳公綽"恥"其"以侍書見用"；劉、王書跡無傳，柳則爲八法楷模。若迎春之婢名"侍書"，則本必緣渠"便書畫"耳。"家生"指家奴所生子女，非買自外者，《水滸》第六一回吳用所謂"却是家生的孩兒"。《初學記》卷一九引喬道元《與天公牋》："小者家生，厥名曰饒"，是六朝已有此稱；錢大昕《恒言錄》卷三引《漢書·陳勝傳》顏註等，謂是唐人語，尚未的也。

《卻要》（出《三水小牘》）授李氏兄弟四人茵席，命各趨廳一隅，待其來幽會。按俗書《三笑姻緣》中秋香戲弄華文、華武兄弟事即本此。楊有仁編《太史升菴全集》卷七三："佛經云：'西域多根樹，東西南北中，五方不相見。國中有婬女，求偶者衆多，初有一男求女，約中枝會；後有四男亦欲求之宿，女亦以言許，東西與南北，各各抱被去。至曉女不來'"；卻要機關，殆有師承，惜未知此經何名。伏爾泰小説中一艷孀（la jeune veuve Almona）智救主角，密約司天四僧（les prêtres des étoiles）同時於同地幽會①，情節亦酷肖。王次回《疑雨集》卷一《和于氏諸子秋詞》第二首："卻要因循席未鋪，鸚哥傳道後堂呼；風光瞥去銷魂在，贏得驚心也勝無"；運卻要事入詩，似始見此，三、四句則本韓偓《五更》："光景旋消惆悵在，一生贏得是淒涼"，而

---

① Voltaire, *Zadig*: "Les Rendez-vous", *Romans et Contes*, "Bib. de la Pléiade", 38–9.

反其意。

【增訂四】王彥泓《疑雨集》卷一《和于氏諸子秋詞》第二首："卻要因循簟未鋪，鸚哥傳道後堂呼"，正用《三水小牘》記婢名"卻要"事；卷二《述婦病懷》之一："慵喚侍兒憑響板，鸚哥傳出翠簾前"，合觀亦見"卻要"之指"侍兒"。顧原書前一首有註云："《香奩集》：'卻要因循添逸興'，不知爲何語，想亦助詞耳。"按所引乃韓偓《擁鼻》七律一聯出句，對句爲"若爲趨競愴離憂"，遂類推曰"助詞"。此蓋不知彥泓句之另具來歷，而以兩"卻要"混爲一談，必非作者自註也。集中如卷二《婦病憂絕》第一首"易"字下註："入聲、次回自讀如此"，卷四《旅況書寄雲客》第二首"嬭"字下註："當作'泥'"；當皆是于弢中所註，而未示別於彥泓自註者，"卻要"之註，正亦其類。

一二二　卷二七六

　　《賈弼》（出《幽明錄》）。按即卷三六〇《賈弼之》（出《幽明錄》）而較略；又此屬《夢》，彼屬《妖怪》。

　　《孫氏》（出《集異記》）。按卷二七九《蕭吉》（出《大業拾遺記》）亦言夢雙鳳集兩拳，後遭母喪，當是一事。

一二三　卷二七八

　　《張鎰》（出《集異記》）"任調"反語"饒甜"。按卷一六三《魏叔麟》（出《朝野僉載》）"叔麟"反語"身戮"，又《武三思》（出《朝野僉載》）"德靖"反語"鼎賊"；卷二四七《邢子才》（出《談藪》）"蓬萊"反語"裴聾"；卷二五〇《鄧玄挺》（出《啓顔錄》）"木桶"反語"幪禿"；卷二五五《安陵佐史》（出《啓顔錄》）"奔墨"反語"北門"，又《契絨禿》（出《啓顔錄》）"天州"反語"偷氈"，"毛賊"反語"墨槽"，"曲錄鐵"反語"契絨禿"；卷二五八《郝象賢》（出《朝野僉載》）"寵之"反語"痴種"；卷二七九《李伯憐》（出《酉陽雜俎》）"洗白馬"反語"瀉白米"；卷三一六《盧充》（出《搜神記》）"溫休"反語"幽婚"；卷三二二《張君林》（出《甄異記》）"高褐"反語"葛號"。三國至唐，利口嘲弄，深文吹索，每出此途。觀梁元帝《金樓子·雜記篇》上，可見一斑；有曰："鮑照之'伐鼓'"，《文鏡秘府論》西卷《文二十八種病》之二〇"翻語病"舉例，即照詩"伐鼓早通晨"，反語"腐骨"。《文心雕龍·指瑕》篇所謂"反音取瑕"是也。《三國志·吳書·諸葛恪傳》童謠："於何相求成子閣"，反語"石子岡"；

《晉書·孝武帝紀》"清暑"反語"楚聲";《南齊書·五行志》"舊宮"反語"窮廐","陶郎來"反語"唐來勞","東田"反語"顛童";《南史·梁武帝紀》"大通"反語"同泰",《陳後主紀》"叔寶"反語"少福",《袁粲傳》"袁愍"反語"殞門",《昭明太子傳》"鹿子開"反語爲"來子哭";《隋書·五行志》上"楊英"反語"嬴殃";《舊唐書·高宗紀》下儀鳳三年十二月"詔停明年'通乾'之號,以反語不善故也",謂反語"天窮";《水經注》卷四《河水》"索郎"反語"桑落";《全唐文》卷七九七皮日休《論白居易薦徐凝、屈張祜》載詩:"吟得新詩草裏論",乃"戲反其詞,謂'村裏老'也"。牽連附此。

一二四　卷二八三

　　《楊林》（出《幽明錄》）入玉枕坼中，見朱樓瓊室，娶趙太尉女，生六子，歷數十年，"忽如夢覺，猶在枕傍"。按《太平寰宇記》卷一二六引此則，云出《搜神記》。《廣記》卷八二《呂翁》（出《異聞集》）本而鋪張增飾；卷二八一《櫻桃青衣》（無出處）、卷四七五《淳于棼》（出《異聞錄》）機杼均同，且不須枕作夢媒矣。《呂翁》乃取沈既濟《枕中記》而稍竄易之，沈文見《文苑英華》卷八三三。汪師韓《讀書錄》卷四謂沈記影射蕭嵩事，臆測姑妄聽之。《廣記》卷三五三《陳璠》（出《三水小牘》）臨刑賦詩："五年榮貴今何在？不異南柯一夢中！"；李肇《國史補》卷下："沈既濟撰《枕中記》，莊生寓言之類；韓愈撰《毛穎傳》，其文尤高，不下史遷。二篇真良史才也"，又："近代有造謗而著《書雞眼》、《苗登》二文，有傳蟻穴而稱李公佐'南柯太守'，有樂妓而工篇什者、成都薛濤，有家僮而善章句者、郭氏奴，皆文之妖也"；《全唐文》卷七六〇房千里《骰子選格序》："彼真爲貴者，乃數年之榮耳；吾今貴者，亦數刻之樂耳。雖久促稍異，其歸於偶也同。列禦寇敍穆天子夢遊事，近者沈拾遺述枕中事，彼皆異類微物，且猶竊爵位以加人，或一瞬爲數十歲。吾果斯人耶？又安知數刻之樂不及數年之榮耶？"；卷七七七李商隱《爲李貽孫上李相公啓》："井覺蛙窺，蟻言樹大"；足徵《呂翁》、《淳于棼》兩篇傳誦當時，且已成詩材文料矣。王士禛《池北偶談》卷一四、一八深譏宋劉兑莊、王義山作詩"用本朝故事，畢竟欠雅"，"用本朝人事，尤可厭"；周壽昌《思益堂日札》卷六引杜牧、羅虬等詩，以證晚唐早有此習。均不免少見多怪，所舉諸例亦皆衹用掌固史事，未嘗驅遣晚近小説。房千里、李商隱、陳璠詩文之闌入《南柯記》、《枕中記》，應比王士禛、尤侗等詩文之闌入《三國演義》也（王應奎《柳南隨筆》卷一、卷五）。房文"異類微物竊爵禄以加人"一句，蓋淆《南柯記》事於《枕中記》；以《枕中記》配《列子·周穆王》，則殊具文心。洪邁《容齋四筆》卷一謂唐人《南柯》、《黃粱》、《櫻桃》諸則本《列子·周穆王》記化人事；趙彦衛《雲麓漫鈔》卷三論文家胎息，有曰："唐人《大槐國傳》依《列子·湯問》"——《湯問》必《周穆王》之筆誤；王應麟《困學紀聞》卷一〇引《齊物論》郭象註："世有假寐而夢經百年"，謂"邯鄲枕、南柯守之説皆原於此意"；可以合觀。房文又以作夢、擲采相提並論，感諷亦深。鄭谷《永日有懷》："能消永日是樗蒲，坑塹由來似宦途"；孔平仲《朝散集》卷四《選官圖口號》："須臾文換武，俄頃後馳先，錯雜賢愚品，偏頗造化權"；蔡絛《鐵圍山叢談》卷三記蔡京"語客曰：'某仕宦已久，皆悉之矣。今位極人臣，則亦可已，所謂"骰子選"爾。人間榮辱，顧何足算！'"；

【增訂三】《國老閑談》卷一記丁謂除參政，楊億賀之，丁答："骰子選耳，何足道哉！"

周必大《平園續稿》卷一五《書贈安福劉儼》:"又十五年,未遇如初。予安能知?盍問諸嚴君平乎?不然,讀房千里《骰子選格序》,爲一餉之歡,洗積年之滯可也!";薛季宣《浪語集》卷五《讀邸報》之二:"世味刀頭蜜,人情屋上烏;榮華葉子格,升黜選官圖";趙必瓏《覆瓿集》卷二《沁園春·歸田作》:"看做官來,只似兒時,擲選官圖。如瓊崖儋岸,渾么便去;翰林給舍,喝采曾除。都一擲間,許多般樣,輸了還贏贏了輸。……歟塞翁失馬,禍也福也;蕉間得鹿,真歟夢歟!";

【增訂四】《吹劍錄》記陳垓漫翁失官絕句:"硯乾筆禿墨糊塗,半夜敲門送省符。擲得么么監獄廟,恰如輸了選官圖。"

錢泳《履園叢話》卷二一:"師禹門太守兩次落職,余慰之曰:'一官何足介意?亦如擲升官圖,其得失不係乎賢不肖,但卜其遇不遇耳'";王闓運《湘綺樓日記》光緒八年七月二十四日:"左季高語人:'吾此官,雖擲升官圖亦不易得!'丈夫自致青雲,而乃比於牧豬之戲!左侯之胸襟未嘗自以爲人才可知。"胥房文之遺意焉。王弘撰《砥齋集》卷二《題爛柯圖》:"嗚呼!修短有命,同歸於盡。衍短爲修,其實仍短,盧生黃粱是也;縮修爲短,其修安在?王質爛柯其然乎?"王質事見《述異記》,亦見《水經注》卷四《漸江水》引《東陽記》,略同《異苑》卷五有人乘馬山行見老翁樗蒲事,易翁爲童、復變馬鞭爲斧柯。《宗鏡錄》卷二八、卷四〇論"仙人之力長短自在",舉王質之"三歲尚謂食頃"及《列子》記周穆王之"經多年實惟瞬息";《七修類稿》卷二八論王質事,謂"須臾過百年",則"仙亦不久";均不如砥齋之意賅而詞雋也。黃庭堅《欸乃歌》之二:"從師學道魚千里,蓋世成功黍一炊";王鐸《擬山園初集》七言古卷二《邯鄲黃黍歌》、五言律卷八《辛未五月十三日再過邯[鄲]拜黄粱祠》、五言絶卷一《再過黄黍》反復據《枕中記》"主人方蒸黍"、"主人蒸黍未熟"等句，糾正流傳之"訛爲'黄粱'"。然《廣記》引《異聞集》已作"蒸黄粱爲饌"，則訛傳久矣。王應麟稱郭象語"世有假寐而夢經百年"；白居易《白秦望赴五松驛馬上偶睡》："形神分處所，遲速相乖異，馬上幾多時，夢中無限事"；兩者視《關尹子·五鑑》所謂"夜之所夢，或長於夜"，賅括遠遜。《楊林》、《吕翁》、《淳于棼》等篇，後世每相仿效，如《青瑣高議》前集卷二《慈雲記》、《聊齋志異》卷四《續黄粱》、《野叟曝言》第四九回。

【增訂三】後世仿《吕翁》等篇之作，尚可增閒齋氏《夜譚隨録》卷四《修鱗》、長白浩歌子《螢窗異草》二編卷四《女南柯》、王韜《淞濱瑣話》卷四《反黄粱》、又卷一〇《夢中夢》。又按《隨録》詞氣，作者必是滿人，觀《嘯亭續録》卷三，乃知名和邦額，官止縣令。此書摹擬《聊齋》處，筆致每不失爲唐臨晉帖。袁枚《子不語》屢竊取焉（如卷六《常熟程生》、《怪風》即本此書卷六《棘闈誌異》、卷五《怪風》，卷二二《鐵公雞》即本此書卷一一《鐵公雞》，不備舉）。

伏爾泰小説寫一少年（Rustan）具歷險艱，備經哀樂，至於身故，遽然而覺，乃知是夢，詢之白奴（Topaze），奴言主睡衹一小時耳，匹似讀書，一小時中可讀畢八千年國史提綱也（"Tu te moques de moi, combien de temps aije dormi？" "Monseigneur, vous n'avez encore dormi qu'une heure, ... et vous auriez pu réellement faire le tour du monde et avoir beaucoup plus d'aventures en bien moins de temps. N'est-il pas vrai que vous pouvez lire en une heure l'abrégé de l'histoire de Perse … ? Cependant, cet abrégé contient 8000 années")①；洵罕譬而喻者矣。

《阿來》（出《朝野僉載》）。按此"邪俗師婆"與同卷《來婆》（出《朝野僉載》）"彈琵琶卜"之"阿來婆"，正是一人，且同出《朝野僉載》卷三，《廣記》收入同一卷；分爲兩則，大可不必。同卷《何婆》（出《朝野僉載》）記其"善琵琶卜"，卷三八四《王勳》（出《廣異記》）記巫"彈琵琶"降神；段安節《琵琶錄》記康崑崙告段師："少年初學藝時，偶於鄰家女巫處授一品絃調"；王建《華嶽廟》詩第一首："女巫遮客買神盤，争取琵琶廟裏彈"；蓋唐女巫皆能彈琵琶，亦如後世江南道士皆能吹笙笛，余少時常見之。楊維楨《鐵崖古樂府》卷一〇《西湖竹枝詞》之六："見説枯槽能卜命，柳州衖口問來婆"，爲直道當時耶？抑依傍故實也？《廣記》同卷又有《阿馬婆》（出《開天傳信記》），卷三六一《張易之》（出《朝野僉載》）："母韋氏號阿臧"（《舊唐書·張行成傳》作"母韋氏阿臧"）。古人男女之名皆可繫"阿"，如《漢書·游俠列傳》陳崇劾陳遵"過寡婦左阿君，置酒歌謳"；《全後漢文》卷三八《風俗通》佚文："龐儉婦艾氏，女字阿橫，大兒字阿巖。"三國以還，"阿蒙"、"阿鶩"、"阿利"、"阿戎"、"阿環"、"阿忠"等，疊著載籍，"宫人阿秋、阿虔"兩見於《舊唐書·哀宗紀》及《后妃傳》下《何后傳》。黄庭堅詩中好以此爲琢句尖新之助，如《贈米元章》："教字元暉繼阿章"，《和答魏道輔寄懷》："天涯阿介老"，《代書》："阿熊去我時"，《送劉道純》："阿秤亦聞有筆端"；攀附江西詩派如吳則禮《北湖

---

① Voltaire: *Le Blanc et le Noir*, op. cit., 123 ff..

集》效顰加厲，"阿常"、"阿傑"、"阿球"、"阿度"、"阿蒼"、"阿先"、"阿印"、"阿朔"、"阿相"之類，連篇累牘。《蘆浦筆記》卷一、《日知錄》卷三二、《陔餘叢考》卷三八、《交翠軒筆記》卷四先後考名之繫"阿"，然均未辨古書中男女名皆可冠以"阿"，而姓則惟女爲爾，不施於男也。《雲麓漫鈔》卷一〇："婦人無名，以姓加'阿'字；今之官府，婦人供狀，皆云'阿王'、'阿張'。"實乃六朝以來久然，且未必由於"無名"，亦不限於官文書。《南齊書·周盤龍傳》高祖以金釵鑷送其愛妾杜氏，手敕曰："餉周公阿杜"；《北齊書·平鑒傳》以愛妾劉氏送和士開，謂人曰："老公失阿劉，與死何異！"；《隋書·文四子傳》獨孤后言及昭訓雲氏曰："專寵阿雲"，"向阿雲兒前再拜問訊"，"共阿雲相對而坐"；《洛陽伽藍記》卷四韋英卒，妻梁氏不治喪而嫁，英鬼白日見形曰："阿梁，卿忘我也！"；《舊唐書·宣宗紀》大中二年二月御史臺奏："劉羣於阿顏家喫酒，與阿顏母阿焦同坐，羣自擬收阿顏爲妻"；

【增訂四】《全唐文》卷六一憲宗《誅殺武元衡賊張晏等勅》："李惠嵩妻阿馬，……蘇表……妻阿康，……趙環等妻阿樊、阿唐"；卷一〇七後唐明宗《誅安重誨詔》："及重誨妻阿張"；卷七四四蕭俛《請旌表鄭神佐室女奏》："阿鄭知父神佐陣歿……阿鄭痛結窮泉。"不備舉。

《全唐文》卷七四六劉三復《請誅劉從諫妻裴氏疏》："阿裴已不得免於極法矣。……阿裴廢臣妾之道。……阿裴請準法"，又卷七七六李商隱《爲河東公上西川相國京兆公書》："阿安未容決平，遽詣風憲"，又卷九八二闕名《對婢判》："命官婦女阿劉母先是蔣恭家婢，……懷阿劉娠出嫁"；《唐文拾遺》卷三〇吳汝訥

《訴吳湘屈殺狀》:"娶顏悦女爲妻,……估阿顏資從衣服作錢數,……顏繼室阿焦";《唐文續拾》卷一三《優婆夷阿劉造石浮圖銘》:"有清信優婆夷阿劉爲亡過夫、亡過男在禪院内敬造七級浮圖一所";韋莊七絶題《女僕阿汪》;《鑑戒録》卷六《戲判作》:"李紹妻阿鄧乞判改嫁";《敦煌掇瑣》之四八《翟明明受田清單》:"妻阿馬"又六〇《寡婦阿龍訴狀》。《廣記》尚有卷一〇二《沈嘉會》(出《報應記》):"有婦人阿趙";卷三五八《齊推女》(出《玄怪録》):"乃命追阿齊";卷四四九《焦鍊師》(出《廣異記》):"有黄裙婦人,自稱阿胡。"後世則稱"劉氏"、"鄧氏"、"龍氏"、"趙氏"等矣。

【增訂三】釋文瑩《玉壺清話》卷二引"不知何人"撰《愍說》,載熙寧四年四月二十六日"潭州婦人阿毛斃於道";周密《志雅堂雜鈔》卷上載宋太祖"御筆"批"阿劉稱夫"爲人打死呈狀。

劉崇遠《金華子雜編》卷上記寶修宴李紳,當筵舞伎年已長,伶人趙萬金獻口號譏之曰:"相公經文復經武,常侍好今又好古;昔日曾聞阿武婆,如今親見阿婆舞。"夫唐韋后自呼"阿韋",武后自呼"阿武婆",猶"阿胡"、"阿來婆"也,二后豈"無名"之婦哉?

【增訂二】李賀《宫娃歌》:"屈膝銅鋪鎖阿甄",謂甄后,亦"阿武婆"、"阿韋"之比。

朱熹《朱文公集》卷一六《阿馬奏狀内小貼子》、卷一九《按唐仲友第四狀》、卷二〇《論阿梁獄情劄子》,則《雲麓漫鈔》所謂"今"官府文書之例也。

一二五　卷二八四

《陽羨書生》（出《續齊諧記》）。按《酉陽雜俎》續集卷四早考其事淵源於《譬喻經》；見《舊譬喻經》卷上之一八，《法苑珠林》卷九二引之；《珠林》卷七六、《太平御覽》卷七三七引《靈鬼志》一則略類。"書生便入籠，籠亦不更廣，書生亦不更小"；

【增訂三】《西湖二集》卷三〇《馬神仙騎龍昇天》："馬自然把拳頭塞將進去，又取將出來，拳頭又不見小，鼻子又不見大，仍舊是好端端的鼻孔。"《夜譚隨錄》屢師其意。卷一《香雲》："最可異者，列筵十數，屋不更廣，亦不覺隘"；卷五《阿穉》："盈階滿室之物悉入洞房，房不加廣，而位置羅列，饒有隙地"；卷九《霍筠》："門前已駐一犢車，黃色甚小，……車亦不廣。……一家十數人乘之，人不覺小，車亦不覺隘。"釋典祇言諸佛聚坐之處小"如錐頭針鋒"，西方宗教家則逕謂天使濟濟有衆，以針鋒爲坐席。德國神秘宗大師（Meister Eckhart）即言天堂中靈魂千輩團坐於一針之尖（tûsent sêlen sitzent in dem himel ûf einer nâdelstize—F. Pfeiffer, *Deutsche Mystiker des 14. Jahrhunderts*, II, 474)。

【增訂四】《晉書·藝術列傳·王嘉傳》："隱形不見，衣服在架，履杖猶存。或欲取其衣者，終不及；企而取之，衣架踰高，而屋亦不大，履杖諸物亦如之。"則衣架增高至不可攀及，而屋矮如故；於鵝籠等故事稍不依樣因陳，猶如言"書生更大而鵝籠則不更廣"耳。

此固釋典常談。《維摩詰所說經·佛國品》第一："佛之威神令諸寶蓋合成一蓋，徧覆三千大千世界，而此世界廣長之相悉於中現"，僧肇註："蓋以不廣而彌八極，土亦不狹而現蓋中"；又《不思議品》第六："舍利弗言：'居士，未曾有也！如是小室乃容受此高廣之座，於毘耶離城無妨礙，又於閻浮提聚落地邑及四天下諸天龍王鬼神宮殿亦不迫迮。'維摩詰言：'唯！舍利弗。諸佛菩薩有解脫，名不可思議。……以須彌之高廣内芥子中，無所增減，須彌山王本相如故；……又以四大海水入一毛孔，……而彼大海本相如故'"；《力莊嚴三昧經》卷中："三千大千諸世界中所有災水，……盡皆掬取，悉内於一小藕孔中，……而是藕根不大不破。……一切風輪，盡皆和合，以手遮取，置於一個小芥子中，而是芥子不大不寬不迮不毁"；《大般涅槃經·一切大衆所問品》第五之一："又見諸佛，其身姝大，所坐之處，如一針鋒，多衆圍繞，不相障礙"（參觀同品："體貌瓌異，姝大殊妙"，又《壽命品》第一之一："爾時四方無邊身菩薩及其眷屬所坐之處，或如錐頭、針鋒、微塵"）。李商隱《題僧壁》："大去便應欺粟顆，小來兼可隱針鋒"，馮浩《玉溪生詩箋註》卷四："句未詳。"竊疑原作"小去"、"大來"，不識何時二字始互易位，此聯遂難索解。"欺"如王建《贈王屋道士》："法成不怕刀槍利，體實常欺石榻寒"，沈亞之《曲江亭望慈恩杏花》："帶雲猶誤雪，映日欲欺霞"，姚合《軍城夜會》："遠鐘經漏壓，殘月被燈欺"，溫庭筠《寄渚宮遺民弘里生》:"波月欺華燭,汀雲潤故琴",齊己《夏日作》:"竹棠涼欺水,苔繁綠勝莎",王安石《次韻答平甫》:"長樹老陰欺夏日,晚花幽艷敵春陽";較量而勝越之意。"隱"即"穩",《朱駿聲文集》卷三《刻〈參同契〉序》:"魏君自序:'安㝩長生';'㝩'者,所依據也,古多借'隱'今俗作'穩'也。"《全晉文》卷九明帝《書》:"伏想墓次安隱,守視文帝平安",又卷二七王凝之《書》:"汝勉[娩]難安隱,深慰耶心";杜甫《投簡梓州幕府兼簡韋十郎官》:"幕下郎官安隱無",朱鶴齡註:"《說文》:'隱、安也',《通鑑》安祿山問中使曰:'聖人安隱。'"佛書尤多,如鳩摩羅什譯《彌勒下生成佛經》:"人壽八萬四千歲,安隱快樂";《大般涅槃經·獅子吼菩薩品》第二三之二:"身心安隱,恐怖得除";唐譯《華嚴經》卷五三:"心得安隱",卷五九:"而令母身安隱無患",卷七二:"其光觸身悉使安隱",《勝天王經》佛自說八十好相之二十二:"住處安隱,不危動";《佛本行集經》卷四九:"五百商人安隱得度大海彼岸。"商隱贊釋氏神通之能大能小:"小去便應欺粟顆"謂苟小則能微逾粟粒,即如商隱《北青蘿》之"世界微塵裏"或呂巖《七言》之"一粒粟中藏世界";"大來兼可隱針鋒"謂雖大而能穩據針鋒,即如《涅槃經》之諸佛"身姝大"而聚坐針鋒,亦如陽羨書生"不更小"而鵝籠"不更廣"爾。《廣記》卷四〇〇《侯遹》(出《玄怪錄》):"盡取遹妓妾十餘人,投之書笈,亦不覺笈中之窄";《瑯嬛記》卷下引《賈子説林》記一人與鄰女有情,無緣得近,忽"夢乘一玄駒入壁隙中,隙不加廣,身與駒亦不減小,遂至女前";皆逕師鵝籠遺意。彌爾敦詩寫地獄大會,無央數龐然巨魔奔赴咸集,室不加廣而魔體縮小,遂廓然盡容(They but now

太平廣記　一二五

seemed/In bigness to surpass Earth's giant sons,/Now less than smallest dwarfs, in narrow room/Throng numberless)①；其神通纔等《廣記》卷二八六《胡媚兒》(出《河東記》)所云以萬錢入瓶中小如粟粒、馬驢入瓶中如蠅大、諸車入瓶中如行蟻，遠輸佛法之不可思議矣。又按鵝籠書生所吐女子"實懷外心"，因吐一男子，而此男子"心亦不盡"，別吐一女；其事實爲宋、明嘲謔語之所濫觴。羅嘩《醉翁談錄》丙集卷二《耆卿譏張生戀妓》言曹國舅化爲丹，吞入何仙姑腹，何又化丹，爲吕洞賓所吞，漢鍾離因笑語藍采和："你道洞賓肚裏有仙姑，你不知仙姑肚裏更有一人！"；馮猶龍《廣笑府》卷六《防人二心》襲之。易吐人爲吞人，即前論卷二五六《平曾》則所謂"反仿"也。此種"外心"、"二心"固西方情詩一題材，古希臘已有(Pan loved his neighbour Echo; Echo loved a frisking Satyr; and Satyr was head over ears for Lyde)②。海涅嘗詠一少年悅一女郎，女則愛他男，此男又別有所娶(Ein Jüngling liebt eine Mädchen,/Die hat einen andern erwählt;/Der andre iebt eine andre,/Und hat sich mit dieser vermählt)；又賦蝴蝶戀玫瑰花，玫瑰花却慕想夜鶯或明星(Der Schmetterling ist in die Rose verliebt,/.../Jedoch, in wen ist die Rose verliebt?/Das wüsst ich gar zu gern./Ist es die singende Nachtigall?/Ist es der schwelgende Abendstern?)③，法國一小名家作詩歎風愛花，花愛蝴蝶，蝴蝶愛蔚藍天，蔚藍天

---

①　*Paradise Lost*, I, 177 ff..
②　Moschus, v, *The Greek Bucolic Poets*, "Loeb", 459.
③　Heine, *Werke und Briefe*, Aufbau, I, 88, 218.

-1221-

愛星，星愛大海，大海愛崖石，作浪頻吻之，而石漠然無動（Le vent aime la fleur; la fleur, le papillon; /Le papillon, l'azur; l'azur, le doux rayon/De l'étoile lointaine; /L'étoile aime la mer, et la mer, le rocher/Qui reçoit ses baisers sans se laisser toucher/Par l'amour ou la haine）①。戲劇及小説每有此情節，班・璔生稱爲"交錯求情"（some such cross wooing）②，近人或謂之"連鎖單相思"（chaînes d'amours en cascades）③；竊以爲不妨名曰"鵝籠境地"。明人院本《獅吼記》第一三折寫土地娘娘撞土地，土地揪打官夫人，官夫人揪打官，官揪打柳氏，柳氏揪打陳季常，異口同聲曰："因你却打我，我只打你！"，混作一團；《歌代嘯》第四折、《醒世姻緣傳》第九一回亦寫此景象。蓋不啻爲"鵝籠境地"之反；《莊子・山木》、《戰國策・楚策》四、《韓詩外傳》卷一〇、《説苑・正諫》胥言螳螂捕蟬，雀、鵲在後，童子挾彈以俟，又《元史・畏答兒傳》及《聊齋志異》卷一〇《席方平》灌口二郎判皆有"斧敲斵，斵入木"之語，則不妨名甲打乙、乙因打丙之狀爲"鵲螳境地"或"斧斵境地"也。西方謠諺亦道此境地④。英國十六世紀一名士，才兼文武，有子頑

---

① E. Grenier: "Plainte", G. Walch, *Anthologie des Poètes français contemporains*, I, 75.

② Ben Jonson, *Every Man out of his Humour*, III. i(Mitis).

③ J. Rousset, *Circé et le Paon*, Nouv. éd., 40; Hardy, *The Hand of Ethelberta*: "a concatenated affection"(Julian); J. Dunlop, *The History of Fiction*, 329; "brouillerie d'amour"; Hallett Smith, *Elizabethan Poetry*, 18: "cross-eyed Cupid."

④ E.g. *Don Quijote*, I. 16: "el gato al rato, el rato á la cuerda, la cuerda al palo", *op. cit.*, II, 45; Iona and Peter Opie, *The Oxford Dictionary of Nursery Rhymes*, 229-31, "This is the house that Jack built."

很,嘗共赴人招,父子接席,衆賓遶桌談讌;酒半,子忽出語不遜,父怒批其頰,子不敢報,乃掌鄰坐者之面,且曰:"依次一一摑去!周而即及吾翁頰耳"(Box about,'twill come to my Father anon)①。其道還治其人,斧斲而兼輪轉矣。

《徐登》(出《水經》)。按雖見《水經注》卷四〇《漸江水》,實本《搜神記》卷二。

---

① Aubrey, *BriefLives*:"Sir Walter Raleigh", Ann Arbor Paperbacks, 256.

一二六　卷二八八

《紇干狐尾》（出《廣古今五行記》）有人好劇，聞人間有狐魅，遂得一狐尾，綴着衣後，妻及鄰人皆疑爲狐。按《聊齋志異》卷一《賈兒》綴繫狐尾，以使狐不疑爲人，貌同心異，亦反仿之一道也。

一二七　卷二八九

《雙聖燈》（出《辨疑志》）。按卷四二八《張竭忠》（出《博異志》）、卷四五八《選仙場》、《狗仙山》（均出《玉堂閒話》）、卷四七六《蘇湛》（出《酉陽雜俎》）諸則都相類，皆祖《博物志》卷二"天門郡有幽山峻谷"一則，《廣記》卷四五六即采之。後來如洪邁《夷堅志補》卷二二《武當劉先生》、徐芳《懸榻編》卷四《夢花潭記》，亦淵源於此。或爲虎，或爲蟒，或爲蜘蛛，或爲黿，世人妄想成仙升天者趨鶩之而喪厥軀，其歸一也。

一二八　卷二九一

《李冰》（出《成都記》）冰化牛與江神鬭。按其事始見《風俗通》，《水經注》卷三三《江水》引之。冰"以太白練自束以辨"，又與《廣記》卷一一八《程靈銑》（出《歙州圖經》）、卷一三一《臨海人》（出《續搜神記》）事類，特牛鬭與蛇鬭異耳。歐陽修《集古録跋尾·張龍公碑》謂撰者唐趙耕，記張、鄭二人奪居龍宫，化龍相鬭，以絳綃、青綃爲辨，蘇軾《張龍公祠記》一稱《昭靈侯廟碑》轉述之，劉斧《青瑣高議》後集卷九《夢龍傳》又以爲宋曹鈞事；亦踵李冰之傳說者。

一二九　卷二九二

《陽雍》(出《孝德傳》)。按即《搜神記》卷一一楊雍事，《水經注》卷一四《鮑丘水》嘗引之。

一三〇 卷二九三

《蔣子文》（出《搜神記》等）見形於王導，自言將救其病兒，因索食，導喜設食，食畢忽慘然云："此兒命盡，非可救者！"遂不見。按南朝虔祀蔣子文，《南史》卷七七《恩倖傳》綦母珍之"就蔣王廟"乞願祈福，卷五五《曹景宗傳》載"蔣帝神"威靈顯赫，梁武帝"畏信遂深"。此處蔣乃作餒鬼趑嘴行徑。蓋神猶人然，齒爵漸尊，德望與以俱高，至其少日營生，卻每不可道；子文之神在晉尚如漢高微時之無賴不治產業，下迨齊梁，封"王"號"帝"，位逾貴而行亦遂端矣。《廣記》卷二九五《曲阿神》（出《神鬼傳》）一劫盜逸入廟中，跪請神祐，許供一豬，官司踪至，覓盜不得，因禱曰："若得劫者，當上大牛！"盜形即現，被縛而去；卷二九七《睦仁蒨》（出《冥報錄》）寄岑文本書："鬼神定是貪餂；往日欲郎君飲食，乃爾殷勤，比知無復利，相見殊落漠"；皆既信奉鬼神，又復薄其貪詐。然人之信奉鬼神，正亦望其非冰心鐵面而可利誘勢奪，故媚奧媚竈，投合所好耳。王符《潛夫論·巫列》斥"淫鬼"曰："鬼之有此，猶人之有姦言賣平以干求者也"；韓愈《紀夢》："夜夢神官與我言，羅縷道妙角與根。……乃知仙人未賢聖，護短憑愚邀我敬"；袁宏道

《墨畦》:"官慕神仙,神仙亦慕官;小修曰:'分之則山人,合之則仙也'";梁章鉅《制義叢話》卷五引明趙南星《非其鬼而祭之,諂也》文:"藉靈寵於有位,既以諂鬼者而諂人;求憑依於無形,又以諂人者而諂鬼";林雲銘《挹奎樓選稿》卷八《與丁勗菴》:"昨承面教云:'神仙離不得勢利二字',未經人道。僕以爲今世學仙佛者,無非欲得其神通,受人供養,使勢成於我,利歸於我;雖學仙佛,却是學勢利也";李瑞清《清道人遺集》卷二《書鄭大鶴山人尺牘册子後》:"山人號目能視鬼,余戲山人曰:'余居有鬼否?'山人笑曰:'君居陋巷中,故安所得鬼乎!鬼附勢慕利。'"小説中陳詞最痛切者,其瞿佑《剪燈新話》卷二《令狐生冥夢録》及蒲松齡《聊齋志異》卷一〇《席方平》乎。袁枚《新齊諧》卷八《蔣廚》、卷九《城隍神酗酒》及《地藏王接客》、卷一二《鬼借官銜嫁女》、卷一四《鬼怕冷淡》、卷一九《金剛作鬧》等反復言:"誰謂陰間官明於陽間官乎!","果然陰間勢利!","金剛乃佛家木强之神,黨同伐異,⋯⋯全不顧其理之是非曲直也。"均可以覘迷信者之心理矛盾焉,别見《左傳》卷論僖公五年。神於人勢利,人於神亦勢利;仇遠《金淵集》卷六《東郊少步》之二:"野風吹樹廟門開,神像凝塵壁擁苔;笑爾不能爲禍福,村人誰送紙錢來!"神道之與人事如影之肖形、響之答聲也。

一三一　卷三〇三

《鄭仁鈞》(出《戎幕閒談》)有表弟因疾喪明,"自髮際,當鼻準中分,至於頷下,其左冷如冰而色白,其右熱如火而色赤",不知何疾,實乃"天曹判官"居人世者。按陳師道《後山集》卷一九《談叢》記張鍔"得奇疾,中身而分;左常苦寒,雖暑月,巾襪袍袴紗綿各半",則言其病之"奇"而不以其人爲神。舊日城隍、東岳廟中塑鬼吏像,有號"陰陽面判官"者,面左右半黑白異色;徵之載籍,殆以此"表弟"爲朔矣。陰陽面者,以示《廣記》卷二九八《柳智感》(出《冥報錄》)所謂"夜判冥事,晝臨縣職",人事鬼事,一身二任;猶西方古畫"時間老人"(Father Time),身有兩翼,一鳥翼示白晝,一蝠翼示黑夜,飛逝無間日夕也①。《廣記》卷三六七《壽安男子》(出《朝野僉載》)能"半面笑,半面啼",則非顏色有殊,而是表情各別。釋氏"十一面觀音"一首而同具"慈悲"、"嗔怒"、"暴惡大笑"諸相,黄庭堅《題神移仁壽塔》所謂"十二觀音無正面";此仿其意而削其繁,乃成悲喜兩面。卷三六一《范季輔》(出《記聞》)

---

① Samuel C. Chew, *The Virtues Reconciled*, 17.

有物如狗而九頭，"皆如人面，面狀不一，有喜者、怒者、妍者、醜者"云云，遠不足比《大乘金剛髻珠菩薩修行分經》所言"或於一身生無量頭面，或馬面、象面、豬面、鼠狼面、鱔魚面"乃至"百足蟲面"等等。

【增訂三】樂鈞《耳食錄》卷二《廊下物》即本《壽安男子》、《范季輔》兩則而添花葉作波折者。某甲見一物，"狀如人，一身兩首，……一面衰老，一面夭少，老者慘淡，少者歡愉。"其物曰："我不足異！"乃去偕一物至，"人身而九面環肩而生，大如拳，……有嘻笑者，有哭泣者，有喜者，有怒者，有愁者，有閉目睡者，有傾耳聽者，有言語者，有靜默若凝思者。"此物亦曰："我不足異！"去而導一物至，"其首乃多至無數，叢生側出若花瓣，或仰或俯，或側或欹，悉大如桃核，妍媸雜見，奇正互出。……少頃變形異相，則［甲渾家］衆人之貌悉具，無異纖毫"（黃鈞宰《金壺遯墨》卷三《視鬼》中一節襲此）。修詞之增華法（amplification）而幾如名學之歸謬法（reductio ad absurdum），所謂"充類以至於盡"也。

然狗身人面爲怪相，而人身豬、馬面則爲佛相，其理不可究矣。

《王常》（出《瀟湘錄》）。按即卷七三《王常》（出《奇事記》）。彼云："黃金可成，水銀可死"，此則"死"字作"化"，語意較醒豁。然竊疑作"死"爲是，校刻者不知煉丹術語，以爲"死"形近"化"致譌，遂臆改耳。《參同契》上篇言"金入於猛火"云："水勝火消滅，俱死歸厚土。……炁索命將絕，体死亡魄魂，色轉更爲紫，赫然成還丹"；《全唐詩》存孫思邈《四言詩》一首，有云："取金之精，合石之液。……洪爐烈火，烘焰翕赫。煙未及黔，焰不假碧。……宛其死矣，適然從革"；白居易詩中屢言從道士受《參同契》,其《潯陽歲晚寄元八郎中、庾三十二員外》云:"閱歲年將暮,燒金道未成;丹砂不肯死,白髮自須生。"皆此"死"字,"化"字非也。

一三二　卷三〇五

　　《王法智》（出《廣異記》）。按郎子神詩二首皆饒風致。第二首："折得蓮花渾忘却，空將荷葉蓋頭歸"；《愛日齋叢鈔》卷三謂陸游《採蓮》："霧鬟風鬢歸來晚，忘却荷花記得愁"，本此詩與方澤《阻風》："與君盡日閒臨水，貪看飛花忘却愁。"柯九思《丹邱生集》卷三《宮詞》之九："折得海棠無覓處，依然遺却月明中"，亦師此而兼和凝《宮詞》："花下貪忙尋百草，不知遺却蹙金蟬。"

一三三　卷三一〇

《張生》（出《纂異記》）舜之神曰："孟是何人？得與孔同科而語！"因力斥《孟子·萬章》記舜"怨慕"，乃"不知而作"。按此亦宋司馬光、李覯輩非孟之先驅。晁説之《嵩山文集》卷一五《答勾龍壽南先輩書》、邵博《聞見後錄》卷一一至一三皆列舉《荀子》、《論衡》以還非難《孟子》之作，而遺唐李宗閔《隨論》、來鵠《相孟子説》（《全唐文》卷七一四、八一一）。若《纂異記》乃底下短書，固宜勿齒於大雅矣。何得"同科"一語尤可參觀《嵩山文集》卷一三《儒言》："孔孟之稱，誰倡之者？漢儒猶未之有也。"南宋如洪邁《容齋三筆》卷五、俞文豹《吹劍録》亦皆非孟；趙與時《賓退録》卷一〇記"有黃次伋者，不知何許人，賦《評孟詩》十九篇"，引兩首；羅大經《鶴林玉露》卷七記鄭叔友著《崇正論》非孟。清李塨《〈春秋繁露〉書後》、汪士鐸《乙丙日記》卷二及卷三、奭召南《野棠軒文集》卷一《讀〈孟子〉》等，蓋此類文字之後繼也。俞允文《尊孟辨》嘗詳駁司馬光《疑孟》、李覯《常語》、鄭厚《藝圃折衷》，《朱文公集》卷七三備錄而申説焉。

一三四　卷三一五

《鮧父廟》（出《異苑》）。按同卷《鮑君》（出《抱朴子》）、《著餌石人》（出《抱朴子》）、《張助》（出《風俗通》）、《畫琵琶》（出《原化記》）情事都類，卷四一六《京洛士人》（出《原化記》）與《畫琵琶》前半相似，後半添妖由人興波折。《著餌石人》、《鮑君》實亦出《風俗通・怪神》，《抱朴子》内篇《道意》轉述之耳。《三國志・魏書・邴原傳》裴註引《原别傳》："嘗行而得遺錢，拾以繫樹枝；此錢既不見取，而繫錢者愈多，……謂之'神樹'"；又堪連類。劉昌詩《蘆浦筆記》卷四《草鞋大王》復即祖構。李肇《國史補》卷下："南中有山洞一泉，往往有桂葉流出，好事者因目爲'流桂泉'，後人乃立棟宇爲漢高帝之神，尸而祝之"；即不僅附會，抑且傳訛，以"流桂"爲"劉貴"。韓愈《題木居士》："火透波穿不計春，根如頭面幹如身；偶然題作木居士，便有無窮求福人"；張籍《古樹》："若當江浦上，行客祭爲神"；羅隱《衡陽泊木居士廟下作》："此中枯木似人形"；足以囊括厥旨矣。譚峭《化書・德化》第三："畫者不敢易於圖象，苟易之，必有咎；刻者不敢侮於本偶，苟侮之，必貽禍。始製作於我，又要敬於我，又置禍於我。是故張機者用於機"；古羅馬詩人曰："幻造之物轉使幻造其物者悚懼"（Quae finxere timent）①；神象設教，而其理何嘗不可通諸人事世法乎②？趙孟之所貴者，趙孟未邃能賤之，或且屈身曲意而畏之媚之矣。

《狄仁傑檄》（出《吳興掌故集》）焚毀項羽祠。按卷三〇一《崔敏殻［愨］》（出《廣異記》）"奪"項羽故居，可參觀。吳興祀項羽神事，屢見於南朝國史，趙翼《陔餘叢考》卷三六蒐討頗備。狄仁傑《檄》云："固當匿影東峯，收魂北極"；"東峯"指泰山，鬼魂所歸也，詳見《史記》卷論《封禪書》，"北極"則牽合數事。《淮南子·墬形訓》："西北方曰不周之山，曰幽都之門，北方曰北極之山，曰寒門，……北方之美者，有幽都之筋角焉"，言"北極"、"幽都"而與鬼無關；《楚辭·招魂》："魂兮歸來，君無下此幽都些，土伯九約，其角觺觺些"，則"幽都"乃"鬼伯"治所，然在地"下"而不在地北；阮籍《詠懷》："北望青山阿"，《文選》李善註："《風俗通》：'葬之郭北，北首，求諸幽之道'"，"幽"之"都"自居"北"之"極"矣。仁傑謂項羽游魂當向鬼伯投案耳。

【增訂二】《後漢書·臧宮傳》："乘勝追北"，章懷註："人好陽而惡陰，北方幽陰之地，故軍敗者謂之'北'。"未必得"敗北"之正解，而足徵古人以"北"與"幽陰"通貫，故管輅告

---

① Lucan, *Civil War*, I. 486, "Loeb", 38. Cf. Montaigne, *Essais*, II 12, "Bib. de la Pléiade", 510-1: "Nous pipons de nos propres singeries et inventions". etc..

② Cf. Goethe, *Faust*, II, Akt iii, 7003-4: "Am Ende hängen wir doch ab/ Von Kreaturen, die wir machten"; Mary Shelley, *Frankenstein*, ch.10, The Heritage Press, 104: "Remember, thou hast made me more powerful than thyself", etc.; Marx—Engels, *Die Deutsche Ideologie*, "Vorrede," Dietz, 11: "Vor ihren Geschöpfen haben sie, die Schöpfer, sich gebeugt."

趙顏曰："南斗注生，北斗注死。"《真誥·闡幽微》謂文王爲"北斗師"、"官鬼"，武王爲"北斗君"、"鬼官"，羅酆山在"北方癸地"，爲"鬼王決斷罪人住處"。西方舊俗以北爲魔鬼所主，呼爲"鬼方"（The Devil's Side），靈魂入天堂者南升，入地獄者北降，教堂北扉遂有"鬼門"（The Devil's Door）之稱。頗可參印。

【增訂三】《古詩十九首》："驅車上東門，遙望郭北墓"，《文選》李善註又引《風俗通》。《詩·北門》："出自北門"，毛《傳》："背明向陰。"《周禮·地官司徒·牧人》："凡陽祀用騂牲毛之，陰祀用黝牲毛之"，鄭玄註："陰祀、祭地北郊及社稷也。……陽祀、祭天於南郊及宗廟。"西土舊俗以北方屬魔鬼所轄，亦可徵諸意大利文藝復興時名著《藝人列傳》。一畫師（Spinello of Arezzo）爲教堂祭壇彩繪，畫魔鬼雄長於北，天使之遭上帝貶斥者紛如雨下而成小鬼（representing Lucifer establishing his seat in the north, and the fall of the angels, who change into devils as they rain upon the earth —Giorgio Vasari, *The Lives of the Painters, Sculptors, and Architects*, "Everyman's Library", I, 183）。

【增訂四】屈大均《廣東新語》卷二八《北門邪》："自瓊至崖，所歷州縣，皆杜北門不開。……此甚妄也！北非鬼門也。"

【增訂五】西方習俗亦以教堂北門爲魔鬼之門（the Devil's door），公墓北角爲地獄之角（Hell Corner）（Opie and Tatem, *A Dictionary of Superstitions*, 1989, pp. 48, 287）。

一三五　卷三一七

《周翁仲》（出《風俗通》）臘祭，屠人鬼踞神坐享食，周氏祖宗彷徨不進，蓋子非周出，乃易屠人男。按卷三一九《陳素》（出《幽明錄》）事相類。《增補儒林外史》第四六回《爭血食兩父顯靈魂》即仿此。

《秦巨伯》（出《搜神記》）。按與卷三五三《望江李令》（出《稽神錄》）皆本《呂氏春秋·疑似》篇黎邱丈人事。

《倪彥思》（出《搜神記》）魅乃取伏虎，道士忽覺背上冷，解衣乃伏虎也。按"伏虎"即溺器，《太平御覽》卷七一二《服用》部《伏虎》門引此，言出《錄異傳》。

一三六　卷三一八

《陸機》（出《異苑》）。按《水經注》卷一六《穀水》引《袁氏王陸詩序》，即此則所本。

一三七　卷三二〇

《蔡謨》(出《幽明錄》)聞鄰左復魄聲,見新死老嫗欲升天,"聞一唤聲,輒回顧,三唤三顧,徘徊良久。"按卷三三〇《王光本》(出《廣異記》)妻李氏卒,王慟哭,李見形曰:"聞君哀哭,慟之甚,某在泉途,倍益淒感,語曰:'生人過悲,使幽壤不安'";卷三三七《李澣》(出《廣異記》)死後見形於妻竇氏曰:"每在地下,聞君哭聲,輒令淒斷";卷三三八《盧仲海》(出《通幽錄》),從叔纘死,仲海行"招魂望反諸幽"之"禮",連呼纘名不息,纘得復活,自言方燕會,"聞唤聲哀厲,眩惻不安",遂請放歸。英國一女詩人篇什中亦屢賦鬼魂見形於所歡,謂其哭聲徹地,淚滴及泉,長眠者不能自安(But why did your tears soak through the clay,/And why did your sobs wake me where I lay? etc.；I could rest if you would not moan/Hour after hour... /But there's no sleeping while you sit weeping, etc.)①。

---

① Christina Rossetti: "The Poor Ghost", "The Ghost's Petition"; *Poetical Works*, ed. W. M. Rossetti, Macmillan, 360, 364-5.

【增訂四】格林童話一則言一小兒七歲夭，母哀之，日夜涕泣，一夕兒現形曰："阿娘莫啼哭！娘眼淚流注，使兒裹身布淋漓不乾，兒不得安眠棺中"（Oh, mother, do stop crying or I shall never fall asleep in my coffin, for my shroud will not dry because of all your tears, which fall upon it）。母遂止聲收淚。明夕，兒復見，曰："阿娘視兒！裹身布就燥，兒可棲息地下矣"（Look, mother, my shroud is nearly dry and I can rest in my grave.——"The Shroud", *The Complete Grimm's Fairy Tales*, Routledge and Kegan Raul, 1975, pp. 502–3）。亦言泣淚滴九泉，吾國古小説祇道哭聲徹九幽耳。

《劉道錫》（出《幽明錄》）不信鬼，從兄興伯能見鬼，指示東頭桑樹上有稚鬼，長必害人，夜道錫以戟刺鬼所在，翌日，興伯驚曰："此鬼昨夜那得人刺之？殆死，都不能復動，死亦當不久。"按卷二九七《睦仁蒨》（出《冥報錄》）問成景曰："鬼有死乎？"曰："然"，曰："死入何道？"曰："不知。如人知生而不知死"；卷三八四《許琛》（出《河東記》）問曰："鴉鳴國空地何爲？"黄衫鬼使答："人死則有鬼，鬼復有死，若無此地，何以處之？"是則鬼亦有死之說，由來已久，然在蒲松齡以前，似未有本斯意弄狡獪以出奇者。《聊齋志異》卷五《章阿端》寫阿端身死爲鬼，被鬼死爲聻者所祟，"鬼之畏聻，猶人之畏鬼也。"袁枚《新齊諧》卷三《城隍殺鬼不許爲聻》二隸請曰："可准押往鴉鳴國爲聻否？"城隍曰："此奴作鬼便害人，若作聻必又害鬼"；正兼用《許琛》之典及《章阿端》之意也。歧外有歧，夢中入夢，西方俗信無此譎詭。安世高譯《十八泥犁經》言："能不死，而復生，無歲數"，"又不死，無歲數"，"痛不可言，已復不死"，毋慮十數次，未嘗道鬼亦能死。故魏禧《魏叔子文集》卷一《地獄論》上云："刑莫慘於求死不得，求死不得，莫甚於死可復生，散可復聚，血肉糜爛可成體，以輾轉於刀鋸鼎鑊之中，百千萬年而無已極"；例如《廣記》卷一三二《李知禮》（出《冥報記》）"其肉剝而復生，生而復剝"，或董說《西遊補》第九回《秦檜百身難自贖》孫行者爲閻羅王，審訊"偷宋賊"，使上刀山、入油海、被碓磨、遭雷劈，施一刑畢，"吹轉真形"。此意則西方詞章常及之，每言鬼魂入無間地獄，受諸苦毒，求再死而不得（Che la seconda morte ciascun grida; De l'enfer il ne sort/Que l'éternelle soif de l'impossible mort; deathless death; O grausam Angst! stets sterben, sonder sterben!）[1]；甚且推而言仙女思凡不遂，傷心欲絕，願斷煩惱而求死不得（E per dar fine a tanto aspro martire, / Spesso si duol di non poter morire. / Morir non puote alcuna fata mai），或天神失志憔悴，長生徒供長病，不克一死了事（bright-blanch'd by an immortal sickness which kills not; / It works a constant change which happy death/Can put an end to），或天神哀凡人之短命，而自恨不能亦死（I would give/All that I am to be as thou now art! / But I am chained to Time, and cannot thence depart）[2]。古羅馬詩人詛其仇曰："願汝祈死而無死法"（Causa

---

[1] Dante, *Inferno*, I. 117; D'Aubigné, *Tragiques*: "Jugements," 1021-2; Milton, *Paradise Lost*, X. 798; Andreas Gryphius: "Die Hölle". Cf. Webster, *The Duchess of Malfi*, IV. i, Duchess: "In hell, that they must live, and cannot die"; Ford, *'Tis Pity She's a Whore*, III. vi, Friar: "... in this place/Dwell many thousand sundry sorts/Of never dying deaths."

[2] Ariosto, *Orlando furioso*, X. lv-lvi (Alcina), Hoepli, 87; Keats, *Hyperion, a Vision*, Canto I (Moneta); Shelley, *Adonais*, st 26 (the Muse).

que non desit, desit tibi copia mortis:/optatam fugiat vita coacta nocem)①；用意正同。

【增訂二】古希臘神話言天神許一人長生不死而未許其長壯不衰，英詩家嘗賦詩託爲其人老弊嗟怨之詞，與天齊壽而深恨長壽考之爲長受罪（Me only cruel immortality/Consumes —— Tennyson："Tithonus"）。正所謂"無死法"。

又按《廣記》卷三二三《張隆》（出《幽明錄》）以大刀斫鬼處，即聞數十人哭甚悲曰："死何由得棺！"旋又聞笑曰："汝那能殺我也！"于《劉道錫》一則復添波折焉。

---

① Ovid, *Ibis*, 123-4, *The Art of Love and Other Poems*, "Loeb," 260.

一三八　卷三二一

《賈雍》（無出處）。按見《搜神記》卷一一。

《宋定伯》（出《列異傳》）。按見今本《搜神記》卷一六，《法苑珠林》卷一〇《鬼神部之餘》引此則亦註"出《列異傳》"。"定伯復言：'我新鬼，不知有何所惡忌?'鬼答言：'不喜人唾'"；鬼畏唾沫之説，始著於此。《睽車志》卷一記孫元善過市，"見鬻餅者乃其亡僕，自疑白晝見鬼，唾之"；《夷堅三志》辛卷二《永寧寺街女子》記兩鬼相語，一曰："七哥必欲撓他，莫是曾相犯否?"一曰："恰在慶善橋上，爲他噀唾喝我，故欲報之"；姚旅《露書》卷六："鬼不畏符只畏唾，人不畏辱只畏妻。"《廣記》卷二四二《蕭穎士》（出《辨疑志》）穎士薄暮行荒郊，一少婦騎驢願相伴，自言"姓胡"，穎士"遂唾叱之曰：'死野狐！敢媚蕭穎士！'"遂鞭馬疾馳，投宿逆旅；少間，此婦亦至，即主人女也，告父曰："適被一害風措大，呼兒作野狐，合被唾殺！"則似俗信以爲唾不僅卻鬼，并可驅妖也。

【增訂四】《太平廣記》卷三一六《盧充》（出《搜神記》）早曰："將兒還。四坐謂是鬼魅，僉遥唾之。"《夷堅三志》己卷六《王元懋巨惡》又記宋六生還，其父"啐唾罵之曰：'汝不幸死於非命，……勿用惱我！'"；《夷堅志補》卷一〇《周瑞娘》："父母見而唾之曰：'爾不幸夭没，……乃敢白晝爲怪！'"憶吾鄉舊有諺："啐唾不是藥，到處用得着"；小兒爲蟲蟻所噆，肌膚痛痒，嫗媪塗以唾沫（old wives' remedy），每道此語。是唾兼巫與醫之用矣。

《郭翻》（無出處）。兒書"皆橫行，似胡書"，曰："此是鬼書，人莫能識。"按卷一五九《定婚店》（出《續幽怪録》）老人檢書，韋固不識其字，因問曰："固少小苦學，字書無不識者，西國梵字亦能讀之，唯此書目所未覯，如何？"老人曰："此非世間書。……幽冥之言"；卷三一九《蘇韶》（出王隱《晉書》）謂其子節曰："死者書與生者異"，因作字，"像胡書也"；卷三二二《王矩》（出《幽明録》）使者曰："身是鬼，見使來詣君"，矩索文書看，使者曰："君必不解天上書"；卷三二八《解襆人》："有五百帖子，似紙，非篆隸，並不可識。"皆言鬼書不可識，如元好問《論詩絶句》所嘲："眞書不入今人眼，兒輩從教鬼畫符。"然卷三二四《梁清》（出《異苑》）鬼送書七十許字，"書跡婉媚，遠擬羲、獻"；卷三三一《劉洪》（出《記聞》），鬼索紙作詩"書跡特妙，可方王右軍"；是鬼亦能變體作人間書。卷四四八《何讓之》（出《乾䐑子》）一狐跳出，"几上有一帖文書，文字不可曉"；卷四四九《林景玄》（出《宣室志》）射老翁斃，現形爲狐，"其書點畫甚異，似梵書而非梵字"；卷四五三《王生》（出《靈怪録》）二狐遺書而走，"文字類梵書而莫究識"，又《李自良》（出《河東記》）逐狐入古壙中，"掣得文書而出，字皆古篆，人莫之識"；卷四五四《張簡棲》（無出處）得狐文書，"其册子裝束,一如人者,紙墨亦同,皆狐書不可識。"則狐書復如鬼書之不可識。黃庭堅《豫章黃先生文集》卷一五《鐵羅漢頌》:"或得野狐書,有字不可讀";陸游《劍南詩稿》卷七一《閒中偶詠》:"不識狐書那是博",又卷七八《秋來益覺頑健、時一出游、意中甚適、雜賦》之七:"多愛奪狐書",正用此等典故。鬼、狐書而曰類胡、梵,即胡、梵而鬼、狐視之,如後世呼"番鬼"、"洋鬼子"耳。《警世通言》卷九《李謫仙醉草嚇蠻書》李白稱"番書"曰:"皆是鳥獸之跡",亦此意。《全梁文》卷六七庾元威《論書》列舉百體書中有"鬼書"、"胡書"、"天竺書"、"鼠書"、"牛書"、"馬書"、"羊書"、"虎書"、"兔書"、"猴書"、"雞書"、"犬書"、"豕書",却無"狐書"。

一三九　卷三二二

《劉遁》（出《廣古今五行記》）。按卷三一九《劉他》（出《續搜神記》）事同。

《吕順》（出《幽明録》）喪妻，續娶婦從妹，婦鬼見，怒責妹曰："天下男子復何限？汝乃與我共一婿！"按《夷堅丁志》卷一五《田三姑》亦記姊之鬼"憑人，咄咄責妹曰：'何處無昏姻？必欲與我共一婿！'"

【增訂三】夫死改嫁或妻死續娶，致亡者之鬼作祟，《廣記》本卷《吕順》、《袁乞》而外，尚有如卷三二一《司馬義》、卷三七一《梁氏》。楊泉《物理論》有云："世傳有夫死而婦許不嫁者，誓以繡衣襚，以衣尺納諸棺焉。後三年，婦出適，迎有日矣。有行道人，夜求人家宿，向晨[？晨向]主人，語之婦約之辭，寄所誓之衣，曰：'子到若千[？干]里，當逢之，還此衣焉。'或[？主]者出門，到所言處，果見迎車，具以事告，還其繡衣。婦遂自經而死。"實爲此類事之朔，《廣記》却未收，而《太平御覽》卷八一五《布帛部》二採之。王充於流俗不經之説，必訂詰不稍逭，而《論衡·論死篇》云："妒夫媢妻，同室而處，淫亂失行，忿怒鬬訟。夫死妻更嫁，妻死夫更娶，以有知驗之，宜大忿怒。今夫妻死者寂寞無聲，更嫁娶者平忽無禍，無知之驗也。"是當充世尚未流傳《物理論》、《幽明錄》等所載鬼掌故也。

一四〇　卷三二三

《富陽人》（出《述異記》）。按言"山魈"也，卷三二四《山都》（出《南廣記》）言"木客"也，皆不當入《鬼》門。卷三六〇《富陽王氏》（出《搜神記》）即《富陽人》，"山魈"作"山獿"，却入《妖怪》門。

一四一 卷三二五

　　《庚季隨》（出《述異記》）見有鬼逐父後，"以皮囊收其氣，數日遂亡。"按卷一〇六《陳昭》（出《酉陽雜俎》）："又一人手持一物如球胞，曰：'取生人氣須得豬胞'"；卷一〇九《李山龍》（出《冥報記》）："一人以赤繩縛君者，一人以棒擊君頭者，一人以袋吸君氣者"；卷三四五《光宅坊民》（出《酉陽雜俎》）："得一袋，蓋鬼間取氣袋也"；又《淮西軍將》（出《酉陽雜俎》）奪得鬼手中革囊，鬼哀祈相還，曰："此蓄氣袋耳"；卷三四六《利俗坊民》（出《宣室志》）："受寄者因發囊視之，內有一物，其狀如牛胞，及黑繩長數尺。"卷三五〇《浮梁張令》（出《纂異記》）解革囊，中貯"死籍"，則非生氣。敦煌卷子《黃仕強傳》："初死之時，見有四人來取；一人把文書來取，一人撮頭，二人策腋，將向閻羅王處"；則有公文，無囊，雖非棒擊繩縛，而扭首推身。《青瑣高議》前集卷六《溫泉記》地界吏召張俞魂，"出銀鈎以刺入胸中"，則更酷於棒擊、繩縛。後世如《西遊記》第三回："美猴王睡裏見兩人拿一張批文，上有'孫悟空'三字，走近身，不容分說，套上繩，就把美猴王的魂靈兒索了去"；《紅樓夢》第一六回："秦鍾餘氣在胸，正見許多鬼判持牌提索來捉他"；則勾魂使攜公文與繩索，省去鈎、棒、袋等物。《儒林外史》第二一回："卜老睡在牀上，見窗眼裏鑽進兩人來，走到牀前，手裏拿了一張紙，遞與他看，……一張花批文，上寫着許多人的名字，……末了一名，便是他自己。……把眼一眨，人和票子都不見了"；并繩索而無之，又不捉搦，勾魂幾如請客送知單而已。

一四二　卷三二八

《閻庚》（出《廣異記》）地曹主婚姻，"絆男女脚"，袋中有細繩。按卷一五九《定婚店》（出《續幽怪録》）老人曰："主天下婚牘，巾囊中有赤繩子以繫夫婦之足。"按蘇武《古詩》第三首："結髮爲夫妻，恩愛兩不疑"，乃謂男女各"始成人"而上頭也，《文選》李善註說之甚明，非謂合男女之髮糾成一結；唐人小說則真言繫脚成夫妻矣！同心之結而如連雞之縛，以此示婚姻之象，寓旨深微。西方禮俗以指環爲婚姻標志，基督教《婚儀詞》（Solemnization of Matrimony）所謂："夫婦禮成，指環爲證"（With this ring I thee wed）；而善滑稽者曰："戴指之環即亦拴鼻之環耳"（The ring on the finger is a ring in the nose），可相參印。

《陸餘慶》（出《御史臺記》）寒甚，羣鬼環火而坐，陸以爲人，"訝火燄熾而不煖"。按卷三三一《薛矜》（出《廣異記》）亦言矜入殯宫，"覺火冷，心竊疑怪"。《晉書·紀瞻傳》舉秀才，陸機策之，問曰："今有溫泉，而無寒火，何也？"鬼火亦"寒火"也。人覺鬼火冷，而鬼必覺其火熱；不然，不環坐取煖。釋典"八大地獄"中有"熱"、"大熱"二獄，"十六小地獄"中有"炎火"八獄，故知鬼火自能灼鬼；《那先比丘問佛經》即云：

"世間火熱不如泥犁中火熱；如持小石着世間火中，至暮不消，取大石着泥犁火中即消。"人覺鬼火不熱，遂亦見鬼火不明。《薛矜》又云："見一燈，火色微暗，將近又遠"；

【增訂三】李賀《蘇小小墓》："冷翠燭，勞光彩"，王琦註："翠燭、鬼火也。"鬼火故"冷"，適與《陸餘慶》、《薛矜》兩則所言相似。"勞"乃勞頓疲乏之意，即"乏光彩"，又所謂鬼火暗也；《全宋文》卷五五虞龢《上明帝論書表》："染變紙色，加以勞辱，使類久書"，又鮑溶《苦哉遠征人》："勞劍無龍光"，可以參觀。《夜飲朝眠曲》："觴酣出座東方高，腰橫半解星勞勞"，重文"勞勞"似亦不妨作天曙則星光黯淡解會。

卷三三〇《王鑑》（出《靈異集》）："令取燈而火色青暗"；《青瑣高議》別集卷三《越娘記》："燈青而不光，若無一意"，後四字當是"一若無者"之譌。此意入李賀筆下而爲《感諷》第三首之"漆炬迎新人，幽壙螢擾擾"，又《南山田中行》之"鬼燈如漆點松花"。王琦註後句謂鬼燈低暗不明，是也；而復引《述異記》載闔閭夫人墓中"漆燈爛如日月焉"，望文數典，反乖詩意。李商隱《十字水期韋、潘同年不至》："漆燈夜照真無數，蠟炬晨炊竟未休"，或于鵠《古挽歌》："莫愁埏道暗，燒漆得千年"，則可引《述異記》或無名氏《煬帝開河記》所謂古墓中"漆燈晶煌，照耀如晝"，以爲之註。李賀詩非言漆燭之燦明，乃言鬼火之昏昧，微弱如螢，沉黯如墨；"漆炬"、"如漆"非謂燒漆取明，乃謂祇如漆之黑而發光。想象新詭，物色陰悽，因舊詞而別摯新意，遂造境而非徒用典，其事與"爛如日月"大異。賀《十二月樂詞》之《十月》亦曰："釭花夜笑凝幽明"；"明"而"幽"，猶"燈如漆"矣。《法苑珠林》卷一二《地獄部之餘・典主》引《問地獄經》："有日月光而不明淨"；同一光景。高乃依寫星光正曰"幽明"（Cette obscure clarté qui tombe des étoiles），密爾敦亦寫餘燼"作光仿效昏黯"（Teach light to counterfeit a gloom）①，皆會心不遠。沈德潛《國朝詩別裁》卷二五徐蘭《燐火》："別有火光黑比漆，埋伏山坳語啾唧"，即賀之"漆炬"、"燈如漆"，詩人心印勝於註家皮相也。光焰而爲墨色，古籍數見，如王嘉《拾遺記》卷四燕昭王坐握日之臺，"有黑鳥白頭，集王之所，銜洞光之珠，圓徑一尺，此珠色黑如漆，照於室内，百神不能隱其精靈"；梁元帝《金樓子・箴戒》："夏桀時兩日並出，黑光偏天。"鄧漢儀《詩觀》三集卷一馮明期《滹沱秋興》即以爲寫景語："倒捲黑雲遮古林，平沙落日光如漆。"《廣記》卷一八四《高輦》（出《玉堂閒話》）："凡有牓出，書以淡墨。或曰：'名第者，陰注陽受；淡墨書者，若鬼神之跡耳，此名鬼書也。'"夫鬼墨淡，鬼火冷，鬼燈黑，比物此志耳。密爾敦詩言地獄中火無光輝，僅吐黑焰（Yet from the flames/No light; for lightning see/Black fire）②；雨果詩文言黑太陽放射夜色（Un énorme soleil terrible, qui semble rendre le ciel noir; un affreux soleil noir d'où rayonne la nuit）③，波德萊亞詩以之喻女之黠者（un soleil noir, un astre

---

① Corneille, *Le Cid*, IV. iii; Milton, *Il Penseroso*, 80.
② *Paradise Lost*, I. 62-3; II. 66-7. Cf. Fulke Greville, *Alaham*, II ii: "By fires of Hell, which burn and have no light", quoted in Coleridge, *Notebooks*, ed. Kathleen Coburn, II, § 2925.
③ *William Shakespeare*, II. ii, *Oeuvres*, Ollendorff, 130; *Les Contemplations*, VI. xxvi, p. 421. Cf. Gautier: "Melancholia", *Poésies complètes*, Charpentier, I, 220; Nerval: "El Desdichado", "Voyage en Orient", *Oeuv. comp.*, "Bib. de la Pléiade", I, 33, II, 136.

noir versant la lumière)①；均資比勘。陶穀《清異錄》卷三《器具》門之"黑太陽"，指燃炭可抵負暄，猶謂"煤乃英國最佳之太陽"（The best sun we have is made of Newcastle coal, and I am determined never to reckon upon any other）②，文同意別，且言暖非言光也。童話中嘲諷科學家，謂其能造"黑光"（the production of that seldom‐seen‐but‐greatly‐to‐be‐admired phenomenon, Black Light），視之若無有（Nothing）③，則亦謂實無光耳。

---

① Baudelaire: "Le Désir de peindre", *Oeuv. comp.*, "la Pléiade", 341; cf. "Les Ténèbres", 112. Cf. Marino: "Schiava": "O luce nascir di tenebroso inchiostro"; "La bruna Pastorella", 335-6: "O luci tenebrose,/tenebre luminose", *Marino e i Marinisti*, Ricciardi, 374, 520.

② Walpole, *Correspondence*, Yale ed., X, 262(to Montagu, 15 June 1768).

③ Lewis Carroll, *Sylvie and Bruno Concluded*, ch. 21, *Complete Works*, The Nonesuch Press, 713.

一四三　卷三二九

《劉諷》（出《玄怪錄》）。按此篇寫女郎談謔，頗曲傳口吻而不爲文語，如"須與蔡家娘子賞口"，"何不與他五道主使，怕六姨姨不歡"之類，與卷四八七《霍小玉傳》之"蘇姑子作好夢也未"等足相頡頏。雅中攙俗，筆致尖新，然惟記婦女談吐爲爾。《聊齋志異》屢仿此法，如卷二《聶小倩》媪笑曰："背地不言人，我兩個正談道"云云；卷五《閻王》嫂怒曰："小郎若個好男兒，到不得代哥子降伏老媼"云云；蓋唐人遺意也。

一四四 卷三三〇

《崔尚》（出《玄怪録》）著《無鬼論》，有道士詣門曰："我則鬼也，豈可謂無？"按卷三一七《宗岱》（出《雜語》）、卷三一九《阮瞻》（出《幽明録》）、卷三二三《施續門生》（出《搜神記》）、卷三二七《魏徵》（出《瀟湘録》），事皆相同。又《宋書·范曄傳》記曄欲作《無鬼論》，《新唐書·林藴傳》記藴父披以臨汀多山鬼淫祠，撰《無鬼論》。《施續門生》單衣白袷客曰："僕即是鬼，何以云無？"尤類《崔尚》道士語。《五燈會元》卷六："昔有官人作《無鬼論》，中夜揮毫次，忽見一鬼出云：'汝道無，我聻？'"即以此爲禪機也。《癸巳類稿》卷一四力非無鬼，謂六藝九流以至天主教莫不明鬼，有曰："昔阮瞻執無鬼論，而親與鬼反覆屈之；無鬼，何以屈之？然則論無鬼者亦明鬼者也！"夫瞻衹知與客辯難，不識客之爲鬼，豈得謂瞻"亦明鬼"乎？阮瞻事見《搜神記》卷一六，原云："及鬼神之事，反覆甚苦，客遂屈，乃作色曰"；《廣記》乃引《幽明録》作："末及鬼神事，反覆甚苦，客遂屈之，仍作色曰"，則似客屈瞻而非瞻屈客矣，當有得色，何須"仍作色"哉？

一四五 卷三三二

《蕭穎士》（出《集異記》）舟中遇二少年，熟視穎士曰："此人甚似鄱陽忠烈王也！"蓋發塚之盜，曾掘鄱陽墓者，穎士即鄱陽曾孫也。按卷四二《蕭穎士》（出《原化記》）逆旅中遇一老翁，目穎士久之，曰："觀郎君相貌，一似齊鄱陽王"；翁嘗爲鄱陽書佐，修道得仙，已二二七歲矣。《三國志·魏書·諸葛誕傳》裴註又《水經注》卷三八《湘水》吳芮塚下引郭頒《世語》云："魏黃初末，吳人發芮塚，……見芮屍容貌衣服並如故；吳平後，與發塚人於壽春見南蠻校尉吳綱，曰：'君形貌何類長沙王吳芮乎？但君微短耳。'綱瞿然曰：'是先祖也！'"《廣記》卷三八九《吳綱》（出《水經》）即引之。三則實一事之胎衍也。又按本篇與鬼無涉，亦如卷三三四《朱敖》（出《廣異記》）、卷三四三《寶玉》（出《玄怪錄》）、卷三四四《成叔弁》（出《河東記》）、卷三四五《鄭紹》（出《瀟湘錄》）、《孟氏》（出《瀟湘錄》）、卷三四六《送書使者》（出《河東記》），或妖或神而羼入《鬼》門，不復一一指摘矣。

一四六　卷三三四

　　《韋栗》（出《廣異記》）行上揚州，女囑栗，"欲市一漆背金花鏡"。按揚州銅鏡，唐世侈稱，《舊唐書·韋堅傳》："若廣陵郡船，即堆積廣陵所出錦鏡銅器，……先是人間戲唱歌詞曰：'……潭裏舟船鬧，揚州銅器多'"；即《樂府詩集》卷八六之《得寶歌》也。《廣記》卷三九六《一行》（出《酉陽雜俎》）記盤龍鼻鏡"是揚州所進"；《游仙窟》中臨別"取揚州青銅鏡留與十娘"；韋應物《感鏡》："鑄鏡廣陵市，菱花匣中發"；《全唐文》卷八一〇司空圖《容成侯傳》之"金炯"、指銅鏡言，亦云："宗人派別於廣陵者，炫飾求售。"至吳承恩《射陽先生存稿》卷四《踏莎行》之一："揚州鏡子有何緣，時時長與他相面！"，則正用此等故事，未可遽以爲直道當時器物也。

一四七　卷三三六

《常夷》（出《廣異記》）白衣者乃梁朱均之鬼，爲言："元帝一目失明，深忌諱之。爲湘東，鎮荆州，使博士講《論語》，至於'見瞽者必變色'［《論語·鄉黨》：'見冕者及瞽者，雖褻必以貌'］，語不爲隱，帝大怒，乃酖殺之。……此皆史所脫遺。"按梁元帝忌諱眇一目事，《梁書》"脫遺"未道，《南史》則數言之。卷三九《劉諒傳》："爲湘東王所善，王嘗游江濱，歎秋望之美，諒對曰：'今日可謂帝子降於北渚。'王有目疾，以爲刺己，應曰：'卿言目眇眇以愁予耶？'從此嫌之"；卷八〇《賊臣傳》王偉在獄中上五百字詩於元帝，"帝愛其才，將捨之。朝士多忌，多請曰：'前日偉作《檄文》，有異辭句。'元帝求而視之。《檄》云：'項羽重瞳，尚有烏江之敗；湘東一目，寧爲四海所歸？'帝大怒，使以釘釘其舌於柱，剚其腸。"卷一二《后妃傳》下元帝徐妃"以帝眇一目，每知帝將至，必爲半面妝以俟，帝見則大怒而出"；則妻憎夫貌，有意揭短觸忌，以爲戲弄，其"咄咄逼人"，遠過於參軍"危語"之"盲人騎瞎馬"矣。《魏書·匈奴劉聰等傳》記苻生"既眇其目，所諱者、不足不具，'少'、'無'、'缺'、'傷'、'殘'、'毀'、'偏'、'隻'之言皆不得道"；相形之下,梁元猶易與耳。古希臘修詞學書言與暴君語,慎毋觸諱,舉例有馬基頓王(Philip)眇,最惡人道荷馬史詩中"奇目漢",且不許人談及眼(any reference to Cyclops or to an eye at all)①;"丁奇目"名出《女仙外史》第四七回。

---

① Demetrius, *On Style*, V. 294, "Loeb", 479.

一四八　卷三四一

《道政坊宅》(出《乾膜子》) 人居者"必大遭凶禍",房次卿假住累月無患,李直方曰:"是先輩凶於宅。"按此亦嘲謔匡格,古希臘小詩謂蝮蛇嚙一人,其人無恙而蛇則死矣,蓋人毒於蝮也(An evil viper once bit a Cappadocian, but it died itself, having tasted the venomous blood)①。仿作甚多,如有言渾家人病疫死,一悍婦獨勿藥瘳,此婦凶於疫鬼也(the yellow Fiend in Lust and Pride/Would clasp a Fury as his Bride/And the Plague died of fierce Jane Burr)②。

---

① *Greek Anthology*, XI. 237, Demodocus, "Loeb", IV, 123.
② Coleridge, *Notebooks*, II, §2779.

一四九　卷三四二

《獨孤穆》（出《異聞録》）縣主贈詩曰："白刃汙黄屋，邦家遂因傾，疾風知勁草，世亂識忠臣。"按"疾風"一聯，已成後世常諺。周嬰《卮林》卷六《廣陳·疾風知勁草》條補《天中記》，蒐羅自漢至唐，最爲詳博，此詩亦在其中，而未言其末句之本鮑照《出自薊北門行》："時危見臣節，世亂識忠良。"

一五〇　卷三四四

《王裔老》（出《白居易集》）。按即《長慶集》卷二六《記異》一文。此書採擷唐人文集之義例，百思莫解。

一五一　卷三四八

　　《唐燕士》（出《宣室志》）白衣丈夫吟詩："澗水潺潺聲不絕"云云。按同卷《韋齊休》（出《河東記》）詩與此首僅數字異，《全唐詩·鬼》九華山白衣《吟》附註已言之。又《全唐詩》甘露寺鬼《西軒詩》虜衣者曰："趙壹能爲賦"云云，縫掖衣者曰："偉哉橫海鱗"云云，南朝衣者曰："功遂俸昔人"云云；此事出馮翊《桂苑叢談》，三詩蓋分別取之《南史·賊臣傳》及《宋書·謝晦傳》，乃王偉、謝晦與姪世基之鬼，自誦其生前所作詩。自是六朝人詩，非唐鬼詩或六朝鬼入唐所賦，《全唐詩》濫收未別擇也。卷三五〇《許生》（出《纂異記》）白衣叟朗吟："春草萋萋春水綠"云云，乃李洞《繡嶺宮詞》，而《全唐詩》又輯作李玖《噴玉泉冥會詩》，復不以入《鬼》。

　　【增訂三】《許生》噴玉泉之白衣叟以"玉川"稱，自爲盧仝之鬼；其他四丈夫則王涯、賈餗、舒元輿、李訓之鬼，《後村大全集》卷一七三《詩話》所言是也，特未道白衣叟朗吟之詩乃李洞作耳。

　　【增訂四】《南部新書》壬卷記李紋作《纂異記》，"《記》中有《噴玉泉幽魂》一篇，即甘露四相也。"遠在《後村詩話》前。

一五二　卷三四九

　　《韋鮑生妓》（出《纂異記》）鮑愛姬易韋良馬，謝莊、江淹之鬼遂以《妾換馬》爲題，各賦四韻。按江淹賦云："望新恩，懼非吾偶也；戀舊主，疑借人乘之"；絕好唐人律賦破題，屬對渾成，又已近"宋四六"矣。明郎仁寶《七修類稿》卷二五、錢希言《戲瑕》卷一皆嘗言此題來歷，然首考之者，宋董逌《廣川畫跋》卷一《書以妾換馬圖後》也。唐人不僅明用爲題目，抑且暗使作典故，如李白《襄陽歌》："千金駿馬換少妾，醉坐雕鞍詠落梅"；裴度《答白居易求馬》："君若有心求逸足，我還留意在名姝"，又《酬張秘書因寄馬》："若逢佳麗從將換"；白居易《酬裴令公贈馬相戲》："欲將赤驥換青娥"，又《公垂尚書以白馬見寄》："免將妾換慚來處"；劉禹錫《夔州寶員外使君見示悼妓詩、因命同作》："龍媒欲換歎無期"，又《裴令公見示樂天寄奴買馬絕句》："若把翠娥酬騄駬，始知天下有奇才"；段成式《和周繇見嘲·序》："妾換名馬，賦闢長門"；紀唐夫《驄馬曲》："今日虜平將換妾"；羅虬《比紅兒詩》之二六："捨却青娥換玉鞍。"《全唐詩》司空圖斷句："驊騮思故第，鸚鵡失佳人"；倘非《補遺》中輯圖《庚子臘月五日》詩全首，此聯即出其中，則片言隻語，推索詞意，必以爲亦詠此題。賀貽孫《詩筏》極稱王世貞、鍾惺兩五律，則確不惡。明人院本《鸞鎞記》中有此題襲諢"若把這媽換那馬"云云，即張祐《愛妾換馬》詩所謂"忍將行雨換追風"，而質言之耳。

《梁璟》（出《宣室志》）四人聯句，璟曰："秋雲輕比絮"，諸葛長史沉吟久之，方續曰："秋草細同毛"，衆皆笑其遲而拙。按姚合《遊春》："嫩雲輕似絮，新草細如毛。"

一五三　卷三五三

《青州客》（出《稽神録》）賈客泛海遇風，漂入鬼國。按善於翻案出新，寫鬼不能見人，爲人陽氣所"祟"，延巫向人"祀祝"；即"反仿"之法，以其道還治其身也。釋典以賈客漂入鬼國爲常談，如《中阿含經》第四一之一《馬王品》、《佛本行集經・五百比丘因緣品》第五〇、《出曜經》卷二一《如來品》之二、《妙法蓮華經・觀世音菩薩普門品》第二五等。《廣記》卷二五三《盧思道》（出《啓顏録》）"陳主以《觀世音經》語弄思道曰：'是何商人齎持重寶？'思道應聲，還以《觀世音經》報曰：'忽遇惡風，漂墮羅刹鬼國'"；《魏書・道武七王傳》載元樹遺魏公卿百寮書："夜叉羅刹，此鬼食人；非遇黑風，事同飄墮"；《五燈會元》卷三于頔與道通問答、卷五李翱與惟儼問答均有黑風漂墮鬼國公案。范成大《石湖詩集》卷三一《有會而作》："念動即時漂鬼國"，沈欽韓《范石湖詩集註》卷下引《傳燈録》藥山李翱問答，似未得朔，當引佛經耳。

一五四　卷三五八

　　《齊推女》(出《玄怪錄》)。按卷四四《田先生》(出《仙傳拾遺》)即其事而分門重出。鬼吏曰："生人三魂七魄,死則散離,……今收合爲一體,以續絃膠塗之。""續絃膠"亦名"集絃膠",能使弓弩刀劍之斷者復合,具見《廣記》卷四《王母使者》(出《仙傳拾遺》)、卷二二五《吳夫人》(出《王子年拾遺記》),此乃擴而充之,并粘合浮魂沉魄。姚燮《復莊詩問》卷六《閒情續詩》："合歡擬借屠蘇酒,續恨應無慎郵膠";意謂"續絃膠",而囿於平仄,妄以"慎郵膠"當之,遂成笑枋。"慎郵膠"乃房中藥,伶玄《趙飛燕外傳》所謂"得慎郵膠一丸一幸"者是。姚氏詩文務爲沉博幽異,而使事不求甚解,時時孟浪。又如卷二〇《天主堂》："倚膝耶穌兒,丫髻索黃孎",蓋誤認"黃孎"爲乳。方世舉《春及堂二集·田田行》："錦帷高捲出紅兒,翠袖長拖抱黃孎";則非誤,言女説書者手携唱本也。《人境廬詩草》卷四《海行雜感》之一一："一日明明十二時,中分大半睡迷離;黃公却要携黃孎,遮眼文書一卷詩";尤爲貼切。《金樓子·著書篇》自記小時撰《黃孎自序》三卷,又《雜記篇》上云："有人讀書,握卷而輒睡者,梁朝名士呼書卷爲'黃孎'",黃氏詩言書足引睡,復以爲己姓牽合,洵工於儷事者。

一五五　卷三五九

　　《東方朔》（出《搜神記》）有物像牛，"動而不徙"，灌以酒數十斛而消，蓋秦時"獄地"，罪人憂思所結。按卷一四五《劉知俊》（出《鑑戒録》）亦記掘得一物，狀若油囊，蓋"冤氣所結，古來囹圄之地或有"，沃以醇醪；卷四七三《怪哉》（出《小説》）又謂出赤色蟲，東方朔見而識爲獄囚怨憤所生，地必秦時獄處，以酒灌之"糜散"。

一五六　卷三六二

《房集》（出《原化記》）小兒持布囊，傾之，"中有數升眼睛，在地四散，或緣牆上屋。"按卷三四九《王超》（出《酉陽雜俎》）謂"有生之類，先死爲'畢'"，故冥間有"畢院"，庭中"有人眼數千，聚成山"，扇之或飛或走。兩則當合觀。鬼魂爲眼者，眸子乃精神之所貫注，《陰符經》下篇所謂："心生於物，死於物，機在目"；詳見論卷二一〇《顧愷之》。《朱文公集》卷四七《答吕子約》之七："體、魄自是二物；魄之降乎土，猶今人言'眼光落地'云爾"；《夷堅志甲》卷六《巴東太守》余紹祖"一日正晝，呼其子曰：'天色已夜，何不張燈？'……其僕燃兩燭至，又云了不見有光。……子疑爲失明，近而瞻視，雙目瞭然，俄頃而卒。……所謂'眼光落地'者歟。"魂魄去身而曰"眼光落地"，即布囊或庭院中積聚眼睛之旨也。西方民俗學者考論目睛爲靈魂安宅(ein Sitz der Seele)，雖著面上而能視遠，與軀幹亦即亦離(eine Zwischenstellung zwischen der an den Körper gebundenen und der freiwerdenden Seele)[①]，可相發明。

---

① Wundt, *op. cit.*, 108.

一五七　卷三六三

　　《李哲》（出《通幽記》）乃投書曰："諺所謂：'一雞死，一雞鳴'，吾屬百户當相報耳。"按王楙《野客叢書》卷二九考"今鄙俗語"，有曰："'一雞死，一雞鳴'，此語亦有自也；觀《前漢·郅都傳》曰：'亡一姬，復一姬'，疑是此意，訛'一姬'爲'一雞'耳"；雖出附會，且失引《通幽記》，然足徵宋世仍行此諺。馮夢龍《山歌》卷三《隙》："一雞死子一雞鳴，囉見無雞睏殺子人！"，更徵斯語明末尚流傳。"雞死雞鳴"，"亡姬復姬"，即西諺："先王千古！新王萬壽！"（The King is dead! Long live the King!），所從言之異路耳。

　　【增訂三】《金瓶梅》第八六回："常言'一雞死了一雞鳴'"，而七六回："常道：'一雞死，一雞鳴，新來雞兒打鳴不好聽'"，別生一意。

　　【增訂四】《雞肋編》卷上："人家養雞雖百數，獨一擅場者乃鳴，餘莫敢應，故諺謂：'一雞死後一雞鳴。'"

一五八　卷三六七

　　《彭顓》（出《稽神録》）病中見俳優樂工數十人"百戲並作，朱紫炫目"，顓"或時欣笑，或憤懣"，病愈不復見。按酷肖霍瑞斯詩所詠希臘一士（Fuid haud ignobilis Argis），詳見《列子》卷論《周穆王》。

　　《黄崇嘏》（出《玉溪編事》）。按後世以黄崇嘏與花木蘭並爲美談，如徐渭《四聲猿》是，而《廣記》編纂者乃列之於《人妖》門。《晏子春秋》内篇雜下："靈公好婦人而爲丈夫飾者，國人盡服之"；《南史》卷四五《崔慧景傳》言"東陽女子婁逞變服詐爲丈夫，此人妖也！"。《廣記·人妖》門中，凡"變服爲丈夫"之女子皆與焉，崇嘏連類有《婁逞》（出《南史》）、《孟嫗》（出《乾𦠆子》）、《白項鴉》（出《玉堂閒話》）。唐韋元甫依傍《木蘭詩》作五言《木蘭歌》，倘以散文作《傳》如陳鴻之於《長恨歌》，則亦將采入《人妖》門矣！《荀子·非相》斥男子"美麗姚冶，奇衣婦飾，血氣態度，擬於女子"，韓愈《辭唱歌》亦訶："豈有長直夫，喉中聲雌雌？君心豈無恥？君豈是女兒？"；院本中與徐渭《女狀元》配當者，有秦樓外史《男皇后》（參觀王驥德《曲律》卷四《雜論》下）。此類當同屬《人妖》，而宋以前記載不多，故《廣記》缺焉。偶見如《宋書·五行志》記魏尚書何晏好服婦人之衣；《北齊書·元韶傳》言文宣帝"剃韶鬚髯，加以粉黛，衣婦人服以自隨"；王嘉《拾遺記》卷六言漢哀帝命董賢"更易輕衣小袖，不用奢帶修裙"，則亦謂婦服爾。

一五九　卷三六八

　　《韋訓》（出《廣異記》）"於其家學中讀《金剛經》"，忽見緋裙婦人"遙捉其家先生，……先生被曳"云云。按師號"先生"，《管子·弟子職》中已九見，唐人詩文中習用，相沿迄今。《舊唐書·李忠臣傳》記德宗爲太子時侍講張涉坐受賄，忠臣奏曰："陛下貴爲天子，而先生以乏財抵法，以愚臣觀之，非先生之過也"；《全唐文》卷六二七吕溫《與族兄臯請學〈春秋〉書》："公卿大夫恥爲人師，至使鄉校之老人，呼以'先生'，則勃然動色"；卷六五三元稹《白氏〈長慶集〉序》："村校諸童競習歌詠，召而問之，皆對曰：'先生教我樂天、微之詩'"；白居易《飲後戲示弟子》："吾爲爾先生，爾爲吾弟子"；王建《送司空神童》："秋堂白髮先生別，古巷青襟舊伴歸"；杜荀鶴《賀顧雲侍御府主爲子弟奏官》："戲把藍袍包果子，嬌將竹笏惱先生。"《廣記》卷一七五《韋莊》（無出處）載莊二詩，亦有"纔得先生去始休"，"夜傀燈影弄先生"，幾如《醒世姻緣傳》第三四回狄希陳使促狹弄塾師之椎輪也。

一六〇　卷三六九

　　《岑順》（出《玄怪錄》）金象軍與天那軍對陣，軍師進曰："天馬斜飛度三止，上將橫行係四方，輜車直入無迴翔，六甲次第不乖行"；蓋"象戲行馬之勢也"，墓中"有金牀戲局，列馬滿枰"。按"係"字乃"擊"之譌。謝肇淛《五雜俎》卷六謂讀此則"可見當時象棋遺制，所謂'天馬斜飛'、'輜車直入'、'步卒橫行'者，皆彷彿與今同，但云'上將橫行擊四方'者稍異耳"。《玄怪錄》作者爲牛僧孺；象棋之制雖出北周武帝（參觀倪璠註《庾子山集》卷一《象戲賦》、卷七《進象經賦表》），而據釋念常《佛祖通載》卷二二，則始以車、馬、將、卒代日、月、星、辰者，豈異人乎，正牛僧孺耳。白居易《和春深》第一七首《春深博弈家》有云："兵衝象戲車"，所詠即僧孺新製。"天馬"之"馬"乃車、馬之"馬"；"列馬"、"行馬"之"馬"即"碼"，猶《莊子·齊物論》："以馬喻馬之非馬"，成玄英疏："馬、戲籌也"或《世說·任誕》桓溫博戲，"投馬絕叫，傍若無人"。蓋圍棋稱"子"而象棋稱"馬"也。

　　《元無有》（出《玄怪錄》）故杵、燈臺、水桶、破鐺四物吟詩，"不虞無有之在堂隍也，遞相褒賞，勸其自負，則雖阮嗣宗

-1276-

《詠懷》，亦若不能加矣。"按"勸"字乃"觀"之誤。卷四九〇《東陽夜怪錄》駝、驢、雞、犬等各於成自虛前自矜篇什，亦可比勘。無佛稱尊，羣兒自貴，不知有旁觀竊聽，絕倒於地者。後世嘲諷文士，如《諧鐸》卷二《考牌逐腐鬼》、《野叟曝言》第四七回、《二十年目覩之怪現狀》第三三回等，機杼皆同。

一六一　卷三七〇

《王屋薪者》（出《瀟湘録》）鐵錚化老僧，龜殼化道士，爭佛道優劣，負薪者攘袂呵斥二氏無父無君，"不耕而食，不蠶而衣"，焚茅菴而揮斧欲殺。按幾如韓愈《原道》之寓言矣。

一六二　卷三七七

《趙泰》（出《冥祥記》）"受變形城"中鬼吏對校文書云："殺生者當作蜉蝣，朝生暮死；劫盜者當作豬羊，受人屠割；淫逸者作鶴鶩鷹麋；兩舌作鴟梟鴝鵒；捍債者爲騾驢牛馬。"按釋典説"煩惱餘報"，如《大般涅槃經·光明徧照高貴德王菩薩品》第一〇之四所舉"從地獄出、受畜生身"諸例，吾國稗官、院本承之而加細密。《牡丹亭》第二三折《冥判》判官云："趙大喜歌唱，貶做黃鶯兒；錢十五住香泥房子，做個小小燕兒；孫心使花粉錢，做個蝴蝶兒"云云，亦供隅反。古希臘大哲學家作小詩，自言前生爲男子、爲女人、爲樹、爲鳥、爲魚；又魯辛《雞談》寫雄父能作人言，自述夙生即大哲學家畢達哥拉士（Pythagoras），轉世爲妓、爲國君、爲馬、爲烏鵲、爲蛙等，輪迴百千度①。後世不乏祖構，所見詼詭莫過詩人勃來克記蚤蝨自言皆殺人流血者魂魄所寓，化作蟲豸么麽，則已欲易遂而爲人害又不大（The flea told Blake that all fleas were inhabited by such men as

---

① *Greek Anthology*, IX. 569, Empedocles, "Loeb", III, 317; Lucian: "The Dream, or the Cock", "Loeb", II, 179-213.

were by nature bloodthirsty to excess, and were therefore providentially confined to the size and form of insects)①。蓋造物兩全兼顧,正如蜜既得成而花復不損也。

---

① A. Gilchrist, *Life of William Blake*, "Everyman's Lib. ", 266.

一六三　卷三七八

《李主簿妻》（出《逸史》）。按與卷二九八《趙州參軍妻》（出《廣異記》）、卷三〇〇《河東縣尉妻》（出《廣異記》）、卷三五二《王鮪》（出《劇談錄》），皆一事，亦即敦煌變文《葉淨能詩》中無錫張令妻爲華岳神攝去生魂事。

一六四　卷三八三

《曲阿人》（出《幽明錄》）令至遼東行雨，乘露車，中有水，東西灌灑。按卷三九五《王忠政》（出《唐年小錄》）相類而較詳，則以"小項瓶子"貯水。卷三〇四《潁陽里正》（出《廣異記》）、卷四一八《李靖》（出《續玄怪錄》）亦以瓶中水行雨，又皆欲所居村落沾足而反致水災。四則實一事。《茵夢湖》作者又有《司雨娘娘》一篇，寫雨母久眠不醒，人間大旱，其神亦以瓶爲法寶（vergiss nicht den Krug），特非瀉瓶降霖，而以瓶水啓引井水，俾雲騰致雨耳①。

《古元之》（出《玄怪錄》）"和神國"中"田疇盡長大瓠，瓠中實以五穀，甘香珍美，人得足食，不假耕種"；"樹木枝幹間悉生五色絲纊，人得隨色收取，任意紝織異錦纖羅，不假蠶杼"；無蟲獸之患；人皆無病長壽；"無私積"；"餐亦不知所化，不置溷所"；"無主守"；"官不知身之在事"；"君不自知爲君"云云。按此即"烏託邦"（Utopia）而兼"可口鄉"（Pays de Cocagne）或"大糖山"（The Big Rock Candy Mountains）者。所言幾全本佛

---

① T. Storm: "Die Regentrude", *Sämtliche Werke*, Aufbau, I, 337, 339.

典《彌勒下生經》及《長阿含經》之三〇《世紀經・鬱單曰品》第二（西晉譯《大樓炭經》、隋譯《起世本因經》），而稍緣飾以道家稱赫胥、容成至德上世之説。黃周星《九烟先生遺集》卷五《鬱單越頌》七首，即心傾神馳於"自然衣食、宮殿隨身"等等也。《山海經・海外南經》有"䍩國"，郭璞《圖贊》所謂："不蠶不絲，不稼不穡，……是號䍩民，自然衣食"；亦大類鬱單曰國。均憂生勞生之妄想快心耳。《鬱單曰品》云："自然粳米着於釜中，以焰光珠着於釜下，飯自然熟，……諸有來者，自恣食之"；又云："大小便時，地爲開坼，便利訖已，地還自合"；和神國中并省却煮飯、便利兩事。和神國中有君有官，《鬱單曰品》則略而不言，《法苑珠林》卷八《人道部・貴賤》云："北鬱單越無貴無賤。……餘之三方皆有貴賤，以有君臣民庶之分、大家僕使之殊。"《鬱單曰品》云："復有香樹，高七十里，……小者五里，其果熟時皮破，自然出種種衣"，《彌勒下生經》亦云："自然樹上生衣，極細柔軟"；和神國僅有現成絲纊，却無自然衣服，遜其便捷。西方古人不知吾國得絲所自，因相傳大秦有異樹，爬梳其葉，獲絲縷縷，桓吉爾詩即言之（ut foliis depectant tenuia Seres）[1]，亦拉丁詞章中常談[2]，則大似和神國事也。

【增訂三】《列子・湯問》禹治水迷塗，"謬之一國，……名曰終北。"國人"不競不爭，不驕不忌，……不君不臣，……不

---

[1] *Georgics*, II. 121, "Loeb", I, 124.

[2] Pliny, *Natural History*, VI. xxii, 54, "Loeb", II, 378; Seneca, *Hippolytus*, 398, *Hercules Oetaus*, 667, *Tragedies*, "Loeb", I, 348, II, 238; Ausonius, *Technopaegnion*, X. 21, *Poems*, "Loeb", I, 300; Claudian: "Eulogy of Probinus and Olybrius", 179–80, *Poems*, "Loeb", I, 14.

媒不聘，……不耕不稼，……不織不衣，……不夭不病。……有喜樂，無衰老哀苦。"亦即鬱單越、和神之類。

一六五　卷三八七

《劉三復》（出《北夢瑣言》）能記三生事，嘗爲馬，傷蹄則心痛，轉世爲人，乘馬至磽确之地必緩轡，有石必去。按《聊齋志異》卷一《三生》前生曾爲馬，故勸人厚障泥，事仿此。

《圓觀》（出《甘澤謠》）。按即贊寧《高僧傳》三集卷二〇《感通篇》之三《圓觀傳》所本；蘇軾《東坡續集》卷一二《僧圓澤傳》蓋病此文"煩冗"，刪節而成，易"觀"之名爲"澤"，則蒙所不解矣。

一六六　卷三八九

　　《丁姬》（出《水經》）、《渾子》（出《酉陽雜俎》）。按兩則銜接，《渾子》後半亦見《水經注》卷二八《沔水》，却舍而引《酉陽雜俎》。

　　《潘章》（無出處）。按《類説》卷四〇《稽神異苑》引《三吳記》："潘章夫婦死、葬，冢木交枝，號'並枕樹'"，則潘與其婦而非與其友也。《石點頭》卷一四《潘文子契合鴛鴦塚》即本《廣記》此則。潘與王仲先"合葬於羅浮山"，亦有寓意，以地切事。《藝文類聚》卷七引《羅浮山記》："羅、羅山也，浮、浮山也，二山合體"，故可借喻好合；如孫原湘《天真閣外集》卷一《大家》第二首："心如江漢交流水，夢在羅浮合體山。"

　　【增訂二】《西廂記》第二本第二折："自古云：'地生連理木，水出並頭蓮'"；《原本題評〈西廂記〉》眉批："此□□出羅浮山，乃男寵所致祥異，世人多不識。"即指此篇。

冢上生"共枕樹"，其"柯條枝葉無不相抱"，可參觀同卷《陸東美》（出《述異記》）與妻朱氏合葬，冢上生梓樹，"同根二身，相抱而合成一樹，每有雙鴻，常宿於上。"《孔雀東南飛》："兩家求合葬，合葬華山傍。東西植松柏，左右種梧桐，枝枝相覆蓋，葉葉相交通；中有雙飛鳥，自名爲鴛鴦"；此物此志也。《搜神記》卷一一韓憑與妻何氏死，宋王不許合葬，"冢相望也，宿昔之間，便有大梓木生於二冢之端，旬日而大盈抱，屈體相就，根交於下，枝錯於上。又有鴛鴦，雌雄各一，恒栖樹上，……交頸悲鳴。……宋人哀之，遂號其木曰'相思樹'"（亦見《廣記》卷四六三《韓朋》出《嶺表録異》）；《敦煌掇瑣》之一《韓朋賦》渲染之曰："道東生於桂樹，道西生於梧桐，枝枝相當，葉葉相籠，根下相連，下有流泉，絶道不通。……枝枝相當是其意，葉葉相籠是其恩，根下相連是其氣，下有流泉是其涙。""共枕"、"相思"，樹名異而樹形同。王建《春詞》："庭中並種相思樹，夜夜還棲雙鳳凰"，以平仄故，易"鴛鴦"爲"鳳凰"；張籍《憶遠》："唯愛門前雙柳樹，枝枝葉葉不相離"，以樹之枝當葉籠反襯"行人"之遠隔"萬里"。《南史》卷七四《孝義傳》下衛敬瑜妻王氏年十六而喪夫，截耳爲誓，不再適人，"手爲亡婿種樹數百株，墓前柏樹忽成連理，一年許還復分散"，王乃賦詩："墓前一株柏，根連復並株，妾心能感木，頽城何足奇？"；"一株"必爲"二株"之譌。則兩人幽明雖判而兩情生死不易，亦"能感木"成"相思"、"合枕"之形，不減雙雙同歸地下之潘王、陸朱、韓何焉。《能改齋漫録》卷一七記陳師之妾温卿、黄子思妾宜哥皆葬於宿州柳岸之東，張先過而題詩云："何時宰木連雙塚，結作人間並蒂花！"；一味貪使故典而渾不自知其詞旨乖剌也。西方古説以棕櫚（palm tree）爲相思或合歡樹（they will be sick for love; they marry one another）[①]；傳奇、

[①] *Anatomy of Melancholy*, Part. III, Sect. II, Mem. III, Subs. I, "Everyman's Lib.", III, 43.

風謠亦每道情人兩塚上生樹，枝葉并連①；情詩又以夾道兩樹對立交陰，喻身雖分而心已合（como los árboles somos/que la suerte nos separa,/con un camino por medio,/pero se juntan las ramas）②；或以兩樹上枝不接而下根於土中相引，喻意密體疏（E due piante talor divise stanno,/ma sotterra però con le radice,/se non co'rami,a ritrovar si vanno）③。蓋於李商隱《無題》之"身無彩鳳雙飛翼，心有靈犀一點通"，及李調元《粵風》卷一所採民謠之"竹根生筍各自出，兄在一邊妹一邊，衫袖遮口微微笑，誰知儂倆暗偷連"，不啻左挹浮丘而右拍洪崖矣。濟慈有詩詠蛇妖化女身，欲與美少年爲夫婦，吉期幻出屋宇輪奐，兩行樹夾道枝當葉對（Two palms and then two plantans, and so on,/From either side their stems branch'd one to one/All down the aisled place）④；正象"共枕"、"連理"。都穆《遊名山記》卷一《首陽山》記伯夷、叔齊隱居處有古柏二，"二根相距數尺，而幹上交若兄弟之相倚者"；雨果詩中亦寫兩樹隔岸交枝如兄弟怡怡携手（arbres frères/Qui se donnent la main des deux rives contraires）⑤；蓋其象非兒女之情所可得而專也。

---

① J. Dunlop, *The History of Fiction*, 87–8 (*Le Roman du Chevalier Tristan*, *Lord Percy and Fair Annet*, etc.).
② Copla quoted in S. de Madariaga, *Shelley and Calderon and other Essays*, 119.
③ Marino: "Dipartita", *Marino e i Marinisti*, Ricciardi, 378.
④ Keats, *Lamia*, II, 128–30.
⑤ Hugo, *Les Contemplations*, I. xxix, "Halte en marchant".

一六七 卷三九三

《華亭堰典》（出《原化記》）或疑雷擊之失公道，曰："人則有過，天殺可也；牛及樹木、魚等，豈有罪惡而殺之耶？又有弒君弒父非理者，天何不誅？"按《論衡·雷虛》、柳宗元《斷刑論》下已發其意，特未及牛、魚耳。《鑑戒錄》卷一《走車駕》載唐昭宗詠雷云："祇解劈牛兼劈樹，不能誅惡復誅凶"，乃全同《廣記》此則之言。韓偓《雷公》云："聞人倚柱笑雷公，又向深山劈怪松；必若有蘇天下意，何如驚起武侯龍！"；則又兼《論衡·龍虛》所謂："雷電發時，龍隨而起，……雷龍同類，感氣相致。"黄式三《儆居集·雜著》卷三《對王仲任雷虛問》謂"天之誅惡，不盡以雷"，因科王充"罪至慢天"，連坐柳宗元、袁枚。夫"誅不盡以雷"，固可以開脱天之不擊凶擊惡，然"誅"自必爲惡，則仍無以文解雷之劈樹劈牛。黃對何足塞仲任之問哉！古希臘、羅馬詩文亦每以雷不擊凶人惡人而劈樹破屋爲天公憤憤之證①。

---

① Aristophanes, The Clouds, 398ff., "Loeb", I, 303; Lucian: "Zeus catechized", "Loeb", II, 81ff.; Lucretius, II. 1100-4, VI. 380-450, "Loeb", 162, 470-6.

一六八　卷三九四

　　《雷公廟》（出《嶺表録異》）"得楔如斧者，謂之霹靂楔"。按同卷《陳義》（出《投荒雜録》）"得黑石，或圓或方，號雷公墨"；卷四〇四《肅宗朝八寶》（出《杜陽雜編》）其六曰"雷公石"，斧形，長可四寸，即《舊唐書・肅宗紀》寶應元年建巳月楚州刺史崔侁所獻"定國寶玉"十三枚之十二曰"雷公石斧，長四寸，闊二寸，無孔，細緻如青玉"。《封氏聞見記》卷七記常見"細石赤色、形如小斧，謂之'霹靂斧'，……俗謂之'霹靂楔'"；《雲仙雜記》卷一玄針子得石斧，銘曰："天雷斧，速文步。"西方舊日拾得初民石斧、石矢鏃之類，亦誤爲雷火下燎而墮，呼曰"雷器"（ceraunia）。

一六九　卷三九九

《陸鴻漸》（出《水經》）。按即張又新《煎茶水記》（《全唐文》卷七二一）之後半，非酈道元所註之《水經》也。

一七〇 卷四〇〇

《鄒駱駝》（出《朝野僉載》）。按卷四九五《鄒鳳熾》（出《西京記》）富商"號'鄒駱駝'"。

一七一　卷四〇二

《寶珠》（出《廣異記》）以金瓶盛珠於醍醐中煎熬。按卷四一六《江叟》（出《傳奇》）以醍醐煎明月珠，卷四七六《陸顒》（出《宣室志》）投"消麵蟲"於銀鼎中煉之，皆元曲李好古《張生煮海》之權輿也。

《水珠》（出《紀聞》）。按同卷《青泥珠》（出《廣異記》）、《嚴生》（出《宣室志》）涯略相似。胡人得珠，剖臂或股，納而藏之，見《青泥珠》及同卷《徑寸珠》（出《廣異記》）、《李勉》（出《集異記》）、《鬻餅胡》（出《原化記》）諸則；《通鑑·唐紀》八太宗貞觀二年謂侍臣曰："吾聞西域賈胡得美珠，剖身以藏之"；《西洋記》第二〇回亦寫老猴抓破李海"腿肚子"，以夜明珠"填在那口子裏"；《聊齋志異》卷六《八大王》嚙臂納鼉寶，即其遺意也。李勉不受商胡臨死贈珠，與卷一六八《李約》（出《尚書故實》）事同而主名異，卷一六五《李勉》（出《尚書談錄》）則記勉不受書生臨死贈金，又一事別傳也。

一七二　卷四〇三

　　《魏生》（出《原化記》）舟行檢得石片，赴羣胡寶會，寶物多者居上坐。按《今古奇觀》第九回《轉運漢巧遇洞庭紅》後半檢得敗龜殼事仿此，波斯胡亦云："請列位貨單一看，好定坐席。"

一七三　卷四〇五

　　《岑文本》（出《博異志》）道士"衣服纖異"，文本問曰："吾人冠帔，何制度之異？"按潘岳《西征賦》："陋吾人之拘攣"，《文選》李善註："言己闕行藏之明"，"吾人"作"己"解，世所熟知。然"吾人"不僅如"吾"、"我"之爲自道，抑亦每等"爾"、"汝"之爲稱人，如文本此語是也。卷一五七《李敏求》（出《河東記》）："幽顯殊途，今日吾人此來，大是非意事，僕幸在此處，當爲吾人理之"；卷三七〇《姜修》（出《瀟湘錄》）："我嘗慕君高義，幸吾人有以待之"；卷四七四《木師古》（出《博異志》）："誠非悋惜於此，而卑吾人於彼"；胥謂"爾"、"汝"，詞意皎然。《三國志・蜀書・諸葛亮傳》裴註引《蜀記》李興立碣表亮故居，其文有曰："昔在顛沛，有名無迹；孰若吾儕，良籌妙畫！藏文既殁，以言見稱，又未若子，言行並徵！"；"吾儕"即"子"之互文。《全唐文》卷二三八盧藏用《答毛傑書》："倘吾人起予，指掌而說"；"吾人"與"予"對照，猶"爾"與"我"。"吾人"指爾汝，語氣親暱；而"人"又可自指，語氣責怨。如《詩・鄘風・柏舟》："母也天只，不諒人只"；《公羊傳》昭公三十一年夏父曰："以來！人未足！"，《解詁》："以彼物來置我前，'人'、夏父自謂也"；辛棄疾《眼兒媚·妓》："來朝去也，莫因別箇，忘了人咱！"；《玉簪記》第二一折陳妙常久待而恚，潘必正來，陳不睬，潘問："爲甚事淚雙流？心中暗愁！"陳答："愁什么！把人丟下就是！"；《西遊記》第二三回沙僧曰："二哥，你便在他家做個女婿罷！"八戒答："兄弟，不要栽人！"——諸"人"胥自道也。今口語稱人有曰"咱們"，與小兒語（childrenese）尤多，稱己有曰"人家"，憤慨時更然。

一七四　卷四〇九

《染牡丹花》（出《酉陽雜俎》）。按與卷五四《韓愈外甥》（出《仙傳拾遺》）實一事。

一七五　卷四一一

《櫻桃》（出《摭言》）新進士重櫻桃宴，"和以糖酪"。按見《唐摭言》卷三，《猗覺寮雜記》卷下引之以説"北人以乳酪拌櫻桃食之"。《廣記》卷一九四《崑崙奴》（出《傳奇》）："以金甌貯含桃而擘之，沃以甘酪而進"；和凝《宮詞》："君王宣賜酪櫻桃"；亦言此。杜牧《和裴傑秀才新櫻桃》："忍用烹酥酪，從將玩玉盤"，《侯鯖録》卷二據此謂"遂知唐人已用櫻桃薦酪也"。顧觀《太平御覽》卷八五八、九六九引鍾繇與魏武帝及太子書："屬賜甘酪及櫻桃"，則三國時早然。杜牧詩意似謂和乳而熟煮者，與哀家梨蒸食何異！曾慥《樂府雅詞·拾遺》卷上宋徽宗《南歌子》："更將乳酪拌櫻桃，要共那人一遞一匙抄"；陸游《劍南詩稿》卷一六《偶得北虜金泉酒小酌》："朱櫻羊酪也嘗新"，又卷七四《病起初夏》："一甌羊酪薦朱櫻"，又卷八一《食酪》："未必鱸魚苣茹菜，便勝羊酪薦櫻桃"；辛棄疾《菩薩蠻·坐中賦櫻桃》："香浮乳酪玻璃盞。"蓋北宋上承唐風，而南宋全從北俗矣。"一匙抄"同《廣記》卷二八五《鼎師》（出《朝野僉載》）："即令以銀甖盛醬一斗，鼎師以匙抄之。"杜甫《與鄠縣源大少府宴渼陂》之"飯抄雲子白"，張鷟《游仙窟》之"莫言長有千金面,終歸變作一抄塵",即此"抄",皆謂以匕、杓之類盛取。《廣記》卷二〇〇《趙延壽》(出《趙傳》)在虜庭賦詩:"探水人回移帳就,射雕箭落着弓抄",則以弓承迎,如匙盛物也。

一七六　卷四一六

《鮮卑女》（出《異苑》）。按卷四一七《光化寺客》（出《集異記》）、《蘇昌遠》（出《北夢瑣言》）亦皆言指環掛花莖事。

一七七　卷四一八

《李靖》(出《續玄怪録》)。按行雨事見前論卷三八三《曲阿人》。靖入龍宫，食，"頗鮮美，然多魚"。夫海爲魚鼈所生，就地取材治具，情理之常。西方傳説每謂水神登岸赴屠肆購肉[①]，則似近舍水味，遠求陸珍，殆厭螺蛤而思蒭豢耶？《鬼谷子·内揵》篇、《鄧析子·無厚》篇皆謂："口進前而不御，遥聞聲而相思"，正復情理之常。人事之不齊難言如此。

[①] Brüder Grimm, *Deutsche Sagen*, §53. "Der Wassermann an der Fleischerbank", §60. "Die Elbjungfer und das Saalweiblein"; *op. cit.*, I, 56, 62.

一七八　卷四一九

《柳毅》（出《異聞集》）。按演爲評話，譜入傳奇，歷來稱引。唐世已成口實；卷四九二《靈應傳》善女湫龍神九娘子謂周寶曰："頃者涇陽君與洞庭外祖，世爲姻戚。後以琴瑟不調，棄擲少婦，遭錢塘之一怒；傷生害稼，懷山襄陵，涇水窮鱗，尋斃外祖之牙齒。今涇上車輪馬跡猶在，史傳具存，固非謬也。""史傳"正指此篇。卷三〇〇《三衛》（出《廣異記》）北海女神爲華嶽第三新婦，"夫婿極惡"，乞三衛寄家書，旋大風折華山樹，雷火喧薄，徧山涸赤；與柳毅爲龍女致家書而錢塘君怒淹涇川，水火異災，情節一揆。龍女謂毅："洞庭之陰，有大橘樹焉。……叩樹三發，當有應者"；北海女神謂三衛："海池上第二樹，但扣之當有應者"；皆落窠臼。《水經注》卷一九《渭水》引《春秋後傳》華山君託鄭容以書致鄗池君，"過鄗池，見大梓下有文石，取以欸列梓，當有應者"（《搜神記》卷四同）；又卷三八《溱水》有使自洛還，忽一人託寄書，謂家在觀歧渚前，"石間懸籐，……但叩籐自當有人取之"（《廣記》卷二九一《觀亭水神》出《南越志》即此）。《廣記》卷二九二《洛子淵》（出《洛陽伽藍記》）洛水神倩樊元寶致家書，曰："卿但至彼，家人自出相看";卷二九三《胡母班》(出《搜神記》)泰山府君託致書河伯,曰:"扣舟呼青衣,當自有取書者";卷二九五《邵敬伯》(出《酉陽雜俎》)吳江使託通問齊伯,教至社林中,"取樹葉投之於水,當有人出";卷四二一《劉貫詞》(出《續玄怪錄》)龍子託寄書,曰:"家在渭橋下,合眼叩橋柱,當有應者";則均小異。"取石"以"欻",要聲之響澈達内,勝於手叩,即所謂"敲門磚"、"叩門瓦"。元曲高文秀《黑旋風》第三折李逵白:"此間是牢門,傍邊兒有這半頭磚,我拾將起來,我是敲這門咱",是其正解。宋曾敏行《獨醒雜志》卷五記蘇軾引許沖元登科時賦中句,許曰:"敲門瓦礫,公尚記憶耶?"已借爲制舉文字之别稱,明以來尤專作此用矣(馮夢禎《快雪堂集》卷三《皇明四書文紀序》、曾異撰《紡授堂詩集》卷三《醉中放歌呈施辰卿》、黄之雋《唐堂集·補遺》卷一《一畝宮制藝序》、鄭梁《寒村雜錄》卷一《宋伊平文稿序》、焦袁熹《此木軒雜著》卷五、西湖居士《鬱輪袍》第二折、《聊齋志異》卷九《于去惡》)。《柳毅》記洞庭君"與太陽道士講《大經》";觀下文"龍以水爲神,舉一滴可包陵谷,……人以火爲神聖,發一燈可燎阿房"云云,《大經》當爲《火經》之訛,如《參同契》上篇言"《火記》六百篇"之類,"聖"字必衍。毅曰:"見大王愛女,牧羊於野,風鬟雨鬢,所不忍視";下文錢塘君歌又曰:"腹心辛苦兮,涇水之隅;風霜滿鬢兮,雨雪羅襦。"是"風鬟雨鬢"乃言容顔減悴,略同常語之"滿面風霜"、"一臉風塵之色"。後世却以"風鬟霧鬢"形容儀態萬方,如蘇軾《洞庭春色賦》:"携佳人而往遊,勒霧鬢與風鬟。"如李清照《永遇樂》:"如今憔悴,風鬟霧〔一作'霜'〕鬢,怕見夜間出去",或《聲畫集》卷七陳克《曹夫人牧羊圖》:"美人零落涇水寒，雨鬢風鬟一揮淚"，用其語而未失本意者，僅偶一遭耳。《柳毅》篇末薛嘏經洞庭見彩船事，即《青瑣高議》前集卷三《長橋怨》王師孟過吳江見彩船、《聊齋志異》卷五《西湖主》梁子俊過洞庭見畫舫等節所仿。《聊齋》會校本卷一一《織成》後附記舊傳洞庭君遜位柳毅，亦廣異聞，且曰："又以毅貌文，不能慴服水怪，付以鬼面，晝戴夜除。久之漸習忘除，遂與面合爲一，毅覽鏡自慚。"寓言而亦微言，可以移疏《荀子·性惡》篇所謂"積僞"、"化性起僞"。面具稱"代面"，亦稱"假面"；既久假不歸，則可取而代。借面長戴，漸奪本相，即習慣成自然，弄假變爲真，故曰："長此作僞者初僞而終失其僞"（Der Heuchler, welcher immer ein und dieselbe Rolle spielt, hört zuletzt auf, Heuchler zu sein），或曰："真善每託始於僞善"（Hypocrisy is sometimes the beginning of virtue）①。假面本爲掩飾之具，以免真相真情爲人知見，而戲劇中之假面正以顯示角色之身份性格，俾人一見便知②。柳毅之"鬼面"既掩飾其"貌文"，又顯示其爲"慴怪"之洞庭新君，作用相反復相成也。

【增訂二】《後漢書·張湛傳》："詳言正色，三輔以爲儀表，人或謂湛詐。湛聞而笑曰：'我誠詐也。人皆詐惡，我獨詐善，不亦可乎？'"最可申説《荀子》所言"積僞"。《高僧傳》二集卷一一《靈裕傳》："或曰：'名本爲利緣耳。'裕曰：'吾得利便

---

① Nietzsche, *Menschliches, Allzumenschliches*, §51, *Werke*, hrsg. K. Schlechta, I, 487; F. H. Bradley, *Aphorisms*, §73. Cf. Max Beerbohm, *The Happy Hypocrite*; Luigi Chiarelli, *La Maschera ed il Volto*.

② John Jones, *On Aristotle and Greek Tragedy*, 45: "They [the masks]stated, they did not hint or hide".

失名矣。'又曰：'此乃詐爲善相。'答曰：'猶勝眞心爲惡也。'"與張語有契。

【增訂四】 納蘭性德《淥水亭雜識》卷三："釋典言：龍能變人形，唯生時、死時、睡時、淫時、嗔時不能變本形。……龍於淫時，不能變本形，則非人所能匹；《柳毅傳》亦不讀釋典者所作。"斯人蓋讀《柳毅傳》而亦"讀釋典"矣，惜於二者均"盡信書"，慧心才士遂無異乎固哉高叟。三國時康僧會譯《舊雜譬喻經》卷上第六則記沙彌羨爲龍事，早曰："婦女端正無比，欲爲夫婦禮，化成兩蛇相交"，即所謂"淫時不能變本形也"。

一七九　卷四二〇

　　《陶峴》（出《甘澤謠》）賦詩有云："鶴翻楓葉夕陽動，鷺立蘆花秋水明。"按《全唐詩》有峴《西塞山下迴舟作》即此篇，"鶴"作"鴉"。清徐增《而菴詩話》説"唐人"此一聯之妙，曰："夫鴉翻楓葉，而動者却是夕陽，鷺立蘆花，而明者却是秋水，妙得禪家三昧！"夫夕陽照楓葉上，鴉翻楓葉，夕陽遂與葉俱動，猶李商隱《子初全溪作》："皺月覺魚來"，月印水面，魚唼水而月亦隨皺也；鷺羽蘆花色皆皎白，點映波上，襯托秋水，益見明澄，猶李商隱《西溪》："色染妖韶柳，光含窈窕蘿"，水仗柳蘿之映影而添光色也。語意初非費解，無所謂"禪家三昧"。談藝者每備耳賃目，未飲先醉，擊節絶倒，自欺欺人；《妙法蓮華經·方便品》第二論增上慢，《圓覺經》論嫉妬，皆曰："未得謂得，未證謂證"，八字道盡矣。

一八〇　卷四二二

《許漢陽》（出《博異志》）溺殺四人，蓋水龍王諸女宵宴，取人血爲酒。按卷二九二《洛子淵》（出《洛陽伽藍記》）洛水神宴客，"酒色甚紅"，蓋童子血也。

一八一　卷四二六

　　《峽口道士》（出《解頤録》）。按卷四二七《費忠》（出《廣異記》）、《稽胡》（出《廣異記》）、卷四三三《柳幷》（出《原化記》）諸則情節如一。

一八二　卷四二九

《申屠澄》（出《河東記》）至妻本家，見壁角一虎皮，妻大笑曰："不知此物尚在耶！"披之，變虎形，突門而去。按卷四二七《天寶選人》（出《原化記》）、卷四三三《崔韜》（出《集異記》）、卷四六三《新喻男子》（出《搜神記》）皆相彷彿，惟前三事妻虎，末一事妻烏耳。偶覩挪威一傳說酷似。一少年游海濱，見獺皮數張委沙上，波中有諸女方浴而水嬉。少年取一皮匿之，女郎輩浴罷，各拾皮自披，即化爲獺，相逐而去。一女獨不得皮，佇立啼泣；少年慰喻之，携歸爲婦，積歲有子女。一日，長兒登皮物小閣上，忽得舊獺皮一張，持下作劇。母正免身卧蓐，覩皮躍起，奪披己身，復形爲獺，疾趨入海而逝（She leaps out of bed, snatches the skin, and is instantly changed into seal, who jumps into the sea and disappears）①。

【增訂四】西方他國尚有天鵝妻、鴿妻等俗説，皆與挪威相傳獺妻事相類，亦均如《廣記》所載虎妻、烏妻之復得衣毛即變

---

①　Johan Bojer：*"Norwegian Fairy Tales"*, F. H. Pritchard ed., *Great Essays of All Nations*, 710.

舊形而去("Seal Maidens", "Swan Maidens", Katharine Briggs, *A Dictionary of Fairies*, Penguin Books, 1977, pp. 349-50, 386-7; "The Dove Girl", Italo Calvino, *Italian Folktales*, No. 164, tr. George Martin, 1980, pp, 593-4, Note, p. 749)。

又按申屠澄作贈內詩，"其妻終日吟諷，似默有和者，然未嘗出口，每謂澄曰：'爲婦之道，不可不知書，倘更作詩，反似嫗妾耳！'"儼然章學誠《文史通義》内篇五《婦學》議論，所謂"婦人文字非其職業"，"婦女而鶯聲名則非陰類"，"傾城名妓"則"閨閣之篇鼓鐘閫外"。制禮者爲周公而非周姥，宜有此等女誡閨訓。澄妻雖胭脂虎乎，既成女人身，則須守"婦道"；斑子勉學班昭，語曰"成人不自在"者是已。李商隱《雜纂·不如不解》："婦人解詩則犯物忌"，孫光憲《北夢瑣言》卷一一引李義山《雜纂》作："婦人識字即亂情，尤不可作詩。"孟昌期妻孫氏善詩，每代夫作，一日忽曰："才思非婦人事！"遂焚其集，《全唐詩》祇存三首，更少於《小青焚餘》；《全唐詩》載若耶溪女子《題三鄉詩》，《類説》卷二九引《麗情集》載自《序》尚有末句："以筆墨非女之事，名姓故隱而不書。"何光遠《鑑戒錄》卷五論徐后、徐妃出遊作詩云："議者以翰墨文章之能，非婦人女子之事；所以謝女無長城之志，空振才名，班姬有團扇之詞，亦彰淫思。"王灼《碧雞漫志》卷二論李清照云："作長短句，能曲折盡人意，輕巧光新，姿態百出，閭巷荒淫之語，肆意落筆。自古搢紳之家能文婦女，未見如此無顧籍也。……閨房婦女夸張筆墨，無所羞畏。"朱淑真《斷腸詩集》卷一〇《自責》："女子弄文誠可罪，那堪詠月更吟風！磨穿鐵硯非吾事，繡折金針却有功。"劉將孫

《養吾齋集》卷七《沁園春・序》載楊氏女題清江橋小引云："觀者毋謂弄筆墨非好人家兒女，當諒此情"，又詞云："便歸去，懶東塗西抹，學少年婆。"周亮工《書影》卷一載其父作《觀宅四十吉祥相》之五："婦女不識字：世家大族一二詩章不幸流傳，必列於釋子之後、娼妓之前，豈不可恥！"；同卷又記徐世溥語："太史采詩之職廢，而民間女未聞有詩者。自非託於貴族，書於驛，拾於道，失身於倡家而贈送遠人，微是四者，雖有《谷風》之怨、《死麕》之悲，無由得傳"；同卷復云："宛丘王氏，十五歸余，詩二百餘首、小詞數十首。余欲傳之，輒欲自焚，曰：'吾懼他日列狡獪瞿曇後、穢跡女士中也！'蓋自來刻詩者，《方外》之後，緊接《名媛》，而貞婦、烈女、大家世族之詩類與青樓泥淖並列；姬每言之，輒以爲恨。予嘉其志，不敢付梓，並其名字亦不忍露也。"

【增訂三】《程氏文集》卷一二程頤《上谷郡君家傳》："夫人好文而不爲辭章，見世之婦女以文章筆札傳人者，深以爲非。平生所爲詩，不過三十篇，皆不存。"又記其七八歲時，父"教以古詩曰：'女人不夜出，夜出秉明燭'，自是日暮則不復出房閣"；《困學紀聞》卷五以爲美談。余按《公羊》、《穀梁》二傳皆記襄公三〇年宋災，伯姬不肯出，曰："吾聞之也，婦人夜出，不見傅母不下堂"，遂"逮乎火而死。"使此等列女得見李清照《永遇樂》："風鬟霧鬢，怕見夜間出去"，亦必訶責不稍恕，斷不以其"怕夜出"而寬假也。毛先舒《匡林》卷下《書朱淑真詩後》："'女子無才便是德'，此語雖未盡然，要之婦人終不應專以才見也。況文采乎！故曰'無儀'。"淑真《斷腸詩集》好作道學陳腐語，以自示爲有德之言，故姚旅《露書》卷五譏其"詩多陳氣",而終不免"無儀"之目。其《自責》又云:"始知怜悧不如癡","怜悧"即有"才"耳。《醉翁談録》乙集卷二《婦人題詠》載朱橫妻錢氏題壁詩後自記云:"因吐其胸中,書於壁間,好事君子幸勿以婦人玩弄筆墨爲誚。"與楊氏女題清江橋之自解乞諒,如出一口。又按《談録》庚集卷一《閨房賢淑門》中首標"伊川先生之母",即全本《上谷郡君家傳》,其"深非婦女以筆札傳於人"一事,亦在稱引之列,了不自覺與誦説《婦女題詠》扞格。説故事人拍板隨身,逢場作戲,以其矛攻其盾則大殺風景矣。《紅樓夢》中薛寶釵高才工吟詠,却誦説"女子無才便是德"(六四回),屢以"女孩兒"、"姑娘"做詩爲戒,甚且宣稱"做詩寫字究竟也不是男人分内之事"(三七、四二、四九回);蓋於上谷郡君與伊川先生母子議論兼而有之,洵《牡丹亭》第五折所謂"女爲君子儒"哉。

【增訂四】吾國經籍中昌言愚爲女德者,無過《大戴禮》,却鮮見徵引。《大戴禮記·主言》:"七教者,治民之本也,教定是正矣。……是故君先立於仁,則大夫忠而士信,民敦,工璞,商愨,女憧,婦空空。七者、教之志也";王聘珍《解詁》:"憧、無知也,空空、無識也。"蓋"教"婦女之職"志",非使其有知識,乃轉使其無知識也。又按柳宗元《畎民詩》:"士實蕩蕩,農實董董,工實蒙蒙,商實融融。"可與此數語參觀,"董"即"憧"耳。

陸繼輅申儒家經訓,謂婦女無妨作詩,議論剴切,過於陳兆崙《才女説》。《崇百藥齋文集》卷一四《五真閣吟稿序》乃弁其婦錢惠貞詩集首者,略云:"吾聞諸儒家者曰:'婦人不宜爲詩。'……抑吾又聞《詩三百篇》皆賢人君子憂愁幽思，不得已而託焉者也。夫人至於憂愁幽思，不得已而託之於此，宜皆聖人之所深諒而不禁者，於丈夫婦人奚擇焉？詵宜早喪母，……嚴君官三千里外，定省久廢，遽捐館舍，又不獲視含斂。……余以負米出游。……孤處徘徊，諷詠間作，於此而申之以明禁曰：'婦人不宜爲詩'，是父子之恩終不得達，夫婦之愛終不得通，而憂愁幽思之蘊結於中者，終於不可得而發抒也！曾聖人之爲訓而若是酷歟！"

風氣久成，隄防難決，雖男子大度，許女作詩，或女子大膽，自許能詩，發爲堂皇之崇論，亦必飾以門面之腐談，示別於"泥淖"、"穢跡"。如陳兆崙《紫竹山房文集》卷七《才女說》："何爲不可以才名也？大《易·家人》之象、辭曰：'言有物'，此非專爲男子位外者訓也。'物'者、事也；言中事理之謂'物'，言合古事之謂'物'。誠能於婦職餘間，流覽墳素，諷習篇章，因以多識故典，大啓性靈，則於治家、相夫、課子，皆非無助。……又《經解》云：'溫柔敦厚、《詩》教也'；柔與厚皆地道也、妻道也，由此思之，則女教莫詩爲近，才也而德即寓焉矣"；王貞儀《德風亭初集》卷三《虛室記》："吾之居其間也，有女工之事，有誦讀之樂。……或曰：'女工者、女子之常務，誦讀者、非女子事也。'……嗟乎！是非君子之言也"，又卷四《上卜太夫人書》："默觀目前之女士，多半有不守姆教，不謹壼矩，不端大體，或略識之無，朝學執筆，暮即自命爲才女。……至於有柳絮之才，而罕柏舟之操。……今世迂疏之士，動謂婦人女子不當以誦讀吟咏爲事；夫同是人也，則同是心性，《六經》諸書皆教人以正性、明善、修身、齊家之學，而豈徒爲男子輩設哉！"王穉登《丹青志》載"閨秀"一人、"仇氏英之女"，按曰："必也律之女行，厥亦牝雞之晨也"；蓋詩畫一律爲厲爲禁，腐頭巾不許巾幗游於藝也。周亮工言女詩人羞伍詩僧，却不省詩僧且以伍女詩人爲恥，方外閨中，相輕交賤。釋澹歸《徧行堂文集》卷四《見山詩集序》："嗚呼！道人吟咏，直寄興耳。聽俗士之去取，劣得數章，位置於羽流、閨秀之間，亦不雅矣！"；卷一五《閩中趙尊客以〈梵雅〉一册見貽，先得我心，題此却贈》："已落貴人才子後，可堪閨秀羽流間！"自註："選詩者置僧詩於羽流之後、閨秀之前，蓋別無頓放處。"魏憲《詩持》第二集卷七選林氏《晚春》，按語云："吾閩女子能詩十有五六，余不敢入選，緣周櫟園先生有言：'選閨閫之詩，多列釋子之後、娼妓之前，殊爲失體。'故得林氏詩，隨手增入，恐落卷後也"；遁詖之詞，閱之笑來，林氏正列同卷釋大依之次也。男女不等，中外舊俗同陋，故持論每合。婦女戒"誦讀"，如十七世紀法國文家云："寧願婦人鬚髯繞頰，不願其詩書滿腹"（Je souffrirais plus volontiers une femme qui a de la barbe, qu'une femme qui fait la savante），又云："女博士不可爲，猶女騎士不可爲"（Je n'approuve pas davantage les femmes docteurs que les femmes cavaliers)①。尤戒"吟詠"，如古波斯人以婦女作詩比於牝雞之晨："牝雞而長鳴，當斷其吭"（Die Frauenzimmer sind in Persien von der Poesie ausgeschlossen. Sie sagen, wenn die Henne

---

① Guez de Balzac, quoted in J. - E. Fidao-Justiniani, *L'Esprit classique et la Préciosité au 17e Siècle*, 48-9.

krähen, so muss man ihr die Kehle abschneiden)①。下至十九世紀,男子以詩文名者,輒戒絶女子親筆墨。英國一小説家("Monk" Lewis)云:"女手當持針,不得把筆;婦人舍針外,無得心應手之物"(The needle, not the pen, is the instrument they should handle, and the only one they ever use dexterously);大似應和朱淑真"金針有功"之句。席勒嘲一婦以詩名者,託爲婦之夫慰友曰:"汝自傷汝妻有外遇,吾方妬羨汝也;汝祇與一人平分春色,吾則與舉世人共吾婦,不啻爲名妓之緑巾夫焉!"(Dich schmerzt, dass sich in deine Rechte/Ein zweiter teilte? — Beneidenswerter Mann! / Mein Weib gehört dem ganzen menschlichen Geschlechte. / … / Mich kennt man als Ninons Mann), 復目才婦爲"不男不女"(Ein Zwitter zwischen Mann und Weib)②;與章學誠"非陰類"、"傾城名妓"之詞,如東嚮西于。卡度契曰:"老夫嘗制定詩律,中有一條曰:'僧侶與婦女嚴禁作韻語'"(Nel mio codice poetico c'è questo articolo: Ai preti e alle donne è vietato far versi)③;則兼《尺牘新鈔》三集卷一二吳宗信《與吳介兹》所謂:"予最喜蕭伯玉先生之主祠祭也,與諸髡約法三章,妄談詩禪者服上刑。"卡度契同國十六世紀一"名妓"有詩集,不諱己之爲"穢跡女士"(così come sono abietta e vile/donna)④,其才情筆力,意大利名媛正罕倫比也。近世法國名小説中一侯爵夫人(La Marquise de Villeparisis),家

---

① Lichtenberg, *Aphorismen*, F § 376, *op. cit.*, III, 197; cf. 462.
② Schiller: "Die berühmte Frau", *op. cit.*, III, 93, 96; cf. 346.
③ Carducci, quoted in P. Pancrazi, *Scrittori d'Oggi*, VI, 295.
④ Gaspara Stampa, *Sonetti*, viii, *Rime*, a cura di A. Salza, 9.

世非凡,才貌殊衆,而上流貴介疏棄之,以其爲女學士(un bas bleu)耳①,足相發明。

---

① Proust, *Le Côté de Guermantes* I, *A la Recherche du Temps perdu*, "Bib. de la Pléiade", II, 183-6.

一八三　卷四三三

《姨虎》（出《録異記》）有婦人自稱"十八姨"，虎所化也。卷四一六《崔玄微》（出《酉陽雜俎》及《博異記》）云："封十八姨乃風神也"；卷四二六《封邵》（出《述異記》）忽化爲虎，人爲之語曰："無作封使君，生不治民死食民"，則虎亦可姓封而稱十八姨也。"封"諧"風"音，入耳心通；"十八姨"者，隱本《易·説卦》："巽爲木、爲風、爲長女"，唐國姓"李"之讖曰"十八子"，"木"析爲"十八"，"長女"視作"姨"。虎可稱"十八姨"者，《易·乾》："風從虎"，故虎亦從風稱，抑或以《太平御覽》卷八九一引《風俗通》言"虎本李氏公所化"，牝虎遂析"李"號"姨"耳。

【增訂三】《外臺秘要方》卷四〇《熊虎傷人瘡方》引《肘後方》云："到山下，先閉氣二十五息，所在山神將虎來到吾前，乃存吾肺中有白帝出，收取虎兩目，塞吾下部中。……祝曰：'李耳！李耳！圖汝非李耳耶？汝盜黄帝之犬，黄帝教我問汝，汝答之云何？'畢，便行一山，虎不可得見。"王書所引《肘後方》，當是葛洪、陶弘景之舊，亦徵《風俗通》所傳"俗説"，至六朝尚存，以老虎與老聃爲同姓名也。下至明清，猶有沿承未改之例。吾鄉顧彩《容美紀遊》康熙四二年三月初二日:"過江上李虎坡",自註:"相傳昔有虎化爲人,自稱姓李,居此,故名。"《風俗通》謂"李氏公化虎",此則虎化人而復本姓李耳。

一八四　卷四三四

　　《甯茵》（出《傳奇》）班寅曰："況遇當家，尤增慰悦。"按"當家"之義非一，此處指班特言，即同姓、同宗、"五百年前是一家"也。《廣記》中他例不少，如卷四八《李吉甫》（出《逸史》）："本師爲在白鹿，與判官亦當家"；卷一七六《婁師德》（出《朝野僉載》）："有鄉人姓婁者爲屯官，犯贓，尚書曰：'犯國法，師德當家兒子亦不能捨'"；卷一九八《王建》（出《雲溪友議》）贈王樞密詩："不是當家頻向説，九重争遣外人知?"，《全唐詩》載此詩，正作："自是姓同親向説"；卷二七三《周皓》（出《酉陽雜俎》）："汴州周簡老義士也，復與郎君當家。"明周祈《名義考》卷五衹釋"當家"爲"奴婢之監知家務者"，自屬"當家"之一義，而引王建詩爲例，則張冠李戴矣。班寅乃虎精，其侈陳得姓原委，略同《漢書·敍傳》上。然《太平御覽》卷八九一引《風俗通》："俗説虎本南郡中廬李氏公所化，爲呼'李耳'因喜，呼'班'便怒。"令公喜怒，漢唐之虎不同乃爾。

一八五　卷四三七

　　《楊生》(出《續搜神記》)。按《搜神記》卷二〇李信純狗黑龍濡水濕草使火不燎其主，與此則前半所載事全同，却舍彼取此。同卷《華隆》(出《幽明録》)亦見《搜神記》，即與黑龍一則相次。

一八六　卷四三八

《韓生》(出《宣室志》)有駿馬,清晨每"汗而喘,若涉遠而殆者",圉人怪而夜偵之,則黑犬爲妖,騎馬適城南古墓。按西方志怪亦云人晨起見廐馬疲頓,乃夜來爲魘鬼所乘騁也(Nachts reitet er oft die Pferde, so dass man ihnen morgens anmerkt, wie sie abgemattet sind)①。卷四六〇《户部令史妻》(出《廣異記》)家有駿馬,恒倍芻秣,而瘦劣益甚,蓋妻爲蒼鶴所魅,夜騎之行千餘里,事與《韓生》此節略似。令史妻乘馬,"婢騎掃帚隨後,冉冉乘空",西俗亦言妖巫常跨帚自煙囱出屋而騰空,帚柄先以神油塗之②。抑掃帚可騎,猶兒童竹馬,其行非其力也。帚而"乘空",物實憑焉,更可知也。令史之馬如《莊子·人間世》所謂"絕迹無行地",電腰風脚,一宵能

---

① Brüder Grimm, *Deutsche Sagen*, Nr. 80, "Der Alp", *op. cit.*, I, 107.
② E.g. "The Witches Frolic": "Now away! and away! without delay, / Hey Cockalo rum! my Broomstick gay! /.../Hey up the chimney! away! away!" (*Ingoldsby Legends*, Grant Richards, 42); Keller, *Der grüne Heinrich*, I. vii: "... von einem Hexenmeister ... die Salbe herbeizuschaffen, mit welcher die Besen bestrichen würden, um darauf aus dem Schornsteine fahren zu können" (*Sämtliche Werke*, Aufbau, IV, 63).

往返千餘里,亦必不假自運,何至瘏痛而"瘦劣"哉?苟馬爲之"瘦劣",則尋將敗脱而不可收拾,非止敝秃已也。豈尋乃神行而驥恃筋力乎?此又異想奇情而未稍加以理,遂函蓋不相稱者。

一八七　卷四三九

　　《李校尉》（出《法苑珠林》）校尉語豬："某今上番一月，未得將婆還舍，未知將何處安置婆？"豬答："縱汝下番，亦不須將我還。"按"上番"、"下番"，即"上班"、"下班"，或"上值"、"下值"，明、清人所稱"番役"即在值之鈴下也。《漢書·蓋寬饒傳》："共更一年"，顏師古註："'更'猶今人言'上番'"；釋道宣《高僧傳》二集卷一〇《慧遠傳》武帝云："朕亦依番上下，得歸侍奉"；洪邁《夷堅支志》景卷八《上官醫》："兵校交番，其當直者必大聲曰：'上番來！'當下者繼之曰：'下番去！'"

一八八　卷四四〇

《貓》（出《酉陽雜俎》）貓"目睛旦暮圓，及午豎斂如綖；俗言貓洗面過耳則客至"。按陸佃《埤雅》卷四："貓眼早暮則圓，日漸午狹長，正午則如一線爾"；託名蘇軾《物類相感志·禽魚》門有《貓兒眼知時歌》："子午線，卯酉圓，寅申巳亥銀杏樣，辰戌丑未側如錢"；《瑯嬛記》卷下引《志奇》至謂掘得貓屍，"身已化，惟得二睛，堅滑如珠，中間一道白，橫搭轉側分明，驗十二時不誤。"故波德萊亞散文詩有曰："中國人觀貓眼以知時刻"（Les Chinois voient l'heure dans l'oeil des chats）①。

【增訂四】俞樾《春在堂隨筆》卷九論"貓兒眼知時"云："王夢薇捉貓驗之。謂：同一午時而晴雨異，同在一日而又以地之明暗異；昔人定時之歌，特以晝所見而推之於夜，實未嘗細驗之也。"

嚴元照《柯家山館遺詩》卷四《詠貓》之五："我欲試君洗面，

---

① Baudelaire: "L' Horloge", *Oeuv. comp.*, "la Pléiade", 303, cf. 1443 note.

今朝有客來無",正指《雜俎》所引"俗言";憶德國亦有諺,稱貓自舐鬚乃人客過訪之兆(Die Katze leckt ihren Bart, wir bekommen Besuch)。

《王周南》(出《幽明錄》)。按早見《搜神記》卷一八;屠紳《六合內外瑣言》卷一《混元扁冨佛》仿此。

《李甲》(出《宣室志》)家不好殺,未嘗畜貓;一日,親友會食於堂,"門外有數百鼠,俱人立,以前足相鼓。……乃空其堂而縱觀,人去且盡,堂忽摧圮,其家無一傷者。堂既摧,羣鼠亦去。"按同卷《柴再用》(出《稽神錄》)廳事獨凭几坐,"忽有一鼠,走至庭下,向再用拱手而立。……即起逐之,鼠乃去;而廳屋梁折,所坐牀几,盡壓糜碎。"二則可合之《國史補》卷下記海舶"舟人"言:"鼠亦有靈;舟中羣鼠散走,旬日有必覆溺之患。"古羅馬《博物志》言屋宇將傾,鼠捨而他之(ruinis inminentibus musculi praemigrant),蜘蛛亦收網①;後世常借以喻孟嘗君、翟公之賓客所行事。培根文即道室將圮,鼠必棄(It is the wisdom of rats, that will be sure to leave a house somewhere before it fall),莎士比亞劇即道船已漏,鼠不留(A rotten carcass of a butt, not rigged, /Nor tackle, sail, nor mast; the very rats/ Instinctively have quit it)②。

【增訂四】張德彞《八述奇》光緒二十八年九月十四日記:"天下各國風土人情有迥異者,有相同者,有跡同而義異者。如中

---

① Pliny, *Natural History*, VIII.xiii.103, "Loeb", III, 74.
② Bacon, *Essays*: "Of Wisdom for a Man's Selfe"; Shakespeare, *Tempest*, I.ii.147-9 (Prospero).

國江海船上有鼠方得興旺，是目鼠如財神。西國雖不信讖緯，而大小各船亦必有鼠方敢遠駛，不則慮遭沉裂，是又目鼠如福神矣。"此又英諺"鼠不戀破舟"（Rats leave a sinking ship）之別解也。

一八九　卷四四一

　　《雜說》（出《酉陽雜俎》）"犀之通天者，必惡影，常飲濁水。"按《埤雅》卷三"舊說"所本。蓋犀自慚形穢，水濁則不可鑑形也，與山雞對鏡（見前論卷二六二《不識鏡》），相映成趣。顧影自憐，可以山雞象之；自觀猶厭，不妨取象於通天犀。《三國志・魏書・夏侯惇傳》："傷左目"，裴註引《魏略》："惇惡之，每照鏡恚怒，撲鏡於地"；李益作《罷鏡》詩："手中青銅鏡，照我少年時；衰颯一如此，清光難復持。……縱使逢人見，猶勝自見悲"；《太平樂府》卷八鍾繼先自號"醜齋"，賦《一枝花》云："清晨倦把青鸞對"；李漁《奈何天》第二折闕里侯自道："惡影不將燈作伴，怒形常與鏡爲仇"；通天犀之同志也。梁鍠（一作楊巨源）《艷女詞》："自愛頻開鏡"；《清異錄》卷三《居室》："王希默簡淡無他好，惟以對鏡爲娛，整飾眉髻；以杜甫有'勳業頻看鏡'之句，作'策勳亭'"；又山雞之儕類矣。雖然，二者跡異心同，兩端一本，均緣我相太甚。憎影自鄙，正因自視甚高、自愛太過，遂恨形貌之不稱，恥體面之有虧，反頭責之文，同腹負之謔。《韓非子・觀行》："鏡無見疵之罪"，《三國志・蜀書・李嚴傳》裴註引《漢晉春秋》："鏡至明而醜者忘怒"，劉禹錫《昏鏡》："瑕疵既不見，妍態隨意生，一日四五照，自言美傾城"；三語互相發明，以見疵而怒鏡之明，故不照，則亦以不見疵而喜鏡之昏，故頻照，令公喜怒，我相實爲之。是以後之自觀猶厭者即昔之顧影自憐者也，憐與厭爲因果而成比例。厭也者，未能忘情於憐爾，觀李益詩可知；紀昀《閱微草堂筆記》卷九記"伶人方俊官幼以色藝擅場，老嘗攬鏡自歎曰：'方俊官乃作此狀！'"，亦即李詩意也。古希臘小詩嘲醜人云："尊範如此，奉勸莫臨清可鑑人之水。水仙花前身爲美男子，池中覸己影，慕戀至喪厥軀；君若自見陋容，必憎恨飲氣而死。(Having such a mug, Olympycus, go not to a fountain nor look into any transparent water, for you, like Narcissus, seeing your face clearly, will die, hating yourself to death)①；意大利名篇亦云："今日紅顏麗質，臨流而端詳己影；他年雞皮鵠面，見水而呕避若浼"(E già non dico/allor che fuggirai le fonti ov'ora/spesso ti specchi e forse ti vaggheggi, /allor che fuggirai le fonti, solo per tema di vederti crespa e brutta)②。或借此意爲諷諫，如《十日談》記一女郎自視甚高，每云舉目所見人物莫不取憎可厭，其舅微詞諷之曰："妮子若永不照鏡，則眼中長清淨矣！"(Figliuola, se così ti dispiaccion gli spiacevoli come tu di', se tu vuoi viver lieta, non ti specchiare giammai！)③。有謂世人惡文學寫實猶怪物覸鏡中己影而怒(the rage of Caliban seeing his own

---

① The Greek Anthology, XI. 76, Lucilius, "Loed", IV, 109.
② Tasso, Aminta, I.i (Dafne), Poesie, Ricciardi, 620-1.
③ Il Decamerone, VI. 8, Hoepli, 395. Cf. Corneille, La Place Royale, II.i, Alidor: "Cassez; ceci vous dit encore plus pis que ma lettre" etc..

face in the glass)①，亦罕譬而喻。然復有貌實惡，鏡非昏，而蔽於我見，仍自鑑自賞者，如鄭谷《閑題》："舉世何人肯自知，須逢精鑑定妍媸。若教嫫母臨明鏡，也道不勞紅粉施"；吳昌齡《西遊記》第一三折豬八戒曰："今日赴佳期去，對着月色，照着水影，是一表好人物！"（參觀《續西遊記》第九七回："八戒聽得老道誇獎好相貌，便扭頭捏頸、裝嬌作媚起來，説道：'不敢欺老師父，我老豬還不曾洗臉包唐巾哩！'"）；又如前引意大利名篇中怪物求歡，爲少女所拒，乃赴海濱自照，曰："吾映波自視，風貌亦殊不陋"（Non son io da disprezzar, se ben me stesso vidi/ne'l liquido de'l mar），蓋脱胎於古希臘、羅馬詩人句②。《醒世恒言》卷七寫顏大官人"取鏡子自照，側頭側腦的看了一回，良心不昧，自己也看不過了"；則賢於妖怪遠矣，倘妖怪無"良心"而人有之耶？博物學者言，鳥對鏡則怒啄己影（stizzirsi colla propria immagine），猴覷鏡中己影則擲鏡於地而踐踏之（lo gitta in terra, e lo stritola co'piedi），蓋不知影之即己而誤以爲忽遇同類也；詩人聞而大悟萬物之良能初非同類相愛（amor grande dato ci dalla natura verso i nostri similii！！），乃是同類相仇③。怒影

---

① Wilde, *Dorian Gray*, Preface. Cf. Allan Wade, ed., *Letters of W. B. Yeats*, 334: "Moore's play is falsely supposed to be a satire on everybody and everything. Somebody is certain to find his face in the mirror and to try if he can break the glass."

② *Aminta*, II.i(Satiro), *op. cit.*, 636. Cf. Theocritus, XI, *The Greek Bucolic Poets*, "Loeb", 143; Virgil, *Eclogues*, II, 25-6, "Loeb", I, 10; Ovid, *Metamorphoses*, XIII, 839-41, "Loeb", II, 286.

③ Leopardi: "Pensieri", *Opere*, Ricciardi, I, 723; *Zibaldone*, Mondadori, II, 1114, 1317.

仇鏡之喻，又增一邊，借以象示黑格爾所謂自我離異（die eigne Entäusserung und Entwesung, eine Entzweiung）①，不亦可乎？

《閬州莫徭》（出《廣異記》）老象足中有竹丁，乞人拔之。按同卷《華容莊象》（出《朝野僉載》）事類。劉敬叔《異苑》卷三記始興郡陽山縣有人行田，遇象，被捲入山中，爲病象拔脚上巨刺；《大唐西域記》卷三《覩貨羅國》節詳載羣象負載沙門入大林爲病象拔枯竹刺事。閬州之象酬莫徭以"酷大"象牙，售價百萬；西域之象報沙門以"佛牙"，海舶中爲龍所奪，人幾溺死。以俗諦論之，出家人大失便宜也。

---

① *Phänomenologie des Geistes*, Berlin: Akademie Verlag, 347; *Geschichte der Philosophie*, Leipzig: Felix Meiner, I, 110.

一九〇　卷四四二

《黄審》（出《搜神記》）疑婦人非人，"預以長鎌伺其還，未敢斫婦，但斫所隨婢，婦化爲狸走去，視婢，但狸尾耳。"按《宗鏡録》卷一五論"五種通"，其五爲"妖通"，如"狐狸老變，木石精化"。尾能別變形象，固是差事，然在妖通，未爲至奇。白居易《新樂府·古冢狐》："頭變雲鬟面變妝，大尾曳作長紅裳"；尾雖變而仍着於身。《西遊記》第六回孫大聖變作一座土地廟兒，"只有尾巴不好收拾，豎在後面，變做一根旗竿"，是尾亦着身；第三四、七五回且言苟變人物，"只是頭臉變了，身子變不過來"，依然"掬起猴尾巴子"。若乃尾能去體，離而不即，相隨而復獨立，有若曹冏《六代論》所謂"非體之尾"者，惟狸二娘具此妖通，小説中莫之與京也。

一九一　卷四四七

《漢廣川王》（無出處）。按見《搜神記》卷一五，亦見《西京雜記》卷六。

《陳羨》（出《搜神記》）"道士云：'此山魅。'狐者、先古之淫婦也，名曰阿紫。"按《搜神記》卷一八作："《名山記》曰：'狐者'"云云；《廣記》卷四五四《劉元鼎》（出《酉陽雜俎》）："舊說：野狐名紫狐，夜擊尾火出；將為怪，必戴髑髏拜北斗，髑髏不墜，則化為人。"卷二九二《阿紫》（出《異苑》）乃指紫姑神，名相如實不相如也。卷四四八《何讓之》（出《乾𦠆子》）："一狐跳出，尾有火焰如流星"；卷四五一《僧晏通》（出《集異記》）："忽有妖狐，踉蹌而至，……取髑髏安於其首，遂搖動之，倘振落者，即不再顧，因別選焉。"皆本"舊說"來。釋贊寧《高僧傳》三集卷二四《志玄傳》記玄夜止墓林中，"月色如畫，見一狐置髑髏於首搖之，落者不顧，不落者戴之，取草葉蔽身，化為女子"；實嫁僧晏通事於志玄耳。《劍南詩稿》卷五八《憫俗》："野狐出林作百態，擊下髑髏渠自作"；《續金陵瑣事》卷下屠夫陳元嘉見兩狐取髑髏加頂拜月，變為二妓；《平妖傳》第三回寫獵户趙壹見狐戴髑髏拜月事，敷飾尤多。唐時有一俗説，後世無傳，余讀唐詩得之。如張祜《中秋夜杭州翫月》："鬼愁緣避照"，李頻《中秋對月》："萬怪想潛形"，方干《中秋月》："當空鬼魅愁"，孫緯《中秋夜思鄭延美》："中秋中夜月，世説憎妖精"，釋可朋《中秋月》："迥野應無鬼魅形"，似月至中秋，功同古鏡。然則妖狐拜月，當不在中秋之夕矣。《平妖傳》第三回引諺："無狐不成村"，本《廣記》卷四四七《狐神》（出《朝野僉載》）："當時有諺曰：'無狐魅不成村'"；第六回聖姑姑變普賢菩薩以欺楊娘娘，又師《廣記》卷四四七《僧服禮》、四四九《汧陽令》、《焦練師》、四五○《唐參軍》、《代州民》、四五一《長孫甲》（均出《廣異記》）各則所載妖狐幻作彌勒、文殊、老君等形以侮弄愚夫婦。其朔見諸釋典，釋志磐《佛祖統紀》卷五引《付法藏經》："毱多每以不見佛爲恨，因問魔曰：'汝曾見佛，其相如何？汝能現否？'曰：'能。'於大林前現一佛形，相好奇特。……毱多歡喜，不覺致拜。"《西遊記》第四一回紅孩兒"變作一個假觀世音模樣"，豬八戒"見像作佛"，下拜叩頭；第六五回黃眉怪"假設小雷音"，三藏下拜，八戒磕頭，沙僧跪倒；第九一回犀牛精假裝"佛爺現身"，慌得唐僧倒身下拜；皆此機杼。

《張簡》（出《朝野僉載》）曾爲鄉學講《文選》，"有野狐假簡形，講一紙書而去"。按古來以狐爲獸中黠而淫之尤，傳虛成實，已如鐵案。然獸之好講學而愛讀書者，似亦推狐，小説中屢道不一道。《搜神記》卷一八記"吳中有一書生，皓首，稱'胡博士'，教授諸生"，重九日人游山，聞空塚中講書聲，視之，"羣狐羅列，見人即走，老狐獨不去，乃是皓首書生"；同卷又記燕昭王墓前斑狐化書生謁張華，於"三史"、"百家"罔弗淹貫；

《廣記》卷四四八《李參軍》遇老人讀《漢書》,狐也,卷四五一《崔昌》有小兒來曰:"本好讀書,慕君學問爾",常問文義,亦狐也,同卷《孫甑生》入一窟,"見狐數十枚讀書,有一老狐當中坐,迭以傳授",三則皆出《廣異記》;卷四五四《尹瑗》(出《宣室志》)白衣丈夫自稱"早歲嗜學",以"文業"來"質疑",則嘗"媚"一裨將至死之狐;卷四四九《李元恭》(出《廣異記》)胡郎謂崔氏曰:"人生不可不學!"乃引一老人授以經史,則"魅"李氏外孫女之狐。《聊齋志異》卷四《雨錢》稱胡翁"博洽",深於"經義";晉、唐小說中胡氏家風未墮也。"書淫"與"媚學"二語大可別作解會。

【增訂三】《閱微草堂筆記》卷七"狐窟"中老狐鞭撻小狐,"責數"曰:"爾不讀書識字,不能明理"云云。紀氏此書於《廣記》或明徵,或隱承,此亦其例。

《大安和尚》(出《廣異記》)。按具見《列子》卷論《黃帝》篇。晁迥《法藏碎金錄》卷一所謂:"以無住心,退藏於密,令人不可窺測。有如季咸善相,不能相壺邱子末後之相;又如大耳三藏得他心通,不能觀慧忠國師末後之心,無迹可尋故也。"

一九二　卷四四八

《楊伯成》（出《廣異記》）"家人竊罵，皆爲料理。"按"料理"乃相苦毒、相虐侮之義，張相《詩詞曲語辭匯釋》卷五論"料理"有"幫助"、"排遣"、"逗引"三義，蓋不識尚有此義也。《世説新語·德行》韓母謂康伯曰："汝若爲選官，當好料理此人"，《簡傲》桓車騎謂王子猷曰："卿在府久，比當相料理"，又《儉嗇》衛江州在潯陽，"有知舊人投之，都不料理"；《宋書·吳喜傳》世祖與劉勔等詔曰："處遇料理，反勝勞人"；《真誥·稽神樞》之四吳睦遁入山中，"孫先生知是叛人，初不問之，與食料理"；皆李治《敬齋古今黈》卷四所謂"《世説》中'料理'猶今俚俗所謂'照當'、'覷當'"，亦猶後世之言"照拂"、"看承"。《廣記》卷三〇一《仇嘉福》（出《廣異記》）："君婦若我婦也，寧得不料理？"；卷四五一《王黯》（出《廣異記》）："許以厚利，萬計料理"；即此義，均謂善視優遇也。翩其反而，復謂嚴治苛待，如《楊伯成》之例，又卷八四《張儼》（出《酉陽雜俎》）："君受我料理"，卷三三四《楊準》（出《廣異記》）："必不得已，當隨君去，何至苦相料理？"《三國志·魏書·崔琰傳》裴註引《魏略》："太祖……遂欲殺之，乃使清公大吏往經營琰"；"經營"

如言"料理"。白居易《對鏡偶吟贈張道士抱元》："眼昏久被書料理，肺渴多因酒損傷"；朱熹《朱文公集・別集》卷二《與黃直卿》："外間洶洶未已。……北諸人撏剝已盡，或須作話頭，來相料理；老朽寧復計此？一聽諸天而已"；楊萬里《誠齋集》卷三四《明發祈門悟法寺、溪行險絕》第六首："已是山寒更水寒，酸風苦雨併無端；詩人瘦骨無半把，一任殘春料理看"；"料理"之非善義而爲惡義甚明，即傷害耳。黃庭堅《戲詠高節亭山礬花》："北嶺山礬取次開，輕風正用此時來；平生習氣難料理，愛著幽香未放回"，謂愛花成癖，挽銀河水洗不淨"平生習氣"，"料理"者、剷除也；又《催公靜碾茶》："睡魔正仰茶料理"，謂賴茶破睡，"料理"者、驅逐也；陳與義《諸公和淵明〈止酒〉詩因同賦》："三杯取徑醉，萬緒散莫起，奈何劉伶婦，苦語見料理"，謂劉婦諫夫毋飲，"料理"者、諫阻也。胥足發明。註山谷、簡齋詩者輒引《晉書・王徽之傳》桓沖語，徒見用字之同，不察用意之反，亦如韓盧逐塊耳。

【增訂三】黃庭堅愛花香而自責"平生習氣"，釋氏所謂"染著"也；故宮藏其行書七絕，即見《竹坡詩話》所引者，首句"花氣薰人欲破禪"，可相發明。此意詩中常見，如白居易《榴花》："香塵擬觸坐禪人"；劉禹錫《牛相公見示新什謹依本韻次用》："花撩欲定僧"；陳與義《蠟梅》："祇恐繁香欺定力"；朱熹《題西林院壁》："却嫌宴坐觀心處，不奈簷花抵死香"；方德亨《梅花》："老夫六賊銷磨盡，時爲幽香一敗禪"（《後村大全集》卷一八〇《詩話》引）。納蘭性德《淨業寺》："花香暗入定僧心"，著"暗"字，遂若遭"破"、"敗"、"欺"、"撩"而僧尚蒙然不自覺焉。又按《山谷內集》卷九《出禮部試院王才元惠梅花》之三:"百葉緗梅觸撥人",任淵註:"'觸撥'字一作'料理',王立之《詩話》曰:'初作故惱'。"足徵山谷用"料理"字有"惱"意,即《王充道送水仙花》所謂"坐對真成被花惱"也。

一九三　卷四五五

　　《張直方》（出《三水小牘》）"遥聞大叱曰：'夫人，差事！'"按卷四七〇《趙平原》（出《博物志》）"良久張目曰：'大差事！大差事！'"；卷四九〇《東陽夜怪錄》"叟倚弭驚訝曰：'極差！極差！'""差"謂奇、怪也。《敦煌掇瑣》之八《醜女緣起》亦有"差事非常不小"、"醜差都來不似人"、"今日渾成差事"等語。胡震亨《唐音癸籤》卷二四嘗釋韓愈《瀧吏》詩"掀簸真差事"，可以此數例廣之。吾鄉口語稱可奇、可怪者尚曰"差異"，然祇以言事，不似六朝及唐之并以"差"言人。去鄉四十載，未知今猶如此道否。

　　【增訂三】張君觀教曰："'差'疑即'詫異'之'詫'，音轉而借此字。"是也；明葉盛《水東日記》卷八："'詫異'、'差（去聲）異'……等字，非必古有所出，亦遷就彷彿耳。"

　　【增訂四】《五燈會元》卷一二金山曇穎章次："老鼠多年變作牛，……三脚獼猴差異猴"；又西余淨端章次："山僧不曾見恁麽差異畜生。"李漁《鳳求鳳》第二齣："丑笑介：'好詫事！好詫事！做男子的倒被婦人淘漉不過，竟要閉起關來！'"亦見"詫異"可作"差異"，"差事"可作"詫事"。

一九四　卷四五六

《邛都老姥》(出《窮神秘苑》)。按前半戲以血塗門事與卷一六三《歷陽嫗》(出《獨異記》)同；後半居民相謂曰"汝頭何得戴魚！"云云，與卷四六八《長水縣》(出《神鬼傳》)事同，其事亦見《搜神記》卷一三及《水經注》卷二九《沔水》引《神異傳》。

一九五　卷四五八

　　《擔生》（出《廣異記》）。按本《水經注》卷一〇《濁漳》："武強縣耆宿云，邑人有行於途者，見一小蛇，疑其有靈，持而養之，名曰'擔生'。長而吞噬人，里中患之，遂捕繫獄，擔生負而奔。邑淪爲湖，縣長及吏咸爲魚矣。"唐人增"書生每自擔之，號曰'擔生'"，"其後不可擔負，放之澤中"，"蛇遂攻陷一縣爲湖，獨獄不陷，書生獲免"等情節，斐然益復成章。書生過大澤，"忽有蛇逐，書生尚識其形色，遥謂之曰：'爾非我擔生乎？'蛇便低頭"；《聊齋志異》卷一《蛇人》："蛇暴出如風，蛇人大怖而奔，……視其首，朱點儼然，……下擔呼曰：'二青！二青！'蛇頓止"云云，即擬此節。

　　【增訂三】俞蛟《遊蹤選勝》記桂林白龍洞，謂"昔有乞丐畜白蛇最馴"云云（《小方壺齋輿地叢鈔》第五帙第三册），亦猶"二青"之出於"擔生"事也。

一九六　卷四五九

《番禺書生》(出《聞奇録》)。按後世筆記中多襲述之，如何薳《春渚紀聞》卷一〇《草制汞鐵皆成庚》記僧法堅言歙客事、袁枚《新齊諧》卷二一《蛇含草消木化金》記張姓事。"及撤被視之，唯殘枯骸，餘化爲水矣"；宋以來必曰："唯餘枯骸，他化爲水。""殘"字倘意謂賸、餘，唐後常衹作形容詞用，又僅限於"殘兵"、"殘食"、"殘骸"、"殘年"之類，未嘗泛施，復少作動詞用者。前此則不然。如北魏譯《賢愚經·須達起精舍品》第四一記布金事："八十頃中，須臾欲滿，殘有少地"，即"餘有少地"；敦煌《降魔變文》亦作："須臾向周，餘殘數步已來，大段欲遍。……須達布金欲了，殘功計數非多。"杜審言《經行嵐州》："往來花不發，新舊雪仍殘"，即"仍餘"，猶杜甫《老病》："藥殘他日裹，花發去年叢"，以"發"對"殘"。錢起《太子李舍人城東別業與二三文友逃暑》："鳥道掛疎雨，人家殘夕陽"；宋後則當曰："人家銜夕陽"，蓋衹言"殘陽"或"夕陽"，視錢詩屬詞爲如塗塗附矣。白居易詩用"殘"字最多，殊耐尋味。《睡覺》："老眠早覺常殘夜，病力先衰不待年"，《庾樓曉望》："子城陰處猶殘雪，衙鼓聲前未有塵"；"殘雪"、"殘夜"

之"殘"均動詞而非形容詞，故"有"、"待"作對，銖鋼悉稱。《上陽白髮人》："同時采擇百餘人，零落年深殘此身"，《同崔十八寄元浙東王陝州》："惆悵八科殘四在，兩人榮閫兩人間"，《醉中留別楊六兄弟》："別後何人堪共醉，猶殘十日好風光"；正如杜甫《洗兵馬》："祇殘鄴城不日得"或《秦州雜詩》："仍殘老驌驦"，嚴維《書情上李蘇州》："束土苗人尚有殘"，"餘"之義甚明。《衰荷》："白露凋花花不殘"，《惜牡丹》之一："晚來惟有兩枝殘"，苟出唐後人筆下，意適相反，非謂"花無餘"、"惟餘兩枝"，而謂"花無損"、"惟損兩枝"；亦猶杜甫《三絕句》："二十一家同入蜀，唯殘一人出駱谷"，《敦煌掇瑣》之二《燕子賦》："渾家不殘"，又一一《舜子至孝變文》："渾家不殘性命"，若無上下文，後世將解爲死者僅一人而餘皆生還，全家無恙、闔門得保生命。字義稍變，古今詞旨遂爾懸殊。《全唐文》卷三四五顏真卿《修造紫陽觀敕牒》："迴殘錢二百四貫二百八十五文，又有迴殘銀一百兩"；"殘"雖爲形容詞，後世不如此用。

【增訂三】張君觀教曰："顏文中'迴殘錢'、'迴殘銀'之語，吾鄉口說尚云然；如餽物數色，不盡受，其却還者曰'迴殘'。"是也。顧祿《清嘉錄》卷三《犯人香》條："廟祠司香收神前殘蠟，復售於燭肆，俗呼'回殘蠟燭'。按……《舊唐書·王毛仲傳》：'管閑廄芻粟之類，每歲回殘常至萬斛'；又《新唐書·食貨志》：'太和元年，以天下回殘錢置平倉本錢。'吳人謂買物用過仍賣店中，曰'回殘'，二字本此。"送物退回，賣物買回，皆曰"回殘"，其事相類。《周禮·天官冢宰》："以九賦斂財賄：……九曰幣餘之賦"，孫詒讓《周禮正義》卷三：" '幣'當讀爲'敝'。《說文》：'敝……從攴尚，尚、敗衣也。……'是'敿'爲衣敗殘之名,殘則餘矣。因而凡物之殘者皆謂之'敿餘',今時營造用物有餘,價賣以還官,謂之'回殘',是也。"

《廣記》卷一八六《斜封官》(出《朝野僉載》):"天下選殘明經進士",又《崔琳》(出《唐會要》):"收殘選人";卷二四六《梁武》(出《談藪》):"臣昨祭禹廟,殘六斛熟鹿肉";卷三六八《居延部落主》(出《玄怪錄》):"相吞,殘二人",可參觀。後來無言"殘人"者,正如不言"殘錢"、"殘銀",更無言"唯殘某人在"矣。

《舒州人》(出《稽神錄》)有人入山,見大蛇四足,殺而負出,路遇縣吏告之,吏聞聲而不覩其形,大詫,棄蛇於地,"乃見之,於是負此蛇者皆不見。案此蛇生不自隱其形,死乃能隱人之形,此理有不可窮者。"按記其事而復言理所必無,即欲示事之真有①;自疑其理,正所以堅人之信其事。語怪述奇,難圓厥說,則抵却獻疑於先,可以關他人質詰之口,文家狡獪,比之自首減等也,參觀前論卷二四五《張裕》。魯辛《實錄》荒唐滿紙,每曰:"吾囁嚅勿敢出諸口,恐君輩不信,斥我打謊語也"(I am reluctant to tell for fear that you may think me lying on account of the incredulity of the story)②;但丁《神曲》寫地獄諸變相,

---

① Cf. Boileau, *L'Art poétique*, Chant III, 48:"Le vrai peut quelquefois n'être pas vraisemblable"; *Le Journal des Goncourt*, Sept. 1864:"Le défectueux de l'imagination, c'est que ses créations sont rigoureusement logiques. La vérité ne l'est pas" (Éd. définitive, II, 175); Maupassant:"Le Roman":"Corriger les événements au profit de la vraisemblance et au détriment de la vérité" (*Pierre et Jean*, Conard, p. xiv).

② Lucian, *A True Story*, Bk. I, "Loeb", I, 279; cf. 271.

屢曰:"真事說來每如撒謊,然吾欲默不可;吾鑿鑿目覩,而欲言之則恐一人之口,無徵不信"(Sempre a quel ver c'ha faccia di menzogna/... ma qui tacer uol posso; e vidi cosa, ch'io avrei paura, /sanza più prova, di contarla solo)①;薄卡邱《十日談》曰:"聞者以爲離奇古怪,若非衆人共見而吾亦親見,則吾且不敢信真有其事耳"(il che se dagli occhi di molti e da miei non fosse veduto, appena che io ardissi di crederlo)②;卡洛爾所撰詼諧童話中亦曰:"吾將述身經之一奇事,使非吾親覩,吾必不信;讀者或未嘗目擊,則吾安能望其輕信吾言哉?"(And now I must record an experience so strange... I would not have believed it, I freely confess, if I had not seen it with my own eyes; then why should I expect it of my reader, who, quite possibly, has never seen anything of the sort?)③作用正同。

【增訂四】英國一民歌亦云:"吾嘗覩魚池失火,汽球製以鉛"(I saw a fishpond all on fire. /.../I saw a balloon made of lead)等詫事,終之曰:"吾曾見一人,渠亦嘗親覩上述諸事,且云此等事雖差異而莫不確鑿"(I saw a man who saw these too, /And said though strange they all were true. —"I Saw a Fishpond", G. Grigson, ed., *The Faber Book of Popular*

---

① *Inferno*, XVI. 124-7; XXVIII. 112-7; cf. *La Divina Commedia*, Ricciardi, 193, nota; "La veritade ha molte volte la faccia di menzogna"(Bono Giamboni).
② *Il Decamerone*, "Introduzione", Hoepli, 7.
③ Lewis Carroll, *Sylvie and Bruno*, ch. 23, *Complete Works*, The Nonesuch Press, 477.

Verse, 1974, p. 91)。

莎士比亞劇中一角色云:"使此等事而在戲中演出,吾必斥爲虛造不合情理耳"(If this were play'd upon a stage now, I could condemn it as an impossible fiction)①。戲中人以此口吻論場上搬演之事,一若場外旁觀之話短長,則看戲者即欲譏彈"斷無玆事"、"萬不可能",亦已落後徒爲應聲,而大可怵先不必置喙矣。明邵經邦《弘藝錄》卷首論"詩之景"須"似有而無,似真而假",李贄評《琵琶記》(《書影》卷一列葉文通託名李贄評點書中有《琵琶記》,《戲瑕》卷三舉葉僞託書中無此《記》評點,《游居柿錄》卷六記"見李龍湖批評《西廂》、《伯喈》",《伯喈》即《琵琶記》)第八折考試云:"太戲!不像!……戲則戲矣,倒須似真,若真者反不妨似戲也";皆談言微中,頗相發明。

---

① *Twelfth Night*, III.iv.141(Fabian).

一九七　卷四六〇

《鸚鵡救火》（出《異苑》）。按《藝文類聚》卷九一引作《宣驗記》；《大唐西域記》卷六《拘尸那揭羅國》節羣雉王救火事類此，釋典如《舊雜譬喻經》卷上言鸚鵡救火，《大智度論》卷一六言雉救火，殆一鳥而譯名異耶？

一九八　卷四六四

　　《烏賊魚》（出《酉陽雜俎》）"江東人或取其墨書契，以脫人財物，書跡如淡墨，逾年字消，唯空紙耳。"按《瑯嬛記》卷上引《謝氏詩源》："宋遷寄試鶯詩有云：'誓成烏鰂墨，人似楚山雲。'人多不解'烏鰂'義，《南越志》云：'烏鰂懷墨，江東人取墨書契'云云"，即《酉陽雜俎》卷一七此則。吳景旭《歷代詩話》卷四六亦說宋遷句曰："《本草》云：'其墨用以書偽券，踰年即脫'，遷意盟誓成虛也。"宋遷詩僅見《瑯嬛記》，吳氏必得睹其書。"烏鰂"句用意頗巧，未宜以出偽書捏造而棄置勿道。然宋薛季宣《從孫元式假定本韓文》詩早曰："脫落間亡烏鰂墨，蠹殘寧免白魚辭"，人語皆實，數典當自隗始。《晚晴簃詩匯》卷一八四張令儀《讀〈霍小玉傳〉》："密誓俄成烏鰂墨，新歡又占鳳凰樓"，則公然對面作賊矣。

一九九　卷四六六

《東海人》（出《西京雜記》）。按《西京雜記》卷五劉歆難揚雄二事之一，言洲乃大魚。《廣記》同卷《行海人》（出《異物志》）事類，而言洲爲大蟹。《金樓子·志怪》篇則云："巨龜在沙嶼間，背上生樹木，如淵島。嘗有商人，依其採薪及作食。龜被灼熱，便還海，於是死者數十人。"疑胥來自釋典。《生經》卷三第三五則略云："有一鼈王，游行大海，時出水際卧，其身廣長，邊各六十里。有賈客從遠方來，謂是高陸之地。五百賈客車馬六畜有數千頭，各止頓其上，炊作飲食，破薪燃火。鼈王身遭火燒，馳入大海。賈謂地移，悲哀呼嗟：'今定死矣！'鼈痛不能忍，投身入水，人畜併命。"第三六則卻謂鼈王告衆人："慎莫恐怖，吾被火焚，故捨入水，欲令痛息，今當相安，終不相危"，因忍痛負衆人安濟。《天方夜譚》中一則（The first Voyage of Sindbad the Sailor）亦記航海人誤以鯨背爲小島，登覽遂致滅頂①。

---

① *The Thousand Nights and One Night*, tr. P. Mathers, IV, 251.

二〇〇　卷四六九

《鍾道》(出《幽明録》) 欲雞舌香，女子掬以授道；狗咋殺女子，乃是老獺，"口香即獺糞，頓覺臭穢"。按卷四五八《李黄》(出《博異志》)："從者云：'郎君頗聞異香，某輩所聞，但蛇臊不可近'"；元稹《古社》亦云："惟有空心樹，妖狐藏魅人；狐惑意顛倒，臊腥不復聞。"志怪而可以風世；蓋事過乃克豁悟，局外則能洞觀，當時身處其境者固迷昧也。明人院本《琴心記》第二九齣："後妻之溺好澆飯吃"；《隨園詩話》卷八"才女"柯錦機《調郎》："薰蕕郎不知，故故俔儂立"；西方古諺："所愛之婦矢不臭穢"（Immo nec ipsum amicae stercus foetet），又有人曰："所愛之婦體即芳馨"（La femme qu'on aime sent toujours bon），或曰："欲驗己用情之真摯，祇須自問亦覺所歡汗香如玫瑰油不"（The test of true love is whether you find your Julia's sweat as sweet as otto of roses）①，皆以獺糞爲雞舌香、蛇

---

① Burton, *The Anatomy of Melancholy*, Part. III, Sect. II, Mem. III, "Everyman's Lib.", III, 158; Remy de Gourmont: "Des Pas sur le Sable", *Promenades philosophiques*, IIIe Série, 266; N. W. F. Barbellion, *The Journal of a Disappointed Man*, Nov. 23, 1914, "St. Martin's Library", 117.

臊爲異香之旨。秦觀《淮海集》卷一二《眇娟傳》:"諺有之:'心相憐,馬首圓'";視覺如此,嗅覺亦爾。既情眼出西施①,自復情鼻出香妃,惟愛所丁也。

---

① Cf. Stendhal, *De l'Amour*, Liv. I, ch. 17, "Le Divan", I, 80 (la beauté détrônée par l'amour).

二〇一　卷四七四

《盧汾》（出《窮神秘苑》）"立於大屋之中，其額號曰'審雨堂'"。按《窮神秘苑》此則冠以"《妖異記》曰"，不知何書。實造端於《搜神記》卷一〇："夏陽盧汾，字士濟，夢入蟻穴，見堂宇三間，勢甚危豁，題其額曰'審雨堂'"，而增益諸女子歡宴、大風折槐枝等情節。張嵲《紫微集》卷九《讀〈太平廣記〉》之三："夢裏空驚歲月長，覺時追憶始堪傷：十年烜赫南柯守，竟日歡娛審雨堂"，即用《妖異記》，《搜神記》初無"竟日歡娛"事也。方回數使此典，如《桐江續集》卷一《七月初一日晚惡風而雨》："審雨堂中知是夢，未須豪橫詫衰翁"；卷三《老悔》："即今安在凌烟閣，畢竟無非審雨堂。"譚嗣同《石菊影廬筆識·思篇》自稱所撰"壁聯"："雲聲雁天夕，雨夢蟻堂秋"，下句亦用其事。

二〇二　卷四七七

　　《青蚨》（出《窮神秘苑》）子母錢"輪還不知休息"。按《太平御覽》卷九五〇引《淮南萬畢術》即言之，故《搜神記》卷一三述此事，有曰"故《淮南子術》"云云。西方舊日亦有"自還錢"（Wechselpfennig）、"出少歸多錢"（Raubtaler）、"常滿錢包"（Glücksäckel）等無稽俗說，《無影人》小說具列諸名①；亦號"子母錢"（Brutpfenning, Heckegroschen），以錢三枚祝鬼通靈②。吾國衹取錢八一枚，塗青蚨血埋地下三日而已，無須謀之惡魔，以靈魂爲質也。

---

① A. Chamisso, *Peter Schlemihls Wundersame Geschichte*, Kap. 1, Nelson, 7.
② *Deutsche Sagen* §86. "Der Brutpfenning", *op. cit.* I, 117.

二〇三　卷四八一

　　《新羅》（出《紀聞》、《玉堂閒話》等）長人、大人。按後世談瀛，多襲此事。《永樂大典》卷二九七八《人》字引《夷堅志》、《邵氏聞見錄》、《張氏可書》言"外國長人"、"絕域長人"，却未采此，數典而忘祖也。徐芳《懸榻編》卷四《海舟記》亦爲仿作。《夷堅乙志》卷八《長人國》、《丙志》卷六《長人島》即《大典》所徵，至《甲志》卷七《島上婦人》、《支志》甲卷一〇《海王三》，則於《聊齋志異》卷三《夜叉國》如先河之於後海矣。《睽車志》卷四有《長人島》，先於《夷堅》。又按《廣記》引《玉堂閒話》記揮劍斷大人三指，"指粗於今樋帛棒"，《夷堅乙志·長人國》："或持斧斫其手，斷三指，……指粗如椽"，《丙志·長人島》："斷其一臂，長過五尺"，《聊齋志異》卷六《大人》："斷其一指而還，大於脛骨焉。"

二〇四　卷四八二

　　《懸渡國》（出《酉陽雜俎》）烏耗"西有懸渡國山溪不通，引繩而渡，朽索相引二千里。……累石爲室，接手而飲，所謂猿飲也。"按《漢書・西域傳》上云："烏耗國，……累石爲室，民接手飲。……其西則有縣度，……石山也，谿谷不通，以繩索相引而度云"；顏師古註"民接手飲"句云："自高山下谿澗中飲水，故接連其手，如猿之爲。"則"猿飲"者、烏耗國民而非懸渡國民也。《藝文類聚》卷七引吳均《與施從事書》寫鄮縣東山，亦曰："企水之猨，百臂相接"，以"企"示渴望而難遽即之意，下字甚工。《法苑珠林》卷六六引《僧祇律》記五百獼猴見井中月影，猴主言："月今日死，落在井中，……我捉樹枝，汝捉我尾，輾轉相連，乃可出之"，乃猿接之又一法也。

　　《飛頭獠》（出《酉陽雜俎》、《博物志》）。按《博物志》卷九、《搜神記》卷一二言"落頭民"頭飛時"以耳爲翼"，語誕而有理。吾國及意大利俗語呼耳大而外聳曰"招（扇）風耳朵"（orecchie a sventola），體物揣稱，用意正同；《西遊記》第三〇回亦言豬八戒"正遇順風，撐起兩個耳朵，好便似風篷一般，早過了東洋大海。"王嘉《拾遺記》卷九："東方有解形之民，使頭飛於南海，左手飛於東山，右手飛於西潭，自臍以下，兩足孤立。至暮頭還肩上，兩手遇疾風，飄於海外，……使人割裹肉以爲兩臂，宛然如舊也"；其事更奇，似踵《博物志》而增飾也。《西洋記》第三一回羊角道德真君遣飛頭婦人吵擾寶船，"到了五更頭，其頭又飛將回來，合在身子上"；小説家信口開河，不必責難，若志地記游，便不得援例亂道。鄺露《赤雅》自述桂游，備載風土，好奇搗鬼，至耳聞木客之吟詩，目擊猩猩之飲酒，身遭短狐之射影，言之鑿鑿，談之津津，卷上即記親覯獠頭以耳爲翼、飛而食蚓。錢秉鐙《藏山閣詩存》卷一一《光孝寺即事示湛若；湛若諱露，好談奇事，不必取信》："更喜奇痴鄺居士，時時妄語破閒愁！"殆謂此類歟。

《頓遜》（出《窮神秘苑》）梁武帝時來貢方物，其俗，"人死後鳥葬"，有鳥如鵝而色紅，飛來萬萬，啄肉盡，家人即燒骨而沉海中。按《南齊書·蠻、東南夷傳》記林邑國"燔尸中野以爲葬；遠界有靈鷲鳥，知人將死，集其家食死人肉盡，飛去，乃取骨燒灰投海中水葬"；《梁書·諸夷傳》志頓遜國，而未言此俗，惟記扶南國"死者有四葬：水葬則投之江流，火葬則焚爲灰燼，土葬則瘞埋之，鳥葬則棄之中野。"《莊子·列禦寇》篇謂死不必備葬具，"在上爲烏鳶食，在下爲螻蟻食"；在達人爲越世高談，在異域則固積世陋俗耳。蒙田有文論殊方異俗，亦及鳥葬、狗葬（Où la plus désirable sépulture est d'estre mangé des chiens, ailleurs des oiseaux）①。

《繳濮國》（出《廣州記》）"其人有尾，欲坐，輒先穿地作

---

① Montaigne, *Essais*, I. 23, "Bibliothèque de la Pléiade", 125.

穴，以安其尾"。按似其尾垂而不能舉者，故此民尚勿如猴或狗之坐地自如也。歐洲古説則謂英國人尻生小尾如鹿尾狀（where folk are born with tails, / Short, as are found in stag），故號"尾巴民"或"尾巴鬼"（anglica cauda, les coués, les diables à queue）①。

---

① Fazio degli Uberti, *Dittamondo*, Lib. IV, cap. 23 (D. G. Rossetti, *Poems and Translations* , "Everyman's Lib.", 244) ; P. Gsell, *Propos d'Anatole France*, 79. Cf. S. Lee, *The French Renaissance in England*, 17; P. Rickard, *Britain in Medieval French Literature*, 165-6.

二〇五　卷四八三

《獠婦》（出《南楚新聞》）生子便起，其夫臥牀褥，飲食皆如乳婦，稱爲"產翁"。按袁枚《新齊諧》卷二一《產公》述"查中丞儉堂"語同。馬哥孛羅《游記》第一一九章記"金齒國"（Zardandan）俗亦然，西方謂之"夫蓐"（couvade，hatching，Männerkindbett）①；英國村壤間至謂婦雖有胎而實夫代之懷孕者②！或嘲一女作家著述僉其夫捉刀云："大似婦生兒而夫坐蓐"（Vos livres me font l'effet d'un accouchement où le mari prendrait le lit）③，即指"產翁"也。

《嶺南女工》（出《投荒録》）語曰："若修治水蛇黃蟮，即一條必勝一條矣。"按可與"一蟹不如一蟹"作對。

---

① *The Book of Ser Marco Polo*, tr. H. Yule, 3rd rev. ed. by H. Cordier, II, 85, 91-5.
② Mary Eden and Richard Carrington, *The Philosophy of the Bed*, 46-8.
③ Paul Léautaud, *Journal littéraire*, II, 232 (Mariéton à Aurel).

二〇六　卷四八四

　　《李娃傳》（出《異聞集》）。按《清異錄》卷一《人事門》："司馬安仁謂不肖子傾產破業爲'鄭世尊'，曰：'鄭子以李娃故，行乞安邑，幾爲餒鬼，佛世尊於舍衛次第而乞，合二義以名之。'"即指此篇滎陽公子"持一破甌，巡於閭里"事。

二〇七　卷四八五

《東城老父傳》（陳鴻撰）"今北胡與京師雜處，娶妻生子，長安中少年有胡心矣。吾子觀首飾靴服之制，不與向同，得非物妖乎？"按王建《涼州行》："城頭山雞鳴角角，洛陽家家學胡樂"；元稹《新題樂府·法曲》："胡音胡騎與胡妝，五十年來競紛泊"；白居易《新樂府·時世妝、儆戎也》："元和妝梳君記取，髻椎面赭非華風。"與此老有同憂焉。

【增訂四】《後漢書·五行志》一："靈帝好胡服、胡帳、胡牀、胡坐、胡飯、胡空侯、胡笛、胡舞，京都貴戚皆競爲之，此服妖也。"東城老父之歎"物妖"，白居易之賦"儆戎"，猶此志也。

二〇八　卷四八六

　　《長恨傳》（陳鴻撰）。按《文苑英華》卷七九四此傳後附刻一篇，云出《麗情集》及《京本大曲》，附刻篇中寫詔浴華清池，有"清瀾三尺中洗明玉"等句。《青瑣高議》前集卷六秦醇《趙飛燕別傳》："昭儀坐其中，若三尺寒泉浸明玉"，胡應麟《少室山房筆叢》卷二九贊歎曰："百世下讀之猶勃然煛，矧親炙耶？"；錢希言《戲瑕》卷二謂胡不知其實承陳鴻語，是也。《長恨傳》謂"有道士自蜀來"，白居易《長恨歌》謂"臨邛道士鴻都客"；據董逌《廣川畫跋》卷一《書馬嵬圖》云："予在蜀時，見《青城山録》，記當時事甚詳。上皇嘗召廣漢陳什邡行朝廷齋場，禮牲幣，求神於冥漠。是夕奏曰：'已於九地之下、鬼神之中，搜訪不知。'二日又奏：'九天之上、星辰日月之間、虛空杳冥之際，遍之矣。'三日又奏：'人寰之中、山川岳瀆祠廟、十洲三島江海之間，莫知其所。'後於蓬萊南宮西廡有上元玉女張太真，謂曰：'我太上侍女，隸上元宮，而帝乃太陽朱宮真人。世念頗重，上降理於人世，我謫人世爲侍衛耳。'因取玉龜爲信。其事在一時已有録，宜爲世所傳，而鴻所書乃言'臨邛道上'，又不著其奏事，其有避而不敢盡哉？將欲傳之，未得其詳，故書隨以略也？今《青城山録》好異者傳出久矣。"《青城山録》余未得見，而《廣記》卷二〇《楊通幽》（出《仙傳拾遺》）："本名什伍，廣漢什邡人"一則，與董氏所引全合而加詳，必自阿堵中來，則得見《廣記》斯可矣。陳《傳》"出天界没地府以求之不見"云云，白《歌》"上窮碧落下黄泉，兩處茫茫皆不見"云云，囊括道士三奏，事既一時盛傳，人所多言，我寡言之，詩文剪裁法耳。董氏獻疑，似屬無謂。《全唐文》卷七〇〇李德裕《與紇扢斯可汗書》："昨見可汗表，求訪公主，使公主上天入地，必須求得"（又見同卷《賜黠戛斯書》、卷七〇七《代劉沔與回鶻宰相書》）；道士誕誇，亦取俗語而一若坐實之耳。陳《傳》、白《歌》皆有七夕感牛女而誓願世世爲夫婦事，《楊通幽》一則所無，想《青城山録》當亦闕如。陳《傳》尚有："自悲曰：'由此一念，又不得居此，復墮下界'"，可參觀卷六五《趙旭》（出《通幽記》）記上天青童夫人與旭訣别，"旭悲哽執手，女曰：'悲自何來？'旭曰：'在心所牽耳。'女曰：'身爲心牽，鬼道至矣！'"皆言太上貴乎忘情也。《楞嚴經》卷八："純想即飛，必生天上。……情少想多，輕舉非遠。……情想均等，不飛不墜，生於人間。……情多想少，流入横生。……純情即沉，入阿鼻獄"；可以參觀。道家以"慈"爲"寶"，佛家以"悲"爲本，而均以與人無情爲究竟義？①，則幾不異乎法家、兵家之刻峭斬絶。《全唐文》卷九二四司馬承禎《坐忘論·真

---

① Cf. M. Scheler, *Wesen und Formen der Sympathie*, 3. Aufl., 90-1（der Buddhismus kein Ethos der Liebe ist usw.）.

觀》章引道家《經》云："今世發心爲夫妻，死後不得俱生人道。所以者何？爲邪念故。"信斯言也，則七夕長生殿之密誓豈非揠苗助長，爲者敗之歟！

《無雙傳》(薛調撰)古押衙曰："茅山道士有藥術，其藥服之者立死，三日却活，某使人專求得一丸"，與劉無雙服之。按"却活"即"復活"、"回生"，唐人語也，如卷三七五《崔生妻》(出《芝田錄》)："蕭卒十二年，託夢於子曰：'吾已得却生於陽間……'家人又曰：'娘子却活也！'"；卷三七六《五原將校》(出《芝田錄》)："官曰：'不却活，君須還命。'胥曰：'活得'"；《李簡》(出《酉陽雜俎》)："經宿却活"；卷三七九《梅先》(出《廣異記》)："王曰：'君尚未合死，今放却生。'""却活"之"却"猶唐詩文中"却回"之"却"耳。服暫死藥 (sleeping potion) 俾情人終成眷屬，西方舊小說亦屢言之[1]，莎士比亞即兩用此爲劇本中節目 (Take thou this viol etc.; I did compound for her a certain stuff etc.) [2]。

---

[1] J. Dunlop, *The History of Fiction*, 4th ed., 16 (Jamblichus, *Babylonica*), 35 (Xenophon, *Ephesiaca*), 255 (Massuccio di Salerno, *Il Novellino*, xxxiii).

[2] *Romeo and Juliet*, IV.i.93 ff. (Friar Laurence); *Cymbeline*, v.v.253ff. (Cornelius).

二〇九　卷四八七

　　《霍小玉傳》（蔣防撰）李益於妻"心懷疑惡，猜忌萬端，竟訟於公庭而遣之，三娶率皆如初。"按《全唐文》卷六三四李翱《論故度支李尚書狀》："朝廷公議皆云，李尚書性猜忌，甚於李益，而出其妻"；是李十郎事並上達帝聰。諺曰："疑心自生鬼"，此則"疑心自認龜"也①。《國史補》卷中舉時士患"心疾"者，有云："李益少有疑病，亦心疾也。"

---

　　①　Cf.Jonson, *Every Man in his Humour*, V.i, Justice Clement (on Master Kitely): "Horns in the mind are worse than on the head", *Plays*, "Everyman's", I, 623.

二一〇　卷四八八

《鶯鶯傳》（元稹撰）崔氏報張生書曰："兼惠花勝一合、口脂五寸，致耀首膏脣之飾。雖荷殊恩，誰復爲容！……玉環一枚，是兒嬰年所弄，寄充君子下體所佩，玉取其堅潤不渝，環取其終始不絕。兼亂絲一絇、文竹茶碾子一枚。此數物不足見珍，意者欲君子如玉之貞，弊志如環不解，淚痕在竹，愁緒縈絲，因物達情。"按贈玉環而以玉望人、以環喻己，一物分屬彼此，寓意酷似盧仝《自君之出矣》："妾有雙玉環，寄君表相憶：環是妾之心，玉是君之德。"此一節文前半如《全後漢文》卷九六徐淑《答夫秦嘉書》："素琴之作，當須君歸；明鏡之鑑，當待君還；未奉光儀，則寶釵不設也；未侍帷帳，則芳香不發也。"後半如《全漢文》卷二〇鄒長倩《遺公孫弘書》："勿以小善不足修而不爲也，故贈君素絲一襚。……士有聚斂而不能散者，將有撲滿之敗，可不誡歟！故贈君撲滿一器"；《全三國文》卷七五孫仲奇妹《臨亡書》："鏡與粉盒與郎，香奩與若，欲其行身如明鏡，純如粉，譽如香"；《玉臺新詠》卷四鮑令暉《代葛沙門妻郭小玉詩》："君子將遙役，遺我雙題錦；臨當欲去時，復留相思枕。題用常著心，枕以憶同寢。"賈至《寓言》之二："聞有關河信，欲寄雙玉盤，玉以委貞心，盤以薦嘉餐"；一物兼寓兩意，而非兩意分指兩人。韓愈《寄崔二十六立之》："我有雙飲琖，其銀得朱提，黃金塗物象，雕鐫妙工倕；乃令千里鯨，么麼微蟲斯，猶能爭明月，擺掉出渺瀰；野草花葉細，不辨薋菉葹，……四隅芙蓉樹，擢艷皆猗猗。鯨以興君身，失所逢百罹；月以喻夫道，俛勉勵莫虧；草木明覆載，妍醜齊榮萎"；更就一物生發，不假殊品。黃庭堅《送王郎》："酌君以蒲城桑落之酒"云云，歷來談藝者皆謂其仿鮑照《擬行路難》："奉君金巵之美酒"云云；然黄詩申説："酒澆胸中之磊塊"云云，補出崔鶯鶯所謂"因物達情"，則兼師鮑令暉詩，鎔鑄兄妹之作於一鑪焉。

二一一　卷四九〇

　　《東陽夜怪録》敬去文自誇《咏雪》，有"愛此飄颻六出公"之句，因曰："曹州房難云：'呼雪爲公，得無［無］檢束乎？'余遂徵古人尚有呼竹爲'君'，後賢以爲名論，用以證之。曹州房結舌，莫知所對。然曹州房素非知詩者。"按此篇中雙關影射語多加自註，"曹州房"獨未，竊疑亦指犬；卷一九四《崑崙奴》（出《傳奇》）："一品宅有猛犬，……其猛如虎，即曹州孟海之犬也"，"房"如"長房"、"次房"之"房"，同族之異裔者。敬去文不引"天公"、"雷公"爲答，殆以"此公"必得"此君"解圍耳。劉禹錫《送僧方及南謁柳員外》："山果屬狙公"，自註："按'狙公'宜斥賦芧者，而《越絶書》有'猨公'，張衡賦《南都》有'猨父長嘯'之句，繇是而言，謂猨爲'公'舊矣"；劇類去文之自解，"斥"、指也，非責也，《詩》鄭《箋》、孔《疏》中習用（如《出車》、《節南山》、《既醉》、《車攻》、《雝》）。盧仝《蕭宅二三子贈答詩》中"石兄"、"竹弟"、"石公"、"井公"，疊出頻見，去文似未之或知也。袁凱《雷震田夫耕牛謡》有"雷哥哥"之稱；石成金《傳家寶》三集釋志明《野狐詩》三〇首之一三："那巖打坐這巖眠，聽了松聲又聽泉；常笑風爹多禮數，花香直送到牀前";"雷哥"、"風爹"與"雪公"連類。《荀子·賦篇》稱雲曰:"友風而子雨";《後漢書·李固傳》對策:"臣聞王者父天母地",章懷註引《春秋感精符》:"故父天母地,兄日姊月",乃指親屬之誼,非相稱謂之詞,與此貌同心異。意大利古詩《萬物頌》有"月姊"、"風哥"、"水姊"、"火哥"(sora luna, frate vento, sor'acqua, frate focu)諸稱①,庶幾"雪公"、"雷哥"、"風爹"之倫;其最奇者爲"后土娘娘姊姊"(sora nostra matre terra),《梁書·元帝紀》南平王恪等奉牋稱"明公大王殿下",《西遊記》第五四回西梁女國王稱唐僧曰"御弟哥哥",若是班乎。

【增訂四】稱"后土"曰"母",而復連稱之曰"姊"(sora nostre matre terra),已爲離奇;但丁詩中稱聖母瑪利亞尤顛倒倫常,却自有義理:"完處子身之母,以所生子爲父之女,卑而又尊於兒"(Vergine madre, figlia del tuo figlio, / umile ed alta più che creatura. ——*Paradiso*, XXXIII, 1-2)。意語、法語皆稱祖國爲"父國"而以"阿母"呼之(madre patria, mère patrie);當世法國社會學家遂謂國家儼若雌雄兩性體,觀"父國母親"之怪稱足徵(La nation est, en effet, bisexuée. …La fusion du maternel et du paternel se manifeste ... dans l'étrange association de la formule sacramentelle: "mère-patrie" ——Edgar Morin, *Sociologie*, 1984, p. 131)。吾國古語"父母國"、"父母之邦",可出新義於舊

---

① San Francesco d'Assisi: "Il Cantico delle Creature", L. R. Lind ed., *Lyric Poetry of the Italian Renaissance*, 2.

解矣。

智高曰："一夕之聚，空門所謂'多生有緣，宿鳥同樹'者也。"按隋譯《佛本行集經・剃髮染衣品》第二二下太子命車匿去，爲説偈曰："譬如大樹衆鳥羣，各從諸方來共宿，後日别飛各自去，衆生離别亦復然"；《法苑珠林》卷六五引《五無返復經》有婦喪夫不哭，梵志怪而問之，婦説喻言："譬如飛鳥，暮宿高林，同止共宿，伺明早起，各自飛去，行求飲食；有緣即合，無緣即離。我等夫婦，亦復如是"，常諺"夫妻本是同林鳥，大限來時各自飛"，當出於此。白居易詩好用此語，如《詠懷》："心似虛舟浮水上，身同宿鳥寄林間"，《在家出家》："夜眠身是投林鳥，朝飯心同乞食僧"，《逸老》："眷屬偶相依，一夕同栖鳥"；范成大《石湖詩集》卷一五《陳仲思等追路過大通相送，留詩爲别》："嗟我與五君，曩如栖鳥聚。偶投一林宿，飄摇苦風雨。明發各飛散，後會渺何處。栖鳥固無情，我輩豈漫與！"

【增訂三】《全金元詞》一二一九頁姬翼《青杏兒》之三："妻男眷戀何時盡？同枝宿鳥，天明解散，各自東西。"

《紅樓夢》第五回《仙曲十二支・飛鳥各投林》則云："好一似食盡鳥投林，落了片白茫茫大地真乾淨。"鳥食飽而各投林，鳥眠足而各去樹，取象相反，喻事相同，均謂偶聚合而終分散也。修詞取譬，可資舉隅。

樊增祥《樊山詩集》三刻卷八《蒲州道中閲題壁詩戲書其後》："敬文苗立總能詩，塗徧蒲東及絳西"，正用《夜怪録》中狗、貓賦詩事；貓名"苗介立"者，草書"貓"字"豸"傍近草書"介"字也。李昌祺《剪燈餘話》卷三《武平靈怪録》摹擬《夜怪録》；然此篇惡詩皆出於游戲，所以嘲諷文士，而李篇諸什經心刻意，不特"靈怪"自以爲工，即李氏亦不知其徒成苦海中物。蓋李氏自運，庸音蕪藻，高出敬文苗立，正復無幾，觀卷四《元白遺音》可見也。

二一二　卷四九六

《趙存》（出《乾䐅子》）陸象先信佛，其弟竊非曰："家兄溺此教，何利乎？"象先曰："若果無冥道津梁，百歲之後，吾固當與汝等。萬一有罪福，吾則分數勝汝。"按宗教誘人，常持此論，始發於尊天事鬼之墨翟。《墨子·明鬼》下："若使鬼神請［誠］有，是得其父母姒兄而飲食之也，豈非厚利哉！若使鬼神請［誠］無，是乃費其所爲酒醴粢盛之財耳。……内者宗族，外者鄉里，皆得如具飲食之。……此猶可以合歡聚衆。"《青瑣高議》前集卷二《慈雲記》："通判牛注謂師曰：'天堂地獄有之乎？'師曰：'寧可無而信，不可使有而不信也'"；即其意而言尤簡括。西方誦説巴斯楷爾勸人虔奉上帝語，謂寧可信有神道，如賭博下注然，勝則有大利，負却無毫髮損失（Oui, il faut parier. Si vous gagnez, vous gagnez tout; si vous perdez, vous ne perdez rien）①；吾國先秦以來兹説舊矣。

---

① Pascal, *Pensées*, III. 233, ed. V. Giraud, 147.

二一三　卷四九八

　　《李宗閔》（出《幽閒鼓吹》）李德裕復書曰："怨則不怨，見則無端。"按《劉賓客嘉話錄》記王縉下獄，問詞曰："身爲宰相，夜醮何求？"王對："知則不知，死則合死。"宋人詞每有此句法，如李甲《帝臺春》："拚則而今已拚了，忘則怎生便忘得？"，曾揆《謁金門》："去則而今已去，憶則如何不憶？""則"前而"即"後，則如《五燈會元》卷一五淨戒守密章次："似則恰似，是即未是"；"即"前而"則"後，即如《青瑣高議》後集卷六《范敏》："將軍怒，面若死灰，曰：'歌即不望，酒則須勸一杯'"；前後均"即"，猶李德裕《書》等之前後均"則"者，有如《五燈會元》卷五仙天禪師章次："師曰：'還將南溪消息來麽？'洛瓶曰：'消即消已，息即未息。'""即"與"則"宋前通用，無問雅俗，宋以來則多見諸語錄、詞曲、小說而已。《墨子·兼愛》上："即必曰，……然即之交別者，……然則敢問，……即此文王兼也"；連行接句諸"即"字入宋明古文當爲"則"耳。《妙法蓮華經·常不輕菩薩品》第二〇："豈異人乎？則我身是"，宋明文當曰"即我"；《摩訶止觀》卷五："若從一切心生一切法者，此則是縱；若一時含一切法者，此即是橫"，互文更見同義。《漢書·王莽傳》上哀帝白太后："大司馬即不起，皇帝即不敢聽政"，却不得混爲一談；前"即"乃"如"、"倘"、"脱"之義，非此所謂"即"，後"即"即通"則"也。

錢鍾書集

錢鍾書集

管錐編（三）

生活·讀書·新知 三聯書店

Copyright © 2019 by SDX Joint Publishing Company.
All Rights Reserved.
本作品版權由生活‧讀書‧新知三聯書店所有。
未經許可，不得翻印。

圖書在版編目（CIP）數據

　管錐編／錢鍾書著．—3 版．—北京：生活‧
讀書‧新知三聯書店，2019.10　（2025.4 重印）
　（錢鍾書集）
　ISBN 978－7－108－06593－3

　Ⅰ．①管⋯　Ⅱ．①錢⋯　Ⅲ．①文史哲－中國－文集
Ⅳ．① C539

　中國版本圖書館 CIP 數據核字（2019）第 091580 號

目　次

全上古三代秦漢三國六朝文 一四○則

一　總敍 …………………………………………… *1375*
　　嚴氏輯集
二　全上古三代文卷二 ……………………………… *1378*
　　"口生哃，口戕口"——"溺于人"
三　全上古三代文卷三 ……………………………… *1382*
　　"於"——丫叉法
四　全上古三代文卷五 ……………………………… *1386*
　　"圍師必闕"
五　全上古三代文卷六 ……………………………… *1389*
　　"邐察"
六　全上古三代文卷八 ……………………………… *1391*
　　"以戰續之"
七　全上古三代文卷九 ……………………………… *1392*
　　《雲賦》語可喻義理——楊泉未知荀卿《蠶賦》

— 1 —

八　全上古三代文卷一〇 …………………………………… *1394*
　　物之雌雄——"大言"、"小言"——《文選》編次《高唐
　　賦》——階進法——"長"、"短"與"太長"、"太短"——
　　"意密體疏"——"傷高懷遠"——媒喻

九　全上古三代文卷一四 …………………………………… *1415*
　　"摩兜鞬"——《口誡》

一〇　全上古三代文卷一六 ………………………………… *1417*
　　"服藥不如獨臥"

一一　全秦文卷一 …………………………………………… *1419*
　　齋藤謙論《諫逐客書》

一二　全漢文卷六 …………………………………………… *1420*
　　發問連用"邪"、"也"

一三　全漢文卷一五 ………………………………………… *1422*
　　《文選》編次《鵩鳥賦》——鳥入室之讖——樂極生悲——
　　此賦李善註——"麒麟可係，何異犬羊"

一四　全漢文卷一五 ………………………………………… *1428*
　　賈誼文"欠理法"

一五　全漢文卷一六 ………………………………………… *1429*
　　文之"體"——漢人過秦——"席卷"句詞肥義瘠——以
　　時間擬程度——攻守勢異——末句方著題——《棄珠崖
　　議》與《弔古戰場文》

一六　全漢文卷一八 ………………………………………… *1440*
　　用《管子》語——"贅婿"——"貧則奸邪生"——賤商
　　商富、尊農農貧

一七　全漢文卷一九 ………………………………………… *1443*

目　次

"濁者爲醴"——王門曳裾——"後"——"入宫見妒"

一八　全漢文卷二〇 …………………………………… *1446*

銖稱寸度——"七"標目——"以要言妙道"療疾——詞賦中寫四至——《七發》所道四"患"——"色授"——"澹淡"、"白馬"——隱士

一九　全漢文卷二二 …………………………………… *1460*

《美人賦》——見可欲而不亂爲德——"聲象君之車音"中下轉語翻成案之佳例——厚葬誨盜

二〇　全漢文卷二三 …………………………………… *1469*

圓喻之多義

二一　全漢文卷二四 …………………………………… *1482*

山川之"德"——《山川頌》謀篇之疵——逝水喻時光

二二　全漢文卷二五 …………………………………… *1488*

上書干進自譽

二三　全漢文卷二六 …………………………………… *1489*

《報任少卿書》之仿構——發憤著書——腐刑——門客著書

二四　全漢文卷三一 …………………………………… *1500*

"四十容貌改前"

二五　全漢文卷三七 …………………………………… *1505*

都蔗杖

二六　全漢文卷四二 …………………………………… *1506*

好音以悲哀爲主——《僮約》、《奴券》

二七　全漢文卷五一 …………………………………… *1512*

古代食譜——《甘泉賦》長句——《河東賦》句式——《羽獵賦》寫景語及長對

二八　全漢文卷五二 …………………………………… *1518*
　　　《長楊賦》句樣——"赤族"雙關——鋪比對仗之弊——
　　　《逐貧賦》祖構——官箴變爲箴官

二九　全漢文卷五六 …………………………………… *1529*
　　　近取諸身之喻——"削足適履"猶成慣語——《飛燕外傳》
　　　酷肖唐人傳奇

三〇　全漢文卷六三 …………………………………… *1532*
　　　褻語入正史

三一　全後漢文卷一 …………………………………… *1533*
　　　"搔背癢"爲"舉輕"之例

三二　全後漢文卷五 …………………………………… *1536*
　　　"凱風"

三三　全後漢文卷一三 ………………………………… *1537*
　　　王莽"刳剝人"爲"西醫權輿"——"以狐爲狸"

三四　全後漢文卷一四 ………………………………… *1541*
　　　"諧趣、不諧趣"——文字禍——畫水鏤冰——"玩水"
　　　"便山"——桓譚"薪火"之喻及其卓識

三五　全後漢文卷一五 ………………………………… *1548*
　　　"俗字"

三六　全後漢文卷一七 ………………………………… *1552*
　　　"剃髮""芟草"——馬援誡子

三七　全後漢文卷一八 ………………………………… *1554*
　　　以象寫聲——節奏——圍棋"食子"——合兩虛數成四言
　　　之三式——"先名所射"

三八　全後漢文卷一九 ………………………………… *1559*

目　次

"解酲以酒"

三九　全後漢文卷二〇……………………………… *1564*
"迷不知路之南北"——"沉孫武"——"房中調戲，布散海外"

四〇　全後漢文卷二四……………………………… *1567*
《三都賦》註斥揚、班諸賦之失——寫體似止而勢猶動

四一　全後漢文卷二五……………………………… *1570*
立藝成名——班氏父子之於儒與道

四二　全後漢文卷二六……………………………… *1572*
《竇將軍北征頌》篇末句讀——馬上成文

四三　全後漢文卷二八……………………………… *1573*
漢賦似小説——"絶交"——交際與交友

四四　全後漢文卷二九……………………………… *1577*
《封禪儀記》·一望遠人如白石——如畫重累人

四五　全後漢文卷三二……………………………… *1580*
《薦周興疏》重出

四六　全後漢文卷三五……………………………… *1581*
"難如素王"

四七　全後漢文卷三六……………………………… *1582*
"殺君馬者路傍兒"——"目有所見，不食其肉"

四八　全後漢文卷三八……………………………… *1584*
"精通"

四九　全後漢文卷三八……………………………… *1586*
察情斷案

五〇　全後漢文卷四一……………………………… *1588*

— 5 —

壁痕成畫

五一　全後漢文卷四三 ………………………………… *1593*

"踰埃絶影"——"前不可先，後不可追"

五二　全後漢文卷四四 ………………………………… *1594*

"美人"炫惑

五三　全後漢文卷四六 ………………………………… *1597*

《政論》昌言霸術——"餓犬守肉"——大赦——詔書掛壁——"真賢"猶"真藥"

五四　全後漢文卷五二 ………………………………… *1602*

"風中蠻"——商賈"贏優而足恃"——布景化妝始見文字

五五　全後漢文卷五三 ………………………………… *1603*

賓主去留

五六　全後漢文卷五四 ………………………………… *1604*

冰水之喻

五七　全後漢文卷五八 ………………………………… *1607*

壁畫——神怪與"稍加以理"——俗説鬼畏雞鳴

五八　全後漢文卷六八 ………………………………… *1611*

《失父零丁》疑爲俳文

五九　全後漢文卷六九 ………………………………… *1613*

媒文——"釵脱"——詞賦寓言——琴弦張弛之喻

六〇　全後漢文卷七六 ………………………………… *1617*

蔡邕作碑誌

六一　全後漢文卷八二 ………………………………… *1618*

"吹嘘"

六二　全後漢文卷八三 ………………………………… *1621*

目　次

　　　　隸事偶合——孔融論鄭玄——孔融嘲戲駭俗

六三　全後漢文卷八四 ………………………………… *1631*

　　　　鄭玄《戒子書》——"婉若游龍"——黄軒要道

六四　全後漢文卷八七 ………………………………… *1635*

　　　　《鸚鵡賦》乞憐

六五　全後漢文卷八八 ………………………………… *1636*

　　　　仲長統不信神怪而信神仙

六六　全後漢文卷八九 ………………………………… *1637*

　　　　闇房陋俗——"不代之字"——苛責再醮婦——寒温飢飽與年壽——教不死之道而先死——"樂志"於山水——仲長統爲道家

六七　全後漢文卷九〇 ………………………………… *1646*

　　　　"信美而非吾土"——美貌"多宜"——"惡發"

六八　全後漢文卷九二 ………………………………… *1650*

　　　　代筆弄狡獪——《檄吴將校部曲文》非陳琳作

六九　全後漢文卷九三 ………………………………… *1652*

　　　　思極求通夢——苦器多牢亦易彫——寫醜婦——"哀感頑艷"

七〇　全三國文卷三 …………………………………… *1661*

　　　　"率馬以驥"

七一　全三國文卷六 …………………………………… *1662*

　　　　贊荔枝

七二　全三國文卷七 …………………………………… *1664*

　　　　《交友論》已見《典論》

七三　全三國文卷八 …………………………………… *1665*

妒而行間——家書——"有見"與"無見"——能作與能評

七四　全三國文卷一〇 ………………………………… *1672*
"地"——字之多義與情之多緒

七五　全三國文卷一四 ………………………………… *1678*
《鷂雀賦》——蝙蝠喻有兩柄——惡物而成吉徵

七六　全三國文卷一五 ………………………………… *1682*
曹植語病——"形影相弔"——"騏驥"、"塵露"

七七　全三國文卷一六 ………………………………… *1685*
裘裏身單——"文之佳麗"——"山肉海酒"、"通人之蔽"——古選本每削改篇什

七八　全三國文卷一八 ………………………………… *1695*
《金樓子》引曹植文漏輯——白起之相——"梟食其母"、"得蟲投口中"

七九　全三國文卷一九 ………………………………… *1697*
"雲往雨絕"

八〇　全三國文卷二二 ………………………………… *1698*
勸進文多仿《左傳》語

八一　全三國文卷二五 ………………………………… *1699*
"聲"、"馨"

八二　全三國文卷三〇 ………………………………… *1702*
登臨四望之祖構——曹植于吳質答書後之"別題"——以情境別氣候

八三　全三國文卷三三 ………………………………… *1706*
莊周婦死而歌——"情眼出西施"——"牛毛麟角"——"官家"

目　次

八四　全三國文卷三八…………………………………… *1710*
　　《弔夷齊文》爲"貳臣"説法

八五　全三國文卷三九…………………………………… *1712*
　　無名故可徧得名

八六　全三國文卷四二…………………………………… *1713*
　　水火孰勝

八七　全三國文卷四三…………………………………… *1714*
　　《運命論》——"樹大招風"——"唯唯諾諾漢"——句駢
　　而字不犯

八八　全三國文卷四六…………………………………… *1718*
　　阮籍《大人先生傳》——伏羲譏阮——"蝨處褌"——
　　"召玉女"——寫苦寒

八九　全三國文卷四七…………………………………… *1722*
　　"聽樂"與"聞樂"——陳古刺今——避世之狂與连世之
　　狂——"閹官稱貞"

九〇　全三國文卷四八…………………………………… *1729*
　　養生與養身——"豚魚"

九一　全三國文卷四九…………………………………… *1731*
　　"聲無哀樂"——"名"與"分"——"敗不羞走"

九二　全三國文卷五〇…………………………………… *1734*
　　妾覆醴——宅吉凶

九三　全三國文卷五八…………………………………… *1737*
　　《出師表》有宋人"參補"

九四　全三國文卷五九…………………………………… *1738*
　　嚴氏輯諸葛亮《書》

管錐編

九五　全三國文卷六〇……………………………… *1739*
　　　文詞風格與辨僞

九六　全三國文卷六二……………………………… *1742*
　　　嚴氏輯姜維《書》——蒲元辨水

九七　全三國文卷六六……………………………… *1743*
　　　"複諜"

九八　全三國文卷七一……………………………… *1745*
　　　"徙棋易行"

九九　全三國文卷七四……………………………… *1746*
　　　"象之爲獸"

一〇〇　全三國文卷七五…………………………… *1747*
　　　"流涕行誅"

一〇一　全三國文卷七五…………………………… *1748*
　　　譯事三難——"漱石枕流"

一〇二　全晉文卷七………………………………… *1751*
　　　愍帝文誤繫

一〇三　全晉文卷一三……………………………… *1752*
　　　宫怨另立意

一〇四　全晉文卷一八……………………………… *1754*
　　　糠粃經典——無喜怒哀樂

一〇五　全晉文卷二二……………………………… *1759*
　　　二王法帖文體——"分張"——"消息"、"意"、"善"、"好"

一〇六　全晉文卷二六……………………………… *1764*
　　　"物理不可意求"——"蘭亭序"之流行——用字複而寫字不複——昭明不取《蘭亭序》各説——謂王羲之斥道

目　次

家而信方士——歡宴而悲——"後之視今亦猶今之視昔"——《自誓文》——《書論》與《筆陣圖》——"善鑒者不寫，善寫者不鑒"——筆法

一〇七　全晉文卷二九 *1775*
《廢莊論》——《沙門不得爲高士論》出處——"闇與理會"

一〇八　全晉文卷三〇 *1777*
書法觀物取象——書法通於畫法——"匆匆不暇草書"

一〇九　全晉文卷三三 *1784*
晉人任誕

一一〇　全晉文卷三四 *1786*
《哀啓》

一一一　全晉文卷三七 *1787*
"千古名士之恨"——錢大昕論何晏、王弼——"學説殺人"

一一二　全晉文卷四六 *1794*
"走狗"、"叩頭蟲"——《演連珠》

一一三　全晉文卷四七 *1796*
因筆管而推極

一一四　全晉文卷五〇 *1797*
管寧事輯文誤淆——持兩端——人生如弈棋

一一五　全晉文卷五二 *1801*
"酒色殺人甚于作直"

一一六　全晉文卷五八 *1803*
"二嫡"

一一七　全晉文卷五九 *1805*
《天地賦》——《嘯賦》寫象聲

管錐編

一一八　全晉文卷六〇 ………………………………… *1807*
　　《笑賦》失倫類——"不褻不笑"

一一九　全晉文卷六一 ………………………………… *1809*
　　"理趣"——親喪作詩

一二〇　全晉文卷六二 ………………………………… *1814*
　　晉文罕及《列子》——"仲尼爲舟航"

一二一　全晉文卷六五 ………………………………… *1817*
　　"偏方"

一二二　全晉文卷七〇 ………………………………… *1818*
　　"僞朝"——"人命危淺"——《陳情事表》句型

一二三　全晉文卷七一 ………………………………… *1819*
　　陳壽評諸葛亮

一二四　全晉文卷七四 ………………………………… *1821*
　　《三都賦》與類書——"竹檀欒"——《吳》《蜀》二都賦中佳語

一二五　全晉文卷七五 ………………………………… *1826*
　　"空城計"

一二六　全晉文卷七七 ………………………………… *1828*
　　《文章流別論》漏輯語——摯虞論賦——"假象過大"
　　——摯虞論文之"詳博"

一二七　全晉文卷八〇 ………………………………… *1832*
　　《頭責子羽文》

一二八　全晉文卷八二 ………………………………… *1833*
　　臨事以暇

一二九　全晉文卷八三 ………………………………… *1835*

目　次

"人生如寄"

一三〇　全晉文卷八四…………………………………… *1836*
　　　書啓自署"君"、"公"

一三一　全晉文卷八六…………………………………… *1840*
　　　《覈性賦》——仲長敖主張性惡最爲盡至——"化性起僞"

一三二　全晉文卷八七…………………………………… *1849*
　　　"餅"

一三三　全晉文卷八九…………………………………… *1852*
　　　"眼罔鄉而遠視"

一三四　全晉文卷九一…………………………………… *1853*
　　　"夕促"與"夜長"

一三五　全晉文卷九二…………………………………… *1854*
　　　徐爰註《射雉賦》——"雉媒"——"霍若碎錦"、
　　　"形隱草動"

一三六　全晉文卷九五…………………………………… *1858*
　　　"生生之厚"

一三七　全晉文卷九六…………………………………… *1859*
　　　《歎逝賦》

一三八　全晉文卷九七…………………………………… *1862*
　　　"文適多"——《文賦》道"才士用心"——物、意、文
　　　三聯——"知"與"能"——知而能行與知而能言——
　　　"玄覽"、"瞻物"——"漱六藝之芳潤"——"旁
　　　訊"——"謝華啓秀"——"觀古今、撫四海"——
　　　"按部就班"——"虎變"、"龍見"——"涉樂必笑,言
　　　哀已歎"——作文遲速——"課虛叩寂"——"離方遯

—13—

圓"——"尚奢貴當"——十體——"禁邪而制放"——"指適"、"警策"——"雖愛必捐"——"庸音""嘉句"之相濟——"短韻""瘁音"之成瑕——"遺恨終篇"——文機利滯——"二十作《文賦》"——表奏以兩"臣"字對說——《三都》、《兩京》——"孔懷"

一三九 全晉文卷九九 ………………………… *1905*

《演連珠》立喻——"視優"——鏡西施影——"墜履"、"遺簪"——烟火冰水之喻——黃庭堅摘句——"戡彌天乎一棺"——嚴未細檢《顏氏家訓》

一四〇 全晉文卷一〇〇 ………………………… *1912*

人壽與宇宙

全上古三代秦漢三國六朝文

一四〇則

一　總　敘

　　嚴可均《總敘》:"唐以前要當有總集,斯事體大,是不才之責也。"按王毓藻據嚴氏手稿,刊行此書,《序》言:"點竄塗乙,丹墨紛如,皆廣文手筆,因憶俞氏《癸巳存稿》有《目錄識語》,……謂此實陽湖孫淵如觀察之力,而鐵橋廣文籤寫裁貼成之,蓋未審也。"蓋指俞正爕《癸巳存稿》卷一二《〈全上古至隋文〉目錄不全本識語》:"實陽湖孫淵如觀察之力。……鐵橋搜校古書金石,補至十分之一。"李詳《媿生叢錄》卷二仍主俞説,據《李申耆先生年譜》及《孫淵如先生年譜》,斷言嚴氏"攘美"。甚矣好奇而偏聽也!李兆洛譜稱孫星衍始輯唐以前文,兆洛終其事,而孫星衍譜稱孫兄弟與嚴氏同輯;一則不及嚴,一則不及李。李氏渾不覺二譜之牴牾。衹怪孫書"已寫有定本,何以海内絶無流傳"而讓嚴書"巋然獨存";且亦知李譜"容有附會",却未嘗一檢嚴氏撰著。不明清於單辭,斯不中於兩辭矣。嚴氏《鐵橋類稿》卷三《上提學陳碩士同年書》、《答徐星伯同年書》道草創傍蒐此書之劬,自我作故,非因人成事者;卷四《答孫氏問》面斥孫星衍之不學,僅讀《説文》"開卷四條"、"未治古音",詞氣輕薄,使果相沾丐,何敢無顧藉乃爾?獨不慮盜傷事主之詞哉？嚴書於古籍之目存而書已亡者，必爲補輯，如桓譚《新論》是；於書尚存而有佚文者，必爲拾遺，如應劭《風俗通》是。而《全三國文》卷七五於楊泉《物理論》不輯隻字，不按片語，一反通例；《全晉文》卷四七輯傅玄《傅子》按語則云："知《意林》所載《傅子》，乃楊泉《物理論》也。"豈非以孫星衍《平津館叢書》中已有《物理論》輯本耶？忮人之先，而復不屑享人之成，舉此可隅反也。嚴、孫或始欲協作，漸即隙末，而嚴不舍以底於大成，孫則中道廢置。故嚴斂絕不道孫，以原有共輯之議，恐人以己爲掠美也；而孫譜必道嚴，亦正以初議共輯而終讓嚴氏獨爲，恐其書成而專美也。俞氏《識語》，當是惑於悠悠之口。嚴氏與陳碩士書極推俞氏"於書無所不窺"，彭元瑞《新五代史補註》實俞草創；是嚴表俞之推善而勿居，而俞幾若誣嚴之冒功而勿讓，笑面之施而得嗔拳之報矣。譚獻《復堂日記》卷五又記吳蕭語謂此書出孫星衍手。楊守敬《晦明軒稿》第一册有此書《跋》云："邇來有傳此書爲孫淵如所纂者，謂其言出自吳山尊，是大不然。嚴氏致星伯書，欲得梁永陽王前墓志及隋高麗碑；今此書已有梁墓志文，是星伯錄寄。此志海内孤本，孫氏《訪碑録》所未載，尤此書非孫氏作之切證。"其言明且清矣。雖然，俞氏固云，嚴氏補搜古書金石"至十分之一"，尚可解謂梁墓志正在此數中；王氏目驗手稿，庶足息訟，真相白而主名定也。俞氏識語已增補嚴書缺漏數事，後來平步青《樵隱昔寱》卷四《與汪荔牆書》、文廷式《純常子枝語》卷四、卷一〇、楊守敬《晦明軒稿》第二册《補嚴氏古文存序》等各爲拾遺正誤。搜擥未盡，餘地尚多。如開卷之黄帝《兵法》，嚴即漏輯《藝文類聚》卷二《霧》、《虹》、卷六〇《牙》，又《太平御覽》卷二四一

《都尉》、卷三三四《牙》、卷八七八《虹蜺》諸節引文；《全漢文》卷一六賈誼《過秦論》三首入《文選》者祇一首，嚴按語乃謂蕭《選》通採三篇而顛倒其次。"耳目之前尚如此！"誠非妄歎。拾穗靡遺，掃葉都淨，網羅理董，俾求全徵獻，名實相符，猶有待於不恥支離事業之學士焉。

【增訂四】湯壽潛亦嘗欲增補嚴氏此書，曾向繆荃孫借鈔藏拓，見《藝風堂書札》五〇〇頁。

二　全上古三代文卷二

　　武王《机銘》："皇皇唯敬，口生㖃，口戕口。"按武王器物諸銘，黄庭堅《豫章黄先生文集》卷二五《題太公〈丹書〉後》始標舉之，洪邁《容齋續筆》卷九繼之，而賞析以爲奇文者，鍾惺、譚友夏《古詩歸》卷一也。《詩歸》録此銘多一"口"字："皇皇惟敬口，口生㖃，口戕口"；譚評："四'口'字疊出，妙語"；鍾評："讀'口戕口'三字，悚然骨驚。"明季談者鄙薄竟陵，每指摘《詩歸》以供軒渠，此評亦爲暴謔之資。周亮工《賴古堂集》卷二〇《與林鐵崖》："伯敬、友夏只是好新，落筆遂不顧所安耳。他且勿論，即如《穆天子傳》、《汲冢周書》凡缺類作□；武王《几銘》'□戕□'，亦缺文也。兩君目'□'爲'口'字，評云云；不知《几銘》與四'口'字何涉，豈三代時便學作鍾、譚詩耶？"周氏復著其説於《書影》卷一，初未省己之以不誤爲誤也。王應奎《柳南隨筆》卷一："《詩歸》評周武王《几銘》，以爲四'口'字疊出妙語，周亮工、錢陸燦皆辨其謬。近見宋板《大戴禮》，乃吾邑秦景暘閲本，是'口'字，並非方孔圈"；嚴元照《蕙櫋雜記》："几者，人君出令所依，故以言語爲戒也；周蓋未嘗讀《禮》。'口生㖃'作'口口生㖃'，則誤也"；

張宗泰《魯巖所學集》卷八《再跋〈因樹屋書影〉》："編録金石文字，遇有缺文，則以方空代之，而經、傳不聞有此也。武王《几銘》載在《大戴禮·武王踐阼》篇，歷代相傳；乃指數'口'字爲缺文，可乎？"足息三尺喙矣。《大戴禮》盧辯註："'听'、恥也"，則"口生听"即《書·説命》之"惟口起羞"。"口戕口"可與本卷武王《筆書》所云"陷文不活"印證；前"口"乃口舌之口，謂言語，後"口"則丁口之口，謂生人。以口興戎，害人殺身，皆"口戕口"，羅隱《言》詩所謂"須信禍胎生利口"，古語雙關之例也。"惟敬"者，惟慎也，戒慎言之《金人銘》即入《説苑·敬慎》篇。又按几固如嚴元照説，乃人君出令所依，故"口"即言語；顧古人食雖據案，而《説文》曰："案、几之屬"，趙懷玉《亦有生齋集·文》卷一一《几席考》謂後世以椅代古之席，以桌代古之几。《全後漢文》卷五〇李尤《几銘》云："昔帝軒轅，仁智恭恕，恐事之有缺，作倚几之法"，蓋即《國語·楚語》上所謂"倚几誦訓"，故"口"乃口舌之"口"；又云："殽仁飯義，枕典席文，道可醉飽，何必清醇！"，則"几"正同案，可據以飲食，"口"復爲口腹之"口"。口腹之"口"，則"生听"者，"飲食之人，人皆賤之"也，而"戕口"者，"病從口入"、"爛腸之食"也。《易·頤》："慎言語，節飲食"，足以移箋"口戕口"之兩義兼涵矣。

　　武王《盥盤銘》："溺于淵，猶可援也；溺于人，不可救也。"按武王《筆書》亦云："陷水可脱，陷文不活。"以人欲世事，比於"淵"、"水"之足以沉没喪生，後來踵增胎衍，如"禍水滅火"、"宦海風波"等語，不可勝稽。《全唐文》卷八六六楊夔《溺賦》："此則以江以湖，没不可援，今復以非波非濤，溺不可算。……麴蘖是惑，沉湎無時，……酒之溺也。……苞藏其戻，矜持其妍，……色之溺也。……溝壑難滿，錐刀必聚，……貪之溺也。……言張其機，笑孕其毒，……權之溺也。……不波而沉，……色曰愛河，……酒曰甘波，……財曰藥江，……權曰狼津。"酒溺一節亦取武王《觴銘》之"沉湎致非，社稷爲危"，不特"沒不可援"顯本《盥盤銘》也。釋典流傳，"愛欲海"遂成慣語，然概指貪戀世間法，故王屮《頭陀寺碑文》："愛流成海"，《文選》李善註："言人皆沉於愛河，則妻子財帛也"；楊賦則以專指男女悅好之情。古羅馬名小説寫大海舟沉，人皆淹死，因列舉好勇者戰死，貪口腹者傷食而死，諸如此類，"昧昧思之，人世無地不可覆舟也！"(si bene caculum ponas, ubique naufragium est)①；即"不波而沉"之旨。《論語·季氏》之"三戒"爲"色"、"鬭"、"得"，實即色、氣、財而不及酒；《後漢書·楊震傳》記震子秉曰："有三不惑，酒、色、財也"；楊賦始言酒色財權。宋李曾伯《可齋雜稿》卷二有《和清湘蔣省幹〈酒、色、財、氣〉韻》五古四首；真德秀《西山真文忠公集》卷三六《跋章翔卿詩集》："作詩幾三千首，其中有《酒、色、財、氣》四詠，尤足砭世人膏肓"；無名氏《東南紀聞》卷一："韓大倫云：不飲酒，不耽色，不愛財，皆當服行；唯氣之一字不可少屈。"是晚宋又易"權"以"氣"，沿襲至今。宋後賦詠益多，如《樂府羣珠》卷四鄧玉霄《普天樂》分詠酒、色、財、氣四曲，史九敬先《莊周夢》第一折稱爲"四件事無毛大蟲"。明時至見之奏疏，如申時行《召對錄》記萬曆十八年正月朔神宗斥雒於仁上本

---

① Petronius, *Satyricon*, §115, "Loeb", 244.

曰："先生每看這本說朕酒、色、財、氣，試爲朕評一評"，雒氏四《箴》載於吕毖《明朝小史》卷一四。翟灝《通俗編》卷二二謂"明人增'氣'爲四"，考之未賅也。

【增訂三】黄庭堅《鷓鴣天》："人間底是無波處，一日風波十二時"；最足概括"溺淵"、"陷水"之意。"酒色財氣"連舉，北宋已然。全真教祖王喆生於宋徽宗政和二年，其詞如《黄鶯兒》："酒色纏綿財氣，沉埋人人，都緣四般留住"，又《花心動》："氣財酒色，一齊隳逐"，又《西江月·四害》："堪歎酒色財氣，塵寰被此長迷"（《全金元詞》一六二、一六三、二〇八頁），不具引（一六四、一八一、一八九、二二一、二五七、二六六頁）。《紅窗迥》："便咄了氣財色，遊三昧，却因何不斷香醪"（二三〇頁），即以"香醪"爲"酒"之代詞也。王氏大弟子馬鈺詞亦然（二六八、二七三、二七七、二八一、二八八、二八九、二九三頁等）；《漁家傲》："斷葷戒酒全容易，不戀浮財渾小事。深可畏，輕輕觸著無明起。大抵色心難拋棄"（三〇五頁），則以"無明"爲"氣"之代詞耳。撮合四者以爲滑熟套語，似最先見道流篇什中，殆黄冠始拈此口號耶？《輟耕録》卷二五《院本名目》舉《諸雜大小院本》中有《酒色財氣》，是元人專以"四般"爲囂弄矣。

【增訂四】明吕坤《呻吟語》卷一《談道》："儒戒聲色貨利，釋戒聲色香味，道戒酒色財氣。"是亦以"酒色財氣"之口號屬諸道流也。

三　全上古三代文卷三

　　樂毅《獻書報燕王》："齊王逃遁走莒，僅以身免。珠玉財寶，車甲珍器，盡收入燕；大呂陳於元英，故鼎反於歷室，齊器設於寧臺，薊丘之植，植於汶篁。"按《史記·索隱》："言燕之薊丘所植，植齊王汶上之竹"；古人詫爲倒裝奇句。不乏祖構，如《困學紀聞》卷一七引樓昉《太學策問》言宣和平遼事云："夷門之植植於燕雲。"周君振甫曰："不必矯揉牽強，説爲倒裝。末'於'與前兩'於'異，即'以'也，謂：'薊丘之植，植以汶篁'"；是也。其句法猶《墨子·三辯》："昔諸侯倦於聽治，息於鐘鼓之樂；士大夫倦於聽治，息於竽瑟之樂；農夫春耕夏耘、秋斂冬藏，息於瓴缶之樂"；第二、四、五"於"與第一、三"於"異，亦"以"也，謂"息以鐘鼓、竽瑟、瓴缶之樂"耳。又有進者。此語逆承前數語；前數語皆先言齊（"大呂"、"故鼎"、"齊器"）而後言燕（"元英"、"歷室"、"寧臺"），此語煞尾，遂變而首言燕（"薊丘"）而次言齊（"汶篁"），錯綜流動，《毛詩》卷論《關雎·序》所謂"丫叉法"（chiasmus）也。聊復舉例，以博其趣。《論語·鄉黨》："迅雷風烈必變"，《楚辭·九歌·東皇太一》："吉日兮辰良"，"風"、"辰"近隣"雷"、"日"，

－1382－

"烈"、"良"遥儷"迅"、"吉",此本句中兩詞交錯者;《史記·平津侯、主父列傳》載嚴安上書:"馳車擊轂",而《漢書·嚴、朱、吾丘等傳》下作"馳車轂擊",於義爲長,非徒詞之錯也。《漢書·王莽傳》下:"桃湯赭鞭,鞭灑屋壁";不曰"灑鞭"而曰"鞭灑",先以"鞭"緊承"赭鞭",後以"灑"間接"桃湯"。《列子·仲尼》篇:"務外游不務内觀,外游者求備於物,内觀者取足於身,取足於身,游之至也,求備於物,游之不至也";第二、三句於第一句順次申説,第四、五、六、七句於第二、三句逆序申説。王勃《採蓮賦》:"畏蓮色之如臉,願衣香兮勝荷",杜甫《朝享太廟賦》:"曾何以措其筋力與韜鈐,載其刀筆與喉舌";王則上句先物後人而下句先人後物,杜適反是。李涉《岳陽别張祜》:"龍蛇縱在没泥塗,長衢却爲駑駘設";上句言才者失所,下句言得位者庸,錯互以成對照。韓偓《亂後卻至近甸有感》:"關中卻見屯邊卒,塞外翻聞有漢村";"中"雖對"外",而"塞"比鄰"邊","漢"回顧"中",謂外禦者入内,内屬者淪外,易地若交流然。

【增訂三】王安石《荆文公詩》卷四八《晚春》:"春殘葉密花枝少,睡起茶多酒盞疎。""密"與"少","多"與"疎",當句自對,"密"與"多","少"與"疎",成聯相對;而"多"緊承"少","疎"遥應"密",又爲丫叉法。詩律工細,不覺矯揉。

李夢陽《艮嶽篇》:"到眼黄蒿元玉砌,傷心錦纜有漁舟";出語先道今衰、後道昔盛,對語先道昔盛、後道今衰,相形寄慨。韓愈《奉和裴相公東征途經女几山下作》:"旗穿曉日雲霞雜,山倚秋空劍戟明",五百家註引洪興祖曰:"一士人云:以我之旗,況彼雲霞；以彼之山，況我劍戟。詩家謂之'迴鸞舞鳳格'"；實亦丫叉法，風物之山緊接雲霞，軍旅之旗遥承劍戟。元稹《景申秋》之四："瓶瀉高簷雨，窗來激箭風"；"簷"、"窗"密鄰，皆實物也，"瓶"、"箭"遥偶，皆虛擬也，迴鸞舞鳳。杜甫《寄張十二山人彪》："草書何太苦，詩興不無神；曹植休前輩，張芝更後身；數篇吟可老，一字買堪貧"；三、四句逆接一、二句，而五、六句又順接三、四句，可與《列子》一節比勘，皆有意矯避平板。柳宗元《送元嵩師序》："其上爲通侯，爲高士，爲儒先；資其儒故不敢忘孝，跡其高故能爲釋，承其侯故能與達者游"；則逆接分承者增而爲三，脈絡全同《史記·老子、韓非列傳》之"鳥吾知其能飛"云云。并有擴而大之，不限於數句片段，而用以謀篇布局者。如諸葛亮《出師表》："郭攸之、費禕、董允等"云云，承以"臣本布衣"云云（"允等"："臣"），繼承以"受命以來，……此臣之所以報先帝而忠陛下之職分也"，承以"至於斟酌損益，……則攸之、禕、允之任也"（"臣"："允等"），終承以"不效則治臣之罪"，承以"則戮允等以章其慢"（"臣"："允等"）；長短奇偶錯落交遞，幾泯間架之跡，工於行布者也。至若《焦仲卿妻》："君當作磐石，妾當作蒲葦；蒲葦紉如絲，磐石無轉移"；王僧孺《爲人傷近而不見》："我有一心人，同鄉不異縣，異縣不成隔，同鄉更脈脈"；江淹《恨賦》："春草暮兮秋風驚，秋風罷兮春草生"；《文心雕龍·指瑕》："《武帝誄》云：'尊靈永蟄'；《明帝誄》云：'聖體浮輕'；'浮輕'有似於胡蝶，'永蟄'頗疑於昆蟲"（亦見《金樓子·立言篇》下，董斯張《吹景集》卷二有駁）；王維《送梓州李使君》："萬壑樹參天，千山響杜鵑；山中一夜雨，樹杪百重泉"；常建《送楚十少府》："因送別鶴操，贈之雙鯉魚；鯉魚在金盤，別鶴哀有餘"；胥到眼即辨。沈佺期（一作宋之問）《和洛州康士曹庭芝望月有懷》："臺前疑掛鏡，簾外似懸鉤，張尹將眉學，班姬取扇儔"；同此結構而較詞隱脈潛。彎眉近承鉤，以其曲，團扇遙應鏡，以其圓；正是叉法。雖然，脫詩題爲概泛詠月，自可徧道殊相，兼及弦望；今明標"望月"，則即景寓目，斷無同時覷其盈缺之事，修詞固巧而賦詩未著題矣。連類舉似而掎摭焉，於賞析或有小補云。

四　全上古三代文卷五

　　孫武《兵法》："山峻谷險，難以踰越，謂之窮寇。擊之之法，伏卒隱廬，開其去道，示其去路；求生透出，必無鬬志，因而擊之，雖衆必破。"按參觀《左傳》卷論宣公十二年。《孫子·軍争》篇云："歸師勿遏，窮寇勿迫，圍師必闕"，此文"開其去道"即"圍"而"闕"也。曹操註《孫子》本節，亦曰："所以示生路"，何延錫、張預兩註均引曹仁語。夫仁語見《三國志·魏書·曹仁傳》，正爲規諫曹操，勸操"圍城必示之活門，開其生路。"是操不免紙上談兵，臨陣厮殺，忘却槍法矣。《唐太宗李衛公問對》每及操之《新書》，卷中論"作陣對敵必先立表"之非，有曰："曹公驕而好勝，當時諸將奉《新書》者，莫敢攻其短"；想當然而理或然歟。《漢書·趙充國傳》虜遁，充國徐驅，曰："此窮寇不可迫也，緩之則不顧，急之則還致死"；《三國志·魏書·張郃傳》裴松之註引《魏略》記郃亦諫司馬懿曰："軍法：圍城必開出路，歸軍勿追"；又《吳書·張紘傳》裴註引《吳書》："合肥城久不拔，紘進計曰：'古之圍城，開其一面，以疑衆心。今圍之甚密，攻之又急，誠懼并命戮力。……可小寬之，以觀其變'"；《南史·張欣泰傳》魏軍退，假道，欣泰曰：

"歸師勿遏，古人畏之，死地兵不可輕也。"泰西古兵法言，不僅留路容敵之逃，并鋪道便其遁（hosti non solum dandum esse viam ad fugiendum, sed etiam muniendam）①。故波斯大軍侵希臘，希臘兵主欲圍迫以斷其歸路，老謀之士（Aristides）進曰："萬勿切斷津梁，毋寧增橋以便虜酋之倉皇東遁耳"（We must not, then, tear down the bridge that is already there, nay rather, we must build another alongside it, if that be possible, and cast the fellow out of Europe in a hurry）②。西方遂有諺曰："敵師若遁逃，爲搭金銀橋"，《堂·吉訶德》中即引之（Al enemigo que huye, hacerle la puente de plata）③。又按《三國演義》寫赤壁之戰，黃蓋苦肉計詐降，周瑜佯醉騙蔣幹，皆使曹操墮術中；徵之《三國志·吳書·周瑜傳》，黃蓋詐降而無苦肉計，蔣幹作說客而無被騙事。《演義》所增詭計，中外古兵書皆嘗舉似。《孫子·用間》篇："內間者，因其官人而信之"，何延錫註引李雄鞭扑泰見血，使譎羅尚，尚信之，即《演義》第四六回周瑜之撻黃蓋④；又："反間，因其敵間而用之"，蕭世誠註謂"敵使人來候我，我佯不知而示以虛事"，即《演義》第四五回周瑜之賺蔣幹⑤，古羅馬詩人所謂："倘人將計以就計，則我得計正失計"（nam qui sese frustrari quem frustra sentit,／qui frustratur frus-

---

① Frontinus, *Stratagems*, IV. vii. 16（Scipio Africanus）, cf. II. vi. 1（Camillus）, "Loeb", 314, 164-6.
② Plutarch, *Lives*, "Themistocles", 16, "Loeb", II, 47. Cf. Frontinus, *op. cit.*, II. vi. 8, p.169.
③ *Don Quijote*, II, cap.58, "Clásicos Castellanos", VIII, 74.
④ Cf. Frontinus, III. iii. 3-4, p.212.
⑤ Cf. Frontinus, II. vii. 2, III. xiv. 4, pp.170, 256.

tra est si non ille est frustra)①。註《孫子》十家,曹操居首,而操於"五間"不著一語,瞠若無覩,是未嘗心領承教,宜《演義》寫其爲周瑜所弄矣!然操於孫子"圍師必闕"之誡,固嘗作註,而用兵時背棄不顧,則即爲"五間"詮解,臨事或亦忘却爾。宋時釋子野語,謂仁宗朝"高麗遣使問魏武註《孫子》,三處要義無註";廷臣不能對其故,歐陽修馳使廬山,請於僧居訥,訥教答曰:"機密之事不可以示人"(釋志磐《佛祖統紀》卷四五)。未識"五間"亦在"三處"中不。

---

① Ennius, *Satires*, fr.30-1, *Remains of Old Latin*, "Loeb", I, 392. Cf. La Bruyère, *Les Caractères*, V.58, Hachette, 141: "Vous le croyez votre dupe; s'il feint de l'être, qui est plus dupe de lui ou de vous?"; La Rochefoucauld, *Réflexions morales*, 117, *Oeuvres*, "Les Grands Écrivains de la France", Hachette, I, 80-1, note.

五　全上古三代文卷六

　　太公《龍韜》："多言多語，惡口惡舌，終日言惡，寢臥不絕，爲衆所憎，爲人所疾。此可使要問閭里，察奸伺猾。"按《管子·七臣七主》篇之"侵主"、"侵臣"，皆"從狙而好小察"即專務斯事也。後世"察事"、"察子"、"覷步"、"候官"、"校事"、"覘者"、"邏者"（參觀呂祖謙《皇朝文鑑》卷六二江公望《論邏察》、葉適《習學記言序目》卷二七、吳曾《能改齋漫錄》卷一、朱弁《曲洧舊聞》卷一、俞正燮《癸巳存稿》卷七、俞樾《茶香室續鈔》卷七），以若輩爲之，亦見操業之不理於衆口矣。《三國志·魏書·高柔傳》："時置校事盧洪、趙達等，使察羣下。柔諫。太祖曰：'卿知達等，恐不如吾也。要能刺舉而辨衆事，使賢人君子爲之，則不成也。昔叔孫通用羣盜，良有以也'"；可與《龍韜》相發明。然既"惡口"、"多言"，爲諸餘之所"憎"、"疾"，人將望望去之，苟遜避不及，亦必嚴周身之防、效朕舌之捫。太公乃使此曹要問察伺、刺取陰私，幾何不如張弓以祝雞歟！朱慶餘《宮詞》："含情欲説宮中事，鸚鵡前頭不敢言"；楊萬里《題沈子壽〈旁觀錄〉》云："逢着詩人沈竹齋，丁寧有口不須開，被渠譜入《旁觀錄》，四馬如何挽得回！"屬垣之耳，燒城之舌，爲人憎疾，更不待言。元俞德鄰《佩韋齋文集》卷八《瞶叟》云："吳郡之齋，叟而趨者十餘輩，率傲且黠。有瞶而貧者，目眣昏，手足惰窳，隆背而低首，行步竭蹶，揚其聲呼之，則'呀、呀'開口。羣視之若無人。一日竢於庭，遷延而入余室，卑陬而前，纖抑而笑，出片紙若訟牒者置余几，亟傴僂而退，睨左右，若畏若駭。余驚焉，視之覼縷數百字，蓋摘校人之欺而悼子產之謬而不悟也。余於是憮然，曰：'可畏哉！不能容人之過、善於伺人之短者，何往而非耳聰而目明者哉！'"蓋似痴如聾，"羣視之若無人"而不畏不惕，乃能鬼瞰狙伺，用同淮南所教之懸鏡（《意林》卷六引《淮南萬畢術》）①，行比柳州所罵之屍蟲（《柳先生文集》卷一七《罵屍蟲文》）。較之"多語"、"惡舌"之徒，且事半而功倍焉。故太公雖有機心而未善機事也。古希臘操國柄者欲聆察民間言動，乃雇婦女爲探子（the female detectives）②，豈不以其柔媚而使人樂與親接、忘所顧忌耶？龔自珍《定盦文續集》卷一《京師樂籍説》論帝王"募召女子"以"箝塞天下之游士"，僅言其可用以"耗"，未識其並可用以偵也。

【增訂四】錢泳《履園叢話》卷一："李敏達公衛涖杭，不禁妓女，不禁樗蒲，不廢茶坊酒肆，曰：'此盜綫也，絕之則盜難踪跡矣。'"此可以補龔自珍之論"京師樂籍"也。

《六韜》佚文："丁侯不朝"云云。按別見《史記》卷論《外戚世家》。

---

① Cf. John O'Hara: "Mrs Stratton of Oak Knoll", *Assembly*, 42 ("busybody").

② Aristotle, *Politics*, Bk. V. ch. 11, *Basic Works of Aristotle*, Random House, 1258.

六　全上古三代文卷八

　　蘇秦《上書説秦惠王》："夫徒處而致利，安坐而廣地，雖古五帝、三王、五伯、明主賢君常欲坐而致之，其勢不能，故以戰續之。"按"續"如"貂不足，狗尾續"之"續"，完成之、補足之也。《戰國策・秦策》一此節高誘註："'續'猶備其勢也。"孫詒讓《札迻》卷三云："《説文・系部》：續、古文作'賡'，古與'庚'通，《月令》鄭註云：'庚之言更也'，言以戰更之也。高註未允"；似屬多事。"備"非"預備"之"備"，乃"完備"之"備"，謂全局可結，非謂先事以籌。近世德國兵家言："戰爭乃政治之繼續而別出手法者"（Der Krieg ist eine blosse Fortsetzung der Politik mit andern Mitteln）①，正是"以戰續之"之旨。更端以説，翻其反而，苟謂政治爲戰爭之續，同歸而殊塗，似無不可。直所從言之異路耳。

---

　　① Klausewitz, *Vom Kriege*, Kap. I, § 24, hrsg. Fr. von Cochenhausen, 79.

七　全上古三代文卷九

　　荀卿《雲賦》：「精微乎毫毛，而大盈乎大寓。……充塞大宇而不窕，入郄穴而不偪。」按荀子賦雲諸語，東漢趙壹《迅風賦》移以賦風：「纖微無所不入，廣大無所不充，經營八荒之外，宛轉毫毛之中。」然幾無不可形容道或理之致廣大而極精微者。《知賦》：「大參乎天，精微而無形」，楊倞註：「言智慮大則參天，小則精微無形」，王先謙《集解》引《讀書雜志》所舉《大戴禮》、《管子》等語參證；蓋荀早自以寫有形之雲者移狀無形之知矣。《淮南子·原道訓》：「舒之幎於六合，卷之不盈於一握。……神託於秋毫之末，而大宇宙之總」；揚雄《太玄經·太玄攡》第九：「纖也入蔑，廣也包畛」，又《解嘲》：「大者含元氣，細者入無倫」；陳子昂《感遇》之一一：「舒可彌宇宙，卷之不盈分」；白居易《和答詩》之五《四皓廟》：「由來聖人道，無朕不可窺，卷之不盈握，舒之亘八陲」；《河南二程遺書》卷一一《伊川語》：「放之則彌六合，卷之則退藏於密」；同此機杼。《雲賦》：「友風而子雨」云云，別見《易林》卷論《乾》之《未濟》、《太平廣記》卷論卷四九○。

　　荀卿《蠶賦》。按梁元帝《金樓子·立言篇》下：「楊泉

《賦》序曰:'古人作賦者多矣,而獨不賦蠶,乃爲《蠶賦》。'是何言歟!楚蘭陵荀況有《蠶賦》,近不見之,有文不如無述也!"

八　全上古三代文卷一〇

　　宋玉《風賦》："……寧體便人，此所謂大王之雄風也。……死生不卒，此所謂庶人之雌風也。"按王之風而謂之"雄"、庶之風而謂之"雌"，即雌爲庶而雄爲王爾。王庶之判貴賤，正亦男女之別尊卑(sexism)也。同卷《笛賦》言衡山之竹，師曠"取其雄"，宋意"得其雌"，却平等齊觀，未有軒輊。吾國舊說，於虹、雷、歲、月、草、木、金、石之類，皆分辨雌雄，洪邁《容齋三筆》卷一一（又《夷堅丁志》卷八《宜黄人相船》）、來集之《倘湖樵書》初編卷一、顧炎武《日知錄》卷三二、吳景旭《歷代詩話》卷三〇等臚列略備。雄者不能產育，《史記·封禪書》："爲伐南越，告禱太一，以牡荆畫幡"，《漢書·郊祀志》上如淳註："荆之無子者。"顧植物以結實爲貴；故竹供笛材，雌雄尚無高下，而竹爲筍本，則不重生男重生女，如蘇軾《仇池筆記》卷下："竹有雌雄，雌者多筍，故種竹當種雌。"乃知《西遊記》第三五回孫行者哄妖王謂葫蘆一雌一雄，第七一回又哄妖王謂金鈴一雌一雄，雖搗鬼而非杜撰也。妖王斥之曰："鈴兒乃金丹之寶，又不是飛禽走獸，如何辨得雌雄？"適見其未嘗學問。《抱朴子》內篇《登涉》："取牡銅以爲雄劍，取牝銅以爲雌劍"；王嘉《拾遺記》卷二："禹鑄九鼎,……使工師以雌金爲陰鼎,以雄金爲陽鼎";固方士之常談。至丹鼎家言,以鉛爲雄,以汞爲雌,且有"男人女妝"、"女人男妝",如《悟真篇》卷中《五言四韻》所謂:"女子着青衣,郎君披素練",則"金丹之寶"正復從"辨得雌雄"來耳。

宋玉《大言賦》、《小言賦》,楚襄王命諸大夫爲大、小言。按《晏子春秋》外篇第一四《景公問天下有極大極細,晏子對》實爲嚆矢,《書影》卷四已言此;《列子・湯問》亦其類,《永樂大典》卷一二〇四三《酒》字引《古今事通》采《啓顔録》載漢武帝命公孫弘、東方朔所爲大言,則罕知者。《禮記・中庸》:"故君子語大、天下莫能載焉,語小、天下莫能破焉",可概大、小言之謀篇。洪邁《容齋續筆》卷一三嘗謂《列子》之龍伯、焦螟與《莊子》之鯤、鵬、蝸角,"皆不若《中庸》此二語"。夫二語定大小之界義,諸喻示大小之事例,肅括詭異,各有攸宜。《管子・宙合》:"是大之無外,小之無内",《吕氏春秋・下賢》:"其大無外,其小無内",《楚辭・遠遊》:"其小無内兮,其大無垠",則可匹《中庸》二語;洪興祖註《楚辭》引《淮南子》:"深閎廣大,不可爲外,析豪剖芒,不可爲内。""垠"、邊也、界也,物之盡際而仍屬其體者;出乎"垠",則脱物而在其體之外。故"垠"與"外"反,一尚即物,一已離物。顧《楚辭》之"其大無垠"與《管子》之"大之無外"或顔真卿等《大言》聯句之"四方上下無外頭",了無二致。"無垠"正亦"無外";猶《中州集》卷三王庭筠《夏日》名句:"花影未斜貓睡外,槐枝猶顫鵲飛邊",鵲已飛離枝上,"外"正亦"邊"。常語如"物在桌邊"、"錢在身邊",謂在桌上、身上也;"物在桌傍"、"錢在身傍",則謂其在桌與身以外,特尚逼近耳。"物在手邊"却與"物在手傍"

無異,皆謂近乎易取,而非謂握在手中,猶"兒女在身邊"無異於"兒女在身傍"。"白髮鬢邊生",髮在鬢之中;"但喫肉邊菜"(《壇經·行由》第一),肉在菜之外。"邊"與"傍"或異或同,一字而歧意。《呂氏春秋·淫辭》:"辭之中又有辭焉,心之謂也";即所謂"話裏有話",正同"言外之意"。《全唐文》卷七九六皮日休《桃花賦》:"有艷外之艷,華中之華";易爲"艷中"、"華外"亦無不可。皆須"觀其辭之終始"也(詳見《左傳》卷論隱公元年)。又按古希臘辯士以"小物説似大,大物説似小"(making small things appear great and great things small),爲詞令之首務①;即"大言"、"小言"。斯多噶派論想像(phantasia),或張小物而大之,或斂大物而小之,用比類之法(conclusions by analogy)②,祇須配當適稱(eduction of correlates),談者或舉《海外軒渠錄》中大人國、小人國爲例③。宋玉兩賦,機杼猶此。《莊子·秋水》有"天地稊米,毫末邱山"之喻,白居易《禽蟲十二章》之九:"蟭螟殺敵蚊巢上,蠻觸交争蝸角中,應似諸天觀下界,一微塵内鬭英雄";《鶡冠子·天則》"道開"節陸佃註:"雖栖在蚊睫,而視之若嵩華,戰於蝸角,而聽之若齊魏";蒲壽宬《心泉學詩稿》卷二《登師姑巖見陣中大閲》:"俯彼萬鎧羣,微哉一窖蟻!……更陟最上頭,須彌亦芥子";徐渭《徐文長逸稿》卷八《天河》:"天河下看匡瀑垂,老蛾蠶口一絲飛;昨宵殺

---

① Isocrates, *Panegyricus*, 8, "Loeb", I, 123-5, cf.p.124, note (Gorgias, Tisias).
② Diogenes Laertius, *Lives of Eminent Philosophers*, VI.53, "Loeb", II, 163.
③ C. Spearman, *Psychology down the Ages*, II, 218; *Nature of Intelligence and Principles of Cognition*, 329. Cf. J. E. Brown, ed., *Critical Opinions of Samuel Johnson*, 518.

蝨三十個，亦報將軍破月支"，自註："上句以大視小，下句以小視大"；均以推以比，亦小亦大。法國十七世紀小說寫一學究侈言世界之大以視人之小，猶人身之於蟣蝨蟭蟟（Si le monde nous semble grand, notre corps ne le semble pas moins à un pou ou à un ciron），而蟭蟟之體亦有微蟲聚族而居，相親相仇，其人將賦詩詠之①。伏爾泰諷世小說，命名即曰《小大人》，言壽命之短長、形體之巨細，與靈椿蛄菌、稊米邱山，比物此志焉②。

《小言賦》："析飛糠以爲輿，剖粃糠以爲舟，泛然投乎杯水中，淡若巨海之洪流"，即《莊子·逍遥遊》："覆杯水於坳堂之上，則芥爲之舟。""憑蚋眥以顧盼"，即《晏子春秋》："東海有蟲，巢於蚊睫。""無內之中，微物潛生，……視之則眇眇，望之則冥冥，離朱爲之歎悶"，即《列子》："江浦之間生麽蟲，……離朱子羽方拭眥揚眉而望之，勿見其形。"《遠遊》曰："其小無內"，而此賦曰"無內之中"，更進一層。"內"、"中"也，"無內"矣，却猶有"中"而容"物潛生"，則厥"物"之"微"，非思議所及矣。納矛盾於一語，不相攻而俱傷，却相得而益彰，猶《老子》第四三章之言："無有入無間"（參觀崔璐《覽皮先輩盛製、因作十韻》："小言入無間，大言塞空虛"），此修詞之狡獪也。後世笑林以大言博喔噱，如明屠本畯《憨子雜俎》謂海舶誤入鯤腹，鵬吞鯤而止於大人眉稜，大人以爲蠅也，摑之斃，鵬腐鯤潰，舟始露見，則高擱巖顛，去海尚千里，幸王姥小遺其傍，

① Sorel, *Histoire comique de Francion*, Liv. XI, "Textes Français Modernes", IV, 11-2 et note.
② Voltaire, *Microm*égas, chs. 2 et 4, *Romans et Contes*, "la Pléiade", 105f., 107 f..

隨流滔滔，遂濟所屆。布局貫串，不復似宋玉原作及六朝擬作之散列零星。小言似無相類者。明季西製諸鏡入華，李漁《十二樓》之四《夏宜樓》即用"千里鏡"爲關捩，然未覯人以"顯微鏡"湊泊宋玉之賦。藴端《玉池生稿》卷一《西洋四鏡》詩見稱於查爲仁《蓮坡詩話》卷中，其第二首咏顯微鏡，不過云"一卷即是山，一勺即是水"，了無幻想警語也，釋道宣《高僧傳》二集卷一五《玄續傳》："嘗見人述《莊子》鵬鷃之喻，便歎曰：'莊蒙以小大極於此矣，豈知須彌不容金翅，世界入於鄰虛？井蛙之智，穢人耳目！'"；釋道世《法苑珠林》卷一〇《畜生部·身量》亦謂"俗書莊周説"大鵬"背不知幾千里"，不過"當内典小金翅鳥"，"莊周説"微莫過鷦鷯，"此亦未達内典，衆生受報極小者形如微塵，凡眼不覩"，如水中"細蟲"。佛者排道，遂如家奴享金、藏石詡寶。莊、列所云蝸角、蚊睫，二僧不應不知，豈以爲寓言不實，非同天竺之博物可徵耶？"肉眼看水清淨，其内無蟲"，然實有蟲。張籍《律僧》："濾蟲還入泉"，眼不見爲淨耳。《分别功德論》卷二載二比丘共至佛所，頓乏漿水，"時有小池潢水"，一比丘"深思禁律"，自念"若飲此水，殺生必多"，遂"全戒殞命"，即生天上；一比丘飲水全命，至佛所，佛曰："卿雖覩我，去我甚遠，正可覩我肉形耳！"《醒世恒言》卷二六《薛録事魚服證仙》論"好生"，引諺："若依佛法，冷水莫呷"；西土傳婆羅門毀顯微鏡，以其照見一滴水中生物相吞食(A Brahmin destroyed a microscope because it showed him animals killing each other in a drop of water)①；皆釋氏小言之諍論矣。莊

---

① *Alfred Lord Tennyson*: *A Memoir*, by His Son, I, 278.

子言鵬"背不知其幾千里也",虛數泛稱,示意而已;釋典則言金翅鳥"頭尾相去八千由旬,高下亦爾",一若丈量切實者,轉覺粘滯①。貪多好大(jumboism)乃梵籍結習,如買菜求益,市瓜擇巨,每侈陳數多量洪,籌算堆垛,以爲殊勝(Les Hindous ont inventé des unités prodigieuses qui servent de base et de matière à leurs fantaisies numériques)②。或譏其未脱兒童之見(childish),以龐大認作偉大(passes off bigness for greatness)③。頗中所病。

【作者按:下一節原見《管錐編》稿中,周君振甫審閲時,恐滋物議,命余删去。余以所考論頗能窮源發覆,未忍抛擲,録存備萬一他年拾遺補闕焉。一九八四年二月十日槐聚記。】宋玉《高唐賦》。神女語楚王"願薦枕席",王"因幸之";詰旦臨别,女自道脚色曰:"朝爲行雲,暮爲行雨,朝朝暮暮,陽臺之下。"按"枕席"之薦與"雲雨"之司,雖屬一人,自是兩事,後世混而同之。《王荆文公詩箋註》卷九《葛藴作〈巫山高〉,愛其飄逸,因亦作兩篇》之一:"那知襄王夢時事,但見朝朝暮暮長雲雨",正謂夢中薦枕席非即朝暮行雲雨,一不可得"知"而一則人所共"見"也。故李壁註引《雲華夫人傳》而申説曰:"據此,所稱'雲雨',蓋事涉道真,理該造化,後世乃以喻情欲之事,其褻瀆甚矣!"翟灝《通俗編》卷一:"杜甫《貧交行》:'翻手爲

---

① Cf. Leopardi, *Zibaldone*, "I Classici Mondadori", I, 971: "... una piccolissima *idea confusa* è sempre maggiore di una grandissima, affatto *chiara*. L'incertezza se una cosa sia o non sia del tutto, è pur fonte di una grandezza" ecc..

② T. Ribot, *Essai sur l'Imagination créatrice*, 7e éd., 173.

③ Coleridge, *On the Divine Ideas*, quoted in J. H. Muirhead, *Coleridge as Philosopher*, 283-4.

雲覆手雨'，只反覆不常意。小説家牽合高唐'雲雨'之文，資穢褻之用，殊可笑！"李腐翟泥，均乖通方。"喻"與"牽合"，自非偶然；常情以雲雨象男女之事，宋賦、杜詩現成湊手，適資挪用而已。薦枕席非即行雲雨，而薦枕席者亦即行雲雨者，宋賦不無寓意。《莊子・天運》："雲者爲雨乎？雨者爲雲乎？孰居無事淫樂而勸是？"；王先謙《莊子集解》引宣穎云："雲雨乃陰陽交和之氣所成，故以爲造化之淫樂。"翟氏數典求朔，當引《莊子》此文。"勸"、致力也，如《史記・貨殖列傳》"各勸其業"之"勸"，"居無事"猶《水滸》第二四回王婆説風情所謂"要有閒工夫"，或古希臘、羅馬哲人與詩人所謂"愛情乃閒人之忙事"(Love is the business of the idle; Otia si tollas, periere Cupidinis arcus; Tam Venus otia amat)①。《易・家人》及《歸妹》等《彖》皆以男女之事爲"天地之大義"，《繫辭》下揚言："天地絪縕，萬物化醇；男女構精，萬物化生。"《管子・水地篇》"人、水也"一節、《太平御覽》卷五八引《春秋元命苞》"水之爲言、演也"一節，均以"男女精氣合"釋水土之情狀；《論衡・物勢篇》謂"天地合氣"生人猶"夫婦合氣"生子；《全上古三代文》卷一六彭祖《養壽》發揮"天地得交接之道"尤詳。唐白行簡媟語俳文以《天地陰陽交歡大樂賦》標題，蓋有典據。夫既近取諸身(anthropomorphism)，擬天地於男女，則充類而推及乎雲雨，亦題中應有之義耳。"牽合穢褻"、"喻情欲"，殆自唐之叔世乎。

---

① Diogenes Laertius, *Lives of Eminent Philosophers*, VI.51, Diogenes of Sinope; Ovid, *Remediorum amoris*, 139, 143. Cf. Byron, *Don Juan*, XIV.76 (idleness), Variorum Ed. by T.G. Steffan and W.W. Pratt, Vol. III, P.443; Stendhal, *De l'Amour*, "Premier Essai de Préface" et ch.13 (le loisir), "le Divan", t.1, pp.7, 68.

王嘉《拾遺記》卷七記魏文帝使迎薛靈芸，"車徒咽路，塵起蔽於星月。……帝乘雕玉之輦，以望車徒之盛，嗟曰：'昔者言：朝爲行雲，暮爲行雨；今非雲非雨，非朝非暮。'"以行塵與行雲、行雨比類並論，則祇指騰雲作雨，雖緣姬妾而發，不含狎暱之義。陶弘景《真誥·稽神樞》之四記學道飛昇者有朱孺子，"存泥丸法四十年，遂致雲雨於洞房"。"雲雨"、"洞房"，兩詞連屬，唐後的然"穢褻"，而貞白渾然不覺雙關，袒然不慮誤會。庾信《庾子山集》卷一六《趙國公夫人紇豆陵氏墓志銘》："雲雨去來，既流連於楚后"，正用《高唐賦》事，爲貴夫人諛墓，壽之貞珉，唐後必貽讒取怒，而蘭成下筆，初無避忌。頗徵南北朝末渠以"雲雨"爲好合之代詞也。李賀《湘妃》："巫雲蜀雨遥相通"，尚難定詁；《惱公》："蜀煙飛重錦，峽雨濺輕容"，則顯爲"穢褻"語，猶吳偉業《西江月·春思》之"雲蹤雨跡"矣。魚玄機《感懷寄人》："早知雲雨會，未起蕙蘭心"；孫光憲《更漏子》祇云："雲雨態，蕙蘭心"，此則以"會"字承"雲雨"，意義益明，謂雖早解人事，而未動芳心。韓偓《六言》之一："秦樓處子傾城，金陵狎客多情。朝雲暮雨會合，羅韈繡被逢迎。華山梧桐相覆，蠻江荳蔻連生。幽歡不盡告別，秋河悵望平明"；中間四句一意，既以宋玉賦中"薦枕席"與"行雲雨"二事泯而一之，復以"相覆"、"連生"重言申明之，"會合"即魚詩之"會"，"羅韈、繡被"類李詩之"重錦、輕容"。唐彥謙《無題》之二："楚雲湘雨會陽臺，錦帳芙蓉向夜開"；亦用"會"字，以卜"夜"故，不言"朝暮"，掉臂自在，勿拘泥來歷，韓冬郎詠"平明"即"告別"，却仍稱"朝雲暮雨"，相形而見謹細矣。李後主《菩薩蠻》："雨雲深繡户，來便諧衷素"；孫光憲《河傳》：

"如花殿脚三千女,争雲雨,何處留人住",又《浣溪紗》:"欲棲雲雨計難成";五代蓋成套語。爾後如周邦彦《青玉案》之"滅燭來相就,雨散雲收眉兒皺",無名氏《點絳唇》褻詞之"殢雨尤雲"云云(沈雄、江尚質同輯《古今詞話·詞品》卷下引《詞統》),更踵"雲雨"之陳言而增華潤色焉。希臘古傳天地交歡,乃有雨露,滋生萬物(The Grecks called the sky Uranus, understanding by the name the generative power of the sky which penetrates the earth with warmth and moisture, and through which the earth brings forth every living thing)①。文藝復興時意大利脚本中一婦久曠,自言曰:"雨澤不降,已逾七月矣"(più di sette mesi sono, che non me ci ha piovuto)②。讀近世歐美小說,時復一遭。如或記婚儀中女呼男爲"己之雨"而男呼女爲"己之土"(This man is my rain from heaven. This woman is the earth to me)③。或言沛然下雨,儼如洪荒之世,天地欲生育男女而歡合(I could hear the rain falling and the seeds swelling. I could feel the sky and the earth copulating as in primitive times when they mated like a man and woman and wanted children);霖降注河又如牝牡交接(The male waters of heaven spouted down and united with the rivers and lakes, the female waters of earth)④。

---

① Hans Licht, *Sexual Life in Ancient Greece*, tr. J. H. Freese, p. 181.

② Bruno, *Candalaio*, IV. ix (Marta), *Opere di G. Bruno e di T. Campanella*, Riccardo Ricciardi, p. 123.

③ D. H. Lawrence, *The Plumed Serpent*, ch. 20 (Kate and Don Cipriano), Martin Secker, p. 352.

④ N. Kazantzakis, *Zorba the Greek*, tr. C. Wildman, p. 65; *The Last Temptation*, tr. P. A. Bien, p. 271.

或寫男求歡曰："旱久不雨，吾何以堪"（On the one hand it's been a long season without rain. A man is not a man for nothing）①。故知"雲雨"之"牽合"，匪獨吾國爲然，且始著於吾國詩詞，初非由"小説家"言也。按蘇軾《仇池筆記》卷上嘗譏昭明《文選》"編次無法"，乃"小兒强作解事"；章學誠《文史通義》内篇一《詩教》下亦斥《文選》分門"淆亂蕪穢，不可殫詰"。聊增一例。此賦寫巫山風物，而入《文選·情》門，實與《神女》、《好色》，不倫非類；當入《遊覽》門，與孫綽《遊天台山賦》相比。宋賦僅爲襄王陳高唐之"珍怪奇偉"，而設想"王將欲往見之"，王未真登陟也；孫賦祇言神遊，見天台"圖像"而"遥想"、"不任吟想"，"俛仰之間，若已再升"，亦未嘗親"經魑魅之途，踐無人之境"也。白居易《想東遊五十韻·序》早曰："亦猶孫興公想天台山而賦之也"；楊萬里《誠齋集》卷一四《寄題李與賢似剡庵》更明言之："君不見興公舊草《天台賦》，元不曾識天台路，一俛仰間已再升，何用瘦籐與芒屦？"宋玉侈説高唐，以堅襄王規往之興；孫綽"馳神運思"於天台，踪跡雖未實經，快意差如過屠之嚼；李白《夢游天姥吟》因"越人語"而發興生幻，夢事一若實事，當其栩栩，遊目暢懷，遠過襄王、孫綽，及夫蘧蘧然覺，反添嗟悵。三篇合觀，頗益文思。

　　宋玉《登徒子好色賦》："天下之佳人，莫若楚國，楚國之麗者，莫若臣里，臣里之美者，莫若臣東家之子。"按"佳"、"麗"、"美"三變其文，造句相同而選字各異，豈非避複去板歟？此類句法如拾級增高，彷彿李商隱《楚吟》之"山上離宫宫上

---

① Bernard Malamud, *The Mixer* (1966) (Yakov to Zina), pp.51-2.

樓"或唐彥謙《寄同人》之"高高山頂寺，更有最高人"，竊欲取陸佃《埤雅》卷三論《麟趾》所謂"每況愈上"名之。西方詞學命爲"階進"（gradation）或"造極"（climax）語法①。司馬遷《報任少卿書》："太上不辱先，其次不辱身，其次不辱理色，其次不辱辭令，其次詘體受辱，其次易服受辱，其次關木索、被箠楚受辱，其次鬄毛髮、嬰金鐵受辱，其次毀肌膚、斷支體受辱，最下腐刑極矣！"每下愈況，循次九而至底，"不辱"四、"受辱"五，事歸一致而詞判正反，變化以避呆板，得不謂爲有意爲文耶？斯法不僅限於數句，尚可以成章謀篇，先秦出色文字如《戰國策·楚策》四莊辛謂楚襄王"君獨不見夫蜻蛉乎？"云云、《吕氏春秋·順説》惠盎謂宋康王"臣有道於此"云云。《管子·權修》一篇中屢用不一用，"地之守在城"云云凡四進級，"故地不辟"云云凡五進級，"天下者國之本也"云云凡六進級，則鈍置滯相，猶填匡格，有"動人嫌處只緣多"之歉。古羅馬修詞家誡學者少用"階進"法（esse rarior debet）②，是已。後世詩文運用善巧者，所覩莫逾陸機《文賦》中一大節："含清唱而靡應。……故雖應而不和。……故雖和而不悲。……又雖悲而不雅。……固既雅而不艷"；五層升進，一氣貫串，章法緊密而姿致舒閒，讀之猝不覺其累疊。趙執信《飴山詩集》卷一三《甿入城行》："村甿終歲不入城，入城怕逢縣令行；行逢縣令猶自可，莫見當衙據案坐；但聞坐處已驚魂，何事喧轟來向村！"；参《獨漉

---

① Demetrius, *On Style*, V.270, "Loeb", 465; H. Lausberg, *Handbuch der literarischen Rhetorik*, I, 315: "Die *gradatio* ist eine fortschreitende Anadiplose (reduplicatio)."

② Quintilian, *Institutio oratoria*, IX.iii.54, "Loeb", III.476.

篇》句法（參觀《毛詩》卷論《正月》）以成階進，能押韻而不爲韻壓，承接便捷，運轉流利。若汪中《述學·補遺·〈修禊序〉跋尾》："今體隸書以右軍爲第一，右軍書以《修禊序》爲第一，《修禊序》以定武本爲第一，世所存定武本以此爲第一，在於四累之上，故天下古今無二"；其胎息於宋賦、《呂覽》，望而可曉也。民間風謠亦有此構，如馮猶龍《山歌》卷二《哭》："只指望山上造樓，樓上造塔，塔上參梯"；西方謂之"累積歌"（cumulative song）①。別詳《列子》卷論張湛《註》、《全唐文》卷論李翱《薦所知於徐州張僕射書》。

《好色賦》："增之一分則太長，減之一分則太短，著粉則太白，施朱則太赤。"按前兩句當參觀《神女賦》："穠不短，纖不長。"王若虛《滹南遺老集》卷三七駁云："乃若長短，則相形者也。'增一分'既已'太長'，則先固長矣，而'減一分'乃復'太短'，却是原短。豈不相窒乎？"《晶花寶鑑》第三八回託爲屈道生語亦云："'增之一分則太長'，則此人真長，減一分必不爲短；'減之一分則太短'，則此人真短，增一分必不爲長。亦語病也。"吹索毛癜，均非篤論，而辨析毫芒，足發深省。夫形容品目之詞，每無須加著"過"或"太"，而溢量超度之意已傳，故《神女賦》之"長"、"短"正即《好色賦》之"太長"、"太短"。同卷《招魂》曰："長人千仞，唯魂是索些"，"長"、太長也、踰越尋常之"長"也；又曰："長髮曼鬋，艷陸離些"，"長"即長耳，得其所宜之長，不嫌過長也。李廣"短衣射虎"，便於衣短

---

① James Reeve, *The Idiom of the People*, 212, "The Tree in the Wood". Cf. Heine, "Fresko-Sonette an Christian S." iv, *Werke und Briefe*, Aufbau, I, 67.

也；甯戚"短衣飯牛",則怨衣太短矣。"多才多藝"之"多"、多也,許之也；"君子多乎哉"之"多",太多也,不許之也。英、法諺皆曰:"庖人太多則敗羹"(Too many cooks spoil the broth; Trop de cuisiniers gâtent la sauce),而德諺曰:"庖人多則敗羹"(Viele Köche verderben den brei),詞旨相等,有"太"不爲增,無"太"不爲減焉。是以"長"、"短"或謂適可之長、短,加"太"則謂過分;或正謂不適可之長、短,不待加"太",已含過分之意。亦猶"够"謂不欠、恰好,而亦可謂太過、多賸,如曰:"够了!够了!少説爲妙!"①。王若虚輩泥字義而未察詞令,初不省《好色賦》之"長"、"短"爲長短恰好,故可加"太"以示失中乖宜,非若《神女賦》之"長"、"短"乃是過與不及之長短也。唐太宗《小池賦》:"减微涓而頓淺,足一滴而還深",機杼似而不同;蓋專就"减"言而不兼及"增",謂倘"减"一滴即池太淺,必補"足"之始"還"復舊"深",下句重言以申上句耳。釋書如《彌勒下生經》稱修梵摩貌相端正:"不長不短,不肥不瘦,不白不黑,不老不少",又《長阿含經》稱王女寶貌相端正:"不長不短,不粗不細,不白不黑,不剛不柔";古希臘詩稱美人:"不太纖,不太穠,得其中"(not too slender nor too stout, but the mean between the two)②;拜倫詩稱美人:"髮色增深一絲,容光减褪一忽,風韻便半失"(One shade the more, one ray the less,/Had half impair'd the nameless grace/Which waves in every raven tress,/Or softly lightens

---

① Cf. C. S. Lewis, *Studies in Words*, 77 ("enough of" = "more than one wants").
② *Greek Anthology*, V. 37, Rufinus, "Loeb", I, 147.

o'er her face)①。與宋玉手眼相類，均欲示恰到好處，無纖芥微塵之憾。倘不負言而正言之，即曹植《洛神賦》："穠纖得中，修短合度"；允執厥中，正未許強以名學之"排中律"相繩也。"著粉"兩句可以《説苑·反質》篇移釋："丹漆不文，白玉不雕，寶珠不飾，何也？質有餘者，不受飾也"（《孔子家語·好生》篇同，無"寶珠"句）；亦猶庾信《詠園花》所謂："自紅無假染，真白不須妝。"班倢伃《擣素賦》："調鉛無以玉其貌，凝朱不能異其唇"；傅毅《七激》："紅顏呈素，蛾眉不畫，唇不施朱，髮不加澤"；王粲《神女賦》："質素純皓，粉黛不加"；白居易《和李勢女》："減一分太短，增一分太長，不朱面若花，不粉肌若霜"（參觀歐陽修《鹽角兒》）；陳陳相因。翻新者乃反面着想，如張祜《集靈臺》："却嫌脂粉污顏色"；蘇軾《西江月》："素面常嫌粉涴，洗妝不褪唇紅"；蓋擬議而變化也。

《好色賦》："於是處子悅若有望而不來，忽若有來而不見，意密體疏，俯仰異觀，含喜微笑，竊視流眄。"按《神女賦》又云："意似近而既遠兮，若將來而復旋。……似逝未行，中若相首，目略微盼，精彩相授，……意離未絕。"皆寫如即如離、亦迎亦拒之狀，司空圖《詩品》之《委曲》曰："似往已迴，如幽非藏"，可借以形容。枚乘《梁王菟園賦》末節寫采桑婦人，仿此而鑄語未工，"神連未結"即"意密體疏"；曹植《洛神賦》："神光離合，乍陰乍陽。……進止難期，若往若還"（《文選》李善註："'陰'去'陽'來也"），庶幾與宋玉争出手矣。後來刻劃，如晉《白紵舞歌》："若推若引留且行，……如矜如思凝且

---

① Byron: "She Walks in Beauty."

翔"；劉禹錫《觀柘枝舞》："曲盡回身去，層波猶注人"；韓偓《三憶》："憶去時，向月遲遲行；强語戲同伴，圖郎聞笑聲"；柳永《木蘭花令》："問著洋洋回卻面"；張先《踏莎行》："佯佯不覷雲鬟點"；陳師道《放歌行》："不惜捲簾通一顧，惜君著眼未分明"；史達祖《祝英臺近》："見郎和笑拖裙，匆匆欲去，驀忽冒留芳袖"；王實甫《西廂記》第一折："怎當他臨去秋波那一轉"；增華窮態，要不出宋玉二賦語之牢籠。《樂府詩集》卷二五《淳于王歌》："但使心相念，高城何所妨"，以至李商隱《無題》："身無彩鳳雙飛翼，心有靈犀一點通"，或周邦彥《拜星月慢》："怎奈何一縷相思，隔溪山不斷"，皆"意密體疏"之充類也。元稹《會真記》："張生且喜且駭，謂必獲濟；及崔至，則端服儼容，大數張。……言畢，翻然而逝"；又豈非"似近而既遠、將來而復旋"之極致耶？古羅馬詩人《牧歌》亦寫女郎風情作張致，見男子，急入柳林中自匿，然回身前必欲邀男一盼（Malo me Galatea petit, lasciva puella, /et fugit ad salices, et se cupit ante videri）①；談者以此篇擬希臘舊什而作，遂謂譯詩可以取則，足矯逐字蠻狠對翻之病（violentius transferantur）②。夫希臘原作祇道女以蘋果擲男③，茲數語直是奪胎換骨，智過其師，未宜僅以迻譯目之。所寫情境，則正宋賦、劉詩、王曲之比也。

《招魂》："目極千里兮傷春心。"按《楚辭》卷論《招魂》者不復贅，補拈此句，以合之《高唐賦》："長吏隳官，賢士失志，

---

① Virgil, *Eclogues*, III.64-5, "Loeb", I, 22.
② Aulus Gellius, *Attic Nights*, IX.ix, "Loeb", II, 176.
③ Theocritus, V, *The Greek Bucolic Poets*, "Loeb", 73.

愁思無已，太息垂淚，登高遠望，使人心瘁。"二節爲吾國詞章增闢意境，即張先《一叢花令》所謂"傷高懷遠幾時窮"是也。

【增訂三】《高唐賦》中"登高心瘁"云云，當與《說苑·指武》、《孔子家語·致思》兩篇記孔子語合觀。孔子東上農山，子路、子貢、顏淵從，孔子"喟然歎曰：'登高望下，使人心悲！'"先秦記孔子登臨觀感，不過《孟子·盡心》所載："孔子登東山而小魯，登泰山而小天下"，祇如杜甫《望嶽》之"一覽衆山小"爾（參觀2057－2058頁）。漢人書中記孔子望遠傷高，乃與宋玉戚戚有同感焉，於浪漫主義之"距離悵惘"（pathos of distance），儼具先覺。後世傳誦如王勃《滕王閣序》："天高地迥，覺宇宙之無窮，興盡悲來，識盈虛之有數"；陳子昂《登幽州臺》："念天地之悠悠，獨愴然而涕下"；柳宗元《湘江館》："境勝豈不豫，慮紛固難裁；升高欲自舒，彌使遠念來"；會心正復不遠。竊謂牛山之沾衣、峴山之垂泣，"懷遠悼近"（語出潘岳《秋興賦》，參觀《文選》李善註此句），則亦類幽州臺之下涕耳。此等情味可拈出而概名之曰"農山心境"，於談藝之挈領研幾，或有小補乎。

張協《雜詩》之九："重基可擬志，迴淵可比心"，《文選》李善註引《顧子》："登高使人意遐，臨深使人志清"，斯固然矣。別有言憑高眺遠、憂從中來者，亦成窠臼，而宋玉賦語實爲之先。《詩·魏風·陟岵》詠登岵之"瞻"、升岡之"望"，尚明而未融、渾而未畫；《秦風·蒹葭》雖歎"道阻且長"，而有遠無高，則猶未極遠致。是以李商隱《楚吟》："山上離宮宮上樓，樓前宮畔暮江流；楚天長短黃昏雨，宋玉無愁亦自愁"；溫庭筠《寄岳州李外郎遠》："天遠樓高宋玉悲"；已定主名，謂此境拈自宋玉也。

《太平御覽》卷四六九引《郭子》:"王東海登琅琊山,歎曰:'我由來不愁,今日直欲愁!'太傅云:'當爾時形神俱往。'"視《晉書·王承傳》之"人言愁我始欲愁矣",詞意較晰;《世說·任誕》亦記王廞"登茅山大慟哭曰:'琅琊王伯輿終當爲情死!'"曲傳心理,殆李嶠《楚望賦》(《全唐文》卷二四二)乎:"非歷覽無以寄杼軸之懷,非高遠無以開沉鬱之緒。……思必深而深必怨,望必遠而遠必傷。……故夫望之爲體也,使人慘悽伊鬱,惆悵不平,興發思慮,震蕩心靈。其始也,惘兮若有求而不致也,悵乎若有待而不至也。……精迴魂亂,神苶志否,憂憤總集,莫能自止。……乃若羊公愴惻於峴山,孔宣憫然於曲阜,王生臨遠而沮氣,顏子登高而白首。……故望之感人深矣,而人之激情至矣!"

【增訂四】"登高心悲"之"農山心境",如北宋初楊徽之《寒食寄鄭起侍郎》所謂"地迥樓高易斷魂"者,南宋敖陶孫《西樓》絕句申發最明:"只有西樓日日登,欄杆東角每深凭;一層已是愁無奈,想見仙人十二層"(《後村千家詩》卷十六,《宋詩紀事》卷五八引;不見《臞翁詩集》)。直似登陟愈高,則悲愁愈甚,此中有正比例;一層臨眺,已喚奈何,上推蓬宮瑤臺十二層中人,其傷高懷遠,必腸回心墜矣。鍾惺名句,亦堪作例。《隱秀軒集·宇集》卷一《九日攜姪登雨花臺》:"子姪漸親知老至,江山無故覺情生",極爲《隨園詩話》所賞。"無故"二字,視王承登山所謂:"我由來不愁,今日直欲愁。"更醒豁也。

晁補之《照碧堂記》(《雞肋集》卷二九):"斯須爲之易意,樂未已也,哀又從之。故景公美齊而隨以雪涕;傳亦曰:'登高遠望,使人心悴'";不如李之微至也。王粲《登樓賦》始云:"登兹樓以四望兮,聊假日以銷憂",而繼云:"憑軒檻以遙望兮,對北風而開襟。平原遠而極目兮,蔽荆山之高岑,悲舊鄉之壅隔兮,涕橫墜而勿禁";是解憂而轉增悲也。囊括古來眾作,團詞以蔽,不外乎登高望遠,每足使有愁者添愁而無愁者生愁,舉數例概之。曹植《雜詩》:"飛觀百餘尺,臨牖御櫺軒,遠望周千里,朝夕見平原;烈士多悲心,小人婾自閑";顏延之《登巴陵城樓》:"悽矣自遠風,傷哉千里目";沈約《臨高臺》:"高臺不可望,望遠使人愁。連山無斷續,河水復悠悠。所思曖何在,洛陽南陌頭;可望不可至,何用解人憂!";何遜《擬古》:"家在青山下,好上青山上;青山不可上,一上一惆悵";古樂府《西洲曲》:"鴻飛滿西洲,望郎上青樓,樓高望不足,盡日闌干頭";陳子昂《登幽州臺》:"前不見古人,後不見來者,念天地之悠悠,獨愴然而涕下"(沈德潛《唐詩別裁集》卷五評:"余於登高時,每有今古茫茫之感,古人先已言之");王昌齡《閨怨》:"閨中少婦不知愁,春日凝妝上翠樓,忽見陌頭楊柳色,悔教夫壻覓封侯";李白《愁陽春賦》:"試登高而望遠,咸痛骨而傷心";杜甫《涪城縣香積寺官閣》:"寺下春江深不流,山腰官閣迥添愁",又《登樓》:"花近高樓傷客心,萬方多難此登臨";樊宗師《蜀綿州越王樓詩序》:"蹇蹇余始登。……天原開,見荆山;我其黃河睍然爲曲。直淚雨落,不可掩";柳宗元《登柳州城樓》:"城上高樓接大荒,海天愁思正茫茫";歐陽詹《早秋登慈恩寺塔》:"因高欲有賦,遠望慘生悲";杜牧《登池州九峯樓》:"百感中來不自由,角聲孤起夕陽樓,碧山終日思無盡,芳草何年恨始休";唐彥謙《春早落英》:"樓上有愁春不淺,小桃風雪凭闌干";曹

— 1411 —

松《南海旅次》:"憶歸休上越王臺,愁思臨高不易裁";楊徽之《寒食寄鄭起侍御》:"天寒酒薄難成醉,地迥樓高易斷魂";范仲淹《蘇幕遮》:"明月樓高休獨倚,酒入愁腸,化作相思淚";張先《偷聲木蘭花》:"莫更登樓,坐想行思已是愁";杜安世《鳳棲梧》:"佇立危樓風細細,望極春愁,黯黯生天際";辛棄疾《醜奴兒》:"少年不識愁滋味,愛上層樓,愛上層樓,爲賦新詞強説愁";何夢桂《喜遷鶯》:"怕傷心,休上危樓高處。"王禹偁《點絳唇》、晏幾道《清平樂》、晁元禮《點絳唇》又《綠頭鴨》、王觀《蘇幕遮》等莫不摹寫樓危閣迥,凝睇含愁,闌干凭暖①,漸成倚聲熟套。當世意大利詩家(G. Ungaretti)之傳誦短章:"當風暮樓,供我凭愁"(Balaustrata di brezza/per appoggiar stasera/la mia malinconia),即或胎息於其本國前修②,却甚肖吾國舊什中此情景也。十八世紀英國小説有角色諢曰:"脱在山顛宜生愁思,則在山足當發歡情"(But if the top of the hill be properest to produce melancholy thoughts, I suppose the bottom is the likeliest to produce merry ones)③;雖爲戲言,亦徵同感。嘗試論之。客羈臣逐,士耽女懷,孤憤單情,傷高望遠,厥理易明。若家近"在山下",少"不識愁味",而登陟之際,"無愁亦愁",憂來無向,悲出無名,則何以哉?雖懷抱猶虛,魂夢無縈,然遠志遙情已似乳殼中函,孚苞待解,應機根觸,微動幾先,極目而望不可即,放眼而望未之見,仗境起心,於是惘惘不甘,忽

---

① Cf. D. G. Rossetti: "The Blessed Damozel": "Until her bosom must have made/The bar she leaned on warm".

② Cf. A. Vallone, *Aspetti della Poesia italiana contemporanea*, 178 ff..

③ Fielding, *Tom Jones*, Bk. VIII, ch. 10, "Everyman's", I, 336 (Partridge).

忽若失。李嶠曰："若有求而不致，若有待而不至"，於浪漫主義之"企慕"（Sehnsucht），可謂揣稱工切矣。情差思役，寤寐以求，或懸理想，或構幻想，或結妄想，僉以道阻且長、欲往莫至爲因緣義諦（la lontananza; à la nostalgie d'un pays se joint la nostalgie d'un temps; la nostalgie du pays qu'on ignore; distance lends enchantment; die unendliche Ferne, die Entfernung）①。哲人曰："日進前而不御，遥聞聲而相思"（《鬼谷子·内揵》、《鄧析子·無厚》、《抱朴子·廣譬》）；詩人曰："我所思兮在泰山，欲往從之梁父艱，側身東望涕沾翰；我所思兮在桂林，欲往從之湘水深，側身南望涕沾衿"（張衡《四愁詩》），"足力盡時山更好，莫將有限趁無窮"（蘇軾《登玲瓏山》），"渺渺兮余懷望，美人兮天一方"（句讀從劉將孫《養吾齋集》卷七《沁園春·檃栝〈赤壁賦〉》自註）；童話曰："物之更好者輒在不可到處，可覩也，遠不可致也"（There was always a more lovely bunch of rushes that she couldn't reach. "The prettiest are always further!" she said with a sigh）②；齊心如出一口。徵之吾國文字，遠瞻曰"望"，希冀、期盼、仰慕並曰"望"，願不遂、志未足而怨尤亦曰"望"；字義之多歧適足示事理之一貫爾。參觀《毛詩》

---

① Leopardi, *Zibaldone*, Mondadori, I, 702, 1145, II, 108; É. et J. de Goncourt, *Journal*, 23, août, 1862, éd. définitive, II, 44; Baudelaire: "L'Invitation au Voyage", *Oeuv. comp.*, "la Pléiade", 305; L. Abercrombie, *Romanticism*, 32 ff. (Campbell, Norris); F. Strich, *Deutsche Klassik und Romantik*, 74 ff. (Novalis, Loeben). Cf. Paul Ernst, *Der Weg zur Form*, 48: "...alles Ideale gewinnt, wenn es in eine grössere Ferne gerückt wird".

② Lewis Carroll, *Through the Looking-Glass*, ch. 5, *Complete Works*, Nonsuch, 205.

卷論《蒹葭》、《全唐文》卷論王勃《滕王閣序》。

《宋玉集序》："女因媒而嫁，不因媒而親也。"按《淮南子·說山訓》："因媒而嫁，而不因媒而成，因人而交，不因人而親"；張文成《游仙窟》："新婦曾聞綫因針而達，不因針而縫，女因媒而嫁，不因媒而親。"

【增訂四】元稹《桐花》："非琴獨能爾，事有諭因針"，與《游仙窟》蓋用同一俗語。

晁迥《法藏碎金錄》卷二："二姓之親，因媒而成；親成而留媒不遣，媒反爲擾。一真之道，因智而合；道合而留智不遣，智反爲礙"；取舊喻而下轉語，蓋以媒喻代《莊子·外物》篇所謂"忘筌"、"忘蹄"、《金剛經》所謂"如筏喻者"、《大乘本生心地觀經·發菩提心品》第一一所謂"其病既愈，藥隨病除，無病服藥，藥還成病"。

九　全上古三代文卷一四

《穀城石人腹銘》："摩兜鞬，摩兜鞬，慎莫言"（《藝文類聚》卷六三引《荊州記》）。按嚴氏輯《先唐文》卷一復自《類聚》錄此文，題作《穀城門石人腹銘》，不應複出。段成式《酉陽雜俎》卷一一亦引《荊州記》此銘；袁文《甕牖閒評》卷八引蘇頌《談訓》記此銘故事；《朱子語類》卷一三八記"嘗見徐敦立書[此]三字帖於主位前"；陶九成《輟耕錄》卷九引《浮休閱目集》載此銘，卷三〇又引宋濂爲李敦立作《磨兜堅箴》，李常揭此三字於坐隅也（宋文見《宋文憲公全集》卷四七）。清初人數用之入詩，如陳瑚《確菴先生詩鈔》卷五《磨兜堅、哀潘、吳也》："磨兜堅，慎勿言！言之輸國情；挾筆硯，慎勿書！書之殺其身"；顧景星《白茅堂集》卷一一《曹石霞至草堂倚榻相對》第二首："久許磨兜今一放，笑同荼苢口能駢"，又卷一三《聞杜于皇幾以文字得罪》："春白胸中貯，磨兜座右銘。"一典之頻使，亦可因微知著，尚論其世，想見易代時文網之密也。

【增訂三】周亮工《賴古堂集》卷八《陳章侯繪磨兜堅見寄，感其意，賦此答之》有云："顧銘頗覺蠅難茹，屢悔空教駟在脣。"亦清初人使此典以申慎言之戒，特不知如何寫入畫圖，豈即"繪"石人而於腹上書字乎？

"荼苜"見《太平御覽》卷九〇六引《博物志》，作"荼首"，雲南郡所出兩頭鹿也；方以智《通雅》卷四六曾考其兩頭在首尾抑在左右，字又作"蔡苴"。

《口誡》："勿謂何有，積怨致咎"云云（《藝文類聚》卷一七）；嚴氏按："《傅子》擬《金人銘》，作《口銘》，有末二語，疑此《口誡》即《口銘》，未敢定之。"按《傅於·口銘》收入《全晉文》卷四九；《藝文類聚》卷一七《口》門載此文，明標題目，揭示主名："晉傅玄《口誡》"，嚴氏所據，豈別本耶？《太平御覽》卷三六七載《傅子·擬金人銘》，前六句即此篇，嚴氏止謂"有末二語"，亦未審。要之此篇不合廁三代"闕名"諸文中，斷然可知。疏譌類是者必多，未遑逐件檢覈也。

一〇　全上古三代文卷一六

彭祖《養壽》："服藥百過，不如獨卧。"按參觀《太平廣記》卷論卷二。顧況《宜城放琴客歌》："服藥不如獨自眠，從他更嫁一少年！"即用彭祖語。劉克莊《後村大全集》卷一七四："山谷與坡公云：'只欠小蠻樊素在，我知造物愛公深'；屏山問李漢老疾云：'欲袖雲門竹篦子，室中驅出散花人'；愛朋友之言也。白公云：'病與樂天相伴住，春同樊素一時歸'；放翁云：'九十老農緣底健，一生强半是單栖'；自愛之言也。"《説郛》卷九羅點《聞見録》記一士夫年老納二寵，友戲以"忠奴"、"孝奴"名之，謂"孝當竭力，忠則盡命"；又卷二七《三朝野史》賈似道請包恢傳授延年益壽方，恢曰："恢喫五十年獨睡丸。"皆同彭祖之誡。魏應璩《三叟》早云："住車問三叟：'何以得此壽？'上叟前致辭：'内中嫗貌醜'"；言外正是"獨卧"、"單栖"也。劉氏引陸游句出《劍南詩稿》卷七三《次韻李季章參政哭其夫人》之二，"農"當作"翁"，則亦向"朋友"進言。夫朋友作詩悼亡，即使原唱爲文造情，賡和似須借面弔喪，與之委蛇；不然，勿和可耳。陸詩却幾隱斥友妻爲伐性之斧，自幸"單栖"以示伊人之死可爲厥夫代幸；戇不解事，更甚於柳宗元之賀王參元進士失火矣！劉氏稱爲"自愛之言"，非健忘詩題，即曲筆回護也。此等譬慰，一意爲文，出奇負特，渾不顧身受者之或刺眼逆耳。陸氏《詩稿》卷三七《偶讀陳無己〈芍藥〉詩，蓋晚年所作也，爲之絕倒》："少年妄想已痴絕，鏡裏何堪白髮生！縱有傾城何預汝？可憐元未解人情！"末句適可斷章以反唇耳。古樂府有《雉朝飛操》，相傳犢牧子五十未娶，哀憤作歌，後世李白、韓愈、張祜輩擬古而欲争强出表，無端平添二十歲，不曰"枯楊枯楊爾生稊，我獨七十而孤栖！"，則曰："生身七十年，無一妾與妃！"，或曰："七十老翁長獨眠，衷腸結憤氣呵天！"年愈老而情愈急，張大其詞，以邀憐憫。不省"白髮""妄想"，轉招嘲哂，此亦"元未解人情"也。陳師道《謝趙生惠芍藥》第二首原句云："一枝膩欲簪雙髻，未有人間第一人"，未必真道老尚風懷，潘德輿《養一齋詩話》卷八嘗稱爲"眼空一世，無人之見者存"，得之。陸氏"絕倒"，似參死句。竊謂李清照《御街行‧詠梅》："一枝折得，人間天上，没個人堪寄"，即陳詩之意耳。

一一　全秦文卷一

　　李斯《上書諫逐客》。按別見《史記》卷論《李斯列傳》。日本齋藤謙《拙堂文話》卷六稱此篇"以二'今'字、二'必'字、一'夫'字斡旋三段，意不覺重複；後柳子厚論鍾乳、王錫爵論南人不可爲相，蓋模仿之，終不能得其奇也。"殊有入處，勝於劉壎《隱居通議》卷一八論此篇之"五用'今'字貫串，七用'不'字"也。齋藤論文，每中肯綮。李元度《天岳山館文鈔》卷二六《〈古文話〉序》："日本國人所撰《拙堂文話》、《漁村文話》，反流傳於中國"；是同、光古文家已覯其書。隨機標舉，俾談藝者知有鄰壁之明焉。

一二　全漢文卷六

　　宣帝《復賜書報趙充國》："期月而望者，謂今冬邪？謂何時也？"按卷七元帝《璽書勞馮奉世且讓之》："今乃有畔敵之名，大爲中國羞；以昔不閑習之故邪？以恩厚未洽、信約不明也？"屬詞相同，古書類此甚多。《説文解字》段玉裁註《邪》字云："今人文字，'邪'爲疑詞，'也'爲決詞，古書則多不分別。……又'邪'、'也'二字，古多兩句並用；如《龔遂傳》：'今欲使臣勝之邪？將安之也？'，韓愈文：'其真無馬邪？其真不知馬也？'皆'也'與'邪'同。"《拙堂續文話》卷三論韓愈《雜説》俗刻作"其真不知馬邪"之謬，即援段説，且引《晏子春秋》、《新序》、《漢書·武五子》等傳，以廣其例。然"兩句並用"，雖同爲疑詢，而詞意似有判别。陸繼輅《合肥學舍札記》卷六駁段説，謂"也"乃決詞，"邪"則疑詞，龔遂意在"安之"，韓愈意在"不知馬"，正是一疑而一決。其説進於段矣，而猶未周密。行文"助字"分"疑詞"、"決詞"，當"中律令"，厥旨始著於柳宗元《復杜温夫書》，惜舉例偏遺"也"、"邪"。"邪"句乃明知其不然而故問，"也"句可不知其然而真問，亦可明知其然而反詰。宣帝曰："謂今冬邪？"，知必非"今冬"；龔遂："今欲使臣勝之耶？"，知己必不能"勝之"。"謂何時也？"，"將安之也？"，則不知"何時"、未知"安之"之真問，疑慮求解釋也。元帝曰："以昔不閑習之故邪？"，明知"不閑習"之非《墨經》上所謂"大故"；韓愈曰："其真無馬邪？"，早知如《九辯》所謂"當世非無騏驥"。"以恩厚未洽、信約不明也？"，"其真不知馬也？"，則道出真因實況，雖問人而不啻己自答。前一類易了，兹增後一類兩例。《孟子·告子》："子能順杞柳之性而以爲桮棬乎？將戕賊杞柳而後以爲桮棬？如將戕賊杞柳而以爲桮棬，則亦將戕賊人以爲仁義與？"趙歧註："言必殘賊也"；"乎"與"邪"同，"順杞柳"既不可能，故"乎"句爲知其不然之佯問，"戕賊杞柳"乃事所必然，"如將"句已明言之，故"也"句爲知其然之佯問。《詩·小雅·白駒》："爾公爾侯，逸豫無期"，毛《傳》："爾公[邪？]爾侯邪？何爲逸樂無期以反也？"；上句知其非"公"非"侯"而假問訊，下句見其"逸樂"而真質詰。"邪"句佯問，言外自答曰："非是"（answer in the negative）；"也"句而佯問，言外自答曰："正是"（answer in the affirmative）。是以"邪"先"也"後，兩句連續，前句爲已決之虛問，後句或爲有疑之實問，或爲決之甚而問之更虛者。稱"邪"爲賓或襯而"也"爲主或正，似更切當。

一三　全漢文卷一五

　　賈誼《鵩鳥賦》。按《文選》録之入《鳥獸》門，何焯評："此特借鵩鳥以造端，非從而賦之也。……宜與《幽通》、《思玄》同編"；是也。《晉書·庾敱傳》："乃著《意賦》以豁情，衍賈誼之《鵩鳥》也"；其賦亦申"榮辱同貫"、"存亡均齊"之旨，初未"借"鳥獸"以造端"，蓋識賈賦謀篇所在，亦徵蕭選之皮相題目矣。

　　《鵩鳥賦》："發書占之兮，讖言其度，曰：'野鳥入室兮，主人將去。'"按嵇康《明膽論》："忌鵩作賦，暗所惑也"，只可指此占而言，若全賦主意，不得譏爲"暗所惑"。嵇評殊病割裂，似摘苦蒂而不究瓜甘；苟以矛攻盾，則嵇《卜疑》言"超然自失，冀聞之於數術"，亦爲"暗所惑也"。賈以占引進鵩鳥之對，正猶嵇以卜引進向太史之問，乃文章之架式波瀾；遽執著謂爲昏怯之供狀，固又鼈廝踢者之結習耳。"讖言"可考俗忌，如《晉書·藝術傳》有大鹿向武昌西城門，戴洋曰："野獸向城，主人將去"，又《石季龍載記》上有白雁百餘集於馬道南，太史令趙攬曰："白雁集殿庭，宮室將空"；

　　【增訂三】《晉書·李歆載記》汜稱上疏："諺曰：'野獸入家，主人將去'；今狐上南門，亦災之大也。"

【增訂四】《宋書•五行志》三："晉成帝咸康八年七月白鷺集殿屋。……劉向曰：'野鳥入處，宮室將空。'"《舊唐書•高駢傳》雊雉於揚州廨舍，占者云："野鳥入室，軍府將空"；以至《醒世姻緣傳》第六四回白姑子曰："鷂鷹入人房，流水抬靈牀，不出三十日，就去見閻王"；皆與此"讖"如依樣畫葫蘆也。

《鵩鳥賦》："憂喜聚門兮，吉凶同域"云云。按下文舉夫差、句踐、李斯、傅説四人爲否泰倚伏之例；班固《幽通賦》仿此，以"變化故而相詭兮"爲冒，引起諸例；張衡《思玄賦》稍變其格，先舉例而後括之曰"夫吉凶之相承兮"；揚雄《太玄賦》發端亦如賈此賦之敷陳《鶡冠子》語，似不怵他人之我先者。元稹《苦樂相倚曲》謂人事吉凶、人情歡戚，其相鄰比，"近於掌上之十指"，即賈生之意。人事姑置之，已別見《老子》卷論第五八章。人情樂極生悲，自屬尋常①，悲極生樂，斯境罕證。悲哀充盡而漸殺，苦痛積久而相習，或刻意繕性，觀空作達，排遣譬解，冀能身如木槁、心似石頑。忘悲減痛則有之②，生歡變喜猶

---

① Cf. Shakespeare, *Antony and Cleopatra*, I. ii. 128-30: "The present pleasure, /By revolution low'ring, does become/The opposite of itself"; Sterne, *Letters*, ed. L. P. Curtis, 163, to Garrick: "I laugh till I cry, and in the same tender moments cry till I laugh."

② Cf. Webster, *The White Devil*, III. iii, *Plays*, "Everyman's", p. 45: "We endure the strokes like anvils or hard steel, /Till pain itself makes us no pain at all"; La Rochefoucauld, *Maximes Posthumes*, 532, *Oeuvres*, "Les Grands Écrivains de la France", I, 230: "L'extrême ennui sert à nous désennuyer"; Coleridge, *Notebooks*, ed. Kathleen Coburn, II, §2046: "My Heart.... stagnates upon you, wishless from excess of wishing"; Silvio Pellico, *I miei Prigioni*, cap. 16, Hoepli, 31: "Nè somma pace, nè somma inquietudine possono durare quaggiù... A lunga smania successe stanchezza ed apatia"; Leopardi, *Zibaldone*, Mondadori, I, 254: "L'uom si disannoia per lo stesso sentimento vivo della noia universale e necessaria"; Francis Thompson (*Life*, by E. Meynell, 78): "Pain, its own narcotic, throbs to painlessness".

未許在①。轉樂成悲，古來慣道。如《莊子·知北遊》："山林與，皋壤與，使我欣欣然而樂與；樂未畢也，哀又繼之"；漢武帝《秋風歌》："歡樂極兮哀情多，少壯幾時奈老何！"；《淮南子·原道訓》："建鐘鼓，列管弦，席旃茵，傅旄象，耳聽朝歌北鄙靡靡之樂，目齊靡曼之色，陳酒行觴，夜以繼日；強弩弋高鳥，走犬逐狡兔。此其爲樂也，炎炎赫赫，怵然若有所誘慕。解車休馬，罷酒徹樂，而心忽然若有所喪，悵然若有所亡也。……樂作而喜，曲終而悲，悲喜轉而相生"；張衡《西京賦》："於是衆變極，心酲醉，盤樂極，悵懷萃"②；《抱朴子》内篇《暢玄》："然樂極則哀集，至盈必有虧，故曲終則歎發，宴罷則心悲也。實理勢之攸召，猶影響之相歸也"；

【增訂四】《樂府詩集》卷三六魏文帝《善哉行》："樂極哀情來，寥亮摧心肝。"

王羲之《蘭亭集序》："所以遊目騁懷，足以極視聽之娛，信可樂也！……及其所至既倦，情隨事遷，感慨係之矣！向之所欣，俯仰之間，已爲陳迹"；陶潛《閑情賦》："願在木而爲桐，作膝上之鳴琴，悲樂極兮哀來，終推我而輟音"；王勃《秋日登洪府滕王閣餞别序》："天高地迥，覺宇宙之無窮，興盡悲來，識盈虛之有數"；杜甫《觀打魚歌》："魴魚肥美知第一，既飽歡娛亦蕭

---

① Cf. Vigny, *Journal d'un Poète*, *Oeuv. comp.*, "la Pléiade", II, 918: "Un plaisir extrême fait mal; jamais un mal extrême ne fait plaisir" (cf. pp. 1025, 1265 etc.).

② Cf. Leopardi: "La Sera del Dì di Festa", *Opere*, Ricciardi, I, 60: "Eccò è fuggito/Il dì festivo, ed al festivo il giorno/Volgar succede, e se ne porta il tempo" ecc..

瑟",又《觀公孫大娘弟子舞劍器歌》:"玳筵急管曲復終,樂極哀來月東出";韓愈《岳陽樓別竇司直》:"歡窮悲心生,婉孌不能忘";李商隱《錦瑟》:"此情可待成追憶,只是當時已惘然"①;

【增訂四】參觀《談藝録》(補訂本)第三一則"李義山"條補訂說《錦瑟》之"只是當時已惘然"。馬令《南唐書·女憲傳》載李後主《昭惠周后誄》有云:"年去年來,殊歡逸賞。不足光陰,先懷悵怏。如何倏然,已爲疇曩";歐陽修《浪淘沙》詞云:"今年花勝去年紅,可惜明年花更好,知與誰同!"同心之言,可相參印。"先懷悵怏","今年"已"惜明年"均即"當時已惘然"也。

杜牧《池州送孟遲先輩》:"喜極至無言,笑餘翻不悦。"《禮記》一書反復申明,如《檀弓》下"人喜則斯陶"一節、《樂記》"樂極則憂"一節、《曲禮》"樂不可極"一節、《孔子閒居》"樂之所生,哀亦至焉"一節;《兒女英雄傳》第一八回發揮趙州和尚語"大事已完,如喪考妣"一節,亦其旨。《全上古三代文》卷二武王《觴銘》:"樂極則悲,沈湎致非,社稷爲危",乃言酗酒喪邦,文云"樂"、"悲",事指興亡,着眼在人事反覆,不在心境遞番也。悲極則樂,理若宜然(參觀《左傳》卷論宣公十二年),而文獻尠徵;至於失心變態,好別趣偏,事乖常經,詞章不著。

---

① Cf. Keats: "Ode to Melancholy": "Ay, in the very temple of delight/ Veil'd Melancholy has her sovran shrine"; A. Schnitzler, *Anatol*, Episode iii: "Während ich den warmen Hauch ihres [Biancas] Mundes auf meiner Hand fühlte, erlebte ich das Ganze schon in der Erinnerung. Es war eigentlich vorüber" (*Österreichisches Theater des 20. Jahrhunderts*, hrsg. J. Schondorff, 64).

"人不堪憂，回不改樂"；曰"不改"，則固不以人所憂者爲其憂，原自樂也。"長歌當哭"；曰"當"，則固如鳥將死之鳴哀，柳宗元《答賀者》所謂"長歌之哀，過於慟哭"①，非轉而爲樂也。杜甫《聞官軍收河南河北》雖先曰"初聞涕淚滿衣裳"，後曰"漫卷詩書喜欲狂"，實同《喜達行在所》之"喜心翻倒極，嗚咽淚沾巾"，"初聞"之"涕淚"即"喜心翻倒"之"嗚咽"，故"喜欲狂"乃喜斷而復續，非本悲而轉新喜也。《明詩綜》卷五七《静志居詩話》記吾鄉華聞修稱賞袁宏道《偶見白髮》小詩："鏡中見白髮，欲哭反成笑；自喜笑中意，一笑還一跳"；"笑中意"殆即白居易《覽鏡喜老》詩所言"而我獨微笑，此意何人知"云云。誠可謂破涕爲笑矣，與戚戚之極、變爲浩浩，則尚未容並日而談焉。

《鵩鳥賦》"禍兮"二句原出《老子》第五八章，《文選》此賦李善註不引《道德經》本文而祇引《鶡冠子》及《老子註》；

---

① Cf. Shakespeare, *Titus Andronicus*, III. i. 265 ff., Titus: "Ha, ha, ha!" Marcus: "Why dost thou laugh? It fits not with this hour." Titus: "Why, I have not another tear to shed." Petrarca, *Le Rime*, cxi, *Rime, Trionfi e Poesie latine*, Ricciardi, 141: "Però s'alcuna volta io rido o canto, /facciol perch' i'non ò se quest'una/ via di celare il mio angoscioso pianto". Descartes, *Les Passions de l'Âme*, II, § 125, *Oeuvres et Lettres*, "la Pléiade", 752: "On trouve par expérience, que lorsqu'on est extraordinairement joyeux, jamais le sujet de cette joye ne fait qu'on esclate de rire; et mesme on ne peut si aysément y être invité par quelque autre cause, que lorsqu'on est triste". Beaumarchais, *Le Barbier de Séville*, I. ii, *Théâtre*, "Classiques Garnier," 43-4: "Je me presse de rire, de peur d'être obligé d'en pleurer." Byron, *Don Juan*, IV. 4. Variorum ed., II, 346: "If I laugh at any mortal thing, /'Tis that I may not weep" (cf. IV, 105 quoting *Clarissa Harlowe*, Letter 85). Flaubert, à Louise Colet, *Correspondance*, Conard, II, 472: "Voir les choses en farce est le seul moyen de ne pas les voir en noir. Rions pour ne pas pleurer".

賈賦誠多用《鶡冠子》語，《鶡冠子》之真贋，李氏亦不必究，然似無須祇揀肉邊之菜、添錦上之花也。《幽通賦》："北叟頗識其倚伏"，李註亦引《鶡冠子》，一若迴避"玄元聖祖五千言"者，殊不可解。"其生兮若浮，其死兮若休"，出《莊子·刻意》篇，白居易詩屢用其語，如《永崇里觀居》："何必待衰老，然後悟浮休"，又《重修香山寺畢》："先宜知止足，次要悟浮休。"晁説之《嵩山文集》卷一八《跋趙芸叟諫議字題》、趙與時《賓退録》卷五皆以張舜民自號"浮休子"，疑其襲唐張鷟之號，似忘却莊書、賈文。舜民之號或本居易來，渠作詩所師法也（見方回《瀛奎律髓》卷二七舜民《次韻賦楊花》批語）。文天祥《文山全集》卷一四《胡笳曲》自序亦署"浮休道人"。

《惜誓》："使麒麟可得羈而係兮，又何以異乎犬羊！"按卷一六《弔屈原文》亦曰："使騏驥可得係而羈兮，豈云異夫犬羊！"《梁書·處士傳》阮孝緒曰："非志驕富貴，但性畏廟堂，若使麐麕可驂，何以異夫驥騄！"；本賈生語而變鄙夷之詞爲分剖之詞，"驥騄"即"騏驥"。李白《鳴皋歌送岑徵君》："若使巢由桎梏於軒冕兮，亦奚異於夔龍蹩躠於風塵！"；亦仿賈語而直道裏詮，不復表喻，且增易地而處、失所惟均一層意思，兩面俱到。王琦註《李太白集》，偶欲推究修詞胎息，尠中肯綮，此處即所未省；又如《大鵬賦》："繽紛乎八荒之間，掩映乎四海之半"，王祇註"四海"、"八荒"出賈誼《過秦論》，渾不察句法師左思《吳都賦》之"磕硊乎數州之間，灌注乎天下之半"也。

一四　全漢文卷一五

　　賈誼《上疏陳政事》："故太子乃生而見正事、聞正言、行正道"一節。按《朱子語類》卷一一六評此節云："'太子少長知妃色則入於學'，這下面承接，便用解説此義，忽然掉了。却説上學去云：'學者、所學之官也'，又説'帝入東學上親而貴仁'一段了，却方説上太子事云：'及太子既冠成人，免於保傅之嚴'云云。都不成文義，更無段落。他只是乘才快，胡亂寫去，這般文字，也不可學"；卷百三五復評云："不知怎地，賈誼文章大抵恁地無頭腦。""乘才亂寫"即《儒林外史》第一五回馬二先生評匡超人文章所謂："才氣是有，只是理法欠些。"實中文病，先秦兩漢之文每筍卯懈而脈絡亂，不能緊接逼進（esprit de suite）；以之説理論事，便欠嚴密明快。墨翟、荀卿、韓非、王充庶免乎此。

一五　全漢文卷一六

賈誼《過秦論》。按項安世《項氏家説》卷八："賈誼之《過秦》、陸機之《辯亡》，皆賦體也。"洵識曲聽真之言也。《文心雕龍·論説》早云："詳觀論體，條流多品：陳政則與議、説合契，釋經則與傳、註參體，辨史則與贊、評齊行，詮文則與敍、引共紀。……八名區分，一揆宗'論'。"苟以項氏之説增益之，當復曰："敷陳則與詞、賦通家"，且易"八名"爲"十名"。東方朔《非有先生論》、王褒《四子講德論》之類，亦若是班。蓋文章之體可辨別而不堪執着，章學誠《文史通義·詩教》下駁《文選》分體，知者較多，不勞舉似。《南齊書·張融傳》載融《問律自序》云："夫文豈有常體，但以有體爲常，政當使常有其體"；"豈有常體"與"常有其體"相反相順，無適無莫，前語謂"無定體"，"常"如"典常"、"綱常"之"常"，後語謂"有慣體"，"常"如"尋常"、"平常"之"常"。王若虚《滹南遺老集》卷三七《文辨》："或問：'文章有體乎？'曰：'無。'又問：'無體乎？'曰：'有。''然則果何如？'曰：'定體則無，大體則有'"；

不啻爲張融語作註①。《全梁文》卷六〇劉孝綽《昭明太子集序》："孟堅之頌，尚有似贊之譏；士衡之碑，猶聞類賦之貶"；黄庭堅《豫章黃先生文集》卷二六《書王元之〈竹樓記〉後》："荆公評文章，常先體制而後文之工拙，蓋嘗觀蘇子瞻《醉白堂記》，戲曰：'文詞雖極工，然不是《醉白堂記》，乃是《韓白優劣論》耳'"(《苕溪漁隱叢話》前集卷三五引《西清詩話》略同)；陳師道《後山集》卷二三《詩話》："退之作記，記其事爾；今之記，乃論也。少游謂《醉翁亭記》亦用賦體"，又："范文正爲《岳陽樓記》，用對語説時景，世以爲奇。尹師魯讀之曰：'傳奇體爾'"；朱弁《曲洧舊聞》卷一："《醉翁亭記》初成，天下傳誦。……宋子京得其本，讀之數過曰：'只目爲《醉翁亭賦》，有何不可！'"；孫鑛《孫月峰先生全集》卷九《與余君房論文書》之一一："《醉翁亭記》、《赤壁賦》自是千古絕作，即廢記、賦法何傷？且體從何起？長卿《子虛》，已乖屈、宋；蘇、李五言，寧規四《詩》？《屈原傳》不類序乎？《貨殖傳》不類志乎？《揚子雲贊》非傳乎？《昔昔鹽》非排律乎？……故能廢前法者乃爲雄"；

【增訂四】《藝苑卮言》卷二："《卜居》、《漁父》便是《赤壁》諸公作俑。作法於涼，令人永慨。"孫月峰似未聞弇州此論者。

張宗橚《詞林紀事》卷一一引毛子晉曰："宋人以稼軒爲'詞論'"；周君振甫出示近世山右不知姓名人《古文家別集類案》甲集《敘錄》下："陳後山譏人作記乃是作論，余謂惟書亦然"，又

---

① Cf. M. Fubini, *Critica e Poesia*, 143 ff. ("Genesi e storia dei genere letterari"); R. Wellek and A. Warren, *Theory of Literature*, "Peregrine Books", 226 (the literary kind as an institution).

丁集《敍錄》下："鑿空起議以爲文，晚近名家所不肯造次者也，必傅依於書、傳而發；故論辨日少，書後、題、讀之文日多，蓋易其題以爲論辨。"張融、王若虛揭綱，此數節示目，足見名家名篇，往往破體，而文體亦因以恢弘焉①。李商隱《韓碑》："文成破體書在紙"，釋道源註："'破'當時爲文之'體'，或謂'破書體'，必謬"；是也。此"紙"乃"鋪丹墀"呈御覽者，書跡必端謹，斷不"破體"作行草。文"破當時之體"，故曰："句奇語重喻者少"；韓碑拽倒而代以段文昌《平淮西碑》，取青配白，儷花鬥葉，是"當時之體"矣。商隱《樊南甲集序》自言少"以古文出諸公間"，後居鄆守幕府，"敕定奏記，始通今體"，又言"仲弟聖僕特善古文，……以今體規我而未爲能休"，"破體"即破"今體"，猶苑咸《酬王維》曰："爲文已變當時體。"《歷代名畫記》卷一〇《張諲》條引李頎詩："小王破體閑文策"，明指"文"而不指"書"，"閑"謂精擅；《全唐詩》輯此詩，未註來歷，又訛"文"爲"支"，遂難索解。韓偓《無題》："書密偷看數，情通破體新，明言終未實，暗囑始應真"，亦指文詞而不指書字，謂私情密約，出以隱語暗示，迥異尋常言說之具首尾，"新"者，別創之意。歐陽修《五代史·唐臣傳》一六莊宗美任圜曰："儒士亦破體邪？仁者之勇，何其壯也！"，則"破體"復

---

① Cf. Grillparzer, *Aphorismen*, *Gesammelte Werke*, hrsg. E. Rollett u. A. Sauer, II, 140: "Schlendrian und Pedantismus in der Kunst urteilen immer gern nach Gattung; diese billigen, diese verwerfen sie; der offene Kunstsinn aber kennt keine Gattungen, sondern nur Individuen"; Croce, *Estetica*, 10ᵃ ed., 42-3: "Ogni vera opera d'arte ha violato un genere stabilito, venendo cosi a scompigliare le idee dei critici, i quali sono stati costretti ad allargare il genere" ecc..

可以施於人。以爲"破體"必是行草書，見之未廣也。《樊南甲集序》語頗供隅反。藝事之體隨時代而異（Epochestil），顧同時風氣所扇、一人手筆所出，復因題因類而異（Gattungstil），詩、文、書、畫莫不然。"古文"之別於"今體"，是時異其體也；而"敕定奏記"須用"今體"，又類異其體矣。魏文帝《典論·論文》曰："文非一體，鮮能備善"，又曰："蓋奏議宜雅，書論宜理，銘誄尚實，詩賦欲麗，此四科不同，……唯通才能備其體"；以"科"之"不同"而"文非一體"，正言類異其體耳。按名歸類，而覈實變常，如賈生作論而似賦、稼軒作詞而似論，劉勰所謂"參體"、唐人所謂"破體"也。

《過秦論》："秦孝公據殽函之固"云云。按嚴氏按語誤，《文選》僅錄此篇，未采其他兩篇，三篇中確推此篇爲尤。《史記·陸賈列傳》漢高帝曰："試爲我著秦所以亡失天下"；"過秦"、"劇秦"遂爲西漢政論中老生常談。嚴氏所錄，即有賈山《至言》、鼂錯《賢良文學對策》、嚴安《上書言世務》、吾丘壽王《驃騎論功論》、劉向《諫營昌陵疏》等，不一而足。賈生《過秦》三論外，尚復《上疏陳政事》，戒秦之失。漢之於秦，所謂"殷鑑不遠，在夏后氏之世"也。

《過秦論》："有席卷天下、包舉宇内、囊括四海之意，并吞八荒之心。"按晉後人當曰："有席卷天下、包舉宇内之意，囊括四海、并吞八荒之心"，倘"四海"、"八荒"詞不儷妃，則句法無妨長短錯落，今乃讀之祇覺橫梗板障，拆散語言眷屬，對偶偏枯杌隉。"席卷天下"、"包舉宇内"、"囊括四海"、"并吞八荒"四者一意，任舉其二，似已暢足，今乃堆疊成句，詞肥義瘠，無異《楊公筆錄》所嘲詩句"一個孤僧獨自行"、《廣笑府》卷一所嘲

— 1432 —

詩句"關門閉户掩柴扉"、或《兩般秋雨盦隨筆》卷三所嘲"墨派"八股"天地乃宇宙之乾坤,吾心實中懷之在抱"①;即對偶整齊,仍病合掌。在詞賦中鋪比如斯,亦屬藻思窘儉所出下策。此論自是佳文,小眚不掩大好,談者固毋庸代爲飾非文過也。

《過秦論》:"比權量力,則不可同年而語矣。"按以時間擬程度,不識是賈誼創喻否,前此似未見。《漢書・蒯、伍、江、息夫傳》息夫躬疏:"臣與禄異議,未可同日語也",又《晉書・曹志傳》奏:"豈與召公之歌《棠棣》、周詩之詠《鴟鴞》,同日論哉?",則減"年"爲"日"。《後漢書・朱穆傳・崇厚論》:"豈得同年而語、並日而談哉?",則兼"年"與"日"。《皇朝文鑑》卷六崔伯易《感山賦》:"而仁愛之澤獨未及於禽獸草木,曷可同世而語哉?",則增"年"爲"世"。潘岳《西征賦》:"雖改日而易歲,無等級以寄言",又《後漢書・隗囂、公孫述傳・論》:"與夫泥首銜玉者,異日談也",則變"不同"、"豈得同"爲"改"、"易"、"異"。卻無用"月"者。西語類此之詞則秖道"日",並不及"年"也②。

【增訂四】《戰國策・趙策》二蘇秦説趙王,有曰:"夫破人之與破於人也,臣人之與臣於人也,豈可同日而言之哉!"邵醇臻美君函示此則。蓋《過秦論》變"同日"爲"同年",而《崇厚論》又疊舉"同年"與"並日"耳。李商隱《爲滎陽公

---

① Cf. Quintilian, VIII.iii.53, *op. cit.*, III.241 (macrologia).

② E.g. Lockhart, *Life of Scott*, ch.6, "Everyman's", 213: "There is no comparison whatever—we [Burns and Scott himself] ought not to be named in the same day"; Borrow, *Lavengro*, ch.6, "Everyman's", 44: "Not that I would mention figures in the same day with Lilly's Grammar".

賀幽州張相公表》：“昔漢時驍將，多以後期；周室虎臣，唯稱薄伐。比於今日，詎可同年！”以“今日”儷“同年”，對仗精當，“而言之”三字可言外得之矣。又商隱《上李太尉狀》：“將以擬人，固不同日”，而《上河中鄭尚書狀》：“欲以擬人，實在異日”，“異日”即“不同日”，復與故爲新也。

《過秦論》：“及至始皇，……吞二周而亡諸侯。”按吳枋《宜齋野乘》：“秦昭襄王五十一年滅西周，其後七年，莊襄王滅東周。……則‘吞二周’乃始皇之曾祖與父，非始皇也”；《文選》李善註此句引《史記》“始皇滅二周”，未核。“一夫作難而七廟隳，身死人手，爲天下笑者，何也？仁義不施，而攻守之勢異也！”按俞玉《書齋夜話》卷四：“蓋用《文子》云：‘所以亡社稷，身死人手，爲天下笑者，未嘗非欲也’”；《文子》語見《上禮》篇，李善註此句僅引《春秋考異郵》，當補。《過秦論》下篇復曰：“夫兼并者高詐力，安定者貴順權，此言取與守不同術也”，亦即《史記·陸賈傳》賈答漢高：“居馬上得之，寧可以馬上治之乎？”攻守異勢、取治殊道，先秦諸子早言之，如《管子·山至數》：“聖人理之以徐疾，守之以決塞，奪之以輕重，行之以仁義”；《老子》第五七章：“以正治國，以奇用兵”；《論語·衛靈公》：“智及之，仁不能守之，雖得之，必失之。”賈以“仁義不施”過秦，又卷一五《上疏陳政事》：“秦世之所以亟絕者，其轍迹可見也。……秦王置天下於法令刑罰，……今或言禮誼之不如法令，教化之不如刑罰，人主胡不引殷、周、秦事以觀之也？”均其遺教。此論以“據殽函之固，擁雍州之地”開篇，以“仁義不施”煞尾，而《史記·漢興以來諸侯王表》全文皆言疆域，結句云：“形勢雖強，要之以仁義爲本”，謀篇頗似；命意均如《吳起列傳》所謂"在德不在險",亦即《荀子·議兵》篇所謂"豈無固塞險阻也哉?其所以統之者非其道故也。"《朱子語類》卷一二二誚馬遷云:"他上文本意主張形勢,而其末卻如此說者,蓋他也知仁義是個好底物事,不得不說,且說教好看";又大類葉適之薄賈誼,《習學記言序目》卷一九:"賈生論秦,專指險塞設攻守,殊不然。周在岐、邠,何嘗用險?……賈生本用縱橫之學,而並緣以仁義,固未能得其統也"(參觀卷二一、二二)。朱評頗中遷作文之隱,葉貶亦殊得誼爲學之真。誼雖倡"仁義"、"禮誼",初無意於爲儒之"醇乎醇"者。《漢書·元帝紀》記宣帝多用文法吏,不欲任儒生,曰:"漢家自有制度,本以霸王道雜之,奈何純任德教!";崔寔《政論》申言"不宜純法八世,故宜參以霸政";誼探囊出智,亦勿外乎是。葉氏《序目》卷一〇深慨"以禮樂詩書爲藩飾詐力之具",至云:"譬之詐力如魚肉,既成羹胾,小小錯綜以禮義,猶鹽梅醯醬調和之。吁!可畏哉!"似不知"逆取順守"之旨正爾如此(參觀《史記》卷論《儒林列傳》);葉氏契友陳亮常標"義利雙行,王霸並用",八字可以隱括焉。"禮樂詩書"之於"詐力",如"鹽梅醯醬"之於"魚肉",亦猶盧梭謂政令兵刑乃鐵鏈,而文藝學術則如花圈,足以蓋飾銀鐺(Les sciences, les lettres et les arts... étendent les guirlandes de fleurs sur les chaînes de fer dont ils sont chargés)①。兩喻可連類也。

---

① Rousseau, *Discours sur les Sciences et les Arts*, in *Oeuvres Complètes*, Armand-Aubrée, I, 7. Cf. T. Moore: "The Wreath and the Chain", *Poetical Works*, Oxford, 81: "The Chain would make the Wreath so strong, /The Wreath would make the Chain so soft!"

此論題爲《過秦》，北宋王令《廣陵先生集》卷十五《過唐論》即本之命題。全文敍秦興之勃而亡之忽，鋪陳唱歎，末句方著題如應劭註云："言秦之過也。"李耆卿《文章精義》："文字有終篇不見主意，結句見主意者，賈生《過秦論》：'仁義不施而攻守之勢異也'、韓退之《守戒》：'在得人'之類，是也。"《文心雕龍·鎔裁》："歸餘於終，則撮詞以舉要"，此之謂歟。汪士鐸《乙丙日記》卷二："《過秦論》歸於'仁義不施'，此官話不着痛癢也"；言其理路，非言其詞致也。詩詞謀篇，亦有斯構。李商隱《淚》、馮浩《玉溪生詩詳註》卷三引錢龍惕曰："陸游效之，作《聞猿》詩。"蓋李詩至結句："朝來灞水橋邊問，未抵青袍送玉珂"，陸詩至結句："故應未抵聞猿恨，況是巫山廟裏時"，均始點題，特李仍含蓄，陸則豁露矣。李他作若《牡丹》，亦至末句"欲書花葉寄朝雲"，方道出詠花，第一至六句莫非儷屬人事典故，有如袁宏道自跋《風林纖月落》五律四首所謂："若李《錦瑟》輩，直謎而已！"紀昀《點論李義山詩集》卷上《少年》批："末句'不識寒郊自轉蓬'是一篇詩眼，通首以此句轉關，格本太白'越王句踐破吳歸'詩。"行布亦類，蓋篇末指名賦詠之事物(name the object)或申明賦詠之旨趣(point the moral)，同爲點題也。王安石《夢張劍州》："萬里憐君蜀道歸，相逢似喜語還悲。江淮別業依前處，日月新阡卜幾時？自説曲阿留未穩，即尋溢水去猶疑。茫然却是陳橋夢，昨日春風馬上思"；李壁《王荆文公詩箋註》卷三二："詩前六句皆敍夢事，第七句始言是夢，第八句又言思，蓋因思而得之也。其結體之精如此！"蔣捷《燕歸梁·詠風蓮》第一句即言是夢，而點破仍在篇末："我夢唐宮春曳裾時。翠雲隊仗絳霞衣，慢騰騰，手雙垂。忽然急鼓催將起，似綵鳳，亂驚飛。夢回不見萬瓊妃，見荷花，被風吹。"何紹基《東洲草堂詩鈔》卷一〇《飛雲巖》七古洋洋百數十言，描摹雲無定姿，瞬息變幻，亂曰："奇語看詩讀記人，我所道雲都是石。"與賈、韓之文，李、陸之詩，皆如水落而石始出、圖窮而匕方見也。

賈捐之《棄珠崖議》："寇賊並起，軍旅數發，父戰死於前，子鬬傷於後，女子乘亭鄣，孤兒號于道，老母寡婦，飲泣巷哭，遥設虛祭，想魂乎萬里之外。"按淮南王安《諫伐閩越上書》言其王擊南海王事，有曰："親老涕泣，孤子啼號，破家散業，迎尸千里之外，裹骸骨而歸"；可相參印，家人自往收屍，一籌差勝於"遥設虛祭"者。《全後漢文》卷五章帝《還北單于南部生口詔》："境埸之人，屢嬰塗炭，父戰於前，子死於後，弱女乘於亭鄣，孤兒號於道路，老母寡妻，設虛祭，飲泣淚，想望歸魂於沙漠之表，豈不哀哉！"；全用捐之語，而末句增"望歸"二字，情詞益悽警。楊慎《太史升菴全集》（從子有仁編本）卷五八謂陳陶《隴西行》本李華《古戰場文》，華文又本捐之此節。抑猶有進者。漢之一詔一議一諫，皆言居者知行者之已死，而唐之一文（"其存其殁，將信將疑"）一詩（"可憐無定河邊骨，猶是深閨夢裏人"），皆言居者不省行者之死生，即張籍《沒蕃故人》所詠："欲祭疑君在，天涯哭此時。"知征人已死，家人之心亦死；想征人或尚生，則家人望絕還生，腸迴未斷，痴心起滅，妄念顛倒。李白名篇《北風行》似欲兼兹兩境，而失於承轉，前後遂相矛盾："幽州思婦十二月，停歌罷笑雙蛾摧，倚門望行人，念君長城苦寒良可哀。別時提劍救邊去，遺此虎文金鞞靫；中有一雙白羽箭，蜘蛛結網生塵埃。箭空在，人今戰死不復回。不忍見此物,焚之已成灰。"夫倚望而哀念苦寒,是信其尚生而可還也;方望之念之,眼穿腸結,消息未有來人,魂魄不曾入夢,無端忽知其死不復回,心上温存之"君"遽變而爲外物泛稱之"人",并手澤所存而摧燒不賸。何過接之突兀乎?非補筆不能彌縫,非曲解末由回護。歷來口沫手胝,渾然無覺其語脈不貫、理路不通者,余則竊附於不賢識小而已。杜甫《垂老别》:"孰知是死别,且復傷其寒";言哀寒與死不復回,同於白也,十字之中,意蘊而暢,詞省而達,理順而無板障。甫《春日憶李白》結句:"何時一樽酒,重與細論文!";或以爲微詞諷白之粗疏,誠屬附會,然若白此篇之"詩律"欠"細",正未容諱飾。抒情之詩雖異於説理之文,顧亦須如杜牧所謂"稍加以理",有倫有序;正似華屋精廬匪止蓋頭聊蔽風雨,而亦必能風雨不動,安如山岳,居者不興茅飛牀濕之懼。小杜論小李之語,又不啻爲大李之詩發耳(參觀《楚辭》卷論《離騷》"衆女嫉余之蛾眉兮"節)①。法國有寫拿破侖戰役一小説,摹述李華、陳陶所賦詠情況,最爲細貼②,林紓曾迻譯其書。《全唐文》卷一三七房玄齡《諫伐高麗

---

① Coleridge, *The Table-Talk and Omniana*, ed. T. Ashe, May 9, 1830, George Bell, 72: "Poetry is something more than good sense, but it must be good sense, at all events; just as a palace is more than a house, but it must be a house, at least". Cf. Fr. Schlegel, *Literary Notebooks*, ed. H. Eichner, no. 994, p. 108: "Im Poëmen soll nur das Poetische construirt sein, nicht das Logische. Giebts denn wohl in diesem Sinne rein poetische Werke, Poesie ohne alle Logik?"

② Erckmann-Chatrian, *Histoire d'un Conscrit de 1813*: "... et les pauvres vieux espéraient toujours, pensant: 'Peut-être que notre garçon est prisonnier... Quand la paix sera faite, il reviendra...Combien sont revenus qu'on croyait morts!'" etc. (*Contes et Romans nationaux et populaires*, éd. J.-J. Pauvert, IV, 4).

表》:"無故驅之於行陣之間,委之於鋒刃之下,令其老父、孤兒、寡妻、慈母登轀車而掩泣,抱枯骨以摧心";蘇軾《東坡續集》卷一一《代張方平諫用兵書》:"且夫戰勝之後,陛下可得而知者,凱旋奏捷、拜表稱賀,赫然耳目之觀耳。至於遠方之民,肝腦塗於白刃,筋骨絕於餽餉,流離破產,鬻賣男女、薰眼折臂自經之狀,陛下必不得而見也;慈父、孝子、孤臣、寡婦之哭聲,陛下必不得而聞也。"皆捐之此《議》之遺響餘流。古希臘詩人亦云:"未親經者,聞戰而喜;曾身歷者,聞戰而戚"①。蘇軾明言"戰勝",更進一解,即威靈頓(Wellington)所謂:"戰敗最慘,而戰勝僅次之"(Next dreadful thing to a battle lost is a battle won)②。

---

① Pindar, "Loeb", 577, "Fragments": "To the inexperienced war is pleasant, but he that hath had experience of it, in his heart sorely feareth its approach."
② Thomas Moore, *Journal*, ed. P. Quennell, 123 (Oct. 30, 1825), 188 (June 6, 1829), 230 (April 7, 1837).

一六　全漢文卷一八

　　鼂錯《上書言兵事》。按"兵不完利，與空手同"一節，仿《管子·參患篇》："兵不完利，與操者同實"一節；《吕氏春秋·簡選》："今有利劍於此，以刺則不中，以擊則不及，與惡劍無擇；……簡選精良，兵械銛利，發之則不時，縱之則不當，與惡卒無擇"，機調相類。"夫卑身以事强，小國之形也"一節，仿《管子·霸言篇》："折節事强以避罪，小國之形也"一節；"形"、勢也，即《國策》、《史記》"亡形"、"反形"之"形"，見《史記》卷論《魏豹、彭越列傳》。漢初人甚重《管子》，觀賈誼、鼂錯諸文所沾丐者，可知也。

　　《言守邊備塞務農力本當世急務二事》論秦之"讁戍"曰："先發吏有讁及贅婿、賈人。"按"贅婿"見《史記·滑稽列傳》："淳于髡者，齊之贅婿也"；《索隱》："女之夫也，比於子，如人疣贅，是餘剩之物也"，即申《漢書·賈誼傳》"子壯則出贅"句又《嚴助傳》"賣爵贅子"句顔師古註。蓋比之枝指盲腸，近世語所謂"多餘之人"（superfluous man）。錢大昕《潛研堂文集》卷一五《答問》九考"贅"乃"以物質錢"之意，賣身不贖而配主家者謂之"贅婿"，是也。然《史》、《漢》舊註雖未得其字之訓，而頗得其事之情；錢説足明本義（Begriff），卻未盡涵義（Nebensinn，

Stimmungsgehalt)①。質子爲婿，不名"質婿"而曰"贅婿"，自亦示贅疣之意，"贅"之爲言"綴"也，雖附屬而仍見外之物也。毛奇齡《西河合集·五言三韻律·戲贈贅婿歸里》："婦已工槃帨，人如解贅疣"，謔語而亦的解。黃震《黃氏日鈔》卷五八論《三略》、《六韜》云："'贅婿、人虜欲掩罪揚名者，聚爲一卒。'此條列於'貧賤快志'之下，'胥靡免罪'之上，古之賤贅婿如此！"；高士奇《天禄識餘》卷一云："貢禹論矆罪之弊云：'孝文時，貴廉潔，賤貪污，賈人、贅婿及吏坐贓皆禁錮不得爲吏。'夫贅婿爲貧不得已耳，何至遂與賈人、贓吏同？漢人之輕贅婿如此，傷哉貧也！"舊日入贅之婿多爲其妻兄弟所憎侮，即無兄弟而"坐産招夫"以爲"補代"者，妻黨皆鄙薄之。余童時尚見聞此等風俗也。

《說文帝令民入粟受爵》："民貧則姦邪生。……飢寒至身，不顧廉恥。"按即《管子·牧民》："倉廩實則知禮節，衣食足則知榮辱"，卷一六賈誼《說積貯》引以開宗明義而《史記》亦采入《管、晏列傳》者，《全後漢文》卷四六崔寔《政論》又引之。《論語·子路》："曰：'既庶矣，又何加焉？'曰：'富之。'曰：'既富矣，又何加焉？'曰：'教之'"；皇侃義疏引范甯曰："衣食足，當訓義方也"，正此旨。所謂："飢腸鳴如雷，則良心之呼聲弱如絲"（La voix de la conscience et de l'honneur est bien faible, lorsque les boyaux crient)②；亦所謂："人而能日日啜有

---

① K. O. Erdmann, *Die Bedeutung des Wortes*, 3. Aufl., 103 ff.; cf. Voltaire, *Dictionnaire Philosophique*, art. "Langues" *Oeuvres complètes*, éd. L. Moland, XIX, 557 (Des divers termes qui donnent des idées toutes différentes de la même chose).

② Diderot, *Le Neveu de Rameau*, éd. critique par J. Fabre, 38; cf. 49; "[Leurs] bassesses ne peuvent s'excuser par le borborigme d'un estomac qui souffre."

羹、食有蔬與肉，則奉法守禮不待學而自能"（Es ist keine Kunst, ein ehrlicher Mann zu sein, wenn man täglich Suppe, Gemüse und Fleisch zu essen hat）①；或所謂："若吾歲入五千金，吾亦克爲貞淑之婦"（I think I could be a good woman if I had five thousand a year）②。柏拉圖《理想國》中一人（Phocylides）早曰："先謀生而後修身"（Get a livelihood, and then practise virtue）③。黽、賈有見於國病民瘼，藥言對治，迫切目下，初非閒居高坐，論道講德。故所樹義，尚墮一邊。人之作惡犯罪，固常出困乏所逼迫，復每由泰甚而恣肆。是以富貴能移，飽暖思淫；色荒禽荒，玩人玩物，皆非高資大力莫辦。至於競權爭利，不惜越貨殘民；嗜利之心隨聚斂而繼長，攬權之欲與威勢而俱增，其"不顧廉恥"，視"飢寒無告"之窮氓，蓋倍蓰抑且千百焉。若夫自稱待致千金而後改行折節，想其始爲不善，必非迫於飢寒，則至果擁千金，恐亦仍如月攘一雞之更待來年耳。

"今法律賤商人，商人已富貴矣；尊農夫，農夫已貧賤矣。"按即《戰國策·秦策》四頓弱曰："有其實而無名者，商人是也；……無其實而有其名者，農夫是也。"

---

① G. Büchner, *Sämtliche Werke und Briefe*, hrsg. F. Bergemann, 607; cf. B. Brecht: "Denn wovon lebt der Mensch": "Erst kommt das Fressen, dann Kommt die Moral", *Gedichte*, Aufbau, II. 231.

② Thackeray, *Vanity Fair*, ch. 41. Cf. Kingsley, *Yeast*, ch. 16: "On two thousand a year, a man can afford to be honest"; Fitzgerald, *Letters to Fanny Kemble*, ed. W. A. Wright, 124: "For she [Portia] had more than £500 a year, which Becky thinks enough to be virtuous on, and had not been tried".

③ *Republic*, 407 a; cf. Horace, *Epist.*, I. i. 53: "virtus post nummos."

一七　全漢文卷一九

鄒陽《酒賦》："清者爲酒，濁者爲醴；清者聖明，濁者頑騃。"按"醴"字當作《楚辭·漁父》"鋪醩餟醨"之"醨"。《説郛》卷五七唐皇甫嵩《醉鄉日月》："凡酒，以色清味重而甜者爲聖，色濁如金而味醇且苦者爲賢，色黑而酸醨者爲愚"，可以參證。宋王楙《野客叢書》卷一五、俞德鄰《佩韋齋輯聞》卷一皆言魏徐邈及皇甫嵩之説，本鄒《賦》來。"醴"乃甜酒，《全晉文》卷八五張載《酃酒賦》所謂"造甘醴以頤神"；古人品酒多尚甜者，《巴子歌》："香醪甜如蜜，峽魚美可鱠"，參觀《野客叢書》卷三《唐時酒味》則。然《全梁文》卷六二朱异《田飲引》："豈味薄於東魯，鄙蜜甜於南湘"，則又如白居易《久不見韓侍郎戲題四韻》之言"戶大嫌甜酒"矣。

《上書吳王》："飾固陋之心，則何王之門，不可曳長裾乎？"按句樣也，如蕭穎士《贈韋司業書》："挺而走險，何公之門，不可曳長裾乎？"，李白《上安州裴長史書》："黃鵠舉矣！何王公大人之門，不可以彈長劍乎？"《史記·季布列傳》，朱家曰："且以季布之賢，而漢求之急如此，此不北走胡，即南走越耳！"，意同亦成句樣，如《三國志·魏書·武帝紀》怒魏种曰："种不南走越、北走胡,不置汝也!"

《獄中上書自明》。按參觀《史記》卷論《魯仲連、鄒陽列傳》又《司馬相如列傳》。"願大王察玉人、李斯之意,而後楚王、胡亥之聽",《漢書》顏師古註:"以謬聽爲'後','後'猶下也";《文選》李善註:"以其計謬,故令後之。"顏、李所訓,皆不貼切。此篇下文又云:"今人主誠能用齊、秦之明,後宋、魯之聽。""後"乃婉詞,質言之則"莫作"、"毋爲"耳。《戰國策·秦策》一秦王曰:"今先生不遠千里而庭教之,願以異日",即實不"願"從"教"而託言遼緩以俟後日,故蘇秦直道其隱衷曰:"臣固疑大王不能用也。"《魏策》三宋人之母曰:"子之於學也,將有所不行乎?願子之且以名母爲後也!";"後"與"不行"正爾同義。《淮南子·説山訓》:"謂學不暇者,雖暇亦不能學矣!"直指心源之論。今人推托拒絕之套語,每曰:"往後再説罷"、"過些時再瞧罷"、"還排不到日程上來",均"後"與"異日"之旨。英諺謂"明日遥無日"(Tomorrow come never),西班牙以"明日"(mañana)爲否、却之詞(negation),猶"後"之涵"毋"、"不"。烟霞散人《斬鬼傳》第四回急賴鬼掛牌曰:"明日准降!""明日准還!"衆人與仔細鬼皆曰:"這個'明日'是個活的'明日',不是死'明日',就如夜明珠一般,千年萬載常明";鍾馗亦曰:"看來這厮的'明日'是個無底子的。"諧語亦足示言"後"每即言"否"也。

"故女無美惡,入宮見妒;士無賢不肖,入朝見嫉。"按析理頗細。蓋謂女之遭妒,緣其能親君而承寵,非緣其美,士之被嫉,緣其能面君而受知,非緣其賢;美未保獲寵,而賢亦未必見知也。黃道周《黃忠端公全集》卷一《性無嫉妒論》:"嫉妒生於利慾,而不生於賢美。小人嫉利而非嫉賢,悍婦妬欲而非妬美。君子之禍,緣名位而非才能,小人之性,有怨爭而無嫉妬";即鄒語"無美、惡、賢、不肖"之申義。白居易《上陽宮人》:"未容君王得見面,已被楊妃遙側目";陸次雲《澄江集·七絕·宮詞》:"外庭新進美人來,奉詔承恩貯玉臺;聞道天顏無喜色,六宮笑靨一時開";前一首即入宮見妬,後一首即妬寵而非妬美耳。王建《宮詞》:"聞道美人新入內,宮中未識大家愁",陸詩本之而下一轉。意大利古小説中亦嘗歎宮與朝爲嫉妬滋生之地,驕、貪諸病皆有對治之法,唯嫉妬無藥可醫(Or dammi un invidioso; che medicina troverai che possa sì pestifero umor purgare?)①。

---

① M. Bandello, *Le Novelle*, I. ii, Laterza, I, 39-40.

一八　全漢文卷二〇

　　枚乘《上書諫吳王》："夫銖銖而稱之，至石必差；寸寸而度之，至丈必過。石稱丈量，徑而寡失。"按《文選》李善註謂本《文子》，是也。《淮南子·泰族訓》亦用此數語，復增 "簡絲數米，煩而不察" 二句，以與 "石稱丈量" 二句相對相成，詞意圓足。枚乘語乍視若誨人勿煩瑣苛細，而宜執簡居要，即如《文子》所謂："事煩難治，法苛難行，多求難贍。" 歷來引用，亦作斯解。然乘雖襲《文子》語，而命意似不相蒙，觀上下文可知也。乘此數句上承："福生有基，禍生有胎。……泰山之霤穿石，單極之紞斷幹，……漸靡使之然也"，下啓："夫十圍之木始生而蘖，足可搔而絕，手可擢而抓；據其未生，先其未形也。磨礱砥礪，不見其損，有時而盡；種樹畜養，不見其益，有時而大。" 蓋杜漸防微，知幾慎始，猶《金人銘》曰："勿謂何傷，其禍將長；勿謂何害，其禍將大" 或《三國志·蜀書·先主傳》裴松之註引《遺詔》敕後主曰："勉之，勉之！勿以惡小而爲之，勿以善小而不爲。""銖稱"、"寸度" 云云介乎其間，則非謂不必苛察薄物細故，而正謂不可忽視薄物細故；"石" 出 "銖" 累，"丈" 由 "寸" 續，如《荀子·勸學》謂 "跬步積以至千里，小流積以成江海"，亦養癰滋蔓之戒。然語意終覺乖張，與上下文不順不貫，雖前後兩節夾持推挽，仍崛強不肯和同從衆。蓋文富而律不嚴，鋪比而未熨貼，於詞徒生枝節，於理全無倫次。恐未可援"石稱丈量"之喻，爲之解嘲。《淮南子·說山訓》："視方寸於牛，不知其大於羊，總視其體，乃知其大相去之遠"；竊謂單視"銖稱"、"寸度"一節，不知其與上下文刺謬，總視三節，乃知其與他兩節背道相去之遠矣。"漸靡使然"，參觀《老子》卷論第二章、《列子》卷論《天瑞》篇，即量增減能使質變化之理①，心行常經第一條所謂積合此因能生他果者②，亦復相通。《文子》本意，可通諸談藝，舉隅也可。詩品文心，銖稱寸量而見小忘大，其事甚多。皇甫湜《題浯溪石》論元結"可惋只在碎"，不如韓愈之"全而神"；魏泰《臨漢隱居詩話》譏黃庭堅"方其拾璣羽，往往失鵾鯨"；李東陽《懷麓堂詩話》恨李賀"有山節藻梲而無梁棟"；楊慎《升菴全集》卷五七嘲劉辰翁"如開剪裁羅緞鋪客人，元不曾到蘇、杭、南京機坊"；皆斯意也。約翰生嘗謂觀詩文有恃顯微鏡者（read with the microscope of criticism），精細而不覩結構行布之全，有藉望遠鏡者（furnished with a telescope），目窮千里而失之眉睫之前③。諾伐利斯評萊辛曰："目光

---

① Cf. Hegel, *Phänomenologie des Geistes*, Berlin: Akademie Verlag, 15 (ein qualitativer Sprung); *Wissenschaft der Logik*, Reclams "Universal-Bibliothek", I, 490 (der Sprung aus quantitativer Veränderung in qualitative).

② W. Wundt, *Grundzügen der physiologische Psychologie*, 6. Aufl., III, 755 (das Prinzip der schöpferischen Resultanten).

③ J. E. Brown, ed., *The Critical Opinions of Samuel Johnson*, 55 (*Rambler*, no. 176), cf. 476. Cf. Pope, *The Dunciad*, IV. 233 ff., *Poems*, Twickenham Ed., V, 365 (the critic eye).

過於鋭利，遂無見於篇終之接混茫、物間之互掩映"(Lessing sah zu scharf und verlor darüber das Gefühl des undeutlichen Ganzen, die magische Anschaung der Gegenstände, zusammen, in mannigfacher Erleuchtung und Verdunklung)①；又即禪宗話頭所云："祇爲分明極，翻令所得遲"（《五燈會元》卷二〇教忠彌光又開善道謙章次；句出裴説《鶯鶯》詩，"祇"字作"却"）。當世治文學老宿，或謂力求以放大鏡與縮小鏡並用平施，庶能真知灼見(Die paritätische Verbindung von Mikroskopie und Makroskopie bildet das Ideal der wissenschaftlichen Arbeit)②；或言詩文如景物然，談藝有乘飛機下眺者(the air-borne critic), 有踏實地逼視者(the critic on foot), 而歎兩事之難兼③。"銖銖而稱，寸寸而度"，即持顯微鏡而槃姗勃窣，步步爲行、察察爲明是已。魏際瑞《魏伯子文集》卷二《示子》："凡事不得大意，如隨燈行路，只步尺寸之光，所過阡陌坊衢，瞢然不識，雖身歷之，如未到也"，亦喻此。

《七發》。按參觀《楚辭》卷論《大招》。章學誠《文史通義》內篇一《詩教》下痛詆昭明《文選》體例之謬，有曰："《七林》之文皆設問也；今以枚生發問有七，而遂標爲《七》，則《九歌》、《九章》、《九辯》亦可標爲《九》乎？"其言是也，然歸咎昭明則過矣。昭明承前人舊稱耳，名之不正，非自彼始。《隋書·經籍志》四有謝靈運所集《〈七〉集》一〇卷、又卞景所集

---

① Novalis, *Fragmente*, hrsg. E. Kamnitzer, § 2021, S. 650-1.

② E. R. Curtius, *Europäische Literatur und lateinisches Mittelalter*, 2. Aufl., 8 (Hugo Schuchhardt).

③ G. Tillotson, *Criticism and the Ninteenth Century*, 15-6.

《〈七〉林》一三卷,書亡今不可稽,然顧名思義,足見昭明乃從衆而非杜撰;《隋書·許善心傳》記其"仿阮孝緒《七録》,更製《七林》",則明言是"秘藏圖籍"之"部録",非《七》體文之總集也。《全晉文》卷四六傅玄《七謨·序》始歷數諸作,不足二十家;平步青《霞外攟屑》卷七謂自枚乘創體,唐前作《七》者可考見四十家,唐後不勝舉。竊謂尚有名不標《七》,如華鎮《雲溪居士集》卷一《感春賦》、夏完淳《夏考功集》卷二《燕問》、汪士鐸《梅村先生集》卷一《瀛洲賦》等,而實屬《七》林者,更難燭照數計。

【增訂三】唐順之《荆川文集》卷一七《雁訓》亦《七》體而名不標《七》者。

【增訂四】有《七》體而所賦多於七事者。張九鉞《陶園文集》卷一《燕山八景賦》謀篇全師《七發》,始曰"羈然客卿居於長安之里,……乃叢百憂,逍遥主人聞而造焉,因說之曰"云云,結曰:"語未竟,客卿撫髀大歡,矍然而起。"敷陳之景物凡八,故標名不得用"七",而結體固應屬"《七》林"耳。

洪邁《容齋隨筆》卷四謂繼枚乘而作此體諸篇"規仿太切,了無新意,柳子厚《晉問》用其體,而超然獨立機杼";《晉問》於《七》,洵所謂"文成破體",洪氏倘及見其家亮吉《卷施閣文》乙集卷二之《七招》,當許其擬議變化,一篇跳出耳。

《七發》:"今太子之病,可無藥石針刺灸療而已,可以要言妙道說而去也。"按《全唐文》卷三一八李華《言醫》略仿《七發》,有云:"臣不發藥,請以詞痊",又卷三一五李華《送張十五往吳中序》亦云:"風病目疾,家貧不能具藥,爰以言自醫",

即枚文"要言妙道説去"之意。陳琳檄愈頭風，杜甫詩驅瘧鬼，亦"詞痊"而"無藥石針刺"也。

《七發》："南望荆山，北望汝海，左江右湖，其樂無有。"按今口語曰："没有那末樣的快樂"，"有"字用法正同，釋書句法亦曰："其樂得未曾有"；外書則常曰"其樂無倫（藝、比、涯、極）"。訓詁家或且多事，以"有"通"又"復通"右"耶？《戰國策》中游説，如《秦策》一蘇秦説秦惠王曰："大王之國，西有巴蜀漢中之利，北有胡貉代馬之用，南有巫山黔中之限，東有崤函之固"，《楚策》一説楚惠王、《趙策》二説趙王、《齊策》一説齊宣王等仿是，猶地理圖也。詞賦中寫四至，則意在作風景畫耳。卷二一司馬相如《子虛賦》："其東則有蕙圃衡蘭云云，其南則有平原廣澤云云，其西則有湧泉清池云云，其北則有陰林巨樹云云"，且南尚有"其高燥則生云云，其埤濕則生云云"，西尚有"外發云云，内隱云云，其中則有云云"，北尚有"其上則有云云，其下則有云云"，敷陳侈於《七發》，與《全上古三代文》卷一〇《招魂》、《大招》之以"無東"、"無西"、"無南"、"無北"爲間架者，手眼無異。後漢以還，張衡《西京賦》、馮衍《顯志賦》、劉劭《趙都賦》、左思《蜀都賦》之屬，相沿成習。他體亦復踵事，如張衡《四愁詩》、鮑照《登大雷岸與妹書》、王屮《頭陀寺碑文》、蘇軾《李氏園》及《登常山絶頂廣麗亭》，而鮑照《書》尤振絶，一掃平鋪板列之陋。吴質《在元城與魏太子牋》因地及史，環顧四方，緬懷百世，能破棄曰；習鑿齒《與桓秘書書》師法之。蘇軾《超然臺記》中"南望馬耳常山"一節、又《赤壁賦》中"西望夏口、東望武昌"一節，皆膾炙人口，實即吴、習兩《書》機杼也。

《七發》："且夫出輿入輦，命曰蹷痿之機；洞房清宫，命曰寒熱之媒；蛾眉皓齒，命曰伐性之斧；甘脆肥濃，命曰腐腸之藥。"按《文選》李善註引《吕氏春秋》爲來歷，是也；《本生》篇舉"三患"，枚文增"寒熱之媒"而成四。竊謂《吕氏春秋》仿管子之命名，取莊子之用意，兼二者之長，遂後來居上。《管子·七臣七主》："臺榭相望者，亡國之廡也；馳車充國者，追寇之馬也；羽劍珠飾者，斬生之斧也；文采纂組者，燔功之窰也"；《莊子·達生》："夫畏塗者，十殺一人，則父子兄弟相戒也，必盛卒徒而後敢出焉，不亦知乎！人之所取畏者，袵席之上，飲食之間，而不知爲之戒者，過也！"祖構紛紜，如《全漢文》卷四二嚴遵《座右銘》："口舌者，禍福之門，滅身之斧。……嗜慾者，潰腹之矛。……讒佞者，刎頸之兵。……淫戲者，殫家之塹"；《韓詩外傳》卷九："徼倖者，伐性之斧也；嗜欲者，逐禍之馬也"；劉晝《劉子·防慾》分五關，略同《莊子·天地》之言"失性有五"，而以"身"之觸代"心"之思："目愛綵色，命曰伐性之斧；耳樂淫聲，命曰攻心之鼓；口貪滋味，命曰腐腸之藥；鼻悦芳馨，命曰燻喉之烟；身安輦馴，命曰召蹷之機"；范成大《石湖詩集》卷三四《問天醫賦》："陰惑陽而化蜮，風落山而成蠱，若是者得於晦淫，命曰伐性之斧。……孤憤爲丹心之灰，隱憂爲青鬢之雪，若是者得於情鍾，命曰蠱心之孼。……深居奥處，温燠窈窕，重帷複幄，風日不到，……玉體軟脆，動輒感冒，若是者得於貴遊，命曰煬和之竈。"嵇康《養生論》："而世人不察，唯五穀是見[貪?]，聲色是躭，……滋味煎其府藏，醴醪煮其腸胃，香芳腐其骨髓，喜怒悖其正氣"云云，指歸一揆，特未巧立名目，且偏重服食耳。吕、枚、劉三篇均限於口體之娛適，嗜欲而外無傍及，近取諸起居食色，以見厚生亦即傷生，提撕親切。諄諄所戒之害，正《荀子·禮論》津津以道之"養"："故禮者，養也：芻豢稻粱，五味調香，所以養口也；椒蘭芬苾，所以養鼻也；雕琢刻鏤、黼黻文章，所以養目也；鐘鼓管磬、琴瑟竽笙，所以養耳也；疏房、檖貌、越席、牀第、几筵，所以養體也。"蓋禍福倚伏，成虧輾轉；"養"尊處優而以爲合"禮"之宜，則將居之不疑，漸滋侈泰，悦生乃至於無生可悦，縱欲乃至於欲縱不能。《本生》謂"物者所以養性，而惑者以性養物"，如"修兵而反以自攻"焉。巴爾札克小説有《珠皮記》者，非渠上乘文字也，顧發明"願欲耗生"(*Vouloir* nous brûle)之旨，頗可參印。片皮上有"梵書"（按實爲阿拉伯文）數行，譯云："得我者可隨心所欲，如願以償，然必以生命抵折之。汝逞一欲、遂一願，則我體隨以縮，而汝壽亦隨以減"（Désire /et tes désirs /seront accomplis. /Mais règle/ tes souhaits sur ta vie. /Elle est là. À chaque /vouloir je décroîtrai /comme tes jours)①；書收場時，皮主已病，見皮將不存，急及其未盡，向蕩婦求歡，身死婦懷，皮亦消失。《吕氏春秋·貴生》記子華子論謂"六欲莫得其宜，皆獲其所惡者"，是爲"迫生"，"迫生不如死"；欲不得宜，則無生之樂，欲可得逞，又以生爲抵，斯所以必得中行而與之。吕書《本生》曰："有不肯貴富者矣，由重生故也"，《貴生》曰："非惡富貴也，由重生惡之也"，皆《左傳》閔公元年所謂"宴安酖毒"之旨爾。"伐性

---

① *La Peau de Chagrin*, *Oeuv. comp.*, Conard, XXII, 36, 38.

之斧"自呂書以來多指女色，後世詞章或易"斧"以"劍"，如孟郊《偶作》："利劍不可近，美人不可親，利劍近傷手，美人近傷身"；何光遠《鑑戒錄》卷五載鄭雲叟詩："翠娥紅粉嬋娟劍，殺盡世人人不知"（《全唐詩》亦作杜光庭《題霍山秦尊師》）；呂巖《警世》："二八佳人體似酥，腰間仗劍斬凡夫。"偶覯十七世紀法國名劇中人（Clistorel）嘲老翁（Géronte）謀娶風騷少女曰："此乃操刀割己之頸，斷送自家性命"（Tout vieillard qui prend fille alerte et trop fringante,／De son propre couteau sur ses jours il attente!／*Virgo libidinosa senem jugulat*）①；猶夫斧伐劍斬也。伏爾泰嘗謂苟不當過甚，無藥非虎狼，無食非酖毒，烹調名手正亦下毒凶手（un bon cuisinier est, à coup sûr, un empoisonneur à la longue, si vous n'êtes pas tempérant）②；又如"腐腸之藥"矣。

《七發》："雜裾垂髾，目挑心與。"按即司馬相如《子虛賦》："色授魂與，心愉於側"，裴駰《史記集解》引張揖註："彼色來授，我魂往與接也。"意亦尋常，理即《樂記》："感於物而動"，事即《花草粹編》卷四無名氏《喜團圓》："眼是心媒，心爲情本，內外鈎連。"然相如用字，殊耐尋味，足徵其於身心感受，不以爲我遭物遇物，而以爲物"來"動我挑我；"授"恰是西人所謂感覺"與件"（datum）之的譯。

【增訂三】《詩·匏有苦葉》毛《傳》："衛夫人有淫佚之志，授人以色，假人以辭"；"授"字襯"假"字而給與之意益明。

---

① J.-F. Regnard, *Le Légataire universel*, II. xi, Larousse, 48.
② Voltaire, *Dictionnaire philosophique*, art. "Empoisonnements", *Oeuv. compl.*, ed. L. Moland, XVIII, 533.

《大學》：" 致知在格物，物格而後知至"，鄭玄註："格、來也，物猶事也"；宋、明、清學者於"格"之訓"來"，聚訟閧然，似未旁參廣究。古人蓋以身心爲主，以事物爲客，如用兵之客攻而主守，故色"來"而後"魂與"，物"來"而後"知至"。《文子·道原》："物至而應，知之動也"；《樂記》："物至知知"，鄭註："至、來也，知知、每物來則又有知也"；《孟子·告子》："耳目之官不思，物交物，則引之而已矣"，趙歧註："利慾之事來交引其精神"，事"來"而神爲所"引"以往也（參觀沈括《長興集》卷三二《孟子解》："耳目能受而不能擇，擇之者心也"）；《荀子·解蔽》："小物引之，……其心内傾"又："物至而應"；《全三國文》卷一九陳王植《金瓠哀詞》："予之首女，雖未能言，固以授色知心矣"，亦不言己察視嬰兒之容色，而言嬰兒以其容色"來授"於己。《文心雕龍·物色》："情往似贈"，亦可參印。一代於心性之結習成見，風氣扇被，當時義理之書熟而相忘、忽而不著者，往往流露於文詞語言，相如之賦可以通鄭玄、趙歧之註焉。《世說新語·文學》謝安問殷浩："眼往屬萬形，萬形來入眼不？"；《全唐文》卷五九九劉禹錫《楚望賦》："萬象起滅，森來覘予"，又卷六○六《管城新驛記》："四時萬象，來覘於我"，又《洗心亭記》："槃高孕虛，萬景坌來"，言"形來"也；《洗心亭記》："遠邇細大，雜然陳乎前，引人目去"，言"眼往"也。《楞嚴經》卷三佛問阿難："鐘鼓音聲前後相續，於意云何？此等爲是聲來耳邊？耳往聲處？"；《五燈會元》卷一○清涼文益章次："師指竹問僧：'還見麼？'曰：'見。'師曰：'竹來眼裏？眼到竹邊？'"；古希臘哲人辯視覺，斯多噶派主眼放光往物所（radiorum ex oculos in ea quae videri queunt emissionem），伊壁鳩魯派則主物送象來眼中（afluere semper ex omnibus corporibus simulacra quaedam corporum ipsorum eaque sese in oculos inferre)①；更徵以"來"論感動，固舊日諍端之遍於中外者也。

《七發》："紛屯澹淡。"按下文又曰："湍流遡波，又澹淡之"，李善註前句："憤惷煩悶之貌也"，註後句："搖蕩之貌也"，似强生分別，均可作搖蕩不安解。"浩浩瀺瀺，如素車白馬帷蓋之張。"按周祈《名義考》卷四《胥濤》："'素車白馬'亦猶李白所謂'連山噴雪'耳"，是也。西語亦逕呼浪濤爲"白馬"（White horses, cavallone），或呼爲"白犬"（die weissen Hunde）、"白羊"（moutons, Schäflein）②。擬象不遠。

淮南小山《招隱士》。按朱熹《文公文集》卷一《招隱操》有《序》云："淮南小山作《招隱》，極道山中窮苦之狀，以風切遁世之士，使無遐心，其旨深矣。其後左太沖、陸士衡相繼有作，雖極清麗，顧乃自爲隱遁之辭，遂與本題不合。故王康琚作詩以反之，雖正左、陸之誤，而所述乃老氏之言，又非小山本意也。"亦得體要，小有未安。左思《招隱詩》第一首起曰："杖

---

① Aulus Gellius, *Noctes Atticae*, V. xvi, "Loeb", I, 428, 430. Cf. Vico, *Scienza nuova*, §706, *Opere*, Ricciardi, 692: "Dissero '*cernere oculis*'…Cosi dagli occhi, per le pupille, escano bastoni di luce, che vanno a toccare le cose…; dissero '*usurpare occulis*'…puasi che, con la vista, S'impossessassero delle cose vedute"; E. Cassirer, *Philosophie der symbolischen Formen*, I, 127: "So scheint genetisch und sachlich in der Tat ein stetiger Uebergang vom 'Greifen' zum 'Begreifen' zu führen"; Proust, *Du Côté de chez Swann*, I. ii, *A la Recherche du Temps perdu*, "la Pléiade", I, 141: "…ce regard…à la fenêtre duquel se penchent tous les sens, anxieux et pétrifiés, le regard qui voudrait toucher, capturer, emmener le corps qu'il regarde et l'âme avec lui."

② E. g. Ariosto, *Orlando Furioso*, XLI. ix: "Surgono altiere e minacciose l'onde, /mugliando sopra il mar val il gregge bianco"; Arnold: "The Forsaken Merman": "Now the wild white horses play, /Champ and chafe and toss in the spray."

策招隱士，荒塗橫古今"，結曰："躊躇足力煩，聊欲投吾簪"，是始欲招其出山，終反欲棄官從之；朱氏所謂"自爲隱遁之辭"也。第二首則託爲隱士語氣，有曰："結綬生纏牽，彈冠去埃塵，惠連非吾屈，首陽非吾仁；相與觀所尚，逍遥撰良辰"；明言待賈俟時，非枯槁於巖穴者，苟相薦引，不恥小官——絕非遁世之詞，而如應小山之《招》矣。《晉書·潘尼傳·安身論》譏"知進忘退"、"傾側勢利"之士，有曰："朝有彈冠之朋，野有結綬之友，黨羽熾於前，榮名扇其後"；與左詩用典正同。《南史》卷三〇《何尚之傳》尚之"致仕於方山，著《退居賦》以明所守"，而"不能固志"，於是袁淑"乃録古來隱士有迹無名者，爲《真隱傳》以嗤焉"；孔稚珪《北山移文》之"鳴騶入谷，鶴書赴隴，焚芰製而裂荷衣"，韓愈《送董邵南序》之"明天子在上，可以出而仕"，即左詩、袁傳所言情事也。誹毀隱士，莫古於《荀子·非十二子》篇："古之所謂處士者，德盛者也，能静者也。……今之所謂處士者，無能而云能者也，無知而云知者也，利心不足而佯無欲者也，行僞險穢而强高言謹愨者也，以不俗爲俗、離縱而跂訾者也。"夫退居不固，既致"終南仕宦捷徑"之嘲；而服官自效，常被"處士純盗虛聲"之目。"當時諸葛成何事？只合終身作卧龍"，於孔明尚有後言（薛能《游嘉州後溪》）；"不把一言裨萬乘，袛叉雙手揖三公"，於种放更來面譴（釋文瑩《湘山野録》卷上記楊億詩）。爲政者亦識隱士妝點山林，其作用每勝於趨蹌廊廟。《晉書·庾峻傳》因風俗奔競，遂上疏："故有朝廷之士，又有山林之士。朝廷之士，佐主成化。……山林之士，……清劭足以抑貪汙，退讓足以息鄙事，故在朝之士聞其風而悦之。……節雖離世，而德合於主，行雖辭朝，而功同於政。"

若左思詩第一首及陸機《招隱詩》，猶"在朝之士聞風而悅"也；《藝文類聚》卷三七沈約《爲武帝與謝朏敕》："山林之志，上所宜弘，激貪厲薄，義等爲政"，又猶"抑貪息鄙，功同於政"也。遁客外臣，是亦佐治成化，七人四皓，足矯六蝎五蠹，《後漢書》以還，國史專設《逸民》、《隱逸》諸傳，意悉在茲。蓋當其不仕，有仕之用矣。然亦有深惡隱士，不特如荀子之斥其無能飾僞，且痛詆其野性遐心、罔上無君者。《韓非子·姦劫弒臣》詆夷、齊之隱首陽曰："不可以罰禁也，不可以賞使也，此之謂無益之臣也"，又《外儲說》右上記太公望"首誅"東海上"居士"，以其"不得以賞罰勸禁"，"行極賢而不用於君。陸賈《新語·愼微》論"登高山，食木實"之士，"當世不蒙其功，後代不見其才，君傾而不扶，國危而不持，……懷道而避世，則不忠也。"《全三國文》卷三八糜元《譏許由》："潛居默靜，隱於箕山，身在布衣而輕天下，世人歸其高行，學者以爲美談。……即當捄煩理亂，跨騰風雲，光顯時主，救濟生民。何得偃蹇，藏影蔽身？……居君之地，避君之庭，立身若此，非子之貞。欲言子智，則不仕聖君；欲言子高，則鳥獸同羣。無功可紀，無事可論。"《南齊書·袁彖傳》檀超欲立《處士傳》，彖曰："夫事關業用，方得列其名行，今栖遁之士，排斥皇王，陵轢將相，此偏介之行，不可長風易俗。故遷書未傳，班史莫編。"《全唐文》卷七五三杜牧《送薛處士序》："'處士'之名，自負也，謗國也。"《舊五代史·李敬義傳》柳璨奏："乃有卧邀軒冕，視王爵如土梗者。司空圖、李敬義三度除官，養望不至，咸宜屛黜，以勸事君者"。楊萬里《誠齋集》卷八《讀〈嚴子陵傳〉》："客星何補漢中興？空有清風冷似冰。早遣阿瞞移漢鼎，人間何處有嚴陵！"《元詩選》戊集貢師泰《釣臺》第一首："百戰關河血未乾，漢家宗社要重安；當時盡着羊裘去，誰向雲臺畫裏看？"（第二首則易貶爲褒："青山如馬復如龍，滄海東來第幾重？不是狂奴輕萬乘，世間誰不受牢籠！"）。《紀録彙編》卷一八七《留青日札》引明太祖《嚴光論》："古今以爲奇哉，在朕則不然。……假使赤眉、王郎、劉盆子等混淆未定之時，則光釣於何處？……今之所以獲釣者，君恩也。……朕觀當時之罪人，大者莫過嚴光、周黨之徒，不正忘恩，終無補報，可不恨歟！"——明遺民王夫之《搔首問》謂"昭代無隱逸"，亦因"且有寰中士夫不爲君用、充軍之例"，即明祖科效法嚴光者之罰耳。是以本庾峻、梁武帝之旨，則林逋得傲諸葛亮、謝安："鄙夫則不然，胸腹空洞。……衡門情味，則倒睨二君而有得色"（《林和靖詩集》卷四《深居雜興·序》）；而據麋元、明太祖之説，則吳偉業徒羨周黨、楊維楨："不召豈能逃聖代？無官敢即傲高眠！"（《梅村詩集》卷一二《將至京師寄當事諸老》）。此古來論隱士之大較也。若夫强飾蠅營，高言龍卧，靡好爵而充肥遯，如王康琚《反招隱》："小隱隱陵藪，大隱隱朝市"，禦人口給，不患無詞。《晉書·鄧粲傳》粲以"高士"應召，友譏其"改節"，粲答："朝亦可隱，市亦可隱，隱初在我，不在於物"；《南齊書·王秀之傳》父瓚之"歷官至五兵尚書，未嘗詣一朝貴"，江湛謂何偃曰："王瓚之今便是朝隱"；《全唐文》卷三二五王維《與魏居士書》勸其出仕而斥隱遁如許由、陶潛之流"皆障於事而未明心，非爲達道"；張伯端《悟真篇》卷下《西江月》之二："志士若能修煉，何妨在市居朝"；皆王闓運《湘綺樓箋啓》卷三《致趙直牧》所謂："大隱在官廳，其實爲混飯耳。"王通《中説》有《周公》、《禮樂》兩篇更巧立"天隱"、"地隱"、"人隱"、"名隱"等名目，要亦無非心境兩泯，權實雙行，以便取熊而不舍魚，東食而復西宿。或本道家，或出釋氏，而文中子其人又自命儒宗，以河汾上繼洙泗者。蓋曲學阿世，正復所以利己；三教猶《六經》然，莫不"爲我註脚"，適堪資己藉口。朱熹僅知王康琚詩乃"老氏之言"，識尚局而未通也。

一九　全漢文卷二二

司馬相如諸賦見於卷二一者，別詳《史記》卷論《司馬相如列傳》。

《美人賦》。按《西京雜記》卷二："長卿悅文君之色，遂以發痟疾，乃作《美人賦》以自刺，而終不能改。"此作語意與所記不合，自是宋玉《登徒子好色賦》之遺耳。李頎《送康洽入京進樂府歌》："識子十年何不遇！只愛歡遊兩京路。朝吟左氏《嬌女篇》，夜誦相如《美人賦》"；以相如此賦承"歡遊兩京"是也，左思《嬌女詩》乃咏稚女嬌憨，李詩連類儷詞，遂一若亦爲長安狹邪之什！此復如高適《送渾將軍出塞》之艱於屬對而英雄欺人也，參觀《史記》卷論《衛將軍、驃騎列傳》。

《美人賦》："王曰：'子不好色，何若孔墨乎？'相如曰：'古之避色，孔墨之徒；聞齊饋女而遐逝，望朝歌而迴車。譬猶防火水中，避溺山隅。此乃未見其可欲，何以明不好色乎？'"按《全三國文》卷一六陳王植《與吳季重書》："墨翟不好伎，何爲過朝歌而迴車乎？"；更進一解，謂墨子自知好色，求己心不亂，故不敢見可欲耳。倫理學言苦行或出於心實愛好而克抑，或出於心本憎惡而棄擲，前者爲禁欲之真，後者祇得禁欲之貌（die echte Askese und die Scheinaskese des Ressentiments)①；可以鈎玄明義。《聊齋志異》會校會註會評本卷六《小謝》但明倫評："於搖搖若不自持之時而即肅然端念，方可謂之真操守、真理學；彼閉戶枯寂自守，不見可欲可樂之事，遂竊以節操自矜，恐未必如此容易"；即相如之意，"肅然端念"猶此賦下文之"臣乃脈定於內，心正於懷"。食之與色，比物此志，如舒夢蘭《遊山日記》卷二七月丁酉："余嘗謂鎮國公永珊曰：'公已絕葷久矣，亦尚思肉味否？'公正色答曰：'凡事之所貴，必貴其難；苟不知肉味之美，而絕不茹葷，亦奚足尚？'"法國文家屢申斯旨。或曰："苟未見甚可欲，未識甚可欲，而遽自詡閑情忍性，若而人者，正未許在"(On ne peut se vanter de mépriser et combattre la volupté, si on ne la voit, si on l'ignore, et ses grâces, et ses forces et sa beauté, plus attrayante)②；或曰："何爲有德？於娛情快欲之尤物，能戒而絕之，是爲有德。孰爲娛情快欲之尤物？解人者其唯個中畢經遍歷者乎！苟非親嘗，則無真鑑，律身克己，徒託空言。夫事之可貴，緣其難能；不見可欲，不知何戀，止未動之心，割無根之愛，捨非有之物，亦奚足尚？"(En quoi consiste la vertu? Dans la privation absolue des choses qui flattent le plus les sens. Qui peut savoir quelle est la chose qui les flatte la plus? Celui-là seul qui a joui de toutes. Si la jouissance du plaisir peut seul apprendre à le connaître, celui qui ne l'a point éprouvé ne le connaît pas. Que

---

① M. Scheler, *Der Formalismus der Ethik und die materiale Wertethik*, 4. Aufl., hrsg. Maria Scheler, 246.

② Montaigne, *Essais*, III.2, "Bib. de la Pléiade", 785.

peut-il donc sacrifier? Rien, une chimère; car quel autre nom donner à des désirs qui ne portent que sur une chose qu'on ignore? Et si la difficulté du sacrifice en fait seule tout le prix, quel mérite peut avoir celui qui ne sacrifie qu'une idée?)①;或又記與清修教士晤言，讚其願力堅卓，能勿與俗人同嗜好，遺塵濁世路而入清淨道場，士答："我儕自問皆孱懦無勇之徒耳！不敢上陣厮殺，祇辦閉關退保，聊固吾圉而已"（Nous sommes des poltrons; nous sommes retirés dans une forteresse, parce que nous ne nous sentions pas le courage de nous battre en plaine)②。

【增訂四】約翰生博士遊法國，訪一尼庵（the English Austin nuns at Notre Dame de Sion），謂庵主曰："大德居此，非皈依道德，乃畏避罪惡耳"（Madam, you are here, not for love of virtue, but for fear of vice. ——W. J. Bate, *Samuel Johnson*, 1978, p.518)。原引斯達爾夫人與清修教士問答語，正爾同揆。蓋道院修士亦猶"孔孟之徒"，不過《老子》三章所謂"不見可欲，使心不亂"；相如輩則以爲親接可欲而自持不亂，方許語於有德。一如望風而逃，一如交綏而勝。然兩者以遏嗜欲、擯悅樂爲德，固無乎不同也。常諺有曰："爲善最樂"（語始見《後漢書·東平王蒼傳》載明帝詔），顧古來修身所主張，實謂人樂爲者多非善事，而事之善者每即人所惡爲③，故人之所應爲當爲輒

---

① Crébillon le fils, *Le Sopha*, Flammarion, 138-9.
② Mme de Staël, *Mémoires* (*Dix Années d'Exil*), Charpentier. 324.
③ Cf. Diderot, *Le Neven de Rameau*, ed. J. Fabre, 44: "On loue la vertu; mais on la hait...c'est qu'ils se sont imposés une tâche qui ne leur est pas naturelle."

反於其欲爲願爲，甚且非其所能爲可爲。孔子論"血氣"所當"戒"，荀子論"情性"不可"順"，即言約身勝慾，以禮義齊嗜好。亞理士多德《倫理學》尤誨人百凡行事當嚴防樂在其中，悅心快意之事如美女之爲禍水，足以傾城傾國(Now in everything the pleasant or pleasure is most to be guarded against... We ought, then, to feel towards pleasure as the elders of the people felt towards Helen, and in all circumstances repeat their saying)①；大類《管子·中匡》："古之隳國家、隕社稷者，非故且爲之也，必少有樂也，不知其陷於惡也。"塔索詩中向往於聖世福地(bella età dell'oro)，直是欲界仙都，人人任真適願，了無檢束，唯遵大自然所頒金科玉律一條："情性所樂，禮法必許"(Ma legge aurea e felice /che Natura scolpì: *S'ei piace*, *ei lice*)②；又類《列子·楊朱》假託管子答晏子問："肆之而已，勿壅勿閼。恣體之所欲安，恣意之所欲行。"真管子可與假管子敵家對壘。席勒詩寫哲學家之鬼七八輩在幽冥會講，亞理士多德爲都講，笛卡爾、康德咸與會，弟子(Lehrling)問曰："小子樂爲朋友效力，然心既樂爲，則事必不善、行必不德。竊以爲憂，將奈之何？"(Gern dien'ich den Freunden, doch thu'ich es leiden mit Neigung, /Und so wurmt es mich oft, dass ich nicht tu-

---

① *Nicomachean Ethics*, Bk. II, ch. 9, *Basic Works of Aristotle*, Random House, 963; cf. Cicero, *De Senectute*, XIII. 44: "Divine Plato escam malorum appeliat voluptatem, quod ea videlicet homines capiantur, ut pisces hamo".

② Tasso, *Aminta*, I. ii, "Coro," *Poesie*, Riccardo Ricciardi, 633 (cf. *Gerusalemme Liberata*, XV. 62–3, p. 382). Cf. *Inferno*, V. 56: "Che [Semiramis] libito fe' licito in sua legge."

gendhaft bin)。大師曰:"道無他,刻意憎鄙汝之朋友而已矣!憎之鄙之,則雖服事之而乃心不樂。于是乎惡爲而仍勉爲,違心克欲,由義盡分莫大焉"(Da ist kein andrer Rath, du musst suchen sie zu verachten, / Und mit Abscheu als dann thun, was die Pflicht dir gebeut)①。真談言微中矣!人常謂基督教大盛之世,以賞心適體爲厲禁而自苦爲極則(that men should not please themselves but deny themselves everything they take delight in)②;相傳中世紀有數修士,一日偕行,經樹下,聞鶯啼圓潤清和,聽而樂之,徘徊不忍去,一士最敏,忽悟曰:"此鶯莫非魔鬼幻形乎!"(dass diese Nachtigall wohl ein Teufel sein könne),蓋一切可欣愛之事物,當時胥視爲魔鬼惑誘之具也(die Zeit die alles, was süss und lieblich war, als Teufelei verschrie)③。世、出世間法如五十步之與百步,均主窒欲持心,宗教特加厲滋章耳。是以司馬相如作賦,雖薄"孔墨之徒",却仍以拒色不亂爲究竟歸宿,則不免復落孔墨彀中矣。

《長門賦》:"雷殷殷而響起兮,聲象君之車音。"按傅玄《雜言》詩:"雷隱隱,感妾心,傾耳清聽非車音",可資比勘。皆謂雷轉車聲,而馬賦曰"象",寫乍聞時心情,倖望頓生,傅詩曰"非",寫細聆後心情,倖望復滅。同工異曲。唐和凝《江城子》:"輕撥朱弦,恐亂馬嘶聲。……今夜約,太遲生!";久待無聊,

---

① Schiller: "Die Philosophen," *Werke*, hrsg. L. Bellermann, I, 198.
② John Selden, *Table-Talk*, ed. S. W. Singer and rev. W. S, W. Anson, 120; cf. Spinoza, *Ethica*, IV, Appendix, §31.
③ Heine, *Zur Geschichte der Religion und Philosophie in Deuts-chland*, I, *Sämtliche Werke*, A. Weichert, VIII, 15-6.

理筝自遣，而手揮五絃，耳聆來騎，一心二用，情景已化單爲複。尹鶚更舊曲翻新，其《菩薩蠻》云："少年狂蕩慣，花曲長牽絆，去便不歸來，空敎駿馬回！"；馬之與車，物異功同，謂即非軍而眞爲車，車而眞來歸，終亦空車而無人焉者，又進一解。關漢卿《玉鏡臺》第三折："你攢着眉熬夜闌，側着耳聽馬嘶，……香爐金爐人未歸"，關掞尚欠此轉。唐無名氏《醉公子》，韓駒嘗歎爲"八句五轉"者（《歷代詩餘》卷一一二引《懷古錄》，參觀《太史升菴全集》卷五），起云："門外猧兒吠，知是蕭郎至"，結云："醉則從他醉，還勝獨睡時"，與尹鶚詞皆以下轉語取勝。尹詞言坐騎歸矣，不料人仍未歸；此詞言人雖歸乎，亦猶未歸，然而慰情聊勝於眞不歸。方回《桐江集》卷一《〈名僧詩話〉序》謂禪宗下轉語，即"善爲詩者"之"翻案法"，尤侗《艮齋雜説》卷六亦謂禪偈用詩文之"翻一層法"（梁章鉅《浪跡叢談》卷一〇全襲尤説），竊意傅玄詩之於司馬相如賦，尹鶚詞之於傅玄詩，以及無名氏此篇，皆下轉語、翻成案之佳例也。

楊貴《報祁侯繒它書》："夫厚葬誠無益於死者，而俗人競以相高，靡財單幣，腐之地下。或乃今日入而明日發，此眞與暴骸於中野何異？"按《野客叢書》卷二五論漢"喪葬過制"，舉此書與《鹽鐵》、《潛夫》兩論及貢禹《奏事》參驗，惜未引崔寔《政論》言"送終之家亦大無法度"一節（《全後漢文》卷四六）。寔文且曰："念親將終，無以奉遺，乃約其供養，豫修亡殁之備"；爲厚送死而薄養生，他文所未道，用心又別于歐陽修《瀧岡阡表》所謂"養之薄"而"祭豐"也。論厚葬之失者，以《呂氏春秋·節喪》、《安死》兩篇最爲明暢，繼之如《漢書·楚元王傳》劉向《諫營昌陵疏》、王充《論衡·薄葬》、《三國志·魏書·文帝紀·終制》、《晉書·皇甫謐傳·篤終》均未能後來居上，詞致每相形見絀；《南齊書·高逸傳》記沈驎士"以楊王孫、皇甫謐深達生死"，乃"自作《終制》"，其文失傳，不知作底言語。若楊王孫此書，乃《後漢書·趙咨傳》遺《勅子胤》之類耳。"與暴骸於中野何異？"言甚坦率，《呂氏春秋》則筆舌雋永。《安死》曰："今有人於此，爲石銘置之壟上，曰：'此其中之物，具珠玉、玩好、財物寶器甚多，不可不揚，揚之必大富，世世乘車食肉。'人必相與笑之，以爲大惑。世之厚葬也，有似於此。自古及今，未有不亡之國也，無不亡之國者，是無不揚之墓也。"魏文帝《終制》："自古及今，未有不亡之國，亦無不掘之墓"，盡取呂語；皇甫謐《篤終》："夫葬者藏也，欲人之不得見也。而大爲棺槨，備贈厚物，無異於埋金路隅而書表於上也"，點竄呂語，"埋金書表"又大似俗諺"此地無銀三十兩"之草創矣。《水經注》卷二九《湍水》引《荊州記》載魏張詹墓有碑，背刊云："白楸之棺，易朽之裳，銅鐵不入，丹器不藏；嗟兮後人，幸勿我傷！"；故他墳夷毀，而此墓得保，至元嘉六年，方被發掘，"初開，金銀銅錫之器、朱漆雕刻之飾爛然，有二朱漆棺，棺前垂竹簾，隱以金釘。……虛設'白楸'之言，空負黃金之實！"則書表"此處無銀"，亦或取信一時，而小點終無補於大癡也。魏文《終制》："漢文帝之不發，霸陵無求也；光武之掘，原陵封樹也。霸陵之完，功在釋之；原陵之掘，罪在明帝"；《三國志·魏書·明帝紀》裴註引《魏略》記郝昭戒子："吾爲將，知將不可爲也；吾數發冢，取其木以爲攻戰具，又知厚葬無益於死者也"；《陳書·世祖本紀》天嘉六年八月詔："零落山邱，變移陵谷，或皆剪伐，莫不侵殘，玉杯得於民間，漆簡傳於世載。"蓋玉魚昨封於壙中，金盌早出於市上，故厚葬誨盜，傳不絕誡。然告誡之數，適見盜發之頻；事常、斯言之亦常，重言不已、即空言無效耳。以"仲父"呂不韋之極言，而《諫營昌陵疏》謂秦始皇盛葬無前，墓"離牧豎之禍"，其中"珍寶不可勝原"；以漢文帝之示儉，而《終制》與張載《七哀》詩歎漢氏諸陵遭掘，"玉柙金鏤"，是處都有，江淹《銅劍讚》論葬事亦云："前漢奢於後漢，魏時富於晉世。"父祖之誨諄諄，而子孫之聽藐藐；《新五代史·雜傳》第二八論溫韜"劫陵賊"所謂："嗚呼！厚葬之弊，自秦漢以來，率多聰明英偉之主，雖有高談善說之士，極陳其禍福，有不能開其惑者矣！"《晉書·索綝傳》記愍帝時，盜發漢霸、杜二陵，"多獲珍寶"，帝問："漢陵中物何乃多耶？"綝對："漢天子即位一年而爲陵，天下貢賦三分之一……充山陵。漢武帝饗年久長，比崩而茂陵不復容物，……赤眉取陵中物，不能減半，于今猶有朽帛委積，珠玉未盡。此二陵是儉者耳。"是霸陵終未得"完"，且非如張釋之所諫"中無可欲"者。白居易《新樂府·草茫茫》："驪山脚下秦皇墓，……一朝盜掘墳陵破。……奢者狼藉儉者安，一凶一吉在眼前；憑君回首向南望，漢文葬在霸陵原"；鮑溶《經秦皇墓》、《倚瑟行》等亦發揮此意。詩家興到落筆，似僅讀《三國志·魏文紀》，不讀《晉書·索綝傳》，故中唐人而爲漢文、宣二陵未發前之魏、晉人語也。《全後漢文》卷二九宋元《上言》："臣聞秦昭王與呂不韋好書，皆以書葬。……冢皆黃腸題湊，處地高燥未壞。臣願發昭王、不韋冢，視未燒詩書"；不韋深知珠寶殉葬之招揚，初不料發冢亦以詩書也。邵溫《聞見後錄》卷二二："張侍中耆遺言厚葬，晏丞相殊遺言薄葬；二公俱葬陽翟，元祐中同爲盜所發。侍中壙中金玉犀珠充塞,盜不近其棺,所得已不勝負,皆列拜而去。丞相壙中但瓦器數十,盜怒不酬其勞,斲棺取金帶,亦木也,遂以斧碎其骨。厚葬免禍,薄葬致禍,楊王孫之術疏矣!"夫枯骨何知,無所謂"禍"福,然此事與發呂不韋冢事均出意計之外,却復在情理之中,世故難於一概,有如是者。

二〇　全漢文卷二三

　　董仲舒《士不遇賦》："孰若返身於素業兮，莫隨世而輪轉。"按"輪轉"喻圓滑，即《楚辭·卜居》："將突梯滑稽，如脂如韋，以絜楹乎？"王逸註："轉隨俗也，柔弱曲也，潤滑澤也。"以圓轉形容天運、道心之周流靈活，如《易·繫辭》上："蓍之德，圓而神"，或《文子·自然》："天道默默，輪轉無端。……惟道無勝，輪轉無窮"，是爲贊詞；以之品目處世爲人之變幻便佞，如董賦此句，是爲貶詞。《鬼谷子·本經陰符七篇》論"轉圓"曰："或轉而吉，或轉而凶"；圓之事或"吉"或"凶"，"圓"之詞亦有美有刺，不可以不圓覽者也[①]。喻天擬道，略見《老子》卷論第四〇章。《關尹子·一宇》設譬最巧："以盆爲沼，以石爲島，魚環游之，不知幾千萬里不窮乎！夫何故？水無源無歸。聖人之道，本無首，末無尾，所以應物不窮。"黃庭堅擷取入詩，魚藻遂成詞藻。周敦頤《太極圖》逕以圓圈中空爲"無極

---

① Cf. Herman Meyer, *Der Sonderling in der deutschen Dichtung*, Carl Hanser, 131: "Das Symbol des Kreises, im klassischen Weltbilde das Bild höchster Harmonie, bedeutet dem Romantiker nur Negatives, nämlich die Gefangenschaft im Irdischen."

而太極"之象，理學家如莊㫤者，賦詩幾每一首有"乾坤"，每三首有"太極"；《定山先生集》卷二《題畫》："太極吾焉妙，圈來亦偶誇"，卷四《遊茆山》："山教太極圈中闊，天放先生帽頂高"，又《孤鶴翁過訪》："老懷太極一圈子"，卷五《雪中和趙地官》："許誰太極圈中妙，不向梅花雪裏求"等，皆藉圓爲抒懷寫景之資。《五燈會元》卷一僧璨《信心銘》："至道無難，唯嫌揀擇。……圓同太虛，無欠無餘"；司空圖《詩品·流動》："若納水綰，若轉丸珠"；張英《聰訓齋語》卷上："天體至圓，萬物做到極精妙者，無有不圓。聖人之至德、古今之至文、法帖，以至一藝一術，必極圓而後登峰造極。"然立身則又尚方，《荀子·禮論》："法禮足禮，謂之有方之士"，郝懿行註謂"有稜角"；《文子·微明》及《淮南子·主術》並言："智欲圓而行欲方"，"方者、直立而不撓，素白而不汙。"兹略陳以圓譏彈人品者。

巧宦曲學，媚世苟合；事不究是非，從之若流，言無論當否，應之如響，阿旨取容，希風承窾，此董仲舒賦所斥"隨世而輪轉"也。以轉爲用，必以圓爲體，惟圓斯轉矣。應劭《風俗通》："延熹中，中常侍單超、左悺、徐璜、具瑗、唐衡在帝左右，縱其巧慝。時人爲之語曰：'左迴天，徐轉日，具獨坐，唐應聲'；言其信用甚於轉圓也"（《全後漢文》卷三七）。則自轉乃所以轉人，猶輪轉之使車行，故權變可以致權勢焉。桓寬《鹽鐵論·論儒》："孔子能方不能圓，故飢於黎丘"；王充《論衡·狀留篇》歎："且圓物投之於地，東西南北，無之不可。……方物集地，一投而止。……賢儒、世之方物也"；熊遠《因災異上疏》論選官用人"公正道虧"，有曰："遂使世人削方爲圓，撓直爲曲"（《全晉文》卷一二六）。至唐元結而大放厥詞，《自箴》、《汸泉銘》、《浯泉銘》、《惡圓》、《惡曲》(《全唐文》卷三八二、三八三) 重宣斯意："君欲求權，須曲須圓""天不圓也！"歷來傳誦。清人欲射西來新學之潮，尚衍元氏陳言之緒，如孫星衍《平津館文稿》卷下《釋方》："夫方而模棱，君子惡之，故聖人有'觚不觚'之歎。……自地圓之說行，則重圓而毀方；自歲差之說行，指分秒以求天地之差忒，則小過足以累賢才。吾懼世道人心之去古日遠也！"其實惡圓乃唐人諷世慣語，特不若元結之強聒耳。如柳宗元《乞巧文》："付以姿媚，易臣頑顏，鑿臣方心，規以大圓"；孟郊《上達奚舍人》："萬俗皆走圓，一身獨學方"；白居易《詠拙》："從茲知性拙，不解轉如輪"，又《胡旋女》："左旋右轉不知疲，千匝萬周無已時，人間物類無可比，奔車輪緩旋風遲。……天寶季年時欲變，臣妾人人學圓轉；中有太真外祿山，二人最道能胡旋。……祿山胡旋迷君眼，兵過黃河疑未反；貴妃胡旋惑君心，死棄馬嵬念更深。從茲地軸天維轉，五十年來制不禁"；元稹《胡旋女》："旋得明王不覺迷，妖胡奄到長生殿。……萬過其誰辨終始？四座安能分背面？才人觀者相爲言：'承奉君恩在圓變！'是非好惡隨君口，南北東西逐君盼；柔軟依身看佩帶，徘徊繞指同環釧。……君言似曲屈爲鉤，君言好直舒爲箭；巧隨清影觸處行，妙學春鶯百般囀"；劉師服、軒轅彌明《石鼎聯句》："大若烈士膽，圓如戰馬纓。……晼晼無刃跡，團團類天成。……磨礲去圭角，浸潤著光明。願君勿嘲誚，此物方施行"；陸龜蒙《奉酬襲美〈苦雨〉見寄》："不然受性圓如規，千姿萬態分毫釐。唾壺虎子盡能執，舐痔折枝無所辭。有頭強方心強直，撐拄頹風不自力。"元、陸兩詩，尤筆墨酣飽。

【增訂三】《潛夫論·交際》："嗚呼！凡今之人，言方行圓，口正心邪",以"圓"與"邪"互文。陶宗儀《南村輟耕録》卷一〇載元潘純作《輥卦》,"譏世之仕宦人以突梯滑稽而得顯爵",實即言官場要務唯在圓滑。有曰:"輥亨,可小事,亦可大事。……終日輥輥,厲無咎。……模稜吉,……以隨時也。……神輥,……老於事也。""輥"即"滚",唐宋人例用此字。如《五燈會元》卷七雪峯義存章次:"陞座,衆集定,師輥出木球",又卷九芭蕉圓章次:"三千大千世界被老僧都合成一塊,輥向須彌頂上",又卷一六劉經臣《明道喻儒篇》:"輥球舞笏";李後主《夢江南》:"滿城飛絮輥輕塵,愁殺看花人";《全金元詞》二六〇頁王喆《青蓮池上客·上元看輥燈毬》:"順風歸去,輥入蓬萊觀";陸游《劍南詩鈔》卷六四《夢中作》:"春風又作無情計,滿路楊花輥雪球";張鎡《南湖集》卷三《蚊》:"雪片有聲飄作陣,楊花無樹輥成球";許棐《梅屋詩稿·宫詞》:"卧聽羊車輥夜雷,知從誰處飲酣回。"王惲《秋澗大全集》卷三三《輥馬圖》:"四輥塵沙更適宜",蓋畫滚塵馬者。朱彝尊《曝書亭集》卷二五歲除對雪詞牌亦尚作《輥繡球》。"神輥"也者,圓體滾用,通神入化,隨時而轉,無往不宜。"輥輥(滚滚)終日",斯可以爲衮衮諸公矣。

唐人論立身行己,於圓亦有別擇而不抹摋者,如柳宗元惡丸之圓而取輪之圓,《車說贈楊誨之》云:"中不方則不能以載,外不圓則窒拒而滯。……匪箱不居,匪輪不塗";又《與楊誨之疏解車義第二書》云:"吾子之方其中也,其乏者,獨外之圓耳。固若輪焉,非特於可進也,銳而不滯,亦將於可退也,安而不挫。欲如循環之無窮,不欲如轉丸之走下也";即以車擬象文子、淮南之"智圓行方"。程本《子華子·虎會問》:"夫子軫方而轂圓,將無乎而不可"，又參柳此文。因"圓"得安，賴"轉"以亨，柳文與元、陸詩，喻柄異而喻邊同。然"轉"亦可示流離浪蕩、迷方失所，是因"圓"而不得"安"，又即《鬼谷子》所謂"或因轉而凶"。如《焦氏易林・泰》之《蹇》："居如轉丸，危不得安"；《太平廣記》卷二〇二引《玉堂閒話》載《〈長恨歌〉傳》作者陳鴻子璵與僧詩："行若獨輪車，常畏大道覆；止若圓底器，常恐他物觸。行止既如此，安得不離俗！"曹植《雜詩》之二："轉蓬離本根，飄飄隨長風，……類此游客子，捐軀遠從戎"；《西廂記》第一本第一折張生自歎"書劍飄零"，亦曰："脚跟無線如蓬轉"；而《淮南子・説山訓》："見飛蓬轉而知爲車"，《後漢書・輿服志》上："上古聖人見飛蓬始知爲輪"，則蓬、輪連類。惡圓與元、陸同，所以惡圓則迥異，一憎其巧能游移，一恨其苦無根基，蓋喻柄同而喻邊異者。清季小説巧立名色，命詭隨容説之徒爲"琉璃蛋"、"油浸枇杷核"，指歸乃柳州所斥"轉丸"而非《易林》所憫"轉丸"也。着眼在轉，初不必拘圓體爲渾爲匾。是以外無圓狀而內蓄圓機者，同爲見異即遷、得風便轉之象，如西方風信雞（weathercock），猶吾國古之"相風烏"。清修之士自責坐馳，道心不定，物欲忽移，即喻如風信雞（Voilà la girouette où tournent nos désirs）[①]。風針與車輪形雖異而轉尚同；若風帆之與風針，不特形體迥殊，抑且一轉一不轉，然因風易向，無乎不同。脚跟不定、主張不固、迎合趨附之流遂被"順風扯篷"之目，西詩亦諷："萬事率飾僞，一生事詔悦，八風順張帆"

---

① Auvray: "La Promenade de l'Âme dévote," J. Rousset, *Authologie de la Poésie baroque française*, I, 44; cf. Levasseur (160), Mme Guyon (161, 269).

(Allen heucheln, stets behagen, /Allem Winde Segel geben)①。

【增訂三】張文虎《覆瓿集・俗語集對》:"油炒枇杷核;風吹楊柳頭。""炒"與"浸"字面水火,而語意水乳。下句與風帆、風針同揆,即今語所謂"風派"也。《莊子・天運》老子教孔子曰:"吾子亦放風而動",《釋文》:"放、依也。依無爲之風而動也。"斷章取義,"風派"亦莊老之教外別傳歟。

【增訂四】《全唐詩外編》一六頁劉知幾《詠史》:"汎汎水中萍,離離嶺畔草。逐浪高復下,從風起還倒。人生不若茲,處世安可保。"劉言"草"之"從風",即孟子所謂"草上之風必偃",與"風帆"、"風針"、"風吹楊柳頭",均喻"風派"。"油炒枇杷核"喻爲人油滑,亦"處世"、"保生"之訣也。

十八世紀英國一貴族教子,略謂:須舉止都雅,談吐温文(graces),隱匿衷情(dissimulation),容悦取下,天生稜角,必在交際中礱除之,毋若金剛鑽之未琢磨者(Such an amicable collision rubs off and smoothes those rough corners which nature has given to the smoothest of us; the best of us have more of rough than polished diamond)②;即誨兒磨菱成芡,以得通行世路,正軒轅彌明所謂"磨礱去圭角,此物方施行"。西方古稱人之有定力而不退轉者爲"方人"(a square man)③,後來稱骨鯁多觸忤之人爲"稜角漢"(ein eckiger Mensch),當世俚談亦呼古板不

---

① Fr. von Logau: "Heutige Weltkunst", *Sinngedichte: eine Auswahl*, hrsg. U. Berger, 80.
② Chesterfield, *Letters*, ed. B. Dobrée, IV, 1056, 1059.
③ Herrick, *Poetical Works*, ed. L. C. Martin, 37, "A Country Life" (A Wise man ev'ry way lies square), 505, note (Aristotle, Puttenham).

合時宜爲"方"(square),皆類吾國唐、宋之言"方頭",如陸龜蒙《奉酬襲美〈苦雨〉見寄》:"有頭强方心强直",又《全唐詩》輯陸氏斷句:"頭方不會王門事,塵土空緇白苧衣";羅隱《塪子》:"未能慚面黑,只是恨頭方";朱熹《朱文公集》卷二《與宰執劄子》:"意廣才疎,頭方命薄";《侯鯖錄》卷八:"今人謂拙直者名'方頭'";《輟耕錄》卷一七:"'方頭'乃不通時宜之意"(張相《詩詞曲語辭匯釋》卷六《方頭不律(力)》條僅引元曲,亦未知宋、明人已先有釋詁)。

【增訂三】陳元靚《事林廣記》戊集二《圓社摸場》:"凡來踢圓者,必不是方頭。"蓋謂蹴鞠乃"一等富室郎君、風流子弟與閒人所習"(《夢粱錄》卷一九《社會》),未許迂拘措大輩問津。此亦宋俗語"方頭"之例;"方"與"圓"、足"踢"與"頭"均映射成趣。

【增訂四】《東坡志林》卷四《孔子誅少正卯》:"此叟蓋自知其頭方命薄,不必久在相位。"原引朱熹《與宰執劄子》中語本此。《全唐文》卷五三三李觀《上杭州房使君書》:"胆薄不敢以干大人,頭方不足以扇知己。"孟郊《灞上輕薄行》:"自歎方拙身,忽隨輕薄倫。""方"字可以原引《侯鯖錄》所謂"拙直者名'方頭'"詮之。

然巧於自全,應變隨機,無往不泰者,亦被"方人"之目,如方物之轉側反覆,終能安穩(Diodati of Padre Paolo, *huomo cubiculare*, on what side soever he fell stood still)①;即王充所謂"一

---

① Sir Henry Wotton, *Table Talk*, §119, L. P. Smith, *The Life and Letters of Sir Henry Wotton*, II, 498.

投而止"，充以爲美者，此則以爲刺，猶今嘲"不倒翁"，喻邊同而喻柄異矣。西方古籍又謂天帝狀如圓球（like unto the globe of a round sphere）①，哲人（sapiens）法天，亦能自主而無待，庶幾完全、光潤而復渾圓（in se ipso totus, teres atque rotundus）；故或惡謔曰："斯多噶派大師號'圓人'，殆上無首、下無具之肉團歟？"（Stoicus? Quomodo potest "rotundus" esse, ut ait Varro, "sine capite, sine praeputio?"）②。則指萬物備身，滿足無缺，若"太極"及"聖人智圓"，非言一團和氣、以順爲正，若輪及丸之可轉也。

意馬心猿，情常躁競；波萍風草，行不貞固；故人之品操，輪轉貽譏。人事靡恒，人生多故，反掌榮辱，轉燭盛衰，亦復齊心同慨。太公《犬韜》已曰："利害相臻，猶循環之無端"（《全上古三代文》卷六）。賈誼《鵩鳥賦》言吉凶蟺繞，曰："斡流而遷兮，或推而還"；司馬遷《士不遇賦》言禍福倚伏，曰："逆順還周，乍没乍起"；皆已擬圓轉，特未道車輪。《大智度論·我聞一時釋論》第二："如《時經》中偈説：'時來衆生熟，時去則催促；時能覺悟人，是故時爲因。世界如車輪，時變如輪轉，人亦如車輪，或上而或下。'"人之運命，如人之品操然，可取象於車輪，均無常也。白居易《放言》之二："禍福回還車轉轂，榮枯反覆手藏鈎"；劉商《銅雀妓》："盛色如轉圓，夕陽落深谷"；劉駕《上馬歎》："布衣豈常賤，世事車輪轉"；夏竦《江州琵琶

---

① *De Melisso*, quoted in V. Pareto, *A Treatise on General Sociology*, tr. A. Bongiorno and A. Livingstone, § 474, Dover ed., I, 288.

② Horace, *Sat.*, II. vii. 83-6; Seneca, *Apocolocyntosis*, 8, "Loeb", 384.

亭》："年光過眼如車轂,職事羈人似馬銜;若遇琵琶應大笑,何須涕淚滿青衫"(《文莊集》卷三六);黃景仁《春城》："更欲起相告,事運多相因,啼笑互乘伏,迎送如輪巡"(《兩當軒集》卷五)。劉駕語類東方朔《與公孫弘借車書》："木槿夕死朝榮,士亦不長貧也"(《全漢文》卷二五);知命運之無常而反以自壯者,惟其無常,則不至長貧終賤,而或有發跡變泰之一日也。運命轉輪,與時消息,是以《大智度論》引偈曰"時爲因"、夏竦詩曰"年光車轂"。莎士比亞詩言時光(Time)百爲,運命輪轉亦屬所司(And turn the giddy round of fortune's /wheel)①;西洋舊日每雕繪男或女神以象光陰,立運命輪後,攤臂左右持其柁②。古希臘小詩詠人事(the circumstances of life)云："輪轉不息,輪邊各處乍視在上,忽焉在下"(The wheel goes round, and of the rim now one /And now another part is at the top)③;此象歷世承用。相傳古羅馬人於輪邊三處分別標示未來、現在、過去,曰："我將得勢","我正得勢","我曾得勢"(Regnabo, Regno, Regnavi),周轉往還,以見升沉俄頃。十四世紀意大利掌故名編記一權貴置酒高會,有客不速闖席,手執半尺許長釘(un grande aguto spannale),主人驚問,來者曰："君權勢如日方中,盛極則必衰,吾持此相贈,供君釘止命運之輪,俾不復轉動,庶幾長居高而不下降"(tu se'nel colmo della rota e non ti puoi muove-

---

① *The Rape of Lucrece*, 952.
② E.g. "La Ruota della Fortuna", in Sacchetti, *Opere*, Rizzoli, 1121. Cf. Samuel C. Chew, *The Virtues Reconciled*, 9.
③ Plutarch: "A Letter of Condolence to Apollonius," § 5, *Moralia*, "Loeb", II, 117-9.

re，che tu non scenda e capolevi. Per questa cagione io t'ho recato quello aguto，acciò che tu conficchi la rota)①。十六世紀英國名劇中一霸王大言曰："吾桎梏命運之神，手奪其輪而自轉之，天日墮塌，吾終不敗"（I hold the Fates bound fast in iron chains，/And with my hand turn Fortune's wheel about；/And sooner shall the sun fall from his sphere /Than Tamburlaine be slain or overcome)②。均謂使"正得勢"能成"永得勢"也。運命與時機之神一足踏輪（È perch' io tengo un piè sopra una rota)，一手持球（e ne la destra una volubil palla)③，胥示其如走盤之珠。歌德更進一解，以爲歡樂流轉不居如圓球（Man pflegt das Glück wegen seiner grossen Beweglichkeit kugelrund zu nennen)，而悲戚逗留勿動如多角物（vergleichen wir das Unglück mit einen Tausendeck)④；閲歷愈深矣。

　　人情向背無常，世事榮枯不定，故以圓轉目之。雖然，肝膽可以成胡越也。生涯落套刻板，沿而不革，因而長循，亦被圓轉之目。蓋圓轉之族非一；走坂之丸、亂轍之輪，軼出遠逝，未盡其趣。體動而處未移，重複自落蹊徑，固又圓轉之事也。守故

---

　　① Sacchetti，*Il Trecentonovelle*，no.193，*Opere*，Rizzoli，656. Cf. *Don Quijote*，II.19，"Clásicos Castellanos"，VI，17："tiene echado un clavo à la rodaja de la fortuna."

　　② Marlowe，*Tamburlaine*，Pt.I.I.ii, cf.V.i, Anippe："Your love hath Fortune so at his command，/That she shall stay, and turn her wheel no more."

　　③ Macchiavelli："Dell' Occasione，" *Opere*，Ricciardi，1073；Marino，*L'Adone*，I.69，*Marino e i Maristi*，Ricciardi，47. Cf. Dio Chrysostom，*Discourses*，LXII.6，"Loeb"，V，41（Fortune on a razor's edge, on a sphere).

　　④ Goethe："Preface to J. Ch. Mämpel's *Das jungen's Feldjägers Kriegscamerad*," G.F.Senior and C.V. Bock, ed., *Goethe the Critic*，59-60. Cf. Heine，*Romancero*，II，"Das Glück ist eine leichte Dirne."

蹈常，依樣照例，陳陳相襲，沉沉欲死，心生厭怠，擺脱無從。圓之可惡，本緣善於變易，此則反惡其不可變易焉。如寒山詩："人生在塵蒙，恰似盆中蟲，終日行繞繞，不離其盆中"；蘇軾《送芝上人游廬山》："團團如磨牛，步步踏陳迹"，又《伯父送先人下第歸蜀、因以爲韻》："應笑謀生拙，團團似磨驢"（參觀《二蟲詩》："君不見水馬兒，步步逆流水，大江東流日千里，此蟲趯趯長在此"，樓鑰《攻媿集》卷一《攻媿齋》："勉前類水馬，立處祇如舊"）；

【增訂四】《藝文類聚》卷九四引宋袁淑《俳諧·廬山公九錫》："嘉麥既熟，寔須精粝，負磨迴衡，迅若轉電。"可補坡詩"磨驢"句諸家註。十九世紀初法國一文家持小邦使節赴俄國，久羈聖彼得堡不得歸，與人書曰："吾每早醒來，一日復始，猶轉磨之驢，團團不離舊規，步步皆踏陳迹"（... et puis je m'éveille, je veux dire de grand matin, et je recommence, tournant toujours dans ce cercle, et mettant le pied à la même place, comme un âne qui tourne la meule d'un battoir. —Joseph de Maistre, in Sainte-Beuve, *Causeries du lundi*, Vol, IV, p.209）。

黃庭堅《僧景宗相訪寄法王航禪師》："一絲不掛魚脱淵，萬古同歸蟻旋磨"，《演雅》："氣陵千里蠅附驥，枉過一生蟻旋磨"，又《羅漢南公升堂頌》："黑蟻旋磨千里錯"（參觀陳與義《簡齋詩集》卷九《述懷呈十七家叔》："浮生萬事蟻旋磨，冷官十年魚上竿"）。庭堅用前引《關尹子》盆魚環游語，尤足示點化脱換之法。關尹子頌"聖人之道"，庭堅移施人事，等盆魚於磨牛、磨蟻，變贊詞爲憾詞，如《欸乃歌》之二："從師學道魚千里，蓋世成功黍一炊",又《去賢齋》:"爭名朝市魚千里,窺道詩書豹一斑。"皆謂奔波競攘而實則未進分寸,原地不離,故我依然;猶功蓋一世,夢祇剎那,學富五車,見僅管孔,均爲唐捐而已。基督教《聖經》亦以驢轉磨石(molam asinarium)喻人生①;生活乏變化有若磨坊馬之團團旋轉(like a mill-horse in the same round)已成西方恒言②。一奉使駐節外國者云:"朝臣有升降,我儕祇旋轉耳,猶磨坊輪然,忙煞不移故處"(Court motions are up and down, ours circular... ours like millwheels, busy without changing)③。一詩家致友書云:"君見我一日作麼生,便悉我終年亦爾。日日周而復始,團轉如牽磨之瞎馬;顧馬自以爲逐步漸進,而我則眸子瞭然,知前程莫非陳跡,自省行二十四步後,依然在原處耳"(When you have seen one of my days, you have seen a whole year of my life; they go round and round like the blind horse in the mill, only he has the satisfaction of fancying he makes a progress, and gets some ground; my eyes are open enough to see the same dull prospect, and to know that having made four-and-twenty steps more I shall be just where I was)④。又一文家云:"有似磨坊驢馬,盲目環行,研碎無用之歲月爲粉屑"(Si rode e s'aggira continuamente entro un anello cieco, come la bestia alla màcina, e ha l'impressione di tritarvi i

---

① Vulgate: Mat., 18.6.
② *Oxford Dictionary of English Proverbs*, 265 (Middleton, Shadwell).
③ Sir Henry Wotton, *Table Talk*, §12, *op. cit.*, II, 491.
④ Thomas Gray, *Correspondence*, ed. P. Toynbee and L. Whibley, I, 34 (to R. West).

suoi inutili giorni)①。然苟有他象足示窠臼難拔之意，初不粘着於牽磨團轉，如諧詩云："身不由己，動必循規，祇許作有軌電車，欲求爲公共汽車而不可得"（An engine that moves / in pre-destinate grooves, / I'm not even a bus, I'm a tram）②。猶之船帆亦可象脂韋將順，無須拘泥於車輪也。

參稽諸喻，所謂"安詩"當學"博依"耳。取譬有行媒之稱（參觀《史記》卷論《樗里子、甘茂列傳》），雜物成文，撮合語言眷屬。釋書常言："不即不離"，"非一非異"（僧肇《寶藏論・離微體淨品》第二、唐譯《華嚴經・十通品》第二八、《陀羅尼經・授記分》第二又《夢行分》第三、《圓覺經》卷上等），竊謂可以通於比喻之理。吾鄉鄒祗謨警句："落花飛絮兩無情，仗千尺游絲作合"（《麗農詞》卷上《鵲橋仙第一體》，《歷代詩餘》卷二九、王昶《明詞綜》卷五以爲董斯張詞），又竊欲借以明比喻之法。《昭代叢書》中有馬榮祖《文頌》，其一五《取譬》曰："如形與影，合不待媒"，實未觀窈眇也。

---

① E. Rivalta, *Mal del Paese*, D. Provenzal, *Dizionario delle Immagini*, 528.
② *Oxford Dictionary of Quotations*, 237 (M. E. Hare).

二一　全漢文卷二四

　　董仲舒《山川頌》。按"惟山之意"句，孫詒讓《札迻》卷二謂"意"字"疑當爲'悳'[德]，形近而誤"，是也。《頌》言仁人君子"取辟"於山川，以成其德，《韓詩外傳》卷三又《説苑·雜言》篇一節相類。皆祖《荀子·宥坐》篇記孔子觀東流之水而稱水有九德云云，《大戴禮·勸學》、《孔子家語·三恕》等亦輾轉傳述。道家每言"道法自然"，此則儒家之"德法自然"也。德之數或八或九，名目揣稱各有出入，不必覼較。《老子》卷論第一七章已言人事之"法"物理，實名學所謂"比論"（analogy），非思辯所尚。即如董賦頌水德有曰："循微就下，不遺小間，既似察者"，而《荀子》則謂："流也埤下，裾拘必循其理，似義"，《韓詩外傳》又謂："動而之下，似有禮者。"夫水之就下，一而已，而"取辟"之美德，三人言殊。董之"察"、明辨微也，荀之"義"、謹守分也，韓之"禮"、卑自牧也；三者可以相通而各有所主，莫衷一是。《老子》第七八章："天下柔弱莫過於水，而攻堅强者莫之能勝"；《文子·道原》："夫水所以能成其德者，以其綽約滑潤也"；《左傳》昭公二十年子產囑子大叔："夫火烈，民望而畏之，故鮮死；水懦，民狎而翫之，則多死焉"；則水之卑弱適成其所以爲"禍水"爾！"德"云乎哉！蓋取譬設喻，寓言十九，乃善説之修詞，非真知之析理。《雲仙雜記》卷二："淵明嘗聞田水聲，倚杖久聽，歎曰：'秫稻已秀，翠色染人，時剖胸襟，一洗荆棘，此水過吾師丈人矣！'"師儒觀水明道，實無異乎詩人聽水觸興。《晉書·張天錫傳》："數宴園池，政事頗廢，臣或極諫，答曰：'吾非好行，行有得也。觀朝榮則敬朝秀之士，玩芝蘭則愛德行之臣，覿松竹則思貞操之賢，臨清流則貴廉潔之行，覽蔓草則賤貪穢之吏，逢飈風則惡凶狡之徒。若引而申之，觸類而長之，庶無遺漏矣！'"文過之遁詞，全同勸善之法語，皆"德法自然"也。抑古人言"德"，有二義焉①。一指行爲之美善者（Tugend），如《論語·里仁》："德不孤"，皇侃《義疏》引殷仲堪曰："推誠相與，以善接物"；其要在乎修身繕性，如《述而》："德之不修也，……是吾憂也！"故行前或三思，爲後或三省，可以"種德"、"進德"、"積德"、"失德"，皆爲人説法也。一指性能之固特者（Eigenschaft），如《禮記·緇衣》："子曰：'小人溺於水。……夫水近於人而溺人，德易狎而難親也，易以溺人'"；即文子、子產之意，"德"正指水性，鄭玄註誤。作此或作彼，是爲能；作之，長作之，不見異而思遷，不力罷而生怠，是爲性；性者，自然而非自由，行素而非專己。《老子》第五一章："道生之，德畜之。……夫莫之命而長自然"，王弼註："道者、物之所由，德者、物之所得也"；《莊子·庚桑楚》："性之動，謂之爲，動以不得已之謂德"，故同篇曰："雞之

---

① Cf. A. Lalande, *Vocabulaire technique et critique de la Philosophie*, 9ᵉ/éd., pp.1200-1, art. "Vertu."

與雞，其德非不同也"，《徐無鬼》論狗之下者曰："執飽而止，此狸之德也"；劉歆《七略》述鄒衍論五行之"終始五德"（《全漢文》卷四一），"德"乃金、水、木、火、土五物之生剋性能；郭象註《論語·爲政》，屢言"得性"爲"德"，見皇侃《疏》。不得已，不自主，非出意願，非由抉擇；故興利生害而未可論恩怨功罪，無爲善之樂，亦無作惡之疚。此就物而言也。據後義，則山、水之"德"何止八、九；依前義，則山、水并一"德"而無之。嫁名而形容盛德焉，説縛律之所必爲，一若見義而能勇爲（to make a virtue of necessity），何啻因偃爲恭、以閹稱貞哉！

就文論文，仲舒此《頌》謀篇又有疵病。前半贊山，結處稱君子"儼然獨處，唯山之德"，緊接"《詩》云：'節彼南山，惟石巖巖；赫赫師尹，民具爾瞻'，此之謂也。"後半贊水，起曰："水則源泉混混沄沄，晝夜不竭，既似力者"，繼以"既似持平者"、"既似察者"、"既似知者"、"既似知命者"、"既似善化者"、"既似勇者"、"既似武者"，然後終之曰："咸得之而生，失之而死，既似有德者。孔子在川上曰：'逝者如斯夫，不舍晝夜！'此之謂也。"引《詩》四句，與君子儼然之意相映發；引《論語》兩句，與得之爲德之意了不關屬，脱筍失卯。明是刻意經營，力求兩半格局平衡，俾乍視前後結處，《論語》若與《詩經》對稱；實則不顧義理，拉扯充數。嘗見元曲《西廂記》、《㑳梅香》中紅娘、樊素輩偶引《論語》，不特酸腐可厭，更屬支離可哂；不謂明道鴻儒，才竭技窮，出下策而呈窘態，無異空花炫眼、芻人巡城。倘以起處"混混沄沄，晝夜不竭，既似力者"三句移至篇末，承以"孔子在川上"云云，文病或稍校；然川上歎逝與"混混晝夜"固可沆瀣，而與"力"依然河漢。崔瑗《河間相張平子碑》：" 敏而好學，如川之逝，不舍晝夜"；流水之不舍與好學之不倦融合無間，董相形而見屬詞粗疎矣。水常喻心，別見《楚辭》卷論《九章》；亦常喻時，則昉於《論語》此章，猶古希臘哲人言"重涉已異舊水，亦喪故我；我是昔人而非昔人，水是此河而非此河"（You could not step into the same rivers, for other waters are ever flowing on to you; Into the same rivers we step and do not step; we are and are not）①。孔融《論盛孝章書》著語不忘"吾祖"，其起句"歲月不居，時節如流"正堪爲川上之歎作註；"不居"乃"逝者"之的詁，"如流"即"如斯"之明文。詞章如陸機《歎逝賦》："川閲水而成川，水滔滔而日度，世閱人而成世，人冉冉而行暮"；李白《古風》："前水復後水，古今相續流；新人非舊人，年年橋上遊"（參觀《青瑣高議》卷七《孫氏記》引"古人"詩："長江後浪催前浪，浮世新人換舊人"），又同題："逝川與流光，飄忽不相待"；杜甫《三川觀水漲》："勢閱人代速"；殷堯藩《江行》："年光流不盡，東去水聲長"；韓淙《暮春滻水送别》："行人莫聽宮前水，流盡年光是此聲"；李端《憶故山贈司空曙》："年如流水日長催"；張蠙《再游西山贈許尊師》："昔時霜鬢今如漆，疑是年光卻倒流"；蘇軾《念奴嬌》："大江東去，浪淘盡千古風流人物"；陳恭尹《獨漉堂全集》卷二《懷古·咸陽》："渭水東流不待人。"莫非涵流光於流波，溶逝景於逝水。與古爲新，如戴表元《剡源文集》卷三〇《江村逢九日》："身猶是雁飛難泊，時不如潮去復回"，難

---

① Heraclitus, *Fragments*, 41, 84, *Hippocrates and Heraclitus*, "Loeb", IV, 483, 495.

能鈔見。郭則澐《洞霄小志》卷五："景月汀夢入貴家園林，疊石爲山，下臨一池，惜無水。嗟歎間，有人出語曰：'君不知前人詞乎：好是泉聲有時住，不教流盡年光！'"；斷句殊耐諷詠，微嫌"教"字用力，竊欲以"然"字易之。西方詩文中亦成套語，哲人或吹求指摘，以爲此喻易生理障①。詞人復翻案謂年光不逝，人自邁往耳(Las! le temps non, mais nous nous en allons；Die Zeit geht nicht, sie stehet still，/Wir ziehen durch sie hin)②，又類《赤壁賦》之言"逝者如斯而未嘗往"矣。

【增訂三】劉禹錫《樂天見示〈傷微之、敦詩、晦叔〉三君子》："芳林新葉催陳葉，流水前波讓後波"；李羣玉《長沙開元昔與故長林許侍御題松竹聯句》："逝川前後水，浮世短長生。"法國古詩言時光之消逝不停，亦每喻爲"前波避後浪，後浪擠前波"(Le Moyne："Un flot gronde en fuyant l'autre qui le pousse"；Bussières："Ton flot qui chasse l'autre et ton onde fuyante"—J. Rousset, *op. cit*. 142)。然浪淘波瀉，尚可於逝者如斯而外，別有會心。雪萊名篇侈陳天地萬物莫不親暱歡會，有云："曷觀乎高嶺吻天、波浪互相抱持，……汝若不與我吻抱，此等物象豈非虛設？"(See the mountains kiss high heaven，/And the waves clasp one another；/.../What are all these kissings worth，/If thou kiss not me? —Shelley："Love's Philosophy")着眼不在波浪

---

① Cf. J. A. Gunn, *The Problem of Time*, 133 f. (H. Lotze, F. H. Bradley).

② Ronsard, *Continuation des "Amours"*, XXXV; G. Keller: "Die Zeit geht nicht" (*Sämtl. Werk.*, Aufbau, I, 264; II, 163-4).

之追逐而在波浪之接合，取譬之物同而立喻之邊異矣。瑞士大小説家(Jeremias Gotthelf)則謂波浪接合，貌似相愛，實乃相賊；嘗歎世人勢利之交，瞬息間友親倏成仇寇，猶海濤盤渦中前波後浪，滾滾比連，方若偎依舞蹈，而即已排擠吞併（Das geht gerade so wie in wogenden See, in wirbelnden Flusse; da tanzen die Wellen auch miteinander, als obs lauter Herrlichkeit wäre, und ist es ausgetanzt, so verschlingt eine die andere—quoted in W. Muschg, *Tragische Literaturges-chichte*, 3. Aufl., 146）。語危心苦，與雪萊取譬之邊同而立喻之柄異，亦自貼切事理也。

二二　全漢文卷二五

東方朔《上書自薦》。按《漢書》本傳謂當時"四方之士上書自衒鬻者以千數"，而朔"文辭不遜，高自稱譽，上偉之"。朔此篇干進而似勿屑乞憐，大言不慚；後世游士自衒自媒，或遥師，或暗合，遂成上書中一體。唐文如員半千《陳情表》、李白《與韓荆州書》、《上安州裴長史書》、韓熙載《上睿皇帝行止狀》（《全唐文》卷一六五、三四八、八七七）等皆所謂"高自稱譽"者，朔《書》之遺意也。王冷然《與御史高昌宇書》、《論薦書》（《唐摭言》卷二、卷六，《全唐文》卷二九四）忽侈言以動，忽危語以嚇，忽卑詞以請，矜誇哀歎，嘻笑怒罵，作寒士狂奴種種相，文字尤有別致；袁參《上中書姚令公元崇書》（《全唐文》卷三九六）、宋鄭樵《與景韋兄投宇文樞密書》又《與景韋兄投江給事書》（《夾漈遺稿》卷三），誇口而兼搖尾之態，足相頡頏。具見《全唐文》卷論蕭穎士《贈韋司業書》。

《非有先生論》："談何容易！"；按別見《易林》卷論《解》。《七諫》："往者不可及矣，來者不可待"；按別見《楚辭》卷論《遠遊》。

二三　全漢文卷二六

　　司馬談《論六家要指》；按別見《史記》卷論《太史公自序》。

　　司馬遷《報任少卿書》。按已見《史記》卷論《蘇秦列傳》及本卷論《登徒子好色賦》者，不復贅。此書情文相生，兼紆徐卓犖之妙，後人口沫手胝，遂多仿構。李陵《重報蘇武書》，劉知幾《史通·雜說》下以來論定爲贗託者，實效法遷此篇而作。楊惲《報孫會宗書》亦師其意，惲於遷爲外孫，如何無忌之似舅矣。瀉瓶有受，傳燈不絕。南北朝江淹《報袁叔明書》、王僧孺《與何炯書》、魏長賢《復親故書》皆擬議之篇，而波瀾未壯，頗似駱駝無角，奮迅兩耳。明人爲古文，尸祝《史記》，并及是《書》；所見如康海《與彭濟物書》、王廷陳《答余懋昭書》又《答舒國裳書》、王九思《與劉德夫書》、唐寅《與文徵明書》，利鈍不齊，學步則一，《答余懋昭》、《與文徵明》兩首較工。唐仲冕輯本《六如居士全集》卷五有《與文徵明書》二篇，仿馬遷者，乃其前篇；後篇抒寫胸臆，無依傍摹仿之跡，又似居上也。

　　"乃如左丘無目，孫子斷足，終不可用，退而論書策以舒其憤思，垂空文以自見。僕竊不遜"云云。按上文列舉"發憤"著書，已云："左丘失明，厥有《國語》，孫子臏腳，《兵法》修列"；此處不復道屈原、韓非等而重言左氏、孫子者，二子如己之宮體廢殘，氣類之感更深也。"發憤"、"舒憤"之旨，《孟子》早暢言之。《盡心》上："人之有德慧術知者，恒存乎疢疾；獨孤臣孽子，其操心也危，其慮患也深，故達"；《告子》："動心忍性，曾益其所不能。……困於心，衡於慮，而後作；……然後知生於憂患"，趙歧註："而後作爲奇計異策、憤激之説也。……故知能生於憂患。"《荀子・宥坐》亦記孔子困阨於陳、蔡，子路有惑，孔子舉齊桓、晉文、越句踐皆緣窮約而"生霸心"，終之曰："故居不隱者思不遠，身不佚者志不廣，女庸安知吾不得之桑落之下？"，楊倞註："隱、窮約也，佚、奔竄也。"荀之"廣"、"遠"即孟之"達"、"作"也。孟、荀泛論德慧心志，馬遷始以此專論文詞之才，遂成慣論。撰述每出於侘傺困窮，抒情言志尤甚，漢以來之所共談。如桓譚《新論・求輔》："賈誼不左遷失志，則文彩不發；……揚雄不貧，則不能作《玄》《言》"；趙歧《〈孟子〉章句・題辭》："余困吝之中，精神遐漂，靡所濟集，聊欲繫志於翰墨，得以亂思遺老也"；鍾嶸《詩品》上《漢都尉李陵》："生命不諧，聲頹身喪，使陵不遭辛苦，其文亦何至此！"韓愈、白居易反復道是。韓《送孟東野序》："物不得其平則鳴"云云；《柳子厚墓志銘》："然子厚斥不久，窮不極，其文學詞章必不能自力"；《貞曜先生墓志銘》："維卒不施，以昌其詩"；《上兵部李侍郎書》："性本好文學，因困厄悲愁，無所告語，遂得……奮發乎文章"；《荆潭唱和詩序》："夫和平之音淡薄，而愁思之聲要眇，歡愉之詞難工，而窮苦之言易好。"白《讀李、杜詩集因題卷後》："不得高官職，仍逢苦亂離；暮年逋客恨，浮世謫仙悲。……天意君須會，人間要好詩"；《序洛詩·序》："予歷覽古今歌詩，……多因讒冤譴逐，征戍行旅、凍餒病老、存歿別離，……世所謂：'文士多數奇，詩人尤命薄'，於斯見矣"；《與元九書》："何有志於詩者，不利若此之甚耶？"孟郊《招文士飲》："詩人命屬花"；徐凝《和夜題玉泉寺》："風清月冷水邊宿，詩好官高能幾人！"；宋祁《景文集》卷九六《淮海叢編集序》："詩爲天地緼，……然造物者吝之。其取之無限，則輒窮躓其命而怫戾所爲。余略記其近者"；歐陽修《梅聖俞詩集序》："蓋愈窮則愈工，然則非詩之窮人，殆窮者而後工也"；王安石《哭梅聖俞》："詩人況又多窮愁，李杜亦不爲公侯；公窺窮阨以身投，坎坷坐老誰當尤！"；晁補之《雞肋集》卷三〇《海陵集序》："文學不足以發身，詩又文學之餘事，爲之而工，不足以取世資，故世稱少達而多窮"；張耒《張右史文集》卷五一《送秦觀從蘇杭州爲學序》："世之文章，多出於窮人；故後之爲文者，喜爲窮人之詞。秦子無憂而爲憂者之詞，殆出此耶？"；賀鑄《慶湖遺老集》卷一《留別僧訥》："詩解窮人未必工"，又卷九《題詩卷後》："端慚少作老更拙，不廢汝詩吾固窮"；朱熹《朱文公集》卷五六《答徐載叔》："放翁之詩，讀之爽然，近代唯見此人爲有詩人風致。……恐只是不合做此好詩，罰令不得做好官也！"莫不濫觴於馬遷"《詩》三百篇大抵發憤所作"一語。轗軻可激思力，牢騷必吐胸臆；窮士強顏自慰，進而謂己之不遇正緣多才，語好詞工乃愁基窮本，文章覷天巧而抉人情，足以致天仇而招人禍，如孫樵《孫可之集》卷二《與賈希逸書》、陸龜蒙《甫里文集》卷一八《書

〈李賀小傳〉後》、周必大《平園續稿》卷三七《題羅煒詩稿後》均痛乎言之。《北齊書・儒林傳》記劉晝"撰《高才不遇傳》三篇",想亦不外此旨,借他人酒杯以自澆塊壘。融滙兩意而粲臚諸例者,莫如王世貞《弇州四部稿》卷一五一之《文章九命》。徐𤊹《徐氏筆精》卷三至云:"今之爲官者皆諱言詩,蓋言詩每不利於官也。不惟今時爲然,即唐以詩取士,詩高者官多不達;錢起有言:'微官是何物?許可廢言詩!'其意遠矣!"雖偶有力辨其非,如楊萬里《誠齋集》卷八一《雪巢小集後序》、侯方域《壯悔堂遺稿・宋牧仲詩序》、袁枚《小倉山房文集》卷一〇《味和堂詩序》、錢大昕《潛研堂文集》卷二六《李南陔詩序》、黃景仁《兩當軒集・附錄》卷一翁方綱《悔存詩鈔序》等皆駁才斯窮、窮斯工之説;周必大《省齋文稿》卷一六《宋景文公墨跡》、《平園續稿》卷一一《跋陸務觀送其子龍赴吉州司理詩》亦因宋、陸而更端易説,謂工拙"難以窮達論","詩能窮人之説,一洗萬古而空之"。然猶一齊之傅,無以易衆楚之咻也。

【增訂三】唐裴庭裕《東觀奏記》卷下記溫、李事,云:"商隱竟不升於王庭,而庭筠亦栖栖不涉第。豈以文學爲極致,已[不]靳於此,遂於禄位有所愛耶?不可得而問矣。"亦即"詩能窮人"之説。

【增訂四】白居易《答劉和州禹錫》:"不教才展休明代,爲罰詩争造化功",亦謂詩能窮人也。歐陽修序梅堯臣詩之意,堯臣早知之而亦自言之。《宛陵集》卷七《依韻和永叔、子履冬夕小齋聯句見寄》:"必餓嘗見憂,此病各又果",自註:"永叔嘗見嘲,謂自古詩人率多寒餓顛困。……今二君又爲此態,而反有飯顆之誚,何耶?";又卷四一《依韻王介甫兄弟舟次蕪江懷寄吳正仲》："少陵失意詩偏老，子厚因遷筆更雄。"蘇軾《答陳師中書》亦云："詩能窮人，於軾特甚。"陳師道則持兩端。《后山詩註》卷三《次韻蘇公涉潁》："須公曉二子，人自窮非詩"，天社註謂"兩歐陽不肯作詩，故欲以此曉之"；《后山集》卷三《賀文潛》："富貴風聲真兩得，窮人從此不因詩"，又《嘲無咎、文潛》："詩亦於人不相累，黃金九鐶腰十圍。窮人乃工君未可，早據要路安肩輿"；此二首為天社所未註，與前一首皆主詩不窮人也。《后山詩註》卷五《次韻別張芸叟》："孰知詩力解窮人！"；未註詩中《后山集》卷三《贈知命》："君家魯直不解事，愛作文章可人意。一人可以窮一家，怪君又以才為累。請將飲酒換吟詩，酒不窮人能引睡"；又卷一一《王平甫文集後序》："聖俞以詩名家，仕不前人，年不後人，可謂窮矣！同時有王平甫，其窮愈甚，其得愈約。蓋天之命物，用而不全，實者不華，淵者不陸。蓋天下之美，則於貴富不得兼而有也，詩之窮人，又可信矣。而人聞其聲，家有其書，旁行於一時，而下達於千載，則詩能達人矣，未見其窮也。"斯又實謂詩能窮人，"能達人"也者，強顏飾說，"千秋萬歲名"固不如"生前一杯酒"也。原引周必大《平園續稿》卷一一《跋陸務觀送其子龍赴吉州司理詩》稱陸游"得李、杜之文章，居嚴、徐之侍從，子孫衆多如王、謝，壽考康寧如喬松。'詩能窮人'之謗，一洗萬古而空之！"而陸游《渭南文集》卷一五為必大所作《周益公文集序》却云："則畀之才，亦必雄渾卓犖，窮幽極微。又畀以遠遊窮處，排擯斥疏，使之磨礱齟齬，瀕於寒餓，以大發其藏"；又同卷《澹齋居士詩序》云："國朝林逋、魏野以布衣死，梅堯臣、石延年棄不用，蘇舜欽、黃庭堅以廢黜死，近時江西名家者例以黨籍禁錮乃有才名。蓋詩之興本如是。"二人之言，若相鑿枘，蓋周身爲達官，而陸仕宦不得意，故作慰藉語，謂詩未渠窮人；陸嗟卑欷老，每有"棄不用"之恨，故曰詩必窮而後工。察其所由，言各有當也。尤袤《梁谿遺稿》卷二《雪巢小集序》："其貧益甚，其節益固，而其詩益工。嗚呼！士患無才，而有才者困窮類若此，豈發造化之秘，天殆惡此耶？抑嘗謂富與貴，人之所可得，而才者、天之所甚靳。……然則才者、固致窮之具，人亦何用有此，而天亦何用靳此，未易以理曉也。"亦承孫樵、陸龜蒙、歐陽修舊説，而轉折稍作波瀾，終歸於才命相妨、詩爲窮人具而已。西洋古語亦以作詩與行丐爲孿生兄弟云（Poetry and Beggary are *gemelli*, twin-born brats, inseparable companions. —Burton, *Anatomy of Melancholy*, Pt. I, Sect. III, Mem. III, Subs., xv, *op. cit.*, Vol. I, p. 350）。持詩能達人之説者，尚見有葛勝仲《丹陽集》卷八《陳去非詩序》、胡次焱《梅巖文集》卷三《贈從弟宇東行序》、《湖海文傳》卷三一趙佑《舊雨草堂詩序》，而張表臣《珊瑚鈎詩話》卷三詞尤振振。兩造如小兒之辯日而已。原引翁方綱《黃仲則悔存詩鈔序》見《復初齋文集》卷四，卷三《花王閣賸稿序》亦"竊非歐陽子詩能窮人"之説。

西方十六世紀學者（Pierio Valeriano）撰《文人厄遇録》（De Infelicitate Litteratorum），託爲主客問對，具陳古來才士遭貧、病、夭折、刑戮種種災毒；叔本華且願有人撰《悲劇觀之文學史》（wohl aber wünschte ich, dass ein Mal Einer eine tragische

Literaturgeschichte versuchte)①。心析學談造藝之幻想云：人而如願隨心，則不復構樓閣於空中、過屠門而大嚼，其有雲夢海思者，必僕本恨人也（Happy people never make phantasies, only unsatisfied ones）②，可相參印。

馬遷欲雪下蠶室之大詬，遂成藏名山之巨著，然耿耿不忘"重爲天下觀笑"，故《書》中反復言之。明人輕薄，道馬遷時，好及此事。如姚旅《露書》卷六："屈原宜放，馬遷宜腐；《傳》曰：'吉人之詞寡，躁人之詞多'，觀其《經》，觀其《書》，不亦然乎！"，謂《離騷經》與《太史公書》也。曾異撰《紡授堂二集》卷三《放歌爲林守一丁丑初度》："何人不視，不如左瞽；何男不陽，不如遷腐。"清初計東《計甫草詩集》卷一《廣陵五日燕集作》第一三首至云："予本熱中人，十年遭棄置。譬之太史公，一朝割其勢；豈不愛婦人，事已無可覬！"明季僞造褚遂良撰書《故漢太史司馬公侍妾隨清娛墓志銘》（《全唐文》卷一四九），當時錢希言《戲瑕》卷三早云："近新安丁雲鵬得此碑，……甚可疑"；後來平步青《霞外攟屑》卷五嗤其贗古之手甚拙，竟省"太史公"官銜爲"太史"。竊謂不足深究，聊供詞章點綴可也（參觀錢謙益《牧齋初學集》卷一七《次韻茅四孝若七夕納姬》之二、杭大宗《道古堂詩集》卷二二《觀查明府開所藏宋揭褚河

---

① J. Burckhardt, *Die Kultur der Renaissance in Italien*, "Grosse Illustrierte Phaidon-Ausgabe", 156-7; W. Muschg, *Tragische Literaturgeschichte*, 3. Auf., 13. Cf. I. Disraeli, *Curiosities of Literature*, I, 27 ff. ("The Persecuted Learned," "Poverty of the Learned," "Imprisonment of the Learned").

② Freud: "Art as Wish-fulfilment", Melvin Rader, ed. *A Modern Book of Esthetics*, 3rd ed., 131.

南書〈漢太史司馬公侍妾隨清娛墓志銘〉》七古）。其託爲鬼魂示夢（"若有若無，猶夢猶醒，見一女子，高髻盛妝"），明是儇子搗鬼，以向癡人說夢。揣作僞者用意，不過欲示馬遷原有室家之好，稍爲湔此《書》所歎"刑餘無所比數"之辱耳。《明文授讀》卷五二蔣冕《太學生丘君行狀》引丘敦作《發冢論》曰："人之男者，腐之則冞，馬之牡者，腐之則良；人腐則鬚脫，雞腐則尾長"；蓋謂宮刑變化氣質，使人懦巽。徵之遷《史》，豈其然乎？十八世紀一德國文家曰："修剪樹枝足使果實茂佳，斯法亦或可施於人身。善歌者童而白身，即其事焉；特不識詩人畫師亦肯捨身一嘗試否"（Vielleicht kömmt es noch dahin, dass man die Menschen verstümmelt, so wie die Bäume, um desto bessere Früchte des Geistes zu tragen. Das Kastrierten zum Singen gehört schon hier. Die Frage ist, ob sich nicht Maler und Poeten ebenso schneiden liessen）①。然才士輩持論適反②，評史尤甚。或譏史家之貌爲不偏不倚、無適無莫者，曰："豈史學有後宮永巷，非得閹宦監守不可乎？"（Oder sollte als Wächter des grossen geschichtlichen Welt-Harems ein Geschlècht von Eunuchen nötig sein?）③；

---

① G.-C. Lichtenberg, *Aphorismen*, hrsg. A. Leitzmann, IV, 111.

② E. g. J.-G. Hamann: "Meine grobe Einbildungskraft ist niemals instande gewesen, sich einen schöpferischen Geist ohne *genitalia* vorzustellen" (*Neue Hamanniana*, hrsg. H. Weber, 126); Schiller: "Mannerwürde": "Aus eben diesem Schöpferfluss / Woraus wir Menschen werden, / Quilt Götterkraft und Genius, / Was mächtig ist auf Erden" (*Werke*, hrsg. L. Bellermann, I. 48); Eric Gill: "We know what Renoir said, naming the tool with which he painted his pictures. Let his confession suffice for me. Lettering, masonry—these are not trades for eunuchs" (*Autobiography*, 122).

③ Nietzsche, *Vom Nutzen und Nachteil des Historie*, V, *Werke*, hrsg. K. Schlechta, I, 239.

或曰:"善善惡惡,史家職志攸在,勿容規避,苟模稜騎牆,是爲論學論政中之閹宦;夫史豈閹宦所能撰哉!"(Per isfuggire all'ineluttabile necessità del prendere partito, lo storico dovrebbe diventare un eunuco, politico o scientifico; e scrivere storie non è mestiere da eunuchi)①。使得聞馬遷之事,必又有説耳。

"不韋遷蜀,世傳《吕覽》;韓非囚秦,《説難》、《孤憤》。"按《史通·雜説》上早指摘吕不韋例不當(參觀《史記》卷論《蘇秦列傳》),張文虎《舒藝室隨筆》卷四亦云:"按《列傳》,《吕覽》之作在不韋相秦時,《説難》、《孤憤》亦韓非未入秦時所作;此乃自相背違。"抑有進者。吕傳記"不韋乃使其客人人著所聞,集論……號曰《吕氏春秋》",是掠人之美也。馬遷連類儷事,遽以己匠心獨運之一家言,比於吕假手集思之百衲本,此尤"背違"之大者,亦不善自爲地矣。桓譚《新論·本造》:"秦吕不韋請迎高妙,作《吕氏春秋》,漢之淮南王聘天下辯通,以著篇章",又《求輔》:"淮南不貴盛富饒,則不能廣聘駿士,使著文作書。"蓋"垂文自見"則有之,而人既未窘,文非己出,二家一揆。《法言·淵騫》以不韋盜國,稱爲"穿窬之雄",不韋實又盜著作名也。馬遷援以張目,未之思耳。梁元帝《金樓子·立言篇》上:"予之術業,豈賓客之能窺?斯蓋以筳撞鐘、以蠡測海也!余嘗切齒淮南、不韋之書,謂爲賓遊所製;每至著述之間,不令賓客窺之也。"則以己度他,謂富貴人亦能撰述,吕、劉書非假手而横被誣妄。洪亮吉《更生齋詩存》卷八《讀史》:"著書空費萬黄金,剽竊根源尚可尋;《吕覽》、《淮南》盡如此,

---

① Croce, *Estetica*, 10ᵃ ed., 148.

兩家賓客太欺心！"；《北江詩話》卷二："《史記》呂不韋使客八人作《呂覽》，漢淮南王客亦八人，《漢書》所云'八公'者是。今考兩家賓客類皆割裂諸子、摭撦紀傳成書。秦以前古書亡佚既多，無從對勘，即以今世所傳《文子》校之，遭其割截倒亂。故余《詠史》云云。足見賓客之不足恃，古今一轍。唐章懷太子註《後漢書》、魏王泰著《括地志》亦然。"賓客代作而"欺心"如此，復堪"切齒"矣。洪氏之言，當隱爲畢沅而發，以"使客人人"爲"八人"，微誤。《鄴侯家傳》記唐德宗欲與李泌合註《論語》，謂泌云："向前帝王好用臣下著述爲御製，朕意不如此。……今欲同商量撰註，朕義長則註稱'御製'，卿義長則稱'臣曰'"；歐陽修《歸田錄》卷一記宋真宗一夜召見楊億，出文稿數篋示之云："卿識朕書跡乎？皆朕自起草，未嘗命臣下代作也"，億惶恐，知必爲人所譖（參觀釋文瑩《湘山野錄》卷上）。

【增訂三】田況《儒林公議》卷上記楊億獲罪於宋真宗事，言："時陳彭年方親幸，潤色帝製。有讒億云：'竊議聖文非親製。'"則真宗雖"親製"，初未嘗懷盈自足，亦命臣下"潤色"，特惡"潤色"之臣揚其事於外耳。後來沈德潛之獲譴於清高宗，或謂亦類此云。蓋非僅文詞爲然；武功善政，美必歸君，固臣下寅恭事上之道也。

聖佩韋嘗言："人讀帝王所作詩，偶遭佳處，輒不禁心語口曰：'倘有入幕之賓代操觚耶？'"（Ce qui arrive lorsque, lisant des vers de roi et de prince et les trouvant agréables, on se dit involontairement："Mais n'y a-t-il point là un secrétaire-poète caché derrière？"）[1]。梁

---

[1] Sainte-Beuve: "François Ier Poète", *Portraits littéraires*, III, 71.

元切齒，唐德明心，宋真示跡，有以也夫！梁元帝自負"術業"超倫，正如《隋書·五行志》上記"煬帝自負才學，每驕天下之士，嘗謂侍臣曰：'……設令朕與士夫高選，亦當爲天子矣！'"夫貴人"言金"，賤士"文糞"，王充之所深慨（《論衡·自紀》篇），況益以天子之尊而稍有"才學"、"術業"乎？《荀子·堯問》記"魏武侯謀事而當，羣臣莫能逮，退朝而有喜色……楚莊王謀事而當，羣臣莫逮，退朝而有憂色"；竊謂以羣臣莫逮爲己憂，羣臣尚且莫或敢逮，何況喜而驕乎！鮑照爲文"多鄙言累句"，王僧虔"常用拙筆書"，即"羣臣莫逮"之例矣。

二四　全漢文卷三一

　　杜欽《説王鳳》："男子五十，好色未衰；婦人四十，容貌改前。以改前之容，侍於未衰之年，而不以禮爲制，則其原不可救。"按參觀《史記》卷論《吕不韋列傳》。杜氏語本《韓非子・備内》篇："丈夫年五十而好色未解也，婦人年三十而美色衰矣；以衰美之婦人事好色之丈夫，則身見疏賤。"後來如唐陳羽《古意》："妾貌漸衰郎漸薄，時時强笑意索寞。……妾年四十絲滿頭，郎年五十封公侯。……歸來略略不相顧，却令侍婢生光輝"；宋梅堯臣《宛陵先生集》卷三九《無悔》："婦人未四十，容貌已改前；男年踰五十，嗜慾固自偏"；舊説相沿，亦緣切中浮世薄俗也。《儒林外史》第三四回季葦蕭語杜少卿："與三十多歲老嫂子看花飲酒，也覺掃興"，正是一例。《周禮・媒氏》、《禮記・曲禮》及《内則》皆言古制男子三十而娶，女子二十而嫁；知齊年則難偕老，遂定夫妻有十歲之差，而未察其差之隨年漸減，結褵十、廿載後，仍如韓非、杜欽所慮耳。宋方夔《富山遺稿》卷一《詩人詠鴟夷、西子之事多矣。按越敗於魯哀公元年，想鴟夷五餌之策，必其時也；至哀公二十二年，越滅吴，西子復歸，計其年亦已老矣。豈鴟夷如洛陽賈人，不能忘情於舊約耶?》："去時苧蘿山,送我摶黍叫;歸時苧蘿山,迎我桃花笑。一別二十年,過眼如風燎。人生重後會,世事中前料。未驚馬齒長,猶喜雞皮少。功名志已酬,富貴頭終掉。傍君鷗夷槳,舞我烏栖調。撫景惜餘年,烟波老漁釣。"讀書頗得聞,即以女齒長而男猶情深爲怪也。王闓運《湘綺樓日記》民國四年九月二十五日:"看唐詩'蛾眉鶴髮'云云,不覺有感。女寵而論年,是不知寵嬖者也。唐玄之於楊妃,庶幾非好少者,武氏之控鶴,亦庶幾自忘其年者。余有句云:'安得長見垂鬌,如君百歲不祧';登徒子其異於宋玉乎!……長爪生云:'天若有情天亦老',彼不知情老不相干也";雖言外爲己之溺於周嫗解嘲,而別多情於好色,異乎韓、杜之祇知色衰愛弛矣。古希臘悲劇家歐里庇得斯(Euripides)云:"男女同年,不宜婚偶,以男血氣之剛較女容貌之美爲經久"(It is highly wrong to join together two young persons of the same age; for the strength of man lasts far longer, while the beauty of the female body passes away more rapidly)[①];亞理士多德欲制律:"女十八而嫁,男三十七而娶,則將來可以同時衰老"(Woman should marry when they are about eighteen years of age, and men at seven and thirty; then they are in the prime of life, and the decline in the powers of both will coincide)[②];亞理奧士圖(Ariosto)教友人擇配詩謂娶婦當少於夫十至十二歲,因女子盛時易過(De dieci anni o di dodici, se fai/per mio con-

---

[①] Fr. 24, quoted in Hans Licht, *Sexual Life in Ancient Greece*, tr. J. H. Freese, 35.

[②] *Politics*, VII. 16, *op. cit.*, 1302.

siglio, fia di te minore; /.../ perché passando, il megliore / tempo e i begli anni in lor prima che in noi)①;

【增訂四】康德亦云,世情歷練之婦輒戒女毋嫁少年抑且齊年之夫,因光陰催老,女先於男也(Daher wird jede erfahrene Ehefrau die Heirat mit einen jungen Manne, auch nur von gleichen Alter, widerraten; denn im Fortgange der Jahre ältert doch der weibliche Teil früher als der männliche. — Kant, *Anthropolgie*, §103, *Werke*, ed. E. Cassirer, Vol. VIII, p. 202)。

巴爾札克謂夫與妻衰老之期相差十五年(Physiquement, un homme est plus longtemps homme que la femme n'est femme. Relativement au mariage, la différence de durée qui existe entre la vie amoureuse de l'homme et celle de la femme est donc quinze ans)②;英國一小詩人亦云:"妻年當爲夫年之半,復益以七歲;如男二十,則女宜十七,男三十六則女宜二十五。故女年五十七者,必求百歲老翁爲嘉耦"(A wife should be half the age of her husband with sevens years added. Thus, if the gentleman is twenty, his wife should be seventeen. If he is thirty-six, she should be twenty-five; and so on. No lady of the ripe age of fifty-seven has a right to the luxury of a spouse who is less than a century)③。用意均不異《周官》、《禮記》。韓非以婦年三十爲

---

① *Satira*, V, 187-192, *Opere minori*, Ricciardi, 555.
② *Physiologie du Mariage*, Aphorismes 14, *op. cit.*, XXXII, 44.
③ Frederick Locker, *Patchwork*, 88.

衰，杜欽等寬限至於四十；西方舊日有謂是三十五歲，幾若折衷焉，如意大利古劇云："汝乃墟墓中物；女年過三十五，應去世而入幽冥濯垢獄中耳"（Voi siete cosa da cemiterio, perché una femina che passa trentacinque anni, deve andar in pace, *ideste* in purgatorio ad pregar Dio per i vivi）①。此類見解實緣男貴而女賤耳，倘女尊而男卑，又當別論。王闓運不道及"武氏控鶴"乎？阿武婆暮年弊相，而彼蓮花六郎輩必不謂其"美色衰"、"容貌改前"也。司當達《愛情論》記一貴婦曰："在平民眼中，公爵夫人年貌無逾三十者"（Une duchesse n'a jamais que trente ans pour un bourgeois），復記一小家碧玉自言苟男乃大公或親王，則己必覺其風貌可人意（Une jolie femme de la Haye ne pouvait se résoudre à ne pas trouver charmant un homme qui était duc ou prince）②；十七世紀有意大利人使英，得見查理二世，載記曰："英王后顴頰以下極狹，歸宿而為尖頦，口闊大，牙齒可憎畏；姿容甚美，因世上未聞王后而貌醜者也。英王若祇是未顯達之紳士，則儀表殊陋，然既貴為國君，遂儼然可稱美丈夫矣"（Il viso dal mezzo in giù è assai stretto, onde il ne rimane aguzzo, la bocca è grande e i denti spaventali. La regina è bella perchè non s'è mai sentito in questo mondo che una regina sia

---

① Bruno, *Candalaio*, IV. viii (Bonifaccio), *op. cit.*, 120. Cf. A. H. Bullen, ed., *Speculum Amantis*, 102, *Melpomene*: "At twenty-five in women's eyes/Beauty does fade, at thirty dies."

② Stendhal, *De l'Amour*, I, i, "Le Divan", I, 29. Cf. Baudelaire: "Spleen", *Oeuv. comp.*, "Bib. de la Pléiade", 146: "Je suis comme le roi d'un pays pluvieux, /.../Et les dames d'atour, pour qui tout prince est beau".

brutta. Il re d'Inghilterra se fusse un privato cavaliere sarebbe brutto, ma perchè gli è re arriva passar per uom ben fatto)①。蓋物論無準,色之盛衰,固由於年之盛衰,亦或由於勢有盛衰也。《戰國策·齊策》一鄒忌謂:"妾之美我者,畏我也,客之美我者,欲有求於我也",可相發明。

---

① Lorenzo Megalotti, *Relazioni d'Ihghilterra 1668 e 1688*, a cura di Anna Maria Crinò, 39, 40, 41, 173, 174.

二五　全漢文卷三七

劉向《杖銘》。按《全後漢文》卷四五崔瑗《杖銘》同。"都蔗雖甘，殆不可杖；佞人悅己，亦不可相"；曹植《矯志詩》："都蔗雖甘，杖之必折；巧言雖美，用之必滅"；取譬本此。唐柳宗元《鞭賈》譏"梔其貌，蠟其言"，明劉基《賣柑者言》譏"金玉其外，敗絮其中"，皆斯意。英一文人隨筆有云："不見黃芽菜幹乎？高挺、潤澤，又具節目，儼然橡木杖也，而稍一倚杖，登時摧折。人苟作自傳追溯平生，則可以'菜幹杖'寓意作標題者，必有數章焉"("Cabbage-sticks". A fair metaphorical title for at least some chapters in any rational being's autobiography. So tall! so polished! so finely knotted! so suggestive of a real oak-plant! and so certain to crack at the first serious strain!)[①]。尤與都蔗杖巧合。吾鄉俗語謂人之不足倚恃者，亦曰"燈草拐杖"。

劉向《別錄》："師之、尚之、父之，故曰：'師尚父'"(《全漢文》卷三八)。按別見《毛詩》卷論《大明》。

---

① G. Saintsbury, *A Scrap Book*, 202–3.

二六　全漢文卷四二

　　王襃《洞簫賦》："故知音者樂而悲之，不知音者怪而偉之。"按奏樂以生悲爲善音，聽樂以能悲爲知音，漢魏六朝，風尚如斯，觀王賦此數語可見也。楊慎《升菴全集》（從子有仁編）卷四四《古樂今樂》條引《淮南子》及阮籍《樂論》，謂"周子論今樂'導欲增悲'本此"；盧文弨《龍城札記》卷二言古人"音樂喜悲"，歷引《韓非子·十過》篇、《史記·刺客列傳》、《論衡·書虛》《感虛》《自紀》三篇、阮籍《樂論》、陸機《文賦》、《古詩十九首》、王粲《公讌詩》、潘岳《金谷集詩》爲證。盧氏所舉，已得要略，然未密緻，如《論衡·超奇》篇："飾面者皆欲爲好，而運目者希，文音者皆欲爲悲，而驚耳者寡"，即交臂失之。重宣斯義，爲補數事。《禮記·樂記》："絲聲哀"，《正義》："'哀'，怨也，謂聲音之體婉妙，故哀怨矣"；《文子·自然》、《淮南子·齊俗訓》論鼓瑟皆曰："徒絃則不能悲"；《鬼谷子·本經陰符七篇》："故音不和則不悲"；張衡《南都賦》："彈琴擫籥，流風徘徊，清角發徵，聽者增哀。……彈筝吹笙，更爲新聲，寡婦悲吟，鵾雞哀鳴，坐者悽欷，蕩魂傷精"；蔡邕《琴賦》："哀聲既發，秘弄乃開。……一彈三欷，悽有餘哀。……哀人塞耳以惆悵，轅馬蹀足以悲鳴"；繁欽《與魏文帝牋》："車子年始十四，能喉囀引聲，與笳同音。……潛氣内轉，哀音外激。……悽入肝脾，哀感頑艷。……同坐仰歎，觀者俯聽，莫不泫泣殞涕，悲懷慷慨"；嵇康《琴賦》："八音之器，歌舞之象，歷世才士，並爲之賦頌。……稱其材幹，則以危苦爲上；賦其聲音，則以悲哀爲主；美其感化，則以垂涕爲貴。"《隋書》三節，尤耐思索：《音樂志》上陳後主"造《黃鸝留》及《玉樹後庭花》、《金釵兩臂垂》等曲，……綺艷相高，極於輕薄，男女唱和，其音甚哀"；《志》中北齊後主"別採，新聲，爲《無愁曲》，音韻窈窕，極於哀思。……曲終樂闋，莫不殞涕"；《志》下隋煬帝令樂正造新聲，"掩抑摧藏，哀音斷絶，帝悦之無已"。夫佻艷之曲，名曰《無愁》而功在有淚，是以傷心爲樂趣(dolendi voluptas)也。至若《漢書・景十三王傳》中山王勝曰："今臣心結日久，每聞幼眇之聲，不知涕泣之横集"；《説苑・書説》又《新論・琴道》記雍門周先侈陳"足下有所常悲"以動孟嘗君，然後鼓琴使之"歔欷"；則均阮籍《樂論》所謂"原有憂"者，未堪爲例。劉晝《劉子・辨樂》篇又本乎阮《論》，亦無取焉。鬼谷子、王充、鄭玄遞以"悲"、"哀"等物色之目(descriptive)與"好"、"和"、"妙"等月旦之稱(evaluative)互文通訓(synonymity)，魏晉六朝翻譯足資佐證。《長阿含經》之七《弊宿經》："時有一人，善能吹貝，執貝三吹。……村人往問：'此是何聲？哀和清澈，乃如是耶？'"；《賢愚經・檀膩䩭品》第四六："即見一雉，住在樹上，遥問之曰：'……我在餘樹，鳴聲不快，若在此樹，鳴聲哀好。何緣乃爾？'"；《太子須大拏經》："諸雜果樹，自然茂盛，百鳥嚶嚶，相和悲鳴"；他如《世紀經・四天王品》第七又《忉利天品》第八、《增益阿含經》第一九之四等亦言鳥"相和悲鳴"、"相和哀鳴"。實皆指《左傳》襄公十八年師曠所聞"鳥鳥之聲樂"及《詩·伐木》所賦"嚶其鳴矣,求其友聲"。曰"悲"曰"哀",非謂如怨如慕如泣如訴,祇謂聲"和"音"好",猶阮《論》所引:"善哉鳥鳴!使絲聲如是,豈不樂哉!"胡僧輩未嫺漢語,不知通訓者未必可疊用,團詞而成硬語,然其下字生澀,適流露時尚耳。莎士比亞劇中女角言聞佳樂輒心傷(I am never merry when I hear sweet music);自作情詩,亦有何故聞樂而憂之問(Music to hear, why hear'st thou music sadlly?)①。雪萊謂最諧美之音樂必有憂鬱與偕(the melancholy which is inseparable from the sweetest melody)②。列奧巴迪筆記考論初民與文明人聞樂之別,略謂文明人聆而悲涕,初民則聆而喜呼踊躍(In somma, generalmente parlando, oggidl, fra le nazioni civili, l'effetto della musica è il pianto, o tende al pianto. ... Ora, tutto al contrario di quello che avviene constantemente tra noi, sappiamo che i selvaggi, i barbari, i popoli non avvezzi alla musica..., in udirne qualche saggio, prorompono in *éclats* di giubilo, in salti in grida di gioia)③。吾國古人言音樂以悲哀爲主,殆非先進之野人歟!抑使人危涕墜心,匪止好音悦耳也,佳景悦目,亦復有之。杜甫《閬水歌》:"嘉陵江色何所似,石黛碧玉相因依。……閬中勝事可腸斷,閬州城南天下稀!";仇兆鰲《杜集

---

① *The Merchant of Venice*, V.i.68 (Jessica); *Sonnets*, viii.
② *Defense of Poetry*, ed. A.S.Cook, 35.
③ Leopardi, *Zibaldone*, Mondadori, II, 380.

詳註》引《杜臆》云:"贊云'可腸斷',猶贊韋曲之花,而曰'惱殺人'也。"仇引《陪鄭駙馬韋曲》之"韋曲花無賴,家家惱殺人",似隔一塵,當曰:"猶《滕王亭子》第一首之'清江錦石傷心麗'也",李白《菩薩蠻》亦云:"寒山一帶傷心碧。"觀心體物,頗信而有徵。心理學即謂人感受美物,輒覺胸隱然痛,心怦然躍,背如冷水澆,眶有熱淚滋等種種反應(A glow, a pang in the breast, a fulness of breathing, a flutter of the heart, a shiver down the back, a moistening of the eyes, a stirring in the hypogastrum and a thousand unnamable symptoms besides, may be felt the moment beauty excites us)①。文家自道賞會,不謀而合。或云:"讀詩至美妙處,真淚方流"(The true tears are those which are called forth by the *beauty* of poetry)②;或云:"至美無類,皆能使敏感者下淚"(Beauty of whatever kind, in its supreme development, invariably excites the sensitive soul to tears)③;或云:"能使體中寒慄、眼中淚迸之詩,乃吾心所好"(I like the poetry that sends a sort of cold thrill through one—not an unpleasant one—and brings tears into one's eyes)④,或讀詩觀劇,噙淚(with tears in his eyes)而歎曰:"文詞之美使人心痛"(The excruciating beauty of the language! The beauty

---

① W. James, *Principles of Psychology*, II, 469-470.
② Chateaubriand, quoted in I. Babbitt, *Masters of Modern French Criticism*, 66.
③ Poe: "The Philosophy of Composition", *Poems and Miscellanies*, Oxford, 195; cf. 177, "The Poetic Principle" (this certain taint of sadness connected with true beauty).
④ J. R. Lowell, *Letters*, ed. C. E. Norton, I, 18.

of it brings tears to one's eyes)①；或謂欲別詩之佳惡，祇須讀時體察己身，苟肌膚起粟(a bristling of the skin)、喉中哽咽(a constriction of the throat)、眼裏出水(a precipitation of water to the eyes)、背脊冷澆(a shiver down the spine)，即是佳什②。故知隕涕爲貴，不獨聆音。吾國古人賞詩，如徐渭《青藤書屋文集》卷一七《答許北口》："能如冷水澆背，陡然一驚，便是興觀羣怨之品；如其不然，便不是矣"；似勿須急淚一把也。西方疇昔評劇本作者，以能使觀衆下淚多寡爲量才之尺，海涅嗤曰："果爾，洋葱亦具此才能，可共享文名"(Man preist den dramatischen Dichter, der es versteht, Tränen zu entlocken. Dies Talent hat auch die kümmerlichste Zwiebel, mit dieser teilt er seinem Ruhm)③。徵文考獻，宛若一切造藝皆須如洋葱之刺激淚腺，而百凡審美又得如絳珠草之償還淚債，難乎其爲"儲三副淚"之湯卿謀矣（見湯傳楹《湘中草》卷六《閒餘筆話》）。

王褒《僮約》。按晉石崇仿作《奴券》（《全晉文》卷三三），而殘缺不全；宋黃庭堅仿作《跛奚移文》（《豫章黃先生集》卷二一），琢詞警鍊，頗逾石《券》；清鄒祇謨本其意而變其體爲倚聲《六州歌頭·戲作簡〈僮約〉效稼軒體》（《麗農詞》卷下），亦能隱栝裁剪。王行事不足訓，《顏氏家訓·文章》篇論"文人多陷

---

① E. Charteris, *Life and Letters of Sir Edmund Gosse*, 130, 503.

② A. E. Housman: "Name and Nature of Poetry", *Selected Prose*, ed. J. Carter, 193. Cf. Robert Graves, *The White Goddess*, Creative Age Press, 7: "A. E. Housman's test of a true poem was simple and practical"; cf. 10-1.

③ Heine: "Gedanken und Einfälle", *Gesammelte Werke*, hrsg. G. Karpeles, VIII, 289.

輕薄"，即及"王褒過章《僮約》"；石亦輕薄爲文，黃較長者。然三文臚陳漢、晉、宋時資生瑣屑，欲考索齊民要術者，斯焉取斯。姚旅《露書》卷五謂王文"乃規世之作，世人求多，何以異是？"；李詳《媿生叢錄》卷二則甚稱僮便了之"忠"，而斥王褒之"玷品喪節"，"以異方男子，止人寡婦之舍"，其事"有關名教"。李所謂"名教"，即如《意林》卷五引《鄒子》云："寡門不入宿，臨甑不取塵，避嫌也。"姚傍通能参活句，竊有取焉。

二七　全漢文卷五一

　　揚雄《蜀都賦》。按《北齊書·司馬子如傳》記其兄子膺之曾註此《賦》，"每云：'我欲與揚子雲周旋'"，其註無傳；《賦》未入《文選》，遂又勿得《選》學家爲之披郤導窾，《古文苑》章樵註聊勝於無而已。雄諸賦鈎章棘句，即有詳註，尚多難字僻事，讀之不過，思之不適，況無註乎？"乃使有伊之徒，調乎五味，甘甜之和"一節仿枚乘《七發》"犓牛之腴，安胡之飰，伊尹煎熬，易牙調和"一節，而踵事增華；枚文僅言獸魚充庖，揚文"五肉七菜"兼有飛禽。《七林》例有侈陳華筵盛饌一段文字，《全晉文》卷一三八弘君舉《食檄》通篇説食，實皆《呂氏春秋·本味》之嗣音。然所列品目，太半茫未達而不敢嘗；其可曉者如"蒸魚雞豚，色如瑇瑁，骨解肉離"，細思之亦違《本味》所謂"久而不弊、熟而不爛"之戒，已失飪乏味矣。袁枚《小倉山房文集》卷二八《隨園食單序》："《説郛》所載飲食之書二十餘種，眉公、笠翁亦有陳言。曾親試之，皆闕於鼻而蜇於口"；博明《西齋偶得》卷上："由今溯古，惟飲食、音樂二者，越數百年則全不可知。《周禮》、《齊民要術》、唐人食譜，全不知何味；《東京夢華録》所記汴城、杭城食料，大半不識其名。又見名人刻書內，有蒙古、女真、畏吾兒、回回食物單，思之亦不能入口"；魏源《古微堂詩集》卷七《觀往吟》之三："君不見河有鯉兮江有鱘，南北古今何嗜歧！今人若請古人客，下箸何異驚蟊蜞；風流兩晉牛心炙，若登今筵等鼠腊。"竊謂"牛心炙"猶間可，即以《夢華錄》所記名肴爲例可乎？《東角樓街》節有"羊頭肚肺、赤白腰子、妳房"，周密《後武林舊事》卷三載宋高宗幸張俊第，供進御筵，"脯腊一行"有"妳房"，又"下酒"有"妳房簽"；古羅馬亦尚此，十七世紀英國名劇中一富翁自詡飲食豪奢，金盤玉器，羅列異味，中有"懷孕肥母豬之乳房"（the swelling unctuous paps ／Of a fat pregnant sow, newly cut off）①。

【增訂四】普羅泰克《養生論》舉貪口腹者所啖珍異之物，首列牝豕乳房（some rare and expensive thing, as, e.g., sow's udder, Italian mushrooms, samian cake, or snow in Egypt. —Plutarch: "Advice about Keeping Well", §6, *Moralia*, Loeb, Vol, II, p.231）。

是豕羊妳房乃中西古人以爲玉食者，余嘗以告友，友曰："止止勿道！不待口嘗，耳聞已作惡欲哇矣！"意大利一哲人亦謂中世紀或十六、七世紀廚譜中肴饌，覩名目即已畏卻，脫依法烹食，伊於胡底，知者唯天乎！（la cucina medievale o anche cinquecentesca e secentesca, che quasi spaventano solo a leggerne le ricette nei trattati, e che Dio solo sa quel che accaderebbe se fossero

---

① Ben Jonson, *The Alchemist*, II. i (Sir Epicure Mammon). Cf. Gray, *Correspondence*. ed. P. Toynbee and L. Whibley, I, 159: "We had the dugs of a pregnant sow..."

"rivissute")① 揚賦"甘甜之和",可參觀《全三國文》卷六魏文帝《詔羣臣》:"新城孟太守道:蜀豬肫雞鶩味皆淡,故蜀人作食,喜著飴蜜,以助味也。"頗徵蜀庖在漢不同今時之尚辛辣。袁文《甕牖閒評》卷六載蘇軾兩帖皆自言"嗜甘"好食蜜(參觀卷五説蘇詩:"想見冰盤中,石蜜與糖霜");陸游《老學菴筆記》卷七記僧仲殊肴饌中皆有蜜,諸客不能下筯,惟蘇軾嗜蜜,得與共食。軾之"嗜甘",豈一人之偏好耶?抑蜀庖入宋仍尚"甘甜之和",故軾習於鄉味而不改也?元趙汸《東山先生存稿》卷三《〈潛溪後集〉序》記虞集嘗以浙庖、蜀庖喻文,稱蜀庖爲"粗塊大臠,濃醯厚醬";則似已變"味淡"之古風,漸類今日之蜀庖。張岱《琅嬛文集》卷一《〈老饕集〉序》:"今之大官法膳,純用糖霜,亂其正味";是明之御庖又同漢之蜀庖。吳烹亦好"甘甜之和",吳慈鶴《鳳巢山樵求是二録》卷二《金衢花豬,鹽漬其蹄,吳庖和蜜煮之》七古所詠,即其一例。吾邑尤甚,憶兒時筵席盛饌有"蜜汁火腿"、"冰糖肘子",今已渾忘作何味,去鄉四十餘年,并久不聞此名色矣。王羲之《十七帖·蜀都帖》:"揚雄《蜀都》、左太沖《三都》殊爲不備悉,彼故多奇";左之《蜀都》於風土方物,涉筆甚廣,而不若揚賦之親切,即如左賦僅道蒟醬、桄榔麵等食料,未及庖廚也。揚賦稱"自造奇錦,發文揚采",左賦亦稱"貝錦斐成",而魏文帝詔復云:"前後每得蜀錦,殊不相似。……是爲下工之物,皆有虛名";豈魏文所得蜀錦亦如其所嘗荔枝歟?

揚雄《甘泉賦》。按多長句,於漢賦爲創格。如"蚩尤之倫

---

① Croce, *La Poesia*, 5ᵃ ed., 80.

帶干將而秉玉戚兮"至"於是乘輿乃登夫鳳皇兮而翳華芝"一節，"封巒石關施靡乎延屬，於是大廈雲譎波詭摧唯而成觀"，"若登高眇遠、亡國肅乎臨淵"，"蓋天子穆然珍臺閒館琁題玉英蝹蜎蠖濩之中，惟夫所以澄心清魂、儲精垂恩、感動天地、逆釐三神者"。

揚雄《河東賦》："簸丘跳巒，涌渭躍涇，……爪華蹈衰。"按卷五三《劇秦美新》亦云："遂欲流唐漂虞，滌殷蕩周。"鑄詞奇崛，遂成模式，時地人物，無施不可。如班固《典引》："乃先孕虞育夏，甄殷陶周"；張衡《西京賦》："抱杜含鄠，欱灃吐鎬，……據渭踞涇"；黃香《九宮賦》："蹠崑崙而蹈碣石，跪岷柱而跨大行，肘熊耳而據桐柏，介嶓冢而持外方，浣彭蠡而洗北海，漭五湖而漱華池。……碎太山而刺嵩高，吸江河而嚼九江"；阮籍《大人先生論》："故提齊而蹴楚，挈趙而蹈秦"；楊泉《五湖賦》："頭首無錫，足蹠松江，負鳥程於背上，懷大吳以當胸"；《世說·品藻》："或問林公曰：'司州何如二謝？'林公曰：'故當攀安提萬。'"即趙至《與嵇茂齊書》名句："蹠崑崙使西倒，蹋太山令東覆"，亦是一家語言眷屬也。唐人仿製頻仍，如《全唐文》卷二九五韓休《許國文憲公蘇頲文集序》："豈惟排終拉賈，駕王超陳而已"；卷二九六呂令問《駕幸天安宮賦》："拉五帝而軼三王"；卷三四七李白《明堂賦》："吸嵩噴伊，倚日薄月"；卷三五九杜甫《朝獻太清宮賦》："況是蹴魏踏晉、批周抉隋之後"，又《有事於南郊賦》："戰岐慄華，擺渭掉涇"，又《封西嶽賦》："岐梁閃倏，涇渭反覆。……脚渭戟涇，提挈邱陵，與南山同旋"；卷六四〇李翱《祭韓侍郎文》："包劉越嬴，並武同殷。"徐彥伯文有"澀體"之目，《全唐文》卷二六七載其《南郊賦》，正是摹追揚雄諸賦，"莫不挈鶡提羔"，句樣準此，即《全唐文》卷七三〇樊宗師《絳守園池記》之"提鶡挈鷺"所自出，趙仁舉等三家樊文註未及也。別詳《全唐文》卷論王隱客《議沙門不應拜俗狀》。

揚雄《羽獵賦》："出入日月，天與地沓。"按魏武帝《碣石觀海》："日月之行，若出其中"，以揚之形容林闇者，移施於滄海，似更合宜。故寫湖海景象，每不出此窠臼，如《全晉文》卷五七袁宏《東征賦》："即雲似嶺，望水若天，日月出乎波中，雲霓生於浪間"；王世貞《望太湖》："青天不道向外生，白日如從此間没。"又《羽獵賦》："徽車輕武，鴻絧緁獵，殷殷軫軫，被陵緣阪，窮夐極遠者，相與列乎高原之上。羽騎營營，昈分殊事，繽紛往來，轠轤不絕，若光若滅者，布乎青林之下。"按對偶甚長，幾似八股文中兩比。左思《吳都賦》加厲焉："袒裼徒搏、拔距投石之部，猿臂䮄脅，狂趭獷猤，鷹瞵鶚視，趁趫騠騍，若離若合者，相與騰躍乎莽筤之野。干鹵殳鋋，暘夷勃盧之旅，長殳短兵，直髮馳騁，儇佻坌並，銜枚無聲，悠悠旆旌者，相與聊浪乎昧莫之坰。中夏比焉，畢世而罕見，丹青圖其珍瑋，貴其寶利也。舜禹游焉，没齒而忘歸，精靈留其山阿，翫其奇麗也。"不獨詞賦，文亦有之。如仲長統《昌言》下："和神氣，懲思慮，避風濕，節飲食，適嗜欲，此壽考之方也；不幸而有疾，則鍼石湯藥之所去也。肅禮容，居中正，康道德，履仁義，敬天地，恪宗廟，此吉祥之術也；不幸而有災，則克己責躬之所復也"；《顏氏家訓·兄弟》篇："人或交天下之士，皆有歡愛，而失敬於兄者，何其能多而不能少也！人或將數萬之師，得其死力，而失恩於弟者，何其能疏而不能親也！"；《隋書·孝義傳》：

"若乃緄銀黃，列鐘鼎，立於朝廷之間，非一族也；其出忠入孝、輕生蹈節者，則蓋寡焉。積龜貝，實倉廩，居於閭巷之內，非一家也；其悅禮敦詩、守死善道者，則又鮮焉。"純乎八股機調，唐人駢體中甚多，詳見《全唐文》卷論李百藥《封建論》。梁章鉅《制義叢話》初不解此，汪琜《松烟小錄》卷二衹覷柳宗元《國子祭酒兼安南都護御史張公墓誌銘》中長聯"竟逾百字……殆類後世制藝中二比"，亦似少見多怪。

二八　全漢文卷五二

揚雄《長楊賦》："碎轒輼，破穹廬，腦沙幕，髓余吾。"按此亦後世句樣，王楙《野客叢書》卷二六已引王僧孺、任孝恭等文示例。

揚雄《太玄賦》。按僅在篇末曰："我異於此，執太玄兮"，全文皆明潛身遠禍之意，未嘗"賦"其所謂"太玄"也？然則"太玄"可"賦"乎？曰：奚爲不可！《太玄經》第九篇《太玄攡》即不協韻之《太玄賦》也；詞條豐蔚，機調流利，遠邁此篇，"攡"亦鋪張敷陳之意耳。"雷隱隱而輒息兮，火猶熾而速滅，自夫物有盛衰兮，況人事之所極。奚貪婪於富貴兮，迄喪躬而危族。"按卷五三《解嘲》："客徒欲朱丹吾轂，不知一跌將赤吾之族也！……炎炎者滅，隆隆者絶；觀雷觀火，爲盈爲實。天收其聲，地藏其熱，高明之家，鬼瞰其室"；意同而文勝。姚範《援鶉堂筆記》卷二五引何焯記李光地説《解嘲》云："此解《豐》卦之義，勝於傳、註多矣。'炎炎'、火也，'隆隆'、雷也。《豐》卦雷在上，則是'天收其聲'；火在下，則是'地藏其熱'；'豐其屋，蔀其家，窺其屋，闃其無人'，即所謂'高明之家，鬼瞰其室'。揚子雲變《易》辭象以成文。"讀書甚得間。"赤族"

之解，學人聚訟。《漢書》顏師古註："見誅殺者必流血，故云'赤族'。"王念孫《讀書雜志·漢書》一三："宋祁曰：'竇苹云：古人謂空盡無物曰赤，如赤地千里、赤貧；赤族言盡殺無遺，顏註謬。'按顏説是也，正指血色。'赤地'謂徒有地在，'赤貧'謂徒有家在，'赤族'則非徒有族之謂矣。所謂似是而非者也。"徐燉《筆精》卷六隱同竇、宋而斥顏"大誤"，舉例有"今人言不着衣曰'赤條條'。"盍各聊陳，未敢遽從王説。《晉書·文苑傳》載王沉《釋時論》，乃《解嘲》之類，有曰："丹轂滅族"，正用揚雄語，而以"赤"作"滅"解，蓋非昉於竇、宋，抑且遠在顏前。夫事物一也，而從言之異路，詞氣遂判。如《左傳》僖公二十六年齊侯狀魯國困窮曰："野無青草"，即"赤地"也，其詞負，謂并無草；又曰："室如懸磬"，即"赤貧"也，其詞正，謂空有室。"赤"者、靡子遺、不憖遺也，着眼在"空盡"、"滅"，非在"徒有"、"僅存"。故"赤地"、地而寸草不留也，"赤貧"、人而一錢不名也；脱如"徒有"之解，"國破山河在"可爲"赤地"、而"有家歸未得"亦可爲"赤貧"矣！得乎？"赤族"者，族而一口不遺，如覆巢無完卵耳，何"似是而非"之有？"赤"猶今言"精光"、"乾淨"，後世口語沿用。如《全唐詩·諧謔》門李榮《詠興善寺佛殿災》："如來燒赤盡，惟有一羣僧"；上句用"赤"，即謂"無遺"，既不可作"徒有"解，又豈可釋爲灰燼中僅存火色哉！下句則明謂"徒有"也。《五燈會元》卷四招賢章次："夏天赤骨力，冬寒須得被"；上句即謂一絲不掛，小變其文，亦當曰："光脊梁"、"精皮膚"、"赤身裸體"，以夏之不須衣反襯冬之須被，一正一負。苟曰："徒有身在"，語氣乖忤而意義走失矣。洪邁《夷堅丁志》卷一一《田道人》："又念身赤立於此，縱得其基，雖草廬豈易能辦?"；元好問《遊黃華山》："是時氣節已三月，山木赤立無春容"；皆非謂人或木徒能立身，而謂人無資、木無葉也。

【增訂三】胡仔《苕溪漁隱叢話》前集卷四一引《潘子真詩話》載應璩《三叟詩》第二首有云："平生髮完全，變化似浮屠；醉酒巾幘落，禿頂赤如壺。"此首不類三國時人語，疑出僞託，然"赤"字正是空無、精光之義。末句即黃庭堅《漁家傲》自註戲作詩所謂"大葫蘆"，亦即今俗語所嘲"禿瓢兒"也。

顔註《漢書》每取"今言"，如《袁盎傳》："不以親爲解"，《註》："'解'者，若今言'分疏'"；《外戚傳》："子夫上車，主拊其背曰：'行矣！強飯勉之！'"，《註》："'行矣'猶今言'好去'"；《宣元六王傳》："我危得之"，《註》："猶今之言'險不得之'也。"顔説"赤"字，却置"今言"不顧，殆以"赤"訓爲色則可與"朱丹"雙關歟？夫雙關亦多方矣。異文同意，祇其粗者。異文異意而同音雙關，庶進一階。如《全唐文》卷四五六獨孤授《涇渭合流賦》："涇如經也，自北而南流；渭若緯焉，從西而東注"；卷七七二李商隱《爲滎陽公賀幽州破奚寇表》："錄圖洪範，玉檢金泥"，借"錄"、"洪"爲"綠"、"紅"，以對"玉"、"金"。更上一層則同文異意；兩意亦推亦就，相牴牾而復勾結 (semantic collision-collusion)，愈饒韻趣。舉雅俗各一例明之。《尚書・湯誓》："朕不食言"，孔《傳》："食盡其言，僞不實"，《正義》引《爾雅・釋詁》："食、僞也"及《左傳》哀公二十五年，公曰："是食言多矣，能無肥乎！"，《正義》申説曰："言而不行，如食之消盡"；《爾雅・釋詁》："載、謨、食、詐，僞也"，郭璞註引《湯誓》："朕不食言。"哀公以"食"之詐僞意屬

"言"，而以"食"之啖噉意屬"肥"，使之一身兩任，左右逢源，《正義》頗識斯意。郝懿行《曬書堂文集》卷三《經冶堂解義序》謹遵《爾雅》，謂"'不食言'之'食'，應訓'偽'，'不可食已'之'食'，應訓'爲'，若以'食'爲'飲食'之'食'，抑又非矣"；然則何以解"食言"而能"肥"之"食"乎？俞正燮《癸巳存稿》卷一於《爾雅》之詁外，復舉《公羊傳》僖公十年"荀息不食其言"，註："食、受之而消亡之"，又《漢書·匈奴傳》"約分明而不食言"，註："如食而盡皆消蝕"，乃曰："'食言'以語久，又生傍義，《左傳》哀公云云，則就飲食言之。"援據雖賅，而不省"受而消亡"、"如食消蝕"，即明"就飲食言之"，覷與"肥"相屬，遽謂"又生旁義"，如以肝膽爲胡越矣！邱吉爾（W. Churchill）嘗自言："吾食言多矣，未嘗有不消化之病"（Eating words has never given me indigestion），頗資參印。《兩般秋雨盦隨筆》卷四載燈謎以《玉簪記》三句爲面："千不是，萬不是，總是小生不是！"，射《孟子》四字爲底："平旦之氣"。"平明"之"平"雙關"平息"之"平"，"旦暮"之"旦"雙關"生、丑、淨、旦"之"旦"，"一氣轉鴻鈞"、"浩然之氣"之"氣"雙關"三氣周瑜"、"氣惱"之"氣"；兩意交輝互映，遂見巧思。修詞琢句，於字義上下其手，俾單文而同時複訓，雅俗莊諧，莫不有之（參觀《史記》卷論《樗里子、甘茂列傳》又《老子》卷論七二章）。"赤"兼淨盡與殷紅兩義，以前義施本句之"族"，以後義應前句之"朱丹"，猶夫絳樹雙聲、黃華兩牘，較之徒以血色雙關，似更進也。又按顏註所謂"今言"，乃唐時習用，非必入唐始用，其言或往古已有。《北齊書·祖珽傳》即曰"珽自分疏"。杜甫《送張十二參軍赴蜀州》："好去張公子，通家別恨添",白居易《送春歸》:"好去今年江上春,明年未死還相見",又如杜甫《送蔡希魯因寄高三十五》:"因君問消息,好在阮元瑜",《敦煌掇瑣》之四二《辭娘讚》屢曰:"好住娘!",皆顏註"今言"之佐證也。然《翻譯名義集•十種通號》第一:"'修伽陀':秦言'好去',《大論》云:'此云善逝也'","今言"又正沿古言耳。《漢書•西南夷、兩粵、朝鮮傳》莊參曰:"以好往,數人足;以武往,二千人亡足以爲也",則"好往"乃謂不去尋釁動武,"好"如"來意不善"之"善",或"好分手、好見面"之"好",非"行矣好去"之"好"也。

【增訂三】《左傳》昭公元年子晳過子南,欲奪其妻,子南擊之以戈,"子晳傷而歸,告大夫曰:'我好見之,不知其有異志也,故傷。'""好見"之"好"即《漢書》"以好往"之"好",亦今語"好來好去"之"好"也。

《南齊書•豫章文獻王傳》記沈攸之責西溪蠻王田頭"賧千萬,田擬輸五百萬,發氣死";《南史》卷五四《元帝諸子傳》方等子莊"入齊朝,許以興復,竟不果而齊亡,莊在鄴,飲氣而死";《全唐文》卷六六八白居易《論承璀職名狀》:"王承宗聞之,必增其氣";義皆同申時行《召對錄》記萬曆十八年正月朔神宗怒雒於仁上疏曰:"氣他不過,肝火復發",或《水滸》第四五回潘巧雲謂楊雄:"我説與你,你不要氣苦",或《三國演義》第五七回龐統謂諸葛亮:"汝氣死周郎,却又來弔喪。"蓋今言"氣"字此意亦承六朝以來之舊耳。

揚雄《解嘲》:"故爲可爲於可爲之時,則從;爲不可爲於不可爲之時,則凶。"按仿《荀子•議兵篇》:"計勝欲則從,欲勝計則凶。"王若虛《滹南遺老集》卷三四斥二句爲"不成義理",

當芟削爲"爲於可爲之時,則從,爲於不可爲之時,則凶";是也。劉知幾《史通·直書》篇用此語,早芟削如王所改矣。原句痴肥臃腫,詞浮於意;"不成義理",則尚有說,事有"可爲",而爲之不得其時者,如芻豢悅口,可食之物也,而食之非時不中,則成疾患;故上句尚差有"義理"。事有"不可爲",則已概示其乖違時宜,乃復曰"爲不可爲於不可爲之時",何異八股文墨卷濫調之"久已夫!千百年來已非一日矣!庶矣哉!億兆民中已非一人矣!"然而"不可爲"之事有時亦復適用得當,如毒物不可食,而醫家治病,或又"以毒攻毒"。苟曰:"故爲不可爲於可爲之時則從,爲可爲於不可爲之時則凶",庶乎其可。漢人詞賦中鋪比對仗而"不成義理"者,別自不乏。如班固《東都賦》稱宮室云:"奢不可踰,儉不能侈",《文選》李善註:"奢儉合禮";然上句若謂"奢已窮極而加無可加",下句若謂"儉已太過雖加而無濟於事",兩端相反,施於一處,洵"不成義理"。苟依善註,應曰:"奢不可損,儉不須增",庶幾如宋玉之言"增一分則太長,減一分則太短";張衡《西京賦》:"奢未及侈,儉而不陋",則詞意圓妥矣。李白《明堂賦》仿作:"壯不及奢,麗不及素",上句可通,下句亦"不成義理"。蓋"不及"可作"不如"解,則"麗"與"素"乃品質之殊(difference in kind),謂明堂營構質樸,正以不雕無華爲尚而無取於富麗,顧上句已明稱其"壯",則"麗"自在意中;"不及"又衹可作"不至"解,"麗"與"素"乃一品中程度之差(difference in degree),顧增飾"素"庶可臻"麗",未聞增飾"麗"俾至於"素"也。思殫意孤,而必語偶句儷,於是捶隻爲雙。《文心雕龍·麗辭》譏賦詩"對句之駢枝";《史通》內篇《敍事》譏載筆"以兩當一";陳際泰

《已吾集》卷八《陳氏三世傳略》譏八股文"若每股合掌，則四股可矣，將併其一股而亡之"；魏禧《魏叔子文集》卷三《制科策》上譏八股文"一説而畢，必强爲一説以對之，又必摹其出比，句逑字妃"；如五十步、百步之走以至於三舍之退爾。駢文修詞，常有兩疵，猶《圓覺經》所戒"事理二障"。句出須雙，意窘難偶，陳義析事，似夔一足，似翁折臂；勉支撑而使平衡，避偏枯而成合掌，如前摘《過秦論》發端是也。腹笥每窘，屬對無典，欲避孤立，遂成合掌，如《雕龍》舉劉琨"宣尼"、"孔丘"一聯，其弊顯見；老手大膽，英雄欺人，杜撰故實，活剥成語，以充數飾貌，顧雖免合掌，仍屬偏枯，其弊較隱。庾信《三月三日華林園馬射賦》："至樂則賢乎秋水，歡笑則勝上春臺"；夫"熙熙如登春臺"，自出《老子》，若《至樂》與《秋水》均《莊子》篇名，何彼"賢乎"此之有？《小園賦》："龜言此地之寒，鶴訝今年之雪"；上句羌無故實，憑空硬凑以成對仗；《哀江南賦》："王子洛濱之歲，蘭成射策之年"，至自呼小名，充當古典，俾妃王子晉，大類去辛而就蓼、避坑而墮穽矣。兩疵者，求句之並與詞之儷而致病生厲（parallelysis）也。西方曩日論文云："意初無對而强以詞對者，譬如築垣，此邊闢窗，彼邊亦必虛設假窗，俾能對稱"（Ceux qui font des antithèses en forçant les mots sont comme ceux qui font des fausses fenêtres pour la symétrie）①，亦同病之藥言也。

---

① Pascal, *Pensées*, I. 27, ed. V. Giraud, 58. Cf. R. Whately: "The false handles and keyholes with which furniture is decorated, that serve no other purpose than to correspond to the real ones," quoted in De Quincey: "Rhetoric", *Collected Writings*, ed. D. Masson, X, 128.

揚雄《逐貧賦》。按子雲諸賦，吾必以斯爲巨擘焉。創題造境，意不猶人，《解嘲》雖佳，謀篇尚步東方朔後塵，無此詼詭。後世祖構稠疊，強顏自慰，借端罵世，韓愈《送窮》、柳宗元《乞巧》、孫樵《逐痁鬼》出乎其類。揚逐之而不去："貧遂不去，與我游息"；韓送其行，而臨去却挽留之，遂進一解："上手稱謝，燒船與車，延之上座"，段成式《留窮辭》、唐庚《留窮》詩是其遺意；

【增訂四】唐庚詩題全文爲《兒曹送窮，以詩留之》，見《眉山先生文集》卷三四。

蔣士銓《忠雅堂詩集》卷二五《題周青在〈迎窮圖〉》："開門拱揖罄折施，五君主我更勿疑"，不拒其來而反邀請降臨，更上一關。呂南公《灌園集》卷三《窮鬼》："窮鬼斷去志，送之豈無文？譬如衢路埃，屢掃已復新"；則非到處相隨、驅之不去，乃徧處皆是、驅而不盡，又出新意矣。宗懍《荊楚歲時記》："正月晦日"、"送窮鬼"，韓愈亦呼"窮鬼"；後世則稱"窮神"，如《夷堅志‧補》卷一五《窮神》，且不復爲五鬼，而爲一婦。董逌《廣川畫跋》卷三《送窮圖》言唐末陳惟岳手筆，"其畫窮女，形露洖逡，作跉跰態，束芻人立，……開門送之；又爲富女，作嫏嬛像，裁襯爲衣，鏤木爲質，……主人當户，反道卻行"；元好問《遺山詩集》卷一二《送窮》："不如留取窮新婦，貴女何曾喚得來！"；彭兆蓀《小謨觴館詩集》卷一《樓煩風土詞》第二首："剪紕劈紙仿嬋娟，略比奴星送路邊；富媳娶歸窮媳去，大家如願過新年"，自註："正月五日剪紙爲婦人，棄路衢，曰：'送窮'，行者拾歸供奉，曰：'娶富媳婦歸'"，則此所送之窮即彼所迎之富，一物也，遭棄曰"窮"，被拾曰"富"，見仁見智，呼馬呼牛，可以參正名齊物焉。錢大昕《十駕齋養新錄》卷一六據魏了翁《遂甯北郭迎富》詩、俞樾《茶香室三鈔》卷一據《廣川畫跋》謂送窮必兼迎富，皆未引北宋初趙湘《南陽集》卷六《迎富文》："淳化四年，送窮之明日，衆人復迎富。"元、彭二家詩亦足佐證。窮與富均現女人身，又酷肖《大般涅槃經・聖行品》第七之二所狀"功德大天"與"黑闇"姊妹也（參觀《老子》卷論第五八章）。寒山詩云："一人好頭肚，六藝盡皆通。南見驅歸北，西風趂向東；長漂如泛萍，不息似飛蓬。問是何等色，姓'貧'名曰'窮'。"揚之"貧"、韓之"窮"均害人之物，寒山之"貧窮"則受害之人；《送窮圖》中窮神襤褸伶俜，狀正似窮人貧子。主客名相如而貌復相如，猶西方畫"死神"，即作白骨髑髏，能致人死者亦現死骸相耳。

"舍汝遠竄，崐崙之顛；爾復我隨，翰飛戾天。舍爾登山，巖穴栖藏；爾復我隨，陟彼高岡。舍爾入海，汎彼柏舟；爾復我隨，載沉載浮。我行爾動，我静爾休；豈無他人，從我何求？"筆致流利而意態安詳，其寫貧之於人，如影隨形，似疽附骨，罔遠勿屆，無孔不入。曹植《釋愁文》導源於此，而未極唐李廷璧所謂"著骨粘心"之況。他如庾信《愁賦》："閉户欲推愁，愁終不肯去；深藏欲避愁，愁已知人處"；以至徐俯《卜算子》："門外重重疊疊山，遮不斷，愁來路"（參觀辛棄疾《鶴鳴亭獨飲》："小亭獨酌興悠哉，忽有清愁到酒杯；四面青山圍欲合，不知愁自那邊來！"）；辛棄疾《鷓鴣天》："欲上高樓本避愁，愁還隨我上高樓"；元好問《玉闌干》："雨聲偏與睡相宜；惱懊離愁尋殢酒，已被愁知"；龔自珍《定盦集・古今體詩》卷上《賦憂患》："故物人寰少，猶蒙憂患俱。春深恒作伴，宵夢亦先驅；不逐年華改,難同逝水徂。多情誰似汝,未忍託襄巫";與古爲新,以揚雄言"貧"者移施於愁。洪咨夔《平齋文集》卷六《午困》:"故人書斷故山離,義重惟窮到處隨";言"義重"、猶龔詩言"多情";參觀《易林》卷論《謙》之《大畜》、《楚辭》卷論《〈離騷章句〉序》。又按吾國詩文言"貧"與"愁"之不可逃,釋書言死亦然。如《增壹阿含經》卷二三之四載四梵志,皆得五通,自知將死,即各隱匿,"使伺命不知來處",一飛空中,一潛海底,一藏須彌山腹内,一"入地至金剛際",而均不"得免死";《出曜經》卷一《無常品》第一之二、《永樂大典》卷四九〇《終》字引《大藏一覽》又卷一〇三一〇《死》字引《法句譬喻經》,亦即此段因緣,惟易"入地至金剛際"爲"隱大市之中衆人猥鬧",自忖"無常殺鬼趣得一人,何必取吾",以徼幸於萬一。

【增訂四】所引見《出曜經》卷一《無常品》第一之二,全文爲:"吾當隱大市之中,衆人猥鬧,各不相識。無常殺鬼趣得一人,何必取吾。非空,非海中,非入山石間,無有地方,所脱止不受死。"

人海藏身,寄意更妙;然《後漢書·李業傳》劉咸不云乎:"譬猶彀弩射市,薄命者先死",則固莫逃於"伺命",陸機《遂志賦》所謂"此同川而偏溺"也。

揚雄《答劉歆書》。按自言摘次《方言》事。戴震《方言疏證》謂此書可疑,孫詒讓《札迻》卷二欲改"二十七歲"爲"一十七歲"以彌縫之。汪學昌《青學齋集》卷一二《揚子雲〈方言〉真僞辨》謂《方言》決非雄作,此《書》亦非真。卷五四揚雄《州箴》中有僞託者,宋吳曾《能改齋漫録》卷八、葉大慶

《考古質疑》卷一已言之，清人著述如蔣超伯《榕堂續錄》卷二、陸以湉《冷廬雜識》卷四亦小有考訂。光聰諧《有不爲齋隨筆》甲論雄《官箴》體裁，要言中肯："雄所擬《虞箴》，見《左傳》，周辛甲命各官各以所職箴王。繼雄而作，崔胡諸家尚不失官箴王缺之義。傅咸《御史中丞箴》始變其義，用以自箴。後來人主爲之，遂以箴官，非官箴矣。"竊謂可以管窺人主尊嚴之與世俱增也。葉適《習學記言序目》卷一一論《左傳》記晏子與齊侯問答事，有云："春秋以前，據君位利勢者與戰國秦漢以後不同；差不甚遠，無隆尊絕卑之異。""官箴"而變爲"箴官"，正緣此耳。

二九　全漢文卷五六

賈讓《奏治河三策》："夫土之有川，猶人之有口，治土而防其川，猶止兒啼而塞其口。"按《國語·周語》上召公諫厲王"弭謗"曰："防民之口，甚於防川"，此反其喻而愈親切。《淮南子·氾論訓》："故目中有疵，不害於視，不可灼也；喉中有病，無害於息，不可鑿也"，近取諸身，命意正同；《說林訓》："譬猶削足而適履，殺頭而便冠也"，亦可連類，前喻尤成慣語。釋典以自斷頭喻無無、空空，如《圓覺經》云："照與照者，同時寂滅。譬如有人自斷其首，首已斷故，無能斷者；則以礙心，自滅諸礙，礙已斷滅，無滅礙者。"迭更司小說中則有"殺頭以治斜眼"之喻（Now we look compact and comfortable, as the father said, when he cut his little boy's head off, to cure him o'squintin'）①，與賈讓、淮南印可。童話中"灰姑娘"（Aschenbuttel）長姊斫趾（Hau die Zehe ab!），次姊劗踵（Hau ein Stück von Ferse ab!），俾足可納入小妹金履中，二女血隨步涌②，真所謂

---

① *Pickwick Papers*, ch. 28 (Sam Weller).
② Brüder Grimm, *Die Kinder-und Hausmärchen*, Berlin: Die Kinderbuchverlag, 114-5.

"削足適履"者。

伶玄《飛燕外傳》。按此傳贗作，已有定論。章法筆致酷肖唐人傳奇。《史記·滑稽列傳》褚少孫補西門豹事一節、《漢書·景十三王傳》廣川王去事一節又《外戚傳》下解光上奏、《孔叢子·獨治篇》陽由事一節、《晉書·愍懷太子傳》遺妃書，皆敘事記言，娓娓栩栩，導夫唐傳奇先路，然尚時復舉止生澀、筆舌蹇滯。此傳熨貼安便，遂與《會真記》、《霍小玉傳》、《李娃傳》方駕；託名班固撰之《漢武內傳》，浮文鋪比，不足比數也。《序》記樊通德語："夫淫於色，非慧男子不至也。慧則通，通則流，流而不得其防，則百物變態，爲溝爲壑，無所不往焉。"已開《紅樓夢》第二回賈雨村論寶玉："天地間殘忍乖僻之氣與聰俊靈秀之氣相值，生於公侯富貴之家，則爲情痴、情種"；又第五回警幻仙子語寶玉："好色即淫，知情更淫。……我所愛汝者，乃天下古今第一淫人也！"舊日小說、院本僉寫"才子佳人"，而罕及"英雄美人"。《紅樓夢》第五四回史太君曰："這些書就是一套子，左不過是佳人才子，最没趣兒！……比如一個男人家，滿腹的文章，去做賊"；《儒林外史》第二八回季葦蕭在揚州入贅尤家，大廳貼朱箋對聯："清風明月常如此；才子佳人信有之"，復向鮑廷璽自解曰："我們風流人物，只要才子佳人會合，一房兩房，何足爲奇！"，"才子"者，"滿腹文章"之"風流人物"，一身兼備"乖僻之氣"與"靈秀之氣"，即通德所謂"淫於色"之"慧男子"爾。明義開宗，其通德歟。玄此《傳》北宋始多徵引；章章在人耳目者，如司馬光《通鑑·漢紀》卷三二采"禍水滅火"，蘇軾《九日舟中望見有美堂魯少卿飲，詩以戲之》、《次韻王鞏》之六、《朝雲詩》屢道"擁髻伴玄"。釋惠洪《石門文字禪》卷二七《跋達道所蓄伶子于文》，似揣入道，有曰："通德論'慧男子'，殆天下名言。子于有此婢，如維摩詰之有天女也！"衲子而賞會在是，"浪子和尚"之號不虛也（見《能改齋漫錄》卷一〇記王安石女語，參觀《苕溪漁隱叢話》前集卷五六、《瀛奎律髓》卷一六）。錢謙益《有學集》卷二〇《李緇仲詩序》亦極稱通德語，以爲深契佛説，且申之曰："'流'而後返，入道也不遠矣"；蓋即《華嚴經》"先以欲鈎牽，後令成佛智"之旨（參觀《宗鏡錄》卷一一、二一、二四），更類《紅樓夢》第一回所謂"自色悟空"矣。李易安《打馬圖經》："慧即通，通即無所不達"，亦隱本通德語。

三〇　全漢文卷六三

　　匈奴冒頓《遺高后謾書》："陛下獨立，孤僨獨居。兩主不樂，無以自虞。願以所有，易其所無。"按《漢書·匈奴傳》上顏師古註："僨、仆也，言不能自立也"，全失其意。當從顧炎武《日知錄》卷二七："'僨'如《左傳》'張脈僨興'之'僨'，《倉公傳》所謂'病得之欲男子而不能得也。'"顧氏不欲明言，故借《倉公傳》語示意，謂冒頓自稱"孤僨"，乃"欲女子而不能得"，"有鰥夫見寡婦而欲娶之"耳。"所無"、"所有"亦穢媟語，指牝牡。況周頤《蕙風簃二筆》卷一舉《戰國策》二宣太后謂尚子語、《後漢書·襄楷傳》章懷註引《太平經典·帝王篇》言廣嗣之術及《唐書·朱敬則傳》上書諫武后内寵，爲褻語入正史三例。可以此《謾書》及《金史·后妃傳》海陵怒詰莎里古真語補之。

三一　全後漢文卷一

　　光武帝《原丁邯詔》："漢中太守妻乃繫南鄭獄，誰當搔其背垢者。"按卷二《賜侯將軍詔》："卿歸田里，曷不令妻子從？將軍老矣，夜臥誰爲搔背癢也！"黃庭堅《薄薄酒》："醜婦自能搔背癢"，當是用光武《賜侯詔》，《山谷外集》史容註引《神仙傳》麻姑指爪事，未切；閻若璩《潛邱劄記》卷六《聞某官京師納妾之作》："老背誰當復與搔，垢汙生癢夜中號。也知不及閻夫子，炳燭攤書筋骨牢"，自註首句用光武《原丁詔》。衰老須人，叢脞匪一，光武拈苛癢抑搔以概諸餘，事甚家常，而語不故常。《春秋》僖公三十三年"隕霜不殺草"，定公元年"隕霜殺菽"，《穀梁傳》謂有"舉重"、"舉輕"之辨，草"輕"而菽"重"，舉"不殺草"則霜不殺菽可知，舉"殺菽"則霜亦殺草可知；《韓非子‧內儲說》上魯哀公問《春秋》記"賈霜不殺菽"，仲尼曰："此言可以殺而不殺也"，便遜《穀梁》之有禪詞學。《春秋》之"書法"，實即文章之修詞。《白虎通‧封公侯》："'司空'主土，不言'土'言'空'者，空尚主之，何況於實？以微見著"；釋名固爲穿鑿，而科以修詞，則正是《穀梁》所謂"舉"耳。光武"舉輕"，"舉重"則若李密《陳情事表》："劉夙嬰疾病，常在牀蓐，臣侍湯藥，未曾廢離。"均言老病者必貼身有人料理，"舉"背癢之搔而湯藥之侍可知，"舉"侍湯藥而搔背癢亦不言可喻矣。《公羊》、《穀梁》兩傳闡明《春秋》美刺"微詞"，實吾國修詞學最古之發凡起例；"内詞"、"未畢詞"、"諱詞"之類皆文家筆法，剖析精細處駸駸入於風格學（stylistics）（如《公羊傳》宣公八年說"'乃'難乎'而'"，參觀《穀梁傳》宣公八年又定公十五年說"足乎日"與"不足乎日"之詞），至以"何言乎……"、"何以不言……"謀篇立局，又宋、明史論及八股文之"代"所沾丐也。聊作懸談，以歆好事。光武獨舉搔背，殊非漫與。即在少年，筋力調利，背癢自搔，每鞭之長不及馬腹；倩人代勞，復不易忖度他心，億難恰中。故《神仙傳》載蔡經覻麻姑"鳥爪"而思"爬背當佳"，蓋鳥爪銳長，背癢時可自搔而無不及之憾爾。明之道學家至取搔癢以喻"致知"，如耿定向《耿天臺先生全書》卷八《雜俎》："杭城元宵，市有燈謎，曰：'左邊左邊，右邊右邊；上些上些，下些下些，不是不是，正是正是；重些重些，輕些輕些！'蓋搔癢隱語也。陽明謂弟子曰：'狀吾致知之旨，莫精切若此！'"又："人有癢，令其子索之，三索而三勿中，其妻五索而五勿中。其人怒，乃自引手，一搔而癢絕。"癢而在背，"引手"或尚難及。是以"爪杖"、"阿那律"等物，應需而製，以代麻姑指爪。長柄曲項，枝叉其端，尤便於自執搔背；古號"如意"，後稱"不求人"，俗呼"癢癢撓"。然王十朋《梅溪先生後集》卷一八《不求人·一名"如意"》："牙爲指爪木爲身，撓癢工夫似有神；老病不能親把握，不求人又却求人！"；蓋尚未能全求諸己。西諺："汝搔吾背，則吾將搔汝背"（Scratch my back and I'll scratch yours），取此事以喻禮尚往來或交相爲用，亦徵背之難自搔而須人搔矣。參觀《易林》卷論《蹇》之《革》。

【增訂四】梁同書《頻羅菴遺集》卷七有《不求人銘》四篇。

三二　全後漢文卷五

　　章帝《賜東平王蒼及瑯玡王京書》："今送光烈皇后假紒帛巾各一枚及衣一篋遺王，可時奉瞻視，以慰凱風寒泉之思。"按《全晉文》卷一一二陶潛《晉故征西大將軍長史孟府君傳》："淵明先親，君之第四女也；凱風寒泉之思，實鍾厥心"；又《陶靖節集》卷三《庚子歲五月從都還阻風於規林》："凱風負我心，戢枻守窮湖"，陶澍註引章帝此書、《孟府君傳》及《衡方碑》："感背人之凱風，悼蓼莪之勤劬"（按當作"悼蓼儀之劬勞"），謂《凱風》古義初無母不安於室之意。漢、晉人用"凱風"，渾無諱忌；然陶潛《阻風》詩之"凱風"祇指風耳，正如其《和郭主簿》："凱風因時來，回飇吹我襟"，陶澍知《凱風》古義不惡，而未知此處"凱風"與《凱風》之詩無涉，不必附會深文也。李慈銘《越縵堂日記》光緒三年十一月二十六日以汪中《上朱侍郎書》謂欲於母墓立石，上鐫《汪氏母勞苦之碑》，斥其失言："《凱風》之詩，既非佳事，即云斷章，將置其父於何地？"則似未見陶澍斯註矣。

三三　全後漢文卷一三

　　桓譚《桓子新論·言體》第四：“王翁之殘死人，觀人五藏，無損於生人，生人惡之者，以殘酷示之也。”按即指《漢書·王莽傳》中記翟義黨王孫慶捕得，莽“使太醫尚方與巧屠共刳剥之，量度五藏，以竹筳導其脈，知所終始，言可以治病”。莽既爲人唾罵，刳尸亦成口實。世事如車輪轉，清末西學東來，醫理有解剖之科，於是抱殘守缺之士，欲“不使外國之學勝中國，不使後人之學勝古人”（紀昀《紀文達公遺集》卷一二《與余存吾太史書》論戴震“通人之蔽”語），時復稱道莽之此舉，“殘酷”下策一變而爲格致先鞭焉。如王闓運《湘綺樓日記》同治八年正月十八日引《漢書》而論之曰：“此英吉利剖視人之法”；張蔭桓《三洲日記》光緒十五年八月九日曰：“近日中國多信西醫，記新莽時云云，此則西醫之權輿。”甚矣物論之更盛迭貴而難久齊也！《周官》、《墨經》之爲當時顯學，正爾同然。名家專著如孫詒讓《周禮政要》之類，世所熟知，聊拈謏説，以當野獲。志剛《初使泰西紀要》卷一論火車云：“煉硃成汞，煉汞還硃，本中國古法；西人得之，以爲化學權輿。孔子云：‘引而申之，觸類而長之，天下之能事畢矣’；通閲西法，不出此言。”王弢《弢園文錄·外編》卷一《原學》言西方格致得自"中原",舉風琴、火輪、礟、鐘爲證。曾紀澤《使西日記》光緒五年二月二十三日云:"松生言,西人政教多與《周禮》相合,意者老子爲周柱下史,其後西到流沙,而有周之典章法度隨簡册而俱西,但苦無確證耳。其説甚新而可喜。"張蔭桓《三洲日記》在歐、美見後膛礟則曰:"泰西奇製悉緣中土而出";見賽會,則上溯隋煬帝端門前大陳奇倡怪伎,曰:"風氣達海外";觀"樂器如弓形",則曰:"疑仿吾華之瑟爲之";觀豢象能"踏琴"跳舞,則曰:"唐宫舞象之戲,不知何時流於海外"(光緒十二年六月二十三日、七月十七日、十三年二月二十四日、五月八日)。俞樾爲孫詒讓《墨子閒詁》作《序》云:"近世西學中,光學、重學,或言皆出於《墨子》;然則其備梯、備突、備穴諸法,或即泰西機器之權輿乎?";其《茶香室續鈔》卷一云:"《抱朴子·黃白》篇謂'雲、雨、霜、雪以藥爲之,與真無異。'今西人能以藥作雪供飲饌,余嘗食之,其色紅,或言和以西瓜汁",即一飲一食之微,亦怵他人之我先如此。竊謂苟冰淇淩而不可口,俞氏必不爲之探源《抱朴子》也。夫所惡於"西法"、"西人政教"者,意在攘夷也;既以其爲本出於我,則用夏變夷,原是吾家舊物,不當復惡之矣,而或猶憎棄之自若焉。蓋引進"西學"而恐邦人之多怪不納也,援外以入於中,一若禮失求野、豚放歸笠者。衛護國故而恐邦人之見異或遷也,亦援外以入於中,一若反求諸己而不必乞鄰者。彼迎此拒,心異而貌同耳。

【增訂四】阮元《揅經室三集》卷五《自鳴鐘説》謂古之"輥彈"即自鳴鐘之制,"宋以前有之,失其傳耳。非西洋所能創也"。俞樾《曲園雜纂》卷二五復道冰淇淋,因曰:"西法之出於中法，此其一端也。"張德彝《四述奇》（刊行於光緒九年）光緒二年十月二十六日、十一月十九日詳言西方格物諸學皆拾中國古籍之墜緒而引申之。錢德培《歐游隨筆》光緒七年四月（無日）又十一月初八日、八年二月初四日日記；薛福成《出使英、法、意、比四國日記》光緒十六年正月十六日又十月二十五日、二十六日、二十七日日記；黃遵憲《日本雜事詩》第五四首自註；王之春《使俄草》光緒二十一年正月初五日又三月初八日日記；均牽合附會，足張張氏之軍。譚嗣同至謂"西人格致之學實皆中國所固有"，"維新變法者亦復古耳"（《石菊影廬筆識·思篇》三、《上歐陽瓣薑師書》二）。王韜《瀛壖雜志》："嘗見《南史》祖沖之造'千里船'，不因風水，施機自運。此其巧妙，與西國輪船無異，但純用機械，不藉煤火，制度稍殊耳。其以'千里'命名，迅捷可知。又楊之樓船，激水駛輪，其速莫比，此亦西國輪船之濫觴。由是觀之，可知器物之精，中國已先西人而爲之。惟異巧絕能，世不經見，人死即復失傳；世之人又不肯悉心講求，畏難自域，俾器與人同亡，殊可惜已！"雖亦不出阮、俞輩之見，而詞氣較和平矣。

《見徵》第五："人皆謂[東方]朔大智，後賢莫之及。譚曰：鄙人有以狐爲狸，以瑟爲箜篌，此非徒不知狐與瑟，又不知狸與箜篌，乃非但言朔，亦不知後賢也。"按《淮南子·繆稱訓》："今謂狐'狸'，則必不知狐，又不知狸"；譚語仿此。《全三國文》卷五〇嵇康《難張遼叔〈宅無吉凶攝生論〉》："因謂相宅與卜不異，此猶見琴而謂之箜篌，非但不知琴也"；《全晉文》卷一一七《抱朴子佚文》："董仲舒學見深而天才鈍，以蜥蜴爲神龍者，非但不識神龍，亦不識蜥蜴"；皆有所承。陸游《劍南詩稿》卷二九《讀史》:"南言蓴菜似羊酪,北説荔枝如石榴。自古論人多類此,簡編千載判悠悠!"亦其意。嚴有翼《藝苑雌黄》有一則極口稱荔枝之美,非蒲桃可比,"彼《廣志》謂'子如石榴',其謬愈甚",又一則考陸機答王武子謂"千里蓴羹"足"敵"羊酪之語(分別見《漁隱叢話》後集卷七、卷八引);疑陸游俯拾成一聯耳。

三四　全後漢文卷一四

《桓子新論·譴非》第六："鄙人有得脡醬而美之；及飯，惡與人共食，即小唾其中。共者怒，因涕其醬，遂棄而俱不得食焉。"按墨憨齋重定本《灑雪堂》傳奇第十三折行酒令五言四句，分詠"諧趣、不諧趣、不諧趣、諧趣"，句各一事而貫串成章，有云："餓來肉堆盤［諧趣］，忽向盤中唾［不諧趣］；他每都不吃［不諧趣］，飽了我一個［諧趣］！"觀《新論》則此謔由來舊矣。

"夫言語小故，陷致人於族滅，事誠可悼痛焉！……《易》言：'大人虎變，君子豹變'，即以是論論人主，寧可謂曰'何爲比我禽獸'乎？如稱君之'聖明與堯舜同'，或［何？］可怒□［曰？］'何爲比我於死人'乎？世主既不通，而輔佐執事復隨而聽之、順成之，不亦重爲矇矇乎！"按必有爲而發，不圖東漢之初，文網語穽深密乃爾。桓《論》既語而不詳，荀《紀》、范《書》又闕焉難徵；雖然，欲觀前古之跡，則於其粲然者，近古是也，節取荀卿之旨可乎？《宋書·明帝紀》："多忌諱，言語文書有'禍'、'敗'、'凶'、'喪'及疑似之言應迴避者，數百十品，有犯必加罪戮"，以"驍"字類"禍"，改爲

"馬"邊著"爪"（《魏書•島夷劉裕傳》），佛書中"涅槃"、"滅度"等語，亦遭厲禁（《高僧傳》卷七《僧瑾傳》）。《魏書•苻生傳》："既眇其目，所諱者：'不足'、'不具'、'少'、'無'、'缺'、'傷'、'殘'、'毀'、'偏'、'隻'之言，皆不得道；左右忤旨而死者，不可勝紀。"岳珂《桯史》卷一二記金熙宗亶以龍見厭禳肆赦，"召當制學士張鈞視草，其中有'顧茲寡昧'及'眇余小子'之言，譯者不曉其退託謙沖之義，乃曰：'漢兒强知識，託文字以詈我主上耳！'亶驚問故，譯釋其義曰：'寡者孤獨無親，昧者不曉人事，眇爲瞎眼，小子爲小孩兒。'亶大怒，亟召鈞至，詰其説，未及對，以手劍剺其口，棘而醢之，竟不知譯之爲愚爲奸也。"《紀錄彙編》卷二三李賢《古穰雜錄》（"高廟亦難受諫"條）、卷一二九黄溥《閒中今古錄》（"洪武甲子開科取士"條）、卷一三〇徐禎卿《剪勝紀聞》（"太祖多疑每慮人侮己"條）、馮景《解春集文鈔》卷一《贈汪給事序》又徐𤊹《筆精》卷六、周壽昌《思益堂日札》卷五《語忌》、陳田《明詩紀事》甲籤卷六陶凱條等書載明祖多猜，臣工表奏頌聖，每犯觸忌諱："一人有道，萬壽無疆"則疑隱寓"强盜"，"體乾法坤"則疑隱寓"髮髡"，"作則"嫌於"作賊"，"生"、"扉"諧音"僧"、"匪"，"殊"拆字"歹""朱"，皆科以大逆謗訕，當時有"撰表墓志"之謡。談遷《北游錄•紀聞》卷下《誥勅》條云："或用'麒麟閣'，滿人不懌曰：'禽獸比我耶?'"（參觀文廷式《純常子枝語》卷三五引乾隆四十四年八月上諭）。合之桓《論》所舉"虎豹"、"堯舜"之例，亦見有開必先，後未居上也。恃强挾貴，而苛察雄猜，憬然嚴周身之防，瞭焉極十目之視，蓋衆所畏之人，其所畏亦必衆（Multos timere debet quem multi timent)耳①。"眇余小子"作"瞎眼咱小孩兒",亦猶"昆命元龜"作"明明説向大烏龜"(俞正燮《癸巳存稿》卷一二《詩文用字》);一通漢爲蕃,一通古爲今,皆翻譯也(參觀龔自珍《定盦文續集》卷四《高郵王文簡公墓表銘》、陳澧《東塾讀書記》卷一一、黄遵憲《人境廬詩草》卷一《雜感》),皆直譯也,又皆以曲解爲直譯也。

《啓瘖》第七:"畫水鏤冰,與時消釋。"按《意林》、《太平御覽》僅摘此八字,不知所指;桓寬《鹽鐵論·殊路》篇云:"内無其質,而外學其文,雖有賢師良友,若畫脂鏤冰,費日損功",可借詞申意。施工造藝,必相質因材,不然事無成就;蓋成矣而毁即隨之,浪抛心力。黄庭堅《送王郎》:"炒沙作糜終不飽,鏤冰文章費工巧",本斯語也。釋經亦屢取畫水爲喻,如《大般涅槃經·壽命品》第一之一:"是身無常,念念不住,猶如電光、暴水、幻炎,亦如畫水,隨畫隨合",又《梵行品》第八之二:"譬如畫石,其文常存,畫水速滅,勢不久住。"元稹《憶遠曲》:"水中書字無字痕",白居易《新昌新居》:"浮榮水畫字";皆使佛典而非淵源《新論》,觀其詞旨可知也。《雜阿含經》卷一五之三七七云:"畫師、畫師弟子集種種彩色,欲妝畫虚空,寧能畫不?",寒山詩所謂"饒邈(按當作'貌'字)虚空寫塵跡";喻不能作辦之事,較《易林·涣》之《噬嗑》:"抱空握虚",更爲新警。陸游《劍南詩稿》卷五〇《題蕭彦毓詩卷後》:"法不孤生自古同,痴人乃欲鏤虚空!",乃攝二桓之"鏤"字,

---

① Publius Syrus,§379,*Minor Latin Poets*,"Loeb",64. Cf. Demetrius,*On Style*,V.294,"Loeb",479.

以與此譬撮合。釋書舍"妝畫虛空"外，尚有《雜阿含經》卷四一之一一三六佛告諸比丘："今此手寧著空、縛空、染空不？"，《五燈會元》卷三西堂慧藏章次馬祖問："汝還解捉得虛空麼？"，又卷四茱萸山和尚章次擎起一橛竹問："還有人虛空裏釘得橛麼？"，"畫"、"縛"、"捉"、"釘"（動詞、去聲《徑》韻）諸字皆協律可用，陸游捨而用"鏤"，意中當有"鏤冰文章"在。古希臘、羅馬詞章喻事物之無常易壞，每曰"水中書字"（Etwas "ins Wasser schreiben" als Bild für Unbeständigkeit und Vergänglichkeit）①。拉丁詩人欺女郎與所歡山盟海誓，轉背即忘，其脫空經與搗鬼詞宜書於風起之虛空、波流之急水（sed mulier cupido quod dicit amanti/in vento et rapida scribere oportet aqua）；後世歎單情不雙者云："吾如耕耘波面，築室沙上，書字風中"（solco onde, e'n rena fondo e scrivo in vento）；慨人生危淺者云："有若書塵上、畫水中"（Who then to frail mortality shall trust,/But lines in water or but writes in dust）；或歷舉世事之浪拋心力而終無成濟者，盛水以篩（Mit dem Siebe Wasser laden），書字於風頭波面（In den Wind und Wasser schreiben）亦與焉②。濟慈心傷命薄，自撰墓銘曰："下有長眠人，姓名書水上"（Here lies one whose name was writ in water），含思悽婉，流播人口。抑有進者，"鏤冰"、"鏤脂"與"畫水"，尚有幾微之辨。

---

① E. R. Curtius, *Europäische Literatur und lateinisches Mittelalter*, 2. Auf., 308.

② Catullus, lxx; Petrarca, *Rime*, ccxii, *Rime*, *Trionfie Poesie latine*, Ricciardi, 283; Bacon: "The World", Aubrey, *Brief Lives*, Ann Arbor Paperbacks, 10; Logau: "Vergebene Arbeit", *Sinngedichte, eine Auswahl*, Rütten & Loening, 63.

畫水不及具形，跡已隨滅；鏤冰刻脂，可以成器構象，特材質脆弱，施工遂易，經久勿堪。造藝者期於傳世不朽，寧慘淡艱辛，"妙識所難"（《文心雕龍‧明詩》），勉爲而力排其難（l'ostacolo trionfato）①；故每取喻雕金劚石，材質堅，功夫費，制作庶幾閱世長存②。若夫逃難就易，取巧趨時，則名與身滅，如鏤冰刻脂而已。哈代序友詩，記其言曰："古語將失傳，用之作詩，人且視同春雪上書姓名耳"（To write in what some may deem a fast outwearing speech, may seem as idle as writing one's own name in the snow of a spring day）③；或評文曰："此等語句直如書於牛油上者"（Much as we love our Barrie, we have to admit that words like these are writ in butter）④。豈非"鏤冰刻脂，與時消釋"之旨哉？餘見《全後周文》論庾信《謝趙賚白羅袍袴啓》。

"吴之翫水若魚鼈，蜀之便山若禽獸。"按《全三國文》卷二五鍾會《蒭蕘論》亦有此兩句，"禽"作"鳥"；卷三〇應璩《與計子俊書》："而劉備不下山，孫權不出水。"徐夢莘《三朝北盟會編‧靖康中帙》卷三："李鄴歸自賊壘，盛談賊强我弱，以濟和議，謂賊：'人如虎，馬如龍，上山如猿，入水如獺，其勢如泰山，中國如累卵。'時人號爲'六如給事'"；"上山"、"入水"

---

① Croce, *Frammenti di Etica*, 77. Cf. Boswell, *The Ominous Years*, ed. C. Ryskamp and F. A. Pottle, 276 (March 19, 1776, Johnson); Coleridge, *Notebooks*, ed. Kathleen Coburn, I, § 34, note(Young, Wordsworth, Mme de Staël).

② Gautier: "L'Art": "Sculpte, lime, ciselle/Que ton rêve flottant/Se scelle/Dans le bloc résistant," *Emaux et Camées*, Charpentier, 226.

③ William Barnes, *Select Poems*, ed. Thomas Hardy, p. viii.

④ David Scott, *Men of Letters*, 71.

二句如謂金人兼吳、蜀之長耳。又按《新唐書·郭弘霸傳》自陳往討徐敬業："臣誓抽其筋，食其肉，飲其血，絕其髓"，時人號爲"四其御史"，可與"六如給事"作偶。

《袪蔽》第八："精神居形體，猶火之然燭矣"云云。按《全齊文》卷一五陸澄《法論目錄序》："置難形神，援譬薪火，庾闡發其議，謝瞻廣其意；然桓譚未及聞經，先著此言，有足奇者"；當即指《新論》此節。謝瞻"廣意"，《全宋文》卷三三不可見；庾闡"發議"，《全晉文》卷三八亦無堪徵，《弔賈生文》："夫心非死灰，智必有形，形託神司，故能全生。奈何蘭膏，揚芳漢庭，摧景飈風，獨喪厥明！"，稍觸邊際，難資依據。《全晉文》卷一六一釋慧遠《沙門不敬王者論》之五《形盡神不滅》始云："火木之喻，原自聖典。……火之傳於薪，猶神之傳於形"；《全宋文》卷二〇宗炳《又答何衡陽書》、卷二三何承天《答宗居士書》一、卷二五鄭鮮之《神不滅論》皆沿用其喻；《全北齊文》卷五杜弼《與邢邵議生滅論》："邢云：'神之在人，猶光之在燭，燭盡則光窮，人死則神滅。'弼曰：'舊學前儒，每有斯語，羣疑衆惑，由此而起'"，似亦指桓譚言。夫"薪盡火傳"之譬，早發於《莊子·養生主》，乃言生時之消息相續，非言死後之昭靈不昧；桓氏取譬，乃破道家之長生；慧遠以下，乃明釋典之轉生。一喻三施，貌同心異。陸氏求"援譬"之"先著"，既不當限於桓譚，而求"援譬"之用意，又不當附於桓譚，蓋兩失之。神魂之於形體猶光焰之於燈燭，亦西方詩文中常喻也①。通觀《新

---

① D. Provenzal, *Dizionario delle Immagini*, 318 (F. Praga), 640 (D'Annunzio), N. Kazantzakis, *The Odyssey: A Modern Sequel*, XXIII. 1305-8, tr. K. Friar, p.743.

論》，桓氏識超行輩者有二：一、不信讖緯，二、不信神仙。前事尚可別徵之《後漢書·桓馮列傳》；《新論》僅存《啓寤》第七："讖出《河圖》、《洛書》，但有兆朕而不可知，後人妄復加增依託，稱是孔丘，誤之甚也！"，不如《傳》載《疏》及對光武語之峻決。後事端賴此節及《辯惑》第一三諸節，皆力言學仙之愚妄；足證魏文帝《典論》所云："君山以無仙道，好奇者爲之"（《全三國文》卷八）。不然，覩其《仙賦》，尠不疑魏文之誣而以爲桓亦如劉向父子之"通而蔽"矣。竊意《新論》苟全，當與《論衡》伯仲。傅玄《傅子》譏其"繁而無要，詞雜而旨詭"（《全晉文》卷四九），自應持之有故；然據殘存章節，吾尚未甘傭耳賃目，遽信斯評。嚴氏網羅散失，佳處時遭，彌使吾嚮往於其全體，有染指而未果腹之憾。嚴氏方自詡："精華略具，則雖謂此書未嘗佚失可也。"吾得隴望蜀，當爲所嗤耳。

三五　全後漢文卷一五

　　《桓子新論・辨惑》第一三："道人作金銀云：'鈊字、金與公，鈊則金之公；而銀者、金之昆弟也。'"按五金結爲親情，別見《易林》卷論《乾》之《未濟》。此道人乃據字體之偏旁立論。望文而臆生義，又取義而臆變文，盡廢六書之"形聲"、"指事"、"象形"而專用"會意"，於是鑿空之曲解與破體之"俗字"相輔相生，因讖緯而大行。"金公"、"金昆"正復當時風氣之一例耳。此類會意"俗字"，《魏書・江式傳》上《表》、《顔氏家訓・雜藝》篇皆嘗舉似，宋祁《筆記》卷上搜剔古籍更廣，採及《新論》此節，董彥遠《除正字謝啓》復能兼漁獵之博與組繢之工（董斯張《吹景集》卷一三有與閔元衢同註此啓及洪邁《周茂振入館謝啓》），而以俞正燮《癸巳類稿》卷七《緯字》、《癸巳存稿》卷三《難字》兩篇蔚爲鉅觀。俞文於先唐不無遺珠，於宋結網尤疎。如引"中心爲'忠'"，而未及《春秋繁露・天地無二》："止於一者謂之'忠'，二'忠'謂之'患'"；引"大一爲天"，而未及王安石《字說》："一而大者'天'也，二而小者'示'也"（《鶡冠子・天則》"天若離一"句陸佃註又楊時《龜山先生集》卷七《王氏〈字說〉辨》引）；引"'心'字左點木，右點金，上點蹺尖爲火，下曲鈎翹起爲水"，而未及張有論篆書"心"字爲倒"火"（何薳《春渚紀聞》卷五）。至引"自大爲'臭'"，解字足以諷世，今語之"臭美"、"臭架子"可相發明，清季破額山人《夜航船》卷六記擘絮樓十才子第三人誤讀"夜郎自大"爲"夜郎臭"，正與暗合，則俞氏不及知矣。嘗試論之，此風之盛亦如說經之有漢、宋兩大宗。在漢以讖緯爲淵藪，而亦不限於"緯字"；在宋則頒於朝者有王安石之解字，獲於野者有謝石之"相字"。王學不數世而斬，焰熸灰死，而謝術薪火承傳七八百年，癡人仰以識趨避，黠者挾以覓衣食。漢世依附讖緯以言休咎之舞文，入宋而自立門戶，與龜策、星命、風水分庭並峙，幾若妖妄術數之四岳焉。《顏氏家訓·書說》一條舉《左傳》"止戈"等四例，又一條舉緯字等"數術謬語"以及《拭卜破字經》，"破字"即拆字也。周亮工《字觸》爲測字掌故之林，弁首方文《序》云："六書之學莫妙於會意，……已開後人離合相字之門矣。……'觸'者隨意所觸，引而申之，不必其字本義也"；卷三云："拆字之學不始於謝石，《元命苞》之'土力於一'爲'地'、'兩人交一'爲'水'、'八推十'爲'木'云云，《說題辭》之'日生爲星'云云，……皆盲史氏'止戈''皿蟲'二義，逗此一派耳。"合顏氏之所分，復以漢"緯字"與宋"相字"溝通。後來俞正燮《緯字論》亦謂是"後世測字會意之始"。王安石解字，純主會意，宋人有公議定評（李燾《說文解字五音韻譜》自《序》、楊延齡《楊公筆錄》、樓鑰《攻媿集》卷六七《與楊敬仲論〈詩解〉書》、朱熹《語類》卷八六及卷一四〇又《文公文集》卷七〇《讀兩陳諫議遺墨》、項安世《項氏家說》卷五、葉大慶《考古質疑》卷三等，參觀戴震《東原集》卷三《答江慎修先生論小學書》、錢大昕《潛研堂集》卷三三《答孫淵如書》等）。謝采伯《密齋筆記》卷一記"新刊荆公《字説》二十四卷，無序跋，雷抗爲之註"，陸游《老學菴筆記》卷二載有《〈字説〉解》、《〈字説〉音訓》、《〈字説〉備檢》等五六種；諸書無存焉者。余從宋人著述中得覩《字説》零星引文六十許條，洵皆不離會意者是。文天祥《文山全集》卷一《贈拆字嗅衣相士》之一："'水'、'火'坎離紫陽怪，'滑'、'波'皮骨東坡駭。解州得'解'解中膠，費家卦舖同一解。'唫'字從'金'詩反窮，'貝'何爲'分''田'何'同'？'黃絹幼婦'我自樂，'竹犬'多事鴉鶴翁！"；正等拆字於王安石解字，"'滑'爲'水'之'骨'"、"'竹'鞭'犬'爲'笑'"皆蘇軾輩仿《字説》中"'波'爲'水'之'皮'"、"'竹'鞭'馬'爲'篤'"以供笑謔者。《四庫全書總目》卷一一一引景齊《神機相字法·自序》："偶信步山石，忽見一異人，箕踞於盤石，詢某曰：'子非景齊乎？'僕驚其預知姓名，疑是神人。異人曰：'此乃《東華洞文》。上卷《奇篇》，嘗付安石，今日以中卷授於子。'密窺乃陰陽秘記、釋字神機之書"；是宋之相字者早知操術與王安石説字連類，已攀援之爲同師兄弟矣。《字觸·凡例》僅曰："他若安石之陳編、則天之創體，如斯等類，不可勝收"；《尺牘新鈔》三集卷三徐芳《與櫟園》謂謝石之學"未必不出於"王氏《字説》；惜皆未覩景齊此序。沈括《夢溪筆談》卷一七謂"古文'己'字從'一'、從'亡'，此乃通貫天、地、人，與'王'字義同"，卷一四記"王聖美治字義，以爲凡字其類在左，其義在右，如'戔'、小也，水之小者曰'淺'，金之小者曰'錢'，貝之小者曰'賤'"云云。清之治小學者亦誦説聖美（參觀陳澧《東塾讀書記》卷一一、劉師培《左盦集》卷四《字義起於字音説》）。實則祇是王安石説字之推波引緒，宋人偽撰《子華子》中多論"古之制字"，全本安石手眼，其《晏子問黨》篇説"紬"、"軸"、"油"、"抽"等字之從"由"，不啻若出自聖美之口。安石大弟子陸佃《陶山集》卷一《呈王聖美》："少談奇字客長安，妙斲無人得郢墁"，又卷三《王聖美學士挽歌詞》："聞説異書奇字在，不妨分付與諸郎"，想見其"治字義"之相説以解也。沈括所稱"王"字義，見《春秋繁露・王道通》；江休復《嘉祐雜志》："董仲舒云：'以仁治人，以義治我'；原父云：'仁從人，義從我，豈造文之義耶？'"，董語見《繁露・仁義法》。謝肇淛《五雜俎》卷一三論王安石解字云："若以荆公爲非，則許氏《説文》固已先之矣"；李枝青《西雲札記》卷二云："《説文・劦》部'協'從'心'，曰：'同心之和'；'恊'從'思'，曰：'同思之和'；'協'從'十'，曰：'衆之同和也'。按此不過古、籀異文耳！夫'衆之同和'也，有不'同心'，'心'之'同和'也，有不'同思'者乎？此説太鑿，遂爲王氏《字説》濫觴。"明識通論。漢人以會意解字之濫，蓋不止讖緯，且已開王聖美"類左義右"之説矣。後人用此法而因"鑿"見巧者，如孔齊《至正直記》卷四："先人嘗戲言'田'字云，昔爲'富'字尾，今爲'累'字頭"（參觀徐渭《文長逸稿》卷二《"田"字謎、敖英《綠雪亭雜言》、褚人穫《堅瓠十集》卷二《田説》）；褚人穫《堅瓠八集》卷三金昌《足説》："'脚'者、'却'而勿前也，'跟'者、'艮'而勿動也，'趾'者、'止'而勿行也，'腿'者、'退'而勿進也"；譚嗣同《仁學》卷上："于文從'古'，皆非佳義。從'草'則'苦'，從'木'則'枯'，從'辛'則'辜'，從'人'則'估'。"皆王學之遺意，亦即緯字之流風也。

三六　全後漢文卷一七

馬援《擊尋陽山賊上書》："除其竹木，譬如嬰兒頭多蟣蝨，而剃之蕩蕩然，蟣蝨無所復依。"按《東觀漢紀》卷一二載此文，且曰："上大悦，因出小黄門，頭有蝨者，皆剃之。"《全漢文》卷三八劉向《别録》早云："人民蚤蝨衆多，則地癢也，鑿山鑽石，則地痛也。"張衡《東京賦》云："其遇民也，若薙氏之芟草，既藴崇之，又行火焉"；即賈誼《上疏陳政事》言胡亥"視殺人若艾草菅然"，而增華焉，則遇民猶除賊矣！《太平御覽》卷九七六引《晉書》逸文童謡："剪韭剪韭斷楊柳"，謂"賊如韭柳，尋得復生"，取喻可以連類，而進一解謂剪斷不盡，吹潤又生。"地痛"之説，《太平經》卷四五論"傷地"一大節發揮最詳。

《誡兄子嚴、敦書》。按此書教子弟勉爲"謹敕之士"，毋如"輕薄子"之"論議人長短"；朱穆《崇厚論》已稱説之，王昶《家誡》復師仿之，歷世傳誦其"刻鵠"、"畫虎"兩語。然《三國志·魏書·王昶傳》裴松之註早以矛攻盾："援之此《誡》，可謂切至之言、不刊之訓也。凡道人過失，蓋謂居室之怨，人未之知，則由己而發者；若乃行事得失已暴於世，因其善惡，即以爲誡，方之於彼，則有愈焉。然援《誡》稱龍伯高之美，言杜季良之惡，致使事徹時主，季良以敗，言之傷人，孰大於此？與其所《誡》，自相違伐。……文舒復擬則文淵，顯言人之失。……於夫鄙懷，深所不取。善乎東方之誡子也，以首陽爲拙、柳下爲工，寄旨古人，無傷當時，方之馬、王，不亦遠哉！"朱熹《朱文公集》卷六四《答易簡》附來書："馬援以譏議誡諸子，而不免於譏議"，正同松之之所指責，而答云："馬援之言，自可爲法。……削去此段，後生又如何得聞此一段説話而以爲戒乎？"；顧卷六三《答孫敬甫》："信筆不覺縷縷，切勿輕以示人，又如馬伏波之譏杜季良也！"，則又不以援此舉爲"可法"矣。馮景《解春集文鈔》卷七《書馬援〈誡兄子書〉後》："其言可謂深切著明矣！吾謂義在不言人過，則不必更譏杜季良；不譏季良，則季良之仇人何由藉口而訟於帝？……且方誡其並喜譏議，而乃復以季良輕薄爲口實，是亦好議論人長短而輕加是非者矣。夫既曰：'寧死不願聞子孫有此行'，而已則肆談之，烏在'口不言人過'乎？"；實不過《三國志》裴註之箋疏耳。劉大櫆《海峯文集》卷一《難言》二："徒以虎大，畫之難成而已，遂不當效之耶？吾未見刻鵠之小而遂成也。……爲之而無成，鵠與虎俱不成也；爲之而有類，狗與鶩皆所類也"；駁援語頗有名理，近韓非、柳宗元筆意。

三七　全後漢文卷一八

　　馬融《長笛賦》。按擬狀繁音殊調，蔚爲大觀，此賦殆最早矣。"爾乃聽聲類形，狀似流水，又象飛鴻"。機杼發於《左傳》襄公二十九年季札聞樂，"爲之歌《大雅》，曰：'廣哉熙熙乎！曲而有直體'"，杜預註："論其聲"；又《樂記》："止如槁木，纍纍乎端若貫珠"云云，均是"聽聲類形"。五蘊異趣而可同調，分牀而亦通夢，此官所接，若與他官共，故"聲"能具"形"，十七世紀英國詩人戲喻以數共一夫婦者也①。"奄忽滅没，曄然復揚"。即白居易《琵琶行》之"疑絶不通聲暫歇"而"鐵騎突出刀槍鳴"，參觀《老子》卷論第四一章。"聿皇求索，乍近乍遠，臨危自放，若頹復反"。即蘇軾《赤壁賦》言洞簫聲之"如怨如慕"，亦濟慈名篇（The Eve of St Agnes）所謂音樂如訴有慕不遂、欲求難即之恨（The music, yearning like a god in pain）。

---

①　John Cleveland："The Hecatomb to his Mistress"："As the philosophers to every sense/Marry its object, yet with some dispense,/And grant them a polygamy with all,/And these their common sensibles they call：/.../The same beam heats and lights; to see her well/Is both to hear and feel, to taste and smell" etc. (G. Saintsbury, *Caroline Poets*, II, 23).

蓋聆樂時常覺忽忽若失，如《世說·任誕》記桓子野"每聞清歌，輒喚'奈何！'"。康德言接觸美好事物，輒惆悵類羈旅之思家鄉(Kant croit que le beau nous fait sentir le mal du pays)①，竊以爲聲音之道尤甚焉。

【增訂四】當代一法國文家問一大音樂師曰："君於音樂所常感受者爲何事？"對曰："鄉思。歐洲音樂鉅作莫非憶戀失去之樂園而歌也"（André Malraux："What does music most constantly convey to you?" Yehudi Menuhim："Nostalgia. The great music of Europe is the song of Paradise Lost."——Harry Levin, *The Myth of the Golden Age in the Renaissance*, 1969, p.186）。可闡康德之語。

"故聆曲引者，觀法於節奏，察度於句投，以知禮制之不可踰越焉"。張雲璈《選學膠言》卷九引梁同書謂《法華經》作"句逗"，《唐摭言》作"句度"，即今言"板眼"是也。"節奏"、"音節"，早成慣語，口滑耳熟，都忘本旨。《左傳》昭公元年醫和曰："先王之樂，所以節百事也"；《漢書·元帝紀》："自度曲，被歌聲，分刌節度，窮極幼眇"，韋昭註："刌，切也，謂能分切句絕，爲之節制也。"均以音樂之"節"爲"節制"之意，正如馬融之言"法"、"度"、"禮制不可踰越"。西方學士有云，今人言"節奏"，意主流動，而古希臘人言"節奏"，意主約束，一行而一止，貌同心異（The modern idea of rhythm is something which flows. Rhythm is that which imposes bonds on movement

---

① Mme de Staël, *De l'Allemagne*, nouvelle éd. par Jean de Ponge et Simone Balayé, IV, 222.

and confines the flux of things. The original conception which lies beneath the Greek discovery of rhythm in music and dancing, is not *flow*, but *pause*, the steady limitation of movement); 故古希臘詩人（Aeschylus）名劇中角色（Prometheus）自言銀鐺囚繫曰："吾拘束於韻節之中"（I am bound here in this rhythm）①。亦猶吾國古說矣。

《圍棋賦》。按班固《奕旨》平典如道德論，應瑒《奕勢》堆垛如點鬼簿；馬融此首，較能狀物。"厭於食兮，壞決垣牆"；"當食不食兮，反受其殃"；"損棋委食兮，遺三將七"；"食"即今語之"吃子"。《淮南子·泰族訓》說"得於此而亡於彼"曰："故行棋者或食兩而路窮，或予踦而取勝"，蓋西漢已如是道。《南史》卷八〇《賊臣傳》蕭賁"與湘東王雙陸，食子未下"，更明曰"吃子"也。"棋"疑"棋"之譌。

《樗蒲賦》："精誠一叫，十盧九雉。"按即後世所謂"呼盧喝雉"、"呼么喝六"，岳珂《桯史》卷二載李公麟畫《賢已圖》中景象也。"五木"而言"十"與"九"，似不可通；宋本《藝文類聚》作"入盧"，則"九"疑"凡"之訛，"凡雉入盧"，以押韻故，句遂倒裝，謂雉都成盧，獲全采耳。顧即以"十"、"九"為汪中《說三、九》所謂"不可執"之"虛數"，亦頗無妨，求之今日常談，會心不遠。合兩虛數以示"多"、"都"之意者，慣式有三。一、兩數相等，如常言"百戰百勝"，詞旨了然，《北夢瑣言》卷一七李克用曰："劉鄩一步一計"，是其類。二、後數減於前數，如常言"十拿九穩"，語氣仍正而不負，詡"九"之多，

---

① W. Jaeger, *Paideia*, tr. G. Highet, I, 125-6.

非惜"十"之欠一；《焦氏易林·履》之《履》："十鳥俱飛，羿得九雌"，《魏書·序紀》孝武皇帝"南移，山谷高深，九難八阻"，江淹《泣賦》："魂十逝而九傷"又《雜三言》："山十影兮九形"，《皇朝類苑》卷六〇引楊億《談苑》載黨進斥優人曰："汝對我說韓信，見韓即當說我，此三面兩頭之人！"（《說郛》卷五李義山《雜纂·愚昧》："三頭兩面趨奉人"），是其類。三、後數增於前數，如常言"一猜兩着"，《參同契》上篇："千舉必萬敗，欲黠反成癡"，《易林·蒙》之《復》："獐鹿雉兔，羣聚東囿，盧黃白脊，俱往趨逐，九齢十得，君子有喜"，《睽》之《隨》："五心六意，歧道多怪"，《艮》之《頤》："八面九口，長舌爲斧"，《蹇》之《損》："脫兔無蹄，三步五罷"，《西青散記》卷一："心神悽隕，記三訛五"，是其類。《易林·賁》之《乾》又曰："八口九頭，長舌破家"，夫既主"長舌"，則着眼亦在"口"，而"九頭八口"，指歸正同《艮》之《頤》："八面九口"，復同《事林廣記》前集卷七《溫公家儀》："凡女僕兩面二舌"，猶《睽》之《隨》；"五心六意"，指歸無異關漢卿《救風塵》第一齣："爭奈是匪妓，都三心二意"，復無異《論衡·調時》："天地之神，……非有二心兩意，前後相反也。""劉鄩一步一計"，而《通鑑·唐紀》八〇天復三年胡三省註作："劉鄩用兵，十步九計。"史悼《痛餘錄》載"退婚券"程式："一離二休，十離九休"；元闕名《劉弘嫁女》頭折王氏以"寸男尺女皆無"，勸夫納妾，夫曰："你待賠千言萬語，託十親九故，娶三妻兩婦，待望一男半女"；後數於前數或增或減，詞旨無殊。蓋得意可以忘言，不計兩數之等（＝）或差（＋／－）也。"九雉十盧"倒裝而爲"十盧九雉"，如曰"盡雉全盧"，若是班乎？"十"有全義，《說文》：" 十、數之具也 "；" 九 " 有盡義，《易緯乾鑿度》、《列子·天瑞》："九者，氣變之究也。"

《樗蒲賦》："先名所射，應聲紛潰。"按取羽獵爲喻，即司馬相如《上林賦》："擇肉後發，先中命處"，《文選》李善註引《廣雅》："命、名也。""先中"、在射中之先，"命處"與"擇肉"殊文同義，蓋謂指名禽獸體上某一處，然後發矢，中的不爽。《水滸》第三三回花榮曰："看我先射大門上左邊門神的骨朵頭"，然後搭箭拽弓，"喝聲道'着！'"；第三五回花榮對晁蓋曰："小弟這枝箭，還要射雁行内第三隻雁的頭上"；堪示"命處"、"擇肉"之例。馬賦以博戲投擲時之呼喝，比於射禽時之"命處"、"道'着！'"。《賢已圖》所畫盆中一齒猶旋轉，投者俯盆疾呼"六！"，是馬賦所謂"先名"、"應聲"也。

三八　全後漢文卷一九

　　第五倫《上疏論竇憲》："三輔論議者至云：'以貴戚廢錮，當復以貴戚浣濯之，猶解醒當以酒也。'"按《世説・任誕》劉孝標註引《語林》、又《晉書・劉伶傳》記伶"飲酒一斛，至醒後復飲五斗"，其婦責之，伶咒曰："一飲一斛，五斗解醒"；後世傳爲酒人口實。初意醉酒而復飲酒以醒酒，或由劉伶貪杯，藉口自文，觀此疏乃知其用古法。西俗亦常以酒解酒惡，廋詞曰："爲狗所噛，即取此狗之毛燒灰療創"（The hair of the dog that bit you）。人世事理之成反生剋，常有若"三輔論議者"所云，如《逸周書・周祝解》："故木之伐也，而木爲斧"，《吕氏春秋・論威》："今以木擊木則拌，以水投水則散，以冰投冰則沉，以塗投塗則陷。"連類同型之句，如《商君書》之"以法去法"、《關尹子》之"以言食言"，已詳《老子》卷論第五六章、《周易》卷論《乾》。《三國志・魏書・明帝紀》裴註引《魏略》記孟達降魏，文帝甚寵狎之，委以西南之任，衆臣或諫，答曰："吾保其無他，亦譬以蒿箭射蒿中耳"；周密《雲烟過眼錄》卷一記鮮于樞語："骨咄犀、乃蛇角也，其性至毒，而能解毒，蓋以毒攻毒也，故又曰蠱毒犀"；羅泌《路史》

卷五《因提紀》下："劫痼攻積，巴菽殂葛，猶不得而後之，以毒攻毒，有至仁焉"；李開先《中麓閒居集》卷三《江南倭夷作亂、殺傷山東民兵》："人言捉象還須象，療瘴檳榔出瘴鄉"，自註："象風而逸，象奴急縱他象捉之，舍象更無術也。"禪語尤多其例，如《五燈會元》卷一波旬爲四祖所困，求救梵王，王說偈："若因地倒，還因地起，離地求起，終無其理"，又卷九芭蕉繼徹章次："泥裏倒，泥裏起"，又卷一五雲門文偃章次、卷一九楊歧方會章次："河裏失錢河裏摝"；《宗鏡錄》卷二一論"染愛法門"："以欲止欲，如以楔出楔，將聲止聲"；惠洪《林間錄》卷下載法眼問："虎項金鈴，是誰解得？"泰欽對："繫者解得。"朱載堉《諸真玄奧集成》卷三薛式《還丹復命篇·西江月》之六："竹破須還竹補，人衰須假鉛全"，明周憲王《神仙會》第三折："你想卻竹子兒還來補竹篩，這是俺煉丹人一家不外"，方士牽強之喻也；而鄭燮《板橋詩鈔·題畫籬竹》："一片綠陰如洗，護竹何勞荆杞？仍將竹作籬笆，求人不如求己！"又才士雋爽之句矣。亦猶《周書》、《吕覽》之"木伐（擊）木"，言同類相克制之便宜，明理而已，無當風雅；而曹植七步之章曰："萁在釜下燃，豆在釜中泣，本是同根生，相煎何太急！"，言同類相殘害苦毒，情文斐然，遂可以興、可以怨矣。至於《逸周書·文儆解》："壞非壞不高，水非水不流"；《左傳》昭公二十年晏子："以水濟水"；《莊子·人間世》："以火救火，以水救水"；《吕氏春秋·盡數》："以湯止沸"；《陸象山全集》卷三五《語錄》："泥裏洗土塊"（陳亮《龍川文集》卷二〇《答朱元晦秘書·癸卯通書》："如俗諺所謂'黃泥塘中洗彈子'耳"）；《雜阿含經》卷九之二七二："以血洗血"(《舊唐書·源休傳》義可汗曰:"吾又殺汝,猶以血洗血,汙益甚爾");韓愈《喜侯喜至,贈張籍、張徹》:"如以膏濯衣,每漬垢逾染";則皆謂徒勞無濟、壞事有餘,與"以酒解酒"之類,造句雖肖,命意迥庭,斯又"言各有當",必"考其辭之終始"者也(參觀《左傳》卷論隱公元年)。古希臘一詩人言木能生產火,火還斷送木,如子出於母,卻復殺母(They brought from the forest the mother of a mother, dry and parched, to be slain by her own children)①;又一詩人言即以鷹羽箭射鷹(Not by others, but by thine own feathers art thou caught)②;達文齊言林樹資斧柄,斧復伐樹(The forests will bring forth young who will become the cause of their death—the handle of the hatchet)③;蓋兼"木伐木"、"燃萁煮豆"兩意焉。以毒攻毒之旨始見於《鶡冠子·環流》,舉"積毒成藥,工以爲醫",爲"物極則反"之例。古羅馬人言醫療,有"以痛治痛"之法(Pro medicina est dolor dolorem qui necat; Vulnera dum sanas, dolor est medicina doloris)④,略類"以毒攻毒"。西方先哲教人"以情欲克情欲"(to set affection against affection and to master one by another; Affectus coeceri nec tolli potest nisi per

---

① Hesiod, *The Marriage of Ceyx*, V, "Loeb", 255.
② Aeschylus, quoted in Athenaeus, *The Deipnosophists*, XI. 494, "Loeb", IV, 199; cf. Aristophanes, *The Birds*, 807-8, "Loeb", II, 211. Cf. *Moby Dick*, ch.55: "But Stubb, he eats the whale by its own light, does he? and that is adding insult to injury, is it? Look at your knife-handle, there"etc..
③ Leonardo da Vinci, *Notebooks*, tr. E.MacCurdy, II, 512.
④ Publius Syrus, §511, *Minor Latin Poets*, "Loeb", 80; *Dicta Catonis*, IV. 40, *ib.*, 620.

affectum contrarium et fortiorem)①；且喻之爲"以釘出釘"（clavum clavo pellere, to drive out one passion with another, or some contrary passion)②，正同"以楔出楔"。近人威爾士（H. G. Wells）名其書曰《戰可止戰》（The War that will end War），已掛衆口，亦所謂"解醒以酒"也。

【增訂三】《詩·伐柯》："伐柯如之何？非斧不克"，毛《傳》："柯、斧柄也"，鄭《箋》："伐柯之道，唯斧乃能之，此以類求其類也。"正同《逸周書》及達文齊之語；釋"伐"不曰同類相殘，而曰同類相"求"，斯又一喻之具兩柄矣。《内經素問》第七四《至真要大論》："甚者從之，……從者反治"；王冰註："夫病之微小者，猶人火也，……可以水滅，故逆其性以折之攻之。病之大甚者，猶龍火也，得濕而炎，遇水而燔。……識其性者，反常之理，以火逐之，則燔灼自消，焰火撲滅。"《論衡·言毒篇》："以類治之也。夫治風用風，治熱用熱，治邊用蜜丹。"姚秦曇摩耶舍譯《樂瓔珞莊嚴方便經》長者子偈："猶爲蛇所螫，以毒滅於毒。欲瞋亦復爾，亦以毒除毒，如人爲火燒，還以火炙除。""以毒除毒"即《素問》之"甚者從之"爾。

【增訂四】胡敬《崇雅堂詩鈔》卷八《鞭筍》："剥膚但留尖，

---

① Bacon, *Advancement of Learning*, Bk. II, ed. A. Wright, 209, Spinoza, *Ethica*, IV, Prop. 7, Garnier, II, 20. Cf. la Rochefoucauld, *Réflexions et Maximes morales*, 10, *Oeuvres*, "Les Grands Écrivains de la France", I, 34, note (vaincre une passion par une autre).

② Burton, *Anatomy of Melancholy*, Part. II, Sect. II, Mem. VI, Subs. II, George Bell, II, 131.

餘作松明架。煮豆然豆萁，苦語恰堪借"；自註："燒鞭筍即以老節作柴，其味尤勝。"蒙田謂止淫莫如饜欲，譬之以火熄火（S'ils n'y entroient chastes par conscance, c'estoit moins par satieté. *Nimirum propter continentiam incontinentia necessaria est; incendium ignibus extinguitur.*—Montaigne, *Essais*, III. v, *op. cit.*, p. 825）。諾瓦利斯自記"以病療病"之理尚待探究（Verfolgung der Idee: Krankheit durch Krankheiten zu kurieren. —*Fragmente*, §195, Novalis, *Schriften*, ed. J. Minor, 1923, Vol. II, p. 225）。皆"煮豆然萁"、"木伐木"、"楔出楔"之義也。

三九　全後漢文卷二○

馮衍《顯志賦》："日曀曀其將暮兮，獨於邑而煩惑；夫何九州之博大兮，迷不知路之南北！"按"九州"句采《離騷》之詞，"迷路"句肖《正月》之旨（詳見《毛詩》卷論《正月》）。杜甫《哀江頭》："黃昏胡騎塵滿城，欲往城南望城北"；韓愈《感春》："東西南北皆欲往，千江隔兮萬山阻"；均資比勘，而杜詩尤悽警。蓋馮曠觀山川，目眺心計（Fernbild），雖憤悒而情地寬廓；杜疾走街巷，身親足踐（Nähebild），事境危迫，衷曲惶亂，有若張衡《西京賦》所謂"喪精亡魂，失歸忘趨"。胡仔《苕溪漁隱叢話》前集卷三五以王安石集杜句作"望城北"，因曰："余聞洪慶善云，《楚辭》：'中心瞀亂兮迷惑'，王逸註：'思念煩惑，忘南北也'，子美蓋用此語。"陸游《老學菴筆記》卷七："《哀江頭》云：'欲往城南忘城北'，言皇惑不記孰爲南北也。然荊公集句兩篇皆作'望城北'，意則一；北人謂'向'爲'望'亦皇惑之意。"王安石主"望城北"，殊具詩眼。《敦煌掇瑣》第二一種《女人百歲篇》："八十眼暗耳偏聾，出門喚北却來東"，正杜句之意。北宋李復《潏水集》卷一一《兵饋行》乃壓卷巨篇，結云："悽惻自歎生意促，不見父、夫不得哭，一身去住兩茫然，欲向南歸却望北",即用杜句,并拈出"向"以與"望"爲互文,卷五《又與侯謨秀才》書自言"嘗註"杜詩,則其用字必非率爾。竊謂"忘城北"不詞費解,"忘南北"意固可通,而無"城南"與"城北"之對照映帶,詞氣削弱;且"望"者,向之而往也,言"望城北",則"忘南北"勿言可喻,言"忘南北",則猶豫躊躇而尚未迷方信足,漏却塵昏日暮,心亂路失之狀。是故"望城北"已包"忘南北"之情,而"忘南北"猶未盡"望城北"之事。《史通·敍事》篇所謂:"望表知裏,捫毛辨骨,覩一事於句中,反三隅於字外","望"字有焉。胡仔囿於"無字無來歷"之迂見,未嘗優求涵泳,況即論字面,馮衍此賦早有"於邑而煩惑,迷不知南北",視王逸短璅註脚,"來歷"豈不更先而亦更大乎?胡震亨《唐音癸籤》卷二二據《兩京新記》謂曲江在都城東南,地最高,靈武行在則在長安之北,"欲往城南"即"潛行"曲江,"望城北"即登高以冀王師之至。洵如所解,此句宜在開篇處,今以煞尾,則"欲"字既欠通順,更如"黃昏"望遠以"冀"奇兵夜襲也。苟非"忠"而愚,亦同鴟蝠之能暝視矣!錢謙益《讀杜小箋》卷上曰:"專爲貴妃而作。……'人生有情'二句,即所謂'天長地久有時盡,此恨綿綿無絶期'也。……'黃昏胡騎'二句,興哀無情之地,沉吟感歎。瞀亂迷惑,雖胡塵滿地,至不知城之南北,此所謂'有情痴'也。陸放翁但以避死惶惑爲言,殆亦淺矣。"夫"人生"二句乃謂水長流而花仍發,以無情故,人非木石,則家國興悲(參觀《毛詩》卷論《萇楚》);與"天長"二句之旨,如風馬牛。"雖胡塵滿地"之"雖"字,上承下轉,皆不了了,意理笱脱梗塞。破國心傷與避死情急,初無乖倍,自可衷懷交錯。杜寫身陷境中之情,錢以陸機

《弔魏武帝文》中"興哀無情之地"爲解,則杜衹如馮衍賦之茫茫交集,而"淚沾臆"又衹如陳子昂《登幽州臺》之悠悠涕下耳。"我聞室"中人多暇日而生綺愁,宜其不能領略孤危皇遽之况。余嘗謂錢氏説杜,深文而實淺見,附會而乏體會,此一例也。

《顯志賦》:"疾兵革之寖滋兮,苦攻伐之萌生。沉孫武於五湖兮"云云。按下有"斬白起"、"流蘇秦"等等,意出《莊子·胠篋》"塞瞽曠之耳"一節。

馮衍《與婦弟任武達書》:"房中調戲,布散海外。"按《全梁文》卷六四張纘《妬婦賦》:"閨房之所隱私,牀第之所討論,咸一朝之發洩,滿四海之囂喧。"

四〇　全後漢文卷二四

班固《西都賦》:"神明鬱其特起,遂僭塞而上躋"云云。按仿揚雄《甘泉賦》"列宿乃施於上榮兮"一節。一意侈言崇峻;渾忘危乎高哉,則陟降維艱,登臨不便,春臺乃成畏途,亦行文之節目疏闊也。《兩京》、《三都》莫不刻劃樓觀飛驚。左思《魏都賦》"周軒中天"一節劉逵或張載註斥王褒、揚、班、張諸賦之失,而美左賦之獨得,曰:"此四賢所以説臺樹之體,皆危峴悚懼,雖輕捷與鬼神猶莫得而逮也,非夫王公大人聊以雍容升高、彌望得意之謂也。異乎老子曰'若升春臺'之爲樂焉。故引'習步頓'以實下稱八方之究遠,適可以'圍於'徑'寸'之'眸子',言其理曠而當情也。"指摘甚當,而抉發文心意匠,於全註殊爲破體。《世説·文學》篇註引《左思別傳》謂《三都賦》註"皆思自爲,欲重其文,故假時人名姓"。此段註文果類作者恐讀者着眼或未分明,而不惜捲簾通一顧也。

《東都賦》:"樂不極盤,殺不盡物,馬踠餘足,士怒未渫。"按《西都賦》:"草木塗地,山淵反覆,蹂躪其十二三,乃拗怒而少息";少息蹔息,再接加厲,揮刃發矢,"風毛雨血",以至"草木無餘,禽獸殄夷"。此賦寫羽獵,則"不極"、"不盡",能節能止，亦兩篇襯映也。"馬踠"八字甚警策；《禮記・曲禮》："招搖在上，急繕其怒"，即此"怒"字。顏延之《赭白馬賦》："踠跡廻唐，畜怒未洩"，遞承班句，望而可識。陸希聲《唐太子校書李觀文集序》："每篇得意處，如健馬在御，蹀蹀不能止"（《全唐文》卷八一三）；意同而易賦爲比。

【增訂四】《莊子・天道》："似繫馬而止也（郭象註："志在奔馳"），動而持，發也機。"寫"馬踠餘足"、"健馬在御"之情狀，莫古於此，亦莫精於此。

作者形容物色，好寫體似止而勢猶動、動將息而力未殫之境，餘勇可賈，餘音尚裊，與班、顏賦馬，貌異心同。如潘岳《射雉賦》："倒禽紛以迸落，機聲振而未已"；木華《海賦》："輕塵不飛，纖蘿不動，猶尚呀呷，餘波獨湧"，正同唐李季蘭《三峽流泉歌》："廻湍瀨曲勢將盡，時復滴瀝平沙中。"程浩《雷賦》："及夫白日雨歇，長虹霽後，……蓄殘怒之未洩，聞餘音之良久"（《全唐文》卷四四三）；即陳與義《雨晴》："牆頭語鵲衣猶濕，樓外殘雷氣未平"，竊謂"氣"不如"怒"，胡穉註《簡齋集》，未參程賦。司空圖另鑄偉詞，以賦爲比，《絕麟集述》："實病於負氣，亦猶小星將墜，則芒焰驟作，且有聲曳其後，而可駭者撐霆裂月，挾之而共肆其憤，不能自戢耳"，又《〈愍征賦〉後述》："致憤於累千百言，亦猶虎之餌毒，蛟之飲鏃，其作也，雖震邱林、鼓溟漲，不能決其咆怒之氣"（《全唐文》卷八〇九）。《二十四詩品》侔色揣稱，却未取象於此；曾紀澤《歸樸齋詩鈔》巳集下《演司空表聖〈詩品〉二十四首》《含蓄》："餘踠未伸閑駿馬，乍明仍滅見真龍"，乃及之矣。

《西都賦》："中必疊雙"，按見《史記》卷論《司馬相如列傳》；《幽通賦》："三樂同於一體兮"，按見《史記》卷論《黥布列傳》。

四一　全後漢文卷二五

　　班固《與弟超書》："實亦藝由己立，名自人成。"按章學誠《乙卯劄記》稱"此八字千古名言"。然觀《文史通義》內篇三《鍼名》暢論："實至而名歸，自然之理也，非必然之事也"，則章氏亦知"己立"者未必"人成"。且章氏又未嘗不知名之成非盡由於藝之立也。世推章氏史學，余不賢識小，心賞尚別有在。學問文章之起家樹譽，每緣巧取強致，行事與《陰符經》、《鬼谷子》、《計然策》冥契焉。大盜不操戈矛，善賈無假財貨。仲長統《昌言》下："天下學士有三姦焉：實不知，佯不言，一也；竊他人之記，以成己說，二也；受無名者，移知者，三也"（《全後漢文》卷八九）。至章氏而彌究殊相，姦之有"三"，遂自實數可稽進而爲虛數不可執矣。章氏於並時勝流指名而斥者，戴震、袁枚、汪中三人也；《儒林外史》金和《跋》謂匡超人即影射汪中。竊謂《文史通義》中《書朱、陸篇後》、《點陋》、《所見》、《橫通》、《詩話》、《讀〈史通〉》諸篇於學人文士之欺世飾僞、沽名養望、脱空爲幻諸方便解數，條分件繫，燭幽抉隱，不啻鑄鼎以象，燃犀以照。《儒林外史》所寫蘧公孫、匡超人、牛浦郎等伎倆，相形尚是粗作淺嘗。諸篇言外即謂成名非關藝與學，而頗類嚴羽論詩所云"有別才"也。

　　班固《難莊論》。按《全晉文》卷三三裴頠《崇有論》："惟班固著《難》，未足折其情"，當指此篇。僅存兩節共九句，不成條貫，未窺送難莊生者何事。《全後漢文》卷六二邊韶《老子銘》又稱："班固以老子……與仲尼道違，述《漢書·古今人表》，檢以法度，抑而下之"，而《文選》班彪《北征賦》李善註引《漢書》言彪"性好莊老"。是班氏彪、固恰肖司馬談、遷，皆父好道而子尊儒矣。然固《漢書·敍傳》自言父彪"唯聖人之道然後盡心"，彪從兄嗣則"雖修儒學，而好老、嚴之術"；《後漢書·班彪傳·論》復目彪爲"通儒"；善註所引，單文孤證，似未足據，王先謙《後漢書集解》卷四〇上《校補》亦云："未知善所據何《漢書》也。"

四二　全後漢文卷二六

　　班固《竇將軍北征頌》。按篇末"盪殘風"至"四行分任"一節，文字訛脱，不可句讀。汪兆鏞《樅窗雜記》卷三謂朱啓連爲句讀之，以"風"、"陰"、"淋"、"農"、"任"爲韻。亦未詞達理順，姑志其説。

　　班固《典引》。按别見《史記》卷論《孔子世家》。

　　班固《馬仲都哀辭》："浮橋馬驚，入水溺死；帝顧謂侍御曰：'班固爲馬上三十步哀辭。'"按其"辭"已佚，不知篇幅短長。即思捷才富，而時促限急，寸心之運，分陰是競，不能多多許也。魏文帝命陳思王七步中作詩，未限句數，故六句可以塞責，倘七步須作十六或二十句，恐難成辦。《魏書・獻文六王傳》下高祖山行賦詩，令人示彭城王勰曰："吾始作此詩，雖不七步，亦不言遠，汝可作之，比至吾所，令就之也"；時勰"去帝十餘步，遂且行且作"。當亦非鉅篇。唐史青上書自薦云："子建七步，臣五步之内可塞明詔"，玄宗試之，"應口而出"；今《全唐詩》存其《應詔賦得除夜》五言律八句，而下註"一作王諲詩"。

四三　全後漢文卷二八

　　杜篤《首陽山賦》："忽吾覩兮二老，時采薇以從容。於是乎乃訊其所求，問其所修。……其二老乃答余曰：'吾殷之遺民也。……余閉口而不食，並卒命于山傍。'"按觀"卒命"句，則所覩乃伯夷、叔齊之鬼也。此賦後半已佚，然鬼語存者尚近百字，《左傳》僖公十年記申生之告，《莊子‧至樂》篇託髑髏之言，遜其詳悉。情事亦堪入《搜神記》、《異苑》等書。張衡《西京賦》所稱"本自虞初"之秘書九百，既勿流傳；《三國志‧魏書‧王、衛、二劉、傅傳》裴註引《魏略》記曹植初晤邯鄲淳，自炫才學，"誦俳優小説數千言訖"，亦無可徵；託名東方朔、伶玄、班固者，又皆後出。玩索斯篇，可想象漢人小説之彷彿焉。《金樓子‧興王》所記夷、齊於首陽依麋鹿等事，賦未之及，當尚無此類傳聞，故説鬼而未志怪耳。

　　朱穆《與劉伯宗絶交書》："足下今爲二千石，我下爲郎，乃反因計吏以謁相與。足下豈丞尉之徒，我豈足下部民，欲以此謁爲榮寵乎？咄！劉伯宗！於仁義道何其薄哉！"按《晉書‧袁喬傳》初與褚裒友善，及裒女康獻皇后臨朝，喬與裒書，"論者以爲得禮"，其書略云"策名人臣，而交媟人父，天性攸尊，亦宜體國而重矣。故友之好，請於此辭。……平昔之交，與禮數而降；箕踞之歡，隨時事而替。雖欲虛詠濠肆，脫略儀制，其能得乎？願將軍怡情無事，以理勝爲任，親仗賢達，以納善爲大。"朱直率至於怨罵，袁婉轉不忘勸規，皆與故人新貴絕交也，顧有惡聲出否之異，同歸而殊途。朱之怒罵，正以不如袁之有先識而能預辭，猝臨非意，疾言盛氣，遂不自禁耳。《南史》卷一七《向柳傳》與顏竣友善，"及竣貴，柳以素情自許，不推先之"，人誡柳曰："名位不同，禮有異數，卿何得作曩時意耶？"柳曰："我與士遜，心期久矣，豈可一旦以勢利處之？"柳後以事繫獄，"屢密請竣，求相申救"，竣"竟不助之，柳遂伏法"。向柳平時不肯折腰，絕境乃求援手，其粗疎固遠不如袁喬之解事；而顏竣蓄慍已久，不形詞色，俾故人以爲"素情"無殊疇曩，其城府深密，又遠非劉伯宗小丈夫所可比矣。《宋書·王僧達、顏竣等傳·論》歎宋世祖之於"弱歲臨藩"時"賓僚"云："憂歡異日，甘苦變心，主挾今情，臣追昔歎"；後八字蕭括精微。朱穆"追昔歎"，乃不圖劉伯宗"挾今情"；袁喬想褚裒"挾今情"，故不欲"追昔歎"；向柳"追昔歎"，渾不悟顏竣陽"追昔歎"而陰"挾今情"。周密《浩然齋雅談》記韓維基語："凡親戚故舊之爲時官者，皆當以時官待之，不當以親戚故舊待之"；西人亦謂："朋友得勢位，則吾失朋友"（A friend in power is a friend lost）[1]；洞明世故，足以箋朱穆之《書》矣。

朱穆《絕交論》："或曰：'子絕存問，不見客，亦不答也，何故？'曰：'古者進退趨業，無私遊之交，相見以公朝，享會以

---

[1] Henry Adams, *The Education of Henry Adams*, ch.7 and 16.

禮紀，否則朋徒受習而已。……世之務交遊也久矣，不敦于業，不忌于君，犯禮以追之，背公以從之'"云云。按劉峻《廣〈絕交論〉》自言繼朱而作，有云："朱益州……比黔首以鷹鸇，媲人靈於豺虎"，朱《論》今無其語，想缺有間矣。見存朱《論》與劉《論》實非筍頭卯眼。蓋"交遊"之事有二，見存朱《論》之"交"，指交際，亦即《潛夫論·交際》篇所痛言者，劉《論》之"交"，乃於交際外別出交友。交際以禮爲重，而交友以情爲主①。客座賓筵之酬酢，府主幕僚之晉接，自公退食，往來報施，若《孟子·萬章》論"交際"之取受餽卻，《潛夫論》所道"奉贄"、"嘉會"、"餞御"，皆禮之所尚；而禮者，忠信之薄，緣飾以節文者也。同心合志，求聲投契，以至於略名位而忘形骸，發乎情而永爲好，情則忠信之未嘗薄而不容文勝滅質焉。人事盛衰不居，交態遂親疏失故。係縻勿絕，交友而甘退居交際者有之，如袁喬之於褚裒；綢繆自結，交際而干進充交友者亦有之，劉《論》所斥"利交興"是矣。劉《論》標《廣》，或亦以朱《論》僅及交際而遺交友，故爲之增"廣"乎？劉《論》之"利交五術"，似濫觴於鍾會《芻蕘論》："凡人之結交，誠宜盛不忘衰。……初隆而後薄，始密而終疏，斯何故也？皆由交情不發於神氣，道數乖而不同，權以一時之術，取倉卒之利。有貪其財而交，有慕其勢而交，有愛其色而交；三者既衰，疏薄由生"（《全三國文》卷二五）。劉《論》激而切至，朱《論》激而偏宕。韓菼《有懷堂文稿》卷七《交際論》所謂："親戚朋友之誼闕，伐木角弓之禮盡亡，而北門之大夫作矣！"倘不失爲朱《論》之匡

---

① Cf. La Bruyère, *Les Caractères*, V. "De la société" vs VI "Du coeur".

救歟。《潛夫論·交際》篇寫東漢風習甚翔實，"貧賤之苦酷"一節："貧賤難得適：好服謂之奢僭，惡衣謂之困厄"云云，道出貧者作人處世之難；《法苑珠林·貧賤篇》第六四引《燈指經》稱："諸貧窮者，行來進止，言説俯仰，盡是愆過"，"若著新衣，復言假借嚴飾；若著弊衣，復言儜劣寒悴"云云，機杼全同，敷陳更備也。

四四　全後漢文卷二九

　　馬第伯《封禪儀記》。按此文寂寥千載，南宋洪邁《容齋隨筆》卷一一引自《漢官儀》而極歎其工，始有賞音。明孫鑛《孫月峯先生全集》卷九補訂之，即嚴氏按語所謂"采輯不全"者。陳夢錫《無夢園初集·馬集》卷四《名世文宗序》至舉此篇爲"文式"。清王太岳《青虛山房集》卷四《書〈高平行紀〉後》："他日愛嗜柳子厚永州山水諸記，歎其摘抉窈眇，善寫萬物之情狀，以爲紀游之作，極於此矣。已而讀馬第伯《封禪儀記》，幽夐廉削，時若不及柳氏，而寬博雅逸，自然奇妙，柳氏之文蓋猶有不至焉。"數子中王氏最能作"古文"，其言尤足重也。

　　"石壁窅窱，如無道徑；遥望其人，端端如杆升，或以爲小白石，或以爲冰雪，久之，白者移過樹，乃知是人也。"按"端端"句有誤字，《後漢書·祭祀志》上作"端如行朽兀"，亦不可解。臆測"兀"乃"杌"之訛，木無枝爲"杌"，"杆升"乃"朽杌"之訛，"端端"乃"端立"之訛，因"端"有"立"傍而複書全字(dittography)，故當作"端立如朽杌"也。

　　【增訂四】江淹《遊黃蘗山》："殘杌千代木"，即此"杌"字，可據以訂《後漢書·祭祀志》所謂"朽兀"之訛。

且既言"行"，何待"移過"而後"知是人"乎？此節擬襲最多，如南宋周晉仙《方泉先生詩集》卷一《山行行歌》第七首："遠望山腰多白石，細看知是野人行"；薛熙《明文在》卷六五王禕《開先寺觀瀑布記》："從樹隙見巖腰采薪人，衣白，大如粟；初疑此白石耳，有頃漸移動，乃知是人也"；袁中道《珂雪齋詩集》卷四《感懷》第三三首："如雪如素練，晃耀亂山赭，白者移過樹，乃知是人也"；清魏源《古微堂詩集》卷五《太室吟》："山脚仰視峯影小，數點白者出林杪，須臾移過雜樹間，乃知是人非飛鳥。"別見《太平廣記》卷論卷二五六《平曾》。"前人相牽，後人見前人履底，前人見後人頂，如畫重累人矣"。按王世貞《弇州山人四部稿》卷七二《游泰山記》："度石壁峪，爲十八盤，應劭所謂'人相牽'云云，非此地也耶？""見後人頂"之"見"字必誤，當是"就"字之類，此時無餘裕心力回顧也；參觀謝翱《晞髮集》卷九《小爐峰三瀑記》："足相趾而進，不敢視，稍間斷，前足已遠"，錢謙益《初學集》卷四六《游黃山記》之四："甫瞠目而踵已失也，甫曳踵而目又失也。"抑兩"見"字皆當讀"現"，謂"見於"耶？袁中道《珂雪齋詩集》卷七《登泰岱》第二首："前人踏皂帽，後侶戴青鞋"，本馬《記》而煊染"重累"甚工；唐時升《三易集》卷一一《游泰山記》："爲十八盤，若階而升天，時臨絕壁，俯視心動。……前行者當後人之頂上，後行者在前人之踵下，惴惴不暇四顧"；則公然剿馬《記》矣。"有青氣上與天屬，遙望不見山嶺，山嶺人在氣中，不知也。"後世寫景慣用此法，如王維《桃源行》："峽裏安知有人事，世中遙望空雲山"（二句亦見《寄崇梵僧》，"世"作"郡"），又《山中寄諸弟妹》："山中多法侶，禪誦自爲羣，城郭遙相望，惟應見白雲"；

岑參《太白胡僧歌》："山中有僧人不知，城裏看山空黛色"；蘇軾《臘日遊孤山》："出山迴望雲木合，但見野鶻盤浮圖"，又《題西林壁》："不識廬山真面目，只緣身在此山中。"

四五　全後漢文卷三二

　　陳忠《薦周興疏》。按同卷忠《奏選尚書郎》實即此《疏》末節，不應重出。

四六　全後漢文卷三五

　　應劭《漢官儀》："世祖中興，……邊陲蕭條。……或空置太守令長，招還人民。上笑曰：'今邊無人而設長吏治之，難如《春秋》素王矣！'"按或於"吏"字、"難"字句讀者，非也。"聖而不王"曰"素王"，謂空有其德，而無其位；今適相反，空有其位，而無其事，具臣素食。"素"之爲言空也，而空有位不足比空有德，故曰"難如"。"邊無人"，則可以高拱無爲而臥治焉，何"治之難"之有哉？梁玉繩《瞥記》卷五、曹元忠《箋經室遺集》卷五《素王辨》皆未引此爲例。《北齊書·文宣紀》天保七年十一月併省州縣詔曰："百室之邑，便立州名，三户之民，空張郡目。譬諸木犬，猶彼泥龍，循名督實，事歸烏有"，又曰："牧令守長，虛增其數"；曰"空張"，曰"烏有"，曰"虛增"，皆"素"也，可以移釋此節。

四七　全後漢文卷三六

應劭《風俗通義》。按《太平廣記》卷論及者，不復贅。

"殺君馬者，路傍兒也。"按張率《走馬引》："斂轡且歸去，吾畏路旁兒"；梁簡文帝《愛妾換馬》："真成恨不已，願得路傍兒"；楊慎《太史升菴全集》卷一五《衍古諺》詩："未樹邊隅績，徒爲冶遊疲；始信殺君馬，端是路傍兒。"韓崶《有懷堂詩稿》卷四《宿遷道中》第一首："枉殺人才及此老，鈴聲已自笑郎當"，用黃旛綽語，謂己非人才，枉被辟召，第二首："老驥可能仍蹀躞？故人多是路傍兒！"，謂友人非知己者，苦相慫恿；皆善用事。《韓非子·内儲說》上越王式怒鼃節："由此觀之，譽固足以殺人矣！"；焦循《易餘籥錄》卷一二："《列子·楊朱篇》引周諺云：'田父可坐殺'，余則云：'學究可譽殺'"；即路傍兒"快之"而致馬力盡以死也。

"汝南陳伯敬行必矩步，坐必儼然，目有所見，不食其肉。"按《孟子·梁惠王》、賈誼《新書·禮篇》、《大戴禮·保傅》皆言于禽獸見其生不食其死，聞其聲不嘗其肉。談者迂之。英小說中一女郎牧豬，晨入牢必起居羣豬，叩問何日願爲俎上肉，歸舍尚淚淋浪，哀其不免供人口腹（Annie asked them how they were getting on, and when they would like to be eaten. Then she came back with foolish tears, for thinking of that necessity),女有兄,英雄人也,感之亦不忍食豕肉;一文家(R. L. Stevenson)嘗牧豬,自言:"與豕相暱,則食其肉時有啖人肉之感"(Once form an intimacy with a pig and eating pork partakes of the nature of cannibalism)[①]。頗有儒家風也。

---

① R. D. Blackmore, *Lorna Doone*, ch. 7, "Everyman's Lib.", 40; Fanny and R. L. Stevenson, *Our Samoan Adventure*, ed. C. Neider, 55.

四八　全後漢文卷三八

　　應劭《風俗通義》："陳留太守泰山吳文章少孤，遭憂衰之世，與兄伯武相失。別二十年後，相會下邳市中，爭計共鬭。伯武毆文章，文章欲報擊之，心中悽愴，手不能舉，大自怪也。……更相借問，乃親兄也。"按《呂氏春秋·精通》篇記申喜亡母，"聞乞人歌於門下而悲之，動於顏色，……蓋其母也。……兩精相得，豈待言哉！"《淮南子·説山訓》所謂："老母行歌而動申喜，精之至也"，《論衡·感虛篇》亦謂"實"有。骨肉久暌，相見勿識，而怦然憬覺，遂得團聚，小説院本常寫其事，要莫早於呂書，應書次之。西方命曰"血聲"（la voix du sang），古希臘小説即有此情節①。他如《十日談》、《意大利人自述》、《渦堤孩》等均道及祖孫、兄妹、母女之陌路相遭而脈脈感通②。法國古典悲劇尤多用以佈局，如高乃伊（Corneille）有兩劇（*Oedipe*, *Héraclius*）是；偶覩美國一學士著書撮述頗備（Clifton Cherpack, *The Call of Blood in French Classical Tragedy*），而似未辨"血呼"

---

① Héliodore, *Les Éthiopiques*, X.9 (Persina et Chariclée), *Romans Grecs*, "Classiques Garnier", 280.

(le cri du sang)之與"血聲"異意。一指死人屍體之陰籲報復，一指生人心感之隱示親屬，毫釐千里也。

---

② *Decamerone*, II.8（quasi da occulta virtù mossi, avesser sentito costui loro àvolo essere）, V.5（da occulta virtù mossa, cominciò a piagnere）, Hoepli, 139, 343; Ippolito Nievo, *Le Confessioni d'un Italiano*, cap. 16（Lo sentiva, lo sentiva, e non osava pensarlo）, *Opere*, Riccardo Ricciardi, 576–7; Fouqué, *Undine*, kap. 11（Ach Gott, sie ist ein böses Weibsbild geworden; und dennoch fühl' ich's im Herzen, daβ sie von mir geboren ist）, Nelson, 54.

四九　全後漢文卷三八

應劭《風俗通義》潁川娣姒爭兒，訟三年不決，丞相黃霸令卒抱兒，叱婦往取，"長婦抱兒甚急，兒大啼叫，弟婦恐相害之，因乃放與，而心甚自悽愴，長婦甚喜，霸曰：'此弟婦子也！'責問大婦乃伏。"按同卷載臨淮兩人爭縑，"各云：'我縑！'"，詣府訴訟，丞相薛宣"呼騎吏中斷縑，各與半，使追聽之"，一人曰："受恩！"，一人稱冤，因詰責前人，具服。二事用意相同。《魏書‧李崇傳》苟泰與趙奉伯爭兒，"各言己子"，郡縣不能斷，崇"令二父與兒各在別處禁，經數旬，然後遣人告之曰：'君兒遇患，向已暴死！'"，苟悲不自勝，趙咨嗟而已，崇斷以兒還苟。《新五代史‧安重榮傳》："有夫婦訟其子不孝者，重榮拔劍授其父，使自殺之，其父泣曰：'不忍也！'其母從傍詬罵，奪其劍而逐之。問之，乃繼母也。重榮叱其母出，從後射殺之。"與黃、薛判案如出一轍。小說院本亦每渲染此情節。元曲李行道《灰闌記》尤著稱，第四折包拯斷大小婦爭兒，命張千"取石灰來，在階下畫個闌兒，著這孩兒在闌內，著他兩個婦人拽這孩兒出灰闌外"；其不忍"用力硬奪"者，真兒母也。正師黃霸之餘智。《聊齋志異》卷十二《太原獄》姑媳訟姦，孫柳下命各以刀石擊殺姦夫，媳毒打而姑不忍，乃知與此夫通者，姑也。黃霸、安重榮、包拯聽訟，斷兩造中心手狠者爲曲；《聊齋》此則翻舊生新，使曲在心手軟者，所謂反其道以仿其意（Kontraste sind inverse Ähnlichkeit; Le contraire naît du contraire），詳見《太平廣記》卷論卷二五六《平曾》。異域舊聞有酷肖者。《賢愚經·檀膩䩭品》第四六："二母人共諍一兒，詣王相言。時王明點，……語二母言：'今唯一兒，……聽汝二人，各挽一手，誰能得者，即是其兒。'非其母者，於兒無慈，盡力頓牽，不恐傷損；所生母者，於兒慈深，隨從愛護，不忍拽挽。王鑒真偽"；《舊約全書·列王紀》上記二妓爭兒，所羅門王命左右取劍，曰："剖兒爲兩，各得半體"（Fetch me a sword. Divide the living child in two, and give half to the one, and half to the other）；一妓乞勿殺兒，己願捨讓，一妓言殺之爲尚，無復爭端；王遂判是非①。人類學家言大洋洲初民風俗，兩男爭娶一女，則左右各執女臂拽向己身，力大者得婦，致女往往節離臼脫（Diefenbach relates concerning the Polynesians that if a girl was courted by two suitors, each of them grasped one arm of the beloved and pulled her toward him; the stronger one got her, but in some cases not before her limbs had been pulled out of joint）②。此則因傾心而忍心，由愛生狠，不恤"用力硬奪"、"扭折肐膊"，又閻羅包老所不能計及矣。

---

① I. Kings, 3. 16–18.
② H. T. Finck, *Romantic Love and Personal Beauty*, I, 92.

五〇　全後漢文卷四一

應劭《風俗通義》:"憙平二年六月,雒陽民訛言:虎賁寺東壁中有黃人,形容鬚眉良是。觀者數萬,省內悉出。劭時爲郎,故往視之。何在其有人也!走漏汗處,膩赭流瀝,壁有他剝數寸曲折耳。"按流俗寡昧,相驚伯有,見屋漏壁痕,詑歎妖異,故此條出《後漢書·五行志》註。然詩人畫士玩視壁痕而發興造藝者有之,或復師弟傳授以爲繪事法門焉。沈括《夢溪筆談》卷一七宋迪謂陳用之曰:"汝畫信工,但少天趣。汝先當求一敗牆,張絹素訖,倚之敗牆之上,朝夕觀之。觀之既久,隔素見敗牆之上,高下曲折,皆成山水之象,心存目想。"達文齊亦云,作畫時構思造境,可面對牆痕斑駁或石色錯雜,目注心營,則人物風景彷彿紛呈(Look at walls splashed with a number of stains, or stones of various mixed colours. If you have to invent some scene, you can see there resemblances to a number of various landscapes etc.)①。二人之論意匠,巧合遙符,談者嘗捉置一

---

① Irma A. Richter, *Selections from the Notebooks of Leonard da Vinci*, "The World's Classics", 182.

處,或至疑西說乃東土之別傳云①。夫玩壁上汙跡而想象形似,初不待畫師教誨,應劭此節,早著其例。唐顧況《苔蘚山歌》:"野人夜夢江南山,江南山深松桂間。野人覺後長歎息,帖蘚黏苔作山色。閉門無事任盈虛,終日欹眠觀四如:一如白雲飛出壁,二如飛雨巖前滴,三如騰虎欲咆哮,四如嬾龍遭霹靂;嶮峭嵌空潭洞寒,小兒兩手扶欄干";亦此事也。周亮工《尺牘新鈔》三選《結鄰集》卷八高阜《與蔚生弟論畫》:"予冬日坐明窗,窗格内紙僅三寸許,日光射蛛絲;影飄其上,度可二寸有餘,細塵微封其上。隔窗視之,其窈裊縱送、屈身自如之狀,並塵封若有若無,一一肖似,真畫家所不能措手者。吳道子、李龍眠諸公想從此悟入";更通之於畫,且似未嘗聞宋迪語者,蓋明末、清初沈括《筆談》固屬僻書也。許承堯《疑盦詩》丙卷《冰畫。北地嚴寒,明窗夜氣,沍作碎冰,曉起視之,天然成畫》:"倏忽虛無境,迷離山水情",十字簡而能達。西方談者取達文齊之言充類一貫,至謂造藝師匠對世間事物,亦如達文齊之面敗壁(D'une façon plus générale, l'artiste est devant l'existence comme Léonard de Vinci devant le mur ruineux)②。復有師其遺意,攝油垢充積之鍋底爲影(Paul Signac avait photographié un fond de casserole tout incrusté de suie),命人心存目想者③;則幾如心理學中測驗法(The Rorschach test)矣。

---

① R. Petrucci, *La Philosophie de la Nature dans l'Art d'Extrême - Orient*, 117; J. Baltrusaïtis, *Le Moyen Âge fantastique*, 220.

② H. Focillon, *Vie des Formes*, Ernest Leroux, 75.

③ A. Lalande, *Vocabulaire technique et critique de la Philosophie*, 9e éd., Préface, pp. xviii - xix.

【增訂三】達文齊面壁造境，年輩稍晚之畫師比埃羅・狄・谷西莫(Piero di Cosimo)亦然。《藝人列傳》本傳載病人哇吐牆上，留迹狼藉，渠過而止足，凝視意會，如覩羣馬酣鬭之狀或城市、山林奇詭之景；其觀雲時，擬想復爾(He stopped to examine a wall where sick persons had used to spit, imagining that he saw there combats of horses and the most fantastic cities and extraordinary landscapes ever beheld. He cherished the same fancies of clouds—Giorgio Vasari, *op. cit.*, II, 177)。又與宋迪闇合神遇矣。望雲擬境，更與黃公望教人者同。《南村輟耕錄》卷八載其《寫山水訣》有云："登樓望空闊處氣韻，看雲彩即是山頭景物。李成、郭熙皆用此法，郭熙畫石如雲，古人云'天開圖畫'者是也。"按黃庭堅《豫章文集》卷一五《王厚頌》第二首："人得交游是風月，天開圖畫即江山。"然庭堅句言山水乃天然圖畫，公望斷章取義，言雲族有如"天"空上展"開"山水"畫"本，則當引顧愷之《神情詩》"夏雲多奇峰"耳。此訣雖乖庭堅詩旨，而自具心得，堪稱"創造性之誤解"，不妨"杜撰受用"（參觀1660又1701頁）。如《山谷內集》卷六《詠雪奉呈廣平公》："連空春雪明如洗，忽憶江清水見沙"，任淵註："沙以喻雪"；《簡齋集》卷一一"天缺西南江面清，纖雲不動小灘橫"；《誠齋集》卷三二《明發栖隱寺》："銀河到曉爛不收，皎如江練橫天流，中流點綴金沙洲。……天光淡青日光白，道是銀漢也不得；雲師強狠趕不奔，堆作砂洲是碎雲"；皆"看"上空之舞雪停雲，"即是"下地之河沙洲渚，則正公望所解之"天開圖畫"矣。看雲彩而擬作山水，構想之通而無礙也；見雲氣而認爲蓬萊（參觀

468頁),致知之執而有蔽也。"看作"(seeing in)之與"見爲"(seeing as),毫釐千里焉。許承堯《冰畫》詩即《古今談概》卷三四所謂:"冰霜所結,有'天畫'之稱";張蔭桓《鐵畫樓詩續鈔》卷下《晨窗積凍戲爲短詠》亦已云:"人事研竟輸天工,……畫意直可超南宗。"

【增訂四】畫人"看雲彩是山頭"之事,始載於郭若虚《圖畫見聞志》卷四:"翟院深……少爲本郡伶官。一日有會,院深擊鼓忘其節奏。部長按舉其罪,太守面詰之。院深乃曰:'院深雖賤品,天與之性,好畫山水。向擊鼓次,偶見雲聳奇峯,堪爲畫範;難明兩視,忽亂五聲。'太守嘉而釋之。"《宣和畫譜》卷一一記院深言,作:"忽見浮雲在空,宛若奇峯、絕壁,真可以爲畫範。"王闢之《澠水燕談錄》卷七亦記其事而較略,院深答語作:"適樂作次,有孤雲橫飛,淡佇可愛,意欲圖寫,凝思久之",則非見"雲聳"如"峯",而欲逕畫"雲飛"矣。《簡齋集》卷一四《晚步》:"停雲甚可愛,重疊如沙汀",可與原引卷一一《雨晴》句相參。《中州集》卷一密國公璹《夏晚登樓》:"雲似碧山天似水,霽波平浸兩三峯。"德昆亞《懺悔錄》有一節寫仰望晚雲成族,掩蓋不盡之太空出其隙,點點如島嶼之在湖中(The clouds passed slowly through several arrangements, and in the last of these I read the very scene which six months before I had read in a most exquisite poem of Words worth's, ["Ruth"]. . . It was a Canadian lake, "with all its fairy crowds/Of islands that together lie/As quietly as spots of sky/Among the evening clouds". — *Confessions of an English Opium Eater*, Everyman's Lib., p.95),會心正復不遠。白居易《江樓晚眺,景物鮮奇,吟翫成篇》:"簷散雲收破樓閣,虹殘水照斷橋梁",又"天開圖畫"之早者。古希臘人論想象,舉人觀天上浮雲輒作半人馬、鹿、羚羊、狼、馬諸獸形爲例,即近世心理學所謂"投射"(projection)爾(But what about the things we see in the sky when the clouds are drifting the centaurs and stag, antelopes and wolves and horses? etc.—Philostratus, *The Life of Apollonius of Tyana*, II. xxii, Loeb, Vol. I, pp. 175 ff.; cf. E. H. Gombrich, *Art and Illusion*, 5th ed., 1977, pp. 89-91, 154-5)。

五一　全後漢文卷四三

　　傅毅《七激》："驥騄之乘，……前不可先，後不可追，踰埃絕影，倏忽若飛。"按後世頻有祖構，如《全三國文》卷三二劉劭《七華》："後不可及，前不可越。"周君振甫曰："'前'、'後'均指他馬，謂馬在其前者不能仍居先，馬在其後者不能追及之。若指此馬，則上句可通，下句無義理；苟下句別指他馬，則與上句堆牀疊屋。蓋此馬既'不可先'，則必不在'後'，既'不可追'，必長在'前'而不在'後'；若云他馬在'後'，莫能'追'及此馬，則與言此馬在'前'，他馬莫之能'先'，又何異乎？"本卷劉廣世《七興》："駿駔之馬，……飆駭風逝，電發波騰，影不及形，塵不暇興"；末二句即"踰埃絕影"之意而語更醒豁。《全漢文》卷四二王褒《聖主得賢臣頌》："追奔電，逐遺風"，相形見絀；蓋風尚身外之物，而影則附身之物也。《三國志・魏書・武帝紀》裴註引《魏書》："公所乘馬名'絕影'，爲流矢所中"，正本傅文命名。《全晉文》卷八五張協《七命》："天驥之駿逸，……影不及形，塵不暇起"；《唐文拾遺》卷一唐太宗《骨利幹名馬敍》："塵不及起，影不暇生"；皆襲劉廣世語。奇文共賞，賞之不足，斯力仿之，仿之不如，則逕攘取之矣。

五二　全後漢文卷四四

　　崔駰《七依》寫"美人"云："迴顧百萬，一笑千金。……當此之時，孔子傾於阿谷，柳下忽而更婚，老聃遺其虛靜，揚雄失其太玄。"按參觀論《全漢文》卷二二司馬相如《美人賦》。《全後漢文》卷五二張衡《西京賦》："妖蠱艷夫夏姬，……增嬋娟以此豸。……眳藐流眄，一顧傾城；展季、桑門，誰能不營"；又卷八四邊讓《章華臺賦》："爾乃妍媚遞進，巧弄相加，……雖復柳惠，能不咨嗟"；同崔文之旨。展季即柳下；《文選》李善註："桑門、沙門也。"崔以儒宗道祖配柳下惠，張則以佛子連類，皆謂聖人貞士覩此麗質，亦色授魂與、喪操變行耳。柳下惠之嫗女不亂，漢前久傳習道。《雜阿含經》之一〇九二、《方廣大莊嚴經·降魔品》第二〇、《佛本行集經·魔怖菩薩品》第三一等詳述魔女作六百種"色"、三十二種"媚"以"惑"佛，佛斥爲"尿屎囊袋"；《四十二章經》簡約爲天神獻玉女試佛，佛言："革囊衆穢，爾來何爲？……去！吾不用爾！"①。

---

① Cf. Odon de Cluny: "stercoris saccum amplecti desideramus!", quoted in R. de Gourmont, *Le Latin mystique*, 30-2; Burton, *Anatomy of Melancholy*, Pt. III, Sect. III, Mem. V, Subs. III, "Everyman's Lib.", III, 208, 212 (Lucian, Buchanan, Chrysostom et al).

《後漢書・襄楷傳》上書："天神有遺好女，浮屠曰：'此但革囊盛血！'遂不盼之。其守一如此！"；正言此事。倘《四十二章經》洵譯於東漢初，則張衡意中或有之。李善註"展季"，引《家語》，而註"桑門"，却未引《四十二章經》或襄楷書，豈於《經》示疑疑之微意，而於襄書以爲在張賦後耶？然班固《兩都賦・序》"朝廷無事"句善註引蔡邕而自解曰："諸釋義或引後以明前"，則義例又非甚嚴者也。秦觀《河傳》"籬枯壁盡因誰做？若說相思，佛也眉兒聚"（參觀《滿園花》："近日來非常羅皁醜，佛也須眉皺"）；向滈《青玉案》"多情賦得相思分，便攬斷愁和悶，萬種千般說不盡。喫他圈樻，被他拖逗，便佛也須教恨"；謂斷愛如佛，亦復情結愁縈，即"桑門"之"營"耳。晚唐顧甄遠《惆悵詩》之八："如今兩地心中事，直是瞿曇也不知"；秦、向語氣似之，而用意較進。蓋"不知"尚出旁觀，"須恨"、"眉兒聚"則使塵網外人置身情網中矣。後世小說院本如《宣和遺事》前集寫李師師云："休道徽宗直恁荒狂，便是釋迦尊佛，也惱教他會下蓮臺"；王實甫《西廂記》第一本第四折寫僧衆"貪看鶯鶯"，太師"凝眺"，班首"痴呆"；《水滸全傳》第四五回寫一堂和尚見楊雄老婆、《金瓶梅》第八回寫衆和尚見武大老婆，"迷了佛性禪心，七顛八倒"；均"桑門不能不營"之遺意也。抑又有甚焉者，其寫鳩媒之工於誘惑，如《水滸》第二四回稱王婆云："端的這婆子開言欺陸賈，出口勝隨何。……使阿羅漢抱住比丘尼，……教李天王摟定鬼子母。……教唆得織女害相思，調弄得嫦娥尋配偶"；《警世通言》卷一六、《醒世恒言》卷三、王鑨《秋虎邱》第九折、《野叟曝言》第三四回等形容劉四媽、李四嫂輩之擅牽馬略同①。前者謂見可欲能使心亂，後者逕謂仙佛雖出世升天，而耳聞媒妁之言，已欲破戒失守，無俟於目覩。誇而益甚也。

---

① Cf. Thomas Shadwell, *The Miser*, Mrs Cheatly: "I bring people together and make work for the parsons and the midwives. If I had liv'd in that time I would have been hang'd if I had not married the Pope to Queen Elizabeth" (*Complete Works*, ed. Montaque Summers, II, 39).

五三　全後漢文卷四六

　　崔寔《政論》。按漢人言治國不可拘守儒家所謂"王道"，而必用霸術者，以此《論》爲尤切（參觀《史記》卷論《始皇本紀》），《隋書·經籍志》入之法家，是也。葉適《習學記言序目》卷二五斥崔《論》曰："絕無義，漢人以爲能言，莫曉其故。不過病季世寬弛，欲以威刑肅之。"寔初非專主"威刑"者，明言"達權救弊"，欲"嚴刑峻法，破奸宄之膽"，則用心如《左傳》昭公六年子產鑄刑書所謂："吾以救世也。"孔穎達作此傳《正義》，申説"李悝作法，蕭何造律，……秦、漢以來，莫之能革，……古今之政，……觀民設教，遭時制宜"；不圖註疏餖飣中有此崇論閎議，表而出之，亦聊以佐寔張目也。寔比"爲國之道"於衛生，"刑罰"乃攻疾之"藥石"，而"德教"則養身之"粱肉"，粱肉不可治病，猶藥石不可供食，二者相輔。《禮記·坊記》不亦云乎："故君子禮以坊德，刑以坊淫，命以坊欲"，初無偏頗。《後漢書》本傳采寔斯語，葉氏視若無覩。宋儒論古，責備求全，苛刻正自不亞於其所掊擊之法家用法。賈誼倡"道以德教"而排"毆以法令"，葉氏尚譏其緣飾仁義而不知統；寔之直陳"參以霸政"、"檢"以"法術"，爲所鄙棄，更無足怪耳。以重刑深罰爲藥石，與西方文藝復興時政論家所謂"猛藥"①，詞意亦相發明。

【增訂四】唐王志愔爲大理正，見官僚以縱罪爲寬恕，撰《應正論》，即稱引崔寔此作"爲國以嚴致平"之説，且曰："内律云：'釋種虧戒律，一誅五百人，如來不赦其罪'；豈謂佛法爲殘刻耶？老子《道德經》云：'天網恢恢，疎而不漏'，豈謂道教爲凝峻耶？《家語》曰：'王者之誅有五，而竊盗不與焉'，即'行僞言辯'之流；《禮記》亦陳'四殺'，'破律亂名'之謂；豈是儒家執禁、孔子之深文哉？此三教之用法者……"（《全唐文》卷二八二）。

"是所謂渴馬守水，餓犬護肉，欲其不侵，亦不幾矣。"按卷八八仲長統《昌言》上："使餓狼守庖廚，飢虎牧牢豚"，又"苟使豺狼牧羊豚，盗跖主征税"，卷八九《昌言》下："猶豺狼守肉，鬼魅侍疾。"《太平廣記》卷四九三《裴玄智》（出《辨疑志》）載化度寺題壁云："放羊狼頷下，置骨狗前頭；自非阿羅漢，安能免得偷！"

"諺曰：'一歲再赦，奴兒喑啞。'"按《困學紀聞》卷一三謂唐太宗之言出於此，閻若璩註謂王符《潛夫論·述赦》亦引諺："一歲載赦，奴兒噫嗟。"寔此節大意本之《管子·法法》篇："凡赦者，小利而大害者也"云云，所稱"昔管子有云：'赦者、奔馬之委轡'"云云，即出其篇。"委轡"之喻，《孔叢子·刑論》

---

① Machiavelli, *Il Principe*, cap.3, *Opere*, Riccardo Ricciardi, 6; cf. Guicciardini: "Questo male, che è difficile a sanare, arebbe bisogno di medicine forti, e, per parlare in volgare, di crudeltà."

申説之："孔子曰：'以禮齊民，譬之於御則轡也；以刑齊民，譬之於御則鞭也。……無轡而用策，則馬失道矣。'[衛將軍]文子曰：'以御言之，右手執轡，左手運策，不亦速乎？若徒轡無策，馬何懼哉？'"西籍載一夫殺人，法王路易十四宥之，是夫怙惡，復殺人十九，終抵罪死；大臣（Duc de Montausier）言於王曰："此囚所殺，祇一命爾；其餘十九命實喪於陛下之手！"[1] 可以參觀。即所謂"以刑去刑"、"一家哭何如一巷哭"。《藝文類聚》卷五二引《華陽國志》記諸葛亮"惜赦"語，與寔此節，皆管子、商君以來緒論也。

"今典州郡者，自違詔書，縱意出入。每詔書所欲禁絶，雖重懇惻，罵詈極筆，由復廢舍，終無悛意。故里語曰：'州縣符，如霹靂；得詔書，但掛壁。'"按馬周貞觀十一年上疏："供官徭役，道路相繼，……春秋冬夏，略無休時；陛下雖每有恩詔，令其減省，而有司作既不廢，自然須人，徒行文書，役之如故"；白居易《新樂府·杜陵叟》："不知何人奏皇帝，帝心惻隱知人弊，白麻紙上書德音：'京畿盡放今年税。'昨日里胥方到門，手持尺牒牓鄉村。十家租税九家畢，虛受吾君蠲免恩"；蘇軾《東坡集》卷二〇《應詔論四事狀》云："四方皆有'黃紙放而白紙收'之語"；蘇轍《欒城集》卷三六《久旱乞放民間債欠·貼黃》："貪刻之吏，習以成風。上有毫髮之意，則下有邱山之取，上有滂沛之澤，則下有涓滴之施"；皆即崔寔所慨也。歷世相承，慣弊難革，黃白紙語亦屢入南宋人詩中。如范成大《石湖詩集》卷三《後催租行》："自從鄉官新上來，黃紙放盡白紙催"，又卷二七

---

[1] H. Ellis, *The Criminal*, 5th ed., 299.

《四時田園雜興》:"黄紙蠲租白紙催,皂衣傍午下鄉來";《南宋羣賢小集》第一二册朱繼方《静佳龍尋稿·農桑》:"淡黄竹紙説蠲逋,白紙仍科不稼租。"論史而盡信書者,每據君令官告,不知紙上空文,常乖實政。《全齊文》卷一九孔稚珪《上新定律註表》痛陳:"則法書徒明於峡裏,冤魂猶結於獄中";劉知幾《史通·載文》亦歎:"觀其政令,則辛、癸不如,讀其詔誥,則勛、華再出。……鏤冰爲璧,不可得而用也;畫地爲餅,不可得而食也。"

【增訂四】詔令未可盡信,偶閲黄鉞《泛漿録》乾隆五十二年五月八日日記:"金華試院,宋保寧軍治也。廳事後堂五楹,壁有宋碑一,崇寧四年聖製御書手詔,行書。……略云:'朕奉先志,述而行之,靡有遺舉。吏怠不虔,因緣爲姦,託法以便私,倚令以騷衆。令諸司悉力奉行,有懷姦廢法,不如令者,按罪以聞。仍令御史臺體訪彈奏。'按史,是年以朱勔領蘇杭應奉局及花石綱,東南之民方撤屋毁牆,疲於供應,而詔書諄篤,亦似重有恤者,何憒憒也!"斯亦畫地鏤冰、白收黄放之例矣。

十八世紀英國大史家至言:詔令而虐,必有虐政;詔令而仁,上未必施行,下未必遵奉,則不保果有仁政(A tyrannical statute always proves the existence of tyranny; but a laudible edict may only contain the specious professions or ineffectual wishes of the prince or his ministers)①。黄紙掛壁,此之謂乎。抑不特君上之

---

① Gibbon, *Decline and Fall of the Roman Empire*, ch. 29; cf. L. Brunschvicg, *Le Progrès de la Conscience dans la Philosophie occidentale*, II, 747 (l'écart entre l'institution, telle qu'elle est enregistrée par la lettre du droit, et la vie véritable de la société).

詔令爲然，臣下章奏，侈陳措施，亦每罔上而欺後世。黃震《黃氏日鈔》卷六七譏范成大"帥沿海"，"姑爲條畫"，未見行事，因歎："嗚呼！自昔士大夫建明多爛然於高文大册之間，而至今小民疾苦終蹙然於窮簷敗壁之下！"則黑字有同白說，猶黃紙之不敵白紙耳。

"理世不得真賢，猶治病無真藥，當用人參，反得蘆菔根。"按王符《潛夫論・思賢》："夫治世不得真賢，譬猶治疾不得良醫也。治疾當得真人參，反得支羅服；當得麥門冬，反得蒸穬麥。己而不識真，合而服之，病以侵劇，不自知爲人所欺也"；語意具足。《淮南子・氾論訓》："夫亂人者，芎藭之與藁本也，蛇牀之與麋蕪也，此皆相似者"；《全後漢文》卷八三孔融《汝潁優劣論》："頗有蘼菁，唐突人參也"；《全三國文》卷八魏文帝《典論・諸物相似亂者》："蛇牀亂麋蕪，薺苨亂人參"；劉晝《新論・心隱》："愚與直相像，若薺苨之亂人參，蛇牀之似麋蕪。"柳宗元《辨伏神文》："買諸市，烹而餌之，病加甚，醫求觀其滓，曰：'吁！盡老芋也！'"，尤似王符一節而增波瀾。

五四　全後漢文卷五二

張衡《溫泉賦》："遂適驪山，觀溫泉，浴神井，風中巒。"按蔣超伯《窺豹集》卷下謂此用《論語·先進》之"浴乎沂，風乎舞雩"，韓愈註《論語》改"浴"爲"沿"，非也。頗得間，可補劉寶楠《論語正義》采摭之所未及。

張衡《西京賦》："爾乃商賈百族，裨販夫婦，鬻良雜苦，蚩眩邊鄙。何必昏於作勞耶？贏優而足恃。"按即《史記·貨殖列傳》："夫用貧求富，農不如工，工不如商，刺繡文不如倚市門"；《漢書·貨殖傳》引其語而稱爲"諺曰"者。後世賦《賈客樂》每用此意，如張籍《賈客樂》："年年逐利西復東，姓名不在縣籍中；農夫稅多長辛苦，棄業長爲販寶翁。"行商處賈雖異，而勝於"作勞"之農夫，則無不同。白居易《鹽商婦》："鹽商婦，多金帛，不事田農與蠶績"，亦歸一揆。

《西京賦》："華嶽峨峨，岡巒參差"云云，又"總會仙倡，戲豹舞羆"云云。按後世搬演戲劇所謂"布景"與"化妝"者，見諸文字始此。

五五　全後漢文卷五三

　　張衡《南都賦》："客賦醉言歸，主稱露未晞。"按賓主去留，此一情狀也。湯顯祖《玉茗堂集》卷二《秦淮可游賦》："或有辭而未去，或有去而不辭"，另一情狀也。張謙宜《絸齋詩談》卷七引失名氏詩："佯謂公勿渡，隱窺王不留"（按倪鴻寶《倪文正公遺稿》卷一《四十初度》之一〇："曲有公無渡，藥難王不留"），又一情狀也。《紅樓夢》第一二回："鳳姐笑道：'你該去了。'賈瑞道：'我再坐一坐兒'"，別是一情狀也。《宋書·隱逸傳》陶潛"便語客：'我醉欲眠卿可去！'"；頹然自放，夷然勿顧，龔勝之"以手推夏侯常曰：'去！'"（《漢書·王、貢、兩龔、鮑傳》），相形尚多此一舉手之勞。任真率性，已軼出尋常儀注矣。

五六　全後漢文卷五四

　　張衡《髑髏賦》。按《列子·天瑞篇》列子適衛見百歲髑髏節、《全三國文》卷一八陳王植《髑髏説》、卷四三李康《髑髏賦》、卷五三吕安《髑髏賦》等皆從《莊子·至樂》篇來，明人院本《蝴蝶夢》之《歎骷》亦然。莊子自言以馬箠擊空髑髏而問之，張衡此賦乃云："髑髏答曰：'吾宋人也，姓莊名周。'"莊子本借髑髏以説法，張遂逕使莊子自現髑髏身而説法，涉筆成趣。"昔日戲言身後事，今朝都到眼前來"；"後人不暇自哀，使後人而復哀後人也"；行文之狡獪有焉。"死爲休息，生爲役勞，冬水之凝，何如春冰之消？"按命意不外乎《莊子·大宗師》："知死生存亡之一體，……勞我以生，息我以死"；《刻意》："死也物化"；《知北遊》："人之生，氣之聚也，聚則爲生，散則爲死。……已化而生，又化而死。"取譬本乎《淮南子·俶真訓》："夫水嚮冬則凝而爲冰，冰迎春則泮而爲水，冰水移易於前後，若周員而趨，孰暇知其所苦樂乎？"；《精神訓》："譬猶陶人之埏埴也，其取之地而已爲盆盎也，與其未離於地也，無以異；其已成器而破碎漫爛，而復歸其故也，與其爲盆盎，亦無以異矣。……牆之立，不若其偃也，又況不爲牆乎？冰之凝，不若其釋也，又況不爲冰乎？"（《説山訓》同）。《論衡·道虚》亦云："人之生，其猶冰也，水凝而爲冰，氣積而爲人；冰極一冬而釋，人竟百歲而死。"釋書以之爲慣喻，如《首楞嚴經》卷三："始終相成，生滅相續，生死死生，生生死死，如旋火輪，未有休息。阿難，如水成冰，冰還成水"；寒山詩："欲識生死譬，且將冰水比，水結即成冰，冰消返爲水。"宋儒張載《正蒙·太和》第一："氣之聚散於太虚，猶冰之凝釋於水"；《動物》第五："海水凝則冰，浮則漚，……推是足以究生死之説"；《誠明》第六："天性在人，猶水性之在冰，凝釋雖異，爲物一也，受光有大小昏明，其照納不二也。"朱熹《朱文公文集》卷四一《答程允夫》附程來書："張子曰：'天性在人'云云。然極其説，恐未免流於釋氏，兄長以爲如何？"朱答："程子以爲横渠之言誠有過者，正爲此等發耳。"張載論"氣"，喻諸冰水，如《淮南子》、《論衡》及釋書之一死生（the circle of generation）；其論"性"而復舉此喻，則《淮南》、《論衡》所未道，而如釋氏之通妄於真、即迷爲覺（the circle of cognition）。蓋釋氏取一事而兩任也。僧肇《寶藏論·廣照空有品》第一："真冰釋水，妄水結冰"；智顗《摩訶止觀》卷一："無明轉即變爲明，如融冰成水，更非遠物，不餘處來"，又卷六："如爲不識冰人，指水是冰，指冰是水，但有名字，寧復有二物相即耶？"；淨覺《楞伽師資記》第三北齊惠可："冰生於水而冰遏水，冰泮而水通，妄起於真而妄迷真，妄盡而真現"；宗密《禪源諸詮集都序》卷上之一："法本稱理互通，通即互順，凝流皆水"；至明袾宏《竹窗隨筆》仍云："從真起妄，妄外無真，繇水結冰，冰外無水，體一而用常二也。"故程氏之"恐"，初非無因，朱在宋儒中於教宗最稱通曉，乃不直舉贓證，而婉言薄責，豈爲尊者賢者諱耶？張衡賦中冰水之喻，一經拈出，當不乏好奇之士，舍近求遠，以張之《西京賦》曾及"桑門"，遂渾忘《淮南》，而謂經來白馬，張氏必如是我聞，得之耳學。釋子知之，大可攀附；渠輩以《列仙傳》僞序故，於兩漢作者，好引劉向，鋪張門面（參觀《列子》卷論《仲尼》篇），而於張衡則失之交臂矣。

五七　全後漢文卷五八

　　王延壽《魯靈光殿賦》："飛禽走獸，因木生姿"云云。按此節寫殿中陳飾雕鏤之象，所謂"奔虎"、"虯龍"之類，即《淮南子·本經訓》言君主"五遁"之"寢兕伏虎、蟠龍連組"等也；李白《明堂賦》："猛虎失道，潛虯登梯"，亦仿此。"胡人遥集於上楹，……狀若悲愁於危處，憯嚦蹙而含悴"；即《全晉文》卷四六傅玄《猨猴賦》："揚眉蹙額，若愁若嗔。……既似老公，又類胡兒"，又卷六〇孫楚《鷹賦》："狀似愁胡。"杜甫《從人覓小胡孫許寄》所謂"預哂愁胡面"，又《畫鷹》所謂"側目似愁胡"。"圖畫天地，品類羣生"云云。按此節寫牆壁上圖繪之象；觀所描述乃知延壽父逸《楚辭章句》説《天問》爲屈原覩廟壁圖畫而呵問之，蓋相今度古耳。"五龍比翼，人皇九頭"。按《文選》李善註引《春秋命歷序》宋均註："九頭、九人也。"《太平御覽》卷七八引宋均此註："九頭、兄弟九人"，又卷三九六引《洞紀》："古人質，以'頭'爲數，猶今數鳥獸，以'頭'計也；若云'十頭鹿'，非十頭也。"人以"頭"計，近古尚然，而質澆文勝，已成賤稱，如《全三國文》卷六八虞翻《與弟書》："有數頭男皆如奴僕"，《水經注·沅水》李衡曰："有木奴千頭。"是則"人皇九頭"猶"夔一足"歟？《韓非子·外儲説》左下魯哀公問："吾聞夔一足，信乎？"孔子答："夔、人也。……非一足也，一而足也"；《呂氏春秋·察傳》、《風俗通·正失》均載之。竊謂此類言説實出於好古而復不信者之慘淡經營；乃是後人之"文"，初非古人之"質"。蓋信而好古，其事簡，其心直，書則盡信，傳則不察。原始多荒幻之想象，草昧生迷妄之敬忌；疑懼而須解，困窮而有告，或因寄所欲，又聊用自娱，結念構形：天神地祇，怪人妖物，詭狀殊相，無奇不有。伯益《經》傳《山海》，淮南《訓》著《天墜》，梗概猶存，隅舉可反。人皇九頭乃至於天皇氏十三頭，夔一足乃至於燭龍神無足，其小者耳。時世遷移，知慮增進，尚論古先，折衷事理，遂如《論語》所謂怪神不語，《史記》所謂縉紳難言。不肯信而又不忍棄，既奉典爲不刊，却覺言之不經，苟非圓成其誕，必將直斥其誕。於是苦心疏釋，曲意彌縫，牛鬼蛇神，強加以理，化奇異而爲平常，"一而足"、"頭爲數"，即其顯例。飾前載之荒唐，鑿初民之混沌，使譎者正、野者馴，陽尊舊聞，潛易本意，有如偷樑换柱，借體寓魂焉。抑此技不施於非類異種，故"九尾之狐"、"九頭之鳥"，未嘗有以"頭、尾爲數"作解者，亦無援"十手所指、十目所視"以説《大悲呪》之"千手千眼觀世音"者。古希臘學究操術略同，如《神統歌》(*Theogony*)道及"百手人"，説者曰："非其人身生百手也，有地名'百手'，土著遂稱此"①；與"九頭"、"一足"之詮，無以異爾。俗傳人神形貌，固有孳生於文字者②。

---

① Pareto, *op. cit.*, §§661-2, Vol. I, pp. 400-2 (Palaephatus, *De incredibilibus historis*; Heraclitus, *De incredibilibus*).

② Cf. Renan: "Des Services rendus aux Sciences historiques par la Philologie," *Oeuv. comp.*, ed. H. Psichari, VIII, 1229: "La mythologie n'est pas autre chose que le langage; elle en sort, elle n'est que le langage pris d'une façon matérielle".

如：魁星像作鬼形持斗；堯子丹朱像作豬狀而塗丹色；舜弟象像作垂鼻輪囷之獸；西門豹像後翹豹尾；樊須像作多髯人，諧其名音"繁鬚"；冉耕爲牛王，廟壁畫牛百頭，以其字"伯牛"；伍員、杜甫合祀，伍爲男，面苴"五髭鬚"，乃字"子胥"之諧音，杜分身爲"十姨"，乃官"拾遺"之諧音，作姬妾以侍（柳宗元《道州毀鼻亭神記》、費袞《梁溪漫志》卷一〇、《說郛》卷七五俞琰《席上腐談》、陸容《菽園雜記》卷六、《日知錄》卷三二、《四庫提要》卷五九《聖賢圖贊》、趙翼《甌北詩鈔》七古一《戲題魁星像》、梁紹壬《兩般秋雨盦隨筆》卷一、沈起鳳《諧鐸》卷八）。

【增訂三】《甕牖閒評》卷三："大孤山、小孤山，今廟中各塑一婦人像，蓋譌'孤'字爲'姑'字耳。"

莫非望文生義，因聲起意，由誤會而成附會；流風未沫，卮言日出，據"禹"名而斷爲"爬蟲"，緣"墨翟"名而定爲"印度人"，大似豬塗丹、鬼執斗之心法相傳。鄭樵《通志》卷四六《謚略・序論》五："'堯'取累土以命名，'舜'取穊華以命名，'禹'取於獸，'湯'取於水，'桀'以喬木，'紂'以繹絲"；《朱子語類》卷一八："'堯'爲土，'舜'是花，'禹'者獸跡"；自是通識，知呼"牛"應"牛"，呼"馬"應"馬"，未宜牽之堂下，養於廐中。雖然觀近可以度遠，即妄可以揣真；苟欲識原始想象之構荒唐形象，鑿空坐實，則鬼執斗、禹爲獸之類，猶若得其彷彿，於覓初民之童心，不無小裨焉。復近取諸身，如痴人之說夢幻，則思過半矣。延壽《夢賦》不自云乎："悉覩鬼神之變怪，則蛇頭而四角，魚首而鳥身，三足而六眼，龍形而似人"，真牛鬼蛇神也！"三足六眼"正堪與"九頭"連類，何必而亦安能稍加以理哉？參觀《全唐文》卷論陸龜蒙《象耕鳥耘辯》。

王延壽《夢賦》。按亦見《古文苑》卷六，而嚴氏祇輯自《藝文類聚》卷七九，偶忽於參校，其文遂未全備。《古文苑》中此《賦》有云："於是雞天曙而奮羽，忽嘈然而自鳴，鬼聞之以迸失，心憎怖而皆驚"，《類聚》節去。後世小説中鬼畏雞鳴之説，始著於此。袁枚《新齊諧》卷八《鬼聞雞鳴則縮》於舊解能出新意："忽雞叫一聲，兩鬼縮短一尺，燈光爲之一亮。雞三四聲、鬼三四縮，愈縮愈短，漸漸紗帽兩翅擦地而没。"《論衡·訂鬼》謂"鬼，陽氣也"，"太陽之氣，盛而無陰"，蓋持無鬼論也。信有鬼者，則謂鬼陰氣畏陽，幽處而夜出，光天化日，無所容身，故雄父叫旦，則怯遁不遑。苟鬼能白晝現形，必此趣中之尤惡而爲厲者，是以宋、明以來稱奸人黠盜爲"白日鬼"，清無名氏至蒐羅鬼典而爲之賦，所謂："羅刹鬼母懷鬼胎而寱生，爲鬼方令，青天白日之下，居曖昧之心，行陰險之事"（繆艮《文章游戲》二集卷二《白日鬼賦》）。異域風俗亦言鬼物憎怖雞唱①，傳誦名篇中如哈姆雷特父鬼聞雞消縮（But even then the morning cock crew loud, /And at the sound it shrunk in haste away），雷娜拉婿鬼聞雞疾馳（"Rapp! Rapp"! mich dünkt, der Hahn schon ruft）②，皆耳熟口滑之例也。

---

① M. Summers, *History of Witchcraft and Demonology*, 117-8.
② *Hamlet*, I. ii (Horatio); G. A. Bürger: "Lenore".

五八　全後漢文卷六八

　　戴良《失父零丁》。按以"爹"與"禍"、"我"爲韻，蓋不讀"丁加"反；沈濤《交翠軒筆記》卷四引《南史·梁始興王憺傳》及《廣雅》，謂讀"大可"反，是也。實則《梁書·太祖五王傳》"民之爹"句下，史臣已自註"徒可反"矣。此文即後世之尋人招貼(wanted circular)，故於乃翁形貌之弊惡，刻劃詳悉，以便如索驥之按圖(identikit)，猶可說也。既以"我父軀體與衆異"領起，而以"此其庶形何能備"作結，自成一節。承以"請復重陳其面目"一節，却繼之曰："請復重陳其形骸，……面目芒蒼如死灰，眼眶臼陷如羹杯"；補苴凌亂，失章無序，已欠明了。至"鴟頭鵠頸獼狗喙"，"□似西域□駱駝"，徒相擬於禽獸，了無裨於辨認，施之尊親，誠爲侮嫚。通篇詞氣嘲詠，於老人醜態，言之津津，竊疑俳諧之作，儕輩弄筆相戲；與《初學記》卷一九所載《龐郎》、《醜婦》等賦之"卧如驪牛驟，立如烏牛跱"，"鹿頭獼猴面"，無以異爾。曹植誄操，有"尊靈永蟄"之句，《文心雕龍·指瑕》、《金樓子·立言》下、《顏氏家訓·文章》衆口一詞，譏其"以父方蟲"；苟良覓父而真爲爾許語，并揚之四方五達，必且不齒於時人矣。古書擬喻每疎檢點，可供劉勰"指瑕"之資。《豳風・狼跋》，毛、鄭註謂是美周公，《鹽鐵論・鹽鐵箴石》篇亦説爲"君子之路，行止之道固狹"；後人遂怪："詩人比興以類，奈何以狼比聖人！"（梁玉繩《瞥記》卷一）。《關雎》之"雎鳩"，倘果如《妙法蓮華經文句記》卷二載梁武帝所説即"鶩"或李冶《敬齋古今黈・拾遺》卷三、戴震《毛鄭詩考正》所説爲"鷙"鳥，則猛禽象"好逑"之"君子"、"淑女"，亦大似以猛虎象親子之愛矣（參觀《七修類稿》卷一二引解縉詩）。《左傳》宣公四年子公欲弑鄭靈公，子家曰："畜老猶憚殺之，而況君乎？"；成公十七年欒書中行偃執晉厲公，韓厥曰："古人有言曰：'殺老牛，莫之敢尸'，而況君乎？"；愛君而比之牛、畜，後人亦當謂爲失倫。荷馬史詩稱英雄爲驢，遂累談藝者繁詞巧辯，謂近世呼"驢"爲鄙賤之詞（un terme très-bas）而古希臘以爲尊尚之稱（un terme grec très-noble）①。梵書有云："養兒如豬"（I bring him up like a hog），意謂盡心撫字（I bring up the boy with great care）②；乍聞斯解而不詫笑者尠矣！基督教《聖經》寫上帝之降，突如來如，無聲無臭，屢曰："有若黑夜之竊賊"（as a thief in the night）③；尤匪夷所思。此種皆古人"質勝文"處，而恐不得援以解戴良斯篇也。

---

① Boileau, *Réflexions critiques sur quelques passages du Rhéteur Longin*, ix, *Oeuvres complètes*, ed., A.C. Gidel, III, 378-9, note.

② J. Gonda, *Remarks on Similes in Sanskrit Literature*, 40.

③ I. Thessalonians, 5.2; II Peter; 3.10; *Revelations*, 3.3. Cf. Matthew, 24. 43; Luke, 12.39.

五九　全後漢文卷六九

　　蔡邕《協和婚賦》。按此賦殘缺。首節行媒舉禮，尚成片段；繼寫新婦艷麗，猶餘十二句；下衹存"長枕橫施，大被竟牀，莞蒻和軟，茵褥調良"，又"粉黛弛落，髮亂釵脱"六句。想全文必自門而堂，自堂而室，自交拜而好合，循序描摹。"長枕"以下，則相當於古希臘以來《婚夜曲》（epithalamium）一體所詠；雖僅賸"粉黛"八字，然襯映上文，望而知爲語意狎褻，《淮南子·説林訓》所謂："視書，上有'酒'者，下必有'肉'，上有'年'者，下必有'月'，以類而取之。"前此篇什見存者，刻劃男女，所未涉筆也；如宋玉《諷賦》衹云："以其翡翠之釵掛臣冠纓"，司馬相如《美人賦》亦衹云："玉釵掛臣冠。"白行簡《天地陰陽交歡大樂賦》："求吉士，問良媒，六禮行止，百兩爰來，青春之夜，紅煒之下"云云，即"協和婚"之義，至"釵墜髻亂"，更與"髮亂釵脱"無異。然則謂蔡氏爲淫媟文字始作俑者，無不可也。"釵脱"景象，尤成後世綺艷詩詞常套，兼以形容睡美人。如劉孝綽《愛姬贈主人》："卧久疑妝脱，鏡中私自看；薄黛銷將盡，凝朱半有殘；垂釵繞落鬢，微汗染輕紈。同羞不相難，對笑更成歡。妾心君自解，掛玉且留冠"；白居易《如夢令》："腸斷腸斷，記取釵橫鬢亂"；李商隱《偶題》："水紋簟上琥珀枕，旁有墮釵雙翠翹"；楊衡《春夢》："落庭日照花如錦，紅妝美人當晝寢，傍人不知夢中事，唯見玉釵時墜枕"；韓偓《五更》：懷裏不知金鈿落，暗中唯覺繡鞾香"，又《三憶》："憶眠時，春夢困騰騰，展轉不能起，玉釵垂枕稜"；韋莊《思帝鄉》："雲髻墜，鳳釵垂，髻墜釵垂，無力枕函欹"；歐陽修《臨江仙》："涼波不動簟紋平，水精雙枕，傍有墮釵橫"；陳克《謁金門》："雲壓枕函釵自落，無端春夢惡。"更僕難數也。

蔡邕《筆賦》："書乾坤之陰陽，讚三皇之洪勳，敍五帝之休德，揚蕩蕩之典文，紀三王之功伐兮，表八百之肆勤，傳《六經》而綴百氏兮，建皇極而序彝倫。"按《野客叢書》卷一六謂韓愈《毛穎傳》："自結繩以及秦，陰陽、卜筮、占相、醫方、族氏、山經地志、九流百家之書，皆所詳悉"，即本此賦及晉成公綏《故筆賦》、郭璞《〈爾雅〉圖讚·筆》（《全晉文》卷五九、一二一）。求形固似，得心未許。其義乃題中應有，作者思路遂同轍跡；意本尋常，韓海雖不遺細流，何必沾丐此三首屠庸文字哉？韓文中尚有"及至浮屠、老子外國之説"一句，陳叔方《潁川語小》卷上以爲"浮屠之書，秦時未至中國"，毛穎既託爲秦始皇時人，不應預悉佛經。夫以疑年考史之法，施于嘲戲文章，膠柱鼓瑟，煮鶴焚琴，貽譏騰笑。古來詞賦，寓言假設，每時代錯亂，小説戲劇更無忌避，詳見《全宋文》卷論謝莊《月賦》。唐緇流文獻鉅著成於韓氏見、聞、傳聞三世之中者，高宗時道世之《法苑珠林》、玄宗時智昇之《開元釋教錄》均張大門面，造作譜牒。《珠林》卷五一《敬塔篇之餘》論"豈非佛經秦前已有也?"，《釋教錄》卷一〇《古經錄》言秦始皇時釋利防等齎經入中國。果須爲韓文解嘲，妄言而姑妄聽也可。

蔡邕《琴賦》。按參觀《全漢文》卷論王褒《洞簫賦》。此賦亦殘闕，邕《連珠》："參絲之絞以絃琴，緩張則撓，急張則絕"（卷七十四），立譬頗佳，賦中見存語無其意。《淮南子·繆稱訓》："治國譬若張瑟，大絃絙則小絃絕矣。故急轡數策者，非千里之御也"，又《泰族訓》："故張瑟者，小絃急而大絃緩"；皆不如邕喻之圓賅也。《四十二章經》則云："沙門……欲悔思退，佛呼沙門問之曰：'汝處家將何修爲？'曰：'常彈琴。'佛言'絃緩何如？'曰：'不鳴矣。''絃急何如？'曰：'聲絕矣。''急緩得中何如？'曰：'諸音普調。'佛告沙門：'學道亦然'"（亦見《雜阿含經》卷九之二五四，沙門名"尊者二十億耳"；又見《出曜經》卷六、《大唐西域記》卷一〇）。蔡琴絃之喻，蓋與張衡冰水之喻，苟爲好事釋子所知，大可捕風捉影也。《禮記·雜記》下早以弓弦之"一弛一張"喻"文武之道"，意即相通。陶弘景《真誥》卷六《甄命授》二襲《四十二章經》，此喻與焉。劉禹錫《調瑟詞》："調瑟在張弦，弦平音自足，朱弦二十五，缺一不成曲。美人愛高張；瑤軫再三促；上弦雖獨響，下應不相屬。日暮聲未和，寂寥一枯木"；又同《淮南》之旨。荀悅《申鑒·政體》篇："睹孺子之驅雞也，而見御民之方；孺子驅雞，急則驚，緩則滯"；《後漢書·鮑永傳》："永以吏人痍傷之後，乃緩其銜轡"，章懷註："喻法律以控御人也"；《晉書·李雄載記》楊褒曰："夫統天下之重，如臣乘惡馬而持矛也，急之則慮自傷，緩之則懼其失"；堪相發明。調瑟（tune the harpe）喻治國，亦西方古人常言；或論尼羅（Nero）失政，以絃柱急張、緩張爲譬（to winde the pins too high, to let them downe too low; power pressed too farre, relaxed too much)①，尤類《淮南子》等語意。

---

① Bacon, *Essays*, "Of Empire", "The World's Classics", 78(Apollonius).

六〇　全後漢文卷七六

蔡邕《郭泰碑》。按《困學紀聞》卷一二:"邕文今存九十篇,而銘墓居其半。曰'碑',曰'銘',曰'神誥',曰'哀讚',其實一也。自言:'爲《郭有道碑》,獨無愧辭',其他可知矣。其頌胡廣、黄瓊,幾於老、韓同傳。若繼成漢史,豈有南董之筆?";章學誠《丙辰劄記》:"中郎學優而才短;今觀遺集碑版文字,不見所長。撰《後漢書》,未見長於范、陳。"一議其史德,一議其史才;觀蔡遺文,識卑詞蕪,二人之論,尚爲恕也。勞格《讀書雜識》卷二校訂《蔡中郎集》甚詳覈,可補正嚴氏處,兹不復及。

六一　全後漢文卷八二

　　張升《友論》："嘘枯則冬榮，吹生則夏落。"按姜宸英《湛園札記》卷一云："鄭泰曰：'孔公緒清談高論，嘘枯吹生'，註：'枯者嘘之使生，生者吹之使枯'；《淮南子》：'嘔之而生，吹之而死。'二字義正相反，今竿牘家動曰：'吹嘘'，《北史·盧思道傳·贊》已誤用矣。"已得涯略，稍爲理董。張升二語即"二字義反"之例；《十六國春秋》卷一一載劉琨《遺石勒書》較《晉書·石勒載記》所錄多四句："成敗之數，有似呼吸：吹之則寒，嘘之則温"（《全晉文》卷一〇八），正是張升語意。二者皆視姜氏所引《後漢書·鄭泰傳》更明（《後漢書》本張璠《漢紀》，見《三國志·魏書·武帝紀》及《鄭渾傳》裴註引）。《淮南》語出《泰族訓》，《齊俗訓》又曰："吹嘔呼吸"，義亦相反；《老子》第二九章云："夫物或行或隨，或嘘或吹，或强或羸"，是其朔也。"誤用"不始於《北史》之"剪拂吹嘘"。張升語見《文選》劉峻《廣絶交論》"敍温郁則寒谷成暄，論嚴苦則春叢零葉"二句下李善註引，而《論》末"自昔把臂之英"一節下註又引峻《與諸弟書》："任既假以吹嘘，各登清貫"，已同"竿牘家"之用。蓋《方言》："吹：扇，助也"，郭璞註："吹嘘，扇拂，相佐助也"；

早作"竿牘家"解會。六朝時二字或反義分指，或同義合指，兩用並行。《文心雕龍・史傳》："吹霜煦露，寒暑筆端"（參觀《詔策》："文有春露之滋，詞有秋霜之烈"），此同張升、鄭泰、劉琨之例。《魏書・郭祚傳》："王上直信李沖吹噓之說耳"；《南齊書・柳世隆傳》："愛之若子，羽翼吹噓，得升官次"；《梁書・劉遵傳》昭明太子與劉孝儀書："吾之劣薄，其生也不能揄揚吹噓，使得騁其才用"；任昉《答劉孝綽》："久敬類誠言，吹噓似嘲謔"；《顏氏家訓・名實》："甘其餌者遞共吹噓"；此同郭璞、劉峻之例，已引申爲讚揚之意。唐之詩流"誤用"如楊炯、李頎、杜甫、元稹，不一而足，杜《贈獻納起居田舍人澄》："揚雄更有《河東賦》，唯待吹噓送上天"，尤成後世文士干乞套語。復舉散文二例。《全唐文》卷六三四李翱《感知己賦》："許翺以拂拭吹噓"；卷六七四白居易《與陳給事書》："率不過有望於吹噓拂拭耳。"然唐人亦有未背本義，違俗希古者，如《全唐文》卷一六六盧照鄰《雙槿賦》："柔條朽幹，吹噓變其死生"；卷五八五柳宗元《天對》："噓炎吹冷，交錯而功。"韓愈《苦寒》："炎帝持祝融，呵噓不相炎"；噓溫之異於吹冷尤明。晚近用"吹噓"，爲"吹牛"所吸引（attraction），不復指"揄揚"他人，而指揚己自誇，以"吹噓"之"吹"（to blow not and cold），等"吹角"之"吹"（to blow one's own trumpet）。孚甲新意，姜氏固不及知矣。"吹噓"一詞二字，或殊途分指，或齊驅同指，略如"契闊"，具見《毛詩》卷論《擊鼓》。然"契闊"同指，或從"契"義，或從"闊"義，而"吹噓"同指，歷來衹取"噓"義。蓋兩文儷而成一詞，有聯合而各不失本者，有吞并而此長彼消者。匹似"人物"之爲言"人"也，單舉也，而"人地"乃雙舉"人"

與"地";"物事"之爲言"物"也,單舉也,而"事物"乃雙舉"事"與"物"。合離兼別,其故莫詳,成俗相因,積重難返。正名慎思者嘗斥語言文字鬼黠如蛇(參觀《老子》卷論第一章),詁訓之學唯有與之委蛇耳。

六二　全後漢文卷八三

　　孔融《薦禰衡疏》：「昔賈誼求試屬國，詭係單于；終軍欲以長纓，牽致勁越。」按《全三國文》卷一五陳王植《求自試表》：「昔賈誼弱冠，求試屬國，請係單于之頸而制其命；終軍以妙年使越，欲得長纓，占其王羈致北闕。」《文選》卷三七兼錄兩篇，李善註後篇曰：「賈誼、終軍已見《薦禰衡疏》。」孔、曹並時名勝，用典不嫌相同，後人亦無指目其相襲者，可以隅反也。駢文律詩，隸事屬對，每異撰同揆，而表章書啓、律賦排詩，酬酢供奉，尤易互犯。《南齊書・文學傳・論》曰：「或全借古語，用申今情，崎嶇牽引，直爲偶説。」日出事生，供官應制，送迎弔賀，世故無窮，而古典成語之可比擬假借、且復當對以成儷偶者，其數有限，相形不侔。觀概求同，納繁歸簡，俾窶曰有容，葫蘆成樣，得以分門立目，類事纂言。橫流泛濫，坊本爭新，《紺珠》、《合璧》之屬，捷徑便橋，多爲"米湯大全"而設。夫以無窮之人事，比附有限之典故，隸事成聯，衆手往往不謀而合，勢所必至，語未必偷。公器同心，亦如江上清風、山間明月，子我所共適，而非彼此之相侵也。胡仔《苕溪漁隱叢話》前集卷三三引《西清詩話》謂王安石應制作《賞花釣魚》詩："披香殿上留朱輦，太液池邊送玉盆"，都人盛傳"王舍人竊柳詞：'太液波翻，披香簾捲'"，安石頗銜之；吳曾《能改齋漫錄》卷五則謂此對不昉自柳永，唐上官儀《初春詩》已云："步輦出披香，清歌臨太液。""都人"之譏誚，吳氏之開脫，皆未探本。上苑禁中之境地類肖，漢宫典實之資騙使匹配者無幾，三家取材，不約自同，名學所謂"頻率"高或"蓋然性"高（high frequency or probability），即其理焉。庾信《哀江南賦》："嗟有道而無鳳，歎非時而有麟"；《晉書·儒林傳·敍論》："夫子將聖多能，固天攸縱，歎鳳鳥之不至，傷麟出之非時"；唐玄宗《經鄒魯、祭孔子而歎之》："歎鳳嗟身否，傷麟怨道窮。"古之歎"道不行"者，必舉孔子爲首，而孔子行事可撮合成佳對者，莫逾歎鳳傷麟；有目之所共賞，故或借題點綴，或本地風光，皆不恤人之言公然對面作賊也。

【增訂四】爲孔子所作詩文，輒取歎鳳與傷麟二事作對，庾信以後，唐玄宗以前，早成公器，不嫌蹈襲。如《全唐文》卷九九高宗皇太子宏《請樹孔子廟碑疏》："況泣麟曾躅，歌鳳遥芬"；卷一七五崔行功《贈太師魯國孔宣公碑》："南楚狂狷，舊辨鳳衰；東魯陪臣，奄成麟斃"；卷一九二楊炯《遂州長江縣先聖孔子廟堂碑》："南游楚國，遂聞衰鳳之歌；西狩魯郊，獨下傷麟之泣"；餘不備舉。唐末羅隱《謁文宣王廟》仍云："雨淋狀似嗟麟泣，露滴還同歎鳳悲"，所謂題中應有之義也。清初李良年《將至塞上呈汪苕文農部》五言排律有一聯云："輦下仍歌鳳，臺邊想獲麟"；意欲活用，却如依樣而不畫葫蘆，終難自異。易順鼎《琴志樓編年詩集》卷六《郯城懷古》："袍沾麟也泣，輿接鳳兮謳"，承"躓遡素王遊"來，用語助詞稍改換頭面，仍落科白也。

楊萬里《誠齋集》卷三五《送丘宗卿帥蜀》之二：「酒揮勃律天西椀，鼓臥蓬婆雪外城」；范成大《石湖詩集》卷一八《寄權制帥高子長》：「勃律天西元采玉，蓬婆雪外昨分弓」，高即權蜀帥。同爲官蜀者作詩，蜀之史地既常然，故齊名交好，得句相類，而不嫌並存集中也。王銍《王公四六話》卷下：「鄧溫伯知成都謝上表云：『捫參歷井，敢辭蜀道之難，就日望雲，愈覺長安之遠』；自後凡官兩川者，謝表相承，用此一聯」（《能改齋漫錄》卷一四引此聯，作「方知蜀道云云，已覺長安云云」）。不特牋表，詩亦有之。陸游《劍南詩稿》卷五《書懷》：「敢言日與長安遠，惟恨天如蜀道難」；趙翼《甌北詩鈔》七律三《哭璞函之訃》：「空懸望眼長安近，欲返遺骸蜀道難」；張問陶《船山詩草》卷二《乙巳八月出都感事》之二：「亦知蜀道真難上，其奈長安不易居」，又卷一七《二月晦日雨雪同亥白兄侍太夫人飲酒作》：「居貧敢説長安易，兵在遙憐蜀道難」；姚椿《通藝閣詩錄》卷八《寄麗生南歸》：「自古長安居不易，於今蜀道上真難。」蓋客子之旅蜀、過蜀與蜀人之寓京、出京，都不放過此聯，真所謂「雖欲不用，山川其舍諸」者。劉因《靜修先生文集》卷九《人情》：「共説長安如日近，豈知蜀道比天難」；梁紹壬《兩般秋雨盦詩選・赢寄集・送韓雪琴同年下第南還》之一：「舉頭漫説長安近，插足幾如蜀道難」；一爲兩句皆虛喻，一爲上句實指，而下句虛喻，則非此族類，又當別論矣。

【增訂三】范公偁《過庭錄》載范仲淹內姪李毅「嘗代蜀守謝上表，一聯云：『捫參歷井，都忘蜀道之難；就日望雲，但覺長安之遠。』一時稱賞。」則以此聯爲李毅手筆。汪琬《鈍翁前後類稿》卷二《寄贈吳門故人》:"家臨綠水長洲苑,人在青山短簿祠。"尤侗《艮齋雜説》卷五論之曰:"人稱佳句。余閲沐景顒《滄海遺珠》有日本使臣天祥《題虎丘》詩云:'樓臺半落長洲苑,簫鼓時來短簿祠',居然先得之矣!汪豈偷句於倭?或所謂暗合者耶?"實則爲吳人,切吳地作詩,"長洲苑"、"短簿祠"亦猶爲帥蜀者作詩之"勃律天西"、"蓬婆雪外"耳。

【增訂四】以"長安"、"蜀道"兩事相儷,又見二例。《明文海》卷二〇三費寀《賀王陽明平西啓》:"況長安之日遠,兼蜀道之時艱。"吳清鵬《笏庵詩》卷二〇《簡菊裳》:"手遮紅日長安近,身上青天蜀道難。"原引趙翼《甌北詩鈔》七律三《哭璞函之訃》見《甌北集》卷二一。又按《甌北集》卷一九《即景》之一:"才思漸如强弩末,歸心已折大刀頭";卷四三《閲邸報,殘賊剿除將盡,蕩平有日矣,誌喜》之一:"賊勢已成强弩末,軍聲行唱大刀頭。"宋葛勝仲《丹陽集》卷二一《去南陽有日,書懷》:"官意真如强弩末,歸心先問大刀頭";首以二事相儷。元姚燧《牧菴集》卷三四《癸巳九日》:"客氣已爲强弩末,宦情空遶大刀頭";似襲葛聯而竄易數字,修詞便欠圓貼。後來祖構頻仍,趙氏特其中不厭煩者乎。《隨園詩話》卷六摘桐城石曉堂文成警聯:"官久真成强弩末,歸遲空望大刀頭";吳文溥《南野堂詩集》卷六《新年書感》:"客況真成强弩末,歸期難説大刀頭";梁紹壬《兩般秋雨盦詩選·蠟屐集·西湖咏古》:"詩思漸如强弩末,歸心空繞大刀頭";齊彥槐《梅麓詩鈔·出山集》卷下《二月十八日宿焦山鶴壽堂次陶雲汀中丞和借菴七十自述》之五:"宦興已成强弩末,歸心長折大刀頭";符兆綸《卓峯草堂詩鈔》卷一三《路過永豐,謝湖東作畫贈別,感賦》:"一代英雄強弩末,幾時歸去大刀頭",卷一六《弔何芸樵大令》:"賊勢已成強弩末,官軍休唱大刀環。"頗徵"弩末"、"刀頭"乃見成好對,同心公器,見獵心喜與偶得巧合者固應不乏,而仿襲前製者自復有之。

《全唐文》卷三七〇王縉《東京大敬愛寺大證禪師碑》:"視彼來學,如菴摩勒果;冀其出世,如優曇鉢花。"一花一果,皆釋氏自家物事,撮成好對,幾如俯拾即是,信手能拈。陸游《劍南詩稿》卷五六《六言雜興》云:"世界菴摩勒果,聖賢優鉢曇花";《渭南文集》卷二四《能仁請昕老疏》:"現世如菴摩勒果,說法如優鉢曇花";亦似公器共採,故與王文異口同聲。花名當作"優曇鉢",如隋譯《佛本行集經》第二三《虯婦欲食獼猴心因緣》所言"優曇婆羅樹"。王文不誤,宋人葛立方《歸愚集‧補遺‧跋臨右軍書》亦云:"逸少墨跡如優曇鉢花。"陸詩作"優鉢曇"者誤,似有意乙置,遷就近體詩平仄;《劍南詩稿》卷一八《東齋偶書》:"寒廳靜似阿蘭若,佳客少於優鉢曇",則更為押韻所牽制,非誤乙不可。然岑參有《優鉢羅花歌》,序云:"參嘗讀佛經,聞有優鉢羅花,目所未見";蘇軾《贈蒲澗長老》:"優鉢曇花豈有花,問師此曲唱誰家",《宋詩紀事》卷三三載謝逸斷句:"閻浮檀水心無染,優鉢曇花體自香";自唐以來,沿誤已久,積非成是,不自劍南作俑也。

復舉一例,聊作旁參。沈德潛《國朝詩別裁》卷七戴本孝《律陶‧田家》:"但道桑麻長,而無車馬喧";卷二七顧易《律陶》:"但道桑麻長,而無車馬喧",沈氏評:"與戴無忝集陶相同,神到之候,自然遇之;予向亦集此二語,揭之蓬門,未嘗見二君詩也。"夫範圍不出陶潛詩，體裁不出五言律，此二語之捉置一處，"自然"而幾必然，非"神"思之"到"，正物勢之限爾。情景題目相肖，則詩文之隸事屬對每同，若是班乎。參觀《野客叢書》卷一二組綴韓愈、劉禹錫全句爲一聯，《堯山堂偶雋》卷一論邱遲《謝示青毛龜啓》、卷三論鄭準《乞歸姓表》、卷四論鄧溫伯《邢妃麻》、卷六論何桌《謝召還表》，吳景旭《歷代詩話》卷一九論"歌扇"、"舞衣"之對諸節。談者於此等聯，或斷爲盜襲，或解爲偶合，各中事宜。竊欲明偶然之或亦蓋然，非欲説盜襲爲當然，俾穿窬得文過也。

【增訂四】黃震《東發日鈔》卷六二論東坡《次韻曹輔寄壑源試焙新芽》詩"從來佳茗似佳人"云："此句恰與'若把西湖比西子'是天生之對。"蓋"欲把西湖比西子"，乃東坡《飲湖上初晴後雨》詩句也。黃氏未知陳造《江湖長翁集》卷一六《次韻答高賓王》："行處西湖作西子，從來佳茗是佳人"，早已撮合蘇句。顧圖河《雄雉齋選集》卷六《以餘杭龍井茶餉朱寧遠》："曾聞佳茗似佳人，況乃西湖比西子"；許善長《碧聲吟館談麈》卷一記西湖藕香居茶室懸一聯："欲把西湖比西子，從來佳茗是佳人。"豈非"天生之對"，東坡兩句以來，自諧佳偶，亦猶沈德潛之"律陶"，不得遽目爲彼此蹈襲也。

孔融《與諸卿書》："鄭康成多臆説。……若子所執，以爲郊天鼓必當麒麟之皮也。"按袁枚《續新齊諧》卷五《麒麟喊冤》："……奏曰：'臣麒麟也。……必待聖人出，臣纔下世。不料有妄人鄭某、孔某者，生造《註》、《疏》，説郊天必剝麒麟之皮蒙鼓，方可奏樂'"云云，即孔融之旨而出以嘲戲；孫星衍《平津館文稿》卷二《〈隨園隨筆〉序》考"麟皮"即"牝鹿皮"，姑妄聽之可也。如融此《書》全佚，而衹存其《告高密相立鄭公鄉教》、《繕治鄭公宅教》，則世必以爲融於鄭玄悦服無間；脫此《書》僅存，而兩《教》都佚，則世必以爲融於玄鄙夷不屑。今三篇俱在，官《教》重玄之時望，私《書》薄玄之經學，立言各有所爲。公廷私室，譽毁異宜，蓋亦平常情事。然脫好行小慧，或責孔融兩舌後言，"當面輸心背面笑"；或謂兩《教》一《書》，作有先後，欽敬經久而衰，識見與年俱進，"文章藻鑑隨時去"；甚或疑三篇非出一手，容有贋託誤編，"却笑旁人被眼謾"。鼓怒浪於安瀾，震鳴條於靜樹，當不乏喜事者耳。

孔融《難曹公表制酒禁書》："酒之爲德久矣。……故天垂酒星之曜，地列酒泉之郡，人著旨酒之德。"按唐覲《延州筆記》卷三謂李白《月下獨酌》："天若不愛酒，酒星不在天，地若不愛酒，地應無酒泉"，本融語意。此《書》末句："由是觀之，酒何負於治者哉？"，又同《全漢文》卷五二揚雄《酒賦》末句："繇是言之，酒何過乎？"而融正言、雄反言也。又《書》："夏商亦以婦人失天下，今令不斷婚姻"，復彷彿《三國志·蜀書·簡雍傳》禁酒，家有釀具同罰，雍見男女行道，謂先主："彼人欲行淫！……彼有其具，與欲釀者同。"融兩《書》皆詞辯巧利，莊出以諧。《全三國文》卷八魏文帝《典論》有《酒誨》，庶幾庭訓未墜，《論文》評孔融"不能持論，理不勝詞，以至乎雜以嘲戲"，豈亦比乃翁一酒辯難不勝之恥乎？融好持非常可怪之論，見於難曹操禁酒兩書、爲曹丕納袁熙妻《與曹公書》、《全後漢文》卷九四路粹《枉狀奏孔融》、《全三國文》卷二魏武帝《宣示孔融罪狀令》、《全晉文》卷四九傅玄《傅子》諸篇者，頗言之成理，"嘲戲"乃其持論之方，略類《史記·滑稽列傳》所載微詞譎諫耳。融立兩論,最驚世駭俗。一爲《傅子》所述,別詳《左傳》卷論宣公十二年;一則路粹《狀》奏其"跌蕩放言,云:'父之于子,當有何親?論其本意,實爲情欲發耳!子之于母,亦復奚爲?譬如寄物瓶中,出則離矣!'"即魏武《令》所謂:"此州人説,平原禰衡受融傳論,以爲父母與人無親,譬如瓴器,寄盛其中。……融違天反道,敗倫亂理!"實則王充《論衡·物勢》篇已萌斯意:"夫天地合氣,人偶自生也;猶夫婦合氣,子則自生也。夫婦合氣,非當時欲得生子,情欲動而合,合而生子矣。"融推理至盡而已。《朱子語類》卷一二六:"釋氏以生爲寄,故要見得父母未生時面目。黃蘗一僧有偈與其母云:'先時寄宿此婆家';止以父母之身爲寄宿處,其無情義、滅絕天性可知!"蓋不知孔丘家兒早有"寄物"、"寄盛"之喻,較"寄宿"更薄情也。

【增訂三】《古詩十九首》第三首:"人生天地間,忽如遠行客",《文選》李善註:"老萊子曰:'人生於天地之間,寄也'";第四首:"人生寄一世,奄忽若飈塵。"此吾國古説,人"寄"於天地、世代,即李白《春夜宴從弟桃花園序》所謂:"夫天地者,萬物之逆旅也;光陰者,百代之過客也。"釋氏則言人"以父母之身爲寄宿處",如朱子所斥黃蘗僧之偈,亦彼法古教。西晉譯《法句譬喻經·道行品》第二八記一婆羅門有愛子,七歲夭折。父悲痛欲絕,乃求閻羅王還其兒命,王令往東園中"將去"。至則見兒與諸童劇戲,急前抱持,兒呵之曰:"癡駭老公,不達道理,寄住須臾,名爲父子。"父廢然歸,叩佛求教,佛喻之曰:"人死神去,便更受形,父母妻子,因緣會居,譬如寄客,起則離散。"蓋"父母身"爲子之"寄宿處",實因"形"骸爲"神"魂之寄宿處爾。又按《譬喻經》此事孳乳增飾而成《夷堅志》支戊卷四《吳雲郎》、又支癸卷六《尹大將仕》、陸粲《庚巳編》卷二《戴婦見死兒》、《聊齋志異》卷五《柳氏子》,源流久遠,聊復及之。

古希臘詩人亦謂:"汝曷不思汝父何以得汝乎!汝身不過來自情欲一餉、不淨一滴耳"(If thou rememberest, O man, how thy father sowed thee... Thou art sprung from incontinent lust and a filthy drop)①。後世詩文中,習見不鮮,舉數例以概。十七世紀英國名作:"汝子被訶,倘不服而反脣曰:'何故生我?我初未乞求誕生也!',汝將奚如?"(what if thy son/Prove disobedient, and, reproved, retort,/"Wherefore didst thou beget me? I sought it not!")②;又一劇二角色相語,甲云:"若翁生汝,汝則殺之,足以報施"(Cutting his throat was a very good return for his begetting you),乙答:"老物初未嘗計及生我,渠衹自求快意耳"('Twas for his own sake, he ne'er thought of me in the business)③。《海外軒渠錄》言小人國法令謂父母生子女出於情慾(by the motives of concupiscence),故子女於親不必有恩義(obligation)④。當世波蘭小説中母誡未嫁女毋外遇致有孕,曰"吾不欲家中忽添嬰兒"(But I don't want a kid here),女怫然答:"汝之生我,幾曾先事詢我願不乎!"(You didn't ask me if I

---

① Palladas, *Greek Anthology*, X.44, "Loeb", IV, 25.
② *Paradise Lost*, X.760-2.
③ Thomas Shadwell, *The Libertine*, *Complete Works*, ed. M. Summers, III, 27 (Jacomo and Don John).
④ *Gulliver's Travels*, Pt. I, ch.6, Oxford, 67.

wanted to be born)①；一意大利小説中母責女曰："汝對阿父語，不得如此"（Guarda che non dovresti rispondere così a tuo padre），女藐之（alzava le spalle）曰："我初未求出世，汝二人專擅，遽使我生"（Io non avevo chiesto di venire al mondo. Mi ci avete fatta venire）②。吾國舊號"孝治"，故率言如孔融者不多耳。

【增訂三】十八世紀英國才婦（Lady Mary Wortley Montagu）致其女（the Countess of Bute）書曰："汝不必感我誕育爲人，正如我不謝汝惠臨出世。俗見多妄，每以孝思繩子女，吾生平絶口未嘗道之"（You are no more obliged to me for bringing you into the world, than I am to you for coming into it, and I never, never made use of that common-place(and like most commonplace, false) argument, as exacting any return of affection—*Letters*. "Everyman's Library", 400）。母氏劬勞，而持此論，尤罕事也。

---

① Marek Hlasco, *The Eighth Day of the Week*, tr. N. Guteman, 13(Agnieszka).
② A. Moravia, *Nuovi racconti romani*: "Lasciami perdere", *Opere complete*, Bompiani, XI, 251-2 (Marcella).

六三　全後漢文卷八四

　　鄭玄《戒子益恩書》。按《後漢書》本傳載此書，所言與《全唐文》卷三三〇史承節《鄭康成祠碑》多不合；阮元《揅經室一集》卷七《金承安重刻唐萬歲通天史承節撰〈後漢大司農鄭公碑〉跋》、俞正燮《癸巳存稿》卷七皆據《碑》以糾《書》中訛脫。《書》云："吾家舊貧，不爲父母羣弟所容，去厮役之吏，游學周、秦之邦"，《碑》無"不"字，一文之差，尤非等閒。《隋書・儒林傳》劉炫自爲《贊》曰："通人司馬相如、揚子雲、馬季長、鄭康成等，皆自敍風徽，傳芳來葉"，亦"薄言胸臆"，有曰："家業貧窶，爲父兄所饒，廁搢紳之末，遂得博覽典誥"，顯爲仿鄭《書》語，可證"不爲父母"之誤衍"不"字也。

　　邊讓《章華臺賦》："振華袂以逶迤，若游龍之登雲。"按卷四三傅毅《舞賦》："蜲蛇姌嫋，雲轉飄曶，體如游龍，袖如素蜺"；《全三國文》卷一三陳王植《洛神賦》："其形也，翩若驚鴻，婉若游龍"；卷三〇卞蘭《許昌宮賦》："婉轉鼓側，蜲蛇丹庭，或遲或速，乍止乍旋，似飛鳧之迅疾，若翔龍之游天。"即《淮南子・脩務訓》："今鼓舞者繞身如環，動容轉曲"；《全後漢文》卷五三張衡《舞賦》："嫋纖腰而互折，嬛傾倚兮低昂。"皆言體態之嫋娜夭矯，波折柳彎，而取喻於龍蛇，又與西方談藝冥契。米凱朗傑羅論畫，特標"蛇狀"（la figura serpentina），謂筆法鈎勒，宛延縈紆，最足傳輕盈流動之姿致（to express *furia* and *leggiardria*），如蛇之行地（a crawling snake）、焰之被風（a flickering flame），説者或復取象於舞容及烟縷之裊宛纏綿（the interweaving curves of a dance; coiling and waving smoke）①。霍加斯本而發揮，至稱蛇形或波形之曲綫（the waving and serpentine line）爲"美麗綫"（the line of beauty），能使觀者心目隨而逶迤佚蕩（that leads the eye a wanton kind of chace），且云："余觀跳舞，於此綫會心不遠"（Its beguiling movement gave me the same kind of sensation then which I since have felt at seeing a country-dance）②。

【增訂三】古希臘文家早謂跳舞者能以身段動作擬象水之流與火之烈（a dancer...could imitate even the liquidity of water and the sharpness of fire in the liveliness of his movements—Lucian: "The Dance", "Loeb", V, 233）。可與霍加斯觀舞語相發明。席勒判别美之陽剛、陰柔，亦以焰形綫或蛇形綫（die flammigten oder geschlängelten Linien）爲柔妍之屬，宜示流動之曼態（die Schönheit der anscheinenden oder nachgeahmten Bewegungen）③。傅、邊、卞輩賦狀舞容，取譬"蜷蛇"、"游龍"，豈非閉門造車於千載以前，而出户合轍於九州之外哉！竊意美人曲綫之旨，始

---

① Robert J. Clements, *Michelangelo's Theory of Art*, 175-8.
② Hogarth, *The Analysis of Beauty*, ch. 5, ed. J. Burke, 42-3; cf. "Preface", 5-6.
③ Schiller: "Ueber Anmut und Würde," *Werke*, hrsg. L. Bellermann, 2. Aufl., VII, 109.

發於《詩·陳風·月出》："佼人僚兮，舒窈糾兮"，毛《傳》謂詠美人白晳，"僚、好貌，舒、遲也，窈糾、舒之姿也"；胡承珙《毛詩後箋》卷一二引司馬相如《子虛賦》"青虯蚴蟉於東箱"，又《大人賦》"騑赤螭青虬之蚴蟉蜿蜓"，謂"窈糾"與"蚴蟉"、"蜿蜓"同，行動貌，即《洛神賦》之"婉若游龍"也。

【增訂四】《莊子·田子方》："從容一若龍，一若虎"；郭註："縈辟其步，逶蛇其迹"；成疏："逶迤若龍，縈辟若虎。"《洛神賦》之"婉若游龍"，可以《莊子》語註之。

正復以曲綫通於龍蛇；蓋舒徐矯捷，均堪喻此，傅毅以之言速，卞蘭以之言緩，要歸乎婀娜宛轉而已。《太平廣記》卷三一一引《蕭曠》託爲洛神語，病曹植賦中此兩句體物殊"疏"。嘗臆測之，植以向來刻劃妙舞者移施於雅步，"婉若游龍"即《月出》之"舒窈糾兮"，無可吹求；而"翩若驚鴻"在舞踊爲輕快者，在步武則佚爲浮佻，有失神女身份，此所以嘖有煩言歟。參觀《太平廣記》卷論卷一八《柳歸舜》。後世寫體態苗條，輒擬諸楊柳，袁宏道《新買得畫舫作居》之六奇句所謂："杜宇一身皆口頰，垂楊遍體是腰肢"；寖假而以"蛇腰"易"柳腰"，《紅樓夢》第四四回王夫人形容晴雯所謂："水蛇腰，削肩膀兒。"十九世紀以來西洋詩文中尤成慣語，如梅里美晤見一貴婦人（La Princesse Joinville），記其狀貌云："腰身佳絶，乃一蛇而服繡衣紈耳"（la taille ravissante, un serpent dans du satin et des dentelles）①。波

---

① Paul Léon, *Mérimée et son Temps*, 374. Cf. Hugo, *Toute la Lyre*, III. 3: "N'est-ce pas le serpent qui vaguement ondule/Dans la souple beauté des vierges aux seins nus?"; Hermann Bahr, *Das Konzert*: "Eva, neunzehn Jahre; sehr schlank, fantastisch, auf Schlange stilisiert."

德萊亞詠一女行步風姿，直比於蛇之舞擺（A te voir marcher en cadence, /Belle d'abandon, /On dirait un serpent qui danse/Au bout d'un bâton）①。則《月出》之"舒窈糾兮"、《洛神賦》之"婉若游龍"，言行步而非言旋舞者，泂得風氣之先，有揣稱之妙也。

《章華臺賦》："歸乎生風之廣廈兮，脩黃軒之要道，携西子之弱腕兮，援毛嬪之素肘。"按卷五五張衡《七辯》"西施之徒"一節："假明蘭燈，指圖觀列"，又《同聲歌》："衣解巾粉御，列圖陳枕張，素女爲我師，儀態盈萬方，衆夫所希見，天老教軒皇"；曹植《洛神賦》："動朱唇以徐言，陳交接之大綱"；徐陵《答周處士書》："差有弄玉之俱仙，非無孟光之同隱。……優游俯仰，極素女之經文，升降盈虛，盡軒皇之圖藝。"可參觀。曰"黃軒"者，《論衡·命義》所謂"素女對黃帝陳五女之法"，《抱朴子》内篇《微旨》所謂"俗人"誤認"黃帝單以此事致長生"也。《古詩歸》卷四選《同聲歌》，鍾惺評此數句云："'我師'妙！妙！前段謙畏極矣！至此不覺自矜自憐，亦是負才色者之常"；蓋渠儂初不曉爲道何事也。笑駡《詩歸》者，却未及之。

---

① Baudelaire: "Le Serpent qui Danse", *Oeuvres complètes*, "la Pléiade", 104. Cf. Moravia: "Scherzi di Ferragosto": "La donna...era flessuosa come un serpente; camminando dimenava le anche e dondolava di testa" (*Racconti romani*, in *Opere complete*, Bompiani, VII, 5).

六四　全後漢文卷八七

　　禰衡《鸚鵡賦》。按段成式《酉陽雜俎》卷一二《語資》引魏肇師曰："《鸚鵡賦》禰衡、潘尼二集並載"，嚴氏應引作按語。"心懷歸而勿果，徒怨毒於一隅。……託輕鄙之微命，委陋賤之薄軀。期守死以報德，甘盡辭以效愚。恃隆恩於既往，庶彌久而不渝。"按其鳴也哀，以此爲全篇歸宿，似寓託庇受廛之意。故張雲璈《選學膠言》卷八疑其與衡之傲世慢物不稱，或是他人所作。鄭方坤《蔗尾詩集》卷二《秋夜讀古賦、各題絕句》："賦成鸚鵡忽憂生，語作啾啾燕雀聲。辜負大兒孔文舉，枉將一鶚與題評"；自註："賦中多求哀乞憐語。"孔融《薦禰衡疏》云："鷙鳥累百，不如一鶚"；鄭詩真拈來不費力者。然《全三國文》卷一四陳王植《鸚鵡賦》亦曰："蒙含育之厚德，奉君子之光輝，……常戢心以懷懼，雖處安其若危。永哀鳴以報德，庶終來而不疲"；與衡所作，詞旨相襲。豈此題之套語耶？抑同心之苦語也？

　　【增訂三】《後村大全集》卷一七五《詩話》論禰衡此賦已云："極籠檻棲託之悲。……噫！衡自知不免，哀鳴躑躅，求容於〔黃〕祖者如此，亦可憐已！"即鄭方坤所謂"語作啾啾燕雀聲"也。

六五　全後漢文卷八八

　　仲長統《昌言》。按僅存十之一二，筆致駿發騰踔，在桓寬、王符之上。統不信天道、神怪而信神仙長生之術，又桓譚所謂"通蔽"也。然逆志原情，亦復有説。尊天、事鬼、修仙，三者均出於妄想倖心，而難易勞逸不同。統持"嗽舌""行氣"之法，以冀得道不死，此求諸於己、盡其在我也。若所斥"愚惑"之民、"昏亂"之主，則仰仗威靈，冀蒙恩蔭，藉巫祝之佞、祭祀之諂，坐致福祐。相形之下，修仙尚是勤勉人力而非委心天道、依恃神庥。嵇康《養生論》不云乎："有謂神仙可以學得，不死可以力致"；曰"學"曰"力"，異乎僥倖冀得便宜者。《全三國文》卷一八陳王植《辯道論》力闢神仙，而仍有取於術士導引房中之説，以爲可以"療疾"、"終命"，然"非有志至精莫能行"，足相參印。故統雖明有所不察，識有所不週，尚未渠可以其矛攻其盾也。

六六　全後漢文卷八九

　　《昌言》下："今嫁娶之會，捶杖以督之戲謔，酒醴以趣之情欲；宣淫佚於廣衆之中，顯陰私於族親之間。汙風詭俗，生淫長奸，莫此之甚！"按即《抱朴子》外篇《疾謬》所言："俗間有戲婦於稠衆之中、親屬之前，問以醜言，責以慢對，或蹙以楚撻，或繫脚倒懸"，而增勸酒"趣情"、"宣淫"之事。楊慎《太史升菴全集》卷四四引《抱朴子》，謂晉世已有"鬧新房"陋俗；俞正燮《癸巳存稿》卷一四、平步青《霞外攟屑》卷三又《樵隱昔寱》卷一四皆據《漢書·地理志》下："燕地……嫁取之夕，男女無別，反以爲榮"，上溯至於漢代，却未徵援《昌言》此節也。《全後漢文》卷三八《風俗通》："汝南張妙會杜士，士家娶婦，酒後相戲。張妙縛杜士，捶二十下，又懸足指，士遂至死。"亦在"嫁娶之會"，爲"捶杖"、"倒懸"之舉，但杜士似非即新郎，乃"鬧房"、"戲婦"，横流波及其身爾。

　　"董賢之于哀帝，無骨肉絲髮之親，又不能傳其氣類，定其繼嗣。"按即《太玄經》卷二《事》之《次四》："男、女事，不代之字"，范望《解》："況於字育，故不代也"；《易·屯》之六二："女子貞不字"，《經義述聞·易》上謂當從虞翻説"字"爲

"姙娠",正"不代之字"之"字"也。法國古詩人譏其君亨利三世(Votre semence chet en terre qui n'est bonne)①,亦同統意。

"婦人有朝哭良人,暮適他士,涉歷百庭,顔色不愧。"按即《警世通言》卷二莊生詩所謂:"夫妻百夜有何恩,見了新人忘舊人",或《紅樓夢》第一回《好了歌》所謂:"君生日日説恩情,君死又隨人去了。"張岱《瑯嬛文集》卷四《家傳·附傳》所記有小説院本勿如者:"仲叔姬侍盈前,岱曾勸叔父出之。姬侍曰:'奴何出?作張氏鬼耳!'仲叔喜,亟呼岱聽之。……甲申,岱同蕚弟奔喪,姬侍林立,請曰:'得早適人,相公造福!'岱笑曰:'張氏鬼奚適耶?'姬侍曰:'對老爺言耳!年少不得即鬼,即鬼亦不張氏待矣!'"《警世通言》搧墳劈棺一篇,西方傳譯,仿作紛紜②;古羅馬小説曾寫艷孀變節,以明"婦人心性不可信恃"(animum ne crede puellis)③,談者每與是篇並稱。

【增訂四】猶太俗傳古説,一狐誡豹曰:"爲婦者罔其生夫,負其死夫"(Women deceive men in life and betray them in death),因歷舉前事爲鑑。第四事言羅馬一貴人得罪縊死,陳屍懸樹十日,有卒衛視之;適一婦新寡,覯此卒,兩情相悦,卒懈所守,屍遂被盜。婦慰卒曰:"無傷也!有先夫遺體在。"婦即破坟,親曳夫屍出,俾卒懸樹,卒曰:"犯人禿髻而汝夫

---

① Ronsard: "Throis Sonnets" ii, *Oeuvres complètes*, éd. P. Laumonier, VI, 488. Cf. Bentham: "unprolific appetite" (C. K. Ogden, *Jeremy Bentham 1832—2032*, p.103, cf.98); C. Hassall, *Edward Marsh*, 222(Margot Asquith); M. Gibbon, *The Masterpiece and the Man*, 153(Yeats).

② Ed. Grisebach, *Die treulose Witwe. Eine chinesische Novelle und ihre Wanderung durch die Weltliteratur*, 1877.

③ Petronius, *Satyricon*, cxi-cxii, "Loeb", 228-34.

多髮，兩屍殊不類，奈何！"婦於是捽死夫首而力撏其髮盡 (Nathan Ausubel, *A Treasury of Jewish Folklore*, Bantam Abridged Ed., 1980, p.466)。

竊謂童話有九尾雄狐佯死以試牝狐事①，正復此意。胥不外乎莎士比亞名劇所嘲："不事二夫誇太早，丈夫完了心變了"(So think thou wilt no second husband wed; /But die thy thoughts when thy first lord is dead)②。夫與妻盟不再娶，妻死而夫背信者，見之載筆，如劉敬叔《異苑》卷六袁乞、《太平廣記》卷三二二引《幽明錄》呂順、《夷堅甲志》卷二《張夫人》、《丁志》卷九《太原意娘》、卷一八《袁從政》、《聊齋志異》卷八《鬼妻》之類，偶然寓誡，而寥落未成慣題。是亦"雙重兩性道德"之一例（參觀《周易》卷論《大過》）。白居易《婦人苦》所歎"婦人一喪夫"，如竹之折，而"男兒若喪婦"，則如柳之折，流俗視爲當然。男尊女卑之世，丈夫專口誅筆伐之權，故苛責女而恕論男；發言盈庭，著書滿家，皆一面之詞爾③。歸過嫁罪而不引咎分謗，觀乎吾國書字，情事即自曉然。義訓之不美不善者，文多從"女"傍，"奸"、"妬"、"妄"、"妖"之屬，凡一百六十八字（徐珂《康居筆記彙函》之二《呻餘放言》），其理不言可喻。使蒼姞造字，如周姥制禮，當不若是矣！

---

① "Die Hochzeit der Frau Füchsin", erstes Märchen, Brüder Grimm, *Die Kinder-und Hausmärchen*, Berlin: Der Kinderbuchverlag, 138-40.

② *Hamlet*, III.ii.224-5 (Player King).

③ Cf. Johnson, *Rambler*, No.18: "As the faculty of writing has been chiefly a masculine endowment, the reproach of making the world miserable has been always thrown upon the women."

"北方寒而其人壽，南方暑而其人夭；此寒暑之方，驗於人者也。鈞之鹽也，寒而餓之，則引日多，溫而飽之，則引日少；此寒溫餓飽之爲修短，驗於物者也。"按《困學紀聞》卷一〇引此節而論之曰："論養生者，盡於此觀之？韓子蒼《醫說》用此意。"小兒醫尤揭著此意。《全三國文》卷二二王朗《屢失皇子上疏》："且少小常苦被褥太溫，太溫則不能便柔膚弱體，是以難可防護，而易用感慨。若常令少小之縕袍不至于甚厚，則必咸保金石之性，而比壽於南山矣"；李治《敬齋古今黈》卷五："《潛夫論》曰：'小兒多病傷於飽'，然此言但知節食耳，不知衣食之豐，亦受病之源也。俗諺有之：'小兒欲得安，無過飢與寒'；謂飢寒之者，……所以撙節之而已，亦非謂飢之寒之。……近世一醫師謂：'貧兒誤得安樂法'，……則是富兒故求病也。"吾鄉諺亦云："若要小兒安，常帶三分飢與寒"，與范寅《越諺》卷上等所載全同。張習孔《雲谷臥餘》卷四引此"俗語"，却曰："夫饑可也，寒豈不生疾乎？當是'汗'字"；事理、文理，兩皆不通，又其余智自雄、"喜竄點"杜詩之故技也。仲長之旨，已發於《呂氏春秋·重己》："衣不燀熱，燀熱則理塞，……味衆珍則胃充，胃充則中大鞔；……以此長生可得乎？"；又《淮南子·墜形訓》："暑氣多夭，寒氣多壽"，又謂東方之人"早知而不壽"，南方之人"早壯而夭"，北方之人"惷愚而壽"。《全三國文》卷四八嵇康《答向子期〈難養生論〉》："火蠶十八日，寒蠶三十日，餘以不得踰時之命，而將養有過倍之隆。溫肥者早終，涼瘦者遲竭，斷可識矣"；《南史》卷六二《顧協傳》梁武帝曰："北方高涼，四十強壯，南方卑濕，三十已衰。如協[三十五]便爲已老。"孟德斯鳩謂冷地之人強有力（on a donc plus de vigueur dans les climats froids），熱地之人弱而惰（le corps y sera absolument sans force, la paresse y fera le bonheur）①；休謨謂北人嗜酒，南人好色（people in the northern regions have a greater inclination to strong liquors, and those in the southern to love and women），俗語頗得其實②。利奧巴迪謂熱地之人視寒地、温地之人年壽較短（La vita degli orientali e di coloro che vivono ne'paesi assai caldi è più breve di quella dei popoli che abitano ne'paesi freddi o temperati）③，則純乎淮南、仲長、嵇生、蕭老公之論矣。

"昔有明師知不死之道者，燕君使人學之，不捷而師死"云云。按即《韓非子·外儲説》左上："客有教燕王不死之道者，王使人學之"云云，亦見《列子·説符》。《孔叢子·陳士義》子順答枚産問"匱於財"，以道士學長生爲喻，略同。

"使居有良田廣宅，背山臨流"一節。按《全宋文》卷三一謝靈運《山居賦》："昔仲長願言，流水高山"，自註："仲長子云：'欲使居有良田廣宅，在高山流水之畔'"云云，詞句小異。此節於仲長文中最爲傳誦，另加題目，自成篇章，所謂《樂志論》也。董其昌《容臺別集》卷三《書品》："仲長統此論，所謂'未聞巢由買山而隱'者。然薪火熾燃，相將入火坑，不必皆貧賤士。蓋盛滿不知足，往往十而九矣"；尤侗《艮齋雜説》卷三："統儼然富貴逸樂之人，非巖居穴處、輕世肆志之所爲。自右軍

---

① Montesquieu, *De l'Esprit des Lois*, Liv. IV, ch. 2 et 10, *Oeuv. comp.*, "Bib. de la Pléiade", II, 474, 482.

② Hume: "Of National Characters", *Essays Moral, Political, and Literary*, ed. T. H. Green and T. H. Grose, I, 256.

③ Leopardi, *Zibaldone*, Mondadori, II, 893.

書之，傳爲美談，而平泉《知止賦》亦云：'仲既得於清曠'，是爲狂生所欺矣！"均譏統言若退而望甚奢，異於飯蔬飲水枕肱者，殊中肯綮。《全後漢文》卷六七荀爽《貽李膺書》："知以直道不容於時，悅山樂水，家於陽城"；參之仲長欲卜居山涯水畔，頗徵山水方滋，當在漢季。荀以"悅山樂水"，緣"不容於時"；統以"背山臨流"，換"不受時責"。又可窺山水之好，初不盡出於逸興野趣，遠致閒情，而爲不得已之慰藉。達官失意，窮士失職，乃倡幽尋勝賞，聊用亂思遺老，遂開風氣耳。

【增訂三】漢末人謂失志違時，於是"悅山樂水"。此正如有"江山之助"者，豈異人乎？乃放逐憔悴之屈原耳。惲敬《遊羅浮山記》至曰："古之善遊山水者，以左徒爲始"（參觀936頁）。觀乎後世，斯意尤明。勞人謫宦，遠役羈居；披榛履險，藉作清遊，置散投荒，聊尋勝賞。《水經注》常曰："結飛梁於水上，淫朋密友，羈游宦子，莫不尋梁契集，用相娛慰"；"行李所經，鮮不徘徊忘反矣"；"于時行旅過矚，亦有慰於羈望矣"（卷六《晉水》涼堂、卷十一《滱水》南山岫又陽城渚）。即謂流連景物，足慰羈旅之情也。行客逐臣，辛勤侘傺，騁懷游目，陶冶性靈，範水模山，斐然卓爾，幽棲嘉遯之漫士山民瞠乎後矣。鮑照《登大雷岸與妹書》曰："去親爲客，如何如何！向因涉頓，憑觀川陸，邀神清渚，流睇方矚。"杜甫《法鏡寺》："身危適他州，勉强終勞苦。神傷山行深，愁破崖寺古。洄洄山根水，冉冉松上雨。洩雲蒙清晨，初日翳復吐。朱甍半光炯，戶牖粲可數。拄策忘前期，出蘿已亭午。冥冥子規叫，微徑不敢取"；《五盤》："五盤雖云險，山色佳有餘。喜見淳樸俗，坦然心神舒。成都萬事好，豈若歸吾廬！"柳宗元

《始得西山宴遊記》曰："自余爲僇人，居是州，遊於是乎始。"元稹《以州宅誇於樂天》曰："鏡水稽山滿眼來，謫居猶得住蓬萊。"蘇軾《與毛令方尉遊西菩提寺》曰："推擠不去已三年，魚鳥依然笑我頑。人未放歸江北路，天教看盡浙西山"；又《六月二十日夜渡海》："九死南荒吾不恨，兹游奇絶冠平生。"陳與義《細雨》曰："避寇煩三老，那知是勝游！"稍摘名篇，聊資推類。洪亮吉《更生齋文》卷一《天山贊》："世人不之知，逸客不之訪。……是則天地之奇、山川之秀，寧不待千百年後懷奇負異之士，或因行役而過，或以遷謫而至者，一發其奇乎？"言此意尤暢。杜詩曲盡情事，"神傷"乃大綱，"愁破"是小目，"愁"暫"破"而"神"仍"傷"；行邁未已，道梗且長，前途即有"不敢取"之"微徑"在。蓋悦山樂水，亦往往有苦中强樂，樂焉而非全心一意者。概視爲逍遥閒適，得返自然，則疎鹵之談爾。歐陽修被讒，出知滁州，作《醉翁亭記》，自稱"醉翁之意在乎山水之間"，人"不知太守之樂其樂"。夫"醉翁。寄"意"，洵"在乎山水之間"，至若"太守"之初衷本"意"，豈真"樂"於去國而一麾而守哉？諒不然矣。

【增訂四】陳與義尚有兩詩，反復陳斯意。《遊八關寺後池上》："不有今年謫，争成此段奇？"《正月十二日自房州城遇虜，奔入南山，十五日抵回谷張家》："向來貪讀書，閉户生白髭。豈知九州内，有山如此奇！自寬實不情，老人亦解頤"；胡穉註引中齋云："此詩盡艱苦歷落之態，雜悲喜憂畏之懷，玩物適意語，時見於奔走倉皇中。"蓋奔命逃生之時，亦即"玩物適意"之會，於此中得稍佳趣也。

後世畫師言："山水有可行者，有可望者，有可游者，有可居者"

(《佩文齋書畫譜》卷一三郭熙《山水訓》）；統之此文，局於"可居"，尚是田園安隱之意多，景物流連之韻少。阮元《石渠隨筆》云："他人畫山水，使真有其地，皆可游玩；倪[瓚]則枯樹一二株、矮屋一二楹，寫入紙幅，固極蕭疏淡遠之致，設身入其境，則索然意盡矣。"與統同心，如《全三國文》卷三〇應璩《與程文信書》、《全晉文》卷六一孫綽《遂初賦》等，而《全晉文》卷三三石崇《金谷詩序》最相發明："有別廬去城十里，或高或下，有清泉、茂林、衆果、竹柏、藥草之屬；金田十畝、羊二百口、雞、豬、鵝、鴨之類，莫不畢備，又有水碓、魚池、土窟。其爲娛目歡心之物備矣！"蓋統所願得以樂志者，崇盡有而且溢量焉；雞豬、林泉並在"娛目歡心"之列，悃愊勿爲華詞，蓋與恣情邱壑、結契烟霞，絫而幾殊。持較《全晉文》卷二七王獻之《帖》："鏡湖澄澈，清流瀉注，山川之美，使人應接不暇"；《全宋文》卷二九雷次宗《與子姪書》："爰有山水之好"；卷三三謝靈運《遊名山志》："夫衣食、人生之所資，山水、性分之所適"；猶有及門入室之辨。嘗試論之，詩文之及山水者，始則陳其形勢產品，如《京》、《都》之《賦》，或喻諸心性德行，如《山》、《川》之《頌》，未嘗玩物審美。繼乃山水依傍田園，若蔦蘿之施松柏，其趣明而未融，謝靈運《山居賦》所謂"仲長願言"、"應璩作書"、"銅陵卓氏"、"金谷石子"，皆"徒形域之薈蔚，惜事異於栖盤"，即指此也。終則附庸蔚成大國，殆在東晉乎？袁崧《宜都記》一節足供標識："常聞峽中水疾，書記及口傳悉以臨懼相戒，曾無稱有山水之美也。及余來踐躋此境，既至欣然，始信耳聞之不如親見矣。其疊崿秀峯，奇構異形，固難以詞敘。林木蕭森，離離蔚蔚，乃在霞氣之表，仰矚俯映，彌習彌佳。流連信宿，不覺忘返，目所履歷，未嘗有也。既自欣得此奇觀，山水有靈，亦當驚知己於千古矣！"（《水經注》卷三四《江水》引）。游目賞心之致，前人抒寫未曾。六法中山水一門於晉、宋間應運突起，正亦斯情之流露，操術異而發興同者。《全宋文》卷一九王微《報何偃書》："又性知畫繪，……故兼山水之愛，一往迹求，皆仿像也"；

> 【增訂四】王微《告弟僧謙靈書》復用"仿像"二字："吾臨靈，取常共飲杯，酌自釀酒，寧有仿像不？冤痛！冤痛！"謂與生時對酌情景寧"肖似不"也。

卷二〇宗炳《畫山水序》："余眷戀廬衡，契闊荊巫，……於是畫象布色，構茲雲嶺。……身所盤桓，目所綢繆，以形寫形，以色寫色也。"目觀之不足，而心之摹之，手之追之，詩文、繪畫，此物此志爾。《文心雕龍·明詩》曰："宋初文詠，體有因革，莊、老告退，而山水方滋"；局隅而未通方，故聊明殊跡之一本焉。葉適《水心集》卷一七《徐道輝墓誌銘》："上下山水，穿幽透深，棄日留夜，拾其勝會，向人鋪説，無異好美色也"；善於形容，足爲袁崧"山水有靈"二句嗣響。人於山水，如"好美色"，山水於人，如"驚知己"；此種境界，晉、宋以前文字中所未有也。

"安神閨房，思老氏之玄虛；呼吸精和，求至人之彷彿。"按歸依道教也。統《述志詩》有曰："叛散《五經》，滅棄風雅"，則擯斥儒書也。得與嵇、阮、王、何輩把臂稱同調矣。

六七　全後漢文卷九〇

　　王粲《登樓賦》:"雖信美而非吾土兮,曾何足以少留。"按即六朝樂府《襄陽樂》所謂:"人言襄陽樂,樂作非儂處,乘星冒風流,還儂揚州去!""步棲遲以徙倚兮,白日忽其將匿。……獸狂顧以求羣兮,鳥相鳴而舉翼。原野闃其無人兮,征夫行而未息。"按孫樗《餘墨偶談》卷一謂王維《臨高臺送黎拾遺》:"日暮飛鳥還,行人去不息",以十字括此數句。

　　王粲《神女賦》:"婉約綺媚,舉動多宜。"按蘇軾《西湖》稱西施"淡妝濃抹總相宜",王實甫《西廂記》第一本第一折張生稱鶯鶯:"我見他宜嗔宜喜春風面",即"多宜"之謂,厥意首發於兹。《全宋文》卷三一謝靈運《江妃賦》:"姿非定容,服無常度,兩宜歡嚬,俱適華素";於"宜"之纖旨曲致,由渾之畫,視王粲語,如增冰之於積水矣。後世詞人,都爲籠罩。蘇詩、王曲而外,如梁簡文帝《鴛鴦賦》:"亦有佳麗自如神,宜羞宜笑復宜嚬";周邦彥《玉樓春》:"淺顰輕笑百般宜";謝絳《菩薩蠻》:"一瞬百般宜,無端笑與啼";楊无咎《柳梢青》:"一自別來,百般宜處,都入思量",又《生查子》:"妖嬈百種宜,總在春風面,含笑又含嚬,莫作丹青現";尹唯曉《眼兒媚》:"一好百般宜";

【增訂四】周邦彥艷詞《望江南》有句云："人好自宜多"，或苦難解。竊謂參觀尹唯曉《眼兒媚》之"一好百般宜"，則渙然冰釋矣。

周煇《清波雜志》卷九論"士大夫"家"侍巾櫛輩小名"云："'總宜'之名爲佳，特恐無敢承當者。"竊謂《莊子·天運》言西施"病心而矉，其里之醜人見而美之"；王嘉《拾遺記》卷八吳主覩畫工寫潘夫人憂戚瘦減之容悅焉，曰："愁貌尚能惑人，況在歡樂！"；沈約《六憶詩》之二："笑時應無比，嗔時更可憐"；柳永《滿江紅》："惡發姿顏歡喜面，細追想處皆堪惜"；雖皆未道"宜"，而命意正"兩宜歡嚬"、"宜嗔宜喜"耳。莎士比亞名劇中讚皇后之美云："嗔罵、嘻笑、啼泣，各態咸宜，七情能生百媚"（Fie wrangling Queen—／Whom every thing becomes, to chide, to laugh, ／To weep; whose every passion fully strives／To make itself, in thee, fair and admired!）[①]，用"宜"字（becomes）不謀而合。麗人之"顰"、"啼"、"愁貌"亦宜人動人，故婦女飾貌弄姿，遂有如卷四一《風俗通》佚文所記之"愁眉"、"啼妝"、"若齒痛不忻"之"齲齒笑"，或白居易《時世妝》所詠"妝成盡似含悲啼"，效顰學步矣。又按張相《詩詞曲語辭滙釋》卷二釋"惡"爲"甚辭"，是也，然舉柳永二句爲例而解曰："'發'即'發妝'之'發'，'惡發姿顏'即濃妝之意"，則不知妄説。"惡發"、嗔怒也。莊季裕《雞肋編》卷下："錢氏時'握髮殿'，吳人語訛，乃云'惡發'，謂錢王怒即乘此座"；陸游《老學菴筆記》卷八《北方民家吉凶》條："'惡發'猶云'怒'

---

① *Antony and Cleopatra*, I.i.48-51.

也"(參觀卷一《錢大王惡發殿》條)。唐時已有此語,如《敦煌掇瑣》之三《燕子賦》:"鷦鷯惡發,把腰即扭",又變文《難陀出家緣起》:"難陀惡發不添,盡打破,……又怕妻怪惡發,便罵世尊";曾慥《高齋漫録》記章惇落職,怨林希當制措詞太甚,林曰:"長官發惡,雜職棒毒",趙德麟《侯鯖録》卷六載此語,正作:"官人怒,雜職安敢輕行杖?";《五燈會元》語録尤多,如卷一一南院慧顒章次之"好好問你,又惡發作麽?",卷一二石霜楚圓章次之"有即尼乾歡喜,無則瞿曇惡發",卷一五智門光祚章次之"嗔他停滯我,惡發走歸家",嗔怒之意,皆昭然自揭。實則唐、宋詩詞即不乏其例,張氏交臂相失。如羅隱《白角篦》七絶:"莫言此個尖頭物,幾度撩人惡髮來","髮"諧"發"、"撩鬢"之"撩"諧"撩怒"之"撩";李建勳《殿妓》五律:"起來猶忍惡,剪破繡鴛鴦";歐陽修《玉樓春》:"大家惡發大家休,畢竟到頭誰不是";徐積《寄范㟽》:"最好綿衾剩典錢,又恐夜寒妻懊惱;……爲報孟光莫惡發,待將黃卷換青錢";惠洪《漁父詞》:"古寺天寒還惡發,夜將木佛齊燒殺";陳克《浣溪沙》:"問着似羞還似惡,惱來成笑不成歌。"張氏苟留意及之,便省"惡"訓惱怒,非僅"甚辭"。《水滸》第三四回:"秦明聽説反了花榮,便怒從心上起,惡向膽邊生",白話小說套語也;"惡"與"怒"互文一意,猶"心上"與"膽邊"、"起"與"生"耳。

【增訂四】張鷟《朝野僉載》卷六記李凝道"性褊急,……乘驢於街中,有騎馬人鞲鼻撥其膝,遂怒大罵,欲毆之。馬走,遂無所及,忍惡不得,遂嚼路傍棘子流血。"《五燈會元》卷一八大溈海評章次:"深沙人惡發,崑崙奴生嗔";同卷張商英章次:"首座曰:'恐其惡發,別生事也。'悦曰:'正使煩惱,只退得我院,也別無事。'""惡"與"怒"、"嗔"、"惱"均互文見義。

六八　全後漢文卷九二

陳琳《爲曹洪與魏太子書》。按顯然代筆，而首則申稱："亦欲令陳琳作報，琳頃多事，不能得爲。念欲遠以爲憚，故自竭老夫之思"；結又揚言："故頗奮文辭，異於他日，怪乃輕其家邱，謂爲'倩人'，是何言歟！"欲蓋彌彰，文之俳也。用意如螢焰蜂針，寓於尾句："恐猶未信邱言，必大噱也"；言凡此皆所以資嗢噱。明知人之不己信，而故使人覩己之作張致以求取信，明知人識己語之不誠，而仍陽示以修詞立誠；己雖弄巧而人不爲愚，則適成己之拙而愈形人之智；於是誑非見欺，詐適貢諂，莫逆相視，同聲一笑。告人以不可信之事，而先關其口曰："説來恐君不信"，此復後世小説家伎倆，具見《太平廣記》卷論卷四五九《舒州人》。又按《全三國文》卷二〇曹洪《與魏文帝書》，采自《太平御覽》，實即此篇之"漢中地形"至"未足以喻其易"一節；不應複出別見，當於此篇末加按語了之。

陳琳《檄吳將校部曲文》。按趙銘《琴鶴山房遺稿》卷五《書〈文選〉後》略謂："《文選》有贗作三：李陵《答蘇武書》、陳琳《檄吳將校部曲文》、阮瑀《爲曹公作書與孫權》；按之於史並不合。此《檄》年月地理皆多訛繆。以荀彧之名，'告江東諸將部曲'，或死於建安十七年，而《檄》舉羣氏率服、張魯還降、夏侯淵拜征西將軍等，皆二十年、二十一年事"云云。足補《選》學之遺。

六九　全後漢文卷九三

　　阮瑀《止欲賦》："還伏枕以求寐，庶通夢而交神，神惚怳而難遇，思交錯以繽紛，遂終夜而靡見，東方旭以既晨。"按《關雎》："寤寐思服，轉輾反側"，此則於不能寐之前，平添欲通夢一層轉折。後世師其意境者不少。《全晉文》卷九一潘岳《寡婦賦》："庶浸遠而哀降兮，情惻惻而彌甚；願假夢以通靈兮，目炯炯而不寢"；孟浩然《除夜有懷》："守歲家家應未卧，相思那得夢魂來"；李商隱《過招國李家南園》："唯有夢中相近分，卧來無睡欲如何"；虞集《悼亡》："欲覓音容須夢裏，先生無睡已多時"；黄任《香草箋·別後有寄》："甚欲報君香夢去，奈君多作不眠人。"孟、黄兩詩，從對面落筆，花樣稍翻。詞曲中尤成窠臼。如柳永《傾杯樂》："夢難極，和夢也多時間隔"；歐陽修《玉樓春》："故欹單枕夢中尋，夢又不成燈又燼"；晏幾道《阮郎歸》："夢魂縱有也成虛，那堪和夢無"（毛滂《阮郎歸》嘲王生襲其語）；秦觀《滿園花》："從今後，休道共我，夢見也不能得勾"；宋徽宗《燕山亭》："怎不思量，除夢裏有時曾去，無據，和夢也新來不做"；呂渭老《鵲橋仙》："打窗風雨又何消！夢未就、依前驚破"；陸游《蝶戀花》："只有夢魂能再遇，堪嗟夢不由人做"；《醉翁談録》卷一連静女《武陵春》："人道有情還有夢，無夢豈無情，夜夜思量直到明，有夢怎教成"；《陽春白雪》後集卷一吕止菴《後庭花》："要見除非夢，夢回總是虚，夢雖虚，猶有時節相聚，近新來和夢無。"利鈍不齊，塗轍則同。西方情詩每恨以相思而失眠①，却不恨以失眠而失去夢中相會，此異於吾國篇什者也；顧又每歎夢中相見之促轉增醒後相思之劇②，則與吾國篇什應和矣。《古詩十九首》："獨宿累長夜，夢想見容輝。……既來不須臾，又不處重闈"；鮑照《夢歸鄉》："寐中長路近，覺後大江違，驚起空歎息，恍惚神魂飛"；王僧孺《爲人述夢》："如言非倏忽，不意成俄爾"；皆未透澈。宋之問《別之望後獨宿藍田山莊》："愁至願甘寝，其如鄉夢何？"，思鄉而愁，入寝所以避愁，然思鄉而夢，得寝反以添愁而即亦減寝；意醒語婉。他如元稹《夢昔時》："閒窗結幽夢，此夢誰人知！夜半初得處，天明臨去時。山川已久隔，雲雨兩無期。何事來相感，又成新別離！"；歐陽修《述夢賦》："行求兮不可遇，坐思兮不可處。可見惟夢兮，奈寐少而寤多；或十寐而一見兮，又若有而若無；乍若去而若來，忽若親而若疏。杳兮倏兮，猶勝於不見兮，願此夢之須臾。……冀駐君兮可久，悦余夢之先驚"；賀鑄

---

① E.g. Petrarca, *Rime*, L, CLXIV, CCXXIII(il sonno è'n bando, e del riposo è nulla), *Rime*, *Trionfie Poesie Latine*, Riccardo Ricciardi, 70 ff., 230, 295. Cf. H. Weber, *La Création poétique au 16ᵉ Siècle en France*, I, 366 ff. : "Chez les pétrarquistes, l'amour entraîne généralement l'absence de sommeil d'où un appel toujours vain à celui-ci", etc..

② Weber, *op. cit.*, 356 ff. : "Le thème du songe qui réalisé un moment le désir amoureux, puis laisse une amère désillusion, était cher aux pétrarquistes italiens", etc..

《菩薩蠻》:"良宵誰與共,賴有窗間夢;可奈夢回時,一番新別離";黃廷璐《解連環》:"待更闌,試尋夢境;夢回更惡";陳見復《陳司業詩集》卷三《悼亡》之二:"何必他生訂會期,相逢即在夢來時,烏啼月落人何處,又是一番新別離!";馬樸臣《報循堂詩鈔》卷一《客中書懷》:"驚回鄉夢如新別,細讀家書抵暫歸";項鴻祚《憶雲詞》丙稿《清平樂》:"歸夢不如不作,醒來依舊天涯",又丁稿《菩薩蠻·擬溫庭筠》之一〇:"夢見更相思,不如無夢時";則均豁盎矣。夢見不真而又匆促,故怏怏有虛願未酬之恨;真相見矣,而匆促板障,未得遂心所欲,則復怏怏起脫空如夢之嗟。吳融《渭東筵上》詩所歎:"見了又休還似夢,坐來雖近遠于天",歐陽修逕攘入己作《瑞鷓鴣》詞者,即本白居易《如夢令》:"見了又還休,愁却等閒分散。"是以怨暫見與怨夢見之什,幾若笙磬同音焉。庾信《代人傷往》:"無事交渠更相失,不及從來莫作雙"(參觀梁簡文帝《夜望單飛雁》:"早知半路應相失,不如從來本獨飛");李白《相逢行》:"相見不相親,不如不相見";李商隱《昨日》:"未容言語還分散,少得團圓足怨嗟";韓偓《五更》:"光景旋消惆悵在,一生贏得是悽涼";范成大《鵲橋仙·七夕》:"相逢草草,爭如休見,重攪別離情緒;新歡不抵舊愁多,倒添了新愁歸去。"皆謂"相見爭如不見"(司馬光《西江月》),"見了還休、爭如不見"(周邦彥《燭影搖紅》),匹似前所舉例皆謂夢見爭如不夢,夢了終醒、不如不夢。王嘉《拾遺記》卷九石崇愛婢翔風答崇曰:"生愛死離,不如無愛";張祖廉輯龔自珍《定盦遺著·與吳虹生書》之一二:"但遇而不合,鏡中徒添數莖華髮,集中徒添數首惆悵詩,供讀者迴腸盪氣。虹生亦無樂乎聞有此遇也";《紅樓夢》第三一回黛玉謂："聚時歡喜，散時豈不冷清？既生冷清，則生感傷，所以不如倒是不聚的好"；胥其旨矣。

【增訂三】納蘭性德《通志堂集》卷三《送蓀友》："人生何如不相識！君老江南我燕北。何如相逢不相合！更無別恨橫胸臆。"龔自珍所致慨者"遇而不合"也；此則"相逢"矣，復"相合"矣，而人事好乖，銷魂惟"別"，仍歸於"迴腸盪氣"而已。兩歎"何如"，猶黛玉之言"不如倒是"也。

阮瑀《文質論》："麗物若偽，醜器多牢；華璧易碎，金鐵難陶。"按白居易《簡簡吟》所謂："大都好物不堅牢，彩雲易散琉璃脆。"《全北齊文》卷三邢卲《景明寺碑》："苦器易彫，危城難久"，與此各有所當，"苦"同"楛"，脆劣也，本《漢書·食貨志》："器苦惡"；字義通假詳見王念孫《讀書雜志·漢書》四《禮樂志》："夫婦之道苦。"

繁欽《明□賦》："脣實範綠，眼惟雙穴，雖蜂膺眉鬢，梓……"按題與文皆謵脫，而一斑窺豹，當是嘲醜女者。同卷尚有欽《三胡賦》，描摹胡人狀貌之惡，則欽此篇題倘爲《胡女賦》耶？"眼惟雙穴"與《三胡賦》之"黃目深睛"、"眼無黑眸"劇類。"蜂膺"或是"蜂準"之誤，杜甫《黃河》所謂"胡人高鼻"。目深鼻高乃胡貌特徵，《世說·排調》即記王導笑胡人康僧淵之"目深而鼻高"；

【增訂四】《晉書·石季龍載記》上記孫珍患目疾，求方於崔約，約戲曰："溺中則愈。"珍曰："目何可溺？"約曰："卿目睕睕，正可溺中。"珍恨之，以白石宣，"宣諸子中最胡狀，聞之大怒，誅約父子。"梁簡文帝《謝安吉公主餉胡子一頭啓》亦有"山高水深，宛在其貌"，即用《世說》王導嘲康僧淵語：

"鼻者、面之山,目者、面之淵"云云。

《南部新書》戊卷載唐睿宗咏壁畫胡人頭:"唤出眼!何用苦深藏?縮卻鼻!何畏不聞香?";《雲溪友議》卷中載陸巖贈胡女詩:"眼睛深却湘江水,鼻孔高於華岳山";睿宗下句謂鼻塌亦能聞香,故不須高耳。"範"疑"規"之譌,如《淮南子‧說山訓》"畫西施之面、規孟賁之目"之"規",畫也,"規"誤爲"軌",三寫而復誤爲"範";"眉"疑"蝟"之譌,謂鬚毛森刺,猶李頎《古意》之言"鬚如蝟毛磔"。

【增訂四】王維《送高判官從軍赴河西序》亦有"鬚如蝟毛磔"語;顏真卿《郭公廟碑銘》則曰:"虬鬚蝟磔。"

宋玉《神女賦》、《登徒子好色賦》刻劃美人麗質妍姿,漢魏祖構,已成常調,《好色賦》傍及醜婦,以資烘托:"其妻蓬頭攣耳,齞脣歷齒,旁行踽僂,又疥且痔";欽此賦殆本其意,進賓爲主,改襯筆爲專寫,遂開《先唐文》卷一劉師真《醜婦賦》等俳文矣。西方詩文亦可連類[①],取向來揣稱殊色之詞,稍一挪移,毫釐千里,讚歎頓成詼諢。髮黄似金、脣紅同珊瑚、膚白比乳之類,易位他施,至寶丹可使齊於溲勃。如云彼姝"白銀爲髮,黄金作面,乳凝脣而檀琢齒"(chiome d'argento fine, un bel viso d'oro, labbra di latte, denti d'ebano)[②];或云:"烏檀爲齒,白銀作眼"(d'ebeno i denti e gli occhi sian d'argento)[③];

---

① Cf. R. M. Jodi: "Poesia bernesca e Marinismo", in *La Critica stilistica e il Barocco letterario: Atti del Secondo Congresso Internazionale di Studi italiani*, 1958, pp. 261 ff..

② F. Berni: "Ritratto", L. R. Lind, *Lyric Poetry of the Italian Renaissance*, P. 292.

③ Tasso: "Sopra la Bellezza", *Poesie*, Ricciardi, 831.

"額如紅寶石，頰如卵白寶石，眼中閃閃作珍珠光，唇如藍寶石，膚燦爛如精金"（Her forehead jacinth lyke, her cheekes of opall hewe, /Her twinkling eyes bedeckt wth perle, her lippes of sapphire blewe. /.../Her skinne like burnisht golde）①；"髮如白蓮花，齒如黃蜜蠟"（Los cabellos, come lirios; mis dientes de topacios）②；"髮似鴉白，眼同瓊赤，齒作金黃"（das Haar ist rabenweiss, die Augen wie Rubin, die Zähne wie Gold）③。莎士比亞、波德萊亞等都嘗賦此④。

【增訂四】《今古奇觀》卷二七《錢秀才錯占鳳凰儔》中嘲顏俊貌醜。《西江月》有云："牙齒真金鍍就。"《堂吉訶德》第二部第十一章堂吉訶德語其侍從曰："汝形容吾意中人姿貌，言其目如珠（tenía los ojos de perlas），使吾惶惑。海魚（besugo）之目如珠，美人之目當如綠寶石（los de Dulcinea deben ser de verdes esmeraldas）。珠宜施於齒，不得以稱目。汝蓋顛倒易位，以目爲齒矣"（tomando los ojos por los dientes. — Don Quijote, "Clásicos Castellanos", 1951, Vol. V, pp. 201-2）。余所言："取向來揣稱殊色之詞，稍一挪移，讚歎頓

---

① Sidney, *Arcadia*, Bk. I, *Complete Works*, ed. A. Feuillerat, IV, 27.
② *Don Quijote*, II. xliv, "Clásicos Castellanos", VII, 144.
③ G. Greflinger: "An eine Jungfrau", M. Wehrli, *Deutsche Barocklyrik*, 3. Aufl., 50.
④ Shakespeare, *Sonnets*, CXXX; Sir John Suckling: "The Deformed Mistress", *Poems*, The Haworth Press, 81-2; G. A. Stevens: "A Pastoral", V. de Sola Pinto and A. E. Rodway, ed., *The Common Muse*, 233-4; Baudelaire: "Cette Bohème-là...", "A une Mendiante rousse", "Le Monstre", "Un Cheval de Race", *Oeuvres complètes*, "Bib. de la Pléiade", 58-9, 155-6, 223-4, 343-4.

成詼諢",可相印證。

又如靨輔之美,文詠侈稱,莎士比亞狀美少年微笑,雙頰生渦,"乃愛神掘墓穴自葬厥身"(That in each cheek appears a pretty dimple: /Love made those hollows if himself were slain, /He might be buried in a tomb so simple)①;或自言美婦頰渦(su la guancia bella dolcissima pozzetta)即己心之陷窔與窀穸(mio cor/ cadde trafitto e vi restò sepolto)②;復有謂是愛神手指深印、巧笑安身之窟,即哲士覯之亦復心醉神迷(L'empreinte de son doigt forma ce joli trou, /Séjour aimable du sourire, /Dont le sage serait fou)③;德語中頰渦與坟窟同一字根,詩人尤易於雙關見巧(Dort jenes Grübchen wunderlieb/In wunderlieben Wangen, /Das ist die Grube, worein mich trieb/Wahnsinniges Verlangen)④。塞萬提斯寫一少年顛倒於女郎芳名"明珠"(Clara Perlerina)者,眇一目,身彎如弓,臂屈不能伸,闊口薄唇似橫一長線,面麻,其斑斑痘窒——皆愛慕者埋魂瘞魄之坑穴也(que aquellos non son hoyos, sino sepulturas donde se sepultan les almas de sus amantes)⑤,蓋以稱笑渦者移稱天花窒矣。美人"綠

---

① Shakespeare, *Venus and Adonis*, 242-4.

② L. Casaburi: "Amoroso avvenimento," *Marino e i Marinisti*, Ricciardi, 1054; cf. 743, M. Giovanetti: "Bella donna ridento fa due pozzette nelle guance".

③ Le Cardinal de Bernis: "Les petits Trous", *Les Petits Poètes du 18ᵉ Siècle*, "La Renaissance du Livre", 11. Cf. "Sigilla in mento impressa Amoris digitulo/Vestigio demonstrant mollitudinem," quoted in Gray, *Correspondence*, ed. P. Toynbee and L. Whibley, I, 202-3.

④ Heine, *Romanzen*, XV, *Werke und Briefe*, Aufbau, I, 57.

⑤ *Don Quijote*, II. xlvii, *op. cit.*, VII, 199.

鬢"、"蜂腰",而繁欽曰"綠脣"、"蜂準",正此機杼。《韓詩外傳》卷九屠門吐娶齊王女甚醜,"目如擗杏,齒若編貝",夫《好色賦》言"齒若含貝",東方朔《上書自薦》言"齒若編貝",美詞而非醜詞;《太平御覽》卷三八三引《韓詩外傳》作"齒如編蟹",謂齒刺脣外,槎枒如蟹之受編而螯足撐挐,極嘲弄之致,《西遊記》第三六回所云:"獠牙往外生,就像屬螃蟹的。""貝"與"蟹"同屬介類,以喻齒牙,則肝膽胡越,亦猶"蝟"喻男鬚乃示壯士,而喻女髮則示醜婦,不容更替者。古英語"gubber-tushed"即謂此類齒形也。

徐幹《七喻》。按別見《太平廣記》卷論卷二三六《隋煬帝》。

繁欽《與魏太子書》。按參觀論《全漢文》卷四二王褒《洞簫賦》。"潛氣內轉,哀音外激";《全晉文》卷四五傅玄《琵琶賦》:"哀聲內結,沉氣外激",即仿此而反之。"悽入肝脾,哀感頑艷";《文選》李善註未釋。下四字久成批尾家當,"哀"、"感"、"頑"、"艷"四文並列為品藻之詞。況周頤《蕙風詞話》卷五:"或問:'哀感頑艷,頑字如何詮釋?'曰:'拙不可及。'"強作解事與夫不求甚解,楚固失之,而齊亦未得矣。兩句相對,"頑、艷"自指人物,非狀聲音;乃謂聽者無論愚智美惡,均為哀聲所感,猶云雅俗共賞耳。"頑"、心性之愚也,"艷"、體貌之麗也,異類偏舉以示同事差等,蓋修詞"互文相足"之古法。《禮記·坊記》:"君子約言,小人先言",謂"君子約則小人多,小人先則君子後";《左傳》宣公十四年申舟曰:"鄭昭宋聾",謂"'鄭昭'則宋目不明,'宋聾'則鄭耳不聞",各舉一事而對以相反,示小人之喋喋爭言、宋之昏瞶,詳見《周易》卷論《損》。

曰"頑",則"艷"者之心性不"頑"愚也,曰"艷",則"頑"者之體貌不"艷"麗也;心體貫通,故亦各舉而對以相反。"妍媸"古祇作"妍蚩",即以痴愚之"蚩"配姣好之"妍",猶"頑"之與"艷"矣。《全後漢文》卷八二趙壹《非草書》:"若人顏有美惡,豈可學有相若耶?昔西施心瘤,捧胸而顰,衆愚效之,祇增其醜";夫"增醜",必本已"醜"也,然不曰"衆醜"而曰"衆愚",亦偏舉爾。陳維崧《湖海樓文集》卷二《杜輟耕哭弟詩草序》:"感頑艷,察貞淫",尚未乖正解。然況氏之説,雖不堪註釋本文,卻拈出"頑"之品目,亦有裨於談藝。《朱子語類》卷六七論《麻衣易》云:"李壽翁甚喜之,看杜撰《易》,渠亦自得杜撰受用";《五燈會元》卷一○瑞鹿遇安章次記其讀《楞嚴經》破句,"於此有省",人語之曰:"破句了也!"答曰:"此是我悟處!"遂"終身不易"(參觀釋惠洪《石門文字禪》卷二五《題清涼註〈參同契〉》)。況氏誤會繁欽語而識別詞中一品,正是"得杜撰受用",雖"終身不易"可也。

七〇　全三國文卷三

魏武帝《下州郡》:"昔仲尼之於顏子,每言不能不歎,既情愛發中,又宜率馬以驥。今吾亦冀衆人仰高山、慕景行也。"按欲州郡吏皆取法杜畿也。"率馬以驥"語出《法言·修身》:"或曰:'治己以仲尼,仲尼奚寡也?'曰:'率馬以驥,不亦可乎?'"蓋謂騏驥捷足,羣馬競追,喻仲尼以顏回表率三千弟子,俾見賢思齊。此知其一,未知其二,請即指馬可乎?《全後漢文》卷一四桓譚《新論·袪蔽第八》:"顏淵所以命短,慕孔子所以殤其年也。……時人雖不別聖,亦復欣慕。如庸馬與良馬,相追銜尾;至暮,共列宿所,良馬鳴食如故,庸馬垂頭不復食,何異顏淵與孔子優劣?"仰不可攀,自反而縮者有之矣。

七一　全三國文卷六

魏文帝《詔羣臣》："南方有龍眼、荔枝，寧比西國蒲萄、石蜜乎？……今以荔枝賜將吏，噉之則知其味薄矣。"按謂荔枝尚不足比葡萄。段成式《酉陽雜俎》卷一八記徐君房謂"蒲桃類軟棗"，庾信曰："君殊不體物！何得不言似生荔枝？"；則謂葡萄可比荔枝。胡仔《苕溪漁隱叢話》後集卷七引嚴有翼《藝苑雌黃》稱"荔枝之味，果中之至珍，蓋有不可名言者。……魏文帝方之蒲萄，世譏其謬，庾信亦復有此語"；即指此二節。《全後漢文》卷五七王逸《荔枝賦》："卓絕類而無儔，超衆果而獨貴"；《全唐文》卷二八三張九齡《荔枝賦·序》："百果之中，無一可比。余往在西掖，嘗盛稱之，諸公莫之知，固未之信。惟舍人彭城劉侯弱年累遷，經於南海，一聞斯談，倍復嘉歎，以爲甘美之極也"，又斥"龍眼凡果"，不堪與荔枝並舉。魏文不屑耳食王逸之言，親嘗此果而鄙薄之，豈口之於味，初無同嗜耶？抑南北遙阻，又無紅塵一騎之飛遞，所"噉"者早已一日變香、二日變色、三日變味也？則如《野獲編》卷一七記北人所食南來之鰣魚矣。胡訥《聞見錄》載田從易寄荔枝與盛度詩："櫻桃真小子，龍眼是凡姿，橄欖爲下輩，枇杷客作兒"；李漁《笠翁一家言》卷一《荔枝賦》評品諸果，以楊梅爲公、葡萄爲伯，而推荔枝爲王，"至尊無上"；又王、張兩賦之遺意。周君振甫曰："魏源《古微堂詩集》卷一〇《誚荔枝》兩絶句斥爲'果品之最下'而自詡'不受耳食欺'。渠固親'至南海啖'之，而評品更苛於魏文，口味信無同嗜矣。"吴可《藏海詩話》："有以杜工部詩問東坡似何人，坡云：'似司馬遷'；蓋詩中未有似杜者，而史中未有似馬者。又問：'荔枝似何物？''似江瑶柱'；亦其理也"；蓋謂同類無堪儔匹，必於他類求其當對，猶孟子言"鳳凰之於飛鳥，麒麟之於走獸"。《全金詩》卷首上密國公璹《黄華畫古柏》："黄華老人畫古柏，鐵簡將軍挽大弨；意足不求顔色似，荔枝風味配江瑶"；即本蘇軾語，而"意足"句又逕取諸陳與義《水墨梅》詩，金人於宋人詩文，胝沫不足，復擟撏之也。

七二　全三國文卷七

　　魏文帝《交友論》。按即卷八《典論》："夫陰陽交"云云一節，不應重出。

七三　全三國文卷八

魏文帝《典論·内誡》："故女無美惡，入宫見妒，士無賢愚，入朝見嫉。……鄭袖僞隆其愛，以殘魏女之貌。司隷馮方女、國色也，……袁術……遂納焉，甚愛幸之。諸婦害其寵，紿言：'將軍以貴人有志節，但見時，宜數涕泣，示憂愁也。若如此，必長見愛重。'馮氏女以爲然，後每見術，輒垂涕，術果以爲有心志，益哀之。諸婦因是共絞殺，懸之於廁梁，言其哀怨自殺。術誠以爲不得志而死。"按《三國志·魏書·二袁傳》裴註引《九州春秋》略同。鄭袖間魏女劓鼻事，見《國策·楚策》四；《金樓子·立言》九上："曾子曰：'昔楚人掩鼻而言，欲以悦王，王以爲慢，遂加之誅'；衛太子以紙閉鼻，漢武帝謂聞己之臭，遂致大罪"，事相類而人尠知。西方古野史所載，亦有酷似鄭袖之間者①。魏文以士入朝見嫉並論，則《吴書·孫討逆傳》

---

① J.C. Dunlop, *The History of Fiction*, 4th ed., 1845, 205 (*Cento Novelle antiche*, no.68; *Gesta Romanorum*, cap.95; *Les Contes dévots*, "D'un Roi qui voulut faire brûler le fils de son Sénéschal"); cf. *I Decamerone*, VII. 9, Hoepli, 457 (Livia e i due fanciulli di Nicostrato).

裴註引《吳錄》一節，適成佳例，堪與《典論》此節，枝當葉對：高岱精熟《左傳》，孫策折節禮致，欲與論講，"或謂之曰：'高岱以將軍但英武而已，無文學之才；若與論《傳》而或云不知者，則某言符矣。'又謂岱曰：'孫將軍為人，惡勝己者，如每問，當言不知，乃合意耳；如皆辨義，此必危殆。'岱以為然。……策果怒，……殺之"。均《論衡·累害篇》第一"害"之事也。

《典論·太子》："里語曰：'汝無自譽，觀汝作家書！'言其難也。"按黃宗羲《南雷詩曆》卷三《與唐翼修廣文論文》："至文不過家書寫，藝苑還應理學求。"

《典論·論文》。按此篇為昭明錄入《文選》，誦習遂廣。"今之文人"云云，可與卷七《又與吳質書》合觀，此言"七子"，彼僅舉六人，無孔融也。"夫人善於自見，而文非一體，鮮能備善，是以各以所長，相輕所短。里語曰：'家有敝帚，享之千金'，斯不自見之患也。……又患闇於自見，謂己為賢。"數行之內，語若刺背，理實圓成。"善於自見"適即"闇於自見"或"不自見之患"，"善自見"而矜"所長"與"闇自見"而誇"己賢"，事不矛盾，所從言之異路耳。《荀子·天論》篇論"萬物為道一偏，一物為萬物一偏"，因言："老子有見於詘，無見於信；墨子有見於齊，無見於畸"等；《解蔽》篇論"墨子蔽於用而不知文，莊子蔽於天而不知人"等，因曰："故由用謂之，道盡利矣；由天謂之，道盡因矣。此數具者，皆道之一隅也"；蓋有"見"於"齊"與"用"，遂"蔽"於"齊"與"用"而"無見"、"不知""畸"與"文"，無見於彼正緣有見於此，"見"乃所以生"蔽"。張九成《橫浦心傳錄》卷中："或問：'學者每病無所見，反病於所見，何也？'先生曰：'以所見而執所見，必以所見而病所見矣'";楊萬里《誠齋集》卷八六《子思論》下:"學者病乎無見,亦病乎有見。……蓋世有病於能俯而不能仰者,終身不知有天也;一日而其病愈,……而喜焉,喜而不足,則終日觀天而不復見地焉,……不知逢荆棘、蹈溪壑也,躓而傷焉。"張語可以解荀,楊論可以喻荀也。《論語·里仁》"觀過斯知仁矣",皇侃《義疏》引殷仲堪說:"直者以改邪爲義,失在於寡恕;仁者以惻隱爲誠,過在於容非,是以與仁同過,其仁可知";西方習語所謂"長處之短處"(le défaut de la qualité)。《圓覺經》答彌勒菩薩問:"云何二障?一者理障,礙諸正見;二者事障,續諸生死。……若諸衆生永捨貪欲,先除事障,未斷理障,但能悟入聲聞緣覺,未能顯住菩薩境界";蓋執著於"悟",亦可成迷,膠牽於"理",轉復作障,《中論·觀行品》第一三所謂:"大聖說'空'爲離諸見故,若復見有'空',諸佛所不化。""善於自見"己之長,因而"闇於自見"己之短,猶悟與障、見與蔽,相反相成;《荀》曰"周道",《經》曰"圓覺",與《典論》之標"備善",比物此志,皆以戒拘守一隅、一偏、一邊、一體之弊。歌德稱談藝者之"見"曰:"能入,能徧,能透"(die Einsicht,Umsicht und Durchsicht)①;徧則不偏,透則無障,入而能出,庶幾免乎見之爲蔽矣。

【增訂四】"蔽"於所"見",事、理成"障"。徐渭《青藤書屋文集》卷一三《鳳凰臺上憶吹簫》咏《畫中側面琵琶美人》有云:"那半面剛被這半面相遮。問何時展過,得見些些。"竊謂可以供禪人活參話頭,罕譬而喻也。

---

① Eckermann, *Gespräche mit Goethe*, 2 April 1829, Aufbau, 467.

《全三國文》卷一六陳王植《與楊德祖書》："世人之著述，不能無病。……蓋有南威之容，乃可以論於淑媛，有龍淵之利，乃可以議於割斷。劉季緒才不逮於作者，而好詆訶文章，掎摭利病。"意謂能作文者方許評文也。《全唐文》卷一六六盧照鄰《南陽公集序》："近日劉勰《文心》、鍾嶸《詩評》，異議蜂起，高談不息。人慚西氏，空論拾翠之容；質謝南金，徒辯荊蓬之妙"；即隱承植《書》。此亦西方常談，蒲伯名句所云："能手方得誨人，工文庶許摭病"（Let such teach others who themselves excell, ∕And censure freely who have written well）①。或云："善作者即兼是評者，而評者未遽善作"（Every good poet includes a critic: the reverse will not hold）②。故作者鄙夷評者，以爲無詩文之才，那得具詩文之識，其月旦臧否，模糊影響，即免於生盲之捫象、鑑古，亦隔簾之聽琵琶、隔靴之搔癢疥爾。

【增訂四】曹植謂能作文者方許評文，快心之語，意過於通。十八世紀德國闡解學祖師沃爾夫（Friedrich August Wolf）謂人必有以古希臘語、拉丁語作文之長技（die "Fertigkeit des Stils", d. h. die Fertigkeit selbst in den alten Sprachen zu schreiben. —U. Nassen, ed., *Klassiker der Hermeneutik*, 1982, P.85. Cf Humboldt on "active linguistic competence": "One can understand a word which one hears only because

---

① Pope, *Essay on Criticism*, 15–6.
② W. Shenstone, *Egotisms*, §79, *Works*, ed. J. Dodsley, II, 172. Cf. Croce, *La Poesia*, 14–15 (dentro la poesía lavora la critica; la critica ostetrica); T. S. Eliot: "The Function of Criticism", *Selected Essays*, 1932, 30 (the criticism employed by a writer on his own work).

one could have spoken it oneself." —K. Mueller-Vollmer, ed., *The Hermeneutics Reader*, 1986, p.14），庶能於古希臘、羅馬典籍領會親切，方許闡釋。此言却未可厚非。譬如吾國學士，苟通諳文言，能作散、韻諸體，即未造堂室，而已得門徑，則其人於古籍屬詞安字之解悟，視僅辦作白話或勉爲舊體詩文而不中律令者，必有過之。固亦事理之常也。

雖然，必曰身爲作者而後可"掎摭利病"爲評者，此猶言身非馬牛犬豕則不能爲獸醫也！曹植知其一而未知其二也。曹丕"自見"之論，不啻匡救阿弟之偏。蓋作者評文，所長輒成所蔽，囿於我相，以一己之優工，爲百家之衡準，不見異量之美，難語乎廣大教化。《文心雕龍‧明詩》論作者"兼善"與"偏美"曰："隨性適分，鮮能通圓"，《知音》論評者亦曰："知多偏好，人莫圓該……會己則嗟諷，異我則沮棄，各執一隅之解，欲擬萬端之變。……故圓照之象，務先博觀。"才之偏至與嗜之偏好，猶鍵管相當、函蓋相稱，足申曹丕之旨。"圓照"、"周道"、"圓覺"均無障無偏之謂也。夫充曹植之說，欲"圓照"非"備善"不能。茲事體難，無已姑降而求其次乎。不善作而能不作，無特長遂無所短，傍觀不犯手，則眼界賒而心地坦。蓋作者以偏長而生偏向，於是每"輕所短"。王世貞《弇州山人續稿》卷一七六《與元馭閣老》論李攀龍選《詩删》云："弟嘗謂'作者不鑑'，古有斯言。于鱗此《删》，遺憾不少"；屠隆《鴻苞集》卷一七《論詩文》："于鱗選唐詩，止取其格峭調響類己者，一家貨何其狹也！……詩道亦廣矣，……何其自視大而視宇宙小乎？"（參觀《白榆集》卷三《高少參選唐詩序》）。孟德斯鳩不工韻語，遂目詩爲"聲韻諧美之譫囈"（une harmonieuse extravagance），伏爾泰論之曰："高攀而莫及，遂賤視而不屑"(c'est ainsi qu'on cherche souvent à rabaisser les talents auxquels on ne saurait atteindre)①。皆"偏好"而"棄異我"之例焉。大才多能如歌德，當時已譏其太能作故不能鑑(Goethe ist zu sehr Dichter um Kunstkenner zu sein)②，或言其以一己詩才定爲一切詩法(Comme on se fait toujours la poétique de son talent, Goethe soutient à présent qu'il faut que l'auteur soit calme)③。

【增訂四】讓・保爾(Jean Paul)撰《美學初桄》(*Vorschule der Aesthetik*)，蒂克(Ludwig Tieck)評其書曰："此書乃讓・保爾自道其一家著作之法爾，非折衷羣言之通論也"(the "report of a craftsman on his trade, a recipe on how to write Jean Paulist books", not books in general. —Eric. B. Blackall, *The Novels of the German Romantics*, 1983, p.170)。史達爾夫人所謂"以一己詩才定爲一切詩法"，斯亦一例也。

格立爾巴澤曰："即置争名黨同之私心不論，作者之評鑑常有流弊：無識則弘獎他人之類己所爲者，有識又過許他人之爲己所欲爲而未能者"(Denn, von Neid und absichtlicher Parteilichkeit abgesehen, überschätzt unter ihnen der Tor das, was er selbst hat, auch in der fremden Gabe; der Einsichtige hingegen das, was er nicht hat und wonach er strebt)④。魯濱孫論華茨華斯

---

① J. Pommier, *Questions de Critique et d'Histoire littéraire*, 51.
② Fr. Schlegel, *Literary Notebooks*, ed. H. Eichner, § 677, p.81; cf. p.251. note.
③ Mme de Staël, *De l'Allemagne*, Ptie, II, ch.7, Asher, 136.
④ Grillparzer, *Aphorismen*, in *Gesammelte Werke*, hrsg. E. Rollett und A. Sauer, II, 140.

(Wordsworth)詩識之狹曰："專攻則局於特長而生偏見"（It seems to me the general effect of a laborious cultivation of talent in any one definite form [is] to weaken the sense of the work of other forms），因歷舉詩人評詩、畫家評畫不見異量之美者爲例①。聖佩韋尤反覆申説：作而未成一家，評乃能應萬殊（Une des conditions du génie critique, c'est de n'avoir pas d'art à soi, pas de style），欲除邊執（prévention），毋挾專長②，作者偏至自封，故其品評深入而失之隘守（La critique des artistes et poètes est sans doute en certains cas la plus vive, la plus pénétrante, celle qui va le plus au fond; mais elle est, de sa nature, tranchante et exclusive）③。唯"善於自見"，故深，唯"闇於自見"，故隘矣。曹氏兄弟各持一端，正亦西方談藝歷來所諍訟也。植以爲"有龍淵之利，乃可以議於割斷"；古羅馬人論作詩則云："不自作而教人作，乃吾之職也；若砥礪然，己不能割斷，而能磨刀使利"（ergo fungar vice cotis, acutum/reddere quae ferrum valet exsors ipsa secandi; /munus et officium nil scribens ipse, docebo）④。亦復相映成趣；參觀論《全晉文》王羲之《書論》、《全梁文》鍾嶸《詩品》。

---

① *The Correspondence of H. C. Robinson with the Wordsworth Circle*, ed. Edith J. Morley, I, 326(to W. S. Landor).

② Sainte-Beuve, *Portraits littéraires*, Garnier, I, 376("Du Génie critique et de Bayle").

③ *Nouveaux Lundis*, Garnier, VI, 297. Cf. A. Thibaudet, *Réflexions sur la Critique*, 131: "La critique d'artiste est presque toujours partiale et partielle".

④ Horace, *Ars poetica*, 304–6. Cf. C. O. Brink, *Horace on Poetry*, 215.

七四　全三國文卷一〇

　　魏明帝《報倭女王詔》："是汝之忠孝，我甚哀汝，以汝爲親魏倭王。……今以絳地交龍錦五匹、絳地縐粟罽十張……答汝所獻貢直。又特賜汝紺句文錦三匹……。悉可以示汝國中人，使知國家哀汝，故鄭重賜汝好物也。"按《三國志・魏書・倭人傳》裴註："'地'應爲'綈'……此字不體，非魏朝之失，則傳寫者誤也"；非也。"地"即"質地"之"地"，今語謂之"底子"。《世説新語・文學》門孫興公稱曹輔佐："才如白地光明錦，裁爲負版袴"；《文心雕龍・定勢》："譬五色之錦，各以本采爲地矣"；白居易《新樂府・繚綾》："中有文章更奇絶，地鋪白烟花簇雪"；皆此"地"字，蓋魏、晉時早有其義，唐、宋沿用不絶。註古書者每忘參之時語，裴註是一例也。"絳地交龍錦"即紅底子上繡雙龍紋耳。

　　"哀"可訓"愛"，具見《毛詩》卷論《關雎》（五）。此詔兩"哀"字不得訓悲戚，亦未可訓愛好，而當訓恩憐，如《全漢文》卷六三趙佗《上文帝書》："今陛下哀憐，復故號。"蓋情感之渾而至盡（sharp focus），悲異於愛，愛不即同於憐，甚至曰："哀而不傷"，哀且復判别差等。《鄧析子・轉辭篇》："在己爲哀，在他爲悲；在己爲樂，在他爲喜；在己爲嗔，在他爲怒；在己爲愁，在他爲憂"；則情感之動於中與形於外、覺於我與見於人，尚名稱有別，姑舍是也可。情感之明而未融（soft focus），則悲與愛若憐可爲無町畦，共性通名，皆"哀"之族，甚至曰："歡樂極兮哀情多"，哀與樂且復胡越肝膽。訓詁之游移乎？情緒之錯綜耳。殊情有貫通之緒，故同字涵分歧之義。語言之含糊浮泛（vagueness of expression, imprecision），每亦本情事之晦昧雜糅；兹含糊浮泛也，祗其所以爲親切直白（expression of vagueness, exactitude）也歟。王念孫《讀書雜志・史記》三《絳侯世家》條說"吾甚恨之"曰："恨、悔也"，舉《史》、《漢》他語例之。是矣而泥於文理，未超象外以究事理、心理，故不克鉤深致遠。"恨"亦訓"悔"，正以恨之情與悔之情接境交關。抑如《尹文子・大道》下論去妻賣妾曰："汝無敢恨，汝無敢思"；則"恨"既非怨毒，又非懊悔，而類江淹之所《賦》、白居易之所《歌》，《文選》李善註所謂"不稱其情"。是兼訓悵惘、怫懟。《論語》："子畏於匡"，"後生可畏"，"君子有三畏"，杜甫詩："行步欹危實怕春"，"可怕李金吾"，"梁間燕雀休驚怕"；死亡之恐、刑辱之懼、忓人出頭、怯己失足，"畏"、"怕"之情味各異，設身可會也，顧皆惴惴然，雖異而有同，故得并稱"畏"、"怕"焉，又問心可省也。《全上古三代文》卷論宋玉《招魂》節中釋"望"字諸義，亦堪擬類，合觀傍通可矣。樸學家明詔大號："既通其詞，始求其心"（凌廷堪《校禮堂文集》卷三五《戴東原先生事略狀》，參觀《左傳》卷論隱公元年），主張誠是也。然復求心始得通詞，會意方可知言，譬文武之道，并物而錯，兼途而用，未許偏廢爾。

分而不隔，不特心情爲爾，請更端以説。黄之雋《唐堂集》卷九《晚唐三傑詩苕穎集序》：〝四唐之爲唐，猶四時之成歲。帝神遞嬗，温、暑、涼、寒之旋斡無迹，而氣機蒸變於自然，及其至也，而劃然剖矣。"葉燮《己畦文集》卷八《黄葉村莊詩集序》、吴之振重刊《瀛奎律髓・序》、《四庫總目》卷一八九《唐詩品彙》提要皆持此論，所謂：〝然限斷之例，亦論大概耳。寒温相代，必有半冬半春之一日，遂可謂四時無別哉？"十八世紀一政論家云：〝明於人事治道者，必不限斷井然。雖然，日與夜之間誠難一截以判彼此，而光明與昏黑固可區辨不淆"（No lines can be laid down for civil or political wisdom. They are a matter incapable of exact definition. But, though no man can draw a stroke between the confines of day and night, yet light and darkness are upon the whole tolerably distinguishable）①。與黄、葉輩之説詩，相視莫逆。萊白尼茨則謂動植二界間有争論或共管地帶（régions d'inflexion et de rebroussement），物有曖昧可兩屬（ambiguous）者②；狄德羅至謂人、獸、植、礦物皆不即不離，"自然界中區劃不嚴"（Tout animal est plus ou moins homme; tout minéral est plus ou moins plante; toute plante est plus ou moins animal. Il n'y a rien de précis en nature）③。近人亦言事

---

① Burke: "Thoughts on the Causes of the Present Discontents," *Select Works*, ed. E. J. Payne, I, 39. Cf. Ovid, *Heroides*, XIV. 21-2: "modo facta crepuscula terris;/ultima pars lucis primaque noctis erat"("Loeb", 172).

② Leibniz, *The Monadology and other Philosophical Writings*, tr. R. Latta, 38.

③ Diderot: "Le Rêve de d'Alembert", *Oeuvres complètes*, éd. J. Assézat, II, 138-9.

物分門，核心明確而邊圍含混（Natural groups have nuclei, but no outlines）；或言範疇族類之交界乃"朦朧區域"（twilight zones），如黎明與黃昏然，晝夜終始，斷定殊難①。外物猶爾，衷心彌甚矣。

【增訂四】十九世紀法國一文家嘗云："人之造藝，猶天之造物，兩端相反，必有介乎其中間者。世界不剖裂而爲二，而牽合得成三。天之運也以幾，人心之運行亦然"（Dans l'ordre des créations de l'esprit comme dans les créations de la nature, il y a des créations intermédiaires entre les créations contrastantes. Le monde ne rompt pas en *deux*, mais se relie toujours en *trois*. La Nature procède par nuance, l'esprit aussi. ——Barbey d'Aurevilly, Lettre à Trébutien, mars, 1852, in M. Bradbury and J. McFarlane, ed., *Modernism*, 1976, p. 350）。其說"分而不隔"，可謂真湊單微矣。

"哀"亦訓愛悦，"望"亦訓怨恨，頗徵情感分而不隔，反亦相成；所謂情感中自具辯證（die Dialektik des Herzens, die Dialektik des Gefühls）②，較觀念中之辯證愈爲純粹著明（An die

---

① Francis Galton, quoted in H. Ellis, *The Criminal*, 5th ed., 21; M. R. Cohen, *A Preface to Logic*, 74. Cf. K. O. Erdmann, *Die Bedeutung des Wortes*, 3. Aufl., 31-2, 35-7（die Wirklichkeit zeigt stetige Uebergänge, während die Sprache in den Worten nur diskrete Werte besitzt）; S. Ullmann, *Semantics*, 125（lack of clear-cut boundaries in the non-linguistic world）.

② Goethe, *Spruchweisheit in Vers und Prosa*, in *Sämtliche Werke*, "Tempel-Klassik", III, 338, 344; cf. 477. Cf. Eckermann, *Gespräche mit Goethe*, 18. Okt. 1827, Aufbau, 382.

Stelle der Dialektik des Begriffs tritt immer reiner und bestimmter die Dialektik des Gefühls)①。《老子》四〇章："反爲道之動"；"反"亦情之"動"也。中外古文皆有一字反訓之例，如"擾"并訓"安"，"亂"并訓"治"，"丐"兼訓"與"，析心學者藉以窺見心思之正反相合②。竊謂字之本不兼正、反兩訓者，流俗每用以指稱與初訓適反之情事，更資符驗。《敦煌掇瑣》之一五《斵鮨新婦文》："廢我別嫁可曾［憎］夫婿"，"可憎夫婿"即"如意郎君"；又二八《南歌子》："悔家［嫁］風流婿，風流無準憑，攀花折柳得人憎"，"得人憎"即"得人憐"；王寶甫《西廂記》第一本第三折："臉兒上撲堆着可憎"，即第四折之"滿面兒撲堆着俏"。《水滸》第二一回閻婆惜誤以爲"心愛的三郎"來，"喃喃的罵道：'這短命的等得我苦也！老娘先打兩個耳刮子着！'"；即"打情罵俏"（參觀《繡襦記》第四折："打即是愛"）。宋詞、元曲以來，"可憎才"、"冤家"遂成詞章中稱所歡套語，猶文藝復興詩歌中之"甜蜜仇人"（sweet foe）、"親愛敵家"、"親愛仇人"（o dolce mia guerriera, la mia cara nemica, ma douce guerriere）。③

【增訂四】唐人已以"冤家"稱歡子，正如其呼"可憎"也。如無名氏《醉公子》詞："剗襪下香階，冤家今夜醉"；《全唐詩外編》三一頁敦煌卷《閨情》："自從淪落到天涯，一片真心

---

① E. Cassirer, *Idee und Gestalt*, 152.
② Freud, *Traumdeutung*, 6. Aufl., 218-9 (der Gegensinn der Urworte).
③ Chaucer, *Troilus and Criseyde*, V. 228; Petrarca, *Le Rime*, xxi, cccxv, *Rime, Trionfi e Poesie latine*, Ricciardi, 23, 401; Ronsard, *Amours diverses*, i, *Oeuvres complètes*, "la Pléiade" I, 289.

戀着□〔他〕。顒頏不緣思舊國，行渧〔啼〕只是爲冤家。"《說郛》卷七蔣津《葦航紀談》云："作詞者流多用'冤家'爲事，初未知何等語，亦不知所出。後閱《烟花記》有云：'冤家'之說有六：情深意濃，彼此牽繫，寧有死耳，不懷異心，此所謂'冤家'者一也；兩情相有，阻隔萬端，心想魂飛，寢食俱廢，此所謂'冤家'者二也；長亭短亭，臨歧分袂，黯然銷魂，悲泣良苦，此所謂'冤家'者三也；山遥水遠，魚雁無憑，夢寐相思，柔腸寸斷，此所謂'冤家'者四也；憐新棄舊，辜恩負義，恨切惆悵，怨深刻骨，此所謂'冤家'者五也；一生一死，觸景悲傷，抱恨成疾，殆與俱逝，此所謂'冤家'者六也"（《陔餘叢考》卷三八、《蕙風詞話》卷二皆引此）。求以文義，唯"五"尚得曰"冤家"，餘皆不切；按之心行，則愛憎乃所謂"兩端感情"（ambivalence），文以宣心，正言若反，無假解說。《十二樓》之五《歸正樓》第二回："'冤家'並不是取命索債的'冤家'；'作對'的'對'字乃'配對'之'對'，不是'抵對'、'質對'之'對'也"；亦知文理而未知心理（參觀《左傳》卷論襄公二十五年）。譚嗣同《仁學》卷上曰："淫而殺，殺而淫，其情相反，其事相因；殺即淫，淫即殺，其勢相成，其理相一"；則抉微之論，"淫"即愛之事而"殺"即憎之事，各著其極爾。

七五　全三國文卷一四

　　陳王植《鷂雀賦》。按游戲之作，不爲華縟，而盡致達情，筆意已似《敦煌掇瑣》之四《燕子賦》矣。雀獲釋後，公媼相語，自誇："賴我翻捷，體素便附"云云，大類《孟子·離婁》中齊人外來驕其妻妾行迹，啓後世小説中調侃法門。植之詞賦，《洛神》最著，雖有善言，尚是追逐宋玉車後塵，未若此篇之開生面而破餘地也。張耒《右史集》卷三自跋所作賦云："曹植諸小賦，雖未能縝密工緻、悦可人意，而文氣疎俊，風致高遠，有漢賦餘韻，是可矜尚也，因擬之云。"

　　《蝙蝠賦》："吁何奸氣，生此蝙蝠！形殊性詭，每變常式。行不由足，飛不假翼。……不容毛羣，斥逐羽族。"按言蝙蝠之兩頭無着，進退維谷，禽獸均擯棄之爲異族非類也。然今日常談，反稱依違兩可、左右逢源之人曰"蝙蝠派"；據《三國志·魏書·劉曄傳》，則爲曹操謀臣而與曹植同朝之劉曄，即此等人。二西之説亦同後義。《法苑珠林》卷一〇八引《佛藏經》云："譬如蝙蝠，欲捕鳥時，則入穴爲鼠，欲捕鼠時，則飛空爲鳥"；古羅馬一寓言類此，十七世紀法國名家抒寫之，託爲蝙蝠語："身即鳥也，請視吾翅"，"身亦鼠爾，願吾類萬壽！"(Je suis oiseau;

voyez mes ailes...Je suis souris; vivent les rats!)①，尤傳誦不衰。彼言其乖張失所，此言其投合得計，而出於同本，一喻之具兩柄也。《僧祇律》卷二四載烏與雞生一子，"非烏亦非雞，……學烏似雞鳴，學雞作烏聲，烏雞若兼學，是二俱不成"；庶幾與陳思所賦蝙蝠相當焉。歐西亦惡蝠爲"奸氣"之怪物（Das groteske Tier schlechthin ist die Feldermaus）②，故畫天神翼如鳥而魔鬼翅如蝠，但丁寫地獄中魔帥，早云兩脅生大翼類鳥，然翼無羽毛若蝙蝠翅（Sotto ciascuna uscivan due grandi ali, /quanto si convenia a tanto uccello; /.../Non avean penne, ma di vivistrello/era lor modo）③。

【增訂四】《夷堅志補》卷二二《侯將軍》："敕神將擒撲，始仆地死，乃巨猴也，兩翅如蝙蝠。"意大利文藝復興時名篇述術士（il negromante Balisardo）與英雄戰，不勝，乃變形爲怪物，有巨蝙蝠翼，手指如利鉤，足如鵝掌而股如單眼蟲，長尾如猿（E l'ale grande avea di pipistrello, /E le mane aggriffate come uncine/Li piedi d'oca le gambe di ocello, /La coda lunga come un babuino. —*Orlando Innamorato*, Lib. II, Canto xi, §29, *op. cit.*, Vol. II, p.736）。

或謂吳道玄、李公麟名繪西漸，彼土畫師采其飛龍翼狀以畫魔翼④。然吾國舊俗復以蝙蝠爲吉祥之象，不知起自何時。蔣士銓《忠雅堂詩集》卷二二《費生天彭畫〈耄耋圖〉贈百泉》："世人

---

① La Fontaine, *Fables*, II.5: "La Chauve-souris et les Belettes".
② W. Kayser, *Das Groteske*, 197.
③ *Inferno*, XXXIV. 46-50.
④ J. Baltrusâitis, *Le Moyen Âge fantastique*, 151-8.

愛吉祥，畫師工頌禱；諧聲而取譬，隱語戛戛造。蝠、鹿與蜂、猴、戟、磬及花鳥，……到眼見猫、蝶，享意期壽考"；謂諧聲隱寓"福祿"、"封侯"、"吉慶"（參觀徐時棟《煙嶼樓詩集》卷一一《爲台州人題徐天池天心來復圖》自註："近時畫工寫天竹、水仙、松樹、芝草爲《天仙送子圖》，又有畫一瓜一蝶爲《瓜瓞圖》者"）。孟超然《亦園亭全集・瓜棚避暑錄》卷下："蟲之屬最可厭莫如蝙蝠，而今之織繡圖畫皆用之，以與'福'同音也；木之屬最有利莫如桑，而今人家忌栽之，以與'喪'同音也。"余兒時居鄉，尚見人家每於新春在門上粘紅紙剪蝠形者五，取"五福臨門"之意；後寓滬見收藏家有清人《百福圖》畫諸蝠或翔或集，正如《雙喜圖》畫喜鵲、《萬利圖》畫荔枝，皆所謂"諧聲""同音"爲"頌禱"耳。《全三國文》卷一八陳王植《貪惡鳥論》："放鳥雀者加其祿也，得蟢者莫不馴而放之，爲其利人也"；觀劉畫《劉子・鄙名》篇云："今野人晝見蟢子者，以爲有喜樂之瑞，夜夢見雀者，以爲爵位之象"，則植所謂"利人"即其下文云："鳥獸昆蟲猶以名聲見異"，不過以其名號與"喜"、"爵"字同聲音耳。望文傅會，因物名而捏造物宜，流俗慣事。如《能改齋漫錄》卷一記王原叔言："醫藥治病，或以意類取，如'百合'合治百病，似取其名"；古羅馬人以"美"（lepos）與"兔"（lepus）兩字聲形均肖，遂謂食兔肉使人貌美；以名之相如爲藥之對症（verbal homeopathy）①，亦"名聲見異"之一端也。

---

① W. B. Stanford, *Ambiguity in Greek Literature*, 38. Cf. Burton, *Anatomy of Melancholy*, Part. I, Sect. II, Mem. II, Subs. I, Bell, I, 250: "Hare...will make one fair" etc..

【增訂三】葉盛《水東日記》卷九:"元儒三山梁益題黃筌《三雀圖》謂院畫皆有名義,是圖蓋取《詩》、《禮》、《春秋傳》'三爵'之義。今之'三公'、'五雀'、'白頭'、'雙喜'、'雀鹿'、'蜂猴'、'鷹熊'之類,豈亦皆是之謂歟?"則諧聲寓意之畫,五代已有,入明而盛耳。嘗見故宮藏無欵《安和圖》,畫鵪鶉及稻禾,傳出宋人手。參觀郎瑛《七修類稿》卷四六記趙千里畫便面、葉德輝《觀畫百詠》卷四考《耄耋圖》。此類畫正猶詩"風人體"之"雙關兩意"也(參觀213—214頁)。葉盛所引梁益題黃筌畫全文附見王逢《梧溪集》卷一《重裝黃雀哺雛卷、題梁先生序贊後》。

【增訂四】王士禎《居易錄》:"上在暢春苑,出畫扇示内直諸臣。……畫作二白鷺,一青蓮華,題曰:'路路清廉'云。"是亦"風人體"畫之御筆也。用意最曲折者,所覯無如王端履《重論文齋筆錄》卷四一則:"陳章侯《科甲蟬聯、廷揚第一圖》,南陔師題幀首曰:'此圖首畫蜻蜓,款款然挾飛鳴高舉之勢,且無雙也,其所謂廷揚第一者乎?……蓮葉正面有躍躍欲騰而上者、詹諸〔蟾蜍〕也,是其取義於科〔蝌〕乎?葉邊空洞,狀若蜂窩,窩亦科也。蟹……非甲乎?夫蟹者解也。……綴蟬於蓮,證以諧聲,纏聯之意顯然矣。"

七六　全三國文卷一五

陳王植《上責躬應詔詩表》："伏維陛下德象天地，恩隆父母。"按嚴元照《蕙櫋雜記》糾之曰："此雖章奏常談，然植實丕之母弟也，而曰'恩隆父母'，豈非失詞乎？"；潘德輿《養一齋詩話》卷七亦糾此句及"慈父之恩也"句，謂："皆不合理。何則？子建與子桓爲親弟。……其詩曰：'逌念[慚]陵墓，存愧闕廷'，是'念'其父也，念其父而又以父尊兄，可乎？此卑而入於謬者也。"卷一九《武帝誄》："尊靈永蟄"，《文心雕龍·指瑕》譏植"以父方蟲"；此《表》又推兄"隆"父母。敬畏生君過於亡父，遂變弟悌而爲臣忠，渾忘子孝。脱有深文喜事者推類鈎距，以爲植既"以父方蟲"，故尊兄"隆"父，即隱斥丕乃大蟲；當時可興文字之冤獄，後世則可爲文史之創見也。參觀論《全後漢文》戴良《零丁》。

《上責躬應詔詩表》："形影相弔，五情愧赧。"按李密《陳情事表》（《全晉文》卷七〇）："煢煢獨立，形影相弔"，江淹《恨賦》（《全梁文》卷三三）："弔影慚魂"，《文選》李善註兩處均引植此語。"弔"如《孟子·梁惠王》論湯征葛"誅其君而弔其民"之"弔"，趙歧註："恤其民"，憐憫、顧藉也；宋庠《元憲集》

卷一四《坐池上看水》："岸花紅弔影"，即言花若顧影自憐耳。《全晉文》卷八七束晳《貧家賦》："行乞貸而無處，退顧影以自憐"，即"形影相弔"，則謂孤窮寂寞，非後世習用爲風流自賞之意。陶潛《時運》詩《序》："偶影獨游，欣慨交心"，《雜詩》之二："欲言無余和，揮杯勸孤影"，《飲酒》詩《序》："顧影獨盡，忽焉復醉"；曰"獨"、"無余和"，其"顧影"、"偶影"、"勸影"亦正"形影"之"相弔"、"自憐"耳。《元秘史》卷二訶額侖誡帖木真兄弟云："除影兒外無伴當，除尾子外無鞭子"，"您除影子外無伴當，尾子外無鞭子"，奇語足移爲"弔影"、"偶影"、"顧影"之的解。梁簡文帝《詠單鳧》："孤飛本欲去，得影更淹留"，著一"得"字，又進一解，以見影亦不尋常行處有，窮獨弔影，初非易事。關捩更轉，離索子孤，以至并影而不可"得"，尤哀怨之極致矣。如傅玄（《樂府詩集》卷六九作車毂）《車遥遥》："君安逝兮西入秦，願爲影兮隨君身；君在陰兮影不見，君依光兮妾所願"；陶潛《閑情賦》："願在晝而爲影，常依形而西東，悲高樹之多蔭，慨有時而不同"（參觀《影答形》："憩蔭若暫乖"）；孟郊《贈李觀》："誰言形影親，燈滅影去身！"；向鎬《如夢令》："誰伴明窗獨坐，和我影兒兩個。燈燼欲眠時，影也把人抛躱。無那無那，好個悽惶底我！"；袁宗道《白蘇齋類稿》卷一三《祭蕭孺人文》："冷冷煢煢，如行陰雪，回顧無影"；袁中道《珂雪齋近集》卷二《答潘景升》："知己同心之慈兄忽爾見背，嗟乎！弟從此如立雪無影人矣"，又《寄祈年》："匠人輟成風之巧，伯子息流波之音，立雪無影，惆悵何言！"若鮑照《傷逝賦》："如影滅地，如星隕天"；則歎人命危淺，有似曹植《文帝誄》之"悲夫大行，忽焉光滅！"，或元曲《馬陵道》第二、四折之"唾是命隨燈而滅",非言影去形留。又若王世貞《四部稿》卷一一七《與李于鱗》:"招提戀戀,殆難爲去哉!身不能拆而兩嚮者,視足下影,則已中妬之矣!";則恨不能取影代之,非言影欲隨形而在陰不見。《莊子·寓言》景答罔兩曰:"火與日,吾屯也;陰與夜,吾代也";鑄語練字甚工,立雪、爐燈等胥所謂"代"也。贊寧《高僧傳》三集卷三《子鄰傳》:"師但先去,某乃影隨",又卷二七《含光傳》:"不空却迴西域,光亦影隨";修詞新穎,外書未見。聖佩韋嘗讚歎"忠貞如影"(la fidélité des ombres)之爲妙語①,亦可相説以解也。

《求自試表》:"臣聞騏驥長鳴,則伯樂照其能。"按《又求自試表》:"昔騏驥之於吳坂,可謂困矣,及其伯樂相之"云云,亦見卷一六《上疏陳審舉之義》。後世文律苛細,段成式遂以事無複使見稱,茍篇什無多,亦殊易辨。中唐以前,尚不規規於此也。又此《表》:"冀以塵露之微,補益山海。"按《文選》李善註引謝承《後漢書》:"楊喬曰:'猶塵附泰山,露集滄海'";《全後漢文》卷五四張衡《奏事》亦云:"飛塵增山,霧露助海";《舊唐書·禮儀志》二魏徵議明堂:"思竭塵露,微增山海。"唐高宗《述三藏聖教記》:"輕塵足嶽,墜露添流",較爲傳誦,則以褚遂良書及僧懷仁集王羲之書《聖教序》皆自宋以來名帖,臨摹者衆也。

---

① Sainte-Beuve, *Chateaubriand et son Groupe littéraire*, I, 237.

七七　全三國文卷一六

　　陳王植《求存問親戚疏》："每四節之會，塊然獨處，左右惟僕隸，所對惟妻子，高談無所與陳，發義無所與展，未嘗不聞樂而拊心，臨觴而歎息也！"按《文選》李善註引《漢書》中山靖王勝聞樂而泣事，何焯批曰："悱惻動人，頗似中山靖王《聞樂對》。"連類故事，未爲漫浪；抉發文心，殊嫌皮相。李陵《答蘇武書》："獨坐愁苦，終日無覩，但見異類。……舉目言笑，誰與爲歡？……左右之人，見陵如此，以爲不入耳之歡，來相勸勉，異方之樂，祇令人悲，增忉怛耳！"則與植齊心之同聲矣。《全唐文》卷七五三杜牧《上宰相求湖州第二啓》："在羣衆歡笑之中，常如登高四望，但見莽蒼大野，荒墟廢壠，悵坐寂默，不能自解"；情味亦差類。《全宋文》卷三八顏延之《陶徵士誄》："在衆不失其寡"；卷四六鮑照《野鵝賦》："雖居物以成偶，終在我而非羣"；殊可斷章，借申衆裏身單之感。與人爲羣，在己無偶，吾國詞章中寫此情者，以曹、李兩文爲最古。聚處仍若索居，同行益成孤往，各如隻身在莽蒼大野中（la solitude en commun, the lonely crowd, each his own wilderness），乃近世西方著作長言永歎之境。其所謂孑立即有缺陷之羣居，羣居始覺孑立（Auch das Alleinsein des Daseins ist Mitsein in der Welt. Fehlen kann der Andere nur in einem und für ein Mitsein. Das Alleinsein ist ein defizienter Modus des Mitseins)①，持較吾國古詩文，猶層冰之於積水歟。梁武帝《邊戍》："共照一光輝，各懷離別思"（參觀駱賓王《望月有所懷》："離居分照耀，愁緒共徘徊"）；李商隱《代贈》："芭蕉不展丁香結，同向春風各自愁"；朱敦儒《浪淘沙》："北客相逢彈淚坐，合恨分愁"；辛棄疾《菩薩蠻》："提壺、脫袴催歸去，萬恨千情，萬恨千情，各自無聊各自鳴"；陳亮《浪淘沙》："夕陽無限滿江皋，楊柳杏花相對晚，各自無聊"；朱彝尊《桂殿秋》："共眠一舸聽秋雨，小簟輕衾各自寒"；胡天游《曉行》："行客落花心事別，無端各趁曉風飛"；黃燮清《卜算子》："芳草垂楊共一隄，各自傷心綠"；姚燮《南轅雜詩》："羣行身不孤，心孤猶獨行。"拈拾雜拉，採花採柏，或賦或比，皆言有儕侶而仍煢獨，與李、曹會心匪遠。陶潛《飲酒》之一三所謂："有客常同止，取舍邈異境。"《翻譯名義集・統論二諦》第六四引古德語："一雙孤雁，掠地高飛；兩個鴛鴦，池邊獨立"；曰"雙"而"孤飛"，曰"兩"而"獨立"，正堪移喻焉。

【增訂三】荷馬史詩寫一壯士（Patroclus）陣亡，喪葬時，諸女俘會哭，同聲哀悼國殤，而實各人自悲身世（Her [Briseis'] sister captives echoed groan for groan, /Nor mourned Patroclus' fortunes, but their own—*Iliad*, XIX, tr. A. Pope, "The World's Classics", 389）。即"合恨分愁"之情事；親切微至，掃門面語而空之，此荷馬之妙於敍事

---

① M. Heidegger, *Sein und Zeit*, 1ᵗᵉ Hälfte, 3. Aufl., 120-1.

也。《兒女英雄傳》第二一回寫鄧九公父女哭十三妹之母一節，"各人哭的是各人的心事"，發揮足解人願。

【增訂四】何遜《西入塞示南府同僚》："望鄉雖一路，懷歸成二想"，寫"共照各懷"、"合恨分愁"也。《二老堂詩話》載石延年斷句："素娥青女元無匹，霜月亭亭各自愁"；本玉谿語而別生此意。晁補之《次韻李秬雙頭牡丹》："月底故應相伴語，風前各自一般愁"；《瀛奎律髓》卷二七評爲"絕奇佳句"，句誠"佳"矣，新"奇"則猶未也。《隨園詩話》卷六稱丁珠句："江心浪險鷗偏穩，船裏人多客自孤"；正猶曹子建"僕隸"在傍、"妻子"相"對"而仍覺"塊然獨處"也。《宋書·劉德願傳》記寵妃殷氏薨，世祖命羣臣哭之悲，醫術人羊志應旨嗚咽，"他日有問志：'卿那得此副急淚？'志時新喪愛姬，答曰：'爾時我自哭亡妾耳！'"可爲吾國載籍記"各人哭各人心事"之古例。余所覩西方名著寫此情景，莫過福樓拜《情感教育》中一節：主人公訪意中人不遇，尋知其遠適異國，無復見期，心傷腸斷，返寓則情婦正慟與己所生之兒殤，乃相抱而哭（Et en songeant qu'il ne la [Mme Arnoux] retrouverait, que c'était bien fini, qu'elle était irrévocablement perdue, il [Frédéric] sentait comme un déchirement de son être; ses larmes accumulées depuis le matin débordèrent. Rosanette s'en aperçut. "Ah! tu pleures comme moi! tu as du chagrin?" "Oui! oui! j'en ai..." Il la serra contre son coeur, et tous deux sanglotaient en se tenant embrassés. — *L'Éducation sentimentale*, III.V, Conard, 1923, p.585）。
陳王植《與楊德祖書》："世人之著述，不能無病；僕常好人譏彈其文，有不善者，應時改定。昔丁敬禮嘗作小文，使僕潤飾之，僕自以才不能過若人，辭不爲也。敬禮云：'卿何所疑難乎？文之佳麗，吾自得之，後世誰相知定吾文者耶？'"按《南齊書・文學傳》陸厥《與沈約書》中"臨淄"即指植，所謂"非知之而不改，謂不改則不知"，即"不能無病"之申說。嚴輯此文，采自《三國志》裴註引《典略》；《文選》無"乎"字，"麗"字作"惡"，何焯批語謂當從《典略》作"佳麗"；"言：'我自得潤飾之益，後世讀者孰知我文乃賴改定耶？'今人多因'相'字誤會，失本意矣。……如今人解，則與'卿何所疑難'句不相貫屬。"何說是也。姚範《援鶉堂筆記》卷三九從之而增益曰："《南史・任昉傳》：'王儉出自作文，令昉點正，拊几歎曰：後世誰知子定吾文！'何說正與此合。"洪邁《容齋續筆》卷一三論歐陽修、王安石皆因人譏彈其文而恚怒，即以植此《書》與《任昉傳》並引，亦作"佳麗"，何、姚未知耳。《孔子家語・致思》："孔子謂伯魚曰：'……近而愈明者學也。譬之汙池，水潦注焉，雚葦生焉，雖或以觀之，孰知其源矣？'"；王肅註："源、泉源也；水潦注于池而生雚葦，觀者誰知其非源泉乎？言學者雖從外入，及其用之，誰知其非從此出者乎？"丁廙論文，與王肅論學，同時同旨。然作"佳惡"，似亦無妨，古語有"並及"之例（參觀《周易》卷論《繫辭》五），"佳惡"可僅指"佳"，如"利害"僅指"害"，"吹噓"僅指"噓"，今語"識好歹"亦常謂知恩、感恩，即"識好"也。"今人解"者，以丁廙語等諸杜甫《偶題》："文章千古事，得失寸心知"，例如《有學集》卷三八《再答蒼略書》。孫虔禮《書譜》記王獻之自負書法"故當勝"其父（《晉書・王獻之傳》作"故當不同"），曰："時人那得知！"，正亦丁語之今解矣。

《與吳季重書》："願舉泰山以爲肉，傾東海以爲酒。"按《左傳》昭公十二年："有酒如澠，有肉如陵。……有酒如淮，有肉如砥"；王嘉《拾遺記》卷九姚馥曰："九河之水不足以漬麴糵，八藪之木不足以作薪蒸，七澤之麋不足以充庖俎"；韓愈《陸渾山火》："鹽池波風肉陵屯，谽呀鉅壑頗黎盆，豆登三山瀛四罇。""夫君子而知音樂，古之達論，謂之'通而蔽'。"按"通而蔽"乃桓譚論漢武帝語，譚論張竦又曰"通人之蔽"；《全後漢文》卷一四《新論·識通》篇輯文無及音樂者。《文選》李善註亦未言植語所本，《文選》本文及善註皆作"君子而不知音樂"；脱去"不"字，句遂費解，宜校正。又善於篇末註云："植集此《書》別題云：'夫爲君子而不知樂者'云云，今本以'墨翟不好伎'置'和氏無貴矣'之下，蓋昭明移之，與季重之《書》相應耳。"《文選》任昉《奏彈劉整》："臣昉頓首頓首，死罪死罪"句下善註云："'謹案……整即主'。昭明删此文太略，故詳引之，令與彈相應也。"朱彝尊《曝書亭集》卷五二《書〈玉臺新詠〉後》云："《文選》所録《古詩十九首》，以《玉臺新詠》勘之，其第十五首則《西門行》古詞也。古詞：'夫爲樂，爲樂當及時，何能坐愁怫鬱，當復來兹'；而《文選》更之曰：'爲樂當及時，何能待來兹！'古詞：'貪財愛惜費'，《文選》更之曰：'愚者愛惜費'古詞：'自非仙人王子喬，計會壽命難與期'；《文選》更之曰：'仙人王子喬，難可與等期'裁剪長短句作五言詩，移易其前後，皆出文選樓中學士之手。"《西門行》見《宋書·樂志》，《樂府詩集》卷三七録之，《玉臺新詠》原本未收，朱氏當據竄亂之本，然其言可與前拈善註兩事合觀。古人選本之精審者，亦每削改篇什。如姚鉉《唐文粹》選曹鄴《讀李斯傳》詩，"只摘取四句，一篇之精英盡矣"；呂祖謙《皇朝文鑑》選謝逸《閨恨》詩，"亦止六語，削去曼語，一歸之正"；吳子良《林下偶談》卷一亟稱"此亦編集文字之一法"。觀《滄浪詩話・考證》歎服蘇軾之刪削柳宗元詩，又自言欲刪削謝朓詩，俾得"渾然"；則嚴羽苟操選政，亦必點竄前人篇什矣。余所覯明、清名選如李攀龍《詩刪》、陳子龍等《皇明詩選》、沈德潛《別裁》三種、劉大櫆《歷朝詩約選》、王闓運《湘綺樓詞選》之類，胥奮筆無所顧忌。且往往一集之內，或註明刪易，或又刪易而不註明，其淆惑也滋甚。如《唐詩別裁》卷六司空圖《歸王官次年作》："缺粒空憐待鶴疎"，沈氏潛改"覽鏡"爲"缺粒"，而卷一九賀知章《回鄉偶書》次句則註原作"衰"字出韻，故"改正"爲"摧"字；《明詩別裁》卷八高啟《弔岳王墓》次句註原作"千年"不"典"，改"千"爲"十"，而卷一劉基《薤露歌》祇四句，原作轉韻三十六句，李攀龍《詩刪》節削成此，沈氏承之而不道，又卷八楊基《岳陽樓》："嬋娟帝子靈"，按《眉菴集》卷七"嬋娟"原作"娉婷"，蓋亦潛改；《國朝詩別裁》卷四王士禎《謁文忠烈公祠》、卷六崔華《滸墅舟中別相送諸子》等，昌言改字，而如卷三李來泰《荊公故宅》、卷一五孔傳鐸《五人墓》，潛改而不言。訴病此習誠是矣，然無言"文選樓諸學士"之爲始作俑者；朱氏知選樓學士之裁移失真矣，然己之選《詩綜》、《詞綜》，復技癢而不能忍俊焉。《清詩紀事初編》卷一《薛瓊》節謂"清人選詩多喜加墨，朱彝尊、沈歸愚皆有此癖，……唐宋人似不若此"，蓋並未一究朱氏《書〈玉臺新詠〉後》也。

【增訂四】《漢書・外戚傳》載李延年歌曰："一顧傾人城，再顧傾人國，寧不知傾城與傾國，佳人難再得。"《玉臺新詠》卷一選此詩，刪去"寧不知"三字。朱彝尊據《玉臺新詠》以譏《文選》之"裁剪"古詩作"五言"，不知《新詠》亦每同此病也。《文選》卷二四曹植《贈白馬王彪》，題下李善註："集曰：'於圈城作'；又曰：'黃初四年五月，白馬王、任城王與余俱朝京師。會節氣，日不陽。任城王薨。至七月，與白馬王還國。後有司以二王歸藩，道路宜異宿止。意毒恨之；蓋以大別在數日，是用自剖，與王辭焉，憤而成篇。'"是原詩題暨小序皆遭"文選樓中學士"芟削也。余觀元好問《中州集》、《中州樂府》所採錄篇什，字句往往與同時人劉祁《歸潛志》徵引者異，按之多以《中州》兩選爲勝，當經老元潤色。如《歸潛志》卷三載雷琯《遊龍德宮》："千年金谷銅駞怨，萬里蜀天杜宇啼"，《中州集》易"金谷"爲"洛苑"，則切"銅駞"，易"蜀天"爲"坤維"，則諧句律；《志》引劉景玄聯："歲月消磨詩硯裏，河山浮動酒杯中"，《集》易"歲月"爲"今古"、"硯"爲"句"，詞氣較雄闊，而去"詩硯"生湊之疵。操選政者竄改原作，或亦可援遺山張目。朱彝尊《明詩綜》於"芟汰"、"補綴"每直認不諱，觀卷一一沈貞、卷二〇甘州、卷二八陳霆、卷三八石麟、卷四五皇甫濂、卷四九徐渭、卷八〇下季孟蓮即知；卷二錄劉基《薤露歌》，却全用李攀龍刪改本，不著按語，何哉！朱氏《明詩綜》實以錢謙益《列朝詩集》爲椎輪；錢書甲集前上錄此《歌》全文，了無刪節，朱氏舍原本而隱取攀龍改本，微意可揣而知焉。《歌》見《誠意伯文集》卷一〇，以"蜀琴且勿彈"始，"聽我薤露歌"結，攀龍節取中權："人生無百歲，百歲復如何！誰能持兩手，挽彼東逝波？

古來英雄士，俱已歸山阿"，復刪去"誰能"云云兩句，且改"俱"字爲"各"字，以重言一個不漏。洵剝膚存液，點鐵成金，與原作如霄壤矣。錢謙益詆攀龍不容口，而《列朝詩集》乙四選薛瑄《戲題紅白二梅花落》六韻五言律詩，加按語云："李于鱗《詩删》截前後兩韻作絕句，亦佳"；蓋見攀龍之善刪者，亦不得不心折也。沈德潛《國朝詩別裁》卷二五徐蘭《出關》："憑山俯海古邊州，旆影風翻見戍樓，馬後桃花馬前雪，出關爭得不回頭！"沈氏評謂後半首"幾於萬口流傳"。據計發《魚計軒詩話》，則前半原作："將軍此去必封侯，士卒何心更逗留"，殊苦"平弱"，今本乃沈氏潤改，便全體稍勻稱，乃知"詩不厭改"。蓋談藝倘稍辨美惡，便不必硜硜乎作原本之佞臣焉。吳仰賢《小匏菴詩存》卷三《偶論滇南詩》之八："太白詩成筆最靈，象牀銀管隱香屏；閨中李杜求同調，只有當年錢浣青"；自註："閨秀李蘭真含章……有詠太白詩曰：'在天猶被謫，入世豈能容'，爲隨園所賞，摘入《詩話》，推爲一代之冠。"《小匏菴詩話》卷三："昔人詩話中摘賞一二句，有經點竄而後佳者。如王漁洋賞張虞山：'南樓楚雨三更遠，春水吳江一夜生'，檢原詩，乃用《十蒸》韻，作'一夜增'。袁簡齋賞閨秀李含章詩云云，檢原詩乃用《一東》韻，作'入世豈求通'。此兩聯在原本俱爲韻累……真點鐵成金手段！"選本之改易原本，不妨亦作如是觀。

談藝衡文，世別尊卑，道判大小，故選文較謹嚴，選詩漸放恣，選詞幾欲攘臂而代庖；一體之中，又斂於古人，而肆於近人。吾鄉丁紹儀《國朝詞綜補・例言》有云："前人選詞，遇有白璧微瑕，輒爲點竄，俾臻完善。如蘭泉司寇所錄，……李笠翁《浪淘沙》詞後闋，竟易其半。……僕自揣無能爲役，曾以初本就正陳叔安大令宇，……似此較善原本處，不勝僂計，皆大令筆也"；言之坦然，足徵選事風習。

　　【增訂三】偶覯況周儀舊藏清初聶先、曾王孫合選《名家詞鈔》，其第一册《例言》即曰："每遇絕妙好詞，偶或一音未協，一字未妥，竊爲更定。"

院本小說底下之書，更同自鄶，人人得以悍然筆削，視原作爲草創而隨意潤色之。臧懋循《負苞堂文選》卷三《〈元曲選〉序》、《〈玉茗堂傳奇〉引》、卷四《寄黃貞夫書》皆沾沾自誇"以己意"刪抹改竄之工。金聖歎評點《西廂》、《水滸》之分"古本"、"俗本"，尤成口實。當時毀者如董含《三岡識略》卷九："是聖歎文字，不是《西廂》文字；直欲竊爲己有，可謂迂而愚矣！"；謂其移花接木、喧賓奪主也。譽者如韓程愈《白松樓集》卷一〇《論聖歎〈六才子書〉》之二："聖歎之批此二書也，皆作此二書者之自批之也。……其最有識，無如刪去《水滸》後三十回與《西廂》後四折"；謂其點鐵成金、與古爲新也。毛奇齡《西河詩話》卷八論王維詩，因曰："近人改前人文，動曰'原本'，此亦學古之不可不察者"；是則聖歎所爲，特沿時弊而愈猖狂耳。古人之於小說院本，愛而不敬，親而不尊，非若於經史之肅對、詩文之重視；翻刻傳抄時隻字片語之加點攻錯，出以輕心易念，未必在意而藉口"古本"、"原本"，一一標明。世積傳廣，本多言咙，欲探天根而究物始，使原作顯本還真①，其志則大，其事則難。猶洗鉛華以見素質，而已深入腠理，揭代面以露真相，而已牢粘

---

① Cf. L. Caretti, *Filologia e Critica*, 8 (l'opera di decantazione).

頭目矣。論古人評選者，都未通觀而理會及此，故略陳之。抑評選而以作手自居，當仁不讓，擅改臆删，其無知多事之處，誠宜嗤鄙，然固不乏石能攻玉，錦復添花，每或突過原本，則又無愧於作手。評選而不以作手自居，自知洵明，自謙可尚，然而往往不自省厥手不辨"詩中疏鑿"，實并勿勝評選之役，則明而終昧、謙而仍未免於僭爾。

七八　全三國文卷一八

　　陳王植《漢二祖優劣論》："故曰光武其優也。"按梁元帝《金樓子·立言篇》下："曹植曰：'漢之二祖，俱起布衣'云云。諸葛亮曰：'曹子建論光武，將則難比於韓、周，謀臣則不敵良、平；時人談者亦以爲然。吾以此言誠欲美大光武之德，而有誣一代之俊異，何哉！'云云"。見存植《論》中不覩此等語，諸葛之言似無他出，《全三國文》卷五八、五九即未採擷。

　　《相論》："白起爲人，小頭而銳，瞳子白黑分明；故可與持久，難與爭鋒。"按《全漢文》卷六一嚴尤《三將軍論》平原君論白起語（《世說·言語》門註引），是植所本。

　　《貪惡鳥論》。按梟、鳩問對出於《説苑》，人皆知之。"昔會朝議者，有人問曰：'寧有聞梟食其母乎？'有答之者曰：'嘗聞烏反哺，未聞梟食其母也。'問者慚悵不善也"；蓋出桓譚《新論·譴非》篇，即譚所上封事中述宣帝時"賢者"與丞相問對（《全後漢文》卷一四）。"得蚤者莫不糜之齒牙，爲害身也。"按周密《齊東野語》卷一七："余負日茅簷，見山翁野媼捫身得蝨，則置口中，意甚惡之。然應侯謂秦王曰：'邯鄲猶口中蝨'，王莽校尉韓威曰：'吞胡虜無異口中蚤蝨'，陳思王著《論》亦云云。

三人者,皆當時貴人,其言乃爾。"所舉范雎、韓威語,分別見《韓非子·內儲說》上又《戰國策·秦策》三、《漢書·王莽傳》中。《南齊書·文學傳》載卞彬《蚤蝨賦序》:"若吾之蝨者,……掐嚙不能加";莊綽《雞肋編》卷上:"近泊舟嚴州城下,有茶肆婦人,少艾,鮮衣靚妝,銀釵簪花,其門户金漆雅潔。乃取寢衣鋪几上,捕蝨投口中,幾不輟手,旁與人笑語不爲羞,而視者亦不怪之。"蒙田論各地風俗儀節之殊(la coustume),舉例中亦言以口齒嚙蝨之人,見以指甲掐之死者,輒生鄙惡之心(où ils tuent les pouils avec les dents comme les Magots, et trouvent horrible de les voir escacher soubs les ongles)①。餘見前論《蝙蝠賦》。

---

① Montaigne, *Essais*, I. 23, "la Pléiade", 127.

七九　全三國文卷一九

　　陳王植《文帝誄》："永棄萬國，雲往雨絶。"按禰衡《鸚鵡賦》："何今日之兩絶，若胡越之異區"，"兩"乃"雨"之訛；《全梁文》卷六四張纘《與陸雲公等書》："京洛游故，咸成雲雨"，即割裂此類語，六朝猶不以爲褻詞也。《文選》王粲《贈蔡子篤詩》："風流雲散，一別如雨"，李善註："《鸚鵡賦》曰：'何今日以雨絶'，陳琳《檄吳將校》曰：'雨絶于天。'然諸人同有此言，未詳其始。"植此文與卷四一文欽《降吳表》："常隸魏國雨絶于天"，又增兩例。韓愈《送浮屠令縱西游序》："其來也雲凝，其去也風休"，似即點化成語，分用而反其詞，亦如其《答竇秀才書》："輕載而往，垂橐而歸"，乃反用《國語‧齊語》："垂橐而入，輕載而歸。"

八〇 全三國文卷二二

華歆《請受禪上言》:"天祚率土,必將有主,主率土者,非陛下其孰能任之?"按劉琨《勸進表》:"天祚大晉,必將有主,主晉祀者,非陛下而誰?";梁簡文帝《與湘東王書》:"文章未墜,必有英絕,領袖之者,非弟而誰?";唐高祖《與李密書》:"天生蒸庶,必有司牧,當今爲牧,非子而誰?"。皆仿《左傳》僖公二十四年介之推曰:"天未絕晉,必將有主,主晉祀者,非君而誰?"

八一　全三國文卷二五

　　王廣《子貢畫贊》："□□端木，英辯才清，吐口敷華，發音揚馨。"按稱子貢"言語"，比之於"敷華"，正如《開元天寶遺事》："時人號曰：'李白粲花之論'"；故知"馨"即取花香爲喻，正如《易・繫辭》："同心之言，其臭如蘭。"一意貫注，皆從"木"字生發。阮元《揅經室一集》卷一《釋"馨"》："《説文》曰：'馨：香之遠聞者，從香，殸聲'。……'聲'字與'馨'字音義相近，漢人每相假借，故漢《衡方碑》亦借'聲'爲'馨'矣。"《衛尉衡方碑》："維明維允，耀此聲香"（《全後漢文》卷一〇一），阮説"聲"爲"馨"之假借，是也。王氏此《贊》，若無"敷華"語，則尟不以爲"揚馨"乃"揚聲"，與"發音"駢枝矣。張九齡《曲江文集》卷五《庭梅詠》："馨香雖尚爾，飄蕩復誰知！"，一本誤作"聲香"；王之望《好事近》："驚我雪髯霜鬢，只聲香相識"（《全宋詞》一三三六頁），"香"必爲"音"之訛，猶賀知章《回鄉》之"鄉音無改鬢毛衰"。張詩之誤，不勞以假借釋之，王詞之誤，雖釋以假借而不可通。《唐詩歸》卷五選張詩，從誤本作"聲香"，鍾惺評："生得妙！"；鍾自作詩，掃撦之沴再沴三。如《隱秀軒詩・地集》卷二《三月三日新晴與客步看所在桃花》："數步即花事，聲香中外行"；卷三《城南古華嚴寺》："數里聲香中，人我在空綠"；《黃集》卷三《春事》："聲香能幾日，花柳已今年。"竟陵之言既大行，明末篇什習用"聲香"，如王鐸《擬山園初集》五律卷一《宿觀音寺》："聲香還未失，幽趣復何尋"，又七律卷四《水花影》："欲拾芳鈿如可得，聲香宛在水中央"；朱議㵾《朱中尉詩集》卷三《寄躬菴》："試看背巖下，蕭蕭綴古梅，聲香俱不事，風骨必須推"；阮大鋮《詠懷堂集·辛巳詩》卷上《張兆蘇移酌根遂宅》之二："香聲喧橘柚，星氣滿蒿萊。"納蘭性德《淥水亭雜識》卷四嘗歎鍾氏"妙解《楞嚴》，知有根性"，竊謂其以"聲香"誤文爲妙詞，正隱本《楞嚴經》卷四之五又卷六之一、二言"六根互相爲用"，命意彷彿張羽《靜居集》卷一之《聽香亭》五古、惲敬《大雲山房文稿》二集卷三之《聽雲樓詩鈔序》、郭麐《靈芬館雜著》續編卷三之《聽香圖記》（詳見《列子》卷論《黃帝》篇）。尋常眼、耳、鼻三覺亦每通有無而忘彼此，所謂"感受之共產"（Sinnesgütergemeinschaft）；即如花，其入目之形色、觸鼻之氣息，均可移音響以揣稱之。晏幾道《臨江仙》："風吹梅蕊鬧，雨細杏花香"；毛滂《浣溪沙》："水北煙寒雪似梅，水南梅鬧雪千堆"；黃庭堅《奉和王世弼寄上七兄先生》："寒窗穿碧疏，潤礎鬧蒼蘚"；王灼《虞美人》："枝頭便覺層層好，信是花相惱；舥船一棹百分空，挼了如今醉倒鬧香中"；范成大《立秋後二日泛舟越來溪》之一："行入鬧荷無水面，紅蓮沉醉白蓮酣"（《石湖詩集》卷二〇）；趙孟堅《康[節之]不領此[墨梅]詩，有許梅谷仍求，又賦長律》："鬧處相挨如有意，靜中背立見無聊"（《彝齋文編》卷二，參觀釋仲仁《梅譜·口訣》："鬧處莫鬧，閒處莫間,老嫩依法,新舊分年");龐鑄《花下》:"若爲常作莊周夢,飛向幽芳鬧處栖"(《全金詩》卷二七)。"鬧香"、"芳鬧"即"聲香"耳。

【增訂三】《兒女英雄傳》第三八回:"左手是鬧轟轟的一大把子通草花兒、花蝴蝶兒",逕以"轟轟"字形容物色之"鬧",觸類而長也。

鍾惺評詩作詩,洵如"得杜撰受用"、"讀破句有省"者(參觀論《全後漢文》繁欽《與魏太子書》)。苟以阮元古字假借之說,釋張詩之誤文,反減却省悟、失去受用。誤解或具有創見而能引人入勝(le malentendu créateur, une conséquence admirable de l'imparfaite incompréhension)①,當世西人談藝嘗言之,此猶其小焉耳。且不特詞章爲爾,義理亦有之。

【增訂三】《河南程氏外書》卷六程頤語:"善學者要不爲文字所梏,故文義雖解錯而道理可通行者,不害也。"亦謂義理中有誤解而不害爲聖解者。

---

① Valéry: "Discours au Pen Club, 1926", *Oeuvres*, "Bib. de la Pléiade", I, 1360. Cf. T. S. Eliot, *To Criticise the Critic*, 36(reading something in a language imperfectly understood); S. Spender, *The Making of a Poem*, 115(fruitful misunderstanding).

八二　全三國文卷三〇

　　吳質《在元城與魏太子牋》："即以五日到官。……然觀地形，察土宜。西帶恒山，連岡平代。北鄰柏人，乃高帝之所忌也；重以泜水，漸漬疆宇，喟然歎息，思淮陰之奇謫，亮成安之失策。南望邯鄲，想廉藺之風；東接鉅鹿，存李齊之流。"按周覽而發幽情，融史入地，具見論《全漢文》枚乘《七發》。《全晉文》卷一三四習鑿齒《與桓秘書》："吾以去五月三日來達襄陽。……從北門入。西望隆中，想卧龍之吟；東眺白沙，思鳳雛之聲；北臨樊墟，存鄧老之高；南眷城邑，懷羊公之風；縱目檀溪，念崔徐之友；肆睇魚梁，追二德之遠"；唐覲《延州筆記》卷四謂習《書》師吳《牋》之構，是也。胡仔《苕溪漁隱叢話》後集卷三〇、王楙《野客叢書》卷一四舉宋人諸《記》，謂祖習《書》，尚未究吳《牋》之遠在其先也。宋後仿構不厭，聊拈一例，列四至而小變者；錢謙益《牧齋初學集》卷四一《徐州建保我亭記》："登斯亭也，西北望芒碭，劉季朱三之枌榆猶在也；西俯白門樓；曹公之所縛呂布也；東南臨呂梁，吳明徹之所堰泗以灌徐也；又東眺泗水三城，高齊之所版築以扼陳也。"

　　吳質《答東阿王書》："若質之志，……鑽仲父之遺訓，覽老氏之要言，對清酤而不酌，抑嘉肴而不享，使西施出帷，嫫母侍側，斯盛德之所蹈，明哲之所保也。……重惠苦言，訓以政事，……墨子迴車，而質四年。"按曹植《與吳季重書》大言："願舉泰山以爲肉，傾東海以爲酒"云云，故質以此答之，聊示盍各異撰。植原書有"墨翟自不好伎，何爲過朝歌而迴車乎？"一節，《文選》李善註謂此節乃"別題"，昭明"移"入本文，以與質答書"相應"。竊疑植得質答，遂於原書後"別題"此節，正對質自誇之"盛德"、"明哲"而發。質以植"訓以政事"，故言己治朝歌之政，植因撮合質所治與質所志，發在弦之矢焉；以"別題"補入原書，則無的放矢、預搔待癢矣。《淮南子·本經訓》謂"知道德者，……雖有毛嬙西施之色，不知説也"，又《精神訓》稱"真人……視毛嬙西施，猶顛醜也"，而襲《文子·上禮》論"爲禮者終身爲哀人"一節，以譏："衰世湊學，不知原心反本，直雕琢其性，矯拂其情，以與世交。……肉凝而不食，酒澄而不飲，外束其形，內總其德，鉗陰陽之和，而迫性命之情，故終身爲悲人。"質戒絶"清酤"，謝屏"嘉肴"，至恐"西施"之亂心，藉"嫫母"以寡欲，尤類李漁《風筝誤》第二折韓生謂"見了醜婦，不由你不老實"。其行逕直"哀人"、"悲人"耳！豈恐如《學記》所謂"發然後禁，則扞格而不勝"歟？植察見隱衷，例之墨翟，謂非"不好"聲色滋味，乃實"好"而畏避。使植來書已發此意，而質若罔聞知，報書津津自矜矯情遏性，亦鈍於應對、不知箭拄刃合者矣。參觀《全漢文》卷論司馬相如《美人賦》。

卞蘭《許昌宮賦》："其陰則有望舒涼室，羲和溫房，隆冬御絺，盛夏重裳，同一宇之深邃，致寒暑於陰陽。"按《三輔黃圖》

卷上《未央宮》言有"溫室殿"、冬處之,"清涼殿"一名"延清室"、夏居之,蓋漢宮舊制也。《全三國文》卷三二韋誕《景福殿賦》:"則有望舒涼室,羲和溫房,玄冬則煖,炎夏則涼,總寒暑于區宇,制天地之陰陽";卷三九何晏《景福殿賦》:"溫房承其東序,涼室處其西偏,開建陽則朱炎艷,啓金光則清風臻,故冬不淒寒,夏無炎燀。"卷四二杜恕《體論·聽察》篇:"暑則被霧縠,襲纖絺,……處華屋之大廈,居重蔭之玄堂,……飄飄焉有秋日之涼。……寒則被綿袍,襲輕裘,……居隩密之深室,處複帟之重幄,……惔惔焉有夏日之熱";亦即以諸人之所鋪陳者為諷諫耳。前乎此唯《全後漢文》卷五八王延壽《魯靈光殿賦》:"隱陰夏以中處,霐寥窲以崢嶸",《文選》李善註:"'陰夏'、向北之殿也,韋仲將《景福殿賦》曰:'陰夏則有望舒涼室',亦與此同";然未及"溫房",殆非營建之闕漏,而或乃賦頌之偏枯耶?

【增訂四】《全唐文》卷五八一柳宗元《柳州東亭記》:"取傳置之東宇……又北闢之以為陰室,作屋於北墉下,以為陽室……陰室以違溫風焉,陽室以違淒風焉,若無寒暑也。"正即"溫室殿"、"清涼殿"之遺意。蓋逐臣謫吏經營土舍茅茨,亦本此旨,具體而微,非帝室皇居之所專也。

杜牧《阿房宮賦》:"歌臺暖響,春光融融;舞殿冷袖,風雨淒淒;一日之內,一宮之間,而氣候不齊";則更進一解,文心深細,邁出魏晉諸家。"氣候"蓋指人事之情境,非指天時之節令。《莊子·大宗師》不云乎:"淒然似秋,煖然似春,喜怒通四時。"歌舞駢聯,乃二而一者,張衡《舞賦》所謂"合體齊聲";故此處"歌"與"舞"皆名偏舉而事兼指。"歌"舞作而"臺"為之

"融融",俗語所謂"熱鬧";歌"舞"罷而"殿"爲之"淒淒",俗語所謂"冷靜"。借曰不然,則歌必在羲和之房而舞必在望舒之室也,且日照歌臺而雨飄舞殿,如"東邊日出西邊雨"也,得乎?"一宮之間,一日之内",而熱鬧、冷靜不齊,猶俗語"朝朝寒食、夜夜元宵",言同地同日,忽喧忽寂耳。王琦《李長吉歌詩匯解》卷一《十二月樂詞·三月》:"曲水飄香去不歸,梨花落盡成秋苑",註:"梨花落盡,寂寞人踪,雖當春盛之時,却似深秋之景;杜牧之《阿房宫賦》'歌臺'云云,亦是此意。"洵得正解。"熱"與"鬧"、"冷"與"静",異覺相濟,心同厭理。蘇軾《病中大雪數日未嘗起觀》:"西鄰歌吹發,促席寒威挫。……人歡瓦先融,飲雋瓶屢卧";范成大《石湖詩集》卷二九《親隣招集,强往即歸》:"已覺笙歌無暖熱";姜夔《白石道人詩集》卷下《湖上寓居雜詠》:"游人去後無歌鼓,白水青山生晚寒";均寫此感。

【增訂三】姜夔《集外詩·燈詞》之四:"游人歸後天街静,坊陌人家未掩門;簾裏垂燈照尊俎,坐中嬉笑覺春温。"與其《湖上寓居》詩相映成趣。

西方俗語雅言不乏相類,顧都不如吾國"熱鬧"、"冷静"四字之簡易而熨貼也。

八三　全三國文卷三三

　　蔣濟《萬機論》："莊周婦死而歌。夫通性命者，以卑及尊。死生不悼，周不可論也。夫象見死皮，無遠近必泣，周何忍哉！"按"論"者，譴責也；謂莊之齊生死，固不可非難，然婦死而歌，則過當矣。魏晉以來，評議《莊子·至樂》中"鼓盆而歌"一節者，多足羽翼蔣説。如《全晉文》卷六〇孫楚《莊周贊》："本道根貞，歸于大順；妻亡不哭，亦何所懼？慢弔鼓缶，放此誕言；殆矯其情，近失自然"；沈括《夢溪筆談》卷九："莊子妻死，鼓盆而歌。妻死而不輟鼓可也，爲其死而鼓之，則不若不鼓之有愈也"；王得臣《麈史》卷中："妻亡則鼓盆而歌，夫哀樂均出於七情，周未能忘情，强歌以遣之，其累一也。奚爲是紛紛歟！"；張萱《疑耀》卷二："莊周妻亡，鼓盆而歌，世以爲達，余謂不然。未能忘情，故歌以遣之耳；情若能忘，又何必歌？"後來居上，持論益密。方以智《藥地炮莊》卷六引夏君憲曰："莊子一生曠達，必是被老婆逼拶不過，方得脱然，不覺手舞足蹈，著此書必在鼓盆之後"；謔語亦有以也。應劭《風俗通·愆禮》篇第三斥山陽太守汝南薛恭祖喪妻不哭，有云："鳥獸之微，尚有回翔之思、啁噍之痛，何有死喪之感，終始永絶，而曾無惻容？當内崩傷，外自矜飭，此爲矯情，僞之至也！"亦蔣濟、孫楚譏莊生之旨；"鳥獸"云云，本《禮記·三年問》。

《萬機論》："語曰：'兩目不相爲視。'昔吳有二人共評主者，一人曰：'好！'，一人曰：'醜！'，久之不決。二人各曰：'爾可求入吳目中，則好醜分矣！'夫士有定形，二人察之有得失，非苟相反，眼睛異耳。"按即俗諺"情眼出西施"（胡仔《苕溪漁隱叢話·後集》卷三一）、"瞋人易得醜"（徐度《卻掃編》卷上）之旨。劉晝《劉子·正賞》第五一有一節全本此，"評主"作"評玉"，"求入吳目中"作"來入吾目中"，"士有定形"作"玉有定形"，皆於義爲長，可據以校正。"爾假吾眸，即見其美"（take mine eyes, and/thou wilt think she is a goddess），亦西方古語也①。

《萬機論》："諺曰：'學者如牛毛，成者如麟角'，言其少也。"按蔣《論》中唯此語流傳最廣。《困學紀聞》卷一三："'學如牛毛，成如麟角'，出蔣子《萬機論》"；翁註引《太平御覽》卷四九六、《抱朴子·極言》篇（"爲者如牛毛，獲者如麟角"）、《北史·文苑傳·序》（與蔣《論》引諺同）。然《御覽》卷四九六《諺》下引作"學者"、"成者"，卷六〇七《學》一所引則與《紀聞》同，無兩"者"字。《顔氏家訓·養生》："學如牛毛，成如麟角"；徐陵《徐孝穆集》卷三《諫仁山深法師罷道書》："覓之者等若牛毛，得之者譬猶麟角"；《全唐文》卷九二〇宗密《〈金剛般若經疏論纂要〉序》："致使口諷牛毛，心通麟角"，用

---

① Burton, *Anatomy of Melancholy*, Part. III, Sect. II, Mem, III, "Everyman's Lib.", III, 158(Nichomachus).

外書而不用《大莊嚴論經》卷一二帝釋爲尸毘王説偈："猶如魚生子，雖多成者少"，當是貪對偶之現成耳；張伯端《悟真篇·後序》："豈非學者紛如牛毛，而達者乃如麟角也？"；宋濂《宋文憲公全集》卷三〇《送方生還寧海》："豈知萬牛毛，難媲一角麟！"。向來祇是論學之憾語，恨"麟角"之不多逢，爾後亦爲譽人之喜語，幸"麟角"之得一見。錢謙益《有學集》卷一一《古詩贈新城王貽上》："勿以獨角麟，媲彼萬牛毛"，繆荃孫《煙畫東堂小品·於》集一《王貽上與林吉人手札》："虞山錢宗伯……贈詩'勿以'云云之句，實爲千古知己！"；又錢氏《牧齋外集》卷二五《跋顧伊人近詩》："殆宋金華所謂'豈知'云云者也"，卷四七《示吕生》："勿以一麟角，媲彼萬牛毛"；黄承吉《爲汪孟慈農部題其尊人並祀西湖、金山事》自記："余始識先生於鮑氏棠樾別業，就與談論，有'學如牛毛，成如麟角'之語"；張維屏《松心詩集》首自題"作者牛毛，成者麟角"，又《豫章集·程春海祭酒枉贈嘉篇奉酬》之四："牛毛衆曷貴，麟角獨乃奇。"

【增訂四】《全唐文》卷一五七李師政《内德論·空有三》："始蒙然而類牛毛，終卓爾而同麟角"；《五燈會元》卷五青原行思章次："衆角雖多，一麟足矣。"王昶《湖海詩傳》姚椿下《蒲褐山房詩話》："余嘗勸其知古知今，積爲經濟，無以尋章摘句，搜癖矜奇，至獨角麟類於萬牛毛也"；則顯本牧齋勉漁洋語矣。

僧文瑩《湘山野録》卷下載宋真宗問"官家"之名，李仲容對曰："嘗記蔣濟《萬機論》言：'三皇官天下，五帝家天下'，兼三五之德，故曰'官家'"；孔平仲《談苑》卷四所記略同，

《雜説》卷四則考"官家"之稱已見《梁書·太宗十一王傳》；洪邁《容齋四筆》卷二考"官家"，引蓋寬饒封事、《説苑》等，亦及《萬機論》。嚴氏此輯，却無其語。晁載之《續談助》卷三引《聖宋掇遺》則記爲徐鉉對太宗問，初未道蔣《論》也。

【增訂三】田況《儒林公議》卷上記"官家"名義事，則謂是杜鎬答宋太宗問，僅言是"古誼"，亦未道《萬機論》。

【增訂四】"官家"二字首見《説苑·至公》，即《容齋四筆》所引。沈約《宋書·鮮卑吐谷渾傳》："虜言'處可寒'，宋言'爾官家'也"；却未見前人引此。

八四　全三國文卷三八

　　麋元《譏許由》。按別見《全漢文》卷論淮南小山《招隱士》。《弔夷齊文》："夫五德更運，天秩靡常，如有絕代之主，必有受命之王；……子不棄殷而餓死，何獨背周而深藏？是識春香之爲馥，而不知秋蘭之亦芳也！……首陽誰山？而子匿之！彼薇誰菜？而子食之！行周之道，藏周之林，讀周之書，彈周之琴，飲周之水，食周之芩，□謗周之主，謂周之淫。"按"五德更運"云云，乃誡遺老頑民謂不可眷戀舊朝。《太平廣記》卷一七三引《小說》記東方朔論夷、齊，亦曰："古之愚夫，不能與世推移，而自苦於首陽"，即譏其"識春馥而不知秋芳"。《全唐文》卷八四四竇夢徵《祭故君文》："嗚呼！四海九州，天迴睠命，一女二夫，人之不幸，當革故以鼎新，若金銷而火盛，必然之理，夫何足競！"；則貳臣并以此意自解矣。周密《志雅堂雜鈔》卷下："徐鉉有《哭南唐後主詩》，又有《李煜墓碑》並載，言其不忠於舊主，則無從敬於新主之意"（參觀袁桷《清容居士集》卷四六《跋李後主詩稿》）；汪元量《湖山類稿》卷五周方《跋》："余讀水雲詩，至丙子以後，爲之骨立。再嫁婦人望故夫之壠，神銷意在，而不敢哭也"；皆所謂"息夫人勝夏王姬"也（洪亮吉《更生齋詩》卷二《道中無事偶作論詩絕句》：「山上蘼蕪時感泣，息夫人勝夏王姬」）。參觀《全唐文》卷論魏徵《唐故邢國公李密墓志銘》。「行周之道」云云，乃誡遺老頑民，謂不可仇恨新朝。朱鶴齡《愚菴小集・補遺》卷二《書元裕之集後》：「人臣身事兩姓，猶女子再醮，當從後夫節制，於先夫之事，憫默不言可也。肆加之以詬詈，而喋喋於先夫之淑且美焉，則國人之賤之也滋甚。裕之圍城中作詩指斥蒙古，不啻杜子美之於祿山、思明也；及金亡不仕，詩文無一語指斥者。裕之於元，不可謂再醮女，然既踐土茹毛，即無詬詈之理；非獨免咎，誼當然也。乃今之再醮者，訕詞詆語，日號於衆曰：『安得與吾先夫子同穴乎！』或又并先、後夫之姓氏，合爲一人，若欲掩其失身之事，斯又蔡文姬、李易安之所不屑。非徒誖也，其愚亦甚矣哉！」；章學誠《乙卯劄記》：「亡國之音，哀而不怨。家亡國破，必有所以失之之由；先事必思所以救之，事後則哀之矣。不哀己之所失，而但怨興朝之得，是猶痛親之死，而怨人之有父母也。故遺民故老，沒齒無言，或有所著詩文，必忠厚而悱惻。其有謾罵譏謗爲能事者，必非真遺民也。」麋元此篇，於諸論已括囊引緒；然《顏氏家訓・文章》論「屈二姓」者當「從容消息」，不可爲「時君」而對故君出「惡聲」，又另明一意矣。至「首陽誰山」之詰難，則可借徐枋《居易堂集》卷一一《題畫芝》爲對：「或謂：『所南畫蘭不著地，而子必盡坡石，或此獨逸古人。』夫吾之所在，即乾淨土也，何爲不可入畫乎？吾方笑所南之隘也！」蓋自文正如責人，皆不患無詞爾。

八五　全三國文卷三九

何晏《無名論》。按嚴氏註謂輯自《列子・仲尼》篇註。張湛註"蕩蕩乎民無能名焉"句，引晏此《論》；註《天瑞》篇"無知也，無能也"云云，又引晏《道論》，嚴氏漏輯。《道論》："夫道之而無語，名之而無名"，與此篇"道本無名"相發明。"惟無名，故可偏得天下之名名之"，尤蘊勝義（The anonymous Presence becomes polynonymous），詳見《易》卷論《繫辭》（一）、又《老子》卷論第一章。

八六　全三國文卷四二

　　杜恕《篤論》:"水性勝火,分之以釜甑,則火强而水弱;人性勝志,分之以利欲,則志强而性弱。"按此譬由來久矣。《韓非子·備内》:"今夫水之勝火亦明矣。然而釜鬵間之,水煎沸,竭盡其上,而火得熾盛,焚其下,水失其所以勝者矣";《淮南子·說林訓》:"水火相憎,鏏在其間,五味以和";《論衡·非韓》:"水之性勝火,如裹之以釜,水煎而不得勝,必矣。夫君猶火也,臣猶水也,法度、釜也。"《全晉文》卷四八傅玄《傅子·假言》:"水火之性相滅也,善用之者,陳釜鼎乎其間,爨之煮之,而能兩盡其用,不相害也。"明僧袾宏《竹窗隨筆》論人之於酒色財氣,可分五等:"有火聚於此,五物在傍。一如乾草,纔觸即然;其二如木,噓之則然者也;其三如鐵,不可得然,而猶可鎔也;其四如水,不唯不然,反能滅火,然隔之釜甕,猶可沸也;其五如空,任其燔灼,體恒自如";與古爲新,語妙天下,彼法謂釋迦號"文佛",即以示佛者須能文(僧圓至《牧潛集》卷六《雜說贈珏鍾山》、今釋澹歸《徧行堂文集》卷三《光宣臺集文序》、龔自珍《定盦集外未刻詩·題梵册》),如袾宏此等筆舌庶幾"佛"而"文"矣。

八七　全三國文卷四三

李康《運命論》。按波瀾壯闊，足以左挹遷袖，右拍愈肩，於魏晉間文，別具機調。李氏存作，無他完篇，物好恨少矣！劉峻《辯命論》樹義已全發於此，序次較井井耳。李言"處窮達如一"，故雖"前鑑不遠"，而"志士仁人猶蹈之而弗悔，操之而勿失"；劉亦言"明其無可奈何，識其不由智力"，而"善人爲善焉有息哉？……非有求而爲"。不計利鈍，故不易操守，不爲趨避。無怨尤之平心安"命"，非無作爲之委心任"命"，盡其在己而非全聽諸天；萊白尼茨所謂"斯多噶之定命論"（Fatum Stoicum）異乎"摩訶末之定命論"（Fatum Mahumetanum, le destin à la Turque）者也①。參觀《史記》卷論《伯夷列傳》。

【增訂四】萊白尼茨所謂"摩訶末或土耳其式之定命論"（Fatum Mahumetanum, le destin à la Turque），尼采嘗申言之。渠以爲人能與命争，亦即命中註定；自居安命及自信造命，莫非命之定數也（In Wahrheit ist jeder Mensch sel-

---

① Leibniz, *Essais de Théodicée*, Préface, *Die philosophischen Schriften*, hrsg. C.J.Gerhardt, VI, 30-1; cf. § 55, S.132.

ber ein Stück Fatum; wenn er in der angegebenen Weise dem Fatum zu widerstreben meint, so vollzieht sich eben darin auch das Fatum: der Kampf ist Einbildung, aber ebenso jene Resignation in das Fatum; alle diese Einbildungen sind in Fatum eingeschlossen. —*Menschliches*,*Allzumenschliches*, II. ii. §61 "Türkenfatalismus", *Werke*, ed. K. Schlechta, 1954, Vol. II, p. 905)。

《運命論》："故木秀於林，風必摧之；堆出於岸，流必湍之；行高於人，衆必非之。"按即老子所謂："高者抑之，有餘者損之"（參觀《周易》卷論《繫辭》之九），亦即俗語之"樹大招風"。白居易《續古詩》之四："雨露長纖草，山苗高入雲；風雪折勁木，澗松摧爲薪。風摧此何意？雨長彼何因？百丈澗底死，寸莖山上春。可憐苦節士，感此涕盈巾！"；則謂木被風摧，非緣其高，乃緣其勁，猶西方寓言中蘆葦語橡樹："吾躬能屈，風吹不折"（Je plie et ne romps pas）①。居易《有木詩》之七："有木名凌霄，擢秀非孤標；偶依一株樹，遂抽百尺條，託根附樹身，開花寄樹梢。……一旦樹摧倒，獨立暫飄飄；疾風從東起，吹折不終朝"；則謂木雖摧倒，而依附之弱植尚或苟延時日，猶晁迥《法藏碎金録》卷八記公館壁上題句："猛風拔大樹，其樹根已露，上有寄生草，青青猶未悟"（《全唐詩》載唐備《道傍木》僅數字異）。蓋事多端而言亦多方也。

【增訂三】張祜《樹中草》："青青樹中草，託根非不危。草生樹却死，榮枯君可知。"與唐備詩取象同而寓意又異。

---

① La Fontaine, *Fables*, I. 22, "Le Chêne et le Roseau".

《運命論》："俛仰尊貴之顔，逶迤勢利之間，意無是非，讚之如流，言無可否，應之如響。"按此等語直可入劉峻《廣絕交論》。干寶《晉紀總論》："朝爲伊周，夕爲桀跖，善惡陷於成敗，毁譽脅於勢利"，僅言反覆之情，未狀迎合之態。李氏"意無是非"十六字直畫出近世西語所謂"唯唯諾諾漢"（yes-man）、"頷頤點頭人"（nod-guy）①。朱敦儒《憶帝京》："你但且，不分不曉，第一、隨風便倒拖，第二、'君言亦大好！'；管取没人嫌，便總道先生俏"；辛棄疾《千年調》："最要'然！''然！''可！''可！'，萬事稱'好！'……寒與熱；總隨人，甘國老。"亦即"無是非"而"讚如流"、"應如響"；

【增訂四】德國古詩人亦有句云："在朝欲得志，必學道個'是！'"（Willstuscin bci Hofc da? /Ei, so lerne sprechen Ja! —Logau, *Sinngedichte. ein Auswahl*, ed. U. Berger, 1967, p.70）

"君言"句隱用《世説·言語》劉孝標註引《司馬徽别傳》記"時人有以人物問者，初不辨其高下，每輒言'佳！'。其婦諫，……徽曰：'如君所言亦復佳！'"

《運命論》："蓋見龍逢比干之亡其身，而不惟飛廉惡來之滅其族也；蓋知云云，而不戒云云；蓋譏云云，而不懲云云；蓋笑云云，而不懼云云"；楷式揚雄《解嘲》之"客徒欲朱丹吾轂，不知一跌將赤吾之族也"，加以排比，然構句相駢而用字避複，亦如宋玉《好色賦》之三累句矣。

---

① Cf. Logau, *op. cit*., 70: "Willstu sein bei Hofe da? /Ei, so lerne sprechen Ja!"

【增訂三】李康《運命論》結句："昔吾先友，嘗從事於斯矣。"《文選》李善註僅引《論語》以明其句型。方濬師《蕉軒隨錄》卷二："銑註'先友'謂孔子；蕭遠自以老子後，與孔子爲友，故曰'先友'。或謂蕭遠去孔子遠矣，斷無稱述數百年前裔祖之友而曰'先友'之理，況聖人乎？家北海先生亦言其意中暗有所指，信然。"孔子亦不得稱老子爲"友"；果如張銑所註，李康與其同宗伯修何異！《更豈有此理》卷一《譜諢》記閩人李伯修好攀附華胄，倩工畫祖先像，"不忘昏姻之誼，因親及親"，故有"十世祖姑母亞仙"之夫鄭元和像焉。

八八　全三國文卷四六

阮籍《大人先生傳》。按欲兼屈之《遠遊》與莊之《逍遥》，曼衍而苦冗沓。阮、嵇齊名，論文阮似乔竊，當以詩挈長補短也。

"或遺大人先生書曰云云"。按即檃括《全三國文》卷五三伏義《與阮嗣宗書》之旨。伏《書》譏阮言行不符："乃謂生爲勞役，而不能殺身以當論，謂財爲穢累，而不能割賄以見譏"；卷四五阮《答伏義書》避而未對，徒以大言爲遁詞，此《傳》託或遺書中，亦削去斯意。蓋"兩行"之説雖已標於《莊子·齊物論》，語約義隱，與釋氏"二諦"合流交映，始得大章（參觀《老子》卷論第一三、一七、五六章）。阮氏尚未習聞釋氏"行於非道，是爲通道"、"不斷不俱"等話頭，藉口無詞，因於伏之譏訕置之不理。不然，死心豈須"殺身"，心淨無傷"財穢"，"兩行"、"二諦"，開脱文飾，大放厥詞矣。"且汝獨不見夫虱之處於褌之中乎？深縫匿乎壞絮，自以爲吉宅也。行不敢離縫隙，動不敢出褌襠，自以爲得繩墨也。飢則嚙人，自以爲無窮食也。然炎斤火流，焦邑滅都，羣虱死於褌中而不能出。汝君子之處區之内，亦何異夫虱之處褌中乎！悲夫！"按"斤"、當是"炘"之譌。此節歷來傳誦,蓋集古而增新者。《莊子・徐無鬼》:"濡需者,豕蝨是也。擇疏鬣自以爲廣宮大囿;奎蹏曲隈、乳間股腳自以爲安屋利處。不知屠者之一旦鼓臂,布草操煙火而己與豕俱焦也";《論衡・物勢》:"然則人生於天地也,猶魚之於淵、蟣蝨之於人也",《奇怪》:"人雖生於天,猶蟣蝨生於人也;人不好蟣蝨,天無故欲生於人",又《變動》:"故人在天地之間,猶蚤蝨之在衣裳之内、螻蟻之在穴隙之中。"阮合莊與王而引申之,遂成一篇警策。《全漢文》卷三八劉向《別錄》:"人民蚤蝨衆多,則地癢也",《太平經》卷四五詳言:"今子言人小小,所能爲不能疾地。今大人軀長一丈、大十圍,其齒有齲蟲,小小不足道,合〔食?〕人齒,大疾當作之時,其人啼呼交,且齒久久爲墮落悉盡。夫人比於天地大小,如此蟲害人也。……今疥蟲蚤蝨小小,積衆多,共食人;蠱毒者殺人,疥蟲蚤蝨同使人煩憒,不得安坐,皆生瘡瘍。夫人大小比於地如此矣。寧曉解不?"(劉向《別錄》又云:"鑿山鑽石,則見地痛也",即《太平經》言鑿井所謂:"穿鑿地太深,皆爲瘡瘍,或得地骨,或得地血";洪邁《夷堅支志乙》卷五《顧六耆》寫方隅禁神舉身瘡痏,竊油塗抹,正本此意)。使此節非後世加誣,而出原本《太平經》,則後漢時其喻已布於流俗矣。柳宗元《天説》(《全唐文》卷五八四)記韓愈語、張惠言《續柳子厚〈天説〉》(《茗柯文》初編)皆以人在天地間比於蟲之寄生物體,正漢魏人遺緒也。西方取譬,亦復相肖,舉文學中三例以概。十七世紀意大利哲學家作詩云:"世界及大地如一巨獸,舉體完美無疵累,吾人如蛆蠹,聚生其腹中,正猶蚤蝨蕃殖人身上而爲害爾"(Il mondo è un animal grande e perfetto,/statuo di Dio, che Dio laude e simiglia;/noi siam vermi imperfetti e vil famiglia,/ch'intra il suo ventre abbiam vita e ricetto./.../Siam poi alla terra, ch'è un grande animale/dentro al massimo, noi come pidocchi/al corpo nostro, e però ci fan male)①；十七世紀法國小説家云："世界偌大，人著其上如蚤蝨然"（Sachez que si le monde nous semble grand, notre corps ne le semble pas moins à un pou ou à un ciron）②；近世法國詩人篇什逕呼人爲"地蝨"（Hommes poux de la terre, ô vermine tenace）③。"夫無貴則賤者不怨，無富則貧者不争，各足于身而不求也。"按閻若璩《潛邱札記》卷一謂杜甫《寫懷》詩："無貴賤不悲，無富貧亦足"，本此。"衣草木之皮，伏於巖石之下。"按劉叉《與孟東野》："寒衣草木皮，飢飯葵藿根"，亦通草與木而言"皮"。"局人人微而勿復兮，揚雲氣而上陳。召大幽之玉女兮，接上王之美人。……合歡情而微授兮，先艷溢其若神"云云。按"先"當是"光"之譌；所道與張衡《思玄賦》、曹植《洛神賦》等中情事無異。"大人先生"超塵陟天，"仙化騰上"，乃亦未免俗情耶？皇甫湜《出世篇》："生當爲大丈夫，斷羈羅，出泥塗。……上括天之門，直指帝所居。……旦旦狎玉皇，夜夜御天姝，當御者幾人，百千爲番宛宛舒。……下顧人間，溷糞蠅蛆"；即此意充之至盡而言之無怍耳。《日知録》卷二五考《湘

---

① Campanella：" Del Mondo e sue Parti"，*Opere di G. Bruno e di T. Campanella*，Riccardo Ricciardi, 789.

② Sorel, *Histoire comique de Francion*, Liv. XI, "Société des Textes français modernes", IV, 11.

③ Guillaume Appollinaire："Endurcis-toi vieux coeur"，*Oeuvres poétiques*，"Bib. de la Pléiade", 744.

君》，嘗歎"甚矣人之好言色也"，舉世俗於星辰山水皆強加女名或妄配妻室爲例。竊謂張衡"軼無形而上浮"，阮籍"揚雲氣而上陳"，一則"召"見"嫭眼蛾眉"，一則"召"見"華姿采色"，亦徵"人之好言色"，夫"好言色"即好色耳。參觀《太平廣記》卷論《白石先生》。"朔風橫厲白雪紛"云云。按此節以七言句極寫冷冽之狀，導杜甫、韓愈等《苦寒》詩先路，"海凍不流棉絮折"句尤奇，又即黃庭堅《贈柳閎》："霜威能折綿，風力欲冰酒"之椎輪（參觀龔頤正《芥隱筆記》）。然緊承此節曰："寒倡熱隨害傷人"，復曰："寒暑勿傷莫不驚"，却未以片語寫炎蒸之苦，亦似粗疎；"莫"疑是"漠"之譌。

八九　全三國文卷四七

　　嵇康《琴賦》："歷世才士，……賦其聲音，則以悲哀爲主，美其感化，則以垂涕爲貴。麗則麗矣，然未盡其理也。推其所由，似元不解音聲。……非夫至精者，不能與之析理也。……是故懷戚者聞之云云，其康樂者聞之云云，若和平者聽之云云。……識音者希。"按此旨即卷四九《聲無哀樂論》所深論詳說者。梁元帝《金樓子·立言》上："擣衣清而徹，有悲人者，此是秋士悲於心，擣衣感於外，内外相感，愁情結悲，然後哀怨生焉。苟無感，何嗟何怨也？"；《舊唐書·音樂志》一太宗駁杜淹曰："歡者聞之則悦，憂者聞之則悲，悲歡之情，在於人心，非由樂也。……何有樂聲哀怨能令悦者悲乎？"；均與嵇康所見略同。卷四六阮籍《樂論》主樂"宣平和"而譏世人"以哀爲樂"，亦似嵇《論》言"音聲有自然之和，而無係於人情"；然阮了無"析理"、"盡理"之功，故"解音"、"識音"，不得望嵇項背，匪特讓出一頭地也。後世抨彈之作，如黃道周《聲無哀樂辯》、曹宗璠《駁〈聲無哀樂論〉》等，粗心易念，直蚍蜉之撼大樹、螺蠃蜾蠃之侍大人而已。蓋嵇體物研幾，衡銖剖粒，思之慎而辨之明，前載得未曾有。西方論師嘗謂，聆樂而心定如止水者與夫態狂如酗酒者（vom gedanklos gemächlichen Dasitzen der einen zur tollen Verzückung der andern），均未許爲知音①。或又謂聆樂有二種人：聚精會神以領略樂之本體（the music itself），是爲"聽者"（the listeners）；不甚解樂而善懷多感，聲激心移，追憶綿思，示意構象，觸緒動情，茫茫交集，如潮生瀾泛，是爲"聞者"（the hearers whose comparative poverty from the musical side is eked out and compensated by a shallow tide of memories, associations, visual images, and emotional states）②。苟驗諸文章，則謂"歷世才士"皆祇是"聞"樂者，而"聽"樂自嵇康始可也。《琴賦》初非析理之篇，故尚巧構形似（visual images），未脫窠臼，如"狀若崇山，又象流波"等。《聲無哀樂論》則掃除淨盡矣。《論》中"蓋以聲音有大小，故動人有猛靜也"至"此爲聲音之體，盡於舒疾，情之應聲，亦止於躁靜耳"一節，尤掇皮見質。西方論師謂音樂不傳心情而示心運，仿現心之舒疾、猛弱、升降諸動態（Die Musik vermag die Bewegung eines psychischen Vorganges nach den Momenten: schnell, langsam, stark, schwach, steigend, fallend nachzubilden）③；嵇《論》於千載前已道之。嵇身後名初不寂寞，顧世猶知之未盡，聊發幽潛爾。

《與山巨源絕交書》："又每非湯武而薄周孔。"按其"非薄"之言，不可得而詳；卷五〇《難張遼叔〈自然好學論〉》謂"《六經》未必其爲太陽"，"何求於《六經》"，又《管蔡論》謂管、蔡

---

① E. Hanslick, *Vom Musikalisch-Schönen*, 9. Aufl., 155.
② Vernon Lee, *Music and its Lovers*, 32, 35.
③ Hanslick, *Op. cit.*, 21. Cf. W. Köhler, *Gestalt Psychology*, 248-9 (musical dynamics of inner life: *crescendo, diminuendo, accelerando, ritardando, riforzando*).

蒙"頑凶"之誣，周公誅二人，乃行"權事"，無當"實理"，亦足示一斑。何焯評點《文選》謂"非湯武、薄周孔"不過《莊子》"舊論"，而鍾會"赤口青蠅"、文致以爲"指斥當世"；俞正燮《癸巳存稿》卷七《書〈文選‧幽憤詩〉後》謂嵇乃指"王肅、皇甫謐所造，司馬懿、鍾會等所牽引之湯武、周孔"，司馬師以爲刺其隱衷。兩兒辨日，各有攸當。

【增訂三】《十六國春秋‧後燕錄》五詳載慕容盛與羣臣論周公語，略謂："朕見周公之詐，未見其忠聖"，"考周公之心，原周公之行，乃天下之罪人，何'至德'之謂也？"而極稱"管蔡忠存王室"。其"薄周"更甚於嵇康《管蔡論》。聊拈出之，以補歷來評論嵇文者所未及，非示晉世胡酋已得聞嵇叔夜緒論也。

蓋有蓄意借古諷今者，復有論史事而不意觸時忌者，心殊而跡類，如寒者顫、懼者亦顫也。上下古今，察其異而辨之，則現事必非往事，此日已異昨日，一不能再（Einmaligkeit），擬失其倫，既無可牽引，并無從借鑑①；觀其同而通之，則理有常經，事每

---

① Hegel，*Philosophie der Geschichte*，"Einleitung"，Reclam，39："Jede Zeit hat so eigentümliche Umstände, ist ein so individueller Zustand, dass in ihm aus selbst entschieden werden muss und allein entschieden kann. Im Gedränge der Weltbegebenheiten hilft nicht ein allgemeiner Grundsatz, nicht das Erinnern an ähnliche Verhaltniss" usw.

【增訂四】黑格爾意謂歷史無"教訓"可言，因未嘗全部"重演"，世移勢異，後來者渾不省前事之可師，不能鑑覆轍而勿蹈。余觀文藝復興時意大利藝人自傳名著，有云："人有常言：第二次便學乖。此大不然。第二次時，情狀大異，非意計所及也"（Gli è ben vero che si dice: tu impererai un'altra volta. Questo non vale, perchè la vien sempre con modi diversi e non immaginati. —Cellini, *La Vita scritta per lui medesimo*, II. iii. 6, ed. A. J. Rusconi and A. Valeri, 1901, p.341）。蓋新遭之事，與昔所遭者，面目已非，不復能識爲第二次重逢，

共勢，古今猶旦暮，楚越或肝膽，變不離宗，奇而有法②。由前之說，有意陳古刺今者不患無詞開脫；而由後之說，則論史而不意犯時諱者，苟遭深文，頗難自解矣。汪懋麟《百尺梧桐閣文集》卷六《嵇、阮優劣難》謂《絕交書》"驕悍悖謬"，宜其殺身，不如阮之"明哲"；葉夢得《石林詩話》譏阮而推嵇，徐昂發《畏壘筆記》卷一、王昶《春融堂集》卷三三《阮籍論》至斥阮借狂欺世，實預司馬氏奪魏之謀。皆足以發，請試論之。顏延之《五君詠》稱嵇云："立俗忤流議，……龍性誰能馴！"；《文選》李善註引《竹林七賢論》："嵇康非湯武、薄周孔，所以忤世。"嵇、阮皆號狂士，然阮乃避世之狂，所以免禍；嵇則忤世之狂，故以招禍。風狂乃機變之一道，其旨早發於太公《陰符》："大知似狂：不癡不狂，其名不彰；不狂不癡，不能成事"（《全上古三代文》卷七）。避世陽狂，即屬機變，跡似任真，心實飾偽，甘遭誹笑，求免疑猜。正史野記所載，如袁凱之於明太祖，或戴宗之教宋江"一著解手，詐作風魔"。伏義《與阮嗣宗書》曰："而聞吾子乃長嘯慷慨，悲涕潺湲，又或拊腹大笑，騰目高視，形性怲張，動與世乖，抗風立候，蔑若無人，……將以神接虛交，異物所亂，使之然也？"疑其行止怪異，大類鬼附物憑，即"風魔"也，而不知"風魔"

大似"相見不相識，問客何處來"者。列許登伯格極歎此語，云己嘗親切體驗，有會於心（Diese kenne ich recht aus eigner Erfahrung. —G.C. Lichtenburg, *Aphorismen*, *Essays*, *Briefe*, ed. K. Batt, 1965, p.207）。文人自道閱歷，小言詹詹，而於哲士博綜天人，大言炎炎，往往不啻先覺之覺後覺焉。斯其一例耳。

② V. Pareto, *A Treatise on General Sociology*, § 2419, *op. cit.*, II, 1736: "That 'history never repeats itself' identically is just as certain as it is that history is 'always repeating itself' in certain respects" etc..

之可出"詐作",既明且哲,遂似顛如狂也①。忤世之狂則狂狷、狂傲,稱心而言,率性而行,如梵志之翻着襪然,寧刺人眼,且適己脚。既"直性狹中,多所不堪",而又"有好盡之累"、"不喜俗人"、"剛腸疾惡,輕肆直言,遇事便發",安望世之能見容而人之不相仇乎?卷五一嵇《家誡》諄諄于謹言慎行,若與《絕交書》中自道相反而欲教子弟之勿效乃父者,然曰:"若志之所之,則口與心誓,守死無二",又曰:"人雖復云云,當堅執所守,此又秉志之一隅也",又曰:"不忍面言,强副小情,未爲有志也",又曰:"不須作小小卑恭,當大謙裕;不須作小小廉恥,當全大讓",又曰:"或時逼迫,强與我共説,若其言邪險,則當正色

---

① Cf. M. Praz, *The Flaming Heart*, "Doubleday Anchor Books", 125 ("politic" madness; "è cosa sapientissima simulare in tempo la pazzia").

【增訂三】意大利古小説中每寫佯狂(fingendo d'esser pazzo)免禍情事(Bandello, *Le Novelle*, II. xxi, Laterza, III, 63)。哲學家康帕內拉(Campanella)有自咏狂易(Di se stesso, quando, ecc.)名篇,舊註即引古語曰:"故作癡愚而適合時宜,即是明哲"(Stulto simulare in loco, prudentia est— *op. cit.*, 855)。道略集《雜譬喻經》第十七則與《宋書·袁粲傳》所設"狂泉"之譬極相似。《傳》言:"國人既竝狂,反謂國主之不狂爲狂,……共執國主,療其狂疾,……國主不任其苦,於是到泉所酌水飲之,飲畢便狂,……衆乃歡然";《經》則言:"百官羣臣食惡雨水,……脱衣赤裸,泥土塗頭……不自知狂,反謂王爲大狂,……王恐諸臣欲反,便自怖懼,語諸臣言:'我有良藥,能愈此病,……待我服藥'……脱所著服,以泥塗面,……一切諸臣,見皆大喜。"此王佯狂而合機宜,遂不致臣民騷離,《經》稱其"多智",良有以也。《烏託邦》撰者託馬斯·莫爾(Thomas More)(1478-1535)好述一古寓言,略謂:昔有一國,其民什九愚。數智者知淫雨將降,穢濁染人,穴地而避之。雨過出穴,則舉國皆頂踵汙垢,方且相顧而樂,忽覩此數輩清淨不淬,羣聚而詬嘲焉,不許其掌國事(Katharine M. Briggs, *British Folk Tales and Legends: A Sampler*, 1977, 13-4)。與《宋書》、《譬喻經》寓意略同,少末後一轉挩耳。

【增訂四】《詩·大雅·抑》:"人亦有言,靡哲不愚。……哲人之愚,亦維斯戾。"按鄭《箋》云:"今王政暴虐,賢者皆佯愚、不爲容貌";亦同斯意。

以道義正之；何者？君子不容僞薄之言故也。"則接物遇事，小小挫銳同塵而已，至是非邪正，絕不含糊恇怯，勿屑卷舌入喉、藏頭過身。此"龍性"之未"馴"、鍊鋼之柔未繞指也。《家誡》云："俗人好議人之過闕"，而《與山巨源絕交書》云："阮嗣宗口不議人過，吾每師之而未能"；明知故犯，當緣忍俊不禁。夫疾惡直言，遇事便發，與口不議人過，立身本末大異，正忤世取罪之別於避世遠害也。阮《答伏義書》河漢大言，不着邊際，較之嵇《與山巨源書》，一狂而誇泛，一狂而刺切，相形可以見爲人焉。

《絕交書》："欲離事自全，以保餘年，此真所乏耳，豈可見黄門而稱貞哉？"按《全晉文》卷一一七《抱朴子佚文》引《意林》："閹官無情，不可謂貞；倡獨不飲，不得謂廉"；《全唐文》卷六八五皇甫湜《答李生第二書》："夫無難而退，謙也；知難而退，宜也，非謙也，豈可見黃門而稱貞哉？"；《文史通義・内篇》二《古文十弊》："今觀傳誌碑狀之文，敍雍正年府州縣官，盛稱杜絕餽遺，……清苦自守，……不知彼時逼於功令，不得不然，……豈可見奄寺而頌其不好色哉！"此喻亦屢見西人詩文中①。《全三國文》卷八魏文帝《典論》云："廬江左慈知補導之術，……至寺人嚴峻往從問受。閹豎真無事於斯術也！人之逐聲，乃至於

---

① Hugo, *Les Châtiments*, Liv. IV, vi: "A des Journalistes de Robe courte": "Vierges comme l'eunuque, anges comme Satan" (*Oeuvres poétiques complètes*, Valiquette, 278); L. Veuillot, *Les Odeurs de Paris*, P. Lethielleux, 85: "Entre eux, ils se donnent le glorieux nom de *réfractaires*, à peu près comme l'eunuque brûlé de convoitises, qui ferait étalage de vertu contre les agaceries des sultanes"; O. Wilde, *Letters*, ed. R. Hart-Davis, 658: "I see in the self-restraint of the supposed high standard merely the self-restraint of the impotent, and the chastity of the eunuch"; A. Billy, *Vie des Frères Goncourt*, II, 36: "On taquine Girardin sur ce qu'il appelait son 'indépendance' vis-à-vis des femmes, c.-à-d. sur son impuissance".

是!";"補導之術"即同篇言:"甘始、左元放、東郭延年行容成御婦人法",故云"閹竪真無事於斯術"。寺人可受房中術,則見黃門而頌其貞,亦未必爲失言矣!參觀《史記》卷論《佞幸列傳》。《淮南子·説山訓》:"刑者多壽,心無累也",高誘註:"'刑者'、宫人也;心無情欲之累,精神不耗,故多壽也";即"閹官無情"之説。《東坡續集》卷五《與陳季常》之八嘲陳自詡"養生"而有病云:"可謂害脚法師、鸚鵡禪、五通氣毬、黃門妾也";"害脚法師"售符水而不能自醫,"鸚鵡禪"學語而不解意,"五通氣毬"多孔漏氣而不堪踢,三者猶"黃門妾"之有名無實耳。

【增訂四】《抱朴子》内篇《黃白》:"余今告人言我曉作金銀,而躬自飢寒,何異自不能行而賣治躄之藥乎!"《五燈會元》卷一一興化存獎章次:"墜馬傷足,乃支木拐子,遶院行,曰:'跛脚法師,説得行不得!'"東坡"害脚法師"之謔,得此而義藴昭宣矣。《列朝詩集》閏三録蓮池祩宏《跛法師歌》一首,發端曰:"跛脚法師胡以名,良由能説不能行。"雨果别有一詩,詠力不從心,亦以閹竪好色、跛躄行遠爲喻(L'homme est un désir vaste et une étreinte étroite,/Un eunuque amoureux, un voyageur qui boîte. —*Dieu*, II. vii, "Le Rationalisme")。

【增訂五】《永樂大典》卷三千三《人》字引《大慧語録·江令人請讚》:"眼裏有瞳人,胸中無點墨,還如跛法師,説得行不得。"

九〇　全三國文卷四八

　　嵇康《養生論》。按《顔氏家訓・養生》："嵇康著《養生》之《論》，而以傲物受刑"；杜甫《醉爲馬墜、諸公携酒相看》："君不見嵇康養生遭殺戮"；《全唐文》卷六八二牛僧孺《養生論》謂康"知養生而不知養身"，語尤峻快。高彦休《唐闕史》卷上記丁約曰："道中有尸解，有劍解、火解、水解；惟劍解實繁有徒，嵇康、郭璞非受戕害者，以此委蜕耳"；蓋謂"養生"者雖"遭殺戮"而實長生不死，爲嵇解嘲也。夫《莊子・達生》早歎："悲夫！世之人以爲養形足以存生！"，又云："魯有單豹者，巖居而水飲，不與民共利，行年七十，而猶有嬰兒之色；不幸遭餓虎，餓虎殺而食之。……豹養其内，而虎食其外。"顔即引之，杜、牛之譏，亦不外乎是。雖然，嵇未嘗不曉其意，卷五〇《難張遼叔〈宅無吉凶攝生論〉》亦舉單豹事，因曰："輔生之道，不止於一和。"豈非言匪艱、知容易耶！"豚魚不養"。按《文選》李善註以"豚"爲"豬肉"，是"魚"與"豚"二物皆爲食忌也，似非。"豚魚"當指一物，即有毒之河豚魚；《皇朝文鑑》卷九〇沈括《〈良方〉序》："南人食豬魚以生，北人食豬魚以病"，"豚魚"正"豬魚"耳。毛嶽生《休復居詩集》卷五《食河豚戲作》

自註即言《易•中孚》之"豚魚吉","先儒或戲目"爲河豚。"蝨處頭而黑"。按參觀《太平廣記》卷論卷二五六《平曾》。丁國鈞《荷香館瑣言》卷上謂日本所刻《養心方》卷二七載《養生論》中有論"養生有五難"一百九十餘言,皆《文選》所無;按"五難"一節見嵇《答向子期〈難養生論〉》,刻《方》者以之羼入本《論》,丁氏未檢《中散集》也。

九一　全三國文卷四九

　　嵇康《聲無哀樂論》："和聲無象而哀心有主，夫以有主之哀心，因乎無象之和聲，其所覺悟，唯哀而已。"按即劉向《説苑・書説》、桓譚《新論・琴道》兩篇記雍門周對孟嘗君，謂貧賤羈孤、困窮無告，"若此人者，但聞飛鳥之號，秋風鳴條，則傷心矣，臣一爲之援琴而太息，未有不悽惻而涕泣者也"；亦即陸機《豪士賦》："落葉俟微風以隕，而風之力蓋寡；孟嘗遭雍門而泣，而琴之感以末。何者？欲隕之葉，無所假烈風；將墜之泣，不足煩哀響也。"蓋先入爲主，情不自禁而嫁於物（pathetic fallacy），觸聞之機（occasion）而哀，非由樂之故（cause）而哀。下文又云："至夫哀樂，自以事會先遘於心，但因和聲，以自顯發"；申此意更明。"夫味以甘苦爲稱。今以甲賢而心愛，以乙愚而情憎，則愛憎宜屬我，而賢愚宜屬彼也。可以我愛而謂之愛人，我憎而謂之憎人，所喜則謂之喜味，所怒則謂之怒味哉？"按《尹文子・大道》篇上論"名、分不可相亂"有曰："名宜屬彼，分宜屬我。我愛白而憎黑，韻商而舍徵，好膻而惡焦，嗜甘而逆苦；白、黑、商、徵、膻、焦、甘、苦，彼之名也，愛、憎、韻、舍、好、惡、嗜、逆，我之分也"；嵇論正同。人之賢、愚，味之甘、辛，即"彼之名"，而愛、憎、喜、怒，即"我之分"。然彼涍於我，名亂於分，尋常云謂，亦復可徵。"憎人"、"怒味"，固無其語，而《大學》曰："如惡惡臭，如好好色"，又豈非所好而謂之"好色"、所惡則謂之"惡臭"歟？嵇持之有故，而言之過當矣。"名"、事物之性德（the qualities）也；"分"、人遇事接物之情態（our feeling towards those qualities）也。亞理士多德嘗謂品目人倫，貶爲"急躁"者亦可褒爲"直率"，仇言曰"傲慢"者即友所曰"高簡"，故誡與譽異詞而共指一事（Praise and counsels have a common aspect）①（參觀《太平廣記》卷論卷三八《李泌》）；即"分"雖潛伏而"名"不掩蓋之例。十八世紀一談藝者云："人同言醋味酸、蜜味甘、蘆薈（aloes）味苦，亦同言甘可悦而酸與苦不可悦（They all concur in calling sweetness pleasant, and sourness and bitterness unpleasant）。人雖有嗜淡巴菰及釅醋過於糖與牛乳者，然絕不覺二物之味爲甘也"（but this makes no confusion in tastes, whilst he is sensible that the tobacco and vinegar are not sweet）②；乃"名"不能亂"分"之例。十九世紀一談藝者云："人有曰：'亞普羅像之悦目，以其形美也。'答之曰：'有是哉！鹿肉之悦口，亦以其味佳也'"（To the assertion "the Apollo pleases us because it is beautiful", an objector might reasonably reply, "Yes; and the venison pleases us because it is tasty"）③；蓋謂"美"、"佳"即娱目、適口之意，

---

① Aristotle, *Rhetoric*, I. 29-36, "Loeb", 97-101.
② Burke, *Inquiry into the Origin of our Ideas of the Sublime and Beautiful*, ed. J.T. Boulton, 14.
③ Coleridge, *Biographia Literaria*, ed. J. Shawcross, II, 308.

於像與肉之性德絶未揭示，空言無物（Scheinsatz），又以"分"淆"名"之例，如"好（上聲）色"、"惡（入聲）臭"矣。"吾聞敗者不羞走，所以全也。"按卷一五陳王植《請招降江東表》："善戰者不羞走。"後來流傳《南齊書·王敬則傳》：檀公"三十六策，走是上計"，此語遂爲所掩。參觀《左傳》卷論僖公二十八年。古羅馬稱引希臘人語："不勝且走，以便再鬭"（Qui fugiebat, rursus proeliabitur）；近世意大利諧詩："死得其正，一生有耀；逃及其時，餘生可保"（un bel morir tutta la vita onora, / un bel fuggir salva la vita ancora）①。"敗不羞走"，可兼二意：捲土重來，則"不羞走"，有遠計也；望風苟免，則"走"而"不羞"，是厚顏也。厚顏之不羞每自文飾爲遠計之不羞，藉口於杜牧《題烏江亭》所謂"包羞忍恥是男兒"，如呂本中《兵亂後雜詩》所謂"全軀各有詞"（《瀛奎律髓》卷三二引，《東萊先生詩集》未收）。蓋雖不羞爲之，却尚羞道之。世事固多行之泰然而言之赧然者；"言之匪艱，行之唯艱"，亦視其事耳。

---

① Lippi, *Malmantile raquistato*, G. Fumagalli, *Chi l'ha detto*, 9ᵃ ed., 258.

九二　全三國文卷五〇

　　嵇康《釋私論》："故主妾覆醴，以罪受戮。"按《戰國策·燕策》一蘇秦論忠信而反得罪，曰："臣鄰家有遠爲吏者，其妻私人；其夫且歸，其私者憂之。其妻曰：'公勿憂也！吾已爲藥酒以待之矣。'後二日，夫至，妻使妾奉卮酒進之。妾知其藥酒也，進之則殺主父，言之則逐主母；乃陽僵棄酒，主父大怒而鞭之"；同卷蘇代"爲"燕昭王"譬"，亦言此事，劉向採之入《列女傳》，致遭《史通·雜説》下嗤其"妄"。嵇論張大其詞，以"鞭"爲"戮"。元稹樂府《將進酒》即詠主妾覆醴，有曰："主父不知加妾鞭，旁人知妾爲主説。"元人曲中屢用此典，如《諕范叔》第二折："正是耕牛爲主遭鞭杖，啞婦傾杯反受殃"；《賺蒯通》第四折："將功勞簿都做招伏狀，恰便似啞婦傾杯反受殃"；《竇娥冤》第三折："當日個啞婦含藥受殃"；皆增飾爲啞婦之有口難辨，冤屈益甚，較本事更入情理。等點染也，改能"言之"者爲"啞"，勝於改"鞭"爲"戮"矣。抑如程大昌《演繁露》卷一二所考"古者'戮'不必是殺"，挟、梏亦稱"戮"耶？耕牛衛主與虎鬥、而終遭杖且被殺事，見宋紹聖間黄定《冤牛文》，亦引妾棄酒事爲比，意指司馬光，文載馬純《陶朱新錄》

(《説郛》卷三九)。

【增訂三】《冤牛文》所記，酷類西方中世紀以來相傳"忠犬"(the Faithful Hound)事。其事流行歐洲民間。"衛"者非耕牛而爲獵犬，所"衛"者非"主"而爲"主"之稚子，所禦者非虎而爲狼；狼來嚙兒，犬與殊死鬪而殺之，主至，乍見血被犬體，以爲其啖兒也，怒不暇究，遂殺犬云(S. Baring-Gould, *Curious Myths of the Middle Ages*, 134; W. J. Gruffydd, *Rhiannon*, 59)。

嵇康《難張遼叔〈自然好學論〉》。按參觀《列子》卷論《說符》篇。

嵇康《難張遼叔〈宅無吉凶攝生論〉》："謂無陰陽吉凶之理，得無似噎而怨粒稼、溺而責舟楫者耶？……吾怯於專斷，進不敢定禍福於卜相，退不敢謂家無吉凶也。"按懸而不斷，似逯宰折睢(《淮南子・人間訓》、《論衡・四諱》、《新序・雜事》作孔子)、王符、王充輩之明決。"若夫兼而善之，得無半非冢宅耶？"按"冢"字必"家"字之訛，即結句"家無吉凶"之"家"。此篇與卷五一《答張遼叔〈釋難宅無吉凶攝生論〉》反復論陽宅風水，無慮四千言，不應忽以一字了却陰宅風水也。《論衡・四諱》："西益宅不祥，西益墓與田，不言不祥；夫墓、死人所居，因忽不慎"，足見東漢不講陰宅風水；《詰術》篇引《圖宅術》亦然。《潛夫論・卜列》祇論"一宅"之"吉凶"、"一宮"之"興衰"，未及墟墓。《葬書》未必出於郭璞，然葬地吉凶之説，璞以後始盛行，觀《世説新語・術解》門可知。《四庫提要》卷一〇九所舉《後漢書・袁安傳》一事，亦未保果爲東漢時傳說，抑爲後世加附。《後漢書・郭陳列傳》

記吳雄"喪母，營人所不封土者，擇葬其中；喪事趣辦，不問時日，巫皆言當族滅，而雄不顧"；則言日忌，非言風水，乃《舊唐書·呂才傳》載《敍葬書》之第二、第三事（"不擇日"、"不擇時"）耳。張惠言《茗柯文》二編卷下《江氏墓圖記》舉班固語以證"相墓之法，由來遠矣"，非是。嵇康兩論堪徵魏晉之交，俗忌局於居室，尚未推之窀穸。楊萬里《誠齋集》卷一〇四《答朱侍講元晦》："景純《葬書》，東漢以前無有也"（參觀一一〇《答羅必先省幹》）；李昱《草閣集》卷二《贈地理遠碧山》："澗東瀍西曾卜洛，定之方中楚客作，當時宅相論陰陽，猶未經營到冥漠"；均謂陰宅風水後起也。

【增訂四】《後漢書·循吏傳》記王景"參衆家數術文書、冢宅禁忌〔章懷註：葬送造宅之法，若黃帝、青烏之書也〕、堪輿日相之屬，適於事用者，集爲《大衍玄基》云。"景、漢章帝時人，大似當時陽宅、陰宅均已講風水矣。特不知所謂"禁忌"者果即地師家言不。

"長平之卒，命何同短？"按《答張遼叔〈釋難宅無吉凶攝生論〉》又有"何知白起非長平之巖牆"云云，本《論衡·命義》："長平之坑，同命俱死。"《呂才傳》載《敍祿命》亦云："長平坑卒，未聞共犯三刑；南陽貴士，何必俱當六合？"；汪士鐸《汪梅村先生文集》卷三《三命説》附註："史稱長平新安之坑、長城五嶺之戍，動數十萬；《明史·流賊傳》載張獻忠所殺男女六萬有奇。而李彌乾所言'八字'，則只於五十一萬之千四百。豈皆生逢厄運，共泣窮途？"

九三　全三國文卷五八

　　諸葛亮《出師表》，輯自《三國志》、《華陽國志》、《文選》。按宋劉昌詩《蘆浦筆記》卷二載胡洵直辨此表脱誤，因據《蜀書》亮本傳、董允傳、《文選》"參而補之"，頗緻密。

九四　全三國文卷五九

　　諸葛亮《書》："漢嘉金、朱提銀，採之不足以自食"；嚴氏註："梅鼎祚《文紀》引《南中志》。按今本《華陽國志》卷四漢嘉郡屬縣全闕，梅氏所見，乃足本也。今無從覆檢。"按李詳《媿生叢錄》卷一糾正云："司馬彪《續漢書·地理志·朱提山》劉昭註引此；足本《華陽國志》，梅氏不得見也。"又按同卷亮《季主墓碑讚》，據《真誥·稽神樞》四當作《司馬季主墓碑讚》，嚴氏似未檢上文也。

九五　全三國文卷六〇

　　張飛文僅存《八濛摩崖》二十二字、《鐵刀銘》三字、及《刁斗銘》題目而已。

　　【增訂三】《晚香堂小品》卷一一《馭雪齋集序》："吾嘗讀張桓侯《刁斗銘》，……恨其全集不傳。"不知此老何處"讀"來。豈覯僅存之題而即於已佚之文會心言外耶？既能"讀"無字書，則何必"恨全集不傳"哉！

近人但燾《書畫鑑》云："畫史言關、張能畫。貴人家藏畫一幅，張飛畫美人，關羽補竹，飛題云：'大哥在軍中鬱鬱不樂，二哥與余作此，爲之解悶。'"關羽文無隻字存者，而周亮工《書影》卷一〇云："關雲長《三上張翼德書》云：'操之詭計百端，非羽智縛，安有今日？將軍罪羽，是不知羽也！羽不緣社稷傾危，仁兄無儔，則以三尺劍報將軍，使羽異日無愧於黃壤間也。三上翼德將軍，死罪死罪！'右此帖米南宮書，吳中翰彬收得之；焦弱侯太史請摹刻正陽門關帝廟，中翰秘不示人，乃令鄧刺史文明以意臨之，刻諸石。不知米南宮當日何從得此文也。"一題一書之爲近世庸劣人僞託，與漢魏手筆懸絕，稍解文詞風格者到眼即辨，無俟考據，亦不屑刺訊。若夫不識文風而欲矜創獲，於是弗辭手勞筆瘁，證贋爲眞。即如於張飛之題圖，大可檢核畫史中關、張能畫之記載，復徵之王九思《渼陂先生集》卷三《張方伯畫圖歌》：「古人作畫鐵筆强，漢有關羽晉長康」，或陳邦彥《歷代題畫詩類》卷八〇陳道永《題孫雪居畫朱竹》欵云：「自壽亭侯始」，以見明人猶覩關跡；甚復傍參杜甫《佳人》「日暮倚修竹」之句，謂少陵老子「無字無來歷」，三弟畫美人、二哥補竹之圖當曾經眼，故隱取其景，洵所謂「詩中有畫」者！不讀書之點子作偽，而多讀書之癡漢爲圓謊焉。目盲心苦，竭學之博、思之巧，以成就識之昧。朱熹《朱文公文集》卷五四《答孫季和》：「《小序》決非孔門之舊，安國《序》亦決非西漢文章。向來語人，人多不解，惟陳同父聞之不疑，要是渠識得文字體製意度耳」；焦循《里堂家訓》卷下：「柳州辨《鶡冠子》，考作《論語》之人，不煩言而解，此學之所以待於文也。」兩家皆恥爲文人者，而知文之有資於考辨如此。董逌《廣川書跋》卷二《鍾繇賀表》斥其書法「畫疏」、「筋絕」，「不復結字」，決是偽託，因曰：「永叔嘗辨此，謂建安二十四年九月關羽未死，不應先作此表。論辯如此，正謂不識書者校其實爾。若年月不誤，便當不復論辯耶？」言尤明且淸，「論辯」他藝，亦若是班。蓋「年月」固「實」，鑿鑿可稽，風格亦自不虛，章章可識。「不識文字體製意度」或「不識書」，遂謂風格無徵不信，非若「年月」之類有據可考；甚且以挾恐見破之私心，發爲矯枉過正之快口，嗤鑒別風格爲似方士之「望氣」。倘非「學士之姦」（仲長統《昌言》），即是「通人之蔽」（桓譚《新論》）矣！《樂記》云：「是故知聲而不知音者，禽獸是也」，鄭玄註：「禽獸知此爲聲爾，不知其宮商之變也」；黑格爾論撰哲學史者弘博而不通義理，亦謂有如禽獸聞樂，聆聲了了無遺,而於諸音之和,木然不覺(Die Verfasser solcher Geschichten lassen Sich mit Tieren vergleichen, welche alle Töne einer Musik mit durchgehört haben, an deren Sinn aber das Eine, die Harmonie dieser Töne, nicht gekommen ist)①。夫望氣之術士,洶弄虛欺人,而聞樂之鳥獸,亦未得實盡事;或均擬不於倫,復均罕譬而喻也。

---

① *Geschichte der Philosophie*, "Heidelberger Einleitung", Felix Meiner, I, 9.

九六　全三國文卷六二

姜維《報母書》："良田百頃，不計一畝；但見遠志，無有當歸"；嚴氏註："《晉書·五行志》中、又《御覽》三百十引孫盛《雜記》又九百八十九引孫盛《異同評》。"按《三國志·蜀書·姜維傳》裴註引孫盛《雜記》最早，字句小異，嚴氏未采，不識何故。

《蒲元傳》："乃命人於成都取江水，君以淬刀，言雜涪水，不可用。取水者捍言不雜，君以刀畫水，言雜八升。取水者叩頭云：'于涪津覆水，遂以涪水八升益之。'"按《全唐文》卷七二一張又新《煎茶水記》引無名氏《煮茶記》載李季卿請陸鴻漸品茶，"命軍士謹信者挈瓶操舟深詣南零。俄水至，陸以杓揚其水曰：'江則江矣，非南零者，似臨岸之水。'傾至半，陸又杓揚之曰：'自此南零者矣。'使蹶然駭伏"（亦見《太平廣記》卷三九九《陸鴻漸》引《水經》）；《太平廣記》卷三九九《零水》（出《中朝故事》）記李德裕辨金山下水與建業石城下水；皆似踵蒲元事。

【增訂三】《能改齋漫錄》卷一四早以蒲元事與陸鴻漸事並舉。

九七　全三國文卷六六

　　周魴《密表呈誘曹休牋草》附《誘曹休牋七條》。按魴、吳臣，佯不忠於吳，與魏潛通，許爲內間，陸續以虛誆諜報誘魏人，俾落機穽。《表》自稱"無古人單複之術"，《三國志·吳書·呂蒙傳》裴註引《江表傳》記蒙告魯肅："今與（關羽）爲對，當有單複以鄉待之"，因密陳三策；"單複"乃《孫子》所謂"用間"，非戰勢之"奇正"也。魴即今世西方術語之"複諜"（the double agent）①；"密表"所呈《牋七條》即僞諜之存根備案。《孫子·用間》篇五間之二曰："內間者，因其官人而用之"，此曹休之"用"周魴也；四曰："死間者，爲誆事於外，令吾間知之，而傳於敵"，此周魴之賺曹休也，"爲誆事於"內而自"傳於敵"，又出《孫子》一頭地焉。文獻徵存，吾國複諜莫古於魴。吳人文中尚有卷六七胡綜《僞爲吳質作降文三條》、卷六八陸遜《假作答逯式書》，均祇師

---

① Rebecca West, *The New Meaning of Treason*，305："A 'double agent' is not, as might be supposed, a spy working for two powers... It is a spy who is working for his own country, but pretends to go over to the side of the enemy by offering them secret service information which is either false and deliberately misleading or true but unimportant."

《韓非子·内儲説》下所載叔向僞爲萇弘書故智；卷六六黄蓋《與曹公書》詐許内應，而未送諜報，要不足與魴斯篇競比矣。三國時間諜之雄，無如隱蕃，《吳書·胡綜傳》裴註引《吳録》記魏明帝使蕃"詐叛如吳，令求作廷尉職，重案大臣，以離間之"；大膽深謀，身入虎穴，視周、黄等使詐行險於一時一事者，猶大巫之與小巫。使蕃未敗露，則後來秦檜尚不堪追步。蓋檜、歸人，蕃、亡人，處境一易一難，要同爲近世所謂"戰略特務"爾。

九八　全三國文卷七一

　　韋昭《博弈論》：「徙棋易行，廉恥之意弛，而忿戾之色發。」按俗諺論弈棋云：「落子無悔大丈夫」；「徙棋易行」者，落子復悔而欲改著也。「行」即《全後漢文》卷二六班固《弈旨》「行之在人」、「突圍橫行」、「逡巡需行」之「行」；《南史·齊本紀》上記高祖性寬，常與周覆共棋，「覆乃抑上手，不許易行」。《說郛》卷五王君玉《續纂·難忍耐》：「觀棋不得人教行」，又即俗諺「觀棋不語真君子」之爲難事也。

九九　全三國文卷七四

　　萬震《南州異物志·象贊》：“象之爲獸，形體特詭。身倍數牛，目不逾豨；鼻爲口役，望頭若尾。……服重致遠，行若邱徙”；嚴氏註：“《御覽》八百九十八。”按《初學記》卷二九始載此《贊》。《全晉文》卷一二二郭璞《山海經圖贊·象》：“象實魁梧，體巨貌詭。肉兼十牛，目不踰豕，望頭如尾，動若邱徙”，蓋襲萬語。“鼻爲口役”二句最善形容。陸佃《埤雅》卷四《象》："望前如後"，即竄易“望頭如尾”；《西遊記》第七五回寫獅駝洞第二魔亦云：“看頭似尾，……多年的黃牙老象。”

一〇〇　全三國文卷七五

闕名《曹瞞傳》："故人舊怨，亦皆無餘，其所刑殺，輒對之垂涕嗟痛之，終無所活。"按《南齊書·明帝紀·論》："流涕行誅"，又《武十七王傳》："每一行事，高宗輒先燒香火，嗚咽涕泣，衆以此輒知其夜當殺戮也。"此又《長恨歌》"回看血淚相和流"之別解也。

一〇一　全三國文卷七五

支謙《法句經序》："僕初嫌其爲詞不雅。維祇難曰：'佛言依其義不用飾，取其法不以嚴，其傳經者，令易曉勿失厥義，是則爲善。'座中咸曰：老氏稱'美言不信，信言不美'；……'今傳梵義，實宜徑達。'是以自偈受譯人口，因順本旨，不加文飾。"按"嚴"即"莊嚴"之"嚴"，與"飾"變文同意。嚴復譯《天演論》弁例所標："譯事三難：信、達、雅"，三字皆已見此。譯事之信，當包達、雅；達正以盡信，而雅非爲飾達。依義旨以傳，而能如風格以出，斯之謂信。支、嚴於此，尚未推究。雅之非潤色加藻，識者猶多；信之必得意忘言，則解人難索[1]。譯文達而不信者有之矣，未有不達而能信者也。一人諷世，製"撒謊表"（Bugie），臚列虛僞不實之言，如文人自謙"拙作"（la mia modesta poema），徵婚廣告佻陳才貌等，而"直譯本"（la traduzione letterale）亦與其數[2]，可謂善滑稽矣。

---

[1] Cf. Montesquieu, *Cahiers 1716—1755*, Grasset, 69: "Difficulté de traduire: il faut d'abord bien savoir le latin; ensuite, il faut l'oublier"; P. Cauer, *Die Kunst des Uebersetzens*, 5. Aufl., 13: "so treu wie möglich, so frei als nötig."

[2] D. Provenzal, *Dizionario umoristico*, 4ª ed., 87 (R. de la Serna).

康僧會《法鏡經序》："或有隱處山澤，漱石枕流。"按當是"枕石漱流"之訛，未暇檢釋《藏》勘定。《世說・排調》："孫子荆語王武子'當枕石漱流'，誤曰：'漱石枕流。'王曰：'流可枕，石可漱乎？'孫曰：'所以枕流，欲洗其耳；所以漱石，欲礪其齒。'"禦人口給，妙語流傳。使僧會早因誤（catachresis）見奇，則《世說》不必聞所未聞，大書特書。《全三國文》卷六一彭羕《與蜀郡太守許靖書薦秦宓》："枕石漱流，吟詠蘊袍"；《全晉文》卷五九成公綏《七唱》："枕石漱流，鼓腹容與"，又卷一〇〇陸雲《逸民賦》："杖短策而遂往兮，乃枕石而漱流"，又卷一五四楊宣《宋纖畫像贊》："爲枕何石？爲漱何流？"；《全梁文》卷六八王琳《鯤表》："是以漱流河底，枕石泥中"；《全陳文》卷一〇徐陵《諫仁山深法師罷道書》："枕石漱流，實爲希有"，又卷一一徐陵《齊國宋司徒寺碑》："自枕石漱流，始終一概"；《梁書・顧協傳》載協外從祖張永撫協曰："兒欲何戲？"對曰："兒正欲枕石漱流。"《論語・憲問》"賢者避世"章皇侃義疏："高蹈塵外，枕流漱石"；則本孫楚來。聊舉三國、六朝數例，以見孫語孤標獨造，莫爲之先而復罕爲之後也。胡天游《石笥山房文集》弁首包世臣序，稱胡"於駢語習見者，顛倒以示奇"；然卷二《冬日游玉船山序》："曠兮朗兮，即枕石以漱流，優哉游哉，且幕天而席地"，未用孫楚顛倒之奇語。蓋述游況，須與劉伶之"幕天席地"儷偶，對句出句，均文從字順；等其銖錙，免於偏枯，《文心雕龍・麗辭》所謂"允當"。倘別有題目，可驅使江淹之"危涕墜心"，或蘇軾、黃庭堅之"吃衣着飯"（見《東坡志林》卷一《記服絹方》，又《事文類聚》續集卷二〇《蘇黃滑稽帖》），則不妨取孫語合成巧對，如王衍梅《綠雪堂遺集》卷八

《移寓都府街》："漱石枕流成故事，喫衣着飯試新方"，即一例矣。

【增訂三】魏武帝《秋胡行》四解亦祇云："枕石漱流飲泉。"馮猶龍《談概》卷二六《雅浪部》載楊醫官事，按語："'喫衣着飯'可對'枕流漱石'。"已撮合二典，特未知"喫衣着飯"語之出蘇黃耳。

一○二　全晉文卷七

愍帝《寒食散論》；嚴氏註："《世說·言語》篇註引秦丞相《寒食散論》。案愍帝嗣封秦王，爲丞相，姑附此俟攷。"按文廷式《純常子枝語》卷四謂"秦丞相"乃"秦承祖"之誤，承祖宋人。

一〇三　全晉文卷一三

左九嬪《離思賦》："生蓬户之側陋兮，……謬忝側於紫廬。……悼今日之乖隔兮，奄與家爲參辰。豈相去之云遠兮，曾不盈乎數尋；何宮禁之清切兮，欲瞻覲而莫因！仰行雲以欷歔兮，涕流射而沾巾。……亂曰：骨肉至親，化爲他人，永長辭兮！"按宮怨詩賦多寫待臨望幸之懷，如司馬相如《長門賦》、唐玄宗江妃《樓東賦》等，其尤著者。左芬不以侍至尊爲榮，而以隔"至親"爲恨，可謂有志，即就文論，亦能"生迹"而不"循迹"矣（語本《淮南子·説山訓》）。《紅樓夢》第一八回賈妃省親，到家見骨肉而"垂淚嗚咽"，自言："當日既送我到那不得見人的去處，……今雖富貴，骨肉分離，終無意趣"；終於"雖不忍別，奈皇家規矩違錯不得的，只得忍心上輿去了。"即斯《賦》所謂"忝側紫廬"、"相去不遠"、"宮禁清切"、"骨肉長辭"。詞章中宣達此段情境，莫早於左《賦》者。

【增訂四】左九嬪《離思賦》即載《晉書·后妃傳》；與左芬同爲"貴嬪"者，有胡芳，亦入此《傳》。《晉書》別有芳父《胡奮傳》，記："奮唯有一子，爲南陽王友，早亡。及聞女爲貴人，哭曰：'老奴不死，唯有二兒，男入九地之下，女上九天!'"與左芬兄思《悼離贈妹》詩所謂"永去骨肉,内充紫庭"云云,有同悲焉。《離思賦》,行者之言也,胡奮之哭、左思之悼,居者之言也,如此喁而彼于,左提而右挈矣。《全唐文》卷三〇一吕向《美人賦》:"帝曰:'今日爲娱,前代固無。當以共悦,可得而説。'……有美一人,激憤含顰,……曰:'……若彼之來,違所親,離厥夫,别兄弟,棄舅姑,戚族含羞,鄰里嗟吁。氣哽咽以填塞,涕流離以沾濡;心絶瑶臺之表,目斷層城之隅'"云云,則不僅"永去"父母兄弟,或且"離棄"夫與舅姑焉。一入紫庭離骨肉,凄黯正不亞于"一去紫臺連朔漠",而江文通《恨》、《别》兩賦都未及此;殆事關宫掖,文字固當識忌諱歟。

一〇四　全晉文卷一八

　　何劭《荀粲傳》："粲諸兄並以儒術論議，而粲獨好言道；常以爲子貢稱'夫子之言性與天道，不可得聞'，然則六籍雖存，固聖人之糠秕。"按子貢語見《論語·公冶長》，皇侃義疏云："'文章'者，六籍也。六籍是聖人之筌蹄，亦無關於魚兔矣"；實同荀粲之説，而以"糠秕"詞峻，易爲"筌蹄"耳。周密《癸辛雜識》後集謂粲語與陸九淵論"《六經》是幾個不分不曉底子"相似。密不曉此固道家常談。《莊子·天運》記老子曰："夫《六經》，先王之陳迹也，豈其所以迹哉？"，又《天道》輪扁譏桓公讀書曰："然則君之所讀者，古人之糟魄已夫！"充類至盡，不特可以論儒籍，釋道經典亦若是班。《關尹子·三極》云："唯善聖者不留一言"，則"留"者亦祇糠秕糟魄而已。道德流爲方術，而老、莊之於修仙、鍊丹，適如孔子之於性與天道，道士憾焉。《抱朴子·釋滯》謂《五千文》汎略，"了不肯首尾全舉其事……但暗誦此經，而不得要道，直爲徒勞"，與"不分不曉底子"，施異責同。《悟真篇》卷中《七言絶句》之一二陽稱"今古上仙"胥從《五千文》得悟"真詮"，而一三、一四乃曰："契論經歌講至真，不將火候著於文，要知口訣通玄處，須共神仙仔細論"，

"饒君聰慧過顏閔,不遇師傳共强猜,只爲丹經無口訣,教君何處結靈胎!",《後序》復曰:"學者雖諷誦其文,皆莫曉其意,若不遇至人,授之口訣,縱揣量百種,終莫能著其功而成其事。"齊己《讀〈參同契〉》:"堪笑修仙侶,燒金覓大還。……悲哉五千字,無用在人間!";亦謂道士實以《道德經》爲陳言無補也。故窮其理,則"言者不知","道不可言"(詳見《老子》卷論第五六章),靈文五千、寓言十九,自屬老、莊之糠粃;究其事,則道士所求者燒金羽化之方,既皆不可得聞於老、莊,其書自可視同糠粃。苟粲未達斯理,復不知其事也。釋氏亦以此意掃空外典,如《高僧傳》二集卷二二《本濟傳》:"於六經三史……曰:'斯實宇宙之糟粕也!'",漸進而施於其本教,出語却更粗率,如《五燈會元》卷五夾山善會章次:"一大藏教是老僧坐具,祖師玄旨是破草鞋,寧可赤脚不着最好";卷七德山宣鑒章次:"十二分教是鬼神簿、拭瘡疣紙";卷一二曇穎達觀章次:"三世諸佛是奴婢,一大藏教是涕唾";

【增訂四】《五燈會元》卷一四淨慈慧暉章次:"釋迦老子窮理盡性,金口敷宣一代時教,珠回玉轉,被人喚作拭不淨故紙。"卷一五東禪秀章次:"僧問:'如何是一代教?'師曰:'多年故紙'";卷一六興化紹銑章次:"一大藏教是拭不淨故紙。"意即司空圖《與伏牛長老偈》所謂:"推倒我山無一事,莫將文字縛真如",而言無文、態愈肆耳。《顔氏家訓·治家》篇:"其故紙有《五經》辭義及賢達姓名,不敢穢用也";儒者之異於禪人如此。

何劭《王弼傳》:"何晏以爲聖人無喜怒哀樂,……弼與不同,以爲:聖人茂於人者神明也,同於人者五情也;神明茂,故能體沖和以通無,五情同,故不能無哀樂以應物,然則聖人之情，應物而無累於物者也。"按卷四九傅玄《傅子》難王黎曰："子以聖人無樂，子何樂之甚？"；《世說·文學》僧意問王脩："聖人有情不?"王曰："無"；當時之常談也。陳澧《東塾讀書記》卷一六引程顥《定性書》云："聖人之性，順萬事而無情"，謂其與王弼"說頗相似"。然弼說源於聖人法天運之旨，而衍莊子無損心之緒；程顥《定性書》乃其少作，浸淫二氏，昌言："無心無情，內外兩忘"，此語正是援道入儒。陳氏皆未之究也。天地"鼓萬物而不與聖人同憂"，別見《周易》卷論《繫辭》（二），茲不復道。《莊子·養生主》："必有不蘄言而言，不蘄哭而哭者，是遯天倍情，忘其所受，古者謂之遁天之刑。適來夫子時也，適去夫子順也，安時而處順，哀樂不能入也"；郭象註："感物太深，不止於當，遁天者也；將馳騖於憂樂之境，雖楚戮未加，而性情已困，庸非刑哉!"《大宗師》託爲孔、顏問答，發揮"哀樂不入"之意尤明："顏回問仲尼曰：'孟孫才其母死，哭泣無涕，中心不戚，居喪不哀，無是三者，以善處喪蓋魯國。……'仲尼曰：'……且彼有駭形而無損心，有旦宅而無情死，孟孫氏特覺人哭亦哭。'"《論語·先進》："顏淵死，子哭之慟"；何晏《集解》引馬融、孔安國皆謂"哀過也"，皇侃《義疏》曰："人哭亦哭，人慟亦慟，蓋無情者，與物化也"，又引繆協曰："聖人體無哀樂而能以哀樂爲體，不失過也。"皇侃語即逕取諸《莊子》；繆協語前"體"如"體質"之"體"，本地也，後體如"體面"之"體"，形式也。何劭《王弼傳》載弼戲荀融曰："顏子之量，孔父之所預在，然遇之不能無樂，喪之不能無哀，又常狹斯人，以爲未能以情從理者也。"則弼尚同漢儒，以孔之"慟"顏爲過當，而六朝經生扇於玄風，牽合南華寓言與東家遺事，將

"哀過"説成"應物而無累"矣。"未能以情從理"即謝靈運《廬陵王墓下作》："理感深情動，定非識所將。"《禮記·檀弓》原壤母死登木歌《貍首》章，《正義》引皇侃說"原壤是上聖之人，或云是方外之士"，因斥皇"非但敗於名教，亦是誤於學者，義不可用"；未察皇正以道家目原壤，喪母乃登木而歌，適如《莊子·大宗師》記子桑户死，孟子反、子琴張"鼓琴相和"，"臨屍而歌"，或《至樂》記莊子妻死，"箕踞鼓盆而歌"。《論語·憲問·原壤夷俟》章，皇疏亦昌言"壤者方外之聖人，⋯⋯孔子方内聖人"，即借《大宗師》依託孔子語。《全晉文》卷六〇孫楚《原壤贊》早曰："壤之輻張，滅絕禮教，實交仲尼，同機合奥；聖以之臧，俗以之笑，獨協區外，孰知其妙！"；蓋非一朝一夕矣。《檀弓》季武子喪，"曾點、倚其門而哭"，鄭註："明己不與也"，《正義》："明己不與武子，故無哀戚"；則又孟孫才"人哭亦哭"之類，曾點固放曠之士，與孔門諸子異撰者也。《中庸》謂喜怒哀樂"發而皆中節謂之'和'"；《全晉文》卷三三裴頠《崇有論》："夫盈欲可損，而未可絕有也；過用可節，而未可謂無貴也"；劉子翬《屏山全集》卷一《聖傳論》："《中庸》之學未嘗滅情也。善養性者，不汩於情，亦不滅情，不流於喜怒哀樂，亦不去喜怒哀樂。非合非離，中即契焉。"有哀樂而感不過甚，此儒家言也，有哀樂而感非切實，此道家言也；前所流露者、真情而中節得當，後所流露者、淺迹以安時應物。王弼"應物而無累於物"，若與劉子翬"不滅情亦不汩於情"相同，然王主"通無"，劉言"不去"，"貴無"與"崇有"，大本自異。陳澧以爲王弼、程顥持論"相似"，意欲借道學家之程以重道家之王，不知程顥"順事無情"之說已沾丐異端，反可據以定道學家與道家連坐耳。應物順事而哀樂不入，有駭形而無損心，亦西方古哲人所諄諄誨人者。如斯多噶派大師云："汝不妨呻吟，但汝心中不可呻吟"（I do not mean that you may not groan, but do not groan in spirit）；又云："人若喪子，汝可唁之，且可同聲哀號，然汝之內在之真質不得亦與哀號"（but take heed that you do not also groan in your inner being）①。末流且有"無感情派"（apathiae sectatores），麻木頑癡，醉生夢死（in torpore ignavae et quasi enervatae vitae consenescunt）②。夫喜怒哀樂而不動真情，擴而充之，即後世道士所謂"徧行諸事，言心無染"（《全唐文》卷九二四司馬承禎《坐忘論·收心》），釋氏所謂"不斷不俱"（《維摩詰所説經·弟子品》第三），"愚人除境不忘心，聖人忘心不除境"（《五燈會元》卷一七寶覺）。《維摩詰所説經·方便品》第二："雖處居家，不着三界；示有妻子，常修梵行；現有眷屬，常樂遠離；……雖復飲食，而以禪悦爲味；……一切治生諧偶，雖獲俗利，不以喜悦"；足演王弼"應物無累"之義矣。

---

① Epictetus, *Discourses*, I.18; *Manual*, 16 (*The Discourses and Manual*, tr. P. E. Matheson, I, 100; II, 219); Cf. *Discourses*, III. 18, VI. 1 (II, 51, 125); *Manual*, 5 (II, 215); Marcus Aurelius, *Meditations*, VIII.41.; "The mind remains untouched by fire or sword, tyranny or malediction" (tr. J. Jackson, 152).

② Aulus Gellius, *The Attic Nights*, XIX, 11, "Loeb", III, 395–7; cf. XII. 4, Vol. II, pp. 375, 381.

一〇五　全晉文卷二二

　　王羲之《雜帖》。按六朝法帖,有煞費解處。此等太半爲今日所謂"便條"、"字條",當時受者必到眼即了,後世讀之,却常苦思而尚未通。自韓愈《答劉正夫書》以還,文判"難"、"易",奧古別於淺近,已成談藝之常經,觀李翱《答朱載言書》、孫樵《與友人論文書》、王禹偁《再答張扶書》(《小畜集》卷一六)、樓鑰《答綦君更生論文書》(《攻媿集》卷六六)諸篇可見;黃宗羲《南雷文案》卷一《南雷庚戌集自序》謂"古文"之"詞","唐以前如高山深谷,唐以後如平原曠野",實亦即言唐文大體"難"而宋、明文大體"易"耳。如揚雄所作,"難文"也,當時必已歎其非平易,後世則逕畏其艱深;司馬遷所作,"易文"也,當時必不覺其艱深,後世則頗幸其尚平易。此皆從讀者言之也。《顏氏家訓·文章》記沈約語:"文章當從三易:易見事、易識字、易讀誦";然而易讀之文,未必易作,王安石《題張司業詩》所謂:"成如容易卻艱辛。"即當時易讀矣,亦未保後世之不難讀也。直道時語,多及習尚,世革言殊,物移名變,則前人以爲尤通俗者,後人愈病其僻澀費解。如敦煌遺文《燕子賦》之類、黃庭堅、楊无咎等之白話艷詞、《元典章》之詔令,讀來每興如箝在口之嗟。故《朱子語類》卷九八亦云："張橫渠《語錄》用關陝方言，甚者皆不可曉；《近思錄》所載，皆易曉者"，又卷一三四云："《漢書》有秀才做底文字，有婦人做底文字，亦有載當時獄辭者。秀才文章便易曉，當時文字多碎句難讀；《尚書》便有如此底，《周官》只如今文字，太齊整了。"蓋閱世積久，信口直白之詞或同聱牙詰屈之《誥》，老生者見愈生，而常談者見不常矣。《雜帖》之費解，又異乎此。家庭瑣事，戚友碎語，隨手信筆，約略潦草，而受者了然。顧竊疑受者而外，舍至親密契，即當時人亦未遽都能理會。此無他，匹似一家眷屬，或共事僚友，羣居閒話，無須滿字足句，即已心領意宣；初非隱語、術語，而外人猝聞，每不識所謂。蓋親友交談，亦如同道同業之上下議論，自成"語言天地"（the universe of discourse, das Symbolfeld, suppositio），不特桃花源有"此中人語"也。彼此同處語言天地間，多可勿言而喻，舉一反三。故諸《帖》十九爲草書，乃字體中之簡筆速寫（calligraphic shorthand），而其詞句省縮減削，又正文體中之簡筆速寫（verbal shorthand）耳。

王羲之《雜帖》："多分張，念足下懸情武昌。"按同卷《雜帖》："懸得後問不？分張何可久！"；卷二三《雜帖》："分張諸懷可云，不知其期"；卷二五《雜帖》："且方有此分張，不知比去復得一會不！"；卷二七王獻之《雜帖》："今已嘗向發，分張諸懷可言"；又："奴定西，諸分張少言。""分張"皆謂分別、分離。《全三國文》卷二五鍾會《移蜀將吏、士民檄》："而巴蜀一州之衆，分張守備，難以禦天下之師"；《南齊書·蕭景先傳·遺言》："自丁荼毒以來，妓妾已多分張"，又《裴叔業傳》援雍州啓："則雍司之賊，自然分張，無勞動民向遠也"；"分張"又謂分散、分浼，與前義尚相通，均指人言。浸假而孳生"分減"、"分與"、"分攤"之義，用之物事，唐人習語也。如寒山詩："是我有錢日，恒爲汝貸將，汝今既飽暖，見我不分張"；元稹《哭女樊四十韻》："愠怒偏憎數，分張雅愛平"；白居易《謝李六郎中寄蜀新茶》："故情周匝向交親，新茗分張及病身"，又《和〈自勸〉》之二："身飲數杯妻一醆，餘酌分張與兒女"，又《奉和晉公侍中〈蒙除留守〉》："拋擲功名還史册，分張歡樂與交親"；溫庭筠《李羽處士寄新醖》："簷前柳色分張綠，窗外花枝借助香"；陸龜蒙《奇懷華陽道士》："分張火力燒金竈，拂拭苔痕洗酒瓶"；司空圖《柳》之一："漫説早梅先得意，不知春力暗分張"；鄭谷《次韻酬張補闕因寒食見寄之作》："時態懶隨人上下，花心甘被蝶分張。""分張"作離別意，沿承未絶；作浼散意，已不常見；作攤與意，則失墜久矣。

　　王羲之《雜帖》："此書因謝常侍信還，令知問，可令謝長史且消息。"按此處"消息"，即如同卷："卿復何似？耿耿！善將息"，今語所謂"休養"、"休息"。歷來字書皆漏却此義，惟見焦循《易餘籥録》卷一四考"消息"有二解，一"問疾"，一"調養"，舉二王帖、《世説》、《晉書》爲例，惜未審密。實祇"調養"一解，可施於"問疾"耳；而亦非專施於"問疾"也，如同卷羲之《雜帖》又云："郗故病篤，無復他治，爲消息耳"，即是告疾而非"問疾"。卷二三羲之《雜帖》："卿先羸甚、羸甚，好消息"；卷二七王凝之《書》："産後好似，宜佳消息"；王獻之《雜帖》："兄意患散，輒發癰，熱積乃不易，願更思，唯賴消息"，又："消息亦不可不恒，精以經心。"均言將息、安息。《魏書·獻文六王傳》下："晏於禁中，至夜皆醉，各就别所消息"，又《李順傳》："腰脚不隨，不堪拜伏，比三五日消息，小差當相見"；《高僧傳》二集卷三三北齊僧《圓通傳》："乃令安置。……'且就小僧住房，可以消息'"；語意更明。《全晉文》卷二七王操之《書》："不得姜順消息，懸心"，卷四二杜預《書》："間得來說，知消息，申省次若言面"，則作"信息"之常解；猶《三國志·魏書·崔琰傳》裴註引《魏略》太祖敕吏殺琰，"三日期消息"，《宋書·毛脩文傳》："經年不忍問家消息"，《魏書·裴遠傳》："每出返家，或問：'有何消息？'答：'無所聞，聞亦不解。'"又王獻之《帖》："兄憙患散"，謂因服散而常、或易、或多患熱病；今語亦云："熱天小孩兒頭上愛生癤子，吃的東西愛壞"，"愛"即"喜"耳。卷二八王渾《乞遣趙纂療病表》："臣有氣病，善佽發"，即《素問·金匱真言論》"善病風瘧"之"善"，亦謂常發、易發、多發，與"喜"、"愛"同義。《荀子·解蔽篇》："涓蜀梁、其爲人也，愚而善畏"，楊倞註："'善'猶'喜'也，好有所畏"；卷一一一陶潛《答龐參軍詩序》："人事好乖，便當語離"，"好"又與"喜"、"愛"同義，即楊註"好有所畏"之"好"。汪藻《浮溪集》卷三一《奉送張彦良》："尊前破涕方成笑，人事多乖又語離"，以劉琨《答盧諶書》中語對陶語，銖鋼悉稱，因平仄故，易"好"爲"多"，正緣二字可同義也。"善病"習見詞章，"喜患"、"好乖"則言訓詁者或有所不知矣。

【增訂三】東晉譯《觀佛三昧海經·觀相品》第三之四："出定之時，身體支節悉皆疼痹。若不服藥，發狂而死。應當隨時，衆藥消息。"以"消息"不與"服藥"而與"衆藥"連舉，則似非言"休息"，而爲方劑分量"增減"之意（參觀51—52頁）。古醫書中"善"、"喜"字常施於疾患。如《難經·十六難》："假令得肝脈，其外證善潔、面青、善怒。……假令得心脈，其外證面赤、口乾、喜笑。……假令得脾脈，其外證面黃、善噫。……假令得肺脈，其外證面白、善嚏。……假令得腎脈，其外證面黑、喜恐欠。"又如《外臺秘要方》卷三五引《千金論》記小兒《六畜癇證候》："雞癇之爲病，延頸反折，喜驚自摇。羊癇之爲病，喜揚眉吐舌。豬癇之爲病，喜吐沫。""善"、"喜"同義；觀"喜恐"、"喜驚"之詞，即知"喜笑"之"喜"非謂愛樂矣。《百喻經》卷一《婆羅門殺子喻》："人命難知，計算喜錯"，謂易錯、多錯或常錯也，正是此義。

【增訂四】《輟耕録》卷一〇："'善'字訓'多'字。《詩・載馳》：'女子善懷'，鄭箋：'善猶多也。'《漢書》：'岸善崩'，'善'亦'多'也。"已窺此義，尚未通之於"好"、"喜"耳。

一○六　全晉文卷二六

王羲之《雜帖》："石脾入水即乾，出水便濕；獨活有風不動，無風自搖。天下物理，豈可以意求，惟上聖乃能窮理。"按周煇《清波雜志》卷四論此帖云："出水則濕，可見；入水則乾，何自知之？近年《夷堅戊志·序》，其略云：'葉晦叔聞於劉季高，有估客航海入巨魚腹中，未能死，遇其開口吸水，木工取斧斫魚，魚痛，躍身入大洋，舉船人及魚皆死。或難之曰：一舟皆死，何人談此事於世乎？'頗類前説。"談言微中，而羲之當斥之爲"以意求"矣。古人博物"窮理"之學，多此類奇談，匪特神怪或滑稽也。如《韓非子·説林》下："鳥有翢翢者，重首而屈尾，將飲於河則必顛，乃銜其羽而飲之。"夫"銜"必合口而"飲"須張口，是飲時不能復銜，豈不終顛於河而徒勞銜羽乎？愧非"上聖"，存疑而已。韓子嘗拈矛盾"爲名不可兩立之例"，而不覺此事之不可兩能，何哉？歷來註家未嘗獻疑索解，當是於韓子之言無所不説耳。

《三月三日蘭亭詩序》。按《文選》未錄此《序》，自宋逮清，臆測紛紜。梁袁昂奉武帝命作《書評》已稱羲之書法，百世"永以爲訓"（《全梁文》卷四八）；唐代以來，羲之儼爲書家之冠，

《禊帖》又爲王書之冠，尊號"墨皇"（米芾《寶晉英光集》卷三《劉涇新收唐絹本〈蘭亭〉，作詩訊之》，又《南宮書史》載劉涇、林希詩）。《晉書》本傳唐太宗《制》曰："心慕手追，此人而已"，傳中全載此《序》。重以蕭翼之賺取、昭陵之殉葬，流爲稗說，寫入畫圖（參觀《太平廣記》卷論卷二〇八《購蘭亭序》）。葉適《水心集》卷二九《跋〈蘭亭博議〉》："字書自《蘭亭》出，上下數千載無可倫擬，而定武石刻遂爲今世大議論"；張祿《詞林摘艷》卷二無名氏《南呂掛真兒》："心耿耿，想起虛脾情，耳邊那取真本《蘭亭》！"

【增訂三】《後村大全集》卷一九二《饒州州院推勘朱超等爲趣死程七五事》："官吏急於獄成，逐鹿而不見山。提刑司亦只見錄本。……當職初亦信之，今索到州縣獄欵蘭亭真本，然後知獄未嘗成，囚未嘗伏。"可與《詞林摘艷》句合觀，亦流傳俗語之古例。"當職"即後世所謂"本官"。

蓋不徒供"大議論"之題目，并成俚俗歌曲之詞頭，其掛於衆口可知矣。文以書傳，臨摹悠廣，手胝於《禊帖》，自亦口沫於《蘭亭詩序》。《全唐文》卷一九一楊炯《李舍人山亭詩序》："雖向之所歡，已爲陳迹；俾千載之下，感於斯文"，即摶撦此《序》中語爲開合。故張祖廉《定盦先生年譜外記》卷上記龔自珍"嘗寫文目一通，付子宣曰：'此家絃戶誦之文也'"，羲之斯《序》與《太上感應篇》、《文選序》皆列其數。飛聲播譽，固無藉乎昭明之采錄也。竊謂羲之之文，真率蕭閒，不事琢磨，寥寥短篇，詞意重沓。如云："暢敍幽情，……惠風和暢"；"仰觀宇宙之大，俯察品類之盛，所以遊目騁懷，極視聽之娛，信可樂也"；"夫人俯仰一世，……向之所欣，俯仰之間已爲陳迹，猶不能不以之興懷。……古人云：'死生亦大矣！……'每攬昔人興感之由，莫不合一契，……所以興懷，其致一也。"《文選》去取之故，未敢揣摹；然張習孔《雲谷臥餘》卷二云："六朝文章靡陋，獨王逸少高古超妙，史言韓昌黎'起八代之衰'，吾謂不當先退之而後逸少"，則毋疑爲庸妄語耳。《全唐文》卷三〇一何延之《蘭亭始末記》："字有重者，皆構別體。其中'之'字最多，乃有二十許字，變轉悉異，遂無同者"；米芾《寶晉英光集》卷三《題永徽中所摹〈蘭亭序〉》："二十八行三百字，'之'字最多無一似。"羲之他書亦然。

【增訂三】《法書要錄》卷三唐李嗣真《書品後·逸品·評》："元常每點多異，羲之萬字不同"，語雖侈飾，正貴"不搆重體"也。

董迫《廣川書跋》卷六《告誓文》："其書一字爲數體，一體別成點畫，不可一概求之，……未嘗複出"，又卷八《唐經生字》："世稱王逸少爲書祖，觀其遺文，……字有同處，創爲別體"；姜夔《續書譜·草》："王右軍書'羲之'字、'當'字、'得'字、'深'字、'慰'字最多，多至數十字，無有同者，而未嘗不同也。"遂爲後代書家懸鵠示範，如《全唐文》卷三六五蔡希綜《法書論》："每書一紙，或有重字，亦須字字意殊"；卷四四七竇臮《述書賦》下篇貶孫過庭爲俗手："虔禮凡草，閻閻之風，千紙一類，一字萬同"；趙彥衛《雲麓漫鈔》卷一："高宗嘗書《車攻》篇，賜沈公與求（必先）；字甚大，重字皆更一體書。"余舊覩米芾《多景樓詩》墨跡，"樓"字先後三見，皆各構別體。胥羲之之遺教也。顧羲之於字體不肯複犯，而於詞意之複犯，了不避忌，豈摶心揖志在乎書法，文章本視爲餘事耶？

昭明不選《蘭亭序》，宋人臆度，或謂由於耳目未周，掛漏難免；或謂由於誤以"絲竹管絃"、"天朗氣清"爲語病，因繁引《孟子》及漢、晉人文，比義之解嘲，略見王得臣《麈史》卷中、張侃《張氏拙軒集》卷五《跋揀詞》之四、葉大慶《考古質疑》卷五、王楙《野客叢書》卷一等。夫謂昭明未及見羲之是文，即非情實，無關緊要。謂昭明獲覿之而以二語爲病，則羌無記載，莫須有爾；後人覺兩語有疵，乃覓先例爲之開脱，却責昭明之寡陋，大似疑心生鬼而自畫符作法以退之矣。《説郛》卷二一《三柳軒雜識》記韓駒謂"春多氣昏，是時天氣清明，故可書'天朗氣清'"；尚猶可説。王阮《義豐集·蘭亭》七律《序》云："時晉政不綱，春行秋令，故書曰：'天朗氣清'，得《春秋》之旨，蕭統不悟，不以入《選》"；以無稽之談，定無辜之罪，真"夢中説夢兩重虛"（白居易《讀禪經》）也。金聖歎《沉吟樓詩選》（劉繼莊選本）《上巳日天暢晴甚，覺〈蘭亭〉"天朗氣清"句，爲右軍入化之筆，昭明忽然出手，豈謂年年有印板上巳耶？詩以記之》："三春卻是暮秋天，逸少臨文寫現前；上巳若還如印板，至今何不永和年。逸少臨文總是愁，暮春寫得似清秋。少年太子無傷感，卻把奇文一筆勾！"語甚快利，然亦偏信不察，於羲之句固爲昭雪，而於昭明則枉誣矣。

　　宋以來於《文選》之不取《蘭亭序》，別有一説，知者較少。韋居安《梅磵詩話》卷上引晁迥《隨因紀述》云："羲之曰：'固知一死生爲虛誕，齊彭殤爲妄作'；吾觀《文選》中但有王元長《曲水詩序》而羲之《序》不收。昭明深於内學，以羲之不達大觀之理，故不收之"；陸友《硯北雜志》卷上引韓駒曰："王右軍清真爲江左第一，意其爲人必能一死生、齊物我，不以世故攖其胸中。然其作《蘭亭序》，感事興懷，有足悲者，蕭統不取，有以也。淵明《遊斜川》亦悼念歲月，然卒縱情忘憂，乃知彭澤之高，逸少不及遠甚"；喬松年《蘿藦亭札記》卷四："六朝談名理，以老莊爲宗，貴於齊死生，忘得喪。王逸少《蘭亭序》謂'一死生爲虛誕，齊彭殤爲妄作'，有惜時悲逝之意，故《文選》棄而不取。孫楚詩：'莫大於殤子，老彭猶爲夭'，極拙，而昭明選入，可見棄取所在矣。"前説謂昭明不取其詞，此説謂昭明不取其意，所見似大，而亦想當然耳。劉琨《答盧諶》詩并《書》曰："昔在少壯，未嘗檢括，遠慕老、莊之齊物，近嘉阮生之放曠，怪厚薄何從而生，哀樂何由而至。……自頃輈張，困於逆亂，國破家亡，親友凋殘，……然後知聃、周之爲虛誕，嗣宗之爲妄作也！"與義之若同聲相應，顧《文選·贈答詩》門并錄其《書》，足見晁、韓、喬輩億而未中矣。義之"齊彭殤爲妄作"句，指《莊子·齊物論》："莫壽於殤子而彭祖爲夭。"義之有一《雜帖》，見張彥遠《法書要錄》卷一〇《右軍書記》，今輯入《全晉文》卷二五，顯斥莊周，諸家未舉："省示，知足下奉法轉到，勝理極此。此故蕩滌塵垢，研遣滯慮，可謂盡矣，無以復加，漆園比之，殊誕謾如不言也。吾所奉設，教意政同，但爲形跡小異耳。方欲盡心此事，所以重增辭世之篤。今雖形係於俗，誠心終日，常在於此，足下試觀其終。"受書人所"奉"，不知何"法"，義之所"奉設"意同跡異者，亦不知何"教"。"誕謾如不言"之評，可參觀《抱朴子·釋滯》訶"文子、莊子、關令尹喜之徒"不道仙術，"永無至言"，且"齊生死"，不堪"耽玩"，又《勤求》斥"俗人見莊周有'大夢'之喻，因復競共張'齊死生'之論，蓋詭道強達"。《晉書》羲之本傳記"與道士許邁共修服食"，又《許邁傳》記邁"服氣茹芝"，學"升遐之道"，羲之"與爲方外之交"，并"自爲之傳，靈異之迹甚多"；羲之次子《王凝之傳》："王氏世事張氏五斗米道，凝之彌篤。"則羲之所"奉設"，乃"五斗米道"，《晉書·殷仲堪傳》、《郗愔傳》、《何充傳》亦記殷及郗氏兄弟奉"天師道"；是晉代士夫不乏私事張魯"鬼道"者，王氏家風不孤。《全晉文》卷二三羲之《雜帖》曰："服食故不可乃將冷藥。……物養之妙，豈復容言，直無其人耳。許君見驗，何煩多云矣"；"許君"必邁，"見"如"見在"之"見"，"見驗"即"靈異"之一"迹"也。

蓋羲之薄老、莊道德之玄言，而崇張、許方術之秘法；其詆"一死生"、"齊彭殤"爲虛妄，乃出於修神仙、求長壽之妄念虛想，以真貪癡而譏僞清淨。識見不"高"正復在此，韓駒病其未能曠懷忘憂，尚淺乎言之矣。王畿《龍溪全集》卷一二《與莫廷韓》盛推羲之才識，惜其"平生"爲"墨妙"所掩，有曰："觀其永和氣象，懷抱超然，齊彭殤，一得喪，蓋幾於道者"；適得《蘭亭序》語意之反，大似不解文義者！明人讀書多鹵莽滅裂，道學家好言"易簡工夫"，不屑"支離事業"，尤有甚焉。

是故羲之與劉琨雖均有"虛誕"、"妄作"之句，貌同而心則有異；琨謂人於死喪非能不戚也，羲之謂人於長生久視非不能致也。倘貌取皮相，羲之此《序》低徊慨歎，情溢於辭，殊有悱惻纏綿之致；究其心蘊，析以義理，反殺風景。余霖輯周篔《采山堂遺文》卷上《褚標遺詩序》："嘗怪古人當歡宴之日，而悲感淒其，常溢言外。其登臨山水，俯仰古今，反覆流連，有不勝其哀者，如羊叔子、王右軍之流，爲不少矣"；馮登府《石經閣文》初集卷三《重茸醽舫落成文燕記》："《詩》言兄弟燕飲，及於朋友，既極籩豆之和樂，而不忘死喪之威。古人值悅懌之時，未嘗不念嘉會之難得，既喜而復悲，如羊叔子、王逸少之流，蓋慨乎其言之也。"夫有待之身，及時行樂，則深感於時光之逝而莫留、樂事之後難爲繼。《全晉文》卷三三石崇《金谷詩序》修詞較潔，寫景敍事爲主，與《蘭亭詩序》異撰，而曰："感性命之不永，懼凋落之無期"，又與王《序》戚戚有同心焉。卷六一孫綽《三月三日蘭亭詩序》："永一日之足，當百年之溢。……耀靈縱轡，急景西邁，樂與時去，悲亦系之。往復推移，新故相換，今日之迹，明復陳矣"；卷一一一陶潛《游斜川詩序》："悲日月之既往，悼吾年之不留"；卷一六七廬山諸道人《游石門詩序》："俄而太陽告夕，所存已往，乃悟幽人之玄覽，達恒物之大情。"

【增訂四】原引廬山諸道人《游石門詩序》脱去兩句："各欣一遇之同歡，感良辰之難再。"

皆如曹操《短歌行》所謂："對酒當歌，人生幾何！"，幾成題中應有之義。唐人游宴詩文仍每落套，王勃《滕王閣序》："嗚呼！勝地不常，盛筵難再！蘭亭已矣，梓澤丘墟！"，即一例也。

《蘭亭詩序》："後之視今，亦猶今之視昔，悲夫！"按與孫綽《蘭亭詩序》："今日之迹，明復陳矣"，命意相同，而語似借京房論國事者以歎人生。《漢書·京房傳》漢元帝問周幽王、厲王事，房對："齊桓公、秦二世亦嘗聞此君而非笑之，……何不以幽、厲卜之而覺寤乎？……夫前世之君皆然矣。臣恐後之視今，猶今之視前也"；

【增訂四】《晉書·列女傳》劉聰妻劉氏手疏："妾每覽古事，憤之忘食。何意妾今日自爲之！後人之視妾，亦猶妾之視前人也。"

《舊唐書‧馬周傳》上疏："是以殷紂笑夏桀之亡，而幽、厲亦笑殷紂之滅；隋煬帝大業之初又笑齊、魏之失國，今之視煬帝，亦猶煬帝之視齊、魏也。故京房云云"，又《裴炎傳》諫武則天曰："且獨不見呂氏之敗乎？臣恐後之視今，亦猶今之視昔"；杜牧《阿房宮賦》語益遒峭："秦人不暇自哀，而後人哀之，後人哀之而不鑑之，亦使後人而復哀後人也！"《通鑑‧漢紀》二一建昭二年載京房語，未嘗筆削《漢書》之文，而《唐紀》一一貞觀十一年撮馬周疏曰："蓋幽、厲嘗笑桀、紂矣，煬帝亦笑周、齊矣，不可使後之笑今，如今之笑煬帝也"；則似意中有杜牧名句在，如法點竄，以"笑"字貫注而下，遂視馬周原文爲精警。余嘗取《通鑑》與所據正史、野記相較，得百數十事，頗足示修詞點鐵、脫胎之法，至於昭信紀實是否出入，又當別論焉。

蘇轍《欒城後集》卷一《次韻題畫卷》之一《山陰陳迹》自註："逸少知清言爲害，然《蘭亭記》亦不免於清言耳"；當是謂"達大觀"與"惜時悲逝"等屬閒嗑牙也。

王羲之《爲會稽内史稱疾去郡去父墓前自誓文》。按觀《世説‧仇隙》門及《晉書》本傳，羲之此舉直是悻悻小丈夫老羞成怒；洪邁《容齋三筆‧自序》稱其高尚而斥"晉史"爲妄，阿其所好耳。劉辰翁評點《世説》，於此事眉批："右軍審爾非令德"；尤侗《艮齋雜説》卷二、王昶《春融堂集》卷三二《王羲之論》、《晚晴簃詩滙》卷一三六季運昌《後對酒詩》皆非議羲之。《真誥》卷一六《闡幽微》："王逸少有事，繫禁中已五年，云事已散"，附註："先與許先生周旋，頗亦慕道，亡後被繫。被繫之事，檢迹未見其咎，恐懟憾告靈爲謫耳。"正指誓墓。《真誥》記秦始皇、漢高祖、魏武帝、蜀先主等亡後或爲鬼官，或爲仙官，古人干天譴者，唯言羲之，且衹坐此事；匪夷所思，可入《笑道論》。然亦徵早在齊、梁，與羲之攀方外舊交之道士，初不以其"慙憾告靈"爲然也。

王羲之《書論》。按與卷一四四衛鑠《筆陣圖》什九相同，惟"若作橫畫"一節小異，又少"善筆力者多骨，不善筆力者多肉"兩句，衛即羲之所師衛夫人也。蘇軾《孫莘老求墨妙亭詩》："杜陵評書貴瘦硬，此論未公吾不憑"，蓋指杜甫《李潮八分小篆歌》："苦縣光和尚骨立，書貴瘦硬方通神"；米芾《海岳名言》亦謂薛稷書"慧普寺"額"醜怪難狀"，而杜甫《觀薛稷少保書畫壁》稱爲"蛟龍岌相纏"，因歎："信老杜不知書也！"杜甫"知書"與否，存而不論，若其貴"骨立"、"瘦硬"，則衛夫人之遺教固然，杜或拘泥而未通方耳。

《書論》："善鑒者不寫，善寫者不鑒。"按蘇軾《次韻子由論書》："吾雖不善書，曉書莫若我，苟能通其意，嘗謂不學可"；馮應榴《蘇詩合註》引何焯謂本唐張懷瓘語："古之名手但能其事，不能言其意，今僕雖不能其事而輒言其意。"實則蘇意即同衛夫人或王羲之此語。《全梁文》卷六武帝《答陶弘景書》四首皆衡鑒書法，第二首有云："吾少來乃至未嘗畫甲子，無論於篇紙，老而論之，亦復何謂！"尤"不學"而"曉書"之旨。米芾《寶晉英光集》卷三《自漣漪寄薛郎中紹彭》："已矣此生爲此困，有口能談手不隨，誰云心存筆乃到？天公自是祕精微"（參觀卷七《跋羲獻帖》）；黃伯思《東觀餘論》卷上《法帖刊誤》自敍歎米芾工書而鑒帖舛迕曰："故僕於元章慨然，古語有之：'善書不鑒，善鑒不書'"；陸友《硯北雜志》卷下論晉唐楷法："余拙於書而善鑒，未有能易余言者"；王世貞《弇州四部稿》卷一五四

《藝苑卮言·附録》三："吾眼中有神，故不敢不任識書；腕中有鬼，故不任書。記此以解嘲"（參觀《弇州山人續稿》卷一六四《題豐存禮詩後》："胸次有眼，而腕指却有鬼掣搦之"），又《弇州山人續稿》卷一六〇《題與程應奎詩後》："管公明云：'善《易》者不言《易》'，吾不善書，是以論書也"；蓋歷來護身解嘲之藉口也。朱國楨《湧幢小品》卷二二："王弇州不善書，好談書法，其言曰：'吾腕有鬼，吾眼有神。'此自聰明人説話，自喜、自命、自占地步。要之，鬼豈獨在腕，而眼中之神亦未真是何等神明也。此説一倡，於是不善畫者好談畫，不善詩文者好談詩文，極於禪玄，莫不皆然。袁中郎不善飲，好談飲，著有《觴政》一篇，補其未足。古云：'知者不言，言者不知。'吾友董玄宰，於書畫稱一時獨步，然對人絶不齒及。"竊謂能書如蘇軾，雖自稱"不善書"，人必以爲謙，其自許"曉書"，人亦必不以爲誇；若王世貞固未足語於此，況下之者乎，宜來朱氏之譏嘲矣。顧即以蘇軾之能書而復知書，其獨尊顏真卿爲"集大成"之至聖，又豈非蔽於所見、偏袒筆法類己者，而不盡知賞異量之美乎？詩文皆然，參觀論《全三國文》魏文帝《典論》、《全梁文》鍾嶸《詩品》。"知者不言"二語，出《老子》第五六章；知且言者不必能，則如《華陽陶隱居内傳》記陶弘景"常言：'我自不能爲仲尼，而能教人作仲尼，猶如管仲不能自霸，能使齊桓霸也'"；近人蕭伯納亦云： "己不能，方教人"（He who can, does. He who cannot, teaches）①。"凡書多肉微骨者謂之墨豬"。按隽語流傳，《全唐文》卷四三二張懷瓘《評書藥石論》："若筋

---

① *Man and Superman*, appendix, "Maxims for Revolutionists".

骨不任其脂肉者，在馬爲駑駘，在人爲肉疾，在書爲墨豬。"論文如《文心雕龍·風骨》："若瘠義肥詞，繁雜失統，則無骨之徵也"；柳宗元《讀韓愈所著〈毛穎傳〉後題》："取青妃白，肥皮厚肉，柔筋脆骨"；命意取譬，均相印證。《全齊文》卷八王僧虔《與某書》稱張芝爲"筆聖"，因云："伯玉得其筋，巨山得其骨。"《全唐文》卷四四〇徐浩《書法論》評"虞筋褚肉"，即襲《文心雕龍》是篇隼、翟之喻；卷四三二陸羽《論徐、顏二家書》詳分皮膚、眼、鼻、筋、骨、心、肺，則粘着牽強，如雪山比象而并有尾牙，滿月擬面而平添耳鼻矣。繪畫"四勢"，亦謂"筋、骨、皮（一作'氣'）、肉"，見荆浩《筆法記》、韓拙《山水純全論》等；周履靖《天形道貌·畫人物論》："夫描者骨也，著色者肉也"，尤片言扼要，可闡張彥遠《歷代名畫記》卷一："今之畫人，……具其彩色，則失其筆法"，及盛大士《谿山卧游録》卷二："畫以墨爲主，以色爲輔，色之不可奪墨，猶賓之不可溷主也"①。蓋"筆法"而外，着色傅彩（colouring），若"没骨畫"則彩色（colour）即是"筆法"矣。

---

① Cf. Aristotle, *Poetics*, VI.20: "It is much the same also in painting; if a man smeared a canvas with the loveliest colours at random, it would not give as much pleasure as an outline in black and white" ("Loeb", 27); Domenico Neroni: "Colour is the enemy of all noble art. It is the enemy of all precise and perfect form, since where colour exists, form can be seen only as juxtaposition of colour" (quoted in Vernon Lee, *Renaissance Fancies and Studies*, 120); Clive Bell, *Art*, 236: "Colour becomes significant only when it has been made subservient to form."

一〇七　全晉文卷二九

　　王坦之《廢莊論》。按《全唐文》卷八〇三李磎《廣〈廢莊論〉》，謂坦之"旨意固佳，而文理未甚工，祇言其壞名教、頹風俗，而未能屈其詞、折其辯，是直訴之而已。""莊生作而風俗頹"一節，即裴頠《崇有論》之旨而詞氣較和平。"若夫利而不害云云，昔吾孔、老，固已言之矣"一節作結，仿《全三國文》卷四三李康《運命論》結："若夫出處不違其時云云，昔吾先友，嘗從事于斯矣。""先友"孰指，李善註《文選》未詳；柳宗元有《先友記》，謂其亡父之友也，不識亦此意否。

　　王坦之《沙門不得爲高士論》。按漏註出《世説·輕詆》。

　　王脩《賢人論》："苟未能闇與理會，何得不求通。"按《宋書·謝靈運傳·論》："皆闇與理合，匪由思至"，即同其語。《世説·識鑒》："時人以爲山濤不學孫吳，而闇與之理會；王夷甫亦歎曰：'公闇與道合'"，又《賞譽》上王稱濤曰："不讀老莊，時聞其詠，往往與其旨合"；《晉書·石勒載記》劉琨遺勒書曰："遙聞將軍，攻城野戰，合於機神，雖不視兵書，闇與孫吳同契。"《北史》卷七六《來護兒傳》："行軍用兵，特多謀算，每覽兵法，曰：'此亦豈異人意也！'"，即不學孫、吳而闇與之合，語猶《世説·文學》庾顗讀《莊子》曰:"了不異人意!"曩有讚十七世紀法國一哲人(Malebranche)名著(*La Recherche de la Vérité*)者云:"作者屬笛楷爾學派,然初非追隨笛氏,乃與之遇合耳"(L'auteur était cartésien, mais comme Descartes; il ne paraissait pas l'avoir suivi, mais rencontré)[①];正"闇與理會"、"闇與同契"也。

---

① Fontenelle, *Éloges*, Garnier, 79.

一〇八　全晉文卷三〇

　　衛恒《四體書勢》。按取蔡邕《篆勢》等形容書體之篇，冠以敍述。隸草不採卷五九成公綏《隸書體》、卷八四索靖《草書狀》，蓋緣未見；飛白書不與四體之列，故《全三國文》卷三二劉劭《飛白書勢》亦從舍旃。後來梁武帝《草書狀》（《全梁文》卷六）、孫虔禮《書譜》（《全唐文》卷二〇二）、張懷瓘《書斷序》、《六體書論》、《評書藥石論》（《全唐文》卷四三二）、姜夔《續書譜》（《白石道人全集》卷一〇）之類，祖構踵事，侔色揣稱，取山川動植、形體舉止，以擬六體八法。如梁武《草書狀》："緩則鴉行，急則鵲厲，抽如雉啄，點如兔擲"云云，《六體書論》："真書如立，行書如行，草書如走"云云，《續〈書譜〉》："指點者字之眉目，橫直畫者字之骨體，撇捺者字之手足"云云；而《書斷序》、《評書藥石論》至以君臣、父子之倫常相比，似即自衛恒此篇《古文勢》："日處君而盈其度，月執臣而虧其旁"，觸類旁通。然均祇謂書法有肖物色人事處，未嘗謂書亦如畫之雲峰石迹，以造化爲師，故書家作字亦如畫家之須觀物取象也。陸鴻漸《僧懷素傳》（《全唐文》卷四三三）乃載張旭自言："'孤蓬自振，驚沙坐飛'，余師而爲書，故得奇怪"，又載顏真卿曰：

"張長史覩孤蓬驚沙之外，見公孫大娘劍器舞，始得低昂迴翔之狀"，又載懷素曰："貧道觀'夏雲多奇峯'，輒嘗師之"，借成句謂觀蓬、沙、雲三物，非謂讀鮑照《蕪城賦》、顧愷之《神情詩》；李陽冰《上李大夫論古篆書》（《全唐文》卷四三七）："於天地山川，得方圓流峙之形；於日月星辰，得經緯昭回之度；於衣冠文物，得揖讓周旋之禮；於鬚眉口鼻，得喜怒慘舒之分；於蟲魚鳥獸，得屈伸飛動之理；於骨角齒牙，得擺拉咀嚼之勢。隨手萬變，任心所成，通三才之氣象，備萬物之情狀"；蔡希綜《法書論》（《唐文拾遺》卷二一，《全唐文》卷三六五所采不同）："凡欲結構字體，未可虛發，皆須象其一物，若鳥之形，若蟲食木，若山若樹，若雲若霧，縱橫有託"；蘇軾《東坡題跋》卷四《跋文與可論草書》記文同自言："見道上鬪蛇，遂得其妙。"則逞等八法於六法。《鬱岡齋筆塵》卷二引陳繹曾《法書本象》至云："趙承旨子昂少日於朱家舫齋學書，舊迹猶存。學'乙'字，先作羣鵝；學'子'字、'不'字，先作羣雁；學'爲'字、'如'字，先作戲鼠。"或確有會心，或故神其說，要之未許參死語者刻舟求劍、守株待兔。《東坡題跋》卷四《書張長史書法》曰："世人見古德有見桃花悟者，……便將桃花作飯喫，喫此飯五十年，轉没交涉。正如張長史見擔夫與公主爭路而得草書之法，欲學長史書，日就擔夫求之，豈可得哉？"（石梁《草字彙》蔣光越序全本此）；明達之言，正如其誹文同："與可之所見，豈真蛇耶？抑草書之精耶？"① 雖然，書字之結體誠勿得淆同於畫物之

---

① Cf. Eric Gill, *Autobiography*, 120: "It [lettering] depends for its beauty upon nothing but man's musical sense. The shapes of letters do not derive their beauty from any sensual or sentimental reminiscence."

象形，顧書法之運筆又未嘗不可與畫法之運筆相通；二者未宜混爲一談。張彥遠《歷代名畫記》卷一已言工畫者多善書，卷二又詳言書畫"用筆同"法。《晉書·王羲之傳》特記其"愛鵝"諸事，後人遂牽合於書法之執筆，如黃庭堅《吳執中有兩鵝，爲余烹之，戲作》："學書池上一双鵝，宛轉相隨筆意多"，又《題畫鵝雁》："鴐鵝引頸回，似我胸中字，右軍數能來，不爲口腹事"；陳師道《後山集》卷一八《談叢》："蘇、黃兩公皆善書，皆不能懸手。逸少非好鵝，效其宛頸爾，正謂懸手轉腕"；陸佃《埤雅》卷六《鵝》："又善轉旋其項，觀之學書法以動腕，羲之好鵝者以此"；郭熙《林泉高致集》之三《畫訣》："說者謂右軍喜鵝，意在取其轉項，如人之執筆轉腕以結字。故世之人多謂善書者往往善畫，蓋由其轉腕用筆之不滯也"；何薳《春渚紀聞》卷五："古人作字謂之'字畫'，'畫'蓋有用筆深意。作字之法，要筆直而字圓。……不知何時改作'寫字'"；無名氏《東南紀聞》卷二"單煒、字炳文，書法有所傳授，郭敬叔、姜堯章皆師焉。……畫梅作一絕云：'《蘭亭》一入昭陵後，筆法于今未易回；誰識定齋[單自號]三昧筆，又傳壁坼到江梅！'"；均言書、畫運筆，一以貫之耳。嘗試論之，品書如畫，蔡邕、衛恒等文其始事也，而終事則翩其反而，品畫如書，終始鈎旋轂轉，幾若簺德之圓。郭若虛《圖畫聞見志》卷一："畫衣紋林石，用筆全類於書"，又卷四："唐希雅始學李後主'金錯刀'書，遂緣興入畫，故所爲竹木，乃顫掣之筆"；董其昌《容臺集·別集》卷四："古人作畫，常以草隸奇字之法爲之"；郎瑛《七修類稿》卷二四："《韻語陽秋》嘗謂：'陸探微作一筆畫，實得張伯英草書訣，張僧繇點曳斫拂，實得衛夫人《筆陣圖》訣，吳道子又受筆法於張長史'；

趙子昂詩謂：'石如飛白木如籒，寫竹應知八法通'；王孟端亦謂：'畫竹法：幹如篆，枝如草，葉如真，節如隸'"，所引《陽秋》卷十四此節實本《歷代名畫記》卷二，"受"應作"授"，蓋欲言畫一律出於書，而渾忘年代舛倒也。

　　衛恒《四體書勢‧草書》："張伯英……臨池學書，池水盡黑，下筆必爲楷則，號'匆匆不暇草書.'"按"楷則"正指草書，非云"不暇草"而作楷書，乃謂落筆不苟，足資法範。故"韋仲將謂之'草聖'"；使下筆必爲真楷，何緣被此佳號哉？《梁書‧蕭子雲傳》："善草隸書，爲世楷法"；懷素《自敍》載顏真卿贈序："夫草稿之興，起於漢代。……迨乎伯英，尤擅其美。……以至於吳郡張旭長史，雖姿性顛逸，超絕古今，而模〔墨跡及拓本皆有此字，疑筆誤衍文〕楷精法詳，特爲真正"；字句可參。是不特草書可爲"楷法"，抑且得蒙"真正"之目，觀文之終始，庶不誤會。草稿爲體，本可潦草，然既成專門術藝，而與他三體並立爲四，則工拙判分，自不容草率塗抹，如元好問《論詩絕句》所嘲"兒輩從教鬼畫符"者。懷素《自序》載詩流贈什，贊其馳毫驟墨，風狂雨急，朱遙詩有曰："筆下唯看激電流"，後來米芾《寶晉英光集》卷二《智衲草書》琢鍊愈奇曰："滿手墨電爭迴旋"；皆狀手筆之迅疾、飄忽不滯，此與心情之迫遽、匆促不暇，淄澠宜辨，不可朱紫相亂也。方夔《富山遺稿》卷九《雜興》："醉眼昏花迷野馬，帖書戲草掣風檣"；"風檣陣馬，不足爲其勇"，出杜牧《昌谷集序》，以喻"草"時筆勢之急，而"戲"又示"草"時心境之閒，分疏明白。向來論者，不察草書之致用別於草書之成藝，遂多葛藤。如蘇軾《東坡題跋》卷四《評草書》："書初無意於佳乃佳爾。草書雖是積學而成，然要是出於欲速；古人云：'匆匆不暇草書'，此語非是。若'匆匆不及'，乃是平時有意於學此"；高論而非的論。虞兆漋《天香樓偶得》釋"不暇草書"爲"不暇起草"，則言作文而非言作書。趙翼《陔餘叢考》卷二一駁虞説，謂當時草書"體尚未備，習之者亦少，爲草書必經營結撰"，稍近是矣。李聯琇《好雲樓二集》卷一四亦駁虞説，謂張芝此語"明對"楷書而言，因引趙壹《非草書》（按見《全後漢文》卷八二）云："而今之學草書者，不思其簡易之旨，……私書相與，猶謂就書適迫遽，故不及草。草本易而速，今反以難而遲，失指多矣！"；又似是實非。夫張芝、"草聖也"，趙壹推爲"有超俗絕世之才"者，"不暇草書"之語乃芝自道良工心苦也；至"今之學草書者"學焉而尚未能，恐倉卒下筆而反失故我，遂以"不及草"爲解；李祇齊末而不察本爾。趙壹言官書、軍書"故爲隸草，趣急速耳，示簡易之旨"，復言草書"其擿扶柱桎詰屈㕓乙不可失"。蓋草書體成法立，"旨"雖"簡易"而自具規模，"趣"雖"急速"而亦遵格式，必須省不失度，變不離宗；結構之難，今日猶然，當時"體尚未備"，自必更甚。《全梁文》卷六七庾孝威《論書》早言草書"'己'、'巳'莫分，'東'、'柬'相亂。……貪省愛異，濃頭纖尾，斷腰頓足。'一'、'八'相似，'十'、'小'難分，屈'等'如'匀'，變'前'爲'草'"；王君玉《續纂》以"杜撰草書"與"啞子做手勢"列入《難理會》門；蘇軾《石蒼舒醉墨堂》自言"草書誇神速"："我書意造本無法，點畫信手煩推求"；陶奭齡《小柴桑諵諵錄》卷上引俗諺論草書曰："熱寫冷不識"（明人《金鈿盒》傳奇第一一折癡哥白："我的字熱寫冷不識"）；吾鄉俚語亦云："草字缺只脚，仙人猜不着"；此均爲初學胸無成竹，而"匆匆""信手"

者，痛下針砭也。及學之既熟，不失形體，遂講求骨力風神，已致其用，乃游乎藝，難能進而爲巧技。《全三國文》卷七四皇象《與友人論草書》："如逸豫之餘，手調適而心佳娛，可以小展"；孫虔禮《書譜》專爲草書而發，論書家之"五合"、"五乖"，乖始於"心遽體留"，合終於"偶然欲書"。"心遽"非"匆匆"歟？亦即不"逸豫"耳。而"偶然"即"佳娛"興到也。筆逸不停，意閒不迫，心舒手急，方合而不乖。張芝"不暇作"者，大匠侘傺則不克盡其能事；末學"不及作"者，結構生疎，忙中易亂，必失"詰屈夊乙"之體。《唐文拾遺》卷二一蔡希綜《法書論》載蔡邕語："欲書先適意任情，然後書之，若迫於事，雖中山之毫不能佳也"，是楷隸亦不容"心遽"也；杜甫《戲爲雙松圖歌》："請公放筆爲直幹"，《戲題畫山水圖歌》："能事不受相促迫"，是畫家手可快而心亦不可"遽"也。蓋藝事均忌急就，而草書貴迅捷，作之者易誤會爲草率，故特標"匆匆不暇"之戒焉。《全梁文》卷四八袁昂《評書》："范懷約真書有分，草書無功，故知簡牘非易"，"非易"、成藝之艱難也；趙壹謂草書"易而速"，"易"、字體之省簡也，兩"易"字不得淆爲一談。陳師道《答無咎畫苑》："卒行無好步，事忙不草書；能事莫促迫，快手多粗疎"；深得"草"非草率、"易"非輕易之旨。黃庭堅《代書》："遣奴迫王事，不暇學驚蛇"；"驚蛇"即指草書，"迫"則"不暇學"，亦見非率易。《宣和書譜》卷一〇："難工者楷法，易工者草字"；宣和兩《譜》，詔佞之書，識趣庸陋，此堪爲例。書之楷與草，猶文之駢與散、詩之律與古，二體相較，均前者難作而易工，後者易作而難工爾。江少虞《皇朝類苑》卷五〇："諺云：'信速不及草書，家貧難爲素食'，言其難猝置也"；李之儀

《姑溪居士前集》卷三九《跋山谷草書〈漁父詞〉》："'家貧不辦素食，事忙不及草書'，最是妙語"；方回《桐江續集》卷二六《七月十五日書》："'家貧難辦素食，事忙不及草書'——今日果然如此，古人可信非歟！"，"難猝置"即張、孫所言"不暇"、"心遽"。張栻《南軒文集》卷三五《跋王介甫帖》之二："例多匆匆草草，此數紙及余所藏者皆然。丞相平生有何許忙迫時耶？"本正心誠意之教申"書爲心畫"之論，非評王安石草書優劣也。《舊唐書·文苑傳》中記席豫"未嘗草書，謂人曰：'不敬他人，是自不敬也。'"宋儒居敬，尤檢點及乎書法。葉夢得《石林避暑錄話》卷三記張觀"生平未嘗草書"，有句云："觀心如止水，爲行見真書"；

【增訂三】葉夢得所記張觀事，始見范鎮《東齋紀事·補遺》，詩中"觀心"、"爲行"作"保心"、"篤行"，於義爲長，更切持敬之意。

《宋元學案》卷七五《慈湖學案》記楊簡"生平未嘗作草字"；《朱子語類》卷一四〇論黃庭堅楷書云："但自家既是寫得如此好，何不教他方正？須要得恁欹斜則甚！又他也非不知端楷爲是，但自如此寫；亦非不知做人誠實端愨爲是，但自要恁地放縱！"，蓋并楷書亦不許飄揚（任淵《後山詩註》卷三《送蘇迨》："真字飄揚今有種"，註："真字多患窘束，惟東坡筆墨超然於楷法之外"）。閑邪之嚴如此，則工書自爲玩物喪志，而草書更徵心術不端，故雖羲之父子，當在所不取，何況安石。漢趙壹"非草書"，宋儒不啻爲進一解，視"匆匆草草"直是人品之玷累，至於書之乖合工拙，蓋末而無足較矣。

一○九　全晉文卷三三

　　裴頠《崇有論》。按孔平仲《珩璜新論》以此《論》與王坦之《廢莊論》、江惇《達道崇檢論》、范甯《王何論》並稱，因謂"近世士夫尊尚釋氏，亦可戒矣"。然《顏氏家訓·勉學》篇嘗列舉王、何、嵇、阮之倫"領袖玄宗"，而立身行事大背老、莊之教。二意各得一邊。蓋晉人之於《老》、《莊》二子，亦猶"《六經》註我"，名曰師法，實取利便；藉口有資，從心以撟，長惡轉而逢惡，飾非進而煽非。晉人習尚未始萌發於老、莊，而老、莊確曾滋成其習尚。《全晉文》中他如卷五三李充《學箴》、卷七三劉弘《下荆州教》、卷八九陳頵《與王導書》、王沉《釋時論》、卷一二七干寶《晉紀總論》皆足與平仲所稱諸篇相發明。

　　【增訂四】干寶有《易註》，已佚。成瓘《篛園日札》卷一掇拾放失，一條云："後世浮華之學，彊支離道義之門，求入虛誕之域，以傷政傷民。豈非讒說殄行，大舜所疾者乎！"正斥王弼，可與《晉紀總論》合觀。

裴《論》："處官不親所司，謂之雅遠"，即干《論》："當官者以望空爲高而笑勤恪。"卷六二孫綽《劉真長誄》："居官無官官之事，處事無事事之心"；其所贊美正裴、干之所抨擊也。《抱朴子》外篇《漢過》歎"道微俗敝，莫劇漢末"，舉例有："懶看文書，望空下名者，謂之業大志高"；是漢末已有其風，晉特加厲耳。《文選》李善註干《論》"望空爲高"句，引劉謙《晉紀》應瞻《表》："元、康以來，望白署空，顯以台衡之量"，是也，而就字面言，則《抱朴》語可補註。《梁書·何敬容傳·論》："望白署空，是稱清貴"，語意皆本應瞻；而舉卞壼答阮孚語爲敬容辯護，則不如舉《世說·政事》載何充答王濛語，充即敬容祖也。裴《論》："悖吉凶之禮，忽容止之表，棄長幼之序，漫貴賤之級，其甚者至於裸袒，言笑忘宜，以不惜爲弘。"此又晉承前代之遺風而加厲者。《抱朴子》外篇《疾謬》："禮教漸頹，傲慢成俗，或蹲或踞，露首袒體。……漢之末世，或褻衣以接人，或裸袒而箕踞"；《世說·德行》王平子、胡毋彥國諸人則劉註引王隱《晉書》："魏末任誕，去巾幘，脫衣服，露醜惡，同禽獸。甚者名之爲'通'，次者名之爲'達'。"實則此種任誕不特早於"魏末"，亦復早於"漢末"。應劭《風俗通》卷四《過譽》記趙仲讓"爲梁冀從事中郎將，冬月坐庭中，向日解衣裘，捕蝨已，因傾卧，厥形盡露"，梁妻怒欲推治，梁歎曰："是趙從事！絕高士也！"《三國志·魏書·荀彧傳》裴註引張衡《文士傳》又《後漢書·禰衡傳》記衡至曹操前擊鼓，吏訶其不改裝，"衡曰：'諾！'即先解袒衣，次釋餘服，裸體而立"（《世說·言語》劉註引《典略》記載更詳，《全三國文》卷四三魚豢下漏輯）。若夫《晉書·隱逸傳》記楊軻"卧土牀，覆以布被，倮寢其中"，苟鋪造之，"發軻被，露其形，大笑之；軻神體頹然，無驚怒之狀"；既在卧榻，又非自露，殆不得爲"絕高士"、"通、達"矣。

一一〇　全晉文卷三四

盧諶《尚書武強侯盧府君誄》:"諶罪重五嶽,釁深四海,身不灰滅,延於家門。方今斬焉在疚,死亡無日。……是以忍在草土之中,撰述平生之迹。篤生我君"云云。按余三十歲前,常見人死訃告,《哀啓》附以《行述》,遭親喪者必有套語:"不自殞滅,禍延顯考(妣)","苫塊昏迷,語無倫次"等。千篇一律,不知俗成格定,當在何時。文獻徵存,似莫古於盧諶此篇也。

一一一　全晉文卷三七

庾翼《貽殷浩書》：「王夷甫先朝風流士也。然吾薄其立名非真，而始終莫取。若以道非虞夏，自當超然獨往。而不能謀始，大合聲譽，極致名位，正當抑揚名教，以靜亂源，而乃高談莊、老，説空終日。……既身囚胡虜，棄言非所。……而世皆然之，益知名實之未定、弊風之未革也。」按《晉書·范甯傳》：「時以虛浮相扇，儒雅日替，甯以爲其源始於王弼、何晏，二人之罪，深於桀紂，乃著論云云」，其論見《全晉文》卷一二五，有曰：「飾華言以翳實，騁繁文以惑世，……禮壞樂崩，中原傾覆。……桀紂暴虐，正足以滅身覆國，爲後世鑑戒耳，豈能回百姓之視聽哉？……吾固以爲一世之禍輕、歷代之罪重，自喪之釁少、迷衆之愆大也。」《梁書·侯景傳》載陶弘景詩則歸罪於王衍、何晏：「夷甫任散誕，平叔坐談空；不意昭陽殿，化作單于宫！」《晉書·王衍傳》：「魏正始中，何晏、王弼祖述老、莊，立論以爲天地萬物皆以‘無爲’爲本，……衍甚重之」；衍身居宰輔，誤國喪邦，故范甯以晏、弼爲論，正本清源也。衍爲石勒所俘，「陳禍敗之由，云：‘計不由己’」，後逢勒之怒，勒斥曰：「破壞天下，正是君罪！」夫諉過逃責，債事慣技，在衍固無足怪，然當時物論，亦似有惋惜迴護之者。《世説・輕詆》：“桓公入洛，過淮泗，踐北境，與諸僚屬登平乘樓，眺矚中原，慨然曰：‘遂使神州陸沉，百年丘墟，王夷甫諸人不得不任其責！’袁虎率爾對曰：‘運自有廢興，豈必諸人之過？’”；《水經注・洧水》：“俊者所以智勝羣情，辨者所以文身袪惑。夷甫雖體荷儁令，口擅雌黄，汙辱君親，獲罪羯勒。史官方之華、王，諒爲褒矣！”皆足證庾翼《書》所謂“世皆然之”。《世説・言語》記王羲之與謝安共登冶城，王曰：“今四郊多壘，宜人人自效，而虛談廢務，浮文妨要，恐非當今所宜！”謝答：“秦任商鞅，二世而亡，豈清言致患耶？”謝語幾無異袁虎，又庾翼《書》所謂“名實未定”之例焉。後世歎惜王衍，别樹一義。元好問《中州集》卷一引蔡松年《樂府自序》：“王夷甫神情高秀，少無宦情，使其雅詠玄虚，超然終身，何必減嵆、阮輩。而當衰世頽俗、力不能爲之時，不能遠引高蹈。顛危之禍，卒與晉俱，爲千古名士之恨。”夫“不能遠引”，正即實有“宦情”，如傅嘏譏何晏所謂“言遠而情近”（《全晉文》卷五〇傅玄《傅嘏傳》）也。蔡氏數語之間，已相鑿枘。《晉書・殷浩傳》桓温謂郗超曰：“浩有德有言，向使作令僕，足以儀刑百揆，朝廷用違其才耳！”；《南齊書・褚炫傳》論其從兄曰：“使淵作中書郎而死，不當是一名士耶？”；劉延世《孫公談圃》卷上記孫升言王安石、蘇軾可爲翰林學士，不可爲執政。均可與蔡語相參，亦猶《論語・憲問》曰：“孟公綽爲趙、魏老則優，不可以爲滕、薛大夫。”《陳書・後主紀》魏徵論曰：“古人有言，亡國之主多有才藝。考之梁、陳及隋，信非虛論”；“古人”殆指《後漢書・韓歆傳》歆對光武曰：“亡國之君皆有才，桀紂亦有才”（參觀《吕氏春秋・用衆》）。詩人每以兩意并合。閻爾梅《迷樓》七古"造物何苦愚才人，乃使公子爲天子！"（劉戀《風人詩話》引）；鄭燮《板橋詩鈔·南朝》七律《序》："昔人謂陳後主、隋煬帝作翰林，自是當家本色。燮亦謂杜牧之、温飛卿爲天子，亦足破國亡身，乃有幸而爲才人，不幸而有天位者"；郭麐《南唐雜詠》："作個才人真絕代，可憐薄命作君王！"（袁枚《隨園詩話·補遺》卷三引）；趙慶熺《金陵雜詩》："南朝才子都無福，不作詞臣作帝皇"（梁紹壬《兩般秋雨盦隨筆》卷二引，參觀張維屏《藝談録》引徐維城句："六朝才子至尊多"）。則并以"千古名士之恨"，慨亡國之君，不獨致惜於誤國之臣矣。

　　錢大昕《潛研堂文集》卷二《何晏論》略謂："范甯之《論》過矣！可以是罪嵇、阮，不可以是罪王、何。平叔奏疏，有大儒之風；平叔之《論語》、輔嗣之《易》，未嘗援儒以入莊、老。"不顧當時衆論大同，千載後據遺文一二，獨持異議，志則大矣！其納王、何於儒門，用意殆類《法言·修身》所謂"倚孔子之牆"，"在夷貉則引之"。使王、何於奏疏、《易》、《論語》註之外，言行了無可考，舊案之翻，猶非無故。然而言不足以盡其人，筆諸於書者不足以盡其言，遺文不足以盡其嘗筆諸書者，奏疏及兩《經》註復不足以盡其遺文，管視好偏，如覘小馬大目而遽謂之大馬也。晉人責王、何之行準老、莊，清人乃駁之曰："妄哉！吾祇讀其言稱周、孔！"問陰對陽，論西詰東，亦何異齊景公覿晏子之妻老醜而堅不信其曾少且姣乎？何晏註《論語》，簡約尠闡發，如《公冶長》"性與天道"節、《陽貨》"余欲無言"節，初不以自作《無名論》、《無爲論》、《道論》中主張附會。然錢氏謂其"未嘗援儒以入莊、老"，則逞臆之談。如《先進》"回也其庶乎屢空"，何於"空"解爲"財貨空匱"而外，增"虛中"、"虚心"之解，朱熹《文公集》卷五〇《答潘恭叔》之一即曰："此本何晏祖述老、莊之言，諸先生蓋失之不正耳。"皇侃《論語義疏》遂因何註而大言"聖人體寂而心恒虚無累"，"坐忘大通，此忘有之義"，豈非陰取《莊子・人間世》之顔回"心齋"、《大宗師》之顔回"坐忘"，移釋《論語》之顔回"屢空"耶？宗炳《答何衡陽書》且以釋氏之"有諦"、"無諦"説"屢空"（《弘明集》卷三），宋、明儒者又以釋氏之"自性空明"説"屢空"（參觀范浚《香溪先生集》卷六《存心齋記》、焦竑《澹園集》卷一二《答耿師》又《筆乘》卷一及《筆乘》續集卷一、黄宗羲《明文授讀》卷一五沈懋孝《述大洲趙師口義》、廖燕《二十七松堂文集》卷二《空空章》附《"回也其庶乎"全章辨》）；亦何晏之遺意，猶西方神秘宗標"貧窮"（mistico-povero）義，謂外物空匱而復中心空洞①。《老》、《易》旨多相通，孰儒孰道，本難區辨；顧《易》之藴而未發者，王弼每假老、莊而盡情呈露焉。《顔氏家訓・勉學》篇記梁世"《莊》、《老》、《周易》總爲'三玄'"；王弼其擁篲郵清道者也。如《復》王註："天地雖大，寂然至無，是其本矣"；《睽》王註："恢詭譎怪，道將爲一"（出《莊子・齊物論》，改"通"爲"將"）；《論語》"余欲無言"節皇侃《疏》引王弼語"修本廢言，則天行化"云云甚長。觀乎此類，錢氏品目誠爲籠統鶻突矣。

　　王、何定評，非我思存。范甯所《論》，有一端爲歷來祖述，拈而出之。義理學説，視若虚遠而闊於事情，實足以禍天下後

―――――――

① Cf. Evelyn Underhill, *Mysticism*, 12th ed., 205, 207; S. de Sanctis, *Religious Conversion*, 176-7.

世，爲害甚於暴君苛政，范所謂"罪深桀紂"、"歷代之罪重"也。《孟子·滕文公》危言悚聽，以"邪說淫辭"與"洪水猛獸"並列，得范《論》而意大申。唐庚《眉山文集》卷九《易菴記》："陶隱居曰：'註《易》誤，猶不至殺人；註《本草》誤，則有不得其死者矣。'世以隱居爲知言。與吾之說大異。夫《六經》者，君本之致治也。……《本草》所以辨物，《六經》所以辨道。……一物之誤，猶不及其餘；道術一誤，則無復孑遺矣。前世儒臣引《經》誤國，其禍至於伏尸百萬，流血千里，《本草》之誤，豈至是哉？註《本草》誤，其禍疾而小，註《六經》誤，其禍遲而大"；《能改齋漫錄》卷一八："高尚處士劉皋謂：'士大夫以嗜欲殺身，以財利殺子孫，以政事殺人，以學術殺天下後世'"（費袞《梁谿漫志》卷九引作"世之人以"云云，《說郛》卷四一鞏豐《後耳目志》引劉高尚道人語，作"無以"云云，《宋元學案》卷七九崔與之《座右銘》："無以嗜欲殺身"云云，全本之）；

【增訂四】趙與時《賓退錄》卷一記劉卞功，字子民，徽宗賜號"高尚先生"，嘗云："常人以嗜欲殺身，以貨財殺子孫，以政事殺民，以學術殺天下後世。吾無是四者，豈不快哉！"

郝經《陵川文集》卷九《荊公配享小像碑本》詩："至今宗廟無片瓦，學術終然殺天下"；陶周望《歇菴集》卷一二《蚶子舍利說》："嗜欲難忍，又假理以通之；然則理者，尤濟欲之具而害物之首矣！"；魏際瑞《魏伯子文集》卷四《偶書》："以理傅欲，如虎傅翼"；戴震《東原集》卷九《與某書》："酷吏以法殺人，後儒以理殺人"，又《〈孟子〉字義疏證》："人死於法，猶有憐之者，死於理，其誰憐！"；汪士鐸《悔翁乙丙日記》卷二："由今思之：王、何罪浮桀、紂一倍，釋、老罪浮十倍，周、程、朱、張罪浮百倍。彌近理，彌無用，徒美談以惑世誣民，不似桀紂亂只其身數十年也"；可相發明。人欲、私欲可以殺身殺人，統紀而弘闡之，以爲"天理"、"公理"，準四海而垂百世，則可以殺天下後世矣。本諸欲，信理之心始堅；依夫理，償欲之心得放①。宋儒嚴別"血氣"與"義理"，未爲無見，惜不察兩者互相利用，往復交關，環迴輪轉②。奧國一文家作小詩，謂邏輯推論審密，逐步升桄，言之成理，然仍如無基築室，不足證驗，因其大前提由情欲中來耳（Das sind wunderliche Denkgesetz/Und leer an wahrer Beweiseskraft, /Wo Logik gibt die Folgesätze/ Und Obersatz die Leidenschaft）③。大欲所存，大道生焉；義理之悦，芻豢寓焉。聲色、貨利之耽，游惰、凶殺之癖，莫不可究厥道源，納諸理窟，緣飾之以學説，振振有詞。《莊子·胠篋》笑儒家言"仁義"徒資大盜利用，"盜亦有道"，初不省大盜亦能竊道家言，供己行事之善巧方便。魏晉士夫奔競利祿而坦語"玄虛"，玩忽職司而高談"清静"，《顔氏家訓·勉學》嘗斥其"領

---

① Cf. Pascal, *Pensées*, XIV. 895, ed. V. Giraud, 415: "Jamais on ne fait le mal si pleinement et si gaiement que quand on le fait par conscience"; Rousseau, *Confessions*, Liv. VI, "Bib. de la Pléiade", 227: "Mais toute cette morale était subordonnée aux principes de M. de Tavel. ...Elle eût couché tous les jours avec vingt hommes en repos de conscience", etc.; Rivarol, *Écrits politiques et littéraires*, choisis par V.-H. Debidour, p.120: "les passions armées de principes."

② Cf. Croce, *La Poesia*, 5ª ed., 29 (la circolarità spirituale).

③ Grillparzer: "Moderne Logik," *Gesammelte Werke*, hrsg. E. Rollett und A. Sauer, II, 62-3. Cf. F. H. Bradley, *Appearance and Reality*, Preface, p. xiv: "Metaphysics is the finding of bad reasons for what we believe upon instinct; but to find these reasons is itself an instinct"; Pareto, *A Treatise on General Sociology*, §§ 850, 868, *op. cit.*, I, 501, 508 (residue and derivation).

袖玄宗"而"顛仆名利之下",豈非道亦有盜歟?屠隆《鴻苞集》卷一一《晉人》曰:"罪不在老、莊,而在假竊也。"范甯所《論》王、何,乃盜道竊國之倫。若張魯五斗米道之徒,習"《老子》五千文,號爲'姦令'"(見《三國志·魏書·二公孫、陶、四張傳》裴註引《典略》),則盜道之拙者、小者,差比於竊鈎而已。

一一二　全晉文卷四六

　　傅玄《走狗賦》："蓋輕迅者莫如鷹，猛捷者莫如虎，惟良犬之禀性，兼二儁之勁武。"按後世以"走狗"爲刺詞；近人劉成禺《洪憲紀事詩本事簿註》載當時有《走狗言志圖》，諷談士之趨附袁世凱者，或"狗而不走"，或"走而非狗"，或"小走亦狗"，尤暴謔盡致。傅賦"走狗"，尚是美稱。亦猶後世以"叩頭蟲"爲詈人語，而卷五一傅咸《叩頭蟲賦》乃曰："人以其叩頭，傷之不祥，故莫之害也。……仲尼唯諾於陽虎，所以解紛而免尤；韓信非爲懦兒，出胯下而不羞。……犯而不校，誰與爲仇？人不我害，我亦無憂。彼螳蜋之舉斧，豈患禍之能禦？此卑謙以自牧，乃無害之可賈。"其譽此矛，若不容口。參觀《全三國文》陳王植《蝙蝠賦》。若後世諱"龜"，而古人取以爲名，則早有言之者矣。

　　傅玄《連珠·序》："興於漢章帝之世。……不指説事情，必假喻以達其旨，……欲使歷歷如貫珠。……班固喻美辭壯，文章弘麗，最得其體。"按見存班固、揚雄、潘勗、蔡邕、曹丕、王粲所作此體，每傷直達，不甚假喻，至陸機《演連珠》，庶足當"喻美文麗"之目，傅所未知也。《梁書·到溉傳》梁武帝賜溉

《連珠》："研磨墨以騰文，筆飛毫以書信，如飛蛾之赴火，豈焚身之可吝！必耄年其已及，可假之於少蓋"，蓋、溉孫也。全乖《連珠》製構而蒙其名，豈帝皇自朕作古，文成破體耶？唐釋道宣《高僧傳》二集卷一《寶唱傳》稱梁武帝"又作聯珠五十首，以明孝道"；今《藝文類聚》卷五七錄梁武《連珠》三首，均無關孝道，却非如賜到溉者之爲破體。梁玉繩《瞥記》卷四："《魏書·李先傳》太宗召先'讀《韓子連珠》二十二篇'，《北史》'連珠'下有'論'字。《韓子》之文，往往先經後傳，其體類乎連珠"；尚鎔《持雅堂文集》卷五《〈韓非子〉跋》："《内、外儲說》演連珠之始，亦今八比之嚆矢也。"其論早發於楊慎，何焯評點本《文選》中葉樹藩按語已引之。蓋諸子中常有其體，後漢作者本而整齊藻繪，別標門類，遂成"連珠"。如《鄧析子·無厚篇》中"夫負重者患途遠"、"獵羆虎者不于外溷"、"夫水濁則無掉尾之魚"三節即連珠之草創；《淮南子》更多，而《說山》、《說林》、《修務》爲其尤。後來如《抱朴子》外篇《博喻》，稍加裁剪，便與陸機所《演》同富；劉晝《劉子》亦往往可拆一篇而爲連珠數首。若譚峭《化書》，則幾乎篇篇得剖貝成珠矣。張之洞《廣雅堂詩集》下册有《連珠詩》一卷，《自序》云："陸士衡創爲《演連珠》，後世多效之。然駢體終不得盡意，今以其體爲詩，務在詞達而已。"其詩每篇取子、史成語發端而申說之，初非傅玄所謂"假喻達旨"之體，蓋誤以推類之譬擬爲推理之引繹[1]。嚴復定"三段論法"之譯名爲"連珠"，混淆之失惟均也。

---

[1] Cf. Raymond Bayer, *Traité d'Esthétique*, 50 (la logique de l'analogue vs la logique de l'identique).

一一三　全晉文卷四七

傅玄《傅子・校工》："嘗見漢末一筆之柙，雕以黃金，飾以和璧，綴以隨珠，發以翠羽。此筆非文犀之楨，必象齒之管，豐狐之柱，秋兔之翰；用之者必被珠繡之衣，踐雕玉之履。由是推之，其極靡不至矣。"按卷二八王羲之《筆經》："有人以綠沉漆竹管及鏤管見遺，録之多年，斯亦可愛玩；詎必金寶彫琢，然後爲寶也？昔人或以瑠璃象牙爲筆管，麗飾則有之，然筆須輕便，重則躓矣"；卷一〇二陸雲《與兄平原書》之一："并視曹公器物，……琉璃筆一枝，所希聞。"二節可相參證。《太平廣記》卷二〇八《歐陽通》（出《朝野僉載》）記通"自矜能書，必以象牙犀角爲筆管"，豈未聞羲之之戒歟？傅氏即小見大，旨本《韓非子・喻老》及《説林》上之"昔者紂爲象箸而箕子怖"，謂有象箸，必配以"犀玉之杯"，有象箸玉杯必食旄精俘，食奢則衣服居處亦隨之而俱華靡，"稱此以求，天下不足"。《淮南子・説山訓》所謂："紂爲象箸而箕子唏，魯以偶人葬而孔子歎，故聖人見霜而知冰。"吾鄉有俗諺："象牙筷配窮了人家"，"配"者、"搭配"，他物稱是也。英人曰："雨過天青磁器配窮了人家"（to live up to one's blue china），亦此意。

一一四　全晉文卷五〇

傅玄《傅子》："管寧，字幼安。……在遼東，積三十七年乃歸。……寧之歸也，海中遇暴風，餘船皆没，唯寧乘船自若。時夜風晦冥，船人盡惑，莫知所泊，忽望見有火光，輒趣之得島。島無居人，又無火爐，一門人忿然曰：'君責人亦大無理！今闇如漆，何可以不把火照我？當得覓鑽火具。'行人咸異焉，以爲神光之祐也。"按嚴氏言此節輯自《三國志·魏書'管寧傳》裴註，而"一門人"至"鑽火具'"三一字依《太平御覽》卷八六九加補。夫此三一字與上下文絶不貫串，望而知爲《御覽》之錯簡。《藝文類聚》卷八〇引《笑林》："某甲夜暴疾，命門人鑽火；其夜陰瞑，未得火，催之急。門人忿然，曰：'君責之亦大無道理！今闇如漆，何以不把火照我？我當得覓鑽火具'"；《太平廣記》卷二五八《魏人鑽火》引《笑林》全同。《東坡居士艾子雜說》襲之，作："艾子一夕疾，呼一人鑽火，久不至，促之。門人曰：'暗索鑽具不得，可持燭來共索之。'"纂鈔《御覽》者以《笑林》羼入《三國志》註，嚴氏不予刊落，反爲增益，如買菜之求多，而非掃葉之去誤矣。

《傅子》："劉曄……事明皇帝，又大見親重。帝將伐蜀，朝臣內外皆曰'不可'。曄入與帝議，因曰'可伐'，出與朝臣言，因曰'不可伐'。曄有膽智，言之皆有形。……楊暨切諫，帝曰：'卿書生，焉知兵事？'暨謙謝曰：'……臣言誠不足采。侍中劉曄、先帝謀臣，常曰：蜀不可伐。'帝曰：'曄與吾言蜀可伐。'暨曰：'曄可召質也。'……後獨見，曄責帝曰：'伐國大謀也，臣得與聞大謀，常恐昧夢漏洩，以益臣罪，焉敢向人言之？夫兵詭道也，軍事未發，不厭其密也。……'于是帝謝之。曄見出責暨曰：'夫釣者中大魚，則縱而隨之，須可制而後牽之，則無不得也。人主之威，豈徒大魚而已乎？……'暨亦謝之。曄能應變持兩端如此！"按兩面二舌，便佞慣技，別見《史記》卷論《魏其、武安列傳》；古籍描摹詳悉，莫早於此。《易·繫辭》論君臣密勿曰："幾事不密則害成"；《穀梁傳》文公六年："君漏言也，故士造辟而言，詭詞而出"，范甯註："辟、君也；詭詞、不以實告人也"；《韓非子·說難》："夫事以密成，語以泄敗，未必其身泄之也"，又《外儲說》右上："昭侯欲發天下之大事，未嘗不獨寢，恐夢言而使人知其謀也"，又《難》三駁《管子·牧民》："故法莫如顯，而術不欲見；言法則境內莫不知也，不獨'滿堂'，用術則親近莫得聞也，不得'滿室'。"均足資曄飾非藉口。然曄既能"言之皆有形"，則可與不可，俱持之有故，兼顧利害，不失為遠謀高矚。曄之過在兩端自固，逢人迎合，得失各隱一邊，不肯盡言使聽者權衡耳。《孟子·公孫丑》："沈同以其私問曰：'燕可伐與？'孟子曰：'可！'"；《韓非子·說林》上："有獻不死之藥於荊王者，謁者操之以入，中射之士問曰：'可食乎？'曰：'可！'"讀下文乃知"可"而亦"不可"；"燕可伐"也，而齊不可伐之，藥"可食"也，而中射士不可食之。蓋"可"或謂

— 1798 —

"力所能"，或謂"理所當"，又或純論事，或合論事與作事者；"不可"亦猶是也。

《傅子》："人之涉世，譬如弈棋；苟不盡道，誰無死地，但不幸耳。"按班固、馬融以還，賦圍棋者莫不擬之兵法、戰陣。然而用兵交戰之勝負，尚有如項羽所歎："天亡我，非戰之罪也！"，形容弈勢之作未嘗引申及於此情此境也。傅氏感慨身世，變賦為興，不以軍事比棋藝，而以棋局比人事；雖"不盡道"正是"戰之罪"，然"不幸"復是"天亡"，竊疑末句奪一字或乙一字，當作"但幸不幸耳"或"但幸不耳"。後來常喻如杜甫《秋興》："聞道長安似弈棋，百年世事不勝悲"，世所熟知。他如《南齊書·江謐傳》沈沖奏謐罪曰："特以弈世更局，見擢宋朝"；劉禹錫《劉賓客外集》卷九《劉子自傳》："不夭不賤，天之棋兮！"鋪張終始，或玄或史，則有如邵雍《伊川擊壤集》卷一《觀棋大吟》敍堯舜至五季興廢，洋洋千數百言；魏源《古微堂內集》卷二《治篇》之一六謂"古今宇宙其一大弈局乎"，因論"廢譜"與"泥譜"之"皆非善弈"。至陽寫弈局而陰刺世局者，如錢謙益《有學集》卷五《武林觀棋》、吳偉業《梅村詩集》卷一七《觀棋》之倫，尚不得與於此數也。夫以王充之達識，而《論衡》首標《逢遇》、《幸偶》之篇；西方考稽民俗者，亦言同感人生中有"擲骰子成分"（the aleatory element in life）①。擲骰、弈棋，無非逢遇、幸偶之擬象而已。《堂·吉訶德》即以人生（la vida）譬於弈棋之戲（como aquella del juego del ajedrez）②；

---

① W. G. Sumner, *Folkways*, 6.
② *Don Quijote*, Pte II, cap. 12, *op. cit.*, V, 217.

異域詩文中習見,如《魯拜集》、斐爾丁小説皆有之①。

---

① Fitzgerald, *Rubaiyāt*, 1st ed., XLIX (2nd ed., LXXIV): "'Tis all a Chequer-board of Nights and Days/ Where Destiny with Men for Pieces plays" etc.; Fielding, *Amelia*, Bk. I, ch. 1: "Men blame Fortune with no less Absurdity in Life, than a bad Player complains of ill Luck at the Game of Chess."

一一五　全晉文卷五二

　　傅咸《答楊濟書》："衛公云：'酒色之殺人，此甚於作直。'坐酒色死，人不爲悔，逆畏以直致禍。此由心不直正，欲以苟且爲明哲耳。"按取譬切近新警。倪元璐《倪文正公遺稿》（顧予咸選）卷一《戊辰春》第一〇首結云："無將忠義死，不與吃河豚！"，師傅咸意，而復兼《能改齋漫録》卷九所謂："東坡稱河豚曰：'那值一死！'；李公擇不食曰：'河豚非忠臣孝子所宜食。'……東坡可謂知味，公擇可謂知義。"褚人穫《堅瓠補集》卷四引倪詩作"將無忠義事，不及食河豚！"，詞較醒豁，又載陸次雲申倪詩作《離亭燕》詞："子孝臣忠千古事，只是難拚一死，口腹何爲，竟肯輕生如此！"余嘗見陸氏《著書九種》中《玉山詞》，却無此闋，想其長短句必有溢出也。《孟子·告子》論"所欲有甚於生者，所惡有甚於死者"，亦取欲食魚與熊掌爲喻，孟所言"舍生取義"，即傅之"以直致禍"、倪之"忠義死"。費爾巴哈嘗謂人性具智、情、意三端（die Vernunft, das Herz, der Wille），充其極皆足使人顛倒而忘身命，故求愛而甘死者有之（selbst mit Freuden für den Geliebten in den Tod zu gehen），致知遂志，亦若是班①。酒色、口腹之欲每"有甚於生"、"那值一死",可一以貫之爾。

---

① *Das Wesen des Christenthums*, Kap.1, *Sämmtliche Werke*, hrsg. W. Bolin und Fr. Jodl, VI, 3-4.

一一六　全晉文卷五八

　　張華《甲乙問》："甲娶乙爲妻，後又娶景，匿不說有乙，居家如二嫡，無貴賤之差。"按《晉書·禮志》中又《卞壺傳》，王悆本有妻，後出使流寓，遂復娶妻，前妻死，後妻子當持喪不，博士令史輩衆議紛挐；又當時如劉仲武、程諒等皆有"二嫡"，故張華造此問。實則《賈充傳》充初娶李氏，後娶郭氏，"帝特詔允置左右夫人"，郭大閱，事亦見《世說·賢媛》門註引王隱《晉書》，即"二嫡"也。《魏書·酷吏傳》李洪之微時妻張氏，後得劉氏，"爲兩宅別居，二妻妒競"；《北齊書·魏收傳》文宣以劉芳孫女、崔肇師女"並賜收爲妻"，時人比之賈充"置左右夫人"，收本有妻，"嫡媵"合爲三婦；《新五代史·雜傳》第三九安重榮"娶二妻，高祖因之，並加封爵"；余懷《板橋雜記》龔鼎孳娶顧媚爲"亞妻"，元配童氏，明兩封"孺人"；皆其例。白話小說謂之"兩頭大"，如《古今小說》卷一八《楊八老越國奇逢》檗媽媽云："如今我女兒年紀又小，正好相配官人，做個兩頭大"；《醒世姻緣傳》第七六回："狄希陳兩頭娶大。"賈充"置左右夫人"，略仿《漢書·西域傳》下烏孫昆莫"以漢公主爲右夫人，匈奴公主爲左夫人"；《野叟曝言》第一二一回："希聖道:'皇上有兩全之道,田夫人爲左夫人,公主爲右夫人'",稗官承正史之遺意也。參觀平步青《霞外攟屑》卷九論"傳奇中一生多娶兩旦"。

一一七　全晉文卷五九

　　成公綏《天地賦》。按別詳《周易》卷論《繫辭》一。《北齊書·儒林傳》劉晝"制一首賦，以《六合》爲名，自謂絶倫，吟諷不輟。……曾以此賦呈魏收，收謂人曰：'賦名《六合》，其愚已甚，及見其賦，又愚於名。'"成公此篇實已導夫先路；所謂："爾乃旁觀四極，俯察地理。……于是六合混一而同宅，宇宙結體而括囊。……仰蔽視於所蓋，游萬物而極思"，正賦"六合"耳。

　　成公綏《嘯賦》："良自然之至音，非絲竹之所擬。是故聲不假器，用不借物，近取諸身，役心御氣。"按卷一一二陶潛《晉故征西大將軍長史孟府君傳》："又問：'聽妓，絲不如竹，竹不如肉？'答曰：'漸近自然'"；陶宗儀《輟耕録》卷二七載燕南芝菴先生《唱論》引陶潛語而證以諺曰："取來歌裏唱，勝向笛中吹"即此意。杜甫《促織》："悲絲與急管，感激異天真"，可相發明，"天真"猶"自然"也。蓋嘯之音雖必成方、成文，而不借物、假器，故較金石絲竹爲"自然"耳。然雖不藉器成樂，却能仿器作聲，幾類後世所謂"口技"；觀"若夫假象金革，擬則陶匏，衆聲繁奏，若笳若簫"云云，足以知之。又觀"列列飈揚，啾啾響作。奏胡馬之長思，向寒風乎北朔，又似鴻雁之將雛，羣鳴號乎沙漠。故能因形創聲，隨事造曲"云云，則似不特能擬笳簫等樂器之響，并能肖馬嘶雁唳等禽獸鳴號，儼然口技之"相聲"。相聲舊稱"象聲"，如蔣士銓《忠雅堂詩集》卷八《京師樂府詞》之三《象聲》；亦名"象生"，如汪懋麟《百尺梧桐閣全集》卷六《郭貓兒傳》："善謳，尤善象生——象生者、效羽毛飛走之屬聲音，宛轉逼肖——尤工於貓"（參觀閔華《澄秋閣二集》卷三《王壟子手技歌》、東軒主人《述異記》卷下《口技》）。"胡馬"、"鴻雁"亦猶貓之爲有"生"之物也。

【增訂三】吳自牧《夢粱錄》卷一九《閒人》："如紐元子學像生叫聲。"

【增訂四】趙翼《甌北集》卷四《觀雜耍》之二《象聲》，與蔣士銓所詠同。如："春山畫眉一兩聲，間關百囀多新鶯。枝頭凍雀啅曉晴，呢喃燕語圓而輕。復有格磔無數鳴。⋯⋯忽焉荒雞腷膊亂拆喧，深閨夢裡翠被溫，猥媟不防耳屬垣"云云，皆所謂"因形創聲，隨事造曲"，於成公綏所賦之"嘯"，不過踵事增華，如青出於藍、冰生於水而已。

成公綏《烏賦》。按別詳《焦氏易林》卷論《師》之《頤》。

成公綏《鸚鵡賦》："育之以金籠，升之以堂殿，可謂珍之矣，然未得鳥之性也。"按參觀《太平廣記》卷論卷二一一《陶弘景》）。

一一八　全晉文卷六〇

　　孫楚《笑賦》。按雖云："信天下之笑林，調謔之巨觀也"，而衹刻劃笑聲，略如成公綏《嘯賦》之製，未及笑理、笑資。"或嚬蹙俯首，狀似悲愁，怫鬱唯轉，呻吟郁伊。或携手悲嘯，噓天長叫"；直與題旨水火，雖"老人十拗"之笑時出淚如哭，亦無此狀。不賦捧腹、撫掌，而道"俯首"哀呻、"携手"悲噓，取材甚別。又承之曰："或中路背叛，更相毀賤"，則大似"當面輸心背面笑"之誹笑，非"人世幾回開口笑"之嘻笑，與上下文脱筍失卯，孤行孑立，有如錯簡。《藝文類聚》卷一九所錄必非全文，見存此篇乃删節之餘，尚不足比《怡情小品》卷一卓人月《笑賦》也。前載部居笑資，足以窺見笑理者，《説郛》卷五王君玉《續纂》中《好笑》類、《檀几叢書》二集陳臯謨《笑政》，頗可取材。《金瓶梅》第六七回溫秀才云："自古言：'不褻不笑'"，不知其"言"何出，亦尚中笑理①；古羅馬詩人云："不褻則不

---

① Cf. Freud, *Der Witz und seine Beziehung zum Unbewussten*, 3. Aufl., 81 (die "Zote"). Cf. Fr. Schlegel, *Literary Notebooks*, ed. H. Eichner, 115, §1079: "Es giebt einen Witz der den Exkrementen des *Geistes* gleicht"; Fr. Th. Vischer, *Ueber das Erhabene und Komische*, 203: "Guter Witz vergoldet selbst den Nickel des Obszönen."

能使人歡笑，此游戲詩中之金科玉律也"（lex haec carminibus data est iocosis, /ne possint, nisi pruriant, iuvare）①。嘗覯一英人書論笑有四聲，漢文"笑"字之拼音能包舉其三：嘻嘻、哈哈、呵呵（Women and children use chiefly the vowels *ee* and *eh*, and adult men the vowels *ah* and *oh*. It is interesting to note that in Chinese the word for *laugh* is *hsiao*, which contains three out of the four vowels）②。較以六書"會意"解"笑"字爲"竹得風"或"竹鞭犬"，似更得間。憶海涅游記（*Die Harzreise*）言有二中國人在德國教授中國美學（Privatdozenten der chinesischen Aesthetik），其一姓名即爲"嘻哈呵"（Hi-Ha-Ho），亦善戲謔者！參觀《毛詩》卷論《桃夭》。吾國文字學家或言"喜"字之音即"象喜所發之音"（劉師培《左盫集》卷七《原字音篇》上），則《易·家人》之"嘻嘻"亦象笑聲，非如註疏所謂笑貌也。

---

① Martial, I.35, "Loeb", I, 50.
② J. Y. T. Greig, *Psychology of Laughter and Comedy*, 24.

一一九　全晉文卷六一

　　孫綽《遊天台山賦》。按別見《全上古文》卷論宋玉《高唐賦》又《列子》卷論《仲尼》篇。劉熙載《藝概》卷三評此賦云："'騁神變之揮霍，忽出有而入無'，此理趣也。至云：'悟遣有之不盡，覺涉無之有間；泯色空以合跡，忽即有而得玄；釋二名之同出，消一無於三旛'，則落理障甚矣！"蓋謂詞章異乎義理，敷陳形而上者，必以形而下者擬示之，取譬拈例，行空而復點地，庶堪接引讀者。實則不僅說理載道之文爲爾，寫情言志，亦貴比興，皆須"事物當對"（objective correlative），別見《楚辭》卷論《九辯》一。劉氏"理趣"之說；本之沈德潛。釋氏所謂"非跡無以顯本"、宋儒所謂"理不能離氣"，舉明道之大綱，以張談藝之小目，則"理趣"是矣。其詞早見於釋典，如《成唯識論》卷四論"第八識"："證此識有理趣無邊，恐有繁文，略述綱要"，又卷五論"第七識"："證有此識，理趣甚多"；其義即卷八："義類無邊，恐厭繁文，略示綱要。"初與文藝無涉，宋人如包恢《敝帚稿略》卷二《答曾子華論詩》："狀理則理趣渾然，狀事則事情昭然，狀物則物態宛然"；李耆卿《文章精義》稱朱熹詩"音節從陶、韋、柳中來，而理趣過之"。明李夢陽《空同子集》卷五二《缶音序》斥宋人詩"專作理語"（參觀卷六六《論學》上篇），胡應麟《詩藪》内編卷二譏宋道學家詩有"理障"。沈德潛始以"理趣"、"理語"連類辨似。虞山釋律然《息影齋詩鈔》有沈序，作於乾隆三年，未收入《歸愚文鈔》，略云："詩貴有禪理、禪趣，不貴有禪語"；後六年沈撰《說詩晬語》卷下論"詩入理趣"，異於"以理語成詩"；又後十六年《國朝詩別裁・凡例》有云："詩不能離理，然貴有理趣，不貴下理語。"余觀《國朝詩別裁》卷三二僧宗渭詩，沈氏記其嘗謂門弟子曰："詩貴有禪理，勿入禪語，《弘秀集》雖唐人詩，實詩中野狐禪也"；豈沈氏聞此僧語而大悟歟？王應奎《柳南文鈔》卷一亦有《〈息影齋詩集〉序》，略云："不爲偈、頌之言，而有偈、頌之理，此所以尤上也。予聞佛氏之論，謂應以何身而得度者，即現何身而爲說法；素公即以詩爲說法，而勾引吾黨之士，胥入佛智。即謂素公之詩，是即素公之偈、頌也可"；沈德潛評："僧詩無禪語，有禪理，乃佳。近代方外人純以偈、頌爲詩，入目可憎矣。篇中持論，與鄙趣合。"蓋"理趣"之旨，初以針砭僧詩，本曰"禪趣"，後遂充類旁通，泛指說理。禪人云："青青翠竹，總是法身，鬱鬱黃花，無非般若"（參觀《五燈會元》卷三慧海章次）；衲子賦詩，於文詞之抽黃妃白、啓華披秀，如是作翠竹黃花觀，即所謂"禪趣"矣。紀昀批點《瀛奎律髓》卷四七《釋梵類》盧綸、鄭谷兩作，皆評："詩宜參禪味，不宜作禪語"，而《唐人試律說》於盧肇《澄心如水》詩則評："詩本性情，可以含理趣，而不能作理語，故理題最難"；既徵"禪味"之即"理趣"，復徵沈氏說之流傳，《試律說》爲乾隆二十四年撰、《律髓》爲乾隆三十六年批點，均在《晬語》、《別裁》之後。乾隆三十二年史震林自序《華陽散稿》:"詩文之道有四:理、事、情、景而已。理有理趣,事有事趣,情有情趣,景有景趣;趣者、生氣與靈機也";更廣推而遍施之。袁枚《小倉山房詩集》卷二〇《續〈詩品〉·齋心》:"禪偈非佛,理障非儒",實亦沈氏之旨耳。

孫綽《表哀詩序》:"自丁荼毒,載離寒暑。……不勝哀號,作詩一首,敢冒諒闇之譏,以申罔極之痛。"按孫自知"冒譏",然趙宋以後譏評始多,六朝至唐,未覯有發聲徵色而詆詞者。祝穆《事文類聚》前集卷五二引《江鄰幾雜錄》:"梅聖俞至寧陵寄詩云:'獨護慈母喪,淚與河水流,河水終有竭,淚泉常在眸。'彦猷、持國譏作詩早,余應以《蓼莪》及傅咸贈王、何二侍中詩亦如此。按晉孫綽詩序:'自丁荼毒'云云;故洪玉甫以魯直丁母憂絕不作詩,夫魯直不作者,以非思親之詩也,孫綽作者,以思親之詩也。聖俞之作,庸何傷乎?秦少游初過浯溪,題詩云:'玉環妖血無人掃',以被責憂畏,又方持喪,手書此詩,借文潛之名——後人遂以爲文潛,非也——以此。""按"字以下一節必非江休復原書,未暇核究所出。

【增訂三】《事文類聚》引"江鄰幾"至"庸何傷乎"一節,實出吳曾《能改齋漫錄》卷九,"按"字原作"以上皆江説,余謂不特此。"梁章鉅《退庵隨筆》卷一〇:"今人居喪三年不吟詩,是矣。乃或以填詞代之,又或以四六文代之,儷紅妃綠,與吟詩何異乎!"舞文自飾,正猶僧人自解曰:"我祇噉魚,實不食肉"(參觀2144頁)耳。

歷世以居喪賦詩爲不韙,何焯批點《文選》,於潘岳《悼亡》詩,重言證明其爲作於"終制""釋服"之後,"古人未有有喪而賦詩者";蓋悼妻尚不許作詩,況哭親哉!故如王應奎《柳南文鈔》

卷四《與汪西京書》即譏其哭父作詩；佻侻若袁枚，而《小倉山房文集》卷一八《與某刺史書》云："足下在服中，不得爲詩；縱爲詩，不得哭父。古惟傅咸、孫綽，有服中哭母詩；是時東晉清談，禮教凌遲，不可爲訓。不文不可以爲詩，文則不可以爲子；背乎禮以累名"；近人高旭《天梅遺集》卷七《荒唐》："先民苦次廢文辭，自古原無哭父詩；而我荒唐都不管，墨將血淚萬千絲"，亦未嘗不覺己之犯禁破戒也。汪懋麟《百尺梧桐閣詩集·凡例》第三則引《檀弓》、《曲禮》而斷之曰："則居三年之喪，不當從事於詩、書明矣！……顧今人則有甚於作詩者，他不之謹，而唯詩是戒，誰欺乎！竊謂古今工詩者，於君臣、夫婦、朋友、兄弟之間，必三致意焉；獨於父母生死存亡，見於詩篇者，寥寥無聞，何歟？故余於居喪以後所爲詩，存而不删，……祇用述哀，兼明余之不敢自欺耳。有援《禮》罪我者，敬謝不孝而已"；詞理頗明快，與孫綽、傅咸可相説以解矣。郭麐《樗園消夏錄》卷下："自古爲詩，哭其父母皆未有。蓋至哀不文，近惟唐堂先生有絶句"；自是失考。

【增訂四】郭麐謂"至哀不文，近惟唐堂先生[黃之雋]有絶句"哭其親。似未覿顧亭林集中《悲哀》長律者。屈大均《翁山詩外》卷九《述哀》五律一〇首、《癸酉秋懷》五律一五首皆哭母之作（"昨日猶孩哭，孃堂匕筯邊"；"白頭初失乳，依怙更無時"；"白頭思殉母，黃口忍捐兒"）；屈集爲禁書，殆郭氏未由見耳。清初董以寧《蓉渡詞》有《滿江紅·乙巳述哀》一二首，哭其母者；陳廷焯《詞則·別調集》卷四盡錄而極口贊賞之（"情真語至"、"字字真切"、"真絶痛絶"、"情詞雙絶"、"淋淋漓漓"），却不得不求疵曰："命題不無可議。"蓋亦以其

"冒諒闇之譏"也。

平步青《霞外攟屑》卷三引吴澄《題朱文公答陳正己講學墨帖》稱二蘇居喪絶不作詩文，又引湯修業《前表哀》序謂顧炎武集中《表哀》、《橐葬》諸詩皆居憂時作，"且《蓼莪》六章，字字血淚，安知不從苫塊中作乎？"；亦未見汪氏之論也。董其昌《容臺集》卷一有《何士抑〈居廬集〉序》，則明人且以哭親篇什裒爲一集；方中通《陪集》第二種《陪詩》卷四《惶恐集》哭其父以智七律先後數十首；屈復《弱水集》卷九《唁菊》并序："哭父也"；亦可廣郭、平二氏所舉例。

一二〇　全晉文卷六二

　　孫綽《孫子》："海人與山客辨其方物"，謂有巨魚，額若山頂，吸波萬頃，復有巨木，圍三萬尋而高千里。東極有大人，"斬木爲策，短不可杖，釣魚爲鮮，不足充餔"。按衍《莊子·外物》任公子釣大魚之緒，而采宋玉《大言賦》之法，其事則劇類《列子·湯問》所言龍伯國大人之釣鼇。《列子》於東晉行世，後人疑出張湛僞託，不爲無因。孫氏當未及見其書；《遂初賦》自言："余少慕老、莊之道，仰其風流久矣"，他文復屢及老、莊，却不道列子。張湛序《列子》，含糊其詞，若原是王弼舊藏；註《仲尼》篇善射一節，引王弼、樂廣語，王語爲擲五木發，猶是借擬，而"劉道真語張叔奇云：'嘗與樂彥輔論此'"云云，則似樂已得讀《列子》者，竊恐湛謾語以增重此書。張華《博物志》卷五思士思女則，卷八孔子、詹何、薛譚、趙襄子四則、卷一〇夢蛇夢飛則皆與《列子》全同，孔子與兩兒辯日一則末且曰："亦出《列子》"；今本《博物志》疊經竄亂，面目都非，此數則必屬加附，使華果已引《列子》，湛亦且攀援以長聲價也。晉道家言，以《抱朴子》爲偉著，其書於老、莊、文子皆有掎摭，獨於列若罔聞知。《莊子·逍遥遊》："湯之問棘是也"，《釋文》引晉簡文帝云："湯、廣大也，棘、狹小也"，俞樾《諸子平議》云："簡文殆未讀《列子·湯問》篇者"；夫列子御風事即見《逍遙遊》，簡文躡蹤尋根，不容不覿《列子》，倘以其書新出，真偽難明，不堪引據乎？《三國志·蜀書·邵正傳·釋譏》："昔九方致精於至貴"，裴松之註引《淮南子·道應訓》九方歅相馬事，李治《敬齋古今黈》卷四譏裴"不知其本"，事見《列子·說符》，"列子前淮南子數百年"；裴舍《列子》不引，或亦寓疑疑之微旨耳，未可知也。《世說·輕詆》庾龢言裴啟《語林》載謝安"目支道林如九方皋之相馬"，劉峻註引《列子》；蓋至梁世，《列子》流傳積久，年深望重，已成著作之英華，《文心雕龍·諸子》篇至稱《列》而不及《莊》矣。陶潛《飲酒》之二："九十行帶索"，註家引《列子·天瑞》榮啟期事；然此事亦見《說苑·雜言》，陶或本劉向書，未保其果用《列子》耳。

《孫子》："仲尼見滄海橫流，務爲舟航。"按二句奇零，無上下文。《論語·公冶長》記孔子欲"乘桴浮於海"，而曰"無所取材"，鄭玄註："無所取於桴材"；孫固嘗註《論語》，列皇侃《義疏·序》所舉"十三家"中，或本此意增飾。材多則堪作舟航，匪徒編桴；孫殆亦如鄭之以"材"解爲木材，而不從何晏所舉"另一說"，以"材"通語助之"哉"也。《論語》僅言孔子興浮海之歎，《孫子》遂言其造舟；崔鴻《十六國春秋》（湯球輯本）卷九六《北涼錄》二記沮渠蒙遜謂劉炳曰："昔魯人有浮海而失律者，……見仲尼及七十二子游於海中，與魯人一木杖，令閉目乘之。……魯人出海，投杖水中，乃龍也。"則孔子真成飄洋之海客，從者七十二人，不獨由也。飾虛坐實，有如此者。投杖事與葛陂龍無異，庾信《竹杖賦》所謂"送游龍於葛陂"，蓋逕以孔門爲海上神仙，亦猶葛洪以墨子入《神仙傳》矣。陸雲《登遐頌》雖早列孔子於神仙，尚未道其異跡也。

一二一　全晉文卷六五

嵇含《寒食散賦》："既正方之備陳，亦旁求於衆術。"按卷七六摯虞《疾愈賦》："會異端於妙門。""旁求"與"異端"，今世所謂"偏方"也；"偏方"之稱亦即對"正方"而言。觀摯《賦》上文云："講和緩之餘論，尋越人之遺方，考異同以求中，稽衆術而簡良"，故知"異端"指醫術之側出橫生者，非謂巫術也。

一二二　全晉文卷七〇

李密《陳情事表》："形影相弔。"按參觀論《全三國文》卷一五陳王植《上責躬應詔詩表》。"且臣少事僞朝，歷職郎署，本圖宦達，不矜名節"。按何焯批點本《文選》此《表》後有葉樹藩按語，略謂"'僞朝'一語，前人共惜其悖"，楊慎爲李密解嘲，至託言"悖"本作"荒"，因引張悛《表》稱"僞烈皇帝"以反詰楊氏。實皆少見多怪，似未讀《顏氏家訓・文章》："陳孔璋居袁裁書，則呼操爲'豺狼'，在魏製檄，則目紹爲'蛇虺'。"蓋有甚於"僞朝"、"敵國"等者矣。《晉書》密本傳記密仕晉，常望內轉，至公讌賦詩："官無中人，不如歸田！"，武帝憤之。則"本圖宦達"，乃立誠之詞，非求免而自汙也。"人命危淺，朝不慮夕。"按卷八五張協《登北芒賦》："何天地之難窮，悼人生之危淺。""是臣盡節於陛下之日長，報養劉之日短也。"按成爲句型，如費袞《梁谿漫志》卷三："元祐三年高密郡王宗晟起復判大宗正事，連章力辭，其言亦曰：'念臣執喪報親之日短，致命徇國之日長。'"

一二三　全晉文卷七一

　　陳壽《表上諸葛氏集目録》：“然亮才於治戎爲長，奇謀爲短，理民之幹，優於將略。”按六朝人似不厚非此品目，亦且以爲無損於亮之聲價者。《世説·排調》：“郗司空拜北府，王黃門詣郗門拜，云：‘應變將略，非其所長’，驟詠之不已。郗倉謂嘉賓曰：‘公今日拜，子猷言語殊不遜，深不可容！’嘉賓曰：‘此是陳壽作諸葛評；人以汝家比武侯，復何所言？’”；鍾嶸《詩品》下品論王融、劉繪曰：“至於五言之作，幾乎尺有所短，譬應變將略，非武侯所長，未足以貶卧龍”；《魏書·毛脩之傳》脩之謂陳壽謗亮將略非長，崔浩駁謂壽評亮有“過美之譽”，不得爲謗。朱彝尊《曝書亭集》卷五九《陳壽論》稱壽爲“良史”，謂張儼、袁準亦評亮不長於應變將略，非壽一人愛憎之私言；俞正燮《癸巳存稿》卷七引《魏書·李苗傳》苗讀《蜀志》至魏延獻策而亮不納，太息謂“亮無奇計”，佐證壽“奇謀爲短”之論。“亮所與言，盡衆人凡士，故其文指不得及遠也。”按姚範《援鶉堂筆記》卷三一、靳榮藩《緑溪語》卷上説此節，皆引《晉書·李密傳》張華問：“孔明言教何碎？”密答：“昔舜、禹、皋陶相與語，故得簡大雅誥；與凡人言，宜碎，孔明與言者無己敵，言教是以碎

-1819-

耳。"竊謂《穀梁傳》僖公二年："達心則其言略"，范甯註："明達之人言則舉領要，不言提其耳，則愚者不悟"；即"與凡人言宜碎"也。錢大昕《潛研堂文集》卷二八《書〈三國志〉後》、惲敬《大雲山房文稿》初集卷二《書〈三國志〉後》均足助朱彝尊張目；《野叟曝言》第七八回亦論陳壽"帝蜀不帝魏，有二十四端"，又論壽"表揚諸葛，可謂'至矣盡矣！蔑以加矣！'"趙銘《琴鶴山房遺稿》卷一《讀〈晉書〉》第一九首專論壽《蜀書》之紕漏，至云："蜀人撰蜀書，乃如述荒裔！"，則非譏其史德而譏其史學、史識也。

一二四　全晉文卷七四

左思《三都賦序》："見綠竹猗猗，則知衞地淇、澳之產。……侈言無驗，雖麗非經。……其山川城邑，則稽之地圖，其鳥獸草木，則驗之方志。"按參觀《史記》卷論《司馬相如列傳·游獵賦》。《文選》沈約《宋書謝靈運傳論》："高義薄雲天"，李善註："《法言》曰：'或問屈原、相如之賦孰愈？曰：原也過以浮，如也過以虛；過浮者蹈雲天，過虛者華無根。'"今本《法言·吾子》無此文；"華無根"猶"麗非經"矣。李聯琇《好雲樓初集》卷二八《雜識》駁袁枚云："異哉子才遂不觀《三都賦序》乎？……夫外史掌四方之志，周已有之，誰謂漢、晉缺如哉！"；喬松年《蘿藦亭札記》卷四申袁枚云："近人謂《三都賦序》明言'稽之地圖，驗之方志'，笑隨園迷於眉睫。然隨園之語，是詞不達意；若言是吳淑《事類賦》之先聲，故世人願爭覩，則得之矣。但亦只可以言《三都》，若《兩京》則體大思精，不在比事也。"喬氏所謂"近人"，必指李氏。袁枚之論，早發於艾南英、顧景星、陸次雲輩，未可全非。古代圖籍，得不易而傳不廣，"外史"所掌，中秘攸藏，且不堪諷詠，安能及詞賦之口吻調利、流布人間哉？故後世剞劂之術已行，而《蒙求》、《事類賦》以至《地理韻編》、《本草歌訣》整齊排比、便於誦記之書，初未嘗以有方志、類典而廢罷也。然李瀚、吳淑所爲，浮聲切響，花對葉當，翰藻雖工，而以數典爲主，充讀者之腹笥。若夫研《京》鍊《都》，乃以能文爲本，苟言必可驗，義皆有徵，則既資春華之翫，亦供秋實之擷，寶而適用，麗而中經。左思之旨，文章須有"本實"，吳淑之作，故實能成文章；喬氏所言，尚爲皮相。是以謂《三都賦》即類書不可，顧謂其欲兼具類書之用，亦無傷耳。摯虞《文章流別論》："賦以情義爲主，事類爲佐"，可資參悟。左思自誇考信，遂授人以柄。淇澳之竹，已不免盡信書。《吳都賦》："鷽鷽食其實"，"俞騎騁路"；何焯批點《文選》云："'鷽鷽'二字，無乃'玉樹''海若'之流！"，"'俞騎'亦非南方所有"。《蜀都賦》："傍挺龍目，側生荔枝"；張世南《游宦紀聞》卷五云："讀至此而竊有疑焉。世南游蜀道，徧歷四路數十郡，周旋凡二十餘年，風俗方物，靡不質究，所謂'龍目'，未嘗見之。間有自南中携到者，蜀人皆以爲奇果；此外如荔枝、橄欖、餘甘、榕木，蜀皆有之，但無龍目、榧實、楊梅三者耳。豈蜀昔有而今無耶？抑左氏考方志草木之未精耶？"李治《敬齋古今黈》卷七譏《三都賦》云："于《蜀都》則云：'試水客，漾輕舟，娉江妃，與神游'，又云：'吹洞簫，發棹謳，感鱏魚，動陽侯'；與《甘泉》之'玉樹'、《西京》之'海若'，復何以異？至於談吳都之《賦》，則云：'巨鰲贔屓，首冠靈山；大鵬繽翻，翼若垂天'，雖詞人之語，詭激誇大，可以理貸，亦其秉筆之際，遐探雄攎，偶忘己之所稱也。方之盧橘之誤、比目之誕，豈不更甚矣乎？"李氏所言，最能體會。詞賦之逸思放言與志乘之慎稽詳考，各有所主，欲"美物依本，讚事本實"，一身兩任，殊非易事；揮毫落紙，不能忍俊自禁，安庸謹小，而手滑筆快，忘"本"失"實"，亦"可以理貸"。左氏既畫地自牢，則無怪論者之指甕請入耳。

《吳都賦》："其竹則篔簹箖箊，……檀欒蟬蜎，玉潤碧鮮。"按吳文英《聲聲慢·餞孫無懷於郭希道池亭》："檀欒金碧，婀娜蓬萊，游雲不蘸芳洲。露柳霜蓮，十分點綴成秋。"首四字已成批尾家當；張炎《樂府指迷》評文英云："如七寶樓台眩人眼目，拆碎下來，不成片段，如《聲聲慢》'檀欒'云云八字太澀。""檀欒碧"三字之擣撐《吳都賦》，易見也；"金"字何來，久思未得。偶讀劉攽《彭城集》卷十《野竹亭》有聯云："開門金瑣碎，遶徑碧檀欒"，恍悟文英忽以"金"與"碧檀欒"儷屬，或本於此。劉詩詠竹，上句用孟郊《城南聯句》："竹影金瑣碎"，以與下句用左思賦竹語相對，來歷皆貼合題目，語不泛設。黃庭堅《乙卯宿清泉寺》："佛廟檀欒碧"，遂移施於屋宇。文英詞中僅道蓮柳，無隻字及竹；苟以"金碧"指宮闕，即下句之"蓬萊"，如《彭城集》卷一八《題館壁》："璧門金闕倚天開，五見宮花落古槐；明日扁舟滄海去，却從雲氣望蓬萊"，或孔武仲《宗伯集》卷七《曉過州橋》："曉日蒼涼宿霧東，蓬萊金碧起浮空"，則"檀欒"祇許形容"碧"，未堪形容"金碧"。徒喜藻采之麗，於事不當，於言不宜，修詞大病，非止"澀"也。洵"眩人眼目"而"拆碎不成片段"。有偏好《夢窗詞》者曰："此英雄偶欺人耳！"夫人固易欺，然欺人殆非英雄本色歟。

【增訂四】《吳都賦》："其竹則……檀欒蟬蜎"，《文選》李善註引枚乘《兔園賦》："脩竹檀欒夾水"；而謝朓《和王著作八公山》詩："檀欒蔭脩竹"，善註又引枚賦作："脩竹檀欒夾池水。"

《樂府詩集》卷八四陸厥《京兆歌》"兔園夾池水,脩竹復檀欒",逕取枚賦題及賦語,拆補成二句。何遜《水部集》卷二《望廨前水竹》:"水漾檀欒影。"蓋漢晉以還,"檀欒"早成此君專有之佯色揣稱矣。清王芑孫《惕甫未定稿》卷一《種竹圖賦》:"夫何影攢瑣碎,勢壓檀欒",則與劉攽《野竹亭》一聯暗合。

《蜀都賦》:"山阜相屬,含谿懷谷。"按孫樵《蜀都賦》:"包谿懷谷而爲深兮",奇語本此,可比班固《西都賦》:"籠山絡野",張衡《西京賦》:"抱杜含鄠。""擢修幹,竦長條,扇飛雲,拂輕霄,羲和假道於峻岐,陽烏迴翼於高標";劉逵註:"言山木之高也。"按李白《蜀道難》:"有六龍迴日之高標",固取於此,而其《明堂賦》:"掩日道,遏風路,陽烏轉影而翻飛,大鵬橫霄而側度",亦正用左形容山木者增飾而挪移之於宮闕。揚雄《甘泉賦》:"列宿乃施於上榮兮,日月纔經於柍桭,雷鬱律以巖突兮,電儵忽於牆藩";祇寫日、月、雷、電與巍峨宮闕相安共處,不涵主客牴牾一段情事。十七世紀英國詩人寫仰視崇山接天,殊恐行空皓月觸峯尖而破墮,如舟之觸礁以沉者(Doth not a Tenarif, or higher Hill/Rise so high like a Rocke, that one might thinke/The floating Moone would shipwrack there, and sinke?)①;言高阻"月道",猶左、李之言高阻"日道"。左之"假道",鑄語尤奇,其道不通而仍可通,不阻却非無阻,善於用晦者也。

---

① Donne: "An Anatomie of the World", *Complete Poetry and Selected Prose*, ed. J. Hayward, 204.

【增訂三】《水經注》卷二〇《漾水》：“山高入雲，遠望增狀，若嶺紆曦軒、峰枉月駕矣。”即左賦、李詩等語意，左曰“假道”，此則言日月須繞道乃得經行，句特凝鍊。

“劇談戲論，扼腕抵掌”。按《文選》李善註引《戰國策》等以見“扼腕”、“抵掌”皆“談說之客”。“扼腕”後世用以形容惜恨，此處則以形容戲謔，如《魏書·神元平文諸孫列傳》：“左右見者，無不扼腕大笑。”

《吳都賦》：“爾其山澤”云云。按木華《海賦》、郭璞《江賦》之濫觴也；“礉礚乎數州之內，灌注乎天下之半”，尤爲佳句，郭賦仿之爲：“滴汗六州之域，經營炎景之外。”餘參觀論《史記·宋微子世家》、《全漢文》賈誼《惜誓》、揚雄《甘泉》《羽獵》二賦、《全後漢文》班固《西都賦》。竊謂《三都》承《兩都》、《二京》之製，而文字已較輕清，非同漢人之板重，即堆垛處亦如以發酵麵粉作實心饅首矣。三篇中《吳》、《蜀》二篇爲勝，李白所擬，皆其警策，謫仙人月眼無翳也。

一二五　全晉文卷七五

郭沖《條諸葛亮五事》。按第三事即俗傳"空城計"，見《三國演義》第九五回者。《三國志·蜀書》亮本傳裴註駁郭沖所記爲不合事理；然《南齊書·高祖紀》上云："皇考諱承之。……元嘉初，徙爲……濟南太守。……虜衆大集，皇考使偃兵開城門。衆諫曰：'賊衆我寡，何輕敵之甚！'皇考曰：'今日懸守窮城，事已危急，若復示弱，必爲所屠，惟當見強待之耳。'虜疑有伏兵，遂引去"；《舊唐書·良吏傳》上崔知溫遷蘭州刺史，會有党項三萬餘衆攻州城，衆大懼，知溫"使開城門延賊，賊恐有伏，不敢進"，又《北狄傳》吐蕃十萬人入湟中，李謹行"素不設備，忽聞賊至，遂建旗伐鼓，開門以待之，吐蕃疑有伏兵，竟不敢進。"皆師諸葛亮"大開四城門"之故智，而"虜"、"賊"又蹈司馬懿之前轍，"疑其有伏兵"。夫無兵備而坦然示人以不設兵備，是不欺也；示人實況以使人不信其爲實況，"示弱"適以"見強"，是欺也。"空城計"者，以不欺售欺（Honesty is the best deception）之一例也。魏禧《日錄》卷一《裏言》："料事者先料人。若不知其人才智高下，只在事上去料，雖情勢極確，究竟不中。故能料愚者不能料智，料智者不能料愚。余嘗笑《三國演義》孔明於空城中焚香掃地,司馬懿疑之而退,若遇今日山賊,直入城門,捉將孔明去矣。"

一二六　全晉文卷七七

挚虞《文章流别論》。按嚴氏輯自《藝文類聚》、《北堂書鈔》、《太平御覽》，似尚有遺珠。如《金樓子·立言》篇下："挚虞論邕《玄表賦》曰：'《幽通》精以整，《思玄》博而贍，《玄表》擬之而不及。'余以仲冶此言爲然。"其"言"即未被網羅。蔡邕《玄表賦》祇存一句，則嚴氏已輯入《全後漢文》卷六九。

《文章流別論》："古詩之賦，以情義爲主，以事類爲佐；今之賦，以事形爲本，以義正［志？］爲助。情義爲主，則言省而文有例矣；事形爲本，則言當而辭無常矣。文之煩省，辭之險易，蓋由於此。"按"當"必爲"富"之訛。漢自司馬相如而還，以敷陳鋪比爲賦；《西京雜記》卷二二載相如答盛擥論作賦云："合綦組以成文，列錦繡以爲質"，雖出依託，却切事情，正同《法言·吾子》論賦所謂："霧縠之組麗。"賈誼作賦，尚不如是，故挚虞又云："《楚辭》之賦，則賦之善者也。……賈誼之作，則屈原儔也。"蓋欲矯枉救敝，挽馬、班之倒瀾而還之屈、賈之本源。左思《三都賦序》斤斤於辨物居方、不作侈言，猶爲"事形"所囿，眼光未出牛背上，特"事形"必徵實而不構虛耳。較之挚《論》，已落下乘矣。

"夫假象過大,則與類相遠;逸辭過壯,則與事相違;辯言過理,則與義相失;麗靡過美,則與情相悖。此四過者,所以背大體而害政教。"按精湛之論,楊慎《升菴全集》卷五七、何良俊《四友齋叢説》卷二三皆嘗稱引。後兩"過"易知,無俟申説。"假象過大。與"逸辭過壯",二者相通,"壯辭"宜用於"大象",故辭而壯即隱涵象之大,不待舉物之名也。聊拈後世談藝數例,爲之箋釋。吳可《藏海詩話》記韓駒云:"絶句如小家事,句中著大家事不得;若山谷《蟹詩》用與虎争及支解事,此家事大,不當入詩中";張大復《梅花草堂集》卷一〇《〈三台行記〉題辭》:"讀嘉靖諸君子記游之作,如北地[李夢陽]位置廬山,山東[李攀龍]刻劃太華,琅琊[王世貞]譜牒岱宗,所謂高文大册,與天不朽。然恐眉疏眼巨,不親小物,山靈豈得無知己未盡之感";吳喬《圍爐詩話》卷一論"七子"詩大而無當、廓落不親切,謂如"寒夜蓋木板,赤身被鐵甲";閻若璩《潛邱劄記》卷四上又卷五《與陳其年》皆指摘汪琬詩"戲蝶翩翩排闥過"及"寂寂精藍晝又開,隔籬飛蝶鎮徘徊",笑"排闥"爲"蝶中樊噲",寺門大開而"徘徊"不入,昔勇今怯,又爲"蝶中馮婕妤";陶元藻《全浙詩話》卷四二引俞永思《畫漁餘話》:"毛西河贈妓詩:'雙瞳夜剪秋山雨,一笑春生揚子潮',次句乃狀笑容,非狀笑聲也。揚子江心有水渦;若作笑聲解,則此笑如鯨鐘鼉鼓,聞者掩耳驚走之不暇矣";紀昀《唐人試律説》評錢可復《鶯出谷》之"一囀已驚人,搏風飛翰疾"云:"鶯有聲,然'驚人'非鶯之聲也,鶯能飛,然'搏風'非鶯之飛也",又評陳至《芙蓉出水》之"劍芒開寶匣,峯影寫蒲津"云:"劍似芙蓉,不得云芙蓉似劍,峯似芙蓉,不得云芙蓉似峯";張佩綸

《澗于日記》光緒十八年正月初八日："山谷《水仙花》詩：'出門一笑大江横'，'横'字粗獷，直是水師矣！"均相映發。古希臘人論文云："道纖小事物而措詞壯偉，如以悲劇大面具加於稚子面上"（To attach great and stately words to trivial things would be like fastening a great tragic mask on a simple child）①。或嘲約翰生（Samuel Johnson），謂其寫小魚口動唼沫，詞氣必類巨鯨吞呷（If you were to make little fishes talk, they would talk like whales）②；或嘲吉朋（Edward Gibbon），謂"小亞細亞"入其筆下便成"大亞巨亞"（He *cannot* mention Asia *Minor*）③；亦"類相遠"而"事相違"之意也。

"圖讖之屬，雖非正文之制，然以取其縱橫有義，反覆成章。"按摯氏此《論》僅存頌、賦、箴、銘、誄、對問等數段，見虎一毛，未許知斑。然不以"非正文之制"而棄圖讖，想必有取於緯，略類《文心雕龍》之著《正緯》篇。鍾嶸《詩品·序》稱："摯虞《文志》，詳而博贍，頗曰知言"；疑其亦似《雕龍》之有《書記》篇，舉凡占、符、刺、方、牒、簿等一切有字者，莫不囊括也。《隋書·經籍志》四以摯氏《文章流別集》爲"文集總鈔"之始，僅四一卷，今已不得見；竊意《流別論·志》所論及各體未必皆鈔入《流別集》耳。紀昀評《雕龍》是篇，譏其拉雜泛濫，允矣。然《雕龍·論說》篇推"般若之絶境"，《諧隱》篇譽"九流之小説"，而當時小説已成流別，譯經早具文體，

---

① Longinus, *On the Sublime*, XXX, "Loeb", p. 209.
② Boswell, *Life of Johnson*, 27 April, 1773 (Goldsmith).
③ W. Bagehot, *Literary Studies*, ed. R. H. Hutton, I, 227.

劉氏皆付諸不論不議之列，却於符、簿之屬，盡加以文翰之目，當是薄小説之品卑而病譯經之爲異域風格歟。是雖決藩籬於彼，而未化町畦於此，又紀氏之所未識。小説漸以附庸蔚爲大國，譯藝亦復傍户而自有專門，劉氏默爾二者，遂使後生無述，殊可惜也。

一二七　全晉文卷八〇

張敏《頭責子羽文》。按洪邁《容齋五筆》言"故篋中得此文，惜其泯没，漫采之以遺博雅君子"云云，似不知《世説·排調》門註及《藝文類聚》卷一七皆載此文者，均非僻書也。參觀光聰諧《有不爲齋隨筆》乙。

【增訂四】《容齋五筆》卷四録張敏《頭責子羽文》，復云："《集仙傳》所載神女成公智瓊傳，見於《太平廣記》，蓋敏之作也。"按《廣記》卷六一載《智瓊傳》，嚴可均未采其文，僅自《北堂書鈔》卷一二九録《神女傳》三句而已。《廣記》此篇中有張華《神女賦序》一首，《全晉文》卷五八亦漏輯。

一二八　全晉文卷八二

虞喜《志林》:"是樂春藻之繁華,而忘秋實之甘口也。昔魏人伐蜀,蜀人禦之,……六軍雲擾。……費禕時爲元帥,荷國任重,而與來敏圍棋,意無厭倦;敏臨別謂禕:'君必能辦賊者也。'"按《全後漢文》卷六五劉楨《諫曹植書》:"採庶子之春華,忘家丞之秋實。"費禕事見《三國志·蜀書》本傳,來敏至禕許,"求共圍棋",曰:"向聊觀試君耳。君信可人,必能辦賊者也。"又《吳書·陸遜傳》:"與諸將弈棋射戲如常";《晉書·謝安傳》淮淝之役,安"圍棋賭別墅";與費禕事同,皆《左傳》成公十六年所謂"好以暇"也。後來澶淵之役,寇準"鼻息如雷",符離之役,張浚"鼻息如雷"(參觀邵博《聞見前録》卷一、周密《齊東野語》卷二、來集之《倘湖樵書》初編卷二),蓋師費、陸、謝心法。西方舊傳,亦謂大戰前夕,主帥酣寢,如亞歷山大大帝等不一而足①;所以示已操勝算,鼓士氣而安軍心。然説者曰:"安知其非莫知所措而無爲陰拱乎?"(La veille d'une bataille, le chef dort. Est-ce inertie? est-ce

---

① Montaigne, *Essais*, I. 44 "Du Dormir", *op. cit.*, 268-9 (Alexandre, Othon, Caton, Augustus, Marius).

maîtrise suprême?)①。清人嘲張浚詩："却將寇準酣眠法，用在華元棄甲時"（吳仰賢《小匏菴詩話》卷二載陳世鎔作），正此意。

【增訂四】十七世紀法國名將每詡能於大戰前安寢，猶亞歷山大大帝然，傳爲美談（le Grand Condé, de Turenne）。一與役而親隨者追記厥況，言此將下令詰朝決戰，雖復偃息如恒，初未入睡，乃知當年亞歷山大非伴寐即醉眠耳（Et après, il se recoucha pour se reposer seulement.... Et quand on nous vient conter, que, le jour de la bataille d'Arbelles, on eut peine à éveiller Alexandre, je crois que si cela fut, il faisait semblant de dormir par vanité, ou qu'il était ivre. —Bussy-Rabutin, quoted in Sainte-Beuve, *Causeries du lundi*, Vol. III., pp. 368−9）。

---

① Jacques Chevalier: "De la Signification des Faits" (*Proceedings of the Seventh International Congress of Philosophy*, 14).

一二九　全晉文卷八三

　　謝安《與支遁書》："人生如寄耳，頃風流得意之事，殆爲都盡。"按《古詩十九首》："人生天地間，忽如遠行客"，《文選》李善註引《尸子》："老萊子曰：'人生于天地之間，寄也'"；又："人生寄一世，奄忽若飆塵"，善註："已見上註"；又"人生忽如寄，壽無金石固"，見上註；魏文帝《善哉行》："人生如寄，多憂何爲"，善註亦引《尸子》。宋朱翌《猗覺寮雜記》卷上嘗引謝安書中語而蒐列相類，却似未覩《文選》；周必大《二老堂詩話》卷上、明周嬰《卮林》卷二又《補遺》各有增訂。必大《平園續稿》卷一五《如寄齋說》："東坡博極羣書，無不用之事，波瀾浩渺，千變萬化，複語絕少，獨'人生如寄耳'一句，不啻八九用之"，舉例云云。

一三〇　全晉文卷八四

　　索靖《月儀帖》："正月具書，君白。大簇布氣，景風微發云云，君白。"按玩其構製，似爲每月通啓問候之套式，即《全梁文》卷一九昭明太子《錦帶書十二月啓》之椎輪，後世《酬世錦囊》中物也。佚四、五、六三月。"君"猶曰"某"，泛言以代作啓人姓名，非靖自稱，故亦非靖後人避祖諱追改。余嘗臨寫《鬱岡齋帖》中本，都三十六"君"字，一手之跡，初無塗竄遺痕。《文選》任昉《上蕭太傅固辭奪禮啓》："昉啓：近啓歸訴，庶諒窮欸。……君於品庶，示均鎔造。……昉往從末宦，禄不代耕"；何焯評："'昉'一作'君'。呂延濟曰：'昉家集諱其名，但云君撰者，因而録之。'按六朝諸集，書啓多作'君啓'、'君白'之語，呂說得之。下文'君於品庶'之'君'同。"然"昉往從末宦"之"昉"，未改爲"君"，則何粗疎乃爾！《全宋文》卷一九王僧達《祭顏光禄文》："王君以山羞野酌，敬祭顏君之靈"，《文選》録之；夫祭文較書牘詞氣更爲謹敬，似無賓主齊稱"君"之理，當亦"家集諱其名"耳。李枝青《西雲札記》卷三："古與人尺牘，有自稱其字，不稱名者。王右軍《登秦望帖》及《小集帖》皆稱'王逸少頓首'，柳公權《與弟帖》稱'誠懸呈'。徐陵

《與周處士弘讓書》末云'徐君白',不知何故。索靖所書《月儀》,末亦云'君白'。"《月儀》之"君"與徐書、任啓之"君",絕非等類,李言未晣。《全晉文》卷一三七戴逵《與遠法師書》三首(出《廣弘明集》卷二〇)首稱"安公和南",末稱"戴安公和南",而書中自稱"弟子";逵字"安道",則"安公"必如呂延濟所說"家集諱其名"。《全宋文》卷二五鄭鮮之《與沙門論踞食書》(出《弘明集》卷一二)末署"鄭君頓首",亦正如此。《全齊文》卷一八劉善明《答釋僧巖書》三首(出《弘明集》卷一一)稱僧巖爲"君":"況君辨破秋毫","以君之才,度君之德","君談天語地",不一而足,而三書末又均署"劉君白答";主賓無別,顯然"家集諱其名"。《全梁文》卷三六江淹《蕭太尉上便宜表》等首稱"臣公言",卷三七江淹《齊王謝冕旒諸法物表》首稱"臣王言";胥代齊高帝未登極時所撰,"公"、"王"必原爲"道成",此又臣下編集諱君上名,非子孫編集諱祖父名。徐陵書啓每署"陵白"、"孤子徐陵白"、"徐陵白";而《全陳文》卷八《與王僧辨書》首尾均稱"孤子徐君頓首",卷九《與章司空昭達書》首稱"君白",尾稱"徐君呈",卷一〇《答族人東海太守長孺書》末署"君問",蓋不僅如李氏所舉《答周處士書》也。《全梁文》卷三二沈約《千僧會願文》、《懺悔文》(出《廣弘明集》卷二八)稱"弟子沈約上白","弟子沈約稽首",而《捨身願疏》(同出)則既曰:"優婆塞沈君敬白","君仰藉時來",復曰:"約今謹自即朝至於明旦";《全唐文》卷一三一《答馮子華處士書》、《答程道士書》、《重答杜使君書》皆署"王君白",而《與陳叔達重借〈隋紀〉書》則署"王績白";歧出不歸一律,正同徐陵諸書。此類蓋緣子孫追改之草率疏漏。避諱常顧此忽彼，如班固《東都賦》："由數朞而創萬世"，五臣註《文選》避唐太宗諱，改"世"爲"代"，而四句後之"有逆而順民"，又忘避"民"而未改爲"人"；杜甫《佳人》："絕代有佳人"，亦避唐太宗諱，改李延年歌詞之"世"爲"代"，而下云"世情惡衰歇"，却犯諱而不曰"人情"、"俗情"。連行隔句，失照如此！改本名爲"君"，却一集乃至一篇之内，未能整齊劃一，示敬而不謹，有甚於慢怠矣。《漢書・匡衡傳》："語曰：'匡鼎來'"，張晏註："衡少時字'鼎'，世所傳衡與貢禹書，上言'衡敬報'，下言'匡鼎白'，知是字也"；顔師古註痛駁張說，謂衡與貢禹書乃後人據本傳僞作。亦見書啓自署字而不名，夙有此風，然與自署"君"、"公"，尚不可混爲一談也。

【增訂四】《玉臺新詠》爲徐陵所選，所采自作篇什，獨稱"徐孝穆"而不名，則亦出其後人避諱。司馬遷以乃父名"談"，故《報任少卿書》曰："同子參乘"，《史記・袁盎鼂錯列傳》曰："宦者趙同"，皆諱"談"爲"同"；而《滑稽列傳》却曰："談言微中。"杜甫《觀水漲》："勢閱人代速"，《封西岳賦》："代欲聞而不可得"，《佳人》："絕代有佳人"，皆避唐太宗名"世"字；而《戲作花卿歌》却曰："人道我卿絕世無"，既稱絕世無，何謹於《佳人》而怠於《花卿》耶！白居易《卧聽法曲霓裳》："樂可理心應不謬"，避唐高宗名"治"字，故代以"理"字；而《令狐尚書許過敝居，先贈長句》則曰："已遣平治行藥徑"，殆拘牽平仄，難得代字耶？《舊唐書・沈傳師傳》載其父既濟奏論武則天有云："故夏殷二代，爲帝者三十世矣"；"二代"之"代"乃正字，非避諱，"世"則似緊承"代"字，又無他字可替，故不得已而觸諱矣。柳宗元《貞符》避唐太宗諱，通篇"民"字均作"人"，如"受命於生人"、"黎人皇之"等，而一處獨曰："彰信兆民"；至《眹民詩》則不僅題標"民"字，篇中"帝眹民情"、"惟民之極"、"帝懷民眹"、"實爲民路"、"廼釋蠹民"，又了無避憚。李商隱《爲濮陽公陳情表》："是甘馬革之言，常懼武皮之誚"，又《爲河東公上鄭相公狀》："少謝武皮，實甘馬革"，皆用《法言》之"羊質虎皮"語，以避唐太祖諱，改"虎"爲"武"，猶"虎丘"之易稱"武丘"也；然《太倉箴》之"虎用何縛"、《蝎賦》之"厭虎不翅"、《唐梓州慧義精舍南禪院四證堂碑銘》之"哽虎求探"及"時稱律虎"、《爲滎陽公黃籙齋文》之"七十神虎"、《爲濮陽公祭張士隱文》之"想鬚視虎"，却不以"武"或"獸"代之。《太平御覽・獸部》至不列虎，而李丹《爲崔中丞進白鼠表》一則曰："白虎白鼠，皆金行之祥"，再則曰："獸之大者，莫勇於虎"，三則曰："用之則如虎。"李翰《裴將軍昊射虎圖贊》通篇"虎"字九見，有云"戰羣虎之命"，"虎反如鼠"，"羣虎既夷"，皆非佳語，斥稱無忌。又李商隱《請盧尚書撰故處士姑臧李某誌文狀》："以太和三年三月二十六日棄代"，《請盧尚書撰曾祖妣誌文狀》："年二十九棄代"，《爲馬懿公郡夫人王氏黃籙齋第二文》："妾幽明兩代"，胥避"世"字作"代"；顧《請盧尚書撰曾祖妣誌文狀》又有"以疾早世"、"百世不遷"、"仍世多故"，本篇之中，避諱一而犯諱三。正如韓愈《進士策問》避"治"字，用"理"字，而其《潮州上表》中"治"字屢見。避諱而未能整齊劃一，入唐尚爲常事，倘可徵文網之猶疏歟？

一三一　全晉文卷八六

仲長敖《覈性賦》："趙荀卿著書，言人性之惡，弟子李斯、韓非顧而相謂曰：'夫子之言性惡當矣！……'荀卿曰：'天地之間，兆族羅列。……裸蟲三百，人最爲劣；爪牙皮毛，不足自衛；唯賴詐僞，迭相嚼齧。總而言之，少堯多桀，但見商鞅，不聞稷契。父子兄弟，殊情異計；君臣朋友，志乖怨結。鄰國鄉黨，務相吞噬；臺隸僮豎，唯盜唯竊。面從背違，意與口戾。……周孔徒勞，名教虛設。蠢爾一概，智不相絕，推此而談，孰痴孰黠。法術之士，能不噤齘？仰則扼腕，俯則攘袂。'荀卿之言未畢，韓非越席起舞，李斯擊節長歌，其辭曰：'形生有極，嗜欲莫限。達鼻耳，開口眼；納衆惡，拒羣善。方寸地，九折岅，爲人作險易，頃刻成此蹇。……'"按羅隱《夜泊義興戲呈邑宰》："溪畔維舟問戴星，此中三害有圖經；長橋可避南山遠，却恐難防是最靈！"；謂人號"萬物之靈"，而其惡甚於水之蛟、山之虎，即仲氏所歎"人最爲劣"也。《禮記·月令》："季夏之月，其蟲倮"；鄭玄註："象物露見，不隱藏，虎豹之屬，恒淺毛"，孔穎達《正義》："《大戴禮》及《樂緯》云：'鱗蟲三百六十，龍爲之長；羽蟲三百六十，鳳爲之長；毛蟲三百六十，麟爲之長；介蟲三百六十，龜爲之長；倮蟲三百六十，聖人爲之長。'"鄭註未當，孔疏尤乖。《月令》謂時氣溫暖，"蟲"皆"露見"不潛伏，非言衣毛之深淺有無，鄭妄舉虎豹爲"倮"之例；下文"孟秋之月，……其蟲毛"，鄭註："狐貉之屬"，蓋以狐貉爲"毛"之例，强生分別，一若虎豹孟秋不"毛"而狐貉孟夏不"倮"者！孔疏所引，見《大戴禮·易本命》，亦見《孔子家語·執轡》，即《孟子·公孫丑》所謂："麒麟之於走獸，鳳凰之於飛鳥，……類也；聖人之於民，亦類也，出乎其類，拔乎其萃。""其蟲倮"者，此季之"蟲"，出穴而不匿居也；"倮蟲"者，"蟲"之無毛羽、鱗、介者也。"其蟲倮"指凡百禽獸蟲豸，而"倮蟲"專指人，以區別於四蟲，猶《荀子·非相》云："人之所以爲人者，非特以二足而無毛也"，或柏拉圖云："人者，兩足而無羽毛之動物也"（Plato had defined Man as an animal, biped and featherless）①。仲氏曰："裸蟲三百，人最爲劣"，誤解"倮蟲"之義，遂不嗇言："人三百中，人最爲劣"，語病而理詐矣。《孟子·盡心》："萬物皆備於我矣"，施彥執《北窗炙輠》卷下記周正夫釋之曰："所謂'狠如羊、貪如狼'、'猛如虎'、'毒如蛇虺'，我皆'備'之"；李治《敬齋古今黈》卷二亦曰："焉知'萬物'之中，不有至惡者存乎？"劉霖補輯傅山《霜紅龕全集》卷二七《雜記》謂"最龐最毒者人"，蛇、狐、虎、狼、豬、狗、梟之類，"人中莫不有，而獨無蜂蟻。"惡備則爲"最劣"矣。此亦西方古說，柏拉圖即言人性中有獅，有多頭怪物，亦復有人，教化乃所以培養"人性中之人"（the man in man）②。或謂稱狼貪、獅狠、狙狡

---

① Diogenes Laertius, *Lives of Eminent Philosophers*, VI.40, "Loeb", II, 43.
② *Republic*, 588 b ff.; cf. W. Jaeger, *Paideia*, tr. G. Highet, II, 353.

（des loups ravissants, des lions furieux, malicieux comme un singe），皆人一面之詞，推惡與禽獸而引美歸己（C'est déjà une chose plaisante que vous donniez aux animaux, vous confrères, ce qu'il y a de pire, pour prendre pour vous ce qu'il y a de meilleur），人之凶頑，遠越四蟲[1]；或謂獅不可犯，虎牙凶利，然尚不及人狂怒時之可怖（Gefährlich ist's den Leu zu wecken, / Verderblich ist des Tigers Zahn, / Jedoch der schrecklichste der Schrecken, / Das ist der Mensch in seinem Wahn）[2]；此言人性之惡甚於禽獸也。或謂人兼驢之淫與豕之饞（sunt homini cum sue atque asino communes），兼猴之淫與虎之暴（Move upward, working out the beast, / And let the ape and tiger die）[3]；抑且有歷數鳥獸蟲豸，舉凡虎、獅、熊、狼、狐、馬、牛、貓、豬、犬之殊類各種（des lévriers d'attache, des dogues acharnés, des chiens qui aboient souvent et qui mordent quelquefois, des chiens de jardinier），猴、孔雀、鸚鵡、鵲、鷔、梟、蛇、蝦蟆以至蜘蛛、蜂、蝶、蠅、蚤蝨之屬，人無不有其倫比[4]；此言人性之惡奄有禽獸也，所謂"萬物皆備於我"者非歟？

【增訂四】朱彝尊《曝書亭集》卷二二《五毒篇》："南蟲毒頭北蟲尾，以類名蚰總爲虫，五者潛行疾如鬼。……嗚呼！之蟲

---

[1] La Bruyère, *Les Caractères*, XII.119, Hachette, 388 ff..

[2] Schiller: "Das Lied von der Glocke", *Werke*, hrsg. L. Bellermann, I, 275.

[3] Aulus Gellius, *The Attic Nights*, XIX. ii, "Loeb", III, 358; Tennyson, *In Memoriam*, cxviii. Cf. Thoreau, *Walden*: "Higher Laws", "Modern Library", 197-8 (an animal in us).

[4] La Rochefoucauld, *Réflexions diverses*, xi "Du Rapport des Hommes avec les Animaux", *Oeuvres*, "Les Grands Écrivains de la France", I, 307-10.

螫人遇所觸，謀及乃心禍斯酷，世間無如倮蟲毒！"海湼詩中託爲熊詆人曰："汝號稱善類而勝於吾儕者，豈不以汝膚革滑潤不毛耶？彼蛇亦具此美，初非汝所獨有。人類乃兩足蛇耳"（Menschen, seid ihr etwa besser/Als wir andre, weil eu're Fell/Glatt und gleissend? Diesen Vorzug/Müsst ihr mit den Schlangen teilen. /Menschenvolk, zweibein'ge Schlangen. —Heine, *Atta Troll*, Caput V. *op. cit.*, Vol I, p.361）。蓋隱取柏拉圖語點化。

"蠢爾一概，智不相絕"；"絕"、懸絕也，謂人莫非冥頑不化，無愚智之分也，故承之曰："孰痴孰黠？""周孔徒勞"兩句謂儒家教化不克奏功，"法術之士"四句謂法家洞察儒術之誤，言外謂必以嚴刑峻法治之耳。"方寸地"四句以山徑之險惡喻心地之險惡，即《莊子・列禦寇》託孔子言"凡人心險於山川"。劉峻《廣絕交論》："狙詐飈起，豀谷不能踰其險"；顏之推《觀我生賦》："諫譖言之矛戟，惕險情之山水"；劉禹錫《竹枝詞》："瞿塘嘈嘈十二灘，此中道路古來難，長恨人心不如水，等閒平地起波瀾"；白居易《太行路》："太行之路能摧車，若比人心是坦途；巫峽之水能覆舟，若比人心是安流"；孫樵《出蜀賦》："譎山詭崖"；均其意。

【增訂三】劉蛻《文泉子》卷一《弔屈原辭》："水之浪兮，人之波瀾。浪可平兮，人心不可平。波瀾翻兮，孰測其情！水之深兮不曰深。"正所謂"長恨人心不如水"耳。薛能《行路難》："何處力堪殫，人心險萬端。藏山難測度，暗水自波瀾。對面如千里，迴腸似七盤"；齊己《行路難》："驚波不在黤黮間，小人心裏藏奔湍。七盤九折寒崎嶇，翻車倒蓋猶堪出；未似是非唇舌危，暗中潛毀平人骨"；均不外此意。

發揮更暢者，如《子華子·晏子問黨》："心胸之間，其容幾何？然而歷陸嶔崟，太行、雁門橫塞之。靈臺之關，勺水之不通，而奚以有容？嗜欲炎之，好憎冰之，炎與冰交戰焉"；《全唐文》卷八〇一陸龜蒙《馬當山銘》："言天下之險者，在山曰太行，在水曰呂梁。合二險之爲一，吾又聞乎馬當。……怪石憑怒，跳波發狂，日黯風勁，摧牙折檣，幸而脫死，神魂飛揚。殊不知堅輪蹄者夷乎太行，仗忠信者通乎呂梁，便舟檝者行乎馬當。合是三險而爲一，未敵小人方寸之包藏"；劉子翬《屏山全集》卷一三《讀〈平險銘〉寄李漢老》："官侯鑿平劍浦灘，游子不歌行路難。……惟人性天同廣胖，橫目立見分庭壇。紛敷蔽翳榛葦萑，騰逃鬱屈猿蛇蚖。……千崖百瀨中繞蟠，覆溺嵬岸糜堅完。……浮思一縱坂走丸，不極不止巧力殫"；趙孟頫《松雪齋文集》卷六《夷齋説》："今夫天下之險，無踰於水。水之險則有呂梁灔澦，若江若河，以至於海，而水之險極矣。然舟楫既具，人力既盡，則若履平地，其或至於顛覆，蓋有幸不幸存焉耳。若夫人心之險，又非水之能喻也；談笑而戈矛生，謀慮而機穽作，不飲而醉，不酖而毒，……險之禍可勝言哉！"；方中通《陪集·陪古》卷一《九龍灘記》尤肆詭："心無形，險形萬怪所從出；方寸聚天地古今之險，猶綽綽然。余甚憫，將求一物勝之，使退而讓名於其所勝也。聞閩灘多險，遂造焉。……灘皆險，險之最，爲九龍灘焉。……以灘之險，盡殺人如此，而猶有所謂'龍猴'者駕之，是安得擅天下險名？而人心之險，固非天人所可挽回萬一也！嗚呼！何從而求夫險勝人心者！"

仲氏託爲荀子與其弟子問答，蓋以《荀子·性惡》篇反復申明："然則人之性惡明矣，其善者僞也。"

【增訂三】荀子"僞"字猶西語"人爲",所以別於"天然"。如波德萊亞云:"罪惡出於天然本性;道德反是,出於人爲,超越天然"（Le crime est...originellement naturel. La vertu, au contraire, est *artificielle*, surnaturelle —Baudelaire: "Éloge du Maquillage", *Oeuv. comp.*, "la Pléiade", 912）。竊謂"artificiel"即"僞"字確詁,亦堪爲的譯。
然憤世疾俗,大乖荀子本旨,即韓非亦無此激厲。《荀子·性惡》曰:"今人之性惡,必將待師法然後正,得禮義然後治",故"聖王"於人,"化師法","道禮義",俾成"君子";仲氏則昌言教化之爲唐捐,周、孔之爲徒勞。《韓非子·守道》曰:"立法非所以備曾、史也,所以使庸主能止盜跖也;爲符非所以豫尾生也,所以使衆人不相謾也";以曾、史、尾生別於盜跖、"衆人",未嘗視如邱貉;仲氏則畫一齊觀,概同"蠢"類。取《荀子·性惡》而充極至盡其説,復示法家主張如《商君書·説民》、《開塞》所謂"法勝民"、"以刑治"者,實本於性惡之論;推因得果,對病下藥。要言不煩,於學派之脉絡淵源,如指諸掌。仲氏聲塵寂寞,詞賦雕蟲小技,本篇又小技中之小者,而發覆破的;考鏡學術,具此識力,正復不多。西方古人言性惡則爲政主專制保守,言性善則爲政主自由進步,言性惡則乞靈於神明,言性善則自立於人定[①];其脉絡淵源之大校,亦資參驗同異也。

《荀子》言"善者僞也"之"僞",即"人爲"之"爲";清經生如錢大昕《潛研堂文集》卷二七《跋〈荀子〉》、王念孫《讀書雜

---

① Cf. A. O. Lovejoy, *Reflections on Human Nature*, 2-9 (the theological doctrine of man's essential badness), 15-8 (man's inner corruption and perversity).

志·史記》六《淮南、衡山傳》、段玉裁《説文解字·僞》字註、郝懿行《曬書堂文集》卷二《與王伯申侍郎論孫卿書》，考釋備矣。平步青《安越堂外集》卷六《書潛研堂〈荀子跋〉後》則謂此論已發於黄震《黄氏日鈔》，因欺"近人於宋儒書，實未能徧觀而盡識"，又言楊倞註《荀子》早引其緒。平氏之言是也。《黄氏日鈔》卷五五《〈荀子〉後辯》："'僞'者、人爲之名，而非詐僞之謂。……其意專主習而不主性，其説遂墜一偏。而又古今字義漸變不同，如古以'媚'爲深愛而後世以爲邪，古以'佞'爲能言而後世以爲詔。《荀子》之所謂'僞'，殆類《中庸》之所謂'矯'。"余觀葉大慶《考古質疑》卷三引王安石説字諸例，有："人爲之爲'僞'"，亦必於《荀子》能得正解。然《臨川集》卷六六《禮論》析理更密："嗚呼！荀卿之不知禮也，其言曰：聖人化性而起僞。……夫斲木而爲之器，服馬而爲之駕，此非生而能者也。故必削之以斧斤，直之以繩墨，圓之以規而方之以矩，束聯膠漆之，而後器適於用焉。前之以銜勒之制，後之以鞭策之威，馳驟舒疾，無得自放，而一聽於人，而後馬適於駕焉。由是觀之，莫不劫之於外而服之以力者也。然聖人捨木而不爲器，捨馬而不爲駕者，固亦因其天資之材也。……夫狙猿之形非不若人也，欲繩之以尊卑而節之以揖讓，則彼有趨於深山大麓而走耳。雖畏之以威而馴之以化，其可服邪？以謂天性無是而可化之使僞邪？……故曰：禮始於天而成於人。天則無是而人欲爲之者，舉天下之物，吾蓋未之見也。"此可與徐積《節孝先生文集》卷二九《荀子辯》合觀，所謂："且人之性既惡矣，又惡知惡之可矯，而善之可爲也？"是以荀子尚二本，而仲氏始一貫也。安石斲木、服馬之喻，取象實出《莊子·馬蹄》之匠人善治木、伯樂善治馬一節，而樹義又隱申《孟子·告子》之"順"抑"戕賊"杞柳之"性"以爲桮棬一節。亞理士多德亦言人之美德既非全出乎性，亦非一反乎性，乃適性而繕，結習以成（Neither by nature nor contrary to nature do the virtues arise in us; rather we are adapted by nature to receive them, and are made perfect by habit）①。《荀子·禮論》："性者，本始材朴也；僞者，文理隆盛也。無性則僞之無所加，無僞則性不能自美。性僞合，然後聖人之名一"；倘"合"非并合之"合"而爲適合之"合"，則安石無所置喙矣。《性惡》篇言"化性起僞"，有"良劍"不"砥厲"則"不能利"、"良馬"無"轡""策"善"馭"則不能"致千里"之喩，蓋亦知木刀柱加砥厲之功而跛鼈難收轡馭之效也；本地風光，安石胡不即以其矛攻其盾乎？《論語·公冶長》："朽木不可雕也，糞土之牆不可圬也"；《淮南子·齊俗訓》："柱不可以摘齒，筐不可以持屋，馬不可以服重，牛不可以追速，鉛不可以爲刀，銅不可以爲弩，鐵不可以爲舟，木不可以爲釜"；《楞嚴經》卷一："猶如煮沙，欲成嘉饌，縱經塵劫，終不可得"；寒山詩："蒸砂擬作飯，臨渴始掘井；用力磨碌磚，那堪得作鏡！"（參觀《五燈會元》卷三南嶽懷讓："磨磚不能作鏡"）；韓愈《題木居士》之二："朽蠹不勝刀鋸力，匠人雖巧欲何如！"與安石所謂"因其天資之材"而"劫之於外，服之以力"，歸乎一揆，亦造藝者之常談②。王充《論衡·

---

① *Nicomachean Ethics*, Bk. II, ch.1, *The Basic Works of Aristotle*, The Random House, 952.

② Cf. H. Focillon, *Vie des Formes*, 48（les matières comportent une certaine destinée ou une vocation formelle）; B. Bosanquet, *Three Lectures on Aesthetic*, 14ff., 58 ff.; L. Pareyson, *Estetica*: *Teoria della Formatività*, 2ᵃ ed., 32 ff..

率性》篇則助《荀子》張目,謂:"僞者人加知巧,亦與真者無異",以術士消石作玉、隨侯以藥作珠爲例;亦見漢人於《荀子》所曰"僞",已早兼作"詐僞之'僞'"解,錢大昕、王先謙輩未之考也。

一三二　全晉文卷八七

束皙《餅賦》。按卷三八庾闡《惡餅賦》："王孫駭歎於曳緒，束子賦弱於春縣"；下句即指此篇："弱如春縣，白如秋練"，上句未識何出，卷四六傅玄《七謨》則固云："乃有三牲之和羹，蓊薆之時麷，忽游水而長引，進飛羽之薄衍，細如蜀璽之緒，靡如魯縞之綫。"庾、傅所言，正束賦之"湯餅"。吳曾《能改齋漫錄》卷一五謂："乃知煮麷之爲'湯餅'，無可疑者"；俞正燮《癸巳存稿》卷一〇謂："乃今之扢搭湯或片兒湯。"然"湯餅"乃"餅"之一種，束所賦初不止此。首曰："餅之作也，其來近矣"，遂列舉"豚耳、狗舌之屬"、"則曼頭宜設"、"惟牢丸乎"、"湯餅爲最"。則饅頭、糫子若包子胥爲"餅"之屬，非特今世所謂湯麵；惟束於煮麵僅道片兒、扢搭，未及細絲索麵，當以庾、傅文中之"緒"、"綫"補遺。今世麵食有湯煮或油炸之"貓耳朵"、油酥之"牛舌餅"，殆即"豚耳狗舌"之類，倖形揣稱；正如餃子原名"角子"，孟元老《東京夢華錄·州橋夜市》所云"水晶角兒"、"煎角子"，《聊齋志異》卷八《司文郎》亦云"水角"，取其像獸角，猶粽子一名"角黍"也。晉人以"餅"爲麵食之總名；明蔣一葵《長安客話》卷二歷舉"水瀹"、"籠蒸"、

"爐熟"三者統稱"餅", 餛飩、饅頭、包子、火燒之類罔不包羅, 尚衍古義。意大利以麵食著, 凡"天仙髮"(capelli d'angelo)之絲麵、"雲片"(fiocchetti)之貓耳朵, 及餛飩(ravioli)、餃子(tortello)等各品, 亦通以"麵"(la pasta)呼之。

樓鑰《攻媿集》卷四《陳表道惠米纜》:"平生所嗜惟湯餅, 下箸輒空真雋永; 年來風痹忌觸口, 厭聞'來力勅正整'。江西誰將米作纜, 捲送銀絲光可鑑。……如來螺髻一毛拔, 卷然如薑都人髮, 新弦未上尚盤盤, 獨繭長繰猶軋軋。……束晳一賦不及此, 爲君却作補亡詩"; 則今之所謂"米線", 南宋時江西土產最著。高似孫《緯略》卷四:"服虔《通俗》曰:'煮米爲糁', 江西有所謂'米纜', 豈此類也?"; 陳造《江湖長翁集》卷九《徐南卿招飯》:"江西米糱絲作窩。"又陳造集卷六《旅館三適》詩有《序》云:"予以病愈不食麵, 此所嗜也, 以米糱代之", 詩第一首云:"粉之且縷縷, 一縷百尺強"; 與樓詩言風痹戒麵食而喜得米纜, 互相印可。宋人每忌麵毒, 觀周密《癸辛雜識》前集《葵》條可想; 王羲之《雜帖》:"自食穀, 小有肌肉, 氣力不勝; 去月來, 停穀噉麵, 復平平耳"; 又:"少噉脯, 又時噉麵, 亦不以佳", 則晉人尚無此禁忌, 似以麵之益人爲勝於米也。束晳所言"湯餅", 米纜既後起而齊驅; 所言"牢丸", 則後世湯煮籠蒸之餬子均製以米粉, 更取而代興矣。"牢丸"之名, 向無的解, 或作"牢九"。竊意望文生義, 作"丸"爲長; "丸"言外形之圓, "牢"如"牢籠"之"牢", 言内裏之密, 猶"包子"之"包"。餬子、包子, 裏餡而形圓者, 得稱"牢丸"。餃子"牢"而非外"丸", 湯圓"丸"而無内"牢", 説者均視爲"牢丸"之屬, 似不當。俞正燮謂"牢丸之爲物必是湯餬", 是矣; 而謂

"牢丸"非包子,非也。《北史·儒林傳》記徐遵"見鄭玄《論語·序》曰:'書以八寸策',誤作'八十宗',因曲爲之説,其僻也皆如此!"余之曲説,得無類是乎?

一三三　全晉文卷八九

王沉《釋時論》。按即《答客難》、《賓戲》、《解嘲》之屬，而變嘻笑爲怒罵，殆亦隨時消息也。譏訶世俗處，可與干寶《晉紀總論》、劉峻《廣絕交論》、盧思道《勞生論》映發。"德無厚而自貴，位未高而自尊；眼罔嚮而遠視，鼻翹亂而刺天"；刻劃倨傲之態，與李康《運命論》中刻劃便佞之態，妙筆堪偶。烟霞散人《斬鬼傳》第二回搗大鬼"談笑時面上有天，交接時眼底無物"，即王《論》所狀張致，西語謂之給予當場在坐者以"缺席欵待"（absent treatment）。《金瓶梅》第二四回："春梅似有如無，把茶接在手裏"，又七三回："春梅也不瞧，接過蘋果、石榴來，似有如無，掠在抽屉内"；"似有如無"尤寫生入神，"罔嚮遠視"、"眼底無物"復相形遜色矣。司馬相如《子虛賦》："游於後園，覽於有無"，謂有見有不見、"未能徧覩"，非此意。

一三四　全晉文卷九一

　　潘岳諸賦，以卷九〇《秋興賦》、卷九二《射雉賦》爲優，此卷《閑居賦》抑其亞也。《秋興賦》參觀《楚辭》卷論《九辯》；《閑居賦》、《笙賦》、《寡婦賦》分別參觀《毛詩》卷論《河廣》、《蟋蟀》、《君子于役》又論《全宋文》謝靈運《山居賦》、《全梁文》簡文帝《誡當陽公大心書》。

　　《悼亡賦》："聞冬夜之恒長，何此夕之一促！"按《寡婦賦》云："夜漫漫以悠悠兮"，鰥夫寡婦所感適反，未識何故。"春風兮泮水，初陽兮戒温。"按即岳《悼亡詩》第一首："荏苒冬春謝，寒暑忽流易。……春風緣隟來，晨霤承檐滴。"

一三五　全晉文卷九二

潘岳《射雉賦》。按《文選》載宋徐爰此《賦》註，有云："晉邦過江，斯藝遂廢。"徵之《晉》、《宋》兩《書》，殊非情實；郝懿行《晉宋書故》斥徐"身居恩倖"，此乃"欺飾之諛言"，或窺其隱。然徐既以"廢"射雉爲佳事而貢"諛"，則註此賦得無甘冒不韙、導君禽荒耶？郝氏之説尚未爲愜心貴當焉。

《射雉賦》："睨驍媒之變態。……野聞聲而應媒。"按徐爰註："媒者、少養雉子，至長狎人，能招引野雉，因名曰'媒'"；又："恐吾游之晏起"，徐註："游、雉媒名，江淮間謂之'游'；游者，言可與游也。"張雲璈《選學膠言》卷六引《西京雜記》："茂陵文固陽，本琅邪人，善馴野雉爲媒，用以射雉。"元稹《雉媒》詠此而致慨："都無舊性靈，反與他心腹，置在芳草中，翻令誘同族"；白居易《和〈雉媒〉》更昌言："豈惟鳥有之？抑亦人復然"；黄庭堅《大雷口阻風》："鹿鳴猶念羣，雉媒竟賣友。"爲"媒"不惟馴雉，他鳥亦有之。段公路《北户録》："雷、羅數州收孔雀雛，養之使極馴擾；於山野間，以物絆足，傍施羅網，伺野孔雀至，則倒網掩之無遺。……按《説文》曰：'率鳥者，繫生鳥以來之，名曰圝'，《字林》音'由'；《淮南萬畢術》：'雞鶡致鳥',註:'取雞鶡,折其大羽,絆其兩足,以爲媒'";柳宗元《放鷓鴣詞》:"徇媒得食不復慮,機械潛發罹罝罦;破籠展翅當遠去,同類相呼莫相顧";陸龜蒙《鶴媒歌》:"偶繫漁舟汀樹枝,因看射鳥令人悲。盤空野鶴忽飛下,背翳見媒心不疑;媒閑靜立如無事,清唳時時入遥吹。徘徊未忍過南塘,且應同聲就同類。……窺鱗啄藻乍低昂,注定當胸流一矢。媒歡舞躍勢離披,似諂功能腰弩兒。……君不見荒陂野鶴陷良媒,同類同聲真可畏!"是烏媒、鶡媒、孔雀媒、鷓鴣媒、鶴媒都有。《離騷》:"吾令鴆爲媒兮",王逸註:"鴆,惡鳥也,毒可殺人,以喻讒賊";陸龜蒙所歎"陷"同類之"良媒",是鶴而爲鴆者,雉、烏、孔雀等媒,亦莫非"鴆媒"也。西方古詩文有歷舉人行事之類禽獸者,其一爲賣同類使落網羅,有若鳧媒(de canards privés, qui trahissent leurs semblables, et les attirent dans les filets)①;或諷世謂雀遭媒誘落網,復作媒以誘他雀,衹爲口腹,不計同類生死(Nicht zu weit von meinem Singen/Liegen Netze und falsche Schlingen;/Die für mich hier hat gelogen,/Hat mich, wie ich euch, betrogen. /.../Die da will, die mag verfliegen,/Die nicht will, die lass sich kriegen;/Wann nur ich die Kost erwerbe,/Gilt mir's gleiche, wer verterbe)②。當世英語逕呼諜倀爲"鴿媒"、"鳧媒"(stool pigeon, decoy duck),又白居易所歎"抑亦人復然"矣。《全唐文》卷六二五吕溫《由鹿賦·序》:"遇野人繫鹿而至,問之,答曰:'此爲由鹿,由此鹿以誘致羣鹿也。……

---

① La Rochefoucauld, *Réflexions diverses*, xi, *op. cit.*, 309.
② Logau: "Eine Lockfinke", *op. cit.*, 62.

此鹿每有所致，輒鳴嗥不飲食者累日。'予喟然歎曰：'虞之即鹿也，必以其類致之；人之即人也，亦必以其友致之。……鹿無情而猶知痛傷，人之與謀，宴安殘酷，彼何人斯！'"；宋祁《筆記》卷中謂呂《賦》"由"字當依《説文》作"圛"。實則潘岳賦中"吾游"之"游"，亦即"圛"字，徐註望文生義。蓋獸亦有媒，非僅禽鳥，鹿之"鳴嗥不食"，殆愈於鶴之"歡舞躍"乎。

【增訂三】《秋澗大全集》卷一《鶴媒賦》則言相誘不必"同類"，有"以鶴取鹿"者："鶴本善類，與物無忮。……詐以摽鹿，遂戕彼命。是則鶴之善，人則用而險之，反有過於機穽也。鶴了不知，鹿終弗悟，歲供庖廚，皆鶴之故。"蓋"媒"未必非"善類"，作倀助虐而已"了不知"；此意前人所未道，亦復洞察物情人事也。

《射雉賦》："鯨牙低鏃，心平望審，毛體摧落，霍若碎錦。"按韋應物《射雉》："野田雙雉起，翻射斗迴鞭；羽分繡臆碎，頭弛錦鞴懸"，便平鈍無生氣；韓愈《雉帶箭》："衝人決起百餘尺，紅翎白鏃隨傾斜。將軍仰笑軍吏賀，五色離披馬前墮"，物態人事，紛現紙上，方駕潘賦不啻過之。"鳴雉振羽，依於其冢，捫降邱以馳敵，雖形隱而草動。"按描畫緻貼；余見西方詩文中兩處設譬，取象與此酷肖。但丁寫原人亞當光氣繚繞，視之不真，猶獸覆布下，人衹覩布動，不見獸形（Tal volta un animal coverto broglia, /sì che l'affetto convien che si paia/per lo seguir che face a lui la'nvoglia）①；弗羅貝寫女主角讀父（Théodore Rouault）來書，別字滿紙，而頗達情志，如雞雛之形半爲棘圍所

---

① *Paradiso*, XXVI.97-9, *La Commedia divina*, Ricciardi, 1103.

蔽，而啁哳之聲可聞（Les fautes d'orthographe s'y enlaçaient les unes aux autres, et Emma poursuivait la pensée douce qui caquetait tout au travers comme une poule à demi cachée dans une haie d'épines）①。物色相似，而以賦爲比，風味似更雋永也。

---

① *Madame Bovary*, I. x, Conard, 238.

一三六　全晉文卷九五

潘尼《安身論》:"非謂崇生生之厚,而耽逸豫之樂也。"按《老子》五〇章:"動之死地,以其生生之厚",又七五章:"人之輕死,以其生生之厚";《淮南子·精神訓》:"夫人之所以不能終其壽命而中道夭於刑戮者,何也?以其生生之厚";潘語出此。《莊子·大宗師》:"生生者不生",《列子·天瑞》:"不生者能生生";用意不同,言天運、造化,非謂人事、身命也。

一三七　全晉文卷九六

　　陸機《歎逝賦》。按悱惻纏綿，議論亦何害於抒情乎？"川閱水以成川，水滔滔而日度；世閱人而爲世，人冉冉而行暮。人何世而勿新，世何人之能故！"按參觀《全漢文》論董仲舒《山川頌》。《文選》李善註引高誘《淮南子》註曰："閱、總也"，蓋猶《史記·高祖功臣侯者年表》所謂"積日曰'閱'"，全失遷流"日度"之意，乃積水、死水耳。張九齡《登荆州城望江》："滔滔大江水，天地相終始，經閱幾世人，復歎誰家子"；杜甫《三川觀水漲》："勢閱人代速"；用"閱"字可佐解陸機語。"閱"如"閱歷"之"閱"；《漢書·蓋寬饒傳》："仰視屋而歎曰：'美！然富貴無常，忽則易人，此如傳舍，所閱多矣！'"，或元好問《癸巳四月二十九日出京》："興亡誰識天公意，留着青城閱古今"，即此"閱"字。利奧巴迪詩怨天(la natura)於人無顧藉云："即不熱心垂憫，姑亦冷眼旁觀乎"(Pietosa no, ma spettatrice almeno)[①]；言外謂其冥頑夢墨，非獨不關懷，抑且不寓目，是雖

[①] Leopardi: "Alla Primavera o delle Favole antiche", Opere, Ricciardi, I, 41.

"歷"而并未"閱"也，用字相印。"信松茂而柏悅，嗟芝焚而蕙歎，苟性命之勿殊，豈同波而異瀾？"按可作兩解：氣類之感，休戚相通，柏見松茂而亦悅，蕙覩芝焚而遂歎，所謂"我與爾猶彼"，一解也；修短通塞，同歸於盡，松之大年與芝之強死，猶五十步與百步，物論未齊，忻慨爲用，二解也。"託末契於後生，余將老而爲客。"按承上文"顧舊要於遺存，得十一於千百"，苦語直道衷情而復曲盡事理。"老"則故人愈稀，"客"則舊鄉遠隔，然而羣居未容獨往，則不得不與"後生"結契。顧孔融《論盛孝章書》不云乎："今之少年，喜謗前輩。"杜甫《莫相疑行》更痛言之："往時文彩動人主，此日飢寒趨路旁。晚將末契託年少，當面輸心背面笑。寄謝悠悠世上兒，不爭好惡莫相疑！"杜詩申陸賦含蓄未道之意，不得不託後生而後生又不可託也；"好"、上聲，"惡"、入聲，即美醜，承"往時文彩"句來，謂龍鍾潦倒，不復矜才逞氣，與人競一日短長，"年少"後生可以釋疑忌之心，仇兆鼇註："'好、惡'二字並去聲"，則謂争愛憎也，不詞甚矣。

【增訂三】唐庚《劍州道中見桃李盛開而梅花猶有存者》："桃花能紅李能白，春深何處無顏色。不應尚有數枝梅，可是東君苦留客？向來開處當嚴冬，桃李未在交游中；即今已是丈人行，肯與年少爭春風！"此篇與杜甫《莫相疑行》意態正同，以曲喻代直陳耳。

王安石《老人行》："老人低心逐年少，年少還爲老人調。兩家挾詐自相欺，四海傷真誰復訴！翻手作雲覆手雨，當面論心背面笑；古來人事已如此，今日何須論久要！"（羅振玉《〈臨川集〉拾遺》）；又推闡杜詩，以杜《貧交行》句與《莫相疑行》句儷偶，妙手拾得，不乞諸鄰。方中通《續陪》卷一《行路難》第一首略云："少年人人識我生憎嫌，最是嫌我、又不將我棄。老眼昏花不識人，鞠躬道左、不敢離復不敢親。少年顔色變頃刻，似假非假真非真，此時抑抑更唯唯，惟有聽其揶揄而已矣！"於陸機語不啻衍義鈎沉焉。蓋年輩不同，心性即異（generation gap, classe d'âge）①。初不必名位攸隔、族類相殊；挾少以加諸老，亦猶富貴之可以驕貧賤。且又不必輩行懸絶，如全盛紅顔子之與半死白頭翁；十年以長，即每同尸居餘氣，不覺前賢畏後生矣。計東《改亭文集》卷九《耆舊偶記》記康熙十一年北遊晤見名宿，孫奇逢九十一歲、孫承澤八十歲、王崇簡七十一歲、閻爾梅七十歲、顧炎武六十歲，"宋學士問曰：'兩日何所聞？'余笑曰：'兩日但見諸老人論學，八十歲老人詆九十歲老人，七十歲老人[王]詆八十歲老人，六十歲老人又詆七十歲老人[閻]也！'"趣談正復常事耳。蘇轍《送人歸洛》："遍閲後生真有道，欲談前事恐無人"，則"老"雖不"爲客"，亦乏"託契"之侶也，朱希真詩："早年京洛識前輩，晚景江湖無故人；難與兒童談舊事，夜攀庭樹數星辰"（謝枋得《疊山集》卷六《送史縣尹朝京序》引），則"老而爲客"，難"託契"於"後生"也。杜、王悲慨，蘇、朱悵惘，異曲而同工焉。

---

① Cf. J. Pommier, *Questions de Critique et d'Histoire littéraire*, 18-9: "C'est une loi générale qui oppose une génération à la précédente. Elle joue au sein des familles, et dans tous les domaines" etc. .

一三八　全晉文卷九七

　　陸機《文賦》。按卷一〇二陸雲《與兄平原書》之九："《文賦》甚有辭，綺語頗多；文適多，體便欲不清，不審兄呼爾不？"；常讀"體"字斷句，未能離經辨志者也。"適"、倘若也，如《晏子春秋》内篇《諫》下之二〇："雖然，嬰將爲子復之，適爲不得，子將若何？"，或《史通・探賾》："然適使夷齊生於秦代，死於漢日。"

　　【增訂四】晉人譯佛經中常用"適"字，義與陸雲語同。如西晉譯《生經・菩薩曾爲鼈王經》第三六："焚炙其背，……適欲强忍，痛不可言"；《孔雀經》第五一："如無日月，燭火爲明；日月適出，燭火無明。"又如姚秦譯《出曜經・心意品》第三六："猶如羣鳥，恒宿茂林，貪五果香華氣味。華果適盡，各捨而逝。""適出"與"如無"正負對比，意訓昭然。

雲語可借鍾嶸《詩品》論陶潛語爲釋："文體省淨，殆無長語"，"長語"之"長"即"長物"之"長"，謂"文多"也，"體省淨"即"體清"耳。《與兄平原書》之一〇："然猶皆欲微多，但清新相接，不以此爲病耳"，又二二："兄《丞相箴》小多，不如《女史》清約耳"，亦此意。"適多"、"微多"、"小多"正如《世説・

文學》門註引《文章傳》載張華語陸機："子之爲文，乃患太多"；"多"皆《論語・子罕》："君子多乎哉！不多也"之"多"，非《泰伯》："以多問於寡"之"多"，參觀論宋玉《登徒子好色賦》。

　　"余每觀才士之所作，竊有以得其用心。"按下云："每自屬文，尤見其情"，與開篇二語呼應，以己事印體他心，乃全《賦》眼目所在。蓋此文自道甘苦；故於抽思嘔心，琢詞斷髭，最能狀難見之情，寫無人之態，所謂"得其用心"、"自見其情"也。陸龜蒙《襲美先輩以龜蒙所獻五百言，既蒙見知，復示榮唱，再抒鄙懷，用伸酬謝》："吾祖仗才力（自註：士衡《文賦》），革車蒙虎皮，手持一白旄，直向文場麾。……大可罩山嶽，微堪析毫釐。十體免負贅，百家咸起痿。爭入鬼神奧，不容天地私。一篇邁華藻，萬古無子遺。""十體"尚有據驗，餘則誇述祖德，無端涯之辭，略同諛墓，不必苛責。邇來《文賦》，譯爲西語，彼土論師，亦頗徵引①。然迻譯者蒙昧無知，遂使引用者附會無稽，一則盲人瞎馬，一則陽燄空花，於此篇既無足借重，復勿堪借明也。

　　"恒患意不稱物，文不逮意。"按"意"内而"物"外，"文"者、發乎内而著乎外，宣内以象外；能"逮意"即能"稱物"，内外通而意物合矣。"意"、"文"、"物"三者析言之，其理猶墨子之以"舉"、"名"、"實"三事並列而共貫也。《墨子・經》上："舉、擬實也"；《經說》上："告、以之名舉彼實也"；《小取》："以名舉實，以詞抒意。"《文心雕龍・鎔裁》以"情"、"事"、"辭"爲"三準"，《物色》言"情以物遷，辭以情發"；陸贄《奉

---

① e.g. R. P. Blackmur, *The Lion and the Honeycomb*, 237 (to give Dante a little backing).

天論赦書事條狀》："言必顧心，心必副事，三者符合，不相越踰"；均同此理。近世西人以表達意旨(semiosis)爲三方聯係(tri-relative)，圖解成三角形(the basic triangle)："思想"或"提示"(interpretant, thought or reference)、"符號"(sign, symbol)、"所指示之事物"(object, referent)三事參互而成鼎足①。"思想"或"提示"、"舉"與"意"也，"符號"、"名"與"文"也，而"所指示之事物"則"實"與"物"耳。英國一詩人詠造藝謂，緣物生意(the thing shall breed the thought)，文則居間而通意物之郵(the mediate word)②，正亦其旨。"文不逮意"，即得心而不應手也；韓愈《答李翊書》："當其取於心而注於手也，汩汩然來矣"，得心而應手也，"注手汩汩"又與《文賦》之"流離於濡翰"取譬相類。徐陵《孝穆集》卷一《讓五兵尚書表》："仲尼大聖，猶云'書不盡言'，士衡高才，嘗稱'文不逮意'"，撮合頗工。《全唐文》卷三七八王士源《孟浩然集序》："常自歎爲文不逮意也"；汪中《述學·別錄·與巡撫畢侍郎書》："所爲文恒患意不逮物，文不逮意"；皆本陸機語。參觀《老子》卷論第一章。

"蓋非知之難，能之難也。"按《文選》李善註："《尚書》曰：'非知之艱，行之惟艱。'"二語見僞《古文尚書·説命》，唐人尚不知其贋，故引爲來歷；實則梅賾於東晉初方進僞《書》，陸機在西晉未及見也，此自用《左傳》昭公十年子皮謂子羽語：

---

① C. S. Peirce, *Collected Papers*, ed. C. Hartshorne and P. Weiss, V, §484; C. K. Ogden and I. A. Richards, *The Meaning of Meaning*, 11.

② Browning, *The Ring and the Book*, XII, 858 ff., cf. De Sanctis: "lo stile è la cosa nel suo riflesso e nel suo effetto sulla mente" (L. Russo, *Gli Scrittori d'Italia*, II, 140).

"非知之難,將在行之。"得諸巧心而不克應以妍手,固作者所常自憾。《文心雕龍·神思》:"方其搦管,氣倍辭前,暨乎篇成,半折心始。何則?意翻空而易奇,言徵實而難巧也";亦道其事。蘇軾《答謝民師書》所謂:"求物之妙如係風捕影,能使是物了然於心者,蓋千萬人而不一遇也,而況能使了然于口與手乎?"又不獨詩、文爲然。《全唐文》卷四三二張懷瓘《書斷序》:"心不能授之於手,手不能受之於心";正爾同慨。參觀本卷論王羲之《書論》。法國一大畫家(Delacroix)嘗歎:"設想圖畫,意匠經營修改,心目中赫然已成傑構,及夫着手點染,則消失無可把捉,不能移着幅上"(Voir des chefs-d'oeuvre dans son esprit, les contempler, les rendre parfaits par les yeux du cerveau, et, quand on veut les réaliser sur la toile, les sentir s'évanouir et devenir intraduisibles!)①。有心無手,亦爲西方談藝之口實。又一劇中人云:"尊意倘謂苟拉斐爾生而無手,遂不得爲繪畫中絶才耶?"(Oder meinen Sie, Prinz, dass Raphael nicht das grösste malerische Genie gewesen wäre, wenn er unglücklicher Weise ohne Hände wäre geboren werden?)②;一小詩嘲人云:"畫苑大師,惜殘肢體! 靈心明眼,却乏手臂!"(Dir auch töne mein Gruss, du herrlicher Maler-Torso; /Brust und Auge wie schön! Weh! ob der fehlenden Hand)③;一小説中人物尤痛言之:"吾具拉斐爾之心,祇須有其手爾。吾已獲天才之半,茫茫大地,將

---

① Maxime du Camp, *Souvenirs littéraires*, II, 211.
② Lessing, *Emilia Galotti*, I. iv(Conti), *Werke*, Weimar: Volksverlag, I, 233-4.
③ Grillparzer, *Aphorismen*: "Tieck", *op. cit.*, II, 25.

底處覓餘半也！安知此巧手不爲心神瑣濁之畫匠所有，徒用以摹古媚俗乎？"（I need only the hand of Raphael. His brain I already have.... I'm the half of a genius! Where in the wide world is my other half? Lodged perhaps in the vulgar soul, the cunning ready fingers of some dull copyist or some trivial artisan who turns out by the dozen his easy prodigies of touch!)①。顧既不解行，則未保知之果爲真；苟不應手，亦未見心之信有得②。徒逞口説而不能造作之徒，常以知行不齊、心手相乖，解嘲文過。抑大家雄伯每親證其境，又未宜因輊才飾僞者自欺欺人而盡抹搬之。惡僞之亂真，欲去僞而乃并鏟真，非知言也。世間事物，有僞未遽有真，《墨子·經》上所謂"無不必待有"也，然而有真則必有僞焉。匹似有僞神仙，不足徵亦有真神仙，有僞君子，則正緣有真君子耳。

"故作《文賦》以述先士之盛藻，因論作文之利害所由，他日殆可謂曲盡其妙。至於操斧伐柯，雖取則不遠，若夫隨手之變，良難以辭逮。蓋所能言者，具於此云。"按後文又申此意："是蓋輪扁所不得言，故亦非華説之所能精。"蓋知文當如何作（knowing how）而發爲詞章（application in practice），一也；知文當如是作（knowing that）而著爲科律（formulation of precept），二也。始謂知作文、易，而行其所知以成文、難；繼則進而謂不

---

① Henry James, *The Madonna of the Future* (Theobald), *Novels and Tales*, Scribner, XIII, 486-7.

② Blake, *Notes on Reynolds*: "Invention depends altogether upon execution or organisation" etc. (A. Gilchrist, *Life of William Blake*, "Everyman's", 272). Cf. Croce, *Estetica*, 10ᵃ ed., 11-3; H, Focillon, *Vie des Formes*, 65-8.

特行其所知、難，即言其所知以示周行，亦復大難。知而不能行，故曰："文不逮意"；知而不能言，故曰"難以辭達"、"輪扁所不得言"，正如《呂氏春秋·本味》伊尹曰："鼎中之變，精妙微纖，口弗能言，志不能喻。"

【增訂四】《後漢書·方術列傳》下郭玉曰："醫之為言意也。腠理至微，隨氣用巧。針石之間，毫芒即乖。神存於心手之際，可得解而不可得言也。"

《文選》李善註"他日"句："言既作此《文賦》，他日觀之，殆謂委曲盡文之妙道；趙歧《孟子章句》曰：'他日、異日也。'"拘攣一句之中，未涵泳上下文，遂不識"委曲盡道"之解與本文"難以辭達"岨峿齟齬。俞正燮《癸巳存稿》卷一二亦失正解，故欲乙其文，作："謂他日始可曲盡其妙"，釋曰："言《賦》之所陳，知之非難，冀他日能之耳"；信若所言，則"謂"字當刊去，不僅鈎乙也。"他日"有異日、來日意（another day, some other day），亦可有昔日、往日意（the other day）。即以《孟子》為例。如《梁惠王》："他日見於王曰"，《公孫丑》："他日見於王曰"又"他日王謂時子曰"，《滕文公》："他日子夏、子游、子張以有若似聖人"又"夷子不來，他日又求見孟子"，皆謂當日以後；《梁惠王》："他日君出"，《滕文公》："吾他日未嘗學問"，又皆謂當日以前。趙歧都未註，惟於《滕文公》陳仲子章"他日歸"句下註："他日、異日也"，殆李善所徵。夫"他日"句承"先士盛藻"來，則以"昔日"之解為長。謂前世著作已足當盡妙極妍之稱，樹範"取則"，於是乎在，顧其神功妙運，則語不能傳，亦語不能備，聊示規矩，勿獲悉陳良工之巧耳。"他日"得作昔日、往日解，唐世尚然，如杜甫《秋興》："叢菊兩開他日淚",李商隱《野菊》:"清樽相伴省他年"又《櫻桃花下》:"他日未開今日謝。"李善苟不盡信書而求之當時語,則得矣。

"佇中區以玄覽,頤情志於典墳;遵四時以歎逝,瞻萬物而思紛。"按《文選》李善註第一句:"《老子》曰:'滌除玄覽',河上公曰:'心居玄冥之處,覽知萬物'";五臣張銑註:"玄、遠也,遠覽文章。"銑説爲長。機祇借《老子》之詞,以言閲覽書籍,即第二句之"頤情典墳",正如"遵時歎逝",即第四句之"瞻物思紛",均以次句申説上句。或者見善《註》引《老子》,遂牽率魏晉玄學,尋虛逐微,蓋不解文理而強充解道理耳。張衡《思玄賦》,《文選》李善註解題亦引《老子》:"玄之又玄",然其賦實《楚辭·遠遊》之遺意,故既曰:"何必歷遠以劬勞?",復曰:"願得遠度以自娛";《全梁文》卷一五梁元帝《玄覽賦》洋洋四千言,追往事而述游踪;崔湜《奉和登驪山高頂寓目應制》:"名山何壯哉!玄覽一徘徊",又徐彥伯《奉和幸新豐温泉宮應制》:"何如黑帝月,玄覽白雲鄉!",猶言遠眺;皆不必覤"玄"字而如入玄冥、處玄夜也。"中區",善註:"區中也";"區中"即言屋内。蓋前二句謂室中把書卷,後二句謂户外翫風物。"悲落葉於勁秋,喜柔條於芳春";二句申説"四時"、"萬物"。蕭子顯《自序》:"風動春朝,月明秋夜,早雁初鶯,開花落葉,有來斯應,每不能己也";《文心雕龍·物色》:"物色之動,心亦搖焉。……流連萬象之際,沉吟視聽之區。……目既往還,心亦吐納。春日遲遲,秋風颯颯,情往似贈,興來如答";《詩品·序》:"若乃春風春鳥,秋月秋蟬,夏雲暑雨,冬月祁寒,斯四候之感諸詩者也";又機此二句之闡釋也。子顯《自序》尚及"送歸",《詩品·序》更於興、觀、羣、怨,"凡斯種種"足以"陳詩"

者，徧舉不遺；陸《賦》則似激發文機，惟賴觀物，相形殊病疎隘，殆亦徵性嗜之偏耶？"有來斯應"、"往還吐納"，蓋謂物來而我亦去，物施而我亦報（interaction），如主之與客；初非物動吾情、印吾心，來斯受之，至不反之（action and passion），如主之與奴也。不言我遇物而言物迎我，不言物感我而言我贈物，猶曰"色授魂與"耳，參觀論《全漢文》枚乘《七發》。"心亦吐納"、"情往如贈"，劉勰此八字已包賅西方美學所稱"移情作用"（Law of imputation，Einfühlung）①，特標舉之。

"傾羣言之瀝液，漱六藝之芳潤。"按《文選》李善註："《周禮》曰：'六藝：禮、樂、射、御、書、數也'"；何焯評："'六藝'謂《易》、《詩》、《書》、《禮》、《樂》、《春秋》；《史記》：'載籍極博，尤考信于六藝'，又'孔子弟子身通六藝者，七十二人'；以上文義求之，不當引《周禮》。"何說是也，特未窺善乃沿張衡《思玄賦》舊註之誤。衡賦云："御六藝之珍駕兮，遊道德之平林，結典籍而爲罟兮，敺儒墨以爲禽，玩陰陽之變化兮，詠雅頌之徽音"；明指《六經》，而舊註即引《周禮》，善亦無糾正。陸機蓋已發《文心雕龍·宗經》之緒。韓愈論文尊《經》，《進學解》曰："口不絕吟於六藝之文"；王質《雪山集》卷五《于湖集序》曰："文章之根本皆在《六經》；非惟義理也，而其機杼物采、規模制度，無不備具者。"杜甫自道作詩，《偶題》曰："法自儒家有，心從弱歲疲"；辛棄疾《念奴嬌·答傅先之提舉》曰："君詩好處，似鄒魯儒家，還有奇節"；均爲詞章而發，

---

① W. Knight, *The Philosophy of the Beautiful*, I, 209 (Mc Vicar); H. J. Bate, *From Classic to Romantic*, 131 ff., 153 ff.; G. Morpurgo-Tagliabue, *L'Esthétique contemporaine*, 20 ff., 42 ff..

亦可通消息。韓愈之"沈浸醲郁，含英咀華"，又與"傾瀝液，漱芳潤"共貫。《全後漢文》卷九一王粲《荊州文學記官志》雖云"遂訓《六經》"，復論《易》、《書》、《詩》、《禮》、《春秋》之"聖文殊致"，初非緣詞章説法，"文學"所指甚廣，乃今語之"文教"。機《賦》始專爲文詞而求諸《經》，劉勰《雕龍》之《原道》、《徵聖》、《宗經》三篇大暢厥旨。《徵聖》曰："徵之周、孔，則文有師矣"；《宗經》曰："勵德樹聲，莫不師聖，而建言修辭，鮮克宗經。……文章奧府，羣言之祖。"王粲之《志》祇道"勵德樹聲"爾。若《顏氏家訓・文章》論詩文各體"原出五經"，則庶幾道"建言修辭"者。志事迥殊，鶻突而混同之，未見其可。昭明《文選・序》曰："若夫姬公之籍，孔父之書，……孝敬之准式，人倫之師友，豈可重以芟夷，加以剪截？"是"師聖"以"勵德樹聲"，而未"宗經"以"建言修辭"；豈於其文章不敢贊一辭耶？殆實非賞音，難與同調，故善爲説辭，敬而遠之也？阮元奉昭明之遁辭，爲談藝之聖證，《揅經室二集》卷二《揚州隋文選樓記》、《三集》卷二《文言説》、《書梁昭明太子文選序後》、《與友人論古文書》又卷五《學海堂文筆策問》斷言"經、史、子三者"之非"文"。於痴人前真説不得夢也！董其昌《容臺集》卷四《〈餐霞十草〉引》："作者雖並尊兩司馬，而修詞之家，以文園爲宗極。……自漢至唐，脉絡不斷；叢其勝會，《選》學具存。昌黎以經爲文，眉山以子爲文，近時哲匠王允寧、元美而下，以史爲文。於是詩、賦之外，《選》學幾廢。蓋龍門登壇，而相如避舍矣！"已早發阮氏之論矣。

"其始也，皆收視反聽，耽思傍訊，精騖八極，心游萬仞。……於是沈辭怫悦，若游魚銜鈎而出重淵之深，浮藻聯翩，若翰鳥纓繳而墜曾雲之峻。"按"傍訊"之"傍"即《進學解》"獨傍搜而遠紹"之"傍",謂四面八方,正下二句之"八極"、"萬仞"。此節言力索而有獲,下文:"及其六情底滯,志往神留,兀若枯木,豁若涸流",則言力索而終無所獲;文機或流或澀,而其爲苦思冥搜,則無乎不同。杜甫《戲爲六絕句》之"未掣鯨魚碧海中"視"鈎魚出重淵";劉昭禹《風雪》之"句向夜深得,心從天外歸"視"繳鳥墜曾雲";盧延讓《苦吟》之"險覓天應悶,狂搜海亦枯"視"重淵"、"曾雲";賈島《戲贈友人》之"一日不作詩,心源如廢井,筆硯爲轆轤,吟咏作縻綆"視"豁若涸流";裴説斷句之"苦吟僧入定,得句將成功"視"收視反聽,志往神留";詞意胥相映發。袁枚《小倉山房詩集》卷二〇有《續〈詩品〉》三二首,説者病其與司空圖原作旨意遙庭,實則袁之屬詞雖仿司空,而謀篇命意出於陸機《文賦》及《文心雕龍》之《神思》、《定勢》、《鎔裁》等篇;馬榮祖《文頌》亦然。若司空圖《詩品》命意源於《文心雕龍》之《體性》篇,而鍾嶸《詩品》之"謝詩如芙蓉出水,顏詩如錯采鏤金",或"范詩清便宛轉,如流風迴雪,丘詩點綴映媚,似落花依草",侔物構象,約爲四字,《雕龍》所未有;皎然《詩式》卷一《品藻》:"百葉芙蓉,菡萏照水,例如曹子建詩云云;寒松病枝,風擺半折,例如康樂公詩云云"等,擬象爲主,篇什爲附,苟以"體性"之品目安上,便是司空鑄詞之椎輪矣。李商隱《錦瑟》則作者自道,頸聯象"神思",腹聯象"體性",兩備一貫,別見《玉溪生詩》卷論《錦瑟》。陸機論作文,窮碧落、極黃泉以求索者,"沈辭"也,"浮藻"也。蓋魏晉之世,偶體已興,時會所趨,詞肥義瘠。"十體"中之"論"與"説"二體,當以立意爲宗,亦復理不勝詞,浮文妨要。機以詞藻爲首務，風氣中人語也。魏文帝《典論》謂"文以氣爲主"，劉勰《文心雕龍》繼王充而立《養氣》一篇，韓愈《答李翊書》亦謂"氣盛則言之短長與聲之高下皆宜"，着眼又别，足相比勘。"旁訊"、"旁搜"乃言所思未得，念兹在兹，搜討幽賾，期於必致。顧亦有異乎此者。燥吻滯情，邈然莫獲，雖極思功，未邀神告，則姑置之，别爲他事，却忽流離滂沛，不覓自來。心理學者謂致知造藝，須解"旁思"（Pour trouver, il faut penser à côté)①：當夫塞而不通，宜舍是而別用其心，以待時節因緣，自然渙釋。事如往南向北，而效同聲東擊西。蓋思之未始有得也，守題而不設畔岸，思之至竟無獲也，離題而另起爐竈；皆"旁訊"、"旁搜"。舊解可以出新義焉。

"收百世之闕文，採千載之遺韻；謝朝華於已披，啓夕秀於未振。"按陳澧《東塾集》卷四《跋〈音論〉》："亭林先生云：'自漢、魏以上之書，並無言韻者，知此字必起於晉、宋以下。陸機《文賦》云云，文人言韻，始見於此。'澧按《尹文子》云：'韻商而含徵'，此'韻'字之見於先秦古書者。"此專究"韻"字入文之"始"，於談藝無與。"闕文"之"文"如"文詞"之"文"，"遺韻"之"韻"如"韻語"之"韻"，非"質文"、"情文"之"文"，"神韻"、"氣韻"之"韻"（參觀論《全齊文》謝赫《畫品》），指詩文之篇什，非道詩文之風格。故"文人言"音"韻"之"韻"，或"始見於此"，若其言"韻"味之"韻"，則斷乎不得託此爲始。機意祇謂於前人撰作，網羅放失，拾墜鈎沈；"闕文"、"遺韻"猶後世曰"古逸"耳。李善註："'華'、'秀'以喻文

---

① P. Sauriau, *Théorie de l'Invention*, 7.

也，'已披'言已用也"；不甚了了。"披"乃"離披"之"披"，萎靡貌，承"華"字來而爲"振"字之反；李商隱《七月二十七日崇讓宅讌作》："紅薬何事亦離披"，即此"披"字。"謝"如善註張華《勵志詩》引顏延年曰："去者爲'謝'"；晏幾道《生查子》："寒食梨花謝"，即此"謝"字。曰"披"、曰"謝"，花狂葉病也；"啓"、開花，"振"怒花也。鮑照《觀漏賦》："薰晚華而後落，槿早秀而前亡"，用字與"朝華"、"夕秀"相參。機意謂上世遺文，固宜採擷，然運用時須加抉擇，博觀而當約取。去詞采之來自古先而已成熟套者，謝已披之朝華；取詞采之出於晚近而猶未濫用者，啓未振之夕秀。倘易花喻爲果喻，則可曰：一則未爛，一則帶生。宋祁《筆記》卷中以此二句與韓愈"惟陳言之務去"並舉，曰："此乃爲文之要"；擬得其倫矣。

【增訂四】古羅馬修詞學大師昆體良教人當選用新詞之最舊者、舊詞之最新者（novorarum optima... maxima vetera... veterum maxima nova. —Quintilian, *Institutio oratoria*, I. vi. 41, Loeb, Vol. I, p. 131），即謂於新穎之詞取其已經用者，於陳舊之詞取其猶沿用者。一如朝華之尚未披，一如夕秀之能久振；譬之於果，則均熟而未爛，無《文賦》所言帶生一境。

"觀古今于須臾，撫四海于一瞬。"按參觀上文："收視反聽，耽思傍訊，精騖八極，心游萬仞"，下文："罄澄心以凝思，眇衆慮而爲言；籠天地於形內，挫萬物於筆端。"《西京雜記》卷二記司馬相如爲《上林子虛賦》："意思蕭散，不復與外事相關，控引天地，錯綜古今，忽然如睡，煥然如興"；可與機語比勘。"撫四海"句李善註引《莊子》，是也。《在宥》託爲老子曰："其熱焦火，其寒凝冰，其疾俛仰之間而再撫四海之外，其居也淵而靜，其動也縣而天，債驕而不可係者，其唯人心乎！"莊子狀心行之疾，祇取證上下四方之宇，猶《大乘本生心地觀經·觀心品》第一〇："心如大風，一刹那間，歷方所故"，或《楞伽經·一切佛語心品》之二："意生身者，譬如意去，迅速無礙，……石壁無礙，於彼異方無量由延。"陸機不特"撫四海"，抑且"觀古今"，自宇而兼及宙矣。《全唐文》卷一八八韋承慶《靈臺賦》即賦心者，形容最妙，有曰："萌一緒而千變，兆片機而萬觸。……轉息而延緣萬古，迴瞬而周流八區"；意同陸賦而詞愈工妥。《朱子語類》卷一八："如古初去今是幾千萬年，若此念才發，便到那裏；下面方來又不知是幾千萬年，若此念才發，也便到那裏。……雖千萬里之遠，千百世之上，一念才發，便到那裏"；又卷一一九："'未之思也，夫何遠之有！'才思便在這裏，……更不離步。《莊子》云云"；敷陳尤明。達文齊謂心能於瞬息間自東徂西（The mind passes in an instant from the east to the west）①；莎士比亞稱心思捷躍，能一舉而踰世代、超山海，念動即屆（For/'tis your thoughts that now deck our kings, /Carry them here and there; jumping over times; /For nimble thought can jump both sea and land, /As soon as think the place where he should be）②；蓋彼土詩文亦以為常談也。又按腹稿意匠，成竹在胸，尚有一境，可狀之曰："觀起訖之須臾，撫全篇於一瞬。"原始要終，按部就班，雖洋洋千萬言而若通體同時橫陳於心目之前，一瞥視而無遁形者。相傳莫差特有一尺牘，道此最親切（und

---

① *The Notebooks of leonardo da Vinci*, tr. E. MacCurdy, I, 71.
② *Henry V*, Prologue; *Sonnets*, no. 44.

das Ding wird im Kopf wahrlich fast fertig, wenn es auch lang ist, so dass ich's hernach mit einem Blick, gleichsam wie ein schönes Bild oder einen hübschen Menschen im Geist übersehe und es auch gar nicht nebeneinander, wie es hernach kommen muss, in der Einbildung höre, sondern wie gleich alles zusammen)①。其言雖爲樂曲而發，顧謀篇行布，文成於心，未始不然也。

"然後選義按部，考辭就班。"按侯方域《壯悔堂文集》卷三《與任王谷論文書》："六朝選體之文最不可恃，士雖多而將囂，或進或止，不按部伍"；侯氏少年習爲儷偶，過來人故知個中患弊。機賦此語正防患對症而發。

"或虎變而獸擾，或龍見而鳥瀾；或妥帖而易施，或岨峿而不安。"按李善註："《周易》曰：'大人虎變，其文炳也'，言文之來，若龍之見煙雲之上，如鳥之在波瀾之中。應劭曰：'擾、馴也。'"碎義逃難，全不順理達旨。何焯評"虎變"云云："二句疑大者得而小者畢之意"；亦未端的。"瀾"當是"瀾漫"之"瀾"，"鳥"當指海鷗之屬；虎爲獸王，海則龍窟。主意已得，陪賓襯托，安排井井，章節不紊，如猛虎一嘯，則百獸帖服；"妥帖易施"，即"獸擾"之遮詮也。新意忽萌，一波起而萬波隨，一髮牽而全身動，如龍騰海立，則鷗鳥驚翔；"岨峿不安"，亦即"鳥瀾"之遮詮矣。卷九七機《羽扇賦》："彼凌霄之遼鳥，播鮮輝之蒨蒨，隱九皋以鳳鳴，游芳田而龍見"；卷一〇二機弟雲《與兄平原書》指瑕曰："言鳥云'龍見'，如有不體"，即在稱《文賦》"甚有辭"同一書中。倘如善註謂："龍見雲如鳥在

---

① K. Storck, *Mozarts Briefe in Auswahl*, 269, Nr. 179: "Aus einem fingierten Brief".

瀾"，此二語當亦被"不體"之目耳。以景物喻文境，後世批尾家之慣技，如汪康年《莊諧選錄》卷四："有人評一人試帖曰：'兩個黃鸝鳴翠柳，一行白鷺上青天'；上句是不解作何語，下句是愈說愈遠了"；取杜詩爲謔，機杼不異"虎變"、"龍見"也。

"信情貌之不差，故每變而在顏；思涉樂其必笑，方言哀而已歎"。按情動而形於言，感生而發爲文，乃"樂"而後"思涉"，"哀"而後"方言"；然當其"涉"也、"言"也，"哀"、"樂"油然復從中來，故"必笑"、"已歎"。既興感而寫心作文，卻因作文而心又興感；其事如鮑照《東門行》："長歌欲自慰，彌起長恨端"，杜甫《至後》："愁極本憑詩遣興，詩成吟詠轉淒涼"，楊萬里《己丑上元後晚望》："遣愁聊覓句，得句却愁生。"此一解也。哀樂雖爲私情，文章則是公器；作者獨居深念，下筆時"必笑"、"已歎"，庶幾成章問世，讀者齊心共感，親切宛如身受。《世說・文學》門嘗記孫楚悼亡賦詩，作者之"文生於情"也，王濟"讀之悽然"，讀者之"情生於文"也。古羅馬詩家所謂"欲人之笑，須己先嗢然，欲人之泣，須己先泫然"（Ut ridentibus arrident, ita fletibus adflent/Humani vultus. Si vis me flere, dolendum est/Primum ipsi tibi）[①]。此進一解也。陸機之言祇爲當時詩、文之抒情宣志而發。世降文繁，雲興波詭，其言之應用愈廣、義蘊遂申。小說、戲劇，巧構形似，必設身處地，入情入理，方盡態逼真，唯妙唯肖。擬想之人物、角色，即事應境，因生"哀"、"樂"；作者"涉"之、"言"之，復"必笑"、"已歎"，象憂亦憂，象喜亦喜，一若己即局中當事。作者於人

[①] Horace, *Ars poetica*, 101-3; cf. Quintillian, *Institutio oratoria*, VI. ii. 25-36(visiones), "Loeb", II, 430 ff..

物、角色，有與有不與，或嘻笑而或怒罵，此美而彼刺；然無善無惡，莫不置此心於彼腔子之中，感共休戚，蓋雖勿同其情（mitfühlen），而必通其情（nachfühlen）焉①。亞理士多德教劇本作者於屬稿時，當自身擬演筆下所寫之情節舉動（so far as he can, the tragic poet should act out with appropriate gestures the events of his play）②。寧非"情貌不差"之充類至盡哉！梅太斯太休自言草歌劇，憑空杜撰夢事幻象，而己不啻化身入個中，生閑氣，賠眼淚（Sogni e favole io fingo; e pure in carte/Mentre favole e sogni orno e disegno, /In lor, folle ch'io son, prendo tal parte/Che del mal che inventai piango e mi sdegno）③。弗羅貝自言與所作小說中角色痛癢相關，敍一婦仰藥，己口中亦如嘗其味，儼然毒發，胃不納食（Mes personnages m'affectent... Quand j'écrivais l'empoisonnement d'Emma Bovary, j'avais si bien le goût d'arsenic dans la bouche, j'étais si bien empoisonné moi-même que je me suis donné deux indigestions coup sur coup）④。且不特描述人事爲爾，即刻劃獸態，亦有自想變形爲

---

① M. Scheler, *Wesen und Formen der Sympathie*, 3. Auf., 4-5: "Es ist ganz sinnvoll zu sagen: 'Ich kann Ihn das sehr gut nachfühlen, aber ich habe kein Mitleid mit Ihnen!'" Cf. Coleridge, *Miscellaneous Criticism*, ed. Thomas M. Raysor, p.415: "They [Wordsworth and Goethe] are always, both of them, spectators *ab extra*,—feeling *for*, but never *with*, their characters."

② *Poetics*, 55a 29-32; cf. G.F. Else, *Aristotle's "Poetics": the Argument*, 489.

③ Metastasio, *Sonetti*, I, *Tutte le Opere*, Mondadori II, 939. Cf. Trollope, *An Autobiography*, ch.10, "The Oxford Trollope", 178: "At such times I have been able to imbue myself thoroughly with the characters I have had in hand, ...crying at their grief, laughing at their absurdities, and thoroughly enjoying their joy."

④ Flaubert, *Correspondance*, Conard, V^e série, 350.

獸者；都巴大詠怒馬馳驟，於是手足據地，載蹶載躍，口蕭蕭作馬嘶聲(se mettre à quatre pattes, à ruer, à gambader, à hennir, à être cheval)①。此固繪畫之常：詩家寫馬，效馬所爲，正猶畫師寫虎，解衣蒙虎皮，跳踉吼嘯，"思仿其勢"，"自視真虎"（李廌《濟南集》附《德隅堂畫品》記厲歸真、陳師道《後山集》卷一九《談叢》記包鼎，參觀《太平廣記》卷四三〇《楊真》出《瀟湘記》、又湯顯祖《玉茗堂詩集》卷五《東館別黃貞父》自註："憶沈啓南六月添衣畫雪")。皆但丁所謂："欲畫某物，必化爲其物，不爾則不能寫真"(Poi chi pinge figura, / se non può esser lei, non la può porre)也②。雖然，陸機之語固堪鉤深，亦須補闕。夫"涉樂"、"言哀"，謂作文也，顧"變在顔"之"笑"若"歎"(cspressione immediata o sintomatica)非形於楮墨之哀與樂(espressione poetica o spirituale)也③，徒笑或歎尚不足以爲文，亦猶《檀弓》謂"直情而徑行"尚非"禮道"也。情可生文，而未遽成文；"談歡則字與笑並，論戚則聲與泣偕"(《文心雕龍・夸飾》)，落紙之情詞也，莞爾、喟然則僅見于面之"情貌"而已。"涉哀"、"言樂"如以杞柳爲桮棬，而機《賦》下文之"考殿最"、"定去留"、"銓衡"、"杼柚"等，則如匠者之施繩墨斧斤。作文之際，生文之哀樂已失本來，激情轉而爲凝神，始於覺哀樂而動心，繼乃摹哀樂而觀心、用心。

---

① Sainte-Beuve, *Tableau de la Poésie française au 16ᵉ Siècle*, 397(Du Bartas). Cf. P. Pancrazi, *Scrittori d'Oggi*, Serie VI, 230(D'Annunzio), 281-2(Croce).

② *Il Convivio*, Trat. IV, Canzone iii, 53-4, *Opere*, ed. E. Moore and P. Toynbee, 294.

③ Croce, *La Poesia*, 5ᵃ ed., 3 ff., 200.

【增訂四】瓦勒利力非"讀者生情逕出於作者此情"之説，斥爲"鶻突亂道，一若不須搆思成章者"。至曰："人有常言：'欲博我下淚，君必先賠眼淚。'我則竊恐君淚墨淋漓之作使吾厭苦欲哭或且不禁失笑耳"（Une éternelle confusion d'idées exige que les émotions du lecteur dépendent ou résultent *directement* des émotions de l'auteur, comme si *l'oeuvre n'existait pas*. On dit: pour me tirer des pleurs, il faut que vous pleuriez. Vous me ferez pleurer, peutêtre rire par le produit littéraire de vos larmes. —Valéry: "Note et Digression", *Oeuvres*, Bib. de la Pléiade, Vol. I, p. 1205）。福樓拜亦重言申明此意（the impersonality of the work; cf. R. Wellek, *A History of Modern Criticism*, Vol. IV, p. 8）。古希臘人謂詩文氣涌情溢，狂肆酣放，似口不擇言（as if frenzied），而實出於經營節制，句斟字酌①；後世美學家稱，藝術表達情感者有之，純憑情感以成藝術者未之有也（Eine schöne Kunst der Leidenschaft gibt es; aber eine schöne leidenschaftliche Kunst ist ein Widerspruch）②；詩人亦嘗自道，運冷靜之心思，寫熱烈之情感（Faisons des vers émus très froidement）③。

---

① Longinus, *On the Sublime*, X. 1-3（Sappho）, XVI. 2-4（Demosthenes）; cf. J. Brody, *Boileau and Longinus*, 40-2, 75.

② Schiller, *Briefe über die ästhetische Erziehung*, XXII, *Werke*, hrsg. L. Bellermann, 2. Aufl., VII, 355.

③ Verlaine, *Poèmes saturniens*, "Epilogue", III. Cf. *The Correspondence of H. C. Robinson and the Wordsworth Circle*, ed. Edith J. Morley, I, 47: "The poet... must be himself cold, though through his art he makes his readers warm"（to Thomas Robinson）.

【增訂三】文由情生，而非直情逕出（Unmittelbarkeit, Abstandlosigkeit），故儒伯、席勒、華玆華斯等皆言詩生於後事回憶之情而非當場勃發之情（Il ne faut pas s'exprimer comme on sent, mais comme on se souvient; aus der sanften und fernenden Erinnerung mag er dichten; poetry takes its origin from emotion recollected in tranquillity——A. Gérard, *L'Idée romantique de la Poésie en Angleterre*, 34; A. Wellek, *History of Modern Criticism*, I, 56, 240; W. Müller-Seidel, *Probleme der literarischen Wertung*, 2. Aufl., 75-9）。劉蛻《文泉子》卷四《上宰相書》："當時則歎，已去而泣，過時而歌"，可以斷章取義焉。

時賢每稱說狄德羅論伶工之善於表演，視之若衷曲自然流露，而究之則一嚬一笑、一舉一動莫非鎭定沉着之矯揉造作（C'est le manque absolu de sensibilité qui prépare les acteurs sublimes. Les comédiens font impression, non lorsqu'ils sont furieux, mais lorsqu'ils jouent bien la fureur）①；正合吾國舊諺所云："先學無情後學戲"（見繆艮《文章游戲》二集卷一湯春生《集杭州俗語詩》、卷八湯誥《杭州俗語集對》）。蓋造藝之通則常經，殊事一貫者也。

"或操觚以率爾，或含毫以邈然。"按下句常誤用爲讚美之

---

① Diderot: "Paradoxe sur le Comédien", *Oeuvres complètes*, ed. J. Assézat, VIII, 370, 423. Cf. Joshua Reynolds: "Two Dialogues", *Johnsonian Miscellanies*, ed. G. B. Hill, II, 248; Kant, *Anthropologie*, §79, *Werke*, hrsg. E. Cassirer, VIII, 155 (ein Akteur, der selbst kalt ist); Goethe, *Sämtliche Werke*, "Tempel-Klassik", III, *Spruchweisheit*, 264: "Der Schauspieler gewinnt das Herz, / Aber er gibt nicht seines hin".

詞，以稱詩文之含蓄深永者。杭世駿《訂訛類編》卷一引《金壺字考》云："'率爾'謂文之易成也，'邈然'謂思之杳無得也；一易一難，與上'妥帖'二句一例，不作文思深遠解。下文'函緜邈於尺素'是言文思深遠。"是也。"含毫"即構思時吮筆而不能揮毫落紙之狀；沈約《宋書・律志》自歎："每含毫握簡，終無不足與班、左並馳"云云，言竭才力而慘淡經營，後世稱作文遲鈍亦曰"含毫欲腐"，皆猶未失本來。"率爾"句亦被批尾家誤解爲草率或鹵莽從事，用作貶詞。習非成是，積重難返，祇須讀《文賦》時心知其意可矣。

"伊茲事之可樂，固聖賢之所欽，課虛無以責有，叩寂寞以求音。"按卷一〇二陸雲《與兄平原書》之一五："文章既自可羨，且解愁忘憂，但作之不工，煩勞而棄力，故久絶意耳"，又二一："雲久絶意於文章，由前日見教之後，而作文解愁；聊復作數篇，爲復欲有所爲以忘憂"；《全三國文》卷一六陳王植《與丁敬禮書》："故乘興爲書，含欣而秉筆，大笑而吐辭，亦歡之極也"；何薳《春渚紀聞》卷六《東坡事實》："先生嘗對劉景文與先子曰：'某生平無快意事，惟作文章，意之所到，則筆力曲折，無不盡意，自謂世間樂事，無踰此者。'"皆所謂"茲事可樂"也。紀昀《紀文達公遺集・文集》卷九《田侯松巖詩序》引"課虛無"二句，以見"空中之音"之旨"陸平原言之，不倡自嚴儀卿"，因謂馮班之詆嚴羽爲過。附會未允。嚴氏乃狀成章後之風格，陸語自指作文時之心思。思之思之，無中生有，寂裏出音，言語道窮而忽通，心行路絶而頓轉。曰"叩"、曰"求"、曰"課"、曰"責"，皆言冥搜幽討之功也。

"在有無而僶俛，當淺深而不讓；雖離方而遯員，期窮形而盡相。"按李善註："言文章在有方圓規矩也";何焯評："二句蓋亦張融所謂'文無定體,以有體爲常'也。"離方遯員"明謂偭規越矩,李註大誤;張融意謂文有慣體而無定體,何評尚膜隔一重。四句皆狀文膽:"俛勉不讓"即勇於嘗試,勉爲其難,如韓愈《送無本師歸范陽》:"無本於爲文,身大不及膽,吾嘗示之難,勇往無不敢",或皎然《詩式》卷一《取境》:"夫不入虎穴,焉得虎子?取境之時,須至難至險。""離方圓以窮形相"即不囿陳規,力破餘地,如蘇軾《經進東坡文集事略》卷六〇《書吳道子畫後》:"出新意於法度之中,寄妙理於豪放之外。"西方古典主義以還,論文常語如:"才氣雄豪,不局趣於律度,邁越規矩,無法有法"(Quelquefois dans sa course un esprit vigoureux/Trop resseré par l'art, sort des règles prescrites,/Et de l'art même apprend à franchir leurs limites)①;"規矩拘縛,不得盡才逞意,乃縱心放筆,及其至也,縱放即成規矩"(If, where the rules not far enough extend /(since rules were made but to promote their end),/Some lucky license answer to the full/Th'intent proposed, that license is a rule)②;"破壞規矩乃精益求精之一術"(il trasgredir le regole è stato un mezzo di far meglio)③;均相發明。蘇軾語可以乃弟轍語申之,《欒城後集》卷二一《汝州龍興寺修吳畫殿記》稱孫遇曰:"而孫畫縱橫放肆,出於法度之外,循法者不逮其精,有縱心不踰矩之妙";轍孫籀《欒城遺言》

---

① Boileau, *Art Poétique*, Chant IV. 78-80. Cf. H. Peyre, *Le Classicisme français*, 94(La Fontaine, Molière).

② Pope, *Essay on Criticism*, 146 ff..

③ Manzoni: "Lettera a Cesare d'Azeglio", *Opere*, Ricciardi, 198.

亦記："公曰：莊周《養生》一篇，誦之如龍行空，爪趾麟翼所及，皆合規矩，可謂奇文！"黄伯思《東觀餘論》卷上《論張長史書》亦曰："千狀萬變，雖左馳右鶩，而不離繩矩之内。猶縱風鳶者，翔戾於空，隨風上下，而綸常在手；擊劍者交光飛刃，欻忽若神，而器不離身。……昔之聖人，縱心而不踰規矩，妄行而蹈乎大方，亦猶是也。嘗觀莊周書，其自謂謬悠荒唐而無端涯，然觀其論度數形名之際，大儒宗工有所不及。……於戲！觀旭書尚其怪而不知其入規矩，讀莊子知其放曠而不知其入律，皆非二子之鍾期也！"（參觀同卷《論書八篇示蘇顯道》之二）；闡説尤暢。"從心所欲不踰矩"出《論語・爲政》，"猖狂妄行，乃蹈乎大方"出《莊子・山木》，"步驟馳騁厲鶩，不外是矣"出《荀子・禮論》（參觀《宋詩選註》論蘇軾）。《全金詩》卷六施宜生《山谷草書》："行所當行止當止，錯亂中間有條理"，又移蘇軾《答謝民師書》、《文説》中論文語以論書，意無不同，易地皆然而已。

"故夫夸目者尚奢，愜心者貴當；言窮者無隘，論達者唯曠。"按李善註："其事既殊，爲文亦異：故欲夸目者，爲文尚奢；欲快心者，爲文貴當；其言窮賤者，立説無非湫隘；其論通達者，發言唯存放曠"；何焯評："'故夫'二句語意相承，註謬。"善註四句皆謬，何所指摘未盡，其謂"夸目"、"愜心"二句合言一事，則是也。"故夫"緊接"期窮形而盡相"來，語脉貫承，皎然可識。"言窮"之"窮"是"窮形"之"窮"，非"窮民無告"之"窮"，"論達"之"達"是"達詁"之"達"，非"達人知命"之"達"；均指文詞之充沛，無關情志之鬱悒或高朗。"窮形盡相"，詞易鋪張繁縟，即"奢"也；然"奢"其詞乃所以求"當"於事，否則徒炫目而不能饜心。"愜心"者，適如所"期"；"唯曠"與"無隘"同義，均申說"奢"。不迫促而"窮"盡其詞，能酣放以暢"達"其旨，體"奢"用"當"，心"期"庶"愜"矣。機才多意廣，自作詞藻豐贍，故"無隘"、"唯曠"均着眼於文之繁者；文之簡而能"當"、寡詞約言而"窮形盡相"者，非所思存。此又"善於自見"即"闇於自見"，如魏文帝《典論・論文》所歎矣。

"詩緣情而綺靡，賦體物而瀏亮，碑披文以相質"云云。按即所謂"十體"，魏文帝《典論・論文》之"四科"、《文心雕龍・定勢》之"隨勢各配"，此物此志；若《雕龍・體勢》之"八體"，則名相如而實不相如也。阮元《揅經室三集》卷五《學海堂文筆策問》其子福秉庭誥擬對，引《文賦》此節，申說曰："十體之文，不及傳志，蓋史爲著作，不名爲'文'；凡類於傳、志者，不得稱'文'"；是傳、志不得與碑並，碑爲"文"而傳、志乃"筆"也。然上文引《梁書・任昉傳》："尤長載筆"，申說曰："考《禮記》：'史載筆'；任彥昇長於碑版，亦記事之屬，故曰'筆'"；是"碑"又屬"史"，當與傳、志並，亦是"筆"而非"文"也。非矛盾之自攻，即模棱之兩可矣。同卷《文言說》舉《易・文言》之名以排斥"單行之語"，謂必"務音以成韻"，方是"孔子之所謂'文'"。然《論語・雍也》記孔子曰："文勝質則史"，《韓非子・難言》曰："捷敏辯給，繁於文采，則見以爲史"；

【增訂四】《韓非子・說難》："米鹽博辯，則以爲多而交之"，《史記・老韓列傳》引作："泛濫博文，則以爲多而久之"；顧廣圻以爲"交"、"久"二字皆誤，"當作'史'"。是也。原引《韓非子・難言》語得此佐證。

則阮氏謂"不名爲'文'"之"史"，豈非古人所以名侈麗之"文"者耶？

"雖區分之在茲，亦禁邪而制放；要辭達而理舉，故無取乎冗長。"按此承"十體"來，"區分"即謂十體之別。"禁邪制放"與上文之"離方遯員"，"辭達無取冗長"與上文之"論達唯曠"，一縱一控，相反相救，如禪人所謂："出語盡雙，皆取對法"（《六祖法寶壇經·付囑》第一〇）。倘規越矩而無當，則蠻做亂道，徒成"邪""放"。言之不足，故長言之，長言之所以暢言之也；"辭達"、"論達"則言之已暢矣，而尚下筆勿能自休，即"冗長"也。《文心雕龍·鎔裁》："辭敷而言重，則蕪穢而非贍。……張駿以謝艾繁而不可刪"；"敷"、"贍"、"繁"而"不可刪"，正"尚奢"、"無隘"而不"冗長"。《鎔裁》又云："士衡才優而綴詞尤繁，士龍思劣而雅好清省；及雲之論機，亟恨其多，而稱'清新相接，不以爲病'，蓋崇友于耳"；《世說·文學》門載孫綽語亦云："潘文淺而淨，陸文深而蕪。"則機雖戒"無取於冗長"，言"豐約之裁"，而自犯所戒，不克踐言，乃至《文賦》本篇亦即遭乃弟"多"而"不清"之目，又"知非難而能難"之例矣。

"或文繁理富而意不指適。極無兩致，盡不可益；立片言而居要，乃一篇之警策，雖衆辭之有條，必待茲而效績。"按李善註："言其理既極而無兩致，其言又盡而不可益"；真不知所云。周君振甫曰："'指適'之'適'音'的'，專主也；劉氏《論語正義》於《里仁》之'無適'下引《一切經音義》：'安適、主適也'，是其解。'指'者、指歸，'適'者、主要也。"是也。"極"如《書·洪範》："皇建其有極"之"極"，中也，今語所謂"中心思想"，"無兩致"者，不容有二也；《荀子·正名》："辭足以見極，則舍之矣"，可相發明。"盡"謂至竟，即"指適"也，如《荀子・正名》："假之有人而欲南，無多；而惡北，無寡。豈爲夫南者之不可盡也，離南行而北走也哉？"舊語曰"到地頭"，今語曰"達目的"。"不可益"即"無兩致"之互文，謂註的唯一，方可命中，增多則莫知所向。明吳歌曰："天上星多月勿明，池裏魚多水勿清，朝裏官多壞子法，姐爲郎多亂子心"（錢希言《獪園》卷四《垢仙》、馮猶龍《山歌》卷四）；解頤取譬，亦無傷爾，文繁理富而不立主腦，不點眼目，則散錢未串，游騎無歸，故"立片言而居要，……必待茲而效績。"《史通・敍事》："蓋餌巨魚者，垂其千釣，而得之在於一筌；捕高鳥者，張其萬罝，而得之由於一目。夫敍事者，或虛益散辭，廣加閑説，必取其所要，不過一言一句耳"；足資參驗。善註"警策"曰："以文喻馬也，……若策驅馳"；《癸巳存稿》卷一二斥其誤，"'策'乃篇本編册也"，非鞭策。夫《左傳》文公十三年"繞朝贈策"，服虔註爲"策書"而杜預註爲"馬檛"，機《賦》此處初非用《左傳》事，何勞佐服折杜乎？紀昀評《文心雕龍・書記》已申馬檛之解矣。果若俞説，"策"爲"策書"，則"策"即"册"，"警"即"居要"之"片言"，是"一篇"短於一册而一册纔著"片言"也！得無類宋高祖書之"一字徑尺，一紙不過六七字便滿"耶（事見《宋書・劉穆之傳》）？賈誼《過秦論》："振長策而御宇内"，李善註亦曰："以馬喻也"；一世之主"振策"猶夫一篇之主"警策"。《禮記・少儀》："枕、几、穎、杖"，鄭玄註："穎、警枕也"；"警策"之"警"亦猶"警枕"之"警"，醒目、醒心之意。鍾嶸《詩品・序》："獨觀謂爲警策，……斯皆五言之警策"；亦與"策書"無關。以馬喻文，歷世常談。如魏文帝《典論》:"咸以自騁驥騄於千里,仰齊足而並馳";《詩品》卷中:"征虜卓卓,殆欲度驊騮前";《顔氏家訓·文章》篇:"凡爲文章,猶人乘騏驥";杜甫《戲爲六絶句》:"龍文虎脊皆君馭,歷塊過都見爾曹";歐陽修《文忠集》卷六八《與謝景山書》:"作爲文章,一下其筆,遂高於人,乃知駔駿之馬奔星覆駕,及節之鑾和,以駕五輅而行於大道,則非常馬之所及也",又卷一二八《詩話》:"譬如善馭良馬者,通衢廣陌,縱橫馳逐,惟意所之,至於水曲蟻封,疾徐中節而不少蹉跌,乃天下之至工也",其尤警策者也(參觀《世説·賞譽》上註引鄧粲《晉紀》:"王湛曰:'今直行車路,何以别馬勝不,唯當就蟻封耳'")。

【增訂四】法國一文家(François Raynouard)嘗評劇本云:"佳矣而惜未加鞭"(C'est très bien, mais il n'y a pas le coup de fouet),謂其乏精警語也。聖佩韋極歎擬喻新切,可爲後來談藝者增一揣稱之詞(C'est là un mot spirituel. Prenez note de l'expression, et ajoutez la, si vous le voulez, au *Traité du Sublime* de Longin. —*Causeries du lundi*, Vol.V, p.112)。正亦"以馬喻",猶吾國之言"警策"、"鞭辟入裏"也。

又按《文賦》此節之"警策"不可與後世常稱之"警句"混爲一談。採摭以入《摘句圖》或《兩句集》(方中通《陪集》卷二《兩句集序》)之佳言、雋語,可脱離篇章而逞精采;若夫"一篇警策",則端賴"文繁理富"之"衆辭"襯映輔佐,苟"片言"孑立,却往往平易無奇,語亦猶人而不足驚人。如賈誼《過秦論》結句:"仁義不施,而攻守之勢異也",即全文之綱領眼目,"片言居要",乃"衆詞"所"待而效績"者,"一篇之警策"是已。顧就本句而論，老生之常談，遠不如"叩關而攻秦，秦人開關而延敵"，"斬木爲兵，揭竿爲旗"等偉詞也。又如《瀛奎律髓》卷九陳與義《醉中》起句："醉中今古興亡事，詩裏江山搖落時"，紀昀批："十四字一篇之意，妙於作起，若作對句便不及"；正謂其聯乃"片言居要"之"警策"，而不堪爲警句以入《摘句圖》或《兩句集》也。警句得以有句無章，而《文賦》之"警策"，則章句相得始彰之"片言"耳。《苕溪漁隱叢話》前集卷九引《呂氏童蒙訓》以杜詩"語不驚人死不休"説陸機此語，有曰："所謂'驚人語'，即'警策'也"；斷章取義，非《文賦》初意也。

"必所擬之不殊，乃闇合乎曩篇；雖杼軸於予懷，怵他人之我先；苟傷廉而愆義，亦雖愛而必捐。"按李善註："言所擬不異，闇合昔之曩篇。……言佗人言我雖愛之，必須去之也"；亦大憒憒。兩"必"字異意："必捐"之"必"、決詞也，如善釋爲"必須"；"必所"之"必"、疑詞也，今語所謂"如果"、"假使"，如《左傳》襄公二十三年申豐曰："其然，將具敝車而行"，杜預註："猶'必'爾"，詳見《史記》卷論《淮陰侯列傳》。"闇合曩篇"，其事略如《湘山野録》卷中僧文兆嘲惠崇："不是師兄偷古句，古人詩句犯師兄"（司馬光《續詩話》作"時人譏其犯古者嘲之"云云；參觀《類説·文酒清話》載魏周輔詩："文章大抵多相犯，剛被人言愛竊詩"，陳亞和答："叵耐古人多意智，預先偷子一聯詩"）①。若侔色揣稱，自出心裁，而成章之後，忽覩其

---

① Cf. Piron, *La Métromanie*, III. vi: "Leurs écrits sont des vols qu'ils nous ont faits d'avance"; Mérimée à Viollet-le-Duc: "Homère m'a volé un grand nombre de belles choses que j'aurais peut-être inventées s'il ne les avait dites avant moi" (P. Léon, *Mérimée et son Temps*, 386).

冥契"他人"亦即"曩篇"之作者，似有蹈襲之跡，將招盜竊之嫌，則語雖得意，亦必刊落。忍痛割愛如所謂"明知愛惜終當割"（商盤《質園詩集》卷一〇《旅窗自訂新舊詩四十卷因成長句》之四）；即作者自道刪削之情，初無"佗人言"插入也。

【增訂三】錢秉鐙《田間文集》卷一二《毛會侯文集序》："'陳言'者、非宿昔之語、緣飾之詞，而吾所自有之言也。凡吾之沾沾自喜、毅然自以為是者，皆'陳言'也。匠心以出，創獲前人之所未有，蓋有甚不能舍之詞，已有知其必在所舍也"（參觀卷二〇《書〈有學集〉後》）；戴名世《南山全集》卷三《張貢五文集序》："為文之道，割愛而已。……見其詞采工麗可愛也，議論激越可愛也，才氣馳驟可愛也，皆可愛也，則皆可割也。"則"雖愛而必捐"者，非僅"闇合曩篇"而已。西方文家亦言："善於抹去，則詩功至矣盡矣，莫大乎此矣"（Pope："The last and greatest art—the art to blot"），或教初學為文者言："心忍手狠，斷愛滅親"（A. Quiller-Couch："Murder your darlings"），或言："寫作者，能削除之謂也"（Stefan Zweig："Schreiben heisst wegschneiden können"）。陸機文心豈未臻此耶？斯其自運所以患"才多"歟。（參觀1885頁）。

【增訂四】《文賦》："怵他人之我先，……亦雖愛而必捐"；善註："言他人言，我先愛之，必須去之也。"謂當"力去陳言"求"未經人道"，是固然矣。然尚是不"掠美"而已，別有"捐愛"或"割愛"之更高一境，揚雄首發此意。《法言·君子》評司馬遷云："多愛不忍，子長也；子長多愛，愛奇也。"言外即謂子長不解"明知愛惜終須割"，正亦"才多"為患耳。易順鼎《琴志樓遊山詩集》卷四《廬山集》有張之洞評識云：

"作者才思學力，無不沛然有餘。緊要訣義，惟在'割愛'二字；若肯割愛，二十年後海內言詩者不復道著他人矣。"約翰生博士稱述一師宿訓弟子云："汝文既成，自讀一過；遇尤得意處，削去勿留"（I would say to Robertson what an old tutor of a college said to one of his pupils: "Read over your composition, and where ever you meet with a passage which you think is particularly fine, strike it out." —J. E. Brown, *The Critical Opinions of Samuel Johnson*, 1926, p. 456）。即錢秉鐙所謂"沾沾自喜"而"在所必舍"也。王世貞《弇州山人續稿》卷一八二《與徐孟孺》記："昔謝茂秦每論詩，輒言當割愛，而意不能自決。以屬于鱗，泚筆抹之，大叫稱快。乃知陳王、敬禮之談，千古不虛也。"蓋作者每不忍操刀自"割"，而必假手於知友；"陳王"云云，出曹植《與楊德祖書》。

"彼榛楛之勿剪，亦蒙榮於集翠；綴下里於白雪，吾亦濟夫所偉。"按李善註："榛楛喻庸音也，以珠玉之句既存，故榛楛之辭亦美。……以此庸音，而偶彼嘉句，譬以下里鄙曲，綴於白雪之高唱，吾雖知美惡不倫，然且以益夫所偉也。"前二語易曉，故善註未誤；後二語更進一解，善註遂含糊鶻突。前謂"庸音"端賴"嘉句"而得保存，後則謂"嘉句"亦不得無"庸音"為之烘托。蓋庸音匪徒"蒙"嘉句之"榮"，抑且"濟"嘉句之"偉"。"蒙榮"者，俗語所謂"附驥"、"借重"、"叨光"；"濟偉"者，俗語所謂"牡丹雖好，綠葉扶持"，"若非培塿襯，爭見太山高"（C'est une ombre au tableau qui lui donne du lustre）（參觀《太平廣記》卷論卷二一八《吳太醫》）。《苕溪漁隱叢話》前集卷九引《潛溪詩眼》:"老杜詩凡一篇皆工拙相半,古人文章類如此。皆拙固無取,使其皆工,則峭急而無古氣,如李賀之流是也",因舉《望嶽》、《洞庭》等篇爲例;吳可《藏海詩話》:"東坡詩不無精粗,當汰之。葉集之曰:'不可!其不齊不整中時見妙處,乃佳'";張戒《歲寒堂詩話》卷上:"王介甫只知巧語之爲詩,而不知拙語亦詩也;山谷只知奇語之爲詩,而不知常語亦詩也";趙秉文《滏水集》卷二〇《題南麓書後》:"'岱宗夫如何?齊魯青未了。''夫如何'三字幾不成語,然非三字無以成下句有數百里之氣象;若上句俱雄麗,則一李長吉耳";魏際瑞《魏伯子文集》卷四《與子弟論文書》:"詩文句句要工,便不在行。"十七、八世紀西方名家論詩亦云:"通篇皆雋語警句,如滿頭珠翠以至鼻孔唇皮皆填嵌珍寶,益妍得醜,反不如無"(Jewels at nose and lips but ill appear;/Rather than all things Wit, let none be there);又云:"詩中詞句必工拙相間,猶皇冕上之金剛鑽,須以較次之物串綴之"(An imperial crown cannot be one continued diamond; the gems must be held together by some less valuable matter. Ces vers prosaïques sont des fils de laitons qui servent à joindre des diamants);一大小說家自言夾敍夾議處視若沉悶,實有烘雲托月之用,猶寶石之須鑲邊(The jeweller knows that the finest brilliant requires a foil... these soporific parts are artfully interwoven in order to contrast and set off the rest)①。盈頭蓋臉皆珠寶之喻,可與談藝另一喻合觀:"人面能美,尤藉明眸,然徧面生眼睛,則魔怪

---

① Abraham Cowley: "Of Wit"; Johnson, *Lives of the English Poets*, "Dryden" ("On the Death of Mrs Killigrew"); Voltaire, *Dic. philos. art.* "Style" (Racine); Fielding, *Tom Jones*, Bk. V, ch.1.

相耳"(Il n'y a rien de plus beau ni de plus éclatant que les yeux; mais Argus passa pour un monstre, dès qu'il en parut tout couvert)①。十九世紀一大詩人概以一語曰："詩勿論長短，匪特不能通篇悉佳，亦不當爾"（A poem of any length neither can be, nor ought to be all poetry)②。

【增訂三】亨利・詹姆士（Henry James）言小說應使讀之者生"強烈幻覺"（intensity of illusion）。當世論師補苴之，謂全書中"強烈"程度不可等齊一律（a uniform intensity），而必有升有降，猶夫高或爲陵，深或爲谷，得地之宜（ordering intensities, each valley and each peak in its proper place—Wayne C. Booth, *The Rhetoric of Fiction*, 1961, 60）。與費爾丁等語相發明。尼采嘗謂麵包淡而寡味，然苟無此物佐餐，佳餚美味，連進即易饜膩，推案不欲食矣，故"一切藝術作品中須具有相當於麵包者"（In allen Kunstwerken muss es etwas wie Brot geben—*Menschliches, Allzumenschliches*, Bd II, Abt. ii, §98. op. cit., I, 919）。蓋吾國以饌"下飯"，而"大餐"（趙光自編《年譜》道光四年"登夷館樓閣設席大餐"；陳坤《嶺南雜事詩鈔》卷五《食大餐》；張問安《亥白詩草》卷三《夏日在廣州戲作洋舶雜詩》之六："飽啖大餐齊脱帽"）則以麵包"下"饌。所言猶夫"濟偉"、不要"句句工"之旨；取譬於口腹，較綴鑽鑲寶之喻，似更資切問而近思焉。

---

① Colletet, quoted in A. Soreil, *Introduction à l'Histoire de l'Esthétique française*, nouv. éd. rév., 97.

② Coleridge, *Biographia Literaria*, ch. 14.

【增訂四】約翰生屢言"烘託"、"工拙相間"(artful intermixture)(J. E. Brown, *op. cit.*, pp. 251, 254)。柯勒太所謂"偏面生眼睛",早發於古羅馬修詞學名典:"藻彩譬如詞令之眼目。然倘通身皆眼,則其他官肢俱廢而失用矣"(Ego vero haec lumina orationis velut oculos quosdem esse eloquentiae credo. Sed neque oculos esse toto corpore velim, ne cetera membra officium suum perdant. —Quintilian, *Inst. orat.*, VIII., v. 34, Loeb., Vol. III, pp. 298–10)。賀裳《載酒園詩話》卷一《瀛奎律髓》引方回"未有名爲好詩而句中無眼者"一語(卷一〇王安石《宿雨》評語),嘲之曰:"人生好眼,只須兩隻,何必盡作大悲相千手千眼觀世音乎!"用意不異。聖佩韋甚賞儒貝爾之約鍊,而微嫌其如天上繁星過密,虛隙無多,使人有應接不暇之感(Il y a trop d'étoiles dans le ciel de M. Joubert. On voudrait plus d'intervalles et le repos. ... Ces idées intermédiaires, s'il s'était donné la peine de les exprimer, ne nous ennuiraient pas, mais plutôt nous reposeraient en le lisant. —*Causeries du lundi*, Vol. I, p. 168)。哈代曰:"劇本固置不論,抒情詩之佳者亦非通篇處處情深文明,特其佳句能烘染平常語句耳"(Leave alone plays, some of our best lyrics are not lyrical every moment throughout, but the neutral lines are warmed by the remainder. —Hardy to Arthur Symons, in Michael Milgate, *Thomas Hardy*, 1982, p. 448)。克羅齊謂:"無平夷則不見高峻,無寧靜則不覺震盪"(Senza il piano, non si può avere il rilievo;

senza un periodo di apparente calma, non si può avere l'istante della commozione violenta. —Croce, *Conversazioni critiche*, serie I, P.67); 幾如闡釋蒲伯舊語(Besides to bestow heightening on every part is monstrous: Some parts ought to be lower than the rest—Pope: "To Walsh", *Correspondence*, ed. G. Sherburn, I, p.18)。愛略脱亦謂長篇詩中必有平鈍句段爲警策句段居間引度(There must be transitions between passages of greater and lesser intensity. ...The passages of less intensity will be in relation to the level on which the total poem operates, prosaic.—T.S. Eliot, *On Poetry and Poets*, 1957, p. 32)。皆有當"庸音濟偉"、"麵包下饌"之旨。《明文海》卷一三三沈懋孝（？）《雪後與諸文學諷〈文賦〉》:"'綴下里於白雪,吾以濟夫所偉':用之當,夠蕘可以裏廟謨";得其解矣。

【增訂五】蒲伯言作詩當如光黯相襯(*An Essay in Criticism*, 301-2: As shades more sweetly recommend the light, / So modest plainness sweetly sets off sprightly Wit)。

近人亦謂於精意好語之間,安置湊數足篇之句(Chevilles, Zeppe, intarsiature, parti aritmetiche),自不可少,猶流水一灣,兩岸嘉蔭芳草,須小橋跨度其上,得以徜徉由此達彼(quei versi sono un ponticello di legno per passare dall'una all'altra sponda verdeggiante)①;真"濟夫所偉"之"濟"矣！蓋争妍競秀,絡繹不絶,

---

① Croce, *La Poesia*, 93-6. Cf. T. S. Eliot, *To Criticise the Critic*, 34(some parts deliberately planned to be less "poetic" than others).

则目炫神疲，應接不暇，如鵬搏九萬里而不得以六月息，有乖於心行一張一弛之道①。陸機首悟斯理，而解人難索，代遠言湮。老於文學如劉勰，《雕龍·鎔裁》曰："巧猶難繁，況在乎拙？而《文賦》以爲'榛楛勿剪，庸音足曲'，其識非不鑒，乃情苦芟繁也"；則於"濟於所偉"亦乏會心，祇謂作者"識"庸音之宜"芟"而"情"不忍"芟"。李善以下醉心《選》學者於此茗艼無知，又不足咎矣。

"或託言於短韻，對窮迹而孤興；俯寂寞而無友，仰寥廓而莫承；譬偏絃之獨張，含清唱而靡應。或寄辭於瘁音，言徒靡而弗華，混姸蚩而成體，累良質而爲瑕；象下管之偏疾，故雖應而不和。"按此節文法，別見《全上古文》卷論宋玉《好色賦》。《文選》李善註："'短韻'、小文也；……'靡'、無也。'瘁音'謂惡辭也；'靡'、美也，言空美而不光華也。"兩"靡"字異義，猶前之兩"必"字異義。"瘁"、竭盡之意，"華"、茂盛之意；才短則易盡而難繼，故言"美"而不多，如孤花之表春餘耳。工拙相參，"濟夫所偉"，與"姸蚩混體，累質爲瑕"，毫釐之差，謬以千里。蓋短韻小文別於鴻筆鉅篇，江河不妨挾泥沙俱下，而一杯之水則以淨潔無塵滓爲尚。"短韻"、"瘁音"，皆謂才思寒儉、邊幅狹小，如襪線拆下。"偏絃"則得句而不克成章，"混體"則勉強成章而拉雜支扯，窘狀畢呈。唱清莫應，音瘁難續，明月已盡，夜珠不來，其情事如《詩人玉屑》卷六引《陵陽室中語》記韓駒云："凡作詩須命終篇意，切勿以先得一句一聯，因而成章；

---

① Cf. Poe: "The Poetic Principle" and "The Philosophy of Composition", *Poems and Miscellanies*, Oxford, 167, 193 (a psychal or physical necessity); G. Boullough, *Mirror of Minds*, 214 (the poetic as well as the psychological importance of phases of lowered tension); A. Soreil, *op. cit.*, 44 (Pierre Nicole).

如此則意多不屬，然古人亦不免如此"；《詩話總龜》後集卷二〇引《童蒙詩訓》記徐俯云："爲詩文常患意不屬，或只得一句，語意便盡，欲足成一章，又患其不相稱"（《苕溪漁隱叢話》前集卷三五引語同，但未標明徐俯）。故《唐詩紀事》卷二〇記祖詠應試，賦《終南山望餘雪》，祇得四句便納卷，或詰之，對曰："意盡！"；《冷齋夜話》卷四載潘大臨答謝逸書："秋來景物，件件是佳句，恨爲俗氛所蔽翳。昨日閑臥，聞攪林風雨，欣然起題於壁曰：'滿城風雨近重陽——'忽催租人至，遂敗意。止此一句奉寄。"四句納卷，一句奉寄，均"短韻"、"孤興"，任其"寂寞"、"寥廓"也。《後山詩註》卷三《次韻西湖徙魚》第三首："小家厚斂四壁立，拆東補西裳作帶"，任淵註："自言窘於屬和也"；又卷八《隱者郊居》："拆補新詩擬獻酬"；意盡不休，搜索枯腸而強求"友""承"也。孫覿《鴻慶居士集》卷四《題谷隱》："句好無強對，神超有獨遊"；樓鑰《攻媿集》卷一二《即事》："調琴不用求成曲，得句何須湊作詩？"；不"強對"、"湊作"，庶免於"混妍蚩"也。張炎《詞源》卷下："安能句句高妙，只要拍搭襯副得去"；"混妍蚩"者，"拍搭襯副"而"去"不得也①。劉辰翁評點李壁註《王荊文公詩集》卷三七《松江》："五更縹渺千山月，萬里淒涼一笛風"，批云："上句無用"，卷三八《江上》："春風似補林塘破，野水遙憐草樹高"，批云："上句先得"；欲"先得"之句不"偏絃孤張"，強爲之對，徒成"無用"，如捉家雞以妃天邊鴻鵠也。魏慶之《詩人玉屑》卷三論

---

① Cf. Valéry, *Variétés I*, 67; *Littérature*, 36 (les vers donnés et les vers calculés).

"全寶未易多得",范晞文《對牀夜話》卷三論"好句易,好聯難",皆此意。然安石此二聯之上、下句,一"妍"一"媸",尚非懸絶,或猶可"混",不失如"園柳變鳴禽"之於"池塘生春草"。余舊見沈曾植朱墨評點嚴遂成《海珊詩鈔》卷四《太行》:"兒孫羅列百靈朝,小白懸車道路遥。掉尾爲龍翻碣石,連羣如馬勒中條。孕生碧獸跪而乳,壓住黄河瘖不驕。呵吸仰疑通帝座,凌雲我欲上山椒";評云:"第六句所謂'放筆作霹靂聲'也,出句何太無色!"第三、四句亦雄健,第五句扯淡稚拙,遽集於此,相形"妍媸",分明太甚,不能"濟偉",適滋玷穢,匪直"無用"而已;其"拍搭襯副"而"去"不得,視"山上亂雲隨手變"之於"澗東飛雨過江來"(殷堯藩《喜雨》),更有過焉。《儒林外史》第二九回記蕭金鉉作《烏龍潭春游詩》:"桃花何苦紅如此?楊柳忽然青可憐!"杜慎卿讀之曰:"加意做出來的!但上一句只要添一個'問'字,便是《賀新涼》中間一句好詞,先生把他做了詩,下面又强對一句,便覺索然了!"足繼韓駒、徐俯、劉辰翁等説詩語,爲《文賦》作箋;上句"好詞"者,"含清唱而靡應"也;强對"索然"者,"故雖應而不和"也。倪元璐《倪文貞公遺稿》卷一《發足靈鷲抵天竺》:"青得山無奈,白爲雲可知",亦可移慎卿言評泊之。又按《外史》中詩多取他人成句,非吳敬梓自擬;袁潔《蠡莊詩話》卷四:"畢恬溪(亨)爲余誦張嘯蘇佳句:'桃花何苦紅如此?楊柳忽然青可憐!'"吳氏倘借張語以發策歟?張不知何人,未遑考索也。

"雖紛藹於此世,嗟不盈于予掬。患挈瓶之屢空,病昌言之難屬。故躑躅於短垣,放庸音以足曲。恒遺恨以終篇,豈懷盈而自足!"按作而不成,意難釋而心不快,無足怪者;作而已成矣,却復怏怏未足，忽忽有失，則非深於文而嚴於責己者不能會也。其始也，"騖八極而游萬仞，觀古今而撫四海"，而兹之終也，"紛藹此世，而予掬不盈"；蓋人之才有涯，文之材無涯，欲吸西江於一口，而祇能飲河滿腹而已。前言劣手"混姸蚩而累良質"，良工則解"綴下里白雪以濟偉"，而此歎"昌言難屬，庸音足曲"；蓋盡善盡美，毫髮無憾，雖在良工，勿克臻此，至竟與劣手祇如五十步百步而已。初曰："伊兹事之可樂"，事畢乃曰："恒遺恨以終篇"；蓋事之所能已盡，心之所有亦宣，斐然成章，而仍覺不副意之所期，如丘而止耳，爲山尚虧也。事願乖違（語見嵇康《幽憤詩》、《晉書·宗室傳》譙王承《答甘卓書》、劉長卿《北遊酬孟雲卿見寄》、李後主《浣溪沙》、《仁王經·四無常偈》等），人生常歎，造藝亦歸一律。文士之"遺恨終篇"，與英雄之壯志未酬、兒女之善懷莫遂，戚戚有同心焉。西人談藝，或以理想之據高責備，比歌德《浮士德》中魔鬼，於現實事物都不許可（L'idéal est la voix qui dit "Non" aux choses et aux êtres comme Méphistophélès）①；有撰《悲劇觀之文學史》者，以"求全美盡善"（der Wille zur Vollendung, la recherche de l'absolu）爲歷世才人齎志長恨之一端②。《文賦》所"嗟"，正是

---

① Amiel, quoted in M. -J. Guyau, *L'Art au Point de Vue sociologique*, 77; *Faust*, I, 1338: "Ich bin der Geist, der stets verneint!" Cf. Rivarol: "L'art doit se donner un but qui recule sans cesse, et mettre l'infini entre lui et son modèle" (Sainte-Beuve, *Les Grands Écrivains Français*, ed. Maurice Allem, X, 278).

② W. Muschg, *Tragische Literaturgeschichte*, 3. Aufl., 530-8; Cf. Novalis, *Fragmente*, §87, hrsg. E. Kamnitzer, S. 81: "Ein absoluter Trieb nach Vollendung und Vollständigkeit ist Krankheit, sobald er sich zerstörend und abgeneigt gegen das Unvollendete, Unvollständige zeigt."

斯情。然文成而得意如願，復比比多有，如《宋書·范曄傳》獄中與甥姪書自譽《後漢書》云："實天下之奇作，乃自不知所以稱之"；《顏氏家訓·文章》云："神厲九霄，志凌千載，自吟自賞，不覺更有旁人"；歐陽修《文忠集》卷四七《答吳充秀才書》云："蓋文之爲言，難工而可喜，易悦而自足"；甚且如王昶《國朝詞綜》卷四六西湖老僧《點絳唇》云："得意高歌，夜靜聲偏朗，無人賞，自家拍掌，唱徹千山響。"自得受用，未可因而斷言其才高或其趣卑，故能爲所欲爲，躊躇滿志乃爾。

【增訂三】"西湖老僧"詞乃淨慈寺僧豁堂自題畫者，見明遺民李介《天香閣隨筆》卷一，"偏"作"初"，"徹千"作"得青"。

【增訂四】蔣景祁《瑶華集》卷二選《點絳唇》，作者爲釋正喦，"唱徹千山響"作"唱得千山響"。陳廷焯《詞則·放歌集》卷六亦選"西湖老僧"此詞，"唱徹"作"唱得"，評曰："一片化機，古今絶調。……'徹'字不及'得'字。"余觀唐寅《六如居士全集》（唐仲冕輯本）卷三《題畫》云："山中老木秋還青，山下漁舟泊淺汀。一笛月明人不識，自家吹與自家聽"；此僧殆曾竊聽耶？

李光地《榕村語録》正編卷三〇嘗評杜甫："工部一部集，自首至尾，尋不出他一點自見不足處，只覺從十來歲以至於老，件件都好；這是一件大病"；杜甫於詩亦"懷盈自足"，不似陸機之"遺恨終篇"，然二家文章正不以此爲優劣也。《史通·自叙》："每握管，歎息遲回者久之，非欲之而不能，實能之而不敢也"；則文士"遺恨"之又一端，敗於人事，非己之咎。兩恨孰深，必有能言之者。

"若夫應感之會,通塞之紀,來不可遏,去不可止。"按自此至:"雖茲物之在我,非余力之所戮,故時撫空懷而自惋,吾未識夫開塞之所由",一大節皆言文機利滯非作者所能自主,已近後世"神來"、"烟士披里純"之説。《梁書・蕭子顯傳・自序》:"每有製作,特寡思功,須其自來,不以力構";《全唐文》卷七〇九李德裕《文章論》引自撰《文箴》:"文之爲物,自然靈氣,恍惚而來,不思而至";以至貫休《言詩》:"幾處覓不得,有時還自來"(歐陽修《六一詩話》引無名氏惡詩道"好句難得":"盡日覓不得,有時還自來"),或《鏡花緣》第二三回林之洋强顔自解:"今日偏偏詩思不在家,不知甚時纔來!";莫非道此情狀。"在我"而非"余力",即如鍾嶸《詩品》中《謝惠連》引《謝氏家録》載靈運自稱其"池塘生春草"之句,云:"此語有神助,非吾語也!";蘇軾《東坡題跋》卷二《書曇秀詩》:"余嘗對歐陽文忠公誦文與可詩云:'美人卻扇坐,羞落庭下花',公云:'此非與可詩,世間原有此句,與可拾得耳'";

【增訂四】文與可句見《丹淵集》卷二《秦王卷衣》。

陸游《劍南詩稿》卷八三《文章》:"文章本天成,妙手偶得之";《儒林外史》第二回周進面譽王惠鄉試硃卷"後面兩大股文章尤其精妙","王舉人道:'那兩股文章不是俺作的。'周進道:'老先生又過謙了!却是誰作的呢?'王舉人道:'雖不是我作的,却也不是人作的!……'"。或讚或諷,有諧有莊,謝客兒誇五字"非吾語",王舉人誇兩股"不是俺作",正陸機言"非余力之所戮"爾。西人論致知造藝,思之思之,不意得之,若神告之,若物憑之,或曰:"不當言'我思',當言'有物〔假我以〕思'"

-1900-

(Man soll nicht sagen:"Ich denke", sondern:"Es denkt")①;或曰:"言'我思',大誤;當言'我爲彼所思'。我即非我也"(C'est faux de dire: Je pense. On devrait dire: On me pense. JE est un autre)②。

【增訂三】濟慈亦嘗語友,每有新意新詞,輒自詫其似出於他人而非得諸己者(it struck him with astonishment and seemed rather the production of another person than his own—quoted in Amy Lowell, *John Keats*, I, 151)。

"在我"而"非余","天成"而人"偶得","不是俺"却"也不是人",此之謂矣。

《文賦》非賦文也,乃賦作文也。機於文之"妍蚩好惡"以及源流正變,言甚疏略,不足方劉勰、鍾嶸;而於"作"之"用心"、"屬文"之"情",其慘淡經營、心手乖合之況,言之親切微至,不愧先覺,後來亦無以遠過。杜甫《醉歌行》云:"陸機二十作《文賦》",未曉何本。

【增訂三】李清照《金石錄後序》:"余自少陸機作賦之二年,至過蘧瑗知非之兩歲";上句指上文之"余建中辛巳始歸趙氏",謂十八歲也。用事即本杜詩。

信斯言也,則可仿張說稱崔湜而歎其文或可致,其年不可及矣。

---

① Lichtenberg, quoted in R. Müller-Freienfels, *Psychologie der Kunst*, I, 321. Cf. Heine, *Religion und Philosophie in Deutschland*, III, *Sämtl. Werke.*, Weichert, VIII, 94:"So wie man sagt:'Es regnet, es blitzt' usw., so sollte Fichte nicht sagen:'Ich denke', sondern 'Es denkt'."

② Rimbaud:"Lettre à Georges Izambard", *Poèmes*, Hachette, 245; cf. 246, "Lettre à Paul Demeny":"Car Je est un autre", etc..

人纔弱冠，方且負才使氣，易念輕心，以爲興酣可搖五嶽，筆落足掃千軍，安能便深知茲事之難，九迴腸而三折肱，如機之全消客氣，盡退虛鋒，作過來人閱歷語哉？後世沿習，已成典故，如《梁谿漫志》卷六自記爲"士子年十有九擢第"作啓云："年踰賈誼，亦濫置於秀林，齒少陸機；顧何能於《文賦》。"周君振甫曰："李善於此《賦》題下註引臧榮緒《晉書》載機'年二十而吳滅'，積十一年入洛，爲張華所賞，作《文賦》。必非如杜詩所謂'二十作《文賦》。'陸雲與兄書之九稱《文賦》'甚有辭'，又曰：'《感逝賦》愈前'云云；當指機之《歎逝賦》，其賦明言'余年方四十'，則《文賦》爲機四十後作。"允矣。

陸機《謝平原內史表》："雲雨之澤，播及朽瘁。忘臣弱才，身無足采；哀臣零落，罪有可察。……使春枯之條，更與秋蘭垂芳，陸沈之羽，復與翔鴻撫翼。"按沈約《齊安陸王碑》："惠露沾吳，仁風扇越"，《文選》李善註："陸機《謝成都王牋》曰：'慶雲惠露，止於落葉。'"其《牋》僅存善註所引二句，意同此《表》"雲雨之澤"二句與"使春枯之條"二句，猶言起死人而肉白骨，"止"如"蕰止"之"止"，至及也；脫善註未標明《謝牋》，則奇零八字，尟不以爲猶言西江水難活枯鮒，而視"止於"如"流言止於智者"之"止於"矣。洪邁《容齋四筆》卷一四："表章自敍，以兩'臣'字對說，由東坡至浮溪多用之。然須要審度君臣之閒情義厚薄及姓名眷顧，於君前乃爲合宜。劉夢得代竇羣容州表有：'察臣前任事實，恕臣本性朴愚'，坡公本此。近代後生，不識事情，碌碌常流，乍得一官，輒云'知臣'、'察臣'之類，真可笑也！"洪氏未識唐前表奏早以"兩'臣'字對說"，如陸機此《表》之"忘臣——哀臣"，又《全後周文》卷一

○庾信《代人乞致仕表》:"察臣榮不可支,矜臣分不能強。"唐人固常仿此,如《全唐文》卷七七一李商隱《代平安公遺表》:"豈意陛下謂臣奄有三縣,未稱其能,謂臣出以一麾,未足爲貴。"

【增訂四】唐人表奏如《全唐文》卷二〇七宋璟《乞休表》:"陛下選能以授,爲官而擇。察臣之有詞,矜臣之不逮";卷二四六李嶠《謝賜優詔矜全表》:"許臣以無僭衡鏡,怪臣以輒謝鹽梅。察臣誠款之心,知其憂國;覽臣狂愚之奏,謂合事宜。"更僕難數。

北宋愈多,蘇軾所師歐陽修《亳州謝上表》即云:"察臣自取於怨仇,本由孤直;憫臣力難於勉強,蓋迫衰殘",何必"本"劉禹錫哉?又如王安石弟子陸佃《陶山集》卷七《謝中書舍人表》:"察臣於隱約之中,擢臣於疏賤之外",卷八《蔡州謝上表》:"念臣才能雖薄,猶是舊人;察臣悔吝固多,實非餘黨。"南宋尤成匡格,此洪邁之所以嗤笑歟。莊仲方《南宋文範》卷二七、二八所錄,自宗澤《遺表》至方岳《辭起復知州表》"察臣"、"念臣"、"俾臣"、"憐臣"、"知臣"、"矜臣"、"謂臣"之類,層見疊出,葫蘆依樣,其中或不無"碌碌常流"。楊萬里《誠齋集》卷四七《謝御寶封回自劾狀表》:"憐臣老而幸會,親逢賓日之清明;知臣野而朴忠,未聽客星之漁釣",則洵免於此嘲矣。

陸機《與弟雲書》:"此間有傖父,欲作《三都賦》,須其成,當以覆酒甕耳!"按卷一〇二陸雲《與兄平原書》之一九:"雲謂兄作《二京》,必得無疑,久勸兄爲耳。又思《三都》,世人已作是語,觸類長之,能事可見。"則似雲已覿左思賦矣。《文選》以賦體開卷,而以《京都》冠其體;蓋此種製作競多侈富,舒華炫博,當時必視爲最足表才情學問,非大手筆不能作者。故左思不惜"構思十稔"爲之，而陸雲亦"久勸兄爲"也。《北齊書·魏收傳》："收以温子昇全不作賦，邢雖有一兩首，又非所長，常云：'會須作賦，始成大才士'"；而作《京都》賦殆才之尤大者歟。竊意其事仿佛後世之重五、七言長律；杭世駿《道古堂文集》卷七《〈韻典析疑〉序》："自來大家未有不工排律而可冒託者也。近代鉅公……薄排律而不屑爲，勉强爲之，不及十韻而已胸喘膚汗，氣竭不能再鼓矣"；施閏章《愚山别集》卷一："吾讀方密之《述懷》二百韻，歎爲奇觀，已如讀《三都賦》。至關中李太青有三百韻詩，便當盡焚却古今經、史、子、集，單看此一篇排律矣！"；王闓運《湘綺樓日記》光緒二十八年四月十九日："唐詩唯無七言排律，本朝最重大詩體也；自鴻博大考始用之，非小翰林所敢作，惟湯海翁有七排百韻，亦第一詩人矣！"——指湯鵬《海秋詩集》卷二五《曹新安師以詩集命點勘，斐然袚德抒情，得七律一百韻》。長律可具類書之用，故施氏戲欲摧燒四部之籍，又與袁枚等謂《三都》《兩京》足"當類書、郡志"，互相發明；參觀前論《三都賦》。

《與長沙顧母書》："痛心拔腦，有如孔懷。"按僅二句，嚴未註輯自何書。實出《顔氏家訓·文章》篇，舉爲"用事誤"之例者，謂："述從祖弟士璥死，乃云云。心既痛矣，即爲甚思，何故言'有如'也？觀其此意，當謂親兄弟爲'孔懷'；《詩》云：'父母孔邇'，而呼二親爲'孔邇'，於義通乎？"

一三九　全晉文卷九九

陸機《演連珠》。按立譬多匠心切事，拈而不執，喻一邊殊，可悟活法。如既曰："物勝權而衡殆，形過鏡則照窮"，而復曰："鑑之積也無厚，而照有重淵之深，目之察也有畔，而眹周天壤之際"；既曰："都人冶容，不悦西施之影，乘馬班如，不輟太山之陰"，"覽影偶質，不能解獨，指迹慕遠，無救於遲"，"圖形於影，未盡纖麗之容，察火於灰，不覩洪赫之烈"，而復曰："名勝欲故偶影之操矜，窮愈達故凌霄之節厲"；既曰："尋烟染芬，薰息猶芳，徵音録響，操終則絶"，而復曰："郁烈之芳，出於委灰，繁會之音，生於絶絃"，又曰："充堂之芳，非幽蘭所難，繞梁之音，實繁絃所思。"皆言非一端之例也。參觀《周易》卷論《歸妹》、《老子》卷論第四一章、《列子》卷論《黄帝》篇。"不悦西施之影"句，《文選》善註引《潛夫論》"圖西施、毛嬙可悦於心"云云，未允；《淮南子·説山訓》早曰："畫西施之面，美而不可悦。"《全齊文》卷二三謝朓《思歸賦·序》："夫鑑之積也無厚，而納窮神之照；心之徑也有域，而納重淵之深"，即本陸此文。

"臣聞傾耳求音，眠優聽苦，澄心徇物，形逸神勞。"按

"優"乃"優閒"、"優游"之"優",謂耳勞而目逸,視不能分聽之苦,即下文之"雖同方不能分其感"。"澄心"句正如機《隴西行》所云:"我靜而鏡,民動如烟",然彼言心以定而洞觀,此言神以明而疲照,又各明一義。

"臣聞絃有常音,故曲終則改,鏡無畜影,故觸形則照。"按《文選》李善註:"《文子》曰:'事猶琴瑟,終必改調';《淮南子》曰:'鏡不設形,故能形也。'"《淮南》語實亦本《文子·上德》篇,善註失引。參觀《毛詩》卷論《柏舟》。先秦諸子如《莊子·應帝王》、《韓非子·飾邪》等早有鏡形之喻,然不若釋氏著作之發揮盡致。《楞嚴經》卷一○:"如鏡鑑明,來無所粘,過無踪跡",或僧肇《寶藏論·離微體靜品》第二:"譬如明鏡,光映萬象,然彼明鏡,不與影合,亦不與體離";尚皆不過似莊之言"不將不迎,應而不藏",韓之言"執清而無事"。《宗鏡錄》卷一○引《〈起信論〉疏釋》之鏡喻四解,則推闡無賸義矣。有云:"登樓持鏡,則黃河一帶盡入鏡中,瀑布千丈,見於逕尺;王右丞詩云:'隔窗雲霧生衣上,卷幔山泉入鏡中',明是所現矣";可爲機之"形過鏡則照窮"下轉語,又可爲機之"目之察也有畔"作譬喻。

"是以江漢之君,悲其墜履;少原之婦,哭其亡簪。"按善註引《賈子》及《韓詩外傳》,是也。李白《爲吳王謝責赴行在遲滯表》:"慚墜履之還收,喜遺簪之再御",亦以二事作對,而反悵戚爲慚喜,於故典能生發活用者。王琦註《李太白集》卷二六此文,未及機語。又王氏註"遺簪"引《韓詩外傳》,而註同卷《爲趙宣城與楊右相書》:"收遺簪於少原",却引《獨異志》;數葉之内,不相照管,大似掇拾類書、非出一手,吁可怪也!

"臣聞烟出於火，非火之和，情生於性，非性之適；故火壯則煙微，性充則情約。"按前之道家、後之道學家，發揮性理，亦無以逾此。《全唐文》卷六三〇呂温《望思臺銘》："性雖生情，情或滅性"，詞簡意豁，可移作註釋。《全三國文》卷四八嵇康《答向子期〈難養生論〉》："夫嗜欲雖出於人，而非道之正，猶木之有蝎，雖木之所生，而非木之宜也。故蝎盛則木朽，欲勝則身枯"；亦其意而別設喻耳。《全宋文》卷三六顏延之《庭誥》："欲者，性之煩濁，氣之蒿蒸；故其爲害，則燻心智，耗真情，傷人和，犯天性。雖生必有之，而生之德，猶火含烟而妨火，桂懷蠹而殘桂，然則火勝則烟滅，蠹壯則桂折，故性明者欲簡，嗜繁者氣惛"；則取譬兼嵇之木蠹與陸之火烟。劉晝《新論・防慾》："情生於性而情違性；慾由於情，而慾害情。情之傷性，性之妨情，猶烟冰之與水火也；烟生於火而烟鬱火，冰出於水而冰遏水"；《全唐文》卷六三七李翱《復性書》上篇："情者、性之動，水汨於沙，而清者渾，火鬱於烟，而明者昏，性動於情，而善者惡。……水之渾也，其流不清，火之烟也，其光不明"；則皆本陸之火喻而兼采二氏之水喻。《文子》數喻性於水，如《下德》論"人性欲平，嗜欲害之"，曰："故水激則波起，氣亂則智昏，昏智不可以爲正，波水不可以爲平"；《道原》曰："水之性欲清，沙石穢之；人之性欲平，嗜欲害之"；《十守》："人之精神，難濁而易清，猶盆水也"；反復一意。釋書橫説竪説，正看側看，如《雜阿含經》卷八之二一七："眼是人大海，彼色爲濤波；若能堪色濤波者，得度眼大海竟。耳、鼻、舌、身、意是人大海，聲、香、味、觸、法爲濤波，若堪忍彼法濤波，得度於意海竟"；《楞伽經・一切佛語心品》之一："譬如巨海浪，斯由猛風起。……藏識海常住，境界風所動。……海水起波浪，七識亦如是"；

【增訂四】《成唯識論》卷三："如海遇風緣，起種種波浪；現前所用轉，無有間斷時。藏識海亦然，境等風所擊，恒起諸識浪，現前作用轉。"

《楞嚴經》卷三："由此四纏，分汝湛圓妙覺明心。……譬如清水，清潔本然，即彼塵土灰沙之倫，本質留礙；二體法爾，性不相循。有世間人，取彼土塵，投於淨水，土失留礙，水亡清潔，容貌汩然，名之爲濁"；《維摩詰所説經·觀衆生品》第七有云："如水聚沫，如水上泡"，謝靈運《〈維摩經〉十譬讚》即演之云："水性本無泡，激流遂成沫。"袁枚《小倉山房文集》卷三《書〈復性書〉後》謂其"水火之喻"爲"尤誤"："夫水火性也，其波流光焰則情也。……若夫汗而爲泥沙，鬱而爲煙黶，此後起者累之，所謂'習相遠'也，於情何尤哉？"其詞甚辯，然概乎未知以"煙黶"、"泥沙"喻情，初非昉自李氏也。吾國衲子復好取冰水爲喻，如僧肇《寶藏論·廣照空有品》第一："真冰釋水，妄水結冰"；淨覺《楞伽師資記》第三篇載北齊惠可語："冰生於水而冰遏水，冰泮而水通，妄生於真而妄迷真，妄盡而真見"；智者《摩訶止觀》卷一《大意》："法性不異苦集，但迷苦集失法性，如水結爲冰，無別水也。……無明轉即變爲明，如融冰成水。"至清涼澄觀《華嚴經疏鈔》卷三六《菩薩問明品》第一〇覺首菩薩頌："譬如河中水"疏列舉"水有十義同真性故"，洋洋乎尤爲大觀。佛說既盛行，儒家、道家之言性者，亦濡染掃撦，如《禮記·中庸》："天命之謂性"，孔穎達《正義》引梁五經博士賀瑒曰："性之與情，猶波之與水，靜時是水，動則是波，靜時是性，動則是情"；

【增訂三】《程氏遺書》卷一八《伊川語》："湛然平靜如鏡者，水之性也。及遇沙石或地勢不平，便有湍激；或風行其上，便爲波濤洶湧，此豈水之性也哉！……然無水安得波浪，無性安得情也？"設譬全同道釋，不避異端，不怵他先，殆章學誠所謂"言公"者。末二句語意尤屬禪家常喻。淨覺《楞伽師資記》卷四粲禪師："若純金不隔於環佩，等積水不悋於漣漪"，註："金爲器體，故無器而不金；波爲水用，亦無波而異水也"；無名氏《歷代法寶記》無相禪師："水不離波，波不離水，波喻妄念，水喻佛性"；《五燈會元》卷一三普滿："土上加泥猶自可，離波求水實堪悲。"西語"情"（emotion）字之根爲"動"（motus）字（A. Lalande, *op. cit.*, 278-9），可與"性"感物而動爲"情"之說參印。

李翱《復性書》中篇即不復及火，祇曰："水之性清澈，其渾之者沙泥也。……人之性猶水之性也"；《關尹子‧五鑑》："情生於心，心生於性；情、波也，心、流也，性、水也"。此類水喻，與《孟子‧告子》之"性猶湍水"、《老子》二〇章之"澹若海，漂無所止"，均着眼不同，會心別具，正如陸機之火喻，與《莊子‧養生主》之"窮薪火傳"、即慧遠、宗炳輩借以申佛說神不滅者，亦喻同而邊異焉。陸機烟情火性之譬，燼焉已若寒灰；宋儒誦說李翱，尊爲理學先覺，於《演連珠》無過而問者。《維摩詰所說經‧方便品》第二："是身無我爲如火"；《楞嚴經》卷三："火性無我，寄於諸緣"；又標新解。《關尹子‧六七》："譬如火也，躁動不停，未嘗有我"；道家僞書向佛典中作賊耳。

"臣聞圖形於影，未盡纖麗之容"云云。按黃庭堅《豫章黃先生文集》卷二七《跋東坡論畫》引此《誄》而論之曰："此論與東坡照壁語，託類不同，而實契也"；又引下一《誄》"臣聞情見於物"云云而論之曰："此論則如語密而意疏，不如東坡得之濠上也。雖然，筆墨之妙，至於心手不能相爲南北，而有數存焉於其間；則意之所在者，猶是國師天津橋南看弄胡孫、西川觀競渡處耳。"黃若曰：得心應手，固是高境，然神妙處往往非初心所及，出意計之外，有同幸偶；"有數"即《文賦》所謂"非余力"也。"國師"云云指唐僧慧忠與大耳三藏鬭法事，具見《列子》卷論《黃帝》篇。

陸機《吳大司馬陸抗誄》。按輯自《藝文類聚》卷四七；《顏氏家訓·文章》篇："陸機父《誄》云：'億兆宅心，敦敍百揆'，姊《誄》云：'倪天之和'，今爲此言，則朝廷之罪人也"，《類聚》略去此二句，嚴氏未補，亦漏輯姊《誄》。嚴氏似未細檢《家訓》，如同篇引孫楚《王驃騎誄》，卷六〇即失於網羅也。顏氏指摘機措詞僭妄，罔知忌諱，可參觀董逌《廣川書跋》卷五《泰山都尉孔宙碑》所舉《書》、《詩》以至魏晉"古人於文無忌"諸例；沈濤《銅熨斗齋隨筆》卷八論唐《王守琦墓志》之臣下稱"崩"，張宗泰《魯巖所學集》卷一〇論《唐闕史》之軍將稱"殂落"，亦其類。

陸機《弔魏武帝文》："已而格乎上下者，藏於區區之木，光于四表者，翳乎蕞爾之土。……戢彌天乎一棺。"按王安石《次相州》："功名蓋世知誰是，氣力迴天到此休"，亦爲弔魏武墓作，正同此意。古羅馬詩人詠亞歷山大大帝云："少年時雄圖大略，睥睨全球，猶覺狹小，死後方知躬眇軀微，所據僅片席地爾"（Unus Pellaeo iuveni non sufficit orbis；/...mors sola fatetur/

quantula sint hominem corpuscula)①,即所謂"四表翳乎撮土"也。

【增訂三】德國古詩人(Andreas Gryphius)亦言:"生前衹覺世界太逼窄,死後相形墓穴廓落"(Dem hie die Welt zu eng,/Dem wird ein enges Grab zu weit—M. Wehrli, *op. cit.*, 56)。

---

① Juvenal, *Satires*, X, 168, 172-3, "Loeb", 206. Cf. Henry Vaughan, *Olor Iscanus*, "The Charnel-house": "Thus Cyrus tam'd the *Macedon*, a tombe/ Checkt him, who thought the World too straight a Room" (*Works*, ed. L. C. Martin, 42).

一四〇　全晉文卷一〇〇

陸雲《歲暮賦》："悲人生之有終兮，何天造而罔極。"按謂人壽短促而世界永久，鑄詞不如王勃《滕王閣序》名句："天高地迥，覺宇宙之無窮；興盡悲來，識盈虛之有數。"鮑照《傷逝賦》："寒往暑來而不窮，哀極樂反而有終"，亦此意。"年有來而棄予兮，時無算而無我。"按進一解，謂世壽無窮，却不能分減與人，億萬斯年，於己無與，如有酒池肉林在，而不克以殘骨餘瀝活餓殍。參觀《毛詩》卷論《正月》，彼言人生境地窄而宇徒廣大，此言人生年命促而宙空悠久也。

錢鍾書集

錢鍾書集

管錐編

（四）

生活·讀書·新知 三聯書店

Copyright © 2019 by SDX Joint Publishing Company.
All Rights Reserved.

本作品版權由生活‧讀書‧新知三聯書店所有。
未經許可，不得翻印。

圖書在版編目（CIP）數據

管錐編／錢鍾書著．—3 版．—北京：生活‧
讀書‧新知三聯書店，2019.10 （2025.4 重印）
　（錢鍾書集）
　ISBN 978-7-108-06593-3

　Ⅰ.①管… Ⅱ.①錢… Ⅲ.①文史哲－中國－文集
Ⅳ.① C539

中國版本圖書館 CIP 數據核字（2019）第 091580 號

特約編輯	趙秀亭
責任編輯	馮金紅　孫曉林
裝幀設計	陸智昌
責任印製	董　歡
出版發行	生活‧讀書‧新知 三聯書店
	（北京市東城區美術館東街 22 號 100010）
網　　址	www.sdxjpc.com
經　　銷	新華書店
印　　刷	山東臨沂新華印刷物流集團有限責任公司
版　　次	2001 年 1 月北京第 1 版
	2007 年 12 月北京第 2 版
	2019 年 10 月北京第 3 版
	2025 年 4 月北京第 18 次印刷
開　　本	880 毫米 × 1230 毫米　1/32　印張 78.875
字　　數	1767 千字
印　　數	121,001－124,000 冊
定　　價	298.00 元（共四冊）

（印裝查詢：01064002715；郵購查詢：01084010542）

目　次

全上古三代秦漢三國六朝文 一三七則

一四一　全晉文卷一〇二 ………………………………… *1915*
　　　　"小結裹"詩文評之古例——"多少"——"出言"
　　　　——資產喻才——《南征賦》——"一字難"

一四二　全晉文卷一〇三 ………………………………… *1918*
　　　　《牛責季友》與《白髮賦》及《頭責子羽文》同意

一四三　全晉文卷一〇五 ………………………………… *1919*
　　　　"呀呷"、"未名若無"、"陽冰"

一四四　全晉文卷一〇七 ………………………………… *1921*
　　　　《不用舌論》與《言盡意論》

一四五　全晉文卷一一一 ………………………………… *1922*
　　　　詩論可成好詞——《閑情賦》——《歸去來兮辭》
　　　　——"不同生"——"規往"

一四六　全晉文卷一一二 ………………………………… *1934*
　　　　《五柳先生傳》一篇眼目——"不求甚解"——"死如之何"

一四七　全晉文卷一一三 …………………………… *1937*
　　　　"孔方兄"——"中人"——錢可醫貪——
　　　　《三國志》與《封禪文》

一四八　全晉文卷一一六 …………………………… *1942*
　　　　葛洪《〈關尹子〉序》

一四九　全晉文卷一一七 …………………………… *1944*
　　　　"胥濤""帳秘""快書"

一五〇　全晉文卷一二〇 …………………………… *1945*
　　　　《江賦》無實——"拾海月"——"動而愈生"

一五一　全晉文卷一二一 …………………………… *1947*
　　　　"浪士"——"總絕代之離詞"——異在我——
　　　　"比目魚"與"比翼鳥"

一五二　全晉文卷一二二 …………………………… *1950*
　　　　《豪鷔》《鸚鵡》《鮂魚》此魚

一五三　全晉文卷一二五 …………………………… *1952*
　　　　《穀梁傳集解序》中兩語

一五四　全晉文卷一三四 …………………………… *1953*
　　　　"正統"——釋氏輕道家

一五五　全晉文卷一三七 …………………………… *1957*
　　　　兩戴逵——"名教"

一五六　全晉文卷一三八 …………………………… *1965*
　　　　"損讀"爲"眼方"——"蜜蜂以兼採爲味"

一五七　全晉文卷一三九 …………………………… *1969*
　　　　"不語怪神"

一五八　全晉文卷一四三 …………………………… *1972*

目　次

"日燭"之喻——釋氏稱"自然衣食"——釋氏譏
道家之不死飛升、嗤莊子之言大物

一五九　全晉文卷一四六 ………………………………… *1978*
"道學"

一六〇　全晉文卷一五二 ………………………………… *1980*
舟量大豕

一六一　全晉文卷一五八 ………………………………… *1981*
"有待"——翻譯術開宗明義

一六二　全晉文卷一六一 ………………………………… *1990*
錢謙益尊慧遠

一六三　全晉文卷一六四 ………………………………… *1995*
肇《論》

一六四　全晉文卷一六五 ………………………………… *1998*
譯經音訛——最早之休妻書

一六五　全宋文卷一五 …………………………………… *2000*
范曄自贊——"史"與"文"——范曄論文——文筆
皆有聲律——《後漢書》文——范曄識曲不如操縵

一六六　全宋文卷一九 …………………………………… *2007*
王微《咏賦》

一六七　全宋文卷二〇 …………………………………… *2008*
"屢空"——"竊他人書"——畫中山水

一六八　全宋文卷三一 …………………………………… *2014*
謝靈運詩與賦——自註——詞意重複，"言心""即事"——
《山居賦》高言"嘉遯"，"牽犬""聽鶴"——山水之賞——
"乘"——"映紅""木鳴"——"何待多資"——惜物命——

— 3 —

奉佛而亦好道——"藥餌情所止"

一六九　全宋文卷三二 ……………………………………… *2023*
"頓漸"

一七〇　全宋文卷三三 ……………………………………… *2026*
"四美具"——"不誣方將"

一七一　全宋文卷三四 ……………………………………… *2028*
賦以三字句造端——雪喻——"冥漠君"——詞賦主客酬對
多假託——詞章中之時代錯亂——繪畫中之時代錯亂

一七二　全宋文卷三六 ……………………………………… *2041*
旦晝句法之變化——"立長"宜"晦明"——九言、
八言及十言以上詩句

一七三　全宋文卷三七 ……………………………………… *2047*
"鬼質"

一七四　全宋文卷四四 ……………………………………… *2049*
禽獸封官

一七五　全宋文卷四六 ……………………………………… *2051*
"趨死惟一軌"——"若無毛質"——"一植之，十拔之"

一七六　全宋文卷四七 ……………………………………… *2054*
物競——"負氣爭高"——"思盡波濤，悲滿潭壑"——
"四皇六帝"——"鳥瞰勢"

一七七　全宋文卷四八 ……………………………………… *2061*
僧侶醜行——僧醫

一七八　全宋文卷四九 ……………………………………… *2066*
"孔思周懷"

一七九　全宋文卷五五 ……………………………………… *2068*

目　次

王獻之自負書勝羲之——"戲學"——"興趣定律"——妒婦記

一八〇　全宋文卷五七 *2075*
"釋李"、"黃巾"——"婁羅"——《鬼遺方》——《與天公牋》

一八一　全宋文卷六二 *2080*
"衆生有佛性"與"人皆可以爲堯舜"：李商隱——"對牛彈琴"

一八二　全宋文卷六四 *2085*
釋言精怪本于道士——以魔喻迷見邪説

一八三　全齊文卷八 *2087*
王僧虔荒陋——書分工夫與天然——王僧虔《論書》

一八四　全齊文卷一二 *2090*
以書籍"給虜"

一八五　全齊文卷一三 *2093*
助哭

一八六　全齊文卷一五 *2095*
擬雲於夢、擬海於心——《門律》

一八七　全齊文卷一八 *2100*
"禿子當和尚"

一八八　全齊文卷一九 *2101*
反《北山移文》——風景待人知賞

一八九　全齊文卷二五 *2109*
"六法"失讀——談藝拈"韻"之始——"韻"由論畫推而論詩——説"韻"——范温《潛溪詩眼》——

"韻"乃取音樂爲喻

一九〇　全齊文卷二六……………………………… *2128*
　　　譯詩——釋子以頭爲注——僞作登仙

一九一　全梁文卷一……………………………… *2132*
　　　梁武帝自文——梁武佞佛議——佛不能庇"佛國"——
　　　梁武斷肉——斷肉而心未淨——持齋食魚

一九二　全梁文卷五……………………………… *2145*
　　　辯難設"賓主"

一九三　全梁文卷六……………………………… *2147*
　　　梁武帝尚鍾繇書——梁武與陶弘景書——《達磨碑》
　　　之僞——梁武帝捨道

一九四　全梁文卷八……………………………… *2154*
　　　"蜜淚"即"蠟淚"——寫山與雲、水與天——《悔賦》

一九五　全梁文卷一一……………………………… *2157*
　　　立身與文章——"天文"、"人文"——謝靈運詩評——
　　　"驪染"紙墨——"瀉瓶"

一九六　全梁文卷一二……………………………… *2168*
　　　《聖教序記》承簡文語

一九七　全梁文卷一三……………………………… *2169*
　　　以干支代方位

一九八　全梁文卷一六……………………………… *2171*
　　　梁元勸農文

一九九　全梁文卷一七……………………………… *2172*
　　　《金樓子序》之"不解"——梁元論文

二〇〇　全梁文卷一八……………………………… *2174*

目　次

　　　　苔依屋，山友澗

二〇一　全梁文卷一九……………………………… *2176*
　　　　《文選》學——《錦帶書》

二〇二　全梁文卷二〇……………………………… *2179*
　　　　美食美器

二〇三　全梁文卷二七……………………………… *2181*
　　　　"即主"

二〇四　全梁文卷二八……………………………… *2183*
　　　　沈約寫老態

二〇五　全梁文卷二九……………………………… *2185*
　　　　沈約論釋迦生年月

二〇六　全梁文卷三二……………………………… *2186*
　　　　沈約《懺悔文》

二〇七　全梁文卷三三……………………………… *2187*
　　　　江淹文——"樹無情而百色"——《四時賦》——寫四時景物——麗色功罪——《恨賦》與《別賦》——《恨賦》評——互文——《別賦》有偏枯不稱之處——"十逝九傷"

二〇八　全梁文卷三八……………………………… *2198*
　　　　江淹《上書》——"白雲在天"——以魂魄論文

二〇九　全梁文卷三九……………………………… *2205*
　　　　榮古虐今——江淹《自序》——"神交"

二一〇　全梁文卷四三……………………………… *2208*
　　　　筆與文

二一一　全梁文卷四五……………………………… *2212*
　　　　《神滅論》——夢與神

— 7 —

二一二　全梁文卷四六 …………………………………… *2221*
　　　　山人慕官——"才鬼勝頑仙"

二一三　全梁文卷四七 …………………………………… *2223*
　　　　道家貴口授——不得飛升之飾辭——單方與複方——
　　　　"百一"——"悦生""遣有涯之生"——"左仙公"——
　　　　道冠僧衣

二一四　全梁文卷四八 …………………………………… *2231*
　　　　袁昂評書

二一五　全梁文卷五一 …………………………………… *2233*
　　　　別淚

二一六　全梁文卷五二 …………………………………… *2237*
　　　　工遲拙速——向死而趨

二一七　全梁文卷五三 …………………………………… *2239*
　　　　《雕蟲論》爲詩而發——朝宴賦詩

二一八　全梁文卷五四 …………………………………… *2242*
　　　　《頭陀寺碑文》——"倘遇樵者"

二一九　全梁文卷五五 …………………………………… *2244*
　　　　"斷肉"與"斷食生"——《詩品》之謀篇及評品——
　　　　《詩品》之特識——《詩品》論聲病——善論詩而不善
　　　　作詩——《詩品》中軼事——鍾嶸《句眼》

二二〇　全梁文卷五六 …………………………………… *2256*
　　　　《與陳伯之書》如明珠投暗

二二一　全梁文卷五七 …………………………………… *2258*
　　　　《追答劉秣陵沼書》非《書》——窮則言命——《絶交論》
　　　　之"交"——劉峻《自序》非全文

目　次

二二二　全梁文卷五九…………………………………… *2262*
　　　　郭祖深斥僧而不攻佛

二二三　全梁文卷六〇…………………………………… *2263*
　　　　吴城今昔——吴均模狀山水——譯音字望文穿鑿

二二四　全梁文卷六一…………………………………… *2271*
　　　　以鑑賞爲瞻仰——青牛"辟厭"

二二五　全梁文卷六六…………………………………… *2273*
　　　　遠道對面語

二二六　全梁文卷六七…………………………………… *2274*
　　　　"百體書"與"反左書"——"離合詩"——字體與文體

二二七　全陳文卷三……………………………………… *2279*
　　　　烏賊爲珍味

二二八　全陳文卷四……………………………………… *2280*
　　　　"化生"

二二九　全陳文卷六……………………………………… *2283*
　　　　"鴛鴦"——事物寫入詩畫

二三〇　全陳文卷七……………………………………… *2287*
　　　　駢偶之文——"外篇"

二三一　全陳文卷九……………………………………… *2293*
　　　　軒皇之術求長生——"盲書"

二三二　全陳文卷一〇…………………………………… *2296*
　　　　"罷道"

二三三　全陳文卷一一…………………………………… *2299*
　　　　海墨、樹筆、天紙——拂衣平石

二三四　全陳文卷一四…………………………………… *2305*

　　　　　新花故人
二三五　全陳文卷一六⋯⋯⋯⋯⋯⋯⋯⋯⋯⋯⋯⋯⋯⋯⋯⋯ *2307*
　　　　　衆盲摸象
二三六　全後魏文卷一二⋯⋯⋯⋯⋯⋯⋯⋯⋯⋯⋯⋯⋯⋯⋯⋯ *2308*
　　　　　嚴輯漏北魏文三首
二三七　全後魏文卷二一⋯⋯⋯⋯⋯⋯⋯⋯⋯⋯⋯⋯⋯⋯⋯⋯ *2309*
　　　　　華夷之辨
二三八　全後魏文卷二二⋯⋯⋯⋯⋯⋯⋯⋯⋯⋯⋯⋯⋯⋯⋯⋯ *2314*
　　　　　《觀象賦》自註
二三九　全後魏文卷二四⋯⋯⋯⋯⋯⋯⋯⋯⋯⋯⋯⋯⋯⋯⋯⋯ *2315*
　　　　　己作樂而人累苦
二四〇　全後魏文卷二七⋯⋯⋯⋯⋯⋯⋯⋯⋯⋯⋯⋯⋯⋯⋯⋯ *2316*
　　　　　異國亡人
二四一　全後魏文卷三一⋯⋯⋯⋯⋯⋯⋯⋯⋯⋯⋯⋯⋯⋯⋯⋯ *2317*
　　　　　帝皇文章
二四二　全後魏文卷三二⋯⋯⋯⋯⋯⋯⋯⋯⋯⋯⋯⋯⋯⋯⋯⋯ *2319*
　　　　　嚴輯拾遺
二四三　全後魏文卷三五⋯⋯⋯⋯⋯⋯⋯⋯⋯⋯⋯⋯⋯⋯⋯⋯ *2320*
　　　　　李崇表一篇而三見
二四四　全後魏文卷三六⋯⋯⋯⋯⋯⋯⋯⋯⋯⋯⋯⋯⋯⋯⋯⋯ *2321*
　　　　　"木手"
二四五　全後魏文卷三七⋯⋯⋯⋯⋯⋯⋯⋯⋯⋯⋯⋯⋯⋯⋯⋯ *2322*
　　　　　《劇鼠賦》
二四六　全後魏文卷四〇⋯⋯⋯⋯⋯⋯⋯⋯⋯⋯⋯⋯⋯⋯⋯⋯ *2324*
　　　　　"粉墨"

目　次

二四七　全後魏文卷四五 …………………………… *2326*
　　　嚴輯拾遺

二四八　全後魏文卷五一 …………………………… *2327*
　　　温子昇二碑——荀濟斥僧——"風雲""兒女"

二四九　全後魏文卷五四 …………………………… *2331*
　　　《亭山賦》——"工爲鄙俗"

二五〇　全後魏文卷五八 …………………………… *2333*
　　　"皮紙骨筆"

二五一　全後魏文卷五九 …………………………… *2337*
　　　"癭"

二五二　全北齊文卷二 ……………………………… *2339*
　　　"文德"

二五三　全北齊文卷三 ……………………………… *2345*
　　　南北朝文風——嚴輯拾遺

二五四　全北齊文卷五 ……………………………… *2348*
　　　《檄梁文》

二五五　全北齊文卷八 ……………………………… *2351*
　　　雜糅道釋

二五六　全北齊文卷九 ……………………………… *2353*
　　　《爲閻姬與子宇文護書》——"魔"字——
　　　《劉碑造像銘》——"湧出"

二五七　全後周文卷八 ……………………………… *2359*
　　　庾信賦——"落花與芝蓋同飛"——《小園賦》——
　　　全祖望詆《哀江南賦》——倪璠註——地名雙關

二五八　全後周文卷九 ……………………………… *2365*

-11-

"手巾還欲燥"——"韓馮"

二五九 全後周文卷一〇 …………………… 2367
"不去恒飛"

二六〇 全後周文卷一一 …………………… 2372
孔子見程生事——《鶴讚》

二六一 全後周文卷一二 …………………… 2374
《思舊銘》——庾信銘幽文

二六二 全後周文卷一四 …………………… 2379
"白猿"、"黃石"對——《愁賦》

二六三 全後周文卷一九 …………………… 2381
賦雪

二六四 全後周文卷二〇 …………………… 2384
《笑道論》——道士舛鄙諸例——《玄妙篇》

二六五 全後周文卷二二 …………………… 2387
《難道論》

二六六 全後周文卷二三 …………………… 2389
《二教論》

二六七 全後周文卷二四 …………………… 2392
衛元嵩上書——釋子"遺身"

二六八 全隋文卷六 …………………… 2398
隋煬帝爲釋氏作文

二六九 全隋文卷九 …………………… 2400
自稱字

二七〇 全隋文卷一〇 …………………… 2401
江總《自敍》

目　次

二七一　全隋文卷一三……………………………………… *2403*
　　　　顏之推《觀我生賦》自註

二七二　全隋文卷一六……………………………………… *2404*
　　　　盧思道《勞生論》——《北齊興亡論》——"詐泣佞哀"

二七三　全隋文卷一九……………………………………… *2407*
　　　　老子"蟬蛻"

二七四　全隋文卷二〇……………………………………… *2410*
　　　　李諤《上書正文體》——文弊與起衰

二七五　全隋文卷二四……………………………………… *2414*
　　　　焚書

二七六　全隋文卷三一……………………………………… *2419*
　　　　"東土"、"西土"、"中國"——啓民可汗表

二七七　全隋文卷三三……………………………………… *2422*
　　　　"佛種誰續"

全上古三代秦漢三國六朝文

一三七則

一四一　全晉文卷一〇二

陸雲《與兄平原書》。按無意爲文，家常白直，費解處不下二王諸《帖》。什九論文事，著眼不大，著語無多，詞氣殊肖後世之評點或批改，所謂"作場或工房中批評"（workshop criticism）也。方回《瀛奎律髓》卷一〇姚合《游春》批語謂"詩家有大判斷，有小結裏"；評點、批改側重成章之詞句，而忽略造藝之本原，常以"小結裏"爲務。苟將雲書中所論者，過錄於機文各篇之眉或尾，稱賞處示以朱圍子，删削處示以墨勒帛，則儼然詩文評點之最古者矣。

《書》三："兄文章已自行天下，多少無所在。"按參觀《漢書·翟方進傳》："又暴揚尚書事，言：'遲疾無所在'"；今語曰："不在乎多少、快慢"或"多少、快慢都一樣"。《書》一七："吾今多少有所定，及所欲去留粗爾"，又二五："猶復多少有所定，猶不副意"；"多少"則作增删字句解，即"去留"。《書》三五："兄文雖復自相爲作多少，然無不爲高"；"多少"又别作等差、優劣解，謂機諸文相較，雖自分高下，然視他人之作，則莫不高出一頭。卷一一七《抱朴子·外篇》佚文："朱淮南嘗言：'二陸重規沓矩，無多少也；一手之中，不無利鈍，方之他人，若江漢之與潢汙'";即以雲推重機者并施於雲。"無多少"謂不分優劣,"一手中不無利鈍"謂"雖復自相爲作多少","方之他人如江漢之與潢汙"謂"無不爲高"也。雲《書》九:"兄頓作爾多文,而新奇乃爾";一八:"兄文方當日多,但文實無貴於爲多";二一:"文章實自不當多。……兄文章已顯一世,亦不足復多自困苦";二四:"文章誠不用多,苟卷必佳,便謂此爲足";三二:"兄不佳,文章已足垂不朽,不足又多";胥指一生中篇什或著作之多。《書》五:"微多'民不輟歎'一句,謂可省";九:"《文賦》甚有詞,綺語頗多,文適多,體便欲不清";一一:"然猶皆欲微多,但清新相接,不以此爲病耳";二一:"有作文唯尚多而家多豬羊之徒,作《蟬賦》二千餘言、《隱士賦》三千餘言,既無藻偉,體都自不似事。文章實自不當多";二七:"欲令省,而正自輒多";胥指一篇中詞句之多。二"多"相關,然不相混。小詩短文,連篇累什,是前"多"非後"多"也。

《書》四:"然了不見出語,意謂非兄文之休者";《書》五:"《劉氏頌》極佳,但無出言耳。"按"出"如"出色"、"出乎其類"之"出","出語"、"出言"即奇句、警句。《宋書·顏延之傳·庭誥》:"文理精出",《南齊書·張融傳·門律自序》:"屬辭多出,比事不羈",鍾嶸《詩品》上稱謝靈運"名章迥句"而下稱江洪"亦能自迴出",皆此"出"字。柳宗元《柳先生集》卷二二《送獨孤申叔侍親往河東序》:"出吾斯文於筆硯之伍";孫樵《孫可之集》卷七《寓居對》:"古人取文,其責蓋輕,一篇跳出,至死馳名";於"出"申之以"伍"、狀之以"跳",義益醒豁。張籍《酬秘書王丞見寄》:"今體詩中偏出格",亦謂特出非常,不同今語"出格"乃貶斥不合格、破壞規格也。皇甫湜《題

《浯溪石》詩："心語適相應，出句多分外"；以"分外"形容"出"，亦可參觀。

《書》五："雲作雖時有一佳語，見兄作又欲成貧儉家。"按《書》二一："有作文唯尚多而家多豬羊之徒，作《蟬賦》二千餘言、《隱士賦》三千餘言。……聊復作數篇，爲復欲有所爲以忘憂；貧家佳物便欲盡，但有錢穀，復羞出之。"皆以資產喻才學；自比清貧而以濁富目"家多豬羊"者，"但有錢穀"謂祇具家常物事而無珍異，猶《書》七："才不便作大文，得少許家語"也。"羞出"之"出"，解作出示於人，非"出語"之"出"；如《書》一六："兄小加潤色，便欲可出"，二五："命坐者皆賦諸詩。……諸詩未出，別寫送；弘遠詩極佳，中靜作亦佳"，皆謂公諸於世。喻"家語"於"錢穀"，似後世之稱"布帛菽粟之言"也。

《書》八："爾乃使熊羆之士"云云。按周嬰《卮林》卷七謂此即《南征賦》初稿，是也。可補嚴氏按語。

《書》一七："'徹'與'察'皆不與'日'韻，思惟不能得，願賜此一字。"按韓愈《記夢》："壯非少者哦七言，六字常語一字難"；《困學紀聞》卷一八引《文心雕龍・練字》所謂"貧於一字"釋之。陸雲此書乃作者自道"貧於一字"最古之實例。錢秉鐙《田間文集》卷八《陳官儀詩說》暢言"句工只在一字之間"，"若是乎一字恰好之難也！"亦自道甘苦語。

一四二　全晉文卷一〇三

陸雲《牛責季友》。按與卷七四左思《白髮賦》、卷八〇張敏《頭責子羽文》同意，然左、張二文皆有冒子引入，陸文一起即作牛語，殊突如來如也。卷一三八祖台之《荀子耳賦》祇存數句，觀"何斯耳之不辰，託荀子而宅形"，似亦此體。

一四三　全晉文卷一〇五

　　木華《海賦》。按遠在郭璞《江賦》之上，即張融《海賦》亦無其偉麗；異曲而同工者，殆韓愈《南海神廟碑》乎？"猶尚呀呷，餘波獨湧"；參觀《全後漢文》卷論班固《東都賦》，"呀呷"猶上文之"噓噏百川"，亦即梅堯臣《青龍海上觀潮》之"百川倒蹙水欲立，不久卻迴如鼻吸"，皆擬水勢於口鼻之呼吸吞吐也。"將世之所收者常聞，所未名者若無"；下句殊具義理。世間事物多有名而無實，人情每因名之既有而附會實之非無，遂孳慎思明辯者所謂"虛構存在"（fabulous entities, abstract fictitious entities）①。然苟有實而尚"未名"，則雖有而"若無"；因無名號則不落言說，不落言說則難入思維，名言未得，心知莫施。故老子曰："有名萬物之母"；歐陽建《言盡意論》曰："名不辯物，則鑑識不顯"；

　　【增訂四】尼采云："人之常情，知名始能見物。有創見者亦每即能命名之人也"（Wie die Menschen gewöhnlich sind, macht ihnen erst der Name ein Ding überhaupt sichtbar. Die

---

① C. K. Ogden, *Bentham's Theory of Fictions*, pp. cxviii-ix, 16, 137, 152.

Originalien sind zumeist auch die Namengeber gewesen. — *Die fröhliche Wissenschaft*, III, §261, *op. cit.*, Vol, II, p.158)。歐陽建曰:"名不辨物,則鑑識不顯",此之謂矣。西方博物學家(Linnaeus)亦曰:"倘不知名,即不辨物"(Nomine si nescis, perit et cognitio rerum)①,蓋心知之需名,猶手工之需器(outillage mental)②也。木賦此句可以爲例。"陽冰不冶,陰火潛然";《文選》李善註:"言其陽則有不冶之冰,其陰則有潛然之火也。《晏子春秋》曰:'陰冰凝,陽冰厚五寸'";《選學膠言》卷七引《拾遺記》、《嶺表録異》等釋"陰火"。善註所引見《晏子春秋》内篇《雜》上,作"陰水厥",《讀書雜志》即據善註校正,且曰:"陰冰者,不見日之冰也;陽冰者,見日之冰也。"張穆《𦙍齋文集》卷一《陽冰説》稱善註"極分明,'其'字指海也",且曰:"俞君理初爲穆校《文選》,擬二語於書眉曰:'水北曰陽,南曰陰。'"張、俞説尤確切。木賦此八字實師司馬相如《上林賦》:"其南則隆冬生長,涌水躍波。……其北則盛夏含凍裂地,涉冰揭河",而加凝鍊;郭璞《江賦》:"鳴石列於陽渚,浮磬肆乎陰濱",亦指水南北言。

---

① E.Cassirer, *An Essay on Man*, 210; cf.132 (Hunger for names).

② R.Mandrou, *Introduction à la France moderne*, 86-7(Lucien Febvre).

一四四　全晉文卷一〇七

張韓《不用舌論》。按寥寥短篇而有兩義：一"是謂至精，愈不可聞"，不落言詮也，參觀《老子》卷論第一章、五六章；二"禍言相尋，造福甚希"，慎爾出話也，參觀《周易》卷論《頤》卦。道理玄妙，既不可以言傳，人事是非，又只緣多開口，故卷舌不用矣。卷一〇九歐陽建《言盡意論》則與張論前一義適反，而其謂言、意"不得相與爲二"曰："欲辯其實，則殊其名，欲宣其志，則立其稱，名逐物而遷，言因理而變"，正是《老子》所謂"道可道，非常道，名可名，非常名"。以言、名不定於一，故與理、物不歧爲二爾。《世説・文學》門記王導過江，"止道'聲無哀樂'、'養生'、'言盡意'三理而已"；蓋嵇、阮、歐陽之説之於清談，亦如禪宗之有"話頭"、"公案"也。

一四五　全晉文卷一一一

陶侃《答慕容廆書》："收屈盧必陷之矛，集鮫犀不入之盾。"按本《韓非子·難一》、《難勢》兩篇所謂："不可陷之盾與無不陷之矛，爲名不可兩立。"陶侃若曰：勝算利器，悉操吾手，敵之盾不堪禦吾矛，敵之矛勿克穿吾盾，敵安能當我哉！名學之詩論，經點化而成游説之詞令，亦復言之成理。《晉書·赫連勃勃載記》："又造五兵之器，精鋭尤甚，既成呈之，工匠必有死者；射甲不入，即斬弓人，如其入也，便斬鎧匠"；則名學之"兩刀論法"（dilemma），真如刀鑽之可以殺人矣！《孟子·公孫丑》："矢人惟恐不傷人，函人惟恐傷人"，於韓非子所謂"不可並世而立"之旨，已明而未融；王符《潛夫論·釋難》曾駁韓非子堯舜矛盾之論。

陶潛《閑情賦》："初張衡作《定情賦》，蔡邕作《静情賦》，檢逸辭而宗澹泊，始則蕩以思慮，而終歸閑正，將以抑流宕之邪心，諒有助于諷諫。……余園閭多暇，復染翰爲之。"按《藝文類聚》卷一八《美婦人》門引蔡邕賦題作《檢逸賦》，復引陳琳、阮瑀各有《止欲賦》、王粲《閑邪賦》、應瑒《正情賦》、曹植《静思賦》等，而獨不取陶潛此賦，亦窺初唐於潛之詞章尚未重視也。合觀諸賦命題及此賦結處"坦萬慮以存誠","閑情"之"閑"即"防閑"之"閑",顯是《易》"閑邪存誠"之"閑",絕非《大學》"閒居爲不善"之"閒";薛士龍《浪語集》卷二有《坊情賦》亦此體,"坊"如《禮記·坊記》之"坊",即"防閑"之"防"也。《全梁文》卷二〇昭明太子《陶淵明集序》:"白璧微瑕,惟有《閑情》一賦,揚雄所謂'勸百而諷一'者,卒無'諷諫',何足搖其筆端?惜哉!無是可也。"北宋而還,推崇陶潛爲屈原後杜甫前一人,蘇軾《東坡志林》、王觀國《學林》、俞文豹《吹劍錄》等遂集矢於昭明,訶爲齊梁小兒不解事,勿識潛之賦"婦人"以喻"君子賢人";明袁宏道《游記》之《蘭亭記》、清舒夢蘭《古南餘話》卷五亦因而目昭明爲"文人之腐者"、"笨伯"。閻若璩《潛邱劄記》卷五《與戴唐器書》之一三:"惟認作'閒情',自有'白璧微瑕'之刺;使知'終歸閑止'、曲終奏雅之旨,東坡譬以《國風》,贊以屈、宋,正合矣。"能詮題而未可以論文也。昭明何嘗不識賦題之意?唯識題意,故言作者之宗旨非即作品之成效(參觀《史記》卷論《貨殖列傳》、《左傳》卷論昭公十九年)①。其謂"卒無'諷諫'",正對陶潛自稱"有助諷諫"而發;其引揚雄語,正謂題之意爲"閑情",而賦之用不免於"閒情",旨欲"諷"而效反"勸"耳。流宕之詞,窮

---

① De Sanctis, *Storia della Letteratura Italiana*, ed. Croce e A. Parente, I, 162: "si ha a distinguere il mondo intenzionale e il mondo effettivo" (cf. *Saggi critici*, a cura di L. Russo, II, 159, 183); Henri Focillon, *Vie des Formes*, 3: "L'intention de l'oeuvre d'art n'est pas l'oeuvre d'art"; D. H. Lawrence, *Studies in Classic American Literature*, 3: "Two blankly opposing morals, the autist's and the tale's. Never trust the artist. Trust the tale"(cf. *Reflections on the Death of a Porcupine and other Essays*, p.123).

態極妍，澹泊之宗，形絀氣短，諍諫不敵搖惑；以此檢逸歸正，如朽索之馭六馬，彌年疾疢而銷以一丸也。司空圖《白菊》第一首：「不疑陶令是狂生，作賦其如有《定情》！」；囿於平仄，易"閑"爲"定"，是知宗旨也，以有此賦而無奈"狂生"之"疑"，是言成效也，分疏殊明。事願相違，志功相背，潛斯作有焉；亦猶閻氏意在爲潛申雪，而不意適足示潛之懸羊頭而賣馬脯爾。玩世多可如王闓運，《湘綺樓日記》宣統二年十二月五日云：「《閑情賦》十願，有傷大雅，不止'微瑕'。」故昭明語當分別觀之：勸多於諷，品評甚允；瑕抑爲瑜，不妨異見。李治《敬齋古今黈》卷七：「東坡以昭明爲強解事，予以東坡爲強生事」；雖未道何故，而言外似亦不以昭明爲非也。

《閑情賦》：「瞬美目以流眄，含言笑而不分。」按《大招》祇云：「嫭目宜笑」，此則進而謂"流眄"之時，口無語而目有"言"，脣未嘻而目已"笑"，且虛涵渾一，不同"載笑載言"之可"分"；"含"者，如道學家說《中庸》所謂"未發"境界也。陶潛以前，未見有此刻劃。後世或復增眉於目，如劉孝威《在郪縣遇見人織、寄婦》：「雲棟共徘徊，紗窗相向開；窗疏眉語度，紗輕眼笑來」；程嘉燧《青樓曲》：「當爐少婦知留客，不動朱脣動翠眉」；《聊齋志異》卷四《青梅》：「梅亦善候伺，能以目聽，以眉語」；《綠野仙踪》第六〇回寫齊蕙娘：「亦且甚是聰明，眼裏都會說話」；《兒女英雄傳》第三八回：「忽見旁邊兒又過來了個年輕的小媳婦子，……不必開口，兩條眉毛活動的就像要說話，不必側耳，兩隻眼睛積伶的就像會聽話」（參觀《楚辭》卷論《招魂》、《太平廣記》卷論卷二三八《大安寺》）。

【增訂三】《夷堅志補》卷八《吳約知縣》：「酒酣以往，笑狎謔浪，目成雲雨，忘形無間。"第三句乃"眼語"、"目成"之增華；英詩人(John Donne)名篇(The Extasie)言兩人四目相交，瞳中映象如產生嬰兒(Our eyebeames twisted.../And pictures in our eyes to get/Was all our propagation—*Complete Poetry and Selected Prose*, ed.J. Hayward, 38)，則充類以至於盡矣。

然眉目終不及口舌之意宣詞達，作者又因而起波生節，如晁元禮《洞仙歌》："眼來眼去，未肯分明道"；董以寧《蓉渡詞》：《鳳凰閣·閣中》："縱是愁難細說，說來防錯，抵多少眼酬眉酢"；洪亮吉《更生齋詩餘》卷一《減字木蘭花》："與我周旋，莫鬥眉梢眼角禪！"

【增訂四】《醉翁談錄》甲集卷二《張氏夜奔呂星哥》："從此眼嫁眉婚，神交氣合"；"眼嫁眉婚"即《夷堅志補》之"目成雲雨"，與《蓉渡詞》之"眼酬眉酢"均善鑄詞。

西方詞章中慣道：目睞即唇吻，盼睞亦語言，默默無聲而喁喁不止(Fanno ufficio di la labra/le palpebre loquaci, e sguardi e cenni/son parolette e voci, /e son tacite lingue, /la cui facondia muta io ben intendo; facondia muta e silenzio loquace)①；雙目含情，悄無言而工詞令，瘖無聲而具辯才(you shall see sweet silent rhetorick, and dumb eloquence speaking in her eyes)②。所覩警策莫過莎士比亞劇中稱女角云："咄咄！若人眼中、頰上、唇

---

① Marino: "La bruna Pastorella," "La Ninfa avara," *Marino ei Marinisti*, Ricciardi, 522, 528. Cf. Petrarca, *Rime*, ccxv: "eun atto che parla con silenzio", *op. cit.*, 287; Tasso, *Aminta*, II, iii, "Coro": "e'l silenzio ancor suole/aver prieghi e parole", *op. cit.*, 649.

② Jonson, *Everyman out of his Humour*, III, i(Fastidious), *Plays*, "Everyman's", I, 97-8.

邊莫不有話言，即其足亦解語"(Fie, fie upon her! /There's language in her eye, her cheek, her lip; /Nay her foot speaks)①；又十七世紀一詩人云："諸女郎美目呢喃，作謎語待人猜度"(Then peep for babies, a new Puppet-play, /And riddle what their *pratling Eyes* would say)②，更酷似洪亮吉所詠"眉梢眼角禪"矣。"眉語"亦屢見古羅馬情詩中(Verba superciliis sine voce loquentia dicam; Tecta superciliis si quando verba remittis)③。

《閑情賦》："願在衣而爲領，……悲羅襟之宵離"云云。按姚寬《西溪叢語》、鍾惺、譚元春《古詩歸》皆謂機杼本之張衡《同聲歌》："思爲莞蒻席，在下蔽匡牀；願爲羅衾幬，在上衛風霜。"實則觀前人此題僅存之斷句，如張衡《定情賦》："思在面爲鉛華兮，患離塵而無光"，蔡邕《靜情賦》："思在口而爲簧，鳴哀聲獨不敢聆"，王粲《閑邪賦》："願爲環以約腕"，即知題中應有，無俟旁求矣。"願接膝以交言"，此願萬一尚得見諸實事；"願在衣而爲領"至"願在木而爲桐"，諸願之至竟僅可託於虛想。實事不遂，發無聊之極思，而虛想生焉，然即虛想果遂，仍難長好常圓，世界終歸闕陷，十"願"適成十"悲"；更透一層，禪家所謂"下轉語"也。張、蔡之作，僅具端倪，潛乃筆墨酣飽矣。祖構或冥契者不少，如六朝樂府《折楊柳》："腹中愁不樂，願作郎馬鞭，出入環郎臂，蹀座郎膝邊"；劉希夷《公子行》："願作輕羅着細腰，願爲明鏡分嬌面"；裴諴《新添聲楊柳枝詞》

---

① *Troilus and Cressida*. IV. v. 54-6(Ulysses).
② Henry Vaughan: "In Amicum faeneratorem", *Works*, ed. L. C. Martin, 44.
③ Ovid, *Amores*, I. iv. 19(cf. II. v. 15); Propertius, III. vii.

之一："願作琵琶槽那畔，得他長抱在胸前"；和凝《河滿子》："卻愛藍羅裙子，羨他長束纖腰"；黃損《望江南》："平生願，願作樂中箏；得近佳人纖手子，砑羅裙上放嬌聲，便死也爲榮"；李邴《玉樓春》："暫時得近玉纖纖，翻羨鏤金紅象管"；劉弇《安平樂慢》："自恨不如蘭燈，通宵猶照伊眠"；《留松閣新詞合刻》中董俞《玉鳧詞》卷上《山花子》："願作翠堤芳草軟，襯鞋弓"，王士禄評："僕有詩云：'願化芳磁供茗飲，將身一印口邊脂'"；毛奇齡《西河合集·七言古詩》卷七《楊將軍美人試馬請賦》："將軍似妬九華韉"（參觀韓偓《馬上見》："自憐輸廄吏，餘暖在香韉"）；曹爾堪《南溪詞·風入松》："恨殺輕羅勝我，時時貼細腰邊"；朱彝尊《臨江仙》："愛他金小小，曾近玉纖纖"；邵無恙《鏡西閣詩選》卷三《贈吳生》之二："香唇吹徹梅花曲，我願身爲碧玉簫。"段成式《嘲飛卿》之二："知君欲作《閑情賦》，應願將身作錦鞋"；則明言本潛此賦之"願在絲而爲履"。明人《樂府吳調·掛真兒·變好》："變一隻繡鞋兒，在你金蓮上套；變一領汗衫兒，與你貼肉相交；變一個竹夫人，在你懷兒裏抱；變一個主腰兒，拘束着你；變一管玉簫兒，在你指上調；再變上一塊的香茶，也不離你櫻桃小"；疊出逞多。顧無論少祇一願或多至六變，要皆未下轉語，尚不足爲陶潛繼響也。西方詩歌亦每咏此，并見之小説，如希臘書中一角色願爲意中人口邊之笛（pipe），西班牙書中一角色願爲意中人腰間之帶（cordón）①。況

---

① *Anatomy of Melancholy*, Part. III, Sect. II, Mem. III, "Everyman's Lib.", III, 169(Anacreon, Ovid, Catullus); Longus, *Daphnis and Chloe*, I.14, "Loeb", 31; Rojas, *La Celestina*, VI, "Collection Bilingue", Aubier, 262.

而愈下，甚且願親肌膚，甘爲蚤蝨或溷器者①！亦均未嘗下轉語，視此節猶遜一籌焉。

【增訂四】《情感教育》中男主角見意中人以巾掩目，遂願此身成爲此眼淚濕透之小帕（Quelquefois, elle [Mme Arnoux] appuyait dessus fortement son mouchoir, il [Frédéric] aurait voulu être ce petit morceau de batiste tout trempé de larmes. —*L'Education sentimentale*, II. ii, *op. cit.*, p.240）。斯亦"在口爲簧"、"在腰爲帶"之擬議變化也。

《閑情賦》："願在晝而爲影"云云，按參觀《全三國文》論陳王植《上責躬應詔詩表》。"託行雲以送懷"云云，按參觀《楚辭》卷論《九章·思美人》。

陶潛《歸去來兮辭》。按宋人以文學推陶潛，此辭尤所宗仰；歐陽修至謂晉文章唯此一篇，蘇軾門下亦仿和賡續，"陶淵明紛然一日滿人目前"。宋祁《筆記》卷中記其兄庠語："莒公言：'歐陽永叔推重《歸去來》，以爲江左高文。'丞相以爲知言"；晁說之《嵩山文集》卷一五《答李持國先輩書》："抑又聞大宋相公謂陶公《歸去來》是南北文章之絕唱、《六經》之鼓吹。"宋庠文格綺密，與陶尤不近，而能識異量之美如此；世僅知歐陽修"晉無文章"一語，包世臣《藝舟雙楫》卷二《書韓文後》下篇指目爲"流傳至盛"之"率爾語"者也。昭明《文選》於陶文祇錄此《辭》，亦徵具眼；人每譏昭明之不解《閑情賦》而未嘗稱其能賞

---

① Cf. V. Imbriani: "La Pulce: Saggio di Zoologia letteraria", *Studi letterari e bizarri e satiriche*, a cura di B. Croce, 382 ff.; E. Fuchs, *Illustrierte Sittengeschichte*, II, 260, Ergänzungsband II, 17–8.

《歸去來》，又記過而不録功，世態之常矣。宋人復以陶潛賦《歸去來兮》，而子規鳥啼"不如歸去！"，遂撮合爲文字眷屬。如《清異録》卷二載潘崇女妙玉詠杜鵑："毛羽淵明鬼"；周紫芝《太倉稊米集》卷三六《杜鵑》之二："千秋但有一淵明，肯脱青衫伴耦耕"；洪咨夔《平齋集》卷二《題楚城靖節祠》："不如歸去來兮好，百世聞風只杜鵑"；趙蕃《淳熙稿》卷五《晨起聞杜鵑》："杜鵑我豈不知歸，淵明政爲飢驅去"；《江湖後集》卷二〇李龏《杜鵑》："血滴成花不自歸，銜悲猶泣在天涯；秋聲更比春聲苦，除卻淵明勸得誰！"；趙與虤《娛書堂詩話》卷下無名氏《子規》："剛道故鄉如此好，其如游子不歸何？自從五柳先生死，空染千山血淚多！"；莊季裕《雞肋編》卷中趙子櫟《杜鵑》："杜鵑不是蜀天子，前身定是陶淵明"；方岳《沁園春·賦子規》："歸來也！問淵明以後，誰是知音？"；劉因《靜修先生文集》卷一一《啼鳥》："幾日春陰幾日晴，喚來山鳥話平生；杜鵑解道淵明語，只少鷓鴣相和鳴。"向來話陶，無及此者，拈爲談助云。

王若虛《滹南遺老集》卷三四摘《歸去來兮辭》謀篇之疵："將歸而賦耳，既歸之事，當想象而言之。今自問途以下，皆追録之語，其於畦徑，無乃窒乎？'已矣乎！'云者，所以總結而爲斷也，不宜更及耘耔、嘯咏之事"；劉祁《歸潛志》卷八亦記王謂此文"前想象，後直述，不相侔"。蓋《序》云："仲秋至冬，在官八十餘日，因事順心，命篇曰《歸去來兮》。乙巳歲十一月也"；王氏執着此數語，成見梗胸，未涵泳本文耳。《辭》作於"歸去"之前，故"去"後着"來"，白話中尚多同此，如《西遊記》第五四回女王曰："請上龍車，和我同上金鑾寶殿，匹配夫婦去來！"，又女妖曰："那裏走！我和你耍風月兒去來！"皆將而猶未之詞也。周君振甫曰："《序》稱《辭》作於十一月，尚在仲冬；倘爲'追錄'、'直述'，豈有'木欣欣以向榮''善萬物之得時'等物色？亦豈有'農人告余以春及，將有事乎西疇'、'或植杖以耘耔'等人事？其爲未歸前之想象，不言而可喻矣。"本文自"舟遙遙以輕颺"至"亦崎嶇而經丘"一節，敍啓程之初至抵家以後諸況，心先歷歷想而如身正一一經。求之於古，則《詩·東山》第三章寫征人尚未抵家，而意中已有"鸛鳴於垤，婦歎於室，洒掃穹窒"等情狀，筆法庶幾相類；陳啓源《毛詩稽古編》必以此章屬居者，而謂"今概指行人思家言，趣味短矣"，至以"我征"釋成居者言"我家之征人"，亦緣未借明於《歸去來辭》也。陶文與古爲新，逐步而展，循序而進，迤邐陸續，隨事即書，此過彼來，各自現前當景。蘇軾《上巳日與二三子攜酒出游、隨所見輒作數句》七古，紀昀批爲"信景直敍法"者，可以相參。後世院本中角色一路行來，指點物色，且演且唱；如王實甫《西廂記》第一本第一折張生白："行路之間，早到蒲津，……你看好形勢也呵！"，即唱《油葫蘆》、《天下樂》以道眼中形勝，又游普救寺白："是蓋造的好也呵！"，即唱《村裏迓鼓》，逐一道其正上堂轉殿、禮佛隨喜等事。與陶《辭》此節，波瀾莫二，特陶敍將來而若現在，更一重一掩矣。繪畫有長卷、橫披，其行布亦資契悟。樓鑰《攻媿集》卷三《高麗賈人有以韓幹馬十二匹質於鄉人者，題曰"行看子"，因命臨寫而歸之》："裝爲橫軸看且行，云是韓幹非虛聲"（參觀卷四《再題行看子》）。讀此節文，宜如"行看子"之"看且行"，匹似展觀《長江萬里圖》、《富春山居圖》耳。

【增訂四】柳永《夜半樂》："凍雲黯淡天氣，扁舟一葉，乘興離江渚。渡萬壑千巖，越溪深處。怒濤漸息，樵風乍起，更聞商旅相呼。片帆高舉，泛畫鷁，翩翩過南浦。望中酒旆閃閃，一簇煙村，數行霜樹。殘日下，漁人鳴榔歸去。敗荷零落，衰楊掩映，岸邊兩兩三三，浣紗遊女，避行客，含笑羞相語。到此因念，繡閣輕拋，浪萍難駐。歎後約丁寧竟何據。慘離懷，空恨歲晚歸期阻。凝淚眼，杳杳神京路。斷鴻聲遠長天暮。"陳廷焯《詞則·別調集》卷一評曰："層折最妙。始而渡江；繼乃江盡入溪，尚未依村，繼見酒旆；繼見漁人；繼見遊女，已傍村矣；因遊女而觸離情，則長天日暮矣。"亦即逐步漸展、"信景直敘"之法，如畫家長卷之稱"行看子"。白香山《游悟真寺詩》尤此體之大觀也。

結處"已矣乎"一節，即《亂》也，與發端"歸去來兮"一節，首尾呼應；"耘耔"、"舒嘯"乃申言不復出之志事，"有事西疇"、"尋壑經丘"乃懸擬倘得歸之行事，王氏混而未察。"追錄"之說，尤一言以為不知，亦緣未參之《東山》之三章也。非回憶追敘，而是懸想當場即興，順風光以流轉，應人事而運行。卷一一二陶潛《自祭文》設想己身故後情狀："將辭逆旅之館，永歸於本宅。故人悽其相悲，同祖行於今夕，羞以嘉蔬，薦以清酌。候顏已冥，聆音愈漠。……外姻晨來，良友宵奔，葬之中野，以安其魂"；亦"將"來而歷歷若"已"然，猶未而一一皆現"今"，"今夕"即如潛《挽歌詩》："今旦在鬼錄"，"今但湛空觴"，"今宿荒草郊"，大可節取元稹悼亡名句以要括之："戲言身後事，若到眼前來。"《歸去來兮辭》寫生歸田園，《自祭文》寫死歸黃土陌，機杼彷彿；"永歸於本宅"與"田園將蕪胡不歸"，均先事而預擬屆時耳。余因思《詩·陳風·東門之枌》："視爾如荍，貽我握椒"，孔穎達《正義》："毛以爲男子乃陳往日相好之事，語女人云：'我往者語汝'"云云。經生拘迂，以爲謔浪調情之際，無閒工夫作詩，詩必賦於事後，而"爾"、"我"之稱，則類當時面語，故曲解爲追溯之記言。夫詩之成章，洵在事後，境已遷而跡已陳，而詩之詞氣，則自若應機當面，脫口答響，故西方論師常以現在時態爲抒情詩之特色①。毛謂"陳往日"，大類王氏謂"追錄"，皆平地生波、畫蛇添足也。"雲無心以出岫"，按參觀《毛詩》卷論《敝笱》。

陶潛《與子儼等書》："然汝等誰不同生，當思四海皆兄弟之義。"按此一語合之《責子詩》之"雍、端年十三"一句，牽引無數葛藤。自宋馬永卿《嬾真子》卷三、洪邁《容齋隨筆》卷八至清張宗泰《魯巖所學集》卷七《書袁文〈甕牖閒評〉後》、平步青《霞外攟屑》卷五，苦心逞臆，或謂陶有妻有妾，或謂其喪室續娶，或謂其有二子孿生，推測紛紜。閒人忙事，亦如朱彝尊《曝書亭集》卷五五《書〈楊太真外傳〉後》、惲敬《大雲山房文稿》初集卷一一《駁朱錫鬯〈書楊太真外傳後〉》以來之爭辯"處子入宮"，烟動塵上，呶呶未已。文獻徵存之考真妄，與帷薄陰私之話短長，殆貌異而心同者歟。

陶潛《答龐參軍詩序》。按參觀前論王羲之《雜帖》。

陶潛《桃花源記》："南陽劉子驥，高尚士也，聞之欣然，親往未果，尋病終。"按陶澍註《陶靖節集》卷六作"規往"，註：

---

① Cf. Jean Paul, *Vorschule der Aesthetik*, §75, *Werke*, Carl Hanser, V, s. 272: "... stellt die Lyra die Empfindung dar, welche sich in die Gegenwart einschliesst"; E. Staiger, *Grundbegriffe der Poetik*, 5. Aufl., 55; Lowry Nelson, Jr., *Baroque Lyric Poetry*, p.27.

"焦本云：一作'親'，非"；是也。"欲往"可曰"未果"，"親往"則身既往，不得言"未果"矣。"規"字六朝常用，如《魏書·孟表傳》："云是叔業姑兒，爲叔業所遣，規爲內應"，又《爾朱榮傳》："我本相投，規存性命"，皆謂意圖也。《全唐文》卷五二九顧況《仙遊記》刻意擬仿潛此篇，有云："曰：'願求就居得否？'云：'此間地窄，不足以容'"，較潛記："此中人語云：'不足爲外人道也'"，風致遠遜；卷五二八況《莽墟賦》亦寫《仙遊記》中事。

一四六　全晉文卷一一二

　　陶潛《孟府君傳》。按參觀前論成公綏《嘯賦》又《全後漢文》卷章帝《賜東平王蒼書》。

　　陶潛《五柳先生傳》。按"不"字爲一篇眼目。"不知何許人也，亦不詳其姓氏"，"不慕榮利"，"不求甚解"，"家貧不能恒得"，"曾不吝情去留"，"不蔽風日"，"不戚戚於貧賤，不汲汲於富貴"；重言積字，即示猖者之"有所不爲"。酒之"不能恒得"，宅之"不蔽風日"，端由於"不慕榮利"而"家貧"，是亦"不屑不潔"所致也。"不"之言，若無得而稱，而其意，則有爲而發；老子所謂"當其無，有有之用"，王夫之所謂"言'無'者，激於言'有'者而破除之也"（《船山遺書》第六三册《思問錄》内篇）。如"不知何許人，亦不詳其姓氏"，豈作自傳而并不曉己之姓名籍貫哉？正激於世之賣聲名、誇門地者而破除之爾。仇兆鰲選林雲銘《挹奎樓稿》卷二《〈古文析義〉序》："陶靖節'讀書不求甚解'，所謂'甚'者，以穿鑿附會失其本旨耳。《南村》云：'奇文共欣賞，疑義相與析'；若不求'解'，則'義'之'析'也何爲乎？"竊謂陶之"不求甚解"如杜甫《漫成》之"讀書難字過"也；陶之"疑義與析"又如杜甫《春日懷李白》之

"重與細論文"也。培根（Bacon）論讀書（Of Studies）云："書有祇可染指者，有宜囫圇吞者，亦有須咀嚼而消納者"（Some books are to be tasted, others to be swallowed, and some few to be chewed and swallowed）；即謂有不必求甚解者，有須細析者。語較周密，然亦祇道着一半：書之須細析者，亦有不必求甚解之時；以詞章論，常祇須帶草看法，而爲義理考據計，又必十目一行。一人之身，讀書之闊略不拘與精細不苟，因時因事而異宜焉。

【增訂三】《二程遺書》卷六《二先生語》："凡看書各有門徑。《詩》、《易》、《春秋》不可逐句看，《尚書》、《論語》可以逐句看"；《朱子語類》卷一九："《論語》要冷看，《孟子》要熟讀"；亦猶陶詩既言"不求甚解"而復言"疑義與析"也。朱熹雖以"如雞伏卵"喻熟讀，而此節"熟"字頗乖義理，《論語》豈不當"熟讀"哉？"熟"當作"熱"字爲長，謂快讀也，與"冷"字相對；如陶奭齡《小柴桑喃喃錄》卷上論草書云："熱寫冷不識。""熱"與急每相連屬，古醫書如《素問》第四〇《腹中論》"熱氣慓悍，⋯⋯心不和緩，是爲焦急。"《樂府詩集》卷八〇張祜《熱戲樂》："熱戲爭心劇火燒"，又引《教坊記》載"熱戲"中"一伎戴百尺幢鼓舞而進"，又一伎出，"疾乃兼倍"；是"戲"之"熱"在乎奏技之競"疾"。《後村大全集》卷一〇四《跋本朝名臣帖十家·張無盡》："予聞佛者宗杲嘗問無虛［盡］：'賢温公而論之，何也？'答曰：'熱荒［慌］要做官爾！'""熱慌"即今語"急忙"也。"熱讀"畧類董説《西遊補》第六回所謂"用個帶草看法"、"懷素看法"。蓋《孟子》詞氣浩乎沛然，苟十目一行，逐字數墨，便拆碎不成片段，難以領會其文瀾之壯闊。"冷看"則正是二程之"《論語》逐句看"也。赫爾岑嘗道一英人言，英、法兩國人性習大異，觀其啖咽之狀可知："法國人熱吃冷牛肉，英國人冷吃熱牛肉"（Herzen citant un Anglais："Les Français mangent du veau froid chaudement; nous, nous Anglais mangeons notre boeuf chaud froidement"——*Journal des Goncourt*, 8 février 1865, éd. définitive, II, 197）。吃相判"熱"與"冷"，猶讀法判"熱"與"冷"，一忙一閒、一急一徐耳。

【增訂四】《孟子·萬章》："不得於君則熱中"，焦循《正義》即以"焦急"、"燥急"釋之。

陶潛《自祭文》："人生實難，死如之何！"按語意本《全三國文》卷五二嵇康《聖賢高士傳·尚長》："喟然歎曰：'吾知富貴不如貧賤，未知存何如亡爾！'"；《後漢書·逸民傳》作"向長"，記此言作"吾已知富不如貧，貴不如賤，但未知死何如生耳！"潛曾撰《尚長禽慶贊》，即見本卷。《全唐文》卷六九六李德裕《問泉途賦》："昔向子平稱'吾已知'云云，陶靖節亦稱'人生實難'云云，今作賦以問之"；早以二語連類。庾信《擬詠懷》之九："不特貧謝富，安知死羨生！"；倪璠註《庾子山集》卷三此詩，未知其用向長語也。秦觀《淮海集》卷五《自作挽詞》設想已死於貶所、身後悽涼寂寞之況，情詞慘戚，秦瀛撰《淮海年譜》元符三年："先生在雷州，自作《挽詞》，自《序》曰：'昔鮑照、陶潛皆自作哀詞，讀余此章，乃知前作之未哀也'"；信然，而集中無此自《序》。

一四七　全晉文卷一一三

　　魯褒《錢神論》。按已別見《史記》卷論《貨殖列傳》、《易林》卷論《乾》之《未濟》、《太平廣記》卷論卷二四三《張延賞》及《毛詩》卷論《正月》者，不復道。《顏氏家訓·勉學》篇舉江南閭里"強事飾辭"諸例，有"道錢則'孔方'"；二字固早見《漢書·食貨志》："錢圜函方"，三國時孟康註："外圓而内孔方也"，然廋詞流播，當緣魯氏此《論》。《舊唐書·李密傳》祖君彥爲密作《移郡縣書》："《錢神》起《論》，銅臭爲公"，則顯指斯篇。《南史·梁宗室傳》上《臨川王宏傳》："晉時有《錢神論》，豫章王綜以宏貪愚，遂爲《錢愚論》，其文甚切"，惜未傳。所覯如張擴《東窗集》卷二《讀〈錢神論〉偶成》、李季可《松窗百說》之九七《孔奴》、程敏政《新安文獻志》卷三五吳達齋《孔元方傳》、戴名世《南山全集》卷一四《錢神問對》、汪懋麟《百尺梧桐閣文集》卷六《上士錢氏傳》，都乏新警。惟陳仁錫編本沈周《石田先生集》卷三《詠錢》："有堪使'鬼'原非謬，無任呼'兄'亦不來"，即以魯《論》中語屬對，子矛子盾，自立自破，天然湊泊。黃庭堅《送徐隱父宰餘干》之二："半世功名初墨綬，同兄文字敵青錢"，下句正用魯《論》語與張鷟文詞號"萬選青錢"語牽合，"同"即"敵"，"兄"即"錢"，謂"文字"之效不亞於錢；史容註《山谷外集》乃曰："'同兄'疑舛誤"，未之思耳。魯《論》"親愛如兄"、"見我家兄"云云，最供踔事者以文爲戲之資。董斯張《吹景集》卷九《管城子與孔方兄不兩立》："或問：'南陽以錢爲神可也，謂之兄何居？'曰：'只是金戈戈耳。'客大笑"；"兄"爲"哥哥"，音諧"錢"字偏傍之疊"戈"也。

【增訂三】《秋澗大全集》卷二〇《和錢神詠》之二："取象有天還有地，縱貪無父亦無兄。"認"孔方"爲"阿兄"、"阿父"，即亦棄親兄、親父，是有父而"無父"、有兄而"無兄"，且復"無父"而有父，"無兄"而有兄焉。又按魯褒《錢神論》稱"兄"者，銅鑄之錢也，所謂"黃銅中方"也，"中方"即"孔方"。桓譚《新論・辨惑》（參觀825頁引）謂"銀者金之昆弟"，則稱"兄"者，金也，真董斯張所謂"金戈戈 [哥哥]"矣。南齊譯《百喻經》卷上《認人爲兄喻》："昔有一人，形容端正，智慧具足，復多錢財。……時有愚人，見其如此，便言：'我兄。'……見其還債，言：'非我兄。'傍人語言：'汝是愚人。……'愚人答言：'我以欲得彼之錢財，認之爲兄，實非是兄；若其債時，則稱非兄。'"尊有錢人爲"我兄"，實由於尊錢爲"家兄"，愛屋及烏之旨耳。

褚人穫《堅瓠六集》卷一引袁宏道《讀〈錢神論〉》："閒來偶讀《錢神論》，始識人情今益古；古時孔方比阿兄，今日阿兄勝阿父！"《清人雜劇》二集葉承宗"敷衍《錢神論》"而作《孔方兄》，通場爲金莖獨白，有云："愛只愛，六書文，會識字，'戔'從着'金'；恨只恨，《百家姓》，'錢'讓了'趙'。……矢口爲文笑魯襃,你可也太莽矗!怎把個至尊行,儜妄認同胞?稱他個'孔方老師'罷?不好!不好!怕他嫌壇坫疎;稱他個'孔方家祖'罷?也不好!也不好!怕嫌俺譜牒遥;倒不如稱一個'家父親'纔算好!"筆舌俊利,魯論之增華而袁詩之衍義矣。徐石麒《大轉輪》第一齣:"趙母、張父,還添個孔方爲兄,聖裔賢孫,倒不如青蚨有子";則又以魯論之"兄"與《淮南萬畢術》之"子母"(參觀《太平廣記》卷論卷四七七《青蚨》)團詞聚合。西方舊俗有"錢娘娘"、"錢爺爺"(Frau Saelde, Sir Penny)等稱[①];意大利詩人(Cecco Angiolieri)句云:"任人説長短,親戚莫如錢:同胞復中表,父母子女兼"(I buoni parenti, dica chi dir vuole, / a chi ne puòaver, sono i fiorini: / quei son fratei carnai e ver cugini, / e padre e madre, figlioli e figliole)[②],所包更廣;獨遺夫妻,殆爲韻律所限乎。視錢爲得人憐之"自家兒",似愈親於"家兄"、"家父",蓋人情於子女之慈,每勝於孝悌也。

《錢神論》:"諺曰:'官無中人,不如歸田';雖有中人,而無家兄,何異無足而欲行,無翼而欲翔?"按《全宋文》卷五六檀珪《與王僧虔書》:"去冬今春,頻荷二敕,既無中人,屢見蹉奪";皆即曹植樂府《當牆欲高行》所謂:"龍欲升天須浮雲,人之仕宦待中人。"今諺曰:"朝裏無人莫做官"或"朝裏有人好做官"。《韓非子·八姦》所云"同牀"、"在旁"、"父兄"三者,正"中人"也;所云:"爲人臣者,内事之以金玉",又"雖有中人,

---

① A. Taylor, *Problems in German Literary History of the 15th and 16th Centuries*, 115.

② E. M. Fusco, *La Lirica*, I, 44.

而無家兄"之申意也。後世稱爲"奧援","奧"亦"内"、"中"之意。然如歧路中之有歧路,"中人"之中復有人焉,"朝裏人"之家裏人是矣。西人嘗謂升官(climb up)奧援,連貫如鎖鏈(there is at all Courts a chain),國君爲其後宫或外室所左右,彼婦又爲其歡子所左右,而兩人復各爲其貼身婢僕所左右,依此下推(The King's wife or mistress has an influence over him; a lover has an influence over her; the chambermaid or valet-de-chambre has an influence over both; and so ad infinitum)①。又按翟灝《通俗編》卷一三引曹植詩、李密詩、魯褒論、元曲《鴛鴦被》説"中人",然元曲中尚有一義,翟書未察,張相《詩詞曲語辭匯釋》亦失收。如《還牢末》第一齣,李榮祖:"二嫂蕭娥,他原是個中人,棄賤從良",又李孔目:"第二個渾家蕭娥,他是個中人";《灰闌記》第二齣大渾家:"是員外娶的個不中人",祇從:"哏!敢是個中人?"大渾家:"正是個中人。"乃謂勾欄中人,即妓也。明周祈《名義考》卷五《肞表》:"俗謂倡曰'表子',……'表'對'裏'之稱,'表子'猶言外婦";大似用王安石《字説》法,果若所云,則"中人"與"表子"文反而義合矣。

【增訂四】《玉臺新詠》卷六吴均《和蕭洗馬子顯古意》六首皆託爲閨中思婦之詞,傷離懷遠,所謂"賤妾思不堪"、"流涕憶遼東"也。第六首云:"中人坐相望,狂夫終未還",則"中人"即"室人"、"閨人"、"内人"之意,又與元曲之"中人"文合而義反焉。

---

① Lord Chesterfield, *Letters*, ed. B. Dobrée, IV, 1383.

《錢神論》："貪人見我，如病得醫。"按《全宋文》卷三六顏延之《庭誥》："諺曰：'富則盛，貧則病'"；唐張說所以撰《錢本草》（《全唐文》卷二二六）耳。其文有云："錢、味甘，大熱，能駐顏，彩澤流潤"；《西湖二集》卷二九引諺："家寬出少年"；皆其意，"盛"與"病"對，謂強健也。

【增訂三】晚唐蘇拯《醫人》："徧行君臣藥，先從凍餒均；自然六合内，少聞貧病人"。正謂病出於貧，欲醫病，當療貧；參觀《莊子·讓王》及《新序·節士》原憲曰："憲貧也，非病也。"

范頵《請采錄陳壽〈三國志〉表》："《三國志》辭多勸誡，明乎得失，有益風化。雖文艷不如相如，而質直過之，願垂采錄。"按於西漢兩司馬中，不舉遷而舉相如，較擬失倫，大似比量"木與夜孰長？智與粟孰多？"（《墨子·經說》下）。劉熙載《藝概》卷一斥范《表》曰："此言殆外矣！相如自是詞家，壽是史家，體本不同，文質豈容並論？"是也。且范所引而相比者，司馬相如之《封禪文》，則導諛之作耳，與稱陳壽之"辭多勸誡"，適相反背。以此爲文中賓主，真圖前而却步、不近而愈遠矣。張裕釗《濂亭遺文》卷一《辨司馬相如〈封禪文〉》力言其文乃"譎諫"，強詞終難奪理，苟知范氏此表，當引以自助乎？

一四八　全晉文卷一一六

　　葛洪《〈關尹子〉序》。按《關尹子》之爲贗託，説者無異詞。其文琢洗瑩潔，顯出唐宋人手，格調不特非先秦，亦不足以充六朝也。《吕氏春秋·不二》曰："關尹貴清，子列子貴虚"，一字之品，三隅難反。然張湛序《列子》所謂："所明往往與佛經相參，大歸同於老、莊"，則大可移評今本《關尹子》；微惜好比附五行，自玷其書，遂勿得與《列子》比數。竊謂老之言幼眇，莊之言俶詭，佛經言冗不殺，《關尹子》雖依傍前人，而融貫禪玄，擇精削繁。欲知吾國神秘宗指略，易簡便讀，無或逾其書焉者，正如西方神秘家言要覽，莫過贗託之狄奥尼修士（Pseudo-Dionysius the Areopagite）也。葛洪之序，自亦僞撰。《關尹子》論道德，洪僅知有方術；《關尹子·四符》："若有厭生死心，超死生心，止名爲妖，不名爲道"；洪所盡心竭力以求者，正《關尹子》所擯斥之"妖"而已。《抱朴子》自序："今爲此書，粗舉長生之理"，内篇《金丹》至謂："還丹、金液二事，蓋仙道之極也"，《釋滯》且病《老子》於長生之術語焉不詳，"文子、莊子、關令尹喜之徒"，皆"永無至言"（參觀《老子》卷論第一三章）。此序却抃喜禮贊："尹真人《文始經》九篇，洪愛之，誦之，藏之，拜之。……方士不能到，先儒未嘗言，可仰而不可攀，可玩而不可執，可鑒而不可思，可符而不可言。"與"永無至言"之詞，何自相矛盾乎？抑兩面二舌耶？彼託洪之名贗作此序者，蓋未嘗細檢《抱朴子》也。序中一節云："洪每味之：泠泠然若躡飛葉而遊乎天地之混溟，茫茫乎若履橫校而浮乎大海之渺漠，超若處金碧琳琅之居，森若握鬼魅神姦之印，倏若飄鷥鶴，怒若鬥虎兕，清如浴碧，慘若夢紅。"此中晚唐人序詩文集慣技，杜牧《李昌谷詩序》是其著例，牧甥裴延翰《樊川文集序》："竊觀仲舅之文"云云，亦即是體。他如顧況《右拾遺吳郡朱君集序》、張碧《詩自序》、李商隱《容州經略使元結文集後序》、吳融《奠陸龜蒙文》，皆犖犖大者；司空圖《註〈愍征賦〉述》："觀其才情之旖旎也，有如霞陣疊鮮"云云，尤爲偉觀，可與《二十四詩品》相表裏。然則《關尹子》之成書，倘亦在晚唐歟？胡應麟《少室山房類稿》卷一〇三又《少室山房筆叢》卷三一言《關尹子》冠以劉向一序，乃"晚唐人學昌黎聲口"，嚴輯《全漢文》卷三七錄劉向《關尹子書錄》，按語："此疑依託"；而均未及葛洪此序，故補論之。

【增訂四】譚獻《復堂日記》卷五："《關尹子》稚川一《序》，文句險譎，亦贗鼎也。"范君旭侖函示此則。

一四九　全晉文卷一一七

《抱朴子》佚文："閹官無情，不可謂貞"；按參觀《全三國文》論嵇康《與山巨源絕交書》。"頭蟲著身，稍變而白"；按參觀《太平廣記》卷論卷二五六《平曾》。"余聞班固云：'呂氏望雲而知高祖所在。'天豈獨開呂氏之目而掩衆人之目耶？"按又一則云："俗人云：'濤是伍子胥所作'，妄也。子胥始死耳；天地開闢，已有濤水矣。"均可入《論衡·書虛》、《感虛》等篇，而筆舌簡捷，似勝王充；《書虛》斥子胥爲江濤之妄，未樹此義也。《佚文》一則記蔡邕賞愛《論衡》，藏爲帳秘；然觀邕集，即其好言天人五行一端，已與王充主張背馳，將徒拾牙慧，初無心得耶？"陸子十篇，誠爲快書"；按"快書"之詞始見於此，明人有《快書》、《廣快書》之輯，未嘗寓目，不審命名別有所本否。

一五〇　全晉文卷一二〇

郭璞《江賦》。按刻劃物色，余最取"晨霞孤征"四字，以爲可以適獨坐而不徒驚四筵也。"滈汗六州之域，經營炎景之外"；句法仿左思《吴都賦》："礦硞乎數州之間，灌注乎天地之半。""類肧渾之未凝，象太極之構天"；按參觀《楚辭》卷論《天問》。"玉珧海月，土肉石華"；按謝靈運《遊赤石進帆海》："揚帆采石華，掛席拾海月"，亦以"海月"、"石華"作對。姚旅《露書》卷五評此賦"總括漢泗，兼包淮湘"等句云："江與淮泗，杳不相涉，何嘗包括？又江只跨梁、荆、揚三州，無所謂'六州'，亦不注於五湖也。如鰻、鱉、玉珧、海月、土肉、石華、水母、紫菜等等，皆海錯也，斷不可以溷江族。作者借珠翠以耀首，觀者對金碧而眩目。"中肯抵瑕，具徵左思《三都賦·序》所譏"假稱珍怪"、"匪本匪實"，幾如詞賦家之痼疾難瘳矣。袁枚《隨園詩話》卷一："《文選》詩：'掛席拾海月'，妙在海月之不可拾也；註《選》者必以'海月'爲蚌、蠣之類，則作此詩者不過一摸蚌翁耳！"李善註云："'揚帆'、'掛席'一事也"；則"采石華"與"拾海月"亦二事之並行一貫者。袁氏意中當有李白采石江中捉月事及嚴羽"鏡花水月不可湊泊"等語，遂不顧上

－1945－

下句之對當，遽以此意嫁之於謝詩。非蚌蠣之"海月"固妙在"不可拾"，然亦妙在不可拾而可拾，于良史《青山夜月》不云"掬水月在手"乎？若"石華"之可"采"與否，均何"妙"之有？袁氏謬賞一句，遂使一聯偏枯。《法苑珠林》卷六六引《僧祇律》載五百獼猴欲撈出井底月影，《大般涅槃經·如來性品》第四之六云："喻如獼猴捉水中月"；苟解爲蠣蚌，作詩者即如"摸蚌翁"，則解爲海中月影，作者將無同"點蒼山老猿"哉！皮日休《病中有人惠海蟹》："離居定有石帆覺，失伴惟應海月知"；使非蠣蚌，豈得爲蟹"伴"哉？然袁氏此解亦足以發。謝詩因"石華"之名，用"采"字以切"華"字，一若採折花卉者；其用"拾"字，亦當以"海月"之名，雙關"水鑒月而含輝"、"取水月之歡娛"（《全宋文》卷三〇謝靈運《歸塗賦》、卷三一《山居賦》），一若圓月浮漾水面，俯拾即是者。趙秉文《閒閒老人滏水集》卷六《海月》："滄波萬古照明月，化爲團團此尤物，爲君掛席拾滄溟，海嶽樓頭斫冰雪"；正説破月、蠣雙關。故袁氏之失，在不識兩意虛涵，而膠粘一意耳。

　　郭璞《鹽池賦》："動而愈生，損而滋益。"按《全後漢文》卷六五劉楨《魯都賦》："又有鹽沈漭漭，煎炙陽春；焦暴漬沫，疏鹽自殷，挹之不損，取之不動"——"鹽沈"當作"鹽池"，"疏"當作"流"，"動"當作"勤"。璞《井賦》："挹之不損，停之不溢，莫察其源，動而愈出"，幾如自相蹈襲。《鹽池賦》之"動而愈生"，"生"亦當作"出"，本《老子》五章："虛而不屈，動而愈出。"劉楨"取之不勤"則本《老子》六章："綿綿若存，用之不勤"，"勤"、盡也、竭也，見《列子》卷論《天瑞》篇。

一五一　全晉文卷一二一

郭璞《客傲》："是以水無浪士，巖無幽人。"按下文："無巖穴而冥寂，無江湖而放浪"，即申此二句，"浪士"之義了然。唐元結嘗自號"浪士"，用意正類而未必本於郭璞；觀其又號"漫叟"，詩如《登殊亭作》云："漫歌無人聽，浪語無人驚"，蓋以"浪"與"漫"互文同意，彼此遞代耳。

郭璞《〈爾雅〉敍》："總絕代之離詞，同實而殊號者也。"按《〈方言〉敍》："類離詞之指韻，明乖途而同致"，二節同意。"離詞"之"離"如同卷《爾雅圖贊·比目魚》："離不爲疏"，不同《比翼鳥》："延頸離鳴"；"離詞"謂分散單獨之字，非"屬書離詞"之謂配合單字以成詞，參觀《史記》卷論《老子、韓非列傳》。每一字各自爲政，不相爲謀，然苟義以同而聚，聲以諧而會，則"殊號"通，"乖途"合，"詞"之"離"析者"總"而歸"類"矣。二序所言，即名學之"人爲分類法"（artificial classification）爾。許慎《說文解字敍》："分別部居，不相雜厠"；《後序》："方以類系，物以羣分，同條牽屬，共理相貫，雜而不越，據形系聯"；雖就字形而非就字音、義言，操術無乎不同。竊謂蘇轍《欒城集》卷二五《〈類篇〉敍》詮釋此旨，最爲透暢："雖天下甚多之物，苟有以待之，無不各獲其處也。多而至於失其處者，非多罪也。無以待之，則十百而亂；有以待之，則千萬若一。今夫字之於天下，可以爲多矣！然而從其有聲也，而待之以《集韻》，天下之字以聲相從者，無不得也。從其有形也，而待之以《類篇》，天下之字以形相從者，無不得也。"又按《〈爾雅〉敍》結語："輒復擁篲清道，企望塵躅者，以將來君子，爲亦有涉乎此也"；《文心雕龍·序志》結語："茫茫前代，既沉予聞，眇眇來世，倘塵彼觀也！"；劉知幾《史通·自敍》言"自《法言》以降，迄於《文心》而往"，皆"納胸中"，結云："將恐此書，與糞土同捐，煙燼俱滅，後之識者無得而觀，此余所以撫卷漣洏，淚盡而繼之以血也！"，則與《文心》同調。著書心事，不外此兩端，讀二劉語而悲者，得以郭語解之。

郭璞《註〈山海經〉敍》："物不自異，待我而後異，異果在我，非物異也。"按如嵇康所謂"愛憎在我"而"賢愚在彼"，具見《全三國文》卷論《聲無哀樂論》。卷一二三《山海經圖贊·自此山來，蟲爲蛇，蛇號爲魚》："物不自物，自物由人"，亦此意。"是不怪所可怪，而怪所不可怪也。不怪所可怪，則幾於無怪矣；怪所不可怪，則未始有可怪也。夫能然所不可，不可所不可然，則理無不然矣。"按末句不可解，疑有衍文，應作："夫能然所不可，可所不然，則理無不然矣。""然"、事物自然，即是當然；"可"、人心許可，不謂乖常。"然"即"不可怪"，物本得如此也，"可"即"不怪"，人不以爲異也。卷一二二《山海經圖贊·獓狿》："視之則奇，推之無怪"；《罴》："至理之盡，出乎自然"；《鳥鼠同穴山》："不然之然，難以理推"；卷一二三《厭火國》："推之無奇，理有不熱"；可以參印。此節詞意，實本《莊子‧齊物論》："惡乎然，然於然；惡乎不然，不然於不然。物固有所然，物固有所可；無物不然，無物不可"；又《秋水》："因其所大而大之，則萬物莫不大；因其所然而然之，則萬物莫不然"云云。郭謂"可所不然，則理無不然"，正如晁迥《法藏碎金錄》卷一云："見怪不怪怪自壞，見魔非魔魔自和。"

郭璞《爾雅圖贊》。按葉德輝《觀古堂彙刻書》收嚴氏此輯，并校馬國翰所輯，補《虺蛇》、《鶻鶟》二贊。《比目魚》："雖有二片，其實一魚；協不能密，離不爲疏。"按《比翼鳥》："雖云一質，氣同體隔。"《爾雅‧釋地》僅言鰈"不比不行"，鶼"不比不飛"，郭贊強生分別，若魚乃二而一，鳥則一而二者，實欲行文避複，無與於博物。卷一二三《山海經圖贊‧王予夜尸》："予夜之尸，體分成七，離不爲疏，合不爲密"，改"協"爲"合"耳。《枳首蛇》："夔稱一足，蛇則二首，少不知無，多不覺有。"按卷一二三《山海經圖贊‧三身國、一臂國》："增不爲多，減不爲損"；《一目國》："蒼四不多，此一不少。"

一五二　全晉文卷一二二

郭璞《山海經圖贊》。按《觀古堂彙刻書》中亦有訂補。《象》，按具見《全三國文》卷論萬震《象贊》。《豪彘》："毛如攢錐，中有激矢；厥體兼資，自爲牝牡。"按《山海經·西山經·豪彘》郭註："亦自爲牝牡。"吾國古傳此物"自爲牝牡"，其故可以西方博物家言釋之。畢豐《博物志·箭豬（le porc-épic）》云："通身銳矢，乃禦衛之利器而適成交合之障礙"（Ces mêmes armes qui leur sont si utiles contre les autres, leur deviennent très incommodes lorsqu'ils veulents'unir）；列那《博物小志》亦言箭豬中情侶皆以遍體插筆如林爲大不便（garni de porte-plume bien gênants pour lui et son amie）①。叔本華論交游相處不宜太密暱，設譬云："隆冬之日，豪彘凍欲僵，乃依偎取暖，而彼此相刺痛，乍親接即急分離"（Eine Gesellschaft Stachelschweine drängte sich, an einem kalten Wintertage, recht nahe zusammen, um durch die gegenseitige Wärme, sich vor dem Erfrieren zu schützen. Jedoch bald empfanden sie die gegenseitigen Stacheln;

---

① L. Guichard, *L'Oeuvre et l'Âme de Jules Renard*, 202.

welches sie dann wieder von einander entfernte)①。寒威砭逼，則又非"自爲牝牡"所能禦矣。《鸚鵡》："鸚鵡慧鳥，棲林啄蘂。……自貽伊籠，見幽坐伎。"按"坐"、因也；《全後漢文》卷八七禰衡《鸚鵡賦》："豈言語以階亂，將不密以致危？"又《全晉文》卷五一傅咸《鸚鵡賦》："謂崇峻之可固，然以慧而入籠"，即此贊之意。羅隱《鸚鵡》："莫恨雕籠翠羽殘，江南地暖隴西寒，勸君不用分明語，語得分明出轉難"；更暢言"見幽"之"坐伎"也。《魮魚》："微哉魮魚，食而不驕。"按"驕"即腋氣，今語所謂"狐騷臭"。《北山經》："食之不驕"，郭註："驕一作騷，臭也"；梁同書《頻羅菴遺集》卷一四《直語補證·狐騷》條、梁玉繩《瞥記》卷四皆引之。陶九成《輟耕錄》卷一七《腋氣》條謂即《北里志》之"愠羝"，馮維敏《海浮山堂詞稿》卷三《南黃鶯兒》亦曰"臊狐氣"，則與古羅馬詩所謂兩腋下有羊（caper, hircus）巧合②。《茈魚薄魚》："食之和體，氣不下溜"；按《東山經》："食之不糲"，郭註："止失氣也"；俞樾《茶香室三鈔》卷六論李赤肚事、章炳麟《新方言·釋詞》第一《粃》條皆引之。卷一二三《郁州》："不行而至，不動而改，維神所運，物無常在"；按本《易·繫辭》："唯神也，故不疾而速，不行而至。"

---

① Schopenhauer, *Parerga und Paralipomena*, Kap. XXI, §396. *Sämtliche Werke*, hrsg. P. Deussen, V, 717.

② Catullus, LXXI, LXXI; Horace, *Sermonum*, I. ii; Ovid, *Ars amat*., I. 522, III. 193; Martial, III. xciii, IV. iv.

一五三　全晉文卷一二五

　　范甯《春秋穀梁傳集解序》："左氏艷而富，其失也巫。"按參觀《左傳》卷論僖公五年；《全唐文》卷六〇五劉禹錫《唐故衡州刺史吕君集序》："始學左氏，故其文微爲富艷"，即用此序語。"嚴霜夏墜，從弟彫落，二子泯没"；按《全梁文》卷六八劉令嫺《祭夫文》："電碎春紅，霜彫夏緑。"

【增訂四】《搜神記》卷六崔氏女鬼贈盧充詩："含英未及秀，中夏罹霜萎。"亦即"嚴霜夏墜"，"霜彫夏緑"。

　　范甯《王弼、何晏論》。按具見前論庾翼《與殷浩書》。

一五四　全晉文卷一三四

習鑿齒《與桓秘書》。按參觀《全漢文》卷論枚乘《七發》。

習鑿齒《臨終上疏》："皇晉宜越魏繼漢，……謹力疾著論一篇。"按即《晉承漢統論》。《論》中"以晉承漢"之"漢"顯指魏文所"受禪"之東漢，其稱蜀漢，僅曰"蜀"而不繫以"漢"。《論》云："昔漢氏失御，九州殘隔，三國乘間，鼎峙數世"，"孫劉鼎立"，"吳蜀兩斃"，"吳魏犯順而强，蜀人杖正而弱，三家不能相一，萬姓曠而無主"；則"蜀"未得"漢統"，即亦非晉之所"承"。《論》又云："是故漢高禀命於懷王，劉氏乘斃於亡秦，超二僞以遠嗣，不論近而計功。……季無承楚之號，漢有繼周之業"；乃《疏》中"越魏"二字之闡發，蓋"鼎立"時"漢統"已斷，晉之"繼"漢，乃"超"、"越"三國，正如漢之越秦以"承"周也。《太平御覽》卷四四七引鑿齒譏周瑜、魯肅爲"小人"，有曰："今玄德、漢高之正胄也，信義著于當年，將使漢室亡而更立，宗廟絕而復繼"，亦猶《論》謂"蜀人杖正"，而"漢室"固已"亡"、漢統固已"絕"矣。鑿齒《漢晉春秋》已佚，端賴《晉書》本傳述其義例："至文帝平蜀，乃爲漢亡而晉始興焉"，又《史通·稱謂》篇"習談漢主"句自註："習氏《漢晉春秋》以蜀爲正統，其編目敍事皆謂蜀先主爲'昭烈皇帝'。"不然，僅憑此《論》，尚不得如《四庫總目》卷四五《三國志》提要遽言鑿齒爲"偏安"之蜀"争正統"，祇可言其祖蜀而惜劉備之未克興廢繼絕耳。《史通・探賾》篇早稱鑿齒此事："蓋定斜正之途，明順逆之理"；唐以來"正統""閏位"遂成史論一大題目。覩記所及，如《全唐文》卷六八六皇甫湜《正閏論》、歐陽修《居士集》卷一六《正統論》、司馬光《傳家集》卷六一《答郭長官純書》又《資治通鑑》卷六〇皇初二年按語、蘇軾《東坡集》卷二一《後〈正統論〉》、陳師道《後山集》卷一二《正統論》、畢仲游《西臺集》卷四《正統議》、朱熹《語類》卷一〇五《通鑑綱目》、楊維楨《正統辨》（陶宗儀《輟耕錄》卷三載，不見《東維子文集》）、方孝孺《遜志齋集》卷二《釋統》又《後〈正統論〉》、楊慎《升菴全集》卷五《廣〈正統論〉》、周嬰《巵林》卷三《魏論》、廖燕《二十七松堂文集》卷二《三統辨》、魏禧《魏叔子文集》卷一《正統論》、張爾歧《蒿菴文集》卷三《讀朱子〈通鑑綱目〉》、儲欣《在陸草堂集》卷二《正統辨》、梁玉繩《瞥記》卷三記翟灝語、魯一同《通甫類稿》卷一《正統論》等，合以周密《癸辛雜識》後集及光聰諧《有不爲齋隨筆》乙之瀝液羣言，便得涯略。元黄溍《日損齋筆記》："朱子《綱目》推蜀繼漢，本於習鑿齒，絀周存唐，本於沈既濟；而《感興詩》第六、七章皆不及"；

【增訂三】謂朱熹之論發於沈既濟，劉克莊已先黄溍道之。《後村大全集》卷一七七《詩話》："朱氏《感興詩》第七章，……學者相承，皆謂其説本於程氏，而范氏、朱氏發之。其實未然。按唐史《沈既濟傳》云云。蓋吴兢承遷、固《吕紀》之誤，歐公承兢《武紀》之誤，中間有一沈既濟，健論卓識，照映千古。"《舊唐書》以既濟附其子《沈傳師傳》，亦即爲此事也。又蘇天爵《元文類》卷三二楊奐《正統八例總序》分爲"得、傳、衰、復、興、陷、絕、歸"八例。解縉《元鄉貢進士周君墓表》撮述周上史館萬言書論"正統"；未得見《解學士集》，據《水東日記》卷二四引文知之。錢秉鐙《藏山閣文存》卷四《正統論》上下篇爲南明作也。

【增訂四】 俞樾《賓萌集》卷二有《蜀漢非正統説》。

清姚範《援鶉堂筆記》卷一三："'正統'二字，或謂撮《公羊》隱二年'君子大居正'及隱元年'大一統'也"；表微抉本，頗可補益。並世之人，每以當時之得失利鈍判是非曲直，《莊子·胠篋》所謂"符璽"與"仁義"並竊，"諸侯之門而仁義存焉"，西諺所謂"山呼'勝利者萬歲'！"[①] 後世之人，自負直筆公心，或復刺今陳古，每不以成敗論英雄、興廢定與奪[②]，于是乎"正統"之説起矣。《論語·子路》言爲衛政必以"正名"爲先，《孟子·滕文公》謂"成《春秋》而亂臣賊子懼"；干寶《晉紀總論》："以三聖之智，伐獨夫之紂，猶正其名教，曰'逆取順守'"，"正其名教"，即"正名"也。故爭"正統"者，"正名"之一端，《春秋》之遺意，二字出於《公羊傳》，良有以夫。餘見《史記》卷論《儒林列傳》。

習鑿齒《又與謝安書稱釋道安》："統以大無，不肯稍齊物等

---

① *Don Quijote*, II. xx: "...eres villano y de aquellos que dicen: 'i Viva quien vence！'", "Clásicos Castellanos", VI, 42.

② Cf. Lucan, *Civil War*, I.128: "Victrix causa diis placuit, sed victa Catoni", "Loeb", 12.

智，在方中馳騁也。"按《世説・輕詆》載王坦之"著論《沙門不得爲高士》，大略云：'高士必在於縱心調暢，沙門雖云俗外，反更束于教，非情性自得之謂也'"；與習書各明一義。"齊物等智"，莊生所樹勝義也；《大宗師》託爲孔子語曰："彼遊方之外者也，而丘遊方之内者也，……丘則陋矣"，道家自詡逍遥"方外"而"陋"儒家之局趣"方内"也。習《書》言道安視道家不過"方中馳騁"，夷然不屑，則又正如道家視儒家爲"遊方之内"矣。楊萬里《誠齋集》卷三六《有歎》："飽喜飢嗔笑殺儂，鳳皇未可笑狙公；儘逃暮四朝三外，猶在桐花竹實中"；"方外"而仍在"方中"，亦復爾耳。釋教入華，初與道家依傍。蓋客作新旅，每結交家生先進之氣味相近者，所以得朋自固。迨夫豐羽可飛，遐心遂起，同道相謀變而爲同行相妬。始之喜其類己者，終則惡其彌近似而大亂真，如紫之奪朱、愿之賊德焉。故釋道均號"出世間法"，而後來釋之憎道，遠過於其非難"世法"之儒。如《摩訶止觀》卷五、卷一〇，又《法華玄義》卷八上、卷九上鄙斥老、莊，謂"以佛法義，偷安邪典，押高就下，推尊入卑"，"莊老與佛，如周璞、鄭璞，貴賤天懸"；而《止觀》卷六又《玄義》卷八上稱"孔丘、姬旦"爲"世智之法"，"世法即是佛法"，幾與《顔氏家訓・歸心》篇印可。其斥老、莊乃柱下書史、漆園小吏，官位卑微，故不得與釋迦之貴爲太子者比數，最令人笑來，亦見高僧不免勢利，未嘗以平等觀也。道安之世，二氏門户之見初起，尚未發爲醜詆，讀鑿齒此《書》，亦覘萍末而知風之自矣。參觀《列子》卷論《仲尼》篇。

一五五　全晉文卷一三七

　　戴逵《與遠法師書》三通。按自署"安公"，參觀前論索靖《月儀帖》。"夫冥理難推"云云，按逵不信"報應"，其《釋疑論》、《答周居士〈難釋疑論〉》獻疑送難，蓋於釋氏之教尚待袪滯，未盡皈依。北周"有菩薩戒弟子戴逵"者，貽書釋慧命，文采斐然，後人誤謂即此戴逵，釋道宣《高僧傳》二集卷二一《慧命傳》已"考據"其非是矣。

　　戴逵《放達爲非道論》："而古之人未始以彼害名教之體者何？達其旨故也。"按晉人以"名教"與"自然"對待，例如《世說·文學》王戎問阮瞻："聖人貴名教，老莊明自然，其旨同異？"；《全晉文》卷三三裴希聲《侍中嵇侯碑》："夫君親之重，非名教之謂也，愛敬出於自然，而忠孝之道畢矣"；卷五七袁宏《三國名臣贊》稱夏侯玄："君親自然，匪由名教，敬愛既同，情禮兼到。"蓋後天別於先天，外習別於内生，禮法別於情欲；故袁宏《贊》又曰："豈非天懷發中，而名教束物者乎？"，"天懷發中"者，先天内在也。"名教"亦即"禮法"，觀袁宏《贊》以"情"與"禮"分承"自然"與"名教"；嵇康《與山巨源絕交書》言阮籍"至性過人，……至爲禮法之士所繩"，《世說·任誕》記籍語："禮豈爲我輩設！"，又註引戴逵《竹林七賢論》："迨元康中，遂至放蕩越禮，樂廣譏之曰：'名教中自有樂地，何至于此！'"；《全晉文》卷三七庾冰《爲成帝出令沙門致敬詔》："然則名禮之設，其無情乎？……易禮典，棄名教，是吾所甚疑也。名教有由來，百代所不廢。……棄禮於一朝，廢教於當世"；即可例證。"名教"此解，不知何昉；《管子·山至數》："諸侯賓服，名教通於天下"，乃同《書·禹貢》："聲教訖於四海"，初非其義。謝靈運《從游京口北固應詔》："事爲名教用，道以神理超"；袁宏《三國名臣贊》尚有："於是君臣離而名教薄。……將以文若既明，名教有寄乎？"；干寶《晉紀總論》："以三聖之智，伐獨夫之紂，猶正其名教，曰'逆取順守'"；三篇在《文選》中，而李善均未註來歷。顧炎武《日知錄》卷一三《名教》條謂："漢人以名爲治，今人以法爲治"，"後之爲治者宜何術之操？曰唯名可以勝之。……曰名教，曰名節，曰功名，不能使天下之人以義爲利，而猶使之以名爲利"；衹引唐薛謙光疏、宋范仲淹與晏殊書而已。慣用此義，殆始于晉。如《全晉文》卷一〇成帝《奔喪詔》："今輕此事，於名教爲不盡矣"，又康帝《周年不應改服詔》："君親、名教之重也"；卷三七庾翼《貽殷浩書》："正當抑揚名教，以靜亂源，而乃高談莊老"；卷五七袁宏《後漢紀序》："夫史傳之興，所以通古今而篤名教也。……名教之本，帝王高義，韞而未敍"；卷八六仲長敖《覈性賦》："周孔徒勞，名教虛設"；卷一六一釋慧遠《沙門不敬王者論》之四《體極不兼應》："道法之與名教，如來之與堯孔。"諸若此類，無非謂"名教"乃儒家要指，出自周、孔，形爲禮法，用在約束，班嗣《報桓譚》："今吾子已貫仁誼之羈絆，繫名聲之韁鎖，……既繫攣於世教矣"（《全漢文》卷五六）；《抱朴子》佚文："羈鞍仁義，縷鎖禮樂"（《全晉文》卷一一七），王績《贈程處士》："禮樂囚姬旦，詩書縛孔丘"；王勃《四分律宗記·序》："由是糠粃禮樂，錙銖名教，以堯舜爲塵勞，以周孔爲桎梏"；盧仝《常州孟諫議座上聞韓員外職方貶國子博士有感》："功名生地獄，禮教死天囚"；數語足以示沿用之例矣。《舊唐書·傅奕傳》記其闢佛、註《老子》，臨終誡其子曰："老、莊玄一之篇，周、孔六經之説，是爲名教，汝宜習之。妖胡亂胡，……汝等勿學也"；稱斥棄"名教"之老、莊爲"名教"，所以溝佛而外之耳。

《放達爲非道論》："且儒家尚譽者，本以興賢也，……其弊必至於末僞。道家去名者，欲以篤實也，……其弊必至於本薄。"按"名"與"譽"互文，示"名"涵毀譽。《顔氏家訓·名實》篇論"聖人以爲名教"，有曰："勸也，勸其立名，則獲其實"；《困學紀聞》卷六："名不可不謹也；《春秋》或名以勸善，或名以懲惡，袞鉞一時，薰蕕千載。……名教立而榮辱公，其轉移風俗之機乎！"；可申此意。故"名教"者，以"名"爲"教"也，參觀《列子》卷論《楊朱》篇。後來如范仲淹《范文正公文集》卷五《近名論》又卷八《上資政晏侍郎書》、楊萬里《誠齋集》卷九三《庸言》之一四、汪琬《鈍翁前後類稿》卷三七《名論》等，實濫觴於"尚譽以興賢"一語；而《日知錄》、錢大昕《十駕齋養新錄》卷一八、梁章鉅《退菴隨筆》卷一八、江瀚《孔學發微》卷下皆未溯及戴氏。焦循《雕菰集》卷八《辨名論》駁《日知錄》，稍出新見；譚嗣同《仁學》卷上"嗟乎！以名爲教"一節、卷下"名之爲害也"一節，又可爲"其弊必至于末僞"進一解。馮煦《蒿盦隨筆》卷一記曾國藩一事，略謂曾督兩江，提倡宋學,皖士楊某著《不動心說》呈曾,有曰:"今置我於粉白黛綠之側,問:'動心乎?'曰:'不動!'今置我於紅藍頂帶之傍,問:'動心乎?'曰:'不動!'"曾幕僚李鴻裔見而執筆題其後曰:"白綠粉黛側,紅藍頂帶傍,萬般都不動,只要見中堂!"曾大怒,詞李"狂悖",李不服,曰:"有請者:某之爲此說,爲名乎?爲實乎?"曾曰:"'名教'二字子盍爲我解之。"李罔措,曾曰:"彼以名來,我即以名教"(張祖翼《清代野記》卷下亦載此事,謂楊爲池州進士楊長年)。解頤正復資解詁也。以名爲教,初不限於儒家,"名治"、"法治"亦非背馳而未嘗合轍;《莊子·養生主》:"爲善無近名,爲惡無近刑",已堪徵二者並行儷立矣。《申子·大體》:"名者、天地之綱,聖人之符。……其名正則天下治"(《全上古三代文》卷四);《管子·樞言》:"有名則治,無名則亂,治者以其名",又《正》:"制斷五刑,各當其名,罪人不怨,善人不驚";《韓非子·主道》:"形名參同,君乃無事焉",又《揚權》:"用一之道,以名爲首,名正物定,……君操其名,臣效其形",又《詭使》:"聖人之所以爲治道者三:一曰利,二曰威,三曰名",《二柄》言"罰功不當名",《定法》言"循名責實",蓋反復致意焉。

【增訂三】申、管、韓諸子言"名"爲政要,"治者以其名"。英國大史家吉朋論古羅馬奧古斯都大帝深知民可以"名"御、世可以"名"治(Augustus was sensible that mankind is governed by names; nor was he deceived in his expectation, etc. — Gibbon, *The Decline and Fall of the Roman Empire*, ch.3, "World's Classics", I, 80),敷説頗暢,亦見了然於"名"之爲虛爲"實"者,未嘗不資之以作主宰而收"實"效也。陸贄

《翰苑集・奏草》卷四《又論進瓜果人擬官狀》云："名近虛而於教爲重，利近實而於德爲輕"，亦頗識"名教"作用。他若《公孫龍子・名實》、《呂氏春秋・正名》、《審分》等，均與孔子、荀子之説"正名"相表裏出入，或言物色，或言人事，而介介於"名"之傅"實"，百慮一致。《全晉文》卷八九魯勝《注墨辯敍》曰："名者，所以別同異，明是非，道義之門、政化之準繩也"，因論孔、墨、公孫諸子正名立本之旨相成，孟子雖非墨子，而"辯言正辭，則與墨同"；洵不皮相而被眼謾者。其他晉人以"名教"專屬儒家，范仲淹而下，倡"名教"與夫摒"名教"者，歸功歸罪，亦唯儒一家是問，豈得爲圓覽方聞哉！邊沁嘗言：獨夫或三數人操國柄，欲黎庶帖然就範，於是巧作名目，強分流品，俾受愚而信虛稱爲實際；僧侶與法家均從事於此（Amongst the instruments of delusion employed for reconciling to the dominion of one and the few, is the device of employing for the designations of persons and classes of persons, instead of the ordinary and appropriate denominations, the names of so many abstract fictitious entities. Too often both priests and lawyers have framed or made in part this instrument）[①]。蓋"正名"乃

[①] Bentham, *Theory of Fictions*, ed. C, K. Ogden, pp. cxix and 18. Cf. Shakespeare, *I Henry IV*, V. i, Falstaff("What is honour? A word"etc.); Ben Jonson, *Volpone*, III. v, Corvino("Honour!... There's no such thing in nature: a mere term invented to awe fools"); Beaumont and Fletcher, *A King and No King*, IV. iv. Arbaces and Panthea("Is there no stop/To our full happiness, but these mere sounds...? / But these, alas! will separate us more/Than twenty worlds betwixt us" etc.); Ford, *'Tis Pity She's a Whore*, I, i, Giovanni("Shall a peevish sound, /A customary form, from man to man, /... be a bar/Twixt my perpetual happiness and me?").

爲政之常事、立法之先務，特可名非常名耳。名雖虛乎，却有實用而著實效，治國化俗，資以爲利。《商君書·算地》：「夫治國者，能盡地力而致民死者，名與利交至。……主操名利之柄。」守「名器」，争「名義」，區「名分」，設「名位」，倡「名節」，一以貫之，曰「名教」而已矣。以名爲教，猶夫神道設教，而神道設教，正亦以名爲教，韓愈詩所謂：「偶然題作'木居士'，便有無窮求福人」，是一例也（參觀《太平廣記》卷論卷三一五《鯉父廟》）。《莊子·逍遥遊》曰："名者，實之賓也"；當益之曰："而每亦人事之主也"，義庶周賅。《齊物論》述狙公賦芧，"名實未虧，而喜怒爲用"；豈非名虛易而情因以實變乎？《韓非子·外儲說》右下記衛侯朝周，周行人問其號，對曰："諸侯辟疆"，行人却之曰："諸侯不得與天子同號"，更名"燬"，方得入；豈非"虛名"亦類"實事"之"不借"乎？《公孫龍子·名實論》："謂而不唯"，謝希深註："唯、應辭也"，名不"當"則實不"應"也；而《莊子·天道》："子呼我'牛'也而謂之'牛'，呼我'馬'也而謂之'馬'"，其意蓋言有"謂"必"唯"，不計呼名之"當"抑"亂"，"我"固不失爲"我"，猶《應帝王》之泰氏"以爲馬"、"以爲牛"，而不失其"己"也。莊子高談越世，於事情則闊遠焉。《尹文子·大道篇》下："人有字長子曰'盜'、少子曰'毆'。盜出，其父在後，追而呼之，曰：'盜！盜！'吏聞，因而縛之。其父呼毆喻吏，遽而聲不轉，但云：'毆！毆！'吏因而毆之，幾至於死"；兩子不因名而失其"己"，却因名而幾喪其生。《淮南子·脩務訓》："楚人有烹猴而召其鄰人，以爲狗羹而甘之，後聞其猴也，據地而吐之"（參觀劉畫《新論·正賞》越人臛蛇享秦客事）；羹不因名而異其本味，口却

-1962-

因名而變其性嗜。請徵二西之故，以博其趣。《大智度論・十相釋義》第三七："一婆羅門到不淨國，自思唯得乾食，可得清淨。見一老母賣白髓餅，語之送來，當多與價。老母作餅，初時白淨，後轉無色無味。即問：'何緣爾耶？'母言：'我大家隱處生癰，以麵酥甘草拊之，癰熟膿出，和合酥餅，日日如是，是以餅好。今夫人癰好，我當何處更得？'婆羅門聞之，兩拳打頭，搥胸吁嘔"；與楚人事酷類。古羅馬有王，哲人也，通曉名實之理 (Der Kaiser Marc Aurel war ein Philosoph und kannte darum den Wert der Namen)，嘗出師伐野人，以所豢雄獅佐戰，士卒久震獅威名，皆大喜 (Denn sie wussten durch Namen allein, dass Löwen grausame Tiere von unbezwingbarer Kraft sind)；兩家對陣，野人不識獅，駭問其渠，渠非博物君子而亦通曉名實之哲人也，坦然曰："狗耳！羅馬種之狗耳！" (Der Führer war nicht naturwissenschschaftlich gebildet, aber auch er war ein Philosoph und kannte die Bedeutung von Namen und Worten. "Das da? Das sind Hunde, römische Hunde.")，野人聞爲狗，不復望而怯走，羣進而聚殲之①。天主教規以星期五爲齋日，禁食肉而不忌魚腥；有人於是日過酒家，適覿雞甚肥，即捉付神甫，請施洗命名，比於嬰兒，"以水灑雞首，呪曰：'吾肇錫汝以鯽、鱸之嘉名'" (Jetez-leur un peu d'eau sur la tête, et dites: *Baptiso te Carpam et Percham*)，即可烹食而不破齋矣②。清季一朝貴燕美

---

① F. Mauthner, *Kritik der Sprache*, 3. Aufl., I, 154-5.

② Mérimée, *Chronique du Règne de Charles IX*, ch. 23, *Romans et Nouvelles*, " Bib. de la Pléiade", 197; cf. *Chronique du Règne de Charles IX*, ed. G. Dulong, "Les Textes Français", 277, note (Pierre de l'Estoile, *Journal de Henri III*).

國外交官於家，饌備海陸，有"燴野味"（a gamestew）一事，客食而甘，連進數箸，欲識爲何物之肉，而不善華語，乃作鴨鳴聲問曰："呀呀？"主效犬吠聲以對："汪汪！"（"Quack-quack-quack?"—"Bow-wow-wow!"）；客大作惡，幾當筵哇焉[①]。是以雖呼"牛"呼"馬"，名實無虧，而呼"盜"呼"毆"、呼"獅"呼"狗"，則性命以之，呼"雞"呼"魚"，則戒行以之，呼"酥"呼"膿"、呼"狗"呼"猴"呼"鴨"，則茹吐以之。知名之爲賓，視同鳥空鼠即者，未嘗不可倡"名教"，因其又識名可作主，用等華袞斧鉞也。戴逵以"無名"與"尚譽"對峙，尚是粗迹之淺見，豈識陰"無名"而陽"尚譽"者之比比哉。

---

① Emerson, *Journals*, IX, 399.

一五六　全晉文卷一三八

　　張湛《嘲范甯》："得此方，云用：損讀書一、減思慮二、專內視三、簡外觀四、旦晚起五、夜早眠六，凡六物。……修之一時，近能數其目睫，遠視尺捶之餘。長服不已，洞見牆壁之外，非但明目，乃亦延年。"按"諸賢並有目疾"，以"鄭康成"、"左太沖"與"左丘明"、"杜子夏"並舉，當是瞽者、眇者、短視者、"患目疾"者，以終身殘廢與一時疾恙，泛濫牽連。鄭玄、左思，載籍不言其盲，史衹云太沖"貌寢"，《藝文類聚》卷一七引《鄭玄別傳》且稱"秀眉明目"也。"智如目也，能見百步之外而不能自見其睫"，出《韓非子・喻老》（又見《觀行》），"數"極言服方奇效，能世所不能；"一尺之捶，日取其半，萬世不竭"，出《莊子・天下》，"餘"隱謂經萬世取半而猶存者，其細已甚。"六物"中首舉"損讀書"，終歸"夜早眠"，蓋於學人之手不釋卷、膏以繼晷對症下藥。黃庭堅《病目和答子瞻》："請天還我讀書眼，欲載軒轅乞鼎湖"，《次韻元實病目》："道人常恨未灰心，儒士苦愛讀書眼；要須玄覽照鏡空，莫作白魚鑽蠹簡"，可參觀。溫庭筠《訪知玄上人遇曝經》："惠能不肯傳心法，張湛徒勞與眼方"；楊玄齡《楊公筆錄》："余自幼病目昏，徧求名方二十餘年，略不少愈，因得張湛與范甯治目疾六物方，遂却去諸藥不御"；陳與義《目疾》："著籬令惡誰能繼，損讀奇方定有功"；則明指張湛此文矣。斐爾丁劇本中一貴公子（Lord Formal）云："天下傷眼之事，無過於讀書（Reading is the worst in the world for the eyes）。吾嘗閲法國小説，數月間纔畢十一二葉耳，而秋水之明已大減，致不辨向婦人平視目語"（But I found it vastly impaired the lustre of my eyes. I had, in that short time, perfectly lost the direct ogle）①；此亦以"損讀"爲"眼方"也！

　　張湛《列子註序》。按別見《列子》卷。

　　張璠《易集解序》："蜜蜂以兼採爲味。"按以學問著述之事比蜂之采花釀蜜，似始見於此。《全宋文》卷一七裴松之《上三國志注表》亦云："竊惟繢事以衆色成文，蜜蜂以兼采爲味，故能絢素有章，甘踰本質"；劉知幾《史通·補注》則誚讓其"繁蕪"曰："但甘苦不分，難以味同萍實者矣。"西人設譬，無乎不同，如古希臘一文家云："獨不見蜜蜂乎，無花不采，吮英咀華，博雅之士亦然，滋味徧嘗，取精而用弘"（Just as we see the bee settling on all the flowers, and sipping the best from each, so also those who aspire to culture ought not to leave anything untasted, but should gather useful knowledge from every source）②；古羅馬一大詩人頌一哲學家云："饜飫大作中金玉之言，如蜂入花林，采蜜滿股"（tuisque ex, inclute, chartis floriferis ut apes in saltibus omnia libant, / omnia nos itidem depascimur aurea dicta, /

---

① Fielding, *Love in Several Masques*, I. v, quoted in F. Homes Dudden, *Henry Fielding*, I, p.24.

② Isocrates: "To Demonicus", § 52, "Loeb", I, 35.

aurea)①;詩人自言慘淡經營云:"吾辛苦爲詩,正如蜜蜂之遍歷河濱花叢,勤劬刺取佳卉"(ego apis Matinae/more modoque/grata carpentis thyma per laborem/plurimum circa nemus uvidique/Tiburis ripas operosa parvus/carmina fingo)②;哲學家教子姪讀書作文云:"當以蜂爲模範,博覽羣書而匠心獨運,融化百花以自成一味,皆有來歷而別具面目"(apes debemus imitari et quaecumque ex diversa lectione congessimus, separare, melius enim distincta servantur, deinde adhibita ingenii nostri cura et facultate in unum saporem varia illa libatamenta confundere, ut etiam si apparurit unde sumptum sit, aliud tamen esse quam unde sumptum est, appareat)③;

【增訂四】古基督教以希臘、羅馬詩文爲異端邪説,禁信士勿讀。一神甫謂無須戒絶,當如蜂然,既擇花而採,亦不採全花。人之採玫瑰也,擷花而捨刺,讀書亦求獲其益而慎防其害爾(It is, therefore, in accordance with the whole similtude of the bees, that we should partcipate in the pagan literature. For these neither approach all flowers equally, nor do they attempt to carry off entire those upon which they alight. And just as in plucking the blooms from a rose-bed we avoid the thorns, so also in garnering from such writings whatever is useful, let us guard against what is harmful. —St Basil:"To Young Men on How They Might Derive Profit from Pagan

---

① Lucretius, III, 10-13, "Loeb", 170.
② Horace, *Carminum*, IV.ii, 27-32, "Loeb", 288.
③ Seneca, *Epistulae morales*, 84.5, "Loeb", II, 278.

Literature", *Letters*, Loeb, Vol. IV, pp. 391-3)。修詞學者教弟子宜廣學問，猶"彼無聲無臭之小蟲孜采繁花而成蜜，甘美乃非人力所及"(et muta animalia mellis illum inimitabilem humanae rationi saporem vario florum ac sucorum genere perficiunt)①。後世遂成教學及作文之常喻。如蒙田論蒙養(l'institution des enfants)，即謂當許兒童隨意流覽："蜂採擷羣芳，而蜜之成悉由於己，風味別具，莫辨其來自某花某卉"(Les abeilles pillotent edça edlà les fleurs, mais elles en font apres le miel, qui est tout leur; ce n'est plus thin ny marjolaine)②。古典主義愈尚模擬，不諱捋搶，蜜官金翼使儼爲文苑之師表矣(Il lettore deve essere un'ape che colga il miele delle ingegnose maniere di scrivere, dell'imitazione, delle poetiche forme del dire)③。歌德因學究談藝，不賞會才人之意匠心裁(die Originalität)而考究其淵源師承(die Quellen)，乃嗤之曰："此猶見腹果膚碩之壯夫，遂向其所食之牛、羊、豕——追問斯人氣力之來由，一何可笑！"(Das ist sehr lächerlich; man könnte ebensogut einen wohlgenährten Mann nach den Ochsen, Schafen und Schweinen fragen, die er gegessen und die ihm Kräfte gegeben)④。其喻變蜂採花爲人食肉，然與古羅馬哲學家及蒙田語正爾同歸，指異而旨無異焉。

---

① Quintilian, *Institutio oratoria*, I.x.7, "Loeb", I, 162.
② Montaigne, *Essais*, I.26, "La Pléiade", 162.
③ D. Bartoli, *Dell' Huomo di Lettere*, quoted in *La Critica stilistica e il Barocco letterario. Atti del Secondo Congresso Internazionale di Studi Italiani*, 1958, p. 142. Cf. B. Hathaway, *The Age of Criticism*, 451(the classicist bees vs the rationalist silkworms).
④ Eckermann, *Gespräche mit Goethe*, 16. Dezember 1828, Aufbau, 437.

一五七　全晉文卷一三九

　　郭元祖《列仙傳讚》。按《讚》七〇篇，文采不足觀；"灼灼容顏"、"曄爾朱顏"、"變白還年"、"變白易形"，此類語反復稠疊。《女丸》："女丸蘊妙，仙客來臻"；"丸"必"凡"之譌，參觀《太平廣記》卷論卷五九《女凡》。《讚》有小引，頗耐玩索。既疑方士之作僞，故曰："始皇好遊仙之事，庶幾有獲，故方士霧集，祈祀彌布，殆必因迹託虛，寄空爲實，不可信用也"；却信神仙之爲真，故曰："雖不言其變化云爲，不可謂之無也。……聖人所以不開其事者，以其無常然，雖［疑當作惟］有時著；蓋道不可棄，距而閉之，尚貞正也。而《論語》云：'怪力亂神'，其微旨可知矣。"張華《博物志》卷五列舉"魏王所集方士名"，一言以蔽曰："《周禮》所謂'怪民'，《王制》稱挾'左道'者也。"張氏引《周禮》之"怪"詞斥方士；郭氏引《論語》之"怪"，佐證神仙，其於《述而》"子不語怪、力、亂、神"一語，別有會心，所謂"微旨"者乎。陸九淵《象山先生集》卷三四《語錄》："'子不語怪、力、亂、神'，只是'不語'，非謂'無'也。若'力'與'亂'分明是有，'神'、'怪'豈獨無之？"蓋望文生義，此語亦可與《公冶長》："夫子之言性與天道，不可得而聞也"，或《子罕》："子罕言利與命與仁"，等類齊觀；皆"分明是有"，特"不聞言"或"罕言"之耳。郭氏援引，意謂孔子以四者"無常然"而"有時著"，故"不語"，非以四者爲無；正亦陸氏之意。漢大儒誦說孔子，已於神仙有信有不信。信者如劉向、歆父子，桓譚《新論》、魏文《典論》分別譏其"惑"與"愚"。不信者如揚雄，《法言·君子》："或曰：'世無仙，則焉得有斯語？'曰：'語乎者，非嚻嚻也與？惟嚻嚻，能使無爲有'"；"嚻嚻"能使有，則苟"不語"亦可使無矣。余嘗怪王充《論衡·道虛》一篇，破"道家""仙術"之"傳虛"，如湯沃雪，如斧破竹，而所擊排，莫不冠以"儒書言"。夫黃帝鼎湖事著於《史記·封禪書》，以司馬遷爲"儒"，或猶可說；文摯療疾事著於《呂氏春秋·至忠》篇，以呂不韋屬儒家，已稍不倫；若盧敖仰視若士事載在《淮南子·道應訓》，入劉安於儒家，列《鴻烈》於"儒書"，雖如《韓非子·顯學》所謂"儒分爲八"，恐此中亦無堪位置處；至淮南王拔宅升天事，充自言出《八公之傳》，尤顯爲方士之言，乃竟被"儒書"之目。夫《儒增》篇之指摘"儒書稱"，名正而言順也；題標《道虛》，篇中卻舍道書而刺取"儒書"，加"儒"稱於道家、方士，文心何在，蒙竊惑焉。《史記·司馬相如列傳》："以爲列仙之傳"，《漢書》作"列仙之儒"，顏師古註："'儒'、柔也，術士之稱也，凡有道術者皆爲'儒'；今流俗書本作'傳'，非也，後人所改耳"；《說郛》卷一七蕭參《希通錄》嘗力辯秦始皇未嘗坑"儒家者流"之"儒"，所坑實是"方士"，自喜能發千古之覆。倘以此爲王充解，政恐未可。從俗通稱，固不必矯異，而辨章學術，則宜名從主人；況既以《道虛》命篇，同篇之內，"儒書言"與"道家相誇曰"又雜然並陳，莫衷一是，呼牛呼馬，殊乖嚴慎矣。充雖勿信神仙，而甚信妖怪，其《論死》、《紀妖》、《訂鬼》諸篇所持無鬼論，亦即有妖精論。李覯《旴江全集》卷二四《邵氏神祠記》："五通之爲神，不名於舊文，不次於典祀，正人君子未之嘗言，而有功於予，其可以廢？"，卷三四《疑仙賦》："儒者不言仙，既匪聞而匪見，我焉知其所如？"；蓋不信人之成仙，而信妖之有神，與充相似。《朱文公集》卷五《二十七日過毛山鋪，壁間題詩者皆言有毛女洞，在山絶頂，問之驛吏云：'狐魅所爲耳！'因作此詩》："人言毛女住青冥，散髮吹簫夜夜聲；卻是郵童知端的，向儂説是野狐精"；猶充《訂鬼》力主"鬼者，老物精也，夫物之老者，其精爲人"。文廷式《文道希先生遺詩》有絕句，題爲："萍鄉有毛女洞，《志》以爲仙也，朱子詩云云；夫信野狐之能精，而不信毛女之得道，一彼一此，無是非也"；斯言亦可施於充與覯耳。《述而》之語，千載奉爲良箴，余故舉郭、陸，以見"不語"非即言"無"，復舉王、李、朱，以見"不語神"或即"語怪"，韓愈《謝自然詩》所謂"木石生怪變，狐狸騁妖患"，《西遊記》唐僧所遇魔頭，皆妖精也，物之怪而非人之鬼也。參觀《全梁文》論范縝《神滅論》。

一五八　全晉文卷一四三

　　王該《日燭》："假小通大，儻可接俗，助天揚光，號曰'日燭'。"按《莊子·逍遙遊》："堯讓天下於許由曰：'日月出矣，而爝火不息，其於光也，不亦難乎！'"莊謂大初無需乎小，如贅可去；王謂小亦有裨於大，雖細勿捐；一喻之兩柄也。曹植《求自試表》："冀以螢燭末光，增輝日月"，即導王之先路；《全晉文》卷一五八釋道安《註經及雜經志錄序》："由是豐澤洪沾，大明煥赫也，而猶有爇火於雲夜，抱甕於漢陰者，時有所不足也。……冀抱甕爇火，倘有微益"，復與王共規。然取火爲喻者，執柄多同莊生。如《大般涅槃經·壽命品》第一之一："白佛言：'我等所獻微末供具，喻如蚊子供養於我，亦如有人以一掬水投之大海，然一小燈助百千日，春夏之月衆華茂盛，有持一華益於衆華，以葶藶子益於須彌'"；釋道宣《高僧傳》二集卷五《玄奘傳之餘》："日光既出，螢燭奪明，師所寶者，他皆破訛"，又卷九《亡名傳》載所撰《息心讚》："一文一藝，空中小蚋，一伎一能，日下孤燈"，又卷一五《玄續傳》載所作寶園寺碑中句："老稱聖者，莊號哲人，持螢比日，用岳方塵"；司空圖《狂題》之六："卻怕他生還識字，依前日下作孤燈！"又《五燈會元》卷三齊安國師上堂："思而知，慮而解，如鬼家活計，日下孤燈"，則均本無名語；張籍《征婦怨》："夫死戰場子在腹，妾身雖在如晝燭"；

【增訂三】《大智度論》卷二五《釋初品中四無畏》："譬如螢火蟲，日未出時，少多能照。若日出時，千光明照，月及眾星，皆無有明，豈況螢火。"道宣語本此。元稹《苦樂相倚曲》："苦樂相尋晝夜間，燈光那有天明在？"猶張籍句"妾身雖在如晝燭"，亦喻贅也。然元謂白晝中無有然燈，張謂白晝中未須舉燭，一必無此理，一尚有其事，詞意舒促異矣。

徐鉉《徐騎省文集》卷二〇《復方訥書》："持秭米以實太倉，秉爝火以助羲馭"；王守仁《傳習錄》卷下答黃勉叔："若惡念既去，又要存善念，即是日光之下，添燃一燈。"胥指駢贅，與王該喻意適反。取水喻贅，如《淮南子·詮言訓》："以數雜之壽，憂天下之亂，猶憂河水之少，泣而益之"；《全三國文》卷一六陳王植《上書請免發取諸國士息》："愚誠以揮涕增河，瞼鼠飲海，於朝萬無損益"；亦猶《涅槃經》之言"掬水投海"正爾無異"然燈助日"也。古羅馬文家曰："如日光下燃一燈，雖有若無"(In sole lucernam adhibere nihil interest)①，不謀而合。後世因承，標舉其雋永者二例，皆符日月出而爝火息之旨。雪萊與友書曰："吾與拜倫游處，不復能作詩，如螢火爲旭日所滅"(I have lived too long near Lord Byron and the sun has extinguished the glowworm)②；近世意大利一諷諭小詩曰："滿月皎白勝常，照地爛如鋪銀，耿耿小明黯然奪氣。菜圃中一螢謂蟋蟀曰：'渠儂

---

① Cicero, *De Finibus*, IV. xii, "Loeb", 332.
② Shelley to Horace Smith, May 1822, *Complete Works*, ed. R. Ingpen and W. E. Peck, X, 392.

何賣弄若是？渠色相小露，亦尚不惡，今夕則炫耀太甚矣！'語畢收光自隱，以示不與爲伍"（Lucciola, forse, nun ha torto /se chiede ar Grillo：—Che maniera è questa? /un po'va bè'：però stanotte esaggera! —/E smorza el lume in segno di protesta）①。詩即嘲所謂"勝之以不戰"也，深中世人實不能而佯不屑之情，蛙與牛競人之古寓言得此方具足矣。立喻不取諸火而命意同於王氏者，舍前論《全後漢文》張衡《髑髏賦》所舉外，如《全晉文》卷一五八釋道安《安般經注序》："竊不自量，敢因前人，爲解其下，庶欲蚊翻以助隨藍、霧潤以增巨壑也"，又《道地經序》："造此訓傳，冀權與進者，暫可微悟；蚊蚋奪翼以助隨藍，蟻壘增封嵩岳之頂"；

【增訂四】道安所謂"隨藍"，釋典常作"毗藍"。如《大智度論》卷一一《釋初品中舍利弗因緣》："譬如須彌山，四邊風起，不能令動。至大劫盡時，毗藍風起，如吹爛草"；卷一七《釋初品中禪波羅蜜》："八方風起，不能令須彌山動。劫盡時毗藍風至，吹須彌山，令如腐草。"不曰"如落葉"，而曰"如腐草"，亦猶《論》、《孟》之言草上之風必"偃"也。

《全宋文》卷一七裴駰《史記集解序》："有所裨補，譬嘒星之繼朝陽，飛塵之集華嶽。"曹植《上書請免發諸國土息》謂"揮涕增河，萬無損益"；而岑參《見渭水思秦川》："渭水東流去，何時到雍州？憑添兩行淚，寄向故園流！"或王安石《壬辰寒食》："更傾寒食淚，欲漲冶城潮"，又一喻之兩柄也。《西遊記》第七五回唐僧四衆行近獅駝洞，太白金星報妖精攔路，孫行者欲邀豬八戒協力降魔，謂

---

① Trilussa："Presunzione", quoted in P. Pancrazi, *Scrittori d'Oggi*, VI, 28.

之曰："兄弟，你雖無甚本事，好道也是個人。俗云：'放屁添風'，你也可壯我些膽氣"；又第八三回沙僧勸八戒"助助大哥，打倒妖精"，亦曰："雖說不濟，却也放屁添風。"正肖英俚語："老嫗小遺於大海中，自語曰：'不無小補！'"("Every little helps,"as the old lady said, when she pissed in the sea)①。與王氏之稱"日燭"，又喻之異指(denotatum)而同旨(significatum)也。

《日燭》："夕惕苦逝，慶升九天。寶殿晃昱，高構虛懸；瓊房兼百，瑤戶摩千；金門煥水精之朗，玉巷耀琉璃之鮮。……想衣斐亹以被軀，念食芬芳以盈前。"按可徵當時事佛者豔稱健羨之生天樂趣。"想衣"、"念食"兩句即竺法護《彌勒下生經》或佛陀耶舍、竺佛念共譯《長阿念經》之三〇《世紀經》所言"自然衣食"(別見《太平廣記》卷論卷三八三《古元之》)，乃人間之盛世樂土所有，非"苦逝"後天堂情景，王氏侈言而失言矣。釋氏鋪陳天堂富麗，誇而實陋。龍袞《江南野史》、陸游《南唐書·浮屠、契丹、高麗列傳》、謝采伯《密齋筆記》卷五等皆記李後主佞佛，宋太祖遣僧爲間，"導以奢侈"，僧因謂後主曰："陛下不讀《華嚴經》，安知佛富貴？"夫《華嚴經》中反復描摹"佛富貴"，不過以琉璃、摩尼珠、瓔珞、寶華諸物，張大其數，至百萬千億(如《升夜摩天宫品》第一九、《升兜率天宫品》第二三)；更可笑者，復以此等物堆疊顛倒，如云："五百寶器自然盈滿，金器盛銀，銀器盛金，玻璃器中盛滿硨磲，硨磲器中盛滿玻璃，碼碯器中盛滿珍珠，珍珠器中盛滿碼碯，火摩尼器中盛滿

---

① E. Partridge, *A Dictionary of Slang and Unconventional English*, 4th ed., 635.

水摩尼,水摩尼器中盛滿火摩尼"(《入法界品》第三九之三;參觀《入法界品》第三九之四:"白銀國土放黃金色光,黃金國土放白銀色光,琉璃國土放玻璃色光,玻璃國土放琉璃色光"等,又《長阿含經》記東方小王迎轉輪聖王,以"金鉢盛銀粟,銀鉢盛金粟"),想見其思儉技窮矣。

【增訂三】《大智度論》卷一一《釋初品中檀相義》:"八萬四千金鉢盛滿銀粟,銀鉢盛滿金粟,琉璃鉢盛玻瓈粟,玻璃鉢盛琉璃粟";卷一二《釋初品中檀波羅蜜法施之餘》:"王入寶殿,登金樓,坐銀牀。……入初禪次,登銀樓,坐金牀。入二禪次,登毗琉璃樓,坐玻瓈寶牀。入三禪次,登玻瓈寶樓,坐毗琉璃牀"云云。言之重言之,而顛之倒之,變化適見其堆板,讀之欲開口笑,復即張口呵欠也。

即持較後主《浣溪沙》:"金爐次第添香獸、紅錦地衣隨地皺"等排場,亦猶以李慶孫《富貴曲》:"軸裝曲譜金書字,樹記花名玉篆牌",較"笙歌歸院落,燈火下樓臺",晏殊所謂寒乞相而非富貴氣者(參觀歐陽修《歸田錄》卷二、吳處厚《青箱雜記》卷五)。後主讀之而爲所聳炫,殆禍來神昧歟!謝采伯斥"庸僧不知,抬起作話頭";《後西遊記》第一四回葛藤大王曰:"佛既清虛不染,爲何《華嚴經》又盛誇其八寶莊嚴?";李威《嶺雲瑣記續選》亦以《華嚴》之"富貴"爲病,曰:"蓋後來佛説漸精矣。"《日燭》此節,洵佛説之粗者。顧不粗不能歆動流俗,專憑重空三昧安能普門起信乎?《後西遊記》第一二回豬一戒欲隨父去"吃現成茶飯",八戒止之曰:"皆是空香虛氣,惟成佛後方知受享此味;你如今尚是凡胎,如何得能解饞?";正恐不如《日燭》言自然食之粗而易動人也。《日燭》祇道居處衣食,不及男女,此異於《世紀經》,而尤不同於道家言。道士誇説天宮,真如韋莊《陪金陵府相中堂夜宴》言"滿耳笙歌"、"滿樓珠翠"、"繡戶青娥":"因知海上神仙窟,只似人間富貴家!"(參觀《太平廣記》卷論卷七《白石先生》、論《全三國文》阮籍《大人先生傳》)。十七世紀一博學士嘗謂回教天堂中極人世五欲之樂(a heaven where there is sensible pleasure),而基督教天堂中極樂而不知所樂爲何(a heaven where we shall enjoy we can't tell what)①;道士説生天之樂差近回教,僧徒所説相形猶見絀焉。

《日燭》:"逮乎列仙之流,鍊形之匹,……貴乎能飛,則蛾蝶高騫;奇乎難老,則龜蛇修考。"按此節譏道家不死飛升之術。卷一六六闕名《正誣論》記道家"異人"謗釋之一端曰:"沙門之在京洛者多矣,而未曾聞能令主上延年益壽,……下不能休糧絶粒,呼吸清醇,扶命度厄,長生久視。"蓋當時道士常誇此以陵加釋子也。《抱朴子·對俗》侈稱"千歲之龜"、"千歲之鶴"、"蛇有無窮之壽",以示範而誘人學道,必亦道士之接引話頭。故王氏反唇相稽,遐等神仙於鱗介蟲豸,不齒人類。後世僧與道諍,每及求仙,如寒山詩:"昨到雲霞觀,忽見仙尊士。……饒你得仙人,恰似守屍鬼!"

《日燭》:"周既達而未盡,信齊諧之小醜,見鵬鯤而標大,不覩鳥王與魚母。"按嗤鄙莊子之言大物,已開唐僧玄續、道世輩議論,別見《全上古文》論宋玉《大言賦》。

---

① John Selden, *Table-Talk*, ed. S. W. Singer, rev. W. S. W. Anson, Routledge, 104. Cf. Alfred de Vigny, *Journal d'un Poète*, *Oeuv. comp.*, "la Pléiade", II, 896; Heine: "Ali Bei": "Vorgeschmack des Paradieses/Gönnt ihm Allah schon auf Erden" usw.

一五九　全晉文卷一四六

闕名《道學論》："許邁字叔齊"云云。按《太平御覽》卷四一〇僅存此一則；《御覽》卷六七九等引《道學傳》，亦神仙家言，如"王母云：'此《靈光生經》，聽四千年得傳一人'"云云，固無足采，然"同道謂之天親，同心謂之地愛"，尚有詞致。《隋書·經籍志》二有《道學傳》二卷，《志》三曰："漢時，曹參始薦蓋公能言黃、老，文帝宗之，自是相傳，道學衆矣"；蓋"道學"原謂"道家之學"。毛奇齡嘗據"道書"有《道學傳》，以譏宋儒之自號"道學"，方東樹《漢學商兑》卷上斤斤辨之。似皆未聞韓愈《原道》所言"道其所道"之旨者。釋子亦自稱其學爲"道"，《全梁文》卷六〇劉勰《滅惑論》："梵言'菩提'，漢語曰'道'"；《全後周文》卷二三釋道安《二教論·孔老非佛七》："'菩提'者，……慧照靈通，義翻爲'道'，'道'名雖同，'道'義大異"；《高僧傳》二集卷三一《慧乘傳》記道士潘誕奏稱"道能生佛"，取"驗"於"外國語云'阿耨菩提'，晉音翻之'無上大道'"；三集卷二七《含光傳·通》曰："唐西域求易《道經》，詔僧、道譯唐爲梵，二教争'菩提'爲'道'，紛拏不已，中輟。"夫"道"，路也。《東觀漢記》卷一六記第五倫"每所至客舍，輒爲糞除道上，號曰'道士'"；則"道士"亦即今俗所稱"清道夫"爾。"道學"之"道"，理而喻之路也，各走各路，各說各有理，儒、釋、道莫不可以學"道"自命也。《老子》第五三章："行於大道，……大道甚夷，而民好徑"；《法言·問道》："道也者，通也，……道若塗若川"；《大般涅槃經·獅子吼菩薩品》第十一之一："如平坦路，……路喻聖道。"又豈特三教而已，如《新約全書·使徒行傳》第一六章："傳說救人的道"，第一九章："後來有些人，……毀謗這道。……這道起的擾亂不小"（官話譯本）①；是復"道其所道"也。尚有人於"道學"一詞溯源正名，以糾《宋史·道學傳》之稱者，見事已遲而見地不廣耳。

---

① *The Acts*, 16, 17 (the way of salvation); 19.9 and 23 (speaking evil of the Way; no small stir concerning the Way).

一六〇　全晉文卷一五二

苻朗《苻子》："朔人有獻燕昭王大豕者,……大如沙墳,足如不勝其體。王異之,令衡官橋而量之,折十橋,豕不量;又令水官舟而量之,其重千鈞。"按宋吳曾《能改齋漫錄》卷一、清桂馥《札樸》卷三皆謂與《三國志·魏書·武、文世王公傳》載鄧哀王沖量孫權致巨象事同。《雜寶藏經》卷一之四記天神問棄老國王:"此大白象有幾斤兩?"舉朝莫對;大臣歸以問父,父曰:"置象船上,著大池中,畫水齊船深淺幾許,即以此船,量石著中,水沒齊畫,即知斤兩。"又費袞《梁溪漫志》卷八記鄧王沖事,因曰:"本朝河中府浮梁,用鐵牛八維之,一牛且數萬斤。治平中,水暴漲,絕梁,牽牛沒于河。募能出之者。真定府僧懷丙以二大舟實土,夾牛維之,用大木爲權衡狀,鈎牛。徐去其土,舟浮牛出。"阮元《揅經室三集》卷二《記任昭才》記銅礮沉溫州三盤海底,任以八船分兩番出之;阮氏未知此僧事也。

一六一　全晉文卷一五八

釋道安《答郗超書》："損米千斛，彌覺有待之爲煩。"按"有待"詞出《莊子》。《逍遥遊》列子御風，"此雖免乎行，猶有所待者也"；《齊物論》景答罔兩，"吾有待而然者耶？吾所待又有待而然者耶？"；《寓言》景答罔兩，"彼吾所以有待耶？而況乎以有待者乎？"列子所"待"者，風，影所"待"者、形。《逍遥遊》郭象註、《世說·文學》門劉峻註述向秀、郭象"逍遥義"及"支氏《逍遥論》"，皆泛論"萬物""不失其所待"，"物之芸芸，同資有待"，"若有欲當足"，"非至足無以逍遥"；"無待"則如王夫之《莊子解》卷一云："不待物以立己，不待事以立功，不待實以立名。"晉人每狹用，以口體所需、衣食之資爲"有待"，如道安此《書》即謂糧食。《全晉文》卷一六一釋慧遠《沙門不敬王者論》末節答"素餐之譏"："形雖有待，情無近寄"；卷一六六闕名《正誣論》："輟黍稷而御英蓲，吸風露以代餱糧，俟此而壽，有待之倫也"；《全宋文》卷三一謝靈運《山居賦》："生何待於多資，理取足於滿腹"，自註："謂人生食足則歡有餘，何待多須耶？"，又"春秋有待，朝夕須資"，自註："謂寒待綿纊，暑待絺綌，朝夕餐飲"；

【增訂四】《宋書·王僧達傳》上表解職曰："故收崖斂分，無忘俄頃。實由有待難供，上裝未立。"
《南齊書·張融傳》與從叔永書："但世業清貧，民生多待"；梁元帝《金樓子·自序》："常貴無爲，每嗤有待"；智顗《摩訶止觀》卷四《明方便》第六："衣食具足者，……有待之身，必假資藉"；《全唐文》卷一四三李百藥《化度寺故僧邕禪師舍利塔銘》："涉無爲之境，絕有待之累"；卷三三五萬齊融《阿育王寺常住田碑》："我聞語寂滅者，本之以不生，而菩薩不能去資生立法；談逍遙者，存之以無待，而神人不能亡有待爲煩"；釋道宣《高僧傳》二集卷二四《靜琳傳》："嘗居山谷須粒，有待爲繁，乃合守中丸一劑，可有升許，得支一周，琳服延之，乃經三載，便利之際，收洗重服。"唐、宋詩中如駱賓王《帝京篇》："相顧百齡皆有待"，陳與義《對酒》："人間多待須微祿"，均謂人生都須營求衣食，陳熙晉《駱臨海集箋註》、胡穉《簡齋詩集箋註》未了然也。

釋道安《摩訶鉢羅若波羅蜜經鈔序》。按論"譯梵爲秦"，有"五失本"、"三不易"，吾國翻譯術開宗明義，首推此篇；《全三國文》卷七五支謙《法句經序》僅發頭角，《學記》所謂"開而弗達"。《高僧傳》二集卷二《彥琮傳》載琮"著《辯正論》，以垂翻譯之式"，所定"十條"、"八備"，遠不如安之扼要中肯也。嚴氏輯自《釋藏跡》，凡琮引此《序》中作"胡"字者，都已潛易爲"梵"，如"譯胡"、"胡言"，今爲"譯梵"、"梵語"，琮明云："舊喚彼方，總名胡國，安雖遠識，未變常語"也。又如"聖必因時，時俗有易"，今爲"聖必因時俗有易"，嚴氏案："此二語有脫字"；蓋未參補。至琮引："正當以不關異言，傳令知會通耳"，今爲："正當以不聞異言"云云，殊失義理。安力非削"胡"適"秦"、飾

"文"減"質"、求"巧"而"失實";若曰:"正因人不通異域之言,當達之使曉會而已";"關"如"交關"之"關","通"也,"傳"如"傳命"之"傳",達也。"五失本"之一曰:"梵語盡倒,而使從秦";而安《鞞婆沙序》曰:"遂案本而傳,不合有損言游字;時改倒句,餘盡實錄也",又《比丘大戒序》曰:"於是案梵文書,惟有言倒時從順耳."故知"本"有非"失"不可者,此"本"不"失",便不成翻譯。道宣《高僧傳》二集卷五《玄奘傳之餘》:"自前代以來,所譯經教,初從梵語,倒寫本文,次乃迴之,順向此俗";正指斯事。"改倒"失梵語之"本",而不"從順"又失譯秦之"本"。安言之以爲"失"者而自行之則不得不然,蓋失於彼乃所以得於此也,安未克圓覽而疏通其理矣。"失本"之二曰:"梵經尚質,秦人好文,傳可衆心,非文不合";卷一六六闕名《首楞嚴後記》亦曰:"辭旨如本,不加文飾,飾近俗,質近道。"然卷一六〇釋僧叡《小品經序》:"梵文雅質,案本譯之,於麗巧不足,樸正有餘矣,幸冀文悟之賢,略其華而幾其實也",又《毗摩羅詰提經義疏序》:"煩而不簡者,貴其事也,質而不麗者,重其意也";卷一六三鳩摩羅什《爲僧叡論西方辭體》:"天竺國俗,甚重文藻。……但改梵爲秦,失其藻蔚,雖得大意,殊隔文體,有似嚼飯與人,非徒失味,乃令嘔穢也。"則梵自有其"雅"與"文",譯者以梵之"質"潤色而爲秦之"文",自是"失本",以梵之"文"損色而爲秦之"質",亦"失本"耳。意蘊悉宣,語跡多存,而"藻蔚"之致變爲榛莽之觀,景象感受,非復等類(the principle of equivalent or approximate effect)。安僅譏"斲鑿而混沌終",亦知其一而未知其二也。慧皎《高僧傳》卷六《僧叡傳》記其參羅什譯經,竺法護原譯《法華經·受決品》有云:"天見人,人見天"，什曰："此語與西域義同，但此言過質"，叡曰："得非'人天交接，兩得相見'？"什喜曰："實然！""辭旨如本"，"質"而能"雅"，或如卷一六五僧肇《百論序》："務存論旨，使質而不野"，叡此譯可資隅反。安《鞞婆沙序》謂"求知辭趣，何嫌文質？"流風所被，矯枉加厲，贊寧《高僧傳》三集卷三《譯經篇·論》遂昌言"與其典也寧俗"矣。"失本"之三、四、五皆指譯者之削繁删冗，求簡明易了。梵"丁寧反復，不嫌其煩"，"尋説向語，文無以異"，"反騰前辭，已乃後説"。此如蜀葵之"動人嫌處只緣多"，真譯者無可奈何之事；苟求省淨無枝蔓，洵爲"失本"耳。歐陽修《文忠集》卷一三〇《試筆》："余嘗聽人讀佛經，其數十萬言，謂可數言而盡"，語固過當，未爲無故。

【增訂三】歐陽修挾華夏夷狄之見，加之正學異端之争，我慢自雄，大言抹撒。然其語特輕率耳，非盡不根無故也。拈一例助之張目。東晉譯《那先比丘經》卷中彌蘭王問："人有欲作善者，當前作之耶？當後作之乎？"那先言："當居前作之；在後作之，不能益人也。居前作者，有益於人。……王渴欲飲時，使人掘地作井，能赴王渴不？"王言："不赴渴也。當居前作井耳。"那先言："人亦如是。人所作皆當居前，在後作者無益也。……王飢時乃使人耕地、糞地、種穀，飢寧用飯耶？"王言："不也。當先有儲貯。"那先言："人亦如是，當先作善，有急乃作善者，無益身也。……譬如王有怨，當臨時出戰鬬，王能使人教馬、教象、教人作戰鬬具乎？"王言："不也。當宿有儲貯，臨時便可戰鬬；臨時教馬、教象、教人無益也。"卷下王復問："苦乃在後世，何爲預學道作沙門？"那先答："敵主臨來時，王乃作鬬具、備守掘塹耶？當預作之乎？……飢乃種田，渴乃掘井耶？"王言："皆當預作之。"丁寧反復，含意盡申而强聒勿捨，似不知人世能覺厭倦者，此固不待言。前後重設兩喻，適與吾國典籍冥契。《晏子春秋》内篇《雜》上第二〇："譬之猶臨難而遽鑄兵，臨噎而遽掘井，雖速亦無及已"（參觀《墨子·公孟》："亂則治之，是譬猶噎而穿井也，死而求醫也"），《說苑·雜言》作"譬之猶渴而穿井"；《素問·四氣調神大論第二》："夫病已成而後藥之，亂已成而後治之，譬猶渴而穿井，鬭而鑄錐，不亦晚乎！"繁簡相形，利鈍自辨矣。又如《百喻經》卷一《乘船失釪喻》與《吕氏春秋·慎大覽·察今》楚人契舟求劍喻，亦資參驗。皆令人思及李密論諸葛亮"言教"也（見 1819－1820 頁）。《後西遊記》第二四回文明天王曰："佛家經典，雖説奧妙，文詞却笨而且拙，又雷同，又堅澀，怎算得文章！"頗具藻鑒，未可以妖而廢言。韓愈論道，力排二氏，而論文則稱道家之莊子；苟佛經不大乖吾國修詞律令者，當亦在其"細大不捐"之列乎？未可知也。劉勰奉佛，而釋書不與於"文心"，其故亦可思也。明釋守仁有《夢觀集》，方孝孺爲之序，不見《遜志齋集》中。方濬師《蕉軒續錄》卷一全載其文，有曰："佛氏入中國稍後，而其術最奇；其閎詭玄奧，老、莊不能及之。然而世之學者常喜觀諸子之書，至於佛氏之説，非篤好者，多置不省。何哉？豈非諸子之文足以説人，故人尤好之邪？佛氏之意蓋亦深遠矣，惜其譯之者不能修其辭也。以其所言之詳，使有能文者譯其辭，命文措制，與諸子相準，雖阻遏諸子而行於世可也。"倘許借爲鄰壁之明，以窺劉、韓之别裁微旨乎？王世貞《藝苑巵言》卷三云："莊生、列子、楞嚴、維摩詰，鬼神於文者乎！"又云：

"圓覺之深妙，楞嚴之宏博，維摩之奇肆，駸駸乎鬼谷、淮南上矣。"漫浪語以自示廣大教化耳。

【增訂四】歐陽修所譏佛典辭費之病，吾國釋子未嘗不知。後漢釋支讖譯《道行經》，有釋道安《序》，論《放光品》云："斥重省删，務令婉便，若其悉文，將過三倍"；釋慧遠《大智論鈔·序》云："童壽［鳩摩羅什］以此論深廣，難卒精究，因方言易省，故約本以爲百卷。計所遺落，殆過三倍，而文藻之士，猶以爲繁。……信言不美，固有自來矣。"或且進而飾説解嘲。唐玄奘譯《大般若波羅蜜多經》，弁以釋玄則《大般若經初會序》云："義既天悠，詞仍海溢。……或謂權之方土，理宜裁抑。竊應之曰：'一言可蔽'，而雅頌之作聯章；二字可題，而涅槃之音積軸。優柔闡緩，其慈誨乎。若譯而可削，恐貽譏於傷手；今傳而必本，庶無譏於溢言。"蓋"言"誠苦"溢"而"宜裁"，譯則求"信"而"必本"，固亦明知詞"繁"不殺之非"美"也。歐陽之誚，實中彼法譯徒之心病焉。唐釋澄觀《大方廣華嚴疏鈔會本》卷三："故會意譯經，姚秦羅什爲最；若敵對翻譯，大唐三藏稱能"；近世判別所謂主"達"之"意譯"與主"信"之"直譯"，此殆首拈者歟。又按古羅馬諧劇中亦以"臨渴掘井"爲痛苦不堪之事（Miserum est opus, /igitur demum fodere puteum ubi sitis faucis tenet.—Plautus, *Mostellaria*, 379-80, Loeb, Vol. III, p. 328）。

安《比丘大戒序》："諸出爲秦言，便約不煩者，皆蒲萄酒之被水者也"，意同《全宋文》卷六二釋道朗《大涅槃經序》："隨意增損，雜以世語，緣使違失本正，如乳之投水。"皆謂失其本真，指質非指量；因乳酒加水則見增益，而"約不煩"乃削減也。又按羅什"嚼飯"語，亦見《高僧傳》卷二本傳，文廷式《純常子枝語》卷一三申之曰："今以英法文譯中國詩、書者，其失味更可知。即今中國之從天主、耶穌者，大半村鄙之民，其譯新、舊約等書，亦斷不能得其真意。覽者乃由譯本輒生論議，互相詆訾，此亦文字之劫海矣！"即所謂："誤解作者，誤告讀者，是為譯者"(commonly mistakes the one and misinforms the other)①。此猶指說理、記事；羅什專為"文藻"而發，尤屬知言。蓋逐譯之難，詞章最甚。故有人作小詩，託為譯詩者自解嘲云："譯本無非劣者，祇判劣與更劣者耳"(Es gibt nur schlechte Uebersetzungen/und weniger schlechte)②。西萬提斯謂翻譯如翻轉花毯，僅得見背(el traducir de una lengua en otra... es como quien mira los tapices flamencos por el revés)③；可持較《高僧傳》三集卷三："翻也者，如翻錦綺，背面俱花，但其花有左右不同耳。"雨果謂翻譯如以寬頸瓶中水灌注狹頸瓶中，傍傾而流失者必多(Traduire, c'est transvaser une liqueur d'un vase à col large dans un vase à col étroit; il s'en perd beaucoup)④；"酒被水"、"乳投水"言水之入，此言水之出，而其"失本"惟均，一喻諸質，一喻諸量也。叔本華謂翻譯如以此種樂器演奏原為他種樂器所譜之曲調(Sogar in blosser Prosa wird die allerbeste Uebersetzung sich

---

① Samuel Butler, *Characters*, "A Translator", *Prose Writings*, ed. A. W. Waller, 170.

② Ch. Morgenstern: "Der mittelmässiger Uebersetzer rechtfertigt sich," *Epigramme und Sprüche*, R. Piper, 45.

③ *Don Quijote*, II. 62, "Clásicos Castellanos", VIII, 156.

④ *Littérature et Philosophie mêlées*, "Reliquat", Albin Michel, 253.

zum Original höchstens so verhalten, wie zu einem gegebenen Musikstück dessen Transposition in eine andre Tonart)①;

【增訂四】叔本華之喻早見史達爾夫人名著中:"條頓語系各語種互譯非難,拉丁語系各語種亦復如是;然拉丁語系語種却不辦迻譯日爾曼族人詩歌。爲此種樂器所譜之曲調而以他種樂器演奏焉,則不能完美"(Les langues teutoniques se traduisent facilement entre elles; il en est de même des langues latines; mais cellesci ne sauraient rendre la póesie des peuples germaniques. Une musique, composée pour un instrument, n'est point exécutée avec succès sur un instrument d'un autre genre. —Madame de Staël, *De l'Allemagne*, Ptie II, ch. I, Berlin: A. Asher, n. d., p.110)。

此喻亦見吾國載籍中,特非論譯佛經爲漢文,而論援佛説入儒言,如《朱文公集》卷四三《答吴公濟》:"學佛而後知,則所謂《論語》者,乃佛氏之《論語》,而非孔氏之《論語》矣。正如用琵琶、篳篥、方響、觱栗奏雅樂,節拍雖同,而音韻乖矣。"

【增訂四】文廷式《純常子枝語》卷三五引乾隆四八年八月諭:"近來凡有諭旨兼蒙古文者,必經朕親加改正,方可頒發。而以理藩院所擬原稿示蒙古王公,多不能解。緣繙譯人員未能諳習蒙古語,就虛文實字,敷衍成篇。……又如從前德通所譯清文,阿岱閲之,往往不能盡曉;……乃由德通拘泥漢字文義,

---

① *Parerga und Paralipomena*, Kap. 25, § 299, *Sämtl. Werk.*, hrsg. P. Deussen, V, 627. Cf. E. M. Fusco, *Scrittori e Idee*, 578: "trasposizione o sostituzione di strumenti: ad esempio l'adattamento al pianoforte di un'opera concepita e scritta per orchestra, e viceversa."

牽綴爲文，於國語神理，全未體會。"昭槤《嘯亭續錄》卷三："貝勒存齋主人永瑢言：'今日之翻譯經典，即如南人學國語，祇能彷彿大概，至曲折微妙處，終有一間未達者'"；當亦指漢籍之譯爲"清文"者，其書卷一嘗稱戶曹郎中和素"翻譯極精"，即謂以"清文"迻譯《西廂記》、《金瓶梅》等也。伍拉訥子《批本隨園詩話》於卷五《徐蝶園相國元夢》條有批語："翻譯《金瓶梅》，即出徐蝶園手"，則《金瓶梅》"清文"譯非祇一本矣。海通以前，清人論"譯事之難"，殊不多見，故拈出之。

伏爾泰謂，倘欲從譯本中識原作面目，猶欲從板刻複製中覩原畫色彩（Qu'on ne croie point encore connaître les poètes par les traductions; ce serait vouloir apercevoir le coloris d'un tableau dans une estampe）[1]。有著書論翻譯術者，嘗列舉前人醜詆譯事、譯人諸詞，如"驢蒙獅皮"（asses in lions' skins），"蠟製偶人"（the Madame Tussaud's of literature），"點金成鐵"（the baser alchemy）之類頗夥[2]；余尚別見"沸水煮過之楊梅"（a boiled strawberry）、"羽毛拔光之飛鳥"（der gerupfte Vogel）、"隔被嗅花香"（smelling violets through a blanket）等品目，僉不如"嚼飯與人"之尋常而奇崛也。

---

[1] *Essai sur la Poésie épique*, in *Oeuv. compl.*, éd. L. Moland, VIII, 319. Cf. Herder: "der verzogenste Kupferstich von einem schönen Gemählde", *Sämtl. Werk.*, hrsg. B. Suphan, V, 166.

[2] E. Stuart Bates, *Modern Translation*, 141.

一六二　全晉文卷一六一

　　釋慧遠《答桓玄書》等。按錢謙益《有學集》卷四二《報慈圖序贊》："唯其時遠公以忠，淵明以孝，悠悠千載，孰知二人心事，比而同之耶？"同卷《遠法師書、論、序贊》據《沙門不拜王者論》末："晉元興三年歲次閼逢，於時天子蒙塵，人百其憂"，稱遠以沙門而忠於晉，"整皇綱，扶人極"，足"爲儒林之大師"；卷五〇《書遠公〈明報應論〉》謂後世"極論形神者，一一皆遠公註脚"。於遠贊歎不容口。錢氏暮年，論古人詩獨推元好問，其鄉人譏之曰："蓋因晚節既墜，欲借野史亭以自文耳"（王應奎《柳南隨筆》卷四）。信斯言也，有裨於知人論世。其昌言佞佛，亦隱愧喪節耳。表揚纍臣志士與援掇禪藻釋典，遂爲《有學集》中兩大端；苟不順事二姓而又皈依三寶，則其人美俱難并，錢氏尤道之津津，如卷二一《山翁禪師文集序》、三五《芥菴道人塔前石表題詞》、三六《華首空隱和尚塔銘》即是。亟亟發明慧遠"心事"，正復託古喻今，借澆塊壘，自明衷曲也。慧遠書晉紀元，陶潛不書宋年號，"悠悠千載"，至錢氏而始"比同"，此無他，生世多憂，望古遥集，雲萍偶遇，針芥易親。蓋後來者尚論前人往事，輒遠取而近思，自本身之閱歷着眼，於切己之情景會心,曠代相知,高舉有契。《鬼谷子‧反應》篇詳言"以反求覆"之道,所謂:"反以觀往,覆以驗來;反以知古,覆以知今;反以知彼,覆以知己。……故知之始,己自知而後知人也";理可以推之讀史。宋明來史論如蘇洵《六國論》之與北宋賂遼,蘇軾《商鞅論》之與王安石變法,古事時事,相影射復相映發(actualization),厥例甚衆。《荀子‧非相篇》曰:"欲觀千歲,則數今日。……古今一度也",又《性惡篇》曰:"故善言古者,必有節於今";《後漢書‧孔融傳》答魏武問曰:"以今度之,相當然耳";《三國志‧魏書‧文帝紀》裴註引《魏氏春秋》受禪顧謂羣臣曰:"舜禹之事,吾知之矣";比物此志也[①]。

【增訂三】狄德羅《俄國政府開辦大學校方案》中歷史課程一節云:"學歷史當始於本國史,漸增廣以包世界,亦當始於近代史,漸逆溯以至皇古"(il faut commencer l'étude de l'histoire... par les temps les plus voisins en remontant jusqu'aux siècles de la fable, ou la mythologie),並引格羅秀斯(Grotius)之言自佐(Diderot: "Plan d'une Université pour le Gouvernement de Russie", *op. cit.*, III, 492-3);編集者(J. Assézat)註引基佐(Guizot)語謂此乃當時常論。似亦寓以今度古、即近知遠之旨。蘇聯史家(Pokrovskii)遂逕稱歷史乃"以後世政治向前代投射"(History is politics projected into the past)矣(M. Friedberg, *A Decade of Euphoria*, 122 n., 241 n.)。

[①] Cf. Croce, *Filosofia*, *Poesia*, *Storia*, 444(Ogni vera storia è storia contemporanea);Bergson, *La Pensée et le Mouvant*, pp.23-4(la préfiguration rétroactive).

以錢氏之尊慧遠，參驗明遺民逃禪之風，乃覺有味乎其言之。《全唐文》卷五七九柳宗元《送玄舉歸幽泉寺序》："佛之道大而多容。凡有志乎物外而恥制於世者，則思入焉。故有貌而不心，名而異行，剛狷以離偶，紆舒以縱獨，其族類不一，而皆童髮毀服以游於世。其孰能知之！"柳語猶爲無事平世而發，至夷夏鼎革之交，若明與清之遞代，則"有志而恥制於世"者，投佛門"以游於世"，更可揣而知矣。《有學集》卷四《寄懷嶺外四君》之一《金道隱》："法筵臘食仍周粟，壞色條衣亦漢官"，又《嘉禾梅溪訪大山禪人》之三："四鉢尚擎殷粟米，七條還整漢威儀"；卷九《題歸玄恭僧衣畫像》之二："周冕殷哷又劫灰，緇衣僧帽且徘徊，儒門亦有程夫子，贊歎他家禮樂來"；正謂"沙門不拜王者"與大漢遺黎之不事胡羯新主，是二是一也。錢秉鐙《田間詩集》卷一《澹歸師寄訊、忻慨成詩》："早信皈依緣謗佛，但存血氣總爲僧"；卷三《金陵即事》之一："荒路行愁逢牧馬，舊交老漸變高僧"；卷四《贈朱七處士》："穩著僧衣官不禁，閒談往事難偏多"；卷七《雜憶》之八："惟有山僧裝不改，近聞牒下漸苛求。"吳仕潮《漢陽五家詩選》卷三李以篤《送一公遊白嶽》："亂後高人歸二氏，秋來楚客類孤蓬"，又《懷人詩》之五《熊魚山給諫》："亂後人高二氏名，如公方不負平生。"閻爾梅《閻古古全集》張相文編本卷四《汧罝草堂讀史詩》："愁將椎結剃金錢，海内多增隱士禪"，《莊尚之見過》："避世難言因避地，逃名不遂且逃禪"，《皈僧》："非關旱極胡爲髡，不是刑餘豈合髡"；卷五《哭梅惠連》："亡國大夫羞語勇，入山名士且爲僧。"徐芳《懸榻編》卷二《四十八願期場序》："近代來乃更有不聾而頑，不瞽而眩，不跛蹇而顛躓，則釋氏更擴其宇以涵覆之。而是輩乃羣然來歸，幸其頂踵之有託。而佛數千年前所以入中國之意，始灼然大明於天下"（黃宗羲《明文授讀》卷四四評："此言亂來士大夫折而入於佛，悲慨淋漓，不朽之文！"）；卷三《愚者大師傳》："嘗讀劉秉忠對世祖語，歎其奇而中也。又歎釋之教屢斥於儒，而當其變，乃合而有助，似釋翻爲儒設。""愚者大師"（即方以智）之子方中通《陪詩》卷一《癸巳春省親竹關》："吁嗟乎！天有無？何令我父薙髮除髭鬚？只此一腔忠臣孝子血，倒作僧人不作儒。"黃宗羲《南雷文案》卷六《劉伯繩先生墓誌銘》記劉語："古來賢士隱於禪者不少，蓋曰：'吾非真禪也，聊以抒艱貞之志云耳！'猶之趙岐、李燮避身傭保，非愛傭保之業也"；卷一〇《七怪》："近年以來，士之志節者多逃之釋氏。蓋强者銷其耿耿，弱者泥水自蔽而已；有如李燮逃仇，變姓名爲傭保，非慕傭保之業也。"馮夢龍《甲申紀事》卷一三王瀚削髮入山詩之二："聊將毀服存吾義，從此棲禪學大僧。"李鄴嗣《杲堂文鈔》卷一《周貞靖先生遺集序》："會稽行朝失守，……薙髮入山，……其遯於釋門也，蓋不附釋門。"吕留良《東莊詩集‧零星集‧讀薇占〈桐江隨筆〉再次原韻奉答》："翻從佛院存吾道，且把神州算極邊"；《晚村文集》卷二《與潘美嚴書》："雖圓頂衣伽，而不宗、不律，不義諦、不應法，自作村野酒肉和尚而已"；卷四《答徐方虎書》："有人行於途，賣餳者隨其後，唱曰：'破帽換糖！'其人急除帽匿之。已而唱曰：'破網子換糖！'復匿之。復唱曰：'亂頭髮換糖！'乃皇遽無措，回顧其人曰：'何太相逼！'弟之薙頂，亦正怕換糖者相逼耳"（咄咄夫《山中一夕話‧笑倒》有此謔，作"換銅錢"，結語云："忒尋得我要緊！"）；卷六《自題僧裝像贊》："有妻有子，吃酒吃肉，東不到家，西不巴宿。"歸莊《歸玄恭集》卷一《冬日感懷和淵公韻》之三："三楹茅屋臥江邊，雖作頭陀不解禪"；六："僧貌何妨自儒行，不須侫佛誦南無。"皆相發明。顧炎武《亭林文集》卷五《五臺山記》："莫若擇夫荒險僻絶之地如五臺山者而處之，不與四民者混"，亦正指其"佛寺"，即徐芳所謂"釋氏擴宇以涵覆"矣。南宋遺老如真山民《九日》："年來頗恨儒冠誤，好倩西風吹去休！"又《醉餘再賦》："西風抵死相搖撼，争奈儒冠裹得牢！"（參觀劉辰翁《減字木蘭花·甲午九日牛山作》："不用登高，處處風吹帽不牢！"）；尚戀冠巾而不忍除，當緣元代無剃髮編辮之令，逼尋未緊，非似清初之"留髮不留頭"（沈濤《江上遺聞》）也。錢氏寄懷之金道隱，即今釋澹歸，所撰《徧行堂集》卷七《李因培真讚》："士人一妻一妾，分日當夕，然少艾多偏矣。一夕與其妻宿，妻有怨言，士曰：'我身在他那裏，心却在你這裏。'妻曰：'我讓你底心與他那裏，只要你底身與我這裏。'此婆子可謂辣手！今人影上用緇，形中用素，同此伎倆"；則譏遺民之僧服而無僧行以及身居家而言心出家者，錢、呂、歸輩當在鉗錘之列。然王夫之《搔首問》稱方以智披緇後，清介不失儒風，而譏金道隱出家後，"崇土木，飯髡徒"，到處化緣不擇人，"盡忘本色"；行服並緇，又未必可取耳。

一六三　全晉文卷一六四

　　釋僧肇《答劉遺民書》、《般若無知論》等。按《肇論》四首都已輯入，未收《寶藏論》，殆以其自成一書耶？實則《涅槃無名論》分"九折十演"，浩汗亦自成書，且以文論，亦遠遜他三首及《寶藏論》也。吾國釋子闡明彼法，義理密察而文詞雅馴，當自肇始；慧遠《明報應論》（輯入卷一六二）、《鳩摩羅什法師大乘大義》（未收）等尚舉止生澀，後來如智顗、宗密，所撰亦未章妥句適。僧號能詩，代不乏人，僧文而工，余僅覯惠洪《石門文字禪》與圓至《牧潛集》；契嵩《鐔津集》雖負盛名，殊苦獷率，強與洪、至成三參離耳。然此皆俗間世法文字，非宣析教義之作，《憨山老人夢遊集》頗能橫說豎說，顧又筆舌傖傖，不足以言文事。清辯滔滔，質文彬彬，遠嗣僧肇者，《宗鏡錄》撰人釋延壽其殆庶乎？《太平御覽》卷六五五引《洛陽伽藍記》："僧肇法師制四論合爲一卷，曾呈廬山遠大師，大師歎仰不已。又呈劉遺民，歎曰：'不意方袍，復有叔平！'"方袍'之語，出遺民也"；今本《伽藍記》佚此文，"叔平"當是"平叔"，擬肇於何晏也。《唐詩紀事》卷五〇鄭薰《贈鞏疇》序極稱鞏"於《淨名》僧肇尤精達"，相訪"講肇《論》"；《淨名》即《維摩詰所說經》，其註亦出肇手者。慧皎《高僧傳》卷六《僧肇傳》："旨好玄微，每以莊、老爲心要，嘗讀老子《道德》章，乃歎曰：'美則美矣！然其棲神冥累之方，猶未盡善。'後見舊《維摩經》，歡喜頂受，披尋玩味，乃言始知所歸矣。"晁迥《法藏碎金錄》卷一、卷二屢言初讀老莊，後讀釋梵，驗之肇事，若踐迹同軌，而歎："予今信以爲然！"然肇於莊、老，雖未先入爲主，而頗宿好仍敦，致招物議。道宣《高僧傳》二集卷五《玄奘傳之餘》記奘奉勑"譯《老子》爲梵言"，先與道士究其義旨，道士引佛經爲説，奘非之；道士謂肇《論》"盛引老、莊"，足證"佛言似道"，奘曰："佛教初開，深文尚擁［壅？］，老談玄理，微附佛言，肇《論》所傳，引爲聯類，豈以喻詞，而成通極？"贊寧《高僧傳》三集卷三《論》："見譯家用《道德》二篇中語，便認云與老子《經》相出入也。……若用外書，須招此謗。……今觀房融潤色於《楞嚴》，僧肇徵引而造《論》，宜當此誚焉。"即觀嚴輯肇《論》，所引"經云：'色不異空'"，"《寶積》曰：'以無心意而現行'"，諸若此類，胥徵釋典也。然《答劉遺民書》："故經云：'聖智無知而無所不知，無爲而無所不爲'"，則大類取《老子》三七章："道常無爲而無不爲"，四八章："無爲而無不爲"矣，及《莊子·齊物論》："庸詎知吾所謂不知之非知耶？"，《人間世》："聞以有知知者矣，未聞以無知知者也"；《物不遷論》："故經云：'正言似反'，誰當信者？"，則大類取《老子》七八章："正言若反"；《涅槃無名論·明漸》第一三："書不云乎：'爲學者日益，爲道者日損'"，則大類取《老子》四八章："爲學日益，爲道日損。"曰"經"曰"書"，主名不具，豈熟處難忘，而嫌疑欲避，遂稍掩其跡象歟？《高僧傳》二集卷二一《慧命傳》

答濟北戴逵書有云："益矣能忘，蹈顏生之逸軌；損之爲道，慕李氏之玄蹤"；"書"即"李"老子，昭然若揭矣。《高僧傳》卷四《竺法雅傳》："少善外學，長通佛義。……時依雅門徒並世典有功，未善佛理，雅乃與康法朗等以經中事數擬配外書，爲生解之例，謂之'格義'。及毗浮曇等亦辯'格義'，以訓門徒"；卷六《慧遠傳》："引莊子語爲連類，惑者釋然"；他如卷七之慧觀、僧瑾，卷一〇之史宗等，於《莊》、《老》莫不深究善談；卷一一末《習禪・論》："《老子》云：'重爲輕根，靜爲躁君'，……《大智論》云：'譬如服藥將身，權息家務'"，則慧皎亦"格義"、"連類"，而不藏頭露尾者。唐釋道世《法苑珠林》卷八七引《八師經》，附按曰："書云：'五色令人目盲，五音令人耳聾，五味令人口爽'"；三語蓋出《老子》一二章，而含糊稱"書"，頗肖僧肇所爲矣。澄觀《華嚴經疏鈔懸談》稱引《肇論》甚多，亦每假借儒、道之言，然如卷二、卷一〇引《易》必曰："今借此言以況"，"今疏借用"，於老、莊語亦爾，未嘗鶻突閃爍，令人惑是耶非耶。惟其直心道場，故卷二四敢"辯釋道之殊，舉十條之異"，至質言"混三教"爲"地獄之深因"，論不騎牆、築非謀道者也。袾弘《竹窗隨筆》："古尊宿疏經造論，有引莊子語者。南人之北，北人不知舟，知其車而曉之曰：'吾舟載物致遠，猶此方之車也。'借車明舟，而非以車爲舟也"；妙語解頤，意中當有《肇論》在，正如玄奘以慧遠之"連類"爲肇解紛耳。

一六四　全晉文卷一六五

釋僧肇《百論序》："有天竺沙門鳩摩羅什，……先雖親譯，而方言未融，至令思尋者躊躇於謬文。"按參觀卷一六〇僧叡《思益經序》："詳聽什公傳譯其名，翻覆展轉，意似未盡，良由未備秦言名實之變故也。察其語意，會其名旨，當是'持意'，非'思益'也。"

竺僧度《答楊苕華書》："且人心各異，有若其面，卿之不樂道，猶我之不慕俗矣。楊氏，長別離矣！萬世因緣，於今絶矣！……處世者當以及時爲務，卿年德并茂，宜速有所慕，莫以道士經心，而坐失盛年也。"按出慧皎《高僧傳》卷四，吾國休妻書見存者莫古於此，略類舊日登報之偏面或單邊"離婚啓事"。僧徒出家前所娶婦，《四分律》命名曰"故二"，《五分律》曰"本二"；"二"謂配偶，"故"、"本"謂原有。釋迦牟尼之有耶輸陀羅，賈寶玉之有薛寶釵，正如竺僧度之有楊苕華，均"故二"或"本二"也。《西遊記》第一九回豬八戒將隨唐僧至西天取經，向高老告別曰："丈人啊！你還好生看待我渾家。只怕我們取不成經時，好來還俗，照舊與你做女婿過活。……只恐一時有些兒差池，却不是和尚誤了做，老婆誤了娶，兩下都耽擱！"欲返本不失故，猶懷二心焉。竺書衹囑妻別嫁，未處分家產，那波利貞《敦煌書》卷中載唐人《放妻書》二通，則兼及二者。一云："……今已不和相，是前世怨家，販（反）目生嫌，作爲後代憎嫉。緣業不遂，見此分離。……已歸一別，相隔之後，更選重官雙職之夫，并（並）影庭前，美逞琴瑟合韻之態。……三年衣糧，便畜（蓄）獻藥儀。伏願娘子，千秋萬歲！……"；一云："……酥乳之合，尚恐異流；貓鼠同窠，安能見久！今對六親，各自作意，更不許言'夫'說'婦'。今歸一別，更選重官雙職之夫。……伏願娘子，千秋萬歲！荷施歡喜，三年衣糧，便獻藥儀。……""歸"即"大歸"之"歸"。《清平山堂話本》中《快嘴李翠蓮記》之於《敦煌掇瑣》之一五《齟齬新婦文》，似大輅之於椎輪，頗可據以窺見宋時休書格式："快將紙墨和筆硯，寫了休書隨我便。……今朝隨你寫休書，搬去粧奩莫要怨。手印縫中七個字：'永不相逢不相見。'……鬼門關上若相逢，轉了臉兒不厮見。"是去婦携搬當年嫁奩，而非故夫施獻三年衣糧；"鬼門關上"兩語出於翠蓮利口，而"手印縫中"七字必是程式依樣，已近絕交之惡聲，非若唐人之猶緣飾禮文矣。明末史惇《痛餘錄》記辰州"棄妻"成俗，"退婚券中立誓云：'一離二休，十離九休。高山磊石，沉落深溝。請白親夫，永不回頭！'"；夫"棄妻"而作妻絕夫之詞，甚肖翠蓮口角，豈立券作程者祖護男而加誣女之曲筆耶？《雲溪友議》卷下載楊志堅家貧，妻厭之告離，楊作詩送之，有云："荆釵任意撩新鬢，明鏡從他別畫眉。此去便同行路客，相逢即是下山時"；前二句即"速有所慕"、"選重官雙職之夫"，後二句即"於今絕矣"、"轉臉不厮見"耳。

一六五　全宋文卷一五

　　范曄《獄中與諸甥姪書以自序》。按此篇載《宋書》本傳。陳澧《東塾集》後附《申范》一卷，録其《傳》全文而逐段評駁之，力辯范曄無謀反事。《傳》載此篇後著語曰："曄自序並實，故存之"；陳氏遽斷曰："沈休文云'自序並實'，則凡誣衊之言皆不'實'也。休文此言可爲蔚宗雪冤矣，此乃良心不能滅盡也。"此篇舍首句言"吾狂釁覆滅"外，皆述"意中所解"之學問文章，不及其他，沈云"並實"者，指曄自言文學語，豈得泛申傍通？陳氏宅心甚厚，而樹論未堅也。《序》中自贊《後漢書》之文詞則曰："奇變不窮，乃自不知所以稱之"，自贊音樂"至一絕處"則曰："不知所從而來，雖少許處而旨態無極。"我與我周旋，傾倒如此，旁人當爲絕倒也。陶望齡《歇菴集》卷一三《游洞庭山記》之八記蔡羽"怪誕"："置一大鏡南面，遇著書得意，輒正衣冠，北面向鏡，譽其影曰：'《易》洞先生，爾言何妙！吾今拜先生矣！'羽尤以善《易》自負，故稱'《易》洞'也。"曄之於己，不啻向鏡低頭；自謂"稱情狂言"，殆人之將死，其言也肆歟！如得其情，則哀矜而勿嗤笑矣。《黄岡二處士集》本杜濬《變雅堂文集》卷二《初刻文集自序》："刻才及數篇，杜子手之而笑。客或問：'翁何笑?'杜子曰:'昔范詹事自贊其《後漢書》爲天下奇作,吾嘗笑之。今吾意中之言,彷彿詹事,吾恐後之人又將笑吾也,是以先自笑也!'"自笑在先,則傍人又祇趁笑而非匿笑矣(參觀《太平廣記》卷論卷二四五《張裕》、卷四五九《舒州人》)。

【增訂四】杜濬自贊其文,而復謂"吾意中之言,吾恐後之人將笑吾"自贊。竊謂此類"意中之言",大言而不怍,重言而不怠,朱仕琇其尤也。《梅崖居士文集》中十篇而九,皆自評自賞,津津口角流涎;覩記所及,古人無與之儔,雖桑悅亦遠勿如,今人則吾不知矣。

"口機又不調利,以此無談功。……文章轉進。"按參觀《史記》卷論《老子、韓非列傳》。"常恥作文士。"按曄於文矜心刻意,而曰"恥作文士",猶《全梁文》卷一一簡文帝《與湘東王書》:"裴氏乃是良史之才,了無篇什之美",蓋以"史"之文別於"篇什"之文也。《史通・鑒識》、《覈才》兩篇論詞之"文"不同史家之"文","灞上兒戲,異於真將軍,故以張衡之文,而不閑於史,以陳壽之史,而不習於文"。朱弁《曲洧舊聞》卷二:"東坡嘗謂劉壯輿曰:'《三國志》註中好事甚多,道原欲修之而不果,君不可辭也。'壯輿曰:'端明曷不自爲之?'東坡曰:'某雖工於語言,也不是當行家'";正自言雖工爲詞人之文而不能爲史家之文也。鄭樵《夾漈遺稿》卷三《上宰相書》:"修書自是一家,作文自是一家;修書之人必能文,能文之人未必能修書。若之何後世皆以文人修書?";則似"良史之才"必有"篇什之美"者,不如《史通》覈才之當。章學誠自命爲鄭樵《通志》之後世鍾期,《文史通義》內篇六《答問》:"文人之文與著述之文,不可同日語也",發揮尤暢。此義實已蘊於曄《書》中矣。顧炎武《亭林集》卷四《與人書》

又《日知録》卷一九《文人之多》譏"無足觀"之"文人"，桂馥《晚學集》卷一《惜才論》惜"不得爲學人"之"才人"，與曄之"恥作文人"，遥相應和，均重"學究"而輕"秀才"者歟！蓋略類《法言·吾子》之以詞賦爲"壯夫不爲"，而迥異《典論·論文》之尊詞章爲"經國大業、不朽盛事"。《全梁文》卷一一簡文帝《答張纘謝示集書》："而况文辭可止，詠歌可輟乎！'不爲壯夫'，揚雄實小言破道；'非謂君子'，曹植亦小辯破言。論之科刑，罪在不赦。"范曄輩當同科連坐耳。

"文患其事盡於形，情急於藻，義牽其旨，韻移其意。"按前二語與後二語，造句異法；苟整齊而通同之，改後順前，可曰："旨牽於義，意移於韻"，改前從後，可曰："形盡其事，藻急其情。"四者皆文之病累；下文云："常謂情志所託，故當以意爲主，以文傳意，以意爲主，則其旨必見，以文傳意，則其詞不流"；則指文之去病無累者。更端以說，兩邊並到。"事盡於形"，當合觀下文"少於事外遠致，以此爲恨，亦由無意於文名故也"。陸機《文賦》："期窮形而盡相"，范氏則謂形容事物而能窮態盡妍，尚非文之高境，"事外"猶當有"遠致"。即《文心雕龍·隱秀》所言"文外之重旨"，"餘味曲包"，或焦竑《筆乘》卷三録鄭善夫手批杜甫詩所謂"杜病在求真求盡"，亦如作畫之貴"意餘於象"也；詳見《太平廣記》卷論卷二一三《張萱》。"情急於藻"，當合觀《南齊書·文學傳》陸厥《與沈約書》："急在情物而緩於章句，情物、文之所急，……章句、意之所緩。"范氏此句謂本旨爲抒情而乃急於敷藻；以詞藻爲首務，忽情志之大本，急所當緩，顛末倒置。於是情約藻豐，博文滅質，"其詞流"矣。"義牽其旨"，"義"指文字訓義，"旨"指作者意旨，"牽"如

"牽率"之"牽",謂用字失律,則達意生障。《文心雕龍·指瑕》:"立文之道,惟字與義",韓愈《科斗書後記》:"思凡爲文字,宜略識字";皆言文字訓義之不可忽。苟不知訓義而妄作,則如《指瑕》所謂"課文了不成義";苟不顧訓義而好奇,則如《練字》所謂"'淫'、'列'義當而不奇,'淮'、'別'理乖而新異"。均未爲辭達"旨見"耳。"韻移其意",當合觀下文"手筆差易,文不拘韻故也"。"文患……韻移其意"之"文",指《雕龍·總術》引"常言'有文有筆'"之"文"(參觀阮元《揅經室三集》卷二《文言説》又卷五《學海堂文筆策問》、宋翔鳳《過庭録》卷一五、《學海堂文集》卷七侯康等《文筆考》);"手筆差易,文不拘韻"之"文",如《雕龍》標目"文心"之"文",通言而施之於"筆"。韻能移意之患,別見《史記》卷論《司馬相如列傳》。《詩人玉屑》卷六引《陵陽室中語》記韓駒曰:"意正則思生,然後擇韻而用,如驅奴隸,此乃以韻承意,故首尾有序;今人作次韻詩,則遷意就韻,因韻求事";錢秉鐙《田間文集》卷一六《兩園和詩引》:"'詩言志',志動而有韻;今和詩因韻生志,是以志從韻也";李良年《秋錦山房外集》卷一載施閏章一札:"近人爲韻所限,或礙好詩,直是作韻,非作詩耳"(《愚山文集》卷二七、二八未收,參觀吳喬《答萬季野詩問》、納蘭性德《淥水亭雜識》卷四);詩家甘苦之談可借申曄意[①]。陸厥《與沈約書》、鍾嶸《詩品·序》皆深非文韻,而未及此患;《雕龍·聲律》亦祇知"綴文難精,而作韻甚易";曄殆首發斯隱

[①] Cf. A. M. Clark, *Studies in Literary Modes*, 171 ff. (the difficulty of rhyming); J. Pommier, *Questions de Critique d'Histoire littéraire*, 104 ff. (les boutsrimés).

者乎。曄自作"文",僅存而不足徵,鍾嶸《詩品》列曄詩於下品,謂"乃不稱其才"。然《史通·稱謂》指摘《後漢書》云:"范《贊》之言季孟也,至曰:'隗王得士'。……意好奇而輒爲,文逐韻而便作",正譏曄"逐"上句"公孫習吏"之"韻",遂虛構"好士"之"意"。《後漢書·贊》中此類當尚有,亦見即不爲"文",未必全無"患"、"累"。抑"記事之史"雖不同"篇翰"之"文",而其"讚"則"義歸翰藻",仍是"文"耳。既"以意爲主",聲韻詞藻均能喧賓奪主;陸機《文賦》僅謂"文不逮意"、"言順而意妨",曄語愈加邃密。沈約《宋書·謝靈運傳·論》美張衡"文以情變";倘"情急於藻"、"韻易其意",則偏其反而,情以文變,即謝榛《四溟山人全集》卷二一、二四所謂"詞後意"。《全梁文》卷五二王僧孺《太常敬子任府君傳》:"孟堅辭不逮理,平子意不及文",謂班固質勝而張衡文勝,又適與沈約評品牴牾。後世談藝者而傭耳賃目,將左右作人難矣。

"性別宮商、識清濁,斯自然也。觀古今文人,多不全了此處;縱有會此者,不必從根本中來。言之皆有實證,非爲空談。年少中謝莊最有其分。手筆差易,文不拘韻故也。"按《詩品·序》記王融論聲律,並推范、謝,可以參證。陸厥《與沈約書》亦以此節與約《謝靈運傳·論》中"靈均以來此秘未覩"一節並舉。約《宋書·范曄傳》言其"性精微有思致,觸類多善",傳末全載此《書》,則曄之了會文韻,約不應不知,而《論》中儼以"知音""先覺"自居,不道曄名,豈以曄徒知而不能行耶?曄自言宮商清濁真能"全了",而又自言"才少思難",操筆成篇"殆無全稱";則"言之有實證"者,未嘗行之爲"實證",仍屬"空談",故約不以擁篲清道許之歟。"手筆不拘韻",尚是皮相之談。散文雖不押韻脚，亦自有宫商清濁；後世論文愈精，遂注意及之，桐城家言所標"因聲求氣"者是，張裕釗《濂亭文集》卷四《答吳至甫書》闡説頗詳。劉大櫆《海峯文集》卷一《論文偶記》："音節者，神氣之跡也，字句之矩也；神氣不可見，於音節見之，音節無可準，以字句準之"；姚範《援鶉堂筆記》卷四四："朱子云：'韓昌黎、蘇明允作文，敝一生之精力，皆從古人聲響處學'；此真知文之深者"（《朱文公集》卷七四《滄洲精舍諭學者》："老蘇但爲學古人説話聲響，極爲細事，乃肯用功如此"）；吳汝綸《桐城吳先生全書·尺牘》卷一《答張廉卿》："承示姚氏論文，未能究極聲音之道。……近世作者如方姚之徒，可謂能矣，顧誦之不能成聲"；均指散文之音節（prose rhythm），即別於"文韻"之"筆韻"矣。

【增訂四】唐庚《眉山文集》卷二三《上蔡司空書》："所謂'古文'，雖不用偶儷，而散語之中，暗有聲調，其步驟馳騁，亦皆有節奏，非但如今日苟然而已。"此即桐城家論"古文"所謂"音節"之説，却未嘗溯及之也。

古羅馬文家謂"言詞中隱伏歌調"（est autem etiam in dicendo quidam cantus obscurior）①，善於體會，亦言散文不廢聲音之道也。

"既造《後漢》，……吾雜傳論皆有精意深旨。至於《循吏》以下，及《六夷》諸序、論，筆勢縱放，實天下之奇作。其中合者，往往不減《過秦論》；共比方班氏所作，非但不愧之而已。……贊自是吾文之傑思，殆無一字空設。"按班書之"贊"，即范書之"論"，勘如曄之從衡馳騁、感慨飛揚者，後來洵爲居上；班"述"范"贊"，伯仲之間，均餘食贅行也，"無字虛設"之誇，前引《史通》

---

① Cicero, *Orator*, XVIII.57; cf. G. Saintsbury, *A History of English Prose Rhythm*, 6.

指摘《隗囂傳・贊》，已足破之；若夫"傳"，則范記敍之筆遜班多多許。張邦基《墨莊漫録》卷六載李格非《雜書》有云："范曄之視班固，如勤師勞政，手胝薄版，口倦呼叱，毫舉縷詰，自以爲工不可復加，而僅足爲治；曾不如武健之吏，不動聲色，提一二綱目，郡吏爲之趨走，而境内晏然也。"蓋謂范刻意著力，不及班舉重若輕、行所無事耳。《全晉文》卷一〇二陸雲《與兄平原書》稱其作《吳書》"真不朽事，……兄作必自與前人相去，《辯亡》則已是《過秦》對事"。陸機工於"文人之文"，非曄所能望項背；其"著述之文"，則《史通・本紀》、《曲筆》二篇所彈射之《晉三祖紀》，今已喪佚，《吳書》偶於《三國志》裴註中覘之，見虎一毛，未知其斑，末由持較《後漢書》。至與賈生争出手，固機、曄二人所齊心同願也。

"吾於音樂，聽功不及自揮。……亦嘗以授人，士庶中未有一豪似者，此永不傳矣！"按語氣大類《世説・雅量》記嵇康臨刑彈琴，歎曰："《廣陵散》於今絶矣！"曄於文韻，操筆不如識數，而於音樂，識曲不如操縵，心手不齊，兩藝適反。宋儒談道，好言"理一分殊"，造藝亦猶是爾。藝之爲術，理以一貫，藝之爲事，分有萬殊；故范曄一人之身，詩、樂連枝之藝，而背馳歧出，不能一律。法國一畫家嘗謂："藝術多門，諸女神分司之，彼此不相聞問，各勤所事；世人乃概舉'藝術'而評泊焉，無知妄作也！"(La critique d'art! quelle sottise! Les Muses ne causent jamais entre elles; chacune travaille de son côté)①；雖有激取快，而好爲空門面、大帽子之論者，聞之亦可以深省也。

---

① Degas, quoted in A. Gide, *Journal*, 4 juillet, 1909, "Bib. de la Pléiade", 274; cf. A. Russi, *L'Arte e le Arti*, 13 ff.; "Esiste l'Arte o esistono le arti?" ecc.

一六六　全宋文卷一九

王微《與江湛書》、《與從弟僧綽書》、《報何偃書》。按三書均步趨嵇康《與山巨源絶交書》，意態口吻有虎賁中郎之致。《與江湛書》云："今有此書，非敢叨擬中散"，然則惟其有之、是以似之耶？南宋末陳仁子《文選補遺》收宋玉《微詠賦》，明劉節《廣文選》沿之；楊慎（楊有仁編《太史升菴全集》卷四七）、胡應麟（《少室山房筆叢》卷二六）、錢希言（《戲瑕》卷一）、周嬰（《卮林》卷九）、李枝青（《西雲札記》卷三）、俞樾（《茶香室四鈔》卷一二）聚訟不已，或謂確是"宋玉《微詠賦》"，或謂乃"宋、王微《詠賦》"之訛。嚴氏此輯於歷代相傳之篇，雖知其依託附會，仍録存而加按語；本卷及《全三代文》宋玉卷中却未刺取《詠賦》或《微詠賦》，亦隻字不道此公案，何哉？

《與從弟僧綽書》："文好古，貴能連類可悲。"按別見《史記》卷論《魯仲連、鄒陽列傳》。

一六七　全宋文卷二〇

宗炳《答何衡陽書》："佛經所謂本無者，非謂衆緣和合者皆空也。……賢者心與理一，故顔子'庶乎屢空'，有若無，實若虛也；自顔以下，則各隨深淺而昧其虛矣。"按卷二一炳《明佛論》復曰："雖以顔子之微微，而必乾乾鑽仰，好仁樂山，庶乎屢空。……佛經所謂變易離散之法，法識之性空。……顔子知其如此，故處有若無，撫實若虛"云云。別詳《全晉文》卷論庾翼《與殷浩書》。宗炳攀援釋說，與何晏附會道家言，若符契然。晁說之《嵩山集》卷一三《儒言》："顔子'屢空'，先儒皆說空乏，晏始斥之，自爲說曰：'虛心知道'，不知言愈遠而愈非顔子之事。"竊謂《莊子·人間世》以顔淵"家貧"持"齋"引入"惟道集虛"之"心齋"，何晏本之，兼舉"財貨空匱"與"心虛知道"二義。釋氏更明以貧匱喻心體之淨，如《大般涅槃經·梵行品》第八之三："菩薩觀時，如貧窮人，一切皆空"；寒山詩："寒山有一宅，宅中無闌隔，六門左右通，堂中見天碧，其中一物無，免被人來借。"禪宗慣用此爲話頭，如《五燈會元》卷四僧問："貧子來，得什麽物與他？"趙州曰："不欠少"，又曰："守貧"，又香嚴偈："去年貧，未是貧，今年貧，始是貧；去年無立錐之地,今年錐也無";卷一三僧問:"古人得個什麽便休去?"龍牙曰:"如賊入空室";後來枯木元偈:"無地無錐未是貧,知貧尚有守無身,儂家近日貧來甚,不見當初貧底人",正《莊子》所謂"無無"、《維摩詰所説經》所謂"空空"之境,參觀《老子》卷論第四〇章。唐李翱《復性書》上篇申説"性"之"寂然不動",已引"回也屢空"爲一例。宋明儒者尤恣肆,如《皇朝文鑑》卷二八吕大臨《送劉户曹》:"獨立孔門無一事,唯傳顔氏得心齋";楊時《龜山集》卷一一《語録》:"學至於聖人,則一物不留於胸次,乃其常。回未至此,'屢空'而已,則有時乎不'空'";張九成《横浦心傳録》卷下《〈論語〉絶句·屢空》:"道體從來只貴通,不容一物礙其中";

> 【增訂四】吴師道《吴禮部詩話》:"淵明《始作鎮軍參軍經曲阿》:'被褐欣自得,屢空常晏如';《五柳先生傳》:'短褐穿結,簞瓢屢空。'自何晏註《論語》,以'空'爲虚無,意本莊子,前儒多從之。朱子以回、賜'屢空'、'貨殖'對言,故以'空匱'釋之。今此以'被褐'對'屢空';又《飲酒》:'顔生稱爲仁,榮公言有道;屢空不獲年,長飢至於老',以'屢空'對'長飢'。朱子之意,正與此合。"此殆亦淵明"述孔業"而異於晉宋援道入儒風氣者歟。

范浚《香溪先生文集》卷六《存心齋記》:"至於'屢空',則嘗盡其心矣。然特'屢'至於'空'而未能常'空',爲其'不違仁'之心猶存焉耳。心'不違仁',善矣,乃爲'空'之累,此'毛猶有倫'之謂也";王畿《龍溪全集》卷三《九龍紀誨》:"或叩顔子'屢空'之旨,先生曰:'此是減擔法,人心無一物,本是空空之體。……一切知解,不離世情,皆是增擔子'"(參觀同卷《宛陵觀復樓晤語》、《書累語簡端録》、卷七《南游會紀》）。葉適《習學記言序目》卷四七、王若虚《滹南遺老集》卷五均譏吕大臨詩以"莊列之寓言"厚"誣"顏淵而"惑後學"，而不知此説之源甚遠而流甚廣也。《論語·子罕》："子謂顏淵曰：'惜乎！吾見其進也，未見其止也！'"；皇侃《義疏》牽合"屢空"，將直白之惋歎釋成玄妙之機鋒："然顏淵分已滿，至於'屢空'，而此云'未見止'者，勸引之言也。"宋儒如張載《正蒙·中正》篇："蓋得正則得所止，得所止則可以弘而至於大。……顏子好學不倦，合仁與智，具體聖人，特未至聖人之止爾！"何與六朝舊説，竟夢中神遇乃爾！謝良佐《上蔡語録》卷中："學者纔有所得便住，佛家有'小歇場'，'大歇場'。到孟子處，更一作，便是好歇。惟顏子善學，故其死，子有'見其進未見其止'之歎"；黄震《黄氏日鈔》卷四一嘗斥謝語爲援釋入儒，實則張載已明詔大號，黄氏或不敢指斥耶？王十朋《梅溪文集》卷一一《止菴銘》："學者求道，如客在途；不有所止，將安歸乎？……孔門弟子，回也獨賢，'未見其止'，夫子惜焉"；明王肯堂《鬱岡齋筆麈》卷一："李廊菴公問余：'子謂顏淵云云，如何看？'予曰：'惜他尚涉程途，未得到家耳。'公欣然曰：'今人以止字爲上章功虧一簣之止，但知聖賢終身從事於學，而不知自有大休歇之地，則止字不明故也。'"均以"未見其止"之"止"，等《老子》第三二章"知止不殆，譬道在天下"或第三五章"樂與餌，過客止"之"止"，猶《楞嚴經》卷一所謂："譬如行客，投寄旅亭，宿食事畢，俶裝前途，不遑安住；若實主人，自無攸往。"於顏淵學行作此解會，何晏之註，已見端倪，宗炳之文，更具條理。何所本者道，宗所本者釋，兩家原不謀自合，而其徒遂皆欲説合儒家也。

宗炳《寄雷次宗書》："昔與足下，共於釋和尚間，面受此義，今便題卷首稱'雷氏'乎？"按譏雷勛襲慧遠講喪服經義而自著書也。《全後漢文》卷八九仲長統《昌言》下論"天下學士有三姦焉"，其二曰："竊他人之記，以成己説"，此即一例。《世説·文學》："向秀注《莊子》，妙析奇致，大暢玄風，惟《秋水》、《至樂》二篇未竟而卒。郭象者，爲人薄行有儁才，遂竊以爲己注"；《南史》卷三三《徐廣傳》記郗紹作《晉中興書》，何法盛"有意圖之"，瞰紹不在家，直入齋内廚中竊《書》以去，"紹無兼本，於是遂行何《書》"。郭、何所竊者，他人之手稿，而雷竊他人之口説，心術似愈譎耳。章學誠《文史通義》外篇三《與邵二雲論學》："聞足下之刻《爾雅正義》，劇有苦心，婉轉屈曲，避人先勩之於口説，而轉謂筆於書者反襲之於彼也。足下素慎於言，《雅》學又博奧而難竟，然猶燕談所及，多爲拾牙慧者假借而不歸。……鄙性淺率，生平所得，無不見於言談，……游士襲其談鋒，經生資爲策括。……幾於李義山之敝緼，身無完膚，杜子美之殘膏，人多沾丐。……雖曰士風之澆，而輕露其璞以誤，我輩不得不職其咎矣！"庶幾宗譏雷之衍義也。更進乃有剽竊而盜憎主人，反傷事主者，《昌言》所未及；苟如魏源《古微堂外集》卷三《書趙校〈水經注〉後》、王國維《觀堂集林》卷一二《聚珍本戴校〈水經注〉跋》之言，則戴震或其例歟？抑章氏高談古之作者"言公"，而於人之拾己牙慧，未能視若楚弓楚得，亦見反古之道，談何容易矣。

宗炳《畫山水序》。按參觀論《全後漢文》仲長統《昌言》下。"今張綃素以遠映，則崑閬之形，可圍於方寸之内；豎劃三寸，當千仞之高，横墨數尺，體百里之迥。是以觀畫圖者，徒患類之不巧，不以制小而累其似。"按《全陳文》卷一二姚最《續畫品》："蕭賁……嘗畫團扇，上爲山川；咫尺之内，而瞻萬里之遥，方寸之中，乃辨千尋之峻。"後世題畫詩以此爲慣語，如杜甫《戲題王宰畫山水圖歌》："尤工遠勢古莫比，咫尺應須論萬里"；劉長卿《會稽王處士草堂壁畫衡霍》："青翠數千仞，飛來方丈間"；《中州集》卷六麻九疇《跋伯玉命簡之臨米元章楚山圖》："薺列楓林葉浮舸，巧捉魁梧入么麽"；皆謂"制小"而不"累似"耳。六朝山水畫猶屬草創，想其必采測繪地圖之法爲之。《漢書·嚴、朱、吾丘、主父、徐、嚴、終、王、賈傳》淮南王安上書："以地圖察山川要塞，相去不過寸數，而間獨數百千里"；程大昌《演繁露》卷九説賈耽《華夷圖》，"廣三丈，率以一寸折百里"；即今語之"比例縮尺"也。宗炳斯序專主"小"與"似"，折準當不及地圖之嚴謹，景色必不同地圖之率略，而格局行布必仍不脱地圖窠臼（mappy）①。王夫之《船山遺書》卷六四《夕堂永日緒論》内編論五言絶句："論畫者曰：'咫尺有萬里之勢'，一'勢'字宜着眼；若不論勢，則縮萬里於咫尺，直是《廣輿記》前一天下圖耳！"杜甫詩既曰"遠"，復曰"勢"，庶識山水畫之異於輿地圖矣。張彦遠《歷代名畫記》卷一："魏晉以降，名迹在人間者，畫山水則羣峯之勢若鈿飾犀櫛，或水不容泛，或人大於山，率皆附以樹石，映帶其地，列植之狀則若伸

---

① Cf. Thornbury, *Life of J. M. W. Turner*, 104: "Turner had a horror of what he said Wilson called *being too mappy*"(quoted in Joan Evans, *Taste and Temperament*, 84).

臂布指"；讀之尚堪揣象彷彿。程正揆《青溪遺稿》卷二四《龔半千畫册》："畫有繁減，乃論筆墨，非論境界也。北宋人千丘萬壑，無一筆不減；元人枯枝瘦石，無一筆不繁，余曾有詩云：'鐵幹銀鈎老筆翻，力能從簡意能繁，臨風自許同倪瓚，入骨誰評到董源？'"（詩即卷一五《山莊題畫》六首之三，參觀卷二二《題卧游圖後》、卷二四《題石公畫卷》、卷二六《雜著》一）。宗炳所作，境繁而筆愈繁，可推臆而知，其畫品殆如張氏《名畫記》卷二論"界筆直尺"所謂"死畫"者歟。

一六八　全宋文卷三一

　　謝靈運《山居賦》。按靈運以詩名，文遠不稱。范曄不工韻語，故《史通·覈才》篇論能文能史者，僅數班固、沈約；然曄《樂游應詔詩》一首尚見採於《文選》。《選》錄取靈運詩甚多，而其文則舍旃，《擬魏太子鄴中集詩》諸《序》乃附詩得入；選樓中學士非盡率爾漫與也。謝詩工於模山範水，而所作諸賦，寫景却尠迴出，唯卷三〇《嶺表賦》："蘿蔓絕攀，苔衣流滑"，《長谿賦》："飛急聲之瑟汩，散輕文之漣羅"，差堪共語。周亮工《書影》卷一〇："謝客詩只一機軸，……措詞命意，盡於《山居》一賦。所謂'遡溪終水涉，登嶺始山行'，即《賦》中'入澗水涉，登嶺山行'，此類甚多。"以言機杼，尚無不可，以言刻劃物色，則《賦》未許與詩並論。即如周所摘詩句，見《初去郡》，接云："野曠沙岸淨，天高秋月明"，《賦》中正苦乏此等致語耳。又按周所引《賦》二句，前云："爰初經略，杖策孤征"，後云："陵頂不息，窮泉不停，櫛風沐雨，犯露乘星。"是詩之"水涉"與"山行"，銜接遞代，"涉"之事"終"，於是"行"之事"始"，舍舟而陸；賦中則二事並舉，選地築室，盡心悉力，或已"登"絕"頂"，尚"山行"而"不息"，或已"窮"發

"源",猶"水涉"而"不停"。周氏貌取皮相,未察文理也。

《山居賦》有靈運自註甚詳。賦既塞滯,註尤冗瑣,時時標示使事用語出處,而太半皆箋闡意理,大似本文拳曲未申,端賴補筆以宣達衷曲,或幾類後世詞曲之襯字者。如"除菰洲之紆餘"註:"除菰以作洲,言所以紆餘也";"寒燠順節,隨宜非敦"註:"興節隨宜自然之數,非可敦戒也";"理匪絶而可溫"註:"《論語》云:'溫故知新';理既不絶,更宜復溫,則可待為己之日用也。"他如"謝平生於知遊,棲清曠於山川",又"若乃南北兩居,水通陸阻,觀風瞻雲,方知厥所",皆意甚顯豁,而加註:"與知遊別,故曰'謝平生',就山川,故曰'棲清曠'","'兩居'謂南北兩處各有居止,峯嶼阻絶,水道通耳。觀風瞻雲,然後方知其處所"。"此楚貳心醉於吳客,河靈懷慚於海若",典故尋常,而加註:"枚乘云,楚太子有疾,吳客問之,舉秋濤之美,得以瘳病;太子、國之儲貳,故曰'楚貳'。'河靈'、河伯居河,所謂'河靈';懼於海若事見莊周《秋水》篇。""敬承聖誥",亦加註:"賈誼弔屈云:'恭承嘉惠','敬承'亦此之流";則何不更曰:"《書·伊訓》:'聖謨洋洋','聖誥'亦此之流"?無謂極矣!不須註而加註,是贅綴也;既加註而不徧,是掛漏也;進退失據,恐難自解。至於"野有蔓草,獵涉蘡薁",自註:"詩人云,六月食鬱及薁,'獵涉'字出《爾雅》";《爾雅》實無其詞,記憶偶疏,却不必苛責耳。何琇《樵香雜記》卷下:"自註始於王逸,戴凱之《竹譜》、謝靈運《山居賦》用其例;《漢書·藝文志》亦自註,然非發明文義,故不以託始";梁玉繩《瞥記》卷四舉北魏張淵《觀象賦》、北齊顏之推《觀我生賦》亦有自註,而記錢大昕云:"陳壽載楊戲《季漢輔臣贊》有註,又在靈運前。"余觀洪興祖《楚辭補註》卷一七王逸《九思》"詞曰"二字下補註:"逸不應自爲註,恐其子延壽之徒爲之爾";張衡《思玄賦》有《舊註》,《文選》李善註:"未詳註者姓名,摯虞《流別》題云:'衡註'〔按《全晉文》卷七七《文章流別論》漏輯〕;詳其義訓,甚多疏略,而註又稱'愚'以爲疑辭,非衡明矣";《世說・文學》註引《左思別傳》:"凡所註解,皆思自爲,欲重其文,故假時人名姓也",《全晉文》卷一四六闕名《左思別傳》嚴氏按語駁其"失實"、"無足爲憑"。苟王逸、張衡、左思諸賦之註匪出己手,則靈運爲創舉矣。夫自註倘在所需,何妨由我作古,不煩援引前例。然詞章自註,又當別論。歐陽修《集古錄跋尾》卷八《唐元積修桐柏宮碑》:"其文以四言爲韻語,既牽聲韻,有述事不能詳者,則自爲註以解之,爲文自註,非作者之法";元氏《長慶集》未收此文,《全唐文》卷六五四《桐柏宮重修記》又無隻字自註,末由考鏡。董迪《廣川書跋》卷八《〈園池記〉別本》謂樊宗師《絳守居園池記》亦自"釋於後",因全錄之,且曰:"如此而後可以識也";《全唐文》卷七三〇樊記亦未附自釋。揣摩歐陽之意,當是:記事之文應條貫終始,讀而了然,無勞補苴,詩賦拘牽聲律,勿能盡事,加註出於不得已;元積記事,乃用四言韻語,作繭自縛,遂另以散語作註申意,多茲一舉,所以爲"非法"歟。蓋詩、賦中僻典難字,自註便人解會,如劉禹錫、白居易、陸龜蒙等所習爲,斯尚無礙;又本事非本人莫明,如顏之推《觀我生賦》自註專釋身世,不及其他,謹嚴堪式,讀庾信《哀江南賦》時,正憾其乏此類自註。至於宣意陳情,斷宜文中言下,尋味可會,取足於己,事同無待;苟須自註,適見本文未能詞妥義暢,或欠或漏,端賴彌補,則不若更張改作之爲愈矣。故曰"非法"爾。西方舊謔謂畫師繪禽獸圖成，無識爲底物事者，其人乃大書於上曰："此是牛！""此是雞！"，"此雖似花，實是獅！"①；"非法"之自註，殆類彼畫師之所爲乎。靈運《山居賦》自註，義訓、本事、申意三者皆有，又泛施寡要，愈形凌雜。晚唐人碑版文字，自註益橫決，如《全唐文》卷八二五黃滔《丈六金身碑》自註有長約二百六十字者，卷八七〇宋齊邱《仰山光涌長老塔銘》自註中稱引此僧語錄約一百六十字，元稹想不如此頹放，樊宗師固甚約斂也。別見《全唐文》卷論李德裕《鼓吹賦》。

《山居賦·序》："意實言表，而書不盡，遺迹索意，託之有賞。"按《賦》結句："權近慮以停筆，抑淺知而絕簡"，詞意已具，却自註："故停筆絕簡，不復多云，冀夫賞音悟夫此旨也"，復重《序》語，何"多云"而不憚煩歟？他如"自園之田，自田之湖"一節自註："此皆湖中之美，但患言不盡意，萬不寫一耳"；"南山則夾渠二田，……呈美表趣，胡可勝單"，自註："細趣密翫，非可具記，故較言大勢耳"；亦似畫蛇添足。"言心也，黃屋實不殊於汾陽；即事也，山居良有異乎市塵"。按可以《世説》所載二事分説；《言語》："竺法深在簡文坐，劉尹問：'道人何以游朱門？'答曰：'君自見其朱門，貧道如游蓬戶'"，此"心不殊"也；《排調》："支道林就深公買印山，深公答曰：'未聞巢由買山而隱'"，此"事有異"也。《南史·齊宗室傳》衡陽王鈞答孔珪："身處朱門而情遊江海，形入紫闥而意在青雲"，此心境

---

① Aelian, *Varia Historia*, X.10; *Don Quijote*, II, 3 and 71; Dorothy Osborne, *Letters*, no.31.

與身境之鑿枘也。唐釋元覺《永嘉集》第九《勸友書》則論"身心"有矛盾乃致"人山"分喧寂也。別詳《全唐文》卷論王維《與魏居士書》。

《山居賦》："嘉陶朱之鼓棹，迺語種以免憂；判身名之有辨，權榮素其無留，孰如牽犬之路既寡，聽鶴之塗何由哉！"，自註："陶朱、范蠡，臨去之際，亦語文種云云。……'牽犬'、李斯之歎；'聽鶴'、陸機領成都衆大敗後，云：'思聞華亭鶴唳，不可復得。'"按意同《南史·劉穆之傳》："謂所親曰：'貧賤常思富貴，富貴必踐危機，今日思爲丹徒布衣，不可得也！'"靈運能作爾許語，而終不免於非命強死，與文種、李斯、陸機同歸，豈非如鮑老之笑郭郎、使後人而哀後人乎！孔稚珪《北山移文》："雖假容於江皋，乃嬰情於好爵"，或《文心雕龍·情采》："故有志深軒冕，而汎詠皋壤，心纏幾務，而虛述人外"，頗可移評靈運之高言"嘉遯"。元好問《論詩》："心畫心聲總失真，文章寧復見爲人？高情千古《閑居賦》，爭識安仁拜路塵！"實則潘岳自慨拙宦免官，怏怏不平，矯激之情，欲蓋猶彰；靈運此作祇言"抱疾就閑"，心向禪玄，詞氣恬退；苟曰"失真"，《山居》過於《閑居》遠矣。以李斯、陸機配當，自靈運始。《全後魏文》卷一八中山王熙《將死與知故書》："昔李斯憶上蔡黃犬，陸機想華亭鶴唳"；《晉書·陸機、陸雲傳》唐太宗撰《制》："上蔡之犬不誡於前，華亭之鶴方悔於後"；高彥休《唐闕史》卷下記崔雍題《太真上馬圖》："上蔡之犬堪嗟，人生到此；華亭之鶴徒唳，天命如何！"李白《行路難》："華亭鶴唳詎可聞？上蔡蒼鷹安足道？"，以聲律故，易"黃犬"爲"蒼鷹"，其《擬〈恨賦〉》明曰："李斯受戮……歎黃犬之無緣"也。

"昔仲長願言，流水高山"云云。按此節以山水之賞別於田園之樂，足徵風尚演變；"惜事異於栖盤"，"孰嘉遯之所遊"，即謂隱遁之適非即盤遊之勝。參觀《全後漢文》卷論仲長統《昌言》。

　　"覽明達之撫運，乘機理而緘默。……仰前哲之遺訓，俯性情之所便。奉微軀以宴息，保自事以乘閒。……年與疾而偕來，志乘拙而俱旋"；自註："年衰疾至，志寡求拙曰'乘'。"按"覽明達"云云，即《述祖德詩》之"賢相謝世運"云云，《文選》李善註中正引靈運此處自註。"俯性情"云云，即《序》："抱疾就閒，順從性情。"靈運之數言"乘"，猶潘岳《閒居賦》之反復言"拙"，一爲文飾之詞，一爲悔尤之詞也。

　　"竹緣浦以被綠，石照澗而映紅，月隱山而成陰，木鳴柯以起風"；自註："壁高四十丈，色赤。……山高月隱，便謂爲陰；鳥集柯鳴，便謂爲風也。"按若非自註，則將疑"映紅"者爲花，而"石"乃訛字矣。然"木鳴柯"三字終嫌贅疊，觀自註，"木"當作"鳥"，而不曰"鳥鳴柯以起風"，豈恐指瑕者譏"鳥鳴"大類生風之"虎嘯"耶？

　　"生何待於多資，理取足於滿腹"；自註："謂人生食足，則歡有餘，何待多須邪？……若少私寡欲，充命則足。"按參觀論《全晉文》釋道安《答郗超書》。賦下文云："春秋有待，朝夕須資，既耕以飯，亦桑貿衣"；卷三三靈運《遊名山志》："夫衣食人生之所資，山水性分之所適；今滯所資之累，擁其所適之性耳"（"擁"疑當作"壅"）；又靈運《鄰里相送方山》詩："積痾謝生慮，寡欲罕所闕"；均相發明。卷三一靈運《江妃賦》："事雖假於雲物，心常得於無待"，則謂洛神不同凡夫肉人，無衣食之累耳。

"鑑虎狼之有仁，……悟好生之咸宜"云云；自註："自弱齡奉法，故得免殺生之事，……莊周云：'海人有機心，鷗鳥舞而不下。'"按參觀《列子》卷論《黃帝》篇；靈運自註中屢引"莊周云"，皆不誤，此獨失其主名。下文"好生之篤，以我而觀"云云，重宣"放生之理"，自註引《老子》："馳騁畋獵，令人心發狂。"《宋書》靈運本傳記其自詡"成佛"；《全宋文》卷二八何尚之《列敍元嘉讚揚佛事》："范泰、謝靈運每云：'《六經》典文本在濟俗爲治耳，必求性靈真奧，豈得不以佛經爲指南耶?'"；慧皎《高僧傳》卷七《慧叡傳》記靈運"篤好佛理，殊俗之音，多所通解，諮叡以經中諸字并衆音異旨，於是著《十四音訓敍條例》"，又《慧嚴傳》引范泰、靈運前語，復云："《大涅槃經》品數疏簡，初學難以厝懷，嚴乃共慧觀，謝靈運等依《泥洹》本，加之品目，文有過質，亦頗改治。"後世如釋皎然（《詩式》卷一《文章宗旨》）、顏真卿、白居易、馮子振等（《永樂大典》卷二六〇三《臺》字），莫不以精通內典、皈依佛門推之。《賦》中言好生惜物命兩節，旨本釋教，而皆僅引老、莊以自助，殊耐思量，觀乎下文，或可窺其微尚乎？

"賤物重己，棄世希靈，駭彼促年，愛是長生。……雖未階於至道，且緬絶於世纓"；自註："此一章敍仙學者雖未及佛道之高，然出於世表矣。"按下文："哲人不存，懷抱誰質！糟粕猶在，啓縢剖袠；見柱下之經二，覿濠上之篇七，承未散之全璞，救已頹於道術。詹夫六藝以宣聖教，九流以判賢徒，國史以載前紀，家傳以申世模，篇章以陳美刺，論難以覈有無，兵技醫日龜筴筮夢之法，風角冢宅算數律曆之書，或平生之所流覽，並於今而棄諸。驗前識之喪道,抱一德而不渝";自註:"'柱下'、老子,'濠上'、莊子,'二'、'七'是篇數也;云此二書最有理,過此以往,皆是聖人之教,獨往者所棄。"夫既尊"佛道"爲最高,又推老、莊爲"最有理",不特徵靈運從佛而未棄道,抑復見其雖奉事佛法,而於道家仍敦宿好。賦中如"苦節之僧"、"遠僧有來"等節,未嘗涉筆以稱佛典。且許道家自立門户,亦不同慧遠、僧肇輩之假道家言爲佛法梯階,借車明舟(參觀論《全晉文》僧肇《答劉遺民書》)。蓋靈運實徘徊二氏之間,左挹袖而右拍肩,非有左右袒者。"糟粕棄諸"之論,即仲長之"叛散五經"、荀粲之"糠粃六籍",固老、莊流裔之常談耳(參觀論《全後漢文》仲長統《昌言》、《全晉文》何劭《荀粲傳》)。"聖教"之"聖"指孔子,上文"敬承聖誥"之"聖"則指佛;孔子曰"聖"、從俗而言,佛曰"聖"、稱心而言,一權而一實。

【增訂四】謝靈運賦之"聖教",指孔子言,猶何劭《王弼別傳》與"老子"對舉之"聖人"亦即孔子(見《全晉文》卷一八)。所謂從俗也。

觀詞之終始,即知兩"聖"字既不淆亂,而"承聖誥"與"棄聖教"亦初無矛盾矣。然上文云:"率所由以及物,諒不遠之在斯",自註:"《易》云:'不遠復,無祗悔',庶乘此得以入道";夫《易》非巍然冠"宣聖教"之"六藝"者耶?當在"所棄"之列矣,却可"乘以入道",似不無矛盾。豈得魚忘筌,抵岸捨筏,"入道"而遂"棄"所"乘"歟?《顏氏家訓·勉學》:"洎於梁世,……《莊》、《老》、《周易》,總爲'三玄'",實承晉、宋之風耳。

"藝菜當肴,採藥救頹,自外何事,順性靡違。"按靈運《遊南亭》:"藥餌情所止,衰疾忽在斯",與此相發;"所止"即"自外"無他"事"也。《文選》李善註"藥餌"二句云:"餌藥既止,故有衰病";何焯評云:"服餌本以扶衰,而藥石不能平情,故力有所止也。"二解皆誤,何尚用心,李直似到眼信口,未經思慮者。二句倒裝,順言之,則:"衰疾忽在斯,藥餌情所止";意謂衰疾忽已相侵,故縈懷掛念,唯在藥餌。杜甫《江村》:"多病所須唯藥物,微軀此外更何求",與謝客同心之言矣。

《江妃賦》。按參觀《全後漢文》論王粲《神女賦》。

一六九　全宋文卷三二

　　謝靈運《辨宗論》："有新論道士，以爲寂鑒微妙，不容階級。……華民易於見理，難於受教，故閉其累學，而開其一極；夷人易於受教，難於見理，故閉其頓了，而開其漸悟。漸悟雖可至，昧頓了之實；一極雖知寄，絶累學之冀。良由華人悟理無漸，而誣道無學，夷人悟理有學，而誣道有漸。是故權實雖同，其用各異。昔向子期以儒、道爲壹，應吉甫謂孔、老可齊，皆欲窺宗，而況真實者乎？……冬夏異性，資春秋爲始末，晝夜殊用，緣晨暮以往復。……是故傍漸悟者，所以密造頓解。"按全篇鋸木往復，要指不外乎此。

　　【增訂四】法海本《壇經》第一六節："善知識，法無頓漸，人有利頓。""利頓"必"利鈍"之譌，諸校未改正。其意即同靈運《辨宗論》。

卷五七朱昭之《與顧歡書難〈夷夏論〉》亦云："昔應吉甫齊孔、老於前"；應貞、向秀之説今已無考矣。《宋書·謝靈運傳》："孟顗事佛精懇，而爲靈運所輕，嘗謂顗曰：'得道應須慧業，丈人生天當在靈運前，成佛必在靈運後'"；此《論》即其語之箋釋。靈運主"不容階級"之悟，而悟必須"慧業"，故"成佛"甚速，若夫不由慧生悟而衹修行持戒，則能免於地獄諸苦惱而未遽得正果也。應、向二子欲和同孔、老，靈運是篇融通儒、釋，視孫綽《喻道論》、宗炳《明佛論》較能析理，別詳《全唐文》卷論權德輿《唐故章敬寺百巖大師碑銘》。以孔、釋異教爲華夷殊地異宜，即孫綽所謂："周孔即佛，佛即周孔，蓋外内名之耳"，亦即《國史補》載李丹與妹書所謂："釋迦生中國，設教如周、孔，周、孔生西方，設教如釋迦"（《太平廣記》卷一〇一）。"頓了"、"漸悟"之争昉自劉宋；《高僧傳》卷七《竺道生傳》："時人以生推'闡提得佛'，此語有據頓悟。……宋太祖嘗述生頓悟義"，又《曇斌傳》："講《小品》、《十地》，并申頓悟、漸悟之旨。"劉宋譯《楞伽經·一切佛語心品》之一大慧問："淨除衆生自心現流，爲頓爲漸？"佛答語設種種譬喻，如"陶家"造器，"漸成非頓"，而"明鏡頓現"一切色像。《全齊文》卷二〇劉虬《無量義經序》亦調停"會理可漸"與"入空必頓"兩義。入唐而其說大暢。《佛祖統紀》卷四二記唐宣宗以"頓見"與"漸修"詰問僧弘辯。《楞嚴經》卷八："理則頓悟，乘悟併銷；事非頓除，因次第進"；《圓覺經》卷下："此經名爲頓教大乘，頓機衆生，從此開悟，亦攝漸修一切羣品，譬如大海，不讓細流"；神會《語録》卷一答志德問"今教羣生，唯求頓悟，何故不從小乘漸修？"又卷四《頓悟無生般若頌》；圭峯宗密《禪源諸集詮都序》卷下之一闡說有"先因漸修而豁然頓悟"，有"因頓修而漸悟"，有"因漸修而漸悟"，有"先須頓悟，方可漸修"，要歸於"因悟而修"之"解悟"與"因修而悟"之"證悟"二者。道士亦因襲名義，如司馬承禎《天隱子·漸門》一章是。宋晁迥《法藏碎金錄》卷四："孔子云：'默而識之，學而不厭，誨人不倦'——首句頓悟，次句漸修,三句自覺覺他";可爲靈運之論進一解。王畿《龍谿先生全集》卷一《天泉證道紀》述王守仁自言"良知之學"於"上根人"爲"頓悟之學",而"中根以下之人"須用"漸修工夫"(參觀卷二《松原晤語》、卷四《留都會紀》、卷一二《答程方峯》);合諸靈運所言,則"華民"恰與"上根人"相當,而"中根以下"者乃"夷人"也。

一七〇　全宋文卷三三

謝靈運《擬魏太子鄴中集詩序》："天下良辰、美景、賞心、樂事，四者難并。"按王勃《滕王閣餞別序》："四美具，二難并"，加嘉賓、賢主人爲"二難"也。白居易《三月三日祓禊洛濱》詩《序》："美景、良辰、賞心、樂事，盡得於今日矣"；陶望齡《歇菴集》卷二《三言》："有好友，無名山——妖冶姬，圍中閒。有名山，無好友——盛盤飧，不醲酒。二者并，罕閒功——花酒市，囊金空。閒功具，少題目——籠中禽，鍛羽肉。君之來，四緣合"云云，曰"四緣"而實包賅"四美"與"二難"矣。黄機《謁金門》："風雨後，枝上緑肥紅瘦，樂事參差團不就"，即謂"美景"與"樂事"之不得"并"；"團"、并也，而字法尖新，"參差"、相左也，如李商隱《櫻桃花下》："他日未開今日謝，嘉辰長短是參差"，李詩亦歎"嘉辰"與"花芳正結"之美景不得并耳。《牡丹亭·游園》："良辰美景奈何天，賞心樂事誰家院"，衆口膾炙，幾忘其語之本謝客矣。

《擬魏太子鄴中集詩序》："不誣方將，庶必賢於今日爾。"按《文選》李善註未釋。二句承上文"古來此娱，書籍未見"。"方"如《後漢書·皇后紀論》："貽厥方來，豈不休哉！"，"將"者

"將來"，皆謂後世。

　　【增訂四】《後漢書·鄭玄傳》以書戒子益恩曰："不得於禮堂寫定，傳與其人。日西方暮，其可圖乎！" "方"即"方將"也。

"誣"即魏文帝《與吳質書》："後生可畏，來者難誣，然吾恐與足下不及見也"，李善註："《論語》：'後生可畏，焉知來者之不如今。'" "不誣方將"即"來者難誣"；靈運託爲魏文於此《序》中重宣其《與吳質書》之意。若曰：鄴宮此集，主與臣志相得而才相稱，遠勝楚襄、漢武曩事；然盛況空前，未保絕後，他年行樂之人當有遠逾今日同會者。

　　【增訂三】唐王燾《外臺秘要方·序》："吾聞其語矣，未遇其人也。不誣方將，請俟來哲。"早用謝靈運語，而意較顯豁，"來哲"即"後生"也。

黃庭堅《答王道濟寺丞觀許道寧山水圖》："盡穿風物君愛惜，不誣方將有人識"；史容註："言此畫雖蠹，而他日有識之者。按《文選》'不誣方將，庶必賢於今日'；靈運之意，謂他日人必以今日之樂爲賢於昔人，'不誣'之意，如嵇叔夜《養生論》云：'一溉之益，不可誣也。'五臣註詞不達，故箋之云。"史"箋"是也；"今日之樂"之"今日"乃"他日人"之"今日"，正即"他日"，非魏太子"賢於今日"之"今日"，史語欠醒，又不引《與吳質書》爲釋，亦在近而求諸遠歟。字書皆訓"誣"爲"以無爲有"，觀魏文、嵇、謝用此字，義等抹摋，則又當增"以有爲無"之訓也。

一七一　全宋文卷三四

謝惠連《雪賦》："歲將暮，時既昏，寒風積，愁雲繁。梁王不悦，游於兔園。"按以三字句造端，前此唯覯《全晉文》卷一二〇郭璞《井賦》："益作井，龍登天，鑿后土，洞黄泉，潛源洊臻，瀟瀟涓涓"；司馬相如《子虚賦》多三字句，而未爲一篇肇始，揚雄《羽獵賦》則篇中三字句外，復以之煞尾："因回軫還衡，背阿房，反未央"，戛然而止。謝賦一起勝於郭賦，後世杜牧《阿房宫賦》之："六王畢，四海一，蜀山兀，阿房出"，發唱驚挺，操調險急，尤爲人所習知。《全唐文》卷六一九陸參《長城賦》開篇："干城絶，長城列，秦民竭，秦君滅；嗚呼悲夫！可得而説"；在杜賦之先，或亦沾丐乎？《野客叢書》卷二四、《容齋五筆》卷七僅言《阿房宫賦》仿楊敬之《華山賦》；浦銑《復小齋賦話》卷上不溯郭璞《井賦》，僅考《雪賦》"起四句皆三字，後人祖之者"自六朝暨明；均未道陸參《長城賦》。惟廖瑩中《江行雜録》謂"六王畢"四句仿"干城絶"四句。然杜賦之"明星熒熒，開妝鏡也"一節，以色相與實事相較，機杼亦似陸賦之"邊雲夜明，列雲鏵也"一節；楊敬之《華山賦》（《全唐文》卷七二一）之"見若咫尺，田千畝矣"一節，則祇以物象之小與物體之大相較，不若陸之貼近杜也。陸賦在唐，不及楊賦傳誦，觀《孫樵集》卷二《與王霖秀才書》、《唐闕史》卷上《楊江西及第》自註可知。

《雪賦》："節豈我名？潔豈我貞？憑雲陞降，從風飄零；值物賦象，任地班形。素因遇立，汙隨染成，縱心皓然，何慮何營！"按與墨子之歎"所染"，宗旨迥異。判心、跡爲二，跡之汙潔，於心無著，任運隨遇，得大自在；已是釋、老之餘緒流風，即謝靈運《山居賦》之別"言心"於"即事"也。蓋雪之"節"最易失，雪之"潔"最易汙，雪之"貞"若"素"最不足恃，故託玄理以爲飾詞，庶不"罵題"而可"尊題"。元稹《古決絕詞》："我自顧悠悠而若雲，又安能保君皓皓之如雪"，亦隱寓雪之皓皓難保。歌德嘗斥雪之"僞潔"（Der Schnee ist eine erlogene Reinlichkeit）①，正以其不堪更事接物耳。

謝惠連《祭古冢文》："既不知其名字遠近，故假爲之號曰'冥漠君'云爾。"按唐薛稷《唐杳冥君銘》、陳子昂《冥寞君墳記》，亦皆謂失名之古冢也。

謝莊《月賦》："陳王初喪應、劉，端憂多暇。……抽毫進牘，以命仲宣，仲宣跪而稱曰：'……委照而吳業昌，淪精而漢道融。'"按顧炎武《日知錄》卷一九論"古人爲賦，多假設之詞"，不可"掎摭史傳以議"其後，舉此賦及庾信《枯樹賦》爲例；蓋曹植封陳王時，王粲早與應、劉同歲俱歿矣。詞章憑空，

---

① *Spruchweisheit in Vers und Prosa*, in *Sämtliche Werke*, "Tempel-Klassiker", III, 308.

異乎文獻徵信，未宜刻舟求劍，固也。雖然，"假設"初非一概。即就此賦而論，王粲之年壽不必與事實相符，而王粲之詞旨不可不與身分相稱。依附真人，構造虛事，虛虛復須實實，假假要亦真真。不然，則託之烏有先生、無是公可矣，何必嫁名於陳王與仲宣哉！賦中王粲跪稱"東鄙幽介，孤奉明恩"，謂受魏恩也；乃贊月曰"委照"云云，則對大魏之藩王，諛敵國之故君，且以三分之吳與一統之漢並舉而頌禱其業盛道光。罔識忌諱，至於此極，難乎其爲文學侍從之臣矣。何焯評點《文選》批云："既假託於仲宣，不應用吳事，亦失於點勘也"；亦有見於斯。故顧説尚墮一邊，當以何評羽翼之。《孝經正義・御製序》邢疏引隋劉炫"述義"，略謂此書"假曾子之言，以爲對揚之體，乃非曾子實有問也。……此皆孔子須參問，非參須問孔子也。莊周之斥鷃笑鵬、罔兩問影，屈原之漁父鼓枻、大卜拂龜，馬卿之烏有、無是，揚雄之翰林、子墨，寧非師祖製作以爲楷模者乎？"蓋謂經有"假設之詞"，而諸子、詞賦師法焉，真六通四闢之論矣。唐劉知幾《史通》外篇《雜説》下："自戰國以下，詞人屬文，皆僞立客主，假相酬答。至於屈原《離騷辭》稱遇漁父於江渚，宋玉《高唐賦》云夢神女於陽臺，……而司馬遷、習鑿齒之徒，皆採爲逸事，編諸史籍，疑誤後學，不其甚耶？必如是，則馬卿遊梁，枚乘譖其好色，曹植至洛，宓妃覿於巖畔，撰漢、魏史者，亦宜編爲實錄矣。"顧謂不宜苛責詞賦之有背史實，劉謂不宜輕信詞賦之可補史實，旨歸一揆，直所從言之異路耳。《史通》同篇下一節痛斥嵇康無識，撰《高士傳》，取材於《莊子》、《楚辭》，"夫以園吏之寓言、騷人之假説，而定爲實錄，斯已謬矣！"并謂《莊子》記言載事，猶詞賦之假託，明通之見，上契劉炫。

胡天游《石笥山房文集》卷一《秋霖賦》託爲司馬相如、董仲舒語氣，而馬道曹植、陸機以至江淹、邢邵輩，董道阮籍，賦首自文曰："若夫莊周造論，展跖同時於仲尼，伯益著書，桂陽繫郡於《山海》。寓言十九，設喻無方，……不以後先相限次。"章學誠《文史通義》內篇四《言公》下論"假設之公"曰："又如文人假設，變化不拘，……莊入巫咸之座，屈造詹尹之廬；楚太子疾，有客來吳；……此則寓言十九，詭説萬殊者也。乃其因事著稱，緣人生義，……空槐落火，桓温發歎於仲文之遷，素月流天，王粲抽毫於應、劉之逝。斯則善愁即爲宋玉，豈必楚廷？曠達自是劉伶，何論晉世？……愚者介介而争，古人不以爲異也已。"凌廷堪《校禮堂文集》卷三《晚霞賦·序》："昔晉謝希逸之賦月也，應劉既逝，猶有仲宣；庾子山之賦枯樹也，東陽出守，尚逢元子。……是亦長卿之無是、子虛，平子之憑虛、非有也。……故爲紕繆，蓋明其非事實也。是以宣尼而友柳下，不害莊生之寓言；子產而臣鄭昭，終乖史遷之傳信。"皆以《莊子》融通於辭賦，實承劉論，章、凌舉謝、庾二賦，又隱采顧説。《莊子》述老子、孔子、顏淵等問答，聲音意態，栩栩紙上，望而知爲逞文才之戲筆，非秉史德之直筆；人如欲活適所以爲事不悉真，作者耽佳句，讀者不可参死句也。不徒莊子然也，諸子書中所道，每實有其人而未必實有此事，自同摹空作賦，非資鑿空考史。譬如《列子·湯問》篇三代之夏革稱説春秋之師曠，又《楊朱》篇齊景公時之晏嬰叩問齊桓公時之管仲，恣意驅使古人，錯亂前代，謝莊、庾信相形猶爲拘謹焉。據此以訂史，是爲捕風影，據史以訂此，是爲殺風景。西方説理而出以主客交談者，柏拉圖《對話録》最著，古之學士早謂其捉取年輩懸殊之哲人

(Parmenides, Socrates)置於一堂，上下議論①，近世文家至視同戲劇②；則猶劉炫之"述"《孝經》。

【增訂三】古希臘人每譏柏拉圖《對話錄》記述不足信。相傳蘇格拉底嘗自言得一夢："夢柏拉圖化爲烏鴉，止吾頂上，啄吾髮禿處，四顧而噪。柏拉圖聽之，此乃汝他年託吾名而肆言誣妄之徵"（Methought Plato had turned into a crow and had lighted on my head, where he pecked at my bald spot and croaked as he looked all round. So I infer, Plato, that you are going to utter many lies over my head— Athenaeus, *The Deipnosophists*, XI.505-7, "Loeb", V, 269-71）。後世自記與名勝交往，追憶其言行者，當不少"烏生八九子"在。

又有"設論"（imaginary conversations）之體，使異代殊域之古人促膝抵掌。吾國子書所載，每復類是。均姓名雖真，人物非真（real names, not real people）。有論《莊子》中贋篇《盗跖》者，於其文既信僞爲真，於其事復認假作真，非癡人之聞夢，即黠巫之視鬼而已。參觀《毛詩》卷論《河廣》、《史記》卷論《老子、韓非列傳》、《全後漢文》論蔡邕《筆賦》。

後世詞章中時代錯亂（anachronism），貽人口實，元曲爲尤。凌廷堪《校禮堂詩集》卷二《論曲絶句》之一二："仲宣忽作中郎婿，裴度曾爲白相翁，若使硜硜徵史傳，元人格律逐飛蓬"；自註："元人雜劇事實多與史傳乖迕，明其爲戲也。後人不知，

---

① Macrobius, *Saturnalia*, I.i.5, in T. Whittaker, *Macrobius*, 15.
② G. Kaiser: "Das Drama Platons", in N. Soergel, *Dichtung und Dichter der Zeit*, Neus Folge, *Im Banne des Expressionismus*, 684.

妄生穿鑿，陋矣！"猶未徧賅。蓋曲中依託真人，即使事跡之犖犖大者，文獻有徵，抑或人出虛構，仍繫諸某朝某代，而道後世方有之事，用當時尚無之物，此亦"與史傳乖迕"也，却不似蔡邕、王粲爲翁婿等之昭然易見。李賀《白虎行》詠秦始皇事，有曰："玉壇設醮思沖天"，方世舉批："非先秦〔漢？〕所有時俗，不稱。"史繩祖《學齋佔嗶》亟稱杜牧《阿房宫賦》中"焚椒蘭也"一句爲"不可及"，以其賦秦事而不闌入"西京以後"之"沉檀龍麝"，貼合時代，文心細密。昔人亦嘗以此義繩元曲，非徒如凌氏所謂"硜硜"於角色之生平"事實"也。王驥德《曲律》卷三《雜論》上："元人作劇，曲中用事，每不拘時代先後。馬東籬《三醉岳陽樓》賦呂純陽事也，《寄生草》曲用佛印待東坡，魏野逢潘閬，唐人用宋事"；徐復祚《三家村老委談》："《琵琶記》使事大有謬處。《叨叨令》云：'好一似小秦王三跳澗'，《鮑老催》云：'畫堂中富貴如金谷'；不應伯喈時，已有唐文皇、石季倫也！"復拈隱顯各一例，聊資談助。石君寶《曲江池》第三折卜兒白："好波你個謝天香！他可做的柳耆卿麽！""你"、李亞仙，"他"、鄭元和；卜兒唐人直呼宋人。李壽卿《伍員吹簫》第二折養由基唱："一生輸與賣油人，他家手段還奇絕！"歐陽修《文忠集》卷一二六《歸田錄》又卷一二九《轉筆在熟説》均記陳堯咨善射，覩賣油翁注油而自失；養由基春秋時人暗用北宋故事。古小説中斯類亦夥。敦煌《秋胡變文》："辭妻了道，服得十袠文書，並是《孝經》、《論語》、《尚書》、《左傳》、《公羊》、《穀梁》、《毛詩》、《禮記》、《莊子》、《文選》"；春秋時人能讀戰國，西漢乃至六朝之書，書籍復已用紙帛。《青瑣高議》前集卷七《趙飛燕別傳》："'吾夢中見帝，帝賜我坐，命進茶'；左右奏帝曰：'向者侍帝不謹，不合啜此茶'"；西漢人早進三國始見記載之飲料。《水滸》第七回林沖"手中執一把摺疊紙西川扇子"，《金瓶梅》第二回西門慶"搖着洒金川扇兒"；北宋末人先用明中葉方盛行之器物（參觀楊慎《升菴全集》卷三一《謝同鄉諸公寄川扇》詩、祝允明《枝山文集》卷四《促金生許川扇不至》詩、《野獲編》卷二六、《棗林雜俎》智集）。《金瓶梅》第三三回金蓮道："南京沈萬三，北京枯樹灣"；北宋末人前知明初人名都名。《西遊記》第一〇回袁守誠賣卜鋪"兩邊羅列王維畫"，唐太宗時已有唐玄宗時人畫；第七一回獻金聖宮以霞衣之"紫陽真人張伯端"、北宋道士也，第八七回八戒笑行者"不曾讀"之《百家姓》、五代童課也，人之成仙、書之行世，乃皆似在唐以前；第二三回："兩邊金漆柱上貼着一幅大紅紙的春聯，上寫着：'絲飄弱柳平橋晚，雪點香梅小院春'"，乃溫庭筠《和道溪君別業》腹聯，易"寒"爲"香"、"苑"爲"院"，初唐外國人家預揭晚唐中國人詩。且門聯始見於五代，堂室之聯至南宋而漸多，明中葉以後，屋宇內外不可或少此種文字點綴，作者并以之入集（參觀李開先《中麓閒居集》卷六《中麓拙對序》、徐渭《徐文長逸稿》卷二四又張岱《瑯嬛文集》卷一《柱銘鈔自序》、王鐸《擬山園初集》第二四冊《聯語》）。《西遊記》中於前舉一聯外，第二四回五莊觀、第四四回三清觀、第七三回黃花觀皆"二門上有一對春聯"；《鏡花緣》寫武則天時事，"金字對聯"、"粉牋對聯"之類或鐫或掛於淑士國城門、淑士國書塾門、白民國學塾大廳、泣紅亭（第二一、二二、二三、四八回）；是五代後之中國對聯於唐初已傳外洋。《女仙外史》第三二回刹魔主看演《牡丹亭·尋夢》，嗤杜麗娘曰："這樣不長進女人，要他何用！"；是明永樂時宿演萬曆時戲文。胥如《莊子·天下》所謂"今日適越而昔來"者歟！抑且外國尚未發明之洋貨，中國小說中每若已舶來而家常狎習者。孟德斯鳩《隨筆》(Spicilège)嘗記一三一三年左右歐洲始製眼鏡(l'invention de lunettes est de l'an 1313 ou environs)①，蓋當吾國元仁宗之世；十七世紀意大利詩家尚以爲賦詠之新題，《眼鏡》(*L'occhialino*)、《美人戴眼鏡》(*Per bella donna che portava gli occhiali*; *Bella donna cogli occhiali*)、《戴眼鏡瞻望美人》(*Amante vagheggiator con gli occhiali*)等，紛著篇什②；歌德晚歲深惡來客有戴眼鏡者(ein Fremder mit der Brille auf der Nase)，自覺内心之隱私、外貌之老醜，悉爲渠一目了然③，是十九世紀初葉，此物在彼土猶未司空見慣也。《鏡花緣》中則非僅白民國塾師、淑士國酒保等外洋人戴眼鏡（第二一、二三回），唐敖爲林之洋遮醜，亦曰："原來舅兄今日未戴眼鏡！"（第一六回）。亞理奧斯圖名篇寫八世紀騎士交戰，一人持六尺長鐵管(un ferro bugio)，發放火藥彈丸，此兵或爲魔鬼手製(che fabricato nel Tartareo fondo/Fosti per man di Balzebú maligno)，亙古未聞，當時亦惟其人有之(che l'antica gente/Non vide mai, né fuor ch'a lui)，大力者奪而投於海，爲世除害④；蓋中世紀歐洲初無火槍，故迂曲其詞，謂出於鬼工，天下祇此一枝，以掩飾時代錯亂——萬曆時趙士楨《神器譜》稱"鳥銃"爲神器，此斥

---

① Montesquieu, *Oeuv. comp.*, "Bib. de la Pléiade", II, 1304.
② Giacomo Lubrano, Bernardo Morando, Paolo Zazzaroni, Giuseppe Artale; *Marino e i Marinisti*, Ricciardi, 910, 982, 1027, 1034.
③ Eckermann, *Gesprächemit Goethe*, 5 April 1830, Aufbau, 550-1.
④ Ariosto, *Orlando Furioso*, IX.28-9, 89-91, Hoepli, 74-5, 81.

爲"鬼器"，亦呼牛呼馬之類也。《鏡花緣》中則才女用火槍，水手用火槍，不一而足，林之洋曰："幸虧俺有槍神救命"，且以"鳥槍打"對"雲中雁"（第二一、二三回）。莎士比亞劇本寫古羅馬事，約當漢元帝時，道及自鳴鐘（Peace, count the clock. The clock hath stricken three）①，遭人哂點；《鏡花緣》中米蘭芬"指桌上自鳴鐘"（第七九回），武周遠在西漢之後，或可藉口解嘲乎！夫院本、小説正類諸子、詞賦，並屬"寓言"、"假設"。既"明其爲戲"，於斯類節目讀者未必吹求，作者無須拘泥；即如《紅樓夢》第四〇回探春房中掛唐"顏魯公墨跡"五言對聯，雖患《紅樓》夢魘症者亦未嘗考究此古董之真僞。倘作者斤斤典則，介介纖微，自負謹嚴，力矯率濫，却顧此失彼，支左絀右，則非任心漫與，而爲無知失察，反授人以柄。譬如毛宗崗《古本三國演義》詡能削去"俗本"之漢人七言律絶，而仍强漢人賦七言歌行（參觀《太平廣記》卷論《嵩岳嫁女》），徒資笑枋，無異陸機評點蘇軾《赤壁賦》（姚旅《露書》卷五）、米芾書申涵光《銅雀臺懷古詩》（劉廷璣《在園雜志》卷一）、王羲之書蘇軾《赤壁賦》（《官場現形記》第四二回）、仇英畫《紅樓夢》故事（《二十年目覩之怪現狀》三六回）等話柄矣。

　　時代錯亂，亦有明知故爲，以文游戲，弄筆增趣者。湯顯祖《牡丹亭》第三三折柳夢梅欲發杜麗娘之墓，商諸石道姑，姑曰："《大明律》開棺見屍，不分首從皆斬哩！你宋書生是看不着《大明律》。"譬之知法犯法，受罰應倍，而自首則可減等以至獲赦，此固古羅馬人所教修詞訣也（參觀《太平廣記》卷論卷二四

---

① *Julius Caesar*, II.i.192.

五《張裕》、卷四五九《舒州人》)。湯氏雋語流傳,掛於衆口,如汪琬《説鈴》:"顧寧人被酒,與客談經,客誤以《唐石經》爲《十三經》,顧曰:'此與宋板《大明律》何異!'";王應奎《柳南隨筆》卷一:"《漢書》河間獻王好學,博士毛公善説《詩》,王號之曰《毛詩》。《文選》於《詩序》一篇,既定爲卜子夏作,而文目仍稱《毛詩序》。此與宋書生解《大明律》,何以異也!";王闓運《湘綺樓日記》光緒三十一年十月十日:"所謂宋板《康熙字典》,其價宜在宋板上也",又宣統二年十月二十三日:"有劉姓收袁枚墨跡,書我《元宵詞》并跋,真佳話也!宋板《康熙字典》同此前後",即仿此謔。李汝珍《鏡花緣》另出手眼、作狡獪。第一九回:"多九公道:'今日唐兄同那老者見面,曾説識荆二字,是何出處?'唐敖道:'再過幾十年,九公就看見了'";第七二回:"孟紫芝道:'顏府這《多寶塔》的大筆,妹子却未見過。'卞彩雲道:'妹妹莫忙,再遲幾十年,少不得就要出世'";第七六回:"孟紫芝道:'只要有趣,那裏管他前朝後代!若把唐朝以後故典用出來,也算他未卜先知'";第八四回:"孟玉芝道:'我今日要學李太白斗酒百篇了。'尚紅珠道:'這位李太白不知何時人,向來卻未聽見過'";他如第一八回唐敖評"新安大儒",隱指朱熹,第九四回祝題花言"安知後世不將《中庸》另分",隱指宋人編《四書》,第六五、七四、八一回諸女郎更於王實甫《西廂記》,直引不諱,殆皆以"未卜先知"一語塞議者之口歟。俞萬春《蕩寇志》於斯類枝節,不諧而莊,容肅詞正,有頭巾氣。如第一回:"看官!那大礮、鳥鎗一切火器,實是宋末元初始有。……南宋時尚無此物,況北宋徽宗時乎?今稗官筆墨遊戲,只圖紙上熱鬧,不妨揑造,不比秀才對策,定要認真。……

不要只管考據!"西方名家涉筆，足相映發。如迭更斯小說寫一撞騙者向人侈陳已於"七月革命"(the Revolution of July)中且戰且賦詩，附註曰："此君真具先知預見之神通者矣！吾書所敍乃一八二七年事，而七月革命則一八三〇年事也"(A remarkable instance of the prophetic force of Mr Jingle's imagination, etc.)①；猶《鏡花緣》之"未卜先知"。若伏爾泰賦十五世紀英、法戰争詩中，有武士(Monrose)發手鎗中人(Prend d'une main par la rage tremblante / Un pistolet, en presse la détente)，附註曰："前人而用後世器物，吾勿敢斷言其當否，然讀史詩時何妨從寬不究？"(Nous n'osons affirmer qu'il soit permis d'anticiper ainsi le temps; mais que ne pardonne-t-il point dans un poème épique?)②；則劇類《蕩寇志》之於大礮鳥鎗矣。

顧炎武樹義，限於辭賦，識已遜劉炫、劉知幾；且或猶嚴別文體之尊卑雅鄭，故其時戲曲大盛，小說勃興，而皆不屑稍垂盼睞，借以齒牙。凌廷堪既能演顧氏之論賦，復如補王驥德之論曲，却不悟燈即是火，乳非異酥，未嘗連類通家。聊託謝莊發端，而爲二劉氏竟緒云。"假設之詞"而於時代之界最謹嚴不苟者，唯八股文；陳澧《東塾集》卷二《科場議》一："時文之弊有二。代古人語氣，不能引秦漢以後之書，不能引秦漢以後之事，於是爲時文者皆不讀書。"此又諸家所未及矣。

【增訂三】余金《熙朝新語》卷一一："乾隆甲戌科首題《唐棣之華未之思也》；場中文有用'腸一日而九迴'句者。上以言

---

① Dickens, *Pickwick Papers*, ch.2, note.
② Voltaire, *La Pucelle*, XII, 123ff., note.

孔、孟言，不應襲用《漢書》語。"即陳澧所謂"時文之弊"一例。

抑時代錯亂，非徒文詞也，繪畫亦有之，如陳與義《簡齋詩集》卷二六《題趙少隱清白堂》之三所謂："雪裏芭蕉摩詰畫，炎天梅蕊簡齋詩。"劉知幾《衣冠乘馬議》指摘"張僧繇畫羣公祖二疏，而兵士有著芒屩者，閻立本畫昭君入匈奴，而婦人有著帷帽者，……豈可徵此二畫以為故實者乎？"（《全唐文》卷二七四），即張彥遠《歷代名畫記》卷二"帷帽興於國朝，芒屩非塞北所宜"一節所本；宋敏求《春明退朝錄》卷下亦記有《漢祖過沛圖》"畫跡頗佳，而有僧，為觀者所指，翌日並加僧以幅巾"。此皆可考史徵獻，譏其疏舛者也。然唐僧貫休《送盧秀才應舉》："還衝猛風雪，如畫冷朝陽"，自註："時多畫李白、王昌齡、常建、冷朝陽冒風雪入京"；黃伯思《東觀餘論》卷下《跋滕子濟所藏〈唐人出遊圖〉》："昔人深於畫者，得意忘象，其形模位置有不可以常法論者。……如雪與蕉同景，桃李與芙蓉並秀，或手大於面，或車闊於門。……此卷寫唐人出遊狀，據其名題〔宋之問、王維、李白、高適、史白、岑參〕，或有勿同時者，而揚鑣並驅，睇眄相語，豈亦於世得意忘象者乎？"；樓鑰《攻媿集》卷二《慧林畫寒林七賢‧序》："舊有《唐人出遊圖》，謂宋之問、王維、李白、高適、史白、岑參六人。多畫七賢，不知第七人為誰，或云是潘逍遙，未見所據"，又《詩》："羣賢俱詩豪，年輩不同處，安得寒林中，聯鑣睇相語？誰歟創妙意，臭味無今古。吾聞顧陸輩，寓意或如許；桃李並芙蓉，雪中芭蕉吐"，樓嘗為黃書作跋，此詩語意必本黃來；楊慎《升菴全集》卷五九所論及蔣士銓《忠雅堂詩集》卷三所題《七賢過關圖》又謂乃張說、張九齡、李白、李華、王維、鄭虔、孟浩然。是則不顧古人之行輩交誼，"不以先後相限次"，捉置一處，寫入一圖，固又唐宋畫師構景之一端。"寓意"正劉知幾等論辭賦所謂"寓言"。雪裏芭蕉，荷邊桃李，四士結伴而衝風雪，七賢聯騎而游寒林，如孔子之友柳下，桓公之欺仲文，亦如馬致遠《青衫淚》第一折中以孟浩然、賈島、白居易之同爲裴興奴狎客矣。都穆《寓意編》："王維畫伏生像，不兩膝着地、用竹簡，乃箕股而坐，憑几舒卷。蓋不拘形，亦雪中芭蕉之類也"；則亦秋胡讀《文選》、林沖執川扇之類耳。

【增訂三】《山谷內集》卷七《題鄭防畫夾》之四："折葦枯荷共晚，紅榴苦竹同時；睡鴨不知飄雪，寒雀四顧風枝。"荷枯雪飄，而榴紅照眼，是亦雪中芭蕉之類耶？李唐《深山避暑圖》有丹楓，葉德輝《觀畫百詠》卷二歎爲"筆妙補天，深得輞川不問四時之意"。陸游《老學菴筆記》卷二："靖康初，京織帛及婦人首飾衣服皆備四時。……花則桃、杏、荷花、菊花、梅花皆併爲一景，謂之'一年景'。"歐陽玄《圭齋文集》卷四《題四時百子圖》："天無一日具四時，人無一母生百兒。何人筆端巧造化，人事天時俱盡之。三三兩兩如魚隊，日長遊戲闌干外；採蓮攀柳爭後先，繞竹觀梅分向背。"是名畫家之"寓意"固亦市俗所慣爲熟覩，雅人深致與俗工炫多求"備"，將無同歟。

一七二　全宋文卷三六

顔延之《赭白馬賦》：「旦刷幽燕，晝秣荆越。」按前人寫馬之迅疾，輒揣稱其馳驟之狀，追風絶塵（參觀《全後漢文》論傅毅《七激》）。卷三四謝莊《舞馬賦》：「朝送日於西坂，夕歸風於北都」，亦仍舊貫，增"朝"、"夕"爲襯托。顔氏之"旦"、"晝"，猶"朝"、"夕"也，而一破窠臼，不寫馬之行路，秖寫馬之在厩，顧其過都歷塊，萬里一息，不言可喻。文思新巧，宜李白、杜甫見而心喜；李《天馬歌》：「雞鳴刷燕晡秣越」，直取顔語，杜《驄馬行》：「晝洗須騰涇渭深，夕趨可刷幽并夜」，稍加點綴，而道出"趨"字，便落跡著相。李壁註《王荆文公詩註》卷五《張良》附劉辰翁批語：「便如'天發一矢胡無酋'，不動聲色」，指王安石《澶州》：「天發一矢胡無酋，河冰亦破沙水流」；竊謂顔氏原語亦堪稱"不動聲色"，杜加"趨"字，便如改王句作「天發一矢中胡酋」矣。"朝"、"夕"或"旦"、"晝"並列，句法類《楚辭》疊見之「朝發軔於蒼梧兮，夕余至乎懸圃」、「朝發軔於天津兮，夕余至乎西極」（《離騷》），「朝騁騖兮江皋，夕弭節兮北渚」（《湘君》），「朝濯髮於湯谷兮，夕晞余身兮九陽」（《遠遊》）等。魏、晉人行役之篇如徐幹《避地賦》：「朝余發乎泗州，夕余宿手留鄉"（《全後漢文》卷九三），潘岳《登虎牢山賦》："朝發軔兮帝墉，夕結軌兮中野"（《全晉文》卷九〇），似填匡格，顏氏則能與古爲新。《全唐詩》載呂巖《絶句》之一六："朝遊北（一作'百'）越（一作'岳鄂'）暮蒼梧，袖裏青蛇膽氣粗，三入岳陽人不識，朗吟飛過洞庭湖。"首句言飛仙神行之速，修詞可參顏氏之賦馬。元人谷子敬《城南柳》第一折呂洞賓唱："東訪丹邱西太華，朝游北海暮蒼梧"；《西遊記》第二回須菩提祖師以騰雲法授孫悟空，曰："自古道：'神仙朝游北海暮蒼梧'，……凡騰雲之輩，早晨起自北海，游過東海、西海、南海，復轉蒼梧——'蒼梧'者，却是北海零陵之語話也。將四海之外，一日都游徧。"仙師於輿地或任意呼名，其説呂詩首句，則犁然有當。"朝"、"暮"並列，雖貌同"旦"、"晝"並列，而意謂環行天下，周而復始，誇飾迅速，視顏句更進一解，倘移以賦馬，當曰："旦刷幽燕，夕飲冥澤"耳。《水經注》卷三四《江水》："行者謡曰：'朝發黃牛，暮宿黃牛，三朝三暮，黃牛如故。'""朝發黃牛，暮宿黃牛"與"朝游北海暮蒼梧"，句法無異，均言朝暮在一地也；苟無上下語，望文生義，則安知一謂終日難移寸步而一謂一日周游四海，詞旨相隔，有若天冠地屨哉？又安知不可彼此交易以爲解釋哉？此所以必"考其終始"，庶免於以詞害意也（參觀《左傳》卷論隱公元年、《全晉文》論陸機《謝平原內史表》）。

顏延之《庭誥》："立長多術，晦明爲懿。……雖在畎畝，明晦則功博。……雖棄其大用，窮其細瑕，或明灼日月，將不勝其邪。故曰：'孱焉則差，的焉則闇。'"按"立長"宜"晦明"，即《慎子》所謂"不瞽不聾不能公"（參觀《通俗編》卷四引相類語，"不謦"或作"不喑"、"不癡"）。"屖"、瑣細也，"差"如枚乘《上書諫吳王》之"銖銖而稱，至石必差"，"的焉則闇"謂察察則非明耳。"欲者，性之煩濁"云云。按參觀《全晉文》論陸機《演連珠》。"諺曰：'富則盛，貧則病'矣。"按參觀《全晉文》魯褒《錢神論》。"故曰：'丹可滅而不能使無赤，石可毀而不能使無堅。'"按卷四二顧愿《定命論》："亦由石雖可毀，堅不可銷；丹雖可磨，赤不可滅"；均本《呂氏春秋·誠廉》："石可破也，而不可奪堅，丹可磨也，而不可奪赤，堅與赤性之有也，性也者，所受於天也。"《庭誥》："摯虞《文論》足稱優洽。《柏梁》以來，繼作非一，所纂至七言而已。九言不見者，將由聲度闡誕，不協金石。"按《全晉文》卷七七摯虞《文章流別論》："古之詩有三言、四言、五言、六言、七言、九言。……古詩之九言者，'泂酌彼行潦挹彼注茲'之屬是也。"姚範《援鶉堂筆記》卷三七引何焯云："徧檢各本，皆云：'《泂酌》三章，章五句'，則以爲二句也。顏延之謂'詩體本無九字者，將由聲度闡緩，不合金石'，仲洽之言未可據也。"《毛詩·關雎》篇末孔穎達《正義》舉《詩》中二言至八言句例，駁摯虞九言之説，即謂"泂酌彼行潦挹彼注茲"乃兩句非一句，何、姚似失憶。《日知錄》卷二〇舉九言句例爲"凜乎若朽索之馭六馬"，而不舉"泂酌"，有以也。摯虞未及八言句，明單本《蕉帕記》嘲文理不通，至託爲胡連其人者，自白云："作文只是七股，吟詩偏愛八言"；孔《正義》則拈"我不敢效我友自逸"、"十月蟋蟀入我牀下"爲八言句之例。宋孫奕《示兒編》卷三、陳騤《文則》卷下分別舉"十月"云云、"我不敢"云云以示八言詩句，似亦未省孔《正義》先言之。余嘗歎宋、清學人注意經之漢註，而每於唐疏粗心易念，此又一證也，參觀《周易》卷論《繫辭》（五）。庾信《周五聲調曲》中《商調曲》四章全爲九言，《角調曲》二章全爲八言，似無道者。楊慎《升菴全集》卷六〇、趙翼《陔餘叢考》卷二三、俞樾《茶香室三鈔》卷一五皆爬梳唐、宋、元人詩，補廣摯虞之所未覩，增十言、十一言、十五言句諸例。

【增訂四】俞樾《曲園雜纂》卷一八引《吳越春秋・闔閭內傳》樂師扈子援琴作《窮劫之曲》曰："王耶王耶何乖烈，不顧宗廟聽讒孽"云云，又《勾踐伐吳外傳》軍士作《河梁之詩》曰："渡河梁兮渡河梁，舉兵所伐攻秦王"云云。論之曰："昔人謂《招魂》、《大招》去其'些'、'只'，即是七言詩。今觀此又在前，可爲七言詩之祖矣。然詞意均淺薄，不似春秋人語。"余見清人詩集中長句，有溢出十五言而復非若杜光庭《紀道德》、《懷古今》兩篇之以"之"、"乎"、"者"、"也"等虛字襯貼者。即如與趙氏齊名之蔣士銓《忠雅堂詩集》卷八《黃鶴谿舍人以〈相馬圖〉索題》中，長句至十七字，餘則七、九、十一、十三字不等："世無孫陽《相馬經》，不知圖中主人所師是否西河子與東門京。……都護青驄豈得見，鄧公廐底不須定爲房駟精。十二閑中雄姿令德漫題品，可憐塗泥驛傳馳者負者焉足評。"呂留良著述遭禁燬，趙、俞二氏當不獲見，即見或勿願道；《何求老人殘稿・悵悵集・看宋石門畫〈輞川圖〉依太沖韻》有云："今觀尺山寸樹尚畫四五丈，其中亭榭、艇子、帷帳、几榻、爐碗、瓶罍、硯牀、書冊、茶竈、藥礶、絃琴、酒榼、禪座、變相、賓客僮僕娛心樂志之具無不備。不知思明跋扈、回紇貪殘、百里內何以無兵至，又況藍田汧渭間，用兵正復秦隴自"；一句達四十三字，詩集中絕無僅有，欲配當之，須求諸禪偈及院本耳。蓋此體眆於禪人機鋒，如宋釋曉瑩《羅湖野錄》卷一載端獅子投章子厚偈："點鐵成金易，忠孝兩全難，仔細思量着，不如箇湖州長興靈山孝感禪院老松樹下無用老僧閒"；

【增訂四】《五燈會元》卷一九華藏安民章次引玉泉浩和尚偈："雪，雪，片片不別，下到臘月。再從來年正月二月三月四月五月六月七月八月九月十月依前不歇，凍殺餓殺，免教胡説亂説。"

《永樂大典》卷一〇〇一六《旨》字引《宗門統要》徑山呆説黃梅意旨："蕉芭蕉芭，有葉無丫，忽然一陣狂風起，恰似東京大相國寺裏三十六院東廊下壁角頭王和尚破袈裟。"戲文打諢，每有此體，如《楚昭公》第三折梢公歌："月落烏啼霜滿天，江楓漁火對愁眠。也弗只是我俚梢公梢婆兩個，倒有五男二女團圓。一個尿出子，六個勿得眠，七個一齊尿出子，艎板底下好撐船，一撐撐到姑蘇城下寒山寺，夜半鐘聲到客船"；"倒有"句亦八言，用宋以來婚禮時祝願套語如《清平山堂話本·快嘴李翠連記》："五男二女，七子團圓"，《類編草堂詩餘》卷三胡浩然《滿庭芳·吉席》："願五男二女，七子成行"（參觀《五燈會元》卷一一南院慧顒章次、《夷堅乙志》卷七《西内骨灰獄》、《花草粹編》卷六無名氏《遍地花》、《通俗編》卷一〇引《泉志》等）。《倒鴛鴦》第二折魯首才吟詩："亭上燕啾啾，伸出五個頭，看來像什麼？好像我們徽州府休寧縣吳愛泉朝奉在上海二十五保開張南北雜貨店新娶一位小孺人腳穿烏綾破鞋突出五隻腳指頭"；"好像"與禪語之"不如"、"恰似"一格，句長達四九言。

【增訂三】司空圖《司空表聖文集》卷一〇《障車文》："二女則牙牙學語，五男則雁雁成行"；則唐人文中已用"五男二女"。《警世通言》卷一三《三現身包龍圖斷冤》中李媒婆"取出一幅五男二女花牋紙",即"利市團圓吉帖"也。《堅瓠五集》卷四《詩句短長》引《桐下閒談》記唐寅謂祝允明,詩有二言至十一言,各舉例句;祝曰:"四十九言始自何人?"唐問:"詩有四十九言耶?"祝答:"有!《新燕篇》末句云:'好像蘇州城隍廟東大關帝廟内西廊下立着個提八十三觔鐵柄大關刀黑面孔阿鬍子周將軍鐵草鞋裏伸出五個腳跡頭。'"殆是魯首才所吟詩句之別本或原本歟。

【增訂四】唐李公佐《南柯記》記淳于棼作南柯太守,"生有五男二女,男以門蔭授官,女亦娉於王族"。早於司空圖文。李商隱《樊南文集》卷六《爲外姑隴西郡君祭張氏女文》:"五男未冠,二女未笄";疑亦駢文結習,撫用成語,如汪中《釋三九》所謂"虛數"耳。

李開先《詞謔》載"打油體"詩:"六出飄飄降九霄,街前街後盡瓊瑤,有朝一日天晴了,使掃帚的使掃帚、使鍬的使鍬",又"天兵百萬下南陽,也無援救也無糧,有朝一日城破了,哭爺的哭爺、哭娘的哭娘";亦此體。當世美國諧詩名家(Ogden Nash)之作,有相肖者[1]。

---

[1] E.g. "Kind of an Ode to Duty".

一七三　全宋文卷三七

　　顏延之《又釋何衡陽〈達性論〉》引何承天語："尋來旨似不嫌有鬼，嘗謂鬼宜有質。"按"嘗"字訛，原語見卷二三何承天《重答顏光禄》，作"當謂"，是也。延之《重釋〈達性論〉》："若雖有無形，天下寧有無形之有？"故承天《重答》云然。"質"即"形"之互文，"鬼宜有質"如言"鬼宜有形體"耳。陸機《演連珠》："覽影偶質，不能解獨"，謂形影相偶；《南齊書·武十七王傳》竟陵王子良啓："縑纊雖賤，騈門裸質"，謂裸形或裸體；《全唐文》卷一五六謝偃《影賦》："若夫長短侔形，曲直應質"，謂應體；常建《閑齋臥病》："明鏡悲舊質"，謂舊日形容。宋祁《新唐書》文筆好爲澀體，《姦臣傳》下記盧杞"鬼形藍面"，而《贊》曰："鬼質敗謀興元蹙。""鬼質"二字雖或可援何承天語爲來歷，殊苦生硬隱晦。南宋詩人鈎新摘異，遂頻用《新唐書》語。范成大《石湖詩集》卷一五《蛇倒退》："山民茅數把，鬼質犢子健"，卷二〇《采菱户》："刺手朱殷鬼質青"，卷二七《四時田園雜興》："血指流丹鬼質枯"；泛言民亦勞止，枯瘠如鬼。劉克莊《後村大全集》卷一八七《沁園春》八："因封還除目，見瞋鬼質"，方岳《秋崖先生詩集》卷九《堪笑》一："命懸鬼貌干何事"（吴師道《吴禮部詩話》引作"命關鬼質緣何事"），則均指盧杞。元初趙文《青山集》卷四《江村記》亦云："漁童樵青，鶉衣鬼質"，又同范詩之泛言體貌鱉悴。明、清詩文却尠用者。

【增訂三】《後村大全集》卷一四《雜詠一百首·十臣·顔魯公》："鬼質内持衡"，卷四六《相法》："盧郎鬼質面如藍"，皆用《新唐書》語。《警世通言》卷三〇《金明池吴清逢愛愛》寫"形容枯槁"曰："漸漸有如鬼質，看看不似人形。"

【增訂四】周麟之《海陵集·外集·破虜凱歌二十四首》之一五："何事圖形到九墀，豈容鬼質近神奎"，謂完顔亮畫像，猶《水滸傳》綽號之言"鬼臉兒"也。亦南宋人用《新唐書》一例，稍先於石湖詩。

一七四　全宋文卷四四

袁淑《真隱傳》。按與《全上古文》卷八鬼谷先生《遺書責蘇秦、張儀》重出。

袁淑《雞九錫文》、《勸進牋》、《驢山公九錫文》、《大蘭王九錫文》、《常山王九命文》。按均出淑《誹諧集》；諸篇與卷一五范曄《和香方序》、《全梁文》卷二七沈約《修竹彈甘蕉文》皆詼詭而別成體裁，後世落套依樣，觀繆艮《文章游戲》諸集，可以隅反。范、沈意含譏諷，袁似純供解頤撫掌之資，未寓褒貶，《全梁文》卷六八王琳《鯉表》、《清異錄》卷三穎王《十玩圖》、毛勝《水族加恩簿》，其支與流裔也。然如《左傳》閔公二年記衛懿公好鶴，"鶴有乘軒者"；《北齊書·幼主紀》記"馬及鷹犬乃有'儀同'、'郡君'之號，故有'赤彪儀同'、'逍遥郡君'、'凌霄郡君'。……鬭雞亦號'開府'"；《新五代史·東漢世家》記劉旻爲"黃騮治廐，飾以金銀，食以三品料，號'自在將軍'"；實有其事。則袁文之封雞、驢爲上公，賚豕、蛇以錫命，雖戲語乎，亦何妨視嘻笑爲怒罵也！雞封"會稽公"；驢加"大鴻臚"銜，以廬江、廬陵、珠廬、桐廬封爲"中廬公"；均諧聲雙關。後世小説則進而逕使物妖諧聲得姓，猿、"袁"氏，狐、"胡"

- 2049 -

氏，豬、"朱"氏，黿、"元"氏，驢、"盧"氏；故如《太平廣記》卷四九〇《東陽夜怪錄》之盧倚馬即驢山公之族，《封神演義》第九二回之朱子真即原"號曰豕氏"者，九一回之常昊則猶存常山郡望耳。《太平廣記》卷四七七《張景》（出《宣室志》）記少年素衣肥澤，自稱"齊人曹氏子"，乃蠐螬之魅，尤雅令也。

一七五　全宋文卷四六

鮑照《蕪城賦》、《傷逝賦》、《野鵝賦》。按別見《毛詩》卷論《車攻》、《隰有萇楚》及《全三國文》論陳王植《上應詔責躬詩表》、《求存問親戚疏》。

鮑照《觀漏賦》："嗟生民之永途，躬與後而皆恤，死零落而無二，生差池之非一。"按韓愈《秋懷詩》第一首："浮生雖多塗，趨死惟一軌"，即此意而語更簡潔醒豁。古希臘哲人（Anaxagoras）云："人生不論何處首塗，赴死則同"（The descent to Hades is much the same whatever place we start）；古羅馬人記其語則作："四方皆有通入幽冥之路，無遠近也"（Undique enim ad inferos tantundem viae est）①。

鮑照《舞鶴賦》："衆變繁姿，參差洊密，煙交霧凝，若無毛質。"按此賦摹寫之工，已有定評，"若無毛質"四字，尤爲迥出，則未邀賞會。岑參《衛節度赤驃馬歌》："君家赤驃畫不得，

---

① Diogenes Laertius, *Lives of Eminent Philosophers*, II.11, "Loeb", I, 141; Cicero, *Tusculan Disputations*, I.xliii.104, "Loeb", 124. Cf. *Greek Anthology*, X. 3, Anonymous, "Loeb", IV, 5; "The way down to Hades is straight" etc..

一團旋風桃花色"；機杼相似，而名理不如。鶴舞乃至於使人見舞姿而不見鶴體，深抉造藝之窈眇，匪特描繪新切而已。體而悉寓於用，質而純顯爲動，堆垛盡化烟雲，流易若無定模，固藝人嚮往之境也。席勒嘗稱藝之高者能全銷材質於形式之中（Darin also besteht das eigentliche Kunstgeheimnis des Meisters, dass er den Stoff durch die Form vertilgt）①；弗羅貝欲文成而若不覺有題材（un livre qui n'aurait presque pas de sujet ou du moins où le sujet serait presque invisible, si cela se peut）②。倘續司空圖《詩品》者，罕譬遠取，擬喻斯境，則舞鶴之"若無毛質"，當與其數。近世英國詩人咏舞，謂舞人與舞態融合，觀之莫辨彼此（O body swayed to music, O brightening glance, / How can we know the dancer from the dance?）③，即"若無毛質"之謂矣。

鮑照《謝隨恩被原表》："然古人有言：'楊者易生之木也，一人植之，十人拔之，無生楊矣。何則？植之者難，拔之者易。'況臣一植之功不立，衆拔之過屢至。"按《韓非子·説林》上記惠子戒陳軫必善事魏王左右，曰："夫楊橫樹之即生，倒樹之即生，折而樹之又生，然使十人樹之而一人拔之，則無生楊"云云，亦見《戰國策·魏策》二、《淮南子·俶真訓》。故乍讀鮑文，祇見"一植不立，衆拔屢至"明爲"一植之、十拔之"下一轉語，而熟知來歷，則更識"一植之、十拔之"已潛爲"十植

---

① Schiller, *Briefe über die ästhetische Erziehung*, XV, *Werke*, hrsg. L. Bellermann, VII, 355.
② Flaubert, *Correspondance*, Louis Conard, II, 345.
③ W. B. Yeats: "Among Schoolchildren", st. 8. Cf. H. Hatzfeld, *Trends and Styles in 20th Century French Literature*, 199 – 120(dance as "la pure fonction").

之,一拔之"下一轉語;文中若進一解,而實言外並進兩解也(參觀《全陳文》論徐陵《鴛鴦賦》)。又按漢以後送別有折贈楊柳之俗,取意難揣,或即以楊柳"易生之木"爲説,褚人穫《堅瓠續集》卷四云:"倒插枝栽,無不可活,絮入水亦化爲萍;到處生理暢遂。送行折柳者,以人之去鄉,正如木之離土,望其如柳之隨處皆安耳。"頗見思致。

一七六　全宋文卷四七

　　鮑照《登大雷岸與妹書》。按鮑文第一,即標爲宋文第一,亦無不可也。"東顧則"云云,別見《全漢文》論枚乘《七發》。"栖波之鳥"云云,別見《老子》卷論第一七章。司馬相如《上林賦》:"鴻鸘鵠鴇,……奄薄水渚,唼喋菁藻,咀嚼菱藕";左思《吳都賦》:"鵾雞鸀鳿,……容與自玩,彫啄蔓藻,刷蕩漪瀾,魚鳥聱耴,萬物蠢生";木華《海賦》:"鳧雛離褷,鶴子淋滲,羣飛侣浴,戲廣浮深,更相叫嘯,詭色殊音";郭璞《江賦》:"晨鵠天雞,……千類萬聲,濯翮疏風,鼓翅翩翾";所見皆如斯而已。鮑氏獨窺有弱肉强食一段物競情事在。唐李涉《春止三竭來》之一:"瘦壁横空怪石危,山花鬬日禽争水",拈出花鳥之物競,微言堪繼鮑賦。

　　【增訂三】劉禹錫《春有情篇》:"花含欲語意,草有鬬生心",下句即李涉語意。

"南則積山萬狀,負氣争高";按《上林賦》:"沸乎暴怒",《海賦》:"於是鼓怒,溢浪揚浮",《江賦》:"乃鼓怒而作濤。"水能"鼓怒",已成詞人常語,山解"負氣",則前所未道。《世説·言語》顧愷之説會稽山水:"千巖競秀,萬壑争流",祇狀其形於外者爲爭競，鮑并示其動於中者爲負氣，精采愈出；参觀《全梁文》論吴均《與朱元思書》。後人如杜牧《長安秋望》："南山與秋色，氣勢兩相高"；僧祖可句："亂山爭夕陽"（陳善《捫蝨新話》卷八引，陸游《老學菴筆記》卷四引作"亂山爭落日"），沾丐匪一。杜甫《青陽峽》："磅西五里石，奮怒向我落"，石之"奮怒"猶山之"負氣"；韓愈《南山》："或蹙若相鬪，……賭勝勇前購"，亦即寫山石之"爭"也。別詳《全唐文》卷論舒元輿《牡丹賦》。"思盡波濤，悲滿潭壑"；按二句情景交融，《文心雕龍·物色》所謂"目既往還，心亦吐納"者歟。"波濤"取其流動，適契連綿起伏之"思"，即《全漢文》卷三武帝《李夫人賦》："思若流波，怛兮在心"；西語亦曰"思波"（Strom von Gedanken），以心念之畫而能渾、運而不息也（ein zusammengesetztes und fortwährend fliessendes, in keinem Moment unserer Betrachtung stille haltendes Geschehen）①，別見《楚辭》卷論《九章·哀郢》。"潭壑"取其容量，堪受幽深廣大之"悲"，即李羣玉《雨夜呈長官》："請量東海水，看取淺深愁。"然波濤無極，言"盡"而實謂"思"亦不"盡"；潭壑難盈，言"滿"則却謂"悲"竟能"滿"。二語貌同心異，不可不察爾。"若漎洞所積，溪壑所射"至"樵蘇一欸，舟子再泣"一節；按足抵郭璞《江賦》，更饒情韻。《文選》采郭賦而棄此篇，真貽紅紗蒙眼之譏，尚非不收王羲之《蘭亭集序》可比也。

鮑照《河清頌》："夫四皇六帝，樹聲長世。"按何晏《景福殿賦》結云："方四三皇而六五帝，曾何周夏之足言！"，《文

---

① Wundt, *Grundzüge der physiologischen Psychologie*, 6. Aufl., I, 416-7.

選》李善註引《燕丹子》荊軻曰："高欲令四三王，下欲令六五霸，於君何如也?"王儉《褚淵碑文》："五臣兹六，八元斯九"，《文選》李善註引潘岳《魯武公誄》："八元斯九，五臣兹六。"《世說·文學》："庾仲初作《揚都賦》成，以呈庾亮，亮大爲其名價，云：'可三《二京》，四《三都》。'"蓋魏晉以來修詞匡格。《燕丹子》載荊軻語意，兩見於《戰國策》；《秦策》四黃歇上書秦昭王："使無後患，三王不足四、五霸不足六也"，《秦策》五或謂秦始皇："王若能爲此尾，則三王不足四、五霸不足六。"《全梁文》卷一〇簡文帝《重請開講啓》："四三六五不能喻，十堯九舜無以方"；唐太宗《帝京篇》："六五誠難繼，四三非易仰"；"五"皆指"五帝"而非"五伯"，與何賦、鮑頌尤合。

【增訂四】《全唐文》卷一五六謝偃《惟皇誡德賦》："則四皇不足五，六帝不足七"，一作"三皇不足六，五帝不足十"。

杜甫《秋日荊南送石首薛明府》："侍臣雙宋玉，戰策兩穰苴"，楊萬里《誠齋集》卷一一四《詩話》："有用文語爲詩句者尤工，杜云云，蓋用'如六五帝、四三王'"；竊謂杜屢用此法，如《寄董卿嘉榮》："居然雙捕虜，自是一嫖姚"，《李潮八分歌》："潮也奄有二子成三人。"後來如陸佃賀王安石父子俱侍經筵詩："潤色聖猷雙孔子，爕調元化兩周公"（《能改齋漫錄》卷五引，呂希哲《呂氏雜記》卷下載此爲程公遜詩，下句作"裁成天下兩周公"；李壁《王荊文公詩箋註》卷二二《題雱祠堂》："一日鳳鳥去，千秋梁木摧"，註："范鏜爲太學正，獻詩云：'文章雙孔子，術業兩周公'"）；正其遺意。《困學紀聞》卷二〇荊軻語一則，翁元圻註引《戰國策》、何晏賦、張唐說《封禪頌》（"四皇墳而六帝典"）、蘇頲《東嶽頌》（"墳作四而籍言七"），可資參稽。西方詞頭，亦有斯製。古希臘相傳，主文藝之女神凡九、主才貌之女神凡三、主情愛之女神祇一，詩人贈美婦或才媛之什遂謂"有卿而十九、四三、二一"（With thee, my beloved, the Graces are four; Four are the Graces, there are two Aphrodites, and ten Muses），故女詩人沙浮（Sappho）動被"第十位文藝女神"（A or the tenth Muse）之號①。不乏祖構者也②。

鮑照《瓜步山揭文》："江中眇小山也，徒以因迴為高，據絕作雄，而凌清瞰遠，擅奇含秀，是亦居勢使之然也。故才之多少，不如勢之多少遠矣。仰望穹垂，俯視地域，涕洟江河，疣贅丘岳。"按因地形而觸發憤世之感，其旨如《孟子·告子》："不揣其本而齊其末，方寸之木可使高於岑樓"，而尤似《韓非子·功名》："故立尺材於高山之上，則臨千仞之谿，材非長也，位高也。"後三句乃居高臨下之放眼，而亦越世凌雲之曠懷，情景雙關。蓋此際覺人間得失奚啻"豪盈髮虛"，亦猶視江河丘岳直似"涕洟"、"疣贅"等歸於"卑安足議"爾。《孟子·盡心》："登東山而小魯，登泰山而小天下"，氣象雄闊，未具節目。《荀子·解

---

① *The Greek Anthology*, V.70, 95, 146; IX.66, 506("Loeb", I, 163, 173, 199; III, 35, 281).

② Cf. A. Minturno: "Ma per favor de le migliore Stelle, /Perchè dieci le Muse alme e dilette, /I e Gratie quattro e l'alte Dee sien sette, /Una in terra s'aggiunge a tutte quelle"(quoted in Janet G. Soott, *Les Sonnets élisabéthains*, 147).

【增訂四】濟慈早作詩亦嘗以"十九、四三"套語諛女子（O, if thou hast breathed then, /Now the Muses had been ten./.../At least for ever, evermore/ Will I call the Graces four. – Keats: "To Georgina Augusta Wylie"）。

蔽》："故從山上望牛者若羊"，《呂氏春秋·壅塞》："夫登山而視牛若羊，視羊若豚，牛之性不若羊，羊之性不若豚"（高誘註："'性'猶體也"）；詞意又苦凡近。王嘉《拾遺記》卷一言舜於衡山起月館，"東方朔作《寶甕銘》曰：'……望三壺如盈尺，視八鴻如縈帶。''三壺'則海中三山也，……'八鴻'者，八方之名，'鴻'、大也；登月館以望，四海三山皆如聚米縈帶者矣"；雖出六朝人偽託，而汗漫夸言，目空一切，庶足與鮑照語連類。虞騫《登鍾山下峯望》："遙看野樹短，遠望樵人細"；戴暠《度關山》："今上關山望，長安樹如薺"；或蘇軾《題寶雞斯飛閣》："野闊牛羊同雁鶩"；意境均不過荀子、呂不韋之望牛視羊。其大觀超詣，可以遠紹孟子、近迫鮑氏者，如李白《大鵬賦》："塊視三山，杯看五湖"；杜甫《登慈恩寺塔》："秦山忽破碎，涇渭不可求，俯視但一氣，焉能辨皇州"；李華《登頭陀寺東樓詩序》："辨衡、巫於點青，指洞庭於片白"；韓愈《雜詩》："長風飄襟裾，遂起飛高圓，下視禹九州，一塵集豪端。遨嬉未云幾，下已億萬年"；白居易《夢仙》："半空直下視，人世塵冥冥，東海一片白，列岳數點青"；李賀《夢天》："黃塵清水三山下，更變千年如走馬；遙望齊州九點煙，一泓海水杯中瀉"；

【增訂三】《夜譚隨錄》屢仿《夢仙》、《夢天》機杼。卷九《宋秀才》："鶴背安穩，如北地冰牀。俯瞰下土，……道士指點江山，謂：某處煙一點，某府、某州、某縣也；某處培塿，或如覆杯、如連塚，某山、某嶽也；又指一縷水光如銀綫然，曰：'長江也。'宋問洞庭安在，道士指一點光如小鏡者，曰：'彼是也。'"卷一二《雙髻道人》："蓋已立五峯絕頂，風定雲開，俯視下土，一目千里。諸山撒地如培塿；湖光一片，康郎、大姑似螺着水盤，萬點風帆若蠅矢集鏡；繞山諸郡縣盡作碧烟數點，歷歷可數。""煙點"本李賀詩，不待言。"螺着水盤"又本劉禹錫《望洞庭》："遥望洞庭山翠色，白銀盤裏一青螺。""蠅矢"之喻似自出心裁，即取鄙物纖故以喻高遠明淨之境事也（the domesticating or diminishing metaphor）（參觀 1189–1191 頁）。僧齊已《升天行》："回頭却顧蓬山頂，一點濃嵐在深井"，則猶李賀之言"九點"耳。

楊敬之《華山賦》："見若咫尺，田千畝矣；見若環堵，城千雉矣；見若杯水，池百里矣；見若蟻垤，臺九層矣；醯雞往來，周東西矣；蠛蠓紛紛，秦速亡矣；蜂窠連連，起阿房矣；俄而復然，立建章矣；小星奕奕，焚咸陽矣"（《全唐文》卷七二一）；蘇軾《上清辭》："時游目以下覽兮，五嶽爲豆，四溟爲杯；俯故宮之千柱兮，若豪端之集埃"（《東坡七集·東坡集》卷一九），又《送頓起》："天門四十里，夜看扶桑浴，回頭望彭城，大海浮一粟，故人在其下，塵土相豗蹴"（《蘇詩合註》卷一七）；程珌《水調歌頭》："午夜風輪微轉，駕我浮空泛景，一息過天垠，俯視人間世，渺渺聚漚塵"（《洺水集》卷二四）；劉過《龍洲集》卷一《登昇元閣故基》："阿房之旗盡立矮如戟，臨春、結綺、望仙三閣俱下頭；太行、孟門培塿而已矣，蹄涔、洞庭芥爲舟；拄撐霄漢彈壓三千界，下歷梁、唐、晉、漢、周。"韓愈、李賀、楊敬之不僅見世界小如一塵，且覺世代隨而促如一瞬，又徵人之心識中時與空、宇與宙相當相對（pointinstant correlation）。但丁咏自星辰俯視地球，陋細可哂，世人竟爲此微末相争相殺（col viso ritornai per tutte quante/le sette spere, e vidi questo globo/ tal ch'io sorrisì del suo vil sembiante; L'aiuola che ci fa tanto feroci)①；彌德爾敦詩劇中女巫自言月夜騰空下矚，山松如針大，殿脊如人面皴紋，州郡纔如女頰上赤痣(whole provinces/Appear to our sight then even like/A russet-mole upon some lady's cheek)②，尤肖賈誼《疏》喻淮陽"厪如黑子之着面"；彌爾敦咏登天臨眺，大地祇是一點、一粒、一微塵(this Earth, a spot, a grain, /An atom)③；羅賽諦咏天上女觀地球運轉有若一蠛蠓急遽飛旋於太空(The void, as low as where this earth/Spins like a fretful midge)④，詞尤警拔。大言炎炎，下觀渺渺，命意取勢與鮑照等所爲無異。倘仿齊己《風騷旨格》，造作名目，謂之"鳥瞰勢"或"大鵬負天勢"也可。

---

① *Paradiso*，XXII. 133-5，151，*La Commedia divina*，Ricciardi，1056，1058.

② T. Middleton，*The Witch*，I. ii (Hecate)，Lamb，*Dramatic Specimens*，in *Works*，ed. E. V. Lucas，IV，136-7.

③ *Paradise Lost*，VIII. 17-8，cf. Marjorie Nicolson，*Science and Imagination*，93 ff. (Milton's cosmic perspective).

④ D. G. Rossetti："The Blessed Damosel"，*Poems and Translations*，Oxford，2.

一七七　全宋文卷四八

　　周朗《上書獻讜言》："自釋氏流教，其來有源。……然習慧者日替其脩，束誡者月繁其過。……復假揉醫術，託雜卜數，延姝滿室，置酒浹堂，寄夫託妻者不無，殺子乞兒者繼有。"按卷三六顔延之《庭誥》："崇佛者本在於神教，故以治心爲先。……及詭者爲之，則藉髮落，狎菁華，傍榮聲，謀利論。"顔氏奉佛，故雖知"詭者"之過惡，而不忍顯斥也。"習慧者替脩"即"戒"與"慧"、"律"與"禪"之偏而難兼。慧皎《高僧傳》卷一一《論》："得意便行，莫曾拘礙，謂言'地獄不燒智人，鑊湯不煮般若'"；"智人"、"習慧者"也，"行莫拘礙"、"替脩"也。"束誡者月繁其過"即號稱持戒縛律之僧尚多過犯，則不守清規者，更不待言。梁元帝《金樓子·箴戒》篇記齊武帝時大寺僧尼"俗心不淨，或以箱籠貯姦人而進之"；後世嘲諷如《雲溪友議》卷下載陸長源斷僧狎娼飲酒判、韓滉斷僧賭錢判；《清異錄》卷一《釋族門》巧立名目："豬羊雞鴨三昧"、"沒頭髮浪子，有房室如來"、"梵嫂"、"偎紅倚翠大師，鴛鴦寺主傳付風流教法"；或《聊齋志異》卷七《金和尚》於"和樣"、"和唱"外，尚舉"狗苟鑽緣，蠅營淫賭"之"和幛"〔疑"障"之訛，即"孽障"

之"障"];均不外周氏所揚之醜。釋志磐《佛祖統紀》卷四三雍熙元年下附記目見耳聞,則粤、蜀僧人公然"蓄妻養子"也。"寄夫託妻"者,僧資給俗人,以其妻爲己外室,亦即以己之外遇"託"爲俗人之妻,"寄夫"猶西方舊日所謂"掩護醜事之門面丈夫"(der Schanddeckel)①。

【增訂三】《醉翁談錄》丙集卷一《僧行因禍致福》記林僧悦一女,命其侍者法慶娶之,"法慶元不守戒行,有意下山久矣。……及畢親,法慶以屠沽爲生。林僧厚與資給,頻數來往其家。"即"寄夫託妻"也。

後世如《舊唐書·狄仁傑傳》上疏論僧"託佛法"以愚編氓,"身自納妻,謂無彼我";莊綽《雞肋編》卷中記近寺婦女以僧爲"貼夫";《元詩選》一集己集朱德潤《存復齋集·外宅婦》:"人云本是小家兒,前年嫁作僧人妻";明宋彥《山行雜記》:"京師城内外諸山諸名刹,皆有下院,居俗人室家;所謂名師耆宿,亦時過其地,京師名爲'和尚家'";是其事也。

【增訂四】李漁《意中緣》第六齣是空和尚言"杭州和尚娶老婆,央人照管"云云,暢述"寄夫託妻"之俗。《小方壺齋輿地叢鈔》初編六帙一册順德佚名氏《燕京雜記》:"僧之蓄妻,雖不敢顯置寺中,而寺之前後,别營一室,雇一車夫,掛名門牌。僧寢食其間,宛如民間夫婦。"蓋此陋俗貫古近而徧燕越,周朗文首著之耳。

"殺子"者,僧尼有兒不舉,以滅破戒之迹;《全後魏文》卷五一

---

① Cf. E. Fuchs, *Illustrierte Sittengeschichte*, II, 398; Beaumont and Fletcher, *The Maid's Tragedy*, II. i, Evadne to Amintor: "To cover shame, I took thee."

荀濟《論佛教表》斥"比丘徒黨行淫殺子，僧尼悉然"，《全北齊文》卷八劉晝《上書詆佛法》斥僧尼"損胎殺子"，是其事也。"乞兒"一事，後世稗史屢寫之，如《說郛》卷二〇楊和甫《行都紀事》嘉興精嚴寺事、《醒世恒言》汪大令燒寶蓮寺事或《增補儒林外史》中沈瓊枝求子事；《高僧傳》卷二《鳩摩羅什傳》記"姚主以伎女十人逼令受之"，以免"法種無嗣"，又何光遠《鑑誡錄》卷二《躭釋道》記裴休"潛令嬖妾承事禪師，留其聖種"，頗堪連類。"假採醫術"一語尤有裨考古問俗。蓋二氏爭出頭地，僧遂於醫術中并欲奪道之席焉。道家宗黃老，而黃帝又為醫家不祧之祖；却病養生，修方采藥，亦屬道流要務，觀《全晉文》卷一一六葛洪《肘後備急方序》、《全梁文》卷四七陶弘景《本草序》、《藥總訣序》、《肘後百一方序》，雖窺一斑，可反三隅。《全晉文》卷一六六闕名《正誣論》言道士"誣"僧不能"延年益壽"、"消災却疫"，即徵道士挾醫術以驕僧徒。然《柰女耆婆經》之譯，出安世高手，則釋氏"藥王"之說，東漢已傳吾土；《高僧傳》卷四《于法開傳》詳記其"祖述耆婆，妙通醫法"，自言："明六度以除四魔之疾，調九候以療風寒之病，自利利人，不亦可乎？"；《先唐文》卷一引《御覽》卷七二四載《千金序》三則皆言沙門支法存、仰道人、僧深擅療軟腳疾；深乃宋齊間人，"撰錄法存等諸家醫方三十餘卷，經用多效，時人號曰《深師方》焉"。

【增訂四】《魏書·術藝傳》記李修父亮"少學醫術，又就沙門僧坦研習衆方"，又記崔彧"逢隱逸沙門，教以《素問》九卷及《甲乙》，遂善醫術。"《梁書·賀琛傳》："被創未死，賊輿送莊嚴寺療之。"《隋書·經籍志·子部·藥方》載釋道弘及"西域諸仙"所説方書甚多。此類均堪爲《先唐文》所録《千金序》之佐。

據周氏此書,劉宋時僧侣行醫,已成常事。此風似至趙宋而極盛,讀其别集、筆記揣知之。强至《祠部集》卷一《送藥王圓師》:"吴僧甚商賈,嗜利角毫芒;或以醫自業,利心劇虎狼。今時愚鄙人,平居悋私囊;寒餓來求仁,一毫不可將。不幸病且亟,呼醫計倉忙,惟醫所欲求,萬金勿校量。吴僧業醫者,十室九厚藏";王質《雪山集》卷一二《贈僧師能》:"稽首十方大醫王,乞我太素靈樞方",自註:"雖雜學禪門所訶,然挾醫養道,猶有愈於其他也";羅願《鄂州小集》卷三《城陽院五輪藏記》:"智海尤堅忍,至以醫道走四方,用佐費";史堯弼《蓮峯集》卷一〇《印公和尚醫眼茶榜文》:"漫憑兩腋之清風,爲謝萬金之良藥";《南宋羣賢小集》第二册王琮《雅林小稿·京華病中》:"僧曾帶雨來看脈,僕爲傷風懶上樓";他如曾鞏《元豐類稿》卷四四《寶月大師塔銘》、蘇轍《欒城集》卷一三《贈醫僧鑒清》又《贈醫僧善正》、朱松《韋齋集》卷二《逢年與德粲同之温陵謁大智禪師醫》,廖剛《高峯文集》卷一〇《寄贈清涼醫僧憨師》、黄震《黄氏日鈔》卷八六《龍山聖壽寺記》,詩文稠疊不勝舉;

【增訂三】《歐陽文忠集》卷一二五《于役志》:"八月己未。余疾,謀還江州,召廬山僧以醫,不果。"張元幹《蘆川歸來集》卷一〇《醫僧真應師贊》:"以疾苦度諸衆生,以藥石作大佛事。是爲僧中之扁鵲,故能療人之垂死。"洪咨夔《平齋文集》卷六《米積外科僧照源堂》:"中有醫禪,碧眼電掣。人以病求,一歲幾闃。開方便門,出廣長舌。"《後村大全集》卷四《寄泉僧真濟》:"藥貴逢人施,方靈剋日痊。"張君觀教謂吾鄉亦有宋醫僧故實，周必大《游山錄》："乾道三年五月戊午。無錫縣崇安寺羅漢殿僧義深，善醫多資，……太守髮之矣。己未。訪劉醫，即義深也。"唐貫休《施萬病丸》則讚官府施藥，故曰："我聞昔有海上翁，……葫蘆盛藥行如風。……賢守運心亦相似，不吝親親拘子子"；初非自道也。

【增訂五】寇準《忠愍公詩集》卷下《病中書》："書惟看藥錄，客只待醫僧。"

唐人集中如韓偓《騰騰》："烏帽素餐兼施藥，前身多恐是醫僧"，偶然見耳。

【增訂四】王建《贈洪哲師》："識病方書聖，諳山草木靈。人來多施藥，願滿不持經"；又《原上新居》之三："訪僧求賤藥"；斯亦唐人集之偶及醫僧者。

一七八　全宋文卷四九

張暢《若邪山敬法師誄》："莊衿老帶，孔思周懷，百時如一，京載獨開。"按李漢《昌黎集·序》："日光玉潔，周情孔思，千態萬貌"；三句皆後人所慣引，而於"周情孔思"四字則匪特援用，抑且紛紛擬仿，却未有知張暢此《誄》偉詞先鑄者。李漢《序》稱韓愈"酷排釋氏"，"大拯"六朝之"頹風"，而此句即似脫胎六朝人頌揚釋氏語也。援用者如辛棄疾《賀新郎·題趙兼善東山園小魯亭》："周情孔思，悠然千古。"擬仿者如趙以夫《沁園春·次劉後村》："向酒邊陶寫、韓情杜思，案頭料理，漢蠹秦煨"，謂韓愈、杜甫；張炎《甘州》："多少周情柳思，向一丘一壑，留連年光"，又《木蘭花慢·呈王信父》："想柳思周情，長歌短詠，密與傳燈"，謂柳永、周邦彥；方棨如《集虛齋學古文》卷二《聽雨樓樂府題詞》："周情柳思，理似不容更進"，正用張語；龔自珍《定盦文集》卷上《徐尚書代言集序》："舜聲堯容，羲情軒思。"又有以此語式寫物色者，如《全唐文》卷六〇六劉禹錫《洗心亭記》："鳥思猿情，繞梁歷榱"；喻鳧《經劉校書墓》："霜情月思今何在，零落人間策子中"；

【增訂五】梅堯臣《宛陵集》卷一八《依韻和原甫廳壁許道寧

畫山水》:"山情水思半軒間,試問來居有底閑。"
楊萬里《誠齋集》卷二六《下橫山灘頭望金華山》:"山思江情不負伊,雨姿晴態總成奇";劉過《沁園春》:"柳思花情,湖山應怪,先生又來";吳錫疇《蘭皋集》卷一《元日》:"花情柳思開新歲,竹簡蒲團只故吾。"

【增訂四】倪瓚《劉君元暉八月十四日邀余翫月快雪齋中》:"古人與我不並世,鶴思鷗情迴愁絕。"又一番改頭換面之"周情孔思"也。

錢謙益《初學集》卷一四《戊寅九月初三日謁少師高陽公於里第、感舊述懷》之一:"孔思周情新著作,禹糧堯韭舊耕桑",屬對工切;沈德潛選《國朝詩別裁》卷一采其詩而密圈此聯,自撰《歸愚詩鈔·餘集》卷四《謁望山尹師於公署,即次元韻》之一:"舜華堯韭留秋序,孔思周情續瓣香",稍改頭換面,未能掩盜襲之跡,徒成瘡疣耳。

一七九　全宋文卷五五

　　虞龢《上明帝論書表》。按必自張彥遠《法書要錄》輯出。此表具備二王軼聞；記獻之自負書勝其父一事，與《世說·品藻》所載，纔數字異，劉孝標註引宋明帝《文章志》；嚴氏《全宋文》漏輯《文章志》，《世說·雅量》劉註所引等皆未網羅也。《晉書·王獻之傳》、孫虔禮《書譜》、張懷瓘《書斷評》等均傳述此事；柳宗元《重贈二首》之一："聞道將雛向墨池，劉家還有異同詞；如今試遣隈牆問，已道'世人那得知？'"已用爲典故。王若虛《滹南遺老集》卷二八《臣事實辨》謂李含光聞人稱其書過父，遂終身不書，獻之固"非禮矣，而含光亦太過也"；《全唐文》卷三四〇顏真卿《有唐茅山元靖先生廣陵李君碑銘》即載含光"投筆不書"事。包世臣《藝舟雙楫》卷六《〈書譜〉辨誤》乃言獻之事不見其他記載，亦不合情理；是并未一檢《晉書》本傳！《表》記羲之書《道德經》以易好鵝事，宋人因據此駁李白詩"爲寫《黃庭》博白鵝"之誤；《容齋四筆》卷五、張淏《雲谷雜記》卷一、沈濤《交翠軒筆記》卷三皆考羲之亦曾寫《黃庭經》換鵝也。

　　《論書表》："遂失五卷，多是《戲學》。"按下文："孝武撰子敬學書戲習十卷爲帙，傳云《戲學》而不題。或真行章草，雜在一紙；或重作數字；或學前輩名人能書者；或有聊爾戲書，既不留意，亦殊猥劣。……或正或草，言無次第者，入《戲學》部。"蓋"戲"、"學"分指，而此"部"兼收。"戲"者、弄筆，任意揮灑塗抹之跡也；"學"者、練筆，刻意臨摹嘗試之跡也；而皆如良工不以示人之璞，遂并歸一類。書法尚有逞狡獪以見奇妙，猶釋氏所謂"游戲神通"(《維摩詰所説經·方便品》第二)、"得游戲三昧"(《五燈會元》卷三南泉普願章次)者，優入能品。

【增訂四】《大智度論》卷九四《釋必定品》第八三下："菩薩應如是游戲神通。……戲名如幻師種種現變……如小兒。是故説神通力，名爲游戲。"

如米芾《寶晉英光集》卷八《雜題》之一七："學書貴弄翰；謂把筆輕，自然心手虛靈，振迅天真，出於意外"；《佩文齋畫譜》卷一五龔開《中山出游圖》自記："人言墨鬼爲'戲筆'，是大不然，此乃書家之草聖也。豈有不善真書而能作草者？"；姚旅《露書》卷三："洪仲韋謂：'詩須弄韻，畫須弄墨，書須弄筆，亦必能弄韻，能弄墨，能弄筆，始臻佳境"；則虞氏所未解會。《論語·述而》曰："游於藝"；席勒以爲造藝本於游戲之天性(der Spieltrieb)①；近人且謂致知窮理以及文德武功莫不含游戲之情，通游戲之事(la ciencia de los deportistas, la teoria es juego; to view culture *sub specie ludi*)②，充類以至於盡矣。

《論書表》："凡書雖同在一卷，要有優劣。今此一卷之中，以好者在首，下者次之，中者最後。所以然者：人之看書，必鋭

---

① Schiller, *Briefe üb. d. ästh. Erziehung*, XIV, *Op. cit.*, VII, 320.
② Ortega Y Gasset, ¿*Qué es filosofía?*, *Obras completas*, VII, 330, 347; J. Huizinga, *Homo Ludens*, tr. R. F. C. Hull, 5.

於開卷，懈怠於將半，既而略進，次遇中品，賞悅留連，不覺終卷。"按體察親切，苟撰吾國古心理學史，道及"興趣定律"、"注意時限"（law of interest, attention span）者，斯其權輿乎。

虞通之《爲江斆讓尚公主表》。按別詳《太平廣記》卷論卷三〇《張果》。《宋書·后妃列傳》："宋世諸主，莫不嚴妬，太宗每疾之，……使近臣虞通之撰《妬婦記》"；蓋《記》、《表》爲一事而發，且出一人之手也。所刻劃諸狀，每導夫後世院本小説之先路。《藝文類聚》卷三五引《妬記》載京邑士人婦事，沈濤《瑟榭叢談》卷下謂"院本《獅吼記·變羊》一齣本此"。《表》云："裾袂向席，則老醜叢來"，《記》載王導妻曹氏禁夫不得有侍御，"時有妍少，必加誚責"；則猶汪廷訥《獅吼記》第七齣陳季常妻柳氏欲示不妬，爲夫置四妾，貌皆醜陋，而各以"花"名，"滿頭花"者、鬅鬙頭，"眼前花"者、白果眼等，而柳氏用心又如吳炳《療妬羹》第二齣楊不器所謂"許備小星，一時勉博虛名"。《表》云："賓客未冠，以少容見斥"，《記》云："有人姓荀，婦庾氏，大妬忌。……凡無鬚人不得入門。……鄰近有年少，徑突前詣荀，接膝共坐，便聞大罵，推求刀杖。……婦便持杖，直前向客"；則猶曾樸《孽海花》第一四回姜劍雲訪米筱亭，米妻傅氏悍妬，窺見客"面嬌目秀"，突出怒罵，以門閂打之，姜驚跳，呼"晦氣！"前一事亦每見西方詩文中[1]。宋儒有以女

---

[1] E.g. *Tom Jones*, II.3: "As she kept one maid-servant, she always took care to chuse her out of that order of females whose faces are taken as a kind of security for their virtue"("Everyman's", I, 42); *Don Juan*, I.48: "Her maids were old, and if she took a new one/You might be sure she was a perfect fright, /She did this during even her husband's life-/I recommend as much to every wife"(Variorum Edition by T.G. Steffan and W.W. Pratt, II, 48).

妬爲惡之尤而不妬爲善之首者，朱熹嘗病其説之張皇，《朱文公集》卷四八《答呂子約》之三〇："胡致堂兄弟極論《關雎》專美后妃之不妬忌，而以獨孤亡隋爲證。熹嘗論之，以爲妬忌之禍固足以破家滅國，而不妬忌之美未足以建極興邦也。"清初葉燮《己畦文集》卷一九《寶應兩不妬婦傳》申言"不妬者婦德之本"，殆爲胡寅兄弟推波助瀾者歟。謝肇淛《五雜俎》卷八《妬婦比屋可封》以下十節及俞正燮《癸巳類稿》卷一三《妬非女人惡德論》，徵引載籍中妬婦事大備。謝承馮衍之緒，深恨痛詆，至云："一不妬足以掩百拙"；俞破除習見，謂馮衍"愧對其妻"，斷言："夫婦之道，言致一也；夫買妾而妻不妬，則是忍也，忍則家道壞矣！"張萱《疑耀》卷二論"妬婦乃養心之資"，洪亮吉《北江詩話》卷三申説"老健方知妬婦賢"，皆強顔譬慰之詞，不及俞氏之心平義正。小説如《隔簾花影》第三二回論"三樣醋"、《兒女英雄傳》第二七論"會吃醋三品"，則差類《原道》、《原善》而爲《原妬》也。王穉登《南野堂詩集》卷一《悼亡》之三讚其婦曰："豈無佳人，惟汝不妬"；而徐樹丕《識小録》卷一《戲柬客》："試作平等心論之，不妬婦人，正與亡八對境。……豈思、欲、惡、愛、憎，男女未嘗不同，何至寬嚴相反若是？恐周姥設律，定不爾爾也！"；龔煒《巢林筆談》續編卷下："人皆以妬爲婦人病。《國策》不云'妬者情'乎？以情而妬，殊可原；《黑心符》只做得一面文字。予持論極平，作《原妬》云：'……士也罔極，二三其德；或賦嗜彼，或歌期我，始之如膠如漆者，漸且有洸有潰。於是以愛夫之心，激而懟夫，終亦不忍竟置其夫，因遷怒於所私所愛之人。……是夫負其婦，非婦負其夫也！'"二人均同俞正燮之論，然俞氏博學而筆舌塞澀，無此爽利也。徐氏"周姥設律"語本《藝文類聚》卷三五引《妒記》謝安妻劉氏"若使周姥撰詩"語,《綠窗新話》卷上《曹縣令朱氏奪權》、《醉翁談錄》丁集卷二《婦人嫉妒》、《廣笑府》卷六《周公詩禮》諸則皆嫁名附會。龔氏援《黑心符》,似不甚切,文見《清異錄》卷一《女行》門,託爲萊州長史于義方作,專戒續娶,僅言婦悍,不及其妒。悍妒相連,却非一事;如《南史》卷二三《王偃傳》記吳興長公主虐夫事、卷六〇《殷鈞傳》記永興公主憎夫事,均悍而非妒;又如《聊齋文集》卷一〇《妙音經續言》、《怕婆經疏》或《文章游戲》一集卷四《懼内供狀》、卷六《怕老婆的都元帥八股》,皆言悍多於言妒。平步青《霞外攟屑》卷四記順治時《白洋朱氏譜》子目有《妒婦傳》,爲"自來創見",實傳朱兆棠妻來氏一人,非《妒婦記》之倫也。又按《離騷》:"各興心而嫉妒",王逸註:"害賢爲嫉,害色爲妒";鄒陽《獄中上書自明》:"故女無美惡,入宮見妒;士無賢不肖,入朝見嫉。"然"妒"字每兼賅兩者,如《戰國策·楚策》三蘇子曰:"人臣莫難於無妒而進賢",四楚王曰:"婦人所以事夫者色也,而妒者其情也";《荀子·大略》:"士有妒友,則賢交不親,君有妒臣,則賢臣不至";王符《潛夫論·賢難》:"夫國不乏於妒男也,猶家不乏於妒女也";是以妒婦遂供借題比興之用。《全唐文》卷八六七楊夔《止妒》:"梁武帝平齊,……獲侍兒十餘輩。……俄爲郄后所察,動止皆有隔抑。……左右識其情者,進言曰:'臣嘗讀《山海經》曰,以鶬鶊爲膳,可以療其事,使不忌。陛下盍試諸?'梁武從之。郄茹之後,妒減半,帝愈神其事。左右復言曰:'願陛下廣羞諸,以徧賜羣臣,使不才者無妒於有才,……亦助化之一端也。'帝深然其言。……會方崇内典,戒於血生,其議遂寢"；徐積《徐節孝先生集》卷二一《妾薄命》："女子恩仇事可知，我曹何用弔吳姬！如斯才貌如斯苦，也似賢人被妬時"；曾異撰《紡授堂文集》卷一《壽陳母蔡孺人序》："家蝕於妬婦，國椓於妬臣。愚嘗謂杞、檜之計，始不過一妬男子，遂至以人之宗社國家狥其一念之媢忮。……遼左之事，初未嘗不可爲也；始則廷臣與邊臣妬，再則文臣與武臣妬，已而邊臣又自相妬，是以糜爛而不可復支"；李漁《慎鸞交》第五齣評語："同行相妬，等於妻妾；三十六行之相忌，又不若文字一行"；《女仙外史》第一四回月君向鮑師道："男子而妬，則天下有才者皆罹其毒；女子而妬，則天下有色者皆遭其陷。我今先滅妬婦，以儆彼妬才之男子"；端木國瑚《大鶴山人詩集》卷七《保定蓮池同客飲》："貧賤滅癡求美玉，文章療妬待鵾鷄"；倪鴻《退遂齋詩鈔》卷六《戲書〈妬婦記〉後》："一樣忌才人不少，休將此事責嬋娟！"；江湜《伏敔堂詩續錄》卷一《錄近詩因書》："易堆金璧摩霄漢，難得文人服美心。"楊慎《升菴全集》卷一一《倉庚傳》略謂梁武帝與郗后食鵾鷄而甘之，帝欲驗其效不，"試問后曰：'此餘甘可以分諸夫人乎？'后即輟箸不食。帝曰：'《大荒經》曷予欺乎？其諸食力尚淺耶？'"視唐楊夔之作，諧妙多矣。《太平廣記》卷四一八引《兩京記》："郗皇后性忌妬，武帝初立，未及册命，因忿怒，忽投殿庭井中，衆趨井救之，后已化爲毒龍，烟焰衝天，人莫敢近。帝悲歎久之，因册爲龍天王，便於井上立祠。"據《梁書·皇后傳》，郗死於梁武爲雍州刺史時，年纔三十二，"平齊"、"册命"，皆野語不根。《南史·后妃傳》下記郗殂於襄陽，年三十二，歸葬武進縣山中，悉同《梁書》；而復采小說增益云："后酷妬忌，及終，化爲龍，入於後宮。……於露井上爲殿，……

以祀之，故帝卒不置后。"然則"歸葬"空棺耶？刺史内室得稱"後宫"耶？井上之"殿"在襄陽而不在建鄴耶？好奇亂道，語無倫次，正史云乎哉！董逌《廣川書跋》卷六《張龍公碑》謂此祠陳、隋奉祀，大業中即其地造"龍宫寺"。梁元帝《金樓子·后妃》篇自記其母阮修容言："妬婦不憚破家"；修容於梁武誅東昏侯後，始爲"采女"，未及遭郜之虐，語自有指，却非緣身受耳，"惡婦破家"見《易林·觀》之《隨》。"烟焰龍"與《清異録·女行》門記陸慎言妻朱氏號"胭脂虎"，可隸事屬對。婦女以妬嫉而得成神祇，不自郜后始，春秋介之推妹當是最古。《全唐文》卷四〇八有李諲大曆十三年刊碑《妬神頌》，言神爲介之推妹，"性惟孤直，虚見授於妬名"，《朝野僉載》卷六祇言其生時"與兄競"；朱彝尊《曝書亭集》卷四九《〈妬神頌〉跋》考唐高宗時已有"妬女祠"，實本《舊唐書·狄仁傑傳》，而此傳又本《封氏聞見記》卷九。然女何以得"妬名"而能廟食一方，則行事無可徵矣。

一八〇　全宋文卷五七

　　朱昭之《與顧歡書難〈夷夏論〉》："昔應吉甫齊孔、老於前，吾賢又均李、釋於後。"按謝靈運《辨宗論》亦言應貞謂"孔、老可齊"。"李"、李耳也，即老子，曰"李"者，所以避與上句"老"字複出耳。《全梁文》卷五七劉歊《革終論》："世多信李、彭之言，……余以孔、釋爲師"；《論語·述而》之"竊比於我老彭"，包咸註謂"老彭"一人，鄭玄註謂老聃、彭祖二人，曰"李、彭"則顯爲二人而對"孔、釋"，不至偏枯矣。唐釋道宣《高僧傳》二集卷一一《羅雲傳》："有道士姓俞者，學冠李宗"；卷一三《普曠傳》："武帝雖滅二教，意存李術"，又《吉藏傳》："釋、李兩部，各有搜揚"；卷一五《道岳傳》："欲使李道東移，……盛演老宗"；卷一七《僧辯傳》："李、釋同奔"；卷二四《明淨傳》："詔釋、李兩門"；卷二八《惠滿傳》："下敕李衆在前"；卷三〇《曇無最傳》："請釋、李兩宗上殿"，《曇顯傳》："釋、李二門，交競優劣"，又《靜靄傳》："潛進李氏，欲廢釋宗"；卷三二《法琳傳》："致令李宗奉釋之典，包舉具舒；張［道陵］僞葛［洪］妄之言，銓題品録"；諸若此類，大似挾門户之仇，寓春秋之筆，不肯名從主人，質言"道家"也。僧徒靳

"道"字而勿以予道家，毛奇齡之流乃拱手以"道"字讓道家而不許宋儒之號"道學"（見論《全晉文》闕名《道學論》），唐僧衛"道"，勇於清儒矣。又如《全宋文》卷六二釋僧愍《戎華論、折顧道士〈夷夏論〉》："首冠黃巾者，卑鄙之相也"；《全後周文》卷二三釋道安《二教論·服法非老》第九："黃巾之賊，至是始平，……黃巾布衣，出自張魯"；唐釋道宣《高僧傳》二集卷三一《智實傳》載《表》："今之道士，……所着衣服，並是黃巾之餘"，故其書通呼道士爲"黃巾"（卷一七《僧辯傳》："黃巾致問，酬答乃竟"，卷二九《明導傳》："妄託天威，黃巾扇惑"，卷三〇《僧猛傳》："黃巾之徒紛然構聚"等），一若其爲漢末張角之餘孽流裔者，豈非深文微詞哉？中唐以後，"黃冠"之名大行，宋釋贊寧《高僧傳》三集卷一七《玄嶷傳》："曾寄黃冠"，《法明傳》："抗禦黃冠"，不復淆道士於"黃天"之徒矣。寒山詩："昨到雲霞觀，忽見仙尊士，……莫學黃巾公，握愚自守擬"；"黃巾"正是唐僧習呼道士之名，《全唐詩》附註："'巾'一云'石'"，蓋後人不知妄改，誤以張良圯橋所遇老人當之也。

朱廣之《諮顧歡〈夷夏論〉》："想兹漢音，流入彼國，復受'蟲諠'之尤、'鳥聒'之誚，'婁羅'之辯，亦可知矣。"按《全齊文》卷二二顧歡《夷夏論》："夫蹲夷之儀，婁羅之辯，各出彼俗，自相聆解，猶蟲諠鳥聒，何足述效？"顧謂"夷"語非中"夏"所能"聆解"，朱駁謂"漢音"易地亦然，"夷"耳聞之，與蟲鳥諠聒，無以異爾。比外國語於蟲鳥之諠聒，猶以外國字比於鬼狐之書跡（參觀《太平廣記》卷論卷三二一《郭翻》）。《世說·言語》："王仲祖聞蠻語不解，茫然曰：'若使介葛盧來朝，故當不昧此語！'"；韓愈《送區冊序》："鳥言夷面"；皇甫湜《東還賦》："蟲聲鬼軀。""蠻"從"虫"，"狄"從"犬"，"貉"從"豸"，漢人妄自尊大，視異域之民有若畜獸蟲豸，則異域之言亦如禽蟲之鳴叫，人聆而莫解。吳潛《祝英臺近》咏春鳥："百舌婁羅，漸次般言語"，即以"婁羅"狀鳥語；黃山谷《清平樂》所謂："春無踪跡誰知，除非問取黃鸝，百囀無人能解"，是"百舌婁羅"之的解也。

【增訂三】《周禮》命官，已示此意。《秋官司寇》："閩隸掌役畜養鳥，而阜蕃教擾之，掌與鳥言"（"與鳥言"三字錯簡在"夷隸"節中，依王引之説移此，參觀《周禮正義》卷六九），又："貉隸掌役服不氏而教擾之，掌與獸言。"非即以"職方氏"所掌"閩蠻"、"貉狄"之語與"鳥言"、"獸言"可通歟？《後漢書·度尚傳》："移深林遠藪椎髻鳥語之人置於縣"，章懷註："謂語聲似鳥也。"《書》曰："島夷卉服"，王先謙《集解》引錢大昕説，謂"島"當作"鳥"；又《南蠻、西南夷列傳》："其母鳥語"，又"獸居鳥語之類"，均逕以"鳥語"爲化外野人標志。《史通·言語》譏魏收、牛弘記言，"必諱彼夷音，變成華語，等楊由之聽雀，如介葛之聞牛"；正等"夷"言於牛鳴雀噪，楊由事參觀 999-1000 頁。《文鏡秘府論·九意·山意》："春禽嘲哳，夏鳥嘍囉"，增"口"傍而"婁羅"之義昭晣無疑矣。

【增訂四】《魏書·僭晉司馬叡傳》："巴蜀蠻獠，谿俚楚越，鳥聲禽呼，語言不同。"

"婁羅"有數義，黃朝英《緗素雜記》卷八、郎瑛《七修類稿》卷二三、黃生《義府》卷下皆考釋之，而以沈濤《瑟榭叢談》卷下最爲扼要，所謂一"幹事"、二"語難解"、三"綠林徒"。顧歡文中"婁羅",正如沈所引《北史·王昕傳》語,均"難解"之意。黃遵憲《人境廬詩草》卷一《香港感懷》第三首:"盜喜逋逃藪,兵誇曳落河;官尊大呼藥,客聚衆婁羅";時人《箋註》引顧歡此論,非也,第四首:"夷言學鳥音",或可引顧歡語爲註耳。"客"、"衆"而曰"婁羅",得指幹事善賈之商客,然此句與第一句"盜"呼應,則指緑林豪客爲宜。蓋第四句承第一句,猶第三句言總督之承第二句言兵,修詞所謂"丫叉法",詳見《毛詩》卷論《關雎·序》、《全上古文》論樂毅《上書報燕王》。"官尊大呼藥"句黃氏自註:"官之尊者,亦號'總督'";箋註者未著片言,蓋不知《周書·盧辯傳》、《北史·盧同傳》載北周官制有"大呼藥"、"小呼藥"、"州呼藥"等職,黃氏取其名之詭異也。

　　襲慶《鬼遺方序》:"劉涓子,不知何許人也。晉末於丹陽郊外較射,忽見一物,高二丈許,因射而中之,走而電激,聲若風雨,夜不敢追。明旦,率門人弟子鄰伍數十人,尋其踪跡。至山,見一小兒,問之何姓,小兒云:'主人昨日爲涓子所射,今欲取水以洗瘡。'因問小兒:'主人是誰?'答曰:'是黃父鬼。'……聞擣藥聲,遥見三人,一人卧,一人開書,一人擣藥。……三人並走,遺一帙癰疽方,并一臼藥。"按與劉敬叔《異苑》卷四記宋高祖劉裕微時事絶相肖,李延壽《南史·宋本紀》上全采之:"伐荻新洲,見大蛇長數丈,射之傷。明日復至洲裏,聞有杵臼聲,往覘之,見童子數人,皆青衣,於榛中擣藥。問其故,答曰:'我王爲劉寄奴所射,合散傅之。'帝曰:'王神,何不殺之?'答曰:'劉寄奴王者不死,不可殺。'帝叱之,皆散,仍收藥而反。"《異苑》與《鬼遺方》皆劉宋朝著作,必當時流傳野语，一取以神其君，一取以神其方耳。"走而電激"之"而"字，雖可據《春秋》莊公七年"星隕如雨"之例，解同"如"字，然此篇文風殊不類用古義者，疑即"如"之訛文也。

喬道元《與天公牋》。按《全晉文》卷一四三有劉謐之《與天公牋》亦刻劃己身窮乏之狀，而出以詼諧。"與天公"當是窮則呼天，上訴蒼穹；兩牋皆殘缺零落，遂佚其告籲之詞耳。杜甫《山水障》詩曰："真宰上訴天應泣"，此等則上訴而天應亦爲之哂笑者歟。

一八一　全宋文卷六二

釋慧叡《喻疑》："今《大般泥洹經》法顯道人遠尋真本，於天竺得之，持至揚都。……此經云：'泥洹不滅，佛有真我；一切衆生，皆有佛性。'皆有佛性，學得成佛。……所以陶練既精，真性乃發。"按《大般涅槃經·如來性品》第四之三："是故我今説是四依：法者即是法性，義者即是如來常住不變，智者了知一切衆生悉有佛性，了義者了達一切大乘經典。"《高僧傳》卷七《竺道生傳》："洞入幽微，乃説：'一闡提人皆得成佛'"；道生所撰《佛性當有論》，今已不傳，《全宋文》僅存其《答王衛軍書》一首，即在慧叡此篇之前。《世説新語·文學》："佛經以爲袪練神明，則聖人可致；簡文云：'不知便可登峯造極不？然陶練之功，尚不可無'"；劉孝標註："釋氏經曰：'一切衆生，皆有佛性'；但能修智慧，斷煩惱，萬行具足，便成佛也。"《全宋文》卷三二謝靈運《辯宗論·答慧琳問》亦曰："物有佛性，……聖無階級。"皆有佛性，則悉成佛，既具佛性，則易成佛，猶夫"萬事具備，只欠東風"；故《竺道生傳》載生"推'闡提得佛'，此語有據頓悟。"普遍生性，頓捷收勳，唐、宋禪宗以此兩義相輔爲人天眼目；觀《六祖法寶壇經·般若》第二及神會《語錄》

卷一説"本有佛性"、"龍女刹那發心便成正覺"諸則可知。流風扇被,儒家者流亦於舊解别出新意。《孟子・告子》論"人皆可以爲堯舜",《荀子・性惡》論"塗之人可以爲禹",均與"一闡提人皆得成佛",貌之同逾於心之異,爲援釋入儒者開方便門徑。《世説新語・言語》:"謝公云:'賢聖去人,其間亦邇。'子姪未之許;公歎曰:'若郗超聞此語,必不至河漢!'";與簡文"不知便可登峯造極"之疑,百慮一致。《全唐文》卷六三七李翱《復性書》中篇發揮"人之性猶聖人之性";陸九淵《象山文集》卷一《與邵叔誼》、卷五《與舒西美》、卷一三《與郭邦逸》反復闡説"人皆可以爲堯舜"、"塗之人可以爲禹";王守仁《陽明全書》卷二〇《詠良知示諸生》之一:"個個人心有仲尼,自將聞見苦遮迷",《傳習録》卷三:"人胸中各有個聖人,只自信不及,都自埋倒。"此等皆如章水貢水交流、羅山浮山合體,到眼可識。李商隱亦持此論,則未見有拈出者。《全唐文》卷七七六《上崔華州書》:"退自思曰:'夫所謂道者,豈古所謂周公、孔子者獨能耶?蓋愚與周、孔俱身之耳'";又卷七七九《容州經略使元結文集後序》:"孔氏於道德仁義外有何物?百千萬年聖賢相隨於塗中耳。"卷七七八《上河東公啓》之二、三皆自言"夙好佛法",卷七七九《樊南乙集序》自言"刓意事佛";李涪《刊誤》卷下載商隱贊"竺乾"曰:"稽首正覺,吾師吾師!"(陸心源《唐文續拾》卷一肅宗《三教聖象贊》與此文全同,陸蓋未辨刻石者竊取李文而僞託御製);《唐文拾遺》卷三二温憲《唐集賢直院官榮王府長史程公墓誌銘》記商隱從僧修己游;贊寧《高僧傳》三集卷六《知玄傳》記商隱師事知玄,願"削染爲弟子",玄畫像中寫商隱"執拂侍立";商隱皈依釋氏,已所不諱,人復共知。則其所謂"道者，愚與周、孔共身之"，"身"、體現也，殆同神會《語錄》卷一："衆生心是佛心，佛心是衆生心"；而其所謂"聖賢相隨於塗中"，又先發王守仁《傳習錄》卷三："王汝止、董蘿石出遊歸，皆曰：'見滿街人皆是聖人。'"獺祭文人乃能直指心源，與高僧大儒共貫，不可不標而出之。釋志磐《佛祖統紀》卷四一載商隱贈僧知玄七絕，有曰："沙彌説法沙門聽，不在年高在性靈！"；亦言悟性之重於道行耳。

　　釋慧通《駁顧道士〈夷夏論〉》："昔公明儀爲牛彈清角之操，伏食如故，非牛不聞，不合其耳也。"按全襲《弘明集》卷一牟融《理惑論》，增"昔"、易"矣"爲"也"而已。周嬰《卮林》卷三、翟灝《通俗編》卷二八考俗語"對牛彈琴"，皆引牟《論》，平步青《霞外攟屑》卷一〇稍增益之。余見張彥遠《歷代名畫記》卷一："以食與耳，對牛鼓簧，又何異哉?"；牛號"聾蟲"，耳聾自不解音，然耳即聰亦豈能辨味哉? 立喻更巧。周密《齊東野語》卷一四記蒙師姚鎔作《喻白蟻文》："告之以話言而勿聽，俗所謂'對馬牛而誦經'"，則古尚別有此諺，以馬伴牛，以讀經易鼓簧。古希臘常語："驢聾不能聽琴"(Das griechische Sprichwort "der Esel ist taub für die Laute" war dem Mittelalter durch Boethius *consol*. I pr. 4 bekannt)①，或云："驢聽琴，母豬聽角"(An ass listened to a lyre, a sow to a trumpet)②；或云："向驢耳唱歌"(to sing into an ass's ears)③；豬、驢與牛之於聽

---

　　① E. R. Curtius, *Europäische Literatur und lateinisches Mittelalter*, 2. Aufl., 105.
　　② Menander, *Fragments*, 334 and 527, "Loeb", 361, 461.
　　③ Dio Chrysostom, *Discourse*, XXXII, 101, "Loeb", III, 271.

琴聽角聽歌，固一邱之貉也。文家嘲藏書而不解讀者曰："汝若聽琴之驢，扇動兩耳而已"（You are like the donkey that listens to the lyre and wags its ears）①；或譏性靈昏暗者曰："見美德高風而不知慕賞，猶驢之聞琴聲焉"（Tanto apprezza costumi, o virtù ammira, /Quanto l'asino fa il suon de la lira）②；一劇中僕嗤主之不學而喬充"都知"曰："其於各種學術如驢與牛之領會絃上曲韻耳"（e sa di questa e dell' altre scïenzie/che sa l' asino e' l bue di sonar gli organi）③；

【增訂四】原引亞理奧斯多（Ariosto）二語，稍變希臘成諺，非謂驢不解聽琴，而謂驢不解鼓琴、驢與牛不解奏彈樂器，余譯文不確。曹寅《楝亭詩鈔》卷五有《題朱赤霞〈對牛彈琴圖〉》七古，詩甚劣，姑識其題，以見此語已入士夫輩詩畫矣。

或慰其友曰："都人聞君之歌而歎絕，朝貴卻嗤鄙之，蓋王公皆長耳公也"（Hélas! les oreilles des grands/Sont souvent de grandes oreilles）④；或訕國學師儒之專騖記誦曰："通曉梵文者之於印度哲學，無異畜獸之於琴瑟奏彈爾"（seine Kenner haben zu ihren Philosophien kaum ein anderes Verhältnis als ein Tier zur Lyra）⑤，即黑格爾譏哲學史作者之意（參觀論《全三國文》張

---

① Lucian:"The Ignorant Book-Collector", "Loeb", III, 179.
② Ariosto, *Orlando Furioso*, XXXIV.19, Ulrico Hoepli, 368.
③ Ariosto, *Il Negromante*, II.i, *Opere minori*, Riccardo Ricciardi, 438.
④ Voltaire: "Epigramme à M. Grétry sur son Opéra du *Jugement de Midas*". Cf. A. Arthaber, *Dizionario comparato di Proverbi*, 58:"Chantez à l'âne et il vous fera un pet."
⑤ Nietzsche: "Schopenhauer als Erzieher", viii, *Werke*, hrsg. K. Schlechta, I, 362.

飛)。近世有講學者自慨解人難索云:"如對母牛而諷詠古希臘名家之牧歌。(like reading Theocritus to a cow)①,則猶宋諺"對馬牛而誦經"矣。一詩家(Pascoli)因一哲學家(Croce)不取其詩,撰諷諭之篇(*I due vicini*),略謂菜園中一驢方觀賞己糞所培植之白菜(i cavoli nati dal suo fimo),聞樹頭啼鶯百囀,乃自語曰:"費時無聊極矣!吾高歌乎哉?吾沉思也"(Oh! il tempo perso! Canto io forse? lo penso)②;變人之對驢彈琴爲鳥之對驢唱歌而已。牛或驢聞絲竹、肉,喻頑鈍痴闇而不能解;巴爾札克以猩猩強奏提琴(un orang-ou-tang voulant jouer du violon)③,喻不能作而蠻狠鹵莽,可傍通連類焉。

① J. B. Morton, *Hilaire Belloc*, 125: "It was, in a phrase of John Phillimore, which Belloc loved to quote" etc.

② F. Nicolini, *Croce*, 224-5.

③ Balzac, *Physiologie du Mariage*, Méditation V, *Oeuvres complètes*, Conard, XXXII, 65-6.

一八二　全宋文卷六四

　　釋寶林《檄太山文》："夫東嶽者，龍春之初，清陽之氣，育動萌芽，王父之位。……而何妖祥之鬼、魍魎之精，假東嶽之道，託山居之靈。……又太山者，則閻羅王之統，其土幽昧，與世異靈，……總集魂靈，非生人應府矣。而何弊鬼，詐稱斯旨，橫恣人間。"按參觀《史記》論《封禪書》。吾國古說，東方者、"動方"也，而春者、"蠢生"也，《史記·六國年表》引或曰："東方物所始生"，故太山本主生；後漢釋說入華，流俗漸以東嶽之太山與"六道"之"太山地獄"混爲一談，如《高僧傳》二集卷一《曇曜傳》所斥北魏僧曇靖妄以"岱嶽"譯"東方太山"，於是太山遂主死。寶林此檄，並舉兩說，渾不覺其矛盾而須斡旋，亦可笑也。閻羅王既"總集魂靈"，而"妖祥之鬼"、"弊鬼"即在其理所"狂詐"，大似橫行於法外者。虎兕出柙，太山府君若不得辭其責然。再究之，則所謂"鬼"者，非人之亡魂，乃物之精怪，故曰："魍魎之精"、"此皆狼蛇之羣鬼，梟蟒之虛聲"。蓋指妖魔，與鬼異類，遂不屬閻羅治下耳。《檄》引《黃羅子經玄中記》曰："夫自稱山嶽神者，必是蟒蛇；自稱江海神者，必是黿鼉魚鼈；自稱天地父母神者，必是貓狸野獸；自稱將軍神者，必是熊羆虎豹；自稱仕人神者，必是猿猴玃獷；自稱宅舍神者，必是犬羊豬犢、門戶井竈破器之屬"；皆獸或器物也，人之強死爲厲、游魂爲變不與焉。《抱朴子》內篇《登涉》："山中夜見胡人者，銅鐵之精也⋯⋯山中寅日有自稱虞吏者，虎也"云云，《摩訶止觀》卷八記"時媚鬼"："寅有三：初是貍，次是豹，次是虎；卯有三：狐、兔、貉"云云，均可與此《檄》所引相發明。後世僧徒常嗤道士剽竊釋典之天神帝釋，換頭面而改名稱，如仿"三寶"而有"三清"，擬"四金剛"而有"四天王"之類；然僧徒所言精怪，實又本諸道士之野語；寶林之《檄》，不啻供狀，與釋典如東晉譯《觀佛三昧海經·觀相品》第三之二所寫諸鬼"雲起"種種色目，了無係屬。二氏於搜神志怪，有無互通，不須相誚；以斯意讀《西洋記》、《封神傳》、《西遊記》也可。

釋寶林《檄魔文》、《破魔露布》。按兩篇之"魔"乃"揀魔辨異"之"魔"（《五燈會元》卷一一臨濟義玄："山僧所舉，皆是揀魔辨異，知其邪正"），借喩迷見邪說、貪嗔痴愛，非若前篇之"鬼"乃直指"淫鬼"、"小鬼"也。《全後魏文》卷五九釋僧懿《伐魔詔》、《檄魔文》、《魔主報檄文》、《破魔露布文》、《平魔赦文》等，稠疊不憚煩，即寶林兩篇之踵事增華。《全唐詩》呂巖《七言詩》之一一四："虎將龍軍氣宇雄，佩符持甲去匆匆。鋪排劍戟奔如電，羅列旌旗疾似風。活捉三尸焚鬼窟，生禽六賊破魔宮。河清海晏乾坤淨，世世安居道德中"；少許可抵寶林、僧懿之多許。與寶林《檄太山文》相類而詞氣遠勝者則凌雲翰《柘軒集》卷一《鬼獵圖》、卷三《鬼獵圖》七言古近體或吳承恩《射陽先生存稿》卷一《二郎搜山圖歌》其選也。

一八三　全齊文卷八

　　王僧虔《書賦》，按參觀《列子》卷論《湯問》篇。《誡子書》，按參觀《易林》卷論《解》之《蒙》。

　　王僧虔《條疏古來能書人名啓》："杜陵陳遵、後漢人，不知其官，善篆隸，每書一座皆驚，時人謂爲'陳驚座'。"按陳遵事見班固《漢書·游俠傳》，非僻書也。僧虔以前漢爲後漢，以"善書"之掾吏陳遵與"列侯"陳遵混爲一人，以聞其到門"坐中莫不震動"誤爲"每書一座皆驚"。《顔氏家訓·勉學篇》記北朝"才學重臣"、"俊士以史學自許"者誤讀《史》、《漢》，貽笑通人；南朝名士達官如僧虔之荒陋悠謬，正復有過而無不及。北勝南強，未可輕判大小也。僧虔《誡子書》諄囑讀書，"未經拂耳瞥目"，不得"自呼談士"，且曰："由吾不學，無以爲訓。……吾今悔無所及，欲以前車誡爾後乘也"，蓋有自知之明者。"師宜官，……能爲大字方一丈，小字方寸千言"；按卷七竟陵王子良《答王僧虔書》："將一字徑丈、方寸千言也"，皆本《全晉文》卷三〇衛恒《四體書勢》："師宜官爲最，大則一字徑丈，小則方寸千言"，僧虔此《啓》多采衛文也。"太原王濛，……子修，……善隸行，與羲之善，故殆窮其妙。……子敬每省修書云；'咄咄逼人！'"；按《全晉文》卷二四王羲之《雜帖》："十一月四日……致書司空高平郗公足下。……獻之字子敬，少有清譽，善隸書，咄咄逼人"，疑僧虔依仿爲之；然"咄咄逼人"固是晉人常語，觀《世説·排調》記參軍"危語"詩可知。

王僧虔《論書》："宋文帝書，自云可比王子敬；時議者云：'天然勝羊欣，工夫少於欣'"；按《全梁文》卷六六庾肩吾《書品論》一："惟張有道、鍾元常、王右軍其人也。張工夫第一，天然次之。……鍾天然第一，工夫次之。……王工夫不及張，天然過之，天然不及鍾，工夫過之"，即本此"議"而申演者。後世品詩衡文，慣以"天然"與"工夫"對照，如趙翼《甌北詩鈔·絶句》卷二《論詩》之四："少時學語苦難圓，只道工夫半未全；到老方知非力取，三分人事七分天"（參觀杜濬《變雅堂集·補遺》一《樸巢詩選序》："聲詩之道，天七而人三"）。然評書實爲之先。如魏文帝《典論·論文》："文以氣爲主，氣之清濁有體，不可力强而致"，蘊而不宣；即如鍾嶸《詩品》中《顔延之》引湯惠休曰："謝詩如芙蓉出水，顔如錯采鏤金"，《南史》作鮑照曰："如初發芙蓉，自然可愛"，亦尚明而未融；均遠輸僧虔論書語之兩義對立相成也。談藝者"神韻"之説亦先見於評畫，參觀論卷二五謝赫《畫品》。

《論書》："庾征西翼……在荆州與都下人書云：'小兒輩乃賤家雞，皆學逸少書，須吾還，當比之張翼。'"按"張翼"二字當删，蓋緊接下一條"張翼善學人書……"，誤破句上屬。《全晉文》卷三七庾翼文中漏輯此書。"謝綜書，其舅云：'緊潔生趣'，實爲得賞。至不重羊欣，欣亦憚之。書法有力，恨少媚好。"按《南齊書·王僧虔傳》作"緊生起"，無義語不如此爲長，校點《南齊書》者未改正，又標點作："其舅云'緊生起，是得賞也，恨少媚好'"，蓋昧於文理，不識"得賞"云云，乃王僧虔謂此"賞"不虛，而"恨"亦出於僧虔，非出"其舅"也。僧虔評郗超草書"緊媚過其父"，評蕭思話書"風流趣好"，即此"緊"、"趣"、"媚"三字。

一八四　全齊文卷一二

王融《上疏請給虜書》："夫虜人面獸心，狼猛蜂毒。……凶謀歲窘，淺慮無方，於是稽顙郊門，問禮求樂，若來之以文德，賜之以副書，……無待八百之師，不期十萬之衆，固其提漿佇俟，揮戈願倒。……今經典遠被，詩史北流，……節其揖讓，教以翔趨，必同艱桎梏，等懼冰淵，婆娑蹢躅，困而不能前已。……於是風土之思深，愾愾之情動，……部落争於下，酋渠危於上，我一舉而兼吞。"按此賈誼《新書・匈奴》所謂"五餌"之遺意也。《南齊書・王融傳》北魏遣使求書籍，朝議欲不與，融上此疏，齊武帝答曰："吾意不異卿。"蓋欲以出境"經典"之"流"，起入室戈矛之用，今世各國設官專司"文化交流"，略涵此意。融以爲"虜"之"酋渠"讀書而欲進於"禮樂"，"部落"必不便，於是民心亂而國勢削，爲"我"之利。《舊唐書・吐蕃列傳》上吐蕃使奏金城公主請《毛詩》、《禮記》、《文選》各一部，于休烈上疏請勿與，曰："戎狄、國之寇也，經籍、國之典也。……典有恒制，不可以假人。……若達於書，必能知戰"；與融持論適反，然《左傳》或足以教"兵法"，《禮記》、《文選》正可柔遠人以"文德"耳。故後世謂"詩史經典"使人耽文事而忘武備，用夏變夷，可轉强爲弱。如宋祁《景文集》卷四四《禦戎論》之二謂知契丹之"無能"，舉證有曰："慕爲華風，時時道《詩》、《書》語，竊聞儒者禮樂等事。"又如金之於宋，正猶古羅馬之於希臘也①，以武力則臣僕之，而以文教則君之師之。《三朝北盟會編・靖康中帙》卷四八："金人索蘇黃文墨跡及古文書籍、《資治通鑑》，……入國子監取書，凡王安石説者，悉皆棄之"；趙秉文《滏水文集》卷九《和楊尚書之美韻》一："河南夫子兩程子，要與洙泗繼後塵"，又三："文公至正本無我，吾道初如日月明"；劉祁《歸潛志》卷三王鬱《王子小傳》："其論經學，以爲宋儒見解最高"，又卷八記王若虛"千古以來，惟推東坡爲第一"。顧金之有心人復以治詞章、研義理爲危亡之本。如宇文懋昭《大金國志》卷一七完顏偉諫金世宗曰："今皇帝既一向不説著兵，使説文字人朝夕在側，……不知三邊有急，把作詩人去當得否？"；杜本《谷音》卷上程自修《痛哭》："乾坤誤落腐儒手，但遣空言當汗馬！"讀五車書與開五石弓、汗牛載籍與汗馬功勞，若事難兼辦者。《莊子・駢拇》："臧與穀二人相與牧羊而俱亡其羊；問臧奚事，則挾策讀書；問穀奚事，則博塞以游。二人者事業不同，其於亡羊均也。"亡羊雖小，可以喻大。《法言・吾子》篇嘗謂"女有色，書亦有色"，則書淫足以敗事害人，或不亞於色荒、禽荒，而南齊之給北魏以"詩史"，用心復彷彿越之獻西施以沼吳矣。《逸周書・武稱解》："美男破老，美女破

---

① Horace，*Epist*.，II.i.156–7："Graecia capta ferum victorem cepit et artes/intulit agresti Latio". Cf. Russell，*History of Western Philosophy*，Allen and Unwin，299，301："The relation of the Romans to the Greeks was something like that of the Prussians to the French in 1814 and 1815."

舌，……武之毀也"，孔晁註："凡行此事，所以毀敵國也"；《大明武解》："委以淫樂，賂以美女"，註："扇動之使沉惑也"；蓋尚不知有此。《通鑑·梁紀》二一記元帝被俘前，悉焚圖書，曰："讀書萬卷，猶有今日，故焚之！"相傳歌特軍（the Goths）破雅典，入城焚掠，聚公私藏書，欲付一炬，一謀士止勿摧燒，曰："留之俾希臘人有書可讀。耽書不釋卷，則尚武圖强無日矣"（as long as the Greeks were addicted to the study of books, they would never apply themselves to the exercise of arms）①。西方舊日論師亦言，武功既致太平，人遂得閒而尚學文，於是壯心勇力爲書卷所消磨（Perché, avendo le buone e ordinate armi partorito vittorie, e le vittorie quiete, non si può la fortezza degli armati animi con più onesto ozio che con quello delle lettere, corrompere）②。故古羅馬文雅漸進，雄猛隨減，凡好鬭善戰之國，其人皆獷野不學（Je trouve Rome plus vaillante avant qu'elle fust sçavante. Les plus belliqueuses nations en nos jours sont les plus grossieres et ignorantes）；法國不血刃（sans tirer l'épée du fourreau）而克意兩邦，以意之君臣競才學而不倡勇敢也（les princes et la noblesse d'Italie s'amusoient plus à se rendre ingenieux et sçavants que vigoureux et guerriers）③。均與完顔偉等相契。

---

① Gibbon, *The Decline and Fall of the Roman Empire*, ch. 10, "The World's Classics", I, 307. Cf. Burton, *Anatomy of Melancholy*, Part. I, sect. ii, Mem. 3, Subsect. 15, Bell, I, 349.

② Machiavelli, *Istorie fiorentine*, 5.1, *Opere*, acuradi A. Panella, I, 280.

③ Montaigne, *Essais*, I. xxv, "Bib. de la Pléiade", 155–6.

一八五　全齊文卷一三

　　王秀之《遺令》："世人以僕妾直靈助哭，當由喪主不能淳至，欲以多聲相亂。"按趙翼《陔餘叢考》卷三二引此以證六朝已有"喪次助哭"之"陋習"；俞正燮《癸巳類稿》卷一三《哭爲禮儀說》亦引之而詳考"助哭"之俗。羅璧《識遺》卷五："漢儒言禮，多不近人情。喪哭一主於哀而已；《禮記》曰：'齊衰之哭，若往而返；大功之哭，三曲不偯'，釋者謂'三曲'、一舉聲而三折也，'偯'、聲餘從容也。夫哭而爲折聲、餘聲，是意不在哀，用哭爲態也。"言非不是，然不知喪事之"哭"乃"禮儀"，非直情感之宣洩，《檀弓》中"弁人母死"章、"子蒲卒"章、"有子與子游見孺子慕者"章反復言此；《荀子‧禮論》篇所謂"吉凶憂愉之情"而"斷之繼之、博之淺之、益之損之"爾。曩日婦人有以受雇助哭爲生計者，吳中稱"哀喪婆"或"哭喪婆"，余少日鄉居時常見之。古來以哭時且號且言爲禮俗，《顏氏家訓‧風操》言之甚明，故《西遊記》第三九回孫行者命豬八戒"看着"烏雞國王屍首"舉哀"，八戒"哭個樣子"，於是"哭將起來，口裏不住的絮絮叨叨，數黃道黑。"王得臣《麈史》卷下述"京師風俗可笑"，有曰："家人之寡者，當其送終，即假倩媼婦，使服其服，同哭諸途，聲甚淒婉，仍時時自言曰：'非預我事！'"，辯白之言，洵"可笑"也。據金梁《光宣小記》，慈禧后微時，家即業此。西方舊日亦有哀喪婆（keeners）。古羅馬諷世詩云："得錢代哭之婦自扯其髮，放聲大號，悲戚過人"（mercede quae conductae flent alieno in funere/praeficae, multo et capillos scindunt et clamant magis）①；西班牙名小說狀兩婦痛哭云："作哀喪婆態"（al modo de las endechaderas），註家云："一名'哭喪婆'，喪葬時雇來啼泣之婦也"（lloraderas: mujeres que se alquilauan para llorar en los entierros de los difuntos）②。

---

① Lucilius, *Satires*, 995-6, *Remains of Old Latin*, "Loeb", III, 322.
② *Don Quijote*, II, cap.7, *op. cit.*, V, 141-2.

一八六　全齊文卷一五

　　張融《海賦》。按融雅善自負，序曰："木生之作，君自君矣"，示我用我法，不人云亦云，顧刻意揣稱，實無以過木華賦也。唯兩處戞戞獨造，取情理以譬物象；《文心雕龍·比興》述"比之爲義，取類不常"，其三爲"或擬於心"，即西方修詞學所謂"抽象之形象"①，融語足供佳例。一、融賦曰："浮微雲之如夢，落輕雨之依依"，擬雲於夢，得未曾有；篇末又云："風何本而自生，雲無從而空滅"，亦相發明。蓋雲之與夢，皆去來飄忽、境狀模糊；白居易《花非花》："來如春夢不多時，去似朝雲無覓處"，即以二事連類；鄧椿《畫繼》卷三載"衆"嘲米友仁詩："解作無根樹，能描懵懂雲"，正謂雲氣迷濛如人之睡夢惚怳。崔櫓《華清宮》之三："紅葉下山寒寂寂，濕雲如夢雨如塵"；皮日休《病後春思》："牢愁有度應如月，春夢無心祇似雲"；蘇軾《行瓊、儋間，肩輿坐睡，覺而遇清風急雨》："夢雲忽變色，笑電亦改容"；孔平仲《朝散集》卷五《晝眠呈夢錫》："春入四支

---

①　H. Morier, *Dictionnaire de Poétique et de Rhétorique*, 198, art. "Image Abstraite".

濃似酒，風吹孤夢亂如雲"；李從周《清平樂》："有意迎春無意送，門外濕雲如夢"；譚宣子《西窗燭》："春江驟漲，曉陌微乾，斷雲如夢相逐"；陳逢辰《西江月》："送春先自費啼紅，更結疏雲秋夢"；曾楝《過秦樓》："長日如年，可堪恨雨絲絲，夢雲漠漠"；舒夢蘭《遊山日記》卷三："七月壬辰。旦暮如呼吸，雲如夢思：朝雲之變化，則閒情妄想也；夜雲之變化，則香衾好夢也"；江湜《伏敔堂詩錄》卷三《由江山至浦城輿中得絶句》之一："萬竹無聲方受雪，亂山如夢不離雲。"

【增訂四】洪亮吉《卷施閣詩》卷七《開封寒食懷里中勝遊》之一："時有鷓鴣啼一兩，墨雲如夢罨千家"；劉嗣綰《尚絅堂詩集》卷一四《江上晚歸》："遠夢如雲生水面，愁心和月到天涯。"德國詩人艾興多夫詠黃昏時雲行遲緩，謂"如沉重之夢"（Wolken ziehn wie schwere Träume. —Joeseph von Eichendorff:"Zwielicht", *Gesam*，*Werke*，Aufbau Verlag，1962，Vol. I，p.5）。

西方文家有云："雲如天之沉思、游想及惡夢"（Les nuages sont comme les pensées, les rêveries, les cauchemars du ciel）①；或云："諸天正作夢，浮雲成族，在君家屋山上過"（Passavan, sogni dei cieli,/sul vostro tetto le nuvole）②；體物會心，正爾不遠。蘇軾上句用字出宋玉《高唐賦》，以狀雲之如夢；下句用字出東方朔《神異經》："天爲之笑"，張華註："言'笑'者，天口落火

---

① Jules Renard, Journal, ed. NRF, 291.
② G. Bertacchi, *Poemetti lirici*, in D. Provenzal, *Dizionario delle Immagini*, 537.

烙灼，今天不雨而有電光"，以狀電之如笑。祇究來歷典雅而不識揣稱工切，便抹撒作者苦心；西方詩文常以笑與電互喻①，亦佐證《神異經》及註俌色之當也。二、融賦曰："照天容於鯑渚，鏡河色於鉨潯，括蓋餘以進廣，浸夏洲以洞深，形每驚而義維靜，跡有事而道無心"；寫天上景物倒映水中也。"河"當指天漢；"括"、包括，"蓋"、圓蓋，即"天容"；"進廣"謂海之大乃逾天；"浸夏洲"謂海之深可沉陸。然水面蕩漾"河色"、"天容"，而水底寂定，無相無作，不染不著，似大"道"之垂"跡"而"無心"（參觀《全晉文》卷一六五釋僧肇《注維摩詰經序》、《全梁文》卷六六阮孝緒《高隱傳論》），亦似至人之有駭形而無損心（參觀《莊子·大宗師》）。蓋擬海於玄虛、禪定之心境；《文子·道原》稱"聖人"之"外與物化，而內不失情。……以恬養智，以漠養神。……澹然若大海，汎兮若浮雲"；《維摩詰所說經·方便品》第二稱維摩詰之"心如大海"；融則謂大海似聖人之心。王弼嘗謂："聖人之情，應物而無累於物"，取融語說之：應物者，照容鏡色也，無累於物者，形驚而義靜、跡有而心

---

① E.g. Dante, *Purgatorio*, XXI. 114: "un lampeggiar diriso"; *Paradiso*, IX. 70-1: "Per letiziar lassù folgor s'acquista/sì come riso qui"; Giuseppe Salomoni: "Il riso": "e ne gli aerei campi/ridon le nubi, e son lor riso i lampi"(*Marino e i Marinisti*, Ricciardi, 896); Hugo, *La Legende des Siècles*, I. *La Terre*, "Hymne", 10-2: "Et l'éclair, front vivant qui, lorsqu'il brille et fuit, /Tout ensemble épouvante et rassure la nuit/A force d'effrayants sourires"; Nietzsche, *Also sprach Zarathustra*, II. "Das Kind mit dem Spiegel": "Zu gross war die Spannung meiner Wolke: zwischen Gelächtern der Blitze will ich Hagelschauer in die Tiefe werfen" (*Werke*, hrsg. K. Schlechta, II, 343); Renard, *op. cit.*, 92: "Des sourires qui sont comme de vilains éclairs de ciels très chargés".

無也（詳見《全晉文》論何劭《王弼傳》）。以海面濤生而海底波恬喻人之情動而性静，西籍中亦不期偶遭。一談藝者嘗稱古希臘石雕人神諸像，流露情感而若衷心静穆，猶大海然，表面洶湧而底裏晏定（So wie die Tiefe des Meeres allezeit ruhig bleibt, die Oberfläche mag noch so wüten, ebenso zeiget der Ausdruck in den Figuren der Griechen bei allen Leidenschaften eine grosse und gesetzte Seele）[①]；一詩人謂人之浮生每爲其究竟性靈之反，猶海面濁浪怒激而海底止水澄朗（La vie de l'homme est souvent le contraire du fond de son âme. De même que la mer agitée par le tempête est toujours immobile et limpide dans ses profondeurs）[②]。又與張融鑄語如出一手矣。

張融《答周顒書并答所問》："所以製是《門律》，以律其門；非佛與道，門將何律？……而近論《通源》，儒不在議。"按同卷《以〈門律〉致書周顒》："吾門世恭佛，舅氏奉道，道之與佛，逗極無二；寂然不動，致本則同。……繩墨弟姪，故爲《門律》，數感其一章，通源二道。"合觀方知《門律》猶言"家戒"、"家規"，如顔延之之《庭誥》也。《南齊書》融本傳："融爲《問律》自序"云云，其序祇自譽文章，未道作書宗旨，而《高逸·顧歡傳》："張融作《門律》"；若無此兩節，安能定"門"與"問"之孰正孰訛，以"門律"、"問律"兩名均不甚可解也。"通源二道"者，融通釋

[①] J. J. Winckelmann, *Gedanken über die Nachahmung der Griechischen Werke in der Malerei und Bildhauer Kunst*, in *Kleine Schriften und Briefe*, Auswahl von W. Senff, 44.

[②] A. de Vigny, *Le Journal d'un Poète*, in *Oeuvres complètes*, "Bib. de la Pléiade", II, 1311.

老，以明二氏之異流同源，故《門律》一名《通源論》；卷二〇周顒《答張融書難〈門律〉》、《重答張融書難〈門律〉》條引融文，皆冠以"《通源》曰"。《梁書·徐勉傳》："以孔、釋二教殊途同歸，撰《會林》五十卷"；《通源》之稱，猶《會林》也，特所"通"不全同所"會"耳。《門律》又名《少子》；卷一九孔稚珪《答竟陵王啟》一："眷黃老者，實以門業有本。……民之愚心，正執門範。……經以此訓張融，融乃著《通源》之論，其名《少子》；《少子》所明，會同道佛，融之此悟，出於民家"；《南史·顧歡傳》："融著《通源》之論，其名《少子》"，全取孔啓中語。孔啓言"門業"、"門範"，詞意正同"門律"；其言融之"悟"入由於己之"訓"迪，比勘《門律自序》："吾義亦如文，……無師無友"，揚己掠美，二人中必有一焉。《鏡花緣》第二三回林之洋謾語海外學儔，誇天朝上國，秘籍具備，有"《老子》、《少子》"；所謂《少子》，實李汝珍自喻其書，推李耳爲宗老，如繼李老君而稱李少君耳。蓋不知六代著述早有名《少子》者，已李冠而張戴矣。周顒《重答》問"佛儒安在？"，融報以遁詞；融《遺令》："三千買棺，無製新衾；左手執《孝經》、《老子》，右手執《小品法華經》"，則似"通源"儒、釋、道三家。《南齊書·陸澄傳》載澄與王儉爭國學置《孝經》事，融斯言亦徵其非依違兩可者。《全後周文》卷七王褒《幼訓》論儒、道、釋三家曰："斯雖爲教等差，而義歸汲引。吾始乎幼學，及于知命，既崇周、孔之教，兼循老、釋之談"；三家聚一，彰明昭著，非若張融《遺令》尚含意未申也。融謂分流而可通，褒謂並行而不倍，用心有幾微之別焉。

　　張融《門律自序》："夫文豈有常體"云云。按別見《全漢文》論賈誼《過秦論》、《全晉文》論陸機《文賦》。

一八七　全齊文卷一八

　　虞玩之《黃籍革弊表》："又生不長髮，便謂爲道。"按此處"道"乃"道人"，指僧徒，非"道士"也。禿髮充僧，即《兒女英雄傳》第五回瘦僧所説："'……有心買上一枝羊油蠟，倒没我這腦袋光溜溜！'……這就叫：'禿子當和尚，將就材料兒'"；《文章游戲》初編卷六《鬎鬁頭上放毫光》文亦云："做和尚則曰'原來頭'。"

一八八　全齊文卷一九

孔稚珪《北山移文》。按此文傳誦，以風物刻劃之工，佐人事譏嘲之切，山水之清音與滑稽之雅謔，相得而益彰。王安石《松間》："偶向松間覓舊題，野人休誦《北山移》；丈夫出處非無意，猿鶴從來自不知"；蓋用种放語爲隱士出山解嘲（本事見《玉照新志》卷一），乃反《北山移文》耳。宋末潘音《待清軒遺稿》一卷有《反〈北山〉嘲》四首，如："達人知進退，曲士豈同謀！盡使藏身去，誰能爲國憂？烟霞成痼疾，聲價藉巢由。虎嘯雄心在，胡爲鶴唳愁？"又："雲壑藏真客，金門寄跡仙。神遊《招隱》賦，興適《考槃》篇。麋鹿耽豐草，龍蛇起大川。由來枯槁輩，長往不知旋"；"反"言若正，則譏宋遺臣之出仕於元者，集中數申斯意，題曰《反〈北山〉》，實爲《續〈北山〉》也。參觀論《全漢文》淮南小山《招隱士》。

"使我高霞孤映，明月獨舉，青松落陰，白雲誰侣，磵户摧絶無與歸，石逕荒涼徒延佇。"按"我"、山之"英靈"自謂，即"誘我松桂，欺我雲壑"、"慨游子之我欺"之"我"。蓋人去山空，景色以無玩賞者而滋生棄置寂寞之怨嗟也；詞旨殊妙。"青松"句與下文"秋桂遺風，春蘿罷月"一揆，謂草樹皆興闌氣索，無復迎風待月、送香弄影；"罷月"字法，如《魏書·祖瑩傳》載王肅詩之"荒松無罷風"。"青松"、"白雲"一聯又可參卷一二王融《爲竟陵王與隱士劉虬書》："素志與白雲同悠，高情與青松共爽"；人在山則風物忻遭知己，得以"同悠"、"共爽"，人出山則風物嗒如喪偶，徒成"獨舉"、"誰侣"。王勃《山亭思友人序》："惜乎此山有月，此地無人"；李賀《十二月樂詞·二月》："津頭送別唱流水，酒客背寒南山死"；蘇軾《聞辯才法師復歸上天竺，以詩戲問》："道人出山去，山色如死灰，白雲不解笑，青松有餘哀"；湯顯祖《牡丹亭》第一〇齣："却原來姹紫嫣紅開遍，似這般、都付與斷井頹垣"；鍾惺《隱秀軒集》玄集《烏龍潭吳太學林亭》："良辰多下鑰，悶殺此林邱！"；史震林《西青散記》卷一摘趙闇叔句："蝶來風有致，人去月無聊"，工拙不齊，胥抒寫稚珪所創意境。物之若自悵歟，抑人代之惜歟，要皆空谷獨居、深閨未識之歎爾。蘇頲《將赴益州題小園壁》："可惜東園樹，無人也作花"；杜甫《哀江頭》："江頭宮殿鎖千門，細柳新蒲爲誰綠！"；李華《春行寄興》："芳樹無人花自落，春山一路鳥空啼"；韓愈《榴花》："可憐此地無車馬，顛倒青苔落絳英"，又《鎮州初歸》："還有小園桃李在，留花不發待郎歸"；白居易《下邽莊南桃花》："村南無限桃花發，唯我多情獨自來，日暮風吹紅滿地，無人解惜爲誰開"，又《晚桃花》："一樹紅桃亞拂池，竹遮松蔭晚開時；非因斜日無由見，不是閑人豈得知。寒地生材遭較易，貧家養女嫁常遲，春深欲落誰憐惜？白侍郎來折一枝"，又《柳枝詞》："一樹春風千萬枝，嫩於金色軟於絲，永豐西角荒園裏，盡日無人屬阿誰？"；王涯《春閨思》："閑花落徧青苔地，盡日無人誰得知！"；李賀《北園新筍》之二："無情有恨何人見，露染烟啼千萬枝"；皮日休《白蓮》:"無情有恨何人識,月白風清欲墮時";施肩吾《吴中代蜀客吟》:"峨眉風景無主人,錦江悠悠爲誰緑!";許渾《客有卜居不遂》:"樓臺深鎖無人到,落盡東風第一花";崔櫓《華清宫》:"明月自來還自去,更無人倚玉闌干";蘇軾《絶句》:"鄱陽湖上都昌縣,燈火樓臺一萬家;小徑隔溪人不到,東風吹老碧桃花";秦觀《虞美人》:"碧桃天上栽和露,不是凡花數,亂山深處水縈洄,可惜一枝如畫爲誰開";謝逸《城南》:"長恐歸時已閉門,西壇雖好敢盤桓;可憐月夜松杉影,輸與沙鷗野鶴看"(《溪堂集》卷五);姜夔《踏莎行》:"淮南皓月冷千山,冥冥歸去無人管";張炎《西子妝慢》:"遥岑寸碧,有誰識朝來清氣?自沉吟,甚年光輕擲,繁華如此!";齊心同慨,諸餘甚多。

【增訂三】李羣玉《醴陵道中》:"無人寂寂春山路,雪打溪梅狼藉香。"梅與雪同色争春而遭"打"落,"狼藉"加"打"而愈見無顧藉,"梅"同"雪"色又兼"香"氣(multisensory)而更宜得愛憐;寫陸游所謂"凄涼聞處老"(《病起》七律)之情景,真着墨無多,精彩加倍者。

【增訂四】厲鶚《樊榭山房集》卷七《南湖雨中》:"夾竹夭桃蘸小紅,水高魚滬没蘆叢。南湖風物無人管,都付斜風細雨中。"不特觀賞無人,復遭風吹雨打,亦猶李羣玉歎梅花之既"無人"看,而又被"雪打"。皆加倍寫法。

尚有詠月一詞頭,專作此用。白居易《集賢池答侍中問》:"主人晚入皇城宿,問客徘徊'何所須?''池月幸閒無用處,今宵能借客游無?'"《太平廣記》卷三二六《沈警》(出《異聞録》)過張女郎廟詩一:"命嘯無人嘯,含嬌何處嬌?徘徊花上月,空度可憐宵!"二:"靡靡春風至,微微春露輕,可惜關山月,還成無用明!"(亦見曾慥《類説》卷二八引陳翰《異聞集》載《感異記》)。杜安世《浪淘沙》:"佳人何處獨盈盈?可惜一天無用月,照空爲誰明";史達祖《臨江仙》:"莫教無用月,來照可憐宵";張炎《念奴嬌》:"留得一方無用月,隱隱山陽聞笛";《江湖後集》卷三周端臣《古斷腸曲》:"惆悵一窗無用月,爲誰涼夜曬梧桐";蔣春霖《水雲樓賸稿・東臺雜詩》:"祇今花寂寞,來伴月黄昏",暗用沈警兩詩,正如史達祖明用之也。山水花月皆無情之物,而閒置幽閉,有窮士怨女之恨,即摶撦李賀詩"無情有恨"四字,略事陳意可矣。西方賦詠,如云:"圓月中天,流光轉影,物象得烘托而愈娱目,然了無人見,平白地唐捐耳"(now reigns/Full-orb'd the moon, and, with more pleasing sight, /Shadowy sets off the face of things—in vain, /If none regard)①。或云:"荒漠中獨樹亭亭(Der einzige, der dort gedieh), 菁英所滙, 結成嘉果(eine Frucht voll Saft), 而人踪不至,此樹一若未生果者"(Es zieht kein Wanderer daher, /Und für ihn selbst ist sie nicht da)②。或云:"冷僻無人處,花怏怏然吐幽香"(Mainte fleur épanche à regret/Son parfum doux comme secret/Dans les solitudes profondes)③。或云:"石上草間,小花孤表,芳香待人聞,而曾無

---

① *Paradise Lost*, V, 41 ff.
② Hebbel:"Der Baum in der *Wüste*", *Werke*, hrsg. Th. Poppe, I, 92.
③ Baudelaire:"Le Guignon", *Oeuvres complètes*, "Bib. de la Pléiade", 92. Cf. E. Waller:"To a lovely Rose":"That hadst thou sprung/In deserts where no men abide, /Thou must have uncommended died"; Pope, *The Rape of the Lock*, IV. 158: "Like roses that in deserts bloom and die"; Gray:"Elegy":"Full many a flower is born to blush unseen, /And waste its sweetness on the desert air"(A. Gide, *Journal*, 30 Oct. 1934, "Bib. de la Pléiade", 1420:"Ces vers trahissent un anthropocentrisme sournois d'une charmante naïveté",etc.).

覯者"(Cette petite fleur que personne n'a jamais vue et qui, sur ce rocher, dans une touffe d'herbe, attend d'être respirée)①。或致友書云:"事物之未得人垂注者,是處皆有(And the World is full of things and events, phenomena of all sorts, that go without notice, go unwitnessed),君獨善於領略",因舉此友詩:"遠海哀呻不息,風林淒吟莫和,遙空白雲飛度,亦無仰望而目送者"(What, if the sea far off,/Do make its endless moan;/What, if the forest free/Do wail alone;/And the white clouds soar/Untraced in heaven from the horizon shore?)②。長言永歎,無過一女詩人,其篇名《胡爲此枉費?》,列舉海濱一貝噫風而唱;荒墟芙蓉吐蕊,孤花無侶(A lily budding in a desert place,/Blooming alone/With no companion/To praise its perfect perfume and grace);玫瑰紅艷於棘叢中,不容嚮邇;細泉涓涓豐草間,僅解林禽松鼠之渴;深林挺生大橡樹,祗供鼯狌作家;雲雀凌霄,引吭清歌,偶聞者唯飛逐之他鳥(The fullest merriest note/For which the skylark strains his silver throat,/Heard only in the sky/By other birds that fitfully/Chase one another as they fly);美李熟落委地,無行人拾食(The ripest plum down-tumbled to the ground,/.../But by no thirsty traveller found);諸如此類,"何苦於無人處浪拋善物乎!"(What waste/Of good, where no man dwells!)③。其寫無益擲虛牝之旨,洵可謂博依者歟!

---

① Renard, *Journal*, NRF, 169.

② C. C. Abbott., ed., *The Correspondence of G. M. Hopkins and R. W. Dixon*, 7(Dixon: "Sympathy: an Ode").

③ Christina Rossetti: "To What Purpose is this Waste?" *Poetical Works*, ed. W. M. Rossetti, 305.

尚有一意境，近似而易亂者。水聲山色，鳥語花香，胥出乎本然，自行其素，既無與人事，亦不求人知。《隋唐嘉話》記隋煬帝所妬羨之王冑斷句："庭草無人隨意綠"，即是一例。馬令《南唐書·女憲傳》"後主……又嘗與［昭惠周］后移植梅花於瑤光殿之西，及花時而后已殂，因成詩見意，……云：'失却烟花主，東君自不知；清香更何用，猶發去年枝！'此足以見光景於人無情，而人於景物不可認而有之也"；足申此意。他如岑參《山房即事》："庭樹不知人去盡，春來還發舊時花"；杜甫《滕王亭子》："古牆猶竹色，虛閣自松聲"，又《過故斛斯校書莊》："斷橋無復板，臥柳自生枝"；劉禹錫《石頭城》："山圍故國周遭在，潮打空城寂寞回，淮水東邊舊時月，夜深還過女牆來"，又《西塞山懷古》："人世幾回傷往事，山形依舊枕寒流"；包佶《再過金陵》："江山不管興亡事，一任斜陽伴客愁"；李賀《經沙苑》："無人柳自春"；崔護《題城南》："人面不知何處去，桃花依舊笑春風"；陳師道《妾薄命》："葉落風不起，山空花自紅"；賀鑄《登戲馬臺》："不管興亡城下水，穩浮漁艇入淮天"；陸游《楚城》："一千五百年間事，只有灘聲似舊時"；彭而述《筇竹寺》之四："六詔彫殘舊戰場，青山無恙一松長，王孫老去仁祠在，頗耐興亡是夕陽"（《讀史亭詩集》卷一六；鄧孝威《天下名家詩觀》初集卷四選此詩，"祠"上一字缺作方孔，《晚晴簃詩匯》卷二三亦選之，作"荒祠"，疑未見本集而臆補）。西方詩人亦云："玫瑰無所爲而爲，作花即作花耳，不問亦不計人之得見與否也"（Die Ros ist ohn warum；sie blühet, weil sie blühet, ∕ Sie acht'nicht ihrer selbst, fragt nicht, ob man sie siehet）①。或云："巉巖之脊，磽瘠無膏潤，不

---

① Daniel von Czepko: "Ohne Warum", M. Wehrli, *Deutsche Barocklyrik*, 3. Aufl., 175.

宜卉植，金雀花獨吐蕊播馨，孤芳自得於荒涼寂寞之所"（tuoi cespi solitari intorno spargi,／odorata ginestra,／contenta dei deserti)①。

【增訂三】金雀花"於荒漠中吐葩自得"（contenta dei deserti)，語意可參十九世紀德國詩人莫里克（Eduard Mörike）《賦燈》（"Auf eine Lampe"）名篇所謂："物之美者，發光自得"（Was aber schön is, selig scheint es in ihm selbst），而無待人之着眼分明。論師於此句詮説引申，以爲談藝之微言妙諦焉（E. Staiger, *Die Kunst der Interpretation*, 3. Aufl., 35-7 "Ein Briefwechsel mit Martin Heidegger"）。夫花之"自得"（contenta）與燈之"自得"（selig），雖天然與人巧有殊，亦不無可觸類而通者。

或託爲野花（eine Feldblume）答人惜其無賞玩者云："汝真笨伯！汝以吾舒香弄色爲博人知賞耶？吾聊以自娛爾"（du Thor! meinst du, ich blühe, um gesehen zu werden. Meiner und nicht der Andern wegen blühe ich, blühe, weil's mir gefällt: darin, dass ich blühe und bin, besteht meine Freude und meine Lust)②。竊謂張九齡《感遇》："欣欣此生意，自爾爲佳節；……草木有本心，何求美人折？"或彭兆蓀《近日刊詩集者紛紛，漫題四詩於

---

① Leopardi: "La Ginestra o il Fiore del Deserto", *Opere*, Riccardo Ricciardi, I, 153. Cf. Mallarmé, *Herodiade*, II: "Nourrice: 'Triste fleur qui croît seule et n'a pas d'autre émoi／Que son ombre dans l'eau vue avec atonie...' Herodiade: 'Oui, c'est pour moi, pour moi que je fleuris déserte'", *Oeuv. comp*, "la Pléiade", 46-7.

② Schopenhauer, *Parerga*, Kap. XXXI, §388, *Sämtl. Werk.*, hrsg. P. Deussen, V, 714.

後》："我似流鶯隨意囀，花前不管有人聽"(《小謨觴館詩集》卷七)，不妨斷章，借申斯意。若夫杜、劉、包、賀、陸、彭諸作，兼感存殁興亡，則周亮工《尺牘新鈔》卷四卓發之《與丁叔潛》所謂："重過舊館，人地都非，昔人云：'聲無哀樂'，此地亦當無哀樂耳！"風月、草木，與江山可連類焉。

杜甫《宿府》："永夜角聲悲自語，中天月色好誰看！"，又《蜀相》："映階碧草自春色，隔葉黃鸝空好音"；兩聯出句即"不管有人聽"、"自爾爲佳節"也，而對句之"空好"、爲"誰"好，又即孔稚珪《移文》所致慨也。兩意各以七字分詠，得以聚合映射於一聯之中，此亦讀杜之心解也。

【增訂四】葛立方《韻語陽秋》卷一論杜詩多用一"自"字，如"村村自花柳"、"寒城菊自花"、"故園花自發"、"風月自清夜"、"虛閣自松聲"，謂其意"言人情對景自有悲喜，而初不能累無情之物也"。亦頗有悟入，未圓徹耳。

韓愈《送石洪處士》："長把種樹書，人云'避世士'；忽騎將軍馬，自號'報恩子'。風雲入壯懷，泉石別幽耳"；嘲隱遯不終，與稚珪斯文無異。然韓詩"風雲"指出仕而"泉石"指退隱，孔文"風雲悽其帶憤，石泉咽而下愴"，則"風雲"、"石泉"同謂隱居。斯又王安石所云"文同不害意異"之例耳。

一八九　全齊文卷二五

　　謝赫《古畫品》。按論古繪畫者，無不援據此篇首節之"畫有六法"。然皆謬采虛聲，例行故事，似乏真切知見，故不究文理，破句失讀，積世相承，莫之或省。論古詩文評者，復一曲自好，未嘗鑿壁借明，乞鄰求醯，幾置"六法"於六合之外，眉睫邈隔山河，肝膽反成胡越。蓋重視者昧其文，漠視者忽其旨，則謂謝赫此篇若存若亡，未爲過爾。

　　"六法者何？一、氣韻，生動是也；二、骨法，用筆是也；三、應物，象形是也；四、隨類，賦彩是也；五、經營，位置是也；六、傳移，模寫是也"。按當作如此句讀標點。唐張彥遠《歷代名畫記》卷一漫引"謝赫云"："一曰氣韻生動，二曰骨法用筆，三曰應物象形，四曰隨類賦彩，五曰經營位置，六曰傳模移寫"；遂復流傳不改。名家專著，破句相循，游戲之作，若明周憲王《誠齋樂府·喬斷鬼》中徐行講"畫有六法、三品、六要"，沿誤更不待言。脱如彥遠所讀，每"法"胥以四字儷屬而成一詞，則"是也"豈須六見乎？祇在"傳移模寫"下一之已足矣。文理不通，固無止境，當有人以爲四字一詞、未妨各系"是也"，然觀謝赫詞致，尚不至荒謬乃爾也。且一、三、四、五、六諸"法"尚可牽合四字，二之"骨法用筆"四字截搭，則如老米煮飯，捏不成糰。蓋"氣韻"、"骨法"、"隨類"、"傳移"四者皆頗費解，"應物"、"經營"二者易解而苦浮泛，故一一以淺近切事之詞釋之。各系"是也"，猶曰："'氣韻'即是生動，'骨法'即是用筆，'應物'即是象形"等耳。

【增訂三】"四、隨類，賦彩是也。"詞意可參觀《文心雕龍·物色》："寫氣圖貌，既隨物以宛轉；屬彩附聲，亦與心而徘徊"，又"體物爲妙，功在密附"（參觀《明詩》："婉轉附物"）。文章、繪畫，狀物求肖，殊事同揆。"隨"、從也，如"追隨"之"隨"，猶今語"跟緊"、"貼緊"，即"附"、"密附"。"類"、似也，像也，即《全後漢文》卷六九蔡邕《筆賦》"象類多喻，靡施不協"之"類"。"隨類"如《歷代名畫記》卷二《論顧、陸、張、吳用筆》所謂"謹於象似"，或《圖畫見聞志》卷二論袁蒨所謂"謹密形似"。"賦彩"即着色，乃六朝、唐人論畫習語，如《全陳文》卷一二姚最《續畫品·下品》稱嵇寶鈞"賦彩鮮麗"，《歷代名畫記》卷五末亦云"範金賦彩"。後世易"賦"爲"傅"，如《圖畫見聞志》卷二稱孫遇"不以傅彩爲工"，杜子瓌"尤精傅彩"，滕昌祐"傅彩鮮澤"。亦謂之"布色"，漢人語已然，見《論語·八佾》"繪事後素"句鄭玄註。《西京雜記》卷二稱陽望、樊育"尤善布色"；劉宋譯《楞伽經·一切佛語心品》第一之一："譬如工畫師，及與畫弟子，布彩圖衆形"；《歷代名畫記》卷一〇稱韓嶷"善布色"、陳庶"尤善布色"；《圖畫見聞志》卷二稱張騰"描作布色，頗極其妙"，楊元真"尤精布色"。蓋"六法"之"三"祇是素描形狀，"四"則求與所繪之物逼肖、"密似"（"隨類"），乃進而着色。白描受采，形狀之上，更添色澤，"描作"之不足，復從而"布色"，庶乎窮形極相。全祖望釋"繪事後素"爲"繪事後於素"，先有"素地"而後"加諸采"（《經史問答》卷六，參觀《鐵橋漫稿》卷四《對陳氏、沈氏問》，又《俞樓雜纂》卷一五《論語古註擇從》）；竊謂倘易"素地"爲"素描"，便可移申謝、劉之旨矣。"五、經營，位置是也"，可參觀《歷代名畫記》卷九稱范長壽："至於位置，不煩經略。"

【增訂四】《全宋文》卷一九王微《報何偃書》："又性知畫繪，……一往迹求，皆仿像也"；"迹求"猶云"蹤追"，即"隨"是也，而"仿像"即"類"也。袁枚《小倉山房文集》卷五《吳省曾墓誌》："善貌人。……隨其老少，聲欬宛然。用筆如勇將追敵，不獲不休"；曰"隨"、而復曰："追"，合之"迹求"，謝赫所謂"隨類"，遂爾了然。《全宋文》卷二〇宗炳《畫山水序》："於是畫象布色，構茲雲嶺。……以形寫形，以色寫色也"；以"畫象"之"寫形"與"布色"之"寫色"分別序次而言，尤足詮謝赫之以"象形"居三而"賦彩"位四也。

謝赫反復言"氣韻"、"氣"、"韻"，而《第一品》評張墨、荀勗曰："風範氣候，極妙參神，但取精靈，遺其骨法"，《第二品》評顧駿之曰："神韻氣力，不逮前賢"，《第五品》評晉明帝曰："雖略於形色，頗得神氣"，是"神韻"與"氣韻"同指。談藝之拈"神韻"，實自赫始；品畫言"神韻"，蓋遠在說詩之先。陸機《文賦》："收百世之闕文，採千載之遺韻"，"韻"與"文"互文一意，謂殘缺不全與遺留猶在之詩文，乃指篇章，非指風格也。王士禎《蠶尾集》卷七《芝廛集序》論"南宗畫"之"理"而申言曰："雖然，非獨畫也，古今風騷流別之道，固不越此"，却未識"風騷之道"早著於"畫理",嚴羽所倡神韻不啻自謝赫傳移而光大之。翁方綱《復初齋文集》卷八《神韻論》如缺齒咬蝨、鈍錐鑽木,且渠儂自命學人而精鑒書畫,亦竟不能會通以溯源於謝赫。近賢著述,倘有表微補缺者歟?余寡陋未之覯也。

謝赫以"生動"釋"氣韻",又《第六品》評丁光曰:"非不精謹,乏於生氣";《全陳文》卷一二姚最《續畫品》評赫自作畫曰:"寫貌人物,……意在切似。……至於氣韻精靈,未極生動之致。"則"氣韻"匪他,即圖中人物栩栩如活之狀耳。所謂頰上添毫,"如有神明"(《世說·巧藝》),眼中點睛,"便欲言語"(《太平御覽》卷七〇二又七五〇引《俗說》);謝赫、姚最曰"精靈",顧愷之曰"神明",此物此志也。古希臘談藝,評泊雕刻繪畫,最重"活力"或"生氣"(enargeia)①,可以騎驛通郵。舊見西人譯"六法",悠謬如夢囈醉囈,譯此法為"具節奏之生命力"(rhythmic vitality)者有之,為"心靈調和因而產生生命之活動"(la consonance de l'esprit engendre le mouvement de la vie)者有之,為"生命活動中心靈之運為或交響"(operation or revolution, or concord or reverberation, of the spirit in life movement)者有之,為"精神之聲響或生力之震盪與生命之運動"(Spirit Resonance, or Vibration of Vitality, and Life Movement)者有之②;其遵奉吾國傳訛,以兩語截搭,不宜深責也,

---

① Jean H. Hagstrum, *The Sister Arts*, 11-2.

② L. Giles, *Introduction to the History of Chinese Pictorial Art*, 24; R. Petrucci, *La Philosophie de la Nature dans l'Art d'Extrême-Orient*, 89; A. K. Coomaraswamy, *The Transformation of Nature in Art*, 20; O. Sirén, *The Chinese on the Art of Painting*, 19.

其強飾不解以爲玄解，亦不足怪也，若其覩燈而不悟是火，數典忘祖，則誠堪憫嗤矣。"六、傳移，模寫是也"；又《第五品》評劉紹祖："善於傳寫，不閑其思。……號曰'移畫'，然述而不作，非畫所先。"蓋劉臨仿名跡以成摹本（copying），原屬畫師慣事。譯者亦作離奇解會，鑿淺成晦，有如此者。

謝赫之世，山水詩已勃興，而畫中苦乏陶、謝之倫，迫使顧、陸輩却步；山水畫方滋，却尚不足與人物畫爭衡，非若唐後之由附庸而進爲宗主也（參觀論《全後漢文》仲長統《昌言》）。赫所品之畫，有龍，有蟬雀，有神鬼，有馬，有鼠，尤重"象人"；故謝肇淛《五雜俎》卷七評"六法"曰："此數者何嘗一語道得畫中三昧？不過爲繪人物、花鳥者道耳。"龍、馬、雀、鼠、蟬同於人之具"生"命而能"動"作，神、鬼則直現人相而加變怪[1]。《世說·排調》："桓豹奴是王丹陽外甥，形似其舅，桓甚諱之。宣武曰：'不恒相似，時相似耳；恒似是形，時似是神'"；《全晉文》卷二九王坦之《答謝安書》："人之體韻猶器之方圓"，其書與謝安來書均載《晉書》坦之本傳，論立身行己者。"形"即"體"，"神"即"韻"，猶言狀貌與風度；"氣韻"、"神韻"即"韻"之足文申意，胥施於人身。如《全宋文》卷一〇順帝《詔諡王敬弘》："神韻沖簡，識宇標峻"；《世說·任誕》："阮渾長成，風氣韻度似父"；《金樓子·后妃》記宣修容相静惠王云："行步向前，氣韻殊下"，又《雜記》上記孔翁歸"好飲酒，氣韻標達"。赫取風鑑真人之語，推以目畫中之人貌以至物象，猶恐讀者不解，從而説明曰："生動是也。"杜甫《丹青引》："褒公鄂

---

[1]　Cf. Kant, *Anthropologie*, §32, *Werke*, hrsg. E. Cassirer, VIII. 65.

公毛髮動，英姿颯爽來酣戰"，正赫所謂"氣韻"矣。赫謂六法"惟陸探微、衛協備該之矣"，又稱衛協"六法之中，殆爲兼善"，而唐朱景元《唐朝名畫錄·敍》云："夫畫者以人物居先，禽獸次之，山水次之，樓殿屋木次之。……以人物禽獸，移生動質，變態不窮，……故陸探微畫人物極其妙絕，至於山水草木，粗成而已。"故知赫推陸、衛，着眼祇在人物，山水草木，匪所思存，"氣韻"僅以品人物畫。張彥遠《歷代名畫記》卷一"試論"六法，更爲明白，有云："至於臺閣樹石車輿器物，無生動之可擬，無氣韻之可侔。……顧愷之曰：'畫人最難，次山水，次狗馬，其臺閣一定器耳，差易爲也'；斯言得之。……鬼神人物有生動之可狀，須神韻而後全，若氣韻不周，空陳形似，謂非妙也。……今之畫人，粗善寫貌，得其形似，則無其氣韻，具其彩色，則失其筆法。"張引顧愷之語，足徵晉、宋風尚，赫之品畫，正合時趨。其以"生動"與"氣韻"對稱互文、"神韻"與"氣韻"通爲一談，亦堪佐證吾説。論"彩色"與"筆法"得此失彼，即赫所言二、四兩法之勝解，似《文心雕龍·風骨》之以"骨""彩"對照；五代以後畫花鳥者不用墨筆鈎勒而逕施彩色，謂之"沒骨法"者以此。"骨法"之"骨"，非僅指畫中人像之骨相，亦隱比畫圖之構成於人物之形體。畫之有"筆"猶體之有"骨"，則不特比畫像於真人，抑且逕視畫法如人之賦形也（參觀《全晉文》論王羲之《書論》）。山水畫後來居上，奪人物畫之席，郭若虛《圖畫聞見志》卷一所謂"若論人物，則近不及古，若論山水，則古不及近"；優劣之等差，亦寓盛衰之遞代。於是"氣韻"非復人物畫所得而專矣。如荆浩《筆法記》一名《山水畫錄》即云："夫畫有六要：一曰氣，二曰韻"，又曰："凡筆有四勢，謂筋、肉、骨、氣"；韓拙《山水純全論》中《觀畫別識》及《林木》兩節曾分別闡釋之（二文皆見《佩文齋書畫譜》卷一三）。蓋初以品人物，繼乃類推以品人物畫，終則擴而充之，并以品山水畫焉。風扇波靡，詩品與畫品歸於一律。然二者顧名按跡，若先後影響，而析理探本，正復同出心源。詩文評所謂"神韻説"匪僅依傍繪畫之品目而立文章之品目，實亦邃視詩文若活潑刺之人。蓋吾人觀物，有二結習：一、以無生者作有生看（animism），二、以非人作人看（anthromorphism）。鑑畫衡文，道一以貫。圖畫得具筋骨氣韻，詩文何獨不可。《抱朴子》外篇《辭義》已云："妍而無據，證援不給，皮膚鮮澤而骨髓迥弱"；《顏氏家訓·文章》亦云："文章當以理致爲心腎，氣調爲筋骨，事義爲皮膚，華麗爲冠冕。"既賦以形骸，則進而言其"氣韻"、"神韻"，舉足即至，自然之勢。故《顏氏家訓·名實》記一士族，"天才鈍拙"，東萊王韓晉明設讌面試，"辭人滿席，屬音賦韻，命筆爲詩；彼造次即成，了非向韻"；"賦韻"之"韻"，韻節、韻脚之"韻"也，而"向韻"之"韻"，則"氣韻"、"風韻"之"韻"矣。

【增訂四】《全梁文》卷四梁武帝《贈蕭子顯詔》："神韻峻舉"，尚是風鑑語；卷一一簡文帝《勸醫論》："又若爲詩，……麗詞方吐，逸韻乃生"，則是評文語矣。

《梁書·文學傳》下沈約稱劉杳二《贊》云："詞采妍富，事義畢舉，句韻之間，光影相照"；《贊》爲押韻之文，"句韻"猶"賦韻"。《文賦》之"遺韻"乃"賦韻"、"句韻"之"韻"，非"向韻"之"韻"也。李薦《濟南集》卷八《答趙士舞德茂宣義論弘詞書》："凡文之不可無者有四：一曰體，二曰志，三曰氣，四曰韻。……文章之無體，譬之無耳目口鼻，不能成人。文章之無志，譬之雖有耳目口鼻，而不知視聽臭味之所能，若土木偶人，形質皆具而無所用之。文章之無氣，雖知視聽臭味，而血氣不充於內，手足不衛於外，若奄奄病人，支離憔悴，生意消削。文章之無韻，譬之壯夫，其軀幹梏然，骨強氣盛，而神色昏瞀，言動凡濁，則庸俗鄙人而已。"（參觀王鐸《擬山園初集》第二四冊《文丹》："文有神、有魂、有魄、有竅、有脉、有筋、有腠理、有骨、有髓"；又徐枋《居易堂集》卷一《與楊明遠書》、齋藤謙《拙堂文話》卷七《文譬之人身》條。）觀此可識談藝僅道"韻"者，意中亦有生人之容止風度在，無異乎言"神韻"、"氣韻"也。歌德小説中男角二人告女角曰："人最顧影自憐，隨處觸目，莫不如對鏡而照見己身焉"（aber der Mensch ist ein wahrer Narzis; er bespiegelt sich überall gern selbst）；故其觀動植兩類、地火水風四大等，皆肖己之心性氣質①。斯言也，不特格物為爾，談藝亦復如是，"氣韻"、"神韻"即出於賞析時之鏡中人自相許矣。

畫品文評先後同標"神韻"，將無如周人、鄭人之同言"璞"而一以名玉、一以名鼠耶？嘗觀謝赫以至嚴羽之書，雖藝別專門，見有深淺，粗言細語，盍各不同，然名既相如而復實頗相如者，固可得而言也。謝赫評晉明帝："雖略於形色，頗得神氣"；評丁光："非不精謹，乏於生氣"；評顧駿之："神韻氣力，不逮前賢，精微謹細，有過往哲"；評張墨、荀勖曰："風範氣候，極妙參神。……若拘以體物，則未見精粹，若取之象外，方厭膏腴，可謂微妙也。"荊浩、韓拙論山水："韻者，隱露立形，備意不俗"；謂不盡畫出，而以顯豁呈"露"與"隱"約蔽虧，錯綜

---

① *Die Verwandtschaften*, I.iv, *Sämtliche Werke*, "Tempel-Klassiker", X, 36.

立形，烘托備意(concealment yet revelation)，

【增訂四】韓拙論畫山水："韻者，隱露立形"，蓋謂"露"於筆墨之中者與"隱"在筆墨之外者，參互而成畫境。余原以英語 "concealment yet revelation" 闡之，顧更端言 "revelation as well as concealment"，亦無不可。郭熙《林泉高致·山水訓》曰："山欲高。盡出之，則不高；烟霞鎖其腰，則高矣。水欲遠。盡出之，則不遠；掩映斷其脈，則遠矣。"嘗歎兹言，足爲韓拙語申意。"出" 即 "露"，而 "鎖" 與 "斷" 即 "隱" 矣。參觀《談藝錄》（補訂本）第八八則 "魏爾蘭" 條補訂。當代德國哲學家謂呈露而亦隱匿乃真理所具之性德(The nature of truth, that is of unconcealedness, is dominated throughout by a denial.... denial in the manner of concealment belongs to unconcealedness as clearing. —Heidegger: "The Origin of the Work of Art", in *Poetry, Language, Thought*, tr. by A. Hofstadter, 1971, pp. 54-5)，法國新文論師謂 "亦見亦隱" 之境界，如衣裳微開略露之人體，最能動情(L'endroit le plus érotique d'un corps n'est-il pas là où *le vêtement bâille*?... la mise en scène d'une apparition-disparition. —Roland Barthes, *Le Plaisir du texte*, 1973, p. 19)。韓拙此語，向來説者不得其解，至疑文有脱誤，初不意渠儂論小藝而可通於大道也。

可參司空圖《詩品·形容》："離形得似"，陳與義《墨梅》："意足不求顏色似。"司空圖《與李生論詩書》："近而不浮，遠而不盡，然後可以言韻外之致"，又《與極浦書》："象外之象，景外之景，豈容易可談哉？"又《詩品·雄渾》："超以象外，得其環

中。"李鳶云:"如登培塿之邱,以觀崇山峻嶺之秀色;涉潢汙之澤,以觀寒溪澄潭之清流;如朱絃之有餘音、太羹之有遺味者,韻也";"登培塿"、"涉潢汙"兩喻,可參《與極浦書》:"可望而不可置於眉睫之間也",又《詩品‧超詣》:"遠引若至,臨之已非。"嚴羽《滄浪詩話》稱"詩之有神韻者":"如水中之月,鏡中之象,言有盡而意無窮";可參姜夔《詩話》:"語貴含蓄,句中有餘味,篇中有餘意,善之善者也。東坡云:'言有盡而意無窮,天下之至言也。'"綜會諸説,刊華落實,則是:畫之寫景物,不尚工細,詩之道情事,不貴詳盡,皆須留有餘地,耐人玩味,俾由其所寫之景物而冥觀未寫之景物,據其所道之情事而默識未道之情事。取之象外,得於言表(to overhear the understood),"韻"之謂也。曰"取之象外",曰"略於形色",曰"隱",曰"含蓄",曰"景外之景",曰"餘音異味",説竪説横,百慮一致。明初沈顥《畫麈》倡"禪與畫俱有南北宗"之論,"創作《十筆圖》",惟鶩"高簡",芟繁密以求深永,"味外取味";其於謝赫不啻嚴羽之於司空圖矣。

【增訂三】清畫人盛大士《谿山卧游錄》卷一論畫"四難",有曰:"筆少畫多,境顯意深",足以箋荆浩、韓拙、沈顥輩言山水畫之"韻"與"禪"矣。

宋人言"詩禪",明人言"畫禪",課虚叩寂,張皇幽眇。苟去其緣飾,則"神韻"不外乎情事有不落言詮者,景物有不著痕跡者,衹隱約於紙上,俾揣摩於心中。以不畫出、不説出示畫不出、説不出(to evoke the inexpressible by the unexpressed),猶"禪"之有"機"而待"參"然。故取象如遥眺而非逼視,用筆寧疏略而毋細密;司空圖《詩品‧含蓄》:"不著一字,盡得風流";《沖淡》:"遇之匪深,即之已稀,脱有形似,握手已違";《縝密》:"是有真跡,如不可知,語不欲犯,思不欲痴";《飄逸》:"如不可執,如將有聞,識者有領,期之愈分";反復指説,殆類西方十七世紀談藝盛稱之"不可名言"(je ne sais quoi)矣①。因隱示深,由簡致遠,固修詞之舊訣常談。古印度説詩,亦有主"韻"(dhvani, sound, echo, tone)一派,"韻"者,微示意藴(Vyangya, suggested sense),詩之"神"髓,於是乎在(Dhvani is definitely posed as the "soul" or essence of poetry)②。西方古師教作文謂幽晦隱約則多姿致,質直明了則乏趣味(Even obscurity often produces force, since what is distantly hinted is forcible, while what is plainly stated is held cheap)③。後世名家如狄德羅謂曉達不足感人,詩家當騖隱昧(La clarté ne vaut rien pour émouvoir. Poètes, soyez ténébreux)④;儒貝爾謂文帶晦方工,蓋物之美者示人以美而不以美盡示於人(Il serait singulier que le style ne fût beau que lorsqu'il a quelque obscurité, c'est-à-dire quelques nuages. Il est certain que le beau a toujours à la fois quelque beauté visible et quelque beauté cachée)⑤。利奥巴迪反

---

① J. Brody, *Boileau and Longinus*, 54-6; Giulio Natali, *Fronde sparte*, 39-55. Cf. Le P. Bouhours, *Entretiens d'Ariste et d'Eugène*, V, Armand Colin, 145 (le je ne sçay quoy comme ces beautéz couvertes d'un voile).

② S. K. De, *Studies in the History of Sanskrit Poetics*, Lucas, II, 191, 199; Cf. De, *Sanskrit Poetics as a Study of Aesthetics*, 8.

③ Demetrius, *On Style*, V.254, "Loeb", 457.

④ Diderot: "Salon de 1767", *Oeuv. comp.*, éd. Assézat et Tourneux, XI, 147. Cf. Burke, *Inquiry into the Sublime and the Beautiful*, ed. J. T. Boulton, 60-2.

⑤ Joubert, *Pensées*, XXI.32. Cf. Montaigne, *Essais*, III.5, "la Pléiade", 846.

復言詩宜朦朧曖昧，難捉摸，不固必，語無滯着則意無窮盡（idee e pensieri vaghi e indefiniti; confonde l'indefinito coll'infinito; una picolissima *idea confusa* è sempre maggiore di una grandissima, affatto *chiara*），渾淪惚恍，隱然而不皎然，讀者想像綽然盤旋（il lasciar molto alla fantasia ed al cuore del lettore; descrivendo con pochi colpi e mostrando poche parti dell'oggetto, lasciavano l'immaginazione errare nel vago; sono poetissme e piacevoli, perché destano idee vaste, e indefinite; è piacevole per il vago dell' idea）①。叔本華云："作文妙處在説而不説，正合希臘古詩人所謂'半多於全'之理。切忌説盡，法國詩人所謂'詳盡乃使人厭倦之秘訣'"（Immer noch besser, etwas Gutes wegzulassen, als etwas Nichtssagendes hinzulassen Hier findet das Hesiodische *pléon èmisu pantós*. Ueberhaupt nicht Alles sagen: *le secret pour être ennuyeux, c'est de tout dire*）②；希臘詩句即希西奧特（Hesiod）《工作與時日》（Works and Days）第四〇行，法國詩句見伏爾泰《詠人》（Sur l'Homme）第六首。

【增訂四】參觀《七綴集》《中國詩與中國畫》第三節引休謨説。叔本華所引伏爾泰句當作"Le secret d'ennuyer est celui de tout dire."席勒嘗謂："世人推工於語言者爲大家，吾則以

---

① Leopardi, *Zibaldone*, Mondadori, I, 105, 382, 971; I, 86, 126, 1145, II, 1128.

② Schopenhauer, *Parerga und Paralipomena*, Kap. 13, §283, *Sämtliche Werke*, hrsg. P. Deussen, V, 570. Cf. *Die Welt als Wille und Vorstellung*, Ergänzungen, Kap. 34: "Ganz befriedigt durch den Eindruck eines Kunstwerks sind wir nur dann, wann er etwas hinterlässt, das wir, bei allem Nachdenken darüber, nicht bis zur Deutlichkeit eines Begriffs horabziehen Können."

爲工於不言者乃文章宗匠"(Indem anderen Meister erkennt man an dem, was er ausspricht,/Was er weise verschweight, zeigt mir den Meister des Stils. —Schiller, *Votivtafeln*, No. 49, *Werke*, ed. L. Bellermann, Vol. I, p. 184)。

愛倫・坡與馬拉梅所主張，流傳尤廣，當世一論師說之曰："使人起神藏鬼秘之感，言中未見之物彷彿匿形於言外，即實寓虛，以無爲有，若隱而未宣，乃宛然如在"(si l'on produit un effet de mystère, un sens de non-révélé, cela tiendra lieu des contenus mêmes qui manquent. L'absence d'un contenu se traduira dans la présomption d'un contenu. Le sens du caché peut bien traduire une absence en une présence)①。《全三國文》卷五三伏義《與阮嗣宗書》所譏"閉虛門以示不測者"，幾可以斷章借喻。論詩文爾許語與謝赫、荊浩、沈顥輩論畫"取之象外"、"隱露立形"、"愈簡愈入深永"，不介自親焉，參觀《太平廣記》卷論卷二一三《張萱》。

吾國首拈"韻"以通論書畫詩文者，北宋范溫其人也。溫著《潛溪詩眼》，今已久佚。宋人談藝書中偶然徵引，皆識小語瑣，惟《永樂大典》卷八〇七《詩》字下所引一則，因書畫之"韻"推及詩文之"韻"，洋洋千數百言，匪特爲"神韻說"之弘綱要領，抑且爲由畫"韻"而及詩"韻"之轉捩進階。

【增訂三】北宋末俗語稱人之姿色，物之格製，每曰"韻"，以示其美好。此與范溫以"韻"品目詩文書畫，時近意合，消息

---

① G. Morpurgo-Tagliabue, *L'Esthétique contemporaine：Une Enquête*, tr. Marcelle Bourrette Serre, 499.

相通。《説郛》卷四四章淵《槁簡贅筆》引王安石譏韓愈《大行皇后挽歌》詞句"近乎黷也"，因曰："王黼奉勅撰《明節和仁貴妃墓志》云：'妃齒瑩潔，嘗珥絳，有標致，俗目之爲韻。'使荆公見之！當云何也！"周煇《清波雜志》卷六論王黼文曰："宣和間，衣着曰'韻纈'，果實曰'韻梅'，詞曲曰'韻令'。"《三朝北盟會編·靖康中帙》七陳東"乞誅六賊"上書，中言梁師成謀立鄆王楷，有曰："又見比年都城婦女，首飾衣服之上，多以'韻'字爲飾，甚至男女衣着幣帛，往往織成此字，皆是師成倡爲讖語，以撼國本"——蓋"韻"、"鄆"二字音同，足資附會也。

嚴羽必曾見之，後人迄無道者。《宋詩話輯佚》上册有《潛溪詩眼》一卷，蒐撷《漁隱叢話》等得廿八則，皆鱗爪之而也，當以《大典》此則補益之。故摘録較詳，稍廣其傳爾。"王偁［稱］定觀好論書畫，常誦山谷之言曰：'書畫以韻爲主。'予謂之曰：'夫書畫文章，蓋一理也。然而巧、吾知其爲巧，奇、吾知其爲奇；布置關［？開］闊，皆有法度；高妙古澹，亦可指陳。獨韻者，果何形貌耶？'定觀曰：'不俗之謂韻。'余曰：'夫俗者、惡之先，韻者、美之極。書畫之不俗，譬如人之不爲惡。自不爲惡至於聖賢，其間等級固多，則不俗之去韻也遠矣。'定觀曰：'瀟灑之謂韻。'予曰：'夫瀟灑者、清也，清乃一長，安得爲盡美之韻乎？'定觀曰：'古人謂氣韻生動，若吳生筆勢飛動，可以爲韻乎？'予曰：'夫生動者，是得其神；曰神則盡之，不必謂之韻也。'定觀曰：'如陸探微數筆作狻猊，可以爲韻乎？'余曰：'夫數筆作狻猊，是簡而窮其理；曰理則盡之，亦不必謂之韻也。'定觀請余發其端，乃告之曰：'有餘意之謂韻。'定觀曰：'余得之矣。蓋嘗聞之撞鐘，大聲已去，餘音復來，悠揚宛轉，聲外之音，其是之謂矣。'余曰：'子得其梗概而未得其詳，且韻惡從生？'定觀又不能答。予曰：'蓋生於有餘。請爲子畢其說。自三代秦漢，非聲不言韻；捨聲言韻，自晉人始；唐人言韻者，亦不多見，惟論書畫者頗及之。至近代先達，始推尊之以爲極致；凡事既盡其美，必有其韻，韻苟不勝，亦亡其美。夫立一言於千載之下，考諸載籍而不繆、出於百善而不愧，發明古人鬱塞之長，度越世間聞見之陋，其爲有〔? 能〕包括衆妙、經緯萬善者矣。且以文章言之，有巧麗，有雄偉，有奇，有巧，有典，有富，有深，有穩，有清，有古。有此一者，則可以立於世而成名矣；然而一不備焉，不足以爲韻，衆善皆備而露才用長，亦不足以爲韻。必也備衆善而自韜晦，行於簡易閑澹之中，而有深遠無窮之味，……測之而益深，究之而益來，其是之謂矣。其次一長有餘，亦足以爲韻；故巧麗者發之於平澹，奇偉有餘者行之於簡易，如此之類是也。自《論語》、《六經》，可以曉其辭，不可以名其美，皆自然有韻。左丘明、司馬遷、班固之書，意多而語簡，行於平夷，不自矜衒，故韻自勝。自曹、劉、沈、謝、徐、庾諸人，割據一奇，臻於極致，盡發其美，無復餘蘊，皆難以韻與之。唯陶彭澤體兼衆妙，不露鋒鋩，故曰：質而實綺，癯而實腴，初若散緩不收，反覆觀之，乃得其奇處；夫綺而腴、與其奇處，韻之所從生，行乎質與癯而又若散緩不收者，韻於是乎成。……是以古今詩人，唯淵明最高，所謂出於有餘者如此。至於書之韻，二王獨尊。……夫惟曲盡法度，而妙在法度之外，其韻自遠。近時學高韻勝者，唯老坡；諸公尊前輩，故推蔡君謨爲本朝第一，其實山谷以謂不及坡也。坡之言曰：蘇子美兄弟大俊，非有餘，乃不足，使果有餘，則將收藏於內，必不如是盡發於外也；又曰：美而病韻如某人，勁而病韻如某人。……山谷書氣骨法度皆有可議，惟偏得《蘭亭》之韻。或曰子前所論韻，皆生於有餘，今不足而韻，又有説乎？蓋古人之學，各有所得，如禪宗之悟入也。山谷之悟入在韻，故關〔？開〕闢此妙，成一家之學，宜乎取捷徑而逕造也。如釋氏所謂一超直入如來地者，考其戒、定、神通，容有未至，而知見高妙，自有超然神會，冥然脗合者矣。……然所謂有餘之韻，豈獨文章哉，自聖賢出處古人功業，皆如是矣。……然則所謂韻者，亘古今，殆前賢秘惜不傳，而留以遺後之君子歟？"融貫綜賅，不特嚴羽所不逮，即陸時雍、王士禎輩似難繼美也。

　　范氏以"一超入如來地"，喻黃庭堅書法之得"韻"，可合之《苕溪漁隱叢話》前集卷一九又《詩人玉屑》卷一五引《潛溪詩眼》"識文章當如禪家有悟門"一節、《漁隱叢話》前集卷五引《潛溪詩眼》"學者先以識爲主，禪家所謂'正法眼藏'"一節，即嚴羽《滄浪詩話》之以禪喻詩。范氏以"韻"爲"極致"，即《滄浪詩話》："詩之極致有一，曰入神。"范氏釋"韻"爲"聲外"之"餘音"遺響，足徵人物風貌與藝事風格之"韻"，本取譬於聲音之道，古印度品詩言"韻"，假喻正同。嘗覩儒貝爾論詩云："每一字皆如琴上張絃，觸之能生回響，餘音波漫"（Dans le style poétique, chaque mot retentit comme le son d'une lyre bien montée, et laisse toujours après lui un grand nombre d'ondulations）[①]。讓·保羅論浪漫境界，舉荷馬史詩爲例，謂"琴籟鐘音，悠悠遠逝，而裊裊不

---

① Joubert, *Pensées*, Tit. XXI. 38.

絶，耳傾已息，心聆猶聞，即證此境"（man das Romantische des wogende Aussummen einer Saite oder Glocke nennt, in welchem die Tonwoge wie in immer ferneren Weiten verschwimmt und endlich sich verliert in uns selber und, obwohl aussen schon still, noch innen lautet）①；猶《全唐文》卷四五四李子卿《夜聞山寺鐘賦》所云："其稍絶也，小不窕兮細不緊，斷還連兮遠還近，着迴風而欲散，值輕吹而更引。"

【增訂三】周賀《書實上人房》："秋鐘韻盡遲"，以"盡遲"二字寫鐘"韻"，甚精切。陸時雍《詩鏡總論》曰："聲微而韻悠然長逝者，聲之所不得留也。一擊而立盡者，瓦缶也。詩之饒韻者，其鉦磬乎。"繪聲談藝，莫逆而笑矣。

司當達論畫云："畫中遠景能引人入勝，若音樂然，喚起想象以充補跡象之所未具。清晰之前景使人乍見而注視，然流連心目間者乃若隱若現之空濛物色。大師哥來杰奧畫前景亦如遠眺蒼茫，筆意不近雕刻而通於音樂"（La magie des lointains, cette partie de la peinture qui attache les imaginations tendres. ... Par là elle se rapproche de la musique, elle engage l'imagination à finir ces tableaux; et si, dans le premier abord, nous sommes plus frappés par les figures du premier plan, c'est des objets dont les détails sont à moitié cachés par l'air que nous nous souvenons avec le plus de charme. Son [Le Corrège] art fut de peindre comme

---

① Jean Paul, *Vorschule der Aesthetik*, V. 22, *Werke*, Carl Hanser, V, 88. Cf. Gottfried Keller, *Der grüne Heinrich*, II. xii (der sehnsüchtige Reiz der Glockentöne), *Sämtliche Werke*, Aufbau Verlag, IV, 307-8.

dans le lointain mêmes les figures de premier plan... C'est de la musique, et ce n'est pas de la sculpture)①。三人以不盡之致比於"音樂"、"餘音"、"遠逝而不絕"，與吾國及印度稱之爲"韻"，真造車合轍、不孤有鄰者。謝赫以"生動"詮"氣韻"，尚未達意盡蘊，僅道"氣"而未申"韻"也；司空圖《詩品·精神》："生氣遠出"，庶可移釋，"氣"者"生氣"，"韻"者"遠出"。赫草創爲之先，圖潤色爲之後，立説由粗而漸精也。曰"氣"曰"神"，所以示别於形體，曰"韻"，所以示别於聲響。"神"寓體中，非同形體之顯實，"韻"裊聲外，非同聲響之亮澈；然而神必託體方見，韻必隨聲得聆，非一亦非異，不即而不離。《百喻經》第一則云："有愚人至於他家，主人與食，嫌淡無味，主人爲益鹽。既得鹽美，便自念，言：'所以美者，緣有鹽故；少有尚爾，況復多也！'便空食鹽"（參觀《吕氏春秋·用民》以"鹽之於味"喻"不可無有而不足專恃"）；賀貽孫《詩筏》："寫生家每從閒冷處傳神，所謂頰上加三毛也。然須從面目顴頰上先着精彩，然後三毛可加。近見詩家正意寥寥，專事閒語，譬如人無面目顔頰，但具三毛，不知果爲何物！"南宗畫、神韻派詩末流之弊，皆"但具三毛"、"便空食鹽"者歟。

　　王明清《揮麈餘録》卷三言王稱"有才學，好與元祐故家遊，范元實温《潛溪詩眼》中亦稱其能詩"，即此節中與范氏問答之人。黄庭堅《豫章文集》卷二八《跋翟公巽所藏石刻》評王

---

① Stendhal, *Histoire de la Peinture en Italie*, Liv. II, ch. 28, texte établi et annoté par P. Arbelet, I, 152-3. Cf. *Hugo von Hoffmannsthal*: "DerTod des Tizian", *Gesammelte Werke*, Fischer Taschenbuch Verlag, I, 254（die grosse Kunst des Hintergrundes und das Geheimnis zweifelhafter Lichter；ahnen mehr als schauen）.

著書"用筆圓熟，……但病在韻耳"，即僢記庭堅論書畫"以韻爲主"之例。呂本中《紫微詩話》記范氏"既從山谷學詩，要字字有來歷"；其言"韻"即亦推演師説。蔡絛《鐵圍山叢談》卷三、卷四記范氏性行頗親切，范娶秦觀女，所謂"'山抹微雲'女婿"者是。謝赫言"氣韻"，世共知而玩忽誤會；范温言"韻"，則茫茫久沉前聞，渺渺尚塵今觀也。

一九〇　全齊文卷二六

　　那伽仙《上書》："吉祥利世間，感攝於羣生；所以其然者，天感化緣明。……菩薩行忍慈，本迹起凡基，一發菩提心，二乘非所期。……生死不爲厭，六道化有緣，具修於十地，遣果度人天。功業既已定，行滿登正覺，萬善智圓備，惠日照塵俗。……皇帝聖宏道，興隆於三寶，垂心覽萬機，威恩振八表。……陛下臨萬民，四海共歸心，聖慈流無疆，被臂小國深。"按《南齊書·蠻、東南夷傳》記扶南王遣天竺道人釋那伽仙上表進貢，載二表文及此《書》，當皆是譯文。此書詞旨酷肖佛經偈頌，然偈頌雖每句字數一律，而不押韻脚，此《書》乃似五言詩而轉韻六次者。竊謂其有類《東觀漢記》卷二二載莋都夷白狼王唐菆《遠夷樂德、慕德、懷德歌》三章，亦見《後漢書·南蠻、西南夷列傳》，譯文出犍爲郡掾田恭手。恭所譯爲四言，《慕德》、《懷德》二篇叶韻，而《樂德》以"意"或"合"（王先謙《後漢書集解》引惠棟曰："當作'會'"）、"來"、"異"、"食"、"備"、"嗣"、"熾"押脚，强叶而已；又據《漢記》並載"夷人本語"，原作每句四字或四音，與譯文句當字對。釋那伽仙此篇本語决不與華語字音恰等，而譯文整齊劃一，韻窘即轉，俾無岨峿，工力在田恭譯之上也。紀昀《紀文達公文集》卷九《耳溪詩集序》："鄭樵有言：'瞿曇之書能至諸夏，而宣尼之書不能至跋提河，聲音之道有障礙耳。'此似是而不盡然也。夫地員九萬，國土至多。自其異者言之，豈但聲音障礙，即文字亦障礙。自其同者言之，則殊方絕域，有不同之文字，而無不同之性情，亦無不同之義理，雖宛轉重譯，而義皆可明。見於經者，《春秋傳》載戎子駒支自云言語不通而能賦《青蠅》，是中夏之文章可通於外國。見於史者，《東觀漢記》載白狼《慕德》諸歌，是外國之文章，可通於中夏。"論殊明通。《説苑・善説》篇載越人《擁楫之歌》，本語之難解，不亞白狼三《歌》，而譯文之詞適調諧、宜於諷誦，遠逾三《歌》及那伽仙一《書》，紀氏不舉作譯詩之朔，當是以其爲中土方言而非異族或異域語耳。《樂府詩集》卷八六無名氏《敕勒歌》下引《樂府廣題》云："歌本鮮卑語，譯作齊言，故句長短不等"；字句固參差不齊，而押韻轉韻，口吻調利，已勿失爲漢人詩歌體。北朝樂府，相類必多，如《折楊柳歌辭》之四："遥看孟津河，楊柳鬱婆娑，我是虜家兒，不解漢兒歌"；其爲譯筆，不啻自道。皆吾國譯韻語爲韻語之古例，足繼三《歌》一《書》者。耶律楚材《湛然居士文集》卷八《醉義歌》有《序》云："遼朝寺公大師賢而能文，《醉義歌》乃寺公之絶唱也。昔先人文獻公嘗譯之；先人早逝，予恨不得一見。及大朝之西征也，遇西遼前郡王李世昌於西域，予學遼字於李公，昔歲頗習，不揆狂斐，乃譯是歌，庶幾形容於萬一云。"七言歌行幾九百字，偉然鉅觀，突過後漢、南北朝諸譯詩矣。晚清西學東漸，迻譯外國詩歌者浸多，馬君武、蘇曼殊且以是名其家。余所覩記，似當數同治初年董恂譯"歐羅巴人長友詩"爲最早，董氏《荻芬書屋詩稿》未收，衹載於董長總理衙門時僚屬方濬師《蕉軒隨録》卷一二中。"歐羅巴人長友詩"實即美國詩人郎法羅（Longfellow）之《人生頌》（*A Psalm of Life*）；英駐華公使威妥瑪漢譯爲扞格不順之散文，董從而潤色以成七言絶句，每節一首。與董過從之西人又記威妥瑪慫恿董譯拜倫長詩卒業①；却未之見，倘非失傳，即係失實，姑妄聽之。

釋玄暘《訶梨跋摩傳》："於時外道志氣干雲，乃傲然而詠曰：'……神爲知王，唯斷爲宗，敢有抗者，斬首謝焉！'"按辯學較藝而以首級爲注，似是梵習，馬鳴菩薩即嘗"以刀貫杖，銘曰：'天下智士，能勝吾者，截首以謝！'"（《佛祖統紀》卷五）。他如《高僧傳》卷二《鳩摩羅什傳》："時溫有一道士，神辯英秀，振名諸國，手擊王鼓而自誓言：'論勝我者，斬首謝之！'"；《高僧傳》二集卷三《玄奘傳》："有順世外道，來求論難，書四十條義，懸於寺門，若有屈者，斬首相謝。"故禪宗以此爲套語，如《五燈會元》卷四趙州從諗曰："若不會，截取老僧頭去！……若不信，截取老僧頭去！"；《朱子語類》卷一三九："今日要作好文者，但讀《史》、《漢》、韓、柳而不能，便請斫取老僧頭去！"即戲效禪僧口角也。《西洋記》第一二回金碧峯與張天師賭求雨，"天師道：'我輸了，我下山；你輸了，你還俗。'長老道：'這罰的輕了些，都要罰這個六陽首級'"；朝臣大駭，蓋不知此釋書中數見不鮮者。《西洋記》描敍稠疊排比，全似佛經

---

① H. E. Parker, *John Chinaman*, 62: "Tung Sün was a renowned poet whose sacred fire was easily kindled by Sir Thomas Wade; and I believe he has inflicted upon the Peking world a translation of *Childe Harold*".

筆法，搗鬼弔詭諸事亦每出彼法經教典籍，如第三九回張天師爲王神姑妖術捉弄，全本《賓頭羅突羅闍爲優陀延王說法經》（參觀《易林》卷論《大壯》），第八三回青牛輪迴全用普明《牧牛圖頌》（《牧牛圖頌》釋袾宏序云："普明未詳何許人"）。"罰六陽首級"亦其沾丐釋書之一例也。

釋玄光《辯惑論‧妄稱真道二逆》："張陵妄稱天師，……爲蟒蛇所噏，子衡奔尋無處，……乃假設權方，以表靈化之迹。生糜鵠足，置石崖巔，謀事辦畢，剋期發之。到建安元年，遣使告曰：'正月七日，天師昇玄都。'米民山獠，蟻集闕外，……衡便密抽遊胃，鶴直衝虛空。民獠愚戇，僉言登仙。"按《說郛》卷三四唐陸長源《辨疑志‧石老》一則記賣藥石老病將死，其子以木貫大石縛父沉於桑乾河，妄指雲中白鶴是父，四鄰觀之，皆焚香跪拜，其事至採入《續仙傳》。一"惑"一"疑"，先後所"辨"相同。豈石子師張子故智耶？抑世事固無獨有偶耶？

一九一　全梁文卷一

　　武帝《淨業賦》。按《賦》冠以長《序》，幾欲喧賓奪主，大可買櫝還珠。《賦》皆釋氏通套，鄶下無譏，《序》則語非泛設，文過自炫，頗耐推尋。卷五《答菩提樹頌手敕》："不無綺語過也！"，足以移評兹文。鋪陳"淨業"，徒成"綺語"，曲説巧言，非"直心是道場"也。"便欲歸志園林，任情草澤，下逼民心，上畏天命，事不獲已，遂膺大寶。……朕又自念有天下，本非宿志，杜恕有云：'刳心擲地，數片肉耳！'所賴明達君子，亮其本心"；卷六《手書與蕭寶夤》亦云："迫樂推之心，應上天之命，事不獲已，豈其始願？所以自有天下，絕棄房室，斷除滋味，正欲使四海見其本心耳。""刳心着地，正與數斤肉相似"，見《三國志・魏書・杜恕傳》裴註引《杜氏新書》；卷七《斷酒肉文》第三首復用其語；"設令刳心擲地，以示僧尼，正數片肉，無以取信。"刳心擲地，秖數片肉，則嘔心作賦，更秖一張紙耳！序前半自言取天下未背儒家綱常："湯武是聖人，朕是凡人"，將欲揚己而故先讓人也。下文明云："但湯武君臣義未絶，朕君臣義已絶"，是湯武未免"逆取"之嫌。己則弔伐既異湯武之逆，禪讓復同舜禹之正，無可疵議焉（參觀《史記》卷論《儒林列傳》)。後半自言治天下未破釋家戒律，津津誇道"斷房室"、"不食魚肉"；一若治平首務，莫過於除周妻、何肉二障者，應與卷四《敕責賀琛》、卷六《手書與蕭寶寅》合觀。序云："復斷房室，不與嬪侍同處，四十餘年矣"，而《敕》云："朕絕房室三十餘年，……不與女人同屋而寢，亦三十餘年"，似《賦》作於《敕》後；《梁書·武帝紀》下卻稱"五十外便斷房室"，梁武享年八十六歲，苟絕來"四十餘年"者，《本紀》當曰"四十外便斷"，不然，崩年必過九十。此等鄙瑣，本不足校，顧既以爲君道攸關，則十年之一出一入，豈曰小德乎哉！當梁武之世，郭祖深《輿櫬詣闕上封事》已痛諫溺情內教、"空談彼岸"之非（《全梁文》卷五九）；荀濟與梁武布衣交，《論佛教表》至以亡國恫嚇之："宋、齊兩代重佛敬僧，國移廟改者，但是佛妖僧僞，奸詐爲心，墮胎殺子，昏淫亂道，故使宋、齊磨滅。今宋、齊寺像見在，陛下承事，則宋、齊之變，不言而顯矣"（《全後魏文》卷五一）。後人亦以佞佛爲梁喪亂之階。如《舊唐書·蕭瑀傳》太宗詔："至若梁武窮心於釋氏，簡文銳意於法門，……子孫覆亡而不暇，社稷俄頃而爲墟，報施之徵，何其繆也！"；《全唐文》卷一三三傅奕《益國利民事》之六："帝王無佛則大治年長，有佛則虐政祚短。……梁武、齊襄尤足爲戒"；卷二〇六姚崇《遺令戒子孫文》："梁武帝以萬乘爲奴，胡太后以六宮入道，豈特名戮身辱，皆以亡國破家"；韓愈《諫迎佛骨表》尤爲名文，不特錄入新、舊《唐書》本傳，且全載於《後西遊記》，其論"事佛漸謹，年代尤促"，特舉梁武"竟爲侯景所逼"、"事佛求福，乃更得禍"。夫世間法與出世間法，究其理則勢不兩立，而見諸行則事必折衷，損益調停，經亦從權（詳見《老子》卷論第一七章）。

故諂道佞佛，雖甚妨御宇爲政，而不能盡廢御宇爲政。《全梁文》卷五武帝《答皇太子請御講敕》、《答晉安王請開講啓敕》："國務麋寄，豈得坐談？"，"晝厲夕惕，……方今信非談日"，"天下負重"，"廢事論道，是所未遑"；二諦而非一本，自陳不諱。是以梁武臺城之殍、宋徽青城之俘，佞佛諂道與有咎焉，卻不能專其咎也。釋道宣《高僧傳》二集卷一《寶唱傳》稱梁武"所以五十許年，江表無事，兆民尚賴，緣斯力也"；"斯力"、佛力也，蓋謂佞佛乃梁之所以平治，而非梁之所以喪亂，言之不怍。然釋子終懼梁武事貽闢佛者以口實，遂虛構公案，撇脫干係；士夫之不闢佛者亦謂梁武於佛法初未清信真知，咎由自取，佛不任焉。《五燈會元》卷一東土初祖章次記梁武問達磨："朕即位以來，造寺、寫經、度僧不可勝紀，有何功德？"答："并無功德。"問："何以無功德？"答："此但人天小果，有漏之因，如影隨形，雖有非實。"《全唐文》卷三九〇獨孤及《隋故鏡智禪師碑銘》："歷魏、晉、宋、齊，施及梁武，言第一義諦者，不過布施持戒，天下惑於報應，而未知禪"；《説郛》卷八五張商英《護法論》於梁武凶終，繁詞強解，苦心敝舌，歸之"定業不可逃"，復斥其"小乘根器，專信有爲之果"；錢謙益《初學集》卷二三《嚮言》亦謂"武帝之爲皆與佛法矛盾違背"，"非人主之功德"；即承達磨緒論也。《中説・周公》篇曰："虛玄長而晉世亂，非老莊之罪也；齋戒修而梁國亡，非釋迦之罪也"。語出於希聖繼孔之文中子，緇流如聞肆赦之恩音，志磐《佛祖統紀》卷三九《法運通塞志》隋仁壽三年下亟載焉；他如契嵩《鐔津文集》卷二《廣〈原教〉》稱文中子"見聖人之心"，卷一二《文中子碑》、卷一三《書文中子傳後》，或元常《佛祖統載》卷一〇特記文中子行事，亦所以報其爲佛開脱之大惠耳。馬令《南唐書・浮屠傳》謂"淺見"者"昧"於"浮屠之道"，如"梁武、齊襄之徒，所以得罪於天下後世也。……齋戒修而梁國亡，非釋迦之罪也；然則浮屠之法，豈固爲後世患哉！"，正摭取《中説》語。《全唐文》卷七一〇李德裕《梁武論》斥梁武奉佛而未嘗能"捨"，不肯"自損一毫"，"以此徼福，不其悖哉！"自註："所論出於釋氏，故全以釋典明之"；

【增訂四】《全唐文》卷八二五黃滔《丈六金身碑》："或曰：'梁武帝之隆釋氏，今古靡倫，奚報應之昧乎？'對曰：'梁武帝隆釋氏之教，不隆釋氏之旨，所以然也。……以民之財之力，刹將三百，祈功覬德，則歸諸己；啼億兆而不乳，削頂領以言覺，所以私，所以然也。'"

蘇軾《東坡題跋》卷一《跋劉咸臨墓志》："梁武帝築浮山堰，灌壽春，以取中原，一夕殺數萬人，乃以麪牲供宗廟爲知佛乎？"；張邦基《墨莊漫錄》卷六："梁武帝之奉佛可謂篤矣！至捨身爲寺奴，宗廟供麪牲。乃築浮山堰，灌壽春，欲取中原，一夕而殺數萬人，其心豈佛也哉？"；姚範《援鶉堂筆記》卷三三："梁武事佛戒殺，而貪競躁忿，遂令人民漂没波濤，殭枕原野，大盜移國，死者如麻。至於三度捨身，宗廟以麪爲犧牲，無補亡社之徵，奚救誅夷之禍！"梁武殺戒大開，一毛不捨，未以淨業空法，對治貪嗔孽障，洵乎其"不知佛"、"心非佛"也。蓋行釋迦之道，亦足以亡梁，而梁之亡，則"非"盡"釋迦之罪"。竊謂釋迦爲一國儲君，出家捨王位如敝屣；梁武不學佛則已，既學佛亦當捨大寶以奉三寶，乃棄本守末，祇以"不食衆生"、"不御内"爲務。《梁書・敬帝紀》魏徵論曰："高祖屏除嗜欲，眷戀軒冕"，八字如老吏斷案。梁武《手書與蕭寶寅》自言築浮山堰曰："而今立此堰，卿當未達本意。朕於昆蟲猶不欲殺，亦何急爭無用之地，戰蒼生之命也？"真如《雜寶藏經》卷一〇第一一八則婆羅門説偈所譏："鸜雀詐銜草，外道畏傷蟲——如是諸僞語，無一可信者！"《舊唐書·蕭瑀傳》："瑀請出家，太宗謂曰：'甚知公素愛桑門，今者不能違意。'瑀旋踵奏曰：'臣頃思量不能出家'。……詔曰：'……往前朕謂張亮云：卿既事佛，何不出家？瑀乃端然自應，請先入道'"；《通鑑·唐紀》二八開元六年，"河南參軍鄭銑、朱陽丞郭仙舟投匭獻詩，敕曰：'觀其文理，乃崇道法，至於時用，不切事情。宜各從所好。'並罷官，度爲道士。"孔平仲《孔氏雜説》卷四論此二事曰："如使佞佛者出家，諂道者爲道士，則上人夫攻乎異端者息矣"；《日知録》卷一三論"南方士大夫晚年多好學佛，北方士大夫晚年多好學仙"，均出"爲利之心"，嘗引玄宗此敕；錢儀吉《衎石齋紀事·續稿》卷一《書道家》記清高宗曰："士大夫言修養，固不禁；然既爲之則不必仕，仕則不當言修養。"此皆爲"士大夫"説法，倘亦以律君上，即如梁武之佞佛，公卿等當聽其捨身於同泰寺，省却出錢奉贖矣。

孔平仲《孔氏雜説》卷二："佛果何如哉？以捨身爲福，則梁武以天子奴之，不免侯景之禍；以莊嚴爲功，則晉之王恭，修營佛寺，務在壯麗，其後斬於倪塘；以持誦爲獲報，則周嵩精於事佛，王敦害之，臨刑猶於市誦經，竟死刀下。佛果何如哉！"言甚明快，然南唐失國，尤後王近事，殷鑑不遠，何獨未舉？陸游《南唐書·浮屠、契丹、高麗列傳》："嗚呼！南唐偏國短世，無大淫虐，徒以浸衰而亡，其最可爲後世鑑者，酷好浮屠也。"梁祖、李主同爲南朝天子；一囚死、一臣虜，同在金陵；胡應麟

《少室山房筆叢》卷三八嘗推"人主才美之盛，蓋無如梁武者"，王鵬運《半塘老人遺稿》推"蓮峯居士，詞中之帝"，則才情亦相當對；又皆酷好浮屠而不得善果，連類比事，地醜德齊。宋太祖因李主佞佛，行間長惡，孔氏或病其事譎而不正，遂有所避歟？《韓非子·内儲說》下："文王資費仲而游於紂之旁，令之諫"，即《顏氏家訓·音辭》篇所謂"音'諫'爲'間'"，行間斯爲最古；"莫若師文王"，宋祖有之，曷諱焉？清季海客談瀛，士夫漸知西天久非佛土，則佛我躬不閱，遑能遠恤。闢佛者無須再以梁祖、李主爲話柄。朱葵之《妙吉祥室詩鈔》卷上詠鴉片之役《詫聞》第二首："靈山紫竹芟夷盡，度鬼翻教大士愁"；"鬼"謂"洋鬼子"。志剛《初使泰西紀要》同治九年九月一日："佛出世，欲普度衆生而爲佛；今印度爲英人普種鴉片，欲普度衆生而爲鬼"；"鬼"謂"鴉片鬼"。王芝《海客日談》同治十一年二月壬申："嘗聞錫蘭島中有神曰佛者，最靈異，胡弗佑所謂獅子國？"翁同龢《瓶廬詩稿》卷四《題天瓶金書〈普門品〉經册》："士夫開口說歐羅，藥邸還成相見坡；龍象已荒菩薩睡，筆頭無杵可降魔！"邱逢甲《嶺雲海日樓詩鈔》卷六《寄蘭史、曉滄、菽園》第四首："天漿傾倒帝沉酣，西奈神來佛讓龕。自轉隻輪刪合朔，別傳十誡貶和南。尋山久已迷靈鷲，聞道真疑到劇驂。至竟大同新運在，老生莫自厭常談。"姚朋圖《當得異書齋詩録》卷二《銅佛·開皇六年造》："昔我漫游經佛國，釋迦曾見履行跡，炯炯兩眼望故都（臥佛兩眼，以貓睛石爲之），西方東漸挽不得！"黄遵憲《人境廬詩草》卷六《錫蘭島臥佛》六首尤盛傳之鉅製，如云："豈真津梁疲，老矣倦欲眠，如何沉沉睡，竟過三千年！"；"謂此功德盛，當歷千萬劫，有國賴庇護，金甌永無缺。豈知西域賈，手不持寸鐵，舉佛降生地，一旦盡劫奪"；"惟佛大法王，兼綜諸神通，如何歛手退，一任敵横縱，竟使清淨土，概變腥膻戎"；"佛不能庇國，豈不能庇教？爾來耶穌徒，遍傳《新、舊約》；載以通商舶，助以攻城礮，竟使佛威德，燈滅樹傾倒"；卷九《己亥雜詩》第四九首又云："四百由旬道路長，忽逢此老怨津梁；沉沉睡過三千歲，可識西天有教皇！"《卧佛》第五首："奈何五印度，竟不聞佛號"云云，歷舉婆羅門教、波斯教、回教之陵駕佛教；《野叟曝言》第二回文素臣論"三武之難"云："其時牟尼三世等佛，何以並没神通？……元代駙馬諸王徧鎮印度，其時印人大半習麻哈默特之教，……是佛教早不行於印度"，蓋早發此意矣。

　　武帝《唱斷肉經竟制》。按卷五《與周捨論斷肉敕》、卷七《斷酒肉文》暢闡此旨。梁武宣揚佛法之崇論弘議，推行佛法之豐功偉績，一言以蔽，即《大般涅槃經·如來性品》第四之一佛告迦葉："我從今日制諸弟子不得復食一切肉"也；亦即《楞伽經·一切佛語心品》之四佛告大慧："我有時遮説五種肉，或制十種令，於此經一切種、一切時開除方便，一切悉斷。"俞正燮《癸巳存稿》卷一三《佛教斷肉述義》："佛教斷肉，及梁武帝法，其先亦有漸義"，因上溯佛經，旁徵稗史，頗得源委。然俞云："故《涅槃經》云：'若乞食得肉，以水洗之，味與肉別，然後得食'"；引語未確，遂煞費解，一似留肉而除其味者！《經》文："迦葉復白佛言：'……若乞食時，得雜肉食，云何得食應清淨法？'佛言：'迦葉，當以水洗，令與肉別，然後乃食。若其食器，爲肉所汙，但使無味，聽用無罪'"；是"食"中"雜肉"，乃以水洗，"別"出所"雜"之"肉"於"食"，"味"指食器所染肉味,非謂水洗能"別"出"味"於"肉"。《六祖法寶壇經·行由》第一記六祖避難獵人隊中,每至飯時,以菜寄煮肉鍋,或問,則對曰:"但喫肉邊菜!",即雖從權而仍遵"與肉別"之教;《高僧傳》二集卷九《慧布傳》記遭侯景之亂,三日失食,"至四日,有人遺布飯而微似豬肉之氣,雖腹如火然,結心不食",即雖無肉而仍遵有味則不"聽用"之教。俞又舉杯渡飲酒噉肉、寶誌食鱠,以證斷肉成制,漸而非驟;例亦不當。杯渡、寶誌乃所謂"神僧",分別見《高僧傳》卷九、卷一〇,《太平廣記》卷九〇即以二人入《異僧》類。《高僧傳·寶誌傳》載梁武詔:"誌公跡拘塵俗,神遊冥寂,水火不能燋濡,蛇虎不能侵懼。……豈得以俗士常情,空相拘制?";《全梁文》卷五三陸倕《誌法師墓志銘》:"或徵索酒肴,或數日不食";故誌雖食鱠而吐出活魚。歷來"異僧",行怪佯狂,以示神通妙用,如《高僧傳》二集卷三四《僧朗傳》:"飲噉同俗,……嚼噍豬肉,不測其來";《佛祖統紀》卷四四志蒙喜食豬頭,號"豬頭和尚",乃定光佛化身;蘇軾道張法華"佯狂啖魚肉"(詳見馮應榴《蘇詩合註》卷七《贈上天竺辯才師》引施、王二家註);俗書《濟公活佛演義》寫濟顛酗酒食狗肉;皆破例出類,規戒非爲渠輩設,梁武所謂"豈得以常情拘制"也,俞又云:"其後唐譯《楞嚴經》云:佛告阿難:'我令比邱食三淨肉'云云";夫舊譯以"不見爲我殺、不聞爲我殺、不疑爲我殺"并而爲一,合之"自死"與"鳥殘",遂得"三淨",唐譯本卷六分"不見"、"不聞"、"不疑"爲三,故曰"五淨肉",非復"三淨"矣。

【增訂四】釋慧立《大慈恩寺三藏法師傳》卷二記至屈支國,"王諸過宮,備陳供養,而食有三淨,法師不受。"即不食"三淨肉"。陳洪綬《寶綸堂集》卷五《示招余飲者》四首均戒殺生，而第一首結句曰："酒徒作佛事，市脯與園蔬"，謂"市脯"不戒，則"三淨"、"五淨"之旨矣。

俞引《記聞》稠禪師夢中食筋；或有以此爲法通事者，別詳《太平廣記》卷論卷九一《稠師》。俞引《鴦掘摩羅經》以證梁武《制》禁著革屣，又引《感應記》言"著蠶衣是魔法"；《全梁文》卷二九沈約《究竟慈悲論》亦謂："禁肉"之外，必須"黜繒"，梁武《斷酒肉文》之三且戒"噉食衆生，乃至飲於乳蜜"。斷蜜以其出於蜂，斷乳、禁革屣以其出於牛，禁絲衣以其出於蠶。唐譯《楞嚴經》卷六："不服東方絲棉絹布及是此土靴履裘毳、乳酪醍醐"，乃唐人隱以梁武之禁竄入爾。《妙法蓮華經‧方便品》第二："或以膠、漆、布，嚴飾作佛像"，智顗《文句記》卷一三："《優婆塞戒經》不許用膠。……古師云，外國用樹膠耳；光宅言，或有處必須於像，聽許用牛皮膠，若有他，即不得用也。……然牛皮終是不淨物"；梁武禁革屣，未及革膠。余嘗怪梁武戒"飲蜜"，而《南史‧梁本紀》中記其"疾久口苦，索蜜不得，再曰：'荷！荷！'遂崩"，故楊萬里《誠齋集》第二三《讀梁武帝事》嗤之曰："梵王豈是無甘露，不爲君王致蜜來！"倘非傳聞失實，則臨終而免於破戒者幾希！

梁武帝《斷酒肉文》第一首云："今出家人噉食魚肉，於所親者，乃自和光，於所疏者，則有隱避。……極是艱難，或避弟子，或避同學，或避白衣，或避寺官，懷挾邪志，崎嶇覆藏，然後方得一過噉食。……今出家人噉食魚肉，或爲白衣弟子之所聞見，內無慚愧，方飾邪説，云：'……以錢買肉，非己自殺，此亦非嫌。'""崎嶇覆藏"四字曲傳情狀，吾吳舊譃謂僧徒於溺器中燉肉，即此意。斷肉制令，王法助佛法張目，而人定難勝天性。拾得詩所謂："我見出家人，總愛喫酒肉"；《清異錄》卷一《釋族》門所謂"正受豬羊雞鴨三昧"。約束愈嚴，不過使"和光"者轉爲"隱避"者而已。然此等俗僧，出家比於就業，事佛即爲謀生，初無求大法之心、修苦行之節。故其"隱避"也，祇如李逵"瞞着背地裏吃葷，吃不得素，偷買幾斤牛肉吃了"；其"和光"也，亦如魯智深"不忌葷酒，甚麼渾清白酒、牛肉狗肉，但有便吃"（《水滸》第五三回、第五回）。雖"臭腥"有壞清規，而率真不失本色，蓋均明知破戒、未嘗自欺。若乃居家之"清信士"，流連朝市，迴向空門，斷肉之制，初非爲彼，而念切生天，引繩自縛，既耽滋味，又畏孽報，於是巧作言詞，大加粉墨。或謂所食之肉實即非肉，如《南齊書·周顒傳》何胤奉佛，"言斷食生，疑食蚶蠣，使學生議之"，學生謂車螯蚶蠣等"草木瓦礫"而下之，"故宜長充庖厨"。或謂口中有肉而心中無肉，如葉夢得《避暑錄話》記章惇召吳僧静端飯，章自食葷，"執事者誤以饅頭爲餕餡，置端前，端食之自如。子厚得餕餡，知其誤，斥執事而顧端曰：'公何爲食饅頭？'端徐取視曰：'乃饅頭耶？怪餕餡乃如許甜！'"葉氏讚歎曰："吾謂此僧真持戒者也！"蓋稱其齊物平等，能如三祖僧璨《信心銘》所教無"揀擇"、不"取捨"也；吳昌齡《東坡夢》第一折託爲蘇軾勸佛印曰："溪河楊柳影，不礙小舟行。佛在心頭坐，酒肉穿腸過，只管吃！怕什麼"，可申斯義。《舊唐書·李靖傳》記李令問"食饌豐侈，廣畜芻豢，躬臨宰殺；時方奉佛，篤信之士或譏之。令問曰：'此物畜生，與果菜何異？胡爲强生分別？不亦遠於道乎！'"齊物平等，不異守端，苟守端偶破戒爲"真持戒"，則令問全不持戒亦可爲"真持戒"，出一頭地矣。其尤可笑者，清齋茹素，而務烹調之佳，償口腹之饞，於守戒中逞欲，更添一重公案。清書家王文治奉佛，精治素庖，趙翼《甌北詩鈔》七言古之三《西巖治具，全用素食，以夢樓持齋故也，作〈素食歌〉見示，亦作一首答之，并調夢樓》："豈知素也可爲絢，又增一番烹飪精。……香菌自南蘑菇北，菘必秋後筍未春。有時故仿豚魚樣，質不相混色亂真。……向來只道肉食鄙，肉食恐無此繁費。……名實不稱殊反常，寒儉幻出繁華場；有如寡婦雖不嫁，偏從淡雅矜素粧，……吾知其心未必淨，招之仍可入洞房！"（參觀王文治《夢樓詩集》卷一六《素食歌答趙甌北》、祝德麟《悅親樓集》卷一八《和夢樓〈素食歌〉》）虐謔云乎哉？藥言而已矣。"仿豚魚樣"，即如《北夢瑣言》記崔安潛"奉釋氏，鎮西川三年，宴諸司，以麵及蒟醬染色像豚肩、羊臑，皆逼真"；蘇軾《蜜酒歌又一首》："脯青苔，炙青蒲，爛蒸鵝鴨乃瓠壺，煮豆作乳脂作酥。……古來百巧出窮人，搜羅假合亂天真"；林洪《山家清供》列"素蒸鴨"、"假煎肉"諸肴；《女仙外史》第三一回侈陳"以上好素菜，滋潤者蒸熟搗爛，乾燥者炙炒磨粉，加以酥油、酒釀、白蜜、蘇合沉香之類，溲和調勻，做成熊掌、駝峯、象鼻、猩唇各種珍饈樣式；再雕雙合印板幾副，印成小鹿、小牛、小羊、雞、鵝、蝦、蟹等形象，每盤一品，悉係劊圖的"云云。《西遊記》第七二回唐僧至盤絲洞化齋，蜘蛛精"人油炒煉，人肉煎熬，熬得黑糊，充作麵筋樣子；剜的人腦，煎作豆腐塊片，兩盤捧到石桌上放下"，勸唐僧下箸曰："長老，此是素的！"今常食之"素雞"、"素魚"、"素火腿"、"素肘子"等，蓋反蜘蛛精之道而行之，以豆腐麵筋，煎充豬羊雞鴨。奉佛者而嗜此，難免趙翼"心未必淨"之譏。後世斷肉之詭論陋習，有梁武爲文時所意計不及者，亦俞氏《述義》應有之義也。

【增訂三】吳自牧《夢粱録》卷一六《麵食店》條言"又有專賣素食分茶不誤齋戒者"，列舉名色，"蒸羊"、"蒸果子鼈"之類不一而足，皆實爲素而號稱葷者；觀其中"三鮮奪真雞"、"假炙鴨乾"、"假羊（驢）事件"、"假煎白腸"、"假煎烏魚"，顧名思義，皎然可曉。同卷《葷素從食店》條舉"素點心"中，亦有"假肉饅頭"。均當遭趙翼"其心不淨"之嘲矣。又按"分茶"在宋有兩義。一指茗事，如李清照《轉調滿庭芳》所謂"活火分茶"，"分"字平聲。一如《夢粱録》此卷及孟元老《東京夢華録》卷二、卷四各節之"分茶"，乃指沽酒市脯，雖著"茶"字，無關品茗（如《夢華録》卷二《飲食菓子》："所謂茶飯者，乃百味羹……入爐羊……炒兔……洗手蟹之類"；卷四《食店》："大凡食店，大者謂之'分茶'。……喫全茶。……有素分茶，如寺院齋食也"，卷三《寺東門街巷》："丁家素茶"），"分"似當讀去聲。《水滸》第二六回："叫過賣造三分飯來"，又三九回："酒店裏相待了分例酒食"，又五三回："那老人……拿起麵來便吃，那分麵却熱，……那分麵都潑翻了"；猶《夢華録·飲食菓子》："其餘小酒店，亦賣下酒，如煎魚鴨子……粉羹之類，每分不過十五錢"；即此"分"字。今語亦言"分飯"。

【增訂四】《老學菴筆記》卷一記集英殿宴金國人使，饌中有"第六、假圓魚"及"第八、假沙魚"。

希臘古王（Nicomedes）欲食鯷魚，而所治距海遠，不能得，庖人因取蘿菔，切作此魚形（His cook took a fresh turnip and cut it in slices thin and long, shaping it just like the anchovy),烹調以進,王亦厭飫①。此"素魚"見於西方前載者。梁武《斷酒肉文》第一首:"又有一種愚痴之人,云:'我祇噉魚,實不食肉'";蓋謂食魚不得爲犯斷肉之戒,又類天主教之以斷肉食魚爲持齋。佛教持齋食素,無肉而退思魚,彼教持齋食魚,有魚而進思肉,得隴望蜀,亦人欲難饜也。西方舊謔謂西班牙一主教於星期五齋日出行,打尖客舍中,覓魚不得而獲雙雞,乃命庖烹以爲饌,庖大驚怪,主教笑曰:"吾以雞當作魚而啖之耳(I eat them as if they were fish)。吾乃教士,領聖餐時,使麵包爲耶穌聖體,則使雞爲魚,尚是小顯神通也"(which do you think is a greater miracle, to change bread into the body of Christ or partridge into fish?)②;又一遊記言有土爾其人被意大利所俘,受洗禮,改信基督教,伙伴忽見其於齋日食肉,厲訶犯戒,渠申辯曰:"吾所食正是魚爾。曩者人挈我入教堂,灑水於我頭上而詔告曰:'汝爲基督徒矣!'吾亦如法炮製,取君等視爲肉者,灑水其上而命之曰:'汝爲魚矣!'故食之無傷也"(Je vous assure que c'est du poisson. …On m'amène à l'Église, on m'a jeté un peu d'eau sur la tête et on m'a dit, tu es Chrétien. J'ai fait la même chose, j'ai jeté un peu d'eau sur ce qui vous paroît de la viande et j'ai dit, tu es poisson. Voilà pourquoi j'en mange aujourd'hui)③。詩文中每寫此類事,《論全晉文》卷一三七戴逵《放達爲非道論》節所引法國小説,即其例焉。

---

① Athenaeus, *The Deipnosophists*, I.7, "Loeb", I, 31.

② Poggio, *Liber Facetiarum*, in C. Speroni, *Wit and Wisdom of the Italian Renaissance*, 51.

③ J.-B. *Labat*, *Voyages en Espagne et en Italie*, 1730, VI, 113.

一九二　全梁文卷五

　　武帝《敕答臣下神滅論》："欲談無佛，應設賓主，標其宗旨，辨其短長。"按"賓主"者，諍辯問答，如兩造對質也。《世説・文學》門記王弼"便作難，一坐人便爲屈，於是弼自爲客主數番，皆一坐所不及"；《魏書・景穆十二王傳》中《任城王澄傳》："或云宜行，或言宜止，帝曰：'衆人意見不等，宜有客主，共相起發'"；《顏氏家訓》論老、莊之書云："直取其清談雅論，詞鋒理窟，剖玄析微，賓主往復。"曰"賓（客）主"而不曰"主賓（客）"者，問然後答，因獻疑送難而決疑解難，比於用兵之攻守也。《老子》六九章："用兵有言：'吾不敢爲主而爲客'"；《公羊傳》莊公二十八年："《春秋》伐者爲客，伐者爲主"，《解詁》："伐人者爲客，讀'伐'、長言之，見伐者爲主，讀'伐'、短言之"；《管子・勢篇》："天時不作勿爲客"，即《禮記・月令》孟春之月"兵戎不起，不可從我始"，鄭玄註："爲客不利，主人則可"；《孫子・九地》："凡爲客之道，深入則專，主人不克"；《國語・越語》下范蠡論"善用兵"："宜爲人客"；《三國志・吳書・朱桓傳》："兵法所稱'客倍而主人半'者，謂俱在平原，無城池之守，又謂士卒勇怯齊等故耳。……以逸待勞爲主制客，此百戰百勝之勢也。"古例甚夥。辯難乃"舌戰",故云"賓（客）主",亦如兵戰之云"攻守"而不云"守攻";若交際酬酢,則行事無妨"主"先"賓"後,如曹植《箜篌引》:"主稱千金壽,賓奉萬年酬。""設"者,如王弼之"自爲客主";班固《答賓戲》以"賓戲主人曰"發端,《文選》歸之於《設論》類,是矣。

一九三　全梁文卷六

　　武帝《觀鍾繇書法十二意》。按同卷有《觀鍾繇書法》，輯自《御覽》，實此篇中摘句，不應別出。"世之學者宗二王，元常逸迹，曾不睥睨。……子敬之不逮逸少，猶逸少之不逮元常"；即卷四六陶弘景《與梁武帝啓》之六："使元常老骨，更蒙榮造，子敬懦肌，不沈泉夜，唯逸少得進退其間。……若非聖證品析，恐愛附近習之風，永遂淪迷矣！……比世皆尚子敬書，……海内非惟不復知有元常，於逸少亦然。"蓋當時雖並宗二王而偏重獻之，梁武始位羲於獻上，尤推鍾繇爲出類絶倫。卷四八袁昂《古今書評》（出《御覽》卷七四八）："鍾繇特絶，逸少鼎能，獻之冠世"，尚不乖聖諭，而《評書》（出《淳化閣帖》卷五）獨推羲之，擅背綸音，疑非原本，出於後人竄改；如稱羲之"字勢雄強，如龍跳天門，虎卧鳳閣"，即割移《古今書評》中贊蕭思話書語也。王世貞《弇州四部稿》卷一五三《藝苑卮言》："宋、齊之際，右軍幾爲大令所掩；梁武一評，右軍復申，唐文再評，大令大損"；文廷式《純常子枝語》卷二舉《左傳》昭公二六年"咸黜不端"，《正義》："'咸'或作'減'，王羲之寫作'咸'"，謂據羲之字以定經文，唐初尊崇其書有如此者。觀《南史》卷四

七　《劉休傳》："元嘉中羊欣重王子敬正隸書，世共宗之，右軍之體微輕，不復見貴。及休始好右軍法，因此大行云"；則羲之"復申"，似不待梁武。顧帝皇咳唾，尤可以上下聲名，左右風會，輕獻軒羲，論遂大定，後世尠持異議。鍾繇書經梁武提倡，一時必亦景從草偃；《全梁文》卷二三蕭子雲《答敕論書》："臣昔不能拔賞，隨世所貴，規摹子敬。……始見敕旨論書一卷，……始變子敬，全範元常。"物論却終未翕然。如姜夔《續書譜·真》稱"古今真書之妙無出鍾元常"；朱熹以《賀捷表》爲楷則（《朱文公集》卷八二《題曹操帖》、《題鍾繇帖》，參觀董其昌《容臺集·別集》卷二、張照《天瓶齋書畫題跋》卷下《跋自臨〈賀捷表〉》又《題跋補輯·跋自臨〈季直〉、〈力命〉二表》、丁晏《頤志齋文集》卷四《朱子〈題曹操帖〉辨》）；陸友《硯北雜志》卷上舉宋人"習鍾法者五"，黃伯思、朱敦儒、李處權、姜夔、趙孟堅。賞摹鍾者，屈指可數；蓋百世賞鑒之公非大有力者一人嗜好之偏所能久奪也。黃庭堅《次韻奉答文少激紀贈》："文章藻鑒隨時去，人物權衡逐勢低"，有味乎其言。帝皇位不常保，力難偏及，其"藻鑒"、"權衡"復"隨時去"而"逐勢低"爾。又按陶弘景"聖證品析"字面用王肅《聖證論》，《顏氏家訓·誡兵》："孔子力翹門關，不以力聞，此聖證也"，亦然。

　　武帝《答陶弘景書》。按四首皆鑒定書法，第二首暢言運筆結體，有云："濃纖有方，肥瘦相和，骨力相稱，婉婉曖曖，視之不足，稜稜凛凛，常有生氣"；後四句可移箋謝赫《畫品》所謂"氣韻"。却又自謙："然非所習，聊試略言。……吾少來乃至不嘗畫甲子，無論於篇紙；老而言之，亦復何爲！正足見嗤於當今，貽笑於後代。"既慚不工書，而復勇於評書，殆又"善鑒者不寫"之意歟（別見《全晉文》卷論王羲之《書論》）！又按卷三《答陶弘景解官詔》："卿遣累卻粒，尚想清虛。……月給上茯苓五斤、白蜜二斗，以供服餌"；然卷七《斷酒肉文》三："弟子蕭衍從今已去，……若飲酒放逸，……噉食衆生，乃至飲于乳蜜及以酥酪，願一切有大力鬼神，先當苦治蕭衍身，然後將付地獄閻羅王，與種種苦。"自戒蜜而以蜜給人，豈以陶爲道士，不同佛弟子之多禁斷歟？則此詔當頒於陶詣阿育王塔自誓受五大戒之前矣。

武帝《菩提達磨大師碑》："及乎杖錫來梁，説無説法。……帝后聞名，欽若昊天。嗟乎！見之不見，逢之不逢，今之古之，悔之恨之，朕雖一介凡夫，敢師之於後。"按梁武悔失達磨，似未見於六朝記載。唐、宋僧史所傳，事頗曲折，未敢遽疑爲無（impossible），而理甚離奇，殊難遽信其有（improbable）。既不契而聽其遠適北魏矣，死耗傳聞，又追悼之；追悼作哀誄可也；乃必欲撰碑刻石；欲撰碑而萬幾未暇，至復傳聞隻履西歸之異，始爲埋骨於敵國熊耳山者立貞珉於本國京師之鍾山。梁武挾貴好勝，史籍頻書。《梁書·沈約傳》記約與梁武競誦，各疏栗事，約故讓帝多三事，出謂人曰："此公護前，不讓即羞死"；《南史》卷四九《劉峻傳》："武帝每集文士，策經史事時，范雲、沈約之徒，皆引短推長，帝乃悦。……曾策錦被事，咸言已罄，……帝試呼峻，峻……請紙筆疏十餘事，……帝不覺失色，自是惡之"；卷五〇《劉顯傳》："有沙門訟田，帝大署曰'貞'，有司未辨，徧問莫知。顯曰：'貞字文爲與上人'。帝因忌其能，出之"；褊淺有若是者。帝於達磨獨休休大度，補過而不護前，且勒銘以示四海百世，豈佛大力真能狎制喉有逆鱗之毒龍耶？碑文僅見八十四字，文理鄙謬，大類庸劣阿師僞造爲禪門裝鋪席者。

【增訂三】出家人常勢利，實心道場每夸誣，輒附會大哉王言以爲法門光寵。釋子僞造梁武帝此碑以尊達磨，亦猶道士立碑而僞託唐太宗《賜孫思邈頌》也（參觀陳鴻墀《全唐文紀事》卷四按語）。李涪《刊誤・釋怪》載李商隱《三教聖像贊》以釋迦爲老子師而老子又爲孔子師，釋子竊以刊碑，嫁名於唐肅宗，陸心源不究，遂據"石刻"而輯入《唐文續拾》卷一"御製"矣。

"帝后聞名，欽若昊天"；撰人身即"帝"耳，何故作局外誇羨口吻，且奚必道"后"？況梁武之郗后早卒於齊世，《南史・后妃傳》下言其"卒不置后"，"后"字更無着落。初未與達磨相契，而言"欽"之如"天"，諛墓例慣誑諂，姑置不論，然"天子"而出此言，則早父事之於先矣，豈待"師之於後"哉？"說無說法"；梁武《金剛般若懺文》固云："是以無言童子，妙得不言之妙，不說菩薩，深見無說之深"，顧碑語似隱指達磨默然"壁觀"及許二祖慧可"得髓"等事，皆其北去後所爲。《五燈會元》卷二善慧大士章次："梁武請講《金剛經》，士纔陞座，以尺揮案一下，便下座，帝愕然。聖師曰：'大士講經竟'"；是爲"說無說法"者，非達磨，乃傅大士也。"朕雖一介凡夫"；梁武自負知佛，幾欲以人王而兼法王，於上座大德，當仁不讓，《唱斷肉經竟制》、《註解〈大品經〉序》、《寶亮法師〈涅槃義疏〉序》諸文即可隅舉。《淨業賦》："内外經書，讀便解悟。……唯有哲人，乃能披襟"；《金剛般若懺文》："弟子習學空無，修行智慧，早窮尊道，克己行法"；《摩訶般若懺文》："弟子頗學空無，深知虛假"；自許正爾不淺。《全梁文》卷二三蕭子顯《御講〈摩訶般若經〉序》："上每爲之通解，……精詳朗贍，莫能追領。舊學諸僧，黯如撤燭，弛氣結舌"；想見其如心大作，猶庖丁之提刀四顧，躊躇志滿。萬乘自貶曰"一介"，"哲人"自貶爲"凡夫"，愈謙則人愈僞，愈謙亦文愈僞矣。釋惠洪《林間錄》卷上："雪竇禪師作《祖英頌古》，其首篇頌初祖不契梁武，曰'闔國人追不再來，千古萬古空相憶'者，歎老蕭不遇詞也。昧者乃敍其事於前曰：'達磨既去，誌公問曰：陛下識此人否？蓋觀音大士之應身耳。傳佛心印至此土，奈何不爲禮耶？老蕭欲追之，誌公曰：借使闔國人追，亦不復來矣！'雪竇豈不知誌公没於天監十三年，而達摩以普通元年至金陵，……今傳寫作'蓋國'，益可笑！"惠洪因記王安石嘗"嗟惜禪者吐辭，多臆說不問義理，故要謗者多以此。"若此碑洵禪人"臆說"而不顧"義理"者。

武帝《捨道事佛疏文》："弟子經遲迷荒，耽事老子，歷葉相承，染此邪法。習因善發，棄迷知返。……寧可在正法中，長淪惡道；不樂依老子教，暫得生天。"按卷四武帝《敕捨道事佛》："唯佛一道，是於正道。……朕捨外道，以事如來。……老子、周公、孔子等雖是如來弟子，而爲化既邪，止是世間之善。……事佛心強、老子心弱者，乃是清信。……其餘諸信，皆是邪見，不得稱清信也"；卷二二邵陵王綸《遵敕捨老子受菩薩戒啟》："今啟迷方，……捨老子之邪風。"《法苑珠林》卷二一《敬佛篇·感應緣》："梁祖登極之後，崇重佛教，廢絕老宗"；當是據此等文而誇大失實。觀《南史·隱逸傳》下記梁武之尊信鄧郁、陶弘景，即知其未嘗"廢絕老宗"，《南史》載陶弘景《遺令》且明言："道人、道士並在門中。"《顏氏家訓·勉學》："洎於梁世，兹風復闡，《莊》、《老》、《周易》，總謂'三玄'。武皇、簡文，躬自講論。……元帝在江荆間，復所愛習，召置學生，親爲教授，廢寝忘食，以夜繼朝，至乃倦劇愁憤，輒以講自釋。"更見梁武父子於"道"，實未割"捨"，上佛之《疏》，下朝之《敕》，皆屬綺語。舊染難湔，宿好仍敦，不過如江淹《自序傳》所稱"又深信天竺緣果之文，偏好老氏清淨之術"，參觀論《全宋文》謝靈運《山居賦》。梁元帝《金樓子·立言》上篇論道家尚虛無，"中原喪亂，實爲此風"，下篇斥魏、晉之間"失老子之旨，以無爲爲宗，背禮違教，傷風敗俗，至今相傳，猶未袪其惑"；則其"教授"老、莊，殆異乎王弼、何晏之撰歟？梁武言"老子、周公、孔子是如來弟子"，乃承晉以來釋子妄説。《法苑珠林》卷六九《破邪篇》之餘引苻朗《苻子》："老子之師名釋迦文佛"，又引《老子大權菩薩經》："老子是迦葉菩薩化行震旦"；《廣弘明集》卷八後周釋道安《二教論·服法非老》第九引《清淨法行經》："佛遣三弟子震旦教化：儒童菩薩、彼稱孔丘，光淨菩薩、彼稱顏淵，摩訶迦葉、彼稱老子"，《佛祖統紀》卷四《教主本紀》第一之四引此《經》則以光淨菩薩爲孔、月光菩薩爲顏；未及周公，梁武倘別有本歟？

【增訂四】西晉竺法護譯《生經·譬喻經》第五五："時儒童菩薩亦在山中，學諸經術，無所不博。……儒童者、釋迦文佛是也。"揣譯文本意當是言"博學童子"，著"儒"字者，以《法言·君子》稱"通天地人曰'儒'"也。後來遂滋附會爲孔門儒家之"儒"矣。

蓋僧徒捏造僞經，以抵制道士捏造之《老子化胡經》等；道士謂釋迦是老子別傳之外國弟子，僧徒謂孔、老皆釋迦別傳之中國弟子。教宗相鬨，於強有力而爭難勝者，每不攻爲異端，而引爲別支，以包容爲兼并（annexation）。韓愈《原道》："老者曰：'孔子、吾師之弟子也'，佛者曰：'孔子、吾師之弟子也'"；亦即説破二氏以異己爲附庸之慣技也。《佛祖統紀・通例》論韓愈"排佛"云："反覆詳味，則知韓之立言，皆陽擠陰助之意也"；則逕以此技施於韓身，吞而并之矣。

一九四　全梁文卷八

　　簡文帝《對燭賦》："綠炬懷翠，朱蠟含丹。……視橫芒之昭曜，見蜜淚之躊跎。"按言紅綠色燭也，"蜜淚"即燭淚，如李商隱《無題》所謂"蠟炬成灰淚始乾"。"朱蠟"之"蠟"與"蜜淚"之"蜜"，文異而指同；猶商隱詩之"蠟炬"與李德裕《述夢》"無聊燃蜜炬"或李賀《河陽歌》"蜜炬千枝爛"之"蜜炬"，乃是一物。郝懿行《晉宋書故》有《蜜章》一則，考"古人謂蜂蠟爲'蜜'，刊削蜜蠟爲印章"，可以參觀；郝又引《樹提伽經》："庶人然脂，諸侯然蜜，天子然漆"，余觀《法苑珠林》卷七一引此經，"然蜜"正作"然蠟"。王若虛《滹南遺老集》卷二四《〈新唐書〉辨》："《周智光傳》云：'代宗命趙縱書帛納蜜丸，召郭子儀'，《姜公輔傳》云：'朱滔以蜜裹書邀朱泚'，《劉季述傳》云：'割帶内蜜丸告孫德昭。'此本蠟書耳，'蜜'字何義耶？"《舊唐書·周智光傳》、《朱泚傳》等中皆作"蠟丸"，王氏深惡宋祁"字語詭僻"，指摘此爲一例；然察微治細，識鋭而學陋，每少見多怪，輕心好詆，此亦一例耳。《全唐文》卷五一四殷亮《顏魯公行狀》："以蠟爲彈丸，以帛書表，實於彈丸之内"，又卷七五六杜牧《竇烈女傳》："因爲蠟帛書，……以朱染帛丸如含

-2154-

桃";宋祁記唐人事而不從唐人慣語,以古爲新之結習也。

【增訂三】宋趙升《朝野類要》卷四言"蠟彈"爲物:"以帛寫機密事,外用蠟固,陷於股肱皮膜之間,所以防在路之浮沈漏泄也。"章回小說中《精忠説岳傳》第一六回、三三回皆道之。

【增訂四】《西京雜記》卷四:"閩越王獻高帝……蜜燭二百枚";"蜜燭"即"蠟炬"。《劍南詩稿》卷四八《追憶征西幕中舊事》之四:"關輔遺民意可傷,蠟封三寸絹書黄",自注:"關中將校密報事宜,皆以蠟書至宣司";"蠟書"即"蜜裹書"也。

簡文帝《臨秋賦》:"雲出山而相似,水含天而難別。"按卷一五元帝《蕩婦秋思賦》亦有:"天與水兮相逼,山與雲兮共色";《全晉文》卷五七袁宏《東征賦》已云:"即雲似嶺,望水若天",固寫景之恒蹊也。如卷六〇吳均《與朱元思書》:"風烟俱淨,天山共色";《全陳文》卷一六張正見《山賦》:"混青天而共色";沈佺期《釣竿篇》:"人疑天上坐,魚似鏡中懸";姜夔《詩説·自序》:"小山不能雲,大山半爲天";莎士比亞:"山遠盡成雲"(Like far-off mountains turned into clouds);拉辛:"水裏高天連大地,波光物影兩難分"(Déjà je vois sous ce rivage/La terre jointe avec les cieux/Faire un chaos délicieux/Et de l'onde et de leur image)①。六朝僅言"水含天",唐宗楚客《奉和人日清暉樓宴羣臣遇雪應制》逕曰:"太液天爲水",宋人更進而稱水爲"魚天",如蔣捷《尾犯》之"徧闌干外,萬頃魚天",

---

① Shakespeare,*The Midsummer Night's Dream*,IV. i. 191;Racine,*Promenades de Port-Royal des Champs*,iv,*Oeuvres*,"la Pléiade",I,1033.

是也。別詳《杜少陵詩集》卷論《渼陂行》。

簡文帝《悔賦》。按謀篇與江淹《恨賦》同，惟增"前言往行"爲鑑戒一層命意，文筆則遠不逮也。悔之與恨，詞每合舉，情可通連，而各有所主；故兩賦觸類比事，無重複者。《恨賦》道秦始皇，《悔賦》道秦二世，父子二人尤相映成趣。蓋恨曰"遺恨"，悔曰"追悔"；恨者、本欲爲而終憾未能爲(regret)，如江淹所謂"武力未畢"、"齎志没地"；悔者、夙已爲而今願寧不爲(remorse)，如簡文所謂"還思不諫之尤"、"終無追於昔謀"。聊摘詞章中習用故實，更端示例。《雲仙雜記》卷一："裴令臨終，告門人曰：'吾死無所繫，但午橋莊松雲嶺未成，軟碧池繡尾魚未長，《漢書》未終篇，爲可恨爾！'"；《清異録》卷一《君子》門："劉乙嘗乘醉與人爭妓女，既醒慚悔，集書籍凡飲酒賈禍者，編以自警，題曰《百悔經》。"

一九五　全梁文卷一一

　　簡文帝《誡當陽公大心書》："立身之道，與文章異；立身先須謹重，文章且須放蕩。"按此言端愨人不妨作浪子或豪士語。元好問《論詩絕句》評潘岳《閑居賦》："心畫心聲總失真，文章寧復見爲人！"；此言冰雪文或出於熱中躁進者。樓昉嘗選《崇古文訣》，《說郛》卷四九采其《過庭錄》，有云："有一朋友謂某曰：'天下惟一種刻薄人，善作文字。'後因閱《戰國策》、《韓非子》、《呂氏春秋》，方悟此法。蓋模寫物態，考核事情，幾于文致、傅會、操切者之所爲，非精密者不能到；使和緩、長厚、多可爲之，則平凡矣。若刻薄之事，自不可爲，刻薄之念，自不可作"；《南宋羣賢小集》第一一册黃大受《露香拾稿‧遣載入閩從李守約》："機心僅可文章用，邪說毋從釋老求"；王鐸《擬山園初集‧文丹》："爲人不可狠鷙深刻，爲文不可不狠鷙深刻"；可申簡文之誡。趙令畤《侯鯖錄》卷三："歐陽文忠公嘗以詩薦一士人與王渭州仲儀，仲儀待之甚重，未幾贓敗。仲儀歸朝，見文忠論及此，文忠笑曰：'詩不可信也如此！'"；可申元氏之詩。《文心雕龍》論文人，以《體性》與《程器》劃分兩篇，《情采》篇又以"爲情而造文"別出於"爲文而造情"，至曰："言與志反，文豈足徵！"；《通鑑·唐紀》八貞觀二年六月："上謂侍臣曰：'朕觀隋煬帝集，文辭奧博，亦知是堯舜而非桀紂，然行事何其反耶？'"；歐陽修《文忠集》卷一三九《集古錄跋尾·唐景陽井銘》："其石檻有《銘》，謂'余'者，晉王廣也。……煬帝躬自滅陳，目見叔寶事，又嘗自銘以爲戒如此，及身爲淫亂，則又過之。"即所謂"作者修詞成章之爲人"（persona poetica）與"作者營生處世之爲人"（persona pratica），未宜混爲一談①。十八世紀一法國婦人曰："吾行爲所損負於道德者，吾以言論補償之"（Je veux rendre à la vertu par mes paroles ce que je lui ôtes par mes actions）②；可以斷章。"文如其人"，老生常談，而亦談何容易哉！雖然，觀文章固未能灼見作者平生爲人行事之"真"，卻頗足徵其可爲、願爲何如人，與夫其自負爲及欲人視己爲何如人。元氏知潘岳"拜路塵"之行事，故以《閑居賦》之鳴"高"爲飾僞"失真"。顧岳若不作是《賦》，則元氏據《晉書》本傳，祇覩其"乾没"趨炎耳；所以識岳之兩面二心，走俗狀而復鳴高情，端賴《閑居》有賦也。夫其言虛，而知言之果爲虛，則已察實情矣；其人僞，而辨人之確爲僞，即已識真相矣；能道"文章"之"總失"作者"爲人"之真，已於"文章"與"爲人"之各有其"真"，思過半矣。《文心雕龍·程器》、《顏氏家訓·文章》均歷數古來文士不檢名節，每陷輕薄，《雕龍》又以"將相"

---

① Croce: "Shakespeare: Persona pratica e Persona poetica", *Filosofia*, *Poesia*, *Storia*, 788ff.; *Estetica*, 10ᵃ ed., 59-60 (l'erronea identificazione). Cf. Marcel Proust: "La Méthode de Sainte-Beuve", *Contre Sainte-Beuve*, 136ff.

② Madame de Boufflers, quoted in *Letters of David Hume*, ed. J. Y. T. Greig, Vol. I, p. xxiv.

亦多"疵咎"爲解。實則竊妻、嗜酒、揚己、凌物等玷品遺行，人之非將非相、不工文、不通文乃至不識文字者備有之，豈"無行"獨文人乎哉！《全三國文》卷七魏文帝《又與吳質書》："觀古今文人，類不護細行，鮮能以名節自立"，《雕龍》誦説斯言。夫魏文身亦文人，過惡匪少，他姑不論，即如《世説·賢媛》所載其母斥爲"狗鼠不食汝餘"事，"相如竊妻"較之，當從末減；《雕龍》僅引"將相"，不反脣於魏文而并及帝皇，亦但見其下、未見其上矣。立意行文與立身行世，通而不同，向背倚伏，乍即乍離，作者人人殊；一人所作，復隨時地而殊；一時一地之篇章，復因體制而殊；一體之制復以稱題當務而殊。若夫齊萬殊爲一切，就文章而武斷，概以自出心裁爲自陳身世，傳奇、傳紀，權實不分，覷紙上談兵、空中現閣，亦如痴人聞夢、死句參禪，固學士所樂道優爲，然而慎思明辯者勿敢附和也。鑿空坐實（fanciful literal-mindedness），不乏其徒，見"文章"之"放蕩"，遂斷言"立身"之不"謹重"；作者有憂之，預爲之詞而闢焉。如《全唐文》卷七七八李商隱《上河東公啟》："至於南國妖姬，叢臺名妓，雖有涉於篇什，實不接於風流"；"有涉"猶簡文之"文放蕩"，"不接"猶簡文之"身謹重"，即謂毋見"篇什"之"風流"而遽信其爲人之"風流"。然商隱自明身不風流，固未嘗諱篇什之"有涉"妖姬名妓也。説玉谿詩者，多本香草美人之教，作深文周内之箋。苦求寄託，浪猜諷諭，以爲"興發於此，義在於彼"（語出《全唐文》卷六七五白居易《與元九書》），舉凡"風流"之"篇什"，概視等啞謎待破，黑話須明，商隱篇什徒供商度隱語。蓋"詩史"成見，塞心梗腹，以爲詩道之尊，端仗史勢，附合時局，牽合朝政；一切以齊衆殊，謂唱歎之永言，莫不寓美刺之微詞。遠犬吠聲，短狐射影，此又學士所樂道優爲，而亦非愼思明辯者所敢附和也。學者如醉人，不東倒則西欹，或視文章如罪犯直認之招狀，取供定案，或視文章爲間諜密遞之暗號，射覆索隱；一以其爲實言身事，乃一己之本行集經，一以其爲曲傳時事，乃一代之皮裏陽秋。楚齊均失，臧穀兩亡，妄言而姑妄聽可矣（參觀《周易》卷論《乾》、《毛詩》卷論《狡童》）。《全唐文》卷八二九韓偓《〈香奩集〉自序》："柳巷青樓，未嘗糠粃，金閨繡户，始預風流"；適與商隱《啟》語相反，既涉跡於勾欄，尤銷魂於閨閣，是詩風流而人亦佻儇。朱彝尊《曝書亭集》卷二五《解珮令》："老去填詞，一半是空中傳恨，幾曾圍燕釵蟬鬢？"；則與商隱《啟》語同揆，"子虛枕障，無是釵鈿"而已（語出顧有孝、陸世楷同選《閒情集》尤侗《序》）①。

【增訂四】陳廷焯《詞則·放歌集》卷三朱彝尊《摸魚子·題陳其年填詞圖》："空中語，想出空中姝麗，圖來菱角雙髻"；評曰："竹垞自題詞'空中傳恨'云云，題其年詞亦云云，可謂推己及人。其實朱、陳未必真空也。"

苟作者自言無是而事或實有，自言有是而事或實無，爾乃吹索鈎距，驗誠辨詐，大似王次回《疑雨集》卷一《無題》所謂："閒來花下偏相絮：'昨製《無題》事有無？'"專門名家有安身立命於此者，然在談藝論文，皆出位之思，餘力之行也。陳師道《後山集》卷一七《書舊詞後》："晁無咎云：'眉山公之詞蓋不更此

---

① Cf. G. Fontanella: "Amor finto," G. Battista: "Che l'amor suo è finto," *Marino e i Marinisti*, Ricciardi 855－856, 1009；A. Brome: "Plain Dealing": "'Twas all but *Poetrie*. /I could have said as much by any *She*" etc. (*Oxford Book of 17th-Century English Verse*, 727)

而境也。'余謂不然；宋玉初不識巫山神女而能賦之，豈待更而境也？"，"更"、"更事"之"更"，謂經驗，"境"、"意境"之"境"，謂寫境、造境；李治《敬齋古今黈·拾遺》卷五："予寓趙，在攝府事李君座，座客談詩。或曰：'必經此境，始能道此語。'余曰：'不然。此自在中下言之，彼其能者，則異於是。不一舉武，六合之外無所不到；不一捋眼，秋毫之末，無不照了；是以謂之才。才也者，猶之三才之才，蓋人所以與天地並也。使必經此境能此語，其爲才也陋矣。子美詠馬曰：所向無空闊，真堪託死生，子美未必跨此馬也；長吉狀李憑箜篌曰：女媧鍊石補天處，豈果親造其處乎？'舉座默然。"王國維《紅樓夢評論》第五章："如謂書中種種境界、種種人物，非局中人不能道，則是《水滸》之作者必爲大盜，《三國演義》之作者必爲兵家"；語更明快，倘增益曰："《水滸》之作者必爲大盜而亦是淫婦，蓋人痾也！"則充類至盡矣①。三家之旨，非謂凡"境"胥不必"更"、"經"，祇謂賞析者亦須稍留地步與"才"若想像力耳。康德論致知（Erkenntniss），開宗明義曰："知識必自經驗始（mit der Erfahrung anhebt），而不盡自經驗出（entspringt nicht eben alle aus der Erfahrung）"②；此言移施於造藝之賦境構象，亦無傷也。

簡文別"立身"於"文章"，玉谿辨"篇涉"非"身接"，亦屬西方常談。古羅馬詩家自道，或曰："詩人必端潔而詩句不須如此"（Nam castum esse docet pium poetam/ipsum, versiculos

---

① Cf. Giles Fletcher, *Licia*, "Epistle Dedicatory": "A man may write of love and not be in love; as well of husbandry and not go to the plough; or of witches and be none; or of holiness and be flat profane".

② *Krit. der rein. Vernunft*, hrsg. B. Erdmann, 6. rev. Aufl., 41.

nihil necesse est）；或曰："作詩與爲人殊轍，吾品行莊謹而篇章佻狎"（Crede mihi, distant mores à carmina nostri; / vita verecunda est, musa jocosa mihi）；或曰："吾詩邪佚而吾行方重"（lasciva est nobis pagina, vita proba est）①。拉丁作者屢以爲言②，後世詩家亦每援此等語爲己分雪或爲人開脱③；有論之者曰："是乃遁詞，解嘲而不足蔽辜。身潔自好，止於一己，其事小；詩藝流傳，傷風敗俗，關繫重大"（Lasciva est nobis pagina, vita proba; ce n'est pas là une excuse. Pagina lasciva importe; vita proba importe moins）④。有英人日記中評當時兩名家作詩皆適反其爲人：一篇章蕩狎而生平不二色、無外遇，一詞意貞潔，而肆欲縱淫，無出其右（Luttrell was talking of Moore and Rogers—the poetry of the former was so licentious, that of the latter so pure;...and the contrast between the *lives* and the *works* of the two men—the former a pattern of conjugal and domestic regularity. the latter of all the men he had ever known the greatest sensualist）。⑤ 談助而亦不失爲談藝之助焉。

---

① Catullus, XVI. 5-6; Ovid, *Tristia*, II. 353-354; Martial, I. iv.

② E. g. Pliny, *Epist*., IV. xiv, V. iii; Ausonius, *Idyl*., xiii; Hadrian, ii (*Minor Latin Poets*, "Loeb", 444).

③ E. g. Marino, *L'Adone*, VIII. 6, *Marino e i Marinisti*, 155-156; Nashe, *The Unfortunate Traveller*, *Works*, ed. R. B. Mckerrow, II, 266; Herrick: "Poets", "To this Book's end...", *Poetical Works*, ed. L. C. Martin, 220, 335.

④ Joubert, *Pensées*, Tit. XIII. 132.

⑤ C. C. F. Greville, *Memoirs*, Dec. 16, 1835, ed. H. Reeve, III, 331. Cf. J. W. L. Gleim, *Versuch in scherzhaften Liedern*: "Schliesst niemals aus den Schriften der Dichter, auf die Sitten derselben. Ihr werdet euch betriegen; denn sie schreiben nur, ihr Witz zu zeigen"（quoted in A. Anger, *Deutsche Rokoko-Dichtung*, 8）.

【增訂三】異於"立身"之"文章",不獨詩歌,劇本、小說亦爾。古希臘人嘗言歐里庇得斯(Euripides)憎疾婦人,索福克勒斯(Sophocles)聞而笑曰:"渠祇在劇本中仇惡女人耳,在枕席上固與之恩愛無間也"(Yes, [he is a woman-hater]in his tragedies;for certainly when he is in bed he is a woman-lover — *The Deipnosophists*, XIII.557, "Loeb", VI, 15);"文章"所恨如怨家者,"立身"則親爲"冤家"焉(參觀1676-1677頁)。嘲謔亦談言微中。法國近代名小說中男女角色論陀斯妥耶夫斯基生平曾否謀殺人一節(Marcel Proust, *La Prisonnière*: "Mais est-ce qu'il a jamais assassiné quelqu'un, Dostoievsky?" etc., *op. cit.*, III, 379-381),又論小說索隱之費心無補一節(la vanité des études où on essaye de deviner de qui parle un auteur — *Le Temps retrouvé*, *ib.*, 907-909),尤屬當行人語。

簡文帝《答張纘謝示集書》:"日月參辰,火龍黼黻,尚且著於玄象,章乎人事,而況文詞可止、詠歌可輟乎?"按卷一二簡文帝《昭明太子集序》:"竊以文之爲義,大矣遠哉!"一節亦此意,均與《文心雕龍·原道》敷陳"文之爲德也大矣",詞旨相同,《北齊書·文苑傳》、《隋書·文學傳》等亦以之發策。蓋出於《易·賁》之"天文"、"人文",望"文"生義,截搭詩文之"文",門面語、窠臼語也。劉勰談藝聖解,正不在斯,或者認作微言妙諦,大是渠儂被眼謾耳。

【增訂三】《二程遺書》卷一八程頤答"作文害道否?"之問,有曰:"游、夏稱'文學',……亦何嘗秉筆學爲詞章也?且如'觀乎天文以察時變,觀乎人文以化成天下',此豈詞章之文也？"司馬光《傳家集》卷六〇《答孔文仲司户書》："古之所謂'文'者，乃詩書禮樂之文、升降進退之容、絃歌雅頌之聲，非今之所謂'文'也。今之所謂'文'者，古之辭也。"可以申説前一意。後一意謂《易》之"天文"、"人文"，亦未容望"文"攀附。不失爲慎思明辨，若因而抹摋詞章，則理學家之隘見矣。

簡文帝《與湘東王書》："謝客吐言天拔，出於自然，時有不拘，是其糟粕；裴氏乃是良史之才，了無篇什之美。"按評裴語參觀《全宋文》論范曄《獄中與諸甥姪書》。評謝語似是當時公論，却未成後世定論。《南史·顏延之傳》載鮑照稱謝詩"如初發芙蓉，自然可愛"，顏詩"如鋪錦列繡，亦雕繪滿眼"；鍾嶸《詩品》中稱謝如"芙蓉出水"，顏如"錯采鏤金"。余觀謝詩取材於風物天然，而不風格自然；字句矯揉，多見斧鑿痕，未滅針線跡，非至巧若不雕琢、能工若不用功（interior polish）者。葉夢得《石林詩話》云："'初日芙蕖'非人力所能爲，而精彩華麗之意，自然見於造化之外，靈運諸詩可以當此亦無幾"；賀貽孫《水田居詩筏》論鮑照語云："然觀康樂詩，深密有餘，疏淡不足，雖多佳句，痴重傷氣，非定評也"；姚範《援鶉堂筆記》卷四〇評謝詩"頗多六代強造之句，音響佶澀，亦杜、韓所自出；惠休所云'初日芙蕖'，皎然所云'風流自然'，正未易識"；潘德輿《養一齋詩話》卷二評謝詩"蕪累寡情處甚多。……湯惠休云：'如芙蓉出水'，彼安能盡然！'池塘生春草'句則庶幾矣。"謝選詞較顏素淡，取材又多爲山水，二家相形，遂覺一近自然、一仗文飾。齊梁以謝、顏並舉互襯，正如後世以天才、學力分屬李白、杜甫或蘇軾、黃庭堅又復楊萬里、陸游乃至王士禎、朱彝尊耳。晉、宋詩家真堪當"吐言天拔"、"出於自然"之目者，有陶潛在，黃庭堅即云："至於淵明，則所謂'不煩繩削而自合'者。"簡文之兄昭明太子愛陶集而"不能釋手"（《全梁文》卷二〇《陶淵明集序》），具眼先覺；而簡文仍囿時尚，既不數陶，復以"自然"推謝，豈評文之識亦如作文之才，"雖在父兄，不能以移子弟"耶？《顏氏家訓·文章》篇記"劉孝綽常以謝朓詩置几案間，動靜輒諷味，簡文愛陶淵明文，亦復如此"；殆後來眼力漸進歟。《全梁文》卷四八袁昂《評書》："李鎮東書如芙蓉之出水，文彩如鏤金"；顯襲惠休分稱顏、謝詩語，合施於李氏之書，儼然一手而能兼美者。夫錦上添花，已屬多事，芙蓉上添金彩，直是殺風景；合之兩傷，雖浮雲滓太清、脂粉汗顏色，未足為比。揣搽撮合如此，真偷詞之鈍賊矣。又簡文此《書》："徒以煙墨不言，受其驅染，紙札無情，任其搖襞；甚矣哉，文之橫流，一至於此！"《全唐文》卷七二七舒元輿《悲剡溪古藤文》即此意之敷陳，所謂："今之錯為文者，皆夭閼剡溪藤之流也！"簡文以作文為虐使紙墨；《全唐文》卷一九一楊炯《王勃集序》："動搖文律，宮商有奔命之勞，沃蕩詞源，河海無息肩之地"，則以為勞役文字；韓愈《雙鳥詩》："鬼神怕嘲詠，造化皆停留；草木有微情，挑抉示九州；蟲鼠誠微物，不堪苦誅求"，則以為徵求物象；周密《浩然齋雅談》卷下記賀鑄曰："吾筆端驅使李商隱、溫庭筠，常奔走不暇"，復以為驅遣古人；胥如橫暴之奴視眾人也。

簡文帝《與廣信侯書》："兼下車以來，義言蓋少。舊憶已盡，新解未餐；既慚口誦，復非心辯，永謝瀉瓶，終慚染氎。"按卷一三簡文帝《大法頌》："咸符寫瓶之思，並沾染氎之施"；

卷二二蕭映《答晉安王書》："謝瓶慚氎，實歸庸菲"；卷五三陸雲公《御講〈般若經〉序》："傳習譬於寫瓶。"使事出《大般涅槃經·憍陳如品》第一三之三："阿難……自事我來，持我所説十二部經，一經於耳，曾不再問，如寫瓶水，置之一瓶"；《長阿含經》之二《游行經》："信心清淨，譬如淨潔白氎，易爲受色"（《雜阿含經》卷四九之一三二三、《增益阿含經》卷六之五又卷九之四又卷二〇之一同）；《觀佛三昧海經·觀相品》第三之三："汝獨聰明，總持佛語，猶如瀉水置於異器"，《觀佛心品》第四："遇善知識，爲説實法，如好白氎，易染受色"（又《觀四無量品》第五疊喻、《本行品》第八瓶喻）。"寫瓶"之典，徵用更多，如《大唐西域記》卷一〇憍薩羅國節："誠乃寫瓶有寄，傳燈不絶"；釋景審《〈一切經音義〉序》："既瓶受於先師，亦水瀉於後學。"《高僧傳》二集卷三《慧淨傳》："令曰：'既同瓶瀉，有若燈傳'"（參觀卷六《智藏傳》），又卷九《警韶傳》："世諺'瀉瓶重出，知十再生'者也。"後世儒者闢佛，設譬頗類。曾慥《類説》卷五三楊億《楊文公談苑》："徐鉉不信佛，江南中主以《楞嚴經》令觀，旬餘，曰：'臣讀之數過，見其談空之説，似一器中傾出，復入一器中，都不曉其義'"；袁枚《隨園詩話》卷一五謂楊慎詩"一桶水傾如佛語"本於"徐騎省云：'《楞嚴》、《法華》不過一桶水傾入彼一桶中，傾來倒去，還是此一桶水，毫無餘味'"，實出《談苑》，袁氏耳食而增飾其語耳。《二程遺書》卷三程頤曰："禪家之言性，猶太陽之下置器，以其間方圓大小不同，特欲傾此於彼爾。然太陽幾時動？"；楊時《二程粹言》卷二："人之性猶器，受光於日；佛氏言性，猶置器日下，傾於彼爾，固未嘗動也"；器水尚可傾，器日則并不可傾，更爲無謂多事也。傾器無殊瀉瓶，襃貶翩其反而。釋書瀉瓶之喻，尚有一義。《長阿含經》卷八一《念身經》："若有沙門梵志，不正立念；身游行少心者，爲魔波旬伺求其便，猶如有瓶，中空無水，正安着地，若人持水，來瀉瓶中，瓶必受水。若有沙門梵志，正立念，身游行無量心者，魔波旬伺來其便，終不能得，猶如有瓶，水滿其中，正安着地，若人持水，來瀉瓶中，瓶安不受。"猶《宋元學案》卷六五引陳器之《潛室語》説程顥言"中有主則實，實則患不得入"；"謂有主人在內，先實其屋，故外客不能入"（參觀《朱子語類》卷九六、卷一一三）。前之"瀉瓶能受"是襃，此乃是貶。皆一喻之同邊異柄也。

【增訂三】程顥語見《二程遺書》卷一答呂與叔語，正與《阿含經》闇合："又如虛器入水，水自然入；若以一器，實之以水，置之水中，水何能入來？蓋中有主則實，實則外患不能入。"亦見卷一五程頤語（一作程顥語）、卷一八程頤答呂與叔語，字句詳略稍異。

一九六　全梁文卷一二

　　簡文帝《莊嚴旻法師〈成實論義疏〉序》:"百流異出,同歸一海;萬義區分,總乎成實。"按唐高宗《述三藏聖記》:"於是百川異流,同會於海,萬區分義,總成乎實",全襲此。

一九七　全梁文卷一三

簡文帝《大法頌》："忉利照園之東，帝釋天城之北，故以辛壬癸甲，綿蠻霍蠰。"按《虞書·益稷》："予創若時，娶於塗山，辛壬癸甲"，此簡文所本。宋李彌遜《筠谿集》卷一五《將到金陵投宿烏江寺》亦曰："辛壬癸甲常爲客，南北東西只問山"；下句於上句既爲對語，兼如註解。

【增訂三】何晏《景福殿賦》："屯坊列署，三十有二。星居宿陳，綺錯鱗比，辛壬癸甲，爲之名秩。"《文選》李善註："'辛壬癸甲'，十干之名。今取以題坊署，以別先後也。"竊疑"辛壬癸甲"兼指"坊署"之方位，不僅定其名次。"爲之名秩"非即"以爲名秩"；語涵兩意，即取十干，按四方，而爲房屋定名序次。如屋之位於西者題爲辛一、辛二等，位於北者，題爲癸一、癸二等耳。

【增訂四】《晚晴簃詩滙》卷七一陳梓《夏蓋湖》："南朔東西波浪急，辛壬癸甲別離多"；一反李彌遜聯之法，以上句解下句。《全唐文》卷七三〇《絳守居園池記》舍"自甲辛苞"外，尚有"癸次"、元三家註："北地"，"子午"、註："子北地，午南地"，"巽瑪"、註："東南"，"艮間"、註："東北"，然亦未能全避

"東"、"西"、"南"、"北"等字。《全唐文》卷五九八歐陽詹《棧道銘》："秦之坤，蜀之艮"，謂西北與東南。顧炎武《日知錄》卷一九譏樊宗師："如《絳守居園池記》以'東西'二字平常而改爲'甲辛'，殆類吳人之呼'庚癸'者矣"；顧廣圻《思適齋文集》卷一五《孫可之集跋》："《龍多山錄》云：'起辛而遊，洎甲而休'，此用《書》'辛壬癸甲'也"；俞樾《湖樓筆談》卷六："班固《幽通賦》：'歸於龍虎'，謂'卯'與'酉'也"，又《茶香室續鈔》卷七："《菰中隨筆》：'入止都門，艮坤闊絶'，用韋蘇州《酬李儋》：'都城二十里，居在艮與坤'，謂一居東南、一居西北也"；平步青《霞外攟屑》卷八上增益曰："元結《峿臺銘》：'周行三四百步，從未申至丑寅'，謂從西南至東北耳；焦氏《筆乘》續集卷七《金陵舊事》引洪邁云：'皆延庚揖辛，賓夕陽而導初月'；《湖海詩傳》卷二十一程之章《齋居漫興》云：'石排甲子苔斑瘦，魚戲庚辛水影重'，下句用古詩'蓮葉東西'也。"當以簡文、歐陽詹文與李彌遜詩補之。陶潛《於王撫軍座送客》："瞻夕欲艮謙"，《庚子阻風》："巽坎相與期"，亦此類；顧炎武《菰中隨筆》自記作一聯："入止都門，既艮坤之闊絶，出游江上，又巽坎之難期"，正以陶詩對韋詩，"巽坎"謂風與水耳。袁桷《清容居士集》卷九《題柯自牧〈救荒記〉》："比屋呼庚癸，連年厄丙丁"，亦善爲"庚癸"覓偶。

一九八　全梁文卷一六

元帝《耕種令》:"況三農務業,尚看夭桃敷水;四人有令,猶及落杏飛花。……不植燕頷,空候蟬鳴。"按葉適《習學紀言序目》卷三二引此數語而譏之曰:"帝之文章所以潤色時務者如此,豈'載芟良耜'之變者耶!"帝皇勸農,本如"布穀催農不自耕"(楊萬里《誠齋集》卷三六《初夏即事》),此《令》直似士女相約游春小簡,官樣文章而佻浮失體。《全三國文》卷一八陳王植《藉田論》云:"非徒娛耳目而已";若"看夭桃、及落杏"等語,真所謂"娛耳目"也。

一九九　全梁文卷一七

　　元帝《金樓子序》："體多羸病，心氣頻動；卧治終日，睢陽得善政之聲，足不跨鞍，聊城有卻兵之術。吾不解一也。常貴無爲，每嗤有待；閒齋寂寞，對林泉而握談柄，虛宇遼曠，玩魚鳥而拂叢蓍。愛靜之心，彰乎此矣。而候騎交馳，仍麾白羽之扇，兵車未息，還控蒼兕之車，此吾不解二也。"按機杼仿《全三國文》卷五八諸葛亮《聞孫權破曹休魏兵東下關中虛弱上言》："此臣之未解一也……此臣之未解六也。"意謂己初不能自解，人更出乎意表，事無不舉，而心有餘閒；詞若憾而實乃深喜自負也。"霞閒得語，莫非撫臆"；按"霞"當是"暇"之譌。又按《全唐文》卷一四一魏徵《〈羣書治要〉序》："近古皇王，時有撰述，並皆包括天地，牢籠羣有，競采浮艷之詞，争馳迂怪之說，騁末學之傳聞，飾雕蟲之小技"；當指梁元帝此書。

　　元帝《内典碑銘集林序》。按此集"合三十卷"，據《金樓子·著書》篇，尚有《碑集》十袠百卷"付蘭陵蕭賁撰"，吾國編集金石，肇始斯人。觀"幼好雕蟲"、"寓目詞林"等語，集碑之旨，出於愛翫詞章，不同後世金石學之意在考訂文獻或玩賞書法也。"夫時代亟改，論文之理非一；時事推移，屬詞之體或異。……或引事雖博，其意猶同；或新意雖奇，無所倚約。……能使豔而不華，質而不野，博而不繁，省而不率，文而有質，約而能潤"。"倚"、傍也，《宋書·謝靈運傳·論》："直舉胸情，非傍詩史"，即此"傍"字，《南齊書·文學傳·論》所謂"假古語，申今情"，《詩品》中所謂"補綴"，《文心雕龍·事類》所謂"據事以類義，援古以證今"。"約"、精而當也，如《事類》："是以綜學在博，取事貴約"，又："校練務精，捃理須覈，事得其要，雖小成績。"全節可參觀卷二〇昭明太子《答湘東王求文集及詩苑英華書》："夫文典則累野，麗亦傷浮，能麗而不浮，典而不野，文質彬彬"；卷六〇劉孝綽《昭明太子集序》："深乎文者，能使典而不野，遠而不放，麗而不淫，約而不儉。"累"野"之"典"，又可參觀卷一一簡文帝《與湘東王書》："若夫六典三禮，所施則有地；……未聞吟詠情性，反擬《内則》之篇，操筆寫志，更摹《酒誥》之作，遲遲春日，翻學《歸藏》，湛湛江水，遂同《大傳》。"鍾嶸《詩品》下評張欣泰、范縝二人"並希古勝文"；《北齊書·儒林傳》劉晝曰"恨不學屬文，方復緝綴辭藻，此甚古拙"，是"典而野"之例，正如宋以後道學家之以《六經》語爲詩。《論語》："質勝文則野"，此等則以"典"而得"質"，所謂"希古勝文"也。

二〇〇　全梁文卷一八

元帝《攝山棲霞寺碑》:"苔依翠屋,樹隱丹楹。澗浮山影,山傳澗聲。"按"隱"字尋常,"依"字新切;卷三四江淹《青苔賦》:"嗟青苔之依依兮",即此"依"也。王維《書事》:"輕陰閣小雨,深院晝慵開,坐看蒼苔色,欲上人衣來",末句正"青苔依依"之的解,猶李商隱《贈柳》:"隄遠意相隨",乃"楊柳依依"之的解(別見《毛詩》卷論《采薇》)。"欲上"與"意相隨",同心之言也。"澗浮"二語一若山與澗有無互通,短長相資,彼影此寫,此響彼傳,不具情感之物忽締交誼,洵工於侔色揣稱矣。西方作者則常道樹臨溪畔,溪水潤樹,樹蔭庇水,濟美互惠("bagna egli [il canaletto] il bosco e'l bosco il fiume adombra,/col bel cambio fra lor d'umore e d'ombra"; "quello [l'arbore] con gli spaziosi rami della sua prolezione favoreggiando questo [il ruscello], e questo porgendo a quello con le vive acque della sua feconda vena vita immortale"; "sometimes angling to a little river near hand, which for the moisture it bestowed upon the roots of flourishing trees, was rewarded with their shadow"; "Is like a cedar planted by a spring;/The spring bathes the tree's root, the grateful tree/Rewards it with his shadow"; "The ripples seem right glad to reach those cresses,/And cool themselves among the em'rald tresses;/The while they cool themselves, they freshness give,/And moisture, that the bowery green may live:/So keeping up an interchange of favours,/Like good men in the truth of their behaviours")①。其言溪與樹如朋友通財協力，無異梁元之言山與潤焉。

---

① Tasso, *Gerusalemme Liberata*, XVIII. 20, *Poesie*, Ricciardi, 437; Marino: "A Carlo Emanuelel", *Marino ei Marinisti*, Ricciardi, 24; Sidney, *Arcadia*, quoted from the 1674 ed. in J. Dunlop, *History of Fiction*, 4th ed., 341; Webster, *The Duchess of Malfi*, III. ii, *Plays by Webster and Ford*, "Everyman's", 138; Keats: "I stood tiptoe upon a little Hill", *Poems*, "Everyman's", 3.

二〇一　全梁文卷一九

　　昭明太子統。昭明《文選》，文章奧府，入唐尤家弦戶誦，口沫手胝。《舊唐書·吐蕃列傳》上奏"請《毛詩》、《禮記》、《文選》各一部"；敦煌《秋胡變文》携書"十袟"——《孝經》、《論語》、《尚書》、《左傳》、《公羊》、《穀梁》、《毛詩》、《禮記》、《莊子》、《文選》。正史載遠夷遣使所求，野語稱游子隨身所挾，皆有此書，儼然與儒家經籍並列。《舊唐書·武宗本紀》李德裕且以"不於私家置《文選》"鳴高示異。《文宗本紀》下又《裴潾傳》記潾撰集《太和通選》三〇卷，以"續梁昭明太子《文選》"，而"所取偏僻"，文士"非素與潾游者，文章少在其選"，爲"時論"所"薄"，後亦不傳，《經籍志》并未著錄。蓋欲追踪蕭《選》而望塵莫及；故陸龜蒙《襲美先輩以龜蒙所獻五百言，既蒙見和，復示榮唱，至於千字，再抒鄙懷，用申酬謝》深歎無繼昭明而操選政者："因知昭明前，剖石呈清琪，又嗟昭明後，敗葉埋芳蕤。"詞人衣被，學士鑽研，不舍相循，曹憲、李善以降，"文選學"專門名家（參觀阮元《揅經室二集》卷二《揚州文選樓記》）。詞章中一書而得爲"學"，堪比經之有"《易》學"、"《詩》學"等或《說文解字》之蔚成"許學"者，惟"《選》學"

與"《紅》學"耳。寥落千載,儷坐儷立,莫許參焉。"千家註杜","五百家註韓、柳、蘇",未聞標立"杜學"、"韓學"等名目。考據言"鄭學"、義理言"朱學"之類,乃謂鄭玄、朱熹輩著作學説之全,非謂一書也。昭明自爲文,殊苦庸懦,才藻遠輸兩弟,未足方魏文之於陳思。卷二一《解二諦義》説佛理亦甚冗鈍;張商英《護法論》斥梁武爲"小乘根器",而譽昭明爲"亦聖人之徒",佞口抑揚,不可解亦不勞索解耳。

昭明《錦帶書十二月啟》。按《全晉文》卷八四索靖《月儀帖》爲此制見存最古之例,即後世之"書柬活套",皆屬《啟劄淵海》、《啟劄青錢》等書之《時令》門者。索《帖》每月"具書"分兩篇,前篇陳時序,後篇道懷想;昭明《啟》每月一篇,而篇分兩節,前節頌諛受書人,後節作書人自謙。宋以來酬世尺牘中兩體均有。昭明《姑洗三月啟》:"聊寄八行之書,代申千里之契";舊稱客套儀文之函札爲"八行書"始見於此。

【增訂四】北齊邢卲《齊韋道遜晚春宴詩》:"誰能千里外,獨寄八行書";與昭明《啟》詞意大同,頗徵南北朝已以"八行書"爲習語矣。

《全後漢文》卷一八馬融《與竇伯向書》:"書雖兩紙,紙八行,行七字,見手跡歡喜何量",尚非其意,紙八行而"書"則十六行也。後世信箋每紙印成八行,作書時以不留空行爲敬,語意已盡,則摭扯浮詞,俾能滿幅。袁凱《海叟詩集》卷四《京師得家書》:"江水一千里,家書十五行,行行無別語,只道早還鄉",歷來傳誦;"一千里"自非確數,"十五行"殆示別於虛文客套之兩紙八行耳。《林鐘六月啟》:"三千年之獨鶴,暫逐雞羣;九萬里之孤鵬,權暫燕侶";二事相儷,原同俯拾,後世數見。如

《東軒筆錄》卷三丁謂移道州詩："九萬里鵬容出海，一千年鶴許歸遼"；邵雍《擊壤集》卷二〇《首尾吟》："南溟萬里鵬初舉，遼海千年鶴乍歸"；《五燈會元》卷一六佛印比語："九萬里鵬從海出，一千年鶴遠天歸"；陸游《寓驛舍》："九萬里中鯤自化，一千年外鶴仍歸"等。然撮合而使爲語言眷屬者，自昭明此篇始。《夷則七月》："桂吐花於小山之上，梨翻葉於大谷之中"；《日知錄》卷二五引《楚辭》王逸註謂淮南王招俊偉之士，有大山、小山，昭明"以'山'爲山谷之'山'，失其旨矣"；似非知言。淮南小山《招隱士》首句曰："桂樹叢生兮山之幽"，昭明用"山"、"桂"出此，以求與潘岳《閑居賦》之"大谷之梨"對稱，遂增"小"字。昭明采《招隱士》入《文選·騷》類下，署名劉安，非不知來歷而"失旨"者也。

二〇二　全梁文卷二〇

　　昭明太子《七契》。按謀篇陳陳相因，琢句亦無警出，惟誇說飲食一節有云："怡神甘口，窮美極滋。加以伊公調和，易氏燔爨，傳車渠之椀，置青玉之案，瑤俎既已麗奇，雕盤復爲美玩。子能與予而享之乎？"，可參觀《水滸》第三八回宋江在琵琶亭酒館吃"加辣點紅白魚湯"所謂："美食不如美器。"説食而兼説食器之相得益彰，《七林》先構雖有如曹植《七啟》："盛以翠樽，酌以雕觴"，張協《七命》："接以商王之箸，承以帝辛之杯"，皆不及此篇之昭彰，點出適口充腸而復寓目賞心也。《文選》卷二七江淹《望荆山》："金樽坐含霜"，卷三〇謝靈運《石門新營所住四面高山迴溪石瀨修竹茂林詩》："清醑滿金樽"，李善註皆引曹植《樂府詩》："金樽玉杯，不能使薄酒更厚"；則謂美器無補於惡食。杜甫《進艇》："茗飲蔗漿携所有，瓷罌無謝玉爲缸"，又《少年行》："莫笑田家老瓦盆，自從盛酒長兒孫；傾銀注玉驚人眼，共醉終同卧竹根"；則謂惡器無損於美食（參觀羅大經《鶴林玉露》卷八、沈弘宇《渾如篇》《西江月》）。至李白《行路難》："金樽清酒斗十千，玉盤珍羞直萬錢，停杯投筯不能食，拔劍四顧心茫然"，則更進一解，謂苟有心事，口福眼福胥成烏有，美食美器唐捐虛設而已。歌德有小詩自言，飲美酒不拘何器皿，然苟欲茗艼痛飲，則當以精製古杯觴斟酌之（Ueberall trinkt man guten Wein,/Jedes Gefäss genügt dem Zecher;/Doch soll es mit Wonne getrunken sein,/So wünsch'ich mir künstlichen griechischen Becher）①。

---

① Goethe, *Spruchweisheit in Vers und Prosa*, op. cit., III, 213.

二〇三　全梁文卷二七

　　沈約《奏彈王源》："糾慝繩違，允茲簡裁。源即主。臣謹案：南郡丞王源忝藉世資"云云。按《文選·彈事》類任昉《奏彈曹景宗》："不有嚴刑，誅賞安置？景宗即主。臣謹按：使持節都督郢司二州諸軍事、左將軍郢州刺史、湘西縣開國侯臣景宗"云云，李善註："王隱《晉書》庾純《自劾》曰：'醉酒荒迷，昏亂儀度，即主。臣謹按：河南尹庾純'云云。"六朝彈劾章奏程式如是；庾純一例為見存最早者，而《晉書》本傳載純自劾表文，僅作："醉酒迷荒，昏亂儀度，臣得以凡才"云云，削去"即主"等語，已失本來面目。嚴氏輯《全晉文》卷三六，祇據《晉書》采錄，未嘗參驗《選》註也。《文選》又有任昉《奏彈劉整》，善註於"臣謹案：新除中軍參軍臣劉整"一句前，補："如法所稱，整即主。"《梁書·王亮傳》載任昉奏彈范縝："不有嚴裁，憲准將頹。縝即主。臣謹案"云云；又《蕭穎達傳》載任昉奏彈穎達："與風聞符同。穎達即主。臣謹案"云云；又《良吏傳》載虞翿奏彈伏暅："如法所稱，暅即主。臣謹案"云云；《魏書·于栗磾傳》載元匡奏彈于忠："傷禮敗德，臣忠即主。謹案臣忠世以弘勳"云云；又《閹宦傳》載王顯奏彈石榮抱老壽：

"犯禮傷化，老壽等即主。謹按石榮籍貫兵伍"云云。"即主"以上猶立狀，舉其罪，"謹案"以下猶擬判，定其罰；《尚書·呂刑》所謂"詞"與"正"也。任昉《奏彈劉整》、《奏彈蕭穎達》二篇結構尤明。《全後魏文》卷五一據《北史》以元匡彈于忠文收入溫子昇文中；《全梁文》卷六一劉孝儀《彈賈執、傅湛文》（輯自《文苑英華》卷六四九）僅有"謹案"而無"即主"，蓋是變體。

二〇四　全梁文卷二八

　　沈約《與徐勉書》："外觀傍覽，尚似全人，而形骸力用，不相綜攝，常須過自束持，方可俚俛。解衣一臥，支體不復相關。……後差不及前差，後劇必甚前劇。百日數旬，革帶常應移孔；以手握臂，率計月小半分。"按寫老而衰，非寫老而病。白居易《答夢得秋日書懷見寄》："幸免非常病，甘當本分衰"，分疏明白。蓋病乃變故，衰屬常規；病尚得減，而衰老相期，與日俱老，則亦逐日添衰；病可待其漸除，而衰則愈待而愈積。此所以"後差不及前差，後劇必甚前劇"也。心力頹唐，不耐貫注，體力乏弊，不堪運使，懈散而樂於放惰，所謂"不相綜攝"。《高僧傳》二集卷七《慧韶傳》："吾今無處不痛，如壞車行路，常欲摧折，但自強耳"；裴景福《河海崑崙錄》卷一："嘗聞仁和王相國語人曰：'每我早起時，如持新雨傘，硬將他撐開'"，舊日油漆紙傘新者皆膠粘不易撐開，立譬妙於"壞車"。"硬將他撐開"與"常須過自束持"，詞異收放，意等提撕，均"自強"或勉強振作，即"綜攝"（to assemble oneself）耳。"解衣一臥，支體不復相關"，則頹然嗒焉，不復"綜攝"矣。古人形容老態，尠如約之親切者。後世因此一篇，孳生野語，如《雲仙雜記》卷四："沈休文羸劣多病，日數米而食，羹不過一筋"，又卷五："沈休文多病，六月猶綿帽溫爐，食薑椒飯，不爾便委頓。"詩詞中尤以"沈郎腰"爲濫熟典故；王世貞《弇洲山人四部稿》卷一六一《宛委餘編》："觀沈休文《與徐勉書》，是一衰病老公、不知止足者也，大是殺風景事。而後世因'革帶移孔'一語，呼之爲'沈郎瘦腰'，又以爲風流之症，極大可笑"；錢希言《戲瑕》卷二："沈約向徐勉陳情云云，《法喜志》乃言：'一時以風流見稱，而肌腰清癯，時語沈郎腰瘦'似未核之《梁書》"；陳祖范《陳司業全集·掌錄》卷下："'沈郎腰瘦'本隱侯自述衰老不堪之狀，今訛作少年風月多情用。"據卷三二約《懺悔文》，則其"少年"時固亦"風月多情"者，特"革帶移孔"自是古稀時事；《書》云："今歲開元，禮年云至，懸車之請，事由恩奪"，指《曲禮》謂大夫七十歲則致仕也。

二〇五　全梁文卷二九

　　沈約《答陶隱居〈難均聖論〉》："釋迦出世年月，不可得知。佛經既無年歷注記，……不過以《春秋》魯莊七年四月辛卯恒星不見爲據。……何以知魯莊之四月，是外國之四月乎？若外國用周正邪？則四月辛卯，長歷推是五日，了非八日。若用殷正邪？周之四月，殷之三月。用夏正邪？周之四月，夏之二月。都不與佛家四月八日同也。……且釋迦初誕，唯空中自明，不云星辰不見也。……與《春秋》'恒星不見'，意趣永乖。……則釋迦之興，不容在近周世。"按約《均聖論》言："世之有佛，莫知其始。……唐虞三代，不容未有，事獨西限，道未東流"；陶弘景《難鎮軍沈約〈均聖論〉》駁："謹案佛經，……釋迦之現，近在莊王"（《全梁文》卷四七）。故約重申周前早已有佛之意，其排釋流之附會《春秋》，正所以尊釋迦也。姚範《援鶉堂筆記》卷一一："桓公七年夏四月辛卯夜恒星不見，此著於《〈春秋〉經》，皆以爲天之變異。而釋文［？氏］乃侈大其事，以爲佛生之瑞。且此四月辛卯，杜以長歷推之，爲四月五日，又周正之二月也，而今以夏正之四月八日當之，其可乎？故陶隱居作《論》，亦以此爲難"；似誤憶沈《論》爲陶《論》也。

二〇六　全梁文卷三二

沈約《懺悔文》："暑月寢臥，蚊蝱噆膚，忿之於心，應之於手，歲所殲殞，略盈萬計"；按別見《太平廣記》卷論卷九九《僧惠祥》。"追尋少年，血氣方壯，習累所纏，事難排豁。淇水上宮，誠無云幾；分桃斷袖，亦足稱多"；按自懺色戒而兩事並舉，正如《北齊書·廢帝紀》許散愁自道"稱貞"、"不亂"曰："自少以來，不登孌童之牀，不入季女之室"，亦即晏殊《類要》之有"左風懷"與"右風懷"兩類也（見方回《瀛奎律髓》卷七《風懷類·序》引）。

二〇七　全梁文卷三三

梁文之有江淹、劉峻，猶宋文之有鮑照，皆俯視一代，顧當時物論所推，乃在沈約、任昉；觀《顏氏家訓·文章》篇記邢卲服沈而魏收慕任，"鄴下紛紜，各有朋黨"，則盛名遠布，敵國景崇。及夫世遷論定，沈、任遺文中求如《恨》《別》兩賦、《絕交》廣論之傳誦勿衰者，一篇不可得。"外國即當代之後世"（L'étranger, cette postérité contemporaine），其然豈然。《文章》篇又云："祖孝徵嘗謂吾曰：'任、沈之是非，乃邢、魏之優劣也'"；語仿《世説·品藻》楊淮二子喬與髦，裴頠愛喬，樂廣愛髦，"淮笑曰：'我二兒之優劣，乃裴、樂之優劣。'"

《江上之山賦》："見紅草之交生，眺碧樹之四合；草自然而千華，樹無情而百色。"按"碧樹"而曰"百色"，若自語相違，實謂樹皆有色，其色則碧。卷三四淹《雜三言五首》之《訪道經》："池中蓮兮十色紅，窗前樹兮萬葉落"，亦謂蓮皆紅色。《洛陽伽藍記》卷四《法雲寺》："荊州秀才張裴常爲五言，有清拔之句云：'異林花共色，別樹鳥同聲'"；"百色"、"十色"即"共色"，用法罕見。李商隱《蟬》："五更疏欲斷，一樹碧無情"，下句本淹此賦，馮浩《玉谿生詩註》卷三未及。

《四時賦》：" 測代序而饒感，知四時之足傷。若乃旭日始暖，……至若炎雲峯起，……及夫秋風一至，……至於冬陰北邊，……。聞歌更泣，見悲已疚，實由魂氣愴斷，外物非救，參四時而皆難，況僕人之末陋也。"按參觀《毛詩》卷論《七月》又《楚辭》卷論《九辯》。

【增訂三】《全晉文》卷五三有李顒《悲四時賦》，已殘缺，寫景色而不見 "悲" 語。想其全篇當如江淹之賦 "四時足傷" 也。

白居易《急樂世詞》："秋思冬愁春悵望，大都不稱意時多"；《侯鯖錄》卷六錢氏婦詩："'士悲秋色女懷春'，此語由來未是真；倘若有情相眷戀，四時天氣總愁人"；皆其意。故愁此者又可悅彼，"四時行樂" 乃詩、畫慣題，名家集中屢見賦詠。流俗如《西遊記》第九四回唐僧在天竺國御花園中和春、夏、秋、冬四景絕句，實即四季行樂詩，而第二三回賈寡婦誇説 "在家人好處" 詩："春裁方勝着新羅，夏換輕紗賞緑荷，秋有新蒭香糯酒，冬來暖閣醉顔酡"，尤明言 "四時受用"；《紅樓夢》第二三回寶玉春、夏、秋、冬夜四《即事》詩亦道其 "十分快樂" 之 "真情真景"。宋末翁森則作《四時讀書樂歌》，後人嫁名於朱熹，以增聲價；明、清俳諧遂復有四時不樂讀書詩，《鴛鴦夢》第四齣、《雙蝶夢》第一一齣、《廣笑府》卷一皆載之，字句大同小異，以《兒女英雄傳》第三〇回一人 "游惰賦詩言志"，詞義較長："春天不是讀書天，夏日初長正好眠，秋又淒涼冬又冷，收書又待過新年" ——第一句從《廣笑府》作 "春游"、第二句從其他三本作 "夏日炎炎"，庶幾纔思備美。偶覩當代一美國人小詩，託爲文士慵懶不撰作而強顏自解曰："炎夏非勤劬之時；嚴冬不宜出户遊散，無可即景生情，遂爾文思枯涸；春氣困人，自振不得；秋高身爽，而吾國之秋有名乏實，奈何！"（In summer I'm disposed to shirk，/As summer is no time for work. /In winter inspiration dies/For lack of outdoor exercise. /In spring I'm seldom in the mood，/Because of vernal lassitude. /The fall remains. But such a fall! /We've really had no fall at all）①四時足懶，四時足樂，與江淹所歎"四時之足傷"，理一而事殊也。

【增訂三】江淹《别賦》："春宮閟此青苔色，秋帳含茲明月光，夏簟清兮晝不暮，冬釭凝兮夜何長！"亦遍及四季而明其"足傷"。《文心雕龍·物色》以"四時動物"張本，因舉"獻歲發春"、"滔滔孟夏"、"天高氣清［秋］"、"霰雪無垠［冬］"，更屬題中應有之義；其拈"天高氣清"概示秋色，則宋人病《蘭亭集序》寫"暮春"之言"天朗氣清"，可引以自助也。王明清《揮麈後錄》卷二載宋徽宗《艮嶽記》全文，中自"若土膏起脈"至"此四時朝昏之景殊而所樂之趣無窮也"，侈陳春、夏、秋、冬景色，排比無慮三百言，此製中鉅觀。雖了無出語，而世尠道及之者，故志之。

【增訂四】"四時謀篇"，又見數例。《宋書·孝武十四王傳》記孝武帝悼殷淑儀擬漢武李夫人賦："寶羅暍兮春幌垂，珍簟空兮夏幬扃，秋臺惻兮碧烟凝，冬宮冽兮朱火清。"盧照鄰《釋疾文·悲夫》："萋兮綠，春草生兮長河曲。……孟夏兮恢台。……秋風起兮野蒼蒼。……元冬慘兮野氣凝。……四時兮

---

① B. L. Taylor："The Lazy Writer"，L. Kronenberger, ed., *An Anthology of Light Verse*，"Modern Library"，177.

代謝，萬物兮遷化。"沈佺期《峽山賦》："春木茂兮剪琉璃，春花開兮甖蘭蕙。夏風涼兮來殿閣，秋露冷兮滴松桂。冬爐暖兮新炭焙，歲醪酌兮杯盤美。"賈至《沔州秋興亭記》："況乎當發生之辰，則攢秀木於高砌，見鶯其鳴矣。處臺榭之月，則納清風於洞户，見暑之徂矣。洎摇落之時，則俯顥氣於軒楹，見火之流矣。值嚴凝之序，則目素彩於簷楹，見雪之紛矣。"劉禹錫《楚望賦》："湘沅之春，先令而行。……涉夏如鑠，逮秋愈熾。……日次於房，天未降霜。……於時北風，振槁揚埃。"韋愨《重修滕王閣記》："冠八郡風物之最，包四時物候之異。春之日則花景鬪新。……夏之日則鶯舌變弄。……秋之日則露白山青。……冬之日則簷外雪滿。"穆員《新安谷記》："春之日，百花流鶯，笑語滿谷。……夏之日，清風入林，徘徊不散。……秋之日，霜淒氣肅，萬象畢清。……冬之日，木落天迥，遥山入户"（參觀《新修漕河石斗門亭記》："春流夏雲，露風霜月"）。韓愈《南山詩》："春陽潛沮洳，濯濯吐深秀。……夏炎百木盛，蔭鬱增埋覆。……秋霜喜刻轢，磔卓立癯瘦。……冬行雖幽墨，冰雪工琢鏤。"宋鄭清之《安晚亭詩集·補編》卷一《江漢亭百韵》："方春及韶淑，鶯燕争鳴乳。……孟夏薰風來，草木自蕃橆。……入秋梯空昊，影團修月斧。……隆冬雪紛飛，瓊樓耀江滸。"清周天度《十誦齋集·雜文·丁山湖舊遊記》："於是四時景色，莫可窮殫。方夫早春冰泮……至於夏静日長……至若冷蓮墜粉……以至霜高氣懍"云云，幾三百言，踪事增華，蔚爲大觀矣。

《麗色賦》："若夫紅華舒春，黄鳥飛時，……故氣炎日永，離明火中，……至乃西陸始秋，白道月弦，……及沍陰凋時，冰泉凝節……。"按《四時賦》明賦四季，本篇賦麗人而以四季分襯；《待罪江南思北歸賦》："若季冬之嚴月，風搖木而騷屑……至江蘺兮始秀，或杜蘅兮初滋，……及迴風之搖蕙，天潭潭而下露，……"亦隱列冬春夏秋。此構前人未有，潘岳《閑居賦》僅了以"凜秋暑退，熙春寒往"八字耳。明董斯張《吹景集》卷一四謂白居易《冷泉亭記》、呂溫《虢州三堂記》"都以四時寫景物"，范仲淹《岳陽樓記》"一攝其精，爭光日月"；似未省其製之昉於江淹也。呂記有"春之日"、"夏之日"、"秋之日"、"冬之日"四節；白記祇有"春之日吾愛其草"與"夏之日吾愛其泉"二節，未及秋冬；范記言晴、雨、晝、夜，而不主四季。唐宋詩文以四時謀篇者，如居易弟行簡《天地陰陽交歡大樂賦》即鋪陳四季風光，烘托及時行欲；韓愈《南山詩》以"春陽"、"夏欻"、"秋霜"、"冬行"，或李德裕《懷山居邀松陽子同作》詩以"春思"、"夏憶"、"秋憶"、"冬思"，寫山中景色。《全唐文》卷一二八南唐後主《昭惠周后誄》："追悼良時，心存目憶。景旭雕甍，風和繡額……含桃薦實，畏日流空……蟬響吟愁，槐雕落怨……寒生蕙崿，雪舞蘭堂……年去年來，殊歡逸賞"；《唐文拾遺》卷三〇崔耿《東武樓碑記》："春日暖而花含笑，夏風涼〔清？〕而簧度涼，秋氣澄明而慮澹，冬景曨通而望遠"；此唐文中例之不著者。宋文名篇如歐陽修《醉翁亭記》："野芳發而幽香，佳木秀而繁陰，風霜高潔，水落而石出者，山間之四時也"，又《豐樂亭記》："掇幽芳而蔭喬木，風霜冰雪，刻露清秀，四時之景，無不可愛"；蘇軾《放鶴亭記》："春夏之交，草木際天，秋冬雪月，千里一色"；皆力矯排比，痛削浮華。蘇軾復以四時入詩，如《書王定國所藏烟江疊嶂圖》："君不見武昌樊口幽絕處，東坡先生留五年：春風搖江天漠漠，暮雲卷雨山娟娟，丹楓翻鴉伴水宿，長松落雪驚醉眠"，又《和蔡準郎中見邀游西湖》："夏潦漲湖深更幽，西風落木芙蓉秋，飛雪闇天雲拂地，新蒲出水柳映洲。湖上四時看不足，惟有人生飄若浮。"范仲淹《記》末"春和景明"一大節，艷縟損格，不足比歐蘇之簡淡；陳師道《後山集》卷二三《詩話》云："范文正爲《岳陽樓記》，用對語説時景，世以爲奇。尹師魯讀之曰：'《傳奇》體爾！'《傳奇》、唐裴鉶所著小説也。"尹洙抗志希古，糠粃六代，唐文舍韓柳外，亦視同鄶下，故覥范《記》而不識本原；"《傳奇》體"者，強作解事之輕薄語爾，陳氏亦未辨正也。

《麗色賦》："經周歷趙，既無其雙，亦可駐髮還質，駿星馭龍，蠲憂忘死，保其家邦。"按末句意不猶人。美色必有惡心，女寵足以傾國，歷古相傳（參觀《左傳》卷論襄公二十一年），幾如金科鐵案。江氏獨敢犯不韙，力破陳言，惜一語即了，故祇覥其大膽，不得明其卓識也。《全唐文》卷二二五張説《唐昭容上官氏文集序》："大君據四海之圖，懸百靈之命，喜則九圍挾纊，怒則千里流血，静則黔黎乂安，動則蒼甿罷弊；入耳之語，諒其難乎！……惟窈窕柔曼，誘掖善心，忘味九德之衢，傾情六藝之圃，故登崑巡海之意寢，剪胡刈越之威息，璚臺珍服之態消，從禽嗜樂之端廢。獨使温柔之教，漸於生人，風雅之聲，流於來葉"；則與江氏之頌"麗色"，相説以解。夫"窈窕柔曼"，正《韓非子·八姦》之首戒，所謂"在同牀"者，而張却力稱其最能匡君輔政，善誘潛移，敷文教而息殺伐。《舊唐書·后妃傳》上玄宗命收上官婉兒"詩筆，撰成文集二十卷，令張説爲之序"，則此篇應勅供奉，倘亦借題隱諛"漢皇重色"之益國利民耶？徐芳《懸榻編》卷一《褒姒論》:"天下美婦人多矣,豈盡亡人之國者?呂雉、賈南風,一老一短黑,以亂天下有餘也。使遇文王、太公,姒雖美,宮中一姬耳";亦爲"麗色"、"窈窕"開脱。徐袛言其不足患,而江言其保國家,張言其息侈暴,則非但無過,抑且有大功焉。《詩・大雅・瞻卬》:"哲婦傾城,維厲之階",即刺褒姒,而孔穎達《正義》曰:"謀慮苟當,則婦人亦成國,任、姒是也;謀慮理乖,則丈夫亦傾國,宰嚭、無極是也。"語較平允,如江、張所云,乃"婦人"之美而"成國"者。崔道融《西施灘》:"宰嚭亡吴國,西施陷惡名";李壁《王荆文公詩箋註》卷四八《宰嚭》:"謀臣本自繫安危,賤妾何能作禍基?但願君王誅宰嚭,不愁宮裏有西施";方回《桐江續集》卷二四《西湖答》:"若使朝廷無宰嚭,未妨宮掖有西施";陸心源《宋詩紀事補遺》卷一八吕江《姑蘇懷古》:"自是誤君由宰嚭,孰云亡國爲西施";翻案幾如落套,實不出孔疏所謂宰嚭是"傾國"之"丈夫"。徐樹丕《識小録》卷一論楊妃"特以貌見寵",唐玄宗"任安[禄山]、李[林甫],而太真蒙慘,爲之掩卷稱屈",則又移此意施於楊妃耳。

《恨賦》。按此篇自《文選》與《别賦》並采,遂爾膾炙衆口。《賦》中自稱"僕本恨人",淹他作亦多恨人之怨嗟。《去故鄉賦》乃《别賦》之子枝也,《倡婦自悲賦》又《恨賦》之傍出也。《待罪江南思江北賦》:"願歸靈於上國",即《恨賦》"遷客海上,流戍隴陰"之心願;《哀千里賦》:"徒望悲其何及,銘此恨於黄埃",亦《恨賦》"自古皆有死,莫不飲恨而吞聲"之情事。《青苔賦》:"頓死艷氣於一旦,埋玉玦於窮泉;寂兮如何,苔積網羅,視青藜之杳杳,痛百代兮恨多!",則兼《别賦》之

"春宮閟此青苔色"與《恨賦》之"閉骨泉裏，已矣哉！"。《泣賦》："若夫齊景牛山，荆卿燕市，孟嘗聞琴，馬遷廢史，少卿悼躬，夷甫傷子"；"少卿"又見《恨賦》："李君降北，弔影慙魂"，餘人亦均可入《恨賦》。《泣賦》："潺湲沫袖，嗚咽染裳"，無異《恨賦》："危涕"、"血下沾襟"。《別賦》曰："蓋有別必怨，有怨必盈"，實即恨之一端，其所謂"一赴絶國，詎相見期"，詎非《恨賦》之"遷客海上，流戍隴陰"耶？然則《別賦》乃《恨賦》之附庸而蔚爲大國者，而他賦之於《恨賦》，不啻衆星之拱北辰也。辛棄疾《賀新郎·別茂嘉十二弟》："……苦恨芳菲都歇。算未抵、人間離别"，下承以"馬上琵琶"、明妃也，"將軍百戰"、李陵也，"易水蕭蕭"、荆軻也，機杼正同淹此二賦，而以淹舉爲"恨"之例者移爲"別"之例，亦見別乃恨之一端矣。其詞始以"緑樹聽鵜鴂，……苦恨芳菲都歇。算未抵、人間離别"，終以"啼鳥還知如許恨，……誰共我，醉明月！"顛末呼應回環，所謂"蛇啣尾法"，參觀《左傳》卷論昭公五年。

　　李白號"仙才"、"天才絶"，而所作《擬〈恨賦〉》，了無出語；未見飛仙絕跡，祇似壽陵學步；唐臨晉帖，尚不足言擬議以成變化也。李舉恨事，有"項王虎鬬"、"李斯受戮"；梁簡文帝《悔賦》亦及"下相項籍"、"李斯赴收"；此恨、悔兩情交通之例，參觀論《全三國文》魏明帝《報倭女王詔》。晚唐徐夤《恨》詩："事與時違不自由，如燒如刺寸心頭。烏江項籍忍歸去，雁塞李陵長繫留，燕國飛霜將破夏，漢宮紈扇豈禁秋！須知入骨難銷處，莫比人間取次愁"；"烏江"句即李白擬賦之"項王"，"雁塞"句即淹原賦之"李君降北"，"漢宮"句即以班姬當李擬賦之"陳后失寵"，"燕國"句用鄒衍事，又即淹《詣建平王上書》首句：“賤臣叩心，飛霜擊於燕地”，其文亦録入昭明之《選》者。

【增訂三】吴炎《吴赤溟先生文集》有《廣恨賦》，專賦逋臣節士如夷、齊、豫讓、陶潛、劉琨等之“遺恨”，以寓明亡之痛，所謂“於是僕本志士，睠焉心裂”也。陳鱣作《快賦》，專“言吉祥善慶，……非以反文通之恨，聊爲解子雲之嘲”，未收入《簡莊綴文》，祇見於王昶《湖海文傳》卷二，詞瘠意窘，無足觀也。

【增訂四】明李東陽《懷麓堂集》卷一《擬恨賦》以江、李所賦乃“閨情閣怨”，大亦“不過興亡成敗”之“恒運常事”，乃取豫讓、倉海君、諸葛亮、岳飛等“奇勳盛事”垂成未集之遺恨賦之，與吴炎所作，取材有相同者。南宋喻良能《香山集》卷一《喜賦》步趨江淹《恨賦》，謂：“恨既有之，喜亦宜然。……喜雖一名，事乃萬族”，波瀾詞致，遠勝陳鱣《快賦》。明屠隆《由拳集》卷一《歡賦》亦反《恨賦》，舉王子晉登仙、勾踐平吴、劉邦滅項、文君奔相如、曹操横槊賦詩等事，謀篇拉雜，屬詞庸蕪，尚不如陳賦之簡淨也。

陶元藻《泊鷗山房集》卷一〇《書江淹〈恨賦〉後》：“不如《別賦》遠甚。其賦別也，分別門類，摹其情與事，而不實指其人，故言簡而該，味深而永。《恨賦》何不自循其例也？古來恨事如勾踐忘文種之功、夫差拒伍胥之諫、荆軻不逞志於秦王、范增竟見疑於項羽。此皆恨之大者，概置勿論；乃僅取秦王、趙王輩寥寥數人，了此‘恨’字，掛漏之譏，固難免矣。且所謂恨者，必人宜獲吉而反受其殃，事應有成而竟遭其敗，銜冤抱憤，爲天下古今所共惜，非揣摩一人之私，遂其欲則忻忻，不遂其欲則怏怏也。秦王無道，固宜早亡，……何恨之有？若趙王受虜、敬通見黜、中散被誅,自周秦兩漢以迄於齊,類此者不勝枚舉焉。李陵之恨,始在五將失道,兵盡矢窮,以致被擒異域,繼在誤緒爲陵,戮其父母妻子,以致無路可歸;……不能寫得淋漓剴切。明妃以毛延壽顛倒真容,遂致絕寵君王,失身塞外,痛心疾首,其恨全屬於斯;今祗言'隴雁'云云,凡出塞者人人如此,即烏孫公主、蔡文姬何嘗不領茲淒楚?"評甚中肯。惟"宜古反殃"云云,是僅許傍觀代恨,而不盡許當局自恨也!全背淹謀篇所謂"伏恨"、"飲恨"之意;則迺慨惋可矣,何須揣"摹其情事"哉?明妃此節中"紫臺稍遠,搖風忽起"兩句,唐人有指摘其聲病者,別見《太平廣記》卷論卷一八《柳歸舜》。

《恨賦》:"或有孤臣危涕,孽子墜心。"按《文選》李善註:"然'心'當云'危','涕'當云'墜';江氏愛奇,故互文以見義";又《別賦》:"心折骨驚",善註:"亦互文也。"《泣賦》亦云:"慮尺折而寸斷。"語資如"枕流漱石"、"喫衣著飯"等,實此類(catachresis)耳。

《別賦》:"送愛子兮霑羅裙。"按善註:"言當盛春之時而分別不忍也";則下文"去復去兮長河湄"句下亦當註:"言秋日而離別不忍也"。此二節遙承"或春苔兮始生,乍秋風兮蹔起",善註:"言此二時,別恨逾切",是也。

《別賦》:"倘有華陰上士,服食還仙,……駕鶴上漢,驂鸞騰天,暫遊萬里,少別千年,惟世間兮重別,謝主人兮依然。"按全賦惟此節偏枯不稱,殊爲布局之疵。別離一緒,情事兩端:居人傷行子,行子戀居人;二情當寫其一,庶符"黯然銷魂"之主旨。通篇或兼顧,或側重,未乖體要。李白《古風》之二十寫遇"古仙人"而"欣然願相從",仍云:"泣與親友別,欲語再三咽"；此真《別賦》題中應有之義。江氏竟隻字不及，一若棄世學仙之士，忘情割愛，不復怨別傷離，猶可說也。然棄如脫屣之家人，必且瞻望勿及，泣涕如雨，痛生離之即死別，有如韓愈《誰氏子》："非癡非狂誰氏子，去入王屋稱道士；白頭老母遮門啼，挽斷衫袖留不止；翠眉新婦年二十，載送還家哭穿市"，或《紅樓夢》第一回甄士隱隨瘋道士"飄飄而去"，其妻封氏"哭個死去活來"。乃祇以"重別"二字了之，絕未鋪陳"別必怨而怨必盈"之致，遂成缺負。"暫遊"兩句，李善僅註典故，未明其襲鮑照。照《代升天行》云："從師入遠岳，結友事仙靈。風餐委松宿，雲臥恣天行。暫遊越萬里，少別數千齡。鳳臺無還駕，簫管有遺聲。何時與汝曹，啄腐共吞腥！"詞氣豪逸，淹貪摭好語，情逐之移，似亦賦游仙而非賦別矣。

《泣賦》："魂十逝而九傷。"按《倡婦自悲賦》："度九冬而廓處，經十秋以分居"，卷三四《雜三言・構象臺》："山十影兮九形"，自語相違，皆虛數也，正如"四角六張，八凹九凸"（《五燈會元》卷一二大愚守芝章次）之類。參觀《全後漢文》論馬融《樗蒲賦》。

二〇八　全梁文卷三八

　　江淹《詣建平王上書》。按齊梁文士，取青妃白，駢四儷六，淹獨見漢魏人風格而悅之，時時心摹手追。此書出入鄒陽上梁孝王、馬遷報任少卿兩篇間，《與交友論隱書》則嵇康與山巨源之遺，《報袁叔明書》又楊惲與孫會宗之亞；雖於時習刮磨未淨，要皆氣骨權奇，絕類離倫，卷五一王僧孺《與何炯書》一篇差堪把臂共語，而頗傷冗縟也。梁作手如簡文帝、任昉輩一篇中著單散語時，每失故步，舉止生澀，右梲左杌，躓後跋前；淹未嘗有是，觀其《銅劍讚·序》、《自序傳》亦可知焉。"昔者賤臣叩心，飛霜擊於燕地，庶女告天，振風襲於齊臺。……下官聞仁不可恃，善不可依，謂徒虛語，乃今知之"。按《全漢文》卷一九鄒陽《獄中上書自明》："臣聞忠無不報，信不見疑，臣常以爲然，徒虛語耳。昔者荆軻慕燕丹之義，白虹貫日，……衛先生爲秦畫長平之事，太白蝕昴"；

　　【增訂三】《全後漢文》卷三〇袁紹《上書自訴》："臣聞昔有哀歎而霜隕，悲哭而崩城者。每讀其書，謂爲信然。於今況之，乃知妄作。"祖構鄒陽《上書》發端，此爲最早矣。

《全晉文》卷七一皇甫謐《讓徵聘表》："臣聞鄒子一歎，霜爲之降，杞妻一感，城爲大崩。以臣況之，乃知精誠不可以賤致，古人言爲虛也"；淹本而變化之。"此少卿所以仰天搥心泣盡而繼之以血也"。按《文選》李善註引李陵《答蘇武書》；范正敏《遯齋閒覽》謂蘇軾斷言李陵《書》乃"齊梁間小兒所擬作"，觀淹此篇引"少卿"語正出《書》中，"是又非齊梁間人所作明矣"。讀書殊得間。

江淹《被黜爲吳興令辭牋詣建平王》："白雲在天，山川間之。"按《全齊文》卷二三謝朓《拜中軍記室辭隨王牋》："白雲在天，龍門不見"；《文選》李善註引《穆天子傳》西王母謠："白雲在天，山陵自出，道路悠遠，山川間之。"《全梁文》卷四三任昉《爲庾杲之與劉居士虯書》："雖心路咫尺，而事隔山河，悠悠白雲"，亦用此語。

江淹《雜體詩序》。按《西泠五布衣遺著》中吳穎芳《臨江鄉人詩》首有王昶《吳西林先生傳》："又謂江文通雜擬三十首序詩，足爲拘一見者藥石，並爲註之"，即指此篇，其註似未傳。"故蛾眉詎同貌，而俱動於魄；芳草寧共氣，而同悅於魂，不其然歟？至於世之諸賢，各滯所迷，莫不論甘則忌辛，好丹則非素，豈所謂通方廣恕、好遠兼愛者哉！"按《文子·精誠》："故秦楚燕魏之歌，異聲而皆樂，九夷八狄之哭，異聲而皆哀"；陸賈《新語·思務》篇："好者不必同色而皆美，醜者不必同狀而皆惡"；《淮南子·說林訓》："佳人不同體，美人不同貌，而皆說於目；梨橘棗栗不同味，而皆調於口"，又："西施毛嬙，狀貌不可同，世稱其好美鈞也"；王充《論衡·自紀》篇："文士之務，各有所從，……美色不同面，皆佳於目；悲音不共聲，皆快於耳；酒醴異氣，飲之皆醉；百穀殊味，食之皆飽"；曹植《妾薄命》："同量等色齊顏";《世說·品藻》劉瑾答桓玄："樝梨橘柚，各有其美"；曹組《醉花陰》："梅妝淺淡風蛾裊，隨路聽嬉笑。無限面皮兒，雖則不同，各是一般好"；史浩《如夢令》："雪臉間朱顏，各自一般輕妙，忒掉忒掉，真個一雙兩好"；皆言殊聲各色、別味異氣，而動魄悦魂却同。淹此數語，如標韓愈《進學解》所謂"同工異曲"，以救劉勰《文心雕龍·知音》所謂"知多偏好"，欲談藝之圓照而廣大教化（catholicity）耳①。

【增訂四】江淹《雜體詩序》即韓愈《進學解》所謂"同工異曲"也，擬議工切。蘇軾《孫莘老求墨妙亭詩》："短長肥瘦各有態，玉環飛燕誰敢憎"，紀昀評："江淹《雜擬詩序》已明此旨，東坡移以論書耳"；殊爲具眼。按《全唐文》卷六二五李翱《答朱載言書》論《六經》、《離騷》、《莊子》之文曰："如山有恒、華、嵩、衡焉，其同者高也，其草木之榮，不必均也；如瀆有淮、濟、河、江焉，其同者出源到海也，其曲直淺深色黃白，不必均也。如百品之雜焉，其同者飽於腹也，其味鹹酸苦辛，不必均也"；亦正如淹論詩之不"同貌"而俱"悦魂"矣。然淹所擬三十首，殊多累句，余常怪向來評賞過當。梁章鉅《浪跡叢談》卷一《劉芙初編修》條舉此三十首爲"文通才盡"之證，指摘頗允："如《陳思王贈友》云：'日夕望青閣'，以'青樓'爲'青閣'，豈非湊韻？《謝臨川游山》云：'石壁映初晞'，以'初晞'爲'初陽'，亦是趁韻。《劉文學感遇》云：'橘柚在南園，因君爲羽翼'，以'羽翼'説'橘柚'，亦無解

---

① Cf. Saintsbury: "B is not bad because it is not A, however good A may be" (quoted in O. Elton, *Essays and Addresses*, 243).

於就韻。《潘黃門述哀》云：'徘徊泣松銘'，'松'是'松楸'，'銘'是'誌銘'，……未免牽强。《郭弘農游仙》云：'隱淪駐精魄'，此用《江賦》'納隱淪之列真，挺異人之精魄'，……合成一句，未免乖隔。《孫廷尉雜述》云：'憑軒詠堯老'，謂堯與老子則不倫；又云：'南山有綺皓'，謂四皓中之綺里季，則偏舉；又云：'傳火乃薪草'，用《莊子》'爲薪火傳'，而'草'字凑韻可笑。《顏特進侍宴》云：'瑶光正神縣'，'赤縣神州'豈可摘用'神縣'二字？又云：'山雲備卿靄，池卉具靈變'，以'卿靄'爲'卿雲'，已屬生造，以'靈變'爲'靈芝'，更奇！《袁太守從駕》云：'雲旆象漢旋'，謂如天漢之轉；《謝光禄郊游》云：'烟駕可辭金'，謂置身烟景而金印不足羡；則又成何語乎！"皆中其失。即如《陶徵君田居》一首，曾亂真編入陶集者，而"日暮巾柴車，路闇光已夕"，十字之内，曰"日暮"，曰"闇"，曰"光已夕"，何詞費乃爾！是類敗闕，名家不免。如宋之問《端州別袁侍郎》："明朝共分手，之子愛千金"，以"千金軀"縮脚爲"千金"，是臨别囑其爲看錢奴、守財虜矣！李白《游太山》："舉手弄清淺，誤攀織女機"，因《古詩十九首·迢迢牽牛星》一篇有"河漢清且淺"語，遂割裂爲銀河之代詞。杜甫《往在》："侍祠恧先露"，節"先蒙雨露"爲"先露"二字；宋祁《西樓夕望》："羲人卧此時"，節"羲皇上人"爲"羲人"二字；文省意塞，施諸今日拍電報，或且扞格難通也。蘇軾《乘舟過賈收水閣》："淚垢添丁面，貧低舉案蛾"，既以"舉案"爲妻之代詞，復歇後以"蛾眉"爲"蛾"，亦資笑枋。然江淹聚多篇於一題之下，而又語疵紛如，遂易遭指摘耳。

《禮記·祭義》宰我問鬼神之名節，鄭玄註："耳目之聰明爲魄"，孔穎達《正義》："精靈爲魂，形體爲魄。"

【增訂三】《左傳》昭公七年"鄭人相驚以伯有"節孔穎達《正義》："形之靈者，名之曰'魄'，……氣之神者，名之曰'魂'。……耳目心識，手足運動，啼呼爲聲，此則魄之靈也。……精神性識，漸有所知，此則附氣之神也。"較《祭義·正義》之說更詳。

江淹修詞不犯，"魂"、"魄"二字，互文一義；以"氣"屬"魂"，以"目"屬"魄"，雖依經訓，初不寓優劣精粗之軒輊。錢謙益好行小慧，每務深文，《牧齋有學集》卷一七《宋子建〈遥和集〉序》："江之言云云。論詩而至於'動魂'、'悦魄'，精矣微矣！推而極之，《三百篇》、《騷》、《雅》以迄唐後之詩，皆古人之魄也。千秋已往，窮塵未來，片什染神，單詞刺骨，揚之而色飛，沉之而心死，非魄也，其魂也。鍾嶸之稱《十九首》'驚心動魄，一字千金'，正此物也。如其不爾，則玄黄律吕，金碧浮沉，皆象物也，皆化生也。雖其駢花儷葉，餘波綺麗，亦將化爲陳羹塗飯，而矧其諓諓者乎！子建所和之詩，皆魄也，有魂焉以尸之。經營將迎，意匠怳忽，所謂'動魄'、'悦魂'者，江氏能知之，而子建能言之。"蓋挾持經訓，穿鑿江語，直等"魂"與"魄"於詩之神韻與迹象，藉以隱斥前後七子復古之句摹字擬，實非江氏本意也。然錢氏判別"魂"、"魄"，則是明、清談藝之常，聊拈數例。于慎行《穀山筆麈》卷七："神屬目爲明，知屬耳爲聰。神以知來，即人之悟性，謂之明；知以藏往，即人之記性，謂之聰。……有悟性者，資質發揚，屬陽，魂之屬也；有記性者，資質沉著，屬陰，魄之屬也"；李開先《中麓閒居集》

卷一〇《對山康修撰傳》："嘗曰：'經籍、古人之魄也，有魂焉；吾得其魂而已矣！'"；戴名世《南山全集》卷四《程偕柳稿序》："昔者余亡友方百川之論文也，曰：'文之爲道順，有魂焉以行乎其中，文而無魂也，不可作也。'余嘗推其意而論之曰：凡有形者謂之魄，無形者謂之魂；有魄而無魂，則僵且腐而復無有所謂物矣。今夫文之爲道，行墨字句其魄也，而所謂魂焉者，出之而不覺、視之而無迹者也"；梅曾亮《柏梘山房文集》卷六《練伯穎遺書書後》："凡人長於考證記問者，其魄強也，長於文章義理者，其魂強也"；趙熙《香宋室詩鐘話》："石遺曰：'星海有魂而無魄，樊、易有魄而無魂。'余論甚粗劣，方在形貌；星海形貌猶不完固，未暇議及魂魄也。"大致以人之才情爲"魂"而學問爲"魄"，以文之氣韻風致爲"魂"而詞藻材料爲"魄"；鍾嶸《詩品》中言"雖謝天才，且表學問"，嚴羽《滄浪詩話》主"別才非學"，與錢氏之"非魄也，其魂也"或于氏之"悟性屬魂，記性屬魄"，意脈貫承。《顏氏家訓・文章》："但成學士，自足爲人，必乏天才，勿强操筆"謂人之乏"魂"者也；《苕溪漁隱叢話》後集卷三三引李清照評秦觀詞："專主情致而少故實"，謂文之乏"魄"者也。世俗相傳，皆沿古訓，輕舉爲魂，重沉爲魄，如《淮南子・精神訓》："其魄不抑，其魂不騰"；《黄庭經・中部經》第二："魂欲上天魄入淵"；《全唐文》卷七八二李商隱《奠相國令狐文》："浮魂沉魄"；朱熹《文公集》卷四七《答吕子約》之四："雜書云：'魂、人陽神也'；魄、人陰神也'"（參觀《答吕子約》之一五："體、魄自是二物，魄之降乎地，猶今人言'眼光落地'云爾"，又洪邁《夷堅支志甲》卷六《巴東太守》記"所謂'眼光落地'"）；史震林《西青散記》卷一蕭紅降乩曰：

"字有魂魄，焚時烟上騰爲魂，灰下墜爲魄。"談藝引申傍通，一仍舊貫，特不知肇始何時，明前似未之覯，近人考述古代文評習用語，亦無注意及此者。西人説詩文，標"魂"與"心"（soul and mind）、"魄"與"魂"（animus et anima）之別①，足資比勘。

---

① Pater, *Appreciations*, "Style"; Claudel, *Positions et Propositions*, I. "Réflexions sur le Vers français."

二〇九　全梁文卷三九

江淹《銅劍讚并序》。按考"古時乃以銅爲兵",莫早於此文,而尠援舉者(參觀《史記》卷論《始皇本紀》),黃伯思《東觀餘論》卷上《銅戈辯》亦未及,《日知錄》卷一一論鑄錢乏銅,乃徵引之。"金品:上則黃,中則赤,下則黑;黑金是鐵,赤金是銅,黃金是金;黃金可爲寶,赤金可爲兵,黑金可爲器";按逆接分承,參觀《全上古三代文》論樂毅《獻書報燕王》。"今之作必不及古,猶今鏡不及古鏡,今鐘不及古鐘矣",又"聞之釋經,萬物澹薄,在古必厚,在今必惡";按前數句酷肖《抱朴子》外篇《尚博》所斥:"俗士多云:今山不及古山之高,今海不及古海之廣,今日不及古日之熱,今月不及古月之朗",後數句當指佛子羅怙羅語,如《大唐西域記》卷六所記云:"一沙門龐眉皓髮,杖錫而來。婆羅門……以淳乳煮粥進焉。沙門受已,纔一嚌齒,便即置鉢,沉吟歎息。婆羅門侍食,跪而問曰:'爲粥不味乎?'沙門愍然告曰:'吾悲衆生福祐漸薄,……非薄汝粥;自數百年不嘗此味。昔如來在世,我時預從,在王舍城竹林精舍,俯清流而滌器,或以澡漱,或以盥沐。嗟乎!今之淳乳不及古之淡水!'"榮古虐今者,每拈飲食爲説,如《論衡·超奇》:"俗好高古而稱所聞，前人之業，菜果甘甜；後人新造，蜜酪辛苦"；《儒林外史》第九回鄒吉甫道："再不要說起，而今人情薄了，這米做出來的酒汁都是薄的！"；法國名小説寫一老人不論見何物必言與疇昔相形見絀（le vieux comte à qui toutes lés choses présentes donnoient occasion de louer les choses passées），偶飯後食桃，慨然曰："造化之力與日俱損，吾當年所噉桃大於此多多許矣！"（De mon temps, les pêches étoient bien plus grosses qu'elles ne le sont à présent; la nature s'affaiblit de jour en jour）①；均同沙門之歎乳薄也。

　　江淹《自序傳》。按"高帝嘗顧而問之"云云，《梁書》本傳全采之。諫建平王曰："殿下不求宗廟之安，如信左右之計，則復見麋鹿霜棲露宿於姑蘇之臺矣！"；本傳改"如"爲"而"，則當并改"則"爲"將"，詞氣方順適，又削去"棲"字，句遂杌隉不安。"遂誣淹以受金，將及抵罪，乃上書見意而免焉"；按上書中自言"身限幽圄"，本傳亦謂"繫州獄，獄中上書"，而《自序傳》含糊約略其詞，豈諱言此節耶？"所與神游者，惟陳留袁叔明而已"；按同卷《袁友人傳》："與余有青雲之交，非直銜杯酒而已"，卷三八《報袁叔明書》："一旦松柏被地，墳壟刺天，何時復能銜杯酒者乎！"，卷四五范縝《以國子博士讓裴子野表》："臣與子野，雖未嘗銜杯"，皆本司馬遷《報任少卿書》："未嘗銜杯酒、接殷勤之餘歡。"淹意謂與袁雖接殷勤，而度越形跡，相交以心，曰"神游"者，知心忘形之交也。"神游"正同《三國

---

① Le Sage, *Gil Blas*, Liv. IV, ch. 7, Garnier, 239. Cf. Leopardi, *Pensieri*, §39, *Opere*, Ricciardi, I, 716-9.

志・吳書・諸葛瑾傳》裴註引《江表傳》記孫權自稱與瑾爲"神交，非外言可間"；《全梁文》卷五一王僧孺《臨海伏府君集序》："與君道合神遇，投分披衿"，又卷五二僧孺《太常敬子任府君傳》："顧余不敏，廁夫君子之末，可稱冥契，是爲神交"；卷五四張充《與王儉書》："所以通夢交魂、推衿送抱者，其惟丈人而已。"後世所謂"神交"、"神游"，適與此反，必其不得接杯酒、披襟抱者，心向而身未逢，名聞而面未見。《全隋文》卷一九薛德音《爲越王侗別與李密書》："眷言敬愛，載勞夢想，常恨以事途之情，未遂神交之望"；謂想望締交而未能，則"未遂神交"正是今語所謂"神交"矣。

二一〇　全梁文卷四三

　　任昉《奏彈劉整》。按"謹案"至"整即主"一節近九百言，《文選》盡削去，賴李善註補引得存。昉此篇有"文"有"筆"，昭明采其翰藻之"文"，而刪其直白之"筆"。《金樓子·立言》篇下論"文"、"筆"之別，有云："至如'文'者，惟須綺縠紛披，宮商靡曼"；然《金樓子》之書即"筆端而已"，良以"揚榷前言，扺掌多識"，綺縠宮商，施乖所宜。至於記事以"文"，尤用違其器。"文"貴"麗事"，記當即事；借古申今，非對不發，典故縱切，事跡失真，抽黃對白，以紫亂朱。隔靴搔癢，隔霧看花，難徵情實，轉滋迷惘。且楚材晉用，詞皆依傍，趙冠秦對，指遂游移。陳維崧《湖海樓儷體文集》首有毛際可《序》云："嘗見某公贈廣陵游子序，炳耀鏗鏘，美言可市；適余友有西陵之遊，遂戲易'廣陵'爲'西陵'，并稍更其'竹西歌吹'等語，則全篇皆可移贈。"徐渭評戲曲用故事、作對子，不明不快，如"錦糊燈籠、玉鑲刀口"，若是班乎。

　　【增訂四】原引徐渭語，見於祁彪佳《遠山堂曲品·能品》評《玉簪記》："便如徐文長所云云。"黄宗羲《南雷餘集》（《風雨樓叢書》本）《胡子藏院本序》："錦糊燈籠，玉鑲刀口，非不好看，討一毫明快，不知落在何處矣！"全本徐語。

故以沈約、蕭子顯之老於"文"，而撰《宋書》、《南齊書》，復不得不以"筆"爲主也。昉彈文中劉寅妻范氏上狀，陳訴夫弟搶物打人，瑣屑靦縷，全除典雅對仗時習。蓋訟而爲"文"，詞終不達，婦人爭貓，豈可效博士買驢哉！當時記事之"筆"，得分三品：上者史傳，如《宋書》、《南齊書》、裴子野《宋略》、昭明《陶淵明傳》、江淹《自序傳》；中者稗官小説，如劉敬叔《異苑》、吳均《齊諧記》，流品已卑；訴狀等而更下，儈俗不足比數。昭明自序《文選》，尚勿許"記事之史"得"同"於"篇翰"，取《行狀》、《墓志》而舍《傳》與《記》，況獄訟訴詞而登簡編乎？宜遭芟夷矣。然劉妻述打罵處，頗具小説筆意，粗足上配《漢書‧外戚傳》上司隸解光奏、《晉書‧愍懷太子傳》太子遺妃書。稗史傳奇隨世降而體漸升，"底下書"累上而成高文①，此類敍事皆可溯譜牒以追贈誥封也；別詳《全唐文》卷論李翱《〈卓異記〉序》。劉妻訴"打"，屢云："舉手查臂"，他則語焉不詳；舊籍記鬥毆事莫過於《孔叢子‧獨治》篇博士太師所述陽由夫婦一節，有云："由乃左手建杖，右手制其頭；妻亦奮恚，因授以背，使杖擊之，而自撮其陰，由乃仆地。"夫妻舉動如斯，後世白話小説中未寫，即在西方名著，余亦祇一覯耳②。

【增訂三】於意大利古小説中，復覯一事類此，蓋出馬基雅弗

---

① Cf. R. Wellek and A. Warren, *Theory of Literature*, "Peregrine Books", 235 (V. Shklovsky: "the canonization of inferior sub-literary genres").

② Norman Mailer, *An American Dream*, ch. 1, André Deutsch, 37-8: "I [Rojack] struck her [Deborah] open-handed across the face.... She reached with both hands, tried to find my root and mangle me".

利（Machiavelli）口述。黑夜暗室，夫婦相遭，不辨彼此，因互鬮毆，夫拳婦腰，婦怒撮夫外腎（Ma il barbagianni le diede una gran fiancata, di maniera che ella stizzosa e in gran còlera montata gli strinse fieramente i sonagli—M. Bandello, *Le Novelle*, I.40, Laterza, II, 89）。

"查"乃今語之"抓"（"朱哇"切）。"以奴教子乞大息寅。""教子"、奴名，即上文所稱二奴"教子、當伯"；"乞"，如韓愈《嘲少年》："都將命乞花"，五百家註："乞、與人物也，音氣"，"乞"訓"與"正同"丐"亦訓"與"，如《漢書·景十三王傳》廣川王后昭信曰："盡取善繒丐諸宮人"；"大息"猶長子，如卷二七沈約《奏彈王源》："見託爲息覓婚"，《全北齊文》卷八孟阿妃《造老君像記》："爲亡夫朱元洪及息子敖、息子推、息白石、息康奴、息女雙姬等敬造老君像一軀"，又卷九闕名《姜纂造老君像銘》："爲亡息元略敬造石像一軀"，"息"字冠人名似用於較通俗之文字。

【增訂三】樂府古辭《長安有狹斜行》稱"大子"、"中子"、"小子"、"三子"，梁武帝、簡文帝、徐防等擬作則曰"大息"、"中息"、"小息"、"三息"。

【增訂四】漢人碑版、六朝典冊皆用"息"字，余原言通俗文書，所見隘矣。洪适《隸釋》卷一〇《太尉陳球碑陰》："息□……早終息㩦"；《釋》："蓋謂二人已卒，所出緡錢則其子也"；又《隸續》卷五《樊敏碑》："刻歲月及書造人姓名，其云：'石工劉盛、息愫書'者，劉刻其石而厥子落筆也。"《隸釋·目錄》後有适識語云："息柲宦山陰"，本地風光，即效漢人語爾。《晉書·段灼傳》上表曰："繫情皇極，不勝丹款，遣息穎表言"；《卞壼傳》："息當婚，詔特賜錢五十萬"；《荀崧傳》："從弟馗早亡，二息年各數歲"；《何充傳》："庾翼臨終，表以後任委息爰之"；《劉隗傳》奏曰："[淳于]伯息忠訴詞稱枉"；《武十三王傳》齊王冏上表曰："臣輒以息超繼允後"；《邵續傳》詔曰："其部曲文武已共推其息緝爲主"；《周謨傳》上疏："聖恩不遺，取顗息閔，得充近侍"；《夏侯湛傳》："子姪多沒胡寇，惟息承渡江。"《宋書·文五王傳》吳郡民劉成上書告竟陵王誕謀反，稱"息道龍昔伏事誕"；《傅隆傳》："時會稽剡縣民黃初妻趙打息載妻王死亡，遇赦，王有父母及息稱、息女葉，依法徙趙二千里外"；《鄧琬傳》大明七年詔曰："往歲息璩凶悖"；《褚叔度傳》："湛之因攜二息淵、澄，輕船南奔"；《劉懷肅傳》："難當第三息虎先戍陰平。"不備舉。

"攝檢"、"輒攝"之"攝"，如《三國志·蜀書·劉二牧傳》裴註《漢靈帝紀》："焉到便收攝行法"，後世常用於鬼卒勾人魂魄者。

二一一　全梁文卷四五

　　范縝《神滅論》。按精思明辨，解難如斧破竹，析義如鋸攻木，王充、嵇康以後，始見斯人。范氏詞無枝葉，王遜其簡淨，嵇遜其曉暢，故當出一頭地耳。六朝文闡説義理，梢鈎深造微，便未免釋氏經論機調，范氏獨擺落悠悠，避之若浼。惟"形稱其質，神言其用"云云，判別"質"、"用"，隱承釋書之判別"體"、"用"（參觀《周易》卷論《乾》）。"質"與"體"一義，如《全三國文》卷七魏文帝《又與吴質書》論王粲："惜其體弱，不足起其文"，而《全梁文》卷五五鍾嶸《詩品》上論王粲："文秀而質羸"，又如《全梁文》卷五一王僧孺《詹事徐府君集序》："質不傷文，麗而有體"，"麗"與"文"、"體"與"質"，等屬互文。縝豈用而不知、習而不察乎？論手、足、眼、耳等"皆神之分"而"是非之慮，心器所主"，略同亞理士多德論"靈魂"之"分"，有"飲食魂"（the nutritive soul）、"知覺魂"（the sensory soul）等等，而以"思慮"（the power of thinking）爲之主[①]。"妖

[①] Aristotle, *On the Soul*, Bk I, ch.3-4, *Basic Works of Aristotle*, Random House, 559-61.

怪茫茫，或存或亡。……有人焉，有鬼焉，幽明之别也。人滅而爲鬼，鬼滅而爲人，則未之知也"；觀此可知縝非"不信鬼"，特不信人死爲"鬼"耳。《墨子·明鬼》："有天鬼，亦有山水鬼神者，亦有人死而爲鬼者"；縝所謂"妖怪或存"、"有鬼"，即相傳之天神、地祇、物妖，而人死之浮魂沉魄不與焉。王充闢"鬼"而言"妖"言"精"（參觀論《全晉文》郭元祖《〈列仙傳〉讚》、《全宋文》釋寶林《檄太山文》），古希臘亦嘗流行有神靈而無鬼魂之俗信①，均堪連類。《南史》卷五七《范縝傳》："性不信神鬼，時夷陵有伍相廟、唐漢三神廟、胡里神廟，縝乃下教斷不祠"；"胡里神"不知伊誰，他二廟皆祀人死爲鬼而得成神者，既人死不爲鬼，則安得復成神？后稷亦本是人，故雖"郊祀"，而"稷無神"也。縝謂人之"神"必"滅"，未言"天鬼"、"山水鬼神"之無有。與縝同朝並世之皇侃爲《論語·八佾》"祭如在"二句孔註義疏曰："前是祭人鬼，後是祭百神"，亦見"人死"之"鬼"不即等於"神"。是以縝之"神滅論"與阮瞻、林披等之"無鬼論"（參觀《太平廣記》卷論卷三三〇《崔尚》），何同何異，未敢妄揣，而談者牽合之於"無神論"，則尚未許在。縝自言"哀弊拯溺"，此論蓋以破釋氏之説輪迴。夫主張神滅無鬼，則必不信轉世投生，顧不信轉世投生，却未必主張神滅無鬼；匹似東漢迎佛以前，吾國早信"人滅而爲鬼"，却不知"鬼滅而爲人"之輪迴，基督教不道輪迴，而未嘗不堅持"靈魂不滅"、有地獄天堂之報。談者又每葫蘆提而欠分雪也。

【增訂三】孔子之教，"不語怪神"；《墨子·公孟》記孔子之徒

---

① E. Rohde, *Psyche*, ch.1, §§ 2-3, *op. cit.*, (Homer's daylight World).

曰"無鬼神",而墨子譏"儒之道足以喪天下者四",其一爲"以鬼爲不神"。宋之道學家主無鬼論,乃未墜孔子之緒耳。紀昀厭薄宋儒,因於《閱微草堂筆記》中譏誚不已。如卷四某公"講學",爲"妖"所逐,"太息"曰:"不信程朱之學,此妖之所以爲妖歟!";又"老儒"死後,魂入冥府,"冥吏"謂曰:"先生平日持無鬼論,不知先生今日果是何物?"卷一四至歷引《朱子語類》以明鬼神之有而曉諭曲儒之迂。書首自題七絶之二:"前因後果驗無差,瑣記蒐羅鬼一車;傳語洛閩門弟子,稗官原不入儒家",明言"洛閩"之"儒"乃持無鬼論者也。蓋"唯心"之程、朱,闢鬼無異"唯物"之王充、范縝。帖括家如熊伯龍,誦説《四書》,研精八股,能撰《無何集》以闡演《論衡》之"訂鬼",實亦"講學老儒"本分。故熊謂王充"宗孔子",而斷言《問孔》、《刺孟》等篇必非充作也。《二程遺書》卷二下:"⋯⋯但不知俗所謂鬼神何也。聰明如邵堯夫猶不免致疑在此,嘗言有虛空中聞人馬之聲。某謂既是人馬,須有鞍韉之類皆全,這箇是何處得來。堯夫言天地之間,亦有一般不有不無底物。某謂如此説,則須有不有不無的人馬,凡百皆爾,深不然也。"論"鞍韉何處得來",正同《論衡·論死篇》之言:"衣服無精神,人死與形體俱朽,何得以貫穿之乎?"舉隅可反。程、朱不以"無鬼"而其"唯心"得從未減,王、范以"無鬼"而并被褒爲"無神",遂當"唯物"之目而不忝。悠悠物論,不明則不公乎?不公則不明也?《三國演義》第七七回毛宗崗總評曰:"雲長英靈不泯固矣,而赤兔馬亦在雲中,況青巾綠袍並青龍偃月刀依然如故,得無衣物器械亦有魂靈否?"即王充、二程之疑也。然就本書論,可獻疑送難者,尚不止此。青龍刀流落人間，孫權以賜潘璋；第八三回璋"揮關公使的青龍刀來戰黃忠"，關興殺璋，"得了父親的青龍偃月刀。"則"器械"不特"有魂靈"，且能如倩女之離魂矣。拜倫亦嘗以此爲疑，謂俗傳人之生魂或陰靈每離其軀幹而出現，"果爾，則其身上之外衣裌襯亦復如是耶？"（But if they are—are their coats & waistcoats also seen? —*Letters and Journals*, ed. Leslie A. Marchand, VII, 192）猶言"衣服無精神"，問"青巾綠袍有魂靈"耳。

【增訂四】《世説·方正》："或以人死有鬼，阮宣子獨以爲無，曰：'今見鬼者，云著生時衣。若人死有鬼，衣服亦有鬼耶？'"；劉峻註即引《論衡》云云。美國近世一詼詭之士亦言，鬼未嘗裸體見形，即此一端，已足摧破有鬼論；苟衣服亦如人之有鬼，則何以衣服之鬼不獨見形而必依附人鬼乎？（There is one insuperable obstacle to a belief in ghosts. A ghost never appears naked: he appears either in a winding sheet or "in his habit as he lived." ... And why does not the apparition of a suit of clothes sometimes walk abroad without a ghost in it? —Ambrose Bierce, *The Devil's Dictionary*, Dover Punblications, 1958, p.48）又隱申拜倫之語。

"竭財以赴僧，破產以趨佛。……致使兵挫於行間，吏空於官府，粟罄於惰游，貨殫於泥木"；斥"浮屠害政，桑門蠹俗"，語切直而識遠大。卷五九郭祖深《輿櫬詣闕上封事》斥僧而未闢佛，尚曰："功德者，將來勝因"；《全後魏文》卷五一荀濟上梁武帝《論佛教表》斥僧闢佛，而專就釋氏之奸邪淫侈發策，眼光未出牛背上。竊謂六朝人闢佛，簡捷親切莫如《南齊書·良政傳》記虞愿對宋明帝："陛下起此寺，皆是百姓賣兒貼婦錢，佛若有知，當悲哭哀憨；罪高佛圖，有何功德！"；深微周備則莫如縝此《論》矣。"神形俱化"之辯，早見《全晉文》卷一六一釋慧遠《沙門不敬王者論》之五《形盡神不滅》問答。據《梁書·儒林傳》及《南史》縝本傳，縝在齊世，嘗侍竟陵王子良，子良虔信釋教，而縝盛稱無佛，退而著《神滅論》，"此《論》出，朝野諠譁，子良集僧難之而不能屈"，又使王融誘以官禄，"勸其毀論，縝大笑曰：'使范縝賣《論》取官，已至令僕矣！'"二傳均未言縝入梁後復遭羣起而攻也。今所覩梁武帝《敕答臣下〈神滅論〉》（《全梁文》卷五）及南平王偉以下諸朝士《答釋法雲書難范縝〈神滅論〉》，皆非齊世所作，釋法雲《奉敕難范縝〈神滅論〉與王公朝貴書》（卷七四）可以參證；曹思文《難范縝〈神滅論〉》前且有《上武帝啓》（卷五四），稱"懼不能徵折詭經，仰黷天照"。蕭琛《難范縝〈神滅論〉》（卷二四）、沈約《神不滅論》又《難范縝〈神滅論〉》（卷二九），亦必作於此時。是梁武登極，重提舊事，復親率朝臣以難縝也。齊世響應竟陵王難縝諸作，唯《南史》縝傳載"王琰乃著論譏縝曰：'嗚呼！曾不知其先祖神靈所在'"，此一句外，無隻字流傳，豈都口誅而非筆伐耶？萬乘之勢，盈廷之言，雖强詞不堪奪理，而虛聲殊足奪人，縝乃自反不縮，以一與多，遂使梁君臣如集雀仇鸇、羣狐鬥虎，《易林·無妄》之《明夷》所謂"雖衆無益"。縝洵大勇，倘亦有恃梁武之大度而無所恐歟？皆難能可貴者矣。《儒林傳》載縝不信因果，答竟陵王曰："人之生譬如一樹花，同發一枝，俱開一蒂，隨風而墮，自有拂簾幌墜於茵席之上，自有關籬牆落於糞溷之側"；李白《上雲樂》："女媧戲黃土，摶作愚下人，散在六合間，濛濛若沙塵。"當代西方顯學有言人之生世若遭拋擲（der existenzial Sinn der Geworfenheit）①，竊謂范、李頗已會心不遠也。又按陶潛《形、影、神》詩《神釋》："應盡便須盡，無復獨多慮"，即"神滅"之旨；惟"與君雖異物，生而相依附"，詩人寓言，不如縝謂形、神"名殊而體一"之密察。潛《歸田園居》之四："借問採薪人：此人皆焉如？薪者向我言：'死没無復餘'"；則指形骸，神魂非所思存也。

范縝《答曹思文難〈神滅論〉》："子謂神遊蝴蝶，是真作飛蟲耶？若然者，或夢爲牛，則負人轅軛，或夢爲馬，則入人胯下，明旦應有死牛死馬。而無其物，何也？又腸繞閶門，此人即死，豈有遺其肝肺，而可以生哉？……豈莊生實亂南國、趙簡真登閬闔邪？外弟蕭琛亦以夢爲文句甚悉，想就取視也。"按送難諸文中，唯蕭琛一篇稍具名理，樹"據夢以驗形神不得共體"之義；曹思文同立此義，故縝疑其勦襲，而曰"想就取視"也。曹博辯遜蕭，舉例似有意迴避；縝答中"莊生"、"趙簡"兩事出於曹難，"腸繞閶門"事則出蕭難："或理所不容，……吳后夢腸出繞閶門之類是也。"《論衡·紀妖》亦言趙簡子夢游鈞天，"非天也"。"腸繞閶門"見《三國志·吳書·孫破虜傳》裴註引《吳書》："母懷姙堅，夢腸出繞吳閶門"；王嘉《拾遺記》卷八增飾爲："夢腸出繞腰，有一童女負之繞吳閶門"。陸游《劍南詩稿》卷一《出縣》："歸計未成留亦得，愁腸不用繞吳門"，即使此典；沿用如錢謙益《牧齋初學集》卷一二《獄中雜詩》之一六："美酒經時澆漢獄，愁腸終夜繞吳門"，厲鶚《樊榭山房集》卷七

---

① Heidegger，*op. cit.* 284.

《自石湖至橫塘》之二："爲愛橫塘名字好，夢腸他日繞吳門。"——若此"腸"非"腸子裏爬出來的"(《紅樓夢》第六〇回)之"腸"，而同"剛腸"、"熱腸"、"搜枯腸"之"腸"，皆緣陳後主《棗賦》之"此歡心之未已，方夢腸而屢迴"(《全陳文》卷四)或王安石《江東召歸》絕句之"歸腸一夜繞鍾山"(又《送張拱微出都》："腸胃繞鍾山，形骸空此留")，有例在先也。《莊子·齊物論》："昔者莊周夢爲蝴蝶，栩栩然蝴蝶也，俄然覺，則蘧蘧然周也"，又《大宗師》："且女夢爲鳥而厲乎天，夢爲魚而没於淵，不識今之言者，其覺者乎？其夢者乎？"祇言夢與覺，未道神與形，而蕭琛、曹思文逕以入夢爲出神，視若當然。蓋認夢爲魂，初民心同此理，殊方一致，歷世相傳(das ursprünglichste und häufigste Motiv dieser primären Vorstellung der Schattenseele ist unzweifelhaft das *Traumbild*)①，參觀《楚辭》卷論《招魂》。民族學者嘗考生人離魂，形態幻詭(Inkorporierungen der Psyche)，有化爬蟲者，如蛆、蛇之屬(sind es kriechende Tiere, besonders der Wurm, die Schlange)，有化物之能飛躍者，如鳥、如蝴蝶、如鼠(sind es fliegende und springende Tiere, der Vogel, der Schmetterling, die Maus)②。

【增訂四】西方亦傳靈魂離體或"出竅"(the separable soul or Escaping Soul)之說。於人酣睡時，魂自其口出，化作蜜蜂、蜥蜴等小物形模，所遭各因物之體性而異，即構成睡者夢

---

① Wundt, *Völkerpsychologie*, IV, *Mythus und Religion*, I^ter Teil, 170.
② *Ib.*, 146; cf. 161, 169. Cf. Brüder Grimm, *Deutsche Sagen*, Propyläen Verlag, I, 269("Das Mäuselein"), 270-1("Die Katze aus dem Weidenbaum").

事(Katharine M. Briggs, *British Folk Tales and Legends*, 1977, pp.261-2)。

古埃及人即以蝴蝶象示靈魂(One of the emblems among the Egyptians was Psyche, who was originally no other than the Aurelia, or butterfly)[①];古希臘人亦然(the soul's fair emblem, and its only name)[②]。西方昔畫燈炷火滅,上有蝴蝶振翅(a butterfly on the extremity of an extinguished lamp),寓靈魂擺脱軀骸之意(the transmigration of the soul)[③];故但丁詩中詠靈魂升天,喻爲青蟲化蝴蝶而飛(Non v'accorgete voi, che noi siam vermi/nati a formar l'angelica farfalla)[④];神秘宗師又以扃閉内外之心齋比於靈魂之作繭自裹,豁然澈悟則猶蛹破繭、翩翩作白蝴蝶(y sale del mismo capucho una mariposita blanca muy graciosa)[⑤]。海客瀛談,堪爲《南華》夢蝶之副墨矣。吾國舊籍常載夢魂化蛇事,如《史記·高祖本紀》已言:"醉卧,武負、王媪見其上常有龍";兹舉不甚熟知者數則。《説郛》卷二四唐佚名《逸史》:"玄宗微時,嘗至洛陽令崔日用宅;崔公設饌未熟,玄宗因寢。庭前一架花初開,崔公見一巨黄蛇食籐花。……玄宗覺曰:'大奇!飢甚,睡夢中喫籐花,滋味分明也。'"紫陽真人

---

① J. Dunlop, *History of Fiction*, 4th ed., 54.
② Coleridge: "The Butterfly", *Poems*, ed. R. Garnett, 220.
③ I. Disraeli, *Curiosities of Literature*, III, 207 ("History of the Skeleton of Death"), Cf. S. Reinach, *Orpheus*, tr. F. Simmonds, 85.
④ *Purgatorio*, X.124-5, *La Divina Commedia*, Ricciardi, 518; cf. D. C. Allen, *Image and Meaning*, 30-1.
⑤ Santa Teresa de Jesus, *Moradas*, V. 2, E. Allison Peers, *Spanish Mysticism*, 104, 215.

《悟真篇》卷下《絕句五首》之三元陳致虛註引《呂洞賓傳》記呂遊廬山開元寺："歷雲堂，見一僧方酣寢，頂門出一小赤蛇，長三寸許，緣牀自左足至地，遇涕唾食之，循上尿器中飲而去；乃出軒外，度小溝，繞花若駐玩狀，復欲度一小溝，以水溢而返。道人當其來處，以小刀插地迎之。蛇畏縮，尋別徑，至牀右足，循僧頂門而入。睡僧遽驚覺曰：'初夢從左門出，逢齋供甚精，食之。又逢美酒，飲之。因褰裳度門外小江，逢美女數十。復欲度一小江，水驟漲，不能往，遂回。逢一賊欲見殺，從捷徑至右門而入。'道人……大笑而去"；元張雨《貞居先生詩集·附錄》卷下閔元衢《張貞居集書後》："外史嘗矜其術，伏壇良久。虞文靖見溝中出一蚓食汙濁，以竹編阻。外史起，自言：'適往天府，賜以瓊漿玉液，值干楯滿前而寤。'虞指蚓示之，外史悔悟"，實孳生於《洞賓傳》。元闕名《桃園結義》第三折劉備醉臥，關羽語張飛曰："呀！呀！呀！兄弟，你見麽？他側臥着，面目口中鑽出赤練蛇兒望他鼻中去了。呀！呀！呀！眼內鑽出來，入他耳中去了。……這的是蛇鑽七竅，此人之福當來必貴也"（《雲臺門》第二折漢光武事同）。

【增訂三】明徐應秋《玉芝堂談薈》卷一一《混沌初分蝙蝠精》條引李紳、錢鏐、蔡襄、米芾、周詢等夢魂化黑白蛇或蜥蜴事，卷一二《赤蛇入鼻中》條引姚景寢時二小赤蛇出入鼻孔事，可補。

皆言"神"亦有"形"，顧爲身之變"形"，傍人醒者有目共覩其易形，而夢者渾不覺己形之異，非若莊周之自知化蝶栩栩然；厄言日出，又范縝所不勝駁而或不屑駁矣。

二一二　全梁文卷四六

陶弘景《授陸敬游十賚文》。按全仿《九錫文》之體；賈嵩《華陽陶隱居内傳》卷中："世謂之'錫'，仙謂之'賚'；九者陽極，君之位也，十者陰終，以之制焉。"方外高士，忘情人爵，何故喬坐朝作此官樣文章？巢由外臣云乎哉！山中自有小朝廷，於無君處稱尊耳。卷四七《真靈位業圖序》："雖同號真人，真品乃有數，俱目仙人，仙亦有等級千億。……猶如野夫出朝廷，見朱衣必令史，句驪入中國，呼一切爲參軍，豈解士庶之貴賤，辨爵號之異同乎？"斤斤辨較神仙之班秩高卑，此固承道流舊説（詳見《太平廣記》卷論卷七《白石先生》、卷八《劉安》），亦徵學仙修道，正欲以世間之官位爵禄換取天上之"真靈位業"，放一拓一，舍魚取熊。《真誥·稽神樞》之四嘗言得道者"肥遁山林，以遊仙爲樂，非不能升天"；是既爲人君之"外臣"，復得爲天帝之"外臣"焉。夫陶隱居山林肥遁，則無妨作《十賚文》，如趙陀之竊帝號以自娛；苟升天而作此文，位業不稱，語意僭妄，天官必糾其大不敬，陶且如劉安之遭謫罰矣。袁宏道《墨畦》："官慕神仙，神仙亦慕官。小修曰：'分之則山人，合之則仙也。'"此文中"今賚爾十事，可對揚嘉策"等語，純乎官腔，

"慕官"之情流露言外,而陶或未自省也。

陶弘景《與梁武帝啓》二:"昔患無書可看,乃願作主書史,晚愛隸法,又羨典掌之人。……每以爲得作才鬼,亦當勝於頑仙。"按《太平廣記》卷五一《侯道華》(引《宣室志》):"常好子史,手不釋卷,衆或問之,要此何爲。答曰:'天上無愚懵仙人!'"

二一三　全梁文卷四七

　　陶弘景《發真隱訣序》："非學之難，解學難也。屢見有人，得兩三卷書、五六條事，謂理盡紙，便入山脩用，動積歲月，愈久昏迷。……真人立象垂訓，本不爲矇狡設言，故每標通衢，而恒略曲徑。……凡五經、子、史，爰及賦頌，尚歷代注釋，猶不能辨，況玄妙之秘途、絕領之奇篇。"按方士常言，學道者不蒙祖師親傳，徒執丹經，雖熟讀深思，終無入處。故求仙必得秘訣，而秘訣端賴口耳密授（esoteric），所謂"口訣"。《真誥》中"傳授"之"授"字，每作"口"傍，如《稽神樞》一："此後墨書皆定錄，真君噯以告長史"，寓此意也。

　　【增訂四】許顗《彥周詩話》記鑿井得碑，文言鍊丹法，全載之。結語云："金與玉與？天年上壽。無著于文，訣之在口"；亦即"噯"字之意。

《抱朴子》内篇《論仙》："夫作金皆在神仙集中，淮南王抄出，以作《鴻寶枕中書》，然皆秘其要文；必須口訣，臨文指解，然後可爲耳。其所用藥，復改其本名，不可按之便用也"；又《黃白》："黃者金也，白者銀也，古人秘重其道，不欲指斥，故隱之云爾"；《太平御覽》卷六六八引《集仙錄》、《太平廣記》卷五九引《女仙傳》記仙人過酒家飲，以"素書"五卷貰酒，酒家婦名女几，竊視則皆"養性長生"之"要訣"，依修而不得仙，"仙人復來，笑謂之曰：'盜道無師，有翅不飛！'"；《全唐文》卷九二六吴筠《服氣》："上古已來，文墨不載，須得至人，歃血立盟，方傳口訣"；吕巖《絶句》："神仙不肯分明説，誤了千千萬萬人"；紫陽真人張伯端《悟真篇》卷中《七言絶句》之一三、一四："契論經歌講至真，不將火候著於文，要知口訣通玄處，須共神仙仔細論。饒君聰慧過顏閔，不遇師傳莫强猜，只爲丹經無口訣，教君何處結靈胎！"，雲陽道人朱元育註："自古到今，未有無師而得證盡性命之大道者"，又《後序》："然其言隱而理奧，學者雖諷誦其文，皆莫曉其意，若不遇至人授之口訣，縱揣量百種，終莫能著其功而成其事"；以至《西遊記》第二回須菩提祖師歌："難！難！難！道最玄。……不遇至人傳妙訣，空教口困舌頭乾！"均如陶氏所言"謂理盡紙，愈久昏迷"也。陶氏"痛心"學者之但依"經説"而"未造門牆"，故金針度人，發其"真訣"。特未識得此一編，亦可以"無師"而不須口"噯"否！《抱朴子·微旨》記或願聞"真人守身鍊形之術"，葛洪答曰："夫'始青之下月與日，兩半同昇合或一，出彼玉池入金室，大如彈丸黄如橘，中有嘉味甘如蜜，子能得之謹勿失。既往不追身將滅，純白之氣至微密，昇於幽關三曲折，中丹煌煌獨無匹，立之命門形不卒，淵乎妙矣難致詰。'此先師之口訣，知之者不畏萬鬼五兵也。"此固傳授"口訣"矣，而"知"者其唯洪乎！他人聞之，仍如闇室無燈、瞽者無相爾。陶氏"真訣"雖筆於書，恐亦徒滋迷罔，未必有裨"解學"。張籍《和左司元郎中秋居》第二首："神方謎語多"，誠片言據要者。夫道家欲破除文字言說，謂師無可授，弟無可受（參觀《楚辭》卷論《遠遊》）；而道士則"契論經歌"之不足，尚加以"訣"，"訣"又必傳以口，舍師授而弟受，則得"訣"無由。神仙之於老莊，不啻反其道而行，亦各道其所道而已矣。

陶弘景《本草序》："魏晉以來，……或三品混糅，冷熱舛錯，草石不分，蟲獸無辨。……今輒苞綜諸經，研括煩省，……合七百三十種。"按"三品"即《神農本草經》所稱"養命"之"上藥"、"養性"之"中藥"、"養病"之"下藥"。《太平廣記》卷一五《桓闓》（出《神仙感遇傳》）："降陶君之室，言曰：'君之陰功著矣！所修《本草》，以蝱蟲、水蛭輩爲藥，功雖及人，而害於物命，以此一紀之後，當解形去世'"；又卷二一《孫思邈》（出《仙傳拾遺》及《宣室志》）："有神仙降謂曰：'爾所著《千金方》，濟人之功，亦已廣矣，而以物命爲藥，害物亦多，必爲尸解之仙，不得白日升舉矣。陶貞白事，固吾子所知也。'"然《華陽陶隱居內傳》卷中陶自言："仙障有九，名居其一；使吾不白日登宸者，蓋三朝有微名乎！"則陶之不得飛舉，緣身之享名，非由物之損命也。蓋學仙而不得飛昇，且終於委蛻陳屍，事實具在，不可諱也，祇可飾也；物命與聲名大異，巧言文飾則等爾。《全梁文》卷一一簡文帝《勸醫論》："非直傳名於後，亦是功德甚深，比夫脫一鴿於權衡，活萬魚於池水，不可同日而論焉"；則似人命重於物命，"害物"或在所不計歟。

陶弘景《藥總訣序》："或一藥以治衆疾，或百藥共愈一病。"按此《雜譬喻經》第三四則言耆域所爲。

【增訂四】道略集《雜譬喻經》第三四則言耆域"或以一草治衆病，或以衆草治一病"。陶弘景《藥總訣序》語同此。

《舊唐書·方伎傳》許胤宗曰:"且古之名手,唯是別脈,脈既精別,然後識病。夫病之於藥,有正相當者,唯須單用一味,直攻彼病,藥力既純,病即立愈。今人不能別脈,莫識病源,以情臆度,多安藥味;譬之於獵,未知兔所,多發人馬,空地遮圍,或冀一人偶然逢也。如此療疾,不亦疎乎!假令一藥,偶然當病,復共他味相和,君臣相制,氣勢不行,所以難差,諒由於此";設譬甚雋,顧似不以"百藥共愈一病"爲然者。《黃帝素問·至真要大論》:"君一臣二,奇之制也;君二臣四,偶之制也",唐王冰註:"奇、古之單方,偶、古之複方";則"單方"亦"君臣相制",非"單用一味"者。沈括《良方》自序論"藥之單用爲易知,複用爲難知",闡發共味交攻(synergism),最爲明通。又按《新唐書·方伎傳》記胤宗語:"古之上醫,要在視脈,病乃可識;病與藥值,惟用一物攻之,氣純而愈速。今之人不善爲脈,以情度病,多其物以幸有功,譬獵不知兔,廣絡原野,冀一人獲之,術亦疏矣!一藥偶得,他味相制,弗能專力,此難愈之驗也。"文簡而詞不達,讀《舊唐書》所記,方意申理順;且"獵不知兔,廣絡原野",是徧設置羅也,則當承以"冀其落網",安得曰:"冀一人獲之"哉?言無序而語有病者也。胡應麟、汪琬、趙翼、梁玉繩等皆謂《新唐書》文章未可厚非(《少室山房類稿》卷一〇一、《說鈴》、《陔餘叢考》卷一一、《瞥記》卷三),竊謂《舊唐書》文章正未許輕非耳。

【增訂三】明戴良《九靈山房集》卷二七《滄洲翁傳》載吕復《醫評》全文,末曰:"王德膚如虞人張羅,廣絡原野,而脫兔殊多,詭遇獲禽,無足算者",即用《新唐書·方伎傳》語。吕復歷舉扁鵲以下名醫,一一題品,即仿袁昂《古今書評》體製，可爲2232頁補一例。

陶弘景《肘後百一方序》："凡一百一首。……昔應璩爲《百一詩》，以箴規心行，今余撰此，蓋欲衛輔我躬。且佛經云：'人用四大成身，一大輒有一百一病。'……脫從祿外邑，將命遠途，或祗直禁闈，晨宵閉隔，或羈束戎陣，城壘嚴阻，忽驚急倉卒，唯拱手相看，孰若便探之枕笥，則可庸豎成醫。"按《文選》特爲璩詩一首獨闢《百一》門；題解各殊，李善註據作者自道而斷言："據《百一詩》序云：'時謂曹爽曰：公今聞周公巍巍之稱，安知百慮有一失乎？'《百一》之名，蓋興乎此也。"然則"百一"，即"萬一"之旨，如《史記·張釋之傳》："有如萬分之一假令愚民取長陵一抔土"，所謂意外毋妄之變故是矣。陶自比其書之衛身於應詩之箴心，曰"脫"，曰"忽驚急倉卒"，均謂意外忽病、萬一有疾，而無醫可就，備此方猶堪救急。足與善註引璩序語發明；擬必於倫，"百一"本意得參驗而了然矣。蓋《百一方》涵兩意，如言《備緩急方一百一首》也。《全三國文》卷三〇漏輯《百一詩·序》佚文。"一大有一百一病"，故四大之和當得四百四病，釋書如《淨心誡觀法》云："四百四病，以夜食爲本"，則開郭印《雲溪集》卷六《和曾端伯安撫〈勸道歌〉》："夜氣若要長存，晚食尤宜減些"，或後世俗諺："夜飯少吃口，活到九十九"，西方亦有古諺："食宜少，夜食宜更少"（come poco y cena màs poco）①。應璩《三叟詩》："中叟前致辭：'量腹節所受'"，普謂三餐，非僅夜食；《太平御覽》卷七二〇引《老子養生要訣》："冬則朝勿虛，夏則夜勿飽"，又僅戒夏夜，非普謂四

---

① *Don Quijote*, II.43, *op. cit*. VII, 110.

季也。《河南二程遺書·外書》卷一二《明道語》："人有四百四病"，正出流傳佛説；元曲如《張天師》第三折、《倩女離魂》第一折、《竹塢聽琴》第二折皆有："三十三天，（覷了）離恨天最高；四百四病，（害了）相思病最苦（怎煞）"，已説得口滑。吴聿《觀林詩話》："昔人有言：'馬有三百四病，詩有三百八病，詩病多於馬病'"；謝翱《晞髮集》卷七《散髮》："詩病多於馬，身閒不似鷗"，沈德潛《歸愚詩鈔·餘集》卷七《又病》："詩病多於馬，我病多於詩，耄年如枯木，病又摧其枝"，皆用其語。竊謂錢謙益、龔自珍或沈曾植爲之，當曰："身病多於詩"，隱用佛經，以"身"字虛涵"人身"、"自身"兩意矣。

　　陶弘景《瘞鶴銘》："甲午歲，化於朱方。"按鄭文焯《半雨樓叢鈔》："説者未詳何地。按宋張養《六朝事迹編類》第三卷，丹陽、丹徒，春秋時稱'朱方'，梁簡文亦有'及忝朱方'之語。"又按鄭氏謂"不爲無益之事，何以悦有涯之生"，見諸陶弘景"上梁武帝論書"，似誤，卷四六《與梁武帝啓》七首初無此也。兩語歷代稱引，實出張彥遠《歷代名畫記》卷二論鑒識、收藏、購求、閲玩一節："既而歎曰：'若復不爲無益之事，則安能悦有涯之生！'是以愛好愈篤，近於成癖。"陳師道《後山詩集》卷一二《題明發高軒過圖》："晚知書畫真有益，却悔歲月來無多"，即反用張語；賈似道好收藏，名其堂曰"悦生"，《説郛》卷十二采賈氏雜記曰《悦生堂隨鈔》，取意亦本張語。然董其昌《容臺集·詩集》卷四《倣李營丘寒山圖·序》云："余結念泉石，薄於宦情，則得畫道之助。陶隱居云：'若不爲無益之事，何以悦有涯之生！'千古同情，惟予獨信，非可向俗人道也"；早誤主名。李葆恂《義州李氏叢刊七種》中《無益有益齋論書詩》

自序，亦沿誤以爲陶氏語。鄭氏傳訛而坐實之。項鴻祚《憶雲詞》丙稿自序："嗟乎！不爲無益之事，何以遣有涯之生！時異景遷，結習不改"；變收鑒書畫爲寫作詞章，又易"悦"爲"遣"，意較悽婉矣。

陶弘景《吳太極左仙公葛公碑》。按謂葛玄也。其語繳繞不明："舉代翕然，號爲'仙公'。……俗中經傳所談，云已被太極銓授，居'左仙公'之位。如《真誥》并葛氏舊譜，則事有未符。……久當受任玄都，祗秩天爵"；似言俗尊爲"仙公"時，玄尚未實授"仙公"之位，今則歷時悠久，當已真除。《真誥·稽神樞》之二："葛玄善於變幻而拙於用身，今正得不死而已，非仙人也"，即所云"事有未符"也。

陶弘景《遺令》："因所著舊衣，上加生祴裙及臂衣、韤、冠、法服，……釵符於髻上，通以大袈裟覆衾，……道人、道士並在門中。"按"生"者，未經穿着之新冠服，以別於"著舊"，猶"生飯"之"生"，詳見《太平廣記》卷論卷七五《馮漸》。孫詒讓《札迻》卷四論《管子·形勢》："生棟覆屋"，并舉《韓非子·外儲説右》之"橡生"及《吕氏春秋·別類》之"木尚生"，謂"生"乃"材尚新未乾"之意，可相發明。陶氏爲道士而受佛戒，故黃冠"道士"與緇衣"道人"同佐喪事，"並在門中"。其遺體被服亦示融會二氏，通門户而化町畦；"法服"、"髻符"，顯爲道服，而"袈裟"則僧衣也。《全梁文》卷六七所收傅弘即《全陳文》卷一一徐陵《東陽雙林寺傅大士碑》所讚歎之高僧，禪門所稱"善慧大士"。《五燈會元》卷二記大士赴梁武帝招，"被衲、頂冠、靸履朝見，帝問：'是僧耶？'士指冠。帝曰：'是道耶？'士指靸履。帝曰：'是俗耶？'士以手指衲衣"；其事疑出後人附會，不見唐前紀載。若夫弘景遺命，則真以道冠加首而衲衣蒙身矣。《佛祖統紀》卷三三《法門光顯志》："藏前相承列大士像，備儒、道、釋冠服之相者，以大士常作此狀也"；曹安《讕言長語》載詩："袈裟新補片雲寒，足躡儒鞋戴道冠；欲把三家歸一轍，揑沙終是不成團！"，即嘲大士。

【增訂三】寒山詩"有人把椿樹"篇結云："似聚沙一處，成團也大難"，曹安引詩末句出此。院本、話本則取譬又別，《神奴兒》第一折、《醉醒石》第一回均云："老米飯揑殺也不成團"，似愈精警。蓋沙粒本不粘，飯粒或尚可粘，而"揑"之仍浪拋心力，等"聚沙"之落空而更使人怏怏失望矣。

龐元英《談藪》(《説郛》卷三一)載謝希孟爲陳伯益像贊："禪鞾俗人鬚髻，道服儒巾面皮"；顧瑛《玉山逸稿》卷四《自贊》："儒衣僧帽道人鞋，到處青山骨可埋；還憶少年豪俠興，五陵裘馬洛陽街"；又均效大士。弘景《遺命》載在《南史》本傳，而未嘗有徵引以與大士比類者。方岳《秋崖先生小稿》卷二《蒙恩予祠》："月明弄影雪顛癯，只似胡僧不似吾；忽予牙緋稱羽客，道官儒紱釋頭顱"；祠禄故曰"道官"，"髮秃"故曰"釋顱"，非言衣着，而"揑沙爲團"之筆意則類。

二一四　全梁文卷四八

　　袁昂《古今書評》又《評書》。按第二篇似後人竄改第一篇而成，其推王羲之書："歷代寶之，永以爲訓"，顯背梁武所評。奉詔承旨之作，豈敢如是哉？唐太宗親爲《晉書》羲之傳撰《論》以來，此類庶成常語矣。袁氏所評書跡，十九失傳，殘存者亦輾轉摹拓，已非本相，其衡鑑未必都中肯入裏，而巧構比喻，名雋每堪入《世説新語·賞譽》。米芾《海岳名言》第一則："歷觀前賢論書，徵引迂遠，比況奇巧，如'龍跳天門，虎卧鳳閣'，是何等語！或遣詞求工，去法愈遠，無益學者。""龍跳"二句即《評書》品目王羲之語；《古今書評》移施於蕭思話，"天"作"淵"，"閣"作"闕"。"無益於書"，誠如米老所譏，即"比況"亦殊不倫，"鳳閣"而供"虎卧"，何異麟閣之著獼猴乎？黃伯思《東觀餘論》卷上《法帖刊誤》："袁昂不以書名，而評裁諸家，曲盡筆勢。然論者以其評張芝書云：'如漢武愛道，憑虛欲仙'，則欲仙而已，至況薄紹之書，乃云：'如仙人嘯樹'，則真仙也，爲比擬失倫"；尤參稽密察也。皇甫湜《諭業》、張舜民《詩評》等仿昂此篇以藻鑑詩、文者，唐、宋、明、清不絶，明宣獻王《太和正音譜》卷上《古今羣英樂格勢》，參其體制，題品馬致遠以下曲家二百餘人，雖造語粗拙，亦爲巨觀。評書反尟祖構，余唯覯米芾《書評》（《寶晉英光集·補遺》所載非全文，當據《雲麓漫鈔》卷五篇首補："善書者歷代有之"云云，篇末補："繼其人者，襄陽米芾也"）、桂馥《國朝隸品》而已。

【增訂三】黃伯思引"論者"語，當即出唐李嗣真《書品後·下下品·評》："前《品》云：'蕭思話如舞女低腰，仙人嘯樹'，亦則仙矣。又云：'張伯英如漢武學道，憑虛欲仙'，終不成矣。商榷如此，不亦謬乎！"《元文類》卷三九宋本《跋蘇氏家藏雜帖》即仿袁昂《書評》體，品目鮮于樞以下書家，擬象無新穎者，而結處殊有姿致："或謂：'蕭叔達身能作字，故鍾繇輩遭其口吻，子僅解操筆，詎容厎訛？'殊不知食前方丈，具於饗人，舉挾一嘗，甘辛立辨，正自不必手自烹調，然後始識味也。"王世貞倘聞此，必更振振有詞（參觀 1773 頁）。竊謂移之以喻文評也可（參觀 1668－1669 頁）。

二一五　全梁文卷五一

　　王僧孺《與何炯書》。按亦摹司馬遷、楊惲兩書，不及江淹所爲之儁利也。"所以握手戀戀，離別珍重。弟愛同鄒季，淫淫承睫，吾猶復抗手分背，羞學婦人"；謂惜別涕泣，如江淹《別賦》所云："橫玉柱而沾軾"，"造分手而銜淚"，"瀝泣共訣"，"親賓兮淚滋"。俞正燮《癸巳類稿》卷一三《哭爲禮儀説》考古有喪事助哭之禮，且"於禮，哭不必有淚"。竊謂哭不僅爲死喪之儀，亦復爲生別之儀，雖不若喪儀之遍播久傳，而把別時哭泣無淚，便遭失禮之責，其節文似更嚴於佐喪也。送別必泣，昉自晉世。《三國志·魏書·吳質傳》裴註引《世語》："魏王嘗出征，世子及臨淄侯植並送路側。植稱述功德，發言有章，左右屬目，王亦悦焉。世子悵然自失，吳質耳曰：'王當行，流涕可也。'及辭，世子泣而拜，王及左右咸歔欷，於是皆以植辭多華而誠心不足也"；是漢末尚無此習，故吳質出奇謀而使曹丕得勝着。《舊唐書·高宗紀》上："太宗將伐高麗，命太子留鎮定州，及駕發有期，悲啼累日"；殆秉吳質之遺教歟。《藝文類聚》卷二九引《語林》："有人詣謝公別，謝公流涕，此人了不悲，既去，左右曰：'向客殊自密雲。'謝公曰：'非徒密雲，乃自旱雷爾！'""密雲"

即《史記·呂后本紀》所謂"太后哭泣不下",《漢書·外戚傳》上作"哭而泣不下",顏師古註:"'泣'謂淚也";"旱雷"即《水滸》第二五回論"有三樣哭"之"無淚有聲謂之'號'……乾號",或《西遊記》第三九回孫行者論"哭有幾樣,若乾着口喊,謂之'嚎'"。《顏氏家訓·風操》:"別易會難,古人所重,江南餞送,下泣言離。有王子侯,梁武帝弟,出爲東郡,與武帝別,帝……數行淚下,侯遂密雲,赧然而出,坐此被責。……北間風俗,不屑此事;歧路言離,歡笑分首。然人性自有少涕淚者,腸雖欲絕,目猶爛然;如此之人,不可強責";心傷而不下淚,即所謂心軟眼硬,如朱淑真《斷腸詩集》卷六《秋日述懷》:"婦人雖軟眼,淚不等閒流",或李開先《一笑散》載明初人《商調》全套《逍遥樂》:"我從來眼硬,不由人對景傷情。"《類說》卷五三引《談藪》載劉孝綽送王元景出使,"泣下,元景無淚,謝曰:'卿無怪我,別後闌干'";謂此際無淚,後將必有淚,以成來而必往之禮。僧孺與何炯別時,炯泣而僧孺眼硬,乖"江南"禮俗,而又不可如王元景之託言後補,故書中爲己分疏。"愛同鄒季,……抗手分背,羞學婦人",語本《孔叢子》;《藝文類聚》卷二六載此書,"鄒季"作"郭李",乃不知者妄改。《孔叢子·儒服》:"子高遊趙,平原君客有鄒文、季節者,與子高相友善。及將還魯,……臨別,文、節流涕交頤,子高徒抗手而已。……子高曰:'始吾謂此二子丈夫爾,今乃知其婦人也!'……其徒曰:'泣者一無取乎?'子高曰:'有二焉:大姦之人,以泣自信;婦人、懦夫,以泣著愛。'"《世說·方正》亦云:"周叔治作晉陵太守,周侯仲智往別,叔治涕泗不止。仲智恚之,曰:'斯人乃婦女,與人別,作涕泣!'便舍去";蓋叔治徒知臨

— 2234 —

別涕泗之爲禮，而不識文勝禮過、反惹厭取憎也。羅隱《淚》："自從魯國潸然後，不是奸人即婦人"，顯用《孔叢子》；《全唐文》卷一二八李後主《送鄧王二十六弟牧宣城序》："哀淚甘言，實婦女之常調，又我所不取也"，贈別作此語，亦隱用《孔叢子》。哭泣可爲仕宦之終南捷徑，始著於《漢書·王莽傳》下；地皇四年秋莽率羣臣至南郊仰天號哭以厭國災，"諸生小民會旦夕哭，……甚悲哀及能誦策文者，除以爲郎，至五千餘人"。《舊唐書·張仲方傳》博士尉遲汾請謚李吉甫爲"敬憲"，仲方駁議斥吉甫，有曰："諂淚在瞼，遇便即流；巧言如簧，應機必發"；陳繼儒《太平清話》卷上云："每讀此，却笑似平康榜文也！"則謂"奸人"與"婦人"，一二二一，奸泣同妓，而妓泣即是奸。

【增訂四】《魏書·宋弁傳》："高祖在汝南，不豫大漸，旬有餘日，不見侍臣。……小瘳，乃引見門下及宗室長幼。諸人入者，未能知致悲泣。弁獨進及御牀，歔欷流涕曰：'臣不謂陛下聖顏毀瘠乃爾！'由是益重之。""知致悲泣"四字甚簡雋，即謂辦得一付急淚也。《史記·外戚世家》記竇廣國兒時爲人所略賣，及長，聞新立竇皇后，度是其姊，上書自陳，召見："於是竇皇后持之而泣，泣涕交橫下。侍御左右皆伏地泣，助皇后悲哀。"不曰："哀感左右，皆伏地泣"，而曰："左右皆伏地泣助哀"，猶言"知致悲泣"，申之即"諂淚在瞼，遇便即流"耳。《史通·敍事》論"省文"所稱"反三隅於字外"者，"助"字是也。意大利古詩寫一婦美而黠詐，蓄淚在瞼，常備應需，如源頭活水（[Origille]Era la dama di estrema beltate, /Maliciōsa e di losinghe piena; /Le lacrime teneva apparecchiate/Sempre a sua posta, com'acqua di vena. —Orlando innamorato, I, xxiv, §45, op. cit., Vol, I, p. 536）；又"奸人"與"婦人"一二二一矣。

袁枚《隨園詩話》卷一引莊荪服《贈妓》："憑君莫拭相思淚，留着明朝更送人！"，正"平康"之下泣言離矣。沈德符《野獲編》卷二一："士人無恥，莫盛於成、正間，嘉靖以來又見之。汪鋐叩首泣求於永嘉，趙文華百拜泣請於分宜，陳三謨跪而絮泣於江陵，皆以數行清淚，再荷收録。古人云：'婦人以泣市愛，小人以泣售奸'，誠然哉！""古人"亦指《孔叢子》。王士禛《古夫于亭雜録》卷一："董默菴（訥）以御史改兩江總督，有某御史者造之，甫就坐，大哭不已，董爲感動。某出，旋造余佺廬相國，入門揖起，即大笑曰：'董某去矣！拔去眼中釘也！'"；堪爲"平康榜文"語箋釋。賣哭之用，不輸"賣笑"，而行淚賄、贈淚儀之事，或且多於湯卿謀之"儲淚"、林黛玉之"償淚債"也。孟郊《悼幼子》："負我十年恩，欠爾千行淚"，又柳永《憶帝京》："繫我一生心，負你千行淚"；詞章中言涕淚有逋債，如《紅樓夢》第一回、第五回等所謂"還淚"、"欠淚的"，似始見此。

二一六　全梁文卷五二

王僧孺《太常敬子任府君傳》："少孺速而未工，長卿工而未速。"按卷六〇劉孝綽《昭明太子集序》："長卿徒善，既累爲遲；少孺雖疾，俳優而已。"皆本《漢書·賈、鄒、枚、路傳》。

王僧孺《初夜文》："殊不知命均脆草，身爲苦器，何異犬羊之趣屠肆，麋鹿之入膳厨。"按《抱朴子》内篇《勤求》："里語有之：'人在世間，日失一日，如牽牛羊，以詣屠所，每進一步，而去死轉近'"；後秦譯《長阿含經》之一六〇《阿蘭那經》："人命如縛賊送至標下殺，如屠兒牽牛殺，子隨至舉足，步步趨死"；《大般涅槃經·迦葉菩薩品》第一二之六："次修死想，……如囚趣市，步步近死，如牽牛羊，詣於屠肆。"西方詩文亦常道此意。古羅馬哲人云："吾人每日生正亦逐日死，生命隨日而減，其盈即其縮也"（Cotidie morimur. Cotidie enim demitur aliqua pars vitae, et tunc quoque, cum crescimus, vita decrescit）[①]，酷類吾國詩人所謂"增年是減年"（范成大《丙午新正書懷》、劉克莊《乙丑元日口號》等）；但丁云："人一生即向死而趨"（ai vivi/del

---

① Seneca, *Epistulae Morales*, XXIV.20, "Loeb", I, 176.

viver ch'è un correre alla morte)①；一詩人哭父云："吾人出胎入世，即爲啓行離世，日生日長，愈逝愈邁，以至於畢程"（Partimos cuando nascemos,／andamos mientra bivimos,／y llegamos／al tiempo que fenescemos）②；一詩人送窆云："請少待毋躁，吾正登途相就，每過片刻即近汝一步"（Stay for me there；／... and think not much of my delay；／I am already on the way,／...／Each minute is a short degree,／And ev'ry hour a step towards thee）③；又一詩人云："坐知死爲生之了局，人方向死而趨，逐步漸殁"（Que la mort soit son terme, il ne l'ignore pas,／Et, marchant à la mort, il meurt à chaque pas）④；特屠肆、庖廚之喻，則未覩焉。一哲學家曰："人至年長，其生涯中每一紀程碑亦正爲其誌墓碑，而度餘生不過如親送己身之葬爾"（After a certain age every milestone on our road is a gravestone, and the rest of life seems a continuance of our own funeral procession）⑤；語尤新警。

---

① *Purgatorio*, XXXIII, 53-4.

② Jorge Manrique: "Coplas por la muerte de su padre" (Eleanor L. Turnbull, *Ten Centuries of Spanish Poetry*, 50). Cf. Novalis, *Fragmente*, §515, hrsg. von E. Kamnitzer, 206: "Leben ist der Anfang des Todes. Das Leben ist um des Todes willen"; Gautier: "L'Horloge", *Poésies complètes*, Charpentier, II, 95: "Naître c'est seulement commencer à mourir."

③ Henry King: "The Exequy" (Saintsbury, *Minor Poets of the Caroline Period*, III, 197).

④ Musset: "Lettre à M. de Lamartine", *Poésies nouvelles*, Flammarion, 86. Cf. François Malaval: "L'Usage du Temps": "Le temps pousse le temps d'un insensible effort,／Et vivre, C'est toujours s'approcher de la mort" (A. J. Steele, *Three Centuries of French Verse*, 208).

⑤ F. H. Bradley, *Aphorisms*, no. 70.

二一七　全梁文卷五三

　　裴子野《雕蟲論》。按此論爲詩而發，非概論文體，觀造端："古者四始六藝，總而爲詩"，又下文："其五言爲家，則蘇李自出，曹劉偉其風力，潘陸固其枝葉，爰及江左，稱彼顏謝。……學者以博依爲急務，……無被於管絃，非止乎禮義"，莫不專指詩歌。《全隋文》卷二〇李諤《上書正文體》雖有"惟矜吟咏"、"先製五言"、"用詞賦爲君子"等語，而主旨爲文而發，詩僅遭波及。談者於二篇每一切而等齊之，似未當也。《梁書》本傳："子野爲文典而速，不尚靡麗之詞，其制作多法古，與今文體異"；未識所謂。子野存文無多，而均儷事偶詞，與沈約、任昉之"今文體"了不異撰；至《宋略》則"筆"而非"文"，沈約作《宋書》亦未嘗出以"文"體，本當別論也。"荀卿有言：'亂代之徵，文章匿而采'，斯豈近之乎？"語出《荀子・樂論》，"匿"即"慝"字，謂邪、不正也。裴《論》上文云："隱而不深"，則似將"匿"如字讀，猶《國語・周語》中倉葛呼"覿武無烈，匿文不昭"之"匿"，謂隱蔽不豁達，亦甚切六朝文以深博掩淺陋、表華而裏枵之弊。《隋書・文學傳・序》謂梁自大同之後，"典則"漸"乖"，"淫放"遂"啓"，"其意淺而繁，其文匿而采"，則似作邪"慝"解也。又按裴氏此《論》冠以序云："宋明帝博好文章，……每國有禎祥，及行幸宴集，輒陳詩展義，且以命朝臣。其戎士武夫，則託請不暇，困於課限，或買以應詔焉。"公讌賦詩，往往懸知或臆揣題目，能者略具腹稿，不能者倩人擬授；惟即席當筵，拈韻擊鉢，始示難驗捷，杜絕假借。孫枝蔚《溉堂文集》卷二《示兒燕》之三曰："席上賦詩，山頭馳馬，此是險事"，蓋深知急就難成章、疾行易失足也。《顏氏家訓·勉學》譏梁朝貴游子弟云："明經求第，則顧人答策，三九公讌，則假手賦詩"，是倩人代作不僅"戎士武夫"。《三國志·魏書·三少帝紀》高貴鄉公甘露元年五月"幸辟雍，會命羣臣賦詩，侍中和逌、尚書陳騫等作詩稽留，有司奏免官"，下詔宥之，引咎曰："乃爾紛紜，良用反仄！"，并勅以後罷此舉。庶幾不以雅事爲虐政者。范鎮《東齋紀事》卷一："賞花釣魚會賦詩，往往有宿構者。天聖中永興軍進'山水石'，適會，命賦《山水石》，其間多荒惡者，蓋出其不意耳。中坐優人入戲，各執筆若吟咏狀；其一人忽仆於界石上，衆扶掖起之，既起，曰：'數日來作一首《賞花釣魚詩》，準備應旨，却被這石頭搽倒！'左右皆大笑。翌日降出詩，令中書銓定，有鄙惡者，落職與外任。"然據梅堯臣《薛九公期請賦〈山水〉字詩》："我去長安十載後，此石誰輦來京師。苑中構殿激流水，暮春脩禊浮酒巵。是時詞臣出不意，酒半使賦或氣萎；日斜鳴蹕不可駐，未就引去如鞭笞"；則曳白者且當場被辱，"紛紜"乃至於此！

【增訂三】劉攽《彭城集》卷三七《贈兵部王公墓誌銘》："仁宗嘗錫宴苑中，時得唐明皇刻石'山水'字，使羣臣賦之。皆不能下筆，奏篇纔十數。上令宰臣銓次之，公第爲優。"即范紀、梅詩所道之事。成章者祇"十數"人，"公"謂王嘉言也。陳兆崙《紫竹山房詩集》卷四《瀛臺侍宴紀恩》："浩浩隨時出，期期各自屏，序卑彌詰屈，才薄重忪惺"，自註："先後以爵爲序，故寬韻不敢預擬，懼有先之者也。"亦徵即席之出"預擬"，然預立而不可固必也。

清高宗《詩文十全集》卷二九《紫光閣錫讌聯句、得詩》："蕆功自是資提戟，聯句何妨有捉刀"，自註："平定兩金川，戰勝成功，實賴武臣之力。至讌閒聯句，不妨人代爲之。且邇年新正聯句皆預擬御製句成，其餘則命內廷翰林擬就，臨時填名，非即席自作。"曲體下情，大開方便，使臣工既免衆前出醜，又無須場下走私。四君相形，魏高、清高誠高，而宋明未可爲明，宋仁亦殊不仁矣。梁章鉅《歸田瑣記》卷六《朱文正師》："上幸翰林院，欲令與宴者皆即席爲詩。公奏：是日諸翰林皆蒙賜酒觀戲，恐分心不能立就。上允之。出語諸翰林曰：'若是日果即席賦詩，諸君能不鑽狗洞乎！'"賜讌而免即席賦詩，是亦不失爲皇恩相謨之一端也。李重華《貞一齋詩說》論《石鼎聯句》似出韓愈"一人所搆"，因云："向見吳中聯句長篇，俱竹垞老人[朱彝尊]製成，因而分屬諸子者"；則文流雅舉亦每同紫光閣故事。又按子野文中："其五言爲家，則蘇、李自出"，乃倒裝句，猶"出自蘇、李"或"自蘇、李出"，即鍾嶸《詩品·序》所謂："逮漢李陵，始著五言之目。"

二一八　全梁文卷五四

王屮《頭陀寺碑文》。按余所見六朝及初唐人爲釋氏所撰文字，驅遣佛典禪藻，無如此碑之妥適瑩潔者。敍述教義，亦中肯不膚；竊謂欲知彼法要指，觀此碑與魏收《魏書·釋老志》便中，千經萬論，待有餘力可耳。刻劃風物，如"崖谷共清，風泉相渙"，"桂深冬煥，松疏夏寒"，均絕妙好詞；"愛流成海，情塵爲岳"，運使釋氏習語，却不落套，亦勝於《全陳文》卷四後主《釋法朗墓銘》之"航斯苦海，涸此愛河"。"亘邱被陵，因高就遠；層軒延袤，上出雲霓，飛閣逶迤，下臨無地"；元初白珽《湛淵靜語》卷二論王勃《秋日登洪府滕王閣餞別序》："層巒聳翠，上出重霄，飛閣流丹，下臨無地"，即謂脫胎於斯，陳鴻墀《全唐文紀事》卷四七祇引明季徐𤊹《筆精》亦言之，實遠落白氏後矣。陸游《劍南詩稿》卷一〇《頭陀寺觀王簡棲碑有感》："世遠空驚閱陵谷，文浮未可敵江山"；《渭南文集》卷四《入蜀記》四："頭陀寺，……藏殿後有南齊王簡棲碑，……騈儷卑弱，初無過人，世徒以載於《文選》，故貴之耳。自漢、魏之際，駸駸爲此體，極於齊梁，而唐尤貴之，天下一律。至韓吏部、柳柳州大變文格，……及歐陽公起，然後掃蕩無餘。後進之士，雖有工拙,要皆近古;如此篇者,今人讀不能終篇,已坐睡矣,而況效之乎?"

【增訂四】方東樹《昭昧詹言續錄》卷二:"不解古文,不能作古詩,此放翁所以不可人意也,猶是粗才。"論高適徵其見妄耳!放翁於"古文"之"解"不、"古詩"之"能"不,姑置勿論。杜甫洵"能作古詩"矣,方氏亦許其"解古文"耶?方氏之宗老名苞者,固所推爲"解古文"之人,而於詩無少分,《望溪集》所存寥寥數篇可按也。放翁評文,好快意高論,如《劍南詩稿》卷二五《夜觀嚴光祠碑有感》至云:"平生陋范曄,瑣瑣何足錄。"身後遭方氏抹撆,蓋亦有以召之也。

陸氏"古文"僅亞於詩,亦南宋一高手,足與葉適、陳傅良驂靳;然其論詩、文好爲大言,正如其論政事焉。其鄙夷齊梁初唐文若此,亦猶其論詩所謂"元白纔倚門,溫李眞自鄶","陵遲至元白,固已可憤疾,及觀晚唐作,令人欲焚筆";皆不特快口揚己,亦似違心阿世。"不終篇而坐睡",渠儂殆"渴睡漢"耳。

張充《與王儉書》:"關山夐阻,書罷莫因,儻遇樵者,妄塵執事。"按"儻"如"儻來"之"儻",謂偶爾、忽然也。《全唐文》卷三二五王維《山中與裴迪秀才書》結語:"因馱黃蘗人往不一",同此野情閒致。

【增訂四】《全唐文》卷一三一王勣《答程道士書》:"因山僧還,略此達意也"。"因"亦即"書罷莫因"之"因"。

二一九　全梁文卷五五

　　鍾岏《食生物議》："魠之就脯，驟於屈伸；蟹之將糖，躁擾彌甚。……至於車螯蚶蠣，眉目内闕，……礦殼外緘，……曾草木之不若，……與瓦礫其何算。故宜長充庖厨，永爲口實。"按"口實"有二義，近世專用言語義，南北朝則並用啖食義，如此篇或《魏書・夏道遷傳》："好言宴，務口實，京師珍羞，罔不畢有。"鍾氏作《議》，事詳《南齊書・周顒傳》；何胤"精信佛法，無妻妾"，而"累"於"肉"，"言斷食生，猶欲食白魚、魠脯、糖蟹，以爲非見生物；疑食蚶蠣，使學生議之。學生鍾岏云云，竟陵王子良見岏議，大怒"。蓋胤非"斷肉"，乃"斷食生"，所謂不斷"五净肉"（參觀論《全梁文》卷一武帝《唱斷肉經竟制》）。"魠脯、糖蟹"之屬是肉之風乾醃漬者，其"物"之不"生"已久，故胤以爲尤不在"斷"例；"見"即"現"，"見生物"者、活生生現殺現食之物，別於風雞、臘肉、醃魚、糟蟹，無關《孟子》之"見其生不忍見其死"或《楞嚴經》之"不見爲我殺"。卷六八王（一作韋）琳《魠表》："以臣爲糝蒸將軍、油蒸校尉，朣州刺史，脯臘如故"，正言乾肉。"白魚"與"魠脯"、"糖蟹"連類並舉，必非鮮鮐，而指鮑鮓，《説文解字・魚》部

《鮺》字段玉裁註："今江浙人所食海中黃魚，乾之爲白鯗"，亦用"白"字；《清異錄》卷二毛勝《水族加恩簿》贊白魚云："以爾楚鮮，隱釜沉糟"，此處"白魚"當亦謂沉糟或塗鹽之鮊。

【增訂四】梅堯臣詩數及糟鮑，如《宛陵集》卷一二《糟淮鮑》："寒水縮淺瀨，空潭多鮑魚。網登肥且美，糟漬奉庖厨。"同卷尚有《楊公懿得潁人惠糟鮑分享》、《又和楊秘校得糟鮑》二詩。

"非見生物"與"五净肉"之本義陰有出入；倘"見、聞、知"物之"爲我殺"，祇須稍歷時日而不當場烹鮮供饌，其肉亦不在"斷"例。禁忌已寬，而老饕心猶未足，尚嗜蚶蠣；因此物宜嘗新不宜宿存，於是并欲決破"見生物"之坊範，而逕以充口腹矣。屼向師門進《議》，匡救之，復將順之；於鮧脯、糟蟹，以爲雖"非見生物"，亦勸戒斷，而於蚶蠣，以爲雖"見生物"，實同無生物，故可方便。蘇軾《岐亭》第二首："我哀籃中蛤，閉口護殘汁，又哀網中魚，開口吐微濕"，胞與之懷，不遺蚶蚌；屼稱"仁人"，尚未臻此，祇能"怛"鮧之屈伸、蟹之躁擾耳。《北齊書·文宣紀》天保八年夏四月庚午"詔諸取蝦蟹蜆蛤之屬，悉令停斷"；澤被蟹蛤，竟陵王子良苟知之，必極贊許。文宣奉佛，嘗於"甘露寺深居禪觀"，又於九年春二月己丑"詔限仲冬一月燎野，不得他時行火，損昆蟲草木"。其愛惜物命，無微不至，然而草菅人命，"凡諸殺害，多令支解"；有好生之德者正即嗜殺成性者也。沈德符《野獲編》卷二二記馮夢禎奉佛，敬事僧達觀、所謂"紫柏大師"，一日同宴席，"主人出饌，蟹甚肥，馮手擘之，自訟：'是不宜吃，無奈口饞何！'紫柏振聲，以杖擊之：'汝但飲噉，不過識神偶昧。今明知其非，強作憫憐狀；此真泥犁種子，非吾徒也！'"何胤苟遇紫柏，必痛吃一頓杖耳。余觀馮氏《快雪堂集》卷四九己丑十月十四日記："午後復病，蓋瘧也；不知而啖魚蟹，益爲病魔之助矣"；卷五七己亥八月十八日記："赴吳伯度之約，啖黃爵、蟹；黃爵已肥"，又二十五日記："舟中烹蟹十四枚啖客"；卷五八庚子九月二十四日記："是日兩度啖蟹甚快。"是雖經棒喝，不改"口饞"。嘗試論之，教門戒律，信士輩所不可不守而每復不能盡守者也。脱可以不守，則不成爲戒律；脱人盡能守，則無須有戒律；既必守而又難守，於是譸張爲幻焉。陽守戒而陰不守戒，如梁武所訶"隱避覆藏"之背地吃葷，尚是作偽欺世之粗淺者。更進則行偽而辯，一若貌似不守戒而實仍守戒，窮厥遁詞，惡夫佞者，如何胤斷"見生肉"、鍾岏議蚶蠣"永爲口實"，蓋欺世亦且自欺。舊日基督教以"決疑"爲專科之學（casuistry），俾破戒得所藉口（distinguo）而若未破戒然（a set of rules for the breaking of rules）①，此物此志。何胤豈非"疑食蚶蠣"而請鍾岏爲之決疑耶？靜言思之，世間法之律令禮文每猶出世間法之教規而已。

　　鍾嶸《詩品》。按《全齊文》卷二五謝赫《畫品》序次畫家二十七人爲六品；《全梁文》卷六六庾肩吾《書品》序次書家一二八人，"小例而九，大等爲三"，全同班固《漢書·古今人表》之例。嶸取詩家一二〇人分居三品，等第雖簡，評騭最詳；《自序》："昔九品論人"，正謂《人表》。然嶸采法班書，匪僅《人表》，抑且有《藝文志》；其評上、中兩品，十人而九，必先曰："其源出於……"，即師班氏論九流之"蓋出於某官"，牽强附會，

---

① C.F.D'Arcy, *A Short Study of Ethics*, 218.

貽譏適等。《南齊書·文學傳·論》"略有三體",一體"源出靈運而成",一體與傅咸、應璩"不全似"而"可類從",一體爲"鮑照之遺烈";綜撮大要,順適無礙。不類嶸固如高叟,一一指名坐實,似爲孽子亡人認本生父母也。至於一時趨嚮所囿,一己嗜好有偏,掎摭失允,事屬尋常,王士禎《古夫于亭雜錄》卷五即斥嶸"黑白混淆"。竊謂嶸屈陶潛、鮑照居中品,魏武居下品,最遭後世非議;其他品第,雖有未饜衆心,尚勿至諠譁競起。且嶸固云:"至斯三品升降,差非定制",初非自以爲鐵案不可移也。顧"網羅今古""才子",僅著李陵而不及蘇武,已甚可異,或猶有説;復標舉"五言之警策",纔得二十二人,蘇武却赫然與數,"子卿'雙鳧'"亦被目爲"篇章之珠澤、文采之鄧林"。不啻舉子下第,榜上無名,而其落卷竟被主試選入本科闈墨也!此則余所大不解,恐嶸亦無以自解;"準的無依",真堪以其語還評矣。《苕溪漁隱叢話》前集《序》:"昔有詩客,嘗以'神'、'聖'、'工'、'巧'四品,分類古今詩句爲説,以獻半山老人。半山老人得之,未及觀,遽問客曰:'如老杜勳業頻看鏡、行藏獨倚樓之句,當入何品?'客無以對,遂以其説還之,曰:'嘗鼎一臠,他可知矣!'"彼客不過分四品時偶遺老杜此聯,失衹疏漏;嶸於蘇武,三品中漏之,二十二佳作中著之,進退矛盾,殊爲體例之疵。

【增訂三】范君旭侖曰:"半山以老杜一聯詰客'當入何品?'非譏客標舉之'疏漏',乃謂詩'品'甚多,衹列'四品',遠不足以概之,如杜此聯即無可歸屬也。"是也。

白居易《與元九書》上溯《國風》,下至李、杜,論"五言始於蘇、李",有曰:"興離别則引'雙鳧、一雁'爲喻",正用《詩品》所稱蘇武詩："雙鳬俱北去，一鳬獨南翔"，以修詞故，改"一鳬"爲"一雁"；庾信《哀江南賦》："李陵之雙鳬永去，蘇武之一雁空飛"，則兼指上林射雁得帛書事也。

　　談藝之特識先覺，策勳初非一途。或於藝事之弘綱要指，未免人云亦云，而能於歷世或並世所視爲碌碌棗伍之作者中，悟稀賞獨，拔某家而出之；一經標舉，物議僉同，别好創見浸成通尚定論。如昭明《文選序》大都當時常談，而其《陶淵明集序》首推陶潛"文章不羣超類"，則衡文具眼，邁輩流之上，得風會之先。又或月旦文苑，未克識英雄於風塵草澤之中，相駔驪於牝牡驪黄以外，而能於藝事之全體大用，高矚周覽，癥結所在，談言微中，俟諸後世，其論不刊。如鍾嶸三品，揚抑作者，未見别裁，而其《中品·序》痛言"吟咏情性，何貴用事"，則於六朝下至明清詞章所患間歇熱、隔日瘧，斷定病候，前人之所未道，後人之所不易。蓋西崑體之"撏撦"、江西派之"無字無來處"，固皆"語無虚字"，"殆同書抄"，疾發而幾不可爲；即杜甫、李商隱、蘇軾、陸游輩大家，亦每"競用新事"，"且表學問"，不啻三年病瘧，一鬼難驅。元稹《酬孝甫見贈》："憐渠直道當時語，不著心源傍古人"；嚴羽《滄浪詩話·詩辨》："詩有别才非書"；錢秉鐙《田間文集》卷一四《説詩示石生漢照、趙生文彬》："是故詩人者不惟有别才，抑有别學"；袁枚《小倉山房詩集》卷二七《仿元遺山論詩》："他山書史腹便便，每到吟詩盡棄捐，一味白描神活現，畫中誰似李龍眠"，又"天涯有客好聆癡，誤把抄書當作詩，抄到鍾嶸《詩品》日，該他知道性靈時"；莫非反復舊傳之驗方，對治重發之宿恙，以病同故，藥亦大同焉。吳聿《觀林詩話》載俗稱"詩有三百八病"，未識名目云何；補綴詞事，奧僻繁密，的爲詩患，應在此數。苟準西例，病名從辨證者之名，如"安迪生疾"（Addison's disease）、"梅逆爾斯徵候。（Ménière's syndrome）之類，則謂詩病中有"鍾嶸症"可矣。"無字無來處"之旨，黃庭堅所明詔大號，而發凡起例莫詳於趙夔《百家註東坡先生詩序》，聊標舉之。

《中品·序》論詩之文詞，違時抗俗；《下品·序》論詩之聲律，亦不迎合"永明體"，然未爲孤詣獨覺。《全齊文》卷二四陸厥《與沈約書》所見略同。厥《書》論聲律，謂"將急在情物，而緩於章句"，又與嶸論文詞"羌無故實，皆由直尋"，殊塗同歸。惟厥權輕重，僅以爲"章句"非"急"，嶸決取舍，逕以爲"故實"可"無"，則稍異耳。"至平、上、去、入，余病未能，蜂腰、鶴膝，閭里已具"；言四聲及後來唐人申説之"八病"，即遍照金剛《文鏡秘府論·西》卷《文二十八病》之首八事。《全唐文》卷一六六盧照鄰《南陽公集序》："八病爰起，沈隱侯永作拘囚；四聲未分，梁武帝長爲聾俗"；語非泛設，謂四聲自當區分而八病毋庸講究。蓋四聲之辨，本諸天然音吐，不容抹摋；若八病之戒，原屬人爲禁忌，殊苦苛碎，每如多事自擾，作法自斃。十七世紀英詩人（Samuel Daniel）嘗言，詩法猶國法，國愈亂則法愈繁（in pessima respublica plurimae leges）[1]，可以喻此。歷代名家，初不衹承嚴守，沈約自運，即未嘗去病棄疾。《南史·陸厥傳》早云："約論四聲，妙有銓辨，而諸賦亦往往與聲韻乖"，是巫咸不能自祓、秦醫勿解自彈也。且詩歌音節之美，初非除八病便得，"推、敲"熟例，已堪隅反。故嶸擯斥"蜂腰、

---

[1] J. W. H. Atkins, *English Literary Criticism: the Renaissance*, 200.

鶴膝"，解縛釋荷，未爲失也。特渠不審詩雖不"備管絃"、"入歌唱"，却仍有聲律音調，匪他，正其所言"但令清濁通流、口吻調利"者是。苟可"諷誦"而"不塞礙"，則於"平、上、去、入"，已"闇與理合"（implicit），曰："病未能"，乃尚未"思至"（explicit）；沈約《宋書·謝靈運傳·論》所云，適資移用。

【增訂三】明沈璟論曲，最嚴"合律依腔"，自比於杜甫之"詩律細"，而王驥德《曲律·雜論》第三九下評之曰："詞隱……生平於聲韻、宮調，言之甚悉，顧於己作，更韻更調，每折而是，良多自恕，殆不可曉耳。"可參觀《南史》評沈約語。作法自縛而復自壞，先沈"隱侯"與後沈"詞隱"，何如出一轍耶！殷璠《河嶽英靈集·論》謂四聲八病"縱不拈綴，未爲深缺"，因曰："而沈生雖怪曹、王'曾無先覺'，隱侯去［據《文鏡秘府論》南卷引文校正］之更遠。"又可佐《南史》評沈約語。沈約《宋書·謝靈運傳·論》："張、蔡、曹、王，曾無先覺；潘、陸、顏、謝，去之彌遠"；殷氏正用斯語以反譏其人，"沈生"、"隱侯"作對，亦即《文心雕龍·麗辭》所言"重出駢枝"之例，猶以"宣尼"儷"孔丘"也。皎然《詩式》卷一《明四聲》亦呼約爲"沈生"，後世則以瘦腰而呼爲"沈郎"矣。

《文鏡秘府論·天》卷劉善經《四聲論》不忿嶸之鄙夷聲病拘牽，駁曰："徒□（識？）口吻之爲工，不知調和之有術"，尚能批卻擣虛；更惡罵曰："復云：'余病未能'；觀公此病，乃是膏肓之疾，縱使華陀集藥，扁鵲投鍼，恐魂□（游？）岱宗，終難起也！"一何怨毒至於斯乎！夫有病未必有醫，然業醫則必見有病，猶業巫必見有鬼焉；忌醫諱疾，固庸夫之常態，然非病亦謂是病，小恙視作大病，治患者之病而不顧患者之命，病去而命亦隨之，又妄人所慣爲也。伏爾泰作《蕩子》院本（*L'Enfant prodigue*），遭人訾病，渠曰："誠非無疵，然疵亦有不可除去者。譬如僂人背上肉峯隆然，欲鏟其峯，是殺其人也。吾兒縱駝背，却不失爲強健耳"（Il y a d'ailleurs des défauts nécessaires. Vous ne pouvés guérir un bossu de sa bosse, qu'en lui ôtant la vie. Mon enfant est bossu; mais il se porte bien）；萊辛嘗借其語以自解①。鍾嶸同時人殷芸撰《小説》已佚，有一則存於晁載之《續談助》卷四："平原人有善治傴者，自云：'不善人百一人耳。'有人曲度八尺、直度六尺，乃厚貨求治。曰：'君且□（伏？）'，欲上背踏之。傴者曰：'且殺我！'曰：'趣令君直，焉知死事'"（參觀《百譬喻經》之五〇："有人患脊僂，醫以酥塗，上下著板，用力痛壓，不覺雙目一時迸出"）。《秘府論》晚近始傳入中國，好奇無識與夫談詩而不辨作詩之士，以其多載唐人遺説，翕然稱道。書實兔園册子，粗足供塾師之啓童蒙，寧有當於杜甫所謂"詩律細"哉？調聲屬對，法如牛毛，格如印板，徒亂人意；其於吟事，真類趣令無病而不問死活者。苟服膺奉持，把筆時局促戰兢，誤以詩膽之小爲詩心之細，幸得成章，亦衹非之無舉、刺之無刺（faultily faultless, stupidly good）②，奄奄無氣之文字鄉愿

---

① Lettre à Berger, Oct. 24, 1736; *Hamburgische Dramaturgie*, XIV, Philipp Reclam jun., 107. Cf. *Greek Anthology*, Bk XI, 120, Collicter: "Socles, promising to set Diodorus' crooked back straight, piled three stones on the hunchback's spine. He was crushed and died, but he has become straighter than a ruler"("Loeb", IV, 129).

② Cf. Quintilian, II. iv. 9, "Loeb", I, 228: "... et dum satis putant vitio carere, ih id ipsum incidunt vitium, quod virtutibus carent."

爾。唐李渤《喜弟淑再至》長歌自稱"詩思"云："雲騰浪走勢未衰，鶴膝蜂腰豈能障？"；湯顯祖《玉茗堂尺牘》卷三《答孫俟居》自謂"知曲意"云："筆懶韻落，時時有之，正不妨拗折天下人嗓子"（參觀卷四《答呂姜山》、《答凌初成》）。亦猶魏晉風流之言"禮法豈爲我輩設"也。

《詩品》中評謝朓："朓極與余論詩，感激頓挫過其文。"按謂朓論詩勝於其作詩也，"文"即指詩，如同品評任昉："少年爲詩不工，……晚節愛好既篤，文亦遒變"，《南史·任昉傳》正作"晚節轉好著詩"。《品》下評陸厥，稱其"具識丈夫之情狀，自製未優，非言之失也"，亦謂其善論詩而不善作詩；"丈夫"二字必誤，疑"丈"乃"文"之訛，後世不察其訛，而又不解其意，遂增"夫"字足之。嶸挦摭利病，而所作篇什無隻字傳世，當時亦未有誦說及之者；其評謝、陸，蓋不啻夫子自道矣。"非言之失"，正猶鉛刀而議斷割、目有神而腕有鬼也。參觀論《全三國文》魏文帝《典論》、《全晉文》王羲之《書論》。劉勰與嶸爲並世談藝兩大，亦復詞翰無稱。李日華《紫桃軒雜綴》卷二謂嚴羽精於"議論"而乏"實詣"，因曰："語云：'識法者懼'，每多拘縮"，理或然歟。

【增訂四】葛勝仲《丹陽集》卷三《上白祭酒書》："某聞江左詞格，變永明體，抶微倡和，實自隱侯。……於時有'文章冠冕、述作楷模'之諺，凜凜乎儒流盟主矣。然而鑒獎後輩，惟恐一士不由己立也。"因歷舉沈約所提獎者，如王筠、朱异等十餘輩，劉勰亦與焉，而終之曰："其深閉固拒不少假者，特鍾嶸一人耳。將嶸果無可稱耶？或嗜好酸鹹人各異也？"於沈約之虛懷愛士，不無過稱，而於鍾嶸之未以詞翰擅場，則亦談言微中也。原引李日華論嚴羽善論詩而自作詩未善，參觀《宋詩選註》嚴羽小論註三；又《明文海》卷一五六徐楨卿《與同年諸翰林論文書》二："獨喜滄浪語語上乘，……而嚴詩故元人耳，豈識見、造詣殊途乃爾"；卷二七六徐世溥《溉園詩集序》："使李、杜論詩，未必及嚴羽，然羽曾無片言傳者。"

【增訂五】王士禎《蠶尾續文》卷一九《跋〈嚴滄浪吟卷〉》："儀卿詩實有刻舟之誚……大抵知及之而才不逮云。"

勰、嶸於陶潛均非知音，勰且受知昭明，乃皆不爲勢利轉移，未嘗違心兩舌；其文德雖勿足比范縝之於神滅，固勝蕭子雲之於鍾繇書矣（參觀論卷六梁武帝《觀鍾繇書》）。

《詩品》所載軼事，如謝靈運"池塘春草"之句、江淹"五色筆"之夢、湯惠休"詩父兄"之謔、袁嘏"詩飛去"之誇，均傳爲口實，用作詞藻。鍾嶸謂袁詩"平平耳"，蕭子顯《南齊書·文學傳》以袁附卞彬，而含述其自誇之語外，不贊一詞，《南史》亦然，大似袁之得入國史，端賴此大言者。然則文人固不可不善於自譽哉！《詩品》作："我詩有生氣，須人捉着，不爾，便飛去"，《南齊書》作"我詩應須大材迮之，不爾飛去"；合并則語更妙。陳巖肖《庚溪詩話》卷下甚稱姚宏《題夢筆驛江淹舊居》詩："一宵短夢驚流俗，千古高名掛里閭，遂使後生矜此意，痴眠不讀一行書！"；命意雖新，使事未切。《詩品》僅言江淹夢美丈夫索還五色筆，因而"世傳江淹才盡"，《南史》淹傳同，《梁書》淹傳言"才盡"而無夢中索筆事，至此筆之原得於夢中不，無可究詰；《南史·文學傳》紀少瑜夢中受"青鏤管筆"，《舊唐書·李嶠傳》童時夢中受"雙筆"，若淹祇夢索筆，未夢受筆，如姚詩所云，則"後生"羨淹此夢而競求"才盡"矣！姚蓋習聞李商隱《牡丹》"我是夢中傳彩筆"及李瀚《蒙求》"江淹夢筆"等訛傳俗説；易"驚"字爲"訛"字便中。《宋書·鮑照傳》世祖好爲文章，"自謂物莫能及，照悟其旨，爲文多鄙言累句，當時咸謂照'才盡'"；《南史·任昉傳》晚節作詩，"用事過多，屬辭不得流便，……於是有'才盡'之談矣"；與江淹而三，皆六朝事也。《品》下有二掌故，罕見徵引，人類後世習道之名士點陋情狀。一、區惠恭作《雙枕詩》，謝惠連曰："君誠能，恐人未重，且可以爲謝法曹造"，大將軍見詩賞歎；此以己作頂有名人之名，冒也。二、柴廓作《行路難》，會死，釋寶月"竊而有之"，柴子挾父手稿，欲訟此事，寶月"厚賂"得寢；此以己名掠無名人之作，亦冒也。第一事如《西京雜記》卷三記慶虬之"亦善爲賦，嘗爲《清思賦》，時人不之貴也；乃託以相如所作，遂大見重於世"；《南史》卷三一《張率傳》記率"作詩二千餘首，有虞訥者，見而詆之。率乃一旦焚毀，更爲詩示焉，託云沈約。訥便句句嗟稱，無字不善。率曰：'此吾作也！'訥慚而退"；

【增訂四】《續談助》引殷芸《小説》采《語林》："鍾士季向人道：'吾少年時一紙書，人云是阮步兵書，皆字字生義，既知是吾，不復道也。'"

沈起鳳《諧鐸》卷三《窮士扶乩》尤工嘲詆，所謂"近日名流專於紗帽下求詩"（參觀《魏伯子文集》卷八《次候馬、見樓壁上諸官詩、題此》："笑我家貧難賣賦，羨君官大好題詩"；《水田居詩筏》："近日持論者貶剥文長，蓋薄其爲諸生耳，諺云：'進士好吟詩'，信哉！"；《鏡花緣》一八回唐敖道："世人只知道'紗帽底下好題詩'"；袁祖光《綠天香雪簃詩話》卷三引廣文張某句："容易醉人紅袖酒，最難名世白衣詩"）。第二事直如牛浦郎之竊牛布衣遺稿，牛浦不獨冒布衣之詩，且冒其人，則後來居上耳。屈大均貪釋大汕之資，爲之改定詩稿，即取己作竄入，事後指斥大汕竊詩以索詐，故大汕致大均書云："兄包藏禍心，於濂詩多所改易，將兄句爲濂之句；自盜竊其詩以與濂，致陷濂於鈍賊而不知"（參觀姚範《援鶉堂筆記》卷四六、繆荃孫《藝風堂雜鈔》卷四）；譎詭過於小説傳奇。釋子噉名，文士逐利，始朋比而終詬訐，方世泰《南堂詩鈔·過長壽寺》第二首所謂："野性自應招物議，諸奴未免利吾財。"寶月能"厚賂"人，亦必如大汕之有財；一得賂而永息訟，柴氏兒又何易與也！

偽託馮贄《雲仙雜記》卷三、八皆引鍾嶸《句眼》，卷五、六引《續鍾嶸句眼》，一若齊梁時已有黃庭堅"句眼"之説者（任淵《山谷內集註》卷一六《再用前韻贈子勉》第四首、《後山詩註》卷六《答魏衍、黃預勉余作詩》）；《雜記》之出北宋末人手，此即一證。雖依託鍾嶸，亦不可不一及之。

二二〇　全梁文卷五六

丘遲《與陳伯之書》："暮春三月，江南草長，雜花生樹，羣鶯亂飛；見故國之旗鼓，感平生於疇日，撫絃登陴，豈不愴悢！"按情境可入江淹《恨賦》。李答《與蘇武書》："涼秋九月，塞外草衰，……胡笳互動，牧馬悲鳴，吟嘯成羣，邊聲四起，晨坐聽之，不覺淚下"；相映正復成趣，一"三月"，一"九月"，又如《別賦》言："或春苔兮始生，又秋風兮漸起。"特舉"暮春三月"，當是作書時適值此節令，亦以示江北無爾許春光，彷彿詞牌《望江南》也。苟伯之非都督淮南而侍從"穹廬"，則此段如隱示劉商《胡笳十八拍》所謂："怪得春光不來久，胡中風土無花柳"，又類詞牌《憶江南》矣。晚唐錢珝《春恨》之一："負罪將軍在北朝，秦淮芳草綠迢迢；高臺愛妾魂銷盡，始得丘遲爲一招"；殊得其節令。

【增訂三】宋湘《滇蹄集》卷一《說詩》之七："文章絕妙有邱遲，一紙書中百首詩；正在將軍旗鼓處，忽然花雜草長時！"即言邱遲善以寫景觸撥陳伯之之鄉思，而銷減其鬭志也。

《文選》李善註引《漢獻帝春秋》載臧洪《報袁紹書》，《三國志·魏書》洪傳作《答陳琳書》，全文見《全後漢文》卷六八，悲摯高抗，與李陵、丘遲二書，異貌殊氣而同於動魄悦魂者。然《梁書·陳伯之傳》稱："伯之不識書，……得文牒辭訟，惟作大諾而已；有事，典籤傳口語"；則遲文藻徒佳，雖寶非用，不啻明珠投暗、明眸賣瞽，伯之初不能解。想使者致《書》將命，另傳口語，方得誘動伯之，"擁衆歸"梁；專恃遲《書》，必難奏効，遲於斯意，屬稿前亦已夙知。論古之士勿識史書有默爾不言處（les silences de l'histoire）（參觀《史記》卷論《絳侯周勃世家》），須會心文外；見此篇歷世傳誦，即謂其當時策勳，盡信書真不如無《書》耳。

二二一　全梁文卷五七

劉峻《追答劉秣陵沼書》。按《文選》作《重答劉秣陵沼書》，《藝文類聚》卷三三作《追答劉沼書》。實非"書"也，何焯批點《文選》云："此似重答劉書之序"，是矣。《書》云："劉侯既重有斯難，值余有天倫之戚，竟未之致也。尋而此君長逝，化爲異物，緒言餘論，蘊而莫傳。或有自其家得而示余者，……故存其梗概，更酬其旨"；李善註："孝標集有沼《難〈辯命論〉書》。"《梁書·文學傳》云："《論》成，中山劉沼致書以難之，凡再反，峻並爲申析以答之，會沼卒，不見峻後報者，峻乃爲書以序之"云云。其爲"重答書"之"序"甚明。蓋弁於本《書》之首，自成起訖，而未另安題目。本《書》想必囂譊爭辯，情詞遠遜。昭明遂割取弁語而棄置本文，却仍標原題。就本文言，不啻買櫝還珠，而就弁語言，無異乎賣馬脯而懸羊頭也。此又昭明選文剪删之例，參觀論《全三國文》陳王植《與吳季重書》。

【增訂四】《晉書·孔坦傳》記坦臨終與庾亮書曰："不謂疾苦，……奄忽無日。……若死而有靈，潛聽風烈。"是望己身後亮有"追答"也。坦"俄卒，亮報書曰：'廷尉孔君，神游體離，嗚呼哀哉！得八月十五書，知疾轉篤，遂不起濟。……

邈然永隔，夫復何言！謹遣報答，并致薄祭，望足下降神饗之。'"蓋"報答"而兼祭文者。

劉峻《辯命論》。按參觀《史記》卷論《外戚世家》又《伯夷列傳》、《列子》卷論《力命》篇、《全三國文》論李康《運命論》。《舊唐書·蕭瑀傳》記瑀惡劉《論》"傷先王之教，迷性命之理，乃作《非〈辯命論〉》以釋之；大旨以爲：'人禀天地以生，孰云非命？然吉凶禍福，亦因人而有，若一之於命，其蔽已甚'"；時人甚稱其"足療劉子膏肓"。蕭氏佞佛信因果，彼此是非，可置不論。劉、蕭異致，亦緣二人窮達殊遇耳。劉氏聲塵寂寞，宦拙遇屯，自以爲身不當窮，窮蓋由於報應無準，天道難憑，故"一之於命"；蕭氏梁之皇孫、隋之帝戚，席豐厚而安富貴，以爲報應不爽，"因人而有"，則己之達乃當然，即所謂"得意走運人皆信天有公道"（The fortunate always believe in a just Providence）。此猶舊日舉子下第者必"言命"，而高中者必"論文"也。《世説·尤悔》阮思曠"奉大法"，兒病祈佛無效，"於是結恨釋氏"，劉峻註："夫文王期盡，聖子不能駐其年；釋種誅夷，神力無以延其命。故業有定限，報不可移。若請禱而望其靈，匪驗而忽其道，固陋之徒耳！豈可與言神明之智者哉？"；亦即此《論》云："明其無可奈何，識其不由智力。"《論》又云："龍犀日角，帝王之表；河目龜文，公侯之相。撫鏡知其將刑，壓紐顯其膺録。"可參觀本卷峻《相經序》："夫命之與相，猶聲之與響。……豐本知其有後，黃中明其可貴。……因斯以觀，何事非命？"；又卷四七陶弘景《相經序》："相者，蓋性命之著乎形骨，吉凶之表乎氣貌。"峻既謂命不可知，復謂觀相可以知命；二意尚不矛盾。申言之，則不可知者，命之所以然，觀相可知者，命之然；人之吉凶貴賤，相其體貌足徵，若夫人之吉凶窮達果否係於其才德，則非智慮能及。相乃命之表（sign）而非命之本（cause），可由以知命之事而不足憑以測命之理也。然於荀卿"非相"之論，不可並世而談矣。

劉峻《廣絕交論》。按參觀《史記》卷論《孟嘗君列傳》又《全後漢文》論朱穆《絕交論》。"交"義甚廣，概一切人世交往而言，非僅友誼；亦猶"利交興"、"此殉利之情未嘗異"之"利"，非僅財貨，乃概"勢交"、"賄交"、"談交"、"窮交"、"量交"五流，所謂"義同賈鬻"。蓋交游、交契通等於今語之"交易"耳。

劉峻《自序》："余自比馮敬通"云云。按《梁書·文學傳》："又嘗爲《自序》，其略曰：'余自比'"云云，明言所錄非全文。《南史》本傳末亦錄《自序》，全同《梁書》，而傳首言其"少年魯鈍"，曰："故其《自序》云：'黌中濟濟皆升堂，亦有愚者解衣裳'"，嚴氏已輯；愈見全文必詳於今存者多許。余觀《文選》峻《重答劉秣陵沼書》李善註："劉峻《自序》曰：'峻字孝標，平原人也。生於秣陵縣，期月歸故鄉。八歲，遇桑梓顛覆，身充僕圉'"；此等語亦顯出《自序》，可補嚴輯。善註以下尚有數句，詞氣不同。劉知幾《史通》內篇《自敍》上溯承學之年，下止著書之歲，終之曰："昔梁徵士劉孝標作敍傳，其自比於馮敬通者有三；而予竊不自揆，亦竊比於揚子雲者有四"；益見《梁書》所錄，亦即峻《自序》之末節，概觀平生，發爲深喟，略如史傳末之有論、贊或碑志末之有銘詞；至若峻《自序》載事述遇處，當已酌採入本傳中而不一一標識來歷矣。《史通》內篇《覈才》又云："孝標持論析理，誠爲絕倫，而《自序》一篇，過爲煩碎"；倘峻原作僅如《梁書》所錄，寥寥纔二百許字，牢騷多而事跡少，豈得目以"煩碎"？且既病其"煩碎"矣，又何以尤而效之乎？汪中《述學·補遺》有《自序》一首，師《梁書》錄峻此篇一節，文筆之妙，青勝於藍，而誤一斑爲全豹，亦緣未究司馬相如、馬融下至劉氏同時江淹《自序》格制也。

二二二　全梁文卷五九

　　郭祖深《輿櫬詣闕上封事》。按極言舉國信佛而"不務農桑"之使"杼軸日空"，寺多僧衆之"蠹俗傷法"；然並非闢佛廢釋，故仍曰："功德者，將來勝因"，"如此則法興俗盛，國富人殷。"《全宋文》卷四八周朗《讜言》亦祇斥僧寺之流弊而不攻佛法爲異端，與郭同趣；《全後魏文》卷五一荀濟上梁武帝《論佛教表》則斥佛爲"妖胡"、僧爲"釋禿"，一概擯棄矣。"臣見疾者，詣道士則勸奏章，僧尼則令齋講，俗師則鬼禍須解，醫診則湯熨散丸，皆先自爲也。……論外則有勉、捨，説内則有雲、旻，雲、旻所議，則傷俗盛法，勉、捨之志，唯願安枕江東"；謂徐勉、周捨、光澤寺法雲、莊嚴寺僧旻也。釋道宣《高僧傳》二集卷六《僧旻傳》記蔡撙歎曰："今旻公又'素王'於梁矣！"，想見此僧當時物望之盛。"疾者"云云數語即《後西遊記》第三五回："這叫做：'問着醫生便有藥，問着師娘便有鬼。'"

二二三　全梁文卷六〇

吳均《吳城賦》。按似非全文，玩見存之百餘言，想必爲鮑照《蕪城賦》之類，用意均如杜甫《秋興》所謂："回首可憐歌舞地，秦中自古帝王州！"句如"千悲億恨，……不知九州四海，乃復有此吳城！"，亦自新警；《全後漢文》卷三〇袁術《報呂布書》："術生年以來，不聞天下有劉備"；《世説·賢媛》記謝道蘊薄其夫王凝之曰："不意天壤之中，乃有王郎！"；語氣輕薄相類。蘇州、揚州歷來號繁華勝地，明清文士艷稱其水軟山溫、金迷紙醉，渾不記吳、鮑二賦所歎荒蕪敗落一段景象矣。

吳均《與施從事書》、《與朱元思書》、《與顧章書》。按前此模山範水之文，惟馬第伯《封禪儀記》、鮑照《登大雷岸與妹書》二篇跳出，其他辭、賦、書、志，佳處偶遭，可悗在碎，復苦板滯。吳之三書與酈道元《水經注》中寫景各節，輕倩之筆爲刻劃之詞，實柳宗元以下游記之具體而微。吳少許足比酈多許，才思匹對，嘗鼎一臠，無須買菜求益也。《與朱元思書》："風烟俱淨，天山共色"；按參觀論簡文帝《臨秋賦》。"水皆漂碧，千丈見底，游魚細石，直視無礙"；按參觀《水經注·洍水》："綠水平潭，清潔澄深，俯視游魚，類若乘空矣"，又《夷水》："虛映，俯視游魚,如乘空也","空"即"無礙",而以"空"狀魚之"游"較以"無礙"狀人之"視",更進一解。

【增訂四】劉君桂秋函告《太平御覽》卷六〇《地部·江》引袁山松《宜都記》:"大江清濁分流,其水十丈見底,視魚游若乘空,淺處多五色石",又謝朓《將遊湘水尋句溪》詩:"寒草分花映,戲鮪乘空移",皆早於《水經注》。

"夾岸高山,猶生寒樹,負勢競上,互相軒邈,爭高直指,千百成峯";按參觀論鮑照《登大雷岸與妹書》,《水經注》中乃成熟語,如《河水》:"山峯之上,立石數百丈,亭亭桀竪,競勢爭高",又《汝水》:"左右岫壑爭深,山阜競高",又《瀙水》:"雙峯共秀,競舉羣峯之上。""蟬則千轉不窮,猨則百叫無絶";按參觀《水經注·江水》:"猿啼至清,山谷傳響,泠泠不絶。"《與顧章書》:"森壁爭霞,孤峯限日";按參觀《水經注·易水》:"南則秀嶂分霄,層崖刺天",又《滱水》:"岫嶂高深,霞峯隱日",又《瀙水》:"高巒截雲,層陵斷霧",又《濟水》:"華不注山單椒秀澤,不連丘陵以自高,虎牙桀立,孤峯特拔以刺天",又《江水》:"重巖疊嶂,隱天蔽日。"吳、酈命意鑄詞,不特抗手,亦每如出一手焉。然酈《注》規模弘遠,千山萬水,包舉一編,吳《書》相形,不過如馬遠之畫一角殘山賸水耳。幅廣地多,疲於應接,著語不免自相蹈襲,遂使讀者每興數見不鮮之歎,反輸祇寫一邱一壑,匹似阿閦國之一見不再,瞥過耐人思量。前舉酈《注》形容處幾有匡格,他如《河水》:"孟津……水流交衝,素氣雲浮,常若霧露沾人",《清水》:"黑山瀑布……散水霧合",《淇水》:"激水散氛,曖若霧合";又如《渭水》:"崩巒傾反,山頂相捍,望之恒有落勢",《沮水》:"盛弘之云:'危樓傾崖，恒有落勢'"，《延江水》："傾崖上合，恒有落勢。"固惟即目所見，不避累同，或豈嘔心欲盡，難出新異乎？《洛陽伽藍記》之屢言"寶鐸和鳴"、"寶鐸含風"，亦若是班。又按酈《注》"游魚若乘空"之喻，最爲後世詞人樂道，如蘇頲《興慶池應制》："山光積翠遥相逼，水態含青近若空"；王維《納涼》："漣漪涵白沙，素鮪如游空"；柳宗元《至小丘西小石潭記》："魚可百許頭，皆若空行無所依"；蘇舜欽《蘇學士文集》卷六《天章道中》："人行鏡裏山相照，魚戲空中日共明"；樓鑰《攻媿集》卷一一《頃游龍井得一聯，王伯齊同兒輩游，因足成之》："水真綠淨不可唾，魚若空行無所依"，以韓愈《合江亭》詩句對柳宗元文句也；《南宋文範》卷二劉爚《魚計亭賦》："日將夕而紅酣，沼無風而綠淨，炯鰷魚之成羣，闖寒波而游泳，若空行而無依，涵天水之一鏡"；阮大鋮《詠懷堂詩集》卷四《園居雜詠》之二："水淨頓無體，素鮪若游空，頻視見春鳥，時翻荇藻中。"

劉勰《滅惑論》。按駁道士《三破論》而作，當與卷七四釋僧順《釋〈三破論〉》合觀。兩篇所引原《論》語，即《全齊文》卷二二顧歡《夷夏論》之推波加厲，鄙誕可笑，勰目爲"委巷陋説"，誠非過貶。庸妄如斯，初不煩佛門護法智取力攻，已可使其鹿埵東籠而潰敗矣。故勰之陳義，亦卑無高論。《三破論》云："佛舊經本云'浮屠'，羅什改爲'佛徒'，知其源惡故也。……故髡其頭，名爲'浮屠'，況屠割也。……本舊經云'喪門'，'喪門'由死滅之門，云其法無生之教，名曰'喪門'；至羅什又改爲'桑門'，僧諱改爲'沙門'，'沙門'由沙汰之法，不足可稱。"勰斥其"不原大理，惟字是求"，是也；僧順乃曰："'桑'當爲'乘'字之誤耳，'乘門'者，即'大乘門'也"，則逞私智而錯用心矣。前論《全晉文》戴逵《放達爲非道論》，謂名爲實之賓而可利用爲事之主，《三破論》斯節正是其例。吾國古來音譯異族語，讀者以音爲意，望字生義，舞文小慧，此《論》以前，惟覯《全晉文》卷一三四習鑿齒《與謝侍中書》、《與燕王書》皆曰："匈奴名妻'閼氏'，言可愛如烟支也"，蓋"閼氏"音"燕支"而"烟支"即"胭脂"；顔師古《匡謬正俗》卷五駁曰："此蓋北狄之言，自有意義，未可得而詳；若謂色像烟支，則單于之女，謂之'居次'，復比何物？"佛典譯行，讀者不解梵語，因音臆意，更滋笑枋。如《全後周文》卷二〇甄鸞《笑道論・稱南無佛十二》："梵言'南無'，此言'歸命'，亦云'救我'；梵言'優婆塞'，此言'善信男'也。若以老子言'佛出於南'，便云'南無佛'者，若出於西方，可云'西無佛'乎？若言男子守塞，可名'憂塞'，女子憂夫恐夷，可名爲'憂夷'，未知'婆'者，復可憂其祖母乎？如此依字釋詁，醜拙困辱，大可笑！"《高僧傳》二集卷二《達摩笈多傳》："世依字解'招'謂招引、'提'謂提攜，並浪語也，此乃西言耳。"《五燈會元》卷三記法明與慧海諍論，明曰："故知一法不達，不名'悉達'"；海曰："律師不唯落空，兼乃未辯華竺之音，豈不知'悉達'是梵語耶？"蘇籀《欒城遺言》記蘇轍語："王介甫解佛經'三昧'之語，用《字說》。示法秀，秀曰：'相公文章，村和尚不會！'介甫悸然。秀曰：'梵語三昧，此云正定，相公用華言解之，誤也！'……《字說》穿鑿儒書，亦如佛書矣！"；《朱子語類》卷四五："王介甫不惟錯說了經書，和佛經亦錯解了；'揭諦、揭諦'，註云：'揭真諦之道以示人'，大可笑！"（卷一三〇作："'揭其所以爲帝者而示之'，不知此是胡語"）。劉勰曰："漢明之世，佛經始過,故漢譯言音字未正,'浮'音似'佛','桑'音似'沙',聲之誤也";劉氏未料闢佛者即因"佛"字發策,特非道士而爲儒士耳。《全後魏文》卷五一荀濟《上梁武帝論佛教表》:"其釋種不行忠孝仁義,貪詐甚者,號之爲'佛','佛'者戾也,或名爲'勃','勃'者亂也";錢謙益《牧齋有學集》卷四三《〈釋迦方志〉續辨》引濟語,復曰:"程敏政引《曲禮》:'獻鳥者,佛其首',……《學記》:'其求之也佛',……《周頌》:'佛時仔肩',……曲解'佛'字,矯亂唐梵,亦何異於荀濟乎!"錢氏不曉宋羅泌早有此解會也,《路史·發揮》卷三《佛之名》:"《學記》曰:'其施之也悖,其求之也佛',《釋名》曰'鞪、佛也,言引佛戾以制馬也',故《曲禮》曰:'獻鳥者佛其首,畜鳥者則勿佛。''佛'者,拗戾而不從之言也。觀'佛'制字,以一'弓'從兩'矢',豈不佛哉?語曰:'從諫勿拂',是'輔拂'之'拂',亦作'弗'、'彿',義可見矣。佛曰:'吾之道、佛于人者也';人曰:'彼之道、佛于我者也。'人固以此而名之,佛固以此而自名。其所謂'佛',如此而已。"明人舍程氏外,尚有如張萱《疑耀》卷二引《曲禮》、《釋名》而申之曰:"佛者,拂人者也";李日華《六硯齋三筆》卷一謂"闢佛先生"得《曲禮》"佛、戾也"之解而"大喜";錢一本《黽記》據《學記》語以明佛之戾;《檀几叢書》所收畢熙暘《佛解》六篇中《挨篇》、《拂性篇》等亦皆隱拾羅氏之唾餘。此就"佛"字之音以攻異端也。褚人穫《堅瓠五集》卷二載"'佛'爲'弗人','僧'爲'曾人'"之謔;李紱《穆堂別稿》卷九《"僧"、"佛"字說》、卷三七《與方靈臯論箋註韓文字句書》附《原道》註六八條嚴詞正色而道:"'曾人'爲'僧','弗人'爲'佛','需人'爲'儒'";

此就"佛"字之形以攻異端也。《宋元學案》卷六三載詹初語"'儒'者'人'之'需'"，已啓李説，釋大汕《海外紀事》卷三："'僧'係'曾人'；曾不爲人者，爲僧可乎？"，復反脣以塞利口矣！都穆《聽雨紀談》："聞之一儒者：佛居西方，西方金也，至南方而無，火克金也；稱'比丘'、'比丘尼'，皆冒吾先聖名字"；

【增訂三】南唐宋齊丘，字子嵩；名字相發，"丘"正謂高地或山耳。李石《續博物志》卷四則云："宋齊丘乃字超回，不自量如此！"是謂"齊（孔）丘"而"超（顔）回"，乃"齊丘"亦如"比丘"矣！王世貞《弇州山人續稿》卷一五一《書〈化書〉後》："是書也，吾以爲齊丘必竄入其自著十之一二，而後掩爲己有。如《五常》一章忽云：'運帝王之籌策，代天地之權衡，則仲尼其人是也。'彼蓋所以名'齊丘'意也。"正本李石之説揣度之。

"南無"之釋，於甄鸞所破外，別樹一義，釋佛教出家男女之名爲自"比"孔"丘"、仲"尼"，深文厚誣，用意更狡毒於"喪門"、"浮屠"之望文生義，作《三破論》之道流尚勿辦如此讒間也。至明人以六字真呪"唵嘛呢叭嚛吽"（om mani padme hum）象聲釋爲"俺把你哄！"（趙吉士《寄園寄所寄》卷一二引《開卷一嚎》），雖出嘲戲，手眼與以"閼氏"釋爲"胭脂"、"優婆塞"釋爲"憂守邊塞"，一貫而同歸焉。孫星衍《問字堂集》卷二《三教論》："'菩薩'當即'菩薛'，'菩'乃香草、'薛'即'蘖'，謂善心萌芽。'釋迦'之'迦'當作'茄'，'迦葉佛'謂如莖葉之輔菡萏。'牟尼'、'比丘'，則竊儒家孔子名以爲重"；清之樸學家伎亦止此，無以大過於明之道學家爾。抑不僅破異教爲然，攘外夷亦復有之。《四庫總目》卷四六《欽定遼、金、元三史國語解》提要："考譯語對音，自古已然。……初非以字之美惡分別愛憎也。自《魏書》改'柔然'爲'蠕蠕'，比諸蠕動，已屬不經。《唐書》謂'回紇'改稱'回鶻'，取輕健如鶻之意，更爲附會。至宋人武備不修，鄰敵交侮，力不能報，乃區區修隙於文字之間，又不通譯語，竟以中國之言，求外邦之義。如趙元昊自稱'兀卒'，轉爲'吾祖'，遂謂'吾祖'爲'我翁'；蕭鷯巴本屬蕃名，乃以與曾淳甫作對，以'鷯巴''鶉脯'爲惡謔。積習相沿，不一而足。"所論甚允，特未察此"習"之源遠瀾闊也。蔡襄《蔡忠惠公集》卷一六《不許西賊稱"吾祖"奏疏》即謂"元昊初以'瓦卒'之名通中國，今號'吾祖'，猶言'我宗'也"；"純甫"乃曾覿字，作對之謔出於唐允夫，事見陸游《老學菴筆記》卷五。清季海通，此"習"未革；如平步青《霞外攟屑》卷二："瑟耽幼侍其父，遠歷西洋，周知夷詭，謂：利瑪竇《萬國全圖》，中國爲亞細亞洲，而以西洋爲歐邏巴洲；'歐邏巴'不知何解，以'太西'推之，亦必誇大之詞，若'亞'者，《爾雅·釋詁》云：'次也'，《説文解字》云：'醜也'，《增韻》云：'小也'，'細'者，《説文解字》云：'微也'，《玉篇》云：'小也'，華語'次小次洲'也，其侮中國極矣！元昊改名'兀卒'，華言'吾祖'，歐陽文忠上劄子謂朝廷乃呼蕃賊爲'我翁'；而明人甘受利瑪竇之侮嫚，無人悟其奸者！"；王闓運《湘綺樓日記》光緒二十二年十月二十七日："看《中俄條約》；'俄'者'俄頃'，豈云'義帝'？'義'亦假也，未可號國。"王氏爲此言，固不足怪，平氏熟諳本朝掌故，亦似未聞乾隆"欽定"《三史語解》，何耶？黃公度光緒二十八年《與嚴又陵書》論翻譯，有曰：

"假'佛時仔肩'之'佛'而爲'佛',假視天如父、七日復蘇之義爲'耶穌',此假借之法也";蓋謂"耶穌"即"爺甦",識趣無以過於不通"洋務"之學究焉。

【增訂三】黃遵憲與嚴復書,釋"耶穌"之名爲譯音而又寓意,偶重閲王闓運《湘綺樓詩集》,見卷九《獨行謡三十章贈示鄧輔綸》已有其説。"竟符金桂讖,共唱耶穌妖",下句自註云:"'耶穌'非夷言,乃隱語也。'耶'即'父'也,'穌'、死而復生也,謂天父能生人也。"王望"穌"之文而生義小異於黃耳。余三十歲寓湘西,於舊書肆中得《書舶庸譚》一册,無印鈐而眉多批識,觀字跡文理,雖未工雅,亦必出耆舊之手,轉徙南北,今亡之矣。書中述唐寫本《聽迷詩所經》言"童女末艷之子移鼠",猶憶眉批大意云:"天主教徒改'移鼠'爲'耶穌',師釋子改'喪門'爲'桑門'之故智也。'穌'者可口之物,如'桑'者有用之樹。觀其教竊入中國,行同點鼠,正名復古,'移鼠'爲當。日人稱德國爲'獨',示其孤立無助,稱俄國爲'露',示其見日即消,頗得正名之旨。"亦《三破論》之遺風未沫也。劉勰此篇云:"得意忘言,莊周所領;以文害志,孟軻所譏。不原大理,惟字是求,宋人'申束',豈復過此?";宋人事出《韓非子·外儲説》左上,不若莊、孟語之熟知,聊復識之。

二二四　全梁文卷六一

劉孝儀《雍州金像寺無量壽佛像碑》。按必非全文；《梁書·劉潛傳》稱此碑"文甚弘麗"，今祇二百六十言有奇，"麗"既罕邁，"弘"則斷非矣。"似含微笑，俱注目於瞻仰；如出軟言，咸傾耳於諦聽"；參觀《全後魏文》卷五八闕名《魯孔子廟碑》："今聖容肅穆，二五成行。……□□似微笑而時言，左右若承顏而受業"，"二五"、"十哲"也；《全北齊文》卷九闕名《朱曇思等造塔頌》："庶聖蛟龍，看之若生；飛禽走獸，瞻疑似活"，又《劉碑造像銘》："龕龕有佛，相望若語；菩薩立侍，唅聲未吐；師子護座，竪目相覷"；《全唐文》卷二二二張説《龍門西龕蘇合宮等身觀世音菩薩像頌》："諦視瞻仰，將莞爾而微笑；傾心攝聽，疑偲然而有聲"；

【增訂四】《全唐文》卷二六六黃元之《瓦官寺維摩畫像》："目若將視，眉如忽嚬；口無言而似言，鬢不動而疑動。"侔色揣稱，尤爲盡致。參觀695－696頁又2367頁。

《唐文續拾》卷一孟利貞《龍門敬善寺石龕阿彌陀佛觀音大士二菩薩像銘》："蓮瞬若視，果靨如笑"，又卷一三闕名《洛州河南縣思順坊老幼等普爲法界敬造彌勒像》："蓮目疑動，果脣似説。"

皆瞻仰聖神之容，而作鑑賞圖繪之語；張説兩句又顯仿孝儀，與李白《觀元丹丘坐巫山屏風》："寒松蕭瑟如有聲"，蘇軾《韓幹馬十四匹》："後有八匹飲且行，微流赴吻如有聲"，陸游《劍南詩稿》卷八一《曝舊畫》："翩翩喜鵲如相語，洶洶驚濤覺有聲"，機杼不二，詳見《杜少陵詩集》卷論《奉觀嚴鄭公廳事岷山沱江畫圖》。《洛陽伽藍記》卷一《永寧寺》節記國子學"堂内有孔丘像，顔淵問仁、子路問政在側"，其狀亦即"左右受業"也。

劉孝威《辟厭青牛畫贊》。按"辟厭"即辟邪、禦鬼，《贊》似完整無缺，而其詞衹泛誇牛之雄健，既不及"青"，復不及"辟厭"，幾與孝威另有《謝南康王饟牛書》無異，文心殊粗疎。青牛"辟厭"之説，不知何昉；孝威兩篇均見《藝文類聚》卷九四《牛》門，同門有萬年木精爲青牛及封君達得道乘青牛兩事，皆無關"辟厭"。徵之六朝志怪之書，則流行俗信，可得而言。《太平廣記》卷三一七《宗岱》（出《雜語》）："爲青州刺史，禁淫祀，著《無鬼論》，甚精，無能屈者。有一書生，修刺詣岱，談及《無鬼論》，書生曰：'君絶我輩血食二十餘年；君有青牛、髯奴，未得相困耳。今奴已叛，牛已死，得相制矣'"；卷三一九《王戎》（《續搜神記》）："贈君一言：凡人家殯殮葬送，苟非至親，不可急往；良不獲已，可乘青牛，令髯奴御之，及乘白馬，則可禳之。"

二二五　全梁文卷六六

　　庾肩吾《書品序》："開篇翫古，則千載共朝；削簡傳今，則萬里對面。"按《初學記》卷二一《筆》門引蔡邕書："侍中執事，相見無期！惟是筆疏，可以當面"；《顔氏家訓·雜藝》："真草書跡，微須留意，江南諺云：'尺牘書疏，千里面目'"；即肩吾所謂"萬里對面"。《舊唐書·房玄齡傳》高祖稱玄齡軍書表奏曰："千里之外，猶對面語耳"；《全唐文》卷四四〇徐浩《書法論》："一時風流，千里面目，愈於博弈，賢於文章"；王十朋《梅溪文集》卷一一《粘板銘》："千里面目曰書簡"；皆本其語。西方古希臘詩人亦謂書簡端爲朋友設，分首遠隔而能促膝密談(Nature, loving the duties of friendship, invented instruments, by which absent friends can converse)[1]；後世篇什屢道之[2]。

---

[1]　Palladas, *Greek Anthology*, IX, 401, "Loeb", III, 233.
[2]　E. g., Donne: "To Sir Henry Wotton"："Sir, more than kisses, letters mingle Soules; / For thus friends absent speak"(*Complete Poetry and Selected Prose*, ed. J. Hayward, 152).

二二六　全梁文卷六七

　　庾元威《論書》。按頗資考索，恨多難解處。"百體書"未覯筆踪，而顧名思義，殊嫌拉雜湊數，不倫乖類。元威自負"書十牒屏風，作百體"，墨、彩各五十種，"當時衆所驚異，自爾絕筆"，又斥韋仲、謝善勳合定百體之"八卦書"、"鬼書"等，"並非通論，今所不取"。然其"作百體"中，如"鵠頭書"、"虎爪書"、"鼠"等十二辰書、"風書"、"雲書"、"蟲食葉書"之類，實爲圖案與美術字，孫過庭《書譜》所謂"巧涉丹青，功虧翰墨"；"天竺書"、"胡書"之類，又異族之文，非異體之書；胥與"兩王妙迹，二陸高才"，了無係屬。苟盡其道，則鱗羽介毛之蟲各具形象，蠻夷戎狄之民各有文字，雖千體書易辨耳！元威笑他人之未工，忘己事之亦拙矣。所稱孔敬通創"反左書"，當是左行如佉盧而反構如"鏡映字"（mirror writing）。又稱敬通"能一筆草書，一行一斷，婉約流利，……頃來莫有繼者"；元威自作百體中已有"一筆篆飛白書"、"一筆隸飛白草"，當是一字以一筆書之，草書本多一字成於一筆，且每二三字連環貫串，敬通蓋進而一筆不間斷以書一行，故特標"一行一斷"。敬通書無傳，所經眼此類書，當推王鐸遺墨，顧有筆勢實斷而筆跡強連處，膠粘筍接，異乎天衣之無縫矣。張彥遠《歷代名畫記》卷二稱張芝草書，"一筆而成，隔行不斷；惟王子敬深明其旨，故行首之字，往往繼其前，世上謂之'一筆書'"；則不僅"一行一斷"，惜未之覯也。

《論書》："近何令貴隔，勢傾朝野，聊爾疏漏，遂遭十穢之書。……有寒士自陳簡於掌選，詩云：'伎能自寡薄，支葉復單貧。柯條濫垂景，木石詎知晨？狗馬雖難畫，犬羊誠易馴。效嚬終未似，學步豈如真？寶云朝亂緒，是曰斁彝倫。俗作於茲混，人途自此沌。'離合之詩，由來久矣，不知譏剌，爰加稱贊。"按"何令"指"何敬容"；所謂"離合之詩"者："伎"離"支"、"柯"離"木"、合而爲"何"、"狗"離"犬"、"效"離"交"、合而爲"敬"、"寶"離"貫"、"俗"離"人"、合而爲"容"。《梁書·何敬容傳》："時蕭琛子巡者，頗有輕薄才，因製卦名、離合等詩以嘲之"，足相印證。

《論書》："宗炳出九體書，所謂'縑素書'、'簡奏書'、'牋表書'、'弔記書'、'行押書'、'槧書'、'藁書'、'半草書'、'全草書'。此九法極真草書之次第焉。"按九體彼此差別處，未克目驗心通，然要指在乎書體與文體相稱，字跡隨詞令而異，法各有宜（decorum, convenientia）。

【增訂三】張彥遠《法書要錄》卷一載宋王愔《文字志》上卷目《古書有三十六種》，中如"署書"、"藁書"等，畧同宗炳，而"龍書"、"龜書"等，又啟庾元威。同卷王僧虔錄宋羊欣《采古來能書人名》："鍾繇。……書有三體：一曰銘石之書，最妙者也；二曰章程書，傳秘書、教小學者也；三曰行狎書，相聞者也"；又"衛覬。……子瓘，……採張芝法，以覬法參之,更爲草稾,草稾是相聞書也。"已明言書體與文體相稱,"銘石"之書不同於"行狎"之書,亦即鍾繇一手所書而"碑"與"帖"殊體也。岳珂《寶真齋法書贊》卷七《王虞〈問安〉、〈王秋〉二帖》贊曰:"啟以楷書,告以章草;情敬之分,于此焉考。""啟"指《問安帖》,呈君上者("臣虞言……伏承聖體勝常"云云);"告"指《王秋帖》,示子姓者("告藉之等……念汝獨立"云云);致"敬"之奏自當書以楷體,申"情"之牘遂無妨書以草體耳。又卷九《李西臺啟詩帖·贊》:"謝學士以啟而用楷法,寄同院同年以詩而用行書,又以見待人處己,雖小節皆有體也";亦可參觀。

不及"碑版書"者,當是以晉、宋嚴立碑之禁,此體罕用故也。阮元《揅經室三集》卷一《南北書派論》、《北碑南帖論》,昧於斯旨,殊乖通方。《全唐文》卷四八二韓方明《授筆要説》自記聞之崔邈曰:"欲書當先看所書一紙之中,是何詞句、言語多少、及紙色目,相稱以何等書,令與書體相合。或真或行或草,與紙相當";徐鉉《重修〈説文〉序》:"若乃高文大冊,則宜以篆籀著之金石,至於尋常簡牘,則草隸足矣";吾邱衍《學古編·三十五舉》之九:"寫成篇章文字,只用小篆,二徐二李,隨人所便,切不可寫詞曲";董其昌《容臺集》卷四《陳懿卜〈古印選〉引》:"古之作者,於寂寥短章,未嘗以高文大冊施之,雖不離其宗,亦各言其體也。王右軍之書經論序讚,自爲一法,其書牋記尺牘,又自爲一法";劉熙載《藝概》卷五:"歐陽《集古錄》跋王獻之法帖云:'所謂法帖,率皆弔哀、候病、敘暌離、通訊問,施於家人朋友之間,不過數行而已。蓋其初非用意,而逸筆餘興,淋漓揮灑。至於高文典册,何嘗用此?'按'高文典册',非碑而何？'晉氏初禁立碑'，語見任彥昇《爲范始興作求立太宰碑表》；宋義熙初裴世期表言碑銘應加禁裁；此禁至齊未弛。北朝未有此禁，是以碑多"（參觀《宋詩紀事》卷四四孫起卿《江纂墓碑》："文云晉江纂，長夜垂茲刻。貞石殊不用，塊然但埏埴。……漢魏尚豐碑，茲獨何褊迫？"）；李慈銘《越縵堂日記》同治九年二月三十日："凡寫詩詞，不宜用《説文》體，散文亦宜擇而用之，駢文則無害"；沈曾植《海日樓札叢》卷八："南朝書習可分三體：寫書爲一體，碑碣爲一體，簡牘爲一體"；李瑞清《清道人遺集》卷二《跋裴伯謙藏〈定武蘭亭序〉》："余學北碑二十年，偶爲箋啓，每苦滯鈍。曾季子嘗笑余曰：'以碑筆爲箋啓，如戴礦而舞！'"；王國維《觀堂別集》卷二《梁虞思美造象跋》："阮文達公作《南北書派論》，世人推爲創見。然世傳北人書皆碑碣，南人書多簡尺。北人簡尺，世無一字傳者，然敦煌所出蕭涼草書札，與羲、獻規模，亦不甚遠。南朝碑版，則如《始興忠武王碑》之雄勁、《瘗鶴銘》之浩逸，與北碑自是一家眷屬也。此造象若不著年號、地名，又誰能知爲梁朝物耶？"胥徵書體施各有宜，隨"高文大册"與"寂寥短章"或詩詞曲與駢散文而異。李商隱《韓碑》："文成破體書在紙"，釋道源註謂"破體"上屬"文"而非下屬"書"，洵爲得之；蓋此"紙"乃恭錄以"鋪丹墀"而晉呈天覽者，必如宗炳"九體"之"簡奏書"、"牋表書"，出以正隸端楷，而非"破體"作行、草也。任昉《表》即采入昭明《文選》。孫過庭《書譜》讚王羲之"寫《樂毅》則情多怫鬱；書《畫讚》則意涉瓌奇；《黃庭經》則怡懌虛無，《太師箴》又縱橫争執；暨乎《蘭亭》興集，思逸神超；私門感《誓》，情拘意慘。所謂'涉樂必笑，言哀已歎'"；牽合陸機《文賦》語，附會夸飾，然其本意亦不外"先看是何詞句，相稱以何等書"爾。猶憶李宣龔丈七十壽，名勝祝釐詩文，琳瑯滿牆壁而蓋几案；陳漢策先生賦七律以漢隸書聚頭扇上，余方把翫，陳祖壬先生傍睨曰："近體詩乃寫以古隸耶？"余憬然。後讀書稍多，方識古來雅人深致，謹細不苟，老宿中草茅名士、江湖學者初未屑講究及乎此也。

二二七　全陳文卷三

宣帝《敕禁海際捕漁滬業》："智禪師請禁海際捕漁滬業，此江苦無烏賊珍味，宜依所請，永爲福地。"按卷七有徐陵《謝敕賚烏賊啓》二句。烏賊初非珍錯異味，想陳宣有偏嗜耳。

二二八　全陳文卷四

後主《禁繁費詔》："庶物化生土木人綵花之屬，……並傷財廢業。"按土、木偶人稱"化生"，始見此詔，考者常引唐人詩，未得其朔也。張爾歧《蒿菴閒話》卷一："宋紹興中，立三殿於臨安，以奉聖容，上元結燈樓，寒食設秋千，七夕設摩侯羅。《夢華錄》載京師舊俗，七月七日街上賣磨喝樂，乃小塑土偶，悉以雕木綵裝欄座，或用紅碧紗籠，或飾以金珠牙翠。疑此即唐人詩云：'七月七日長生殿，水拍銀盤弄化生'；或曰'化生'、'磨侯羅'之異名，宮中設此，以爲生子之祥。邑令杜公乃云：大同於七夕以蠟若綵爲女人形，塗朱施粉，肩輿鼓吹，送婚姻家，名之曰'摩侯羅'云。"許善長《碧聲吟館談麈》卷四："嘗見梨園演《長生殿·鵲橋密誓》一齣，其陳設有盤盛小孩，謂名'化身'；讀《坦菴詞·鵲橋仙》中有句云：'摩孩羅荷葉傘兒輕'，註：'即摩合羅，七夕之耍孩兒也。'"張氏所引"唐人詩"當即薛能《吳姬》第一〇首："芙蓉殿上中元日，水拍銀臺弄化生。"元稹《哭女樊》亦云："翠鳳輿真女，紅葉捧化生"；觀二詩知"化生"亦玩戲之具，非專設於七夕，更非祇爲生子之兆，不然，元稹女尚"孩嬰"，作計太早矣！《太平廣記》卷三五七

-2280-

《蘊都師》（出《河東記》）："見一佛前化生，姿容妖冶，手持蓮花"，又《西遊記》第四五回虎力大仙求雨設神桌，上"有幾個像生的人物，都是那執符使者、土地贊教之神"；楊萬里《誠齋集》卷三一《上忠襄坟》第七首："粉捏孩兒活逼真，像生果子更時新"；則供神佛、祭丘壠皆設化生，正可與陳後主此詔印證。

【增訂四】《莊子·田子方》："當是時猶象人也"；成玄英疏："木偶土梗人也。""象人"之名即"像生"之朔也。馬子嚴《孤鸞·早春》："玉梅對妝雪柳，鬧蛾兒，象生嬌顫。歸去爭先戴取，倚寶釵雙燕"，即朱弁《續骩骳説》所記"都下元宵觀游"婦女首飾，如"蛾、蟬、蜂、蝶、雪柳、玉梅、燈球，裊裊滿頭"；"象生"、謂其物之象真，非謂女鬢邊戴偶人爲飾，不可混爲一談。宋時俗尚，其物尤施行於七夕及求子。張氏引語見《東京夢華録》卷八，宋陳元靚《歲時廣記》卷二六《磨喝樂》條亦引之，并載謔詞畧云："摩睺孩兒，鬭巧爭奇，嗔眉笑眼，百般地斂手相宜。歸來猛醒，爭如我活底孩兒！"；金盈之《醉翁談録》卷四："京師七月七日多摶泥孩兒，端正細膩，京語謂之'摩睺羅'，小大甚不一，價亦不廉"；周密《前武林舊事》卷三《乞巧》："泥孩兒號摩睺羅，有極精巧飾以金珠者，其值不貲。……七夕前，脩内司例進摩睺羅十卓，每卓三十枚，大者至高三尺，或用象牙雕鏤，或用龍涎拂手香製造，悉用鍍金珠翠衣帽"，則南宋時大内供奉之孩兒像生，非復粉捏泥製者。《誠齋集》卷三一尚有《謝余處恭送七夕酒、果、蜜食、化生兒》七律二首；許棐《梅屋四稿·泥孩兒》："牧漬一塊泥，裝塑姿華侈，所恨肌體微，金珠載不起；雙罩紅紗厨，嬌立瓶花底。少婦初嘗酸，一玩一心喜，潛乞大士靈，生子願如爾。"元曲如馬致遠《任風子》第二折"則是我那魔合羅孩兒"，亦借以稱孩童；而孟漢卿《魔合羅》第一折謂是"乞巧的泥新婦"，第四折描摹其狀云："曲曲彎彎畫翠眉，寬綽綽穿絳衣，明晃晃鳳冠霞帔，到七月七乞巧的將你做一家兒燕喜。塑你的似觀音像儀，既教人撥火燒香，何不通靈顯聖？"，則雖設於七夕，而本爲乞巧，非爲求子，且作女形，類"送子"之"大士"，不類觀音所送之孩兒，又上承《河東記》所言"佛前化生"，下啓《蒿菴閒話》所言"爲女人形"矣。王明清《玉照新志》卷四載洪芻等獄案全文，有"不曾計到摩孩羅贓，如不滿百文"云云，則雖爲"隱匿財物"之一項，而不盡屬"價不廉"、"值不貲"也。

【增訂四】原引《玉照新志》載洪芻獄案全文亦見《三朝北盟會編・炎興下帙》卷一二建炎元年八月一日聖旨。

《歲時廣記》卷二六記南人目"摩喝樂"曰"巧兒"，蘇州最工，爲天下第一。近世吾鄉惠山泥人有盛名，吾鄉語稱土偶爲"磨磨頭"，而自道曰"俙伲"，故江南舊謔，呼無錫人爲"爛泥磨磨"，亦猶蘇州人渾名"空頭"、常熟人渾名"湯罐"、宜興人渾名"夜壺"。"磨磨"名無義理，當是"磨喝樂"之省文，以其爲小兒玩具，遂呀呀效兒語而重疊言之，正如盧仝《寄男抱孫》："添丁郎小小，別來吾久久，脯脯不得吃，兄兄莫搊搜"，或黃遵憲《己亥雜詩》："'荷荷'引睡'施施'溺，竟夕聞娘喚女聲。"成人語小兒，每一音疊言(le redoublement)，法國語尤肖吾人口吻也①。

---

① Cf. Du Maurier, *Trilby*, Pt VI: "And in the formal gardens were the same pioupious and zouzous still walking with the same nounous... and just the same old couples petting the same toutous and loulous" ("Everyman's", 240-1); H. Bauche, *Le Langage populaire*, éd. 1951, p. 71: "Une phrase humoristique, ... mais typique, marque bien le genre des textes qu'on offre aux petits enfants: *Les nénés de la nounou de Lili ont du lolo.*"

二二九　全陳文卷六

徐陵《鴛鴦賦》："既交頸於千年，亦相隨於萬里。山雞映水那自得，孤鸞照鏡不成雙，天下真成長合會，無勝比翼兩鴛鴦。……特訝鴛鴦鳥，長情真可念，許處勝人多，何時肯相厭。聞道鴛鴦一鳥名，教人如有逐春情，不見臨邛卓家女，祇爲琴中作許聲！"按《全梁文》卷一五元帝《鴛鴦賦》亦云："雄飛入玄兔，雌去往朱鳶，豈如鴛鴦相逐，俱棲俱宿？……金雞玉鵲不成羣，紫鶴紅雉一生分，願學鴛鴦鳥，連翩恒逐君"；徐賦結處以卓文君之孀居呼應山雞、孤鸞之顧影無偶，較梁元之直言"願學"，更爲婉約。司馬相如挑文君之《琴歌》曰："有艷淑女在此房，何緣交頸爲鴛鴦！"，即徐所謂"琴中作許聲"，蓋祇"聞鴛鴦名"，已"有逐春情"，不待覩其物；唐羅鄴《鴛鴦》詩："一種鳥憐名字好，都緣人恨别離來"，命意相近。《全後周文》卷九庾信《鴛鴦賦》："見鴛鴦之相學，還欹眼而淚落。……必見此之雙飛，覺空牀之難守"，逕以虞妃、韓壽、溫嶠等之子處求偶與鴛鴦之"雙心並翼"相形；機杼畧同徐賦，然未取雉、鸞陪襯，遂少一重一掩之致，不特"必見"視"聞道"爲滯相也。黃庭堅《山谷內集》卷七《睡鴨》："山雞照影空自愛，孤鸞舞鏡不作雙；

天下真成長會合，兩鳧相倚睡秋江"，任淵註："兼用徐陵《鴛鴦賦》云云，吳融《池上雙鳧》詩曰：'可憐翡翠歸雲髻，莫羨鴛鴦入畫圖；幸是羽毛無取處，一生安穩老菰蒲。'如臨淮王用郭汾陽部曲，一經號令，氣色益精明云。"此任氏之謬託知音也。黃詩純自徐陵賦推演，着眼在人事好乖，離多會少。吳詩用心迥異，實本乎莊生論不才之木得保天年；然鳧之"羽毛"或"無取處"，其軀肉豈不任充庖厨耶？"魚鼈甘貽禍，雞豚飽自焚，莫云鷗鷺瘦，饞口不饒君"（《宋百家詩存》卷二〇羅公升《送歸使》），而況於鳧！翡翠羽毛可以飾首，洵同象齒焚身之患，若夫鴛鴦之"入畫圖"，豈斷送生命事乎？殆亦如圖成而馬死歟（參觀《太平廣記》卷論卷二一〇《黃花寺壁》）！趙與時《賓退錄》卷一〇論黃詩曰："每疑鴛鴦可言'長會合'，兩鳧則聚散不常，何可言'長會合'，後乃悟指畫者耳"；殊得正解。蓋鴛鴦固較他禽之"會合"爲"長"，而圖畫中雙鳧則較活潑剌鴛鴦之"會合"更"長"。真鴛鴦雖稱並命之禽，徐賦至誇其"交頸於千年"，然不保形影之瞬息無離，終悲生命之暫促有盡；爭及畫中睡鳧相倚，却可積歲常然而不須臾或變。故徐黃貌若同言"真成長會合"，黃實舉徐初語（primary language），因從其後而駁之（meta-language），謂畫中睡鴨庶可當"真成長會合"之目，鴛鴦不足以言此也。達文齊《隨筆》有云："有生命之美好事物胥易逝而難久存"（cosa bella mortal passa e non dura），一作："有生命之美好事物胥易逝，而藝術中之美好事物則否"（cosa bella mortal passa e non d'arte）①；黑格爾謂急遷不得稍駐之天然事物賴藝術

---

① Leonardo da Vinci, *The Notebooks*, tr. E. McCurdy, I, 98.

而得跡象長留（Was in der Natur vorübereilt, befestigt die Kunst zur Dauer）①；雪萊謂生命中一見即沒者，詩歌捉搦之，俾勿消失（Poetry arrests the vanishing apparitions which haunt the interlunations of life）②。袁枚《小倉山房文集》卷五《吳省曾墓志銘》："世之人不能不死其身，可以不死其形，能使之不死者，省曾也"；蓋吳乃畫師，擅"貌人"也。即景生情，即事起興，寫作畫圖，發爲詩詠，景遷事過，不隨泯滅，如鴻飛冥冥，而爪痕歷歷猶遺於雪泥之上。故好物難牢，而入於畫者長在，歡情苦短，而見諸詩者久傳（別詳《全後周文》論庾信《謝趙王賚白羅袍袴啓》）。蘇軾《臘日游孤山》："作詩火急追亡逋，清景一失後難摹"，詩之使亡者存也；《次韻曹子方瑞香花》："明朝便陳迹，試著丹青臨"，畫之使陳者新也。黃氏題畫，正同斯旨。黃詩僅四句，而全用徐陵語者三句，豈自稱"翰墨場中老伏波"之人竟淪爲公然對面"偷句"之"鈍賊"乎？徐謂山雞、孤鸞不如鴛鴦，"長會合"之禽"無勝"之者；黃謂山雞、孤鸞固不如鴛鴦，然畫中雙鳧之"長會合"，又鴛鴦所勿如，"真"爲"無勝"。逕用徐語，非拆補以完己篇，乃引徵而翻其案，如禪宗之"末後一轉語"。不知來歷者，僅覩黃詩中言雙鳧勝於山雞、孤鸞，知來

---

① Hegel, *Aesthetik*, Aufbau Verlag, 189; cf.74（eine Dauer zu geben）. Cf. Michelangelo, *Sonnets*, ed. J. A. Symonds, 19（dall' arte è uinta la natura）; Martin Opitz: "Poeta", *Deutsche Barocklyrik*, hrsg. M. Wehrli, 3. Aufl., 9; Gautier: "L'Art", *Émaux et Camées*, Charpentier, 225-6.

② Shelley, *Defence of Poetry*, ed. A. S. Cook, 40. Cf. Musset: "Impromptu en réponse à cette question qu'est-ce que la poésie," *Poésies nouvelles*, Flammarion, 164（éterniser un rêve d'un instant, faire une perle d'une larme）; "Revues fantastiques," *Oeuv. comp. en Prose*, "la Pléiade", 823.

歷者，便省其言外尚有徐所賦鴛鴦在，鴛鴦勝山雞、孤鸞，而畫鳧尤勝鴛鴦；不止進一解，而是下兩轉也（參觀《全宋文》論鮑照《謝隨恩被原表》）。黃詩以畫禽與真禽之苦樂對勘，機杼初非始創。李商隱《題鵝》："眠沙臥水自成羣，曲岸殘陽極浦雲；那解將心憐孔翠，羈雌長共故雄分"；謂畫中鵝樂羣得地，渾不管世間翡翠、孔雀嗒焉喪偶之戚。溫庭筠《更漏子》第一首："柳絲長，春雨細，花外漏聲迢遞。驚塞雁，起城烏，畫屏金鷓鴣"；謂雁飛烏噪，騷離不安，而畫屏上之鷓鴣寧靜悠閒，蕭然事外。元好問《惠崇蘆雁》第三首："江湖牢落太愁人，同是天涯萬里身；不似畫屏金孔雀，離離花影淡生春"；則以同在畫而不在同畫中之雁與孔雀境地相形。陳廷焯《白雨齋詞話》卷一說溫詞云："此言苦者自苦、樂者自樂"，中肯破的，竊欲以李元二詩參印之。籠中剪翮，百鳥翔空，沙側沉舟，千帆過盡；苦樂相形而愈見不齊，古來同歎，元詩雖酷似溫詞，未必從而胎蛻。歸有光《震川別集》卷七《與沈敬甫》之五自論其《亡兒壙志》文似古人云："亦似；但千古哭聲，未嘗不同，何論前世有屈原、賈生耶？以發吾之憤懣而已。"讀黃庭堅《睡鴨》詩，須知其層累於徐陵之賦，而讀元好問《蘆雁》詩，無須究其淵源於溫庭筠之詞，講求來歷者亦不可不聞歸氏語焉。

二三〇　全陳文卷七

徐陵《與齊尚書僕射楊遵彥書》。按陵集中壓卷，使陵無他文，亦堪追踪李陵報蘇武、楊惲答孫會宗，皆祇以一《書》傳矣。非僅陳籲，亦爲詰難，折之以理，復動之以情，強抑氣之憤而仍山涌，力挫詞之銳而尚劍銛。"未喻"八端，援據切當，倫脊分明，有物有序之言；彩藻華縟而博辯縱橫，譬之佩玉瓊琚，未妨走趨；隸事工而論事暢。後世古文家攻擊駢文，駢文家每以此篇爲墨守之帶若堞焉。陳維崧《湖海樓文集》卷三《詞選序》："客或見今才士所作文，間類徐庾儷體，輒曰：'此齊梁小兒語！'擲不視。……夫客又何知！客亦未知開府《哀江南》一賦、僕射在河北諸書，奴僕《莊》、《騷》，出入《左》、《國》，即前此史遷、班掾諸史書未見"；梅曾亮《柏梘山房集》卷五《管異之文集書後》："異之曰：'人有哀樂者面也，今以玉冠之，雖美，失其面矣。此駢體之失也。'余曰：'誠有是。然《哀江南賦》、《報楊遵彥書》，其意固不快耶？而賤之也？'異之曰：'彼其意固有限，使有孟、荀、莊周、司馬遷之意，來如雲興，聚如車屯，則雖百徐、庾之詞，不足以盡其一意。'"管同師法桐城派，遂斥徐、庾之駢，正如阮元信奉《文選·序》，遂擯韓、柳之散，均執着一先生之言爾。駢體猶冠玉失面乎,桐城派古文搖曳吞吐,以求"神味",亦猶效捧心之顰,作迴眸之笑,弄姿矯態,未得爲存其面也。蹙眉齲齒,亦失本來,豈待搽脂粉、戴珠翠哉!即就所舉例論之:《荀子》排比整齊,已較《莊》、《孟》爲近乎駢偶;《莊子》立"意"樹義,較《老子》"有限",其"寓言"而不直白,作用劇類駢文隸事;馬遷《報任少卿書》,倘如包世臣《藝舟雙楫》卷二《復石贛州書》所說,寓意甚深,《與楊遵彥書》相形見絀,然徐書言端思緒,亦復"雲興"、"車屯",意淺非必意寡。詞偶則易詞費,而詞費不都緣詞偶,古文之瘠意肥詞者夥矣。故知掎摭利病,未可僅注目於奇偶也。以爲駢體説理論事,勿克"盡意"、"快意"者,不識有《文心雕龍》、《翰苑集》而尤未讀《史通》耳。歐陽修《文忠集》卷七三《論〈尹師魯墓志〉》:"偶儷之文苟合於理,未必爲非,故不是此而非彼也",又卷一三〇《試筆》:"如蘇氏父子,以四六叙述,委曲精盡,不減古文";朱熹《朱文公集》卷四三《答林擇之》:"與右府書云:'願公主張正論,如太山之安;綢繆國事,無累卵之慮'——此語極有味!大抵長於偶語、韻語,往往常説得事情出也。"桐城流派以韓、歐之詞兼程、朱之理爲職志,何竟未聞歐、朱此等評泊耶?

【增訂三】南宋及金人均已標舉桐城派之職志。葉適弟子陳耆卿《篔窗集》有吴子良跋云:"爲文大要有三:主之以理,張之以氣,束之以法。篔窗先生探周程之旨趣,貫歐曾之脉絡";劉祁《歸潛志》卷三載王鬱自撰《王子小傳》云:"故嘗欲爲文,取韓柳之詞、程張之理,合而爲一,方盡天下之妙";《秋澗大全集》卷一〇《追挽歸潛劉先生》亦云:"道從伊洛傳心學，文擅韓歐振古風。"蓋欲東家食而西家宿，渾忘苟充周、程之道，則韓、歐輩且無處討生活。《古文家別集類案》乙案敍錄上謂桐城派"尊程朱如帝天"，而"論文乃不敢援朱子"，因引方苞語："學行繼程朱之後，文章在韓歐之間"，説之曰："分別言之，判若涇渭，固其慎也。"夫"分別言之"，已是二本，大倍程朱之"學行"矣。汪琬《堯峰文鈔》卷三二《答陳靄公論文書》之一力排"載道"之説爲"夸辭"，至曰："意爲之也，……才與氣舉之也，於道果何與哉？"汪氏固尊尚周、程、朱之道而師法韓、歐之文，乃肯不爲門面語，不欺可貴也。《後村大全集》卷九六《迂齋標注古文序》即序樓昉《崇古文訣》者，稱昉"尚歐、曾而並取伊、洛"，則謂樓氏亦採取道學家自作之"詞"，不徒祇服膺其"理"，蓋亦如汪氏之稱《通書》、《東、西銘》，而非謂古文必"貫"、"合"二者。尚未可與桐城主張混同而言焉。

【增訂四】方苞宗尚"程朱"、"韓歐"云云，見《望溪文集》初刻本王兆符序記"吾師"論"祈嚮"一節，"在"字原作"介"。此固桐城派傳授師法。姚椿問學於姚鼐，其《樗寮全集》首沈曰富《姚先生行狀》云："論文必準桐城，……有豪傑者作，酌唐之文，以準宋之理，庶乎可矣！"；《通藝閣詩三錄》卷一《寄呂月滄郡丞粵西四十韻》中記"惜翁先生論文之旨"，有云："延陵懷舊友〔吳德旋〕，宗老失通儒。遺緒言猶在，真傳意不誣，詞兼宗韓柳，理必暢程朱。"然熊魚難兼，前事可徵。《永樂大典》卷九〇七《詩》字引劉將孫《王荆公詩序》第一句曰："洛學盛行而歐蘇文如不必作"，真"開口即喝"者。將孫乃辰翁子，四庫館臣輯本《養吾序》漏收此序。

理學家於道學與"古文"二者之異趣分馳而未可同途並駕,早已道破。黃震《黃氏日抄》卷六一《歐文》云:"蘇公以文繼韓文公,上達孔孟,此則其一門之授受所見然耳。公闢異端,而歸尊老氏。況孔子所謂'斯文'者,又非言語文字之云乎?或求義理者,必於伊洛,言文章者,必於歐蘇;學者惟其所之焉,特不必指此爲彼耳。"陸世儀《桴亭先生文集》卷二《答潁上盧儋石廣文書》云:"即如先生之序所稱東坡,此學問中之所爲文章家者也。文章一事,由孔孟而言,辭達而已矣。至一泪於文章家,則有《左》、《國》、《史》、《漢》筆力之不同,大家、小家家數之不一,聲辭、局法疏密巧拙之異致。即此一事,已足使英雄之士窮年盡力,頭白老死於其中,而不能自拔矣!"黃氏通解文事,明清之交道學家作詩古文,莫逾陸氏者,二家之言却無所假借如是。桐城派高標"祈嚮",似未嘗明辨而慎思之,遂大類鋪張門面抑且依傍門户也。竊謂苟於伊洛心學身體力行,則不特糠粃韓歐之文,亦必糟粕杜陵之詩。《河南二程遺書》卷一八《伊川語》:"且如今言詩者,無如杜甫。如云:'穿花蛺蝶深深見'云云,如此閑言語,道出做甚!"明之理學家斬草除根,言更直絶;《明儒學案》卷一九稱劉曉"下語無有枝葉",嘗誦少陵"語不驚人死不休"之句,歎曰:"可惜枉費心力!不當云'學不聖人死不休'耶?"則杜陵以下,更如自鄶矣。參觀《宋詩選註》論劉子翬。

嘗試論之,駢體文不必是,而駢偶語未可非。駢體文兩大患:一者隸事,古事代今事,敦星替月;二者駢語,兩語當一語,疊屋堆牀(參觀《全漢文》論揚雄《解嘲》、《全後漢文》論孔融《薦禰衡表》、《全梁文》論任昉《奏彈劉整》)。然而不可因噎廢食,止兒之啼而土塞其口也。隸事運典，實即"婉曲語"（periphrasis）之一種，吾國作者於茲擅勝，規模宏遠，花樣繁多。駢文之外，詩詞亦尚。用意無他，曰不"直說破"（nommer un objet）①，俾耐尋味而已。如范攄《雲溪友議》卷下論杜牧、姚合詩，沈義父《樂府指迷》論"鍊句下語"；其在駢文，同歸一揆。末流雖濫施乖方，本旨固未可全非焉。至於駢語，則朱熹所謂"常說得事情出"，殊有會心。世間事理，每具雙邊二柄，正反仇合；倘求義賅詞達，對仗攸宜。《文心雕龍·麗辭》篇嘗云："神理爲用，事不孤立"，又稱"反對爲優"，以其"理殊趣合"；亦蘊斯旨。《六祖法寶壇經·付囑》第一〇："出語盡雙，皆取對法，來去相因"，不啻爲駢體上乘說法。徐陵此書中如："何彼途甚易，非勞於五丁，我路爲難，如登於九折"；"據圖刎首，愚者不爲，運斧全身，庸流所鑒"；"宮闈秘事，皆若雲霄，英俊訏謨，寧非帷幄；……朝廷之人，猶難參預，羈旅之人，何階耳目"；均《雕龍》命爲"反對"之例，非以兩當一，而是兼顧兩面、不偏一向。楊億《談苑》記開寶中遼涿州刺史耶律琮遺宋雄州刺史書，求通好，有一聯"文采甚足觀"："官無交於境外，言即非宜；事有利於國家，專之亦可"；亦足爲例。

【增訂四】《皇朝類苑》卷七八《楊文公談苑》引遼耶律琮遺書雄州刺史孫全興，求與宋"通好"，有曰："兵無交於境外，言即非宜；事有利於國家，專之亦可"，稱"其文采甚足觀"。竊謂朱熹言"偶語往往說得事理出"，此聯正是佳例。《全遼文》

---

① Mallarmé, in J. Huret, *Enquête sur L'Évolution littéraire*, 60; Cf. *Divagations*, p.246 (parler vs. faire une allusion).

卷四載耶律琮書全文,"兵"字作"臣",是也,"兵"字無理不根;此聯用《公羊傳》語,人所熟知,楊氏必不誤引,蓋傳刻之訛耳。

説理出以儷偶,若是班乎。培根教人輯集反對以積學練才(the compilation of *antitheta* as a preparatory store for the furniture of speech and readiness of invention)①;萊辛謂鋭識深究每發爲反對(Jede scharfsinnige Unter-suchung lässt sich in eine Antithese kleiden)②;或且以爲行文多作反對者,其人構思,必擅辯證,如約翰生是(It is no coincidence that our first of dialecticians, Gorgias in ancient times and Johnson in our own, were noted for their antithetical style)③。故於駢儷文體,過而廢之可也;若駢語儷詞,雖欲廢之,烏得而廢哉?

《與楊遵彥書》:"或以顛沛爲言,或云資裝可懼;固非通論,皆是外篇。"按"外篇"借用《莊子》、《抱朴子》等子書中名目,意謂題外之文、節外之枝,即支吾拉扯之託詞藉口耳。駱賓王《上吏部侍郎〈帝京篇〉啓》:"固立身之殊路,行己之外篇",又《與程將軍書》:"勿使將詞翰爲行己外篇;文章是立身歧路耳,又何足道哉?";亦言士以修德爲主,工文祇是餘事,而"外篇"與"歧路"互文,幾如傍門"外道"之"外"矣。

---

① George Williamson, *Seventeenth-Century Contexts*, 251-2.
② E. Engel, *Deutsche Stilkunst*, 22. bis 24. Aufl., 258, 337, 340 (Lessing, Victor Hugo, Nietzsche).
③ Frank Binder, *Dialectic or the Tactics of Thinking*, 81. Cf. Voltaire: "Trouvez-moi, je vous en défie, dans quelque poète et dans quelque livre qui vous plaira, une belle chose qui ne soit pas une image ou une antithèse"(G. Guillaume, *J.-L. Guez de Balzac et la Prose française*, 444, note 20).

二三一　全陳文卷九

徐陵《答周處士書》。按卷五有周弘讓《與徐陵書薦方圓》，此其答書也。"又承有方生，亦在天目"，即指周《書》："唯趙郡方圓，棲遲天目，……今復同在巖壑，畢志風雲。"吳兆宜《徐孝穆全集箋註》於"方生"一節無註，當是未見周《書》耳。"差有弄玉之俱仙，非無孟光之同隱。優游俯仰，極素女之經文；升降盈虛，盡軒皇之圖藝。雖復考槃在阿，不爲獨宿；詎勞金液，唯飲玉泉。比夫煮石紛紜，終年不爛，燒丹辛苦，至老方成，及其得道冥真，何勞逸之相懸也！"吳註引《抱朴子》"黃帝論導引"云云、《漢書·藝文志》"道家者流：黃帝銘、黃帝君臣"云云，支扯塞責，實未解詞意。楊慎《升菴全集》（從子有仁編本）卷四八《春宵秘戲圖》、徐燉《筆精》卷二《春閨》皆早言陵《書》此節本張衡《同聲歌》，徐且曰："'俯仰'、'升降'，則逼真房中之術"；別詳《全後漢文》論邊讓《章華臺賦》。弘讓隱居清修，未斷房室，是又一"周妻"也；而欲以容成之術爲長生之道，則業累過於周顒矣（《南齊書·周顒傳》）。"非無孟光之同隱"，可參觀卷一一徐陵《東陽雙林寺傅大士碑》："棄捨恩愛，非梁鴻之並遊。""素女之經文"指《素女經》、《素女方》

等，茍引《漢書・藝文志》，不當引《道家》，當引《方伎・房中》之《黃帝三王養陽方》；甄鸞《笑道論・道士合氣》第三五所言《黃書》，是其類。《抱朴子》內篇《微旨》、《釋滯》、《極言》、《雜應》等反復訶斥道士以爲房中術"可單行致神僊"之妄，謂唯煉丹服藥庶得長生，可與"比夫煮石"云云相發明。陵正誚弘讓之求僊而不肯辛勤修煉，卻欲取巧得便宜，猶下文誚弘讓之不出仕而薦方圓登朝仕宦："己行所不欲，非應及人。……潁陽巢父，不曾令薦許由；商洛園公，未聞求徵綺季。斯所未喻高懷，而躊躇於矛楯也。"姚範《援鶉堂筆記》卷四六記翁大均詆石濂事，因翁引陵此《書》，乃附註："然則弘讓蓋習容、彭之術者。又弘讓薦方圓於徐，而徐答云：'理當仰禀明師，總斯秘要'，疑亦習此術者，而忝名隱逸，蓋忍媿之詞矣。"觀下接"豈如張陵弟子，自墜高巖"云云，則方與弘讓同習容、彭之術，灼然無可"疑"。蓋通篇皆含譏隱諷也。"躊躇於矛楯"句吳註："《莊子》：'楚人有賣矛及楯者，見人來買矛，即謂之曰：此矛無何不徹；見人來買楯，則又謂之曰：此楯無何能徹者。買人曰：還將爾矛刺爾楯，若何？'"；謝章鋌《籐陰客贅》嘗斥吳氏此書"荒陋"，若本條硬奪《韓非子》之意而又厚誣《莊子》之文，直是荒誕矣！"忘懷爵祿，詎持犧牲之談；高視公卿，獨騁蜡蛭之訓"，下句吳註："未詳，按《莊子》：'螂蛆甘帶'"；"蜡蛭"二字無意義，竊疑乃"鵲螳"之訛，出自《莊子・山木》螳螂"見得而忘其形"，異鵲"見利而忘其真"，莊周欵曰："物固相累。"

徐陵《與顧記室書》："忽有陳慶之兒陳暄者，……妄相陷辱，至六月初，遂作盲書，便見誣謗。"按"盲書"可與"瞽說"印證，似僅見於此。《西遊記》第七八回比邱國丈訶唐僧，亦曰：

"你這和尚滿口胡柴！……枯坐參禪，盡是些盲修瞎煉！""盲書"者，滿紙"胡柴"耳。今江南口語之"瞎說"、"瞎寫"、"瞎來"、"瞎纏"等，皆指紕繆無理、虛妄無稽。以"盲"、"瞽"、"瞎"示持之無故而言之不成理，亦猶以"明見"、"有眼光"、"胸中雪亮"等示智力，如韓愈《代張籍與李浙東書》："當今盲於心者皆是，若籍自謂獨盲於目爾。"人於五覺中最重視覺（the primacy or privileged position of the sense of vision），此足徵焉。

二三二　全陳文卷一〇

　　徐陵《諫仁山深法師罷道書》。按《全晉文》卷一一九桓玄《與釋慧遠書勸罷道》，命意適反，徐"諫"阻而桓"勸"誘也。李商隱《天平公座中呈令狐令公，時蔡京在坐，京曾爲僧徒，故有第五句》："白足禪僧思敗道"；"罷道"者，思凡而竟還俗，如馮惟敏《僧尼共犯》所寫是也，"敗道"者，破戒而未還俗，如徐渭《玉禪師翠鄉一夢》所寫是也。前者爲僧不了，後者仍可充粥飯僧。陵諫此僧："今若退轉，未必有一稱心，交失現前十種大利"；半屬世間法中佔便宜事，如"無執作之勞"、免稅免役、受人"尊貴"等等，借箸代籌，吐言鄙猥。《楞嚴經》卷六："云何賊人，假我衣服，裨販如來"；"十利"正"裨販"之事，豈爲下根説法，故卑無高論耶？然苟因此等計較而不"退轉"，長作師子身中蟲，烹佛煅祖，反不如"罷道"之尚是直心道場矣。桓玄《書》云："今世道士雖外毁儀容，而心過俗人，所謂道俗之際"；深法師即屬斯類，陵不"勸"而"諫"，豈不著此輩，則不足見佛門之廣大耶？陳説"十利"前，有："將非帷帳之策，欲集留侯，形類卧龍，擬求葛氏"云云，似此僧有宦情，還俗所以求官。"十利"後承以一大節："仰度仁者，……爲魔所迷。……

假使眉如細柳，何足關懷？頰似紅桃，詎能長久？同衾分枕，猶有長信之悲；坐臥忘時，不免秋胡之怨。……法師未通返照，安悟賣花"云云，似此僧更爲娶婦而還俗。《列子・楊朱》："人不婚宦，情欲失半"；李頎《送劉十》："三十不官亦不娶，時人焉識道高下"；此僧"罷道"，亦正緣不娶而欲婚、不官而欲宦也。其欲娶似更急於其欲官，故陵《書》戒其毋婚，丁寧反復，遠過於勸其毋宦。《四十二章經》："牢獄有原赦，妻子情欲雖有虎口之禍，已猶甘心投焉，其罪無赦"，又："愛欲莫甚於色，色之爲欲，其大無外"；《十住毗婆沙論》專章痛言家室之害，《知家過患品》第一六佛告郁伽羅"家是一切苦惱住處"等，於妻"應生諸三想"，如"無常想"、"不淨想"、"羅刹想"、"大貓狸想"等。今"魔迷"罷道，端由"頰桃"、"眉柳"，佛言不虛而佛誡無用矣。雖然，"没頭髮浪子、有房室如來"，六朝不少概見（參觀《全宋文》論周朗《上書獻讜言》），梵嫂、貼夫，無須"罷道"。此僧爲娶妻而必還俗，則未還俗時，凡心即動，清規尚守，已屬難能而未可厚非；其退轉適見舉動光明，寧"罷道"而不"敗道"，勿屑掛名和尚、混跡空門耳。《藝文類聚》卷二五引《文士傳》："棗據嘲沙門干法龍曰：'今大晉弘廣，天下爲家。何不全髮膚，去袈裟，舍故服，披綺羅，入滄浪，濯清波，隨太陽，耀春華？而獨上違父母之恩，下失夫婦之匹，雖受布施之名，而有乞丐之實乎？'"竊謂徐陵之諫與棗據之嘲，陳義相等，聞徐諫而止退轉者，亦必聞棗嘲而欲罷道者也。抑徐學佛，師事智顗，同卷《與釋智顗書》、《五願上智者大師書》可證，乃至釋子相傳，陵以此大願，遂轉生爲台宗六祖智威（《佛祖統紀》卷七、卷九）；智顗《摩訶止觀》卷八斥僧之爲供養利益而持戒者曰："起於魔檀,爲有報故;持於魔戒,邀利餐故。"徐陳"十利",正動深以"魔檀",使守"魔戒",亦當遭智顗之訶耳。

二三三　全陳文卷一一

　　徐陵《東陽雙林寺傅大士碑》："安禪合掌，說偈論經，滴海未盡其書，懸河不窮其義。"按吳兆宜註："《大悲經》：'如來爾時，知彼水滴在大海中……滴水者，喻一發心微少善根，大海者，喻佛如來應正徧知'"；非也。《全唐文》卷二六四李邕《五臺山清涼寺碑》："海墨樹筆，竹紙花書，密藏妙論，千章萬品"；與徐文同一來歷。《雜阿含經》卷三六之三："以四大海水爲墨，以須彌山爲樹皮，現閻浮提草木爲筆，復使三千大千刹土人盡能書寫舍利弗智慧之業"；《分別功德論》卷四之一："以須彌爲硯子，四大海水爲書水，以四天下竹木爲筆，滿中土人爲書師，欲寫身子智慧者，向不能盡"；寶雲譯《佛本行經·現乳哺品》第二六鋪張更甚。唐宋以來詩詞中點化沿用，面貌一新，讀者渾忘其爲梵經、讚頌語矣。貫休《觀懷素草書歌》："我恐山爲墨兮磨海水，天與筆兮書大地"；裴休《懷素臺放歌》："筆冢低低高似山，墨池淺淺深如海；我來恨不已，爭得青天化作一張紙！高聲喚起懷素書，搦管研朱點湘水"，踵事增華，因海墨樹筆，添出"青天作紙"，以代"須彌山爲樹皮"，語益奇肆，沾丐更廣，黃庭堅《題快軒》集句即鈎摘之；

【增訂三】范仲淹有《卓筆峰》五絶，集未收，見《水東日記》卷六："笠澤硯池小，穹窿架山峨，仰憑天作紙，寫出太平歌。"

《五燈會元》卷一八宣秘禮禪師："長江爲硯墨，頻寫斷交書"；張耒《張右史文集》卷三三《九日登高》："黃梨丹柿已催寒，一月西風積雨乾；紺滑秋天稱行草，却憑秋雁作揮翰"；王質《雪山集》卷一五《道經》："希聲絶想忘言處，海水墨山書不全"，自註："或云：'道家無經旨，五千言而已'，故作詩以咄之"；楊萬里《誠齋集》卷二四《謝邵德示〈淳熙聖孝詩〉》："古人浪語筆如椽，何人解把筆題天？崑崙爲筆點海水，青天借作一張紙"，又卷二九《題龜山塔》之一："銀筆書空天作紙，玉龍拔地海成湫"，又卷三七《送黃巖老通判全州》："瀟湘之山可當一枝筆，瀟湘之水可當一硯滴。……好將湘山點湘水，洒滿青天一張紙"；吕渭老《卜算子》："續續説相思，不盡無窮意；若寫幽懷一段愁，應用天爲紙"；張矩《摸魚兒》："雙峯塔露書空穎，情共暮鴉盤轉"；劉辰翁《念奴嬌》："以我情懷，借公篇翰，恨不天爲紙"；魏庭玉《賀新涼》："一斗百篇乘逸興，要借青天爲紙"；葛長庚《菊花新》："清晨雁字，一句句在天如在紙"；周濟川《八聲甘州》："蘸西湖和墨，長空爲紙，幾度詩圓"；無名氏《檐前鐵》："今番也，石人應下千行血；擬展青天，寫作斷腸文，難盡説"；《太平樂府》卷六周仲彬《蝶戀花》："紙如海樣闊，字比針般大，也寫不盡衷腸許多"；《詞林摘艷》卷九無名氏《黃鐘喜遷鶯》："指滄溟爲硯，管城豪健筆如椽，松烟、得太山作墨研，把萬里青天爲錦箋，都做了草聖傳。一會家書，書不盡心事；一會家訴，訴不盡熬煎"；馬榮祖《文頌》下《怪艷》："濡染淋漓，長天伸紙"；趙翼《甌北詩鈔》七絕二《天河》："誰把虛空界畫粗，生將別恨怨黃姑；青天爲紙山爲筆，倒寫長江萬里圖"；魏源《古微堂詩集》卷六《岱山經石峪歌》："我欲仰空書大乘，以岱爲筆天爲繒"；江湜《伏敔堂詩錄》卷八《題穉蘋花卉》："辛夷高發花數層，初如木筆有尖棱；青天不化一張紙，咄咄書空知亦能。"李商隱《樊南甲集序》："削筆衡山，洗硯湘江"，謂削衡山之筆，洗湘江之硯，即以山爲筆鋒，江爲硯池，如無名氏之"指滄溟爲硯"也；張矩《應天長‧兩峰插雲》："瀲灧波心，如洗江淹筆"，則以峰爲筆而以湖爲洗盂矣。諸若此類，取釋書經偈，敷演渲染，以爲抒情寫景之用，幾全失梵筴本來氣味；談藝者好稱"脫胎換骨"或"有禪趣、不貴有禪語"，大可取此示例。唐人既從海墨、樹筆充類而言天紙，已奇外出奇；吾國本有"雁字"之說，五代以來，遂每以天紙與雁書撮合，孚甲新意，如前引張耒、葛長庚句即是。《清異錄》卷二《禽》門載陶敞賦《秋雁》早云："天掃閒雲秋淨時，書空匠者最相宜。"金君卿《金氏文集》卷上《九日過長蘆泊小港留題龍山古寺》："仰天一笑六朝事，過雁書空作文字"；《後村千家詩》卷一五黃伯厚《晚泊》："行草不成風斷雁，一江烟雨正黃昏"；張炎《醉連環‧孤雁》："寫不成書，只寄得相思一點"；倪瓚《雲林詩集》卷六《十月》："停橈坐對西山晚，新雁題書已着行"；陳維崧《湖海樓詞集》卷四《青玉案‧雁字》："未乾墨跡青天外，閒付與斜陽曬"；程穆衡《據梧亭詩集》卷三《泊射陽湖》："魚噞月影燈生暈，雁没雲端墨淡書"；皆着墨無多，而意足味永。明末袁宏道、中道兄弟倡《雁字》詩，屬和徧國中，有一人賦至二百首者，唐時升所作尤有名（參觀唐時升《三易集》卷九《釋義〈雁字〉詩序》、錢謙益《牧齋初學集》卷八五《題項君禹〈雁字〉詩》又《題項孔彰〈雁字〉詩》）。唐氏《三易集》卷五《詠雁字》之八："銀漢平鋪白地牋"，即以紙喻天；詩凡二十四首，羅織飛禽與書法典故，纖而不巧，多更動嫌；如第一〇首："空裏作書皆咄咄，日來多暇不匆匆"，捉鵠配雞，小有心思。然欲求如宋湘《滇蹄集》卷三《雁字》："直將羲頡開天意，橫寫雲霄最上頭"，一語不可得也。

【增訂四】《太平樂府》卷二貫酸齋《清江引·惜別》："不是不修書，不是無才思，遠清江買不得天樣紙。"光緒一〇年重鎸本明末馬注（字文炳）《清真指南》卷二亦云："雖使海水為硯，丘山為墨，草木為筆，大地為紙，不能紀真主之全恩。天地為軀，日月為壽，恒沙為心，海浪為舌，不能讚真主之全恩"；卷七又云："真主賜人極樂之境，雖木筆、山墨、地硯、河池，難可窮紀。""池"、硯池也。

天紙、雁書亦見西方詩文中。如猶太古經(the Talmud)云："海水皆墨汁，蘆葦皆筆，天作羊皮紙，舉世人作書手，尚不足傳上帝之聖心"（If all seas were ink and all rushes pens and the whole Heaven parchment and all sons of men writers, they would not be enough to describe the depth of the mind of the Lord）；兒歌則云："苟世界化紙，大海化墨水，樹木盡化麵包與乾酪，則吾儕將以何物解渴乎？"（If all the world were paper,／And all the sea were ink,／If all the trees were bread and cheese,／What should we have to drink?）；普播遍傳，大同小異①。詞章運使，

---

① Iona and Peter Opie, *The Oxford Dictionary of Nursery Rhymes*, 436-8.

如云："苟茂林能語而以繁葉爲舌，海水都成墨汁，大地悉成紙，草茅胥成筆，尚不克道盡君之姿貌"（Se li arbori sapessen favellare，／E le lor foglie fusseno le lingue，／L'inchiostro fusse l'acqua dello mare，／La terra fusse carta e l'erbe penne，／Le tue bellezze non potria contare）①。書空雁字則如拉丁詩家寫大軍湧前云："如羣鵠（grues）疾飛成行，作字雲天之上"（ordinibus variis per nubia texitur ales/littera pennarumque notis conscribitur aër）②，謂形似希臘字母"λ"，正類吾國謂雁飛作"人"字也；西班牙詩家本之："天如透明紙，飛鵠作行書於其上"（Die Kraniche bilden bei ihm［Gongóra］geflügelte Schriftzeichen auf dem durchscheinenden Papier des Himmels—*Soledades*，I，609 f.）③。近人小説曰："羣燕掠碧空如疾書然"（Nel cielo azzurro le rondini scorrono come una veloce scrittura）④；又一詩人亦稱海鷗爲"風波欲起時於雲上作螺文之書家"（The gulls, the cloud calligraphers of windy spirals before a storm）⑤。

徐陵《天台山館徐則法師碑》："夫海水揚塵，幾千年而可見；天衣拂石，幾萬年而應平。"按上句本《神仙傳》記麻姑語，自不待言；吳兆宜註下句引《樓炭經》，亦即《長阿含經》之三〇《世紀經》，近是而未貼切。此碑爲道士作，用典不宜闌入佛

---

① Leonardo Giustinian, quoted in E. M. Fusco, *La Lirica*, I, 159.
② Claudian, *De Bello Gildonico*, I. 474-8, "Loeb", I, 132.
③ E. K. Curtius, *Europäischen Literatur und lateinisches Mittelalter*, 2. Aufl., 349.
④ V. Brancati, *Il Vecchio con gli Stivali*（D. Provenzal, *Dizionario di Immagini*, 758).
⑤ Robinson Jeffers: "The Cycle".

書；拂衣平石事，道書亦襲釋說而有之，雖乞諸其鄰，却已久假不歸矣。《雲笈七籤》卷二引《老君戒文》、《靈寶齋戒威儀經》皆云："石壇高二十丈，飛仙一歲送一芥子著此城中，以衣拂巨石，令消與平地無別"，"石如崑山，芥子滿四十里，天人羅衣，百年一度，拂盡此石，取芥子一枚。"此聯用事固可視爲道門本地風光耳。

【增訂四】《劍南詩稿》卷八《小憩長生觀，飯已即行》："人間空石劫，物外自壺春"；卷二〇《有懷青城霧中道友》："坐更拂石芥城劫，時說開皇龍漢年。"前聯對句用"壺中日月"事，人所熟知；後聯對句本《雲笈七籤》卷二《道教三洞宗元》："自開皇以前，三象明曜以來，至於開皇，經累億之劫"，又卷三《靈寶略記》："過去有劫，名曰龍漢，……龍漢一運，經九萬九千九百九十九劫。"若夫兩聯出句，則均如徐陵文之用《老子戒文》等道士家言。爲道流作詩文，勿宜闌入釋典故實。陸游此兩聯取材，不外《雲笈七籤》（《老君戒文》、《靈寶齋戒威儀經》見《七籤》卷二，壺公事見《七籤》卷二八）。苟如吳兆宜註徐孝穆文之引佛書《樓炭經》爲出句來歷，便見作者儉腹枯腸，乞鄰而與，非當行能手。《艇齋詩話》記湯進之所謂："釋氏事對釋氏事，道家事對道家事"，箋註宋以後詞章者尤當理會也。

二三四　全陳文卷一四

沈炯《幽庭賦》："長謠曰：'故年花落今復新，新年一故成故人。'"按機調流轉，實開唐劉希夷《代悲白頭翁》："年年歲歲花相似，歲歲年年人不同"（亦見賈曾《有所思》），

【增訂四】《全唐文》卷四太宗《感舊賦》："林何春而不花，花非故年之秀。水何日而不波，波非昔年之溜。豈獨人之易新，故在物而難舊。"不曰人非故而曰"易新"，不曰物復新而曰"難舊"，不落恒言常蹊。

宋舒亶《一落索》："只應花好似年年，花不似人憔悴"，《元詩選》二集黃清老《樵水集·行路難》："去年紅花今日開，昨日紅顏今日老"，明唐寅《六如居士全集》卷一《花下酌酒歌》："花前人是去年身，去年人比今年老"等。窠臼易成，幾同印板；如岑參《西蜀旅舍春歎》："春與人相乖，柳青頭轉白"，孟郊《雜怨》："樹有百度花，人無一定顏，花送人老盡，人悲花自開"等，風格雖較凝重，而旨歸不異。若李商隱《憶梅》："寒梅最堪恨，常作去年花"，人之非去年人，即在言外，含蓄耐味；司空圖《力疾山下吳村看杏花》之九："近來桃李半燒枯，歸卧鄉園只老夫。莫算明年人在否，不知花得更開無！"，亂世物命危淺，

與人命一概；王安石《新花》："流芳不須臾，吾亦豈久長，新花與故吾，已矣付兩忘"，善自解慰，作齊物之論；王世貞《臨江仙》："我笑殘花花笑我，此時憔悴休爭。來年春到便分明，五原無限綠，難染鬢千莖"，悽慨而出以諧戲；皆可謂破體跳出者。《世說・言語》記桓溫撫柳而歎曰："木猶如此，人何以堪！"，則更進一解矣。歐陽修《漁家傲》："料得明年秋色在，香可愛，其如鏡裏花顔改"；易春花爲秋花，尚未足於舊解出新意也。西詩中亦有套語如十六世紀法國詩云："歲歲春回，去冬黃落之樹重綠，而人則一死無復生之期，嗚呼！"（Las, helas! chaque Hyver les ronces effeuillissent, /Puis de feuille nouvelle au Printemps reverdissent, /Mais sans revivre plus une fois nous mourons!）①；十七世紀意大利詩云："花嬌卉倩，物色與年俱新，而人一死不重生、積衰不復少！"（pur col nov'anno il fiore e la verdura/de le bellezze sue fa novo acquisto; /ma l'uom, poiché la vita un tratto perde, /non rinasce più mai, né si rinverde）②。當世一意大利詩人則歎天工無量世來，歲歲使大地萬物昭蘇，亦既勞止，倦勤而强勉爾（Si porta l'infinita stanchezza/dello sforzo occulto/di questo principio/che ogni anno/scatena la terra）③；地老天荒，別具懷抱，一去陳言矣。

---

① Antoine de Baïf, *Amours diverses*, I, quoted in H. Weber, *La Création poétique au 16ᵉ Siècle en France*, I, 354.

② Marino, *L'Adone*, XIX. 325, *Marino e i Marinisti*, 265.

③ G. Ungaretti: "Vita d'un uomo", *Poesie*, I, 100.

二三五　全陳文卷一六

傅縡《明道論》。按載於《陳書》本傳，俊辯不窮，六朝人爲釋氏所作説理文字，修詞雅淨，斯爲首出，劉勰相形亦成傖楚矣。《廣弘明集》未收，何也？"希向之徒，涉求有類，雖麟角難成，象形易失"；"麟角"語詳見論《全三國文》蔣濟《萬機論》，"象形"事出釋典，三國譯《佛説義足經》及《六度集經》第八九、西晉譯《大樓炭經》、後秦譯《長阿含經》之三〇《世紀經·龍鳥品》第五、隋譯《起世經》等皆載之。兹引《大般涅槃經·獅子吼菩薩品》第一一之六："譬如有王，告一大臣：'汝牽一象，以示盲。'……衆盲各言：'我已得見。'王言：'象爲何類？'其觸牙者，即言：'象形如蘆菔根'；其觸耳者，言：'象如箕'；其觸頭者，言：'象如石'；其觸鼻者，言：'象如杵'；其觸脚者，言：'象如木臼'；其觸脊者，言：'象如牀'；其觸腹者，言：'象如甕'；其觸尾者，言：'象如繩。'"《全梁文》卷七四釋僧順《釋〈三破論〉》："或有三盲摸象，得象耳者，爭云：'象如簸箕'；得象鼻者，爭云：'象如舂杵。'雖獲象一方，終不得全象之實。"意實肖《莊子·則陽》："今指馬之百體而不得馬，而馬係於前者，立其百體而謂之馬也"；而敷説詳實，遂饒趣味。吾國文人如傅氏隸事及之者，不數數見也。

二三六　全後魏文卷一二

　　前廢帝《答羣臣勸進》。按《洛陽伽藍記》卷二《平等寺》節有帝《讓受禪表》，嚴氏漏輯；同節尚有長廣王曄《禪文》二首，亦應補入卷二〇。

二三七　全後魏文卷二一

張倫《諫遣使報蠕蠕表》："遂令豎子，遊魂一方，亦由中國多虞，急諸華而緩夷狄也。……昔舊京烽起，虜使在郊。……且虜雖慕德，亦來觀我。……又小人難近，夷狄無親。……王人遠役，銜命虜庭。"按卷四一楊椿《上書諫内徙蠕蠕降户》："裔不謀夏，夷不亂華。……亦以別華戎、異内外也"；卷四八袁飜《安置蠕蠕表》："竊惟匈奴爲患，其來久矣。……遠夷荒桀，不識信順"；"夷"、"虜"謂柔然也。《全北齊文》卷二范陽王紹義《在蜀遺封妃書》："夷狄無信，送吾於此"；"夷"謂北周也。《全北齊文》卷三邢卲《百官賀平石頭表》："大江設隘，實限夷華，……聲教不通，多歷年代"；《全後周文》卷二一闕名《爲行軍元帥鄖國公韋孝寬檄陳文》："豈安危亂之邦，事夷裔之主"；"夷"謂南朝也。數例足覘名無定準而爲"賓"，却有作用而爲"教"，詳見論《全晉文》戴逵《放達爲非道論》。後魏、北齊、後周，皆鮮卑族之建國立朝者，正漢人所稱之"虜"、"夷"、"胡"。《南齊書》立《魏虜傳》，開宗明義曰："匈奴種也"；《全梁文》卷五六丘遲《與陳伯之書》："故知霜露所均，不育異類；姬漢舊邦，無取雜種；北虜僭盜中原，多歷年所"；《全後魏文》

卷三一韓顯宗《上言時務》："自南偽相承，竊有淮北，欲擅'中華'之稱"；楊衒之《洛陽伽藍記》卷二《景寧寺》記梁武帝遣陳慶之入洛陽，魏臣宴之，陳因醉曰："魏朝甚盛，猶曰'五胡'，正朔之承，當在江左。"漢人自稱"華"而目鮮卑為"胡虜"，魏鮮卑自稱"華"而目柔然為"夷虜"，先登之齊鮮卑又目晚起之周鮮卑為"夷狄"；後來南宋人之於金、金人之於蒙古，若是班乎。《中州集》卷四周昂《北行即事》第一首："聞道崑崙北，風塵避僕窋；至今悲漢節，不合度流沙"，又《翠屏口》第二首："玉帳初鳴鼓，金鞍半偃弓。傷心看寒水，對面隔華風。山去何時斷，雲來本自通。不須驚異域，曾在版圖中"；金人對蒙古，儼然自命"漢節"、"華風"矣。至北齊人自稱"華"而目南朝為"夷"，則金人於南宋所未有焉。顧此特堂皇之言耳，私衷初不如是；《北齊書·杜弼傳》記高祖謂弼曰："江東復有一吳兒老翁蕭衍者，專事衣冠禮樂，中原士夫望之以為正朔所在"，蓋口有憾而心實慕之。《全隋文》卷五煬帝《敕責寶威、崔祖濬》："大吳之國，以稱人物。……及永嘉之末，華夏衣纓，盡過江表，此乃天下之名都。自平陳之後，碩學通儒、文人才子，莫非彼至。爾等著其風俗，乃為東夷之人；度越禮義，於爾等可乎？……各賜杖一頓"；是隋雖一匡天下，而南北朝之套語一成難變也。又按《洛陽伽藍記》載楊元慎駁陳慶之曰："江左假息，僻居一隅。……短髮之君，無杼首之貌，文身之民，稟蕞陋之質，……禮樂所不沾，憲章勿能革。……卿沐其遺風，未沾禮化。……我魏膺籙受圖，……移風易俗之典，與五帝而並跡，禮樂憲章之盛，陵百王而獨高。"陳謂魏"猶曰'五胡'"，指種族也；楊不辯種族，勿同《魏書·序紀》之攀附為黃帝"少子"後裔，而以禮樂文教抑南揚北。意謂魏"移風易俗"，已用夏變夷，故"正朔"而非閏位，猶《史通·曲筆》所譏"比桑乾於姬漢之國，目建鄴爲蠻貊之邦"矣。其説蓋有自來。《公羊傳》昭公二十三年七月戊辰："不與夷狄之主中國也。然則曷爲不使中國主之？中國亦新夷狄也"；即言華夷非徒族類（ethnos）之殊，而亦禮教（ethos）之辨。《法言·問道》："或曰：'孰爲中國？'曰：'五政之所加，七賦之所養，中於天地者爲中國。……聖人之治天下也，礙之以禮樂，無則禽，異則貉'"；語愈明決。楊元慎若曰："江左"既"禮樂不沾"，則"禽"耳、"貉"耳，安得與"禮樂憲章"大"盛"之魏比數哉？然《全唐文》卷六八六皇甫湜《東晉、元魏正閏論》適本此義而不以正統許魏："所以爲中國者，禮義也；所謂夷狄者，無禮義也。豈繫於地哉？杞用夷禮，杞即夷矣；子居九夷，夷不陋矣。"蓋楊所誇魏之"禮樂典章"，皇甫胥鄙夷不屑，嗤爲"無禮義"，斯又實無虧成而名可褒貶也。《全唐文》卷七六七陳黯《華心》："大中初年，大梁連帥范陽公得大食國人李彦昇，薦於闕下。天子詔有司考其才，二年，以進士第。……或曰：'求於夷，豈華不足稱也耶？'……曰：'以地言之，則有華夷也。以教言，亦有華夷乎？夫華夷者，辨在乎心，辨心在察其趣向。有生於中州而行戾乎禮義，是形華而心夷也；生於夷域而行合乎禮義，是形夷而心華也。……今彦昇也，華其心，而不以其地而夷焉'"；

【增訂三】元稹《新題樂府·縛戎人》："自古此冤應未有，漢心漢語吐蕃身"；謂漢人之"没落蕃中"者。元稹言"漢心"，乃"漢"人没"蕃"而不失其本"心"；陳黯言"華心"，則"夷"人向"華"而全失其本"心"。詞類肖而意乖倍，此又當如王安石所云"考其詞之終始"耳。

又卷八二一程晏《內夷檄》:"四夷之民,長有重譯而至,慕中華之仁義忠信,雖身出異域,能馳心於華,吾不謂之夷矣。中國之民,長有倔強王化,忘棄仁義忠信,雖身出於華,反竄心於夷,吾不謂之華矣。……華其名有夷其心者,夷其名有華其心者。……夷其名尚不爲夷矣,華其名反不如夷其名者也";均不啻發揮公羊以至皇甫之論。後世之"夷",動以此論爲緣飾,滿清尤甚。洪皓《松漠紀聞》卷上記遼道宗命漢臣講《論語》至"北辰居而衆星拱"句,道宗曰:"吾聞北極之下爲中國,此豈其地耶?",漢臣又讀至"夷狄之有君"句,不敢講,道宗曰:"上世獯鬻、獫狁無禮無法,故謂之'夷',吾修文物,彬彬不異中華,何嫌之有?";宇文懋昭《大金國志》卷七:"熙宗……能賦詩染翰,雅歌儒服,分茶、焚香、弈棋、象戲,盡失女真故態矣;視開國舊臣,則曰:'無知夷狄!'";馬祖常《石田先生文集》卷五《飲酒》第五首:"昔我七世上,養馬洮河西;六世徙天山,日日聞鼓鼙;金室狩河表,我祖先羣黎。詩書百年澤,濡翼豈梁鵜。嘗觀漢建國,再世有日磾;後來興唐臣,胤裔多羌氏。《春秋》聖人法,諸侯亂冠笄;夷禮即夷之,毫髮各有稽。吾生賴陶化,孔階力攀躋;敷文佐時運,爛爛應壁奎";李光地《榕村語錄》續集卷七:"余閣學時,上[康熙]一日忽問:'《續綱目》何如?'余曰:'臣平生極不喜此書。朱子《綱目》義例,有以主天下者,便以統歸之。秦、隋之無道,尚爲正統,而況元乎?舜東夷,文王西夷,惟其德耳。'不謂此語與上意合,余遂升掌院。東海[徐乾學]由此深嫉而揚言於上曰:'李某竊聽余論而勦之。'"

【增訂四】《晉書·劉元海載記》劉淵爲冒頓子孫，冒姓劉氏，大言曰："夫帝王豈有常哉！大禹生於西戎，文王生於東夷，顧惟德所授耳"；又《慕容廆載記》廆謂崔毖曰："且大禹生於西羌，文王生於東夷，但問志略何如耳。"則李光地不過隱拾"亂華"五胡輩之牙慧耳，固無待乎"竊聽"徐乾學而後得此"論"也。

雍正《大義覺迷錄》又七年九月十二日諭、乾隆四十二年九月壬子日諭皆自辨非"夷"，即康熙之"意"。汪士鐸《悔翁乙丙日記》卷三："'夷狄'者、古人之私心而有激之言也"，因詳論春秋以至於清所謂"内中國而外四夷"者，而一言以蔽曰："是知不用禮義，則中國可謂之'夷'，用禮義，則唉吉利、米利堅不可謂之'夷'，此以'夷'爲貶辭之說也"（參觀江瀚《慎所立齋文集》卷三《答友人書》黎庶昌評語）。亦皆楊元慎之意爾。毛奇齡《西河合集·墓志銘》卷一四《何毅菴墓志銘》記文字獄興，何被逮對簿，吏摘其詩中詞句，詰之曰："'清戎'者何？"對曰："清軍也。以'戎'、兵而曰'戎'、狄，則'整我六師，以修我戎'，不惟'戎'徐戎，並'戎'周宣矣！"吏曰："然則曷爲'夷'？"對曰："裔也；舜東夷、文王西夷也。且'夷'與'夏'對；今我有方夏，煌煌三祖，蒞中國而格四夷，誰'夷'我者！"夫"夷"及媚"夷"者之飾詞，攘"夷"者即以爲自解之遁詞，可謂即以其人之箭還射其人之身矣。

二三八　全後魏文卷二二

張淵《觀象賦》。按參觀《全宋文》卷論謝靈運《山居賦》。淵於星象爲專門名家，賦中言星象處自註以便讀者，可也，顧乃句句疏釋。如首二句："陟秀峰以遐眺，望靈象于九霄"，自註："陟、昇，遐、遠，九霄、九天也"；夫"陟"、"遐"、"霄"須註，則"靈象"不應獨漏矣。又如："蓋象外之妙，不可以粗理尋，重玄之内，難以熒燎覩"，自註："言玄理微妙，不可知見也"；原句甚明了，毋庸提要鉤玄，而"陟"、"遐"、"霄"既有待解詁，"重玄"、"熒燎"豈容無訓？由前則贅也，由後則疎也。顏之推《觀我生賦》自註詞尚體要、下筆精嚴，謝、張相形，貽譏蕪穢矣。

二三九　全後魏文卷二四

　　崔光《諫靈太后頻幸王公第宅表》:"致時飢渴,餐飯不瞻,賃馬假乘,交費錢帛。昔人謂'陛下甚樂,臣等甚苦',或其事也。"按"昔人"云云出《三國志·魏書·辛毗傳》:"嘗從帝射雉,帝曰:'射雉樂哉!'毗曰:'於陛下甚樂,而於羣下甚苦。'"周紫芝《竹坡詩話》:"有數貴人遇休沐,携歌舞燕僧舍者,酒酣,誦前人詩:'因過竹院逢僧話,又得浮生半日閒。'僧笑曰:'尊官得半日閒,老僧却忙了三日:一日供帳,一日燕集,一日掃除也!'";即此之謂。古羅馬詩人亦云:"己作樂而不使他人累苦者,世無其事也"(Bona nemini hora est ut non alicui sit mala)①。

---

　　① Publius Syrus, §62, *Minor Latin Poets*, "Loeb", 22.

二四〇　全後魏文卷二七

　　源子恭《奏訪梁亡人許周》。按周自梁奔魏，自稱在梁官給事黃門侍郎，魏之朝士翕然信待；子恭覩其形跡可疑，度其誇言非實，恐其非"投化"而是受梁武帝"故遣"，遂"請下徐揚二州密訪"。異國亡人，即非諜諜，亦常捏造身世，自增聲價，蓋遠來則易大言也。此類事必不乏，如《南史》卷五一《梁宗室傳》上正德奔魏，"稱是被廢太子"；見諸《魏書》者，如《王慧龍傳》記慧龍亡入魏，自稱晉睿宗尚書僕射愉之孫、散騎侍郎緝之子，崔浩歎爲"真貴種"，及魯軌奔後歸國云："慧龍是王愉家豎僧彬所通生也。"若《孟表傳》記有南人姓邊，携妻息、從壽春"慕化歸國"，表察其"言色"有異，即加推覈，方知是南齊所遣，"規爲內應，所携妻子，並亦假妄"；則奸細矣。

二四一　全後魏文卷三一

　　韓顯宗《上書陳時務》："伏惟陛下耳聽法音，目翫墳典，口對百辟，心虞萬幾。……文章之業，日成篇卷。雖叡明所用，未足爲煩，然非所以嗇神養性，頤無疆之祚。莊周有言：'形有待而智無涯，以有待之形，役無涯之智，殆矣！'此愚臣所不安。"按此上高祖書也；《魏書・高祖紀》下稱帝"好讀書，手不釋卷"，喜爲文章，"有大手筆，馬上口授，及其成也，不改一字"，太和十年後詔册皆出御撰。顯宗諫魏帝語與梁元帝自儆語大類；《金樓子・立言篇》上："顏回希聖，所以早亡；賈誼好學，遂令速殞；揚雄作賦，有夢腸之談；曹植爲文，有反胃之論；以有涯之生，逐無涯之智！余將養性養神，獲麟於《金樓》之制也。"後來唐太宗嗜學好文，朝臣亦進諍言，如《全唐文》卷一四九褚遂良《請節勞表》："數年已來，耽翫書史，每作文詠，兼諸手筆。……與羣臣論政數百千語。……陛下已讀得之者，用之不可盡；已知者，當世不能踰。伏願節諸言語，且無披卷"；又卷一五一劉洎《諫詰臣寮表》："且多記損心，多語耗氣。……伏願略茲雄辯，浩然養氣，簡彼緗圖，淡焉怡目。"古來帝皇著述最富而又斑斑可見者，莫如清高宗；即以詩論，《晚晴簃詩匯》卷二謂：“御製詩五集、四百三十四卷，共四萬一千八百首；登極前之《樂善堂集》、歸政後之《餘集》、又《全韻詩》、《圓明園詩》皆别行，不與此數。”是一人篇什幾垺見存《全唐詩》之數矣！才同倚馬，載可汗牛，乾隆臣工倘有如韓顯宗、褚遂良之上言者乎？未之考也。

【增訂四】有李慎修者，曾諫乾隆戒詩，《隨園詩話》嘗述其事。《晚晴簃詩滙》卷二載高宗一絶句，《李慎修奏對，勸勿以詩爲能，甚韙其言，而結習未忘焉。因題以誌吾過》：“慎修勸我莫爲詩，我亦知詩可不爲。但是幾餘清宴際，却將何事遣閒時！”詩惡如此，當告其作者以“不能爲而能不爲”耳，却祇“勸”其“勿”露才揚己，“以詩爲能”，蓋“説難”也。然既知“過”而即“誌”成“詩”，又欲息火而增薪者歟。

二四二　全後魏文卷三二

　　常景《洛橋銘》，輯自《洛陽伽藍記》。按《伽藍記》卷一《永寧寺》："是以常景《碑》云：'須彌寶殿，兜率淨宮，莫尚於斯也'"；嚴氏漏輯。

二四三　全後魏文卷三五

　　李崇《請減佛寺功材以修學校表》。按《全北齊文》卷二楊愔《奏請置學及修立明堂》、卷三邢卲《奏立明堂太學》與此文全同，唯無末"誠知佛理淵妙"云云三十七字，是一文具三主名而三見，嚴氏亦無按語。楊、邢之《奏》載《北齊書·邢卲傳》；錢大昕《廿二史考異》卷三九謂"此奏實出於崇，與楊愔、魏收、邢卲諸人初不相涉"，是也。

二四四　全後魏文卷三六

　　李沖《又表彈李彪》：「高聲大呼云：'南臺中取我木手去搭奴肋折。'」按《魏書·李彪傳》記彪嚴酷，「以姦欺難得，乃爲木手，擊其脅腋，氣絕而復屬者，時有焉」；《新五代史·閩世家》記延翰妃崔氏「性妒，良家子之美者輒幽之別室，繫以大械，刻木爲人手以擊其頰，又以鐵錐刺之」。

二四五　全後魏文卷三七

盧元明《劇鼠賦》。按南北朝人作小賦，亦振華鋪采，而不肯素繪白描，惟恐貽貧家儉腹之譏。此篇乃游戲之作，不求典雅，直摹物色，戛戛工於造語，《先唐文》卷一朱彥時《黑兒賦》、劉思真《醜婦賦》頗堪連類，惜其不全。"劇"如"劇盜"、"劇病"之"劇"，猖獗難制也。"託社忌器，妙解自惜；深藏厚閉，巧能推覓"；寫鼠之性能，簡而能賅。前八字言鼠善自全，後八字言人難匿物。"鬚似麥穟半垂，眼如豆角中劈，耳類槐葉初生，尾若酒杯餘瀝"；寫鼠之形模，揣侔甚巧。"眼如豆角中劈"之"劈"猶杜甫《胡馬》言"竹批雙耳"之"批"；

【增訂四】《齊民要術·養牛馬驢騾第五十六》相馬曰："耳欲小而銳如削筒"，又曰："耳欲得小而促，狀如斬竹筒。"即杜詩《房兵曹胡馬詩》之"竹批雙耳峻"，《李鄠縣丈人胡馬行》之"頭上銳耳批秋竹"；亦即李賀《馬詩》一二首之"批竹初攢耳"。"削"、"斬"與"批"、"劈"義同。王應奎《柳南續筆》卷二《杜詩註》言"竹批"有四解，錢湘靈主"耳欲如劈竹"之說，實源本《要術》耳。于慎行《穀山筆麈》卷三記萬曆乙亥西域獻千里馬，與唐儀部往會同館觀之，馬"耳如竹筴"；

雖亦以"竹"爲喻,而似言耳之薄,非言其"小而銳"也。"尾若杯瀝"思致尤新,指殘瀝自酒杯傾注時纖長如線狀,非謂涓滴留在杯底。"或牀上捋髭,或户間出額,貌甚舒暇,情無畏惕";寫鼠之意態,讀之解頤。"貌甚舒暇"仿賈誼《鵩鳥賦》:"止於坐隅兮,貌甚閒暇";《永樂大典》卷一九六三七《目》字引周邦彥《游定夫見過,晡,飯既,去。燭下目昏,不能閲書,感而賦之》:"餘饘未潔鼎,傲鼠已出額",即用《賦》中語。《初學記》引此文,作"牀上捋髭",而《太平御覽》作"壁隙見髭",減色倍理;夫覩虎一毛,不知其斑也,壁罅衹出鼠髭,何緣能見鼠貌之安閒而鼠情之恣放乎?"捋"字稍落滯相;近人陳三立《散原精舍詩》卷下《月夜樓望》:"松枝影瓦龍留爪,竹籟聲窗鼠弄髭",常聞師友稱誦之,倘亦曰"牀上弄髭",便髭毫無遺憾矣。

二四六　全後魏文卷四〇

　　崔纂《劉景暉九歲且赦後不合死坐議》："皆姦吏無端橫生粉墨，所謂爲之者巧，殺之者能。"按《顏氏家訓·風操》篇："凡親屬名稱，皆須粉墨，不可濫也"，盧文弨註："'粉墨'謂修飾也"；郝懿行《晉宋書故》亦引《家訓》語及徐陵《在吏部尚書答諸求官人書》："既忝衡流，應須粉墨，庶其允當"，説之曰："似謂文詞修飾、銓論之意。"竊謂顏書"粉墨"，謂潤色、增華，盧註是；徐文"粉墨"，謂衡量、品目，郝解"銓論"是，解爲"文詞修飾"，在此徒成蛇足；崔議"粉墨"，則謂深文、加誣。

　　【增訂四】《魏書·太武五王列傳》崔休曰："中山皂白太多"；"皂白"亦"粉墨"之意，謂中山王好臧否人物也。

顏、崔均以"粉墨"爲飾實之華、勝質之文，然顏指美（eulogistic, euphemistic）詞，崔指醜（dyslogistic, dysphemistic）詞，一登雪嶺，一落墨池；徐以"粉墨"爲評覈"允當"，善善惡惡，指無偏無黨（neutral）之詞，皂白分明。顏、崔意適相反，徐乃用中。《漢書》顏師古註《敍例》末節："訛訶言辭，……顯前修之紕僻，……乃效矛盾之仇讎，殊乖粉澤之光潤"；後顏之"粉澤"正前顏之"粉墨"。蓋六朝人用"粉墨"有三義：一如《文心雕龍・事類》篇言"綴靚"所謂"金翠粉黛",顔書其例也;二如劉峻《廣絶交論》言"月旦"所謂"雌黄朱紫",徐文其例也;三如今語所謂"抹黑"、"搞臭",崔篆此篇中語是,猶夫西施之蒙不潔、李季之浴五牲矢也。李賀《感諷》六首之三:"走馬遣書勳,誰能分粉墨!"即諷記功者不知所報之爲美言非實也,王琦等註謂"誰能辨其黑白",尚一間未達,蓋不悉六朝人語耳。

二四七　全後魏文卷四五

　　祖瑩《樂舞名議》。按嚴輯瑩文，祇得此首。《洛陽伽藍記》卷一《永寧寺》節載北海王顥與莊帝書全篇，末云："此黃門郎祖瑩之詞也。"可補。

二四八　全後魏文卷五一

　　溫子昇《大覺寺碑》。按輯自《藝文類聚》，非全文也。《洛陽伽藍記》卷四《大覺寺》："溫子昇《碑》云：'面水背山，左朝右市'，是也"，兩句即爲《類聚》略去，嚴氏未補。又子昇《寒陵山寺碑》亦輯自《類聚》，《類聚》原冠以"序曰"二字，則銘詞已略去，序復似經删節。《朝野僉載》卷六記庾信論北方文章曰："惟有韓陵山一片石，堪共語！"正指此碑；據見存面目，已失本來，庾之特賞，祇成過譽耳。

　　荀濟《論佛教表》。按錢謙益《牧齋有學集》卷四三《〈釋迦方志〉辨》、《續辨》痛詆荀濟，並斥吳萊爲"荀濟之醜類"，即因此《表》而發。濟爲梁武帝故人，上此《表》後，懼獲死罪，遂亡入魏。於佛於僧，發聲徵色，削株掘根，《全梁文》卷五九郭祖深《輿櫬上封事》論僧尼"蠹俗傷法"，才得兩節，且不關佛，視濟放言，抑爲懦矣。濟陳義匪高，專斥貪、淫，僭擬諸過惡，至舉"傾奪朝權"十事，蓋不恤危詞煽說，以求悚神聳聽。有曰："融、縝立論，無能破之"，指託名張融之《三破論》與范縝《神滅論》也。故改計以攻，切事而不窮理。竊意僧侶所深惡大懼者，正是此類，因跡誅心，即著推隱，筆如刀而墨爲酖；若范縝以至韓、歐、程、朱闢佛，辨章學術，探析玄微，彼法中人與之周旋，綽乎可賈餘勇也。濟《表》首曰："三墳五典，帝皇之稱首，四維六紀，終古之規模。及漢武祀金人，莽新以建國；桓靈祀浮圖，閹豎以控權。三國由茲鼎峙，五胡仍其薦食，衣冠奔於江東，戎教興於中壤"；尾曰："宋齊兩代重佛敬僧、國移廟改者，但是佛妖僧偽，姦詐爲心，墮胎殺子，昏淫亂道，故使宋齊磨滅。今宋齊寺像見在，陛下承事，則宋齊之變，不言而顯矣。"不特舉漢以來世亂國亡悉歸咎於事佛，並預警梁武事佛，亦必"磨滅"；唐傅奕輩之論，實自濟發（參觀論《全梁文》武帝《淨業賦》），奕輩事後追維，濟則犯顏強諫，不啻照在幾先。

【增訂三】《湧幢小品》卷一八："攻佛者惟昌黎一篇，淺淺說去，差關其口。故佛了輩恨之，至今嘵嘵，若不共天。其餘極口恣筆，自謂工矣；味之，翻是贊歎誇張，却不爲恨。"《閱微草堂筆記》卷一八記僧明玉語即申明此意："闢佛之說，宋儒深而昌黎淺，宋儒精而昌黎粗。然而披緇之徒畏昌黎而不畏宋儒，銜昌黎而不銜宋儒也。……使昌黎之說勝，則香積無烟，祇園無地。……使宋儒之說勝，……不過各尊所聞，各行所知。"韓《原道》篇末："人其人，火其書，廬其居"，自屬快語辣語，然全文仍以辨道講理爲多，視荀濟之《表》，尚迂遠而不切於事情也。

【增訂四】英國十八世紀有人論英國新教徒仇視天主教，謂流俗深信羅馬教皇爲"基督之怨家"、"巴比倫之娼婦"；此等醜詆，衛道有功，勝於神學家理正詞嚴之辯駁多矣（The good Protestant conviction, that the Pope is both Anti-Christ and the whore of Babylon, is a more effectual preservation in this country against Popery than all the solid and unanswerable arguments of Chillingworth.—Lord Chesterfield，*Letters*，ed. B. Dobrée，Vol. IV，p. 1307）。可與"緇徒畏昌黎而不畏宋儒"參觀。

濟亦儒家者流，觀"四維六紀"云云及《表》末責梁武"虧名教"，又斥"釋氏君不君，乃至子不子"，紊亂"三綱六紀"，可徵也。"朝夕敬妖怪之胡鬼，曲躬供貪淫之賊禿"，又"胡鬼堪能致福，可廢儒道，釋禿足能除禍，屏絶干戈"；人多知李瑒稱釋教爲"鬼教"、佛爲"鬼"（《全後魏文》卷三三李瑒《上言》、《自理》），以載在《魏書》也，濟《表》全文僅存於《廣弘明集》，"胡鬼"之稱，遂尠知聞，韓愈《女挐壙銘》："佛夷鬼"，即"胡鬼"也。"賊禿"見文中，莫早乎此《表》，貫華堂本《水滸》四四回遠落其後。"釋氏源流，本中國所斥，投之荒裔，……而陛下以中華之盛胄，方尊姚石羌胡之軌躅"，又屢曰"胡鬼"、"姦胡"；在南北敵對之朝，承五胡亂華之後，申《春秋》内夏外狄之義，頗得相機諷諫之法。《高僧傳》二集卷二《彦琮傳》載《辯正論》亟辯："胡本雜戎之胤，梵唯真聖之苗，實是梵人，漫云胡族，莫分真僞，良可哀哉！"；蓋急欲正積世之訛，亦可息用夷之謗焉。"佛者戾也"，參觀論《全梁文》劉勰《滅惑論》；"行淫殺子，僧尼悉然"，參觀論《全宋文》周朗《上書獻讜言》。僧尼之"行淫殺子"，歷世同譏，然無以此爲邦國"磨滅"之厲階者，有之，惟濟歟。其言張大，未必緣其識卑小。梁武《淨業賦》誇己爲天子後，"既不食衆生，無復殺害障，既不御内，無復欲罪障"，一若人君之"殃國禍家，亡身絶祀"，都緣不"除此二障"，未修"淨業"者。夫僧尼而"行淫殺子"，則

"欲"而繼以"殺"，二障重疊，兩罪合并，是侮棄聖謨，無君犯上，事同大逆也。濟斤斤於不淨之業，或非委瑣，而正與梁武所沾沾自喜者，針對箭拄，餂之使怒僧尼耳。激之果怒矣，而不圖己即逢彼之怒，逆鱗邃攖，戴頭遠竄，此荀卿、韓非師弟子所以致慨於説難歟。唐人如《全唐文》卷二六九張廷珪《諫白司馬坂營大像表》、卷二七〇吕元泰《諫廣修佛寺疏》、卷二七二辛替否《陳時政疏》等，皆類李德裕《梁武論》之"以釋典"明佞佛之非，即以其教對治其弊；譎諫善諷，非郭祖深、荀濟所及，然而成效亦未必大過，此更可以致慨於説難者焉。

荀濟《見執下辯》："自傷年幾摧頹，恐功名不立，舍兒女之情，起風雲之事，故挾天子、誅權臣。"按《全梁文》卷五五鍾嶸《詩品》中評張華詩云："其體華艷，興託不奇。……亮疏之士猶恨其兒女情多，風雲氣少"；"風雲""兒女"對照，詞旨與荀語契合，想見六朝習用也。

二四九　全後魏文卷五四

姜質《亭山賦》："司農張綸造景陽山"云云。按輯自《洛陽伽藍記》卷二《正始寺》節，"綸"當作"倫"，即《全後魏文》卷二一之張倫。質賦甚拙，惟"庭起半丘半壑，聽以目達心想"，"五尋百拔，十步千過"，數語差爲迥出。其餘多粗笨可笑，如"能造者其必詩，敢往者無不賦"，"嗣宗聞之動魄，叔夜聽此驚魂，恨不能鑽地一出，醉此山門"。至若"泉水紆徐如浪峭，山石高下復危多"，下句衹綴字未安，上句以"浪峭"形容泉水之"紆徐"，命意欠通矣。《伽藍記》録質《賦》前，亦有摹寫景陽山風物一節："其中重巖複嶺，欹崟相屬，深谿洞壑，邐迤連接。高林巨樹，足使日月蔽虧；懸葛垂蘿，能使風烟出入。崎嶇山路，似壅而通；峥嶸㠢道，盤紆復直。是以山情野興之士，遊以忘歸。天水人姜質遂造《亭山賦》"云云。斐然好詞，乃爲惡札喤引，雖秦女之縢、楚珠之櫝，未足以喻。苟從阮元引申《文選》之說，則同寫一景，而《伽藍記》是"筆"，尚不如《亭山賦》之得與於斯"文"也！嚴氏按語引《北史·成淹傳》："淹子霄好爲文詠，坦率多鄙俗，與河東姜質等朋游相好，詩賦間起，知音之士所共嗤笑。"夫俳諧之文，每以"鄙俗"逞能，噱笑策勳；《魏書·胡叟傳》稱叟"好屬文，既善爲典雅之辭，又工爲鄙俗之句"，蓋"鄙俗"亦判"工"拙優劣也[①]。"鄙俗"而"工"，亦可嘉尚。姜質輩既不善於"典雅"復未工於"鄙俗"，斯《賦》即堪例證。惜胡叟舍寄程伯達一詩外，文無隻字流傳，殊累人聞聲相思耳。

[①] Cf. Thackeray, *Letters and Private Papers*, ed. Gorden N. Ray, II, 668: "You don't know yet to make good bad verses—to make bad ones is dull work".

二五〇　全後魏文卷五八

　　闕名《中岳嵩陽寺碑》："顯皮紙骨筆之重,半偈乍身之貴。"按此文據拓本過録,"乍"必誤,豈"三"字之六朝別體耶？"三身"諸說具見法雲《翻譯名義集》第三篇《通別三身》。

　　【增訂五】《中岳嵩陽寺碑》"半偈乍身之貴","乍"字無義理。余原疑爲"三"字之訛。按《大般涅槃經·聖行品第三》,釋提桓變羅刹,欲食苦行者,苦行者言："汝但具足説是半偈,當以此身,奉施供養。"佛曰："如我往昔爲半偈故捨奉此身。"此句蓋用其典,"半偈奉身",漫漶成"乍"耳。

"皮紙骨筆"常入詩文,差如"海墨樹筆",參觀論《全陳文》徐陵《傅大士碑》。《賢愚經》卷一："剥皮作紙,析骨爲筆,血用和墨"；《大般涅槃經·聖行品》第七之三："迦葉菩薩白佛言：'……我於今者實能堪忍,剥皮爲紙,刺血爲墨,以髓爲水,析骨爲筆,寫如是《大涅槃經》'"；《集一切福德三昧經》："有一仙人,名曰最勝。……時有天魔,來語仙言：'我今有佛所説一偈,汝今若能剥皮爲紙,刺血爲墨,析骨爲筆,書寫此偈,當爲汝説'"；《大智度論·毘梨耶波羅蜜義》第二七："以汝皮爲紙,以身骨爲筆,以血書之",又《欲住六神通釋論》第四三："出骨爲筆，以血爲墨，以皮爲紙，書受經法"；經論屢言之。《洛陽伽藍記》卷五《凝圓寺》引惠生《行記》、宋雲《家記》載烏場國"王城南一百餘里，有如來昔作摩休國，剝皮爲紙、析骨爲筆處"。《全梁文》卷五三陸雲公《御講〈般若經〉序》："昔剝體供養，析骨書寫，歸依正法，匪吝身命"；《全後周文》卷一二庾信《陝州弘農郡五張寺經藏碑》："皮紙骨筆，木葉山花，象負之所未勝，龍藏之所不盡"；《全唐文》卷六七八白居易《蘇州重玄寺法華院石壁經碑文》："假使人剌血爲墨，剝膚爲紙，即壞即滅，如筆畫水"，

【增訂四】《全唐文》卷七七九李商隱《梓州道興觀碑銘》："柔皮具紙，折骨疏毫"，《樊南文集補編》卷九錢振常註則引《智度論》。李氏此文爲道士作，而闌入釋語，較之庾信、白居易所作，稍不謹矣。

又卷七八三穆員《東都龍興寺鎮國般舟道場均上人功德記》："經以皮爲紙，以血爲墨"；錢謙益《牧齋有學集》卷六《含光法師過紅豆莊》："身座肉燈思往劫，紙皮墨骨誓新參。"倪璠註庾文，錢曾註錢詩，均衹引《伽藍記》，賣花擔上看桃李也。韓愈《歸彭城》詩："剝肝以爲紙，瀝血以書辭"，顧嗣立《集註》、沈欽韓《補註》皆無註，方世舉註引王嘉《拾遺記》載浮提國獻善書二人"剝心瀝血以代墨"。其事見《拾遺記》卷三，二人乃"佐老子作《道德經》"者；蓋方士依傍釋典"以血爲墨"之事，又割截"閻浮提"之名，後世道書復掩襲之而託言出於《聖紀》（《雲笈七籤》卷七）。竊意韓詩實本釋書，以闢佛故，易"皮"爲"肝"，隱滅痕迹。古醫書稱"肝葉"，《難經》卷四第四一《難》："肝獨有兩葉，應木葉也"，遂可"剝以爲紙"；"木葉"代

紙供書寫，若鄭虔之用柿葉，早成佳話，懷素之用蕉葉，則韓不及知，鮑溶《寄王璠侍御求蜀箋》："野客思將池上學，石楠紅葉不堪書"，又此事之翻案。朱翌《猗覺寮雜記》卷上疑韓愈《贈張秘書》詩用《楞嚴經》，程大昌《演繁露》卷七疑《上廣帥》詩"出佛典"，沈欽韓《韓集補註》疑《雙鳥》詩用《觀佛三昧經》，聊復增疑似一欸云。《中興以來絕妙詞選》卷九黃師參《沁園春》："滴露研朱，披肝作紙，細寫靈均孤憤"，又承韓句。

【增訂三】韓愈《早春呈水部張十八》第一首發端"天街小雨潤如酥"，名句傳誦，而此喻亦見於佛書。如姚秦羅什譯《彌勒下生經》："降微細雨，用淹塵土，其地潤澤，譬如油塗"；鳩摩羅什譯《彌勒成佛經》則作："大龍王……以吉祥瓶，盛香色水，洒淹塵土，其地潤澤，譬若油塗。"苟五百家之流覯之，亦將謂韓隱用釋典耶？又按王惲《玉堂嘉話》卷二自記秘閣閱書畫二百餘幅，見"羲之與謝安評書帖，……有云：'自於山谷中學鍾氏張芝等書二十餘年，竹葉、樹皮、山石、板木不可知數。'"倘此蹟果真，則王羲之學書已用竹葉也。

【增訂四】樹葉足供書寫，唐詩中屢見。如杜甫《重過何氏》之三："石欄斜點筆，桐葉坐題詩"；韋應物《題桐葉》："憶在灃東寺，偏書此葉多"；賈島《寄胡遇》："落葉書勝紙，閒砧坐當牀"；竇鞏（一作于鵠）《尋道者所隱不遇》："欲題名字知相訪，又恐芭蕉不耐秋"；暢當《蒲中道中》："古剎棲柿林，綠陰覆蒼瓦。歲晏來品題，拾葉總堪寫。"若李商隱《牡丹》之"欲書花葉寄朝雲"，則非指"扶持牡丹"之"綠葉"，而指花瓣，《文苑英華》作"花片"可參。陸羽《懷素傳》："貧無紙，乃種芭蕉萬餘株以供揮灑"，可與竇鞏詩參印。暢當詩則又契合鄭虞故事矣。

"瀝血以書"亦西方詩中詞頭①,十七世紀一法國詩人有《血書怨歌》(La Plainte écrite de Sang),怨所歡心堅性傲(Inhumaine beauté dont l'humeur insolente),作此篇以轉其意,有曰:"觀字色殷紅欲燃,見吾情如炎炎大火;觸字覺蒸騰發熱,傳吾心之烈烈猛燄"(Ces vers sont de a flamme une preuve évidente,/Et tous ces traits de pourpre en font voir la grandeur;/Cruelle, toucheles pour en sentir l'ardeur;/Cette écriture fume, elle est encore ardente)②。莎士比亞劇中一人被毆言:"苟精皮膚爲紙而老拳爲墨跡,汝自覘在吾身上之題字,便知吾心中作麼想矣"(If the skin were parchment, and the blows you gave were ink,/Your own handwriting would tell you what I think)③;十七世紀德國詩人詠殺敵致果云:"德國人以敵之皮爲紙,使刃如筆,蘸血作書其上"(Der Deutschen ihr Papier/war ihrs Feindes Leder;/der Degen war die Feder:/mit Blut schrieb man hier)④;不直指而傍通,以修文喻動武,都於舊解出新意者。

---

① E. R. Curtius, *Europäische Literatur und lateinisches Mittelalter*, 2. Aufl., 349-52(Blutschrift: Corneille, Guillén de Castro, Gottfried Keller).
② François Tristan l'Hermite, *Poésies*, choisies par P. A. Wadsworth, 41.
③ *The Comedy of Errors*, III. i. 13-4(Dromio of Ephesus).
④ Fr. von Logau, *Sinngedichte*.

二五一　全後魏文卷五九

　　釋僧懿《魔主報檄文》："大夢國長夜郡未覺縣寱語里。"按《朝野僉載》卷四載隋辛宣爲吏部侍郎，選人作牓嘲之曰："枉州抑縣屈滯鄉不申里銜恨先生"云云，可以連類。《莊子·應帝王》："汝又何帠以治天下感予之心爲"，《釋文》："'帠'一本作'寱'"，郭慶藩《集釋》引《一切經音義》："《四分律》卷三十二引《通俗文》曰'夢語'，又引《三蒼》曰'詤言謂之寱'"（孫詒讓《札迻》卷五謂"帠"即"叚"字，非"寱"字）。"寱"即"囈"字，《說文》："瞑言也"；釋氏書常以"囈"字作"寱"，猶其常以"歸"字作"皈"。如《大般涅槃經·如來性品》第四之五："譬如二人共爲親友，一是王子，一是貧賤。……是時貧人見是王子有一好刀，淨妙第一，心中貪着，……即於眠中寱語：'刀！刀！'"；《五燈會元》卷一〇清涼文益章次："雲門問僧：'甚處來？'曰：'江西來。'門曰：'江西一隊老宿寱語住也未？'僧無對"，又龍華慧居章次："祇如釋迦如來說一代時教，如瓶瀉水，古德尚云：'猶如夢事寱語一般'"；

　　【增訂四】《五燈會元》卷七玄沙師備章次："如同夢事，亦如寐［寱］語。"《劍南詩稿》卷六〇《山中飲酒》："有酒君但飲，有山君但遊。雖云亦夢事，要是勝一籌。"
《宗鏡錄》卷五引黃蘗答學人："若是無物，便何處得照，汝莫開眼寱語。"見於俗人詞章者，如《全唐文》卷三八二元結《寱論》："古有邰侯，得寱婢，寐則寱言。……有夷奴，每厭勞辱，寐則假寱"；

【增訂三】南唐史虛白之子《釣磯立談·自序》："顧耳目之所及，非網罟之至議，則波濤之寱語也。"《後村大全集》卷一七四《詩話》摘朱敦儒七律，有一聯云："幾許少年春欲夏，一番夢事緣催紅"（《宋詩紀事》卷四四採《後村詩話》遺此）。

楊萬里《誠齋集》卷一〇六《答周丞相》："春前偶醉餘寱語《憶秦娥》小詞"云云（卷九七《詞》未收；《全宋詞》當據此尺牘補，不必轉輯自《詩人玉屑》）；錢謙益《牧齋有學集》卷一七《靈巖呈夫山和尚》之一："厭寱語言殘夢後，欠呵情緒薄寒中"；而龔自珍《定盦文集·古今體詩》卷下《己亥雜詩》中"荳蔻芳溫啓瓠犀"一首自註："以下數首名《寱詞》"，尤爲人所熟曉。元結吾不知，竊疑萬里、謙益、自珍均沾染釋氏習氣。"夢事"亦見拾得《詩》："常飲三毒酒，昏昏都不知，將錢作夢事，夢事成鐵圍"；世間法文字如王安石《夢》："胡蝶豈能知夢事，蘧蘧飛墮晚花前"，又《次吳氏女子韻》："能了諸緣如夢事，世間唯有妙蓮華"；范成大《石湖詩集》卷二一《晚步北園》："天鏡風煙疑夢事，鬢霜時節尚官身。"不曰"夢幻"、"夢境"而曰"夢事"，亦本釋氏語，李壁《王荆文公詩箋註》卷四一、四五未詳。釋氏言"夢事"，猶其言"影事"也（如《楞嚴經》卷一："內守幽閒，猶爲法塵分別影事"，"斯則前塵分別影事"）。

二五二　全北齊文卷二

　　楊愔《文德論》："古今辭人，皆負才遺行，澆薄險忌，惟邢子才、王元景、温子昇彬彬有德素。"按此見《魏書·温子昇傳》。《傳》又稱子昇："外恬静與物無競，言有準的，不妄毁譽，而内深險，事故之際，好預其間"；則愔於子昇，未爲具眼。《北齊書·楊愔傳》："然取士多以言貌，時致謗言，以爲愔之用人，似貧士市瓜，取其大者"，此亦聽言取貌之一例歟。章炳麟《國故論衡·文學總略》篇謂"文德"之説發於王充，楊愔"依用"之而章學誠"竊"焉；即指此《論》。紫朱相亂，淄澠未辨，一言以爲不知矣。"文德"見於《經》如《易·小畜》、《書·大禹謨》、《詩·江漢》、《論語·季氏》等者，皆謂政治教化，以别於軍旅征伐；《左傳》襄公八年："小國無文德而有武功"，並立相形，猶《穀梁傳》定公十年之言"有文事必有武備"，厥義昭然。自漢以還，沿用最廣，如《後漢書·張綱傳》："廣陵賊張嬰，朝廷不能討，綱單車赴慰之曰：'今主上仁聖，欲以文德服叛'"，又《馬融傳》："俗儒世士以爲文德可興，武功宜廢"，又《袁紹傳》："不習干戈，……咸以文德盡忠"；張衡《東京賦》："文德既昭，武節是宣"；蔡邕《薦皇甫規表》："論其武勞，則漢室之干城，課其文德，則皇家之心腹"；楊泉《物理論》："高祖定天下，置丞相以統文德，立大司馬以統武事，爲二府焉"；或以"武"、或以"干戈"、或以"討"，與"文德"對稱，均左氏之遺意。《全後魏文》卷四八袁飜《安置蠕蠕表》："或修文德以來之，或興干戈以伐之"，又卷五四慕容紹宗《檄梁文》："恢之以武功，振之以文德"；《全北齊文》卷四魏收《爲侯景叛移梁朝文》："所務者息民，所存者文德，豈復以擒將威敵，漂杵溺騺，爲功于一時，示武於千載？"；又與楊愔時代相接之例也。然《左傳》僖公二十七年："一戰而霸，文之教也"，《正義》："謂是文德之教，以義、信、禮教民"，又二十八年："晉於是役也，能以德攻"，杜預註："以文德教民而後用之"；襄公二十七年："兵之設久矣，所以威不軌而昭文德也"；皆謂"武功"之於"文德"，如跡之於本、果之於因，事兩殊而道一貫，《左傳》哀公元年伍子胥言越"十年教訓"，吳其爲"沼"，《荀子·議兵》篇論"武卒"、"銳士"不能敵"齊"以"禮義教化"之兵，此物此志。理致深永，而"文德"之意義未改。

【增訂三】先秦兵家者流持論最近《左傳》所謂"文教"而能"戰霸"者，當爲《尉繚子》。其《戰威》篇云："古者率民必先禮信而後爵禄，先廉恥而後刑罰，先親愛而後律其身"；《兵令上》篇云："兵者，以武爲植，以文爲種，武爲表，文爲裏。"此等言説與《荀子·議兵》相出入矣。

王充《論衡》屢道"文德"，用意異乎《易》、《詩》、《左傳》等，又不同於楊愔《文德論》。充之旨略如《論語·顏淵》："文猶質也，質猶文也，虎豹之鞹，猶犬羊之鞹"，愔之旨則如《論語·憲問》："有德者必有言，有言者不必有德。"《論衡·佚文》篇：

"《易》曰：'大人虎變，其文炳，君子豹變，其文蔚'，又曰：'觀乎天文，觀乎人文'；此言天文以文爲觀，大人君子以文爲操也。……《五經》、《六藝》爲文，諸子傳書爲文，造論著説爲文，上書奏記爲文，文德之操爲文——立五文在世，皆當賢也。造論著説之文，尤宜勞焉"；此處"文德"之"文"非著書作文之"文"，乃品德之流露爲操守言動者，無"德"不能見諸"文"，有"文"適足顯其"德"。《書解》篇："夫人有文質乃成。……出口爲言，集札爲文。……夫文德，世服也。空書爲文，實行爲德，著之於衣爲服，故曰：德彌盛者文彌縟，德彌彰者人彌明，大人德擴其文炳，小人德熾其文斑，官尊而文繁，德高而文積。……非唯於人，物亦宜然：龍鱗有文，……鳳羽五色，……虎猛毛紛綸，龜知背負文，四者體不質，於物爲聖賢。……人無文德，不爲聖賢。……棘子成欲彌文，子貢譏之"；此處"文德"之"文"始兼指著書作文，子貢譏棘子成語即"文猶質也"云云，《三國志·蜀書·秦宓傳》："君子懿文德，采藻其何傷"，亦正"德盛文縟"。《自紀》篇："行與孔子比窮，文與揚雄爲雙，吾榮之。……名不流於一嗣，文不遺於一札，官雖傾倉，文德不豐，非吾所臧。德汪濊而淵懿，知滂沛而盈溢，筆瀧漉而雨集，言溶㴔而泉出，……乃吾所謂異也"；此處"文德"之"文"則專指著書作文，即上文"或戲"所謂："幽思屬文，著記美言。"然不論"文"之爲操行抑爲著作，無不與"德"契合貫穿；"大人"、"小人"，具有何德，必露於文，發爲何文，即徵其德，"文"、"德"雖區別而相表裏者也。楊愔《文德論》殘闕不全，觀見存數句，用意如魏文帝《與吳質書》："古今文人多不護細行"（參觀論《全梁文》簡文帝《誡當陽公大心書》），其曰"負才遺行"，猶云"有文而無德"，是"文"與"德"不必相表裏而合一，却常相背離而判二矣。楊之於王，翩其反而。《全梁文》卷一二簡文帝《昭明太子集序》詞筆瀾翻，羅列其孝親、愛士、好學等"十四德"，掉尾餘波，方及其文曰："至於登高體物，展詩言志"云云；謀篇寓意，若曰："有此德必有其文，備陳其德則於文無待覼縷"，庶幾有當王充"文德"之義歟。章學誠之"文德"，厥旨又別。《文史通義》內篇二《文德》："古人……未嘗就文詞之中，言其有'才'、有'學'、有'識'，又有文之'德'也。凡爲古文詞者，必敬以恕。……敬非修德之謂，……恕非寬容之謂……。知臨文之不可無敬、恕，則知文德矣"；內篇五《史德》："德者何？謂著書者之心術也。"楊愼之"德"祇是學誠之"修德"，具愼所謂"文德"之人未必有學誠所謂"文德"。愼主文士平日之修身，學誠主文士操觚時之居心；生平修身端重，無竊婦貪財等輕薄"遺行"者，下筆時偏激而失公平、詭隨而乖良直，固比比皆是爾。學誠宗尚宋明性理，習聞提撕省察、存誠居敬，故於《易》"修詞立誠"之教，能切己入裏如此。閻若璩《潛邱劄記》卷五《與戴唐器》之一一："昔人云：'諛墓文字須黑夜作'，以喪心也"；全祖望《鮚埼亭集》外編卷四四《文說》："水心應酬文字，半屬可刪。吾故曰：'儒者之爲文也，其養之當如嬰兒，其衛之當如處女。'"暗室不欺、守貞不字之文，則學誠所謂有"德"也。王充籠統，楊愼粗疏，豈可與此並日而語哉。章炳麟徒欲榮古虐近，未識貌同心異，遽斥曰"竊"，如痴兒了斷公事，誣良爲盜矣。是以《易》、《詩》、《左傳》之"文德"兩字同義，疊成一詞，指稱一事，猶言"文或德"，可簡爲"文"以配"武"或"德"以配"力"。王充、楊愼之"文德"

分指二事，猶言"文與德"或"文、德"，特王之"文"與"德"兩者長相依不倍，而楊之"文"與"德"兩者輒各行其是。章學誠之"文德"又僅指一事，猶言"文之德"，如今語之"文學良心"、"藝術貞操"。《文心雕龍·原道》："文之爲德也大矣"，亦言"文之德"，而"德"如馬融賦"琴德"、劉伶頌"酒德"、《韓詩外傳》舉"雞有五德"之"德"，指成章後之性能功用，非指作文時之正心誠意。唐人言"文德"，或復專指能文章，無與於蓄道德，如《全唐文》卷三一五李華《登頭陀寺東樓詩序》："舅氏謂華老於文德，忘其瑣劣，使爲敍事"；卷三三二郭子儀《上尊號表》："學貫九流，觀書過於乙夜；文高五始，逸興麗於《秋風》，此陛下明昭之文德也"；卷三八八獨孤及《檢校尚書吏部員外郎趙郡李公中集序》："公與蘭陵蕭茂挺、長樂賈幼幾勃焉復起，振中古之風，以宏文德。"諸"文德"胥指文詞，李華言"老於文德"，與卷三八〇元結《大唐中興頌》："刻之金石，非老於文學，其誰能爲？"，正是一意，斯又詮"文德"者所未辨矣。章學誠雖標"文德"，以術業專攻，遂偏重"史德"。胡應麟《少室山房筆叢》卷一三："才、學、識三長，足盡史乎？未也！有公心焉、直筆焉"；學誠之"德"蓋以一字括"公心、直筆"。然"文德"寧獨作史有之哉？求道爲學，都須有"德"。《荀子·正名》："以仁心說，以學心聽，以公心辯；不動乎衆人之非譽，不冶觀者之耳目，不賂貴者之權勢，不利傳僻者之辭"；即哲人著書立說之德操也。竟陵王子良、梁武帝篤信輪迴，而范縝無鬼，不改神滅之論；昭明太子、簡文帝特賞陶潛，而劉勰、鍾嶸談藝，未嘗異目相視；皆"不賂貴人之權勢"可謂"文德"。一切義理、考據，發爲"文"章，莫不判有"德"、無"德"。寡聞匱陋而架空爲高，成見恐破而詭辯護前，阿世譁衆而曲學違心，均"文"之不"德"、敗"德"；巧偷豪奪、粗作大賣、弄虛造僞之類，更鄶下無譏爾。黑格爾教生徒屢曰："治學必先有真理之勇氣(der Mut der Wahrheit)"①；每歎兹言，堪箋"文德"。窮理盡事，引繩披根，逢怒不恤，改過勿憚，庶可語於真理之勇、文章之德已。苟達心而懦，則不違心而罔者幾希。十七世紀英國一哲人嘗謂："深思劬學，亦必心神端潔。吾欲視道德爲最謹嚴之名辯"（The studious head must also bring with it a pure heart and a well-rectified spirit. I could almost say that Ethics is the best Logic)②；正如才、學、識，尚須有"德"也。

---

① *Geschichte der Philosophie*, "Heidelberger Einleitung", Felix Meiner, I, 5-6; "Anrede an seine Zuhörer bei Eröffnung seiner Vorlesungen in Berlin", *Ausgewählte Texte*, hrsg. R. O. Gropp, I, 48.

② John Norris, quoted in J. H. Muirhead, *Platonic Tradition in Anglo-Saxon Philosophy*, 87. Cf. C. S. Peirce, *Collected Papers*, ed. C. Hartshorne and P. Weiss, VI, 5: "There is an ethics indissolubly bound with it [logic], —an ethics of fairness and impartiality—and a writer who teaches, by example, to find arguments for a conclusion he wishes to believe, saps the very foundations of science by trifling with its morals".

二五三　全北齊文卷三

邢邵《蕭仁祖集序》："昔潘、陸齊軌，不襲建安之風，顏、謝同聲，遂革太原之氣。自漢逮晉，情賞猶自不諧；江北、江南，意製本應相詭。"按謂北勝、南强，文風有別，已開《隋書·文學傳·序》："江左宫商發越，貴於清綺，河朔詞義貞剛，重乎氣質；氣質則理勝其詞，清綺則文過其意。理深者便於時用，文華者宜於詠歌，此其南北詞人得失之大較也"（《北史·文苑傳·序》全本此）。《隋書》成於率土一統之世，無南無北，遂作大公一視之論，不偏不頗；顧稱北以"理勝"，即謂北之文遜，言外微旨，無可諱飾。《全唐文》卷一九一楊炯《王勃集序》："妙異之徒，别爲縱誕，專求怪説，爭發大言；乾坤日月張其文，山河鬼神走其思，長句以增其滯，客氣以廣其靈。已逾江南之風，漸成河朔之制，謬相稱述，罕識其源"；初唐四傑爲六朝法嗣，尚"江南"而薄"河朔"，先唐之遺習也。邢邵此序不全，僅言南北"意製相詭"，未有臧否，而私心嚮往，實在江南。《北齊書·魏收傳》記南朝任昉、沈約"俱有重名"，魏收、邢邵"各有所好"，收譏邵曰："伊常於沈約集中作賊，何意道我偷任昉！"；《隋唐嘉話》下：魏收"録其文以遺徐陵，令傳之江左，陵還,濟江而沉之曰:'吾爲魏公藏拙!'"亦徵南風之競而北風斯下矣。《魏書·溫子昇傳》記梁武帝見子昇文筆,稱曰:"曹植、陸機復生於北土",又記濟陰王暉業嘗曰:"江左文人,宋有顏延之、謝靈運,梁有沈約、任昉,我子昇足以陵顏轢謝、含任吐沈";《太平廣記》卷一九八《庾信》(出《朝野僉載》)記信至北方,"溫子昇作《韓陵山寺碑》,信讀而寫其本,南人問信曰:'北方文士何如?'信曰:'唯有韓陵山一片石,堪共語;薛道衡、盧思道少解把筆;自餘驢鳴犬吠,聒耳而已!'"是南北共推子昇爲河朔文伯,《全後魏文》卷五一存文無幾,惟碑銘數首,雖非全篇,尚可覘"意製""清綺",無殊江左。北文之蓄意"相詭"者,如《全後魏文》卷五五蘇綽《大誥》,承周太祖革除文弊之旨,抗志希古,以矯趨尚而樹楷模,然未得邯鄲之能步,每作壽陵之故行,所謂五穀不熟,勿如稊稗者。《全後周文》卷四滕王逌《庾信集序》記信入北"至今,……齒雖耆舊,文更新奇,才子詞人,莫不師教";則周祖去雕返樸之舉,祇一曝之當十寒。蓋南北朝文同風合流,北士自覺與南人相形見絀,不恥降心取下,循轍追踪;初非夷然勿屑,分途別出,有若後來元好問之言"北人不拾江西唾"(《遺山詩集》卷一三《自題〈中州集〉後》)或傅山之言"不喜江南文章"(《鮚埼亭集》卷二六《陽曲傅先生事略》、參觀《霜紅龕全集》卷一四《序西北之文》、卷一五《五代史》、卷二九《雜記》論曾鞏文)。邢卲曰"相詭",實即北學南而未至,五十步之於百步,其走也同;《隋書》曰"質勝",以短爲長,猶因背傴而稱謙態鞠躬、頰腫而讚貴相頤豐也。或者不察"質勝"之言,舉《水經注》、《洛陽伽藍記》、《顏氏家訓》爲北文別開蹊逕之例。渾不知文各有體,擬必於倫。此等著作是

"筆"，以敍事爲宗，不得不減損雕繪，非北人與南立異；南方"筆"語亦較去華近樸，如梁元帝《金樓子》、鍾嶸《詩品》。且顏之推正同庾信，雖老死北方，而殖學成章，夙在江南梁代，苟顏書可明北文"質勝"，則《周書·庾信傳·論》所詞之"詞賦罪人"亦堪作北文"文勝"之證矣。豈得高下在心而上下其手乎？《水經註》寫景無以過吳均，別見論《全梁文》吳均《與施從事書》，其餘常苦筆舌蹇澀。《伽藍記》雍容自在，舉體朗潤，非若《水經注》之可惋在碎也。魏收《魏書》敍事佳處，不減沈約《宋書》；北方"筆"語，當爲大宗，而爲"穢史"惡名所掩，賞音如馮夢禎者（參觀《快雪堂集》卷一《序重雕〈魏書〉》），正復難遇耳。

邢卲《景明寺碑》。按非全文。《洛陽伽藍記》卷三《景明寺》："七層浮圖一所，去地百仞，是以邢子才碑文云：'俯聞激電，傍屬奔星'，是也"；兩句《藝文類聚》略去，嚴氏亦未輯補，"聞"、"屬"疑是"闚"、"矚"二字之譌。"負沈石于苦海"與"苦器易彫"之兩"苦"字異詁，參觀論《全後漢文》阮瑀《文質論》。

二五四　全北齊文卷五

　　杜弼《檄梁文》。按前篇出《魏書·島夷蕭衍傳》；後篇即《全後魏文》卷五四慕容紹宗《檄梁文》，《藝文類聚》作魏收撰，嚴氏按："豈此檄魏收潤色之，曾編入魏集耶？疑誤也。"竊意後篇乃杜弼原文，前篇載在魏收所著《魏書》，當經其"潤色"，面目幾乎全非；《類聚》題魏收，主名雖誤，事出有因。兩篇相較，以前爲勝。前篇首斥梁武輕險昏暴，醜縷痛切；次斥侯景僉壬反側，梁武老悖，"蔑信義而納叛逋"；末言弔民伐罪，師動以義，有攻必克。謀篇有脊有倫，文曰"檄梁"，庶幾稱題得體。後篇則異乎此，以斥"侯景豎子"爲主；然後侈陳軍威，"援枹秉麾之將、投石拔距之士"一節，即前篇末節"扛鼎拔樹之衆，超乘投石之旅"一節；再斥侯景之"周章向背"；方及"彼梁主"之過惡，寥寥數語，於其否德失政，闊畧空洞；復以侈陳軍威終焉。章法碎亂，主客顛倒，斥侯景與耀兵威二意，皆分隔兩截，斷而復續，非盾鼻羽書之合作也。前篇寫梁"疲民"不堪"剝割"："死而可祈，甘同仙化"，語尤刻摯。後篇警拔惟："四七並列，百萬爲羣，風飄雲動，星羅海運；以此赴敵，何敵不摧？以此攻城，何城不陷？"，"四七"用漢光武雲臺二十八將之典，參觀《太平廣記》卷論卷二四七《石動筩》。《左傳》僖公四年齊桓公陳師謂楚使屈完曰："以此衆戰，誰能禦之，以此攻城，何城不克？"《後漢書·邳彤傳》廷對："以攻則何城不克？以戰則何軍不服？"；

> 【增訂三】《十六國春秋》卷三六《前秦錄》六苻堅會羣臣，議伐晉，秘書朱彤曰："陛下應天順時，恭行天罰，嘯咤則五嶽摧覆，呼吸則江海絕流"；又卷五九《南燕錄》二慕容鍾傳檄青州諸郡曰："奮劍與夕火爭光，揮戈與秋月競色。以此攻城，何城不克？以此衆戰，何敵不平？"

《全陳文》卷九徐陵《武皇帝作相時與北齊廣陵城主書》："庸蜀氐羌之兵，烏丸百虜之騎，以此衆戰，誰能禦之？"；《全後周文》卷二一闕名《爲行軍元帥鄖國公韋孝寬檄陳文》："鼓怒則江湖盪沸，叱咤則山嶽簸跳；以此攻城，何城不陷？以此衆戰，誰能抗禦？"；《全唐文》卷一三二祖君彥《爲李密檄洛州文》："呼吸則河渭絕流，叱咤則嵩華自拔；以此攻城，何城不克？以此擊陣，何陣不摧？"同本《左傳》，而杜《檄》後篇句法圓整，口吻調利，祖《檄》遂仿之。駱賓王《代李敬業傳檄天下文》："喑嗚則山岳崩頹，叱咤則風雲變色；以此制敵，何敵不摧？以此攻城，何城不克？"；

> 【增訂三】南宋無名氏《中興禦侮錄》卷上金海陵南下，宋出兵三路禦之，軍前敵告曰："騎師搗殽函之險，步軍衝伊洛之郊，前無堅鋒，勇有餘憤。以此制敵，何敵不摧？以此攻城，何城不克？"

歷世傳誦，不省其塡匡格也，至其"山岳"、"風雲"一聯雖依葫蘆舊樣，而更近《全隋文》卷五煬帝《下詔伐高麗》："莫非如豺如貔之勇,百戰百勝之雄,顧眄則山岳傾頹,叱咤則風雲勝鬱。"《墨子·兼愛》中、下及《孟子·梁惠王》皆以"挈(挾)泰山以超(越)江河(北海)"爲不可能之事,項羽垓下之歌却曰:"力拔山兮氣蓋世。"陵加而增益焉,一則如此等句;一則如《全晉文》卷六七趙至《與嵇茂齊書》:"披艱掃穢,蕩海夷岳,蹴崑崙使西倒,蹋太山令東覆"(《全唐文》卷一九四楊炯《原州百泉縣李君神道碑》:"蹴崑崙以西倒,蹋太山而東覆",卷三二五王維《送高判官從軍赴河西序》:"蹴崑崙使西倒,縛呼韓令北面"),均成科臼矣。

二五五　全北齊文卷八

　　朱元洪妻孟阿妃《造老君像記》："敬造老君像一區［軀］。……願亡者去離三塗，永超八難，上昇天堂，侍爲道君。芒［茫］芒三界，蠢蠢四生，同出苦門，俱昇上道。"按卷九闕名《姜纂造老君像銘》："敬造老君像一軀。……神光照爛，遍滿閻浮；香氣氤氳，充塞世界。……以此勝因，追資亡略［其子名］，直登淨境。……飛出六塵，……長超八難，彈指則遍侍十方，合掌則歷奉衆聖。……三塗楚毒，俱辭苦海；六道四生，咸蒙勝福。"虔事老子"求福"，始於漢桓帝，觀《全三國文》卷六魏文帝《禁吏民往老子亭禱祝敕》可知；蓋相沿已久。然此兩篇屬詞遣言，純出釋書，倘拓本上"道君"、"老君"之字漫漶，讀者必以所造爲佛像，而"清信士"、"清信弟子"乃奉佛之白衣矣。弘雅如庾信，撰《道士步虛詞》，選藻使事，謹嚴不濫，而第一首第一句"渾成空教立"、第四首第六句"教學重香園"，未免闌入釋氏套語；

【增訂四】六朝《真誥·運象篇》三九華安妃歌云："芥子忽萬頃，中有須彌山"；北宋《雲笈七籤》卷九七載此，改"須彌"爲"崑崙"，蓋惡道書之闌入釋氏典也。《運象篇》三紫微王夫人詩："虛刀揮至空，鄙拙五神愁"，亦似隱本僧肇臨刑説偈："四大元無主，五陰本來空。將頭臨白刃，猶如斬春風。"出於俗手之造像文字雜糅混同而言之，更無足怪。固由當時道士掇拾僧徒牙慧，如甄鸞《笑道論》所指斥者，故"清信弟子"耳熟而不察其張冠李戴；亦緣流俗人妄冀福祐，佞佛諂道，等類齊觀，不似真人大德蕫之辯宗滅惑、惡紫亂朱。《南史·宋宗室及諸王傳》下《竟陵王誕傳》記有人名夷孫曰："天公與道、佛先議欲燒除此間人，道、佛苦諫，強得至今"；可徵六朝野語塗説已視二氏若通家共事。李白《化城寺大鐘銘》、《崇明寺佛頂尊勝陀羅尼幢頌》兩篇均爲釋氏作，而一則曰："乃緇乃黃，鳧趨梵庭"，一則曰："宣道先生孫太沖命白作頌"；杜光庭道家巨子，而《全唐文》卷九三四有其《迎定光菩薩祈雨文》，至曰："急難告佛，實出微誠"；陸游《入蜀記》記至廬山太平宮焚香，"自八月七日至一日乃已，謂之'白蓮會'；蓮社本遠法師遺跡，舊傳遠公嘗以此一日借道流。"即此數例，亦徵後世《封神傳》、《西洋記》、《西遊記》等所寫僧、道不相師法而相交關，其事從來遠矣。《紅樓夢》中癩僧跛道合夥同行，第一回僧曰："到警幻仙子宮中交割"，稱"仙"居"宮"，是道教也，而僧甘受使令焉；第二五回僧道同敲木魚，誦："南無解冤解結菩薩！"，道士當誦"太乙救苦天尊"耳（參觀沈起鳳《紅心詞客傳奇·才人福》第一二折）；第二九回清虛觀主張道士呵呵笑道："無量壽佛！"，何不曰"南極老壽星"乎？豈作者之敗筆耶？抑實寫尋常二氏之徒和光無町畦而口滑不檢點也？

二五六　全北齊文卷九

　　闕名《爲閻姬與子宇文護書》。按《全三國文》卷八魏文帝《典論·太子》："余蒙隆寵，忝當上嗣，憂惶踧踖，上書自陳。欲繁辭博稱，則父子之閒不文也，欲略言直説，則喜懼之心不達也。里語曰：'汝無自譽，觀汝作家書'，言其難也。"魏文"自陳"之"書"，欲徵無存，然想見其爲"文"而非"筆"，近表章之體，蓋"父子之間"而兼君臣之分，"家書"亦必官樣也。唐前遺篇，"不文"、"直説"，堪當"家書"之目者，以《全晉文》卷一七廢太子遹《遺王妃書》爲最早，次即此篇，皆"筆"語之上乘。若《全宋文》卷四七鮑照《登大雷岸與妹書》，則"文"語堪入昭明之《選》；又若《全漢文》卷一高帝《手敕太子》諸篇、《全齊文》卷四武帝《答豫章王嶷》諸篇、以及晉人帖，雖屬"筆"語，而皆短札便簡，乃後世所謂"尺牘"，異於篇幅舒展、首尾具悉之"書"。此篇之體爲"書"，則"文"也，其詞"直説不文"，則"筆"也；亦猶《洛陽伽藍記》以體言，當屬於"筆"，而以詞言，則綺偶居多，粲然"文"也。雖非錯比藻翰之"文"，而自是感盪心靈之文；"筆"雖非"文"而可爲文，此篇堪示其例。歐陽修嘗言："晉無文章，惟《歸去來辭》"，竊欲言北齊無文章，惟《爲閻姬與子宇文護書》，可乎？卷四魏長賢《復親故書》追摹司馬遷、楊惲，在當時亦爲別調，較江淹《報袁叔明書》稍能質勝，而未跌宕抑揚，殊病平衍也。

闕名《朱曇思等造塔頌》："庶聖蛟龍，看之若生。"按"庶"當是"魔"之省體。《大般涅槃經·壽命品》第一之一："爾時欲界磨王波句"；卷末《音釋》："俗作'魔'，梁武帝所改也；古本作'磨'，謂其磨折人也"；《法苑珠林》卷六《諸天部之餘·通力》謂"譬如石磨之壞功德也"。梁武改字之意，觀《南史·梁本紀》中記其語："鬼而帶賊，非魔何也？"，頗可揣摩。通行刊本梁前釋氏書幾一律作"魔"，乃後來追改。此《頌》署"大齊河清四年"，想爾時梁武改字已流傳北方，爲道俗所采用矣。

闕名《劉碑造像銘》："篤信佛弟子劉碑……以此果緣，福鍾師僧七世，願使……見在寧康，子孫興茂，……宦極台相，位累九坐。"按奉佛者發心得果有若是哉！生老病死，人身即苦，成住壞空，世法不實；故捨身出世，佛之教也。劉碑乃佞佛而一反其教，欲賴法力以致家興丁旺、祿厚官高，夢想顛倒，從解脫之道以遂牽纏之欲，順緣即亦逆緣。然"篤信佛弟子"齊心同此願者，數必如恒河沙，劉碑申言而銘諸金石，文獻徵存，遂爲朔矣。胡寅《斐然集》卷一九《崇正辨序》："尊佛者有三蔽，一曰懼，二曰惑，三曰貪"；誅心的論，然實可以"貪"直貫傍通，並三爲一耳。《全北齊文》卷三邢卲《景明寺碑》："曠息相催，飛馳同盡，……而皆遷延愛欲，馳逐生死，……身世其猶夢想，榮名譬諸幻化，未能照彼因緣，體茲空假，祛洗累惑，擯落塵埃"；故宜奉佛也。《全陳文》卷一〇徐陵《諫仁山深法師罷道書》舉"現前十種大利",如"佛法不簡細流,入者則尊,歸依則貴","身無執作之勞,口餐香積之飯"云云;亦所以宜奉佛也。兹《銘》言"以兹果緣",庶幾"福鍾七世","位累九坐",又所以宜奉佛也。歸於佛者遂衆,佛之門庭乃大盛。蓋無生之法,或藉以行厚生之事,捨身出世之教,并能有潤身澤世之用;借曰不然,佛之門必可羅雀而其庭必鞠爲茂草焉。歐陽修《集古錄跋尾》卷六《唐萬回神迹記碑》:"世傳道士罵老子云:'佛以神怪禍福恐動世人,俾皆信嚮,故僧尼得享豐饒,而爾徒談清淨,遂使我曹寂寞!'此雖鄙語,有足采也";可相發明,然道士亦能"豐饒"而免於"寂寞"者,則以其託李老之五千言而從張氏之五斗米道也。此匪獨二氏也。《禮記·儒行》孔子答魯哀公曰:"不寶金玉,不祈土地,不祈多積,多文以爲富,篳門圭窬,蓬户甕牖,易衣而出,并日而食";《荀子·儒效》孫卿子答秦昭王曰:"雖窮困凍餒,必不以邪道爲貪,無置錐之地,而明於持社稷之大義,雖隱於窮閻漏屋,人莫不貴,貴道誠存也";故須學爲儒也。韓愈《符讀書城南》:"人之能爲人,由腹有《詩》、《書》,《詩》、《書》勤乃有,不勤腹空虛。……兩家各生子,提孩巧相如,……三十骨骼成,乃一龍一豬,飛黃騰踏去,不能顧蟾蜍。一爲馬前卒,鞭背生蟲蛆;一爲公與相,潭潭府中居。問之何因爾,學與不學歟";杜牧《冬至寄小姪阿宜》:"經書括根本,史書閱興亡。……一日讀十紙,一月讀一箱。朝廷用文治,大開官職場,願爾出門去,驅爾如驅羊";亦所以須學爲儒也(參觀王令《廣陵集》卷七《采選示王聖美、葛子明》、羅從彥《羅豫章先生集》卷一一《誨子姪文》、魏了翁《鶴山先生大全集》卷六一《跋程正伯家所藏山谷書杜少陵詩帖》、李之彥《東谷所見》論《勸學文》）。苟無韓、杜津津樂道之儒行、儒效，必衆口一詞，興"儒冠徒誤身"、"壯士恥爲儒"之歎，將匙誦説孔、荀所誇儒行、儒效者。《史記·叔孫通傳》記通弟子先"皆竊罵"而後"皆喜"，《後漢書·桓榮傳》記"農家子"歎"豈意學之爲利"，亦《論語·衛靈公》"學也祿在其中"之證矣。

【增訂四】《後漢書·桓榮傳》："大會諸生，陳其車馬印綬曰：'今日所蒙，稽古之力也。可不勉哉！'……及爲太常，[族人]元卿歎曰：'我農家子，豈意學之爲利，乃若是哉！'"韓愈、杜牧等詩文所道，正"學之爲利"也。

《全後魏文》卷七孝文帝《詔》禁孔子廟中"女巫妖覡，淫進非禮，殺生鼓舞，倡優媟狎"；唐封演《封氏聞見記》卷一："流俗婦人多於孔廟祈子，殊爲褻慢，有露形登夫子之榻者。後魏孝文詔孔子廟不聽婦人合雜，祈非望之福。然則聾俗所爲，有自來矣"；宋孔平仲《朝散集》卷二《止謁宣聖廟者》："上元施燈燭，下俗奠醪醴，高焚百和香，競爇黃金紙，所求乃福祥，此事最鄙俚"；則"聾俗"尚別有"儒效"也！基督教會三戒，一曰貧、不蓄財也，二曰巽、不上人也，三曰貞、不爲男女事也；十八世紀英國大史家嘗記："偶憶一大寺長老自言：'吾誓守清貧之戒，遂得歲入十萬金；吾誓守巽下之戒，遂得位尊等王公'；其誓守貞潔之戒所得伊何，惜余忘之矣"（I have somewhere heard or read the frank confession of a Benedictine abbot: "My vow of poverty has given me an hundred thousand crowns a year; my vow of obedience has raised me to the rank of a sovereign

Prince"—I forget the consequences of his vow of chastity)①。教宗行願，可以連類。《後漢書·王良傳·論》所謂："夫利仁者，或借仁以從利也。"政見之朋黨、清議之流別，亦復如是。匹似正論所以除邪，公道所以破私，而既得衆，則常比匪，必有附和正論以免被除、主張公道以濟厥私者，猶莊生之歎"胠篋"矣。

闕名《董洪達造像銘》："拔若天上降來，後〔復？〕似地中湧出。"按同卷《姜纂造老君像銘》："業盛飛行，事符踊出"；卷一〇闕名《宋買等造天宮石像碑》："既如天上降來，又似地中勇〔湧〕出。"岑參《登慈恩寺浮圖》："塔勢如湧出，孤高聳天宮"；談者每歎賞"湧出"爲工於體物鍊字，見白頭豕而未至河東耳。釋典如《妙法蓮華經·見寶塔品》第一一："爾時佛前有七寶塔從地踊出"；《佛本行集經·五百比邱因緣品》第五〇："其羅刹城，如白雲隊從地湧出。"六朝至唐，雅俗咸用，道俗無間，已成爛熟，此三《銘》堪爲其例。他如《洛陽伽藍記》卷一《瑤光寺》："刻石爲鯨魚，背負釣台，既如從地湧出，又似空中飛下"；《顏氏家訓·歸心》篇："化成淨土，湧出妙塔"；《全唐文》卷一八四王勃《廣州寶莊嚴寺舍利塔碑》："不殊仙造，還如湧出"，又《梓州郪縣兜率寺浮圖碑》："靈思孤出，神模獨湧"；沈佺期《奉和聖製同皇太子游慈恩寺應制》："湧塔初從地"；宋之問《奉和薦福寺應制》："湧塔庭中見"；崔湜《慈恩寺九日應制》："塔類承天湧"；李乂《慈恩寺九日應制》："湧塔臨玄地"；劉憲《陪

---

① Gibbon, *Decline and Fall of the Roman Empire*, ch. 7, "The World's Classics", IV, 83. Cf. Montesquieu, *Cahiers 1716—1755*, Grasset, 132: "Il est très surprenant que les richesses des gens d'Église ayant commencé par le principe de la pauvreté".

幸長寧公主東莊》："畫橋飛度水，仙閣涌臨空。"杜甫《八哀詩·贈秘書監江夏李公邕》亦曰："龍宮塔廟湧，浩劫浮雲衞。"岑參此句之佳，在於行布得所，有"發唱驚挺"之致，若其選字，初非慘淡經營。

【增訂四】岑參《登千福寺多寶塔》復云："寶塔陵太空，忽如湧出時。"北齊蕭愨《和崔侍中從駕經山寺》："塔疑從地湧，蓋似積香成"；《全唐文》卷一五六李君政《宣霧山鐫經像碑》："既疑從天化成，又若因地湧出。"幾似六朝以來詠寺廟落套詞意。《唐詩別裁》密圈"塔勢如湧出"句而評曰："突兀"，正謂其發唱驚挺，或非賞其鍊字創闢也。

古人詞句往往撮拾流行習語，信手漫與，當時尋常見慣，及夫代遠文寵，少見多怪，讀者遂詫為作者之匠心獨造。陶潛《飲酒》詩云："凝霜殄異類，卓然見高枝，連林人不覺，獨樹衆乃奇"，可以斷章焉。

二五七　全後周文卷八

庾信《三月三日華林園馬射賦》。按庾信諸體文中，以賦爲最；藻豐詞縟，凌江駕鮑，而能仗氣振奇，有如《文心雕龍・風骨》載劉楨稱孔融所謂"筆墨之性，殆不可任"。然章法時病疊亂複沓，運典取材，雖左右逢源，亦每苦支絀，不得已而出於蠻做杜撰（參觀論《全漢文》揚雄《解嘲》）。明姚旅《露書》卷五論此篇云："曰'千乘雷動，萬騎雲騰'，曰'選朱汗之馬，開黃金之埒'，曰'鳴鞭則汗赭，入埒則塵紅'，曰'馬似浮雲向埒'，一事屢見。至如'騶虞九節'，後曰'詩歌九節'；如'吟猿落雁'，後曰'雁失羣而行斷，猿求林而路絶'；如'綵則錦市俱移，錢則銅山合徙'，後曰'小衡之錢山積，織室之錦霞開'，則不勝重犯矣。"清末汪瑔《松烟小錄》卷三論"庾文用事往往牽合"，摘此篇之疵云："《莊子・秋水》、《至樂》兩篇文不相屬，而云：'至樂則賢乎秋水'"；可以隅反。《品花寶鑑》第四八回："金粟道：'我看庾子山爲文，用字不檢，一篇之内，前後疊出。今人雖無其妙處，也無此毛病。'"姚書幾若存若亡，汪書亦尠援引者，《寶鑑》尤談藝所不屑過問；聊表微舉仄，於評泊或有小補爾。

《馬射賦》："落花與芝蓋同飛，楊柳共春旗一色。"按王勃

《滕王閣序》警句："落霞與孤鶩齊飛，秋水共長天一色"，宋人謂以庾聯爲藍本。此原六朝習調，考索者多。《困學紀聞》卷一七翁元圻註引《捫蝨新話》而增數例；陳鴻墀《全唐文紀事》卷四七引《困學紀聞》、《捫蝨新話》、《野客叢書》，卷六七引《丹鉛總錄》；宋人如孔平仲《珩璜新論》、王得臣《麈史》卷中、王觀國《學林》卷七、《苕溪漁隱叢話》前集卷七引《西清詩話》等皆曾蒐討，不僅翁、陳所徵引也；清末周壽昌《思益堂日札》卷五舉《宋書》三聯，又諸家所未及。實則六朝文中，厥例尚夥，如《全後魏文》卷五九釋僧懿《平心露布》："旌旗共雲漢齊高，鋒鍔共霜天比淨"；《全後周文》卷九庾信自作《賀新樂表》即有："醴泉與甘露同飛，赤雁與斑麟俱下"，論者尤失之眉睫；王勃文中此類毋慮二十餘聯，詳見《全唐文》卷論王勃《游冀州韓家園序》。北宋李復《潏水集》卷三《回周沚法曹書》評王勃聯云："此不足稱也。唐初文章沿江左餘風，氣格卑弱。庾信作《馬射賦》云：'落花與芝蓋同飛，楊柳共春旗一色'，後人愛而效之。武德二年巢刺王建舍利塔於懷州，作記云：'白雲與嶺松張蓋，明月共巖桂分叢。'如此者甚多，勃狃於習俗，故一時稱之。"《懷州舍利塔記》即《歐陽文忠集》卷一三八所跋《唐德州長壽寺舍利碑》，歐陽修引碑中此聯，曰："乃知王勃云：'落霞'云云，當時士無賢愚，以爲警絕，豈非其餘習乎？"李氏并合庾聯論之，已發《學林》、《捫蝨新話》等之意，而未有道及者。李忤童貫，死於靖康之難，見方回《桐江集》卷三《讀李潏水集跋》；朱熹極稱其學行，《四庫總目》卷一五五所引朱熹《語錄》實即《朱文公集》卷七一《偶讀漫記》，同卷尚有《記〈潏水集〉二事》也。

《小園賦》。按庾信賦推《哀江南賦》爲冠，斯篇亞焉，《枯樹賦》更下之，餘皆鱗爪之而也。"非夏日而可畏，異秋天而可悲"，"雖有門而長閉，實無水而恒沉"；此等句真如《顏氏家訓·文章》篇記邢邵稱沈約所謂"用事不使人覺"，乍讀祇覺其語不猶人、一翻常案耳。"晏嬰近市，不求朝夕之利；潘岳面城，且適閑居之樂"；上句順適，下句使事已稍牽強，《閑居賦》明言："面郊後市。""崔駰以不樂損年，吳質以長愁養病"；上下句皆附會，下句尤貽譏杜撰，卷九《竹杖賦》直曰"吳質長愁"，并不道"病"而逕以鑿空之"長愁"爲典故。韓偓《闌干》："吳質謾言愁得病，當時猶不凭闌干！"殆謂姑妄聽庾賦之妄言歟。儷事乏材，遂左支右絀。實則"不樂損年，長愁養病"與"落葉半牀，狂花滿屋"，一情一景，通篇中白描本色，最爲工切，強加崔、吳兩人名，既損佳致，徒呈窘相，點鬼簿而又畫蛇足矣。"狂花"視"落英繽紛"、"園花亂飛"，新警遠勝；《荀子·君道》："狂生者不胥時而落"，謂卉植之早凋者，非"隨風上下狂"之意。

【增訂三】秦譯《出曜經》卷一《無常品》之一："猶樹生狂花，結實時希有。……狂花生長，遇風凋落，結實者鮮。""狂花"與"生"、"生長"連屬，則《荀子》所謂"狂生"之花，早落而不實者，非庾信賦之"狂花"也。

又按"無水而恒沉"句逕襲《莊子·則陽》"陸沉"郭象註語；《三國志·魏書·王、衛、二劉、傅傳》裴註引吳質謂董昭曰："我欲溺鄉里耳"，昭曰："君且止，我年八十，不能爲君溺攢也"，"溺"即"沉"而"鄉里"即"陸"之屬也。

《哀江南賦》。按全祖望《鮚埼亭集·外編》卷三三《題〈哀江南賦〉》："甚矣庾信之無恥也！失身宇文而猶指鶉首賜秦爲'天醉'，則信已先天而醉矣。後世有裂冠毀冕之餘，蒙面而談，不難於斥新朝、頌故國以自文者，皆本之'天醉'之説者也。即以其文言之，亦自不工；信之賦本序體也，何用更爲之序？故其詞多相複，滹南直詆爲荒蕪不雅。"賦、序相複之評甚允，亦可易施於《馬射賦》；以前如班固《兩都賦》、揚雄《羽獵賦》、左思《三都賦》雖有長序，均無此病也。"天醉"二句抒慨，正杜甫《詠懷古跡》第一首詠庾信所謂"羯胡事主終無賴"；意亦尋常，何至逢全氏爾許盛怒，髮指齒齗以罵？當是陳古刺今，借庾信以指清貳臣而自居明遺民如錢謙益之類，猶夫朱鶴齡《愚菴小集‧補遺》卷二《書元裕之集後》（參觀論《全三國文》麋元《譏許由》）。葉昌熾《緣督廬日記鈔》卷四光緒十二年四月十五日讀錢謙益《有學集》云："謝山全從此出，而詆牧翁不忠不孝，逢蒙之殺羿也！"此《題》蓋影射而非明詆者歟。《日知録》卷一九："古來以文詞欺人者，莫若謝靈運。……宋氏革命，不能與徐廣、陶潛爲林泉之侣。既爲宋臣，……覬望至屢嬰罪劾，興兵拒捕，乃作詩曰：'韓亡子房奮，秦帝魯連耻，本自江海人，忠義動君子'，……若謂欲效忠於晉者，何先後之矛盾乎！"與全氏責庾，適堪連類。蓋"韓亡"、"天醉"等句，既可視爲謝、庾衷心之流露，因而原宥其跡；亦可視爲二人行事之文飾，遂并抹撥其言。好其文乃及其人者，論心而略跡；惡其人以及其文者，據事而廢言。半桃啗君，憎愛殊觀；一口吐息，吹嘘異用；論固難齊，言不易知也。

《哀江南賦》："新野有生祠之廟，河南有胡書之碣。"按倪璠註未的；勞格《讀書雜識》卷六引《元和姓纂》卷六："庾會爲新野太守，百姓爲之立祠，支孫庾告雲爲青州刺史，羌胡爲之立碑。"倪氏《庾子山集註》用力甚勤，疏誤在所不免；《四庫總目》卷一四八已指摘數事，李詳《媿生叢錄》卷一據錢大昭《漢書辨疑》糾此《賦》"枍陽亭有離別之賦"句用事舛誤，早見《總目》指摘中矣。此賦中他如："楚老相逢，泣將何及！"，倪註引《漢書》兩龔事，葉廷琯《吹網錄》卷五謂當從吳兆宜說，引《列子·周穆王》燕人長於楚，及老而還本國，哭不自禁；"鎮北之負譽矜前"，倪註以屬邵陵王綸，錢大昕《潛研堂文集》卷三一《跋庾子山集》謂指鄱陽嗣王範，範曾爲鎮北將軍。倪氏其他著述尠傳，行事亦不詳。毛奇齡《西河合集·七言三韻詩·暫投湖墅吳氏園，喜倪内史璠、姚文學際恒對酒，即席賦贈》："游來不記亡三篋，老去何曾擁百城"，有註："時魯玉註《庾集》，西河每就立方問《易》義；嘗曰：'吾自包二先生亡後，書庫毀矣。所可語者，立方、魯玉二人耳'"；尤侗《艮齋雜說》卷三亦記倪註此集時，已嘗爲指示《喜致醉詩》及《步虛詞》用事出處。稍可徵其與名輩交游耳。

《哀江南賦》："始則地名'全節'，終則山稱'柱人'。"按倪註謂代王僧辯鳴冤，是也。蓋借地名以言僧辯能"全"大"節"而不免"柱"死，修詞之雙關法。《東觀漢記》卷一七載鍾離意對漢明帝："孔子忍渴於'盜泉'之水，曾參迴車於'勝母'之閒，惡其名也"；《南史》卷四七《胡諧之傳》記范柏年答宋明帝問，謂"梁州唯有文川、武鄉、廉泉、讓水"，帝又問："卿宅何處？"答："臣所居在廉、讓之間。"既顧名思義，遂斷章取義，俾望文生義，自成詩文中巧語一格。潘岳《西征賦》："亭有'千秋'之號，子無七旬之期"，已映帶有致；庾信此聯，始示範創例。如《太平廣記》卷二四一《王承休》（出《王氏聞見錄》）蒲禹卿諫蜀後主毋出游曰："路遇'嗟山'，程通'怨水'"；蘇軾《八月七日初入贛》："山憶'喜歡'勞遠夢，地名'惶恐'泣孤臣"；《梅磵詩話》卷上引胡銓貶朱崖詩："北望常思'聞喜縣',南來怕入'買愁村'";文天祥《過零丁洋》:"'惶恐灘'頭說惶恐,'零丁洋'裏歎零丁!";袁宏道《新安江》:"草髡'和尚嶺',石腐'秀才灘'";吳文溥《南野堂筆記》卷三引人詩:"怕聞橋名郎信斷,愁看山影妾身孤",指西湖之"斷橋"、"孤山",不道破以見巧思;翁同龢《瓶廬詩稿》卷三《醇邸惠果食清泉賦謝》:"里古陶彭澤,軒新鄭板橋",謂惠果中有栗與橄欖也,更不道破。

【增訂三】尚有字雖異而音則同之雙關,亦可入正經詩篇中助姿致。如元好問《遺山詩集》卷十二《出都》:"春閨斜月曉聞鶯,信馬都門半醉醒;官柳青青莫回首,短長亭是斷腸亭!";李元度《天岳山房文集》卷一七《遊金焦北固山記》記楊繼盛［椒山］祠堂壁刻繼盛手書詩句:"楊子江行入揚子,椒山今日遊焦山";鄧漢儀《詩觀》初集卷二黃雲《贈白璧雙》詩後附自作《聽白三琵琶》第三首:"白狼山下白三郎,酒後偏能說戰場;颯颯悲風飄瓦礫,人間何處不昆陽!"游戲文章中此例更不待舉。

【增訂四】張謙宜《絸齋詩談》卷六摘劉翼明《病瘧委頓過十八灘》一聯:"地過'吉安'人益病,灘名'惶恐'客何爲!"

外國詞令亦有此法(veiled language)①,詩文中常見之②。

---

① O. Jespersen, *Linguistica*, 409 ff. ("Cornwall", "Borneo", "Niort", etc.).

② E.g. Bandello, *Le Novelle*, I.5;, Laterza, I, 77-8: "Io voglio che tu senza partirti da Napoli navighi in Inghilterra a Cornovaglia, e la tua nave passi per Corneto"; Meredith, *Diana of the Crossways*, ch. 1: "Men may have rounded Seraglio Point; they have not yet doubled Cape Turk."

二五八　全後周文卷九

庾信《蕩子賦》："手巾還欲燥，愁眉即賸開，逆想行人至，迎前含笑來。"按"手巾"句謂不復下相思之淚也。信有《贈別》詩："藏啼留送別，拭淚强相參；誰言蓄衫袖，長代手中浥"，則言雙袖龍鍾，代巾拭淚；"燥"即"浥"之反，"中"疑"巾"之訛。

【增訂三】李賀《出城別張又新酬李漢》："此別定沾臆，越布先裁巾。"足與庾詩相參。"先裁巾"者，"留"以備"送別"時"拭淚"之用，免於"雙袖龍鍾淚不乾"耳。拜倫少時，一日其母語之曰："吾有近聞相告。掏汝手帕出，汝需用此物也（Take out your handkerchief, for you will want it）。汝意中人作新嫁娘矣"（Leslie A. Marchand, *Byron*, I, 99）。先"掏帕"固爲備緩急，然祇如防雨携傘，"先裁巾"則如未雨綢繆矣。

庾信《鴛鴦賦》："共飛簷瓦，全開魏宫；俱棲梓樹，堪是韓馮。"按"韓馮"即"韓憑"，"馮"與信《黄帝雲門舞歌》"清夜桂馮馮"之"馮"同屬《蒸》韻，信乃讀如"馮婦"之"馮"。李賀《惱公》："龜甲開屏澀，鵝毛滲墨濃；黄庭留衛瓘，緑樹養韓馮”，亦然。蘇軾《用過韻冬至與諸生飲酒》："河伯方夸若，靈媧自舞馮"，紀昀批："'馮夷'之'馮'，押入《東》韻"；蓋"馮夷"即"冰夷"，"馮"字復應屬《蒸》韻，不得與《東》韻字通押也。

二五九　全後周文卷一〇

　　庾信《謝趙王賚白羅袍袴啓》："懸機巧緤，變躡［攝？］奇文，鳳不去而恒飛，花雖寒而不落。"按倪璠註："謂羅上織成花、鳳文。"《全隋文》卷二八鄭辨志《宣州稽亭山妙顯寺碑銘》："檐虹欲起，表鳳凝翔"；下"凝"字最鍊，即"不去而恒飛"也。《全唐文》卷三八九獨孤及《巨靈仙掌銘》："不去不來，若飛若動"，手眼相近。

　　【增訂四】《玉臺新詠》卷五沈約《十詠·領邊繡》："不聲如動吹，無風自裛枝"，下句自爲"若飛若動"之意，上句又即所謂"造響於無聲"，參觀695－696頁又2271頁。

天然事物與時俱逝，而人工畫成、繡出、塑就之事態物象經久恒保，所謂"凝"耳；詳見論《全陳文》徐陵《鴛鴦賦》。庾信詩文再三言之，他如卷一二《至仁山銘》："真花暫落，畫樹長春"；又《庾子山集》卷三《奉和同泰寺浮圖》："鳳飛如始泊，蓮合似初生。……畫水流全住，圖雲色半輕"，鳳、蓮、水三句易解，"圖雲"句謂彩色亦幾如所畫之雲輕而欲浮。

　　【增訂四】《全五代詩》卷三九江爲《觀山水障歌》："灘頭坐久髩絲垂，手把魚竿不曾舉。……片雲似去又不去，雙鶴如飛又不飛。……垂柳風吹不動條，樵人負重難移步"；敷陳"不去恆飛"、"水流全住"之狀耳。

後世題詠中命意遂有兩大宗：雕繪之事物，作流動態者長流而能不逝，見新好狀者長新而能不故。前意如宋之問《詠省壁畫鶴》："騫飛竟不去，當是戀恩波"；李白《壁畫蒼鷹贊》："吾嘗恐出戶牖以飛去，何意終年而在斯"，又《博平王志安少府山水粉圖》："浮雲不知歸，日見白鷗在"，又《巫山枕障》："朝雲入夜無行處，巴水橫天更不流"；岑參《詠郡齋壁畫片雲》："未曾得雨去，不見逐風歸；只怪偏凝壁，回看欲惹衣"；劉長卿《會稽王處士草壁畫衡霍諸山》："歸雲無處滅，去鳥何時還"，可參觀李白之"浮雲不知歸，日見白鷗在"，上句謂雲停因不知歸處，下句謂鳥去何竟忽已還；張祜《題山水障子》："嶺樹冬猶發，江帆暮不歸"，上句意同李、劉；張塤《竹葉亭文集》卷一七《漢壓勝秘戲錢歌》："兒女歡情原最短，此錢頗閱千百年，金鏡瓦棺重出世，並頭交頸故依然。"後意如岑參《劉相公中書江山畫障》："晝日恆見月，孤帆如有風，巖花不飛落，澗草無春冬"；白居易《題寫真圖》："我昔三十六，寫貌在丹青，我今四十六，衰頷臥江城，一照舊圖畫，無復昔儀形；形影默相顧，如弟對老兄"；杜荀鶴《題花木障》："由來畫看勝栽看，免見朝開暮落時"；梅堯臣《當世家觀畫》："形體畫去能長好，歲歲年年應不老"；李覯《旴江全集》卷三六《謝傳神平上人》："丹青不解隨人老，相似都來得幾年！"；

【增訂三】《文鏡秘府論·六志》："假作《屏風詩》曰：'綠葉霜中夏，紅花雪裏春；去馬不移跡，來車豈動輪！'釋曰：'畫樹長青，……圖花永赤……。毫模去跡，判未移蹤；筆寫行輪，何能進轍？'"即"雖寒不落"、"不去恆飛"。陸龜蒙《樂府雜詠·花成子》:"寫得去時真,歸來不相似";即"相似都來得幾年"。陸游《劍南詩稿》卷二六《癸丑五月二日》:"朱顔不老畫中人,綠酒追歡夢裏身";《全宋詞》三四三一頁曾寅孫《減字木蘭花·題溫日觀葡萄卷》:"露葉烟條,幾度西風吹不凋";鄧漢儀《詩觀》初集卷二顧九錫《白頭吟》:"年與妾相似,貌與妾同好,姤此畫中人,朱顔得常保";金農《冬心集拾遺·雜畫題記》:"今余筆底爲之［菊］,濃霜猛雨,無從損我一花半葉也";洪亮吉《卷施閣詩》卷七《張憶娘簪花圖》:"花紅無百日,顔紅無百年,只有兹圖中,花與人俱妍";

【增訂三】姚鼐《惜抱軒詩集》卷三《仇英〈明妃圖〉》:"明妃一出蕭關道,玉顔不似當時好。却留青塚地長春,復有畫圖容不老";末句意亦因陳,而以青塚草"長春"陪襯畫圖容"不老",則善於儷事者。

馬樸臣《報循堂詩鈔》卷二《蠹書中檢得舊時小照,慨然書尾》:"形神寧道子非我,鬚貌今成弟與兄",以《南華經》對香山詩;舒位《瓶水齋詩集》卷三《題畫牡丹》:"賞花取次惜花殘,富貴神仙事渺漫,不及夢中傳彩筆,尚能留到子孫看";章華《倚山閣詩》卷下《畫美人》:"凝眸無語亦盈盈,繪影工時欲繪聲;千古紅顔遲暮感,畫中白髮幾曾生!"古希臘詩人描寫盾上雕繪武士御車疾馳爭錦標之狀,栩栩如生,歎曰:"驅而無息,競而無終,勝負永無定"(so they were engaged in an unending toil, and the end with victory came never to them, and the contest was ever unwon)①;如庾信所謂"不去恒飛"也。十六世紀哲學家謂吾人容貌日變而

---

① *The Shield of Heracles*, 311-2, *Hesiod and the Homeric Poems*, "Loeb", p.241.

吾人畫像中容貌常保（Cossì, come là la pittura ed il ritratto nostro si contempla sempre medesimo, talmente qua non si vada cangiando e ricangiando la vital nostra complessione）①；一詩人讚刺繡妙手謂天然花卉不禁日炙霜凍，遜於繡出者之宜夏耐冬（Già la terra non vanta il patto alterno/de'fiori suoi, soggetti al sole, al gelo:/ché quinci era la state e lungi è il verno）②；如庾信所謂"雖寒不落"矣。濟慈詠古器上繪男女欲就而未即之狀，謂"彼其之子愛將永不弛，彼姝者子色復終不衰"（For ever wilt thou love, and she be fair!)③，蓋涵兩意。一猶俚語所謂："偷着不如偷不着"，"許看不許吃"（江盈科《雪濤小說·知足》、《二刻拍案驚奇》卷九、李漁《比目魚》第一〇齣），或龔自珍《端正好》所謂："月明花滿天如願，也終有酒闌燈散，倒不如被冷更香銷，獨自去思千徧"；一即指畫中人閱千載而"朱顔不老"，"歡情依然"，所謂"凝"爾。

【增訂四】參觀《談藝錄》（補訂本）第三則"靜安論述西方哲學"條補訂。法國一古后（La Reine Marguérite）閱世有省（un mot d'observation pratique），嘗誨人曰："汝欲愛心衰歇乎？

---

① Bruno, *Spaccio de la Bestia trionfante*, Dialogo I (Giove a Venere), *Opere di Bruno e di Campanella*, Ricciardi, 480.

② Giuseppe Battista: "Per famosa Ricamatrice", *Marino e i Marinisti Ricciardi*, 1010.

③ Keats: "Ode on a Grecian Urn": "Bold lover, never never canst thou kiss, / Though winning near the goal…/…/More happy love! more happy, happy love! / For ever warm and still to be enjoy'd, /For ever panting, and for ever young." Cf. Anon., "Against Fruition", A. H. Bullen, *Speculum Amantis*, 71; Henry King: "Paradox that Fruition destroys Love", Saintsbury, *Minor Poets of the Caroline Period*, III, 207-8; Sir John Suckling: "Against Fruition", *Poems*, The Haworth Press, 25, 44.

獲取心愛之物而享有之也可"(Voulez-vous cesser d'aimer? Possédez la chose aimée. —Sainte-Beuve, *Causeries du lundi*, Vol. VI, p. 198; cf. "On n'aime que ce qu'on ne possède pas tout entière."—Proust, *La Prisonnière*, in *A La recherche du temps perdu*, Bib. de la Pléiade, Vol. III, p. 106)。即"偷着不如偷不着"、"許看不許吃"之旨也。米開朗琪羅詩言歡情未遂而奢望猶存，其境界勝於願欲償而愛慕息(For lovers—the surfeiting of desire—*un gran desir gran copia affrena*, is a state less happy than poverty with abundance of hope—*une miseria di speranza piena*. —Pater: "The Poetry of Michelangelo", *The Renaissance*, Macmillan, p. 91)。福樓拜書札及小説中尤反復闡説，以爲如願償欲必致失望生憎，厥爲人生悲劇之大原(Flaubert, *Correspondance*, ed. J. Bruneau, Bib. de la Pléiade, 1973, Vol. I, p. 605, à Louis Bouilhet; cf. p. 1086, Note: Ce passage exprime admirablement la théorie flaubertienne du désir: que la satisfaction le détruit, ce qui est le fondement même, à ses yeux, de la tragédie humaine)。美國女詩人愛米萊·狄更生所謂"缺乏中生出豐裕來"(a sumptuous Destitution)者是(*Complete Poems of Emily Dickinson*, ed. T. H. Johnson, 1960, No. 1382, p. 594)；眼饞滋慕，腹果乏味，其詩中長言永歎焉(No. 439, p. 211; No. 579, p. 283; No. 1306, p. 474; No. 1377, p. 572; No. 1430, p. 609)。實則《老子》七二章早云："夫唯不厭，是以不厭"；唯不厭足，故不厭惡，苟能饜飫，則必饜饜矣(參觀712頁)。願遂情隨盡，緣乖眷愈深，倘亦可資以解老喻老歟。

二六〇　全後周文卷一一

　　庾信《自古聖帝名賢畫讚》之二一《夫子見程生》。按倪註引《子華子·孔子贈》篇；《子華子》爲北宋人僞託，庾信無緣得見，渠自據《孔叢子·致思》篇，即《子華子》所竄取也。

　　庾信《鶴讚》："松上長悲，琴中永別。"按信用事每重見疊出，如卷一二《思舊銘》："嬎機嫠緯，獨鶴孤鸞"，《庾子山集》卷三《擬詠懷》："抱松傷別鶴，留鏡映孤鸞"，卷四《代人傷往》第一首："青田松上一黃鶴，相思樹下兩鴛鴦。"倪註或引"商陵牧子作《別鶴操》"，則不切"松"；或引《永嘉記》："青田中有雙白鶴，年年生子，長大便去，恒餘父母一雙耳"，既不切"松"，又不切"一鶴"。王褒《洞簫賦》："孤雌寡鶴娛優於其下兮"，《文選》李善註未釋；《列女傳》載陶嬰《黃鵠曲》："黃鵠早寡兮，十年不雙"（參觀《樂府詩集》卷四五《黃鵠曲》諸篇），與信語亦難湊泊。《太平御覽》卷九一六引《永嘉郡記》，即倪所引《永嘉記》，同卷又引王韶之《神境記》頗略，卷九五三引《少神境記》則言："孤松千丈，常有雙鶴，晨必接翮，而夕輒偶影，一者爲人所害，一者獨栖哀唳"，乃信諸句所本，尤貼切《讚》："孤雄先絶，嬎妻向影。"卷一二《終南山義谷銘》：

"青牛文梓,白鶴貞松",卷一八《周趙國夫人紇豆陵氏墓誌銘》:"松悲鶴去,草亂螢生",亦用此事;卷九《枯樹賦》:"至如白鹿貞松,青牛文梓",則鶴與鹿非一談。《全梁文》卷五九何遜《爲衡山侯與婦書》:"鏡想分鸞,琴悲別鶴",如信之"琴中永別",用《別鶴操》也。

【增訂四】《西京雜記》卷五:"劉道疆善彈琴,能作《單鵠孤鳧之弄》。"

二六一　全後周文卷一二

庾信《思舊銘》。按《哀江南賦》之具體而微也。文爲悼蕭永而作，信與永皆梁臣入北，是以觸緒興哀，百端交集，思逝者亦復自念。題似陸機《歎逝賦》，芝焚蕙歎，氣類之傷又正相似。然陸嗟光陰之不假，身老而舊要凋落，庾痛天地之無知，國亡而没世淪落，齎志長懷。陸曰："余將老而爲客"，然其賦以"老"爲主意，嗟將子立暮年，猶"訪舊半爲鬼"也；庾此銘則以"客"爲主意，痛必長流異域，猶"故國不堪回首"也。《哀江南賦》："班超生而望返，温序死而思歸，李陵之雙鳧永去，蘇武之一雁空飛"，即《銘》："思歸道遠，返葬無從。"卷一一《擬連珠四十四首》之二六："山河離異，不妨風月關人"，卷一六《周大將軍懷德公吳明徹墓誌銘》："何處樓臺，誰家風月"；持較"雕闌玉砌應猶在"、"故國不堪回首月明中"，情味正爾不異——明徹身世固與信、永同悲者。又陸機雖曰："何視天之茫茫，傷懷悽其多念"，却終曰："將頤天地之大德，……聊優游以娱老。"庾信則不復信天地有德於人："所謂天乎，乃曰蒼蒼之氣，所謂地乎，其實搏搏之土；怨之徒也，何能感焉！"《鶡冠子·度萬》："所謂天者，非是蒼蒼之氣之謂天也，所謂地者，非是搏搏之土之謂地也"；信遥駁其語。"徒"

猶《論語·陽貨》"夫召我者而豈徒哉"之"徒"、徒然，如言"徒怨之也"，"之"指天與地。蓋謂天地並非顯赫有靈之神祇，乃是冥頑無知之物質；信解道此，庶幾以情證理①，怨恨之至，遂識事物之真。雖然，言"怨之徒也"，正恐是怨之甚耳，參觀《毛詩》卷論《正月》。《小園賦》："諒天造兮昧昧，嗟生民兮渾渾"；《哀江南賦》："以鶉首而賜秦，天何爲而此醉！且夫天道迴旋，生民賴焉，……生死契闊，不可問天"；夫天既"昧"且"醉"，則"問"之豈非"徒哉"？正如怨之"徒也"②。

庾信《周上柱國齊王憲神道碑》。按信集中銘幽諛墓，居其太半；情文無自，應接未遑，造語謀篇，自相蹈襲。雖按其題，各人自具姓名，而觀其文，通套莫分彼此。惟男之與女，撲朔迷離，文之與武，貂蟬兜牟，尚易辨別而已。斯如宋以後科舉應酬文字所謂"活套"，固六朝及初唐碑志通患。韓愈始破舊格，出奇變樣，李耆卿《文章精義》至曰："退之諸墓誌，一人一樣，絕妙！"；歐陽修、王安石亦堪繼美。姚鼐《古文辭類纂》於此體錄三人作最多，而柳宗元、蘇軾不足倫比，蓋能別裁者也。庾信碑誌，有兩慣技。一：駢文儷事，本借古比今。張問陶《船山詩草》卷九《論文》之六："誌傳安能字字新，須知載筆爲傳真。平生頗笑抄書手，牽率今人合古人"；駢文尤有此弊。顧雲《盋

---

① Cf. Keats: "For axioms in philosophy are not axioms until they are proved upon our impulses"; "Even a proverb is no proverb to you till your life has illustrated it" (*Letters*, ed. H. E. Rollins, I, 279; II, 81); Newman, *A Grammar of Assent*, Burns, Oates, & Co., 74-5(Notional assentvs Real assent).

② Cf. Ch.-J.-L. Chênedollé: "L'Indifférence de la Nature"(A.J. Steele, *Three Centuries of French Verse*, 279); Stephen Crane: "The Open Boat": "But she[Nature] was indiffrerent, flatly indifferent"(*Works*, ed. F. Bowers, V, 88).

山文録》卷一《復鄧熙之書》謂六朝及唐初碑誌"將敍本事，必以前事爲比附；苟隸前事，或於本事多參差"。

【增訂三】《曝書亭集》卷四七《漢冀州從事張君碑跋》："嘗怪六朝文士爲人作碑表志狀，每於官閥之下，輒爲對偶聲律，引他人事比擬，令讀者莫曉其生平。而斯碑序述全用韻語，不意自漢已有作俑者。"可與張詩、顧文參觀。

信敍墓中人生平時，每於儷事後，亟自評所儷事之切當抑參差，藉作頓挫。本《碑》即有四處："開府同于馬駿，秩擬六卿；驃騎等於劉蒼，位高三事；宗子維城，彼多慙色"；"王武子以上將開府，未滿立年；荀中郎爲十州都督，才踰弱冠；方之於公，已爲老矣"；"成都有文翁之祀，非謂生前；漢陽有諸葛之碑，止論身後；比之今日，豈可同年而語哉"；"姬旦封於曲阜，不廢居中；劉交國於彭陽，無妨常從；豈直周、召二南，并居師傅，晉、鄭兩國，俱爲卿士而已哉"。他如卷一一《周使持節大將軍廣化郡開國公丘乃敦崇傳》："昔二馮同德，繼踵當官；兩杜齊名，夾河爲郡；比斯榮寵，彼將慙色"；卷一三《周大將軍崔說神道碑》："移民下邑，未學邊韶；走馬章臺，不同張敞"，又"中軍之司，既舉魏絳；上卿之佐，實用荀林；以公方之，差無慙德"，又"淮陰一國，韓信之故人；户牖萬家，陳平之鄉里；公此衣錦，足爲連類"；同卷《周柱國大將軍拓跋儉神道碑》："杜鎮南之作牧，當世樹碑；竇車騎之臨戎，生年刻石，方之今日，彼獨何人"；卷一四《周柱國大將軍紇干弘神道碑》："白水良劍，罷朝而贈陳寵；青驪善馬，迴軍而賜李忠；並經輿服，足爲連類"；同卷《周車騎大將軍賀婁公神道碑》："相如西喻，鏤石于靈山；武侯南征，浮船于瀘水；方之今日，彼獨何人"；卷一五《周上柱國宿國公河州都督普屯威神道碑》："昔者受律赤符，韓信當千里；治兵白帝，張飛擬萬人；皆比於今日，公之謂也"；同卷《周兗州刺史廣饒公宇文公神道碑》："婁敬上書於鹿輅，項伯舞劍於鴻門，公之此榮，足爲連類"；卷一六《周驃騎大將軍開府侯莫陳道生墓誌銘》："趙儼之爲驃騎，正駕單車；張堪之拜光禄，長乘白馬；以斯連類，朝野榮之"；同卷《周大將軍懷德公吴明徹墓誌銘》："冠軍侯之用兵，未必師古；武安君之養士，能得人心；擬于其倫，公之謂矣"；卷一七《周大將軍聞嘉公柳遐墓誌銘》："王祥佩刀，世爲卿族，鮑永驄馬，家傳司隸；以此連類，差無懋德"，又"魏侯之見劉廙，不覺斂容；漢主之觀田鳳，遂令題柱；比之今日，曾何足云"。其謂"連類"、"擬倫"者，未必貼合；謂"不可同年語"、"何足云"者，又每爲所儷事不貼合之飾詞；謂"未學"、"不同"者，直是無事可儷而強儷事之供狀，譬如自首之得减罪也。二：碑文及銘詞常寫景物作結，語氣宛類詞賦，且例必道及封樹，幾有匡格。如卷一三《周太子太保步陸逞神道碑》："山勢接飛，松形蓋起"；同卷《周大將軍崔説神道碑》："松檟深沉，既封青石之墓"；同卷《周大將軍司馬裔碑》："殖之松柏，不忍凋枯"，又"谷寒無日，山空足雲，……地形樓起，松心蓋圓"；同卷《周柱國大將軍拓跋儉神道碑》："風雲積慘，山障連陰，陵田野寂，松逕寒深"；卷一四《周柱國大將軍紇干弘神道碑》："松門石起，金字碑生"；同卷《周車騎大將軍賀婁公神道碑》："寒關樹直，秋塞雲平，……碑枕金龜，松橫石馬"；卷一五《周上柱國宿國公河州都督普屯威神道碑》："陵原地迥，松路風悲"；同卷《周柱國楚國公岐州刺史慕容公神道碑》："淚墮片石，劍挂孤松"；同卷《周兗州刺史廣饒公宇文公神道碑》："倏忽身世，俄然松檟"；卷一六《周大將軍襄城公鄭偉墓誌銘》："河陽古樹，金谷殘花；隴昏雲暝，山深路晚，風氣纔高，松聲即遠"；同卷《周驃騎大將軍開府侯莫陳道生墓誌銘》："霜隨柳白，月逐墳圓"；同卷《周車騎大將軍贈小司空宇文顯墓誌銘》："草銜秋火，樹抱春霜，……孝水未枯，悲松先落"；同卷《周大將軍琅邪壯公司馬裔墓誌銘》："風松雲蓋，白水山衣"；卷一七《周大將軍聞嘉公柳遐墓誌銘》："松長風遠，地厚泉寒"；同卷《故周大將軍義興公蕭公墓誌銘》："霜芬［華？］幕月，松氣陵秋"；同卷《周故大將軍趙公墓誌銘》："樹密人稀，山多路小，十里松城，千年華表"；卷一八《周譙國公夫人步陸孤氏墓誌銘》："樹樹秋聲，山山寒色，草短逾平，松長轉直"；同卷《周趙國公夫人紇豆陵氏墓誌銘》："松悲鶴去，草亂螢生，新雲別起，舊月孤明"；同卷《周安昌公夫人鄭氏墓誌銘》："鳥悲傷聽，松聲愴聞"；同卷《周大將軍隴東郡公侯莫陳君夫人竇氏墓誌銘》："山迴廣柳，路沒深松"；同卷《周冠軍公夫人烏石蘭氏墓誌銘》："香埋柏槨，路閉松城"；同卷《周太傅鄭國公夫人鄭氏墓誌銘》："山深月闇，風急松悲"；同卷《後魏驃騎將軍荆州刺史賀拔夫人元氏墓誌銘》："隴深結霧，松高聚風"；同卷《周大都督陽林伯長孫瑕夫人羅氏墓誌銘》："悽切郊野，紆迴隰原，風慘雲愁，松悲露泣"；同卷《周儀同松滋公拓拔兢夫人尉遲氏墓誌銘》："孟冬十月，長松九年"；同卷《周驃騎大將軍開府儀同三司冠軍伯柴烈李夫人墓誌銘》："秋色悽愴，松聲斷絶。"江淹《報袁叔明書》曰："一旦松柏被地，坟壟刺天"，蓋故事坟壟應有松柏，顧碑誌何必以松柏爲題中應有之義；信搖筆即來，強聒不舍，雖偶出悽警之句，復數見不鮮、緣多動嫌矣。

二六二　全後周文卷一四

　　庾信《周柱國大將軍紇干弘神道碑》："受書黃石，意在王者之圖；揮劍白猿，心存霸國之用。"按卷一六《周大將軍懷德公吳明徹墓誌銘》："圯橋取履，早見兵書；竹林逢猿，偏知劍術"，又用此兩事。《全唐文》卷四〇一趙自勵《出師賦》亦云："桓桓大將，黃石老之兵符；赳赳武夫，白猿公之劍術。"蓋張良事指兵法，越處女事指武藝，謀勇兼到，故賦詠將士者多儷事焉，不必意中有庾信文也。孔平仲《孔氏雜說》卷二、吳曾《能改齋漫錄》卷八引《潘子真詩話》皆謂庾信《宇文盛墓誌銘》："授圖黃石，不無師表之心，學劍白猿，遂得風雲之志"，杜牧本之，《題永崇西平王太尉愬院》："授符黃石老，學劍白猿翁"；吳氏因言李白《贈張中丞》："白猿傳劍術，黃石借兵符"，亦本庾語。竊謂此等熟典，已成公器，同用互犯者愈多，益見其爲無心契合而非厚顏蹈襲，參觀論《全後漢文》孔融《薦禰衡表》。庾文未見《宇文盛墓誌銘》，孔、潘當別有所據，李句出《中丞宋公以吳兵三千赴河南，軍次尋陽，脫余之囚，參謀幕府，因贈之》，此則可補入王琦註《李太白集》卷一一。

　　庾信有《愁賦》一首，惟見之葉廷珪《海錄碎事》卷九《聖賢人事部》下，有"誰知一寸心，乃有萬斛愁"云云十數句，似非全文。嚴氏漏輯之，倪璠註《庾子山集》，祇不忍削除屢入之楊炯諸文，却了無拾補。文同《山城秋日野望感事書懷呈吳龍圖》所謂："此愁萬斛誰量得，直爲重拈庾信文"，正指斯篇。晚唐、兩宋詩詞中常及之，如韋莊《愁》、黃庭堅《山谷琴趣》外篇卷二《減字木蘭花·距施州二十里張仲謀遣騎相迎》、晁說之《嵩山集》卷七《村館寒夜忽忽不樂學古樂府當句對》、陳師道《後山詩註》卷五《古墨行》、陳與義《簡齋詩集箋註》卷一六《道中書事》、袁去華《踏莎行》；《宋詩選註》一〇八頁所舉例不復贅。

【增訂四】朱翌《灊山集》卷二《遣興》："客去抽書讀，愁來閉户推。"

金人如王若虛亦加評騭，《滹南遺老集》卷三四《文辨》："嘗讀庾氏諸賦，類不足觀，而《愁賦》尤狂易可怪"；大似當時庾集中此篇與《哀江南賦》等並存者。不知何時佚失，遂爾淹没無聞。博雅如文廷式，其《純常子枝語》卷四〇論周邦彦《玉樓春》，祇云："'庾郎愁'字乃是宋人常語。"《全後周文》卷一一《擬連珠四十四首》爲信文較恣放之作，偶能刊落詞華，《愁賦》更老手雄筆，不可鐵網漏此珊瑚也。參觀《易林》卷論《謙》之《大畜》。

二六三　全後周文卷一九

　　劉璠《雪賦》。按"爾乃憑集異區，遭隨所適，遇物淪形，觸途湮迹"云云，不過鋪陳謝惠連《雪賦》中"值物成象，任地班形"之意。"無復垂霙與雲合，惟有變白作泥沉，本爲'白雪'唱，翻作《白頭吟》，吟曰：'……徒云雪之可賦，竟何賦之能雪！'"；因"白"字而以宋玉之對牽合文君之吟，言"垂霙"與"雲"之永絶，情事正同潘岳所謂："灌如葉落樹，邈然雨絶天"或謝朓所謂："邈若墜雨，翩似秋蒂"（《文選》謝朓《拜中軍記室辭隋王箋·李善註》），亦即《粤風》所謂："只見風吹花落樹，不見風吹花上枝。"含思棲悵，異於惠連賦中之雪"縱心"任運，"何慮何營"。"雪之可賦"句"雪"字是名詞，"霜雪"、"風雪"之"雪"也；"何賦之能雪"句"雪"字乃動詞，"洗雪"、"昭雪"之"雪"，承"變白"句來，謂垢不可濯也。語雙關，序顛倒，銖鋼稱而針鋒對。"混二儀而並色，覆萬有而皆空，埋没河山之上，籠罩寰宇之中，日馭潛於濛汜，地險失於華嵩，既奪朱而成素，實矯異而爲同"；晉羊孚以還寫雪者僅言"奪朱成素"，此《賦》始拈出"險失"

若夷、"矯異爲同"①，體物揣稱而返虛入渾，以大筆爲工筆矣。後來漸成此題中常有之義，如韓愈《喜雪》："地空迷界限，砌滿接高卑，浩蕩乾坤合，霏微物象移"，又《詠雪》："隱匿瑕疵盡，包羅委瑣該"；高駢《對雪》："如今好上高樓望，蓋盡人間惡路歧"；王安石《次韻和甫喜雪》："平治險穢非無德，潤澤焦枯是有才"；曾鞏尤反復言之，《元豐類稿》卷一《詠雪》："併包華夷德豈薄，改造乾坤事尤譎；驅除已與塵滓隔，濯溉終令枯槁悦"，卷二《雪詠》："長街隱缺甃，荒城混孤稜"，又《詠雪》："兩儀混合去纖間，萬類韜藏絶塵跡"，卷六《喜雪》一："混同天地歸無跡，潤色山川入有爲"，二："收功歸潤物，全德在包荒"，又《賦喜雪》："山險龍蛇盤鳥道，野平江海變畬田"；《後村千家詩》卷一三潘牥《雪》："鋪匀世界能平等，鋪住梅花得十分"；《明文在》卷三徐有貞《三農望雪賦》："化萬殊而爲一，見物情之大同"；洪亮吉《北江詩話》卷二、楊亨壽録本法式善《梧門詩話》卷三皆稱英夢堂《詠雪》："填平世上崎嶇路，冷到人間富貴家"；程恩澤《程侍郎遺集》卷三《上元後二日大雪復疊前韻答春浦》："祇恐乾坤填欲窄，却教崖岸失其痕"；易順鼎《壬子詩存》卷上《雪後徐園探梅作》："姑詠天地一籠統，且喜世界無凹凸。"黃震《黃氏日鈔》卷六四論王安石聯曰："説得意思佳，但上句正可言'才'，下句正可言'德'，布置似顛倒耳！"；其評甚當，曾鞏

---

① Cf. Emily Dickinson: "It Sifts from Leaden Sieves": "It [Snow] makes an Even Face/Of Mountain, and of Plain—/Unbroken Forehead from the East/Unto the East again—"; Robert Bridges: "London Snow": "Hiding difference, making unevenness even."

以"包荒"爲"德",則"潤物"又祇可退而爲"功"。"平治險穢"語自可通,然《淮南子·泰族訓》稱伊尹、周公、孔子"皆欲平險除穢",言"治穢"不如言"除穢"爲順,當作"平除"。安石本淮南而偶誤憶耳。

二六四　全後周文卷二〇

　　甄鸞《笑道論》。按與卷二三釋道安《二教論·服法非老九》合觀，便於六朝道士悠謬愚駭之說，如燭照數計。王世貞《弇州山人續稿》卷一五六《題〈笑道論〉後》："《老子化胡》諸經既見斥於《道藏》，不復見，而乃見之《佛藏》甄鸞《笑道論》中，蓋一無賴黃冠所作，不學寡識之故也。惜笑者尚未盡耳。……噫！其乖舛鄙俚、淺陋不經若此，不唯不足辯，併亦不足笑也。"斯言允矣。甄《論》采入《廣弘明集》卷九，王氏所謂"見之《佛藏》"也。《老子化胡經》久失傳，敦煌殘存三卷（卷一、卷一〇見《鳴沙石室佚書續編》，卷八見《敦煌秘籍留真新編》），晚近始出人間。羅泌《路史·發揮》卷三《老子化胡說》申說佛教之本《老子·德經》，"然釋氏之無知者，輒諱其事"，篇末曰："己丑閉日，閱《化胡經》書"；謂佛理出於道家言，乃唐宋儒者常談（參觀《列子》卷論《黃帝》篇），不必多怪，而大書特書"閱《化胡經》"，豈南宋初此《經》尚得"見"歟？竊疑其即自《笑道論》中"見"之，故自註引"道家善於報復"之例，正願比道士一洒被"笑"之辱耳。黃震《黃氏日鈔》卷八六《崇壽宮記》記道士張希聲據《老子化胡經》詳究"吾師老子之入西域也，嘗化爲摩尼佛"，唐憲宗時"回鶻入貢，始以摩尼偕來，置寺處之"；

【增訂四】羅泌言"閱《化胡經》書"，黃震記張道士據《化胡經》，想非誇誕。道士所云，確見《老子化胡經·序說》第一："入西那玉界蘇鄰國中，降誕王室，亦為太子。捨家入道，號末摩尼。……摩尼之後，年垂五九，金氣將興，我法當盛。"然《玄歌》第十篇中老子自歌《十六變詞》，却未及入道為末摩尼事。

則不特似南宋末猶傳此《經》，更徵摩尼非獨如釋志磐《佛祖統紀》卷四四所訶"假名佛教"，或如王炎《雙溪類稿》卷二《泌檄如蒲圻訊民之食菜事魔者，作詩憫之》所謂"與佛歧又分"，亦且依託道門，"崇壽宮"實摩尼寺也。張道士及《佛祖統紀》卷四八皆引偽撰白居易《題〈摩尼經〉》："五佛繼光明"，本事早見甄鸞《論·五佛並出五》。沈濤《交翠軒筆記》卷一論《破邪詳辯》、沈曾植《海日樓札叢》卷六《明教經禳鬼》、王國維《觀堂別集》卷一《摩尼教流行中國考》均未徵之黃氏此《記》，故僅知摩尼掃撦《金剛經》而與佛教瓜葛，未識其亦擷取《老子化胡經》而與道教絲蘿也。

王世貞《題〈笑道論〉後》所舉道士舛鄙諸例，其一云："尹喜斬父母七人頭，將至聃前，便成七豬頭。"甄《論·害親求道二四》引《老子消冰經》云："老子語尹喜曰：'若求學道，先去五情。……'喜精銳，因斷七人首持來。老笑曰：'吾試子心，不可為事；所殺非親，乃禽獸耳！'伏視七頭為七寶、七尻為七禽"；無"成豬頭"語，王氏殆見別本耶？《法苑珠林·破邪篇》引道士捏造諸《經》，有可補益者，如卷六九《道教敬佛第五》引《法輪經》即此《論·道士奉佛三十四》所未及也。俞正燮

《癸巳類稿》卷一七《道笑論》刺取佛家荒唐迂怪之言以折甄《論》之"笑道"，反唇相稽，攘臂佐鬭。然所摘佛經，其鄙謬實不若甄摘道經之甚。蓋佛書無稽，初未憑藉道書；道書無稽，却每依仿佛書，《全北齊文》卷八劉晝《上書詆佛法》所謂："道士非老、莊之本，藉佛邪說，爲其配坐而已。"更可嗤者，擬之、襲之，因而強欲陵蓋之，婢學夫人，盜傷事主，兼而有焉。譬如佛經分"大乘"、"小乘"，道經"三洞"三十六部遂分"大乘"、"中乘"、"小乘"，增一成三，以示彼寡我衆；伎倆直似石動筩改郭璞句"青谿千餘仞，中有一道士"爲"青谿二千仞，中有兩道士"，自負"勝伊一倍！"（《太平廣記》卷二四七引《啓顔錄》）。甄鸞一"笑"，遂使隱情大破，遁形無所。《高僧傳》二集卷三〇《道安傳》記鸞上此《論》，周武帝以爲"傷蠹道士，即於殿庭焚之"。顧此《論》終獲傳後，而遭其哂笑之道經唐初雖尚資諍辯，亦頗流布（參觀《全唐文》卷一六五張思道、劉如璿《不毁〈化胡經〉議》、卷二〇四劉仁叡《議沙門不應拜俗狀》又《佛祖統記》卷四〇中宗神龍元年），積漸而跡滅聲銷。後世道士之較有學識者亦諱莫如深，羞言家醜。北宋張君房《雲笈七籤》卷二《開闢劫運》、卷二二《天地五方》等篇未嘗以《化胡經》、《消冰經》之類隻字闌入。是鸞於道門蕪穢，亦有廓清之功矣。

甄《論・五佛並出五》引《玄妙篇》又《老子作佛十八》引《玄妙經》，即《全齊文》卷二二顧歡《夷夏論》所引《玄妙內篇》，惟甄引夫人名作"清妙"，顧引夫人名作"淨妙"。《改佛爲道二九》："昔有問道士顧歡，答：'《靈寶妙經》天文大字，出於自然，本非《法華》，乃是羅什與僧肇改我道經爲《法華》也'"；其語不見顧遺文中，《南齊書・高逸傳》、《南史・隱逸傳》上顧傳亦未載。

二六五　全後周文卷二二

釋僧勔《難道論》："世之濫述，云老子、尹喜西度，化胡出家，老子爲説經解，尹喜作佛，教化胡人；又稱是鬼谷先生撰，南山四皓註。""濫述"所云，西晉時已有，《弘明集》卷一闕名《正誣論》（《全晉文》卷一六六）"有異人者誣佛"云云，即其事，"正"誣謂"老子即佛弟子"，唐釋道宣《高僧傳》二集卷三二《法琳傳》記琳奏唐太宗謂"老子師佛"，所據相同。《化胡經》爲道士王浮僞造，見梁釋慧皎《高僧傳》卷一《帛遠傳》，託名鬼谷子作并有註，則似不見其他記載。隋僧智顗心裁別出，不辯老子化胡之非實事，而斥化胡者非老子真身；《摩訶止觀》卷六："魔亦能以有漏心，作無漏形，變爲佛像，《老子西昇》亦云作佛化胡"，蓋不啻《呂氏春秋·疑似》所記黎邱奇鬼效丈人子、《西遊記》所寫紅孩兒變觀音、黃眉怪變如來矣（參觀《太平廣記》卷論卷四四七《陳羨》）。

《難道論》："故班固《漢書》品人九等，孔丘之徒爲'上上'類，例皆是聖，李老之儔爲'中上'類，例皆是賢。何晏、王弼云：'老未及聖。'此則賢、聖天分，優劣自顯。"按卷二三釋道安《二教論·君爲教主三》："依《前漢書》品孔子爲'上上'類，皆是聖，以老氏爲'中上'流，並是賢。又何晏、王弼咸云：'老未及聖。'此皆典達所位，僕能異乎？"又《依法除疑十二》："始知釋典茫茫，該羅二諦，儒宗珞珞，總括九流。"釋智顗《摩訶止觀》卷六、《法華玄義》卷八上亦進周、孔而退老、莊。釋子稱儒，所以引爲己助，合力攻道門也。道士持論如《全齊文》卷二二顧歡《夷夏論》："國師道士，無過老、莊；儒林之宗，孰出周、孔？若孔、老非聖，誰則當之？"《南史·隱逸傳》上詳記歡以《老子》降妖、《孝經》療病；《高僧傳》二集卷三〇《曇無最傳》記後魏明帝問佛、老，清通觀道士姜斌答："孔子制法聖人，當明於佛，迥無文誌何耶？"其稱儒，所以引爲己助，合力攻佛門也。三家勢成鼎足，其中之一家遂得如武涉説韓信所謂："足下右投則漢王勝，左投則項王勝。"然儒往往兼攻二氏；而二氏未嘗合力攻儒者，則因儒爲國家典學，自恃根深基固、名正言順，二氏亦知其不可動搖也。參觀《列子》卷論《仲尼》篇。

二六六　全後周文卷二三

　　釋道安《二教論》。按《全齊文》顧歡《夷夏論》："尋二教之源，故兩標經句"；《全宋文》卷五七朱昭之《難〈夷夏論〉》、朱廣之《諮〈夷夏論〉》獻疑送難；"二教"謂佛與道也。道安此《論》之"二教"則謂佛與儒，降道爲儒之附庸，不許其齊稱並列焉。故《歸宗顯本一》："若通論内外，則該彼華夷，若局命此方，則可云儒釋。釋教爲内，儒教爲外，……教唯有二，寧得有三？"；《儒道升降二》："老氏之旨，……既扶《易》之一謙，更是儒之一派"；《依法除疑十二》："始知釋典茫茫，該羅二諦，儒宗珞珞，總括九流。""内"、"外"之稱，參觀《史記》卷論《滑稽列傳》。《高僧傳》二集《曇顯傳》記北齊文宣召僧道辯校於朝，"諸道士……猶以言辯爲勝，乃曰：'佛家自號爲内，則小也；諸道家爲外，則大也。'顯應聲曰：'若然，則天子處内，定小於羣小庶人矣！'"；甄鸞《笑道論·佛生西陰八》引道士言"道生於東"，爲"陽"、爲"男"，"佛生於西"，爲"陰"、爲"女"；號"内"、名"外"，亦正可附會《易·家人》説爲男女之別也。羅泌《路史·前紀》卷三："禽陽而獸陰，老陽而釋陰，是故釋誤多毛，老誤多羽"；泌固信老子化胡者，"老陽釋陰"之說即出"佛生西陰"來，又增以禽獸之別。然道士號"羽士"，謂"多羽"猶有說，僧則"禿丁"、"頭毛猶未生"（語出《太平廣記》卷二四八《李榮》出《啟顏錄》），何以"誤"而成"毛蟲"，殆以羨補不足、矯枉過正耶？《服法非老九》："但今之道士，始自張陵，乃是鬼道，不關老子。……自下略引張氏數妄說，用懲革未聞。"按所舉"三張鬼法"與《笑道論·事邪求道二〇》、《戒木枯死二十二》所"笑"者大同，亦即《全齊文》卷二六釋玄光《辯惑論》所詆之六"極"也。《依法除疑第一二》："夫崑山多玉，尚有礫砂，浮水豐金，寧無土石。沙門之中，禪禁實多，不無五三，缺於戒律，正可以道廢人，不應以人廢道。……不可見紂、跖之蹤，而忽堯、孔之教，覽調達之迹，而忘妙德之風。"按卷一九王明廣《上書宣帝請重興佛法》："竊以山包蘭艾，海蘊龍蛇，美惡雜流，賢愚亂處。……或有改形換服，苟異常人，淫縱無端，還同愚俗"；《高僧傳》二集卷三〇《智炫傳》周武帝召僧道面質，道士詞屈，帝因"自昇高座"，言"佛法中有三種不淨"，其三曰"眾不淨"，謂"僧多造罪過，行淫佚"，智炫對曰："僧眾自造罪過，乃言佛法可除，猶如至尊享國，……豈可以臣逆子叛，遂欲空於大寶之位耶？"皆同道安之意。

【增訂四】《全唐文》卷一五七李師政《內德論·辯惑》一辯"昔有反僧"，謂"豈得以古有叛臣，而棄今之多士"云云，又謂"青衿有罪，豈關尼父之失"云云，即道安、智炫之意也。

蓋沙門惡迹如周朗、荀濟、章仇子陀輩所斥者，確鑿難諱，甚且聚眾作亂，《高僧傳》二集卷三一《曇選傳》即誡其弟子智滿曰："自佛法東流，矯詐非少，前代'大乘'之賊，近時'彌勒'之妖，詿誤無識，其徒不一。"曇選與僧勔、智炫均入《高僧傳·護法》列傳，王明廣上書能回宣帝之意，是佛門龍象亦不復能辨飾僧衆之矯詐罪過，故更端爲害馬之説，若曰未可治頭風而逕斷首、除惡草而并鋤禾爾。

二六七　全後周文卷二四

衛元嵩《上書請造平延大寺》："請造平延大寺，容貯四海萬姓，不勸立曲見伽藍，偏安二乘五部。夫平延寺者，無選道俗，罔擇親疏，以城隍爲寺塔，即周主是如來，用郭邑作僧坊，和夫妻爲聖衆。"按元嵩書全文失傳，僅釋道宣《廣弘明集》卷七鈎纂六百餘言；即如"周主"二字，必非本文。《全後周文》卷一九王明廣《上書宣帝請重興佛法》皆駁此篇，有曰："言'國主是如來'，冀崇諂説"，則原作"國主"，詞氣庶合。王《上書》中如："'外修無福'，是何言也！"，"上言'慢人敬石'，名作'痴僧'"，亦可度知爲引元嵩原語，道宣皆節去；又觀王所駁，元嵩原必有言出家爲背親不孝一節，道宣全刊落之。據見存六百餘字論之，元嵩非廢佛法，乃欲通國上下無一人而不奉佛也。凡人盡佛弟子，全泯出家在俗之别，則無須另有僧徒；舉國一大道場，全泯靜域熱界之别，則無須特設寺院。其意不止欲納白衣儒生、黄冠道士以入乎釋，推而至於朱紫百官，罔勿爲廣大佛門所包并，而國主身即教主焉。儒者牽合《論語·堯曰》與《周禮》所標治教不分、君師合一，或柏拉圖所標"哲學家爲國君"（philosopher-king），若是班乎。《全隋文》卷三文帝《手敕釋靈藏》："弟子是俗人天子，律師是道人天子"；尚是平分事權，僅如但丁所謂人皇與法皇"二日中天"（due soli），各有專司。元嵩倡議，合道俗之二本，定治教於一尊，"即國主是如來"，雖"皇帝菩薩"如梁武亦不敢作此想；而劇類西藏所謂"活佛"者。與元嵩書同卷之任道林《修述鄴宮新殿廢佛詔對事》記周武帝面諭："是知帝王即是如來，宜停丈六；王公即是菩薩，省事文殊"；蓋已入元嵩之説矣。智顗《摩訶止觀》卷二："宇文邕毀廢，亦由元嵩魔業，此乃佛法之妖怪，亦是時代妖怪！"顧道宣於元嵩書按語有曰："立詞煩廣，三十餘紙，大略以慈救爲先，彈僧奢泰不崇法度；無言毀佛，有協真道也。"明言元嵩"彈僧"而不"毀佛"，罷道而非叛道。王明廣《上書》痛詆元嵩，亦曰："扇動帝心，名爲尊佛"；又曰："元嵩乞簡，差當有理"，即謂不毀佛而彈僧也。故道宣撰《高僧傳》二集，於元嵩未嘗發聲徵色以罵。卷三〇《靜藹傳》稱"前僧衛元嵩"與道士張賓"唇齒相副"；卷三五《釋衛元嵩傳》記周武帝以"信衛元嵩言毀廢佛法"，死後入地獄"大遭苦困"，而地府"曹司處處搜求"元嵩，"乃遍三界，云無、不見"。是逢君之首惡反逍遙於東岱法網之外，而地獄若不爲之設，謂非陽秋之筆可乎？王明廣《上書》："嵩本歸命釋迦，可言善始；厭道還俗，非是令終，與彼嬖女亂臣，計將何別？"道宣却稱元嵩曰"前僧"、曰"釋"，原心而不忍決絶之恕詞也；釋志磐《佛祖統紀》卷三八《法運通塞志》逕言北周武帝"信道士張賓、衛元嵩"，則如《法言·修身》所謂"倚門牆則麾之"矣。元嵩《書》請廢沙門、去蘭若，而未請禁絶二乘五部，請人其人、廬其居，而未請火其書。良以末派失開宗之本真，徒孫爲師祖之罪人，有佛教之名，無佛法之實；故溝而二之，不許僧徒、寺院託佛自庇，而亦免於佛爲僧徒、寺院所玷累。西人嘗言："耶穌基督而復生，必不信奉流行之基督教"（Christ was not a Christian, and certainly would not have been if born within the Christian era; If Christ were here now, there is one thing he would *not* be—a Christian）①，足相發明。

【增訂四】尼采嘗言："奚考其實，基督教徒祇有一人，渠已死於十字架上矣"（im Grunde gab es nur einen Christen, und der starb am Kreuz.—*Der Antichrist*, §39, *Werke*, ed. K. Schlechta, 1955, Vol. II, p. 1200）。亦即史文朋與馬克·吐溫所謂"耶穌基督非基督教徒"或"使耶穌基督在世，決不信奉基督教"。原註引亨利·詹姆士言，漏植來歷爲《中歲回憶》（*The Middle Years*, p. 107）。參觀《談藝錄》第五十"雲門事"條補訂。

元嵩覩道士之勢大張，周武之聽愈偏，而僧侶之行日下，授人以柄，岌岌乎佛之教將根株俱絕，佛之徒將玉石同焚，乃順時應變，先意承志。然匪特明哲保身，尚圖譎諫護法。元嵩他行事不必較，就此《書》言，則正將計就機，以順緣爲逆緣者。其廢僧適所以存佛，去寺乃欲化國爲寺，與道士張賓輩事急相隨，而陽合陰離。《周書·藝術傳》、《北史·藝術傳》上皆附元嵩，謂其

---

① *The Swinburne Letters*, ed. C. Y. Lang, IV, 147; Mark Twain *Notebook*, quoted in Philip S. Foner, *Mark Twain Social Critic*, International Publishers, 200. Cf. John Wilkes: "The fellow is a Wilkite which Your Majesty knows I never was"; Henry James: "Tennyson was not Tennysonian"; Engels: "Ganz wie Marx von den französisch 'Marxisten' der letzten 70er Jahre sagte: 'Tout ce que je sais, c'est que je ne suis pas marxiste'"（Marx-Engels, *Ausgewählte Schriften*, Dietz, II, 457）.

"(性)尤不喜(信)釋教",皮相之論耳。雖然,元嵩之志誠大矣,元嵩之計則難行,事願相違,初心盡失,道宣蓋鑑其本衷而諒之也。《高僧傳》二集卷三二《法琳傳》:"每以槐里仙宗,互陳名實,昔在荆楚,梗概其文,而秘法奇章猶未探括,自非同其形服,塵其本情,方可體彼宗師,靜兹紛結。乃權捨法服,長髮多年,外統儒門,内希聃術;遂以義寧初歲,假被巾褐,從其居館。……致令李宗奉釋之典,包舉具舒,張僞葛妄之言,銓題品録。武德初運,還莅釋宗";行徑直是暗探,喬裝混迹,投敵刺情,然後脱身歸報。趙宋太祖遣"小長老"入南唐行間,事見龍衮《江南野史》,馬、陸兩《南唐書》皆采之;此兩國相爭,僧充諜佷也。法琳變緇冒黄,則兩教相爭,潛入道門中之僧諜耳,而道宣列之於《護法》諸師,津津道其行事。爲護本法而降志屈身,欲攻異端而貳心兩面,衛正破邪殆亦如用兵之不厭詐乎!《淮南子·泰族訓》:"夫聖人之屈者,以求伸也,枉者,以求直也。故雖出邪僻之道,行幽昧之塗,將欲以興大道,成大功;猶出林之中不得直道,拯溺之人不得不濡足也",因歷舉周公、管子、孔子行事而斷之曰:"由冥冥至昭昭,動於權而統於善者也。"法琳"權捨法服",即"動於權"也。意大利文藝復興時有"爲行善而作惡"(pro bono malum)之説,寖假而成耶穌會所標"目的正,則手段之邪者亦正"(The end justifies the means)①。僧家自有此善巧方便;元嵩於周武滅佛,"塵其本情",以降爲守,托梁易柱,不足異也。《全後魏文》卷五一荀濟《論佛教

---

① Pareto, *A Treatise on General Sociology*, §1926, *op. cit.*, II, 1339; R. Samat, *Per la Storia dello Stile rinascimentale*, 73(Ariosto).

表》:"行淫殺子,僧尼悉然",《全北齊文》卷八劉晝《上書詆佛法》:"尼與優婆夷,實是僧之妻妾";元嵩請"和夫妻爲聖衆",乃以絕弊止謗,蓋知色戒最難守耳。《四十二章經》早曰:"愛欲莫甚於色,色之爲欲,其大無外;賴有一矣,假其二同,普天之民無能爲道者!";後來《淨心誡觀法》至謂:"四百四病以夜食爲本,三塗八難以女人爲本";苟夫妻亦即僧尼,則眞可合撮龐蘊、楊傑兩偈曰:"男大須婚,女大須嫁,大家團圞頭,共説無生話"(《五燈會元》卷三、卷一六)。《鏡花緣》第一四回大人國觀音菴老叟曰:"小子稱爲僧,小子之妻即稱爲尼",且以孔廟廟祝有家室爲比,正元嵩之所倡也。馬丁·路德力主教士當婚娶同俗人,因舉一尼菴池中有六千具嬰兒骸等事,慨然曰:"勉強獨身,得果如斯!"(Such were the fruits of enforced celibacy)①。苟濟等詆"僧尼行淫殺子",故元嵩欲"和夫妻爲聖衆",倘見諸施行,則佛教亦如基督教之有"新教"歟?《高僧傳》二集元嵩本傳記其出家爲亡名法師弟子,師謂之曰:"汝欲名聲,若不佯狂,不可得也";《舊唐書·文苑傳》中記李邕諫武則天,或爲危之,邕曰:"不願不狂,其名不彰,若不如此,後代何以稱也?"噉名賣聲,道俗合轍。太公《陰符》早曰:"大知似狂,不癡不狂,其名不彰"(《全上古三代文》卷七);夫豈三代之遺教乎?亦百慮而一致爾。

【增訂三】貫休《輕薄篇》之一:"惟云'不顛不狂,其名不彰。'悲夫!"蓋輕薄兒"鬭雞走狗","賭却妾",輒援太公語以自文也。

【增訂四】《全唐文》卷二六三李邕《嵩岳寺碑》:"及傅奕進計,

---

① Luther, *Table Talk*, DCCLIV, tr. W. Hazlitt, "Bohn's Lib.", 307; Burton, *Anatomy of Melancholy*, Part. III, Sect. II, Mem. V, Subs. V, "Everyman's Lib", III, 244(Ulricus).

以元嵩爲師，凡曰僧坊，盡爲除削。"以傅奕爲師法衛元嵩，是未識劉知幾所謂"貌同心異"也。

釋靜藹《列偈題石壁》："解形窮石，散體巖松。……有求道者，觀我捨身；願令衆生，見我骸骨"云云。按《高僧傳》二集卷三〇《靜藹傳》記其事云："乃跏坐盤石，留一內衣，自條身肉段段，布於石上，引腸挂於松枝，五臟都皆外見，自餘筋肉手足頭面，臠析都盡，並唯骨現，以刀割心，捧之而卒。"從容自處凌遲之狀，當出夸飾，不特《護法篇》中無堪並比，即《遺身篇》以及《高僧傳》一集《忘身篇》、三集《遺身篇》中亦未載毒手自剮有第二人；釋如惺撰四集所載，更末而不足算已。釋道衍（即姚廣孝）著《道餘錄》以駁程、朱闢佛；程顥謂"佛之學只是爲怕生死"，乃辯曰："佛之學者了生死性空，豈得怕生死也？"遂舉"靜藹法師毀教不能救，自捨其身"，以與釋迦"割截身體"、獅子尊者"不吝施頭"齊稱。蓋僧史中衛道之勇、殺身之忍，斯人爲絕類離倫矣。道士中護法忘身者似不見記載，殆未遭滅法之難耶？教宗無是非邪正，而信徒有真假誠僞；信徒能不惜以身殉教，足以明其心志之真誠，顧教宗有徒衆甘爲之死，却未堪證其道理之必是必正爾①。

---

① Cf. Goethe, *Dichtung und Wahrheit*, III. xiv: "Beim Glauben, sagte ich, komme alles daraufan, dass man glaube; was man glaube, sei völlig gleichgültig... Mit dem Wissen sei es gerade das Gegenteil; es komme gar nicht darauf an, das man wisse, sondern was man wisse, wie gut und wie viel man wisse" (*Sämtliche Werke*, "Tempel-Klassiker", XII, 202); Kierkegaard, *Unscientific Postscript*: "The one prays in truth to God though he worships an idol; the other prays falsely to the true God, and hence worships in fact an idol... The objective accent falls on *what* is said, the subjective accent on *how* it is said" (R. Bretall, ed., *A Kierkegaard Anthology*, 212); Jaspers, *The Perennial Scope of Philosophy*, tr. R. Manheim, 4: "Giordano Bruno believed and Galileo knew" etc..

二六八　全隋文卷六

　　煬帝《與釋智顗書》三十五首。按同卷尚有《與天台山衆令書》、《與東林寺僧書》等八首，卷五有《敕答釋智越》、《敕度一千人出家》等五首，卷六《受菩薩戒疏》、《祭告智顗文》等通卷六首都爲釋氏作。前此帝王惟梁武爲釋氏作文最多，而見存不足三十首，特有浩汗巨篇，隋煬則無是也。《法苑珠林》卷二一《敬佛篇》第六之二《感應緣》："梁祖登極之後，崇重佛教，廢絕老宗，每引高僧談敍幽旨；又造登身金銀像兩軀於重雲殿，晨夕禮事，五十餘年，冬夏蹋石，六時無缺，足蹈石處，十指文現。"僧徒夸飾（參觀論《全梁文》武帝《捨道事佛疏文》），而又不善打誑語；夫趾文現石，豈梁武赤足禮佛耶？有十指文而無兩膝痕，殆兀立而不跪拜乎？較八公山之淮南王馬跡、天平山之西施履印，更堪齒冷。《十國春秋》卷二五《汪焕傳》記南唐後主"酷信"浮屠，焕苦諫曰："昔梁武事佛，刺血寫佛書，捨身爲佛奴，屈膝爲僧禮，散髮俾僧踐；及其終也，餓死於臺城。今陛下事佛，未見刺血、踐髮、捨身、屈膝，臣恐他日猶不如梁武也！"《南史·梁本紀》中記武帝兩次"捨身"，羣臣"以錢一億萬奉贖皇帝菩薩"，三請乃許，帝答書"並稱'頓首'"，則其

"屈膝"，復意中事；"刺血"、"踐髮"不見《南史》、《梁書》及唐前記載，雖僧徒誕妄，亦未嘗語及，不識汪煥何據。然梁武見僧，即果五體投地，其作文却大不然。《全梁文》卷一《淨業賦・序》："内外經書，讀便解語"，又《唱斷肉經竟制》："諸僧道、諸小僧輩看經未徧"，卷五《喻智藏敕》："歧路贈言，古人所重，猶勸法師，行無礙心"，又《敕答釋明徹》："善思至理，勿起亂想"；他篇亦儼以宗師自命，講經説法，當仁不讓，慢山高聳，我室嚴蒙，了無慊退末足之意。隋煬初未"捨身爲佛奴"，而諸文詞氣，卑以自牧，服善承教，頗見損上益下之沖襟焉。兩人同自稱"菩薩戒弟子皇帝"，翫厥遺篇，一貢高增上，一虚己足恭，區以別矣。佞佛帝王之富文采者，梁武、隋煬、南唐後主鼎足而三，胥亡國之君。史論每咎梁武、李後主之佞佛，却未嘗以此責隋煬。當緣梁武、李後主佞佛，害於其政，著於其尋常行事，而隋煬佞佛，不若是之甚。唐人小説《隋遺録》、《迷樓記》、《海山記》等隻字不道其佞佛逸事，有如梁武帝之散頭髮俾僧踐踏、李後主之削屎橛供僧抽解也。國清寺自隋文帝爲智顗勅建以還，香火綿延，故台宗文獻足徵，隋煬爲釋氏而作之箋啓誓告等篇，流遺遂多。脱於書盡信而且偏信，則據《國清百録》，煬帝"好内"之"内"，將非"内嬖"而是"内典"、"内學"耳！《逸周書・諡法解》云："好内遠禮曰'煬'，好内怠政曰'煬'"；《全梁文》卷三武帝《諡安成王機詔》曰："王好内怠政，可諡曰'煬'。"隋人諡陳後主曰"煬"，亦以其内寵煽張而刑政不理也。

二六九　全隋文卷九

　　崔賾《答豫章王書》："祖濬燕南贅客，河朔倦游。"按"祖濬"、賾字也。卷二七王貞《謝齊王索文集啓》："孝逸生于爭戰之季，長於風塵之世"，"孝逸"、貞字也。皆下士上書於王公而自稱字；《全晉文》卷二五王羲之《雜帖》："王逸少字［疑衍文］頓首謝。七日登秦望，可俱行，當早也"，又："王逸少頓首敬謝。各可不？欲小集，想集後能果"，則是便牘，又受書者必屬平交而非貴人也。《全後周文》卷四宇文護《報母閻姬書》："誰同薩保，如此不孝！"，護字"薩保"，乃骨肉至親間例得以小字自稱；如《宋書·宗室傳·長沙景王道憐傳》宋高祖對太后曰："寄奴於道憐豈有所惜？"，《南史·宋宗室及諸王傳》下《元凶劭傳》始興王濬遇江夏王義恭，下馬"又稱字曰：'虎頭來得無晚乎？'義恭曰：'恨晚！'"——"字"即濬小字。家人口語常然，家書臨文可不改耳。袁文《甕牖閒評》卷五所舉柳公權、林逋等帖自稱"表德"，亦施於兄弟朋友輩者。

二七〇　全隋文卷一〇

江總《自敍》。按歐陽修《五代史・雜傳》第四二謂嘗讀馮道《自敍》，"其可謂無廉恥者矣！"夫馮道《自敍》以喪亂頻經而身名俱泰，坦然自章得意，椎直少文；江總權臣狎客，一人兩任，而此篇志明淡泊，義契苦空，遁詞綺語，更爲有忝面目。馮猶有憾，曰："其不足者，不能佐大君致一統，定四方，誠有愧於歷官，何以答乾坤之施！"雖裝鋪席，未失體統。江"歷升清顯"，"八法八典，無所不統"，回首平生，亦有餘憾，曰："弱歲歸心釋教，……暮齒……深悟苦空，更復練戒。運善於心，行慈於物，頗知自勵，而不能蔬菲，尚染塵勞，以此負愧平生耳！"儼然物外高人，富貴逼身，不得已爲朝裏熱官，糞土一切職守世事而勿屑縈懷掛齒；所營營在疚者，惟未能披緇斷肉而已。將誰欺乎！正恐其所奉佛法未必印可爲直心道場也。《陳書》本傳錄此篇而斷之曰："時人謂之實錄"；復曰："後主之世，總當權宰，不持政務，但日與後主游宴後廷，……當時謂之'狎客'。由是國政日頹，綱紀不立，有言之者，輒以罪斥之。君臣昏亂，以至於滅。"總《自敍》則曰："不邀世利，不涉權幸。……官陳以來，未嘗逢迎一物，干預一事。……況復才未半古，尸素若兹；

晉太尉陸玩云：'以我爲三公，知天下無人矣！'軒冕儻來之一物，豈是預要乎？"苟此而可稱"實錄"，則記總長君之惡、蓄同倡優、不啻亡陳之禍梯厲堦，皆謗史而乖良直矣。《陳書》出姚察父子手，察與總兩朝僚友，"時人"即察在列，"當時"亦察所值；而數行之内，自相矛盾，父子操觚，蒙然不覺。抑"實錄"之目，豈衹指"尸素"、"天下無人"數句耶？則文章筍脉又殊粗率矣。古來宰執自敍之文，江馮兩篇最堪連類，馮作騰誚已多，杜濬《變雅堂文集》卷三《跋黄九烟户部絶命詩》至曰："古今無氣之人，莫如馮道、留夢炎及平康里中阿家翁耳！"因拈江作，聊使分謗云。《舊唐書·鄭綮傳》昭宗制可禮部侍郎平章事中書，親朋來賀，綮搔首曰："歇後鄭五作宰相，時事可知矣！"又堪與陸玩語並傳。"蔬菲"乃"蔬食菲衣"之縮文，卷一三姚察《遺命》亦曰："深悟苦空，……吾習蔬菲五十餘年。"

二七一　全隋文卷一三

　　顏之推《觀我生賦》。按之推自註此《賦》，謹嚴不苟，僅明本事，不闌入典故。蓋本事無自註，是使讀者昧而不知；典故有自註，是疑讀者陋而不學。之推《家訓》論文甚精，觀此篇自註，亦徵其深解著作義法，非若謝靈運、張淵徒能命筆，不識體要也（參觀論《全宋文》謝靈運《山居賦》、《全後魏文》張淵《觀象賦》）。盧文弨有此《賦》註，殊審覈，附所增訂趙曦明註《顏氏家訓》末。之推《賦》與庾信《哀江南賦》命意大同，而文情遠遜。修詞潔適尠疵，是其所長，庾信波瀾騰瀉，不免挾泥沙耳。

二七二　全隋文卷一六

　　盧思道《勞生論》。按"設論"之體略如《答客難》、《解嘲》，而憤世疾俗之甚，彼出以婉諷者，此則發爲怒駡，遂兼《廣絶交論》與《晉紀總論》之命意。隋文壓卷，端推此篇，參觀《史記》卷論《孟嘗君列傳》。論中痛斥世態之"諂諛讒佞"，即思道《北齊興亡論》寫和士開等事所質言之者，如："噉惡求媚，舐痔自親，……近通旨酒，遠貢文蛇，艷姬美女，……金銑玉華"，即《興亡論》："或送婢妾，或進子女，筐筐苞苴，烟聚波屬。……折枝舐痔，輕者進賄賂，甚者結婚姻。"

　　盧思道《北齊興亡論》。按《太平廣記》卷二五三《盧思道》（出《啓顏錄》）："思道爲周、齊《興亡論》，周則武皇、宣帝，咸有惡聲；齊［則］高祖、太上，咸無善言。……東宫曰：'爲卿君者，不亦難乎！'"此篇記和士開事特詳，多《北齊書·恩倖傳》所未道。如《北齊書》僅云世祖與之"親狎"，《論》則曰："一面之後，便大相愛悦，恒在卧內，同食共寢，淫穢之事，無所不爲"；乃知"恩倖"真爲《史記》、《漢書》立《佞幸列傳》之本意也。《論》言世祖："龍攢在殯，淚不承臉，太后之喪，亦不哀哭"；《北齊書》祇於《婁后傳》記其"不改服，緋袍如故"。

−2404−

《論》曰："士開葬母，傾朝追送，諂諛尤甚者，至悲不自勝"，即《勞生論》所謂"詐泣佞哀，恤其喪紀"。哭爲古人死喪節文之一，不必有淚，具見俞正燮《癸巳類稿》卷一三《哭爲禮儀說》；然哭而闌干兩頰、龍鍾雙袖，自足徵情意之親密，亦即示禮儀之隆重。《三國志・魏書・荀彧傳》裴註引《平原禰衡傳》記衡曰："文若可借面弔喪"；夫"弔喪"獨曰"借面"者，無哀情而須戚貌，方爲知禮，荀彧必生成愁眉苦臉如所謂"哭喪着臉"、"喪門弔客面相"耳。齊世祖不哭無淚，既盡滅骨肉之情，復全失臣子之禮也。送和士開母喪之客悲不自勝；《魏書・恩倖傳》記王叡之喪，親故"衰絰縞冠"以送者千餘人，"皆舉聲慟泣，以要榮利，時謂之'義孝'"；《朝野僉載》卷五記高力士喪母，左金吾大將軍程伯獻、少府監馮紹正二人"直就喪前披髮哭，甚於己親"；禮貌厚而若哀情深也。《宋書・劉德願傳》記世祖所寵殷貴妃薨，"謂德願曰：'卿哭貴妃若悲，當加厚賞。'德願應聲便號慟，撫膺擗踊，涕泗交流，上甚悦。……又令醫術人羊志哭殷氏，志亦嗚咽；他日有問志曰：'卿那得此副急淚？'志時新喪愛姬，答曰：'爾時我自哭亡妾耳'"；《魏書・慕容廆傳》慕容熙妻苻氏死，制百官哭臨，"令有司檢有淚者爲忠孝，無淚者罪之，於是羣臣震懼，莫不含辛以爲淚焉"；一賞一罪，殊事一致，均明知其性情所無，而祇求其禮貌之有且過也。《南齊書・鬱林王紀》："文惠皇太子薨，昭業每臨哭，輒號咷不自勝，俄爾還内，歡笑極樂"，《南史・齊本紀》下作："文惠太子自疾及薨，帝侍疾及居喪，哀容號毀，旁人見者莫不嗚咽，裁還私室，即歡笑酣飲，備食甘滋。……武帝往東宮，帝迎拜號慟，絶而復蘇"；此盡禮以自文不情，與北齊世祖心同貌異也。《檀弓》記縣子曰：

"哭有二道：有愛而哭之，有畏而哭之"；慕容羣臣之哭，主威可畏也，鬱林之哭，不無人言可畏在。英人諷刺小說寫一國，其俗人死，戚友不唁不弔，以匣盛精製假淚爲賻儀（they send little boxes filled with artificial tears），視誼之親疏，自雙淚至十五、六淚不等，喪主得之累累粘著頰上以志哀（stuck with adhesive plaster to the cheeks of the bereaved）[①]；"禮儀"之哭泣，何異乎此！參觀論《全齊文》王秀之《遺令》、《全梁文》王僧孺《與何炯書》。

---

① Samuel Butler, *Erewhon*, ch. 13.

二七三　全隋文卷一九

薛道衡《老氏碑》：「莊周云：'老聃死，秦佚弔之，三號而出，是爲遁天之刑。'雖復傲吏之寓言，抑亦蟬蜕之微旨。」按巧爲斡旋。道士誦説老、莊，猶儒生言必稱周、孔；顧莊明云老死，而道士則稱老爲不死之神仙，兩説鑿枘不合。薛文遂以尸解彌縫之，所謂"蟬蜕"也。《路史·前紀》卷三《循蜚紀》：「許玉斧言黄帝鑄鼎以疾崩，葬橋山；莊周言老子之死，秦佚弔之，三號而出；而師曠亦謂周太子晉色赤不壽，後三年而死，孔子聞之曰：'惜哉！殺吾君也！'是老子初無青鹿上昇之事，黄帝初無綵鳳空騫之語，皆方士之徒設辭以愚弄其君而取寵，亦自爲其教之害焉。且'物壯不老，是謂不道'，陰陽固有終變；偓佺千歲，老彭七百，亦必死而已矣！」杜甫《謁玄元皇帝廟》冷語作結："谷神如不死，養拙更何鄉？"；柳宗元《與李睦州論服氣書》極稱："濮陽吳武陵最輕健，先作書，道天地、日月、黄帝等下及列仙、方士皆死狀，出千餘字，頗甚快辯"；《路史》此節得杜、吳遺意。開脱老子之死爲"蟬蜕"，祇如避穽而落坑。神仙家貴飛昇而賤尸解，《太平廣記》卷三《漢武帝》（出《漢武内傳》）王母曰："尸解下方，吾甚不惜"；卷七《王遠》（出《神仙傳》）

遠謂蔡經曰："今氣少肉多，不得上去，當爲屍解，如從狗竇中過耳！"；陶弘景、孫思邈均以修藥方而害物命，遂"爲尸解之仙，不得白日昇舉"（見論《全梁文》陶弘景《本草序》）。薛碑贊老子"蜺裳鶴駕"，"參日月之光華，與天地而終始"，乃"下方"而"從狗竇中過"耶？技止此而已乎！唐道士成玄英作《莊子》疏，於《養生主》"老子死"節，逕曰："此蓋莊生寓言耳。老君爲天地萬物之宗，豈有生死哉？"不復以"蟬蛻"爲文飾，亦知欲蓋彌彰，左支則右絀也。跨鹿上升之說，妄庸多事又增飾爲跨鹿登檜、然後昇空。故歐陽修《昇天桂》云："惟能乘變化，所以爲神仙，驅鸞駕鶴須臾間，飄忽不見如雲烟。奈何此鹿起平地，更假草木相攀援？"王令《八桂圖》亦云："一龍盤挐老高大，傳云聃老由飛蹕，當時駕鹿蹋以上，跡有町疃遺相連。多應蝎殘鳥喙啄，不爾誕者強鑱鐫。聃能惑人已自幸，豈此上去能欺天？借如聃功可升躍，鹿亦何幸飛相聯？"白鹿昇桂直可比禪宗話頭之"碧兔立柏"（《五燈會元》卷一二道吾悟真章次）矣！老子仙去尚有一說，足爲《笑道論》之資。《太平廣記》卷一《老子》（出《神仙傳》）："《九宮》及《三五經》及《元辰經》云：'人生各有厄會，到其時若易名字以隨元氣之變，則可以延年度厄。'老子必厄會非一，是以名字稍多耳。"則是《道德經》作者亦如"道"之"可名非常名"，而神仙逃厄之行徑又大似亡命避捕者之易姓化名；"名字稍多"正如《文史通義·繁稱》所譏："逸囚改名，懼人知也。"

【增訂四】方文《嵞山續集》卷二《百歲翁歌贈趙撝謙先生》："我聞荊楚間，亦有彭仙翁；其年百餘歲，其道與翁同。只是彭翁好逃劫，頻改姓名輕遠涉；翁言明年是劫年，亦欲預逃之建業。"神仙"延年度厄",改名避地,與亡命之徒無異,此亦一例。猶太古俗,人患大病,往往改去本名,庶幾逃死,蓋死神按其本名則索正身不得也(*Chaim*［Hebrew for"life"］, a common boy's name, was sometimes hastily acquired during a serious illness—as a talisman against death. It was actually believed that a changed name might confuse the Angel of Death, who would be looking for the victim under his original name. —Leo Rosten, *The Joys of Yiddish*, Penguin, 1971, p.67)。頗似道家"易名字可以延年"之教。然中國小說常記勾魂使者誤逮同姓名人事,未識猶太死神亦失察類此無。

改名猶不足,進而喬裝變貌,如豫讓漆身吞炭"使形狀爲不可知",季布髡鉗衣褐衣,以至魯達落髮爲僧,武松削髮作頭陀。神仙逃厄亦然。《西遊記》第二回須菩提祖師言:"丹成之後,鬼神難容",每五百年天降雷、火、風"三災"絕神仙之命,"把千年苦行,俱成虛幻",故必學"躲避三災之法",即"天罡三十六變化"、"地煞七十二變化"是也。"躲三災變化之法"與"易名字可以度厄",比物此志,當一以貫之。

二七四　全隋文卷二〇

李諤《上書正文體》。按諤歷事齊、周，此書亦重修周太祖、蘇綽欲革文弊之故事，而充類加厲耳。《周書·蘇綽傳》言綽《大誥》後，羣臣"文筆皆依此體"，然《史通·雜說》中曰："蘇綽軍國詞令，皆準《尚書》，太祖敕朝廷他文悉準於此，蓋史臣所記，皆稟其規"；則所"革"者限於官書、公文，非一切"文筆"，《周書》未覈。徵之見存詔令，惟魏恭帝元年太祖命盧辨作《誥》諭公卿、三年禪位周孝閔帝《詔》、孝閔帝元年登極《詔》稍"依"《大誥》體，明帝武成元年五月《詔》已作六朝慣體，去大統十一年頒《大誥》時不及十五年也。柳虯存文雖無麗藻，仍尚比偶，觀其論史官《疏》可知；《周書》本傳云："時人論文體者，有古今之異，虯又以爲時有今古，非文有今古，乃爲《文質論》，文多不載"，則於文體復古早持異議。《周書·王褒、庾信傳·論》："綽建言務存質朴，遂糠粃魏晉，憲章虞夏，雖屬詞有師古之美，矯枉非適時之用，故莫能常行焉"（《北史·文苑傳·序》同）；蓋得情實，"矯枉非適時之用"即柳虯所謂"時有今古"爾。《隋書·文學傳·序》："高祖初統萬幾，每念斵彫爲朴，發號施令，咸去浮華，然時俗詞藻猶多淫麗，故憲臺執法，屢飛霜簡"；又即李諤《書》所云："開皇四年普詔天下，公私文翰，並宜實錄；其年九月，泗州刺史司馬幼之文表華艷，付所司治罪。自是公卿大臣，咸知正路。……外州遠縣，仍踵敝風。"隋文此詔未見，想其欲繼周太祖志事而光大之，由"公"文而波及"私"著，故諤《書》首節痛斥魏、晉、齊、梁之詩賦。然欲平天下而未齊家，普詔州縣而不嚴庭訓，隋文兩子即篤嗜"淫麗"而不少悛者。《隋書・魏澹傳》："廢太子勇命澹註庾信集"，《柳䛒傳》："初［晉］王［煬帝］屬文，效庾信體。"睫在眼前固不見歟。諤覩文帝"遏止""華綺"，其效未廣，遂請勒司搜訪，欲以憲綱制裁代藝苑別裁。《舊唐書・薛登傳》上疏極稱李諤此書，且曰："帝納李諤之策。……於是風俗改勵，政化大行。"諤《書》曰："若聞風即劾，恐掛網者多"，與曹植《與楊德祖書》言"設天網以該"作者，相映成趣；蓋揚搉文詞而齊之以刑，脅之以威，逕恃法網、戒尺為珊瑚網、玉尺矣。然火攻下策，不特終隋之世，"文體"未"正"，即唐與隋代興，齊梁遺風，繩繼不改。《全唐文》卷五二七柳冕《謝杜相公論房杜二相書》："奉相公手疏，以國家承文弊之後，房杜為相，不能反之於質；誠如高論。又以文章承徐庾之弊，不能反之於古；愚以為不然。……蕭曹雖賢，不能變淫麗之體；二荀雖盛，不能變聲色之詞；房杜雖明，不能變齊梁之弊。風俗好尚，繫在時君，不在人臣，明矣。"宋人尤反復言之；如歐陽修《居士集》卷四一《蘇氏文集序》："予嘗考前世文章政理之盛衰，而怪唐太宗致治幾乎三王之盛，而文章不能革五代之餘習"，卷一三八《隋太平寺碑》、《唐德州長壽寺舍利碑》又卷一四〇《唐元次山銘》諸跋尾皆歎"文章至陳、隋"，其"弊"已"極"，而唐興以"積習之勢"，不能"驟革";《續通鑑長編》熙寧九年五月癸酉神宗曰:"唐太宗亦英主也,乃學徐、庾爲文";《困學紀聞》卷一四載鄭獬曰:"唐太宗功業雄卓,然所爲文章,纖靡浮麗,嫣然婦人小兒嘻笑之聲,不與其功業稱。甚矣淫詞之溺人也!";蘇轍《欒城後集》卷二三《歐陽文忠公神道碑》:"雖唐貞觀、開元之盛,而文氣衰弱;燕許之流倔強其間,卒不能振";《朱子語類》卷一三九至曰:"大率文章盛則國家却衰;如唐貞觀、開元都無文章,及韓、柳以文顯,而唐之治已不甚前矣。"柳冕謂文弊未革,責在君而不在相,上有好則下必甚,特不敢指斥本朝祖宗耳。然周之太祖、隋之高祖非無意於改革文弊,其成效僅如彼;而韓、柳"文顯"之時,唐之君若相未嘗欲遠追周、隋兩祖之軌躅,李商隱《韓碑》所稱"聖相"之裴度,曾《寄李翱書》深不以韓愈"矯時世之文"爲然,切戒"今之作者,當大爲防焉"(《全唐文》卷五三八)。唐太宗"學徐庾爲文",見譏於宋神宗;而奉太宗敕撰《周書》之史臣於《庾信傳·論》中却訶信爲"詞賦罪人",是亦病"徐庾之弊"也。何景明《何大復先生集》卷三二《與李空同論詩書》:"文靡於隋,韓力振之",乃不知有任、沈,無論徐、庾,一若文至隋而弊者,前"七子"之空疎矜誕多類此。蓋周、隋至唐,知"五代餘習"之須革,初非一人而亦非一朝一夕矣。心知之而力不能及之,望道而未之見,見矣而未之至,識非而勿克示是以樹典範、易風尚。官府教令、私家論議,胥如紙上談兵、腹空説食而已。嘗試論之,亦姑妄言之。文如蘇綽,固不足矯"徐庾之弊",即如陳子昂、蕭穎士、獨孤及、李華、元結輩,尚未堪與王勃、駱賓王、張説等爭出手。必得韓愈、柳宗元、劉禹錫其人者,庶乎生面別開,使一世之人新耳目而拓心胸,見異思遷而復見賢思齊，初無待於君上之提倡、談士之勸掖也。倘不獲韓、柳，而僅有李覯、呂温、樊宗師之徒，則"古文"之"顯"未可保耳。又如五季文敝，石晉之馬胤孫已復"學韓愈爲文章"（《新五代史·雜傳》第四三）；宋初穆修、柳開奮然以起衰革敝自任，石介《怪說》以楊億"浮華纂組"之文與"釋老之爲怪"並舉而醜詆之，而所作皆無足動衆開宗；即蘇舜欽、尹洙亦如五穀不熟、畫虎未成。及夫歐陽修斐然爲之先，王安石、蘇洵、蘇軾卓爾爲之後，乃能蔚成風會，取徐鉉、楊億之體而代焉。《莊子·庚桑楚》曰："越雞不能伏鵠卵，魯雞固能矣"，此之謂乎！或許李諤爲唐人"古文"擁帚清道，固迂遠而闊事情，又取此《書》與梁裴子野《雕蟲論》齊稱，亦擬不於倫。裴所重在作詩而不在文，且祇陳流弊，未籌方策；李則昌言"棄絕華綺"，"職當糾察"。拿破侖主法國時，嘗以文學不盛而申斥內務部長①；使李所請見諸施行，"公私文翰"，概歸"憲司"，"外州遠縣"，"普加搜訪"，御史臺而主轄詞館文林，搜幽剔隱，無遠勿屆，便略同拿破侖之內務部矣。

---

① Lettre à J.-J. de Cambacérès, le 21 nov. 1806.

二七五　全隋文卷二四

牛弘《上表請開獻書之路》。按歷數自秦始皇焚書至梁元帝焚書，"書有五厄"。胡應麟《少室山房筆叢》卷一繼弘《表》復徵自隋以迄於元，"通前爲十厄"。弘僅言梁元帝悉取"江表圖書"焚於外城，《歷代名畫記》卷一并載其歎："儒雅之道，今夜窮矣！"，《通鑑·梁紀》二一以其斫折寶劍，易爲："文武之道，今夜盡矣！"

【增訂三】《通鑑》載梁元帝語，與張懷瓘《二王等法書録》所記："乃歎曰：'……文武之道，今夜窮乎！'"僅兩字異。張彦遠採懷瓘文入《法書要録》卷四，而自撰《名畫記》載梁元此語，却易"文武"爲"儒雅"。古書記言不拘如此，參觀271－273頁。

【增訂四】張懷瓘《二王書録》記梁元帝將降，"集古今圖書并二王迹焚之，吳越寶劍並將作斫柱"，歎曰："文武之道，今夜窮乎！"與《歷代名畫記》記言稍異而與《通鑑》記言記事大同。

蕭氏難兄難弟，行事有相類者。《南史·賊臣傳》記侯景兵"登東宫牆，射城内。至夜，簡文募人出燒東宫臺殿，遂盡所聚圖籍數百廚，一皆灰燼。先是簡文夢有人畫作秦始皇，云：'此人復焚書！'至是而驗"。胡應麟續"五厄"，不數宋滅南唐時事，豈小之歟？馬令《南唐書・後主書》及《女憲傳》皆記："宮中圖籍萬卷，尤多鍾王墨跡。國主嘗謂所幸保儀黃氏曰：'此皆累世保惜，城若不守，爾可焚之，無使散佚！'及城陷，文籍盡燴。"《楓窗小牘》卷上載後主《題〈金樓子〉後》七絕并《序》深慨梁元帝亡國焚書，有曰："不是祖龍留面目，遺篇那得到今朝！"初不料己事之出一轍也。《後漢書・仲長統傳》載其"見志"二詩，有曰："叛散《五經》，滅棄《風》、《雅》；百家雜碎，請用從火！"；自是道家緒論，猶《莊子・天道》之視書爲"古人之糟魄"。然史學家亦苦載籍之徒亂人意，《史通》外篇《雜說》中第八斥《隋書》曰："以有限之神識，觀無涯之注記。必如是，則閱之心目，視聽告勞，書之簡編，繕寫不給。嗚呼！苟自古著述，其皆若此也，則知李斯之設坑窑，董卓之成帷蓋，雖所行多濫，終亦有可取焉。"

【增訂三】《史通》言李斯、董卓事，曰"成帷蓋"，本《後漢書・儒林傳》上記："董卓移都之際，……縑帛圖書，大則連爲帷蓋，小乃制爲縢囊。"故牛弘此《表》述其事曰："圖書縑帛，皆取爲帷囊。"《顏氏家訓・書證》早以斯、卓連類，則云："史之闕文，爲日久矣，加復秦人滅學，董卓焚書"；却與《後漢書》指歸不異，蓋《後漢》書法乃《穀梁傳》所謂"舉重"（參觀1533頁），圖籍之不堪供帷囊料者，其遭拉絕摧燒，不言可喻耳。《後漢書・皇后紀》下《贊》："事在《百官志》"，章懷註："沈約《謝儼傳》曰：'范曄所撰十《志》，一皆託儼。搜撰垂畢，遇曄敗，悉蠟以覆車'"；豈范氏《志》稿爲紈素耶？苟非素而爲紙，有如牛弘此《表》言姚泓"圖籍，五經子史，皆赤軸青紙"，豈傅蠟即勝"覆車"作"帷蓋"耶？古以"縑帛"繪圖，故帷囊而外，寒女衣裳亦取材焉。《歷代名畫記》卷一〇："士人家有張璪松石障，士人云亡，李約知而購之，其家弱妻已練爲衣裹矣"；《類說》卷三二《語林》："信州有女子，落魄貧窶。……或與以州圖，因過浣爲裙，墨迹未盡。……婢驚云：'娘子誤燒裙！……正燒著大雲寺門'"；杜甫《北征》："牀前兩小女，補綻才過膝。海圖拆波濤，舊繡移曲折，天吳及紫鳳，顛倒在短褐"，事正相肖。《後村大全集》卷一三《題江貫道山水》之一〇："一匹好東絹，天寒家未溫；儘教兒拆繡，閒管婦無褌"；即以此等談資作文字波瀾。

道學家以爲騖博可致塞心、多聞必妨近思，陳獻章《白沙子全集》卷一《道學傳序》曰："自炎漢迄今，文字紀錄著述之繁，積數百千年於天下，至於汗牛充棟，猶未已也。許文正〔衡〕語人曰：'也須焚書一遭！'"；王鏊《震澤長語》卷上復記獻章"至有'再燔一番'之語"。樸學家恨異端之害正學，蔣湘南《春暉閣詩選》卷三《焚書處》："安得祖龍燎原永不滅，收拾侮聖之言付一爐！"，《七經樓文鈔》卷三《再書〈史記·六國表〉後》："孔子之刪書，正以待始皇之焚書也。"

【增訂三】歐陽玄記許衡語，不若陳獻章所述之激厲。《圭齋文集》卷九《追封魏國公諡文正許先生神道碑》："先生平時，頗病文籍之繁，嘗曰：'聖人復出，必大芟而治之，則周衰以來文勝之弊有以正救於其間。'"未識兩家記言，孰爲得實。然詞氣雖寬猛有異，摧除文籍之志事則同。唐順之《荆川文集》卷六《答王遵巖》："其屠沽細人有一碗飯喫，其死後則必有一篇墓誌；其達官貴人與中科第人稍有名目在世間，其死後則必有一部詩文刻集。如生而飯食、死而棺槨之不可缺。……唐、漢以前，亦絕無此事。幸而所謂墓誌與詩文集者，皆不久泯滅。然其往者滅矣，而在者尚滿屋也。若皆存在世間，即使以大地爲架子，亦安頓不下矣！此等文字，倘使家藏人蓄者，盡舉祖龍手段作用一番，則南山煤炭竹木當盡減價矣。可笑可笑！"即陳獻章所謂"再燔一番"。鄭燮《板橋集・家書・焦山別峰菴雨中無事書寄舍弟墨》逕稱孔子刪書爲焚書："秦始皇燒書，孔子亦燒書。……未怕秦灰，終歸孔炬耳。"尤導蔣湘南之先路矣。參觀429-430頁論法家李斯請"禁私學"與儒家董仲舒請"絕異道"。

【增訂四】《明文海》卷二三八海瑞《備忘稿引》亦云："許文正嘗語人，有'書也須焚一遭'之説。……夫文正之與秦，不得已也；文正之不免於爲文，亦文正之不得已也。"明人欲焚書而舉標名目，既詳且明者，莫如祝允明，《明文海》卷八八錄其《燒書論》，文頗恣肆，語鮮避忌。略謂願秦始皇"更生"，"得假其手"以燒"書室"所有"數十篋"中物，歷數"所謂相地風水術者"、"所謂花木水石園樹禽蟲器皿飲食譜錄題詠不急之物者"、"所謂古今人之詩話者"、"所謂杜甫詩評註過譽者"、"所謂浙東戲文亂道不堪汙視者"、"所謂前人小説資力已微更爲剽竊潤飾苟成一編以獵一時浮聲者"等，都十八類。八股文却不與焉，以"科擧之作"，國家功令所定，"抑亦非文也，不足去"。

【增訂五】錢謙益《有學集》卷五〇《讀武闇齋〈印心七錄記事〉》亦有"妄思設三大火聚，以待世間之書"云云。

詞章家惡作者使事冷僻，周壽昌《思益堂詩鈔》卷二《隨筆》："過江名士多於鯽，數典詩人穴似狐；想得咸陽焚未烈，著書費却幾工夫。"是則"十阨"雖有百害，又未嘗或無一利焉。十九世紀德國一小詩人作劇本，以秦始皇焚書（der grosse Bücherbrand des Schihoangti）爲題；寫有士子惰不好學，惡典籍浩汗，倘付丙丁，便大有利於儉腹舉子，應試不必繁徵博引（Wie manchem Baccalaureus/Wär das ein seliger Genuss! /Er hätte ja beim Promoviren/Fortan viel wen'gcr zu citiren），因向始皇獻燔書之策①。善戲謔兮，亦劉、周輩之意耳。梁、唐三主皆好學嗜收藏，而事急"行濫"，無異斯、卓。不愛書者勿顧他人之或愛而欲有之，而酷愛書者唯恐他人之亦愛而能有之，等付摧燒而已矣，此又心異不妨貌同之例也。

---

① Heinrich Stieglitz, *Bilder des Orients*, quoted in Elizabeth Selden, *China in German Poetry from 1773 to 1833*, 212-3.

二七六　全隋文卷三一

倭國王多利思北孤《國書》："日出處天子致書日没處天子。無恙！"按《洛陽伽藍記》卷五《城北凝圓寺》引宋雲《家記》載烏場國王"遣解魏語人問宋雲曰：'卿是日出處人也？'宋雲答曰：'我國東界有大海水，日出其中，實如來旨。'"蓋天竺視中土爲"日出處"，而倭國視中土又爲"日没處"。吾國常稱日本爲"東人"，而偶覯彼邦舊籍，如《唐文拾遺》卷七一引《日本書紀》卷二五日本國王《孝德薄葬詔》："朕聞西土之君，戒其民曰"云云；齋藤謙《拙堂文話》卷一："先師精里先生曰：'大抵世儒不能自立脚跟，常依傍西人之新樣而畫葫蘆'；……袁子才以詩文鳴於西土，但其言頗淫靡，傷風教者不少"，卷八："精里先生《題觀弈圖》，孰謂東人之文不若西土哉？"，皆稱吾國爲"西土"、"西人"。宋玉《登徒子好色賦》："臣里之美者，莫若臣東家之子"，而駱賓王《代女道士王靈妃贈道士李榮》："何曾舉意西鄰玉，未肯留情南陌金"，

【增訂三】《三國志·魏書·邴原傳》裴註引《原別傳》："君謂僕以鄭爲'東家邱'，君以僕爲西家愚夫邪？"其例更古於"西鄰玉"。

又王維《雜詩》：“王昌是東舍，宋玉次西家。”王灼《碧雞漫志》卷二：“黃載萬《更漏子》曲：‘憐宋玉，許王昌，東西鄰短牆’；《好色賦》稱‘東鄰之子’，即宋玉爲西鄰也，古樂府：‘恨不嫁與東家王’，即東鄰也”；蓋不知黃詞之本王維詩。杜甫《魏將軍歌》：“被堅執銳略西極，崑崙月窟東嶄巖”；吳子良《林下偶談》卷二：“崑崙月窟在西而謂之‘東’，何也？……蓋謂魏將軍略地至西方之極，而回顧崑崙月窟却在東也。”

【增訂四】賈島《送李騎曹》：“蕭關分磧路，嘶馬背寒鴻。朔色晴天北，河源落日東”；《瀛奎律髓》卷二四方回批：“謂‘嘶馬背寒鴻’，則雁南向而人北去。又謂‘河源落日東’，河源當在西，今反在落日之東，則身過河源又遠矣。”可與吳子良評杜甫《魏將軍歌》參觀。

張問陶《船山詩草》卷九《博望驛》：“河源萬里費搜求，千古爭傳博望侯；使者近從西域返，崑崙還是水東頭。”此皆所謂“東家謂之西家、西家謂之東家”或“東家之西乃西家之東”爾（參觀《淮南子·齊俗訓》、《論衡·四諱》篇、邵博《聞見後錄》卷一又王鞏《聞見近錄》記宋仁宗語）。《拙堂文話》卷七又云：“我邦神聖繼統，別成一天下，其曰‘中國’，謂我邦中土也。近人稍知‘倭奴’、‘大東’之非，改曰‘皇和’，是亦效西土，未盡善也”；則如法顯《佛國記》稱印度爲“中國”而以中國爲邊地，古希臘、羅馬、亞剌伯人著書各以本土爲世界中心①。家鉉翁《則堂集》卷一《中齋記》、卷三《中菴說》所謂：“中有定名

---

① Cf. Morris R. Cohen, *The Meaning of Human History*, 148-150 (Aristotle, Vitruvius, Ibn Khaldum).

而無定位","隨地而各不同"也（參觀蘇天爵《國朝文類》卷三八家鉉翁《題〈中州詩集〉後》,集失收）。

突厥啓民可汗《上表陳謝》、《上煬帝表》。按此種文體,《隋書》以前所未載,至《元秘史》、《元典章》等而爲大觀。釋典譯文之椎魯者非同調也。

二七七　全隋文卷三三

釋彥琮《辯正論》。按參觀《易林》卷論《乾》之《乾》又論《全晉文》釋道安《摩訶鉢羅若波羅蜜經鈔序》。

釋彥琮《通極論》："行樂公子曰：'僕聞天生蒸民，剛柔爲匹，……嫁娶則自古洪規……何獨曠兹仇偶，壅此情性，……品物何以生？佛種誰因續？此先生之一蔽也。'"按後世論佛如《全唐文》卷七三八沈亞之《靈光寺僧靈佑塔銘》："匪媾匪育，孰後爾已？"；胡寅《斐然集》卷一九《崇正辨序》："使佛之説盡行，則斯民之種必至殄絶，而佛法亦不得傳矣！"；葉適《水心集》卷二一《劉夫人墓志》："龐藴男女不婚嫁，爭相爲死，浮屠世世記之，以爲超異奇特人也。使皆若藴，則人空而道廢，釋氏之徒亦不立矣！"他如黄宗羲《明文授讀》卷一九陳確《與朱康流書》、袁枚《小倉山房詩集》卷三六《雜詩》第一一首又《文集》卷三五《答汪大紳書》、趙翼《甌北詩鈔‧五言古》三《書所見》第二首皆樹此義。清季陳澧《東塾集》卷一《説佛》仍曰："夫人之情，甘食悦色，愛生惡死，佛亦豈有異焉？而獨矯其情，爲人所不能爲，絶人所不能絶，故曰'猛'也。且佛非不知人之不能學也，亦未嘗必欲人之學之也。使人人學之，則人類死絶。佛願物之生，必不願人之死絶，明矣"；即趙翼詩所謂："其教嚴戒殺，物命固長成，却絶男女欲，不許人類生；將使大千界，人滅而物盈。"歷來攻釋，恃爲利器。

【增訂四】《全唐文》卷六三六李翺《去佛齋論》："向使天下之人，力足盡修身毒國之術，六七十歲之後，雖享百年者亦盡矣。天行乎上，地載乎下，其所以生育於其間者，畜獸禽鳥魚鼈蛇龍之類而止爾！"亦以"人類死絶"爲闢佛之指要。

彦琮託"梵行先生"語"通"此"蔽"曰："婚者'昏'也，事寄昏成，明非昌顯之裁範，諒是庸鄙之危行。……豈可順彼邪風，嬰兹欲網？……品物之生，自有緣託，何必待我之相配，方嗣於吾師？"非僅詖詞，直是戲論。不假婚媾，"品物"自"生"，"嗣於"佛法，殆如《西遊記》中之石猴爲行者乎？明季天主教士龐迪我《七克·保守童身》或難以人俱不婚，人類將滅，答曰："倘世人俱守貞，人類將滅，天主必有以處之"（《四庫總目》卷一二五）。與彦琮之"通"無獨有偶矣。

重排後記

　　《管錐編》（全四册）由中華書局初版於一九七九年。一九八二年出版的單行本《管錐編增訂》總計三百零五則，八萬餘字。一九八九年末，作者又完成了《增訂之二》，共三百七十四則，約十萬餘言。《管錐編》第五册一九九一年與讀者見面，收入《增訂》、《增訂之二》，一九九四年又最後完成了《增訂之三》。一九九四年，《管錐編》榮獲首屆國家圖書獎。

　　遵照作者的願望，此次重排，補入了中華版未載的論《高唐賦》的有關内容；將所有"增訂"依完成時間順序納入相關章節，本書的"增訂一"、"增訂二"見於中華版第一、第二册，"增訂三"、"增訂四"、"增訂五"見於中華版第五册（依次分別對應"增訂"、"增訂之二"、"增訂之三"）。希望能給讀者提供便利。

　　重排本以中華書局一九九四年十二月第四次印刷本爲底本，並參照作者在自存本上對部分内容所作的刪改、校正，予以修訂。

生活·讀書·新知 三聯書店
一九九九年十月

重排後記

此次再版,將第一册上下卷和第二册上下卷各併爲一册;各次增訂內容的排版由楷體改爲仿體。我們還訂正了三聯書店初版中少量的文字和標點訛誤,並對增訂的插入位置稍做調整。

生活・讀書・新知 三聯書店

二〇〇七年八月